**LANGENSCHEIDTS
TASCHENWÖRTERBÜCHER**

LANGENSCHEIDT
DICTIONNAIRE DE POCHE
DES LANGUES FRANÇAISE ET ALLEMANDE

Première Partie

Français-Allemand

Par

Dr. Ernst Erwin Lange-Kowal

7e Nouvelle édition remaniée et augmentée

LANGENSCHEIDT
BERLIN · MUNICH · VIENNE · ZURICH

LANGENSCHEIDTS TASCHENWÖRTERBUCH

DER FRANZÖSISCHEN UND DEUTSCHEN SPRACHE

Erster Teil

Französisch-Deutsch

Von

Dr. Ernst Erwin Lange-Kowal

7. Neubearbeitung

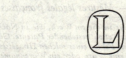

LANGENSCHEIDT
BERLIN · MÜNCHEN · WIEN · ZÜRICH

Inhaltsverzeichnis
Table des matières

	Seite / page
Vorwort — *Préface*	5
Hinweise für die Benutzung des Wörterbuches — *Indications pour l'emploi de ce dictionnaire*	7
Erklärung der im Wörterbuch angewendeten Zeichen und Abkürzungen — *Explication des signes et abréviations employés dans ce dictionnaire*	9
Die phonetischen Zeichen der Association Phonétique Internationale — *Les symboles phonétiques*	13
Einiges über Silbentrennung, Bindung und Zeichensetzung im Französischen — *Division en syllabes, liaison et ponctuation en français*	15
Alphabetisches Wörterverzeichnis — *Liste alphabétique des mots*	17–547
Französische Abkürzungen — *Abréviations françaises*	549
Konjugation der französischen Verben — *Conjugaison des verbes français*	559
Bildung des Plurals der Substantive und Adjektive — *Formation du pluriel des noms et des adjectifs*	583
Alphabetisches Verzeichnis unregelmäßiger franz. Verben — *Liste alphabétique des verbes français irréguliers*	586
Zahlwörter — *Adjectifs numéraux*	589
Amtliche franz. Maße — *Mesures légales françaises*	591

Die Nennung von Waren erfolgt in diesem Werk, wie in Nachschlagewerken üblich, ohne Erwähnung etwa bestehender Patente, Gebrauchsmuster oder Warenzeichen. Das Fehlen eines solchen Hinweises begründet also nicht die Annahme, eine Ware oder ein Warenname sei frei.

Auflage: 47. 46. 45. 44. | *Letzte Zahlen*
Jahr: 1980 79 78 77 76 | *maßgeblich*

7. Neubearbeitung. Copyright 1884, 1902, 1911, 1929, 1952, © 1956, 1964
Langenscheidt KG, Berlin und München
Druck: Graph. Betriebe Langenscheidt, Berchtesgaden/Obb.

Printed in Germany · ISBN 3-468-10150-3

Vorwort

Wie jede lebende Sprache ist auch das Französische einem ständigen Wandel unterworfen. Sein Wortschatz erneuert sich unaufhörlich. Täglich ersetzen neue Wörter andere, die ungebräuchlich geworden sind, und Ausdrücke, die der familiären Sprache angehörten, gehen in die Umgangssprache über.

Die vorliegende Neubearbeitung berücksichtigt diese Entwicklung. Sie enthält den Wortschatz der lebenden Sprache, wobei entsprechend ihrer heutigen Bedeutung die Bereiche der Wirtschaft, des Verkehrs und der Technik, des Rechtswesens und der Verwaltung, der Naturwissenschaften und des Sports besonders eingehend dargestellt sind. Hierbei wurde eine Fülle von Neologismen eingearbeitet, und Ausdrücke wie «abri atomique, caravane, dénucléarisation, force de frappe, plastic, scootériste, spectaculaire, télécabine» zeugen von dem Bestreben des Verfassers, den heute in Wort und Schrift gebräuchlichen und modernen Wortschatz soweit wie möglich zu erfassen.

In den Anhang aufgenommen wurden ein Verzeichnis der französischen Abkürzungen, Tabellen der französischen regelmäßigen und unregelmäßigen Verben, Hinweise auf die Bildung des Plurals und des Femininums der Substantive und Adjektive, Zahlwörter sowie eine Übersicht über die französischen Maße und Gewichte.

Auf Seite 7 finden sich Hinweise für die Benutzung des Wörterbuches, deren Beachtung dem Benutzer nicht dringend genug empfohlen werden kann.

Für zahlreiche Anregungen und Hinweise ist der Verfasser dem Leiter der Librairie Française in Berlin, Herrn L. Beaucaire, zu besonderem Dank verpflichtet.

Dr. ERNST ERWIN LANGE-KOWAL

Préface

La langue française, comme toute langue vivante, est sujette à un changement continuel. Son vocabulaire se renouvelle sans cesse. Chaque jour des termes nouveaux en remplacent d'autres, tombés en désuétude, et des expressions appartenant au langage familier passent dans la langue courante.

La présente édition remaniée et augmentée tient compte de cette évolution. Elle renferme le vocabulaire de la langue vivante. En considération de leur importance actuelle, les domaines de l'économie, des transports et de la technique, du droit et de l'administration, des sciences naturelles et du sport sont particulièrement représentés d'une façon étendue. En outre, de nombreux néologismes ont été introduits, telles les expressions: «abri atomique, caravane, dénucléarisation, force de frappe, plastic, scootériste, spectaculaire, télécabine» qui démontrent les efforts de l'auteur d'étendre aussi loin que possible le vocabulaire moderne employé actuellement tant dans la langue parlée que dans la langue écrite.

En complément du dictionnaire proprement dit nous donnons une liste des abréviations françaises, des tableaux des verbes français réguliers et irréguliers, des indications pour la formation du pluriel et du féminin des substantifs et des adjectifs, un tableau des adjectifs numéraux et des noms des poids et mesures français.

On trouve page 7 des indications pour l'utilisation de ce dictionnaire; nous ne pouvons assez recommander aux usagers de les lire attentivement.

L'auteur exprime sa reconnaissance particulière à Monsieur Beaucaire, Directeur de la Librairie Française à Berlin, pour les nombreuses indications qu'il lui a fournies.

Dr. Ernst Erwin Lange-Kowal

Durch sorgfältige Beachtung des Inhalts der Seiten 7 und 8 gewinnt das Buch erst den richtigen Wert

La consultation du dictionnaire est doublement profitable lorsqu'on a lu attentivement les pages 7 et 8

Hinweise
für die Benutzung des Wörterbuches
Indications pour l'emploi de ce dictionnaire

1. Die alphabetische Reihenfolge ist überall beachtet worden. Hierbei werden die Umlaute (ä, ö, ü) den Buchstaben a, o, u gleichgestellt. An ihrem alphabetischen Platz sind gegeben:

a) die unregelmäßigen Formen der Zeitwörter und der Hauptwörter, erstere mit Verweisung auf die Grundform, sowie die Steigerungsformen der Eigenschaftswörter;

b) die verschiedenen Formen der Fürwörter;

c) die wichtigsten Eigennamen (Personennamen, geographische Bezeichnungen usw.).

2. Die Bedeutungsunterschiede der verschiedenen Übersetzungen sind durch bildliche Zeichen, abgekürzte Bedeutungshinweise (s. Verzeichnis S. 9) oder durch Zusätze wie *Sport, Auto, Kino* usw., zuweilen auch durch verwandte oder entgegengesetzte Ausdrücke (Synonyme, Antonyme) gekennzeichnet.

3. Wesentlich voneinander abweichende Übersetzungen werden durch den Strichpunkt (Semikolon) getrennt.

4. Das grammatische Geschlecht der Hauptwörter (*m, f*) ist bei jedem französischen Stich-

1. L'ordre alphabétique a été rigoureusement observé. Les voyelles infléchies (ä, ö, ü) y correspondent aux lettres a, o, u. A leur place alphabétique vous trouverez:

a) les formes irrégulières des verbes (dont les infinitifs sont toujours indiqués) et des substantifs, ainsi que des comparatifs et des superlatifs des adjectifs;

b) les formes diverses des pronoms;

c) les noms propres les plus importants (noms de personnes et noms géographiques).

2. Les différences d'acception des différentes traductions sont signalées par des signes symboliques, par des abréviations explicatives (voir tableau page 9) ou sont indiquées par des mots collectifs tels que *Sport, Auto, Kino* etc. Parfois, ces différences sont expliquées par des expressions analogues ou contraires (synonymes, antonymes).

3. Le point-virgule sépare une acception donnée d'une autre, essentiellement différente.

4. Le genre grammatical des substantifs (*m, f*) est indiqué pour tous les mots français; pour les mots

wort angegeben, in der Übersetzung jedoch nur dann, wenn das Geschlecht der Übersetzung von dem des Stichwortes abweicht.

5. Die Pluralbildung. Die in runden Klammern hinter den meisten Substantiven und Adjektiven stehende Ziffer (5c) verweist auf die Übersichtstabelle über die Bildung des französischen Plurals am Schluß des Bandes (S. 583).

6. Konjugation der Zeitwörter. Die in runden Klammern hinter jedem französischen Zeitwort stehende Ziffer (2f) verweist auf die Konjugationstabelle am Schluß des Bandes (S. 559), in der ausführlich Aufschluß über die Bildung der Zeitformen gegeben ist.

7. Die Rektion (Verbindung des Zeitwortes mit seinen Satzergänzungen). Stimmt sie in beiden Sprachen überein, so sind besondere Hinweise nicht gegeben. Bedingt jedoch das französische Zeitwort einen anderen Fall als das deutsche, so ist die Rektion angegeben, z.B. **abriter:** ~ *de* (*contre*) schützen vor (*dat.*); ebenso bei Zeitwörtern, die zwei Fälle regieren, z.B. **se rabattre sur** *od.* **de** vom Lohn abziehen (*acc.*), **se rabattre sur** sich beschränken auf (*acc.*), **se rappeler** q. *od.* qch. sich erinnern (*gén. od. an acc.*).

8. Aufeinanderfolgende, gleichlautende Wortteile sind durch den Bindestrich - ersetzt, z.B. **glisser** ab-, aus-, entgleiten; **glissière** *f* Gleit-schiene, -stange.

9. Rechtschreibung. Für die Rechtschreibung der französischen Wörter dienen als Grundlage die Regeln der *Académie française*, für die deutschen Wörter der Duden.

allemands le genre n'est cependant donné que si le genre de la traduction allemande ne correspond pas à celui du mot français.

5. Le pluriel français. Les chiffres entre parenthèses derrière la plupart des substantifs et des adjectifs renvoient au tableau des pluriels français à la fin de ce dictionnaire (page 583).

6. La conjugaison des verbes. Les chiffres entre parenthèses placés derrière chaque verbe français renvoient au tableau de conjugaison à la fin de ce dictionnaire (page 559) dans lequel se trouvent tous les renseignements nécessaires sur la conjugaison des verbes.

7. Le régime des verbes (relation d'un verbe avec ses compléments). Lorsque le régime est identique dans les deux langues, il n'y a pas de mention; où il ne l'est pas, le régime est donné, p. ex. **abriter:** ~ *de* (*contre*) schützen vor (*dat.*); ainsi que pour les verbes régissant deux cas, p. ex. **se rabattre sur** *od.* **de** vom Lohn abziehen (*acc.*), **se rabattre sur** sich beschränken auf (*acc.*), **se rappeler** q. *od.* qch. sich erinnern (*gén. od. dat.*).

8. Les parties homonymes d'un mot qui se succèdent, ont été remplacées par un trait d'union, p. ex. **glisser** ab-, aus-, entgleiten; **glissière** *f* Gleit-schiene, -stange.

9. L'orthographe. L'orthographe des mots français est conforme aux prescriptions de *l'Académie française*, celle des mots allemands se règle sur le livre de Duden.

Erklärung der im Wörterbuch angewendeten Zeichen und Abkürzungen

Explication des signes et abréviations employés dans ce dictionnaire

1. Bildliche Zeichen — Symboles, Signes

~ ⁓ ⚬ ⚲ **die Tilde (das Wiederholungszeichen)** ist angewendet, um zusammengehörige und verwandte Wörter zum Zwecke der Raumersparnis zu Gruppen zu vereinigen.

Die fette Tilde (⁓) vertritt das ganze voraufgegangene Wort oder den Wortteil vor dem senkrechten Strich (|), z.B. **aiguillon** Stachel; **⁓ner** (= **aiguillonner**) anspornen; **aboy|er** bellen; **⁓eur** (= **aboyeur**) Kläffer.

Die einfache Tilde (~) vertritt
a) in der Aussprachebezeichnung die bereits vorangegangene Aussprache oder Teile derselben, z.B. **acclam|ation** [aklamaˈsjɔ̃]; **~er** [~ˈme];
b) in den Anwendungsbeispielen das unmittelbar voraufgegangene Stichwort, das auch mit Hilfe der Tilde gebildet sein kann, z.B. **abatt|ement** Mattigkeit; **~re** niederschlagen; ~ (= *abattre*) *la besogne de 1000 ouvriers* die Arbeit von 1000 Arbeitern ersetzen; s'~ (= *s'abattre*) einstürzen, zs.-brechen;
c) bei der Wiedergabe des rückbezüglichen Zeitwortes, das mit se oder s' gebildet wird, die unmittelbar voraufgegangene Grundform, z.B. **abaiss|ement** Herabsetzung, Senkung *der Preise*; **~er** niedrig(er) machen; s'~ (= *s'abaisser*) *z.B. Nebel*: fallen, sinken.

Die Tilde mit Kreis (⚬) weist darauf hin, daß sich die Schreibung

~ ⁓ ⚬ ⚲ **le tilde (le signe de répétition).** Afin d'épargner de la place, le tilde a été employé pour réunir par groupes les mots de la même catégorie et les mots apparentés.

Le tilde en caractère gras (⁓) remplace la totalité du mot précédent ou la partie du mot devant le trait vertical (|), p. ex. **aiguillon** Stachel; **⁓ner** (= **aiguillonner**) anspornen; **aboy|er** bellen; **⁓eur** (= **aboyeur**) Kläffer.

Le tilde normal (~) remplace
a) dans la transcription phonétique ou bien toute la prononciation précédente ou bien une partie de celle-ci, p. ex. **acclam|ation** [aklamaˈsjɔ̃]; **~er** [~ˈme];
b) dans les exemples d'application l'en-tête immédiatement précédent parfois représenté à l'aide du tilde, p. ex. **abatt|ement** Mattigkeit; **~re** niederschlagen; ~ (= *abattre*) *la besogne de 1000 ouvriers* die Arbeit von 1000 Arbeitern ersetzen; s'~ (= *s'abattre*) einstürzen, zs.-brechen;
c) un verbe immédiatement précédent qui doit être mis à la forme réfléchie, p. ex. **abaiss|ement** Herabsetzung, Senkung *der Preise*; **~er** niedrig(er) machen; s'~ (= *s'abaisser*) *z.B. Nebel*: fallen, sinken.

Le tilde avec cercle (⚬) indique que le mot précédent prend une ma-

— 10 —

des Anfangsbuchstabens des voraufgegangenen Wortes in der Wiederholung ändert (groß in klein oder umgekehrt), z.B. **Français** *m*, ♀ *adj.* **(français), allemand** *adj.*, ♀ *m* (= **Allemand).**

juscule lorsqu'il doit être répété, p. ex. **Français** *m*, ♀ *adj.* (= **français), allemand** *adj.*, ♀ *m* (= **Allemand).**

Der kurze Strich (-) in Wörtern wie Rös-chen, Stutz-uhr usw. deutet die Trennung der Sprechsilben an, um den Ausländer vor Irrtümern in der Aussprache des Deutschen zu bewahren.

Le trait court (-) dans des mots comme Rös-chen, Stutz-uhr etc., indique la séparation des syllabes pour éviter que le lecteur prononce mal le mot allemand.

F familiär, vertraulich, nachlässige Sprechweise, *langage familier.*

P populär, Sprache des (ungebildeten) Volkes, *populaire, poissard.*

V vulgär, unanständig, *vulgaire, inconvenant.*

* Gaunersprache, *argot.*

⚘ selten, wenig gebräuchlich, *rare, peu usité.*

† veraltet, *vieilli.*

🕮 wissenschaftlich, *scientifique.*

⚘ Pflanzenkunde, Pflanze, *botanique, plante.*

⊕ Handwerk, Technik, *terme de métier ou technique.*

⚒ Bergbau, *mines.*

⚔ militärisch, *militaire.*

⚓ Marine, Schiffahrt, Schiffersprache, *marine, navigation, langage des marins.*

† Handel, kaufmännisch, *commerce, commercial.*

🚆 Eisenbahn, *chemin de fer.*

♪ Musik, *musique.*

△ Baukunst, *architecture.*

⚡ Elektrizität, Elektrotechnik, *électricité, électrotechnique.*

⚖ Rechtswissenschaft, *jurisprudence, droit.*

✉ Postwesen, *postes.*

A Mathematik, *mathématiques.*

⚘ Ackerbau, Landwirtschaft, Gartenbau, *agriculture, agronomie, horticulture.*

⚗ Chemie, *chimie.*

✚ Heilkunde, Medizin, *médecine, thérapeutique.*

⛨ Wappenkunde, *blason.*

✈ Flugwesen, *aéronautique.*

2. Abkürzungen — Abréviations

a. *aussi*, auch.
abr. *abréviation*, Abkürzung.
abs. *absolu*, absolut.
abus. *abusif, abusivement*, mißbräuchlich.
acc. *accusatif*, Akkusativ (Wenfall).
adj. *adjectif*, Adjektiv, Eigenschaftswort.
adj./f *adjectif féminin*; s. *a/f.*
adj./m *adjectif masculin*; s. *a/m.*
adjt. *adjectivement*, als Adjektiv.
adv. *adverbe*, Adverb, Umstandswort.
advt. *adverbialement*, in adverbialer Bedeutung.

a/f. *adjectif féminin*, weibliche Form des Eigenschaftswortes.
a/m. *adjectif masculin*, männliche Form des Eigenschaftswortes.
a/n. *adjectif numéral*, Zahlwort.
anat. *anatomie*, Anatomie, Lehre vom Körperbau.
a/n. c. *adjectif numéral cardinal*, Grundzahl.
a/n. o. *adjectif numéral ordinal*, Ordnungszahl.
ant. *antonyme*, den entgegengesetzten Sinn ausdrückend, *mot qui a un sens opposé à celui d'un autre.*

antiq.	antiquité, Altertum.	frt.	fortification, Befestigungswesen.
arith.	arithmétique, Rechenkunst.		
arp.	arpentage, Feldmeßkunst.	fut.	futur, Zukunft.
art.	article, Artikel, Geschlechtswort.	Gbd.	Grundbedeutung, sens primitif.
ast.	astronomie, Sternkunde.	gén.	génitif, Genitiv (Wesfall).
at.	science atomique, Atomwissenschaft.	géogr.	géographie, Erdkunde.
		géol.	géologie, Geologie.
bét.	béton, Beton.	géom.	géométrie, Raumlehre.
bibl.	biblique, biblisch.	Ggs.	Gegensatz, contraire.
bill.	billard, Billard(spiel).	gr.	grammaire, Grammatik.
bisw.	bisweilen, parfois.	gym.	gymnastique, Turnwesen.
bsd.	besonder(s), principal(ement).	h.	haben, avoir.
		hist.	histoire, Geschichte.
cath.	catholique, katholisch.	hydr.	hydrodynamique, Wasserkraftlehre.
ch.	chasse, Jagd.		
charp.	charpenterie, Zimmermannsausdruck.	icht.	ichtyologie, Fischkunde.
		impér.	impératif, Befehlsform.
cj.	conjonction, Konjunktion, Bindewort.	impf.	imparfait, Mitvergangenheit.
co.	comique, komisch, scherzhaft.	ind.	indicatif, Indikativ.
		inf.	infinitif, Infinitiv.
coll.	terme collectif, Sammelname.	int.	interjection, Empfindungswort, Ausruf.
cond.	conditionnel, bedingte Form.		
cons.	consonne, Mitlaut.	inv.	invariable, unveränderlich.
cord.	cordonnerie, Schuhmacherei.	iron.	ironiquement, spöttisch.
cuis.	cuisine, Kochkunst, Küche.	irr.	irrégulier, unregelmäßig.
dat.	datif, Dativ (Wemfall).	j.	jemand, quelqu'un.
dft.	défectif, mangelhaft, nicht vollständig.	j-m	jemand(em), à quelqu'un.
		j-n	jemand(en), quelqu'un (acc.).
ea.	einander, l'un l'autre, réciproquement.	j-s	jemandes, de quelqu'un.
		l.	lassen, laisser, faire.
éc.	économie, Wirtschaft.	ling.	linguistique, Sprachwissenschaft.
écol.	langage des écoliers, Schülersprache.		
		litt.	littérature, Literatur, nur in der Schriftsprache.
e-e	eine, un, une.		
ehm.	ehemals, autrefois.	m	masculin, männlich.
él.	électronique, Elektronik.	m.	machen, faire.
ell.	elliptique(ment), unvollständig.	mach.	machines, Maschinenwesen.
		man.	manège, Reitkunst.
e-m	einem, à un, à une.	méc.	mécanique, Mechanik.
e-n	einen, un, une.	men.	menuiserie, Tischlerei.
enf.	langage des enfants, Kindersprache.	mép.	méprisable, verächtlich.
		mét.	métrique, Verslehre.
ent.	entomologie, Insektenkunde.	métall.	métallurgie, Hüttenwesen.
e-r	einer, à un, à une; d'un, d'une.	météor.	météorologie, Meteorologie.
		min.	minéralogie, Mineralogie.
e-s	eines, d'un, d'une.	m/pl.	masculin pluriel, männliche Mehrzahl.
esc.	escrime, Fechtkunst.		
etc.	et cætera, und so weiter.	mst	meistens, le plus souvent.
etw.	etwas, quelque chose.	mv. p.	en mauvaise part, im üblen od. schlimmen Sinne.
f	féminin, weiblich.		
féod.	féodalité, Lehnswesen.	myth.	mythologie, Mythologie.
fig.	figuré, figürlich, bildlich.	n	neutre, sächlich.
for.	science forestière, Forstwesen, Forstwissenschaft.	n/pl.	neutre pluriel, sächliche Mehrzahl.
		npr.	nom propre, Eigenname.
f/pl.	féminin pluriel, weibliche Mehrzahl.	num.	numismatique, Münzkunde.

od.	oder, *ou.*	*s-e*	seine, *sa, son, ses.*
opt.	*optique,* Optik, Lichtlehre.	*serr.*	*serrurerie,* Schlosserei.
orn.	*ornithologie,* Vogelkunde.	*sg.*	*singulier,* Einzahl.
P.	Person, *personne.*	s-m	seinem, *à son, à sa.*
parl.	*parlement,* Parlament.	sn	sein (*Verb*) *être;* (*pronom*)*son.*
part.	*participe,* Mittelwort.	s-n	seinen, son, sa (*acc.*).
pât.	*pâtisserie,* Backkunst.	*spr.*	sprich, *prononcez.*
peint.	*peinture,* Malerei.	s-r	seiner, *de son, de sa.*
péj.	*péjoratif,* verschlimmernd, verächtliche Herabsetzung ausdrückendes Wort.	s-s	seines, *de son, de sa.*
		st. s.	*style soutenu,* gehobener Stil, edle Rede- *od.* Ausdrucksweise.
pfort	*plus fort,* verstärkter Sinn.		
phil.	*philosophie,* Philosophie.	*su.*	*substantif,* Hauptwort.
phm.	*pharmacie,* Apothekerkunst.	*subj.*	*subjonctif,* Konjunktiv.
phot.	*photographie,* Photographie.	*su/pl.*	*substantif pluriel,* Hauptwort in der Mehrzahl.
phys.	*physique,* Physik.		
physiol.	*physiologie,* Physiologie.	*syn.*	*synonyme,* sinnverwandtes Wort.
pl.	*pluriel,* Mehrzahl.		
poét.	*poétique,* dichterisch.	*télégr.*	*télégraphie,* Telegrafie.
pol.	*politique,* Politik.	*téléph.*	*téléphonie,*Fernsprechwesen.
p.p.	*participe passé,* Partizip der Vergangenheit.	*télév.*	*télévision,* Fernsehen.
		thé.	*théâtre,* Theater.
p.pr.	*participe présent,* Partizip der Gegenwart.	*tram.*	*tramway,* Straßenbahn.
		typ.	*typographie,* Buchdruck(erkunst).
pr.	*pronom,* Fürwort.		
pr/d.	*pronom démonstratif,* hinweisendes Fürwort.	*u.*	und, *et.*
		usw.	und so weiter, *et cætera.*
prés.	*présent,* Präsens, Gegenwart.	*v.*	von, vom, *de.*
		var.	*variable,* veränderlich.
pr/i.	*pronom interrogatif,* fragendes Fürwort.	*v/aux.*	*verbe auxiliaire,* Hilfszeitwort.
pr/ind.	*pronom indéfini,* unbestimmtes Fürwort.	*vb.*	*verbe,* Verb(um), Zeitwort.
		vél.	*vélo,* Fahrrad.
provc.	*provincialisme,* Provinzialismus.	*vét.*	*art vétérinaire,* Tierheilkunde.
prp.	*préposition,* Verhältniswort.	*vgl.*	vergleiche, *comparez.*
pr/p.	*pronom personnel,* persönliches Fürwort.	*v/i.*	*verbe intransitif,* intransitives Zeitwort.
pr/poss.	*pronom possessif,* besitzanzeigendes Fürwort.	*v/impers.*	*verbe impersonnel,* unpersönliches Zeitwort.
		vo.	*voyelle,* Selbstlaut.
pr/r.	*pronom relatif,* bezügliches Fürwort.	*v/rfl.*	*verbe réfléchi,* reflexives Zeitwort.
p/s.	*passé simple,* historisches Perfekt.	*v/t.*	*verbe transitif,* transitives Zeitwort.
q.	*quelqu'un,* jemand.		
qch.	*quelque chose,* etwas.	*w.*	werden, *devenir.*
rad.	*radio,* Rundfunk.	*weitS.*	in weiterem Sinne, *par extension.*
rhét.	*rhétorique,* Redekunst.		
rl.	*religion,* Religion.	*z.B.*	zum Beispiel, *par exemple.*
S.	Seite, *page.*	*zo.*	*zoologie,* Zoologie, Tierkunde.
S.	Sache, *chose.*		
s.	siehe, man sehe, *voir, voyez.*	*zs.*	zusammen, *ensemble.*
		Zssg(n)	Zusammensetzung(en), *mot(s) composé(s).*
sculp.	*sculpture,* Bildhauerkunst.		

Die phonetischen Zeichen
der Association Phonétique Internationale

a) Vokale

Zeichen	Lautcharakteristik	verwandter deutscher Laut kurz	verwandter deutscher Laut lang	französ. Beispiel kurz	französ. Beispiel lang
a	helles a	Ratte	Straße	rat	courage
ɑ	dunkles a	Mantel	Vater	bas	pâte
ã	nasaliertes a	—	—	temps	ample
e	geschlossenes e	Edikt	—	été	—
ɛ	offenes e	fällen	gähnen	après	mère
ɛ̃	nasaliertes e	—	—	fin	plain-dre
ə	dumpfes e, deutliche Lippenrundung	Hacke	—	le; prêtre	—
i	geschlossenes i	vielleicht	Dieb	cri	dire
o	geschlossenes o	Advokat	Sohle	pot	fosse
ɔ	offenes o	Ort	—	Paul	fort
õ	nasaliertes o	—	—	mon	nom-bre
ø	geschlossenes ö	—	schön	nœud	chan-teuse
œ	offenes ö	öfter	—	œuf	fleur
œ̃	nasaliertes ö	—	—	parfum	humble
u	geschlossenes u	Mut	Uhr	goût	tour
y	geschlossenes ü, deutliche Lippenrundung	amüsieren	Mühle	aigu	mur

b) Konsonanten

Zeichen	Lautcharakteristik	verwandter deutscher Laut	französ. Beispiel
p	stimmlos, aber ohne nachfolgende Hauchung (Aspiration)	platt	paix
t		Topf	table
k		Karte	camp
f	stimmlos	Folge	fuir

— 14 —

Zeichen	Lautcharakteristik	Aussprache verwandter deutscher Laut	französ. Beispiel
s	stimmlos	Gasse	sentir
ʃ	,,	**Sch**aden	**ch**anter
b	stimmhaft	Birne	beau
d	,,	dort	droit
g	,,	gehen	gant
v	,,	Wein	vin
z	,,	Sonne	maison
ʒ	,,	Genie	je
j	wie deutsches j in „Jahr"	Champion	ration
l		laden	fouler
r		reichen	ronger
m		Mann	mou
n		nein	nul
ɲ	mouilliertes n (n mit Mundstellung j)	Champagner	cogner
ŋ	nasaler Verschlußlaut, im Französischen nur in Fremdwörtern	—	meeting [miˈtiŋ]

c) Halbvokale (Halbkonsonanten)

| w | gleitendes u | — | oui |
| ɥ | gleitendes ü | — | muet |

d) Zusätzliche Zeichen

Vokaldehnung wird durch : hinter dem betreffenden Vokal bezeichnet, die Tonstelle zwei- und mehrsilbiger Wörter durch ˈ **vor** der betonten Silbe.

Eine ausführliche Darstellung der französischen Aussprache vermittelt Ihnen

Langenscheidts
Ausspracheplatte Französisch

(Die Laute des Französischen)

Langspielplatte 17 cm ⌀, 45 Umdr./min.

Unabhängig von jedem Lehrbuch können Sie durch Vorspielen und Nachsprechen eine korrekte, von mundartlichen Färbungen und Tönungen freie Aussprache erlernen. Der der Platte beigegebene Text mit ausführlichen Erläuterungen wird hierbei eine gute Hilfe sein. Bei der Auswahl der französischen Sprecher wurde ein besonders strenger Maßstab angelegt.

Einiges über Silbentrennung, Bindung und Zeichensetzung im Französischen

Die Silbentrennung

ist von der Etymologie völlig unabhängig. Nach dem von der Académie befolgten Gebrauch gilt folgendes:

1. Mehrere aufeinanderfolgende Vokale bleiben ungetrennt: *la priè-re, la poé-sie, le cinquiè-me;* demnach sind untrennbar: *pays, tuer, bien* usw.

2. Ein *einfacher* Konsonant zwischen zwei Vokalen bildet den Anfang der folgenden Silbe; dabei gelten alle Konsonanten, die ein h nach sich haben, als einfach: *la rei-ne, si-lhouet-te, Fai-dher-be* (aber *mal-heur*).

3. x darf nur vor Konsonanten abgetrennt werden: *l'ex-pres-sion, une ex-cur-sion;* nicht trennbar: *le Saxon* usw.

4. Von *zwei* (auch Doppel-) *Konsonanten* zwischen zwei Vokalen bildet der zweite den Anfang der folgenden Silbe: *le dic-tion-nai-re, la vic-toi-re; al-ler, l'o-reil-le, descen-dre, jus-que*.

   Ausnahmen: gn, ch, ph, th sowie l und r mit vorausgehendem Konsonanten bleiben stets ungetrennt: *bai-gner, monta-gnard; le ta-bleau, qua-tre, ap-pli-quer, vi-vre*.

5. Stehen *mehr als zwei Konsonanten* zusammen, so kommt nur der letzte zur folgenden Silbe (auch hierbei gelten die Ausnahmen unter 4): *le sculp-teur, obs-cur;* a b e r *le por-trait, mor-dre*.

Die Bindung

Dem Sinn nach zusammengehörige und in einem grammatischen Verhältnis zueinander stehende Wörter werden gebunden, indem der Endkonsonant eines Wortes mit dem vokalischen Anlaut des folgenden Wortes verschmolzen wird: *il‿avait, une‿amie* usw.; dabei werden auch stumme Endkonsonanten wieder hörbar: *ils‿ont, le petit‿atelier, un mauvais‿ami* usw., einige Konsonanten verändern hierbei ihren Laut: s, x, z lauten wie z (*deux‿amis* [døza'mi]), d wie t (*grand‿homme* [grã'tɔm]), g wie k (*sang‿impur* [sãkɛ̃'py:r]) und f wie v in: *neuf‿ans* [nœ'vã] und *neuf‿heures* [nœ'vœ:r].

Ein enges grammatisches Verhältnis besteht z. B. zwischen:

1. zusammengesetzten Ausdrücken: *peut‿être, mot‿à mot* usw.;

2. dem Substantiv und Artikel, Pronomen, Adjektiv, Numeralis, Präposition: *les‿usages, mon‿oncle, petit‿enfant, trois‿ampoules* usw.;

3. dem Adverb und dem folgenden Wort: *très‿aimable, tout‿autour, pas‿ici* usw.;

4. dem verbundenen Personalpronomen und (Hilfs-)Verb: *il‿a, nous‿avons, il‿ira, vous‿ouvrez* usw.

5. der Präposition und dem von ihr abhängigen Wort *chez‿elle, sans‿argent, après‿avoir mangé* usw.

Von den Nasallauten werden im allgemeinen nur gebunden: *en, on, mon, ton, son, bien* als Adverb und *rien* vor dem Verb; *bien‿aimable, je n'ai rien‿entendu* usw.

— 16 —

Ausnahmen:
1. Jede Sprechpause oder Hervorhebung eines Wortes schließt die Bindung aus.
2. In den Wörtern auf rd und rt bleibt der Endkonsonant stumm; dafür bindet das r: *sourd et muet* [suːr‿ɛ mɥe], *nord-est* [nɔ‿ˈrɛst], *un fort alliage* [œ̃ˈfɔːraˈljaːʒ] usw.
3. Substantive auf *and*, *end*, *ond* binden nie: *un marchand* ‖ *étranger* [œ̃marˈʃɑ̃ etrɑ̃ˈʒe].
4. Nicht gebunden werden Namen von Personen, Ländern, Städten und Flüssen; ebensowenig das t von *et*.

Vorgeschrieben ist jedoch nur die Bindung zwischen einem Wort ohne Akzent und einem Wort mit Akzent: *les‿ornements des‿églises gothiques*. In allen anderen Fällen ist die Bindung nicht zwingend. Der heutige Sprachgebrauch neigt dazu, die Bindung immer weniger anzuwenden.

Zeichensetzung

Der Gebrauch der Satzzeichen stimmt im Französischen mit dem im Deutschen weitgehend überein. Starke Abweichungen aber bestehen im Gebrauch des Kommas (*la virgule*), das im Französischen als Zeichen der Pause gebraucht wird. Daher steht nie ein Komma vor que-(daß-)Sätzen: *je sais qu'il part* ich weiß, daß er abreist. Auch vor Nebensätzen steht es ist ob steht kein Komma: *je ne sais s'il peut venir* ich weiß nicht, ob er kommen kann. Allgemein steht vor Konjunktionen selten ein Komma. Ferner wird kein Komma vor den Infinitiv gesetzt: *il me prie de le suivre* er bittet mich, ihm zu folgen. Vor Relativsätzen steht kein Komma, wenn sie determinativ, d.h. zum Verständnis des Hauptsatzes notwendig sind: *j'ai vu l'homme qui a perdu ce livre* ich habe den Mann gesehen, der dieses Buch verloren hat. Entsprechend darf auch zwischen *celui qui* derjenige, welcher nie ein Komma stehen.

Da aber, wo im Französischen adverbiale Bestimmungen einen Satz einleiten oder in einen Satz eingeschaltet sind, werden sie gern durch ein Komma, als Zeichen der Pause, abgetrennt: *Hier soir, je l'ai vu* gestern abend habe ich ihn gesehen.

Das französische Alphabet

Aa	Bb	Cc	Dd	Ee	Ff	Gg	Hh	Ii	Jj	Kk	Ll	Mm	Nn
a	be	se	de	e	ɛf	ʒe	aʃ	i	ʒi	ka	ɛl	ɛm	ɛn

Oo	Pp	Qq	Rr	Ss	Tt	Uu	Vv	Ww	Xx	Yy	Zz
o	pe	ky	ɛːr	ɛs	te	y	ve	dublǝve	iks	igrɛk	zed

A

A (*ou* **a**) A (*od.* a) *n*.

à [a] *prp.* in; nach (*Richtung*); auf, bei (*Ort*); gegen (*feindlich*); um (*Uhrzeit*); ab (*Ort u. Zeit*); mit (*Mittel; Merkmal*); *bisw.*: von *bzw.* aus; zu (*Zweck*); *à Paris* in, nach P.; *à Cuba* in *bzw.* nach C.; *au Yémen* im *bzw.* in den Jemen; *à Madagascar* in *bzw.* nach M.; *au Maroc* in, nach Marokko; *à la Maison-Blanche* im Weißen Haus; *de Dijon à Paris* von D. nach P.; *mort à la guerre* im Kriege gestorben; *à la deuxième génération* in der zweiten Generation; (*à la*) *page deux* auf Seite zwei; *à table* bei Tisch; *écrire à la main* mit der Hand schreiben; *chapeau à trois cornes* Hut mit drei Ecken, Dreimaster *m*; *demander qch. à q.* von j-m etw. erbitten, j-n um etw. bitten; *boire un verre à un verre* aus e-m Glas trinken; *verre m à eau* Wasserglas *n*; *machine à écrire* Schreibmaschine *f*; *marcher à l'ennemi* gegen den Feind marschieren; *reconnaissable à* erkennbar an; *tirer à blanc* blind schießen; *cigarette aux doigts* mit der Zigarette in der Hand; *aux côtés de la France* an der Seite Frankreichs; *prendre place à côté* (*od. aux côtés*) *de q.* neben j-m Platz nehmen; *à tort et à travers* völlig unüberlegt; *c'est bien aimable à vous* das ist sehr liebenswürdig von Ihnen; *un ami à moi* ein Freund von mir; *dans un langage à eux* in e-r ihnen eigenen Sprache; *ce livre est à moi* dieses Buch gehört mir; *à 20 pas d'ici* 20 Schritt von hier; *à cinq heures précises* Punkt fünf Uhr; *à midi et demie* um halb eins; *à demain!* bis morgen!; *à tout moment* in jedem Augenblick; *un à un* einzeln; *à dessein* absichtlich; *à jamais* für immer; *au secours!* *od.* *à moi!* Hilfe!; *au feu!* Feuer!; *cousu* (*à la*) *main* handgenäht; ♪ *à quatre mains* vierhändig; *à trois francs* zu drei Franken; *à regret* ungern; *bateau à vapeur* Dampfer *m*; *goutte à goutte* tropfenweise; *mot à mot* wörtlich, Wort für Wort; *à fleur de niveau* eben (*od.* bündig) mit; *armoire à pharmacie* Hausapotheke *f*; *à pas à pas* schrittweise, Schritt für Schritt; *descendre l'escalier quatre à quatre* die Treppe herunterrasen; *peu à peu* nach und nach, allmählich; *frapper à faux* vorbeihauen.

abaiss|ement [abɛsˈmɑ̃] *m* Herabsetzung *f*, Senkung *f der Preise*; Erniedrigung *f*; Fallen *n des Wassers*; Sinkenlassen *n der Stimme*; Kürzung *f e-s Bruches od. e-r Gleichung*; Rückgang *m der Temperatur*; Herunterlassen *n der Fahne*; **~er** [~ˈse] (1b) niedrig(er) m.; *Teig*: dünn rollen; herunterlassen, senken; ⚓ *Lot*: fällen; *Zahl*: herunterziehen; Gleichung, *Bruch*: kürzen; *Stimme*: sinken l.; demütigen, erniedrigen; *s'~ z. B. Nebel*: fallen, sinken; *Wind*: sich legen; *fig.* sich herablassen, sich erniedrigen; sich unterordnen.

abajoue [abaˈʒu] *f* Backentasche *bei Tieren*; F Hängebacke *f*.

abandon [abɑ̃ˈdɔ̃] *m* Verlassenheit *f*; Vernachlässigung *f*; Preisgabe *f*; Ungezwungenheit *f*; Abtretung *f*; Hingabe *f*; *Sport*: Aufgeben *n*, Zurückziehen *n*; *par ~* durch Aufgabe; *à l'~* gänzlich vernachlässigt; *laisser tout à l'~* alles drunter und drüber (*od.* alles verkommen) lassen; **~ner** [~dɔˈne] (1a) im Stich l., aufgeben, preisgeben, verzichten auf (*acc.*), abtreten; *Kind*: aussetzen; *s'~ à* sich verlassen auf; *abs.* sich gehen l.

abasourdir [abazurˈdiːr] (2a) betäuben; *fig.* verblüffen.

abat [aˈba] *m*: *pluie f d'~* Platzregen; **~s** *pl.* Innereien *f/pl.*

abâtard|ir [abatarˈdiːr] (2a) *in der Art* verschlechtern; *s'~* entarten; **~issement** [~disˈmɑ̃] *m* Entartung *f*.

abat-jour [~ˈʒuːr] *m* Lampenschirm; △ Oberlicht *n*; Schrägfenster *n*.

abattage [~ˈtaːʒ] *m* Niederwerfen *n*; *Holz-*Fällen *n*; Holzeinschlag *m*; Abschlachten *n*; ⚒ Abbau; P Rüffel *m*, Strafpredigt *f*; * Schwung *m*,

abattant — **abonner**

Schneid *m*; ~ *clandestin* Schwarzschlachten *n*; ~ *urgent* Notschlachtung *f*.

abattant [~'tã] *m* Rolltür *f*; Tischklappe *f*.

abatt|ement [abat'mã] *m* Mattigkeit *f*; Niedergeschlagenheit *f*; **~eur** *m* Holzfäller *m*; Schlächter; ⚔ Hauer *m*; *fig.* ~ *de besogne* tüchtiger, flinker Arbeiter *m*; **~is** [aba'ti] *m* Fällen *n*; ⚔ Verhau; Späne, *Schlacht-*Abfälle *pl.*; *(Gänse- usw.)* Klein *n*; *ch.* Gemetzel *n*; *pl.* * Arme und Beine; * *numéroter ses* ~*s* s-e Knochen zählen *(vor od. nach e-m Streit)*; **~oir** [aba'twa:r] *m* Schlachthaus *n*; **~re** [a'batrə] (4a) niederschlagen, fällen, schlachten; ⚔ abschießen; *fig.* abschwächen; demütigen, entmutigen; *il abat de la besogne* es geht ihm vor der Hand; ⊕ ~ *la besogne de 1000 ouvriers* die Arbeit von 1000 Arbeitern ersetzen; *s'*~ einstürzen, zs.-brechen; ⚔, *Alpensport:* abstürzen; *Gewitter:* niedergehen; *Wind:* sich legen.

abattu [~'ty] *fig.* niedergeschlagen.

abat-vent [aba'vã] *m* Wetterdach *n*; Schornsteinkappe *f*. [Abtei...]

abbatial [~'sjal] äbtlich, abteilich,

abbaye [abe'i] *f* Abtei *f*.

abbé [a'be] *m* Abt *m*, Geistlicher *m*, Abbé; Priester.

abbesse [a'bɛs] *f* Äbtissin.

abc [abe'se] *m* Abc *n*, Alphabet *n*; Fibel *f*; Anfangsgründe *m/pl.*

abcès [ap'sɛ] *m* Geschwür *n*, Ab-'szeß *m*.

abdication [abdika'sjõ] *f* freiwillige Abdankung; ~ *(du trône)* Verzicht *m* auf den Thron, Thronentsagung *f*.

abdiquer [~'ke] (1m) *v/i.* abdanken; *v/t.* niederlegen, verzichten auf *(acc.)*.

abdomen [abdo'mɛn] *m* Unterleib; Hinterleib *der Insekten*.

abécédaire [abese'dɛ:r] *m* Fibel *f*; ~ *d'une science* Elemente *n/pl.* e-r Wissenschaft. [füttern.]

abecquer [abe'ke] (1m) *v/t. Vögel*

abeille [a'bɛj] *f* Biene; **~r** [~'je] *adj.* Bienen...; *m* Bienenstand *m*, -haus *n*.

aberration [abɛra'sjõ] *opt. f* Abweichung; Verirrung.

abêtir [abe'ti:r] (2a), verdummen.

abhorrer [abo're] (1a) verabscheuen.

abîm|e [a'bim] *m* Abgrund, Tiefe *f*; **~é** F [abi'me] *adj.* F ka'putt, schwer beschädigt, ramponiert; **~er** [abi'me] (1a) zugrunde richten; verderben; beschädigen, F ka'putt m., ramponieren; *s'*~ versinken *(Schiff)*; zugrunde gehen; schlecht werden, verderben *(Obst)*; sich vertiefen *(dans in acc.)*.

abject [ab'ʒɛkt] niederträchtig; verworfen; verächtlich; gemein; **~ion** [abʒɛk'sjõ] *f* Niederträchtigkeit *f*; Verworfenheit; Gemeinheit.

abjurer [abʒy're] (1a) abschwören.

ablation ♂ [abla'sjõ] *f* Ablation *f*, Entfernung *f*.

abl|e [a'blə] *m* Weißfisch *m*; **~ette** *icht.* [a'blɛt] *f* Blicke *f*, Ukelei *m*.

ablution [ably'sjõ] *f* Waschung; *(religiöse)* Reinigung.

abnégation [abnega'sjõ] *f* Selbstverleugnung; Entsagung; Selbstüberwindung.

aboi [a'bwa] *m* Bellen *n*; *fig.* être *aux* ~*s* in e-r verzweifelten Lage sn; **~ement** [abwa'mã] *m (mst.pl.)* Gebell *n*.

abol|ir [abo'li:r] (2a) abschaffen, aufheben; ⚖ niederschlagen; **~ition** [~li'sjõ] *f* Abschaffung, Aufhebung, Tilgung; ⚖ Niederschlagung *f*; ♂ Schwinden *n*; ~ *de la mémoire* Schwinden *n* des Gedächtnisses; ~ *de la vue* Erblinden *n*; ~ *de l'ouïe* Taubwerden *n*.

abomin|able [~mi'nablə] abscheulich; **~ation** [~na'sjõ] *f* Abscheu *m*; *(bsd. im pl.)* Scheußlichkeit *f*; **~er** [~'ne] (1a) verabscheuen.

abondamment [abõda'mã] *adv.* zu *abondant* = reichlich, im Überfluß.

abond|ance [abõ'dã:s] *f* Überfluß *m*; *fig.* Wortreichtum *m*, überströmende Beredsamkeit *f*; *parler* ~ aus dem Stegreif reden; *en* ~ reichlich; **~ant** [~'dã] (7) reichlich; fruchtbar; ~ *en* reich an *(dat.)*; **~er** [~'de] (1a) reichlich vorhanden sn; Überfluß h. *(en an dat.)*.

abonn|é(e) [abo'ne] *su. téléph.* Teilnehmer(in *f*) *m*, Abonnent(in *f*) *m*; Zeitkarteninhaber(in *f*) *m*; **~ement** [~'mã] *m*; ~ *(mensuel)* 🚆 Monatskarte *f*, *thé.*, *Sport:* Dauerkarte *f*; ~ *(valable) pour un an* Jahresabonnement *n*; ✝ *payer à l'*~ in Raten zahlen; *par (od. à) l'*~ auf Abzahlung, in Raten; ~ *postal* Postbezug *m* e-r Zeitung; **~er** [abo'ne] (1a): ~ *q. à*

abonnir — 19 — **absenter**

qch. für j-n abonnieren auf (*acc.*); s'~ à abonnieren auf (*acc.*).

abonnir [abɔ'niːr] (2a) *Wein, Erde*: verbessern; s'~ besser w.

abord [a'bɔːr] *m* Ankunft *f*; Zutritt, Zugang, Anfahrt *f*, Landungsplatz *m*; *fig.* Wesen *n*, Zugänglichkeit *f*; d'~ zuerst; tout d'~ = dès l'~ gleich zuerst; de prime ~ von vornherein, auf den ersten Blick; aux ~s de ganz in der Nähe von; aux ~s du pouvoir auf der Schwelle zur Macht; **~able** [abɔr'dabl] ⚓ zum Landen geeignet; *fig.* zugänglich; *Preis*: annehmbar, erschwinglich; **~age** [~'daːʒ] *m* ⚓ Anlegen *n*; Entern *n*; Zs.-stoßen *n*; **~er** [abɔr'de] (1a) ⚓ anlegen (an *dat.*); landen; entern; ⚓ anfliegen; ~ qch. erörtern, zu sprechen kommen auf (*acc.*), anschneiden (*Frage*); ~ q. j-n ansprechen; s'~ sich einander nähern.

aborigène [abɔri'ʒɛn] *m* Einheimische(r); *adj.* einheimisch; *su.* ~s *pl.* Ureinwohner *pl.*

aborner [abɔr'ne] (1a) vermarken, *Gelände* abstecken.

abortif [abɔr'tif] (7e) *zu früh geboren* (*a. m. u.*); verkümmert; ~ (*a. m*) abtreibend(es Mittel *n*), Abtreibungsmittel *n*.

abouch|ement [abuʃ'mã] *m* Unterredung *f*; ⊕ Einmündung *f*; **~er** [abu'ʃe] (1a) ⊕ ineinanderfügen; *fig. Personen* zusammenbringen; s'~ sich bereden; ⊕ zs.-stoßen (*von Röhren*); einmünden; sich mit j-m in Verbindung setzen.

abouler ⚑ [abu'le] (1a) hergeben, geben, herausrücken, zahlen; bringen; s'~ P angetrudelt (*od.* angewalzt) kommen; *Fahrzeug*: heranrollen.

aboul|ie ♂, ⚕ [abu'li] *f* Abulie *f*, Willensschwäche *f*; **~ique** [~'lik] willenlos.

about ⊕ [a'bu] *m* Balkenkopf *m*; ⚒ ~ du rail Schienenende *n*; **~er** [~'te] (1a) zusammenfügen.

about|ir [abu'tiːr] (2a): ~ à qch. grenzen bis an (*acc.*), endigen in (*dat.*); sich ergießen (*Fluß*); ♀, ⚕ aufgehen; *fig.* führen zu (*dat.*); faire ~ zum Ziele führen, zum Abschluß bringen; **~issant** [abuti'sã] anstoßend, angrenzend; **~issement** [~tis'mã] *m* angesetztes Stück, *fig.*

Ergebnis *n*, Erfolg; ⚕ Geschwür: Aufgehen *n*, Reife *f*.

aboy|er [abwa'je] (1h) bellen; **~eur** [~'jœːr] *m* Kläffer *m*, *fig.* Querulant *m*, bissiger Mensch; Schreier *m*, Schreihals *m*; Zeitungsausrufer *m*.

abras|if ⊕ [abra'zif] *m* Schleifmittel *n*; *adj.* (7e) (ab)schleifend; toile *f* abrasive Schmirgelleinwand *f*; **~ion** [~'zjɔ̃] *f* Abschaben *n*.

abrég|é [abre'ke] *m* Abriß, Auszug; **~er** [~] (1g) abkürzen.

abreuver [abrœ've] (1a) tränken; **~oir** [~'vwaːr] *m* Schwemme *f*, Tränke *f*, Wassertrog *m*.

abréviation [abrevia'sjɔ̃] *f* Abkürzung *f*.

abri [a'bri] *m* Obdach *n*; (Schutz-)Hütte *f*; *fig.* Schutz, Sicherheit *f*; ⚔ Unterstand *m*; Luftschutz-raum, -keller *m*, Deckung *f*; ~ atomique Atombunker *m*; ~ bétonné Bunker *m*; ⚔ ~ de mécanicien Führerstand *m*; à l'~ de gedeckt (*od.* geschützt) gegen (durch); mettre à l'~ in Sicherheit bringen; à l'~ de l'air unter Luftabschluß.

abricot [abri'ko] *m* Aprikose *f*; **~ier** [~kɔ'tje] *m* Aprikosenbaum.

abri-mangeoire [a'bri mã'ʒwaːr] *m*: ~ pour oiseaux Vogelfutterhäuschen *n*.

abriter [~'te] (1a) ein Obdach gewähren, Unterkunft gewähren, unterbringen, vor Wind und Regen schützen; ~ de (*contre*) schützen vor (*dat.*); s'~ sich schützen, sich unterstellen.

abrivent [~'vã] *m* Wetterdach *n*, Windschutz *aus Stroh*.

abroger [abrɔ'ʒe] (1l) abschaffen, aufheben; außer Kraft setzen; être abrogé, s'~ außer Kraft treten.

abrupt [ab'rypt] (7) schroff, abschüssig; *fig.* schroff; *Stil*: nicht ausgefeilt; abgehackt.

abruti [abry'ti] *su.* Dummkopf *m*, Blödling *m*, Idiot *m*.

abrut|ir [abry'tiːr] *v/t.* (2a) verdummen; s'~ stumpfsinnig werden; **~issement** [~tis'mã] *m* Verdummung *f*; Vertierung *f*, sittliche Haltlosigkeit *f*.

absence [ap'sɑ̃ːs] *f* Abwesenheit *f*; Zerstreutheit; ⚕ Bewußtseinstrübung.

absent [ap'sɑ̃] (7) abwesend; *fig.* zerstreut; **~er** [apsɑ̃'te] (1a): s'~

absinthe sich entfernen, sich drücken F, abhauen F.
absinthe [ap'sɛ̃:t] f Absinth m.
absolu [apsɔ'ly] (7) absolut, unumschränkt; unabhängig; fig. restlos; (chemisch) rein (Alkohol); zéro m ~ phys. absoluter Nullpunkt (—273, 15°); ~ment durchaus; völlig; ~tion [~sɔly'sjɔ̃] f Sündenvergebung f; ~tisme [~ly'tism] m Absolutismus m, unumschränkte Regierungsform f; ~toire [~'twa:r] lossprechend; bref m ~ Ablaßbrief m.
absorber [apsɔr'be] (1a) absorbieren; aufsaugen; aufzehren; ⊕ Stoß auffangen, aufnehmen; ♪ dämpfen; fig. völlig in Anspruch nehmen; s'~ sich vertiefen in.
absorption [~p'sjɔ̃] f Ein-, Aufsaugen n, Absorbierung f; fig. Verschwinden n.
absoudre [ap'sudrə] (4b) für straflos erklären, freisprechen; rl. lossprechen.
absten|ir [apstə'ni:r] (2h): s'~ sich enthalten (de gén. od. von): ~tion [apstɑ̃'sjɔ̃] f Abstehen n (von etw.); (bsd. Stimm-)Enthaltung f, Verzichtleistung.
absterg|ent ⚕ [apster'ʒɑ̃] adj. u. m reinigend (als Mittel); ~er ⚕ [~'ʒe] (1l) Wunde, Geschwür auswaschen.
abstinen|ce [apsti'nɑ̃:s] f Enthaltsamkeit f; faire ~ fasten; ~t [~'nɑ̃] m Abstinenzler m.
abstraction [apstrak'sjɔ̃] f Abstraktion f, abstrakter Begriff m; faire ~ de qch. von etw. absehen; ~ faite de cela abgesehen davon; ~s pl. Reflektionen f/pl., Phantastereien f/pl., Hirngespinste n/pl.; être plongé dans des ~s in träumerische Gedanken versunken sein.
abstrai|re [aps'trɛ:r] (4s) abstrahieren, abziehen; ~t [~'trɛ] (7) abstrakt; Wissenschaften: rein, höher; fig. mit s-n Gedanken völlig abwesend.
abstrus [ap'stry] (7) abstrus, verworren, schwer verständlich; verwickelt.
absurd|e [ap'syrd] absurd, widersinnig, sinnlos, geschmacklos, ungereimt, albern; tomber dans l'~ m abgeschmackt werden; ~ité [apsyrdi'te] f Absurdität f, Unsinnigkeit f, Sinnlosigkeit f, Geschmacklosigkeit f, Ungereimtheit f.

abus [a'by] m Mißbrauch; Fehler m, Irrtum m; les ~ pl. die Mißstände m/pl.; ~ de confiance Vertrauensbruch; ~er [aby'ze] (1a) v/t. täuschen; v/i. ~ de qch. etw. mißbrauchen; s'~ sich täuschen; ~eur adj. betrügerisch; m Betrüger, Verführer; ~if [~'zif] mißbräuchlich; fig. sprachwidrig.
abyss|al [abi'sal] adj. (7) Tiefsee...; ~es [a'bis] m/pl. Tiefsee f.
Abyssinie [abisi'ni] f: l'~ Abessinien n.
acabit [aka'bi] m 1. 🌿 (von Sachen) Sorte f; pommes f/pl. d'un bon ~ Äpfel m/pl. von guter Sorte; 2. F oft péj. (v. Menschen) fig. Kaliber n, Schlag m.
acacia 🌿 [aka'sja] m Akazie f.
académ|icien [akademi'sjɛ̃] m Mitglied n e-r Akademie; ~ie [~'mi] f Akademie; Fr. Schulbezirk m; peint. Aktstudie f; ~ique adj. akademisch; gezwungen, steif; geziert.
acagnarder [akaɲar'de] (1a) faul m.; s'~ faulenzen, dösen.
acajou [aka'ʒu] m Mahagoni n.
acanthe [a'kɑ̃:t] f 🌿 Bärenklau m od. f; 🏛 Akanthus(blatt n) m.
acariâtre [aka'rja:trə] zänkisch, mürrisch; Charakter: schwierig.
acatène ⊕ [aka'tɛn] kettenlos.
accabl|ant [akɑ'blɑ̃] (7) erdrückend, schwül; fig. lästig; belastend; ~ement [akablə'mɑ̃] m Niedergeschlagenheit f; fig. Überhäufung f; ~er [~'ble] (1a) niederdrücken; überhäufen (de mit); fig. belasten.
accalmie [akal'mi] f Windstille; Erschlaffung f; ⚔ Kampfpause; ♱ stille Zeit, Flaute.
accapar|er [akapa're] (1a) wucherisch aufkaufen; fig. hamstern f; fig. an sich reißen, mit Beschlag belegen; ~eur m, ~euse f [~'rœ:r, ~'rø:z] wucherische(r) Aufkäufer(in f) m; fig. Hamsterer m, Schieber m.
accéder [akse'de] (1f): ~ à qch. gelangen zu, Zugang haben zu, eingehen, beitreten; zustimmen, gewähren (Bitte); beipflichten.
accélér|ateur [akselera'tœ:r] beschleunigend; m Auto: Gashebel; Kino: Zeitraffer; at. ~ de particules Teilchenbeschleuniger m; ~ation [~rɑ'sjɔ̃] f Beschleunigung f; ~er [~'re] v/t. (1f) beschleunigen; Auto:

Gas geben; *train m* ~é beschleunigter Personenzug.

accent [ak'sɑ̃] *m* Akzent; Hervorhebung *f*; Betonung *f*; Tonfall; fremdartige Aussprache *f*; **~uation** [aksɑ̃tɥa'sjɔ̃] *f* Betonung; **~uer** [~'tɥe] (1n) betonen, akzentuieren.

accept|able [aksɛp'tabl] annehmbar; **~ant** † [~'tɑ̃] *m* Empfänger; **~ation** [~tɑ'sjɔ̃] *f* Annahme; † Akzept *n*; **~er** [~'te] (1a) annehmen, sich etw. gefallen (*od.* bieten) lassen; *je n'accepte pas cela* das lasse ich mir nicht bieten; **~eur** † [~'tœːr] *m* Akzeptant; **~ion** [~'sjɔ̃] *f* Rücksicht; *gr.* Bedeutung, Sinn *m*.

accès [ak'sɛ] *m* Zutritt *m* (*a. biol.*: *von Keimen aus der Luft*); Eingang; (*Wut-, Fieber-*)Anfall; Anwandlung *f*; *pl.* Zufahrtsstraßen *f*.

accessible [aksɛ'sibl] erreichbar; *Preis*: annehmbar; *fig.* zugänglich (*à* für).

accession [aksɛ'sjɔ̃] *f* Beitritt *m*, Zustimmung; ~ *du travail* Eingliederung in den Arbeitsprozeß.

accessoire [~'swaːr] **1.** nebensächlich; **2.** *m* Zusatz; Nebensache *f*; Zubehör *n*; ~s *thé. pl.* Requisiten *n/pl.*; ✿ Zubehör *das*, Zusatzgeräte *n/pl.*, Einzelteile *m/pl.*; *occupation f* ~ Neben-beruf, -beschäftigung *f*.

accident [aksi'dɑ̃] *m* Un-, Zufall; ♪ Vorzeichen *n*; *phil.* Akzidenz *f*, unwesentliche Eigenschaft; ~ *de (la) circulation* Verkehrsunfall; ~ *de moteur* Motordefekt *m*; ~ *de terrain* Hügeligkeit *f*; ~ *du développement biol.* Entwicklungsstörung *f*; *par* ~ zufällig *adj.*; **~é** [~dɑ̃'te] uneben, hügelig; bewegt, ereignisreich (*Leben*); *Wagen*: beschädigt; *néol.* verunglückt; ~ *du travail* Opfer *n* der Arbeit Verunglückter *m*, Arbeitsopfer *n*; **~el** [~'tɛl] (7c) zufällig, unwesentlich; **~er** [~'te] (1a) *v/t.* uneben *u.* wechselvoll gestalten (*Stil*).

accise [ak'siːz] *f* Verbrauchssteuer; *agent m des* ~s Steuerbeamter *m*.

acclam|ation [aklama'sjɔ̃] *f* Beifallsruf *m*; **~er** [~'me] (1a): ~ *q.* jemand(em) zujubeln.

acclimat|ation [aklimata'sjɔ̃] *f* (*durch den Willen od. das Eingreifen des Menschen*) Akklimatisierung *f*, Eingewöhnung *f*; Gewöhnung *f* an das Klima; *jardin m d'*~ zoologischer *u.* botanischer Garten; **~e-**

ment *biol.* [aklimat'mɑ̃] *m* Akklimatisation *f*; spontane Anpassung *f* der Lebewesen an Klimaveränderungen *usw.*; **~er** [~'te] (1a) *v/t. u. s'*~ (sich) an das Klima gewöhnen; *s'*~ sich einbürgern, Boden fassen, sich einleben, heimisch werden.

accoint|ance *mv. p.* [akwɛ̃'tɑ̃s] *f* Umgang *m*; **~er** [~'te] (1a): *s'*~ *avec q.* sich mit j-m einlassen.

accol|ade [akɔ'lad] *f* Umarmen *f*, Bruderkuß *m* (*heute nur noch bei der Verleihung e-s Grades der Ehrenlegion*); *typ.* geschweifte Klammer (~~); *hist.* Ritterschlag *m*; **~age** ✿ [~'laːʒ] *m* Anbinden *n von Spalier, Obst od. Weinreben*; **~er** [akɔ'le] (1a) † umarmen; zs.-klammern; zs.-fügen (*Namen*); ✿ anbinden; **~ure** ✿ *f* Bindeband *n*.

accommod|age [akɔmɔ'daːʒ] *m* Zubereitung *f der Speisen f/pl.*; **~ant** [~'dɑ̃] umgänglich; **~ation** [~dɑ'sjɔ̃] *f* Anpassung; **~ement** [akɔmɔd'mɑ̃] *m* Vergleich *m*, Abkommen *n*; Abfindung *f*, -en *n*; † Akkord *m*; **~er** [~mɔ'de] (1a) in Ordnung bringen; *cuis.* zubereiten, zurechtmachen; schlichten; ~ *qch. à qch.* etw. e-r Sache anpassen; *s'*~ *à qch.* sich e-r Sache anpassen; *s'*~ *avec q.* sich mit j-m verständigen (*od.* einigen); *s'*~ *de qch.* sich mit etw. abfinden (*od.* zufrieden geben); etw. mit in Kauf nehmen.

accompagn|ateur *m*, **~atrice** *f* ♪ [akɔ̃paɲa'tœːr, ~'tris] ♪ Begleiter (-in *f*) *m*; Reisebegleiter(in *f*) *m*; **~ement** [~paɲ'mɑ̃] *m* Begleitung *f* (*a.* ♪); **~er** [~'ɲe] (1a) begleiten.

accompl|ir [akɔ̃'pliːr] (2a) vollenden; erfüllen; **~issement** [~plis'mɑ̃] *m* Erfüllung *f*; Vollendung *f*.

accord [a'kɔːr] *m* Einklang; Vergleich; Abkommen *n*, Übereinkommen *n*; ♪ Akkord *m*; *rad.* Einstellung *f*, Regulierung *f*; *gr.* Konkordanz *f*; ~*s de Paris* Pariser Verträge *m/pl.*; *d'*~ einig, meinetwegen!, einverstanden (!); *tomber d'*~ übereinkommen, einig werden; ~ *commercial* Handelsvertrag; **~able** [akɔr'dabl] vereinbar; annehmbar; ♪ stimmbar; **~age** ♪ [~'daːʒ] *m* Stimmen *n*; **~ailles** [~'daːj] *f/pl.* Verlobung *f*; **~é(e** *f*) *m* † [akɔr'de] Verlobte(r *m*) *f*; **~éon** [~de'ɔ̃] *m* Ziehharmonika *f*, Akkordeon *n*;

~éoniste [~deɔ'nist] su. Akkordeonspieler; **~er** [~'de] v/t. (1a) in Übereinstimmung bringen; bewilligen; gewähren, zugestehen; ♪ stimmen; rad. abstimmen; ~ de la confiance à q. Vertrauen schenken; ~ sa main à quelqu'une j-m sein Jawort geben (Eheschließung); s'~ sich vertragen; übereinstimmen; ♪ gestimmt werden; gr. sich richten (avec nach); **~eur** [~'dœ:r] su. Stimmer m; **~oir** [~'dwa:r] m Stimmschlüssel m.

accore ⚓ [a'kɔːr] m Stützbalken m, Stag m (beim Schiffsbau); Steilküste f; adj. steil abfallend; **~r** [akɔ're] (1a): ~ de stützen mit ... (dat.).

accorte [a'kɔrt] bsd. adj./f freundlich, gefällig.

accost|able [akɔs'tablǝ] ⚓ zum Anlegen geeignet; F fig. zugänglich; leutselig; **~age** [~s'ta:ʒ] m Anlegen n, Landungsstelle f; P Ansprechen n e-r Frau; **~er** [~s'te] (1a) anlegen; ~ q. j-n ansprechen.

accot|ement [akɔt'mã] m erhöhter Fußsteig m; Aufschüttung f; **~er** [~'te] (1a) v/t. u. s'~ (sich) anlehnen, stützen; **~oir** [~'twa:r] m Arm-, Seitenlehne f.

accouch|ée [aku'ʃe] f Wöchnerin f; **~ement** [~ʃ'mã] m Entbindung f; ~ indolore (laborieuse) schmerzlose (schwere) Entbindung f; **~er** [~'ʃe] v/i. (1a) niederkommen (de mit); fig. ~ de qch. etw. zur Welt bringen; v/t. entbinden; **~eur** m, **~euse** f [~'ʃœːr, ~'ʃøːz] m Geburtshelfer m; Hebamme f.

accoud|er [aku'de] (1a): s'~ sich mit dem Ellbogen aufstützen; **~oir** [~'dwa:r] m Armlehne f; Fensterbrett n. [koppelrimen m.]

accouple ch. [a'kuplǝ] f Hundekoppel f;

accoupl|ement ⊕ [akuplǝ'mã] m Schaltung f; Kupplung f; Paarung f; rad. Kopplung f; ~ en série Serienschaltung f; Auto: ~ à griffe(s) Klauenkupplung f; ~ de (la) magnéto Magnetkupplung f; **~er** [~'ple] (1a) paaren; fig. verbinden; 🚂, ⊕ kuppeln; rad. koppeln; ≠ schalten.

accour|cir [akur'si:r] (2a) verkürzen (Kleid; Weg); **~cissement** [~sis'mã] m Verkürzung f.

accourir [aku'ri:r] [avoir u. être] (2i) herbei-laufen, -eilen.

accoutr|ement [akutrǝ'mã] m Ausstaffierung f, Aufputz m; **~er** [~'tre] (1a) herausputzen, ausstaffieren.

accoutum|ance [akuty'mã:s] f Gewohnheit f; Gewöhnung f; **~é** [~'me] adj. gewöhnt; gewöhnlich; comme à l'~e wie üblich; **~er** (~) (1a): ~ q. à qch. j-n an etw. (acc.) gewöhnen.

accouv|age [aku'va:ʒ] m Brutanstalt f; **~er** [~'ve] (1a) v/t. zum Brüten setzen; v/i. brüten (Glucke).

accrédit|ation [akredita'sjɔ̃] f Eröffnung f e-s Kredits; **~er** [~'te] (1a) Vertrauen einbringen; sa loyauté l'a accréditée durch sein rechtschaffenes Verhalten hat er sich Vertrauen erworben; ~ q. auprès de q. sich für j-n (od. für j-s Vertrauenswürdigkeit) bei j-m einsetzen; j-m durch Fürsprache zu e-m Kredit verhelfen; ~ un bruit ein Gerücht bestätigen; s'~ Anklang finden (Roman; Doktrin); **~eur** [~'tœːr] m Bürge m; Aussteller m e-s Kreditbriefs; **~if** ✝ [~'tif] m Kreditbrief m, Akkreditiv n.

accroc [a'kro] m Riß im Kleide, in der Haut, fig. in der Freundschaft; fig. Hindernis n; fig. Schwierigkeit f; Haken F; Makel; sans ~ reibungslos adj.

accroch|age [akrɔ'ʃa:ʒ] m Anhaken n; Auto: Anfahren n; Boxen: Umklammerung f; Zusammenstoß (der Polizei mit Demonstranten usw.); F (unvorhergesehener) Streit; unerwartete Schwierigkeit f, fig. Haken m; ⊕ Sperrvorrichtung f; **~e-cœur** [~k'œːr] m Schmachtlocke f; **~ement** [~'mã] m Anhaken n; ≠ (Ein-) Kuppeln n; ⊕ Hemmung f in der Uhr; fig. Haken, Hindernis n; **~e-œil** [~'œj] m Plakat: Blickfang; **~er** [~'ʃe] v/t. (1a) an-, aufhängen (a. Telefon); e-n Wagen anfahren, streifen; Zuschauer fesseln; etw. ergattern; (Polizei) zs.-stoßen mit (dat.); belästigen (à q. j-n); Boxen: sich umklammern; ⚓ entern.

accroire [a'krwa:r] (4v) (en) faire ~ qch. à q. j-m etw. aufbinden, weismachen; il ne faut pas m'en faire ~ das können Sie mir doch nicht erzählen (od. weismachen)!

accroissement [akrwas'mã] m Zuwachs; Vergrößerung f.

accroître [a'krwɑ:trə] (4w) *v/t.* vermehren; *v/i. u. s'~* (an)wachsen.

accroupir [akru'pi:r] (2a): *s'~* niederhocken, sich zs.-kauern.

accru ⚹ [a'kry] *m* Wurzelschößling, Zuwachs; **~e** [~] *f* Boden-, Landgewinnung *f*; Waldausdehnung *f*.

accu [a'ky] F *m* ⚡ Akku, Akkumulator; **~** *m auto* Autobatterie *f*; (re-)charger, régénérer l'~ den Akku (auf)laden.

accueil [a'kœj] *m* Aufnahme *f*, Empfang *m*; centre d'~ Auffanglager *n*; ✝ faire (bon) ~ à une traite e-n Wechsel honorieren; **~lir** [akœ'ji:r] (2c) aufnehmen, empfangen, bewillkommnen.

accul ⚹ [a'kyl] *m* ausweglose Situation *f*, *fig.* Sackgasse *f*; kleine Bucht *f*; **~é** [~'le] *adj.*: ~ à la faim dem Hunger preisgegeben; **~er** [aky'le] (1a) in die Enge treiben; *fig.*, ⚔ *s'~* sich den Rücken decken.

accumul|ateur ⚡ [akymyla'tœ:r] *m* Akkumulator; **~er** (~my'le) (1a) anhäufen.

accus|ateur *m*, **~atrice** *f* [akyza'tœ:r, ~'tris] Ankläger(in *f*) *m*; **~atif** [akyza'tif] *gr.* *m* Akkusativ *m*, vierter Fall *m*; **~ation** [~zɑ'sjõ] *f* Anklage; **~é**(e) *su.* [aky'ze] Angeklagte(r); **~é** *m de réception* Empfangsanzeige *f*; **~er** (~) (1a) anklagen, beschuldigen; verraten, erraten lassen; *~ réception* den Empfang bestätigen; *~ son jeu* sein Spiel angeben.

acéphale *zo.* [ase'fal] ohne Kopf.

acér|age [ase'ra:ʒ] *m* Verstählung *f*; **~ain** [~'rɛ̃] *adj.* stählern, Stahl...

acerbe [a'sɛrb] herb; *fig.* scharf, schroff (*Tonart*).

acerbité [asɛrbi'te] *f* Herbheit *f*; Schärfe *f*, Strenge *f*. schärfen.|

acérer [ase're] (1f) (ver)stählen; *fig.*

acescent [ase'sɑ̃] (7) sauer werdend.

acét|ate ⚗ [ase'tat] *m* essigsaures Salz *n*; *~ d'alumine m* essigsaure Tonerde *f*; *~ de cuivre* Grünspan *m*; **~eux** [~'tø] essigsauer; **~one** [~'tɔn] *f* Azeton *n*; Nagellackentferner *m*; **~ylène** [~ti'lɛn] *m* (*adj. gaz* ~) Azetylengas *n*.

achaland|age [aʃalɑ̃'da:ʒ] *m* Kundschaft *f*; **~é** [~'de]: *magasin bien* ~ a) ✝ Geschäft *n* mit e-r zahlreichen Kundschaft; b) *jetzt*: Geschäft *n* mit reicher Auswahl.

acharn|ement [aʃarnə'mɑ̃] *m* Raubgier *f* (*v. Tieren*); *fig.* Erbitterung *f*, Wut *f*; Verbissenheit *f*; **~er** [~'ne] *ch.* blutgierig machen; *fig.* erbittern; *s'~* à sich auf etw. eifrig (*od.* leidenschaftlich) legen; *s'~ sur q.* sich auf j-n stürzen.

achat [a'ʃa] *m* Kauf *m*, Einkauf *m*.

achemin|ement [aʃmin'mɑ̃] *m* Beförderung *f*; ✉ Postleitvermerk *m*; *fig.* Weg *m*, Mittel *n* (vers zu); **~er** (~'ne) auf den Weg (*od.* in Gang) bringen, befördern; *Frieden* anbahnen; *s'~* sich auf den Weg machen.

achet|er [aʃ'te] (1e) **1.** kaufen, *a.* sich kaufen, abnehmen, beziehen; *~ avec facilités de paiement* (*od.* à *paiements échelonnés*) auf Raten (*od.* Abzahlung *od.* auf Stottern P) kaufen; *~ qch. à q.* j-m etw. abkaufen, von j-m etw. kaufen; *~ (au) comptant* bar kaufen; *~ cher* (à *bon marché*) teuer (billig) kaufen; **2.** *fig. ~ q.* j-n bestechen *od.* kaufen; P j-n hochnehmen *od.* verkohlen; **3.** *s'~* gekauft werden; sich etw. kaufen; **~eur** [aʃ'tœ:r] *su.* Käufer *m*, Abnehmer *m*.

achèvement [aʃɛv'mɑ̃] *m* Vollendung *f*; *fig.* Vollkommenheit *f*.

achever [aʃ've] (1d) vollenden; ausarbeiten; aufessen, austrinken; töten; F *j-m* den Rest geben; *fig.* fertigmachen; *~ de faire qch.* mit e-r Sache zu Ende kommen; *il a achevé de manger* er hat gegessen, er ist mit dem Essen fertig; *s'~* zu Ende gehen, ablaufen.

achillée ⚹ [aki'le] *f* Schafgarbe *f*.

achopp|ement [aʃɔp'mɑ̃] *m* Hindernis *n*; *pierre f d'~* Stein *m* des Anstoßes; **~er** [~'pe] *v/i. u. s'~* anstoßen, Anstoß erregen; versagen, scheitern.

achromatique *opt.* [akrɔma'tik] achromatisch, farblos.

acid|e [a'sid] **1.** *adj.* sauer; **2.** *m* Säure *f*; *~ acétique* Essigsäure *f*; *~ chlorhydrique* Salzsäure *f*; *~ sulfurique* Schwefelsäure *f*; *~ tartrique* Weinsäure *f*; *~ urique* Harnsäure *f*; **~ification** [~difika'sjõ] *f* Säurebildung *f*; **~imètre** [~di'mɛtrə] *m* Säuremesser; **~ité** [~'te] *f* Säure (-gehalt *m*, -grad *m*) *f*, Schärfe *f*; **~ule** [~'yl], *a.* **~ulé** [~dy'le] säuerlich; *eaux f/pl. ~s* Sauerbrunnen *m*; **~uler** [~dy'le] (1a) *v/t.* sauer m., säuern.

acier [a'sje] *m* Stahl (*a. fig.*); ~ raffiné, ~ spécial, ~ surfin Edelstahl *m*; ~ au tungstène Wolframstahl; ~ coulé Stahlguß; d' ~ stählern; ~ de coupe Schneidestahl; ~ de décolletage Automatenstahl *m*; ~ doux Flußstahl *m*; ~ fondu Gußstahl; ~ laminé Walzstahl.

acièr|er [asje're] (1f) in Stahl verwandeln, (ver)stählen; **~ie** ⊕ [~'ri] *f* Stahlhütte *f*, -werk *nt*

acolyte [akɔ'lit] *m* rl. Meßgehilfe; *péj.* Spießgeselle *m*, Helfershelfer.

acompte [a'kɔ̃:t] *m* Abschlagszahlung *f*; *advt. par* ~(s) in Raten, auf Abzahlung.

aconit ♀ [akɔ'nit] *m* Eisenhut.

acoquiner [akɔki'ne] (1a) **1.** *v/t.* (1a) verlocken, durch Gewohnheit verleiten; **2.** *v/rfl. mv. p. p. s'* ~ *à qch.* e-r Sache verfallen sein; sich zu sehr e-r Sache hingeben; verkehren mit (*dat.*); *s'* ~ *à une femme* sich an ein Weib hängen; *s'* ~ *à* (*od. avec*) *des fripons* mit Spitzbuben verkehren (*od.* Umgang pflegen); *s'* ~ *au jeu* dem Spiel verfallen sein.

à-côté [ako'te] *m* Nebensache *f*; ~s *pl.* Nebeneinnahmen *f/pl.*

à-coup [a'ku] *m, pl.* ~s) Ruck *m*, Stoß *m*; *par* ~(s) ruckweise; *sans* ~ ohne Ruck, stetig.

acoustique [akus'tik] **1.** *adj.* akustisch, Hör...; **2.** *f* Akustik, Lehre vom Schall; *appareil m* ~ Hörgerät *nt*; ♣ *cornet m* ~ Hörrohr *n*.

acquér|eur [ake'rœ:r] *m* (7d) Erwerber *m*, Ankäufer *m*; Grundstücksmakler *m*; **~ir** [~'ri:r] (21) *v/t.* erwerben; *Freunde gewinnen*; ~ *droit de cité fig.* sich einbürgern; *v/i.* sich vervollkommnen; besser w., an Güte zunehmen (*Wein*).

acquêts ⚖ [a'kε] *m/pl.* in der Ehe erworbenes Gut *n*; gemeinschaftliches Gut *n*.

acquiesc|ement [akjεs'mã] *m* Zustimmung *f*; **~er** [~'se] (1k): ~ *à qch.* e-r Sache zustimmen.

acquis [a'ki] *m/sg.* Fertigkeiten *f/pl.*, Fähigkeiten *f/pl.*, erworbene Kenntnisse *f/pl.*

acquisition [akizi'sjɔ̃] *f* Ankauf *m*, Kauf *m*; erworbenes Gut *n*; *contrat m d'* ~ Kaufbrief.

acquit [a'ki] *m* Quittung *f*; Bescheinigung *f*; Bezahlung *f*; *par* ~ *de conscience, pour l'* ~ *de sa conscience* damit man sich nichts vorzuwerfen braucht; um ein übriges zu tun; *pour* ~ (Betrag) erhalten; *fig. tenir pour* ~ *que...* (*ind.*) es für selbstverständlich halten, daß...; *fig. par manière d'* ~ interesselos u. nur dem Zwang gehorchend; **~-à-caution** [akita-ko'sjɔ̃] *m* Zollbegleitschein *m*.

acquitt|ement [akit'mã] *m* Zahlung *f*; ⚖ Freispruch *m*; **~er** [aki'te] (1a): *v/t.* ~ *q. de* j-n frei m. (*z.B. von Schulden*); *Gewissen*: entlasten; freisprechen; bezahlen, begleichen, quittieren; *s'* ~ *de qch.* sich einer Pflicht erfüllen; *s'* ~ *d'une dette* s-e Schuld bezahlen; *s'* ~ *d'un devoir* e-e Pflicht erfüllen.

âcre ['a:krə] herb; *fig.* beißend.

âcreté [akrə'te] *f* Herbheit, Schärfe *f*; *fig.* Bissigkeit *f*.

acrimon|ie [akrimɔ'ni] *f* Schärfe; *fig.* Bissigkeit *f*; **~ieux** [~'njø] (7d) scharf; *fig.* bissig.

acrobate [akrɔ'bat] *m* Akrobat, [Seiltänzer.]

act|e [akt] *m* Tat *f*, Handlung *f*, Akt *m*; Urkunde *f*; Akte *f*; Rechtsgeschäft *n*; *thé.* Akt *m*; ~ *civil* (*standesamtliche*) Trauung *f*; ~ *de décès* Totenschein; ~ *gratuit* Mutwille *m*; ~ *manqué* ✶ Fehlleistung *f*; ~ *notarié* notarieller Akt; ~s *Akten f/pl.*; ~s *des Apôtres* Apostelgeschichte *f*; *prendre* (*od. donner*) ~ *de qch.* von etw. Kenntnis nehmen; **~eur** *m*, **~rice** *f* [~'tœ:r, ~'tris] Schauspieler(in *f*) *m*.

acti|f [ak'tif] **1.** (7e) aktiv, tätig; wirksam; **2.** ✝ *m* Aktivvermögen *n*; *gr.* Aktiv(um) *n*; **~nomètre** [~nɔ-'mε:trə] *m phot.* Belichtungsmesser; *opt.* Strahlenmesser *m*; **~nothérapie** ✶ [~nɔtera'pi] *f* Strahlentherapie, ~on [ak'sjɔ̃] *f* Tat, Handlung *f*, Aktion *f*; Tätigkeit, Lebendigkeit; Wirkung(sart); ⚖ Klage *f*; ✝ Anteilschein *m*, Aktie; ~ *de grâce* Danksagung *f*; ~ *de mine* Kux *m*; ~ *publicitaire* Werbetätigkeit; ~ *fermentaire* Gärprozeß *m*; **~onnaire** [aksjɔ'nε:r] *m* Aktionär *m*, Aktienbesitzer; **~onnement** *bsd.* ⊕ [~nɔtera/pi] *m* Antrieb *m*, Betätigung *f*; **~onner** [aksjɔ'ne] (1a) gerichtlich belangen, verklagen; *a.* ⊕ (an)treiben; in Gang

activer — 25 — **adjudicataire**

bringen; s'~ tätig sn *od.* w., sich Mühe geben.

activ|er [akti've] (1a) beschleunigen, beleben, fördern; † aktivieren; s'~ sich beeilen; **~iste** [~'vist] *su.* Aktivist *m*, *pol. oft. pej.* Terrorist *m*; **~ité** [~vi'te] *f* Tätigkeit; Wirksamkeit.

actrice [ak'tris] *f* Schauspielerin.

actualité [aktyali'te] *f* Aktualität *f*, Gegenwartsnähe *f*; Zeitgemäßheit *f*; ~s *pl.* Kino: Wochenschau *f*/*sg.*; *rad.* Zeitfunk *m*, Zeitgeschehen *n*, Neues *n* vom Tage.

actuel [ak'tyɛl] (7c) aktuell, zeitgemäß, gegenwärtig, jetzig.

acuité [akųi'te] *f* Schärfe *f*; *fig.* Heftigkeit *f*; akuter *od.* schnell verlaufender Zustand *m*.

acutangle [aky'tã:gl] spitzwinklig.

adage [a'da:ʒ] *m* geflügeltes Wort *n*.

adamantin [adamɑ̃'tɛ̃] (7) diamantartig.

adapt|ation [adapta'sjɔ̃] *f* Anpassung *f*; *thé.* freie Bearbeitung *f*; *cin.* Verfilmung *f*; **~er** [~p'te] *v*/*t*. (1a) ~ qch. à qch. etw. e-r Sache (*dat.*) anpassen; ~ aux besoins du temps der Zeitumständen anpassen; s'~ à qch. zu-ea. passen; sich einfügen.

addition [adi'sjɔ̃] *f* Hinzufügung *f*; Zusatz *m*; Addition *f*; Rechnung *f* (*im Restaurant*); **~nel**, **~nelle** [~sjɔ'nɛl] (7c) zusätzlich; **~ner** [~'ne] (1a) zs.-zählen; addieren; **~neuse** [~'nø:z] *f* Addiermaschine *f*.

adénite [ade'nit] *f* Lymphdrüsenentzündung *f*.

adent *men.* [a'dã] *m* Verzahnung *f*; **~er** [~'te] (1a) verzahnen.

adepte [a'dɛpt] *su.* Anhänger *m* e-r Lehre *od.* Sekte, Eingeweihter.

adéquat [ade'kwa] (7) angemessen, entsprechend, zweckmäßig; übereinstimmend; erschöpfend, vollständig; †, ⊕ *exécution f* ~*e* sachgemäße Durchführung.

adhér|ence [ade'rã:s] *f* Anhaften *n*; *phys.* Adhäsion *f*; *a. bét.* Haftfestigkeit *f*; Verwachsung *f*; Reibungswiderstand *m*; *fig.* Anhänglichkeit *f*; **~ent** [~'rã] **1.** *adj.* (7) anhaftend, -klebend; verwachsen (à mit); **2.** *m* Anhänger *m*; **~er** [~'re] (1f): ~ à hängen, kleben, haften (an *dat.*); *⚘* verwachsen sein (mit *dat.*); zu j-m halten; j-m beistimmen; beitragen (zu *dat.*).

adhés|if [ade'zif] (7e) fest anhaftend, adhäsiv; griffig (*Autoreifen*); *fig.* zustimmend; emplâtre *m* ~ Heftpflaster *n*; **~ion** [~'zjɔ̃] *f* Festhängen *n*; *phys.* Adhäsion *f*; Bodenhaftung *f* (*Autoreifen*); *fig.* Beitritt *m*; Zustimmung *f*; **~ivité** [~zivi'te] *f* phys. Adhäsionskraft *f*; *Auto*: Griffigkeit *f*, Bodenhaftung *f*; Geselligkeitsinstinkt *m*; Konzentrationsfähigkeit *f*.

adiante ♀ [a'djã:t] *f* Frauenhaar *n*.

adiaphane [adja'fan] undurchsichtig, dicht.

adiathermie [adjatɛr'mi] *f* Wärmeundurchlässigkeit.

adieu [a'djø] bleib' (bleiben Sie) gesund!; lebe(n Sie) wohl! (*beim Abschied für immer od. auf längere Zeit*); Enttäuschung, Hoffnungslosigkeit: laß fahren dahin!; alles zwecklos (*od.* umsonst!); vergebens!; ~x *m*/*pl.* Abschied *m*; faire ses ~x (à) Abschied nehmen (von).

adip|eux *anat.* [adi'pø] (7d) fettig, fetthaltig, Fett...; **~ose** [~'po:z] *f*, **~osité** [~pozi'te] *f* Fettsucht *f*.

adirer 𝔱𝔱 [adi're] (1a) verkramen, verlegen (*Akten*).

adja* [ad'ʒa] *m*: se faire l'~, mettre les ~s türmen P, abhauen P.

adjacent [adʒa'sã] (7) anliegend, angrenzend; être ~ angrenzen; *rue f* ~*e* Nebenstraße *f*.

adjectif [adʒɛk'tif] *m* Adjektiv *n*, Eigenschaftswort *n*.

adjoindre [ad'ʒwɛ̃:drə] (4b) hinzuziehen, zuteilen, zugesellen *bsd.* als Amtsgehilfen *od.* Aushilfe *m*. *zweite Kraft.*

adjoint [ad'ʒwɛ̃] **1.** *adj.* (7) beigeordnet; **2.** *m* Aushilfslehrkraft *f*; Amtsgehilfe; *Fr.*: ~ d'enseignement etwa: Studienreferendar *m*; ~ au maire stellvertretender Bürgermeister *m*.

adjonction [adʒɔ̃k'sjɔ̃] *f* Zuteilung *f*; Zuordnung e-r *zweiten Kraft*; Hinzufügung; *⚘* Beimischung *f*.

adjudant ⚔ [adʒy'dã] *m* Adjutant *m*; Feldwebel; **~chef** [~'ʃɛf] *m* Hauptfeldwebel.

adjudicat|aire [adʒydika'tɛːr] *m* Meistbietender; Ersteher (*bei der Versteigerung*); zuerkannt (zuge-

adjudication — 26 — **adultère**

schlagen) worden; ~ion [~ka'sjɔ̃] f Zusprechung; Auktion; Submission; (Auftrags-)Vergebung; ~ *publique* öffentliche Ausschreibung.

adjuger [adʒy'ʒe] (1f) zuerkennen.

adjur|ation [~ra'sjɔ̃] f rl. Beschwörungsformel; inständige Bitte; ~**er** [~'re] (1a) rl. beschwören; inständig bitten.

adjuvant [adʒy'vɑ̃] *adj. u. m* mitwirkend, helfend; Hilfsarzneimittel *n*; *bét.* Zusatzmittel *n*.

admettre [ad'mɛtrə] (4p) zulassen; gelten lassen; zugeben.

administra|teur *m*, ~**trice** *f* [administra'tœ:r, ~'tris] Verwalter(in *f*) *m*; ~**tif** [~'tif] (7e) zur Verwaltung gehörig, Verwaltungs..., administrativ; ~**tion** [~stra'sjɔ̃] f Verwaltung(sbehörde); Verlag *m* (e-r *Zeitung*); *fig.* Wirtschaft *f*; Handhabung; Verabreichung; *Sakrament*: Austeilung; ~**trice** *f* s. *administrateur*.

administr|é [adminis'tre] *m* Bürger *m*; ~**er** [~] (1a) verwalten, handhaben; verabreichen; *Sakramente* austeilen; (*q. j-m*) die Letzte Ölung geben; ☆ ~ *des preuves* Beweise beibringen.

admira|ble [admi'rablə] bewundernswürdig; ~**teur** *m*, ~**trice** *f* [~ra'tœ:r, ~'tris] Bewunderer, Bewunderin *f*; ~**tif** [admira'tif] bewundernd; ~**tion** [admira'sjɔ̃] f Bewunderung; Gegenstand *m* des Bewunderns.

admirer [admi're] (1a) bewundern.

admiss|ible [admi'siblə] zulässig; ~**ion** [~'sjɔ̃] f Zulassung; ~ *d'air* Luftzufuhr.

admonestation [admɔnɛsta'sjɔ̃] f, *a.* **admonition** [admɔni'sjɔ̃] f Verwarnung *f*; Verweis *m*, Rüge.

admonester [admɔnɛs'te] (1a) ~ *q.* j-m e-n Verweis erteilen, j-n verwarnen; mahnen (*zur Zahlung*).

adolescen|ce [adɔlɛ'sɑ̃:s] f Jünglingsalter *n*; Jugend; ~**t** [~'sɑ̃] **1.** *adj.* (7) noch heranwachsend, jung, jugendlich; **2.** *su.* Jüngling *m* (*a. mv. p.* unreifer Bursche) *m*; *f*: junges Mädchen *n*, Backfisch *m*.

adonner [adɔ'ne] (1a): s'~ *à qch.* sich hingeben *od.* widmen.

adopter [adɔp'te] (1a) an Kindes Statt annehmen; adoptieren; sich zu eigen m.; ~ *une opinion* e-r An-

sicht beipflichten; ~ *une loi* ein Gesetz annehmen.

adopti|f [~'tif] (7e) an Kindes Statt angenommen; Adoptiv...; *père m* ~ Pflegevater; ~**on** [~'sjɔ̃] f Annahme an Kindes Statt; Adoption *f*; Aufnahme *von fremden Wörtern*; Billigung; Wahl *f*, Vorliebe *f*; Verabschiedung *f* (*e-s Gesetzes*); *fils m par* ~ Adoptivsohn *m*.

ador|able [adɔ'rablə] anbetungswürdig; ~**ateur** *m*; Verehrer *m*; ~**er** [adɔ're] (1a) anbeten; F ~ *faire qch.* etw. furchtbar gern tun.

adosse|ment [adosmɑ̃] *m* Anlehnung *f*; △ Schräge *f*, Abdachung *f*; ~**r** [ado'se] (1a) *v/t. u. s'*~ *contre od. à* (sich) anlehnen (*acc.*).

adossoir [ado'swa:r] *m* Strandliege (-stuhl *m*) *f*.

adouber ♟ [adu'be] (1a) ausbessern.

adouc|ir [adu'si:r] (2a) versüßen, mildern; besänftigen, aufheitern; zähmen; ♪ dämpfen; polieren; ~**issement** [adusis'mɑ̃] *m* Versüßung *f*; Linderung *f*, Tröstung *f*; Verschmelzung *f* (*von Farben*); *Wasser*: Enthärten *n*; *gr.* Umlaut *m*.

adress|e [a'drɛs] *f* **1.** Anschrift, Aufschrift, Adresse; Schreiben *n*; Denkschrift; **2.** Geschicklichkeit; ~**er** [adrɛ'se] (1b) richten; adressieren; *an j-n* verweisen; ~ *des commandes à q.* Bestellungen bei j-m m.; s'~ sich wenden (*à* an *acc.*); ~**ographe** [~sɔ'graf] *m* Adressiermaschine.

adroit [a'drwa] (7) geschickt, gewandt.

adula|teur [adyla'tœ:r] (7f) *adj.* schmeichlerisch, kriecherisch *su.* Schmeichler *m*; ~**tion** [~la'sjɔ̃] f niedrige Schmeichelei, Lobhudelei.

aduler [ady'le] (1a): ~ *q.* kriecherisch schmeicheln (*dat.*), zum Munde reden (*dat.*).

adulte [a'dylt] **1.** *adj.* erwachsen; *âge m* ~ Mannesalter *n*; Erwachsene(r) *m*; *école f* (*a. cours m/pl.*) *d'*~*s* Fortbildungsschule.

adultéra|teur [adyltɛra'tœ:r] *su.* Fälscher *m*; Verfälscher *m*; ~**tion** [~ra'sjɔ̃] f Fälschung *f*; Verfälschung.

adultère [adyl'tɛ:r] **1.** *adj.* ehebrecherisch; *homme* (*femme*) *su.* ~ Ehebrecher(in *f*) *m*; **2.** *m* Ehebruch.

adultérin [adylte'rɛ̃] *adj.* (7) im Ehebruch erzeugt.

advenir [advə'niːr] (2h) geschehen, sich ereignen; *advienne que pourra* komme, was wolle.

adventice [advɑ̃'tis] zufällig; ⚘ wildwachsend.

adventif [‿'tif] (7e) ⚘ Adventiv...; 🜊 anfallend; *racines f/pl. adventives* Luftwurzeln *f/pl.* (*Stockausschlag*).

adverbe [ad'vɛrb] *m* Adverb *n*, Umstandswort *n*.

adversaire [adver'sɛːr] *su.* Gegner (-in *f*) *m*; 🜊 Gegenpartei *f*.

advers|e [ad'vɛrs] widrig, Gegen...; *fortune f ‿* Mißgeschick *n*; **‿ité** (adversi'te] *f* Widerwärtigkeit; Mißgeschick *n*. [losigkeit *f*.\

adynamie ✱ [adina'mi] *f* Kraft-\

aér|age [ae'raːʒ] *m* Ventilation *f*, Lüftung *f*; ⚒ Bewetterung *f*; *puits m d'‿* Wetter-, Luftschacht *m*; **‿ateur** ⊕ [‿ra'tœːr] *m* Belüfter *m* (*Wasserreinigung*); **‿ation** [‿ra'sjɔ̃] *f* Ventilation *f*, Lüftung *f*; Einwirkung *f* der Luft; ⚒ Bewetterung *f*; ⊕ *bouche f d'‿* Be-, Entlüftungsöffnung *f*; **‿é** [ae're] luftig; *aér* [‿] (1f) lüften; **‿ien** [ae'rjɛ̃]: Luft...: *z.B.: conduit m ‿* Luftröhre *f*; *défense f ‿ne* Luftabwehr, -schutz *m*; *voyage m ‿* Luftreise *f*; **‿ifère** [aeri'fɛːr] luftleitend; **‿ification** 🝯 [aerifika'sjɔ̃] *f* Verwandlung in Luft, in Gas; **‿ifier** [aeri'fje] (1a) luft-(gas-)förmig machen; **‿iforme** [‿'fɔrm] luftförmig.

aéro|drome [aero'drɔm] *m* Flugplatz; **‿dynamique** [‿dina'mik] **1.** *adj. forme f ‿* Stromlinienform; **2.** *f* Aerodynamik *f*, Luftströmungslehre *f*; **‿frein** [‿'frɛ̃] *m* Luftbremse *f*; **‿glisseur** [‿gli'sœːr] *m* Luftkissenfahrzeug *n*; **‿lithe** [‿'lit] *m* Meteorstein; **‿logie** [‿lɔ'ʒi] *f* Wetterkunde *f* der höheren Luftschichten; **‿mécanique** [‿meka'nik] *f* Flugmechanik *f*; **‿moteur** [‿mɔ'tœːr] *m* Windmotor *m*; **‿naute** [‿'not] *m* Luftschiffer; **‿nautique** [aero'nɔtik] Flieger..., Flug..., aeronautisch; *f*: Luftfahrt *f*, Flugwesen *n*; **‿navigation** [‿naviga'sjɔ̃] *f* Flug-, Luftortung *f*; Flugnavigation *f*; **‿port** [‿'pɔːr] *m* Flughafen *m*; **‿porté** [‿pɔr'te]: *troupes ‿es* Luftlandetruppen *f/pl.*; **‿postal** [‿pɔ'stal] *adj.* Luftpost...; **‿poste** [‿'pɔst] *f* Luftpost *f*; **‿stat** [‿'sta] *m* Luftballon *m*; **‿station** [‿sta'sjɔ̃] *f* Luftschiffahrt *f* (*bsd. Ballonfahrkunde f*); **‿statique** [‿sta'tik]: **1.** *adj. ballon m ‿* Luftballon; *section f ‿* Luftschifferabteilung *f*; **2.** *f* Luftschiffahrtskunde *f*; **‿stier** [‿s'tje] *m* Luftschiffer.

affabilité [afabili'te] *f* Leutseligkeit, Freundlichkeit.

affable [a'fabl] leutselig, freundlich.

affad|ir [afa'diːr] (2a) ungenießbar m.; verwässern; *fig.* anwidern; **‿issement** [‿dis'mɑ̃] *m* Geschmacklosigkeit *f*.

affaibl|ir [afɛ'bliːr] (2a) schwächen; *phot.* abschwächen; *s'‿* schwächer w.; **‿issement** [‿blis'mɑ̃] *m* Schwächung *f*, Entkräftung *f*; **‿isseur** *phot.* [‿bli'sœːr] *m* Abschwächer.

affainéantir [afeneɑ̃'tiːr] (2a): *s'‿* verweichlichen.

affair|e [a'fɛːr] *f* Geschäft *n*; Angelegenheit, Sache; wichtiger Vorfall *m*; Prozeß *m*; Gefecht *n*; *‿s pl.* personnelles persönliche Sachen (*a. Hab u. Gut*); *avoir ‿ à q.* es mit j-m zu tun kriegen; *avoir ‿ à* (*od. avec*) *q.* mit j-m zu tun h., mit j-m in Verbindung stehen; *cela fait l'‿* das ist gerade recht; *faire son ‿* reich w.; *faire rapidement son ‿ à q.* mit j-m kurzen Prozeß m.; *voilà l'‿* so ist die Sache; *ce n'est pas petite ‿* das ist keine Kleinigkeit; *c'est une ‿* es lohnt sich; *l'‿ est cuite* die Sache ist gemacht (*od.* P geritzt); **‿é** [afe're] geschäftig; **‿ement** [‿'mɑ̃] *m* Betriebsamkeit *f*, Geschäftigkeit *f*, Emsigkeit *f*.

affaissement [afes'mɑ̃] *m* (Ein-)Sinken *n*; Senkung *f*; 🜊 Entkräftung *f*.

affaisser [afe'se] (1b) niederdrücken, schwächen; *s'‿* sich senken; *fig. u.* 🌼 zusammenbrechen, hinsinken; erliegen.

affal|é [afa'le]: *être ‿* völlig kaputt F daliegen *od.* dasitzen; **‿er** ⚓ (1a) *v/t.* nieder-, herunterlassen; *v/refl.* der Küste zutreiben; sich fallen lassen; hinsinken.

affam|é [afa'me] hungrig; *fig. ‿ de* gierig nach; **‿er** (1a) aushungern.

affect|ation [afɛkta'sjɔ̃] *f* Ziererei *f*, Verstellung *f*, Heuchelei *f*, Geschraubtheit *f*; Sucht *nach etw.*; Bestimmung, Verwendung *e-r Summe, e-s Angestellten*; Übernahme *f e-s Beamten*; **~er** [~'te] *v/t.* (1a) Vorliebe h. *für*; begierig streben *nach etw.*; erkünsteln, zur Schau tragen; *Summe* bestimmen (*à qch.* für etw.); verwenden; überweisen; *j-n* zuteilen; ✗ angreifen; *fig.* beeinflussen; beeinträchtigen, rühren, erschüttern, bewegen; ~ *la forme de qch.* in der Form vorkommen von *etw.*; *être très affecté de qch.* sich *etw.* sehr zu Herzen nehmen; s'~ betrübt werden **~if** [~'tif] (7e) ergreifend, rührend, Gemüts...; gefühlsmäßig; **~ion** [~k'sjɔ̃] *f* Zuneigung, Wohlwollen *n*, Liebe; Leiden *n*, Krankheit, Beschwerde; **~ionner** [~ksjɔ'ne]: *v/t.* (1a) ~ q. j-m gewogen sn, gern h.; ~ *qch.* Neigung h. für etw.; s'~ sich interessieren (*à* für); **~ueux** [~'tɥø] (7d) liebevoll, herzlich, zärtlich.

afférent ♁ [afe'rɑ̃] *adj.* zukommend, gebührend.

affermer [afɛr'me] (1a) (ver)pachten.

affermir [~'mi:r] (2a) festmachen, befestigen; *fig.* (be)stärken.

affét|é [afe'te] geziert, gesucht; **~erie** [afe'tri] *f* Ziererei, Geziere *n*, gekünsteltes Wesen *n*, Affekthascherei *f*, Gehabe *n*, Gefallsucht *f*.

affich|age [afi'fa:ʒ] *m* Plakat-, Maueranschlag *m*, Zettelanschlag *m*; *panneau m d'~* Anschlagtafel *f*; **~e** [a'fiʃ] *f* Anschlagzettel *m*; ~ *officielle* öffentliche Bekanntmachung *f*; ~(*s*) *murale*(*s*) Wandreklame *f*; **~er** [afi'ʃe] (1a) öffentlich anschlagen; zur Schau tragen; **~eur** [~'ʃœ:r] *m* Zettelankleber *m*; **~iste** [~'ʃist] *su.* Plakatkünstler(in).

affidé [~'de] **1.** † *adj.* vertraut; **2.** *su. mv.p.* Mitwisser *m*; Spitzel *m*, Geheimagent *m*.

affil|age ⊕ [afija'ʒ] *m* Wetzen *n*, Schärfen *n*; **~er** [~'le] (1a) scharf m., schleifen, abziehen (*Messer usw.*); **~iation** [afilja'sjɔ̃] *f* Aufnahme *z. B. in e-n Orden*; **~ier** [~'lje] (1a) aufnehmen; s'~ sich anschließen; **~oir** [~'lwa:r] *m* Wetzstein, Wetzstahl, Streichriemen *m*, Schleifmesser *n*.

affin|age ⊕ [~'na:ʒ] *m* Reinigung *f*, Läuterung *f*, Frischen *n*; ~ *de surface* Oberflächenveredelung *f*; **~er** [~'ne] (1a) fein m.; *Nadeln* spitzen; reinigen; *Metalle* läutern, reinigen, frischen; *Pappe* glatt schlagen, pressen; *Hanf* hecheln; *Tuch* scheren; *Speisen* schmackhafter machen.

affinité [~ni'te] *f* Verwandtschaft, Verschwägerung *f*; 🜚 Anziehung *f*, Affinität *f*; *fig.* Ähnlichkeit.

affirmat|if [afirma'tif] (7e) bejahend; **~ion** [~ma'sjɔ̃] *f* Behauptung *f*, Versicherung *f*, Bejahung; **~ive** [~ma'ti:v] *f* Bejahung; *dans l'~* im Bejahungsfalle.

affirmer [afir'me] (1a) behaupten, bekräftigen, bestätigen, versichern, bejahen.

af(f)istoler P [afisto'le] (1a) geschmacklos aufputzen, aufdonnern.

affleurer [aflœ're] (1a) *v/t.* ausgleichen, ebnen; in gleicher Ebene liegen; *v/i.* sich ganz leicht berühren.

afflict|if ⚖ [aflik'tif] (7e) körperlich fühlbar; *peine f ~ive* Körperstrafe; **~ion** [~'sjɔ̃] *f* Betrübnis, Kummer *m*, Trübsal.

affliger [afli'ʒe] (1l) betrüben, bekümmern; ⚕ heimsuchen.

afflu|ence [a'flyɑ̃:s] *f* Zuströmen *n*; Andrang *m*, Gedränge *n*; Verkehrsandrang *m*; Überfluß *m*; ~ *record* Rekordbesuch *m*; **~ent** [a'flyɑ̃] **1.** *adj.* (7) zuströmend; *voie f ~e* Nebenstraße *f*; **2.** 🜨 Nebenfluß; **~er** [a'flye] (1a) zuströmen; *fig.* im Überfluß vorhanden sein; **~x** [a'fly] *m* ✗ Andrang *m*; *fig.* Zustrom *m* (*v. Reisenden*); *fin.* Zufluß *m*.

affol|ement [afɔl'mɑ̃] *m* Betörung *f*, Kopflosigkeit *f*, Verwirrung *f*; **~er** [afɔ'le] (1a) *v/t.* betören, kopflos m., verwirren; *aiguille f affolée* abspringende Magnetnadel; (s'~ *u.* être *affolé de*) sich vernarren (vernarrt sn) in (*acc.*).

affouillable *géol.* [afu'jabl] unterspülbar.

affourcher [afur'ʃe] (1a) *v/t.* ⚓ vertäuen; ⊕ doppelt fügen; s'~ sich rittlings setzen.

affou(r)rag|ement [afuraʒ'mɑ̃] *m* Fütterung *f*; **~er** [~'ra'ʒe] (1l): ~ *les bestiaux* Vieh füttern.

affranch|i [afrɑ̃'ʃi] *su.* Freigelassene(r); **~ir** [~'ʃi:r] (2a) befreien, frei-

affranchissement — 29 — **agir**

lassen; *Brief* frankieren; **~issement** [~ʃisˈmã] *m* Befreiung *f*, Freilassung *f*; Frankieren *n*.

affres [ˈɑːfrə] *f/pl.* Schrecken *m*, Grauen *n*, Angstgefühl *n*.

affrètement ⚓ [afrɛtˈmã] *m* Befrachtung *f*.

affréter [afrɛˈte] (1f) *ein Schiff* mieten, befrachten, chartern.

affreux [aˈfrø] (7d) abscheulich, schrecklich.

affriander [afriɑ̃ˈde] (1a) *cuis.* schmackhaft (*od.* lecker) m.; *fig.* anlocken, ködern.

affront [aˈfrɔ̃] *m* Beschimpfung *f*; grobe Beleidigung *f*; **~er** [afrɔ̃ˈte] (1a) *v/t.* j-*m* die Stirn bieten, *j*-*m* kühn entgegentreten; *e-r Gefahr* trotzen.

affubl|ement [afybləˈmã] *m* lächerlicher, geschmackloser Anzug; **~er** [afyˈble] (1a) lächerlich ausstaffieren.

affût [aˈfy] *m* Lafette *f*; *ch.* Anstand; *à l'~* auf der Lauer.

affût|er ⊕ [afyˈte] (1a) schärfen, schleifen, **~euse** ⊕ [~ˈtøːz] *f* (Werkzeug-)Schleifmaschine *f*.

aficionado [afisjɔnaˈdo] *m* Stierkampfstammgast *m*.

afin [aˈfɛ̃]: **~** *de* mit *inf.* um zu; **~** *que* mit *subj.* damit, (auf) daß.

africain [afriˈkɛ̃] (7) *adj.* afrikanisch; kapholländisch, afrikaans; ♀ *su.* Afrikaner *m*.

Africander [afrikɑ̃ˈdɛːr] *m* Afrikander *m*, Kapholländer *m*.

Afrique [aˈfrik]: *l'~* 'Afrika *n*.

agaçant [agaˈsã] aufreizend, herausfordernd; ärgerlich, lästig.

agacer [agaˈse] (1k) reizen; belästigen; necken; [kettiererei *f*.\

agacerie [agasˈri] *f* Neckerei *f*; Ko-\

agame ⚥ [aˈgam] geschlecht(s)los.

agapes [aˈgap] *f/pl.* Liebesmahl *n*.

agate [aˈgat] *f* A'chat *m*.

âge [aːʒ] *m* (Menschen-, Lebens-, Zeit-)Alter *n*; *entre deux ~s* in mittleren Jahren; *enfant d'~ scolaire* Kind im schulpflichtigen Alter; *quel ~ avez-vous, quel est votre ~* wie alt sind Sie?; *à (od.* en *de)* alt genug, um zu …; *moyen ~* Mittelalter *n*; *retour m d'~* Wechseljahre *n/pl.*; *~* ingrat Backfischalter *n*; Flegeljahre *n/pl.*

âgé [aˈʒe] alt; bejahrt; *~ de deux ans* 2 Jahre alt.

agenc|e [aˈʒãːs] *f* Agentur *f*, Vertretung *f*; *~ générale* Generalvertretung *f*; *~ de publicité* Anzeigenbüro *n*; *~ maritime* Schiffsagentur *f*; *~ de voyage* Reisebüro *n*; **~ement** [aʒãsˈmã] *m* Anordnung *f*; *des locaux* die Gestaltung *f* (*od.* Anlage *f*) der Räume; *~ des plis* Faltenwurf; **~er** [aʒãˈse] (1k) anordnen; zurechtlegen; einrichten; *litt. ~ une intrigue* e-e Intrige schaffen.

agenda [aʒɛ̃ˈda] *m* Tagebuch *n*, Notiz-buch *n*, -kalender *m*.

agenouiller [aʒnuˈje] (1a): *s'~* niederknien.

agent [aˈʒã] *m* 'Agens *n*; wirkende Substanz; Bevollmächtigter, A'gent *m*, Vertreter; *~ de brevet* Patentanwalt; *~ de change* Wechselmakler; *~ fiduciaire* Treuhänder *m*; *~ de maîtrise* höherer Angestellter *m*; *~ provocateur* Polizeispitzel; *~ de liaison* Verbindungsmann; *~ matrimonial* Heiratsvermittler; *~ technique* technischer Leiter *m*; *~ de police* Schutzmann; *~ de la circulation* (*od. à poste fixe*) Verkehrsschutzmann.

agglomé|ration [aglɔmeraˈsjɔ̃] *f* Anhäufung, Menge; geschlossene Ortschaft; Siedlung *f*; **~ré** [~ˈre] *m* Bri'kett *n*, Preßkohle *f*; △ Preßstein *m*; **~rer** [~ˈre] (1f) zs.-häufen, zs.-ballen.

agglutin|ant (7), **~atif** (7e) [aglytiˈnã, ~naˈtif] **1.** *adj.* anhaltend, anklebend; ❋ zs.-heilend; *bandelette f agglutinative* Klebestreifen *m*; *langue f agglutinante* agglutinierende Sprache; **2.** *m* Klebemittel *n*.

agglutiner [aglytiˈne] ankleben; ❋ *s'~* anheilen.

aggrava|nt [agraˈvã] (7) erschwerend; **~tion** [~vaˈsjɔ̃] *f* ⚖ Erschwerung *e-s Vergehens*; Verschärfung *der Strafe*; ❋ Verschlimmerung.

aggraver [agraˈve] (1a) erschweren; verschärfen; verschlimmern.

agile [aˈʒil] behende, flink, gewandt.

agilité [aʒiliˈte] *f* Behendigkeit.

agio ✝ [aˈʒjo] *m* Aufgeld *n*, Zuschlag *m*; **~tage** [aʒjoˈtaːʒ] *m* Börsenspekulation *f*; **~ter** [aʒjoˈte] (1a) an der Börse spekulieren; **~teur** [~ˈtœːr] *m* (*a. adj.*) Börsenspekulant; Aktienspekulant *m*, Geldwucherer *m*.

agir [aˈʒiːr] (2a) *v/i.* tätig sein, han-

agissant deln; verfahren; (ein)wirken; ~ bien (mal) envers (od. avec) q. sich gut (schlecht) gegen j-n benehmen; s'~ de qch. sich handeln um; il s'agit de ... es handelt sich um ...; il s'agit de savoir si ... es ist die Frage, ob ...

agissant [aʒi'sã] tätig, wirksam.

agit|ateur [aʒita'tœ:r] m Aufwiegler, Hetzredner m; 🝙 Rührstäbchen n; ⊕ Rührwerk n; **~ation** [aʒita'sjõ] f (heftige) Bewegung (a. fig.); Bewegtheit, Unruhe f, unstetes Leben n; Aufwiegelung f, Agitation f, Hetze f; **~er** [aʒi'te] (1a) hin und her bewegen, schwenken; beunruhigen; hetzen; fig. erörtern, besprechen.

agnat [a'ɲa] m Verwandter (väterlicherseits); **~ion** [aɲa'sjõ] f Verwandtschaft f (väterlicherseits).

agneau [a'ɲo] m (a. fig.) Lamm n.

agnele|r [aɲə'le] (1d) lammen; **~t** [~'le] m Lämmchen n.

agneline [aɲə'lin] adj./f: laine ~ Lammwolle.

Agnès [a'ɲɛs] f Agnes; fig. Unschuld vom Lande.

agonie [ago'ni] f Todeskampf m; être à l'~ in den letzten Zügen liegen.

agoniser [agoni'ze] (1a) mit dem Tode ringen.

agoraphobie 🝙 [agɔrafɔ'bi] f Platzangst f.

agraf|e [a'graf] f Spange, Häkchen n; Klammer f; ⊕ Falz m; **~er** [agra'fe] (1a) an-, zuhaken; ⊕ heften, falzen; P erwischen, packen, ergreifen, fassen; **~euse** ⊕ [~'fø:z] f Falzmaschine f.

agraire [a'grɛ:r] adj. Acker...; loi f ~ Ackergesetz n; réforme f ~ Bodenreform f.

agrandir [agrã'di:r] (2a) vergrö- [ßern.\

agrandiss|ement [~dis'mã] m Vergrößerung f; **~eur** phot. [~'sœ:r] m Vergrößerungsapparat m.

agrarien [agra'rjɛ̃] adj. (7c) u. m agrarisch; Agrarier m; s. agraire.

agréable [agre'abl] angenehm.

agréé [agre'e] m Sachwalter m beim Handelsgericht.

agréer [~] (1a) genehmigen; gutheißen; günstig aufnehmen; zulassen; v/i. gefallen.

agrég|at [agre'ga] m ⊕ Aggregat n, Maschinensatz m; allg. Anhäufung f; bét. Zuschlagstoff m (à zu); **~atif** F [~ga'tif] su. Student m, der sich auf die Prüfung e-r „agrégation" vorbereitet; **~ation** [~ga'sjõ] f 1. Aufnahme f in e-e Gesellschaft; 2. Fr. (a. concours m d'~) a) Staatsprüfung f zwecks Ernennung zum „professeur agrégé" an „höheren Schulen; b) Wettbewerb m der Doktoren der Rechte od. der Medizin zwecks Erlangung e-r Professur an der Universität; c) Titel m e-s agrégé; 3. phys. Anhäufung f; Vereinigung f; **~é** [~'ʒe] 1. adj. beigesellt; 2. m Fr. a) außerordentlicher Professor m (an der juristischen, medizinischen od. pharmakologischen Fakultät); ~ de droit (médecine) Mitglied n e-r Fakultät für Rechtswissenschaft (Medizin); b) école. etwa Fachoberstudienrat m; ~ d'histoire außerordentlicher Professor (bzw. Oberstudienrat m) für Geschichte; **~er** [~'ʒe] (1g) beigesellen; in e-e Körperschaft aufnehmen.

agrément [agre'mã] m Genehmigung f; Annehmlichkeit f, Vergnügen n; Anmut f; Auto: ansprechende Form f, schnittiges Äußere n; film m d'~ Spielfilm m; voyage m d'~ Vergnügungsreise f; ~s pl. Verzierungen f/pl. (z. B. im Kleid); **~er** [~'te] (1a) verzieren; ausschmücken (z.B. e-e Rede).

agrès [a'grɛ] m/pl. Takelage f; Turngeräte n/pl.

agress|eur [agrɛ'sœ:r] m péj., a. ⚔ Angreifer m; **~if** [~'sif] (7e) aggressiv, angreifend; signe m (unvermuteter) Angriff m, Überfall m; pacte m de non-~ Nichtangriffspakt m.

agreste [a'grɛst] ländlich; wild (-wachsend); péj. bäuerisch.

agri|cole [agri'kɔl] landwirtschaftlich; produits m/pl. ~s landwirtschaftliche Erzeugnisse n/pl., Landwirtschaftsprodukte n/pl.; ouvrier m ~ Landarbeiter m; machine f ~ landwirtschaftliche Maschine f; **~culteur** [~kyl'tœ:r] m Landwirt m; **~culture** [~kyl'ty:r] f Landwirtschaft f.

agriffer [agri'fe] (1a): s'~ sich mit den Klauen festhalten, sich anklammern.

agripp|é [agri'pe] : ~ à qch. sich an

agripper etw. festklammernd; **~er** [~] (1a) gierig zupacken, greifen.

agronomie [agrɔnɔˈmi] f Landwirtschaftskunde f.

agroup|ement [agrupˈmɑ̃] m Anhäufung f; **~er** [~ˈpe] (1a) anhäufen.

agroville [agrɔˈvil] f moderne Stadt f für Landwirte (*UdSSR*).

agrumes [aˈgrym] m/pl. Südfrüchte f/pl.

aguerrir [ageˈriːr] v/t. abhärten (*durch Sport*); v/t. u. (s'~ sich) an den Krieg gewöhnen; s'~ à od. contre sich abhärten gegen.

aguets [aˈgɛ] m/pl. Hinterhalt m, aux ~ auf der Lauer.

aguich|ant F [agiˈʃɑ̃] verführerisch; **~er** F [~ˈʃe] (1a) v/t. anlocken, animieren.

ah ach!, oh!, ah!

ahaner *litt*. [aaˈne] (1a) v/i. sich körperlich anstrengen.

aheurtement [aœrtəˈmɑ̃] m Starrsinn.

ahi [aˈi] au!, o weh! [dutzen.)

ahurir [ayˈriːr] (2a) verblüffen, ver-)

aide 1. [ɛd] f Hilfe; *à l'~ de* (ver-)mittels; *~ économique* Wirtschaftshilfe f; **2.** [~] m Hilfs...; *~ comptable* Hilfsbuchhalter m; *~ de camp* Adjutant; *~-maçon* m Handlanger *des Maurers*, Maurergehilfe m; *~-major* m Assistenzarzt; *~-mémoire* m Merkblatt n, pol. Memorandum n; kurzer Abriß m; Aufzeichnung f; **~r** [ɛˈde] (1b) helfen (q. j-m, *dans qch. zu od. bei etw.*); v/i. fig. *~ à qch. e-r Sache dienlich sein; à la digestion* die Verdauung fördern; *bei der Arbeit usw.* behilflich sein; s'~ de qch. sich e-r Sache bedienen.

aie [aˈi] = *ahi!* au!, o weh!

aïeul m, **~e** f [aˈjœl] Großvater m, Großmutter f; *pl.* **~s** Großeltern m/pl. *aïeux* [aˈjø] Ahnen m/pl.; Vorfahren m/pl.

aigle [ˈɛːglə] **1.** m Adler; *~ des Alpes* Lämmergeier; **2.** f *ein* Adlerweibchen n; Adlerwappen n; **~fin** [ɛglə-ˈfɛ̃] m Schellfisch.

aiglon [ɛˈglɔ̃] m junger Adler.

aigre [ˈɛːgrə] sauer; *Stimme, Ton*: schrill, gellend, grell; *Wind*: scharf, schneidend, störrisch, zänkisch; *Metalle*: brüchig, spröde (*a. fig.*); **~doux** [ɛgrəˈdu] süßsauer (*a. fig.*); **~fin** *icht.* [~ˈfɛ̃] m Schellfisch (*a. aiglefin*); *fig.* Gauner; Schwindler; Hochstapler; **~let** [~ˈlɛ] säuerlich; **~tte** [ɛˈgrɛt] f *orn.* Silberreiher m; Federbusch m; Diamantstrauß m; *ent.* Haarbüschel m u. n; Sprühfeuer (-werk) n; ⚔ Strahlenbüschel m u. n.

aigreur [ɛˈgrœːr] f Säure; fig. Bitterkeit; *~s* ℞ *pl.* saures Aufstoßen n.

aigriette ♀ [egriˈɛt] f Sauerkirsche.

aigrir [ɛˈgriːr] (2a) säuern, fig. verschlimmern; verbittern; s'~ sich verschärfen (*Beziehungen*).

aigu, ë [eˈgy] scharf, spitz; durchdringend; gellend; ⚔ heftig, a'kut verlaufend.

aiguayer [egɛˈje] (1i) abspülen; *Wäsche* spülen; *Pferd* schwemmen.

aigue-marine [egmaˈrin] f (*pl.* ~s-~s) Aquama'rin m.

aiguière [eˈgjɛːr] f Wasserkrug m.

aiguill|age 🚂 [eguiˈjaːʒ] m Weichenstellen n; Weichenstellung f; Weichenanlage f; **~e** [eˈguij] f Nadel (*a. der Tanne*); Nähnadel; Uhrzeiger m; *Kirchturm, Berg*: Spitze; 🚂 Weiche; **~ée** [eguiˈje] f Nähfaden m; **~er** [~] (2a) die Weiche stellen; fig. *~ q. sur un guichet* j-n an e-n Schalter verweisen; *~ q. vers qch.* j-n auf etw. (*acc.*) hinweisen (*od.* hinlenken); **~ette** [eguiˈjɛt] f Schnürband n, Senkel m; ⚔ Achselschnur; **~eur** [egyiˈjœːr] m Weichensteller; **~ier** [eguiˈje] m Nadelbüchse f.

aiguillon [~ˈjɔ̃] m Stachel; fig. Antrieb m, Reiz; **~ner** [~jɔˈne] (1a) *mit e-m Stachel* antreiben; fig. anspornen.

aiguiser [egiˈze] (1a) schärfen; schleifen; fig. reizen, anregen; schärfen.

aiguiserie [egizˈri] f Schleiferei.

ail ♀ [aj] m Knoblauch; *pl. ails*; *als Speise*: *aulx* [o].

aile [ɛl] f Flügel m (*e-s Gebäudes, des Heeres, der Windmühle usw.*); Fittich m, Schwinge; Kotflügel m *des Autos*; *~ du nez* Nasenflügel m.

ailé [ɛˈle] geflügelt, gefedert.

aileron [ɛlˈrɔ̃] m Flügelchen n; Flügelspitze f; Schaufel f *am Rade e-r Wassermühle*; Flosse f; ⚓ Querruder n.

ailette [ɛˈlɛt] f ⊕ Flügel m; △ kleiner Anbau m, kleiner Flügel m.

ailier *Sport* [ɛˈlie] m Außenstürmer m.

aillade [aˈjad] f Knoblauchbrühe.

ailleurs [a'jœ:r] anderswo(hin); d'~ anderswoher; übrigens; *nulle part* ~ sonst nirgends.

aim|able [ɛ'mablə, ɛ'mablə] liebenswürdig; **~ant¹** [ɛ'mɑ̃] (7) liebevoll, leutselig; **~ant²** *m* Magnet; ~ *naturel* Magnet(eisen)stein; **~anter** [ɛmɑ̃'te] (1a) mag'netisch m.; *aiguille f aimantée* Magnetnadel *f*; **~er** ['ɛme, e'me] (1b) lieben; gern haben, gern essen *od.* trinken; ~ [*mst. mit reinem inf.*] (*z. B. causer* gern plaudern; ~ *chanter* ich singe gern; [*jetzt auch wieder noch mit de: j'aime de chanter*; *st.s.*: *j'aime à chanter*]; *j'aimerais faire qch.* ich möchte etw. machen; ~ *mieux* lieber mögen, vorziehen.

aine [ɛn] *f* Leistengegend; Schamleiste.

aîn|é [ɛ'ne] erst- (*od.* früher) geboren, älter, ältest; *il est mon* ~ *de trois mois* er ist drei Monate älter als ich; **~esse** [ɛ'nɛs] *f* Erstgeburt; *droit m d'*~ Erstgeburtsrecht *n*.

ainsi [ɛ̃'si] also, so, daher; ~ *soit-il!* Amen!; ~ *que* sowie.

air [ɛ:r] *m* **1.** Luft *f*, Klima *n*; Wind; Zugwind; ~ *comprimé* ⊕ Preß-, Druckluft *f*; ~ *conditionné* mit Klimaanlage; ~ *frais* Zugluft *f*; *mettre à l'*~ in Unruhe versetzen; *mettre à l'*~ ins Freie stellen; *prendre* (*od. se donner*) *des* ~*s fig. v/i.* angeben, den großen Mann markieren, blasiert sein; *les mains en l'*~*!* Hände hoch!; *projets m/pl. en l'*~ Luftschlösser *f/pl.*; *menaces en l'*~ Schreckschüsse *m/pl.*; *par mer, par terre et en l'*~ zu Wasser, zu Lande u. in der Luft; *en plein* ~ unter freiem Himmel; *paroles en l'*~ leeres Gerede *n*; *il y a qch. dans l'*~ es liegt etw. in der Luft; *voyage m par la voie des* ~*s* (*od. dans les* ~*s*) Luft-fahrt *f*, -reise *f*; **2.** Miene *f*, Ansehen *n*; *avoir l'*~ *de* (*mit inf.* so) aussehen wie (als ob); ~ *de famille* Familienähnlichkeit *f*; **3.** Melodie *f*, Arie *f*; ~ *à boire* Trinklied *n*.

airain [ɛ'rɛ̃] *m* Erz *n*; Bronze *f*; *fig. d'*~ *adj.* ehern.

airconditionner [ɛrkɔ̃disjɔ'ne] (1a) mit e-r Klimaanlage versehen.

aire [ɛ:r] *f* (Dresch-)Tenne; freier Platz *m*; △ Fläche; ⚓ Flächeninhalt *m*; *Raubvogel*: Horst *m*; ⚔ Fliegerhorst *m*; ~ *de haute* (*basse*) *pression* Hoch-(Tief-)druckgebiet *n*; ⚓ ~ *du vent* Windstrich *m*; ~ *au ciment* △ Zementestrich *m*.

airelle ♀ [ɛ'rɛl] *f* Heidelbeere; ~ *rouge* Preiselbeere *f*.

airer [ɛ're] (1b) horsten, nisten.

ais ⊕ [ɛ] *m* Bohle *f*, Diele *f*.

aisance [ɛ'zɑ̃:s] *f* Leichtigkeit; Ungezwungenheit, Gelassenheit, Bequemlichkeit; Wohlhabenheit; *cabinets m/pl. od. lieux m/pl. d'*~*s* Toilette *f*, WC *n*.

aise [ɛ:z] **1.** *adj.* froh; être bien ~ sich freuen; **2.** *f* Freude; Bequemlichkeit; Wohlhabenheit; *à l'*~*, à son* ~ wie man es gern hat; bequem, gemächlich; wohlhabend; *à votre* ~*!* nach Belieben!,' wie es Ihnen beliebt. [wohlhabend.]

aisé [ɛ'ze] leicht; ungezwungen;!

aisseau △ [ɛ'so] *m* Schindel *f*.

aisselle [ɛ'sɛl] *f* Achselhöhle.

Aix-la-Chapelle [ɛkslaʃa'pɛl] *m* Aachen *n* (*Stadt*).

ajiste [a'ʒist] *su.* Jugendherbergsgast *m*, Wanderer *m* (*aus: auberge de jeunesse*).

ajonc ♀ [a'ʒɔ̃] *m* Stechginster.

à jour [a'ʒu:r] auf der Höhe, zeitgemäß; durchbrochen, durchsichtig; *a.* ✝ auf dem laufenden.

ajouré [aʒu're] durchbrochen.

ajourn|ement [aʒurnə'mɑ̃] *m* Vorladung *f*; Termin; Vertagung *f*; ⚔ Zurückstellung *f*; **~er** [aʒur'ne] (1a) vor Gericht laden; vertagen; *Militärpflichtige*: zurückstellen.

ajout|age ⚓ [aʒu'ta:ʒ] *m* Zusatz; **~er** [~'te] (1a) hinzufügen; ~ *foi* Glauben schenken; *à qch.* etw. vermehren *od.* vergrößern; *en ajoutant* unter Beifügung.

ajust|age ⊕ [aʒys'ta:ʒ] *m* Einrichtung *f*, Aufstellung *f*, Montage *f* e-r *Maschine*; ⊕ Nachstellen, Nachregulierung *f*; ✝ Stornierung *f*; **~ement** [~'mɑ̃] *m* Richtigstellung *f*; Anpassung *f*; △ Gestaltung *f*; *a.* ~*s* Aufmachung *f* (*Toilette u. Haarschmuck*); **~er** [aʒys'te] *v/t.* (1a) richtigstellen, zurechtmachen; anpassen, eichen; ⊕ einstellen, einpassen, nachstellen, nachregulieren; ~ *une montre* e-e Uhr in Ordnung bringen; *s'*~ passen; sich zurechtmachen; **~eur** [~'tœ:r] *m*

ajutage — **alignement**

Rohrleger *m*, Schlosser *m*, Monteur *m*; Justierer *m*.
ajutage [aʒy'ta:ʒ] *m* (*kleine*) Verbindungsröhre *f*, Ansatzrohr *n*, Stutzen *m*; *Auto:* Düse *f*.
alabandine [alabɑ̃'din] *f* ⚒ Manganblende *f*, Braunsteinkies *m*; *min.* Karfunkelstein *m*.
alacrité [alakri'te] *f* Munterkeit *f*, Heiterkeit *f*.
alambi|c [alɑ̃'bik] *m* Retorte *f*; Destillierkolben; *passer od. tirer par od. à l'*~ destillieren, *fig.* gründlich prüfen; ~**qué** [~bi'ke] gekünstelt, weit hergeholt, ~**queur** [~'kœːr] *m* Phrasendrescher *m*.
alanguir [alɑ̃'giːr] (2a) **1.** *v/t.* schlaff machen; **2.** *s'*~ erschlaffen.
alarm|e [a'larm] *f* A'larm *m*; Ruf *m* (*od.* Signal *n*) zu den Waffen; Notschrei *m*; Beunruhigung; ~**s** *nur pl.* Schrecken *m*; *donner l'*~ Lärm (*m*) schlagen; ~**er** [alar'me] (1a) alarmieren; erschrecken; beunruhigen; ~**iste** [~'mist] *su.* Verbreiter (-in *f*) beunruhigender Nachrichten; *adj.* beunruhigend, beängstigend.
albâtre [al'bɑːtr] *m* Alabaster.
albatros *orn.* [alba'trɔs] *m* 'Albatros. (lake *m.*)
albinos [albi'nɔs] *m* Al'bino, Kaker-)
album [al'bɔm] *m* Album *n*.
albumine [alby'min] *f* Eiweiß *n*, Eiweißstoff *m*.
alcali ⚗ [alka'li] *m* Alkali *n*; ~ *minéral* Soda *f*; ~ *végétal* Pottasche *f*; ~ *volatil* Salmiakgeist; ~**in** [alka'lɛ̃] alkalisch, laugensalzartig; ~**ser** [~li'ze] auslaugen.
alchimie [alʃi'mi] *f* Alchimie.
alcool [al'kɔl] *m* Alkohol; ~ *méthylique* Methylalkohol; ~**émie** [~le'mi] *f* Alkoholgehalt *m* im Blut; ~**ique** [~'lik] *adj.* alkoholartig; *m* Alkoholiker *m*, Trinker *m*; ~**iser** [~li'ze] (1a) *v/t.* Alkohol zusetzen, in A. verwandeln; ~**isme** [~'lism] *m* Alkoholvergiftung *f*.
alcoo(lo)mètre [alkɔ(lɔ)'mɛːtrə] *m* Alkoholmesser.
alcôve [al'koːv] *f* Alkoven *m*, Bettnische *f*; Nebengemach *n*.
alcyon *orn.* [al'sjɔ̃] *m* Eisvogel.
aléa [ale'a] *m* Risiko *n*, Wagnis *n*; Zufall; ~**toire** [alea'twaːr] *f* auf bloßem Zufall beruhend, zufallsbedingt, riskant, ungewiß.

alêne [a'lɛn] *f* Pfriem *m*, Ahle.
alentour [alɑ̃'tuːr] *adv.* **1.** ringsumher; **2.** ~**s** *m/pl.* Umgebung *f*; *les* ~*s du* 19ᵉʳ *siècle* die Wende des 1. Jahrhunderts.
alérion [ale'rjɔ̃] *m* ⊘ kleiner Adler.
alert|e [a'lɛrt] **1.** *adj.* wachsam; munter; flink; *adv. u. int.* ~! Achtung!; **2.** *f* Alarm *m*; Fliegeralarm *m*; Waffenruf *m*; Feueralarm *m*; *fausse* ~ blinder Alarm; ~ *aux gaz* Gasalarm; ~ *aux prix* ✝ Preisalarm *m*; ~**er** [~'te] (1a) alarmieren; ⚔ kampfbereit machen (*Truppen*); Lärm schlagen (*od.* blasen); beunruhigen; *allg.* ~ *qch.* auf etw. hinweisen.
alésage ⊕ [ale'zaːʒ] *m* Ausfräsen *n*; (*Motor*) Bohrung *f*.
aléser [ale'ze] (1f) *v/t.* ⊕ ausbohren, ausdrehen, ausfräsen.
alésoir [ale'zwaːr] *m* Polierstahl; Reib-, Bohr-ahle *f*; ⊕ Fräser *m*.
alevin [al'vɛ̃] *m* Fischbrut *f*.
alevinier [alvi'nje] *m* Brutteich.
alexandrin [alɛksɑ̃'drɛ̃] (7) alexandrinisch; *vers m* ~ Alexandriner *m*, Zwölfsilber.
alezan [al'zɑ̃] *m* Fuchs (*Pferd*); *adj.* fuchsrot. [gras *n.*)
alfa ♀ [al'fa] *m* Spart-, Esparto-)
algarade [alga'rad] *f* Ausfall (*gegen j-n*) *m*; Wutausbruch *m*; Standpauke.
algèbre [al'ʒɛbr] *f* Algebra.
algébrique [alʒe'brik] algebraisch.
Alger [al'ʒe] *m* Algier *n* (*nordafrikanische Stadt*).
Algérie [alʒe'ri] *f*: *l'*~ Algerien *n*.
algérien, ~ne [alʒe'rjɛ̃, ~'rjɛn] *adj. u.* ⸺ *su.* algerisch; Algerier(in *f*) *m*.
algue ♀ [alg] *f* Alge.
aliboron [alibɔ'rɔ̃] *m* Dummkopf *m*, Trottel *m*; *maître* ⸺ Meister Langohr, Esel (*a. fig.*).
alién|able [alje'nablə] veräußerlich; ~**ation** [aljenɑ'sjɔ̃] *f* Veräußerung; Entfremdung *der Gemüter*; ~ *mentale* (*od. d'esprit*) Geisteszerrüttung, -störung; ~**é** [~'ne] *su.* Geisteskranke(r); ~**er** [alje'ne] (1g) veräußern; entfremden; ~ *les esprits* Menschen verfeinden.
alignement [aliɲ'mɑ̃] △ *m* Richten *n* (*nach der Schnur*); Bau-, Straßen-flucht *f*; ⚔ Richtung *f*; ✝ Angleichung *f* (*an e-e andere Währung*).

3 *Franz.-Dtsch.*

aligner △ [ali'ɲe] v/t. (1a) fluchten, ausrichten; ✝ angleichen; *rad. Empfangsgerät* abgleichen; *Sport:* aufstellen; s'~ sich in Reih' und Glied stellen, sich ausrichten.

aliment [ali'mã] *m* Nahrung *f* (-smittel *n*); ⚖ ~s *pl.* Alimente *n/pl.*; **~aire** [~mã'tɛ:r] zur Ernährung, zum Unterhalt gehörig; **~ation** [alimãta'sjõ] *f* Ernährung, Verpflegung; Speisung *(Dampfkessel)*; Versorgung; ~ *d'essence* Kraftstoffversorgung *f*, Benzinzufuhr *f*; ~ *en courant* ⚡ Stromversorgung *f*; ~ *crue* Rohkost *f*; ~ *naturiste* Reformkost *f*; *rad.* ~ *par le secteur* Netzanschluß *m*.

aliment|er [alimã'te] (1a) ernähren, verproviantieren; *bsd.* ⊕ speisen; *fig.* nähren, fördern; **~eux** [~'tø] nährend, nahrhaft.

alinéa [ali'nea] *m* Absatz, neue Zeile *f*.

alité [ali'te] bettlägerig.

alite|ment [alit'mã] *m* Bettlägerigkeit *f*; **~r** [~'te] (1a): s'~ das Bett hüten.

alizé [ali'ze]: *vent m* ~ Passatwind.

allaiter [alɛ'te] (1b) säugen, stillen.

allécher [ale'ʃe] (1f) anlocken, ködern; *fig.* verführen; *rendre qch. plus alléchant* etw. schmackhaft *(fig.)* od. verlockend machen.

allée [a'le] *f* Allee; enger Hausflur *m*; ~s *et venues* Hin- und Herlaufen *n*.

allégation [alega'sjõ] *f* Anführung, Zitat *n*; Behauptung; Vorgeben *n* e-s Grundes.

allège [a'lɛ:ʒ] *f* ⚓ Leichter(schiff *n*) *m*; 🚂 Tender *m*; △ Fenstervorsprung *m*.

allég|ement [alɛʒ'mã] *m* Erleichterung *f*; ⚓ Leichtern *n*, ⚓ *ligne f d'~* Entlastungslinie *f*; **~er** [ale'ʒe] (1g) erleichtern; vermindern, herabsetzen; *ein Schiff* leichtern, löschen.

allégir [ale'ʒi:r] (2a) *im Volumen* verkleinern; *Bretter* dünner hobeln.

allégorie [alego'ri] *f* Allegorie *f*, Sinnbild *n*, Gleichnis *n*.

allègre [a'lɛgrə] *(adv. allégrement)* munter, lustig. [Jubel *m.*]

allégresse [ale'grɛs] *f* laute Freude,

alléguer [ale'ge] (1f) anführen, zitieren; behaupten; *(als Grund)* vorbringen; sich berufen auf *(acc.)*.

alléluia [alelɥi'ja] *m* Halleluja *n*.

Allemagne [al'maɲ] *f*: **l'~** Deutschland *n*.

allemand, ~e *adj.* [al'mã, ~'mã:d] deutsch; *su.* ♂ *m*, ♀ *f* Deutsche(r).

aller [a'le] v/i. (1o) gehen, reisen; fahren; ~ *à Paris (en France, en U.R.S.S., aux Etats-Unis, au Maroc, au (od. en) Portugal, au (od. en) Danemark)* nach Paris, Frankreich, nach der U.d.S.S.R., nach den U.S.A., nach Marokko, Portugal, Dänemark fahren; ~*à cheval* reiten; ~ *en voiture* mit dem Wagen *(od.* Auto) fahren; ~*à (od. en) bicyclette* mit dem Fahrrad fahren; ~ *en chemin de fer (en autobus)* mit der (Eisen-)Bahn (mit dem Bus) fahren; *mit inf.* im Begriff sein zu *(nahe Zukunft; oft statt des einfachen frz. futur)*; ~ *pour faire qch.* etw. tun wollen *(Absicht)*; ~ *chercher* holen (gehen); ~ *voir q. j. be*suchen; *z.B. diminuant* fortgesetzt, allmählich abnehmen; ~ *(bien, mal)* sich *(wohl, schlecht)* befinden *(a. mit gehen)*; F *comment ça va-t-il?* wie geht's?; *cela me va das* ist mir recht; *cet habit lui va bien* der Anzug steht ihm gut; *la clef va à la serrure* der Schlüssel paßt zum Schloß; *il y va de* es handelt sich *(es geht)* um *(z.B. la vie)*; ~ *de l'avant pour qch. (od. sur le chemin de qch.)* sich für etw. energisch einsetzen; F *on y va!* gleich!, ich komme schon!; *il va sans dire* selbstredend; *va!* meinetwegen!; *allons! los!*, vorwärts!; *allons donc!* Zweifel, Verwunderung: nicht möglich!, was Sie nicht sagen!, na hör' mal!, stimmt das wirklich?, willst du (wollen Sie) das wirklich?; *n'allez pas croire!* glauben Sie ja nicht!; *s'en ~* weggehen; vergehen; sich abnutzen; sterben; *à l'~* auf der Hinreise; *aller m*: ~ *et retour* Hin- und Rückreise *f*; *au pis* ~ im schlimmsten Fall.

allergique [alɛr'ʒik] ♂ allergisch; *fig.* ~ *à qch.* e-r Sache ohnmächtig preisgegeben.

alliable [a'ljablə] legierbar.

alli|age [a'lja:ʒ] *m* Legierung *f*; ⚖ Mischungsrechnung *f*; **~ance** [a'ljã:s] *f* Verbindung, Bund *m*; Ehe; angeheiratete Verwandtschaft; Trauring *m*; **~é** [a'lje] Ver-

allier — 35 — **altérable**

bündete(r); angeheiratete(r) Verwandte(r); **~er** [~] v/t. (1a) vereinigen; verbünden; *durch Heirat* verbinden; ⊕ legieren; s'~ a. zu-ea.passen; sich verheiraten.
allitération [alitera'sjõ] f Stabreim m, Alliteration.
allô (= **allo**)! *téléph.* [a'lo] hallo!, wer dort?
allocation [alɔka'sjõ] f Geldbewilligung; zustehende Gebühr; ~ *d'assistance* Beihilfe; ~s *de chômage* Arbeitslosenunterstützung; ~ *éducation* Erziehungsbeihilfe f; ~ *d'études* Studienbeihilfe f; ~s *familiales* Familienbeihilfe f, Kinderzulage f; **~-logement** Mietbeihilfe. **~s-vieillesse** Altersbeihilfe.
allocution [~ky'sjõ] f Ansprache f; ~ *de réception* Begrüßungsansprache f, -rede f.
allong|e [a'lõːʒ] f Verlängerungsstück n; Ansatz m; ✝ Allonge, Anhangzettel m (*bei Wechseln*); Fleischhaken m; *Sport:* Armlänge; **~ement** a. ⊕ [alõʒ'mã] m Verlängerung f; Dehnung f; **~er** [alõ'ʒe] (1l) verlängern, ausdehnen; sich hinlegen, sich ausstrecken; ~ *une gifle à q.* j-m eine knallen.
allopathie ⚕ [alɔpa'ti] f Allopathie.
allou|able [a'lwabla] f zulässig, statthaft (*Geldzuwendung*); **~er** [a'lwe] (1a) e-e *Summe für etw.* auswerfen, bewilligen.
allum|age ⊕ [aly'maːʒ] m Zündung f; *avance f à l'~*, ~ *prématuré* (*od. avancé*) Frühzündung; *raté m d'~*, ~ *raté* Fehlzündung; ~ *retardé*, *retard m à l'~* Spätzündung; **~é** [~'me] *m* angezündet; ⚡ eingeschaltet (*Licht*); *fig.* puterrot, knallrot (*Gesicht*); P besoffen; **~e!** P [a'lym] beeile dich!
allume-cigare [alymsi'gaːr] *m* Zigarrenanzünder m.
allume-feu [alym'fø] *m* Kohlenanzünder. [anzünder.|
allume-gaz [alym'gaːz] *m* Gas-⌋
allum|er [aly'me] (1a) an-, entzünden; anknipsen, Licht machen; **~ette** [~'mɛt] f Streich-, Zündholz n; **~ettier** [~mɛ'tje] m Streichholzverfertiger, -verkäufer; **~eur** [~'møːr] Laternenanzünder m; **~euse** P [~'møːz] f Animierdame f; **~oir** [~'mwaːr] *m:* ~ *électrique* elektrischer Anzünder m.

allur|e [a'lyːr] f Gang m, Tempo n, Geschwindigkeit f; Verlauf m *e-r S.*; *Wild:* Spur; ~ *de marche* Marschtempo n; ~ *de tortue* Schneckentempo n; *forcer l'~* die Geschwindigkeit steigern; *Auto: la voiture a (pris) son allure* der Wagen ist auf Touren; ~s *pl.* Benehmen n; Schliche m/pl.; *filer (marcher) à une* ~ *normale* vorschriftsmäßig fahren, reiten *usw.*; **~é** [~'re] *bsd. Mode:* schwungvoll.
allus|if [aly'zif] anspielend; **~ion** [aly'zjõ] f Anspielung f, Allusion f; *par* ~ andeutungsweise.
alluvi|al [~'vjal], **~en** [~'vjɛ̃] angeschwemmt (*Land*); **~on** [~'vjõ] f Anschwemmung.
almanach [alma'na(k)] *m* Kalender (*in Buchform*); ~ *du commerce* Handelsadreßbuch n; *faiseur m d'~s* Phantast m, Träumer m.
aloi [a'lwa] *m* Feingehalt *z.B. der Münzen; fig.* Beschaffenheit f; *de bon* ~ echt; *fig.* gut, gediegen, tadellos; *de mauvais* ~ geringhaltig; *fig.* schlecht, wertlos.
alors [a'lɔːr] damals; dann, jetzt (*in der Vergangenheitserzählung*), nun; *d'~* damals; *jusqu'~* bis dahin; ~ *que* wo, wenn (*zeitlich*); während (*gegensätzlich*).
alouette *orn.* [a'lwɛt] f Lerche.
alourd|ir [alur'diːr] (2a) schwermachen; **~issement** [~dis'mã] m Schwerfälligkeit f, Trägheit f.
aloyage [alwa'jaːʒ] *m* Legierung f.
aloyer [alwa'je] (1h) legieren.
alpaca [alpa'ka] *m* Al'paka *n*.
alpage [al'paːʒ] *m* Weiden n auf der Alm; Almweiderecht n.
alpe [alp] f Alp, Alm; *les Alpes f/pl.* die Alpen.
alpestre [al'pɛstrə] den Alpen angehörig *od.* eigen; alpenartig; *passage m* ~ Alpenübergang.
alphab|et [alfa'bɛ] *m* Alphabet n; *fig.* Anfangsgründe m/pl.; **~étisation** [~betiza'sjõ] f Verbreitung des Alphabets.
alpin [al'pɛ̃] Alpen...; ※ *chasseur m* ~ Alpenjäger; **~isme** [alpi'nism] m Bergsport; **~iste** [~'nist] m Alpinist, Bergsteiger.
Alsac|e [al'zas] *f: l'~* das Elsaß; *adj.* ⁹**ien** [alza'sjɛ̃] elsässisch; *su.* **~ien** Elsässer m.
altéra|ble [alte'rablə] veränderlich;

altérant — **ambitionner**

verderblich; ~ *à l'air* luftempfindlich; **~nt** [~'rɑ̃] durstrerregend; **~tion** [~rɑ'sjɔ̃] *f* Veränderung; Verschlechterung.
altercation [alterkɑ'sjɔ̃] *f* Zank *m*.
alter|é [al'te're] *adj.* durstig; *fig.* gierig (de nach); **~er** [~] *v/t.* (1f) verschlechtern, entstellen, fälschen; durstig machen; † ängstigen, beunruhigen; *s'*~ schlecht(er) werden; verderben, umkommen (*z.B. Obst*); *s'*~ durstig werden; *fig. s'*~ sich ändern.
alter|nance [alter'nɑ̃:s] *f* Abwechs(e)lung; ⚡ Polwechsel *m*; **~nateur** [~na'tœ:r] *m* Wechselstrommaschine *f*; **~natif** [alterna'tif] abwechselnd, *z.B.* **~** *courant m* ⚡ Wechselstrom; **~native** [~'ti:v] *f* Alternative *f*, Wahl zwischen zwei Dingen; Wechselfolge; **~s** *of. pl. saisonnières* Witterungswechsel *m*; **~ne** [al'tɛrn]: *angle* ~ ⚞ Wechselwinkel *m*; **~ner** [alter'ne] (1a) *v/i.* (ab)wechseln.
Altesse [al'tɛs] *f* Hoheit (*Titel*).
alti|er *nur in st. s. lobend, sonst mst. mv. p.* [al'tje] (7b) hochmütig; **~mètre** [alti'mɛ:tra] *m* Höhenmesser; **~tude** [alti'tyd] *f* Höhe über dem Meeresspiegel, Höhenlage.
alto [al'to] *m* Bratsche *f*, Viola *f*, Altstimme *f*.
altruisme [altry'ism] *m* Altruismus *m*, Nächstenliebe *f* (*ant. égoïsme*).
alumin|e [aly'min] *f* reine Tonerde; **~ium** ⚗ [~'jɔm] *m* Alu'minium *n*.
alun [a'lœ̃] *m* Alaun; **~er** [aly'ne] (1a) mit Alaun behandeln; **~ir** [aly'ni:r] *v/i.* (2a) auf dem Mond landen; **~issage** [alyni'sa:ʒ] *m* Mondlandung *f*.
alvéole [al'veɔl] *m* (*Wachs*-)Zelle *f*; Alveole *f*, Zahnhöhle *f*, Zahnscheide *f*.
amabilité [amabili'te] *f* Liebenswürdigkeit.
amadou [ama'du] *m* Feuerschwamm, Zunder; **~er** [~'dwe] (1a) durch Schmeicheleien willfährig (zu) machen (suchen) *od.* beruhigen, schmeicheln, liebkosen.
amaigrir [amɛ'gri:r] (2a) *v/t.* mager *od.* dünner machen; *v/i. u. s'*~ abmagern, magerer werden, einfallen.
amalgam|e [amal'gam] *m* Verquickung *f*; Gemisch *n*; **~er** [~'me] (1a) verquicken; verschmelzen.

amand|e [a'mɑ̃:d] *f* Mandel; Kern *m*; **~é** [amɑ̃'de] *m* Mandelmilch *f*; **~ier** [~'dje] *m* Mandelbaum.
amant, *f:* **~e** [a'mɑ̃, ~'mɑ̃:t] Geliebte(r).
amarante ♀ [ama'rɑ̃:t] *f* Fuchsschwanz *m*, Amarantrot *n*; *adj.* amarantfarben.
amarescent [amarɛ'sɑ̃] bitterlich.
amarr|e [a'ma:r] *f* (*Anker*-, *Verbindungs*-)Tau *n*; ⚓ Fangleine *f*, Landetau *n*; **~er** [ama're] *v/t.* (1a) *mit e-m Tau* festbinden, festmachen, verankern, sorren, zurren; *s'*~ vor Anker gehen.
amas [a'mɑ] *m* Anhäufung *f*; ~ *de neige* Schneewehe *f*; **~ser** [amɑ'se] (1a) anhäufen.
amateur [ama'tœ:r] *m* Liebhaber, Kunstfreund, Dilettant; ~ *des sports d'hiver* Wintersportler.
amatir [ama'ti:r] (2a) matt, glanzlos machen.
amazone [ama'zo:n] *f* Ama'zone; (*Dame in*) Reitkleidung.
ambages [ɑ̃'ba:ʒ] *f/pl.* Umschweife *m/pl.*; *parler sans* ~ frei heraus sprechen.
ambassa|de [ɑ̃ba'sad] *f* **1.** Botschaft(erposten *m*) *f* (*a. das Personal*); Botschaftsgebäude *n*; **2.** ⊦ Auftrag *m*, Meldung *f*; **~deur** *m*, **~drice** *f* [ɑ̃basa'dœ:r, ~'dris] Botschafter(in *f*) *m*; Übermittler(in *f*) e-r Nachricht; *f*: Gattin *f* e-s Botschafters.
ambian|ce [ɑ̃'bjɑ̃:s] *f*: *les* ~*s de la vie* Umgebung *f*, Milieu *n*, Tätigkeitskreis *m*; **~t** [ɑ̃'bjɑ̃] umgebend; *conditions ambiantes f/pl.* Umweltbedingungen; *la température ambiante* bei gewöhnlicher Temperatur.
ambidextre [ɑ̃bi'dɛkstrə] *adj. u. su.* rechts- und linkshändig(e Person *f*).
ambigu, **~ë** [ɑ̃bi'gy] **1.** *adj.* zweideutig; doppelsinnig; **2.** *m cuis.* kaltes Buffet *n*, kalte Platte *f*; *fig.* Mischmasch.
ambiguïté [ɑ̃biɡyi'te] *f* Zweideutigkeit; Doppelsinnigkeit *f*.
ambiti|eux [ɑ̃bi'sjø] ehrgeizig; *style m* ~ affektierte Schreibweise *f*; **~on** [ɑ̃bi'sjɔ̃] *f* Ehrgeiz *m*; **~onner** [ɑ̃bisjɔ'ne] (1a): ~ *qch.* aus Ehrgeiz nach etw. streben; etw. sehnlich wünschen; ~ *le pouvoir pol.* nach der Macht streben.

amble *man.* ['ã:blə] *m* Paß-, Zeltergang.
ambre ['ã:brə] *m* Ambra *f (a. m u. n)*, Amber; ~ *jaune* Bernstein; *fig.* fin comme l'~ gerissen, schlau; **~r** [ã'bre] (1a) mit Amber räuchern.
ambroisie [ãbrwa'zi] *f myth.* Ambrosia, Götterspeise; *fig.* herrliches Gericht (Essen o.).
ambulanc|e [ãby'lã:s] *f* Feldlazarett *n*, Unfallstation; ~ (*automobile*) Krankenauto *n*; **~ier**, **~ière** [~lã'sje, ~'sjɛ:r] Krankenpfleger (in *f*) *m*, Feldlazarettgehilfe *m*, -gehilfin *f*.
ambulant [ãby'lã] *adj.* (7) umherziehend; Wander..., Straßen... *m*; Bahnpost *f*, Postbahnwagen *m*; Bahnpostbeamte(r) *m*.
ambulatoire [ãbyla'twa:r] ⚖ *adj.* ohne festen Sitz.
âme [a:m] *f* Seele *a.* ⊕, Steg *m* (*e-s Profileisens*); ✕ Seele (*Bohrung des Gewehrlaufes*); **~s** *pl.* Einwohner *m/pl.*; ~ *en peine* Seele im Fegefeuer; *rendre l'*~ den Geist aufgeben.
amélior|ation [ameljɔra'sjɔ̃] *f* Verbesserung, Veredelung *f*; ✓ Melioration *f*, Bodenverbesserung *f*; **~er** [amelj̃ɔ're] (1a) verbessern.
aménagement [amenaʒ'mã] *m* Einrichtung *f*; Einbau *m* (*v. Schränken*); ✓ Bewirtschaftung *f*, ~ *intérieur* Innenausstattung *f*, Raumkunst *f*; ~ *du territoire* Raumplanung *f*.
aménager [amena'ʒe] (1l) einrichten; zweckmäßig bewirtschaften.
amend|able [amã'dablə] verbesserungsfähig; ⚖ besserungsfähig; † straffällig; **~e** [a'mã:d] *f* Geldstrafe; ~ *honorable* Ehrenerklärung, öffentliche Abbitte; *sous peine d'*~ bei Strafe; **~ement** [amãd'mã] *m* Besserung *f*; ✓ Düngemittel *n*; *pol.* Abänderungsvorschlag, Abänderung *f e-s* Gesetzentwurfes; **~er** [amã'de] (1a) verbessern; ✓ düngen.
amène [a'mɛn] anmutig, angenehm; liebenswürdig (*z.B. Worte*).
amen|ée ⊕ [am'ne] *f* Zuführung, Zufuhr; ~ *d'air* Luftzufuhr *f*; **~er** [am'ne] (1d) her(bei)führen, mitbringen (*führend*); (her)anziehen; zur Folge haben, nach sich ziehen;

P *amène ta viande!* komm her!; *mandat m d'*~ ⚖ Vorführungsbefehl; ✕ ~ *son pavillon* sich ergeben.
aménité [ameni'te] *f* Anmut, Lieblichkeit; Freundlichkeit.
amenuiser [amənɥi'ze] (1a) dünner machen, abhobeln; *fig.* schwächen; *s'*~ sich verringern.
am|er, *f*: **~ère** [a'mɛ:r] bitter.
Américain [ameri'kɛ̃] Amerikaner *m*; 2 *adj.* amerikanisch.
américanisation [amerikaniza'sjɔ̃] *f* Amerikanisierung.
Amérique [~'rik] *f*: *l'*~ Amerika *n*.
amerrir ⚓ [ame'ri:r] (2a) wassern.
amerrissage ⚓ [ameri'sa:ʒ] *n* Wassern *n*; ~ *forcé* Notwasserung *f*; ~ *facile* glatte Wasserung *f*.
amertume [amɛr'tym] *f* Bitterkeit; Gram *m*; **~s** *pl.* bittere Stunden.
amétropie ✱ [ametrɔ'pi] *f* Fehlsichtigkeit.
ameubl|ement [amœblə'mã] *m* Möblierung *f*; Innenausstattung *f*; ~ *métallique* Stahlrohrmöbel *n/pl.*; *tissu d'*~ Möbelbezugstoff; **~ir** [~'bli:r] (2a) ⚖ zum Mobiliarvermögen schlagen; ✓ *den Boden* auflockern; **~issement** [~blis'mã] *m* ⚖ Mobiliarisierung *f*; ~ *du sol* ✓ Bodenauflockerung *f*.
ameuter [amø'te] (1a) *Hunde* zs.-koppeln; aufhetzen; *s'*~ sich zs.-rotten.
ami, **~e** [a'mi] Freund(in *f*) *m*; *adj.* freundlich; befreundet, verbündet; **~able** [a'mjablə] freundschaftlich; *à l'*~ gütlich, in Güte; *vendre à l'*~ nach gegenseitiger Übereinkunft verkaufen; **~ante** *min.* [a'mjã:t] *m* Asbest *m*; *plaque f d'*~ Asbestplatte *f*; **~cal** [ami'kal] freundschaftlich.
amidon ✱ [ami'dɔ̃] *m* Stärke *f*, Kraftmehl *n*; **~ner** [~dɔ'ne] (1a) *Wäsche* stärken; **~nier** [~dɔ'nje] *m* Stärkefabrikant.
aminche ✱ [a'mɛ̃:ʃ] *m* Freund.
aminc|i [amɛ̃'si] verdünnt; *zo.* schmal; **~ir** [~'si:r] *v/t.* (2a) dünner machen; verdünnen; *s'*~ verdünnen, dünner werden.
amiral [ami'ral] *m* (5c) Admiral.
amirauté [amirɔ'te] *f* Admiralswürde; Admiralität.
amissible ⚖ [ami'siblə] verlierbar.
amitié [ami'tje] *f* Freundschaft; Zuneigung; Gefälligkeit; **~s** *pl.*

ammoniac — 38 — **amplitude**

Grüße m/pl., Empfehlung; *faites-moi l'~ de* tun Sie mir den Gefallen und ...; *faites-lui mes ~s* richten Sie ihm meine Grüße (Empfehlungen) aus.

ammoniac [amɔ'njak]: *gaz m ~* Ammoniak(gas) n; *sel m ~* Salmiak.

amnésie [amne'zi] f Gedächtnisschwäche f *od.* -verlust m.

amnisti|e [amnis'ti] f Amnestie f, allgemeine Begnadigung f; Straferlaß m; **~er** [amnis'tje] (1a) begnadigen, amnestieren.

amoché P [amɔ'ʃe] *adj.*: *être ~* e-n Knacks bekommen haben, nicht mehr hoch kommen.

amocher P [amɔ'ʃe] (1a) beschädigen, verderben, verletzen.

amoindr|ir [amwɛ̃'driːr] (2a) verringern, kleiner machen *od.* werden; *s'~* sich verringern; **~issement** [~dris'mɑ̃] m Verminderung f.

amoll|ir [amɔ'liːr] (2a) erweichen; *fig.* verweichlichen; *s'~ v/i.* verweichlichen; *Mut:* nachlassen, sinken; **~issement** [~lis'mɑ̃] m Erweichung f, Erschlaffung f; *fig.* Verweichlichung f; *Mut:* Sinken n.

amoncel|er [amɔ̃'sle] (1c) an-, aufhäufen, aufschichten; **~lement** [amɔ̃sel'mɑ̃] m An-, Aufhäufung f.

amont [a'mɔ̃] stromaufwärts; *en ~ de* oberhalb von; *vent m d'~* Ostwind; *voyage m en ~* Bergfahrt f.

amorc|e [a'mɔrs] f Lockspeise, Köder m; Zündpulver n, Zündhütchen n, Zünder m; *fig.* Reiz m, Verlockung f; **~er** [amɔr'se] (1k) ködern (*a. fig.*); mit Zündpulver *od.* -hütchen versehen; (*Arbeit, Tätigkeit*) beginnen, ins Werk setzen, in Gang bringen, einleiten.

amorçoir [amɔr'swaːr] m Vor-, Flachbohrer; Zündhütchenkapsel f.

amort|ir [amɔr'tiːr] (2a) abtöten, dämpfen (*a. Farben*); abschwächen; ⊕ durch Abfederung vor Stößen schützen; weich kochen; ✝ abschreiben, tilgen, amortisieren; *~ les chocs Auto:* die Stöße abfedern; **~issable** [~ti'sablə] tilgbar; **~issement** [~tis'mɑ̃] m Schuldentilgung f; ✝ Abschreibung f; *Radio:* Dämpfung f; *Auto:* Abfederung f; **~isseur** ⊕ [~ti'sœːr] m Schall- *od.* Stoßdämpfer; *~ de bruit* Schalldämpfer; *~ Auto:* des chocs (*od. des cahots*) Abfederung f;

~ de choc Stoßstange f; *~ en caoutchouc* Gummipuffer.

amour [a'muːr] m Liebe f; geliebter Gegenstand, Liebling; **~s** f (*a. m*) *pl.* Liebschaften; Liebhaberei f; *pour l'~ de Dieu!* um Gottes willen!; *pour l'~ de Dieu* völlig uneigennützig; *l'~ du prochain* Nächstenliebe f; ♀ [~] m Amor; Amorette f; **~acher** [amura'ʃe] (1a): *v/t.* sehr verliebt m.; *s'~ de* sich vernarren in (*acc.*); **~ette** [~'rɛt] f Liebelei; ♀ Zittergras n; **~eux, ~euse** ['rø, 'røːz] (de) **1.** *adj.* verliebt (in *acc.*); eingenommen (für); **2.** *su.* Liebhaber (-in f) m; **~-propre** [~'prɔprə] m Eigenliebe f.

amovible [amɔ'viblə] absetzbar (*Beamter*); *méc.* abnehmbar; auswechselbar; verstellbar; einsetzbar [stärke f.\ ⚓ Außenbordmotor.

ampérage ≯ [ɑ̃pe'raːʒ] m Strom-\ **ampère** ≯ [ɑ̃'pɛːr] m Ampere n.

amphi* *univ.* [ɑ̃'fi] m Hörsaal m.

amphib|ie [ɑ̃fi'bi] m im Wasser und auf dem Lande lebend; Am'phibie f; *fig.* Zwitterwesen n; *typ.* Schweizerdegen; **~ologie** [~bɔlɔ'ʒi] f Zweideutigkeit.

amphigouri [ɑ̃figu'ri] m verworrenes Geschwätz n; Kauderwelsch n.

amphithéâtre [~te'ɑːtra] m Hörsaal m; Amphitheater n.

amphitryon [ɑ̃fi'triɔ̃] m Gastgeber.

ampl|e ['ɑ̃:plə] weit, umfassend; reichlich; **~eur** [ɑ̃'plœːr] f Weite, Breite; Geräumigkeit, Umfang m; *~ du son* Klangfülle f; **~iation** [ɑ̃plia'sjɔ̃] f beglaubigte Abschrift; *pour ~* für die Richtigkeit der Abschrift.

amplificat|eur [ɑ̃plifika'tœːr] m *mv.p.* Aufschneider; *Radio:* Verstärker; **~ion** [~ka'sjɔ̃] f erweiternde Ausarbeitung *e-s Themas*; Weitschweifigkeit; Übertreibung; *Radio:* Verstärkung f; *~ du foie* 𝒮 Leberschwellung.

amplifier [ɑ̃pli'fje] (1a) *mit Worten* erweitern; weitläufig behandeln; übertreiben; *Radio:* verstärken.

amplitude [ɑ̃pli'tyd] f Weite f; *a. rad.* Schwingungsweite f; *télév. contrôle m de l'~ de l'image* Bildbreiten-, Bildhöhenregler m.

ampoule [ã'pul] *f* Fläschchen *n*; ⚕ Glasballon *m*; Ampulle *f*; ⚡ Glühbirne; *Auto:* Lampe *f*; Wasserbläschen *n*; ⚔ Hitzblatter *f*; *Auto:* ~ de feu arrière Rücklichtlampe *f*.

ampoulé [ãpu'le] *fig.* schwülstig.

amput|é(e) [ãpy'te] *su.* Amputierte(r); Versehrte(r); **~er** [~'] (1a) amputieren, abnehmen, abschneiden.

amuïr *ling.* [a'mųi:r] (2a): s'~ verstummen.

amulette [amy'lɛt] *f* Amu'lett *n*; Zaubermittel *n*.

amunitionner [amynisjɔ'ne] (1a) mit Munition versehen.

amus|ant [amy'zã] *adj.* (7) unterhaltend, belustigend, drollig; **~ement** [amyz'mã] *m* Belustigung *f*, Zeitvertreib; **~er** [amy'ze] *v/t.* (1a) unterhalten, j-m die Zeit vertreiben; belustigen; hinhalten, aufhalten, ablenken; s'~ sich amüsieren, sich unterhalten; s-e Zeit vertrödeln; s'~ de verspotten, lächerlich machen, sich lustig machen; **~ette** [amy'zɛt] *f* Zeitvertreib *m*; **~eur** [~'zœ:r] *m* Spaßmacher *m*, Witzbold *m*.

amygdal|es *anat.* [amig'dal] *f/pl.* Halsdrüsen, Mandeln; **~ite** ⚕ [~da'lit] *f* Mandelentzündung.

an [ã] *m* Jahr *n*; jour de l'~ Neujahrstag; avoir dix ~s 10 Jahr(e) alt sein; bon ~, mal ~ jahraus, jahrein; par ~ jährlich.

ana|baptiste [anaba'tist] *m* Wiedertäufer; **~chorète** [~kɔ'rɛt] *m* Einsiedler; **~chronisme** [~krɔ'nism] *m* Anachronismus *m*, Zeitwidrigkeit *f*, -fehler, zeitliche Unmöglichkeit *f*; **~l** ⚕ [a'nal] *adj.* Steiß...; **~lgésique** ⚕ [analʒe'zik] *adj. u. m* schmerzlindernd(es Mittel *n*); **~logie** [analɔ'ʒi] *f* Analogie *f*, Ähnlichkeit, Verwandtschaft; **~logue** [~'lɔg] 1. *adj.* analog, ähnlich, entsprechend; 2. *m* A'nalogon *n*.

analphab|ète [analfa'bɛt] *m* Analphabet *m*; **~étisme** [~be'tism] *m* Analphabetentum *n*.

analys|e [~'li:z] *f* Analyse (⚗, ⚕ *usw.*); Zerlegung; Rezension; ~ du marché ✶ Marktanalyse; ~ du sang ⚕ Blutprobe; **~er** [~li'ze] (1a) ⚗ analysieren; zergliedern, genau untersuchen. [zergliedernd.]

analytique [anali'tik] analytisch,

ananas ♀ [ana'na] *m* Ananas *f*.

anarch|ie [anar'ʃi] *f* Anarchie *f*, *fig.* Unordnung; **~o** P [~'ko] *m* Anarchist.

anathème [ana'tɛm] **1.** *m* Bannfluch; *fig.* Verwünschung *f*; **2.** *su.* mit dem Kirchenbann Belegter.

anatidés *zo.* [anati'de] *m/pl.* Entenvögel *m/pl.* [muschel *f*.]

anatife *zo.* [ana'tif] *m* Enten-

anatom|ie [anatɔ'mi] *f* Anatomie; **~iser** [~tɔmi'ze] (1a) anatomieren, zergliedern.

ancêtres [ã'sɛtrə] *m/pl.* Ahnen, Vorfahren.

anche [ã:ʃ] *f* Mundstück *n der Blasinstrumente*; Zunge *an Musikinstrumenten*.

anchois [ã'ʃwa] *m* An'schovis *f*.

ancien, ~ne [ã'sjɛ̃, ~'sjɛn] **1.** *adj.* sehr alt (*nicht v. Personen!*), lange bestehend, ehemalig; dienstälter; **~nement** *adv.* vor-, ehemals; **2.** *m* Kirchenältester; les ~s die Alten (*a. Griechen u. Römer*); ~ combattant Kriegsteilnehmer; le plus ~ en grade der Dienstälteste.

ancienneté [ãsjɛn'te] *f* Alter *n* (*v. Gegenständen od. Einrichtungen*); Altertum *n*; Dienstalter *n*.

ancolie ♀ [ãkɔ'li] *f* Akelei.

ancr|age [ã'kra:ʒ] *m* Verankerung *f*; ⊕ Spannen; *m*; dispositif *m* d'~ Befestigungsvorrichtung *f*; droit *m* d'~ Ankergeld *n*; **~e** ['ã:krə] *f* Anker *m*; **~er** [ã'kre] (1a) verankern; *fig.* befestigen; ~ q. à q. (*od. à qch.*) j-n an j-n (*od.* an etw.) binden.

andouill|e [ã'duj] *f* Fleischwurst; Schlackwurst; P Dummkopf; brouet *m* d'~ Wurstsuppe *f*; **~er** *ch.* [ãdu'je] *m* Sprosse *f*, Ende *n am Hirschgeweih*; **~ette** [ãdu'jɛt] *f* kleine Weißwurst.

androgyne [ãdrɔ'ʒin] *adj. u. m* Zwitter *m*. [scheu.]

androphobe [ãdrɔ'fɔb] männer-

âne *zo.* [ɑ:n] *m* Esel; ânes *f* Esel(in *f*) *m*; *fig.* Dummkopf *m*; ⊕ *Art* Schraubstock *m*; coq-à-l'~ *fig.* ungereimtes Zeug, Gefasele *n*, Gedankensprung *m*, F Blödsinn *m*.

anéant|ir [aneã'ti:r] (2a) vernichten; endgültig beseitigen, ausrotten; zunichte machen; s'~ in ein Nichts zurücksinken, sich demütigen; **~issement** [~tis'mã] *m* Vernichtung *f*; Zerknirschung *f*.

anecdot|e [anɛk'dɔt] f Anekdote; **~ier** [~dɔ'tje] m Anekdotenjäger, Geschichtenerzähler m; **~iser** [~ti-'ze] v/i. bei jeder passenden Gelegenheit Anekdoten erzählen; Anekdoten sammeln.

aném|ie ⚕ [ane'mi] f Anämie, Blutarmut; **~ique** [ane'mik] blutarm, anämisch.

anémo|mètre [anemɔ'mɛːtrə] m Windmesser; **~ne** ♀ [ane'mɔn] f Anemone f, Buschwindröschen n.

ânerie [ɑn'ri] f Eselei, große Dummheit.

anesthésier ⚕ [anɛste'zje] (1a) betäuben, *gegen Schmerzen* unempfindlich machen.

anesthésique ⚕ [anɛste'zik] adj. u. m schmerzverhütend(es Mittel n).

anévrisme ⚕ [ane'vrism] m Pulsadergeschwulst f, Aneurisma n; **~ du cœur** Herzerweiterung f.

anfractu|eux [ɑ̃frak'tɥø] krumm, holp(e)rig; voll schlängelnder Vertiefungen; **~osité** [ɑ̃fraktɥozi'te] f Aushöhlung f, Vertiefung f, Unebenheit f.

ange [ɑ̃ːʒ] m Engel; **~ gardien** Schutzengel; fig. *être aux ~s* im siebenten Himmel sein, selig sein.

angélique [ɑ̃ʒe'lik] adj. engelhaft, himmlisch; ♀ f Engelwurz.

angélus [ɑ̃ʒe'lys] m Abendgeläut n.

angin|e ⚕ [ɑ̃'ʒin] f Angina f, Halsbräune; **~ couenneuse** Rachendiphtherie f; **~ de poitrine** Angina pectoris.

anglais, ~e [ɑ̃'glɛ ~'glɛːz] englisch; ♀(e) Engländer(in f) m.

angle [ɑ̃ːgl] m Winkel; *Auto:* **~ de braquage** Einschlagwinkel m *der Vorderräder*, Wendigkeit f; **~ aigu** spitzer Winkel; **~ droit** rechter Winkel; **~ obtus** stumpfer Winkel.

angledozer [ɑ̃glodo'zɛːr] m Winkelraumpflug m.

Angleterre [ɑ̃glə'tɛːr] f: **l'~** England n.

anglican [ɑ̃gli'kɑ̃] adj. angli'kanisch; *église ~e* englische Hochkirche.

angliche P [ɑ̃'gliʃ] su. u. adj. Tommy m; Engländer(in f) m; englisch.

anglicis|er [ɑ̃glisi'ze] (1a) anglisieren, e-e englische Wortform prägen; englisch machen; *s'~* sich wie ein Engländer benehmen; **~me** [~'sism] m Angli'zismus; englische Spracheigentümlichkeit f.

anglo|manie [ɑ̃glɔma'ni] f Nachäffung englischer Sitten; **~phone** [~'fɔn] englisch sprechend; **~saxon** [~sak'sɔ̃] adj. angelsächsisch; ♀ m Angelsachse.

angoiss|e [ɑ̃'gwas] f (Herzens-)Angst; **~er** [ɑ̃gwa'se] (1a) ängstigen.

anguill|e *icht.* [ɑ̃'gij] f Aal m; fig. *il y a ~ sous roche* hier ist etw. nicht geheuer, hier steckt etw. dahinter; **~ière** [~'jɛːr] f Aalteich m, -kasten m; -wehr n; **~ule** zo. [ɑ̃gi'jɥl] f Fadenwurm.

angul|aire [ɑ̃gy'lɛːr] eckig, wink(e)lig; *pierre ~* f Eckstein m; **~eux** [ɑ̃gy'lø] wink(e)lig, kantig, eckig.

anhél|ation [anela'sjɔ̃] f Kurzatmigkeit; **~er** ⚕ [ane'le] (1f) kurz atmen, keuchen.

anhydre [a'nidrə] adj. wasserfrei.

anicroche F [ani'krɔʃ] f Hindernis n; Haken m F.

ânier [ɑ'nje] su. Eseltreiber m.

anil ♀ [a'nil] m Indigopflanze f; **~ine** [~'lin] f Anilin n.

animadversion [animadvɛr'sjɔ̃] f Mißbilligung f, Tadel m.

anim|al [animal] **1.** m Tier n; Lebewesen n; fig. péj. Trampel m, Kamel n; **2.** adj. tierisch; *exposition f ~e* Tierschau f; *règne m ~* Tierreich n; **~alcule** [~mal'kyl] m mikroskopisch kleines Tierchen n, Infusorie f; **~alier** [~ma'lje] m u. adj. (7b): (*peintre m*) *~* Tiermaler m; **~aliser** [~mali'ze] (1a) (s'~ sich) in tierischen Stoff umwandeln; fig. vertieren; **~alité** [~mali'te] f tierisches Wesen n; Tiernatur f; **~ateur** [~ma'tœːr] m cin. Zeichner m belebter Zwischenszenen; *allg.* Stimmungsmacher m, Conférencier m; **~ social** Förderer des gesellschaftlichen Kontakts; Betreuer m ausländischer Gäste *usw.*; **~ation** [~ma'sjɔ̃] f Belebung f; Lebhaftigkeit f, Leben n, (starker) Straßenverkehr m.

anim|é [ani'me] belebt, lebend; fig. lebhaft, rege; verkehrsreich; *dessins m/pl. ~s* cin. Zeichentrickfilm m/sg.; **~er** [~] (1a) beleben; anfeuern, an-, erregen; **~osité** [~mozi'te] f Animosität f, Gereiztheit f; Groll m, Haß m; Zwist m, Feindseligkeit f.

anis ♀ [a'ni] m Anis m; **~er** [~'ze] (1a) mit Anis würzen.

ankylose ⚕ [ăki'lo:z] *f* Gelenkversteifung *f*.

ann|al [a'nal] *(m/pl. ungebräuchlich!)* (ein)jährig; **~ales** [~] *f/pl.* Annalen *pl.*, Jahrbücher *n/pl.*

anneau [a'no] *m* Ring *m*, Reif *m*.

année [a'ne] *f (oft statt* an, *um die Dauer od. den Ablauf zu betonen)* Jahr *n*; ~ bissextile Schaltjahr *n*; ~ civile Kalenderjahr *n*; ~ scolaire Schuljahr *n*.

annex|e [a'nɛks] **1.** *f* An-, Beilage *f (zu e-m Brief)*; Anbau *m*, Nebengebäude *n*; Filiale *f*; Filialkirche *f*; **2.** *adj.* dazugehörig; *bâtiment m* ~ Nebengebäude *n*; *les industries* ~s die verwandten Industrien *f/pl.*; **~er** [~'kse] (1a) eingliedern; annektieren, einverleiben; **~ion** [~'ksjɔ̃] *f* Eingliederung *f*; Annexion *f*.

annihiler [anii'le] (1a) für nichtig erklären; vereiteln, zunichte machen *(Hoffnungen).*

anniversaire [aniver'sɛ:r] **1.** *adj.* alljährlich; **2.** *m* Jahrestag *m*; Geburtstag *m*.

annonc|e [a'nɔ̃:s] *f* Annonce *f*, Anzeige *f*, Inserat *n*; Bekanntmachung *f*; **~s** *f/pl.* encartées Anzeigenbeilage *f*; **~er** [~'se] (1k) ankündigen; **~eur** [~'sœ:r] *m rad.* Ansager *m (speaker ist jedoch häufiger!)*; **~iateur** [~sja'tœ:r] *m* Annoncierer *m (Zeitung)*; *téléph.* Klappe *f*.

Annonc|iation *rl.* [anɔ̃sja'sjɔ̃] *f: l'~ Fest* Mariä Verkündigung *f*; **2ier** [~'sje] *m* Leiter *m* des Annoncenteils, Anzeigenleiter *m*; Anzeigendrucker *m*, -setzer *m*.

annotat|eur [anɔta'tœ:r] *m* Ausleger *m*, Kommentator *m*; **~ion** [~ta'sjɔ̃] *f* Anmerkung *f*, Erläuterung *f*, Randbemerkung *f*, Fußnote *f*, Aufzeichnung *f*.

annoter [anɔ'te] (1a) anmerken, mit Anmerkungen versehen; aufzeichnen.

annu|aire [a'nɥɛ:r] **1.** *adj.* jährlich; **2.** *m* Jahrbuch *n*; Telephonbuch *n*; ~ militaire *(Armee)* Rangliste *f*; **~el** [a'nɥɛl] jährlich; ♀ einjährig.

annuité [anɥi'te] *f* Jahresrate *f*, -rente *f*; *pol.* Annuität *f*, Jahreszahlung *f*.

annul|able [any'labl] anfechtbar, umstoßbar; **~aire** [~'lɛ:r] ringförmig; *doigt m* ~ Ringfinger *m*; **~ation** [~la'sjɔ̃] *f* Aufhebung *f*, Nichtigkeitserklärung *f*; ~ *du permis de conduire* Entziehung *f* der Fahrerlaubnis; **~er** [~'le] (1a) für null u. nichtig erklären, widerrufen; Schuld tilgen; *Vertrag* lösen; *Kosten* niederschlagen.

anoblir [anɔ'bli:r] (2a) in den Adelsstand erheben; *a. fig.* adeln.

anode [a'nɔd] *f* Anode *f*; ~ *alimentée par le secteur rad.* Netzanode *f*.

anodin [anɔ'dɛ̃] (7) schmerzstillend; *fig.* harmlos, unbedeutend, geringfügig, unverfänglich.

anomal [anɔ'mal] *adj.* (5c) unregelmäßig, abweichend, ungewöhnlich; *un verbe* ~ ein unregelmäßiges Verb *n*; *fleurs f/pl.* ~es abweichende Blüten *f/pl.*; **~ie** [~'li] *f* Anomalie Abnormität, Regelwidrigkeit.

ânon *zo.* [a'nɔ̃] *m* junger Esel *m*, Eselsfüllen *n*; **~ner** [anɔ'ne] (1a) stottern *(a. e-e Lektion, Sprache).*

anonymat [anɔni'ma] *m* Anonymität *f*, Namenlosigkeit *f*.

anonyme [anɔ'nim] **1.** *adj.* anonym, ungenannt, namenlos; *société f* ~ Aktiengesellschaft *f*, *abr.* AG.; **2.** *m* ungenannter Verfasser *m*; Anonymität *f*; *garder l'*~ unbekannt bleiben; *sous le voile de l'*~ ohne s-n Namen zu nennen, unter dem Deckmantel der Anonymität.

anorak [anɔ'rak] *m* Anorak *m*.

anormal [anɔr'mal] (5c) unnormal, anormal, regelwidrig, unprogrammäßig F, programmwidrig.

anoxie [anɔ'ksi] *f* Sauerstofflosigkeit *f*.

Anschluss *pol.* [an'flus] *m/sg.* Anschluß *m (irgendeines Landes).*

ans|e [ɑ̃:s] *f* Henkel *m*, Griff *m*; *géogr.* kleine Bucht *f*; **~ette** [ɑ̃'sɛt] *f* Öse *f*, kleiner Henkel *m*.

antagon|isme [ɑ̃tagɔ'nism] *m* Streit *m*, Meinungsverschiedenheit *f*; Entgegenwirken *n*, Gegensatz *m*, -sätzlichkeit *f*; **~iste** [~'nist] *m u. adj.* Gegner *m*, Widersacher *m*; gegnerisch, entgegenwirkend.

antalgique ⚕ [ɑ̃tal'ʒik] schmerzstillend.

antébois [ɑ̃te'bwa] *m* Scheuerleiste *f*.

antécédent [ɑ̃tese'dɑ̃] **1.** *adj.* (7) vorhergehend; **2.** *m gr.* Beziehungswort *n*; Vordergliedn *n*; Präzedenzfall; ~s *pl.* Vorlebenn; Vor-, Entwicklungs-geschichte *f/sg.*; *sans* ~s *judiciaires* nicht vorbestraft.

antédiluvien [ãtedily'vjɛ̃] vorsintflutlich.

antenne [ã'ten] *f ent.* Fühler *m*; ⚓ Rahe; *rad.* Antenne *f*; ~ dirigée Richtstrahler *m*; ~ extérieure Außenantenne; grande ~ Hochantenne *f*; ~ en cadre Rahmen-, ~ en éventail Fächerantenne; ~ scolaire Schulfiliale, Zweigschule; *bsd. pol.* pousser des ~s en direction de ... seine Fühler ausstrecken in Richtung ...

anténuptial [ãtenyp'sjal] *adj.* vor der Heirat.

antérieur [ãte'rjœ:r] vorherig; vorn befindlich; ~ à früher als.

anthère ♀ [ã'te:r] *f* Staubbeutel *m*.

anthologie [ãtɔlɔ'ʒi] *f* Auslese *aus Schriftstellern.*

anthracite [ãtra'sit] *m* Anthrazit.

anthrax ⚕ [ã'traks] *m* Karbunkel.

anthropoïde *zo.* [~pɔ'id] *adj. u. m* menschenähnlich(er Affe), Menschenaffe *m*.

anthropo|métrie [~me'tri] *f* Körpermessung, ~**phage** [~'fa:ʒ] *m* Menschenfresser.

anti|acide [ãtia'sid] *adj.* säurefest; ~**aérien**, ~**ne** [~ae'rjɛ̃, ~'rjɛn] *adj.* Flugabwehr..., Flak..., Luftschutz...; *défense* ~ne Flugabwehr, Luftschutz *m*; ~**balle(s)** [~'bal] *adj.* kugelsicher; ~**biotique** ⚕ [~bjɔ'tik] *m* Antibiotikum *n*; ~**chambre** [~'ʃã:br] *f* Vorzimmer *n*; *faire* ~ antichambrieren; ~**char(s)** ⚔ [ãti'ʃa:r] *adj.* Panzerabwehr..., Pak...; ~**choc** [~'ʃɔk] *adj./inv.* stoßfest; ~**chrétien** [~kre'tjɛ̃] (7c) unchristlich; christenfeindlich.

anticip|ation [ãtisipa'sjɔ̃] *f* Vorausnahme; Vorschuß *m*; Eingriff *m in Rechte*; *fig.* Vorahnung *f*; Vorgriff *m*, Verfrühung *f*; ~**er** [~si'pe] (1a) **1.** vorausnehmen, -empfangen; *fig.* vorausahnen; **2.** ~ *sur qch.* vorgreifen mit etw., eingreifen in (*acc.*).

anti|clérical [~kleri'kal] *adj.* (5c) antiklerikal, der Kirche (*od.* der Geistlichkeit) feindlich, kirchenfeindlich; ~**corps** ⚕ [~'kɔ:r] *m* Antikörper *m* (*Virusimpfung*), Schutzstoff, Abwehrstoff; ~**dater** [ãtida'te] (1a) vorn-, rückdatieren; ~**dérapant** [~dera'pã] *Auto*: *adj.* (7) rutschfest, das Gleiten der Räder verhindernd; *m* Gleitschutz; ~**dote** ⚕ [~'dɔt] *m* Gegengift *n*; ~**éblouissant** *Auto* [~eblui'sã] *adj.* blendungsfrei, Blendschutz...; ~**écraseur** [~ekra'zœ:r] *m* Fangvorrichtung *f (Straßenbahnwagen).*

antienne *rl.* [ã'tjen] *f* Vor-, Wechselgesang *m*; *chanter toujours la même* ~ *fig.* immer dasselbe wiederholen.

anti|gel ⊕ [~'ʒɛl] *m* Frostschutz *m* (-mittel *n*); ~**gréviste** [~gre'vist] *m* Streikbrecher; ~**grisouteux** [~grizu'tø] ⚒ (7d) schlagwettersicher; ~**halo** [~a'lo] *phot.* lichthoffrei.

antilope *zo.* [ãti'lɔp] *f* Antilope *f*.

anti|militarisme [ãtimilita'rism] *m* Antimilitarismus *m*; ~**militariste** [~milita'rist] *adj. u. su.* antimilitaristisch; Antimilitarist(in); ~**missile** ⚔ [~mi'sil] Antiraketen...; ~**mite** [~'mit] *adj./inv.* mottenecht; ~**molletisme** *Fr. pol.* [~mɔle'tism] *m* Gegnerschaft *f* gegen Guy Mollet; ~**nauséeux** ⚕ [~noze'ø] *m* Mittel *n* gegen Brechreiz (*od.* Übelkeit); ~**nucléaire** *at.* [~nykle'ɛ:r] Strahlenschutz...; ~**moine** *min.* [~'mwan] *m* Antimon *n*, Spießglanz; ~**paludéen** ⚕ [~palyde'ɛ̃] (7c) die Malaria bekämpfend; ~**parasite** [~para'zit] *m Radio*: Störschutz; ~**parti** *pol.* [~par'ti] *adj./inv.* parteifeindlich; ~**pathie** [ãtipa'ti] *f* Antipathie *f*, natürlicher Widerwille; ~**pathique** [~'tik] *adj.* zuwider; ~**pelliculaire** ⚕ [~peliky'lɛ:r] schuppenbeseitigend; ~**pode** [~'pɔd] *m* Antipode *m*; *fig.* absolutes Gegenteil *n*; ~**pollution** ⊕ *f* Verschmutzungsbekämpfung *f*; ~**protectionniste** [~prɔtɛksjɔ'nist] *adj. u. su.* gegen das Schutzzollsystem; Gegner des Schutzzollsystems; ~**pyrine** ⚕ [ãtipi'rin] *f* Antipy'rin *n*; ~**quaille** [ãti'ka:j] *f* alter Plunder *m*; ~**quaire** [ãti'kɛ:r] *m* Altertumsforscher; Antiquitätenhändler.

antiqu|e [ã'tik] *adj.* uralt; altertümlich, an'tik; *f* veraltet; *m* antike Kunst *f*; *f* Antiquität; ~**ité** [ãtiki'te] *f* Altertum *n*; Alte Welt; An'tike.

anti|rouille ⊕ [ãti'ruj] *m* Rostschutz; ~**sémite** [ãtise'mit] *su.* Antise'mit, Judenfeind; ~**septique** [ãtisep'tik] *adj. u. m* anti'septisch (-es Mittel); ~**social** [~sɔ'sjal] (5c) unsozial; ~**spasmodique** ⚕ [ãtispasmɔ'dik] krampfstillend; ~**tétanique** ⚕ [~teta'nik] *adj.* gegen

antithèse — 43 — **apologie**

Starrkrampf wirkend; ~**thermique** [ãtiter'mik] *adj. u. m* fiebersenkend (-es Mittel); ~**thèse** [~'tɛːz] *f* Antithese *f*, Gegensatz *m*; Gegenüberstellung; ~**-typhoïde** [~tifɔ'id] Typhusbazillen abtötend; *piqûre f* ~ Impfung gegen Typhus; ~**vénéneux** [~vene'nø] *adj.* (7d) Gegengift...

antonyme [ãtɔ'nim] **1.** *adj.* von entgegengesetzter Bedeutung; **2.** *m* Antonym *n*.

antre ['ũtrə] *m* Höhle *f*; Spelunke *f*.

anurie [any'ri] *f* Harnzwang *m*.

anus ♂ [a'nys] *m* After.

Anvers [ãn'vɛːr] *m* Antwerpen *n*.

anxi|**été** [ũksje'te] *f* Angst *f*; ~**eux** [ũk'sjø] (7d) ängstlich.

aorte [a'ɔrt] *f* Hauptschlagader *f*.

août [u] *m* August; ~**é** [~'te] reif.

apache [a'paʃ] *m* Rowdy, Apache, Messerheld, Strolch.

apaisement [apɛz'mũ] *m* Beruhigung *f*, Beschwichtigung *f*, Befriedung *f*.

apais|**er** [apɛ'ze] (1b) beruhigen, befrieden; besänftigen; ~ *sa faim* s-n Hunger stillen; ~ *une querelle e*-*n Streit schlichten*; ~**eur** *pol. mst. péj.* [~'zœːr] *m* Versöhnler *m*.

apanage [apa'naːʒ] *m* **1.** *hist.* Leibgedinge *n*; **2.** *fig.* Erbe *n*, Folgen *f*/*pl*.; Schicksal *n*; ~**er** [~na'ʒe] (1l) standesgemäßen Unterhalt gewähren.

aparté *thé.* [apar'te] *m* Selbstgespräch *n*; *allg.* intimes Gespräch *n*; *en* ~ unter sich, beiseite.

à partir de [apar'tiːr də] *prpt. zeitlich u. örtlich:* von ... ab, von ... an; *fig. à partir de là* unter dieser (diesen) Voraussetzung(en).

apath|**ie** [apa'ti] *f* Apathie *f*, Gleichgültigkeit *f*, Unempfindlichkeit *f*; ~**ique** [~'tik] apathisch, teilnahmslos.

apatrid|**e** [apa'trid] staatenlos; ~**ie** [~'di] *f* Staatenlosigkeit *f*.

apepsie ♂ [apɛp'si] *f* Dyspepsie *f*, Verdauungsstörung *f*.

aperceptible [apersep'tiblə] wahrnehmbar, faßlich, bemerkbar.

apercev|**able** [apersə'vablə] bemerkbar, wahrnehmbar; ~**oir** [~'vwaːr] *v/t.* (3a), *u. s'*~ *de qch.* etw. wahrnehmen, merken, erkennen.

aperçu [aper'sy] *m* Übersicht *f*; (Kosten-)Überschlag *m*; ~*s pl.* Ideen

f/*pl*., Einfälle *m*/*pl*., Bemerkungen *f*/*pl*.; ~ *de qch.* Überblick über etw.

apéritif [aperi'tif] **1.** *adj.* appetitanregend (*alkoholisch*); *boisson f apéritive* appetitanregendes Getränk *n*; **2.** *m* Aperitif *m*; *l'heure de l'*~ die Zeit vor dem Abendessen.

apéro P [ape'ro] *m* Aperitif *m*.

apesanteur *phys.* [apəzũ'tœːr] *f* Schwerelosigkeit *f*.

apetisser [apti'se] (1a) kleiner erscheinen lassen.

apeuré [apœ're] erschreckt, eingeschüchtert. [Sprache.\

aphasie ♂ [afa'zi] *f* Verlust *m* der\

aphone ♂ [a'fɔn] stimmlos, völlig heiser.

aphorisme ♂ [afɔ'rism] *m* Aphorismus, kurzgefaßter Sinnspruch *m*; Kernspruch *m*.

apht|**e** [aft] *m* Mundfäule *f*; ~**eux** [~'tø]: *fièvre f aphteuse* Maul- und Klauenseuche *f*.

api|**cole** [api'kɔl] Bienenzucht treibend; ~**culteur** [~kyl'tœːr] *m* Bienenzüchter *m*, Imker *m*.

apitoyer [apitwa'je] *v/t.* (1h) zum Mitleid bewegen; *s'*~ *sur qch.* durch etw. zum Mitleid gerührt werden; *s'*~ *sur q.* j-n bemitleiden.

aplan|**ir** [apla'niːr] (2a) einebnen, planieren; *fig.* schlichten, ausgleichen, aus dem Wege räumen, beseitigen (*Streit*); ~**issement** [~nis'mũ] *m* Einebnen *n*, Planierung *f*; *fig.* Schlichtung *f*, Beseitigung *f* (*Streit*).

aplatir [~'tiːr] (2a) platt machen, abplatten; breit drücken; *fig.* F ducken; *s'*~ platt werden; *fig.* F sich ducken, *vor j-m* kriechen.

aplomb [a'plɔ̃] *m* senkrechte Stellung *f*; *fig.* Sicherheit *f*, Zuversicht *f*, Dreistigkeit *f im Auftreten*; *d'*~ lotsenkrecht; *fig.* rüstig, auf der Höhe; *prendre l'*~ △ einloten.

apo|**calyptique** [apɔkalip'tik] apokalyptisch; *fig.* rätselhaft; ~**cryphe** [apɔ'krif] unecht; ~*s m*/*pl.* Apokryphen *n*/*pl*., apokryphische Bücher *n*/*pl*.; ~**de** [a'pɔd] fußlos; ~**dictique** [apɔdik'tik] apodiktisch, unbestreitbar; ~**gée** [apɔ'ʒe] *m* Kulminationspunkt *m*, größte Erdferne *f des Mondes*; *fig.* Höhepunkt *m*, Gipfel *m*.

apolitique [apɔli'tik] unpolitisch.

apolog|**ie** [apɔlɔ'ʒi] *f* Verteidi-

apologiste — 44 — **appel**

gungsrede, -schrift; **~iste** [~'ʒist] *m* Apologet, Verteidiger, Ehrenretter.

apo|logue [apɔ'lɔg] *m* (Lehr-)Fabel *f*; **~plexie** ⚕ [apɔplɛk'si] *f* Schlag (-fluß) *m*; Apoplexie *f*, Schlaganfall *m*; **~stasie** [apɔsta'zi] *f* Abfall *m* vom Glauben, Abtrünnigkeit; **~stasier** [~'zje] (1a) abtrünnig werden, vom Glauben abfallen; **~stat** [apɔ'sta] *m* Abtrünnige(r); **~stème** ⚕ [apɔs'tɛm] *m* Geschwür *n*; **~ster** *péj.* [apɔs'te] (1a) auf die Lauer stellen; **~stille** [~s'tij] *f* befürwortende Randbemerkung; empfehlender Zusatz *m*; **~stolat** [~stɔ'la] *m* Apostelamt *n*; *fig.* Sendung *f*; **~stolique** [~stɔ'lik] apostolisch; *siège m* ~ Päpstlicher Stuhl.

apostroph|e [apɔs'trɔf] *f* plötzliche Anrede; Verweis *m*; F Anpfiff *m*; Auslassungszeichen *n*, Apostroph *m*; **~er** [~trɔ'fe] (1a) plötzlich anreden; ~ *q.* j-m e-n Verweis geben; F anpfeifen; *gr.* apostrophieren, mit e-m Apostroph versehen.

apo|théose [apɔte'oːz] *f* Vergötterung; übertriebenes Lob *n*; **~thicaire** [apɔti'kɛːr] *m* nur noch in: *compte m d'~* Apothekerrechnung *f*.

apôtre [a'poːtrə] *m* Apostel.

apparaître [apa'rɛːtrə] (4z) (plötzlich) zum Vorschein kommen; erscheinen z. B. *a. von Geistern*; plötzlich sichtbar werden; sich herausstellen; *Krankheit*: auftreten.

apparat [apa'ra] *m* Pomp, Prunk.

appareil [apa'rɛj] *m* Apparat *m* (*a. fig.*, ⚭ *u. anat.*), (Turn-)Gerät *n*, Instrument *n*, Vorrichtung *f*; Verband; ⚙ Mauerverband; Flugzeug *n*; ~ *de radio* (*od. de T.S.F.*) Rundfunkgerät *n*, Radioapparat *m*; ~ *de télévision* Fernsehgerät *n*; ~ *à alimentation par le secteur rad.* Netzanschlußgerät *n*; ~ *bleus phot.* Lichtpausapparat *m*; ~ *centrifuge* ⚙ Schleuderapparat *m*; ~ *d'écoute* ✈ Horchgerät *n*; ~ *d'électricité médicale* ✈ Heilgerät *n*; ~ *à projection cin.* Projektions-, Vorführapparat *m*; ~ *respiratoire* Atmungsgerät *n*; *dans son plus simple* ~ im Adamskostüm; ~ *à sous* Spielautomat.

appareillage [aparɛ'jaːʒ] *m* ⚓ Segelfertigmachen *n*; ⚡ Zubehör *n*; ~ *électrique* Elektrogeräte *n/pl*.

appareill|ement [~rɛj'mã] *m* Zs.- jochen *n*; Paaren *n*; **~er** [aparɛ'je] *v/t.* (1a) sortieren; zurechtmachen; paaren; *v/i.* ⚓ sich segelfertig machen.

appareilleur [aparɛ'jœːr] *m* Rohrleger *m*, Installateur *m*; ⚒ Steinmetz *m*; ⚓ Takelmeister *m*.

apparemment [apara'mã] wahrscheinlich, scheinbar, augenscheinlich.

apparen|ce [apa'rãːs] *f* Aussehen *n*, Anschein *m*, äußerer Schein *m*; **~t** [~'rã] sichtbar, scheinbar, augenscheinlich.

apparent|é [aparã'te] *adj.*: ~ *à* verwandt mit (*a. fig.*); **~ement** *pol.* [~t'mã] *m* Wahlbündnis *n*, Listenverbindung *f*; **~er** [~rã'te] (1a): *s'*~ sich verschwägern; sich politisch verbünden; *s'*~ *à* sich verbinden mit.

appariement [apari'mã] *m*: ~ *s d'écoles* Schulpatenschaften *f/pl*.

apparier [apa'rje] (1a) paaren.

appariteur [apari'tœːr] *m* *Universität:* Pedell *m*, Hausmeister *m*; ⚖ Gerichtsdiener *m*.

apparition [apari'sjɔ̃] *f* Erscheinung.

appartement [apartə'mã] *m* Wohnung *f*; ~ *à vendre* Eigentumswohnung *f*; ~ *à louer* Wohnung zu vermieten.

apparten|ance [apartə'nãːs] *f* Zugehörigkeit *f*; Mitgliedschaft *f*; **~s** *pl.* Pertinenzien; **~ant** [~'nã] zugehörig; **~ir** [~'niːr] (2h) an-, zugehören; verwandt sein (*à* mit); gebühren, zukommen.

appas [a'pɑ] *m/pl.* weibliche Reize *m/pl.*; *fig.* Verlockungen *f/pl*.

appât [a'pɑ] *m* Lockspeise *f*; Verlockung *f*; *offrir un* ~ *à q.* j-m e-n Köder hinwerfen; **~er** [apa'te] (1a) ködern (*a. fig.*); *fig.* verlocken; füttern, *Gänse* nudeln.

appauvr|ir [apo'vriːr] *v/t.* (2a) arm, ärmer machen; *s'*~ verarmen, verelenden; **~issement** [apovris'mã] *m* Verarmung *f*; Verelendung *f*; ⚭ ~ *du sang* Blutarmut *f*. [gel.]

appeau [a'po] *m* Lockpfeife *f*, -vo-)

appel [a'pɛl] *m* Ruf; An-, Aufruf; × Appell; ~ *automatique téléph.* ✆ Selbstruf; ~ *interurbain* Ferngespräch; ~ *local* Ortsgespräch; ~ *radio* Funkspruch *m*; ⚖ *cour f d'*~ Berufungsgericht *n*; ~ *d'air* Luft-

appeler — 45 — **apprêté**

zuführung f, -zug m (im Ofen); ✝ d'ordre od. d'offre Ausschreibung f; staatlicher Auftrag m; ~é ╳ [a'ple] m Soldat; ~er [~] (1c) 1. v/t. (herbei)rufen; nennen; ⚖ vorladen, zitieren; ~ q. au téléphone j-n anrufen; ~ l'attention de q. sur qch. j-n auf etw. aufmerksam machen; 2. v/i. ~ d'un jugement Berufung gegen ein Urteil einlegen; en ~ à ... appellieren an (acc.); sich berufen auf (acc.); 3. s'~ heißen, sich nennen.

appellation [apɛla'sjɔ̃] f Bezeichnung, Benennung; ✝ vin m d'~ contrôlée Marken-, Qualitäts-wein.

appendic|e [apɛ̃'dis] m Anhang m (a. mv.p.); Nachtrag; anat., ⊕ Ansatz m, Fortsatz m; F Blinddarm m; ~ite 🦠 [~'sit] f Blinddarmentzündung f.

appentis [apɑ̃'ti] m angebauter Schuppen m; Wetter-, Schutzdach n.

appesant|ir [apəzɑ̃'tiːr] v/t. (2a) schwer(fällig) machen; s'~ schwer (od. träge) werden; s'~ sur schwer lasten auf (dat.); lang u. breit reden über (acc.); ~issement [~tis'mɑ̃] m Schwerfälligkeit f, fig. Trägheit f.

appét|ence [ape'tɑ̃ːs] f Naturtrieb m, Begierde f, starkes Verlangen n; ~er [~'te] (1f) instinktmäßig begehren; ~issant [~ti'sɑ̃] (7) appetitlich; ~it [~'ti] m Appetit m; fig. Begierde f, Sucht f, Verlangen n; avoir de l'~ Appetit haben; n'avoir pas d'~ keinen Appetit haben; manger de bon ~ mit gutem Appetit essen.

applaudir [aplo'diːr] (2a) 1. v/i. ~ à un projet e-m Plan zustimmen, e-n Plan billigen (od. gutheißen); 2. abs. Applaus spenden, Beifall klatschen; 3. v/t. ~ q. j-m (dat.!) applaudieren, j-m (dat.) Beifall spenden; ~ une pièce e-m Stück Beifall spenden; 4. s'~ de qch. sich über etw. (acc.) freuen; froh (od. stolz) sein (etw. getan zu haben).

applaudissement [aplodis'mɑ̃] m (mst. im pl.) Applaus m, Beifall m.

appli|cable [apli'kablə] anwendbar; ~cation [~ka'sjɔ̃] f Auflegen n; Anbringen n; An-, Verwendung f; ⊕ Verwendungsmöglichkeit f; fig. Fleiß m; ~que f [a'plik] f Auf- (od. Ein-)legestück n; Wandleuchter m; ~qué [~'ke] fleißig; ⚕ usw. angewandt; ~quer [~] auflegen; anbringen, anlehnen; an-, verwenden, beziehen (à auf acc.); F ~ une gifle à q. j-m e-e schallern (od. kleben F) f; s'~ à fig. sich befleißigen (mit gén. bzw. inf.); sich widmen od. hingeben (dat.).

appoint [a'pwɛ̃] m Ergänzung f e-r Summe, Zuschuß m, Rest m, Saldo m; radiateurs m/pl. électriques d'~ zusätzliche elektrische Heizgeräte n/pl.; ~ements [apwɛ̃t'mɑ̃] m/pl. Gehalt n, Besoldung f; ~er [~'te] (1a) besolden; ⊕, a. Bleistift: anspitzen.

appoint|ement [apɔ̃t'mɑ̃] m Landungsbrücke f; ~er ⚔ [~'te] auf e-m Flugzeugträger landen.

apport [a'pɔːr] m Eingebrachte(s) n (in die Ehe); ✝ Einlage f; fig. Beitrag m; ~er [apɔr'te] (1a) (mit)bringen; ✝ zuschießen, einlegen (Geld, Kapitalien); anwenden; fig. mit sich bringen, verursachen; anführen (Gründe); ~ quelque lenteur etw. säumig sein; ~ du zèle à qch. sich e-e Sache angelegen sein lassen.

appos|er [apo'ze] (1a) anfügen; Stempel aufdrücken; Zettel anschlagen; ~ sa signature au bas de qch. s-e Unterschrift unter etw. setzen; ~ition [~zi'sjɔ̃] f gr. Apposition f; Zusatz m.

appréci|able [apre'sjablə] abschätzbar, taxierbar, nennenswert, beachtlich; ~er [apre'sje] (1a) schätzen, zu würdigen wissen, anerkennen.

appréhen|der [apreɑ̃'de] (1a) befürchten; ~ q. au corps j-n verhaften; ~sion [apreɑ̃'sjɔ̃] f Befürchtung f; ⚖ Verhaftung f; phil. Erfassen n.

apprendre [a'prɑ̃ːdrə] (4q) lernen; erfahren, hören; unterrichtend od. unterweisend beibringen, zeigen (qch. à q. od. à q. à faire qch.); ~ par cœur auswendig lernen.

apprenti m, ~e f [aprɑ̃'ti] Lehrling m, Lehrmädchen n; ~ssage [aprɑ̃ti'saːʒ] m Lehre f, Lehrzeit f.

apprêt [a'prɛ] m (Zu- od. Vor-)Bereitung f; text. Appretur f; fig. Affektiertheit f, Geschraubtheit f, Künstelei f; ~age text. [aprɛ'taːʒ] m Appretur f; ~é [aprɛ'te] affektiert,

apprêter — 46 — **arable**

~er [aprɛ'te] (1a) zu-, vorbereiten; *text.* appretieren; **~eur** *m*, **~euse** *f* [‿'tœːr, ‿'tøːz] Arbeiter, der Stoffe appretiert; Glasmaler *m*; Garnierin *f* von Damenhüten.

apprivoiser [aprivwa'ze] (1a) zähmen, *fig.* geselliger m.

approba|teur [aproba'tœːr] **1.** *adj.* beifällig, zustimmend; **2.** *su.* Beifallsspender *m*; **~tion** [aproba'sjɔ̃] *f* Billigung *f*, Einwilligung *f*, Beifall *m*; Zustimmung.

approch|ant [apro'ʃɑ̃] **1.** *adj.* (7): ~ de ähnlich; **2.** *adv. u. prp.* ungefähr, beinahe; **~e** [a'proʃ] *f* Annäherung *f*; ✕ Zugang *m*; (*vol d'*)~ Anflug *m*; ~s *pl.* ✕ Laufgräben *m*; **~er** [apro'ʃe] *v/t.* (1a) näher heranbringen, -rücken, -stellen; *fig.* ~ q. freien Zutritt zu j-m haben, in enger Verbindung mit j-m stehen; ~ qch. Zutritt zu etw. (*dat.*) haben; *v/i. bzw. v/rfl.* s'~ de q. od. qch. sich j-m od. e-r Sache nähern; *il approche des douze ans* er wird bald zwölf Jahre alt.

approfondir [aprɔfɔ̃'diːr] (2a) vertiefen; gründlich erforschen.

appropri|ation [aprɔpriaˈsjɔ̃] *f* Anpassung, Aneignung; **~er** [‿pri'e] (1a) anpassen; zurechtmachen; s'~ sich aneignen; sich einen machen.

approuver [apru've] (1a) billigen; genehmigen, gutheißen.

approvisionn|ement [aprɔvizjɔn'mɑ̃] *m* Versorgung *f*, Belieferung *f*; Zufuhr *f*, Verproviantierung *f*; Proviant, Lebensmittelversorgung *f*; **~er** [‿zjɔ'ne] (1a) beliefern, verproviantieren; s'~ sich versorgen, sich verproviantieren.

approximati|f [aprɔksima'tif] (7e) annähernd; **~on** [‿ma'sjɔ̃] *f* annähernde Berechnung *f* od. Schätzung *f*, (wissenschaftliche) Vermutung *f*.

appui [a'pɥi] *m* Stütze *f* (*a. fig.*) Unterstützung *f*, Lehne *f*; Brüstung *f*; à l'~ de zum Beweis; **~-livres** [‿'liːvrə] *m* Bücherstütze *f*; **~-pieds** *Motorrad:* Fußraste *f*.

appuyer [apɥi'je] (1h) *v/t.* unterstützen, stützen (*sur* auf *acc.*); ~ *contre* (an)lehnen an (*acc.*); *v/i. Auto:* Gas geben; ~ *sur qch.* drücken auf (*acc.*), ruhen auf (*dat.*); *fig.* etw. mit Nachdruck hervorheben, auf etw. (*dat.*) bestehen; *gr.* den Ton legen auf (*acc.*); ✐ ~ *sur le bouton* auf den (elektr.) Knopf drücken; s'~ *sur* sich stützen auf (*acc.*); *fig.* sich verlassen (*od.* berufen) auf (*acc.*); P s'~ aushalten.

âpre ['ɑːprə] rauh (*Obstschale; Klima; Stimme*); scharf; herbe; ~ à qch. gierig auf (*acc.*); ~ au gain gewinnsüchtig.

après [a'prɛ] **I** *prp.* **1.** (*zeitliche u. örtliche Folge*) nach (*dat.*), hinter (*dat. od. acc.*) (...her); ~ vous! bitte, nach Ihnen!; ~ quoi worauf od. darauf; ~ tout schließlich; **2.** trotz (*gén.*); **3.** d'~ nach, zufolge, gemäß; **II** *adv.* nachher; *une semaine* ~ e-e Woche nachher, später; *la semaine d'~* die Woche nachher, die folgende Woche; **III** ~ *que cj.* nachdem; **~-demain** [aprɛd'mɛ̃] übermorgen; **~-guerre** [‿'gɛːr] *m* Nachkriegszeit *f*; *le deuxième* ~ die Zeit nach dem 2. Weltkriege; **~-midi** [apremi'di] *m*, ✎ *f* Nachmittag m.

âpreté [ɑprə'te] *f* Rauheit, Herbheit, Schärfe, Gier.

à-propos [apro'po] *m der* passende Augenblick, Schlagfertigkeit *f*; Gelegenheitsgedicht *n*.

apte [apt] geschickt, fähig (à zu).

aptitude [apti'tyd] *f* Geschick *n*, Fähigkeit; ~ *visuelle* Sehvermögen *n*.

apur|ement ✝ [apyr'mɑ̃] *m* Prüfung und Bescheinigung e-r *Rechnung*, Rechnungsabschluß *m*; **~er** [apy're] (1a) *e-e Rechnung* für richtig erkennen.

aquarelle [akwa'rɛl] *f* Aquarell *n*.

aquarelliste [akwarɛ'list] *su.* Aquarellmaler(in).

aquatique [akwa'tik] *im* Wasser lebend; Wasser...

aqueduc [ak'dyk] *m* Aquädukt *n*, *altrömische* Wasserleitung *f*.

aqueux [a'kø] (7d) wasserhaltig.

aquilin [aki'lɛ̃] *adj:* nez m ~ Adlernase *f*, römische Nase *f*.

aquilon [aki'lɔ̃] *m* Nordwind.

arab|e [a'rab] **1.** *adj.* a'rabisch; **2.** ♀ 'Araber(in); **3.** (*cheval*) ~ (arabisches) Vollblutpferd *n*; **~esque** [ara'bɛsk] *f* Arabeske; ♀ie [ara'bi] *f*: l'♀ie *Arabien n;* l'♀ie *Séoudite* [‿seu'dit] Saudi-Arabien *n*; **~ique** [ara'bik] arabisch; *nur noch in:* gomme *f* ~ Gummiarabikum *n*.

arable [a'rablə] pflügbar.

arachide ♀ [araˈʃid] f Erdnuß (-pflanze). [webenhaut f.]
arachnoïde [araknɔˈid] f Spinn-
araignée [arɛˈɲe] f Spinne; *pattes f/pl. d'~ fig.* lange dünne Buchstaben m/pl.; lange dürre Finger m/pl.; *bas m ~* Florstrumpf; P *avoir une ~ (dans le plafond)* im Oberstübchen nicht ganz richtig sein F, *fig.* spinnen, e-n Tick haben; P *ton ~ met ses pattes en l'air* du bist meschugge.
aratoire [araˈtwaːr] Ackerbau...
arbal|ète [arbaˈlɛt] f Armbrust; **~étrier** [arbaleˈtrie] m Armbrustschütze m; *orn.* Turmschwalbe f, -segler m; △ Stützbalken.
arbitr|age [arbiˈtraːʒ] m Schiedsspruch; ✝ Vergleichung f der Wechselkurse; Effektenhandel; **~aire** [arbiˈtrɛːr] willkürlich; **~e** [arˈbitrə] m **1.** Schiedsrichter; **2.** *libre ~* freier Wille; **~er** [arbiˈtre] (1a) (als Schiedsrichter) entscheiden, klären.
arbor|er [arbɔˈre] (1a) aufpflanzen, hissen; **~escences** [~rɛˈsɑ̃ːs] f/pl. baumartige Formen; Eisblumen *pl.am Fenster;* **~iculture** ⚹ [~rikylˈtyːr] f Baumzucht.
arbr|e [ˈarbrə] m Baum; ⊕ Welle f; *Waage:* Balken; *~ à cames* ⊕ Nockenwelle f; *~ de commande* ⊕ Antriebswelle f; *~ généalogique* Stammbaum; *~ de Noël* Weihnachtsbaum; **~isseau** [arbriˈso] m Strauch, Bäumchen n.
arbuste ♀ [arˈbyst] m Strauch; *~ de décoration* Zierstrauch.
arc [ark] m Bogen; *~ en ogive* Spitzbogen; *~ plein cintre* Rundbogen.
arcade [arˈkad] f Arkade f, Bogenwölbung, -gang m; Schwibbogen m.
arcane [arˈkan] m Geheimmittel n; *~s pl. fig.* Geheimnis n.
arc|-boutant [arkbuˈtɑ̃] m (*pl. arcs-boutants*) △ Strebepfeiler; Hauptstütze f (*fig. e-r Partei*); **~bouter** [arkbuˈte] (1a) (mit Strebepfeilern) stützen, absteifen.
arceau [arˈso] m kleiner Bogen.
arc-en-ciel [arkɑ̃ˈsjɛl] m (*pl. arcs-en-ciel*) Regenbogen.
archaïs|er [arkaiˈze] *v/i.* archaisieren, sich altertümlich ausdrücken; **~me** [~ˈism] m altertümlicher Ausdruck *od.* Stil.
archange [arˈkɑ̃ːʒ] m Erzengel.

arche [arʃ] f **1.** Brücken-bogen m, -joch n; ⊕ *~ de débardage* Hebearm m (*e-s Raupenschleppers*); **2.** *bibl. f* Arche; *~ d'alliance = l'~ sainte* Bundeslade.
archéologie [arkeɔlɔˈʒi] f Archäologie, Altertumskunde.
archer [arˈʃe] m Bogenschütze.
archet [arˈʃɛ] m ♪ (Violin-)Bogen; ⊕ Bohrbogen; (*Metall*-)Bügel; *~ de prise de courant* Stromabnehmerbügel.
archétype [arkeˈtip] m Modell n; Vorlage f; Normalgewicht n, -maß n; *phil.* Urbild n.
archevêché [arʃəvɛˈʃe] m Erzbistum n; Würde f, Sitz, Palast des Erzbischofs.
archevêque [~ˈvɛk] m Erzbischof.
archi... [arʃi...] Erz..., Ur..., Haupt-...; **~bon** F [~ˈbɔ̃] *adj.* herzensgut; **~bondé** F [~bɔ̃ˈde] *adj.* F proppenvoll; **~comble** [arʃiˈkɔ̃:blə] überfüllt; **~prêt** [arʃiˈprɛ] durchaus *od.* (völlig) bereit, fix und fertig; **~tecte** [arʃiˈtɛkt] m Architekt; Baumeister; **~paysagiste** Gartenarchitekt m; **~tecture** [~ˈtyːr] f Architektur, Baukunst.
archiv|es [arˈʃiːv] f/pl. Archiv n, Sammlung f von Urkunden; **~iste** [arʃiˈvist] m Archivar m.
arçon [arˈsɔ̃] m Sattelbogen; *ferme dans* (*od. sur*) *ses ~s* sattelfest, *a. fig.*; *vider les ~s* vom Pferd fallen, aus dem Sattel gehoben werden; *fig.* die Fassung verlieren.
arctique [arkˈtik] arktisch, nördlich, Nord...
ardent [arˈdɑ̃] glühend, feurig; hitzig, eifrig; sehnlich; feuerrot.
ardeur [arˈdœːr] f glühende Hitze, Glut, *fig.* Feuer n, Eifer m; Sehnsucht f; *~ f au travail* Arbeitseifer m.
ardillon ⊕ [ardiˈjɔ̃] m Schnallendorn, -spitze f; *typ.* Bogenhalter.
ardois|e [arˈdwaːz] f Schiefer m; Schiefertafel f; P Trinkschulden f/pl.; **~ière** [ardwaˈzjɛːr] f Schieferbruch m.
ardu [arˈdy] steil, schroff; schwierig.
are [aːr] m Ar (*a. m.*).
arène f [aˈrɛn] Arena, Kampfplatz m, Bahn f; *poét.* Sand m.
aréole [areˈɔl] f ⊕ Hof m um ein Geschwür; *ast.* Hof m um den Mond.

arête [a'ret] f icht. (Fisch-)Gräte, Fischskelett n; ♀ Granne, Ährenbart m; ⊕ Grat m; ⚠ Kante; (Felsen-)Kamm m; Gebirgsrücken m; Verschlußstreifen m e-r Milchtüte aus Kunststoff; à ~s vives f/pl. scharfkantig.

argent [ar'ʒã] m Silber n; Geld n; ~ en caisse Kassenbestand; être à court d'~ knapp bei Kasse sein; il y a de l'~ à la pelle das Geld liegt auf der Straße; ~ vif = vif-~ Quecksilber n; ~an [arʒã'tal] silberhaltig; **~an** [arʒã'tã] m Argentan n, e-e Art Neusilber n; **~é** [arʒã'te] silberweiß; **~er** [~] (1a) versilbern; **~erie** [arʒã'tri] f Silberzeug n; **~ier** [~'tje] m 1. Besteckschrank m; 2. F le grand ~ der Finanzminister od. allg. Geldgeber m; **~in** [arʒã'tɛ̃] silberartig, -hell; argentinisch; ?ine [~'tin] f: l'?2 Argentinien n; **~ure** [~'ty:r] f Versilberung.

argil|e [ar'ʒil] f Ton n, Töpfererde, -geschirr n; ~ réfractaire Schamotte f; **~eux** [arʒi'lø] (7d) tonhaltig; couche f ~euse Tonlager n; **~ière** [~'ljɛ:r] f Tongrube.

argon ⚛ [ar'gɔ̃] m Argon n.

argot [ar'go] m Argot m, Sonder-, Fach-, Gaunersprache f.

argousin [argu'zɛ̃] m a) ehm. Strafgefangenenaufseher; b) mv. p. Polizist, Grüner m, Polente f (a. als Einzelpolizist).

argue [arg] f Drahtziehbank f.

arguer [ar'gɥe] (1n) v/t. 🙵 nur gebr. in: ~ un acte de faux e-e Urkunde als falsch anfechten; v/i. schließen, folgern.

argument [argy'mã] m Argument n, Schluß, Beweis(grund) m; Inhaltsangabe f; A, Variable f, Veränderliche f, veränderliche Größe f; **~ation** [argymãta'sjɔ̃] f Beweisführung, Schlußfolgerung f; **~er** [argymã'te] (1a) schließen, begründen; ~ de qch. aus etw. folgern.

argutie [argy'si] f Spitzfindigkeit.

arias P [a'rja] m/pl. Scherereien f/pl.

arid|e [a'rid] dürr, trocken; gefühllos; **~ité** [aridi'te] f Dürre, Trockenheit; Unfruchtbarkeit f; l'~ de l'esprit ce la Geistesarmut f.

ariette [a'rjet] f Liedchen n.

aristo P [aris'to] m P feiner Pinkel m; **~crate** [~stɔ'krat] m Aristokrat; **~cratie** [~stɔkra'si] f Aristokratie.

Aristote [aris'tɔt] m Aristoteles.

arithméticien [aritmeti'sjɛ̃] su. Arithmetiker m.

arlequin [arlə'kɛ̃] m Harlekin, Hanswurst, Faselkopf m, wetterwendischer Mensch m; F Allerlei n aus Küchenresten.

armateur ⚓ [arma'tœ:r] m Reeder.

armature [arma'ty:r] f (Eisen-)Beschlag m; ⚠ Balkenverstärkung; bét. Bewehrung f; ⊕ Armatur f, Armierung f; ♪ Vorzeichnung f; bét. ~ d'âme Stegbewehrung; fig. ~ d'une société Struktur f e-r Gesellschaft.

arm|e [arm] f Waffe; ~ aérienne Luftwaffe; ~s f/pl. atomaures atomare Waffen; ~ automatique leichtes Maschinengewehr n, abr. LMG.; ~ (à chargement) automatique Selbstladewaffe f; ~ blanche blanke Waffe; faire des ~s zur Übung fechten; place f d'~s Exerzierplatz m; ~s pl. Wappen n; **~é** [~'me] bewaffnet; ⊕ armiert, verstärkt, bewehrt; béton m ~ Eisenbeton.

armée [ar'me] f Heer n; ~ de l'air Luftwaffe; ~ de mer Marine; ~ de terre Landheer n; ~ de métier Berufsheer n; ~ du salut Heilsarmee.

armement [armə'mã] m Bewaffnung f; Aus-, Kriegsrüstung f; Rüstung f; Waffenwesen n; ⚓ Bemannung f; Ausrüstung f; mettre un navire en ~ ein Schiff in den Dienst stellen.

armer [ar'me] (1a) bewaffnen, ausrüsten (de mit), armieren; ~ chevalier zum Ritter schlagen; ♪ ~ la clef die Tonart vorzeichnen; s'~ sich bewaffnen; fig. s'~ de courage Mut fassen. [stillstand, -ruhe f.]

armistice [armis'tis] m Waffen-)

armoire [ar'mwa:r] f Schrank m; ~ frigorifique Kühlschrank m; petite ~ à médicaments, petite ~ pharmacie Hausapotheke f, Arzneischränkchen n; ~ vestiaire Flurgarderobe, Garderobenschrank m.

armoiries ⌧ [armwa'ri] f/pl. Wappen n.

armoise ♀ [ar'mwa:z] f Beifuß m.

armori|al ⌧ [armɔ'rjal] **1.** adj. heraldisch; **2.** m Wappenbuch n; **~er** [armɔ'rje] (1a) mit e-m Wappen versehen.

armur|e [ar'my:r] f (Ritter-)Rüstung f; 𝅘𝅥 Einfassung f; phys. Armatur f e-s Magneten; text.

armurerie — 49 — **arrière-plan**

Schnürung f; Panzerung; ♪ Vorzeichnung; Beschlag m; ~**erie** [armyr'ri] f Waffenschmiedekunst; ~**ier** [army'rje] m Waffenschmied.
arnaqu|e * [ar'nak] f: faire de l'~ = ~**er** * [~'ke] (1m) begaunern (de qch. um etw.).
arnica ♀ [arni'ka] f Arnika.
aromat|e [aro'mat] m phm. Riechstoff m, wohlriechender Stoff; cuis. Gewürz n; ~**ique** [arɔma'tik] aromatisch; gewürzig; ~**iser** [arɔmati'ze] (1a) aromatisieren; würzen.
arôme [a'ro:m] m A'roma m, Duft m; Wohlgeruch, Wohlgeschmack m; Blume f des Weines.
aronde orn. [a'rɔ̃:d] f: nur noch in der Verbindung: à (od. en) queue d'~ schwalbenschwanzförmig; assembler à (od. en) queue d'~ men. zinken; charp., men. assemblage m à (od. en) queue d'~ Schwalbenschwanzverzapfung f, Zinkung f.
arpent † [ar'pɑ̃] m Morgen (in Paris = 34,19 Ar); ~**er** [arpɑ̃'te] (1a) das Feld vermessen; fig. F ~ les rues durch die Straßen eilen (od. rasen); ~**eur** [~'tœ:r] m Feldmesser.
arque|buse † [arkə'by:z] f Büchse (Gewehr); ~**r** [ar'ke] (1m) (sich) krümmen (od. biegen); krumm werden; P v/i. flitzen, rasen.
arrach|e-clous [araʃ'klu] m Nageleisen n, -zieher m; ~**e-pied** [~'pje]: d'~ ununterbrochen, unablässig, rastlos; ~**er** [~'ʃe] (1a) ab-, aus-, losreißen; entreißen; herausziehen; ~**eur** [~'ʃœ:r] m: ~ de pommes de terre Kartoffelpflug.
arrang|eage F [arɑ̃'ʒa:ʒ] m Dreh m; Betrügerei f, Mogelei f; ~**ement** [arɑ̃ʒ'mɑ̃] m Einrichtung f; ✝ Vergleich mit Gläubigern; ♪ Bearbeitung f; ~ forcé ✝ Zwangsvergleich; ~ intérieur Inneneinrichtung f; ~**er** [arɑ̃'ʒe] (1l) einrichten, ordnen; vermitteln, beilegen; cela m'arrange das paßt mir; F ~ q. j-n anständig maßnehmen, j-n übel zurichten; s'~ de sich verständlich über (acc.); cela s'arrange das geht in Ordnung; ~**eur** [~'ʒœ:r] m Ordner, ♪ Bearbeiter.
arrérage|r fin. [arera'ʒe] (1l) in Rückstand kommen; ~**s** [are'ra:ʒ] m/pl. Rückstände.

arrestation [arɛsta'sjɔ̃] f Verhaftung; ~ préventive Schutzhaft.
arrêt [a'rɛ] m Stillstehen n; Aufenthalt; Hal:estelle f (der Straßenbahn); Stillegung f, Stockung f, Sperre f; 🕮 endgültiges Urteil n; Beschlagnahme f; Verhaftung f; ⊕ Abstellen n, Sperrung f; ~ automatique Selbstabstellung f; ~ du travail Arbeitsniederlegung f; dispositif m d'~ Abstellvorrichtung f; robinet m d'~ Abstellhahn; temps m d'~ Pause f, Aufschub m; ~**age** horl. [~'ta:ʒ] m Hemmung f; ~**é** [arɛ'te] m Beschluß; Erlaß, Verfügung f; ✝ ~ de compte Rechnungsabschluß; ~**er** [arɛ'te] v/t. (1a) auf-, ein-, anhalten; ⊕ absperren (Dampf); abstellen; Auto: stoppen; ✝ abschließen; zurückhalten; hemmen; verhaften; festsetzen, beschließen; v/i. stillstehen, stehen bleiben; aufhören; c'est un plan arrêté der Plan steht fest; s'~ stehenbleiben; Auto: stoppen; s'~ à qch. sich an etw. (dat.) verbeißen.
arrhes [a:r] f/pl. Handgeld n; Anzahlung f.
arrière [a'rjɛ:r] **1.** adv. zurück!; (hin)weg!; **2.** adj. hintere, Hinter..., Rück...; roue ~ f Hinterrad n; Auto: feu m ~ Schlußlicht n; vent m ~ Rückenwind m; **3.** advt. en ~ rückwärts (de von); im Rückstande (pour mit); **4.** m Hinterschiff n, Heck n; Sport: Verteidiger; ⚔ Etappe f.
arriéré [arje're] adj. **1.** rückständig a. geistig, rückschrittlich, unterentwickelt; pays m/pl. ~s Entwicklungsländer n/pl.; **2.** m Rückstand e-r Zahlung od. Arbeit.
arrière|-ban † [arjɛr'bɑ̃] m Heerbann; noch gebr. als: Landsturm, letztes Aufgebot n; ~**-bouche** [~'buʃ] f anat. Schlund m; ~**-bras** [~'bra] m Oberarm; ~**-cour** [~'ku:r] f Hinterhof; ~**-dent** [~'dɑ̃] f Weisheitszahn m; ~**-garde** ⚔ [~'gard] f Nachhut f; ~**-goût** [~'gu] m Nachgeschmack; ~**-grand-mère** [~grɑ̃'mɛ:r] f Urgroßmutter; ~**-main** [arjɛr'mɛ̃] f Handrücken m; Pferd: Hintergestell n; ~**-neveu** [~nə'vø] m Großneffe; ~**-pays** [~pe'i] m Hinterland n; ~**-petit-fils** [arjɛr(ə)ti'fis] m Urenkel; ~**-plan**

4 Franz.-Dtsch.

arrière-point

[~'plã] m Hintergrund; **~-point** [~'pwɛ̃] m Steppstich.
arriérer [arje're] v/t. (1f) zurückhalten, aufschieben; s'~ zurückbleiben, in Rückstand geraten.
arrière-saison [arjɛrsɛ'zɔ̃] f Spätherbst m; Saisonschluß m.
arrière-train [arjɛr'trɛ̃] m Hintergestell n e-s Fahrzeuges; Hinterteil n e-s Tiers.
arri|mer ⚓ [ari'me] (1a) stauen; **~vage** [ari'va:ʒ] m Anlegen n (e-s Schiffes); Ankunft f zu Wasser od. sonstwie (von Waren); Zufuhr f; Zuzug m, (angekommener) Transport (v. Menschen); ✈ ~s pl. Eingänge pl., Belieferung f (z. B. de légumes); **~vant** [ari'vũ] m Ankömmling; **~vée** [ari've] f Ankunft; pol. ~ au pouvoir Machtübernahme; **~ver** [~] (1a) ankommen, a. ✈ eintreffen; fig. vorwärtskommen; ~ à gelangen zu; sich ereignen; widerfahren, **~viste** mv. p. [ari'vist] m Streber m, Mantelträger m, Emporkömmling m.
arroche ♀ [a'rɔʃ] f Melde.
arrogan|ce [arɔ'gã:s] f Arroganz f, Anmaßung, Dünkel m, Spleen m f, Tick m; **~t** [arɔ'gã] arrogant, anmaßend, spleenig f.
arroger [arɔ'ʒe] (1l): s'~ qch. sich etw. anmaßen, herausnehmen.
arrond|ir [arɔ̃'di:r] (2a) abrunden a. fig.; ⚓ im Bogen umsegeln; **~issement** [~dis'mã] m Abrundung f; Kreis m, Unterpräfektur f; Stadtbezirk m.
arros|age [arɔ'za:ʒ] m Besprengung f, Begießen n; **~ée** [~'ze] f Regenguß m, **~er** [~] (1a) besprengen, begießen (a. fig.: ein freudiges Ereignis); bewässern; fig. durchfließen; P spicken, Schmiergelder geben, bestechen; **~eur** [~'zœ:r] m Straßenkehrer m; **~euse** [arɔ'zø:z] f Sprengwagen m; Rasensprenger m; **~-balayeuse** f Spreng- und Kehrmaschine; **~oir** ⚡ [arɔ'zwa:r] m Gießkanne f.
arsenal [arsə'nal] m Arsenal n, Zeughaus n; fig. Rüstkammer f.
arsenic [arsə'nik] m Ar'sen(ik) n.
art [a:r] m Kunst f; Kunstfertigkeit f; ~s et métiers, ~s industriels od. décoratifs od. appliqués Kunstgewerbe n; ~ appliqué a. angewandte Kunst f; de l'~ décoratif kunstgewerblich; ~ du décor intérieur Raumkunst f; ~ graphique od. du dessin Graphik f., a. Grafik f.; ~s ménagers Haushaltsgewerbe n.
artère [ar'tɛ:r] f Pulsader, fig. Verkehrsader.
artério-sclérose ♂ [arterjɔsklɛ'rɔ:z] f Adern-, Ar'terienverkalkung. [ar'tesischer Brunnen.]
artésien [arte'zjɛ̃]: puits m ~)
arthrite [ar'trit] f Arthritis f, Gicht, Gelenkrheumatismus m.
artichaut [arti'ʃo] m Artischocke f.
article [ar'tikl] m Artikel m (a. gr., ✝); Geschlechtswort n; Ware f; Gelenk n; Abschnitt; Gliedchen n; ~ choc (6 b) Verkaufsschlager; ~ de fond Leitartikel m; ~ documentaire Tatsachenbericht; ~ de provocation Hetzartikel m; ✝ ~ factice (pour l'étalage) Atrappe f; ~ partitif gr. Teilungsartikel; lancer un ~ sur le marché (od. eine Ware) auf den Markt werfen (od. bringen); ~ de marque Markenartikel; à l'~ de la mort in der Todesstunde.
articul|aire [artiky'lɛ:r] adj. Gelenk...; **~ation** [~lɑ'sjɔ̃] f Gelenk n, Gelenkfügung; deutliches Aussprechen n; genaue Aufzählung; ⊕ Gliedern n; fig. ~ du programme Programmgestaltung f; **~é** [~'kyle] m Gliedertier n; **~er** [~] (1a) anat. einfügen; bestimmt angeben; behaupten; Punkt für Punkt vortragen; aussprechen; ♪ vortragen.
artific|e [arti'fis] m Kunstfertigkeit f, -griff; Künste'lei f, Künstlichkeit f; Kniff m; Arglist f; feu m d'~ Feuerwerk n; **~iel** [~fi'sjɛl] (7c) künstlich; erkünstelt; **~ier** [~fi'sje] m Feuerwerker; Munitionsverwalter m; ~s pl. at. technisches Personal für den Raketenabschuß; **~ieux** [artifi'sjø] hinterlistig.
artill|erie ✕ [artij'ri] f Geschütz n; pièce f d'~ (einzelnes) Geschütz; ~ lourde schwere Artillerie; ~ d'assaut Panzerartillerie; **~eur** [arti'jœ:r] m Artillerist m.
artis|an [arti'zã] m Handwerker; fig. Begründer m; mv.p. Anstifter, Urheber; **~anat** [~za'na] m Handwerk(swesen) n; Handwerkstand m; **~on** ent. [~'zɔ̃] m Holzwurm, Kleidermotte f; **~onné** [~'ne] wurmstichig.

artiste — 51 — **assèchement**

artist|e [ar'tist] *su. u. adj.* Künstler (-in); künstlerisch; ~ *de cinéma* Filmschauspieler(in *f*) *m*; ~ *du dessin* Graphiker(in *f*) *m*; ~ *publicitaire* Reklamekünstler(in), Gebrauchsgraphiker(in *f*) *m*; **~ique** [artis'tik] künstlerisch; Kunst..., Künstler...
aryen [a'rjɛ̃] (7c) arisch.
arythmique [arit'mik] *adj.* unrhythmisch.
as [ɑ:s] *m* As *n*, Daus *n*, Eins *f* (*z. B. auf Würfeln*); *fig.* Kanone *f*, Mords-, Pfundskerl *m*, Prominenter *m*; *un* ~ *de* (tout) *premier ordre* e-e (ganz) große Kanone *f*.
asbeste [az'bɛst] *m* Asbest, Steinflachs; **asbestleinwand** *f*.
ascaride ⚕ [aska'rid] *m* Spulwurm.
ascendan|ce [asɑ̃'dɑ̃:s] *f* Aufsteigen *n*; aufsteigende Verwandtschaftslinie (*paternelle* väterlicherseits; *maternelle* mütterlicherseits); **~t** [asɑ̃'dɑ̃] **1.** aufwärtssteigend; im Steigen begriffen; **2.** *m* Blutsverwandte(r) in aufsteigender Linie; *fig.* Einfluß, Macht *f*, Überlegenheit *f*, Autorität *f*.
ascens|eur [asɑ̃'sœ:r] *m* Fahrstuhl; Aufzug; Lift; *garçon m d'*~ Fahrstuhlführer, Liftboy; **~ion** [asɑ̃'sjɔ̃] *f* Aufsteigen *n*; Besteigung *f*; *fig.* Aufstieg *m*; l'~ *rl.* Himmelfahrtstag *m*; **~ionniste** [asɑ̃sjɔ'nist] *su.* Bergsteiger(in *f*) *m*.
ascète [a'sɛt] *su.* As'ket *m*; Büßer *m*.
ascét|ique [ase'tik] asketisch; **~isme** [~'tism] *m* A'skese *f*.
aseptique ⚕ [asɛp'tik] *adj. u. m* a'septisch(es Mittel); keimfrei.
Asie [a'zi] *f*: l'~ Asien *n*; l'~ *Mineure* Kleinasien *n*.
asile [a'zil] *m* Asyl *m*; Zuflucht *f*; ~ *d'enfants* Kinderhort *m*.
asparagiculture [asparaʒikyl'ty:r] *f* Spargelbau *m*.
aspect [as'pɛ] *m* Anblick, Ansicht *f*; Aussehen *n*; Aussicht(en) *f/pl.*; *fig.* Merkmal *n*, Aspekt *m*, Gesichtspunkt.
asperge ⚕ [as'pɛrʒ] *f* Spargel *m*.
asperger [aspɛr'ʒe] (1l) leicht bespritzen *od.* begießen.
aspérité [asperi'te] *f* Rauheit; Unebenheit.
aspersion [aspɛr'sjɔ̃] *f* Bespritzen *n*.
aspersoir [aspɛr'swa:r] *m* Weihwedel.

aspérule ⚕ [aspe'ryl] *f* Waldmeister *m*.
asphaltage [asfal'ta:ʒ] *m* Asphaltieren *n*.
asphalte [as'falt] *m* **1.** Asphalt; **2.** Asphaltpflaster *n*.
asphyxier [asfik'sje] (1a) ersticken.
aspic [as'pik] *m* **1.** *zo.* Natter *f*; F (*langue f d'*~) Lästerzunge; **2.** Fleischgallert *f*; **3.** ⚕ Lavendel.
aspirant *m*, **~e** *f* [aspi'rɑ̃, ~'rɑ̃:t] *adj.* einsaugend; *su.* Bewerber(in *f*) *m*; ⚔ Kadett; **~-instituteur** [~ɛstity'tœ:r] *m* Junglehrer; **~-pilote** [~pi'lɔt] *m* Flugschüler.
aspira|teur [aspira'tœ:r] **1.** *adj.* einsaugend; **2.** *m* Staubsauger *m*; Windfang; Ventilator; **~tif** [aspira'tif] *gr.* hauchend, Hauch...; **~tion** [aspira'sjɔ̃] *f* Einsaugen *n*; Ein-, Ansaugen *n*; *gr.* Aspi'rieren *n*; *fig.* Trachten *n*, Sehnen *n*; *effet d'*~ Saugwirkung; *soupape d'*~ Saugventil *n*.
aspirer [aspi're] **1.** *v/t.* (1a) einatmen; auf-, einsaugen; *gr.* aspirieren, mit e-m Hauche aussprechen (*in Paris u. Mittelfrankreich wurde das h germanischen Ursprungs bis zum 16. Jahrhundert gehaucht*); **2.** *v/i.* ~ *à qch. od. à mit inf.* trachten nach, danach trachten zu *mit inf.*
aspirine *phm.* [aspi'rin] *f* Aspirin *n*.
assaill|ant [asa'jɑ̃] *m* Angreifer, Stürmende(r); **~ir** [asa'ji:r] (2c) (*fut.* [2a]) plötzlich angreifen; bestürmen; *fig.* überfallen.
assain|ir [asɛ'ni:r] (2a) desinfizieren; *Luft* reinigen, läutern; entwässern; sanieren (*Finanzen, Wirtschaft*); **~issement** [~nis'mɑ̃] *m* Sanierung *f* (*der Finanzen, Wirtschaft*).
assaisonn|ement [asɛzɔn'mɑ̃] *m* Würzen *n*; Würze *f*; **~er** [asɛzɔ'ne] (1a) würzen, schmackhaft machen.
assassin [asa'sɛ̃] *m* Meuchelmörder; *à l'*~*!* Mord!; **~at** [~si'na] *m* Meuchelmord; **~er** [~si'ne] (1a) (er-)morden *fig. u.* F belästigen, auf die Nerven fallen (*de mit*); P kaputt machen.
assaut [a'so] *m* Angriff, Sturm, *fig.* Bestürmung *f* (*dringende Bitte*); *faire* ~ *de politesses* sich in Höflichkeiten überbieten.
assèchement [asɛʃ'mɑ̃] *m* Entwässerung *f*, Trockenlegung *f*.

4*

assembl|age [asã'bla:ʒ] *m* Zusammenfügung *f*; Fugenwerk *n*, Gemenge *n*; ⊕ Verband; ~ de rails Schienenstoß (*Verbindungsstelle zweier Schienen*); **~ée** [asã'ble] *f* Versammlung; ~ *générale* Hauptod. Generalversammlung; ~ *plénière* Vollversammlung; **~er** [asã'ble] (1a) zs.-bringen; zs.-fügen; versammeln; s'~ sich versammeln.

assener [asə'ne] (1d) *e-n Schlag* versetzen. [stimmung *f*.]

assentiment [asãti'mã] *m* Zu-]

asseoir [a'swa:r] (3l) hin-, niedersetzen; fest aufstellen; *auf festem Untergrund* errichten; *Urteil* gründen (sur auf); *Regierung, Ruf*: festigen; *Wirtschaft*: stabilisieren; P verblüffen; zum Schweigen bringen P überzeugen; *on le fit asseoir man* ließ ihn sich setzen; *être assis* sitzen; s'~ sich setzen.

assermentation [asɛrmãta'sjõ] *f* Be-, Vereidigung; **~er** [~'te] (1a) vereidigen.

assertion [asɛr'sjõ] *f* Behauptung.

asserv|ir [asɛr'vi:r] (2a) unterwerfen, unterjochen, unterdrücken; *fig.* zügeln, beherrschen (*Leidenschaften*); **~issement** [~vis'mã] *m* Unterjochung *f*, Unterdrückung *f*; Knechtschaft *f*.

assesseur ⚖ [asɛ'sœ:r] *m* Beisitzer.

assez [a'se] genug; ziemlich.

assidu [asi'dy] emsig, eifrig, betriebsam; dienstfreifrig; *être ~ auprès de q.* ständig um j-n sein.

assiduité [asidɥi'te] *f* Emsigkeit *f*, Eifer *m*, Betriebsamkeit *f*; *fig.* Beharrlichkeit; ~*s pl.* häufige Besuche *m/pl. od.* Aufmerksamkeiten *f/pl.*; Hofieren *n*, Liebesumwerbungen *f/pl.*

assidûment [asidy'mã] *adv.* emsig, eifrig, fleißig, pünktlich.

assiégeant [asje'ʒã] **1.** *adj.* belagernd; **2.** *su.* Belagerer *m*.

assiéger [asje'ʒe] (1g) belagern.

assiett|e [a'sjɛt] *f* Sitz *m*, Lage; *Steuer:* Veranlagung; *fig.* Gemütszustand *m*; Teller *m*; ~ *de la voie* Bahnkörper *m*; F *avoir l'~ au beurre* an der Futterkrippe sitzen; F *il n'est pas dans son ~* er fühlt sich nicht ganz wohl; er ist nicht ganz aufgelegt; **~ée** [asjɛ'te] *f* e-n Tellervoll *m*.

assign|ation [asiɲa'sjõ] *f* Anweisung; Vorladung; **~er** [asi'ɲe] (1a) anweisen (*zur Zahlung*), bestimmen; vor Gericht laden.

assimil|ation [asimila'sjõ] *f* Assimilierung; Gleichmachung; **~é** [asimi'le] **1.** *m* Militärbeamte(r) *m*, Verwaltungsoffizier *m*; **2.** *adj.* gleichgestellt (à mit); **~er** [asimi'le] (1a) ähnlich *od.* gleich machen; vergleichen; assimilieren; *fig.* geistig verarbeiten, in sich aufnehmen; *abus. = s'~*: ~ *une langue* (*wofür besser:* s'~ *une langue*) sich e-e Sprache aneignen.

assis [a'si]: *être ~* sitzen; *métier m ~* sitzende Tätigkeit *f*.

assise [a'si:z] △ *f* Steinschicht *f*; △ Fundament *n*, Unterbau *m* (*des Hauses*); *fig.* Grundlage *f*, *les ~s du raisonnement* die Grundlagen der Beweisführung; *pol. sentir ses ~s encore faibles* s-e noch schwachen Stellen fühlen; *cour f d'~s* ⚖ Assisen *pl.*, Geschworenengericht *n*.

assist|ance [asis'tã:s] *f* Anwesenheit; (die) Anwesenden; Beistand *m*; ~ *aux chômeurs*, ~-*chômage f* Arbeitslosenfürsorge *f*; ~ *à la jeunesse* Jugendpflege; ~ *aux nourrissons* Säuglingsfürsorge; ~ *aux survivants* Hinterbliebenenfürsorge; ~ *publique* Wohlfahrtspflege; ~ *judiciaire* Armenrecht *n*; ~ *sociale* Fürsorgewesen *n*; **~ant, ~ante** [asis'tã, ~'tã:t] Anwesende(r); Assistent, Gehilfe, Gehilfin; **~er** [~'te] *v/i.* ~ *q.* j-m beistehen, helfen.

associ|ation [asɔsja'sjõ] *f* Vereinigung; Verbindung; ~ *centrale* Spitzenverband *m*; ~ *corporative* Innung *f*; ~ *patronale* Arbeitgeberverband *m*; ~ *professionnelle* Berufsverband *m*, Fachverband *m*; **~é** [asɔ'sje] *m* Gesellschafter *m*, Teilhaber, Sozius; **~er** [~] (1a) zugesellen; verbinden.

assoiffé [aswa'fe] durstig; *d'action* tatendurstig; *de plaisirs* vergnügungssüchtig.

assol|ement ✍ [asɔl'mã] *m* Fruchtwechsel *m*; Koppelwirtschaft *f*; **~er** ✍ [asɔ'le] *v/t.* (1a) Fruchtwechsel vornehmen auf (*dat.*).

assombrir [asõ'bri:r] (2a) verdüstern; mißmutig machen.

assommant F [asɔ'mã] (7) unerträglich langweilig, zum Auswachsen F, zum Davonlaufen F.

assomm|er [asɔ'me] (1a) totschlagen; grün u. blau schlagen; *fig. j-m* zusetzen; **~oir** [~'mwa:r] *m* Stock (*mit Bleieinlage*), Totschläger; F Schnapsbude *f*, Destille *f*, Budike *f*.

Assomption [asɔp'sjɔ̃] *f*: **l'~** *rl.* Mariä Himmelfahrt.

assonan|ce [asɔ'nɑ̃:s] *f* Gleichklang *m der Vokale*, Assonanz *f*; **~t** [asɔ'nɑ̃] (7) assonierend, anklingend.

assort|iment [asɔrti'mɑ̃] *m passende* Zs.-stellung, Auswahl *f*; Sortierung *f*; Sorti'ment *n*; **~ir** [asɔr'ti:r] (2a) passend zs.-stellen; (*mit Waren*) versehen; s'~ *à* passen zu (*dat.*).

assoup|ir [asu'pi:r] (2a) einschläfern; betäuben; vertuschen; unterdrücken; schlichten; **~issement** [asupis'mɑ̃] *m* Schlummer; Schlichtung *f*; Unterdrückung *f*; Linderung *f* (*des Schmerzes*).

assouplir [asu'pli:r] (2a) geschmeidig (*fig.* nachgiebig) machen.

assourdir [asur'di:r] (2a) taub machen, betäuben; *Licht, Ton* dämpfen.

assouvir [asu'vi:r] (2a) sättigen, stillen; *fig.* befriedigen.

assujett|i [asyʒɛ'ti] *adj.*: ~ *à l'impôt sur le revenu* einkommensteuerpflichtig; ~ *à l'assurance* versicherungspflichtig; **~ir** [~'ti:r] (2a) unterwerfen; zwingen (*à* zu); fest machen; anbinden (*z. B. Reben*); **~issant** [asyʒɛti'sɑ̃] *adj.* (7) unterwerfend; zwingend; bindend; *fig. Arbeit*: mühselig, lästig; **~issement** [asyʒɛtis'mɑ̃] *m* Unterwerfung *f*; Gebundenheit *f*.

assumer [asy'me] *v/t.* (1a): ~ *une grande responsabilité* e-e große Verantwortlichkeit übernehmen; ~ *sa subsistance* für s-n Lebensunterhalt selbst aufkommen; ~ *des haines* sich Haß zuziehen.

assur|ance [asy'rɑ̃:s] *f* Zuversicht, Gewißheit; Zusicherung; Versicherung; ~ *contre les accidents* Unfallversicherung, ~ *contre la vieillesse* Altersversicherung, ~ *contre l'incendie* Feuerversicherung, ~ *des employés* Angestelltenversicherung; ~ *sur la vie* Lebensversicherung, ~ *de responsabilité* Haftpflichtversicherung, ~ *maritime* Seeversicherung; ~ *sociale* Sozialversicherung; ~ *supplémentaire* Zusatzversicherung; *Auto,* ✠ ~ *tous risques* Voll-kaskoversicherung; **~é** [asy're] **1.** sicher, gesichert, selbstsicher, unerschrocken; keck; **2.** Versicherte(r), Versicherungsnehmer; **~ément** [asyre'mɑ̃] (ganz) sicher, sicherlich; **~er** [asy're] (1a) versichern, sicher machen; vergewissern; *Sport*: sichern; 🕮 ~ *une ligne* e-e Strecke (regelmäßig) befahren; ~ *q. à la corde* j-n anseilen; **~eur** ✝ [asy'rœ:r] *m* Versicherer, Versicherungsträger.

aster ⚥ [as'tɛ:r] *m* Aster *f*.

astérisque *typ.* [aste'risk] *m* Sternchen *n* (*).

asthmatique [asma'tik] asthmatisch *a. su.*

astme [asm] *m* Asthma *n*.

asticot [asti'ko] *m* (*Käse-, Fleisch-*) Made *f* (*als Köder*); **~er** F [astikɔ'te] (1a) ärgern, necken, auf die Palme bringen F.   [putzen.]

astiquer [asti'ke] (1m) glätten,

astragale [astra'gal] *m* 🏛 Rundstab *an Säulen*; *anat.* Sprungbein *n*, Fußknöchel *m*.

astral [as'tral] (5c) Sternen...

astre ['astrə] *m* Gestirn *n*, Stern.

astreindre [as'trɛ̃:drə] (4b) (*à qch.*) nötigen, zwingen zu etw.; s'~ *à* sich unterziehen (*dat.*).

astringent ✱ [astrɛ̃'ʒɑ̃] *adj.* (7) *u. m* zs.-ziehend(es Mittel).

astro... [astrɔ...] Stern..., stern..., *z. B. astrolâtre m* Sternanbeter; *astronautique f* Raumschiffahrt; *astronef f* Raumschiff *n*.

astuc|e [as'tys] *f* List *f*; Verschlagenheit; geschickter Griff *m*, Dreh *m*, Pfiff *m*; F Witz *m*, Pointe; **~ieux** [asty'sjø] (7d) durchtrieben, gerieben F, verschlagen, hinterlistig.   [metrisch.]

asymétrique [asime'trik] unsym-

atavisme [ata'vism] *m* Atavismus *m*, Erbbedingtheit *f*.

ataxie ✱ [atak'si] *f* Ataxie *f*, Bewegungsstörung *f*.

atelier [atə'lje] *m* Atelier *n*; Werkstatt *f*; Betrieb *m*; ~ *de réparations* Autoreparaturwerkstatt *f*.

aterm|oiement [atɛrmwa'mɑ̃] *m* Zahlungsaufschub *m*, Stundung *f*; **~s** *pl.* Ausflüchte *f/pl.*; **~oyer** [~mwa'je] (1h) *v/t.* verlängern, prolongieren; *v/i.* Ausflüchte suchen, zögern; s'~ sich mit s-n Gläubigern auf gewisse Termine einigen.

athé|e [a'te] **1.** *adj.* atheistisch; **2.** *su.* Atheist *m*; **~isme** [~'ism] *m* Atheismus *m*.

athlète [at'lɛt] *m* Athlet *m*, Wettkämpfer *m*; starker Mann *m*; *f*: Leichtathletin *f*.

athlétisme [atle'tism] *m* Leichtathletik *f*; ~ *lourd* Schwerathletik *f*.

atlantique [atlã'tik] *adj.* Océan ~ (*a. m.* l'2) Atlantik *m*; *pol.* Charte *f* de l'2 Atlantikcharta *f*; *Pacte m* de l'2 *Nord* Nordatlantikpakt *m*.

atmosph|ère [atmɔ'sfɛːr] *f* Atmosphäre *f*, Luftraum *m*, Luft *f*; *fig.* Stimmung *f*, Umgebung *f*; **~érique** [~fe'rik] atmosphärisch.

atom|e [a'toːm] *m* Atom *n*; **~ique** [atɔ'mik] Atom...; *armes f/pl.* ~s Atomwaffen *f/pl.*; *bombe f* ~ Atombombe *f*; *contrôle m* (de l'énergie) ~ Atomkontrolle *f*; *pile f* ~ Atommeiler *m*; *théorie f* ~ Atomtheorie *f*; *à propulsion* ~ mit Atomantrieb; **~isé** [~mi'ze] atom-verseucht, -vergiftet; **~iseur** [~mi'zœːr] *m*: ~ *d'ambiance* Rauchverzehrer; **~iste** [~'mist] *m* Atomforscher *m*; **~istique** [~mis'tik] *f* Atomlehre *f*.

atonal|e ♪ [atɔ'nal] *f/adj.*: *musique f* ~ atonale Musik *f*; **~isme** [~'lism] *m* Atonalismus *m*.

aton|e [a'tɔn] starr, ausdruckslos; abgespannt, erschlafft; *gr.* tonlos, unbetont; **~ie** [~'ni] *f* Erschlaffung *f*.

atours [a'tuːr] *m/pl.* weiblicher Putz *m*, Schmuck *m*, Staat *m fig.*

atout [a'tu] *m* Trumpf *m*; P Schicksalsschlag *m*.

à travers [atra'vɛːr] *prp.* **1.** mitten (*od.* quer) durch; durch; *la ville* durch die Stadt; *il voyageait* ~ *la France* er reiste quer durch Frankreich; *foncer* ~ *tout* durch dick u. dünn gehen; **2.** quer über; *prendre* ~ *champ* querfeldein gehen; *notre vol* ~ *l'Alaska* unser Flug quer über Alaska; *vgl. au travers de.*

âtre ['aːtrə] *m* (*Feuer-*)Herd *m*, Kochherd *m*.

atroc|e [a'trɔs] sehr grausam, entsetzlich, abscheulich, furchtbar; widerlich; **~ité** [~si'te] *f* Abscheulichkeit *f*, Grausamkeit *f*; ~*s inventées pol.* Greuelmärchen *n/pl.*

atrophie [atrɔ'fii] *f* Atrophie *f*, ungenügende Ernährung *f*; Abzehrung *f*; ~ *musculaire* Muskelschwund *m*.

attabler [ata'ble] (1a): *s'*~ sich an den Tisch setzen.

attach|e [a'taʃ] *f* Band *n*, Riemen *m*, Schnur *f usw.*; *fig. mst.* ~ Neigung *f*; ~*s pl.* Bindungen *pl.* (*avec bzw. à* zu); ~ (*de bureau*) Büroklammer *f*; *chien m d'*~ Kettenhund *m*; **~é** [~'ʃe] *m* (*Gesandtschafts-*)Attaché *m*; *militaire* Militärattaché *m*; **~ement** [~ʃ'mã] *m* Anhänglichkeit *f*, Zuneigung *f*, Hingabe *f*; Eifer *m*; **~er** [~'ʃe] (1a) festmachen, anbinden; *fig.* Blicke heften, fesseln; verpflichten, verknüpfen (*à* mit); (*Bedeutung*) beilegen; *s'*~ sich (an)hängen, sich anschließen; bestrebt sein, sich bemühen, sich angelegen sein lassen; ✤ sich anschnallen.

attaqu|e [a'tak] *f* Angriff *m*, -fall *m*; ~ *aux* (*od. par les*) *gaz* Gasangriff *m*; **~er** [ata'ke] (1m) angreifen; anfallen; *Krankheit:* befallen; ⊕ antreiben; F in Angriff nehmen, beginnen; ♪ anstimmen (*Hymne*); *s'*~ *à q.* gegen j-n aufzutreten wagen; *s'*~ *à qch.* **1.** F etw. in Angriff nehmen, beginnen; **2.** *e-r* Sache entgegentreten (*od.* die Stirn bieten); *s'*~ *à un mystère* hinter ein Geheimnis kommen.

attard|é [atar'de] *su.* Nachzügler *m*; Spätentwickler *m*; **~er** [~] (1a) verzögern; *s'*~ sich verspäten; *s'*~ *à qch.* sich mit etw. aufhalten.

atteindre [a'tɛ̃ːdr] *v/t.* (4b) erreichen, treffen; einholen; befallen (*von Krankheiten*); ~ *q.* j-n auffindig machen; *v/i.* ~ *à* heranreichen an (*acc.*), reichen bis (*dat.*).

atteinte [a'tɛ̃ːt] *f* Schlag *m*, Stoß *m*; ♎ *usw.* Verstoß *m*; Anfall *m z. B.* durch Schlag, Krankheit; *fig.* Beeinträchtigung *f*; *hors d'*~ in Sicherheit, außer Schußweite; *a. fig.* unerreichbar.

attel|age [at'laːʒ] *m* Gespann *n*; Bespannung *f*; **~er** [at'le] (1c) anbespannen; ✤ anhängen.

attelle ✤ [a'tɛl] *f* (Arm-, Bein-) Schiene.

attenant [at'nã] angrenzend (*à acc.*). [dessen.|

attendant [atã'dã]: *en* ~ unter-|

attendre [a'tã:dr] (4a): **1.** ~ *q.* auf j-n (*acc.*) warten, j-n erwarten; warten (*que mit subj.* bis); ~ *une réponse* e-r Antwort entgegensehen,

attendrir — 55 — **aubère**

e-e Antwort erwarten; **2.** s'~ à qch. auf etw. (acc.) gefaßt sein.

att|endr|ir [atã'dri:r] (2a) weich, mürbe machen; fig. rühren; s'~ sur qch. von etw. gerührt werden; **~issement** [atãdris'mã] m fig. Rührung f, Mitgefühl n; psych. Rührseligkeit f, Weichheit f.

attendu [atã'dy] in Anbetracht, angesichts, mit Rücksicht auf, wegen; ~ que in Erwägung, daß.

attentat [atã'ta] m Attentat n, Mordanschlag; ~ à la bombe Bombenattentat n; ~ à la pudeur od. aux mœurs Vergehen n gegen die Sittlichkeit.

attent|e [a'tã:t] f Erwartung; Warten n; salle f d'~ ⚙ Wartesaal m; **~er** [atã'te] (1a): ~ à ein Attentat verüben auf (acc.).

attent|if [atã'tif] à ... aufmerksam auf (acc.); **~ion** [atã'sjõ] f Aufmerksamkeit; ~! Vorsicht!; **~iste** pol. [~'tist] abwartend, von abwartender Haltung.

atténu|ant [ate'nɥã] adj. (7) u. su./m mildernd; ⚖ circonstances ~es mildernde Umstände; **~ation** [atenɥa'sjõ] f Verminderung f; ⚖ Milderung f; **~er** [ate'nɥe] (1a) verringern, vermindern; ⚖ mildern.

atterr|er [ate're] (1b) zu Boden werfen, niederschmettern (a. fig.); **~ir** ✈, ⚓ [ate'ri:r] (2a) landen; **~issage** ✈, ⚓ [ateri'sa:ʒ] m Landung f; ~ forcé od. de fortune Notlandung f; faire un ~ forcé notlanden; ~ sans visibilité Blindlandung f; **~issement** [ateris'mã] m angespültes Land n; **~isseur** [~ri'sœ:r] m ✈ Fahrgestell n; ~ escamotable einziehbare(s) Fahrgestell.

attest|ation [atesta'sjõ] f Bescheinigung, Zeugnis n; **~er** [ates'te] (1a) bescheinigen, bezeugen; zum Zeugen anrufen.

attiédir [atje'di:r] (2a) temperieren (= aufwärmen, abkühlen); fig. abkühlen, vergessen lassen; s'~ lau werden; fig. abnehmen, erkalten.

attifer mv.v., F [ati'fe] (1a) herausputzen, ausstaffieren, auftakeln.

attique [a'tik] adj. attisch; m △ 'Attika f; f: 1º 'Attika n.

attir|ail [ati'raj] m Zubehör n, Utensilien pl.; F Kram m, Plunder; **~ance** [ati'rã:s] f Anziehungskraft; **~er** [ati're] (1a) anziehen; Blicke auf sich lenken; s'~ sich anziehen; les extrêmes s'attirent Gegensätze ziehen sich an; s'~ qch. sich etw. zuziehen.

attiser [ati'ze] (1a) schüren, anfachen; fig. aufstacheln.

attisoir [ati'zwa:r] m Feuerhaken.

attitré [ati'tre] bestallt, ·ständig; amtlich.

attitude [ati'tyd] f Haltung; Verhalten n; Einstellung f.

attouchement [atuʃ'mã] m Berührung f; Streicheln n.

attract|if [atrak'tif] (7e) anziehend; force f attractive Anziehungskraft f; **~ion** [atrak'sjõ] f Anziehung(skraft); Sehenswürdigkeit.

attrait [a'trɛ] m Reiz, Lockung f.

attrap|ade F [atra'pad] f, **~age** F [~'pa:ʒ] m Anschnauzer m; **~e** [a'trap] f Falle; List f; Scherzgegenstand m, Neckerei; ⚓ Tau n; **~e-mouches** [~'muʃ] m Fliegenfänger; **~e-nigaud** [~ni'go] m Bauernfang m; **~er** [atra'pe] (1a) fangen, einholen; erwischen, treffen; fig. sich zuziehen; fig. anführen, überlisten; reinlegen F; F abkanzeln, anschnauzen P; **~eur** [~'pœ:r] m Betrüger m.

attrayant [atrɛ'jã] (7) anziehend, reizend; fig. ansprechend.

attribu|er [atri'bɥe] (1a) zuteilen; zuschreiben; **~t** [atri'by] m Eigenschaft f; Merkmal n; ⚖ Prädikatsnomen n; Satzaussage f; **~tion** [atriby'sjõ] f Zueignung; Befugnis.

attrister [atris'te] (1a) betrüben.

attrition [atri'sjõ] f Zerknirschung; phys. u. ⚙ Reibung.

attroup|ement [atrup'mã] m Menschenansammlung f, Auflauf, Zs.-rottung f; **~er** [atru'pe] (1a): s'~ sich zs.-rotten.

aubade [o'bad] f Morgenständchen n; öffentlicher Lärm m, Krach m, Ruhestörung f.

aubaine [o'bɛn] f unverhoffter Fund m, Gewinn m; une bonne ~ ein glücklicher Zufall m; ein unverhoffter Fund m; ein gefundenes Fressen F.

aube [o:b] f Morgendämmerung; Chorhemd n; ⊕ Radschaufel f; F abr. = auberge; père m = Jugendherbergsvater m.

aubépine ♧ [obe'pin] f Weißdorn m.

aubère zo. [o'bɛ:r] adj. falb; m Falbe(r).

auberge — 56 — **autant**

auberg|e [oˈbɛrʒ] *f* Herberge; ~ de jeunesse Jugendherberge; **~ine** ♀ [obɛrˈʒin] *f* Eierpflanze; Eierapfel *m*; **~iste** [obɛrˈʒist] *su.* Wirt(in *f*) *m*, Gastwirt(in *f*) *m*.

aubert ⚹ * [oˈbɛːr] *m* Geld *n*.

aucun [oˈkœ̃] irgendein, -eine(r); F d'~s einige, manche; *mit ne bzw. alleinstehend:* kein, keine(r); **~ement** [okynˈmɑ̃] *adv. mit ne bzw. alleinstehend:* keineswegs.

audac|e [oˈdas] *f* Kühnheit *f*; *mv.p.* Unverschämtheit *f*, Dreistigkeit *f*. Frechheit; **~ieux** [adaˈsjø] (7d) kühn, verwegen; *mv.p.* unverschämt, frech, dreist. [seits.]

au-deçà [odˈsa] *adv.*, ~ de *prp.* dies-|

au-dedans [odˈdɑ̃] drinnen, im Innern; ~ de innerhalb (*gén.*).

au-dehors [odˈɔːr] draußen; ~ de außerhalb (*gén.*); ~ de ce pays außerhalb dieses Landes.

au-delà [odˈla] jenseits; ♀ *m* Jenseits *n*; ~ de jenseits (*gén.*), *fig.* über, mehr als ...

au-dessous [odˈsu] unten, darunter; ~ de unterhalb (*gén.*), unter (*dat. bzw. acc.*).

au-dessus [odˈsy] oben, darüber; ~ de oberhalb (*gén.*), über (*dat. bzw. acc.*).

au-devant [odˈvɑ̃]: ~ de entgegen.

audi|bilité *rad.*, *téléph.* [odibiliˈte] *f* Hörbarkeit *f*; Empfang(sart *f*) *m*; **~ble** [oˈdibl] *rad. méd.* hörbar; **~ence** [oˈdjɑ̃ːs] *f* Gehör *n*; Audienz; Gerichtssitzung; Zuhörerschaft; *rad.* Hörergruppe *f*; **~encier** [odjɑ̃ˈsje] *m* Gerichtsdiener vom Sitzungsdienst; **~o-photologie** ⚸, *écol.* [odjotoloˈʒi] *f* audio-visuelles Verfahren; **~o-visuel** *écol.*, *cin.*, *télév.* [~viˈzɥɛl] audio-visuell; **~teur** [odiˈtœːr] *su.* Zuhörer; ⚖ Beisitzer; ⚖ ~ au conseil d'Etat Untersuchungsrichter *m* im Französischen Staatsrat; ~ clandestin *rad.* Schwarzhörer *m*; ~s *pl.* Hörerschaft *f*, -kreis *m*, **~tif** [odiˈtif] (7e) Gehör-..., z. B. nerf *m* ~ Hörnerv; **~tion** [odiˈsjɔ̃] (5c) süd Abhören *n*; *rad.* Empfang *m*; erreur *f* d'~ Hörfehler *m*; ordre *m* (*weitS.* programme *m*) des ~s Hörfolge *f*; **~toire** [odiˈtwaːr] *m* Hörsaal; Zuhörerschaft *f*; Gerichtssaal *m*.

auge [oːʒ] *f* Trog *m*; Mörtelkasten *m*; ~ de moulin Mühlengerinne *n*; **~t** [oˈʒɛ] *m* Vogelnapf.

augment|ation [ogmɑ̃taˈsjɔ̃] *f* Vergrößerung, Vermehrung, Zulage; *phys.* ~ de volume Ausdehnung; **~er** [ogmɑ̃ˈte] (1a) *v/t.* vermehren; vergrößern; (*Wissen*) bereichern; (*Preise*) heraufsetzen; *v/i.* zunehmen; (*Preise*) anziehen.

augur|e [oˈgyːr] *m* **1.** *antiq.* Augur; **2.** altrömische Wahrsagung; **3.** *allg. fig.* Vorzeichen *n*; **~er** [ogyˈre] (1a) prophezeien, mutmaßen.

auguste [oˈgyst] erhaben, erlaucht.

aujourd'hui [oʒurˈdɥi] heute; heutzutage.

aulx [o] *pl. von* ail = Knoblauch *m*.

aumôn|e [oˈmoːn] *f* Almosen *n*; **~ier** [omoˈnje] *m* Almosenpfleger; Feldprediger; Anstaltsgeistlicher.

aunaie [oˈnɛ] *f* Erlengehölz *n*.

aun|e ♀ ⚹ [oːn] **1.** *f* Erle *f*; **2.** *f* Elle *f*. **~er** [oˈne] (1a) *Stoff* abmessen.

auparavant [oparaˈvɑ̃] vorher.

auprès [oˈprɛ] *adv.* in der Nähe, daneben, nahe daran; *prp.* ~ de (nahe) bei; im Vergleich zu.

auréole [oreˈɔl] *f* Heiligenschein *m*; *fig.* Nimbus *m*.

auriculaire [orikyˈlɛːr] Ohr..., Ohren...; (doigt *m*) ~ kleiner Finger.

auri|fère [oriˈfɛːr] goldhaltig; **~fication** [orifikaˈsjɔ̃] *f* (Zahn-)Füllung mit Gold; Goldplombe *f*.

auriste [ɔˈrist] *m* Ohrenarzt.

aurore [ɔˈrɔːr] *f* Morgenröte, *a. fig.*; ~ boréale Nordlicht *n*.

ausculter ⚕ [oskylˈte] (1a) durch Abhorchen untersuchen, abhorchen.

auspice [oˈspis] *m* Vorbedeutung *f*; ~s *pl.* Gönnerschaft *f*; Schutz.

aussi [oˈsi] auch; überdies; ~ ... que ebenso ... wie; ~ (als Satzanfang) daher, deshalb, auch, folglich; **~tôt** [osiˈto] sogleich; ~ que sobald als.

aust|ère [osˈtɛːr] ernst, (sittenstreng; schmucklos, nüchtern; **~érité** [osteriˈte] *f* Ernst *m*, Strenge *f*; Schmucklosigkeit *f*; ~s *pl.* Bußübungen *f/pl.*, Kasteiungen *f/pl.*

austral [oˈstral] (5c) südlich.

Austral|ie [ostraˈli]: l'~ Australien *n*; **~ien** [~ˈljɛ̃] *su.* Australier *m*.

austro-... [ostro...] österreichisch.

autan [oˈtɑ̃] *m* Südweststurm *m*.

autant [oˈtɑ̃] ebensoviel, ebensosehr; ~ dire ebensogut könnte man sagen; ~ que (m. ind. od. cond.) soweit; c'est toujours ~ es ist doch etwas;

autel — 57 — **autre**

en faire ~ dasselbe tun; *pour* ~ *qu'on puisse établir la situation* soweit (*od.* sofern) man die Lage bestimmen kann; *d'*~ *que* zumal (, da); *d'*~ *plus que* um so mehr, als.

autel [oˈtɛl] *m* Altar *m*.

auteur [oˈtœːr] *m* Verfasser *m*, Autor *m*, Schriftsteller *m*; Urheber *m*, Erfinder *m*; *als Einzelwort: femme* ~ Autorin *f*, Verfasserin *f*, Schriftstellerin *f*.

authenticité [otãtisiˈte] *f* Echtheit *f*.

authentique [otãˈtik] *adj.* urkundlich, echt; *fig.* authentisch, glaubwürdig, rechtsgültig, nachweislich.

auto [oˈto] *f* Auto *n*; ~ *de police* Polizeiauto *m*.

auto... [oto...] Selbst..., selbst...; ~**allumage** *Auto* [~alyˈmaːʒ] *m* Selbstzündung *f*; ~**ambulance** [~ãbyˈlãːs] *f* Sanitätsauto *n*; ~**biographie** [~bjɔgraˈfi] *f* Selbstbiographie *f*; ~**bus** [~ˈbys] *m* Bus *m*, Omnibus *m*; ~**camion** [~kaˈmjõ] *m* Lastauto *n*; ~**canon** [~kaˈnõ] *m* Autogeschütz *n*; ~**car** [~ˈkaːr] *m* Reiseomnibus *m*; ~**chenille** [~ˈʃnij] *f* Raupenwagen *m*, -schlepper *m*; ~**chtone** [otɔkˈtɔn] 1. *adj.* autochthon, bodenständig; 2. *su.* Ureinwohner *m*; ~**citerne** [~siˈtɛrn] *f* Tankwagen *m*; ~**clave** [~ˈklaːv] *m* Druckkessel *m*, Dampfkammer *f*, Sterilisationskasten *m*; *cuis.* marmite *f* ~ Schnellkochtopf *m*; ~**crate** [~ˈkrat] *m* Alleinherrscher *m*, Autokrat *m*; ~**cratique** [~kraˈtik] *adj.* *bsd. pol.* unumschränkt, autokratisch; *allg.* selbstherrlich; ~**déclencheur** [~deklɑ̃ˈʃœːr] *m* Selbstauslöser *m*; ~**défense** [~deˈfɑ̃ːs] *f* Selbstverteidigung *f*, -schutz *m*; ~**drome** [~ˈdrɔm] *m* Autorennbahn *f*; ~**école** [~eˈkɔl] *f* Autofahrschule *f*; ~**gène** [~ˈʒɛn] *autogen*, selbsttätig; *soudure f* ~ Autogenschweißung *f*; ~**gestion** [~ʒɛsˈtjõ] *f* Selbstverwaltung *f*; ~**graphe** [~ˈgraf] *m* eigenhändig geschrieben; *m* Autogramm *n*; ~**mate** [~ˈmat] *m* Automat *m* (*a. als technischer Vorläufer des Roboters*); ~**mation** [~maˈsjõ] *f* Automation *f*, Automatisierung *f*; ~**matique** [~maˈtik] automatisch (*a. fig.*), selbsttätig, sich selbst bewegend; *m téléph.* Selbstanschluß *m*; Trommelrevolver *m*; *f:* Automatisierungswissenschaft *f*; ~**matisme** [~maˈtism] *m* spontane Reaktion *f* in e-r Fremdsprache.

auto(-)mitrailleuse ⚔ [~mitraˈjøːz] *f* Panzerwagen *m* mit MG.

autom|nal [otɔmˈnal] (5c) herbstlich; ~**ne** [oˈtɔn] *m* Herbst; *en* ~, *häufig auch: à l'*~ im Herbst.

automobil|e [otɔmɔˈbil] *f* Automobil *n*; Kraftfahrzeug *n*; ~ *de course* Rennwagen *m*; ~ *sanitaire* Krankenauto (mobil *n*) *n*; ~**isme** [~biˈlism] *m* Automobilbau *m*, -wesen *n*, Autosport *m*.

automobiliste [~biˈlist] *m* Kraft(wagen)fahrer *m*.

automotrice 🚋, *tram.* [otɔmɔˈtris] *f* Triebwagen *m*.

auto|nome [otɔˈnɔm] autonom, nach eigenen Gesetzen lebend, frei, unabhängig; ~**nomie** [otɔnɔˈmi] *f* Autonomie *f*, Selbstverwaltung *f*, Selbständigkeit *f*, Eigengesetzlichkeit *f*; ⚔ Leistungsstärke *f*, Flugdauer *f*; ~**propulsé** ⊕ [~prɔpylˈse] *adj.* mit Selbstantrieb; ~**psie** [otɔpˈsi] *f* Leichenschau *f*; ~**rail** [~ˈraːj] *m* Schienenbus *m*; ~ (*rapide*) Leicht-, Schnelltriebwagen *m*.

autori|sation [otɔrizaˈsjõ] *f* Ermächtigung, Vollmacht *f*, Genehmigung; *exceptionnelle* Sondergenehmigung; ~**sé** [~ˈze] zugelassen, genehmigt; ~**ser** [~] *v/t.* (1a) bevollmächtigen; gutheißen; *s'*~ *de* (*qch.*) sich berufen (*od.* stützen) auf (*acc.*); ~**té** [~ˈte] *f* Autorität; Glaubwürdigkeit; (gewichtiger) Ausspruch; (*Amts-*)Gewalt; (~ *pl.*) Behörde *f*; ~ *occupante* Besatzungsmacht; ~*s occupantes* Besatzungsbehörde; *par* ~ behördlich.

autoroute [otɔˈrut] *f* Autobahn *f*; Schnellstraße *f*.

autostop [otɔsˈtɔp] *m*: *faire de l'*~ per Anhalter fahren F, trampen.

autour [oˈtuːr] 1. *m orn.* Habicht; 2. *adv.* (~) in der Runde; umher, herum; ~ *de prp.* um ... (herum.)

autre [ˈoːtrə] andere(r); *un* ~ moi-même (m)ein zweites Ich; *l'*~ *jour* neulich; *l'un* (*avec*) *l'*~ (mit)einander; *nous* (~*s*) *Allemands* wir Deutschen; *à d'*~*s!* das können Sie andern erzählen; Unsinn!; *ist* ʒa Quatsch!; *d'*~ *part* andererseits; *de temps à* ~ von Zeit zu Zeit, dann und wann; *quel* ~? wer sonst?;

autrefois — 58 — **à vau-l'eau**

~fois [otrə'fwa] ehemals; **~ment** [~'mã] sonst.
Autrich|e [o'triʃ] f: **l'~** Österreich n; **~ien** [~'sjɛ̃] su. Österreicher m; ♀ österreichisch.
autruche orn. [o'tryʃ] f Strauß m; faire l'~ Vogel-Strauß-Politik treiben; den Kopf in den Sand stecken; avoir un estomac d'~ P wie ein Scheunendrescher fressen.
autrui [o'trɥi] m ohne pl., mst. nach prp. anderer, andere pl., Nächste(r).
auvent [o'vã] m Wetter-, Schutz-Überdach n; Auto: Luftschlitz m in der Motorhaube.
auxiliaire [oksi'ljɛ:r] 1. adj. helfend, Hilfs...; Zweig..., Neben...; 2. m Helfer, Hilfskraft f; Hilfsverb n; Stütze f fig., Hilfsmittel n.
avachi [ava'ʃi] (7) ausgetreten (Schuh).
avachir [ava'ʃi:r] (2a): s'~ allzu weich, weit, schlaff od. träge werden; welk niederhängen; s-e Energie verlieren.
aval [a'val] 1. adv. en ~ stromabwärts; 2. prp. en ~ de unterhalb von; 3. ✝ m Wechselbürgschaft f.
avalage [ava'la:ʒ] m ♏ Talfahrt f; von Fässern: Einkellern n.
avalanche [ava'lã:ʃ] f Lawine.
aval|er [ava'le] (1a) verschlucken, (ver)schlingen, fig. einstecken, hinunterschlucken, vél., Auto: Kilometer zurücklegen; ~ la fumée Lunge rauchen; v/i. stromabwärts fahren; **~eur** F [ava'lœ:r] m Fresser; ~ de sabre Degenschlucker; **~iser** ✝ [avali'ze] (1a): ~ une traite e-n Wechsel mit Bürgschaft versehen; **~iste** [~'list] m Wechselbürge; **~oire** F [~'lwa:r] f großes Maul n, Fresse f V.
avanc|e [a'vã:s] f Vorbau m; Vorsprung m; Vorteil m; ✝ Vorschuß m; Annäherungsversuch m; d'~ im voraus; ~ à l'allumage ⊕ Frühzündung f; faire des ~s à q. j-m freundlich entgegenkommen; **~é** ⚔ [avã'se] f vorgeschobener Posten m; Vormarsch m, Vorstoß m; **~ement** [avãs'mã] m Vorrücken n; fig. Fortschritt; Beförderung f; **~er** [avã'se] v/t. (1k) vorwärtsbringen; befördern; Uhr: vorstellen; behaupten; Geld vorschießen; v/i. vorwärtskommen; ⚔ vorrücken; ~ en âge alt werden; s'~ vorrücken; sich nähern.

avanie [ava'ni] f öffentliche Beleidigung f, Kränkung f.
avant [a'vã] 1. prp. vor (dat.) (zeitlich vorausblickend; Reihenfolge); ~ six mois vor Ablauf von sechs Monaten; ~ tout vor allem; le sujet se place ~ le verbe das Subjekt steht vor dem Verb; 2. adv. peu de temps ~ kurz vorher; plus ~ weiter (nach vorn od.) vor; bien ~ dans la forêt tief (weit) in den Wald hinein; d'~: la nuit d'~ die (od. in der) Nacht vorher, die vorhergehende Nacht; Fahrrad: fourche f d'~ Vorder(rad)gabel; roue f ~ Vorderrad n; en ~! vorwärts!; mettre en ~ vorbringen, die Behauptung aufstellen; 3. ~ que cj. (mit subj.) u. ~ de (mit inf.) bevor, ehe; 4. m a) Sport: Stürmer; b) ⚓, ⚓ Bug m; c) Vorderteil m (Wagen); d) aller de l'~ pour qch. sich für etw. energisch einsetzen.
avantag|e [avã'ta:ʒ] m Vorteil; Überlegenheit f; Vorrecht n; avoir l'~ sich beehren; **~er** [~ta'ʒe] (1l) bevorzugen; **~eux** [~ta'ʒø] péj. hochmütig, blasiert, angeberisch, spleenig.
avant|-bec [~'bɛk] m Pfeilervorkopf; Vorderteil m; **~-bras** [~'brɑ] m Vorderarm; **~-centre** [~'sã:tr] m Sport: Mittelstürmer; **~-garde** ⚔ [~'gard] f Vorhut; **~-hier** [~'tjɛ:r] vorgestern; **~-port** ⚓ [~'pɔ:r] m Vorhafen, Außenhafen; **~-poste** ⚔ [~'pɔst] m Vorposten; **~-propos** [~prɔ'po] m Vorrede f; **~-scène** thé. [~'sɛn] f Orchesterloge; **~-train** [~'trɛ̃] m Vordergestell n e-s Fahrzeuges; **~-veille** [~'vɛj] f zweiter Tag vorher.
avar|e [a'va:r] 1. adj. geizig; 2. m Geizhals; **~ice** [ava'ris] f Geiz m; **~icieux** [~ri'sjø] geizig, knauserig.
avari|e [ava'ri] f Havarie; Seeschaden m; Maschinendefekt m; ⚕ 'Syphilis; **~é** [ava'rje] adj. 1. beschädigt; 2. syphilitisch; **~er** [ava'rje] v/t. (zur See) beschädigen, verderben; s'~ verderben, schlecht werden.
avatar [ava'ta:r] m 1. a. pol. Wandlung f; 2. F Schererei f.
à vau-l'eau [avo'lo] stromabwärts; aller ~ mißlingen, schiefgehen.

avec [a'vɛk] **1.** *prp.* mit; nebst, samt; bei; ~ ce temps-là bei diesem Wetter; ~ tout cela bei (= zu *od.* = trotz)alledem; d'~ von; *séparer la chair d'~ les os* das Fleisch von den Knochen lösen; **2.** F *adv.* 'damit; mit; *s'en aller ~* damit losziehen; *envoyer le mémoire avec!* Rechnung mit beilegen!

aveline ♀ [av'lin] *f* Haselnuß.

avenant [av'nɑ̃] **1.** *p.pr.*: *le cas ~* in dem (im) Falle (*que mit subj.* daß); **2.** *adj.* einnehmend, gefällig, freundlich; *à l'~* verhältnismäßig, dementsprechend; **3.** ⚖ *m* Nachtrag *m* zu e-r Versicherungspolice *f*; *les ~s m/pl.* die Ergänzungen *f/pl.*

avènement [avɛn'mɑ̃] *m* (*Regierungs-*)Antritt; Thronbesteigung *f.*

avenir [av'niːr] *m* Zukunft *f*, Nachwelt *f*; *à l'~* in Zukunft.

avent [a'vɑ̃] *m* Advent.

aventur|e [avɑ̃'tyːr] *f* Abenteuer *n*; *dire la bonne ~* wahrsagen; **~er** [~ty're] (1a) wagen; *s'~* sich in Gefahr begeben; **~eux** [~'rø] (7d) abenteuerlich; verwegen; **~ier** [~'rje] *m.* (7b) Abenteurer *m*; Glücksritter; Hochstapler *m*; Intrigant *m.*

avenue [av'ny] *f* Zugang *m*, Anfahrt; Allee, Avenue *f*, Korso *m*, Prachtstraße *f*; Parkweg *m*; *fig.* Pfad *m*, Weg *m.*

avérer [ave're] (1f) als wahr erkennen *od.* beweisen; *s'~* sich als wahr erweisen.

avers [a'vɛːr] *m Münze:* Kopfseite *f.*

avers|e [a'vɛrs] *f* Platzregen *m*, Regenguß *m*; **~ion** [avɛr'sjɔ̃] *f* Abneigung *f*, Aversion *f*, Widerwille *m.*

avert|ir [avɛr'tiːr] (2a) warnen, aufmerksam machen; benachrichtigen; **~issement** [avɛrtis'mɑ̃] *m* Warnung *f*; Nachricht *f*; Vorbericht *m*; *~ taxé* gebührenpflichtige Verwarnung *f*; **~isseur** [~ti'sœːr] *m* ⊕ Warnvorrichtung *f*; *Auto:* Hupe *f*; *téléph.* Alarmwecker *m*, Rufer *m*; *~ d'incendie* Feuermelder.

aveu [a'vø] *m* Geständnis *n*; ⚖ Einwilligung *f*; Anerkennung *f*; *homme sans ~* fragwürdige Existenz *f*; Landstreicher, hergelaufener Kerl *m*, Stromer *m.*

aveugl|e [a'vœglə] blind; *a. su.*; *adv. aveuglément* blindlings; **~ement** [avœglə'mɑ̃] *m* Verblendung *f*;

~e-né [avœglə'ne] *adj. u. m* blindgeboren; Blindgeborene(r); **~er** [avœ'gle] (1a) blind machen; blenden; verblenden; ⚡ vernebeln; *Wasserloch, Leck:* zustopfen; **~ette** [~'glɛt] *à l'~* im Dunkeln tappend; *fig.* auf gut Glück, drauflos F.

aveulir [avø'liːr] (2a) matt u. willenlos machen, abstumpfen; *s'~* willenlos werden.

avia|teur *m*, **~trice** *f* [avja'tœːr, ~'tris] Flieger(in *f*) *m*; *~ acrobatique* Kunstflieger *m*; *~ en rase-mottes* Tiefflieger *m*; **~tion** [~vja'sjɔ̃] *f* Fliegerei, Luftfahrt, Flugwesen *n*; *~ de ligne* Luftverkehr *m*; ⚡ *~ de surveillance* Luftüberwachung *f.*

aviculteur [avikyl'tœːr] *m* Geflügel-, Vogelzüchter.

avid|e [a'vid]: *~ de* begierig nach; **~ité** [avidi'te] *f* Gier, Sucht.

avil|ir [avi'liːr] (2a) herabwürdigen, in den Schmutz ziehen; herabsetzen, entwerten; *s'~* sich erniedrigen; † spottbillig werden; **~issement** [avilis'mɑ̃] *m* Erniedrigung *f*; † Entwertung *f.*

avin|é [avi'ne] *fig.* beschwipst, betrunken, benebelt; **~er** [~] (1a) mit Wein anfeuchten; *s'~* zechen, sich betrinken.

avion [a'vjɔ̃] *m* Flugzeug *n*; ✈ *par ~* mit Flugpost; **commercial supersonique** Überschallpassagierflugzeug *n*; **à réaction** Düsenflugzeug *n*; **de bombardement** Bomber; *~ de chasse* ✈ Jäger *f*; *~ de combat* Kampfflugzeug *n*; *~ de ligne* Verkehrsflugzeug *n*; *~ mixte, ~ amphibie* Wasserflugzeug *n*; *~ d'observation* ✈ Beobachter; *~ polymoteur (ou multimoteur)* mehrmotoriges Flugzeug *n*; *~ de reconnaissance* ✈ Aufklärer *f*; *~ de transport* Verkehrsflugzeug *n*; *~-type* Modellflugzeug *n.*

avionette [avjɔ'nɛt] *f* Kleinflugzeug *n.*

aviron [avi'rɔ̃] *m* Ruder *n*; Paddel *f*; Rudersport.

avis [a'vi] *m* Meinung *f*; Gutachten *n*; Meldung *f*; Warnung *f*; † *~ d'expédition* Versandbericht *m*; *sous ~* unter Benachrichtigung; **~é** [avi'ze] (7) besonnen, umsichtig; *bien ~* gut beraten; **~er** [~] (1a) benachrichtigen; *~ à qch.* bedacht sein auf

aviso — **azyme**

(*acc.*); s'~ de qch. auf den Gedanken (*od.* Einfall) kommen.
aviso ⚓ [avi'zo] *m* Avi'so(schiff *n*), Patrouillen-, Minenräum-boot *n*.
avitaminose [avitami'no:z] *f* Vitaminmangel *m*, Mangelkrankheit.
aviver [avi've] (1a) auffrischen, beleben; ✠ blutig ritzen.
avocat [avɔ'ka] *m* Rechtsanwalt *m*; ~ général Oberstaatsanwalt *m*.
avoine [a'vwan] *f* Hafer *m*.
avoir [a'vwa:r] (1) **1.** haben; *manchmal a.* bekommen; ~ faim (*soif*) Hunger, (Durst) haben; ~ froid (*chaud*) frieren (schwitzen); *il y a* es gibt, es ist *od.* sind; *il y a un an* vor e-m Jahre (*rückblickend*); *qu'avez-vous?* was fehlt Ihnen?; ~ lieu stattfinden; *j'ai eu le train* ich habe den Zug erreicht; *j'ai vingt ans* ich bin zwanzig Jahre alt; *en* ~ *contre* böse sein auf; ~ *en* ~ *horreur* verabscheuen; ~ *honte* sich schämen; **2.** *m* Habe *f*, Vermögen *n*; ✠ (Gut-)Haben *n*.
avoisiner [avwazi'ne] (1a): ~ qch. angrenzen an (*acc.*).
avort|ement [avɔrtə'mã] *m* Fehlgeburt *f*, *a. fig.*, Abortus *m*; *fig.* Fehlschlag *m*; ~**er** [~'te] (1a) fehlgebären; ⚕ verkümmern; *fig.* fehlschlagen, scheitern; ~**on** [~'tõ] *m* Früh-, Mißgeburt *f*; *iron.* Zwerg *m*, Krüppel *m*.
avou|é [a'vwe] *m* Sachwalter; Anwalt; ~**er** [~] (1n) eingestehen; anerkennen, zugeben.
avril [a'vril] *m* April; *poisson m d'*~ Aprilscherz.
axe [aks] *m* Achse *f*; ~ *longitudinal* Längsachse *f*; ~ *de sortie* Ausfallstraße *f*.
axiome [ak'sjo:m] *m* Axiom *n*, Grundsatz.
axonge [ak'sõːʒ] *f* Schmalz *n*; Fett *n*.
ayant [ɛ'jũ] *m*: ~ *cause* (*pl.* ~s *cause*) Rechtsnachfolger; ~ *droit* (*pl.* : ~s *droit*) Berechtigte(r).
azalée ⚘ [aza'le] *f* A'zalie *f*.
azote [a'zɔt] *m* Stickstoff; ~ *atmosphérique* Luftstickstoff *m*.
azoté [azɔ'te] *adj.* Stickstoff...; *engrais m* ~ Stickstoffdünger.
aztèque [az'tɛk] *m hist.* Azteke *m*; P *fig.* Zwerg *m*, Krüppel *m*.
azur [a zy:r] *m* Lasurstein, -farbe *f*; *Himmelblau n*; *Côte f d'*~ französische Riviera; ~**é** [azy're] himmelblau; ~**éen** [~re'ɛ̃] (7c) (an) der Côte d'Azur.
azyme [a'zim]: *pain m* ~ ungesäuert(es Brot *n*), Matze *f*.

B

B (*ou* **b**) *m* (be) B (*od.* b) *n*.
baba [ba'ba] *m* Rosinenkuchen; F *adj. inv.* verblüfft, verdutzt.
babeurre [ba'bœ:r] *m* Buttermilch *f*.
babil [ba'bil] *m* Geplauder *n*.
babill|age [babi'ja:ʒ] *m* Schwatzen *n*; ~**ard** [~'ja:r] **1.** *adj.* geschwätzig; **2.** *su.* m Schwätzer; ~**arde** P [~'jard] *f* P Wisch *m* (*Brief*); ~**er** [babi'je] (1a) schwatzen.
babine [ba'bin] *f* Lefze.
babiole [ba'bjɔl] *f* Spielzeug *n*; *fig.* Kleinigkeit, Lap'palie.
bâbord ⚓ [ba'bɔ:r] *m* Backbord *n*.
babouche [ba'buʃ] *f* Pantoffel *m* (*aus Leder*).
babouin [ba'bwɛ̃] *m* **1.** *zo.* Babuin *m* (*Pavian*); **2.** F (*a.* ~**e** [ba'bwin]) *f*) *Kind:* Wildfang *m*.
bac [bak] *m* Fähre *f*; *Auto:* Ladefläche *f* (*e-s Fahrzeugs*); Trog; F = baccalauréat F Abi *n*; ~ à copeaux ⊕ *m* Spanfall.
baccalauréat [bakalɔre'a] *m* Abiturium *n*, Reifeprüfung *f*.
bacchan|al [baka'nal] *m* Höllenlärm; ~**ale** [~'] *f* Ba'cchantenfest *n*, lautes Gelage *n*; ~**te** [ba'kɑ̃:t] *f* Bacchantin; luxuriöse, hemmungslose Frau *f*.
bâch|e [bɑ:ʃ] *f* Plane, Decke; (Sonnen- u. Regen-)Markise *f*; Wasserbehälter *m* der Dampfmaschine; Glaskasten *m* für Pflanzen.
bacheli|er *m*, ~**ère** *f* [baʃə'lje, baʃə'ljɛ:r] (*a. adjt.: aspirant su.* ~) Abiturient(in) *m*, Reifeprüfling *m*.
bâcher [bɑ'ʃe] (1a) mit e-r Plane bedecken.
bachique [ba'ʃik] bacch(ant)isch; *chanson f* ~ Trinklied *n*.
bachot[1] ⚓ [ba'ʃo] *m* Nachen.
bachot[2] *f école.* [~] *m* Abitur *n*; ~**age** [~ʃɔ'ta:ʒ] F *m école.* Paukerei *f*, Pauken *n*, Büffelei *f*.
bacille [ba'sil] *m* Bazillus, Krankheitserreger; ~ charbon (colon, tétanos) Milzbrand- (Dickdarm-,Wundstarrkrampf-) bazillus.
bâcl|e ['bɑ:klə] *f* Holz- od. Eisenriegel *m* (*an der Tür*); ~**er** [bɑ'kle] (1a)

verriegeln, versperren; ⚓ anlegen; *fig.* zurechtpfuschen.
bactér|icide [bakteri'sid] keimtötend; ~**ie** [~'ri] *f* Bakterie.
badaud [ba'do] *m* Gaffer *m*.
badigeon [badi'ʒɔ̃] *m* (weiße) Tünche *f*, Putzmörtel *m*; ~**nage** [~ʒɔ'na:ʒ] *m* Tünchen *n*; ~**ner** [~ʒɔ'ne] (1a) *Mauern* übertünchen; 𝒜 (be)pinseln.
badin [ba'dɛ̃] **1.** *adj.* schäkernd, mutwillig; **2.** *su.* Schäker *m*; ~**age** [badi'na:ʒ] *m* Spaß *m*; ~**e** [ba'din] *f* Spazierstöckchen *n*; ~**er** [badi'ne] (1a) spaßen, schäkern.
bafouer [ba'fwe] (1a) verhöhnen, verunglimpfen. [stammeln *n*.]
bafouillage [bafu'ja:ʒ] *m* Gebafouiller [bafu'je] (1a) stammeln.
bâfre ★ ['bɑ:frə] *f* **1.** Ohrfeige; **2.** Freßgelage *n*; ~**r** F [bɑ'fre] (1a) gierig fressen.
bagage [ba'ga:ʒ] *m* Gepäck *n*; plier ~: a) *fig.* sein Bündel schnüren, fliehen; b) sterben; *avec armes et* ~*s* mit Sack und Pack.
bagarr|e [ba'ga:r] *f* Wirrwarr *m*; Getümmel *n*; Schlägerei *f*, Krach *m*, Skandal *m*; ~**er** F [~'re]: se ~ kämpfen (*a. fig.*), sich abmühen.
bagatelle [~ga'tɛl] *f* Kleinigkeit *f*, Bagatelle *f*.
bagn|ard *ehm.* [ba'ɲa:r] *m* Zuchthäusler; ~**e** *ehm.* [~'baɲ] *m* Zuchthaus *n*; ~**ole** P [ba'ɲɔl] *f* schlechter Wagen *m*, Rumpelkasten *m*; *Auto:* *péj.* Karre *f*, Mühle *f*, Schlitten *m*, Wrack *n*.
bagoter ★ [baɡɔ'te] *v/i.* (1a) (spazieren)gehen, kommen und gehen; wegrennen.
bagou, bagout F [ba'gu] *m* freches Mundwerk *n*.
bague [bag] *f* (Finger-)Ring *m*; ⊕ ~ d'arrêt Stellring *m*; ~**nauder** [baɡnɔ'de] (1a) mit Albernheiten Zeit vertrödeln; herumschlendern.
baguette [ba'gɛt] *f* dünner Stab *m*, Gerte *f*; Trommelstock *m*; ~ magique Zauberstab *m*; ~*s pl.* Spießruten.

baguier [ba'gje] *m* Ringkästchen *n*.
bahut [ba'y] *m* Truhe *f*; Anrichte *f*; kleines Büffet *n*; F *écol.* Penne *f*, Kasten *m*; *plais. Auto:* Mühle *f*, Kasten *m*; ~-**lit** [~'li] *m* Schrankbett *n*. [2. *m* Braune(r).]
bai [bɛ] 1. *adj.* braunrot (*Pferd*);
baie [bɛ] *f* 1. ♀ Beere; 2. Bucht; 3. △ Tür- *usw.* öffnung.
baign|ade [bɛ'ɲad] *f* Badestelle; ~**er** [bɛ'ɲe] (1b) 1. *v/t.* baden; schwemmen; bespülen; *fig.* ~ de larmes mit Tränen benetzen; *v/rfl.* se ~ baden *v/i.* (*Badeanstalt, Fluß, Meer*); aller se ~ baden gehen (fahren); ~**eur** [bɛ'ɲœːr] *su.* Badende(r); ~**euse** [~'ɲøːz] *f* Bademantel *m*; ~**oire** [bɛ'ɲwaːr] *f* Badewanne; *thé.* Parkett-, Parterreloge.
bail, *pl.* **baux** [baj, bo] *m* Mietvertrag *m*; Pacht *f*; ~ à ferme Pachtkontrakt.
bâille|ment [baj'mɑ̃] *m* Gähnen *n*; ~**r** [ba'je] (1a) gähnen; klaffen.
baill|eur *m*, ~**eresse** *f* [ba'jœːr, baj'rɛs] *ᴣ⁴ᴛ* Verpächter(in *f*) *m*; ~ de fonds stiller Gesellschafter *m*; *allg.* Geldgeber *m*.
bâilleu|r *m*, ~**se** *f* [baˈjœːr, ~ˈjøːz] Gähner(in *f*) *m*, *fig.* Schlafmütze.
bailli *hist.* [ba'ji] *m* Landvogt *m*; ~**age** *hist.* [~'jaːʒ] *m* Landvog'tei *f*.
bâillon [baˈjɔ̃] *m* (Mund-)Knebel; ~**ner** [bajɔˈne] (1a) knebeln; *fig.* mundtot machen.
bain [bɛ̃] *m* Bad *n*; Baden *n*; Badestube *f usw.*; ~**s** *pl.* Bäder *n/pl.*; Badeanstalt *f*, -orte *m/pl.*; ~-douche *m* Brausebad *n*; F être dans le ~ in der Patsche drinsitzen.
baïonnette ⚔ [bajɔˈnɛt] *f* Seitengewehr *n*, Bajonett *n*.
bais|age V [bɛˈzaːʒ] *m* Vögeln *n* V, Vöge'lei *f* V; ~**emain** [~ˈmɛ̃] *m* Handkuß; ~**er** [~ˈze] 1. *m* Kuß; 2. *v/t.* (1b) a) V vögeln V; b) küssen: *nur in Zusammensetzungen wie* ~ la main; *sonst* embrasser; ~**oter** F [bɛzɔˈte] (1c) *v/t. u.* se ~ F (sich) abküssen, abknutschen.
baiss|e [bɛːs] *f* Fallen *n der Preise, Kurse, des Wassers*; ~**er** [bɛˈse] *v/t.* (1b) niedriger machen, herunterlassen; *Augen* niederschlagen; *rad.* leiser stellen; ~ l'oreille, ~ pavillon die Ohren hängen lassen, den Mut sinken lassen; *v/i.* abnehmen, sinken; se ~ sich bücken.

bakélite [bakeˈlit] *f* Bakelit *n*.
bal [bal] *m* Ball *m*, Tanzgesellschaft *f*; ~ masqué Maskenball.
balade F [baˈlad] *f* Bummel *m*; faire une ~ = F se balader (1a) spazieren gehen.
baladeur F [balaˈdœːr] *m* Bummler.
baladeuse [~ˈdøːz] *f* Karre *der Straßenhändler*; Anhänger *m der Straßenbahn*; ⚡ Ableuchtlampe.
baladin *m*, ~**e** *f* [baˈdɛ̃, ~ˈdin] Possenreißer(in *f*) *m*; Ballett'tänzer (-in *f*) *m*.
balafr|e [baˈlafrə] *f* Gesichtsnarbe *f*, Schmarre; Schmiß *m*; ~**er** [balaˈfre] (1a) ~ q. j-m das Gesicht zerfetzen (*od.* übel zurichten).
balai [baˈlɛ] *m* Besen; ~ mécanique Kehrmaschine *f*; ~ de W.-C. Klosettbürste *f*; ~-brosse Scheuerbesen; ~ de charbon ⊕, ⚡ Kohlenbürste *f*; rôtir le ~ ein liederliches Leben führen; *fig.* coup *m* de ~ allgemeiner Rausschmiß *m* (*des Personals*).
balanc|e [balɑ̃ːs] *f* Waage; Gleichgewicht *n*, *a. fig.*; Schwebe; ✝ (Konto-)Bilanz; ~ de sortie, ~ de clôture (Ab-)Schlußbilanz; ~ d'entrée Eröffnungsbilanz; ~ de vérification Probebilanz; ~ estimative Rohbilanz; ~ automatique Schnellwaage *f*; ~ à bascule Brückenwaage *f*; *phys.* ~ hydrostatique Wasserwaage; ~ romaine Laufgewichtswaage; ~**er** [balɑ̃ˈse] 1. *v/t.* (1k) schaukeln; ins Gleichgewicht bringen; *fig.* über'legen; aufwiegen; schaukeln; F auf Knall und Fall entlassen; ✝ ~ un facture e-r Rechnung begleichen; ~ un compte die Bilanz ziehen; 2. *v/i.* schwanken; se ~ sich die Waage halten; sich schaukeln; ✝ se ~ par abschließen mit e-r Summe; ~**ier** [balɑ̃ˈsje] *m* Waagemacher; Balancierstange *f*; Unruh *f*, Perpendikel *n e-r Uhr*; Schwengel *e-r Pumpe*.
balançoire [balɑ̃ˈswaːr] *f* Schaukel, Luftschaukel; *fig.* F ~**s** *f/pl.* Gefasele *n*; P envoyer q. à la ~ j-n rausschmeißen.
balay|er [balɛˈje] (1i) (aus-, weg-) fegen, auskehren (*a. fig.*); *fig.* völlig austreiben (*od.* beseitigen); sich *über etw.* hinwegsetzen; ~**ette** [~ˈjɛt] *f* Handfeger *m*; ~ de voiture *Auto*: Wagenmacher *m*; ~**eur** [~ˈjœːr]

balayeuse — 63 — **bandage**

m (Straßen-)Kehrer; ~euse [~'jø:z] f (Straßen-)Kehrmaschine; ~ures [balɛ'jy:r] f/pl. Müll m, Kehricht m.

balbutie [balby'si] f Stammeln n; ~iement [~si'mɑ̃] m Stammelei f; ~ier [~'sje] (1a) stottern; herstammeln.

balcon [bal'kɔ̃] m Balkon; ⚓ Kanzel f.

baldaquin [balda'kɛ̃] m Thron-, Altarhimmel, 'Baldachin.

Bâle [bɑːl] f Basel n.

baleine [ba'lɛn] f Wal(fisch) m; Fischbein n; fig. les grosses ~s die großen Tiere n/pl., fig.; ~ier [balɛ'nje] m Walfischboot m; Walfischfänger; † Fischbeinhändler; ~ière [balɛ'njɛːr] f Walfischboot n.

balisage [bali'zaːʒ] m ⚓ Betonnung f, Bojenlegen n; ✈ Bodenbeleuchtung f.

balise [ba'liːz] f ⚓ Bake, Boje; ✈ Bodenlicht n; ~ à triple bande Verkehr: dreiteilige Bake (Verkehrszeichen); ~er [bali'ze] (1a) mit Baken bezeichnen; ⊕ den Boden kennzeichnen; abgrenzen (durch Scheinwerfer); ~eur [~'zœːr] m Bakenmeister; Baken-, Bojenschiff n.

balistique ⚔ [balis'tik] ballistisch.

baliverne [~'vɛrn] f (mst. pl. ~s) Quatsch m, dummes Zeug n, Albernheit; ~er [baliver'ne] (1a) Possen reißen, Quatsch machen, Kindereien treiben.

ballant [ba'lɑ̃] (7) schlenkernd.

ballast [ba'last] m Beschotterung f, Gleisbettung f; ~ière [~'tjɛːr] f Kies-, Sandgrube.

balle [bal] f (Spiel-)Ball m; (Gewehr-)Kugel; Warenballen m; P Frank (-en m) m; P Kopf m.

ballerine [bal'rin] f Ballettänzerin f.

ballet [ba'lɛ] m Ballett n; ~ rose (od. bleu) obszöne Party f.

ballon [ba'lɔ̃] m (Luft-)Ballon; Fußball; 🜂 Glaskolben; F Glas n Bier (¹/₄l); ~nement 🜲 [balɔn'mɑ̃] m: ~ du ventre Aufblähung f; ~ner [balɔ'ne] (1a) v/t. u. se ~ (sich) (auf)blähen.

ballot [ba'lo] m kleiner Ballen, Pack n; F Blödling m, Idiot m; ~tage [balɔ'taːʒ] m: (scrutin m de) ~ engere Wahl f, Stichwahl f; ~ter [balɔ'te] v/t. (1a) hin u. her schütteln od. schaukeln; fig. in e-r Stichwahl wählen; v/i. hin und her schwanken.

balnéaire [balne'ɛːr] Bade...; ~atoire ⚕ [balnea'twaːr] Bade...

bâlois [bɑ'lwa] (7) aus Basel.

balourd [ba'luːr] schwer von Begriff, trottelig, dumm, blöde, tölpelhaft; Dummkopf m; Trottel; ~e f dumme Gans f; ~ise [balur'diːz] f tölpelhaftes Wesen n.

Baltique [bal'tik] f: la (mer) ~ Ostsee.

baluchon F [baly'ʃɔ̃] m Bündel n; faire son ~ sein Bündel schnüren.

balustrade [balys'trad] f Geländer n; ~e [ba'lystra] m △ Geländersäule f; ⚓ Federzirkel m.

balzacien [balza'sjɛ̃] adj. su., Balzac(-Kenner m)...

bambin F [bɑ̃'bɛ̃] m, kleine(r) Junge m, Steppke m; ~e [~'bin] f kleiner Krümel m (a. für Mädchen).

bambochade [bɑ̃bɔ'ʃad] f burleskes Genrebild aus dem Volksleben; F Ausschweifung, toller Streich m; ~e [bɑ̃'bɔʃ] f Gliederpuppe; F ~s pl. Saufgelage n/pl.; ~er [bɑ̃bɔ'ʃe] v/i. (1a) ein liederliches Leben führen.

bambou [bɑ̃'bu] m Bambusrohr n.

ban [bɑ̃] m Aufgebot n, a. ⚔; hist. Bezirk; hist. Bann, Acht f.

banal, m/pl. ~als [ba'nal] banal, allgemein, gewöhnlich, alltäglich, (7) abgedroschen; ~aliser [~li'ze] v/t. (1a) fig. etw. herunterreißen, -machen; ~ toute une région e-e ganze Gegend verschandeln; ~alité [~li'te] f Binsenweisheit f, Abgedroschenheit f, Banalität f.

banane [ba'nan] f Ba'nane; F ✈ Ehrenabzeichen n; ~s pl. F ⚔ Lametta n/sg.; ~ier ♣ [bana'nje] m Bananenbaum.

banc [bɑ̃] m Bank f (zum Sitzen); Schicht f; ~ d'épreuve ⊕ Prüffeld n, Prüfstand m; ~ de harengs Heringszug.

bancal [bɑ̃'kal] pl. ~s 1. adj. krummbeinig; 2. su. m Krummbeinige(r); ⚔ Krummsäbel.

banche [bɑ̃ːʃ] f △ Holzverschalung, Stampfbohle f; géol. Tonmergelschicht f.

bandage [bɑ̃'daːʒ] m 🜲 Verbinden n, Verband; ⊕ Radreifen; Bereifung f; ~ plein Vollgummibereifung

bande — 64 — **barbelé**

f; ~e [bã:d] f Binde, Streifen m; Rand m; bill.: Bande; ♐ Seite; P Bande, Schar; un envoi sous ~ e-e Kreuzbandsendung; ~ (de film) Filmstreifen m; ~ collante Klebestreifen m; ~ magnétophonique Tonband n; ~ molletière f Wickelgamasche; ~ transporteuse ⊕ Förderband n; ~s pl. dessinées fortlaufende Zeichnungen f/pl., Bildserie in Fortsetzungen, Strip Cartoon (Comics usw.); ~eau [bã'do] m Binde f; Stirnband n; Augenbinde f; fig. Schleier m; avoir un ~ sur les yeux ein Brett vorm Kopf haben; ~elette [bãd'lɛt] f Bändchen n; ~er [bã'de] (1a) ver-, zubinden; Bogen, Feder spannen; ~erole [bã'drɔl] f Wimpel m.

bandit [bã'di] m Bandit m.

bandoulière [bãdu'ljɛ:r] f Schulterriemen m; en ~ quer über Schulter und Brust; ✗ in e-r Binde.

banjo ♪ [bã'ʒo] m (amerikanische) Mandoline f der Farbigen, Banjo n.

banlieu|e [bã'ljø] f Vorortsgegend f, nähere Umgebung f; en ~ in den Vororten; ~sard F m [~'za:r] m Vorstädter.

bann|e [ban] f (Wagen-, Last-)Korb m; ✗ Hund m; Plane; ♐ Schutzzelt n; ~ette [~ɛt] f kleiner Korb m.

bannière [ba'njɛ:r] f Banner n; F être en ~ im Hemde sein; iron. aller au-devant de q. avec la croix et la ~ j-n mit viel (od. großem) Tam'tam empfangen; employer la croix et la ~ alle Hebel in Bewegung setzen.

bannir [ba'ni:r] (2a) verbannen; fig. ausmerzen.

banqu|e [bã:k] f (Wechsel-, Spiel-)Bank, a. Gebäude; ✞ de sang (du lait) Blut-([Mutter-]Milch-)bank; ~eroute ✝ [bã'krut] f Ban'krott m, Zahlungseinstellung f, F Pleite f; ~et [bã'kɛ] m Festessen n, Bankett n; ~ette [bã'kɛt] f Art Bank, z. B. im Eisenbahnabteil usw.; Fensterbank; ~-lit f Bettbank; ~ier m, ~ière f [bã'kje, ~'kjɛ:r] Bankier m; Bankinhaber(in f) m; Wechsler(in f) m; Spiel: Bankhalter(in f) m; ~ise [bã'ki:z] f Packeis n.

bapt|ême [ba'tɛm] m Taufe f; ~iser [~ti'ze] (1a) taufen; ~ du vin Wein mit Wasser verdünnen; ~ q. j-m e-n Spitznamen geben; ~ismal [batis'mal], ~istaire [batis'tɛr] Tauf-...;

eau f baptismale Taufwasser n; jedoch nur: extrait m baptistaire m Taufschein; ~istère [batis'tɛ:r] m Taufkapelle f.

baquet [ba'kɛ] m Kübel, Zuber.

bar[1] [ba:r] m Bar f.

bar[2] icht. [~] m Wolfsbarsch m, Barbe f.

bar[3] [~] m Bar n (Druckmaß).

baragouin [bara'gwɛ̃] m Kauderwelsch n; unverständliche Sprechweise f; ~er [~gwi'ne] (1a) kauderwelsch reden, radebrechen.

baraka arab. [bara'ka] f gütige Vorhersehung f.

baraqu|e [ba'rak] f Baracke; Bude f; ~ement ✗ [barak'mã] m Barakkenlager n; ~er [bara'ke] ✗ v/i. (1m) Baracken bauen; v/t. in Baracken unterbringen.

baraterie ♐ [bara'tri] f Unterschleif m.

baratt|e [ba'rat] f Butterfaß n, -maschine f; ~age [~'ta:ʒ], ~ement [~rat'mã] m Buttern n; Margarine: Kirnen n; ~er [bara'te] (1a) buttern; Margarine: kirnen; ~euse [~'tø:z] f Buttermaschine f.

barbacane [barba'kan] f ehm. frt. Schießscharte; △ (Wasser-)Abflußloch n, Abzugsloch n; △ schmales Kirchenfenster.

barbant P [bar'bã] adj. (7) langweilig, öde.

barbar|e [bar'bar] 1. adj. barbarisch; 2. su. m Barbar, Unmensch; ~esque hist. [barba'rɛsk] adj. u. su. berberisch; Berber(in f) m; hist. les Etats ~s die Barbareskenstaaten m/pl. (s. 2ie); ~ie [barba'ri] f Barbarei f; hist. 2 Berberei (Marokko, Algier, Tunis, Tripolis); ~isme [barba'rism] m Sprachwidrigkeit f.

barbe[1] [barb] f Bart m; ♀ Granne; Schimmel-, Stockfleck m; ast. ~ d'une comète Kometenbart m; P (c'est) la ~! mir (uns) reicht's!; ist das öde! (od. langweilig!); F la ~, s'il vous plaît Rasieren bitte; F (se) faire la ~ (sich) rasieren; se faire faire la barbe sich rasieren lassen.

barbe[2] [~] m Berberpferd n.

barb|eau [bar'bo] m icht. Barbe f; ♀ Kornblume f; adj. inv. bleu ~ kornblumenblau; ~ecue ✗ [barba'ky] m Grillgerät n; ~elé [barba-'le] adj. zackig, gezähnt; fil(s) m (de fer) ~(s) Stacheldraht; Drahtver-

barber — 65 — **barricader**

hau; ~**er** [bar'be] P (1a) langweilen; ~**et** [bar'bɛ] m Wasserspaniel (Hund); Schmuggler; ~**iche** [~'biʃ] f kleiner Kinnbart m; ~**ier** [bar'bje] m Barbier m; ~**ifier** F [~bi'fje] barbieren, rasieren; ~**on** péj. [bar'bɔ̃] m Graubart m, Hagestolz m.

barbot|age [barbɔ'ta:ʒ] m Plätschern n; Gründeln n (Ente); Kleietrank für Vieh; F Stibitzen n, Klauen n; ~**ement** [~bɔt'mɑ̃] m Plätschern n; Gründeln n (Ente); ~**er** [barbɔ'te] v/i. (1a) plätschern; gründeln (Ente); mit dem Schnabel im Schlamme wühlen; im Schlamme waten; v/t. faseln, murmeln; P wegstibitzen, klauen; ~**euse** [barbɔ'tø:z] f Spielanzug m.

barbouill|age [barbuˈjaːʒ] m Geschmiere n, Gesudel m; Gefasel n; ~**er** [~'je] (1a) grob anstreichen, besudeln; verpfuschen; hinschmieren, fehlerhaft schreiben; fig. anschwärzen; schlecht sprechen; ~**eur** [~'jœ:r] m Anstreicher; Sudler; Schmierfink m; Schreiberling m; Schwätzer m.

barbouze P [~'buːz] f 1. plais. Bart m; 2. ⚔ Spitzel, Terrorist; bis 1962: Kämpfer m gegen die O.A.S.

barbu [bar'by] bärtig.

barbue icht. [~'by] f (Stein-)Butt(e).

barcasse ⚓ [bar'kas] f Barkasse f.

barda F [bar'da] m Kram m; a. ⚔ Gepäck m, Sachen f/pl.

bardage [bar'da:ʒ] m 1. Tragen n auf e-r Bahre; 2. ⊕, ◬ (Stahl-)Umwandung f, Wandverkleidung f; Dachseitenwand f; ⊕ après fixation du ~ nach dem Zs.-bau.

bardane ♃ [bar'dan] f Klette.

barde[1] [bard] m hist. Barde m; allg. Dichter.

bard|e[2] hist. [~] f Pferdeharnisch m der Ritter; ~**eau** [bar'do] m (Dach-)Schindel f; kleiner Maulesel m; fig. Packesel; ~**er** [bar'de] (1a) auf e-e Trage laden; hist. ein Pferd mit e-m Schutzpanzer versehen; e-m Ritter den Harnisch anlegen; cuis. in Speck wickeln; P ça barde ici hier ist dicke Luft (Gefahr / Arbeit); ~**eur** ◬ [~'dœːr] m Steinträger; ~**ot** [~'do] m = bardeau.

barème [baˈrɛm] m Rechenbuch n; Skala f, Tarif(skala f); ~ de l'impôt Steuertabelle f; ~ variable gleitende Skala; selon le ~ nach Adam Riese.

barguigner [bargi'ɲe] (1a) unschlüssig sein, zögern, herumdrucksen F.

bar|il [baˈri] m Fäßchen n; ~**illet** [bari'jɛ] m Tönnchen n; anat. Paukenhöhle f; horl. Federgehäuse n (in Uhren); revolver m à ~ Trommelrevolver m.

barioler [barjɔ'le] (1a) bunt bemalen.

barmaid [barˈmɛd] f Bardame f.

barman [barˈman] m Barkeeper m; Barmixer m.

baro|grafe ⊕ [barɔˈgraf] m Luftdruckmesser m; ~**mètre** [~'mɛtrə] m Barometer m.

baron [baˈrɔ̃] m Baron m, Freiherr, Baron m; ~**ne** [~'rɔn] f Baronin f, Freifrau f.

baroque [baˈrɔk] sonderbar, eigenartig, wunderlich; m Barock n; ~ tardif Spätbarock n.

barque ⚓ [bark] f Kahn m.

barrage [baˈraːʒ] m Talsperre f; Staudamm, Wehr n; Straßensperrung f; ⚔ tir de ~ Sperrfeuer n; ⚔ ~s pl. des radars d'interception Radarzaun.

barr|e [baːr] f Stange n; Barren m; Stab m; ♪ Taktstrich m; Baßbalken m, Querholz n; Schlag-, Stallbaum m; Federstrich m; Ruderpinne f; Sandbank; Springflut; Schranke des Gerichtshofes; ~s pl. (Schlitten-)Kufen f/pl.; jeu m de ~s Barlaufspiel; ~ à caractères Typenhebel m (Schreibmaschine); ~ de chocolat Riegel m Schokolade f; ~ de rideau Gardinenstange f; ~ omnibus od. collectrice ⚡ Sammelschiene; ~ de direction Lenkstange f; ~ à gros boulets Kugelstab m; Sport: soulever la ~ (à boulets) die Hantel stemmen; ~ fixe Reck n; ~s pl. parallèles Barren m; fig. avoir ~ sur q. j-m etw. vorauszuhaben; ~**eau** [baˈro] m Gitterstange f; Stange f; Rechtsanwaltschaft f, -stand m; ~**er** [baˈre] (1a) verriegeln, versperren; abdämmen; Schrift durchstreichen; chèque m barré ✝ Verrechnungsscheck; route f barrée! Straße gesperrt!; * se ~ türmen, sich aus dem Staube machen; ~**ette** [baˈrɛt] f Barett n; Kardinalshut m; ⚔ Bergmannskappe f; ⊕ Stab m; ⊕ transporteur m à ~ Holzgurtförderer m; ~**eur** [baˈrœːr] m Steuermann; ~**icader**

5 Franz-Dtsch.

barrière — 66 — **bastringue**

[barika'de] (1a) verrammeln; ~**ière** [ba'rjɛːr] f Schlagbaum m (a. fig.); ⛴ Schranke; *Autostraße*: ~ *antidérapage* Leitplanke f; ~**s** (*de dégel*) Treibeisgrenze sg.

barrique [ba'rik] f Faß n, Stückfaß n.

barrir [ba'riːr] (2a) *Elefant, Rhinozeros* trompeten. [Stein-huhn n.)

bartavelle *orn.* [barta'vɛl] f Rot-,)

bas, ~se [bɑ, bɑːs] **1.** *adj.* niedrig; tiefer gelegen; Nieder..., *z. B. les Pays-Bas die Niederlande*; abwärts geneigt; knechtisch, gemein, schäbig; untergeordnet; ♪ tief; leise; *à voix basse* mit leiser Stimme; *à ~ prix* zu niedrigem Preise, billig; ~ *âge* m zarte Jugend; ~ *latin* Spät-, Mittellatein n; *chapeau m ~* mit dem Hut in der Hand; *à ~!* nieder!; *à ~ z. B. le ministre!* nieder *mit dem Minister!*; **2.** *m* Unterteil n; unteres Ende n; *fig.* Gemeine(s) n, Niedrige(r) n; (langer) Strumpf m; ~**-nylon** Nylonstrumpf m; *au ~ de la présente* untenstehend (*im Brief*); ⚡ ~**se fréquence** f Niederfrequenz; *ici-~* in dieser Welt, auf dieser Erde; *là-~* dort.

basan|e [ba'zan] f (*braunes*) Schafleder n; ~**er** [baza'ne] (1a) *von der Sonne* bräunen.

basculant [basky'lɑ̃] (7) kippbar.

bascul|e [bas'kyl] f Schaukel(brett n); Schlag-, Hebebalken m *e-r Ziehbrücke*; Pumpenschwengel m; (*pont m à*) ~ Brückenwaage; ~**er** [basky'le] (1a) *v/i.* schaukeln; kippen; *fig. faire ~ l'Armée die Armee* umstimmen; *v/t.* umkippen; ~**eur** [~'lœːr] m Kipper (*Auto od. Waggon*); ⊕ Kippvorrichtung f.

bas|e [bɑːz] f Basis, Grundlage f; Fundament n; ♟ Base f; ~ *aérienne* Luftstützpunkt m; ~ *d'entente* Verständigungsgrundlage; ~ *maritime*, ~ *navale* Flottenstützpunkt m; ~ *langue f de ~* Kern-, Grund-, Elementarsprache f; *sur la ~ de* auf der Grundlage von; ~**er** [bɑ'ze] (1a) gründen; *fig. se ~* sich stützen (*sur auf acc.*).

bas-fond [bɑ'fɔ̃] m Niederung f; ⚓ Untiefe f; *fig.* Hefe f *des Volkes*.

basilic [bazi'lik] m ♣ Königskraut n; *zo.* Basilisk; Königsseidenstoff f.

basique ♟ [ba'zik] basisch.

basket-ball *Sport* [baskɛt'boːl] m Basketball m, Korbballspiel n.

basketteur *Sport* [baskɛ'tœːr] m (7g) Korbball-, Basketballspieler m.

Basquaise [bas'kɛːz] f Baskin f.

basque [bask] **1.** baskisch; **2** m Baske m; **2.** f Rockschoß m; *tambour m de ~* Schellentrommel f.

basse [bɑs] f Baß m; Baßsänger m, -geige, -saite; ♪ Untiefe; ~**-contre** [bɑs'kɔ̃tra] f tiefer Baß m, Kontrabaß m; Kontrabassist m; ~**-cour** [~'kuːr] f Hühner- *od.* Wirtschaftshof m; ~**-courier**, ~**-courière** [~-ku'rje, ~ku'rjɛːr] *su.* (Stall-)Knecht m, (Stall-)Magd f; ~**-fosse** [bɑs-'foːs] f (*pl. basses-fosses*) Burgverlies n.

bassement [bas'mɑ̃] *adv.* niedrig, gemein, niederträchtig.

bassesse [bɑ'sɛs] f Gemeinheit f.

basset [bɑ'sɛ] m Dackel m, Teckel m.

basse-taille ♪ [bɑs'tɑːj] f Baßbaritonstimme.

bassier [bɑ'sje] m (Fluß-)Sandbank f.

bassin [bɑ'sɛ̃] m Becken n (*a. Flußgebiet, Kohlenrevier, anat.*); Schale f; ⛴ Binnenhafen; ~ *de barrage* Staubecken n; ~ *de retenue* Stausee m; ~ *de radoub* (Trocken-)Dock n; ⛴ *mettre en ~* docken; ~ *couvert* Hallenbad n; F *adj.* langweilig; ~**e** [ba'sɛ̃] f Blechwanne, Wasserschüssel f; ~**ant** F [~si'nɑ̃] *adj.* langweilig; ~**er** [basi'ne] (1a) mit der Wärmflasche erwärmen; ⚡ bähen; *Pflanzen* angießen; F langweilen; ~**oire** [basi'nwaːr] f Wärmflasche, -pfanne f langweiliger Mensch m; P große Taschenuhr f, *plais.* Kartoffel f.

basson ♪ [ba'sɔ̃] m Fagott n.

baste! [bast] genug!; hör' bloß auf!

bastidon [basti'dɔ̃] m kleines Landhaus (*in Südfrankr.*).

bastille [bas'tij] f *ehm.* ⚔ Verteidigungswerk n, Zwingburg f; *hist. la* ♀ die Bastille.

bastingage ⛴ [bastɛ̃'gaːʒ] m Reling f, Schiffsverschanzung f.

bastion ⚔ [bas'tjɔ̃] m Bollwerk n, Bastion f.

bastonnade [bastɔ'nad] f Bastonnade, Prügelstrafe.

bastos ★ [bas'tɔs] f Zigarette.

bastringue P [bas'trɛ̃ːg] m einfaches Tanzlokal n; Radaumusik f; Spektakel.

bas-ventre [bɑˈvɑ̃:trə] *m* Unterleib.
bât [bɑ] *m* Packsattel; *cheval m de* ~ Packpferd *n*.
bataill|e [baˈtɑ:j] *f* Schlacht; *fig.* Wortgefecht *n*; ~ *aérienne* Luftschlacht *f*; ~ *électorale* Wahlschlacht *f*; *en* ~ in Schlachtordnung; **~er** [bataˈje] (1a) kämpfen; *fig.* sich streiten, sich herumzanken; **~eur** [bataˈjœ:r] *m* Zänker; F Streithammel.
bataillon ⚔ [batɑˈjõ] *m* Bataillon *n*, Schar *f*; ~ *d'instruction* Lehrbataillon *n*; *chef m de* ~ Bataillonskommandeur.
bâtard, ~e [bɑˈtɑ:r, ~ˈtard] **1.** *adj.* unehelich; unecht; **2.** *m* Bastard; Brot *m* (*bis zu 1 kg*).
batardeau [batarˈdo] *m* ⚙ Abdämmung *f*; Notdeich, Kastendamm *m* (*für Bauarbeiter innerhalb e-s Flußbettes*).
bateau ⚓ [baˈto] *m* Kahn, Boot *n*; ~ *à voile* Segelboot *n*; ~ *de sauvetage* Rettungsboot *n*; P ~*x pl. péj.* Oderkähne *m/pl.*, Botten *pl.* (*Schuhe*); *monter un* ~ *à q.* F *fig.* j-m e-n Bären aufbinden; ~*-porte train* Eisenbahnfähre *f*, Trajekt *n*; **~-bac** [~ˈbak] *m* Fährboot *n*; **~-feu** ⚓ [~ˈfø] *m*, **~-phare** [~ˈfa:r] *m* Leuchtschiff *n*; **~-pilote** ⚓ [~piˈlɔt] *m* Lotsenboot *n*; **~-pompe** ⚓ [~ˈpõ:p] *m* Feuerlöschboot *n*.
batel|age [batˈlɑ:ʒ] *m* ⚓ Ausladen *n* in Boote; Frachtgeld *n*; Gaukelei *f*; Schwindel; **~eur** [batˈlœ:r] *su.* Taschenspieler *m*, Gaukler *m*; **~ier** [batəˈlje] *m* (*Fluß-*)Schiffer; **~erie** [batelˈri] *f* (*Fluß- od. Kanal-*)Schiffahrt.
bâter [bɑˈte] (1a) *ein Packtier* satteln.
bath P [bat] *adj./inv.* schick, pikfein, sehr hübsch.
bâti [bɑˈti] *m* Heftgaben; geheftetes Kleidungsstück *n*; ⚙ Rahmenfügung *f*; Sockel, Gerüst *n*, Gehäuse *n*; ⚙ Tragwerk *n*.
batifoler [batifɔˈle] (1a) tändeln.
bât|iment [bɑtiˈmɑ̃] *m* Gebäude *n*; Bau *m*; Bauhandwerk *n*, Baugewerbe *n*; *industrie f du* ~ Bauindustrie *f*; *réalisation de* ~*s* Bauausführung *f*; **~ir** [bɑˈti:r] (2a) bauen (*a. fig.*); ⚙ ~ *sur* cousu unterkellern; **~isse** [bɑˈtis] *f* Mauerwerk *n*; *irgendein unscheinbares* Gebäude *n*.
bâton [bɑˈtõ] *m* Stock, Stab; Stück *n*

z. B. Kreide; ~ *de rouge* Lippenstift; P *mener une vie de* ~ *de chaise* ein sehr ungeregeltes Leben führen; **~ner** [batɔˈne] (1a) verprügeln; *✍ Schrift:* ausstreichen; **~nier** [batɔˈnje] *m* **1.** *hist.* Bannerträger *m* (*der Zünfte bei Umzügen*); **2.** ⚖ Vorsitzende(r) der Anwaltskammer.
batracien [batraˈsjɛ̃] froschartig.
batt|age [baˈta:ʒ] *m* Dreschen *n*; Drescherlohn; Buttern *n*; P Schaumschlägerei *f*, Bluff *m*, übertriebene Reklame *f*; ~ *de tapis* Teppichklopfen *n*; **~ant** [baˈtɑ̃] **1.** *adj.* schlagend; *tambour m* ~ mit klingendem Spiele; *tout* ~ *neuf* funkelnagelneu; **2.** *m* Türflügel; Glockenklöppel *m*.
batt|e [bat] *f* Stampfe *der Asphaltarbeiter*; Schlägel *m*; *Sport:* Krikketschläger *m* (*Schlagholz*); kleine Waschbank *f*; **~ement** [batˈmɑ̃] *m* Schlagen *n*; verfügbare Zeit *f*; † Lieferzeit *f*; **~erie** [baˈtri] *f* ⚔, ⚡ Batterie; ✍ Schlägerei; ♪ ~ (*de jazzband*) Schlagzeug *n*; ~ *de chaudières* ⚙ Kesselanlage *f*; ~ *de chauffage rad.*: Heizbatterie; ~ *de cuisine* Küchengeschirr *n*; **~eur** [baˈtœ:r] *m* Drescher; *cuis.* Rührmaschine *f*, Mixer *m*; ⚙ Schlagzeugspieler; **~euse** ✍, ⚙ [baˈtø:z] *f* Dreschmaschine.
battoir [baˈtwa:r] *m* Wäscheklopfer, Fleischklopfer; Ballkelle *f* (*beim Ballspiel*); ⚙ Klopfer.
battre [ˈbatrə] (4a) *v/t.* schlagen, verprügeln; dreschen; *Kartenspiel:* mischen; klopfen; quirlen; ~ *monnaie* Geld prägen; ~ *la plaine de* die Ebene durchstreifen; *se* ~ (*à coups de poing, à l'épée, au pistolet*) (sich [be-]) kämpfen.
battue [baˈty] *f* Treibjagd *f*; Pferdegetrampel *n*.
baudet [boˈdɛ] *m* (*Zucht-*)Esel; *fig.* Dummkopf; ⚙ Sägebock.
baudrier [bodriˈe] *m* Schulterriemen (*a. beim Auto-Sicherheitsgürtel*).
baudruche [boˈdryʃ] *f* Gummihaut *f*; Gummitier *n* zum Aufblasen; *fig. homme m en* ~ Blender *m*, Angeber *m*; *phrases f/pl. en* ~ Angeberei *f*; F *crever des* ~ *familières* liebgewordene Vorurteile aufgeben.
baug|e [bo:ʒ] *f schmutziges* Lager *n*, *ch.* Wildschweinlager *n*; F Drecknest *n*; Strohlehm *m*; **~ue** ⚕ [bo:g]

bauque [boːk] *f* Seegras *n*, Seetang *m*.

baum|**e** [boːm] *m* Balsam; Linderung *f*; **~ier** [boˈmje] *m* Balsamstrauch. [erde, Bauxit *n*.|

bauxite ⚡ [boˈksit] *f* Aluminium-|

bavard [baˈvaːr] (7) schwatzhaft; *a. su.* Schwätzer(in *f*) *m*; **~age** [~varˈdaːʒ] *m* Geschwätz *n*, Gewäsch *n*; **~er** [~ˈde] (1a) schwatzen, plaudern; F ~ avec q. mit j-m reden.

bavarois [bavaˈrwa] **1.** *adj.* (7) bay(e)risch; **2.** ♀ *m* Bayer.

bav|**e** [baːv] *f* Geifer *m* (*a. fig.*); Speichel *m*; Schleim *m* von Schnecken; **~er** [baˈve] (1a) geifern; ☆ speicheln; sabbern; P en ~ sehr unangenehm überrascht sein, äußerst erstaunt sein; ~ sur q. über j-n herziehen; j-n runtermachen; **~ette** [~ˈvɛt] *f* Lätzchen *n*, Sabberlatz *m*.

baveux [baˈvø] (7d) geifernd; teigig (*Eierkuchen*).

Bavière [baˈvjɛːr] *f*: la ~ Bayern *n*.

bavure ⊕ [baˈvyːr] *f* Gußnaht *f*.

bazar [baˈzaːr] *m* **1.** Basar; Kaufhaus *n*; **2.** *Schule *f*, Kasten; Büro *n*; **3.** P Kram, Krempel.

bazarder [bazarˈde] (1a) P verkloppen *fig.*, verramschen, verschachern, verhökern.

béant [beˈɑ̃] (7) klaffend; *gouffre m* ~ klaffender Abgrund *m*.

béat *iron.* [beˈa] **1.** *adj.* ruhig, glücklich; scheinheilig; **2.** *su.* Frömmler *m*; Betschwester *f*; **~ifier** [~atiˈfje] (1a) seligsprechen; **~itude** [~tiˈtyd] *f* (Glück-)Seligkeit.

beau [bo] *m*, **bel** *m*, **belle** *f* [bɛl], **beaux** [bo] *m/pl.*, **belles** [bɛl] *f/pl.* **1.** *adj.* schön; vornehm, fein, anständig, geputzt; *belle femme* schöne Dame; *les quatre beaux arts m/pl.* die vier schönen Künste (*Malerei, Bildhauerei, Musik und Baukunst f*); *il fait* ~ (*temps*) es ist schönes Wetter; *il a* ~ *dire* (*faire usw.*) er mag sagen (tun), was er will; *l'échapper belle* mit e-m blauen Auge davonkommen; *de plus belle* von neuem; *en faire de belles* nette Streiche *m/pl.* machen; *à la belle étoile* unter freiem Himmel; **2.** *su.* **beau** *m* Schöne(s) *n*; Stutzer; *faire le* ~, *la belle* sich zieren; *fais le beau!* mach' schön! (*zum Hunde*); *la belle au bois dormant* Dornröschen *n*.

beaucoup [boˈku] viel(e); sehr (*bei Verben*); *de* ~ bei weitem; *à* ~ *près* bei weitem nicht.

beau|-**fils** [boˈfis] *m* Stiefsohn; Schwiegersohn; **~-frère** [boˈfrɛːr] *m* Schwager; Stiefbruder; **~-père** [boˈpɛːr] *m* Schwiegervater; Stiefvater.

beaupré ⚓ [boˈpre] *m* Bugspriet *n*.

beauté [boˈte] *f* Schönheit *f*; *se refaire une* ~ sich wieder hübschen.

beaux-parents [bopaˈrɑ̃] *m/pl.* Schwiegereltern *pl.*

bébé [beˈbe] *m* Baby *n*, kleines Kind *n*.

bec [bɛk] *m* Schnabel; *fig.* Mund *m* (*bsd. v. Kindern*); Zunge *f*; Spitze *f* e-r Feder; (*Gas-*)Brenner; ♪ Mundstück *n z. B. e-s Saxophons*; Landspitze *f*, -zunge *f*; F *claquer du* ~ Kohldampf schieben F; ~ *verseur m* Schüttöffnung *f* (*z. B. an der Seite von Traubenzucker- od. Trockenmilchpackungen*).

bécane F [beˈkan] *f* Drahtesel *m*, Mühle *f*, Fahrrad *n*.

bécarre ♪ [beˈkaːr] *m* Auflösungszeichen *n* (♮).

bécasse [beˈkas] *f* (*Wald-*)Schnepfe.

bec|-**d'âne** [bɛkˈdɑːn] *m* Stemmeisen *n*; **~-de-cane** [bɛkdəˈkan] *m* Türgriff; **~-de-lièvre** [bɛkdəˈljɛːvrə] *m* (*Person mit*) Hasenscharte *f*.

béchamel [beʃaˈmɛl] *f adj.*: *sauce à la* ♀ weiße Sahnensoße.

bêch|**e** [bɛʃ] *f* Spaten *m*; **~er** [bɛˈʃe] (1a) umgraben; F *u. fig.* übles nachreden (*dat.*), lästern über (*acc.*), runtermachen (*acc.*).

bêchoir [bɛˈʃwaːr], **bêchon** [bɛˈʃɔ̃] *m* Hacke *f*, Karst *m*.

bécot [beˈko] F *m* Küßchen *n*; **~er** P [bekoˈte] (1a) abküssen.

becqueter [bɛkˈte] (1e) mit dem Schnabel hacken; schnäbeln; P fressen.

bedaine F [bəˈdɛn] *f* Wanst *m*, Schmerbauch *m*.

bedeau [bəˈdo] *m* Kirchendiener.

bedon F [bəˈdɔ̃] *m* F Dickbauch *m*.

béer [beˈe] *v/i.*: ~ *instruire une voiture* vor e-m Wagen Mund u. Nase aufsperren.

beffroi [beˈfrwa] *m* Glockenstuhl *m*, -turm *m*.

bégayer [begɛˈje] (1i) lallen, stammeln, stottern.

bègue [bɛg] **1.** *adj.* stammelnd, stotternd; **2.** *su. m* Stammler, Stotterer.

bégueter [beg'te] (1e) meckern (*Ziege*).

béguin [be'gɛ̃] *m* Nonnen-, Kinderhaube *f*; F Liebschaft *f*; Schwarm *m* (*Person*); ~e [be'gin] *f* Betschwester.

beige [bɛːʒ] beige, gelbgrau.

beigne F [bɛɲ] f Ohrfeige; ~t [bɛ'ɲɛ] *m* Eier-, Pfannkuchen, Krapfen; *beignets m/pl. a.* arme Ritter (*pain perdu*).

béjaune [be'ʒoːn] *m* junger Vogel *m*; *fig.* Neuling, F Grünschnabel.

bel [bɛl] *s. beau* schön; ~ *et bien* kurz und gut; lediglich; mit einem Wort; ohne Umstände; ~ *et bien vivant* völlig wohlbehalten ~ *esprit m* Schöngeist m.

bêle|ment [bɛl'mɑ̃] *m* Blöken *n*; ~**r** [bɛ'le] (1a) blöken.

belette *zo.* [bə'lɛt] *f* Wiesel *n*.

belge [bɛlʒ] **1.** *adj.* belgisch; **2.** ♀ *su. m* Belgier.   [Ausdrucksweise *f*.⟩

belgicisme [bɛlʒi'sism] *m* belgische⟨

Belgique [bɛl'ʒik]: **la** ~ Belgien *n*.

bélier [be'lje] *m zo.* Widder *m*; *ehm.* ⚔ Sturmbock; ⊕ Rammklotz.

bélinogra|mme [belinɔ'gram] *m* Bildfunktelegramm *n*; ~**phe** [~'graf] *m* Bildfunksender; ~**phie** [~gra'fi] *f* Bildfunk *m*.

bélître [be'litrə] *m* Dummkopf *m*, Esel *m*, Habenichts *m*; Sturkopf *m*.

belle[1] [bɛl] *s. beau* schön.

belle[2] *f* [~] **1.** *Sport:* Entscheidungsspiel *n*; **2.** F Flucht *f*.

belle|-dame ♀ [bɛl'dam] *f* Belladonna; Melde; *ent.* Distelfalter *m*; ~**-famille** [~fa'mij] *f* angeheiratete Verwandtschaft; ~**-fille** [bɛl'fij] *f* Stieftochter; Schwiegertochter; ~**-mère** [~'mɛːr] *f* Schwiegermutter; Stiefmutter; ~**s-lettres** [~'letrə] *f/pl.* Literatur *sg.*; ~**-sœur** [~'sœːr] *f* Schwägerin; Stiefschwester.

bellicisme [bɛli'sism] *m* Kriegshetze *f*.   [rend.⟩

belligérant [beliʒe'rɑ̃] kriegführ-⟨

belliqueux [beli'kø] (7d) kriegerisch.

bellot, ~te [bɛ'lo, ~'lɔt] niedlich.

belote [bə'lɔt] *f* ein Kartenspiel *n*.

belvédère [bɛlve'dɛːr] *m* Aussichtsturm.

bémol ♪ [be'mɔl] *m* Be *n*.

bénédi|cité [benedisi'te] *m* Tischgebet *n*; ~**ction** [~dik'sjɔ̃] *f* Segnung; Segen *m*.

bénef P [be'nɛf] *m* Gewinn, Vorteil.

bénéfic|e [bene'fis] *m* ✝ Gewinn; Pfründe *f*; *impôt m od. taxe f sur les* ~*s* Gewinn-, Ertragssteuer *f*; ~**iaire** [~'sjɛːr] *su. m* Benefiziant; ✝ Bezugsberechtigte(r), Empfänger; ~ *d'assurance* Versicherungsnehmer *m*; ~ *d'allocation de chômage* Arbeitslosenunterstützungsempfänger *m*; ~**ier** [~'sje] **1.** *su.* Pfründeninhaber *m*; **2.** *v/i* (1a) Vorteil ziehen (*sur od. de aus, an dat.*).

bénéfique [bene'fik] *astrol.* günstig; *néol.* nützlich.

Bénélux [bene'lyks] *m*: **le** ~ die Beneluxstaaten *m/pl.*

benêt [bə'nɛ] *m* Dummkopf.

bénévole [bene'vɔl] wohlwollend; freiwillig.

bénignité [beniɲi'te] *f* Güte; Gutartigkeit (*a. e-r Krankheit*).

béni|n, ~gne [be'nɛ̃, be'niɲ] gütig; gutmütig; ✱ gutartig; *phm., chir.* milde, harmlos, leicht, unschädlich; geringfügig (*Schaden*).

béni-oui-oui F *pol.* [beniwi'wi] *m/inv.* Jasager *m* (*Wahl*).

bén|ir [be'niːr] (2a) segnen; einweihen; preisen; ~**it** [be'ni] geweiht; *eau f ~e rl.* Weihwasser *n*; ~**itier** [beni'tje] *m* Weihkessel.

benne [bɛn] *f* Tragkorb *m*; (Drahtseil-)Kabine; Flechtwerk *n zum Aufhalten der Fische*; ✱ Kohlenkorb *m*; ⊕ ~ *d'éboueurs* Straßenkehrmaschine *f*; ~ *racleuse* Schraper *m*; △ ~ *preneuse* Greifer *m* (*am Kran*); ⊕ ~ *à bascule* Kipper *m*; ~ *à ordures* Müllauto *n*.

benoîtement [bənwat'mɑ̃] *adv.* gutmütig.

benzine [bɛ̃'zin] *f* Wasch-, Wundbenzin *n*; 🜂 Kohlenwasserstoff *m*; *Schweiz:* Benzin *n* (*als Treibstoff*); *vgl. essence.*

benzol [bɛ̃'zɔl] *m* Benzol *n*.

béotien [beɔ'sjɛ̃] (7c) *adj. u. su.* plump, unerfahren, primitiv; Laie *m*.

béqueter [bek'te] (1e) *Vogel:* picken, schnäbeln; P fressen, futtern.

béquill|e [be'kij] *f* Krücke; ✠ Sporn *m*; ⊕ Stütze *f*; ~**er** [beki'je] (1a) an Krücken gehen.

béquillon [beki'jɔ̃] *m* Krückstock.

bercail [bɛr'kaj] *m* Schafstall; *fig.* Schoß der Kirche; Zuhause *n*.

berc|eau [bɛr'so] *m* Wiege *f*; Laube *f*; △ Gewölbebogen; ~**er** [bɛr'se]

berceuse — **bibi**

(1k) wiegen, *auf den Knien schaukeln*; ~ *de promesses* mit Versprechungen hinhalten; **~euse** [bɛr'søːz] f Wiegenlied n; Schaukelstuhl m; Kinderfrau f.
béret [be'rɛ] m Baskenmütze f.
berge [bɛrʒ] f steiles Ufer n, steile Böschung; f.
berg|er [bɛr'ʒe] m Schäfer; **~ère** [bɛr'ʒɛːr] f Schäferin; Lehnsessel m; P (Ehe-)Frau; **~erie** [bɛrʒə'ri] f Schafstall m; Schäfergedicht n.
bergeronnette orn. [bɛrʒərɔ'nɛt] f Bachstelze.
berlin|e [bɛr'lin] f Kutsche; ⚒ Grubenwagen m, Hund m; Auto (Zweisitzer-)Limousine f; **~ois** adj. [bɛrli'nwa] berlinisch, aus Berlin; ℒ m Berliner.
berloque [bɛr'lɔk] f Uhrgehänge n.
berlue [bɛr'ly] f Flimmern n (*vor den Augen*); *avoir la* ~ fig. völlig falsch beurteilen.
bern|e [bɛrn] f Fuchsprellen n, *scherzhaftes Hinaufschleudern j-s auf gespannte Decke durch vier Personen*; ⚓ *en* ~ halbmast; **~er** [bɛr'ne] (1a) j-n auf e-r gespannten Decke in die Höhe schleudern; fig. j-n aufziehen, zum besten halten, foppen; fig. übers Ohr hauen (*beim Teilen*); **~ique** [bɛr'nik] ja Kuchen!, P denkste!
besace [bə'zas] f Bettelsack m.
besicles iro. [bə'zikl(ə)] f/pl. Brille f/sg.
bésef P [be'zɛf] adv. viel.
besogne [bə'zɔɲ] f *zu leistende Arbeit* f; *aimer la* ~ *faite* sich vor der Arbeit drücken, die Arbeit scheuen; **~neux** [bəzɔ'nø] (7d) (be-)dürftig.
besoin [bəzwɛ̃] m Not f, Armut f, Bedürftigkeit f; Bedürfnis n, Bedarf, Erfordernis n; ✝ *adresse f au* ~ Notadresse; *avoir* ~ *de* nötig haben; *au* ~ bei Bedarf, im Notfall; ~s *énergétiques* (ou *d'énergie*) Energiebedarf.
bestial [bɛs'tjal] (5c) viehisch, roh; **~iser** [-tjali'ze] (1a) vertieren.
bestiaux [bɛs'tjo] m/pl. Vieh n.
bêt|a, ~asse [bɛ'ta, bɛ'tas] m Dummkopf m; adj. dumm; P urdoof.
bét|ail [be'taj] m Vieh n.
bête [bɛːt] 1. f Tier n; fig. Dummkopf m; Wild n; ~ *à cornes* Hornvieh n; ~ *de somme* Lasttier n; ~ *de trait* Zugvieh n; ~ *fauve* (*noire*) Rot-(Schwarz-)wild n; ~ (*féroce*) wildes Tier, Bestie; *il est ma* ~ *noire* er ist mir absolut zuwider; er ist mir ein Greuel; 2. adj. dumm.
bêtifier [beti'fje] (1a) verdummen.
bêtise [bɛ'tiːz] f Dummheit f.
béton [be'tɔ̃] m ⚠ Beton; ~ *armé* m Eisenbeton; ~ *coulé* Schleuder-, Schüttelbeton m; ~ *damé* Stampfbeton m; ~ *exposé* Sichtbeton; ~ *à gaz* Gasbeton; **~nière** [betɔ'njɛːr] f Betonmischmaschine.
bette ♃ [bɛt] f Mangold m, Beete.
betterave [bɛ'traːv] f Runkelrübe; ~ *à sucre* Zuckerrübe; **~rie** [bɛtra'vri] f Rübenzuckerfabrik.
beugl|ant P [bœ'glɑ̃] m Tingeltangel; **~er** [bœ'gle] (1a) brüllen.
Beulemans [bøl'mɑ̃] m/pl. *Franzosen mit drolligem Akzent*.
beurr|e [bœːr] m Butter f; *petit* ~ Buttergebäck n; F *faire son* ~ fig. sein Schäfchen ins Trockene bringen, auf s-e Kosten kommen; *c'est du* ~ *sur* (od. *dans*) *les épinards* das bedeutet e-e zusätzliche Einnahme für ihn (für sie); ~ *noir* braune Butter; **~é** [bœ're] m Butterbirne f; **~ée** [~] f Butterbrot n; **~er** [~] (1a) mit Butter bestreichen od. zurichten; **~ier** [bœ'rje] m Butterdose f.
beuverie P [bø'vri] f Sauferei, Zecherei.
bévue [be'vy] f Versehen n, Schnitzer m.
bézef P [be'zɛf] adv. viel.
biais, ~e [bje, bjɛːz] 1. adj. e od. *en* ~ schief, schräg; *coupure f de* ~ ⊕ Gehrungsschnitt m; 2. ⚠ m Schräge f, Schiefe f; fig. F Dreh m, Ausweg; **~er** [bjɛ'ze] (1b) schräg laufen; fig. Winkelzüge machen.
bibelot [bi'blo] m Nippsache f.
biberon [bi'brɔ̃] m Saugflasche f *für Säuglinge*; F Säufer m; **~ner** F [bibrɔ'ne] (1a) trinken, *mv.p.* saufen; **~nerie** [~brɔn'ri] f Raum m in e-m Säuglingsheim für die Säuglingsflaschen, Säuglingsküche f.
bibi [bi'bi] m 1. P mich, ich; *c'est pour* ~ das ist für mich; ~ *aime bien le bon vin* ich mag gern guten Wein; 2. F Bibi m (*kleine Kappe, Mütze*).

Bible ['biblə] *f* Bibel, Heilige Schrift.

biblio... [biblio...] Buch..., Bücher...; **~bus** *Auto* [~'bys] *m* Wander-, Autobücherei *f*; **~graphe** [~'graf] *m* Bücherkenner; **~mane** [~'man] *m.* Büchernarr; **~phile** [~'fil] *su.* Bücherfreund; **~thécaire** [~te'kɛːr] *su.* Bibliothekar; **~thèque** [~'tɛk] *f* Bibliothek *f*, Bücherei; ~ *de prêt* Leihbücherei; *fig.* c'est une ~ *vivante* er ist ein wanderndes Wörterbuch.

biblique [bi'blik] biblisch, Bibel...

biblorhapte † [biblɔ'rapt] *m* Schnellhefter, Sammelmappe *f*.

bicamér|al *pol.* [bikame'ral] (5c) Zweikammern...; **~isme** [~'risme] *m* Zweikammernsystem *n*.

bicarbonate 🜊 [bikarbɔ'nat] *m*: ~ *de soude* doppeltkohlensaures Natron.

biceps *anat.* [bi'sɛps] *m* zweiköpfiger Armmuskel.

bich|e [biʃ] *f* Hirschkuh; **~er** P [bi'ʃe]: *que* ~ *gut gehen*; *ça biche?* geht's gut?; **~ette** [bi'ʃɛt] *f* junge Hindin; **~on** [bi'ʃɔ̃] *su.* (7c) Schoßhündchen *n*; **~onner** [biʃɔ'ne] (1a) aufputzen; verhätscheln.

bicolore [bikɔ'lɔːr] *adj.* zweifarbig.

bicoque *péj.* [bi'kɔk] *f* armseliges Haus *n*, P Bruchbude.

bicorne [bi'kɔrn] *m* Hut mit zwei Spitzen.

bicot *bsd. mv. p.* [bi'ko] *m* Araber *m*.

bicyclette [bisi'klɛt] *f* (Fahr-)Rad *n*; ~ *à moteur* Motorfahrrad *n*, Fahrrad mit Hilfsmotor; *aller à* (*od. a.* en) ~, *faire de* ~ radfahren.

bidet [bi'dɛ] *m* kleines Reitpferd *n*; Sitzwanne *f*. [Fleisch *n*.\]

bidoche P [bi'dɔʃ] *f* (*schlechtes*)|

bidon [bi'dɔ̃] *m* Kanne *f*, Kanister; Feldflasche *f*; P Bauch *m*, P Pansen *m*; *cin. reportage m* ~ große Filmreportage, die man über ein fernes Land an „grünen Tisch" es Cafés schreibt; P *c'est pas du* ~ das ist mein voller Ernst; **~ner** [~'ne]: se ~ P sich kringeln (*vor Lachen*).

bidule ✶ [bi'dyl] *m* Dingsda *n*.

bief [bjɛf] *m* Wassergang, Mühlgerinne *n*.

bielle [bjɛl] *f* Kurbelstange, Pleuelstange.

bien [bjɛ̃] **1.** *m* Gute(s) *n*; Wohl *n*; Gut *n*, Vermögen *n*; *un homme m* (*de*) ~ ein anständiger, guter Mensch *m*; **~s** *pl. d'équipement* (*de consommation*) Gebrauchs-(Verbrauchs-) güter *n/pl.*; **2.** *adv.* gut, wohl, sehr; gern; *être* ~ wohlauf, in guter Lage, wohl aufgehoben; hübsch sein; *être* ~ *avec q.* sich mit j-m gut stehen; ~ *de la peine* sehr viel Mühe; *eh* ~ *!* nun!; ~ *que* (*mit subj.*) obgleich; **~-aimé** *m* [bjɛne'me] *adj.* vielgeliebt; *su. m* Liebling; **~-dire** [bjɛ̃'diːr] *m* Redegewandtheit *f*; **~-être** [bjɛ̃'nɛːtrə] *m* Wohlstand *m*, ~befinden *n*; **~faisance** [bjɛ̃fə'zɑ̃ːs] *f* Wohltätigkeit; **~faisant** [bjɛ̃fə'zɑ̃] wohltätig; wohltuend; **~fait** [bjɛ̃'fɛ] *m* Wohltat *f*; **~faiteur** [bjɛ̃fɛ'tœːr] *su.* Wohltäter *m*; **~-fondé** [~fɔ̃'de] *m/sg.* erwiesene Wahrheit *f*, Wohlbegründetheit *f*; **~fonds** [~'fɔ̃] *m* Grundstück *n*; **~heureux** [bjɛ̃nø'rø] (7d) (glück)selig; **~-jugé** ₸₸ [bjɛ̃ʒy'ʒe] *m* Gesetzmäßigkeit *f*.

biennal [bjɛ'nal] (5c) zweijährig.

bienséan|ce [bjɛ̃se'ɑ̃ːs] *f* Anstand *m*, (Wohl-)Anständigkeit; **~t** [bjɛ̃se'ɑ̃] (7) schicklich.

bientôt [bjɛ̃'to] *adv.* bald.

bienveillan|ce [bjɛ̃vɛ'jɑ̃ːs] *f* Wohlwollen *n*; **~t** [~vɛ'jɑ̃] (7) wohlwollend.

bienvenu [bjɛ̃və'ny] *adj.* willkommen; *les hôtes sont les* **~s***!* Gäste sind willkommen!; **~e** *f* [~] glückliche Ankunft; Willkommen *n*, freundlicher Empfang *m*.

bière [bjɛːr] *f* **1.** Bier *n*; ~ *blonde* helle(s) Bier *n*; ~ *brune* dunkle(s) Bier *n*; **2.** Bahre; Sarg *m*.

biffer [bi'fe] (1a) aus-, durchstreichen; ~ *les indications inutiles* Nichtzutreffendes durchstreichen.

biffin P [bi'fɛ̃] *m* Muschkote *m*; Infanterist; Lumpensammler *m*.

bifteck [bif'tɛk] *m* Beefsteak *n*.

bifur|cation [bifyrka'sjɔ̃] *f* Gabelung *f*, Abzweigung *f*; *écol.* ~ *vers...* Übergang *m* auf...; **~quer** [bifyr-'ke] *v/i.* (1m) *u.* se ~ sich (gabelförmig) teilen; 🙂 sich abzweigen; *écol.* ~ *vers le secondaire* auf die höhere Schule übergehen.

bigamie [biga'mi] *f* Doppelehe.

bigarr|é [biga're] bunt(scheckig); **~er** [biga're] (1a) bunt(scheckig) machen *od.* anstreichen.

bigorn|e [bi'gɔrn] *f* Hornamboß *m*; **~er** P [~'ne] (1a): se ~ sich prügeln.

bigot [bi'go] **1.** *adj.* frömmelnd; abergläubisch-fromm; **2.** *su. m* Frömmler(in *f*) *m*; ~erie [bigɔ'tri] *f* Frömmelei.
bigoudi [bigu'di] *m* Lockenwickel.
bigre *F* ['bi:grə] *int.* verflucht!; ~ment [bigrə'mã] P verflucht, sehr.
bihebdomadaire [biɛbdɔma'dɛ:r] *m* zweimal in der Woche erscheinende Zeitung *f*.
bijou [bi'ʒu] *m* Bi'jou *n*, Ju'wel *n*; ~terie [~'tri] *f* Juwelier-, Galanteriewaren *f/pl.*, Juweliergeschäft *n*; Juwelenarbeit, -handel *m*; Schmuck *m*; ~ *haute fantaisie* Modeschmuck; ~tier [~'tje] *m* Juwelier.
bikbachi *arab.* [bikba'ʃi] *m* Major, höherer Offizier (*Nasser*).
bikini [biki'ni] *m* Bikini *m*.
bilan [bi'lã] *m* ✝ Bilanz *f*; *fig.* Endergebnis *n*; ~ *bénéficiaire* (*déficitaire*) Gewinn-(Verlust)bilanz *f*; ~ *énergétique phys.* Energiehaushalt; s. a. *balance*.
bilatéral [bilate'ral] *adj.* (5c) zwei-, gegen-, wechselseitig.
bilboquet [bilbɔ'kɛ] *m* Stehaufmännchen *n*.
bil|e [bil] *f* Galle; ~**er** [~'le] (1a): *se* ~ sich Sorgen machen; Sorgen haben; *te bile pas!* mach dir keine Sorgen!; ~**iaire** [bi'liɛ:r], ~**ieux** [bi'ljø] (7d) gallig.
bilingu|e [bi'lɛ̃:g] zweisprachig; ~**isme** [bilɛ̃'gism] *m* Zweisprachigkeit *f*.
billard [bi'ja:r] *m* Billard *m*; F Operationstisch *m*.
bille [bij] *f bill.* Ball *m*; Kügelchen *n*; Murmel, Klotz *m*; 🚋 Schwelle; P Kopf *m*, Birne *f*, Kürbis *m* (P); Visage *f* P; *stylo m* (à) ~ Kugelschreiber *m*.
billet [bi'jɛ] *m* Briefchen *n*; Anweisung *f*; Schuldschein; Wechsel *f*; Fahrkarte *f*, -schein; Einlaßkarte *f*; ~ *à ordre* ✝ eigener Wechsel; ~ *de banque* Banknote *f*; ~ *blanc* Stimmzettel *m* ohne Namen; ~ *circulaire* Rundreisefahrschein *m*, -fahrkarte *f*; ~ *de (faire) part* Familienanzeige *f*; ~ *de faveur* Freikarte *f*; ~ *doux* Liebesbrief.
billevesée [bijvə'ze, bilvə'ze] *f* Hirngespinst *n*.
billion [bi'ljõ] *m* Billion *f*.
billon [bi'jõ] *m* **1.** Scheidemünze *f*; **2.** ✔ hügelig bebautes Feld *n* für Frühkulturen; ~**ner** [bijɔ'ne] (1a) ✔ hügeliges Frühkulturland umpflügen.
billot [bi'jo] *m* Block, Hauklotz.
bimbelot [bɛ̃'blo] *m* billiges Anhängsel *n*; ~**erie** [bɛ̃bl'tri] *f* Schmuckwaren *pl.*, kleiner Schmuck *m*.
bimensuel [bimã'sɥɛl] *adj.* (7c) monatlich zweimal erscheinend.
bimestriel [bimɛstri'ɛl] *adj.* (7c) zweimonatlich.
bimoteur [bimɔ'tœ:r] *adj.* (7f) zweimotorig; *m* Zweimotorenflugzeug *n*.
binard [bi'na:r] *m* Lastwagen (*für behauene Steine*).
biner [bi'ne] (1a) zum zweitenmal pflügen, hacken; *rl. v/i.* an e-m Tage zwei Messen lesen.
binette [bi'nɛt] *f* ✔ Gartenhacke; P Fratze *f*, Gesicht *n*.
bing! *int.* [bɛ̃] peng!
biniou [bin'ju] *m* (*bretonisch*) Dudelsack.
binocle [bi'nɔklə] *m* Zwicker, Klemmer, Kneifer; Operngucker.
binôme *A* [bi'no:m] *m* Bi'nom *n*, binomische Größe *f*.
bio... [bjo...] Lebens...; ~**chimie** 🜛 [~ʃi'mi] *f* Biochemie; ~**graphie** [~gra'fi] *f* Lebensbeschreibung *f*, Biographie *f*; ~**nicien** ⚙ [~ni'sjɛ̃] *su.* Bioniker *m*; ~**nique** ⚙ [~'nik] *f* Bionik.
biplac ⊕ [bi'plak *m franz.* Paneel *n aus* Hartholzfasern.
biplace *Auto*, ✈ [bi'plas] *m* Zweisitzer.
biplan ✈ [bi'plɑ̃] *m* Doppeldecker.
bipolaire ⚡ [bipɔ'lɛ:r] *adj.* zweipolig.
bique *zo.* F [bik] *f* Ziege; Gaul *m*; *fig.* alte Ziege, altes Weib; ~**t** [~'kɛ] *m* Zicklein *n*. [Burma *n*.]
Birmanie [birma'ni] *f*: **la** ~|
biracial [bira'sjal] (5c) zweirassig.
bis¹ (bi) schwarzbraun; *pain m* ~ Schwarzbrot *n*.
bis² (bis) **1.** *adv.* da capo; **2.** *m* Wiederholung *f*, Dakapo *n*; *bei Hausnummern*: numéro 20 ~ Nummer 20a; 𝄞 B¹ [be bis] B¹(=B Strich).
bisaïeul *m*, ~**e** *f* [biza'jœl] Urgroßvater, Urgroßmutter.
bisannuel [biza'nɥɛl] *adj.* (7c) zweijährig.

bisbille F [biz'bij] f Zankerei f.
biscot|in [bisko'tɛ̃] m Hartzwieback; **~te** [bis'kɔt] f Röstbrotschnitte f; Biskotte f (*Eiweißschneegebäck*).
biscuit [bis'kɥi] m (Schiffs-)Zwieback; Biskuit m; Keks m; ungebranntes Porzellan n; *foyer* m à ~ *Keramik*: Vorglührerd; **~eur** *Sport, plais.* [~'tœːr] m mittelmäßiger Spieler.
bise [biːz] f Nord(ost)wind m; *poét.* Winter m; P Kuß m.
biseau [bi'zo] m Schrägfläche f; en ~ schrägkantig; **~ter** [bizo'te] 1. *Glas, Brillant:* facettieren, abschleifen; 2. schräg abschneiden; 3. *Spielkarten* zinken.
biser [bi'ze] 1. *v/t.* (1a) umfärben (*Stoffe*); P küssen; 2. *v/i.* ♂ schwarz werden (*Getreide*).
bismuth [bis'myt] m Wismut n.
bison [bi'zɔ̃] *su.* Bison m, Wisent m, Büffel; **~ne** [bi'zɔn] f *Textilindustrie:* graues Futterzeug m.
bisontin [bizɔ̃'tɛ̃] *adj.* aus Besançon.
bisque [bisk] f Krebssuppe; P Ärger m; **~r** P [~'ke] (1m) Ärger haben.   [sack.\
bissac [bi'sak] m Bettelsack; Futter-⎰
bissection ⚥ [bisɛk'sjɔ̃] f Zweiteilung, Halbierung.
bisser [bi'se] (1a) da capo verlangen *od.* singen, Wiederholung verlangen.
bissex|e ⚥ [bi'sɛks], **~uel** [~sɛk'sɥɛl] (7c) zweigeschlechtig; **~tile** [~sɛks'til] *adj./f* Schalt...
bistourner [bistur'ne] (1a) verdrehen; *vét.* kastrieren (*bsd. Bullen*).
bistr|e ['bistra] m Rußschwarz n, Schokoladenbraun n; **~er** [bis'tre] (1a) bräunen.
bistro P [bis'tro] m Kneipe f; Kneipier.
bitte [bit] f ⚓ Poller m; ⊕ ~ *métallique* Metallstrebe f.
bitumer [bity'me] (1a) asphaltieren.
biture * [bity'r] f Besoffenheit f P, Suff m P, Trunkenheit.
bivouac ⚔ [bi'vwak] m Feldlager n.
bizarre [bi'zaːr] wunderlich, eigenartig, bizarr.
bizu, ~t(h) * [bi'zy(t)] *écol., univ.* m Neuling, Fuchs, Anfänger; **bizut(h)age** [bizy'taːʒ] m das Hänseln in e-s Neulings; **bizuther** * [bizy'te] = *être bizuthé* die (Äquator-) Taufe erhalten.

blabla [bla'bla] m 1. P Palaver n, Gerede n; 2. * marktschreierische Ansage f *e-r* Zirkusparade.
blackbouler [blakbu'le] *v/r.* (1a) j-n (durch)fallen lassen.
black-out ⚔ [bla'kawt] m Verdunkelung f.
blafard [bla'faːr] bleich, fahl, matt.
blagu|e [blag] f Tabaksbeutel m; F Ulk m, Jokus m, Faxe; F *sans* ~s ist es wahr?, wirklich?; **~er** F [~'ge] *v/i.* (1a) aufschneiden; *tu blagues!* nicht möglich!; das ist nicht wahr!; *v/t.* F hochnehmen.
blair P [blɛːr] m Zinken m (P), Nase f; **~eau** [blɛ'ro] m Dachs; Rasierpinsel; Malerpinsel m; **~er** P [~'re] (1a) riechen (*a. Fig.*), gern haben.
blâm|able [blɑ'mabla] tadelnswert; **~e** [blɑːm] m Tadel, Rüge f; **~er** [blɑ'me] (1a) tadeln.
blanc m, **blanche** f [blɑ̃, blɑ̃ːʃ] 1. *adj.* weiß; rein, sauber, *Papier:* ungeschrieben; *Waffen:* blank; *donner carte f blanche* freie Hand lassen; *nuit f blanche* durchwachte Nacht; *d'une voix blanche* mit schwacher Stimme; 2. *su.* Weiße(r); m Weiß n, Zentrum n *der Scheibe*.
blanc-bec [blɑ̃'bɛk] m Grünschnabel, grüner Junge m.
blanchâtre [blɑ̃'ʃɑːtrə] weißlich.
blanche [blɑ̃ːʃ] 1. s. *blanc;* 2. ♪ f halbe Note.
Blanche-neige [blɑ̃ʃ'nɛːʒ] f Schneewittchen n.
blanch|eur [blɑ̃'ʃœːr] f Weiße n *u. f;* **~ir** [~'ʃiːr] *v/t.* (2a) weißen; (weiß)waschen; bleichen; *métall.* weißbrennen; *pol.* reinwaschen; ~ *un pays* ein schwarzes Land durch Heiraten mit der weißen Rasse vermischen; *v/i.* bleichen, ergrauen; **~issage** [blɑ̃ʃi'saːʒ] m Waschen n; Waschgeld n; **~issement** [~ʃis'mɑ̃] m Überwiegen n der weißen Rasse; **~isserie** [~ʃis'ri] f Waschanstalt f; Bleiche f; **~isseuse** f [~ʃi'søːz] Waschfrau f.
blanc-seing [blɑ̃'sɛ̃] m Blankovollmacht f.
blaser [bla'ze] (1a) *a. se* ~: abstumpfen (*sur od. de* gegen).
blason [bla'zɔ̃] m Wappenschild n, -kunde f; **~ner** [blazɔ'ne] (1a) ein Wappen erklären.
blasph|émateur [blasfema'tœːr] *su.* (7f) Gotteslästerer m; *adj.* gottes-

blasphème — 74 — **bobinoir**

lästerlich; ~**ème** f [blas'fɛm] m Gotteslästerung f; ~**émer** [blasfe'me] (1f) (Dieu Gott) lästern; fluchen.
blaste ⚕ [blast] m Keim, Trieb.
blatérer [blate're] (1f) blöken; schreien, brüllen Schafsbock; Kamel).
blatte ent. [blat] f Sch(w)abe f.
blazer [blɛ'zɛ:r] m farbige Klubjacke f.
blé [ble] m Weizen, Getreide n, Korn n; ~ noir Buchweizen; ~ égrugé ⚹ Schrot m.
bled, blèd [blɛd] m wildes Hinterland n, Binnenland n (Nordafrika); weitS. (einsame) Gegend f, (ödes) Land n.
blême [blɛ:m] leichenblaß, fahl.
blêmir [blɛ'mi:r] (2a) erblassen.
blennorr(h)agie ⚕ [blenɔra'ʒi] f Tripper m.
bless|é [blɛ'se] m Verwundeter m; ~**er** [~] (1b) verwunden; verletzen; ~**ure** [blɛ'sy:r] f Wunde, Verletzung; Kränkung.
blet, ~te [blɛ, blɛt] matschig (Obst).
bleu [blø] 1. adj. blau; F erstaunt, platt F; F rester ~ platt (od. erstaunt) sein; 2. m Blau n; ~ d'outremer Ultramarin n; ~ de Prusse Preußischblau n; passer du linge au ~ Wäsche blauen; 3. phot. Blaupause f; 4. ⚹ blauer Fleck; 5. ⚔ Rekrut; 6. ⊕ Monteuranzug m; ~**âtre** [blø'ɑ:trə] bläulich; ~**ir** [blø'i:r] (2a) blau anlaufen lassen, bläuen; v/i. blau werden; ~**saille*** ⚔ [blø'zɑ:j] f Rekrut m.
blind|age ⚓, ⚔, at. [blɛ̃'da:ʒ] m Panzerung f; ~**é** [~'de] P sternhagelblau, total besoffen; ⚔ gekapselt; F gut situiert; ~**er** ⚓ [~] (1a) panzern.
blitz ⚔ [blits] m Überfall m.
bloc [blɔk] m Block (a. pol.), Klotz; Haufen (Ware); Häuserblock m; pol. Blockpartei f; F Gefängnis n; en ~ im ganzen; ~ opératoire Operationstisch m; à ~ völlig, vollständig; vél. gonfler à ~ prall aufpumpen; ~**age** [blɔ'ka:ʒ] m kleine Bruchsteine, Füllsteine pl.; 🚆 Blockieren n; ✝ Sperrung f (z. B. des Vermögens); ~ de culasse Auto: Zylinderblock m; ~**-film** phot. [~'film] m Filmpack n.

blockhaus [blɔ'kos] m ⚔ Blockhaus n, Bunker.
bloc-moteur [blɔkmɔ'tœ:r] m Blockmotor m.
bloc-notes [blɔk'nɔt] m No'tizblock.
blocus ✝, ⚔ [blɔ'kys] m Blockade f; ~ de la famine od. de la faim Hungerblockade.
blond [blɔ̃] blond; ~**e** [blɔ̃:d] f Blondine; helles Bier n; Seidenspitze.
bloquer [blɔ'ke] (1m) einschließen, blockieren (a. 🚆); verriegeln, verrammeln; F einsperren; 🚆 être bloqué par une grève wegen e-s Streiks s-e Reise nicht fortsetzen können; ✝ des crédits bloqués eingefrorene Guthaben n/pl.; Fußball: ~ le ballon den Ball auffangen.
blottir [blɔ'ti:r] (2a): se ~ sich kauern, sich ducken.
blous|e [blu:z] f Bill. Loch n; Kittel m, Bluse; ~**-chemise** [~'ʃmi:z] f Hemdbluse; ~**er** [blu'ze] (1a) Bill. ins Loch spielen; F reinlegen; se ~ sich verlaufen; F reinfallen; sich täuschen; son [blu'zɔ̃] m 1. Joppe f; 2. Jumper m, Wolljacke f, Strickbluse f; ~ à fermeture-éclair Windbluse f; 3. ~ noir Halbstarker.
bluet [blyɛ] m blaue Kornblume.
bluette [blyɛt] f Feuerfünkchen n; litt. witziger Einfall m.
bluff [blœf] m Täuschung f, Bluff m; ~**er** [blœ'fe] (1a) v/t. u. v/i. bluffen; v/i. reichlich angeben; ~**eur** [~'fœ:r] su. (7g) Bluffer(in f) m, Aufschneider(in f) m, Angeber(in f) m.
bluter [bly'te] (1a) Mehl: beuteln, seihen, durchsieben.
boa [bɔ'a] m zo. Riesenschlange f; Boa|pelzumhang, Boa f.
bobard F [bɔ'ba:r] m Schwindel, (Zeitungs-)Ente f, schlechter Scherz m, Quatsch P.
bobèche [bɔ'bɛʃ] f Leuchtermanschette.
bobin|age ⚡ u. ⊕ [bɔbi'na:ʒ] m Wicklung f, (Auf-)Spulen n; ~**e** [bɔ'bin] ⚡ f Rolle f, Spule f; P Birne f, Kopf m; lächerliches Gesicht m, Fratze f; ~ de réaction rad. Rückkopplungsspule f; ~ de résistance ⚡ Widerstandsspule f; ~**er** [bɔbi'ne] (1a) (auf)wickeln; aufspulen; ~**euse** [bɔbi'nø:z] f Spulerin; ⊕ Wickelmaschine f; ~**oir** [bɔbi'nwa:r] m Wickel-, Spulmaschine f; Spulrad n an Nähmaschine usw.

bobo *enf.* [bo'bo] *m* Wehweh *n*.
bobonne P [bɔ'bɔn] *int.* meine Liebste! (*Ehemann zu s-r Frau*).
bobsleigh [bɔb'slɛ] *Sport m* Bob *m* (*Schlitten*).
bocage [bɔ'ka:ʒ] *m* Hain, Gehölz *n*.
bocal [bɔ'kal] *m* (5c) Weckglas *n*, Einmacheglas *n*; F Bude *f*.
bocard ⊕ [bɔ'ka:r] *m* Pochwerk *n*; ~**er** [~kar'de] (1a) *Erze* pochen.
boche P [bɔʃ] *m* Deutscher (*bisw. Schimpfwort!*); *a.* deutsch.
bock [bɔk] *m* Bier(glas *n*) *n* (¹/₄ *Liter*); *häufiger:* demi.
bœuf [bœf; *pl.* bø] *m* Ochse, Rind (-vieh *n*) *n*; Rindfleisch *n*; *cuis.* ~ nature Suppenfleisch *n*; ~ à la mode Schmorfleisch *m*; *adj.* P kolossal, gewaltig, unerhört, Riesen...
bogie 🚂 [bɔ'ʒi], **boggie** [bɔg'ʒi] *m* Drehgestell *n*; ~ de translation Rollengestell *n*.
bohème [bɔ'ɛm] **1.** *f* Künstlerwelt; **2.** *m* verbummeltes Genie *n*, Bohemien *m*; **3.** *adj.* liederlich, leichtsinnig, Bummel...
bohémien [bɔe'mjɛ̃] **1.** *adj.* (7c) böhmisch; **2.** ♀ *su.* Böhme *m*; Zigeuner *m*.
boire [bwa:r] (4u) trinken; *Tiere*: saufen; vertrinken; einsaugen (*Löscher, Schwamm*); ~ un coup *od.* une gorgée einen heben P.
bois [bwa] *m* Holz *n*; Gehölz *n*; Wald; Geweih *n*; de cœur men. Kernholz *n*; ~ contreplaqué Sperrholz *n*; ~ d'aubier men. Splintholz *n*; ~ de construction, ~ d'œuvre Bauholz *n*; ~**age** [bwa'za:ʒ] *m* Getäfel *n*; Schachtholz *n*; ~é [~'ze] bewaldet; gezimmert; ~**ement** *for.* [~z'mɑ̃] *m* Holzanbau *m*; Holzstand *m*; ~**er** [~'ze] (1a) bewalden; täfeln; ~**erie** [~'zri] *f* Getäfel *n*; ~**seau** [bwa'so] *m* Scheffel; ~**selée** [bwas'le] *f* Scheffelvoll *m*, ~**selier** [~sə'lje] *m* Holzwarenhändler.
boisson [bwa'sɔ̃] *f* Getränk *n*.
boîte [bwat] *f* Schachtel, Büchse, Dose, Kapsel; P *écol.* Penne *f*, Kasten *m*; kleines Theater *n*, Lokal usw.; ~ (aux lettres) Briefkasten *m*; ~ à bachot *écol.* Presse *f*; ~ à manucure Manikürkasten *m*; ~ à outils Handwerkskasten *m*; ~ à (*od. de*) pansement(s) Verbandkasten *m*; ~ à trois vitesses Dreiganggetriebe *n*; ~**-cartothèque** Tischkartei; ~ de

dérivation ⚡ Abzweigdose; ~ de prise de courant ⚡ Dose *des* Steckkontaktes; P ~ de nuit Nachtlokal *n*; ~ de vitesse *Auto:* Getriebekasten *m*.
boit|er [bwa'te] (1a) hinken; ~**eux** [bwa'tø] (7d) hinkend.
boîtier [bwa'tje] *m* Verbandkasten *m*; *phot.* Gehäuse *n*; ~ de montre Uhrgehäuse *n*.
bol [bɔl] **1.** *m* Bol(us); *phm.* große Pille *f*; **2.** *m* Schale *f*, Bowle *f*; *fig.* prendre un ~ d'air frais frische Luft schnappen.
bolchev|ique [bɔlʃə'vik] *m* bolschewistisch; ~**isme** [~'vism] *m* Bolschewismus *m*; ~**iste** [~'vist] *adj. u. su.* bolschewistisch; Bolschewist(in *f*) *m*. [*n*; *cout.* Band *n*.]
bolduc [bɔl'dyk] *m* Einwickelband]
bolide [bɔ'lid] *m* Meteorstein; *Auto:* Rennwagen.
bombance [bɔ̃'bɑ̃:s] *f* Wohlleben *n*.
bombard|ement [bɔ̃bardə'mɑ̃] *m* Bombardierung *f*; ~**er** [~'de] (1a) bombardieren, *mit Bomben* belegen; *fig.* F mit Worten angreifen; F on l'a ~é ministre man hat ihn plötzlich zum Minister ernannt; ~**ier** [~'dje] *m* Bomber.
bomb|e [bɔ̃:b] *f* ✕ Bombe; P Jockeymütze *f*; Schmauserei *f*, Prasserei *f*; P faire la ~ prassen, schwelgen, flott leben; ~ à hydrogène (*ou* bombe-H) Wasserstoffbombe; ~ à retardement Bombe mit Zeitzündung; ~ atomique Atombombe; ~ d'avion Fliegerbombe; ~ incendiaire Brandbombe; ~ nucléaire Atombombe; ~**er** [bɔ̃'be] (1a) wölben, schweifen; *v/i.* sich wölben.
bon, ~ne [bɔ̃, bɔn] **1.** *adj.* gut; tüchtig, gütig; einfältig; de ~ne foi aufrichtig; de ~ne heure frühzeitig; à la ~ne heure! das lasse ich mir gefallen!; à ~ marché billig; à quoi ~ wozu?; ~ mot Witz *m*; prendre en ~ne part günstig aufnehmen; selon son ~ plaisir nach Gutdünken; tout de ~, pour de ~ ernstlich; tenir ~ standhalten; avoir du ~ etwas für sich haben, e-n Vorteil haben; **2.** *m* das Gute; Anweisung *f*, Bestellschein *m*; (Gut-)Schein *m*; ~ d'achat Bezugschein *für* bewirtschaftete *Waren*; ~ (de) caisse Kassenanweisung *f*, -schein; ~ de la Défense Nationale Kriegsanleihe *f*; ~ du Trésor Schatzanweisung *f*.

bonace ⚓ [bɔˈnas] *f* Meeresstille.
bonasse [bɔˈnas] (zu) gutmütig.
bonbon [bɔ̃ˈbɔ̃] *m* Bonbon *m*; *des* ~*s* Naschwerk *n*, Süßigkeit *f*; ~**ne** [bɔ̃ˈbɔn] *f großе Korbflasche*; ~ *à gaz* Gasflasche; ~**nière** [bɔ̃bɔˈnjɛːr] *f* Konfektschachtel; *fig.* kleine hübsche Wohnung *f*; kleines Haus *n*.
bond [bɔ̃] *m* (Ab-, Auf-)Sprung; Satz; *faire faux bond à q. fig.* j-n versetzen, j-n im Stich lassen; ~**e** [bɔ̃ːd] *f* Spund *m*, Zapfen *m*; Spundloch *n*; ~**é** [bɔ̃ˈde] *adj.* ganz voll, vollbesetzt, gerammelt voll; ~**er** [bɔ̃ˈde] (1a) vollstopfen; ~**ir** [bɔ̃ˈdiːr] (2a) (auf-)springen; ~**issement** [bɔ̃disˈmɑ̃] *m* Aufspringen *n*.
bondon [bɔ̃ˈdɔ̃] *m* Spund *m*, Zapfen; ~**ner** [bɔ̃dɔˈne] (1a) zuspunden.
bonheur [bɔˈnœːr] *m* Glück *n*.
bonhom|ie [bɔnɔˈmi] *f* Gutmütigkeit; *iron.* Einfalt; ~**me** [bɔˈnɔm] *m* guter Kerl, Trottel *m*; *petit* ~ Knirps.
boni [bɔˈni] *m* Überschuß; Guthaben *n*; ~**fier** [~ˈfje] (1a) verbessern; vergüten; ~**ment** [~ˈmɑ̃] *m* 1. prahlerische Anpreisung e-r Ware; 2. *mv.p.* Schwindel *m*; ~**menter** [~mɑ̃ˈte] (1a) übertrieben anpreisen.
bonjour [bɔ̃ˈʒuːr] *m* guten Morgen!, guten Tag!
bonne [bɔn] *f* Dienstmädchen *n*; ~ *à tout faire* Mädchen *n* für alles.
bonnement [bɔnˈmɑ̃] ganz offen, aufrichtig; *parler* ~ *à q.* mit j-m ganz offen sprechen; *tout* ~ ohne weiteres, kurz gesagt.
bonnet [bɔˈnɛ] *m* Haube *f*, Kappe *f*; *gros* ~ F großes Tier *n*, bedeutende Persönlichkeit *f*; *avoir la tête près du* ~ kurz angebunden sein; ~**erie** [bɔnɛˈtri] *f* Strumpfwirkerei; Trikotagen *pl.*, Mützen- und Strumpfwarenhandel *m*; ~**ier** *m*, ~**ière** *f* [bɔ̃ˈtje, ~ˈtjɛːr] *su.* Strumpfwirker (-in *f*) *m*, -händler(in *f*) *m*; ~**ière** *f* Wäscheschrank *m*; ~**te** [~ˈnɛt] *f phot.* Vorsatzlinse *f*; ~**ter** *text.* [bɔnɛˈte] *v/i.* (1a) wirken, Wirkwaren herstellen.
bonsoir [bɔ̃ˈswaːr] *m* guten Abend!
bonté [~ˈte] *f* Güte.
bonz|e [bɔ̃ːz] *m* Bonze (*Priester in Ostasien*); F *fig.* Bonze *m*, großes Tier *n*; P *vieux* ~ alter Trottel *m*; ~**esse** [~ˈzɛs] *f* Bonzin, buddhistische Priesterin.

boom [bum] Hochkonjunktur *f*.
bord [bɔr] *m* Rand, Saum; Ufer *n*; (*Schiffs-*)Bord, Borte *f*; *fig.* Seite *f*, Partei *f*; *Auto: qui avait à son* ~ *M. ... in dem Herr ... saß*; *sur les* ~*s* äußerlich; ~**age** [bɔrˈdaːʒ] *m* Einfassen *n*; ⊕ Umbördeln *n*; ⚓ Schiffsplanke *f zur Verkleidung*.
bordé [bɔrˈde] *m* Borte *f*, Tresse *f*; ⚓, ✈ Beplankung *f*.
bordée [~] *f* Breitseite; volle Ladung (*a. fig.*); Schiffsmannschaft *f*; „Schlag" *m* (*beim Kreuzer*); *courir* (*faire*) *des* ~*s* (*sur*) lavieren (nach); * ⚓ sich in Kneipen herumtreiben; *allg.* e-e volle Lage geben.
bordelais [bɔrdəˈlɛ] aus Bordeaux.
border [bɔrˈde] (1a) einfassen, säumen; ⊕ umbördeln; ⚓ *la côte* an der Küste entlangfahren; ~ *un lit* das Bettlaken um der Matratze schlagen; F ~ *q.* j-n zu Bett bringen.
bordereau ✝ [bɔrdəˈro] *m* (Geld-)Sortenzettel; Liste *f*, Aufstellung *f*; Begleitzettel *m*; Rechnungsauszug *m*.
bordj *arab.* [bɔrdʒ] *m* kleines Fort *n*.
bordure [bɔrˈdyːr] *f* Borte, Verbrämung; Rahmen *m*.
boréal [boreˈal] (5c) nördlich, Nord.
borgne [bɔrɲ] einäugig; *a. su.*; *fig.* finster, dunkel, berüchtigt.
boriqu|e [bɔˈrik] *a.*: *acide m* ~ Borsäure *f*; ~**é** [~ˈke] *eau f* ~*ée* Borwasser *n*.
borne [bɔrn] *f* Grenz-, Ecksteinm; Grenze; Schranken *pl.*; ⚡ Klemme.
borné [bɔrˈne] beschränkt; dumm.
borner [~] (1a) abgrenzen; beschränken; *se* ~ *à qch.* sich beschränken auf (*acc.*).
bornoyer [bɔrnwaˈje] (1b) visieren; △ fluchten, abstecken.
boscot P [bɔsˈko] (7c) bucklig; *su. m* Bucklige(r) *f*; *adj.* bucklig.
bosquet [bɔsˈkɛ] *m* Hain *f*, (Lust-)Wäldchen *n*.
bosse [bɔs] *f* Buckel *m*; Höcker *m*; Beule, Anschwellung *f*; *fig.* je *n'ai pas la* ~ *des math* Mathematik liegt mir nicht.
bosseler [bɔsˈle] (1c) ⊕ treiben; *mv.p.* verbeulen.
bosser P [bɔˈse] (1a) P schuften (*a. écol.*). [kran.]
bossoir ⚓ [bɔˈswaːr] *m* Schwenk-)

bossu [bɔ'sy] **1.** *adj.* buck(e)lig, höckerig; **2.** *su.* Bucklige(r).
bossuer [bɔ'sųe] (1a) Beulen schlagen in (*acc.*); se ~ Beulen bekommen.
bot [bo]: *pied m* ~ Klumpfuß.
botanique [bɔta'nik] *f* Botanik, Pflanzenkunde.
botte [bɔt] *f* Bündel *n*, Bund *n*; Stiefel *m*; *esc.* Hieb *m*, Stoß *m*, Ausfall *m*; ~ à l'écuyère, ~ de chasse Reitstiefel *m*; ~s *f/pl.* de mer Wasserstiefel *m/pl.*; ~ de cosaque, *weit S.* ~ (à la) russe Kosakenstiefel *m*; *fig.* querelle *f* à propos de ~s Streit *m* um nichts und wieder nichts, Streit *m* um des Kaisers Bart.
bottel|age [bɔt'la:ʒ] *m* Binden *n* von Stroh *usw.*; **~er** [bɔt'le] (1c) *od.* (1d) in Bunde zs.-binden.
bott|er [bɔ'te] (1a) (q. j-m) Stiefel machen *od.* anziehen F; e-n Fußtritt versetzen; F ça me botte das paßt mir; F *je lui ai botté le train* ich habe ihn versohlt.
bottin [bɔ'tɛ̃] *m* Adreßbuch *n*; ~ *téléphonique* Telephonbuch *n*.
bottine [bɔ'tin] *f* Halbstiefel *m*.
bottiner * [bɔti'ne]: *j-n* anpumpen (*od.* anschlauchen); ~ *qch.* à *q.* j-m wegen etw. nicht von der Pelle rücken P.
botulique ⚕ [bɔty'lik] botulistisch, durch verdorbenes Fleisch bakteriell vergiftend.
bouc [buk] *m* (Ziegen-)Bock (Kinn-)Bart, Zickenbart; ⊕ Kettenwinde *f*; ~ *émissaire* Sündenbock, Prügelknabe *m*.
boucan [bu'kã] *m* Räucherhütte *f* *der Indianer*; Räucherrost *f*; F Höllenlärm, Lärm *m*; **~er** [buka'ne] (1a) räuchern; *v/i.* Büffel jagen; **~ier** [buka'nje] *m ehm.* Büffeljäger; *bsd. hist.* Seeräuber.
bouch|e [buʃ] *f* Mund *m*; Maul *n*; Mündung; ~ à *feu* Geschütz *n*; 🔥 à *eau* Wasserkran *m*; ~ *de chaleur* Luftheizung; P *ta* ~ *!* halt's Maul!; *faire la petite* ~ sich zieren; *faire la petite* ~ à *qch.* sich einer Sache gegenüber verschließen; ~ *vernagelt, bekloppt,* **~e-à-bouche** 🎇 [buʃabuʃ] *m* Atmungsübertragung *f* von Mund zu Mund; **~e-bouteilles** [~bu'tej] *m* (*Flaschen-*)Pfropfmaschine *f*; **~ée** [~'ʃe] *f* Mundvoll *m*, Bissen *m*, Happen *m*; F *mettre les* ~s *doubles pour* (*inf.*) sich beeilen, um...; **~er** [~'ʃe] (1a) zu-, verstopfen; (ab)dichten; zupfropfen; *Tür* zumauern.
bouch|er [bu'ʃe] Fleischer *m*, Schlächter *m*; **~erie** [buʃ'ri] *f* Fleischerei *f*, Schlächterei *f*; *fig.* Gemetzel *n*.
bouche-trou [buʃ'tru] (*pl.* ~s) *m* Lückenbüßer (*a. Person*).
bouchoir ⊕ [bu'ʃwa:r] *m* Schieber.
bouchon [bu'ʃɔ̃] *m* Pfropfen, Stöpsel, Kork, Spund; Wirtshaus *n*; ~ *mécanique* Patentverschluß; ~ *de paille* Strohwisch; **~ner** [buʃɔ'ne] (1a) zs.-bündeln; *mit e-m Strohwisch* abreiben; **~nier** [~ʃɔ'nje] *m* Korkschneider *od.* -händler.
bouchure [bu'ʃy:r] *f* lebende Hecke (*aus Sträuchern*).
boucl|age *bsd.* ✕ [bu'kla:ʒ] *m* Abriegelung *f*; **~e** ['bukla] *f* Ring *m*, Öse; Schlinge *in e-m Tau*; Schnalle; ✈ Looping *m*, Überschlag *m*; ~ *de cheveux* Locke; **~er** [bu'kle] (1a) schnallen, F einkasteln, einsperren; ✕ abriegeln; ~ *q.* j-m Locken legen; ✈ ~ *la boucle* e-n Looping machen; *fig.* sich um 180° drehen, sich völlig ändern; **~ier** [bukli'e] *m* Schild *m* (*a. fig.*); Schutz, Hort.
bouddhique [bu'dik] buddhistisch.
bouder [bu'de] (1a) schmollen, maulen; passen (müssen) (*im Spiel*); *v/t.* ~ *qch.* wegen etw. grollen, mit etw. nichts zu tun haben wollen; **~ie** [bu'dri] *f* Schmollen *n*.
boudin [bu'dɛ̃] *m* Blut-, Rotwurst *f*; ~ *blanc* Weißwurst *f*; ⊕ *ressort m* à ~ Spiralfeder *f*.
boue [bu] *f* Schlamm *m*, Bodensatz *m* (*gewisser Mineralwasser*); Straßenschmutz *m*, Dreck *m* P; *traîner dans la* ~ in den Dreck ziehen, verunglimpfen; ~s *minérales pl.* Schlammbad *n*.
bouée ⚓ [bu'e] *f* Boje, Rettungsring *m*.
boueu|r *m*, **~se** *f* [bu'œ:r, ~'ø:z] Straßenfeger *m*; **~x, ~se** [bu'ø, ~'ø:z] schmutzig.
bouff|ant [bu'fã] **1.** *adj.* bauschig; **2.** *su. m* Bausch; **~arde** F [bu'fard] *f* Pipe (P) *f*, Pfeife; *ce* Maul **1.** *adj.* komisch; **2.** *su.* Possenreißer(in *f*) *m*; **3.** P *f* Prasserei; Fressen *n*, Nahrung; **~ée** [bu'fe] *f* (Wind-)Stoß *m*;

bouffer — 78 — **boulonner**

Zug m des Rauchers; ⚡ Aufstoßen n; par ~s stoßweise; P faire une ~ noch ein bißchen arbeiten; **~er** [bu'fe] (1a) (sich) bauschen; P gierig essen, fressen; V in die Fresse hauen; fertigmachen; **~ette** [bu'fɛt] f Quaste, Troddel; Bandschleife; **~i** [bu'fi] fig. visage m ~ aufgedunsenes Gesicht n; style m ~ schwülstige Schreibweise f; **~ir** [bu'fi:r] (2a) v/t. u. v/i. aufschwellen; **~issure** [bufi'sy:r] f Aufgedunsenheit, Schwülstigkeit; **~on** [bu'fɔ̃] 1. adj. possenhaft; 2. su. Possenreißer m; le ~ das Possenhafte n; **~onnerie** [bufɔn'ri] f Possen pl.; Possenhaftigkeit.

boug|e [bu:ʒ] m elendes Loch n; Spelunke f; Bauch e-r Tonne; Vertiefung f e-s Tellers; **~eoir** [bu-'ʒwa:r] m (Hand-)Leuchter; **~eotte** P [~'ʒɔt] f: avoir la ~ ruhelos (od. rastlos) sein; unruhig sitzen; vom Reisetrieb erfaßt sein; **~er** [bu'ʒe] (1l) sich bewegen, sich rühren (a. fig.); **~ie** [bu'ʒi] f Stearin- od. Wachskerze; Auto: (Zünd-)Kerze; chir. Sonde, Katheter m; ⚡ ~ d'allumage Zündkerze; ~ d'ambiance Rauchverzehrungskerze; Auto: pointe f de ~ Kerzenstift m.

bougnat P [bu'ɲa] m Holz- u. Kohlenhändler m.

bougnoul arab. péj. [bu'nul] m, a. ♀ Eingeborener m; Araber m.

bougran [bu'grɑ̃] m Steifleinwand f; Buckram m.

bougr|e m, **~esse** f P ['bugrə, bu-'grɛs] su. Kerl m, Weib n; **~ement** P [bugrə'mɑ̃] sehr, riesig P, kolossal.

boui-boui F [bwi'bwi] m kleines Theater n, Tingeltangel.

bouif* [bwif] m Schuster m.

bouillabaisse [buja'bɛs] f Fischsuppe, Fischgericht n.

bouillant [bu'jɑ̃] m kochend; fig. aufbrausend.

bouillasse P [bu'jas] f Dreck m; Schmutzwasser n; feiner Nieselregen m.

bouill|e P f Visage (P) f, Gesicht n; **~eur** [bu'jœ:r] m Branntweinbrenner m; ⊕ Siede-, Dampfkessel m; ⚡ ~ électrique elektrischer Kocher m; **~i** [bu'ji] m (Suppen-)Rindfleisch n; **~ie** [bu'ji] f Brei m; **~ir** [bu'ji:r] (2e) v/i. sieden, kochen; mst. fig., z.B. ~ d'impatience ungeduldig sein; faire ~ le pot haushalten helfen; **~oire** [bu'jwa:r] f Teekessel m, Wasserkessel m.

bouillon [bu'jɔ̃] m Blase f, Sprudel; Fleischbrühe f; billiges Restaurant n; ~ de culture Nährboden m a. fig.; fig. boire un ~ sich verspekulieren, sich bei e-m Geschäft verrechnen, Geld verlieren; P ~ d'onze heures Gifttrank; **~ner** [bujɔ'ne] (1a) aufwallen, aufsieden (a. fig.); ~ une robe un Kleid bauschig machen.

bouillott|e [bu'jɔt] f Hasardspiel n; Kochkessel m; Wärmflasche f; P Deetz m P, Birne f P, Kopf m; **~er** [bujɔ'te] v/t. (1a) langsam kochen.

boul' P [bul] m = boulevard.

boulaie [bu'lɛ] f Birkenhain m.

boulang|er¹ m, **~ère** f [bulɑ̃'ʒe, ~'ʒɛ:r] Bäcker(in f) m; **~er²** [~] (1l) backen; **~erie** [bulɑ̃'ʒri] f Bäckerei; Bäckerladen m; Backstube.

boule [bul] f Kugel f; P Kopf m; Birne (P) f; ✕ ~ (de son) Kommißbrot n; ~ de Berlin Pfannkuchen m.

bouleau ♣ [bu'lo] m Birke f.

bouledogue [bul'dɔg] m Bulldogge f.

boulet [bu'lɛ] m ehm. (Kanonen-)Kugel f; ehm. Schleifkugel f (als Strafe); fig. Klotz m, Hemmschuh m; Köte f am Pferdefuß; Sport: Kugel f; ⚡ Eierbrikett n.

boulette [bu'lɛt] f Kügelchen n; Klops m, Fleischklößchen n; F faire une ~ e-e Dummheit machen.

boulevard [bul'va:r] m Boulevard m, breite Verkehrsstraße f.

bouleverser [bulvɛr'se] (1a) umstürzen; fig. erschüttern.

boulier [bu'lje] m Rechenschieber m (für Kinder).

boulimie [buli'mi] f Heißhunger m.

boulin [bu'lɛ̃] m Taubenloch n; ~s pl. Rüstbalken m/pl.; **~er** ⚓ [buli'ne] (1a) mit Seitenwind segeln; F entlangtippeln; **~grin** [bulɛ̃'grɛ̃] m Rasenplatz.

bouliste Sport [bu'list] m Kugelstoßer m.

boulisterie [bulistə'ri] f interne Brief- u. Paketbeförderung e-r Verwaltung.

boulodrome [bulɔ'drɔm] m Kugelbahn f (beim pétanque-Spiel).

boulon ⊕ [bu'lɔ̃] m Bolzen m; **~ner** [bulɔ'ne] (1a) verbolzen; P schwer

boulot — 79 — **bourru**

arbeiten, schuften (P); *bsd.* * *univ.* ochsen, büffeln.

boulot, ~te [bu'lo, ~'lɔt] dick und fett; P *m* Arbeit *f*; rundes Brot *n*.

boulotter F [bulɔ'te] futtern, verputzen, essen; schlecht u. recht (im Leben) auskommen; *ça boulotte* man wurschtelt sich so durch (P).

boumian *dial. Prov.* [bu'mjã] *m* Zigeuner.

bouquet [bu'kɛ] *m* (Blumen-)Strauß *m*; Bund *n*; Blume *f des Weins*; F *c'est le ~* das ist das Beste vom Ganzen; das fehlte gerade noch; **~ière** [buk'tjɛːr] *f* Blumenmädchen *n*.

bouquetin *zo.* [buk'tɛ̃] *m* Steinbock.

bouquin[1] [bu'kɛ̃] *m* alter Bock; *cornet m à ~* Alphorn *n*.

bouquin[2] F [bu'kɛ̃] *m* altes Buch *n*, Schmöker *m*, Schwarte *f*; **~er** F [~ki'ne] (1a) lesen, F schmökern; **~erie** F [~kin'ri] *f* Antiquariatsbuchhandlung; **~eur** [buki'nœːr] *m* Bücherwurm (*fig.*); **~iste** [buki'nist] *m* Antiquar, Buchhändler *m*.

bourb|e [burb] *f* Morast *m*, Schlamm *m*; **~eux** [bur'bø] (7d) schlammig; *zo.* im Schlamm lebend; **~ier** [~'bje] *m* Sumpfloch *n*; *fig.* üble Lage *f*, Klemme *f*, Patsche *f*.

bourdaine [bur'dɛn] *f* Faulbaum *m*.

bourdalou [burda'lu] *m* Hutschnur *f*.

bourde F [burd] *f* Aufschneiderei.

bourdon[1] [bur'dɔ̃] *m* Pilgerstab.

bourdon[2] [~] *m* in Baßsaite *f*; Schnarrwerk *n*, -pfeife *f* (*der Orgel*); große Glocke *f*; *ent.* Hummel *f*; *faux-~ent. m* Drohne *f*; F *~ de crâne* Verdummung *f* (*durch lügenhafte Propaganda*), Gehirnwäsche *f*; **~sque** [bu'rask] *f* (jäher) Windstoß *m*; *fig.* heftiger (kurzer) Anfall *m*, Ausbruch *m*.

bourre [buːr] *f* Woll-, Füllhaar *n*; ⚔ Vorladung; ⊕ *~ de laine* Putzwolle; **se tirer la ~* sich Konkurrenz machen, sich in die Wolle kriegen; **~au** [bu'ro] *m* Scharfrichter, Henker *m*; *fig.* Schinder, Unhold.

bourrée [bu're] *f* Reisigbündel *n*; Art Tanz.

bourrel|er [bur'le] (1d) quälen (*nur fig.*); **~et** [bur'lɛ] *m* Sitzpolster *n*; Wulst *m*, Streifen *zum dichteren Abschluß der Fenster- und Türritzen gegen Zugluft*; Fettwulst *m*; **~ier** [burə'lje] *m* Sattler.

bourrer [bu're] (1a) vollstopfen, vollpfropfen; *~ q.* j-m Rippenstöße geben.

bourri|che [bu'riʃ] *f* Korb *m* (*ohne Henkel*); **~cot** [buri'ko] *m* Eselchen *n*; F *kif-kif ~* Jacke wie Hose (P), ganz dasselbe; **~n** P [bu'rɛ̃] *m* Pferd *n*; **~que** F [bu'rik] *f* Eselin *f* (*a.* fig.); **~quet** [buri'kɛ] *m* Eselchen *n*; Mörtelhucke *f der Maurer*.

---

bourgeron [burʒə'rɔ̃] *m* Drillichjacke *f*.

bourgmestre [burg'mɛstrə] *m* Bürgermeister *belgischer*, *deutscher*, *holländischer*, *Schweizer usw. Städte*.

Bourgogne [bur'gɔɲ]: **la** *~* Burgund *n*; ♀ *m* Burgunder(wein) *m*.

bourguignon [burgi'ɲɔ̃] **1.** *adj.* (7c) burgundisch; **2.** ♀ *su.* Burgunder *m*.

bourlin|gue P [bur'lɛ̃ːg] *f*: *faire une ~* spazieren gehen; **~guer** [~lɛ̃'ge] *v/i.* (*mit avoir!*) ⚓ gegen die Wellen kämpfen; P herumstromern; viel in der Welt herumkommen.

bourra|che ♀ [bu'raʃ] *f* Gurkenkraut *n*; **~de** [bu'rad] *f* ch. Biß *m des Jagdhundes*; *fig.* Rippenstoß *m*; *fig.* Seitenhieb *m mit Worten*; *~ amicale* Freundschaftsbekundung *f*; **~ge** [~'raːʒ] *m* ⊕ Dichtung *f*, Füllung *f*; F *~ de crâne* Verdummung *f* (*durch lügenhafte Propaganda*), Gehirnwäsche *f*; **~sque** [bu'rask] *f* (jäher) Windstoß *m*; *fig.* heftiger (kurzer) Anfall *m*, Ausbruch *m*.

bourru, ~e [bu'ry] **1.** *adj.* ♀ filzig; rauh; *fig.* mürrisch; **2.** *su. m* Griesgram.

bours|e [burs] f (Geld-)Beutel m; Börse (a. Gebäude); univ. Freistelle, Stipendium n; ⚥ des titres Wertpapierbörse; ~ du travail Versammlungsort m der Arbeitergewerkschaften; **~icot** [bursi'ko] m kleine Börse f; Sparpfennig; **~ier** [bur'sje] m univ. Stipendiat m; Börsenspekulant m.

boursoufl|age [bursu'fla:ʒ] m Bombast, Schwulst; **~er** [~su'fle] (1a) aufblasen; **~ure** [~'fly:r] f Aufblähung; fig. Schwulst m.

bouscul|ade [busky'lad] f Hast f, Hetze im Tageslauf; Herumstoßen n, Durcheinander n; **~er** [~'le] (1a) durcheinanderwerfen; drängeln, anrempeln, herumstoßen. [den m.)

bouse [bu:z] f (Kuh-)Mist m, -fla-)

bousiller [buzi'je] (1a) v/i. mit Strohlehm bauen; v/t. F verpfuschen; P beschädigen, kaputt machen; fertigmachen (P), a. töten.

boussole [bu'sɔl] f Bussole; Magnetnadel; Kompaß m; F perdre la ~ den Kopf verlieren.

boustifaille P [busti'fa:j] f Prasserei f; Futter (P) n, Nahrung f.

bout [bu] m Ende n; Ablauf; Zipfel, Endchen n, Stückchen n; ⚥ de liège Korkmundstück n; au ~ du compte schließlich; à ~ portant aus nächster Nähe; téléph. avoir au ~ du fil am anderen Ende der Strippe haben, in telephonischer Verbindung stehen; de ~ en ~ von Anfang bis Ende; joindre les deux ~s mit s-m Geld auskommen; zurechtkommen; F pousser q. à ~ j-n aufs äußerste reizen, F j-n auf die Palme bringen; venir à ~ de fertig werden mit.

boutade [bu'tad] f Einfall m, Idee f; Laune, Rappel m.

boute-en-train [butɑ̃'trɛ̃] m Stimmungs-. Spaßmacher m.

bouteille [bu'tɛj] f Flasche; **~ perdue** Einwegflasche; **~ thermos**, **~ isolante** Thermosflasche; P prendre de la ~ altern, klapperig werden.

bouter [bu'te] (1a): ♃ ~ au large in See stechen.

bouteroue [bu'tru] f Prellstein m.

boute-selle ⚔ [but'sɛl] m Signal n zum Aufsitzen.

boutiqu|e [bu'tik] f Laden m; kleine Werkstatt; Geschäft n; Bude f (a. péj.), Stand m; Boutique f, Modesalon m; fig. Geschäftsaffäre f, Angelegenheit; **~ier** m, **~ière** f [buti'kje, ~'kjɛ:r] Ladeninhaber(in f) m.

boutisse ▲ [bu'tis] f Binder(stein m) m.

boutoir [bu'twa:r] m ch. Rüssel des Wildschweins; coup m de ~ Ausfall m, fig. schonungslose Äußerung f.

bouton [bu'tɔ̃] m Knopf m; ♀ Knospe f; 𝒮 Hitzblätter f; appuyer sur le ~ de la sonnerie klingeln; tourner le ~ sich die Tür aufmachen; tourner le ~ [de (od. du) contact] ∉ Licht anknipsen, einschalten; rad. à plein ~ in voller Lautstärke **~-devant** [~dəˈvɑ̃] m Vorhemdknopf; **~ner** [~'ne] (1a) zuknöpfen; ♀ v/i. knospen; 𝒮 Blattern (Finnen) bekommen; **~nerie** [butɔn'ri] f Knopfwaren f/pl., -handel m, -fabrik; **~nière** [butɔ'njɛ:r] f Knopfloch n; **~-poussoir** ∉ [pu'swa:r] m Druckknopf; **~pression** [butɔpre'sjɔ̃] m Druckknopf.

bouture ✍ [bu'ty:r] f Steckling m.

bouv|erie [bu'vri] f Ochsenstall m; **~et** men. [~'vɛ] m Nuthobel; **~ mâle** Feder-, Spundhobel; **~ier** [bu'vje] m Ochsenhirt. [pfaff, Gimpel.]

bouvreuil orn. [buˈvrœj] m Dom-)

bovin [bɔ'vɛ̃] adj. (7) Rind(er)...; bête f **~e**, espèce f **~e** Rind(vieh) n.

box [bɔks] m Box(e) f, (Pferde-, Auto-)Stand m; Einzelgarage f; Krankenhaus: kleiner Isolierraum m; **~e** [bɔks] f Boxen n; Faustkampf m; **~er** [bɔk'se] (1a) boxen; **~eur** [bɔk'sœ:r] m Boxer; **~on** * [~k'sɔ̃] m Bordell n; **~onner** * [~ksɔ'ne] sich amüsieren.

boyau [bwa'jo] m Darm; langer Schlauch (a. fig.); **~x** pl. Gedärme n/pl.; **~ter*** [~jo'te]: se ~ sich kugeln (vor Lachen).

boycott|age [bɔjkɔ'ta:ʒ] m Boykott m; Boykottierung f; Auftrags-, Lieferungssperre f; **~er** [~'te] (1a) boykottieren.

boy-scout [bɔjˈskut] m Pfadfinder.

bracelet [bras'lɛ] m Armband n; montre-~ f Armbanduhr f; ~-montre m Uhrenarmband n; ~-gourmette Kettenarmband m.

brachial [bra'kjal] adj. (5c) Arm...

braconn|er [brakɔ'ne] herumwildern; **~ier** [~'nje] m Wilddieb.

bractéate hist. [brakte'at] m Brakteat (einseitig geprägte Münze).

bractée ⚕ [brak'te] f Deckblatt n.
bradé dial. [bra'de] m verwöhntes Kind n.
brad|er ✞ [bra'de] (1a) verschleudern; **~eur** mv. p. pol. [~'dœ:r] m Landesverhökerer
braguette [bra'gɛt] f Hosenschlitz m.
brai ⚓ [brɛ] m Schiffsteer.
braillard [brɑ'jɑ:r] 1. adj. laut schreiend; 2. su. Schreihals m (v. e-m Kind).
braille [brɑːj] m Blindenschrift f.
braill|er [brɑ'je] (1a) schreien, brüllen, kreischen; fig. schlecht singen, grölen; **~eur** [brɑ'jœːr] 1. adj. schreiend, kreischend; 2. su. Schreihals m (v. e-m Kind).
braire [brɛːr] (4s) dft. Esel: i-ahen; P brüllen.
brais|e [brɛːz] f Kohlenglut; Holzkohle; P Geld n; **~er** cuis. [brɛ'ze] (1b) schmoren; **~ière** [brɛ'zjɛːr] f Bratpfanne, Schmortopf m.
bramer ch. [brɑ'me] röhren (Hirsch)
brancard [brɑ̃'kaːr] m Tragbahre f; Gabel(deichsel) f; **~ier** bsd. ⚔ [brɑ̃kar'dje] m Krankenträger; Sanitäter.
branch|age [brɑ̃'ʃɑːʒ] m Astwerk n; **~e** [brɑ̃ːʃ] f Ast m, Zweig m; fig. Fach n; Flußarm m; 📐, 🚂 Linie; Zacken m am Hirschgeweih; **~ement** [brɑ̃ʃ'mɑ̃] m a. ⚡ Ab-, Verzweigung f; **~er** [brɑ̃'ʃe] (1a) v/i. auf Bäume fliegen, sich auf e-n Ast setzen; v/t. ⚡, ⊕ anschalten, anschließen; abzweigen; rad. ~ avec ...verbinden mit...
branchies [brɑ̃'ʃi] f/pl. Kiemen.
branchu [brɑ̃'ʃy] (viel)ästig; stark verzweigt.
brande [brɑ̃ːd] f Heide; ⚕ Art Heidekraut n.
brandebourg [brɑ̃d'buːr] m Rock-, Uniformschnur f.
brandiller [brɑ̃di'je] (1a) hin und her schlenkern od. schleudern.
brandir [brɑ̃'diːr] v/t. (2a) schwingen; ~ l'épée das Schwert zücken.
brandon [brɑ̃'dɔ̃] m (Stroh-)Fackel f; brennendes Holzscheit n.
branle ['brɑ̃ːl] m Anstoß; Schwung; ♩ Reigen; en ~ in Bewegung; **~-bas** [~'bɑ] m ⚓ Vorbereitungen f/pl. zum Aufstehen u. Schlafengehen; ⚔ Klarmachen n zum Gefecht; **~r** [~'le] (1a) 1. v/i. wackeln, wanken; 2. v/t. schütteln, schlenkern, mit etw. wackeln.
braquage [brɑ'kɑːʒ] m Einschlagwinkel der Vorderräder.
braque¹ [brak] m Bracke f, Hühnerhund; ~ allemand od. continental deutscher Vorstehhund.
braque² [~] adj. unbesonnen; doof, bekloppt, dumm.
braquer 🔭 [brɑ'ke] (1m) richten.
bras [brɑ] m (Ober-)Arm; ⚕ Ranke f; ~ pl. zo. Fangarme; Scheren f, Flossen f; ~ de pick-up Tonarm; ~ dessus ~ dessous untergefaßt; à ~ fléchis (tendus) mit gebeugten (gestreckten) Armen; à tour de ~, à ~ raccourcis mit allen Kräften; avoir le ~ long Einfluß haben; couper ~ et jambes à q. j-s Pläne vollständig durchkreuzen; j-n restlos aus der Fassung bringen; j-n äußerst erschüttern; porter q. à bout de ~ j-n hochhalten (fig.); en ~ de chemise in Hemdsärmeln.
braser ⊕ [brɑ'ze] (1a) (hart)löten.
brasero [brɑze'ro] m eiserner Kohlenofen m für Feuer im Freien; 🌬 Rauchofen m zur Angabe der Windrichtung.
brasier [brɑ'zje] m Kohlenglut f.
brasiller [brɑzi'je] (1a) ⚓ leuchten (vom Meere); v/t. auf Kohlen rösten.
brassage [brɑ'sɑːʒ] m Bierbrauen n.
brassard [brɑ'sɑːr] m Armbinde f der Krankenpfleger; Trauerflor m.
brasse [brɑs] f ⚓ Faden m (1,65 m), Klafter; Schwimmstoß m beim Brustschwimmen; Brustschwimmen n.
brass|ée [brɑ'se] f Armvoll m; lang ausgehaltener Stoß m beim Brustschwimmen; **~er**¹ [~] (1a) durcheinanderrühren; Bier brauen; fig. ~ des affaires (hastig) Geschäfte betreiben; ~ des intrigues Intrigen anzetteln; **~er**² ⚓ v/i. brassen; **~erie** [brɑs'ri] f Brauerei; Bierhaus n.
brassière [brɑ'sjɛːr] f 1. Kinderjacke f, Babyjäckchen n; 2. Sackgurt m, Gurt m e-r Hucke.
brassin [brɑ'sɛ̃] m Braupfanne f; Gebräu n.
brasure [brɑ'zyːr] f Lötstelle; Lötung.
brav|ache [brɑ'vaʃ] m Maulheld; Großmaul n; **~ade** [brɑ'vad] f herausfordernde Worte n/pl. od. herausfordernde Handlung f; **~e**

braver — 82 — **brin**

braver [braːv] **1.** *adj.* (*nach su.*) tapfer; beherzt, mutig; (*vor su.*) ehrlich, anständig, rechtschaffen, brav; F *faux* ~ = *bravache*; **2.** *m* Haudegen; **~er** [braˈve] (1a): ~ q. j-m trotzen; **~o** [braˈvo] *int.* bravo! (*Beifallsruf*); *m* (*pl. bravi*) gedungener Mörder *m*; **~oure** [braˈvuːr] *f* Schneid *m*, Tapferkeit.

brayer[1] ✞ [brɛˈje] *m* Bruchband *n*.

brayer[2] ⚓ [~] (1i) teeren.

brebis [brəˈbi] *f* (*Mutter-*)Schaf *n*.

brèche [brɛʃ] *f* Bresche; Scharte *in e-m Messer usw.*; Einbruchsstelle *f*; Wallbruch *m*; (Zahn-) Lücke; Trümmergestein *n*; ~ *fluviale* Flußdurchbruch *m*; **~-dent** [~ˈdɑ̃] *adj. u. su.* einflüchig; Zahnlückige(r).

bredouill|e [brəˈduj] *adj.*: (s'en) *revenir* ~ unverrichteter Dinge zurückkehren; **~er** [~je] (1a) überstürzt und dadurch undeutlich sprechen.

breeder *at.* [briˈdɛːr] *m* Leistungsreaktor *m*.

bref, brève [brɛf, brɛːv] **1.** *adj.* kurz (-zeitig); kurz(gefaßt); befehlerisch (*Ton*); *sur une piste trop brève auf* e-r zu kurzen Rollbahn; **2.** *m rl.* Breve *n*; ⚓ Seebrief; *f* Kürze = kurze Silbe; **3.** *adv.* in *od.* mit einem Wort.

bréhaigne [breˈɛɲ] steril (*Haustiere*).

brelan [brəˈlɑ̃] *m* Treschak *n* (*Kartenspiel*); † Spielhölle *f*.

breloque [brəˈlɔk] *f* Uhrgehänge *n*.

Brésil [breˈzil]: *le* ~ Brasilien *n*; ♀ *m* Brasil(ien)holz *n*.

brésiller [breziˈje] (1a) **1.** *v/t.* rot färben; **2.** *v/i. durch zu große Trockenheit* zerbröckeln.

brétailler [bretaˈje] (1a) mit dem Schwert herumfuchteln.

bretelle [brəˈtɛl] *f* Tragriemen *m*; 🎖 Weichenkreuz *n*; Nebenlinie *f*; ~ (*de raccordement*) Verbindungsstraße; ~*s f/pl.* Hosenträger *m/pl.*

breton [brəˈtɔ̃] **1.** *adj.* bretagnisch; **2.** ♀ *su.* Bretagner *m*.

breuvage ✞ [brœˈvaːʒ] *m* Arzneitrank, Getränk *m*.

brevet [brəˈvɛ] *m* Diplom *n*; Patent *n*; ⚖ Urkunde *f*; ~ *de capacité* Unterrichtserlaubnisschein *m*; (~ *d'enseignement*) Lehrbefähigung *f*; **~er** [brəvˈte] (1c) patentieren; *fig.* bestallen.

bréviaire [breˈvjɛːr] *m* Brevier *n*.

bribe [brib] *f* Brocken *m*.

bric-à-brac [brikaˈbrak] *m* Trödel.

bricheton P [briʃˈtɔ̃] *m* Brot *n*; **~ner** P [~toˈne] (1a) essen.

brick ⚓ [brik] *m* Brigg *f*.

bricol|age [brikɔˈlaːʒ] *m* Basteln *n* (*a. écol.*); **~e** [briˈkɔl] *f* bill. *u.* 🏹 Rückprall *m*; Trag-, Brustriemen *m* (*Pferd*); Gelegenheitsarbeit *f*; wertloses Zeug *n*, Tand *m*; **~er** [~ˈle] *v/i.* (1a) basteln; pfuschen; *fig.* die Zeit verplempern; **~eur** [~ˈlœːr] ⊕, *rad. m* Bastler.

brid|e [brid] *f* Zaum *m*, Zügel *m* (*a. fig.*); 🔧 Spannriegel *m*; ⊕ Flansch *m*; Bindeband *n*; *avoir la* ~ *sur le cou* nach Belieben schalten und walten dürfen; *tenir la* ~ *haute fig.* streng sein; *à* ~ *abattue, à toute* ~ in größter Eile (*od.* Hast); *so schnell wie möglich*; *rendre la* ~ *à l'émotion* seinen Gefühlen keinen Zwang antun; **~er** [briˈde] (1a) (auf-)zäumen; zs.-binden; drücken (*Kleidung*); *fig.* zügeln, im Zaume halten; **~on** [~ˈdɔ̃] *m* Trense *f*.

bridge [bridʒ] *m* Bridge(-Spiel) *n*; (Zahn-)Brücke *f*.

briève|ment [brjɛvˈmɑ̃] *adv.* kurz, in wenigen Worten; **~té** [~ˈte] *f* Kürze *im Ausdruck*, kurze Dauer.

brife|r P [briˈfe] (1a) essen; **~ton** P [~ˈtɔ̃] *m* Brot *n*.

brigad|e [briˈgad] *f* 🏹 Brigade; Arbeiterkolonne *f*; **~ier** [~ˈdje] *m* Korporal; Obergefreiter *m*; Wachtmeister *der Gendarmerie*.

brigand [briˈgɑ̃] *m* Räuber; **~age** [~ˈdaːʒ] *m* (Straßen-)Raub *m*.

brigu|e [brig] *f* Intrige *f*; **~er** [briˈge] (1m): ~ *qch.* sich bewerben um e-e Sache; *péj.* um etw. buhlen.

brill|ant [briˈjɑ̃] **1.** *adj.* glänzend; **2.** *su. m* Schimmer, Glanz; Brillant; **~er** [briˈje] (1a) glänzen; scheinen (*Sonne*).

brimade [briˈmad] *f* Hänselei *f* (*bsd. e-s Rekruten od. Schülers*); Schikane *f*.

brimbaler [brɛ̃baˈle] (1a) (sich) hin und her bewegen; bimmeln.

brimborion [brɛ̃bɔˈrjɔ̃] *m* Kleinigkeit *f* von geringem Wert; *pl.* ~*s* Tand *m*. [seln, schikanieren.)

brimer [briˈme] (1a) necken, hänseln.

brin [brɛ̃] *m* Sproß; Halm; ⊕ ~ *d'antenne* Antennenlitze *f*; *fig. un* ~ *de* ein ganz klein bißchen.

brindezingue P [brɛ̃d'zɛ̃:g] *adj. u. f:* être ~, être dans les ~s blau (= besoffen) sein.

brindille [brɛ̃'dij] *f kleines Reis n; kleiner Zweig m.*

bringue [brɛ̃:g] *f Prasserei f; longue ~ lange Bohnenstange f (Frau); faire la ~ herumsumpfen F, ein Lotterleben führen, saufen.*

brioche [bri'ɔʃ] *f Art Ei-Butterkuchen m;* P *Dickbauch m; fig. faire des ~s fig. Böcke schießen, Fehler machen.*

brique [brik] *f Ziegelstein m; Tafel z. B. Seife;* ✱ *Million; ~ creuse △ Hohlziegel m; ~ de revêtement △ Verblender m; ~ hollandaise △ Klinker m;* P *bouffer des ~s nichts zu beißen haben;* **~t** [bri'kɛ] *m Feuerzeug n; Feuerstrahl m; battre le ~ Feuer schlagen;* **~ter** [brik'te] (1c) *mit Ziegelsteinen pflastern od. umranden; (backsteinartig) bemalen;* **~terie** [brikɑ'tri] *f Ziegelei f;* **~tier** [brik'tje] *m Ziegelbrenner, -händler;* **~tte** [bri'kɛt] *f Brikett n.*

bris [bri] *m gewaltsames Aufbrechen n; Schiffstrümmer pl.;* **~ant** [bri'zɑ̃] *m verborgene Klippe f;* **~card** [bris'ka:r] *m alter Soldat;* **~** ⚓ [bri:z] *f sanfter Wind m, Brise f;* **~e-bise** [briz'bi:z] *m Fensterschutz (gegen Zug); halber Fenstervorhang m.*

brisées *ch. u. for.* [bri'ze] *f/pl. Bruch m; fig. aller sur les ~ de q. j-m ins Gehege kommen.*

bris|e-glace [briz'glas] *m Eisbrecher;* **~e-jet** ⊕, ⚒ [~'ʒɛ] *m Wasserstrahlregler;* **~e-lames** [~'lam] *m Wellenbrecher;* **~er** [bri'ze] (1a) *zerbrechen, -schlagen; fig. ermüden, erschöpfen; ~ avec q. mit j-m brechen; se ~* ⚒ *Bruch machen* F; *brisons là! brechen wir davon ab!;* **~e-tout** [~'tu] *m Tolpatsch;* **~oir** [bri'zwa:r] *m Flachsbreche f;* **~quard** [bris'ka:r] *m alter Soldat;* **~que** ⚔ P [brisk] *f Tressenwinkel m, Dienstabzeichen n;* **~ure** [bri'zy:r] *f Bruch m, Sprung m; Biegung f;* ⚒ *Beizeichen n.*

broc [bro] *m Kanne f, Krug. [n.]*

brocant|er [brokɑ̃'te] (1a) *v/i. mit Antiquitäten od. Kunstgegenständen handeln; v/t. verschachern;* **~eur** [~'tœ:r] *m Antiquitätenhändler(in f) m; Trödler(in f) m.*

brocard [brɔ'ka:r] *m fig. Stichelei f;* **~er** [~kar'de] (1a) *verhöhnen, runtermachen.*

brocart † [brɔ'ka:r] *m Brokat.*

broch|e [brɔʃ] *f Bratspieß m; Brosche; (Faß-)Zapfen m;* ⊕ *Werkzeug z. B. Pfriem m; Dorn m, Spindel f;* **~er** [brɔ'ʃe] (1a) *durchwirken; ein Buch heften, broschieren; Nägel in den Pferdehuf einschlagen; f flüchtig od. oberflächlich machen, hinpfuschen.*

brochet *icht.* [brɔ'ʃɛ] *m Hecht;* **~er** [brɔʃ'te] (1c) *anpflöcken,* **~te** [brɔ'ʃɛt] *f kleiner Bratspieß m; Futterhölzchen n für junge Vögel; Ordensspange.*

brocheu|r *su.* [brɔ'ʃœ:r] *Bücherhefter(in f) m;* **~se** [~'ʃø:z] *f Heftmaschine f.*

brochur|e [brɔ'ʃy:r] *f Broschüre f, kleine Schrift f; ~ provocatrice Hetzschrift; en ~ geheftet;* **~ier** [brɔʃy'rje] *m Broschürenschreiberling m.*

brodequin [brɔd'kɛ̃] *m Jagd-, Schi-, Berg-, Schnürstiefel.*

broder [brɔ'de] (1a) *sticken; fig. ausschmücken;* ✱ *übertreiben, schwindeln, lügen; ~ au crochet häkeln;* **~ie** [brɔ'dri] *f Stickerei f; fig. Ausschmückung f, Verzierungen.*

brodeu|r, ~se [brɔ'dœːr, ~'dø:z] *Sticker(in f) m.*

broie ⚒ [brwa] *f Breche; Hechel;* **~ment** [brwa'mɑ̃] *m Zermalmen n.*

brom|ique ⚗ [brɔ'mik] *bromhaltig;* **~ure** [~'my:r] ⚗ *~ d'argent phot. m Bromsilber n.*

bronch|e ⚕ [brɔ̃:ʃ] *f Bronchie, Luftröhrenast m;* **~er** [brɔ̃'ʃe] (1a) *straucheln, stolpern (a. fig.);* **~ite** ⚕ [~'ʃit] *f Luftröhrenkatarrh m, Bronchitis.*

bronz|e [brɔ̃:z] *m Bronze f; fig. cœur m de ~ Herz von Stein;* **~er** [brɔ̃'ze] (1a) *bronzieren; bräunen (v. der Sonne).*

broqu|art *ch.* [brɔ'ka:r] *m Spießer m;* **~e** [brɔk] *f Deut m;* P *pas une ~ überhaupt nichts.*

bross|e [brɔs] *f Bürste; Pinsel m; fig. Malweise; ~ à dents Zahnbürste;* **~er** [brɔ'se] (1a) *(ab-, aus-)bürsten, striegeln; grob malen; ~ un tableau de qch. ein Bild von etw. entwerfen; se ~ le ventre ungegessen davongehen; das Nachsehen haben;*

brosserie — 84 — **brute**

leer ausgehen; ~**erie** [brɔsˈri] f Bürstenbinderei, -handel m; ~**eur** [brɔˈsœːr] m Stiefelputzer; *ehm.* Offiziersbursche; ~**ier** [brɔˈsje] m Bürstenbinder, -händler.

brou [bru] m grüne Nußschale f; Nußbranntwein m; ~**et** [bruˈɛ] m Kraftsuppe f; *hist.* ~ *noir* schwarze Suppe f *der Spartaner*.

brouett|e [bruˈɛt] f Schubkarre; ~**er** [bruˈɛte] (1a) wegkarren.

brouhaha [bruaˈa] m Lärm m, Geschrei n (*klangmalend*).

brouillage *rad.* [bruˈjaːʒ] m Störung f, Störversuche m/pl.

brouillamini [brujamiˈni] m *fig.* Durcheinander n, Wirrwarr.

brouill|ard [bruˈjaːr] m Nebel; ✝ Kladde f; *papier* m ~ Löschpapier n; ~**asser** [~jaˈse] v/i. (1a) fein regnen.

brouill|e F [bruj] f Zwist m; ~**er** [bruˈje] (1a) mischen; *Papiere* durcheinanderbringen; *Ei* rühren; *fig.* verwirren; *se* ~ trübe werden; *fig.* sich überwerfen; ~**erie** [bruˈri] f Zwistigkeit; ~**eur** [~ˈjœːr]: *émetteur m* ~ Störsender.

brouillon, ~ne [bruˈjɔ̃, ~ˈjɔn] 1. *adj.* streitsüchtig; 2. *su.* m erster Entwurf; Konzept n; Wirrkopf; ✝ Kladde f; ~**ner** [brujɔˈne] (1a) entwerfen.

brou|ir [bruˈiːr] (2a) *Saat, Pflanzen* versengen (*Sonne*); ~**issure** [bruiˈsyːr] f Frostbrand m (*durch die Sonne*).

brouss|ailles [bruˈsaːj] f/pl. Gestrüpp n, Dickicht n; ~**ailleux** [~saˈjø] buschig; ~**e** [brus] f Buschwald m *bsd. in Afrika*.

brout [bru] m (Baum-)Trieb.

brouter [bruˈte] (1a) abweiden.

broutille [bruˈtij] f: ~*s* Reisig n; *fig.* F Kram m, Krimskrams m.

browning [bruˈniŋ] m Browningpistole f.

broy|er [brwaˈje] (1h) zermalmen, zerstoßen; ~**eur** [brwaˈjœːr] m (Farben-)Reiber; (Flachs-)Brecher.

brrr [brrr] *int.* huch! (*Angst*).

bru [bry] f Schwiegertochter.

bruin|e [brɥˈin] f Staubregen m; 🌾 Kornfäule; ~**ement** [brɥinˈmɑ̃] m Nieseln n; ~**er** [brɥiˈne] (1a) nieseln; ~**eux** [brɥiˈnø] naßkalt, nieselnd.

bruire [brɥˈiːr] (4cc) rauschen, brau-

sen; sausen (*Wind*); rascheln (*Stoff*); rollen (*Donner*).

bruissement [brɥisˈmɑ̃] m Rauschen n; Geräusch n; Rascheln n; Getöse n.

bruit [brɥi] m Geräusch n, Lärm; Gerücht n; Zank; Auflauf; ~ *du moteur* Motorgeräusch n; ~ *parasite* *rad.*: Nebengeräusch n; *isolé contre le* ~ schalldicht; ~**age** [brɥiˈtaːʒ] m *rad.*: Störungen f/pl., Geräusche n/pl.

brûl|é [bryˈle] m Brandgeschmack, -geruch m; *fig. sentir le* ~ *dans l'air* fühlen, daß etw. Unheilvolles in der Luft liegt; ~ **brûle-gueule** m (kurze)Pfeife f; **brûle-parfum** *antiq.*, *rl.* m Räucherfaß n, -pfanne f; *à brûle-pourpoint* geradezu (ins Gesicht), auf den Kopf zu, mit schonungsloser Offenheit; ~**er** [bryˈle] (1a) (ver-, an-)brennen; rösten; 🚂 vorbeifahren, ohne anzuhalten; *Signal* überfahren; P entlarven; ~ *la cervelle* e-e Kugel durch den Kopf jagen; ~ *sans flamme* schwelen; ~**eur** m [bryˈlœːr] 1. m (*Branntwein-*)Brenner; 2. m Gasbrenner; ~**oir** [bryˈlwaːr] m Kaffeeröstmaschine f; ~**ot** [bryˈlo] m Glühbranntwein m mit Zucker; Feueranzünder (*für den Herd*) *ehm.* ⚓ Brandschiff n; ~**ure** [bryˈlyːr] f Brandwunde; 🌾 Brennen n.

brume [brym] f dicker, dichter Nebel m.

brumeux [bryˈmø] (7d) neb(e)lig, düster; *fig.* unklar.

brun, ~e [brœ̃, bryn] 1. *adj.* braun; brünett; *a.* dunkel; 2. ~ *e f* Brünette (*a. brunette*) [bryˈnɛt]); Abenddämmerung; dunkles Bier n; ~**âtre** [bryˈnaːtrə] bräunlich; ~**ir** [bryˈniːr] (2a) bräunen; *braun* beizen; polieren; ~**issage** [bryniˈsaːʒ] m Polieren n, Politur f.

brusqu|e [brysk] brüsk, barsch, plötzlich; ~**er** [brysˈke] (1m) hart anfahren; *sehr* schnell machen; ~**erie** [bryskəˈri] f barsches Wesen n, Schroffheit f, kränkende Äußerung.

brut [bryt] roh; △ unverputzt; *poids* m ~ Bruttogewicht n.

brut|al [bryˈtal] tierisch; brutal, gemein, roh, grob; ~**aliser** [~taliˈze] (1a) grob behandeln, mißhandeln.

brute [bryt] f unvernünftiges Tier n; roher Mensch m.

Bruxelles [bry'sɛl] f Brüssel n.
bruyance bsd. ⊕, ✼ [brųi'jã:s] f Geräusch n.
bruyant [bry'jã] laut, tobend, brausend, rauschend.
bruyère [bry'jɛ:r] f Heide-kraut n, -land n; coq m de ~ Birkhahn.
buanderie [bųã'dri] f Waschküche f, Waschhaus n.
bubon [by'bõ] m ⚕ Drüsen-, Leistengeschwulst f; ♀ Steinegppich m; ~ique [bybɔ'nik]: peste ~ Beulenpest.
buccal [by'kal]: cavité f ~e Mundhöhle f.
bûche [byʃ] f Scheit n, Kolben m; F dummer Mensch m, Dummkopf m.
bûcher[1] [by'ʃe] m Holzstall; Scheiterhaufen.
bûcher[2] [~] (1a) 1. v/t. behauen; F durchprügeln; écol. vorbereiten, sich etw. einpauken, etw. büffeln od. pauken; 2. v/i. F schuften; bsd. écol. büffeln, ochsen.
bûcheron m, **~ne** f [byʃ'rõ, ~'rɔn] Holzhauer(frau f) m.
bûchette [by'ʃɛt] f Holzspan m; Holzstäbchen n; Strohhälmchen n zum Losen.
bûcheur F écol. [by'ʃœ:r] m Streber.
budget [byd'ʒɛ] m Budget n, Staatshaushalt m, Etat; (persönliche)Mittel n/pl.; tout est question de ~ alles hängt von der Brieftasche ab.
budgétaire [bydʒe'tɛ:r] etatmäßig, zum Budget gehörig.
budgétivore plais. [bydʒeti'vɔ:r] adj. u. su. auf Staatskosten lebend, Steuernutznießer m.
buée [bųe] f Dunst m; Wrasen m; Dampf m; Beschlagen n der Fenster.
buffet [by'fɛ] m 1. Büfett n; 🍽 Erfrischungsraum m, Bahnhofswirtschaft f; F danser devant le ~ nichts zu essen haben; 2. P Magen; **~ier** [byf'tje]m (Bahnhofs-)Wirt.
buffle [ˈbyflə] m zo. Büffel; Büffelleder n; **~terie** [byflə'tri] f Arbeiten f/pl. aus Büffelleder; Lederzeug n der Soldaten.
bugle ♪ [ˈbyglə] m Signalhorn n.
building [bil'diŋ] m modernes Hochhaus n.
buis ♀ [bųi] m Buchsbaum.
buisson [bųi'sõ] m Busch, Gebüsch n; **~neux** [bųisɔ'nø] buschig; **~nier** [bųisɔ'nje] in Büschen lebend; faire l'école f buissonnière die Schule schwänzen.
bulb|e [bylb] m od. f ♀ Zwiebel, Knolle; **~eux** [byl'bø] ♀ knollig, zwiebelartig; anat. wulstig.
bulldozer ⊕ [buldo'zɛ:r] m Räumpflug m, Großraummaschine f, Planierraupe f.
bulle [byl] f Blase; Blatter; rl. Bulle f; (Konzept-)Papier n.
bulletin [byl'tɛ̃] m Wahlzettel; Bericht, Schulzeugnis n; Schein; ~ de commission Bestellschein; ~ d'expédition & (Post-)Paketkarte f; ~ financier Börsenbericht; ~ officiel Amtsblatt n.
bulleu|x, ~se [by'lø, ~'lø:z] blasig.
buraliste [byra'list] su. Steuereinnehmer; Tabakverkäufer; Postexpedient.
bure [by:r] f grober Wollstoff m; ⚒ Luftschacht m.
bureau [by'ro] m Zahl-, Schreibtisch; Amt(szimmer) n; Büro n, Kontor n, Kanzlei f; Dienst-, Geschäftsstelle f, Agentur f; geschäftsführender Ausschuß, Vorstand e-r Versammlung; ~ ambulant Bahnpost f; ~ central (téléphonique) Fernmeldeamt n; ~ de bienfaisance Armenfürsorge f; ~ de douane Zollabfertigung(sstelle) f; ~-gare Bahnpostamt n; ~ de placement Stellenvermittlungsbüro n; ~ de poste Postamt n; ~ de renseignements Auskunfts-, Nachrichtenbüro n; ~ des logements Wohnungsnachweis; ~ ministre Diplomatenschreibtisch; thé. jouer à ~x fermés vor ausverkauftem Haus spielen; **~crate** péj. [~'krat]m Bürokrat m, Federfuchser m, Aktenmensch m.
burette [by'rɛt] f Kännchen n; Ölkanne f; P Kopf m, Birne f (P); Gesicht n, Visage f (P).
burin ⊕ [by'rɛ̃] m Meißel; Grabstichel; **~é** [~ri'ne]: un visage ~ ein markantes Gesicht; **~er** [~] (1a) mit dem Grabstichel: stechen; v/i. ✼ schuften; F écol. büffeln.
busc [bysk] m Korsett-stange f, -feder f; Krümmung f des Gewehrkolbens.
buse [by:z] f orn. Bussard m; F Dussel m.
busquer [bys'ke] (1m) krümmen.
buste [byst] m Brustbild n; Büste f; Oberkörper m.

but [byt, by] *m* Zweck, Ziel *n*; *Sport:* Tor *n*; *Mal n*, Ziel *n*; *avoir pour* ~ bezwecken; *marquer un* ~ ein Tor schließen; **~er** [by'te] (1a) stoßen (*contre od. sur auf*); stützen; P fertig-(kalt-)machen, töten; 🚗 ~ *à* auffahren auf (*acc.*); *se* ~ *à qch. fig.* hartnäckig bestehen auf (*dat.*); *se* ~ bockig sein (*od.* werden) (*vom Kind*); **~eur** *Sport* [by'tœːr] *m* Torwart.

butin [by'tɛ̃] *m* Beute *f*; **~er** [byti'ne] (1a) Beute machen; ~ *les fleurs* Honig aus den Blumen sammeln.

butoir 🚗 [by'twaːr] *m* Prellbock.

butor [by'tɔːr] *m orn.* Rohrdommel; F *fig.* Flegel, Grobian.

butt|**e** [byt] *f* Erdhügel *m*; Schießstand *m*, Kugelfang *m*; (*Rangierbahnhof*) Ablaufberg *m*; *être en* ~ *à fig. e-r Sache* ausgesetzt sein; **~ée** ⊕ [by'te] *f* Anschlag *m*, Stift *m*, Widerlager *n*; **~er** [by'te] (1a) 🎵 anhäufen; *v/i.* stolpern, straucheln; 🚗 ~ [by'tœːr] *m* Fußball, *Rugby:* Torschütze *m*.

buv|**able** [by'vablə] trinkbar; P erträglich, möglich, tragbar; **~ard** [by'vaːr] *m* Löschblatt *n*; Schreibunterlage *f* aus Löschpapier; (*papier m*) ~ Löschblatt *n*; **~ette** [by'vet] *f* kleiner Ausschank u. Erfrischungsraum *m* (*a. thé.*, 🏨); Imbißstube *f*; Trinkhalle *f* (*in Heilbädern*); **~eur** [by'vœːr] *su.* (7g) Trinker *m*, Zecher *m*; **~oter** [byvɔ'te] (1a) häufig nippen.

byzantiniser [bizɑ̃tini'ze] *v/i.* sich in Spitzfindigkeiten verlieren.

C

C (ou **c**) (se) m C (od. c) n.
Ca ⚗ = calcium [kal'sjɔm] m Kalzium m.
ça (sa) = cela; das, dies, es; *c'est ~!* stimmt!, ganz recht!; F *comme ~* so.
çà [~] **1.** hier, hierher; *~ et là* hier und da, hin und her; **2.** *int.* nur noch *iron.* los!; *ah ~ alors!* nanu!; das ist ja allerlei!; *or ~!* nun denn!
cabal|e [ka'bal] f Kabale, Intrigen f/pl.; **~er** [kaba'le] (1a) Ränke schmieden.
cabaleur [~'lœːr] *su.* (7g) Intrigant m, Ränkeschmied m.
caban ⚓ [ka'bɑ̃] m Regenmantel mit Kapuze.
cabane [ka'ban] f Hütte, Baude; ⚒ Spannturm m; Häuschen n, Bude f; Kaninchenstall m.
cabanon [kaba'nɔ̃] m Hüttchen n; Wohnlaube f; Wochenendhäuschen n; Isolier-, Gummizelle f.
cabaret [kaba'rɛ] m Schenke f; *péj.* Kneipe f; Weinstube f; Teebrett n; Likörservice n; *~ artistique* Kabarett n; **~ier** m, **~ière** f [kabar'tje, ~'tjɛːr] Schankwirt(in f) m.
cabas [ka'ba] m Einhole-korb *od.* -tasche f.
cabèche* [ka'bɛʃ] .f, **caberlot*** [kabɛr'lo] m Birne f (*Kopf*) P.
cabestan ⊕, ⚓ [kabɛs'tɑ̃] m Winde f.
cabillaud *icht.* [kabi'jo] m Kabeljau m.
cabine [ka'bin] f ⚓ Kabine f, Kajüte, Koje; ✈ Flugzeugkabine f, Führerstand m; Badezelle, Fernsprechzelle; 🚂 *d'aiguillage* Stellwerk n.
cabinet [kabi'nɛ] m Arbeits-, Geschäftszimmer n; Kabinett n, Ministerium n; Sammlung f; Schränkchen n *mit Schubläden*; *~(s) d'aisances* Abort, W.C. n, Toilette f; *installer un ~ médical* e-e Arztpraxis einrichten.
câbl|e ['kɑːbl] m Kabel n, *dickes* Seil n, Tau n; *~ d'allumage* Zündkabel n; *~ intercontinental* Überseekabel n; *~ métallique* Drahtseil n; **~er** [kɑ'ble] (1a) ein Seil drehen; kabeln; **~ogramme** [kɑblɔ'gram] m Kabeltelegramm n.
caboche [ka'bɔʃ] f F (großer) Kopf m, Kürbis m (P); ⊕ Nagel m *mit breitem Kopf*.
caboss|e [ka'bɔs] f ♀ Kakaoschote; ⚕ Quetschung; Beule; **~er** [kabɔ'se] (1a) ein-, verbeulen.
cabot [ka'bo] m **1.** Schmierenschauspieler; **2.** Köter, Töle f; **3.** ⚔ Korporal, Gefreiter.
cabotage [kabɔ'taːʒ] m Küstenschiffahrt f.
cabotin *péj.* [kabɔ'tɛ̃] m schlechter Komödiant m; Gaukler m; *les ~s de la politique* die Maulhelden des politischen Lebens.
cabrer [kɑ'bre] (1a) v/t. ✈ *~ son appareil* hochziehen, abfangen; v/rfl. *se ~* sich bäumen.
cabri [ka'bri] m Zicklein n; **~ole** [kabri'ɔl] f Luftsprung m; **~olet** [kabriɔ'lɛ] m *Auto:* Kabriolett n; Handschelle f.
cabus [ka'by]: *chou m ~* Kohl m.
cacahuète ♀, P [kaka'ɥɛt] f Erdnuß.
cacao ♀ [kaka'o] m Kakao(bohne f); **~tier** [kakaɔ'tje] *od.* **cacaoyer** [kakaɔ'je] m Kakaobaum.
cacarder [kakar'de] schnattern.
cacatoès *orn.* [kakatɔ'ɛs] m Kakadu.
cacatois [kaka'twa] m *orn.* Kakadu; ⚓ Oberbramsegel n *od.* -stange f.
cachalot *zo.* [kaʃa'lo] m Pottwal.
cache [kaʃ] f Versteck n; *phot.* Schutzpapier n, Kopiermaske f; **~-cache** [kaʃ'kaʃ] m Verstecken n (*Spiel*); **~-col** [~'kɔl] m Kragenschoner; **~-nez** [~'ne] m Schal m, Halstuch n; *esprit m caché* F Leisetreter m; **~poussière** [kaʃpu'sjɛːr] m Staubmantel.
cach|er [ka'ʃe] (1a) verbergen, verheimlichen; esprit m caché F Leisetreter m; **~erie** [kaʃ'ri] f Heimlichtun n.
cache-sexe [kaʃ'sɛks] m Schlüpfer m.
cachet [ka'ʃɛ] m (Brief-)Stempel m, Petschaft n, Siegel n; *fig.* Gepräge n; Tablette f; Privatstundengeld n; *thé.* Gage f; Abonnementskarte f;

cacheter — 88 — **caïeu**

~ *officiel* Dienstsiegel *n*; F *courir le* ~ Privatstunden außer dem Hause geben; **~er** [kaʃˈte] (1c) (ver)siegeln; **~onner** P [kaʃɔˈne]: ~ *à la télé* am Fernsehgerät hängen (*od.* kleben); **~te** [kaˈʃɛt] *f* Versteck *n*; *en* ~ heimlich.

cachot [kaˈʃo] *m* (finsteres) Gefängnis *n*; ⚔ strenger Arrest; **~ter** [kaʃɔˈte] (1a) geheimhalten; **~terie** [kaʃɔˈtri] *f* Geheimtuerei, Geheimniskrämerei; **~tier** *m*, **~tière** *f* [kaʃɔˈtje, ~ˈtjɛːr] Geheimniskrämer (-in *f*).

cact|ier ♀ [kakˈtje], **~us** [kakˈtys] *m* Kaktus.

c.-à-d. *abr.* *c'est-à-dire* das heißt.

cadastre [kaˈdastr] *m* Grundbuch *n*, Kataster *n od. m*, Grundsteuerregister *n*.

cadav|éreux, ~éreuse [kadaveˈrø, ~ˈrøːz] leichenblaß; Leichen...; **~érique** *anat.* [~ˈrik] Leichen...; **~re** [~ˈdaːvr] *m* Leiche *f* (*v. Menschen*); Kadaver *m* (*v. Tieren*); P ausgetrunkene Flasche *f*.

cadeau [kaˈdo] *m* Geschenk *n*.

cadenas [kadˈna] *m* Hänge-, Vorlegeschloß *n*.

cadence [kaˈdɑ̃ːs] *f* Tonfall *m*; Takt *m*; Rhythmus *m*; ⊕ Tempo *n*; ~ *journalière* Tagesleistung; *paraissant à la ~ d'un volume par mois* im Rhythmus von e-m Band pro Monat erscheinend.

cadet, ~te [kaˈdɛ, ~ˈdɛt] 1. *adj.* jünger(e); *il est mon ~ de deux ans* er ist zwei Jahre jünger als ich; 2. *su.* Jüngste(r *m f*); 3. ⚔ Kadett *m*; 4. Golfjunge *m*.

cadr|an [kaˈdrɑ̃] *m* Zifferblatt *n*; Quadrant; *téléph.* Nummernscheibe *f*; ~ *gradué rad.* Skala *f*; ~ *solaire* Sonnenuhr *f*; **~e** [ˈkaːdr] *m* Bild, *vél.* Tür, Rahmen; P Bild *n*; Rahmenantenne *f*; *fig.* Rahmen *m*, Zusammenhang *m*; ⚔ Verband *m*, Kader *m*, Stamm *m*, Stammrolle *f*; ⊕ leitendes Personal *n*; *fig.* Bereich *m*; ~ *incorporé* eingebaute Antenne *f*; ~ *orienté* Richtantenne *f*; ~ *des traitements* Besoldungsordnung *f*; ~ *technique* technischer Stab *m* (*Meister u. Ingenieure*); **~er** [kaˈdre] *v/i.* (1a) übereinstimmen.

cadu|c, ~que [kaˈdyk] bau-, hinfällig; ⚕ gebrechlich; *mal* ⚕ *m* ~ Fallsucht *f*; **~cité** [kadysiˈte] *f* Bau-, Hinfälligkeit; ⚌ Ungültigkeit.

cæcum 🜃 [seˈkɔm] *m anat.* Blinddarm.

caf ✝ *abr. für* *coût, assurance, fret* Kosten, Versicherung, Fracht.

cafard [kaˈfaːr] 1. *adj.* scheinheilig; 2. *m* Scheinheilige(r); *écol.* Petze *f*; F Denunziant *m*; F Mißstimmung *f*, moralischer Kater (F) *m*; *avoir le ~* traurig, deprimiert, mutlos, mißgestimmt sein; schwarz sehen; Heimweh haben; *faire du ~* Trübsal blasen; 3. (Küchen-)Sch(w)abe *f*; **~er** [kafarˈde] den Scheinheiligen spielen; F verpfeifen, denunzieren; *écol.* verpetzen.

café [kaˈfe] *m* Kaffee; Kaffeehaus *n*, Café *m*; *pl.* Kaffeesorten; ~ *au malt* Malzkaffee; ~ *complet* Kaffeegedeck *n*; ~*-concert* Tingeltangel *n*, Kabarett *n*; ~ *crème* (~ *nature*) Kaffee mit (ohne) Milch.

cafe|tier [kafˈtje] *m* Cafébesitzer; **~tière** [kafˈtjɛːr] *f* Kaffeekanne.

Cafre [ˈkafrə] *su.* Kaffer(nweib *n*) *m*.

cage [kaːʒ] *f* (Vogel-)Bauer *n*, Käfig *m*; P kleine Stube, Hütte; Loch *n* P; ~ *d'escalier* Treppenschacht *m*, Treppenhaus *n*; ⊕ ~ *de laminoir* Walzgerüst *n*.

cagneux [kaˈnø] (7d) x-beinig.

cagot, ~e [kaˈgo, ~ˈgɔt] *su.* Frömmler; Heuchler(-in *f*) *m*; Betbruder (-schwester *f*) *m*; **~erie** [kagɔˈtri] *f*, **~isme** [~ˈtism] *m* Scheinheiligkeit *f*, Frömmelei *f*, heuchlerisches Wesen *n*.

cagoul|ard *Fr. ehm. pol.* [kaguˈlaːr] *m u. adj.* Anhänger der 2e; 2e *Fr. ehm. pol.* [~ˈgul]: *la 2e* rechtsgerichtete Umsturzbewegung *f des Comité Secret d'Action Révolutionnaire* (*1936; C.S.A.R.*).

cahier [kaˈje] *m* (Papier-, Schreib-) Heft *n*; ~ *des charges* Kauf-, Ausschreibungs-, Submissionsbedingungen *f/pl.*; Lastenheft *n*; *écol.* ~ *de compositions* Klassenarbeitsheft *n*. [recht, nicht zum besten.]

cahin-caha F [kaɛ̃kaˈa] schlecht u.]

cahot [kaˈo] *m* Stoß *des Wagens*; **~er** [kaɔˈte] (1a) stoßen, rütteln, hin und her werfen.

cahute [kaˈyt] *f* armselige Hütte.

caïeu ♀ [kaˈjø] *m* Brutzwiebel *f*; Zwiebelbrut *f*.

caille *orn.* [kɑ:j] *f* Wachtel.
caill|é [kɑ'je] *m* dicke Milch *f*; **~ebotis** [kajbɔ'ti] *m* Lattenrost; **~e-botte** [kaj'bɔt] *f* Quark *m*; **~er** [kɑ'je] (1a) gerinnen machen; **~eter** [kaj'te] (1c) plappern; **~ette** [kɑ'jet] *f zo.* **1.** Labmagen *m*; **2.** Klatschbase.
caillot ⚓ [kɑ'jo] *m* Blutgerinnsel *n*.
caillou [kɑ'ju] *m* (*pl.* **~x**) Kieselstein; **~tage** [kaju'ta:ʒ] *m* Beschotterung *f*; Schotterbelag *m*; **~ter** [kaju'te] (1a) mit Kies beschütten, beschottern; **~tis** [kaju'ti] *m* Kiesschicht *f*.
caïman [kai'mɑ̃] *m zo.* Kaiman *m*; * *écol.* Einpauker *m*.
caiss|e [kɛs] *f* Kiste, Kasten *m*; Kasse; Trommel; P ⚓ Karzer *m*; *grosse* ~ Pauke; ~ *d'assurance-maladie* Krankenkasse; ~ *d'épargne* Sparkasse; ~ *enregistreuse* Registrierkasse; ~ *d'amortissement* Schuldentilgungskasse *f*; ~ *de prêts* Darlehnskasse *usw.*; *tenir la* ~ die Kasse führen; *battre la grosse* ~ *fig.* Reklame machen, an die große Glocke hängen; **~ier** *m*, **~ière** *f* [kɛ'sje, kɛ'sjɛ:r] Kassierer(in *f*) *m*; **~on** [kɛ'sɔ̃] *m* Kasten-, Munitions-, Proviantwagen; Wagenkasten; △ Senkkasten *bei Wasserbauten*; Fach *n e-r Zimmerdecke*.
cajol|er [kaʒɔ'le] (1a) *v/t.* (lieb-)kosen, hätscheln, schmeicheln (*dat.*); **~erie** [kaʒɔl'ri] *f* Liebkosung; **~eur** [kaʒɔ'lœ:r] *su.* Schmeichler(in *f*) *m*.
cal ⚓ [kal] *m* Schwiele *f*.
calami|té [kalami'te] *f* Unheil *n*; **~teux** [~mi'tø] (7d) unheilvoll.
calandr|e [kɑ'lɑ̃:dr] *f* (Wäsche-)Rolle *f*, Mangel *f*; *Auto:* Motorhaube; **~er** [kalɑ̃'dre] (1a) *Wäsche* rollen.
calcaire [kal'kɛ:r] **1.** *adj.* kalkartig. **2.** *m* Kalk(stein *m*, -erde *f*).
calci|fication ⚓ [kalsifikɑ'sjɔ̃] *f* Verkalkung; **~nation** ⚓ [~nɑ'sjɔ̃] *f* Verkalken *n*; Ausglühen *n*.
calcul [kal'kyl] *m* **1.** Rechnen *n*; (Aus-)Rechnung *f*; ~ *des frais* Kostenrechnung *f*; ~ *mental* Kopfrechnen *n*; **2.** ⚓ Stein; Grieß; ~ *biliaire* Gallenstein; **~ateur** [~lɑ-'tœ:r] *su.* (7f) Rechner *m*; Rechenmaschine *f*; ~ *électronique* Elektronenrechner; **~ateur-prodige** [~prɔ'di:ʒ] *m* Rechenkünstler; **~er** [kalky'le] (1a) (aus-, be-)rechnen; ~ *de tête* (im) Kopf rechnen; **~eux** [~'lø] (7d) ⚓ mit Steinbeschwerden behaftet; *a. su.*
cale [kal] *f* abfallendes Ufer *n*; ⚓ Laderäume *m/pl.*, Kielraum *m*; Keil *m*; Hemmklotz *m*; ⛉ Bremsschuh *m*; *Fischerei:* Angelblei *n*.
calé, ~e P [ka'le] *fig.* beschlagen, bewandert; ⊕ verkeilt, kaputt.
calebasse [kal'bɑs] *f* ⚘ Flaschenkürbis *m*; Kürbisflasche *f*; P Kopf *m*, Birne *f* P.
caleçon [kal'sɔ̃] *m* Unterhose *f*; ~ *de bain* Badehose *f*.
calembour [kalɑ̃'bu:r] *m* Wortspiel *n*, Kalauer, fauler Witz *m*.
calendrier [kalɑ̃dri'e] *m* Kalender; **~bloc** Kalenderblock *m*.
cale-pied *vél.* [kal'pje] *m* Rennhaken *m* (*am Pedal*).
calepin [kal'pɛ̃] *m* Notizbuch *n*.
caler [ka'le] (1a) *v/t.* (*z.B.* Segel) niederlassen; mit e-m Keil unter-'legen; mit Senkblei versehen; ⊕ verkeilen; *mot.* plötzlich anhalten; *v/i.* klein beigeben, kapitulieren; ⚓ sinken; *mot.* plötzlich aussetzen; P *se* ~ *les joues* sich vollfressen; *se* ~ *dans un fauteuil* sich in e-m Sessel niederlassen.
calfat ⚓ [kal'fa] *m* Ausbesserer; **~er** [~'te] abdichten.
calfeutrer [kalfø'tre] (1a) *Fensterritzen usw.* zustopfen; *se* ~ *chez soi* in der Stube hocken, bei sich herumhocken, nicht aus dem Bau gehen.
calibre [ka'librə] *m* ✕, *fig.* Kaliber *n*; ⊕, △ Stärke *f*, Durchmesser; Schublehre *f* Fühler-, Lochlehre *f*; Schablone *f*; * Revolver; ~ *de filetage* Gewindelehre *f*; **~r** [kali-'bre] (1a) eichen, richten, kalibrieren, abgleichen.
calice [ka'lis] *m* Kelch.
calicot [kali'ko] *m* Kattun, Kaliko; P *péj.* Ladenschwengel *m e-s Modegeschäfts*.
califourchon [kalifur'ʃɔ̃] *m fig.* Steckenpferd *n*, Lieblingsbeschäftigung *f*; *à* ~ rittlings.
câlin [kɑ'lɛ̃] schmeichlerisch.
câliner [kɑli'ne] *v/t.* (1a) schmeicheln (*dat.*), verhätscheln.
calleux [ka'lø] schwielig.

calligraphe [kali'graf] *m* Schönschreiber.
callosité [kalozi'te] *f* harte Haut, Schwiele *f*; Unempfindlichkeit *f*.
calmant ~ [kal'mã] *adj. u. su. m* schmerzlindernd(es Mittel *n*).
calm|e [kalm] **1.** *adj.* ruhig, still; **2.** *m* Windstille *f*; Gemütsruhe *f*; **~er** [kal'me] (1a) zur Ruhe bringen; beschwichtigen; lindern; *se* ~ ruhig werden.
calomnia|teur *m*, **~trice** *f* [kalomnja'tœ:r, ~'tris] **1.** *adj.* verleumderisch; **2.** Verleumder(in *f*) *m*.
calomni|e [kalom'ni] *f* Verleumdung; **~er** [~'nje] (1a) verleumden.
calori|e [kalɔ'ri] *f* Kalorie *f*, Wärmeeinheit *f*; **~fère** [~ri'fɛ:r] *m* Zentralheizung *f*; ~ *à air chaud* Warmluftheizung *f*; **~fique** [~'fik] wärmeerzeugend; **~fuger** ⊕ [~fy'ʒe] (1l) Wärme isolieren.
calot [ka'lo] *m* ⚔ Dienstmütze *f*; Käppi *n*; * Auge *n*; * *ribouler des* ~s erstaunte Augen machen; mit den Augen Zeichen geben.
calot(t)in *péj.* [kalɔ'tɛ̃] *m* Pfaffe; Pfaffenfreund.
calott|e [ka'lɔt] *f* **1.** Käppchen *n*; ~ *d'une dent* Zahnkrone *f*; **2.** *péj.* Pfaffenvolk *n*, -gesindel *n*; **3.** F Katzenkopf *m*, leichte Ohrfeige; **~er** [kalɔ'te] *v/t.* (1a) e-n Katzenkopf geben.
calqu|e *phot. u.* ⊕ [kalk] *m* Pause *f*, Durchzeichnung *f*; getreue Nachahmung *f*; **~er** [kal'ke] (1m) durchzeichnen, -pausen; *fig.* sklavisch nachbilden.
calter P [kal'te] (1a): *v/i. u. se* ~ türmen P, abhauen P.
calumet [kaly'mɛ] *m* indianische Friedenspfeife *f*; *fumer le* ~ *de la paix* die Friedenspfeife rauchen, sich wieder vertragen.
Calvaire [kal'vɛ:r] *m* Golgatha *n*; ♀ Kalvarienberg (*a. fig.*), *fig.* dornenvoller Weg *m*.
calvitie [kalvi'si] *f* Kahlköpfigkeit.
camail [ka'maj] *m* Bischofsmäntelchen *n*; *ehm.* Hals- und Schulterschutz e-r Rüstung.
camarade [kama'rad] *su.* Kame'rad (-in *f*) *m*, Gefährt(in *m/f*) *f*; **~rie** [~ra'dri] *f* Kameradschaft; *pl. les* ~s die Cliquenwirtschaft *f*.
camard, **~e** [ka'ma:r, ~'mard] stumpfnasig; F *la* ~*e* Tod *m*, Freund *m* Hein P.
camaro P [kama'ro] *m* Kamerad.
cambouis [kɑ̃'bwi] *m* dickgewordene Wagenschmiere *f*; altes Schmieröl *n*.
cambr|é [kɑ̃'bre] rundlich; krummbeinig; **~ement** [kɑ̃brə'mɑ̃] *m* Krümmung *f*; **~er** [kɑ̃'bre] (1a) krümmen; wölben.
cambrio|lage [kɑ̃briɔ'la:ʒ] Einbruch *m*; **~ler** [~'le] *v/t. u. v/i.* (1a) einbrechen; **~leur** [~'lœ:r] *m* Einbrecher.
cambrousard P [kɑ̃bru'za:r] *su.* Bauer *m*.
cambrure ⊕ [kɑ̃'bry:r] *f* Bogenkrümmung.
cambus|e [kɑ̃'by:z] *f* ⚓ Proviantkammer *f*, Kabuse *f*; P Bruchbude; Kneipe; Bauplatzkantine *f*; **~ier** [kɑ̃by'zje] *m* ⚓ Bottler; Kantinenwirt.
came [kam] *f* ⊕ Hebearm *m* od. -daumen *m*; Nocke(n *m*) *f*; * Kokain *n*; *arbre m à* ~*s* Nockenwelle.
caméléon *zo.* [kamele'ɔ̃] *m* Cha'mäleon *n*; *fig.* Mantelträger *m*.
camélia ♀ [kame'lja] *m* Ka'melie *f*.
camelot [kam'lo] *m* Straßenhändler; ~ *du roi* Königstreuer *m*, Royalist; **~e** F [~'lɔt] *f* Schund *m*, Ramsch *m*.
caméri|er [kame'rje] *m* päpstlicher Kämmerer; **~ste** [~'rist] *f* (Hof-) Kammerfrau, Zofe.
camerounais [kamru'nɛ] kamerunisch.
camion [ka'mjɔ̃] *m* Lastauto *n*, Lastkraftwagen *m*, LKW *m*; Rollwagen *m*; *kleinste* Stecknadel *f*; Farbtopf *m*.
camionn|age [kamjɔ'na:ʒ] *m* An- und Abfuhr *f*; Transport *m*; Rollgeld *n*; **~er** ♀ [kamjɔ'ne] (1a) mit e-m Lastauto befördern; **~ette** [~'nɛt] *f* Lieferauto *n*; **~eur** [~'nœ:r] *m* Lastkraftfahrer.
camisole [kami'zɔl] *f*: ~ *de force* Zwangsjacke.
camomille ♀ [kamɔ'mij] *f* Kamille *f*.
camoufl|age [kamu'fla:ʒ] *m* Verkleidung *f*; Tarnung *f*; Verdunkelung *f*; **~e** * [~'mufla] *f* Kerze, Lampe; **~er** [~'fle] (1a) tarnen; ~ (*les lumières*) verdunkeln; **~et** [~'flɛ] *m* **1.** F schwere Kränkung *f*, derber Verweis; Nasenstüber *m*;

camp — 91 — **canneler**

derbe Kränkung f; 2. ⚒ Quetschmine f.
camp [kɑ̃] m (Feld-)Lager n; (gelagertes) Heer n; fig. Partei f; ~ de réfugiés Flüchtlingslager n; ~ de vacances Ferienlager n; P foutre le ~, ficher le ~ sich aus dem Staube machen, das Weite suchen, verduften, türmen, sich retten, flüchten, sich drücken; **~agnard** [kɑ̃paˈɲaːr] 1. adj. ländlich, Land...; bäurisch; 2. su. Landmann; Landbewohner m; **~agne** [kɑ̃ˈpaɲ] f Feld n Land n; Feldzug m; Jahrgang m; bsd. ⚠ Arbeitsjahr n, Arbeitssaison f; fig. Hetzkampagne f; **~agnol** [kɑ̃paˈɲɔl] m Feldmaus f; **~anile** [~ˈnil] m (einzeln stehender) Glockenturm; **~anule** [~ˈnyl] f Glockenblume; **~é** [~ˈpe] adj. fest stehend; fig. bien ~ gut situiert; **~ement** [kɑ̃pˈmɑ̃] m (Feld-)Lager n; **~er** [kɑ̃ˈpe] (1a) lagern, zelten; fest hinstellen; kampieren; sich nur kurz aufhalten; cin. darstellen; **~eur** [~ˈpœːr] m Campingausflügler m, -reisender m; **~ine** * [~ˈpin] m od. f Zirkus-, Zigeuner-wagen m.
camping [kɑ̃ˈpiŋ] m Sport: Zelten n, Camping n; ~ pédestre Zeltwandern n; matériel m de ~ Campingausrüstung f.
campos F bsd. écol. [kɑ̃ˈpo] m Freizeit f; avoir ~ freihaben; donner ~ freigeben.
camus [kaˈmy] stumpf-, plattnasig.
Canad|a [kanaˈda]: le ~ Kanada n; su. **~ien** [~ˈdjɛ̃] Kanadier(in f) m; adj. ⚭ kanadisch.
canaille [kaˈnaːj] f Gesindel n, Pöbel m; Schurke m, Lump m, Schuft m adjt. inv. pöbelhaft, äußerst vulgär.
canal [kaˈnal] (5c) m Ka'nal; Röhre f, Rinne f; ~ de garage Stichkanal; ~ navigable Schiffahrtskanal; ~ par le ~ de M. Lecomte durch Vermittlung des Herrn Lecomte.
canard [kaˈnaːr] m Ente f, Enterich m; F unwahre Erzählung f, Lügenmeldung f, Ammenmärchen, F Zeitungs-Ente f; ♪ falsche Note f; **~eau** [kanarˈdo] (1a) m junge Ente f; **~er** [kanarˈde] (1a) v/t: ~ q. aus gedeckter Stellung auf j-n feuern; v/i. ♪ mit der Stimme überschnappen; ⚓ vorn kiel sein; **~ier** * [~ˈdje] m marktschreierischer Ausrufer; **~ière** [kanarˈdjɛːr] f Entenflinte, -teich m; ⚒ gedeckter Ort m.
canari [kanaˈri] m Kanarienvogel.
cancan [kɑ̃ˈkɑ̃] m 1. oft: ~s pl. Klatschereien f/pl.; 2. Cancan (Tanz); **~er** [kɑ̃kaˈne](1a) Klatschereien machen, tratschen P; Cancan tanzen; **~ier** m, **~ière** f [kɑ̃kaˈnje, ~ˈnɛːr] adj. u. su. klatschsüchtig; Klatschmaul n, Klatschweib n.
cancer [kɑ̃ˈsɛːr] m Krebs(schaden) m; ✱ Krebs; ast. Krebs.
cancéreux [~ˈkɑ̃seˈrø] 1. adj. krebsartig; 2. su. Krebskranke(r).
cancér|igène [kɑ̃seriˈʒɛn] adj. krebsbildend; **~iser** [~riˈze]: se ~ krebsartig werden; **~ologie** [~rɔlɔˈʒi] f Krebsforschung.
cancre [ˈkɑ̃ːkrə] m Krabbe f; F armer Schlucker m; écol. Faulpelz, schlechter Schüler.
cand|eur [kɑ̃ˈdœːr] f Treuherzigkeit; Unbefangenheit f; Arglosigkeit f, Reinheit f, Kindlichkeit f; **~i** [kɑ̃ˈdi] m Zuckerkand(is) n; **~idat** [kɑ̃diˈda] m Kandidat m, Bewerber m um ein Amt; **~idature** [~ˈtyːr] f Kandidatur; **~ide** [~ˈdid] treuherzig; unbefangen, arglos, kindlich; ohne Falsch.
cane [kan] f (weibliche) Ente; **~r** F [~ˈne] (1a) Angst haben, weglaufen, sich verdrücken.
canet|on [kanˈtɔ̃] m Entchen n; kleines Regattasegelboot n; **~te** [kaˈnɛt] f Entchen n; Kanne; Flasche Bier; ⊕ Spule.
caniche [kaˈniʃ] m Pudel.
canicule [kaniˈkyl] f 1. ast. ♀ Hundsstern m; 2. Hundstage m/pl.
canif [kaˈnif] m Taschen-, Federmesser n.
canin [kaˈnɛ̃] hundeartig, Hunde...; fig. faim f ~e Heiß-, Bärenhunger m.
canine [kaˈnin] f Augenzahn m.
canis * [kaˈnis] m anrüchiges Tanzlokal n. [(des Haares).
canitie [kaniˈsi] f Grauwerden n]
caniveau [kaniˈvo] m (ausgemeißelter) Rinnstein m, Rinne f, Abflußrinne f, Gosse f; téléph. Kabelgraben m; ⚡ Leitungskanal.
cann|aie [kaˈnɛ] f Röhricht n, Rohrpflanzung f; **~e** [kan] f Rohr n; Rohr-, Spazierstock m; ~ à sucre Zuckerrohr n; **~eler** [kanˈle] (1c od.

cannelle — 92 — **capital**

1d) auskehlen, riffeln; **~elle** [ka'nɛl] f Zimt m; Faßhahn m; **~elure** [kan'ly:r] f Furche; Rinne f; **~er** [ka'ne] (1c od. 1d) mit Rohr (be)flechten.

canoë [kanɔ'ɛ] m Kanu n, Paddelboot n.

canoéiste [kanɔe'ist] su. Paddler m.

canon¹ [ka'nõ] m (Kanonen-)Rohr n; Kanone f; Geschütz n; Lauf; P Glas n od. Flasche f Wein; ~ antiaérien Flugabwehrgeschütz n, abr. Flak f; ~ antichar Panzerabwehrgeschütz n, abr. Pak f.

canon² rl. [~] m Regel f, Satzung f; ♪Kanon m; **~ial** [kanɔ'njal] (5c) kanonisch; domherrlich; **~iser** [kanɔni'ze] (1a) heiligsprechen.

canon|ade ⚔ [kanɔ'nad] f Kanonendonner m; **~er** [~nɔ'ne] (1a) mit Kanonen beschießen; **~ier** [~'nje] m Kanonier; **~ière** [~'nje:r] f Kanonenboot n.

canopie ⚓, ♃ [kanɔ'pi] f Bettkoje f.

canot [ka'no] m kleines Boot n, Paddelboot n; ~ automobile Motorboot n; ~ de course Rennboot n; ~ de sauvetage Rettungsboot n; ~ pliant Faltboot n; ~ pneumatique Schlauchboot n; **~age** [kanɔ'ta:ʒ] m Rudersport, Stilrudern n (sportmäßiges Rudern); ~ à voile Segelsport m; **~er** [~'te] (1a) paddeln, rudern; Kahn fahren; segeln; **~ier** [~'tje] m Ruderer m, Kahnfahrer m; fig. steifer, flacher Strohhut m, Kreissäge f fig.

cantatrice [kɑ̃ta'tris] f (Berufs-)Sängerin f (v. Genrestücken); Opernsängerin.

cantharide [kɑ̃ta'rid] f spanische Fliege f.

cantin|e [kɑ̃'tin] f Kantine f, Ausschank m; ~ d'officier Offizierskoffer m; **~ier** [~'nje] su. Kantinenwirt m; ehm. Marketender m.

cantique rl. [kɑ̃'tik] m Lobgesang m.

canton|ade [kɑ̃tɔ'nad] f 1. thé. Raum m hinter den Kulissen; 2. crier à la ~ ausrufen (Zeitungshändler); parler à la ~ in den Wind reden; **~nier** [~'nje] m Chaussee-, Strecken-, Straßenwärter m, a. -arbeiter m.

canular P [kany'la:r] m Ulk, Jokus; **~esque** P [~la'rɛsk] witzig, humorvoll.

canule [ka'nyl] f chir. Kanüle f; Flaschenfüllrohr n; Faßhahn m; P langweiliger, lästiger Mensch m.

caoutchouc [kau'tʃu] m Kautschuk m; Gummi-überschuh m, -band n; Regenmantel m; Auto, vél. F Decke f, Mantel m, Reifen m; ~ crêpe Kreppgummi m; ~ durci Hartgummi m; bas m de (od. en) ~ Gummistrumpf m; gant m en ~ Gummihandschuh m; ~ liquide flüssiger Kautschuk (Rostschutz für Autos).

cap [kap] m 1. Kap n, Vorgebirge n; 2. ⚓ Kurs m; 3. ⚓ Schiffsschnabel m; 4. fig. de pied en ~ vom Scheitel bis zur Sohle.

cap|able [ka'pabl] fähig, imstande; **~acité** [kapasi'te] f Geräumigkeit f, Rauminhalt m; fig. Fähigkeit f, Befähigung f (a. ⚖️); Kapazität f (a. Person), Fassungsvermögen n (bei Hohlmaßen); ⊕ Arbeitsleistung f; ~ économique Wirtschaftskraft f, -kapazität f; ~ de production Produktionskapazität f; ~ visuelle Sehleistung f; ~ d'engendrement Zeugungsfähigkeit f.

cape [kap] f ehm. Rittermantel m; Cape m, Umhang m; ⚓ steifer Hut m, fig. Melone f; Deckblatt f e-r Zigarre; fig. rire sous ~ sich eins ins Fäustchen lachen; **~ssien** Fr. écol. F [kapɛ'sjɛ̃] su. (7c) (nach C.A.P.E.S. genannt) Studienrat; **~line** [kap'lin] f langes, wallendes Haar n (Damenfrisur); breitrandiger Damenhut m, Kapuze f; ⚔ Haubenverband m; ehm. Sturmhaube f.

capharnaüm [kafarna'ɔm] m Sammelsurium n.

capill|aire [kapil'lɛ:r] 1. adj. haarartig; Haar...; lotion f ~ Haarwasser n; 2. ♀ m Frauenhaar n; **~iculteur** néol. [~likyl'tœ:r] m Haarpfleger m, Friseur m.

capilotade F [kapilɔ'tad] f wüstes Durcheinander n; mettre (od. réduire) en ~ zu Mus schlagen, kurz u. klein schlagen.

capitaine [kapi'tɛn] m Hauptmann m; Kapitän m; Feldherr m; Bandenführer m; ~ (d'équipe) Sport: Mannschaftsführer m; (grand) ~ d'industrie Industriemagnat m.

capit|al [kapi'tal] (5c) 1. adj. hauptsächlich; péché m ~ Todsünde f; peine f ~e Todesstrafe f; 2. m Haupt-

capitale — 93 — **carafon**

sache *f*; Kapital *n*; ~-*actions* ✝ Aktienkapital *n*; ~ *d'exploitation* (*od. de roulement*) Betriebskapital *n*; ~ *initial* Stammkapital *n*; ~ *liquide* flüssige(s) Kapital *n*; **~ale** [kapi'tal] *f* Hauptstadt; **~ation** ✝ [~ta'sjɔ̃] *f* Kopfsteuer; **~eux** [~'tø] berauschend, zu Kopfe steigend; **~onner** [kapitɔ'ne] (1a) auspolstern; **~ulaire** [~ty'lɛːr] *f* Kapital... *od.* Stifts...; **~ulard** [~ty'laːr] *esprit* ~ *pol.* defaitistische Gesinnung *f*; **~ulation** [~tyla'sjɔ̃] *f* Kapitulation *f*; **~uler** ⚔ [~ty'le] (1a) kapitulieren, die Waffen strecken, sich ergeben.

capon F [ka'pɔ̃] *m* Feigling *m*, Hasenfuß *m*, Drückeberger *m*, Memme *f*; **~ner** [kapɔ'ne] (1a) feige sein.

caporal [kapɔ'ral] *m* (5c) Korporal *m*; F Knaster *m*, billiger Tabak *m*.

capot [ka'po] **1.** *su. m* Regenmantel, Matsch(*Kartenspiel*); *Auto*: Motorhaube *f*; ~ *avant* vordere Haube *f*; ⊕ ~ *de protection* Schutzhaube *f*; **2.** *adj. inv.* matsch; bestürzt, verdutzt; **~e** [ka'pɔt] *f* Regen-, Soldatenmantel *m mit Kapuze*; (*Wagen-*)Verdeck *n*; Ṿ ~ *anglaise* Präservativ *n*; **~er** [kapɔ'te] (1a) *F* abstürzen; *Auto*, ≼ sich überschlagen.

câpre ❀ ['kɑːprə] *f* Kaper.

capric|e [ka'pris] *m* Eigensinn; Laune *f*; Willkür *f*; **~ieux** [~pri'sjø] (7d) eigensinnig; launenhaft.

capricorne [kapri'kɔrn] *m* Holzbock (*Käfer*); ☉ *ast.* Steinbock.

capricant [kaprikɑ̃] (7) hüpfend (*Puls*).

capsule [kap'syl] *f* Kapsel *f*; Einsatz *m* (*Gasmaske*); Zündhütchen *n*; ~ *articulaire* Gelenkkapsel.

cap|tateur [kapta'tœːr] *su.* Er(b-)schleicher *m*; **~tation** [~ta'sjɔ̃] *f* Er(b)schleichung; **~ter** [~'te] (1a) erschleichen; ⊕ *Quelle* fassen; *rad.* ~ *un poste* e-e Station heranholen; *téléph.* ~ *un message* e-e Mitteilung abfangen (*od.* abhören); **~tieux** [kap'sjø] arglistig, verfänglich.

capti|f, ~ve [kap'tif, ~'tiːv] **1.** (*kriegs*)gefangen; *ballon m* ~ Fesselballon *m*; *éc. une aide captive* e-e zum Ankauf v. Waren verpflichtende Wirtschaftshilfe; **2.** *su.* (*Kriegs-*)Gefangene(r); **~ver** [kapti've] (1a) *fig.* in s-n Bann ziehen, faszinieren, fesseln, für sich gewinnen; **~vité** [~vi'te] *f* Gefangenschaft.

captodeur ⚗ [kaptɔ'dœːr] *adj./inv.* aromaschützend (*Kühlschrank*).

captur|e [kap'tyːr] *f* Fang *m*; Wegnahme zollpflichtiger Waren; ♆ Prise *f*, Kapern *n*; Beute *f*; Ergreifung *f*, Verhaftung *f*; **~er** [~ty're] (1a) fangen; wegnehmen; ♆ aufbringen; verhaften.

capuchon [kapy'ʃɔ̃] *m* Kapuze *f*.

capucin [kapy'sɛ̃] *m* Kapuziner; Kapuzineraffe *m*, -taube *f*; **~ade** [kapysi'nad] *f* Kapuzinerpredigt *f*; Strafpredigt; *fig.* seichtes Gerede *n*, Plattheiten *f/pl.*; **~e** [~'sɛ̃] *f* Kapuzinernonne; ❀ Kapuzinerkresse; ≼ Gewehrring *m*.

caqu|e [kak] *f* Heringstonne *f*; **~er** [ka'ke] (1m) *Heringe* in Tonnen packen; P kacken.

caquet [ka'ke] *m*, **~age** [kak'taːʒ] *m* Gackern *n*; Geschwätz *n*; *rabattre le caquet à q.* j-m den Mund stopfen; **~er** [kak'te] (1c) gackern (*Huhn*); quaken (*Ente*), schnattern; *fig.* schwatzen; **~eur**, **~euse** [kak'tœːr, ~'tøːz] Schwätzer *m*, Klatschbase *f*.

car[1] [kaːr] *m* Rundfahrtauto *n*, Reiseomnibus *m*.

car[2] [kar] denn.

carabe [ka'rab] *m* Laufkäfer.

carabin|e ⚔ [kara'bin] *f* Karabiner *m*; ~ *à air comprimé* Luftgewehr *n*; **~é** *f* [~bi'ne] *adj.* heftig, scharf.

caracol|e [kara'kɔl] *f man.* Herumtummeln *n* e-s *Pferdes*; *escalier m* en ~ Wendeltreppe *f*; **~er** [~kɔ'le] (1a) (*Pferd*) sich tummeln, sich lebhaft hin und her bewegen.

carac|tère [karak'tɛːr] *m* Charakter; Kennzeichen *n*, Hauptmerkmal *n*; Schriftzeichen *n*; **~tériel** *psych.* [~te'rjɛl] (7c) charakterbedingt, Charakter...; **~tériser** [~teri'ze] (1a) kennzeichnen; charakterisieren; **~téristique** [~teris'tik] **1.** *adj.* charakteristisch, bezeichnend; **2.** *f* Charakteristik; ⊕ Charakterstimmung *n*; *pl.* ~s technische Daten *n/pl.* e-s *Geräts*; *gr.* Kennbuchstabe *m*; ƻ Kennziffer *f*.

caraf|e [ka'raf] *f* Karaffe (*1. Flasche, 2. Inhalt*); **~on** [kara'fɔ̃] *m* Fläschchen *n*.

caramboler [karãbɔ'le] (1a) v/i. **1.** bsd. Auto, 🚗 zusammenstoßen, zusammenprallen; **2.** bill. karambolieren.

carambouill|age [karãbu'ja:ʒ] m, **~e** [.'buj] f Gaunerei f, Gaunertum n; **~eur** [.'jœ:r] m Schieber m, Schwindler m, Betrüger m.

caram|el [kara'mɛl] m brauner Zuckerkandis; Husten-, Brustbonbon, Karamelle f; **~éliser** [karameli'ze] (1a) Zucker bräunen.

carapater P [karapa'te] v/i., a. se ~ auskneifen, sich dünne machen F, verduften P, türmen F.

carat [ka'ra] m Karat n.

caravan|e [kara'van] f Karawane f; Auto: Wohnwagenanhänger m; **~ier** [karava'nje] m Karawanen-, Kamelführer m; Auto: Wohnwagenbesitzer m; **~sérail** [.vũse'raj] m Karawanserei f; fig. internationaler Treffpunkt m.

carbon|ater 🧪 [karbɔna'te] (1a) mit Kohlensäure sättigen; in kohlensaures Salz verwandeln; **~e** [kar'bɔn] m Kohlenstoff; Kohlepapier n (Schreibmaschine); **~ique** [.bɔ'nik] kohlensauer; **~iser** [.bɔni'ze] (1a) verkohlen; F fig. zu scharf braten; P schädigen.

carbu|rant [karby'rã] Treib-, Betriebs-, Brennstoff m; **~rateur** [.ra'tœ:r] Auto: m Vergaser; **~re** [kar'by:r] m Karbid n; **~ré** [.by're] adj. kohlenstoffhaltig.

carcasse ⚠ [kar'kas] f Gerippe n; Gestell n e-s Lampenschirmes; 🔧 Tragwerk n; F c'est une ~ er ist nur noch Haut u. Knochen.

carcinome 🩺 [karsi'nɔm] m Krebs, Krebsgeschwür n.

cardage [kar'da:ʒ] m Aufkratzen n der Wolle.

cardamine 🌿 [karda'min] f Wiesenschaumkraut n.

cardan ⊕ [kar'dɑ̃] m Kardan n; arbre m à ~ Kardanwelle f.

card|e ⊕ [kard] f Wollkratze; Tuchkamm m; **~er** [kar'de] (1a) kämmen, streichen, aufkratzen; P ~ le poil de q. j-m das Fell gerben.

cardiaque [kar'djak] adj. anat. Herz..., zum Herzen gehörig; herzstärkend(es Mittel n); affection f ~ Herzleiden n.

cardinal [kardi'nal] (5c) **1.** adj. hauptsächlich, Haupt...; les points cardinaux die vier Himmelsgegenden; nombre m ~ Grundzahl f; **2.** su. m rl. Kardinal.

carême [ka'rɛm] m Fastenzeit f; **~-prenant** [karɛmprə'nã] m Fastnachtszeit f, bsd. Fastnachtsdienstag; Faschingsnarr; fig. F Pfingstochse m.

carénage [kare'na:ʒ] m ⚓ Kielholen n; Werft f; ⊕ Verkleidung f; 🚗 Radarkuppel f; Auto, 🚗 Stromlinienform f.

carence [ka'rã:s] f ✝ Zahlungsunfähigkeit f, Pfandmangel m; 🩺 Nährstoffmangel m, Mangelzustand m; bsd. pol. Versagen n; ~ vitaminique Vitaminmangel m; maladie f par ~ Mangelkrankheit.

carène [ka'rɛn] f (Schiffs-)Kiel m.

caréner [kare'ne] (1f) ein Schiff kielholen, ausbessern, reinigen; ⊕ verkleiden; Auto, 🚗 e-e Stromlinienform geben.

caress|e [ka'rɛs] f Streicheln n, Liebkosung; **~er** [kare'se] (1b) streicheln, liebkosen, schmeicheln (dat.).

cargaison [karge'zɔ̃] f Schiffsladung f.

cargo ⚓ [kar'go] m Frachtdampfer.

carguer ⚓ [kar'ge] v/t. (1m) aufgeien; einreffen.

cari|e [ka'ri] f 🩺 Knochenfraß m; Hohlwerden n (Zähne), Zahnfäule f; 🌾 Kornfäule; **~er** [ka'rje] (1a) anfressen; se ~ brandig werden (Getreide); anfaulen.

carill|on [kari'jɔ̃] m Glockenspiel n (Glocken-)Läuten n; F Lärm m; **~onnée** [karijɔ'ne]: fête f ~ rl. hohes Fest n; **~onner** [.] (1a) (ein-)läuten; F stark klingeln; ~ un air e-e Melodie mittels e-s Glockenspiels ertönen lassen; **~onneur** [.'nœ:r] m Glöckner. (rasse).

carlin [kar'lɛ̃] m Mops m (Hunde-

carm|e rl. [karm] m Karme'liter; ~ déchaussé Barfüßermönch m; **~iner** [karmi'ne] (1a) mit Karmin bemalen; **~inatif** 🩺 [.na'tif] adj. (7e) Blähungen verhindernd; m Blähungsbekämpfungsmittel n.

carnage [kar'na:ʒ] m Blutbad n, Gemetzel n; zerrissenes Fleisch n getöteter Tiere, Aas n.

carnassi|er [karna'sje] fleischfressend; raubgierig; **~ère** [.'sjɛ:r] f Jagdtasche.

carn|ation *peint.* [karnɑ'sjõ] *f* Fleischfarbe, -darstellung; **~aval** [‿na'val] *m (pl. ~s)* Fasching *m*, Fastnacht *f*, Karneval.

carne [karn] *f* **1.** Kante *f*, Ecke *f*; **2.** P verdorbenes, hartes Fleisch *n*; **3.** P Schweinehund *m*, Lump *m*; *bsd.* niederträchtiges Weibsbild *n*.

carn|et [kar'nɛ] *m* Notizbuch *n*; **~ à** *calquer* Durchschreibeheft *n*; **~ier** [kar'nje] *m* Jagdtasche *f*.

carnivore [karni'vɔːr] fleischfressend.

carott|e [ka'rɔt] *f* Mohrrübe; Kautabaksrolle; Prellerei; **~** *courte* Karotte *f*; **~** (*lumineuse*) Leuchtzeichen *n* e-s Tabakladens *in Form e-r Tabaksrolle*; **~er** [karɔ'te] (1a) *v/t.* P **~** *q. d'une somme* od. **~** *une somme à q.* j-n um etw. behumpsen; **~** *une consultation* e-e ärztliche Beratung umsonst haben wollen.

caroubier ⚕ [karu'bje] *m* Johannisbrotbaum.

carpe[1] *icht.* [karp] *f* Karpfen *m*.

carpe[2] *anat.* [~] *m* Handwurzel *f*.

carp|eau *icht.* [kar'po] *m* junger Setzkarpfen; **~ette** [kar'pɛt] *f* **1.** kleiner Teppich *m*; **2.** *icht.* Setzkarpfen *m*; **~ier** [‿'pje] *m* Karpfenteich.

carquois [kar'kwa] *m* Köcher.

carre [kaːr] *f* Winkel *m*, Fläche; Oberteil *m e-s Hutes*; Schulterstück *n e-s Rockes*; breite, stumpfe Spitze *e-s Schuhs*.

carr|é [ka're] **1.** *adj.* Quadrat-...; viereckig; *fig.* F offenherzig, geradezu; *tête f* **~e** eigensinniger Mensch *m*, Starrkopf *m*; **2.** *m* Quadrat *n*, Viereck *n*; ⚔ Karree *n*; ✗ Beet *n*; Treppenabsatz *m*; F Zimmer *n*; **~eau** [ka'ro] *m* viereckige Platte *f*; (*Stein-*)Fliese *f*; (*Ofen-*)Kachel *f*; Fensterscheibe *f*; F Monokel *n*; *Karten:* Karo *n*, Schellen *f/pl.*; Plätteisen *n*; 𓇽 Unterleibsschwindsucht *f*; **à ~x** *Stoff:* gewürfelt; **~efour** [kar'fuːr] *m* Kreuzweg; Straßen-ecke *f*, -kreuzung *f*.

carrel|er [karˈle] (1c) mit Fliesen auslegen; *Schuhe* flicken; **~et** [kar'lɛ] *m* Plattfisch; ⊕ Packnadel *f*; **~eur** [‿'lœːr] *m* Fliesenleger *m*.

carr|ément [kare'mɑ̃] *adv.* *fig.* rundweg, geradezu; **~er** [ka're] (1a) viereckig machen; ins Quadrat erheben; P legen, setzen, stellen; *se* **~** sich breit machen, es sich bequem machen.

carrière [ka'rjɛːr] *f* Steinbruch *m*; Lauf *m der Gestirne* od. *als Reitkunst*; Karriere *f*, Laufbahn; Beruf *m*.

carriole [ka'rjɔl] *f* zweirädriger Planwagen *m*; *mv.p.* schlechtes Fahrzeug *n*, Karrete *f*; *fig.* ~ *administrative* Amtsschimmel *m*.

carross|able [karɔ'sabla] (be)fahrbar; **~e** [ka'rɔs] *m* Karosse *f*; **~erie** [karɔs'ri] *f* Wagenbau *m*; *Auto:* Karosserie.

carrousel [karu'zɛl] *m* Ringelstechen *n* (*Volksfestlichkeit*).

carrure [ka'ryːr] *f* Schulterbreite *f*; vierschrötige Gestalt *f*.

cart|able [kar'tabla] *m* Schul-, Zeichen-, Schreibmappe *f*; **~e** [kart] *f* (*Land-, Spiel-, Visiten-, Speiseusw.*) Karte; Rechnung *des Speisewirts*; **~** *blanche* Vollmacht; **~** *d'alimentation* Lebensmittelkarte; **~** *d'identité* Personalausweis *m*; **~** *pliante* Faltkarte; **~** *postale* Postkarte; *battre les* **~s** die Karten mischen; **~el** [kar'tɛl] *m* ✝ Kartell *n*; *pol.* **~** *des gauches* Linkskartell *n*, -block *m*.

carte|-lettre [kart'lɛtrə] *f* Kartenbrief *m*; **~lliste** [‿tɛ'list] *m* Anhänger e-s Kartells; **~ pneumatique** [‿pnɔma'tik] *f* Rohrpostkarte; **~r** [kar'tɛːr] *m* *Auto:* Gehäuse *n*, Schutz-, Getriebekasten.

cartilage [karti'laːʒ] *m* Knorpel *m*.

carto|graphe [kartɔ'graf] *m* Kartograph *m*; **~guide** [‿'gid] *m* Autokarte u. Reiseführer *m* (*Broschüre*); **~mancie** [kartɔmɑ̃'si] *f* Wahrsagerei durch Kartenlegen.

carton [kar'tõ] *m* Pappe *f*; Karton, Mappe *f*; ~ *bitumé* Dachpappe *f*; ~ *ondulé* Wellpappe *f*; **~ner** [kartɔ'ne] (1a) kartonieren, in Pappe binden; **~nerie** [kartɔn'ri] *f* Pappenfabrik; **~nier** [‿'nje] *m* Pappenhändler *m*; Pappenarbeiter *m*; Aktenschrank; **~-pâte** [kartõ'paːt] *m* Papiermaché *n*.

cartouch|e ✗ [kar'tuʃ] **1.** *f* Patrone; Stange *f* (*Zigaretten*); Mine *f* (*Drehbleistift*); Rohrpostbüchse *f*; **2.** *m* △ Zierrahmen, Schönleiste *f*; **~ière** *f* ✗ *u. ch.* [‿tu'fjɛːr] Patronentasche *f*.

cas [ka] m Fall; Lage f; gr. Kasus; un ~ limite ein Grenzfall m; ~ de force majeure Zwangslage f; en ~ de ... im Falle von ...; au (od. en) ~ que ... (mit subj.), dans (od. pour) le ~ où ... (mit conj.) im Falle, (daß) ..., falls ...; dans tous les ~, en tout ~ jedenfalls; faire ~ de qch. Wert legen auf (acc.); le ~ échéant vorkommenden Falles.

casanier [kaza'nje] 1. adj. zu Hause sitzend, hockend; seßhaft; 2. su. Stubenhocker m.

casaqu|e [ka'zak] f (weitarmiger) Damenmantel m; Jockeyjacke; Kittel(bluse f) m; tourner ~ umschwenken, die Partei wechseln; ~in [kaza'kɛ̃] m kurzer Überrock; F tomber sur le ~ à q. j-n ordentlich verschimpfen (od. vertrimmen).

casbah [kaz'ba] f 1. Zitadelle u. Palast (Nordafrika); arabisches Viertel n; 2. * Haus n.

cascad|e [kas'kad] f Wasserfall m; F Purzelbaum m; liederliches Leben n; ⚡ montage m en ~ Serienschaltung f; ~eur [~'dœ:r] m 1. F Lebemann; 2. Zirkusclown für Purzelbäume; 3. Hilfestellung Leistender bei gefährlichen Filmszenen.

case [ka:z] f Häuschen n; Bungalow m; (Schrank-)Fach n; Schachbrett: Feld n; ~ postale Post(schließ)fach n, Schließfach n.

casemate [kaz'mat] f Kasematte; ⚔ Bunker m.

caser [kɑ'ze] (1a) fachweise ordnen; F unterbringen.

casern|e [ka'zɛrn] f Kaserne; ~er⚔ [~'ne] (1a) in Kasernen legen od. liegen.

casier [kɑ'zje] m Fachkasten n, Fach n, Sortierkasten m; Reuse f; Kartothek f, Kartei f; ~ judiciaire Strafregister n.

cas-limite [kɑli'mit] m Grenzfall.

casoar [kazɔ'a:r] m 1. orn. Kasuar; 2. ~ des Saint-Cyriens Helmfeder f, Federbusch der Kadetten von St.-Cyr.

casqu|e [kask] m Helm; Fliegerhaube f; Auto: Sturzhelm m; rad. Kopfhörer; ~é [kas'ke] adj. behelmt; ~er P [~'ke] (1a) (be)zahlen, blechen (P); ~ette [~'kɛt] f Mütze (mit Schirm).

cass|able [kɑ'sablə] zerbrechlich;

~ant [ka'sɑ̃] zerbrechlich; spröde (Metall); fig. schroff, umbeugsam, rechthaberisch; ~ation 🏛 [kasa'sjɔ̃] f Aufhebung; cour f de ~ Frankreichs oberster Gerichtshof m.

cass|e [kɑ:s] f Zerbrechen n; fig. Schaden m; typ. Setzkasten m; ~e-cou [kas'ku] m/inv. 1. gefährlicher Weg od. Ort; im Deutschen oft adjt. halsbrecherisch; 2. Draufgänger; 3. cin. etc. wagehalsiger Vertreter; ~e-croûte [kas'krut] m Imbiß; ~e-noisette, ~e-noix [kasnwa'zɛt, ~'nwa] m Nußknacker; ~er [ka'se] (1a) zerbrechen (a.v/i.); für ungültig erklären; ✗ absetzen; v/i. abus. zs.-brechen (Filmstar); P ~ sa pipe sterben, abkratzen P.

casserole [kas'rɔl] f Kochtopf m, Kasserolle, Schmorpfanne; * Spitzel m, Denunziant m.

casse-tête [kas'tɛt] m Totschläger (Stock); Kopfzerbrechen n, kopfzerbrechende Arbeit f; fig. betäubender Lärm.

cassette [ka'sɛt] f (Juwelen-) Kästchen n; Schatulle.

casseur [ka'sœ:r] m: ~ de prix Preisdrücker. [der Klasse.\

cassique * écol. [ka'sik] m Bester\

cassis [ka'sis] m 1. ♀ schwarze Johannisbeere f; Johannisbeerlikör; 2. [ka'si] Rinne f quer über e-e Straße, Querrinne f; 3. * Kopf, Birne f P, Detz P. [zucker m.\

cassonade [kasɔ'nad] f Roh-, Farin-\

cassure [ka'sy:r] f Bruch m; abus. Zs.-bruch m. [klasse.\

caste [kast] f Kaste, Menschen-\

castel [kas'tɛl] m Schlößchen n.

castill|an [kasti'jɑ̃] kastilisch; ♀ m Kastilier; ~ kastilische Sprache f; ♀e [kas'tij]: la ~ Kastilien f.

castor zo. [kas'tɔ:r] m Biber.

casuel [ka'zɥɛl] 1. adj. (7c) zufällig; 2. m Nebeneinkünfte f/pl.

cata|clysme [kata'klism] m Sintflut f; fig. Umsturz m, Katastrophe f, Umwälzung f; ~lepsie [~lɛp'si] f Katalepsie f, Krampfzustand m, Starrsucht; ~loguer [~lɔ'ge] (1m) katalogisieren; ~phote [~'fɔt] m Auto, vél. Rückstrahler m, Katzenauge n; ~plasme [~'plasm] m (Brei-)Umschlag; ~racte [~'rakt] f großer Wasserfall m; 🩺 grauer Star m.

catarrh|e [ka'ta:r] m Katarrh m;

catarrheux — **céder**

~eux [kata'rø] (7d) zu Katarrh neigend.
catastroph|e [kata'strɔf] f Katastrophe; **~ique** [~strɔ'fik] katastrophal, vernichtend.
cat|échèse [kate'ʃɛːz] f Katechismuslehre; **~échiser** [~ʃi'ze] (1a) den Katechismus lehren; *fig.* ~ q. j-n bevormunden; j-n abkanzeln; **~égorie** [katego'ri] f Kategorie f, Klasse, Art f, *fig.* Schlag m; **~égorique** [~gɔ'rik] kategorisch; hundertprozentig (*v. Beweis*); **~égoriser** [~gɔri'ze] (1a) in Kategorien einteilen; **~énaire** ⚡ [~te'nɛːr] m Oberleitung f, Fahrdraht m.
caterpillar ⊕ [katɛrpi'laːr] m Raupe(-nkette f, -nschlepper m) f.
cath|édrale [kate'dral] f Dom m, Kathedrale f; **~ode** ⚡ [ka'tɔd] f Ka'thode; **~olique** [katɔ'lik] katholisch.
catimini F [katimi'ni]: en ~ ganz heimlich, verstohlen, unbemerkt.
catin F [ka'tɛ̃] f Straßendirne f.
cat|ir [ka'tiːr] (2a) *dem Tuch die Glanzpresse geben*; **~isseur** [kati'sœːr] m Zeugpresser.
cauchemar [koʃ'maːr] m Alpdruck, -drücken n; *fig.* Schreckgespenst n; Gefühl n der Beklemmung, beklemmende Erinnerung f.
caus|al [ko'zal] (5c) ursächlich; den Grund angebend; kausal; **~e** [koːz] f Ursache; Veranlassung f, Rechtsgrund m; Prozeß m; Sache, *die verteidigt wird*; à ~ de ... wegen; **~er** [ko'ze] 1. verursachen; 2. plaudern, sich unterhalten; **~erie** [koz'ri] f Plauderei f, Unterhaltung f; *faire un brin de* ~ ein bißchen plaudern; **~ette** [ko'zɛt] f Geplauder n; F Plauderstündchen n.
causeu|r [ko'zœːr] (7d) 1. *adj.* gesprächig; 2. *su.* Unterhalter (in f) m; **~se** [~'zoːz] f kleines Sofa n.
causti|cité [kostisi'te] f Beizkraft; Spottsucht; **~que** [kos'tik] 1. *adj.* beizend, *fig.* beißend; 2. m Ätzmittel n. [List.]
cautèle [ko'tɛl] f Verschlagenheit f.
cauteleux [kot'lø] verschmitzt; verschlagen.
caut|ère ⚘ [ko'tɛːr] m künstliches Offenhalten f e-r Wunde; Mittel n zum Ausbrennen; **~ériser** [~teri'ze] (1a) (aus)brennen, ätzen.
caution [ko'sjɔ̃] f Bürgschaft f,

Kaution f; Bürge m; *fournir* ~ Bürgschaft leisten; *se porter* ~ bürgen, haften (*de* für); *sujet à* ~ verdächtig; **~nement** [kosjɔn'mɑ̃] m Bürgschaftsleistung f; Kaution(ssumme) f; **~ner** [kosjɔ'ne] (1a) anerkennen, gutheißen; ~ q. sich für j-n verbürgen.
caval|er P [kava'le] (1a) abhauen P, auskneifen P; verschwinden; *v/t.* belästigen; **~erie** [kaval'ri] f Kavallerie, Reiterei f; **~ier** m, **~ière** f [~'lje, ~'ljɛːr] 1. Reiter (in f) m; Kavallerist; Kavalier, Herr, Tänzer; *Schach:* Springer; 2. *adj.* ungezwungen; anmaßend; rücksichtslos; *perspective* f ~ perspektivische Zeichnung.
cav|e [kaːv] 1. f Keller m; Spielgeld n; ~ à charbon Kohlenkeller m; ~ à l'épreuve des bombes Luftschutzkeller m; ~ (à vin) Weinkeller m; 2. *adj.* hohl, eingefallen; *veines* f/pl. ~s *jede der beiden großen Herzadern*; 3. ✱ m a) Einfaltspinsel, *der e-e Frau bezahlt*; b) Außenseiter, *der nicht zum „milieu" gehört*; **~e-abri** [kavaˈbri] f Luftschutzkeller m; **~eau** [ka'vo] m kleiner Keller; (*Grab-*)Gewölbe n.
caver [ka've] (1a) aushöhlen; *Geld* setzen; **~ne** [ka'vɛrn] f Höhle; **~neux** [ka'vrnø] voller Höhlen; ausgehöhlt; *voix* f *caverneuse* Grabesstimme.
caviste [ka'vist] m Kellermeister.
cavité [kavi'te] f Höhlung; ⚘ ~ *thoracique* Brusthöhle.
ce [sə] *u.* **cet** [sɛt] m, **cette** [sɛt] f; *pl.* **ces** [se] diese(r); *nom. ce qui* (*acc. ce que*) was; *c'est pourquoi* darum, deshalb, deswegen; *ce matin* heute morgen; *c'est que* nämlich, doch (*erklärend*); *c'est moi qui l'ai dit* ich habe es gesagt; *mst. c'est* (*seltener: ce sont*) *eux* sie sind es.
céans † [se'ɑ̃] hier (innen); *noch in:* *maître* m *de* ~ (*der*) Hausherr.
ceci [sə'si] dieses, dies, das.
cécité [sesi'te] f Blindheit; ~ *nocturne* Nachtblindheit.
cédant ✞ [se'dɑ̃] m Vorfahrer.
céder [se'de] (1f) *v/t.* überlassen, abtreten; zedieren; ~ *le passage à* q. j-m Vorfahrt geben; j-n vorfahren (überholen) lassen; *v/i.* nachgeben; weichen; nachlassen; *le* ~ *en* qch. *à* q. j-m in etw. nachstehen.

7 Franz.-Dtsch.

cédille [se'dij] f gr. (Häkchen unter dem c) Cedille.
cèdre [sɛdrə] m Zeder f.
cédule [se'dyl] f ⚕ Schuldschein m; ⚖ Verfügung f; fin. ~ de l'impôt Einkommensteuergruppe f.
cégétiste [seʒe'tist] m Gewerkschaftler (Mitglied der C. G. T.).
ceindre ['sɛ̃:dr] (4b) umgürten; umgeben (de mit).
ceintur|e [sɛ̃'ty:r] f Gürtel m; Einfassung; Umwallung; ~ hygiénique Monatsbinde; ligne f de ~ ⚙ Ringbahn; ~ de sauvetage Rettungsring m; Auto: ~ de sécurité Anschnallgurt m; **~er** [sɛty're] (1a) mit e-m Gürtel umgeben; ⚔ einkreisen; Ringkampf: umklammern; **~on** [~'rɔ̃] m Degengehenk n; Säbelkoppel n; Lederriemen m.
cela [sə'la, sla] das (da); jenes; à ~ près dies ausgenommen, abgesehen davon; ~ fait damit, hierauf; c'est ~ ganz recht, so ist es; comment ~? wieso?
céladon [sela'dɔ̃] inv. mattgrün.
célébration [selebra'sjɔ̃] f Feier f; la ~ d'une fête das Feiern e-s Festes.
célèbre [se'lɛbrə] berühmt, namhaft.
célébr|er [sele'bre] (1f) feiern; rühmen; **~ité** [~bri'te] f Berühmtheit f, Ruf m, Größe f.
celer [sə'le] (1d) verheimlichen.
céleri ♀ [sɛl'ri] m Sellerie (a. f).
célérité [seleri'te] f Schnelligkeit, Geschwindigkeit.
céleste [se'lɛst] himmlisch; göttlich; bleu m ~ Himmelblau n.
Céleste F [~] su. Chinese m.
célesto-marxiste pol. [selɛstomar'ksist] chinesisch-marxistisch.
célibat [seli'ba] m Ehelosigkeit f; **~aire** [~ba'tɛ:r] su. u. adj. Junggeselle m; unverheiratete Frau f; unverheiratet.
cell|ier [sɛ'lje] m Wein-, Bier- od. Vorratskeller m; Kelterei f; **~ulaire** [sɛly'lɛ:r] Zellen...; prison f ~ Zellengefängnis n; **~ule** [sɛ'lyl] f Zelle f (a. pol. u. adm.); un sélène ♀ Selenzelle; ~ germinale Keimzelle; **~uleux** [sɛly'lø] zellig.
cellophane [sɛlɔ'fan] f Zellophan n, Zellglas n.
cellulose [sɛly'lo:z] f Zellulose.
celt|e, ~ique [sɛlt, ~'tik] keltisch.

celtiser ling. [sɛlti'ze] v/t. (1a) keltisieren.
celui [sə'lɥi] m, **celle** [sɛl] f; **ceux** [sø] m/pl., **celles** [sɛl] f/pl. pr./d. der, die, das(jenige); **~-ci** [səlɥi'si] dieser (hier); **~-là** [səlɥi'la] jener.
cément [se'mɑ̃] m 1. ⚒ Zementierpulver n; 2. Außenschicht f der Zahnwurzel; **~er** ⚒, ⊕ [~'te] (1a) Eisen zementieren.
cendre ['sɑ̃:dr] f Asche f; ~s pl. irdische Überreste m/pl.; geweihte Asche.
cendr|é [sɑ̃'dre] aschfarben; **~ée** [~] f Sport: Aschenbahn; **~eux** [~'drø] aschig, voll Asche; **~ier** [sɑ̃'drje] m 1. Aschenkasten m (im Ofen); 2. Aschbecher.
Cendrillon [sɑ̃dri'jɔ̃] f Aschenbrödel n.
Cène [sɛn] f Abendmahl n.
censé [sɑ̃'se] angesehen, betrachtet als; gehalten für; **~ment** [~'mɑ̃] angeblich, sozusagen.
censeur [sɑ̃'sœ:r] m hist. Zensor m; Kritiker, Krittler f; Fr. écol. etwa: Oberstudienrat m.
censur|able [sɑ̃sy'rablə] tadelnswert; **~e** [sɑ̃'sy:r] f Zensurbehörde f, Prüfstelle f; (Bücher-, Theater-, Film-)Zensur f; Disziplinar-(Kirchen-)strafe; **~er** [~sy're] (1a) bekritteln; rügen; prüfen.
cent [sɑ̃] hundert; m Hundert n; je vous donne en ~ raten Sie mal!; das erraten Sie nie!; **~aine** [sɑ̃'tɛn] f Hundert n.
centaure [sɑ̃'tɔ:r] m Zen'taur m.
centenaire [sɑ̃tə'nɛ:r] hundertjährig; m Hundertjahrfeier f.
centenier [sɑ̃tə'nje] su. u. adj. Hundertjährige(r); hunderjährig.
centésim|al, ~aux [sɑ̃tezi'mal] adj. (~aux) hundertteilig, hundertstel.
centi|are [sɑ̃tja:r] m Quadratmeter n; (¹/₁₀₀ Ar); **~ème** [sɑ̃'tjɛm] hundertste(r), hundertstel; **~grade** [sɑ̃ti'grad] hundertgradig, -teilig.
centime ⚕ [sɑ̃'tim] m = ¹/₁₀₀ Frank.
centimètre [sɑ̃ti'mɛ:trə] m Zentimeter n.
centrage [sɑ̃'tra:ʒ] m ⊕ Zentrieren n; ✈ Lastenverteilung f, Auslasten n.
centr|al, ~ale, pl. **~aux** [sɑ̃'tral, ~'tro] adj. zentral, im Mittelpunkt stehend od. gelegen; Mittel...; su. 1. m tél. Telefonzentrale f, Fernsprechamt n; 2. f ⚡ Kraftwerk n;

centre — 99 — **cessionnaire**

Zentrale; ⚠ ~ à béton Fertigbeton-Anlage; ⚡ ~ hydro-électrique Wasserkraftwerk n; ⚡ ~ interurbaine Überlandzentrale; ~ marémotrice Gezeitengroßkraftwerk n; ~ nucléaire (ou d'énergie atomique) Atomkraftwerk n; ~e m ['sɑ̃:trə] Mittelpunkt, Zentrum n; Sport: Mittelstürmer; ~ de sports d'hiver Wintersportplatz; ~ de gravité Schwerpunkt; ~ de phtisiologie Lungenheilstätte f; ~ de rotation Drehpunkt; ~ industriel Industriezentrum n.

centri|fuge [sɑ̃tri'fy:ʒ] adj. zentrifugal; f ⊕ Zentrifuge f, Schleudermaschine f; ~**pète** [sɑ̃tri'pɛt] zentripetal.

centup|le [sɑ̃'typlə] hundertfach; ~**ler** [sɑ̃ty'ple] (1a) verhundertfachen.

cep [sɛp] m ♣ Reb-, Weinstock m.

cèpe [sɛp] m Steinpilz.

cependant [s(ə)pɑ̃'dɑ̃] indessen; doch; währenddessen, unterdes, mittlerweile.

céramique [sera'mik] adj. keramisch; f (art m) ~ Töpferkunst f.

cérat ♣ [se'ra] m Wachs-Salbe f.

Cerbère [sɛr'bɛːr] m u. fig. Zerberus; ♀ F grober, strenger Wächter.

cerceau [sɛr'so] m Faßreifen; Trudelreifen m (zum Spielen).

cercl|e ['sɛrklə] m Zirkel, Kreis; (Tonnen-)Reif; fig. Bereich m; fig. Kreis m, Klub; phil. Zirkelschluß; ~ d'études Arbeitsgemeinschaft f; ~**er** [sɛr'kle] (1a): ~ qch. Reifen um etw. legen.

cercueil [sɛr'kœj] m Sarg.

céréale [sere'al] adj. (nur f) zum Getreide gehörig; ~s f/pl. Getreidearten.

cérébral [sere'bral] Gehirn...

cérémoni|al [seremɔ'njal] m Zeremoniell n, Etikette f; ~**eux** [~'njø] (7d) zeremoniös, förmlich, manieriert, affektiert.

cerf zo. [sɛrf] m Hirsch; ~**euil** f [sɛr'fœj] m Kerbel; ~-**volant** ent. [sɛrvɔ'lɑ̃] m Hirschkäfer; Papierdrache.

ceris|e ♣ [s(ə)'riːz] f Kirsche; ★ fig. avoir la ~ Pech n haben; adj. inv. kirschrot; ~**ette** [s(ə)ri'zɛt] f getrocknete Kirsche; ♣ Kirschpflaume; Kirschsaft m; ~**ier** [s(ə)ri'zje] m Kirschbaum.

cerne [sɛrn] m Jahresring im Holze; ♣ Ring um die Augen od. Wunde; ringförmiger Fleck.

cerneau [sɛr'no] m unreife Nuß f.

cern|er [sɛr'ne] (1a) umzingeln; Nüsse auskernen; avoir les yeux cernés blaue Ringe um die Augen haben.

certain [sɛr'tɛ̃] adj. (7) 1. (nach su.) sicher, absolut zuverlässig (Nachricht); 2. (vor su.) gewiß (in unbestimmtem Sinne).

certes [sɛrt] adv. wahrlich; sicher (einschränkend).

certifi|cat [sɛrtifi'ka] m Bescheinigung f, Nachweis m, Zeugnis n; ~ de bonne vie et mœurs Führungszeugnis n; ~ médical ärztliche Bescheinigung f; ~**er** [sɛrti'fje] (1a) bescheinigen.

certitude [sɛrti'tyd] f Gewißheit.

cérumen [sery'mɛn] m Ohrenschmalz n.

cérus(it)e peint. [se'ry:z, sery'zit] f Blei- od. Silberweiß n.

cerve|au [sɛr'vo] m Gehirn n; fig. Verstand; at. ~ électronique Elektronen(ge)hirn n; avoir un rhume de ~ den Schnupfen haben; ~ brûlé überspannter Mensch m, Heißsporn m, Hitzkopf m; ~**las** [~vəˈlɑ] m Zervelatwurst f; ~**let** anat. [~'lɛ] m Kleinhirn n; ~**lle** [~'vɛl] f Bregen m; brûler la ~ à q. j-m e-e Kugel durch den Kopf jagen.

Cervin [sɛr'vɛ̃] m: mont m ~ Matterhorn n.

ces [se] s. ce das, dies.

césarien [seza'rjɛ̃] cäsarisch; chir. opération f ~ne Kaiserschnitt m.

cess|ation [sesa'sjɔ̃] f Einstellen n, Beendigung f; Aufhören n; Stillstand m; vente f totale pour cause de ~ de commerce Ausverkauf m wegen Geschäftsaufgabe; Räumungsverkauf m; ~**e** [sɛs] f Aufhören n; Rast; sans ~ unaufhörlich; n'avoir ni repos ni ~ keine Rast noch Ruhe haben; ~**er** [sɛ'se] (1b) v/i. aufhören; v/t. Arbeit einstellen, unterbrechen, niederlegen; ~ er ein Ende machen (dat.); ~**ible** ⚖ [se'siblə] übertragbar; abtretbar; ~**ion** [se'sjɔ̃] f Abtretung; ~ de licence Lizenzabgabe; ~**ionnaire** ✝ [~sjɔ'nɛːr] m Übernehmer e-r Aktie usw., Zessionär m.

c'est-à-dire [sɛta'di:r] das heißt; nämlich.

cet *m*, **cette** *f* [sɛt] dieser, diese.

cétacé [seta'se] *m zo.* Wal.

ceux [sø] *m/pl. von celui* dieser.

chabler [ʃa'ble] (1a) ⚓ mit e-m Tau heben *od.* ziehen; ⊕ zu e-m Strick drehen; ⚔ ~ *des noix* Nüsse abschlagen.

chablis [ʃa'bli] *m* 1. weißer Burgunderwein; 2. *for.* Windbruch *m*.

chabot *icht.* [ʃa'bo] *m* Kaulkopf.

chabraque [ʃa'brak] 1. *f* P Fose *f* V; 2. * *adj.* verrückt.

chacal [ʃa'kal] *m*, *pl.* ~**s** 1. *zo.* Schakal; 2. F *ehm.* Zu'ave.

chachater [ʃaʃa'te] (1a) *v/i.* Cha Cha Cha tanzen.

chacun, ~e *pr./su.* [ʃa'kœ̃, ~'kyn] jede(r); *à tout un chacun* jedem einzelnen.

chafouin [ʃa'fwɛ̃] (7) *su.* verschmitzt aussehende Person *f*.

chagrin [ʃa'grɛ̃] (7) 1. *m* Gram; Ärger; Chagrin(leder) *n*; 2. *adj.* mißgestimmt, verstimmt, grämlich; ~**er** [~gri'ne] (1a) betrüben; ärgern; ⊕ *Leder* narben.

chahut *bsd. écol.* [ʃa'y] *m* großer Lärm; Radau *m*; ~**er** [~'te] (1a) *v/i.* lärmen, randalieren; *v/t.* auspfeifen.

chai [ʃɛ] *m* (oberirdisches) Weinlager *n*.

chaîn|e [ʃɛn] *f* Kette *f*; *rad.* Sender *m*; *fig.* Bande *n/pl.*; ✞ Filialbetrieb *m*; ✝ Galeerenstrafe; *rad.* Sendegruppe; *rad.* Programm *n*; ~ *hôtelière* Hotel-Filialunternehmen *n*; *travail à la* ~ ⊕ Band-, Fließarbeit *f*; ~ *antidérapante Auto:* Kettengleitschutz *m*; *rad.* ~ *de télévision* Gesamtheit der Fernsehsender; ~ *du froid* Kühlkette *(bei Lebensmittelprodukten)*; ~**é** [ʃɛ'ne] kettenförmig; ~**er** [~] (1b) mit der Kette messen; ⚠ durch Eisenstangen absteifen; ~**ette** [ʃɛ'nɛt] *f* Kettchen *n*; *point m de* ~ Kettenstich; ~**on** [ʃɛ'nɔ̃] *f* Kettenglied *n*; Hügelkette *f*; 🜛 Molekülkette *f*.

chair [ʃɛːr] *f* Fleisch *n* (*von Menschen, lebenden Tieren, Früchten*); *bibl.* Sinnlichkeit; *fig.* ~ *de poule* Gänsehaut.

chaire [ʃɛːr] *f* (bischöflicher) Kirchenstuhl *m*; Kanzel; Lehrstuhl *m*.

chaise [ʃɛːz] *f* Stuhl *m*; ⚖ ~ *électri-*que *elektrischer Stuhl m;* ~ *percée* Nachtstuhl *m* (*in Krankenhäusern usw.*); ~ *pivotante* Drehstuhl *m*; *ehm.* ~ *de poste* Postkutsche; ~ *à porteurs* Sänfte; ~**-longue** *f* [~'lɔ̃:g] Liegestuhl *m*.

chaland[1] [ʃa'lɑ̃] *m* (flaches) Transportschiff *n*; Frachtkahn.

chaland[2] ✝ [ʃa'lɑ̃] *su.* Stammkunde *m*.

chalcographie [kalkɔgra'fi] *f* Kupferstecherkunst.

châle [ʃɑːl] *m* Schal *m*.

chalet [ʃa'lɛ] *m* Sennhütte *f*; Schweizerhaus *n*; kleine Villa *f*; ~ *de nécessité* Bedürfnisanstalt *f*.

chaleur [ʃa'lœːr] *f* Hitze; Wärme; Brunst(zeit); ~ *blanche* (*rouge vif*) ⊕ Weiß-(Rot)glut *f*; ~**eux** [ʃalœ'rø] *fig.* warm, warmherzig, gefühlvoll, ergreifend; lebhaft (*Stil*).

châlit [ʃa'li] *m* Bettgestell *n*; ⚔ Pritsche *f*.

challenge [ʃa'lɑ̃:ʒ] *m Sport:* Pokalkampf; Wanderpreis.

chaloupe ⚓ [ʃa'lup] *f* Schaluppe; ~**-pilote** *f* [~pi'lɔt] Lotsenboot *n*.

chalumeau [ʃaly'mo] *m* Halm; ♪ Schalmei *f*; ⊕ Lötrohr *n*; ~ *à souder* ⊕ Schweißbrenner; ~ *de découpage* Schneidbrenner; *découper au* ~ mit dem Schneidbrenner aufschneiden.

chalut ⊕ [ʃa'ly] *m* Sach-, Schleppnetz *n*; ~**ier** ⚓ [ʃaly'tje] *m* (Sacknetz-)Fischdampfer *m*.

chamade ✝ ⚔ [ʃa'mad] *f* Kapitulationssignal *n*.

chamaill|er [ʃamɑ'je] (1a): *se* ~ sich herumbalgen; sich zanken; ~**erie** [~maj'ri] *f* Krakeel *m*, Zank *m*, Krach *m*, Balgerei *f*.

chamarr|er [ʃama're] (1a) verbrämen, besetzen; *mst. iron.* ausstaffieren; ~**ure** *iron.* [~'ry:r] *f* (kitschige) Verzierung *f*, Ausstaffierung *f*, Lametta (F) *n*.

chambard F [ʃɑ̃'baːr] *m* Gepolter *n*, Spektakel *m*, Skandal *m*, Radau *m*, Krach *m*; ~**ement** F [ʃɑ̃bardə'mɑ̃] *m* Umsturz; Umstürzen *n*; ~**er** [~'de] umwerfen, durcheinanderbringen; randalieren, krakeelen.

chambellan [ʃɑ̃bɛ'lɑ̃] *m* Kammerherr.

chambranle △ [ʃɑ̃'brɑ̃:lə] *m* (Tür-, Fenster-)Verkleidung *f*; Kaminsims.

chambr|e [ˈʃɑ̃:brə] f Zimmer n; Stube; Kammer (a. ♎︎, pol., ✝, ⊕); ♀ basse Unterhaus n; ♀ haute Oberhaus n; phot. ~ noire (obscure) Dunkelkammer; Auto, vél. ~ à air Luftschlauch m; ~ de commerce Handelskammer; ~ de l'économie Wirtschaftskammer; ~ des métiers Handwerkskammer; ouvrier m en ~ Heimarbeiter; **~e-cuisine** [~kɥiˈzin] f Wohnküche; **~ée** bsd. ⚔︎ [ʃɑ̃ˈbre] f (e-e) Stubevoll; ⚔︎ Mannschaftszimmer n, Korporalschaft; **~er** [~] (1a) v/i. in demselben Zimmer wohnen; v/t. in e-m Zimmer einsperren; F j-n umgarnen; j-n hochnehmen, sich über j-n lustig machen; **~ière** [ʃɑ̃briˈɛ:r] f Zirkuspeitsche; Gabelstütze e-s Karrens.

cham|eau zo. [ʃaˈmo] m Kamel n; **~elier** [ʃaməˈlje] m Kameltreiber; **~elle** zo. [ʃaˈmɛl] f Kamelstute.

chamois zo. [ʃaˈmwa] m Gemse f; (couleur) ~ Gemsfarbe f; Gemsleder n; **~er** ⊕ [~mwaˈze] (1a) sämisch gerben.

champ [ʃɑ̃] m Acker; Feld n; Platz; Fläche f; fig. Gebiet n; fig. (freier) Spielraum; ⊕ schmale Seite f; ~ d'activité Geschäfts-, Wirkungsbereich; ~ de courses Sport: Rennbahn f; ~ de foire Jahrmarkts-, Rummelplatz; ~ de repos Friedhof; ~ d'épandage 🖈 Rieselfeld n; ~ visuel Gesichtsfeld n; à travers ~s querfeldein; F se donner du ~ sich Zeit lassen; F prendre du ~ sich Zeit nehmen; F adv.: à tout bout de ~ alle Augenblicke, andauernd, bei jeder Gelegenheit; sur-le-~ auf der Stelle, sofort; **~agne** [ʃɑ̃ˈpaɲ] m Sekt, Schaumwein; ♀**agne: la** ~ die Champagne; **~art** [~ˈpa:r] m Mischkorn; **~enois** [ʃɑ̃pəˈnwa] aus der Champagne; **~être** [ʃɑ̃ˈpɛ:trə] ländlich; **~ignon** ♀ [ʃɑ̃piˈɲɔ̃] m Pilz; Schwamm; **~ignonnière** [ʃɑ̃piɲɔˈnjɛ:r] f Pilzbeet n.

champion Sport [ʃɑ̃ˈpjɔ̃] m Meister, Sieger m; Champion m (im Fußball usw.); **~nat** [ʃɑ̃pjɔˈna] m Wettkampf; Meisterschaft f; ~ du monde Weltmeisterschaft f; **~ne** [~ˈpjɔn] f Sport: Weltmeisterin f; fig. Hauptvertreterin f.

chançard P [ʃɑ̃ˈsa:r] m Glückskind n, -pilz.

chance [ʃɑ̃:s] f Chance f, Glücksfall m; Glück n; ~s pl. Möglichkeiten f/pl., Aussichten f/pl.; bonne ~! viel Glück!; **~ler** [ʃɑ̃ˈsle] (1c) (sch)wanken; wankelmütig sein; **~lier** [ʃɑ̃sɔˈlje] m Kanzler; [~ˈljɛ:r] f Fußsack m; **~llerie** [ʃɑ̃sɛlˈri] f (Staats-)Kanzlei.

chanceux [ʃɑ̃ˈsø] riskant, gewagt; glücklich; une affaire chanceuse e-e gewagte Sache; un homme ~ ein Glückskind.

chanci|r [ʃɑ̃ˈsi:r] (2a) schimmelig werden, verschimmeln; **~ssure** ♀ [~siˈsy:r] f Schimmel m.

chancr|e [ʃɑ̃:krə] m 𝔐 Krebs, fressendes Geschwür n; 🖈 Brand an Bäumen, Baumkrebs m; **~eux** [ʃɑ̃ˈkrø] (7d) f krebsartig; 𝔐 brandig.

chandail [ʃɑ̃ˈdaj] m Pullover m, wollene Weste f, Sporttrikot n.

Chandel|eur [ʃɑ̃dˈlœ:r] f Lichtmeß f (2. Februar); ♀**ier** [ʃɑ̃dˈlje] m Leuchter; Lichtzieher; ♀**le** [ʃɑ̃ˈdɛl] f (Talg-)Licht n, Kerze f; ~ romaine Feuerwerksrakete f; le jeu en faut la ~! die Sache lohnt sich!; ♀**lerie** [ʃɑ̃dɛlˈri] f Lichtzieherei.

chanfrein [ʃɑ̃ˈfrɛ̃] m 1. Vorderteil des Pferdekopfes; ~ blanc Blesse f; 2. △ Schrägkante f; **~er** ⊕ [ʃɑ̃freˈne] (1b) bestoßen, abschrägen.

chang|e [ʃɑ̃:ʒ] m Tausch; Wechsel; ✝ Bank-, Wechselgeschäft n; ch. fausse Spur f (a. fig.); donner le ~ irreführen, e-n falschen Hinweis geben (sur auf acc.); **~eable** [ʃɑ̃ˈʒablə] veränderlich; **~eant** [~ˈʒɑ̃] veränderlich; launisch; schillernd; **~ement** [~ʒˈmɑ̃] m Veränderung f; ~ de direction Fahrtrichtungsänderung f; ~ de voiture 🚆 Umsteigen n; ~ de vitesse Auto: Wechselgetriebe n, Gangschaltung f; ~ du sens Bedeutungswandel m; ~ du temps Witterungsumschlag m; **~er** [ʃɑ̃ˈʒe] (11) v/t. vertauschen; Geld (ein-, um-, ver-)wechseln; verändern; v/i. sich verändern; ~ de qch. (mit) etw. (an, mit od. für sich selbst) wechseln; **~eur** [~ˈʒœ:r] m Geldwechsler.

chanoine [ʃaˈnwan] m Domherr; **~sse** [ʃanwaˈnɛs] f Stiftsdame.

chanson [ʃɑ̃ˈsɔ̃] f (heiteres, geselli-

chansonner — 102 — **charcuterie**

ges) Lied *n*; ~s *pl.* Unsinn *m*, Gefasele *n*, Quatsch *m*, Geschwätz *n*; **~ner** [ʃɑ̃sɔ'ne] (1a): ~ *q.* ein Spottlied machen auf (*acc.*); **~nette** [~'nɛt] *f* Liedchen *n*; **~nier** [~'nje] *m* Coupletsänger *m*; Liederdichter, -buch *m*.

chant [ʃɑ̃] *m* 1. Gesang; (ernstes) Lied *n*; Vogelstimme *f*; ~ *du coq* Krähen *n*; 2. ⊕ Schmalseite *f*.

chantage [ʃɑ̃'ta:ʒ] *m* Erpressung.

chantepleure [ʃɑ̃t'plœ:r] *f* Seihtrichter *m*; Gießkanne; Wasserabzugsloch *n*; Stichhahn *m e-s Fasses*.

chanter [ʃɑ̃'te] (1a) singen (*a. Vögel*), krähen, schlagen, zirpen, wirbeln *usw.*); quietschen (*Tür*); preisen; F erzählen; *que me chantez-vous là?* was erzählen Sie mir da?; F *si ça vous chante* wenn es Ihnen zusagt (*od.* paßt); **~elle** [ʃɑ̃'tɛl] *f* ♪ Quinte(nsaite); Lockvogel *m*; ♀ Pfifferling *m*.

chanteu|r [ʃɑ̃'tœ:r] *m* Sänger; *maître* ~ *m* 1. *hist.* Meistersinger; 2. (Geld-)Erpresser; **~se** [~'tø:z] *f* Sängerin *f jeder Art*; *stets in Zssgn:* ~ *d'opéra* e-e Opernsängerin *f*.

chantier [ʃɑ̃'tje] *m* Bau(hof); Baustelle *f*; Wagenschuppen; Werft *f*; Lagerplatz; ~ *routier* Straßenbaustelle *f*.

chantonner [ʃɑ̃tɔ'ne] (1a) halblaut vor sich hersingen.

chantourner ⊕ [ʃɑ̃tur'ne] (1a) auskehlen, laubsägen; ⊕ *scie f à* ~ Laubsäge.

chantre ['ʃɑ̃:trə] *m* Kantor; *poét.* Sänger, Dichter.

chanvr|e ♀ ['ʃɑ̃:vrə] *m* Hanf; **~ier** [ʃɑ̃vri'e] *m* Hanfbrecher; Hanfhändler. [Polizeidiener.)

chaouch *arab.* [ʃa'uʃ] (*pl.* ~*es*) *m*)

chaparder F [ʃapar'de] *v/t.* (1a) F klauen.

chape [ʃap] *f* Chorrock *m*; *cuis.* (*Schüssel-*)Deckel *m*; ⊕ Überzug *m*, Kappe *f*, Schutzmantel *m*; △ Fußbodenbelag *m*.

chapeau [ʃa'po] *m* Hut (*a. der Pilze*); ⊕ Deckel, Sims, Kappe *f usw.*; ~ *haut de forme* Zylinderhut; ~ *melon* runder, steifer Hut, Melone *f*; P *il travaille du* ~ bei ihm ist 'ne Schraube locker, er hat nicht alle Tassen im Schrank; ♪ ~ *chinois* Schellenbaum; P *faire le coup du* ~ e-e Anti-Grippe-Kur durch den Genuß verschiedener Alkoholsorten machen.

chapel|ain [ʃa'plɛ̃] *m* Kaplan; **~et** [ʃa'plɛ] *m* Rosenkranz; *fig.* Reihe *f* [~'nɛt] *f* Liedchen *n*; Kette *f*; ⊕ Becherwerk *n*; ~ *de voitures* Autoschlange *f*; **~ier** [ʃapə'lje] *m* Hutmacher; **~le** [ʃa'pɛl] *f* Kapelle; **~lerie** [ʃapɛl'ri] *f* Hutgeschäft *n*, -handel *m*.

chaperon [ʃa'prɔ̃] *m* Käppchen *n*; △ Haube *f*; Kappe *f*; Anstandsdame *f*; *petit* ~ *rouge* Rotkäppchen *n*; **~ner** [ʃaprɔ'ne] (1a) verkappen; ~ *une jeune personne* als Anstandsdame ein junges Mädchen begleiten.

chapit|eau [ʃapi'to] *m* △ Knauf, Kapi'tell *n*; [ʃa'pitrə] *m* Kapitel *n*; *avoir voix au* ~ ein Wort mitzureden haben; **~rer** [ʃapi'tre] (1a): ~ *q.* j-m die Le'viten lesen, j-n abkanzeln.

chapon [ʃa'pɔ̃] *m* Kapaun; **~ner** [ʃapo'ne] (1a) verschneiden.

chaque [ʃak] *adj.* jeder (jede, jedes).

char [ʃa:r] *m*: ~ *à bancs* Kremser *m*; ~ *blindé,* ~ *d'assaut* Panzerwagen *m*, Tank *m*; ~ *de triomphe* Triumphwagen; ~ *funèbre* Leichenwagen.

chara|bia [ʃara'bja] *m* Kauderwelsch *n*; **~de** [ʃa'rad] *f* Silbenrätsel *n*.

charançon [ʃarɑ̃'sɔ̃] *m* Kornwurm.

charbon [ʃar'bɔ̃] *m* Kohle *f*; (*Getreide-*)Brand; ♀ Karbunkel *m*; ~ *brut* ⚒ Roh-, Förderkohle *f*; **~nage** ⚒ [ʃarbɔ'na:ʒ] *m* Zeche *f*, (Stein-)Kohlenbergwerk *n*; *être sur des* ~*s* (*ardents*) wie auf Kohlen sitzen; **~né** [~'ne] *adj.* verkohlt; ✓ brandig; kohlschwarz; **~née** [ʃarbɔ'ne] *f* ⊕ Kohlenschicht *f*; *peint.* Kohlezeichnung; *cuis.* Rostbraten *m*; **~ner** [~bɔ'ne] (1a) verkohlen; mit Kohle schwärzen *od.* zeichnen; *v/i.* kohlen, blaken; **~nerie** [~bɔn'ri] *f* Kohlenhandlung *f*; **~nier** [~bɔ'nje] *m* Kohlenbrenner; ✝ Kohlenhändler; ⚓ Kohlenschiff *n*; **~nière** [~bɔ'njɛ:r] *f* Kohlenmeiler *m*; *orn.* Kohlmeise.

charcutage [ʃarky'ta:ʒ] *m*: ~ *électoral* Wahlschwindel *m*.

charcuter [ʃarky'te] (1a) zermetzeln, zerhacken; F ungeschickt operieren; **~ie** [~ky'tri] *f* Schweinefleischware(nhandlung) *f*, Fleischu. Wursthandlung.

charcutier [ʃarky'tje] *m* Schweinefleischwarenhändler.
chardon [ʃar'dɔ̃] *m* Distel *f*; **~ner** [~dɔ'ne] ⊕ *Tuch*: rauhen; krempeln; **~neret** [~'re] *m orn.* Stieglitz, Distel.
charg|e [ʃarʒ] *f* Last, Bürde; Ladung (*a. der Schußwaffen*); Verpflichtung; Amt *n*; Stelle; Anklagepunkt *m*; ⚔ *heftiger Angriff m*; Übertreibung, Karikatur; *à ~ de* unter der Bedingung, daß; *à la ~ de* zu Lasten; *femme f de ~* Haushälterin; *pas m de ~* Sturmschritt *m*; *~ maxima autorisée* zugelassene Höchstbelastung; *~ marchande ad. payante a.* ☆ Nutzlast *m*, zahlende Last *f*; *~ de police* Polizeiaufgebot *n*; ⊕ *~ de rupture* Bruchlast *f*; ⚡ *~ de tension f de ~* Ladespannung *f*; *~ utile* ⊕ Nutzlast; **~ement** [ʃarʒə'mɑ̃] *m* (Ver-)Ladung *f*; **~er** [ʃar'ʒe] (11) (be)laden, beschweren; ⚵ als Wertbrief aufgeben; ⚡ (auf)laden; ⚖ j-m etw. zur Last legen; übertreiben, karikieren; ⚔ ungestüm angreifen; *~ q. de qch.* j-n mit etw. beauftragen; *chargé m d'affaires* Geschäftsträger *m*, Beauftragter *m*; † *~ un compte* ein Konto belasten; *se ~ de qch.* etw. übernehmen, etw. auf sich nehmen; *se ~ Wetter:* sich bedecken; *Zunge:* sich belegen; **~eur** [ʃar'ʒœːr] *m* Auflader; ⚓ Befrachter; **~ez!** ⚔ [ʃar'ʒe] laden!
chariot [ʃa'rjo] *m* Leiterwagen; Wagen *e-r Schreibmaschine*; Schlitten *e-r Strickmaschine*, *e-r Kamera usw.*; *~ électrique* Elektrokarren *m*; Elektrolaufkatze *f*.
charit|able [ʃari'tablə] mildtätig; barmherzig; *fig.* wohlgemeint; *fondation f ~* wohltätige Stiftung *f*; **~é** [ʃari'te] *f* Nächstenliebe; Liebeswerk *n*.
charivari [ʃariva'ri] *m* Katzenmusik *f*.
charlatan [ʃarla'tɑ̃] *m* Marktschreier; Schwindler; Scharlatan *m*, Quacksalber *m*, Kurpfuscher *m*; Bluffer *m*, Angeber *m*, Großtuer *m*; **~isme** [~ta'nism] *m* Marktschreierei *f*, Schwindelei *f*, Scharlatanismus *m*, Kurpfuscherei *f*.
Charlemagne [ʃarlə'maɲ] *m* Karl der Große.
Charles [ʃarl] *m* Karl.
charlotte [ʃar'lɔt] *f* **1.** Apfelbrei *m* mit gerösteten Brotschnitten; *~ russe* Schlagsahne mit Keks; **2.** Damenhut *m* mit Volants.
charm|ant, ~ante [ʃar'mɑ̃, ~'mɑ̃:t] reizend, entzückend.
charm|e¹ [ʃarm] *m* Zauber; Reiz; **~e²** [~] *m* Hage-, Weißbuche *f*; **~er** [ʃar'me] (1a) bezaubern; entzücken; auf angenehme Art verkürzen; **~ille** [~'mij] *f* Hagebuchenlaube *f*; Laubengang *m*.
charnel [ʃar'nɛl] (7c) fleischlich, sinnlich.
charnier [ʃar'nje] *m* Leichenfeld *n*.
charnière [ʃar'njɛːr] *f* Scharnier *n*; Hohlmeißel *m*.
charnu [ʃar'ny] fleischig (*v. Früchten u. anat.*).
charogne [ʃa'rɔɲ] *f* Tierleiche *f*, Kadaver *m*, Aas *n*.
charpent|e [ʃar'pɑ̃:t] *f* Zimmerwerk *n*, Gebälk *n*; *litt.* Aufbau *m*; *~ osseuse* Knochengerüst *n*; **~er** [ʃarpɑ̃'te] (1a) zimmern; **~erie** [~pɑ̃'tri] *f* Zimmerhandwerk *n*; **~ier** [~pɑ̃'tje] *m* Zimmermann *m*; ⊕ *~ en fer* Gerüstbauer *m*.
charpie ⚕ [ʃar'pi] *f* gezupfte Leinwand; Scharpie.
charret|ée [ʃar'te] *f* Ladung *f*, Karrenvoll *m*; **~ier** [ʃar'tje] *m* Fuhrmann *m*; **~te** [ʃa'rɛt] *f* zweirädriger Pferdekarren *m*.
charriage [ʃa'rjaːʒ] *m* Anfuhr *f*; Fuhrlohn.
charrier [ʃa'rje] (1a) an-, abfahren; mit sich führen (*Flüsse*), (*Eis*) treiben; P j-n hochnehmen, verutzen; *~ des glaçons* Eisschollen mit sich führen.
charroi [ʃa'rwa] *m* Fuhrwesen *f*, Fuhre *f*.
charron [ʃa'rɔ̃] *m* Stellmacher.
charroyeur [ʃarwa'jœːr] *m* Fuhrmann.
charrue [ʃa'ry] *f* Pflug *m*.
charte [ʃart] *f* Charta *f*, Urkunde; **~-partie** ⚓, ✈ [~par'ti] *f* Befrachtungsvertrag *m*.
chartil [ʃar'til] *m* Unterstelldach *n* für Wagen usw.
chartreuse [ʃar'trøːz] *f* Kartauserkloster *n*; einsames Landhäuschen *n*; Chartreuse (*Likör*).
chartrier [ʃartri'e] *m* Urkundensammlung *f*; Archiv *n*; Archivar.
chas [ʃa] *m* Nadelöhr *n*.
chasse [ʃas] *f* Jagd; ⊕ Spielraum *m*,

châsse — 104 — **chaufferie**

Toleranz f; ~ à courre Hetzjagd; ~ au client Kundenfang m; ~ d'eau (W. C.) Spülvorrichtung.

châsse [ʃɑ:s] f Reliquienkästchen n; ~ de lunettes Brilleneinfassung.

chasse|-corps ⚓ [ʃas'kɔ:r] m Schieneräumer m; **~-marée** [~ma're] m schneller Fischkarren, -kärrner; *schnelles Küstenfischerboot n*; **~-mouches** [~'muʃ] m Fliegennetz m, -wedel; **~-neige** [~'nɛ:ʒ] m Schneepflug; **~-pierres** ⚓ [~'pjɛ:r] m Schienen-, Gleisräumer.

chasser [ʃa'se] (1a) jagen; weg-, hinaus-, verjagen, vertreiben; einschlagen (*Nagel*); *Auto*: ~ sur les roues rutschen, schleudern; ~ à la côte auf die Küste zutreiben.

chasseur [ʃa'sœ:r] su. (7g) Jäger m; Jagdflieger m; Jagdflugzeug n; Eilbote (*od.* Page) e-s Hotels; *vaisseau* m ~ verfolgendes Schiff n; ~ *alpin* ✕ Alpenjäger; ~ à réaction ✈ Düsenjäger; ~ *parasites* Schädlingsbekämpfer, Kammerjäger.

chassieux [ʃa'sjø] (7d) triefäugig, triefend.

châssis [ʃa'si] m Einfassung f; Mistbeetfenster n; *peint.* Gitter n, Netz n; *Koffer*: Einsatz m; ⊕ Gestell n; *Auto*: Chassis n, Unter-, Fahrgestell n; ✕ Grubenholz n; ✕ Lafettenrahmen m; (*Fenster*-)Rahmen; *phot.* Kassette f, Blendrahmen m; *double* ~ Doppelfenster n; **~-presse** m phot. [~'prɛs] Kopierrahmen.

chaste [ʃast] keusch, züchtig, sittsam; **~té** [ʃastə'te] f Keuschheit.

chasuble [ʃa'zybl] f Meßgewand n.

chat *zo.* [ʃa] m *ohne Hinweis auf das Geschlecht*: Katze f; *mit Geschlechtshinweis*: Kater.

châtaign|e [ʃa'tɛɲ] f Kastanie; **~ier** [ʃatɛ'ɲe] m Kastanienbaum.

châtain [ʃa'tɛ̃] kastanienbraun.

château [ʃa'to] m Schloß n, Burg f; ~ d'eau Wasserturm; ~ en Espagne Luftschloß n; **~briant** [ʃato'briɑ̃] *cuis.* m Rinderfilet n mit Bratkartoffeln.

châtelain [ʃat'lɛ̃] m Schloßherr; **~e** [~'lɛn] f † Burgfrau f; Gürtelkette.

chat-huant *orn.* [ʃa'ɥɑ̃] m Kauz m.

châtier [ʃa'tje] (1a) züchtigen; *fig.* den Stil feilen *od.* glätten; *le langage châtié* die gepflegte Sprache f.

chatière [ʃa'tjɛ:r] f (Katzen-), Schlupfloch n; Katzenfalle; Abzugsloch n; *fig.* Schleichweg m.

châtiment [ʃɑti'mɑ̃] m Züchtigung f. [lern n.]

chatoiement [ʃatwa'mɑ̃] m Schil-]

chaton [ʃa'tɔ̃] m 1. Ringfassung f; (ein)gefaßter Edelstein; 2. (a. ♀) Kätzchen n; 3. F Staubflocke f; **~nement** [ʃatɔn'mɑ̃] m Einfassung f e-s Edelsteins; **~ner** [ʃatɔ'ne] (1a) einfassen.

chatouill|er [ʃatu'je] (1a) kitzeln; **~eux** [ʃatu'jø] kitz(e)lig; *fig.* empfindlich; heikel.

chatoyer [ʃatwa'je] (1i) schillern.

châtrer [ʃa'tre] (1a) *v/t. a. vét.* kastrieren; entmannen.

chatte [ʃat] f *weibliche* Katze; **~mite** [ʃat'mit] f Schleicher(in f) m, Scheinheilige(r); F Schmeichelkatze; **~rie** [ʃa'tri] f Katzenfreundlichkeit, Schmeichelei.

chatterton ⊕, ⚡ [ʃatɛr'tɔ̃] m Isolierband n.

chaud [ʃo] 1. *adj.* warm, heiß; hitzig; 2. m Wärme f, Hitze f; **~-froid** *cuis.* [ʃo'frwa] m Geflügel n in Gelee. [*Heiz*-)Kessel m.)

chaudière ⊕ [ʃo'djɛ:r] f (*Dampf*-]

chaudron [ʃo'drɔ̃] m Kochkessel; F ♪ Klimperkasten F; **~nier** [ʃodrɔ'nje] m Kupferschmied.

chauffage [ʃo'fa:ʒ] m Feuerung f, Heizung f; ~ *central* Zentralheizung f; ~ à *distance* Fernheizung f; ~ à l'huile Ölheizung f; *bois* m *de* ~ Brennholz n.

chauffard [ʃo'fa:r] m rücksichtslose(r) Autofahrer m, Verkehrssünder m.

chauffe ⊕ [ʃo:f] f Feuerung; Feuerraum m; *in Zssgn* = ...wärmer; *commencer la* ~ anheizen; **~-bain** [~'bɛ̃] m Badeofen; ⚡ Warmwasserspeicher m, Boiler m; **~-eau** [~'o] kleinerer (Küchen-)Warmwasserspeicher m; **~-plats** ⚡ [~'pla] m Schüsselwärmer.

chauff|er [ʃo'fe] (1a) *v/t.* warm machen, heizen; * klauen P, stehlen; ~é par le sol mit Fußbodenheizung; ⊕ *v/i.* sich warm *od.* heiß laufen (*Motor*); **~erette** [ʃo'frɛt] f 1. ⚡ ~ *électrique* elektrische Heizplatte f; 2. Kohlentopf m als Fußwärmer, Kieke f; **~erie** [ʃo'fri] f ⊕ Kesselhaus n; ⚓ Feuerungsraum m;

chauffeur — 105 — **cheptel**

~eur [ʃoˈfœːr] m Heizer; Chauffeur, Fahrer; **~livreur** su. Liefer-, Verkaufsfahrer; **~oir** [~ˈfwaːr] m Wärmehalle f.
chaufour [ʃoˈfuːr] m Kalkofen; **~nier** [ʃofurˈnje] m Kalkbrenner.
chauler a. ⚓ [ʃoˈle] (1a) kalken, mit Kalk düngen od. bespritzen.
chaum|age [ʃoˈmaːʒ] m Abstoppeln n; **~e** [ʃoːm] m Halm; Stoppel (-feld n) f; (Dach-)Stroh n; **~er** [ʃoˈme] (1a) abstoppeln; **~ière** [ʃoˈmjɛːr] f, **~ine** [ʃoˈmin] f Strohhütte, kleines Bauernhaus n.
chausse [ʃoːs] f Schulterschleife der franz. Professoren; Filtrierbeutel m; ehm. **~s** pl. enge Hosen f/pl.
chaussée [ʃoˈse] f 1. Deich m; 2. Chaussee; (Fahr-)Damm m; **~** rétrécie verengerte Fahrbahn; 3. ⚓ langgestreckte Klippe.
chauss|e-pied [ʃosˈpje] m Schuhanzieher; **~er** [ʃoˈse] (1a): **~** q. j-m die Schuhe anziehen; als Schuhmacher für j-n arbeiten; je chausse du 42 m-e Schuhgröße ist 42; v/i. bien **~** gut sitzen (v. Schuhen u. Strümpfen); se **~** sich Schuhe und Strümpfe anziehen; **~e-trape** [ʃosˈtrap] f Fußangel; Fuchseisen n; **~ette** [ʃoˈsɛt] f Herrensocke f, Kniestrumpf m; **~** russe Fußlappen m.
chauss|eur [ʃoˈsœːr] m Schuhwarenhändler m; **~on** [ʃoˈsɔ̃] m Filzschuh m, Hausschuh m; Babysocke f; **~** aux pommes Apfeltörtchen n; **~ure** [ʃoˈsyːr] f Fußbekleidung, Schuhwerk n.
chauve [ʃoːv] kahl(köpfig).
chauve-souris [ʃovsuˈri] f Fledermaus.
chauvin [ʃoˈvɛ̃] su. (7) Chauvi'nist; **~isme** [ʃoviˈnism] m Chauvinismus m, fanatischer Patriotismus.
chaux [ʃo] f Kalk m; ⚓ **~** azotée Kalkdünger m; **~** éteinte (~ vive) (un)gelöschter Kalk m; **~** hydraulique hydraulischer Kalk m.
chavirer [ʃaviˈre] (1a) ⚓ kentern, umschlagen (Boote usw.); bisw. a. Auto: sich überschlagen, umkippen.
chef [ʃɛf] m Chef m; Oberhaupt n, Anführer; **~** comptable Rechnungsführer; **~** de cabinet Werkmeister; **~** de cuisine Oberkoch; **~** de gare Bahnhofsvorsteher; **~** de l'entreprise Betriebsleiter m; **~** d'équipe

Vorarbeiter; Polier; 🚂 Kolonnenführer m; **~** de rayon Abteilungsleiter(in f) m; **~** scout Scoutführer m; **~** de service Abteilungsleiter m; **~** d'expédition Vorsteher des Abfertigungsbüros; ♩ **~** d'orchestre Kapellmeister, Dirigent; ⚖ **~** d'accusation Anklagepunkt; du premier **~** in erster Linie; de ce **~** aus diesem Grunde; de mon **~** aus eigenem Antriebe, von mir aus; **~-d'œuvre** [ʃɛˈdœːvr] m Meisterstück n; **~-lieu** [ʃɛfˈljø] m Hauptort.
cheftaine [ʃɛfˈtɛn] f Scout-, Jugendführerin.
chemin [ʃmɛ̃] m Weg; **~** de fer Eisenbahn f; aller en **~** de fer mit der Eisenbahn fahren; **~** de table Tischläufer; **~** faisant unterwegs.
chemineau [ʃmiˈno] m Landstreicher m, Vagabund m.
cheminée [ʃmiˈne] f Kamin m, Schornstein m, Esse f, Schlot m.
cheminer [~] (1a) wandern; ⚔ sich feindlichen Stellungen durch getarnte Gräben nähern.
cheminot [ʃmiˈno] m Eisenbahner.
chemise [ʃmiːz] f Hemd n; Papierumschlag m; **~** culotte Hemdhose; **~** (d'un dossier) Aktendeckel m; ⊕ **~** d'eau Kühlmantel m; **~rie** [ʃmiːˈri] f Hemdengeschäft n, -fabrik; **~tte** [ʃmiˈzɛt] f 1. Mieder n; 2. Vorhemd n, Chemisett n.
chemisier [ʃmiˈzje] su. (7b) Hemdenfabrikant m; m (Damen-)Hemdbluse f.
chênaie [ʃɛˈne] f Eichenwaldung.
chenal [ʃəˈnal] m (5c) enges Fahrwasser n, Fahrrinne f; Mühlbach.
chenapan [ʃnaˈpɑ̃] m Strolch m, Halunke m, Strauchdieb.
chêne ♣ [ʃɛn] m Eiche f.
chéneau [ʃeˈno] m Dachrinne f.
chènevi|ère [ʃɛnvjɛːr] f Hanfacker m; **~s** [~ˈvi] m Hanfsame(n).
chenil [ʃni] m Hundestall, -hütte f, -zwinger m; fig. Hundeloch n.
chenill|e [ʃnij] f Raupe; Auto: Raupenkette f; tracteur m à **~** Raupenschlepper m; **~ette** [ʃniˈjɛt] f kleines Militärlastauto mit Raupenketten.
chenu [ʃny] schneeweiß (🌿 vom Haar); P erstklassig (Wein).
cheptel [ʃɛpˈtɛl] m Viehpacht f; Viehbestand.

chèque ✝ [ʃɛk] *m* Scheck; ~ barré Verrechnungsscheck; *formulaire m de* ~ Scheckformular *n*; *mouvement m (od. service) de(s)* ~s Scheckverkehr *m*; *office des* ~s *postaux* Postscheckamt *n*; *opérations f/pl.* (*transactions f/pl.*) *par* ~s Scheckverkehr *m*.

chéquier [ʃe'kje] *m* Scheckbuch *n*.

cher, chère [ʃɛːr] teuer; wert, lieb; *acheter (vendre, payer) qch qch.* etw. teuer kaufen (verkaufen, bezahlen); *coûter cher* teuer sein; *vie f chère* Teu(e)rung.

cherch|er [ʃɛr'ʃe] (1a) suchen; ~ *à faire qch.* versuchen, etw. zu tun, etw. tun wollen; ~ *à obtenir qch.* nach etw. streben; ~ *qch.* streben nach (*dat.*); *aller* ~ holen (gehen); *venir* ~ abholen; *envoyer* ~ holen lassen; F *ça va* ... das kostet; **~eur** [ʃɛr'ʃœːr] *su.* Sucher *m*; Forscher *m*.

chère [ʃɛːr] *f* Kost; *aimer la bonne* ~ gern gut essen und trinken; *faire bonne* ~ s-e Gäste gut bewirten.

chéri [ʃe'ri] *m* Liebling.

chérifien [ʃeri'fjɛ̃] marokkanisch.

chérir [ʃe'riːr] (2a) zärtlich lieben; ~ *q.* (*qch.*) an j-m (an e-r Sache) hängen.

chérot P [ʃe'ro] *adj./inv.* (ein bißchen) teuer.

cherté [ʃɛr'te] *f* Teuerung; Kostspieligkeit *f*; hoher Preis *m*.

chérubin [ʃery'bɛ̃] *m* 'Cherub.

chétif [ʃe'tif] schmächtig; dürftig, kümmerlich, armselig, elend.

cheval [ʃval] *m* (5c) Pferd *n*; ~ *blanc* Schimmel; ~ *entier* Hengst; ~ *noir* Rappe; ~ *de bois* Turnen: Pferd; ⊕ s. cheval-vapeur; (manège *m* de) *chevaux de bois* [ʃ(ə)vod'bwa] *m/pl.* Karussell *n*; ⚔ ~ *de frise* spanischer Reiter *m* (Drahtverhau); *aller à* ~, *être à* ~, *faire du* ~, *a.* Sport: *monter un* ~ reiten; *monter à cheval* aufs Pferd steigen, aufsitzen; **~ement** [~'mɑ̃] *m* 1. △ Balken- u. Bohlenstützung *f*; 2. ⚒ Schachtgerüst *n*; **~er** [~'le] (1a) mit Strebebalken u. Bohlen stützen; **~eresque** [~'rɛsk] *f* ritterlich; **~erie** [~'ri] *f* Rittertum *n*; Ritterschaft *f*; Ritterwürde *f*; **~et** [~'lɛ] *m hist.* Folterbank *f*; ♪ Steg *an Saiteninstrumenten*; Staffelei *f*; ⊕ Bock, Gerüst *n*; *bét.* ~ *vibrant* Rüttelbock *m*; **~ier** [~'lje] *m* Ritter; *fig.* ~ *d'industrie* Hochstapler *m*;

~ière [~'ljɛːr] *f* Siegelring *m*; **~ine** [~'lin] *a/f.: race* ~ Pferderasse; **~-vapeur** ⊕ [~va'pœːr] *m* PS *f*, Pferdestärke *f*; *chevaux-heures mot.* [ʃvo'zœːr] *m/pl.* Stunden-PS *pl.*

chevaucher [ʃvo'ʃe] (1a) reiten; über-ea.-liegen, -greifen (*z. B. Ziegel*).

chevelu [ʃəv'ly] langhaarig; **~re** [ʃəv'lyːr] *f* Haarwuchs *m*, Haare *n/pl.*; Schweif *m des Kometen*; ~ *à la Jeanne d'Arc* Pagenkopf *m* (*halblang*); ~ *à la garçonne* Bubikopf *m* (*ganz kurz*); ~ *flottante* offenes Haar.

chevet [ʃə've] *m* Kopfende *n des Bettes*; Kopfkissen *n*; △ Chorhaube *f hinter dem Hochaltar*; *weitS.* Kranken-, Sterbebett *n*; *lampe f de* ~ Nachttischlampe *f*; *livre m de* ~ *fig.* Lieblingsbuch *n*.

chevêtre [ʃ(ə)'vɛːtrə] *m* Halfter(binde *f*); △ Stichbalken.

cheveu [ʃvø] *m* (*Kopf-*)Haar *n des Menschen*; *les* ~x *dénoués od. épars* mit aufgelöstem Haar; ~x *coupés* Bubikopf; *il y a un* ~ die Sache hat e-n Haken; *ne vous faites pas de* ~x! machen Sie sich keine Sorgen!; F *avoir un* ~ *sur la langue* lispeln; F *avoir mal aux* ~x *fig.* e-n Kater haben; *se prendre aux* ~x sich in die Haare (*od. in die Wolle*) kriegen.

chevillard [ʃvi'jaːr] *m* Schlachtfleischgroßhändler.

chevill|e [ʃvij] *f* Pflock *m*; Zapfen *m*; Dübel *m*; Wirbel *m der Violine*; Bolzen *m*; *mét.* Flickwort *n*; ~ *du pied* Knöchel *m*; ~ *ouvrière fig.* Haupttriebfeder, Hauptperson *f*, treibende Kraft *f*; Kernfrage *f*, Angelpunkt *m*; **~er** [ʃvi'je] (1a) anbolzen, -pflocken; dübeln.

cheviote ✝ [ʃə'vjɔt] *f* Lammwolle, Cheviotstoff *m*.

chèvre [ʃɛːvrə] *f zo.* Ziege; Geiß; ⊕ Hebebock *m*, Dreibein *n*, Winde *f*.

chevreau [ʃə'vro] *m* Zicklein *n*, Geißlein *n*; *gants m/pl. de* ~ Glacéhandschuhe *m/pl.*

chèvrefeuille ♀ [ʃɛvrə'fœj] *m* Geißblatt *n*.

chevr|ette [ʃə'vrɛt] *f* kleine Ziege; Ricke; **~euil** [ʃə'vrœj] *m* Rehbock.

chevr|ier [ʃəvri'e] *m* Ziegenhirt *m*; **~illard** [~vri'jaːr] *m* Rehkalb *n*.

chevron [ʃə'vrɔ̃] *m* (*Dach-*)Spar-

chevronnage — 107 — **chinoiserie**

ren; ⚔ Dienstabzeichen n, Tressenwinkel m; **~nage** [ˌʃvrɔ'naːʒ] m Gebälk n; Sparrenlegen n; **~né** [ˌʃvrɔ'ne] adj. ⚔ diensterfahren; allg. routiniert; iron. ausgekocht; **~ner** [~] (1a) mit Sparren versehen.

chevrot|er [ʃəvrɔ'te] (1a) ♪ mit der Stimme zittern, tremulieren; **~in** [~'tɛ̃] m Ziegenfell n; **~ine** ch. [~'tin] f grober Schrot m.

chez [ʃe] **1.** bei: ~ lui ich war bei ihm (zu Hause); il est ~ lui ist zu Haus; j'irai ~ moi ich werde nach Hause gehen; je sors de chez moi ich gehe aus m-r Wohnung; **2.** fig. bei, in: ~ Cicéron bei Cicero, in Ciceros Schriften; **3.** m chez-moi m (~-toi usw.): mon ~-moi mein (eigenes) Heim n, mein Zuhause n.

chiader * écol. [ʃja'de]: ~ son bac fürs Abi pauken.

chial|er * [ʃja'le] (1a) heulen; flennen F; **~eur** [~'lœːr] m Heulbaby n P; **~euse** [~'løːz] f Heulsuse f.

chiasse [ʃjas] f Kot m (bsd. v. Insekten); Metallschaum m; ♥ Durchfall m, Dünnschiß m V; fig. Angst f, Schiß m V.

chic [ʃik] **1.** m Schick m; Geschmack m; **2.** adj. inv. schick, tipptopp, hochelegant, pikfein; nett, sympathisch, hilfsbereit.

chican|e [ʃi'kan] f **1.** Spitzfindigkeit f, Rechtsverdrehung f; **2.** Streit m um nichts, Krakeel m, Händel pl., Schikane f, Schurigelei f; **3.** frt. Zickzackweg m; ~s pl. de barbelés Stacheldrahthindernisse n/pl.; **~er** [~'ne] v/i. Rechtskniffe, Spitzfindigkeiten anwenden; fig. abs. Krakeel anfangen, krakeelen; il chicane sur tout er meckert (F) an allem herum; v/t. ~ q. mit j-m grundlos Streit anfangen, j-n schikanieren, trizen, schurigeln; ~ qch. etw. kleinlich registrieren; **~eur** [~'nœːr] **1.** adj. zänkisch, streitsüchtig, schikanös, boshaft; **2.** su. Rechtsverdreher m; zänkischer Mensch m; Schikaneur m, Schurigler m, Krittler m; **~ier** [~'nje] = ~eur.

chiche [ʃiʃ] **1.** knapp, knauserig, knauserig; **2.** pois ~ Kichererbse f.

chichis F [ʃi'ʃi] m/pl.: faire des ~ autour de qch. e-n großen Sums (F) um etw. machen, sich wegen etw. haben, viel Lärm um nichts machen.

chicorée ♀ [ʃikɔ're] f Zichorie f.

chicot [ʃi'ko] m (Baum-, Zahn-) Stumpf m.

chicotin ♀ [ʃikɔ'tɛ̃] m Bitterstoff m; amer comme ~ gallebitter.

chien [ʃjɛ̃] m Hund m; Hahn am Gewehr; ~ afghan Afghane(nhund); entre ~ et loup im Zwielicht, in der Dämmerung; **~-loup** zo. [~'lu] m Wolfsspitz m; **~ne** [ʃjɛn] f Hündin f.

chier V [ʃje] scheißen V.

chiffe [ʃif] f Papierbereitung: Lumpen m; schlechter Stoff m; fig. Waschlappen m, schlapper Kerl m, Schlappschwanz m F.

chiffon [ʃi'fɔ̃] m Lappen m; Chiffon m, dünner Seidenstoff m; ~ de laine Putzlappen m; ~s pl. Putzsachen f/pl. (e-r Frau); ~ de papier Papierfetzen m, Wisch m fig., bloßer Fetzen m Papier; **~** [~'ɔ'ne] (1a) **1.** zerknittern; **2.** fig. ärgern, betrüben, verstimmen; gegen den Strich gehen; **3.** machen, anfertigen (Kleid); **4.** v/i. Lumpen sammeln; **5.** schneidern, **~nier** [~'nje] su. Lumpensammler(in f) m; **~nière** [~'njɛːr] f Nähmaschine n.

chiffr|e [ʃifrə] m Ziffer f; Gesamtzahl f; Chiffre f, Geheimschrift f; Namenszug; Warenzeichen n; ~ d'affaires ✝ Umsatz m; **~er** [ʃi'fre] v/i. (1a) rechnen; v/t. beziffern; numerieren; ♪ die Noten durch Zahlen darstellen; kalkulieren, berechnen, schätzen, chiffrieren, in Geheimschrift schreiben.

chignole F [ʃi'nɔl] f a. Auto: péj. alter Kasten m, Klapperkasten m.

chignon [ʃi'nɔ̃] m Haarwulst m.

Chili [ʃi'li]: le ~ Chile m.

chimère [ʃi'mɛːr] f Hirngespinst n, Schimäre.

chimi|e [ʃi'mi] f Chemie; **~que** [ʃi'mik] chemisch; **~ste** [ʃi'mist] m Chemiker. [laire Volkschina n.)

Chine [ʃin]: la ~ China n; la ~ popu-

chiner [ʃi'ne] (1a) mit buntem Muster weben; P schlechtmachen, bekritteln, heruntermachen; uzen P, foppen, hochnehmen, durch den Kakao ziehen.

chinois [ʃi'nwa] **1.** adj. chinesisch; **2.** ♀ su. Chinese m.

chinoiserie [ʃinwaz'ri] f Kunstgegenstand m aus China; ~s pl. Formalitätenkram m, Spitzfindigkeiten f/pl. e-r Verwaltung.

chiper F [ʃi'pe] (1a) klemmen, klauen, mausen; *se faire ~* sich erwischen lassen.

chipie F [ʃi'pi] f Xantippe f, altes Reff n, schnippisches (*od.* zanksüchtiges) Weib n.

chipot|er F [ʃipɔ'te] (1a) feilschen, herumdrucksen, herumdrucksen, zögern, murksen, trödeln; herummeckern, nörgeln, Schwierigkeiten machen; ~ mäkelig essen.

chique¹ [ʃik] f Sandfloh m.

chiqu|e² [~] f Stück n Kautabak; ~é P [ʃi'ke] m Verstellung f, Getue n; *faire du ~* sich verstellen, so tun als ob, sich haben, flunkern; **~enaude** [ʃik'nod] f Knipsen n (*mit dem Mittelfinger*); **~er** [ʃi'ke] (1m) Tabak kauen, priemen; P sich verstellen; P fressen.

chiragre ℛ [ki'ra:grə] **1.** f Handgicht; **2.** *su.* an Handgicht Leidende(r).

chirographaire ⚖ [kirɔgra'fɛ:r] handschriftlich.

chiromancien [kirɔmã'sjɛ̃] m Chiromant, Handwahrsager.

chirurgi|cal [ʃiryrʒi'kal] (5c) = **chirurgique** [~'ʒik] chirurgisch; **~en** [~'ʒjɛ̃] m Chi'rurg m.

chlor|ate ℛ [klɔ'rat] m Chlo'rat; **~e** [klɔ:r] m Chlor n; **~hydrique** [klɔri'drik] *adj.*: ℛ *acide* m ~ Salzsäure f; **~oforme** ℛ, ⚕ [klɔrɔ'fɔrm] m Chloroform n; **~ose** ⚕ [~'ro:z] f Bleichsucht; **~otique** [~rɔ'tik] *adj. u. su.* bleichsüchtig; **~ure** [klɔ'ry:r] m: ~ *d'ammonium* Salmiak(salz n) m.

choc [ʃɔk] m Stoß m, Anprall m; Schock m, Erschütterung f; Zs.-stoß.

chocolat [ʃɔkɔ'la] m Schokolade f; *adj./inv.* schokoladenbraun; F hereingefallen; **~er** [~'te] (1a) mit Schokoladengeschmack versehen; **~ier** m, **~ière** f [ʃɔkɔla'tje, ~'tjɛ:r] Schokoladenfabrikant(in f) m, -händler(in f) m; **~ière** f a. Kakaokanne.

chœur [kœ:r] m Chor; ~ *parlé* Sprechchor.

choir [ʃwa:r] (3m) (*nur im inf. und p.p. gebräuchlich*) fallen; *im inf. nur nach faire u. laisser*: *se laisser* ~ *sur une chaise* sich auf e-m Stuhl niederlassen; P *laisser* ~ im Stich lassen; *faire* ~ zu Fall bringen.

choisir [ʃwa'zi:r] (2a) (aus)wählen.

choix [ʃwa] m Wahl f; Auswahl f; *de* ~ auserlesen; *de premier* ~ ✝ erste Wahl f; erstklassig; *travail* m *de* ~ Qualitätsarbeit f.

chôm|age [ʃo'ma:ʒ] m Feiern n; Arbeitslosigkeit f; ⊕ Stillstehen n; Stillegung f; ⚡ Brachliegen n; ⚓ Ruhe f; ~ *partiel* Kurzarbeit f; **~er** [ʃo'me] (1a) feiern, nicht arbeiten; arbeitslos sein; brachliegen; **~eur** [ʃo'mœ:r] m Arbeitsloser; ~ *partiel* Kurzarbeiter.

chop|e [ʃɔp] f Schoppen m; **~er** P [ʃɔ'pe] v/t. (1a) erwischen; kriegen; sich holen (*Krankheit*); klauen; mopsen; **~in** P [ʃɔ'pɛ̃] m Glücksfall m, Treffer m; **~ine** [ʃɔ'pin] f Schoppen m; Halbliterflasche f Wein; **~iner** F [~pi'ne] (1a) pichein, kneipen, zechen; **~per** [~'pe] (1a) stolpern.

choqu|ant [ʃɔ'kɑ̃] (7) anstößig; unfein; auffällig; kraß (*Gegensatz*); **~er** [ʃɔ'ke] (1a) (an)stoßen an (*acc.*); verletzen, schockieren, beleidigen; ~ (*les verres* mit den Gläsern) anstoßen; ~ *q.* bei j-m Anstoß erregen.

choral ♪ [kɔ'ral] *adj.*: *société* ~*e* Gesangverein m; *su.* m Chorgesang.

choriste [kɔ'rist] m Chorsänger.

chorus [kɔ'rys] m: *faire* ~ Zs.-singen, im Chore einfallen; *fig.* j-m beistimmen.

chose [ʃo:z] f Sache, Dinge n; *qch. de bon, de nouveau* etwas Gutes, Neues; *autre* ~ etwas anderes; *grand-~* viel; F *un (une) pas-grand--chose* e-e Null f (*Person*); *monsieur* ~ der Herr Dingsda; *à* ~ in Dingskirchen; ~ *en question* bewußte Sache *od.* Angelegenheit; *peu de* ~ wenig; *quelque* ~ etwas.

chou [ʃu] m; *pl.*: ~*x* Kohl; *mon* ~! F mein Liebling!, mein Goldfink! ~ *à la crème* Sahnebaiser m, Windbeutel mit Schlagsahne; ~ *de Bruxelles* Rosenkohl; *feuille* f *de* ~ *fig., iron., mv.p.* Käseblatt n, Wurstschblatt m; *bête comme* ~ erzdußlig, saublöde.

choucas *orn.* [ʃu'ka] m Dohle f.

choucroute [ʃu'krut] f Sauerkraut n.

chouette *orn.* [ʃwet] f (Schleier-)Eule; P *adj. u. adv. als int.* prima(!), fabelhaft(!), schau(!).

chou|-fleur [ʃu'flœ:r] *m* Blumenkohl; **~frisé** [~fri'ze] *m* Wirsingkohl; **~gnasser** P [~ɲa'se] *v/i.* bokken, bockig sein, quengeln, rumnörgeln; **~navet** [~na've] *m* Steck-, Kohlrübe *f*; **~palmiste** [~pal'mist] *m* Palmkohl; **~rave** [~'ra:v] *m* Kohlrabi; **~raver *** [~ra've] (1a) klauen; **~riner *** [~ri'ne] (1a) niederstechen; **~rineur *** [~ri'nœ:r] *m* Messerheld; **~rouge** ⚘ [~'ru:ʒ] *m* (*pl.* choux-rouges) Rotkohl.

choyer [ʃwa'je] (1h) sorgsam pflegen; (ver)hätscheln.

chrétien [kre'tjɛ̃] (7c) **1.** *adj.* christlich; **2.** *su.* Christ *m*; **~té** [kretjɛ̃'te] *f* Christenheit.

Christ [krist], **Jésus-Christ** [ʒezy'kri] *m* Christus *m*; *dater d'avant le Christ* aus vorchristlicher Zeit stammen.

christianis|er [kristjani'ze] (1a) zum Christentum bekehren; christianisieren; **~me** [~'nism] *m* Christentum *n*.

¹**chromage** ⊕ [krɔ'ma:ʒ] *m* Verchromung *f*.

chromolithographie [krɔmɔlitɔgra'fi] *f* Farben(stein)druck *m*.

chroni|que [krɔ'nik] **1.** ⚕ *adj.* chronisch, langwierig; **2.** *f* 'Chronik; Tagesbericht *m*; Wochen-, Rundschau (*in Zeitungen*) *f*; **~queur** [krɔni'kœ:r] *m* Chronist, Berichterstatter.

chrono... [krɔnɔ...] *in Zssgn*: Zeit...; **~** *m* *Sport*: Stoppuhr *f*; **~graphe** ⚡ *m* [~'graf] Geschwindigkeits-, Flugzeitmesser; **~logie** [~lɔ'ʒi] *f* Zeitbestimmung, -berechnung; Chronologie *f*; **~logique** [~lɔ'ʒik] chronologisch, nach der Zeit (geordnet); **~mètre** ∅ [~'mɛ:trə] Uhr *f*; *Sport*, ⊕ Stoppuhr *f*; **~métrer** [~me'tre] (1a): *~ une auto, une course* Zeit e-r Fahrt, e-s Rennens abnehmen; **~métreur** [~me'trœ:r] *m* *Sport*: Zeitnehmer; **~métrie** [~me'tri] *f* Zeit-, Taktmessung; **~métrage** [~me'tra:ʒ] *m* Zeitabnehmen *n*, Zeitmessung *f*; **~scope** [~'skɔp] *m* Zeitmesser *m*; **~timbre** [~'tɛ̃:brə] *m* Zeitstempel *m* in Fabriken.

chrysalide *ent.* [kriza'lid] *f* Puppe.

chrysanthème ⚘ [krizɑ̃'tɛm] *m* Chrysantheme *f*.

chuch|oter [ʃyʃɔ'te] (1a) flüstern, (sich) ins Ohr raunen; *écol.* vorsagen; säuseln (*Wind*); **~oterie** [ʃyʃɔ'tri] *f* Flüstern *n*; Zischeln *n*; Geheimniskrämerei.

chut! [ʃyt] still!, pst!

chute [ʃyt] *f* (Ab-, Aus-, Nieder-, Hin-)Fallen *n*; *fig.* Fall *m*, Sturz *m*; ⚡ Absturz *m*; *pol.* Umsturz *m*, Sturz *m*; *rhét.* Schlußgedanke *m*; Ende *n des Tages*; Abhang *m* e-s *Daches; faire une ~ mortelle* tödlich abstürzen; **~** *du roc* Steinrutsch *m*.

Chypre ['ʃipr(ə)] *f*: *à ~* Zypern *n*.

ci [si] (*angehängt od. vorgesetzt*) hier; *comme ~, comme ça* solala.

ci-annexé [sianɛk'se] in der Anlage, hier beigefügt.

ci-après [sia'prɛ] weiter unten.

cibiche P [si'biʃ] *f* Glimmstengel (P) *m*, Zigarette.

cible ['siblə] *f* (Ziel-)Scheibe.

ciblot P [siblo] *m* Zivilperson *f*.

ciboire [si'bwa:r] *m* Hostiengefäß *n*, Mon'stranz *f*.

ciboul|ette [sibu'lɛt] *f* Schnittlauch *m*; **~ot** [~'lo] *m* Kopf, Birne *f* (P), *fig.* Kürbis *m* (P).

cicatri|ce [sika'tris] *f* Narbe (*a. fig.*), *bibl.* Wundmal *n*; **~ser** [sikatri'ze] (1a) vernarben.

ci-contre [si'kɔ̃:trə] nebenstehend; umseitig.

ci-dessous [si'dsu] untenstehend.

ci-dessus [si'dsy] obenstehend.

ci-devant [sid'vɑ̃] † vorstehend; ehe-, vormals.

cidre ['sidrə] *m* Apfelwein.

ciel [sjɛl], *pl. cieux* [sjø] *m* Himmel (*a. rl.*); Himmelsstrich; ~ (*pl. ciels*) Klima *n*; Betthimmel; Himmel auf Gemälden.

cierge [sjɛrʒ] *m* (Wachs-)Kerze *f*.

cigale *ent.* [si'gal] *f* Grille; Zikade.

cigar|e [si'ga:r] *m* Zigarre *f*; **~(-)déchet** (*Zigarre*) Fehlfarbe *f*; **~ette** [~'rɛt] *f* Zigarette *f*; **~ier** [~'rje] *su.* Zigarrenmacher *m*.

ci-gît [si'ʒi] hier ruht; *von gésir dft.*

cigogne *orn.* [si'gɔɲ] *f* Storch *m*.

ciguë ⚘ [si'gy] *f* Schierling *m*; Giftbecher *m*.

ci-inclus [sič'kly], **ci-joint** [si'ʒwč] anbei, hier beigefügt.
cil [sil] *m* Wimper(haar *n*) *f*.
cilice [si'lis] *m* Büßergewand *n*, -hemd *n*.
ciller [si'je] (1a): **1.** ~ les yeux (mit den Augen) blinzeln; **2.** *v/i.* mucksen; *l'élève n'a pas osé ~* der Schüler hat nicht gewagt zu mucksen.
cimaise [si'mɛːz] *f* △ Hohlkehle; Tapetenleiste; *allg.* bester Platz *m* zum Aufhängen v. Ausstellungsbildern.
cime [sim] *f* Gipfel *m*; Spitze; (Baum-)Wipfel *m*.
cimenfer △ [simä'fɛːr] *m* Eisenzement *m*.
ciment [si'mã] *m* Zement *m*; ~ armé Eisenbeton *m*; ~ hydraulique Bindemittel *n*; **~er** [simä'te] (1a) zementieren; *fig.* festigen; **~erie** [~'tri] *f* Zementfabrik.
cimeterre [sim'tɛːr] *m* krummer (Türken-)Säbel.
cimetière [sim'tjɛːr] *m* Kirch-, [Friedhof.]
cimier [si'mje] *m* Helmstutz *m*, Helmschmuck *m*; *cuis.* Lendenstück *n*.
cinabre [si'nabrə] *m* Zinnober.
cinéaste [sine'ast] *m* Filmschriftsteller *m*; Filmfachmann *m*, Kameramann *m*.
cinéma [sine'ma] (*a.* ciné) *m* Kino *n*; *client(e)* (*od.* habitué[e]) du ~ Kinobesucher(in *f*) *m*; ~ scolaire Schulkino *n*; ~ ambulant (*od.* nomade) Wanderkino *n*; *fig.* tout ça, c'est du ~! das ist ja alles Theater!; **~thèque** [~'tɛk] *f* Filmtresor *m*, -aufbewahrungsraum *m*; **~tique** [~'tik] *m* Bewegungslehre *f*; **~tographier** [~tɔgra'fje] (1a) (ver-)filmen; **~tographique** [~tɔgra'fik] kinematographisch.
cinér|aire [sine'rɛːr] **1.** *adj.* Aschen-...; **2.** ♀ *f* Zine'rarie, Aschenkraut *n*; **~ama** [~ra'ma] *m* Cinerama *n* (*Kino zur plastischen Vorführung mit mehreren, kombinierten Kameras*); **~ation** [~ra'sjɔ̃] *f* Einäscherung.
cinéroman [sinerɔ'mã] *m* Filmroman *m*.
cingl|é F [sč'gle] *adj.* verrückt, übergeschnappt, bekloppt; **~er** [~] (1a) **1.** *v/t.* peitschen; **2.** ⚓ *v/i.* segeln; einen Kurs steuern.
cinnamome [sina'mɔm] *m* echter Zimt; Kaneel.

cinoche P [si'nɔʃ] *m* (*bsd. v. Jugendlichen gebr.*) Kino *n*.
cinq [sɛ̃k; *vor cons.* sɛ̃] **1.** *a/n. c.* fünf; **2.** *m* Fünf *f*, Fünfer; F, *Sport*: en ~ sec im Nu, im Handumdrehen; mit nichts, dir nichts.
cinquan|taine [sɛ̃kã'tɛn] *f* Zahl *f* von etwa 50; fünfzigstes Jahr *n*; **~te** [sɛ̃'kãːt] fünfzig; **~tième** [~kã'tjɛm] **1.** *a/n. o.* fünfzigste(r); **2.** *m* Fünfzigstel *n*.
cinquième [sɛ̃'kjɛm] **1.** *a/n. o.* fünfte(r); **2.** *m* Fünfter; fünftes Stockwerk *n*; Schüler der 5. Klasse; **3.** *f* 5. (Fr. 2. Oberschul-)Klasse.
cintre ['sɛ̃ːtrə] △ *m* Bogen, Gewölbe *n*; *thé.* Schnürboden; Kleiderbügel. [wölben, biegen.]
cintrer ⊕ [sɛ̃'tre] *v/t.* (1a) (über-)
circarama *cin.* [sirkara'ma] *m* Rundkino *n*.
circon|cision *rl.* [sirkɔ̃si'zjɔ̃] *f* Beschneidung; **~férence** [~fe'rãːs] *f* Umkreis *m*, Peripherie; Umfang *m*; **~locution** [~lɔky'sjɔ̃] *f* *rhét.* Umschreibung; **~scription** [~skri'sjɔ̃] *f* ⚖ Umschreibung; (Regierungs-)Bezirk *m*; ~ électorale Wahlkreis *m*; ~ militaire Wehrkreis *m*; ~ municipale Gemeindebezirk *m*; ⚐ ~ postale Bestellbezirk *m*; **~scrire** [~'skriːr] (4f) ⚖ umschreiben; *fig.* umgrenzen; ~ un incendie e-e Feuersbrunst eindämmen; **~spect** [~'spɛ] umsichtig, bedächtig; **~spection** [~spɛk'sjɔ̃] *f* Umsicht, Vorsicht; **~stance** [~'stãːs] *f* Umstand *m*; de ~ Gelegenheits...; ⚖ ~s et dépendances *pl.* gesamtes Zubehör *n*; ~s atténuantes mildernde Umstände *m/pl.*; **~stancier** [~stã'sje] (1a) ausführlich darstellen; **~venir** [~v'niːr] (2h) umgarnen, überlisten; **~vention** [~vã'sjɔ̃] *f* Überlistung; **~volution** [~vɔly'sjɔ̃] *f* Umdrehung, Windung.
circuit [sir'kɥi] *m* Umkreis; Umweg, Krümmung *f*; Rundfahrt *f*, -flug *m*, *Sport*: -rennen *n*; *Auto*rennen: Strecke *f*; ⚡ *m* 〜 *pl.* de distribution Stromnetz *n*; *rad.* ~ filtre Sperrkreis *m*; *court* ~ Kurzschluß; *mettre en* ~ einschalten; *mettre hors* ~ ausschalten.
circul|aire [sirky'lɛːr] **1.** *adj.* kreisförmig; **2.** *f* Rundschreiben *n*; **~a-**

circulation — 111 — **claie**

tion [‿lɑ'sjɔ̃] f Umlauf m; Verkehr m; ‿ (Blut-)Kreislauf m; ⊕ ‿ d'huile Ölumlauf m; ‿ monétaire Münzumlauf m; retirer de la ‿ aus dem Verkehr ziehen; ‿er [‿'le] (1a) in Umlauf sein, (a. fig.) kursieren, 'umgehen; 🚂 verkehren; ‿ez! [‿'le] nicht stehenbleiben!, weitergehen!
circumnavi|gateur [sirkɔmnaviga'tœːr] m Weltenumsegler; ‿gation [‿ga'sjɔ̃] f Umsegelung f; ‿guer [‿'ge] (1m) um'segeln.
cir|e [siːr] f Wachs m; Ohrenschmalz n; ‿ à cacheter Siegellack m u. n; ‿ à parquets Bohnerwachs n; fig. ‿ molle labiler Charakter m; ‿é [si're] m Regencape n, -umhang m; ‿ée [‿'e]: toile f ‿ Wachstuch n; ‿er [‿'re] (1a) wichsen, bohnern; ‿eur m, ‿euse f [‿'rœːr, ‿'røːz] (Parkett-)Bohner(in f) m; Schuhputzer(in f) m; ‿ f de parquet Bohnermaschine f; ‿ier [‿'rje] m Wachszieher m, Kerzenhändler m.
ciron ent. [si'rɔ̃] m Milbe f; Made f.
cirque [sirk] m Zirkus f; ‿ errant, ‿ ambulant Wanderzirkus.
cirrus [si'rys] m Federwolke f.
cirure [si'ryːr] f Wachsüberzug m.
cis|aille [si'zɑːj] f Metallabschnitt m; ‿s pl. große Schere, z. B. Blechschere; ‿s de jardinier Heckenschere; ‿ailler [‿za'le] mit e-r Schere ein- od. zerschneiden; ‿eau [‿'zo] m Meißel, Beitel; ‿x m/pl. Schere f/sg., Scheren f/pl.; une paire de ‿x e-e Schere; ‿eler [‿z'le] (1c) ziselieren; ausmeißeln; ‿ le velours den Samt schneiden; ‿elet [‿z'lɛ] m kleiner Meißel; ‿eleur [‿z'lœːr] m Ziseleur; ‿elure [‿z'lyːr] f gestochene (od. getriebene) Arbeit f, Ziselierarbeit f; ‿oires [‿'zwaːr] f/pl. Metallschere f/sg.
cisrhénan [sisre'nɑ̃] (7) diesseitig des Rheins (von Paris aus).
cita|delle ✕ [sita'dɛl] f Feste, Zitadelle, Zwingburg; fig. Hauptsitz m, Hochburg f; ‿din [‿'dɛ̃] 1. adj. städtisch; 2. su. Städter(in f) m.
citation [sitɑ'sjɔ̃] f Zitat n; ✝ Vorladung.
cité [si'te] f Bürgerschaft f; Stadt f; Altstadt f; △ moderne Stadtsiedlung f; ‿-dortoir f Schlafstadt f; ‿-jardin f Gartenstadt f; ‿ ouvrière f Arbeitersiedlung f; ‿ universitaire Universitätsviertel n; droit m de ‿

Bürgerrecht n; ‿ du Vatican Vatikanstadt; ‿s lacustres Pfahlbauten m/pl.
citer [si'te] (1a) anführen; ⚖ lobend erwähnen; ✝ vorladen.
citerne [si'tɛrn] f Zisterne; camion m ‿ Tank-, Benzinauto (Öl usw.) n.
cithar|e [si'taːr] f Zither; ‿iste [‿ta'rist] m Zitherspieler.
citoyen m, ‿ne f [sitwa'jɛ̃, ‿'jɛn] (Staats-)Bürger(in f) m.
citr|in [si'trɛ̃] zitronenfarbig; Zitronen...; ‿ique [‿'trik] adj.: acide m ‿ Zitronensäure f.
citron [si'trɔ̃] m Zitrone f; F fig. Kopf m, fig. Birne (P) f, Nuß (P) f; ‿nier [‿trɔ'nje] m Zitronenbaum.
citrouille ♀ [si'truj] f Kürbis m.
civet cuis. [si've] m Hasenpfeffer, -klein n. 🂠 Schnittlauch m.
civette [si'vɛt] f zo. Zibet(katze) m;
civière [si'vjɛːr] f Tragbahre.
civil [si'vil] (7) bürgerlich, Zivil...; ⚖ zivilrechtlich; gesittet, höflich; m Zivilist m, Zivilperson f; année ‿e Kalenderjahr n; état m ‿ Personenstand; bureau m de l'état ‿ Standesamt m; ‿isateur [siviliza'tœːr] zivilisierend, die Bildung fördernd; m Förderer m der Kultur, Kulturträger m; ‿isation [‿za'sjɔ̃] f Gesittung f, Zivilisierung f, Zivilisation; lutte f pour la ‿ Kulturkampf m; ‿iser [‿li'ze] (1a) zivilisieren, verfeinern; ‿ité [‿li'te] f Höflichkeit f, Umgangsformen f/pl.; ‿s pl. Höflichkeitsbezeigungen f/pl., Empfehlungen f/pl.
civi|que [si'vik] staatsbürgerlich; Bürger...; droit m ‿ Staatsbürgerrecht n; ‿s m/pl. ‿ bürgerliche Ehrenrechte n/pl.; interdiction f (od. perte f) des droits ‿s Aberkennung f (od. Verlust m) der bürgerlichen Ehrenrechte; instruction f ‿ Staatsbürgerkunde f; courage m ‿ Zivilcourage f; la responsabilité ‿ die staatsbürgerliche Verantwortung f; sens m ‿ Gemeinschaftssinn m; ‿sme [‿'vism] m staatsbürgerliches Pflichtgefühl n; bürgerliche Herkunft f.
clabaud [kla'bo] m Jagdhund, Bracke f; Kläffer m (a. fig.); ‿age [‿'daːʒ] m Kläffen n; Gekeife n; ‿er [‿'de] (1a) kläffen; keifen.
claie [klɛ] f Flechtwerk n; Gittersieb n.

clair [klɛːr] **1.** *adj.* (7) hell, klar; deutlich; *advt.*: *parler* ~ mit hoher Stimme sprechen; *parler* ~*ement* deutlich sprechen; *voir* ~ *dans qch.* in e-r Sache klar sehen, etw. durchschauen; **2.** *m* Helle *f*; ~ *de lune* Mondschein *m*; *passer le plus* ~ *de son temps à s'amuser* den hellerlichten Tag mit Nichtstun verbringen; *tirer qch. au* ~ *fig.* etw. klarstellen.

claire [~] *f* Austernpark *m*.

clairet [klɛˈrɛ] *m* **1.** bleichrot (*Wein*); **2.** *m* Bleicher *m* (*Wein*).

claire-voie [klɛrˈvwa] *f* leichtvergitterte Öffnung *f*; *clôture f à* ~ Lattenzaun *m*.

clairière [klɛˈrjɛːr] *f* Lichtung *f*.

clair-obscur *peint.* [klɛrɔpsˈkyːr] *m* Helldunkel *n*; Schattenlicht *n*.

clairon [klɛˈrõ] *m* Trompete *f*, Horn *n*; Hornist *m*; ~**ner** [~rɔˈne] (1a) mit der Trompete blasen; F brüllen, laut sprechen; *v/t.* hinausposaunen, laut bekanntmachen.

clairsemé [klɛrsəˈme] dünngesät; *bois* ~ lichter Wald *m*.

clairvoy|ance [klɛrvwaˈjãːs] *f* Scharfblick *m*; Klarsicht *f*; ~**ant** [~ˈjã] (7) klarsehend, mit klarem Blick, weitblickend.

clam|eau [klaˈmo] *m* ⊕ Kloben *m*, △ Klammerhaken *m*; ~**er** [klaˈme] (1a) *v/t.* brüllend äußern; ~**eur** [~ˈmœːr] *f* Geschrei *n*, Gejohle *n*.

clampin [klãˈpɛ̃] *su.* Nachzügler *m*; F Faulenzer *m*.

clan [klã] *m* Stamm *m*, Clan *m*; *fig. péj.* Klüngel *m*, Sippschaft *f*, (*a. pol.*) Clique *f*.

clandestin [klãdɛsˈtɛ̃] heimlich, Schwarz... (*fig.*); *passager m* ~ blinder Passagier *m*; ~**ité** [~tiniˈte] *f* Heimlichkeit *f*, Verborgenheit *f*; *Fr.*: Untergrundbewegung *f* (*1940 bis 1944*).

clapet ⊕ [klaˈpɛ] *m* Klappenventil *n*.

clap|ier [klaˈpje] *m* Kaninchenbau *m*, -stall *m*; (*lapin m de*) ~ Hauskaninchen *n*; ~**ir** [~ˈpiːr] (2a) schreien (*Kaninchen*); *se* ~ sich verkriechen, in sein Loch schlüpfen.

clapot|age [klapɔˈtaːʒ], ~**ement** *m*, ~**is** *m* [klapɔˈtaːʒ, ~tˈmã, ~ˈti] Plätschern *n der See*; ~**er** [~ˈte] (1a) plätschern.

clapper [klaˈpe] (1a) mit der Zunge schnalzen.

claque [klak] *f* Klaps *m*; *die gedungenen* Klatscher *im Theater*; (*chapeau*) ~ *m* Klappzylinderhut *m*; (*chaussure f*) ~ Damenüberschuh *m*; * Bordell *n*, Puff *m*; *prendre ses cliques et ses* ~*s fig.* mit Sack u. Pack abziehen; P *en avoir sa* ~ hundemüde sein; ~**dent** P [klakˈdã] *m* armer Schlucker *m*; ~**ment** [klakˈmã] *m* Klatschen *n*, Klappe(r)n *n*, Knallen *n*; ~**murer** [~myˈre] (1a) einsperren.

claqu|er [klaˈke] (1m) klatschen, knallen, klappern; schnalzen; einen Klaps geben; P *Geld*: verjubeln; P krepieren, abnibbeln; P schiefgehen *fig.*; ~ *des mains* Beifall klatschen; ~ *des portes* die Türen zuschlagen; ~**et** [~ˈkɛ] *m* Mühlklapper *f*; ~**eter** [klakˈte] (1d) klappern (*Storch*); gackern (*Huhn*); ~**ette** [klaˈkɛt] *f* kleine Klapper *f*, Knarre *f*; ~**eur** [klaˈkœːr] *m thé.* gedungener Klatscher *m*, Claqueur *m*.

clarifi|ant ᐩ [klariˈfjã] *m* Klärmittel *n*; ~**er** [~ˈfje] (1a) (ab)klären; läutern.

clarine [klaˈrin] *f* Kuhglocke *f*, Glöckchen *n*; ~**tte** [klariˈnɛt] *f* ♪ Klarinette.

clarté [klarˈte] *f* Helle, Schein *m*; Klarheit *f*; Deutlichkeit *f*.

classe [klɑːs] *f* Stand *m*, Rang *m*; Rekrutenjahrgang *m*; Abteilung, Klasse (*a. Sport*); Schule; Stunde; *aller en* ~, *faire ses* ~*s* zur Schule gehen; *sauter une* ~ e-e Klasse überspringen; *faire la* ~ unterrichten, Unterricht geben (*od.* erteilen); *hors* ~ Sonderklasse *f*; ~**ment** [klɑsˈmã] *m* (Ein-)Ordnung, Ablage (*von Briefen usw.*), Klassifizierung *f*; *Sport*: Klasse *f*, Rangliste *f*.

class|er, ~ifier [klɑˈse, klasiˈfje] (1a) nach Klassen ordnen, einteilen; (*Akten usw.*) ablegen, abheften; klassifizieren; ~**eur** ✝ [~ˈsœːr] *m* Briefordner (Akten-)Hefter; ~**relieur** *m* Schnellhefter *m*; ~**ification** [~sifikaˈsjõ] *f* Klassifizierung *f*, Einteilung in Klassen *f*; ~**ique** [klaˈsik] **1.** *adj.* klassisch, mustergültig, Schul...; *fig.* herkömmlich, üblich; **2.** *m* Klassiker *m*; klassisches Werk *n*; Meisterstück *n*; (*das*) Klassische *n*.

clause [kloːz] *f* Klausel *f*.

claustration [klostraˈsjõ] *f* Kloster-

claveau — 113 — **clochard**

leben *n*; *allg.* Zurückgezogenheit *f*; *pol.* Abriegelung *f*.
claveau¹ ⚠ [kla'vo] *m* Wölbstein *m*.
claveau² *vét.* [⁓] *m* Schafpocken *f/pl.*
clavecin ♪ [klav'sɛ̃] *m* Cembalo *n*.
clavette ⊕ [kla'vɛt] *f* Bolzen *m*, Keil *m*, Vorsteckenagel *m*, Splint *m*; Hefthaken *m*.
clavi|cule [klavi'kyl] *f* Schlüsselbein *n*; **⁓er** [⁓'e] *m* Schlüsselring, -kette *f*; ♪ Klavia'tur *f*; Tastatur *f* (*a. Schreibmaschine*).
clayette [klɛ'jɛt] *f* Kühlschrankrost *m* (*herausziehbarer Zwischenboden*).
clayon [klɛ'jɔ̃] *m* Geflecht *n*, Hürde *f*; **⁓nage** [⁓jɔ'na:ʒ] *m* Hürdenflecht *n*; **⁓ner** [⁓'ne] (1a) flechten.
clé [kle] *f*, ⁑ **clef** [⁓] *f* Schlüssel *m*, ♪ Klappe *f an Blasinstrumenten*; Ofenklappe *f*; ⁓ à douille Steckschlüssel *m*; ⁓ anglaise, ⁓ à molette Engländer *m*, verstellbarer Schraubenschlüssel *m*; sous ⁓ unter Verschluß; *mettre sous* ⁓ wegschließen; *Il y aura qch. à la* ⁓ es steht etw. bestimmt in Aussicht; ⁓ *en main* schlüsselfertig; *fausse* ⁓ Nachschlüssel *m*; *prendre la* ⁓ *des champs* auskneifen, türmen, das Weite suchen, durchbrennen.
clearing *fin.* [kli'riŋ] *m* Clearing *n*, Verrechnungsverfahren *n*; Abrechnungsbank *f*, Clearinghaus *n*.
clebs * [klɛps] *m* Hund *m*, Kläffer *m* *péj.*
clef [kle] *f*, *mst.* **clé** [⁓] *f* Schlüssel *m*.
clématite ♧ [klema'tit] *f* Klematis *f*, Waldrebe *f*.
clém|ence [kle'mã:s] *f* Milde *f*; **⁓ent** [⁓'mã] (7) gütig, milde, huldreich, gnädig.
clenche [klã:ʃ] *f* (Tür-)Klinke *f*.
cler|c [klɛːr] *m* Geistlicher *m*; Schreiber *m*, Anwaltsgehilfe *m*; *ehm.* Gelehrter *m*; *faire un pas de* ⁓ e-e Dummheit machen, sich blamieren, e-n Bock schießen; **⁓gé** [klɛr'ʒe] *m* Geistlichkeit *f*, Klerus *m*.
clérical [kleri'kal] (5c) klerikal, geistlich; kirchenfreundlich.
clich|age [kli'ʃa:ʒ] *m* Klischieren *f*, **⁓é** [⁓'ʃe] *m* Klischee *n*, *phot.* Negativ *n*; *fig.* Abklatsch *m*; abgedroschene Redensart *f*; **⁓er** [⁓] (1a) klischieren; *fig.* ⁓é stereotyp; *locutions f/pl.* ⁓ées feststehende Redensarten *f/pl.*; **⁓erie** ⊕ [⁓'ʃri] *f* Stereotypie *f*.

client *m*, **⁓e** *f* [kliã, kli'ã:t] Kunde *m*, Kundin *f*; ⚖ Klient(in *f*) *m*; ⚕ Patient(in *f*) *m*; **⁓èle** [⁓'tɛl] *f* † Kundschaft *f*; ⚖ Praxis *f*; ⁓ *d'habitués* Stammkundschaft *f*.
clign|er [kli'ɲe] (1a) *v/t.* ⁓ (*les yeux*) blinzeln; *v/i.* ⁓ *de l'œil* mit dem Auge e-n Wink geben; **⁓otant** [⁓ɲɔ'tã] *m* Auto: Blinker *m*, Blinklicht *n*; *mettre* (*od. faire marcher*) *le* ⁓ die Fahrtrichtung durch Blinken angeben; **⁓oter** [⁓ɲɔ'te] (1a) blinzeln; blinken, flackern.
climat [kli'ma] *m* Klima *n*; Erdgürtel *m*, Himmelsstrich *m*; *fig.* Atmosphäre *f*; **⁓érique** [⁓te'rik] *adj.*: *période f* ⁓ kritische Periode *f im Lebensalter*; **⁓ique** [⁓'tik] klimatisch; *station f* ⁓ Luftkurort *m*; **⁓isation** [⁓tiza'sjɔ̃] *f* Frischluftregulierung *f*; **⁓iser** [⁓ti'ze] *v/t.* ständig durchlüften; **⁓iseur** [⁓ti'zœːr] *m* Klimagerät *n*; **⁓ologie** [⁓tɔlɔ'ʒi] *f* Klimalehre *f*; **⁓ologique** [⁓tɔlɔ'ʒik] klimatologisch.
clin [klɛ̃] *m*: ⁓ *d'œil* Augenwink *m*, Augenblick *m*; *en un* ⁓ *d'œil* im Nu.
clini|cien [klini'sjɛ̃] *m* Kliniker *m*; **⁓que** [⁓'nik] *f u. adj.* Klinik *f*; *Fr.* Gesundheitsfürsorgestelle *f*; klinisch.
clinquant [klɛ̃'kã] *m* Flittergold *n*, -staat *m*; *fig.* falscher Glanz *m*; Tand *m*.
clinomètre [klinɔ'mɛtrə] *m* Neigungsmesser *m*.
clip [klip] *m* Klammer *f*, Klipp (*am Füllfederhalter, Kleid usw.*).
clique [klik] *f* F Clique *f*, Gesindel *n*, Sippschaft *f*; Gelichter *m*; P ⚔ Musikzug *m*.
cliquet [kli'kɛ] *m* Sperr-, Schaltklinke *f*; **⁓er** [klik'te] (1c) klirren, rasseln; **⁓is** [klik'ti] *m* Geklirr *n*, Rasseln *n*.
cliss|e [klis] *f* Käsehürde *f* (*zum Abtropfen*); Geflecht *n um Flaschen*; ⚕ Schiene *f*; **⁓er** [kli'se] (1a) einflechten; ⚕ schienen.
cliv|age [kli'va:ʒ] *m* Spaltung *f*; **⁓er** [⁓'ve] (1a) *Diamanten usw.* spalten.
cloaque [klɔ'ak] *m* Abführkanal *m*, Kloake *f*; Senkgrube *f*; ⚕ Mastdarmende *n der Vögel*; F *fig.* unsauberer Ort, Schweinestall *m*.
clochard F [klɔ'ʃaːr] *m* Pennbruder *m*, Penner; Bettler.

8 Franz.-Dtsch.

cloche [klɔʃ] f Glocke; * Pflaume fig. P, Null; **~-pied** [klɔʃ'pje]: sauter à ~ (auf einem Beine) hüpfen.

cloch|er [klɔ'ʃe] **1.** m Glocken-, Kirchturm; **2.** v/i. hinken; fig. hapern, auf wacklligen Füßen stehen, mangelhaft sein; **3.** v/t. (1a) mit e-r Glasglocke bedecken; **~eton** [klɔʃ'tɔ̃] m kleiner Glockenturm; **~ette** [klɔ'ʃɛt] f Glöckchen n, ♣ Glockenblume.

cloison [klwa'zɔ̃] f Verschlag m, Scheidewand; ⚓ Schott n; **~nage** △ [klwazɔ'na:ʒ] m Fachwerk n; Bretterverschlag; **~ner** [~zɔ'ne] (1a) durch Scheidewände trennen.

cloître ['klwa:tr] m Kreuz-, Klostergang; Kloster(leben n) n; **~er** [klwa'tre] (1a) in ein Kloster einsperren.

clopin-clopant [klɔpɛ̃klɔ'pɑ̃] humpelnd, hinkend; s'en aller ~ forthumpeln.

clopiner [klɔpi'ne] (1a) humpeln.

cloporte ent. [klɔ'pɔrt] m Kellerassel f.

cloque ✿ [klɔk] f Brandblase.

clore [klɔ:r] (4k) (ver-, zu)schließen; umgeben; Diskussion, Verhandlung, Rechnung, Inventar abschließen.

clos[1] [klo] (7) ge-, verschlossen.

clos[2] [klo] m Gehege n; Gehöft n; eingezäunter Weinberg.

closerie [kloz'ri] f kleine Meierei f, Gehöft n.

clôtur|e [klo'ty:r] f Einfriedigung, Zaun m; (Ab-)Schließung; (Ab-)Schluß m z.B. der Sitzung; ✝ ~ de l'exercice Jahresabschluß m; **~er** [kloty're] (1a) einfriedigen; fig. abschließen.

clou [klu] m Nagel; F fig. Hauptattraktion f, Glanzstück n; F thé. Schlager m; P ✿ Furunkel n; P Leihhaus n; F Gefängnis n; F alter Wagen m (od. Kasten m), alte Klamotte f, alte Flugzeug n; vél. Mühle f; verbrauchte Maschine f; ♣ ~ (de girofle) Gewürznelke f; **~er** [klu'e] (1a) (an-, auf)nageln; fig. fesseln.

clout|er [klu'te] v/t. (1a) mit Nägeln beschlagen; passage m clouté benagelter Fußübergang m; **~erie** [klu'tri] f Nagelschmiede; Nagelhandel m; **~ier** [klu'tje] m Nagelschmied, Nagelhändler.

clown [klun] m Clown m, Spaßmacher m, Possenreißer; **~erie** [klun'ri] f Faxenmacherei.

cloyère [klwa'jɛ:r] f Austernkorb m.

club [klœb] m Klub m; ~ littéraire literarische Gesellschaft f.

cluse [kly:z] f enge Schlucht; Paß m, Klamm.

coadjuteur [koadʒy'tœ:r] su. Amtsgehilfe m; m: Weihbischof.

coaguler [koagy'le] (1a) gerinnen machen.

coali|ser pol. [koali'ze] (1a): se ~ sich verbünden; **~tion** pol. [~li'sjɔ̃] f Verbindung, Bündnis n; bsd. pol. Koalition f.

coaltar [kɔl'ta:r] m Steinkohlenteer.

coasser [kɔa'se] (1a) quaken.

cobaye zo. [kɔ'baj] m Meerschweinchen n.

cocagne [kɔ'kaɲ] f: mât m de ~ Kletterstange f (Volksspiel); pays m de ~ Schlaraffenland n.

cocarde [kɔ'kard] f Hutschleife; ⚔ Kokarde f; P Deetz m, Kopf m.

cocasse [kɔ'kas] spaßhaft, drollig.

coccinelle ent. [kɔksi'nɛl] f Marienkäfer m.

coche [kɔʃ] **1.** m ehm. Landkutsche f; faire la mouche du ~ sehr eifrig und wichtig tun; manquer (od. rater) le ~ e-e günstige Gelegenheit vorübergehen lassen; fig. den Anschluß verpassen; **2.** f Kerbe, Einschnitt m; **3.** ⚑ zo. f, noch: P fig. Sau. **[2.** (1a) (ein)kerben.)

cocher [kɔ'ʃe] **1.** m Kutscher;)

cochère [kɔ'ʃɛ:r] a/f.: porte f ~ Torweg m, Einfahrt f.

cochon zo. [kɔ'ʃɔ̃] m Schwein n; ~ de lait Spanferkel n; zo. ~ d'Inde Meerschweinchen n; **~ner** [~ne] (1a) verpfuschen, versauen (P); **~nerie** [~ʃɔn'ri] f Schweinerei; Zote f; P Pfuscharbeit f; **~net** [~'nɛ] m Schweinchen n; Doppelwürfel m; Zielspiel n.

cockpit ✈ [kɔk'pit] m Flugzeugkanzel f.

coco [kɔ'ko] m Kokosnuß f; Lakritzenwasser n; P Deetz m, Bauch; F Kosewort für Kinder und Pferde: Liebling m; F Kerl m, Kauz m, nettes Früchtchen m; * F Kokain n.

cocon ent. [kɔ'kɔ̃] m (Seiden-)Raupengespinst n; fig. F mettre qch. en ~ ne. außer Betrieb setzen, stillegen; **~ner** [~kɔ'ne] (1a) den Kokon bilden, sich einspinnen.

cocorico [kɔkɔri'ko] *m* Kikeriki *n*.
cocose [kɔ'ko:z] *f* Kokosfett *n*.
cocoter P [kɔkɔ'te] (1a) stinken.
cocotier [kɔkɔ'tje] *m* Kokosnußbaum.
cocotte [kɔ'kɔt] *f enf.* Huhn *n*; *cuis.* Schmortopf; ✶ Augenlidentzündung; *vét.* Maul- u. Klauenseuche *f*; *péj.* Kokotte *f*, liederliches Frauenzimmer *n*, Dirne *f*; *ma* ~*!* mein Putchen!, mein Süßerle!
coction [kɔk'sjɔ̃] *f* ⚕ Kochen *n*; ✶ Verdauung.
cocu F [kɔ'ky] *m* Hahnrei *m*, betrogene Ehemann; *péj.* Schafskopf *m*.
code [kɔd] *m* Gesetzbuch *n*; ⸸ Telegrammschlüssel *m*; *Auto:* Such-, Nebel-scheinwerfer, Sucher; ~ *civil* BGB. = Bürgerl. Gesetzbuch) *biol.* ~ *génétique* Lebenskodex (*Zellenlehre*); ~ *pénal* Strafgesetzbuch *n*; ~ *de la route* Straßenverkehrsordnung *f*; *nom m de* ~ Deckname; *Auto:* se mettre en ~ abblenden.
coder [kɔ'de] *v/t.* (1a) *e-n Text* verschlüsseln; *fig.* mit e-m Decknamen versehen.
codétenu ⚖ [kodet'ny] *m* Mitgefangener.
coéducation [koedykɑ'sjɔ̃] *f* Koedukation *f*.
coefficient [koefi'sjɑ̃] *adj. u. m* **1.** mitwirkend; **2.** Koeffizient.
coéquation [koekwɑ'sjɔ̃] *f* Verteilung der Steuern *auf die Zahler*.
coercitif [kɔɛrsi'tif] Zwangs...
cœur [kœ:r] *m* Herz *n*; *fig.* Gefühl *n*, Gemüt *n*, Zuneigung *f*; Mut *m*; Cœur *n*, Herz(en) *n* (*n/pl.*) (*Kartenfarbe*); F *s'en donner à ~ joie* quietschvergnügt sein; *par* ~ auswendig (*wissen*); *j'ai mal au* ~ mir ist übel.
coffr|age [kɔ'fra:ʒ] *m* ⚠ Ein-, Verschalung *f*, ⊕ Maschinengehäuse *n*; ~**e** ['kɔfrə] *m* Kasten, Truhe *f*; Geldkasten; F Brustkasten; *Auto:* Gepäckraum *m*, Kofferraum *m*, ~**e-fort** [kɔfrə'fɔ:r] *m* (feuerfester) Geldschrank; Gefängniswagen *m*, grüne Minna (P) *f*; ~**er** [kɔ'fre] (1a) F einsperren; ⚠ einschalen; ~**et** [kɔ'frɛ] *m* Kästchen *n*; ~**eur** ⚠ [kɔ'frœ:r] *m* Einschaler.
cogestion [kɔʒɛs'tjɔ̃] *f* Mitbestimmung *f*; *droit m de* ~ Mitbestimmungsrecht *n*.

cognac [kɔ'ɲak] *m* Kognak *m*.
cognage [kɔ'ɲa:ʒ] *m Auto:* Klopfen *n des Motors*; Schlägerei *f*.
cognassier ♣ [kɔɲa'sje] *m* Quittenbaum.
cogn|ée [kɔ'ɲe] *f* Axt; *jeter le manche après la* ~ die Flinte ins Korn werfen; ~**er** [kɔ'ɲe] *v/t.* (1a) *Nägel* einschlagen; *v/i.* sich reiben, klopfen (*Motor*); schlagen; stoßen; *an die Tür* klopfen; ✶ stinken.
cohabiter [kɔabi'te] (1a) zs.-wohnen; *ehelich* zs.-leben.
cohéren|ce [kɔe'rɑ̃:s] *f* Zs.-hang *m*; ~**t** [kɔe'rɑ̃] zs.-hängend, eng verbunden.
cohésion [koe'zjɔ̃] *f* Kohäsion Zs.-hang *m*.
cohue [kɔ'y] *f* lärmende Versammlung; Gedränge *n*, Gewühl *n*, Wirrwarr *m*.
coi *m*, ~**te** *f* [kwa, kwat] ruhig, still; *se tenir* ~ sich ruhig verhalten.
coiff|e [kwaf] *f* Frauenhaube; *anat.* Kopfhaube *f*; ⊕ Haube *f*, Kappe *f*; ~ *de chapeau* Hutfutter *n*; ~**é** [~'fe] bedeckt, frisiert; *fig. être* ~ *de q.* in j-n verliebt (*od.* vernarrt [F]) sein; *enfant m né* ~**é** Sonntagskind *n*; ~**er** [~'fe] (1a) den Kopf bedecken; das Haar machen, frisieren; *fig.* F decken (*Untergebenen*); ~**eur** *m*, ~**euse** *f* [kwa'fœ:r, ~'fø:z] Friseur(in *f*) *m*, Friseuse *f*; *f* Frisiertischchen *n*; ~**ure** [~'fy:r] *f* Kopfbedeckung; Frisur *f*; Haareschneiden *n* (*Tätigkeit*).
coin [kwɛ̃] *m* Ecke *f*, Winkel, (*eckiges*) Ende *n*; Ecksitz *m*; Zipfel *m*; Keil; (*Münzen*-)Stempel; Gepräge *n*; *Sport:* Ecke *f*, Eckstoß *m usw.* ~*-fenêtre m* Fensterplatz *m*; ~ *de la bouche* Mundwinkel; *tourner le* ~ um die Ecke biegen; F *il la connaît dans les* ~*s* er kennt den Dreh, er läßt sich nicht so leicht behumpsen.
coin|çage ⊕ [kwɛ̃'sa:ʒ] *m* Verkeilen *n*; ~**cement** ⊕ [kwɛ̃s'mɑ̃] *m* Klemmen *n*, Hemmung *f*; ~**cer** ⊕ [~'se] (1k) verkeilen, (fest)klemmen *a. v/i.* ~ *la bulle* in die Ecke treiben.
coïncid|ence [kɔɛ̃si'dɑ̃:s] *f* zeitliches Zs.-fallen *n*, -treffen *n*; Koinzidenz *f*; ⚬ Zs.-fallen *n*, Kongru'enz; ~**er** [~si'de] (1a) zs.-fallen, -treffen; ⚬ räumlich zs.-fallen, kongruent sein.

coing ♀ [kwɛ̃] *m* Quitte *f*.
coke [kɔk] *m* Koks; ~ *de mine* Zechenkoks; **~rie** [kɔˈkri] *f* Kokerei.
col [kɔl] *m* Hals; Gebirgspaß *m*, Schlucht *f*; (Hemd-, Rock-)Kragen; ~ *cassé* Kragen mit umgebogenen Ecken; ~ *droit* Stehkragen; ~ *rabattu* Umlegekragen; ~ *roulé* Rollkragen *m*; ~ *droit-rabattu* Stehumlegekragen; ~ *Danton* Schillerkragen; F ~ *blanc* Stehkragenproletarier *m*; F ~*-bleu* Matrose *m*.
colchique ♀ [kɔlˈʃik] *m* Herbstzeitlose *f*.
coléoptère [kɔleɔpˈtɛːr] *m* **1.** *ent.* Hartflügler *m*; **2.** ✈ Ringflügelflugzeug *n*, Koleopter *m*.
colère [kɔˈlɛːr] **1.** *f* Zorn *m*; Wut; *en* ~ zornig; *se mettre en* ~ in Zorn geraten; **2.** *adj.* jähzornig.
colérique [kɔleˈrik] jähzornig, cholerisch.
colibacille [kɔlibaˈsil] *m* Dickdarmbazillus.
colifichet [kɔlifiˈʃɛ] *m* kleines Schmuckstück *n*; *péj.* Tand *m*, Flitterkram *m*; Backwerk *n* für Vögel.
colimaçon *zo.* [kɔlimaˈsɔ̃] *m* Schnecke *f*.
colin-maillard [kɔlɛ̃maˈjaːr] *m* Blindekuh(spiel *n*) *f*.
colique [kɔˈlik] *f* 🕮 Kolik *f*; P Furcht *f*, Schiß (V) *m*.
colis [kɔˈli] *m* Gepäck-, Frachtstück *n*; ~ *postal* Postpaket *n*.
collaborateur [kɔlabɔraˈtœːr] *m* Mitarbeiter; *pol.* oft *mv.p.* Kollaborateur *m*, Landesverräter *m*; **~ation** [~raˈsjɔ̃] *f* Mitarbeit; **~ationniste** [~rasjɔˈnist] *m* Mitarbeiter mit dem Feinde, Kollaborateur *m*; **~atrice** [~raˈtris] *f* Mitarbeiterin; F **~er** [~bɔˈre] (1a) mitarbeiten, mitwirken.
collage [kɔˈlaːʒ] *m* Leimen *n*; Aufkleben *n*; Klären *n des Weins*; F wilde Ehe *f*, (Liebes-)Verhältnis *n*.
collant [kɔˈlɑ̃] **1.** (7) klebend; eng anliegend, prall; F aufdringlich, lästig; **2.** **~s** [~] *m/pl.* Strumpfhosen *f/pl.*
collatéral [kɔlateˈral] **1.** *adj.* (5c) Seiten-...; Neben-...; **2.** *su.* Seitenverwandte(r).
collateur [kɔlaˈtœːr] *m* Verleiher *e-r Pfründe*; **~ion** [kɔlaˈsjɔ̃] *f* ⚖ Verleihung; *typ.* Vergleichung, Kollationieren *n*; Imbiß *m*; **~ionner** [kɔlasjɔˈne] (1a) vergleichen, prüfen, kollationieren; *v/i.* e-n Imbiß nehmen.
colle [kɔl] *f* Klebstoff *m*; *écol.* knifflige Frage; Vorprüfung; F Lüge; *écol.* Nachsitzen *n*; ~ *de farine* Kleister *m*; ~ *(forte)* Leim *m*; F *poser une* ~ *à q.* e-e schwere Frage vorlegen; △ ~ *de ciment* Zementleim *m*.
collect|e [kɔlˈlɛkt] *f* (Geld-)Sammlung *f*; *rl.* Kollekte *f*; *faire une* ~ e-e Kollekte veranstalten; **~if** [kɔlɛkˈtif] (7e) gesamt; gemeinschaftlich, Kollektiv; Sammel...
collection [kɔlɛkˈsjɔ̃] *f* Sammlung *f*; † Kollektion *f*; **~ner** [kɔlɛksjɔˈne] (1a) sammeln.
collectivisation [kɔlɛktivizaˈsjɔ̃] *f* Kollektivisierung *f*; ✓ Umwandlung *f* in Kolchosenwirtschaften; **~ité** [~viˈte] *f* Gesamtheit, Gemeinschaft; Volksgruppe.
collège [kɔˈlɛːʒ] *m rl.* Kollegium *n*; (*städtische*) höhere Schule *f*; ~ *électoral* Wahlversammlung *f*; *sacré* ~ *rl.* Kardinalskollegium *n*.
collég|ial *rl.* [kɔleˈʒjal] (5c) Stifts-...; **~ien** *m*, **~ienne** *f* [~ˈʒjɛ̃, ~ˈʒjɛn] Oberschüler(in *f*) *m*.
collègue [kɔlˈlɛːɡ] *su.* Kollege. *m*; *z. B. écol.* ~ *femme f* Kollegin.
coller [kɔˈle] (1a) *v/t.* (an-, auf-, zs.-)kleben, leimen; mit Leimwasser tränken, planieren (*Buchbinderei*); Wein klären; *écol.* reinlegen (*durch schwierige Fragen*); nachbleiben lassen; P erwischen; F zum Schweigen bringen; F verpassen, verabreichen (*Backpfeife, Schlag*); **2.** *v/i.* prall sitzen; eng anliegen, P gut gehen, klappen; *bsd. écol.* ~ *de travail* vor Arbeit schwitzen; *cela ne colle pas bien* es klappt nicht.
collerette [kɔlˈrɛt] *f* Halskrause.
collet [kɔˈle] *m cuis.* Halsstück *n*; 🕮 Wurzelhals; *ch.* Schlinge *f*; (*Rockusw.*)Kragen; ~ *montant* Offizierskragen; ~ *monté fig.* Pedant, steifer Mensch *m*, Formenmensch *m*, affektierter Typ *m*; **~ar ★** [~ˈtaːr] *m* üble Lage *f*; **~er** [kɔlˈte] *v/t.* (1c) beim Kragen packen; *ch. v/i.* Schlingen legen; *se* ~ sich balgen, sich raufen.

colleur [kɔ'lœːr] *su.* Tapeten-, Zettelankleber(in *f*) *m*; *écol.* gefürchteter Examinator *m*.

collier [kɔ'lje] *m* Halsband *n*, -kette *f*, -riemen; Ordenskette *f*; Kum(me)t *n* der Zugtiere; ⊕ Schelle *f*; *fig.* schwere Arbeit *f*.

colline [kɔ'lin] *f* Hügel *m*.

collision [kɔli'zjɔ̃] *f* Zs.-stoß *m*; entrer en ~ zs.-stoßen; *fig.* sich reiben.

collo|cation 🏛 [kɔlɔka'sjɔ̃] *f* Reihenfolge *f* der Gläubiger usw.; **~dion** 🜂 [~'djɔ̃] *f* Kollodium *n*; **~que** [~'lɔk] *m pol., rl.* Unterredung *f*, Gespräch *n*; **~typie** [~ti'pi] *f typ.* Lichtdruck *m*.

collusion *a.* 🏛 [kɔly'zjɔ̃] *f geheimes* Einverständnis *n (avec mit);* heimliches Zs.-arbeiten.

collutoire *phm.* [kɔly'twaːr] *n* Mundwasser *n*.

collyre 🜨 [kɔ'liːr] *m* Augenmittel *n*.

colmater [kɔlma'te] (1a) zu-, verstopfen.

colocataire 🏛 [kɔlɔka'tɛːr] *m* Mitmieter.

Cologne [kɔ'lɔɲ] *f* Köln *n*.

colombage ⚠ [kɔlɔ̃'baːʒ] *m* Fachwerk *n*.

colomb|e *poét.* [kɔ'lɔ̃b] *f* Taube; **~ier** [kɔlɔ̃'bje] *m* Taubenhaus *n*, -schlag; **~in** [kɔlɔ̃'bɛ̃] *adj* taubenfarbig; **~ine** [~'bin] *f* Tauben-, Vogelmist *m*; *min.* Bleierz *n*.

colon [kɔ'lɔ̃] *m* Ansiedler, Kolonist.

côlon *anat.* [ko'lɔ̃] *m* Grimmdarm *m*, Kolon *n*.

colonel [kɔlɔ'nɛl] *m* Oberst *m*; **~le** [~] *f* Frau e-s Obersten.

coloni|al [kɔlɔ'njal] *adj.* (5c) kolonial; *denrées* **~es** Kolonialwaren; *politique f* ~**e** Kolonialpolitik *f*; *ville f* ~**e** Pflanzstadt *f*; **~alisme** [~nja'lism] *m* Kolonialpolitik *f*; **~aliste** [~nja'list] *adj.*: *exploitation f* ~ koloniale Ausbeutung *f*; **~e** [kɔlɔ'ni] *f* Kolonie, Ansiedelung, Niederlassung; ~ *de vacances* Ferienkolonie.

colonisation [kɔlɔniza'sjɔ̃] *f* Kolonisierung *f*; Ansiedelung.

colonne [kɔ'lɔn] *f* Säule, Zeitungs-, Buchspalte; ✕ Kolonne; **~affiches** [~'fiʃ] *f* Anschlag-, Litfaßsäule.

colophane [kɔlɔ'fan] *f* Kolophonium *n*.

color|ant [kɔlɔ'rɑ̃] *m* Farbstoff; **~er** [kɔlɔ'rje] (1a) färben; **~ier** *peint.*

[kɔlɔ'rje] (1a) kolorieren, ausmalen; **~is** [~'ri] *m* Kolorit *n*; Farbengebung *f*; (lebhafte) Färbung *f*.

colossal [kɔlɔ'sal] *adj.* (5c) kolossal, riesengroß.

colosse [kɔ'lɔs] *m* Riesenstandbild; *fig.* Riese *m*, Riesin *f*, Koloß *m*.

colport|age [kɔlpɔr'taːʒ] *m* Verbreitung *f*, Kolportage *f*; 🕂 Hausieren *n*; **~er** [~'te] (1a) *mit etw.* hausieren; *Nachricht od.* Gerücht verbreiten, kolportieren; **~eur**, **~euse** *f* [~'tœːr, ~'tøːz] Hausierer (-in *f*) *m*, Neuigkeitskrämer(in *f*) *m*, Gerüchtemacher *m*, Kolporteur *m*.

coltin|er [kɔlti'ne] (1a) Lasten tragen (*z.B.* Mörtel); **~eur** [~'nœːr] *m* Lastträger.

columbarium [kɔlɔ̃ba'rjɔm] *m* Urnenhalle *f*, -haus *n*.

colza ♧ [kɔl'za] *m* Raps.

coma 🜨 [ko'ma] *m* Schlafsucht *f*; **~teux** [koma'tø] (7d) schlafsüchtig.

combat [kɔ̃'ba] *m* Kampf, Gefecht *n*; ~ *naval* Seeschlacht *f*; *hors de* ~ kampfunfähig; **~if** [~ba'tif] *adj.* kampflustig; streitsüchtig; **~tant** [kɔ̃ba-'tɑ̃] *m* Kämpfer; Streiter; *orn.* Kampfläufer *m*, -hahn; **~tre** [kɔ̃-'batrə] (4a) (be)kämpfen.

combe [kɔ̃:b] *f* Bergschlucht *f*.

combien [kɔ̃'bjɛ̃] wieviel; wie (sehr); wie teuer; ~ *de temps* wie lange; F *le* ~ *sommes-nous?* od. *le* ~ *est-ce aujourd'hui?* den wievielten haben wir?

combin|able [kɔ̃bi'nabl] *adj.* zs.-setzbar; vereinbar; **~aison** [kɔ̃binɛ'zɔ̃] *f* Zs.-setzung *f*, -stellung *f*; *a.* 🜂 Verbindung, Kombination; Arbeits-, Monteuranzug *m*; Unterrock *m*, -kleid *n*; Strampelhöschen *n*, Kriechanzug *m*; *ehm.* Hemdhose; **~ard** P [~'naːr] *m* gerissener (*od.* geriebener) Kerl *m*; **~at** *éc.* [~'na] *m* (*Industrie-*)Kombinat *n* (*UdSSR*); **~ateur** ⚡, *rad.* [~na-'tœːr] *m* Stufen-, Wellenschalter *m*; **~e** [~'bin] *f* F Kniff *m*, Trick *m*, *péj.* Masche; Dreh *m*; Idee *f*, guter Einfall *m*; F *entrer dans la* ~ *de q.* sich j-s Machenschaften anschließen; **~é** [kɔ̃bi'ne] *m* **1.** 🜂 chemische Verbindung *f*; **2.** *téléph.* ⊕ Hörer *m* (*Gerät*) *m*; **3.** *Auto:* Instrumentenbeleuchtung *f*; **~er** [~] (1a) zs.-stellen, vereinigen; kombinieren, erwägen, berechnen.

combisme *pol., litt.* [kɔ̃'bism] *m* antiklerikale Haltung *f* (*im Sinne e-s Emile Combes 1835—1921*).

combl|e ['kɔ̃:blə] **1.** *m* Übermaß *n*; Dach(stuhl *m*) *n*; *fig.* Gipfel *m*, höchste Stufe *f*, Höhe *f*; de fond en ~ ganz und gar; mettre le ~ à ... die Krone aufsetzen; **2.** *adj.* (über-)voll; **~ement** [kɔ̃blə'mɑ̃] *m* Ausfüllung *f*; Zuschütten *n*; Deckung *f* e-s Fehlbetrages; **~er** [~'ble] (1a) bis zum Übermaße anfüllen; *fig.* ausfüllen; zuschütten; zufriedenstellen; ✝ decken; *fig.* ~ q. de qch. j-n mit etw. überhäufen; ~ une lacune e-e Lücke ausfüllen; ~ un retard ein Versäumnis wieder aufholen.

combustibilité [kɔ̃bystibili'te] *f* Verbrennbarkeit.

combust|ible [kɔ̃bys'tiblə] **1.** *adj.* (ver)brennbar; **2.** *m* Brennmaterial; Brenn-, Treibstoff; ~ nucléaire (*Atomtechnik*) nuklearer Brennstoff (*od.* Treibstoff) *m*; **~ion** [~bys'tjɔ̃] *f* Verbrennung; *fig.* Aufruhr *m*; ✗ ~ spontanée Selbstentzündung.

comédi|e [kɔme'di] *f* Komödie, Lustspiel *n*; **~en** [kɔme'djɛ̃] **1.** *adj.* komödienhaft, schauspielermäßig; **2.** *su.* Schauspieler *m*; Komödiant *m*; *fig.* Heuchler *m*.

comestible [kɔmɛs'tiblə] **1.** *adj.* eßbar; **2.** *m* Nahrungsmittel *n*; ~s fins (*od. de choix*) Delikatessen *f/pl.*

comète *ast.* [kɔ'mɛt] *f* Komet *m*.

comice [kɔ'mis] *m* **1.** ~ electoral Urwählerversammlung *f*; **2.** ~ agricole landwirtschaftlicher Verein; **3.** *antiq.* ~s *pl.* Komitien.

comique [kɔ'mik] **1.** *adj.* komisch; auteur *od.* acteur *m* ~ Komiker; **2.** *m* Komische(s) *n*; Komiker *m*; Lustspieldichter *m*.

comité [kɔmi'te] *m* Ausschuß *m*, Komitee *n*; ~ d'arbitrage Schlichtungsausschuß; ~ de surveillance Aufsichtsrat *m*; ~ exécutif Vollzugsausschuß.

comma [kɔ'ma] *m* ♩ Komma *n*, Intervall *n* zwischen enharmonischen Tönen (*cis-des*); *gr.* Doppelpunkt *m*.

command ⚖️ [kɔ'mɑ̃] *m* Auftraggeber *m* für e-n Ankauf; **~ant** [kɔmɑ̃'dɑ̃] ✕ Befehlshaber *m*, Kommandant *m*; ~ en chef Oberbefehlshaber; **~e** [kɔ'mɑ̃:d] *f* Bestellung; ⚙ Steuerung; ⊕ Antrieb *m*; ~ à vapeur Dampfantrieb *m*; ~ sur roue avant Vorderradantrieb *m*; ✝ passer ~ de qch. den Auftrag für etw. erteilen; **~ement** [kɔmɑ̃d'mɑ̃] *m* ✕ Kommando *n*; Befehl; ⚖️ Aufforderung *f*; *rl.* Gebot *n*; Gewalt *f*; **~er** [kɔmɑ̃'de] (1a) befehlen; bestellen; befehligen, kommandieren; übertragen; beherrschen; **~eur** [kɔmɑ̃'dœːr] *m* **1.** *hist.* Komtur *m*, Ordensritter *m*; **2.** Kommandeur e-r Ordensklasse; ~ de la légion d'honneur Kommandeur *m* der Ehrenlegion; **~itaire** ✝ [~di'tɛːr] *m* stiller Teilhaber *m*, Kommanditär *m*, Kommanditist *m*; *allg.* Geldgeber *m*; **~ite** ✝ [~'dit] *f* Kommanditgesellschaft *f*; **~ité** [~di'te] *m* Komplementär *m*; verantwortlicher Teilhaber *m* e-r Kommanditgesellschaft; **~iter** [~di'te] (1a) Geld in ein Unternehmen stecken, finanzieren; **~o** *bsd.* ✕ [~'do] *m* (Stoß-) Trupp, Gruppe *f*, Kommando *n*, Einheit *f*; ~ terroriste Rollkommando *n*.

comme [kɔm] **1.** *adv.* (in der Weise) wie; wie!; (in der Eigenschaft) als; F ~ ci, ~ ça so, soso; F c'est tout ~ ça das ist ganz dasselbe; ~ il faut anständig, tüchtig; **2.** *cj.* Zeit: gerade als, wie; *Grund:* da.

commémorat|if [kɔmemɔra'tif] erinnernd; Gedächtnis...; fête *f* ~ive Gedächtnisfeier; **~ion** [~ra'sjɔ̃] *f* Gedächtnisfeier; Andenken *n*.

commençant, **~e** *f* [kɔmɑ̃'sɑ̃, ~'sɑ̃:t] Anfänger(in).

commenc|ement [kɔmɑ̃s'mɑ̃] *m* Anfang *m*; **~er** [~'se] (1k) anfangen; ~ par faire qch. etw. (zuerst) tun.

commendataire *rl.* [kɔmɑ̃da'tɛːr] *m* Pfründeninhaber *m*, weltlicher Abt *m*.

commens|al [kɔmɑ̃'sal] *su.* (5c) Tischgenosse *m*; Tafelgast *m* bei Hofe; **~urable** A [~sy'rablə] mit gleichem Maße meßbar.

comment [kɔ'mɑ̃] **1.** wie?, wie!; **2.** *m* Art und Weise *f*; **~aire** [~'tɛːr] *m* Auslegung *f*, Kommentar; F ~s *pl. fig.* boshafte Auslegung; **~ateur** *m*, **~atrice** *f* [~ta'tœːr, ~ta'tris] Kommentator (-in *f*) *m*; **~er** [~'te] (1a) kommentieren.

commérage F [kɔme'raːʒ] *m*

Klatsch m, Gewäsch n, Gerede n, Klatscherei f.
commerçant [kɔmɛr'sɑ̃] **1.** adj. handeltreibend; Handels...; **2.** m Geschäftsmann m, Kaufmann m; ~ en gros Großkaufmann m.
commerc|e [kɔ'mɛrs] m **1.** † Handel; Geschäft n; Handelsstand; ~ d'outre-mer Überseehandel; inscrire au registre du ~ ins Handelsregister eintragen; **2.** fig. Verkehr, Umgang; **~er** [~mɛr'se] (1k) handeln, Handel treiben; **~ial** [~'sjal] (5c) kaufmännisch; Handels...
commère [kɔ'mɛːr] f ✣ Gevatterin; F Klatschbase.
commettant [kɔmɛ'tɑ̃] m Auftraggeber, ⚹⚹ Mandant.
commettre [kɔ'mɛtrə] (4p) begehen; ~ qch. à q. j-m etw. auftragen, anvertrauen; se ~ sich aussetzen. [androhend.\
comminatoire [kɔmina'twaːr])
commis [kɔ'mi] m Kommis m, Handlungsgehilfe m, Gehilfe m, Angestellte(r) m, Agent m; ~ de culture Landwirtschaftsgehilfe m; Schreiber; Verkäufer; ~-voyageur Handlungsreisender m; Fr.: ~ principal Oberserkretär m (im Ministerium); **~e** F [kɔ'miːz] f Verkäuferin f.
commisération [kɔmizera'sjɔ̃] f Mitleid n; Erbarmen n.
commissaire [kɔmi'sɛːr] m Bevollmächtigter; ~ adjoint Beigeordneter; haut ~ Hoher Kommissär m; † ~ aux comptes Wirtschaftsprüfer m; **~-expéditeur** m Spediteur; ~ de police Polizeikommissar m; **~-priseur** [~pri'zœːr] m Auktionskommissar, (vereidigter) Taxator.
commiss|ion [kɔmi'sjɔ̃] f Auftrag m, Bestellung; † Kommissionsgeschäft n; Provision; (Geschäfts-)Ausschuß m; faire des ~s, aller en ~ Einkäufe (od. Besorgungen) machen, einholen gehen; **~ionnaire** [kɔmisjɔ'nɛːr] m Kommissionär m, Beauftragte(r); ~ (pour les transports) Spediteur; Agent; Gepäckträger; ~ en librairie Sortimentsbuchhändler m; **~ionner** [~sjɔ'ne] (1a) beauftragen, bevollmächtigen; **~ure** [~mi'syːr] f anat. Verbindungsstelle f; Mundwinkel m; 🜂 Fuge.
commod|e [kɔ'mɔd] **1.** adj. bequem; verträglich; (zu) nachsichtig, nachgiebig; **2.** f Kommode, **~ément** [kɔmɔde'mɑ̃] adv. zu commode: bequem; **~ité** [~di'te] f Bequemlichkeit f, Wohnlichkeit f, Behaglichkeit f, Annehmlichkeit f gute Gelegenheit; † ~s pl. Abort m, Toilette f.
commotion [kɔmo'sjɔ̃] f Erschütterung.
commuer ⚹⚹ [kɔ'mɥe] (1a) e-e Strafe in e-e mildere umwandeln.
commun, ~e [kɔ'mɶ̃, ~'myn] **1.** adj. gemein(sam); allgemein; alltäglich; gemein, vulgär, ordinär; fosse f ~e Massengrab n; **2.** m Gemeinschaft f; le ~ das Alltägliche n; der Durchschnittstyp m; en ~ (avec) gemeinsam (mit); vivre sur le ~ auf gemeinsame Kosten leben; un homme du ~ ein Mann der breiten Masse, ein Mann aus dem Volke (od. von der Straße); le ~ des hommes der Durchschnittsmensch m; ~s pl. Nebengebäude n.
commun|al [kɔmy'nal] (5c) Gemeinde..., Kommunal..., **~ale** [~'nal] f Verwaltungsbezirk m; **~aliser** [~nali'ze] (1a) durch Zwangsenteignung der Gemeinde unterstellen, **~ard** hist. [~'aːr] m Mitglied n (Anhänger) der Pariser Kommune (1871); **~autaire** [~no'tɛːr] adj. Gemeinschafts...; **~auté** [~no'te] f (Güter-) Gemeinschaft; Gemeinwesen n; Innung; religiöse Brüderschaft f; ~ scolaire Schulgemeinschaft; ~ d'intérêts Interessengemeinschaft.
commun|e [kɔ'myn] f (Land- od. Stadt-)Gemeinde f, Ortschaft f; **~ément** [~myne'mɑ̃] gemeinhin, rl. **~iant** m, **~iante** f [~my'njɑ̃, ~'njɑ̃:t] Kommunikant(in); **~icable** [~ni'kablə] mitteilbar; **~icatif** [~ka'tif] mitteilsam; ansteckend (Lachen); **~ication** [~nika'sjɔ̃] f Mitteilung, Verbindung; ~ avec avis d'appel téléph. Ferngespräch n mit Herbeirufen des Teilnehmers, XP-Gespräch n; ~ avec préavis téléph. V-Gespräch n (mit Voranmeldung) ~ locale od. urbaine téléph. Ortsgespräch n; ~ payable à l'arrivée téléph. R-Gespräch n (zu Lasten des Angerufenen); donner une mauvaise ~ téléph. falsch verbinden; **~ier** [kɔmy'nje] v/i. (1a) zum Abendmahle gehen; v/t. ~ q. j-m das

communion — 120 — **compiler**

Abendmahl reichen; **~ion** [~'njõ] f (Glaubens-)Gemeinschaft; Abendmahl n, Kommunion f; **~iqué** [~ni'ke] m Communiqué n, amtlicher Bericht, amtliche Mitteilung f; **~iquer** [~ni'ke] (1a) v/t. mitteilen; übertragen (Krankheiten); v/i. sich verständlich machen; écol. von ea. abschreiben; ~ avec in Verbindung stehen mit; se ~ ⚕ anstecken(d sein); ⚡ sich fortpflanzen; **~isme** [kɔmy'nism] m Kommunismus; **~iste** [~'nist] adj. kommunistisch; su. Kommunist.

commuta|teur ⚡ [kɔmyta'tœːr] m (Um-)Schalter im Keller, am Fahrstuhl usw.; ~ multiple Parallelschalter; rad.: ~ de gammes Wellenschalter; **~tion** [~ta'sjõ] f Vertauschung, Umwandlung; Umschaltung f; ⚡ de peine Strafmilderung; **~trice** ⚡ [~ta'tris] f Einankerumformer m.

commuter ⚡ [kɔmy'te] (1a) umschalten.

compacité [kõpasi'te] f Dichtigkeit f, Festigkeit f; bét. Dichte f.

compact [kõ'pakt] kompakt, dicht, fest, zs.-gedrängt; **~age** [~'taːʒ] △ m Bodenverdichtung f; bét. Verdichtung f.

compag|ne [kõ'paɲ] f Begleiterin f, Kameradin f, Gefährtin f; **~nie** [kõpa'ɲi] f Gesellschaft f; ⚔ Kompanie; ~ affiliée, ~ associée Tochtergesellschaft f; ~ de discipline Strafkompanie; **~non** [kõpa'nõ] m Gefährte, Kamerad; Lebensgefährte m; (Handwerks-)Geselle; Arbeitskollege, ~ compère ~ Arbeitskollege; **~nonnage** [~nɔ'naːʒ] m: années f/pl. de ~ Gesellenzeit f.

compar|able [kõpa'rabl] vergleichbar; **~aison** [kõparɛ'zõ] f Vergleich(ung) m; gr. Komparation, Steigerung; **~aître** [kõpa'rɛːtr] (4z) (vor Gericht) erscheinen; **~atif** [~ra'tif] gr. **1.** daj. vergleichend; **2.** m Komparativ; **~atiste** 🕮 [~ra'tist] su. u. adj. Vergleichswissenschaftler m; études f/pl. ~s vergleichende Studien f/pl.; **~er** [~'re] v/t. (1a): ~ avec bzw. à genauer bzw. oberflächlich vergleichen; se ~ avec bzw. à ~ sich vergleichen mit.

comparse [kõ'pars] su. thé. Statist (-in f) m; allg. unbedeutende Person f, Nebenperson f.

compartiment [kõparti'mã] m Fach n, Feld n (z. B. e-r Zimmerdecke); 🚂 Abteil n.

comparution ⚖ [kõpary'sjõ] f Erscheinen n vor Gericht.

compas [kõ'pa] m Zirkel zum Messen; ⚓ a. Kompaß; P Beine n/pl.; ~ de relèvement ⊕ Peilkompaß; ~ gyroscopique Kreiselkompaß; P allonger (od. ouvrir) le ~ schnell machen, die Beine in die Hand nehmen; **~sé** [~'se] abgemessen, steif; **~ser** [~'se] (1a) abzirkeln; fig. genau überlegen, einrichten; ⚓ ~ la carte das Besteck machen.

compassion [kõpa'sjõ] f Mitleid n.

compatible [kõpa'tibl] vereinbar.

compat|ir [kõpa'tiːr] (2a): ~ à qch. mit etw. Mitleid haben, mitleidvolles Verständnis für etw. aufbringen; **~issant** [~ti'sã] mitleidig.

compatriote [kõpatri'ɔt] su. Landsmann m, -männin f.

compens|ateur [kõpɑ̃sa'tœːr] ausgleichend; physiol. mouvement m ~ Rückgang; phys. pendule m ~ Kompensationspendel n u. m; **~ation** [~sa'sjõ] f Kompensierung f, Ausgleich m, Ersatz m; accord m de ~ Clearingabkommen n; chambre de ~ Clearinghaus n; ~ des charges Lastenausgleich m; ~ des rigueurs Härteausgleich m (deutsche Kriegsschädenregelung); trafic m de ~ Verrechnungsverkehr m; **~er** [~'se] (1a) ausgleichen, ersetzen, verrechnen, kompensieren.

compérage [kõpe'raːʒ] m Patenverhältnis n; fig. geheimes Einverständnis n.

compère [kõ'pɛːr] m Pate, Gevatter; Helfershelfer m, F Kerl, Bursche; bon (od. joyeux) ~ lustiger Bruder; rusé ~ schlauer Fuchs; **~-loriot** ⚡ [~lɔ'rjo] m Gerstenkorn n.

compét|ence [kõpe'tãːs] f ⚖ Zuständigkeit f, Kompetenz f, Befugnis f, Amtsbereich n; Sachkunde f; **~ent** [~'tã] kompetent, befugt, sachkundig; **~er** [~'te] (1f) zustehen.

compéti|teur m, **~trice** f [kõpeti'tœːr, ~'tris] Mitbewerber(in f) m (um Ämter usw.), Konkurrent(in f) m; Nebenbuhler(in f) m.

compiler [kõpi'le] (1a) aus Schriften zs.-tragen, -stoppeln, -schreiben.

complainte [kõ'plɛ̃:t] *f* ⚖ Klage; Klage(lied *n*); ~s *pl.* Wehklagen *n*.

complai|re [kõ'plɛ:r] (4aa) *v/i.*: ~ à *q.* j-m entgegenkommen, j-m gegenüber gefällig sein; se ~ *dans* Gefallen finden an (*dat.*); **~sance** [~'zã:s] *f* Gefälligkeit *f*, Entgegenkommen *n*; Wohlgefallen *n*, Selbstgefälligkeit *f*; **~sant** [~'zã] gefällig, entgegenkommend, nachgiebig; selbstgefällig.

complément [kõple'mã] *m* Ergänzung *f*, Nachtrag *m*; ⚔ *officier m de* ~ Reserveoffizier *m*; **~aire** [~'tɛ:r] Ergänzungs...; ⋏ *angle m* ~ Ergänzungswinkel *m* zu 90°; **~arité** [~tari'te] *f* Ineinanderübergehen *n*, Sicherganzen *n*.

complet [kõ'plɛ] **1.** *adj.* (7b) vollständig, -zählig; vollkommen; **2.** *m* Vollständigkeit *f*; Anzug *m*; ~ *sombre* dunkler Anzug *m*; ~ (*fait*) *sur mesure* Maßanzug *m*; ~ *veston* Straßen-, Sakkoanzug *m*; *au* (*grand*) ~ vollständig; ~! (alles) besetzt! (*Bus usw.*).

complètement [kõplɛt'mã] *m* Ergänzung *f*, Vervollständigung *f*.

compléter [kõple'te] (1f) vervollständigen.

complex|e [kõ'plɛks] **1.** *adj.* komplex, vielseitig, verwickelt; zs.-gesetzt; ⋏ *nombres m/pl.* ~s ungleichnamige Zahlen *f/pl.*; **2.** *psych. m* Komplex *m*; ~ *d'infériorité* Minderwertigkeitskomplex *m*; *faire* (*od. avoir*) *des* ~s an Komplexen leiden, Komplexe haben; **~er** [~'kse] (1a) mit Komplexen versehen; **~ion** [~'ksjõ] *f* Körperbau *m*; Gemütsanlage *f*, Naturell *n*, Veranlagung *f*.

complication [kõplika'sjõ] *f* Kompliziertheit *f*; Verwicklung *f*; *fig.* Zs.-treffen *n fig*; ⚕ Verschlimmerung *f*, Komplikation *f*.

complic|e [kõ'plis] **1.** *adj.* mitschuldig; **2.** *su.* Komplize *m*, Mitschuldiger *m*; Helfershelfer *m*; **~ité** [~si'te] *f* Mittäterschaft *f*, Mitschuld *f*.

compliment [kõpli'mã] *m* feierliche Ansprache *f*; Kompliment *n*, Lob *n*, Schmeichelei *f*; Glückwunsch *m*; verbindliche Redensart *f*, Höflichkeit *f*; Gruß *m*, Empfehlung *f*; ~ *de condoléance* Beileidsbezeigung *f*; **~er** [~'te] *v/t.* (1a) (feierlich) begrüßen; beglückwünschen (*pour*, *sur* zu, wegen); *abs.* Komplimente machen.

compliquer [kõpli'ke] (1m) komplizieren, verwickeln; *a.* ⚕ *se* ~ sich verschlimmern.

complot [kõ'plo] *m* Verschwörung *f*; *monter un* ~ e-e Verschwörung anzetteln; **~er** [~plɔ'te] (1a) heimlich verabreden; sich verschwören.

compo * *écol.* [kõ'po] *f* Klassenarbeit *f*; *abr. v. composition.*

componction *rl.* [kõpõk'sjõ] *f* Zerknirschung *f*.

comportement [kõpɔrtə'mã] *m* Verhalten *n*, Benehmen *n*, Betragen *n*.

comporter [kõpɔr'te] (1a) zulassen, gestatten, vertragen; *se* ~ sich verhalten, sich betragen; ⚖ *sich befinden*; ⚕ *se* ~ *avec* sich verhalten gegen.

compos|ant ⚙ [kõpo'zã] *m* Bestandteil *m*; **~é** [~'ze] **1.** *m* Zs.-setzung *f*; Mischung *f*; zs.-gesetztes Wort *m*; ⚙ Verbindung *f*; **2.** *adj.* gesetzt; *maintien m* ~, *allure f* ~*e* gesetztes Wesen *n*; **~er** [~] *v/t.* (1a) zs.-setzen, ausarbeiten, verfassen; *écol.* e-e Klassen-, Prüfungsarbeit schreiben; ♪ komponieren; *typ.* setzen; ~ *son visage sur celui de q.* sich in s-m Mienenspiel j-m anpassen (*od.* nach j-m richten); *v/i.*: ~ *avec ses créanciers* sich mit s-n Gläubigern vergleichen; *se* ~ *de* bestehen aus; **~iteur** [~zi'tœ:r] *m* ♪ Komponist *m*; *typ.* Schriftsetzer *m*; **~ition** [~zi'sjõ] *f* Zs.-setzung *f*, Mischung *f*; *écol.* Klassenarbeit *f*, schriftliche Prüfungsarbeit *f*; Aufsatz *m*; Ausarbeitung *f*; ♪ Komposition(slehre *f*) *f*; *typ.* (Schrift-)Satz *m*; gütliche Übereinkunft *f*, Vergleich *m*.

compost ✍ [kõ'pɔst] *m* Kompost *m*; **~er** [~'te] (1a) ✍ düngen; *mit e-r Stempelmaschine* abstempeln; **~eur** [~'tœ:r] *m typ.* Winkelhaken *m*; Stempel *m* mit beweglichen Schriftzeichen.

compot|e [kõ'pɔt] *f* Kompott *n*, Eingemachtes *n*, gekochtes Obst *n*; ~ *de pommes* Apfelmus *n*; *fig. visage m en* ~ arg zerschlagenes Gesicht *n*; **~ier** [~'tje] *m* Kompott-, Fruchtschale *f*.

compound [kõ'pund] **1.** *adj. u. f*: ⊕ (*machine*) ~ *f* Verbundmaschine

compréhensible — 122 — **conception**

f; ⚡ enroulement m ~ gemischte Wicklung f, Compoundwicklung f; huile f ~ gemischtes Öl n; **2.** m Füll-Vergußmasse f, Compound n.

compréhens|ible [kɔ̃preã'siblə] verständlich, begreiflich; **~ion** [~'sjɔ̃] f Aufnahmefähigkeit f, Begriffsvermögen n, Fassungskraft f; pol. Verständigung f.

comprendre [kɔ̃'prɑ̃:drə] (4q) verstehen, begreifen; umfassen.

comprenette F [kɔ̃prə'nɛt] f Grips m.

compress|e ⚕ [kɔ̃'prɛs] f Kompresse f, Umschlag m; **~eur** Auto [~'sœ:r] m Kompressor m, Verdichter m; **~ible** [~'siblə] preßbar; **~ion** [~'sjɔ̃] f Zs.-drückung f; Unterdrückung f; ⊕ Kompression, Verdichtung f; *résistance à la* ~ Druckfestigkeit f; ✞ ~ *des prix* Preisdrückerei f; **~ions** [~] f/pl. Einsparungen f/pl. im Haushalt usw.

comprim|é ⚕ [kɔ̃pri'me] m Pastille f, Tablette f; **~er** [~] (1a) zs.-drücken, pressen; fig. unterdrücken; *verre m comprimé* Preßglas n.

compris [kɔ̃'pri] vor su. inv.: *y* ~ mit einbegriffen; *non* ~ nicht mit einbegriffen; *service m* ~ einschließlich Bedienung.

compro|mettre [kɔ̃prə'mɛtrə] (4p) kompromittieren, bloßstellen; **~mis** [~'mi] m Kompromiß m; ⚖ Vergleich m, Schiedsvertrag m.

compt|abilisation ✞ [kɔ̃tabiliza'sjɔ̃] f Buchung f, Verbuchung f; **~abiliser** [~'ze] (1a) verbuchen, in den Büchern führen; allg. genau vermerken, registrieren; **~abilité** [~tabili'te] f Buchführung f; ~ *en partie simple (en partie double)* einfache (doppelte) Buchführung f; **~able** [~'tablə] **1.** adj. Buchungs-...; **2.** m Buchhalter m, Rechnungsführer m; **~ant** [~'tɑ̃] bar; *au* ~ gegen (in) bar.

compt|e [kɔ̃:t] m Berechnung f; Konto n; Rechenschaft f; ✞ ~ *courant* Kontokorrent n, laufendes Konto n; ~ *ouvert* laufende Rechnung f; ~ *de chèques,* à *vue* Scheckkonto n; ~ *bloqué* Sperrkonto n; ~ *de chèques postaux* Postscheckkonto n; ~ *de virement* Girokonto n; à ~ *de notre avoir* auf das Konto unseres Guthabens; ~ *d'épargne* Sparkonto n; à *bon* ~ billig;

à *ce* ~ demnach; *son* ~ s-e Sache f; *tenir* ~ *de qch.* Rücksicht nehmen auf (acc.); ~ *rendu* Rezension f, Rechenschaftsbericht m, Referat n; écol. Nacherzählung f; ~ à *rebours* Countdown m; *alors, vous avez votre* ~? na, stimmt die Rechnung?; **~e-gouttes** [kɔ̃t'gut] m Tropfenzähler m; **~er** [kɔ̃'te] v/t. (1a) zählen, (an-, aus-, be-, mit)rechnen; zahlen; v/i. (ab)rechnen; mit in Anschlag kommen; damit rechnen, daß ..., beabsichtigen; **~eur** [~'tœ:r] m Zählapparat; ~ à *gaz* Gasmesser; ⚡ ~ *d'électricité* Zähler at. ~ *Geiger* Geigerzähler m; **~oir** [~'twa:r] m Zähl-, Ladentisch m; Theke f, Schenktisch; Kassen-, Geschäftsraum m, Kon'tor n; Abteilung f e-s *Kaufhauses*; Niederlage f, Zweiggeschäft n, Nebenstelle f, Handelsniederlassung f.

compulser [kɔ̃pyl'se] (1a) nachschlagen, -sehen, einsehen (Akten, Bücher).

comt|al [kɔ̃'tal] (nach su.) gräflich; **~e** [kɔ̃:t] m Graf; **~é** [kɔ̃'te] m Grafschaft f; **~esse** [kɔ̃'tɛs] f Gräfin.

con P [kɔ̃] *espèce de* ~! Quatschkopf!, Dussel!

concass|er [kɔ̃ka'se] (1a) zerkleinern, zerstoßen; **~eur** [~'sœ:r] m Zerkleinerungsmaschine f, Vorbrecher m, Stampfwerk n, Schrotmühle f.

concave [kɔ̃'ka:v] hohlgewölbt; opt. konkav.

concéder [kɔ̃se'de] (1f) bewilligen; fig. zugestehen, einräumen.

concentration [kɔ̃sɑ̃trɑ'sjɔ̃] f Konzentration f; *Fernsehen: agir sur la* ~ die Bildschärfe nachstellen.

concentr|é [kɔ̃sɑ̃'tre] fig. ~ *en lui--même* verschlossen; **~er** [~] v/t. (1a) (auf e-n Punkt) zs.-ziehen, konzentrieren; ⚕ verdichten, eindicken; *se* ~ *sur* sich vertiefen in (acc.); **~ique** ⚗ [~'trik] konzentrisch, mit gemeinschaftlichem Mittelpunkt.

concept [kɔ̃'sɛpt] m Vorstellung f, Gedanke m, Idee f, Begriff; **~ible** [~sɛp'tiblə] phil. (er-)faßbar; **~if** [~'tif]: *faculté f conceptive (geistiges)* Fassungsvermögen f; **~ion** [~'sjɔ̃] f Empfängnis; Fassungskraft f; Vorstellung f; (*Geistes-*)Schöpfung f; ~

conceptualiser — 123 — **condamner**

du monde, ~ de l'univers Weltanschauung f, Weltbild n; **~ualiser** gr. [~tɥali'ze] v/t. (1a) begrifflich näher bestimmen.

concern|ant [kõsɛr'nɑ̃] prp. betreffend; **~er** [~'ne] (1a) betreffen, angehen, sich beziehen auf (acc.).

concert [kõ'sɛ:r] m Konzert n; fig. Einverständnis n; de ~ fig. auf Verabredung; **~er** fig. [~'te] (1a) verabreden; aufeinander abstimmen; gemeinsam vorbereiten; v/i. ♩ in e-m Konzert jeweils die Hauptpartie spielen (od. singen); **~ina** ♩ [~ti'na] f Bandonion n; **~-promenade** [kõsɛrprɔm'nad] m Promenadenkonzert n.

concession [kõse'sjõ] f Bewilligung; Konzession; Einräumung; ✝ Preisermäßigung f; Abtretung; (Familien-)Begräbnisplatz m; ~ à perpétuité Erbbegräbnis n; **~naire** [~sjɔ-'nɛ:r] m Lizenzinhaber, Konzessionär m, Alleinvertreter m.

concev|able [kõs'vablə] begreiflich; **~oir** [kõs'vwa:r] v/i. (3a) physiol. empfangen, schwanger werden; v/t. empfinden, hegen, fig. schöpfen, fassen; begreifen, verstehen; ersinnen, entwerfen; abfassen.

concierg|e [kõ'sjɛrʒ] su. Portier m, Portierfrau f, Schulhausmeister m, Hausmeister(in f) m; Pförtner(in f) m; hist. Kastellan(in f) m; **~erie** [kõsjɛrʒə'ri] f Portier-, Pförtnerstelle, -wohnung f; hist. Gefängnis n. (Französische Revolution).

concili|able [kõsi'ljablə] vereinbar; **~abule** [kõsilja'byl] m geheime verdächtige Zs.-kunft f; **~ant** [~'ljɑ̃] versöhnlich; **~ateur** [~lja'tœ:r] su. Vermittler; Schlichter m (in Tarifkämpfen); **~ation** [~lja'sjõ] f Vermittlung, Versöhnung f; **~er** [~'lje] (1a) versöhnen, ausgleichen; fig. in Übereinstimmung bringen; ~ qch. à q. j-m etw. (z. B. Gunst, Beliebtheit) einbringen od. verschaffen.

concis [kõ'si] knapp, konzis, prägnant, bündig; **~ion** [kõsi'zjõ] f Prägnanz f, Knappheit f im Ausdruck, Bündigkeit, Kürze.

concitoyen m, **~ne** f [kõsitwa'jɛ̃, ~'jɛn] Mitbürger(in f) m.

conclu|ant [kõkly'ɑ̃] beweiskräftig, beweisend, überzeugend; **~re** [kõ-'kly:r] (4l) schließen; ~ de qch. aus etw. folgern; ~ un contrat e-n Vertrag schließen; **~sion** [kõkly'zjõ] f Schluß(folgerung) m; Abschluß m; ⚖ Schlußantrag m.

concombre ♀ [kõ'kõ:brə] m Gurke f.

concomitant [kõkɔmi'tɑ̃] adj.: phénomène m ~ Begleiterscheinung f.

concord|ance [kõkɔr'dɑ̃:s] f Übereinstimmung; Konkordanz; **~ant** [~'dɑ̃] übereinstimmend; **~at** [~'da] m rl. Konkordat n; ✝ gerichtlicher Vergleich; **~e** [kõ'kɔrd] f Eintracht; **~er** [~'de] (1a) v/i. übereinstimmen.

concourir [kõku'ri:r] (2i) zs.-laufen, -fallen; konkurrieren; ~ à qch. an etw. mitwirken; ~ pour qch. sich um etw. bewerben.

concours [kõ'ku:r] m Zs.-lauf, -treffen n; Mitwirkung f, Mithilfe f; Mitbewerbung f; (Schüler-) Wettbewerb m; Sport: Wettkampf m; ✝ Konkurrenz f; Preisausschreiben n; ~ d'étalages Schaufensterwettbewerb m; ~ hippique Reit- und Fahrturnier n.

concret|er [kõkre'te] (1f): se ~ dick (fest od. hart) werden; **~ion** [~kre'sjõ] f physiol. Zs.-wachsen n; Ablagerung f, Stein m; ⚕ Verhärtung f; **~iser** [~ti'ze] v/t. (1a) veranschaulichen, versinnbildlichen.

conçu [kõ'sy] abgefaßt.

concubinage [kõkybi'na:ʒ] m wilde Ehe f.

concupisc|ence [kõkypi'sɑ̃:s] f Sinnenlust f, Begierde; Lüsternheit; **~ent** [~'sɑ̃] lüstern.

concurr|emment [kõkyra'mɑ̃] ✝ adv. konkurrierend; ⚖ zu gleichen Rechten; gemeinschaftlich, gemeinsam, zs.-(wirkend); **~ence** [kõky'rɑ̃:s] f Konkurrenz, Wettbewerb m; Wettstreit m; ⚖ Gleichberechtigung; ~ déloyale unlauterer Wettbewerb m; jusqu'à ~ de bis zur Summe von; **~ent** [kõky'rɑ̃] **1.** adj. zs.-wirkend; **2.** su. Mitbewerber (-in f) m, Preisbewerber(in f) m; Wettkämpfer(in f) m; Rivale m, Rivalin f, Nebenbuhler(in f) m.

concussion [kõky'sjõ] f Veruntreuung; Unterschlagung; **~naire** [kõkysjɔ'nɛ:r] m Betrüger m, Erpresser m.

condamn|able [kõda'nablə] strafbar, verwerflich; **~ation** [~na'sjõ] f Verurteilung f Verdammung f Strafe; **~er** [~'ne] (1a) verurteilen, verdammen; ⚠ zumauern.

condens|ateur [kõdãsa'tœ:r] *m rad.* Kondensator; ~ *variable* Drehkondensator; **~er** [~'se] (1a) **1.** verdichten, kondensieren; *lait m condensé* Kondensmilch *f*, Büchsenmilch *f*; **2.** *fig. zs.-fassen*, gedrängt darstellen; **~eur** [~'sœ:r] *m Dampfmaschinen u.* ⚙, Kondensator, Kühlgefäß *n*; *opt.* Kondensor *m*.

condescend|ance [kõdesã'dã:s] *f* Herablassung; **~re** [~'sã:dr ə] (4a): ~ *à qch.* sich zu etw. herablassen.

condiment [kõdi'mã] *m* Würzstoff; Gewürz *n*; *fig.* Würze *f*, besonderer Reiz *m*.

condisciple [kõdi'siplə] *m* Schulfreund *m*, Mitschüler.

condition [kõdi'sjõ] *f* Beschaffenheit; Lage, Stand *m*; Dienst *m*, Stellung *f*; Bedingung; *à* ~ *mit Vorbehalt*; ~ *préalable* Vorbedingung; **~né** [~sjo'ne] beschaffen; *avec air* ~ mit Klimatisierungs- *od.* Belüftungsanlage; **~nel** [~sjo'nel] **1.** *adj.* bedingt; bedingend; Bedingungs...; **2.** *gr. m* Konditionalis; **~nement** † [~sjon'mã] *m* Aufmachung *f*, Verpackung *f*; **~ner** [~sjo'ne] (1a) die gehörige Beschaffenheit *od.* Güte geben; entscheidend beeinflussen; 🏛 verklausulieren; † verpacken; **~neur** ⊕ [~'nœ:r] *m:* ~ *d'air* Klimaanlage *f*.

condoléance [kõdəle'ã:s] *f* Beileid *n*.

conductance [kõdyk'tã:s] *f* ⚡ Wirkleitwert *m*, Konduktanz *f*.

conduc|teur [kõdyk'tœ:r] (7f) **1.** *adj.* leitend; **2.** *su.* Leiter *m*; ⚡ Leiter *m*; Führer *m*; *Auto:* Kraftfahrer *m*; *tram.* Fahrer *m*; 🚂 Träger(in *f*) *m*; **~tibilité** [~tibili'te] *f* Leitungsfähigkeit; **~tible** [~'tiblə] leitungsfähig; **~tion** [~dyk'sjõ] *f* ⚡ (Fort-) Leitung *f*; 🏛 Abschluß *m* e-s Miet- *od.* Pachtvertrages; **~trice** [~'tris] *f* Chauffeurin *f*.

condui|re [kõ'dɥi:r] (4c) führen, leiten; *Auto:* fahren; *permis m de* ~ Führerschein *m*; *se* ~ *(bien, mal)* sich (gut, schlecht) betragen; **~t** [kõ'dɥi] *m* Rinne *f*; Röhre *f*; **~te** [~'dɥit] *f* Führung, (Zu-)Leitung; *Auto:* Steuerung *f*; *fig.* Betragen *n*; Begleitung; ~ *d'eau* Wasserleitung; ~ *de gaz* Gaszuleitungsrohr *n*; ~ *de pétrole* Ölleitung; *instructions f/pl. pour la* ~ Bedienungsvorschrift.

cône [ko:n] *m* ⚸ Kegel; Tannenzapfen *m*; *zo.* Kegelschnecke *f*; ⊕ Konus.

confection [kõfek'sjõ] *f* Herstellung; Anfertigung, *bsd.* Konfektion (-sgeschäft *n*); **~ner** [kõfeksjo'ne] (1a) an-, verfertigen; **~neur** *m*, **~neuse** *f* [~'nœ:r, ~'nø:z] Konfektionsschneider(in *f*) *m*.

confédér|atif [kõfedera'tif] (7e) eidgenössisch; Bundes...; **~ation** [kõfedera'sjõ] *f* Bund *m*, Konföderation *f*; **~é** [~'re] *m* Bundes-, Eidgenosse; **~er** [~] (1f) *(se* ~ sich) verbünden.

confér|ence [kõfe'rã:s] *f* Konferenz; Vortrag *m*; Besprechung; ~ *avec projections* Lichtbildervortrag *m*; **~encier** [~rã'sje] *m* Vortragender *m*, Redner *m* *(nicht: Conférencier!)* s. *animateur, présentateur*; **~er** [~'re] (1f) vergleichen; verleihen; sich besprechen, konferieren.

confess|e [kõ'fes] *f* *(nur noch nach à od. de)* Beichte; **~er** [~fɛ'se] (1b) gestehen; sich *zu etw.* bekennen; ~ *q.* j-m die Beichte abnehmen; *se* ~ beichten; **~eur** [~'sœ:r] *m* Beichtvater; **~ion** [~'sjõ] *f rl.* Konfession *f*, Bekenntnis *n*; Beichte; **~ionnal** [~sjo'nal] *m* (5c) Beichtstuhl.

confian|ce [kõ'fjã:s] *f* Zuversicht, Vertrauen *n*; Unbefangenheit; *homme m de* ~ Vertrauensperson *f*, zuverlässiger Mensch, Vertrauter *m*; **~t** [~'fjã] vertrauensvoll; arglos.

confid|emment [kõfida'mã] *adv.* im Vertrauen; **~ence** [kõfi'dã:s] *f* vertrauliche Mitteilung; **~ent** [~'dã] Vertraute(r); **~entiel** [~dã'sjel] (7c) vertraulich.

confier [kõ'fje] (1a) anvertrauen; *se* ~ *à qch.* sich *j-m* anvertrauen; *se* ~ *en* sich verlassen auf *(acc.).*

configuration [kõfigyra'sjõ] *f* äußere Gestaltung *f*; *ast.* Konfiguration *f*, Stand *m* der Planeten.

confin|er [kõfi'ne]: *v/i.* (1a) ~ *à qch.* angrenzen an*(acc.)*; *v/t.* einsperren; verbannen; *se* ~ *fig.* sich zurückziehen; **~s** [~'fɛ] *m/pl.* Grenzen *f/pl.*

confire [kõ'fi:r] (4i) Früchte einmachen; *Felle* beizen.

confirm|atif [kõfirma'tif] bestätigend; **~ation** [~ma'sjõ] *f* Bestätigung, Firmung *f*; Konfirmation *f*; **~er** [~'me] (1a) bekräftigen, bestätigen; *rl.* firme(l)n, konfirmieren.

confis|cable [kɔ̃fis'kablə] konfiszierbar, beschlagnahmefähig; **~cation** [~ka'sjɔ̃] f Einziehung, Beschlagnahme, Konfiszierung f; **~erie** [kɔ̃fi'zri] f Konditorei; Zuckerwarenfabrik(ation); **~eur** [~'zœːr] m Konditor.

confisquer [kɔ̃fis'ke] (1m) mit Beschlag belegen, gerichtlich einziehen, konfiszieren.

confit *cuis.* [kɔ̃'fi] eingekocht, eingeweckt, eingemacht; **~ure** [kɔ̃fi'tyːr] f Eingemachte(s) n, Eingeweckte(s) n, Konfitüre f.

conflagration [kɔ̃flagra'sjɔ̃] f *pol.* Weltbrand m; *fig.* großer Aufruhr m.

conflit ✞✞ [kɔ̃'fli] m Konflikt, Streit.

confluent [kɔ̃fly'ɑ̃] **1.** *adj.* zs.-fließend; **2.** *m* Zs.-fluß.

confondre [kɔ̃'fɔ̃ːdrə] (4a) vermengen; verwechseln; *fig.* verwirren; verblüffen; *fig.* beschämen.

conform|ation [kɔ̃fɔrma'sjɔ̃] f Gestaltung, Beschaffenheit f; **~e** [kɔ̃'fɔrm] gleichförmig, gleichlautend; ~ à gemäß; **~ément** [~me'mɑ̃] *adv.:* ~ à gemäß; **~er** [~'me] (1a) gestalten; (qch. à qch.) anpassen; ~ *les écritures* gleiche Buchung machen; *se* ~ à qch. sich nach etw. richten; **~isme** [~'mism] *m* Anpassung(sfähigkeit f) f; Opportunismus m; Begeisterungslosigkeit f; **~iste** [~'mist] *su. u. adj.:* e-r, der sich anpaßt; anpassungsfähig; gleichgültig; **~ité** [~mi'te] f Gleichförmigkeit, Übereinstimmung; *en* ~ *de* gemäß.

confort [kɔ̃'fɔːr] *m* Komfort, Behaglichkeit f; *pneu m* ~ *Auto:* Ballonreifen; **~able** [~'tablə] behaglich, mollig aussehen; F beachtlich; *une* ~ *majorité* e-e beachtliche Mehrheit.

confraternité [kɔ̃fratɛrni'te] f Kollegialität f, kollegiales Verhältnis n.

confrère [kɔ̃'frɛːr] *m* Kollege, Amtsbruder, Fachgenosse m; Sportfreund m; F *journ.* Zeitung f.

confrérie [kɔ̃fre'ri] f Brüderschaft.

confront|ation [kɔ̃frɔ̃ta'sjɔ̃] f Gegenüberstellung, Vergleichung f, Konfrontierung f; **~er** [kɔ̃frɔ̃'te] (1a) gegenüberstellen; vergleichen, konfrontieren.

confus [kɔ̃'fy] (7) verwirrt; *fig.* dunkel; beschämt; **~ément** [~fyze'mɑ̃] *adv.* verworren, undeutlich, konfus;

~ion [~fy'zjɔ̃] f Verwirrung f, Konfusion f; Verwechslung; Beschämung.

congé [kɔ̃'ʒe] *m* Urlaub; schulfreie Zeit f; Dienstentlassung f; Abschied f; ✞ Zoll-, Passierschein *m für Waren;* Aufkündigung f *der Miete;* △ Kehle f; *avoir* ~, *être en* ~ Urlaub *od.* schulfrei haben; ~ *de détente* Erholungsurlaub; *donner* ~ *à q.* j-n verabschieden *od.* entlassen; *prendre* ~ *de q.* sich von j-m verabschieden; **~able** [kɔ̃ʒe'ablə] auf Kündigung verpachtet.

congéd|iable [kɔ̃ʒe'djablə] *adj.* zu entlassen(d), zu beurlauben(d); **~ier** [~'dje] (1a) verabschieden, entlassen, abbauen.

congelable [kɔ̃ʒ'lablə] gefrierbar.

congélat|eur [kɔ̃ʒela'tœːr] *m* Eiserzeugungsapparat; **~ion** [~la'sjɔ̃] f Gefrieren *n*; ⚕ Erfrieren *n. v.* Gliedmaßen.

congel|é [kɔ̃ʒ'le]: *viandes f/pl.* ~*es* Gefrierfleisch *n/sg.;* **~er** [~] (1d) gefrieren machen; *se* ~ gefrieren, erstarren.

congén|ère [kɔ̃ʒe'nɛːr] gleichartig; **~ial** [~'njal] geistesverwandt (*à* mit); **~ital** [~ni'tal] *med.* angeboren.

congère [kɔ̃'ʒɛːr] f Schneewehe f.

congestion ⚕ [kɔ̃ʒɛs'tjɔ̃] f Blutandrang *m;* ~ *cérébrale* Schlaganfall *m;* ~ *pulmonaire* Lungenentzündung; **~ner** [~tjɔ'ne] (1a) Blutandrang verursachen.

conglober [kɔ̃glɔ'be] (1a) zs.-ballen.

conglomér|at *géol.* [kɔ̃glɔmə'ra] *m* Konglomerat *n*, Trümmergestein *n*; Steingeröll *n;* *fig.* [~ra'sjɔ̃] f Anhäufung; **~er** [~me're] (1a) anhäufen, ballen.

conglutiner [kɔ̃glyti'ne] (1a) ⚕ verdicken; verheilen lassen.

congrég|aniste [kɔ̃grega'nist] *su.* Ordensbruder *m*, -schwester *f;* **~ation** *rl.* [~ga'sjɔ̃] f Kongregation f.

congrès [kɔ̃'grɛ] *m* Kongreß, Tagung f, Zusammenkunft f.

congressiste [kɔ̃grɛ'sist] *m* Kongreßteilnehmer *od.* -mitglied *n*.

congru [kɔ̃'gry] genau, treffend, passend; à kongruent; *être réduit à la portion* ~*e* nur das Allernötigste zum Leben haben; **~ité** [~gry'te] f Übereinstimmung f.

coni|cité [kɔnisi'te] f Kegelform;

~fère ⚥ [kɔni'fɛːr] Zapfen tragend; **~s** *m/pl.* Nadelhölzer *n/pl.*; Koniferen *f/pl.*; **~que** [kɔ'nik] kegelförmig, konisch; *section f ~* Kegelschnitt *m*.

conjecture [kɔ̃ʒɛk'tyːr] *f* Vermutung; **~r** [~ty're] (1a) vermuten.

conjoin|dre [kɔ̃'ʒwɛ̃ːdrə] (4b) zs.-fügen; ehelich verbinden; **~t** [kɔ̃-'ʒwɛ̃] **1.** *adj.* verbunden; ♣ *règle f conjointe* Kettensatz *m*; **2.** *su.* Ehegatte *m*, -gattin *f*.

conjonc|tif [kɔ̃ʒɔ̃k'tif] (7e) (ver)bindend; Binde...; **~tion** [~k'sjɔ̃] *f* Verbindung; ⚡ Zuschaltung; *gr.* Konjunktion *f*, Bindewort *n*; **~tive** *anat.* [~'tiːv] *f* Bindehaut; **~tivite** [~ti'vit] *f* Bindehautentzündung *f*, Konjunktivitis *f*; **~ture** [~'tyːr] *f* Zs.-treffen *n von Umständen*; Konjunktur.

conjug|aison *gr.* [kɔ̃ʒygɛ'zɔ̃] *f* Konjugation *f*, Abwandlung *f der Verben*; **~al** [kɔ̃ʒy'gal] (5c) ehelich; **~uer** [kɔ̃ʒy'ge] (1m) *gr.* konjugieren; *fig. ~ ses efforts (od. se ~) avec q.* sich mit j-m zs.-tun.

conjungo F [kɔ̃ʒɔ̃'go] *m* Ehestand *m*.

conjur|ateur [kɔ̃ʒyra'tœːr] *m* Ver-, Beschwörer; **~ation** [~ra'sjɔ̃] *f* Ver-, Beschwörung; **~é** [~'re] *m* Verschworene(r); **~er** [~] (1a) inständigst bitten; beschwören; *v/i. u. se ~* sich verschwören.

connaiss|able [kɔnɛ'sablə] erkennbar, kenntlich; **~ance** [~'sɑ̃ːs] *f* Kenntnis; *physisches* Bewußtsein *n*; Bekanntschaft; Bekannte(r); ~ *professionnelle* Fachkenntnis; **~ement** [~'mɑ̃] *m*: ~ *(à ordre)* Seefrachtbrief (an Order); **~eur** [~'sœːr] *su.* (7d) Kenner *m*.

connaître [kɔ'nɛːtrə] (4z) kennen; kennenlernen; ⚖ erkennen; *v/i.* ⚖ *~ de qch.* über etw. (*acc.*) *als Richter* erkennen *od.* urteilen; *se ~ en qch.* sich verstehen auf (*acc.*).

conneau P [kɔ'no] *adj./inv.* blöd, doof, dumm, dämlich, dusselig; *m* Blödling *m*, Doofkopp *m*, Dussel *m*.

connecter ⚡, *rad.*, ⊕, *téléph.* [kɔnɛk'te] (1a) (ein-)schalten; verbinden; ~ *avec* anschließen.

connerie P [kɔn'ri] *f* Dusseligkeit, Dummheit.

connex|e [kɔ'nɛks] verbunden; **~ion** [~nɛk'sjɔ̃] *f* Verknüpfung *f*, Verbindung *f*; Zs.-hang *m*; ⚡ Anschluß *m*; ~ *en parallèle* Parallelschaltung; **~ité** [~nɛksi'te] *f* Zs.-gehörigkeit *f*, Zs.-hang *m*; Verwandtschaft.

connivence [kɔni'vɑ̃ːs] *f* (strafbares) Einverständnis *n*.

conque [kɔ̃ːk] *f zo.* Hohlmuschel; Muschelschale; *anat.* ~ *de l'oreille* Ohrmuschel.

conqué|rant [kɔ̃ke'rɑ̃] *m* Eroberer; **~rir** [~'riːr] (2l) erobern.

conquête [kɔ̃'kɛt] *f* Eroberung.

consacrer [kɔ̃sa'kre] (1a) *rl.* (ein-)weihen; auszeichnen; widmen; *(durch Gebrauch)* bestätigen; wach erhalten *(die Erinnerung)*.

consanguin [kɔ̃sɑ̃'gɛ̃] von einem Vater abstammend; **~ité** [~g(ɥ)ini-'te] *f* Blutsverwandtschaft.

conscienc|e [kɔ̃'sjɑ̃ːs] *f* Gewissen *n*; (Selbst-)Bewußtsein *n*; **~ieux** [~-'sjø] (7d) gewissenhaft.

conscient [kɔ̃'sjɑ̃] (7) bewußt.

conscription [kɔ̃skrip'sjɔ̃] *f* ⚔ Aushebung *f*, Wehrpflicht *f*.

conscrit [kɔ̃s'kri] *m* ⚔ Rekrut *f*; *fig. allg., écol.* Neuling *m*.

consécration [kɔ̃sekra'sjɔ̃] *f* Weihe; *la ~ d'un prix* die Auszeichnung mit e-m Preis.

consécutif [~ky'tif] (7e) aufeinanderfolgend; nachfolgend.

conseil [kɔ̃'sɛj] *m* Rat(schlag); Entschluß *m*; Ratgeber; Rechtsbeirat *m*; Ratsversammlung *f*, -sitzung *f*; Rat; ✝ Vorstand; ~ *d'administration* Verwaltungsrat; ~ *d'entreprise* Betriebsrat *m*; ~ *d'employés* Angestelltenrat; ✝ ~ *de surveillance* Aufsichtsrat; ~ *judiciaire* *m* Rechtsbeistand *m*; *donner un ~ judiciaire à q.* j-n unter Kuratel stellen; *avoir un ~ judiciaire* unter Kuratel stehen; ~ *fédéral* Bundesrat; ~ *national* Reichsrat; ~ *d'ouvriers* Arbeiterrat; *membre m du ~ d'entreprise* Betriebsratsmitglied *n*; *président m du ~* Ministerpräsident *m*; *écol.* ~ *de classe* Zensurenkonferenz *f*; ~ *des parents* Elternbeirat *m*; **~ler¹** [kɔ̃sɛ'je] (1a) (an)raten; ~ *q.* beraten; **~ler²** [~] *su.* Ratgeber *m*; Rat *m*; ~ *d'orientation professionnelle* Berufsberater; ~ *économique* Wirtschaftsberater; ~ *municipal* Stadtverordnetenversammlung *f*, Magistrat *m*.

consent|ement [kõsãt'mã] *m* Einwilligung *f*, Zustimmung *f*; **~ir** [~'ti:r] (2b): ~ *à qch.* e-r Sache zustimmen, einwilligen in (*acc.*).

conséquen|ce [kõse'kã:s] *f* Konsequenz *f*, Folge(richtigkeit) *f*; *de* ~ von Wichtigkeit; **~t** [kõse'kã] **1.** *adj.* konsequent; **2.** *m phil.* Folge-, Schlußsatz *m*; *par* ~ infolgedessen, folglich.

conserv|abilité [kõservabili'te] *f* Haltbarkeit; **~ateur** [~va'tœ:r] **1.** *su.* Bewahrer *m*; Aufseher *m*; Konservative(r); **2.** *adj.* konservativ; **~ation** [~va'sjõ] *f* Erhaltung; Haltbarkeit *f*; **~atoire** [~va'twa:r] **1.** *adj.* zur Erhaltung dienend; **2.** *m* Konservatorium *n*; **~e** [kõ'sɛrv] *f* Konserve *f*, Eingemachte(s) *n*; **~er** [kõsɛr've] (1a) konservieren, einmachen, einwecken; erhalten, aufbewahren.

considér|able [kõside'rabl] beachtlich, beträchtlich; **~ation** [~ra'sjõ] *f* Betrachtung, Erwägung, Überlegung; Beweggrund *m*; Rücksicht; Ansehen *n*; Hochachtung *f*; **~é** [~'re]: *tout bien considéré* alles wohl überlegt; *des gens considérés* angesehene Leute *pl.*; **~er** [~'re] (1f) *aufmerksam* betrachten; erwägen; hochachten.

consign|ataire [kõsiɲa'tɛ:r] *m* Verwahrer; (*Waren*-)Empfänger; **~ataire** [~'tœ:r] *m* (*Waren*-)Einsender; **~ation** [~ɲa'sjõ] *f* Hinterlegung; † *caisse f des dépôts et ~s* Depositenkasse; *maison f de ~* Kommissionsgeschäft *n*; *store m en ~* Verfügungslager *n*; **~e** [kõ'siɲ] *f* Instruktion *f des Wachtpostens*; Stubenarrest *m*; ⚕; Gepäckannahme *f*; Gepäckaufbewahrung(sraum *m*) *f*; Abgeben *n* des Gepäcks; ~ *de sécurité* Sicherheitsvorschriften *f/pl.*; **~er** [kõsi'ɲe] (1a) *gerichtlich* hinterlegen; verzeichnen; *die Ausgehen verbieten*; † (*Waren*) in Kommission geben; ~ *q. à la porte* j-n nicht vor- *od.* hereinlassen.

consist|ance [kõsis'tã:s] *f* Bestand *m*; Festigkeit; Dichtigkeit; Dauerhaftigkeit; **~er** [kõsis'te] (1a) (en, dans) bestehen (in, aus *dat.*).

consol|ant [kõso'lã] tröstlich; **~ateur** [~la'tœ:r] *su.* Tröster *m*; **~ation** [~la'sjõ] *f* Trost *m*; **~e** [kõ'sɔl] *f* Konsole, Trag-, Kragstein *m*; Spiegeltischchen *n*; **~er** [kõso'le] (1a) trösten; **~ider** [kõsoli'de] (1a) befestigen, sichern; † konsolidieren; ⚕ (se) ~ (zu)heilen.

consomm|ateur *m*, **~atrice** *f* [kõsɔma'tœ:r, ~'tris] Konsument(in *f*) *m*, Verbraucher(in *f*) *m*; † Abnehmer (-in *f*) *m*; Gast *m* (*im Restaurant od. Café*); **~ation** [~ma'sjõ] *f* Verbrauch *m*; Zeche *im Wirtshause*, Rechnung *f im Restaurant*; Vollendung *f*, Erfüllung *f*, Ende *f*; *bien m de ~* Verbrauchsgut *n*; ~ *de courant* Stromverbrauch *m*; *société f de ~* Konsumverein *m*; **~é** [~'me] *m* Kraft-, Fleischbrühe *f*; **~er** [~'me] (1a) verbrauchen, verzehren; vollbringen; vollziehen; vollenden (*consommé a.* vollkommen, *mv.p.* Erz...).

consomption ⚕ [kõsõp'sjõ] *f* Verauszehrung, Schwindsucht; † ~ *des capitaux* Kapitalschwund *m*.

conson|ance [kõsɔ'nã:s] *f* Einklang *m*, Zs.-klang *m*, Wohlklang *m*; **~ant** [kõsɔ'nã] *adj.* ♪ gleichklingend; *gr. mots pl. ~s* Wörter *n/pl.* mit gleichlautender Endung; **~ne** [kõ'sɔn] *f* Konsonant *m*.

consort *m*: *prince* ~ Prinzgemahl; *péj.* ~ *s pl.* Sippschaft *f*; *pour lui et ses ~s* für ihn und Konsorten.

conspir|ateur *m*, **~atrice** *f* [kõspira'tœ:r, ~'tris] *su.* Verschwörer(in *f*) *m*; **~ation** [~ra'sjõ] *f* Verschwörung; **~er** [~'re] (1a) sich verschwören.

conspuer [kõ'spɥe] (1a) mit Hohngelächter empfangen, öffentlich verhöhnen.

const|amment [kõsta'mã] *adv.* beständig; **~ance** [kõ'stã:s] *f* Standhaftigkeit *f*, Ausdauer *f*, Beständigkeit.

Constance [~] *f* Konstanz *n*; *lac m de ~* Bodensee.

constant [kõ'stã] (7) standhaft; ausdauernd, beharrlich; unzweifelhaft, sicher; ⚕ unveränderlich.

constat [kõ'sta] *m* Tatbestandsaufnahme *f*, Feststellungsprotokoll *n*; **~ations** [~ta'sjõ] *f/pl.* Feststellungen *f/pl.*, Befund *m*; **~er** [kõsta'te] (1a) *etw.* feststellen; darlegen.

constell|ation [kõstɛla'sjõ] *f* Sternbild *n*, Konstellation *f* (*a. fig.*); **~é**

consteller — 128 — **contenu**

[~'le] sternbesät; sternförmig; ~ *de* übersät, reichlich behangen mit (*dat.*); **~er** [~] (1a) mit Sternen besetzen.

constern|ation [kõsternɑ'sjõ] *f* Bestürzung *f*, Niedergeschlagenheit *f*; **~er** [~'ne] (1a) in größte Bestürzung versetzen, niederschlagen.

constip|ation ⚕ [kõstipɑ'sjõ] *f* Verstopfung *f*, Konstipation *f*; **~er** ⚕ [~'pe] (1a) (ver)stopfen.

constitu|ant, ~ante [kõsti'tɥɑ̃, ~'tɥɑ̃:t] **1.** *adj.* ausmachend, bildend, Bestand...; *pol.* konstituierend, verfassunggebend; **2.** *su.* ⚖ Vollmachtgeber *m*, Mandat *m*; *Fr. hist.* Mitglied *n* der konstituierenden Versammlung (*1789*); **~ante** *hist.* [~'tɥɑ̃:t] *f* konstituierende Versammlung *f*; **~er** [~'tɥe] (1a) bilden; begründen; *zu etw.* einsetzen; ernennen, bestallen; *ein Gehalt usw.* aussetzen, auswerfen; ~ *une association* e-n Verein gründen; ~ *en commandite* als Kommanditgesellschaft gründen; *bien constitué physiol.* gut gebaut; **~tif** [~ty'tif] (7e) bildend; wesentlich; begründend; **~tion** [~ty'sjõ] *f physiol.*, *pol.* Konstitution *f*; *pol.* Verfassung *f*; *allg.* Einrichtung *f*; ⚖ Bestallung *f*.

constrict|eur [kõstrik'tœ:r] *adj. u. m*: (*muscle m*) ~ Schließmuskel *m*; **~if** [~'tif] (7e), **constringent** [~strɛ̃'ʒɑ̃] zu-, zs.-ziehend.

construc|teur [kõstryk'tœ:r] *m* Erbauer *m*, Konstrukteur *m*, Baumeister *m*; ~ *de machines* Maschinenbauer *m*; **~tion** [~k'sjõ] *f* Erbauung *f*; Bau *m*; Bauwerk *n*; Konstruktion *f* (*gr.*, ⚒, △); ~ *d'essai* Versuchsbau *m*; ~ *en béton armé* Eisenbetonbau *m*; ~ *en élévation* Hochbau *m*; ~ *haute et basse* Hoch- u. Tiefbau *m*; ~ *en profondeur* Tiefbau *m*; ~ *métallique* Stahlbau *m*; ~ *tubulaire* Rohrkonstruktion *f*; ~ *en ossature* Skelettbau *m*; ~ *souterraine* Tiefbau *m*.

construire [kõs'trɥi:r] (4c) (er)bauen, errichten, konstruieren.

consul [kõ'syl] *m* Konsul *m*; **~aire** [~'lɛ:r] *adj.* konsularisch.

consult|ant [kõsyl'tɑ̃] beratend, ratgebend; um Rat fragend; *su.* Ratgebender *m*; **~atif** [~ta'tif] (7e) beratend; **~ation** [~tɑ'sjõ] *f* Beratung *f*; Sprechstunde *f*; Gutachten *n*; ~ *des nourrissons* Säuglingsfürsorge *f*, Mütterberatung *f*; **~er** [~'te] *v/t.* (1a) um Rat fragen; ~ *un ouvrage* ein Buch (*od.* ein Werk) nachschlagen; *v/i.* beratschlagen.

consumer [kõsy'me] (1a) auf-, verzehren; aufbrauchen; vernichten (*Feuer*).

contact [kõ'takt] *m* Berührung *f*, Kontakt *m*; *entrer en* ~ (*od. prendre* ~) *avec q.* mit j-m in Fühlung treten; *chercher* (*perdre*) *le* ~ *avec q.* zu j-m Beziehungen suchen (verlieren); *rester en* ~ (*od. garder le* ~) *avec q.* mit j-m in Fühlung bleiben; ~ *à fiche*(*s*) Steckkontakt *m*; ~ *par frottement* Schleifkontakt *m*; *entrée f en* ~ Fühlungnahme *f*; **~er** [~'te] *v/t.* (1a); ~ *q.* j-n kennenlernen, mit j-m in Berührung kommen.

contag|e ⚕ [kõ'ta:ʒ] *m* Ansteckungsstoff *m*; **~ieux** [~ta'ʒjø] (7d) ansteckend; **~ion** [~'ʒjõ] *f* Ansteckung *f*, Seuche *f*.

container ⊕ [kõte'nœ:r, ~'nɛ:r] *m* Behälter *m*, Container *m*, 🚂 Versandbehälter *m*.

contamination [kõtaminɑ'sjõ] *f* Verunreinigung *f*.

contaminer [kõtami'ne] (1a) verunreinigen; verseuchen, infizieren.

conte [kõ:t] *m* Märchen *n*; erdichtete Erzählung *f*, Schwank *m*.

contempl|atif [kõtɑ̃plɑ'tif] (7e) beschaulich, kontemplativ; **~er** [~'ple] (1a) beschauen; *v/i.* nachsinnen, Betrachtungen anstellen.

contemporain [kõtɑ̃pɔ'rɛ̃] (7) **1.** *adj.* zeitgenössisch; **2.** *m* Zeitgenosse.

contemporanéité [kõtɑ̃pɔranei'te] *f* Gleichzeitigkeit *f*.

conten|ance [kõt'nɑ̃:s] *f* Inhalt *m*, Ladungsfähigkeit *f*; Flächeninhalt *m*, Ausdehnung *f*, Größe *f*; *fig.* Haltung; Fassung; **~ir** [kõt'ni:r] (2h) enthalten, fassen; eindämmen.

content [kõ'tɑ̃] (7) *adj.* zufrieden (*de mit dat.*); erfreut (*de* über *acc.*); *m* Genüge *f*; **~ement** [kõtɑ̃t'mɑ̃] *m* Zufriedenheit *f*; Befriedigung *f*; **~er** [kõtɑ̃'te] (1a) befriedigen; *se* ~ *de* sich begnügen mit; **~ieux** [kõtɑ̃'sjø] ⚖ streitig; *section f du* ~ Streitsachenabteilung *f*; **~ion** [kõtɑ̃'sjõ] *f* Anstrengung *f*; ⚖ Streit *m*.

contenu [kõt'ny] *m* Inhalt.

conter [kõ'te] (1a) erzählen; en ~ (*od.* ~ *des sornettes*) *à q.* j-m etw. weismachen *od.* vorschwindeln.

contest|able [kõtɛs'tabl] anfechtbar, bestreitbar; strittig; **~ation** [~ta'sjõ] *f* Streitigkeit, Streit *m*; **~er** [~'te] (1a) bestreiten.

conteur [kõ'tœ:r] *m.* Märchendichter *m*; *fig.* Schwätzer *m*.

contexte [kõ'tɛkst] *m* Kontext *m*, Zusammenhang *m*; ⚖ Text (zs.-hängender Inhalt e-r Urkunde); pol. Verhältnisse *n/pl.*; *dans ce* ~ in diesem Zs.-hang.

contigu, ~ë [*beides:* kõti'gy] angrenzend, benachbart; *angle m* ~ Nebenwinkel; **~ïté** [kõtigųi'te] *f* An(ein-ander)grenzen *n*.

contin|ence [kõti'nã:s] *f* Enthaltsamkeit; **~ent** [kõti'nã] **1.** enthaltsam; ⚕ (in gleicher Stärke) anhaltend, gleichbleibend; **2.** *m* Kontinent *m*, Festland *n*.

contingent [kõtɛ̃'ʒã] **1.** *adj.* zufällig; ungewiß; **2.** *m* Anteil *m*, Kontingent *n*; Quote *f*; **~ement** [kõtɛ̃ʒãt'mã] *m* Kontingentierung *f*, Zwangsbewirtschaftung *f*, Rationierung *f*, Zuteilung *f*; **~er** [~'te] *v/t.* bewirtschaften, kontingentieren.

continu [kõti'ny] stetig; fortlaufend; ununterbrochen; *courant m* ~ ⚡ Gleichstrom; *travail* ~ Fließarbeit; **~ation** [kõtinųa'sjõ] *f* Fortsetzung; Fortdauer *f*; **~el** [~'nųɛl] beständig, anhaltend; **~er** [~'nųe] *v/t.* (1a) fortsetzen; beibehalten; verlängern; *v/i.* (mit *à od. de*) fortfahren; fortdauern; **~ité** [~nųi'te] *f* Zs.-hang *m*; ununterbrochene (Fort-)Dauer.

continûment [kõtiny'mã] *adv.* ununterbrochen, andauernd.

contorsion [kõtɔr'sjõ] *f* Verdrehung; Verrenkung, Verzerrung; *faire des* ~*s* Gesichter schneiden.

contour [kõ'tu:r] *m* Umriß *m*, Kontur *f*, Außenlinie *f*; **~ner** [kõtur'ne] (1a) den Umriß zeichnen; herumgehen, -fahren, -fließen um; verbiegen; ⚡ überspringen; *se* ~ sich verbiegen; sich werfen (*Holz*).

contraception ⚕ [kõtrasɛp'sjõ] *f* Empfängnisverhütung *f*.

contract|ant [kõtrak'tã] vertragsschließend; *m* Kontrahent *m*, Vertragspartner *m*; **~er** [~'te] (1a) Schulden machen; ⚡ sich zuziehen; zs.-ziehen; (ab)schließen; **~ile** [~'til] zs.-ziehbar; **~ion** [~trak'sjõ] *f* Zs.-ziehung; Verzerrung *der Züge*; *gr.* Kontraktion *f*; **~uel** *Fr.* [~'tųɛl] *m* öffentlicher Kontrolleur *m* zur Kontrolle der Einhaltung der vorgeschriebenen Autoparkzeit.

contradict|eur [kõtradik'tœ:r] *m bsd.* ⚖ Widersprecher *m*, Gegner *m*; **~ion** [~'dik'sjõ] *f* Widerspruch *m*, Einrede *f*; Gegensatz *m*; *être en* ~ *avec qch.* zu etw. im Widerspruch stehen.

contrain|dre [kõ'trɛ̃:dr] (4b) zwingen, nötigen; *fig.* ~ *ses goûts* s-e Gelüste beherrschen (*od.* bezähmen); *se* ~ sich Zwang auferlegen; **~t** [kõ'trɛ̃] gezwungen, erkünstelt; **~te** [~'trɛ̃:t] *f* Enge, Be-, Einschränkung; Zwang *m*; ⚖ Schuldhaft; Zwangsmittel *n*; Zurückhaltung, Gezwungenheit *f*, Schwierigkeiten *f/pl.*

contraire [kõ'trɛ:r] **1.** *adj.* entgegengesetzt, gegenteilig; widrig; nachteilig, schädlich; **2.** *m* Gegenteil *n*, -satz *m*; *au* ~ im Gegenteil; *de Paris à Vitry ou le* ~ von P. nach V. *od.* umgekehrt.

contralto ♪ [kõtral'to] *m* tiefe Altstimme.

contrari|ant [kõtra'rjã] widerwärtig; streitsüchtig; **~er** [~'rje] (1a) durchkreuzen; stören; ~ *q.* j-m widersprechen, hindern; j-n ärgern *od.* verstimmen; **~été** [~rje'te] *f* Widerstreit *m*, -spruch *m*, -wärtigkeit; Hindernis *n*; Unannehmlichkeit *f*, Ärger *m*.

contrast|e [kõ'trast] *m* schroffer Gegensatz; **~er** [~tras'te] (1a) in Gegensatz stehen (*od.* bringen).

contrat [kõ'tra] *m* Vertrag *m*, Kontrakt *m*; *contraire au* ~ vertragswidrig.

contravention [kõtravã'sjõ] *f* Übertretung.

contre ['kõ:tr] **1.** *prp.* gegen, wider; *s'appuyer* ~ sich lehnen an (*acc.*); *(tout)* ~ (dicht) neben *od.* bei (*adv.*) (neben an); **2.** *adv.* dagegen, *z.B. voter* ~ dagegen stimmen; *pour et* ~ dafür u. dagegen; **3.** *m*: *le pour et le* ~ das Für und Wider; *Spiel*: Rückstoß; *esc.* Gegenhieb.

contre|-accusation *f* Gegenklage; **~-allée** *f* Neben-, Seitenallee *f*;

contre-amiral — 130 — **contumace**

Seitenweg m; ~**amiral** m (5c) Konteradmiral; ~**arbre** ⊕ m Gegenwelle f; ~**assurance** f Rückversicherung; ~**balancer** das Gleichgewicht, die Waage halten; aufwiegen; ~**bande** f Schleichhandel m, Schmuggel(ware) m, Konterbande; ~**bandier** m Schmuggler, Schleichhändler; ~**bas**: en ~ abwärts, von oben nach unten; être en ~ tief unten gelegen sein; ~**basse** ♩ f 'Kontrabaß m, Baßgeige; ~**blocus** pol. [~blɔˈkys] m Gegenblockade f; ~**boutant** △ [~buˈtɑ̃] m Gegenpfeiler m; ~**bouter** (mit Strebepfeilern) stützen; ~**carrer**: ~ q. j-m entgegenarbeiten; ~**cœur**: à ~ mit Widerwillen, ungern; ~**coup** m Gegenstoß; Rückwirkung f; par ~ indirekt; ~**dire**: ~ q. j-m widersprechen; je n'y ~ dis pas ich habe nichts dagegen; ~**dit** m: sans ~ ohne Widerrede, unstreitig.

contrée [kɔ̃ˈtre] f Gegend.

contre|**-écrou** ⊕ m Gegenmutter f; ~**-épreuve** f Gegenprobe; ~**-expertise** f Gegenuntersuchung; ~**façon** f betrügerische Nachahmung f, unlauterer Nachdruck m; ~**facteur** m betrügerischer Nachahmer m, Nachdrucker f Fälschung; ~**faire** nachmachen, nachäffen; betrügerisch nachahmen, -drucken; verunstalten; se ~ sich verstellen; ~**fait** nachgemacht, verfälscht; häßlich; ~**fenêtre** f Doppelfenster n; ~**fil**: à ~ gegen den Strich; ~**fort** m Strebemauer f, -pfeiler m; Ausläufer e-s Gebirges; hintere Schuhkappe f; ~**haut**: en ~ von unten nach oben; höher liegend; ~**jour**: à ~ gegen das Licht; phot. prise à ~ Gegenlichtaufnahme f; ~**lettre** f geheime Gegenversicherung; Revers m; ~**maître** m Werkführer m; Polier m; ~**mander** abbestellen; ~ q. j-m Gegenbefehl geben; ~**ordre** s. contrordre; ~**partie** f Gegenbuch n, -register n; Gegenmeinung, -teil n; ♩ Gegenstimme; -partie; ~**-peser** aufwiegen; ~**-pied** m Gegenteil n; ~**plaqué** (bois) ~ m Sperrholz n; ~**plaquer** (Holz) gegenfournieren; ~**poids** m Gegengewicht n; Uhrgewicht n; ~**poil**: à ~ gegen den Strich; verkehrt;

~**point** ♩ m Kontrapunkt; ~**-pointer** steppen; ⚔ Geschütz gegen das feindliche Geschütz richten; ~**poison** m Gegengift n; ~**porte** f Doppeltür; ~**prestation** f Gegenleistung f; ~**rail** ⊕, 🚆 m Doppelschiene f; ~**sceller** mit Gegensiegel versehen; ~**seing** m Gegenzeichnung f, Mitunterschrift f; ~**sens** [~ˈsɑ̃s] m Sinnwidrigkeit f; Unsinn; à ~ widersinnig; verkehrt; ~**signataire** m Gegenzeichner; ~**temps** m Mißgeschick n, Widerwärtigkeit f; ♩ Kontratempo n; à ~ ungelegen, zur Unzeit; ~**timbre** m Überdruck m (auf Briefmarken); ~**torpilleur** ⚓ m Torpedobootzerstörer; ~**valeur** f Gegenwert m; ~**vapeur** f Gegendampf m; ~**venant** m Zuwiderhandelnde(r) m; ~**venir** zuwiderhandeln, übertreten; ~**vent** m Klappladen m, äußerer Fensterladen; ~**ventement** ⊕ m Strebe f; ~**-vérité** f ironische Behauptung f des Gegenteils; spöttische Entstellung f der Tatsachen; ~**visite** f: ~ médicale Nachuntersuchung; ~**-voie** 🚆 f Nebengleis n.

contribu|**able** [kɔ̃triˈbɥabl] steuerpflichtig; m Steuerzahler m; ~**er** [~ˈbɥe] (1a) beitragen, beisteuern; ~**tion** [~byˈsjɔ̃] f Beitrag m; Steuer; hist. Brandschatzung; ~ de l'État staatliche Beihilfe.

contrit [kɔ̃ˈtri] zerknirscht; ~**ion** [kɔ̃triˈsjɔ̃] f Zerknirschung f, Reue.

contrôl|**e** [kɔ̃ˈtroːl] m Kontrolle f; Überwachung f, Prüfung f, (Gegen)Probe f; coupon m de ~ Kontrollabschnitt m; fiche f de ~ Kontrollzettel m; ~ atomique Atomkontrolle f; ~ des changes Währungszwangswirtschaft f; ~**er** [kɔ̃troˈle] (1a) kontrollieren, ablesen (Zähler), prüfen, beaufsichtigen; néol. beherrschen; ~**eur** [kɔ̃troˈlœːr] su. Oberaufseher(in f) m.

contrordre [kɔ̃ˈtrɔrdrə] m Gegenbefehl m; Abbestellung f.

controuver [kɔ̃truˈve] (1a) erlügen, Unwahres erfinden, erdichten.

controvers|**e** [kɔ̃trɔˈvɛrs] f Kontroverse, Streit m, Streitfrage; ~**er** [~vɛrˈse] v/t. (1a) streiten über (acc.).

contumace [kɔ̃tyˈmas] 1. f Nichterscheinen n vor Gericht; 2. m (= **contumax** [~ˈmaks]) Nichterschei-

contus — **coopérer**

nender *m*; in Abwesenheit Verurteilter *m*.
contus ⚔ [kɔ̃'ty] gequetscht; **~ion** [~ty'zjɔ̃] *f* Quetschung; **~ionner** [~tyzjɔ'ne] (1a) quetschen.
convaincant [kɔ̃vɛ̃'kɑ̃] *adj.* (*nach su.*) überzeugend, schlagend.
convaincre [kɔ̃'vɛ̃:kr̩] (4i) überzeugen; überführen.
convalesc|ence [kɔ̃vale'sɑ̃:s] *f* Genesung *f*, Rekonvaleszenz *f*; *entrer en ~* anfangen zu genesen; **~ent** [~'sɑ̃] *adj.* (7) genesend; *su.* Genesende(r), Rekonvaleszent(in *f*) *m*.
conven|able [kɔ̃v'nablə] passend, schicklich, anständig; **~ance** [~'nɑ̃:s] *f* Angemessenheit *f*; Bequemlichkeit *f*; *oft ~s pl.* Schicklichkeit *f*, Anstand *m*; *par ~* anstandshalber; **~ant** [~'nɑ̃] angemessen; passend, schicklich; **~ir** [~'ni:r] (2h): **a)** *mit avoir*: *~ à q.* j-m passen, j-m gefallen, j-m recht sein; **b)** *mit être* (*in der modernen Sprache oft auch mit avoir*): *~ de qch.* übereinkommen über (*acc.*); zugeben; *c'est convenu!* abgemacht!
convention [kɔ̃vɑ̃'sjɔ̃] *f* Abkommen *n*, Konvention *f*, Vertrag *m*; *hist. la ♀ nationale* der Nationalkonvent *m*; *~ commerciale* Handelsabkommen *n*; *~ collective* Tarifordnung; **~alisme** [~sjɔna'lism] *m* Konventionalismus *m*, Formengebundenheit *f*; **~nel** [~sjɔ'nɛl] **1.** *adj.* vertragsmäßig, üblich; konventionell; **2.** *m hist.* Konventsmitglied *n*.
convention-type [kɔ̃vɑ̃sjɔ̃'tip] *f* Rahmenabkommen *n*.
conventuel [kɔ̃vɑ̃'tɥɛl] (7c) klösterlich, Kloster...
converg|ence [kɔ̃vɛr'ʒɑ̃:s] *f* Zs.-laufen *n* in e-m Punkte, Konvergenz *f*; Übereinstimmung *von Ansichten*; **~ent** [~'ʒɑ̃] (7) zs.-laufend, konvergierend; **~er** [~'ʒe] (1l) strahlenförmig in e-m Punkte zs.-laufen, konvergieren; ⚔ *~ sur ...* (*gemeinsam*) vorstoßen auf ...
convers [kɔ̃'vɛ:r] (7): *frère m ~, sœur f ~e* Laienbruder *m*, -schwester *f*; **~ation** [kɔ̃vɛrsa'sjɔ̃] *f* Gespräch *n*, Unterhaltung *f*, Rücksprache *f*, Konversation *f*; *~ locale od. urbaine téléph.* Ortsgespräch *n*; *droits m/pl. de ~* Fernsprechgebühren *f/pl.*; **~er** [~'se] (1a) sich unterhalten, plaudern; ⚔ *e-e* Schwen-

kung machen; **~ion** [~'sjɔ̃] *f* Verwandlung *f*, Umstellung *f*; Umschuldung *f*; *gr.* Umkehrung; *rl.* Bekehrung; ⚔ Schwenkung.
convert|i [kɔ̃vɛr'ti] *su.* Konvertit *m*; *rl.* Bekehrte(r); **~ible** [~'tiblə] umkehrbar; verwandelbar; ✝ umsetzbar; **~ir** [~'ti:r] (2a) umkehren; verwandeln; ⚔ umformen; ✝ (um-)wechseln, umrechnen; *rl.* bekehren; **~isseur** [~ti'sœ:r] *m* Bekehrer *m*; *metall.* Konverter; Birne *f*; ⚡ Transformator, Umformer *m*; *Müllerei*: Ausmahlmaschine *f*.
convexe [kɔ̃'vɛks] rund erhaben; *opt.* konvex; *miroir m ~* Konvexspiegel.
conviction [kɔ̃vik'sjɔ̃] *f* Überzeugung.
convier [kɔ̃'vje] (1a) einladen; veranlassen.
convive [kɔ̃'vi:v] *m* Tischgenosse.
convocation [kɔ̃vɔka'sjɔ̃] *f* Zs.-, Einberufung *f*, Vorladung *f*; ⚔ Gestellungsbefehl *m*.
convoi [kɔ̃'vwa] *m* Geleit *n*; (Sammel-)Transport *m*; Zufuhr *f*; 🚂 Wagenfolge *f*, Zug; *~ automobile* Autokolonne *f*; *~ funèbre* Leichenzug *m*; ⚓ *~ remorqué* Schleppzug *m*.
convoit|er [kɔ̃vwa'te] (1a) begehren, Lust bekommen nach; **~ise** [~'ti:z] *f* Begierde, Lüsternheit; Begehrlichkeit.
convoler *iron.* [kɔ̃vɔ'le] (1a) sich verheiraten (*Frauen*).
convoquer [kɔ̃vɔ'ke] (1m) ein-, zs.-berufen.
convoy|age ⚔, ⚓ [kɔ̃vwa'ja:ʒ] *m* Geleit *n*; ✈ Geleitsflug *m*; **~er** [~vwa'je] (1h) begleiten, eskortieren; **~eur** [~'jœ:r] *m* Geleitschiff *n*; Begleitperson *f*; ⊕ Förderband *n*, laufendes Band *n*.
convuls|er [kɔ̃vyl'se] (1a) (*se ~*) sich krampfhaft verzerren; **~if** [~'sif] (7e) krampfhaft, verkrampft; **~ion** [~'sjɔ̃] *f* Zuckung; Krampf *m*.
coolie [ku'li] *m* Kuli *m*.
coopéra|teur [kɔɔpera'tœ:r] *m*. Mitarbeiter *m*; Genossenschaftsmitglied *n*; **~tif** [~'tif]: *banque f ~tive* Genossenschaftsbank; (*société f*) *~tive* Genossenschaft; *~tive d'achats* Konsumverein *m*; **~tisme** [~'tism] *m* Genossenschaftswesen *n*.
coopérer [kɔɔpe're] (1f) mitwirken.

coopt|ation [koɔpta'sjõ] *f* Ergänzungswahl; **~er** [~'te] hinzuwählen.

coordination [koɔrdinɑ'sjõ] *f* Bei-, Zuordnung.

coordonn|ées ⚕ [koɔrdɔ'ne] *f/pl.* Koordinaten; **~er** [~'ne] (1a) beiordnen; gleichschalten; koordinieren; *~ les efforts* die Bemühungen vereinigen.

copain F [kɔ'pɛ̃] *m* Kamerad; (Schul-, Studien-)Freund; *nous sommes très ~s* wir verstehen uns wundervoll.

copeau [kɔ'po] *m* (Hobel-)Span.

copie [kɔ'pi] *f* Abschrift *f*, Kopie *f*, Abdruck *m*; Abbild *n*, Nachbildung; *~ au net* Reinschrift; *~ légalisée* beglaubigte Abschrift; *~-lettre* *m* Durchschreibebuch *n*.

copi|er [kɔ'pje] (1a) abschreiben; abtippen; nachbilden; kopieren; *~ sur* abschreiben *von*, absehen *von*, Reinschrift anfertigen *nach*; nachahmen; **~eux** [kɔ'pjø] (7d) reichlich.

copine F [kɔ'pin] *f* Kameradin *f*, Freundin.

copiste [kɔ'pist] *m* Abschreiber *m*; *péj.* Nachahmer *m*.

copra(h) [kɔ'pra] *m* Kopra *f* (*getrocknete Kokosnußkerne*).

copule *gr.* [kɔ'pyl] *f* 'Kopula.

coq [kɔk] **1.** *m* Schiffskoch; **2.** *orn.* Hahn; *~ de bruyère* Auerhahn; *~-à-l'âne* [kɔka'lɑn] *m* Gedankensprung; *~ d'Inde* Truthahn; *vivre comme un ~ en pâte* wie die Made im Speck leben; *être le ~ du village* Hahn im Korbe sein.

coque [kɔk] *f* (Eier-)Schale; *~ (de noix)* Nußschale; ⚓, *a. manchmal* ✈ Rumpf *m*; *œuf m à la ~* weichgekochtes Ei *n*; **~bin** [kɔk'bɛ̃] *m* Grünschnabel *m*; **~licot** ♀ [kɔkli'ko] *m* Klatschmohn; **~luche** [kɔ'klyʃ] *f* Keuchhusten *m*; *fig.* Liebling *m*; Schwarm *m*; **~rico** [kɔkri'ko] *m* Kikeriki *n*.

coquet, ~te [kɔ'kɛ, ~'kɛt] *adj.* kokett, nett, hübsch, niedlich; *~e* [~'kɛt] *f* kokette Frau *f*; **~er** [kɔk'te] (1c) kokettieren, tändeln, liebäugeln, schöntun; **~erie** [kɔke'tri] *f* Gefallsucht *f*, Koketterie *f*, Geziertheit *f*, Eitelkeit.

coquetier [kɔk'tje] *m* Eier- und Geflügelhändler; Eierbecher.

coquill|age [kɔki'jaːʒ] *m* Muschel *f* (*Tier und Schale*); **~e** [kɔ'kij] *f* Muschel(schale); Schneckengehäuse *n*; Eier-, Mandel-, Nußschale; Muschelzierat *m*; *typ.* Druckfehler *m*.

coquin, ~e *f* [kɔ'kɛ̃, ~'kin] Schuft; Schelm(in *f*) *m*; **~erie** [kɔkin'ri] *f* Schurkenstreich *m*; schurkische Gesinnung *f*.

cor [kɔːr] *m ch.* Weidsprosse *f*; ♪ (Wald-)Horn *n*; Hornbläser; ⚕ Hühnerauge *n*; *à ~ et à cri* mit aller Gewalt, mit Ungestüm; *annoncer qch. à ~ et à cri* etw. ausposaunen, an die große Glocke bringen; *réclamer qch. à ~ et à cri* etw. mit Nachdruck fordern; *donner du ~* ins Horn stoßen.

corail [kɔ'raj] *m* Koralle *f*; **~leur** [~ra'jœːr] *m* Korallenfischer.

corallin [kɔra'lɛ̃] korallenrot.

corbeau [kɔr'bo] *m* Rabe; △ Kragstein; *fig.* Halsabschneider *m*; P *mv. p.* Pfaffe *m*.

corbeill|e [kɔr'bɛj] *f* Korb *m*; Brautgeschenk *n*; ✱ Rondell *n*, rundes *od.* ovales Blumenbeet *n*; **~ée** [~'je] *f* Korbvoll *m*.

corbillard [kɔrbi'jaːr] *m* Leichenwagen.

corbleu [kɔr'blø] *int.* Himmelkreuz!

cord|age [kɔr'daːʒ] *m* Tau(werk) *n*; Klaftern *n des Holzes*; **~e** [kɔrd] *f* Strick *m*, Strang *m*, Seil *n*; (*Darm-*)Saite; Bogensehne; Faden *m e-s Gewebes*; Klafter *f* (*a. m, n*) (*Brennholz*); *~s pl. vocales* Stimmbänder *n/pl.*; *lutte f de ~ Sport*: Tauziehen *n*; **~é** [kɔr'de] gedreht; stark ausgeprägt (*Muskel*); ♀ *zo.* ledern; herzförmig; **~eau** [~'do] *m* (Meß-)Schnur *f*; Leine *f*; **~ée** *alp.* [~'de] *f* Seilschaft *f*.

cord|eler [kɔrdə'le] (1c) (*zu e-m Stricke*) drehen, flechten; **~elette** [kɔrdə'lɛt] *f* Schnürchen *n*; **~elier** [kɔrdə'lje] *m* Franziskaner(mönch); **~elière** [kɔrdə'ljɛːr] *f* **1.** Franziskanernonne; **2.** Knotenstrick *m der Franziskaner*; **3.** △ Schnurleiste *f*; **4.** gedrehte Schnur *f aus Silber usw.*; **~elle** ⚓ [kɔr'dɛl] *f* Schleppseil *n*; **~er** [kɔr'de] (1a) Hanf zu e-m Stricke drehen; Holz klaftern; zs.-schnüren; *se ~ alp.* sich anschnüren; **~erie** [kɔr'dri] *f* Seilerei; Seilerbahn, -handwerk *n*, -ware.

cordi|al [kɔr'djal] (5c) **1.** herzlich, freundlich, gemütvoll; *phm.* herzstärkend; **2.** *m* herzstärkender (Arznei-)Trank *m*; *fig.* Labsal *n*; **~alité** [kɔrdjali'te] *f* Herzlichkeit; Gemüt *n*.

cordier [kɔr'dje] *m* Seiler; ♪ Saitenhalter.

cordon [kɔr'dõ] *m* Schnur *f*; Litze *f*; Klingelschnur *f*; Ordensband *n*, *rl.* Leibstrick; Absperr-, Postenkette *f*, Kordon *m*; *le ~, s'il vous plaît!* bitte, ziehen; *~ bleu* F *fig.* geschulte Köchin *f*; *~ nerveux* Nervenstrang *m*; **~ner** [kɔrdɔ'ne] (1a) zs.-drehen; Geld rändern, **~nerie** [kɔrdɔn'ri] *f* Schuhmacherhandwerk *n*, -werkstatt *f*; Schuhreparaturgeschäft *n*; **~net** [kɔrdɔ'nɛ] *m* Schnürchen *n*; **~nier** [kɔrdɔ'nje] *m* Schuhmacher; Schuster.

Corée [kɔ're]: *la ~* Korea.

coréen [kɔre'ɛ̃] koreanisch.

coriace [kɔ'rjas] zähe (*a. v. Personen*); *ennemi m ~* hartnäckiger (*od.* verbissener) Feind.

coricide [kɔri'sid] *m* Hühneraugenpflaster *n*.

corindon [kɔrɛ̃'dõ] *m* Korund.

corinthien [kɔrɛ̃'tjɛ̃] (7c) *m* △ korinthische Säulenordnung.

cormier ♀ [kɔr'mje] *m* Eberesche *f*.

cormoran *orn.* [kɔrmɔ'rɑ̃] *m* Seerabe.

cornac [kɔr'nak] *m* Elefantenführer.

corn|e [kɔrn] *f* Horn *n* (*a. z.B. Pulverhorn, Horn der Hirten*); Hornwand *am Hufe*; vorstehende Ecke, *Buch:* Eselsohr *n*; Autohupe; *bêtes f/pl. à ~s* Hornvieh *n*; *de ~* hörnern; *~ à chaussure* Schuhanzieher *m*; **~é** [kɔr'ne] Horn...; hornartig; **~eau**, *a.* **~iaud** [~'no, ~'njo] *m* Bastardhund *m*; **~ée** [~'ne] *f* '*Auge:* Hornhaut *f*.

corneille *orn.* [kɔr'nɛj] *f* Krähe.

cornemus|e [kɔrnə'my:z] *f* Dudelsack *m*, Sackpfeife *f*; **~eur** [~my-'zœːr] *m* Dudelsackpfeifer.

corner¹ [kɔr'ne] hupen; tuten.

corner² [kɔr'nɛːr] *m Sport:* Eckball *m*.

corn|et [kɔr'nɛ] *m* Hörnchen *n*; ♪ kleines Horn *n*; Hornist; Hupe *f*; Hörapparat, Hörrohr *n*, Hörer *für Schwerhörige*; Hörnchen *n*; *ehm.* Löschhütchen *n*; spitze Tüte; Würfelbecher; P Kehle *f*; Magen; *se mettre qch. dans le ~* etw. essen; **~ette** [~'nɛt] **1.** *f* Haube (der Nonnen); F betrogene Ehefrau *f*; *ehm.* Standarte; **2.** *m* Fahnenjunker; **~eur** [kɔr'nœːr] **1.** *m* Bläser *m*, Tuter *m*; **2.** *adj. cheval ~* keuchendes Pferd *n*; **~iche** [kɔr'niʃ] *f* △ Karnies *n*; Kranzleiste *f*; **~ichon** [kɔrni'ʃõ] *m* kleine Pfeffergurke *f*; P *fig.* Schafskopf *m*.

cornière [kɔr'njɛːr] *f* Winkeleisen *n*.

Cornouailles [kɔr'nwaːj]: *la ~* Cornwall *n*.

cornouill|e [kɔr'nuj] *f* Kornelkirsche; **~er** [kɔrnu'je] *m* Kornelkirschbaum.

cornu [kɔr'ny] gehörnt; zackig; *fig.* ungereimt, albern.

cornue ⚗ [kɔr'ny] *f* Retorte.

corollaire *a.* ⚹ [kɔrɔ'lɛːr] *m* Folgesatz.

corolle ♀ [kɔ'rɔl] *f* Blumenkrone.

coron [kɔ'rõ] *m* Wohnsiedlung *f* für Bergwerkleute.

coron|aire *anat.* [kɔrɔ'nɛːr] kranzförmig; **~al** [~'nal] (5c) **1.** *anat.* (os) *~* Stirnbein *n*; **2.** ♀ *Kranz...*

corporal [kɔrpɔ'ral] *m* (5c) geweihtes Meßtuch *n für die Hostie*.

corporatif [kɔrpɔra'tif] (7e) körperschaftlich; ständisch; *association f corporative* Innung *f*; *ehm. régime m ~* Zunftwesen *n*.

corpora|tion [kɔrpɔra'sjõ] *f* Körperschaft, Innung, Korporation *f*; *ehm.* Gilde, Zunft; *professionnelle* Berufsgenossenschaft, Fachverband *m*; **~tisme** [~ra'tism] *m* Körperschafts-, Innungswesen *n*.

corporel [kɔrpɔ'rɛl] (7c) körperlich; *développement m ~* körperliche Entwicklung *f*; *exercice m ~* Körperschulung *f*; *soins m/pl. ~s* Körperpflege *f*.

corporifier [kɔrpɔri'fje] (1a) verkörpern.

corps [kɔːr] *m* Körper, Leib; Leichnam; F Person *f*; Rumpf; Hauptteil, Körperschaft *f*, Fragenkomplex *m*, Gesamtbild *n*; Gesamtheit *f*; Korps *n*, Personal *n*; ⚔ Korps *n*; *~ à ~* Mann gegen Mann *f*; *à ~ perdu* blindlings; *~ enseignant* Lehrkörper *m*; *~ constitués pl.* Behörden *f/pl.*; *~ de doctrine* Lehrgebäude *n*; *~ de logis* Hauptgebäude *n*; *~ de métier* Ge-

corpulence — 134 — **cosmique**

werbe-, Handwerksstand *m*; *faire* ~ *avec qch.* mit etw. innig verbunden *od.* verwachsen sein; ~ *et biens* mit Mann und Maus; *en* ~ alle; insgesamt.

corpulen|ce [kɔrpy'lɑ̃:s] *f* Beleibtheit; **~t** [~'lɑ̃] (7) (wohl)beleibt.

corpuscule [kɔrpys'kyl] *m* Urkörperchen *n*; 'Atom *n*.

corral [kɔ'ral] *pl.* ~*s m* (Vieh-)Hürde *f*, Pferch *m*.

correc|t [kɔ'rɛkt] fehlerfrei; **~tif** [~'tif] **1.** *adj.* (7e) verbessernd; **2.** *m* Linderungsmittel *n*; **~tion** [~'ksjɔ̃] *f* (*nicht als Überschrift in Schulheften! Dafür corrigé!*) Verbesserung, *typ.* Korrektur(en)lesen *n*; Verweis *m*; Tracht *f* Prügel; Korrektheit; *maison f de* ~ Erziehungsanstalt *f*; **~tionnel** [~rɛksjɔ'nɛl] (7c) Straf..., strafpolizeilich.

corrélation [kɔrela'sjɔ̃] *f* Wechselbeziehung.

correspond|ance [kɔrɛspɔ̃'dɑ̃:s] *f* Übereinstimmung; Verkehr *m*; Briefwechsel *m*, Korrespondenz *f*; Umsteigefahrschein *m*, Umsteiger *m f*; (*voiture f de* ~) 🚂 Anschluß *m*; *cours par* ~ Fernunterricht *m*; **~ancier** [~dɑ̃'sje] *m* Handelskorrespondent; **~ant** [~'dɑ̃] (7) entsprechend; *À angle m* ~ Gegenwinkel *m*; *membre m* ~ korrespondierendes Mitglied *n e-r gelehrten Gesellschaft*; *m* (*Zeitungs-*) Korrespondent; Berichterstatter; *téléph.* Teilnehmer; **~re** [kɔrɛs'pɔ̃:drə] (4a): ~ *à ... e-r Sache* entsprechen, zu etw. stimmen; in Verbindung stehen, korrespondieren.

corridor [kɔri'dɔ:r] *m* Gang, Flur *m*; *pol.* Engpaß *m*.

corrig|é [kɔri'ʒe] *m* (*als Überschrift in Schulheften*): Verbesserung *f*, Berichtigung *f*; ~ *supplémentaire* Nachverbesserung *f*; **~er** [kɔri'ʒe] (11) verbessern, korrigieren, strafen, züchtigen; mildern (*z.B. bitteren Geschmack*); **~ible** [kɔri'ʒiblə] besserungsfähig.

corroborer [kɔrɔbɔ're] (1a) stärken; *fig.* bekräftigen, erhärten.

corroder [kɔrɔ'de] (1a) an-, zerfressen, korrodieren, wegätzen.

corroi [kɔ'rwa] *m* Lederbereitung *f*; **~erie** [kɔrwa'ri] *f* Gerberei.

corrompre [kɔ'rɔ̃:prə] (4a) verderben (*a. sittlich*); (ver)fälschen; bestechen; verführen; *se* ~ in Fäulnis übergehen.

corros|if [kɔrɔ'zif] **1.** *adj.* (7e) ätzend; **2.** *m* Ätzmittel *n*; **~ion** [kɔrɔ'zjɔ̃] *f* Ätzen *n*; Zerfressen *n*, Korrosion *f*.

corroy|er [kɔrwa'je] (1h) *Felle* gerben, zurichten; *Eisen* ausschweißen; *Stahl* raffinieren; *Ton* kneten; **~eur** [kɔrwa'jœ:r] *m* Gerber *m*; *métall.* ~ *de fer* Schweißer *m*.

corrup|teur [kɔryp'tœ:r] **1.** *adj.* verderblich; **2.** *su.* Verderber *m*; Verführer *m*; Bestecher *m*; **~tible** [kɔryp'tiblə] dem Verderben ausgesetzt, verweslich; bestechlich; **~tion** [kɔryp'sjɔ̃] *f* Verderb(nis *f*) *m*; Verdorbenheit; Verwesung; Bestechung; Bestechlichkeit *f*; Korruption *f*.

corsage [kɔr'sa:ʒ] *m* Damenbluse *f*; Oberteil *n* (*vom Kleid*); Mieder *n*; † *anat.* Oberleib *m*.

corsaire [kɔr'sɛ:r] *m* Kaper(schiff *n*); Seeräuber *m*, Pirat *m*.

Corse [kɔrs]: **la** ~ Korsika *n*; ♀ **1.** *adj.* korsisch; **2.** ~ *su.* Korse *m*.

corsé [kɔr'se] kräftig, stark; *fig.* pikant, saftig, gepfeffert (*Roman, Geschichte*; *Rechnung*); kompliziert.

corselet [kɔrsə'lɛ] *m* ehm. leichter Panzer (*Rüstung*); Mieder *n*; *ent.* Brustschild *m*.

corset [kɔr'sɛ] *m* Korsett *n*; **~ier** *m*, **~ière** *f* [kɔrsə'tje, ~'tjɛ:r] Korsettmacher(in *f*) *m*.

cortège [kɔr'tɛ:ʒ] *m* Gefolge *n*; (Fest-, Trauer-)Zug.

corvéable *hist.* [kɔrve'ablə] fronpflichtig.

corvée [kɔr've] *f hist.* Fron; *fig.* undankbare Arbeit; ⚔ Arbeitsdienst *m*.

corvette ⚓ [kɔr'vɛt] *f* Schnellsegler *m*, Korvette.

coryphée [kɔri'fe] *m* Chor-, Ballettleiter; *fig.* Parteiführer *m*; Geistesgröße *f*, Größe *f*.

coryza 🞯 [kɔri'za] *m* (~ *sec* Stock-)Schnupfen.

cosmétique [kɔsme'tik] **1.** *adj.* kosmetisch, verschönernd; **2.** *m* Schönheitsmittel *n*; Haarpomade *f*; **3.** *f* Kosmetik *f*, Schönheitspflege.

cosmique [kɔs'mik] kosmisch, das Weltall betreffend; *rayons m/pl.* ~*s* Weltraumstrahlen, kosmische Strahlen.

cosmo... [kɔsmo...] Welt(en)..., welt..., z.B. ~naute ☾ [‿'not] su. Kosmonaut m; ~nette f Kosmonautin; **~polite** [‿pɔ'lit] kosmopolitisch, weltbürgerlich, Kosmopolit m, Weltbürger m.

cosse [kɔs] f Schote, Hülse; ⊕ Schlaufe f, Kausche f; P Faulheit.

cossu [kɔ'sy] ⌃ vielschotig; fig. F reich, wohlhabend, gut bei Kasse; gut angezogen, schick gekleidet.

cost|al [kɔs'tal] (5c) Rippen...; **~aud** P [kɔs'to] stämmig, stark.

costum|e [kɔs'tym] m Anzug m; Tracht f; Kostüm n; ~ de bain Badeanzug m; ~ officiel Amtstracht f; ~ de cheval Reitanzug m; ~ national Volkstracht f; ~ de plage Strandanzug m; ~ de ville Straßenanzug m; ~ tailleur Schneiderkostüm n; ~é [‿ty'me] bal m ~ Kostümball; **~er** [‿] v/t. (1a) (ver)kleiden; **~ier** [‿'mje] su. Verfertiger m od. Verleiher m von Kostümen.

cote [kɔt] f ⚖ Aktenzeichen n; allg. Zeichen n, Ziffer f, Nummer f, Buchstabe m; Maßbezeichnung f; Kopfsteuer; Beitragsanteil m; Kurszettel m; Preis-, Marktbericht m; Sport: Stand m; top. ~ d'altitude Höhenstand m; avoir une bonne ~ auprès de q. e-e gute Nummer bei j-m haben.

côte anat., ♀, △ [ko:t] f Rippe f; cuis. Kotelett n; Abhang m; Küste; Strand m.

côté [ko'te] m Seite f; Schenkel m e-s Winkels; de ~ beiseite; du ~ de von ... her, nach ... hin; de mon ~ auf meine(r) Seite, meinerseits; la pièce à ~ Nebenzimmer n; à ~ de, au(x) ~(s) de neben; fig. auf j-s Seite; à ~ de im Vergleich zu; ils se rangent de notre ~ (od. à nos ~s) sie treten auf unsere Seite; ~ presse seitens der Presse; ~ gros (petits) jouets auf dem Gebiet der großen (kleinen) Spielzeuge.

coteau [kɔ'to] m Hügel, Abhang.

côtelé text. [kot'le] adj. gerippt.

côtelette [kot'let, kɔt'let] f cuis. Rippchen n, Kotelett n; F ~s pl. Koteletten pl.

coter [kɔ'te] (1a) Akten bezeichnen; Preise, Kurse notieren.

coterie [kɔ'tri] f Clique f, Sippschaft.

côtier [ko'tje] Küsten...; m Vorspannpferd n bei Steigungen; pilote m ~ Küstenlotse.

cotillon [kɔti'jɔ̃] m Unterrock m (der Bäuerinnen); Kotillon (Tanz).

cotir [kɔ'ti:r] v/t. (2a) Obst matschig machen, beschädigen, quetschen.

cotis|ant [kɔti'zɑ̃] m Beitragszahler m; **~ation** [kɔtiza'sjɔ̃] f (Mitglieds-)Beitrag m, Anteil m; **~er** [kɔti'ze] (1a) e-n Beitrag zahlen, entrichten; se ~ beisteuern, Geld zs.-legen.

coton [kɔ'tɔ̃] m Baumwolle f; Flaum m (a. ♀); ~ brut Rohbaumwolle f; ~ hydrophile Watte f; F élever dans le ~ verhätscheln, in Watte packen.

cotonn|ade [kɔtɔ'nad] f Baumwollstoff m, Kattun m; **~é** [kɔtɔ'ne] baumwollartig; kraus (Haar); ~ [‿] (1a): se ~ wollig (flaumig, flockig) od. matschig werden (Obst); **~erie** [‿nə'ri] f Baumwollenbau m, -pflanzung f; **~eux** [kɔtɔ'nø] (7d) wollig (flaumig, flockig); pelzig, schwammig, matschig; **~ier** [‿'nje] 1. m Baumwollpflanze f; Kattunfabrikant f; 2. adj. **~ier** [‿'nje] (7b) Baumwollen...

coton-poudre [kɔtɔ̃'pudrə] m (6b) Schießbaumwolle f.

côtoyer [kotwa'je] v/t. (1h) an e-r Sache entlanggehen od. -fahren; fig. streifen.

cotret [kɔ'trɛ] m Reisigbündel n.

cottage [kɔ'ta:ʒ] m (a. ~ campagnard) Landhäuschen n.

cotte [kɔt] f blaue Leinenhose für Monteure; hist. ~ de mailles Panzerhemd n.

cou [ku] m Hals; ~-de-pied Spann m.

couac [kwak] m ♪ falsche Note f; int. quiek!

couard, ~e [kwa:r, kward] feige; **~ise** [kwar'di:z] f Feigheit f, Duckmäuserei f, Drückebergerei f.

couch|age [ku'ʃa:ʒ] m Übernachten n; Schlafgeld n; Bettzeug n; Liegefläche f (im Bett); sac m de ~ Schlafsack m; **~ant** [ku'ʃɑ̃] 1. m Abend, Westen; fig. Greisenalter n, Lebensneige f; 2. adj.: chien m ~ Hühnerhund m; soleil m ~ untergehende Sonne f (a. fig.); **~e** [kuʃ] f Schlafstätte f, Bett n; Lager n; Windel; fausse ~ Fehlgeburt f, Abortus m; ~, mst. ~s pl. Niederkunft f, Kindbett n; anat., géol., ♀

coucher — 136 — **coup**

Lage, Schicht; Mistbeet n; P en avoir une ~ dumm (od. bekloppt) sein, e-e Mattscheibe haben; **~er** [ku'ʃe] (1a) 1. v/t. zu Bett bringen; niederlegen, -drücken, -bürsten usw.; ✝ buchen; ~ en joue q. od. qch. auf j-n od. auf etw. zielen; se ~ schlafen gehen; ast. untergehen; ⚔ couchez-vous! hinlegen!; v/i. schlafen, übernachten; 2. m Schlafengehen n; Nachtlager n; ast. Untergang; au ~ du soleil bei Sonnenuntergang; **~ette** [ku'ʃɛt] f Bettchen n, Pritsche; ⛴, ⚓, ✈ Liegeplatz m; Bettkarte f; **~eur** [~'ʃœːr] m: ne fais pas le mauvais ~ sei kein Spielverderber.

couci|-couci, ~-couça [ku'siku'si, ~'sa] advt. soso; nicht gerade besonders.

coucou [ku'ku] m Kuckuck, Kuckucksuhr f.

coud|e [kud] m Ell(en)bogen; Biegung f; ⊕ Kniestück n, Krümmer m; Knie; P huile f de ~ viel Arbeit; jouer des ~s sich durchdrängen, fig. die Ellenbogen gebrauchen; lever le ~ zuviel trinken, zu tief ins Glas gucken; **~ée** [ku'de] f Vorderarm (-länge f) m; Elle; avoir ses ~s franches freie Hand haben; **~er** [ku'de] (1a) (knieförmig) biegen; mach. kröpfen; **~oyer** [kudwa'je] (1h) mit dem Ell(en)bogen stoßen.

coudre ['kuːdrə] (4d) (zs.-, an)nähen; rester (od. garder) bouche cousue kein Wort über die Lippen bringen.

coudrier [kudri'e] m Hasel(nuß)strauch.

couenn|e [kwan] f Schwarte; P a. adj. Dumm-, Schafskopf m; doof, blöd; **~eux** [kwa'nø] (7d) schwartig, speckhäutig; ✿ angine f couenneuse Rachendiphtherie f, Bräune, Angina.

couffe [kuf] f, **couffin** [ku'fɛ̃] m Gemüsekorb m.

couillon P [ku'jɔ̃] m Feigling, Memme f; blöder Kerl m; Strolch; m, Lump m.

coul|age [ku'laːʒ] m ⊕ Gießen n, Guß f; Auslaufen n von Flüssigkeiten; Vergeudung f; Verlust durch Veruntreuung; Schmu P; **~ant** [ku'lɑ̃] 1. adj. (7) fließend; willfährig; 2. m ✿ Schlinge f,

Schieber, Schiebering; ⚓ Erdbeerranke f; **~e** f [kul] 1. rl. Kutte; 2. P être à la ~ genauestens Bescheid wissen, den Dreh raushaben P; **~é** [ku'le] m Schleifer (Tanzschritt); Bindung f ♪ und der Schrift; bill. Nachlaufen n; **~ée** [ku'le] f Fließen n; Ausströmen n (von Lava, Metall, Glasmasse, Wasser usw.); Guß m; **~er** [~] v/i. (1a) fließen; auslaufen, lecken; (aus-, ab)gleiten od. rutschen (z.B. a. ~ nous coulons! Wir sinken!); verstreichen; P se la ~ douce nicht überarbeiten, ein bequemes Leben führen; ~ sur qch. leicht hinweggehen über (acc.); abfallen (Blume); v/t. durchseihen; in Formen gießen; ⚓ ~ (à fond) in den Grund bohren; gleiten lassen; ♪ schleifen; se ~ sich einschleichen.

couleur [ku'lœːr] f Farbe (a. fig.); Färbung f; sous ~ de ... unter dem Vorwand (od. Deckmantel) von ...; charme m des ~s Farbenfreudigkeit; ✿ pâles ~s pl. Bleichsucht.

couleuvre [ku'lœːvrə] f Natter; fig. avaler des ~s s-n Ärger hinunterschlucken.

coulis [ku'li] 1. adj. vent m ~ Zugluft f; 2. m durchgeseihte Kraftbrühe f; 3. ⚒ ~ de ciment dünnflüssiger Zement m.

couliss|e [ku'lis] f ⊕ Falz m; thé. Schnurrinne; Führung; Schiebefenster n; (Theater-)Kulisse; (Nebenbörse der) Pfuschmakler m/pl.; Rinne; Schiebe...; porte f à ~ Schiebetür; **~er** ⊕ [~'se] v/t. mit Falz, Rinne, Kulissen usw. versehen; v/i. auf e-r Führung gleiten.

couloir [ku'lwaːr] m enger, längerer Flur; Gang; ⚓ Seitengang im Schnellzugwagen; thé., parl. Wandelgang; ✈ ~ aérien Luftkorridor m; **~e** [~] f ⊕ Durchschlag m; Seih(e)tuch n, Seiher m (od. n).

coup [ku] m Schlag, Stich, Stoß, Schuß, Hieb; Knall, Wurf, Zug; Stückchen n, Schluck; Streich; donner un ~ de brosse abbürsten; ~ de chaleur Hitzschlag m; ~ de sang Schlaganfall m; ~ de soleil Sonnenstich m; ~ de chapeau Grüßen m (mit dem Hut); ~ d'essai erster Versuch; Probestück n; ~ d'État Staatsstreich m; ~ de filet gelungener Fang m (durch die Polizei);

coupable [ku'pabl] schuldig; straf-

coupage [ku'paʒ] *m* (Zu)schneiden *n*; ~ à l'autogène ⊕ Brennschneiden *n*; ~ du vin Verschneiden *m*, (Wein-)Verschnitt *m*. [*Messers*.)

coupant [ku'pɑ̃] *m* Schneide *f* (e-s)

coup-de-poing [kudˈpwɛ̃] *m* Schlagring; Taschenpistole *f*.

coupe[1] [kup] *f* Schneiden *n*, (Quer-, Durch-)Schnitt *m*; Zuschnitt *m*, Zuschneiden *n*; *Holz*: Fällen *n*; *Karten*: Abheben *n*; *fig.*, *a. pol.* Säuberung *f*, Entlassung *f*; ~ au rasoir Messerschnitt *m* (*Friseur*); ~ des cheveux Haarschnitt *m*.

coupe[2] [~] *f* (*Trink*-)Schale; Pokal *m*.

coupé [ku'pe] *m* Halbkutsche *f*; 🚂 Abteil *n* mit einer (einzigen) Bank; *Auto*: Kupee *n*; ♪ staccato; ~e ⚓ [ku'pe] *f* Fallreep *n*.

coupe/**-asperges** [kupasˈpɛrʒ] *m* Spargelstecher (*Instrument*); ~**-choux** [~'ʃu] *plais.* ⚔ *m* Bajonett *n*, Käsedolch; Rasiermesser *n*; ~**-cigares** [~siˈgaːr] *m* Zigarrenabschneider; ~**-circuit** [~sirˈkɥi] *m* ⚡ Sicherung *f*, Sicherheitsschalter; ~**-disques** [~ˈdisk] *m* Plattenschneider *m*.

coupée ⚓ [ku'pe] *f* Fallreep *n*.

coupe/**-fils** [kupˈfil] *m* Drahtschneidzange *f*; ~**gorge** [~ˈgɔrʒ] *m* Mördergrube *f*; ~**-jarret** [~ʒaˈrɛ] *m* Meuchelmörder *m*; *fig.* Halsabschneider *m*, Lump *m*, Strolch *m*, gemeiner Kerl *m*; ~**-papier** [~paˈpje] *m* Papiermesser *n*.

couper [ku'pe] *v/t.* (1a) (ab-, auf-[*Buch*], be-, durch-, ver-, zer-) schneiden; unterbrechen; *téléph.* trennen; *Karte* stechen; *mit Wasser* verdünnen; *Wein* verschneiden; ⚔ *Zufuhr*, *Rückzug* abschneiden; ~ l'allumage *Auto*: die Zündung *f* abstellen; ~ les cheveux en quatre (*od.* ~ du cheveu en vingt-cinq mille) Haarspalterei treiben; *v/i.* schneiden; scharf sein; abheben (*Karten*); P ~ à qch. sich vor etw. drücken, sich e-r Sache entziehen; P ~ dans qch. auf etw. hereinfallen; ~ court à qch. mit etw. kurz abbrechen.

couperet [kuˈprɛ] *m* Hackmesser *n*; Fleischbeil *n*; Fallbeil *n* an der *Guillotine*. [ausschlag *m*.)

couperose 🜄 [kuˈproːz] *f* Kupfer-)

coup/**eur** *m*, ~**euse** *f* [kuˈpœːr, ~ˈpøːz] **1.** *su.* Ab-, Zuschneider(in *f*) *m*; **2.** *m* ⚔ Häuer; ~**euse** ⊕ [kuˈpøːz] *f* Schneidemaschine.

coupl/**age** [kuˈplaːʒ] *m* ⊕ rad. Kupplung *f*, Schaltung *f*; ~**e** [ˈkuplə] **1.** *m* Paar *n* lebender Wesen, Pärchen *n*; **2.** *f* zwei gleiche, nicht zs.-gehörige Dinge; *ch.* Koppelriemen *m*; ~**er** [~ˈple] (1a) paarweise zs.-tun, koppeln; ⊕ kuppeln, anhängen; ⚡ schalten.

couplet [kuˈplɛ] *m* Strophe *f*.

coupoir [kuˈpwaːr] *m* (*Blech*-) Schere *f*; Schneidbrenner *m*.

coupole [kuˈpɔl] *f* Kuppel, Dom *m*.

coupon [kuˈpɔ̃] *m* Stoffrest; ✂ Zinsschein *m*, Coupon *m*; *thé.* Logenkarte *f*; ✉ ~ réponse international internationaler Rückantwortschein *m*; ~ de bénéfice Gewinnanteilschein *m*.

coupure [ku'py:r] f Schnitt(wunde) m; *théâ.* Kürzung; Banknote; Zeitungsausschnitt m

cour [ku:r] f Hof m; Gerichtshof m; *Haute ~ de Justice* Staatsgerichtshof m; *~ martiale* Kriegsgericht n; *2 permanente de Justice internationale* Ständige(r) internationale(r) Gerichtshof m (*im Haag*).

courag|e [ku'ra:ʒ] m Mut; *prendre ~* Mut fassen; **~eux** [~'ʒø] (7d) mutig.

couramment [kura'mã] (*adv.*) fließend, geläufig.

courant [ku'rã] (7) **1.** *adj.* laufend; fließend; gangbar (*Münze*); geläufig, üblich; flott (*Handschrift*); *il est ~ que ...(subj.)* es ist allgemein bekannt, daß ...; **2.** *m* Lauf, Strom (*a. fig. u.* ⚡); Strömung f; laufende(r) Zeit f (*Monat*); ⚡ *~ alternatif (continu)* Wechsel-(Gleich-)Strom; *rad. modèle pour tous ~s* Allstromgerät n; ⚡ *~ triphasé* Drehstrom; ✝ *fin ~* Ultimo; *~ d'air* Luftzug; *être au ~ de qch.* mit etw. Bescheid wissen.

courante [ku'rã:t] f Kurrentschrift; P ⚕ Durchfall m.

courbature [kurba'ty:r] f ⚕ Steifheit; *fig.* Zerschlagenheit *der Glieder.*

courb|e [kurb] **1.** *adj.* gebogen, krumm; **2.** *f* Kurve f, Bogenlinie f; Bucht f, Krümmung f, (Fluß-)Bogen m; **~er** [~'be] (1a) krümmen (*a.* sich *k.*), biegen; *se ~ a.* sich bücken; **~ette** [~'bɛt] f *fig.* tiefer Bückling; **~ure** [~'by:r] f Krümmung f, Bogen m, Abrundung f, Wölbung f.

coureur [ku'rœ:r] m Schnelläufer; Herumtreiber; Rennpferd n; Rennfahrer m; *nur als m:* Laufjunge m (*vgl.* coursier, coursière); *femme f coureur Sport:* Läuferin f; *~ de filles* Mädchenjäger; *~ de nuit* Nachtschwärmer; [Frau.]

coureuse [ku'rø:z] f mannstolle

courge ♀ [kurʒ] f Kürbis m.

courir [ku'ri:r] *v/i.* (2i) laufen; rennen; fließen; verfließen; im Umlauf sein (*Gerücht*); P = *aller* gehen; *v/t.* ab-, durchlaufen; viel besuchen; nachlaufen; *~ le monde* in der Welt umherziehen; *~ le cachet* Privatstunden geben; *être fort couru* sehr gesucht sein; F *fig. vous pouvez toujours ~!* das erreichen Sie nie!; P *tu me cours* du fällst mir auf die Nerven; *rad. ~ les ondes* in den Äther ausgestrahlt werden.

courlis *orn.* [kur'li] m Brachvogel.

couronn|e [ku'rɔn] f Krone; Kranz m; **~ement** [kurɔn'mã] m Krönung f; **~er** [~'ne] (1a) krönen; bekränzen; *fig.* prämiieren.

courre [kur] *chasse f à ~* Parforcejagd f, Hetzjagd.

courrier [ku'rje] m Eilbote; Postsachen f/pl.; Postauto n, -schiff n, -wagen; ✈ Verkehrsflugzeug n; *faire son ~* s-e Post erledigen; *par le même ~* mit gleicher Post; *par retour du ~* postwendend, umgehend; *~ des théâtres* Theaterbericht m. [tungs-)Chronist m.]

courriériste [kurje'rist] m (Zei-)

courroie [ku'rwa] f Riemen m; ⊕ *~ transporteuse* Förderband n.

courroucer [kuru'se] (1k) (heftig) erzürnen, in Harnisch bringen.

courroux *st.s.* [ku'ru] m Zorn, Grimm.

cours [ku:r] m Lauf, Richtung f; Verlauf; Dauer f; Umlauf, Kurs; Gültigkeit f, Gangbarkeit f; *wissenschaftliche* Vorlesung f; Lehrgang m; Kursus; Kolleg n; *écol. etc.* Stunde f; Korso; *~ d'eau* Wasserlauf; *~ du change* Wechselkurs.

course [kurs] f Laufen m; Geschäftsgang m; Ausflug m; Fahrt; ⚓ Kaperei; Wettrennen n; ⊕ Bahn; *~ à pied* Laufsport m; *~ aux armements* Wettrüsten n; *~ cycliste* Radrennen n; *~ de chevaux* Pferderennen n; *~ de côte* Bergrennen n.

coursier [kur'sje] **1.** m Streitroß n; **2.** *~ m,* **coursière** [~'sjɛ:r] f Laufjunge, -mädchen n.

cursive ⚓ [kur'si:v] f Laufsteg m.

court [kɔrt] m (*a. ~ de tennis*) Tennisplatz.

court [ku:r] kurz; *à ~ (de qch.)* verlegen (um etw.), ohne (etw.); P *avoir la peau trop ~e* faul sein; *couper ~* abkürzen; *rester ~* steckenbleiben. (*geschäft n, -gebühr f.*)

courtage ✝ [kur'ta:ʒ] m Makler-)

courtaud [kur'to] **1.** *adj.* (7) kupiert, abgestutzt; untersetzt, kurz u. stämmig; **~er** [~to'de] (1a) Schwanz und Ohren stutzen.

court|-bouillon *cuis.* [kurbu'jɔ̃] m stark gewürzte Fischbrühe; **~-circuit** ⚡ [kursir'kɥi] m Kurzschluß

court-circuiter — 139 — **couvrir**

m; **~-circuiter** [₋sirkɥi'te] v/t. (1a) kurzschließen; fig. vereiteln.

courtepointe [kurtə'pwɛ̃:t] f Steppdecke.

courtier † [kur'tje] m Makler; ~ **marron** Pfusch-, Winkelmakler.

courtine [kur'tin] f 1. ehm. Bettvorhang m; 2. △ Fassadenteil m zwischen zwei Flügeln; 3. ⚔ Mittelwall m.

courtisan [kurti'zɑ̃] m Höfling.

courtisane [kurti'zan] f Kurtisane f.

courtiser [kurti'ze] (1a): ~ q. j-m den Hof machen, j-n umwerben, F mit j-m poussieren.

court-métrage [kurme'tra:ʒ] m (6a) Kurzfilm.

courtois [kur'twa] (1) höflich, liebenswürdig, verbindlich; höfisch, ritterlich; **~ie** [₋twa'zi] f Höflichkeit, Liebenswürdigkeit f, Verbindlichkeit f; höfisches Wesen n, Rittersitte. [~ das ist klar.\

couru [ku'ry] ge-, besucht; fig. c'est\

couseuse [ku'zø:z] f Näherin; Heftmaschine.

cousin [ku'zɛ̃] 1. m Vetter m, Cousin m; ~ **germain** rechter Vetter; 2. m (Stech-)Mücke f.

cousin|age [kuzi'na:ʒ] m Vetternschaft f; **~e** [ku'zin] f Kusine, Base.

coussin [ku'sɛ̃] m Kissen n, Polster n; ~ **électrique** Heizkissen n; **~et** [kusi'nɛ] m kleines Kissen n; ⊕ Schienenstuhl; ⊕ Lager n; ⊕ ~ **à billes** Kugellager n.

coût [ku] m Kosten pl.; ~ **de la vie** Lebenshaltungskosten pl.; **~ant** [ku'tɑ̃]: **prix m** ~ Selbstkostenpreis.

couteau [ku'to] m Messer n; être à **~x tirés** in offener Feindschaft miteinander stehen; spinnefeind sein.

coutelas [kut'la] m Hirschfänger m, großes Küchenmesser n.

coutelier [kutə'lje] m Messerfabrikant m, -händler m.

coutellerie [kutɛl'ri] f Messer-, Stahlwaren f/pl.

coûter [ku'te] (1a) kosten; Mühe verursachen; schwerfallen; ~ **cher** viel (Geld) kosten.

coûteux [ku'tø] (7d) kostspielig.

coutil Textilind. [ku'ti] m Drillich.

coutre ['ku:trə] m ✗ Pflugeisen n.

coutum|e [ku'tym] f Gewohnheit (-srecht n); Brauch m; **avoir ~ de faire qch.** pflegen; **~ier** [₋'mje] adj.

herkömmlich, üblich, gewohnheitsmäßig.

coutur|e [ku'ty:r] f Naht; Schneiderei, Näherei; Narbe f, Schmiß m; **haute** ~ erstklassige Schneiderei; **maison f de haute** ~ tonangebendes Modehaus m; F **battre q. à plate ~e** j-n verbleuen, j-n fertigmachen, j-n verplätten, j-n windelweich schlagen; **~ière** [kuty'rjɛːr] f Schneiderin, Modistin; ~ **en linge** Weißnäherin; ~ **travaillant sur mesure** Maßschneiderin.

couvage [ku'va:ʒ] m Brutzeit f.

couvain [ku'vɛ̃] m Brut f von Insekten, Bienen; Brutwabe f.

couvaison [kuvɛ'zɔ̃] f Brüten n; Brutzeit.

couvée [ku've] f Nest n voll Eier od. voll Junge; Brut f, (die) Jungen pl.

couvent [ku'vɑ̃] m Kloster n.

couver [ku've] v/t. (1a) (be-, aus-) brüten; fig. aushecken; ✗ in sich tragen; fig. ~ **des yeux** kein Auge wenden von; v/i. brüten; fig. gären, schwelen, im Werden sein; ✗ im Verborgenen langsam entstehen.

couvercle [ku'vɛrklə] m Deckel.

couvert [ku'vɛr] m Tischzeug n; Gedeck n; (Tafel-)Besteck n; Unterkunft f, Obdach n (stets mit art., nur noch in einigen Wendungen); Deckmantel m; **à** ~ **de** sicher vor (dat.); **mettre** (ôter) **le** ~ den Tisch (ab)decken; **avoir le vivre et le** ~ freie Kost u. Logis (od. Wohnung) haben; **~e** [ku'vɛrt] f Glasur f (des Porzellans); ✗ wollene Bettdecke f; **~ure** [₋'ty:r] f Überzug m; Decke f (a. Bett); △ Bedachung f; ✗, † Deckung f; ~ **en poil de chameau** Kamelhaardecke f; fig. **sous** ~ **de ...** unter dem Vorwand von ...

couveuse [ku'vø:z] f Bruthenne f, Glucke f; Brutapparat m.

couvi [ku'vi]: **œuf m** ~ angebrütetes, verdorbenes Ei n.

couvre|-chef iron. F [kuvrə'ʃɛf] m (6c) Deckel m F, Kopfbedeckung f, Hut m; **~-feu** [₋'fø] m (6g) 1. ehm. Hutdeckel m; Abendgeläut n; 2. ⚔ Sperrstunde f, Ausgehverbot n; **~-joint** [₋'ʒwɛ̃] m (6g) Fugenleiste f; **~-lit** [₋'li] m (6g) leichte Tagesbettdecke f; **~-pieds** [₋'pje] m Plumeau n, Fußdeckbett n.

couvreur [ku'vrœ:r] m Dachdecker.

couvrir [ku'vri:r] (2f) (be-, zu-)

crabe — 140 — **cravater**

decken; *fig.* bekleiden; verhüllen; beschönigen; ✝ (se) ~ (sich) dekken; se ~ *Himmel:* sich bewölken.
crabe *zo.* [krab] *m* Krabbe *f.*
crac [krak] **1.** *int.* krach!, knacks!, plumps!; **2.** *m* Krach; Krachen *n; fin.* Bankkrach, Finanzskandal; *monsieur de* ♀ (= *Craque*) Baron Münchhausen.
crach|at [kra'ʃa] *m* Speichel *m,* Auswurf *m;* F Ordensstern *m;* fig. ~s *péj.* Lametta *n;* **-é** [~'ʃe] *fig.*: cet enfant est son père tout ~ dieses Kind ist s-m Vater wie aus dem Gesicht geschnitten; **~er** [~] (1a) (aus)spukken; spritzen *(Schreibfeder);* F Geld herausrücken, blechen F; **~oir** [~'ʃwa:r] *m* Spucknapf *m;* Speibecken *n;* P tenir le ~ andauernd selber quasseln; **~oter** [~ʃɔ'te] (1a) oft, aber wenig ausspucken.
crack [krak] *m Sport* Favorit *m; écol.* Kanone *f,* Koryphäe *f.*
cracking ⊕ [kra'kiŋ] *m* Cracking (-verfahren *n*) *n,* Umwandlung *f* von Schwerölen in Benzin, Spalten *n,* Druck-, Wärmespaltung *f* von Schwerölen, Kracken *n.*
Cracovie [krako'vi] *f* Krakau *n.*
craie [krɛ] *f* Kreide *f; un bâton de* ~ ein Stück Kreide.
craindre ['krɛ̃:dr] (4b) fürchten, sich fürchten vor *(dat.); je crains qu'il (ne) vienne* ich fürchte, daß er kommt; *je ne crains pas qu'il vienne* ich fürchte nicht, daß er kommt; *je crains qu'il ne vienne pas* ich fürchte, er kommt nicht; *elle craint de le dire* sie scheut sich, es zu sagen.
crainte [krɛ̃:t] *f* Furcht *f,* Scheu *f.*
craintif [krɛ̃'tif] (7e) furchtsam, ängstlich.
cramoisi [kramwa'zi] karmesin-, dunkelrot.
crampe [krɑ̃:p] *f* 𝇊 (Waden-) Krampf *m;* ⚓ Krampe *f.*
crampon [krɑ̃'pɔ̃] *m* Krampe *f,* Metallklammer *f;* Bergschuhnagel *m;* Steigeisen *n;* F *fig.* aufdringliche Person *f,* Klette *f;* **~ner** [krɑ̃pɔ'ne] (1a) anklammern; *Hufeisen* verstollen; F *fig.* ~ *q.* sich wie e-e Klette an j-n hängen, j-m zur Last fallen.
cran [krɑ̃] *m* Einschnitt, Kerbe *f;* F *fig.* Schneid *m; au* ~ *d'arrêt* in Ruhe; *avoir du* ~ F *fig.* mutig *od.* energisch sein, Schneid *(od.* Mumm) haben.

crâne [krɑ:n] **1.** *m* Hirnschale *f,* Schädel; *fig.* F Grips *m;* Draufgänger *m;* **2.** *adj.* verwegen, schneidig, energisch; forsch; tollkühn; **~ment** [~'mɑ̃] *adv.* kühn, schneidig; auf kecke Weise; famos, viel, sehr; *un coup* ~ *monté* tollkühner Streich.
crânerie [krɑn'ri] *f* Verwegenheit; Unerschrockenheit *f;* Angabe *f fig.*
crapaud [kra'po] *m* Kröte *f;* niedriger Lehnstuhl; Fesselgeschwulst *f e-s Pferdes;* F kleiner Stutzflügel *m; petit* ~ Schlingel *m,* Knirps *m,* Krabbe *f (Kind);* **~ière** [krapo'djɛ:r] *f* Krötenloch *n, fig.* Drecknest *n,* Schmutzhöhle; **~ine** [~'din] *f* Kröte *f;* ⊕ Klappe *f,* Abflußventil *n;* Drehzapfenlager *n;* Türangelpfanne *f; à la* ~ auf dem Rost gebraten.
crapul|e [kra'pyl] *f* Schwelgerei, Völlerei; Gesindel *n,* Pöbel *m,* Gesöcks *n,* Pack *n,* Lumpenvolk *n;* **~eux** [~'lø] ausschweifend, verkommen, entartet, liederlich.
craque P. [krak] *f* Aufschneiderei; (s.a. *crac*); **~lé** [kra'kle] abgeplatzt, rissig *(Emaille, Glasur);* **~lin** [kra'klɛ̃] *m* Kringel *m,* Brezel *f (aus Blätterteig);* F *fig.* Angeber *m,* Knirps *m;* **~lure** [kra'kly:r] Riß *m,* Sprung *m;* **~ment** [~'mɑ̃] *m* Krachen *n,* Knacken *n,* Knarren *n;* ~ *de dents* Zähneknirschen *n.*
craqu|er [kra'ke] (1m) krachen, knacken, knirschen; *cout.* platzen, aufgehen *(Naht);* klappern *(Storch); fig.* scheitern, in die Brüche gehen, auffliegen; P weich werden *fig.;* ~ *une allumette* ein Streichholz anzünden; **~eter** [krak'te] (1d) knistern; prasseln; klappern *(Storch);* **~eur** P [~'kœ:r] *m* Prahler, F Angeber.
crass|e [kras] *f* Schmutz *m,* P Dreck *m;* Metallschlacke *f,* Metallabfälle *m/pl.;* P übler *(od.* gemeiner) Streich *m;* **~eux** [kra'sø] **1.** *adj.* schmutzig, dreckig; *fig.* F geizig, knickerig; **2.** *su. fig.* Schmutzfink *m; fig.* Geizhals *m;* **~ier** ⚒ [~'sje] *m* Abraum, Halde *f.*
cratère [kra'tɛ:r] *m ehm.* Mischkrug; Trinkschale *f; jetzt* Krater; obere Öffnung *f e-s Glasofens.*
cravache [kra'vaʃ] *f* Reitpeitsche.
cravat|e [kra'vat] *f* Krawatte, Schlips *m,* Binder *m;* **~er** [~'te] (1a)

crawl P fig. j-n reinlegen; j-n packen, schnappen.

crawl Sport [krɔ:l] m: nager le ~ kraulen, kraulschwimmen.

crayon [krɛ'jɔ̃] m Blei-, Kreide-, Farben-, Zeichenstift; Kreidezeichnung f; ~ à encre (od. à copier) Kopier-Tintenstift; ~ d'ardoise (Schiefer-)Griffel; ~ de menthol Mentholstift; ~ feutre Filzstift; ~ noir (pour les yeux) Augenbrauenstift; manger ses ~s en privé für sich am Bleistift kauen; **~nage** [~jɔ'naːʒ] m Bleistiftzeichnung f; **~ner** [~'ne] (1a) mit dem Stifte zeichnen; skizzieren; **~neur** [~'nœːr] m schlechter Zeichner m.

créance [kre'ɑ̃ːs] f Glaube(n) m; ✝ (Schuld-)Forderung, Guthaben n; lettre f de ~ Beglaubigungsschreiben n, Akkreditiv n; **~ier** [kreɑ̃'sje] su. Gläubiger m.

créa|teur [krea'tœːr] su. (7f) Schöpfer m; **~tion** [krea'sjɔ̃] f Schöpfung f; (Mode-)Entwurf m, Gründung, Ernennung f; thé. erste Darstellung e-r Rolle; Uraufführung; **~ture** [krea'tyːr] f Geschöpf n, a. péj. Kreatur f; péj. Person f; Frauenzimmer n; fig. Günstling m. [per.\]

crécelle [kre'sɛl] f (Kinder-)Klap-/

crèche [krɛʃ] f Krippe; Kleinkinderheim n, Kindertagesheim n; P Loch n, Bude f, Zimmer n.

crédence [kre'dɑ̃ːs] f Kredenz f, Anrichte; (Altar-)Seitentischchen n. [würdigkeit.\]

crédibilité [kredibili'te] f Glaub-/

crédit [kre'di] m ✝ Kredit; Guthaben n; fig. Ansehen n; à ~ auf Kredit; ~ étranger Auslandskredit; ~ gratuit Zahlungserleichterung f ohne Preisaufschlag; ~ municipal Pfandleihe f, Leihhaus n; **~er** [~'te]: ~ q. de qch. j-m etwa. gutschreiben, j-n für etw. erkennen; **~eur** [~'tœːr] m Gläubiger m; compte ~ Guthaben n. [nis n.\]

credo [kre'do] m Glaubensbekennt-/

crédul|e [kre'dyl] adj. u. su. leichtgläubig(e Person f); **~ité** [kredyli'te] f Leichtgläubigkeit.

créer [kre'e] (1a) (er)schaffen; fig. gründen; erfinden; thé. e-e Rolle zuerst darstellen; ✝ ~ une lettre de change e-n Wechsel ausstellen.

crémaillère [krema'jɛːr] f Kesselhaken m; ⊕ Zahnstange; chemin m de fer à ~ Zahnradbahn f; F pendre la ~ e-n Schmaus geben zur Einweihung e-r neuen Wohnung.

créma|tion [krema'sjɔ̃] f Leichenverbrennung; **~toire** [~ma'twaːr] adj.: four m ~ Leichenverbrennungsofen m; **~torium** [~tɔ'rjɔm] m Krematorium n.

crème [krɛm] f Sahne, Rahm m; (Süß-)Speise f, Krem m; Sahnenspeise f; fig. Auslese, das Beste; Elite f; ~ fouettée Schlagsahne f; ~ glacée Speiseeis n; c'est une ~ d'homme er gehört zu den besten Menschen.

crémer [kre'me] (1f) **1.** Rahm ansetzen; **2.** Stoff mattgelb färben; **3.** einäschern.

crémerie [krem'ri] f Milchgeschäft n.

crémeux [kre'mø] (7d) sahnehaltig.

crémi|er m, **~ère** f [kre'mje, ~'mjɛːr] Milch-, Eierhändler(in f) m.

crémone ⚠ [kre'mɔn] f: gâche f de ~ Baskülekloben m; panneton m de ~ Baskülriegel; fermeture f à ~ Baskülverschluß.

créneau [kre'no] m ehm. Zinne f; jetzt Schießscharte f.

crénel|er [kren'le] (1c) mit Zinnen, Schießscharten versehen; ⚡, ⊕ auszacken; Münzen rändern; **~ure** [~'lyːr] f ⚡ Kerbung; ⊕ Verzahnung; gezackte Arbeit.

créner ⊕ [kre'ne] (1f) Lettern abschärfen, unterschneiden.

crêp|age [krɛ'paːʒ] m Kreppen n, Kräuseln n; **~e** [krɛp] **1.** m Krepp (Trauer-)Flor; **2.** f Pfannkuchen m; **~er** [krɛ'pe] (1a) kräuseln; F se ~ le chignon sich in die Haare kriegen.

crépi ⚠ [kre'pi] m Putz m, Bewurf m; ~ en béton Spritzbeton m; ~ de plâtre Gipsputz m.

crép|in [kre'pɛ̃] m: tout le saint ~ alle Habseligkeiten; **~ine** [kre'pin] f Art Franse; Saugkorb m e-r Pumpe; **~ins** [kre'pɛ̃] m/pl. Schuhmacherhandwerkszeug n; **~ir** [kre'piːr] (2a) berappen, bewerfen; **~issure** [~pi-'syːr] f ~ crépi; **~iter** [~pi'te] (1a) knistern, prasseln; **~itation** [~pita'sjɔ̃] f Geknatter n, Knistern n; a. ✱ Knistergeräusch n (z. B. in den Lungen); **~on**, **creps** [kre'pɔ̃, krɛps] ✝ m Krepon, Kreps (Krepparten); **~u** [~'py] kraus; **~ure** [~'pyːr] f Kräuseln n.

crépuscule [krepys'kyl] m (Abend-

cresson — **142** — **crier**

od. ⚒ Morgen-)Dämmerung *f; fig.* Neige *f.*

cresson [krɛ'sɔ̃] *m* Kresse *f;* P Haare; *ne pas avoir de cresson sur la fontaine* (*od. sur la cafetière*) keine Haare auf dem Kopf haben, e-e Glatze haben.

Crésus [kre'zys] *m* Krösus *m; riche comme* ~ steinreich.

crétacé [kreta'se] kreidig.

Crète [krɛt]: **la** ~ Kreta *n.*

crête [~] *f* (Hahnen-)Kamm *m;* Schopf *m,* Haube, *zo.* Krone; Damm *m e-s Grabens;* Grat *m e-s Berges;* First(steine *m/pl.*) *m;* ⚒ *frt.* Bekrönung.

crétin [kre'tɛ̃] (7) **1.** *adj.* blöd-, schwachsinnig; **2.** *su.* Kretin *m,* Blödling *m.*

crétin|iser [kretini'ze] (1a) verdummen; *se* ~ schwachsinnig werden; **~isme** [~'nism] *m* ⚕ Kretinismus *m,* angeborene Idiotie *f; fig.* Verblödung *f,* Blödheit *f,* **Verdummung** *f.*

cretonne [krə'tɔn] *f* Kretonne *f,* mittelkräftiger Baumwollstoff *m.*

cretons *cuis.* [krə'tɔ̃] *m/pl.* Grieben *f/pl.*

creuser [krø'ze] (1a) ausgraben, -höhlen; *fig.* ergründen; ⚒ teufen; ausbaggern; *se* ~ *le cerveau od. la tête* sich den Kopf zerbrechen.

creuset [krø'zɛ] ⊕ *m* Schmelztiegel; Gestell *n* des Hochofens; *fig.* Feuerprobe *f; fig.* ~ *de l'expérience* Versuchsprobe *f.*

creux [krø] **1.** *adj.* (7d) hohl; tief (-liegend); leer; *fig.* gehaltlos, leer, inhaltslos; *Börse:* unlustig, lustlos; *fig. heure f creuse* Stunde *f* des geringsten Licht- *od.* Energieverbrauchs; verkehrsarme *od.* geschäftlich ruhige Stunde *f; écol.* Spring-, Freistunde *f; adv.: songer creux* sich Phantastereien hingeben, spinnen F; **2.** *m* Höhlung *f,* Vertiefung *f; fig.* Leere *f; le* ~ *de la main* die hohle Hand; *assiette creuse* Suppenteller *m; le* ~ *de l'estomac* Herzgrube *f.*

crevaison [krəvɛ'zɔ̃] *f* Platzen *n,* Bersten *n; Auto, vél.* Reifenpanne *f,* -schaden *m;* P Tod *m,* Kriepieren *n;* ~ *d'un pneu* Platzen *n* e-s Reifens. [höchst langweilig.]

crevant P [krə'vɑ̃] (7) sehr ulkig;)

crevard P [krə'va:r] sterbenskrank.

crevass|e [krə'vas] *f* Spalt *m,* Riß *m;* Sprung *m;* Kluft *f,* Schlucht *f;* **~er** [~va'se] (1a) aufreißen; Risse machen; *se* ~ Risse bekommen, aufspringen.

crève P [krɛ:v] *f* Krankheit *f;* Not *f,* Elend *n,* Hunger *m,* Kälte *f;* Tod *m;* **~cœur** F [krɛv'kœ:r] *m* Herzenskummer *m,* schwerer Kummer *m,* seelische Enttäuschung *f.*

crever [krə've] (1d) bersten machen; *Pferd* zu Tode reiten; P *j-n* um die Ecke bringen, töten; ~ *les yeux* die Augen ausstechen; *fig.* in die Augen springen; ~ *q. au travail* j-n mit Arbeit kleinkriegen; *Auto:* ~ *un pneu en tirant* durch e-n Schuß ein Reifen zum Platzen bringen; *v/i.* platzen, bersten; krepieren; *Auto, vél.:* Panne haben; *vous avez crevé* Sie stehen auf Latschen; Sie haben Plattfuß; *se* ~ *de travail* sich zu Tode arbeiten.

crevette *zo.* [krə'vɛt] *f* Gar'nele.

cri [kri] *m* Ruf *m,* Schrei *m;* Quieken *n der Feile, Säge;* Knirsch *n der Feder;* Schreien *n* von Tierstimmen, Wehklagen *n;* ~ *public* öffentliche Meinung *f; à cor et à* ~ dringlich (*fordern*); *le dernier* ~ die neueste Mode; *das Allerneueste n;* ~ *de la conscience* die Stimme *f* des Gewissens.

criailler [kriɑ'je] (1a) immerzu schreien; quarren; keifen; quaken, plärren, knarrig sein (*v. Kindern*); **~ie** [kriɑj'ri] *f: oft pl.:* ~*s* Geschrei *n;* Gezänk *n,* Geschimpfe *n;* Geplärre *n,* Gequake *n.*

criard [kri'a:r] (7) schreiend; keifend; gellend; knarrig; *m* Schreier *m,* Schreihals *m,* Keifer *m,* P Stänker *m.*

cribl|e ['krible] *m* Sieb *n;* **~é** [~'ble]: ~ *de dettes fig.* bis über die Ohren in Schulden; ~ *de blessures* (*fautes*) *fig.* voller Wunden (Fehler); **~er** [~] (1a) sieben; *fig.* durchlöchern; **~ure** ⚒ [~'bly:r] *f* Aussiebsel *n.* [Schnaps *m.*]

cric¹ [krik] *m* Wagenheber; *)*

cric² [~] *int.:* ~ *crac* ritsch, ratsch.

cri-cri *zo.* [kri'kri] *m* Grille *f.*

cri|ée [kri'e] *f:* (*vente f à la*) ~ (gerichtliche) Versteigerung *f,* Auktion *f;* **~er** [kri'e] (1a) *v/i.* schreien; laut klagen, jammern, knarren, kritzeln,

knirschen *usw.* (*Tür, Feder, Sand usw.*); *v/t.* zurufen; ~ qch. nach etw. schreien; **~erie** F [kri'ri] *f* oft ~s *pl.* Geschrei *n*, Schreierei *f*; **~eur** *m*, **~euse** *f* [kri'œːr, ~'øːz] *su.* Schreier(in *f*) *m*; Ausrufer(in *f*) *m*.

crime [krim] *m* Verbrechen *n*; ~ *passionnel* Lustmord.

criminal|iser [kriminali'ze] (1a) zur Strafsache machen; se ~ zur Strafsache werden; **~iste** [~'list] *m* Strafrechtler *m*, Kriminalist *m*; **~ité** [~li'te] *f* Straffälligkeit *f*, Kriminalität *f*.

criminel [krimi'nɛl] (7c) 1. *adj.* verbrecherisch; strafbar; strafrechtlich, kriminell; 2. *su.* Verbrecher (-in *f*) *m*.

crin [krɛ̃] *m* (Roß-)Haar *n bsd.* Mähne *u. Schweif*; *péj.* P vom Menschen; ⚙ roßhaarähnliche Faser *f*; ~ *végétal* Seegras *n*; *à tous* ~s *fig.* überzeugt, hundertprozentig, leidenschaftlich; *comme un* ~ sehr leicht reizbar.

crincrin F [krɛ̃'krɛ̃] *m* schlechte Geige *f*, Kratzgeige *f*.

crinière [kri'njɛːr] *f* Mähne *f*; Helmbusch *m*.

crinoline [krino'lin] *f* Roßhaargewebe *n*; Krinoline, Reifrock *m*.

crique [krik] *f* Schlupfhafen *m*, kleine (natürliche) Bucht.

criquet [kri'kɛ] *m ent.* Wanderheuschrecke *f*; *ent.* Heimchen *n*; Klappergaul, Klepper *m*; schwächlicher Mensch *m*, Elendswicht *m*, Heimchen *n*; *iron.* Präpel *m* F; schlechter Wein *m*, Krätzer *m*.

crise ♀ *u. fig.* [kriːz] *f* Krise *f*; *du logement* Wohnungsnot *f*; *une* ~ *se prépare* es kriselt.

crisp|ation [krispa'sjɔ̃] *f* Zs.-schrumpfen *n*; Kräuseln *n*; F krampfhafte Zs.-ziehung *f*; F Aufregung; **~er** [~'pe] (1a) kraus machen, (krampfhaft) zs.-, verziehen; F ärgern, heftig aufregen.

crisser [kri'se] (1a) knirschen (*Zähne*), krtzteln (*Schreibfeder*).

crist|al [kris'tal] *m* Kristall(glas *n*) *n*; **~au** P [~'to] *f* Soda *n od. f*; **~aux** *pl.* [~] geschliffene Glassachen *f*.

cristallin *anat.* [krista'lɛ̃] *m* Linse *f* (*des Auges*). [lisieren.]

cristalliser [kristali'ze] (1a) kristal-⟩

critère [kri'tɛːr] *m*, **critérium** [krite'rjɔm] *m* Kriterium *n*, Wertmesser *m*, Prüfstein *m*.

criticaillerie [kritikaj'ri] *f* Meckerei *f*, Nörgelei.

critiqu|e [kri'tik] 1. *adj.* kritisch, prüfend; bedenklich; 2. *m* Kritiker; Krittler; 3. *f* Kritik; Krittelei, Tadel *m*; **~er** [~'ke] (1m) kritisieren, bekritteln, scharf beurteilen; tadeln; **~eur** [~'kœːr] *m* Krittler.

croasser [krɔa'se] (1a) krächzen (*von Raben, a. fig.*).

croc [kro] *m* Haken; ~s *pl.* Fangzähne, Krebsscheren *f/pl.*; *moustaches* *f/pl.* *en* ~ hinaufgedrehter Schnurrbart.

croc-en-jambe [krɔkɑ̃'ʒɑ̃ːb] *m* Beinstellen *n*; *donner* (*od. faire*) *un* ~ *à q.* j-m ein Bein stellen.

croch|e [krɔʃ] 1. *adj.* hakenförmig, krumm; 2. *f* ♪ Achtelnote; **~et** [~'ʃɛ] *m* Haken *m* (*a. Boxsport*); Häkchen *n*; Häkelhaken; Dietrich; ♪ Notenschwanz *m*; ~s *pl.* *typ.* eckige Klammern *f/pl.*; Schmachtlocken *f/pl.*; *faire du* ~ häkeln; *vivre aux* ~s *de q.* auf j-s Kosten leben; **~eter** [krɔʃ'te] (1e) mit dem Dietrich öffnen; aufbrechen; **~eteur** [~'tœːr] *m* 1. ★ Lastträger; 2. ~ *de serrures* Einbrecher (*Dieb*); **~u** [~'ʃy] hakenförmig, *fig. avoir les mains crochues* stehlen, lange Finger machen, stibitzen, klauen.

crocodile *zo.* [krɔkɔ'dil] *m* Krokodil *n*.

crocodiler P [~di'le] *v/t. e-m jungen Manne* schöne Augen machen.

croire [krwaːr] (4v) glauben; ~ *q. qch.* j-n für etw. halten; ~ *à qch.* (*od. à q.*) glauben an (*acc.*); Vertrauen haben zu (*dat.*); ~ *en Dieu* an Gott glauben; *faire* ~ einreden; *se* ~ *qch.* sich für etw. (*acc.*) halten; *il se croit le premier moutardier du pape* er bildet sich reichlich viel ein; P *il s'en croit* er gibt an, er ist blasiert (*od.* eingebildet).

crois|ade [krwa'zad] *f* Kreuzzug *m*; **~é** [~'ze] *m* Kreuzfahrer; **~ée** [~] *f* Fenster(kreuz *n*) *n*; 🏛 Querschiff *n* e-r *Kirche*; Kreuzweg *m*; Wegekreuzung; abwechselnde (*od.* gekreuzte) Reime *m/pl.*; *à la* ~ *des chemins* am Scheidewege; **~ement** [krwɑz'mɑ̃] *m* (Schienen-, Straßen-, Rassen-)Kreuzung *f*; Schnittpunkt *m*; ~ *entre races* Rassenkreuzung *f*; **~er** [~'ze] (1a) kreuzen (*a.* ⚓); überea.-schlagen, -gehen (*Rock*); *mots*

croiseur m/pl. croisés Kreuzworträtsel n; **~eur** ⚓, ⚔ [~'zœːr] m Kreuzer; **~ière** ⚓, ⚔ u. allg. [~'zjεːr] f Kreuzfahrt; Erkundungsfahrt f (zu Wasser od. zu Lande); Flug m; Kreuzerflotte; 🚂 Kreuzungspunkt m; **~illon** [~zi'jõ] m Arm od. Querholz n e-s Fensterkreuzes; Warnkreuz n vor Bahnübergängen; ⚓ Querschiff n (e-r Kirche); ⚔ Querarm m.

croiss|ance [krwa'sãːs] f Wachstum n; **~ant** [~'sã] m zunehmender Mond; Halbmond; Hörnchen n (Gebäck). [(Stoffart).]

croisure ✞ [krwa'zyːr] f Köper m|

croître ['krwaːtrə] (4w) wachsen; fig. zunehmen; steigen (Fluß); gedeihen.

croix [krwa] f Kreuz n; Orden m; fig. Kummer m, Kreuz n, Sorgen f/pl.; ~ gammée = svastika Hakenkreuz n; faire une ~ sur le passé e-n Strich unter die Vergangenheit ziehen; être à la ~ et la bannière endlose Schwierigkeiten bereiten.

croquant [krɔ'kã] **1.** adj. knusprig; **2.** m ehm. aufrührerischer Bauer; F péj. armer Schlucker m, Bauernlümmel m; **3.** **~e** [~'kãːt] f Kuchen m mit gerösteten Mandeln.

croque au sel [krɔkoˈsεl] advt.: manger qch. à la ~ etw. nur mit Salz essen.

croque|-mitaine [krɔkmi'tεn] m der schwarze Mann m; **~-mort** [krɔk'mɔːr] m Leichenträger; **~not** P [~'no] m Treter m P, Schuh m; **~-note** [krɔk'nɔt] F m mv. p. schlechter Musiker.

croqu|er [krɔ'ke] v/t. (1m) knabbern; Knuspriges kauen; peint. skizzieren, entwerfen; ♪ Noten auslassen; joli(e) à ~ zum Anbeißen hübsch; v/i. ~ sous la dent unter den Zähnen knacken; F ~ le marmot lange warten müssen; **~et** [krɔ'kε] m harter Pfefferkuchen, Krocketspiel n; **~ette** cuis. [krɔ'kεt] f Fleisch-, Fischklößchen n.

croquis [krɔ'ki] m Skizze f.

cross-country Sport [krɔskœn'tre] m Gelände-, Querfeldein-, Waldlauf m.

crosse [krɔs] f Bischofs-, Krummstab m; Stockkrücke f; Gewehrkolben m; Hockeyschläger m.

crotale [krɔ'tal] m Klapperschlange f; antiq. Klapper m der Priester der Kybele.

crott|e [krɔt] f Dreck m, (Straßen-) Kot m; Straßenschmutz m; **~s** f/pl. de chocolat Schokoladenbonbons m/pl.; **~er** [krɔ'te] (1a) beschmutzen, bespritzen; **~in** [~'tε̃] m: ~ de cheval Pferdeappel, Pferdemist.

croul|ant [kru'lã] **1.** baufällig; fig. dem Untergange geweiht, zusammenbrechend; **2.** ✶ **~s** [~'lã] m/pl. alte Leute, Erwachsene, alte Krüppel V, Verkalkte V; **~ement** [krul'mã] m Einsturz m; **~er** [~'le] (1a) (ein)stürzen. [therie f, Krupp.]

croup ✍ [krup] m Kehlkopfdiph-|

croup|ade [kru'pad] f Hochsprung m des Pferdes; **~e** [krup] f Kreuz n des Pferdes; en ~ hinten(auf); **~etons** [~'tõ]: à ~ zusammengekauert, hockend. [dorben bsd. vom Wasser.]

croupi [kru'pi] stagnierend; verǀ **croupier** [kru'pje] m ✶ stiller Teilnehmer; Spielbank: Gehilfe m des Bankhalters, Croupier.

croupi|ère [kru'pjεːr] f Schwanzriemen m; tailler des ~s à q. j-m zu schaffen machen, j-m Schwierigkeiten machen; **~on** [kru'pjõ] m anat. F Steiß m; orn. Bürzel m (Vogelsteiß).

croupir [kru'piːr] (2a) stillstehen, stagnieren; faulig werden, modern.

croustade [krus'tad] f warme Pastete mit knuspriger Kruste.

croustill|ant [krusti'jã] (7) knusprig; fig. schlüpfrig, pikant (v. Geschichten); **~e** f [krus'tij] (Brot-) Kruste; F Imbiß m; dünne Pommes frites-Scheibe f; **~er** P [~ti'je] essen, péj. futtern.

croût|e [krut] f Kruste, Rinde; P Essen n; ✶ Schorf m; F peint. schlechtes Bild n, Pinselei f; P Dussel m, Dummkopf m; P casser la ~ e-n Imbiß nehmen; **~er** P [~'te] essen; péj. futtern, fressen; **~eux** [~'tø] (7d) schorfig; **~on** [~'tõ] m Brotkanten m; geröstetes Brotstückchen n; fig. Dummkopf m, dummer Kerl.

croy|able [krwa'jablə] glaubhaft; **~ance** [krwa'jãːs] f Glaube(n) m; **~ant** [~'jã] (7) **1.** adj. gläubig; **2.** su. Gläubige(r).

cru [~] **1.** adj. ungekocht, unbearbeitet, roh; fig. geradeheraus; dial. Nord-Fr., Belg.: il fait ~ es ist naßkalt; **2.** *m* Wuchs; Gewächs *n*; Erzeugnis *n*, Jahrgang *m*; Lage *f* (*bsd. vom Wein*); *fig.* de mon ~ auf meinem eigenen Mist gewachsen, von mir stammend.

cruauté [kryo'te] *f* Grausamkeit.

cruch|e [kryʃ] *f* Krug *m*; F Dummkopf *m*; **~on** [kry'ʃɔ̃] *m* kleiner Krug *m*; Bierkruke *f*; Wärmflasche *f*.

cruci|al [kry'sjal] (5c) kreuzförmig; Kreuz...; *fig.* entscheidend, höchstwichtig; **~fié** [krysi'fje] *m* Gekreuzigte(r); **~fiement** [~fi'mã] *m* Kreuzigung *f*; *fig. rl.* Abtötung *f*; **~fier** [~'fje] (1a) kreuzigen; **~fix** [krysi'fi] *m* Kruzifix *n*; **~fixion** [~fik'sjɔ̃] *f* Kreuzigung *f*; **~forme** [~'fɔrm] *anat.* kreuzförmig; Kreuz...; **~rostre** *orn.* [~'rɔstrə] kreuzschnäbelig; **~verbiste** [~vɛr'bist] *su.* Freund *m* v. Kreuzworträtseln.

crudité [krydi'te] *f* ❀ Unverdaulichkeit; Derbheit *f*, Kraßheit *f* (*Rede*); **~s** *pl.* Rohkost. [tum *n*, Wuchs *m*.]

crue [kry] *f* Hochwasser *n*; Wachs-]

cruel [kry'ɛl] (7) grausam.

crûment [kry'mã] *adv.* unumwunden, unverblümt, schonungslos.

crustacé [krysta'se] *m* Schaltier *n*.

cryoélectricité [krioelɛktrisi'te] *f* Kälteelektrizität.

crypte [kript] *f* Krypta *f*, Kapelle *f*.

Cuba *géogr.* [ky'ba] *m* Kuba *n*.

cubage [ky'baːʒ] *m* Kubikinhalt(smessung *f*), Würfelinhalt *m*.

cubain [ky'bɛ̃] kubanisch.

cub|e ᴀ [kyb] **1.** *m* Kubus, Würfel *m*; Kubikzahl *f*; dritte Potenz *f*; **2.** *adj.* Kubik...; *cuis.* (à *potage*) Brüh-, Suppenwürfel *m*; **~er** ᴀ [ky'be] *v/t.* (1a) den Rauminhalt *e-s Körpers* messen; Zahl in die dritte Potenz erheben; *v/i.* ~ un mètre 1 cbm Rauminhalt haben; **~ilot** ⊕ [kybi'lo] *m* Kuppelofen; **~ique** [ky'bik] kubisch; **~isme** *peint.* [~'bism] *m* Kubismus *m*; **~iste** [~'bist] *m* Kubist *m*; *adj.* kubistisch.

cubitus *anat.* [kybi'tys] *m* Ell(en)bogenknochen.

cueill|age [kœ'jaːʒ] *m*, **~aison** *f* [kœjɛ'zɔ̃], **~e** [kœj] *f*, **~ette** [kœ'jɛt] *f* Pflücken *n* des *Obstes*; Ernte; *fig.* ~ scolaire Schulbusverkehr *m*; **~ir** [kœ'jiːr] (2c) pflücken, *fig.* ernten; F festnehmen; **~oir** [kœ'jwaːr] *m* Obstpflückkorb; Obstpflücker *m* (*Gerät*).

cuiller (*a.* **cuillère**) [kɥi'jɛːr] *f* Löffel *m*; P Hand *f*, Flosse *f* P, Patsche *f* F; Blinker *m* (*Angelgerät*); ⊕ ~ à *huile* Ölnäpfchen *n*; ~ à *bouche* Eßlöffel *m*; ~ à *café* Teelöffel *m*; ~ à *pot* Schöpflöffel *m*; **~ée** [kɥij're] *f* Löffelvoll *m*.

cuir [kɥiːr] *m* Haut *f*; Leder *n*; falsche Bindung *f* in der Sprache; ~ de Russie Juchten; ~ à rasoir Streichriemen *m* (*für das Rasiermesser*).

cuirass|e [kɥi'ras] *f* Harnisch *m*; Panzer *m* (*a.* zo. *u.* ⚓); **~é** [~'se] *m* Panzerschiff *n*; Panzerkreuzer *m*; *adj.* Panzer...; *fig.* ~ contre qch. gegen etw. gefeit; gegen etw. abgestumpft; ~ contre le remords *fig.* abgebrüht, hartgesotten; **~er** [~] (1a) (be)panzern (*a.* zo., ⚓ *u. fig.*); **~ier** ⚔ [~'sje] *m* Kürassier.

cuire [kɥiːr] (4c) *v/t.* kochen, sieden; *Äpfel usw.* braten; backen; reifen; *v/i. a.* brennen, weh tun.

cuisant [kɥi'zã] (7) brennend (*heftig schmerzend*); *fig.* une réalité cuisante e-e bittere Tatsache *f*.

cuiseur [kɥi'zœːr] *m cuis.* großer Kochtopf *od.* Kessel *m*; ⊕ (Ziegel-) Brenner.

cuisin|e [kɥi'zin] *f* Küche; Kochkunst; *fig.* Intrigen *f/pl.*, Machenschaften *f/pl.*; ~ collective Gemeinschaftsküche; ~ roulante ⚔ Feldküche; faire la ~ kochen, das Essen machen; ~s *pl.* scolaires Schulspeisung; **~er** [~zi'ne] (1a) die Küche besorgen; *fig.* F *mv. p.* vorbereiten; zurechtmachen; F ausfragen; **~ier** [kɥizi'nje] *m* Koch; **~ière** *f* [~'njɛːr] Köchin; Kochmaschine *f*; **~orama** *abus.* [~nɔra'ma] *m* Kochbuch *n*.

cuiss|ard [kɥi'saːr] *m ehm.* Beinschiene *f*; *jetzt* ⚽ Schenkelstrumpf *m*; **~e** [kɥis] *f* (Ober-)Schenkel *m*; Keule; **~eau** [kɥi'so] *m* Kalbskeule *f*.

cuisson [kɥi'sɔ̃] *f* Kochen *n*; Backen *n*; Brennen *n* (*auch von Wunden*).

cuissot [kɥi'so] *m* Keule *f* des *Wildes*.

cuistance P ⚔ [kɥis'tãːs] *f* Küche.

cuistre ['kɥistrə] *m* Pedant, lächerlicher Kleinigkeitskrämer *m*, Schulfuchs *m*, Trottel *m*.

cuite [kɥit] *f* Brennen *n*, Brand *m* von *Ziegeln usw.*; Sirupkochen *n*; P Betrunkenheit *f*, Rausch *m*; ~ légère Schwips *m*.

10 Franz.-Dtsch.

cuiter P [kɥi'te]: se ~ sich besaufen.
cuivr|e ['kɥi:vrə] m Kupfer n; ~ jaune Messing n; **~é** [kɥi'vre] kupferfarbig; verkupfert; klangvoll (*Stimme*); **~er** [~] (1a) verkupfern.
cul [ky] m V Arsch m; V Idiot m; *fig.* Boden; ~ *de bouteille* Flaschenboden m; **~al*** *écol.* [ky'lal] m Schlechtester der Klasse; **~asse** [ky'las] f ⚔ Bodenstück n; ⚙ Joch n; *Auto:* Zylinderkopf m; *fusil m se chargeant par la* ~ Hinterlader.
culbut|ant * [kylby'tɑ̃] m Hose f; **~e** [~'byt] f Purzelbaum m; *fig. faire la* ~ scheitern, straucheln; **~er** [~by'te] v/t. (1a) Hals über Kopf herunterwerfen; ⚔ über den Haufen werfen; ⊕ (um)kippen, kanten; v/i. purzeln; **~eur** ⊕ [~'tœ:r] m Kipphebel m, Kipper m, Schwinge f; ⊕ Wipper m. [*ohne Beine.*]
cul-de-jatte [kyd'ʒat] m Krüppel/
cul-de-lampe [kyd'lɑ̃:p] m Deckenzierat; *typ.* Schlußvignette f.
cul-de-sac [kyd'sak] m Sackgasse f; *fig.* aussichtsloser Posten.
culée △ [ky'le] f Widerlage, -lager n (*Brückenbau*). [*od.* fahren.\
culer ⚓ [ky'le] (1a) rückwärts gehen/
culière [ky'ljɛ:r] f Schwanzriemen m.
culinaire [kyli'nɛ:r] Küchen...; Koch...
culmin|ant [kylmi'nɑ̃] (~) kulminierend; *point m* ~ Höhepunkt; **~ation** *ast.* [~nɑ'sjɔ̃] f Durchgang m durch den Mittagskreis; *fig.* Höhepunkt m; **~er** [~'ne] (1a) kulminieren, durch den Mittagskreis gehen; *fig.* den Höhepunkt erreichen.
culot [ky'lo] m ⊕ *metallischer* Bodensatz; Unterteil n; ⚔ Hülsenboden m; ⚙ Lampensockel m; *Auto:* Schaft m; *fig.* P Frechheit f; Dreistigkeit f; F Nesthäkchen n, Jüngste(s).
culott|e [ky'lɔt] f kurze Hose f; Schlüpfer m (*Frauenunterkleidung*); Schwanzstück n (*Fleischerei*); ⊕ Gabelrohr n; Verlust m beim Spiel; ~ *de peau* Lederhose f; *fig.* P ⚔ alter Landser; **~é** [kylɔ'te] *p/p.* angeraucht (*Pfeife*); P dreist, frech, unverschämt, pampig; abgenutzt, abgeschabt; **~er** [~] (1a) Hosen anziehen; *fig.* ~ *une pipe* e-e Pfeife anrauchen; **~ier** [~'tje] m (Leder-)Hosenschneider m.

culpabilité [kylpabili'te] f Straffälligkeit; Schuld.
culte [kylt] m Gottesverehrung f, Kultus m, Kirchenwesen n; *allg.* ~ *de la personnalité* Personenkult m.
cultiv|able [kylti'vabl] anbaufähig; **~ateur** [~va'tœ:r] **1.** m Landwirt; ⊕ Kultivator m (*Gerät zur Bodenlockerung usw.*); **2.** *adj.* ackerbautreibend; **~é(e)** [~'ve] *fig.* gebildet; *plante* f ~ Kulturpflanze; **~er** [~'ve] (1a) ⚜ an-, bebauen, bestellen; (an)pflanzen, ziehen; betreiben, pflegen, kultivieren, üben; ~ *q. fig.* sich i-n warmhalten.
culture [kyl'ty:r] f Anbau m; Zucht *von Blumen, Bienen usw.*; Pflege *von Künsten*; (Boden-)Bestellung f; *a. fig.* Kultur; ~ *physique* Freiübungen f/pl.; (*milieu m de*) ~ (*Bakterienzucht*) Nährboden m; *deux pilotes de* ~ zwei sehr gut ausgebildete Piloten; ~ *du corps* Körperpflege.
cumin ⚜ [ky'mɛ̃] m Kümmel.
cumul [ky'myl] m gleichzeitiger Besitz *m mehrerer Ämter*, Doppelverdienertum n; **~ard** F [~'la:r] m Doppelverdiener; **~er** [~'le] (1a) anhäufen; *mehrere Ämter usw.* gleichzeitig bekleiden *od.* haben.
cunette [ky'nɛt] f Abzugsgraben m.
cuni|culiculture [kynikylikyl'ty:r] f, **~culture** [kynikyl'ty:r] f Kaninchenzucht f.
cupid|e [ky'pid] habgierig, -süchtig; **~ité** [~di'te] f Begierde, Habsucht.
cuprifère [kypri'fɛ:r] kupferhaltig.
cur|able [ky'rabl] heilbar; **~age** [ky'ra:ʒ] m Reinigen n, Säubern n, Spülen n; Baggern n; **~atelle** ⚖ [kyra'tɛl] f Vormundschaft, Pflegschaft; **~ateur** [~'tœ:r] m Vormund, Pfleger m; **~atif** [~ra'tif] *adj.* heilend; Heil...; **~e** [ky:r] f **1.** ⚕ Kur, Heilverfahren n; ~ *d'eau minérale* Trinkkur; ~ *de désintoxication* Entziehungskur; ~ *de rajeunissement* Verjüngungskur; ~ *de repos* Liegekur; ~ *de santé* Gesundheitspflege f; **2.** Pfarre; Pfarrstelle, -haus n.
curé [ky're] m (katholischer) Pfarrer.
cure-dent [kyr'dɑ̃] m Zahnstocher.
curée [ky're] f Anteil m der Hunde am erlegten Wild; *fig.* ~ *des places* Postenjägerei.
cure|-ongles [kyr'ɔ̃:glə] m Nagelreiniger, -feile f; **~-oreille** [~ɔ'rɛj]

cure-pipe — 147 — **cystite**

m Ohrenreiniger *m*; **~-pipe** [~'pip] *m* Pfeifenreiniger *m*.

cur|er [ky're] (1a) reinigen, säubern; baggern; **~eur** [ky'rœ:r] *m* Brunnen- *od.* Grabenreiniger *m*, Kloakenfeger(r).

curi|al [ky'rjal] Pfarr...; **~e** [ky'ri] *f antiq.* Kurie; *jetzt:* päpstliche Regierung.

curieux [ky'rjø] (7d) neugierig; sehenswert; eigenartig, komisch, seltsam; *m* Zuschauer, Zuhörer, Wißbegierige(r).

curiosité [kyrjozi'te] *f* Neugierde; Sehenswürdigkeit *f*; Seltenheit *f*.

curiste [ky'rist] *m* Kurgast.

curriculum vitae [kyriky'lɔm vi'te] *m* (geschriebener) Lebenslauf *m*.

curseur ⊕ [kyr'sœ:r] *m* Schiebe-, Stellring; Laufgewicht *n*.

cursif [kyr'sif] (7e) laufend; Kurrent...
[(Unkraut).]

cuscute ♀ [kys'kyt] *f* Flachsseide]

cuspidé [kyspi'de] stachelspitzig.

custode [kys'tɔd] **1.** *m* Kustos *od.* Obere *m* gewisser Klöster; **2.** *f* Altarvorhang *m*; Hostienschachtel *f*; **3.** *f Auto:* hintere Seitenwand *f* e-r geschlossenen Karosserie.

cutané [kyta'ne] Haut...

cuti-réaction ✱ [kytireak'sjɔ̃] *f* Hautreaktion.

cuv|age [ky'va:ʒ] *m* **1.** Gärenlassen *n des Weins*; **2.** Gärraum *m*; **~aison** [kyvɛ'zɔ̃] *f* = cuvage 1.; **~e** [ky:v] *f* Kufe, Bottich *m*; **~eau** [ky'vo] *m* kleine Kufe *f*; Bütte *f*; **~eler** ⚒ [kyv'le] (1c) *e-n Schacht* verzimmern; **~er** [ky've] (1a) in der Kufe gären; *v/t.* ~ *sa rage* s-e Wut verrauschen lassen; ~ *son* vin s-n Rausch ausschlafen; **~ette** [ky'vɛt] *f* Spülbecken *n*; Waschbecken *n*; *phot.* Schale, (Blumen-)Untersatz *m*; ⊕ Napf *m*, Näpfchen *n*; Kapsel *des Barometers*; Staubdeckel *m der Taschenuhr*; **~ier** [ky'vje] *m* Waschfaß *n*.

cyan|hydrique [sjani'drik] Zyan..., Blau...; **~ose** ✱ [~'no:z] *f* Blausucht *f*, Zyanose *f*; **~ure** 🜚 [~'ny:r] *m*: ~ *de potassium* Zyankali *n*.

cyclable [si'klabl] Radfahr...; *piste f* ~ Radfahrweg *m*.

cybernétique [sibɛrne'tik] *f* Kybernetik *f*, Wissenschaft *f* von der Steuerung und Information durch elektrische Maschinen.

cyclamen ♀ [sikla'mɛn] *m* Alpenveilchen *n*.
[fahrer.)

cyclard *Sport* [si'kla:r] *m* Radrenn-)

cycle ['sikl] *m ast.* Zyklus, Kreiszeit, Sagenkreis; *écol.* Ausbildungsabschnitt *m* an französischen höheren Schulen; *le premier* ~ die Mittelstufe *f* (*6. bis 3. Klasse*); *le deuxième* (*od. second*) ~ die Oberstufe (*2., 1. Klasse und die classe terminale = Abschlußklasse*); ~s *pl. allg. Ausdruck für:* Fahr-, Motorräder *n/pl.*, (Motor-)Roller *m/pl.*, Mopeds *n/pl.*; *industrie f du* ~ Fahrradindustrie *f*; **~car** [~'ka:r] *m* Kleinauto, Kabinenroller.

cycl|isme [si'klism] *m* Radsport, Radfahren *n*; **~iste** [si'klist] *su.* Radfahrer(in *f*) *m*; Radler(in *f*) *m*; *adj.* radfahrend.

cyclo... 📖 [siklɔ...] *in Zssgn* rund...; Kreis...; **~-cross** [~'krɔs] *m* Radquerfeldeinfahrt *f*; **~ïde** ⚛ [sikl-'id] *f* Zykloide, Radlinie; **~moteur** [~mɔ'tœ:r] *m* Moped *n*; **~motoriste** [~mɔtɔ'rist] *m* Mopedfahrer; **~ne** [~'klɔ:n] *m* Wirbelsturm; **~nette** [siklɔ'nɛt] *f* Zyklonette (*Dreiradwagen m mit Frontantrieb*); **~tourisme** [siklɔtu'rism] *m* Radwandersport; **~touriste** [~tu'rist] *su.* Fahrradausflügler(in *f*) *m*, -tourist(in *f*) *m*; **~tron** [~'trɔ̃] *m phys.* Elektronenschleuder *f*, Cyclotron *n*.

cygne *orn.* [siɲ] *m* Schwan.

cylindr|age ⊕ [silɛ̃'dra:ʒ] *m* Walzen *n*; **~e** ⊕ [si'lɛ̃:drə] *m* Zylinder; Walze *f*; Rolle *f*; **~ée** [~lɛ̃'dre] *f Auto:* Zylinderinhalt *m*, Hubraum *m*; **~er** [~] (1a) walzen; rollen; *text.* kalandern; zylindrische Form geben; *métall.* strecken.

cymbal|e ♪ [sɛ̃'bal] *f* Zimbel *f*, Becken *n*; **~ier** [sɛ̃ba'lje] *m* Beckenschläger.

cyn|ique [si'nik] zynisch, schamlos, unverschämt, gemein; **~isme** [~-'nism] *m* Zynismus *f*; **~océphale** [sinɔse'fal] **1.** *adj.* hundsköpfig; **2.** *zo. m* Pavian.

cypr|ès [si'prɛ] *m* Zypresse *f*; **~ière** [sipri'ɛ:r] *f* Zypressenhain *m*.

cyprin *icht.* [si'prɛ̃] *m* (Gold-) Karpfen.   [*m* von Saint-Cyr.)

cyrard F [si'ra:r] *m* Offiziersschüler)

cystite ✱ [sis'tit] *f* Harnblasenentzündung.

D

D (*ou* **d**) (de) *m* D (*od.* d) *n*.
dab|e ✱ [dab] **1.** *m* Alte *m* P, Vater *m*, Chef *m*; **2.** *f*, *a.* **~esse** [~'bɛs] *f* Alte *f* P, alte Dame *f* (= *Mutter*).
dactylo [dakti'lo] *su.* Stenotypist(in *f*) *m*; **~graphe** [~'graf] *m u. f* Maschinenschreiber(in *f*) *m*; *weitS.* Stenotypist(in *f*) *m*; **~graphie** [~gra'fi] *f* Maschinenschreiben *n*.
dada [da'da] *m enf.* Pferdchen *n*; F Steckenpferd *n*.
dadais [da'dɛ] *m* Döfchen *n*, blöder Bengel *m*.
dague [dag] *f* langer Dolch *m*; **~s** *pl. ch.* Spieße *m/pl.*
daguet [da'gɛ] *m* Spießer (*Hirsch*).
dahlia ♀ [da'lja] *m* Dahlie *f*.
daigner [dɛ'ɲe] (1b) geruhen.
d'ailleurs [da'jœ:r] *adv.* **1.** übrigens, sonst; **2.** anderswoher.
daim, **daine** *f* [dɛ̃, dɛn] Damhirsch *m*, Damhirschkuh *f*; *peau f de daim* Hirschleder *n*.
dais [dɛ] *m* Thron-, Altarhimmel; Baldachin.
dall|e [dal] *f* Fliese, Steinplatte; P Schlund *m*, Kehle; ✱ nichts; ~ *en béton à gaz* Gasbetonplatte; **~er** [da'le] (1a) mit Fliesen *od.* Mosaik belegen.
dalton|ien ✱ [daltɔ'njɛ̃] (7c) farbenblind; **~isme** ✱ [~'nism] *m* Farbenblindheit *f*.
Damas [da'ma:s] *m* Damaskus *n*; ♀ [da'ma] *m* Damastseide *f*; *lame f de* ~ Damaszenerklinge *f*; *prune f de* ~ Damaspflaume *f*; ♀**ser** [~maski'ne] damaszieren; ~ *Stahl:* damaszieren.
dam|e [dam] **1.** *f* Dame (*a. im Karten- u. Damespiel*); (Ehe-)Frau *f*; Königin *im Schach*; ⊕ Handramme; ~ *de la maison* Frau *f* des Hauses; ~ *fonctionnaire* Beamtin *f*; ~ *à béton* Betonstampfer *m*; ~ *à secousses* Rüttelstampfer *m*; **2.** *int.* ~! allerdings!; na und?! (*gewisses Zögern u. Verblüfftsein*); ~ oui! ja doch!; ~ non! aber nein!; **~e-jeanne** [dam'ʒan] *f* große (Korb-) Flasche; **~er** [da'me] (1a) *Dame-, Schachspiel:* zur Dame *od.* Königin machen; ⊕ feststampfen; F ~ *le pion à q.* j-m den Rang ablaufen; **~eret** † [dam're] *m* Galan.
damier [da'mje] *m* Dame-, Schachbrett *n*; △ Schachbrettfries.
damn|able [da'nabl] verdammenswert; **~ation** [dɑna'sjɔ̃] *f* Verdammung; *ewige* Verdammnis *f*; **~er** [dɑ'ne] (1a) verdammen; *faire* ~ *q.* j-n bis aufs äußerste quälen (*od.* peinigen), j-n zur Verzweiflung bringen.
damoi|seau [damwa'zo] *m ehm.* Edelknappe; *jetzt plais.* F: Galan *m*; **~selle** [damwa'zɛl] *f ehm.* Edelfräulein *n*.
dancing [dɑ̃'siŋ] *m* öffentlicher Ball *m*; Tanzdiele *f*, Tanzbar *f*.
dandin F [dɑ̃'dɛ̃] *m* Dummkopf, Einfaltspinsel; **~ement** [~din'mɑ̃] *m* Schlenkern *n*; **~er** [~di'ne] *v/i.* (1a) *u. se* ~ latschig gehen.
dandy [dɑ̃'di] *m* Modegeck, Stutzer.
Danemark [dan'mark] *m*: *le* ~ Dänemark *n*.
danger [dɑ̃'ʒe] *m* Gefahr *f*; ~ *de mort* Lebensgefahr *f*; **~eux** [dɑ̃ʒ-'rø] gefährlich.
danois [da'nwa] (7) **1.** *adj.* dänisch; **2.** *m* Däne, *f* Dänin.
dans [dɑ̃] **1.** *örtlich* (*wo?*): in, auf, an (*dat. u. acc.*): *être* ~ *la rue*, ~ *sa chambre* auf; ~ *Molière* in, im, bei Molière; *fig. être* ~ *le commerce* im Handel tätig sein; *a.* Kaufmann sein; **2.** *zeitlich:* (in [*dat.*]), während (*gén.*): ~ *trois jours* in (nach) 3 Tagen; **3.** *zur Bezeichnung des Zu-, Umstandes:* bei, in (*dat.*), auf (*dat. u. acc.*); *avoir foi* ~ *qch.* Vertrauen haben zu, vertrauen auf (*acc.*); **4.** *Stoff, Inhalt: consister* ~ *bestehen* in (*dat.*); **5.** *Werkzeug, Mittel: boire, fumer, puiser, manger* ~ ... aus.
dans|ant [dɑ̃'sɑ̃] (7) (gern) tanzend; zum Tanz geeignet; *Tanz...; soirée f* **~e** Abendgesellschaft mit Tanz; **~e** [dɑ̃:s] *f* Tanz *m* (*a.* ♪); P

danser Tracht f Prügel; ~ macabre Totentanz m; ~er [~'se] (1a) tanzen; ~eur m, ~euse f [~'sœːr, ~'søːz] Tänzer(in f) m; danseuse f de la glace Eistänzerin f; ~ de corde Seiltänzer(in f) m; ~otter F [~sɔ'te] (1a) scherbeln, hopsen (kunstlos tanzen).

Danube [da'nyb]: le ~ die Donau f.

d'après [da'prɛ] prp. gemäß, nach.

dard [daːr] m Wurfspieß (Bienen-, Skorpion- usw.)Stachel; ~er [dar'de] (1a) e-n Spieß schleudern; den Stachel hervorstrecken; fig. Sonnenstrahlen senden.

dare-dare F [dar'daːr] eiligst, schleunigst.

daron ★ [da'rɔ̃] m Alte m P, Vater m; ~ne ★ [~'rɔn] f Alte f, Mutter f.

d'arrache-pied [daraʃ'pje] adv. pausenlos.

darse [dars] f kleiner Binnenhafen m (Mittelmeer).

dartre ['dartrə] f (Haut-)Flechte f.

dat|e [dat] f Datum n; Jahreszahl; être le premier en ~ die ältesten Ansprüche haben; ~e-limite [~li'mit] f Schlußtermin m; ~er [~'te] (1a) datieren (v/t. u. v/i.); ~ de rechnen von ... an; ★ de (sur) ces derniers Tage an; cela date de loin ist e-e alte Geschichte; ~ion [da'sjɔ̃] f Abtretung f; ~ en séquestre Sicherheitsübereignung f.

datt|e [dat] f Dattel; ~ier [da'tje] m Dattelpalme f.

daub|e [doːb] f Schmoren n; Schmorfleisch n; en ~ geschmort; ~er F [do'be] (1a): ~ q. j-n verprügeln; ~ (sur) q. schlecht reden von j-m; j-n lächerlich machen; ~ière [~'bjɛːr] f Schmortopf m.

dauphin [do'fɛ̃] 1. m icht. Delphin (Art Wal); zo. Delphinschnecke f; 2. su. hist. Fr. Dauphin m; ~elle [~fi'nɛl] f Rittersporn m.

davantage [davɑ̃'taːʒ] mehr.

davier [da'vje] m chir. Zahnzange f; ⊕ Bandhaken m, Reifzange f.

de [də] prp. von ... her, von ... weg, aus, u. zwar 1. örtlich; 2. zeitlich u. 3. übertragen; de jour (de nuit) bei Tage (bei Nacht); de nos jours heutzutage; huit heures par semaine à dix francs de l'heure acht Stunden in der Woche zu zehn Franken pro Stunde; de ce côté von dieser Seite (aus), nach (auf) dieser Seite F; de cette manière auf diese Weise; couvrir de, orner de, vêtir de bedecken, schmücken, bekleiden mit ... (de des Mittels); précédé de, accompagné de (aber ♪: par) suivi de (neben suivi par) u. aimé de (neben aimé par) zeigen das Nebeneinander von de u. par beim Passiv, wobei de meist mehr den Zustand, par dagegen die eigentliche Handlung zum Ausdruck bringt; content de zufrieden mit; paralysé d'un bras a-m Arme gelähmt; un litre m de vin ein Liter Wein; chemin m de fer Eisenbahn; la ville f de Paris die Stadt Paris; le mois de janvier der Monat Januar; le nom de Voltaire der Name Voltaire; s'approcher de sich nähern; de+inf. (deutsch mst. zu + Nennform); le journal d'hier die gestrige Zeitung; un million de francs eine Million Franken.

dé (de) m (Spiel-)Würfel; Dominostein; ~ (à coudre) Fingerhut; le ~ en est jeté der Würfel ist gefallen.

déambuler [deɑ̃by'le] (1a) umhergehen, e-n Spaziergang machen.

deb P,★ [dɛb] su. Anfänger.

débâcl|e [de'baːklə] f Eisgang m; fig. plötzliche Auflösung; Zsbruch m, Umsturz m; financière Börsenkrach m; ~er [debɑ'kle] v/t. (1a) Hafen von leeren Schiffen räumen; v/i. brechen (vom Eise).

déball|er [deba'le] (1a) auspacken; ~eur ♣ [~'lœːr] m Auspacker m; fliegender Händler m.

déband|ade [debɑ̃'dad] f wilde Unordnung; à la ~ drunter u. drüber; ~er [~'de] (1a) entspannen (Bogen); ⚔ in Unordnung bringen; ♣ ~ q. j-m den Verband abnehmen; se ~ planlos aus-ea.-laufen.

débaptiser [debati'ze] (1a) umtaufen.

débarbouiller [debarbu'je] (1a) (das Gesicht) waschen; se ~ fig. sich aus der Verlegenheit ziehen.

débarcadère [debarka'dɛːr] m ⚓ Landungs- od. Ausladeplatz; ⚙ Ankunftsbahnsteig m; Ausladebrücke f.

débard|age ⚓ [debar'daːʒ] m Löschen n; arche f de ~ Hebearm m (e-s Raupenschleppers); for. chemin m de ~ Abfahrweg für gefällte Bäume; ~er [~'de] (1a) ⚓ ausladen,

débardeur — 150 — **déboucher**

aus dem Walde schaffen; *fig.* ~ q. j-n ausbooten (P), entlassen; **~eur** [~'dœːr] *m* (Holz-, Schiffs-)Auslader.

débarqu|ement [debarkə'mɑ̃] *m* ♃ Ausladen *n*, Löschen *n*; ʼLadung *f*, *a.* ♃ Aussteigen *n*; ♃, ≥ Landungs-, Verladeplatz *m*, -stelle *f*; *fig.* Ausbootung *f* (*e-s lästigen Kollegen*); **~er** [debar'ke] *v/t.* (1m) ♃ an Land setzen, ≈ ausladen; *fig.* j-n ausbooten, abschieben; *v/i.* landen; ≈ ~ *du train* aus dem Zug aussteigen.

débarras [deba'rɑ] *m* Wegräumung *f*; Entlastung *f*; *chambre f de* ~ Abstellraum *m*, Rumpelkammer *f*; **~ser** [~ra'se] (1a) auf-, ab-, wegräumen; *von e-r Last* befreien; ~ *les combles des immeubles de fatras* die Böden der Häuser entrümpeln; *se* ~ *de q. od. qch.* sich j-n *od.* etw. vom Halse schaffen; *débarrassez-vous!* legen Sie ab, und machen Sie sich's bequem!

débat [de'ba] *m* Debatte *f*, Wortstreit *f*; ⚖ *mündliche* Verhandlung *f*.

débâter [deba'te] (1a) absatteln.

débâtir [deba'tiːr] (2a) niederreißen; ~ *une robe* in einem Kleid auftrennen.

débattre [de'batr] (4a) durchsprechen; *se* ~ *fig.* sich sträuben.

débauch|e [de'boːʃ] *f* Schlemmerei; Ausschweifung; **~é** [~bo'ʃe] *m* Schlemmer, Wüstling; **~er** [~bo'ʃe] (1a) *zu Ausschweifungen* verführen; *fig.* e-n *Arbeiter* abwerben; *Personal*: entlassen, abbauen.

débil|e [de'bil] schwach; **~ité** [~li'te] *f* Schwäche; **~iter** [~] (1a) schwächen, entkräften.

débin|age P [debi'naːʒ] *m* elender Klatsch; **~e** P [~'bin] *f* Geldnot, Klemme; **~er** P [~bi'ne] (1a) anschwärzen; *se* ~ P sich aus dem Staube machen, verduften.

débit [de'bi] *m* Absatz, Kleinhandel; Geschäft *n*, Laden; Schankwirtschaft *f*; Verkaufsrecht *n*, -stelle *f* *monopolisierter* Waren; Vortragsart *f a.* ♪; † Debet *n*, Soll *n*; ⊕, ⚡ Leistung *f*; *au* ~ *de mon compte* zu m-n Lasten; *être d'un bon* ~ *redend* gehen; **~ant**, **~ante** [~bi'tɑ̃, ~'tɑ̃ːt] *su.* Verkäufer(in *f*) *m bsd. im Kleinhandel*; **~er** [~'te] (1a) *im kleinen* verkaufen; vortragen, hersagen, herleiten; *Lügen* aussäen, verbreiten; ~ *machinalement* runterleiern; † ~ q. *de qch.* belasten; *se* ~ † Absatz finden.

débi|teur *m*, **~trice** *f* [debi'tœːr, ~'tris] Schuldner(in *f*) *m*; † Bezogene(r).

déblai [de'blɛ] *m* Abräumen *n*; **~s** *pl.* Schutt, Trümmer *pl.*; **~ment** [~'mɑ̃] *m* Abtragen *n* von Schutt.

déblatérer F [deblate're] (1f): ~ *contre q.* schimpfen auf (*acc.*).

déblayer [deblɛ'je] (1i) e-n Platz abräumen; *Erde usw.* wegschaffen; ~ *des obstacles* (*la neige*) Hindernisse (den Schnee) beseitigen.

débloquer [deblɔ'ke] (1m) von e-r Blockade befreien; ⋈ entsetzen; *typ.* die Fliegenköpfe herausnehmen; †, *fin.* freigeben; * zs.-faseln.

déboire [de'bwaːr] *m*: *bsd. pl.* **~s** Kummer *m*, Enttäuschung *f*; *pl.* Scherereien *f/pl.*

déboiser [debwa'ze] (1a) abholzen.

déboîter [debwa'te] (1a) verrenken.

débond|er [debɔ̃'de] (1a) den Zapfen (*aus dem Faß*) herausschlagen; *Teich* ablassen; ~ *son cœur* sein Herz ausschütten; *v/i.* sich ergießen.

débonnaire [debɔ'nɛːr] zu gut-, sanftmütig; (*Louis*) le 2 der Fromme.

débord|é [debɔr'de] *fig.* ausschweifend; (*mit Arbeit*) überlastet; überlaufen (*Arzt*); **~ement** [~də'mɑ̃] *m* Überschwemmung *f*; *fig.* Flut *f* *von Schmähungen*; Zügellosigkeit *f*; ⋈ Einfall *m*; **~er** [~'de] (1a) den Rand *e-s Kleides* abtrennen; am Rande 'überragen; übertreffen, *a.* ⋈ überrennen; *v/i.* ♃ abstechen; aus den Ufern treten, überfließen (*a. fig.*); am Rande hervorstehen, ⊕ vorspringen.

débossage *Auto* [debɔ'saːʒ] *m* Entbeulung *f*.

débotter [debɔ'te] (1a): ~ q. j-m die Stiefel ausziehen; *au débotté fig.* gleich bei der Ankunft; unversehens.

débouch|é [debu'ʃe] *m* Ausgang *e-s Engpasses*; Straßeneinmündung *f*; † Ausweg; † Absatzmöglichkeit *f*, Markt; *les* **~s** *pl.* die Berufsaussichten *f/pl.*; *ouvrir de nouveaux* ~ Neuland erschließen *bsd.* †; **~er** [~] (1a) auf-, entkorken; *v/i.* ⋈ *aus e-m Engpasse usw.* hervorbrechen;

münden (*Straßen, Flüsse*); **~oir**
[`~'ʃwa:r`] *m* Flaschenöffner *m*;
Korkenzieher *m*. [schnallen.|
déboucler [debu'kle] (1a) los-|
débouler [debu'le] (1a) P unversehens auf und davon rennen, ausreißen; F ~ *dans l'escalier* die Treppe herunterfallen, -purzeln.

déboulonner [debulɔ'ne] (1a) losschrauben; nieder-, *fig.* F herunterreißen; F *aus j-s Stellung* rausekeln F.

débourber [debur'be] (1a) ausschlämmen; aus dem Schlamme ziehen.

débourrer [debu're] (1a) *Pfeife* reinigen.

débours [de'bu:r] *m/pl.* ausgelegtes Geld *n*; Auslage *f*; *rentrer dans ses* ~ auf s-e Kosten kommen; **~er** [debur'se] (1a) auslegen (*Geld*).

debout [də'bu] aufrecht (stehend); *int.* ~! aufgestanden!; être ~ stehen, *a.* auf sein; *place f* ~ Stehplatz *m*; *rester* ~ erhalten bleiben; *fig.* sich aufrecht halten; † *passer* ~ abgabefrei durchgehen (*Waren*).

déboutonn|er [debutɔ'ne] (1a) aufknöpfen; F *fig. manger (rire) à ventre* ~é übermäßig essen (lachen); *se* ~ *fig.* sein Herz ausschütten.

débraillé F [debra'je] schamlos *od.* zu frei gekleidet.

débrancher [debrã'ʃe] (1a) ⊕, ⚡ abschalten; *rad.* umstecken.

débray|age [debrɛ'jaːʒ] *m* Arbeitsniederlegung *f*; **~er** ⊕ [~'je] (1i) los-, entkuppeln, ausschalten; P *fig.* die Arbeit niederlegen.

débrider [debri'de] (1a) abzäumen; *sans* ~ in einem fort.

débris [de'bri] *m* Trümmer *pl.*

débrouill|ard [debru'jaːr] F schlau; *m* Schlaukopf; △ Enttrümmerer *m*; **~er** [~'je] (1a) entwirren, ordnen; *fig.* (auf)klären; △ enttrümmern; F *fig. savoir se* ~ sich zu helfen wissen.

débroussailler [debrusa'je] (1a) Gestrüpp ausreißen (aus).

débucher [deby'ʃe] *v/t.* (1a) *Wild* aufjagen, -scheuchen; *v/i.* sein Lager verlassen.

débusquer [debys'ke] (1m) ⚔, *ch.* aufstöbern (*a. allg.*), *fig. j-n* von s-m Posten verdrängen, *j-n* rausdrängeln F; *v/i.* aus dem Dickicht hervorbrechen.

début [de'by] *m* (erster) Anfang; erster Versuch; *thé.* erstes Auftreten *n*; *en* ~ *de l'après-midi* zu Anfang des Nachmittags; **~ant** *m* Anfänger; Neuling; **~er** [deby'te] (1a) anfangen.

deçà [də'sa]: *en* ~ auf dieser Seite; ~ *et delà* hin(über) und her(über); *en* (*au, par*) ~ *de qch.* diesseit(s) (*gén.*).

décacheter [dekaʃ'te] (1c) entsiegeln, er-, aufbrechen.

décade [de'kad] *f* Dekade; Zeitraum *m* von 10 Tagen.

décad|ence [deka'dãːs] *f* Verfall *m*; **~ent** [~'dã] *adj. u. su.* heruntergekommen, dekadent; **~entisme** *litt.* [~dã'tism] *m*, **~isme** *litt.* [~'dism] *m* Dekadenz(epoche *f*) *f*.

décaèdre Å [deka'edr] **1.** *adj.* zehnflächig; **2.** *m* Zehnflächner; **~féiné** [~ʃei'ne] koffeinfrei; **~gone** Å [~'gɔn] *m* Zehneck *n*.

décaisser [dekɛ'se] (1b) *fin.* auszahlen; ⚘ aus e-m Kasten verpflanzen; auspacken.

décalage [deka'laːʒ] *m* Wegnehmen *n* der Unterlage; ⚡, *méc.* Verschiebung *f* (*a. räumlich u. zeitlich*); *fig.* Änderung *f*; △ versetzte Gruppierung *f*.

décalaminer [~lami'ne] *Auto*, ⊕ (1a) entrußen; *Stahlbau*: entzündern.

décaler [~ka'le] (1a) e-n Keil wegnehmen; *Löschzug* flottmachen; ⚡, *méc.*, *allg.* verschieben; *a. pol.* verlagern.

décalogue *rl.* [deka'lɔg] *m* die Zehn Gebote *n/pl.*

décalqu|age, **~e** [dekal'kaːʒ, de'kalk] *m* Abzug; *fig.* Abbild *n*; **~er** [~'ke] (1m) *Bild*: abziehen; *fig.* nachahmen.

décamouflage [dekamu'flaːʒ] *m* Enthüllung *f*.

décamper [dekã'pe] (1a) das Lager abbrechen; sich davonmachen.

décanat [deka'na] *m* Deka'nat *n*.

décanter [dekã'te] (1a) abklären; *métall.* abgießen.

décaper [deka'pe] *v/t.* (1a) *Gold* abbeizen; entrosten.

décapiter [dekapi'te] (1a) enthaupten, köpfen.

décapoter [dekapɔ'te] *Auto*: (1a) *Verdeck* aufklappen.

décapsuleur [dekapsy'lœːr] *m* Flaschenöffner.

décarburer *métall.* [dekarby're] (1a) entkohlen.

décartellisation ✝ [dekartɛliza'sjɔ̃] *f* Entflechtung.

décatir ⊕ [deka'ti:r] (2a) *Tuch* dekatieren, glanzlos machen; P se ~ sich aufreiben, klapprig werden.

décav|é F [deka've] *fig.* völlig blank, ruiniert; **~er** F [~'ve] (1a): ~ q. j-n um sein ganzes Vermögen bringen.

décéder [dese'de] (1f) verscheiden.

décélération [deselera'sjɔ̃] *f* Geschwindigkeitsbeschränkung *f*; Verlangsamung *f*.

déceler [des'le] (1d) enthüllen; verraten.

décembre [de'sɑ̃:br] *m* Dezember.

décemment [desa'mɑ̃] gebührend.

décence [de'sɑ̃:s] *f* Anstand *m*.

décennie [desɛ'ni] *f* Jahrzehnt *n*.

décent [de'sɑ̃] anständig, ehrbar, sittsam.

décentraliser *pol.* [desɑ̃trali'ze] (1a) dezentralisieren.

déception [desɛp'sjɔ̃] *f* Enttäuschung.

décercler ⊕ [desɛr'kle] (1a) die Reifen abnehmen (*v. Tonnen*).

décerner [desɛr'ne] (1a) *Prämie* zuerkennen; ⚖ losschießen.

décès [de'sɛ] *m* Hinscheiden *n*, Tod; *acte m de* ~ Sterbeurkunde *f*.

décev|ant [des'vɑ̃] trügerisch, täuschend; **~oir** [des'vwa:r] (3a) (ent-)täuschen.

déchaîn|ement [deʃɛn'mɑ̃] *m* Entfesselung *f*; *fig.* Ausbruch; **~er** [~'ne] (1b) losketten; *fig.* entfesseln; se ~ aus-, losbrechen.

déchanter F [deʃɑ̃'te] (1a) *fig.* s-e Ansprüche *od.* Hoffnungen herabsetzen; gelindere Saiten aufziehen, den Ton ändern, den Spieß umdrehen; sich e-s anderen Standpunkts befleißigen.

décharg|e [de'ʃarʒ] *f* Ab-, Aus-, ⚡ Entladung, ⚓ Löschung; Erleichterung; freisprechendes Urteil *n*; ✝ Quittung; Rumpelkammer; Schuttabladestelle; Abfluß *m*, Abflußgraben *m*; ⚔ Salve; ⚖ *témoin m à* ~ Entlastungszeuge; **~er** [deʃar'ʒe] (1l) ab-, ausladen; ⚡ löschen; *von e-r Last* befreien; *e-r Verbindlichkeit* entbinden; *ein Konto* entlasten; ⚖ *j-n* entlasten; ab-, losschießen; *Gewehr* entladen; se ~ von selbst losgehen, sich entladen; sich ergießen (*Gewässer*); **~eur** [~'ʒœ:r] *m* Ab-, Auslader *m*.

décharn|er [deʃar'ne] (1a) das Fleisch *vom Knochen* lösen; mager machen.

déchaumer ✓ [deʃo'me] (1a) umpflügen.

déchausser [deʃo'se] (1a) *j-m* Schuhe und Strümpfe ausziehen; *Bäume, Zähne usw.* bloßlegen.

dèche P [dɛʃ] *f*: *dans la* (*od.* en) ~ in der Klemme, ohne Geld.

déchéance [deʃe'ɑ̃:s] *f* Entartung, Verfall *m*; ⚖ Verlust *m* e-s Rechtes; Absetzung.

déchet [de'ʃɛ] *m* Abfall, Abgang, Verlust, Ausfall (*an dat.*).

décheveler [deʃəv'le] (1c): ~ q. j-m das Haar zerzausen.

déchevêtrer [deʃəvɛ'tre] (1a) *ein Lasttier* abhalftern.

déchiffr|er [deʃi'fre] (1a) entziffern; ♪ *vom Blatt lesen*; **~eur** [~'frœ:r] *su.* Entziff(e)rer *m*; ♪ Notenleser *m*.

déchiqueter [deʃik'te] (1c) zerstückeln, zerfetzen; auszacken.

déchir|ant [deʃi'rɑ̃] herzzerreißend, jammervoll; *fig. révisions f/pl.* ~es einschneidende Revisionen *f/pl.*; **~er** [deʃi're] (1a) zerreißen; *fig.* schlecht machen.

déchoir [de'ʃwa:r] (3m) in Verfall geraten, verfallen; *fig.* fehlgehen.

déchristianiser [dekristjani'ze] (1a) dem Christentum entfremden.

déchu [de'ʃy] *pol.* abgesetzt; *fig.* heruntergekommen, gestrauchelt.

décibel *phys.* [desi'bɛl] *m* Dezibel *n*; ~ **mètre** [~'mɛ:tr] *m* Dezibel-, Lautstärkemesser.

décid|é [desi'de] entschlossen; bestimmt; **~ément** [~de'mɑ̃] *adv.* ganz bestimmt, entschieden; **~er** [~'de] (1a) entscheiden; ~ *q. à* (*faire*) *qch.* j-n bestimmen zu; ~ *de* (mit *inf.*) = se ~ à (mit *inf.*) beschließen.

décim|al [desi'mal] dezimal; **~er** [~'me] (1a) ⚔ dezimieren, aufreiben; *allg.* vernichten; *hist.* den zehnten Mann (*zur Todesstrafe*) auslosen.

décis|if [desi'zif] (7e) entscheidend; entschieden (*z. B. Ton*); **~ion** [~'zjɔ̃] *f* Entscheidung; Beschluß *m*; *fig.* Entschiedenheit.

déclam|ateur [deklama'tœ:r] *m*

déclamation Vortragskünstler; *péj.* schwülstiger Redner; **~ation** [~ma'sjõ] *f (ausdrucksvolles)* Vortragen *m*; *péj.* Wortschwall *m*; **~er** [~'me] (1a) deklamieren; **~** *contre q.* gegen j-n wettern.

déclar|ation [deklarɑ'sjõ] *f* Erklärung *f*, Anmeldung *f*; ✝ Verzeichnis *n*, Aufzählung *f*; **~** *de valeur* Wertangabe; **~** *fiscale* Steuererklärung; **~** *ministérielle* Regierungserklärung; **~** *obligatoire* Anmeldepflicht; **~er** [~'re] (1a) erklären; ✝ deklarieren; *se* **~** *plötzlich erkennbar werden (od.* da sein); aussprechen; *pol.* sich erklären (für *pour*); *rien à déclarer?* Haben Sie etwas zu verzollen?

déclasser [deklɑ'se] (1a) anders an-, einordnen; aus e-r (e-m Rang) Klasse streichen; *se* **~** aus e-r Kategorie austreten; 🚋 aus e-r Wagenklasse in die andere übergehen.

déclen|cher [deklã'ʃe] (1a) *Streit* entfesseln; *Tür* aufklinken; ⊕ ausrücken; ⚡ *u. phot.* auslösen, knipsen; **~** *l'alerte* Alarm geben; **~** *la reprise économique* ⊕ *u.* ✝ die Wirtschaft wieder ankurbeln; **~cheur** *phot.*, ⊕ [~'ʃœːr] *m* Auslöser.

déclic ⊕ [de'klik] *m* Auslösevorrichtung *f*; Sperrklinke *f*; Druckfeder *f*.

déclin [de'klɛ̃] *m* Abnehmen *n*, Verfall; *au* **~** *du jour* gegen Abend; **~aison** [dekline'zõ] *f* Deklination *f*; *ast., phys.* Abweichung; **~er** [~'ne] (1a) *v/t.* zu Ende gehen, sich neigen; *ast., phys.* abweichen; *v/t. gr.* deklinieren; ✝ ablehnen.

décliv|e [de'kliːv] abschüssig; **~ité** [~vi'te] *f* Abschüssigkeit.

déclouer [deklu'e] (1a) die Nägel herausziehen (und aufmachen).

décocher [deko'ʃe]: **~** *un coup de pied* e-n Fußtritt versetzen.

décoiffer [dekwa'fe] (1a); **~** *q.* j-m die Haare in Unordnung bringen.

décoll|age [deko'laːʒ] *m* Losmachen *n*, -gehen *n des Geleimten*; ✈ Start; Aufsteigen *n des Flugzeugs vom Boden*; **~er** [~'le] (1a) *Geleimtes* losmachen; ✈ *f* sich trennen, weggehen; ⚡ starten; *Sport:* zurückbleiben; P, 🌶️ **~** alt u. klapprig werden; **~eté** [~kɔl'te] *m* (*Hals-*) Ausschnitt; **~** *bateau* ovaler Ausschnitt; **~eter** [~] (1c) *Kleid* weit ausschneiden.

décolorer [dekɔlɔ're] (1a) entfärben.

décombres [de'kõːbrə] *m/pl.* Trümmer *m f/pl.*, (Bau-)Schutt *m*.

décommander [dekɔmã'de] (1a) abbestellen; ✗ verbieten.

décompos|er [dekõpo'ze] zersetzen; zerlegen; *phys.* trennen, spalten; *fig.* entstellen; *se* **~** *a.* in Fäulnis geraten; **~ition** [~zi'sjõ] *f* Zerlegung *f*, Aufteilung; *phys.* Spaltung *f*; Verwesung; *fig.* Entstellung.

décompt|e [de'kõːt] *m* Abrechnung *f*; **~er** [dekõ'te] *v/t.* (1a) abrechnen, abziehen; *v/i.* s-e Forderungen herabsetzen.

décompresser [dekõprɛ'se](1a) entlasten (*Urbanistik*).

déconcentration ✝, *allg.* [dekõsãtrɑ'sjõ] *f* Entflechtung *f*; Auflockerung *f*.

déconcerter [dekõsɛr'te] (1a) die Harmonie stören; *fig.* außer Fassung bringen; vereiteln.

déconfiture [dekõfi'tyːr] *f* **1.** wilde Flucht; Niederlage; F Pleite *f (a. allg.);* **2.** ⚖ Zahlungsunfähigkeit.

décongestionner [dekõʒɛstjo'ne]*v/t.* (1a) 💊 blutarm machen, Entzündungen beseitigen; *fig. den Verkehr, die Krankenhäuser usw.* entlasten.

déconnecter ⊕. ⚡ [dekonɛk'te] abschalten. [raten.]

déconseiller [dekõsɛ'je] (1a) ab-

déconsidérer [dekõside're] (1f) um die Achtung, in Verruf bringen, in Mißkredit bringen.

décontamination ☢, *at.* [dekõtamina'sjõ] *f* Entseuchung *f*.

décontenanc|e [dekõt'nãːs] *f* Fassungslosigkeit; **~er** [~nã'se] (1k) aus der Fassung bringen.

décontract|é [dekõtrak'te] entspannt; * *écol.* pampig; **~ion** [~k'sjõ] *f* Entspannung *f*; * *écol.* Pampigkeit.

déconvenue [dekõ'vny] *f* Mißgeschick *n*, Unfall *m*, *fig.* Pech *n*.

décor [de'kɔːr] *m* Zierat (*a. f*); (Theater-)Dekoration *f*, Hintergrund *m*, Ausstattung *f*; **~ation** [dekɔrɑ'sjõ] *f* Verzierung; Ordenm; Raumkunst; ⊕ Veredelung *f (Metalle);* **~** *d'arbre(s) de Noël* Christbaumschmuck *m*; **~** *d'étalage* Schaufensterdekoration *f*.

décor|é [dekɔ're] *m* Ordensinhaber; **~er** [~] (1a) ausschmücken; *j-m* e-n Orden verleihen.

décortiquer [dekɔrti'ke] (1m) schälen, entrinden.

décorum [dekɔ'rɔm] m Anstand.

découdre [de'kudrə] (4d) ab-, auftrennen.

découler [deku'le] (1a) herabtröpfeln; *fig.* herkommen, herrühren.

découper [deku'pe] (1a) aus-, zer-, vorschneiden; *fig.* se ~ sich abheben.

découpler [deku'ple] *v/t.* (1a) *rad.* entkoppeln; *ch.* loskoppeln.

decoup|oir ⊕ [deku'pwaːr] *m* Abschneideschere *f*; Ausschlageisen *n*; **~ure** [~'pyːr] *f* Ausschnitt *m*.

décourag|ement [dekuraʒ'mã] *m* Entmutigung *f*, Mutlosigkeit *f*; **~er** [~'ʒe] (1l) entmutigen; se ~ mutlos werden, den Mut verlieren.

décousu [deku'zy] **1.** (7) ab-, aufgetrennt; *fig.* ohne Zusammenhang (*Stil*); **2.** *m* Mangel an Zusammenhang; **~re** [~'zyːr] *f* **1.** aufgetrennte Naht; **2.** *ch.* Wunde.

découvert [deku'vɛːr] *adj.* (7) unbedeckt, offen; ⚔ ungedeckt; † *m* Fehlbetrag, Verlust; Blankokredit; à ~ †, ⚔ ohne Deckung; **~e** [~'vɛrt] *f* Entdeckung; ⚔ Erkundung.

découvrir [deku'vriːr] (2f) entdecken; se ~ die Kopfbedeckung abnehmen; se ~ sich aufklären (*Wetter*).

décrasser [dekra'se] (1a) säubern; *fig.* ~ q. j-m Manieren beibringen.

décréditer [dekredi'te] (1a): *vgl.* *das häufigere* discréditer.

décrép|ir ⚠ [dekre'piːr] (2a) den Putz entfernen, abschlagen; **~it** [~'pi] altersschwach; **~iter** ⚔ [~'pi'te] (1a) knistern, verpuffen; **~itude** [~pi'tyd] *f* Altersschwäche.

décret [de'krɛ] *m* Verordnung *f*, Beschluß, Erlaß *m*.

décréter [dekre'te] (1f) verordnen, verfügen; *gerichtlich* festsetzen.

décret-loi [dekre'lwa] *m* Notverordnung *f*.

décrire [de'kriːr] (4f) beschreiben.

décrocher [dekrɔ'ʃe] (1a) loshaken; *téléph.* Hörer abnehmen.

décroiss|ance, ~ement [dekrwa-'sãːs, dekrwas'mã] *f* Abnahme *f*; ~ *de la natalité* Geburtenrückgang.

décroître [de'krwaːtrə] (4w) abnehmen.

décrott|er [dekrɔ'te] (1a) vom Schmutz säubern, (ab)putzen; F *fig.*

j-m den nötigen Schliff beibringen; **~eur** [~'tœːr] *m* Schuhputzer; **~oir** [~'twaːr] *m* Kratzeisen *n* (*Tür*).

décrue [de'kry] *f* Sinken *n* (*Wasser*).

déculotter F [dekylɔ'te] (1a) die Hosen ausziehen (q. j-m).

décuple [de'kyplə] zehnfach.

décuver [deky've] (1a) *Wein* abfüllen.

dédaign|er [dedɛ'ɲe] (1b) verschmähen; mißachten; sich nicht kümmern um (*acc.*); **~eux** [~'ɲø] (7d) verächtlich.

dédain [de'dɛ̃] *m* Geringschätzung *f*.

dédale [de'dal] *m* Labyrinth *n*, Irrgarten; *fig.* Gewirr *n*.

dedans [də'dã] innen, dar(e)in; *donner* ~ hineingeraten; F reinfallen; *mettre* ~ 'reinlegen (†), betrügen; *m* Innere(s) *n, a. gesetzl.*; *au* ~ *de* innerhalb (*gén.*), im Innern.

dédicace [dedi'kas] *f* Widmung; *rl.* Einweihung *f*.

dédier [de'dje] (1a) **1.** zueignen, widmen; **2.** einweihen.

dédi|re [de'diːr] (4m): ~ *q. de qch.* j-n wegen etw. Lügen strafen; se ~ *de qch.* etw. widerrufen; **~t** [de'di] *m* Widerruf; Abstandszahlung *f*.

dédommager [dedɔma'ʒe] (1l) entschädigen (*de für*).

dédoubler [dedu'ble] (1a) das Futter heraustrennen; ⚔ in zwei Teile teilen, halbieren; *Sport:* überrunden; 🚂 *un train* e-n zweiten Zug *wegen zu starken Andranges v. Reisenden* einsetzen.

déduction [dedyk'sjɔ̃] *f phil.* Ableitung, Schlußfolgerung; † Abzug *m*.

déduire [de'dɥiːr] (4c) *phil.* herleiten, folgern; † abziehen.

déesse [de'ɛs] *f* Göttin.

défaillan|ce [defa'jãːs] *f* Ohnmacht; Schwäche; ~ *d'une race* Aussterben *n* e-s Geschlechts; **~t** [~'jã] (7) ohnmächtig; schwach; aussterbend; 🏛 nicht erscheinend.

défaillir [defa'jiːr] (2n), *aber dft.* fehlen; ohnmächtig werden; aussterben.

défai|re [de'fɛːr] (4n) auf-, losmachen; ⚔ besiegen; ⚔ schwächen, mitnehmen; se ~ *de q., de qch.* sich j-s, e-r Sache entledigen, sich j-n, etw. vom Halse schaffen; **~te** [de-'fɛt] *f* Niederlage, *fig. péj.* faule Ausrede *f*.

défaitis|me [defɛ'tism] *m* Mies-

défaitiste macherei *f*, Defaitismus *m*; ～**te** [～'tist] *m* Defaitist *m*.

défausser [defo'se] (1a) *v/t.* geradebiegen; *Kartenspiel:* se ～ Fehlkarten abwerfen.

défaut [de'fo] *m* Fehler (= Gebrechen *n*); *fig.* Mangel *m*, Mißstand; *m*; *materieller* Fehler *m*, Defekt *m*; ⚖ Nichterscheinen *n*; *jugement par* ～ Versäumnisurteil *n*; *à* ～ *de* in Ermangelung von; anstatt; *être en* ～ sich irren.

défav|eur [defa'vœːr] *f* Ungnade; † Mißkredit *m*; ～**orable** [～vɔ'rablə] ungünstig; † gedruckt.

défécation [defeka'sjɔ̃] *f* ♃, *physiol.* (Ab-)Klärung; Darmentleerung.

défect|ion [defɛk'sjɔ̃] *f* Abfall *m*; *faire* ～ abtrünnig werden; ～**ueux** [～fɛk'tɥø] (7d) defekt, schadhaft; ～**uosité** [～tɥozi'te] *f* Mangelhaftigkeit; Fehler *m*.

défend|eur *m*, ～**eresse** *f* [defɑ̃- 'dœːr, defɑ̃'drɛs] Beklagte(r); ～**re** [～'fɑ̃ːdrə] (4a) verteidigen; (be-) schützen, verbieten; *à son corps défendant fig.* höchst ungern; *se* ～ *de* sich schützen vor (*dat.*); sich e-r Sache erwehren; *etw.* leugnen.

défens [de'fɑ̃] *m*: *bois m en* ～ Schonung *f*, gehegtes Holz *n*.

défens|e [de'fɑ̃ːs] *f* ⚔ Verteidigung; Verbot *n*; *ch.* Stoßzahn *m*, Hauer *m*; ～ *antiaérienne* Luftschutz *m*; *légitime* ～ Notwehr; ～ *de l'environnement* Umweltschutz *m*; ～**eur** [defɑ̃- 'sœːr] *m* Verteidiger; ～**ive** [～fɑ̃'siːv] *f* Defensive *f*.

défér|ence [defe'rɑ̃ːs] *f* Ehrerbietung; Willfährigkeit; ～**er** [defe're] (1f) *e-e Würde usw.* zuerkennen; ⚖ *den Eid zuerkennen*; ～ *q. en justice* gerichtlich belangen; *v/i.* zustimmen.

déferler [defɛr'le] *v/t.* (1a) *die Segel* losmachen, aufspannen; *v/i.* branden (*Wellen*); *fig.* hageln; sich ergießen.

défeuiller [defœ'je] entblättern.

défi [de'fi] *m* Herausforderung *f*; *mettre q. au* ～ *de* ... an j-s Vorhaben zweifeln.

défi|ance [de'fjɑ̃ːs] *f* Mißtrauen *n*; *pol. vote m de* ～ Mißtrauensantrag; ～**ant** [～'fjɑ̃] (7) mißtrauisch.

déficeler [defis'le] (1c) aufschnüren.

déficit [defi'sit] *m* Fehlbetrag *m*.

défier [de'fje] *v/t.* (1a) herausfordern; *fig.* trotzen; *se* ～ *de* mißtrauen (*dat.*).

défigurer [defigy're] (1a) entstellen.

défil|ade [defi'lad] *f* ⚔ Vorbeimarsch *m*; ～**é** [defi'le] *m* Engpaß; Vorbei-, Paradenmarsch; ～**er** [～] (1a) *v/t.* ab-, ausfädeln; *den Rosenkranz* beten; *v/i.* vorbeimarschieren; *se* ～ aus-ea.-fallen, reißen (*Collier*); ⚔ *in* Deckung gehen.

défin|i [defi'ni] bestimmt; ～**ir** [～'niːr] (2a) bestimmen, erklären, charakterisieren; ～**issable** [～ni- 'sablə] definierbar; ～**itif** [～ni'tif] (7e) endgültig; ～**ition** [～ni'sjɔ̃] *f* Definition *f*, (Begriffs-)Bestimmung.

déflagration ♃ [deflagra'sjɔ̃] *f* Abbrennen *n*, Aufflackern *m*.

déflation [defla'sjɔ̃] *f* Deflation *f*.

défléchir [defle'fiːr] (2a) *phys.* ablenken; abweichen; *gram.* ablauten.

déflecteur ⊕ [deflɛk'tœːr] *m* Schornsteinaufsatz *m*; Führungsblech *n*; *Auto:* Drehfenster *n*.

déflorer [deflɔ're] *v/t.* (1a) entehren, schänden; *fig.* den Reiz der Neuheit nehmen.

défoncer [defɔ̃'se] *v/t.* (1k) den Boden einschlagen; unbefahrbar machen; tief umgraben; ⚔ durchbrechen.

déform|ation [defɔrma'sjɔ̃] *f* Mißbildung; Entstellung; ～**er** [～'me] (1a) verunstalten; 🚗 ausrangieren.

défoulement *psych.* [deful'mɑ̃] *m* Persönlichkeitsfindung *f*, Entdeckung *f* des eigenen Ichs, Entmassung *f*.

défourner [defur'ne] (1a) aus dem Backofen nehmen.

défraichir [defrɛ'fiːr] *v/t.* (2a) den Glanz nehmen.

défrayer [defrɛ'je] (1i) freihalten; F *Gesellschaft* belustigen.

défricher 🜎 [defri'ʃe] (1a) urbar machen.

défringuer P [defrɛ̃'ge]: se ～ sich auspellen.

défriser [defri'ze] (1a) die Frisur verderben; *fig.* enttäuschen.

défroncer [defrɔ̃'se] (1k) *e-n Stoff* glattstreichen; ～ *les sourcils* die Stirn glätten.

défroqu|e [de'frɔk] *f fig.* abgelegte Kleider *n/pl.*; Kram *m*, Plunder *m* (*als Nachlaß e-s Mönchs*); ～**er** [～'ke] (1m): ～ *q.* j-m die Kutte ausziehen.

défunt [de'fœ̃] (7) verstorben; *su.* Verstorbene.

dégag|ement [degaʒ'mã] *m* Einlösung *f* (*Pfand, Wort*); Ungezwungenheit *f*; 🔥 Freiwerden *n*; *a.* ⚔ Erleichterung *f*; *escalier m de* ~ Hintertreppe *f*; **~er** [dega'ʒe] (1l) aus-, einlösen; 🔥 entziehen; frei-, losmachen; ~ *sa parole* sein Wort zurücknehmen; ~ *un port* e-n Hafen freilegen; ~é(e) schlank; *fig.* ungezwungen.

dégaine F [de'gɛn] *f* lächerliche Haltung *f*; komisches Benehmen *n*; **~r** [~'ne] (1b) aus der Scheide ziehen; entsichern (*Waffe*).

déganter [degã'te] (1a): ~ *la main, se* ~ die Handschuhe ablegen.

dégarnir [degar'ni:r] (2a) Ausstattung, Besatz, Schmuck, ✗ Zweige, ⚔ Truppen, Munition usw. ab-, wegnehmen; *Zimmer* (aus)räumen; entblößen; *se* ~ sich entblößen, entleeren; kahl werden.

dégât [de'gɑ] *m* Verheerung *f*, Schaden; *fig.* Vergeudung *f*.

dégauchir [dego'ʃi:r] (2a) ⊕ behauen, zurichten; *fig.* zurechtstutzen.

dégel [de'ʒɛl] *m* Auftauen *n*; Tauwetter *n*.

dégelée P [deʒ'le] *f* Tracht Prügel.

dégeler [deʒ'le] (1d) (auf)tauen; V sterben, abnibbeln V.

dégénér|er [deʒene're] (1f) entarten; **~escence** [~re'sã:s] *f* Entartung.

dégingandé F [deʒɛ̃gã'de] schlott(e)rig, watschelig.

dégîter *ch.* [deʒi'te] (1a) aus dem Lager aufscheuchen.

déglacer [degla'se] (1k) das Eis von der Straße entfernen; *Papier:* glanzlos machen.

dégluer [degly'e] (1a) vom Leim losmachen.

déglutir [degly'ti:r] (2a) (ver-)schlucken.

dégobiller P [degɔbi'je] (1a) (aus-)kotzen.

dégoiser F [degwa'ze] (1a) zum besten geben; (aus)quatschen.

dégommer [degɔ'me] (1a) vom Gummi befreien; F *j-n* kaltstellen.

dégonfler [degɔ̃'fle] (1a) *Aufgeblasenes* (*z.B. Ballon*) entleeren; *fig.* ~ *son cœur* s-m Herzen Luft machen; P *se* ~ Angst haben.

dégorg|eoir ⚠ [degɔr'ʒwa:r] *m* Ablaufrinne *f*; **~er** [~'ʒe] *v/t.* (11) 1. reinigen; 2. *Kanal* aus-, abschlämmen; *v/i.* ab-, überfließen; *fig.* wieder von sich geben; sich erbrechen; *se* ~ ⚔ abnehmen (*Geschwulst*).

dégorillisation *pol.* [degɔriliza'sjɔ̃] *f* Beseitigung *f* der Peronisten (*Argentinien*).

dégot(t)er P [degɔ'te] *v/t.* (1a) *fig. j-n* ausstechen; kriegen, ergattern.

dégouliner P [deguli'ne] (1a) tropfenweise fließen, herabtröpfeln.

dégoupillé ✗ [~pi'je] (7) entsichert.

dégourd|i [degur'di] (7) lau; schlau, aufgeweckt; **~ir** [~'di:r] (2a) die Erstarrung benehmen; wiederbeleben; *Wasser* lau machen; *fig.* ~ *q. j-m* sein ungelenkes Wesen abgewöhnen.

dégoût [de'gu] *m* Appetitlosigkeit *f*; Ekel (*de, pour* vor *dat.*); Verdruß; **~ant** [degu'tã] (7) ekelhaft, widerlich; **~er** [degu'te] *v/t.* (1a) den Appetit verderben; *fig.* anekeln; ~ *q. de qch. j-m* etw. verleiden.

dégoutter [~'te] (1a) (herab)tropfen; triefen.

dégrad|ation [degrada'sjɔ̃] *f* Degradierung *f*; Verfall *m*; 🔥 Abbau; *géol.* Abtragung *f*.

dégrader [degra'de] (1a) degradieren, herabsetzen; entwürdigen; beschädigen; *Farben* abtönen.

dégrafer [degra'fe] (1a) aufhaken.

dégraiss|er [degrɛ'se] (1b) entfetten, das Fett abschöpfen; **~eur** [~'sœ:r] *m* Fleckenentferner (*Person*); chemische Reinigungsanstalt *f*.

degré [də'gre] *m* Stufe *f*; Grad.

dégréer ⚓ [degre'e] (1a) abtakeln.

dégrèvement [degrɛv'mã] *m* Steuererlaß *m*.

dégrever [degrə've] (1d) von Steuern, Hypotheken usw. entlasten.

dégringolade [degrɛ̃gɔ'lad] *f* Herunterpurzeln *n*; Sturz *m*, Fall *m* (*a. fig.*).

dégriser [degri'ze] (1a) nüchtern machen; *fig.* ~ *q. j-m* die Augen öffnen.

dégrosser ⊕ [degrɔ'se] (1a) *Draht* strecken, ziehen.

dégrossir [degrɔ'si:r] (1a) aus dem Groben herausarbeiten; (grob) behauen; *fig. j-m* den nötigen Schliff geben.

dégrouiller * [degru'je] (1a): se ~ sich beeilen.
déguenillé [dəgni'je] (7) zerlumpt.
déguerpir [deger'pi:r] (2a) sich aus dem Staube machen, ausreißen.
dégueul|asse V [dəgœ'las] *adj.* ekelhaft; *m* Ekel *n*; **~(ass)er** V [~gœla'se, ~gœ'le] (1a) (aus)kotzen.
déguis|ement [degiz'mã] *m* Verkleidung *f*; Verstellung *f*; **~er** [degi'ze] (1a) verkleiden; *fig.* verstellen.
dégust|ateur [degysta'tœ:r] *adj. u. su.:* (*commissaire*) ~ (amtlicher) *Wein- usw.* Koster; **~ation** [~ta'sjõ] *f* Kosten *n*; **~er** [~s'te] (1a) kosten, abschmecken.
déhanch|é [deã'ʃe] (7) hüften-, lendenlahm; **~er** [~] (1a): se ~ sich die Hüfte ausrenken.
déharnacher [dearna'ʃe] (1a) losschirren; F auspellen.
dehors [də'ɔ:r] *adv.* draußen; auswärts; hinaus; *m das* Äußere, Außenseite *f*; ~ *pl.* äußerer Schein; *adv.-ou* ~ außerhalb; *en* ~ *de* außerhalb (*gén.*); außer (*dat.*), abgesehen von (*dat.*).
déhouillement [deuj'mã] *m* Abbau (*von Steinkohle*).
déifier [dei'fje] (1a) in der Zahl der Götter aufnehmen; *fig.* vergöttern.
déité [de'ite] *f* Gottheit.
déjà [de'ʒa] schon, bereits.
déjection [deʒek'sjõ] *f* Auslaserung; *pl.* ~s Auswurf *m e-s Vulkans*.
déjeter [deʒ'te] (1c): se ~ sich werfen (*Holz*); *anat.* sich verkrümmen.
déjeuner [deʒœ'ne] *v/i.* (1a) **1.** frühstücken; (zu) Mittag essen; **2.** *m* Mittagessen *n*; *petit* ~ erstes Frühstück *n*.
déjoindre [deʒwɛ̃:dr] (1b): se ~ aus den Fugen gehen.
déjouer [de'ʒwe] *v/t.* (1a) vereiteln.
déjucher [deʒy'ʃe] (1a) *Hühner, Vögel* von der Stange aufjagen; *v/i.* von der Stange wegfliegen.
déjuger (se) [deʒy'ʒe] (1l) s-e Meinung ändern.
delà [də'la] *adv.* jenseits; *par* ~ darüber hinaus; *prp.: au-*~ *de* jenseits (*gén.*).
délabrer [dela'bre] (1a) ruinieren, in Verfall bringen; *fig.* zerrütten.
délacer [dela'se] (1k) aufschnüren.
délai [de'lɛ] *m* Aufschub; Frist *f*; *sans* ~ unverzüglich, fristlos; **~-congé** [~kõ'ʒe] *m* Kündigungsfrist *f*.
délaisser [delɛ'se] (1b) im Stich lassen; ⚖ aufgeben.
délaiter [delɛ'te] *v/t.* (1b) von den Molken scheiden, auskneten.
délarder [delar'de] (1a) den Speck ausschneiden; *charp.* abkanten; ⚓ *mit dem Spitzhammer behauen.*
délass|ement [delas'mã] *m* Erholung *f*; **~er** [~'se] (1a): ~ q. j-m Erholung gewähren; entspannen (*acc.*); se ~ sich erholen, sich entspannen.
déla|teur *m*, **~trice** *f* [dela'tœ:r, ~'tris] Denunziant(in *f*) *m*; **~tion** [dela'sjõ] *f* Denunziation *f*, Anzeige; ⚖ Zuschiebung *des Eides*.
délaver [dela've] (1a) verwaschen (*Farbe*).
délayer [delɛ'je] (1i) verdünnen; *fig.* weitschweifig ausführen.
délébile [dele'bil] auslöschbar (*Tinte*).
délect|able [delek'tabl] köstlich; **~er** [~'te] (1a): se ~ à (*od.* de) qch. sich ergötzen an etw. (*dat.*).
délégat|aire ⚖ [delega'tɛ:r] *m* Beauftragte(r); **~eur** *m*, **~rice** *f* ⚖ [~'tœ:r, ~'tris] *su.* Auftraggeber (-in *f*) *m*; **~ion** [~ga'sjõ] *f* Abordnung; Ausschuß *m*; ⚖ Übertragung; Vollmacht; (Zahlungs-)Anweisung.
délég|ué [dele'ɡe] (7) abgeordnet; beauftragt; *m* Beauftragter; **~uer** [~] (1f) *s-e Amtsgewalt* übertragen; *j-n* abordnen; ⚖ anweisen.
délester ⚡, ⚓ [dɛlɛs'te] (1a) Ballast ab-, auswerfen.
délétère [dele'tɛ:r] lebensgefährlich; *fig.* schädlich; *gaz m* ~ Giftgas *n*.
délibér|atif [delibe'ra'tif] (7e) beratend; beschließend (*Stimme*); **~ation** [~ra'sjõ] *f* Beratung; Überlegung; Beschluß *m*; **~atoire** [~ra'twa:r] beratend; **~é** [~'re] reiflich überlegt; fest entschlossen; *de propos* ~ mit Vorbedacht; **~er** [~] (1f) beratschlagen, überlegen (*sur qch.* etw.); ~ *de* mit *inf.* sich entschließen.
délicat [deli'ka] (7) zart; fein; lecker; zartfühlend, empfindlich; schwer zu befriedigen(d); heikel, mißlich; *faire le délicat* sich haben (F), sich zieren; **~esse** [~ka'tɛs] *f* Feinheit *f*, Zartheit; Zartgefühl *n*;

délice — **déménager**

köstlicher Geschmack m; pl. ~s Leckerbissen pl.; ~ de conscience Gewissenhaftigkeit; s. comestible.
délic|e [de'lis] m Wonne f; ~s f/pl. Genüsse m/pl.; **~ieux** [~li'sjø] (7d) köstlich.
déli|é [de'lje] dünn, schlank; fig. gewandt; **~er** [~] (1a) auf-, ent-, losbinden; lösen.
délimiter [delimi'te] (1a) abgrenzen.
délinquant ₺ [delẽ'kã] su. (7) Missetäter m, Delinquent m.
délir|e [de'li:r] m Delirium n, Wahnsinn; Fieberwahn; **~er** [~'re] (1a) irre reden; fig. toben.
délit [de'li] m Vergehen n; ~ de fuite Fahrerflucht f; en flagrant ~ auf frischer Tat.
délivr|ance [deli'vrã:s] f Befreiung; ♂ Entbindung; Aus-, Einhändigung; Ausfertigung (Führerschein usw.); Ausstellung (e-s Passes); **~er** [~'vre] (1a) befreien; ♂ entbinden; aushändigen, ausliefern; ausstellen (Paß).
déloger [delɔ'ʒe] v/i. (11) aus-, umziehen; faire déloger ausquartieren; v/t. a. ⚔ vertreiben.
déloy|al [delwa'jal] (5c) unredlich; treulos; **~auté** [~jo'te] f Treulosigkeit.
délug|e [de'ly:ʒ] m Sintflut f; fig. Flut f, Schwall m.
déluré [dely're] (7) munter, aufgeweckt.
délustrer [delys'tre] (1a) entglänzen, den Glanz nehmen.
démagogue [dema'gɔg] m Demagoge m; péj. Volksaufwiegler, Hetzer m.
démailloter [demajɔ'te] (1a) ein Kind auswickeln.
demain [də'mẽ] adv. morgen; ~ matin morgen früh.
démajorisation [demaʒɔriza'sjõ] f Entmündigung.
démancher [de'mã:ʃe] v/t. (1a) Stiel od. Griff losmachen; fig. in Unordnung bringen; verunreinigen; ♂ verrenken; v/i. ♪ übergreifen; F se ~ sich für j-n halb umbringen.
demand|e [d(ə)'mã:d] f Bitte, Forderung; Gesuch n; ♱ Nachfrage f; Bestellung; Frage; Klage; à la ~ générale auf allgemeinen Wunsch; ~ en dommages-intérêts Schadensersatzforderung; ~ en mariage Heiratsantrag m; **~er** [d(ə)mã'de] (1a): ~ qch. à q. j-m etw. abverlangen; fragen; (er)bitten, verlangen; ~ q. sprechen wollen; heiraten wollen; **~eur** m, **~euse** f [d(ə)mã'dœ:r, ~'dø:z] Bittende(r); Frager(in f) m; **~eur** m, **~eresse** f [~, d(ə)mã'drɛs] Kläger(in f) m.
démang|eaison [demãʒɛ'zõ] f Jukken n; fig. Gelüst n; **~er** [demã'ʒe] (11) jucken, kitzeln.
démant|èlement ⚔ [demãtɛl'mã] m Schleifen n von Festungsmauern od. Fabrikanlagen; **~eler** [demã'tle] (1d) ⚔ Festungsmauern od. Fabrikanlagen schleifen; ⊕ bloßlegen, auseinandernehmen, abmontieren.
démantibuler [demãtiby'le] (1a) F kaputtmachen; caisse f démantibulée e-e aus den Fugen gegangene Kiste f.
démarcation [demarka'sjõ] f Abgrenzung; Grenzscheide.
démarchage ♱ [demar'ʃa:ʒ] m Kundenwerbung f.
démarche [de'marʃ] f Gangart; fig.: faire des ~ Schritte tun.
démarcheur ♱ [demar'ʃœ:r] m Kundenwerber m.
démarquer [demar'ke] (1m) Zeichen entfernen (Wäsche); fig. nachmachen, mit geringen Veränderungen abschreiben.
démarr|age [dema'ra:ʒ] m Auto, vél., ⊕ An-, Abfahrt f, Starten n; **~er** [~'re] v/t. (1a) ♄ losmachen; Auto: anlassen, in Betrieb setzen, starten; v/i. abfahren; F fig. weggehen; wegfahren; **~eur** Auto: [~'rœ:r] m Anlasser, Starter.
démasquer [demas'ke] (1m) entlarven; demaskieren (a. ⚔).
démêl|é [deme'le] m bsd. pl. ~s: Zank, Streit; **~er** [~] (1a) entwirren; sondern; Haar durchkämmen; fig. durchschauen; aufklären; avoir qch. à ~ avec q. mit j-m ein Hühnchen zu rupfen haben; **~oir** [~'lwa:r] m weiter Kamm; ⊕ Haspel f.
démembrer [demã'bre] (1a) zergliedern.
déménag|ement [demenaʒ'mã] m Umzug; voiture f de ~ Möbelwagen m; **~er** [~'ʒe] v/t. (11) Möbel wegschaffen; Wohnung (aus)räumen; v/i. ausziehen; fig. F sa tête démé-

déménageur — 159 — **dénatalité**

nage er faselt, er redet Unsinn; **~eur** [~'ʒœːr] *m* Möbelträger *m*; Möbeltransportgeschäft *n*.

démence [deˈmɑ̃ːs] *f* Wahnsinn *m*.

démener [demˈne] (1d): *se ~* mit Händen und Füßen um sich schlagen, sich wie toll gebärden; *fig.* sich abrackern, sich abquälen.

dément|i [demɑ̃ˈti] *m* Lügenstrafen *n*; Dementi *n*, Ableugnung *f*; **~ir** [demɑ̃ˈtiːr] (2b) Lügen strafen; widerlegen; dementieren, ableugnen; in Abrede stellen.

démérit|e [demeˈrit] *m* Verschuldung *f*; **~er** [~ˈte] (1a) *~ auprès de q.* j-s Wohlwollen, Achtung verlieren.

démerrir ⚓ [demɛˈriːr] *v/i.* (2a) abwassern.

démesuré [demzyˈre] übermäßig, maßlos.

démettre [deˈmɛtrə] (4p) aus-, verrenken; *e-s Amtes* entsetzen; ⚖ *~ mit s-r Klage* abweisen.

démeubler [demœˈble] (1a) *ein Zimmer* ausräumen.

demeur|ant [d(ə)mœˈrɑ̃] (7) wohnhaft; *au ~* übrigens; **~e** [d(ə)ˈmœːr] *f* Aufenthalt(szeit *od.* -ort) *m*; ✝ Verzug *m*; *à ~* auf die Dauer; **~er** [~mœˈre] (1a) wohnen; bleiben; *fig.* *~ court* den Faden verlieren, steckenbleiben; *en ~ là* es dabei bewenden (bleiben) lassen.

demi [d(ə)mi] (*vor su. inv.*) halb; *une heure et ~* anderthalb Stunden, *a.* halb zwei; *m*: *ein* Halb(es) *n*; Molle *f*; *Sport:* Läufer; **~finale** *f* Vorschlußrunde; **~heure** *f* halbe Stunde *f*; *à ~* zur Hälfte; **~bas** *m* Wadenstrumpf; **~frère** *m* Halb-, Stiefbruder; **~ gros** *m* Zwischenhandel; **~jour** *m* Zwielicht *n*; **~monde** *m mv. p.* Halb-, Lebewelt *f*; **à ~-mot** auf e-e bloße Andeutung hin; **~reliure** *f* Halbfranzband *m*; **~saison** 1. *f* Übergangszeit *f* (Frühling *od.* Herbst). 2. *m Mode:* Übergangskleid *n*, -mantel *m*; **~setier** [~s(ə)ˈtje] *m* Viertelliter *m*; **~ solde** ⚔ *f* Wartegeld *n*; **~soupir** *m*; ♩ Achtelpause *f*.

démilitarisation [demilitarizaˈsjɔ̃] *f* Entmilitarisierung.

demi-sel [d(ə)miˈsɛl] *m* (6g) Halbstarke(r) *m*.

démission [demiˈsjɔ̃] *f* Abdankung; Versagen *n fig.*

démissionnaire [demisjɔˈnɛːr] *m* abgegangener Beamter; *les ~s* die stets Nachgebenden (*z. B. Eltern*).

démissionner [~sjɔˈne] abdanken, sein Amt niederlegen; *allg.* klein beigeben.

demi|-teinte *peint.* [d(ə)miˈtɛ̃t] *f* Halbschatten *m*; **~ton** [d(ə)miˈtɔ̃] *m* ♩ Halbton; **~tour** [~ˈtuːr] *m* Kehrtwendung *f*; *à droite* (*rechtsum*) *kehrt*!; *faire ~* umkehren.

démocratie *pol.* [demɔkraˈsi] *f* Demokratie. [der Mode kommen.]

démoder [demɔˈde] (1a): *se ~* aus]

démograph|e [demɔˈgraf] *m* Demograph *m*, Bevölkerungsstatistiker *m*; **~ie** [~graˈfi] *f* Bevölkerungsstatistik *f*, -zahl *f*.

demoiselle [d(ə)mwaˈzɛl] *f* Fräulein *n* (*nicht in der Anrede*), Mädchen *n*; *poét.* Jungfrau *f*; *P* Tochter; *ent.* Libelle, ⊕ Handramme; Handschuhweiter *m*; *~ de magasin* Verkäuferin; *~ d'honneur* Ehrenjungfrau *f*, Brautjungfer *f*.

démol|ir [demɔˈliːr] (2a) ab-, niederreißen, vernichten; **~isseur** [~liˈsœːr] *m* Abbruch-Unternehmer; *pol.* Umstürzler *m*; Kritikaster *m*.

démon [deˈmɔ̃] *m* Dämon; Teufel.

démoniaque [demɔˈnjak] vom Teufel besessen, teuflisch.

démonstra|tif [demɔ̃straˈtif] (7e) be-, hinweisend; *fig.* ausdrucksvoll, warmherzig; *peu ~* zurückhaltend; **~tion** [~straˈsjɔ̃] *f* Beweis(führung) *m*; Vortrag *m* mit praktischen Vorführungen; *fig.* Bekundung; öffentliche Kundgebung *f*; ⚔ Scheinmanöver *n*.

démont|able ⊕ [demɔ̃ˈtablə] zerlegbar; **~age** [~ˈtaːʒ] *m* Demontieren *n*; △ Abrüsten *n*; **~er** [~ˈte] (1a) *Reiter* abwerfen; *Reiterei* absitzen lassen; ⊕ *~* auseinandernehmen; *fig.* aus der Fassung bringen.

démontrer [demɔ̃ˈtre] (1a) be-, erweisen; anschaulich erläutern.

démoraliser [demɔraliˈze] entsittlichen; entmutigen.

démordre [deˈmɔrdrə] (4a) *fig. ne pas en ~ de qch.* nicht lockerlassen von etw. (*dat.*).

démuseler [demyzˈle] (1c) den Maulkorb abnehmen.

dénatalité [denataliˈte] *f* Geburtenrückgang *m*.

dénationaliser [denasjɔnali'ze] (1a) entnationalisieren; die Verstaatlichung rückgängig machen.

dénatur|aliser [denatyrali'ze] (1a) ausbürgern; **~é** [~'re] entartet, unmenschlich; denaturiert; *alcool* ~ denaturierter Spiritus *m*; **~er** [~] (1a) die Natur *von etw.* verändern; entstellen.

dénazification [denazifika'sjɔ̃] *f* Entnazifizierung *f* (*politische Säuberung Deutschlands nach 1945*).

denché [dɑ̃'ʃe] ⊘ gezähnt; gezackt.

dénégation ⅔ [denega'sjɔ̃] *f* Leugnen *n*.

déni ⅔ [de'ni] *m* Versagung *f*; Verweigerung *f*.

déniaiser [denjɛ'ze] (1b) gewitzt (*od.* klüger) machen, aufklären.

dénicher [deni'ʃe] **1.** *v/t.* (1a) aus *dem Neste* (⚠ *e-r Nische*) nehmen; *fig.* ausfindig machen, entdecken; vertreiben; **2.** *v/i.* ausfliegen; F sich aus dem Staube machen.

denier¹ [də'nje] † *m* Heller; *fig* Scherflein *n*; *bsd.* ~s *pl.* Geld *n*.

dénier² [de'nje] (1a) (ab)leugnen; abschlagen, verweigern.

dénigrer [deni'gre] (1a) anschwärzen. [(uneben machen.)

déniveler [deniv'le] (1c) *Park usw.*

dénoircissement [denwarsis'mɑ̃] *m* Reduzierung *f* der schwarzen Rasse.

dénombr|ement [denɔ̃brə'mɑ̃] *m* Auf-, Volkszählung *f*; **~er** [denɔ̃-'bre] (1a) (auf)zählen.

dénomina|teur [denɔmina'tœ:r] *m* Nenner *e-s Bruchs*; *a. fig.* réduire *au même* ~ auf den gleichen Nenner bringen; **~tif** [~'tif] (7e) benennend; **~tion** [~na'sjɔ̃] *f* Benennung *f*.

dénommer [denɔ'me] (1a) benennen, namentlich aufführen.

dénonc|er [denɔ̃'se] (1k) ankündigen; zur Anzeige bringen, denunzieren; brandmarken; *Vertrag* (auf-)kündigen; **~iateur** *m*, **~iatrice** *f* [~sja'tœ:r, ~'tris] Denunziant(in *f*) *m*; **~iation** [~sja'sjɔ̃] *f* Ankündigung, Erklärung, strafrechtliche Anzeige, Denunziation; ⅔ ~ *d'un traité* Kündigung *e-s* Vertrages.

dénoter [denɔ'te] (1a) bezeichnen; andeuten, schließen lassen auf (*acc.*).

dénouement [denu'mɑ̃] *m*, Auflösung *f*; *fig.* Ausgang *m*.

dénouer [de'nwe] (1a) *Knoten* aufknüpfen, -lösen; *fig.* auflösen, geschmeidiger machen; *thé. se* ~ sich entwickeln, verlaufen.

denrée [dɑ̃'re] *f*: *pl.* ~*s alimentaires* Lebensmittel *n/pl.*; ~*s coloniales* Kolonialwaren *f/pl.*

dens|e [dɑ̃:s] dicht, fest; *phys.* spezifisch schwer; **~imètre** *phys.* [dɑ̃si'mɛ:trə] *m* Dichtigkeitsmesser; **~ité** *phys.* [~si'te] *f* Dichtigkeit, spezifisches Gewicht *n*.

dent [dɑ̃] *f* Zahn *m*; Zacken *m*; Horn *n* (*Berggipfel*); P *avoir la* ~ Hunger haben, Kohldampf schieben (P); *avoir une* ~ *contre q.* j-m grollen; e-n Pik auf j-n haben F; *extraire une* ~ e-n Zahn ziehen; ~s *artificielles* Zahnersatz *m*; *être sur les* ~s hundemüde sein; ~ *à pivot* Stiftzahn *m*; ~-*de-lion* ⚘ P Butterblume *f*; Löwenzahn *m*; **~aire** *anat.* [dɑ̃'tɛ:r] Zahn...; **~ale** [~'tal] *f* Zahnlaut *m*; **~ée** [~'te] *f ch.* Biß *m* (*des Hundes*); roue *f* ⊕ ~ Zahnrad *n*; **~elé** [~'tle] gezähnt; **~eler** [~] (1c) auszacken; **~elle** [~'tɛl] *f text.* Spitze; **~elure** ⊕ [~t'ly:r] *f* Auszackung; **~er** ⊕ [~'te] (1a) verzahnen; **~iculé** [~tiky'le] gezähnelt; **~ier** [~'tje] *m künstliches* Gebiß *n*, (Zahn-)Prothese *f*; **~ifrice** [~ti'fris] zahnreinigend; poudre *f* ~ (pâte *f*) ~ Zahnpulver *n* (-pasta); **~ine** [~'tin] Zahnbein *n*; **~iste** [~'tist] *m* Zahnarzt; **~ition** [~ti'sjɔ̃] *f* Zahnen *n*; Gebiß *n*.

denture [dɑ̃'ty:r] *f* natürliches Gebiß *n*; ⊕ Zahnung *an Rädern*.

dénucléaris|ation [denykleariza'sjɔ̃] *f* Schaffung *f* e-r atomfreien Zone; **~é** [~'ze]: *zone f* ~ *e* atomfreie Zone.

dénuder [deny'de] (1a) entblößen.)

dénûment [deny'mɑ̃] *m* Entblößung *f*; bitterste Not *f*.

dénué [de'nɥe]: ~ *de* ohne, ...los.

dépann|age [depa'na:ʒ] *m* ⊕, *a. Auto* Reparatur *f*; *service de* ~ Abschleppdienst; **~er** [~'ne] (1a) ⊕ reparieren; *Auto* abschleppen; F ~ *q.* j-m aus der Klemme helfen; **~eur** [~'nœ:r] *m* Autoschlosser; **~euse** [~'nø:z] *f* Abschleppwagen *m*.

dépaqueter [depak'te] (1c) auspacken.

déparasitage [deparazi'ta:ʒ] *m rad.* Entstörung *f*.

dépareiller [depareˈje] (1a) Zs.-gehöriges von-ea. trennen, ungleich machen; être *dépareillé* nicht zs.-gehören.

déparer [depaˈre] (1a) entstellen; verunzieren.

déparier [depaˈrje] (1a) *paarweise* Zs.-*gehöriges* trennen.

déparquer [deparˈke] (1m) aus dem Park nehmen (*Austern*); aus dem Pferch lassen (*Schafe*).

départ [depaːr] *m* Abreise *f*, Aufbruch, Abmarsch, Abflug *m*; ✈, ⚓, *Sport:* Start *m*.

départager [departaˈʒe] (1l) (durch s-e Stimme) den Ausschlag geben.

département [departəˈmɑ̃] *m* Bezirk; Abteilung *f*; *fig.* Fach *n*.

départir [deparˈtiːr] (2b) aus-, verzuteilen; *se ~ de* abstehen von.

dépassement [depasˈmɑ̃] *m* Überholen *n* (*im Verkehr*); *fig. ~ de soi-même* Selbstüberwindung *f*.

dépasser [depaˈse] (1a) überholen, hinter sich lassen; über etw. hinausgehen; länger (höher) sein als; *Geschwindigkeit* überschreiten; *Anleihe* überzeichnen; F *cela me dépasse* da bin ich doch erstaunt.

dépaver [depaˈve] (1a) das (Straßen-)Pflaster aufreißen.

dépayser [depɛiˈze] (1a) *aus der Heimat in die Fremde schicken*; *fig. etwa:* irreführen; *Ausländer* mit der franz. Sprache u. Kultur vertraut machen.

dépecer [depəˈse] (1d) *u.* (1k) zerschneiden; zerstückeln, zerlegen; ⚓ abwracken.

dépêch|e [deˈpɛʃ] *f* Depesche; **~er** [depeˈʃe] (1a) beschleunigen; rasch erledigen (*od.* absenden); *se ~* sich beeilen (*de mit inf.*).

dépeindre [deˈpɛ̃ːdr] (4b) schildern.

dépenaillé F [dep(ə)naˈje] (7) zerlumpt.

dépendance [depɑ̃ˈdɑ̃ːs] *f* Abhängigkeit; Filiale; Nebengebäude *n*.

dépendre [deˈpɑ̃ːdr] 1. *v/i.* (4a) abhängen, abhängig sein; *cela dépend de nachdem*; 2. *v/t. Hängendes* herunternehmen.

dépens [deˈpɑ̃] *m/pl.* Kosten *pl.*

dépens|e [deˈpɑ̃ːs] *f* Ausgabe, Aufwand *m*; Speisekammer; **~er** [~pɑ̃ˈse] (1a) ausgeben, aufwenden; **~ier** [~ˈsje] *su.* Verschwender *m*; *adj.* verschwenderisch.

déperdition [deperdiˈsjɔ̃] *f* Abgang *m*, Verlust *m*, Schwund *m*.

dépéréquation *éc.* [deperekwaˈsjɔ̃] *f* Tarifausgleichbeseitigung *f*.

dépér|ir [depeˈriːr] (1a) dahinsiechen; verkümmern; baufällig werden; **~issement** [deperisˈmɑ̃] *m* Verkümmern *f*; Verfall.

dépêtrer [depɛˈtre] (1a) heraushelfen; *se ~ de qch.* sich aus etw. heraushelfen.

dépeupler [depœˈple] (1a) entvölkern.

déphasage *éc.* [defaˈzaːʒ] *m* Lohn- u. Preisverschiebung *f*.

dépiauter P [depjoˈte] (1a) die Haut (die Schale) abnehmen; *se ~* sich auspellen (P), sich ausziehen.

dépiécer [depjeˈse] (1k) zerschneiden, zerstückeln, zerlegen.

dépigeonnisation [depiʒɔniza'sjɔ̃] *f* Vernichtung *f* wilder Tauben.

dépill|ation [depilaˈsjɔ̃] *f* Enthaarung; Ausfallen *n* der Haare, **~atoire** [~laˈtwaːr] *adj. u. su./m* Enthaarungs...; Enthaarungsmittel *n*; **~er** [~ˈle] (1a) enthaaren; 𝄞 die Stützen wegnehmen.

dépister [depisˈte] (1a) *ch.* aufspüren (*a. allg.* Mißstände); *fig.* irreführen, auf e-e falsche Spur bringen.

dépit [deˈpi] *m* Ärger, Verdruß; *en ~ de trotz* (*gén.*); **~er** [~piˈte] (1a) ärgern; verdrießen.

déplac|é [deplaˈse] (7) am unrechten Platz; heimatlos, vertrieben; **~ement** [~ˈmɑ̃] *m* Versetzung *f*; Umstellung *f*; Wasserverdrängung *f* e-*s Schiffes*; frais *m/pl.* de ~ Umzugs-, Reisekosten *f/pl.*, Trennungsentschädigung *f*; ~ *disciplinaire* Strafversetzung *f*; **~er** [~ˈse] (1k) versetzen; absetzen; verschieben; verrücken; ~ *q.* jn absetzen.

déplaire [deˈplɛːr] (4aa) mißfallen.

déplais|ant [deplɛˈzɑ̃] (7) unangenehm, mißliebig; **~ir** [~ˈziːr] *m* Mißfallen *n*; Verdruß.

déplanter [deplɑ̃ˈte] (1a) verpflanzen, versetzen.

dépliant [depliˈɑ̃] *m* Faltprospekt.

déplier [depliˈe] (1a) entfalten.

déplisser [depliˈse] (1a) die Falten entfernen, glätten.

déploiement [deplwaˈmɑ̃] *m* Entfaltung *f*; ⚔ Aufmarsch *m*.

déplomber [deplɔ̃ˈbe] (1a) Plomben

11 Franz.-Dtsch.

déplorable — 162 — **déraison**

abnehmen; Zahnfüllung herausnehmen.

déplor|able [deplɔ'rablə] bedauernswert, erbärmlich; **~er** [~'re] (1a) bedauern, beklagen.

déployer [deplwa'je] (1h) entfalten, ausbreiten, ausspannen; ⚓ aufmarschieren lassen; *Segel* setzen.

déplumer [deply'me] (1a) rupfen; *se ~* mausern; s-e Haare verlieren.

dépolir ⊕ [depɔ'li:r] (2a) den Glanz nehmen, matt schleifen; mattieren; *se ~* matt werden; *verre m dépoli phot.* Mattscheibe *f*.

dépolitiser [depɔliti'ze] (1a) entpolitisieren. [völkerung.]

dépopulation [depɔpylɑ'sjɔ̃] *f* Ent-)

déport [de'pɔ:r] *m* ✝ Kursabschlag; *sans ~* ohne Aufschub; **~ements** [depɔrtə'mɑ̃] *m/pl.* schlechter Lebenswandel; **~er** [~'te] (1a) deportieren, zwangsverschleppen.

dépos|ant [depo'zɑ̃] *su.* ⚖ aussagende(r) Zeuge *m*; ✝ Einzahler *m bei Sparkassen*; **~er** [~'ze] (1a) *v/t.* niederlegen; in Verwahrung geben; ab-, hin-, weglegen *od.* -setzen; *e-s Amts* entsetzen; ⚐ Niederschlag bilden; *Auto:* ~ *q.* j-n absetzen; ~ *un corps e-e Leiche* niedersetzen; *v/i.* gerichtlich aussagen; **~itaire** [~zi'tɛ:r] *m* Verwahrer; Mitwisser; **~ition** [~zi'sjɔ̃] *f* Absetzung; *(Zeugen-)* Aussage.

déposs|éder [depɔse'de] (1g) enteignen; **~ession** [~sɛ'sjɔ̃] *f* Enteignung.

déposticher * [depɔsti'ʃe] (1a) e-n Menschenauflauf vor e-m Konkurrenzzirkus anwerben.

dépôt [de'po] *m* Depot *n*; Aufbewahrung *f*; Kleiderabgabe *f* *(Badeanstalt)*; anvertrautes Gut *n*; ⚐ Hinterlegung *f*; Verwahrungsort, Lager *n*, Abstellraum *m*; Abgabe *f* *(e-r Erklärung)*, Erklärung *f*; ⚐, *géol.* Niederschlag *m*, Ablagerung *f*; ⚒ Schuppen *m*; ✝ Niederlage *f*; ⚔ Ersatztruppenteil *m*; Polizeigewahrsam *m*; ~ *mortuaire* Leichenhalle *f*; *caisse f des ~s (et consignations)* Depositenkasse *f*; *en ~* ✝ in Kommission; 🚂 bahnlagernd; ~ *de mendicité* Armenhaus *n*.

dépoter [depɔ'te] (1a) auspflanzen; *Wein usw.* umfüllen.

dépouill|e [de'puj] *f* Balg *m*, *zo.* abgestreifte Haut; Nachlaß *m (a.*

fig.); Raub *m*, Beute; ~ *(mortelle)* (sterbliche) Hülle; **~er** [~'je] (1a) abbalgen; ~ *a. de qch.* j-n e-r Sache berauben; *Hülle* abwerfen; *Urkunden usw.* genau nachprüfen; *Wahlstimmen* auszählen; *se ~* sich häuten; *fig.* sich freimachen von, sich enthalten.

dépourv|oir [depur'vwa:r] (3b): ~ *de qch.* von etw. entblößen; **~u** [~'vy] *f* ~ *de* nicht versehen mit; *au ~* unversehens.

dépoussiérage [depusje'ra:ʒ] *m* Entstaubung *f*.

déprav|ation [deprava'sjɔ̃] *f* Verderbtheit; **~er** [~'ve] *v/t.* (1a) verderben.

dépréc|iation [depresja'sjɔ̃] *f* Entwertung *f*, Wertminderung *f*; **~ier** [~s'je] (1a) entwerten; *fig. den Wert* heruntermachen; *se ~* den Wert verlieren.

dépréd|ateur [depreda'tœ:r] *su.* Plünderer *m*, Veruntreuer *m*; **~ation** [~dɑ'sjɔ̃] *f* Plünderung *f*; Veruntreuung *f*, Unterschlagung *f*.

déprendre [de'prɑ̃:drə] (4q) losmachen, trennen.

dépress|if [deprɛ'sif] (7e) niederdrückend *(a. fig.)*; **~ion** [~'sjɔ̃] *f* Senkung; Sinken *n des Preise*; Tief *n (des Barometerstandes)*; *fig.* Depression *f*, Niedergeschlagenheit *f*.

déprimer [depri'me] (1a) niederdrücken; *fig.* deprimieren; *j-n* heruntermachen; *Preise* drücken.

déprolétariser [deprɔletari'ze] (1a) entproletarisieren.

depuis [də'pɥi] 1. *prp.* seit; von ... an *(a. Ort)*; 2. *adv.* seitdem; 3. *cj.:* ~ *que* seit(dem).

dépur|atif [depyra'tif] *adj. u. m* blutreinigend(es Mittel *n*); **~er** [~'re] (1a) reinigen.

députa|tion [depyta'sjɔ̃] *f* Abordnung; Abgeordnetenwürde; **~é** [~'te] *m* Abgeordnete(r) *m*; **~er** [~] (1a) abordnen.

déraciner [derasi'ne] (1a) mit den Wurzeln herausreißen; *fig.* ausrotten.

déraidir [derɛ'di:r] (2a) gelenkig *(fig.* wendig) machen.

dérail|ler [derɑ'je] *v/i.* (1a) entgleisen *(a. fig.)*; *fig.* phantasieren, faseln; **~eur** *vél.* [~'jœ:r] *m* Gangschaltung *f*.

déraison [derɛ'zɔ̃] *f* Unvernunft.

déraisonn|able [derɛzɔ'nablə] unvernünftig; **~er** [~'ne] (1a) dummes Zeug reden, faseln.
dérang|ement [derɑ̃ʒ'mɑ̃] m Unordnung f; Störung f; Zerrüttung f; **~er** [~'ʒe] v/t. (11) in Unordnung bringen; stören; *Magen* verderben; *se ~* sich stören lassen; *a.* liederlich leben *od.* werden.
dérap|age [dera'paːʒ] m *Auto:* Schleudern n; **~er** [~'pe] 1. v/t. (1a) ⚓ *l'ancre* Anker lichten, 2. v/i. ⚓ *Anker* sich losreißen; *Auto:* ins Schleudern kommen.
dératé [dera'te] *su. fig.* Wildfang m; *courir comme un ~* wie ein Wiesel rennen.
derby [dɛr'bi] m Derby n, Pferde-}
derechef [dər'ʃef] von neuem. {rennen n.}
dérèglement [derɛglə'mɑ̃] m Unregelmäßigkeit f; Unordentlichkeit f; Liederlichkeit f.
dérégler [dere'gle] (1f) in Unordnung bringen; *se ~* in Unordnung geraten; *fig.* liederlich werden.
dérider [deri'de] (1a) entrunzeln, glätten; *fig. ~ q.* erheitern.
déris|ion [deri'zjɔ̃] f Hohn m; Verspottung; **~oire** [~'zwaːr] spöttisch; lächerlich; Spott...; *prix m ~* Spottpreis.
dériv|atif [deriva'tif] *adj.* (7e) *u. m* ableitend(es Mittel n), **~ation** [~va'sjɔ̃] f Ab-, Herleitung; Abweichung; Zweigleitung; **~e** [de'riːv] f: *aller (od. partir) à la ~* ⚓ abgetrieben werden; *fig.* willenlos umhergetrieben werden; sich selbst überlassen sein; **~é** [~'ve] m *gr.* abgeleitetes Wort n; ⌐ Derivat n; **~er** [deri've] v/i. (1a) vom Ufer abtreiben; *gr.* abgeleitet werden; herkommen; abstammen; ⚓ *au large* auf die hohe See abgetrieben werden; *v/t.* ab-, herleiten.
derme [dɛrm] m (Leder-)Haut f.
derni|er [dɛr'nje] letzt; unterst; äußerst; *résultat m ~* Endresultat n; *le jugement ~* das Jüngste Gericht; **~èrement** [~njɛr'mɑ̃] vor kurzem, neulich.
dérob|ade [derɔ'bad] f Ausflucht f; **~é** [~'be]: *escalier m ~* Geheimtreppe f; **~ée** [~'be]: *à la ~* heimlich; **~er** [~] (1a) entwenden, stehlen; *den Blicken* entziehen.
dérog|ation [derɔga'sjɔ̃] f (*à qch.*) Beeinträchtigung; Verstoß m *gegen*;

~er [~'ʒe] v/i. (11) zuwiderhandeln; beeinträchtigen (*à qch.*); standeswidrig handeln; *abs.* sich etw. vergeben, sinken.
dérouill|ée P [deru'je] f *ein paar* Backpfeifen f/pl.; Senge f; **~er** [~] (1a) entrosten; *fig.* gelenkig machen; P verprügeln.
dérouler [deru'le] (1a) auseinanderrollen, -wickeln; ausbreiten; *se ~* stattfinden; sich entfalten.
déroute [de'rut] f wilde Flucht; Verwirrung; Zusammenbruch m; **~er** [~'te] (1a) vom Wege abbringen; irreführen.
derrick [dɛ'rik] m Bohrturm (*für Petroleum*); Mastenkran m, Ladebaum m.
derrière [dɛ'rjɛːr] 1. *adv.* hinten; *par ~* von hinten; 2. *prp.* hinter; 3. m Hintern, Gesäß n; Hinterseite f; ⚔ *~s pl.* Nachhut f.
dès [dɛ] (*schon*) 1. *prp.* seit, von ... an, schon in, an *etc.*; *~ lors* von da an, schon damals; *~ demain* gleich morgen; *~ (nun einmal).* 2. *cj. ~ que* sobald; *dà*
désabuser [dezaby'ze] v/t. (1a): *~ q.* die Augen öffnen; enttäuschen; *se ~* s-n Irrtum einsehen.
désaccord [deza'kɔːr] m ♪ Mißklang; Uneinigkeit f; **~er** [~kɔr'de] (1a) ♪ verstimmen; *fig.* veruneinigen.
désaccoupler [dezaku'ple] (1a) trennen; *ch. Hunde* loskoppeln.
désaccoutumer [dezakuty'me] (1a): *~ q. de qch.* j-m etw. abgewöhnen.
désadaptation *psych.* [dezadapta'sjɔ̃] f Außenseitertum n, mangelnde Anpassungsfähigkeit f.
désaffectionner [dezafɛksjɔ'ne] v/t. (1a) abgeneigt machen.
désagré|able [dezagre'ablə] unangenehm; **~ment** [~'mɑ̃] m Unannehmlichkeit f.
désajuster [dezaʒys'te] (1a) in Unordnung bringen; stören.
désaltér|ant [dezaltɛ'rɑ̃] (7) durststillend; **~er** [~'re] (1f): *~ q.* j-m den Durst stillen; *Pflanze* benetzen (*Regen*).
désamorcer [dezamɔr'se] (1k) ⚔ das Zündhütchen abnehmen; e-e Pumpe vor dem Frost leeren; ⚡ *se ~* stromlos werden.
désancrer [dezɑ̃'kre] v/i. (1a) den Anker lichten.

désappointement [dezapwɛ̃t'mɑ̃] *m* Enttäuschung *f*; **~er** [~'te] (1a): ~ *q.* j-n enttäuschen.

désapprendre [dezaprɑ̃'drə] (4q) verlernen; **~ti** [~'ti] *m* Umlerner, Umlernling.

désapprobateur [dezaprɔba'tœ:r] mißbilligend.

désapprouver [dezapru've] (1a) mißbilligen.

désarçonner [dezarsɔ'ne] (1a) aus dem Sattel heben; *fig.* aus der Fassung bringen.

désarm|ement [dezarmə'mɑ̃] *m* Abrüstung *f*; ✝ ~ douanier Zollabbau *m*; **~er** [~'me] *v/t.* (1a) entwaffnen; *v/i.* abrüsten.

désarrimer ⚓ [dezari'me] (1a) umladen.

désarroi [deza'rwa] *m* Unordnung *f*, Verwirrung *f*.

désarticuler [dezartiky'le] (1a) aus den Gelenken lösen; *fig.* vereiteln.

désassembler ⊕ [dezasɑ̃'ble] (1a) *Holzarbeit usw.* aus-ea.-nehmen; *fig.* trennen.

désastr|e [de'zastrə] *m* Unheil *n*, schweres Unglück *n*; Katastrophe *f*; ✝ Bankrott *m*; **~eux** [~'trø] (7d) unheilvoll, fatal.

désavantag|e [dezavɑ̃'ta:ʒ] *m* Nachteil *m*; **~er** [~ta'ʒe] (1l) benachteiligen; **~eux** [~'ʒø] (7d) unvorteilhaft.

désav|eu [deza'vø] *m* Nichtanerkennung *f*; Verleugnung *f*; Widerruf *m*; Rückzieher *m*; **~ouer** [~'vwe] (1a) in Abrede stellen; (ver)leugnen; nicht anerkennen; widerrufen; *bsd. pol.* desavouieren; mißbilligen.

desceller [desɛ'le] (1a) 🜂 *vom Putz* losreißen; ⚖ Siegel abnehmen *von*.

descend|ance [desɑ̃'dɑ̃:s] *f* Herkunft, Abstammung; Nachkommenschaft; **~ant** [~'dɑ̃] (7) **1.** *adj.* absteigend; *Auto:* glaces *f/pl.* ~es herunterdrehbare Wagenfenster *n/pl.*; **2.** *su.* Nachkomme *m*; **~re** [~'sɑ̃:drə] *v/i.* (4a) her(hin)unter-, her(hin)absteigen, -gehen (*a.* ♫, *die Treppe*); stromabwärts fließen (*Fluß*); fallen (*Ballon, Wasser, Barometer*); *fig.* sich erniedrigen; ✈ tiefer gehen; ~ précipitamment abstürzen; ⚓, *a.* ✈ ~ (à terre) landen; ⚒ bei j-m einkehren, *a.* ⚖ bei j-m e-e Haussuchung vornehmen; ~ de *q.* von j-m abstammen; abfahren (*Berg mit Schiern*); se laisser ~ à la corde sich abseilen; *Auto:* ~ de (*sa*) voiture aussteigen; *v/t.* herunternehmen, heruntertragen; *Reisende* absetzen; ✈ abschießen, zum Absturz bringen; P niederknallen, kaltmachen.

descente [de'sɑ̃:t] *f* Herabsteigen *n*, -fahren *n*, Herunternehmen *n*, ⚓, ✈ Landung; ⚖ Haussuchung *f*; Einfall *m* in ein Land; Abhang *m*; course *f* de ~ Abfahrtslauf *m* (*Ski*); *rl.* ~ de croix Kreuzabnahme; ~ de lit Bettvorleger *m*; ✈ ~ en piqué Sturzflug *m*.

descript|eur [dɛskrip'tœ:r] *m* Beschreiber; **~if** [~'tif] beschreibend; **~ion** [~'sjɔ̃] *f* Beschreibung; Verzeichnis *n*; ⚙ Zeichnung e-r Linie.

désembouteillage [dezɑ̃buteˈjaːʒ] *m* Verkehrsumlenkung *f*.

désembrayer ⊕ [dezɑ̃brɛ'je] (1i) ausrücken; aus-, ent-, loskuppeln.

désembuage *Auto* [~'bɥa:ʒ] *m* Beseitigung *f* des Beschlagenseins (*der Scheiben*).

désemparer [dezɑ̃pa're] *v/i.* (1a) e-n Ort räumen; sans ~ *fig.* widerspruchslos, auf der Stelle; *v/t.* aus den Fugen bringen; *ein Schiff od.* Flugzeug manövrierunfähig machen.

désemplir [dezɑ̃'pliːr] (2a) *v/t.* leeren, abfüllen; *v/i. mst. nég.*: ne pas ~ nie leer werden. [ketten.\

désenchaîner [dezɑ̃ʃɛ'ne] (1b) losdésenchanter [dezɑ̃ʃɑ̃'te] (1a) entzaubern; *fig.* ernüchtern.

désenfl|ement [dezɑ̃flə'mɑ̃] = **~ure**; **~er** [~'fle] (1a) *Geschwulst* dünner machen *od.* werden; *Ballon* entleeren; **~ure** [dezɑ̃'fly:r] *f* Abnehmen *n* der Geschwulst.

désenivrer [dezɑ̃ni'vre] (1a) nüchtern (*fig.* besonnen) machen.

désennuyer [dezɑ̃nɥi'je] *v/t.* (1h) ~ *q.* j-m die Langeweile vertreiben; se ~ sich die Zeit vertreiben.

désenrayer [dezɑ̃rɛ'je] (1i) den Hemmschuh wegnehmen *von*; ⚔ *Gewehr* entsichern; ⊕ wieder in Gang bringen.

désenvenimer [dezɑ̃vəni'me] (1a) entgiften.

déséquilibre [dezeki'librə] *m* Gleichgewichtsstörung *f*; Mißverhältnis *n*.

déséquilibré [dezekili'bre] (7) aus

désert — 165 — **désorienter**

dem (seelischen) Gleichgewicht gebracht, labil.
désert [de'zɛːr] **1.** adj. wüst, öde; **2.** m Wüste f, Einöde f; **~er** [dezɛr'te] v/t. (1a) Ort verlassen; fig. abfallen von; v/i. ausreißen; ⚔ desertieren; **~eur** [~'tœːr] m ⚔ Deserteur m, Überläufer, Fahnenflüchtige(r); **~ion** [~'sjɔ̃] f Abtrünnigwerden n, ⚔ Fahnenflucht; pol. Abfall m; des campagnes Landflucht der Bauern.
désespérance [dezɛspe'rɑ̃ːs] f Hoffnungslosigkeit.
désesp|érer [dezɛspe're] v/i. (1f) verzweifeln (de an dat.); v/t. in Verzweiflung bringen; **~oir** [~'pwaːr] m Verzweiflung f; en ~ de cause aus Verzweiflung.
déshabill|é [dezabi'je] m Hauskleid n, Morgenrock m, Negligé n; **~er** [~] (1a) entkleiden, ausziehen; se ~ sich ausziehen.
déshabituer [dezabi'tɥe] v/t. (1a): ~ q. (se ~) de qch. j-m (sich) etw. abgewöhnen.
désherbant ✗ [dezɛr'bɑ̃] m Unkrautvertilgungsmittel n.
déshériter [dezeri'te] (1a) enterben.
déshonn|ête [dezɔ'nɛt] unanständig, **~té** [~nɛ'te] f Unanständigkeit.
déshonneur [dezɔ'nœːr] m Schande f.
déshonorer [dezɔnɔ're] (1a) entehren; verunstalten.
déshuileur ⊕ [desɥi'lœːr] m Entöler m.
déshumidification [dezymidifika'sjɔ̃] f Entfeuchtung f.
desiderata [dezidera'ta] m/pl. Wünschenswertes n, Wünsche m/pl.; Desideratenliste f, Bücherwunschliste f.
design|ation [desiɲa'sjɔ̃] f Bezeichnung f; **~er** [~'ɲe] (1a) bezeichnen, anzeigen; ernennen, bestimmen.
désillusionner [dezilyzjɔ'ne] (1a) enttäuschen.
désinfecter [dezɛ̃fɛk'te] (1a) desinfizieren, entseuchen.
désintégr|ation [dezɛ̃tegra'sjɔ̃] f Zerfall m, Auflösung; phys. Kernspaltung f, Atomzertrümmerung f; **~er** a. at. [~'gre] (1g) zersetzen.
désintéress|é [dezɛ̃terɛ'se] uninteressiert; unbeteiligt; uneigennützig; **~ement** [~s'mɑ̃] m Uninteressiertheit f, Teilnahmslosig-

keit f; Uneigennützigkeit f; **~er** [~'se] (1a) entschädigen; se ~ das Interesse verlieren (de an dat.).
désinvolte [dezɛ̃'vɔlt] ungezwungen, ungeniert; lässig, nonchalant; péj. keß, achtlos.
désinvolture [dezɛ̃vɔl'tyːr] f Ungezwungenheit f; (allzu große) Ungeniertheit f; péj. Achtlosigkeit f; Nonchalance f.
désir [de'ziːr] m Wunsch; Begierde f; ~ de s'instruire Wissensdrang; **~able** [~'rabl] wünschenswert; **~er** [~'re] (1a) wünschen, begehren; **~eux** [~'rø] (7d): ~ de begierig nach (dat.).
désist|ement [dezistə'mɑ̃] m Verzicht; **~er** [dezis'te] (1a): se ~ de qch. von etw. absehen, auf etw. verzichten.
désobé|ir [dezɔbe'iːr] (2a) ungehorsam sein; **~issance** [~bei'sɑ̃ːs] f Ungehorsam m.
désobliger [dezɔbli'ʒe] (1l): ~ q. j-m e-n schlechten Dienst erweisen, unfreundlich begegnen.
désob|struction [dezɔpstryk'sjɔ̃] f Freimachung; ✱ Beseitigung f e-r Verstopfung; **~struer** [~stry'e] (1a) frei machen; ✱ von Verstopfung befreien.
désœuvr|é (7) [dezœ'vre] **1.** adj. (gern) untätig; **2.** su. Müßiggänger (-in f) m; **~ement** [~vrə'mɑ̃] m Untätigkeit f, Müßiggang.
désol|ant [dezɔ'lɑ̃] (nach su.) (7) betrübend, trostlos; **~ation** [~la'sjɔ̃] f Trostlosigkeit; Verwüstung; **~é** [~'le] (7) ganz niedergeschlagen, tief betrübt; **~er** [~'le] (1a) aufs tiefste betrüben; verheeren, verwüsten; se ~ sich (ab-) grämen, bekümmert sein.
désopil|ant [dezɔpi'lɑ̃] (7) ulkig; **~er** ✱ [~'le] von e-r Verstopfung befreien; fig. ~ la rate à q. j-n zum Lachen bringen.
désordonn|é [dezɔrdɔ'ne] (7) unordentlich; **~er** [~] (1a) in Unordnung bringen.
désordre [de'zɔrdrə] m Unordnung f, Verwirrung f; Störung f; Unruhe f; Aufruhr.
désorganisation [dezɔrganiza'sjɔ̃] f Störung der Ordnung f; fig. Auflösung, Zerrüttung.
désorienter [dezɔrjɑ̃'te] (1a) irreführen, verwirren.

désormais [dezɔr'mɛ] von nun an, künftig.

désoss|é [dezo'se] *m* Schlangenmensch; **~er** [~] (1a) *cuis.* die Knochen entfernen; *Fisch* ausgräten; *fig.* zerlegen.

despot|e [des'pɔt] *m* Despot; **~ique** [~'tik] despotisch, herrisch, willkürlich; **~isme** [~'tism] *m* Despotismus *m*, Gewaltherrschaft *f*.

dessaisir [desɛ'zi:r] (2a): se ~ de *qch.* etw. aus den Händen geben.

dessal|é [desa'le] *fig.* ganz gerissen; **~er** (1a) entsalzen; F gewitzt machen.

dessécher [dese'ʃe] (1f) (aus-) trocknen, entwässern; dörren; *magerer* machen; *Gefühl* abstumpfen; se ~ vertrocknen. [*à ~* absichtlich.]

dessein [de'sɛ̃] *m* Absicht *f*, Zweck;

desseller [desɛ'le] (1a) absatteln.

desserr|e [de'sɛ:r] *f*: F être dur à la ~ sich schwer vom Gelde trennen; **~er** [~sɛ're] (1b) locker-, losmachen, *Knoten* aufmachen.

dessert [de'sɛr] *m* Dessert *n*, Nachtisch; **~e** [~'sɛrt] *f* Anrichtetisch *m*; *rl.* Seelsorge *f*; *chemin m de* ~ Zufahrtstraße *f*.

desserv|ant [desɛr'vɑ̃] *m* (katholischer) Pfarrverweser, Vi'kar; **~ir** [~'vi:r] (2b) *Speisen* abtragen, *den Tisch* abdecken; ~ *usw.* (regelmäßig) fahren über (*od.* durch); ~ *q.* j-m schaden; ~ (*une paroisse*) den Kirchendienst versehen; ~ *un endroit* die Verbindung mit e-m Ort herstellen.

dessiccatif [desika'tif] (7e) austrocknend.

dessiller [desi'je] (1a): ~ *les yeux à q.* j-m die Augen öffnen.

dessin [de'sɛ̃] *m* Zeichnung *f*; Plan; Muster *n*; Zeichenkunst *f*; ~ *à main levée* Freihandzeichnen *n*; ~ *animé Kino*: Trickfilm; ~ *industriel* technisches Zeichnen *n*; ~ *en coupe* Querzeichnung *f*; **~ateur** *m*, **~atrice** *f* [desina'tœ:r, ~'tris] Zeichner(in *f*) *m*; **~** *publicitaire* Reklamezeichner(in *f*) *m*; **~er** [desi'ne] (1a) zeichnen; hervortreten lassen; *se ~* sichtbar werden, sich hervorheben.

dessouder ⊕ [desu'de] (1a) loslöten; *se ~* sich lösen; abgehen.

dessouler F [desu'le] (1a) nüchtern machen.

dessous [də'su] **1.** *adv.* darunter, unten: *vêtements m/pl. de ~* Unterbekleidung *f*; *en ~* (nach) unten; *fig.* versteckt, heimlich; **2.** *m* Unterseite *f*, -teil *n*; *thé.* Versenkung *f*; *fig.* Kehrseite *f*; ~ *f.* Damenunterwäsche *f*; ~ *de bras* Armblatt *n* (*Kleid*); ~ *de verre* Bierdeckel *m*; *avoir le* ~ den kürzeren ziehen.

dessus [də'sy] **1.** *adv.* darüber, oben (d[a]rauf); *vêtements m/pl. de ~* Oberbekleidung *f*; **2.** *prp.*: *de la table* vom Tische weg; **3.** *m* Oberteil *n*, obere Seite *f*; *fig.* Oberhand *f*; Sieg; ♪ Diskant(ist); *pl. thé.* Schnürboden *m*; *avoir le* ~ die Oberhand behalten; *le ~ du panier* das Beste *n*; ~ *de table* Tischblatt *n*.

destin [dɛs'tɛ̃] *m* Schicksal *n*, Los *n*, Verhängnis *n*; **~ataire** [dɛstina-'tɛ:r] *su.* Empfänger(in *f*) *m*; **~ation** [~nɑ'sjɔ̃] *f* Bestimmung(sort *m*); *à ~ de* 🚢, ✈ nach; **~ée** [~'ne] *f* Schicksal *n*; **~er** [~] (1a) bestimmen, ausersehen.

destitu|er [dɛsti'tɥe] (1a) absetzen; **~tion** [~ty'sjɔ̃] *f* Absetzung.

destrier [dɛstri'e] *m poét.* Schlachtroß *n*. [störer.)

destroyer ⚓ [dɛstrɔ'jœ:r] *m* Zer-)

destruct|eur [dɛstryk'tœ:r] (7f) **1.** *adj.* verheerend; **2.** *m.* Zerstörer; **~if** [~'tif] (7e) zerstörend; **~ion** [~k'sjɔ̃] *f* Zerstörung; Vernichtung *f*.

désuétude [desɥe'tyd] *f*: *tomber en* ~ außer Gebrauch kommen.

désun|ion [dezy'njɔ̃] *f* Trennung, Entzweiung; *fig.* Zwietracht; **~ir** [~'ni:r] (2a) *fig.* entzweien.

détachement ⚔ [detaʃ'mɑ̃] *m* Abteilung *f*, Trupp *m*, Kommando *n*.

détacher 1. [deta'ʃe] (1a) abmachen, -reißen, losbinden; trennen; ⚡ abschalten; ♪ abstoßen (*staccato*); ⚔ abkommandieren; **2.** [~] (1a) von Flecken reinigen.

détail [de'taj] *m* Einzelheit *f*; ✝ Einzelverkauf; ✝ Kleinhandel; *en* ~ ausführlich; ✝ *vendre en* ~ einzeln (*od.* en détail) verkaufen; **~lant** [~'jɑ̃] *m* Kleinhändler; **~ler** [~'je] (1a) ✝ zerlegen; im kleinen verkaufen; *fig.* umständlich erzählen.

détaler [deta'le] (1a) **1.** *abs.* wieder einpacken (*nach e-r Messe*); **2.** *v/i.* F sich packen, ausreißen.

détecter [detɛk'te] (1a) auf-, entdecken.

détecteur *rad.* [detɛk'tœ:r] *m* Detektor.

détective [detɛk'ti:v] *m* Detektiv, Geheimpolizist.

déteindre [de'tɛ̃:drə] *v/t.* (4b) entfärben; *v/i. u. se* ~ abfärben, nicht die Farbe halten (*a. fig.*).

dételer [det'le] (1c) ab-, ausspannen; ⊕ loskuppeln.

détendre [de'tɑ̃:drə] (1a) ab-, ent-, lossspannen; ⊕ absperren.

détenir [det'ni:r] (2h) zurückhalten; im Besitz haben; *fig.* vorenthalten; ✠ gefangenhalten.

détent|**e** [de'tɑ̃:t] *f* Losdrücken *n e-r Schußwaffe*; Abzug *m*, Drücker *m*; *fig. a. pol.* Entspannung *f*; **~eur** *m*, **~rice** *f* [~'tœ:r, ~'tris] Inhaber(in *f*) *m*; *Sport* ~ *de titre* Titelverteidiger; **~ion** [~'sjɔ̃] *f* Haft; Besitz *m*; ~ *cellulaire* Einzelhaft; ✠ *préventive* Untersuchungshaft; Schutzhaft *f*. [Inhaftierte(r).]

détenu ✠ [de'tny] *su.* Häftling,⏎
déterger ⚕ [detɛr'ʒe] (1l) reinigen.

détériorer [deterjɔ're] (1a) verschlechtern; beschädigen.

détermin|**ation** [detɛrminɑ'sjɔ̃] *f* Bestimmung; Entschließung; *a. pol.* entschlossene Haltung; **~é** [~'ne] *fig.* entschlossen; **~er** [~] (1a) bestimmen; näher angeben, festsetzen; ~ *à* (od. *à faire*) *qch.* j-n zu etw. veranlassen; ~ (*de faire*) *qch.* etw. (*zu tun*) beschließen.

déterrer [detɛ're] (1b) ausgraben, *Schätze* heben; *fig.* ausfindig machen.

détersif [detɛr'sif] *m* ⚕ Reinigungsmittel *n*.

détest|**able** [detɛs'tablə] abscheulich; **~er** [~'te] (1a) verabscheuen.

déton|**ation** [detɔnɑ'sjɔ̃] *f* Knall *m*; **~er** [~'ne] (1a) explodieren; *mélange détonant* explosible(s) Gemisch *n*.

détonner ♪ [detɔ'ne] (1a) vom Ton abweichen; falsch singen.

détordre [de'tɔrdrə] (4a) auf-, auseinanderdrehen.

détorquer [detɔr'ke] (1m) (*Worte*) verdrehen, falsch deuten.

détors [de'tɔ:r] auseinandergedreht, aufgefädelt.

détortiller [detɔrti'je] (1a) auf-, auseinanderwickeln.

détour [de'tu:r] *m* Krümmung *f*; Umweg; Ausrede *f*; *sans* ~*s* ohne Umschweife.

détourn|**é** [detur'ne] (7) abgelegen; **~ement** [deturnə'mɑ̃] *m* Ablenken *n*; 🚢 Umleitung *f*; Unterschlagung *f*; **~er** [~'ne] *v/t.* (1a) *vom Wege* ablenken; 🚢 umleiten; *j-n von etw.* abziehen; *heimlich auf die Seite* schaffen, unterschlagen; ~ *qch. de q. et-. von j-m abwenden*; ~ *la vérité* die Wahrheit verdrehen; *se* ~ *de qch.* (*od.* sich von etw. (von j-m) abwenden.

détracteur [detrak'tœ:r] *m* Verleumder.

détraqu|**é** [detra'ke] *m* Verrückte(r); *adj.* ⚙ kaputt; verrückt, übergeschnappt; *il est* ~ *er* spinnt *fig.*, er hat e-n Rappel; **~er** [~] (1m) in Unordnung bringen; zerrütten; F kaputt machen.

détremp|**e** [de'trɑ̃:p] *f* Wasserfarbe; **~er** [~'trɑ̃'pe] (1a) ein-, anrühren (*Farben*); *Stahl* enthärten.

détresse [de'trɛs] *f* (höchste) Not.

détriment [detri'mɑ̃] *m* Schaden, Nachteil.

détrit|**er** [detri'te] (1a) *Oliven* zerquetschen; **~oir** [~'twa:r] *m* Olivenpresse *f*; Ölpresse *f*.

détritus [detri'tys] *m/pl.* Schutt *m*, Abfälle *m/pl.*; *géol.* Detritus *m*, Geröll *n*; *biol.* Aufschwemmung *f* (*v. Exkrementen im Wasser*).

détroit [de'trwa] *m* Meerenge *f*; Engpaß.

détromper [detrɔ̃'pe] (1a) e-s Besseren belehren; *se* ~ s-n Irrtum erkennen.

détrôner [detro'ne] (1a) entthronen; *fig.* verdrängen.

détrouss|**er** [detru'se] (1a) *Kleid* herunterlassen; ausplündern; **~eur** [~'sœ:r] *m* Straßenräuber.

détruire [de'trɥi:r] (4c) zerstören.

dette [dɛt] *f* (Geld-)Schuld *f*.

deuil [dœj] *m* Trauer *f*; Trauerkleidung *f*; *fig.* Trauer-zeit *f*, -zug.

deux [dø] **1.** *adj./n c.* zwei; *les* ~ (die) beide(n); *tous (les)* ~ alle beide; ~ *à* ~ zu zweien; *en* ~ in zwei Teile(n), entzwei(*schneiden*); *tous les* ~ *jours*, *de* ~ *jours l'un* alle zwei Tage; *nous* ~ wir beide; *partager en* ~ halbieren; **2.** *m* Zwei *f*; **~ième** [dø'zjɛm] *adj./n o.* zweite(r); **~ièmement** [døzjɛm'mɑ̃] *adv.* zweitens.

deux-pièces [dø'pjɛs] *m* Deux--pièces *n*, zweiteiliges Kleid *n*; Zweizimmerwohnung *f*.

deux points [dø'pwɛ̃] *m/pl.* Doppelpunkt *m*.

dévaler [deva'le] (1a) hinunterlassen, -schaffen; *Auto:* herunterbrausen (*die Straße*); hinunterstürzen; herabrollen, -fließen.

dévaliser [devali'ze] (1a) ausplündern.

dévalorisation [devalɔriza'sjɔ̃] *f* Ent-, Abwertung *f*; ~**er** [~'ze] (1a) ent-, abwerten.

dévaluer [deva'lɥe] (1a) abwerten.

devancer [d(ə)vɑ̃'se] *v/t.* (1k) vor *j-m* hergehen; *j-m* zuvorkommen *j-m* überlegen sein; *j-s* Vorgänger sein; vorhergehen; ~**ier** *m*, ~**ière** *f* [~'sje, ~'sjɛːr] Vorgänger(in *f*) *m*, Vorfahr.

devant [d(ə)'vɑ̃] **1.** *adv.* vorn, voran; **2.** *prp.* vor (*dat. u. acc.*); gegenüber (*dat.*); **3.** *m* Vorderteil *m u. n*; Vorderste(s) *n*; *prendre les* ~*s*: a) zuvorkommen (vorausreisen); b) e-n Vorsprung gewinnen; *sur le* ~ nach vorn heraus; ~**ure** [d(ə)vɑ̃'tyːr] *f* Schaufenster *n*.

dévastation [devasta'sjɔ̃] *f* Verwüstung *f*; ~**er** [~'te] (1a) verheeren.

déveinard F [devɛ'naːr] *m* Pechvogel; ~**e** F [~'vɛn] *f* Pech *n*; *avoir de la* ~ Pech haben.

développement [~lɔp'mɑ̃] *m* Entwicklung *f*; ~**er** [~lɔ'pe] (1a) entwickeln; *fig.* entwirren; *inutile de* ~ mehr brauche ich nicht zu sagen.

devenir [dəv'niːr] (2h) werden; *m:* Werden *n*, Entstehung *f*.

dévergondé [devɛrgɔ̃'de] schamlos.

déverrouiller [devɛru'je] (1a) aufriegeln.

devers [də'vɛːr] **1.** *adj.* schief; **2.** *m* schiefe Kante *f*; 🚗 Überhöhung *f*; ~**er** [~vɛr'se] *v/t.* (1a) krümmen, abfließen lassen, ableiten; ausschütten *fig.* (*z. B. Kenntnisse durch Rundfunk etc.*); *v/i.* △ schief stehen; sich werfen (*Holz*); ~**oir** [~'swaːr] *m* Wasserablaß *m*; Abflußrinne *f*.

dévêtir [devɛ'tiːr] (2g) entkleiden; 🕮 *se* ~ *de qch.* sich e-r Erbschaft *usw.* begeben.

déviation [devja'sjɔ̃] *f* Abweichung *f* von der Bahn; Ausschlag *m* e-s Zeigers; ~ *routière* Umleitung *f* (*des Weges*); ~**nisme** *pol.* [~vjasjɔ'nism]

m Ablenkungsmanöver *n*; Diversantentum *n*; ~**niste** *pol.* [~sjɔ'nist] *su. u. adj.* Diversant *m*, Abtrünnige(r); abtrünnig.

dévider [devi'de] (1a) abhaspeln, -spulen, -wickeln; ~**oir** [~'dwaːr] *m* Schlauchtrommel *f*, -haspel *f*.

dévier [de'vje] (1a) *von etw.* abweichen *od.* abweichend machen; umleiten (*Verkehr*).

devin *m*, ~**eresse** *f* [d(ə)'vɛ̃, d(ə)vin'rɛs] Wahrsager(in *f*) *m*; ~**er** [d(ə)vi'ne] (1a) (er)raten; wahrsagen; ~**ette** [d(ə)vi'nɛt] *f* Rätsel *n*; Scherzfrage; ~**eur** F [d(ə)vi'nœːr] *m* Errater *m*.

devis [d(ə)'vi] *m* Kostenanschlag.

dévisager [deviza'ʒe] (1l) scharf ansehen.

devise [d(ə)'viːz] *f* Wahlspruch *m*, Motto *n*; 🕮 ~*s f/pl.* Devisen *f/pl.*

deviser [d(ə)vi'ze] (1a) vertraulich miteinander plaudern.

dévisser [devi'se] (1a) losschrauben, P ~ (*son billard*) abnippeln, sterben.

dévitaliser 🦷 [devitali'ze]: ~ *une dent* den Nerv e-s Zahns abtöten.

dévoiement 🕮 [devwa'mɑ̃] *m* Durchfall; △ schiefe Neigung *f*.

dévoiler [devwa'le] (1a) entschleiern, enthüllen.

devoir [d(ə)'vwaːr] (3a) **1.** schulden, schuldig sein; müssen, sollen; verdanken; **2.** *m* Pflicht *f*, Schuldigkeit *f*; *schriftl.* Schularbeit *f*; *aller rendre ses* ~*s* (*pl.*) *j-m s-e* Aufwartung machen.

dévolu [devɔ'ly] (7) heim-, zugefallen; zufallend (*Rolle*); *jeter son* ~ *sur gern* haben wollen; (s)ein Auge werfen auf (*acc.*).

dévorant [devɔ'rɑ̃] (7) reißend (*Tier*), gefräßig; ~**er** [~'re] (1a) zerfleischen, verzehren, ruinieren; verschlingen; *Auto: Kilometer* fressen.

dévot [de'vo] (7) **1.** *adj.* fromm; *péj.* frömmelnd; **2.** *su.* Andächtige(r); getreuer Anhänger *m*; *péj.* Frömmler(in *f*) *m*; ~**ion** [devo'sjɔ̃] *f* Andacht; Ehrerbietung.

dévoué [devu'e] (7) ergeben; ~**ement** [devu'mɑ̃] *m* Ergebenheit *f*-Aufopferung *f*; ~**er** [devu'e] (1a) weihen, widmen; preisgeben, aufopfern.

dévoyé [devwa'je] *su.* Entarteter *m*; ~**er** [~] (1h) irreführen; △

dextérité — **diffuser**

schief bauen; ♂ Durchfall verursachen. [lichkeit.\
dextérité [dɛksteri'te] f Geschick-\
dextrose [dɛks'tro:z] f Traubenzucker m.\
dézinguer * [dezɛ̃'ge] (1m) umbringen, töten.\
diab|ète ♂ [dja'bɛt] m Zuckerkrankheit f; **~étique** [~be'tik] m Zuckerkranker.\
diabl|e ['djablə] m Teufel; ⊕ Stein-, Sack-karre f; bon ~ guter Kerl; ~ d'homme Teufelskerl; au ~ vauvert sehr weit; **~ement** F [djablə'mɑ̃] adv. verteufelt; äußerst; **~erie** [djablə'ri] f Teufelei; **~esse** [dja'blɛs] f Teufelin, Teufelsweib n, Satan m (v. e-r Frau); **~otin** [~blɔ'tɛ̃] m Teufelchen n; F (kleiner) Schlingel. [abscheulich.\
diabolique [djabɔ'lik] teuflisch;\
diacre ['djakrə] m Diakonus.\
diadème [dja'dɛm] m Stirnband n.\
diagnost|ic ♂ [djagnɔs'tik] m Diagnose f; établir un ~ e-e Diagnose stellen; **~ique** [~] diagnostisch; **~iquer** [~ti'ke] (1m) (Art der Krankheit) zu erkennen suchen od. feststellen.\
diagonal ⚔ [djagɔ'nal] (5c) schräg.\
diagramme [dja'gram] m (Ab-)Riß, Skizze f, Entwurf m.\
dialecte [dja'lɛkt] m Dialekt m, Mundart f.\
dialo|gue [dja'lɔg] m Dialog m, Zwiegespräch n; pol. Gespräch n; **~guer** [~lɔ'ge] (1m) in Gesprächsform kleiden od. reden; **~guiste** cin. [~'gist] m Dialogschreiber m.\
diamant [dja'mɑ̃] m Diamant; **~er** [~'te] (1a) mit Diamanten besetzen; wie Diamant leuchten machen; **~in** [~'tɛ̃] od. diamanten, wie Diamant hart od. leuchtend.\
diamètre ⚔ [dja'mɛtrə] m Durchmesser.\
diane ⚔, ⚓, litt. [djan] f Wecken n.\
diantre int. ['djɑ̃:trə] m Teufel!\
diapason [djapa'zɔ̃] m Stimmumfang; ♪ Stimmgabel f; fig. Stimmung f, Ton; **~normal** Kammerton.\
diaphane [dja'fan] durchsichtig.\
diaphragm|e [dja'fragm] m Scheidewand f; Zwerchfell n; phot. Blende f; Grammophon: Schalldose f; **~er** phot. [~'me] (1a) abblenden. [Diapositiv n.\
diapositive phot. [djapozi'ti:v] f\

diapré [dja'pre] vielfarbig, bunt.\
diarrhée ♂ [dja're] f Durchfall m.\
diatribe [dja'trib] f Schmähschrift.\
dict|aphone [dikta'fɔn] m Diktiergerät n; **~ée** [~'te] f Diktat n; sous la ~ nach Diktat; **~er** [~] (1a) diktieren; vorschreiben; **~ion** [dik'sjɔ̃] f Vortragsart f; Stil m; **~ionnaire** [diksjɔ'nɛ:r] m Wörterbuch n; ~ illustré Bildwörterbuch n; **~on** [dik'tɔ̃] m sprichwörtliche Redensart f.\
dièse ♪ [djɛ:z] m Kreuz (s) n; **diéser** [dje'ze] (1f) mit e-m Kreuz versehen.\
diète 1. ♂ [djɛt] f Diät; ~ absolue völlige Diät; **2.** [~] hist. Reichs-, Bundes-, Landtag m; heute: ⚔ fédérale (Deutscher) Bundestag m.\
Dieu [djø] m Gott; grâce à ~!, ~ merci! Gott sei Dank!; (2x pl.) Gott(heit f), pl. Götter.\
difa arab. [di'fa] f Empfangsschmaus m.\
diffam|ant, ~atoire [difa'mɑ̃, ~ma'twa:r] ehrenrührig; **~ateur** [~ma'tœ:r] m Verleumder m; **~ation** [~ma'sjɔ̃] f Verleumdung f; **~er** [~'me] (1a) verleumden, diffamieren.\
différ|emment [difera'mɑ̃] adv. (in) verschieden(er Weise), abweichend; ~ de anders als ...; **~ence** [~'rɑ̃:s] f Unterschied m; **~encier** [~rɑ̃'sje] (1a) unterscheiden; **~end** [~'rɑ̃] m Meinungsverschiedenheit f, Streit m; Streitsache f; **~ent** [dife'rɑ̃] (7) verschieden; c'est ~ das ist etw. anderes; **~entiel** Auto, ⚙ [~rɑ̃'sjɛl] m Differential n, Ausgleichsgetriebe n; **~er** [~'re] v/t. (1f) aufschieben; v/i. voneinander abweichen, verschieden sein.\
difficile [difi'sil] schwierig; anspruchsvoll; schwer erziehbar.\
difficult|é [difikyl'te] f Schwierigkeit; Einwendung f; ~ de paiement Zahlungsschwierigkeit; **~eux** [~'tjø] ⚔ kleinlich; abus. schwierig, querköpfig; mühselig, knifflig.\
difform|e [di'fɔrm] mißgestaltet, **~ité** [~mi'te] f Mißgestaltung, Häßlichkeit.\
diffracter [difrak'te] (1a) phys. (Licht) brechen.\
diffus [di'fy] weit ausgebreitet; zerstreut (Licht); fig. breit, weitschweifig; **~er** [~'ze] (1a) zer-

diffuseur — 170 — **directoire**

streuen; verbreiten; *rad.*: senden; **~eur** [~'zœ:r] *m rad.* Lautsprecher; **~ion** [~'zjɔ̃] *f* Ausbreitung; *fig.* Weitschweifigkeit; *Nachrichten:* Verbreitung; *rad.* Sendung.

digérer [diʒe're] (1f) verdauen.

digest|if [diʒɛs'tif] (7e) *a. m.* verdauungsförderndes (Mittel *n*); **~ion** [diʒɛs'tjɔ̃] *f* Verdauung.

digital [diʒi'tal] Finger...

digitale ♀ [diʒi'tal] *f* Fingerhut *m*.

dign|e [diɲ] würdig, wert; ~ d'*efforts* erstrebenswert; **~itaire** [diɲi'tɛ:r] *m* Würdenträger; *pol.* Hoheitsträger *m*; **~ité** [~ɲi'te] *f* Würde; Ehrenamt *n*.

digression [digre'sjɔ̃] *f* Abschweifung; *ast.* Abweichung.

digue [dig] *f* Damm *m*, Deich *m*.

diktat *pol.* [dik'tat] *m* Diktat *n*.

dilapider [dilapi'de] (1a) verschwenden. [terung.)

dilatation [dilata'sjɔ̃] *f phys.* Erweiterung; *fig.* ~ *le cœur* das Herz erfreuen; **~oire** ⚖ [~'twa:r] *adj.* Aufschub bewirkend, dilatorisch.

dilection *rl.* [dilɛk'sjɔ̃] *f* Liebe.

dilemme [di'lɛm] *m* Verlegenheit *f*.

dilettant|e [dilɛ'tɑ̃:t] *m* Kunstliebhaber *m*; *péj.* Dilettant *m*, Stümper *m*; **~isme** [~tɑ̃'tism] *m* Kunstliebhaberei *f*; *péj.* Dilettantismus *m*, Stümperei *f*.

diligen|ce [dili'ʒɑ̃:s] *f* Sorgfalt; Eile; *hist.* Postkutsche; **~t** [~'ʒɑ̃] sorgfältig; prompt, flink.

dilu|er [di'lɥe] (1a) *mit Wasser usw.* verdünnen; **~tion** [dily'sjɔ̃] *f* Verdünnung.

diluvien [dily'vjɛ̃] (7c) sintflutlich; *fig.* pluie *f* ~ne Wolkenbruch *m*.

dimanchard [dimɑ̃'ʃa:r] *su.* Sonntagsausflügler(in *f*) *m*.

dimanche [di'mɑ̃:ʃ] *m* Sonntag; le ~ sonntags; ~ *gras* Sonntag vor Aschermittwoch; *jamais de* ~ *?* nie e-n Sonntag?, nie Ruhe?

dîme *féod.* [di:m] *f* Zehnte.

dimension [dimɑ̃'sjɔ̃] *f* Ausdehnung; F *prendre les* ~*s de q.* j-n abtaxieren (*od.* einschätzen); **~nement** ⊕ [~sjɔn'mɑ̃] *m* Dimensionierung.

dîmer *féod.* [di'me] (1a) den Zehnten erheben von ([*sur*] *qch.* von etw.).

diminu|é [dimi'nɥe] *m*: ~ *physique*

Körperbehinderte(r) *m*; **~er** [~] (1a) *v/i.* kleiner werden; **~er** *herunter*gehen; *v/t.* kleiner machen; schmälern; ✝ herabsetzen; **~tion** [~ny'sjɔ̃] *f* Verminderung; *Preise:* Abbau *m*, Senkung. [ware.⎰

dinanderie [dinɑ̃'dri] *f* Messing-⎱

dind|e [dɛ̃:d] *f* Truthenne; F dumme Pute; **~on** [dɛ̃'dɔ̃] *m* Truthahn; F Einfaltspinsel *m*.

dîn|er[1] [di'ne] (1a) zu Abend (*ehm.* zu Mittag) essen; **~er**[2] [~] *m* Abendessen *n*; *~-débats* Arbeitsessen *n*; **~eur** [di'nœ:r] *m* Tischgast.

dingo [dɛ̃'go] *m zo.* Dingo; P ~ Verrückter; *adj.* verrückt.

diocèse [djɔ'sɛ:z] *m* Diözese *f*.

diphtérie ⚕ [difte'ri] *f* Diphtherie *f*.

diphtongue *gr.* [dif'tɔ̃:g] *f* Diphthong *m*.

diploma|te [diplɔ'mat] *m* Diplomat; **~tie** [diplɔma'si] *f* Diplomatie; diplomatische Beziehungen; diplomatisches Personal *n*; **~tique** [~'tik] **1.** *adj.* diplomatisch; schlau; **2.** *f* Diplomatik, Urkundenlehre.

diplôm|e [di'plo:m] *m* Urkunde *f*, Diplom *n*; **~é** [~plo'me] (*staatlich*) geprüft; *ingénieur m* ~ Diplomingenieur *m*.

dire [di:r] (4m) **1.** sagen; deklamieren, vortragen; ~ *de mit inf.* befehlen; *vouloir* ~ bedeuten; *à vrai* ~ offen gestanden; *fig.* c'est-à-~ das heißt; *cela va sans* ~ das versteht sich von selbst; *c'est tout* ~ damit ist alles gesagt; *pour tout* ~ kurz und gut; *on dirait* man möchte sagen; *se* ~ sich ausgeben für; **2.** ~(*s*) *m (pl.)* Aussage *f*; Gerede *n*.

direct [di'rɛkt] unmittelbar; *en Boxsport:* un ~ *du (poing) droit* ein rechter Gerader *m*; 🚆 *train m* ~ D-Zug *m*.

direc|teur *m* [dirɛk'tœ:r] **1.** *su.* Direktor, Leiter; ~ *m de conscience rl.* Beichtvater; ~ *des créanciers* ✝ Konkursverwalter; ~ *gérant* ✝ Geschäftsführer; **2.** *adj.* leitend; *principe m* ~ Richtschnur *f*; **~tion** [~'sjɔ̃] *f* Richtung; Leitung; Führung *f*, Direktion(sgebäude *n*) *f*; *Auto*, 🚆 Lenkung *f*, Steuerung *f*; **~tive** [~'ti:v] *f* Weisung *f*, Verhandlungsmaßregel, Richtlinie; **~toire** [~'twa:r] *m* Direktorium *n*, Vorstand;

directrice — 171 — **dispersion**

~**trice** [~'tris] f Direktorin, Leitein, ✝ Direktrice.
dirig|eable [diriʒ'zablə] **1.** *adj.* lenkbar; **2.** *m* lenkbares Luftschiff *n*; ~**eant** [~'ʒɑ̃] *m* Leiter; ~**er** [diri'ʒe] (11) führen, leiten, lenken; ~**isme** [~'ʒism] *m* Wirtschaftslenkung *f*.
dirimant ⚖ [~'mɑ̃] aufhebend.
discale ✝ [dis'kal] *f* Gewichtsverlust *m*.
discern|ement [disernə'mɑ̃] *m* Unterscheidung(skraft) *f*; Einsicht *f*; ~**er** [~'ne] unterscheiden; einsehen.
discipl|e [di'siplə] *m* Anhänger, Schüler *m* (*e-s Meisters*, *e-s Gelehrten usw.*); *rl.* Jünger *m*; ~**ine** [~'plin] *f* Disziplin *f*; Unterrichtsfach *n*; *conseil m de* ~ Disziplinargerichtshof *m*; *écol.* ~ *optative* Wahlfach *n*; ~**iner** [disipli'ne] (1a) an Disziplin gewöhnen; *rl.* geißeln.
discobole *Sport* [disko'bɔl] *m* Diskuswerfer.
discontinu [diskɔ̃ti'ny] unterbrochen; ~**er** [~'nɥe] (1a) nicht fortsetzen, unterbrechen; ~ *de* (*mit inf.*) aufhören zu.
disconve|nance [diskɔ̃v'nɑ̃:s] *f* Mißverhältnis *n*; ~**nir** [~'niːr] (2h) in Abrede stellen, leugnen (*de qch. etw.*); ~ *à q.* j-m nicht passen.
disco|parade ♪, *rad.* [diskopa'rad] *f* Schallplattenparade *f*; ~**phile** [diskɔ'fil] *m* Schallplattenliebhaber.
discord|ance [diskɔr'dɑ̃:s] *f* Mißton *m*; ~**ant** [~'dɑ̃] (7) nicht übereinstimmend; ♪ verstimmt; ~**e** [~'kɔrd] *f* Zwietracht; ~**er** ♪ [~kɔr'de] (1a) verstimmt sein.
discothèque [diskɔ'tɛk] *f* Diskothek, Schallplattensammlung.
discour|eur, ~**euse** [disku'rœːr, ~'røːz] Schwätzer(in *f*) *m*; ~**ir** [~'riːr] (2i) ausführlich reden; ~**s** [dis'kuːr] *m* Rede *f*; *faire un* ~ *e-e* Rede halten; ~ *improvisé* Rede *f* aus dem Stegreif; ~ *inaugural* Eröffnungsrede *f*.
discréditer [diskredi'te] (1a) in Mißkredit (Verruf) bringen.
discr|et, ~**ète** [dis'krɛ, ~'krɛt] diskret, zurückhaltend; taktvoll.
discrétion [diskre'sjɔ̃] *f* Zurückhaltung, Verschwiegenheit; (*à nach*) Belieben *n*; ~ *professionnelle* Schweigepflicht; ~**naire** ⚖ [~sjɔ-'nɛːr] dem Ermessen überlassen.

discrimination [diskriminɑ'sjɔ̃] *f* Unterscheidungsvermögen *n*.
disculper [diskyl'pe] (1a): ~ *q. de* j-n rechtfertigen wegen.
discussion [disky'sjɔ̃] *f* Erörterung; *la* ~ *n'est pas là* darum dreht es sich nicht.
discut|ailler *péj.* [diskyta'je] *v/t.* zerreden; ~**er** [disky'te] (1a) erörtern; ⚖ gerichtlich verkaufen lassen.
disert [di'zɛːr] (7) beredt. [sen.]
disette [di'zɛt] *f* Knappheit *f*, Mangel *m*; Teuerung; Hungersnot.
diseu|r *m*, ~**se** *f* [di'zœːr, ~'zøːz] Erzähler *m*; Rezitator *m*; *beau* ~ Schönredner *m*; *diseuse f de bonne aventure* Wahrsagerin.
disgrâce [dis'grɑːs] *f* Ungnade; Mißgeschick *n*.
disgraci|é [disgra'sje] in Ungnade gefallen; ~ (*de la nature*) von der Natur stiefmütterlich behandelt; ~**er** [~] (1a): ~ *q.* j-m s-e Gnade entziehen; ~**eux** [disgra'sjø] (7d) ungraziös; unfreundlich, barsch.
disjoindre [dis'ʒwɛ̃:drə] (4b) trennen.
disjonct|é ⚡ [disʒɔ̃k'te] (7) ausgeschaltet; ~**eur** ⚡ [~k'tœːr] *m* Schalter; ~**ion** [~k'sjɔ̃] *f* Trennung.
dislocation [disloka'sjɔ̃] *f* ⊕ Ausea.-nehmen *n*; ⚕ Ausrenkung; Zerstückelung; ⚔ Truppenverlegung.
disloquer [dislɔ'ke] (1m) ⊕ aus-ea.-nehmen; ⚕ ausrenken; zerstückeln; ⚔ verlegen; zerschlagen, aufreiben.
disparaître [dispa'rɛːtrə] (4z) verschwinden.
dispar|ate [dispa'rat] **1.** *adj.* nicht zs.-passend; **2.** *f* Mißverhältnis *n*; ~**ité** [dispari'te] *f* Ungleichheit *f*; ~**ition** [~ri'sjɔ̃] *f* Verschwinden *n*; ~**u** [~'ry] *adj.* u. *m* ⚔ vermißt; Vermißte(r) *m*.
dispatcher [dispɛt'ʃœːr] *m bsd.* 🚂 Betriebsüberwacher *m*.
dispendieux [dispɑ̃'djø] (7d) kostspielig.
dispens|aire [dispɑ̃'sɛːr] *m* Gesundheitsfürsorgestelle *f*; ~**ateur** [~sa'tœːr] *su.* Austeiler *m*; ~**e** [dis-'pɑ̃:s] *f* Befreiung; ~**er** [~pɑ̃'se] (1a) austeilen; ~ *de qch.* von etw. befreien.
dispers|er [dispɛr'se] (1a) zer-, verstreuen; ~**ion** [~'sjɔ̃] *f* Zerstreuung; ⚔ Auseinanderlegung (*v. Truppen*); Streuung *f* (*Beschuß*).

disponibilité [disponibili'te] f Verfügbarkeit; ~s pl. flüssige Gelder n/pl.
dispos [dis'po] a./m munter, rüstig.
dispos|er [dispo'ze] (1a) disponieren, anordnen; geneigt machen; ~ pour qch. für etw. vorbereiten; ~ de verfügen über (acc.); se ~ à qch. sich für etw. bereit halten; **~itif** [~zi'tif] m ⊕ Vorrichtung f; ⚔ Gliederung f; (Truppen-)Verband m.
disposition [dispozi'sjõ] f 1. Anordnung, Verfügung f; droit m de libre ~ Selbstbestimmungsrecht n; 2. ~ à qch. Lust zu etw., Empfänglichkeit für etw., Anlage; Neigung, Stimmung.
disproportion [disproporˈsjõ] f Mißverhältnis n; **~né** [~sjoˈne] unverhältnismäßig, ungleich.
disput|e [dis'pyt] f (gelehrter) Streit m; Wortwechsel m; Disputierübung; ~ de mots fig. Wortklauberei; **~er** [~'te] v/i. (1a) in Wortwechsel geraten; sich unterhalten, erörtern; v/t. ~ qch. à q. j-m etw. streitig machen; F ~ q. aj-n ausschimpfen; **~eur** [~'tœ:r] streitsüchtig. [tenhändler.\
disquaire [dis'kɛːr] m Schallplat-\
disqualifier [diskali'fje] (1a) für ungeeignet erklären; Sport: ausscheiden.
disque [disk] m Sport: Diskus m; Scheibe f; 🚆 Signalscheibe f; ♪ (Schall-)Platte f; ~ à double face doppelseitige Schallplatte f; téléph. ~ d'appel Wählerscheibe f; 🦴 ~ vertébral Bandscheibe f.
dissection [disɛk'sjõ] f Sezierung, anat. Präparat n; fig. haargenaue Untersuchung.
dissembl|able [disã'blablə] unähnlich; unterschiedlich; **~ance** [~'blɑ̃ːs] f Unähnlichkeit f, Unterschiedlichkeit f.
disséminer [disemi'ne] (1a) aus-, zerstreuen; verbreiten.
dissension [disã'sjõ] f Mißhelligkeit; Zwist m.
dissentiment [disãti'mã] m Meinungsverschiedenheit f.
disséquer [diseˈke] (1f) u. (1m) sezieren; fig. haargenau untersuchen.
dissertation [disɛrtɑ'sjõ] f wissenschaftliche Abhandlung f; écol. (Oberstufen-)Aufsatz m.

dissiden|ce [disiˈdɑ̃ːs] f rl., pol. Abweichung f, Meinungsverschiedenheit; Spaltung f; **~t** rl., pol. [~'dɑ̃] (7) andersdenkend.
dissimilitude [disimili'tyd] f Ungleichartigkeit.
dissimul|ation [disimylɑ'sjõ] f Verstellung f; **~é** [~'le] hinterhältig, heuchlerisch; **~er** [~] (1a) v/t. nicht zeigen, verhehlen; v/i. sich verstellen.
dissipa|teur [disipa'tœːr] (7f) su. Verschwender m; **~tion** [~pɑ'sjõ] f Zerstreutheit; Zerstreuung; Verschwendung; Prasse'rei f; 🌤 Verdunstung f; rad. Streuung f; allg. Verschwinden n.
dissip|é [disi'pe] vergnügungssüchtig; **~er** [~] (1a) aus-ea.-sprengen; zerstreuen; vergeuden; se ~ verschwinden; leichtsinnig werden.
dissocier 🗝 [disɔ'sje] (1a) auflösen, trennen.
dissol|u [disɔ'ly] (7) ausschweifend, liederlich; **~uble** [~'lyblə] (auf)lösbar; **~ution** [~ly'sjõ] f a. 🗝 Auflösung f; fig. Scheidung f; Sittenlosigkeit f; **~vant** [~'vã] m 🗝 Auflösungsmittel n; Nagellackentferner.
dissoudre [di'sudrə] (4bb) auflösen.
dissua|der [disɥa'de] (1a) 1. ~ q. de (faire) qch. j-m etw. abraten; 2. ⚔ ~ un adversaire e-n Gegner abschrecken. [schreckung f.\
dissuasion bsd. ⚔ [~sɥɑ'zjõ] f Ab-\
distanc|e [disˈtɑ̃ːs] f Abstand m, Entfernung f; Standesunterschied m; Zwischenzeit f; Auto: ~ d'arrêt Bremsweg m; phot. ~ focale Brennweite; **~er** [distɑ̃'se] (1k) Sport: überholen; fig. überflügeln; Besuche seltener werden lassen; **~iation** [~sjɑ'sjõ] f Distanzierung f.
distant [dis'tɑ̃] (7) entfernt; fig. zurückhaltend.
distendre [dis'tɑ̃ːdrə] (4a) stark ausdehnen; lockern. [nung.\
distension [distɑ̃'sjõ] f starke Deh-\
distill|er 🗝 [distiˈle] (1a) abziehen, destillieren; **~erie** [distilˈri] f (Branntwein-)Brennerei.
distinct [disˈtɛ̃(ːkt)] unterschieden; deutlich; **~if** [~tɛ̃k'tif] (7e) unterscheidend; Kenn...; **~ion** [~k'sjõ] f Unterscheidung f; Unterschied m; Auszeichnung f; Vornehmheit f.
distingu|é [distɛ̃'ge] hervorragend; vornehm, fein (F); **~er** [~] (1m)

distinguo — 173 — **dodeliner**

unterscheiden; auszeichnen; ~o F [~'go] m: faire un ~ unterscheiden.

distordre [dis'tɔrdrə] (4a) verrenken.

distors [dis'tɔːr] (7) verzerrt; **~ion** [distɔr'sjõ] f Verdrehung; ✱ Verrenkung f; a. rad. Verzerrung f; éc. Preis- u. Lohnmißverhältnis n.

distraction [distrak'sjõ] f ⚖ Trennung f; Entnahme f; allg. Ablenkung; Zerstreuung; Zerstreutheit.

distraire [dis'trɛːr] (4s) absondern, trennen; ✝ unterschlagen; zerstreuen.

distrait [dis'trɛ] (7) zerstreut; a. su.

distribu|er [distri'bɥe] (1a) aus-, verteilen; ab-, einteilen; Dividende ausschütten; **~teur** [~by'tœːr] m Austeiler m; Spender m; Handelsvertretung f; ⊕ Verteiler m; ~ (automatique) (Waren-)Auto'mat; **~tion** [~by'sjõ] f Aus-, Ver-, Einteilung; ⊕, ⚙ Anlage f; ⊕ Steuerung (Lokomotive).

district [dis'trikt] m Bezirk.

dit [di] m Denkspruch m.

diurétique ✱ [djyre'tik] harntreibend.

diurne [djyrn] 1. adj. Tages...; einen Tag dauernd; attaque f ~ Tagesangriff m; températures ~s Tagestemperaturen f/pl.; 2. ~s m/pl. ent. Tagfalter m/pl.

divag|ation [divaga'sjõ] f Abschweifung im Reden; Irrereden n; Flußübertritt m; **~uer** [~'ɡe] (1m) nicht bei der Sache bleiben; irrereden; frei umherlaufen; über die Ufer treten (Fluß).

diverg|ence [diver'ʒãːs] f Auseinanderlaufen n; Abweichung; **~er** [~'ʒe] (1a) auseinanderlaufen.

divers [di'vɛːr] verschieden, unterschiedlich; **~ifier** [~vɛrsi'fje] v/t. (1a) Abwechslung bringen in (acc.); **~ion** [~'sjõ] f Ablenkung; **~ité** [~si'te] f Mannigfaltigkeit f.

divert|ir [diver'tiːr] (2a) ablenken; belustigen; ✝ unterschlagen; **~issement** [~tis'mã] m Belustigung f; thé. Zwischenspiel n.

divette [di'vɛt] f (Operetten-, Kabarett-)Sängerin.

dividende [divi'dãːd] m ✝ Anteil, Dividende f; ⚖ Dividend m.

divin [di'vɛ̃] göttlich; **~ateur** m, **~atrice** f (divina'tœːr, ~'tris) Weis-, Wahrsager(in f) m; **~ation** [~na'sjõ] f Ahnungsvermögen n; **~atoire** [~na'twaːr]: Wahrsage(r)...; baguette f ~ Wünschelrute; **~iser** [~ni'ze] (1a) vergöttern; **~ité** [~ni'te] f Göttlichkeit; Gottheit; fig. Abgott m.

divio★ [di'vjo] m Trickkünstler m.

divis|er [divi'ze] (1a) (ab-, ein-, zer)teilen; ⚖ dividieren; fig. entzweien; **~eur** [~'zœːr] m Divisor, Teiler; **~ible** [~'zibl] teilbar; **~ion** [~'zjõ] f Teilung; a. ⚔ Division; Abteilung; fig. Uneinigkeit.

divorc|e [di'vɔrs] m Ehescheidung f; fig. Trennung f; **~er** [~'se] v/i. (1k) ⚖ sich scheiden lassen (d'avec von).

divulg|ation [divylga'sjõ] f Verbreitung; **~uer** [~vyl'ɡe] (1m) unter die Leute bringen, verbreiten.

dix (gebunden: diz; vor cons.: di; alleinstehend: dis) zehn; **~huit** [di'zɥit, ~'zɥi] achtzehn; **~ième** [di'zjɛm] 1. adj. zehnte(r); zehntel; 2. f ♪ De'zime; ~neuf [di'znœf, ~'nœ] neunzehn; **~sept** [di'sɛt, vor cons. ~'se] siebzehn.

dizain mét. [di'zɛ̃] m Zehnzeiler; **~e** [di'zɛn] f Anzahl f von zehn.

djebel arab. [dʒɛ'bɛl] m Berg m, Gebirge n.

djellaba arab. [dʒɛla'ba] f lange Bluse f.

djihad arab. [dʒi'ad] m heiliger Krieg.

djoun|di arab. [dʒun'di] m Soldat; **~dia** [~'dja] f Krankenschwester f; **~ouds** [~'nu] m/pl. Truppen f/pl., Soldaten m/pl.

do ♪ [do] m C n; ~ dièse Cis n.

docil|e [dɔ'sil] folgsam; gelehrig; **~ité** [~sili'te] f Folgsamkeit f; Gelehrigkeit f.

docker [dɔ'kɛːr] m Hafenarbeiter.

doct|e [dɔkt] gelehrt; **~eur** [~'tœːr] m Doktor; Arzt; **~oral** [dɔktɔ'ral] (5c) Doktor(am)...; pedantisch; **~oresse** [dɔktɔ'rɛs] f Ärztin f; **~rine** [dɔk'trin] f Lehre f, Doktrin f.

document [dɔky'mã] m Urkunde f, Papier n; **~aire** [~'tɛːr] urkundlich; Kino: film m ~ Kulturfilm.

dodeliner [dɔdli'ne] (1a) mit dem Kopfe wackeln; enf. einlullen; sanft hin und her wiegen.

dodiner *enf.* [dɔdi'ne] (1a) *in den Schlaf wiegen; fig.* hätscheln.
dodo *enf.* [dɔ'do] *m* Baba *f*; *faire (son)* ~ *enf.* Heia Heia (*od.* Baba) machen; schlafen.
dodu [dɔ'dy] (7) dick und fett, fleischig, wabbelig.
dogmatique *a. pol.* [dɔgma'tik] *m* Dogmatiker *m*.
dogme [dɔgm] *m* Dogma *n*.
dogu|e *zo.* [dɔg] *m* Dogge *f*; ~**in** *zo.* [dɔ'gɛ̃] *m* junge Dogge *f*.
doigt [dwa] *m* Finger, Zehe *f*; *zo.* Klaue *f*; ~**é** [dwa'te] *m* ♪ Fingersatz; *fig.* Fingerspitzengefühl *n*; ~**er** ♪ [~] (1a) Fingersatz befolgen *od.* hinschreiben; ~**ier** [dwa'tje] *m* Däumling, Fingerling.
doit † [dwa] *m* Soll *n*, Debet *n*.
dol| [dɔl] *m* Arglist *f*; Betrug; ~**éance** [dɔle'ɑ̃:s] *f* Klage, Beschwerde; ~**ent** [~'lɑ̃] (7) kläglich; ~**er** [dɔ'le] (1a) *mit e-m Beil* glätten; dünn schaben (*Gerberei*); ~**oire** ⊕ [dɔ'lwa:r] *f* Schneidemesser *n*; Dünnbeil *n*; △ Mörtelrührschaufel *f*.
domaine [dɔ'mɛn] *m* Besitztum *f*; Staatsgut *n*; ~ *aérien* Luftraum *m*; *fig. dans ce* ~ auf diesem Gebiet.
dôme [do:m] *m* Kuppel *f*; Gewölbe *n*; Dom, Münster *m u. n*; ⊕ Deckel.
domest|icité [dɔmɛstisi'te] *f* Dienerschaft; gezähmter Zustand *m e-s Haustiers*; ~**ique** [~'tik] **1.** *adj.* häuslich; Haus...; einheimisch; **2.** *su.* Diener *m*, Dienstmädchen *n*, Hausangestellte *f*; Dienerschaft *f*; ~**iquer** [~ti'ke] (1m) zähmen.
domicile [dɔmi'sil] *m* Wohnort; Wohnung *f*; *travail à* ~ Heimarbeit *f*.
domicili|aire [dɔmisi'ljɛ:r]: *visite f* ~ Haussuchung; ~**é** [~'lje] wohnhaft; ~**er** [~] (1a) ansiedeln; † domizilieren.
dominant [dɔmi'nɑ̃] (7) vorherrschend.
domina|teur [dɔmina'tœ:r] (7f) **1.** *adj.* herrschend; herrschsüchtig; **2.** *su.* Beherrscher *m*; ~**tion** [~na'sjɔ̃] *f* (Ober-)Herrschaft.
domin|er [dɔmi'ne] *v/t.* (1a) beherrschen; überragen; *v/i.* ~ *sur* herrschen über (*acc.*), vorherrschen; ~**ical** [dɔmini'kal] (5c) dem Herrn (*Gott*) *od.* zum Sonntag gehörig, Sonntags...; *oraison f* ~**e** Vaterunser *n*; ~**o** [dɔmi'no] *m* Domino (*Maskenkostüm, Person, Spiel*); Dominostein.
dommage [dɔ'ma:ʒ] *m* Schaden, Verlust; ~ *matériel* Sachschaden; *quel* ~! wie schade!; ~*s et intérêts od.* ~*s-intérêts pl.* Schadenersatz *m*.
dompt|able [dɔ̃'tabl] bezwingbar; ~**er** [~'te] (1a) bezwingen; bändigen; ~**eur** [~'tœ:r] (7d) *su.* Bezwinger *m*; (Tier-)Bändiger *m*.
don [dɔ̃] *m* Schenkung *f*, Gabe *f*; *fig.* Fähigkeit *f*, Talent *n*; *faire* ~ *de qch.* etw. spenden; ~**ataire** [dɔna'tɛ:r] *su.* Beschenkte(r); ~**ateur** [~na'tœ:r] (7f) *su.* Schenker *m*; ~**ation** [dɔna'sjɔ̃] *f* Schenkung(surkunde *f*) *f*.
donc [dɔ̃, dɔ̃:k] **1.** *adv.* denn, doch; *pourquoi* ~? warum denn?; *viens* ~! komm doch!; **2.** *cj.* folglich, also.
donjon [dɔ̃'ʒɔ̃] *m* Schloß-, Festungs-, Wachtturm *m*.
donn|ant [dɔ'nɑ̃] (7) freigebig; ~ ~ e-e Hand wäscht die andere; *drohend*: wie du mir, so ich dir; ~**e** [dɔn] *f* Kartengeben *n*; *fausse* ~ (*Karten*) Vergeben *n*; *à qui la* ~? wer gibt?; ~**ée** [dɔ'ne] *f* ♀ bekannte Größe; Vorwurf *m e-s Werkes*; ~*s chronologiques pl.* Angaben, Daten *n/pl.*; ~**er** [~] *v/t.* (1a) geben; schenken; ab-, aus-, weg-geben; aus-, zu-teilen; ♪ bringen, tragen; P verpfeifen (P), verraten; ~ *lieu à qch.* Anlaß zu etw. geben; ~ *la chasse à* Jagd machen auf (*acc.*); † ~ *avis* (*quittance*) avisieren (quittieren); *v/i.* P *Auto:* ~ *à pleins tubes* Vollgas geben; ~ *contre* anrennen gegen; ~ *dans* geraten in (*acc.*) *od.* auf (*acc.*); auf *etw.* hereinfallen; ~ *sur* hinausgehen nach *od.* auf (*acc.*); ※ ~ *sur* sich stürzen auf, angreifen; *abs.* ergiebig sein; *le moteur donne* der Motor springt an; ~**eur** *m*, ~**euse** *f* [~'nœ:r, ~'nø:z] Geber(in *f*) *m*; P Verräter *m*; ~ *de sang* Blutspender; ~ *d'ordre* Auftraggeber(in *f*) *m*.
dont [dɔ̃] *pr./r.* wovon; dessen, deren.
donzelle F [dɔ̃'zɛl] *f mv.p.* Frauenzimmer *n*, Flittchen *n*.
doper [dɔ'pe]: (*se*) ~ (sich) aufpeitschen; aufpulvern *f*.
dorade [dɔ'rad] *f*: ~ *chinoise* Goldfisch *m*.
doré [dɔ're] (7) vergoldet; goldgelb.

dorénavant [dɔrena'vɑ̃] künftig (-hin), hinfort.

dorer [dɔ're] (1a) vergolden; ~ *la pilule à q.* j-m etw. Unangenehmes schmackhaft machen.

doreur [dɔ'rœːr] *m* Vergolder.

dorloter [dɔrlɔ'te] (1a) verzärteln.

dorm|ant [dɔr'mɑ̃] **1.** *adj.* (7) schlafend; stehend; unbeweglich; **2.** *m* Schläfer: *les sept ~s* die Siebenschläfer; ~ *de croisée* (*de porte*) Fenster-(Tür-)futter *n*; ~ *de table* Tafelaufsatz *m*; **~eur** *m*, **~euse** *f* [~'mœːr, ~'møːz] **1.** (Lang-)Schläfer(in *f*) *m*; **2.** *f* a) bequemer Schlafstuhl *m*; b) *Art* Ohrring *m*; **~ir** [~'miːr] (2b) **1.** schlafen; *son content* sich ausschlafen; ~ *comme une marmotte* wie ein Murmeltier schlafen; **2.** *fig.* stillstehen; unbenutzt bleiben; **~itif** ♂ [~mi'tif] *adj. u. m* einschläfernd(es Mittel *n*); *m* Schlafmittel *n*.

dorsal [dɔr'sal] (5c) Rücken...

dortoir [dɔr'twaːr] *m* Schlafsaal.

dorure [dɔ'ryːr] *f* Vergoldung; Bestreichen *n des Teiges* mit Eigelb.

doryphore *ent.* [dɔri'fɔːr] *m* Kartoffel-, Koloradokäfer.

dos [do] *m* Rücken; Rückseite *f*; (Stuhl-)Lehne *f*; *faire le gros ~* e-n Katzenbuckel machen; *renvoyer ~ à ~* keinem recht geben; *F se mettre q. à ~* sich mit j-m verkrachen.

do|se [doːz] *f* 'Dosis; *fig.* Maß *n*; **~ser** [do'ze] (1a) dosieren.

dossard *Sport* [dɔ'saːr] *m* Startnummer *f* (*auf dem Rücken der Sportler*).

dossier [do'sje] *m* Rückenlehne *f*, Rückseite *f*, -wand *f*; ⚖ Sammelmappe *f* (*a. allg.*), Akten *f/pl.*; Materialsammlung *f*, Unterlagen *f/pl.*; ~ *de concours* ⊕, *éc.* Ausschreibungsunterlagen *f/pl.*

dot [dɔt] *f* Mitgift; **~al** [~'tal] *die* Mitgift betreffend; *régime m ~* Ausschluß *m der* Gütergemeinschaft; **~ation** [~ta'sjɔ̃] *f* Ausstattung mit Einkünften, Schenkung; **~er** [~'te] (1a) ausstatten, beschenken.

douairière [dwɛ'rjɛːr] *f* Witwe *von Stand*; *reine f ~* Königin-Witwe.

douane [dwan] *f* (Zoll-)Verwaltung; (Grenz-)Zollamt *n*.

douanier [dwa'nje] (7b) **1.** *m* Zollbeamter *m*; **2.** *adj.* Zoll...

douar *arab.* [dwaːr] *m* Dorf *n*.

doubl|age [du'blaːʒ] *m Film:* Synchronisation *f*; ⊕ Verkleidung *f*; **~e** ['dublə] **1.** *adj.* doppelt, zweifach; vorzüglich; doppelzüngig; *en ~* (*copie*) ✝ abschriftlich; **2.** *m das* Doppelte; Dublette *f*; Duplikat *n*, Durchschlag; Doppelgänger; *thé.* Stellvertreter (in *f*); **~é** [du'ble] *m bill.* Dublee *n*; Plattierung *f*; plattierte Ware *f*; ⊕ Dublee *n*, Talmigold *n*; **~er** [~'ble] *v/t.* (1a) verdoppeln; ⊕ füttern; *j-n* ersetzen; um'segeln; *Auto:* überholen; *Film;* synchronisieren; ~ *à gauche* links überholen; *écol.* ~ *une classe* sitzenbleiben; ✗ ~ *les rangs* verdoppeln; *défense de ~* Überholen verboten; *v/i.* sich verdoppeln.

doubl|et [du'blɛ] *m* Dublette *f*; Dublee *n*, Pasch; **~ure** [~'blyːr] *f* Unterfutter *f*; *thé.* Stellvertreter (-in *f*); *cin.* Double *n*.

douc|e [dus] *s. doux*; **~e-amère** ♀ [~a'mɛːr] *f* bittersüßer Nachtschatten *m*; **~eâtre** [du'saːtrə] süßlich; **~ement** [~'mɑ̃] sachte, leise, behutsam; *s. doux*; **~ereux** [dus'rø] (7d) widerlich süß; *fig.* katzenfreundlich; **~et, ~ette** [du'sɛ, ~'sɛt] süß(lich), zimperlich; **~eur** [~'sœːr] *f* Lieblichkeit *f*, Sanftheit, Zartheit; Anmut; Freundlichkeit; **~s** *pl.* Schmeicheleien.

douch|e [duʃ] *f* Dusche *f*, Brausebad *n*; ~ *à air chaud* Heißluftdusche; **~er** [~'ʃe] (1a) (ab)brausen, duschen.

doucir [du'siːr] (2a) *Glas usw.* schleifen.

doué [dwe] begabt (de mit).

douille [duj] *f* ⊕ *kurze Röhre*, Tülle; ⚡ Fassung *der Glühlampe*.

douillet, ~te [du'jɛ, ~'jɛt] weich, zart; weichlich; ängstlich.

douleur [du'lœːr] *f* Schmerz *m*; ✱ ~ *irradiante* ausstrahlende(r) Schmerz *m*.

douloureux [dulu'rø] (7d) schmerzhaft; *fig.* leid-, qualvoll.

dout|e [dut] *m* Zweifel; ~*s pl.* Vermutung *f*; ~*s pl.* Bedenken *n*; *mettre en ~* bezweifeln; **~er** [~'te] (1a) zweifeln (*de an dat.*); *se ~ de qch.* etw. ahnen, vermuten; **~eur** [~'tœːr] *su.* Zweifler(in *f*) *m*; **~eux** [~'tø] (7d) zweifelhaft; verdächtig.

douvain [du'vɛ̃] *m* Daubenholz *n*.

douve [du:v] f Faßdaube; (Wasser-)Graben m.

Douvres ['du:vrə] f Dover n.

dou|x, ~ce [du, dus] süß; anmutig, lieblich; mild; sanft; weich; *eau f* ~*ce* Süßwasser n; *billet m* ~*x* Liebesbrief; *vin m* ~*x* Süßwein m; *a.* Most; *filer* ~*x* F zum Munde reden, klein beigeben; F *tout* ~*x!* nicht so hitzig!; immer sachte!

douz|aine [du'zɛn] f Dutzend n; *etwa* zwölf; *à la* ~ dutzendweise; ~**e** [du:z] zwölf; ~**ième** [~'zjɛm] zwölfte(r); zwölftel.

doyen [dwa'jɛ̃] m Älteste(r); *rl.* Dechant; Dekan; ~ *d'âge* Alterspräsident; ~**né** [dwajɛ'ne] m 1. *rl.* Dechanei f; Dekanat n; 2. 🛠 Butterbirne f.

draconien [drakɔ'njɛ̃] drakonisch.

drag|age ⊕ [dra'ga:ʒ] m Baggern n; ~**ée** [~'ʒe] f, *mst.* ~*s pl.* Konfekt n, Zuckerwerk n; *ch.* Flintenschrot n; 🛠 Mengkorn n; ~ *au cognac* Kognakbohne f; *tenir la* ~ *haute à q.* j-m den Brotkorb höher hängen; ~**eoir** [~'ʒwa:r] m Konfektdose f; ~**eon** [~'ʒɔ̃] m Wurzelsköbling.

dragon [dra'gɔ̃] m *zo.* Drache; 🗡 Dra'goner.

dragonne [dra'gɔn] f Portepee n.

dragu|e [drag] f ⊕ Bagger m; *Fischerei:* Schleppnetz n; ~**er** [~'ge] (1m) (aus)baggern; *mit dem Schleppnetz fischen;* ~**eur** [~'gœ:r] m Baggerer; Baggerschiff n; ~ *de mines* Minensucher.

drain [drɛ̃] m ⚕ Abzugskanal; 🛠 Kanüle f; Sickerrohr n; ~**age** 🛠 [drɛ'na:ʒ] m Entwässerung f; ~**er** [drɛ'ne] (1b) entwässern, trockenlegen; 🛠 Wundröhrchen einlegen in (*acc.*); *fig.* aufsaugen.

dram|atique [drama'tik] dramatisch; *in Zssgn* Schauspiel..., Theater...; ~**e** [dram] f Drama n.

drap [dra] m Tuch n (*Wollzeug*); ~ *de lit* Bettlaken n; ~ *mortuaire* Leichentuch n; *être dans de beaux draps* in e-r unangenehmen Lage sein, F in der Patsche sitzen; ~**eau** [dra'po] m Fahne f; ~**er** [~'pe] (1a) mit Tuch ausstatten; behängen; in (schöne) Falten legen, drapieren; ⊕ walken; *fig.* ~ *q.* über j-n gewaltig herziehen, hecheln; *se* ~ *dans sa dignité* sich in Schweigen hüllen; ~**erie** [~'pri] f Tuchfabrik f; Tuchwaren *pl.*, -handel m; Gewandung; ~*s pl.* Vorhänge *m/pl.*; ~**ier** [~'pje] m Tuchmacher, -händler.

drastique [dras'tik] ⚕ schnell (*od.* stark) wirkend (*Abführmittel*).

drêche [drɛʃ] f Treber *pl.*; Trester *pl.* [Geklingel n.]

drelin [drə'lɛ̃]: ~~ *int.* klingling!; m

dress|age [drɛ'sa:ʒ] m Dressur f, Abrichten n; ⊕ (Aus-, Zu-)Richten n; Anbinden n *Reben*; ~**er** [~'se] *v/t.* (1b) auf-, in die Höhe richten, strecken; 🦅 aufstellen; *Bett, Zelt,* 🗡 *Lager* aufschlagen; 🗡 drillen; *Hinterhalt legen; Kontrakt usw.* aufsetzen; *Speisen anrichten; Maschine* montieren; *Batterie* aufpflanzen; *dressieren, abrichten;* 🦅 ~ *l'inventaire* den Lagerbestand aufnehmen, Inventur machen; ~ *un procès-verbal* Protokoll führen *od.* aufnehmen; ~ *l'oreille* die Ohren spitzen; *se* ~ sich aufrichten, sich (auf)bäumen; *se* ~ *sur la tête* (*Haare*) zu Berge stehen; ~**eur** [drɛ'sœ:r] m Dressur, Abrichter; 🗡 Driller m; ~**oir** [~'swa:r] m Anrichte(tisch *m*)f.

drille F [drij] m 1. *bon* ~ braver Kerl; *pauvre* ~ armer Schlucker; *vieux* ~ alter Lüstling m; 2. ⊕ *f* Drillbohrer m.

drisse ⚓ [dris] f Hißtau n, Flaggleine.

drogu|e [drɔg] f Droge f, Drogerieware f; P Arznei f; *fig.* Schund m; ~**er** [~'ge] *v/t.* (1m): *an j-m* herumdoktern; *v/i.* F lange warten; ~**erie** [~'gri] f Drogenwaren *pl.*, -handel m; ~**iste** [~'gist] m Drogist.

droit [drwa] 1. *adj.* (7) gerade; aufrecht; recht (*Arm, Winkel*); rechtschaffen; 2. *adv. tout* ~ gerade(aus); 3. *m* Recht n; Rechtswissenschaft f; Abgabe f; Gerechtigkeit f; ~*s civiques* bürgerliche Ehrenrechte *n/pl.*; ~*s de magasinage* 🦅 Lagergebühr f; -geld n; ~ *de qch.* Gebühr f für etw.; ~ *de recours* Regreßrecht n; ~ *des gens* Völkerrecht n; ~ *des peuples à disposer d'eux-mêmes* Selbstbestimmungsrecht n der Völker; ~ *du plus fort* Faustrecht n; *être en* ~ *de* berechtigt sein zu; ~ *syndical* Gewerkschaftsrecht n; *de (bon)* ~ von Rechts wegen; *à qui de* ~ wem *es* zukommt; *an den, den es angeht; faire son* ~ Jura studieren; ~**e** [drwat] f Rechte

droitier (*a. pol.*), rechte Hand *od.* Seite; à ~ rechts; ~**ier** [‿'tje] **1.** *adj.* rechtshändig; **2.** F *m pol.* Mitglied *n* der Rechten; ~**ure** [‿'ty:r] *f* Geradheit, Redlichkeit *f*, Geradlinigkeit *f fig.*

drolatique [drɔlaˈtik] lustig, drollig spaßig.

drôle [droːl] **1.** *adj.* drollig; **2.** *su. un ~ de corps* ein merkwürdiger Kauz; *une ~ d'idée* ein schnurriger Gedanke *m*; **3.** *m* Schelm, Schlingel; ~**rie** [drolˈri] *f* Schnurre (*f*); (böser) Streich *m*; ~**sse** [‿ˈlɛs] *f* liederliches u. freches Frauenzimmer *n*.

dromadaire *zo.* [drɔmaˈdɛːr] *m* Dromedar *n*.

drosser ⚓, ⚐, *Wind* [drɔˈse] (1a) abtreiben.

dru [dry] **1.** *adj.* (7) kräftig; dicht, gedrängt; **2.** *adv.* dicht; *~ et menu* dicht und fein.

drugstore [drœgˈstɔːr] *m* Tag u. Nacht geöffnetes Geschäft *n* für *Reisende*.

druide [drɥid] *m* Druide *m*, Priester.

drupe ♀ [dryp] *m* Steinfrucht *f*.

dû *m*, **due** *f* [dy] geschuldet, schuldig, gebührend, vorschriftsmäßig.

dubitatif [dybitaˈtif] (7e) Zweifel ausdrückend; zweifelhaft.

duc [dyk] *m* **1.** Herzog *m*; **2.** *orn.* Ohreule *f*; ~**al** [dyˈkal] herzoglich; ~**asse** *dial.* Nord-Fr. [‿ˈkas] *f* Jahrmarkt *m*; ~**at** [‿ˈka] *m* Dukaten *m*.

duch|é [dyˈʃe] *m* Herzogtum *n*; ~**esse** [‿ˈʃɛs] *f* Herzogin *f*; *ehm. Art* Ruhebett *n*; Tafelbirne *f*.

ductil|e [dykˈtil] dehn-, streckbar; ~**ité** [‿tiliˈte] *f* Dehnbarkeit.

duel [dɥɛl] *m* Duell *m*; *gr.* 'Dual; ~**liste** [dɥɛˈlist] *m* Duellant.

dulcifier [dylsiˈfje] (1a) versüßen.

dum-dum ✕ *ehm.* [dumˈdum] *f* Dumdumgeschoß *n*.

dûment [dyˈmɑ̃] *adv.* gebührend, *a.* wie es sich gehört.

dumper ⊕ [dumˈpɛːr] *m* Autoschütter *m*.

dumping [dumˈpiŋ] *m* Dumping *n*, Schleuderausfuhr *f*.

dune [dyn] *f* Düne.

dunette ⚓ [dyˈnɛt] *f* Kajüte (*auf Deck*).

duo [dɥo] *m* Duett *n*; Soziusitz (*beim Motorrad*).

duodénum *anat.* [dyɔdeˈnɔm] *m* Zwölffingerdarm.

dup|e [dyp] *f* **1.** Betrogene(r); **2.** *adj.* betrogen; *être la ~ de q.* von j-m betrogen werden; ~**er** [‿ˈpe] (1a) anführen, übers Ohr hauen; ~**erie** [‿ˈpri] *f* Betrügerei.

duplex ⊕ [dyˈplɛks] doppelt wirkend.

duplic|ata [dyplikaˈta] *m* Duplikat *n*, doppelte Ausführung *f*; ~**ateur** ⊕ [‿kaˈtœːr] *m* Vervielfältigungsapparat *m*; ~**atif** [‿ˈtif] (7e) verdoppelnd; ~**ité** [‿siˈte] *f* Doppelheit *f*; *fig.* Doppelzüngigkeit.

dur [dyːr] **1.** *adj.* (7e) hart; rauh; *fig.* streng, unfreundlich; *être ~ d'oreille* schwer hören; **2.** F *f*: *fig. coucher sur la ~e* auf der bloßen Erde liegen; **3.** *advt. travailler ~* schwer arbeiten; ~**abilité** [dyrabiliˈte] *f* Haltbarkeit; ~**able** [dyˈrablə] haltbar; dauerhaft; ~**ant** [dyˈrɑ̃] *prp.* während; ~**cir** [dyrˈsiːr] *v/t.* (2a) (ver-, ab)härten; *v/i.* u. *se ~* hart werden; ~**cissement** [‿sisˈmɑ̃] *m* Hartwerden *n*, -sein *n*; *pol.* Verschärfung *f*; ⊕ Härtung *f*; ~**ée** [dyˈre] *f* (Fort-)Dauer; ✝ Haltbarkeit *f*; *de ~* dauerhaft; ~**er** [‿] *v/i.* (1a) (fort)dauern; aushalten; lang werden; *le temps me dure* mir wird die Zeit lang; ~**et** [dyˈrɛ] (7c) etwas hart; ~**eté** [dyrˈte] *f* Härte; *fig.* Gefühllosigkeit; *~ d'oreille* Schwerhörigkeit; ~**illon** [dyriˈjõ] *m* (Haut-)Schwiele *f*.

duvet [dyˈvɛ] *m* Flaum(feder *f*); Daunen *f*/*pl.*; Daunenbett *n*; *fig.* F Milchbart; ~**é** [‿ˈte] = ~**eux** [dyvˈtø] (7d) flaumig.

dynam|ie [dinaˈmi] *f* *phys.* Arbeitseinheit *f*; ~**ique** [‿ˈmik] **1.** *adj.* dynamisch; energisch; lebhaft; **2.** *f* Dynamik *f*; ~**isme** [‿ˈmism] *m* Tatkraft *f*, Energie *f*; persönlicher Einsatz; ~**ite** [‿ˈmit] *f* Dynamit *n*; ~**o** [‿ˈmo] *f* Dynamo *m*, Kraft-, Lichtmaschine; ~**omètre** [‿moˈmɛːtro] *m* Dynamometer *n*, Kraftmesser.

dynastie [dinasˈti] *f* Dynastie *f*, Herrscherfamilie.

dys|enterie ✱ [disɑ̃ˈtri] *f* Ruhr; ~**lexie** *psych.* [‿lɛkˈsi] *f* Lesegehemmtheit *f*; ~**lexique** [‿kˈsik] lesegehemmt; ~**pepsie** ✱ [‿pɛpˈsi] *f* Verdauungsschwäche.

dytique *ent.* [diˈtik] *m* Schwimmkäfer.

E

E (*ou* **e**) *m* E (*od.* e) *n*.
eau [o] *f* Wasser *n*; Schweiß *m*; Speichel *m*; ~x *pl.* (Gesund-)Brunnen *m*, Bäder *n/pl.*, Brunnenkur *f*; *grandes* ~x Hochwasser *n*; *rl.* ~ bénite Weihwasser *n*; ⚕ ~ blanche Bleiwasser *n*; ⚕ ~ oxygénée Wasserstoffsuperoxyd *n*; ~ potable Trinkwasser *n*; ~ vive Quellwasser *n*; *administration f des* ~x *et forêts* Jagd-, Forst- und Wasserbauverwaltung; ⚓ *faire* ~ leck sein; ⚓ *faire de l'* ~ sich mit Trinkwasser versehen; *faire sa pleine* ~ sich freischwimmen; *nager entre deux* ~x unter Wasser schwimmen; *suer sang et* ~ Blut und Wasser schwitzen; *tomber à l'* ~ ins Wasser fallen.
eau-de-vie [od'vi] *f* Branntwein *m*.
eau-forte [o'fɔrt] *f* P 🜨 Salpetersäure *f*; *Graphik:* Radierung.
eaux-vannes [o'van] *f/pl.* Jauche *f*; *a.* ⊕ Abwässer *n/pl.*
ébah|i [eba'i] verblüfft, sprachlos; **~ir** [~'i:r] (2a): *s'*~ sich wundern.
ébarber [ebar'be] (1a) *das Rauhe od. Hervorstehende wegnehmen von; Federn* schleißen; *Papier* beschneiden; *Münzen* beschroten; ✎ *Hecken* verschneiden *od.* stutzen; ~ *de l'orge* Gerste entgrannen.
ébats [e'ba] *m/pl.* Freudensprünge; *prendre ses* ~ sich herumtummeln.
ébattre [e'batrə] (4a): *s'*~ vergnügt umherspringen, sich tummeln.
ébaubi F [ebo'bi] verblüfft.
ébauch|e [e'boʃ] *f* Entwurf *m*, erste Anlage; schwacher Versuch *m*; **~er** [~'ʃe] (1a) flüchtig entwerfen, roh bearbeiten; andeuten; **~oir** [~'ʃwa:r] *m* Vorbohrer; *Art* Meißel.
ébène [e'bɛn] *f* Ebenholz *n*.
ébén|er [ebe'ne] (1f) schwarz beizen; **~ier** ♀ [~'nje] *m* Ebenholzbaum; **~iste** [~'nist] *m* Kunsttischler *m*; *zo.* Riesenameise *f*; **~isterie** [~nistə'ri] *f* Kunsttischlerei, Kunsttischlerarbeit.
éberluer [eber'lɥe] *v/t. a. fig.* blenden; *fig.* verblüffen.
éblou|ir [eblu'i:r] (2a) blenden; verblüffen; **~issement** [eblui'smɑ̃] *m* (Ver-)Blendung *f*.
ébonite [ebɔ'nit] *m* Hartgummi.
éborgner [ebɔr'ne] (1a) *j-m* ein Auge ausschlagen; ✎ die Augen ausschneiden.
ébouillanter ⊕ [ebuja'te] (1a) abbrühen.
éboul|ement [ebul'mɑ̃] *m* Einsturz *f*; Erd-, Bergrutsch; Trümmerstätte *f*; **~er** [~'le] (1a): *s'*~ einstürzen; **~is** [~'li] *m bsd. géol.* Geröll *n*, Schutt.
ébouriff|ant [eburi'fɑ̃] (7) verblüffend, unglaublich, haarsträubend; **~er** [~'fe] (1a) Haar struppig machen; *fig.* völlig verblüffen.
ébranch|er [ebrɑ̃'ʃe] (1a) ausästen; **~oir** ✎ [~'ʃwa:r] *m* Baummesser *n* (*mit langem Stiel*).
ébranl|ement [ebrɑ̃l'mɑ̃] *m* Erschütterung *f*; *fig.* Zerrüttung *f*; **~er** [~'le] (1a) erschüttern; lockern (*Zahn*); ⚔ ins Wanken bringen; *s'*~ sich in Bewegung setzen, anfahren *v/i.*
ébrécher [ebre'ʃe] (1f) schartig machen; *fig.* empfindlich verringern.
ébriété [ebrie'te] *f* Trunkenheit.
ébroue|ment [ebru'mɑ̃] *m* Schnauben *n*, Niesen *n* (*v. Tieren*); **~r** [~'e] (1a): *s'*~ schnauben, niesen (*Tiere*); sich schütteln (*Hunde*); baden (*Vögel*).
ébruiter [ebrɥi'te] (1a) ausplaudern.
ébullition [ebyli'sjɔ̃] *f* Aufkochen *n*, Sieden *n*; 🝯, *fig.* Aufbrausen *n*.
éburné [ebyr'ne] elfenbeinartig.
écaill|e [e'kɑ:j] *f* Schuppe; (Austern-)Schale; ✝ Schildpatt *n*; **~er** [eka'je] (1a) abschuppen, -schalen; *Austern* aufmachen; *s'*~ abblättern, abbröckeln; **~er** [eka'je] *m* Austernhändler *m*.
écal|e [e'kal] *f* (Nuß-)Schale; **~er** [~'le] (1a) enthülsen (*Erbsen*); knacken (*Nüsse*).
écarlate [ekar'lat] **1.** *f* Scharlach (*Farbe*) *m*; **2.** *adj.* scharlachrot.
écarquiller [ekarki'je] (1a) *Beine* spreizen; *Augen* aufsperren.

écart [e'ka:r] *m* Seitenschritt, -sprung, -wendung *f*; Abstand *m*; *soziale* Kluft *f*; *Skat:* weggelegte Karten *f/pl.*; *fig.* Abschweifung *f*; Verirrung *f*; Verstoß *m*; ⚔ Fehlschluß *f*; *vét.* Verrenkung *f*; ⊕ Spielraum *m*; *à l'~* beiseite, abseits, für sich; *grand ~* Spagat; *~ sémantique* Bedeutungsabweichung *f*; **~eler** [ekartə'le] (1d) vierteilen; **~ement** [ekartə'mɑ̃] *m* Abstand, Entfernung *f*, 🚂 Spurweite *f*; **~er** [~'te] (1a) ausspreizen, -breiten; *Beine* grätschen; entfernen; beseitigen, vertreiben; *j-n* kaltstellen; ablenken; *Karten* weglegen.

écatir ⊕ [eka'ti:r] (2a) *Tuch* kalt pressen.

ecchymose ✠ [eki'mo:z] *f* blauer Fleck *m*, Bluterguß *m*.

ecclésiastique [eklezjas'tik] geistlich, kirchlich.

écervelé [eservə'le] *adj.* (*u. su.*) kopflos; unbesonnen(er Mensch *m*).

échafaud [eʃa'fo] *m* Gerüst *n* (*a.* △); Schafott *n*; **~age** [~'da:ʒ] *m* Baugerüst *n*; **~er** [~'de] (1e) ein Gerüst aufschlagen.

échal|as [eʃa'lɑ] *m* Rebenpfahl; (Tomaten-)Stange *f*; **~asser** [~la'se] (1a) anpfählen; stengeln; **~ier** [eʃa'lje] *m* Feldzaun *aus Reisig.*

échalote ♀ [eʃa'lɔt] *f* Schalotte.

échancrer [eʃɑ̃'kre] (1a) ausrändern, auszacken, bogenförmig ausschneiden.

échang|e [eʃɑ̃:ʒ] *m* Austausch; *~ d'élèves* Schüleraustausch; *~ de logement* Wohnungstausch; *libre ~* freie Wirtschaft, Freihandel; **~er** [eʃɑ̃'ʒe] (1l) (*contre od. pour qch.* gegen *od.* für *etw.*) um-, austauschen, (aus)wechseln; **~iste** [~'ʒist] *m* Tauschhändler *m*; Austauschpartner *m*.

échanson [eʃɑ̃'sɔ̃] *m* Mundschenk.

échantill|on [eʃɑ̃ti'jɔ̃] *m* Probe (-stück *n*) *f*, Muster *n*; Eichmaß *n*; **~onner** ✠ [~jɔ'ne] (1a) *Gewichte usw.* eichen; *Zeug* zu Proben zerschneiden; *mit den Proben* vergleichen.

échapp|atoire [eʃapa'twa:r] *f* Ausrede *f*; **~ée** [~'pe] *f* kleiner Ausflug *m*, Abstecher *m*; *~ de vue* schmale Durchsicht; *~ de lumière* Streiflicht *n*; **~ement** [~'mɑ̃] *m* (Dampf-

usw.) Entweichung *f*; Hemmung *f* *in der Uhr*; *Auto:* Auspuff; **~er** [~'pe] (1a) (*a. s'~*) entlaufen; entwischen; entgehen, entkommen; *s'~* ausströmen (*Gas, Rauch*); *le mot m'a (m'est) ~é* das Wort ist mir entgangen (entschlüpft); F *l'~ belle* mit blauem Auge davonkommen.

écharde [e'ʃard] *f* Splitter *m* (*in der Hand usw.*).

écharner ⊕ [eʃar'ne] (1a) *Gerberei:* abschaben (*Leder*).

écharp|e [e'ʃarp] *f* Schärpe; (Arm-)Binde; *en ~* schräg, quer; **~er** [~'pe] (1a) ⊕ auseinanderkämmen; ⚔ zs.-hauen; **~iller** F [~'pi'je] (1a) in Stücke hauen; *Roßhaar* auseinanderzupfen.

échass|e [e'ʃas] *f* Stelze; **~ier** [~'sje] *m* Stelzenvogel.

échauboulure ✠ [eʃobu'ly:r] *f* Hitzebläschen *n*.

échaud|é *pât.* [eʃo'de] *m* Windbeutel; **~er** [~] (1a) (ab-, ver)brühen; weißen; **~oir** [~'dwa:r] *m* Brühkessel, -haus *m*; **~ure** [~'dy:r] *f* Brandblase *f*.

échauff|ant ✠ [eʃo'fɑ̃] verstopfend; **~é** [~'fe] (7) erhitzt; stockig; **~ement** [~'mɑ̃] *m* Erhitzung *f*; **~er** [~'fe] (1a) erwärmen, erhitzen; *s'~* warm werden; sich ereifern; muffig werden; **~ourée** [~fu're] *f* Krawall *m*; Tumult *m*; ⚔ Geplänkel *n*; **~ure** ✠ [~'fy:r] *f* Hitzblatter.

échéan|ce *⁂* [eʃe'ɑ̃:s] *f* Fälligkeit; Verfalltag *m*, -zeit, Sicht; *~s* fällige Beträge *m/pl.*; **~cier** *fin.* [~ɑ̃'sje] *m* Terminkalender *m*; **~t** [~'ɑ̃] (7) fällig; *le cas ~* vorkommendenfalls.

échec [e'ʃɛk] *m* Schach *n*; Mißerfolg *m*, *écol.* Durchfall *m*; *voué à l'~* aussichtslos; *faire ~ à qch.* etw. zum Scheitern bringen; *mettre qch. en ~* etw. in Frage stellen; *~s pl.* Schachspiel *n*; Schachfiguren *f/pl.*

échel|le [e'ʃɛl] *f* Leiter; *fig.* Stufenleiter; ♪ Tonleiter; Laufmasche *f*; *~ double* Stehleiter; *sur une grande ~* in großem Maßstabe (*od.* Stil) *n*; *~ mobile* gleitende Skala; *~ mobile des prix* Preisskelle *f*, laufende Preissteigerung; *~ mobile des salaires* Lohnwelle *f*, laufende Gehaltserhöhung; *faire la courte ~ à j-m beim Klettern* s-e Schultern reichen; **~on** [eʃ'lɔ̃] *m* Leitersprosse *f*; *fig.* Stufe *f*; ⚔ Staffel *f*; *pour-*

échelonnement — 180 — **école**

parlers m/pl. à l' ~ le plus élevé pol. Verhandlungen f/pl. auf höchster Ebene; à l'~ de l'entreprise auf Betriebsebene; **~onnement** [eʃlɔnˈmɑ̃] m ⚔ Staffel(auf)stellung f; ✝ Verteilung f auf verschiedene Zeitpunkte; fig. Abstufung f; ~ des prix Preissteigerung f; ~ des vivres Kartensystem n (in Notzeiten); Lebensmittelverteilung f; **~onner** [eʃlɔˈne] (1a) staffeln, abstufen; ⚔ staffelförmig aufstellen.

échenill|er [eʃniˈje] (1a) Raupen ablesen; **~oir** ⚔ [~ˈjwaːr] m Raupenschere f.

échev|eau [eʃˈvo] m kleines Bund n; fig. Wirrwarr, **~elé** [eʃəˈvle] zerzaust, mit fliegenden Haaren; fig. wild; (Tanz:) **~eler** [~] (1c) das Haar zerzausen.

échevin [eʃˈvɛ̃] m Schöffe.

échin|e anat. [eˈʃin] f Rückgrat n; **~er** [~ˈne] (1a): ~ j-m das Rückgrat zerbrechen; j-n krumm und lahm schlagen; s'~ fig. sich abquälen, sich abarbeiten.

échiquier [eʃiˈkje] m Schachbrett n; ⚔ schachbrettförmige Aufstellung f.

écho [eˈko] m Echo n.

échoir [eˈʃwaːr] (3m) anheimfallen; zufallen; fällig sein; le cas échéant gegebenenfalls.

échoppe [eˈʃɔp] f kleine (Verkaufs-)Bude f; Radiernadel, Grabstichel m.

échouer [eˈʃwe] (1a) v/i. ⚓, fig. scheitern; v/t. auf den Strand setzen.

échu [eˈʃy] fällig; verfallen.

écimer ⚔ [esiˈme] (1a) kappen, stutzen (Bäume).

éclabouss|er [eklabuˈse] (1a) mit Straßenschmutz bespritzen; **~ure** [eklabuˈsyːr] f angespritzter Straßenschmutz m.

éclair [eˈklɛːr] m Blitz (a. fig.); Leuchten n; ~s pl. de chaleur Wetterleuchten n; **~age** [eklɛˈraːʒ] m Be-, Erleuchtung f; ~ d'arrière (rotes) Rücklicht n (Fahrzeug, Auto); ⚡ circuit (od. réseau m od. ligne f) d'~ Lichtleitung f; **~agiste** [~ˈʒist] m Beleuchtungsingenieur m; **~cie** [~ˈsi] f Lichtung; helle(re) Stelle am Himmel; fig. Aufheiterung f (Wetter); ~ de soleil Sonnenblick m; **~cir** [~ˈsiːr] (2a) hell, klar od. blank machen; fig. aufklären;

fig. verdünnen; lichten; **~er** [~ˈre] v/t. (1b) erleuchten, bescheinen; j-m leuchten; fig. aufklären; v/i. leuchten; v/imp. blitzen; **~eur** [~ˈrœːr] m ⚔ Aufklärer m; Erkundungsschiff n; Sport: Pfadfinder.

éclat [eˈkla] m Splitter; Knall; Ansehen n; Glanz, Pracht f; Aufblitzen n; ~ de rire schallendes Gelächter n; **~ant** [~ˈtɑ̃] (7) glänzend; schallend; auffallend; **~er** [~ˈte] v/i. (1a) platzen, bersten; zersplittern; knallen, prasseln; in Zorn usw. ausbrechen; blitzen, glänzen; ~ de rire laut auflachen.

éclips|e [eˈklips] f (Mond- usw.) Finsternis; ⊕ à ~ einziehbar, versenkbar; **~er** [~ˈse] (1a) Himmelskörper verfinstern, verdunkeln (a. fig.); F s'~ verduften, spurlos verschwinden.

écliss|e [eˈklis] f △ Schindel; chir. Schiene; ⊕ Lasche; **~er** [~ˈse] (1a) ✠ (be)schienen; schindeln; ⊕ verlaschen.

écloper [eklɔˈpe] (1a) zum Krüppel (od. lahm) machen.

éclore [eˈklɔːr] (4k) aus dem Ei kriechen; ♀ aufbrechen; aufblühen; fig. an den Tag kommen.

éclosion [ekloˈzjɔ̃] f Auskriechen n; ♀ Aufblühen n; fig. Werden n.

éclus|e [eˈklyːz] f Schleuse; **~ée** [ekly'ze] f Schleusenwasser n; **~er** [~] (1a) durchschleusen; mit Schleusen versehen; **~ier** [~ˈzje] m Schleusenmeister.
                                    [ekeln.‚
écœurer [ekœˈre] (1a) anwidern, an-

écol|e [eˈkɔl] f Schule, Anstalt; Schulung, Ausbildung; Richtung (z.B. Malerei); ~ active Arbeitsschule; faire l'~ buissonnière die Schule schwänzen; ~ confessionnelle (interconfessionnelle) Bekenntnis-(Simultan-)Schule; ~ d'art industriel Kunstgewerbe-, Meisterschule; ~ de base Grundschule; ~ de filature et de tissage Spinn- und Webschule; ~ en plein air Freiluft-, Waldschule; grande ~ od. ~ supérieure höhere Fachschule (♀ Normale, Polytechnique, Centrale, ♀ des Mines usw.); ~ laïque weltliche Schule; ~ maternelle Kindergarten m; allg. ~ moyenne Mittelschule; ~ normale Lehrer(innen)seminar n; a. Fr. ~ primaire supérieure Mittel-

écolier — 181 — **écrivain**

schule; ~ *professionnelle* Fachschule, Berufsschule; ~ *secondaire* Oberschule; ~ *supérieure de commerce* (*in Paris*: ~ *des hautes études commerciales*) Handelshochschule; **~ier** [ekɔ'lje] *su.* (junger) Schüler *m*.

écolog|ie ⚕ [ekɔlɔ'ʒi] *f* Ökologie *f* (*Wissenschaft v. den Beziehungen der Lebewesen zur Umwelt*); **~ue** ⚕ [~'lɔg] *m* Ökologe *m*.

éconduire [ekɔ̃'dɥiːr] *v/t.* (4c) höflich abweisen; hinauskomplimentieren; *fig. j-m* e-n Korb geben.

économ|at [ekɔnɔ'ma] *m* Verwalterstelle *f*, -wohnung *f*; Verkaufsstelle *f* für verbilligte Waren für Betriebsangehörige; **~e** [~'nɔm] **1.** *adj.* sparsam, haushälterisch; **2.** *su.* Verwalter(in *f*) *m*; **~ie** [~'mi] *f* Wirtschaft *f*; zweckmäßige Einrichtung; Wirtschaftlichkeit; Einsparung; **~s** *pl.* Ersparnisse *f/pl. u. n/pl.*; *~ dirigée* Planwirtschaft; *~ domestique* Hauswirtschaft; *concernant l'~ privée* privatwirtschaftlich; *mesure f d'~* Sparmaßnahme; *faire* (*od. réaliser*) *des ~s* einsparen; **~ique** [~'mik] *adj.*: *branche f ~* Wirtschaftszweig *m*; **~iser** [~mi'ze] *v/t.* (1a) haushälterisch verwenden; (ein)sparen, zurücklegen; *v/i. ~ sur* sparen von *od.* an (*dat.*); **~iste** [~'mist] *m* Volkswirt, Volkswirtschaftler.

écoper [ekɔ'pe] (1a) das Wasser *aus dem Schiff* herausschöpfen; *fig.* die Zeche bezahlen müssen; *F Schläge* bekommen; *F* eins ausbaden müssen.

écorc|e [e'kɔrs] *f* Rinde, Borke; *fig.* Schein *m*; **~er** [~'se] (1k) (ab)schälen, abrinden.

écorch|er [ekɔr'ʃe] (1a) das Fell abziehen, schinden; radebrechen; überteuern; **~erie** [~ʃə'ri] *f* Abdeckerei; *fig.* Nepplokal *n*, -hotel *n*; **~eur** [~'ʃœːr] *m* Abdecker; **~ure** [~'ʃyːr] *f* Schramme, wunde Stelle *f*, Durchliegen *n*.

écorner [ekɔr'ne] (1a) die Hörner (*od.* die scharfen Ecken) abstoßen; schmälern, verringern.

écorni|fler F [ekɔrni'fle] (1a) sich ergaunern; **~fleur** F [~'flœːr] *su.* Schmarotzer *m*; Nassauer *m* F.

écornure [ekɔr'nyːr] *f* abgestoßene Ecke.

écossais [ekɔ'se] **1.** *adj.* schottisch; **2.** ♀ *su.* Schotte *m*.

Ecosse [e'kɔs] *f*: *l'~* Schottland *n*.

écosser [ekɔ'se] (1a) enthülsen.

écot [e'ko] *m* **1.** Zeche *f*; **2.** Baumstumpf (mit Zweigen).

écoul|ement [ekul'mɑ̃] *m* Ab-, Ausfluß; Entleerung *f*; ✝ Absatz; Ab-, Durchzug; Verlauf *m*; *~ du trafic* Verkehrsabwicklung *f*; **~er** [~'le] (1a): *s'~* abfließen; ✝ Absatz finden; verstreichen; auseinanderströmen (*Menschen*).

écourter [ekur'te] (1a) kürzer (*od.* zu kurz) machen, (ab)stutzen; *fig.* verkürzen.

écoute [e'kut] *f* **1.** Horchposten *m*; Abhören *n*; *rad.* Empfang *m*; *se mettre à l'~* Radio hören; *aux ~s* auf der Lauer, in Erwartung; **2.** ♣ Schote, Segelleine.

écout|er [eku'te] *v/t. u. v/i.* (1a) aufmerksam zu-, an-, erhören; (be)horchen; **~eur** *m*, **~euse** *f* [~'tœːr, ~'tøːz] Hörer(in *f*) *m*; Horcher(-in *f*) *m*; *m*: *rad. usw.* Kopfhörer *m*, *~ clandestin* Schwarzhörer *m*.

écoutille [eku'tij] *f* ♣ (Treppen-)Luke *f*; *at. ~ de sortie* Notausstiegluke *f* (*e-r Raumkapsel*).

écran [e'krɑ̃] *m* Ofen-, Lichtschirm; (*Film*-)Leinwand *f*; *phot.* Filter; *~ jaune* Gelbscheibe, -filter *m*; *porter à l'~* verfilmen; **~ner** *rad.* [ekra'ne] (1a) abschirmen.

écraser [ekra'ze] (1a) zermalmen; über/fahren; *fig.* erdrücken; *~ une cigarette* e-e Zigarette ausdrücken.

écrém|age [ekre'maːʒ] *m* ✝ Buttern *n*; *fig.* Eliteauswahl *f*; **~er** [~'me] (1f) buttern; das Beste abschöpfen; **~euse** ⊕ [~'møːz] *f* Zentrifuge; **~oir** [~'mwaːr] *m* Rahmlöffel; ✝ Schaumlöffel.

écrevisse *zo.* [ekrə'vis] *f* Krebs *m*.

écrier [e'krie] (1a): *s'~* aufschreien; ausrufen.

écrin [e'krɛ̃] *m* Schmuckkästchen *n*.

écrire [e'kriːr] (4f) schreiben.

écrit [e'kri] *m* Schrift(stück *n*) *f*; *par ~* schriftlich; **~eau** [ekri'to] *m* Schild *n*, Anschlag, Aufschrift *f*; Aushangzettel; **~oire** [~'twaːr] *f* Schreibzeug *n*; **~ure** [~'tyːr] *f* Schrift *f*; Schreibkunst; ✝ Buchung; Schriften; *~ droite* Steilschrift; *~ renversée* Spiegelschrift.

écriv|ailler F [ekriva'je] (1a) schmieren (*viel und schlecht schreiben*); **~ain** [~'vɛ̃] *m* Schriftsteller *m*;

écrivassier — 182 — **effet**

(*femme f*) ~ Schriftstellerin *f*; **~assier** F [~va'sje] *m* Vielschreiber *m*.

écrou [e'kru] *m* **1.** (Schrauben-)Mutter *f*; **2.** Inhaftnahme *f*; Gefangenenregister *n*.

écrouelles ⚕ [ekru'ɛl] *f/pl.* Skrofeln.

écrouer 𝔷 [ekru'e] (1a) einstecken, einsperren *ins Gefängnis*.

écrouir ⊕ [e'krwi:r] (2a): ~ *à froid* kalthämmern.

écrouler [ekru'le] (1a): *s'*~ ein-, zs.-stürzen; *ohne se: faire* ~ einreißen.

écroûter [ekru'te] (1a) abkrusten.

écru [e'kry] ungebleicht; *soie f* ~ Rohseide. [Taler.]

écu [e'ky] *m* (Wappen-)Schild *m*.|

écubier ⚓ [eky'bje] *m* Klüse *f*.

écueil [e'kœj] *m* Klippe *f* (*a. fig.*).

écuell|**e** [e'kµɛl] *f* Napf *m*; **~ée** [ekµɛ'le] *f* Napfvoll *m*.

éculer [eky'le] (1a) *Stiefelabsätze* schieflaufen *od.* -treten.

écum|**e** [e'kym] *f* Schaum *m*; Geifer *m*; ~ *de mer* Meerschaum *m*; **~er** [~'me] *v/t.* (1a) **1.** abschäumen; *fig.* sich das Beste herausschauen; abgrasen (*Ausstellung*); ~ *les côtes od. les mers* Seeräuberei treiben; **2.** *v/i.* schäumen; *fig.* toben; **~eur** [~'mœ:r] *m*: ~ *de marmites* Schmarotzer *m*, Parasit *m*; ~ *des mers* Seeräuber; **~eux** [~'mø] (7d) schaumbedeckt; **~oire** [~'mwa:r] *f* Schaumlöffel *m*.

écur|**age** [eky'ra:ʒ] *m* Rein(e)-machen *n*; **~er** [~'re] (1a) scheuern; putzen, schrubben.

écureuil *zo.* [eky'rœj] *m* Eichhörnchen *n*.

écureuse [eky'rø:z] *f* Scheuerfrau *f*.

écurie [eky'ri] *f* Pferdestall *m*.

écusson [eky'sõ] *m* ⚜ *klein*(*er, es*) Wappenschild; Schlüsselschild *n*; (Rücken-)Schild *n der Insekten*; ⚔ Kragenspiegel *m*; **~ner** ✿ [~sɔ'ne] (1a) okulieren, veredeln.

écuy|**er** [ekµi'je] *m*: a) *ehm.* Schildknappe; Junker; b) *jetzt*: Reitlehrer *m*; Stallmeister; Kunstreiter; **~ère** [~'jɛ:r] *f* Kunstreiterin *f*.

eczéma ⚕ [ɛgze'ma] *m* Hautausschlag *m*, Ekzem *n*.

edén|**ien**, **~ique** [ede'njɛ̃, ~'nik] paradiesisch.

édent|**é** [edɑ̃'te] zahnlos; **~er** [~] *v/t.* (1a) die Zähne ausbrechen; *s'*~ zahnlos werden.

édicter 𝔷 [edik'te] (1a) verordnen.

édicule [edi'kyl] *m* Häuschen *n*; Kiosk *m*; Bedürfnisanstalt *f*.

édifi|**ant** [edi'fjɑ̃] (7) erbaulich; **~cateur** [~fika'tœ:r] *m* Erbauer; **~cation** [~'sjõ] *f* Erbauung; *fig.* Aufbau *m*; **~ce** [~'fis] *m* Gebäude *n*; **~er** [~'fje] (1a) (auf)bauen; *fig.* erbauen; *fig.* belehren.

édit [e'di] *m hist.* Edikt *n*; **~er** [edi'te] (1a) ein *Werk* herausgeben; **~eur** [~'tœ:r] *m* Herausgeber, Verleger; **~ion** [~'sjõ] *f* Ausgabe, Auflage; **~o** F [~'to] *m*, **~orial** [~tɔ'rjal] (5c) *m* Leitartikel; **~orialiste** [~tɔrja'list] *m* Leitartikelschreiber *m*.

édredon [edrɔ'dõ] *m* Daunendecke *f*.

éduc|**able** [edy'kabl] erziehbar, bildungsfähig; **~ation** [~ka'sjõ] *f* Erziehung; ~ *mixte* Koedukation; ~ *physique* Körperschulung *f*.

édulcorer [edylkɔ're] (1a) ⚕ entsäuern; *phm.* versüßen; *fig.* abschwächen.

éduquer [edy'ke] (1m) erziehen, ertüchtigen.

éfaufiler [efofi'le] (1a) ausfasern.

effacer [efa'se] (1k) (aus-)wischen, (-)streichen, (-)löschen, (-)tilgen; ausstechen; ~ *les épaules* die Schultern einziehen.

effar|**ement** [efar'mɑ̃] *m* Bestürzung *f*; **~er** [~'re] (1a) außer sich bringen; *s'*~ außer sich geraten; **~oucher** [~ru'ʃe] (1a) auf-, verscheuchen; *fig.* ab-, erschrecken.

effect|**if** [efɛk'tif] **1.** *adj.* (7e) wirklich, faktisch, effektiv, real, tatsächlich; ✝ bar; **2.** *m* wirklicher Bestand *m*, Effektivbestand *m*, Stärke *f*; *écol.* Klassenfrequenz *f*; **~uer** [~'tµe] (1a) ausführen, verwirklichen, leisten, bewerkstelligen.

efféminer [efemi'ne] (1a) verweichlichen.

effervesc|**ence** [efɛrvɛ'sɑ̃:s] *f* Aufbrausen *n*; Aufregung; Gärung; Wallung; **~t** [~'sɑ̃] (7) aufbrausend.

effet [e'fɛ] *m*: a) Verwirklichung *f*; Wirkung *f*; Ergebnis *n*; Leistung *f*; Effekt *m*; Folge *f*; ✝ Wechsel *m*; *oft pl.* **~s** Eindruck *m*/*sg.*; *à cet* ~ zu diesem Zweck; ~ *à court terme* kurzfristiger Wechsel; *prendre* ~ (*Vertrag*) in Kraft treten; *produire son* ~ sich auswirken; b) **~s** *pl.* Gepäck *n*, Sachen *f/pl.*; ✝ Kredit-,

effeuiller — 183 — **égriser**

Wertpapiere n/pl.; ~s publics Staatspapiere n/pl.
effeuiller [efœ'je] (1a) abblättern; s'~ Laub verlieren.
efficac|e [efi'kas] wirksam; ~ité [~si'te] f Wirksamkeit f; phys. Leistung f; ⚔ Wirkung f.
effigie [ɛfi'ʒi] f bsd. num. Bildnis n.
effil|é [efi'le] dünn; zugespitzt; ~er [~] (1a) ausfasern, -fädeln; ch. abhetzen; ~ocher [~ɔ'ʃe] = effilocher; ~ochure [efilɔ'ʃy:r] (1a) Papierfabrikation: ausfasern.
efflanqu|é [eflã'ke] abgemagert, kraftlos (Tier, Mensch); ~er [~] (1m) entkräften.
effleurer [eflœ're] (1a) streifen, leicht berühren; fig. oberflächlich behandeln; ritzen.
efflorescence [eflɔrɛ'sã:s] f ♀ Aufblühen n; Anflug m (bei Früchten); ⚕ salziger Ausschlag m; min. Auswittern n; ⚕ Ausschlag m.
efflu|de phys. [efly'ɑ̃] (7) ausströmend, ~ve [e'fly:v] f Ausdünstung f; Ausströmung f.
effondr|ement [efɔ̃drə'mɑ̃] m (Ein-)Sturz, Zs.-bruch; tiefes Umpflügen; ~ nerveux Nervenzs.-bruch m; ~er [~'dre] (1a) tief umpflügen od. umgraben; s'~ einstürzen, -sinken; fig. zusammenbrechen; ~illes [efɔ̃'drij] f/pl. Bodensatz m.
efforcer [efɔr'se] (1k): s'~ de (à) sich anstrengen zu; sich bemühen zu.
effort [e'fɔ:r] m Anstrengung f; ✚ Bruch; ⊕ Inanspruchnahme f.
effraction [efrak'sjɔ̃] f Einbruch m.
effraie orn. [e'frɛ] f Schleiereule.
effray|ant [efrɛ'jɑ̃] (7) erschreckend, fürchterlich; ~er [~'je] v/t. (1i) erschrecken; s'~ (sich) erschrecken (de über acc.).
effréné [efre'ne] zügellos, unbändig.
effriter [efri'te] (1a) ✗ bröckelig machen; fig. pol. unterminieren.
effroi [e'frwa] m Entsetzen n.
effront|é [efrɔ̃'te] (7) frech, unverschämt; ~erie [~'tri] f Frechheit, Unverschämtheit.
effroyable [efrwa'jablə] entsetzlich.
effusion [efy'zjɔ̃] f Erguß m; ~ de sang Blutvergießen n; avec ~ aus vollem Herzen.
éfourceau [efur'so] m zweirädriger Blockkarren mit langer Deichsel.
égal [e'gal] **1.** adj. (5c) gleich; eben; gleichgültig; **2.** m mon ~ meinesgleichen; à l'~ de ebenso wie; ~er

[~'le] (1a) gleichmachen; ~ q. (od. qch.) j-m (od. e-r Sache) gleichkommen; ~iser [~li'ze] (1a) gleichmäßig verteilen; ebenen; ~ité [~li'te] f Gleichheit; Ebenheit f; Sport: Ausgleich m, Einstand m (bsd. a. Tennis).
égard [e'ga:r] m Rücksicht f; eu ~ à (od. par ~ pour) im Hinblick auf (acc.); à l'~ de hinsichtlich (gén.); à mon ~ was mich betrifft; à tous ~s in jeder Hinsicht; sans ~ pour ohne Rücksicht auf; ~s m/pl. Achtung f/sg.; Aufmerksamkeiten f/pl.; manque d'~ Rücksichtslosigkeit f.
égar|ement [egar'mɑ̃] m Verirrung f (bsd. fig.); Ausschweifung f; ~er [ega're] (1a) irreleiten, verwirren; avoir l'air égaré fig. verstört aussehen; s'~ sich verirren, sich verlaufen; abhanden kommen.
égayer [egɛ'je] (1i) erheitern; s'~ lustig werden.
églant|ier [eglã'tje] m wilder Rosenstock; ~ine [~'tin] f wilde Rose.
église [e'gli:z] f Kirche.
églogue litt. [e'glɔg] f Ekloge f.
égoïne [egɔ'in] f Stoßsäge, Fuchsschwanz m.
égoïsme [egɔ'ism] m Egoismus m.
égorg|er [egɔr'ʒe] (1l) den Hals abschneiden (dat.); ersäufen; fig. gewaltig übervorteilen; ~eur [~'ʒœ:r] (7g) su. Mörder m.
égosiller [egozi'je] (1a): s'~ sich heiser schreien, sich überschreien.
égout [e'gu] m Abflußrinne f, bsd. pl. Kanalisation f, Gully m; ~ier [~'tje] m Kanalisationsarbeiter.
égoutt|er [egu'te] (1a) abtropfen lassen; ✗ trockenlegen; ~oir [~'twa:r] m Abtropfbrett n; cuis. Durchschlag f; phot. Trockenständer.
égrainer [egrɛ'ne] = égrener.
égrapper [egra'pe] (1a) abbeeren.
égratign|er [egrati'ɲe] (1a) kratzen, (auf)ritzen; zerschrammen; Boden aufkratzen; peint. schraffieren; ~ure [~'ɲy:r] f Kratzwunde, Schramme.
égrener [egrə'ne] v/t. (1d) auskörnen; abbeeren; ~ son (od. le) chapelet den Rosenkranz herbeten.
égrillard [egri'ja:r] ausgelassen; fig. etwas zu lustfürtig.
égris|ée ⊕ [egri'ze] f Diamantpulver n; ~er [~] (1a) Diamanten usw. abschleifen, grob schleifen.

égrugeoir ⊕ [egry'ʒwa:r] *m* Holzmörser, Stampfbüchse *f*; **~er** [~'ʒe] (1l) kleinstoßen; schroten.

égueuler [egœ'le] (1a) Hals *e-s Gefäßes* abstoßen.

égyptien [eʒip'sjɛ̃] **1.** *adj.* ägyptisch; **2.** ♀ *su.* Ägypter *m*.

eh! (*e*) *int.* heh!, nun!; ~ *bien!* nun gut!, na!; na und?

éhonté [eɔ̃'te] schamlos; unverschämt. [kappen.

éhoupper [eu'pe] (1a) *Bäume*|

éjaculer [eʒaky'le] (1a) ausspritzen.

éjection [eʒɛk'sjɔ̃] *f* Auswerfen *n* (*von Produkten aus automatischen Maschinen*); Ausstoßung (*des Gasstrahls beim Düsenantrieb*); Exkremente *n/pl.*; ✈ Abwurf *m*.

élaborer [elabɔ're] (1a) aus-, be-, verarbeiten.

élaguer [ela'ge] (1m) *Baum* beschneiden, lichten; *fig.* abkürzen; ausmerzen.

élan [e'lɑ̃] *m* **1.** Anlauf, Sprung, Satz; *fig.* Anwandlung *f*; Schwung *m*, Begeisterung *f*; **2.** *zo.* Elch *m.*

élanc|é [elɑ̃'se] (7) schlank u. hoch, hoch aufgeschossen; **~ement** [elɑ̃s'mɑ̃] *m* Losstürzen *n*; Aufschwung; ♪ stechender Schmerz; **~s** *pl.* Stoßseufzer *m*; **~er** [~'se] *v/i.* (1k) stechen; *s'~* hervor-, losbrechen; losspringen; *fig.* sich stürzen; ♪ in die Höhe schießen.

élarg|ir [elar'ʒi:r] (2a) erweitern, verbreitern; *Kleider* auslassen; *fig.* freilassen; **~issement** [elarʒis'mɑ̃] *m* Erweiterung *f*; Freilassung *f*.

élasticité [elastisi'te] *f* Federn *n*, Spannkraft, Elastizität (*a. fig.*), Dehnbarkeit.

élastique [elas'tik] **1.** *adj.* elastisch; dehnbar; **2.** *m* Gummiband *n*, -zug; Sprungfeder *f*.

élect|eur [elɛk'tœ:r] *m* Wähler; *hist.* prince *m* ~ Kurfürst; **~if** [~'tif] Wahl...; **~ion** *pol.* [~k'sjɔ̃] *f* Wahl *f*; **~oral** [~tɔ'ral] (5c) Wahl...; *hist.* kurfürstlich; **~orat** [~tɔ'ra] *m* Wahlrecht *n*; *hist.* Kurwürde *f*, -fürstentum *n*; **~rice** [elɛk'tris] *f* Wählerin; *hist.* Kurfürstin; **~ricien** [elɛktri'sjɛ̃] *m* Elektriker, Elektroinstallateur *m*, -monteur *m*; **~ricité** [~trisi'te] *f* Elektrizität; **~rification** [~trifika'sjɔ̃] *f* Elektrifizierung *f*; **~rifier** [~tri'fje] elektrifizieren; **~rique** [~'trik] elektrisch; Elektrisier...; *fig.*

elektrisierend; **~riser** [~tri'ze] (1a) Elektrizität *in etw.* erzeugen; elektrisieren; *fig.* begeistern.

électro|-aimant [elɛktrɔɛ'mɑ̃] *m* Elektromagnet; **~cardiogramme** ✱ [~kardjɔ'gram] *m* Elektrokardiogramm *n*, *mst.*: EKG *n*; **~choc** [~'ʃɔk] *m* Elektroschock; **~cuter** ♪ [elɛktrɔky'te] (1a) durch e-n *el.* Schlag töten; auf dem elektrischen Stuhl hinrichten; **~cution** [~ky'sjɔ̃] *f* ♪ tödlicher Schlag *m*; Hinrichtung durch Elektrizität; **~ménager** [~mena'ʒe]: *appareils m/pl.* **~s** elektrische Haus- u. Küchengeräte *n/pl.*; **~moteur** [~'tœ:r] *m* Elektromotor *m*; **~n** *phys.* [~'trɔ̃] *m* Elektron *n*; **~nicien** [~troni'sjɛ̃] *m* Elektronenfachmann *m*; **~nique** [~trɔ'nik] **1.** *f* Elektronik *f*, Elektronenlehre *f*; **2.** *adj.* elektronisch; **~phone** [~'fɔn] *m* Plattenspieler *m*; **~thérapie** ♪ [~tera'pi] *f* Krankheitsbehandlung durch Elektrizität; **~typie** [~ti'pi] *f* Galvanoplastik *f*.

électuaire [elɛk'tɥɛ:r] *m* Latwerge *f*.

élégan|ce [ele'gɑ̃:s] *f* Eleganz *f*; **~t** [~'gɑ̃] elegant.

élément [ele'mɑ̃] *m* Element *n*; Ur-, Grundstoff, -begriff; Faktor *m*; △ Bauteil; **~aire** [~'tɛ:r] Grund..., elementar.

éléphant *zo.* [ele'fɑ̃] *m* Elefant.

élevage [el'va:ʒ] *m* Züchtung *f der Haustiere.*

éléva|teur [eleva'tœ:r] *m u. adj.* (7f) Lastenaufzug *m*, Hebevorrichtung *f*; ~ *des bateaux* Schiffshebewerk *n*; *muscle m* ~ Hebemuskel *m*; **~tion** [~va'sjɔ̃] *f* Erhebung, Erhöhung (*a. fig.*); Steigen *n der Preise*; *ast.* Höhe; Anhöhe, Hügel *m*; *fig.* Erhabenheit *f*.

élève [e'lɛːv] *m* **1.** *su.* Schüler(in *f*) *m*; ✈ **~-pilote** Flugschüler; *chargé de la surveillance routière* Schülerlotse *m*. **2.** *f*: *jeunes* Zuchttier *m*; ♀ Sämling. **3.** *f* = *élevage*.

élev|é [el've] **1.** *adj.* (7) erhaben; **2.** *m un mal* ~ ungebildeter Mensch; **~er** [~] (1d) erheben; erhöhen; *Puls* beschleunigen; *Senkrechte usw.* errichten; *Kinder* groß-, erziehen; *Vieh, Pflanzen* ziehen; à *la quatrième puissance* mit 4 potenzieren; **~eur** [el'vœ:r] *m* Viehzüchter; **~euse** [~'vø:z] *f* Brutapparat *m*;

élevure — **emberlificoter**

~ure [el'vy:r] f Hitzpickel m, Ausschlag m.
éligible [eli'ʒiblə] wählbar.
élimer [eli'me] (1a) abnutzen, abtragen.
éliminer [elimi'ne] (1a) beseitigen.
élire mst. pol. [e'li:r] (4x) wählen.
élite [e'lit] f Auswahl f, Elite f.
élixir [elik'si:r] m Elixier n, Heiltrank m.
ellébore ♀ [ɛle'bɔ:r] m Christrose f.
elliptique [elip'tik] elliptisch.
élocution [eloky'sjɔ̃] f Ausdrucksweise f, Diktion f.
éloge [e'lɔ:ʒ] m Lobrede f.
éloign|ement [elwaɲ'mɑ̃] m Entfernung f; weite Ferne f; Entfremdung f; Entrücktsein n; Widerwille (pour gegen); **~er** [~'ɲe] (1a) entfernen; auf-, verschieben, fernhalten; entfremden; s'~ sich entfernen; peint. zurücktreten.
éloqu|ence [elɔ'kɑ̃:s] f Beredsamkeit f; **~t** [~'kɑ̃] (7) beredt.
élucider [elysi'de] (1a) aufklären, erläutern, verdeutlichen.
élucubr|ations péj. [elykybra'sjɔ̃] f/pl. Hirngespinste n/pl.; **~er** péj. [~'bre] (1a) fig. aushecken, ausbrüten.
éluder [ely'de] (1a) fig. um'gehen, ausweichen (dat.).
Elysée [eli'ze]: les Champs-~s m/pl. (Prachtstraße in Paris).
émacié [ema'sje] (1a) abgezehrt, ausgemergelt.
émail [e'maj] m Emaille f, Schmelz f, Glasur f; **~ler** [~'je] (1a) emaillieren; fig. bunt durchwirken; poét. schmücken.
émanation [emana'sjɔ̃] f Ausfluß m, Ausströmung; Ausdünstung; phys. Emanation.
émancip|ation [emɑ̃sipa'sjɔ̃] f ⚖ Mündigsprechung, Volljährigkeitserklärung; Freilassung (von Sklaven usw.); bürgerliche Gleichstellung f, Emanzipation f; **~é** [~'pe] frei; **~er** [~] (1a) ⚖ mündig sprechen; befreien; gleichstellen; F s'~ über die Stränge schlagen.
émaner [ema'ne] (1a) ausfließen, -strömen; dünsten, herrühren von.
émarger [emar'ʒe] (1a) Rand beschneiden; ✝ am Rande quittieren; Gehalt vom Staat beziehen.
émasculation [emaskyla'sjɔ̃] f Entmannung.

embâcle [ɑ̃'bɑ:klə] m Anhäufung f von Eisschollen.
emball|age [ɑ̃ba'la:ʒ] m Verpackung f, Packmaterial n; ~ cadeau Geschenkpackung f; **~er** [~'le] v/t. (1a) ein-, verpacken; fig. beschwatzen; P runterputzen; P einsperren; begeistern; v/i. packen; s'~ durchgehen (Pferd) F sich hinreißen lassen; **~eur** [~'lœ:r] m Packer m.
embarbouiller [ɑ̃barbu'je] (1a) beschmieren; fig. verwirren.
embarca|dère [ɑ̃barka'dɛ:r] m ♺ Landungsplatz; ⛟ Abfahrt(s)halle f, -seite f, -bahnsteig; **~tion** [~ka'sjɔ̃] f kleines Schiff.
embargo ⛟ [ɑ̃bar'go] m Embargo m u. n, Hafen-, Schiffssperre f; Beschlagnahme f (e-s Schiffes u. allg.).
embar|quement [ɑ̃barkə'mɑ̃] m Verladung f; Einsteigen n; **~quer** [~'ke] (1m) an Bord bringen; ⛟ an Bord gehen (a. von Reisenden); allg. einsteigen; fig. verwickeln; s'~ dans sich einlassen in od. auf (acc.).
embarras [ɑ̃ba'ra] m Hindernis n; Verwirrung f; Verlegenheit f; Mühe f; Umstände pl.; ~ d'argent Geldknappheit f; ✱ ~ gastrique Magenverstimmung f; ~ de voitures Verkehrsstockung f; faire de l'~ wichtig tun, angeben; **~ser** [ɑ̃bara'se] (1a) (be)hindern, versperren; in Verlegenheit bringen; ✝ beschweren; s'~ de q. fig. sich j-n auf den Hals laden.
embasement [ɑ̃baz'mɑ̃] m Grundmauer f; Sockel.
embauch|age [ɑ̃bo'ʃa:ʒ] m Einstellung f von Arbeitskräften; **~er** [~'ʃe] (1a) einstellen; (listig) anwerben; ⚒ zum Überlaufen verleiten; v/i. P die Arbeit beginnen; **~oir** [~'ʃwa:r] m Schuhspanner m, -leisten m.
embaumer [ɑ̃bo'me] v/t. (1a) einbalsamieren; mit Wohlgeruch erfüllen; v/i. lieblich duften.
embecquer [ɑ̃bɛ'ke] (1m) (Vögel) füttern; (Gans) mästen.
embéguiner [ɑ̃begi'ne] (1a) j-m den Kopf umhüllen; F ⚘ fig. ~ q. de qch. j-m etw. in den Kopf setzen.
embell|ie [ɑ̃bɛ'li] f Windstille f; **~ir** [~'li:r] (1a) (sich) verschönern; **~issement** [~lis'mɑ̃] m Verschönerung f.
emberlificoter F [ɑ̃bɛrlifiko'te] (1a) verwirren; in e-e Falle locken.

embêt|ant F [ãbɛ'tã] (7) langweilig; ärgerlich; **~er** F [~'te] (1a) langweilen; verdrießen.

embl|avage ⚔ [ãbla'va:ʒ] f Saatzeit; **~aver** [~bla've] (1a) mit Korn besäen.

emblée [ã'ble]: **d'~** auf Anhieb, gleich, ohne weiteres.

emblème [ã'blɛm] m Sinnbild; **~s** pl. Insignien f/pl.

embob(el)iner F [ãbɔbi'ne, ãbɔbli'ne] (1a) beschwatzen, einwickeln fig. (heute ist embobiner häufiger).

embobiner [ãbɔbi'ne] (1a) ⚡ umwickeln; text. aufspulen.

emboire [ã'bwa:r] v/t. (4u) einölen; **s'~** einziehen (Farben).

emboît|er [ãbwa'te] (1a) einschachteln, einfügen, einpassen; * auspfeifen, verhöhnen; fig. **~ le pas à q.**: a) sich nach j-m richten; b) j-m auf dem Fuße folgen; **~ure** charp. [~'ty:r] f Fuge f.

embolie 🩺 [ãbɔ'li] f Embolie f.

embonpoint [ãbɔ̃'pwɛ̃] m Korpulenz f, Körperfülle f.

embosser ⚓ [ãbɔ'se] (1a) aufpostieren.

embouch|er ♪ [ãbu'ʃe] v/t. (1a) an den Mund setzen; **~oir** [~'ʃwa:r] m ♪ Mundstück n; **~ure** [~'ʃy:r] f Mündung f, Hafeneinfahrt f; ♪ Ansatz m, (Trompeten-)Mundstück n.

embouquer ⚓ [ãbu'ke] (1m) in e-e Meerenge einlaufen.

embourber [ãbur'be] v/t. (1a) in e-n Morast (hinein)führen, -fahren, -reiten; fig. in e-e üble Angelegenheit verwickeln; **s'~** fig. a. sich festfahren.

embourgeoiser [ãburʒwa'ze] (1a): **s'~** verbürgerlichen; péj. verspießern.

embout [ã'bu] m Zwinge f (am Stock od. Schirm); **~er** [~'te] (1a) mit e-r Zwinge versehen.

embouteill|age [ãbutɛ'ja:ʒ] m Verkehrsstörung f, -stockung f; berufliche Überfüllung f; ⊕ Abziehen n (auf Flaschen); **~er** [~'je] (1a) auf Flaschen abziehen, abfüllen; fig. ~ (les rues) (die Straßen) versperren, blockieren.

emboutir [ãbu'ti:r] v/t. (2a) treiben, ausbauchen (von Metallen); Auto: anfahren, zs.-stoßen mit.

embranch|é 🔗 [ãbrã'ʃe] mit Gleisanschluß; Anschließer m; **~ement** [ãbrãʃ'mã] m a. ⊕ Ab-, Verzweigung f; 🔗 Gleisabzweigung f; Gleisanschluß; Zweigbahn f.

embras|ement [ãbraz'mã] m verheerender Brand; fig. Aufruhr; **~er** [~'ze] (1a) in Brand stecken; fig. entflammen.

embrass|ade [ãbra'sad] f Umarmung; **~er** [~'se] (1a) umarmen; küssen; umfassen; überblicken; enthalten, unternehmen; Beruf ergreifen; rl. annehmen.

embrasure [ãbra'zy:r] f Schießscharte; Tür-, Fensteröffnung.

embray|age ⊕ [ãbrɛ'ja:ʒ] m Kuppelung f; Fahrrad: **~ à roue libre** Freilauf; **~er** ⊕ [~'je] (1i) einkuppeln, einrücken; in Gang bringen; **~ sur qch.** auf etw. zu sprechen kommen, auf etw. umschalten fig.

embrigader ⚔ [ãbriga'de] (1a) in Brigaden einteilen; anwerben.

embrocher [ãbrɔ'ʃe] (1a) cuis. an den Bratspieß stecken; fig. durchbohren; ⚡ einschalten; stöpseln.

embrouiller [ãbru'je] (1a) verwirren; **s'~** in Verwirrung geraten.

embroussaillé [ãbrusa'je] (7) struppig; fig. verwirrt.

embru|iné ⚔ [ãbrui'ne] mit kaltem Staubregen bedeckt; **~mer** [ãbry'me] (1a) in Nebel hüllen; fig. überschatten; fig. berauschen; **~n** [ã'brœ̃] m: oft pl. **~s** Gischt f, Sprühregen; bedeckter Himmel; **~nir** [ãbry'ni:r] (2a) braun, dunkler machen.

embryon [ãbri'ɔ̃] m Embryo m; ♀ Keim m; fig. Keimzelle f, erster Anfang m, Grundlage f; fig. Knirps.

embûche [ã'byʃ] f Hinterhalt m.

embuer opt. [ã'bɥe] (1a) Glas, Fenster feucht machen, beschlagen.

embuscade ⚔ [ãbys'kad] f Hinterhalt m (a. fig.).

embusqu|é [ãbys'ke] m ⚔ Drückeberger; péj., oft pol., pl. **~s** Hintermänner m/pl.; **~er** [~] (1m): **s'~** sich in e-n Hinterhalt legen.

eméché F [eme'ʃe] (7) beschwipst.

émeraude [em'rod] f Smaragd m.

émerger [emɛr'ʒe] (1l) auftauchen.

émeri [em'ri] m Schmirgel.

émerillonné [emrijɔ'ne] (7) lustig.

émérite [eme'rit] ausgedient; (sehr) tüchtig; geschickt.
émersion [emɛr'sjõ] f Hervortauchen n; ast. Austritt m aus dem Schatten.
émerveiller [emɛrve'je] (1a) in höchste Verwunderung setzen.
émétique ⚕ [eme'tik] 1. adj. Brech-...; 2. m Brechmittel n.
émetteur [eme'tœ:r] m ⌖ Emittent, Aussteller; rad. Sender; ~ à ondes ultra-courtes Ultrakurzwellensender, UKW-Sender; ~ à ondes courtes Kurzwellensender; ~ de télévision Fernsehsender; ~ T. S. F. Rundfunksender.
émettre [e'mɛtr] (4p) (aus)senden; äußern; ⌖ in Umlauf setzen; ~ une traite e-e Tratte ziehen, trassieren.
émeut|e [e'møt] f Aufruhr m, Krawall m, Putsch m, Meuterei; **~ier** [emø'tje] m Unruhestifter m, Aufständischer m.
émietter [emje'te] (1a) zerkrümeln; zerbröckeln.
émigr|ation [emigra'sjõ] f Auswanderung; ~ des capitaux Kapitalabwanderung; **~é** [~'gre] m politischer od. religiöser Emigrant m; **~er** [~] (1a) auswandern.
émincer [emɛ̃'se] (1k) in dünne Scheiben schneiden.
émin|emment [emina'mã] adv. höchst; **~ence** [emi'nã:s] f Anhöhe; Überlegenheit; ⌖ Hoheit (Titel); **~ent** [~'nã] (7) hoch; hervorragend.
émiss|aire [emi'sɛ:r] m Geheimbote, Sendling; ⌂ Abfluß; ⊕ Kanal; bouc m ~ Sündenbock; **~ion** [~'sjõ] f Ausströmen n, -stoßen n, Äußerung; ⌖ Ausgabe; rad.: Sendung; ~ de télévision Fernsehsendung; ~ à ondes ultra-courtes Ultrakurzwellensendung, UKW-Sendung; ordre m (weitS. programme m) des ~s Hörfolge f.
emmagasiner [ãmagazi'ne] (1a) aufstapeln, aufspeichern; lagern.
emmailloter [ãmajɔ'te] (1a) Kind in Windeln wickeln; 🌿 fest verbinden.
emmanch|er [amã'ʃe] (1a) mit e-m Stiel versehen; fig. in Angriff nehmen, anfangen; **~ure** [~'ʃy:r] f Ärmelloch n.
emmêler [ãme'le] (1a) verwickeln, verwirren.
emménager [ãmena'ʒe] v/i. (1l) in e-e neue Wohnung ziehen; v/t. in e-e neue Wohnung transportieren; ~ q. j-m beim Umzug behilflich sein.
emmener [ãm'ne] (1d) wegführen, mitnehmen; ~ q. en voiture j-n im Wagen mitnehmen.
emmenotter [ãmnɔ'te] v/t. (1a) Handfesseln anlegen (dat.).
emmieller [ãmje'le] (1a) 1. † mit Honig bestreichen; 2. F ankotzen V, anöden.
emmi|tonner, ~toufler [ãmitɔ'ne, ãmitu'fle] (1a) einmumme(l)n.
émoi [e'mwa] m Aufregung f.
émollient [emɔ'ljã] adj. (u. m) erweichend(es Mittel n).
émolument [emɔly'mã] m Gebühr f; **~s** pl. Gehalt n e-s leitenden Beamten, Bezüge m/pl.
émonder 🌿 [emõ'de] (1a) Bäume usw. lichten, beschneiden; fig. Geschriebenes zs.-streichen.
émotion [emo'sjõ] f Erregung; **~ner** [emɔsjɔ'ne] (1a) aufregen; ergreifen, erschüttern. [keit.|
émotivité [emɔtivi'te] f Erregbar-|
émouch|er [emu'ʃe] (1a) e-m Pferd die Fliegen wegscheuchen; **~ette** [emu'ʃɛt] f Fliegennetz n; **~oir** [~'ʃwa:r] m Fliegenwedel m.
émoudre [e'mudr] (4y) schleifen.
émoulu [emu'ly]: fig. un bachelier frais ~ ein frisch gebackener Abiturient m.
émousser [emu'se] (1a) 1. stumpf machen; 2. 🌿 abmoosen.
émoustiller [emusti'je] (1a) aufmuntern; émoustillé angeheitert.
émouvoir [emu'vwa:r] (3d) er-, aufregen; rühren.
empailler [ãpa'je] (1a) Tiere ausstopfen; mit Stroh umwickeln od. beflechten.
empaler ehm. [ãpa'le] (1a) e-n Verbrecher pfählen, durchbohren; Braten aufspießen.
empan [ã'pã] m Spannweite f (a. ♪).
empaqueter [ãpak'te] (1c) einpacken.
emparer [ãpa're] (1a): s'~ de sich bemächtigen (gén.). [pferchen.|
emparquer [ãpar'ke] (1m) ein-|
empât|é 🌿 [ãpa'te] belegt (Zunge); **~er** [~] (1a) verschleimen; Gänse nudeln.
empattement [ãpat'mã] m Auto: Radstand.

empaumer [ɑ̃po'me] (1a) *Ball* auffangen; *fig. e-e Sache richtig anpacken;* F beschwindeln, übers Ohr packen; F ~ q. j-n beschwindeln, übers Ohr hauen.

empêch|ement [ɑ̃pɛʃ'mɑ̃] *m* Be-, Verhinderung *f;* **~er** [~'ʃe] (1a) (ver)hindern; *je ne puis m'~ de (inf.)* ich kann nicht anders als, ich muß (*inf.*).

empeigne [ɑ̃'pɛɲ] *f* Oberleder *n*.

empereur [ɑ̃'prœːr] *m* Kaiser.

empes|age [ɑ̃pəˈzaːʒ] *m* Stärkemittel *n* (*für Wäsche*); **~é** [ɑ̃pəˈze] *fig.* steif; gezwungen; **~er** [~] (1d) *Wäsche* stärken.

empester [ɑ̃pɛs'te] (1a) mit der Pest anstecken; *fig.* verpesten.

empêtrer [ɑ̃pɛ'tre] (1a) *Füße* fesseln; *fig. ~ q. dans une affaire* j-n in e-e Angelegenheit verwickeln; *s'~* sich verwickeln.

empha|se [ɑ̃'faːz] *f* Nachdruck *m;* **~tique** [ɑ̃faˈtik] nachdrücklich.

emphysème ⚕ [ɑ̃fi'zɛm] *m* Lungenerweiterung *f,* Emphysem *n*.

empierrer [ɑ̃pjɛˈre] (1b) beschottern.

empiéter [ɑ̃pje'te] *v/t.* (1f) (*v/i. ~ sur*) eingreifen in j-s Rechte; widerrechtlich wegnehmen; übertreten, vordringen (*Meer*).

empiffrer F [ɑ̃pi'fre] *v/t.* (1a): *s'~* sich vollfressen.

empiler [ɑ̃piˈle] (1a) aufstapeln, zs.-pferchen; * anschmieren, beschummeln.

empir|e [ɑ̃'piːr] *m* Herrschaft *f;* Reich *n;* Kaiserreich *n;* ~ *sur soi* Selbstbeherrschung *f;* **~er** [~'re] *v/t.* (1a) verschlimmern; *v/i.* schlimmer werden; **~ique** [~'rik] 1. *adj.* Erfahrungs...; 2. *m* Empiriker, Quacksalber; **~isme** [~'rism] *m* Empirismus; Erfahrungsmethode *f*.

emplacement [ɑ̃plasˈmɑ̃] *m* Platz, Stelle *f;* Baustelle *f; Auto:* Parkplatz *m;* ✕ Standquartier *n;* Geschützstand *m;* einstiger Standort *m e-s Denkmals usw.;* ~ *sportif* Sportplatzanlage *f*.

emplâtre [ɑ̃'plɑːtrə] *m* ⚕ Pflaster *m;* P *fig.* Maulschelle *f;* F Schlappschwanz *fig*.

emplette [ɑ̃'plɛt] *f* Einkauf *m; faire des ~s* einkaufen, -holen.

emplir [ɑ̃'pliːr] (2a) (an)füllen.

emploi [ɑ̃'plwa] *m* Gebrauch *m,* Verwendung *f;* Amt *n,* Anstellung *f;* *bsd.* ✕ Einsatz *m;* ~ *accessoire* Nebenamt *n; mode m d'~* Bedienungsvorschrift *f,* Gebrauchsanweisung *f; plein ~* Vollbeschäftigung *f*.

employ|é [ɑ̃plwa'je] *m* Angestellte(r) *m,* Arbeitnehmer *m;* Beamte(r) *m;* **~er** [~] (1h) an-, verwenden, gebrauchen; beschäftigen; *s'~* gebraucht werden; sich verwenden (*für pour*); *employé(e)* beschäftigt; **~eur** [~'jœːr] *m* Arbeitgeber.

empocher [ɑ̃pɔ'ʃe] (1a) in die Tasche stecken; *fig.* Schläge einstecken müssen.

empoigner [ɑ̃pwa'ɲe] (1a) *mit der Faust* ergreifen, packen (*a. fig.*); F festnehmen; anschnauzen.

empointer [ɑ̃pwɛ̃'te] (1a) anheften; *Nadeln* zuspitzen.

empois [ɑ̃'pwa] *m* Wäschestärke *f*.

empoisonn|er [ɑ̃pwazɔ'ne] (1a) vergiften; *fig.* verderben; **~eur** [~'nœːr] Giftmischer(in *f*) *m; fig.* Stänker *m* F, Vergifter *m*.

empoiss|er [ɑ̃pwa'se] (1a) (ver-)pichen; **~onner** [~sɔ'ne] (1a) mit Fischbrut besetzen.

emport|é [ɑ̃pɔr'te] 1. *adj.* aufbrausend, heftig; 2. *su.* Hitzkopf *m;* **~ement** [ɑ̃pɔrtəˈmɑ̃] *m* Aufbrausen *n,* Heftigkeit *f,* Jähzorn *m;* **~e-pièce** [ɑ̃pɔrtəˈpjɛs] *m* Lochstanzer, Lochzange *f;* **~er** [ɑ̃pɔr'te] (1a) wegtragen, -bringen; mitnehmen; fortreißen; hinweggraffen; mit sich bringen, nach sich ziehen; *l'~* den Sieg davontragen; *emporté par une avalanche* von e-r Lawine erfaßt; *s'~* heftig werden.

empot|é [ɑ̃pɔ'te] *fig.* unbeholfen; **~er** [~] (1a) ✿ in Töpfe setzen, eintopfen.

empourprer [ɑ̃pur'pre] (1a): (*s'~*) sich purpurrot färben.

empreindre [ɑ̃'prɛ̃ːdrə] (4b) ab-, aufdrücken; einprägen.

empreinte [ɑ̃'prɛ̃ːt] *f* Abdruck *m,* Prägung *f,* Spur *f;* ~ *digitale* Fingerabdruck *m*.

empress|ement [ɑ̃prɛsˈmɑ̃] *m* Geschäftigkeit *f;* Diensteifer; F *avec ~* mit Begeisterung; **~er** [~'se] (1b): *empressé* eifrig, geschäftig; dienstfertig; *s'~ à ...* sich beeilen, sich bestreben, sich bemühen zu ...

emprisonner [ɑ̃prizɔ'ne] (1a) ge-

emprunt

fangennehmen *od.* -halten; ~ gebunden halten.
emprunt [ã'prœ̃] *m* Entleihung *f*; Anleihe *f*; ouvrir un ~ e-e Anleihe auflegen; souscrire à un ~ e-e Anleihe zeichnen; ~ de courant ≠ Stromentnahme; **~é** [~'te] unbeholfen; **~er** [~] (1a) sich borgen, e-e Anleihe machen; *iron.* klauen; *fig.* ~ qch. sich e-r Sache bedienen; ~ une route (un escalier) e-n Weg (e-e Treppe) benutzen; **~eur** [~'tœ:r] *m* Entleiher *m*; Anleihenehmer *m*.
empuantir [ãpɥã'ti:r] (2a) verstänkern, verpesten.
emula|teur [emyla'tœ:r] *su.* Nacheiferer *m*; **~tion** [~la'sjõ] *f* Nacheiferung, Wetteifer *m*; Strebsamkeit *f*.
émule [e'myl] *su.* Nacheiferer *m*; Rivale *m*.
emulsif ♀ [emyl'sif] **1.** *adj.* ölig; **2.** *m* Milchsaft.
en[1] [ã] *prp.*, in, an (*dat. u. acc.*) (*vgl. dans*) **1.** *Ort:* ~ France in, nach; ~ ville (auf Briefen) hier; de ville ~ ville von Stadt zu Stadt; **2.** *Zeit:* a) *Zeitpunkt:* ~ 1789 (~ l'an 1789) im Jahre 1789; b) *Dauer:* en 15 jours binnen (zum Unterschiede von dans = nach) 15 Tagen; c) *Gleichzeitigkeit: beim gérondif* (*oft durch* tout *verstärkt*); être ~ vie am Leben sein; ~ été im Sommer; **3.** *Mittel:* a) *beim gérondif: Mittel od. Werkzeug, z. B. ~* dansant beim (*od.* durch) Tanzen, indem ...; b) *Stoff, Zweck, Form, Inhalt, Zustand u. a., z. B.* table *f* ~ bois Holztisch *m*; ~ (qualité de) vie, als; ~ vente zum Verkauf erhältlich; mettre à ~ vente zum Verkauf anbieten; ~ français auf französisch; ~ or aus Gold; docteur ~ droit Doktor der Rechte; de plus ~ plus immer (mehr) + *Komparativ;* ~ l'honneur de q. (~ son honneur) (ihm) zu Ehren *usw.*; ~ arrière! rückwärts!, zurück!; ~ avant! vorwärts!; ~ fait tatsächlich; ~ vérité wahrhaftig; ~ voiture! einsteigen!
en[2] [ã] *adv.* **1.** davon; qu'~ pensez-vous? was halten Sie davon?; **2.** von da: j'~ viens ich komme von da; **3.** dafür, damit, daran, darüber, darum, deswegen; darunter, dazu; c'~ est fait das ist darum geschehen; qu'~ dites-vous? was sagen Sie da-

encensoir

zu?; j'~ suis ich bin dabei, ich gehöre dazu; ~ être plus riche (davon, darum, um so) reicher sein; ~ connaître qui Leute kennen, die; **4.** *Antwort:* j'~ ai ich habe welche; j'~ ai cinq ich habe fünf; je n'~ ai plus ich habe keine mehr.
énamourer [enamu're] (1a): s'~ sich verlieben (de in *acc.*).
en bas [ã'ba] unten; hinunter.
encablure ♎ [ãka'bly:r] *f* Kabellänge.
encadrer [ãka'dre] (1a) einrahmen; einfügen; ⚔ einverleiben.
encager [ãka'ʒe] (1l) in einen Käfig stecken; F einsperren.
encaiss|e [ã'kɛs] *f* Kassenbestand *m*; **~er** [ãkɛ'se] (1b) (in e-e Kiste) packen; ✝ einkassieren; F ~ une gifle e-e Ohrfeige bekommen.
encan [ã'kã] *m* Versteigerung *f*; mettre à l'~ versteigern; à l'~ durch Auktion käuflich.
encanailler [ãkana'je] (1a) in schlechte Gesellschaft bringen.
encapuchonner [ãkapyʃɔ'ne] (1a) (s'~ sich) mit e-r Kapuze bedecken; *fig.* zum Mönch machen.
encaquer [ãka'ke] (1m) *Heringe* in Tonnen packen; *fig.* zs.-pferchen.
encart [ã'ka:r] *m* Beilage *f* (*in e-r Zeitschrift, in e-m Buch*), Prospekt *m*; **~age** [ãkar'ta:ʒ] *m* Einheften *n* (*a. Stecknadeln*); **~(onn)er** [ãkarto'ne, ~kar'te] (1a) ⊕ einheften, -stecken, -legen.
en-cas [ã'ka] *m* Notbehelf *m*, Reserve *f*; Notgroschen *m*.
encastrer [ãkas'tre] (1a) einbauen, -betten, -spannen, -fügen.
encaustiqu|e [ãkos'tik] *f* Bohnerwachs *n*; Wachsfarbe; **~er** [~ti'ke] (1m) Parkett bohnern.
encav|er [ãka've] (1a) einkellern; **~eur** [~'vœ:r] *m* Küfer.
enceindre [ã'sɛ̃:drə] (4b) einschließen, umgeben.
enceinte [ã'sɛ̃:t] **1.** *f* Umfassung *f*; Umwallung; Umschließung; Ausstellungsgelände *n*; umschlossener Raum *m*, Saal *m*; **2.** *adj./f* schwanger.
encens [ã'sã] *m* Weihrauch; **~er** [~'se] (1a) mit Weihrauch beräuchern; j-m Weihrauch streuen; *fig.* verehren; *péj.* beweihräuchern, schmeicheln; **~eur** [~'sœ:r] *m* Lobhudler; **~oir** [~'swa:r] *m* Weih-

encéphale — **encyclopédie**

rauchfaß n; fig. geistliche Macht f; péj. Lobhudelei f.

encéphale ⚕ [ãse'fal] m Gehirn n.

encercl|ement [ãserklə'mã] m Einkreisung f (a. pol.); **~er** [~'kle] (1a) einkreisen.

enchaîn|ement [ãʃen'mã] m An-, Verkettung f; **~er** [~'ne] (1b) anketten; fesseln; fig. verketten, hemmen; **~ure** ⊕ [~'ny:r] f Verkettung.

enchant|ement [ãʃãt'mã] m Zauber; Entzücken n; **~er** [~'te] (1a) be-, verzaubern; entzücken; **~eur** m, **~eresse** f [~'tœr, ~'trɛs] 1. su. Zauberer m, Zauberin f; 2. adj. bezaubernd, entzückend.

enchâss|er [ãʃa'se] (1a) einfassen, -fügen; *in die Rede* einflechten; **~ure** [~'sy:r] f Einfassen n; Fassung von Edelsteinen.

enchausser ⚘ [ãʃo'se] (1a) mit Stroh (od. Dung) bedecken.

enchère [ã'ʃɛ:r] f höheres Angebot n; *vente f aux ~s* Versteigerung, Auktion f; *dernière ~* Höchstgebot n; *en payer la folle ~* etw. ausbaden müssen; *mettre (vendre) aux ~s* versteigern.

enchéri|r [ãʃe'ri:r] v/t. (2a) verteuern; (ein höheres Angebot machen auf (acc.); v/i. teurer werden; *~ sur q.* j-n überbieten; **~ssement** † [~ris'mã] m Preiserhöhung f; Aufschlag; **~sseur** [~ri'sœ:r] m (Mehr-)Bieter; *dernier ~* Meistbietende(r).

enchevêtrer [ãʃvɛ'tre] (1a) (an-) halftern; fig. verwickeln.

enchifr|ènement 🕮 [ãʃifrɛn'mã] m Stockschnupfen; **~ener** 🕮 [~frə'ne] (1d); *s'~* sich e-n (Stock-)Schnupfen holen. [sen.|

encirer ⊕ [ãsi're] (1a) (ein)wach-|

enclaver *pol.* [ãkla've] (1a) Landesteile umschließen; ⊕ einfügen (a. fig.).

enclench|e ⊕ [ã'klã:ʃ] f Kerbe; **~er** [ãklã'ʃe] (1a) einklinken, -rücken; *téléph.* stöpseln.

enclin [ã'klɛ̃]: *~ à od. vers* geneigt zu.

encliquetage [ãklik'ta:ʒ] m Sperrradvorrichtung f; Gesperre n e-r Uhr.

enclore [ã'klɔ:r] (4k) umzäunen, ummauern, einfrieden.

enclos [ã'klo] m umzäunter Platz; Einfriedung f; Koppel f.

enclouer [ãklu'e] (1a) vernageln

(*Pferd beim Beschlagen*; *ehm. Geschütz zur Unbrauchbarmachung*).

enclume [ã'klym] f Amboß m.

encoch|e [ã'kɔʃ] f Kerbe; **~er** [~'ʃe] (1a) einkerben.

encoffrer [ãkɔ'fre] (1a) (in einem Kasten) einschließen.

encoignure [ãkɔ'ɲy:r] f Ecke, Winkel m; Eckschrank m.

encoller [ãkɔ'le] (1a) leimen, gummieren.

encolure [ãkɔ'ly:r] f Kragen-, Halsweite; Handschuhnummer f; (Pferde-)Hals m; *Sport*: Hals- u. Schulterbreite f (v. Personen); fig. äußeres Ansehen n.

encombr|ant [ãkɔ̃'brã] verkehrsbehindernd; sperrig; **~e** Sperrgut n; *sans ~* unbehindert; **~ement** [ãkɔ̃brə'mã] m Gedränge n; Verkehrsstockung f; **~er** [~'bre] (1a) (ver)sperren; überfüllen.

encontre [ã'kɔ̃:tr]: *à l'~ de* gegen, zuwider.

encorbellement △ [ãkɔrbɛl'mã] m Überhang; *poutre f en ~* Kragträger.

encorder *ãkɔr'de*] (1a) *Textilindustrie*: abschnüren; *Klettersport*: anseilen.

encore [ã'kɔ:r] 1. adv. (immer) noch; nochmals; überdies; *non seulement ..., mais ~* nicht nur, sondern auch; 2. cj. *~ que* (*mit subj.*) obgleich, obschon, obwohl.

encorner [ãkɔr'ne] (1a) mit Hörnern (*Horn*) versehen; mit Hörnern stoßen.

encourager [ãkura'ʒe] (1l) ermutigen, aufmuntern; fördern.

encourir [ãku'ri:r] (2i) auf sich laden; sich zuziehen.

encrasser [ãkra'se] (1a) be-, verschmutzen; *~ par la suie* verrußen.

encr|e ['ã:kr] f Tinte; *à cils* Wimperntusche; *~ de Chine* Tusche; *~ d'imprimerie* Druckerschwärze; **~er** [ã'kre] (1a) *typ.* Druckerschwärze auftragen; **~ier** [ãkri'e] m Tintenfaß n.

encroûter [ãkru'te] (1a) mit e-r Kruste überziehen; △ mit Mörtel bewerfen; fig. abstumpfen; *s'~* verdummen, verkümmern, einrosten.

encuver [ãky've] (1a) in Fässer bringen; *~ le malt* einmaischen.

encyclopédie [ãsiklɔpe'di] f Konversationslexikon n, Enzyklopädie f.

endauber *cuis.* [ɑ̃do'be] (1a) dämpfen, schmoren.
endémique ✱ [ɑ̃de'mik] endemisch.
endenter ⊕ [ɑ̃dɑ̃'te] (1a) ein-, verzahnen.
endetter [ɑ̃dɛ'te] (1a) in Schulden stürzen.
endiablé [ɑ̃dja'ble] verteufelt, miserabel; *fig.* besessen, wild.
endiguer [ɑ̃di'ge] (1m) eindeichen.
endimancher [ɑ̃dimɑ̃'ʃe] (1a); s'~ s-n Sonntagsstaat anziehen.
endive ♀ [ɑ̃'di:v] *f* Endivie.
endoctriner [ɑ̃dɔktri'ne] (1a) belehren; *bsd. pol.* schulen.
endolori [ɑ̃dɔlɔ'ri] schmerzhaft.
endommager [ɑ̃dɔma'ʒe] (1l) beschädigen.
endonéphrite ✱ [ɑ̃dɔne'frit] *f* Nierenbeckenhautentzündung.
endorm|eur [ɑ̃dɔr'mœ:r] **1.** *adj.* einschläfernd; **2.** *su.* Schwindler *m*; ✱ langweiliger Mensch; **~ir** [~'mi:r] (2b) einschläfern; *fig.* täuschen; s'~ einschlafen; ~ *du dernier sommeil* die Augen für immer schließen; **~issement** [~mis'mɑ̃] *m* Einschlummern *n*.
endos ✝ [ɑ̃'do] *m* Indossierung *f*, Giro *n*, Übertragungsvermerk *m*.
endoss|é ✝ [ɑ̃do'se] *m* Indossat; **~ement** [~'smɑ̃] *m* Indossament *n*, Giro *n*; **~er** [ɑ̃do'se] (1a) auf den Rücken nehmen; *Kleid* anziehen; ✝ indossieren, girieren; ~ *l'uniforme* Soldat werden; **~eur** [~'sœ:r] *m* Indossant, Girant.
endroit [ɑ̃'drwa] *m* **1.** Stelle *f*; *au bon* ~ an der richtigen Stelle; **2.** Ort, Ortschaft *f*; **3.** rechte Seite *f e-s Stoffes*.
enduire [ɑ̃'dɥi:r] (4c) be-, überstreichen, -gießen; bewerfen (*de qch.* mit etw.).
enduit [ɑ̃'dɥi] *m* Überzug *m*; ✱ Zungenbelag; △ Bewurf, Putz; ~ *à la chaux* Kalkanstrich *m*.
endurance [ɑ̃dy'rɑ̃:s] *f* Ausdauer *f*, Widerstandskraft *f*; *mot., Auto*: Strapazierfähigkeit *f*.
endurcir [ɑ̃dyr'si:r] (2a) (ab-, ver-) härten; *fig.* verstockt machen.
endurer [ɑ̃dy're] (1a) aussstehen, erdulden; ertragen.
énerg|ie [enɛr'ʒi] *f fig.* Energie *f*, Tatkraft *f*, Schneid *m*, Willensstärke *f*; ✱ Wirksamkeit *f*; ~ *atomique* (*od. nucléaire*) Atomenergie; ~ dépensée ⊕ Arbeitsaufwand *m*; ~ *latente* Beharrungsvermögen *n*; ~ *rayonnante* Strahlungsenergie; **~ique** [~'ʒik] energisch, tatkräftig.
énergumène [enɛrgy'mɛn] *su. rl.* vom Teufel Besessene(r) *m*; *pol.* Fanatiker *m*.
éner|vant [enɛr'vɑ̃] entnervend, **~ver** [~'ve] (1a) aufregen, entnerven, nervös machen.
enfance [ɑ̃'fɑ̃:s] *f* Kindheit.
enfant [ɑ̃'fɑ̃] *m od. f* Kind *n* (*Junge od. Mädchen*); d'~ kindlich; ~ *gâté* Schoßkind *n*; ~ *trouvé* Findelkind *n*; **~er** [~'te] (1a) gebären; *fig.* zustande bringen, zutage fördern; **~illage** [~ti'ja:ʒ] *m* Kinderei *f*; **~in** [~'tɛ̃] kindlich; *péj.* kindisch.
enfariner [ɑ̃fari'ne] (1a) mit Mehl bestreuen.
enfer [ɑ̃'fɛ:r] *m* Hölle *f*.
enfermer [ɑ̃fɛr'me] (1a) ein-, umin sich schließen, einsperren.
enferrer [ɑ̃fɛ're] (1b) aufspießen, durchbohren; s'~ *fig.* sich festfahren.
enficeler [ɑ̃fis'le] (1c) mit e-m Bindfaden umschnüren.
enfieller [ɑ̃fjɛ'le] (1a) verbittern.
enfiévrer [ɑ̃fje'vre] (1f) mit dem Fieber anstecken; *fig.* aufregen.
enfil|ade [ɑ̃fi'lad] *f* lange Reihe; Zimmerflucht; **~er** [~'le] (1a) einfädeln; F *Hemd* anziehen; *Weg* einschlagen; ✗ bestreichen, der Länge nach beschießen; P betrügen; s'~ P verputzen (P), verzehren; hintergießen (P), saufen (P).
enfin [ɑ̃'fɛ̃] endlich; kurz.
enflammer [ɑ̃fla'me] (1a) anzünden; *fig.* entflammen, begeistern.
enfl|é P [ɑ̃'fle] *m* Dummkopf *m* (*a. Schimpfwort v. Autofahrern*); **~er** [~] (1a) (an-, auf-)schwellen; aufblasen, aufblähen; s'~ schwellen; sich aufblähen; **~ure** [ɑ̃'fly:r] *f* ✱ Geschwulst *f*; *fig.* schwülstige Schreibweise *f*, Schwulst *m*.
enfonc|ement [ɑ̃fɔ̃s'mɑ̃] *m* Einschlagen *n*; ✗ Durchbrechen *n*; Vertiefung *f*; Einbuchtung *f*; **~er** [~'se] *v/t.* (1a) einrammen, (tief) einschlagen; ✗ durchbrechen; *fig.* übertreffen; F über Ohr hauen; *v/i.* ⚓ sinken; s'~ sich (ver)senken; *fig.* sich ruinieren.
enfonçure [ɑ̃fɔ̃'sy:r] *f* Bodenvertiefung.

enfouir [ã'fwi:r] vergraben.
enfourch|ement [ãfurʃə'mã] m gabelförmige Verbindung; **~er** [~'ʃe] (1a) Fahrrad od. Pferd: sich schwingen auf (acc.); mit der Heugabel aufspießen; **~ure** [~'ʃy:r] f Gabelung.
enfourner [ãfur'ne] (1a) Brote in den Ofen schieben; Hochofen ⊕ beschicken; allg. hineinstecken.
enfreindre [ã'frɛ̃:dr] (4b) übertreten; Gesetz verletzen.
enfuir [ã'fɥi:r] (2d): s'~ entfliehen; aus-, überlaufen (Milch, Wein usw.); Sport: vorauseilen, sich absetzen.
enfumer [ãfy'me] (1a) einräuchern; ausräuchern; ⚔ ein-, vernebeln.
enfutailler [ãfyta'je] (1a) in Fässer füllen od. packen. [m.]
engagé ⚔ [ãga'ʒe] m Freiwillige(r)|
engag|ement [ãgaʒ'mã] m Verpfändung f; Verbindlichkeit f, Verpflichtung f; Einstellung f; Eheversprechen n; ⚔ Einsatz m, Gefecht n; sans ~ ✝ freibleibend; **~er** [~'ʒe] (1l) verpfänden; Kampf, Gespräch beginnen; anstellen; ~ q. j-n veranlassen zu; s'~ sich verbürgen; fig. Dienste nehmen; ⚔ freiwillig dienen; fig. sich einlassen.
engainer [ãge'ne] (1b) in e-e Scheide stecken.
engazonner ✍ [ãgazɔ'ne] (1a) mit Rasen belegen.
engeance [ã'ʒã:s] f péj. fig. Brut f, Sippschaft f, Gelichter n.
engelure ❅ [ãʒ'ly:r] f Frostbeule.
engendrer [ãʒã'dre] (1a) (er)zeugen.
engin [ã'ʒɛ̃] m Werkzeug n; Gerät n; Maschine f; ⚔ Flugzeug n; Falle f; ~ atomique Atomrakete f; Auto: ~ de compétition Rennmaschine f; **~s** pl. Jagd- und Fischgerät n.
englober [ãglɔ'be] (1a) vereinigen; mit einrechnen; eingemeinden; einverleiben.
engloutir [ãglu'ti:r] (2a) verschlingen; fig. verprassen.
engluer [ãgly'e] (1a) mit Vogelleim bestreichen od. fangen; fig. übertölpeln. [mieren.|
engommer [ãgɔ'me] (1a) gummieren.
engorger [ãgɔr'ʒe] (1l) verstopfen; überfüllen; ✛ verschleimen.
engou|ement [ãgu'mã] m 🜃 Verstopfung f; fig. Schwärmerei f; **~er** [ã'gwe] (1a): † ~ q. j-m die Kehle verstopfen; s'~ de fig. eingenommen sein von.
engouffrer [ãgu'fre] (1a) in e-n Abgrund reißen; verschlingen; s'~ sich in e-n Abgrund stürzen; mit Wucht eindringen (Wind).
engoulevent orn. [ãgul'vã] m Ziegenmelker.
engourd|ir [ãgur'di:r] (2a) erstarren lassen; einschlafen lassen (Fuß); **~issement** [~dis'mã] m Erstarrung f; Einschlafen n von Gliedern; Winterschlaf von Tieren.
engrais [ã'grɛ] m Mastfutter n; Dung; ~ azoté Stickstoffdünger; industrie f des ~ Düngemittelindustrie f; ~ vert Gründüngung f.
engraiss|er [ãgrɛ'se] (1b) v/t. (dick und) fett machen; mästen; düngen; ⊕ einfetten; v/i. fett werden; **~eur** [~'sœ:r] m Viehmäster.
engranger [ãgrã'ʒe] (1l) Getreide in die Scheune bringen.
engraver [ãgra've] v/t. (1a) mit Kies beschütten; ⚓ v/i. auf Sand geraten.
engren|age [ãgrə'na:ʒ] m Verzahnung f; Getriebe n; fig. Ineinandergreifen n; **~er¹** [~'ne] v/t. (1d) Getreide aufschütten (Dreschmaschine); mit Korn mästen; **~er²** [~] v/t. (1d) ein Zahnrad einrücken; fig. einfädeln; anfangen; v/i. u. s'~ in-ea.-greifen (Räder).
engrumeler [ãgrym'le] (1c) gerinnen machen; s'~ gerinnen.
engueuler P [ãgœ'le] (1a) anschnauzen.
enguirlander [ãgirlã'de] (1a) mit Girlanden schmücken; F umgarnen; P j-m e-e Zigarre geben, j-n anschnauzen.
enhardir [ãar'di:r] (2a) kühn machen; s'~ Mut fassen.
enherber [ãnɛr'be] (1a) mit Gras besäen.
énig|matique [enigma'tik] rätselhaft; **~me** [e'nigm] f Rätsel n.
enivr|ement [ãnivrə'mã] m Trunkenheit f; fig. Taumel m; **~er** [~'vre] (1a) berauschen; fig. betören, blenden.
enjamb|ée [ãʒã'be] f großer Schritt m; Schritt(weite f) m; fig. Katzensprung m; **~ement** mét. [ãʒãb'mã] m Übergreifen n e-s Verses; **~er** [~'be] (1a): v/t. überschreiten, -springen; v/i. ausschreiten; mét.

~ *sur in den nächsten Vers* ¹*übergreifen.*

enjaveler ✔ [ãʒav'le] (1c) *Getreide* in Schwaden legen.

enjeu [ã'ʒø] *m* Einsatz *im Spiele.*

enjoindre [ã'ʒwɛ̃:drə] (4b) einschärfen, ausdrücklich befehlen.

enjôl|er [ãʒo'le] (1a) beschwatzen; **~eur** [~'lœ:r] *su.* Betrüger *m.*

enjoliv|er [ãʒɔli've] (1a) verzieren; *fig.* ausschmücken; **~eur** [~'vœ:r] *m Auto:* Radkappe *f.*

enjoué [ã'ʒwe] munter, ausgelassen.

enjouement [ãʒu'mã] *m* Unbeschwertheit *f*, Heiterkeit *f*, Ausgelassenheit *f.*

enlacer [ãla'se] (1k) flechten; umschlingen; umarmen; ⚔ umklammern.

enlaidir [ãlɛ'di:r] (2a) *v/t.* häßlich machen; *v/i.* häßlich werden.

enlevable [ãl'vablə] *adj. Maschinenteil* abnehmbar.

enlevé [ãl've] kühn (*fig.*), schwungvoll; **~e** [~] *f*: ~ *finale* Endspurt *m.*

enlèvement [ãlɛv'mã] *m* Beseitigung *f*, Wegnahme *f*, Abtransport, Fortschaffen *n*; Entführung *f*; ✈ usw. Abfliegen *n.*

enlever [ãl've] (1d) aufheben; wegnehmen; entwenden; ✈ abfliegen (*z.B. Verwundete*); *Ernte* einbringen; *fig.* hinreißen; ⚔ erstürmen; *s'~* sich in die Luft erheben; hochsteigen. [mauern (*Steine*).)

enlier △ [ã'lje] (1a) im Verband}

enliser [ãli'ze] (1a): *s'~* (*in dem Triebsand, im Dreck* [P]) einsinken; *fig.* verfallen (*dans in*).

enlumin|er [ãlymi'ne] (1a) ausmalen; röten; **~ure** [~'ny:r] *f* Ausmalen *n*; Illuminierkunst; ausgemaltes Bild *n*; Schilderung *f* in grellen Farben, grelle Farbengebung; Röte *des Gesichts.*

enneig|é [ãnɛ'ʒe] verschneit; **~ement** [~ʒ'mã] *m Sport:* Schneeverhältnisse *n/pl.*, Schneehöhe *f.*

ennemi, ~e [ɛn'mi] **1.** *su.* Feind(in *f*) *m*; **2.** *adj.* feindlich.

ennoblir *fig.* [ãnɔ'bli:r] (2a) *fig.* adeln, heben; verfeinern.

ennui [ã'nɥi] *m* Langeweile *f*; Überdruß *m*; Kummer *m*; ~ *romantique* (*od. romanesque*) Sehnsucht *f.*

ennuy|er [ãnɥi'je] (1h) langweilen; *fig.* verdrießen; *s'~ de* (*inf.*) es satt haben zu; *s'~ à mourir* sich zu Tode

langweilen; **~eux** [~'jø] unangenehm, ärgerlich, peinlich; langweilig.

énonc|é [enõ'se] *m* Wortlaut *m*, Aussage *f*; *rad.* Durchsage *f*; **~er** [~] (1k) *Gedanken* ausdrücken; ⚔ *faux* falsch aussagen; **~iation** [~sja'sjõ] *f* Ausdruck(sweise) *m*; Erwähnung *f*; ⚖ Darlegung.

enorgueillir [ãnɔrgœ'ji:r] (2a) stolz machen.

énorm|e [e'nɔrm] riesenhaft, enorm, ungeheuer; **~ément** [~me'mã] *adv.* von *énorme*; **~ité** [~mi'te] *f* ungeheure Größe; *fig.* Ungeheuerlichkeit.

enpetitbourgeoiser [ãptiburʒwa-'ze]: *s'~* zum Kleinbürger werden.

enquérir [ãke'ri:r] (2l): *s'~ de qch. auprès de q.* sich bei j-m nach etw. (*dat.*) erkundigen.

enquêt|e ⚖ [ã'kɛt] *f* Untersuchung; Rundfrage, Umfrage; **~er** [~'te] (1a) untersuchen.

enraciner [ãrasi'ne] (1a) einwurzeln lassen; *s'~ a. fig.* Wurzeln schlagen.

enrager [ãra'ʒe] (1l) rasend werden.

enrayer [ãrɛ'je] (1i) **1.** *ein Rad* mit Speichen versehen; bremsen, hemmen; **2.** ✔ anpflügen.

enrégimenter ⚔ [ãreʒimã'te] (1a) in ein Regiment einreihen.

enregistr|ement [ãrəʒistrə'mã] *m* Eintragen *n*; Registratur *f*; Gepäckaufgabe *f*; (*droits m/pl. d'~*) Einschreibegebühr *f*; (*Schallplatte, Tonband, Radio, Film*) Aufnahme *f*; **~er** [~'tre] (1a) eintragen, einschreiben; (*Schallplatten usw.*) aufnehmen; 🚆 *faire ~ Gepäck* aufgeben; **~eur** [~'trœːr] selbstregistrierend; *m* Registrator; Aufnahmeschalldose *f*; ⊕ Aufnahmeapparat.

enrhumer [ãry'me] (1a) Schnupfen verursachen; *s'~* sich Schnupfen holen; sich erkälten.

enrich|i [ãri'ʃi] *m* Neureicher; **~ir** [~'ʃi:r] (2a) bereichern; ausschmücken, verzieren.

enrober ⊕ [ãrɔ'be] (1a) ummanteln *a.* △; ✏ umwickeln.

enrôler [ãro'le] (1a) anwerben; *s'~* beitreten.

enrou|ement 🎵 [ãru'mã] *m* Heiserkeit *f*; **~er** [~'rwe] (1a) heiser machen; *s'~* heiser werden.

enrouiller [ãru'je] (1a): s'~ einrosten.

enrouler [ãru'le] (1a) auf-, zs.-rollen; aufwickeln.

enrubanner [ãryba'ne] (1a) mit Bändern schmücken.

ensabler [ãsa'ble] (1a) *mit Sand bestreuen*; s'~ versanden.

ensaboter [ãsabɔ'te] (1a) ⊕ hemmen, bremsen (*Rad*).

ensacher [ãsa'ʃe] (1a) einsacken.

ensanglanter [ãsãglã'te] (1a) mit Blut beflecken.

enseign|ant [ãse'ɲã] *su.* Lehrkraft *f*; les ~s der Lehrkörper *m*; ~e [ã'sɛɲ] **1.** *f* Kennzeichen *n*; Schild *n*; Ladenschild *n*; ✕ Feldzeichen *n*; **2.** *m* ⚓ Fähnrich; **~ement** [ãseɲ'mã] *m* Unterricht; Lehre *f*; ~ ménager Haushaltsunterricht; ~ obligatoire Schulpflicht *f*; ~ primaire (secondaire) Grund-(höheres) Schulwesen *n*; ~ post-scolaire Fortbildungsunterricht *m*; **~er** [ãse'ɲe] (1a) lehren; unterrichten.

ensembl|e [ã'sã:blə] **1.** *adv.* zusammen, mit-ea.; **2.** *m das Ganze n*, Gesamtheit *f*, Komplex *m*, Einheitlichkeit *f*; Zs.-wirkung *f*; ⊕ Aggregat *n*; Innenausstattung *f*; △ ~ *culturel* kulturelle Anlage *f*, Kulturbau *m*; *Auto*: ~ *de véhicules* Last(kraft)zug *m*; **~ier** [~bli'e] *m* Innenarchitekt. [säen.\]

ensemencer [ãsəmã'se] (1k) besäen.\]

enserrer [ãsɛ're] (1b) einschließen; ~ ins Treibhaus bringen.

ensevelir [ãsəv'li:r] (2a) in ein Leichentuch hüllen; begraben.

ensoleiller [ãsɔlɛ'je] (1a) sonnig bescheinen; *fig.* aufheitern.

ensorcel|er [ãsɔrsə'le] (1c) behexen; **~eur** [~'lœ:r] berücken, bestrickend; **~ement** [ãsɔrsəl'mã] *m* Bezauberung *f*, Zauberei *f*; Behextsein *n*. [schwefeln.\]

ensoufrer [ãsu'fre] (1a) (ein-)\]

ensuifer ⊕ [ãsɥi'fe] (1a) mit Talg bestreichen.

ensuite [ã'sɥit] darauf.

ensuivre [ã'sɥi:vrə] (4h): s'~ nachfolgen; sich ergeben (*de aus*).

entablement △ [ãtablə'mã] *m* (Haupt-)Gesims *n*.

entacher [ãta'ʃe] (1a) beflecken; ⚖ *entaché de nullité* null und nichtig.

entaill|e [ã'ta:j] *f* Einschnitt *m*; **~er** [ãta'je] (1a) einkerben.

entam|er [ãta'me] (1a) *Brot* anschneiden; *Flasche* anbrechen, anzapfen; in Angriff nehmen; *Haut* ritzen; ~ *q.* j-m beikommen, an j-n herankommen; herumkriegen; **~ure** [~'my:r] *f* Anschnitt *m*; Schramme.

entasser [ãtɑ'se] (1a) auf-, anhäufen.

ente [ã:t] *f* ✿ Pfropfreis *n*; gepfropfter Baum *m*; Pinselstiel *m*.

entendement [ãtãd'mã] *m* Begriffsvermögen *n*; Verstand.

entendre [ã'tã:drə] (4a) hören; verstehen; meinen, sagen wollen, beabsichtigen; ~ *raison* Vernunft annehmen; s'~ gehört werden; sich verstehen; s'~ *à od.* en *qch.* sich verstehen auf (*acc.*).

entendu [ãtã'dy] klug, erfahren, ~*!* einverstanden!; *bien* ~ natürlich, selbstverständlich.

entente [ã'tã:t] *f* Einvernehmen *n*, Verständigung *f*; *pol.* Entente *f*; *mot m à double* ~ doppelsinniges Wort *n*.

enter [ã'te] (1a) ✿ pfropfen; *Strümpfe* anstricken.

entériner ⚖ [ãteri'ne] (1a) bestätigen, eintragen.

enterr|ement [ãtɛr'mã] *m* Beerdigung *f*; Begräbnis *n*; **~er** [~'re] (1b) vergraben, beerdigen, bestatten.

en-tête [ã'tɛ:t] *m* Brief-, Titelkopf *m*; Aufschrift *f*; Überschrift *f*.

entêté [ãtɛ'te] (7) eigensinnig.

entêt|ement [ãtɛt'mã] *m* Eigensinn; **~er** [ãtɛ'te] (1a) j-m in den Kopf steigen; s'~ *de* sich *etw.* in den Kopf setzen; eigensinnig bestehen auf (*acc.*).

enthousiasme [ãtu'zjasm] *m* Begeisterung *f*; *aptitude f à l'*~ Begeisterungsfähigkeit.

enthousias|mer [ãtuzjas'me] (1a) begeistern; **~te** [ãtu'zjast] **1.** *adj.* begeistert; **2.** *su.* Schwärmer *m*.

entich|ement [ãtiʃ'mã] *m* Vernarrtheit *f*; Voreingenommenheit *f*; **~er** [~'ʃe] (1a): s'~ *de* sich vernarren in (*acc.*).

entier [ã'tje] **1.** *adj.* ganz, ungeteilt, unversehrt; en ~ gänzlich; **2.** *m* Ganze(s) *n*; (*cheval*) ~ Hengst *m*.

entité [ãti'te] *f* Wesen *n*; ~ *du droit publique* öffentlich-rechtliche Körperschaft.

entoiler [ãtwa'le] (1a) auf Lein-

entomologiste [ɑ̃tɔmɔlɔˈʒist] *m* Insektenkenner.
entonn|er [ɑ̃tɔˈne] (1a) **1.** in Fässer füllen; *fig.* F trinken; *fig.* eintrichtern; **2.** *Lied* anstimmen; **~oir** [ˌˈnwaːr] *m* Trichter.
entorse ♂ [ɑ̃ˈtɔrs] *f* Verrenkung.
entortiller [ɑ̃tɔrtiˈje] (1a) ein-, umwickeln, herumschlingen; *fig.* verwickeln, verwirren; F umgarnen, überlisten.
entour|age [ɑ̃tuˈraːʒ] *m* Einfassung *f*; *fig.* Umgebung *f* (*Personen*); **~er** [ˌˈre] (1a) um'geben; ⚔ umzingeln.
entournure [ɑ̃turˈnyːr] *f* Ärmelausschnitt *m*.
entracte [ɑ̃ˈtrakt] *m* Zwischenakt.
entraid|e [ɑ̃ˈtrɛd] *f* gegenseitige Hilfe; **~er** [ˌˈde] (1b): s'~ sich gegenseitig helfen.
entrailles [ɑ̃ˈtraj] *f/pl.* Eingeweide *n/pl.*; *fig.* Herz *n*; ~ *de la terre* Erd'innere(s) *n*.
entrain [ɑ̃ˈtrɛ̃] *m* Munterkeit *f*; Schwung, Temperament *n*.
entraîn|ement [ɑ̃trɛnˈmɑ̃] *m* hinreißende Gewalt *f*; *fig.* Verleitung *f*; Trainieren *n*; ⊕ (*Maschinen*) Antrieb; ~ *des aspirants-pilotes* Ausbildung der Flugschüler; **~er** [ˌˈne] (1b) **1.** mit sich fortreißen od. -schleppen; *fig.* hinreißen; nach sich ziehen; s'~ trainieren (*v/i.*); **2.** trainieren, schulen; s'~ trainieren (*v/i.*); **~eur** [ˌˈnœːr] *m* Trainer; Sportlehrer (*für Läufer*); *vél.* Schrittmacher.
entrav|e [ɑ̃ˈtraːv] *f*: *mst.* ~s *pl.* Fessel(n) (*beim Beschlagen der Pferde*); *fig.* Hindernisse *n/pl.*; **~er** [ˌtraˈve] (1a) Fesseln anlegen; hemmen, hindern; * kapieren.
entre [ˈɑ̃ːtrə] **1.** *örtlich u. zeitlich* zwischen (*mst. nur zweien*); (nager): ~ *deux eaux* unter Wasser (schwimmen); ~ *deux âges* in mittlere(m) Alter; ~ *mes mains* in meine(r) Hände(n); *fig.* in meine(r) Gewalt; **2.** *fig.* unter; ~ *autres* unter anderem; ~ *nous* unter uns; *qui d'~ vous?* wer von euch?; **~-bâiller** [ɑ̃trəbɑˈje] (1a) halb öffnen; *Tür* anlehnen; **~chat** [ɑ̃trəˈʃa] *m* Luftsprung *m* (*bsd. beim Negertanz*); **~-choquer** [ɑ̃trəʃɔˈke] (1m): s'~ an-ea.-stoßen; **~côte** [ɑ̃trəˈkoːt] *f* (*ehm. m*) Mittelrippenstück *n*;

~couper [ɑ̃trəkuˈpe] (1a) durchschneiden; durchqueren; unterbrechen; **~croiser** [ɑ̃trəkrwaˈze] (1a): (s'~ sich) (durch)kreuzen; **~-deux** [ɑ̃trəˈdø] *m* Zwischenraum; Zwischenglied *n*, Zwischen- od. Mittelstück *n*; Einsatz *an der Wäsche*; Wandschränkchen *n*.
entrée [ɑ̃ˈtre] *f* Eingang *m*; Einfahrt; Kopfweite *e-s Hutes*; Loch *n* *e-s Schlüssels, Ärmels*; Eintritt *m*; Einreise; ⚔ *u. bei festlichen Anlässen*: Einzug *m*; ⊕ Einlaufen *n* *usw.*; Zutritt *m*; Anfang *m*; *cuis.* Vorspeise *f*; Eintrittsgeld *n*; * Eingangszoll *m*; Buchung; ~s *pl.* Eingänge *m/pl.*; ~ *à l'école* Einschulung; ~ *latérale* Nebeneingang *m*; *visa m d'*~ Einreisevisum *n*, -erlaubnis *f*; ⊕ *en action* Inbetriebsetzung *f*.
entre|faites [ɑ̃trəˈfɛt]: *pl. sur ces* ~ inzwischen; **~filet** [ˌfiˈle] *m* Pressenotiz *f*; **~gent** [ˌˈʒɑ̃] *m* Gewandtheit *f*; **~lacer** [ˌlaˈse] (1k) in-ea.-schlingen, verflechten; **~lacs** [ˌˈla] *m* Geflecht *n*; **~lardé** [ˌlarˈde] durchwachsen (*halb fett, halb mager*); **~larder** [ˌlarˈde] (1a) spicken; *fig.* F ~ *de qch.* würzen; **~ligne** [ˌˈliɲ] *m* Zwischenzeile *f*; **~mêler** [ˌmɛˈle] (1a) untermischen; *fig.* einflechten; **~mets** [ˌˈmɛ] *m* zweiter Gang; Zwischengericht *n*; **~metteur** [ˌmɛˈtœːr] *m*, *su.* Unterhändler *m*; *péj.* Kuppler *m*; **~mettre** [ˌˈmɛtrə] (4p): s'~ vermitteln, sich verwenden, sich einschalten; **~mise** [ˌˈmiːz] *f* Vermittlung; **~pont** ⊕ [ˌˈpõ] *m* Zwischendeck *n*.
entrepos|er * [ɑ̃trəpoˈze] (1a) in das (Waren-)Lager bringen; **~eur** * [ˌˈzœːr] *m* Lageraufseher; **~itaire** * [ˌziˈtɛːr] *m* Lagerverwalter *m*.
entrepôt * [ɑ̃trəˈpo] *m* Speicher, Lagerhaus *n*; Packhof; Niederlage *f*; Silo *n*; *à l'*~ auf Lager; *en* ~ unverzollt; ~ *frigorifique* Kühlhaus *n*.
entre|prendre [ɑ̃trəˈprɑ̃ːdrə] (4q) unternehmen; **~preneur** [ˌprəˈnœːr] *m* Unternehmer; **~prise** [ˌˈpriːz] *f* Unternehmen *n*, Unternehmung; Betrieb *m*; Übernahme *f*; Eingriff *m*.
entrer [ɑ̃ˈtre] *v/i.* (1a) eintreten; hineingehen, -passen; einreisen;

entre-rail — 196 — **épargner**

hineinfahren; *faire* ~ hineinbringen; ~ *pour beaucoup dans qch.* großen Einfluß auf etw. (*acc.*) haben; *v/t.* hineinschaffen; ✝ importieren; Eintragungen machen.
entre-rail 🚇 [ɑ̃trə'raːj] *m* Spurweite *f*. [*im*] Zwischenstock.\
entresol [ɑ̃trə'sɔl] *m* (*Wohnung f*)
entre-temps [ɑ̃trə'tɑ̃] *m* Zwischenzeit *f*; *adv.* inzwischen.
entreten|eur [ɑ̃trət'nœːr] *m* Unterhalter, Träger der Kosten; **~ir** [~'tniːr] (2h) unter-, instandhalten; ~*q. de qch.* mit j-m über etwas sprechen.
entre|tien [ɑ̃trə'tjɛ̃] *m* Unterhalt; Unterhaltung *f*, Instandhaltung *f*; Wartung *f e-r Maschine*; **~toise** [~'twaːz] *f* ⊕ Querholz *n*; Riegel *m*; **~toisement** △ [~twaz'mɑ̃] *m* Verstrebung *f*; **~voir** [ɑ̃trə'vwaːr] (3b) undeutlich (*od.* flüchtig) sehen; *fig.* ahnen; **~vue** [~'vy] *f* Zusammenkunft; Unterredung *f*.
entrouvrir [ɑ̃truˈvriːr] (2f) halb (*od.* ein wenig) öffnen.
énumér|ation [enymerɑˈsjɔ̃] *f* Aufzählung; **~er** [~'re] (1f) aufzählen.
envah|ir [ɑ̃va'iːr] (2a) überfallen; einfallen in (*acc.*); *fig.* sich schnell ausbreiten über (*acc.*); ⚡ überwuchern; **~isseur** [ɑ̃vaiˈsœːr] *m* Eindringling *m*. [men.\
envaser [ɑ̃va'ze] (1a) verschläm-\
envelopp|e [ɑ̃v'lɔp] *f* (Brief-)Umschlag *m*, Hülle; ⊕ Gehäuse *n*; Fahrradmantel *m*; *Auto:* Reifen *m*, Schlauchdecke *f*; ~ *d'édredon* Inlett *n*; ~ *timbrée* Freiumschlag *m*; **~er** [~'pe] (1a) einwickeln, -hüllen, -schlagen; *fig.* verwickeln in (*acc.*); ✕ einschließen *fig.* verstecken, verblümen.
envenimer 🧪 [ɑ̃vni'me] (1a) vergiften; *fig.* verschlimmern; verschärfen.
enverg|er [ɑ̃vɛr'ʒe] (1l) mit Weidenruten ausflechten; **~uer** [~'ge] (1m) Segel anschlagen, festmachen; **~ure** [~'gyːr] *f* ⊕ Länge *der Rahe*; ⊕ Weite *des Segels*; *zo.* Spannweite *fig.*; Weitblick *m*; Ausmaß *n*.
envers [ɑ̃'vɛːr] **1.** *prép. fig.* gegenüber (*dat.*), zu (*dat.*); **2.** *m* Kehrseite *f*; *Blatt*: Unterseite *f*; *Stoff*: linke Seite *f*; *à l'*~ verkehrt.
envi [ɑ̃'vi]: *à l'*~ um die Wette (*de q.* mit j-m).

enviable [ɑ̃'vjablə] beneidenswert.
envider [ɑ̃vi'de] (1a) (*Spule, Spindel*) bewickeln.
envi|e [ɑ̃'vi] *f* Neid *m*; Lust, Verlangen *n*; Niednagel *m*; Muttermal *n*; *faire* ~ Neid erregen; *porter* ~ *à q.* j-n beneiden; **~er** [ɑ̃'vje] (1a) beneiden (*qch. à q.* j-n um etw.); sehnsüchtig wünschen; **~eux** [~'vjø] neidisch.
environ [ɑ̃vi'rɔ̃] *adv.* ungefähr; **~s** *m/pl.* Umgebung *f*; Umgegend *f*; **~nement** *m*: *défense f d'*~ Umweltschutz *m*; **~ner** [~rɔ'ne] (1a) umgeben; umzingeln.
envisager [ɑ̃vizɑˈʒe] (1l) j-m ins Gesicht sehen; *fig.* ins Auge fassen.
envoi [ɑ̃'vwa] *m* Sendung *f*; *Fußball*: Einwurf *m*; ✝ *sous* ~ gegen Einsendung.
envol [ɑ̃'vɔl] *m* **1.** ✈ Start *m*, Abflug *m*; **2.** *orn.* Davonfliegen *n*.
envoler [ɑ̃vɔˈle] (1a): *s'*~ davonfliegen; ✈ abfliegen, starten; *fig.* entfliehen.
envoût|ant [ɑ̃vuˈtɑ̃] (7) bezaubernd; **~er** [~'te] (1a) behexen.
envoy|é [ɑ̃vwa'je] *m* Abgesandte(r); **~er** [~] (1p) schicken; ~ *chercher* holen lassen; ⚡ *coucher od. promener* F j-n abblitzen lassen; *ne pas l'*~ *dire à q.* kein Blatt vor j-m vor den Mund nehmen.
éolienne [ɛɔl'jɛn] *f* Windmotor *m*.
épagneul *zo.* [epa'nœl] *m* Spaniel.
épais [e'pɛ] dick; dicht; dickflüssig; *fig.* schwerfällig; träge.
épaiss|eur [epɛˈsœːr] *f* Dicke; Dichtheit; **~ir** [~'siːr] (2a) *v/t.* verdicken; *v/i. u. s'*~ dick werden; sich verdichten.
épamprer [epɑ̃'pre] (1a) *den Weinstock* ablauben, beschneiden.
épanch|ement 🧪 [epɑ̃ʃ'mɑ̃] *m* Erguß (*a. fig.*); **~er** [epɑ̃'ʃe] (1a) ausgießen; *s'*~ sein Herz ausschütten.
épand|age ⚡ [epɑ̃'daːʒ] *m* Ausstreuen *n* des Düngers; *champs m/pl. d'*~ Rieselfelder *n/pl.*; **~eur** ⊕, ⚡ [~'dœːr] *m* Streumaschine *f*; **~re** [e'pɑ̃ːdrə] (4a) aus-, verstreuen *od.* -gießen; *fig.* verbreiten.
épanou|i [epa'nwi] *fig.* freudestrahlend; **~ir** [~'nwiːr] (2a) zum Aufblühen bringen; *fig.* erheitern.
épargn|e [e'parɲ] *f* Sparsamkeit; Ersparnis *n* (*a. f*); *la petite* ~ die kleinen Sparer *m/pl.*; **~er** [~'ɲe]

éparpillement — 197 — **épinoche**

(1a) (er)sparen; schonen(d behandeln).
éparpill|ement [eparpij'mã] *m* Verzettelung *f*; ~ *des forces* Kräftezersplitterung *f*; **~er** [~'je] (1a) zerstreuen; *fig.* verzetteln.
épars [e'pa:r] zerstreut; *cheveux m/pl.* ~ aufgelöstes Haar *n*.
épat|ant [epa'tã] (7) verblüffend; großartig; F fabelhaft, phantastisch; **~er** [~'te] (1a) den Fuß *e-s Glases* abbrechen; *fig.* verblüffen, imponieren; *nez m épaté* Stumpfnase *f*; **~eur** [~'tœ:r] (7d) *su.* Aufschneider *m*, Angeber(in *f*) *m*, Prahler *m*.
épaul|e [e'pol] *f* Schulter; Bug *m*; **~ée** [~'le] *f* Schulterstoß *m* od. -ruck *m*; **~ement** ⚔ [~'mã] *m* Schultermauer *f*, -wehr *f*; **~er** [~'le] (1a) *ein Tier* schulterlahm machen; F helfen; ⚔ *Gewehr* anlegen; *Truppen* decken; **~ette** [~'lɛt] *f* Achselstück *n*, Epaulette *f*.
épave [e'pa:v] 🏛 *f* herrenloses Gut *n*; Wrack *n* (a. 🐛); *droit m d'~* Strandrecht *n*.
épeautre 💐 [e'po:tr] *m* Spelz *m*.
épée [e'pe] *f* Schwert *n*; Degen *m*.
épeiche *orn.* [e'pɛʃ] *f* Rot-, Buntspecht *m*.
épeler [e'ple] (1c) buchstabieren.
épellation [epɛla'sjõ] *f* Buchstabieren *n*; ~ *syllabique* Vorsprechen *n* in Silben.
éperdu [epɛr'dy] (7) außer sich; ~*ment amoureux* sterblich verliebt.
éperlan *icht.* [epɛr'lã] *m* Stint.
éperon [e'prõ] *m* Sporn; ⚔ Wellenbrecher *m*; Eck-, Strebepfeiler *m*; ⚓ Schiffsschnabel *m*; ⚔ vorspringendes Außenwerk *n*; *fig.* Gebirgsvorsprung.
éperonn|é [eprɔ'ne] gespornt; **~er** [~'ne] (1a) die Sporen geben; *fig.* anspornen.
épervier [epɛr'vje] *m orn.* Sperber; *Fischerei:* Wurfnetz *n*.
éphémère [efe'mɛ:r] **1.** *adj.* eintägig; vergänglich; **2.** *m* Eintagsfliege *f*.
éphémérides [efeme'rid] *f/pl.* historischer Abreißkalender *m*.
épi [e'pi] *m* Ähre *f*; *fig.* Büschel *n*; ⚓ Windstrich, (Strand-) Buhne *f*.
épic|e [e'pis] *f* Gewürz *n*; *pain m d'~* Pfefferkuchen *m*; **~é** [~'se] (7) *fig.* gepfeffert; **~er** [~] (1k) würzen;

~erie 🏛 [~s'ri] *f* Kolonial-waren *f/pl.*; -warenhandlung *f*; ~ *de choix od.* ~ *fine* Delikatessen *f/pl.* (*a. als Firmenschild*); **~ier** *m*, **~ière** *f* [epi'sje, ~'sjɛ:r] Kolonialwarenhändler(in *f*) *m*; F Spießbürger, Philister.
épidémie 🎗 [epide'mi] *f* Seuche.
épiderme [epi'dɛrm] *m* Oberhaut *f*.
épidiascope *phot.* [epidjas'kɔp] *m* Epidiaskop *n*.
épier [e'pje] (1a) **1.** belauschen; erspähen; **2.** in Ähren schießen.
épierrer [epjɛ're] (1b) von Steinen säubern.
épieu [e'pjø] *m* Spieß *m*.
épigastre [epi'gastrə] *m* Magengegend *f*; Herzgrube *f*.
épiglotte *anat.* [epi'glɔt] *f* Kehl(kopf)deckel *m*. [Motto *n*.]
épigraphe [epi'graf] *f* Inschrift;)
épilatoire [epila'twa:r] *m* Haarentfernungsmittel *n*.
épilepsie 🎗 [epilɛp'si] *f* Epilepsie, Fallsucht.
épiler [epi'le] (1a) enthaaren.
épilogu|e [epi'lɔg] *m* Schlußrede *f*, Nachwort *n*; *fig.* Nachspiel *n*; **~er** [~lɔ'ge] (1m) bekritteln, s-e Glossen machen (*over* über).
épinaie [epi'nɛ] *f* Dornenfeld *n*.
épinard 💐 [epi'na:r] *m* Spinat.
épin|e [e'pin] *f* Dorn *m*; Stachel *m*; Dornbusch *m*, -strauch *m*; ~ *dorsale* Rückgrat *n*; ~*s pl. fig.* Ärgernisse *n/pl.*, Schwierigkeiten; **~ette** [~'nɛt] *f* ♪ Spinett *n*; ✶ Mastkäfig *m*; **~eux** [~'nø] dornig; *fig.* mißlich; schwierig.
épingl|e [e'pɛ̃:glə] *f* Nadel, Steck-, Busen-, Heftnadel; Wäscheklammer; ~ *de chapeau* Hutnadel; ~ *à cheveux* Haarnadel; ~ *de cravate* Krawattennadel; ~ *à linge* Wäscheklammer; ~ *de sûreté* Sicherheitsnadel; *coup m d'~* Nadelstich; *tiré à quatre ~s* nett gekleidet; geschniegelt und gebügelt; *virage m en ~ à cheveux* Haarnadelkurve *f*; *fig. monter en ~* qch. etw. hervorheben; **~é** [epɛ̃'gle]: *velours m* ~ Rippsamt, **~er** [~] (1a) anstecken; säubern *mit e-r Nadel*; **~erie** ⊕ [~glə'ri] *f* Stecknadelfabrik; **~ier** [~gli'e] *m* Nadelfabrikant *m*, -händler *m*.
épinière [epi'njɛ:r]: *moelle f* ~ Rückenmark *n*. [ling *m*.]
épinoche *icht.* [epi'nɔʃ] *f* Stich-)

épique [e'pik] episch.
épiscop|al [episkɔ'pal] (5c) bischöflich; **~at** [~'pa] *m* bischöfliche Würde *f od.* Amtszeit *f*; l'~ die *Gesamtheit der* Bischöfe.
épisode [epi'zɔd] *m* Episode *f*; Neben-, Zwischenhandlung *f*.
épistol|aire [episto'lɛːr] *m*: guide ~ Briefsteller; **~ier** [~'lje] *m* Epist. *litt.* Briefschreiber.
épitaphe [epi'taf] *f* Grabschrift.
épithalame [epita'lam] *m* Hochzeitsgedicht *n*.
épithète [epi'tɛt] *f* Beiwort *n*, Epitheton *n*; Spitzname *m*.
épître [e'piːtrǝ] *f* Epistel *f*, Zuschrift, Sendschreiben *n*.
éplor|é [eplɔ're] in Tränen zerfließend; verweint.
éployé [eplwa'je] mit ausgebreiteten Flügeln.
épluch|er [eply'ʃe] (1a) ab-, ausklauben, -pflücken, -zupfen; *Früchte* schälen; *Gemüse* (ver)lesen; *Tuch* noppen; *fig.* genau prüfen; *Fehler aus etw.* herausklauben; **~eur** [~'ʃœːr] *su.* Ausleser *m*; ~ de mots Wortklauber *m*; **~oir** [~'ʃwaːr] *m* Schälmesser *n*; **~ures** [~'fyːr] *f/pl.* Küchenabfälle *m/pl.*
époint|é [epwɛ̃'te] kreuzlendenlahm; **~er** [~'te] (1a) stumpf machen; die Spitze abbrechen.
épong|e [e'pɔ̃ːʒ] *f* Schwamm *m*; **~er** [epɔ̃'ʒe] (1l) mit e-m Schwamme abwischen. [gedicht *n.*]
épopée [epɔ'pe] *f* Epos *n*; Helden-)
époque [e'pɔk] *f* Zeitabschnitt *m*; ~ *glaciale* Eiszeit; *faire* ~ Aufsehen erregen.
époueller [epu'je] (1a): (s'~ sich) (ent)lausen.
époumoner [epumɔ'ne] (1a) die Atmung ermüden *durch Laufen, Schreien*; s'~ sich die Lunge aus dem Hals schreien; sich *geistig* völlig verausgaben.
épous|e [e'puːz] *f* Gattin; **~ée** [~'ze] *f* Neuvermählte; **~er** [~] (1a) *v/t.* heiraten; *fig.* sich anpassen, genau entsprechen; *fig.* sich zu eigen machen; **~eur** F [~'zœːr] *m* Freier; ~ *à toutes mains* Heiratsschwindler *m*.
épouss|eter [epus'te] (1c) abstauben; aus-, abklopfen; **~etoir** [epus'twaːr] *m* Staubwedel *m*; **~ette** [~'sɛt] *f* Teppichbesen *m*; Staublappen *m*.

époustoufler F *néol.* [epustu'fle] *v/t.* (1a) verblüffen, überraschen.
épouvant|able [epuvɑ̃'tablǝ] entsetzlich, furchtbar; **~ail** [~'taj] *m* Vogelscheuche *f*; Schreckgespenst *n*; **~e** [epu'vɑ̃ːt] *f* Entsetzen *n*; **~er** [~vɑ̃'te] (1a) entsetzen, erschrecken.
époux [e'pu] *m* Gatte, Gemahl; *les* ~ *pl.* die Eheleute.
éprendre [e'prɑ̃ːdrǝ] (4q): s'~ de sich begeistern für; sich verlieben in (*acc.*).
épreuv|e [e'prœːv] *f* Probe; Prüfung; (*böses*) Schicksal *n*; *typ.* Korrekturbogen *m*; *phot.* Abzug *m*; ~ de performance Leistungsprüfung *f*; *Sport*: ~ éliminatoire Ausscheidungskampf *m*; ~ au hasard Stichprobe; à l'~ de qch. sicher vor etw.; à *toute* ~ über jeden Zweifel erhaben.
éprouv|er [epru've] (1a) probieren, erproben; auf die Probe stellen; *fig.* durchmachen, empfinden, erfahren, erleiden; ~é heimgesucht; bewährt; ⊕ betriebssicher; *Auto usw.*: zuverlässig; ~ des difficultés Schwierigkeiten haben; **~ette** [~'vɛt] *f* ⚕ Reagenzglas *n*; Versuchsmenge *f*, -stoff *m*.
épucer [epy'se] (1k) flöhen.
épuis|ement [epɥiz'mɑ̃] *m* Aus-, Erschöpfung *f*; ~ *des finances* Zerrüttung *f* der Finanzen; **~er** [epɥi'ze] (1a) aus-, erschöpfen; **~ette** [~'zɛt] *f* Wasserschaufel; Fangnetz *n*.
épur|atif [epyra'tif] (7e) reinigend; **~ation** [~ra'sjɔ̃] *f* Reinigung *f*; *pol.* Säuberungsaktion *f*; *station f* d'~ Kläranlage; **~atoire** [~ra'twaːr] reinigend; Reinigungs...; **~e** Δ, ⊕ [e'pyːr] *f* Aufriß *m*, Entwurf *m*; **~er** [~'re] (1a) reinigen, läutern; *fig.* verfeinern.
équarr|ir [eka'riːr] (2a) **1.** viereckig zuschneiden; vierkantig behauen; *bois m* équarri Δ Kantholz *n*; **2.** *Pferde* abdecken; **~isseur** [ekari'sœːr] *m* Abdecker.
équateur [ekwa'tœːr] *m* Äquator.
équation [ekwa'sjɔ̃] *f* Gleichung.
équerre [e'kɛːr] *f* Winkelmaß *n*; ~ en T Reißschiene; à l'~, d'~ rechtwinklig; à *fausse* ~ schiefwinklig.
équestre [e'kɛstrǝ] Reiter..., Ritter...
équilibr|e [ekiˈlibrǝ] *m* Gleichge-

équilibriste — **escalader**

wicht n; fig. Ausgeglichenheit f; **~iste** [~'brist] m Seiltänzer.

équinoxe [eki'nɔks] m Tagundnachtgleiche f.

équip|age [eki'pa:ʒ] m **1.** ⊕ Gerät n; Zubehör n; Ausrüstung f, -stattung f, ⊕ System n; **2.** Fuhrwerk n; **3.** ⚓, ⚔ Mannschaft f; ⚔ Troß m; **~e** [e'kip] f Arbeiter-Rotte; Sport-Mannschaft; an-ea.-gebundene Flußschiffe; Besetzung f; (Arbeits-)Schicht f; ~ de nuit Nachtschicht; faire ~ a. fig. gemeinsam an einem Strang ziehen; **~ée** [~'pe] f Streich m; ~ de jeunesse Jugendstreich m; **~ement** [~'mɑ̃] m Sport: Ausrüstung f; ⚔ ~ atomique Atomausrüstung f; **~er** [~'pe] (1a) ausstatten, -rüsten; ⚔ einkleiden; ⚓ bemannen.

équit|able [eki'tabl] (ge)recht; **~ation** [ekita'sjɔ̃] f Reitkunst; Reiten n; ~ féminine Damenreiten n; **~é** [eki'te] f Gerechtigkeit f; Billigkeit f.

équival|ent [ekiva'lɑ̃] **1.** adj. gleichwertig (à mit); **2.** m Äquivalent n, Gegenwert m, Ersatz; **~oir** [ekiva'lwa:r] (3h): ~ à qch. (fast) gleichen Wert haben mit.

équivoqu|e [eki'vɔk] **1.** adj. zweideutig; fig. verdächtig; **2.** f Zweideutigkeit; **~er** [~'ke] (1m) zweideutig schreiben od. reden.

érable [e'rabl] m Ahorn.

érafl|er [era'fle] (1a) ritzen; schrammen; **~ure** [~'fly:r] f Ritz m; Schramme f; Streifschuß m.

érailler [erɑ'je] (1a) Zeug aufrauhen; s'~ la voix sich heiser schreien.

ère [ɛ:r] f Ära, Zeitrechnung.

érection [erɛk'sjɔ̃] f Er-, Einrichtung f; fig. Einführung f e-s Titels; physiol. Erektion f.

éreinter [erɛ̃'te] (1a) kreuzlahm schlagen; abhetzen; F fig. heruntermachen. [Rose f.]

érésipèle ⚕ [erezi'pɛl] m Rotlauf;

erg [ɛrg] m phys. Erg (Maßeinheit) n.

ergot zo. [ɛr'go] m Sporn, Afterklaue f; ⚕ abgestorbenes Zweigende n; ♀ Mutterkorn n; ⊕ Anschlag; **~é** [~ɡɔ'te] besporrt (Hahn usw.); seigle m ~ Mutterkorn n; **~er** [~] (1a) über Kleinigkeiten streiten; **~erie** [~'tri] f Rechthaberei; **~eur** [~'tœ:r] m Rechthaber.

ergothérapeute ⚕ [ɛrɡotera'pøt] m Arbeitstherapeutiker.

ériger [eri'ʒe] (11) auf-, errichten; ~ en qch. zu etw. erheben; s'~ sich aufwerfen (od. machen) (en zu).

ermit|age [ɛrmi'ta:ʒ] m Einsiedelei f; **~e** [~'mit] m Einsiedler.

éroder [ɛrɔ'de] (1a) anfressen, zernagen; ätzen; aussaugen.

érosi|f [ɛrɔ'zif] ätzend; (zer)fressend; **~on** [~'zjɔ̃] f Zerfressen n; ⚔ angefressene Stelle; Erosion f.

éro|tique [ɛrɔ'tik] erotisch; Liebes...; **~tisme** [~'tism] m Erotik f.

err|ant [ɛ'rɑ̃] (7) unstet; chevalier m ~ fahrender Ritter; le juif ~ der Ewige Jude; planète f ~e Wandelstern m; **~ata** [~rɑ'ta] m Druckfehlerverzeichnis n; **~atum** [~ra'tɔm] m Druckfehler m; **~ements** péj. [ɛr'mɑ̃] m/pl. Praktiken f/pl.; Schliche m/pl., Kniffe m/pl.; abus. Irrtümer m/pl.; les anciens ~ der alte Schlendrian m; **~er** [ɛ'rɛ] (1b) umherirren, -schweifen; ⚔, st.s. fig. irren; **~eur** [ɛ'rœ:r] f Irrtum m; Versehen n; ~ de frappe Tippfehler m; **~oné** [ɛrɔ'ne] irrig; fehlerhaft.

ersatz [ɛr'zats] m Ersatz(nahrungsmittel n) m.

éructation [erykta'sjɔ̃] f Aufstoßen n, Rülpsen n.

érudi|t [ery'di] gelehrt; **~ion** [~di'sjɔ̃] f Gelehrsamkeit.

érugineux [eryʒi'nø] (7d) grünspanig; (kupfer)rostig.

érupti|f géol. [eryp'tif] m eruptiv; ⚕ mit Ausschlag verbunden; **~on** [eryp'sjɔ̃] f Ausbruch m e-s Vulkans; 'Durchbrechen n der Zähne; Ausschlag m der Haut.

ès [ɛs] = en les in den; docteur ~ lettres Doktor der Philosophie.

esbrouff|e F [ɛs'bruf] f Bluff m, Großtuerei f, Angabe f F; voleur m à l'~ Taschendieb durch Anrempeln; **~eur** [~'fœ:r] m Großtuer, Angeber F.

escab|eau [ɛska'bo] m Hocker m, Schemel m; Tritt m (kleine Leiter).

escadr|e ⚓ [ɛska'dr] f Geschwader n; **~ille** ✈ [~ka'drij] f Staffel; **~on** [~'drɔ̃] m Schwadron f; Schar f.

escalad|e [ɛska'lad] f Ersteigung mit (Sturm-)Leitern; ⚖ vol m à l'~ Einbruch(sdiebstahl) m; **~er** [~'de] (1a) ersteigen.

escale [ɛs'kal] f Anlegehafen m; ⚓, ✈ Zwischenlandung.

escalier [ɛska'lje] m Treppe f; ~ en colimaçon, ~ en escargot, ~ tournant Wendeltreppe f; ~ mécanique, ~ roulant Rolltreppe f; ~ de secours Nottreppe f.

escalope [~'lɔp] f cuis. Schnitzel n.

escamotable [ɛskamɔ'tablə] versenkbar, einziehbar.

escamot|er [~'te] (1a) durch Kunstgriff usw. verschwinden lassen; fig. wegstibitzen; **~eur** [~'tœːr] m Taschenspieler; Langfinger m P, Taschendieb m, Gauner m.

escampette [ɛskã'pɛt] f: prendre la poudre d'~ das Hasenpanier ergreifen, ausreißen, türmen.

escapade [ɛska'pad] f Durchgehen n; fig. Seitensprung m; toller Streich m; allg. Abstecher m, kleine Fahrt f.

escarbille [ɛskar'bij] f unverbrannte Kohle f.

escarbot [ɛskar'bo] m Käfer.

escarboucle [ɛskar'buklə] f Karfunkel m.

escargot [ɛskar'go] m (Weinberg-)Schnecke f; Schnecke f mit Haus.

escarmouche ⚔ [ɛskar'muʃ] f Scharmützel m.

escarole ⚕ [ɛska'rɔl] f Eskarol m.

escarp|e [ɛs'karp] 1. f ⚔ Böschung; 2. m Raubmörder; **~ement** [~karpə'mã] m Steilhang; **~er** [~'pe] (1a) steil abschrägen.

escarpin [ɛskar'pɛ̃] m leichter Schuh; Tanzschuh m.

escarpolette [ɛskarpɔ'lɛt] f (Strick-)Schaukel f.

escarre ⚕ [ɛs'kaːr] f Schorf m.

escarrification ⚕ [ɛskarifika'sjõ] f Schorfbildung.

Escaut [ɛs'ko] m: l'~ Schelde f.

eschare ⚕ [ɛs'kaːr] f Schorf m.

escient [ɛ'sjɑ̃] m: à bon ~ mit gutem Gewissen; à mon ~ meines Wissens.

esclaffer [ɛskla'fe] (1a): s'~ laut auflachen.

esclandre [ɛs'klɑ̃ːdrə] m ärgerlicher Auftritt, Skandal.

esclav|age [ɛskla'vaːʒ] m Sklaverei f; Knechtschaft f; **~e** [ɛs'klaːv] su. Sklave m; adj. sklavisch; ~ électoral Stimmvieh n (als Einzelwesen).

escompt|e [ɛs'kõːt] m Diskont(o); sous ~ unter Abzug; **~er** [ɛskõ'te] (1a) ✝ diskontieren; im voraus ausgeben od. ausnutzen; fig. erwarten, rechnen mit.

escopette hist. ⚔ [ɛskɔ'pɛt] f Stutzflinte.

escort|e ⚔ [ɛs'kɔrt] f Geleit n; **~er** [~'te] (1a) geleiten; decken.

escouade [ɛs'kwad] f Korporalschaft; Trupp m Arbeiter; ~ (de police) mobile Überfallkommando·

escourg|ée † [ɛskur'ʒe] f Karbatsche; **~eon** ⚕ [~'ʒõ] m Frühgerste f.

escrim|e [ɛs'krim] f Fechten n; faire de l'~ fechten; **~er** [~'me] (1a) s'~ sich abmühen; **~eur** [~'mœːr] m Fechter.

escroc [ɛs'kro] m Gauner.

escroqu|er [ɛskrɔ'ke] (1m) ergaunern; prellen; **~erie** [ɛskrɔ'kri] f Gaunerei f, Hochstapelei f.

espac|e [ɛs'pas] m Raum, Zwischenraum; ~ cosmique (od. ~s sidéraux) Weltraum; ~ vital Lebensraum; **~ement** [~'mã] m Abstand; typ. Durchschuß; **~er** [~'se] (1k) Zwischenraum lassen zwischen (dat.).

espadon [ɛspa'dõ] m icht. Schwertfisch.

Espagne [ɛs'paɲ] f: l'~ Spanien n.

espagnol [ɛspa'ɲɔl] 1. adj. spanisch; 2. ⚤ su. Spanier m; **~ette** ⚿ [~'lɛt] f Pasquillverschluß m am Fenster.

espalier ✿ [ɛspa'lje] m Spalier n.

espadrille Sport: [ɛspa'drij] f Segeltuchsandale f; Strand-, Badeschuh m.

espèce [ɛs'pɛs] f Art; Gattung; ~ humaine Menschengeschlecht n; ⚖ en l'~ im vorliegenden Fall; ~s pl. bares Geld n; de (od. propre à) l'~ arteigen; étranger à l'~ artfremd.

espér|ance [ɛspe'rɑ̃ːs] f Hoffnung; Aussicht f, Erwartung f; ~ de vie Lebenserwartung f; ✝ dans l'~ in der Hoffnung; **~er** [~'re] (1f) hoffen.

espiègle [ɛs'pjɛglə] 1. adj. schalkhaft, schelmisch; 2. su. Schelm m; petite ~ F kleine Krabbe f, kleines Mädchen n; **~rie** [~glə'ri] f Schalkhaftigkeit; Schelmenstreich m; ~s d'adolescents Jugendstreiche.

espion m, **~ne** f [ɛs'pjõ, ɛs'pjɔn] Spion(in) f m; Spitzel m; **~ner** [~pjɔ'ne] (1a) (aus)spionieren.

esplanade [ɛspla'nad] f Vorplatz m.

espoir [ɛs'pwaːr] m feste Hoffnung f.

esprit [ɛs'pri] *m* Geist; Witz; Neigung *f*; Gemüt *n*; Spiritus (*a. gr.*); Sprit; *bel ~* Schöngeist; *~ fort* Freidenker *m*; *~ positif* Tatsachenmensch; *~ vacances* Ferienstimmung *f*; *~ de bois* Methylalkohol; *~ de justice* Gerechtigkeitssinn; *~-de-vin* Weingeist; *rl. le Saint-Esprit* der Heilige Geist; *quitter un pays sans ~ de retour* ein Land auf Nimmerwiedersehen verlassen.

esquif ⚓ [ɛs'kif] *m* kleines Boot *n*.

esquille [ɛs'kij] *f* Knochensplitter *m*.

esquinter F [ɛskɛ̃'te] (1a) übel zurichten, schinden; *fig.* heruntermachen.

esquiss|e [ɛs'kis] *f* Skizze, Entwurf *m*; **~er** [~'se] (1a) entwerfen, skizzieren.

esquiver [ɛski've] (1a): *~ qch.* e-r Sache (geschickt) ausweichen; *s'~* sich heimlich davonmachen, sich drücken.

essai [e'sɛ] *m* Versuch; Probe *f*; *kurze (literarische) Abhandlung f*; *Sport:* Einwurf *m* (*Rugby*); *Auto: ~ sur route* Probefahrt *f*; ✈ *~ de vol* Probeflug *m*.

essaim [e'sɛ̃] *m* (Bienen-)Schwarm; **~er** [esɛ'me] (1b) ausschwärmen.

essart 🌾 [e'sa:r] *m* Rodeland *n*; **~er** [esar'te] (1a) urbar machen.

essayage [esɛ'ja:ʒ] *m* Anprobe *f*.

essay|er [~'je] (1i) versuchen; (an-)probieren; **~eur** [~'jœ:r] *m* (Münz-, Nahrungsmittel-)Prüfer; **~euse** [~'jø:z] *f a.* Probierfräulein *n*.

esse [ɛs] *f* S-förmiger Haken; Achsnagel *m*; ♪ Schalloch *n* e-r Geige.

essence [e'sɑ̃:s] *f* Wesen *n*, Sein *n*; Essenz; Benzin *n*; Brennstoff *m des Motors*; *faire de l'~*, *(re)faire son (od. le) plein (d'~ etc.)*, *se ravitailler en ~ etc.* tanken (*Kraftstoff einnehmen*); *poste m d'~ Auto:* Tankstelle *f*.

essentiel [esɑ̃'sjɛl] **1.** *adj.* wesentlich; **2.** *m* Hauptsache *f*.

essieu [e'sjø] *m* (Wagen-)Achse *f*.

essor [e'sɔ:r] *m* Aufflug, Aufschwung; **~er** [esɔ're] (1a) *an der Luft trocknen lassen*; **~euse** [~'rø:z] *f* Trockenschleuder *f*; *~ de linge* Wringmaschine.

essoufflé [esu'fle] (7) außer Atem.

essuie|-glace *Auto* [esɥi'glas] *m* Scheibenwischer; **~-main** [~'mɛ̃] *m* Handtuch *n*; **~-pieds** [~'pje] *m* (Fuß-)Abtreter *m*; **~plumes** [~'plym] *m* Feder-, Tintenwischer *m*.

essuyer [esɥi'je] (1h) abwischen, abtrocknen; *fig.* ertragen, auffangen; F *fig. ~ les plâtres* e-e Wohnung trockenwohnen; als erster alles ausbaden müssen. [östlich; Ost...)

est [ɛst] **1.** *m* Ost(en); **2.** *adj. inv.*⌐

estacade [ɛsta'kad] *f* Pfahlwerk *n*, Umzäunung *f*; 🚂 Bekohlungsbühne *f*.

estaf|ette [ɛsta'fɛt] *f* Meldereiter *m*, Stafette; **~ilade** [~fi'lad] *f* Schmarre, Schmiß *m*.

estagnon [ɛsta'ɲɔ̃] *m* Blechkanne *f* (*für Speiseöl*), Blechgefäß *n*.

estaminet [ɛstami'nɛ] *m* Kneipe *f*.

estampage ⊕ [ɛstɑ̃'pa:ʒ] *m*: *~ à chaud* Warmpressen.

estamp|e [ɛs'tɑ̃:p] *f* (Kupfer-)Stich *m*; Holzschnitt *m*; Druckplatte; Locheisen *n*; Stampfe; **~er** [ɛstɑ̃'pe] (1a) prägen, stanzen; *Kupferstich* abziehen; *fig.* neppen, übervorteilen; **~ille** [~'pij] *f* Kontrollstempel *m*; **~iller** [~pi'je] (1a) stempeln.

esthète [ɛs'tɛt] *su.* Ästhet *m*.

esthéticien [ɛsteti'sjɛ̃] *m*: *~ industriel* Industrieformgeber *m*.

esthétique [ɛste'tik] **1.** *f* Ästhetik; *~ industrielle* industrielle Formgebung *f*; **2.** *adj.* ästhetisch.

estima|ble [ɛsti'mabl] schätzenswert; achtbar; **~teur** [~ma'tœ:r] *m* Taxator; Beurteiler; **~tif** [~'tif] (7e) auf Schätzung beruhend; *devis m (~)* (Bau-)Kostenanschlag; **~tion** [~mɑ'sjɔ̃] *f* Abschätzung, Veranschlagung; *~ à vue* Augenmaß *n*.

estim|e [ɛs'tim] *f* (Hoch-)Achtung; *tenir q. en haute ~* viel von j-m halten; **~er** [~'me] (1a) (ab)schätzen; veranschlagen; (hoch)achten; erachten; für *etw.* halten.

estiv|al [ɛsti'val] sommerlich; **~ant** [~'vɑ̃] *m* Sommerfrischler *m*; **~ation** [~vɑ'sjɔ̃] *f* Sommerschlaf *m* mancher Tiere in tropischen Ländern; **~er** [~'ve] (1a) übersommern (lassen).

estoc [ɛs'tɔk] *m* (Baum-)Stumpf *m*; Stoßdegen; Degenspitze *f*; *frapper d'~ et de taille* aufs Geratewohl um sich schlagen; **~ade** [~'kad] *f* Degenstoß *m*.

estoma|c [ɛstɔ'ma] *m* Magen; *avoir l'~ dans les talons* Kohldampf schieben (P); *~ dérangé* verdorbe-

estomaqué — 202 — **étayer**

ner Magen; ~**qué** F [~ma'ke] (7) sprachlos, verblüfft.

estomp|e [ɛs'tɔ̃:p] f Wischer m; gewischte Zeichnung; ~**er** [ɛstɔ̃'pe] (1a) mit dem Wischer zeichnen; *fig.* verwischen; s'~ dahinschwinden, entschwinden; sich verwischen.

Estonie [ɛstɔ'ni] f l'~ Estland n.

estrade [ɛs'trad] f **1.** Podium n; erhöhter Platz m; 🚢 Ladebühne; **2.** *battre l'~* auf Entdeckung ausgehen, umherstreifen.

estrapade [ɛstra'pad] f **1.** *ehm.* ⚔ Wippen n; **2.** *Sport* Seilspringen n.

estropier [ɛstrɔ'pje] (1a) zum Krüppel machen; verstümmeln.

estuaire [ɛs'tɥɛ:r] m Trichtermündung f; Watt n am Meeresstrand.

estudiantin [ɛstydjɑ̃'tɛ̃] (7) Studenten.

esturgeon [ɛstyr'ʒɔ̃] m *icht.* Stör.

et [e] und; *et ... et ...* sowohl ... als auch.

établ|age [eta'bla:ʒ] m Stallgeld n; ~**e** [e'tabl] f (Kuh-)Stall m; ~**er** [~'ble] (1a) in den Stall bringen; einstellen; ~**i** [~'bli] m Hobelbank f; Werktisch; ~**ir** [~'bli:r] (2a) festsetzen; aufstellen; einrichten; bauen; anlegen; (be)gründen, stiften; versorgen; unterbringen; *Führerschein usw.* ausstellen; ⚡ *le contact* einschalten; s'~ sich niederlassen; 🗡 Stellung beziehen; sich einbürgern; ~**issement** [~blis'mɑ̃] m Feststellung f; Einrichtung f, Gründung f; Niederlassung f; Versorgung f; (Fabrik- *usw.*) Anlage f; Geschäftslokal n; Unternehmen n; Anstalt f, Schule f; ~*d'assistance publique* Wohlfahrtseinrichtung f.

étag|e [e'ta:ʒ] m Stock m, Etage f, Stockwerk n; 🗡 Sohle f; *situé à l'~* im Obergeschoß (*bei nur 1 Stockwerk*); ~ *à ciel ouvert* Tagebausohle f; *fig. de bas* ~ niederen Ranges *od.* Standes; ~**er** [eta'ʒe] (1l) stufenweise aufstellen; abstufen; ~**ère** [~'ʒɛ:r] f Bücher-, Küchen-, Wandbrett n; Bücher-, Notenständer m. [~ *de mine* 🗡 Stempel.]

étai [e'tɛ] m Stützbalken; Stütze f;

étaim ⊕ [e'tɛ̃] m Kammwolle f.

étain [e'tɛ̃] m Zinn n; ~ *de soudure* Lötzinn n.

étal [e'tal] m (*pl.* étaux *od.* étals) Fleischbank f; ~**age** [~'la:ʒ] m Auslegen n; Aushängen n; Schaufen-

sterdekoration f, -reklame f; Schaufenster n, Schaukasten f; *fig.* Aufwand m; Standgeld n; ~**agiste** [~la-'ʒist] *su.* Inhaber m e-s Verkaufsstandes; Aussteller m auf e-r Messe; Schaufensterdekorateur m; ~**er** [~'le] (1a) auslegen; aushängen; ausbreiten; zur Schau stellen; *fig.* prahlen (*qch. mit etw.*); F s'~ *par terre* der Länge nach hinfallen; ~**eur** *thé.* ⚡ [~'lœ:r] m Beleuchter.

étalon [eta'lɔ̃] **1.** m Hengst; **2.** Eich-, Normalmaß n, -gewicht n; Währung f; ~ *d'or* Goldwährung f; ~**ner** [~lɔ'ne] (1a) eichen.

étamer [eta'me] (1a) verzinnen; *Spiegel* belegen.

étamine [eta'min] f **1.** Beutel-, Siebtuch f; **2.** ♀ Staubfaden m.

étampe [e'tɑ̃:p] f Stanze, Prägestempel m.

étamure [eta'my:r] f Verzinnung.

étanch|e ⚓ [e'tɑ̃:ʃ] wasserdicht; f Schott n; ~**éifier** ⊕, *bét.* [~ʃei'fje] *v/t.* abdichten; ~**éité** [~ʃei'te] f Wasserdichtigkeit f; ~**er** [~'ʃe] (1a) *Blut* stillen; *Durst* löschen; wasserdicht machen; *Leck* verstopfen.

étang [e'tɑ̃] m Teich.

étape [e'tap] f 🗡 Etappe; Rast f; Tagesmarsch m; Reiseabschnitt m; Wegstrecke f; *vél.* Rennstrecke f; *fig.* Entwicklungsstufe f.

Etat [e'ta] m Staat m.

état [e'ta] m Stand, Zustand, Lage f; An-, Überschlag; Verzeichnis n; *être en* ~ imstande sein; *hors d'*~ außerstande; ~ *d'alerte* Alarmzustand; ~ *de légitime défense* Zustand der Notwehr; ~ *d'esprit* Geistesverfassung f; ~ *des armements* Rüstungsstand; ~ *transitoire* Übergangsstadium n; *faire* ~ *de qch.* auf etw. (*acc.*) hinweisen; ~**isation** [~tiza'sjɔ̃] f Verstaatlichung; ~**iser** [~ti'ze] (1a) verstaatlichen; ~**major** [~ma'ʒɔ:r] m (Regiments- *usw.*) Stab; ~ *général* Generalstab.

Etats-Unis [etazy'ni] *m/pl.*: *les* ~ die Vereinigten Staaten.

étau [e'to] m (*pl.* étaux) Schraubstock; ~ *à main* Feilkloben.

étay|age [etɛ'ja:ʒ] m Stutzen n; Stütze f; △ Absteifung f; ~**er** [~'je] (1i) stützen, absteifen; *fig.* ~ *la position de France* Frankreichs Lage unterstützen; *étayé d'arguments solides* wohlbegründet (*Auffassung*).

été [e'te] *m* Sommer.
éteignoir [ete'ɲwa:r] *m* Löschhütchen *n*, -horn *n*.
éteindre [e'tɛ̃:drə] (4b) auslöschen; *Licht* ausmachen; *Hochofen*: ausblasen; *fig.* dämpfen, ausrotten, (ver)tilgen; *s'~* erlöschen; hinschwinden.
étend|age [etɑ̃'da:ʒ] *m* Trockenleinen *f/pl.*; **~ard** [~'da:r] *m* Standarte *f*; **~oir** [~'dwa:r] *m* Trockenboden *m*; Wäscheleine *f*; **~re** [e'tɑ̃:drə] (4a) ausbreiten, ausdehnen; ausspannen; *Wäsche* aufhängen; hinstrecken; erweitern, vergrößern; *mit Wasser* verdünnen; F *j-n* fertigmachen; **~ue** [~'dy] *f* Ausdehnung, Weite, Umfang *m*; Raum *m*; Dauer.
étern|el [eter'nɛl] (7c) ewig; **~iser** [~ni'ze] (1a) verewigen; *s'~* dauern, bleiben; **~ité** [~ni'te] *f* Ewigkeit.
éternuer [eter'nɥe] (1a) niesen.
éteuf † [e'tœf] *m* Schlagball.
éteule ✠ [e'tœl] *f* Stoppel.
éther [e'tɛ:r] *m* Äther.
éthér|é [ete're] ätherisch; **~iser** [~ri'ze] (1a) ✚ mit Äther verbinden; ✚ mit Äther betäuben. [Ethik.]
éthique [e'tik] **1.** *adj.* ethisch; **2.** *f*
ethnie [ɛt'ni] *f* Volkstum *n*, -gruppe *f*.
ethnique [ɛt'nik] ethnisch, völkisch, Volks..., Völker...
éthologie 🕮 [etɔlɔ'ʒi] *f* Ethologie *f*: a) *phil.* Sittenlehre *f*; b) Lebensweise *f* der Pflanzen.
étiage [e'tja:ʒ] *m* niedrigster Wasserstand; *fig.* sehr niedriges Niveau *n*; *échelle f d'~* Pegel *m*.
étincel|er [etɛ̃s'le] (1c) funkeln; **~le** [~'sɛl] *f* Funke(n) *m*; **~lement** [~sɛl'mɑ̃] *m* Funkeln *n*; Funkensprühen *n*.
étiol|é [etjɔ'le] (7) verkümmert; **~er** [~] (1a) *s'~* verkümmern (*a. fig.*); einrosten *fig.*
étique [e'tik] schwindsüchtig; dürr; **~ter** [etik'te] (1d) etikettieren; **~tte** [~'kɛt] *f* Etikett *n*, Klebezettel *m*; Etikette *f*, Umgangsformen *pl.*
étirer [eti're] (1a) strecken; auswalzen.
étoff|e [e'tɔf] *f* Stoff *m*, Zeug *n a. fig.*; **~ement** [~f'mɑ̃] *m a. gr.* Erweiterung *f*; **~er** [~'fe] (1a) ausstaffieren, gut ausstatten; *fig.* weiter entwickeln; spannend gestalten.
étoil|e [e'twal] *f* **1.** Stern *m*; *~ filante* Sternschnuppe; *à la belle ~ unter*

freiem Himmel; *~ du cinéma* Filmstar *m*; **2.** *fig.* Blesse (*Stirnfleck*); **~er** [~'le] (1a) *s'~* sternförmig springen (*z. B. Glas*).
étonn|ant [etɔ'nɑ̃] erstaunlich; **~ement** [~tɔn'mɑ̃] *m* Verwunderung *f*; **~er** [~'ne] (1a) in Erstaunen setzen; *s'~* de sich wundern über (*acc.*).
étouff|ant [etu'fɑ̃] (7) *fig.* schwül; **~ée** [~'fe] *f* Schmoren *n*; **~ement** [etuf'mɑ̃] *m* Ersticken *n*; ✚ Atemnot *f*; **~er** [~'fe] (1a) ersticken, *v/t. u. v/i.*; *fig.* unterdrücken; mundtot machen; **~oir** [~'fwa:r] *m* Glutdämpfer *m*; F stickiger Raum; (Klavier-)Dämpfer *m*.
étoup|age ⊕ [etu'pa:ʒ] *m* Packung *f*; **~e** [e'tup] *f* Werg *n*, Dichtungsmaterial *n*; **~er** [~'pe] (1a) mit Werg verstopfen; **~ille** [~'pij] *f* Zündschnur *f*.
étourd|erie [eturd'ri] *f* Unbesonnenheit; **~i** [~'di] **1.** *adj.* unbesonnen, leichtsinnig; **2.** *su.* Wildfang *m*; **~ir** [~'di:r] betäuben; bestürzen; benebeln; **~issement** [~dis'mɑ̃] *m* Betäubung *f*; Bestürzung *f*.
étourneau [etur'no] *m orn.* Star; *fig.* leichtfertiger (junger) Mensch.
étrang|e [e'trɑ̃:ʒ] seltsam, sonderbar; befremdend; **~er** *m*, **~ère** *f* [etrɑ̃'ʒe, ~'ʒɛ:r] **1.** *adj.* fremd, ausländisch; *à la localité* ortsfremd; **2.** *su.* Fremde(r), Ausländer(in); **3.** *m* Ausland *n*; *à l'~* im (ins) Ausland; **~eté** [etrɑ̃ʒ'te] *f* Seltsamkeit.
étrang|lement [etrɑ̃glə'mɑ̃] *m* Erdrosseln *n*; ✚ Einklemmung *f* (*z. B. Bruch*); ⊕ *soupape f d'~* Drosselventil *n*; **~ler** [~'gle] *v/t.* (1a) erwürgen, erdrosseln; verengen; zs.-schnüren; zu eng machen; zu gedrängt abfassen; ⊕ drosseln; *v/i.* ersticken; *~ de soif* vor Durst verschmachten.
étrave ♆ [e'tra:v] *f* Vordersteven *m*.
être ['ɛtrə] (1) **1.** (*a. dans*) sein. **2.** *v/aux.* sein; *Passiv:* werden; *je suis mieux* es geht mir besser; *~ à q.* j-m gehören *od.* zukommen; *~ de* gehören zu, teilhaben an; *en ~ à (faire qch.)* dabei sein, zu ...; *je n'y suis pour rien* ich kann nichts dafür; *vous n'y êtes pas* Sie begreifen nicht; **3.** *m* Wesen *n*; Geschöpf *n*; Dasein *n*.
étrein|dre [e'trɛ̃:drə] (4b) fest drücken, fest zs.-schnüren; umschlingen; **~te** [e'trɛ̃:t] *f* Zs.-

étrenne — 204 — **événementiel**

schnüren n; Umarmung; Boxsport: Umklammerung f; fig. Zwang m.

étrenn|e [e'trɛn] f **1.** mst. ~s pl. Neujahrsgeschenk n; **2.** † Handgeld n; **3.** erster Gebrauch von etw.; **~er** [etre'ne] (1a) zu Neujahr beschenken; Kleid, Anzug, e-e Strecke einweihen, zum erstenmal benutzen; v/i. als erster alles ausbaden müssen (an Schlägen od. Vorwürfen).

étrier [etri'e] m Steigbügel.

étrill|e [e'trij] f Striegel m; **~er** [~'je] (1a) striegeln; F verprügeln; übers Ohr hauen, prellen; ⚓ étrillé schwer angeschlagen. [f/pl.]

êtres ['ɛtr] m/pl. Räumlichkeiten.

étriper [etri'pe] (1a) Tiere ausweiden; ausnehmen; * j-n kaltmachen. [machen; fig. zu kurz fassen.]

étriquer [etri'ke] (1m) zu eng]

étrivière [etri'vjɛːr] f (Steigbügel-)Riemen m; ~s pl. fig. Tracht Prügel.

étroit [e'trwa] (7) schmal; eng (-herzig); à l'~ beengt; **~esse** [~'tɛs] f Enge; Eingeschränktheit; Beschränktheit f; Engherzigkeit f.

étron F [e'trõ] m bsd. (Menschen-)Kot. [Baum kappen.]

étronçonner [etrõsɔ'ne] (1a) e-n]

étud|e [e'tyd] f Studium n; fig. Streben n; Künstelei; ♪ Übung; Studie e-s Malers; école. Arbeitssaal m, -zeit; ♣ Anwaltsbüro n, Praxis f; faire ses (od. des) ~s studieren; ~ des marchés ✝ Konjunkturforschung; être à l'~ (Pläne) erwogen werden; **~iant** m, **~iante** f [~'djã, ~'djãːt] Student(in f) m; **~ier** [~'dje] (1a) studieren; einüben; untersuchen; s'~ (à) sich bemühen.

étui [e'tɥi] m Futteral n, Besteck n, Etui n; ...tasche f; Nadelbüchse f; Flügeldecke f der Käfer.

étuv|e [e'tyːv] f Schwitzraum m; Trockenapparat m; ⊕ Dörrkammer, ~ sèche Schwitzbad n; **~ée** [~'ve] f Dämpfen n, Schmoren n; Schmorfleisch n; **~er** [ety've] (1a) in lauem Wasser baden; cuis. dämpfen, schmoren; ⊕ trocknen.

étymologie [etimɔlɔ'ʒi] f Etymologie f, Wortforschung f.

eucalyptus ♀ [økalip'tys] m Eukalyptus(baum). [mahl n.]

eucharistie rl. [økaris'ti] f Abend-]

eugénique [øʒe'nik] f Rassenhygiene; Erbgesundheitspflege.

eunuque [ø'nyk] m Eunuch.

euphémique [øfe'mik] beschönigend, euphemistisch.

euphonie [øfɔ'ni] f Wohlklang m.

euphorbe ♀ [ø'fɔrb] f Wolfsmilch.

euphorie [øfɔ'ri] f 💊 Rausch m, Wohlbefinden n; pol. Entspannung f.

Euras|ie [œra'zi]: l'~ Eurasien n; **~ien** [~'zjɛ̃] su. Eurasier m; a. pol. **~ique** [~'zik] euroasiatisch; eurasisch.

Europe [œ'rɔp] f: l'~ Europa n.

européanisme [œrɔpea'nism] m europäischer Gedanke m.

européen, ~ne [œrɔpe'ɛ̃, ~'ɛn] euro'päisch; ♀(ne) Europäer(in f) m.

évacuer [eva'kɥe] (1a) 💊 ausleeren; ⚔ evakuieren, räumen; ~ en voiture per Auto abtransportieren (Verletzte).

évad|é [eva'de] m ausgerissener Gefangener m; **~er** [~] (1a): s'~ entwischen.

évaluation [evalɥa'sjõ] f Schätzung; ~ des frais Kostenanschlag m.

évaluer [eva'lɥe] (1a) abschätzen, veranschlagen.

évang|élique [evãʒe'lik] evangelisch; **♀ile** [~'ʒil] m Evangelium n.

évanou|ir [eva'nwiːr] (2a): s'~ ohnmächtig werden; in Ohnmacht fallen; vergehen; **~issement** [~nwis'mã] m Ohnmacht f; † Vers.-schwinden n.

évapor|ation [evapɔra'sjõ] f Verdunstung; **~é** [~'re] **1.** adj. leichtsinnig; **2.** m fig. leichtsinniger Mensch m, Luftikus m; **~er** [~] (1a) verdunsten lassen; s'~ verdunsten; fig. verfliegen.

évas|er [eva'ze] (1a) ausweiten; gilet m ~é ausgeschnittene Weste f; **~if** [eva'zif] ausweichend; **~ion** [eva'zjõ] f Entweichung; Flucht; fig. Zuflucht; Zerstreuung f; Entspannung f in der Natur; ✝ ~ de l'argent Kapitalflucht.

évêché [eve'ʃe] m Bistum n; bischöfliche Residenz f od. Würde f.

éveil [e'vɛj] m Wecken n; fig. Warnung f; Wink; en ~ wachsam, auf der Hut; **~ler** [eve'je] (1a) wecken; s'~ erwachen, aufwachen.

événement [evɛn'mã] m Ereignis n; Begebenheit f; Erlebnis n; † thé. Ausgang; **~iel** Ⅱ abus. [~'sjɛl] auf geschichtlichen Ereignissen beruhend.

évent [e'vã] *m* Luftabzug *m*, -schacht *m*; Schalwerden *n*, Abstehen *n*; ~ *des gaz* ⚗ Gasabzug.

éventail [evã'taj] *m* Fächer *m*; *fig.* Querschnitt *m*, Umfang *m*.

éventaire [evã'tɛ:r] *m* flacher Korb *m* (*für Obst usw.*); Bauchladen *m*; Hausiererkasten.

évent|é [evã'te] schal, abgestanden; zugig, windig; *fig.* leichtsinnig; **~er** [~] (1a) be-, zufächeln; lüften; schal werden lassen; aufspüren; *fig.* ~ *la mèche* Lunte *od.* den Braten F) riechen; *s'*~ sich fächeln.

éventrer [evã'tre] (1a) ausweiden; den Bauch aufschlitzen (*dat.*); *fig.* gewaltsam öffnen *od.* aufbrechen.

éventuel [evã'tɥɛl] etwaig; möglich; zufällig.

évêque [e'vɛk] *m* Bischof.

évertuer [evɛr'tɥe] (1a): *s'*~ sich anstrengen.

éviden|ce [evi'dã:s] *f* Klarheit *f*, Augenscheinlichkeit *f*; *être en* ~ *in die Augen fallen*; *être de toute* ~ sonnenklar sein; *mettre en* ~ klarstellen, hervorheben, ins rechte Licht stellen; **~t** [~'dã] offensichtlich, augenscheinlich, klar, evident.

évider [evi'de] (1a) aushöhlen, -kehlen, -bohren, -schweifen.

évier [e'vje] *m* Wasserleitung: Ausguß *m*; Gußrinne *f*; Wasserstein.

évincer [evɛ̃'se] (1k) aus dem Besitz vertreiben; *fig.* verdrängen.

évit|ement [evit'mã] *m* : 🚂 *gare f d'*~ Rangierbahnhof *m*; **~er** [~'te] (1a) vermeiden; entgehen (*dat.*); ausweichen (*dat.*).

évocation [evɔka'sjɔ̃] *f* 1. (Geister-) Beschwörung *f*; *fig.* Wachrufen *n* e-r Erinnerung; *peint.* ~ *spatiale* Raumvorstellung *f*; 2. Evokation (*Vorladung vor ein höheres Gericht*).

évoluer [evɔ'lɥe] (1a) sich entwickeln; ✕, ⚓ schwenken; ⊕ Umdrehungen machen; *pays m/pl. non--évolués* Entwicklungsländer *n/pl.*

évolution [evɔly'sjɔ̃] *f* 1. Entwicklung *f*; Evolution *f*; ~ *des conversations* Verlauf *m* der Gespräche, Gang *m* der Verhandlungen; 2. ✕, ⚓ Veränderung in der Stellung.

évoquer [evɔ'ke] (1m) *Geister* beschwören; wachrufen; zur Sprache bringen; erörtern; ins Gedächtnis rufen; geltend machen, sich berufen *auf*; ⚖ vor e-n anderen Gerichtshof ziehen.

exact [ɛg'zakt] pünktlich; genau; streng; exakt; richtig; ✝ *être* ~ *au terme* den Termin einhalten; **~eur** ⚡ [ɛgzak'tœ:r] *m* Erpresser; **~ion** [ɛgzak'sjɔ̃] *f* (Geld-)Eintreibung; Erpressung; **~itude** [ɛgzakti'tyd] *f* Genauigkeit; Pünktlichkeit.

exagér|ation [ɛgzaʒera'sjɔ̃] *f* Übertreibung; **~er** [~'re] (1f) übertreiben; überschätzen.

exalt|ation [ɛgzalta'sjɔ̃] *f* Erhöhung; Erhebung *zur Papstwürde*; Hochgefühl *n*, Hochstimmung; Schwärmerei; Überspanntheit; 2 *de la Sainte Croix* Kreuzeserhöhung; **~é** [~'te] überspannt; **~er** [~] (1a) erheben, preisen, würdigen; begeistern, erregen.

examen [ɛgza'mɛ̃] *m* Prüfung *f*; ~ *d'admission* Aufnahmeprüfung *f*; ~ *d'aptitude* Eignungsprüfung *f*; ~ *de matériel* Materialprüfung *f*; ~ *de passage* Zwischenprüfung *f*; *centre d'*~ Prüfstelle *f* *für Fahrzeuge usw.*; *passer* (*od. subir*) *un* ~ e-e Prüfung machen; *réussir* (*à*) *l'*~, *être reçu à l'*~ die Prüfung bestehen.

examiner [ɛgzami'ne] (1a) prüfen; aufmerksam betrachten.

exanthème ⚕ [ɛgzã'tɛm] *m* Hautausschlag.

exaspér|ation [ɛgzaspera'sjɔ̃] *f* Erbitterung; **~er** [~'re] (1f) im höchsten Grade erbittern, in Wut bringen; ⚕ verschlimmern.

exaucer [ɛgzo'se] (1k) erhören.

ex-capitale [ɛkskapi'tal] *f* ehemalige Hauptstadt *f*.

excava|teur ⊕ [ɛkskava'tœ:r] *m* Bagger; **~tion** [~va'sjɔ̃] *f* Ausbaggern *n*, -schachten *n*. [überzählig.]

excédant [ɛkse'dã] überschüssig,

excéd|ent [ɛkse'dã] *m* Überschuß, -gewicht *n*; Zugabe *f* beim Messen; **~er** [~'de] (1f) *ein Maß* überschreiten, -steigen; *fig.* völlig erschöpfen; auf die Nerven fallen.

Excellen|ce [ɛksɛ'lã:s] *f* Exzellenz (*Titel*); 2 Vortrefflichkeit; *par* 2 *im höchsten Sinne des Wortes*; 2**t** [~'lã] (7) ausgezeichnet. [zeichnen.]

exceller [ɛksɛ'le] (1a) sich aus-)

excentrique [ɛksã'trik] ⚡ exzentrisch, mit verschiedenen Mittelpunkten; *vom Mittelpunkt* abgelegen; *fig.* sonderbar, überspannt.

except|er [εksεp'te] (1a) ausnehmen, nicht miteinbeziehen, ausklammern; **~ion** [εksεp'sjɔ̃] f Ausnahme; ₮₮ Einwand m; **~ionnel** [~sjɔ'nεl] außergewöhnlich; *in Zssgn*: Ausnahme...; *exceptionnellement* ausnahmsweise.

excès [εk'sε] m Übermaß n; Übertreibung f; ₮₮ Überschreitung f.

excessif [εksε'sif] (7e) übermäßig, -trieben, maßlos. [den.]

exciser ♂ [εksi'ze] (1a) ausschneiden.

excit|able [εksi'tablə] reizbar; **~ant** [~'tɑ̃] m Reizmittel n; **~ateur** m, **~atrice** [~ta'tœ:r, ~'tris] f Aufwiegler(in f) m, Hetzer(in f) m; m *phys.* Entlader; **~er** [~'te] (1a) erregen, anregen, anspornen, reizen. [ruf m.]

exclamation [εksklama'sjɔ̃] f Aus-

exclu|re [εks'kly:r] (4l) ausschließen; **~sif** [~kly'zif] (7e) ausschließlich; ausschließend; **~sion** [~'zjɔ̃] f Ausschließung; **~sivité** [~zivi'te] f Ausschließlichkeit; Alleinvertrieb m, -aufführung(srecht n).

excommunier *rl.* [εkskɔmyni'nje] (2a) exkommunizieren.

excorier [εkskɔ'rje] (1a) wundkratzen, reiben *usw.*; s'~ sich wund liegen.

excrément [εkskre'mɑ̃] m (*mst. pl.*) *physiol.* Darmentleerung f; *fig.* Auswurf, Abschaum.

excréter [εkskre'te] (1f) ausscheiden, ausleeren. [wuchs m.]

excroissance [εkskrwa'sɑ̃:s] f Aus-

excursion [εkskyr'sjɔ̃] f Ausflug m, Wanderung f, Fahrt f; *fig.* Abschweifung; **~niste** [~sjɔ'nist] m Ausflügler.

excus|e [εks'ky:z] f Entschuldigung; **~er** [εksky'ze] (1a) entschuldigen; s'~ *sur q.* die Schuld auf j-n schieben.

exécr|able [εgze'krablə] abscheulich; **~ation** [εgzekra'sjɔ̃] f Verwünschung; Abscheu m; **~er** [~'kre] (1f) verabscheuen; verwünschen.

exécut|er [εgzeky'te] (1a) ausführen; ♪ vortragen; ₮₮ vollstrecken; auspfänden; scharf kritisieren; hinrichten; s'~ *fig.* in den sauren Apfel beißen; **~eur** [~'tœ:r] m Vollstrecker; Scharfrichter; *~ testamentaire* Testamentsvollstrecker; **~if** [~'tif] vollziehend; **~ion** [~'sjɔ̃] f Ausführung; Vollstreckung; ♪ Vortrag m; Pfändung; scharfe Kritik f; Hinrichtung; *~ forcée* Zwangsvollstreckung.

exempl|aire [εgzɑ̃'plε:r] **1.** *adj.* mustergültig; exemplarisch; **2.** m Exemplar n; *~ spécial* Sonderanfertigung f; **~e** [εg'zɑ̃:plə] m Beispiel n; *par ~* zum Beispiel; ach was!; *ist doch nicht möglich*; wirklich wahr!

exempt [εg'zɑ̃] (7) *adj. von etw.* frei, befreit; ✝ *~ de défauts* (*od. de tout reproche*) einwandfrei; tadellos; *~ d'impôts* abgabenfrei; **~er** [εgzɑ̃'te] (1a) befreien; **~ion** [εgzɑ̃'sjɔ̃] f Befreiung.

exerc|er [εgzεr'se] (1k) (aus)üben; betreiben; ausbilden, schulen; ⚔ drillen; **~ice** [~'sis] m Übung f; ⚔ Exerzieren m; Geschäfts-, Finanz-, Rechnungsjahr n; *~s physiques* Leibesübungen f/pl.; *~s d'assouplissement*, *~s à mains libres* Freiübungen; *~s avec* (*od. aux*) *agrès* Geräteturnen n.

exhal|aison [εgzalε'zɔ̃] f Ausdünstung f; Ausströmung f; **~ation** [εgzala'sjɔ̃] f Ausatmung f; **~er** [εgza'le] (1a) ausatmen, ausdünsten; *fig. Klagen, Schmerz, Zorn usw.* freien Lauf lassen.

exhausser [εgzo'se] (1a) hoch (*od.* höher) machen; erhöhen; ⚠ aufstocken.

exhausteur [εgzos'tœ:r] m Exhaustor, Absauger, Entlüfter.

exhaustif [εgzos'tif] (7e) *fig.* erschöpfend.

exhaustion [εgzos'tjɔ̃] f ⊕ Absaugung f, Ausschöpfung f, *fig.* erschöpfende Behandlung f (*od.* Darstellung f). [Enterbung.]

exhérédation ₮₮ [εgzereda'sjɔ̃] f)

exhib|er [εgzi'be] (1a) vorzeigen; *péj.* zur Schau tragen; **~ition** [~bi'sjɔ̃] f Vorlegung f; *péj.* Zurschaustellung, Exhibition.

exhilarant [εgzila'rɑ̃] (7) erheiternd. [*fig.* ermutigen.]

exhorter [εgzɔr'te] (1a) ermahnen;)

exhumer [εgzy'me] (1a) exhumieren; *fig.* wieder ans Licht bringen.

exig|eant [εgzi'ʒɑ̃] (7) anspruchsvoll; **~ence** [~'ʒɑ̃:s] f anspruchsvolles Wesen n; Erfordernis n; Forderung; **~er** [~'ʒe] (1l) (er)fordern; eintreiben; **~ible** [~'ʒiblə] einklagbar.

exigu [εgzi'gy] (7) gering, sehr *od.* zu klein, knapp, kärglich; **~ïté** [~zigyi-

exil — **exposer**

¹**te]** f Knappheit f, Beschränkung f, Raumnot f, Kleinheit.

exil [ɛg'zil] m Verbannung(sort m) f, Landesverweisung f; **~er** [~'le] (1a) verbannen; s'**~** in die Verbannung gehen.

existenc|e [ɛgzis'tã:s] f Dasein n; **~ialisme** [~tãsja'lism] m Existenzialismus; **~ialiste** [~sja'list] m Existenzialist.

exode [ɛg'zɔd] m Auswanderung f, Auszug m; ~ *rural* Landflucht f; ~ zweites Buch in Mosis.

exonérer [ɛgzɔne're] (1f) entlasten.

exorbitant [ɛgzɔrbi'tã] (7) übermäßig; unerschwinglich (Preis).

exorciser rl. [ɛgzɔrsi'ze] (1a) beschwören, austreiben, bannen.

exorde [ɛg'zɔrd] m Einleitung f e-r Rede. [bein n.]

exostose ♂ [ɛgzɔs'to:z] f Über-)

exotique [ɛgzɔ'tik] exotisch, fremd (-artig).

expansi|ble [ɛkspã'sibl] (aus-) dehnbar; **~f** [~'sif] (7e) expansiv, ausdehnend; Ausdehnungs...; *fig.* mitteilsam, offenherzig; **~on** [~'sjõ] f Ausdehnung; *bsd. pol.* Expansion f; *fig.* Mitteilsamkeit f.

expatrier [ɛkspatri'e] (1a) des Landes verweisen.

expect|ant [ɛkspɛk'tã] (7) 1. *adj.* abwartend; 2. *su.* Anwärter; **~ative** [~ta'ti:v] f Erwartung; Anwartschaft; Aussicht.

expector|ation ♂ [ɛkspɛktɔra'sjõ] f (Schleim-)Auswurf m; **~er** [~'re] (1a) ♂ Schleim auswerfen.

expédi|ent [ɛkspe'djã] 1. *adj.* zweckmäßig, dienlich, ratsam; 2. *m* Notbehelf; Ausweg; **~er** [~'dje] (1a) absenden; erledigen; ♰ expedieren, befördern; ♰ ausfertigen; **~teur** m, **~trice** f [~di'tœːr, ~'tris] Absender (-in f) m e-s Briefes; ♰ Versender (-in f) m; **~tif** [~'tif] geschwind, flink, rasch; **~tion** [~di'sjõ] f ♰ Absendung; ♰♰ Ausfertigung; ⚔ Unternehmung; Forschungsreise; **~tionnaire** [~disjɔ'nɛːr] m Expedient.

expérience [ɛkspe'rjã:s] f Erfahrung; Versuch m, Experiment n; Abgeklärtheit.

expériment|é [ɛksperimã'te] erfahren; **~er** [~'te] e-n Versuch machen mit; *abs.* experimentieren.

expert [ɛks'pɛːr] 1. *adj.* erfahren, sachkundig; 2. *m* ♰♰ Sachverständige(r); ~ *comptable* ♰ Buchprüfer, Bücherrevisor; **~ise** ♰♰ [~pɛr'tiːz] f Untersuchung durch Sachverständige; Sachverständigengutachten n.

expi|able [ɛks'pjabl] sühnbar; **~ateur** [~pja'tœːr] (11) sühnend; **~ation** [~pja'sjõ] f Sühne; **~er** [~'pje] (1a) (ab)büßen; sühnen.

expir|ation [ɛkspira'sjõ] f Ausatmung; (*Frist*) Ablauf m, Ende n; **~er** [~'re] (1a) aushauchen; *v/i.* den Geist aufgeben; *fig. Stimme, Töne:* verhallen; *Licht usw.:* erlöschen; *Frist u. dgl.:* ablaufen; *Paß u. dgl.:* ungültig werden.

explétif [ɛksple'tif] (7e) ausfüllend.

explicable [ɛkspli'kabl] erklärbar.

explic|ation [ɛksplika'sjõ] f Erklärung, Auslegung; **~ite** [~pli'sit] ausdrücklich.

expliquer [ɛkspli'ke] (1m) erklären; auslegen; s'**~** *avec q.* sich mit j-m verständigen *od.* aussprechen.

exploit [ɛks'plwa] m (Helden-)Tat f, Großtat f; (*sportliche*) Leistung f; ♰♰ Vorladung f; **~able** [~'tabl] benutzbar, betriebsfähig; *Wald:* schlagbar; pfändbar; **~ation** [~ta-'sjõ] f Nutzung f; ⚒ Abbau m; Ausbeutung; Betrieb m; 𝒜 Anbau m; Bauernwirtschaft f; *année d'~, exercice d'~* Betriebsjahr n; **~er** [~'te] (1a) *v/t.* ausnutzen, ausbeuten; ⚒ abbauen; *Betrieb* unterhalten; *v/i.* ♰♰ vorladen; pfänden.

explor|ateur m, **~atrice** f [ɛksplɔra'tœːr, ~'tris] 1. *adj.* (aus)forschend; 2. (Länder-)Forscher(in f) m; **~ation** [~ra'sjõ] f (Er-)Forschung f; ⚔ Aufklärung; ~ *aérienne* Luftaufklärung; **~er** [~'re] (1a) erforschen; untersuchen; ⚔ auskundschaften.

explos|er [ɛksplɔ'ze] *v/i.* (1a) (*mit avoir!*) *a. fig.* explodieren; **~ible** [~'zibl] explodierbar; **~if** [~'zif] *adj.* (7e) *u. su.* Sprengstoff...; **~ion** [~'zjõ] f Explosion f, Zerplatzen n; ~ (*prématurée*) *Auto:* Früh-, Fehlzündung; Knall m; *fig.* Ausbruch m.

exportation [ɛkspɔrta'sjõ] f Ausfuhr(handel m) f; Export m; ~ *des capitaux* Kapitalflucht f.

exposant [ɛkspo'zã] m ♰ Aussteller; *arith.* Exponent.

expos|é [ɛkspo'ze] m Bericht m, Referat n, Darlegung f; **~er** [~] (1a) ausstellen; *Kind e-r Gefahr usw.*

exposition — 208 — **ex-voto**

aussetzen; darlegen, auseinandersetzen; ~ition [~zi'sjɔ̃] f 1. Ausstellung; ~ permanente (circulante) Dauer - (Wander-)Ausstellung f; 2. phot. Belichtung; 3. Darlegung f; 4. Aussetzen n e-s Kindes.

exprès m, **expresse** f [eks'prɛ, ~'prɛs] ausdrücklich; adv. expressément absichtlich.

express [eks'prɛs] m Eilzug; **~if** [~'sif] ausdrucksvoll; **~ion** [~'sjɔ̃] f Auspressen n; ♪, peint., ♣ u. fig. Ausdruck m; réduire à sa plus simple ~ ♣ auf die kleinste Zahl reduzieren; fig. so klein wie möglich machen.

exprimer [ɛkspri'me] (1a) ausdrücken; fig. äußern; darstellen.

expropriation ⚖ [ɛksprɔpria'sjɔ̃] f Enteignung, Zwangsverkauf m.

exproprier ⚖ [~pri'e] (1a) enteignen.

expulser [ɛkspyl'se] (1a) aus-, a. ⚽ vertreiben; at. abspalten.

expurger [ɛkspyr'ʒe] (1l) anstößige Stellen ausmerzen; reinigen.

exquis [ɛks'ki] vorzüglich, köstlich, ausgesucht, auserlesen.

exsangue ⚕ [ɛk'sɑ̃:g] blutleer.

exsuder [ɛksy'de] v/t. u. v/i. (1a) ausschwitzen (⚒, Mauer).

extase [ɛks'tɑ:z] f Verzückung, Ekstase f, Entzücken n.

extens|eur [ɛkstɑ̃'sœ:r] adj. u. m 1. (muscle) ~ Streckmuskel; 2. Expander m (Armmuskelstreckgerät); **~ible** [~'sibl] dehnbar; **~ion** [~'sjɔ̃] f Ausdehnung; ✝ Erweiterung, Vergrößerung; ♪ Spannung; weiter Griff m; chir. Streckung.

exténuer [ɛkste'nɥe] (1a) entkräften.

extérieur [ɛkste'rjœ:r] 1. adj. außer, äußerlich; Außen...; auswärtig; 2. m das Äußere; Ausland n; Film: ~s m/pl. Außenaufnahmen f/pl.

extermin|ateur [ɛkstɛrmina'tœ:r] vertilgend; Würg...; **~er** [~'ne] (1a) ausrotten, vertilgen.

externat [ɛkstɛr'na] m Schule n ohne Pensionat, Externat n (a. medizinisches Praktikum).

externe [ɛks'tɛrn] äußerlich; außerhalb wohnend.

extinct|eur [ɛkstɛ̃k'tœ:r] m Feuerlöscher (Apparat); ~ à mousse Schaumlöscher; **~ion** [ɛkstɛ̃k'sjɔ̃] f Auslöschen n; Löschen n von Kalk; Ausrottung f; ✝ Tilgung f.

extirper [ɛkstir'pe] (1a) ausrotten.

extorquer [ɛkstɔr'ke] (1m) erpressen, abnötigen.

extorsion [ɛkstɔr'sjɔ̃] f Erpressung.

extra [ɛks'tra] m inv. Zugabe f; Aushilfe(kellner usw.) f.

extraction [ɛkstrak'sjɔ̃] f Ausziehung (a. ♣ der Wurzeln); Ziehen n (e-s Zahns); ⚒ Förderung, Abbau m; Herkunft, Abstammung.

extradition [ɛkstradi'sjɔ̃] f Auslieferung.

extrai|re [ɛks'trɛ:r] (4s) ausziehen; fig. e-n Auszug machen; ⚒ fördern; **~t** [ɛks'trɛ] m fig. Auszug; cuis. Extrakt.

extraordinaire [ɛkstraɔrdi'nɛ:r] 1. adj. außerordentlich; ungewöhnlich, seltsam; frais m/pl. ~s Nebenkosten; 2. m l'~ das Außergewöhnliche n.

extra-terrestre at. [~te'rɛstrə] außerhalb der überwiegenden Erdanziehung.

extravagance [ɛkstrava'gɑ̃:s] f Extravaganz f, Übertreibung f.

extravag|ant [ɛkstrava'gɑ̃] extravagant, verrückt, überspannt; **~uer** [~'ge] (1m) faseln, überspannt handeln.

extrême [ɛks'trɛm] 1. adj. äußerst; übertrieben; 2. m äußerste Grenze f; ♣ ~s pl. äußere Glieder n/pl.; **~-onction** rl. [~ɔ̃k'sjɔ̃] f letzte Ölung; 2-**Orient** [~ɔ'rjɑ̃] m: l'~ der Ferne Osten, Ostasien n.

extrémiser [ɛkstremi'ze] v/t. die letzte Ölung geben. [Extremist m.\

extrémiste bsd. pol. [ɛkstre'mist] m\

extrémité [ɛkstremi'te] f äußerstes Ende n; dernière ~ äußerste Not f; à la dernière ~ im äußersten Notfall; im letzten Augenblick; ~s pl. Gliedmaßen.

extrinsèque [ɛkstrɛ̃'sɛk] 1. adj. äußerlich; 2. valeur f ~ Nennwert m.

exubér|ance [ɛgzybe'rɑ̃:s] f Überfülle; **~ant** [~'rɑ̃] üppig; fig. überschwenglich; ausgelassen.

exulcération ⚕ [ɛgzylsera'sjɔ̃] f oberflächliches Geschwür n.

exultation [ɛgzylta'sjɔ̃] f Frohlocken n, Jubel m.

exutoire [ɛgzy'twa:r] m fig. Ventil n, Ablenkung f. [bild n, -tafel f.\

ex-voto [ɛksvo'to] m Weih-, Votiv-\

F

F (*ou* **f**) [ɛf] *m* F (*od.* f) *n*.
fa ♪ [fa] *m* F *n* (*vierte Note*).
fabl|e ['fablə] *f* Fabel *f*; Märchen *n*; ♀ Mythologie; ~ Gerede *n*, Gespött *n*; Stoff *m* e-s Dramas; **~iau** [fabli'o] *m* Fabliau *n*, altfranzösische Erzählung *f* in Versen, Schwank *m*, derbe Schnurre *f*; **~ier** [~bli'e] *m* Fabelsammlung *f*.
fabrication [fabrika'sjɔ̃] *f* Herstellung; ~ en série Serienherstellung; ~ soignée sorgfältige Ausführung.
fabriqu|e [fa'brik] *f* Fabrik *f*; (Ver-)Fertigung; Kirchenvermögen *n*, -verwaltung *f*; **~er** [~'ke] (1m) fabrizieren, verfertigen, P machen, treiben, anstellen F.
fabuleux [faby'lø] (7d) märchenhaft, erdichtet; mythisch.
fabuliste [~'list] *m* Fabeldichter.
Fac * *univ.* [fak], *pl.* ~s *f* = la Faculté.
façade [fa'sad] *f* △ Fassade, Vorder-, Außenseite; *fig.* Schein *m*.
face [fas] *f* Gesicht *n*, Antlitz *n*; ⚕ Seite, Fläche; *fig.* Aspekt *m*; Lage; Kopfseite *e-r Münze*; Vorderseite *e-s Gebäudes*; *journ., pol.* ~ publique Meinungsecho *n*; de ~ von vorn; en ~ gegenüber; im (ins) Gesicht; faire ~ die Spitze bieten; Front machen; △ gegenüberliegen.
face-à-main [fasa'mɛ̃] *m* Lorgnette *f*.
facéti|e [fase'si] *f* derber Witz *m*, Streich *m*, Posse *f*; *par pure* ~ aus reinem Übermut; **~eux** [~'sjø] (7d) spaßhaft, drollig, possenhaft.
facette [fa'sɛt] *f* Facette *f*, kleine Raute(nfläche); schräg geschliffene Glaskante; *zo.* yeux *m/pl.* à ~s Netzaugen *n/pl.*
fâch|er [fɑ'ʃe] (1a) ärgern, verdrießen; **~erie** [faʃ'ri] *f* † Unwille *m*, Verdruß *m*; Zwistigkeit, Entzweiung; **~eux** [fa'ʃø] ärgerlich, beschwerlich; mißlich.
facial [fa'sjal] (5c) Gesichts...
facies [fa'sjɛs] *m* Gesichtsausdruck.
facile [fa'sil] leicht (zu tun); fügsam; umgänglich; ungezwungen (*Stil*); leichtfertig (*Mädchen*).
facilit|é [fasili'te] *f* Leichtigkeit; Ungezwungenheit; Umgänglichkeit *f*; ~s *pl.* Erleichterungen *im Bezahlen*; **~er** [~'te] (1a) erleichtern.
façon [fa'sɔ̃] *f* Form *f*, Machart *f*; Machen *n*; Macherlohn *m*; ♂ Bearbeitung; Art und Weise; *fig.* Haltung *f*; de la bonne ~, de belle ~ gehörig, tüchtig; faire des ~s Umstände machen, sich zieren; de ~ que so daß; sans ~(s) ohne weiteres; ungeniert, ohne Umstände; sans plus de ~ ohne weitere Umstände.
faconde *bsd. péj.* [fa'kɔ̃d] *f* Redseligkeit.
façonn|er [fasɔ'ne] (1a) gestalten, modeln; ♂, ⊕ bearbeiten; *fig.* (aus)bilden; **~ier** *m*, **~ière** *f* [~'nje, ~'njɛːr] 1. *adj.* überhöflich; 2. Komplimentenmacher(in *f*) *m*; Heimarbeiter(in *f*) *m*.
fac-similé [faksimi'le] *m* Faksimile *n*, genaue Nachahmung *f*.
factage ✝ [fak'ta:ʒ] *m* Güterbeförderung *f*; Spedition(sgeschäft *n*) *f*; Rollgeld *n*; & Brief- u. Telegrammbestellung *f*.
facteur [fak'tœːr] *m* (Instrumenten-)Macher; (Orgel-)Bauer; Briefträger *usw.*; & Gepäckmeister; ✝ Vertreter *m*; ⚕ *u. fig.* Faktor; *biol.* ~ héréditaire Erbfaktor *m*, Gen *n*.
factice [fak'tis] künstlich; erkünstelt; nachgemacht.
factieux [fak'sjø] 1. *adj.* aufrührerisch; 2. *su.* Revolutionär *m*; Friedensstörer *m*.
faction [fak'sjɔ̃] *f* umstürzlerische Partei *f*, Clique *f*; ⚔ Wache *f*; être de od. en ~ Posten stehen; **~naire** [~sjɔ'nɛːr] *m* Wachposten.
facto|rerie [faktɔr(ə)'ri] *f* Faktorei, Handelsniederlassung; **~tum** [~'tɔm] *m* Faktotum *n*, Hausmeister.
factur|e [fak'ty:r] *f* Rechnung *f*, Faktura *f*, Warenverzeichnis *n* mit Preisen; *litt.* ~ Ausarbeitung, Komposition; ♪ Bau m e-r Orgel; **~er** [~'re] (1a) in Rechnung stellen;

facturier — 210 — **faisceau**

~ier ✝ [~'rje] *m* Fakturist *m*; Fakturenbuch *n*.

facultatif [fakylta'tif] (7e) fakultativ, unverbindlich; wahlfrei.

faculté [fakyl'te] *f* Fähigkeit, Vermögen *n*; Talent *n*; Befugnis; *univ.* Fakultät *f*.

fada F *dial.* [fa'da] *adj. u. m* dumm, blöde; Dummkopf *m*.

fad|aises [fa'dɛːz] *f/pl.* Unsinn *m*; **~asse** [fa'das] sehr fade; **~e** [fad] fade, seicht, labberig, abgeschmackt; ungesalzen; *style m* ~ fader *od.* seichter *od.* labberiger Stil *m*; **~eur** [fa'dœːr] *f* Schalheit, Abgeschmacktheit; Seichtheit *f*; fade Schmeichelei.

fading *rad.* [fa'diŋ] *m* Fading *n*, Tonschwund *m*.

fafiot [fa'fjo] *m* Papierlappen *m* (*Geldschein*); Babyschuh *m*.

fafs * [faf]: *taper aux* ~ mit falschen Papieren erwischen.

fagot [fa'go] *m* Reisigbündel *n*; ♩ Fagott *n*; *sentir le* ~ der Ketzerei verdächtig sein; **~er** [~gɔ'te] (1a) in Bündel zs.-binden, F zs.-stümpern, pfuschen; geschmacklos kleiden; **~eur** [fagɔ'tœːr] *m* Reisholzbinder; F Pfuscher; **~in** [~'tɛ̃] *m* kleines Reisholzbündel *n*; *fig.* Hanswurst.

faibl|e ['fɛblə] 1. *adj.* schwach; lautschwach; 2. *m* Schwache(r); *fig.* Schwäche *f*; Vorliebe *f*; **~esse** [fɛ'blɛs] *f* Schwäche; Ohnmacht; **~ir** [fɛ'bliːr] (2a) schwach werden.

faïenc|e [fa'jɑ̃ːs] *f* Steingut *n*; **~erie** [~jɑ̃s'ri] *f* Steingutfabrik, -handel *m*, -ware; **~ier** [~'sje] *su.* Steingutfabrikant *m*.

faille [faːj] *f* ✝ gerippter Taft *m*, grober (Seiden-)Stoff *m*; *géol.* Verwerfung *f*; *fig.* Fehler *m*, Schattenseite *f*.

failli [fa'ji] *m* Konkursschuldner *m*.

faill|ible [fa'jiblə] (nicht un)fehlbar, dem Irrtum unterworfen; **~ir** [fa'jiːr] (2a) fehlen, irren; Bankrott machen; *fig.* ~ *à q.* j-n im Stich lassen; *j'ai failli tomber* ich wäre beinahe gefallen.

faillite ✝ [fa'jit] *f* Konkurs *m*.

faim [fɛ̃] *f* Hunger *m*; ~ *canine* Heißhunger.

faîne ♣ [fɛn] *f* Buchecker *f*.

fainéant [fɛnɛ'ɑ̃] (7) 1. *adj.* müßig, faul; 2. *su.* Faulenzer *m*; **~er** [~'te]

(1a) faulenzen; **~ise** [~'tiːz] *f* Müßiggang *m*.

faire [fɛːr] (4n) machen; tun; (veran)lassen; zur Folge haben, einbringen; *fig.* bedeuten; *fig.* ✝ berechnen (*z.B. das Meter*); *Strecke* zurücklegen; *Krankheit* durchmachen, haben; F entdecken, ausfindig machen; F abklappern *fig.* F, aufsuchen; F durchlaufen, tätig sein *in*; ~ *la barbe* den Bart schneiden lassen; ~ *la cuisine* kochen (*als Tätigkeit*); ~ *bouillir* abkochen; ~ *eau* ⚓ lecken, Wasser nehmen; ~ *commerce* Handel treiben; ~ *des prises de vues Film*: kurbeln, drehen; ~ *métier* ein Handwerk betreiben; ~ *la couverture* das Bett aufdecken; ~ *son (le) plein Auto*: tanken; ~ *du cinéma* filmen; ~ *de la bicyclette* radfahren; ~ *du bateau à voile, de la plongée sous-marine, de la montagne* Segel-, Unterwasser-, Bergsport treiben; *vor inf.* lassen; ~ *signer* unterschreiben lassen; *n'avoir que* ~ *de qch.* etw. nicht brauchen können; *se* ~ *à qch.* sich gewöhnen an (*acc.*); *j'y suis fait* ich bin daran gewöhnt; *il a fait celui qui ne me voyait pas* er hat so getan, als hätte er micht nicht gesehen; *v/imp. il fait chaud* es ist warm; ✝ ~ *une commande* bestellen; ~ *droit à une demande* e-m Gesuch stattgeben, ein Gesuch annehmen; ~ *mention de* erwähnen; ~ *passer un montant (une somme) à q.* e-n Betrag j-m zugehen lassen; ~ (= *tirer*) *une traite sur q.* eine Tratte ziehen auf j-n; ~ *souvenir de qch.* j-n erinnern an (*acc.*); ~ *des rentrées* Außenstände einziehen *od.* eintreiben; ~ *honneur à une signature* Wechsel einlösen; ~ *partie de qch.* gehören zu; ~ *un professeur* Lehrer werden; F ~ *une maladie* e-e Krankheit durchmachen; *se* ~ geschehen, werden; **~-part** [~'paːr] *m* (Heirats-, Todes- *usw.*) Anzeige *f*.

faisable [fə'zablə] durchführbar.

faisan [fə'zɑ̃] *m* Fasan *m*; **~(d)e** [fə'zɑ̃, fə'zɑ̃ːd] *f*: (*poule*) ~ Fasanenhenne; **~dé** [~'de] (1a) mit Wildgeruch; **~derie** [~'dri] *f* Fasanerie.

faisceau [fɛ'so] *m* Bündel *n*; *Radar*: Störstrahl *m*; ⚔ ~ *de fusils* Gewehrpyramide *f*; *former (rompre) les* ~ die Gewehre zs.-stellen (in die

faiseur — 211 — **faraud**

Hand nehmen); *réuni en* ~ *opt.* gebündelt.

faiseu|r *m*, **~se** *f* [fɛˈzœːr, ˈzøːz] Verfertiger(in *f*) *m*; Macher(in *f*) *m*; Schneider(in *f*) *m*; *péj.* Angeber *m*; Intrigant *m*; Schwindler *m*.

fait [fɛ] **1.** gemacht; *c'en est* ~ *de moi* es ist aus mit mir, es ist um mich geschehen; **2.** [fɛ; *im sg. a.* fɛt] *m* Tat *f*, Handlung *f*, Vorfall *m*; Tatsache *f*, Faktum *n*; Anteil; *du* ~ *de* wegen, infolge; *être au* ~ *de qch.* wohl unterrichtet sein über (*acc.*); *mettre q. au* ~ *de qch.* j-n über etw. (*acc.*) in Kenntnis setzen; *traduire qch. dans les* ~*s* etw. in die Tat umsetzen; *il est de* ~ *que ...* es steht fest, daß ...; ~*s divers* Vermischtes *n*, Lokales *n* (*in Zeitungen*).

fait|age [fɛˈtaːʒ] *m* Verfirstung *f*; Dachstuhl; **~e** [fɛt] *m* First; Gipfel; *fig.* Höhepunkt.

faix [fɛ] *m* Bürde *f*, Last *f*; ⚠ Senkung *f* (*e-s Neubaus*).

falaise [faˈlɛːz] *f* Felsküste.

fallacieux [falaˈsjø] (7d) trügerisch; erlogen, erheuchelt; *fig.* eitel.

falloir [faˈlwaːr] (3c) nötig sein; *il me faut qch.* ich habe nötig, brauche; *il me faut sortir*, *in der gesprochenen Sprache jedoch häufiger:* il faut que je sorte ich muß ausgehen; *comme il faut* wie sich's gehört; *il s'en faut de beaucoup* es fehlt viel daran.

falot[1] [faˈlo] *m* Handlaterne *f*; ✶ Kriegsgericht *n*; * Kittchen *n*.

falot[2], **~e** [faˈlo ˈlɔt] nichtssagend; kümmerlich, schwächlich.

falourde [faˈlurd] *f* Bund *n* Knüppelholz.

falsifi|cateur [falsifikaˈtœːr] *m* Fälscher; **~er** [ˈfje] (1a) (ver)fälschen.

famé [faˈme]: *bien* (*mal*) ~ in gutem (schlechtem) Rufe stehend.

famélique [fameˈlik] **1.** *adj.* hungrig; ausgehungert; **2.** *su.* Hungerleider.

fameux [faˈmø] (7d) berühmt; ausgezeichnet; *péj.* berüchtigt; P *c'est* ~ das ist prima P.

familiari|ser [familjariˈze] (1a) vertraut machen; **~té** [ˈte] *f* Vertraulichkeit.

familier [famiˈlje] (7b) **1.** *adj.* vertraut, (ver)traulich, ungezwungen; **2.** *langage* *m* ~ Umgangssprache *f*.

famille [faˈmij] *f* Familie.

famine [faˈmin] *f* Hungersnot.

fanage ⚘ [faˈnaːʒ] *m* Heuernte *f*.

fanal [faˈnal] *m* (5c) Leuchtfeuer *n*; ⚓, 🚂, 🚗 Laterne *f*.

fanatique [fanaˈtik] **1.** *adj.* fanatisch; **2.** *su.* Fanatiker(in *f*) *m*.

fanatisme [fanaˈtism] *m* Fanatismus.

fanchon [fɑ̃ˈʃɔ̃] *f* Kopftuch.

fan|e [fan] *f* welkes, abgefallenes Blatt; **~s** *pl.* (Kartoffel- *usw.*)Kraut *n*; **~er** [ˈne] (1a) welk machen; Heu wenden; *se* ~ verwelken; **~eur** *m*, **~euse** *f* [ˈnœːr, ˈnøːz] Heuer(in *f*) *m*; ⚘ *f* ~ *mécanique* Heuwender *m*.

fanfan F [fɑ̃ˈfɑ̃] *su.* Kindchen *n*.

fanfar|e [fɑ̃ˈfaːr] *f* Tusch *m*; Blechmusikkapelle *f*; *fig.* Prahlerei; **~on** *m*, **~onne** *f* [ˈrɔ̃, ˈrɔn] Großsprecher(in *f*) *m*; Aufschneider(in *f*) *m*; **~onnade** [rɔˈnad] *f* Prahlerei.

fanfreluches [fɑ̃frəˈlyʃ] *f/pl.* Flitterkram *m*, Firlefanz *m*, Tand *m*.

fange [fɑ̃ːʒ] *f* Schlamm *m*; Schmutz *m*. [schmutzig, morastig.|

fangeux [fɑ̃ˈʒø] (7d) schlammig,|

fanion [faˈnjɔ̃] *m* Fähnchen *n*, Wimpel *m*.

fanon [faˈnɔ̃] *m* Wamme *f* vom *Rindvieh*; Walfischbarte *f*.

fantaisie [fɑ̃teˈzi] *f* Phantasie; *fig.* Grille; Liebhaberei; *au gré de votre* ~ nach Wunsch und Laune; *articles m/pl. de* ~ Galanteriewaren *f/pl.*; *tissu m de* ~ bunt gemusterter Stoff *m*; *robe f de* ~ leichtes Modekleid *n*; *pain m de* ~ Luxusbrot *n*.

fantasia [ˌfɑ̃taˈzja] *f* 1. arab. Reiterturnier *n*; **2.** *allg.* Radauszene *f*.

fantasmagorie [fɑ̃tasmagɔˈri] *f* Wahngebilde *n*, Blendwerk *n*.

fantasque [fɑ̃ˈtask] grillenhaft; seltsam, wunderlich; *a. su.*

fantassin [fɑ̃taˈsɛ̃] *m* Infanterist.

fantastique [fɑ̃tasˈtik] phantastisch.

fantoche [fɑ̃ˈtɔʃ] *m* Drahtpuppe *f*; *a. fig. bsd. pol.* Marionette *f*.

fantôme [fɑ̃ˈtom] *m* Phantom *n*, Gespenst *n*; Hirngespinst *n*; *fig.* Hopfenstange *f* (*hagerer Mensch*); *le vaisseau* ~ der fliegende Holländer.

fanton [fɑ̃ˈtɔ̃] *m* ⚙ Dübel *m*, Holzpflock; ⚠ Eisenband *n*, Anker *m*.

faon [fɑ̃] *m* Hirsch-, Rehkalb *n*.

faquin † [faˈkɛ̃] *m* Lump *m*.

faraud F [faˈro] **1.** *adj.* geckenhaft, angeberisch, prahlerisch; **2.** *su.* Geck *m*, Angeber *m*.

14*

farce [fars] *f* Posse, Schwank *m*; Streich *m*; *cuis.* Füllung *f*; *adj.* F drollig.

farceur [far'sœ:r] (7g) Witzbold *m*.

farcin *vét.* [far'sɛ̃] *m* Wurm *der Pferde*.

farc|ir [far'si:r] (2a) *cuis.* *Geflügel usw.* füllen; *fig.* vollpfropfen; **~is-sure** *cuis.* [~si'sy:r] *f* Füllung *f*.

fard [fa:r] *m* Schminke *f* (*a. fig.*); *parler sans* **~** ungeschminkt, offen, freimütig sprechen; F *piquer un fard* (scham)rot werden; **~eau** [far'do] *m* Last *f*, Bürde *f*; **~er** [~'de] (1a) schminken; *fig.* beschönigen; sich senken (*Mauer*); ⚓ sich bauschen; **~ier** [~'dje] *m* Block-, Lastwagen *m*.

farfadet [farfa'dɛ] *m* Kobold, Irrwisch (*a. fig.*), Butzenmann *m*.

farfelu F *plais.*, *iron.* [farfə'ly] verschroben, verdreht, komisch.

farfouiller [farfu'je] (1a) *v/t.* durchstöbern; *v/i.* herumstöbern.

fariboles [fari'bɔl] *f/pl.* albernes Geschwätz *n*, Belanglosigkeiten.

farin|acé [farina'se] mehlartig; **~e** [fa'rin] *f* Mehl *n*; ⚓ *fleur Auszugmehl n; fig. de même* **~** vom gleichen Schlage; **~er** [fari'ne] (1a) *v/t.* mit Mehl bestreuen; *v/i.* 🌿 sich schälen (*Haut*); **~eux** [~'nø] **1.** *adj.* mehlig; **2.** *m/pl.* Mehlspeisen *f/pl.*

farouche [fa'ruʃ] wild; ungesellig, scheu; grausam; *fig.* heftig, leidenschaftlich.

farrago [fara'go] *m* Mischkorn *n*.

fascicule [fasi'kyl] *m* Faszikel, Lieferung *f e-s Werkes*; ♃ Büschel *m u. n.*

fascié [fa'sje] gestreift.

fascinage [fasi'naːʒ] *m* Faschinenwerk *n*, -bekleidung *f*.

fascina|teur [fasina'tœ:r] bezaubernd; **~tion** [~na'sjɔ̃] *f* bezaubernde Kraft *f*, Faszinierung *f*.

fascin|e [fa'sin] *f* Faschine; **~er** [fasi'ne] (1a) bezaubern, faszinieren; *fig.* verblenden.

fascis|me *pol.* [fa'ʃism] *m* Faschismus *m*; **~te** [~'ʃist] *m* Faschist *m*; *adj.* faschistisch.

fashion [fɛ'ʃœn] *f* Mode, Ton *m der vornehmen Welt*; vornehme Welt; **~able** [fɛʃœ'nɛblə] **1.** *adj.* modisch; **2.** *m* Modenarr *m*, Geck *m*.

faste [fast] *m* Pomp *m*, Gepränge *n*, Pracht *f*, Prunk *m*.

fastidieux [fasti'djø] (sehr) langweilig.

fastueux [fas'tɥø] (7d) prunkliebend, -voll.

fat [fat] **1.** *adj.* geckenhaft; eingebildet; **2.** *su.* Geck *m*, Laffe *m*.

fatal [fa'tal], *pl.* **~s** fatal, unabwendbar, verhängnisvoll; tödlich.

fatalisme [fata'lism] *m* Fatalismus *m*.

fatal|iste [~'list] *m* Fatalist; **~ité** [~li'te] *f* Verhängnis *n*.

fatidique [fati'dik] weissagend; schicksal-haft, -sdeutend.

fatig|ant [fati'gɑ̃] *adj.* (7) ermüdend, lästig; **~ue** [fa'tig] *f* Ermüdung; Strapaze; **~uer** [~'ge] (1m) *v/t.* ermüden; belästigen; stark abnutzen; *v/i.* ⚠ zu sehr belastet sein.

fatma *arab.* [fat'ma] *f* mohammedanische Frau *od.* Dienerin; * Freundin, Kameradin.

fatras [fa'trɑ] *m* Kram, Plunder; *fig.* Wortschwall.

fatuité [fatɥi'te] *f* Aufgeblasenheit, Geckenhaftigkeit.

faubour|g [fo'bu:r] *m* Vorstadt *f*; **~ien** [~bu'rjɛ̃] **1.** *adj.* vorstädtisch; **2.** *su.* Vorstädter *m*.

fauch|age ⚔ [fo'ʃa:ʒ] *m* Mähen *n*; **~aison** [~ʃɛ'zɔ̃] *f* Mähzeit *f*, Heumahd *f*.

fauch|ard [fo'ʃa:r] *m* zweischneidige Baumhippe *f*; **~e** [foʃ] *f* **1.** † Mähzeit; **2.** gemähtes Gras *n*; **3.** ⚓ Diebstahl *m*; **~ée** [~'ʃe] *f* Mahd (*des Mähers Tagewerk*); **~er** [~] (1a) (ab)mähen; *fig.* hinwegraffen; überfahren; F stehlen, klauen; **~et** [fo'ʃɛ] *m* Holzharke *f*; **~ette** [~'ʃɛt] *f* (Hecken-)Hippe; **~eur** [~'ʃœ:r] *m* Mäher, Schnitter; *a.* = *faucheux*; **~euse** [~'ʃø:z] *f* Mäherin, Mähmaschine.

faucheuse-batteuse ⊕ [foʃøzba'tø:z] *f* Mähdrescher *m*.

faucheux *ent.* [fo'ʃø] *m* Weberknecht *m* (*langbeinige Spinne*).

faucill|e [fo'sij] *f* Sichel *f*; **~on** [fosi'jɔ̃] *m* kleine Sichel *f*.

faucon *orn.* [fo'kɔ̃] *m* Falke.

faufil [fo'fil] *m* Heftfaden *m*; **~er** [~fi'le] (1a) provisorisch anheften; *se* **~** *dans* sich einschleichen in; **~ure** [~fi'ly:r] *f* Heftnaht *f*.

faune [fon] **1.** *f* Fauna *f*; **2.** *m*: *myth.* Faun *m*.

faussaire [fo'sɛ:r] *m* Fälscher.

fausser [fo'se] (1a) fälschen; ver-

fausset — 213 — **féliciter**

drehen; verderben; ⊕ verbiegen; F ~ *compagnie à q*. 1. j-n sitzenlassen, j-n versetzen (= *nicht kommen*); 2. sich drücken, sich wegschleichen; ~ *sa promesse* sein Wort nicht halten.

fausset [fo'sɛ] *m* 1. ♪ Falsett *n*, Fistelstimme *f*; Fistelsänger; 2. ⊕ Faßzapfen. [falsche Angabe *f*.|
fausseté [fos'te] *f* Falschheit;|
faut|e [fo:t] *f* Versehen *n*, Schuld; Mangel *m*; ~ *de* aus Mangel an (*dat*.); *faire* ~ fehlen; **~er** F [fo'te] (1a) einen Fehltritt begehen.

fauteuil [fo'tœj] *m* Lehnstuhl, Sessel; *fig*. Vorsitz; Sitz *in der Académie*; ~ *de cuir* (Leder-)Klubsessel; ~ *Voltaire* Großvaterstuhl; **~-cabine** [fotœjka'bin] *m* Strandkorb; **~-lit** [~'li] *m* Schlafsessel.

fauteur [fo'tœ:r] *m péj. su*. Aufwiegler *m*; Anstifter *m*.

fautif [fo'tif] schuldig; fehlerhaft; trügerisch, unzuverlässig.

fauve [fo:v] falb, fahlrot; *bêtes f/pl*. ~s Rotwild *n*, *a*.: reißende, wilde Tiere *n/pl*.

fauvette *orn*. [fo'vɛt] *f* Grasmücke.

faux[1] ⚒ [fo] *f* Sense.

faux[2] *m*, **fausse** *f* [fo, fo:s] 1. *adj*. falsch; künstlich; verkehrt; Schein...; ~ *col m* (Hemd-)Kragen; ~ *frais m* Nebenkosten *f*; ~ *monnayeur m* Falschmünzer; ~ *nez m* Halbmaske *f*; ~ *pas m* Fehltritt; *fausse alarme f* blinder Alarm *m*; *fausse clef f* Nachschlüssel *m*; *Dietrich m*; *fausse couche* ♀ *f* Fehlgeburt; *fausse monnaie f* Falschgeld *n*; 2. *m* das Falsche; Fälschung *f*; **~-bourdon** [fobur'dɔ̃] *m* ♪ einförmiger Kirchengesang *m*; *ent*. Drohne *f*; **~-fuyant** [fofɥi'jɑ̃] *m* Schlupfweg; *fig*. Ausrede *f*.

faveur [fa'vœ:r] *f* Gunst; Gunstbezeigung; Beliebtheit; Nachsicht; schmales Seidenband *n*; *entrée f de* ~ freier Eintritt *m*; *homme m de* ~ Günstling; *prix m de* ~ † Vorzugspreis; *mois de* ~ Gnadenmonat; *en* ~ beliebt, gesucht; *en* ~ *de* zugunsten von; *à la* ~ *de la Nuit*; *billet m de* ~ Freikarte *f*; *tour m de* ~ Abfertigung *f* außer der Reihe.

favor|able [favo'rablə] günstig; **~i**, *f*: **~ite** [~'ri, ~'rit] 1. *adj*. beliebt; Lieblings-; 2. *su*. Günstling *m*, Liebling *m*; 3. *m/pl*. Backenbart *sg*.; **~iser** [~ri'ze] (1a) begünstigen; fördern; ~ *q. de* j-n beehren *od*. würdigen mit; **~itisme** [~ri'tism] *m* Günstlingswirtschaft *f*.

fayot ♀ [fa'jo] *m* P getrocknete (weiße) Bohne *f*; * ⚔ wieder einberufener Unteroffizier *m*; übereifriger Soldat *m*; **~ter** * ⚔ [~jɔ'te] *v/i*. übereifrig sein.

fébri|fuge [febri'fy:ʒ] *adj*. (*u*. *m*) fiebervertreibend(es Mittel *n*); **~le** [fe'bril] fieberhaft.

fécal [fe'kal] Kot...

fèces [fɛs] *f/pl*. Bodensatz *sg*./*m*, Hefe *sg*.; ✱ Fäkalien *f/pl*.

fech-fech *arab*. [fɛʃ'fɛʃ] *m* weicher Sand.

fécond [fe'kɔ̃] (7) *physiol*. fruchtbar; befruchtend; **~er** [~'de] (1a) befruchten; **~ité** [~di'te] *f* Fruchtbarkeit; *fig*. Reichhaltigkeit.

fécule [fe'kyl] *f* Boden-, *bsd*. Stärkemehl *n*.

fédér|al [fede'ral] (5c) Bundes...; eidgenössisch; *gouvernement m* ~ Bundesregierung *f*; *République f* ~*e* Bundesrepublik; **~aliser** [~rali'ze] (1a) zu e-m Bundesstaat machen.

fédérat|if [federa'tif] (7e) verbündet, bundesmäßig, föderativ, Bundes...; **~ion** [~rɑ'sjɔ̃] *f* Bund *m*; Verband *m*; ~ *d'États* Staatenbund *m*; ~ *des fonctionnaires* Beamtenbund *m*. [2. *su*. Verbündete(r).|
fédéré [fede're] 1. *adj*. verbündet;|
fée [fe] *f* Fee, Zauberin; ~ *Morgane* Fata Morgana *f*.

feeder ⚡ [fe'dœ:r] *m* Speiseleitung *f*.

fée|rie [fe'ri] *f* Zauberei; *thé*. Märchenspiel *n*, Ausstattungsstück *n*; **~rique** [fe'rik] feenhaft; *fig*. bezaubernd.

feindre ['fɛ̃:drə] (4b) erheucheln, fingieren; sich verstellen; ~ *de mit inf*. so tun (*od*. sich stellen), als ob; vorgeben, zu.

feinte [fɛ̃:t] *f* Verstellung; Finte.

fêl|e [fɛl] *f* Blasrohr *n des Glasbläsers*; **~er** [fɛ'le] (1a) Sprünge *in Glas, Ton usw*. (*acc*.) machen; F *avoir la (être une) tête fêlée*, *od*. *le timbre fêlé* nicht ganz richtig im Kopfe sein; *se* ~ rissig werden.

félicit|ation [felisita'sjɔ̃] *f* Glückwunsch *m*; **~é** [~'te] *f* Glückseligkeit; **~er** [~'te] (1a): ~ *q. de* j-n beglückwünschen, j-m gratulieren zu.

félin [fe'lɛ̃] katzenartig, Katzen...
fellegh [fɛ'lɛg] m (pl. *les fellagha*) aufständischer Algerier m (*1956 bis 1962*).
félon [fe'lõ] (7c) **1.** *adj.* treubrüchig; **2.** *su.* Verräter m; **~ie** [felɔ'ni] f *hist.* Lehnsfrevel m; Treubruch m, Verrat m.
fêlure [fɛ'ly:r] f Riß m, Sprung m; F Tick m, Klaps m, Sparren m (*im Kopfe*).
femelle [fə'mɛl] f **1.** Weibchen n *von Tieren*; **2.** *adj.* weiblich.
fémin|in, ~ine [femi'nɛ̃, ~'nin] **1.** *adj.* weiblich; *péj.* weibisch; **2.** m Femininum n; **~isation** [~niza'sjõ] f Verweiblichung; **~iser** [~ni'ze] (1a) e-m Worte weibliches Geschlecht geben; *péj.* verweichlichen; **~isme** [~'nism] m Frauenbewegung f; **~iste** [~'nist] **1.** *adj.* die Frauen betreffend; **2.** *su.* Frauenrechtler (-in f) m.
femme [fam] f Frau, Weib n; Ehefrau; *Endung* -in: ~ *coureur Sport:* Läuferin f; ~ *peintre* Malerin f; ~ *poète* Dichterin; ~ *de chambre* Zimmermädchen n; ~ *de charge* Haushälterin f; Wirtschafterin; ~ *de ménage* Aufwartung f, Aufwärterin; **~lette** [fam'lɛt] f schwaches u. leichtfertiges Frauenzimmer n; weibischer Mensch m.
fémur *anat.* [fe'my:r] m Schenkelknochen.
fenaison ↙ [fənɛ'zõ] f Heuernte.
fend|erie [fɑ̃'dri] f Zerhauen n *des Eisens* in Stangen; Zerspalten n (*von Holz*); Zainhammer m; Holzschneidemaschine f; **~eur** [~'dœ:r] m Spalter m; Holzhacker m; **~illé** [~di'je] rissig; **~iller** [~] (1a) (ein-, auf)ritzen; **~re** [~'fɑ̃dr] (4a) *v/t.* zerspalten; aufschlitzen; *die Menschenmenge* durchbrechen; *v/i.* la tête me fend der Kopf möchte mir zerspringen; *se.* se ~ ausfallen.
fenêtr|age [f(ə)nɛ'tra:ʒ] m Fensterwerk n; **~e** [f(ə)nɛ:tr] f Fenster n; ~ *à bascule* Klappfenster n; ~ *à coulisse* Schiebefenster n; **~er** [f(ə)nɛ'tre] (1a) mit Fenstern versehen; ⚕ *e-n Verband* durchlöchern.
fenil [f(ə)'ni] m Heuboden.
fenouil ♣ [f(ə)'nuj] m Fenchel.
fente [fɑ̃:t] f Spalte, Ritze.
féod|al [feɔ'dal] (5c) *hist.* feudal,

lehnbar; Lehns...; **~alité** *hist.* [~dali'te] f Lehnbarkeit; Lehnspflicht, -wesen n.
fer [fɛ:r] m Eisen(spitze f) n; Schwert n; **~s** *pl.* Ketten f/*pl.*; ~ *à cheval* Hufeisen n; ~ *à souder* Lötkolben; ~ *à repasser* Bügeleisen n; ~ *de construction* △ Baueisen n; ~ *électrique* elektrisches Plätteisen n; ~ *en barre* Stabeisen n; ~ *en od. à* T m T-Eisen n; ~ *soudé* Schweißeisen n; *de* ~ eisern.
fer-blanc [fɛr'blɑ̃] m (Weiß-)Blech n.
ferblant|erie [fɛrblɑ̃'tri] f Klempnerei f; Eisenwaren f/*pl.*; ~ *émaillée* Emaillewaren f/*pl.*; **~ier** [~'tje] m Klempner m; Eisenwarenhändler m.
férié [fe'rje]: *jour* ~ Feiertag.
férir [fe'ri:r] *v/t.* schlagen; *nur in:* sans coup ~ ohne Schwertstreich.
ferm|age [fɛr'ma:ʒ] m Pachtgeld n; Pacht f; **~ant** [~'mɑ̃] schließend; verschließbar; *à portes* ~*es* bei Toresschluß.
ferme¹ [fɛrm] fest; sicher; stark; ✝ auf feste Lieferung; standhaft; *tenir* ~ standhalten; ✝ ~! wacker!; P ~ schweig! (*von fermer*); P ~ tüchtig zuschlagen.
ferme² [fɛrm] f Pachtvertrag m; Pachthof m, Bauernhof m, Farm f; △ Dachstuhl m; *charp.* Binder m; *donner à* ~ verpachten; *prendre à* ~ pachten; ~ *modèle* f Mustergut n; **~-école** [fɛrme'kɔl] praktische landwirtschaftliche Schule.
ferment [fɛr'mɑ̃] m Gärstoff m; Ferment n; **~ation** [~tɑ'sjõ] f Gärung; **~er** [~'te] (1a) gären.
fermer [fɛr'me] (1a) zumachen, (ver)schließen; ~ *à clef* zuschließen (*mit Schlüssel*); ~ *au verrou* verriegeln; ~ *à vis* zu-, verschrauben; *se* ~ *rapidement* zuschnappen; P *ferme* (-la)! *od. ferme ça!* halte den Mund!, halt's Maul! (P), schweig!
fermet|é [fɛrmə'te] f Festigkeit (*a. fig.*); Beharrlichkeit, Entschlossenheit; **~ure** [~'ty:r] f Verschluß m; Schließung; ~ *éclair od. automatique* Reißverschluß f.
fermi|er m, **~ère** f [fɛr'mje, ~'mjɛ:r] Pächter(in f) m.
fermoir [fɛr'mwa:r] m Verschluß; Stemmeisen n; *Art* Meißel; ~ *à crochet* Schließhaken.
féroc|e [fe'rɔs] wild, reißend; blut-

férocité — **215** — **feuilletage**

dürstig; grimmig; **~ité** [~si'te] f Wildheit; fig. Grausamkeit.
ferrage [fɛ'ra:ʒ] m Beschlagen n e-s Pferdes.
ferraill|e [fɛ'ra:j] f altes Eisen n; ⊕ Schrott m; transformer en ~ verschrotten; **~er** [fɛra'je] (1a) mit dem Säbel rasseln; fig. sich heftig herumzanken; **~eur** [~'jœ:r] m Alteisen-, Schrotthändler; Raufbold; schlechter Fechter.
ferr|ant [fɛ'rɑ̃] m: maréchal m ~ Hufschmied; **~er** [fɛ're] (1b) mit Eisen beschlagen; ~ à glace scharf beschlagen, bewandert in etw. (dat.); 🚆 voie f ferrée Schienenstrang m; **~et** [fɛ'rɛ] m Schnürsenkelende n; **~eur** [~'rœ:r] m Hufschmied; Bauschlosser m.
ferronn|erie [fɛrɔn'ri] f Eisenschmiede; Eisenschmiedewaren f/pl.; △ Baueisen n; **~ier** m, **~ière** f [fɛrɔ'nje, ~'njɛ:r] 1. su. Eisenschmiedewarenhändler(in f) m; 2. f a. Stirnband n.
ferroviaire [fɛrɔ'vjɛ:r] Eisenbahn...; communication f ~ Eisenbahnverbindung.
ferrugineux [fɛryʒi'nø] eisenhaltig.
ferrure [fɛ'ry:r] f Eisen-, Hufbeschlag m.
ferry-boat [feri'bo:t] m Eisenbahnfähre f.
fertil|e [fɛr'til] fruchtbar, ergiebig; **~iser** [~li'ze] (1a) fruchtbar machen; **~ité** [~li'te] f Fruchtbarkeit.
féru [fe'ry] vét. verletzt; fig. ~ de begeistert für (acc.).
férule [fe'ryl] f Rute f; Fuchtel f; Steckenkraut n.
ferv|ent [fɛr'vɑ̃] (7) leidenschaftlich, inbrünstig; **~eur** [~'vœ:r] f Inbrunst, Glut.
fess|e [fɛs] f Hinterbacke f; pl. ♀ Podex m; **~ée** [fɛ'se] f Tracht Prügel f.
fesse-mathieu [fɛsma'tjø] m 🏹 Wucherer; heute: Geizhals.
fesser [fɛ'se] (1b): ~ q. j-m den Hintern vollhauen.
festin [fɛs'tɛ̃] m Festmahl n, Schmaus; **~er** [~ti'ne] (1a) festlich bewirten; schmausen und zechen.
festival [fɛsti'val] m (pl. ~s) Festspiel n; Musik-, Gesangsfest n.
feston [fɛs'tɔ̃] m Girlande f; **~ner** [~tɔ'ne] (1a) mit Girlanden schmücken; zierlich ausschweifen und sticken.
festoyer [fɛstwa'je] (1h) festlich bewirten; schmausen, zechen.
fêtard [fɛ'ta:r] m Lebemann.
fête [fɛt] f Fest n; Feiertag m; Namensfest n, -tag m; Kirchweih; Festlichkeit f; 2-**Dieu** [fɛt'djø] f Fronleichnamsfest n.
fêter [fɛ'te] (1a) feiern.
fétiche [fe'tiʃ] m Fetisch m.
fétid|e [fe'tid] stinkend; **~ité** [~di'te] f Gestank m.
fétu [fe'ty] m Strohhälmchen n; cela ne vaut pas un ~ das ist keinen Pfennig wert.
feu¹ [fø] m Feuer n; Feuersbrunst f; Hitze f, Glut f; 🔥 Entzündung f; Blitz; Licht n; Glanz; fig. Begeisterung f; ~x pl. Leuchtturm m, -feuer n; allant au ~ feuerfest (Porzellan usw.); ⚔ aller au ~ ins Gefecht rücken; donner le ~ vert s-e Zustimmung geben; recevoir le ~ vert die Genehmigung erhalten; entrer dans le ~ durchs Feuer gehen; au coin du ~ am Herd, am Kamin; au ~! Feuer!, es brennt!; ⚔ ~! (gebt) Feuer!; une province est à feu et à sang in e-r Provinz geht es drunter u. drüber; coup m de ~ ⚔ Schuß; ~ de Bengale bengalisches Feuerwerk n; ~ d'artifice Feuerwerk n; ~ follet Irrlicht n; **~-arrière** Auto [~a'rjɛ:r] m Schlußlicht n, a. vél. Rücklicht n.
feu², **~e** [fø] verstorben, selig.
feudataire hist. [føda'tɛ:r] su. Lehnsmann m.
feuill|age [fœ'ja:ʒ] m Laub(werk) n; **~aison** [fœjɛ'zɔ̃] f Belaubung; **~ard** [fœ'ja:r] m Reifholz n; Reifeisen n; fer m ~ ⊕ Bandeisen n; **~e** [fœj] f ♀ Blatt n (a. ⊕ Bogen m Papier, Liste, Zeitung, Metallfolie); F ~ de chou Winkel-, Käseblatt n (Zeitung); ~ de route Marschroute; Urlaubsschein m; ✈ ~ d'accompagnement Begleitschein m, -zettel m; ~ de paie Lohnliste; ~ volante Flugblatt n; **~ée** [~'je] f Laube; Laubhütte f, a. ⚔ pl. ~s Latrinen f/pl., Abort m; **~e-morte** [fœj'mɔrt] adj. inv. gelbbraun.
feuillet [fœ'jɛ] m (einzelnes) Blatt n im Heft od. Buch; Furnierblatt n; Blättermagen der Wiederkäuer; **~age** [fœj'ta:ʒ] m (Herstellung f

feuilleter — 216 — **figuration**

von) Blätterteig; ~**er** [~'te] (1c) durch- *od.* umblättern; *Teig* blätt(e)rig machen; *pâte f* ~ée Blätterteig; ~**on** [~'tõ] *m* Beiblatt *n*; Unterhaltungsteil *m (e-r Zeitung)*; ~**te** [fœ'jɛt] *f* Faß *n (114 bis 136 l)*.

feuillu [fœ'jy] dicht belaubt.

feutr|e [fø:tr] *m* Filz; Filzhut; ~**er** [fø'tre] (1a) filzen; verfilzen; *fig.* feutré(e) leise; ~**ier** [~tri'e] *m* Filzmacher. [Zellwolle.]

fève ♧ [fɛ:v] *f* Bohne *f*.

février [fevri'e] *m* Februar.

fi [fi]: ~ *(donc)*! pfui!; *faire* ~ *de qch.* etw. verachten.

fiabilité *néol.* ⊕ [fjabili'te] *f* Zuverlässigkeit.

fiacre ['fjakrə] *m* Droschke *f*.

fiançailles [fjɑ̃'saːj] *f/pl.* Verlobung *sg.*

fianc|é *m*, ~**ée** *f* [fjɑ̃'se] Verlobte(r); Bräutigam *m*, Braut *f*; ~**er** [~] (1k) verloben.

fibranne [fi'bran] *f* Kunstfaser *f.*

fibre ['fibrə] *f* Fiber, Faser; *fig.*, ⚒ Ader; *avoir la* ~ *sensible* empfindlich sein; ~ *d'écorce* Bastfaser; ~ *d'emballage od. de bois* Holzwolle; ~ *de verre* Glaswolle; ~ *poétique* poetische Ader *f*; ~ *vulcanisée* Vulkanfiber.

fibreux [fi'brø] (7d) faserig.

fibrille [fi'bril] *f* Fäserchen *n*.

ficel|er [fis'le] (1c) *mit Bindfaden* (zu)binden; *mal* ~é schlecht gekleidet; ~**ier** [fisə'lje] *m* Bindfadenrolle *f*; P hinterlistiger Kerl; ~**le** [fi'sɛl] *f* Bindfaden *m*; F Kniff *m*, F, *a. adj.* gerissen(er Kerl *m*).

fich|age [fi'ʃa:ʒ] *m* karteimäßige Erfassung *f*; ~**e** [fiʃ] *f* Pflock *m*; Absteckpfahl *m*; (Tür-)Band *n*; Spielmarke; Zettel *m*; ∮ Stecker *m*; ~ *bipolaire* Doppelstecker *m*; ~ *femelle* Steckbuchse; ~ *mâle* Stecker *m*; ⛓ ~ *de recherche* Such-, Fahndungs-karte; ~**er** [fi'ʃe] (1a) *Nagel* einschlagen; *Pfähle* einrammen; ∮ *Stecker* einstecken; F *Ohrfeige* versetzen; rausschmeißen; *se* ~ *de* sich nichts machen aus *(dat.)*; ~*ez-moi la paix!* *(le camp!)* laß mich in Ruhe! *(mach, daß du wegkommst!)*; s. *fichu* 2.

fichier ✝ [fi'ʃje] *m* Kartei *f*, Kartothek *f*.

fichoir [fi'ʃwa:r] *m* Wäscheklammer

fichta *arab.* [fiʃ'ta] *f* Freudenfest *n*.

fichtre! ['fiʃtrə] Donnerwetter!

fichu[1] [fi'ʃy] *m* leichter Damenschal *m*, Schultertuch *n*.

fichu[2] P [~] miserabel, schlecht, erbärmlich, lächerlich; verloren, futsch P; verloren; ~ *de* + *inf.* imstande, zu ...

fict|if [fik'tif] (7e) erdichtet, fingiert; ~**ion** [fik'sjõ] *f* Erfindung, Fiktion.

fidèle [fi'dɛl] treu; gläubig.

fidélité [fideli'te] *f* Treue; ♪ getreue Wiedergabe, Tontreue; ⊕ Genauigkeit; *rad. haute* ~ Hi-Fi.

fiduciaire [fidy'sjɛːr] treuhänderisch; *m* Treuhänder *m*; *monnaie f* ~ Papiergeld *n*.

fief [fjɛf] *m* **1.** *hist.* Lehen *n*; **2.** *fig.* (Familien-) Besitz; *pol.* Hochburg *f*, Wahlgebiet *n*; ⛳ Spezialgebiet *n*.

fieffé F *péj.* [fjɛ'fe] *adj.* abgebrüht, ausgekocht, abgefeimt; Erz...

fieffer *hist.* [fjɛ'fe] (1a) belehnen.

fiel [fjɛl] *m* Galle *f bsd. der Tiere u. fig.*; *être sans* ~ keinen Groll hegen.

fient|e [fjɑ̃:t] *f* (Tier-)Mist *m*, Kot *m*; ~**er** [fjɑ̃'te] (1a) misten *(von Tieren)*.

fier[1] [fje] (1a): *se* ~ *à q.* j-m (ver-)trauen; *fiez-vous-en à moi!* verlassen Sie sich hierin auf mich!

fier[2] [fjɛːr] (7b) stolz, *péj.* hochmütig; F riesig, anständig, fabelhaft.

fier-à-bras [fjɛra'brɑ] *m* Bramarbas, Maulheld *m*.

fierté [fjɛr'te] *f* Stolz *m*; Kühnheit; *Kunst:* kühner Schwung *m*; *péj.* Hochmut *m*.

fièvre ♧ ['fjɛːvrə] *f* Fieber *n*.

fiévreux [fje'vrø] (7d) Fieber verursachend; fieberkrank *(a. su.)*; fieberhaft (aufgeregt).

fifre ['fifrə] *m* Querpfeife *f*; Pfeifer.

figer [fi'ʒe] (1l) gerinnen machen; *se* ~ gerinnen; ⚕, *fig.* erstarren; *fig. l'activité économique se fige* das Geschäftsleben erstarrt.

fignol|é F [fiɲɔ'le] ausgetüftelt, verfeinert; ~**er** F [~] (1a) sorgfältig ausführen.

figu|e [fig] *f* Feige; *faire la* ~ *à q.* j-n abblitzen lassen; ~**ier** ♧ [fi'gje] *m* Feigenbaum.

figurant [figy'rɑ̃] *Bühne:* Statist *m*.

figurat|if [figyra'tif] (7e) bildlich, symbolisch; Bilder... *(z. B. -schrift)*; ~**ion** [~ra'sjõ] *f* bildliche Darstel-

figure — 217 — **filoselle**

lung; *thé.* Statisten *m/pl.; Sport:* Mannschaft *f.*

figur|e [fi'gy:r] *f* Figur (*a.* ⚄); Gestalt; Gesicht *n;* Aussehen *n;* Bild *n* (*a. der Karten*); bildlicher Ausdruck *m;* **‿é** [‿'re] **1.** *adj.* bildlich; bilderreich (*Sprache*); gemustert (*Stoff*); **2.** *m: au ‿* bildlich; **‿er** [‿] (1a) *v/t.* abbilden; symbolisch darstellen; *v/i.* (*gut, schlecht*) zs.-passen; sich ausnehmen; figurieren, stehen, vorkommen; als Statist auftreten; *se ‿* sich vorstellen, sich einbilden; **‿ine** [‿'rin] *f* Figürchen *f.*

fil [fil] *m* Faden (*a. fig.*); Garn *n;* Zwirn; Draht; Faser *f;* Strömung *f des Wassers;* Schärfe *f des Messers;* ⚔ Leiter; *‿ à plomb m* ⚒ Lot *n; ‿ d'amenée* Zuleitung(sdraht *m*) *f; ‿ d'archal* Messingdraht; (*Auto*) *‿ de bougie* Zündkerzenkabel *n; ‿ de fer barbelé* Stacheldraht; *‿ de la Vierge* Sommerfaden; *‿ sous tube* ⚔ Rohrdraht.

filage [fi'la:ʒ] *m* Spinnen *n.*

filament [fila'mɑ̃] *m* Faser *f; Radio:* Heizdraht; ⚔ Glühfaden *m;* **‿eux** [‿'tø] faserig.

filan|dière [filɑ̃'djɛ:r] *f* Spinnerin; *poét.* les *sœurs ‿s* die Parzen; **‿dre** [fi'lɑ̃:dr] *f* Faser *vom Fleisch; ‿s pl.* Altweibersommer *m;* **‿dreux** [‿'drø] (7d) faserig; ad(e)rig; *fig.* langatmig, weitschweifig.

filant [fi'lɑ̃] dickflüssig; *étoile f ‿e* Sternschnuppe.

filasse [fi'las] *f* Hanf *m* od. Flachs *m zum Spinnen;* Werg *n; fig. cheveux m/pl.* (de) *‿* flachsgelbes Haar *n.*

fila|teur *m,* **‿trice** *f* [fila'tœːr, ‿'tris] Spinnereibesitzer(in *f*) *m;* **‿ture** [‿'ty:r] *f* Spinnerei; *fig.* vorsichtige Beobachtung *verdächtige* Personen.

fil|e ⚔. [fil] *f* Reihe, Glied *n,* Rotte; *à la ‿* hinter-ea.; *à la ‿ indienne* im Gänsemarsch; *chef m de ‿* Vordermann; **‿er** [‿'le] (1a) *v/t.* spinnen; *fig.* Satz zurechtdrechseln; kunstvoll durchführen; *Spiel: Karten* unterschlagen; *Karten* einzeln aufdecken; ⚓ laufen (*Schiffsgeschwindigkeit*); ⚓ Tau allmählich nachlassen; P geben; *‿ q.* nach j-m fahnden; *v/i.* sich wie ein Faden ziehen; dick fließen (*Wein*); spinnen, schnurren (*Katze*); in e-r Reihe hinter-ea.-gehen; sich wegscheren, abhauen F; *a. Auto:* flitzen, sausen; blaken (*Lampe*); *‿ doux* klein beigeben; *file!* P hau ab!

filet [fi'le] *m* dünner Faden; (*kleine*) Trense *f;* Zungenband *n;* dünner (*Wasser-*)Strahl; F *fig.* ein ganz klein bißchen; ganz zarter Ansatz *m* (*der Stimme*); Netz *n; ch. fig.* Garn *n;* Filetarbeit *f; cuis.* Filet *n;* ⚠ schmale Leiste *f;* ⊕ Schraubengewinde *n; ‿ foiré* ausgeleierte(s) Gewinde *n; ‿ de voix* dünnes Stimmchen *n; ‿ à provisions* Einholnetz *n der Hausfrauen;* **‿er** [fil'te] (1c) *ein Schraubengewinde* schneiden; *Draht* ziehen.

fileu|r *m,* **‿se** *f* [fi'lœːr, ‿'løːz] Spinner(in *f*) *m;* F Spitzel.

filial [fi'ljal] (5c) kindlich; Kindes...

filiation [filja'sjɔ̃] *f* Abstammung *in gerader Linie; fig.* Verbindung, Verkettung.

filière [fi'ljɛ:r] *f* (Draht-, Licht-) Zieheisen *n;* Schneidkluppe; *fig.* Reihenfolge; Stufenleiter *f;* F ⚔ Beschattung *f; bsd. pl.: les ‿s nécessaires* die nötigen Hintertürchen *n/pl.; par la ‿:* a) von der Pike auf; b) von Stufe zu Stufe; c) auf dem Instanzenweg. [schlank.\

filiforme [fili'fɔrm] fadenförmig;\
filigrane [fili'gran] *m* Filigran *n;* Wasserzeichen *n im Papier.*

fill|e [fij] *f* Tochter; Mädchen *n;* Ladenmädchen *n,* Kammerjungfer; Nonne; *‿ de cuisine* Küchenmädchen *n; jeune ‿* (*junges*) Mädchen *n; petite ‿* kleines Mädchen *n; vieille ‿* alte Jungfer; *péj. ‿ de joie, ‿ publique* Dirne; **‿e mère** [‿'mɛːr] *f* unverheiratete Mutter; **‿ette** [fi'jɛt] *f* kleines Mädchen *n;* F Mädel *n;* **‿eul** *m,* **‿eule** *f* [fi'jœl] Patenkind *n.*

film [film] *m* Film; *Film: ‿ d'agrément* Spielfilm; *‿ documentaire* Lehr-, Kulturfilm; *‿ en couleurs* Farbfilm; *‿ en relief* plastischer Film; *‿ étroit* Schmalfilm; *‿ muet* Stummfilm; *‿ parlant* Sprechfilm (*mit Schallplatten*); *‿ policier* Detektivfilm; *‿ sonore* Tonfilm; *‿ truqué* Trickfilm; *tourner un ‿* e-n Film drehen; **‿er** [fil'me] (1a) (ver-) filmen.

filon [fi'lɔ̃] ⚒ *m* (Erz-)Gang, Ader *f;* P guter Posten *m, fig.* Pfründe *f.*

filoselle [filɔ'zɛl] *f* Flockseide.

filou [fi'lu] *m* Langfinger *m*, Spitzbube *m*; Gauner; Schlingel; **~ter** [~'te] (1a) klauen, mopsen; F mogeln; **~terie** [filu'tri] *f* Gaunerstreich *m*; Betrug *m*.

fils [fis] *m* Sohn *m*.

filtr|age [fil'tra:ʒ] *m a.* (Polizei-)Kontrolle *f*; **~e** ['filtrə] *m* Filter; *Radio:* Sperrkreis; ~ à encres *phot.* Farbfilter; **~er** [~'tre] (1a) *v/t.* filtrieren, durchgießen; *v/i.* durchsickern.

filure [fi'ly:r] *f* Gespinst *n*, Fadenbeschaffenheit.

fin [fɛ̃] *f* Schluß *m*; Ende *n*; Zweck *m*; Absicht, Ziel *n*; Lebensende *n*; ~ d'alerte *f* Entwarnung; à toutes ~s für alle Verwendungszwecke *m/pl.*; en ~ de compte schließlich; mettre (prendre) ~ ein Ende machen (nehmen); vers la ~ mai Ende Mai.

fin [fɛ̃] **1.** *adj.* (7) fein; dünn; auserlesen; gut; zart; schlau; ~ comme un cheveu haarfein; **2.** *m* der Schlaue; das Feine; feine Wäsche *f*.

final [fi'nal] *adj.* (5c) endlich; End..., Schluß...; *adv.* finalement schließlich; alles in allem.

finale [fi'nal] **1.** *m* ♪ Finale *n*; **2.** *f gr.* Endsilbe; ♪ Grundton *m*; *Sport*: Endspurt *m*, Schlußkampf *m*.

financ|e [fi'nɑ̃:s] *f* Barschaft *f*; Finanzwelt *f*; *pl.* ~s Vermögensstand *m*, Finanzwesen *n*, -wissenschaft *f*; **~er** [~'se] (1k) finanzieren, **~ier**, **~ière** [~'sje, ~'sjɛ:r] **1.** *adj.* finanziell; **2.** *su.* Finanz- *od.* Geldmann; *cuis.* à la ~ mit den besten und feinsten Zutaten der Kochkunst.

finass|er [fina'se] (1a) Kniffe gebrauchen; **~erie** [~nas'ri] *f* Kniff *m*; Pfiff *m*; **~eur** [~na'sœ:r] *m od.* **~ier** [~na'sje] *su.* durchtriebener Mensch *m*.

finaud F [fi'no] (7) **1.** *adj.* pfiffig; **2.** *su.* Schlaukopf *m*; Pfiffikus *m*.

fine [fin] *f* Kognak *m*; ~s [~] *f/pl.* Feinkohle *f* (*Anthrazit*).

fin|esse [fi'nɛs] *f* Feinheit; Sinnesschärfe; Scharfsinn *m*; List; **~ette** [~'nɛt] *f* leichter Stoff *m* aus Halbwolle.

fini [fi'ni] **1.** *adj.* beendet; vollkommen; *mv.p.* Erz...; begrenzt, endlich; *j'ai* ~ ich bin fertig; **2.** *m* feine Ausführung *f*; Vollendung *f*; Endliche(s) *n*; **~r** [~'ni:r] (2a) schließen; (be)end(ig)en; vollbringen, abschließen; vollenden; abbrechen, aufhören; sterben; *en* ~ *avec q.* mit j-m Schluß machen (*od.* brechen); j-n um die Ecke bringen; ~ *par faire qch.* endlich, schließlich *etw.* tun; **~tion** ⊕, ✝ [~ni'sjɔ̃] *f* Fertigstellung; Verarbeitung.

Finlandais [fɛ̃lɑ̃'dɛ] *su.* Finnländer *m*; ♀ *adj.* finnisch.

Finlande [fɛ̃'lɑ̃:d]: **la ~** Finnland *n*.

finnois, **~e** [fi'nwa, ~'nwa:z] *adj.* finnisch; *bsd. la langue* ~e die finnische Sprache.

fiole [fjɔl] *f* Fläschchen *n*; F Kopf *m*, Birne *f* (P); Visage *f* (P).

fion P [fjɔ̃] *m* letzter Schliff *m*.

fioritures [fjɔri'ty:r] *f/pl.* Verzierungen (*des Stils*); ♪ Koloratur.

firme [firm] *f* Firma, [ren.]

fisc [fisk] *m* Finanzamt *n*.

fiss|ible *at.* [fi'sibl], **~ile** [~'sil] spaltbar; **~ion** *at.* [~'sjɔ̃] *f* Spaltung *f*; **~ure** [fi'sy:r] *f* Spalte *f*, Riß *m*; ✱ ~ palatine Gaumenspalte; **~urer** [fisy're]: se ~ sich spalten.

fiston P [fis'tɔ̃] *m* Sohn *m*; *iron.* Söhnchen *n*.

fistule ✱ [fis'tyl] *f* Fistel.

fix|age *phot.* [fik'sa:ʒ] *m* Fixieren *n*; **~ateur** *phot.* [fiksa'tœ:r] *m* Fixierbad *n*; **~ation** [~sa'sjɔ̃] *f* Festmachen *n*, -setzung; **~e** [fiks] **1.** *adj.* fest; unbeweglich; beständig; 🜚 feuerbeständig; ✕ ~! stillgestanden!; *étoile f* ✕ Fixstern *m*; **2.** *m* Fixum *n*, festes Gehalt *n*.

fixe-chaussettes [fiksʃo'sɛt] *m* Sockenhalter.

fix|er [fik'se] (1a) befestigen; e-e bestimmte Richtung geben; *die Aufmerksamkeit* fesseln, lenken; *j-n* scharf anblicken; bestimmen, festsetzen; seßhaft machen; feuerfest machen; ~ *ses regards* (*od. ses yeux*) *sur seine Augen heften auf* (*acc.*); **~ité** [fiksi'te] *f* Festigkeit; (Feuer-)Beständigkeit.

flac! [flak] klatsch!

flacon [fla'kɔ̃] *m* Fläschchen *n*; ~ *compte-gouttes* Tropffläschchen *n*.

flageller [flaʒe'le] (1a) *a. fig.* geißeln.

flageoler [flaʒɔ'le] (1a) Flageolett blasen; *mit den Beinen* schlottern.

flageolet [flaʒɔ'lɛ] **1.** *m* ♪ Flageolett *n*; *des* ~s Storchbeine *n/pl.*; **2.** ♀ kleine weiße Bohne *f*.

flagorn|er [flagɔr'ne] (1a) j-n beweihräuchern; j-m um den Bart schmieren; **~erie** [~nɔ'ri] f niedrige Schmeichelei, Speichelleckerei.

flagrant [fla'grɑ̃] offenkundig; en ~ délit auf frischer Tat.

flair [flɛ:r] m Witterung f; feine Nase f; Spürsinn; **~er** [flɛ're] (1b) wittern, riechen; ⚒ feststellen, orten; fig. ahnen.

flamand [fla'mɑ̃] 1. adj. flämisch; 2. 2 su. Flame m.

flamant orn. [fla'mɑ̃] m Flamingo.

flamb|ant [flɑ̃'bɑ̃] (7) flammend; tout ~ neuf funkelnagelneu; **~é** F [~'be]: il est ~ es ist aus mit ihm; **~eau** [~'bo] m Fackel f; (großes) Licht n (a. fig.); hoher Leuchter; **~ée** [~'be] f hell auflodernd Feuer n (a. fig.); **~er** [~] (1a) 1. v/i. auflodern; 2. v/t. (ab)sengen; abflammen; ~é(e) F zugrunde gerichtet, erledigt; **~oyer** [~bwa'je] (1h) (auf)leuchten.

flamme [flɑ:m] f Flamme (a. fig.); Fähnlein n an der Lanze; ⚓ Wimpel m. (Funke m.)

flammèche [fla'mɛʃ] f großer/

flan cuis. [flɑ̃] m Pudding, Auflauf.

flanc [flɑ̃] m Seite f, Weiche f; bsd. ⚒ Flanke f; Abhang e-s Berges.

flancher F [flɑ̃'ʃe] zurückweichen, Angst haben; nachlassen; weich werden fig.; ⊕ aussetzen.

Flandre géogr. ['flɑ̃:drə] f: **la ~** Flandern n.

flandrin F [flɑ̃'drɛ̃] m hagerer, linkischer Kerl m, Schlaks m.

flân|er [flɑ'ne] (1a) (umher)bummeln; **~eur** m, **~euse** f [~'nœːr, ~'nøːz] Bummler(in f) m; f: Liegestuhl m.

flanquer[1] ⚒ [flɑ̃'ke] (1m) seitwärts decken od. angreifen.

flanqu|er[2] F [~] (1m) schleudern, werfen; e-n Schlag versetzen; Schreck einjagen; **~eur** ⚒ ['kœːr] m Plänkler.

flapi F [fla'pi] todmüde, kaputt.

flaqu|e [flak] f Pfütze, Lache f; faire une ~ e-e Pfütze machen (vom Hund); **~ée** [~'ke] f (Wasser usw.) Guß m; **~er** [~] (1m) ordentlich bespritzen.

flash phot. [flaʃ] m Blitzlicht n.

flasque [flask] 1. schlaff, welk; 2. † ch. f Pulverhorn n; 3. m ⊕ Flansch m.

flatt|er [fla'te] (1a) beschönigen; ~ q. j-m schmeicheln; ~ q. de qch. j-m leere Hoffnung mit etw. machen; **~erie** [fla'tri] f Schmeichelei; **~eur** [~'tœːr] 1. adj. (ein)schmeichelnd; schmeichelhaft; 2. su. Schmeichler m.

flatu|eux ♂ [fla'tɥø] blähend; **~lence**, **~osité** [flaty'lɑ̃:s, flatɥozi'te] f Blähung.

fléau [fle'o] m Dreschflegel; Waagebalken; Torriegel; fig. Geißel f, Plage f; Plagegeist m.

flèche [flɛʃ] f Pfeil m; (Lanzen-, Turm-)Spitze; Auto: Winker m; ⊕ Deichsel f; fig. faire ~ de tout bois kein Mittel (od. keine Arbeit) scheuen; ~ de lard Speckseite.

fléch|ir [fle'ʃiːr] (2a) v/t. biegen, beugen; fig. rühren, erweichen; v/i. sich biegen; sich beugen unter (acc.); ⚒ weichen; ✝ nachgeben; (im Preise) fallen; **~issement** [fleʃis'mɑ̃] m Beugung f; fig. Rückgang m; Sinken n; **~isseur** [~'sœːr] adj. u. m (muscle) ~ Beugemuskel.

flegme [flɛgm] m Phlegma m.

flémard P [fle'maːr], **flemmard** P [fle'maːr] su. Faulpelz m.

flème, flemme [flɛm] f: P avoir la ~, battre (od. tirer) sa ~ sich aalen, faulenzen.

flet|icht. [flɛ] m Flunder f u. m.

flétrir[1] [fle'triːr] (2a) welk machen; Farben bleichen; fig. die Frische nehmen; se ~ verwelken, dahinsiechen.

flétrir[2] [~] (2a) brandmarken.

flétrissure [fletri'syːr] f 1. Verwelken n; Verbleichen n; 2. Brandmarkung; Entehrung f; Schandfleck m.

fleur [flœːr] f Blume, Blüte; fig. Blütezeit; Elite f; Beste n, Feinste n; Glanz m, Reiz m; Flaum m, Reif m auf dem Obst; Schimmel m, Kahm m; Oberfläche; à ~ de in gleicher Höhe mit; ~ de farine feinstes Auszugsmehl n; galante Schmeichelei; conter ~ den Hof machen; F Süßholz raspeln; **~aison** [flœrɛ'zɔ̃] f s. floraison; **~er** [flœ're] v/i. (1a) (gut usw.) duften (riechen); **~et** [~'rɛ] m Florett n; Florettseide f, -band n; ⚒ Bohrwerkzeug n; **~ette** [~'rɛt] f Blümchen n, fig. galante Schmeichelei; conter ~ den Hof machen; F Süßholz raspeln; **~ir** [~'riːr] (2a) blühen; (mit Blumen aus-)schmücken; se ~ sich mit

fleuriste — 220 — **foisonner**

Blumen schmücken; sich Blumen kaufen; ⁓**iste** [⁓'rist] *adj. u. su.* Blumen...; *z. B.* -B. -händler(in *f*) *m*, -fabrikant(in *f*) *m*, -liebhaber(in *f*) *m*; *magasin m de* ⁓ Blumengeschäft *n*; *kiosque m de* ⁓ Blumenstand.
fleuron [flœ'rɔ̃] *m* Blumenzierat; *fig.* Kleinod *n*; Vignette *f*; ⁓**né** [⁓rɔ'ne] (1a) mit Blumenzieraten versehen.
fleuve [flœːv] *m* Strom *m*; *fig. un procès* ⁓ ein endloser Prozeß.
flex|ible [flɛk'siblə] biegsam; ⁓**ion** [⁓'sjɔ̃] *f gym.* Beuge, Biegung; *gr.* Flexion *f*; ⁓**ueux, ⁓ueuse** [flɛk'sɥø, ⁓'sɥøːz] gewunden.
flibuster [flibys'te] (1a) Freibeuterei betreiben; F klauen.
flic P [flik] *m* Schupo *m*, Grüne(r) (P); ⁓**aille** [⁓'kaːj] *f* Polente (P), Polizei *f*.
flic-flac! [flikflak] klipp, klapp!
flingot P [flɛ̃'go] *m* Knarre *f* (P), Gewehr *n*. [sieren P.\
flirter [flœr'te] (1a) flirten, pous-\
floche [flɔʃ]: *soie f* ⁓ Flockseide.
flocon [flɔ'kɔ̃] *m* Flocke *f*; ⁓**neux, ⁓neuse** [⁓kɔ'nø, ⁓'nøːz] flockig.
flonflon ♪ [flɔ̃'flɔ̃] *m* Gassenhauer.
flor|aison [flɔrɛ'zɔ̃] *f* Blühen *n*; Blüte(zeit); ⁓**al** [flɔ'ral] Blumen...
flore [flɔːr] *f* Flora *f*.
florès [flɔ'rɛs]: F *faire* ⁓ Erfolg haben.
flori|culture [flɔrikyl'tyːr] *f* Blumenzucht; ⁓**lège** [⁓'lɛːʒ] *m* *fig.* Gedichtsammlung *f*.
florin [flɔ'rɛ̃] *m* Gulden. [(*fig.*).\
florissant [flɔri'sɑ̃] (7) blühend/
flot [flo] *m* Welle *f*; ⁓*s pl.* Fluten *f/pl.*; ⁓ *touristique* Touristenwelle *f*; *être à* ⁓ ⚓ flott (F bei Kasse) sein; *mettre à* ⁓ ⚓ flottmachen; j-m aushelfen; ⁓**taison** ⚓ [flɔtɛ'zɔ̃] *f* Wassertracht; *ligne f de* ⁓ Wasserlinie; ⁓**tant** [flɔ'tɑ̃] (7) schwimmend; flatternd, wehend; schwebend (*Schuld*); schwankend, unschlüssig; ⁓**te** [flɔt] *f* Flotte; Boje *f*; *Fischerei:* Schwimmer *m*; P Wasser *n*; P Regen *m*; P Riesenmenge *f*; ⁓**ter** [flɔ'te] *f* (1a) flößen; auf dem Wasser treiben; *im Winde* flattern; schwanken; P regnen; ⁓**teur** [⁓'tœːr] *m* (Holz-)Flößer; Floß *n*; ⊕ Schwimmer *m*.
flou *peint. usw.* [flu] weich, sanft; ⁓**er** F [flu'e] (1a) bestehlen; be-

trügen; ⁓**erie** F [flu'ri] *f* Fledderei *f*; Schummeln *m* (P).
fluctuation [flyktɥa'sjɔ̃] *f* Schwanken *n*, Schwankung *f*.
fluctuer [flyk'tɥe] (1a) schwanken.
fluet [fly'ɛ] (7c) schmächtig, zart, dünn.
fluid|e [fly'id] **1.** *adj.* flüssig; **2.** *m* flüssiger Körper; 'Fluidum *n*, Strömung *f*; ⁓**ifier** [⁓di'fje] (1a) verflüssigen; ⁓**ité** [⁓di'te] *f* Flüssigsein *n*.
flût|e [flyt] *f* ♪ Flöte; ⁓ *à bec* Blockflöte; *etw. Flötenähnliches, z. B.:* a) dünneres, längliches Brot *n*; b) Sektglas *n*; c) F ⁓*s pl.* lange, dünne Beine *n*; *jouer des* ⁓*s* die Beine in die Hand nehmen; *alors* ⁓! Himmel, Kreuz!; ⁓**er** [⁓'te] (1a) *v/i.* Flöte blasen; singen (*Amsel*); *v/t.* P hinter die Binde gießen; ⁓**iste** [⁓'tist] *m* Flötist.
fluvial [fly'vjal] (5) Fluß...
flux [fly] *m* **1.** Flut *f* (*ant.* Ebbe); ⁓ *et reflux* Ebbe *f* und Flut; **2.** ⚕ (Aus-)Fluß; ⁓**ion** ⚕ [flyk'sjɔ̃] *f* Schwellung; ⁓ *de poitrine* Lungenentzündung *f*.
focal|e *phot.* [fɔ'kal] *f* Brennweite; ⁓**isation** *opt., tél.* [⁓liza'sjɔ̃] *f* Scharfeinstellung.
fœhn [fœn] *m, abus. f (nach: la tornade)* Föhn *m* (*wärmerer Wind*).
foène, foëne [fwɛn] *f* Harpune.
foi [fwa] *f* Glaube(n) *m*; Treue; Verbindlichkeit; Beglaubigung; *ajouter* ⁓ *schenken; de bonne* ⁓ in gutem Glauben; *pol. donner des gages de sa bonne* ⁓ Garantien für s-e ehrlichen Absichten geben; *dégager sa* ⁓ sein Versprechen erfüllen; *ma* ⁓! wirklich!; ehrlich gesagt!; *sous la* ⁓ *du serment* eidlich.
foie [fwa] *m* Leber *f*; P *avoir les* ⁓*s* Angst haben.
foin¹ [fwɛ̃] *m* Heu *n*; *avoir du* ⁓ *dans ses bottes* gut situiert sein; ⁓*s pl.* ungemähtes Gras *n*.
foin² [⁓] *m...! pfui!
foire [fwaːr] *f* **1.** Messe *f*; Jahrmarkt *m*; ⁓ *d'échantillons* Mustermesse; ♀ *à la ferraille* Alteisen-, Schrottmarkt *m* für Trödelkuriositäten (*in Paris*); **2.** ⚕ V *f* Dünnschiß *m*; *avoir la* ⁓ Schiß V (= Angst) haben.
fois [fwa] *f* Mal *n*; *une* ⁓ einmal.
foison [fwa'zɔ̃] *f* Überfluß *m*; ⁓**ner** [⁓zɔ'ne] (1a): ⁓ *en od. de* Überfluß

fol — 221 — **fonds**

haben an (*dat.*); reichlich vorhanden sein; sich stark vermehren; ⚓ aufquellen.
fol [fɔl] s. *fou*. [bescheuert P.\
folasse F [fɔ'las] *adj.* bekloppt P.\
folâtr|e [fɔ'lɑːtrə] *adj.* mutwillig; ausgelassen; **~er** [fɔla'tre] (1a) ausgelassen sein, ausgelassen herumspringen; scherzen; schäkern; **~erie** [~latrə'ri] *f* Ausgelassenheit *f*, Schäkerei *f*.   [ulkig.\
folichon [fɔli'ʃɔ̃] F heiter, lustig,\
folie [fɔ'li] *f* Narrheit, Wahnsinn *m*; Torheit; **~** *des grandeurs* Größenwahn *m*.
foli|é [fɔ'lje] beblättert; blätt(e)rig; **~o** [fɔ'ljo] *m* Blatt *n* e-s Buches; **~oter** [fɔljɔ'te] (1a) Seiten beziffern, mit Seitenzahlen versehen.
folklor|e [fɔlk'lɔːr] *m* Volkskunde *f*; *abus.* Gerücht *n*, Gerede *n*; * *bsd. Studentensprache:* a) Spaß; du **~**! zum Totlachen!; quel **~**! was für ein Gaudium!; b) du **~** (!) alles unklar (!); **~ique** [~b'rik] folkloristisch; *abus.* barbarisch.
folle [fɔl] v. *fou*; *la* **~** *du logis* die Phantasie *f*.
follet [fɔ'lɛ] (7c) kindisch, albern; esprit *m* **~** Poltergeist *m*, Kobold *m*; feu *m* **~** Irrlicht *n*; poil *m* **~** Flaumhaar.
follicul|aire [fɔliky'lɛːr] *m schlechter* Zeitungsschreiber; **~e** ♀ [fɔli'kyl] *m* Fruchtkapsel *f*.
fomentat|eur [fɔmɑ̃ta'tœːr] (7g) Aufwiegler *m*; **~ion** [~ta'sjɔ̃] *f* Aufwiegelung *f*; ✶ warmer Umschlag *m*.
fomenter [fɔmɑ̃'te] (1a) anstiften; schüren; hegen, nähren *fig.*
fonçage ⚒ [fɔ̃'saːʒ] *m* Ausschachtung *f*.
fonçailles [fɔ̃'sɑːj] *f/pl.* Boden *m* (e-s Bettes od. Fasses).
foncé [fɔ̃'se] dunkel(farbig); **~er** [~] (1k) v/t. an e-m Faß den Boden machen; *Brunnen* graben; ⚒ abteufen; *Farben* dunkler machen; v/i. sich stürzen (sur auf *acc.*); F flitzen, sich beeilen.
foncier [fɔ̃'sje] Grund...; Boden...; *fig.* fest verankert.
fonction [fɔ̃k'sjɔ̃] *f* Amt(sgeschäft *n*) *n*; Funktion; ♀ Kraft, Wirkung; ✗ *cardiaque* Herztätigkeit; être **~** de abhängen von; **~naire** [fɔ̃ksjɔ'nɛːr] *m* Beamte(r); **~** *préposé aux* renseignements Auskunftsbeamte(r); **~s** *de carrière* Berufsbeamtentum *n*; **~narié** [~na'rje] beamtet; **~nel** [~'nɛl] funktionell; ✝, ⊕, *a. allg.* praktisch, gebrauchsfertig, nützlich, bequem, rationell arbeitend; **~ner** ⊕ [~'ne] (1a) funktionieren, arbeiten, laufen (*a. univ.*: *Kurse*).

fond [fɔ̃] *m* Grund; Boden; Untergrund; Hintergrund; *article* m de **~** Leitartikel *m*; à **~** gründlich; ordentlich (F), sehr; à **~** de train in größter Eile; au **~** im Grunde; de **~** en comble von Grund aus; ✗ envoyer un bateau par le **~** ein Schiff versenken; **~amental** [fɔ̃dɑmɑ̃'tal] fundamental; wesentlich; **~ant** [~'dɑ̃] *adj.* saftig, im Munde zergehend, zerfließend; ✎ auflösendes Mittel *n*; gefülltes Zuckerwerk *n*; *metall.* Zuschlag; **~ateur** *m*, **~atrice** *f* [~da'tœːr, ~'tris] Gründer (-in *f*) *m*, Stifter(in *f*) *m*; **~ation** [~da'sjɔ̃] *f* Fundamentierung; Gründung, Stiftung.
fond|é [fɔ̃'de] ermächtigt; be-, gegründet; **~** *de pouvoir* Bevollmächtigter; ✝ Prokurist; **~ement** [fɔ̃d'mɑ̃] *m* Fundament *n*; *fig.* Grundlage *f*, Begründung *f*; **~er** [~'de] (1a) (be)gründen; den Grund legen zu; stiften; stützen (sur auf *acc.*); ✝ **~** *de procuration* Prokura geben; **~** *q. de pouvoir* j-n bevollmächtigen; être **~é** à Grund haben zu; **~erie** [~'dri] *f* Eisenhütte *f*; Gießerei *f*; Schmelzkunst *f*; **~eur** [~'dœːr] *m* Gießer; Schmelzer; **~** de caractères *typ.* Schriftgießer; **~euse** [~'døːz] *f* Gießmaschine *f*; **~re** [fɔ̃ːdrə] (4a) v/t. (ver)schmelzen; ⊕ gießen; verhütten; *Aktien* zu Geld machen; v/i. schmelzen, zergehen; *in Tränen* zerfließen; **~** *sur* losstürzen auf (*acc.*).
fondrière [fɔ̃dri'ɛːr] *f* Sumpfloch *n*; Kute *f*, Schlagloch *n*.
fonds [fɔ̃] *m* **1.** *sg.* Grund und Boden; Grundstück *n*; *a. fig.* Vorrat *m*; **~** *de commerce* kaufmännisches Geschäft *n*; **~** *de librairie* Verlagsbuchhandlung *f*; à **~** *perdu* auf Nimmerwiedersehen; **2.** *pl.* Gelder *n/pl.*; Kapital *n/sg.*; Barvorrat *m*; Staatsgelder *m/pl.*; **~** *de prévoyance* Sicherheitsfonds *m*; **~** *de roulement* Betriebskapital *n*.

fongosité [fõgozi'te] f Schwammigkeit; schwammiger Auswuchs m; ~eux [~'gø] schwammig; pilzartig.

fontaine [fõ'ten] f Springbrunnen m; Quelle; Wasserbehälter m; *eau f de* ~ Brunnenwasser n.

fonte [fõ:t] f (Ein-, Aus-, Ver-) Schmelzen n; Guß m; Gußeisen n; Pistolenhalfter m.

fontenier [fõtə'nje] m Pumpenmacher m; Brunnenmeister, -bauer od. -aufseher.

fontis [fõ'ti] m Erdrutsch m.

fonts [fõ] m/pl. (baptismaux) Taufbecken m.

football Sport [fut'bo:l] m Fußball m; Fußballspiel n; ~er [~bo'le] (1a) Fußball spielen; ~eur [futbo'lœ:r] m Fußballspieler.

for [fɔ:r] m nur noch in: ~ *intérieur* Innere n, Gewissen n.

forage ⊕, ⚒ [fɔ'ra:ʒ] m Bohrung f.

forain [fɔ'rɛ̃] auswärtig; Jahrmarkts... [Hochstapler m.]

forban [fɔr'bɑ̃] m Freibeuter m;

forçat [fɔr'sa] m Zuchthäusler m.

force [fɔrs] f Kraft; Gewalt; Macht; ~ *majeure* höhere Gewalt; zwingende Umstände m/pl.; ⊕ ~ *motrice* Antriebskraft; *à* ~ *de travailler* durch vieles Arbeiten; ~ *d'achat* Kaufkraft; *rad. à pleine* ~ in voller Lautstärke; *de vive* ~ mit offener Gewalt; *à toute* ~ durchaus; ~ *gens* e-e Menge Leute; *avec* ~ *détails* mit vielen Einzelheiten; *plein de* ~(s) kraftstrotzend; ~*s aériennes* Luftstreitkräfte pl.; ~*s de l'ordre* Ordnungspolizei f; ~*é* [fɔr'se] er-, gezwungen; Zwangs...; *marche f* ~*e* Eilmarsch m; ~*ené* [fɔrsə'ne] **1.** adj. von Sinnen, rasend; **2.** su. Rasende(r); ~er [fɔr'se] (1k) zwingen, *mit Gewalt* aufbrechen, sprengen; *mit Gewalt* nehmen, überanstrengen, abhetzen; *Schlüssel* verdrehen; *das Tempo* beschleunigen; v/i. sich sehr anstrengen; v/rfl. se ~ sich überanstrengen.

forcerie 🌱 [fɔrsə'ri] f Treibhaus n.

forces [fɔrs] f/pl. Schaf-, Blech-, Tuchschere sg.

forceur ⚓ [fɔr'sœ:r] m: ~ *de blocus* Blockadebrecher.

forer [fɔ're] (1a) (an-, durch-) bohren.

forestier [fɔrɛs'tje] **1.** adj. (7b) Forst..., Wald...; **2.** m Förster.

foret ⊕ [fɔ're] m Bohrer.

forêt [fɔ're] f Wald m (a. fig.), Forst m; ~ *vierge* Urwald m.

for|eur ⊕, ~euse f [fɔ'rœ:r, ~'rø:z] Bohrer (*Arbeiter*) m; f: Bohrmaschine f.

forfaire [fɔr'fɛ:r] (4n) v/i. pflichtwidrig handeln; zuwiderhandeln (*à qch.* e-r Sache).

forfait [fɔr'fɛ] m **1.** Freveltat f; **2.** Akkord, Stücklohn; ⚒ Gedinge n; Pauschalvertrag m; Reugeld n *beim Rennen*; *à* ~ in Bausch und Bogen; ~*aire* [~'tɛ:r] Pauschal...; ~*ure* [~fɛ'ty:r] f Amtsvergehen n.

forfanterie [fɔrfɑ̃'tri] f Prahlerei.

forg|e [fɔrʒ] f Schmiede; Hütte od. Hammer m; ~*eable* [~'ʒablə] schmiedbar; ~*er* [~'ʒe] (1l) schmieden; *fig.* aushecken; ~*eron* [fɔrʒə-'rõ] m Schmied; ~*eur* [~'ʒœ:r] m Schmied; *péj. fig.* Märchenerfinder.

formalis|er [fɔrmali'ze] (1a): *se* ~ *de qch.* etw. übelnehmen; ~*te* [~'list] **1.** adj. umständlich; **2.** su. Formalist m, Formenmensch m, Umstandskrämer m.

formalité [fɔrmali'te] f Formalität f; *c'est une simple* ~ das ist bloße Formensache.

format [fɔr'ma] m Format n.

formateur [fɔrma'tœ:r] (7f) **1.** adj. bildend; **2.** su. Bildner(in f) m.

formation [fɔrma'sjõ] f Bildung, Herstellung; Gebilde n; ⚒ Aufstellung; ~ *professionnelle* Fachbildung, Schulung.

form|e [fɔrm] f Form, Gestalt, z.B. Leisten m; Art u. Weise f; *par* ~ *d'avis* zur Information; ~*s pl.* Förmlichkeiten; (gute) Manieren; ~*el* [~'mɛl] förmlich; ~*er* [~'me] (1a) formen, bilden, gründen; hervorbringen; *Wünsche* hegen; *Plan* fassen; *se* ~ *aux affaires* sich als Kaufmann ausbilden.

formidable [fɔrmi'dablə] ungeheuer, furchtbar; *fig.* kolossal, riesig.

formique [fɔr'mik]: *acide m* ~ Ameisensäure f.

formul|aire [fɔrmy'lɛ:r] m Formular n; ⚕ *phm.* Formelbuch n; ~*e* [~'myl] f a. ⚗, 🔬 Formel; *allg.* Formulierung f; *phm.* Rezept n; Formular n, Vordruck m; ~ *à la*

formuler — 223 — **fourberie**

mode Schlagwort n; une ~ heureuse e-e glückliche Formulierung f; **~er** [~my'le] (1a) formulieren; abfassen; ausdrücken. [zucht.]

fornication [fɔrnika'sjɔ̃] f rl. Un-

fort [fɔ:r] 1. adj. (7) stark, kräftig; fig. befestigt; fest; dick; dicht; gewaltig, heftig; schwierig; ranzig; schwer (Getränke, Zigarre); beträchtlich; geschickt, tüchtig; fig. bewandert; à plus ~e raison um so mehr; se faire ~ de faire qch. sich zutrauen, etw. zu tun; ~ comme un Turc sehr stark; 2. adv. stark, sehr; 3. m a) der Starke; les ~s de la Halle die Lastträger; b) Stärke f; stärkste Seite f; Hauptsächlichste(s) n; stärkster Grad; ⚔ Fort n.

forteresse [fɔr'trɛs] f Festung.

fortifi|ant [fɔrti'fjɑ̃] adj. (7) (u. m) Stärkungsmittel n; **~ication** f [fɔrtifika'sjɔ̃] f Befestigung (skunst); Festungswerk n; **~ier** [~'fje] (1a) stärken; ⚔ befestigen.

fortin ⚔ [fɔr'tɛ̃] m kleines Fort n.

fortuit [fɔr'tɥi] zufällig.

fortun|e [fɔr'tyn] f Schicksal n; Zufall m; Vermögen n (Geld); bonne ~ glücklicher Zufall m, Glück n; dîner à la ~ du pot essen, was auf den Tisch kommt; sans ~ unbemittelt; échelle f de ~ Not-, Feuerwehrleiter f; ⚓ mât m (voile f) de ~ Notmast(segel n) m; **~é** [~'ne] begütert; ⚓ glücklich.

forure [fɔ'ry:r] f Bohrloch n.

foss|e [fo:s] f Grube, Schacht m; Grab n; **~é** [fo'se] m Graben; **~ette** [fo'sɛt] f Grübchen n; **~ile** [~'sil] m Fossil n; Versteinerung f; **~oyer** [foswa'je] (1h) mit Gräben umgeben; **~oyeur** [foswa'jœ:r] m Totengräber.

fou¹, folle [fu, fɔl] 1. adj. (m vor vo. fol) verrückt, wahnsinnig; närrisch; töricht; 2. su. Irre(r); Verrückte(r); Narr m, Närrin f.

fou² [fu] m Läufer (Schachfigur).

fouace dial. [fwas] f Aschenbrot n, flaches Weizengebäck n.

fouailler [fwa'je] (1a) durchpeitschen; fig. kränken. [fall m.]

foucade [fu'kad] f Laune f, Einfoudre¹ ['fudrə] 1. f Blitz(strahl) m (a. fig.); coup m de ~ Blitzschlag m (bsd. fig.); la ~ est tombée es hat eingeschlagen; 2. m: ~ de guerre Kriegsheld m.

foudre² ['fudrə] m großes Faß n.

foudroyer [fudrwa'je] (1h) durch den Blitz erschlagen; niederschmettern.

fouet [fwɛ] m Peitsche f; **~ter** [fwɛ'te] (1a) peitschen; stäupen; zu Schaum schlagen; * stinken.

foufou F [fu'fu] (f: fofolle) ein bißchen beklopp.

fougasse ⚔ [fu'gas] f Flattermine.

fougère ♣ [fu'ʒɛ:r] f Farnkraut n.

fougue [fug] f Aufwallung f, fig. Begeisterung f, Schwung m.

fouill|e [fuj] f Ausgrabung, Durchwühlen n; Nachforschung; * Tasche; 🜋 Baugrube f; **~-au-pot** Topfgucker m; **~er** [fu'je] (1a) v/t. aufgraben, -wühlen; durchsuchen; durchstöbern; fig. sorgfältig ausarbeiten, durchdenken; v/i. wühlen; herumkramen.

fouillis [fu'ji] m Wirrwarr; Durcheinander n. [ler m.]

fouinard [fwi'na:r] su. fig. Schnüff-

fouine [fwin] f zo. Hausmarder m; 🌾 Heugabel f; Harpune f; fig. Schlaukopf m.

fouir [fwi:r] (2a) umwühlen; **~isseur** [fwi'sœ:r] adj. u. m: (animaux) ~s pl. zo. Wühler.

foulage [fu'la:ʒ] m Keltern n; ⊕ Walken n.

foulard [fu'la:r] m leichtes seidenes (Hals- usw.) Tuch n.

foul|e [ful] f Menge, Gedränge n; Haufen m; **~er** [fu'le] (1a) niedertreten; Trauben austreten; keltern; Tuch walken; Fuß verstauchen; fig. bedrücken; fig. ~ aux pieds verächtlich behandeln; mit Füßen treten; F ne pas se ~ la rate, P ne pas se (la) ~ sich nicht überanstrengen, sich bei nichts ausreißen; **~erie** [~'lri] f Walkmühle; Kelterhaus n; **~eur** [fu'lœ:r] m Kelterer; Walker; **~oir** [~'lwa:r] m Walkstock m; Kelter f; **~on** [fu'lɔ̃] m Walker; **~ure** [fu'ly:r] f Verstauchung, Verrenkung f; se donner une ~ sich verstauchen (verrenken).

four [fu:r] m Backofen, -haus n; F thé., allg. Reinfall m, Mißerfolg m, Fiasko m; Durchfall; petits ~s Petits Fours m/pl., Zuckerbackwerk n; ~ à chaux Kalkofen; F faire ~ scheitern; thé. durchfallen.

fourb|e [furb] 1. adj. schurkisch; 2. su. Betrüger m; **~erie** [furbə'ri] f Schurkerei.

fourb|i F [fur'bi] *m* Kram; Krempel; **~ir** [~'bi:r] (2a) blank putzen; **~issage** [~bi'sa:ʒ] *m* Putzen *n*.

fourb|u [fur'by] *vét.* erschöpft; *fig.* todmüde; **~ure** *vét.* [~'by:r] *f* Lahmheit.

fourch|e [furʃ] *f* (Heu-, Mist-, Fahrrad-)Gabel; Gabelung; **~er** [~'ʃe] (1a) *v/i.* sich gabelförmig teilen; *fig.* la langue m'~é ich habe mich versprochen; **~et** [~'ʃɛ] *m* Gabel *f*; *vét.* Klauenseuche *f*; **~ette** [~'ʃɛt] *f* (Tisch-)Gabel; jouer de la ~ fleißig zulangen; **~on** [~'ʃɔ̃] *m* Zinke *f*; **~u** [~'ʃy] gabelförmig **~ure** [~'ʃy:r] *f* Gabelung.

fourgon [fur'gɔ̃] *m* **1.** Ofenhaken; **2.** ⚔ Proviant-, Munitions-, 🚂 *(gedeckter)* Güterwagen; geschlossener Lkw *m*; Gefängniswagen *m*; ~ postal Postauto *n*; **~ner** [~gɔ'ne] (1a) *Feuer* umschüren; *fig.* herumkramen; **~nette** [~'nɛt] *f* Auto: Lieferwagen *m*.

fourm|i *ent.* [fur'mi] *f* Ameise; ~ blanche Termite; **~ilier** *zo.* [furmi'lje] *m* Ameisenbär, -fresser.

fourmilière [furmi'ljɛːr] *f* Ameisenhaufen *m*; *fig.* Gewimmel *n*, Auflauf *m*.

fourmi-lion *ent.* [furmi'ljɔ̃] *m* Ameisenlöwe.

fourmiller [furmi'je] (1a) wimmeln; 𝒮 kribbeln.

fourn|age [fur'na:ʒ] *m* Backgeld *n*; **~aise** [~'nɛːz] *f* Schmelzofen *m* (in voller Glut); *fig.* Glut; Bullen-, Affenhitze F; **~eau** [~'no] *m* Ofen; Herd; ~ de faïence Kachelofen; ~ de pipe Pfeifenkopf *m*; haut ~ Hochofen; **~ée** [~'ne] *f* Ofenvoll *m*; *fig.* Schub *m*; *zo.* Wurf *m* (*z.B.* Ratten); Massenernennung; **~i** [~'ni] dicht (*Bart*); bien ~ reichlich ausgestattet; **~ier** *m*, **~ière** *f* [~'nje, ~'njɛːr] Backofenbesitzer(in *f*) *m*; **~il** [fur'ni] *m* Backstube *f*.

fourn|iment⚔ [furni'mɑ̃] *m* Lederzeug *n* des Soldaten; **~ir** [~'ni:r] (2a) *v/t.* liefern; ~ *q.* de *q.* j-n versehen mit; *v/i.* ~ à beitragen zu; aufkommen für; **~isseur** † [~ni'sœːr] *m* Lieferant; **~iture** [~'ty:r] *f* Lieferung; Bedarf *m*; Zutaten *f/pl.*

fourrag|e [fu'ra:ʒ] *m* Futter *n*; Futterholen *n*; **~er** [~ra'ʒe] (1l) *v/i.* Futter holen; *v/t.* durchwühlen; **~ère** ⚔ [~'ʒɛːr] *f* Futterwagen *m*; ✧ (Klee- *usw.*) Feld *n*; *plante f* ~ Futterpflanze.

fourré [fu're] *m* *for.* Dickicht *n*; ~ *adj.* † reich an Dickicht *od.* Unterholz; *fig.* ~ de malice voller Bosheit; ⚔ *paix f* ~e Scheinfriede *m*.

fourreau [fu'ro] *m* Scheide *f*; Überzug; eng anschließendes Kleid *n*.

fourr|er [fu're] (1a) hineinstecken, -stopfen; j-n verwickeln in (*acc.*); *mit Pelz* füttern; se ~ dans qch. sich in etw. hineindrängeln; **~e-tout** [fur'tu] *m/inv.* große Reisetasche *f*; **~eur** [~'rœːr] *m* Kürschner; **~ier** ⚔ [~'rje] *m* Quartiermacher; **~ière** [~'rjɛːr] *f* Pfandstall *m*; **~ure** [~'ry:r] *f* Pelz *m*; Pelz-, Rauchwerk *n*; ⊕ Türfutter *n*.

fourvoyer [furvwa'je] (1h) irreführen; se ~ sich (ver)irren, sich verrennen. [P.]

foutraque P [fu'trak] *adj.* bekloppt]

foutre ['futrə] *int.* P Himmel Kreuz!; *v/t.* (4a) versetzen, geben (*z.B.* e-n Schlag); stellen, schmeißen, werfen; *péj.* Unsinn machen, verkehrt handeln; V vögeln V; ~ la paix in Ruhe lassen (à *q.* j-n); ~ le camp verschwinden, P sich verduften; je m'en fous! das ist mir vollkommen egal (P); ~ dedans reinlegen F; se ~ de *q.* j-n verkohlen (P).

foutu [fu'ty] verloren, erledigt, kaputt; verpfuscht; verreckt, tot.

fox-terrier [fɔkstɛ'rje] *m* Foxterrier (*Hunderasse*).

foyer [fwa'je] *m* Feuer(raum *m*); Herd (*a.* 🌍) Heim *n*; ⚛ *u. fig.* Brennpunkt; *thé.* Wandelgang *m*; ~ de conflit(s) *od.* de danger(s) Gefahrenherd; ~ des étudiants Studentenheim *n*; se créer un ~ (à soi) sich ein Eigenheim gründen; *opt.* lunettes à double ~ Brille *f* mit doppeltem Schliff.

frac [frak] *m* Frack.

fracas [fra'ka] *m* Zerschmetterung *f*; Getöse *n*; Aufsehen *n*; **~ser** [~ka'se] (1a) zerschmettern.

fraction [frak'sjɔ̃] *f* Bruchstück *n*, -teil *m*; *rl.* Brechen *n* des Brotes; *pol.* Partei, Gruppe; ~ *continue* 𝒜 Kettenbruch; **~naire** [~sjɔ'nɛːr] *nombre m* ~ gemischte Zahl *f*; **~nement** 🝎 [~'mɑ̃] *m* Kracken *n*; **~ner** [~sjɔ'ne] (1a) (auf-, zer)teilen; **~niste** *pol. péj.* [~sjɔ'nist] *adj.* spalterisch; *su.* Spalter *m*.

fractur|e [frak'ty:r] *f* Aufbrechen *n*; *anat.* (*Knochen- usw.*) Bruch *m*; **~er** [~ty're] (1a) zerbrechen.

fragil|e [fra'ʒil] zerbrechlich; gebrechlich; *fig.* schwach; **~ité** [~li'te] *f* Zer-, Gebrechlichkeit.

fragment [frag'mɑ̃] *m* Bruchstück *n*; **~ation** [~tɑ'sjõ] *f*: *~ de la société* Auflösung der Gesellschaft.

frai [frɛ] *m* Laichzeit *f*; Laich; Rogen; Laichen *n*.

fraîch|eur [frɛ'ʃœ:r] *f* Frische, Kühle; ♈ Brise *f*; **~ir** [~'ʃi:r] (2a) frischer werden.

frais¹, *f* **fraîche** [frɛ, frɛʃ] **1.** *adj.* frisch, kühl; *fig.* gesund, munter; *fleur f fraîche cueillie* frisch gepflückte Blume; *aber auch*: *la peau frais-rasée* die frisch rasierte Haut; **2.** *m* = *fraîcheur*; *prendre le ~ frische* Luft genießen (*od.* schnappen F); F *faire un ~ à q.* zu j-m nett sein.

frais² [frɛ] *m/pl.* Kosten *pl.*; Spesen *f/pl.*; *~ d'entretien* Instandhaltungskosten *f/pl.*; *~ de publicité* Werbekosten *pl.*; *~ de stationnement* Standgeld *n*; *~ de transport* Zustellungsgebühr *f*.

frais|e [frɛ:z] *f* Erdbeere (*Frucht*); *cuis.* Gekröse *n*; ⊕ Fräse; ⚔, △ Pfahlwerk *n*; **~er** [frɛ'ze] (1b) kräuseln; ⊕ ausfräsen; **~ier** [~'zje] *m* Erdbeerstrauch; **~ière** [~'zjɛ:r] *f* Erdbeerbeet *n*.

frambois|e [frɑ̃'bwa:z] *f* Himbeere; **~er** [~bwa'ze] (1a) mit Himbeersaft vermischen; **~ier** [~'zje] *m* Himbeerstrauch.

franc, *f* **franche** [frɑ̃, frɑ̃:ʃ] **1.** *adj.* frei; freimütig, offenherzig; echt; Erz...; *~ de port* portofrei; ✈ *terre f franche* Blumen-, Garten-, Komposterde; **2.** *m* Frank(en) (*Geldstück*).

français, **~e** [frɑ̃'sɛ, ~'sɛ:z] **1.** *adj.* französisch; **2.** ℒ(e) *su.* Franzose *m*, Französin *f*.

France [frɑ̃:s]: *la ~* Frankreich *n*.

franch|ir [frɑ̃'ʃi:r] (2a) übersteigen, -schreiten, -springen; **~ise** [~'ʃi:z] *f* **1.** ✝, *fin.* Zinsfreiheit *f*; *~ de port* Portofreiheit *f*; **2.** Freimütigkeit; **~issable** [~ʃi'sabla] überschreitbar.

franciser [frɑ̃si'ze] (1a) französieren.

franc|-maçon [frɑ̃ma'sõ] *m* Freimaurer; **~-maçonnerie** [~masɔn'ri] *f* Freimaurerei; **~-tireur** [~ti'rœ:r] *m* Franktireur, Freischärler.

franco [frɑ̃'ko] **1.** 🐦 portofrei; **2.** *in Zssgn* französisch -.

frang|e [frɑ̃:ʒ] *f* Franse; Ponyfrisur; **~er** [frɑ̃'ʒe] (1l) mit Fransen besetzen; **~in** P [~'ʒɛ̃] *m* Bruder; **~ine** P [~'ʒin] *f* Schwester.

franquette F [frɑ̃'kɛt]: *à la bonne ~* ohne Umstände.

franquisme *pol.* [frɑ̃'kism] *m* Franco-Herrschaft (*Spanien*).

frappage ⊕ [fra'pa:ʒ] *m* Schlagen *n*; Prägung *f*; Anschlag *m* (*Schreibmaschine*).

frappe ⊕ [frap] *f* Prägung, Gepräge *n*; ⚔ *at. force f de ~* Schlagkraft *f*.

frapp|er [fra'pe] (1a) schlagen; treffen, heimsuchen; prägen; kaltstellen, mit Eis kühlen; Eindruck *auf j-n* machen, befremden; *~ à faux* vorbeihauen; *~ des mains* in die Hände klatschen; *~ à la porte* an die Tür klopfen; **~eur** [~'pœ:r] *m télégr.* Klopfer; *a. adj.*: *esprit m ~* Klopfgeist.

frasque [frask] *f* Unüberlegtheit, (kleine) Dummheit.

fratern|el [fratɛr'nɛl] (7c) brüderlich; Bruder...; **~iser** [~ni'ze] (1a) brüderlich verkehren; Brüderschaft schließen; **~ité** [~ni'te] *f* Brüderschaft.

fratricide [fratri'sid] *m* Bruder- (*od.* Geschwister)mörder, -mord.

fraud|e [fro:d] *f* Betrug *m*; Schmuggel(ei) *f*; **~er** [fro'de] (1a) *v/i.* schmuggeln; *v/t.* hintergehen, betrügen; **~eur** [fro'dœ:r] *su.* Schmuggler *m*, Betrüger *m*; **~uleux** [~dy'lø] betrügerisch.

fray|er [frɛ'je] (1i) bahnen; *v/i.* laichen; *fig. péj. ~ avec* verkehren mit; *se ~ un chemin* sich e-n Weg bahnen; *fig.* gesellschaftlich höher steigen; **~eur** [~'jœ:r] *f* Schrek-k(en) *m*.

fredaine F [frə'dɛn] *f* Jugendstreich *m*; Seitensprung *m*.

fredonner [frədɔ'ne] (1a) trillern, trällern; *~ un air* ein Lied summen.

frégate [fre'gat] *f* ♈ Fregatte; *orn.* Fregattenvogel *m*.

frein [frɛ̃] *m* (*Pferdegeschirr*) Gebiß *n*; *fig.* Zaum, Zügel; Bremse *f*; *~ à*

freinage — 226 — **frise**

air comprimé Luftdruckbremse *f*; ~ *à contrepédalage, à rétropédalage Fahrrad*: Rücktrittbremse *f*; ~ *de secours* 🚂 Notbremse *f*; ~ *à quatre roues Auto*: Vierradbremse *f*; ~ *sur jante Felgenbremse f*; **~age** ⊕ [frɛ'na:ʒ] *m* Reibungswiderstand; **~er** [frɛ'ne] (1b) bremsen.

frelater [frəla'te] (1a) *Wein, Lebensmittel, fig.* verfälschen.

frêle [frɛl] gebrechlich; schwächlich.

frelon *ent.* [frə'lɔ̃] *m* Hornisse *f*.

freluquet F [fraly'kɛ] *m* Laffe.

frém|ir [fre'miːr] (2a) brausen (*Meer*); rauschen (*Blätter*); *fig.* schaudern; **~issement** [~mis'mɑ̃] *m* Brausen *n*; Schau(d)er.

frêne ♀ [frɛn] *m* Esche *f*.

fréné|sie [frene'zi] *f* Raserei; **~tique** [~'tik] tobsüchtig; *fig.* tobend (*Beifall*).

fréquen|ce [fre'kɑ̃:s] *f* häufiges Wiederkehren *n*; Häufigkeit; Besuchsziffer; ≠ Frequenz; **~tation** [~kɑ̃ta'sjɔ̃] *f* Umgang *m*; häufiger Verkehr *m*; **~t** [~'kɑ̃] häufig; **~ter** [~'te] (1a) oft (*od.* häufig, regelmäßig) besuchen; *une rue très fréquentée* e-e sehr verkehrsreiche Straße *f*.

frère [frɛːr] *m* Bruder.

frérot F [fre'ro] *m* Brüderchen *n*.

fresque [frɛsk] *f* Freske *f*.

fret ⚓ [frɛ] *m* Schiffsfracht *f*; Frachtgeld *n*.

frètement ⚓ [frɛt'mɑ̃] *m* Befrachtung *f*.

frét|er ⚓, ✈ [fre'te] (1f) vermieten; verfrachten; **~eur** [~'tœːr] *m* Reeder.

frétiller [freti'je] (1a) zappeln; sich hin und her bewegen.

fretin [frə'tɛ̃] *m fig.* Schund, Ausschuß; *du ~* kleine, wertlose Fische *f*.

friable [fri'abl] bröcklig.

friand [fri'ɑ̃] naschhaft; begierig (*de* auf *acc.*); lecker; **~ise** [~'diːz] *f* Naschhaftigkeit; Leckerbissen *m*; *~s pl.* Süßigkeiten *f*/*pl.*

fric ★ [frik] *m* Geld *n*; Zaster P.

fricadelle *cuis.* [frika'dɛl] *f* Fleischklößchen *n*.

fricandeau [frikɑ̃'do] *m* gespickter Kalbsbraten *m*.

fricass|ée [frika'se] *f cuis.* Frikassee *n*; *fig.* Sammelsurium *n*; **~er** [~] (1a) Frikassee zubereiten; *fig.* ver-

geuden; **~eur** [~'sœːr] *m* schlechter Koch.

friche [friʃ] *f* ✔ Brachland *n*; *en ~* brach.

fricot|er [friko'te] (1a) als Ragout zubereiten; P gut essen und trinken; verprassen; einfädeln; krumme Geschäfte machen; **~eur** [~'tœːr] *m* Leckermaul *n*; *fig.* Schieber *m*; ⚔ Drückeberger *m*, Simulant *m*.

friction [frik'sjɔ̃] *f* Reibung; Einreibung; **~ner** [~sjɔ'ne] (1a) (ein-)reiben.

frigidaire [friʒi'dɛːr] *m* Kühlschrank *m*.

frigidité [friʒidi'te] *f* Gefühlskälte *f*.

frigorie ⊕ [frigɔ'ri] *f* Kälteeinheit.

frigori|fère [frigɔri'fɛːr] *m* Kühlraum *m*; **~fier** [~'fje] (1a) kühlen; *viande f ~fiée* Gefrierfleisch *n*; **~fique** [~'fik] kälteerzeugend; **~ste** ⊕ [frigɔ'rist] *m* Kältetechniker *m*.

frileux [fri'lø] (7d) fröstelnd.

frimas [fri'ma] *m* Reif (*Wetter*).

frime F [frim] *f* Schein *m*; Schwindel *m*; Fratze *f*; *pour la ~* zum Schein.

frimousse P [fri'mus] *f* niedliches Gesichtchen *n*.

fringale F [frɛ̃'gal] *f* Heißhunger *m*.

fringant [frɛ̃'gɑ̃] sehr lebhaft, sehr munter, schnippisch.

fringuer P [frɛ̃'ge] (1g) anziehen, ausstaffieren.

fringues P [frɛ̃:g] *f*/*pl.* Klamotten *f*/*pl.* P, Sachen *f*/*pl.*

frip|er [fri'pe] (1a) zerknittern; abnutzen; F gierig verschlingen; **~erie** [fri'pri] *f* Plunder *m*; gebrauchte Kleidung *f od.* Möbel *pl.*; Trödelladen *m*; **~ier** [~'pje] *su.* Trödler(in *f*) *m*.

fripon, ~ne [fri'pɔ̃, ~'pɔn] **1.** *adj.* spitzbübisch, schalkhaft, schelmisch; **2.** *su. a)* ♂ Schurke *m*, Gauner *m*; *b)* Schelm(in *f*) *m*; Schalk *m*; kesses Mädchen *n*, Flittchen *n* P; **~nerie** ♂ [~pɔn'ri] *f* Gaunerei *f*.

fripouille P [fri'puj] *f* Strolch *m*.

friquet *orn.* [fri'kɛ] *m* Feldsperling.

frire [friːr] (4m) braten.

frise [friːz] *f* ♦ Fries *m*, Flausch *m*; △ Fries *m*, Borte; Bühnenhimmel *m*; ⚔ *cheval m de ~* spanischer Reiter (*Stacheldrahtsperre*).

friselis [friz'li] m Rauschen n, Flattern n.
fris|er [fri'ze] (1a) v/t. kräuseln (*Haare*); *fig.* beschönigen; frisieren; *fig.* streifen, nahekommen; *fig.* grenzen an (*acc.*); v/i. sich kräuseln; **~oir** [~'zwa:r] m Brennschere f; **~on** [~'zɔ̃] **1.** m Löckchen n; **2.** *adj.* friesisch.
frisquet F [fris'kɛ] (7c) frisch, kühl.
frisson [fri'sɔ̃] m Schauder; **~ner** [~sɔ'ne] (1a) frösteln, schaudern; zittern.
friterie [fri'tri] f Fischbackstube *od.* -halle f; Fischkonservenfabrik.
frites [frit] f/pl. Pommes frites.
friture [fri'ty:r] f (*in der Pfanne*) Braten n; Bratfisch m; Bratenfett n; *rad., téléph.*: Störungs-, Nebengeräusch n.
frivol|e [fri'vɔl] wertlos, nichtig; leichtfertig, frivol; **~ité** [~li'te] f Leichtfertigkeit; *Textilindustrie:* Spitze f; **~s** *pl.* wertloses Zeug n; Äußerlichkeiten f/pl.
froc [frɔk] m Mönchskutte f mit Kappe; grober Wollstoff m; F Hose f; **~ard** P *péj.* [~'ka:r] m Pfaffe.
froid [frwa] **1.** *adj.* (7) kalt (*a. fig.*); *battre ~ à q-m* kühl entgegentreten; *raisonner à ~* kühl urteilen; *avoir ~* frieren; *être en ~ (avec)* e-e kühle Haltung einnehmen (zu); sich (mit *j-m*) nicht stehen; *prendre* (*od. attraper*) *~* sich erkälten; *à ~* kalt(blütig); *cuis. à ~* ungewärmt; **2.** m Kälte f; **~eur** [~'dœ:r] f Kälte (*a. fig.*).
froisse|ment [frwas'mã] m (Zer-) Quetschung f; Reibung f (*a. fig.*); (Zer-)Knittern n, fig.; **~er** [~'se] (1a) zerquetschen; zerknittern; kränken; **~ure** [~'sy:r] f Quetschung f; Knick m, Zerknitterung f.
frôle|ment [frol'mã] m Streifen n; Rauschen n; **~er** [~'le] (1a) streifen; leicht berühren.
fromag|e [frɔ'ma:ʒ] m Käse; *~ de porc* (*od. de tête*) Sülze f; **~er** [~'ʒe] *su.* Käsemacher m; Käsehändler m; **~erie** [~maʒ'ri] f Käsehütte, -bereitung, -handel m.
froment [frɔ'mã] m Weizen m.
fronc|e [frɔ̃:s] f Falte f (*im Stoff*); Knick m (*im Papier*); **~ement** [frɔ̃'smã] m Runzeln n; **~er** [~'se]

(1k) falten, runzeln; **~is** [~'si] m Falten *am Kleid*.
frondaison [frɔ̃de'zɔ̃] f Treiben n des *jungen* Laubes; Belaubung.
frond|e [frɔ̃:d] f Schleuder; ✠ *Art* Binde; *hist.* Fronde; **~er** [frɔ̃'de] (1a) schleudern; kritisieren, bekritteln.
frondescent [frɔ̃de'sɑ̃] (7) sich belaubend.
frondeur [frɔ̃'dœ:r] (7a) Nörgler m; Kritikaster m.
front [frɔ̃] m Stirn f; Gesicht n; *fig.* Haupt n; Vorderseite f, Front f; Frechheit f; *faire ~ à* die Stirn bieten; *de ~* nebeneinander, zugleich, von vorn; ohne Umschweife; **~al** [~'tal] *adj.* Stirn...; **~alier** [~ta'lje]: *problème ~* Grenzfrage f.
frontière [frɔ̃'tjɛ:r] f Grenze; *~ linguistique* Sprachgrenze; *fleuve m ~* Grenzfluß m.
frontispice [frɔ̃tis'pis] m Titelblatt n, -bild n; ⚠ Vorderseite f.
fronton ⚠ [frɔ̃'tɔ̃] m Stirnwand f.
frott|age [frɔ'ta:ʒ] m Reiben n; Bohnern n; **~ée** [~'te] f Tracht Prügel; **~ement** [frɔt'mã] m Reiben n, Frottieren n; Reiberei f; **~er** [~'te] (1a) (ab-, ein)reiben; frottieren; Fußboden bohnern; schrubben, aufwischen; durchprügeln; *fig. se ~ à* sich mit *j-m* reiben; **~oir** [~'twa:r] m (Frottier-, Bohner-) Tuch n, -lappen, -bürste f.
frou-frou [fru'fru] m Rauschen n, Knistern n *bsd. der Seidenkleider*; *faire du ~* Staat, Wind machen *fig.* [hase.]
froussard P [fru'sa:r] m Angst-}
frousse P [frus] f Angst.
fruct|idor [frykti'dɔ:r] m Fruchtmonat *des Revolutionskalenders* (*18. 8.—16. 9.*); **~ifier** [~ti'fje] (1a) Frucht bringen; **~ueux** [~'tɥø] einträglich; erfolgreich.
frug|al [fry'gal] (5c) genügsam; einfach; **~alité** [~gali'te] f Genügsamkeit.
fruit [frɥi] m **1.** Frucht f; **~s** *pl.* Obst n; **~s secs** Dörrobst n; *fig. ~ sec* Null f, Gescheiterter, Versager m; **2.** *fig.* Gewinn; **3.** ⚠ Verjüngung f; **~arien** [frɥita'rjɛ̃] *su.* Rohköstler m; **~erie** [frɥi'tri] f Obstkammer, -handel m; **~ier** [~'tje] **1.** *adj.* obsttragend; Obst...; **2.** *su.* Obst-, Gemüsehändler m; *dial. a.* Käsefabri-

frusques — 228 — **fuséiste**

kant *m*, Senne *m*; **3.** *m* Obstkeller, -garten.
frusques P [frysk] *f/pl.* Lumpen *pl.*, alte Sachen *pl.* (*Bekleidung*).
frusquin P [frys'kɛ̃] *m* Habseligkeiten *f/pl.*
fruste [fryst] abgegriffen, verwittert; derb, vierschrötig.
frustrer [frys'tre] (1a): ~ q. de qch. j-n um etw. bringen, prellen.
fuel (**-oil**) [fulɔ'il] *m* Heizöl *n*; *chauffe f au* ~ Ölfeuerung *f*.
fug|ace [fy'gas] flüchtig (*Parfüm*); kurz (*Gedächtnis*); **~itif** [~ʒi'tif] (7e) **1.** *adj.* flüchtig; rasch vorübergehend; *fig.* kurz u. einfach (*Gedicht*); **2.** *su.* Flüchtling *m*; **~ue** [fyg] *f* Ausreißen *n*; ♪ Fuge.
fui|r [fɥi:r] (2d) fliehen; meiden; lecken (*Fässer*); **~te** [fɥit] *f* Flucht; (Ver-)Schwinden *n*, Entweichen *n*; undichte Stelle, Leck *n*; *journ.* gezielte Indiskretion *f*; *at.* ~s *f/pl.* *radioactives* radioaktive Ausstrahlungen *f/pl.*; *mettre en* ~ in die Flucht schlagen; *prendre la* ~ die Flucht ergreifen.
fulgur|ation [fylgyra'sjõ] *f* Wetterleuchten *n*; Funkeln *n*; **~er** [~'re] (1b) blitzen.
fuligineux [fyliʒi'nø] rußfarben.
fulmi|coton [fylmiko'tõ] *m* Schießbaumwolle *f*; **~nation** [~nɑ'sjõ] *f* Aufblitzen *n*, Knall *m*; Schleudern *n des Bannstrahls*; **~ner** [~'ne] (1a) *v/i.* Blitze schleudern, explodieren; *fig.* wettern, toben; *v/t.* Verwünschungen usw. schleudern.
fumage [fy'ma:ʒ] *m Fleisch*: Räuchern *n*, ✓ Düngen *n*.
fume-cigare(**tte**) *m* [fymsi'ga:r, fymsiga'ret] Zigarren-(Zigaretten-)spitze *f*.
fum|ée [fy'me] *f* Rauch *m*; Dampf *m*; *fig.* ~s *pl.* Rausch *m*; ~ (*noire*) 🙾 Qualm; **~er** [fy'me] (1a) rauchen (*v/i. u. v/t.*); räuchern; düngen; F toben, wütend sein; **~erie** [fym'ri] *f* Tabakrauchen *n*; (Opium-)Rauchlokal *n*; **~eron** [fym'rõ] *m* schwelendes Holzstück *n*; Zigarettenstummel *m*; * Bein *n*.
fumet [fy'mɛ] *m* Duft, Blume *f des Weines*; *ch.* Witterung *f*.
fumeu|r [fy'mœ:r] *su.* Raucher *m*; ~s *pl.* 🙾 Raucher(abteil *n*); **~x** [~'mø] rauchig; berauschend.

fum|ier [fy'mje] *m* Mist; Dunghaufen, -grube *f*; P Mistkerl, -stück *n*; **~iger** [~mi'ʒe] (1l) durchräuchern; **~iste** [~'mist] *m* Ofensetzer; F Angeber *m*; Witzbold; **~isterie** F [~mistə'ri] *f* Bluff *m*; Angeberei *f*, fauler Witz *m*; **~ivore** ⊕ [~mi'vɔ:r] *m* Rauchverzehrer; **~oir** [~'mwa:r] *m* Rauchzimmer *n*; Räucherkammer *f*; Räucherei *f*; **~ure** ✓ [~'my:r] *f* Düngung; Dung *m*.
funambule [fynɑ̃'byl] *su.* Seiltänzer *m*; ~ *des cimes* Gipfelkraxeler *m*.
funèbre [fy'nɛbr] Begräbnis..., Leichen... (*z.B. -Rede*); *fig.* düster, unheilverkündend; *pompes f/pl.* ~s Beerdigungsinstitut *n*.
funér|ailles [fyne'rɑ:j] *f/pl.* Leichenbegräbnis *n*, Beerdigungsfeier *f*; **~aire** [~'rɛ:r] Begräbnis...
funeste [fy'nɛst] unheilvoll.
funiculaire [fyniky'lɛ:r] *adj.* Seil...; *m* Drahtseilbahn *f*.
fur [fy:r] *m*: *au* ~ *et à mesure de od. que* entsprechend, nach Maßgabe.
furcelle [fyr'sɛl] *f* Wünschelrute.
furet [fy'rɛ] *m zo.* Frettchen *n* (*a.* ⚔, ⚔ *als Spezialflugzeug für Radarspionage*); *fig.* Schnüffler *m*; **~er** [fyr'te] (1c) mit Frettchen jagen; ausspüren, erschnüffeln; **~eur** [~'tœ:r] *m* Frettchenjäger; *fig.* Schnüffler *m*.
fur|eur [fy'rœ:r] *f* Wut, Raserei; Begeisterung *f*; Furore *n*; *faire* ~ Furore machen; **~ibond** [~ri'bõ] wütend.
furieux [fy'rjø] wütend, rasend; F gewaltig.
furoles [fy'rɔl] *f/pl.* Irrlichter *n/pl.*
furoncle ⚔ [fy'rõ:kl] *m* Furunkel *n*.
furtif [fyr'tif] verstohlen, heimlich.
fusain [fy'zɛ̃] *m* **1.** ♪ Spindelbaum; **2.** Zeichenkohle *f*; **3.** Kohlezeichnung.
fus|ant ⚔ [fy'zɑ̃] *m* Sprenggeschoß *n*; **~eau** [~'zo] *m* Spindel *f*; (Spitzen-)Klöppel *m*; *Sport*: Keilhose *f*; **~ée** [~'ze] *f* e-e Spindelvoll; Rakete *f*; *fig.* Salve *f*; ⚔ *f* Zünder *m*; ⚔ Eiterkanal *m*; ~ *air-sol* Luftbodenrakete *f*; ~ *à moyenne portée* Mittelstreckenrakete *f*; ~ *à temps* Zeitzünder *m*; ~ *habitée* bemannte Rakete *f*; *avion m* ~ Raketenflugzeug *n*; **~éiste**

fuselage — 229 — **fuyard**

[fyze'ist] *m* Raketensachverständige(r).
fusel|age ✈ [fyz'la:ʒ] *m* Rumpf *m*; **~é** [~z'le] spindelförmig, dünn.
fus|er [fy'ze] (1a) zs.-schmelzen; (zischend) ausströmen; ohne Knall verbrennen (*Pulver*); sich senken (*Eiter*); **~ible** [~'ziblə] schmelzbar; **⚡** *m* Sicherung *f*.
fusil [fy'zi] *m* Gewehr *n*; Wetzstahl; ~ *automatique* ⚔ Selbstlader; *pierre f à* ~ Feuerstein *m*; **~ier** [fyzi'lje] *m* Füsilier; **~lade** [fyzi'jad] *f* Schießerei *f*, Gewehrfeuer *n*; Erschießen *n*; **~ler** [fyzi'je] (1a) erschießen; P übers Ohr hauen; **~-mitrailleur** [~mitra'jœ:r] *m* leichtes Maschinengewehr *n*, LMG *n abr*.
fusion [fy'zjɔ̃] *f* (Ver-)Schmelzen *n*; ⚕ Verschmelzung, Fusion; **~ner** [~zjɔ'ne] (1a) verschmelzen.
fustiger [fysti'ʒe] (1l) auspeitschen.
fût [fy] *m* Faß *n*; Gestell *n*; Schaft; Tonne *f*.
futaie [fy'tɛ] *f* Hochwald *m*.
futaille [fy'tɑ:j] *f* Faß *n*.
futé F [fy'te] pfiffig.
futil|e [fy'til] wertlos; seicht; **~ité** [~li'te] *f* Nichtigkeit; Gehaltlosigkeit *f*, Seichtheit *f*.
futur [fy'ty:r] 1. *adj.* zukünftig; 2. *su*. Zukünftige(r), Bräutigam *m*, Braut *f*; 3. *a. gr. m* Zukunft *f*.
futur|isme [fyty'rism] *m* Futurismus; **~iste** [~'rist] *m* Futurist.
fuy|ant [fɥi'jɑ̃] (7) flüchtig; *peint.* zurücktretend; **~ard** [~'ja:r] *su*. Flüchtling *m*.

G

G (*ou* **g**) [ʒe] m G (*od.* g) n.
gabar|e ⚓ [ga'ba:r] f Leichter m, Schute; *großes* Schleppnetz n; **~ier**[1] [~'rje] (1a) nach Modell arbeiten (*bsd.* ⚓); **~ier**[2] ⚓ [~] m Besitzer *od.* (Aus- *od.* Ein-) Lader e-r Gebarre; **~it** [~ba'ri] m ⊕ Modell n, Schablone f, Kaliber n; 🜨 Ladelehre f, -profil n; △ Richtscheit n; F Körpergröße f.
gabel|le [ga'bɛl] f *ehm.* Salzsteuer; **~ou** [ga'blu] m Beamte(r) der *ehm.* (Salz-)Steuer; *jetzt* mv.p.: P Steuerschnüffler m.
gabier ⚓ [ga'bje] m Mastwächter m.
Gabon *géogr.* [ga'bɔ̃] m: **le ~** Gabon n; **~ais** [~bɔ'nɛ] gabonesisch.
gâch|e [ɡɑ:ʃ] f Kalkschaufel; Rührspatel m; Schließklappe *e-s Schlosses*; **~er** [~'ʃe] (1a) an-, einrühren; verpfuschen; *Ware* verschleudern; **~ette** [~'ʃɛt] f Zuhaltung *am Schlosse*; Abzug(shebel) m *an Gewehren*; **~eur** [~'ʃœ:r] su. Kalkeinrührer m; Pfuscher m; ✝ Verschleuderer m; **~eux** [~'ʃø] (7d) schlammig; matschig (*Weg*); **~is** [ga'ʃi] m Dreck m, Matsch; *fig.* Patsche f; Wirrwarr. [Aufziehen.\
gadget [gad'ʒɛ] m Spielzeug n *zum*/
gaff|e [gaf] f Bootshaken m; F Versehen n, Dummheit; **~er** [~'fe] (1a) ⚓ anhaken; *fig.* F e-e Dummheit sagen *od.* machen, sich blamieren.
gag *cin.* [gag] m Gag-Mann m, Improvisator m.
gaga F [ga'ga] altersschwach, nicht mehr zurechnungsfähig, kindisch (*durch das Alter*), vertrottelt.
gag|e [ga:ʒ] m (Unter-)Pfand n; *fig.* Bürgschaft f; **~s** *pl.* Lohn der *Dienstboten*; mettre en ~ verpfänden; **~er** [ga'ʒe] (1l) wetten; entlöhnen; **~eur** *su.* [~'ʒœ:r] Wettender m; **~eure** [~'ʒy:r] f Wette; Wettpreis m; **~iste** [~'ʒist] su. Lohnarbeiter m; Theaterdiener m; *musicien* m ~ Privatspielmann m e-r Militärkapelle.
gagne|-pain [gaɲ'pɛ̃] m Broterwerb m;

~petit [gaɲpə'ti] m 1. kleiner Lohnempfänger m; 2. 🞸 *umherziehender* Scherenschleifer.
gagn|er [ga'ɲe] (1a) gewinnen; verdienen; sich e-e *Krankheit usw.* holen; Feuer *usw.* übergreifen, sich ausdehnen; **~eur** [~'ɲœ:r] m Gewinner.
gai [ge, gɛ] fröhlich, lustig; *il est* peu ~ er hat 'nen Schwips.
gaieté [ge'te] f Fröhlichkeit, Heiterkeit; de ~ de cœur aus Übermut.
gaillard [ga'ja:r] 1. adj. frisch, munter; kühn, keck; ausgelassen, fidel, ein wenig frei; 2. m Kerl; *fameux* ~ Mordskerl; **~ise** [~'di:z] f ausgelassene Fröhlichkeit, Lustigkeit; **~s** *pl.* schlüpfrige Reden.
gain [gɛ̃] m Gewinn m; ~ au jeu Spielgewinn.
gaine [gɛn] f 💠 Blattscheide; Futteral n, Hülle; Hüfthalter m *für Damen*; ~ du tendon ⚕ Sehnenscheide; △ ~ de chauffage Heizkanal m; ~ protectrice (Schutz-) Hülle (*Buch usw.*).
gala [ga'la] m Festveranstaltung f, großes Fest n; Prunk m.
galalithe [gala'lit] f Galalith n.
galant, ~e [ga'lɑ̃, ~'lɑ̃:t] 1. *adj.* galant, zuvorkommend, aufmerksam; *fig.* graziös, gefällig; ~ *homme* Ehrenmann; *aventure* f ~*e* Liebesabenteuer n; 2. m feiner Mann; F Liebhaber(in f) m; **~erie** [galɑ̃'tri] f feines Wesen n; Liebelei; ~*s* *pl.* Aufmerksamkeiten *Damen gegenüber*; **~in** [~'tɛ̃] m geckenhafter Liebhaber.
galaxie *ast.* [galak'si] f Milchstraße.
galb|e [galb] m Umrisse m/pl.; ⊕ Rundung f; **~é** [gal'be] geschweift; △ ausgebaucht; *harmonieusement* ~ harmonisch geschwungen (*Körperform*).
gale [gal] f Krätze; Räude; *fig.* Person von gemeinem Charakter; F n'avoir pas la ~ aux dents ein Vielfraß sein.
galéjer F [gale'ʒe] v/i. scherzen, flunkern, schwindeln.

galène min. [ga'lɛn] f Bleiglanz m; rad. poste m à ~ Detektorapparat m.
galère [ga'lɛ:r] f Galeere; fig. Tretmühle f; ehm. ~s pl. Galeerenstrafe f; int. et vogue la ~! na denn viel Spaß!
galerie [gal'ri] f Galerie; bedeckter Gang m; ⚒ Stollen m, Strecke; Balkon m; langer Saal m; (Kreis m von) Zuschauer(n) m/pl.; ~ de roulage ⚒ Förderstrecke.
galérien [gale'rjɛ̃] m Galeerensklave; Sträfling.
galet [ga'lɛ] m (Ufer-)Kiesel; Kies, Geröll m.
galetas [gal'tɑ] m Dachkammer f; ärmliche Wohnung f, Hundeloch n.
galette [ga'lɛt] f Blech-, Blätterteigkuchen m; Schiffszwieback m; P Geld n.
galeux [ga'lø] (7d) krätzig, räudig.
galimatias [galima'tjɑ] m Gefasele n; Quatsch m.
galle [gal] f: (noix f de) ~ Gallapfel m; mouche f de ~ Gallwespe.
Galles [gal] f: pays m de ~ Wales n.
gallinacé [galina'se] adj. (u. ~s m/pl.) hühnerartig(e Vögel).
gallois [ga'lwa] adj. aus Wales.
gallup [ga'lœp] m Test der öffentlichen Meinung.
galoche [ga'lɔʃ] f Gummiüberschuh m; Holzpantine f.
galon [ga'lɔ̃] m Tresse f, Borte f; ~nard P [~lɔ'na:r] m ehrgeiziger Offizier; ~ner [~'ne] (1a) mit Tressen (od. Borten) besetzen.
galop [ga'lo] m Galopp; F Rüffel m; ~er [~lɔ'pe] v/i. (1a) Galopp reiten; eilen; v/t. galoppieren lassen; ~in [~'pɛ̃] m Laufbursche; Bengel m; péj. Spitzbube.
galvan|iser [galvani'ze] (1a) ⊕ galvanisieren; fig. ~ un peuple ein Volk in Atem halten; ~oplastie [galvanɔplas'ti] f Galvanoplastik.
galvauder F [galvo'de] v/t. (1a) verpfuschen; vergeuden, verplempern.
gambad|e [gɑ̃'bad] f Luftsprung m; ~er [~'de] (1a) Sprünge machen, hopsen, umherspringen; entheren, fig. besudeln.
gamberg|e * [gɑ̃'bɛrʒ] f Stein m der Weisen; ~er * [~'ʒe] v/i.: ~ sur nachdenken über.
gambiller [gɑ̃bi'je] (1a) mit den Beinen schlenkern.
gamelle [ga'mɛl] f (Soldaten-)Eßschüssel, Kochgeschirr n; Soldatenkost.
gamin [ga'mɛ̃] m kleiner Junge m, Schulbube m, Bengel m; ~e [~'min] f wildes Mädchen n; F kleines Mädchen n; ~erie [~min'ri] f Dummerjungenstreich m.
gamme [gam] f Tonleiter, Skala; rad. ~ d'ondes Wellenbereich m.
gammée [ga'me] f: croix ~ Hakenkreuz n.
ganache [ga'naʃ] f untere Kinnlade vom Pferde; F fig. Schafskopf m.
Gand [gɑ̃] m Gent (belgische Stadt) n.
ganglion ⚕ [gɑ̃gli'ɔ̃] m Nervenknoten; Überbein n.
gangr|ène [gɑ̃'grɛn] f ⚕ Brand m; fig. Krebsschaden m; ~ener [~gra'ne] (1d) brandig machen; fig. verderben.
ganse [gɑ̃:s] f Band n, Borte.
gansé [gɑ̃'se]: ~ de rouge rot abgesetzt, mit roter Randschnur (Badepantoffel).
gant [gɑ̃] m Handschuh; ~ de toilette Waschlappen; comme un ~ wie angegossen; ~elet [gɑ̃t'lɛ] m hist. Panzerhandschuh; ⚕ Fingerverband m; ~er [gɑ̃'te] (1a): ~ q. j-m Handschuhe anziehen; j-m passen (Handschuhe) a. fig.; se ~ Handschuhe anziehen; ~erie [gɑ̃'tri] f Handschuhmacherei, -laden m.
garag|e [ga'ra:ʒ] m ⚙ Ausweichen n; Garage f; ~iste [~'ʒist] m Garagenbesitzer.
garance [ga'rɑ̃:s] f Krapp(rot n) m.
garant[1] [ga'rɑ̃] m Bürgschaft f.
garant[2] [ga'rɑ̃] (7) 1. adj. bürgend; se porter ~ bürgen (de qch. für etw.); 2. su. Bürge m; ~ir [~'ti:r] (2a) verbürgen; ~ q. de qch. j-n vor etw. schützen. [Hure f (V).]
garce P [gars] f Dirne f, Göre f,
garçon [gar'sɔ̃] m Junge m, Knabe m; Junggeselle, Geselle, Gehilfe; (premier ~ Ober-)Kellner m; ~ d'ascenseur Fahrstuhlführer, Liftboy; ~ de bureau Amtsdiener; ~ de recettes Kassenbote; ~net [garsɔ'ne] m kleiner Junge; ~nière [~'njɛ:r] f Junggesellenwohnung.
garde [gard] ⚔ 1. f Wache; Posten m; Garde; Gardist m; Aufsicht, Obhut, Bewachung; Deckung beim Fechten; ⚔ ~ avancée Vorposten m; ~ à vue Polizeigewahrsam m;

~ civique, ~ nationale Einwohnerwehr f; monter la ~ Wache stehen; prendre la ~ auf Wache ziehen; prendre ~ sich in acht nehmen; achthaben (à auf acc.); **2.** m Wächter m, Wärter m, Aufseher m; ⚔ Gardist m; ~ m du corps Leibgardist m; ~ des sceaux Justizministerium.
garde... [gard(ə)] m in Zssgn: 🚆 ~-barrière m Schrankenwärter m; Fahrrad: ~-boue m Schutzblech n; Auto: Kotflügel; ~-boutique m Ladenhüter (Ware); Sport: ~-but [~'by] m Torwart m; ~-cendre m Ofenvorsetzer m; ⚓ ~-côte m Strandwache f; Strandwächter; Küstenwach(t)schiff n; ~-crotte m s. ~-boue; ~-feu m Ofenvorsetzer, (Kamin-)Schutzgitter n; ~-fou m Geländer n; 🚆 ~-frein m Bremser; ~-manger m Speiseschrank m, -kammer f.
gard|er [gar'de] v/t. (1a) bewahren, behüten, pflegen; erhalten; aufbewahren; bewahren, beobachten; halten (od. zurückbehalten); se ~ de sich hüten (od. sich in acht nehmen) vor (dat.); **~erobe** [gardə'rɔb] f Kleiderschrank m, Kleidung f, Garderobe; Abort m, Toilette f; **~eur** m, **~euse** f [~'dœːr, ~'døːz] Hüter (-in f) m; Hirt(in f) m; **~e-voie** [gardə'vwa] m Bahnwärter m; **~e-vue** [~'vy] m Augenschirm; **~ien** [gar'djɛ̃] m Bewahrer m; ⚖ Pfleger m; Wächter m; Polizist m, Schutzmann m; ange m ~ Schutzengel m; ~ de but Sport: Torwart m; **~iennage** [~djɛ'naːʒ] m Überwachung f.
gare [gaːr] **1.** f 🚆 Bahnhof m; Ausweichstelle; Flußhafen m; ~ aérienne Flughafen m; ~ destinataire Bestimmungs-, Empfangsstation; ~ expéditrice Güterabfertigung, -bahnhof m; ~ de triage Verschiebebahnhof m; **2.** s. garer.
garenne [ga'rɛn] f Kaninchengehege n; m Wildkaninchen n.
garer [ga're] v/t. (1a) in Sicherheit bringen, z.B. ⚓ in e-e Bucht, 🚆 auf ein anderes Gleis bringen, verschieben, rangieren; Auto: unterbringen, parken; F se ~ sich hüten (de vor [dat.]); gare! Vorsicht!; sans crier gare mir nichts, dir nichts; ~ aux voleurs vor Dieben wird gewarnt!; se ~ ausweichen; Auto: parken (v/i.).
gargaris|er [gargari'ze] (1a): se ~ gurgeln; F se ~ de qch. sich an ihm weiden; **~me** [garga'rism] m Gurgeln n; Gurgelwasser n.
gargot|e [gar'gɔt] f billiges, schmutziges Lokal n; **~ier** m, **~ière** f [~'tje, ~'tjɛːr] Inhaber (in f) m e-s billigen Lokals.
gargouill|e △ [gar'guj] f Wasserspeier m, Traufrinne; **~er** [~gu'je] (1a) plätschern; ⚐ knurren (Magen); **~is** [~gu'ji] m Plätschern n (des Wassers aus e-r Dachrinne.
garnement [garnə'mã] m Schlingel m, Bengel m.
garn|i [gar'ni] m möbliertes Zimmer n od. Haus n; möblierte Wohnung f; **~ir** [~'niːr] (2a) ausstatten; besetzen, versehen, einfassen, überziehen; **~ison** ⚔ [~ni'zɔ̃] f Besatzung; Garnison; **~iture** [~ni'tyːr] f Ausrüstung; Einrichtung; Zubehör n; Besatz m an Kleidung; Bettbezug m; ✝ Garnitur f, Auswahl f, Satz m; Schmuck m; Tafelgeschirr n; cuis. Zutaten pl.; ⊕ Futter n, Dichtung; ~ de frein Auto: Bremsbelag m.
garrotter [garɔ'te] (1a) knebeln, fesseln.
gars F [gɑ] m Junge m, Bursche m.
gascon [gas'kɔ̃] (7c) **1.** adj. gaskognisch; prahlerisch; **2.** su. Aufschneider m; ♀(ne) Gaskogner m; **~nade** [~'nad] f Aufschneiderei; **~ner** [~'ne] (1a) im Gaskogner Dialekt sprechen; fig. aufschneiden, angeben.
gaspiller [gaspi'je] (1a) vergeuden.
gastrite [gas'trit] f Magenkatarrh m.
gastro|logie [gastrɔlɔ'ʒi] f Kochkunst; **~nome** [~'nɔm] m Gastronom m, Feinschmecker.
gâteau [gɑ'to] m Kuchen m; ~x pl. secs Keks m; ~ de miel (Honig-)Wabe f.
gâte-métier [gɑtme'tje] m Preisverderber m.
gâter [gɑ'te] (1a) verderben, beschädigen; verwöhnen, verziehen.
gâte-tout [gɑt'tu] m Tolpatsch m.
gâtisme [gɑ'tism] m Geistesschwäche f durch Alter.
gauch|e [goːʃ] **1.** adj. link; linkisch, unbeholfen, ungeschickt; schief, krumm; à ~ links; **2.** f linke Hand;

gaucher — **gendre**

linke Seite; ✕ linker Flügel *m*; Linke (*a. pol.*); **~er** [~'ʃe] linkshändig; **~erie** [~ʃ'ri] *f* linkisches Wesen *n*; Ungeschicklichkeit; **~ir** [~'ʃi:r] (2a) schief werden, sich werfen (*Holz*); aus-, abweichen; ⊕, *bsd.* ✕ verwinden; *fig.* Winkelzüge machen; **~issement** ⊕, *bsd.* ✕ [goʃis'mɑ̃] *m* Verwindung *f*; **~iste** [~'ʃist] *adj. u. su.* links eingestellt(e Person *f*).

gaudriole [godri'ɔl] *f* anzüglicher Witz *m*, Zote.

gaufr|e ['go:fr] *f* Waffel; Wabe; **~er** [go'fre] ⊕ (1a) Muster *n* einpressen; **~ier** [~fri'e] *m* Waffeleisen *n*.

gaule¹ [go:l] *f lange* Stange.

Gaule² [~] *f*: **la ~** (*a.* **les ~s**) Gallien *n*.

gaul|er [go'le] (1a) *Nüsse* mit e-r Stange abschlagen; **~ette** [go'lɛt] *f kleine* Stange *f*.

gaull|ien *Fr. pol.* [go'ljɛ̃] (7c) von de Gaulle selbst; **~iste** [~'list] *adj. u. su.* gaullistisch; Anhänger *m* von de Gaulle.

gaulois, ~e [go'lwa, ~'lwa:z] **1.** *adj.* gallisch; *fig.* aus guter alter Zeit; F derb; **2.** *su.* ~**e** *e-e* Gauloise (*franz. Zigarette*); 2(e) *su.* Gallier (-in *f*) *m*; **~erie** [~lwaz'ri] *f* derber Witz *m*, Zote *f*.

gausser [go'se] (1a): **se ~ de** *qch. od.* **de** *q.* sich über etw. *od.* über j-n lustig machen.

gave [ga:v] *m* Sturzbach (*Pyrenäen*).

gaver [ga've] (1a) *Geflügel* nudeln; **se ~ de** *qch.* sich mit etw. überfressen (*a. von Menschen*).

gavroche [ga'vrɔʃ] *m* Pariser Straßenjunge.

gaz [gɑ:z] *m* Gas *n*; ~ **d'échappement**, ~ **perdu** Abgas *n*; ~ **distribué à distance** Ferngas *n*; ~ **rare** Edelgas *n*; ~ **toxique**, ~ **délétère** Giftgas *n*; **couper le ~** das Gas wegnehmen; **mettre (plein) les ~** (Voll-)Gas geben. [vergiftet.\]

gazé [gɑ'ze] vergast; *durch* Gas)

gaze [gɑ:z] *f* Mullbinde *f*, Gaze; *fig.* dünner Flor *m*.

gazéi|fier [gazei'fje] (1a) in Gas verwandeln; **~forme** [gazei'fɔrm] gasförmig.

gazer [gɑ'ze] (1a) **1.** mit Gaze überziehen; *fig.* verschleiern; **2.** durch Gas vergiften, vergasen; *Auto u.* ✕

rasen, sausen, flitzen, schnell fahren; **3. ça gaze!** das klappt ja!

gazet|ier [gaz'tje] *m* Zeitungsschreiber, Pressemann; **~te** [ga'zɛt] *f* Zeitung.

gazeux [gɑ'zø] (7d) gasartig; kohlensäurehaltig; Brause...

gazier [gɑ'zje] *m* Gasarbeiter.

gazo|gène *Auto* [gazo'ʒɛn] *m* Generator; **~mètre** [~'mɛ:tr] *m* Gasbehälter, -messer.

gazon [gɑ'zɔ̃] *m* Rasen; **~ner** [~zɔ'ne] (1a) mit Rasen belegen.

gazouill|ement [gazuj'mɑ̃] *m* Zwitschern *n*, Lallen *n*; Plätschern *n*; Murmeln *n*; **~er** [~'je] (1a) zwitschern; lallen (*Kind*); plätschern; **~is** [~'ji] *m* = *gazouillement*.

geai *orn.* [ʒɛ] *m* Eichelhäher.

géant [ʒe'ɑ̃] *su.* Riese *m*; Gigant *m*.

géhenne [ʒe'ɛn] *f* Hölle; *fig.* Pein.

geindre ['ʒɛ̃:dr] (4b) ächzen, stöhnen, jammern, flennen.

gel [ʒɛl] *m* Frost(schaden).

gélatineux [ʒelati'nø] (7d) gallertartig.

gel|ée [ʒɔ'le] *f* Frost *m*; Gelee *n*, Gallerte; ~ **blanche** Reif *m*; ~ **nocturne** Nachtfrost *m*; **~er** [~] (1d) zum Gefrieren bringen; durch Frost beschädigen; erstarren lassen; *v/i.* ge-, ein-, erfrieren; ~ **blanc** reifen.

gelinotte [ʒɔli'nɔt] *f* Haselhuhn *n*.

gélivure [ʒeli'vy:r] *f* Frostspalt *m*.

Gémeaux *ast.* [ʒe'mo] *m/pl.* Zwillinge (*im Tierkreis*).

gémin|é [ʒemi'ne] doppelt; ⚥ gepaart; **~er** *a. écol.* [~] *v/t.* (1a) zusammenlegen.

gém|ir [ʒe'mi:r] (2a) ächzen, seufzen, wimmern; girren (*Tauben*); **~issement** [~mis'mɑ̃] *m* Stöhnen *n*, Wimmern *n*; Girren *n*; Knarren *n*.

gemme [ʒɛm] *f* Edelstein *m*; ⚥ Auge *n*; *silv.* Harz *n* (*häufiger: résine*); **sel ~** Steinsalz *n*.

gênant [ʒɛ'nɑ̃] (7) lästig, beschwerlich, unbequem; peinlich.

gencive [ʒɑ̃'si:v] *f* Zahnfleisch *n*.

gendarm|e [ʒɑ̃'darm] *m* Gendarm, F Mannweib *n*; P Bückling *m*, Räucherhering; **~er** [~'me] (1a): **se ~ protestieren**; **~erie** [ʒɑ̃darmə'ri] *f* Gendarmerie(kaserne); **se constituer prisonnier à la ~** sich (freiwillig) bei der Polizei stellen.

gendre ['ʒɑ̃:dr] *m* Schwiegersohn.

gên|e [ʒɛn] f Hindernis n, Hemmung f, Zwang m; (Geld-)Verlegenheit; *sans ~* zwanglos, ungezwungen; **~er** [ʒɛ'ne] (1a) beengen, behindern; in (Geld-)Verlegenheit bringen; *fig. se ~* sich Zwang antun; sich genieren; sich einschränken.

général [ʒene'ral] **1.** *adj.* (5c) allgemein; Haupt...; Ober...; **2.** *m* Allgemeine(s) *n*; General; **~e** [~] *f* Generalin; *thé.* Generalprobe; ⚔ *sonner la ~* zum Sammeln blasen; **~iser** [~li'ze] (1a) verallgemeinern; **~ité** [~li'te] f Allgemeinheit; Mehrzahl; **~s** *pl.* Allgemeines *n*.

généra|teur [ʒenera'tœ:r] **1.** *adj.* erzeugend; **2.** *m.* Erzeuger *m*; **3.** *m* Dampfkessel; **~tion** [~ra'sjɔ̃] *f* (Er-)Zeugung; Generation, Geschlecht *n*; Menschenalter *n.*

généreux [ʒene'rø] (7d) großmütig; edel (*a.* Wein); freigebig; ergiebig (*Boden*).

générosité [ʒenerozi'te] *f* Edelmut *m*; Freigebigkeit *usw.*

Gênes [ʒɛn] *f* Genua *n.*

genêt [ʒə'nɛ] *m* Ginster.

généticien [ʒeneti'sjɛ̃] *m* Genetiker.

génétique [ʒene'tik] **1.** *adj.* erbbiologisch; **2.** *f* Genetik.

gêneur [ʒɛ'nœ:r] *m* Störenfried.

Genève [ʒə'nɛ:v] *f* Genf *m.*

genevois [ʒən'vwa] (7) **1.** *adj.* genferisch; **2.** ♀ *su.* Genfer *m*.

genévrier ♀ [ʒənevri'e] *m* Wacholder(strauch).

génie [ʒe'ni] *m* Geist, Genius; Genie *n*; *~ méconnu* verkannte(s) Genie *n*; *~ rural* Bauwesen *n* für die Landwirtschaft; *travaux m/pl. du ~ civil* ⚒ Tiefbau *m.*

genièvre [ʒə'njɛ:vrə] *m* Wacholder(-beere *f*, -strauch, -schnaps).

génisse [ʒe'nis] *f* Färse, junge Kuh.

génital [ʒeni'tal] (5c) Zeugungs..., Geschlechts...

genou [ʒə'nu] *m* Knie *n*; **~illère** [ʒənu'jɛ:r] *f* *ehm.* Knieschiene (Stiefel-)Stulpe; Knieschützer *m.*

genre ['ʒɑ̃:rə] *m* Gattung *f*; Geschlecht *n*; *gr.* Genus *n*; Art (und Weise) *f*; Mode *f*; Stil; F *pour se donner un ~* aus Angabe F.

gens [ʒɑ̃] *m* (*f*) *pl.* Leute; Bediente, Personal *n/sg.*; *~ de bien* ehrliche Leute; *~ d'église* Geistliche; *~ de lettres* Schriftsteller; *~ sans aveu* Landstreicher; *droit m des ~* Völkerrecht *n*; F *se connaître en ~* s∙e Leute kennen.

gent [ʒɑ̃] *f poét.* oft *iron.* Volk *n*, Völkchen *n*.

gentiane ♀ [ʒɑ̃'sjan] *f* Enzian *m.*

gentil[1] *bibl.* [ʒɑ̃'ti] *adj. u. m* heidnisch; Heide.

gentil[2], **~le** [ʒɑ̃'ti, ~'tij] nett; liebenswürdig; hübsch, niedlich, lieb (*adv. gentiment*); **~homme** [ʒɑ̃ti'jɔm], *pl.* **~shommes** [ʒɑ̃ti'zɔm] *m* Edelmann, Edelleute *pl.*; *fig.* Kavalier *m*.

gentillesse [ʒɑ̃ti'jɛs] *f* Anmut; Liebenswürdigkeit.

gentiment *adv.* s. gentil[2].

génuflexion [ʒenyflɛk'sjɔ̃] *f* Kniebeuge *f*.

géodés|ie [ʒeɔde'zi] *f* Vermessungskunde *f*; **~ique** [~'zik] geo'dätisch.

géogra|phie [ʒeɔgra'fi] *f* Geographie *f*, Erdkunde *f*; **~phique** [~'fik] geographisch.

geôl|e [ʒo:l] *f* Gefängnis *n*; **~ier** [ʒo'lje] *su.* Kerkermeister *m.*

géo|logie [ʒeɔlɔ'ʒi] *f* Geologie *f*; **~logique** [~lɔ'ʒik] geologisch; **~métrie** [~me'tri] *f* Geometrie *f*, Raumlehre *f*; **~métrique** [~me'trik] geometrisch.

géran|ce [ʒe'rɑ̃:s] *f* Geschäftsführung; **~t** [~'rɑ̃] *m* ✝ Prokurist *m*, Geschäftsführer *m*; Verwalter *m*; Herausgeber *m* e-r Zeitung.

gerb|age [ʒɛr'ba:ʒ] *m* Binden *n*, Stapeln *n*, Wegschaffen *n* der Garben; **~e** [ʒɛrb] *f* Garbe; (Blumen-)Strauß *m*; ⚔ Geschoßgarbe *m*; **~ée** [~'be] *f* Strohbund *n*; grünes Mengfutter *n*; **~er** [~] *v/t.* (1a) in Garben binden; aufstapeln; *v/i.* reichliche Garben geben; **~ière** [~'bjɛ:r] *f* Strohkarren *m*, Leiterwagen *m*.

gerc|e *ent.* [ʒɛrs] *f* **1.** (Kleider-, Papier-)Motte; **2.** ✂ Riß *m*; Spalte; **~er** [ʒɛr'se] (1k) *Haut* aufritzen; (se) ~ aufspringen. [*m*.]

gerçure [ʒɛr'sy:r] *f* Riß *m*, Sprung)

gérer [ʒe're] (1f) verwalten.

germain[1] [ʒɛr'mɛ̃] leiblich, vollblütig.

germain[2] [~] (7) **1.** *adj.* germanisch; **2.** ♀ *su.* Germane *m.*

german|ique [ʒɛrma'nik] germanisch, (alt)deutsch; **~isme** [~'nism] *m* Germanismus *m*; **~o** [~'no] *in Zssgn* deutsch -.

germe — 235 — **glacer**

germe [ʒɛrm] m Keim (a. fig.); Quelle f; Ursprung; **~er** [~'me] v/i. (1a) keimen, ausschlagen; fig. sich entwickeln; **2inal** [~mi'nal] m Keimmonat des Revolutionskalenders (21. 3. bis 19. 4.); **~ination** [~mina'sjɔ̃] f Keimen n; **~oir** [~'mwa:r] m Malzkeller; Keimkasten.

gerzeau [ʒɛr'zo] m Kornrade f.

gésir [ʒe'zi:r] v/i. dft. (v. Kranken, Toten, Laub u. Ruinen) liegen; ci-gît hier ruht.

gestation [ʒɛsta'sjɔ̃] f Trächtigkeit f; Schwangerschaft f; fig. Vorbereitung f.

geste [ʒɛst] **1.** m Geste f; Gebärde f; Mienenspiel n; **2.** f (chansons f/pl. de) **~(s)** altfranzösische Heldengedichte n/pl.; faits et **~s** m/pl. Handlungen u. Taten.

gesticulation [ʒɛstikyla'sjɔ̃] f Gebärdenspiel n.

gestion [ʒɛs'tjɔ̃] f (Amts-)Führung; Verwaltung.

gibbeux [ʒi'bø] bucklig.

gibbosité [ʒibozi'te] f Buckel m.

gibecière [ʒip'sjɛ:r] f Umhänge-, Schul-, Reise-, Jagdtasche.

gibelotte [ʒi'blɔt] f (Kaninchen- usw.) Frikassee n mit Weißwein.

giberne [ʒi'bɛrn] f Patronentasche.

gibet [ʒi'bɛ] m Galgen.

gibier [ʒi'bje] m Wild(bret) n.

giboulée [ʒibu'le] f Regen-, Hagelschauer m; Unwetter n; fig. Tracht f Prügel.

giboy|er [ʒibwa'je] (1h) pirschen; **~eur** [~'jœ:r] m leidenschaftlicher Jäger; **~eux** [~'jø] (7d) wildreich.

gibus [ʒi'bys] m Klappzylinder, -hut.

gicl|er [ʒi'kle] (1a) aus-, hervorspritzen; **~eur** Auto [~'klœ:r] m (Spritz-)Düse f.

gifl|e [ʒifl] f Backpfeife, Ohrfeige; **~er** [ʒi'fle] (1a) ohrfeigen.

gigantesque [ʒigɑ̃'tɛsk] riesenhaft.

gigantisme [ʒigɑ̃'tism] m Riesenwuchs, Hang zum Kolossalen.

gigot [ʒi'go] m Hammelkeule f, a. Lamm-, Rehkeule f; plais. **~s** pl. Schenkel m/pl., Beine n/pl.; manches f/pl. à **~(s)** Puffärmel m/pl.; **~er** [~gɔ'te] (1a) mit den Beinen zappeln, strampeln; * tanzen.

gigue [ʒig] f Rehkeule f; P langes Bein n; Gig (Tanz).

gilet [ʒi'lɛ] m Weste f; a. Schwimmweste f; **~ pare-balles** Kugelschutzweste f.

gille [ʒil] m Hanswurst; Tropf.

gimblette [ʒɛ̃'blɛt] f Kringel m (Gebäck).

gingembre [ʒɛ̃'ʒɑ̃:br] m Ingwer.

gingivite ⚕ [ʒɛ̃ʒi'vit] f Zahnfleischentzündung.

ginguer [ʒɛ̃'ge] (1m) springen, herumtollen; ausschlagen (von Tieren).

giralducien litt. [ʒiraldy'sjɛ̃] von Giraudoux.

girand|e [ʒi'rɑ̃:d] f s. girandole; **~ole** [~'dɔl] f Wasser-, Feuerrad n; Armleuchter m; Ohrgehänge n aus Edelsteinen.

giratoire [ʒira'twa:r] kreisend; Kreis..., Dreh...

girofl|e [ʒi'rɔfla] m: (clou m de) **~** Gewürznelke f; **~ée** [~'fle] f Levkoje.

girol(l)e ⚕ [ʒi'rɔl] f Pfifferling m.

giron [ʒi'rɔ̃] m Schoß (a. fig., z. B. **~ de l'Église**).

girouette [ʒi'rwɛt] f Wetterfahne.

gisant [ʒi'zɑ̃] adj. liegend; bewegungslos.

gisement [ʒiz'mɑ̃] m géol., ⚓ Lage f, Lagerung f; ⚒ Vorkommen n; **~ houiller** Kohlevorkommen n.

gît [ʒi] 3. P. prés. sg. v. gésir liegen; ruhen (von Toten); ci-**~** hier ruht.

gitan [ʒi'tɑ̃] m Zigeuner m; a. adj.: le problème **~** das Zigeunerproblem n.

gît|e [ʒit] m Nachtlager n, Bleibe f, Unterkunft f; Herberge f; Lager n der Hasen; cuis. Hinterviertel n vom Rind; **~ d'étape** Unterkunft f für den Zwischenaufenthalt; **~er** [~'te] v/i. (1a) übernachten; Tiere: Lager haben; v/t. beherbergen.

givr|age ✈ [ʒi'vra:ʒ] m Vereisung f; **~e** [ʒi'vrə] m Rauhreif; **~é** [ʒi'vre] mit Reif bedeckt.

givrer [ʒi'vre] ✈ (1a) vereisen.

givreux [ʒi'vrø] (7d) rissig (Edelsteine). fig. bartlos.

glabre [ˈglɑ:brə] kahl, unbehaart;

glac|e [glas] f Eis n; Gefrierpunkt m; fig. Kälte; Speiseeis n; Zuckerguß m; Spiegel(glas n) m; (Wagen-)Fenster n; couche f de **~** Eisdecke; pris par les **~s** (Gewässer) vereist; fig. rester de **~** eisig (od. kühl) bleiben; **~é** [gla'se] **1.** adj. (7) eisig (a. fig.); frostig; glasiert; **2.** m Glanz m; Glasur f; **~er** [~] v/t. (1k) gefrieren,

glacerie — **gloutonnerie**

erstarren machen; *Papier* satinieren; glasieren; mit Zuckerguß *od.* Gallerte überziehen; se ~ zu Eis werden; *fig.* erstarren; **~erie** [glas'ri] *f* Bereitung von Speiseeis; Eisdiele; Spiegel(glas)fabrik *f;* **~eur** [gla-'sœːr] *m* Glasierer; Satinierer.

glac|iaire [gla'sjɛːr] Gletscher...; **~ial** [~'sjal] (5c) eisig, (eis)kalt; *fig.* frostig; *mer f* ~e Eismeer *n;* **~iation** *géol.* [~sja'sjɔ̃] *f* Vereisung; **~ier** [~'sje] *m* **1.** Gletscher; Eisberg; **2.** Eishändler; **3.** Spiegelscheibenfabrikant; **~ière** [~'sjɛːr] *f* Eishändlerin; Eiskeller *m;* Eisschrank *m;* Eismaschine; Kühlanlage *f;* ~ à vin Weinkühler *m.*

glacis [gla'si] *m* Abhang *f;* ⚔ Feldbrustwehr *f; peint.* Lasur *f.*

glaç|on [gla'sɔ̃] *m* Eisscholle *f;* Eiszapfen; **~ure** [~'syːr] *f* Glasur.

glaieul ♀ [gla'jœl] *m* Gladiole *f.*

glair|e [glɛːr] *f (rohes)* Eiweiß *n;* Schleim *m;* **~eux** [glɛ'rø] schleimig; *fig.* zähe.

glais|e [glɛːz] *f, a.* terre ~ Ton *m* (-erde *f*), Lehm *m;* **~er** [glɛ'ze] (1b) mit Ton bekleiden; ~ mit Ton (den Boden) anreichern; **~ière** [~'zjɛːr] *f* Tongrube.

glaive *poét.* [glɛːv] *m* Schwert *n.*

glanage ✔ [gla'naːʒ] *m* Ährenlese *f,* Nachlese *f.*

gland [glɑ̃] *m* Eichel *f; fig.* Quaste *f.*

glandage [glɑ̃'daːʒ] *m* Eichellese *f.*

glande *anat.* [glɑ̃ːd] *f* Drüse; ~ thyroïde Schilddrüse.

glandée [glɑ̃'de] *f* Eichelernte; Schweinemast *f.*

glan|e [glan] *f* Ährenbüschel *m u. n;* Ährenlese *f; fig.* Nachlese *f;* büschelartiger Bund *m;* **~er** [~'ne] (1a) Ähren lesen; Nachlese halten; **~eur** *su.* [~'nœːr] Ährenleser(in *f*) *m;* **~ure** [~'nyːr] *f* Ährenlese, Nachlese.

glap|ir [gla'piːr] (2a) kläffen; kreischen; **~issement** [~pis'mɑ̃] *m* Kläffen *n;* Kreischen *n.*

glas [glɑ] *m:* ~ *(funèbre)* Totenglocke *f;* Totengeläute *n.*

glauque [glok] meergrün.

glèbe [glɛb] *f* Scholle *m; serf m attaché à la* ~ Leibeigene(r).

gliss|ade [gli'sad] *f* Ausgleiten *n,* Schlittern *n;* Schlitterbahn *f; Tanzkunst u.* ♪ Schleifen *n;* ⚔ Gleitflug *m;* **~ant** [gli'sɑ̃] glatt, schlüpfrig; *fig.* bedenklich; heikel; **~ement** [glis'mɑ̃] *m* Gleiten *n;* ⚔ *tomber par* ~ *sur l'aile* in der Kurve abrutschen; **~er** [~'se] (1a) *v/i.* ab-, aus-, entgleiten; rutschen; schlittern; ~ *sur* leicht hinweggehen über *(acc.); v/t.* unbemerkt (hin)einschieben; hinein- *od.* zustecken; **~eur** [~'sœːr] *m* Schlittener *m;* Schnellboot *n;* **~ière** [~'sjɛːr] *f* Gleitschiene, -stange *f;* **~oir** [~-'swaːr] *m* Holzrutschbahn *f (für gefällte Bäume);* ⚒, ⊕ Rutsche *f;* **~oire** [~] *f* Eis-, Rutsch-, Schlitterbahn *f;* Rutsch-, Rettungstuch *n (Feuerwehr).*

global [glɔ'bal] (5c) ein Ganzes ausmachend; *méthode f* ~e *écol.* Ganzheitsmethode *f; somme f* ~e Pauschalsumme; *valeur f* ~e Gesamtwert *m.*

glob|e [glɔb] *m* Kugel *f;* Globus; Himmelskörper; Erdkugel *f;* **~ulaire** [glɔby'lɛːr] **1.** *adj.* kugelförmig; Kugel...; **2.** ♀ *f* Kugelblume; **~ule** [~'byl] *m* Kügelchen *n;* ✝ sehr kleine Pille *f;* ~ *rouge (blanc)* rotes (weißes) Blutkörperchen *n;* **~uleux** [~by'lø] Kugel...

gloire [glwaːr] *f* Ruhm *m;* Glanz *m;* Herrlichkeit *(z. B. Gottes);* Glorie.

glori|a [glɔ'rja] *m rl.* Gloria *n;* F Kaffee *m od.* Tee mit Kognak *od.* Rum; **~ette** [glɔ'rjɛt] *f* Sommerlaube *f;* (Garten-)Häuschen *n;* **~eux** [glɔ'rjø] (7a) ruhmvoll; *rl.* verklärt; *fig.* prahlerisch, eitel; **~fication** [glɔrifika'sjɔ̃] *f* Verherrlichung; Verklärung; **~fier** [~'fje] (1a) verherrlichen; verklären; *se* ~ *de qch.* sich e-r Sache rühmen; **~ole** [~'rjɔl] *f* kleinliche Ruhmsucht.

glos|e [gloːz] *f* Glosse; Auslegung; **~er** [glo'ze] (1a) erklären glossieren; ~ *sur qch.* Glossen machen über etw. *(acc.),* über etw. herziehen.

glossaire [glɔ'sɛːr] *m* Glossar *n.*

glotte [glɔt] *f* Stimmritze.

glou|glou [glu'glu] *m* Kollern *n des Puters;* Gluckgluck *n;* **~glo(u)ter** [~glu'te, ~glu'te] (1a) kollern; Gluckgluck machen; **~sser** [glu'se] (1a) *Henne:* locken *(Küken).*

glouteron [glu'trɔ̃] *m* Klette *f.*

glouton [glu'tɔ̃] **1.** *adj.* gefräßig; **2.** *su. (zo. m)* Vielfraß *m;* **~nerie** [~tɔn'ri] *f* Gefräßigkeit.

glu [gly] *f* Vogelleim *m*; ~**ant** [gly'ɑ̃] klebrig; *fig.* aufdringlich; ~**au** [gly'o] *m* Leimrute *f*.
glu|cides [gly'sid] *m/pl.* Kohlehydrate *n/pl.*; ~**cose** [gly'ko:z] *f* (U *a. m*) Trauben-, Stärkezucker *m*; ~**er** [gly'e] (1a) mit etw. Klebrigem bestreichen.
glume [glym] *f* Spelze *f der Gräser*.
glutin|atif [glytina'tif] **1.** *adj* klebend; **2.** *m* Klebemittel *n*; ~**ation** [glytina'sjɔ̃] *f* (Zs.-)Kleben *n*; ~**eux** [~'nø] (7d) klebrig, leimartig.
glycérine [glise'rin] *f* Glyzerin *n*.
glyphe △ [glif] *m* Schlitz, Hohlkehle *f*.
glyptique [glip'tik] *f* Steinschneidekunst.
gnac * [ɲak] *m* Dummkopf *m*.
gnangnan F [nɑ̃'nɑ̃] *adj. inv. u. su.* Schlappschwanz *m*.
gn(i)ôle F [ɲo:l] *f* Schnaps *m*.
gnome [gno:m] *m* Gnom, Erdgeist.
gnon P [nɔ̃] *m* Schlag *m*.
go F [go] *m*: *tout de* ~ geradezu, ohne Umstände; schlankweg.
goanais [goa'nɛ] (7) *adj. u.* ♀ *su.* goanisch; Goaner *m* Einwohner *m* Goas.
go(b)be [gɔb] *f* Giftbrocken *m*; Mästkugel *f*.
gobelet [gɔ'blɛ] *m* Becher *m*.
gobelin [gɔ'blɛ̃] *m* **1.** Kobold; **2.** Gobelin *m*, Wandteppich *m*.
gobe-mouches [gɔb'muʃ] *m orn.* Fliegenschnäpper *m*; ♀ Venusfliegenfalle *f*; F Einfaltspinsel *m*.
gober [gɔ'be] (1a) ausschlürfen, runterschlucken; *fig.* leichthin glauben; P gern haben.
goberg|e ⊕ [gɔ'bɛrʒ] *f* Leimzwinge; ~**s** *pl.* Bettbodenbretter *n/pl.*; *faire* F [~'ʒe] (11): *se* ~ sich gute Tage machen, in Saus u. Braus leben.
gobeur F [gɔ'bœ:r] *su.* Dummerchen *n*, Schaf *n*.
godaill|e F [gɔ'da:j] *f* Zechgelage *n*, Völlerei, Gezeche *n*; ~**er** F [gɔda'je] (1a) zechen, saufen.
godasse P [gɔ'das] *f* Treter (P) *m*, Latschen (P) *m*; *f/pl.: péj.* Botten *f/pl.*
godelureau [gɔdly'ro] *m* Geck *m*, Laffe *m*, Schürzenjäger *m*.
goder [gɔ'de] (1a) Falten werfen.
godet [gɔ'dɛ] *m* Becher, Kübel, Bagger-, Schöpfeimer; Farben-, Öl-, Waschnapf; (Pfeifen-)Kopf; falsche Falte *f im Tuch*; *jupe f à* ~**s** Glockenrock *m*.
godich|e F [gɔ'diʃ] **1.** *adj.* dumm, ungeschickt; **2.** *su.* Einfaltspinsel *m*, dumme Gans *f*; ~**on**, ~**onne** F [~'ʃɔ̃, ~'ʃɔn] **1.** *adj.* tölpelhaft; **2.** *su.* Tölpel *m*.
godill|e [gɔ'dij] *f: moteur m* ~ ⊕ Außenbordmotor *m*; ~**ot** [~'jo] *m* Soldatenstiefel *m*; P Quadratlatschen *m*.
goéland [gɔe'lɑ̃] *m* Seemöwe *f*.
goélette [gɔe'lɛt] *f* ♱ Schoner *m*; *orn.* Meerschwalbe.
goémon [gɔe'mɔ̃] *m* Tang.
gogo F [gɔ'go] *m* Dummkopf *m*; F *à* ~ in Hülle und Fülle.
goguenard [gɔg'naːr] *adj. (u. su.)* spöttisch(er Spaßmacher *m*); ~**iser** [~nardi'ze] *v/i.* herumwitzeln.
goguenots P [gɔg'no] *m/pl.* Lokus *m* P, Abort *m*.
goguette F [gɔ'gɛt] *f* lustiger Schmaus *m*; *être en* ~ e-n Schwips haben; angeheitert (*od.* in heiterer Stimmung) sein.
goinfr|e [gwɛ̃:fr] *m* Vielfraß *m*; ~**er** [gwɛ̃'fre] (1a) *u. v/rfl. se* ~ fressen, prassen; ~**erie** [gwɛ̃fre'ri] *f* Fresserei *f*.
goitre [gwa:tr] *m* Kropf *m*.
golf [gɔlf] *m* Golf(spiel *n*), -platz *m*.
golfe [~] *m* Golf, Meerbusen.
gomm|e [gɔm] *f* Gummi *m u. n*; ~ *à mâcher* Kaugummi *m*; *✶* ~ *haute* ~ Lebewelt *f*; F *Auto:* mettre toute *la* ~ Vollgas geben; ~**er** [~'me] (1a) gummieren; ausradieren; ~**eux** [~'mø] gummiartig, Gummi enthaltend; *m* Geck *m*, Lackaffe *m* P.
gond [gɔ̃] *m* Türangel *f*, Haspe *f*.
gondol|ant P [gɔ̃do'lɑ̃] *adj.* sehr drollig, urkomisch, zum Kugeln ulkig; ~**e** [gɔ̃'dɔl] *f* Gondel; *langes, schmales* (Trink-)Gefäß *n*; ~**er** [~'le] (1a) an den Enden höher sein *(vom Schiff)*, *a. se* ~ sich werfen *(vom Holz)*; F *se* ~ sich schief lachen; sich biegen vor Lachen; ~**ier** [~'lje] *m* Gondelführer.
gonfa|lon, ~**non** † [gɔ̃fa'lɔ̃, ~'nɔ̃] *m* Art Fahne *f*; ~**lonier**, ~**nonier** † [~lɔ'nje, ~nɔ'nje] *m ehm.* Bannerherr; *sonst* Fahnenträger.
gonfer [gɔ̃'fe]: *ça me gonfe!* das tut mir weh!
gonfl|ement [gɔ̃flə'mɑ̃] *m* Aufblähen *n*; Anschwellung *f*; ⚕ Ge-

gonfler — 238 — **goutte**

schwulst f; *Auto*, *vél*. Aufpumpen n; ~**er** [~'fle] (1a) v/t. aufblähen, -blasen, -pumpen; v/i. u. se ~ (auf-)schwellen; *cuis*. aufgehen (*Teig*); P être gonflé à bloc gut in Form sein (*Sport*, *Studium usw*.). [n.]

gonzesse * [gɔ̃'zɛs] f Frauenzimmer

gordien [gɔr'djɛ̃] adj.: nœud m ~ 'gordischer Knoten.

goret [gɔ'rɛ] m Spanferkel n; F *fig*. Ferkel n (*schmutziges Kind*).

gorge [gɔrʒ] f Gurgel, Kehle; Rachen m; Brust; Schlucht; *rendre* ~ ⚔ sich übergeben; wieder her(aus)geben müssen; *orn*. rouge-~ m Rotkehlchen n.

gorg|ée [gɔr'ʒe] f Schluck m; ~**er** [~] (1l) reichlich füttern; *fig*. vollpfropfen; ~**erette** † [gɔrʒ'rɛt] f Halskragen m; ~**et** ⊕ [~'ʒɛ] m Falzhobel.

gorille *zo*. [gɔ'rij] m Gorilla m; *fig*. Schlägertyp m; Geheimpolizist m; politischer Gegner m.

gosier [go'zje] m Schlund, Kehle f; ~ *pavé* unempfindliche Kehle f.

gosse F [gɔs] su. Junge, Bengel m; kleines Mädchen n, Göre f P.

gothique [gɔ'tik] gotisch; ⚔ altmodisch.

gouache [gwaʃ] f (*Maltechnik*) Guaschmalerei.

gouaill|er [gwa'je] (1a) ~ verspotten v/i. spotten; ~**erie** [gwaj'ri] f Spott m; ~**eur** ⚔ [gwa'jœːr] 1. adj. spöttisch; 2. su. Spötter m.

gouap|e P [gwap] f Strolch m; ~**er** † [~'pe] (1a) herumlungern; ~**eur** † [~'pœːr] m su. Strolch m, Tagedieb m.

goudron [gu'drɔ̃] m Teer.

goudronn|age [gu'drɔ'na:ʒ] m Teeren n; ~**er** [~'ne] (1a) teeren, asphaltieren; ~**erie** [~'ri] f Teerbrennerei f; ~**eux** [~'nø] teerig.

gouffre ['gufrə] m Abgrund, Schlund; Strudel m; *fig*. Moloch m.

gouge [guːʒ] f Hohlmeißel m; *dial*. Dienstmädchen n; Tochter.

gougou [gu'gu] m *ein Negertanz*.

goujat [gu'ʒa] m *hist*. Troßknecht m; † 🛆 Maurerlehrling m; Grobian m, Schweinehund m, Flegel m; ~**erie** [~'tri] f Flegelei f.

goujon [gu'ʒɔ̃] m *icht*. Gründling m; ⊕ Dübel, Pflock, Stift; ~**ner** [~ʒɔ-'ne] (1a) mit Pflöcken aneinander befestigen.

goul|e [gul] f Art Vampir m, leichenfressendes Wesen n; ~**ée** F [~'le] f Maulvoll m; ~**et** [~'lɛ] m enge Einfahrt f *e-s Hafens* usw.; ~**eyant** [~le'jɑ̃]: un vin ~ ein süffiger Wein; ~**ot** [~'lo] m Flaschenhals; *fig*. ~ *d'étranglement* Engpaß m, Schwierigkeit f; ~**u** [~'ly] gefräßig, gierig.

goupill|e [gu'pij] f Pflock m, Stift m; ~ *fendue* ⊕ Splint m; ~**er** [~'je] (1a) e-n Pflock stecken vor (*acc*.); ~**on** [~'jɔ̃] m Weihwedel; Flaschen-, Tüllen-, Zylinderbürste f; *péj*. *régime* m *du* ~ Pfaffenherrschaft f.

gourbi [gur'bi] m arabische Hütte f.

gourd [guːr] (*vor Kälte*) starr, steif.

gourde [gurd] f Kürbis m; Kürbisflasche f; F *fig*. Dummkopf m.

gourdin [gur'dɛ̃] m Knüppel.

gourgandine F [gurgɑ̃'din] f Dirne f, Hure f, übles Frauenzimmer n.

gourmand [gur'mɑ̃] 1. adj. gefräßig, gierig (de nach); naschhaft; 2. su. Vielfraß m; Feinschmecker m; ~**er** [~'de] (1a) ausschelten, heruntermachen; ~**ise** [~'diːz] f Gefräßigkeit; Naschhaftigkeit; ~s f/pl. Nachschereien f/pl., Leckerbissen m/pl.

gourm|e [gurm] *vét*. Druse *der Pferde*; ⚔ Milchschorf m; F *fig*. *jeter sa* ~ sich die Hörner ablaufen; ~**é** [~'me] adj. steif, pedantisch; ~**er** [~] (1a): se ~ sich wichtig tun; ~**et** [~'mɛ] m Weinkenner; Feinschmecker; ~**ette** [~'mɛt] f Kinn-, Uhrkette f; (Glieder-)Armband n.

goussaut [gu'so] adj. dickhalsig, gedrungen; *su*. m (*cheval*) ~ gedrungenes, untersetztes Pferd n.

gousse ⚘ [gus] f Hülse, Schote; ~ *d'ail* Knoblauchzehe f.

gousset [gu'sɛ] m Achselhöhle f; *Hemd*: Achselband n; Westentasche f.

goût [gu] m Geschmack; Neigung f; *fig*. Schönheitssinn; *avoir bon* ~ gut schmecken; ~ *de l'épargne* Sparsinn; ~ *de la responsabilité* Verantwortungsfreudigkeit f; *de mauvais* ~ kitschig; ~**er** [gu'te] 1. (1a) kosten, schmecken; genießen; Geschmack finden an (*dat*.), leiden mögen; vespern; ~ *à qch*. etw. versuchen, probieren, goûté testen, geprüft, gesucht; 2. m Nachmittagskaffee.

goutt|e [gut] f Tropfen m; P Gläschen n Schnaps m; ⚔ Gicht; *ne... ~*

gouttelette — 239 — **grandir**

nicht das geringste; ~ à ~ tropfenweise; **~elette** [gut'lɛt] f Tröpfchen n; **~er** [gu'te] (1a) triefen; **~eux** [gu'tø] 1. adj. gichtisch; 2. su. Gichtkranke(r). **~ière** [~'tjɛːr] f Traufe; Dachrinne; ⚙ Schiene.

gouvernable [guvɛr'nablə] regierungsfähig.

gouvernail [guvɛr'naj] pl. ~s m Steuerruder n; ✈ ~ d'altitude (od. de profondeur) Höhen- (od. Tiefen-)steuer n; ~ vertical od. de direction Seitenruder n, -steuer n.

gouvern|ante [guvɛr'nãːt] f Haushälterin; Erzieherin; **~e** [gu'vɛrn] f ⚓, ✈ Steuerung f, Ruderfläche f; fig. Richtschnur; **~ement** [guvɛrnə'mã] m Regierung f, Verwaltung f; Statthalterschaft f; ~ travailliste Arbeiterregierung f; **~emental** [~vɛrnəmã'tal] (5c) regierungsfreundlich; Regierungs...; **~er** [guvɛr'ne] (1a) (be)herrschen, regieren; beaufsichtigen, verwalten; ⚓, ✈ steuern; **~eur** [~'nœːr] m Gouverneur m, Statthalter m; Vorsteher; Hofmeister; Prinzenerzieher m; ~ militaire Militärgouverneur m, -kommandant m; **~orat** [~nɔ'ra] m Gouverneurssitz.

grabat [gra'ba] m altes Bett n.

grabuge F [gra'byːʒ] m Krawall m, Krach m, Auseinandersetzung f.

grâce [grɑːs] f Gnade; Begnadigung, Gewogenheit; Anmut; Dank m; ~ à dank; faire ~ de verschonen, erlassen; de ~! um Gottes willen!; ~! Gnade!; dire les ~s nach Tisch beten.

graci|er [gra'sje] (1a) begnadigen, **~eusté** [grasjøz'te] f Gefälligkeit; Höflichkeit; Geschmack n, Zugabe, **~eux** [~'sjø] (7d) graziös, anmutig; freundlich; à titre ~ unentgeltlich.

gracile [gra'sil] schlank, zierlich, dünn.

gradation [grada'sjɔ̃] f Stufenfolge; Abstufung; Steigerung.

grad|e [grad] m Ehrenstufe f; Rang; **~é** [~'de] m Unteroffizier m; **~in** [~'dɛ̃] m (Altar- usw.) Aufsatz; Stufe f; ~s pl. Stufensitze; **~uation** [~dɥa'sjɔ̃] f Gradeinteilung; ⚗ Gradierung; **~uel** [~'dɥɛl] stufenweise fortschreitend; **~uer** [~'dɥe] (1a) in Grade abteilen; stufenweise steigern; mit e-r akademischen Würde bekleiden.

graill|e dial. [grɑːj] f Krähe; **~er** [grɑ'je] (1a) krächzen; **~on** [~'jɔ̃] m Fettgeruch; Speisereste pl.; (Schleim-)Auswurf; **~onner** [~jɔ'ne] (1a) nach angebranntem Fett riechen od. schmecken; P Schleim auswerfen.

grain [grɛ̃] m Korn n, Körnchen n von Getreide, Metallen; Gran n; Beere f; Köper m; (Leder-)Narbe f; ⚓ Bö f; ⚓ Pocke f; Blatter f; Mal n; Gerstenkorn n; ~s pl. Getreide n; menus ~ (gros) ~s pl. Sommer-(Winter)getreide n; **~e** [grɛn] f (Samen-)Korn n; monter en ~ in Samen schießen; F in die Höhe schießen, groß werden; **~eterie** [grɛn'tri] f Samenhandlung f.

graiss|age [grɛ'saːʒ] m ⚙ Ölen n, Fetten n, Schmieren n; Auto: Schmierung f; Abschmierdienst m; ~ continu Dauerschmierung f; **~e** [grɛs] f Fett n; Schmalz n; Zähigkeit (Wein usw.); ⚙ Schmiere; ~ végétale Pflanzenfett n; **~er** [grɛ'se] (1b) v/t. einfetten, einschmieren; fettig machen; v/i. Wein usw.: zäh werden; **~et** [grɛ'sɛ] Laubfrosch m; **~eur** ⚙ [~'sœːr] m Schmierbüchse f; Öler; **~eux** [~'sø] fettig.

graminées [grami'ne] f/pl. Gräser n/pl.

grammair|e [gra'mɛːr] f Grammatik, Sprachlehre; **~ien** [gramɛ'rjɛ̃] m Grammatiker.

gramm|atical [gramati'kal] grammatisch; **~aticalisation** néol. [~matikaliza'sjɔ̃] f Vergrammatikalisierung f; **~atiste** [~ma'tist] ↯ fig. Wortklauber m; antiq. Sprachlehrer m.

gramme [gram] m Gramm n.

grand, ~e [grɑ̃, grɑ̃ːd] 1. adj. groß, fig. bedeutend; vornehm; à cause de son ~ âge wegen s-s hohen Alters; en ~ in großem Maßstabe; in Lebensgröße; ~e guerre 1. Weltkrieg m; de ~ cœur von Herzen gern; de ~ matin frühmorgens; au ~ jour am hellen Tage; 2. m Erwachsene(r); Große(r), Grande, das Große, Erhabene n; **~-croix** f 1. Großkreuz n (bsd. der Ehrenlegion); 2. m Träger, Inhaber des ~; **~-duc** [~'dyk] m Großherzog; **~eur** [~'dœːr] f Größe; Bedeutung; Erhabenheit f; (als Titel) Erlaucht f; Sa 📿 Seine Gnaden; **~ir** [~'diːr] (2a)

grand-... — 240 — **gravier**

v/i. größer werden; *v/t.* größer machen, vergrößern.
grand-... [grã...] *in Zssgn*: Groß..., Haupt... *usw*., *z.B.* **~-livre** † [~'livrə] *m* Hauptbuch *n*; **~-mère** [~'mε:r] *f* Großmutter; **~-messe** [~'mεs] *f rl.* Hochamt *n*; **~-mutilé** [~myti'le] *m* Schwer(kriegs)beschädigte(r); **~-père** [~'pε:r] *m* Großvater; **~-route** [~'rut] *f* große Landstraße, Fernverkehrsstraße *f*; **~-rue** [~'ry] *f* Hauptstraße *e-r* Stadt.
grange [grã:ʒ] *f* Scheune *f*.
grani|teux [grani'tø] (7d) granithaltig; **~to** △ [~'to] *m* Terrazzo *m*; **~vore** [~'vɔ:r] körnerfressend.
granul|aire [grany'lε:r] körnig; **~ation** [granyla'sjɔ̃] *f* Körnen *n od.* Körnung *f von Metallen usw.*; ♣ **~s** *pl. krankhafte* Körnchen, Knötchenbildung; **~e** [gra'nyl] *m* Körnchen *n*; **~er** [~'le] (1a) körnen; **~eux** [~'lø] körnig, aus Körnchen bestehend.
graphique [gra'fik] **1.** *adj.* graphisch, Schrift..., Zeichen...; **2.** *m* Kurvenbild *n*, graphische Darstellung *f*.
grappe [grap] *f* Traube; Büschel *m od. n*; Bündel *n*; *vét.* Mauke.
grappill|er [grapi'je] (1a) *in Weinbergen* Nachlese halten; *allg.* nachernten; *fig.* aufschnappen; ♣ einheimsen; **~eur** *m*, **~euse** *f* [~'jœ:r, ~'jø:z] Nachleser(in *f*) *m*; kleiner Profit *m*; **~on** [~'jɔ̃] *m* kleine Traube *f*.
grappin [gra'pɛ̃] *m Art* Anker; Enterhaken; ⊕ Steighaken, -eisen *n*; Greifer *m*; F *mettre le ~ sur q.* j-n (geistig) beherrschen; j-n beim Schlafittchen kriegen.
grappu [gra'py] (7) traubenreich.
gras, ~se [grɑ, grɑ:s] **1.** *adj.* fett, dick; ⚕ fruchtbar; *Zunge*: schwer; *Pflaster*: schlüpfrig; *Reden*: zotenhaft; *fig.* zähe, dick; *jour m ~* Fleischtag *m*; *mardi m ~* Fastnachtsdienstag *m*; **2.** *m* Fett *n*; Fleisch (-speisen *f/pl.*) *n*; *faire ~* Fleisch essen; ~ *de la jambe* Wade *f*; **~-double** *cuis.* [gra'dublə] *m* Fettdarm *m*.
grasseyer [grasε'je] (1i) das R als Zäpfchen-R aussprechen.
grassouillet, ~te F [grasu'jε, ~'jεt] dicklich, rundlich, wabbelig F.

graticule [grati'kyl] *m Zeichnen:* Liniennetz *n*, -gitter *n*.
gratifi|cation [gratifika'sjɔ̃] *f* (Sonder-)Vergütung, Gratifikation *f*; **~er** [~'fje] (1a): ~ *q. de* j-m *e-e* Sondervergütung von ... zukommen lassen; j-m *etw.* verabfolgen.
gratin [gra'tɛ̃] *m* **1.** Essenskruste *f* in Kochtöpfen *usw.*; *au ~* mit geriebener Semmel; **2.** P die oberen Zehntausend *pl.*; **~er** [grati'ne] (1a) in geriebener Semmel backen; *v/i.* in e-m Kochtopf *usw.* festbacken.
gratis [gra'tis] unentgeltlich, umsonst.
gratitude [grati'tyd] *f* Dankbarkeit.
gratte [grat] *f* Jäthacke *f*; F Profitchen *n*; **~-ciel** [grat'sjεl] *m* Wolkenkratzer *m*, Hochhaus *n*; **~-cul** ♣ [grat'ky] *m* Hagebutte *f*.
gratt|eler [grat'le] (1c) schaben; **~eux** ♣ [~'lø] krätzig.
grattelle ♣ [grat'tεl] *f* Krätze.
gratte-papier [gratpa'pje] *m* Federfuchser *m*, Bürohengst *m*.
gratt|er [gra'te] (1a) kratzen; scharren; ausradieren; P Profitchen machen; krautzen (*z.B. den Hund*); F ~ *q. à la course* j-n beim Wettrennen überholen; F se ~ sich rasieren; ~ *à la porte* leise anklopfen; **~oir** [~'twa:r] *m* Radiermesser *n*; ⊕ Kratzeisen *n*; Reibefläche *f (Streichholzschachtel)*; **~ure** [~'ty:r] *f* Abgekratzte(s) *n*.
gratuit [gra'tɥi] unentgeltlich; *fig.* unbegründet, willkürlich; **~é** [~'te] *f* Unentgeltlichkeit; Unbegründetheit *f*.
gravats [gra'va] *m/pl.* Mauerschutt *m*.
grave [grɑ:v] *nur fig.* schwer; folgenreich; gewichtig, bedeutend; erheblich; schlimm; ernst, feierlich; tief (*Ton*).
gravel|er [grav'le] (1c) mit Kies beschütten; **~eux** [~'lø] (7d) grießig; kiesig; ♣ mit Harngrieß behaftet; *fig.* anstößig.
gravelle ♣ [gra'vεl] *f* Harngrieß *m*.
gravelure [gra'vly:r] *f* verblümte Zote, Zweideutigkeit.
grav|er [gra've] (1a) *v/t.* ~ *sur* eingraben, -gravieren in, auf; ~ *dans fig.* einprägen; **~eur** [~'vœ:r] *m* (Kunst-)Stecher, Graveur; ~ *sur bois* Holzschneider.
gravier [gra'vje] *m* Kies; Harngrieß; ♣ Nierensteine *m/pl.*

gravir — 241 — **grièvement**

grav|ir [gra'vi:r] (2a) erklimmen; (er)klettern; **~itation** [~vita'sjõ] f Anziehungskraft, Schwerkraft.

gravit|é [gravi'te] f Schwere, Wichtigkeit; Ernst m; Gefährlichkeit; ♪ Tiefe; **~er** [~'te] (1a) *dem Schwerpunkt* zustreben; herumkreisen.

gravure [gra'vy:r] f (Kupfer-) Stecherkunst; (Kupfer-, Stahl-) Stich m; **~** *sur bois* Holzschnitt m.

gré [gre] m Gefallen n, Belieben n; *à mon* **~** nach meinem Geschmack, nach meiner Meinung; *aux vents* dem Winde preisgegeben; *contre mon* **~** ungern; *de bon* **~** gern; *de son* **~** aus freiem Willen, Antrieb; *de mon, ton etc. propre* **~** aus eigenem Antrieb; *bon* **~***, mal* **~** wohl oder übel; *savoir* **~** *à q. j-m* Dank wissen.

grec, grecque [grɛk] **1.** *adj.* griechisch; **2.** *m das* Griechische; **3.** ♀ *su.* Grieche m; f: Griechin f.

Grèce [grɛs]: *la* **~** Griechenland n.

gredin m, **~e** f [grə'dɛ̃, ~'din] Halunke m, Schuft m, Lump m, Schlingel m.

gréer ⚓ [gre'e] (1a) auftakeln.

greffage ✿ [grɛ'fa:ʒ] m Pfropfen n.

greff|e [grɛf] **1.** f Kanzlei f; Gerichtsschreiberstelle f; **2.** ✿ f *du cœur* Herzverpflanzung; **~er** ✿ [~'fe] (1a) pfropfen; **~ié** ☤ [~'fje] m Gerichtsschreiber, Kanzleibeamte(r) m; **~oir** ✿ [~'fwa:r] m Pfropfmesser n; **~on** [~'fɔ̃] m Auge n, Pfropfreis n.

grégaire [gre'gɛ:r] Herden..., Massen...; *instinct* m **~** Herdentrieb.

grégarisme [grega'rism] m Herdentrieb.

grège [grɛ:ʒ] f: *(soie f)* **~** rohe Seide.

grégeois *hist.* ⚔, ⚓ [gre'ʒwa]: *feu* m **~** griechisches Feuer n.

grêl|e [grɛl] **1.** lang und dünn; piepsig *(Stimme)*; **2.** f Hagel m; Schloßen *pl.*; **~é** ✿ [~'le] pockennarbig; ✿ verhagelt; **~er** [~] (1a) *v/i.* hageln; *v/t.* verhageln; **~on** [~'lõ] m Schloße f; Hagelkorn n.

grelot [grə'lo] m Schelle f; P *attacher le* **~***, accrocher des* **~s** den Mumm zu etw. aufbringen; *die Initiative ergreifen*; *avoir les* **~s** Angst haben; **~ter** [grəlɔ'te] (1a) vor Kälte zittern.

grenad|e [grə'nad] ⚔ f Granatapfel m; ⚔ Granate, **~ier** [~'dje] m

♀ Granatbaum; ⚔ Grenadier; **~ille** ♀ [~'dij] f Passionsblume; **~in, ~ine** [~'dɛ̃, ~'din] **1.** *adj.* granatrot; **2.** f ✝ *Art* Seide; Granatapfelsirup m; **3.** m *cuis.* gefülltes Geflügel n; ♀ Nelkenart f; *orn.* Granatvogel m.

gren|aille [grə'na:j] f Kornabfall m; ⊕ Schrot m; △ Splitt m; **~aison** [~nɛ'zõ] f Fruchtansatz m.

grenasse [grə'nas] f: **~** *(de pluie, de vent)* Regen-, Windschauer m.

grenat [grə'na] **1.** m Granat(stein) m; **2.** *adj. inv.* granatfarben, dunkelrot.

greneler [grən'le] (1c) *Papier, Leder*: narben. [ben.)

grener [grə'ne] (1d) körnen; nar-)

grènet|erie [grɛn'tri] f Samenhandlung; **~ier** [grɛn'tje] m Korn-, Samenhändler; **~is** [grɛn'ti] m Randverzierung f e-r Münze.

grenier [grə'nje] m (Dach-)Boden, Speicher; △ Dachboden m.

grenouill|e [grə'nuj] f Frosch m; **~** *verte* Laubfrosch m; P *manger la* **~** mit der Kasse durchbrennen; **~er** P [~'je] Wasser trinken; sich rumtreiben, sich versteckt halten; **~ère** [grənu'jɛ:r] f Froschtümpel m; *fig.* F flache Badestelle f; **~ette** ♀ [~'jɛt] f (Sumpf-)Hahnenfuß m.

grès [grɛ] m Sandstein m; **~** *bigarré* Buntsandstein; **~** *(cérame)* Steingut n.

grésil [gre'zi] m Graupeln f/pl.; **~ler** [~'zi,le] (1a) *v/i.* graupeln; zirpen; knistern *(Feuer)*; *v/t.* knisternd zs.-schrumpfen lassen.

gressin [grɛ'sɛ̃] m knuspriges Stangenbrot n.

grève [grɛ:v] f Strand m; Arbeitseinstellung, Streik m; **~** *agricole* Bauernstreik m; *univ.* **~** *des cours* Vorlesungsstreik m; **~** *de la faim* Hungerstreik m; *faire* **~** streiken; **~** *des repas univ.* Essensstreik m; **~** *du règlement od. du zèle* Streik m durch Übereifer; **~-surprise** Überraschungsstreik m.

grever [grə've] (1d) belasten.

gréviste [gre'vist] m Streik(end)er m.

griblette [gri'blɛt] f in Speck gebratenes Fleischschnittchen n.

gribouill|er [gribu'je] (1a) kritzeln, schmieren; **~ette** [~'jɛt] f Auffangspiel n; *à la* **~** aufs Geratewohl.

grief [gri'ɛf] m Klagegrund m; Beschwerde f.

grièvement [griɛv'mã] *adv. fig.*

16 Frz.-Dtsch.

griffade — **grisoller**

ernsthaft, schwer; ~ blessé schwer verletzt.

griff|ad [gri'fad] f Krallenhieb m; ~e [grif] f Kralle, Klaue; Tatze; Namensstempel m; *Mode, Kunst:* Note f, Stempel m *fig.*; Neuerung f, Trick m; ♣ Luftwurzel f; ⊕ Haken m; † 1ère ~ führende Marke; ~er [gri'fe] (1a) mit den Klauen packen, kratzen; ~on [~'fɔ̃] m 1. *orn.* Art Geier; ⌀ Greif; 2. *Hunderasse:* Affenpinscher m.

griffonn|age [grifɔ'naːʒ] m Gekritzel n, Geschmiere n; ~er [~'ne] (1a) (be-, hin)kritzeln, schmieren; ~eur [~'nœːr] m Vielschreiber.

grignon [gri'ɲɔ̃] m Brot, Kuchen: Rinde f, Kruste f; ~tage [~ɲɔ'taːʒ] m: *pol.* politique f de ~ Zermürbungspolitik f; ~ter [~ɲɔ'te] (1a) benagen; knabbern; *fig.* zs.-schachern; ⚒ aufreiben.

grigou [gri'gu] m knickerig; Knauser m, Pfennigfuchser m.

gril [gri] m (Brat-)Rost m; Gitter n; *fig.* être sur le ~ wie auf Kohlen sitzen.

grill|ade [gri'jad] f Rostbraten m; ~age [~'jaːʒ] m Rösten n; Drahtgeflecht n; Gitterwerk n; ~ager [~ja'ʒe] (1l) vergittern; ~e [grij] f Gitter(tür) n; Sprechgitter n *in e-m Kloster;* ⊕ (Feuer-)Rost m; Leserost m; Abstreichgitter n; ~ de salaires Lohnstop m; ~ écran *rad.* Schirmgitter n; *Laden:* ~ protectrice Schutzgitter n.

griller[1] [gri'je] (1a) *v/t.* rösten, auf dem Roste braten; verbrennen; F *(Zigarette)* rauchen; F anmachen, einschalten *(das Licht);* politique f de ~ Zermürbungspolitik f; F *Auto:* ~ un feu rouge ein rotes Licht überfahren; ~ du café Kaffee brennen; *v/i.* auf dem Roste braten; *fig.* vor Ungeduld vergehen.

griller[2] [gri'je] (1a) *Fenster* vergittern.

grillon *ent.* [gri'jɔ̃] m Heimchen n; ~-taupe *ent.* [~'top] m Maulwurfsgrille f.

grill-room [gril'rum] m Weinstube f.

grimac|e [gri'mas] f Gesichtsverzerrung, Fratze, Grimasse; ~er [~'se] (1k) Grimassen schneiden; sich geschraubt ausdrücken; ~ier *su.* [~'sje] geziert, zimperlich;

Fratzenschneider m; Geck m; ~ière [~'sjɛːr] f Zierpuppe.

grim|aud [gri'mo] 1. *adj.* verdrießlich; 2. m Schulfuchs m; Schreiberling m; ~er [gri'me] (1a): se ~ thé. sich alt schminken.

grimoire [gri'mwaːr] m Zauberbuch n; *fig.* Geschreibsel n; unverständliches Zeug n.

grimp|ade [grɛ̃'pad] f Kletterei f; ~ant [~'pɑ̃] kletternd; ♣ Schling...; ~er [~'pe] (1a) klettern *(aux arbres* sur le toit); *v/t.* hinaufschwingen, -ziehen; ~ereau *orn.* [grɛ̃'pro] m Specht; ~eur [~'pœːr] m Kletterer; ~s *pl. orn.* Baumläufer.

grinc|ement [grɛ̃s'mɑ̃] m *Zähne, Rad, Feile usw.:* Knirschen n; *Tür:* Knarren n; ~er [~'se] (1k): a) ~ les od. des dents mit den Zähnen knirschen; b) *Tür* knarren.

grincher * [grɛ̃'ʃe] klauen.

grincheux [grɛ̃'ʃø] 1. *adj.* mürrisch; 2. *su.* Nörgler m; Griesgram m.

gringalet [grɛ̃ga'lɛ] *su.* kleiner, schwächlicher Mensch, winziges Persönchen n; *adj.* schmächtig.

griot [gri'o] m 1. Kleienmehl n; 2. *bei den Negern:* Zauberer, Dichter und Possenreißer m.

griotte [gri'ɔt] f Sauer-, Weichselkirsche f; rot und braun gefleckter Marmor m.

gripp|age [gri'paːʒ] ⊕: ~ (à bloc) Heißlaufen n, Festfressen n ~ [grip] f 1. 𝒜 Grippe; 2. Abneigung f: prendre q. en ~ gegen j-n eingenommen werden; ~er [gri'pe] (1a) *v/t.* † greifen; P klauen; erwischen; *v/i. mot.* festsitzen; se ~ einlaufen *(Zeug);* ⊕ sich heißlaufen; ~e-sou F [grip'su] m Pfennigfuchser.

gris [gri] (7) grau; düster, trübe; F angetrunken, benebelt F; ~-terre feldgrau.

grisaill|e *peint.* [gri'zaːj] f Grau n in Grau; ~er [~za'je] (1a) *v/t.* grau anstreichen; *v/i.* grau werden.

gris|âtre [gri'zaːtr] etwas grau, gräulich; ~bi * [gris'bi] m Geld n, Kohlen f/pl. *fig.* ~; ~er [gri'ze] (1a) berauschen, benebeln; *Auto:* se ~ de vitesse irrsinnig schnell fahren; ~ette [gri'zɛt] f 1. grauer Kleiderstoff m; 2. kokette Arbeiterin.

grisoller [grizɔ'le] (1a) trillern *(Lerche).*

grison [gri'zõ] **1.** *adj.* (7c) grau (*Haar*); **2.** *m* Graukopf, -bart; Grautier *n*, Esel; **3.** ⚥ *su.* Graubündner *m*; *canton m des* ~s, *les* ~s Graubünden (*Schweizer Kanton*) *n*; ~**ner** F [grizɔ'ne] (1a) grau werden.

grisou ⚒ [gri'zu] *m* Grubengas *n*; *coup de* ~ Schlagwetterexplosion *f*.

grive [gri:v] *f* Drossel, Krammetsvogel *m*; ✶ Krieg *m*.

griv|elé [griv'le] grau und weiß gesprenkelt; ~**eler** [~] den Wirt um die Zeche prellen; ~**èlerie** [grivel'ri] *f* Zechprellerei; ~**eleur** [~'lœːr] *m* Zechpreller.

grivois [gri'vwa] (7) schlüpfrig; dreist; ~**erie** [~vwaz'ri] *f*: ~s *pl.* schlüpfrige Reden; Zote.

grogn|ard [grɔ'naːr] *m* ✶ brummiger Mensch *m*; *hist.* alter Haudegen; ~**asse** P [~'nas] *f* alte Schrulle *f*; ~**er** [grɔ'ɲe] (1a) v/i. knurren; grunzen; schimpfen; v/t. *fig.* ausschimpfen; ~**eur** *m*, ~**euse** *f* [~'nœːr, ~'nøːz] **1.** *adj.* brummig, muffelig; **2.** *su.* Muffel *m*, Meckerer *m*; Meckerliese *f*, Keiferin *f*; ~**on** [~'nõ] = grogneur, ~**onner** [grɔɲɔ'ne] (1a) = grogner.

groin [grwɛ̃] *m* Schweineschnauze *f*; F *fig.* Fratze *f*.

gro(l)le [grɔl] *f dial.* Saatkrähe; P Schuh *m*; *péj.* Latschen *m*; P *avoir les* ~s Angst haben.

grommeler [grɔm'le] (1c) vor sich herbrummeln.

grond|ement [grõd'mɑ̃] *m* Brummen *n*; Knurren *n*; *Donner*: Grollen *n*, Rollen *n*; ~**er** [~'de] (1a) v/i. brummen; murren; *Donner* rollen; brausen, dröhnen; v/t. (aus)schelten; ~**erie** [~'dri] *f* Geschimpfe *n*; ~**eur** [~'dœːr] (7g) **1.** *adj.* brummig, mürrisch; **2.** *su.* Zänker *m*.

gros, ~se [gro, groːs] **1.** *adj.* dick, stark; ✶ geschwollen; schwer; *fig.* grob, derb; groß, bedeutend; schwanger; stürmisch; *le plus* ~ *das Größte*; ~ *bétail m* großes Vieh *n* (*ant. bétail menu*); ~ *industriel m* Großindustrielle(r) *f*; F *fig.* ~**se** *légume f* großes (*od.* hohes) Tier *n*, bedeutender Mann; P *les* ~ die Reichen *m*/*pl.*; ~ *œuvre m* △ Rohbau; *avoir le cœur* ~ Kummer haben, betrübt sein; *adv. gagner* ~ viel gewinnen, gut (*od.* schwer P) verdienen; *perdre* ~ stark einbüßen, viel verlieren; **2.** *m* Hauptsache *f*; Hauptteil; ⚒ Gros *n*; Groschen; ✝ Großhandel; *en* ~ in größerer Menge; im ganzen und großen; *marchand m en* ~ Großhändler.

groseill|e ♀ [groˈzɛj] *f* Johannisbeere; ~ *verte od.* ~ *à maquereau* Stachelbeere; ~**ier** [~ˈzɛ'je] *m* Johannisbeerstrauch; ~ *épineux* Stachelbeerstrauch.

Gros-Jean [groˈʒɑ̃]: *me voilà* (*od. me voici*) ~ *comme devant* da bin ich nun ebenso schlau wie vorher.

gross|e [groːs] *f* Gros *n* (12 Dtzd.); Ausfertigung *f e-r* Urkunde; ~**ement** [gros'mɑ̃] *adv.* = *en gros*; ~**esse** [gro'sɛs] *f* Schwangerschaft *f*; ~ *nerveuse* Scheinschwangerschaft *f*; ~**eur** [gro'sœːr] *f* Dicke, Stärke; Geschwulst; ~**ier** [gro'sje] grob, plump, roh; ~**ièreté** [~sjɛr'te] *f* Grobheit, Taktlosigkeit *f*, Derbheit *f*, Roheit; ⊕ Rauheit *e-s Stoffes*; ~**ir** [~'siːr] (2a) v/t. dicker *od.* stärker machen; *fig.* übertreiben; v/i. stärker werden, anwachsen, zunehmen; ~**oyer** [~swa'je] ✝ (1h) ausfertigen.

grotesque [grɔ'tɛsk] lächerlich, komisch; *m* Groteske *n*; Komiker.

grouill|ement [gruj'mɑ̃] *m* Wimmeln *n*; Knurren *n im Leibe*; ~**er** [gruj'e] (1a) knurren *im Leibe*; *von etw.* wimmeln; P *se* ~ sich beeilen.

group [grup] *m* versiegelter Geldsack.

group|e [grup] *m* Gruppe *f*; ✝ Konzern *m*; *pol.* Fraktion *f*; ⚒ Abteilung *f*; ⚓ Kette *f*; ⚡ Aggregat *n*; ✿ ~*bulbe de* Zwiebelaggregat *n* (*für Gezeiten-Kraftwerk*); ~ *de travail* (*od. d'études*) *pol., écol. usw.* Arbeitsgemeinschaft *f*; *adm.* ~ *scolaire* Schule *f*; ~ *sanguin* ✱ Blutgruppe *f*; ~**er** [~'pe] (1a) gruppieren, einordnen; ~**uscule** *péj.* [~pys'kyl] *m* Grüppchen *n*.

gruau [gry'o] *m* Grütze *f*; Grützsuppe *f od.* -brei *m*; Schrotmehl *n*.

grue [gry] *f orn.* Kranich *m*; *fig.* P *péj.* Hure *f*; ⊕ Kran *m*; ~ *de chargement* Ladekran *m*; ~ *excavatrice* Bagger(kran *m*) *m*; *faire le pied de* ~ lange umsonst warten.

gruger [gry'ʒe] (11) *fig.* aussaugen, ausbeuten.

grume [grym] f Baumrinde f auf geschnittenem Holz.
grumeau [gry'mo] m Klümpchen n.
grumeler [grym'le] (1c): se ~ klumpig (od. dick [Milch]) werden.
grutier ♦ [gry'tje] m Kranführer.
Gruyère(s) [gryˈjɛːr] f: fromage m de ~ od. nur ♀ m Schweizer Käse.
gué [ge] m Furt f; **~able** [ge'abl] Fluß: durchwatbar, durchfahrbar.
guéer ♦ [ge'e] (1a) Fluß durchwaten usw.; Wäsche (ab)spülen; Pferd in die Schwemme reiten.
guenille [gə'nij] f Lumpen m; (bsd. ~s pl.) alte Kleider n/pl.; fig. Plunder m.
guenon [gə'nɔ̃] f Rhesusaffe m; péj. häßliche Frau.
guêp|e ent. [gɛp] f Wespe; **~ier** [gɛ'pje] m Wespennest n; orn. Bienenfresser m.
guère [gɛːr]: ne ... ~ nicht viel, wenig; nicht eben, kaum; qu'en savons-nous? ♀ plus que ce qu'en disaient Pline et Tacite ... kaum mehr als was Plinius u. Tacitus darüber sagten.
guéret [ge'rɛ] m Brachacker; Flur f.
guéridon [geri'dɔ̃] m rundes, einfüßiges Tischchen n, Nipptisch m.
guérilla [geri'ja] f Kleinkrieg m; les ~s f/pl. die Partisanen.
guér|ir [ge'riːr] (2a) v/t. heilen; v/i. genesen; **~ison** [geri'zɔ̃] f Heilung; **~issable** [~'sabl] heilbar; **~isseur** [~'sœːr] m Heiler; Quacksalber.
guérite [ge'rit] f ✕ Schilderhäuschen n; 🚆 Wärterbude; Schaffner-, Bremsersitz m; Strandkorb m.
guerr|e [gɛːr] f Krieg m; la première ~ mondiale od. la grande ~ der 1. Weltkrieg m; la seconde ~ mondiale der 2. Weltkrieg; des nerfs, ~ psychologique Nervenkrieg m; **~ier** [gɛ'rje] 1. adj. kriegerisch; 2. su. Krieger m; **~oyer** [gɛrwa'je] (1h) Krieg führen.
guet [gɛ] m Wache f; fig. Lauer f; faire le ~ auf der Lauer sein; **~-apens** [gɛta'pɑ̃] m Hinterhalt.
guêtre ['gɛtra] f Gamasche.
guett|er [gɛ'te] (1a) belauern; **~eur** [~'tœːr] m Aufpasser, Wächter.
gueul|ard [gœ'laːr] 1. su. Großmaul n; 2. m ⊕ Gicht f, oberer Rand e-s Hochofens; **~e** [gœl] f Maul n; Rachen m; Öffnung, Schnauze; P Gesicht n; ~ noire ✕

Bergarbeiter m; F ~s cassées Gesichtsversehrte m/pl. (des 1. Weltkriegs); ta ~! halt die Schnauze, das Maul!; P avoir la ~ e-n Kater haben (nach einer Zecherei); **~-de-loup** ♀ f Löwenmaul n; **~er** F [gœ'le] (1a) grölen, brüllen; F fig. in die Augen fallen (Kunstwerk).
gueules ⃞ [gœl] m rote Farbe f.
gueuleton P [gœl'tɔ̃] m Festessen n, große Fresserei f N.
gueus|aille [gø'zaːj] f Bettelvolk n; **~ard** [~'zaːr] m Strolch; **~e** ⊕ [gøːz] f Massel; Eisenbarren m; Gußform; **~erie** [gøz'ri] f Bettelarmut; Bettelei f.
gueu|x, ~se [gø, gøːz] 1. adj. bettelarm; armselig; 2. su. Bettler m; Lump m, Habenichts m, Strolch m; hist. les ♀ pl. die Geusen.
gui ♀ [gi] m Mistel f.
guibolle P [gi'bɔl] f Bein n.
guichet [gi'ʃɛ] m kleine Tür in e-r großen; Schalter; **~ier** [giʃ'tje] m Gefängnispförtner m.
guid|e [gid] 1. m (Berg-, Fremden-, Reise-)Führer (Person u. Buch); ✕ Flügelmann; ♪ Thema n; ⊕ z.B. Leitung f, Fadenführer; ⚓ Richtungsboje f; 2. f Leine f; mener la vie à grandes ~s in Saus u. Braus leben; **~e-âne** [gi'daːn] m Anleitung f; fig. Linienblatt n; **~er** [gi'de] (1a) führen; **~e-rope** [gi'drɔp] m Schleppseil n.
guidon [gi'dɔ̃] m Fahrrad: Lenkstange f; (Visier-)Korn n; Wimpel m, Fähnchen n.
guign|e [giɲ] f Süßkirsche; P Pech n im Spiel; **~er** [gi'ɲe] (1a) hinschielen nach; spekulieren auf (acc.); **~ier** [~] m Süßkirschbaum; **~ol** [gi'ɲɔl] m Kasperle(theater n); **~olet** [giɲɔ'le] m Kirschlikör; **~oliste** [~'list] su. Kasperlespieler m; **~on** [gi'ɲɔ̃] m Unglück n bsd. im Spiel; avoir du ~ Pech haben.
guillaume ⊕ [gi'joːm] m Falzhobel.
Guillaume [gi'joːm] m Wilhelm.
guillemet [gij'mɛ] m Anführungszeichen n.
guiller|et F [gij'rɛ] lustig; **~i** [gij'ri] m Sperlingsgezwitscher n.
guillocher ⊕ [gijɔ'ʃe] (1a) mit verschlungenen Linien verzieren.
guimauve ♀ [gi'moːv] f Eibisch m.
guimbarde [gɛ̃'bard] f F wackeliger Wagen m, Rumpelkasten m; (a.

guimpe — **245** — **gyrotrope**

Auto); schlechte Gitarre; Nut-, Grundhobel *m*.
guimpe [gɛ̃:p] *f* Brustschleier *m der Nonnen*; dünnes Kopftuch *n*; Kinderlätzchen *n*.
guincher P [gɛ̃'ʃe] (1a) schwofen P, tanzen.
guind|age [gɛ̃'da:ʒ] *m* Aufwinden *n*; **~al** [~'dal] *m* Schiffswinde *f*; **~er** [~'de] (1a) (auf)hissen; *fig.* schrauben (*Stil*); einschüchtern.
guine * [gin] *f* Lesbierin *f*.
guinguette [gɛ̃'gɛt] *f* Kneipe *f*.
guip|er [gi'pe] (1a) mit Seide überspinnen; **~ure** [~'py:r] *f* 1. *Art* übersponnene Seidenspitze; 2. erhabene Stickerei *f*, Gipüre *f*.
guirlande [gir'lɑ̃:d] *f* Girlande *f*.
guise [gi:z] *f*: à ta **~** wie du willst; en **~** de an Stelle von.
guitoune *arab.* [gi'tun] *f* Zelt *n*.
guivre ⌀ [ˈgi:vrə] *f* Schlange.
gunitage △ [gyni'ta:ʒ] *m*: **~** (*de béton*) Torkretbeton *m*.
gustat|if [gysta'tif]: *nerf m* **~** Ge‑

schmacksnerv; **~ion** [~tɑ'sjɔ̃] *f* Kosten *n*, Schmecken *n*.
gutta-percha [gytapɛr'ka] *f* Guttapercha *f*.
guttural [gyty'ral] guttural, zur Kehle gehörig, Kehlkopf... (*Stimme*). [liches Bravourstück *n*.\
gymkhana [ʒimka'na] *m* sport‑\
gymnas|e [ʒim'na:z] *m* Turnhalle *f*; *deutsches* Gymnasium -n; **~te** [ʒim'nast] *m* (Vor-)Turner; *section f de* **~s** Turnerriege *f*; **~tique** [~nas'tik] **1.** *adj.* gymnastisch; *pas m* **~** Laufschritt; **2.** *f* Gymnastik *f*, Leibesübungen *f/pl.*; **~** corrective du maintien orthopädische(s) Turnen *n*; *faire de la* **~** turnen. [Bartgeier.\
gypaète *orn.* [ʒipa'ɛt] *m* Lämmer-,\
gypse [ʒips] *m* Gips.
gyro|compas ⚡ [ʒirɔkɔ̃'pɑ] *m* Kreiselkompaß *m*; **~pilote** ⚡, ⚓ [~pi'lɔt] *m* Selbststeuergerät *n*; **~trope** ⚡ [~'trɔp] *m* Stromwender *m*.

H

('h: aspiriertes h, das Apostrophierung und Bindung ausschließt)

H (*ou* **h**) [aʃ] *m* H (*od.* h) *n*.
habil|e [a'bil] *m* (*abil*) geschickt, gewandt; gewitzt, gerissen, schlau; ꝛꞋ ~ à succéder erbfähig; **~eté** [abil'te] *f* Geschicklichkeit; Gewitztheit *f*, Klugheit *f*; **~itation** [abilita'sjɔ̃] *f* Rechtsfähigkeitserteilung; **~ité** ꝛꞋ [abili'te] *f* Fähigkeit; **~iter** ꝛꞋ [~'te] (1a) ermächtigen, berechtigen.
habill|age [abi'jaːʒ] *m cuis.* Zurichten *n*; Ausschlachten *n*; **~ement** [abij'mɑ̃] *m* Kleidung *f*; Ankleiden *n*; **~er** [abi'je] (1a) (an-, be)kleiden, einkleiden; *für j-n* Anzüge schneidern; kleiden, stehen; *cuis.* zurechtmachen; ausschlachten; ~ *de neuf* neu einkleiden; **~eur** *m*, **~euse** *f thé*. [abi'jœːr, ~'jøːz] Garderobier(e *f*) *m*. [(*noir*) Frack.\
habit [a'bi] *m* Anzug *m*; Rock; ~ \
habit|able [abi'tablə] bewohnbar; **~acle** [~'taklə] *m* ✈ Flugzeugkabine *f*; *at*. Raketenkapsel *f*; ⚓ Kompaßhäuschen *n*; **~ant**, **~ante** *f* [~'tɑ̃, ~'tɑ̃ːt] Be-, Einwohner(in *f*) *m*; **~at** [~'ta] *m* Wohnwesen *n*; Wohnverhältnisse *n/pl.*; Heimat *f* (*von Rassen, Tieren, Pflanzen*); Fundort; **~ation** [~ta'sjɔ̃] *f* Wohnung; Wohnen *n*; **~er** [~'te] (1a) (be)wohnen.
habit|ude [abi'tyd] *f* Gewohnheit; ~ *du corps* körperliche Haltung; *d'* ~ normalerweise, gewöhnlich; *par* ~ gewohnheitsmäßig; **~ué** [~'tɥe] *m* Stammgast *m*, -kunde *f*; **~uel** [~'tɥɛl] (7c) zur Gewohnheit geworden; gewohnheitsmäßig; Gewohnheits...; **~uer** [~'tɥe] (1a) gewöhnen.
'hâbl|er [a'ble] (1a) prahlen; **~erie** [ablə'ri] *f* Großsprecherei; **~eur** [a'blœːr] *su.* Aufschneider *m*.
'hache [aʃ] *f* Axt, Beil *n*; **~légumes** [~le'gym] *m* Wiegemesser *n*; **~-paille** [a'paːj] *m* Futterschneide-, Häckselmaschine *f*.
'hach|er [a'ʃe] (1a) zerhacken, schraffieren; vernichten (*Ernte*); **~ereau** [aʃ'ro] *m* kleines Beil *n*; **~ette** [a'ʃɛt] *f* Handbeil *n*, Hackebeil *n*; **~is** *cuis.* [a'ʃi] *m* Gehackte(s) *n*; **~oir** [a'ʃwaːr] *m* Hackbrett *n*; Hackmesser *n*; Hackbank *f*; Wiegemesser *n*; Fleischwolf *m*; **~ure** [a'ʃyːr] *f* Schraffierung.
'hagard [a'gaːr] verstört, scheu.
'haie [ɛ] *f* Hecke; Reihe *von Personen*, Spalier *n*; *course f de* ~*s* Hindernisrennen *n*.
'haillon [a'jɔ̃] *m* Lumpen, Lappen.
'hain|e [ɛn] *f* Haß *m*; **~eux** [ɛ'nø] haßsüchtig; gehässig.
'haïr [a'iːr] (2m) hassen.
'haïssable [ai'sablə] hassenswert.
'halage [a'laːʒ] *m* Ziehen *n der Schiffe*; Treideln *n*; ⚓ Einholen *n*; *chemin de* ~ Treidelpfad, -weg.
'hâl|e [ɑːl] *m* Sonnenbrand; trockener Wind; **~é** [ɑ'le] sonnengebräunt.
haleine [a'lɛn] *f* Atem *m*; Hauch *m*; *à perte d'*~ endlos; *de longue* ~ langwierig; *se mettre en* ~ sich in Gang setzen.
'haler [a'le] ⚓ (1a) anholen; treideln; heran-, heraufziehen (*Baumstämme*); ⚓ einholen.
'hâler [ɑ'le] (1a) *Haut* bräunen; *Pflanzen* dörren.
'halètement [alɛt'mɑ̃] *m* Keuchen *n*, Schnauben *n*; 🚂 Fauchen *n*.
'haleter [al'te] (1c) keuchen.
'haleur [a'lœːr] *m* Treidler.
half-truck [af'trak] *m* (6g) kleines Lastauto *n*.
'hall [oːl] *m* großer hoher Saal; (Werk-)Halle *f*; 🏛 Vorbau *m*; *sous* ~ überdacht (*Ausstellung*; *Ggs.*: *à l'air libre*); **~age** [a'laːʒ] *m* Standgeld *n*; Umwandung *f* e-r Thermosflasche; **~e** [al] *f* Markthalle; *un fort de la* ⚥ Lastträger der Markthalle; 🚂 ~ *aux guichets* Schalterhalle.
'hallier [a'lje] *m* 1. Hallenaufseher *m*; 2. Dickicht *n*; 3. Garn *n zum Vogelfang*.

hallucination ♀ [alysina'sjɔ̃] f Sinnestäuschung.

halo [a'lo] m Hof um Sonne, Mond usw.; phot. Lichthof; anti~ lichthoffrei.

halogène ⚛, 🜕 [alɔ'ʒɛn] **1.** adj. salzerzeugend, -bildend; **2.** m Salzbild(n)er.

halot [a'lo] m Kaninchenhöhle f.

halte [alt] **1.** f Pause, Rast; 🚉 Haltestelle; faire ~ anhalten; **2.** ~! od. ~-là! nicht weiter!

haltère [al'tɛ:r] m Hantel (a. f); faire des ~s hanteln.

haltérophilie [alterɔfi'li] f Gewichtestemmen n.

hamac [a'mak] m Hängematte f.

hameau [a'mo] m Weiler; Dörfchen n.

hameçon [am'sɔ̃] m Angelhaken.

hampe[1] [ɑ̃:p] f (Lanzen-, Fahnen-) Stange; 🖌 Schaft m; Pinselstiel m.

hampe[2] [ɑ̃:p] f Brust des Hirsches.

hamster zo. [ams'tɛ:r] m Hamster.

hanap [a'nap] m Humpen.

handicap [ɑ̃di'kap] m Sport: Ausgleich m, Handikap n, Vorgabe f; fig. Benachteiligung f, Nachteil m, Pech n; ~er [ɑ̃dika'pe] (1a) benachteiligen.

hanche [ɑ̃:ʃ] f Hüfte.

hand|-ball Sport [ɛnd'bo:l] m Handball m; ~balleur [~bo'lœ:r] m Handballspieler m.

hangar [ɑ̃'ga:r] m (Auto-, Flugzeug-, Boots-)Halle f, Schuppen m.

hanneton [an'tɔ̃] m ent. Maikäfer; F fig. leichtsinniger Mensch m.

hant|é [ɑ̃'te]: fig. ~ de geplagt von; maison ~e Haus, in dem es spukt; ~er [~] (1a) oft besuchen; heimsuchen; ~ise [~'ti:z] f Besessensein n; fixe Idee f; Angst f; ~ de l'atome Atomangst f.

happ|e [ap] f ⊕ Achsenblech n; Krampe, Haspe; Fenster-, Türriegel m; men. (Leim-)Zwinge; ~é [a'pe]: ~ par le train v. Zuge erfaßt; ~er [~] v/t. **1.** auf-, wegschnappen; schnell nach etw. greifen, packen, erfassen; se faire ~ par un autocar von e-m Reisebus erfaßt werden; **2.** v/i. an der Zunge usw. (fest)kleben.

haquenée hist. [ak'ne] f Zelter m.

haquet [a'kɛ] m Kippwagen; Sturzkarren m; ~ier [ak'tje] m Rollkutscher m.

harangu|e [a'rɑ̃:g] f feierliche Anrede; F langweiliges Gefasele n; Strafpredigt f; ~er [~rɑ̃'ge] (1a) v/t. feierlich anreden; v/i. e-e Ansprache halten; ~eur [~'gœ:r] m Volksredner, Wortführer m; F Schwätzer.

haras [a'ra] m Gestüt n; ~ser [ara'se] (1a) abmatten, erschöpfen.

harcèlement [arsɛl'mɑ̃] m Stichelei f; ⚔ Beunruhigen n.

harceler [arsə'le] (1a) plagen, ärgern, hochnehmen, provozieren; ⚔ beunruhigen.

hard|e [ard] f Wild: Rudel n; Koppelriemen m; ~er [ar'de] (1a) Hunde zusammenkoppeln; ein Fell stollen; ~es pl. [ard] f/pl. alte Kleidungsstücke n/pl.; weit.S.: Sachen f/pl., Siebensachen pl., Lumpen pl.

hardi [ar'di] (7) beherzt; kühn; dreist; ~esse [ar'djɛs] f Beherztheit, Kühnheit; Dreistigkeit.

hareng [a'rɑ̃] m Hering; ~ saur od. fumé Bückling m; ~ vierge Matjeshering; ~aison [arɑ̃gɛ'zɔ̃] f (Zeit des) Heringfang(es) m; ~ère [~'ʒɛ:r] f Heringshändlerin f.

hargneux [ar'ɲø] (7d) mürrisch, zänkisch; bissig (Hund).

haricot [ari'ko] m Bohne f; ~ kopf m, Deets m (P); ~ (de mouton) Hammelfleisch n mit Kartoffeln und Rüben.

haridelle [ari'dɛl] f Gaul m, Klepper m; fig. hagere, ausgemergelte Bohnenstange (Frau).

harmon|ica ♪ [armɔni'ka] m Harmonika f; ~ à bouche Mundharmonika f; ~ie [armɔ'ni] f Wohlklang m; Übereinstimmung; Harmonie(lehre); Blasorchester n; ~ieux [~'njø] harmonisch, wohlklingend; ~ique [~'nik] harmonisch (mitklingend); ~iser [~ni'ze] (1a) in Einklang bringen; s'~ avec übereinstimmen mit, passen zu; ~ium [~'njɔm] m Harmonium n.

harnacher [arna'ʃe] (1a) Pferde schirren; fig. geschmacklos kleiden.

harnais [ar'nɛ] m Sattel- und Zaumzeug n; Pferdegeschirr n; cheval m de ~ Zugpferd n; fig. blanchir sous le ~ (od. harnois) im (bsd. Militär) Dienst ergrauen.

haro [a'ro] m: crier ~ sur q. gegen j-n loswettern.

harpagon [arpa'gɔ̃] m Geizhals.

harp|e [arp] f **1.** ♪ Harfe f; **2.** Haken

harpie — 248 — **hectisie**

m; ~ie [ar'pi] f F fig. Xanthippe; ~in [ar'pɛ̃] m Bootshaken; ~iste [~'pist] su. Harfenspieler(in f) m.

'**harpon** [ar'põ] m Harpune f; ~ner [~pɔ'ne] (1a) harpunieren; fig. erwischen; F j-n aufgabeln.

'**hart** [aːr] f Weidenband n.

hartas * [ar'ta] m/pl. Knauser m/pl.

hasard [a'zaːr] m Zufall, Wagnis n; Gefahr f; ~ (providentiel) Schicksalsfügung f; par ~ zufällig; (in Fragen) vielleicht; coup de ~ de Glücksfall; ~er [azar'de](1a) wagen, aufs Spiel setzen; ~eux [~'dø] (7d) wagehalsig, gefährlich; ~ise [~'diːz] f Wagnis n.

'**hase** [aːz] f Häsin f.

hâte|e [aːt] f Hast, Eile; ~er [a'te] (1a) beschleunigen; antreiben; se ~ sich beeilen; ~if [a'tif] ⚕ (7e) frühzeitig, -reif; allg. übereilt; ~iveau [ati'vo] m Frühbirne, -erbse f.

'**hauban** [o'bɑ̃] m Haltetau n; △ Rüstseil n; ~age [oba'naːʒ] m ⚓ Verspannung, Abspannung f; ~er [~'ne] (1a) verankern; ⚓ verstreben.

'**haubert** [o'bɛːr] m Panzerhemd n.

'**hauss**|**e** [oːs] f Untersatz m, -lage; Visier n am Gewehr; ✝ Preiserhöhung; Steigen n der Kurse; ~ement [os'mɑ̃] m Heben n der Stimme; ~ d'épaules Achselzucken n; ~e-pied [os'pje] m Fußschemel; Stütze f; ch. Wolfsfalle f; ~er [o'se] (1a) v/t. höher machen, erhöhen; ♪ höher stimmen; ~ les épaules die Achseln zucken; v/i. steigen, anwachsen; ~ier [o'sje] m ✝ Spekulant, Haussier.

'**haut**, ~**e** [o, ot] 1. adj. hoch; laut, hell; hochmütig, stolz; bedeutend, gewaltig; Wasser: tief; Farbe: grell, lebhaft; le ~ allemand das Hochdeutsche; ✝ ~ mal m Epilepsie f; 2. adv. hoch; fig. en ~ lieu an höherer Stelle; d'en ~ von oben herab; là-~ da oben; ~ la main ohne Schwierigkeiten; avoir la ~e main dans ... das Regiment in ... führen; plus ~ (weiter) oben, vorher; laut; tomber de son ~ der Länge nach hinfallen; fig. aus den Wolken fallen; 3. m Höhe f; Gipfel.

'**hautain** [o'tɛ̃] (7) hochmütig, stolz.

'**hautbois** ♪ [o'bwa] m O'boe f.

haut-de-chausses † [odˈʃoːs] m

Kniehose; ~-**de-forme** [odˈfɔrm] m Zylinderhut.

'**haute**|-**contre** ♪ [otˈkõːtrə] f Alt m; Altist(in f) m; ~-**couture** [otkuˈtyːr] f: la ~ die Modeschöpfer m/pl.; die großen Modehäuser n/pl.; ~(-)**fréquence** ⚡ u. Radio [otfreˈkɑ̃ːs] f Hochfrequenz; ~**ment** [otˈmɑ̃] laut; mit Nachdruck; laut und frei heraus; stolz, hochmütig.

'**Hautesse** [o'tɛs] f Hoheit f.

'**haute**(-)**tension** ⚡ [ottɑ̃'sjõ] f Hochspannung.

'**hauteur** [o'tœːr] f Höhe; Anhöhe; Tiefe; fig. Erhabenheit f; Hochmut m; à ~ d'homme in Mannshöhe; ⚡ prendre de la ~ hochsteigen.

'**haut**|-**fond** [o'fõ] m Untiefe f; ~-**fourneau** [ofur'no] m Hochofen; ~-**goût** [o'gu] m Wildbretgeschmack m/pl.; ~-**le-cœur** [ol'kœːr] m Aufstoßen n; Übelkeit f; fig. Ekel; ~-**le-corps** [ol'kɔːr] m Ruck, Sprung (Pferd); avoir un ~ in die Höhe gehen, hochgehen f; ~-**parleur** rad. [oparˈlœːr] m Lautsprecher m; ~-**relief** [~rɔ'ljef] m Hochrelief n.

'**havane** [a'van] 1. m Havannazigarre f; 2. adj. gelbbraun; 3. la ♀ Havanna (Cuba) n.

'**hâve** [aːv] abgezehrt, blaß.

'**havre** ['aːvrə] m Seehafen m; fig. Zufluchtsort m.

'**havresac** [avra'sak] m ⚔ Tornister m; allg. Rucksack m für Handwerkszeuge.

'**Haye** [ɛ]: la ~ géogr. der Haag.

'**hé** [e] heda!; oh!, ach!; hé là-bas!

'**heaume** † [oːm] m Helm; [hallo!]

hebdomadaire [ɛbdɔmaˈdɛːr] wöchentlich; m Wochenzeitung f.

héberger [ebɛr'ʒe] (1l) beherbergen, unterbringen.

hébét|**er** [ebe'te] (1f) verdummen; ~**ude** [~'tyd] f Stumpfsinn m, Verdummung f.

hébraï|**que** [ebra'ik] hebräisch (bsd. die Sprache); ~**ser** [ebrai'ze] (1a) hebräisch treiben; hebräische Ausdrücke gebrauchen.

hébreu [e'brø] 1. adj. hebräisch; 2. m Hebräer.

hécatombe [ekaˈtõːb] f: a) antiq. Hekatombe f; b) fig. Blutbad n.

hecti|**que** [ɛk'tik] ✱ hektisch, schwindsüchtig; fig. morbide, angekränkelt; ~**sie** ✱ [ɛkti'zi] f Auszehrung.

hect(o)... [ɛkt(ɔ)...] *in Zssgn:* Hundert..., *bsd. zur Multiplikation, z.B.* **hectogramme;** ~**litre,** ~**mètre** *usw.*
héder(ac)é [edera'se, ede're] efeuartig. [schaft f.]
hégémonie [eʒemɔ'ni] *f* Vorherr-
'**hein** F [ɛ̃] was?, na?
hélas [e'lɑːs] ach!, leider!, o weh!
'**héler** [e'le] (1f) *ein Schiff* anrufen; *allg.* herbeirufen (*z. B.* Taxi).
hélianthe ♀ [e'ljɑ̃ːt] *m* Sonnenblume *f.*
hélic|e [e'lis] *f* Schraubenlinie; Schiffsschraube; ✈ Propeller *m; escalier m en* ~ Wendeltreppe *f; vaisseau m à* ~ Schraubendampfer *m;* ~**oïdal** [~kɔi'dal] schraubenförmig; ~**optère** ✈ [elikɔp'tɛːr] *m* Hubschrauber.
hélio... [eljo...] *in Zssgn:* Sonnen...; *f abr.* = ~**graphie,** ~**gravure** [~gra'fi, ~gra'vyːr] Lichtdruck *m;* ~**phanographe** ⊕ [~fanɔ'graf] *m* Sonnenscheinmesser (*a. bei Gletschern*); ~**thérapie** ⚕ [~tera'pi] *f* Lichtheilkunde *weitS.*
hélium 🜍 [e'ljɔm] *m* Helium *n.*
hélix ⏾ [e'liks] *m* Ohrrand.
hellénique *hist. od. modern* [ele'nik] griechisch. [zerisch.]
helvétique [elvɛ'tik] *a. poét.* schwei-
'**hem!** [em] hm!, heda!
hématie *physiol.* [ema'si] *f* rotes Blutkörperchen *n.*
hématite *f brune min.* [ema'tit bryn] *f* Brauneisenstein *m.*
hémi|cycle [emi'sikl] *m* Halbkreis; Amphitheater *n;* ~**sphère** [emis-'fɛːr] *m* Hemisphäre *f,* (Erd-, Himmels-)Halbkugel *f;* (Gehirn-)Hälfte *f; être situé dans l'*~ *nord* auf der nördlichen Halbkugel liegen.
hémorr|agie [emɔra'ʒi] *f* Bluterguß *m;* ~ *nasale* Nasenbluten *n;* ~**oïdes** ⚕ [emɔrɔ'id] *f/pl.* Hämorrhoiden. [Elfsilber *m.*]
hendécasyllabe *mét.* [ɛ̃dekasi'lab] *m*
'**henn|ir** [ɛ'niːr] (2a) wiehern; ~**issement** [enis'mɑ̃] *m* Gewieher *n.*
(')**Henri** [ɑ̃'ri] *m* Heinrich; *la vie d'* ~ (*od. de* ~) *IV* das Leben Heinrichs IV.
hépat|ique [epa'tik] Leber...; *su.* Leberkranke(r); *f:* ♀ Leberblümchen *n;* ~**ite** [epa'tit] *f* ⚕ Leberentzündung *f; min.* Leberstein *m.*
héraldique [eral'dik] Wappen...; *f* Wappenkunde.

'**héraut** *ehm.* [e'ro] *m* Herold.
herb|acé [ɛrba'se] kraut- *od.* grasartig; ~**age** [ɛr'baːʒ] *m* Futtergras *n;* Weideplatz; ~**ager** [ɛrba'ʒe] *su.* Viehmäster; ~**e** [ɛrb] *f* Gras *n;* Kraut *n; mauvaise* ~ Unkraut *n; en* ~ noch grün (*Getreide*); *fig.* künftig, vielversprechend; *fines* ~*s* feingewiegte Kräuter; **⚔ aux fines* ~*s!* auf Wiedersehen; ~*s potagères* Suppenkräuter *n/pl.;* ~**er** [ɛr'be] (1a) *auf dem Grase* bleichen; ~**erie** [ɛr'bri] *f* Krautmarkt *m;* Rasenbleiche; ~**ette** [ɛr'bɛt] *f* kurzer Rasen *m;* ~**eux** [~'bø] grasbewachsen; ~**ier** [ɛr'bje] *m* Herbarium *n;* Heuschuppen; ~**ière** [~'bjɛːr] *f* Gemüsefrau; ~**ivore** [ɛrbi'vɔːr] *adj.* (*u.* ~*s m/pl.*) pflanzenfressend(e Tiere *n/pl.*).
herboris|ateur [ɛrbɔriza'tœːr] *su.* Pflanzensammler; ~**er** [~ri'ze] (1a) botanisieren; ~**te** [~'rist] *su.* (Heil-)Kräuterhändler *m.*
herbu [ɛr'by] 1. *adj.* grasig; 2. ~*e f* mageres Weideland *n.*
'**hère** [ɛːr] *m ch.* Spießhirsch *m; fig. pauvre* ~ armer Teufel.
hérédit|aire [eredi'tɛːr] erblich, Erb...; angeerbt; ~**é** [~'te] *f* Erblichkeit *f;* Erbanlagen *f/pl.;* erbliche Belastung *f;* (rassisches) Erbgut *n; pl.* Erbrecht *n.*
héré|do ⚕ [ere'do] *m* Erbkranke(r), *bsd.* Syphilitiker *m;* ~**sie** [ere'zi] *f* Ketzerei; ~**tique** [~'tik] 1. *adj.* ketzerisch; 2. *su.* Ketzer *m.*
'**hériss|é** [eri'se] borstig, struppig, *fig.* störrisch; wütend; ~ *de* voller, strotzend von; ~**er** [eri'se] (1a) *die Haare, Federn* sträuben; *fig.* rasend machen; ~ *de* spicken mit; ~**on** [eri'sɔ̃] *m zo.* Igel; *fig.* störrischer Mensch *m, fig.* Kratzbürste *f;* ⚔ Sturmbalken (*mit Eisenspitzen*); Igelstellung *f.*
hérit|age [eri'taːʒ] *m* Erbe *n,* Erbschaft *f;* ~**er** [~'te] (1a) erben; beerben; ~**ier** *m,* ~**ière** *f* [~'tje, ~'tjɛːr] Erbe *m,* Erbin *f.*
hermét|ique [ɛrme'tik] luftdicht, hermetisch; *colonne f* ~ Hermensäule *f;* ~**isme** *litt.* [~'tism] *m* Verschleierung *f.*
hermine *zo.* [ɛr'min] *f* Hermelin *n;* Hermelinpelz *m.* [beil *n.*]
herminette ⊕ [ɛrmi'nɛt] *f* Dachs-
'**herni|aire** ⚕ [ɛrnjɛːr] Bruch...;

hernie — 250 — **hochepot**

bandage m ~ Bruchband n; ~**e** ⚥ [εr'ni] f Bruch m, Hernie f.
héroï|ne [ero'in] f 1. Heldin; 2. 🜨 Heroin n (Narkotikum); ~**que** [~'ik] heldenmütig; heroisch; ⚔ stark wirkend; ~**sme** [~'ism] m Heldentum n.
'**héron** zo. [e'rõ] m Reiher. [mut.]
'**héros** [e'ro] m Held; en ~ als Held.
herpès ⚥ [εr'pεs] m Flechte f.
'**hers|e** ♀ [εrs] f Egge; ~**er** [εr'se] (1a) eggen.
hertzien ⚡ [εrt'sjε̃] (7c) Hertzsch(e)...
hésit|ation [ezita'sjõ] f Unschlüssigkeit; Zögern n; Stocken n beim Reden; ~**er** [~'te] (1a) schwanken, zögern; beim Reden stocken.
hétéro|clite [etero'klit] gr. unregelmäßig; fig. wunderlich, seltsam; 🜨 bizarr, ~**doxe** [~'dɔks] andersgläubig (a. su.); ~**gène** [~'ʒεn] heterogen, anders-, fremdartig.
'**hêtre** ♀ ['ε:trə] m (Rot-)Buche f.
'**heu** [ø] ~! ~! hm, hm!; so, so!
heure [œ:r] f Stunde, Uhr, Zeit; à l'~ zur rechten Zeit; stundenweise; de bonne ~ früh; tout à l'~ soeben, vorhin; (so)gleich; pour l'~ zur Zeit, im (jetzigen) Augenblick; à la bonne ~ so laß ich mir's gefallen!, bravo!, richtig!; à l'~ du choix am Tage der Entscheidung; quelle ~ est-il? wie spät ist es?; il est six ~s es ist 6 (Uhr); livre m d'~s Gebetbuch n; ~ creuse Springstunde f; ~s pl. creuses verkehrsarme Stunden f/pl.; en pleine ~ de pointe zur Hauptverkehrszeit; ~ supplémentaire Überstunde f; l'~ du chien et loup de Dämmerstunde f. [lich.)
heureu|x, ~**se** [œ'rø, œ'rø:z] glück-'
'**heurt** [œ:r] m (An-, Zs.-)Stoß m, Anprall m; ~**er** [œr'te] (1a) 1. v/t. (an-, zs.-)stoßen; anrempeln; Auto: j-n anfahren; fig. verletzen; ~ de plein fouet un camion mit voller Wucht mit e-m LKW zs.-prallen; 2. v/i. anklopfen; ~**oir** 🏠 [œr'twa:r] m Prellbock.
hexagone [εgza'gɔn] 1. adj. sechseckig; 2. m Sechseck n.
hibern|al [ibεr'nal] (5c) winterlich; ~**ation** [~na'sjõ] f zo. Winterschlaf m; 🜨 ~ artificielle künstlicher Winterschlaf m; Dauer-, Heilschlaf m; ~**er** zo. [~'ne] (1a) Winterschlaf halten.
'**hibou** [i'bu] m orn. Eule f; fig. menschenscheuer Griesgram m.

'**hic** F [ik] m Hauptschwierigkeit f; voilà le hic da liegt der Hase im Pfeffer.
'**hid|eur** [i'dœ:r] f Scheußlichkeit; ~**eux** [i'dø] (7d) scheußlich.
hiém|al [je'mal] (5c) winterlich; ~**ation** ♀ [jema'sjõ] f Überwinterung.
hier [je:r] gestern; d'~ gestrig.
hilar|ant [ila'rã] (7) erheiternd; gaz m ~ Lachgas n; ~**ité** [~'ri'te] f Heiterkeit; (plötzliches) Gelächter n.
himalayen [imala'jε̃] (7c) himalajaartig.
hinterland [intεr'lã:d] m Hinterland n.
hipp|iatrie [ipja'tri] f Roßarzneikunde; ~**ique** [i'pik] Pferde..., Reit...; concours m ~ Pferderennen n; ~**isme** [~'pism] m Reitsport; ~**odrome** [ipɔ'drɔm] m Rennbahn f; ~**omobile** [ipɔmɔ'bil] adj. von Pferden gezogen; ~**opotame** zo. [ipɔpɔ'tam] m Nilpferd n.
hirondelle orn. [irõ'dεl] f Schwalbe.
hirsute [ir'syt] struppig; rauh.
hispanique géogr. [ispa'nik] spanisch.
hispide ♀ [is'pid] borstenartig.
'**hisser** [i'se] (1a) (auf)hissen; se ~ sich emporschwingen (in e-n Zug); fig. se ~ au premier plan sich ganz nach oben emporarbeiten.
histoire [is'twa:r] f Geschichte; fig. Lüge; ⚙, psych. Bild n; ~ clinique klinisches Bild n; ~s f/pl. Schwierigkeiten f/pl., Komplikationen f/pl.; faire des ~s Umstände machen; P, F ~ de + inf. (bloß) um zu ...
histor|ien [istɔ'rjε̃] m Geschichtsschreiber; ~**ier** [~'rje] (1a) illustrieren; verzieren; ~**iette** [~'rjεt] f Geschichtchen n; ~**ique** [~'rik] 1. adj. geschichtlich; 2. m geschichtlicher Verlauf m.
histrion [istri'õ] m Komödiant.
hiver [i'vε:r] m Winter.
hivern|age [ivεr'na:ʒ] m Winterzeit f, -bestellung f, -hafen m, -stallhaltung f; Regenzeit f (in den Tropen); ~**al** [~'nal] winterlich; ~**ant** [~'nã] m Winterkurgast m; ~**er** [~'ne] (1a) v/i. überwintern; v/t. vor dem Winter bestellen.
'**hobereau** [ɔ'bro] m orn. Baumfalke; P Krautjunker.
'**hoche|ment** [ɔʃ'mã] m: ~ de tête Kopfschütteln n; ~**pot** [ɔʃ'po] m

hochequeue — 251 — **hors**

Fleischragout *n* mit Kastanien, Rüben *usw.*; ~**queue** *orn.* [ɔʃ'kø] *m* Bachstelze *f*.

'**hoch|er** [ɔ'ʃe] (1a) *Baum, Kopf* schütteln; ~**et** [ɔ'ʃɛ] *m* Beißring *m*; Kinderklapper *f*; *fig.* Tand.

'**hockey** *Sport* [ɔ'kɛ] *m* Hockey (-spiel *n*) *n*.

hodomètre [ɔdɔ'mɛ:trɔ] *m* Wegemesser; Schrittzähler.

hoir † ₮₮ [wa:r] *m* Leibeserbe; ~**ie** † ₮₮ [wa'ri] *f* Erbschaft.

'**holà** [ɔ'la] **1.** *int.* hallo!; ruhig!; **2.** *m* mettre le ~ Einhalt gebieten.

'**holding** † [ɔl'diŋ] *f* Dachgesellschaft *f*. [Raubüberfall *m*.]

'**hold-up** [ɔl'dœp] *m* bewaffneter]

'**hôler** [ɔ'le] (1a) schreien (*Eule*).

'**hollandais** [ɔlã'dɛ] (7) **1.** *adj.* holländisch; **2.** ♀ *su.* Holländer *m*.

holocauste [ɔlɔ'kost] *m* Sühnopfer *n*; Opfer(tier *n*) *n*.

'**hom**! [ɔm] hm!

'**homard** [ɔ'ma:r] *m* Hummer.

homélie [ɔme'li] *f rl.* Predigt; *fig.* langweilige Moralpredigt.

homicide [ɔmi'sid] **1.** *m* Totschlag, Mord *m*; **2.** ♀ *su.* Mörder(in *f*) *m*; **3.** ⚔ *adj.* mörderisch; Mord...

hommage [ɔm'a:ʒ] *m* Huldigung *f*; ~ national à q. Staatsakt *m* für j-n.

hommasse [ɔ'mas]: *personne f* ~ Mannweib *n*.

homme [ɔm] *m* Mensch; Mann; P Ehemann; ~ *d'affaires* Geschäftsführer; ~ *d'argent* Geldmann *m*; ~ *de lettres* Literat; ~ *de métier* Facharbeiter; ~ *des neiges* Schneemann *m* (*Himalaja*); ~**clef** [ɔm'klɛ] *m* (6a) Mann in e-r Schlüsselstellung; ~**réclames** [ɔmre'klam] *m* Zettelverteiler *m*; ~**sandwich** [ɔmsã'dwiʃ] *m* Plakatträger *m*.

homo|gène [ɔmɔ'ʒɛn] gleichartig; ~**logue** [ɔmɔ'lɔg] entsprechend; F *m* Kollege *m*, ~**loguer** ₮₮ [~lɔ'ge] (1m) bestätigen; (*amtlich*) zulassen; ~**nyme** [~'nim] gleichlautend.

'**hongre** ['ɔ̃:grɔ] *m* Wallach.

'**Hongrie** [ɔ̃'gri]: la ~ Ungarn *n*.

'**hongrois** [ɔ̃'grwa] **1.** *adj.* ungarisch; **2.** ♀ *su.* Ungar *m*.

honnête [ɔ'nɛt] ehrlich, anständig; rechtschaffen, ehrbar; passend (*Entschuldigung*); ~**té** [ɔnɛt'te] *f* Ehrbarkeit; Ehrlichkeit; Rechtlichkeit; Anstand *m*.

honneur [ɔ'nœ:r] *m* Ehre *f*; avoir l'~ die Ehre haben, sich beehren; faire ~ à une lettre de change e-n Wechsel honorieren; ~**s** *pl.* Ehrenbezeigungen *f/pl.*; Ehrenstellen *f/pl.*; faire les ~s de la maison od. Gäste empfangen *od.* willkommen heißen.

'**honnir** [ɔ'ni:r] (2a) verhöhnen; *honni soit qui mal y pense* ein Schuft, der Schlechtes dabei denkt.

honor|abilité [ɔnɔrabili'te] *f* Ehrenhaftigkeit; ~**able** [~'rablə] ehrenvoll, rühmlich; geschätzt; Ehren...; ehrenwert; ~**aire** [~'rɛ:r] **1.** *adj.* Ehren..., Titular...; *professeur m* ~ Honorarprofessor; **2.** *m*: ~*s m/pl.* Honorar *n*; ~**ée** [~'re]: votre ~ Ihr geehrtes Schreiben; ~**er** [~] (1a) ehren, werthalten; Ehre machen; *Wechsel* honorieren; ~ *de* beehren mit; ~**ifique** [~ri'fik] ehrebringend; Ehren...

'**hont|e** [ɔ̃:t] *f* Scham; Schande; avoir ~ sich schämen; ~**eux** [ɔ̃'tø] be-, verschämt; schüchtern; schandhaft.

hôpital [ɔpi'tal] *m* Krankenhaus *n*; ⚔ ~ *militaire* Lazarett *m*; ⚔ ~ *ambulant* Feldlazarett *n*.

'**hoquet** [ɔ'kɛ] *m* Schlucken; ~**er** [ɔk'te] (1c) den Schlucken haben.

horaire [ɔ'rɛ:r] **1.** *adj.* Stunden...; **2.** *m* Fahr-, Stundenplan; 🚂, ✈ Kursbuch *n*; Flugplan *m*.

'**horde** [ɔrd] *f* Horde.

'**horion** [ɔr'jɔ̃] *m* Schlag *m*, Puff *m*.

horizon [ɔri'zɔ̃] *m* Horizont *m*.

horlog|e [ɔr'lɔ:ʒ] *f* (Wand-, Turm-)Uhr; ~ *parlante* telephonische Zeitansage; ~ *de parquet* Standuhr; ~ *régulatrice* Normaluhr; ~**er** [~lɔ'ʒe] *m* Uhrmacher; ~**erie** [ɔrlɔ'ʒri] *f* Uhrengeschäft *n*, -waren *f/pl.*; Uhrenfabrik, -handel *m*.

hormis ⚔ [ɔr'mi] ausgenommen.

hormone ⚕ [ɔr'mɔn] *f* Hormon *n*.

horodateur [ɔrɔda'tœ:r] *m* Datums- u. Zeitstempel *m*.

horr|eur [ɔ'rœ:r] *f* Schauder *m*, Entsetzen *n*, Abscheu *m*; Greuel (-tat *f*) *m*; ~**ible** [~'riblə] entsetzlich; ~**ipiler** [~ripi'le] (1a): ~ *q*. j-m e-e Gänsehaut machen; *fig.* j-n bis zum äußersten reizen.

'**hors** [ɔr]: ~ (*de*) *prp.* außerhalb; außer; ~**bord** *m* Boot *n* mit Außenbordmotor; ~ *classe f* Sonderklasse; ~ *série* außerplanmäßig;

horticole — 252 — **huis**

außergewöhnlich; ~ d'âge Alter unbestimmt; ~ d'ici! weg hier!; 'raus!; ~ d'œuvre m peint. Bei-, Nebenwerk n; cuis. Vorspeise f (anstatt der Suppe); ~ de prix unerschwinglich, übermäßig teuer; ~ de propos (a. = mal à propos) unpassend; ~ la foi vogelfrei; ~ ligne, ~ (de) pair unerreicht, außergewöhnlich.

horti|cole [ɔrti'kɔl] auf Gartenbau bezüglich; Garten...; **~culture** [~kyl'ty:r] f Gartenbau m.

hospice [ɔs'pis] m Hospiz n; Altersheim n; Waisenhaus n.

hospital|ier [ɔspita'lje] (7b) gastfreundlich; Krankenhausangestellter; **~iser** [~li'ze] (1a) in ein Krankenhaus einliefern, **~ité** [~li'te] f Gastfreundschaft f; donner l'~ à q. j-n gastfreundlich empfangen.

hostau*, hostô* [ɔs'to] m Lazarett n.

hostellerie [ɔstɛl'ri] f: ~ scolaire de campagne Schullandheim n.

hostie [ɔs'ti] f antiq. Opfer(tier n) n; rl. 'Hostie.

hostil|e [ɔs'til] feindlich; **~ité** [~tili'te] f Feindschaft f.

hôte m, **~sse** f [o:t, o'tɛs] 1. a) Gastgeber(in f) m; Gastwirt(in f) m; b) Gast m (hat kein f!); 2. ✈ hôtesse f de l'air Stewardeß f.

hôtel [o'tɛl] m Hotel n; vornehmes (Privat-)Haus n; großes öffentliches Gebäude n; ~ garni möbliertes Haus n; maître m d'~ Oberkellner m; ~ de ville Rathaus n; ♀-Dieu [otɛl'djø] m Zentralkrankenhaus n.

hôtel|ier m, **~ière** f [otə'lje, ~'ljɛ:r] Gastwirt(in f) m; **~lerie** [otɛl'ri] f 1. Gasthof m; 2. Hotelgewerbe n.

hotte [ɔt] f Kiepe; Tragekorb m.

houblon ♀ [u'blɔ̃] m Hopfen; **~ner** [~blɔ'ne] (1a) mit Hopfen würzen; **~nière** [~'njɛ:r] f Hopfenfeld n.

hou|e ✗ [u] f Hacke, Haue, Karst m; **~er** [u'e] (1a) be-, umhacken.

houille ⚒ [uj] f (Stein-)Kohle; fig. ~ blanche weiße Kohle (Wasserkraft); **~er** ⚒ [u'je] adj. (7b) kohlenhaltig; **~ère** [u'jɛ:r] f Kohlengrube, -bergwerk n; **~eux** [u'jø] (stein-) kohlenhaltig.

houle [ul] f Drift f, Dünung f.

houlette [u'lɛt] f Hirtenstab m; fig. sous la ~ de unter der Führung von.

houleux [u'lø] Meer usw.: unruhig,

hohlgehend; Volksmenge: aufgeregt; interventions f/pl. houleuses stürmische Zwischenrufe m/pl.

houliganisme [uliga'nism] m Rowdytum n, Bandenwesen n.

'**houp!** [up] int. hallo!; hopchen!

'**houpp|e** [up] f Troddel, Quaste, Büschel m u. n; **~er** [u'pe] (1a) zu Quasten verarbeiten; Wolle usw. kämmen; anrufen; **~ette** [u'pɛt] f (Puder-)Quaste, **~ier** [u'pje] m bis auf die Krone gestutzter Baum; Baumkrone f.

'**hourd|age, ~is** △ [ur'da:ʒ, ~'di] m rauhes Mauerwerk n; Berappen n, Spritzwurf m; **~er** [~'de] (1a) rauh ausmauern od. putzen.

'**houspiller** [uspi'je] (1a) herumzausen; hart anfahren.

'**houssaie** [u'sɛ] f Stechpalmengebüsch n.

'**houss|e** [us] f Pferde-, Sattel-, Kutschbockdecke; (Möbel-)Überzug m; (Luftschiff-)Hülle; Auto: Schutzüberzug m; ~ pour sièges de voiture Autoschonbezug m; **~er** [u'se] (1a) abstäuben; **~ine** [u'sin] f (Reit-)Gerte; **~iner** [usi'ne] (1a) (mit e-r Gerte) ausklopfen; **~oir** [u'swa:r] m Staubbesen.

'**houx** ♀ [u] m Stechpalme f.

'**hoyau** ✗, ✗ [wa'jo] m Rodehacke f.

hublot ⚓, ✈ [y'blo] m Luke f.

'**huche** [yʃ] f Brot-, Mehlkasten m.

'**huchet** [y'ʃɛ] m Hifthorn n.

'**hue** int. [y] hü! (rechts bei den Fuhrleuten; ant. dia! links!).

hu|ée [ɥe] f (Hohn-)Geschrei n; **~er** [~] (1a): ~ q. j-n verhöhnen; auszischen, -pfeifen; Eule: schreien.

'**huette** orn. [ɥɛt] f Waldkauz m.

'**huguenote** [yg'nɔt] f Topf m aus Steingut.

huil|age [ɥi'la:ʒ] n Ölen n; **~e** [ɥil] f Öl n; rl. les saintes ~s die letzte Ölung; ~ de foie de morue Lebertran m; ~ lourde Heizöl n; ~ minérale Petroleum n; ~ de poisson Tran m; ~ végétale Pflanzenöl n; les (grosses) ~s pl. P die oberen Zehntausend; fig. faire tache d'~ um sich greifen, sich ausbreiten; **~er** [ɥi'le] (1a) einölen; schmieren; **~erie** [ɥil'ri] f Ölfabrik; Ölgeschäft n; **~eux** [ɥi'lø] ölig; **~ier** [ɥi'lje] m Ständer für Öl- und Essigflasche; Ölmüller; Ölhändler.

huis † [ɥi] m Tür f; nur noch in: à ~

huisserie — 253 — **hynénée**

clos hinter verschlossenen Türen; ~ *clos* Ausschluß *m* der Öffentlichkeit.

huiss|erie [ɥis'ri] *f* Türeinfassung; **~ier** [ɥi'sje] *m* Türsteher, Saalwärter; Gerichts-, Amtsdiener *m*.

'huit [ɥit]; *vor cons.* ɥi] acht; **~ain** *litt.* [ɥi'tɛ̃] *m* Achtzeiler; **~aine** [ɥi'tɛn] *f*: une ~ de (etwa) acht; Zeit (-raum *m*) von acht Tagen; **~ième** [ɥi'tjɛm] **1.** achte(r); **2.** *m* Achtel *m*.

huîtr|e ['ɥi:trə] *f* Auster; F Dummkopf *m*; **~ier**, **~ière** [ɥitri'e, ɥitri'ɛ:r] **1.** *adj.* Austern...; **2.** *f* Austernbank.

'hulotte *orn.* [y'lɔt] *f* Waldkauz *m*.

'hululement [ylyl'mɑ̃] *m*: le ~ des *sirènes* das Heulen der Sirenen, **~er** [~'le] kreischen (*v. Eulen usw.*).

humain [y'mɛ̃] **1.** *adj.* mensch(enfreund)lich; human; **2.** *m/pl. poét.* les ~s die Sterblichen.

humani|ser [ymani'ze] (1a) vermenschlichen; gesittet machen; milder stimmen; verfeinern; **~sme** [~'nism] *m* Humanismus *m*; **~ste** [~'nist] *adj. u. su.* humanistisch; Humanist *m*; **~taire** [~'tɛ:r] **1.** *adj.* humanitär, Humanitäts...; **2.** *m* Verfechter des humanitären Gedankens; **~tariste** [~ta'rist] *su.* Menschenfreund *m*; **~té** [~'te] *f* Menschheit, menschliche Natur, Menschengeschlecht *n*; Menschlichkeit *f*, Humanität *f*; ~s *pl.* a) Studium *n* der Antike; b) *écol.* Oberstufenunterricht *m*.

humble ['œ̃:blə] demütig; einfach; *mon ~ personne* meine Wenigkeit *f*.

humecter [ymɛk'te] (1a) anfeuchten.

'humer [y'me] (1a) einschlürfen.

humeur [y'mœ:r] *f* Stimmung *f*; (üble) Laune; *d'~ voyageuse* reiselustig; *avec ~* verstimmt; ⚕ ~s *pl.* Säfte *m/pl. des Körpers*.

humid|e [y'mid] feucht; **~ité** [ymidi'te] *f* Nässe, Feuchtigkeit.

humili|ation [ymilja'sjɔ̃] *f* Demütigung *f*; **~er** [~'lje] (1a) beschämen, demütigen; **~té** [~li'te] *f* Demut.

humor|al [ymɔ'ral] (5c): *fièvre f ~e* Flußfieber *n*; **~isme** *lit.* [~'rism] *m* humorvolle Darstellungsweise *f*; **~iste** [~'rist] **1.** *adj.* humoristisch;

2. *m* Humorist; **~istique** [~ris'tik] humoristisch.

humour [y'mu:r] *m* Humor.

humus 🌱 [y'mys] *m* Dünger-, Humuserde *f*.

'Hun [œ̃] *m* Hunne *m*; *des* ~s = **nique** [~'nik] *adj.* hunnisch.

'hun|e ⚓ [yn] *f* Mars *m u. f*, Mastkorb *m*; **~ier** [y'nje] *m* Marssegel *n*.

'huppe *orn.* [yp] *f* Wiedehopf *m*; Schopf *m* der Vögel; **~é** [y'pe] *orn.* behaubt; Hauben...; F *fig.* reich, fein.

'hure [y:r] *f* Kopf *vom (Wild-)Schwein, Lachs usw.*; † P *allg.* Kopf *m*, Birne *f* (P).

'hurl|ement [yrlə'mɑ̃] *m* Geheul *n*; Gebrüll *n*; **~er** [yr'le] (1a) heulen, brüllen; **~eur** [~'lœ:r] **1.** *su.* Heuler *m*; **2.** *m zo.* Brüllaffe *m*; 🜨 Summer *m*.

hurluberlu [yrlybɛr'ly] *adj. u. m* unbesonnen(er Mensch); Fasel-, Wirrkopf *m*; Luftikus *m*.

'hussard † ⚔ [y'sa:r] *m* Husar *m*; *à la ~e* stürmisch.

'hutte [yt] *f* Hütte.

hybrid|e [i'brid] Bastard...; **~ité** [~di'te] *f* Zwitterhaftigkeit.

hydr|aulique [idro'lik] **1.** *adj.* hydraulisch; **2.** *f* Hydraulik *f*; **~avion** [idra'vjɔ̃] *m* Wasserflugzeug *n* (*à coque* mit Bootsrumpf; *à flotteurs* mit Schwimmern).

hydro|céphale 🜨 [idrɔse'fal] *m* Wasserkopf *m*; **~cution** [~ky'sjɔ̃] *f* Wasserschlag *m*; **~gène** 🜨 [idrɔ'ʒɛn] *m* Wasserstoff (...); **~glisseur** *Sport* 🜨 [gli'sœ:r] *m* Gleitboot *n*; **~mel** [~'mɛl] *m* Met; **~phile** [~'fil] wassersaugend, -ziehend; **~phobie** [~fɔ'bi] *f* Wasserscheu; Tollwut *f*; **~phone** ⚓ [~'fɔn] *m* Unterwasserhorchgerät *n*; **~pisie** [~pi'zi] *f* Wassersucht *f*; **~thérapie** [~tera'pi] *f* Wasserheilkunde *f*.

hyène *zo.* [jɛn] *f* Hyäne.

hygiène [i'ʒjɛn] *f* Hygiene *f*, Gesundheitslehre *f*.

hygiéni|que [iʒje'nik] hygienisch; *papier m ~* Toilettenpapier *n*; *serviette f ~* Damenbinde *f*; **~ste** [iʒje'nist] *m* Hygieniker.

hygromètre [igrɔ'mɛtrə] *m* Feuchtigkeitsmesser *m*.

hymen, hyménée, *poét.*, *beides m* [i'mɛn, imeˈne] Ehe *f*.

hymne [imn] **1.** *m* Hymne *f*; **2.** *f* Kirchengesang *m*.

hyper|bole [iper'bɔl] *f* ♉ Hyperbel; *fig.* Übertreibung; **~émie** ⚕ [ipere'mi] *f* (örtliche) Blutüberfüllung; **~métrope** [ˌmeˈtrɔp] weitsichtig; **~trophie** ⚕ [ˌtrɔˈfi] *f* krankhafte Vergrößerung *f od.* Erweiterung *f*.

hypno|logie [ipnɔlɔˈʒi] *f* Lehre vom Schlaf; **~se** [ipˈnoːz] *f* Hypnose.

hypnotis|er [ipnɔtiˈze] (1a) einschläfern, hypnotisieren; **~eur** [ˌˈœːr] *m* Hypnotiseur; **~me** [ˌˈtism] *m* Hypnotismus; magnetischer Schlaf *od.* Traumzustand.

hypo|crisie [ipɔkriˈzi] *f* Heuchelei, Scheinheiligkeit; **~crite** [ˌˈkrit] **1.** *adj.* scheinheilig, heuchlerisch; **2.** *su.* Scheinheilige(r); **~dynamique** ⊕ [ˌdinaˈmik] *f* Unterdruck *m*; **~thèque** ⚖ [ˌˈtɛk] *f* Hypothek *f*; *fig.* drückende Last *f*; *prendre (purger) une* ~ e-e Hypothek aufnehmen (löschen); **~théquer** [ˌteˈke] (1f) mit einer Hypothek belasten; **~thèse** [ˌˈtɛːz] *f* Hypothese *f*, Annahme *f*.

I

I (ou **i**) *m* **I** (*od.* **i**) *n*.
ïamb|e [i'ã:b] *m* Jambus; ~**s** *pl.* Spottgedicht *n*; ~**ique** [iã'bik] *adj.* jambisch.
iceberg [is'bɛrg] *m* Eisberg.
ichor ⚕ [i'kɔ:r] *m* eitrige Flüssigkeit *f*.
ichtyo|colle [iktjɔ'kɔl] *f* Fischleim *m*; ~**phage** ♣ [~'fa:ʒ] **1.** *adj.* fischessend; **2.** *m* Fischesser; ~**saure** [~'zɔ:r] *m* Ichthyosaurus *m*.
ici [i'si] hier; hierher; *jusqu'*~ bis hierher, bis jetzt; *d'*~ *peu* binnen kurzem; *par* ~ hierher, hier entlang; *d'*~ *vingt ans* in den nächsten zwanzig Jahren; ~-**bas** [isi'bɑ] hier auf Erden.
icono|claste [ikɔnɔ'klast] *m* Bilderstürmer; ~**lâtre** [~'lɑ:trə] *m* Bilderanbeter.
icosaèdre ⚚ [ikɔza'ɛdrə] *m* Zwanzigflächner.
ictère ⚕ [ik'tɛ:r] *m* Gelbsucht *f*.
ictérique ⚕ [ikte'rik] gelbsüchtig.
idéal [ide'al] **1.** *adj.* (5c) ideal; **2.** *m* (*pl.* ~**s** *od.* [5c]) Ideal *n*; Vorbild *n*.
idée [i'de] *f* Idee, Begriff *m*, Vorstellung; Gedanke *m*, Einfall *m*; Einbildung, Meinung, Ansicht; Entwurf *m*, Skizze; ~ *directrice f* Richtlinie, Leitgedanke *m*; ~ *fixe* ⚚ Zwangsvorstellung; ~**l** [ide'ɛl] gedacht, vorgestellt.
idem F [i'dɛm] ebenso.
identi|fier [idãti'fje] (1a) identifizieren; *s'*~ *avec* völlig übereinstimmen mit (*dat.*); ~**que** [~'tik] gleichbedeutend; ~**té** [~'te] *f* Übereinstimmung, Gleichheit; Personalien *pl.*; *carte d'*~ Personalausweis *m*.
idio|lâtre [idjɔ'lɑ:trə] *m* Selbstvergötterer; ~**matique** [idjɔma'tik] *m* Idiom *n*, Sprache *f*; Mundart *f*.
idiot, ~e [i'djo, i'djɔt] **1.** *adj.* idiotisch, blödsinnig; **2.** *su.* Idiot (-in *f*) *m*; ~**ie** [idjɔ'si] *f* Blödheit *f*; ⚚ Schwachsinn *m*; ~**isme** [idjɔ'tism] *m* Spracheigenheit *f*.
idoine ✚ *nur noch plais.* [i'dwan] geschickt, passend (*à zu*).

idolâtr|e [idɔ'lɑ:trə] **1.** *adj.* abgöttisch; närrisch verliebt (*de in* [*acc.*]); **2.** *su.* Götzendiener *m*; ~**er** [~lɑ'tre] (1a) *v/t.* vergöttern; ~**ie** [~'tri] *f* Götzendienst *m*; *fig.* abgöttische Liebe *f*.
idole [i'dɔl] *f* Götze(nbild *n*) *m*; *fig.* Abgott *m*.
if [if] *m* ♣ Eibe *f*.
igam|e *adm.* [i'gam] ⟨*aus: Inspecteur général de l'Administration en mission extraordinaire*⟩ *m* Fr. Oberverwaltungsrat z.b.V.; ~**ie** [~'mi] *f* Oberverwaltungsbezirk *m*.
ignare [i'ɲa:r] **1.** *adj.* unwissend; **2.** *su.* völliger Ignorant *m*.
ign|é [iɡ'ne] feurig; ~**icole** [igni'kɔl] **1.** *adj.* feueranbetend; **2.** *su.* Feueranbeter *m*; ~**ifuger** [ignify'ʒe] (11) feuerfest machen; ~**ition** ⚚ [igni'sjɔ̃] *f* Glühen *n*; Verbrennung; ~ *spontanée* Selbstentzündung; ~**ivore** [igni'vɔ:r] feuerfressend.
ignoble [i'ɲɔblə] schändlich, gemein.
ignominie [iɲɔmi'ni] *f* Schande; ~**eux** [~'njø] schimpflich, schändlich, schmählich.
ignor|ance [iɲɔ'rã:s] *f* Unwissenheit; ~**ant** [~'rã] (7) *adj.* (*u. su.*) unwissend(er Mensch *m*); ~**er** [~'re] (1a) nicht wissen; *ne pas* ~ sehr genau wissen.
île [il] *f* Insel; † *f* Häuserblock *m*.
illégitime [ileʒi'tim] unrechtmäßig; ⚖ unehelich; unbillig.
illettré [ile'tre] *su.* Analphabet *m*; *adj.* ungebildet; unwissenschaftlich.
illicite [ili'sit] unerlaubt, unlauter.
illico [ili'ko] sofort, auf der Stelle.
illimité [ilimi'te] unbegrenzt.
illumin|atif [ilymina'tif] (7e) erleuchtend; ~**er** [~'ne] (1a) (*festlich*) be-, erleuchten *f*; *fig.* aufklären.
illus|ion [ily'zjɔ̃] *f* Täuschung; Illusion *f*, Selbstbetrug *m*; ~**ionner** [~zjɔ'ne] (1a) täuschen; ~**oire** [~'zwa:r] täuschend; illusorisch.
illustr|ation [ilystra'sjɔ̃] *f* Illustration *f*, Bild *n*; Veranschaulichung *f*;

illustre — 256 — **immoral**

berühmte Person; ~e [i'lystrə] berühmt, hervorragend; erlaucht; ~er [ilys'tre] (1a) illustrieren, erläutern; berühmt machen.

îlot [i'lo] m kleine Insel f; Verkehrsinsel f; Häuserblock m.

ilote antiq. [i'lɔt] m Helote, Sklave.

il y a [il'ja] loc. a) es gibt; b) vor (zeitlich zurückblickend).

image [i'ma:ʒ] f (Eben-)Bild n; Gleichnis n; ~é(e) [ima'ʒe] bilderreich (Sprache); ~er [~] (1l) mit Bildern schmücken; ~erie [~ʒ'ri] f Bilderhandel m; Bilderfabrik.

imagin|able [imaʒi'nablə] denkbar; ~aire [~'nɛ:r] eingebildet, vermeintlich; Å imaginär; ~atif [~na'tif] (7e) erfinderisch; ~ation [~na'sjɔ̃] f Einbildung(skraft f) f, Phantasie f; ~er [~'ne] (1a) ersinnen, ausdenken; s'~ qch. sich etw. denken; s'~ (inf. ohne de) sich einbilden.

imbattable [ɛ̃ba'tablə] adj. unübertrefflich; ✝ konkurrenzlos; Sport: unschlagbar.

imbécil|e [ɛ̃be'sil] 1. adj. schwachsinnig; einfältig; 2. su. Schwachkopf m; ~lité [ɛ̃besili'te] f Geistesschwäche; Dummheit.

imberbe [ɛ̃'bɛrb] bartlos.

imbiber [ɛ̃bi'be] (1a) (durch)tränken, einweichen; s'~ de qch. sich mit etw. vollsaugen.

imbri|cation [ɛ̃brika'sjɔ̃] f fig. Verflechtung f, enge Verbindung f; ~quer [~'ke]: s'~ étroitement eng inea. übergehen.

imbu [ɛ̃'by]: ~ de getränkt mit; fig. durchdrungen von; ~vable [ɛ̃by-'vablə] untrinkbar.

imit|able [imi'tablə] nachahmbar; nachahmenswert; ~ateur [~ta-'tœ:r] (7f) 1. adj. nachahmend; 2. su. Nachahmer m; ~atif [~ta'tif] nachahmend; ~ation [~ta'sjɔ̃] f Nachahmung; ~er [~'te] (1a): ~ q. j-m (bzw. j-n) nachahmen.

immaculé [immaky'le] makelfrei, unbefleckt, rein.

immanent [imma'nɑ̃] phil. immanent, innewohnend.

immangeable [im(m)ɑ̃'ʒablə od. ɛ̃mɑ̃'ʒablə] ungenießbar.

immanquable [im(m)ɑ̃'kablə od. ɛ̃m(m)ɑ̃'kablə] unausbleiblich.

immat|ériel [immate'rjɛl] (7c) unkörperlich, geistig, stofflos, immateriell; ~riculation [~trikyla-'sjɔ̃] f Einschreiben n, Eintragen n; numéro m d'~ Auto: Autonummer f; ~urité [immatyri'te] f Unreife.

immédiat [imme'dja] (7) unmittelbar; unverzüglich, sofortig; dans l'~ in allernächster Zeit.

immémorial [immemɔ'rjal] (5c) undenklich, uralt.

immens|e [im'mɑ̃:s] unermeßlich, ungeheuer (adv. ~ément); ~ité [immɑ̃si'te] f Unermeßlichkeit.

immerger [immɛr'ʒe] (1l) eintauchen; versenken.

immérité [immeri'te] unverdient.

immersion [immɛr'sjɔ̃] f Untertauchen n; Versenkung f; ast. Eintritt m in den Schatten.

immeuble [im'mœblə] adj. (u. m) unbeweglich(es Gut n od. Grundstück n); Mietshaus n; ⚖ ~ de commerce Geschäftshaus n; ~ de la radio Funkhaus n.

immi|grant [immi'grɑ̃] (7) adj. einwandernd; su. Einwanderer m, -erin f; ~gration [~grɑ'sjɔ̃] f Einwanderung; ~grer [~'gre] (1a) einwandern.

immi|nence [immi'nɑ̃:s] f nahes Bevorstehen n; ~t [~'nɑ̃] (nahe) bevorstehend, drohend.

immiscer [immi'se] (1k) (s'~ sich) einmischen (dans qch. in [acc.]).

immixtion [immiks'tjɔ̃] f Einmischung.

immobil|e [immɔ'bil] unbeweglich; ~ier ⚖ [~'lje] Immobiliar...; ~iser [~li'ze] (1a) unbeweglich machen; in unbewegliches Gut verwandeln; Fahrzeug zum Stehen bringen; stillegen; ~isme [~'lism] m Unbeweglichkeit f; Hang m zum Althergebrachten; Schwerfälligkeit f, Passivität f; pol. abwartende Haltung f; ~ité [~li'te] f Unbeweglichkeit.

immodéré [immɔde're] unmäßig, maßlos, übermäßig.

immodeste [immɔ'dɛst] unbescheiden, dreist.

immoler [immɔ'le] (1a) opfern; hinschlachten.

immond|e [im'mɔ̃:d] unrein, schmutzig; ekelhaft; littérature f ~ Schundliteratur f; ~ices [immɔ̃'dis] f: ~s f/pl. Müll m, Unrat m, Dreck m (F).

immoral [immɔ'ral] (5c) unsittlich.

immort|aliser [imɔrtali'ze] (1a) unsterblich machen; verewigen; **~alité** [~tali'te] f Unsterblichkeit; **~el** [~'tɛl] (7c) unsterblich; f ♀ Strohblume; **~ifié** rl. [imɔrti'fje] unbußfertig.

immuable [im'mɥablə] unwandelbar, unabänderlich. [nisierend.\

immuginène ⚥ [imyʒi'nɛn] immu-\

immunité [imyni'te] f Schutz m vor Ansteckung; Steuer-, Straffreiheit; Immunität *der Abgeordneten.*

immunologique *biol.* [immynɔlɔ-'ʒik]: *défenses* f/pl. *~s* immunbiologische Abwehrkräfte f/pl.

immutabilité [immytabili'te] f Unveränderlichkeit.

impair [ɛ̃'pɛːr] **1.** *adj.* ⚕ ungerade; unpaarig (*Organe*); **2.** *m* Ungeschicklichkeit f.

impalpable [ɛ̃pal'pablə] unfühlbar.

impar|donnable [ɛ̃pardɔ'nablə] unverzeihlich; **~fait** [ɛ̃par'fɛ] **1.** *adj.* unvollkommen; **2.** *m gr.* Imperfekt (-um) *n*, einfache Vergangenheit *f*; **~ité** [ɛ̃pari'te] *f* Ungeradheit; Ungleichheit; **~tial** [~'sjal] (5c) unparteiisch.

impass|e [ɛ̃'paːs] *f* Sackgasse; *fig.* Klemme; *éc.* Defizit *n*; **~ibilité** [ɛ̃pasibili'te] *f* Unempfindlichkeit; Gleichgültigkeit *f*; Leidenschaftslosigkeit *f*; **~ible** [~'siblə] unempfindlich; gleichgültig; gefaßt.

impatien|ce [ɛ̃pa'sjɑ̃ːs] *f* Ungeduld; **~t** [ɛ̃pa'sjɑ̃] ungeduldig; sehnsüchtig (de nach); **~ter** [~sjɑ̃-'te] (1a) ungeduldig machen.

impayable [ɛ̃pɛ'jablə] unbezahlbar; F, *fig.* höchst amüsant, urkomisch.

impayé [ɛ̃pɛ'je] unbezahlt.

impeccable [ɛ̃pɛ'kablə] einwandfrei, tadellos; *rl.* sündenfrei.

impécunieux [ɛ̃peky'njø] (7d) mittellos, ohne Geld.

impédance ⚡ [ɛ̃pe'dɑ̃ːs] *f* Impedanz *f*, scheinbarer Widerstand *m*.

impénétrable [ɛ̃pene'trablə] undurchdringlich; *fig.* unerforschlich.

impéniten|ce *rl.* [ɛ̃peni'tɑ̃ːs] *f* Unbußfertigkeit; **~t** [~'tɑ̃] unbußfertig, verstockt.

impensable [ɛ̃pɑ̃'sablə] undenkbar.

impenses ⚖ [ɛ̃'pɑ̃ːs] *f/pl.* Aufwendungen *f/pl.*

impératif [ɛ̃pera'tif] **1.** *adj.* (7e) gebieterisch; tonangebend; **2.** *m gr.* Imperativ *m*, Befehlsform *f*.

impératrice [ɛ̃pera'tris] *f* Kaiserin.

imperceptible [ɛ̃pɛrsɛp'tiblə] unmerklich; nicht wahrnehmbar.

imperfection [ɛ̃pɛrfɛk'sjɔ̃] *f* Unvollkommenheit.

impéri|al, ~ale [ɛ̃pe'rjal] (5c) **1.** *adj.* kaiserlich; **2.** *f mit Sitzen versehenes* Wagenverdeck *n*; Kinnbart *m*; **~alisme** [~'lism] *m* Imperialismus *m*, Streben *n* nach Weltherrschaft; **~eux** [~'rjø] (7d) gebieterisch; herrisch.

impérissable [ɛ̃peri'sablə] unvergänglich.

imper|méable [ɛ̃pɛrme'ablə] **1.** *adj.* undurchdringlich; wasserdicht; ~ *à l'air* luftdicht; **2.** *m* Regenmantel; **~sonnel** [~sɔ'nɛl] (7c) unpersönlich; **~tinence** [ɛ̃pɛrti'nɑ̃ːs] *f* Frechheit *f*, Unverschämtheit; Flegelei; **~tinent** [~'nɑ̃] (7) **1.** *adj.* frech; **2.** *su.* freche Person *f*; **~turbable** [~tyr-'bablə] unerschütterlich.

impé|trable ⚖ [ɛ̃pe'trablə] erreichbar; **~trant,** [~'trɑ̃] *m* Nutznießer; Diplominhaber; *abus.* Gesuchsteller; **~trer** ⚘ [ɛ̃pe'tre] (1f) *durch Ansuchen* erlangen.

impétu|eux [ɛ̃pe'tɥø] (7d) ungestüm; *fig.* wild; **~osité** [~tɥozi'te] *f* Ungestüm *m u. n*; *fig.* Heftigkeit *f*, Wildheit *f*.

impi|e [ɛ̃'pi] **1.** *adj.* gottlos; pietätlos; **2.** *su.* Gottlose(r); **~été** [ɛ̃pje'te] *f* Gottlosigkeit; Pietätlosigkeit.

impitoyable [ɛ̃pitwa'jablə] mitleids-, schonungslos, unerbittlich.

implacable [ɛ̃pla'kablə] unversöhnlich; unerbittlich.

implanter [ɛ̃plɑ̃'te] (1a) einpflanzen; *s'*~ *fig.* sich einbürgern (*Sitte*); sich niederlassen (*als Arzt*).

implication [ɛ̃plika'sjɔ̃] *f* ⚖ Verwick(e)lung *in ein Verbrechen; phil.* Widerspruch *m.*

implicite [ɛ̃pli'sit] mit einbegriffen; nicht formell, stillschweigend; *gr. proposition f* ~ verkürzter Satz *m* (*z. B. Sois!, venez! usw.*).

impliquer [ɛ̃pli'ke] (1m) hineinziehen; mit einbegreifen.

implorer [ɛ̃plɔ're] (1a) anflehen, anrufen.

impoli [ɛ̃pɔ'li] unhöflich; **~tesse** [ɛ̃pɔli'tɛs] *f* Unhöflichkeit.

impondérable [ɛ̃pɔ̃de'rablə] **1.** *adj.* unwägbar; **2.** *~s m/pl.* Imponderabilien *n/pl.*

17 Franz.-Dtsch.

impopul|aire [ɛ̃pɔpy'lɛːr] unpopulär, unbeliebt; **~arité** [~lari'te] f Unbeliebtheit.

import|ance [ɛ̃pɔr'tɑ̃ːs] f Wichtigkeit; **~ant** [~'tɑ̃] 1. adj. (7) wichtig; faire l'~ sich großtun, angeben; 2. m Hauptpunkt; **~ateur** ✝ [~ta'tœːr] m Importeur; **~ation** [~ta'sjɔ̃] f Einfuhr; Einschleppung e-r Krankheit; **~s** pl. eingeführte Waren; **~e** [ɛ̃'pɔrt] n'~! macht nichts!; n'~ qui der erste beste; qu'~? na, wenn schon!; **~er** [~'te] v/t. (1a) ✝ aus dem Auslande einführen; einschleppen; v/i. wichtig sein (à für).

importun [ɛ̃pɔr'tœ̃] (7) adj. (u. su.) lästig(er), zudringlich(er Mensch); adv. **~ément**; **~er** [~pɔrty'ne] (1a) belästigen, behelligen; **~ité** [~tyni'te] f Belästigung; Zudringlichkeit.

impos|able [ɛ̃po'zablə] (be)steuerbar; **~ant** [~'zɑ̃] (7) imponierend, Ehrfurcht gebietend; **~er** [~'ze] (1a) aufbürden, -drängen, -(er)legen, -zwingen; besteuern; ~ silence à j-m Schweigen gebieten; ~ du (od. le) respect Ehrfurcht einflößen; en ~ à q. j-n etw. aufbinden, j-n täuschen; **~ition** [~zi'sjɔ̃] f Auferlegung; Steuer, Auflage usw.; catégorie d'~ Steuergruppe; non soumis à l'~ steuerfrei.

impossi|bilité [ɛ̃pɔsibili'te] f Unmöglichkeit; de toute ~ schlechterdings unmöglich; **~ble** [~'siblə] unmöglich.

imposte △ [ɛ̃'pɔst] f festverglaster Tür- od. Fensterteil m.

impost|eur [ɛ̃pɔs'tœːr] 1. m Betrüger; 2. adj. betrügerisch; **~ure** [~'tyːr] f Betrug m.

impôt [ɛ̃'po] m Auflage f, Steuer f.

impoten|ce [ɛ̃pɔ'tɑ̃ːs] f Impotenz; Schwäche f, Gebrechlichkeit; **~t** [~'tɑ̃] (7) gebrechlich, lahm; impotent; su. Krüppel m.

impraticable [ɛ̃prati'kablə] undurchführbar; ungangbar; Wege: unbefahrbar.

imprécation [ɛ̃preka'sjɔ̃] f Verwünschung, Fluch m.

imprégner [ɛ̃pre'ɲe] (1f) (durch-)tränken, imprägnieren (de mit).

imprenable ⚔ [ɛ̃prə'nablə] uneinnehmbar.

imprésario [ɛ̃preza'rjo] m (Theater-, Konzert-, Film-)Unternehmer.

imprescriptible ⚖ [ɛ̃preskrip'tiblə] unverjährbar.

impression [ɛ̃prɛ'sjɔ̃] f Eindruck m; Aufdrücken n; peint. Grund m, typ. Druck(en n) m; **~nable** [~sjɔ'nablə] beeindruckbar, für Eindrücke empfänglich; **~ner** [~sjɔ'ne] (1a) Eindruck machen (q. auf j-n); se laisser ~ sich beeindrucken lassen.

imprév|isible [ɛ̃previ'ziblə] unvorstellbar; **~oyance** [~vwa'jɑ̃ːs] f Unvorsichtigkeit; **~u** [~'vy] unvorhergesehen, unerwartet.

imprim|é [ɛ̃pri'me] m Druckschrift f; Drucksache f; **~er** [~] (1a) aufdrücken; peint. grundieren; Buch usw. drucken; fig. einflößen, verleihen; ~ un mouvement à un corps e-m Körper eine Bewegung mitteilen; **~erie** [~m'ri] f Buchdruckerkunst; Druckerei f; **~eur** [~'mœːr] m Drucker(eibesitzer) m; **~euse** [~'møːz] f Druckmaschine.

improbable [ɛ̃prɔ'bablə] unwahrscheinlich.

improbat|eur [ɛ̃prɔba'tœːr] mißbilligend; **~ion** [~ba'sjɔ̃] f Mißbilligung. [keit.|

improbité [ɛ̃prɔbi'te] f Unredlich-|

improductif [ɛ̃prɔdyk'tif] (7e) unergiebig.

impromptu [ɛ̃prɔ̃p'ty] 1. adj. improvisiert; 2. adv. unvorbereitet; 3. m Gedicht n (♩ Stück n) aus dem Stegreif.

impropr|e [ɛ̃'prɔprə] ungeeignet; unzweckmäßig; unpassend; **~iété** [~prie'te] f Untauglichkeit f; falsche Anwendung.

improvis|er [ɛ̃prɔvi'ze] (1a) aus dem Stegreif dichten, reden, herstellen; improvisieren; **~te** [~'vist] : à l'~ unvermutet.

impruden|ce [ɛ̃pry'dɑ̃ːs] f Unüberlegtheit f, Unvorsichtigkeit; **~t** [~'dɑ̃] unüberlegt, unvorsichtig.

impud|ence [ɛ̃py'dɑ̃ːs] f Unverschämtheit; **~ent** [~'dɑ̃] unverschämt; **~eur** [~'dœːr] f Schamlosigkeit; **~icité** [~disi'te] f Unzucht; **~ique** [~'dik] unsittlich.

impuissan|ce [ɛ̃pɥi'sɑ̃ːs] f Machtlosigkeit; Unvermögen n; Ohnmacht; Impotenz; **~t** [~'sɑ̃] machtlos.

impuls|if [ɛ̃pyl'sif] (7e) treibend;

impulsion — 259 — **incidentel**

Treib...; *fig.* impulsiv, triebhaft; ~ion [~'sjõ] *f* Antrieb *m*, Impuls *m*; ⚡ Stromstoß *m*; force *f* d'~ Triebkraft; ~ criminelle verbrecherische Neigung; ~ de conscience Gewissensregung.

impun|ément *adv.* [ẽpyne'mã], ~i [~'ni] *adj.* ungestraft; straflos; ~ité [~ni'te] *f* Straflosigkeit.

impur [ẽ'py:r] unrein; unkeusch; ~eté [ẽpyr'te] *f* Unreinheit; Fremdkörper *m*.

imput|able [ẽpy'tablǝ] zuzuschreiben(d); an- *od.* abzurechnen(d); ~er [~'te] (1a) beimessen; zur Last legen; an-, abrechnen (sur qch. auf acc., von etw.).

imputrescible [ẽpytre'siblǝ] unverweslich, unverfaulbar.

inabordable [inabɔr'dablǝ] unzugänglich (*Ort, Person*); unnahbar; unerschwinglich.

inac|ceptable [inaksep'tablǝ] unannehmbar; ~cessible [inaksɛ'siblǝ] unzugänglich (*Ort*); (*für den Geist*) unerreichbar; ~coutumé [~kuty'me] ungewohnt; ungewöhnlich.

inachevé [inaʃ've] (7) unvollendet.

inact|if [inak'tif] (7e) untätig, müßig; ♦ unwirksam; ~ivité [~tivi'te] *f* Untätigkeit; Ruhestand *m*; ♦ Unwirksamkeit.

inadapté *psych., physiol.* [inadap'te] ungeeignet; nicht angepaßt; schwer erziehbar; asozial; körperbehindert; nicht gewachsen *fig.*

inad|missible [inadmi'siblǝ] unzulässig; ~vertance [~vɛr'tɑ̃:s] *f* Unachtsamkeit; par ~ aus Versehen *n*.

inaliénable [inalje'nablǝ] unveräußerlich.

inaltérable [inalte'rablǝ] unveränderlich, unzerstörbar; *fig.* unerschüttert.

inamovible [inamɔ'viblǝ] unwiderruflich, unabsetzbar (*Amt*).

inanalysable [inanali'zablǝ] nicht analysierbar; *gr.* etymologisch dunkel.

inanimé [inani'me] (7) leblos.

inanit|é [inani'te] *f fig.* Nichtigkeit, Vergeblichkeit; ~ion [inani'sjõ] *f* Entkräftung; Erschöpfung.

inappréciable [inapre'sjablǝ] unschätzbar; unbestimmbar; sehr gering.

inapt|e [i'napt] untauglich, unfähig (à zu); ~itude [~ti'tyd] *f* Untauglichkeit, Untauglichkeit.

inatten|du [inatã'dy] unerwartet, unverhofft, unvermutet; ~tif [~'tif] unaufmerksam, unachtsam.

inaugur|al [inogy'ral] (5c) Antritts...; Einweihungs...; ~er [~'re] (1a) feierlich einweihen, enthüllen, eröffnen; *fig.* ankündigen, einleiten.

incalculable [ẽkalky'lablǝ] unberechenbar.

incandescen|ce [ẽkɑ̃dɛ'sɑ̃:s] *f* Weißglühen *n*; *fig.* Glut; lampe *f* à ~ Glühbirne *od.* -lampe; ~t [~'sɑ̃] (7) weißglühend; *fig.* feurig.

incap|able [ẽka'pablǝ] unfähig (de zu); ~acité [~pasi'te] *f* Unfähigkeit.

incarcér|ation [ẽkarsera'sjõ] *f* Einkerkerung; ~er [~'re] (1f) einkerkern.

incarn|adin [ẽkarna'dẽ] (7) fleischfarben; blaß-, matt-rot; ~at [~'na] hochrot; ~ation *rl.* Fleisch-, Menschwerdung; ~é ♦ [~'ne] eingewachsen (*Nägel*); *fig.* leibhaftig; ~er [~] (1a) *fig.* verkörpern.

incartade [ẽkar'tad] *f* Ungehörigkeit *f*; Sprachschnitzer *m*.

incassable [ẽka'sablǝ] unzerbrechlich, splitterfrei (*Glas*).

incendi|aire [ẽsɑ̃'djɛ:r] **1.** *adj.* zündend; Brand...; *fig.* aufrührerisch; **2.** *su.* Brandstifter(in *f*) *m*; ~e [ẽsɑ̃'di] *m* Feuersbrunst *f*, Brand; ~ volontaire Brandstiftung *f*; ~é *m* [~'dje] von e-r Feuersbrunst Betroffene(r); ~er [~] (1a) in Brand stecken.

incert|ain [ẽsɛr'tẽ] (7) ungewiß; unbestimmt; veränderlich; ~itude [~ti'tyd] *f* Ungewißheit; Unbeständigkeit; Unschlüssigkeit.

incess|amment [ẽsɛsa'mɑ̃] unaufhörlich; unverzüglich; ~ant [~'sɑ̃] unablässig; unaufhörlich.

incest|e [ẽ'sɛst] **1.** *m* Blutschande *f*; **2.** *su.* Blutschänder(in *f*) *m*; ~ueux [ẽsɛs'tɥø] **1.** blutschänderisch; **2.** *su.* Blutschänder(in *f*) *m*.

incidemment [ẽsida'mɑ̃] nebenbei, gelegentlich.

incident [ẽsi'dɑ̃] **1.** *adj.* (7) beiläufig; *gr.* eingeschoben; Zwischen...; *phys.* einfallend; **2.** *m* Zwischenfall; ~ du service Betriebsstörung *f*; ~el [~'tɛl] nebensächlich, zufällig.

incinér|ation [ɛ̃sinerɑ'sjɔ̃] f Einäscherung; **~er** [~'re] (1f) einäschern.
incis|er [ɛ̃si'ze] (1a) einschneiden; ✗ aufschneiden; **~if** [~'zif] **1.** *adj.* einschneidend; *fig.* beißend, bissig; **2.** f (*dent* f) *incisive* Schneidezahn m; **~ion** [~'zjɔ̃] f Einschnitt m.
inciter [ɛ̃si'te] (1a) (an)reizen, anregen, veranlassen (*à zu*).
incivil [ɛ̃si'vil] (7) unhöflich; **~ité** [~li'te] f Unhöflichkeit.
inclin|aison [ɛ̃klinɛ'zɔ̃] f Neigung f (*nicht fig.!*), Gefälle n; **~ation** [~nɑ'sjɔ̃] f Verneigung; (Zu-)Neigung; F Liebschaft; **~er** [~'ne] v/t. (1a) neigen; geneigt machen; v/i. sich neigen; ~ *à qch.* zu etw. neigen.
inclus|if, ~ive [ɛ̃kly'zif, ~'ziːv], *adv.* inclusivement einschließlich.
incohérent [ɛ̃koe'rɑ̃] (7) unzs.-hängend (*a. fig.*), zs.-hanglos.
incolore [ɛ̃kɔ'lɔːr] farblos.
incomber [ɛ̃kɔ̃'be] (1a) obliegen, zukommen (*à q. j-m*).
incombustible [ɛ̃kɔ̃bys'tiblə] feuerfest, unverbrennbar.
incommensurable [ɛ̃kɔmɑ̃sy'rablə] ⚕ nicht meßbar; *fig.* unermeßlich, unendlich.
incommod|e [ɛ̃kɔ'mɔd] unbequem; lästig; beschwerlich; ungelegen; **~é** *fig.* [~'de] ✗ unpäßlich; in Geldverlegenheit; **~ément** [~de'mɑ̃] *adv. s. incommode*; **~er** [~'de] (1a) stören, belästigen; *Speisen:* j-m schwer im Magen liegen; **~ité** [~di'te] f Unbequemlichkeit; Unpäßlichkeit; Ungelegenheit.
incom|parable [ɛ̃kɔ̃pɑ'rablə] unvergleichlich; unübertrefflich; **~patible** [~pɑ'tiblə] unvereinbar; nicht zueinander passend; **~plexe** [~'plɛks] einfach; **~préhensible** [~preɑ̃'siblə] unbegreiflich, unverständlich; **~pris** [~'pri] unverstanden, verkannt.
incon|cevable [ɛ̃kɔ̃s'vablə] unbegreiflich, unfaßbar; **~ciliable** [~si-'ljablə] unvereinbar; unversöhnlich; **~ditionnel** [~kɔ̃disjɔ'nɛl] (7c) bedingungslos(er Anhänger m); **~duite** [~'dɥit] f schlechte Führung f; Sittenlosigkeit f; **~gelable** [~ʒə-'lablə] nicht gefrierbar, kältebeständig.
incongru [ɛ̃kɔ̃'gry] unpassend (*adv. incongrûment*); **~ité** [~grɥi'te] f Ungehörigkeit; Unschicklichkeit; Sprachfehler m.
inconnu [ɛ̃kɔ'ny] unbekannt; *su.* Unbekannter.
inconscient [ɛ̃kɔ̃'sjɑ̃] (7) ahnungslos; unbewußt.
inconséquence [ɛ̃kɔ̃se'kɑ̃ːs] f Inkonsequenz f, Folgewidrigkeit; Widerspruch m; Unüberlegtheit.
inconsidéré [ɛ̃kɔ̃side're] unbedacht, unüberlegt.
inconsistant [ɛ̃kɔ̃sis'tɑ̃] unbeständig, haltlos (*Idee*).
inconsolable [ɛ̃kɔ̃sɔ'lablə] untröstlich.
inconst|ance [ɛ̃kɔ̃s'tɑ̃ːs] f Unbeständigkeit; **~ant** [~'tɑ̃] (7) unbeständig, vergänglich.
inconstitutionnel [ɛ̃kɔ̃stitysjɔ'nɛl] verfassungswidrig.
incontest|able [ɛ̃kɔ̃tɛs'tablə] unbestreitbar; einwandfrei; **~é** [~'te] unbestritten.
incontin|ence [ɛ̃kɔ̃ti'nɑ̃ːs] f Unmäßigkeit, mangelnde Enthaltsamkeit f; ~ *d'urine* ✗ Bettnässen n, Harnfluß m; **~ent** [~'nɑ̃] unbeherrscht, nicht enthaltsam.
incontrôlable [ɛ̃kɔ̃tro'lablə] unkontrollierbar, nicht nachprüfbar.
inconven|able [ɛ̃kɔ̃v'nablə] ungehörig, unpassend; **~ance** [~v-'nɑ̃ːs] f Ungehörigkeit f.
inconvénient [ɛ̃kɔ̃ve'njɑ̃] m Unannehmlichkeit f; Nachteil m; Mißstand m.
inconvertible [ɛ̃kɔ̃vɛr'tiblə] ✝ nicht konvertierbar; nicht um-, absetzbar (*Rente*).
incorpor|ation [ɛ̃kɔrpɔrɑ'sjɔ̃] f Einverleibung; ✗ Einberufung f, Einstellung f *v. Arbeitern*; ⊕ Einbau m; **~el** [~'rɛl] unkörperlich; **~er** [~'re] (1a) einverleiben; ✗ einberufen; *Arbeiter einstellen*; ⊕ einbauen.
incorrect [ɛ̃kɔ'rɛkt] unrichtig; unpassend; **~ion** [~rɛk'sjɔ̃] f Fehlerhaftigkeit f; fehlerhafte Stelle; Verstoß m, Unkorrektheit f.
incorrigible [ɛ̃kɔri'ʒiblə] unverbesserlich.
incorruptible [ɛ̃kɔryp'tiblə] unverderblich; unbestechlich.
incréd|ibilité [ɛ̃kredibili'te] f Unglaublichkeit; **~ule** [~'dyl] *a. rl.* **1.** *adj.* ungläubig; **2.** *su.* Ungläubige(r); **~ulité** [~dyli'te] f Unglaube m.

increvable [ɛ̃krə'vablə] unverwüstlich, nicht klein zu kriegen; *Auto*: pannensicher.

incrimin|ation [ɛ̃krimina'sjɔ̃] f Beschuldigung; **~er** [~'ne] (1a) anbeschuldigen; als strafbar bezeichnen.

incroy|able [ɛ̃krwa'jablə] unglaublich; **~ance** [~'jɑ̃:s] f Unglaube m; **~ant** [~'jɑ̃] 1. *adj*. ungläubig; 2. *su*. Ungläubige(r).

incrust|ation [ɛ̃krysta'sjɔ̃] f Verkrustung f; Übersinterung; eingelegte Arbeit; Kesselstein m; **~er** [~'te] (1a) *mit Gold, Holz usw.* plattieren, einlegen; übersintern; *fig.* cela s'incruste dans l'esprit das prägt sich tief ein.

incub|ation [ɛ̃kyba'sjɔ̃] f Entwicklungszeit e-r Krankheit; **~e** [ɛ̃'kyb] *m* Alp(drücken *n*).

inculper [ɛ̃kyl'pe] (1a) anklagen, beschuldigen.

inculquer [ɛ̃kyl'ke] (1m) einschärfen, einprägen, beibringen, vermitteln.

inculte [ɛ̃'kylt] unbebaut; un(aus)gebildet; wild, ungepflegt.

incunable [ɛ̃ky'nablə] *m* Erstlings-, Wiegendruck, Inkunabel *f*.

incur|able [ɛ̃ky'rablə] unheilbar, **~ie** [~'ri] f Sorglosigkeit f; Versäumnis *n*; Nachlässigkeit f.

incursion [ɛ̃kyr'sjɔ̃] f *bsd*. ⚔ Einfall *m*; Einflug *m*; *fig.* **~s** f/pl. wissenschaftliche Streifzüge.

incurvé [ɛ̃kyr've] gekrümmt.

Inde [ɛ̃:d] f: l'**~** (*ehm.* les **~s** pl.) Indien *n*.

indébrouillable [ɛ̃debruj'ablə] unentwirrbar.

indécen|ce [ɛ̃de'sɑ̃:s] f Unanständigkeit; **~t** [~'sɑ̃] (7) unanständig.

indéchiffrable [ɛ̃deʃi'frablə] unentzifferbar; unlesbar; *fig.* unerklärbar, unergründlich.

indécis [ɛ̃de'si] (7) unentschieden, unentschlossen; **~ion** [~'zjɔ̃] f Unschlüssigkeit f, Unbestimmtheit f.

indéfin|i [ɛ̃defi'ni] (7) unbestimmt; **~issable** [~ni'sablə] unbestimmbar; unerklärlich.

indéfrisable [ɛ̃defri'zablə] *adj.u.f*: (*ondulation* f) **~** *Friseur*: Dauerwellen.

indélébile [ɛ̃dele'bil] unauslöschlich; unvertilgbar; *Lippenstift*: kußfest.

indélibéré [ɛ̃delibe're] unüberlegt.

indémaillable [ɛ̃demɑ'jablə] *Gewebe*: maschenfest.

indemne [ɛ̃'dɛmn] schadlos; unverletzt.

indemni|sation [ɛ̃dɛmniza'sjɔ̃] f Entschädigung; **~ser** [~'ze] (1a) entschädigen (de *ach.* für etw.); **~té** [~'te] f Entschädigung; Schadensersatz *m*; Abfindungssumme.

indéniable [ɛ̃de'njablə] unleugbar.

indépend|amment [ɛ̃depɑ̃da'mɑ̃] *adv. s. indépendant*; **~** de ohne Rücksicht auf (*acc.*); abgesehen von; **~ance** [~'dɑ̃:s] f Unabhängigkeit; **~ant** [~'dɑ̃] (7) unabhängig, selbständig.

indér|acinable [ɛ̃derasi'nablə] *fig.* unausrottbar; **~églable** [~re'glablə] absolut nicht betriebssicher.

inde|scriptible [ɛ̃deskrip'tiblə] unbeschreiblich; **~structible** [ɛ̃destryk'tiblə] unzerstörbar.

indésirable [ɛ̃dezi'rablə] 1. *adj*. unerwünscht; 2. *su*. ungebetener Gast *m*.

indesser|rable [ɛ̃desɛ'rablə], **~tissable** [~ti'sablə] ⊕ ganz fest sitzend. [bestimmt.|
indéterminé [ɛ̃detɛrmi'ne] un-|

index [ɛ̃'dɛks] *m* Index, Register *n*; Zeiger; Zeigefinger; ♫ Kennziffer f; *pol.* être à l'**~** auf der schwarzen Liste stehen; mettre à l'**~** verbieten; *j-n* ausschließen.

indicat|eur [ɛ̃dika'tœ:r] *m* Anzeiger; ⊕ Fahrplan (*in Buchform*), Kursbuch *n*; Wegweiser; ⊕ Zeiger; Spitzel *m*, Denunziant *m*; **~** de direction *Auto*: Winker; **~if** [~'tif] *m* *rad.*: Pausenzeichen *n*; ♪ Einleitung f; *télégr.*, *téléph.*, ⚔ Ruf-, Kennzeichen *n*; Kennbuchstabe *m*; *gr.* Indikativ *m*; **~ion** [~ka'sjɔ̃] f Anzeige; Hinweis *m*, Wink *m*; Angabe f; Merkmal *n*; Anzeichen *n*; **~s** technische Daten *pl*.

indic|e [ɛ̃'dis] *m* Anzeichen *n*; ⚓ Landmarke f; ♫ Index, Exponent *m*, Stichzahl f; (*Lebenshaltungs- usw.*) Index; **~ible** [ɛ̃di'siblə] unaussprechlich.

indien [ɛ̃'djɛ̃] 1. *adj.* indisch; indianisch; 2. 2(**ne**) *su*. Inder(in f) *m*; Indianer(in f) *m*; **~ne** [~'djɛn] f ✠ gefärbter *od.* gedruckter Kattun *m*; **~nerie** [~djɛn'ri] f Kattunweberei f; Kattunstoffe *m/pl*.

indifféren|ce [ɛ̃dife'rɑ̃:s] f Gleichgültigkeit; **~t** [~'rɑ̃] (7) gleichgültig; belanglos; gefühllos; parteilos; ⚥ indifferent.

indigence [ɛ̃di'ʒɑ̃:s] f Bedürftigkeit.

indigène [ɛ̃di'ʒɛn] **1.** *adj.* einheimisch; eingeboren; **2.** *su.* Eingeborene(r).

indigent [ɛ̃di'ʒɑ̃] (7) bedürftig, arm.

indigest|e [ɛ̃di'ʒɛst] unverdaulich (*a. fig.*); **~ion** ♂ [~ʒɛs'tjɔ̃] f Verdauungsstörung; schlechte Verdauung f; *fig.* Überdruß m.

indign|ation [ɛ̃diɲa'sjɔ̃] f Unwille m; **~e** [ɛ̃'diɲ] unwürdig; **~er** [~'ɲe] (1a) empören; *indigné(e)* entrüstet; **~ité** [~ɲi'te] f Unwürdigkeit f; Gemeinheit f.

indigo [ɛ̃di'go] m Indigo(farbstoff).

indigot|erie [ɛ̃digɔ'tri] f Indigofabrik, -pflanzung; **~ier** [~'tje] m ♀ Indigostrauch; ⊕ Indigofabrikant.

indiquer [ɛ̃di'ke] (1m) (an)zeigen; andeuten; erkennen lassen.

indiscret [ɛ̃dis'krɛ] indiskret, taktlos, aufdringlich.

indiscutable [ɛ̃disky'tablə] unbestreitbar.

indispensable [ɛ̃dispɑ̃'sablə] unentbehrlich; unerläßlich.

indispo|nible [ɛ̃dispɔ'niblə] unabkömmlich; **~sé** [~pɔ'ze] unpäßlich; nicht in Stimmung; **~ser** [~] (1a) unwohl (krank) machen; *fig.* verstimmen; **~sition** [~pozi'sjɔ̃] f Unwohlsein n; *fig.* schlechte Laune.

indissoluble [ɛ̃disɔ'lyblə] unauflöslich, unlöslich; unzertrennlich.

indistinct [ɛ̃dis'tɛ̃kt] (7) undeutlich; *adv.* **~ement** undeutlich; ohne Unterschied.

individu [ɛ̃divi'dy] m Individuum n, Einzelwesen n; **~aliser** [ɛ̃dividyali'ze] (1a) individualisieren, absondern; einzeln betrachten; **~alisme** [~'lism] m Individualismus; **~aliste** [~'list] **1.** *adj.* individualistisch; **2.** *su.* Individualist(in f) m; **~alité** [~ɥali'te] f Eigenart; **~el** [~'dɥɛl] persönlich; individuell.

indivis, ~e ♂ [ɛ̃di'vi, ~'vi:z] ungeteilt; **~ible** [~vi'ziblə] unteilbar.

indocil|e [ɛ̃dɔ'sil] unfolgsam; unbelehrbar; **~ité** [~li'te] f Unbelehrbarkeit; Störrigkeit.

indolen|ce [ɛ̃dɔ'lɑ̃:s] f Lässigkeit, Gleichgültigkeit; **~t** [~'lɑ̃] lässig, gleichgültig.

indolore [ɛ̃dɔ'lɔ:r] schmerzlos.

indomptable [ɛ̃dɔ̃'tablə] unbezähmbar; unbeugsam.

indu [ɛ̃'dy] ungebührlich; unpassend.

indubitable [ɛ̃dybi'tablə] unzweifelhaft; ♂ m Nichtschuld f.

inducteur [ɛ̃dyk'tœ:r] m Induktionsapparat m; *adj.* induzierend.

induire [ɛ̃'dɥi:r] (4c) *zu etw.* verleiten; folgern; ⚡ induzieren.

induit ⚡ [ɛ̃'dɥi] m Anker, Induktor.

indulgen|ce [ɛ̃dyl'ʒɑ̃:s] f Nachsicht; *rl.* Ablaß m; **~t** [~'ʒɑ̃] nachsichtig.

indûment [ɛ̃dy'mɑ̃] ungebührlich.

industri|alisation [ɛ̃dystrializa'sjɔ̃] f Industrialisierung; **~aliser** [~ali'ze] (1a) industrialisieren; **~e** [ɛ̃dys'tri] f **1.** Industrie f; Gewerbe n; **~s** f/pl. *d'art* Kunstgewerbe n; **~** *de base od.* **~-clef** Schlüsselindustrie; **~** *de l'ameublement* Möbelindustrie; **~** *des colorants* Farbstoffindustrie; **~** *de l'habillement* Bekleidungsindustrie; **~** *domestique* Heimindustrie; **~** *hôtelière* Gaststättengewerbe n; *grande* **~,** **~** *lourde* Schwerindustrie; **~** *minière* Montanindustrie; *petite* **~,** **~** Kleingewerbe n; **2.** † Geschicklichkeit f; **~eux** [~tri'ø] (7d) betriebsam; kunstfertig.

inébranlable [inebrɑ̃'lablə] unerschütterlich; [neu(artig).|

inédit [ine'di] (7) noch ungedruckt,|

ineffable [ine'fablə] unaussprechlich. [fruchtlos.|

inefficace [inefi'kas] unwirksam;|

inégal [ine'gal] (5c) ungleich, uneben; *fig.* veränderlich.

inéligible [ineli'ʒiblə] nicht wählbar.

inéluctable [inelyk'tablə] unabwendbar, unvermeidlich, unausweichlich.

inemployé [inɑ̃plwa'je] (7) ungebraucht.

inept|e [i'nɛpt] dumm, albern; **~ie** [inɛp'si] f Dummheit f, Albernheit.

inépuisable [inepɥi'zablə] unerschöpflich.

inert|e [i'nɛrt] bewegungslos *od.* -unfähig; träge; *a.* ♂ indifferent; **~ie** [inɛr'si] f Trägheit; *fig.* passiver Widerstand m; *force* f *d'* **~** Trägheit(sgesetz n).

inespéré [inɛspe're] unverhofft, unerwartet.

inessayé [inɛsɛ'je] unversucht.
inévitable [inevi'tablə] unvermeidlich.
inexact [inɛg'zakt] (7) unpünktlich; ungenau.
inexcusable [inɛksky'zablə] unentschuldbar.
inexigible [inɛgzi'ʒiblə] ⚖ uneintreibbar; ✝ von Wechseln: noch nicht fällig; c'est ~ das kann nicht gefordert werden.
inexorable [inɛgzɔ'rablə] unerbittlich.
inexpéri|ence [inɛkspe'rjɑ̃:s] f Unerfahrenheit; **~menté** [~rjɑ̃'te] unerfahren (Arbeiter); noch unversucht, unangewandt (Verfahren).
inex|piable [inɛks'pjablə] unsühnbar; **~plorable** [~plɔ'rablə] unerforschlich; **~primable** [~pri'mablə] unaussprechlich; **~pugnable** [~pyg'nablə] uneinnehmbar; fig. unüberwindlich; **~tinguible** [~tɛ̃'gi̯iblə] unauslöslich; **~tirpable** [~tir'pablə] unausrottbar; **~tricable** [~tri'kablə] unentwirrbar.
infaillib|ilité [ɛ̃fajibili'te] f Unfehlbarkeit f; ⊕, ✝ einwandfreie Verwendung f; **~le** [ɛ̃fa'jiblə] unfehlbar; unausbleiblich; untrüglich.
infaisable [ɛ̃fə'zablə] undurchführbar.
infamant [ɛ̃fa'mɑ̃] (7) ehrenrührig.
infâme [ɛ̃'fɑ:m] 1. adj. ehrlos, schändlich; niederträchtig; 2. su. Strolch m; gemeines Frauenzimmer n.
infamie [ɛ̃fa'mi] f Ehrlosigkeit; Schande f, Gemeinheit f; ~s pl. Schmähungen.
infant [ɛ̃'fɑ̃] m Infant m, spanischer Prinz; **~erie** ⚔ [ɛ̃fɑ̃'tri] f Infanterie f; **~icide** [ɛ̃fɑ̃ti'sid] 1. adj. kindesmörderisch; 2. su. Kindesmörder m; 3. m Kindesmord; **~ile** [ɛ̃fɑ̃'til] kindisch, infantil; Kinder...; mortalité f ~ Kindersterblichkeit.
infarctus [ɛ̃fark'tys] m: ~ du myocarde Herzinfarkt m.
infatigable [ɛ̃fati'gablə] unermüdlich.
infatu|é [ɛ̃fa'tɥe] ~ de soi-même eingebildet; **~er** [~] (1a) vernarrt machen (de in acc.); s'~ de eingenommen sein von (dat.).
infécond [ɛ̃fe'kɔ̃] unfruchtbar.
infect [ɛ̃'fɛkt] stinkend; ekelhaft;

~er ✱ [~'te] v/t. (1a) anstecken; Brunnen vergiften; Luft verpesten; v/i. übel riechen; s'~ ✱ eitern, sich entzünden; **~ion** [ɛfɛk'sjɔ̃] f Infektion f, Ansteckung; Verpestung.
inféoder fig. [ɛ̃feɔ'de]: ~ à qch. an etw. anschließen. [schließen.]
inférer [ɛ̃fe're] (1f) folgern,]
inféri|eur [ɛ̃fe'rjœ:r] (7) 1. adj. geringer, niedriger (à als); Unter..., Nieder...; 2. su. Untergebene(r); **~orité** [~rjɔri'te] f niedrigere Lage f; fig. Unterlegenheit; fig. geringerer Stand m, Grad m, Wert m; complexe m d'~ Minderwertigkeitskomplex m.
infernal [ɛ̃fɛr'nal] (5c) höllisch; pierre f ~e Höllenstein m.
infertile [ɛ̃fɛr'til] unfruchtbar.
infester [ɛ̃fɛs'te] heimsuchen; verwüsten, verheeren (de mit).
infid|èle [ɛ̃fi'dɛl] untreu; ungläubig; ungenau; **~élité** [~deli'te] f Untreue; Ungenauigkeit.
infiltr|ation [ɛ̃filtra'sjɔ̃] f Ein-, Durchsickern n; **~er** [~'tre] (1a): s'~ einsickern, einziehen in (acc.).
infime [ɛ̃'fim] unterst, niedrigst, winzig.
infini [ɛ̃fi'ni] 1. adj. unendlich; adv. **~ment** unendlich; fig. überaus; 2. m Unendliche n.
infinité [ɛ̃fini'te] f Unendlichkeit.
infirm|e [ɛ̃'firm] leidend, körperbehindert; siech; ℙ dumm, doof; m Körperbehinderter, Siecher; les ~s moteurs-cérébraux die Hirnkranken pl.; **~er** [~'me] (1a) fig. entkräften; Urteil außer Kraft setzen; **~erie** [~'ri] f Krankenraum m, -saal m, ⚓ -kajüte f; Lazarett n; **~ier, ~ière** f [~'mje, ~'mjɛ:r] Krankenwärter(in f) m, Krankenschwester f; ⚔ Sanitäter(in f) m; **~ité** [~mi'te] f Gebrechlichkeit; Gebrechen n.
inflamma|ble [ɛ̃fla'mablə] entzündbar; feuergefährlich; **~tion** [ɛ̃flama'sjɔ̃] f Entzündung; ~ spontanée Selbstentzündung; **~toire** ✱ [~ma'twa:r] Entzündungs...
inflation [ɛ̃fla'sjɔ̃] f Inflation, Geldentwertung. [biegen.)
infléchir [ɛ̃fle'ʃi:r] (2a) (um-)]
inflex|ible [ɛ̃flɛk'siblə] unbeugsam; **~ion** [~k'sjɔ̃] f Biegung; Ablenkung f der Strahlen; Stimme: Modulation; gr. Umlaut m.

infliger [ɛ̃fli'ʒe] (1l) *Strafe* auferlegen.

inflorescence [ɛ̃flɔʀe'sɑ̃:s] *f* Blütenstand *m*.

influ|ence [ɛ̃fly'ɑ̃:s] *f* Einfluß *m*; **~encer** [~ɑ̃'se] (1k) beeinflussen; **~ent** [~'ɑ̃] (7) einflußreich; **~er** [~'e] (1a) Einfluß haben.

in-folio [ɛ̃fɔ'ljo] *m* Folioformat *n*; Fo'liant.

inform|ation [ɛ̃fɔʀmɑ'sjɔ̃] *f* Erkundigung; Auskunft; Zeugenverhör *n*; **~e** [ɛ̃'fɔʀm] ungestalt; ♃♄ formwidrig; **~er** [~me] *v/t.* (1a) benachrichtigen, in Kenntnis setzen; *v/i.* ♃♄ e-e Untersuchung einleiten (*contre q. de qch.* gegen j-n wegen etw.); *s'~ auprès de q. de qch.* sich bei j-m erkundigen nach etw.

infortun|e [ɛ̃fɔʀ'tyn] *f* Mißgeschick *n*; **~é** [~'ne] **1.** *adj.* unglücklich; **2.** *su.* Unglückliche(r).

infraction [ɛ̃fʀak'sjɔ̃] *f* Übertretung *e-s Gesetzes*; Verstoß *m*; **~** *à un traité* Verletzung, Bruch *m e-s Vertrags*.

infranchissable [ɛ̃fʀɑ̃ʃi'sablə] unüberschreitbar; *fig.* unüberwindlich. [Unterbau *m*.]

infrastructure 🛤 [ɛ̃fʀastʀyk'ty:ʀ] *f*]

infra|rouge [ɛ̃fʀa'ʀu:ʒ] infrarot; **~-son** [~'sɔ̃] *m* Infraschall *m*.

infroissable [ɛ̃fʀwa'sablə] (*Stoff*) knitterfrei.

infructueux [ɛ̃fʀyk'tɥø] (7d) unfruchtbar; erfolglos.

infus [ɛ̃'fy] angeboren; *avoir la science ~e* die Weisheit mit Löffeln gefressen haben.

infus|er [ɛ̃fy'ze] (1a) (*in e-r Flüssigkeit*) ziehen lassen; *Tee* aufbrühen; *Blut* übertragen; *faire ~ le thé* den Tee ziehen lassen; **~ible** [~'ziblə] unschmelzbar; **~ion** [~'zjɔ̃] *f* Aufguß(bereitung) *m*; ✚ Transfusion; **~oires** [~'zwa:ʀ] *m/pl.* Aufgußtierchen *n/pl.*, Infusorien *pl.*

ingambe [ɛ̃'gɑ̃:b] gut auf den Beinen, rüstig.

ingélive ⊕ [ɛ̃ʒe'li:v] frostsicher.

ingéni|er [ɛ̃ʒe'nje] (1a): *s'~* nachsinnen; sich bemühen, versuchen; **~eur** [~'njœ:ʀ] *m* Ingenieur; *~ mécanicien* Maschineningenieur *m*; *~ du son* Toningenieur; *~ en chef* technische(r) Leiter; *~ en électricité* Elektroingenieur *m*; **~eux** [~'njø] geistreich; erfinderisch; **~osité** [~njozi'te] *f* Scharfsinn *m*, Findigkeit *f*.

ingénu [ɛ̃ʒe'ny] kindlich, unbefangen, naiv; (*adv.* **~ment**); **~ité** [ɛ̃ʒenɥi'te] *f* Harmlosigkeit, Naivität, Unbefangenheit.

ingér|ence [ɛ̃ʒe'ʀɑ̃:s] *f* Einmischung; **~er** [~'ʀe] (1f) *Speisen* einführen; *s'~* sich einmischen.

ingrat [ɛ̃'gʀa] (7) undankbar; unangenehm; unfruchtbar; *âge m ~* Backfischalter *m*; Flegeljahre; **~itude** [~ti'tyd] *f* Undankbarkeit.

ingrédient [ɛ̃gʀe'djɑ̃] *m cuis.* Zutat *f*; *phm.* Bestandteil. [bar.]

inguérissable [ɛ̃geʀi'sablə] unheil-]

ingurgiter [ɛ̃gyʀʒi'te] (1a) in die Kehle gießen; gierig verschlucken.

inhabil|e [ina'bil] ungeschickt; ♃♄ unfähig; **~eté** [inabil'te] *f* Ungeschicklichkeit; **~ité** ♃♄ [inabili'te] *f* Unfähigkeit.

inhabit|able [inabi'tablə] unbewohnbar; **~é** [~'te] unbewohnt.

inhal|ateur ✚ [inala'tœ:ʀ] *m* Inhalierapparat; **~er** [~'le] (1a) einatmen.

inhéren|ce [ine'ʀɑ̃:s] *f* Anhaften *n*; **~t** [~'ʀɑ̃] anhaftend.

inhib|er [ini'be] (1a) *psych.* hemmen; **~ition** [~bi'sjɔ̃] *f psych.* Hemmung *f*. [lich; unwirtlich.]

inhospitalier [inɔspita'lje] ungast-]

inhumain [iny'mɛ̃] unmenschlich.

inhumer [iny'me] (1a) beerdigen, bestatten.

inimitable [inimi'tablə] nicht nachahmbar.

inimitié [inimi'tje] *f* Feindschaft.

ininflammable [inɛ̃fla'mablə] unentzündbar.

inintellig|ent [inɛ̃teli'ʒɑ̃] (7) unintelligent; unverständig; **~ible** [~'ʒiblə] unverständlich.

iniqu|e [i'nik] unbillig, äußerst ungerecht; **~ité** [iniki'te] *f* Ungerechtigkeit; Vergehen *n*; *rl.* Sünde *f*; Verfehlung.

initial [ini'sjal] Anfangs...; (*lettre f*) *~e* Anfangsbuchstabe *m*.

initia|teur [inisja'tœ:ʀ] **1.** *m* Bahnbrecher; **2.** *adj.* (7f) bahnbrechend.

initier [ini'sje] (1a) einweihen.

inject|er [ɛ̃ʒɛk'te] (1a) einspritzen; *Wunde* ausspritzen; **~ion** [ɛ̃ʒɛk'sjɔ̃] *f* Spülung; ✚ Spritze *f* (*als Handlung*).

injonction [ɛ̃ʒɔ̃k'sjɔ̃] f ausdrücklicher Befehl m.
injur|e [ɛ̃'ʒy:r] f Beleidigung f; Schimpfwort n; Ungunst des Wetters; ~s f/pl. du temps Zahn m/sg. der Zeit; ~er [~'rje] (1a) beleidigen, beschimpfen; ~ieux [~'rjø] beleidigend.
injust|e [ɛ̃'ʒyst] ungerecht; ~ice [~'tis] f Ungerechtigkeit; ~ifiable [~ti'fjablə] nicht zu rechtfertigen(d).
inlassable [ɛ̃la'sablə] unermüdlich.
inné [in'ne] angeboren.
innocen|ce [inɔ'sɑ̃:s] f Unschuld; ~t [~'sɑ̃] unschuldig; ~ter [~'te] (1a) für unschuldig erklären.
innocuité [inɔkyi'te] f Unschädlichkeit.
innombrable [innɔ̃'brablə] unzählig.
innovation [innɔva'sjɔ̃] f Neuerung.
inoccupé [inɔky'pe] unbeschäftigt; unbesetzt.
in-octavo typ. [inɔkta'vo] m (abr. mst. in-8⁰) Oktavformat n, -band.
inoculer [inɔky'le] (1a) (ein)impfen.
inodore [inɔ'dɔ:r] geruchlos.
inoffensif [inɔfɑ̃'sif] harmlos; unschädlich.
inond|ation [inɔ̃da'sjɔ̃] f Überschwemmung; ~er [~'de] (1a) überschwemmen, -fluten.
inopérant [inɔpe'rɑ̃] wirkungslos.
inopiné [inɔpi'ne] unerwartet, unvermutet.
inopportun [inɔpɔr'tœ̃] ungelegen; unzweckmäßig (adv. ~ément).
inoubli|able [inubli'ablə] unvergeßlich; ~é [~'e] unvergessen.
inouï [i'nwi] unerhört.
inoxydable [inɔksi'dablə] rostfrei.
inqualifiable [ɛ̃kali'fjablə] unqualifizierbar, niederträchtig.
in-quarto typ. [ɛ̃kwar'to] m (abr. mst. in-4⁰) Quartformat n, -band.
inqui|et, -ète [ɛ̃'kjɛ, ɛ̃'kjɛt] unruhig.
inquiétant [ɛ̃kje'tɑ̃] besorgniserregend, unheimlich.
inquiét|er [ɛ̃kje'te] (1f) beunruhigen; ~ude [~'tyd] f Unruhe; Besorgnis.
insaisissable [ɛ̃sezi'sablə] un(er)greifbar; nicht pfändbar; unfaßbar.
insalissable [ɛ̃sali'sablə] nicht schmutzend.
insalubr|e [ɛ̃sa'lybrə] gesundheitsschädlich, ungesund; ~ité [~bri'te] f Ungesundheit e-s Klimas, e-r Gegend.

insanité [ɛ̃sani'te] f (mst. im pl.): dire des ~s Unsinn reden, faseln.
insatiable [ɛ̃sa'sjablə] unersättlich.
insatisfait [ɛ̃satis'fɛ] (7) unbefriedigt.
insciemment [ɛ̃sja'mɑ̃] unbewußt.
inscription [ɛ̃skrip'sjɔ̃] f In-, Auf-, Überschrift f; Eintragung f; † Buchung f; Sport: Meldung f; prendre ses inscriptions sich immatrikulieren, sich als Student einschreiben lassen.
inscrire [ɛ̃s'kri:r] (4f) einschreiben; s'~ s-n Namen eintragen lassen; s'~ en faculté sich immatrikulieren.
insect|e [ɛ̃'sɛkt] m Insekt n; Ungeziefer n; ~icide [~ti'sid] insektentötend; m Insektenpulver n; ~ivore [~ti'vɔ:r] adj. u. m insektenfressend, Insektenfresser.
insensé [ɛ̃sɑ̃'se] 1. adj. verrückt; 2. su. Verrückte(r).
insensibili|sation [ɛ̃sɑ̃sibiliza'sjɔ̃] f Betäubung; ~ser [~'ze] (1a) betäuben; ~té [~'te] f Gefühllosigkeit; Unempfindlichkeit.
insensible [ɛ̃sɑ̃'siblə] unempfindlich; gefühllos; unmerklich.
inséparable [ɛ̃sepa'rablə] unzertrennlich.
insér|er [ɛ̃se're] (1f) einrücken; zwischen-, einschalten, inserieren, e-e Anzeige aufgeben; einfügen; Auto: s'~ sich einordnen.
insertion [ɛ̃sɛr'sjɔ̃] f Einfügung; (Zeitungs-)Anzeige; Inserat n.
insidieux [ɛ̃si'djø] (7d) hinterlistig; verfänglich; schleichend, heimtückisch (Krankheit).
insign|e [ɛ̃'siɲ] 1. adj. bedeutend; péj. berüchtigt; 2. m Abzeichen n; ~ sportif Sportabzeichen n; ~ifiant [ɛ̃siɲi'fjɑ̃] (7) unbedeutend.
insinu|ant [ɛ̃si'nɥɑ̃] einschmeichelnd; ~er [~'nɥe] (1a) sanft in e-e Wunde usw. einführen; zu verstehen geben; s'~ unvermerkt eindringen; sich einschmeicheln.
insipid|e [ɛ̃si'pid] geschmacklos, schal, fade; fig. abgeschmackt; langweilig; ~ité [~di'te] f Geschmacklosigkeit; fig. Seichtheit.
insist|ance [ɛ̃sis'tɑ̃:s] f Dringen n; dringende Bitte; ~er [~'te] (1a): ~ sur qch. bestehen auf (dat.); ~ à (inf.) nicht nachlassen zu.
insociable [ɛ̃sɔ'sjablə] ungesellig, unzugänglich; a. antisociable.

insolation [ɛsɔla'sjɔ̃] f Sonnenbestrahlung f; ✱ Sonnenbrand m.
insolen|ce [ɛ̃sɔ'lɑ̃:s] f Unverschämtheit; ~t [~'lɑ̃] (7) frech.
insoler [ɛ̃sɔ'le] (1a) sonnen, der Sonne aussetzen.
insolite [ɛ̃sɔ'lit] ungewöhnlich.
insoluble [ɛ̃sɔ'lybl(ə)] unauflöslich; fig. unlösbar.
insolvable [ɛ̃sɔl'vabl(ə)] zahlungsunfähig. [keit.]
insomnie [ɛ̃sɔm'ni] f Schlaflosig-]
insondable [ɛ̃sɔ̃'dabl(ə)] unergründlich.
insonoris|ation [ɛ̃sɔnɔriza'sjɔ̃] f Schalldämpfung f; ~é [~'ze] schalldicht.
insoucian|ce [ɛ̃su'sjɑ̃:s] f Sorglosigkeit; ~t [~'sjɑ̃] sorglos.
insoumi|s [ɛ̃su'mi] (7) ungehorsam; ⚔ m Deserteur, Gehorsamsverweigerer.
insoutenable [ɛ̃sut'nabl(ə)] unhaltbar; unerträglich.
inspect|er [ɛ̃spɛk'te] (1a) be(auf)sichtigen; mustern; ~eur [~'tœːr] m Aufseher; Schulrat; ~ion [ɛ̃spɛk'sjɔ̃] f Aufsicht, Be(auf)sichtigung; ~ des métiers Gewerbeaufsicht.
inspir|ation [ɛ̃spira'sjɔ̃] f Einatmen n; fig. Eingebung; ~er [~'re] (1a) einatmen, fig. einflößen, eingeben; beraten; begeistern.
instable [ɛ̃'stabl(ə)] labil, schwankend; fahrig.
install|ateur ⊕ [ɛ̃stala'tœːr] m Installateur m; ~ation [ɛ̃stala'sjɔ̃] f Einführung f in ein Amt, Bestallung; ⊕ Anlage, Einrichtung; ⚡ Installation f; pol. ~ au pouvoir Machtübernahme f; ~ à vent Windkraftanlage; ~ d'air Klimaanlage; ~er [~'le] (1a) in ein Amt einführen; ⊕ installieren, einrichten, aufstellen, einbauen; ~eur ⊕ [~'lœːr] m Installateur m.
instamment [ɛ̃sta'mɑ̃] inständig.
instan|ce [ɛ̃'stɑ̃:s] f ⚖ Instanz f; Prozeß m, Klage f, Gesuch n; ~s f/pl. dringende Bitte; sur les ~s de q. auf Drängen j-s; ~t [~'tɑ̃] **1.** adj. dringend; **2.** m Augenblick; ~tané [~ta'ne] **1.** adj. (7) augenblicklich; **2.** m Momentaufnahme f, Schnappschuß; ~tanéité [~tanei'te] f Augenblicklichkeit.
instar [ɛ̃'staːr]: à l'~ de nach Art von; geradeso wie.

instaur|ation [ɛ̃stɔra'sjɔ̃] f Einführung; Errichtung; ~er [~'re] (1a) einführen.
instig|ateur [ɛ̃stiga'tœːr] Anstifter m; ~ation [~ga'sjɔ̃] f Anstiftung; ~uer [~'ge] (1m) aufhetzen; antreiben.
instill|ation [ɛ̃stila'sjɔ̃] f Einträufeln n; ~er [~'le] (1a) einträufeln.
instinct [ɛ̃'stɛ̃] m Trieb, Instinkt; ~if [ɛ̃stɛk'tif] instinktiv.
instituer [ɛ̃sti'tɥe] (1a) einsetzen; stiften; ein-, errichten.
institut [ɛ̃sti'ty] m Institut n, Anstalt f; Ordensregel f; geistlicher Orden; ~ (de France) das Französische Institut (*Gesamtheit der fünf Akademien*); ~eur [~'tœːr, ~'tris] Begründer(in f) m; (Volksschul-, All. Grundschul-) Lehrer(in f) m; ~ion [~'sjɔ̃] f Einrichtung; Einsetzung; Stiftung; Erziehungs- od. Bildungsanstalt f; ~ionnalisation [~sjɔnaliza'sjɔ̃] f Verankerung fig.; ~ionnaliser a. péj. [~sjɔnali'ze] v/t. zum System erheben, verankern.
instruct|eur [ɛ̃stryk'tœːr] m Ausbilder (a. ⚔); ⚖ Untersuchungsrichter; ~if [~'tif] lehrreich; ~ion [ɛ̃stryk'sjɔ̃] f Belehrung; Unterricht m; Bildung f; Ausbildung f, Schulung f; ⚔ Drill m; (An-)Weisung, Verhaltensmaßregel f; ⚖ Untersuchung; ~ ouvrir une ~ judiciaire ein Verfahren einleiten; ~ civique Staatsbürgerkunde; ~ primaire Elementarunterricht m; ~ secondaire höhere Schulbildung; rl. ~ pastorale Hirtenbrief m.
instruire [ɛ̃'strɥiːr] (4c) unterrichten; schulen; abrichten; benachrichtigen; *Prozeß* einleiten od. anstrengen.
instrument [ɛ̃stry'mɑ̃] m Werkzeug n; ♪ Instrument n; ⚖ Urkunde f, Dokument n; ~er [~'te] (1a) ⚖ Urkunden ausfertigen; ♪ instrumentieren.
insu [ɛ̃'sy]: à l'~ ohne Wissen (de *gén.*).
insubmersible [ɛ̃sybmɛr'sibl(ə)] unversinkbar, unversenkbar.
insubord|ination [ɛ̃sybɔrdina'sjɔ̃] f Unbotmäßigkeit f, Aufsässigkeit f; ~onné [~dɔ'ne] widersetzlich.
insuccès [ɛ̃syk'sɛ] m Mißerfolg.
insuffis|ance [ɛ̃syfi'zɑ̃:s] f Unzu-

insuffisant — 267 — **intérêt**

länglichkeit; **~ant** [~'zã] (7) ungenügend.

insuffler [ɛ̃sy'fle] (1a) einhauchen; ein-, aufblasen.

insulaire [ɛ̃sy'lɛːr] *adj.* auf e-r Insel wohnend; *su.* Inselbewohner(in *f*) *m*.

insularité [ɛ̃sylari'te] *f* insulare Lage *f*.

insult|e [ɛ̃'sylt] *f* Beleidigung; **~er** [~'te] (1a) beleidigen, beschimpfen; *v/i.*: ~ *au bon goût* gegen den guten Geschmack verstoßen; ~ *à q.* j-n verhöhnen.

insupportable [ɛ̃sypɔr'tablǝ] unerträglich; unausstehlich.

insurg|é [ɛ̃syr'ʒe] *m* Aufrührer; **~er** [~] (1l): *s'~* sich erheben.

insurrection [ɛ̃syrɛk'sjɔ̃] *f* Aufstand *m*, Aufruhr *m*, Putsch *m*.

intact [ɛ̃'takt] unversehrt; unberührt; unbescholten.

intangible [ɛ̃tã'ʒiblǝ] unberührbar, unantastbar.

intarissable [ɛ̃tari'sablǝ] unversiegbar; unerschöpflich.

intégr|al [ɛ̃te'gral] vollständig; ♂ Integral...; **~ant** [~'grã] wesentlich; **~ation** [~gra'sjɔ̃] *f*: *écol.* ~ *scolaire* Schulintegration *f* (*Aufhebung der Rassenunterschiede an Schulen*); **~ationniste** [~grasjɔ'nist] *su.* Anhänger *m* e-r Politik der Rassengleichberechtigung.

intègre [ɛ̃'tɛgrǝ] redlich, unbescholten; rechtschaffen.

intégrer [ɛ̃te'gre] (1f) einverleiben; ♂ integrieren.

intégris|me *Fr. cath.* [ɛ̃te'grism] *m* altdoktrinäre Haltung *f* der Kirche, Ablehnung *f* jeder sozialen u. politischen Aktion seitens der Kirche; **~te** [~'grist] *su. u. adj.* Verfechter *m* des altdoktrinären Katholizismus.

intégrité [ɛ̃tegri'te] *f* Vollständigkeit *f*; Unversehrtheit; Redlichkeit.

intellect [ɛ̃tɛl'lɛkt] *m* Intellekt *m*.

intellig|ence [ɛ̃teli'ʒɑ̃ːs] *f* Einsicht *f*, Intelligenz *f*; Einvernehmen *n*; **~ent** [~'ʒã] intelligent; einsichtig; **~ible** [~'ʒiblǝ] verständlich.

intempér|ance [ɛ̃tɑ̃pe'rɑ̃ːs] *f* Unmäßigkeit; **~ant** [~'rã] unmäßig; **~ie** [~'ri] *f*: ~*s f/pl.* Unbilden *pl.* des Wetters.

intempestif [ɛ̃tɑ̃pɛs'tif] (7e) unzeitgemäß; zeitlos.

intemporel *litt., phil.* [ɛ̃tɑ̃pɔ'rɛl] *m*

intend|ance [ɛ̃tɑ̃'dɑ̃ːs] *f* Verwaltung; ✕ Intendantur; **~ant** [~'dã] *m* Verwalter; Intendant.

intens|e [ɛ̃'tɑ̃ːs] intensiv; stark; *peu* ~ lautschwach; **~ité** [ɛ̃tɑ̃si'te] *f* Intensität *f*, Stärke; Heftigkeit; Lautstärke; ~ *du vent* Windstärke; ~ *en bougies* ∉ Kerzenstärke.

intenter [ɛ̃tɑ̃'te] (1a) *Prozeß* anhängig machen.

intention [ɛ̃tɑ̃'sjɔ̃] *f* Absicht; Zweck *m*; *à ton* ~ speziell für dich, in deinem Interesse; **~né** [~sjɔ'ne]: (*bien*) ~ (gut) gesinnt; **~nel** [~'nɛl] beabsichtigt, absichtlich.

inter *tél.* [ɛ̃'tɛːr] *m* Fernamt *n*.

interaction [ɛ̃terak'sjɔ̃] *f* Wechselwirkung *f*.

interallié *pol.* [ɛ̃tera'lje] interalliiert.

intercal|aire [ɛ̃tɛrka'lɛːr] eingeschaltet; *jour m* ~ Schalttag; **~er** [~'le] (1a) einschieben; ∉ ein-, vorschalten.

intercéder [ɛ̃tɛrse'de] (1f): ~ *pour q.* sich für j-n verwenden.

intercept|er [ɛ̃tɛrsɛp'te] (1a) (*unterwegs*) auffangen (*z.B. Brief*); unterschlagen; *fig.* hemmen; **~ion** [~p'sjɔ̃] *f* Auf-, Anhalten *n*; Abhören *n* (*Funkspruch, Ferngespräch*).

intercess|eur [ɛ̃tɛrsɛ'sœːr] *m* Vermittler *m*, Fürsprecher *m*; **~ion** [~'sjɔ̃] *f* Fürsprache.

interchangeable [ɛ̃tɛrʃɑ̃'ʒablǝ] auswechselbar, miteinander vertauschbar.

interdépendance [ɛ̃tɛrdepã'dɑ̃ːs] *f* gegenseitige Abhängigkeit.

interdiction [ɛ̃tɛrdik'sjɔ̃] *f* Verbot *n*; ♃ Entmündigung; Suspendierung (*vom Amte*); Aberkennung.

interdire [ɛ̃tɛr'diːr] (4m) untersagen; verbieten; *vom Amt* suspendieren; entmündigen; Interdikt machen; *rl.* mit dem Interdikt belegen.

interdit [ɛ̃tɛr'di] **1.** *adj.* (7) verboten; bestürzt usw.; s. *interdire*; *sens m* ~ Einbahnstraße *f*; *stationnement m* ~ Parkverbot *n*; *de séjour* ausgewiesen; **2.** *m* Entmündigte(r) *m*; Interdikt *n*, Kirchenbann *m*.

intéress|é [ɛ̃tere'se] **1.** *adj.* interessiert (*à qch. an etw.* [*dat.*]); beteiligt; **2.** *su.* ✝ Teilhaber(in *f*) *m*; **~er** [~] (1b) interessieren; beteiligen; *fig.* betreffen.

intérêt [ɛ̃te'rɛ] *m* Interesse *n*; Nutzen; *par* ~ aus Interesse; ~*s m/pl.* Zinsen *pl.*

inter|férence Radio [ɛ̃tɛrfeˈrɑ̃:s] f Überlagerung; **~folier** [~foˈlje] (1a) mit Papier durch'schießen.

intérieur [ɛ̃teˈrjœːr] **1.** adj. (7) inner, inwendig; **2.** m Innere n; Inland n; Heim n, Häuslichkeit f; ⚠ Innenansicht f; Familienleben n; Sport: Innenstürmer; fig. Innere(s) n, Herz n.

intérim [ɛ̃teˈrim] m Zwischenzeit f; einstweilige Vertretung f; par ~ од. **~aire** [~ˈmɛːr] f interimistisch, einstweilen, vorläufig; **~at** [~ˈma] m Zwischenzustand m.

interjection gr. [ɛ̃tɛrʒɛkˈsjɔ̃] f Ausruf m, Interjektion f; ♈ ~ d'appel Einlegung e-r Berufung.

interjeter [ɛ̃tɛrʒəˈte] (1c): ~ appel Berufung einlegen.

interligne [ɛ̃tɛrˈliɲ] **1.** m leerer Zwischenraum zwischen zwei Zeilen; **2.** f typ. Durchschuß m; **~er** typ. [~ˈɲe] (1a) durch'schießen.

interlinéaire [ɛ̃tɛrlineˈɛːr] zwischenzeilig, Interlinear...

interlocuteur [ɛ̃tɛrlɔkyˈtœːr] (7f) su. Gesprächspartner.

interlo|pe [ɛ̃tɛrˈlɔp] **1.** adj. (von) zweideutig(em Rufe), Schleich..., Schmuggel...; commerce m ~ Schwarzhandel; **2.** ehm. a. m (vaisseau m) ~ Schmugglerschiff n; **~quer** [~ˈke] (1a) stutzig machen.

intermède [ɛ̃tɛrˈmɛd] m Zwischenspiel n; Gesangseinlage f; fig. Zwischenepisode f.

intermédiaire [ɛ̃tɛrmeˈdjɛːr] **1.** adj. Zwischen..., Mittel..., dazwischenliegend; vermittelnd; **2.** m Vermittler; Vermittl(e)lung f; ✝ Zwischenhändler m; Mitteilung n. [los.]

interminable [ɛ̃tɛrmiˈnablə] end-

intermitt|ence [ɛ̃tɛrmiˈtɑ̃:s] f zeitweilige Unterbrechung; **~ent** [~ˈtɑ̃] (7) aussetzend; physiol. mit Unterbrechungen; ✱ fièvre f ~e Wechselfieber n.

internat [ɛ̃tɛrˈna] m Internat n; Stelle f e-s Assistenzarztes in Krankenhäusern.

international [~nasjɔˈnal] (5c) international; droit m ~ Völkerrecht n; **~e** [~] f (Arbeiter-)Internationale.

intern|e [ɛ̃ˈtɛrn] **1.** adj. innerlich; **2.** m Internatsschüler; Assistenzarzt im Krankenhaus; **~ement** [ɛ̃tɛrnəˈmɑ̃] m Internierung f; **~er** [ɛ̃tɛrˈne] (1a) internieren.

interpell|ateur [ɛ̃tɛrpɛlaˈtœːr] (7f) su. Interpellant m; **~ation** [~laˈsjɔ̃] f parl. kleine Anfrage; **~er** [~ˈle] (1c) ♈ u. parl. eine Auskunft verlangen, interpellieren.

interphone [ɛ̃tɛrˈfɔn] Auto, téléph. m Gegensprechanlage f.

interplanétaire [ɛ̃tɛrplaneˈtɛːr] adj. Weltraum...

Interpol [ɛ̃tɛrˈpɔl] f internationale Polizeiorganisation f.

interpol|ateur [ɛ̃tɛrpɔlaˈtœːr] m Textverfälscher; **~ation** [~laˈsjɔ̃] f eingeschobene Stelle; Einschaltung, -schiebung; **~er** [~ˈle] (1a) einschieben, ♈ interpolieren.

interpos|é [ɛ̃tɛrpoˈze]: personne f ~e Mittelsperson; **~er** [~] (1a) dazwischenstellen; **~ition** [~poziˈsjɔ̃] f Dazwischentreten n; fig. Vermittlung.

interprét|ariat [ɛ̃tɛrpretaˈrja] m Dolmetscherdienst m, -wesen n; **~ation** [ɛ̃tɛrpretaˈsjɔ̃] f Verdolmetschung f; Deutung; Auslegung f; thé., cin. Darstellung.

inter|prète [ɛ̃tɛrˈprɛt] su. Dolmetscher(in) m (f); **~préter** [~preˈte] (1f) verdolmetschen; auslegen, deuten; thé., cin. darstellen.

interracial [ɛ̃tɛrraˈsjal]: mariage m ~ Mischehe f.

interrog|ateur [ɛ̃tɛrrɔgaˈtœːr] (7f) fragend; prüfend; su. Fragesteller m, Prüfer m; **~atif** [~gaˈtif] gr. fragend; **~ation** [~gaˈsjɔ̃] f Frage f; point m d'~ Fragezeichen n; **~atoire** [~gaˈtwaːr] m Verhör n; ~ contradictoire Kreuzverhör n; **~er** [ɛ̃tɛrɔˈʒe] (1l) ab-, aus-, befragen; ♈ verhören; prüfen; zu Rate ziehen.

interrompre [ɛ̃tɛrˈrɔ̃:prə] (4a) unterbrechen; ✝ ausschalten.

interrup|teur [ɛ̃tɛrrypˈtœːr] m Unterbrecher; Zwischenredner f; ✝ (Aus-)Schalter; ~ à bascule Kippschalter; **~tion** [~ˈpsjɔ̃] f Unterbrechung f; Störung f; Einstellen n; Zwischenruf m. [saison f.]

intersaison [ɛ̃tɛrsɛˈzɔ̃] f: ✱ Zwischen-

intersection ♈ [ɛ̃tɛrsɛkˈsjɔ̃] f Überschneidung, Schnitt m; (Straßen-) Kreuzung.

intersession [ɛ̃tɛrsɛˈsjɔ̃] f: au cours de l'~ du Parlement während der Parlamentsferien.

interstice [ɛ̃tɛrˈstis] m Zwischenraum, -zeit f; ⊕ Kammer f.

interurbain [ɛ̃teryr'bɛ̃]: *communication f (téléphonique)* ~e Ferngespräch *m*; *service m* ~ Fernverkehr *m*; *m* Fernamt *n*.

intervalle [ɛ̃tɛr'val] *m* Zwischenraum; Zwischenzeit *f*; ♪ Intervall *n*.

interven|ir [ɛ̃tɛrvə'niːr] (2h) dazwischentreten; sich einschalten; **~tion** [ɛ̃tɛrvɑ̃'sjɔ̃] *f* Vermittlung; Einschreiten *n*; Einmischung *f*; Intervention *f*; ⚚ Operation, Eingriff *m*.

intervertir [ɛ̃tɛrvɛr'tiːr] (2a) umkehren.

interview [ɛ̃tɛr'vju] *f* Interview *n*, Unterredung *f*, Gespräch *n*; **~er**[1] [~vju'e] (1a) interviewen, befragen; **~er**[2] [~vju'œːr] *m* Interviewer, Befrager.

intestin [ɛ̃tɛs'tɛ̃] **1.** *adj.* innerlich; *guerre f* ~e Bürgerkrieg *m*; **2.** *m* Darm; ~ *grêle* Dünndarm; *gros* ~ Mastdarm; ~s *pl.* Gedärme, Eingeweide *n/pl.*; **~al** [~ti'nal] Darm...; Eingeweide...

intim|ation [ɛ̃tima'sjɔ̃] *f* gerichtliche Ankündigung; ⚖ Vorladung; **~e** [ɛ̃'tim] innerst, innig, vertraut; gemütlich, intim; **~er** ⚖ [~'me] (1a) amtlich ankündigen; vorladen; **~ider** [~mi'de] (1a) einschüchtern; **~ité** [~mi'te] *f* Intimität *f*; innige Freundschaft *od.* Vertrautheit *f*; Gemütlichkeit *f*.

intitulé [ɛ̃tity'le] *m* Titel *m*, Aufschrift *f* (*e-s Buches*).

intituler [ɛ̃tity'le] (1a) betiteln.

intolér|able [ɛ̃tɔle'rablə] unerträglich; **~ance** [~'rɑ̃ːs] *f* Unduldsamkeit; **~ant** [~'rɑ̃] (7) unduldsam.

intonation [ɛ̃tɔna'sjɔ̃] *f* Tonangeben *n*; *gr.* Ton *m*; Betonung *f*.

intouchable [ɛ̃tu'ʃablə] nicht antastbar; *fig.* unbeeindruckbar.

intox P *f*, **~ication** [ɛ̃tɔksika'sjɔ̃] *f* (*bsd. pol. fig.* Brunnen-)Vergiftung; *symptôme m d'*~ Vergiftungserscheinung *f*.   [schroff.]

intraitable [ɛ̃trɛ'tablə] störrisch;)

intransigeant [ɛ̃trɑ̃zi'ʒɑ̃] *adj.* (7) unbeugsam, unnachgiebig.

intraveineux ⚚ [ɛ̃travɛ'nø] intravenös.

intrépid|e [ɛ̃tre'pid] unerschrocken. **~ité** [~pidi'te] *f* Unerschrockenheit.

intrig|ant [ɛ̃tri'gɑ̃] (7) *su.* **1.** *adj.* ränkevoll; **2.** *su.* Intrigant *m*, Ränkeschmied *m*; **~ue** [~'trig] *f* Intrige *f*, Ränkespiel *n*; *thé.* Verwicklung; ~s *pl.* Umtriebe *m/pl.*; *brasser des* ~ Intrigen spinnen; **~uer** [~'ge] *v/i.* (1m) intrigieren; *v/t.* in Verlegenheit bringen; neugierig machen; *fig.* beunruhigen.

intrinsèque [ɛ̃trɛ̃'sɛk] inner(lich); eigentlich, wesentlich.

introduc|teur [ɛ̃trɔdyk'tœːr] (7f) *su.* Einführer(in *f*) *m*; **~tion** [~dyk'sjɔ̃] *f* Einführung; Einleitung; *Dampf:* Zufuhr *f*.

introduire [ɛ̃trɔ'dɥiːr] (4c) einführen, hineinbringen; *s'*~ eindringen, einbrechen.

introniser [ɛ̃trɔni'ze] (1a) *e-n Bischof* feierlich einsetzen; *fig.* s'~ sich einführen.

introuvable [ɛ̃tru'ablə] lochfest.

intrus [ɛ̃'try] (7) *su.* Eindringling *m*; F ungebetener Gast *m*; **~ion** [~'zjɔ̃] *f* Eindringen *n*.

intui|tif [ɛ̃tɥi'tif] intuitiv; Anschauungs...; **~tion** [~tɥi'sjɔ̃] *f* Intuition *f*, Anschauung *f*, unmittelbare Erkenntnis.

inusable [inyˈzablə] unverwüstlich.

inusité [inyzi'te] (7) ungebräuchlich.

inutil|e [iny'til] unnütz; **~isable** [inytili'zablə] unbrauchbar; **~ité** [~li'te] *f* Nutzlosigkeit; ~s *pl.* unnützes Zeug *n*.

invaincu [ɛ̃vɛ̃'ky] unbesiegt; (*encore*) ~ unbezwungen (*a. Gipfel*).

invalid|e [ɛ̃va'lid] gebrechlich, arbeits-, dienstunfähig; ⚖ ungültig; **~er** ⚖ [~'de] (1a) für ungültig erklären; **~ité** [~di'te] *f* Invalidität; ⚖ Ungültigkeit.

invasion [ɛ̃va'zjɔ̃] *f* Invasion *f*, Überfall *m*, *feindlicher Einfall m*.

invectiv|e [ɛ̃vɛk'tiːv] *f* Schmährede; **~er** [~ti've] *v/t.* (1a) mit Schmähungen überhäufen; *v/i.* ~ *contre* schimpfen auf (*acc.*), wettern (F) gegen (*acc.*).

invent|aire [ɛ̃vɑ̃'tɛːr] *m* Inventar *n*; ✝ Inventur *f*; *dresser l'*~ Inventur machen, den Lagerbestand aufnehmen; **~er** [~'te] (1a) erfinden; **~eur** [ɛ̃vɑ̃'tœːr] (7f) *su.* Erfinder(in *f*) *m*; **~ion** [ɛ̃vɑ̃'sjɔ̃] *f* Erfindung; **~orier** [ɛ̃vɑ̃tɔ'rje] (1a) ✝ inventarisieren.

invers|e [ɛ̃'vɛrs] **1.** *adj.* umgekehrt; **2.** *m* Gegenteil *n*; Gegensatz; **~er** ≠ [~'se] (1a) umkehren; ~ *la polarité* ≠ umpolen; **~eur** [~'sœːr] *m* ≠ Umschalter; **~-code** *Auto:* Ab-

inversible blendschalter *m*; ~**ible** [~'siblə] umkehrbar.
invertir [ɛ̃vɛr'tiːr] (2a) umkehren.
investiga|teur [ɛ̃vɛstiga'tœːr] (7f) **1.** *adj.* forschend; **2.** *su.* Forscher (-in *f*) *m*; ~**tion** [~ga'sjɔ̃] *f* Forschung, Er-, Nachforschung.
investir [ɛ̃vɛs'tiːr] (2a) *féod. mit etw.* belehnen; *allg. mit e-r Würde* auszeichnen; *Festung* einschließen.
invétérer [ɛ̃vete're] (1f): s'~ *fig.* einreißen, sich breit machen; sich festsetzen. [unwiderlegbar.]
invincible [ɛ̃vɛ̃'siblə] unbesiegbar.)
inviol|able [ɛ̃vjɔ'lablə] unverletzlich; unverbrüchlich (*Eid*); ~**é** [~'le] unbezwungen (*Gipfel*).
invisible [ɛ̃vi'ziblə] unsichtbar.
invit|ation [ɛ̃vita'sjɔ̃] *f* Einladung; Veranlassung; ~**e** [ɛ̃'vit] *f* Ermunterung *f*; aufmunternde Geste *f*; Wink *m*; ~**é** [~'te] *su.* Eingeladene(r), Gast *m*; ~**er** [~] (1a) einladen; ~ *q. à faire qch.* j-n auffordern, etw. zu tun.
invocation [ɛ̃vɔka'sjɔ̃] *f* Anrufung.
involontaire [ɛ̃vɔlɔ̃'tɛːr] unfreiwillig, unbewußt, unwillkürlich.
involution [ɛ̃vɔly'sjɔ̃] *f* Verwicklung; ♧ Einrollung.
invoquer [ɛ̃vɔ'ke] (1m) anrufen; ~ *un journal* sich auf e-e Zeitung berufen.
invraisembl|able [ɛ̃vrɛsɑ̃'blablə] unwahrscheinlich; ~**ance** [~'blɑ̃ːs] *f* Unwahrscheinlichkeit.
invulnérable [ɛ̃vylne'rablə] unverwundbar.
iod|e [jɔd] *m* Jod *n*; ~**é** [jɔ'de] = ~**ique** [~'dik] jodhaltig.
iouler [ju'le] (1a) jodeln.
Irak *géogr.* [i'rak] *m*: l'~ der Irak *m*.
Iran *géogr.* [i'rɑ̃] *m*: l'~ der Iran *m*.
irascible [ira'siblə] jähzornig.
iris [i'ris] *m anat.* Regenbogenhaut *f*; ♧ Schwertlilie *f*; ~**ation** [iriza'sjɔ̃] *f* Regenbogenfarbe *f*; ~**é** [~'ze] regenbogenfarbig; ~**er** [~] : s'~ schillern.
irlandais [irlɑ̃'dɛ] (7) irisch; ♀ *su.* Ire *m*.
ironi|e [irɔ'ni] *f* Ironie; ~**que** [~'nik] ironisch; ~**ser** [~ni'ze] *v/i.* (1a) ironisch werden.
Iroquois [irɔ'kwa] *m* Irokese *m* (*Indianer Nordamerikas*).
Islande *géogr.* [is'lɑ̃ːd] *f*: l'~ Island *n*.
irradi|ation [irradja'sjɔ̃] *f* Ausstrahlung; ~**er** [~'dje] (1a) ausstrahlen.
irréaliste [irrea'list] unrealistisch.
irré|cusable [irreky'zablə] einwandfrei; ~**ductible** [irredyk'tiblə] ♤, ⚙ unreduzierbar; ⚙ nicht wieder einrenkbar; *fig.* eigensinnig; unverdrossen; ~**futable** [irrefy'tablə] unwiderlegbar.
irrégul|arité [irregylari'te] *f* Unregelmäßigkeit; ~**ier** [~'lje] (7b) unregelmäßig; *Sport*: unfair.
irré|médiable [irreme'djablə] unheilbar; *fig.* nicht wieder gut zu machen(d); ~**missible** [~mi'siblə] unverzeihlich; ~**parable** [~pa'rablə] nicht wieder gutzumachen (-d); unersetzlich; ~**préhensible** [~preɑ̃'siblə] untadelhaft; ~**prochable** [~prɔ'ʃablə] tadellos, einwandfrei; ~**sistible** [~zis'tiblə] unwiderstehlich.
irrésolu [irrezɔ'ly] unentschlossen; ungelöst; ~**tion** [~ly'sjɔ̃] *f* Unentschlossenheit.
irresponsab|ilité [irrɛspɔ̃sabili'te] *f* Unverantwortlichkeit *f*; Unzurechnungsfähigkeit; ~**le** [~'sablə] unverantwortlich; unzurechnungsfähig.
irré|tractable [irretrak'tablə] unwiderruflich; ~**trécissable** [irretresi'sablə] nicht einlaufend (*Stoffe*); ~**vocable** [~vɔ'kablə] unwiderruflich; (*Gang der Ereignisse*) zwangsläufig.
irrig|ateur [iriga'tœːr] *m* ♧ Gartenspritze *f*; ⚕ Klistiergerät *n*; ~**ation** [~ga'sjɔ̃] *f* ♧ Berieselung; ⚕ Einlauf *m*, Klistier *n*; ~**uer** [~'ge] (1m) bewässern, berieseln.
irri|table [irri'tablə] reizbar; ~**tant(e)** [~'tɑ̃, ~'tɑ̃ːt] ärgerlich; *m* Reizmittel *n*; ~**ter** [~'te] (1a) aufregen; reizen; s'~ sich erzürnen; heftiger werden (*Schmerz*); unruhig werden (*Meer*).
irruption [irryp'sjɔ̃] *f* (feindlicher) Einfall *m*; Einbruch *m*; *faire* ~ *mit* Gewalt eindringen.
isard *zo.* [i'zaːr] *m* Gemse *f* (*Pyrenäen*). [*n*.]
isba [iz'ba] *f* (*russisches*) Holzhaus)
islam [is'lam] *m* Islam; ~**ique** [~'mik] islamisch, mohammedanisch; ~**ite** [~'mit] *su.* Mohammedaner(in *f*) *m*.
isocèle ⚖ [izɔ'sɛl] gleichschenk(e)lig.

isochron|e, ~ique [izɔ'krɔn, ~'nik] gleichzeitig; gleich lange dauernd.
isol|ant [izɔ'lɑ̃] m Isolierstoff, adj. Isolier...; **~ateur** ⚡ u. rad. [~'tœːr] m Iso'lator; **~ation** [~lɑ'sjɔ̃] ⚡ ⚡, ⊕ Isolierung f; **~ement** [~'mɑ̃] m Isolierung f (a. ⚙, ⚡); Abgeschiedenheit f; besonders f (1a) absondern, isolieren; **~oir** [~'lwaːr] m ⚡, phys. Isolator m; ⚡ Isolierschemel; Wahlzelle f.
isotope [~'tɔp] m Isotop n.
Isra|ël [izra'ɛl] m Israel n; **²élien** [~ɛ'ljɛ̃] israelisch (auf den heutigen Staat Israel bezüglich); **1'~** m der Israeli m; **²élite** hist. [~'lit] **1.** m Israelit; **2.** israelitisch.
issu [i'sy] **1.** adj. entsprossen; **2. ~e** [~] f Ausgang m (e-s Hauses); fig. Ausweg m; fig. Ende n; **~s** pl. Abfälle m/pl.; à l'~ de unmittelbar nach.
Italie [ita'li] f: l'~ Italien n.
ital|ien [ita'ljɛ̃] (7c) **1.** adj. italienisch; **2.** su. Italiener m; **~ique** typ. [ita'lik] m Schräg-, Kur'sivbuchstabe m; en ~ im Schräg-, Kursivdruck.
item [i'tɛm] desgleichen, dito.
itératif [itera'tif] (7e) nochmalig, wiederholt.
itinér|aire [itine'rɛːr] **1.** adj. Weg...; **2.** m Reiseplan; Marschroute f; ⚡, tram. Fahrweg m, -straße f, -ordnung f; Reisebeschreibung f; **~ant** [~'rɑ̃] (7) wandernd: exposition f ~e Wanderausstellung.
ivoire [i'vwaːr] m Elfenbein n; **~rie** [ivwa'ri] f Elfenbeinarbeit(en pl.).
ivraie [i'vrɛ] f ⚘ Lolch m; fig. Spreu f, Unkraut n.
ivr|e ['iːvrə] betrunken; **~-mort** (6g) total betrunken; **~esse** [i'vrɛs] f Trunkenheit; fig. Rausch m; Begeisterung f.
ivrogn|e [i'vrɔɲ] **1.** adj. trunksüchtig, dem Trunke ergeben; **2.** m Säufer m, Trunkenbold; **~erie** [ivrɔɲ'ri] f Trunksucht; **~esse** P [~'ɲɛs] f Säuferin.

J

J (*ou* **j**) [ʒi] *m* J (*od.* j) *n*.
J 3 [ʒi'trwa] *m*: un (les) J3 ein (die) Teenager *m* (*m/pl.*) (*Junge od. Mädchen*).
jabot [ʒa'bo] *m* Kropf *der Vögel*: Hemdkrause *f*; **~er** [↙bo'te] (1a) schwatzen, plappern.
jacass|e [ʒa'kas] *f* Klatschbase *f*; **~er** [↙'se] (1a) schreien (*Elster*); plappern.
jacent ᴛᴛ [ʒa'sɑ̃] herren-, erblos.
jach|ère ⚐ [ʒa'fɛːr] *f* Brachfeld *n*; **~érer** [↙ʃe're] (1f) Brachland umpflügen.
jacinthe [ʒa'sɛ̃t] *f* ⚘ Hyazinthe; Hyazinth *m* (*Edelstein*).
jaciste *Fr.* [ʒa'sist] *su.* Mitglied *n* der Jeunesse Agricole Chrétienne.
jack ⚡ [ʒak] *m* Schaltklinke *f*.
jacobin [ʒako'bɛ̃] (7) *su.* Jakobinermönch *m*; *allg.* Fortschrittler(in *f*) *m*. (*Baumwollstoff*).)
jaconas [ʒako'na] *m* Jakonett *m*
jacquard ⊕ [ʒa'kaːr] *m* Webstuhl.
Jacques [ʒak] *m* Jakob; P *faire le* ~ sich dumm (an)stellen; ~ *Bonhomme* der französische Bauer. [*m*.\
jacquot *orn.* [ʒa'ko] *m* Graupapagei)
jactance [ʒak'tɑ̃ːs] *f* Prahlerei.
jadis [ʒa'dis] früher, einst.
jaillir [ʒa'jiːr] (2a) hervorsprudeln; herausströmen, -spritzen.
jais *min.* [ʒɛ] *m* Gagat, Pechkohle *f*.
jalon [ʒa'lɔ̃] *m* Absteckpfahl; *fig.* Merkzeichen *n*; **~ner** [↙lɔ'ne] (1a) abstecken.
jalous|er [ʒalu'ze] (1a): ~ q. j-n beneiden, auf j-n eifersüchtig sein; **~ie** [↙'zi] *f* Eifersucht; *fig.* Mißgunst; Jalousie (*Rolladen*).
jaloux [ʒa'lu] (7) eifersüchtig; ~ de eifrig bedacht auf.
jamaïqu|ain [ʒamai'kɛ̃] (7) Jamaika...; ♀e [↙ma'ik]: **la** ~ Jamaika.
jamais [ʒa'mɛ] je(mals); ne ~ nie (niemals); à ~, pour ~ für immer.
jamb|age [ʒɑ̃'baːʒ] *m* Grundmauer *f*; (Tür-, Fenster-)Pfosten; Grundstrich *der Buchstaben*; **~e** [ʒɑ̃ːb] *f* Bein *n*; △ Pfeiler *m*; à toutes ~s aus Leibeskräften; cela me fait une belle ~! was ich mir schon dafür kaufen kann!; **~é**, **~ée** [↙'be]: bien ~ mit hübschen Beinen; **~ette** [↙'bɛt] *f* Beinchen *n*; Taschenmesserchen *n*; △ Drempel *m*; **~ier**, **~ière** [ʒɑ̃'bje], **~'bjɛːr] 1.** *adj.* Bein...; **2.** *f* *Sport, hist.* Beinschiene (Wickel-) Gamasche; **~on** [↙'bɔ̃] *m* Schinken; **~onneau** [↙bɔ'no] *m* kleiner Schinken; **~onner** P [↙bɔ'ne] langweilen.
jamboree [ʒɑ̃bɔ're] *m* Pfadfindertreffen *n*.
jant|e [ʒɑ̃ːt] *f* (Rad-)Felge; **~ille** [↙'tij] *f* Schaufel e-s *Wasserrads*.
janvier [ʒɑ̃'vje] *m* Januar.
Japon [ʒa'pɔ̃]: **le** ~ Japan; ♀ *m* japanisches Porzellan *n*.
japonais [ʒapɔ'nɛ] (7) **1.** *adj.* japanisch; **2.** ♀ *su.* Japaner *m*.
japper [ʒa'pe] (1a) kläffen.
jaquemart [ʒak'maːr] *m* Figur *f* e-s Stundenschlägers *auf Turmuhren*.
jaquette [ʒa'kɛt] *f* (Herren-)Rock *m* Jackett *n*; Damenjacke *f*; *fig.* Buchumschlag *m*; Cutaway *m*.
jardin [ʒar'dɛ̃] *m* Garten; ~ d'enfants Kindergarten; ~ ouvrier Klein-, Schrebergarten; ~ potager Gemüsegarten; **~age** [ʒardi'naːʒ] *m* Garten-arbeit *f*, -früchte *f/pl.*; Fleck *in Diamanten*; **~er** [↙'di'ne] (1a) e-n Garten pflegen; **~et** [↙'di'nɛ] *m* Gärtchen *n*; **~eux** [↙'di'nø] (7d) fleckig (*Edelsteine*); **~ier**, **~ière** [↙'di'nje, ↙'njɛːr] **1.** *adj.* Garten...; **2.** *su.* Gärtner(in *f*) *m*; **3.** *f* ~ d'enfants Kindergärtnerin *f*; **4.** *f* Blumenständer *m*; Gemüsewagen *m*; *cuis.* Gemüseplatte *f*; *cuis. à la* ~ mit Gemüse umlegt; **~-restaurant** [ʒar'dɛ̃rɛsto'rɑ̃] *m* Gartenrestaurant *m*.
jargon [ʒar'gɔ̃] *m* Kauderwelsch *n*; besondere Klassensprache *f*; Fachsprache *f*; **~ner** [↙gɔ'ne] (1a) unverständlich reden.
Jarnac [ʒar'nak] *npr.*: coup m de ~ hinterlistiger (unerwarteter) Schlag.
jarre [ʒaːr] *f* großer irdener Krug *m*; ⚡ ~ (électrique) große Leidener Flasche.

jarret [ʒa'rɛ] *m anat.* Kniekehle *f*; ⊕ Knierohr *n*; △ Winkel; *cuis.* ~ de veau Kalbshaxe *f*; ~**elle** [ʒar'tɛl] *f* Strumpfhalter *m*; ~**ière** [ʒar'tjɛːr] *f* Strumpfband *n*.

jars *orn.* [ʒaːr] *m* Gänserich.

jas|er [ʒɑ'ze] (1a) schwatzen; ~**erie** F [ʒaz'ri] *f* Geschwätz *n*; ~**eur** [~'zœːr] *su.* Schwätzer(in *f*) *m*.

jasmin ♀ [ʒas'mɛ̃] *m* Jasmin.

jasp|e [ʒasp] *m* Jaspis (*Edelstein*); ~**er** [~'pe] (1a) sprenkeln, marmorieren (*Buchbinderei*).

jatt|e [ʒat] *f* Napf *m*, Satte; ~**ée** [~'te] *f* Napfvoll *m*.

jaug|e [ʒoː] *f* Eichmaß *n*; ⚓ Tonnengehalt *m*; ⊕ Lehre; ⚙ Einschlaggrube; *Auto*, ⚿ ~ à essence Kraftstoffmesser *m*; ~**er** [ʒo'ʒe] (1l) eichen; ausmessen; ⚓ *Tiefgang, Tonnengehalt* messen.

jaun|âtre [ʒo'nɑːtrə] gelblich; ~**e** [ʒoːn] **1.** *adj.* gelb; **2.** *m* Gelb *n*; F Streikbrecher *m*; ~ d'œuf *a.* Dotter; *rire* ~ nur gezwungen lachen; ~**et** [ʒo'nɛ] **1.** *adj.* gelblich; **2.** *m* Goldstück *n*; ~**ir** [~'niːr] *v/t.* (2a) gelb färben; *v/i.* gelb werden; ~**isse** [~'nis] *f* Gelbsucht *f*; F *en faire une* ~ sich krank ärgern; ~**otte** ♀ *dial.* *Jura* [~'nɔt] *f* Pfefferling *m*.

java [ʒa'va] *m* Javakaffee.

javart *vét.* [ʒa'vaːr] *m* Fesselgeschwür *m*.

javel [ʒa'vɛl]: *eau f de* ~ Fleckenwasser *n*; ~**er** [~'vle] (1c) in Schwaden legen; ~**le** [ʒa'vɛl] *f kleiner* Schwad(en) *m*; Korn-, Reisig-, Lattenbündel *n*.

javelot [ʒa'vlo] *m* Wurfspieß *m*; *Sport:* Speer(werfen *n*) *m*.

jazz ♪ [dʒaz] *m* Jazz *m*.

je [ʒə] *pr/p.* ich.

Jean [ʒɑ̃] *m* Hans; ~**-foutre** F [~'fuːtrə] *m péj.* Heini *m*, Dummkopf, Dussel.

Jeanne [ʒan] *f* Johanna *f*.

Jeannot [ʒa'no] *m* Hänschen *n*; Hanswurst *m*.

je-m'en-foutisme P [ʒmɑ̃fu'tism] *m* Gleichgültigkeit *f*, Wurschtigkeit (P) *f*.

jerrican [ʒɛri'kɑ̃] *m* Benzinkanister *m*.

jet [ʒɛ] *m* Wurf *m*; ♀ Trieb; ~ *d'eau* Wasserstrahl *m*; Springbrunnen; ⊕, *fig.* Guß *m*; ~ *de flamme* Stichflamme *f*; ⊕ ~ *de sable* Sandstrahl;

~**ée** [ʒɛ'te, ʃte] *f* Hafendamm *m*; ~**er** [~] (1c) werfen; (her)auswerfen; ausstrahlen; -speien; wegwerfen; -gießen; *Brücke* schlagen; ⚓ treiben; ~**on** [ʒə'tɔ̃, ʃtɔ̃] *m* Spielmarke *f*.

jeu [ʒø] *m* Spiel *n*; *fig.* Spielraum *m*; ⊕ Gang *m* e-r Maschine; *avoir beau* ~ leichtes Spiel haben; *montrer son* ~ s-e Karten aufdecken; *cacher son* ~ sich nicht in die Karten sehen lassen; ~ *de construction* Spielzeug: Baukasten; ~*x olympiques* olympische Spiele *n/pl.*; *thé.* ~ *de scène* Gebärdenspiel *n*; ~ *d'esprit* Denksportaufgabe *f*; ⊕ ~ *inutile* toter Gang (*Maschine*); *être vieux* ~ altmodisch sein.

jeudi [ʒø'di] *m* Donnerstag; ~ *saint* Gründonnerstag.

jeun [ʒœ̃]: *à* ~ nüchtern.

jeune [ʒœn] **1.** *adj.* jung, jugendlich; *fig.* unbesonnen; P (*zu*) klein, kurz, schmal; ~ *enfant* Kleinkind *n*; **2.** *m* Jugendliche(r); *former des* ~*s* Nachwuchs *m* heranbilden.

jeûn|e [ʒøːn] *m* Fasten *n*; Fastenzeit *f*, Fastentag; *fig.* Enthaltsamkeit *f*; *régime de* ~ ⚕ Hungerkur *f*; ~**er** [ʒø'ne] (1a) fasten.

jeun|esse [ʒœ'nɛs] *f* Jugend; P *junges Mädchen n*; ~ *scolaire* Schuljugend; ~**et** [~'nɛ] blutjung.

jiu-jitsu [ʒjyʒit'sy] *m* Jiu-Jitsu *n*.

joaill|erie [ʒwaj'ri] *f* Juwelierkunst; Juwelierwaren *pl.*; ~**ier** *m*, ~**ière** *f* [~'je, ~'jɛːr] *f* Juwelier(sfrau *f*) *m*.

Job [ʒɔb] *m* Hiob; ♀ Einfaltspinsel *m*; *pauvre comme* ~ bettelarm; P *monter le* ♀ *à q. péj.* j-n verkohlen.

jobard F [ʒɔ'baːr] *m* Dummkopf; ~**erie** [~bar'dri] *f*, ~**ise** [~'diːz] *f* Blödheit *f*.

jocrisse [ʒɔ'kris] *m* Einfaltspinsel *m*, Pantoffelheld *m*, Dussel *m*.

joie [ʒwa] *f* Freude, Fröhlichkeit.

joindre ['ʒwɛ̃drə] *v/t.* (4b) an-ea.-fügen, -legen; hinzufügen; einholen; treffen; *Hände:* falten; *zu j-m* stoßen; ~ *en collant*, ~ *en cousant*, ~ *en liant*, ~ *en plaçant* zusammen *od.* -kleben, -nähen, -binden, -stellen; *v/i.* genau anliegen, schließen.

joint [ʒwɛ̃] *m anat.* Gelenk *n*; ⊕ Abdichtung *f*, Gelenk *n*, Naht *f*; (Mauer-)Fuge *f*; *sans* ~ nahtlos; ⊕

jointe — 274 — **journée**

~ à bille Kugelgelenk n; men. ~ à plat-point Leimfuge f; Auto: ~ de culasse Zylinderkopfdichtung f; ⊕ ~ étanche Dichtung f; trouver le ~ das Richtige treffen, den Nagel auf den Kopf treffen; **~e** [ʒwɛ:t] f Fessel am Pferdefuß; **~é** [ʒwɛ'te]; court-~ kurz gefesselt (Pferd); **~if** [~'tif] dicht an-ea.-passend; **~oyer** [ʒwɛtwa'je] (1h) (aus)fugen; **~ure** [~'ty:r] f (Knochen-)Gelenk n; (Mauer-) Fuge; ⊕ Anschluß m, Verbindung.

joli [ʒɔ'li] hübsch; niedlich; adv. **~ment** hübsch; viel, sehr; a. tüchtig; **~et** [~'ljɛ] recht hübsch.

jonc [ʒɔ̃] m ♃ Binse f; Rohr n; canne de ~ Spazierstock m; droit comme un ~ kerzengerade.

jonch|aie [ʒɔ̃'ʃɛ] f Binsengebüsch n; **~ée** [~'ʃe] f auf den Weg ausgestreute Blumen usw.; Rahmkäse m; **~er** [~] (1a) bestreuen; fig. besäen; **~ère** [~'ʃɛ:r] f Binsendickicht n; **~et** [~'ʃɛ]: ~s m/pl. Stäbchenspiel n.

jonction [ʒɔ̃'sjɔ̃] f Verbindung, 🚆 Gleisanschluß m; boîte f de ~ Anschlußdose; point m de ~ 🚆 Knotenpunkt m; allg. Verbindungsstelle f.

jongl|er [ʒɔ̃'gle] (1a) jonglieren, Kunststücke machen; **~erie** [~glə'ri] f Gaukelei; Taschenspielerei; **~eur** [~'glœ:r] m: a) ehm. Spielmann m; b) jetzt Gaukler.

jonque ⚓ [ʒɔ̃:k] f Dschunke.

Jordanie géogr. [ʒɔrda'ni] f: **la ~** Jordanien n.

jouable ['ʒwabl] ♩ spielbar; thé. aufführbar.

jouailler [ʒwa'je] (1a) niedrig (nur zum Vergnügen) spielen (Karten); ♩ klimpern, stümperhaft spielen.

joual dial. Canada, Haïti [ʒwal] m (5c) Pferd n; fig. kanadischer Dialekt.

joue [ʒu] f Wange; ⚔ en ~! legt an!; ⚔ mettre q. en ~ auf j-n zielen.

jou|er [ʒwe] v/t. ~ q. (a.) spielen; Schachspiel usw.: ziehen; fig. einsetzen, wagen; gleichen, so aussehen wie (Stoff, Halskettchen); ~ q. täuschen, betrügen, zum besten haben; v/i. spielen; ⊕ sich hin- u. herbewegen, leicht gehen; fig. tändeln, scherzen; sich werfen (Holz); ~ à spielen (Spielzeug); [Gesellschafts-]Spiele); ♩ ~ de spielen; fig. le temps joue contre un pays die Zeit arbeitet gegen ein Land; se ~ de q. sich über j-n lustig machen; **~et** [ʒwɛ] m Spielzeug n; fig. Spielball; **~eur** [ʒwœ:r] Spieler m; adj. verspielt.

joufflu [ʒu'fly] (7) pausbäckig; gros m ~ Pausback.

joug [ʒu] m Joch n.

joui|r [ʒwi:r] (2a): ~ de genießen; fig. sich erfreuen (gén.) od. an (dat.); **~issance** [ʒwi'sɑ̃:s] f Genuß m; Nutznießung.

joujou F [ʒu'ʒu] m Spielzeug n; F faire ~ spielen.

jour [ʒu:r] m Tag; (Tages-)Licht n; Fenster n, Öffnung f; ~ de l'an Neujahrstag; vivre au ~ le ~ von der Hand in den Mund leben; 🛡 être de ~ Dienst haben; fig. se faire ~ sich Bahn brechen; zum Durchbruch kommen; à ~ durchbrochen; au ~ bei Tageslicht; ~ douteux Halbdunkel n, trübes Licht n; au grand ~ am hellen Tage; apporter qch. au grand ~ etw. offen darlegen; de ~ bei Tage; de nos ~s heutzutage; du ~ au lendemain von heute auf morgen; über Nacht; être à ~ auf dem laufenden sein; l'autre ~ neulich; mettre à ~ ins reine bringen; mettre au ~ zutage fördern, ans Licht bringen; veröffentlichen; remettre au ~ zutage fördern, entdecken (Archäologie); par ~ täglich; ~ par (od. pour) ~ Tag für Tag, tagtäglich; au point (à la pointe, au lever) du ~, au petit ~ bei Tagesanbruch, am frühen Morgen; un (beau) ~ eines Tages; un de ces ~ bald, nächstens; un ~, ou l'autre ~ kurz oder lang; ~ ouvrable Arbeitstag m; fig. considérer qch. sous un ~ nouveau etw. unter e-m neuen Gesichtswinkel betrachten.

journal [ʒur'nal] m (5c) Zeitung f; Tagebuch n; ~ financier Börsenblatt n; ~ officiel Amtsblatt n; rad. ~ parlé (Rundfunk-)Nachrichten f/pl.; **~ier** [~'lje] **1.** adj. täglich; **2.** m Tagelöhner m; Hilfsarbeiter m, Aushilfe f; **~iste** [~'list] su. Journalist(in f) m.

journée [ʒur'ne] f Tag(eszeit f) m; Tagesarbeit f, -marsch m, Tagewerk n, Tagelohn m; denkwürdiger Tag m.

jout|e [ʒut] f féod. Lanzenbrechen n; jetzt oft fig. Wettkampf m; ~ oratoire Wortgefecht n; ~**er** [~'te] (1a) féod. Lanzen brechen; fig. in Wettkampf treten.

jovial F [ʒɔ'vjal] (m/pl. mst. jovials!) derbdrollig, fidel, lustig, jovial, leutselig, freundlich; ~**ité** [~li'te] f Lustigkeit f; Jovialität f, Freundlichkeit f.

joyau [ʒwa'jo] m Kleinod n, Juwel n.

joyeux [ʒwa'jø] (7d) fröhlich, lustig.

j-trois [ʒi'trwa] s. J3.

jubé [ʒy'be] m Empore f.

jubil|aire [ʒybi'lɛːr] Jubel...; Jubilar m; ~**ation** F [~la'sjɔ̃] f Jubel m; ~**é** [~'le] m (50jähriges) Jubiläum n; goldene Hochzeit f; rl. Jubel-, Ablaßjahr n; ~**er** F [~] (1a) jubeln.

juch|er [ʒy'ʃe] (1a) (auf)sitzen; P fig. sehr hoch wohnen; se ~ sich auf e-e Stange, e-n Zweig setzen (Hühner; Vögel); ~**oir** [~'ʃwaːr] m Hühnerstange f.

juda|ïque [ʒyda'ik] jüdisch, alttestamentlich; ⚚ fig. péj. am Buchstaben klebend; ~**iser** [~i'ze] den jüdischen Religionsgebräuchen folgen; fig. péj. etw. pharisäisch auslegen; ~**ïsme** [~'ism] m Judentum n, jüdischer Glaube m.

Judas [ʒy'da] m Judas m; ⚥ Verräter m; Guckloch n.

judici|aire [ʒydi'sjɛːr] gerichtlich; richterlich; ~**eux** [~'sjø] verständig; vernünftig.

jug|e [ʒyːʒ] m Richter m; ~**ement** [ʒyʒ'mɑ̃] m Urteil(sspruch m) n; Urteilskraft f, Beurteilung f; Verstand m; Ansicht f; rl. ~ dernier Jüngstes Gericht n; ~**eotte** [~'ʒɔt] f Grips m; ~**er** [ʒy'ʒe] (1l) richten, (ab-, be)urteilen; ~ à propos für richtig halten.

jugul|aire [ʒygy'lɛːr] 1. adj. Kehl...; Gurgel...; 2. f (veine f ~) Halsader f; ⚔ Sturmband n; ~**er** F [~] (1a) nur noch fig.: kurz abbrechen (Erörterung); im Keime ersticken (Krankheit); ⚔ ein Kampf).

juif [ʒɥif] adj. (7e) u. su. jüdisch; ⚥ Jude m.

juillet [ʒɥi'jɛ] m Juli m.

juin [ʒɥɛ̃] m Juni m.

juiverie péj. [ʒɥi'vri] f Judenvolk n.

juke-box [ʒuk'bɔks] m Geldautomat m.

julep phm. [ʒy'lɛp] m ehm. Arzneitrank m; heute: geschmackverbessernde Flüssigkeit f, Corrigens n.

Jules [ʒyl] m Julius m; * ⚥ Kerl m, Zuhälter m.

Julienne [ʒy'ljɛn] f 1. Juliane f; 2. ♀ ⚥ Nachtviole f; cuis. Gemüsesuppe f.

jum|eau, ~elle [ʒy'mo, ~'mɛl] 1. adj. Zwillings...; verbunden; 2. su. Zwilling(sbruder m, -schwester f) m; 3. jumelles f/pl. zwei ähnliche, sich entsprechende Stücke n/pl. an e-r Maschine; ~ (de théâtre) Opernglas n.

jumelage [ʒym'laːʒ] m ⊕ Verkoppelung f; (Städte-) Patenschaft f.

jument [ʒy'mɑ̃] f Stute f.

jungle [ʒɔ̃ːgl] f Dschungel m.

junker All. [ʒun'kœːr] m Junker m.

junte péj. [ʒɔ̃ːt] f: ~ militaire Militärclique f.

jupe [ʒyp] f (Frauen-)Rock m; ~ clochée Glockenrock m; ~ à plis, ~ plissée Faltenrock m; ~**-bretelles** [~brə'tɛl] m Trägerrock m; ~**-culotte** [~ky'lɔt] f Hosenrock m.

jupette [ʒy'pɛt] f angenähtes, kurzes Volant-Röckchen n an Damenbadehöschen.

jupitérien [ʒypite'rjɛ̃] jupitergleich.

jupon [ʒy'pɔ̃] m (Frauen-)Unterrock m; fig. F courir le ~ ein Schürzenjäger sein.

jur|ande ehm. [ʒy'rɑ̃ːd] f Zunft (-gericht n) f; ~**é** [~'re] 1. adj. vereidigt; geschworen; 2. su. Geschworener m; ~**ement** ⚚ [ʒyr'mɑ̃] m sinnlose Beteuerung f; Fluch m; ~**er** [ʒy're] (1a) schwören; eidlich geloben; fluchen, lästern; ~ avec qch. nicht zu etw. zs.-passen; ~**eur** † [~'rœːr] m Flucher m.

juri|diction [ʒyridik'sjɔ̃] f Gerichtsbarkeit f; Rechtsprechung f, -spflege f; Gerichtsbezirk m; lieu m de ~ Gerichtsstand m; ~**dique** [~'dik] juristisch; personne ~ juristische Person f; adv. ~**ment** rechtsgültig; vom Rechtsstandpunkt aus.

juris|consulte [ʒyriskɔ̃'sylt] m Rechtsgelehrter m, -berater m; ~**prudence** [~pry'dɑ̃ːs] f Rechtswissenschaft f, -sprechung f.

juriste [ʒy'rist] m Jurist m; juristischer Schriftsteller m.

juron [ʒy'rɔ̃] m Fluch m.

jury [ʒy'ri] m Geschworenen pl.;

ns**jus** — **276** — **juxtaposer**

Jury *f*, Preisgericht *n*; ~ *d'expertise* Sachverständigenausschuß *m*.

jus [ʒy] *m* Saft *m*, Brühe *f*; P ⚡ *bsd*. Kaffee *m*; Wasser *n*; P ⚡ Strom *m*; P Benzin *n*; P Gerede *n*, Rede *f*; P Schulaufsatz *m*; P Schick *m*, Eleganz *f*; ~ *de fruits* Fruchtsaft *m*; *il en a du* ~ er ist schick!

jusqu'aubout|isme [ʒyskobu'tism] *m* Fanatismus *m*, Radikalismus *m*; Kriegstreiberei *f*; **~iste** [~'tist] *m* Fanatiker *m*, Radikaler *m*; Kriegstreiber *m*.

jusque [ʒysk(ə)] bis; sogar; *jusqu'à ce que* (*mst. mit subj.*) bis (daß); *jusqu'à maintenant, jusqu'à présent* bis jetzt; * *jusqu'à la gauche, jusqu'à plus soif, jusqu'à perpète* bis zum Schluß, bis zum bitteren Ende, bis zum letzten; *jusqu'en mai 1958* bis zum Mai 1958; *jusque là* bis dahin (*od.* dorthin).

jusquiame ♧ [ʒys'kjam] *f* Bilsenkraut *n*.

juste [ʒyst] **1.** *adj.* gerecht; berechtigt, gerechtfertigt; genau, richtig; passend; (zu) eng; *au* ~ genau; auf ein Haar; ~ *d'esprit* richtig; eng; gerade; ~ *en cas* für den Fall der Fälle; * *avant l'accident* gerade kurz vor dem Unfall; *tout* ~ *âgée de vingt ans* gerade erst 20 Jahre alt; *tomber* ~ den Nagel auf den Kopf treffen *fig.*; *adv.* ~*ment* gerecht; mit recht; eben, gerade.

juste-milieu [ʒystəmi'ljø] *m* richtige Mitte *f*, Mittelweg *m*.

justesse [ʒys'tɛs] *f* Richtigkeit *f*; Genauigkeit *f*; Scharfsinn *m*; *échapper de* ~ mit knapper Not entkommen.

justic|e [ʒys'tis] *f* Gerechtigkeit *f* (*a. rl.*); Recht *n*; Rechtspflege *f*, Gerichtswesen *n*, Justiz *f*; Gericht(shof *m*) *n*; ~ *pénale* Strafgerichtsbarkeit *f*; **~iable** [~'sjablə] der Gerichtsbarkeit unterworfen; *fig. auteur* ~ *de la critique* Verfasser *m*, der der Kritik unterliegt; **~ier** [~'sje] *m* Verfechter *m* der Gerechtigkeit, Freund *m od.* Vertreter *m* des Rechts.

justificatif [ʒystifika'tif]: *pièce f justificative* Belegexemplar *n*.

justifi|cation [~ka'sjɔ̃] *f* Rechtfertigung *f*; Beweisführung *f*; **~er** [~'fje] (1a) rechtfertigen; gutheißen; nachweisen; ⚡ *v/i.* ~ *de son identité* sich ausweisen; *se* ~ *devant q. de qch.* sich wegen etw. bei j-m verantworten.

jute [ʒyt] *m* Jute *f*.

juter [ʒy'te] *v/i.* (1a) suppen, verschmutzen (*z. B. Tabakspfeife*).

juteux [ʒy'tø] **1.** *adj.* (7d) saftig; P sehr einträglich; **2.** *m* ⚔ * Spieß *m* P, Feldwebel *m*.

juvénil|e [ʒyve'nil] jugendlich; **~ité** [~li'te] *f* Jugendlichkeit *f*.

juxtaposer [ʒykstapo'ze] (1a) daneben- *od.* nebenea-stellen, -legen.

K

K (*ou* **k**) [ka] *m* K (*od.* k) *n*.
kakatoès *orn.* [kakatɔ'ɛs] *m* = **cacatois** [kaka'twa] Kakadu.
kaki *Fr.* *adj./inv.* khakifarben.
kangourou *zo.* [kɑ̃gu'ru] *m* Känguruh *n*; Beuteltier *n*.
kaolin [kaɔ'lɛ̃] *m* Porzellanerde *f*.
katangais [katɑ̃'gɛ] katangesisch.
képi *a.* ⚔ [ke'pi] *m* 'Käppi *n*.
kermès *ent.* [kɛr'mɛs] *m* Schildlaus *f*.
kermesse [kɛr'mɛs] *f* Kirmes.
khâgn|e ★ *Fr. écol.* [kaɲ] *f* Klasse, die sich auf den sprachlichen Zweig der Ecole Normale Supérieure vorbereitet; **~eur ★** [~'ɲœːr] *su.* (7g) Schüler *m e-r Khâgne*; **~eux ★** [~'ɲø] (7d) sich auf die Ecole Normale Supérieure vorbereitend.
kidnapper [kidna'pe] (1a) kidnappen, entführen, P klauen.
kif-kif F [kif'kif] (ganz) gleich, schnuppe.
kiki F [ki'ki] *m* Hals, Gurgel *f*.
kil P [kil] *m* Liter *m*.
kilo... [kilo...]tausend...; **~(gramme)** [kilɔ'gram] *m* (*abr.* kg) Kilo *n*, Kilogramm *n*; **~métrage** [~me'traːʒ] *m* Kilometerzahl *f*, -messung *f*, Entfernung *f* in Kilometern; **~mètre** [~'mɛtrə] *m* (*abr.* km) Kilometer *m* u. *n*; **~-essieu** ⬢ Achskilometer; **~-heure** *m* Stundenkilometer; **~métrer** [~me'tre] (1f) mit Kilometersteinen versehen.
kilt [kilt] *m* Schottenröckchen *n*.
kinésithérapeute ✷ *néol.* [kinezitera'pøt] *m* Masseur *m*.
kiosque [kjɔsk] *m* Kiosk, *Art* Gartenhäuschen *n*, Blumen-, Zeitungs-Verkaufs-stand *m*.
kirsch [kirʃ] *m* Kirsch(branntwein).
klaxon *Auto* [klak'sɔ̃] *m* Hupe *f*; donner du **~**, faire marcher le **~** = **~ner** [~sɔ'ne] (1a) hupen.
knout [knut] *m* Knute *f*.
Koweït *géogr.* [kɔ'wɛit] *m*: (**le**) ~ Kuweit *n*.
krach ✝ [krak] *m* Börsen-, Bankkrach *m*.
Kurde [kyrd] *su.* u. 2 *adj.*: Kurde *m*; kurdisch.

L

L (*ou* **l**) [ɛl] *m* L (*od.* l) *n*.
la ♪ [la] *m* A *n*; A-Saite *f*; *donner le* ~ (das) A (an)geben.
là [la] da, dort, da-, dorthin; **~-bas** [la'bɑ] da unten, da draußen, da hinten; F da.
labeur [la'bœːr] *m* schwere Arbeit *f*; Mühsal *f*; *typ.* größeres Druckwerk *n*.
labial [la'bjal] (5c) Lippen..., labial.
labile [la'bil] hinfällig, schwach.
labor|atoire [labɔra'twaːr] *m* Laboratorium *n*; **~ieux** [~bɔ'rjø] arbeitsam; mühselig.
labour ✐ [la'buːr] *m* (Feld-)Arbeit *f*, (Feld-)Bestellung *f*; **~able** [~bu'rablə] pflügbar; **~age** [~'raːʒ] *m* Pflügen *n*; Behacken *n*; **~er** [~'re] (1a) pflügen, ackern, behacken; umgraben; *fig.* aufwühlen; ⚓ schleppen; **~eur** [~'rœːr] *m* Bauer*m*.
labyrinthe [labi'rɛ̃ːt] *m* Irrgang, Labyrinth *n*.
lac [lak] *m* (Binnen-)See; P *être dans le* ~ in der Tinte sitzen; verloren sein.
laçage [la'saːʒ] *m* (Zu-)Schnüren *n*.
lacer [la'se] (1k) (ein-, zu)schnüren.
lacér|able [lase'rablə] zerreißbar; **~er** [~'re] (1f) zerreißen.
lacet [la'sɛ] *m* Schnürsenkel *m*; *ch.* Schlinge *f*; **~s** *pl.* Windungen *f*/*pl.* e-s (sich schlängelnden) Weges, Zickzacklinie *f*.
lâch|age F [lɑ'ʃaːʒ] *m* Sitzenlassen *n*; treuloses Verlassen *n*; **~e** [lɑːʃ] 1. *adj.* locker, schlaff; *fig.* kraftlos; feige; niederträchtig, gemein; 2. *m* Feigling; **~er** [lɑ'ʃe] *v/t.* (1a) lockern; nachlassen; los-, laufen-, fallenlassen; *Schuß* abfeuern; ~ *pied* ⚔ zurückweichen; *fig.* nachgeben, einlenken; *v/i.* losgehen (*Schuß*); **~eté** [lɑʃ'te] *f* Feigheit; Gemeinheit *f*.
lacis [la'si] *m* netzförmiges Gewebe *n*.
lacrymal [lakri'mal] (5c) Tränen...
lacs [lɑ] *m* Schlinge *f*; *fig.* Falle *f*.
lactarium ⚕ [lakta'rjɔm] *m* Stillen *n* mit Muttermilch.

lact|é [lak'te] Milch...; *voie f* **~e** Milchstraße; **~ose** [lak'toːz] *f* Milchzucker *m*.
lacune [la'kyn] *f* Lücke.
lacustre [la'kystrə] in (Land-)Seen lebend *od.* wachsend; *cités f*/*pl.* **~s** Pfahlbauten *m*/*pl.*
là-dessous [lad'su] d(a)runter.
là-dessus [lad'sy] (da)rüber; d(a)rauf.
ladite [la'dit] besagte, obige.
ladre ['lɑːdrə] 1. *adj.* aussätzig; finnig (*Schwein*); *fig.* hartherzig; 2. *su.* Aussätzige(r); *fig.* Knauser (-in *f*) *m*; **~rie** [lɑdrə'ri] *f* Aussatz *m*; Siechenhaus *n* für Aussätzige; übergroße Knauserei; *grains m*/*pl.* *de* ~ (Schweine-)Finnen *f*.
lai¹ [lɛ] 1. *adj.* weltlich; Laien...; 2. *rl. m* Laie.
lai² [~] *m* Lai *n* (*Gedichtgattung*).
laïci|sation [laisizɑ'sjɔ̃] *f* Verweltlichung, Verstaatlichung; **~ser** [~ 'ze] (1a) verweltlichen, verstaatlichen; **~té** [~'te] *f* Weltlichkeit *f*; ~ *scolaire*, ~ *de l'enseignement* konfessionsloser Unterricht.
laid, **~e** [lɛ, lɛd] häßlich; **~eron** F [lɛ'drɔ̃] *f od. m* häßliche Frau; **~eur** [lɛ'dœːr] *f* Häßlichkeit.
laie [lɛ] *f* Wildsau, Bache; Schneise (*Waldweg*); ⊕ Zahnhammer *m*.
lain|age [lɛ'naːʒ] *m* Vlies *n*; Wollware *f*; Wollstoff *m*; Aufrauhen *n* von Tuch; **~s** *pl.* Wollsachen *f*/*pl.*; **~e** [lɛn] *f* Wolle; Wollhaar *n*; ~ *artificielle*, ~ *cellulaire* Kunst-, Zellwolle; ~ *de bois* Holzwolle; **~er** [lɛ'ne] (1b) *Tuch* aufrauhen; **~erie** [lɛn'ri] *f* Wollwaren *pl.*, Wollwarenhandlung, -fabrik; Schafscherplatz *m*; **~eux** [lɛ'nø] wollig; **~ier** *m*, **~ière** *f* [~'nje, ~'njɛːr] Wollwarenhändler(in *f*) *m*; Woll(garn)arbeiter(in *f*) *m*; *adj.* auch Wollen...
laïque *rl.* [la'ik] 1. *adj.* weltlich; Laien...; 2. *m* Laie.
laisse [lɛs] *f* Leine; Koppelriemen *m*; *fig. en* ~ am Gängelbande.
laissé-pour-compte [lɛsepur'kɔ̃ːt] *m* (6b) 1. ♱ Ware *f*, deren An-

laisser — **279** — **lancement**

nahme verweigert wurde; **2.** *fig.* abgelehnte *od.* uninteressante Sache *f od.* Person *f;* Übriggebliebener *m.*

laisser [lɛ'se] (1b) lassen; unter-, sein-, übrig-, zurück-, liegenlassen; zulassen; hinterlassen; vermachen; ~ **à penser** zu denken geben; ~**aller** [lesea'le] *m* (Sich-)Gehenlassen *n,* Lässigkeit *f.*

laissez-passer [ˌsepa'se] *m/inv.* Passierschein, Durchlaßschein.

lait [lɛ] *m* Milch *f; cochon m de* ~ Spanferkel *n;* ~**age** [lɛ'ta:ʒ] *m* Milchspeise *f;* ~**ance** *u.* ~**e** [lɛ'tã:s, lɛt] *f* Milch (*vom Fisch*); ~**erie** [lɛ'tri] *f* Molkerei; Milchwirtschaft; ~**eux** [ˌs'tø] milchig; ~**ier** [lɛ'tje] *m* Milchhändler; ~**ière** [ˌs'tjɛ:r] *f* Milchmädchen *n,* -frau; (*vache f*) ~ Milchkuh.

laiton [lɛ'tõ] *m* Messing *n;* ~ *rouge* ⊕ Rotguß.

laitue ♀ [lɛ'ty] *f* Lattich *m;* Salat *m;* ~ *pommée* Kopfsalat *m.*

laïus F *écol.* [la'jys] *m* Salbadern *n,* Gerede *n,* Gefasele *n.*

lama [la'ma] *m* **1.** *rl.* Lama (*Buddhapriester*); **2.** *zo.* Lama *n* (*Schafkamel*).

laman|age [lama'na:ʒ] *m* Lotsendienst *m;* ~**eur** [ˌs'nœ:r] *m* Lotse.

lambeau [lɑ̃'bo] *m* Fetzen *m.*

lambin F [lɑ̃'bɛ̃] langsam, trödelnd; ~**er** [ˌsbi'ne] (1a) trödeln, bummeln.

lambourde [lɑ̃'burd] *f* Stützbalken *m;* weicher Bruchstein *m.*

lambrequin [lɑ̃brə'kɛ̃] *m* (Fenstersims-)Behang.

lambrett|a *Auto* [lɑ̃brɛ'ta] *f* Motorroller *m;* ~**iste** [ˌs'tist] *su.* Motorrollerfahrer(in *f*) *m.*

lambris [lɑ̃'bri] *m* Täfelung *f,* Tafelwerk *n;* Gipsverkleidung *f;* ~ *bas* △ Scheuerleiste *f.*

lambriss|age [lɑ̃bri'sa:ʒ] *m* 'Täfelung *f,* Paneelierung *f;* Verkleidung *f;* ~**er** [ˌs'se] (1a) täfeln; *mit Gips* verkleiden.

lam|e [lam] *f* dünne (Metall- *usw.*) Platte; (Degen-, Rasier- *usw.*) Klinge; Flitter...; Welle, Woge; ~*s à parquet* Stahlspäne *m/pl.;* ~ *de scie* Sägeblatt *n;* ~**elle** [ˌs'mɛl] *f* dünnes Plättchen *n;* ~**elleux** [ˌsmɛ'lø] geblättert; Blätter...

lament|able [lamɑ̃'tablə] kläglich, jämmerlich; ~**ation** [ˌsta'sjɔ̃] *f: oft pl.* ~*s* Jammergeschrei *n,* Wehklage *f;* ~**er** [ˌs'te] (1a) beklagen; *se* ~ jammern.

lamette [la'mɛt] *f* kleine Platte.

lamin|er [lami'ne] (1a) *Metall* walzen, strecken; ~**erie** [lamin'ri] *f* Walzwerk *n;* ~**oir** [lami'nwa:r] *m* Walzwerk *n* (*Maschine u. ganze Anlage*) *n.*

lampadaire [lɑ̃pa'dɛ:r] *m* Straßenlaterne *f;* Stehlampe *f.*

lamparo [lɑ̃pa'ro] *m* **1.** Lampenboot *n* (*für Nachtfischerei*); **2.** (*pêcheur m au*) ~ Nachtfischer.

lampe [lɑ̃:p] *f* **1.** Lampe; *Radio:* Röhre; ~ *triode* Elektronenröhre; ~ *à arc* Bogenlampe; *Radio:* ~ *amplificatrice* Verstärkerröhre; ~ *audion* Audionröhre; ~ *à suspension* Hängelampe *f;* ~ *de chevet* Nachttischlampe *f;* ~ *de mineur,* ~ *de sûreté* Gruben-, Sicherheitslampe *f;* ~ *de poche* Taschenlampe *f; phys.* ~ *monochromatique* Spektrallampe; ~ *redresseuse* Gleichrichterröhre; *verre à* (*od. de*) ~ Lampenzylinder *m;* **2.** P Kehle *f,* Schlund *m;* Bauch *m,* Pansen *m;* s. *lampion.*

lamp|ée P [lɑ̃'pe] *f* tüchtiger Schluck *m;* P ~ *d'huile* Ölfleck *m;* ~**er** P [ˌs] (1a) (aus)saufen.

lampe-témoin [lɑ̃ptə'mwɛ̃] *f* Prüflampe *f.*

lampion [lɑ̃'pjɔ̃] *m* Dochtlämpchen *n,* Lampion *m;* F *s'en mettre plein le* ~ sich vollfressen.

lampist|e [lɑ̃'pist] *m* Lampenfabrikant *m;* Lampenwärter *m;* F *fig.* kleiner Mann *m* (*niederer Angestellter*); ~**erie** [ˌs'tri] *f* Lampenfabrikation *f; bsd.* 🚂 Lampenraum *m.* [auge *n.*)

lamproie *icht.* [lɑ̃'prwa] *f* Neun-)

lampyre *ent.* [lɑ̃'pi:r] *m* Johanniswürmchen *n,* Leuchtkäfer *m.*

lançage † ⚓ [lɑ̃'sa:ʒ] *m* Stapellauf *m.*

lance [lɑ̃:s] *f* Lanze *f;* (*Fahnen- usw.*) Stange *f;* Mundstück *n e-s* Feuerspritzenrohrs; P Regen *m,* Wasser *n; hist.* Lanzenreiter *m;* ~ *d'arrosage* Wasserschlauch *m.*

lancé F [lɑ̃'se] angeheitert, beschwipst F.

lance-flammes [lɑ̃s'fla:m] *m* Flammenwerfer *m.*

lancement [lɑ̃s'mɑ̃] *m* ⚓ Stapellauf *m; fig.* Förderung *f* (*e-r Per-*

lancer son); Emporkommen n; Veröffentlichung f; Auto: Anlassen n; Start m; at. Abschuß m (Rakete); s. lancer; **~er** [lã'se] (1k) schleudern, werfen; Strahlen schießen, aussenden; Hunde hetzen; Hirsch auftreiben; vom Stapel lassen; Zug ablassen; etw. in Gang od. Schwung bringen; j-n, etw. lancieren; Auto, ⚙ ~ le moteur den Motor anlassen; se ~ sich stürzen, fig. sich werfen; se ~ trop sich zu weit einlassen.

lancette chir. [~'sɛt] f Lanzette f.
lanc|eur [lã'sœːr] su. j., der etw. in Gang bringt, in Schwung zu bringen versucht; j-n einführt usw., Förderer m (e-r Person); Sport: ~ de disque Diskuswerfer m.

lancinant [lãsi'nã] (7) Schmerz: stechend; fig. quälend, auf die Nerven fallend.

landau [lã'do] m Kinder-, (Puppen)wagen m mit Verdeck.

lande [lãːd] f Heide(land n) f.

langage [lã'gaːʒ] m Sprache f, Sprechfähigkeit f; Rede-, Ausdrucksweise f; Sondersprache f.

lange [lãːʒ] m Windel f; mouiller ses ~s naßmachen (Baby).

langoureux [lãgu'rø] (7d) schmachtend.

langouste zo. [lã'gust] f Languste f.
langu|e [lãːg] f Zunge f; Sprache; F avoir la ~ bien pendue ein tüchtiges Mundwerk haben; ne pas avoir sa ~ dans sa poche nicht auf den Mund gefallen sein; tirer la ~ sur un problème über e-r schwierigen Aufgabe schwitzen; **~ette** [lã'gɛt] f Züngelein n der Waage; ♪ (Ventil-)Klappe; Textilindustrie: Langette f; cord. Lasche f (am Schub); **~eur** [~'gœːr] f Mattigkeit f; Schmachten n; Niedergeschlagenheit f; Wehmut, unbestimmte Sehnsucht f; **~ir** [~'giːr] (2a) dahinsiechen; erstarrt liegen; fig. stocken, darniederliegen; ~ de q. sich nach j-m sehnen; **~issant** [~gi'sã] entkräftet; siech; matt; fig. schmachtend; stockend; ✝ flau.

langzo * [lãg'zo] abr. = langues orientales.

laniaire [la'njɛːr] f: (dent f) ~ Hunds-, Reißzahn m. [m.]
lanière [la'njɛːr] f schmaler Riemen
lantern|e [lã'tɛrn] f Laterne f; 🏛 durchbrochenes Kuppeltürmchen n; ~ sourde Blendlaterne; ~ vénitienne Lampion m; **~er** F [~'ne] (1a) bummeln; **~ier** [~'nje] m Laternenmacher; Laternenanzünder; F Trödelheini (F) m.

lanugineux [lanyʒi'nø] (7d) wollig; ♀ mit e-r Flaumschicht bedeckt.

Laon [lã] m (französische Stadt).

lapalissade [lapali'sad] f Binsenwahrheit.

laparotomie ⚕ [laparɔtɔ'mi] f Bauchschnitt m.

laper [la'pe] (1a) (auf)lecken; Hund: schlabbern; **~eau** [la'pro] m junges Kaninchen n.

lapid|aire [lapi'dɛːr] 1. adj. Stein...; style m ~ fig. markiger Stil; 2. m Edelsteinschleifer m; **~ation** [~da'sjõ] f Steinigung; **~er** [~'de] (1a) steinigen; **~ifier** [~di'fje] (1a) versteinern.

lapin [la'pɛ̃] su. (7) Kaninchen n; F schlauer Kerl m; ~ de garenne od. ~ sauvage Wildkaninchen n; ~ domestique od. ~ de choux Hauskaninchen n; F poser un ~ à q. e-e Verabredung mit j-m nicht einhalten; j-n versetzen; **~ière** [~pi'njɛːr] f Kaninchenstall m.

lapis [la'pis] = **~-lazuli** [~lazy'li] m Lasurstein.

lapon [la'põ] (7c) 1. adj. lappländisch; 2. ♀ su. Lappe m.

laps [laps] m: ~ de temps Zeitraum.

laqu|e [lak] 1. f (Gummi-)Lack m; 2. m Lackfirnis m; lackierte Ware f; **~er** [la'ke] (1a) lackieren.

larbin F péj. [lar'bɛ̃] m Lakai m, Schuhputzer m fig; **~isme** [~bi'nism] m Dienergeist, Kriechertum n.

larcin [lar'sɛ̃] m kleiner Diebstahl.

lard [laːr] m Speck; **~er** [lar'de] (1a) cuis. spicken; **~oire** [~'dwaːr] f Spicknadel; **~on** [~'dõ] m Speckscheibe f; fig. Stichelei f; P kleines Kind n; Baby n; **~onner** [~dɔ'ne] v/t. (1a) Speck in Scheiben schneiden; v/i. fig. sticheln.

larg|e [larʒ] 1. adj. breit; weit; ausgedehnt; fig. bequem; fig. üppig (peint., adv.) kühn; des arrêts de travail ~ment observés dans toute la France Einstellungen der Arbeit, die weitgehend in ganz Frankreich eingehalten werden; 2. m Breite f; Spielraum m; ⚓ hohe od. offene See; au ~! Platz da!; être au ~ genügend

largesse — 281 — **leader**

Platz (*im Auto*) haben; ~**esse** [lar-'ʒɛs] *f* Freigebigkeit; ~**s** Geschenke *n/pl.*; ~**eur** [~'ʒœːr] *f* Breite.

largu|e ⚓ [larg] schlaff (*Seil*); ~**er** [~'ge] (1m) nachlassen, schießen lassen; ⚔ ~ *des bombes* Bomben abschießen.

larigot [lari'go] F: *boire à tire-~* wie ein Loch saufen.

larm|e [larm] *f* Träne; F Tröpfchen *n*; ~**ier** [~'mje] *m* △ Traufdach *n*; Tränenwinkel; ~**s** *pl.* Tränensack (*Hirsch*); ~**s** *pl.* Schläfe *f*/*sg.* des *Pferdes*.

larmoy|ant [larmwa'jɑ̃] (7) weinerlich; ~**er** [~'je] (1h) bitterlich weinen; *péj.* winseln, heulen.

larnaque * [lar'nak] *f* Polente V.

larron *m*, ~**nesse** *f* [la'rɔ̃, ~rɔ'nɛs] Dieb(in *f*) *m*; *rl.* Schächer *m*.

larve [larv] *f* (Insekten-)Larve *f*.

laryng|ite ⚕ [larɛ̃'ʒit] *f* Kehlkopfentzündung, ~**oscope** ⚕ [larɛ̃go-'skɔp] *m* Kehlkopfspiegel; ~**otomie** ⚕ [~gɔtɔ'mi] *f* Kehlkopfschnitt *m*.

larynx [la'rɛ̃ːks] *m* Kehlkopf.

las, ~**se** [lɑ, lɑːs] müde; überdrüssig; ~ *à mourir* todmüde.

lascar P [las'kaːr] *m* schlauer *od.* durchtriebener Kerl.

lasci|f [la'sif] wollüstig, unzüchtig; schlüpfrig; ~**veté** [~siv'te] *f* Wollust *f*.

lasser [lɑ'se] (1a) ermatten, ermüden; *se ~* müde (überdrüssig) werden.

lassitude [lɑsi'tyd] *f* Müdigkeit; Überdruß *m*.

latanier ♀ [lata'nje]*m*Fächerpalme *f*.

latent [la'tɑ̃] verborgen; latent.

latéral [late'ral] (5c) seitwärts befindlich; Neben...

latin [la'tɛ̃] **1.** *adj.* (7) lateinisch; *Quartier m* ♀ Pariser Studentenviertel *m*; **2.** *m* Latein(isch) *n*.

latitude [lati'tyd] *f* **1.** geogr. Breite; Himmelsstrich *m*; ~ *nord* nördl. Breite *f*; **2.** *fig.* Freiheit *f*.

latrines [la'trin] *f/pl.* Abort *m*.

latt|e [lat] *f* Latte *f*; ~**er** [la'te] (1a) (be)latten; ~**is** [~'ti] *m* Lattenwerk *n*. [tinktur *f*.]

laudanum [loda'nɔm] *m* Opium-⌋

laudatif [loda'tif] (7e) lobpreisend; Lob...

lauréat [lɔre'a] *adj.* (*u. m*) (mit Lorbeer) gekrönt(er Dichter); Preisträger.

laurier ♀ [lɔ'rje] *m* Lorbeer; ~**rose** ♀ [~'roːz] *m* Ole'ander.

lav|able [la'vabl] waschecht; ~**abo** [lava'bo] *m* Waschtisch; -raum; ~**age** [~'vaːʒ] *m* (Ab-, Aus-) Waschen *n*, Reinigen *n*; *cuis.* wässerige Plurre *f*; ⊕ Schlämmen *n*, Auslaugen *n*; *phot.* Wässern *n*.

lavande ♀ [la'vɑ̃ːd] *f* Lavendel *m*.

lavandière [lavɑ̃'djɛːr] *f* *poét.* Waschfrau; *orn.* Gebirgsbachstelze.

lavasse [la'vas] *f* verdünnte Tunke, Suppe *usw.*, Plurre P.

lave [laːv] *f* Lava.

lave-mains [lav'mɛ̃] *m* kleines Handwaschbecken *n* (*a. in e-r Sakristei*).

lav|ement [lav'mɑ̃] *m* *rl.* Waschen *n*; ⚕ Klistier *n*; ~**er** [~'ve] (1a) (ab)waschen (*a. fig.*); bespülen; *peint.* (ver)waschen; *phot.* wässern; *Magen* ⚕ auspumpen; ~**ette** [~'vɛt] *f* Waschlappen *m* (*für Geschirr*); * Zunge *f*; *péj.* Waschlappen *m fig.*, Feigling *m*; ~**eur** *m*, ~**euse** *f* [~'vœːr, ~'vøːz] Wäscher(in *f*) *m*; ~ *de voiture* Wagenwäscher(in *f*) *m*; ~**euse** *f* ⊕ automatische Waschmaschine; ~**is** [~'vi] *m* Tuschen *n*; getuschte Zeichnung *f*; ~**oir** [~-'vwaːr] *m* Wäscherei *f*, Waschanstalt *f*, Waschhaus *n*, -küche *f*, -becken *n*, -trog; ~ *de cuisine* Abwaschbank *f*; ~ *public* öffentlicher Waschplatz *m*; ~**ure** [~'vyːr] *f* Spülwasser *n*; ⊕ ~**s** *pl.* Edelmetallteilchen *n/pl.*

laxatif [laksa'tif] *adj.* (7e) (*u. m*) abführend(es Mittel *n*).

laxité ⚕ [laksi'te] *f* Schlaffheit *f* (*e-s Gewebes*).

layer [lɛ'je] (1i) **1.** lichten, durchhauen; ~ *un bois* e-n Weg durch e-n Wald hauen; **2.** *Bäume* anlaschen, -zeichnen.

layette [lɛ'jɛt] *f* Baby-, Erstlingswäsche.

layetier [lɛj'tje] *m* Kistenmacher.

lazaret ⚓ [laza'rɛ] *m* Quarantäneanstalt *f*; Hospitalschiff *n*.

lazulite [lazy'lit] *m* Lasurstein.

le [lə] *f* **1.** *art.* der (die, das); Dijon, (*le*) 1er, 2, 3 etc. mai 1963; **2.** *pr/p.* ihn (sie, es).

lé [le] *m* *text.* Breite *f*, Blatt *n* e-s *Stoffes*; ⚓ Treidelpfad.

leader [li'dœːr] *m* **1.** *pol.* Parteiführer *m*; **2.** Leitartikel *m*.

lèche [lɛʃ] f *cuis.* dünnes (Brot- *usw.*) Schnittchen; P *faire de la ~ à q.* j-m schmeicheln; **~frite** [~'frit] f Pfanne unter dem Bratspieß; **~moricaud** F [~mɔri'ko] m Negerfreund (*USA*).

lécher [le'ʃe] *v/t.* (1f) (ab-, be-)lecken; leicht bespülen; F *fig. litt., peint.* übertrieben sorgfältig ausarbeiten.

lécheur [le'ʃœːr] (7g) *su.* Leckermaul *n*; F Speichellecker *m*.

lèche-vitrines [lɛʃvi'trin] *m/inv.*: *faire du ~* e-n Schaufensterbummel machen.

lécithine *phm.* [lesi'tin] f Lezithin *n*.

leçon [lə'sɔ̃] f Lehrstunde; Lehre; Lektion; Denkzettel *m*; *écol. ~ d'observations, bisher genannt: ~ de choses* experimenteller, naturkundlicher Unterricht (*in der Unterstufe*); *fig. faire la ~ à q.* j-m e-n Denkzettel erteilen.

lec|teur *m*, **~trice** *f* [lɛk'tœːr, ~'tris] Leser(in *f*) *m*; **~ture** [lɛk'tyːr] *f* (Vor-)Lesen *n*, Lektüre *f*, Belesenheit; *thé. ~* Leseprobe; -stoff *m*; *parl.* Lesung.

ledit *m*, **ladite** *f* [lə'di, la'dit] *f* besagte(*r*), obige(*r*).

légal [le'gal] (5c) gesetzlich; gerichtlich; *heure f ~e* Normalzeit *f*; **~iser** [~gali'ze] (1a) amtlich beglaubigen; **~ité** [~gali'te] *f* Gesetzmäßigkeit.

légat [le'ga] *m antiq.* Legat; *rl.* (päpstlicher) Nuntius; **~aire** [~'tɛːr] *m* Vermächtniserbe; **~ion** [lega'sjɔ̃] *f* Gesandtschaft.

légend|aire [leʒɑ̃'dɛːr] **1.** *adj.* sagen-, legendenhaft; **2.** *m* Legendenschreiber; -sammlung *f*; **~e** [le'ʒɑ̃:d] *f* Legende, Sage; Erklärung der Zeichen, Lesart *f auf Karten usw.*; Randschrift *auf Münzen*.

léger [le'ʒe] (7b) leicht (*Gewicht, Wein, Reiterei, Stil*); hurtig, flink; leichtsinnig; unbedeutend; *à la légère* leichthin; *vêtu à la légère* leichtgekleidet.

légèreté [leʒɛr'te] *f* Leichtigkeit; Behendigkeit; Leichtfertigkeit; Geringfügigkeit.

légion [le'ʒjɔ̃] *f* ✠ Legion *f*; F, *fig.* Unzahl, große Menge; *~ d'honneur* Ehrenlegion; *~ étrangère* Fremdenlegion.

légionnaire [leʒjɔ'nɛːr] *m* Legionssoldat; Mitglied *n* der Ehrenlegion.

législa|teur [leʒisla'tœːr] (7b) *su.* Gesetzgeber *m*; **~tif** [~'tif] gesetzgebend, -geberisch; **~tion** [~la'sjɔ̃] *f* Gesetzgebung, Gesetzeskunde *f*; **~ture** [~'tyːr] *f* gesetzgebende Versammlung *f*, Legislaturperiode *f*.

légiste [le'ʒist] *m* Jurist *m*; Rechtsgelehrte(*r*).

légitim|aire [leʒiti'mɛːr]: *portion f ~* Pflichtteil *m u. n*; **~ation** [~ma'sjɔ̃] *f* Legitimation; Ehelicherklärung *f (e-s Kindes)*; (*lettre f de*) *~* Beglaubigung; **~e** [~'tim] **1.** *adj.* gesetzmäßig; ehelich (*Kind*); gerecht; **2.** F (Ehe-)Frau; **~er** [~'me] (1a) für legitim erklären; rechtfertigen; *se ~* sich ausweisen.

legs ✠ [lɛ *od.* leg] *m* Vermächtnis *n*.

léguer [le'ge] (1f *u. m*) testamentarisch vermachen; hinterlassen.

légum|e [le'gym] **1.** *m* Gemüse *n*; *~s séchés* Trocken-, Dörrgemüse *n*; **2.** F *grosse ~* P großes Tier *n*, *péj.* Bonze *m*; **~ier** [~'mje] **1.** *adj.* Gemüse...; **2.** *m* Gemüseschüssel *f*; **~ineux** [~mi'nø] **1.** *adj.* (7d) hülsenartig; -tragend; **2.** *~ineuses f/pl.* Hülsenfrüchte, -gewächse *n/pl.*

Léman [le'mɑ̃] *adj. u. m*: *le (lac) ~* der Genfer See.

lendemain [lɑ̃d'mɛ̃] *m* folgender, morgiger Tag; *le ~ de* am Tage nach.

lendore [lɑ̃'dɔːr] *su. fig. péj.* Schlafmütze *f*, Trottel *m*.

lénifier [leni'fje] (1a) lindern.

lénin|ien *pol.* [leni'njɛ̃] (7c) leninisch; **~isme** *pol.* [~'nism] *m* Leninismus *m*.

lénitif [leni'tif] (7e) *adj. u. m* lindernd(es Mittel *n*); *fig.* Trost.

lent [lɑ̃] **1.** langsam; **2.** träge, schläfrig; ♂ schleichend.

lente *ent.* [lɑ̃:t] *f* Nisse, Läuse: Ei *n*.

lenteur [lɑ̃'tœːr] *f* Langsamkeit.

lentille [lɑ̃'tij] *f* ♀ Linse; *opt.* Linsen(glas *n*); *horl.* Scheibe am Uhrpendel; *~s pl.* Sommersprossen.

lépidoptères *ent.* [lepidɔp'tɛːr] *m/pl.* Schmetterlinge.

lèpre ♂ ['lɛprə] *f* **1.** Aussatz *m*, Lepra *f*; **2.** *fig.* Krebsschaden *m*, Pest *f*.

lépr|eux [le'prø] (7d) Aussätzige(*r*); elend, dreckig; **~oserie** [~proz'ri] *f* Krankenhaus *n* für Aussätzige.

lequel *m*, **laquelle** *f*; **lesquels** *m/pl.*, **lesquelles** *f/pl.* [lə'kɛl, la'kɛl; *pl.* le'kɛl] welcher, welche *usw.*

lérot *zo.* [le'ro] *m* Gartenschläfer *m*.

les [le] *art. u. pr/p.* die; sie; ~ *Racine* ein *Dichter wie* Racine.

lèse-majesté [lɛːzmaʒɛs'te] *f*: *crime m de* ~ Majestätsverbrechen *n*.

léser [le'ze] (1f) (be)schädigen; *fig.* verletzen.

lésin|e [le'zin] *f* (schmutzige) Knauserei; **~er** [~'ne] (1a) knausern; **~erie** [~zin'ri] *f* Knauserei.

lésion [le'zjɔ̃] *f* Schädigung; $\mathscr{F}$ Verletzung.

lessiv|age [lɛsi'vaːʒ] *m* Aus-, Einlaugen *n*; **~e** [~'siːv] *f* Lauge; Wäsche *f (als Tätigkeit)*; F großer Verlust *m beim Spiel*; Verkauf *m mit* Schaden; **~er** [~'se] (1a) *Wäsche* durchlaugen, -waschen; **~euse** [~'vøːz] Waschkessel *m*; Waschmaschine.

lest [lɛst] *m* Ballast; **~e** [~] flink, hurtig; *fig.* frei, ungeniert, leicht (-fertig); pikant, schlüpfrig; **~er** [~'te] (1a) mit Ballast beladen.

léthargi|e [letar'ʒi] *f* Schlafsucht, Lethargie *f* (*a. fig.*); Scheintod *m*; **~que** [~'ʒik] schlafsüchtig; *fig.* lethargisch, träge, im Dornröschenschlaf.

letton [lɛ'tɔ̃] (7c) **1.** *adj.* lettisch; **2.** ♀ *su.* Lette *m*, Lettin *f*.

lettre ['lɛtrə] *f*: *a)* Buchstabe *m*; (Druck-)Schrift; Brief *m*; Urkunde; Unterschrift *bei e-m Kupferstich*; *à la* ~ buchstäblich, wortgetreu; *hist.* ~ *de cachet* (*vor der Französ. Revolution*) Verhaftungsbefehl *m*; ✝ ~ *de change* Wechsel *m*; ~ *chargée* = ~ *(contenant des) valeur(s) déclarée(s)* Wert- (Geld-)Brief *m*; ~ *circulaire* Rundschreiben *n*; ~ *de créance* Beglaubigungsschreiben *n*; ~ *de demande*, ~ *de sollicitation* Bewerbungsschreiben *n*; ~ *de procuration* schriftliche Vollmacht; ~ (*grevée*) *de remboursement* Nachnahmebrief *m*; ~ *recommandée* eingeschriebener Brief *m*; ~ *d'affaires* = ~ *de commerce* Geschäftsbrief *m*; ~ *de faire part* Todes-, Familienanzeige; ~ *de voiture* $\oplus$ Frachtbrief *m*; Lieferzettel *m*; ~ *par avion* Luftpostbrief *m*; ~ *particulière od. privée* Privatbrief *m*; *lever les* ~*s* den Briefkasten leeren; *b)* ~*s pl.*

Literatur; *les* (*belles*-)~ die schönen Wissenschaften; ✝ *en toutes* ~*s* in Buchstaben, ausgeschrieben, in Worten; *hist.* ~ *patentes* königliche Patentschrift *f*.

lettré [lɛ'tre] wissenschaftlich gebildet.

lettriste *péj.* [lɛ'trist] *su.* Buchstabenreiter *m*, Federfuchser *m*, übertriebener Purist *m* (marsch.).

leu [lø]: *à la queue* ~ ~ im Gänsemarsch.

leur [lœːr] **1.** ihr, ihre; *le* (*la*) ~ der, die, das Ihrige; *les* ~*s a.* ihre Angehörigen; **2.** ihnen.

leurr|e [lœːr] *m* Köder *an der Angel*; *fig.* Täuschung *f*; **~er** [lœ're] (1a) ködern; *fig.* täuschen; *se* ~ *de qch.* sich in (trügerischer) Hoffnung wiegen.

levage [lə'vaːʒ] *m* Heben *n*, Aufrichten *n*; $\oplus$ *appareil de* ~ Hebevorrichtung *f*.

levain [lə'vɛ̃] *m* Sauerteig; Hefe *f*; Gärungsstoff *m*; *fig.* Keim *m*.

levant [lə'vɑ̃] *m* Aufgang *der Sonne*; Osten; *le* ♀ die Levante *f*; **~in** [~'tɛ̃] (7) **1.** *adj.* morgenländisch; **2.** ♀ *su.* Levantiner *m*.

lev|é [lə've] *m* ♪ Aufschlag, -takt; Aufnahme *f e-s Planes*; **~ée** [~] *f* Aufheben *n*; Einsammeln *n*, Ernte, Lese; Aufnahme (*Plan*); Aufhebung (*von Sitzung, Belagerung, Gebot usw.*); Abnahme *des Siegels*; ✂ Aushebung; Stich *m beim Kartenspiel*; Leerung *f e-s Briefkastens*; (aufgeschütteter) Damm *m zur* Seite *e-s Flusses*; $\oplus$ Hub(höhe *f*) *m*; Aufgehen *n der Saat*; **~er** [~] (1d) (s. *levée*): **1.** *v/t.* auf-, aus-, erheben; *fig.* einsammeln; ✂ ausheben, anwerben; *fig.* wegnehmen; ~ (*od. hausser*) *les épaules* mit den Achseln zucken; *v/i.* aufgehen, keimen; *le temps se* ~*ve* das Wetter klärt (hellt) sich auf; **2.** *m thé.* Aufziehen *des Vorhangs*; Aufnehmen *n von Plänen, Gegenden usw.*; Aufstehen *n*; Morgenaufwartung *f bei Hofe*; Aufgang *m der Gestirne*; ~ *de rideau* Vorspiel *n*, Einakter als Anfang der Vorstellung; **3.** *v/rfl. se* ~ aufstehen.

lève-roue *Auto* [lɛv'ru] *m* Wagenheber *m*, Autowinde *f*.

lev|eur [lə'vœːr] *m* Aufheber *m*; *Papierfabrikation*: Bogenleger *m*; ~ *m de boîtes* Briefkastenleerer *m*; **~ier** [~'vje] *m* Hebel; ~ *des inter-*

levraut — 284 — **lientérie**

lignes Schreibmaschine: Zeilenschalter, -steller.
levraut [ləv'ro] *m* Häschen *n*.
lèvre ['lɛːvrə] *f* Lippe; Lefze; (Wund-)Rand *m*.
levrette [ləv'rɛt] *f* Windhündin.
lévrier [levri'e] *m* Windhund.
levure [lə'vyːr] *f* (Bier-)Hefe.
lézard *zo.* [le'zaːr] *m* Eidechse *f*; *faire le* ~ sich aalen, sich sonnen; **~e** [~'zard] *f* Riß *m*, Spalte in e-r Mauer; **~er** [~zar'de] *v/t.* (1a) rissig machen; *v/i.* F faulenzen; ~ *au soleil* sich sonnen; *se* ~ rissig werden.
liage [lja:ʒ] *m* Binden *n*, Verbindung *f*; ⊕ Mengen *n*.
liaison [ljɛ'zɔ̃] *f* Verbindung *f* (*a. téléph.*); *cuis.*, ⚙ Bindemittel *n*; Bindestrich *m*; Bindung *bei der Aussprache n*; *fig.* Liebschaft; ⚙ Verband *m*.
liant [ljɑ̃] **1.** *adj.* geschmeidig; freundlich; **2.** *m* Geschmeidigkeit *f*; gewinnende Freundlichkeit *f*; **3.** ⚙ Bindemittel *n*.
liard [ljaːr] *m* Heller; **~er** [lja'rde] (1a) knausern. *[Papieren.]*
liasse [ljas] *f* Pack *n*, Stoß *m* von /
Liban *géogr.* [li'bɑ̃] *m*: *le* ~ der Libanon *m*.
libation [liba'sjɔ̃] *f* Trankopfer *n*; F Zechgelage *n*; *fig. faire d'amples* ~s tüchtig zechen.
libell|e ⚖ [li'bɛl] *m* Schrift *f*; Schmähschrift *f*; **~é** ⚖ [~'le] *m* (Textab-)Fassung *f*; **~er** [~'le] (1a) *Klage usw.* ordnungsgemäß ausfertigen; **~iste** [~'list] *m* Verfasser e-r Schmähschrift. *[Wasserjungfer.]*
libellule *ent.* [libe'lyl] *f* Libelle, /
liber ♀ [li'bɛːr] *m* Bast.
libér|able [libe'rablə] entlaßbar; **~al** [libe'ral] (5c) liberal; freigebig; *professions* ~s *f/pl.* ~es freie Berufe *m/pl.*; **~alisme** [~ra'lism] *m* Liberalismus, Freisinn(igkeit *f*); ⚚ freie Wirtschaft *f*; **~alité** [~rali'te] *f* Freigebigkeit *f*; freigebiges Geschenk *n*; **~ateur** [~ra'tœːr] *su.* Befreier *m*; **~ation** [~ra'sjɔ̃] *f* Befreiung *f*; ⚖ Freisprechung *f*; ✕ Entlassung *f*; ✝ Tilgung *f*; *~ de titres* Vollbezahlung von ausgegebenen Wertpapieren; **~er** [~'re] (1f) befreien (de von); entlassen; *phys.* abspalten; ✝ *se* ~ seine Schuld abtragen.
Libéria *géogr.* [libe'rja] *m*: *le* ~

Liberia *n*.
liberté [libɛr'te] *f* Freiheit.
libertin [~'tɛ̃] **1.** *adj.* ausschweifend, liederlich; **2.** *su.* Wüstling *m*; leichte(s) Mädchen *n*; **~age** [~ti'naːʒ] *m* lockeres Leben *n*; Ausschweifung *f*.
libidineux [libidi'nø] schlüpfrig, lüstern, unzüchtig.
libraire [li'brɛːr] *su.* Buchhändler (-in *f*) *m*; **~-éditeur** [~edi'tœːr] *m* Verlagsbuchhändler.
librairie [librɛ'ri] *f* Buchhandlung *f*; Buchhandel *m*; *~ d'occasion* Antiquariat(sbuchhandlung *f*) *n*.
libre [libr] *adj.* *fig.* ungezwungen, zwanglos; *ville f* ~ Freistadt *f*; ~ *à vous de* es steht Ihnen frei, zu; *~ de suite* alleinstehend (*v. Bewerberinnen in Annoncen*); **~-échange** [~e'ʃɑ̃ːʒ] *m* Freihandel; **~-échangiste** [~eʃɑ̃'ʒist] *m u. adj.* Freihändlerisch; Freihändler, Freihandels...; **~-service** [~sɛr'vis] *m* Selbstbedienung *f*.
librett|iste [libret'tist] *m* Operntextdichter; **~o** [libret'to] *m* Operntext.
Libye *géogr.* [li'bi] *f*: *la* ~ Libyen *n*.
lice [lis] *f* **1.** *hist.* Turnierplatz *m*, Rennbahn; *entrer en* ~ in die Schranken treten; **2.** Weberei: Aufzug *m*, Kette; **3.** Jagdhündin.
licenc|e [li'sɑ̃ːs] *f* Erlaubnis; Gewerbeschein *m*; Staatsexamen *n*; *allzu große Freiheit f* ✝ Lizenz; *poétique* dichterische Freiheit; **~ié** [~sɑ̃'sje] *adj. u. su.* im Besitz der besonderen Erlaubnis; Referendar *m*; **~iement** [~si'mɑ̃] *m* Abbau, Entlassung *f* e-s Beamten; **~ier** [~'sje] (1a) entlassen, abbauen (*Beamte*); Truppen auflösen; Schiffsvolk abmustern; **~ieux** [~'sjø] ausgelassen, allzu frei, unsittlich.
lichen ♀, ❀ [li'kɛn] *m* Flechte *f*.
licit|ation ⚖ [lisita'sjɔ̃] *f* Versteigerung; **~e** [~'sit] zulässig, erlaubt; **~er** [~'te] (1a) versteigern.
licorne [li'kɔrn] *f* 🐴 Einhorn *n*.
licou [li'ku] *m* Halfter *f* (*a. m od. n*).
lie [li] *f* Boden-, Weinhefe; *fig.* Hefe *f od.* Abschaum *m des Volkes*.
liège [ljɛːʒ] *m* Korkeiche *f*; Kork.
Liège [liɛːʒ, ljɛːʒ] *f* Lüttich *n*.
liéger [lje'ʒe] (1g) *Netz* bekorken.
lien [ljɛ̃] *m* Band *n*; ✝ Binde *f*; *fig.* ~s *pl.* (Freundschafts-)Bande *n/pl*.
liénite ✝ [lje'nit] *f* Milzbrand *m*.
lientérie ✝ [ljɑ̃te'ri] *f* Magenruhr.

lier [lje] (1a) binden; an-, ver-, zuknüpfen; verbinden, -einigen, -pflichten; fesseln; *cuis.* binden (verdicken); ✝ se ~ à sich verbinden

lierre ⚤ [ljɛːr] *m* Efeu. [den mit.)

liesse † [ljɛs] *f* laute Freude; *heute nur noch:* en ~ jubelnd.

lieu [ljø] *m* Ort, Stätte *f*; Aufenthalt; Stelle *f*; Herkunft *f*; ~x *pl. d'aisance* Abort, Abtritt; ~x *pl. communs* Gemeinplätze *pl.*; au ~ de (an)statt; avoir ~ stattfinden, sich ereignen; donner ~ à Anlaß geben; en premier ~ an erster Stelle; ~ de destination Bestimmungsort; ~ de paiement (règlement) Zahlungs-(Erfüllungs-)ort; il y a ~ de es ist Grund vorhanden, zu ...; sur les ~x an Ort und Stelle; *fig.* nous avons tout ~ de croire wir haben allen Grund zu glauben ...

lieue [ljø] *f* Meile, (Weg-)Stunde.

lieu|r *m*, **~se** *f* [ljœːr, ljøːz] Binder (-in *f*) *m* von Garben usw.; lieuse ⊕, ~ *f* Mähbinder *m*.

lieutenan|ce ⚔ [ljøtnɑ̃ːs] *f* Leutnantsstelle; **~t** ⚔ [ljøtnɑ̃] *m* Oberleutnant; **~t-colonel** [~kɔlɔnɛl] *m* Oberstleutnant.

lièvre *zo.* [ˈljɛːvr] *m* Hase; *fig.* lever des ~ Steine ins Rollen bringen.

lift [lift] *m* Fahrstuhl, Lift; **~ier** [lifˈtje] *m* Fahrstuhlführer *m*.

ligament *anat.* [ligamɑ̃] *m* Band *n*.

ligatur|e [ligaˈtyːr] *f* 🩺 Abbindung, Binde; *typ.* Doppelbuchstabe (*z.B.* fl, œ); **~er** 🩺 [~ˈre] (1a) abbinden.

lign|age [liˈɲaːʒ] *m* Abkunft *f*; *typ.* Zeilenzahl *f*; économie *f* de ~ Zeilenersparnis *n*; **~ard** [~ˈɲaːr] *m* **1.** *journ.* Zeilenschinder; **2.** ⚔ Elektromechaniker für den Kontrolldienst von Hochspannungs(überland)leitungen; Leitungsstreckenarbeiter; **~e** [liɲ] *f* (🪖, ⚔, 🚂 usw.) Linie; Strich *m*; Zeile; Reihe; Richtung; Strecke; Ahnenreihe; Angelschnur; ⚓ Leine; ⚡ Leitung; ~ aérienne ✈ Freileitung *f*; Flugstrecke *f*; 🚂 ~ de grande communication D-Zug-Strecke; ~ de force *pl.* in programme électoral Hauptziele e-s Wahlprogramms; hors ~ unvergleichlich; pêcher à la ~ angeln; surveiller sa ~ auf seine (schlanke) Linie achten; **~ée** [liˈɲe] *f* Geschlecht *n*; Nachkommenschaft; **~er** [~] (1a) liniieren; **~eul** [~ˈnœl] *m* Schuhdraht; **~eux** [~ˈnø] holzig; **~ifier** [~niˈfje] (1a): se ~ sich in Holz verwandeln; **~ite** [~ˈnit] *m* Braunkohle *f*.

ligu|e [lig] *f* ¹Liga *f*, Bund *m*; *péj.* Klüngel *m*; **~er** [~ˈge] (1m) verbünden; **~eur** [~ˈɡœːr] *m* Mitglied *n* e-r Liga.

lilas [liˈla] *m* Flieder(farbe *f*).

liliacé [liljaˈse] lilienartig.

limace [liˈmas] *f* *zo.* nackte Schnecke; * Hemd *m*.

limaçon [limaˈsɔ̃] *m* *zo.* Schnecke *f* mit Haus; *anat.* Ohrschnecke *f*; escalier *m* en ~ Wendeltreppe *f*.

limaille [liˈmɑːj] *f* Feilspäne *m/pl.*

limande [liˈmɑ̃ːd] *f* *icht.* Kliesche (Schollenart); ⊕ Richtscheit *n*; ⚓ geteertes Leintuch *n*.

limbe [lɛ̃ːb] *m* Rand von Sonne, Blumenkelch usw.; ⚗ Gradbogen *m*; **~s** *pl. rl.* Vorhimmel *sg.*; *fig.* Unsicherheit *f*, das Vage *n*.

lim|e [lim] *f* Feile; **~er** [~ˈme] (1a) (be-, aus-)feilen (*a. fig.*); **~euse** [~ˈmøːz] *f* Feilmaschine.

limier [liˈmje] *m* Spürhund; F *fig.* Detektiv *m*, Spitzel.

limit|atif [limitaˈtif] (7e) einschränkend; **~ation** [~taˈsjɔ̃] *f* Be-, Einschränkung; **~e** [~ˈmit] *f* Grenze; Schranke; ~ de vitesse zulässige Höchstgeschwindigkeit; ~ élastique ⊕ Streckgrenze; ~ de zone Zonengrenze *f*; **~er** [~ˈte] (1a) begrenzen; beschränken; ✝ ~ les prix die Preise festsetzen; **~rophe** [~ˈtrɔf] angrenzend; pays *m* ~ Grenzland *n*.

limoger F [limɔˈʒe] (1l) *a.* ⚔ *j-n* absägen, kaltstellen, entlassen.

limon [liˈmɔ̃] *m* **1.** Schlamm; **2.** saftige Zitrone *f*; **3.** (Wagen-)Deichselarm; △ Treppenwange *f*; **~ade** [~mɔˈnad] *f* Limonade *f*, Zitronenwasser *n*; **~adier** [~naˈdje] (7b) *su.* Limonadenverkäufer(in *f*) *m*; Cafébesitzer(in *f*) *m*; **~eux** [~ˈnø] (7d) schlammig; **~ier** [~ˈnje] *m* **1.** Limonenbaum; **2.** Gabelpferd *n*; **~ière** [~ˈnjɛːr] *f* Gabel(deichsel).

limousin|e [limuˈzin] *f* *Auto*: geschlossener Wagen *m*, Limousine *f*; **~er** [~ˈne] (1a) roh (*mit Bruchsteinen*) mauern.

limpid|e [lɛ̃ˈpid] klar, durchsichtig; **~ité** [~diˈte] *f* Klarheit.

limure [li'my:r] f Feilen n; Feilglätte.

lin [lɛ̃] m Flachs; Leinwand f; **~aire** ⚕ [li'nɛ:r] f Leinkraut n; **~ceul** [lɛ̃'sœl] m Leichentuch n.

liné|aire [line'ɛ:r] linienförmig; Linear...; *mesure f ~* Längenmaß n; **~ament** [~a'mã] m (Gesichts-)Zug; ~s pl. fig. erster Entwurf.

linette [li'nɛt] f Leinsamen m.

ling|e [lɛ̃:ʒ] m ⚕ Leinenzeug n, (Leib-, Tisch- *usw.*)Wäsche f; **~er** m, **~ère** f [lɛ̃'ʒe, ~'ʒɛ:r] Weißzeughändler (-in f) m, Wäschearbeiter(in f) m; **~erie** [~ʒ'ri] f Wäsche; Weißzeug-, Wäsche-, Leinenhandel m; Wäschegeschäft n; -kammer.

lingot [lɛ̃'go] m *Metall:* Barren; **~ière** [~gɔ'tjɛ:r] f Gießform f.

lingual [lɛ̃'gu̯al] (5c) Zungen...

linguist|e [lɛ̃'gu̯ist] m Sprachforscher; **~ique** [~'tik] **1.** f Sprachwissenschaft, Linguistik; **2.** *adj.* sprachwissenschaftlich.

lini|er, ~ère [li'nje, ~'njɛ:r] **1.** *adj.* Leinen..., Flachs...; **2.** f ⚕ Flachsfeld n.

lini|ment ⚕ [lini'mã] m Einreibemittel n; **~tion** ⚕ [lini'sjɔ̃] f Einreibung.

linoléum [linɔle'ɔm] m Linoleum n.

linot m, **~te** f *orn.* [li'no, ~'nɔt] Hänfling m; *tête f de ~te fig.* gedankenloser Mensch m, Faselkopf m.

linteau △ [lɛ̃'to] m (Tür-, Fenster-)Sturz.

lion m, **~ne** f [ljɔ̃, ljɔn] **1.** *zo.* Löwe m, Löwin f; **2.** m F, *fig.* ~ *de la mode* Modenarr m; *lionne* F f Modedame f, große Dame f.

lionceau [ljɔ̃'so] m junger Löwe.

lipogramme *litt.* [lipɔ'gram] m Leipogramm n (*Gedicht usw., in dem 1 Buchstabe vermieden wird*).

lipoïde [lipɔ'id] fettartig.

lipome ⚕ [li'pɔ:m] m Fettgeschwulst f.

lipp|e *péj.* [lip] f dicke Unterlippe; *faire la ~* maulen; **~ée** F [~'pe] f: *franche ~* gutes, kostenloses Essen n; **~u** F [~'py] dicklippig.

liqué|faction [likefak'sjɔ̃] f Flüssigmachen n, -werden n; Verflüssigung; **~fier** [~'fje] (1a) flüssig machen, einschmelzen; verflüssigen; *se ~* flüssig werden, zergehen; schmelzen.

liqueur [li'kœ:r] f Likör m.

liquida|teur [likida'tœ:r] m Abwickler m, Liquidator m; **~tion** [~da'sjɔ̃] f Abrechnung; ✝ Totalausverkauf m; (Geschäfts-)Auflösung.

liquid|e [li'kid] **1.** *adj.* flüssig; (*consonne f*) ~ *gr.* 'Liquida; **2.** m Flüssigkeit f; 𝒹 flüssige Speise f; **~er** ✝ [~'de] (1a) regeln, abrechnen; ausverkaufen; klären; *se ~* ✝ sich aus-ea.-setzen.

liquor|eux [likɔ'rø] (-in f) likörartig; süß (*Wein*); **~iste** [~'rist] m Likörfabrikant, -händler.

lire¹ [li:r] (4x) lesen; vorlesen; *vous lis difficilement* ich kann Ihre Schrift schwer lesen.

lire² [li:r] f Lira (*ital. Münze*).

lis ⚕ [lis] m Lilie f; *fleurs f/pl. de lis* ⌀ [li] Lilienwappen n/sg.

Lisbonne [lis'bɔn] f Lissabon n.

lisér|é [lize're] m *Bortenwirkerei:* Litze f; Randschnur f; **~er** [~] (1f) mit Randschnur einfassen *od.* besticken.

liseron ⚕ [liz'rɔ̃] m Winde f.

lis|eur m, **~euse** f [li'zœ:r, ~'zø:z] **1.** *su.* (Viel-)Leser(in f) m; **2.** f Buchhülle f; Bettjäckchen n.

lisib|ilité [lizibili'te] f Lesbarkeit; **~le** [~'zibl] lesbar, leserlich.

lisière [li'zjɛ:r] f (Kleider-, Wald-)Saum m, Rand m; (Feld-)Rain m; Gängelband m; ~s *pl.* Laufgeschirr n (*für Kleinkinder*).

lissage ⊕ [li'sa:ʒ] m Glätten n.

lisse¹ [lis] **1.** *adj.* glatt, eben; **2.** m Glätte f, Ebenheit f.

liss|e² [lis] m Paketschnur f, Bindfaden m; Blesse (*Fleck*); ⚓ Planke; *Weberei:* Aufzug m, Kette; ⚓ *de pavois* Reling; **~é** [~'se] m *text.* Glanz; glattes Haar n; *cuis.* gesponnener Zucker; **~er** [~] (1a) glätten; polieren; **~oir** [li'swa:r] m Glättwerkzeug n.

liste [list] f Liste, Verzeichnis n; ~ *d'urgence* Dringlichkeitsliste; ~ *électorale* Wählerliste.

listeau △ [lis'to] *od.* **listel** [~'tɛl] m (*pl. listeaux*) Leiste f.

lit [li] m Bett n, Lager n; *géol.* Flußbett n; *géol.* Lage f, Schicht f; *enfant du second* ~ Kind m aus zweiter Ehe; ~ *de camp* Feldbett n; ~ *de plume* Federbett n; *hist.* ~ *de justice* großer Gerichtstag m; ~ *de la marée*

litanie — 287 — **logeur**

⚓ Meeresströmung *f*; ~ *du vent* Windstrich.

litanie *fig. iron.* [lita'ni] *f* Litanei; *la même* ~ die alte Leier.

lit-canapé [likana'pe] *m* Schlafsofa *n*.

liteau [li'to] *m text.* bunter Streifen *m*; *men.* Leiste *f*.

liter [li'te] (1a) schichten (*Fische in Fässern*).

literie [li'tri] *f* Bettzeug *n*.

litho... [lito...] *in Zssgn:* Stein...; **~graphie** [~gra'fi] *f* Steindruck(erei *f*) *m*.

Lithuanie [litɥa'ni] *f:* **la** ~ Litauen *n*.

litière [li'tjɛ:r] *f* Streu; Sänfte; *faire ~ de qch.* etw. geringschätzen; sich über etw. hinwegsetzen.

litig|ant ⚖ [liti'gã] streitend; **~e** ⚖ [li'ti:ʒ] *m* Streit; **~ieux** [~ti'sjø] strittig, Streit...

litorne [li'tɔrn] *f* Krammetsvogel *m*.

litre ['litrə] *m* Liter *n u. m*.

litron P [li'trɔ̃] *m* Liter Wein.

littér|aire [lite'rɛ:r] literarisch; belletristisch, schriftstellerisch; **~al** [~'ral] buchstäblich; Buchstaben...; **~ateur** [~ra'tœ:r] *m* Literat; **~ature** [~ra'ty:r] *f* Literatur; Schrifttum *n*; *péj.* leere Worte *n/pl.*; *professionnelle* Fachliteratur.

littoral [lito'ral] (5c) **1.** *adj.* Ufer...; Küsten...; **2.** *m* Küstenstrich.

liure [ljy:r] *f* Wagenseil *n*.

livid|e [li'vid] bleifarbig; **~ité** [~di'te] *f* fahle (Haut-)Farbe.

livr|able ⚹ [li'vrablə] lieferbar; **~aison** [~vrɛ'zɔ̃] *f* Lieferung.

livre[1] ['li:vrə] *m* Buch *n*; *à ~ ouvert* vom Blatt weg; aus dem Stegreif; † *grand ~* Hauptbuch; *tenir les ~s* Buch führen; *porter sur les ~s* verbuchen.

livre[2] ['li:vrə] *f* Pfund *n*.

livre-cadeau [livrəka'do] *m* Geschenkband.

livrée [li'vre] *f* Bedienstekleidung; *ch.* Pelz *m, orn.* Gefieder *n*; *fig.* äußere Kennzeichen *n/pl*.

livrer [li'vre] (1a) (ab-, aus-, über-)liefern; *~ passage* o-e etw. Überquerung *s* zugefrorenen Flusses bieten.

livresque *a. péj.* [li'vrɛsk] büchern; *avoir beaucoup de connaissances ~s* sehr belesen sein, viele theoretische Kenntnisse besitzen.

livret [li'vrɛ] *m* Büchlein *n*; Operntext; ~ *de famille* Ahnenpaß *m*; ✕ ~ *militaire* Militärpaß *m*; ~ *d'opéra* Operntext *m*; ~ *universitaire* Studienbuch *n*.

livreur [li'vrœ:r] **1.** *adj.* ausliefernd; **2.** *su.* Auslief(e)rer(in *f*) *m*; **3.** *f: livreuse* Geschäfts-, Lieferauto *n*, -wagen *m*.

lob|e [lɔb] *m* ⚭, *anat.* Lappen; Läppchen *n*; Flügel (*der Lunge*); Tennis, Fußball: hoher Ball *m*; **~er** [~'be] e-n hohen Ball schießen; **~ule** [~'byl] *m* Läppchen *n*.

loc|al [lɔ'kal] **1.** *adj.* örtlich; Orts...; ortsgebunden; **2.** *m* Raum; Räumlichkeit *f*; *~ accessoire* Nebenraum; **~alité** [~kali'te] *f* Ortschaft *f*.

loca|taire [lɔka'tɛ:r] *su.* Mieter(in *f*) *m*; **~tif** [~'tif] (7e) Miet(s)...; *immeuble ~* Mietshaus *n*; **~tion** [~ka'sjɔ̃] *f* (*a.* Auto-)Vermietung; Mieten *n*; Mietspreis *m*; *thé.* Vorverkauf(skasse *f*) *m*; 🚆 Platzgebühr *f*; *guichet m de ~* Platzkartenschalter *m*.

loch ⚓ [lɔk] *m* Log *n*.

lock-out [lɔ'kawt] *m* Aussperrung *f*; Entlassung *f*; **~er** [~'te] (1a) (*Arbeiter*) aussperren.

locomo|bile [lɔkɔmɔ'bil] *f* Lokomobile; **~tion** [~mɔ'sjɔ̃] *f* Fortbewegung *f*; **~tive** [~mɔ'ti:v] *f* Lokomotive; ~ *routière* Straßenlokomotive.

locule ⚹ [lɔ'kyl] *m* kleines Fach *n*.

locuste *ent.* [lɔ'kyst] *f* Heuschrecke.

locut|eur *ling.* [lɔky'tœ:r] *su.* (7 f) Sprecher *m*; **~ion** [~ky'sjɔ̃] *f* Redensart.

lof ⚓ [lɔf] *m* Luv-, Windseite *f*; **~er** ⚓ [~'fe] (1a) anluven.

loge [lɔ:ʒ] *f* Hütte; Holzfäller-, Marktbude; 🏛 Loggia; Kämmerchen *n*; Zelle; Verschlag *m*; Loge; ⚹ Fach *n*; *Ecole des beaux-arts: concours m en ~* Klausurarbeit *f*; *thé.* ~ *d'acteurs* Umkleideraum *m*, Garderobe *f*; **~able** [lɔ'ʒablə] bewohnbar; **~ment** [lɔʒ'mã] *m* Wohnung *f*; ✕ Quartier *n*.

log|er [lɔ'ʒe] *v/t.* (1l) beherbergen; einquartieren; hineinbringen; *v/i.* wohnen; *en garni* möbliert wohnen; *~é et nourri* bei freier Station, frei Kost u. Logis; *se ~* untergebracht werden; wohnen; **~ette** [~'ʒɛt] *f* kleine Zelle; **~eur** [~'ʒœ:r]

logicien su. (7g) Zimmervermieter(in f) m; Hauswirt(in f) m.

logicien [lɔʒi'sjɛ̃] m Logiker.

logis [lɔ'ʒi] m Wohnung f; Quartier n; Haus n; *la folle du ~* Phantasie f.

logistique ⚔ [lɔʒis'tik] f, adj. Nachschub(...) m.

logogriphe [lɔgɔ'grif] m Buchstabenrätsel n.

loi [lwa] f Gesetz n; fig. *le madison fait la ~* der Madison gibt den Ton an.

loin [lwɛ̃] weit, fern; *au ~* weit weg; *de ~* von weitem, aus der Ferne; *de ~ en ~* dann und wann; hier und dort; *~ que* (mit subj. od. de mit inf.) weit entfernt, daß od. zu.

lointain [lwɛ̃'tɛ̃] (7) **1.** adj. entfernt; **2.** m Ferne f; Hintergrund.

loir zo. [lwa:r] m Siebenschläfer.

loisible [lwa'zibl(ə)] imp. erlaubt; **~ir** [~'zi:r] m Muße f; *~s pl.* Freizeit(gestaltung) f/sg.; adv. *à ~* in Ruhe, mit Muße.

lolo enf. [lɔ'lo] m Milch f; Süßigkeit f; *c'est du ~* das ist gut, süß.

lombaire anat. [lɔ̃'bɛ:r] Lenden...

lombard [lɔ̃'ba:r] (7) **1.** adj. lombardisch; **2.** ♀ su. Lombarde m, -bardin f.

lombes anat. [lɔ̃:b] m/pl. Lenden f/pl.

londonien [lɔ̃dɔ'njɛ̃] (7c) **1.** adj. aus London; **2.** ♀ su. Londoner m.

Londres ['lɔ̃:drə] m (f) London n.

long, ~ue [lɔ̃, lɔ̃:g] **1.** adj. lang; langwierig; *à ~ terme* langfristig; *de ~ en large* auf und ab; hin und her; *~ à croître* langsam wachsend; *de ~ue main* seit langer Zeit; *en savoir ~* viel wissen; adv. *longuement* ausführlich; **2.** m Länge f; *le ~ de* längs (gen.), entlang (acc.); *tomber de son ~* der Länge nach hinschlagen; *tout du ~* die ganze Zeit durch, den ganzen Weg; **3.** f Länge (Vokal od. Silbe); *à la longue* auf die Dauer; mit der Zeit.

longanimité [lɔ̃ganimi'te] f Langmut.

long-courrier [lɔ̃ku'rje] m Fern-, Überseeflugzeug n, -dampfer m.

longe [lɔ̃:ʒ] f **1.** man. Leine; **2.** cuis. Lendenstück m, -braten m; *~ de chevreuil* Rehziemer m; *~ de veau a.* Kalbsnierenbraten m; **~r** [~'ʒe] (1l) entlanggehen, -reiten, -fliegen, -fahren an (dat.); sich erstrecken längs (gén.); **~ron** [lɔ̃ʒ'rɔ̃] m Holm; ⚔ *~ d'aile* Tragholm.

longévité [lɔ̃ʒevi'te] f hohes Lebensalter n, lange Lebensdauer.

longiligne [lɔ̃ʒi'liɲ] adj. hochgewachsen, baumlang; a. su.

longitud|e [lɔ̃ʒi'tyd] f geographische Länge; **~inal** [~di'nal] der Länge nach laufend.

longtemps [lɔ̃'tɑ̃] lange (Zeit).

longuement [lɔ̃g'mɑ̃] adv. lange; ausführlich.

longueur [lɔ̃'gœ:r] f Länge f (Sport); Langsamkeit; *~ d'arrêt* Bremsweg m; *opt. ~ focale* Brennweite e-r Linse; rad. *~ d'onde* Wellenlänge.

longue-vue [lɔ̃g'vy] f Fernrohr n.

lopin [lɔ'pɛ̃] m Stück(chen) n.

loquac|e [lɔ'kwas] gesprächig; geschwätzig; **~ité** [~kwasi'te] f Gesprächigkeit f; Schwatzhaftigkeit f.

loque [lɔk] f Lappen m, Fetzen m.

loquet [lɔ'kɛ] m Klinke f, Drücker m; **~eau** [lɔk'to] m Fallklinke f, Schnapper m; **~er** [~'te] (1c) aufklinken.

loqueteux [lɔk'tø] (7d) adj. u. su. zerlumpt(er Mensch m).

lorgn|er [lɔr'ɲe] (1a) verstohlen betrachten, von der Seite anschielen; mit der Lorgnette betrachten; fig. *~ qch.* ein Auge haben auf (acc.); **~ette** [~'ɲɛt] f kleines Fernrohr n; **2.** *~ (de spectacle)* Opernglas n; **~on** [~'ɲɔ̃] m Kneifer m.

loriot orn. [lɔ'rjo] m Goldamsel f, Pirol m; ⚕ *compère-~* Gerstenkorn n am Auge.

lorrain [lɔ'rɛ̃] (7) **1.** adj. lothringisch; **2.** ♀ su. Lothringer m. [n.]

Lorraine [lɔ'rɛn]: *la ~* Lothringen

lors [lɔ:r]: *pour ~* in diesem Falle; *dès ~* seitdem; demzufolge; *~ de* zur Zeit (gén. od. von).

lorsque ['lɔrsk(ə)] als; wenn.

losange ⚛ [lɔ'zɑ̃:ʒ] m Raute f, Rhombus m.

lot [lo] m Anteil, Los n; fig. Schicksal n; Posten Waren; Parzelle f; Lotteriegewinn m; fig. *être mis dans le ~ de ...* als ... eingruppiert werden; **~erie** [lɔ'tri] f Lotterie; Lotterie n; *~ foraine* Würfel-, Schießbude f; **~eur** ⃰ [lɔ'tœ:r] m Spielbudenbesitzer m.

lotier ♀ [lɔ'tje] m Schotenklee.

lotion [lo'sjɔ̃] f (Ab-)Waschung; Waschmittel n; *~ capillaire* Haar-

lotionner — 289 — **lunaison**

wasser *n*; **~ner** [losjɔ'ne] (1a) abwaschen.
lot|ir [lɔ'ti:r] (2a) verlosen; aufteilen; ansiedeln; **~issement** [~tis-'mã] *m* Verlosung *f*; Parzellierung *f*.
loto [lɔ'to] *m* Lotto(spiel) *n*.
louable ['lwablə] löblich.
louage [lwa:ʒ] *m* Miete *f*; Ver-, Abmietung *f*.
louang|e [lwã:ʒ] *f* Lob *n*, Lobpreisung *f*; **~er** [lwã'ʒe] (1l) loben, rühmen; *péj.* lobhudeln; **~eur** [~'ʒœ:r] *su.* Lobredner *m*; *péj.* Lobhudler(in *f*) *m*.
louche [luʃ] **1.** *adj.* schielend; *fig.* unklar; unheimlich; anrüchig; **2.** *f* Schöpflöffel; ⚭ Jauchekelle; ⊕ Art Bohrer *m*.
louch|er [lu'ʃe] (1a) schielen; **~erie** [luʃ'ri] *f* Schielen *n*.
louchet [lu'ʃɛ] *m* schmaler Spaten.
louer[1] [lwe] (1a) (ver)mieten; (ver)pachten; sich leihen; bestellen (*Platzkarte*).
louer[2] [lwe] (1a) loben (*de od. pour wegen*); *se ~* zufrieden sein (*de mit*).
loueur [lwœ:r] **1.** Vermieter *m*; **2.** *su.* Lobredner *m*; Lobhudler *m*.
loufiat ✶ [lu'fja] *m* (*Café-*)Kellner.
loufoque P [lu'fɔk] *adj.* verrückt; *m* Verrückte(r).
loulou [lu'lu] *m* zo. Spitz *m* (*Hunderasse*); F Herzchen *n*, Liebling *m*.
loup [lu] *m* zo. Wolf; *fig.* (Halb-, Samt-)Maske *f*; Fehler, Schnitzer; Versehen *n*; *à pas de ~* leise; *entre chien et ~* in der Abenddämmerung; *fig. ~ de mer* alter Seebär; **~cervier** [luser'vje] *m* zo. Luchs; *fig.* Wucherer.
loup|e [lup] *f* ♣ Geschwulst; ⚕ Knorren *m*; *opt.* Lupe *f*, Vergrößerungsglas *n*; **~er** P [~'pe] *v/t.* (1a) verfehlen, -passen; *v/i.* ✶† faulenzen.
loup-garou [luga'ru] *m* Werwolf; F Grießgram *m*.
lourd [lu:r] drückend; schwer; *fig.* schwerfällig, plump; **~aud** [lur'do] Tölpel *m*; (*de la main*) *f* ◊ Tür; *boucler la ~* die Tür schließen; **~erie** [~'dri] *f* Tölpelei; **~eur** [~'dœ:r] *f* Schwere; *fig.* Schwerfälligkeit *f*.
lourer ♪ [lu're] (1a) Töne binden.
loustic F [lus'tik] *m* Spaßmacher.
loutre *zo.* ['lu:trə] *f* Fischotter *m u. f*.
louv|a(r)t [lu'va(:r)] *m* junger Wolf; **~e** [lu:v] *f* Wölfin; **~eteau** [luv'to]

m junger Wolf; *fig.* junger Pfadfinder *m*.
louvoyer ⚓ [luvwa'je] (1h) lavieren.
loyal [lwa'jal] (5c) treu, ehrlich, zuverlässig; ♃ gesetzmäßig; ✝ reell.
loyauté [lwajo'te] *f* Ehrenhaftigkeit *f*, Redlichkeit *f*, Loyalität *f*.
loyer [lwa'je] *m* Miete *f*.
lubie [ly'bi] *f* seltsamer Einfall *m*.
lubricité [lybrisi'te] *f* Geilheit.
lubrifiant ⊕ [lybri'fjã] *m* Schmiermittel *n*.
lubrificat|eur ⊕ [lybrifika'tœ:r] *m* Schmierapparat, Selbstöler; **~ion** [~ka'sjɔ̃] *f* Einölen *n*, Schmierung.
lubri|fier [lybri'fje] (1a) (ein)ölen; **~que** [~'brik] schlüpfrig, unzüchtig.
lucane *ent.* [ly'kan] *m* Hirschkäfer.
lucarne [ly'karn] *f* Dachluke *f*.
lucid|e [ly'sid] *fig.* licht, hell, klar; **~ité** [~di'te] *f* Klarheit *f*.
luciole *ent.* [ly'sjɔl] *f* Leuchtkäfer *m*, P Glühwürmchen *n*.
lucr|atif [lykra'tif] (7e) einträglich; **~e** ['lykrə] *m* Gewinn; *amour m du ~* Gewinnsucht *f*.
ludique [ly'dik]: *activité f ~* Spieltrieb *m* (*des Kindes*).
luette [lɥɛt] *f* Zäpfchen *n* *im Halse*.
lueur [lɥœ:r] *f* Schein *m*, Schimmer *m*.
lug|e [ly:ʒ] *f* Rodelschlitten *m*; *aller en ~, faire de la ~* rodeln; **~er** [ly'ʒe] (1l) rodeln; **~eur** [~'ʒœ:r] (7g) *su.* Rodler *m*.
lugubre [ly'gybrə] grauenhaft, schauerlich; völlig niedergeschlagen.
lui [lɥi] *pr/p.* er, ihn; ihm, ihr.
luire [lɥi:r] (4c) leuchten, glänzen.
luisant [lɥi'zɑ̃] *adj.* glänzend; *m* Glanz *m* (*e-s Stoffes*).
lumi|ère [ly'mjɛ:r] *f* Licht *n*; *fig.* Aufklärung, Guck-, Luft-, Zündloch *n*; *faire la ~* Licht machen; **~gnon** [lymi'ɲɔ̃] *m* Lichtstumpf.
lumin|aire [lymi'nɛ:r] *m rl.* Beleuchtung *f*; Licht *n* (*Gestirn*); **~escent** [~ne'sɑ̃] selbststrahlend; **~eux** [~'nø] leuchtend; klar; *publicité* (*od. réclame*) *lumineuse* Lichtreklame *f*; **~osité** [~nozi'te] *f* Leuchten *n*; *phot.* Lichtstärke.
lun|aire [ly'nɛ:r] Mond...; (halb)mondförmig; **~aison** [~nɛ'zɔ̃] *f* *ast.* (Zeit *e-s*) Mondumlauf(s); -wech-

lunatique — 290 — **lysol**

sel *m*; **~atique** [~na'tik] mondsüchtig; *fig.* launisch.
lunch [lœ̃ʃ] *m* Gabelfrühstück *n*, (festlicher) Imbiß; **~er** [lœ̃'ʃe] (1a) e-n Lunch einnehmen.
lundi [lœ̃'di] *m* Montag; *faire le ~ blauen Montag machen.*
lun|e [lyn] *f* Mond *m*; *poét.* Monat *m*; *Sport:* Aufschwung *m*; P Hintern *m*; *face f de pleine ~* Vollmondgesicht *n*; F ~s *pl.* Launen; P *comme la ~* dämlich, doof; *~ de miel* Flitterwochen *pl.*; **~é** [ly'ne] (halb-)mondförmig; F (*bien*) *~* (*gut*) gelaunt.
lunett|e [ly'net] *f:* ~ *d'approche* Fernglas *n*; (*une paire de*) *~s pl.* (e-e) Brille; *~s à monture de corne* Hornbrille *f*; **~erie** ⊕ [lynɛ'tri] *f* Brillenhandel *m*, -herstellung *f*; **~ier** [lyne'tje] *m* Brillenmacher, -händler.
lunul|e [ly'nyl] *f ast.* Halbmond *m*; Trabant *m*; **~é** [~'le] halbmondförmig.
lunures [ly'nyːr] *f/pl.* Mondringe *m/pl.* (*Fehler im Holz*).
lupin ♀ [ly'pɛ̃] *m* Lupine *f*; **~elle** [~pi'nɛl] *f* roter Klee *m*.
lurette F [ly'rɛt] *f: il y a belle ~ es ist schon lange her; depuis belle ~ seit langer, langer Zeit.*
luron, *ne* F [ly'rɔ̃, ~'rɔn] *su.* resoluter, fideler Kerl *m*; munteres, resolutes Mädchen *n*, kesse Bolle *f* F.
Lusace [ly'zas]: **la ~** die Lausitz.
lustrage [lys'traːʒ] *m* Glänzen *n*.
lustr|e ['lystrə] *m* Glanz; *fig.* glänzendes Äußere *n*; Kronleuchter; **~er** [~'tre] (1a) glänzend machen; **~ine** [~'trin] *f* Glanzseide *f*.
lut [lyt] *m* Kitt; **~er** [~'te] (1a) verkitten.
luth [lyt] *m* ♪ Laute *f*; *fig.* Lyra *f*; *lyrisches Talent n*.
lutherie [ly'tri] *f* Lautenmacherei; Saiteninstrumente *n/pl.*; Instrumentenhandel *m*.

luthier [ly'tje] *m* Lautenmacher; *weitS.* (Musik-)Instrumentenfabrikant; Instrumentenhändler.
lutin [ly'tɛ̃] **1.** *adj.* (7) neckisch; **2.** *m* Kobold; Wildfang *m*, Schlingel *m*; **~er** [lyti'ne] *v/t.* (1a) necken, schäkern (*mit e-r Frau*).
lutrin [ly'trɛ̃] *m* Gesangspult *n in der Kirche;* Kirchenchor (*Sänger*).
lutt|e [lyt] *f* Ringen *m*; *a. Sport:* Kampf *m*; Ringkampf *m*; ~ *à la corde* Tauziehen *n*; ~ *finale* Endkampf *m*; ~ *japonaise* Jiu-Jitsu *n* (*Art Ringkampf*); ~ *pour le pouvoir* Machtkampf *m*; ~ *pour la vie* Daseinskampf *m*; **~er** [~'te] (1a) ringen; kämpfen; **~eur** [~'tœːr] *m* Ringer.
luxation ⚕ [lyksɑ'sjɔ̃] *f* Verrenkung.
luxe [lyks] *m* Luxus.
luxer ⚕ [lyk'se] (1a): (*se ~ sich*) verrenken.
luxu|eux [lyk'sɥø] luxuriös; **~re** [ly'ksyːr] *f* Unzucht; **~riant** ♀ [lyksy'rjɑ̃] üppig, wuchernd; **~rieux** [~'rjø] unzüchtig, wollüstig.
luzern|e ♀ [ly'zɛrn] *f* Lu'zerne, Schneckenklee *m*; **~ière** [~'njɛːr] *f* Luzernenfeld *n*.
lycée [li'se] *m* französische (staatliche) höhere Schule *f*.
lycéen, *ne* [lise'ɛ̃, ~'ɛn] Schüler (-in *f*) *m* e-r *französischen höheren Schule.*
lymphe [lɛ̃f] *f* Lymphe; Pflanzensaft *m*.
lynx *zo.* [lɛ̃ks] *m* Luchs.
lyre ♪ [liːr] *f* Leier.
lyrique [li'rik] **1.** *adj.* lyrisch; *poésie f ~* lyrische Dichtung *f*, Lyrik *f* (*als literarhistorischer Gattungsbegriff*); **2.** *m* Lyriker.
lyrisme [li'rism] *m* Lyrik *f* (*als individuelle Ausdrucksart*), lyrische Note *f*, lyrisches Schaffen *n*.
lysol ⚕ [li'zɔl] *m* Lysol *n*.

M

M (*ou* **m**) [ɛm] m **M** (*od.* m) n.
ma [ma] f/sg. meine f.
maboul P [ma'bul] verrückt.
macabre [ma'kɑ:brə] schaurig; *danse f* ~ Totentanz m.
macadamiser [makadami'ze] (1a) Straßen beschottern.
macaque [ma'kak] m, f zo. Meerkatze f; F fig. figure f de ~ häßliches Gesicht n, Affenfratze f.
macaron [maka'rɔ̃] m Makrone f; *Auto:* rundes Etikett für freie Durchfahrt; **~i** *cuis.* [~rɔ'ni] m/sg. Makkaroni m/pl.
macédoine *cuis* [mase'dwan] f Leipziger Allerlei n (*a. fig.*).
macérer [mase're] (1f) phm. einweichen; rl. kasteien.
mâche ♀ [mɑ:ʃ] f Rapunzel f.
mâche|fer [mɑʃ'fɛ:r] m Koks-, Kohlen-, Eisenschlacke f; **~lier** [mɑʃə'lje] Kinnbacken...
mâcher [mɑ'ʃe] (1a) kauen; ~ *de haut* ohne Appetit essen; ~ *la besogne à q.* j-m die Arbeit vorkauen; *ne pas* ~ *ses mots* kein Blatt vor den Mund nehmen. [Messer n.]
machette ✗ [ma'ʃɛt] f breites]
machin F [ma'ʃɛ̃] m Ding(sda n) n.
machin|al [maʃi'nal] (5c) mechanisch; **~ateur** [~na'tœ:r] m Drahtzieher m, Anstifter m; **~ation** [~nɑ'sjɔ̃] f geheimer Anschlag m; **~e** [ma'ʃin] f Maschine f, Lokomotive f; Flugzeug n; F Fahrrad n; ~ *à additionner od. à calculer* Addier- *od.* Rechenmaschine f; ~ *à fiches perforées* Lochkartenmaschine; ~ *à sous* Dukatenmacher m; **~e--outil** [~u'ti] f Werkzeugmaschine f; **~er** [~'ne] (1a) fig. anzetteln; **~erie** [~n'ri] f Maschinen(raum m/sg.) f/pl.; **~ette** ✗ [~'nɛt] f Taschendieb m; **~iste** [~'nist] su. Straßenbahn-, Busfahrer m; Maschinist m; *thé.* Bühnenarbeiter m; *cin.* Filmtechniker m.
mâch|oire [mɑ'ʃwa:r] f Kinnbacken m, Kiefer m; ⊕ ~s pl. (Klemm-) Backen f/pl.; **~onner** [~ʃɔ'ne] (1a) langsam (*od.* mit Mühe) kauen; undeutlich sprechen, vor sich hermurmeln.
mâchur|e [mɑ'ʃy:r] f schlechte Stelle, Druckstelle (*im Obst, Pelz usw.*); **~er** [~ʃy're] (1a) zu sehr drücken (*od.* quetschen), unansehnlich machen; *typ.* unsauber abziehen.
maçon [ma'sɔ̃] m Maurer m.
mâcon [mɑ'kɔ̃] m Sorte Burgunderwein.
maçonn|er [masɔ'ne] (1a) (ver-, zu)mauern; **~erie** [~'ri] f Maurerarbeit f, Maurerwerk n; **~ique** [~sɔ'nik] freimaurerisch.
macqu|e [mak] f Flachs-, Hanfbreche f; **~er** [ma'ke] (1m) Flachs, Hanf brechen.
macro|bien [makrɔ'bjɛ̃] langlebig; **~céphale** [~se'fal] großköpfig.
macul|e [ma'kyl] f (Tinten-)Fleck m (*auf dem Papier*); roter Hautfleck; *ast.* Sonnenflecken m; **~er** [~'le] (1a) beschmutzen, fleckig machen.
madame [ma'dam] f (gnädige) Frau (*als Anrede*; *abr.* Mme).
madeleine [mad'lɛn] f leichter Obstkuchen m; früher Apfel, Pfirsich usw.
mademoiselle [madmwa'zɛl] f Fräulein n (*als Anrede*; *abr.* Mlle).
madère [ma'dɛ:r] m Madeirawein.
madone [ma'dɔn] f Marienbild n.
madras ✗ [ma'drɑ:s] m Madras (*Halbseide*); Kopftuch n.
madré [ma'dre] schlau, gerissen.
madrier △ [madri'e] m starke Bohle f.
madrilène [madri'lɛn] **1.** *adj.* aus Madrid; **2.** *su.* Madrider(in f) m.
mafflu [ma'fly] **1.** *adj.* pausbackig; **2.** *su.* Pausback m.
mafia [ma'fja] f Maffia f, verbrecherischer Geheimbund m.
maf(f)iotage *péj.* [mafjɔ'ta:ʒ] m Cliquenwesen n.
magasin [maga'zɛ̃] m Geschäft n, Laden m; Lager n, Speicher, Vorräte pl.; ⚔, *phot.* Magazin n e-s Gewehrs *od.* e-r Kamera; *grand* ~ Warenhaus n; ~ *frigorifique* Kühl-

haus n; **~age** [magazi'na:ʒ] m Einspeichern n; Lagerzeit f; -geld n; **~ier** [~'nje] m Lagerverwalter m.

magazine [maga'zin] m Zeitschrift f.

mage [ma:ʒ] m Magier; fig. Phantast m; bibl. les trois ~s die drei Weisen aus dem Morgenlande.

maghébrin [mage'brɛ̃] (7) maghrebinisch, nordafrikanisch (außer Ägypten).

mag|icien [~ʒi'sjɛ̃] su. Zauberer m; cin. Tonmeister m; **~ie** [~'ʒi] f Zauberei f; fig. Zauber m; ~ noire Schwarze Kunst; **~ique** [~'ʒik] magisch; fig. bezaubernd.

magist|er péj. [maʒis'tɛ:r] m Schulfuchs m, Silbenstecher m; **~ral** [~'tral] (5c) meisterhaft (a. peint.); ✵ vom Arzt verschrieben; péj. herrisch; plais. anständig, gehörig.

magistrat [maʒis'tra] m Richter m; **~ure** [~'ty:r] f Richteramt n, -stand m; Justizbehörde f; ~ assise Richterstand m; ~ debout Staatsanwaltschaft.

magnan provc. [ma'ɲɑ̃] m Seidenraupe f; **~erie** [maɲan'ri] f Seidenraupenzucht f.

magnanim|e [maɲa'nim] großherzig; **~ité** [~mi'te] f Großherzigkeit f, Großmut f.

magnat [ma'ɲa] m Magnat m; ~ de l'industrie Großindustrielle(r) m.

magner P [ma'ɲe]: se ~ sich beeilen; Auto: Gas geben.

magnés|ie min. [maɲe'zi] f Magnesia, Talkerde; **~ite** [~'zit] f Magnesit m; Meerschaum m; **~ium** [~'zjɔm] m 🜍 Magnesium n; phot. lumière f au ~ Blitzlicht n.

magnét|ique [maɲe'tik] magnetisch; **~isme** [~'tism] m Magnetismus; **~o** bsd. Auto u. ✈ [~'to] f (Magnet-)Zündung f, Zündmagnet m; **~ophone** [~tɔ'fɔn] m Tonband (-gerät n).

magnifi|cence [maɲifi'sɑ̃:s] f Herrlichkeit f; Prunk(liebe) f; Freigebigkeit f, ~s pl. Aufwand m; Gunstbezeigung f; **~que** [~'fik] herrlich, großartig, wundervoll (a. iron.).

magnolier ♀ [maɲɔ'lje] m Magnolie f, Biberbaum.

magot [ma'go] m 1. Magot od. türkischer Affe; häßlicher Mensch; groteske Porzellanfigur f; 2. F verborgener Schatz m; Vermögen n, Geld n.

mahométan [maɔme'tɑ̃] m Mohammedaner m.

mahométisme [maɔme'tism] m Islam.

mai [mɛ] m Mai; Mai(en)baum.

maie ⊕ [me] f Backtrog m.

maigr|e ['mɛ:gr] 1. adj. mager; fig. dünn, dürr, dürftig; 2. m cuis. magere Kost f; Adlerfisch; faire ~ fasten; **~elet** [mɛgrə'lɛ] etw. mager; **~eur** [~'grœ:r] f Magerkeit; **~ichon** [~gri'ʃɔ̃] adj. u. su. schmächtig(e Person f); à ~ s v/i. mager werden; v/t. schlanker erscheinen lassen; ⊕ konisch od. spindelförmig sich verjüngend gestalten (z.B. Säulen); Holz usw. verdünnen.

mail [maj] m öffentliche Promenade f.

maille [mɑ:j] f 1. Masche; hist. Panzerring m; Flecken m, Auge n z.B. auf Rebhuhnflügeln; à ~s serrées fein-, engmaschig; ~ filée, ~ qui file, ~ rompue Laufmasche; 2. ehm. kleine Kupfermünze; avoir ~ à partir avec q. mit j-m ein Hühnchen zu rupfen haben; **~chort** 🜍 [maj'ʃɔ:r] m Neusilber n, Argentan n.

mailler [mɑ'je] v/t. (1a) Netze stricken; fer m maillé Eisengitter n; ♀ v/i. Fruchtknoten ansetzen; (se) ~ bunte Flecken bekommen (Rebhuhn).

maillet [mɑ'jɛ] m Holzhammer.

mailloche [maj'ɔʃ] f großer Holzhammer m; Paukenschlegel m; * adj. groß, stark, riesig.

maillot [ma'jo] m 1. Windel (n pl.) f; 2. Trikot n der Tänzerinnen usw.; a. Sport; ~ de bain (deux-pièces zweiteiliger) Badeanzug; ~ de corps Sporthemd n.

main [mɛ̃] f Hand; zo. Fuß m; zo. Fang m; zo. Schere; Handschrift; Handfertigkeit; fig. Besitz m; Gewalt; Spiel: Vorhand, Stich m; ♀ Wickelranke; Schaufel; △, ⊕ ~ courante laufender Griff m, Geländerstange f; à la ~ in od. mit der Hand; gym. ~s aux hanches! Hände an die Hosennaht!; avoir la ~ au jeu die Vorhand haben; battre des ~s Beifall klatschen; changer de ~ den Besitzer wechseln, in andere Hände übergehen; donner la haute ~ à q. j-m die Leitung e-s Unternehmens anvertrauen; de la ~ à la ~ ohne Förmlichkeit, ohne Zwischenhändler; de longue ~ von langer Hand, seit langem; ✝ ~ de papier Buch n Papier (= 25 Bogen); en ~ in der Gewalt; en ~s propres eigenhändig; en un tour de ~ im Handumdrehen; être aux ~s des maquisards in den Händen der Aufrührer sein; faire la ~ Spiel: Karten geben; haut la ~ sehr leicht; en sous-~ heimlich, unter der Hand; sous la ~ zur od. bei der Hand; **~-courante** [~ku'rũ:t] f Handgriff m (am Bus) Treppengeländer n; ✝ Kladde; **~-d'œuvre** [~'dœ:vrə] f Arbeitskräfte f/pl.; Arbeit(slohn m); **~-forte** [~'fɔrt] f: demander ~ Hilfe verlangen; prêter ~ Hilfe leisten; **~levée** [mɛ̃l've] f Aufhebung e-r gerichtlichen Beschlagnahme; **~-mise** [~'mi:z] f Beschlagnahme; **~morte** ⚖ [~'mɔrt] f Tote Hand (unveräußerliches Gut).

maint [mɛ̃] (7) manche(r, s).

mainten|ant [mɛ̃t'nɑ̃] jetzt (in Schilderungen der Vergangenheit nur selten); **~ir** [mɛ̃t'ni:r] (2h) festhalten, zs.-halten; aufrechterhalten; behaupten.

maintien [mɛ̃'tjɛ̃] m Aufrecht(er)haltung f; (Körper-)Haltung f; perdre son ~ aus der Fassung kommen.

mair|e [mɛ:r] m Bürgermeister; **~ie** [mɛ'ri] f Rathaus n, Bezirksamt n; Amt n des Bürgermeisters.

mais [mɛ] aber; sondern; ~ non aber nein; je n'en puis ~ ich kann nichts dafür.

maïs ♀ [ma'is] m Mais.

maison [mɛ'zɔ̃] f Haus n; Haushalt m; Hauspersonal n; Familie, Geschlecht n; ~ affiliée Tochterunternehmen n; ~ caserne f Mietskaserne; ~ d'affrètement Verfrachtungsgeschäft n; ~ d'arrêt Untersuchungsgefängnis n; ~ de commission Kommissionsgeschäft n; ~ (de commerce) Handelshaus n; Firma f; ~ communautaire Gemeinschaftswohnhaus n; ~ centrale, ~ de force Zuchthaus n; ~ de rapport Mietshaus n; ~ de santé Irrenanstalt; ~ de transport Transportgeschäft n; ~ de ville Stadt-, Rathaus n; ~ d'expédition Speditionsgeschäft n; ~ du roi od. du souverain Hofstaat m, Dienerschaft f; ~ mère Stammhaus n; employée f de ~ Hausangestellte; tenir ~ Gäste haben; tenir ~ ouverte ein offenes Haus haben.

maisonn|ée F [mɛzɔ'ne] f alle Hausbewohner m/pl., ganze Familie; **~ette** [~'nɛt] f Häuschen n.

maîtr|e ['mɛ:trə] m Herr, Gebieter; Eigentümer; Hauswirt; Lehrer; Meister; Vorsteher; Ober-..., Haupt-..., z.B. petit-~ junger Geck m; **~-autel** Hauptaltar; ~ baigneur Bademeister; ~ chanteur a) Meistersinger, b) Erpresser; ~ de conférences außerordentlicher (Universitäts-)Professor; Dozent m; ~ de forges Hüttenbesitzer m; ~ d'hôtel Oberkellner m; ~ fripon Erzschelm; ~ d'études Studienaufseher; ~ nageur Schwimmlehrer; **~esse** [mɛ'trɛs] f Herrin, Gebieterin; Frau vom Hause; Wirtin; Lehrerin; Meisterin; Geliebte; Mätresse; adj. erreur f ~ kapitaler Irrtum m.

maîtris|able [mɛtri'zablə] zu beherrschen(d); **~e** [~'tri:z] f Beherrschung; Meisterrecht n; Singschule der Chorknaben; Gesamtheit f der Meister; agent m de ~ höherer Angestellter m; écol. ~ de conférences Lehrbefähigung f; ✈ la ~ de l'air die Luftherrschaft f; **~er** [~tri'ze] (1a) meistern; beherrschen; fig. bändigen.

majes|té [maʒɛs'te] f Majestät; **~tueux** [~'tɥ(ɥ)ø] (7d) majestätisch.

majeur [ma'ʒœ:r] adj. größer, höher; großjährig; ♪ Dur n; force f ~e höhere Gewalt; ♪ tierce f ~e große Terz f.

major ⚔ [ma'ʒɔːr] m Major; médecin-~ de 1re classe Oberstabsarzt; ~ général Generalstabschef; Flottenchef; **~ation** [~ʒɑra'sjɔ̃] f Preiserhöhung; **~dome** [~'dɔm] m päpstlicher Haushofmeister; (Haus-)Inspektor m; **~er** [~'re] (1a) im Preis erhöhen; **~ité** [~ri'te] f Mehrzahl f; Großjährigkeit f.

majuscule [maʒys'kyl] adj. u. f (lettre f) ~ großer Buchstabe m.

mal [mal] 1. m (5c) das Schlechte n, Böse n, Schlimme n; Übel n; Krankheit f; Leiden n; Mühe f; haut ~ Fallsucht f, Epilepsie f; faire ~ weh tun; ~ de cœur Übelkeit f; ~ de l'air Luftkrankheit f; ~ de

malade — **294** — **malotru**

mer Seekrankheit *f*; ~ *du pays* Heimweh *n*; **2.** *adv.* schlecht, schlimm, übel; ~ *à l'aise* unpäßlich, unwohl, unbehaglich; ~ *fait* mißgestalt(et); ~ *à propos* zur unrechten Zeit; ungehörig, unpassend; *il est* ~ es steht (gesundheitlich) schlecht mit ihm; *se trouver* ~ ohnmächtig werden; *pas* ~ *de* ziemlich viel; *prendre qch. en* ~ etw. übelnehmen; **3.** *adjt.* bon *an*, ~ *an* im Jahresdurchschnitt.

malad|e [ma'lad] krank; *su.* Kranke(r); *tomber* ~ krank werden; **~ie** [~'di] *f* Krankheit; ~ *de carence* Mangelkrankheit; **~if** [~'dif] kränklich; krankhaft.

maladr|esse [mala'drɛs] *f* Ungeschicklichkeit; **~oit** [~'drwa] ungeschickt.

malais|e [ma'lɛ:z] *m* Unwohlsein *n*, Übelkeit(sgefühl *n*) *f*; *fig.* Unbehagen *n*; *fig.* Not *f*; **~é** [~ɛ'ze] schwierig; unbequem; † unbemittelt.

malandrin [malɑ̃'drɛ̃] *m* Bandit.

malappris [mala'pri] flegelhaft; *m* Grobian *m*, Flegel.

malavisé [malavi'ze] *adj.* (*u. su.*) unüberlegt(er Mensch *m*).

malax|age [malak'saːʒ] *m* Kneten *n*; **~er** [~'kse] (1a) kneten; **~eur** ⊕ [~'ksœ:r] *m* Knetmaschine *f*; Mischer *m*; ~ *à béton* Betonmischmaschine *f*. (wachsen *od.* gebaut.)

malbâti [malba'ti] schlecht gef

malchanc|e [mal'ʃɑ̃:s] *f* Mißgeschick *f*; **~eux** [~ʃɑ̃'sø] **1.** *adj.* unglücklich; **2.** *su. fig.* Pechvogel *m*.

malcontent † [malkɔ̃'tɑ̃] (7) unzufrieden; mißvergnügt.

maldonne [mal'dɔn] *f* Versehen *n*; Vergeben *n* beim Kartengeben.

mâle [ma:l] **1.** *adj.* männlich; **2.** *m* Männchen *n* der Tiere.

malé|diction [maledik'sjɔ̃] *f* Verwünschung; Fluch *m*; **~fice** [~'fis] *m* Behexung *f*; **~fique** [~'fik] unheilbringend; *des instincts* ~s niedrige Instinkte *m/pl.*

malencontreux [malɑ̃kɔ̃'trø] **1.** *adj.* unglücklich; **2.** *su.* Pechvogel.

malentendu [malɑ̃tɑ̃'dy] *m* Mißverständnis *n*.

mal|faisant [malfə'zɑ̃] (7d) boshaft; schädlich; **~faiteur** [~fɛ'tœːr] *su.* Übeltäter *m*, Rohling *m*; **~famé** [~fa'me] berüchtigt.

malformation [malfɔrma'sjɔ̃] *f* ⚕ Mißbildung; ~ *congénitale* Geburtsfehler *m*.

malgré [mal'gre] *prp.* trotz; ~ *que cj.* obwohl.

malhabile [mala'bil] ungeschickt.

malheur [ma'lœːr] *m* Unglück *n*; ~ *à lui!* wehe ihm!; **~eux** [~'rø] **1.** *adj.* unglücklich; *fig.* wertlos, erbärmlich; **2.** *m fig. a.* Bösewicht.

malhonnêt|e [malɔ'nɛt] unehrlich, unredlich; F unhöflich; **~eté** [malɔnɛ'te] *f* Unehrlichkeit; F Unhöflichkeit.

malic|e [ma'lis] *f* Bosheit, boshafter Streich *m*; Schalkhaftigkeit *f*; **~ieux** [~li'sjø] boshaft; schadenfroh; schelmisch.

malignité [maliɲi'te] *f* Boshaftigkeit; Bösartigkeit.

mali|n *m*, **~gne** *f* [ma'lɛ̃, ma'liɲ] (*nicht von Personen! Dafür méchant!*) boshaft, bösartig (*a.* ⚕); schelmisch; pfiffig, ausgekocht (F), schlau; P schwierig, schwer; *m* Schlaukopf, Schelm; † *rl.* Teufel *m*.

maline [ma'lin] *f* Springflut.

malines † [ma'lin] *f/sg.* Mechelner Spitzen *f/pl.*

malingre [ma'lɛ̃:grə] schwächlich, verpimpelt (F).

malintentionné [malɛ̃tɑ̃sjɔ'ne] übelgesinnt.

malique [ma'lik] Apfel...

malitorne [mali'tɔrn] *su.* Trampel *m*, Tölpel *m*; *adj.* tölpelhaft, trampelig (F).

mal-jugé ⚖ [malʒy'ʒe] *m* Fehlurteil *n*.

malle [mal] *f* Reisekoffer *m*; *Auto*: Kofferraum; (*dé*)*faire sa* ~ seinen Koffer (aus)packen.

malléabilité [maleabili'te] *f* Dehnbarkeit *f*, Schmiedbarkeit; **~able** [~'abla] schmiedbar, hämmerbar; *fig.* nachgiebig, *fig.* geschmeidig.

malle|-armoire [malar'mwaːr] *f* Schrankkoffer *m*; **~-poste** [~'pɔst] *f ehm.* Postkutsche *f*; **~tier** [ma'tje] *m* Koffermacher *m*; **~tte** [ma'lɛt] *f* kleiner Handkoffer *m*; **~-tte-table** [~'tabla] *f* (Camping-)Koffertisch *m*.

malmener [malmə'ne] (1d) grob behandeln, übel zurichten.

malotru [malɔ'try] *adj.* (*u. su.*) grobschlächtig, ungeschliffen; grob (-er Kerl *m*); Lümmel *m*.

malpeigné [malpɛˈɲe] *m* Struwwelpeter; unsauberer Mensch.
mal pensant [malpɑ̃ˈsɑ̃] *m* (6g) Schlechtgesonnener *m*, Böswilliger *m*.
malpropre [malˈprɔprə] unsauber; ~té [~ˈte] *f* Unsauberkeit.
mal|sain [malˈsɛ̃] ungesund; ~séant [~sɛˈɑ̃] unanständig; ~sonnant [~sɔˈnɑ̃] anstößig.
malt [malt] *m* Malz *n*.
maltôtier *mv. p.* [maltoˈtje] *m* Steuerbeamter *m*.
maltraiter [maltrɛˈte] (1a) mißhandeln.
malveillan|ce [malvɛˈjɑ̃:s] *f* Böswilligkeit; Mißgunst *f*; ~t [~ˈjɑ̃] böswillig; übelgesonnen.
malversation [malvɛrsaˈsjɔ̃] *f* Veruntreuung.
malvoisie [malvwaˈzi] *m* Malvasierwein *m*.
maman [maˈmɑ̃] *f* Mama.
mamelle [maˈmɛl] *f* Brust; Zitze.
mamelon [maˈmlɔ̃] *m* Brustwarze *f*; *fig.* rundlicher Hügel; ⊕ Zapfen; ~né [~lɔˈne] warzenförmig; mit Hügeln bedeckt.
m'amie F (*od.* **ma mie**) [maˈmi] *f* mein Herzchen *n*.
mam|illaire [mamiˈlɛ:r] warzenförmig; ~maire [maˈmɛ:r] Brust-...; ~mifère [mamiˈfɛ:r] *m* Säugetier *n*.
mamour F [maˈmu:r] *m*: ~! m-e Süße!; *faire des* ~*s à q.* mit j-m schmusen.
man *ent.* [mɑ̃] *m* Engerling.
manager [manɛˈdʒœr] *m* Unternehmer *m*; Leiter *m*; *a. Sport, cin.* Manager *m*.
manant [maˈnɑ̃] *m* (Bauern-)Lümmel.
manc|eau, ~elle [mɑ̃ˈso, ~ˈsɛl] aus Le Mans.
manche [mɑ̃:ʃ] **1.** *m* Griff, Stiel, Heft *n*; (Pflug-)Sterz; ♪ Griffbrett *n*; Hals e-r *Geige*; **2.** *f* Ärmel *m*; ⚓ ~ (*à eau*) Schlauch *m*; *Sport: la première* ~ das erste Spiel; **3.** F *f* Unternehmen *n*, Versuch *m*; **4.** *la* 2 der Ärmelkanal *m*.
manch|eron [mɑ̃ʃˈrɔ̃] *m* Pflugsterz; ~ette [mɑ̃ˈʃɛt] *f* Manschette *f*; Stulpe; Schlagzeile; *typ.* Randbemerkung *f*; *sous une grosse* ~ in großer Aufmachung (*Zeitung*); ~on [~ˈʃɔ̃] *m* Muff; ⊕ Muffe *f*, Buchse *f*;

Hülse *f*, Hülsenring *m*; (Glüh-)Strumpf, ~ot [~ˈʃo] (7) einarmig, -händig; F; *fig.* ungeschickt, linkisch.
mandant [mɑ̃ˈdɑ̃] *m* Mandant *m*.
mandarin [mɑ̃daˈrɛ̃] *m* chinesischer Beamter; einflußreicher Literat *od.* Intellektueller *m*; Boß *m*; ~at [~riˈna] *m* Mandarinentum *n*; *péj.* privilegierte Klasse *f*; ~e ⚘ [~ˈrin] *f* Mandarine.
mandat [mɑ̃ˈda] *m* Mandat *n*; Auftrag; Zahlungsanweisung *f*; ⚖ Strafbefehl; ~ *de poste* Postanweisung *f*; ✝ ~ *de virement* Verrechnungsscheck; ~aire [~ˈtɛ:r] *m* Bevollmächtigte(r); ~-carte [~ˈkart] *f* Zahlkarte *f*; ~er [~ˈte] (1a): ~ *q.* j-m Zahlungsanweisung (*a.* ein Mandat) erteilen.
mandat-poste ✝ [mɑ̃daˈpɔst] *m* Postanweisung *f*.
Mandchourie [mɑ̃tʃuˈri] *f*: *la* ~ die Mandschurei *f*.
mand|ement [mɑ̃dˈmɑ̃] *m* *rl.* Hirtenbrief; ~er [~ˈde] (1a) übermitteln, berichten, melden; ~ *q.* j-n zu sich bestellen *od.* ⚔ befehlen.
mandibule [mɑ̃diˈbyl] *f* Kinnbacken *m*. [line.\
mandoline ♪ [mɑ̃dɔˈlin] *f* Mandoˈ\
mandragore ⚘ [mɑ̃draˈgɔ:r] *f* Alraun(wurzel) *m*.
mandrin [mɑ̃ˈdrɛ̃] *m* ⊕ Locheisen *n*; ⊕ Docke *f*, Dorn *m*; ⊕ Bohrfutter *n*.
manducation [mɑ̃dykaˈsjɔ̃] *f* ⚘ *biol.* Kauen *n*; *rl.* Genuß *m* der heiligen Hostie.
manège [maˈnɛ:ʒ] *m* Schulreiten *n*; Reitbahn *f*; (Pferde-)Schule *f*; *fig.* Schliche *pl.*; Pferdegöpelwerk *n*; ~ *de chevaux de bois*, ~ *d'autos*, ~ *de bicyclettes* Karussell *m*.
manégé [maneˈʒe] dressiert.
manette ⊕ [maˈnɛt] *f* Handgriff *m*; *rad.* Schaltung *f*; *Auto:* ~ *d'allumage* Zündhebel *m*.
manganèse *min.* [mɑ̃gaˈnɛ:z] *m* Mangan *n*.
mange|able [mɑ̃ˈʒablə] eßbar; ~aille [~ˈʒa:j] *f* Futter *n* für *Haustiere*; F Fraß *m* (*für Menschen*); ~oire [~ˈʒwa:r] *f* (Futter-)Trog *m*, Freßnapf *m*.
mang|er [mɑ̃ˈʒe] (11) **1.** essen; fressen (*v. Tieren*); *fig.* verprassen, durchbringen; *Wörter* verschluk-

mange-tout ken; **2.** m Essen n; Speise f; **~e-tout** [mɑ̃ʒ'tu] m/inv. grüne Bohnen f/pl.; Zuckererbsen f/pl.; ⚡ Verschwender m; **~eur** [~'ʒœːr] m (Viel-)Esser; fig. Verschwender m; **~euse** [~'ʒyːr] f angefressene Stelle.

maniab|ilité [manjabili'te] f (Auto usw.) Wendigkeit; **~le** [~'njablə] handlich; leicht zu verarbeiten(d); fig. lenksam; gefügig; a. ⚡ wendig.

mani|aque [ma'njak] **1.** adj. grillenhaft; wunderlich; ⚡ von e-r Manie befallen; **2.** su. komischer Kauz m; komische Heilige f; **~e** [ma'ni] f Manie f, Sucht f; fixe Idee; Schrulle f; fig. Steckenpferd n; **~ de la persécution** Verfolgungswahn m.

manichéisme [maniʃe'ism] m Schwarzweißmalerei f fig.

mani|ement [mani'mɑ̃] m Befühlen n; Handhabung f; fig. Verwaltung f; ⚔ **~ d'armes** Griffe m/pl. mit dem Gewehr; **~er** [ma'nje] (1a) befühlen; handhaben; **~ qch.** umgehen mit etw. (dat.); behandeln; verwalten; **~ère** [~'njɛːr] f Art, Weise; Manier in der Kunst; ✝ **~ de travailler** Art und Weise des Geschäftsverkehrs; **une ~ de héros** c-e Art Held; **de ~ à** od. **que so daß; ~s** pl. Benehmen n; **~éré** [~nje're] fig. manieriert, geziert, erkünstelt, gesucht; **~érer** [~] (1f) erkünsteln, zurechtstutzen; **~eur** mst. mv. p. [ma'njœːr] m: **~ d'argent** Spekulant m.

manifest|ation [manifestɑ'sjɔ̃] f Kundgebung f, Demonstration f; Veranstaltung f; Bekundung f; rl. Offenbarung f; **~e** [~'fɛst] **1.** adj. offenkundig; **2.** m Manifest n; Aufruf m; öffentliche Erklärung f; **~er** [~'te] (1a) kundtun, bekunden, aussprechen; demonstrieren; se **~** sich äußern, sich zeigen.

maniganc|e [mani'gɑ̃:s] f Kniff m fig.; **~s** pl. Schliche m/pl.; Tricks m/pl.; **~er** F [~gɑ̃'se] (1k) v/t. anzetteln, einfädeln.

manipul|ateur [manipylɑ'tœːr] m Gehilfe m; ⚡ Bearbeiter m, Laborant m; ⚡ (Morse-)Taster m; **~ation** [~lɑ'sjɔ̃] f Handhabung f, Behandlung f, Bearbeitung f; Manipulation f, Kunstgriff m, Kniff m; télégr. Tastung f; **~s** péj. pl. Kuhhandel m fig.; **~er** [~'le] (1a) handhaben, bedienen, experimentieren; péj. fig. drehen, fingern; ⚡ **~ q.** j-n fertigmachen, um die Ecke bringen.

manitou F [mani'tu] m führende Persönlichkeit f, As fig. m.

manivelle ⊕ [mani'vɛl] f Kurbel f.

manne [man] f **1.** Manna n; fig. Segen m; **2.** Weidenkorb m (für Bäcker, rechteckig od. zylinderförmig).

mannequin [man'kɛ̃] m **1.** chir., peint. Gliederpuppe f; **2.** cout. Vorführdame f, Mannequin n; Kleiderpuppe f; **3.** länglicher Marktod. Obstkorb m; **4.** fig. willenloser Mensch m, Waschlappen m; **~** [~ki'ne] (1a) peint. steif darstellen.

mannette [ma'nɛt] f kleiner Korb m.

manœuvr|abilité bsd. ⊕ [manœvrabili'te] f leichte Bedienung f; Auto usw. Wendigkeit f; ⚡ Manövrierfähigkeit f; **~able** [~'vrablə] wenig, leicht zu bedienen; **~e** [ma'nœːvrə] **1.** f Handhabung f; ⚙ Rangieren n; ⚔, ⚓, fig. Manöver n; **2.** m Hilfsarbeiter m; Handlanger m; Rangierer m; **~er** [~nœ'vre] (1a) ein Schiff od. Flugzeug in Bewegung setzen; s-e Maßnahmen treffen; fig. geschickt zu Werke gehen; ⚙, ⚓, fig. manövrieren; facile à **~** wendig; **~ier** [~vri'e] geschickt(er Manövrierer m od. a. Politiker m journ.).

manoir [ma'nwaːr] m Landsitz m.

manomètre ⊕ [manɔ'mɛtrə] m Manometer n.

manque [mɑ̃:k] m Fehlen n; Mangel m; Manko n, Fehlbetrag m; ⊕ Defekt m, Fehler m; **~ d'animation** Lustlosigkeit f (an der Börse); **~ de bras** Mangel m an Arbeitskräften; **~ de compréhension** Verständnislosigkeit f; **~ de foi** Treubruch; **~ aus Mangel an** (dat.); **~ment** [mɑ̃k'mɑ̃] m Fehlenlassen n (de an); Verstoß m (à gegen).

manquer [mɑ̃'ke] v/t. (1m) verfehlen, nicht treffen; versagen; acte m manqué psych. Fehlleistung f; v/i. fehlen; (er)mangeln; zs.-brechen; j'ai manqué de tomber beinahe wäre ich gefallen. [Dachfenster n.]

mansarde [mɑ̃'sard] f Mansarde f;)

mansuétude [mɑ̃sɥe'tyd] f Sanftmut, Milde.

mante [mã:t] *f* **1.** (Damen-)Mantel *m ohne Ärmel;* **2.** *ent.* Fangheuschrecke *f;* ~ *religieuse* Gottesanbeterin *f.*

mant|eau [mã'to] *m* Mantel *m; fig.* Deckmantel; **~elet** [mãt'lɛ] *m* Mäntelchen *n;* Umhang *m;* ⚔ *hist.* Sturmdach *n;* **~ille** [~'tij] *f* Schleiertuch *n der Spanierinnen.*

manu|cure [many'ky:r] **1.** *f* Maniküre *f;* Handpflege; **2.** *su.* Handpfleger(in *f*) *m;* Maniküre *f;* **~el** [ma'nɥɛl] **1.** *adj.* Hand...; **2.** *m* Lehrbuch *n,* Handbuch *n.*

manufactur|e [manyfak'ty:r] *f* Fabrik; Herstellung *f;* **~er** [~ty're] (1a) anfertigen; **~ier** [~'rje] **1.** *adj.* gewerbetreibend; Fabrik...; **2.** *su.* Fabrikbesitzer *m;* Hersteller *m.*

manuscrit [manys'kri] **1.** *adj.* handschriftlich; **2.** *m* Manuskript *n.*

manutention [manytã'sjɔ̃] *f* Handhabung; Geschäftsführung *f,* Verwaltung *f;* ⚔ Militärbrotbäckerei *f;* Proviantamt *n;* Warenmagazin *n;* Förderung *f* (*v. Waren*); **~ner** [~sjɔ'ne] (1a) Brot *usw.* für die Soldaten besorgen; verwalten; befördern. [Erdkugel.\]

mappemonde [map'mɔ̃:d] *f* Welt-,

maquereau [ma'kro] *m icht.* Makrele *f; fig.* V Kuppler, Zuhälter.

maquette [ma'kɛt] *f peint. usw.* grobe Skizze; Modell *n.*

maquignon [maki'ɲɔ̃] *m* Pferdehändler; *mst. péj.* Roßtäuscher *m;* ⚓ geschickter Vermittler *m;* **~nage** [~ɲɔ'na:ʒ] *m* Pferdehandel; *fig.* Kuhhandel; Schwindel; Betrug; **~ner** [~ɲɔ'ne] (1a) (*a. Pferde*) verschachern.

maquill|er [maki'je] (1a) schminken; *fig.* verfälschen, überstreichen, auf neu zurechtmachen F; im Spiel betrügen; *fig.* bemänteln, verschleiern, vertuschen; tarnen; **~eur** *cin.* [~'jœ:r] *su.* Maskenbildner *m.*

maquis [ma'ki] *m* Dickicht *n,* Buschwald *m; pol.* Widerstandsgruppe *f,* -bewegung *f;* **~ard** *pol.* [~'za:r] *m* Widerstandskämpfer *m.*

marabout [mara'bu] *m* **1.** mohammedanischer Priester *m;* **2.** dickbäuchige, kupferne Kaffeekanne *f;* **3.** *orn.* Marabu *m.*

maraîcher [marɛ'ʃe] **1.** *adj.* Gemüse...; **2.** *su.* Gemüsegärtner *m.*

marais [ma'rɛ] *m* Sumpf *m,* Morast *m,* Moor *n;* ✿ Gemüseland *n.*

marasme [ma'rasm] *m* ⚕ Auszehrung *f; fig.* Niedergang *m,* Ohnmacht *f.*

marâtre *pej.* [ma'rɑ:trə] *f* Stief-, Rabenmutter *f.*

maraud|age [maro'da:ʒ] *m* Forst- u. Felddiebstahl *m;* Plünderung *f;* **~e** [ma'ro:d] *f bsd.* Felddiebstahl *m;* **~er** [~ro'de] (1a) plündernd nachziehen; **~eur** [~ro'dœ:r] *m* (plündernder) Nachzügler *m;* Felddieb *m.*

marbr|e ['marbrə] *m* Marmor *m;* Marmorarbeit *f,* -bild *n,* -statue *f,* -tafel *f;* **~er** [~'bre] (1a) marmorieren; **~erie** [~brə'ri] *f* Marmorschleiferei *f,* -arbeit *f;* **~ier** [~bri'e] **1.** *adj.* Marmor...; **2.** *su.* Marmorarbeiter *m;* Marmorwarenhändler *m;* **~ière** [~bri'ɛ:r] *f* Marmorbruch *m;* **~ure** [~'bry:r] *f* Marmorierung *f.*

marc [ma:r] *m* Treber *pl.;* ~ *de café* Kaffeesatz *m,* -grund *m.*

marcai(re)rie [markɛ(r)'ri] *f* Sennerei *f in den Vogesen.*

marcassin ch. [marka'sɛ̃] *m* Frischling *m* (*junges Wildschwein*).

marchand, ~e [mar'ʃɑ̃, ~'ʃɑ̃:d] **1.** *adj.* handeltreibend; gangbar; *marine f* **~e** Handelsmarine *f; prix m* **~** Fabrikpreis *m;* **2.** *su.* Kaufmann *m;* Handelsfrau *f;* Händler(in *f*) *m;* Abnehmer *m;* ~ *d'antiquités* Antiquitätenhändler *m;* ~ *des quatre saisons* O.- u. Gemüsehändler *m;* **~age** [~ʃɑ̃'da:ʒ] *n* Feilschen *n,* Kuhhandel *m fig.;* Weitervergebung *f* von Akkordarbeit (*durch Zwischenunternehmer*); **~er** [~'de] (1a) *v/t.* im Akkord übernehmen *od.* geben; ~ *qch.* um etw. feilschen; *ne pas* ~ nicht schonen (*Leben*); *fig.* mit etw. nicht zurückhalten (*Lob*); **~eur** [~'dœ:r] *m* Feilscher *m;* Zwischenunternehmer *m;* **~ise** [~'di:z] *f* Ware; *train m de* ~ Güterzug *m;* à vil prix Schleuderware; ~ *de marque* Markenware *f;* ~ *de premier choix* erstklassige Ware.

marche[1] [marʃ] *f* Gang *m* (*a.* ⊕); Gehen *n;* Wanderung *f;* ⚔ *u.* ♪ Marsch *m; ast.* Lauf *m;* Betrieb *m; fig.* Verlauf *m;* Stufe; Staffel; ⊕ = à *vide* Leerlauf *m; en* ~ 🚂 in voller Fahrt; *Auto,* ⊕ in Gang befindlich; *en ordre de* ~ fahrbereit; ⚔ ~ *forcée*

marche — 298 — **marionnette**

Eilmarsch *m*; ~ *arrière (avant) Auto:* Rückwärts- (Vorwärts-)gang *m*; *faire* ~ *arrière a. fig.* e-n Rückzieher machen.

marche² *hist.* [marʃ] *f* Mark (Grenze).

marché [mar'ʃe] *m* Markt(platz), Wochenmarkt; Einkäufe *pl.*; Geschäft *n*; Marktpreis; *(à) bon* ~ billig, wohlfeil; *fig. faire bon* ~ *de qch.* etw. auf die leichte Schulter nehmen; *(à) meilleur* ~ billiger; *par--dessus le* ~ obendrein, noch dazu; ✝ ~ *à terme* Termingeschäft *n*; ✝ ~ *en date du...* Kaufvertrag vom...; ~ *au comptant* Bargeschäft *n*; ~ *intérieur (étranger)* Inlands-(Auslands-) markt *m*; ~ *noir* Schwarz(er)-Markt.

marchepied [marʃə'pje] *m* Fußschemel; Tritt-(Steh- *od.* Stufen-)leiter; Trittbrett *n am Wagen.*

march|er [mar'ʃe] (1a) gehen, schreiten, marschieren, treten; fahren; laufen; fortschreiten; P drauf reinfallen; F *faire* ~ *q.* j-n hochnehmen *fig.* F; F *ne pas se laisser* ~ *sur les pieds* sich nichts gefallen lassen; *se donner à la marche-ou-crève auf* Tod u. Verderben drauflosgehen; *marchons!* vorwärts!; ~**eur** *m*, ~**euse** *f* [~'ʃœːr, ~'ʃøːz] Fußgänger (-in *f*) *m*; *bon* ~ ⚓ guter Segler.

marcott|e ✔ [mar'kɔt] *f* Ableger *m*, Pfropfreis *n*; ~**er** [~'te] (1a) *ein Reis* absenken, einlegen.

mardi [mar'di] *m* Dienstag; ~ *gras* Fastnacht *f*.

mare [maːr] *f* Lache, Pfuhl *m*.

marécag|e [mare'kaːʒ] *m* Moor *n*, Sumpf; ~**eux** [~ka'ʒø] morastig, sumpfig.

maréchal [mare'ʃal] *m* Marschall; ~ *ferrant* Hufschmied; ✕ ~ *de France* Generalfeldmarschall *m* Frankreichs; ~ *des logis (chef)* Kavallerieunteroffizier (Feldwebel *m*); ~**at** [~'la] *m* Marschallswürde *f*; ~**erie** [~l'ri] *f* Hufschmiede.

marée [ma're] *f* Ebbe und Flut; ✝ frische Seefische *m/pl.*; ~ *basse* Ebbe; ~ *haute* Flut; *grande* ~ Springflut. [messer *m.*\]

marégraphe [mare'graf] *m* Flut-\

marelle [ma'rɛl] *f* Mühle (Brettspiel); *à cloche-pied* Hopsespiel *n*.

marémoteur [maremɔ'tœːr] **1.** *adj.* die Flutkraft ausnutzend; **2.** *m* Flutmotor *m*.

mareyeur [marɛ'jœːr] *m* Seefischhändler *m*.

margarine [marga'rin] *f* Margarine *f*.

marg|e [marʒ] *f* Rand *m*; *fig.* Spielraum *m*; ~ *bénéficiaire of.* ~ *de profit* Gewinnspanne *f*; ~ *commerciale* Handelsspanne *f*; *à la* ~ am Rande; ~**elle** [~'ʒɛl] *f* Brunnenrand *m*; ~**inal** [~ʒi'nal] (5c) am Rande befindlich, Rand...; *fig.* sekundär; ~**iner** [~ʒi'ne] (1a) mit Randbemerkungen versehen.

margot [mar'go] *f* F *orn.* Elster *f*; *fig.* Schwätzerin *f*, Klatschweib *n*; ~**er** [~gɔ'te] (1a) *ch.* rufen *(von der Wachtel)*; ~**in** [~'tɛ̃] *m* Bündel *n Kleinholz.*

margouillis F [margu'ji] *m* Matsch *m*, Dreck *m*; *fig.* Patsche *f*.

margoulin *péj.* [margu'lɛ̃] *m* armer Schlucker *m*; Kleinkrämer *m*.

marguerite [margə'rit] *f* Gänseblümchen *n*; *grande* ~ Tausendschönchen *n*.

marguillier *rl.* [margi'je] *m cath.* Kirchenvorsteher *m*; *prot.* Küster *m*.

mari [ma'ri] *m* (Ehe-)Mann *m*; ~**able** [ma'rjablə] heiratsfähig; ~**age** [~'rjaːʒ] *m* Heirat *f*; Ehe *f*; Ehestand *m*; Trauung *f*, Hochzeit *f*; *zo.* Paarung *f*; ♣ Befruchtung *f*; ~**é** *m*, ~**ée** *f am* rje] Bräutigam *m*, Braut *f am Hochzeitstag*; ~**er** [~] (1a): ~ *q. avec od. à q.* j-n mit j-m verheiraten; trauen; *se* ~ *avec q.* sich mit j-m verheiraten; *fig. se* ~ zu-ea.-passen, in-ea.-übergehen, sich vermengen.

marin [ma'rɛ̃] **1.** *adj.* (7) See...; **2.** *m* Seemann *m*; ~**ade** [~ri'nad] *f* Salzlake *f*, Marinade *f*, mariniertes Gericht *n*, Eingepökeltes *n*; ~**e** [~ 'rin] **1.** *f* Marine *f*; *peint.* Seegemälde *n*; *infanterie f de* ~ Marineinfanterie *f*; ~ *marchande* Handelsmarine *f*; **2.** *m néol.* Marinesoldat *m*; ~**er** [~ri'ne] (1a) einpökeln; in Essig legen; marinieren; *a.* durch Seewasser verderben; ~**ier** [~'nje] **1.** *adj.* See...; **2.** *m* Seemann *m*, Flußschiffer *m*; **3.** *adv. nager à la marinière* auf der Seite schwimmen.

mariole P [ma'rjɔl] *f: faire le* ~ *avec q.* sich vor j-m dicke tun P.

marionnette [marjɔ'nɛt] *f* Marionette *f*, (Glieder-, Draht-)Puppe *f*;

marital — 299 — **marsupiaux**

Spule *f*; *fig.* Marionettenfigur *f*, Spielball *m*.

marital [mari'tal] (5c) dem Ehemann zustehend; ehelich; **~ement** [~tal'mã] als Ehemann; wie in der Ehe.

maritime [mari'tim] zur See gehörig; See...; Seefahrt treibend; am Meere wohnend; Küsten...

maritorne F [mari'tɔrn] *f* Dreckweib *n*, Schlampe *f*.

marivaudage [marivo'da:ʒ] *m* gezierter Stil. [ran *m*.]

marjolaine ♣ [marʒɔ'lɛn] *f* Majo-)

mark [mark] *m deutsche* Mark *f*.

marlou * [mar'lu] *m* Zuhälter.

marmaille F [mar'ma:j] *f* Kinderschwarm *m*, Gören *pl.*

marmelade [marmə'lad] *f* Marmelade *f*, Mus *n*.

marmit|e [mar'mit] *f* Kochtopf *m*; * (Straßen-)Mädchen *n*; Frau; ~ électrique elektrischer Kocher *m* (*Kochtopf*); ~ de Papin Papinscher Topf *m*; ~ norvégienne Kochkiste; F faire *m*; ~ bouillir sa ~ s-n Teil zu den Haushaltskosten beitragen; **~on** F [~'tɔ̃] *m* Küchenjunge.

marmonner [marmɔ'ne] (1a) *v/t.* *u.* *v/i.* (in den Bart) brummen, murmeln.

marmor|éen [marmɔre'ɛ̃] marmorartig; *fig.* kalt, eisig; **~iser** [~ri'ze] (1a) in Marmor verwandeln.

marmot * [~'mo] *m* kleiner Junge.

marmott|e [mar'mɔt] *f* **1.** *zo.* Murmeltier *n*; **2.** Musterkoffer *m*; **3.** Kopftuch *m*; **~er** [~'te] (1a) undeutlich sprechen, (her)murmeln.

marmouset [marmu'zɛ] *m* Fratze *f*; ♣ F Knirps; ⊕ Feuerbock.

marn|e [marn] *f* Mergel *m*; **~er** [~'ne] (1a) mergeln; F schuften.

Maroc [ma'rɔk] *m*: **le ~** Marokko *n*; *au ~* in (nach) Marokko; **~ain** [~'kɛ̃] **1.** *su.* Marokkaner *m*; **2.** *adj.* ♀ marokkanisch.

maronner F [marɔ'ne] *v/t.* *u.* *v/i.* (1a) brummen; knurren; murmeln; faire ~ q. j-n ärgern.

maroquin [marɔ'kɛ̃] *m* Saffian; F *pol.* Ministerposten *m*; **~er** [~ki'ne] (1a) zu Saffian verarbeiten.

marotte [ma'rɔt] *f* Narrenstab *m*; Modeputz~, Friseurkopf *m* (*aus Pappe, Wachs usw.*); *fig.* fixe Idee *f*, Marotte *f*; *fig.* Hobby *n*, Tick *m*, Steckenpferd *n*.

maroufl|e [ma'ruflə] **1.** † *m* Lümmel; **2.** *f* Malerleim *m*; **~er** [~'fle] (1a) *Gemälde* aufleimen.

marqu|age [mar'ka:ʒ] *m* Kennzeichnung *f*; **~ant** [~'kã] hervorragend; **~e** [mark] *f* (Ab-)Zeichen *n*, Merkmal *n*; (Auto-)Marke *f*; Warenzeichen *n*; Brandmal *n*; Spur; Narbe; Muttermal *n*; Auszeichnung; Anzeichen *n*; ~ déposée eingetragene Schutzmarke; ~ de qualité Gütezeichen *n*; ~ d'origine Ursprungszeichen *n*; **~er** [~'ke] *v/t.* (1m) bezeichnen; stempeln; brandmarken; aufzeichnen, -schreiben; *Waren usw.* auszeichnen; markieren; festsetzen; hindeuten auf; ~ d'une croix ankreuzen; *v/i.* sich auszeichnen; sich bemerkbar machen; *Pferd:* die Kennung haben.

marquet|er [markə'te] (1c) sprenkeln, tigern; *mit buntem Holze* auslegen; **~erie** [markə'tri] *f* eingelegte Arbeit *f*, Intarsia *f*.

marqueur [mar'kœ:r] *m* Stempler; Anschreiber *bei manchen Spielen*.

marquis *m*, **~e** *f* [mar'ki, ~'ki:z] **1.** *su. hist.* Marquis *m*, Marquise *f*; **2.** *f* Markise, Regendach *n*.

marquoir [mar'kwa:r] *m* (Wäsche-) Stempel.

marraine [ma'rɛn] *f* Patin.

marrant P [ma'rã] ulkig, zum Piepen (P).

marre [ma:r] *f* **1.** ⚔ Winzerhacke; **2.** *en avoir ~ davon genug haben.

marri [ma'ri] betrübt.

marron[1] ♣ [ma'rɔ̃] *m* Marone *f*, *eßbare* Kastanie *f*; Kastanienbaum; P Katzenkopf *m*; ~ *d'Inde* Roßkastanie *f*; *tirer les ~s du feu die* Kastanien für j-n aus dem Feuer holen.

marron[2] [~] entlaufen (*Sklave*); *fig.* unbefugt; *avocat m ~* Winkeladvokat; **~ner** [~rɔ'ne] (1a) schwarzarbeiten.

marronnier [marɔ'nje] *m* Kastanienbaum.

mars [mars] *m* März; *pl.* Sommergetreide *n*.

Marseillaise [~sɛ'jɛ:z] *f* Marseillaise *f*.

marsouin [mar'swɛ̃] *m* *zo.* Tümmler, Meerschwein *n*; ⚔, ✠ Kolonialinfanterist *m*.

marsupiaux *zo.* [marsy'pjo] *m/pl.* Beuteltiere *n/pl.*

marte zo. [mart] f Marder m.

marteau [mar'to] m Hammer; (Tür-)Klopfer; **~-pilon** [~pi'lõ] m Rammbär, Dampfhammer; ~ à air comprimé ⊕ Preßluft.

marrer P [ma're] (1a): se ~ sich totlachen.

martel † [mar'tɛl] m Hammer; nur noch in: être entre l'enclume et le ~ zwischen zwei Mühlsteinen sitzen; avoir ~ en tête Sorgen haben, sich Gedanken machen.

martèlement ⚔ [martɛl'mã] m: le ~ d'une ville das Einhämmern auf e-e Stadt.

martel|er [martə'le] (1d) hämmern; Bäume anlaschen; fig. festtrampeln; **~et** [~tə'lɛ] m Hämmerchen n.

marti|al [mar'sjal] (5c) kriegerisch; soldatisch; Kriegs...; **~en** [~'sjɛ̃] m Marsbewohner; paysage m ~ Marslandschaft f.

martin|er ⊕ [marti'ne] (1a) hämmern; **~et** [~'nɛ] m Hüttenhammer; Klopfpeitsche f.

martin-pêcheur orn. [martɛ̃pɛ-'ʃœ:r] m Eisvogel.

martre ['martrə] f Marder(fell n) m.

martyr m, **~e**[1] f [mar'ti:r] Märtyrer(-in f) m; **~e**[2] [~] m Märtyrer-tod, -tum m; fig. Martyrium n, Folter f; **~iser** [~tiri'ze] (1a) martern.

marxiste pol. [mar'ksist] marxistisch; su. Marxist m.

mas [mɑ:(s)] m südfranzösisches Bauernhaus n.

mascarade [maska'rad] f Maskerade; Vermummung; Maskenzug m, -tanz m, -spiel n.

mascaret [maska'rɛ] f Springflut f.

mascotte [mas'kɔt] f Maskottchen n, Talisman m, Glücksbringer m.

masculin [masky'lɛ̃] 1. adj. männlich; Manns...; 2. m gr. Maskulinum n; **~iser** [~lini'ze] (1a) ein Wort als männlich gebrauchen; vermännlichen.

masochiste [mazɔ'ʃist] su. u. adj. Masochist; masochistisch; fig. erniedrigend.

masqu|e [mask] m Maske f; Larve f; fig. Schein, Deckmantel m; ~ à gaz Gasmaske f; **~er** [~'ke] (1m) maskieren; fig. bemänteln, verschleiern, tarnen.

massacr|ant [masa'krɑ̃] (7) unausstehlich; **~e** [ma'sakrə] m Blutbad n; fig. Pfuscherei f; **~er** [~'kre] (1a) niedermetzeln; fig. verpfuschen; **~eur** [~'krœ:r] m Menschenschlächter; fig. Pfuscher.

massage ⚔ [ma'sa:ʒ] m Massage f; Massieren m.

masse[1] ⊕ [mas] f Fäustel m (Art Hammer).

masse[2] [~] f Masse (bsd. phys. u. ⚛); Menge (z. B. Menschen).

massé bill. [ma'se] m Kopfstoß.

massepain [mas'pɛ̃] m Marzipan.

masser[1] [ma'se] (1a) massenweise anhäufen; gruppieren; zs.-ballen.

mass|er[2] ⚔ [ma'se] (1a) massieren; **~eur** m, **~euse** f [~'sœ:r, ~'sø:z] su. Masseur m, Masseuse f.

massicot [masi'ko] m ⚔ Bleigelb n; ⊕ Papierschneidemaschine f.

mass|ier [ma'sje] m Stabträger; **~if** [~'sif] 1. adj. massiv, massig; fig. plump; 2. m △ starke Grundmauer f; géol. Massiv n; **~ue** [~'sy] f Keule für Turner usw.

mastic [mas'tik] m (Fenster-)Kitt; **~age** [~'ka:ʒ] m Verkitten n; **mastica|tion** [mastika'sjɔ̃] f Kauen n; **~teur** [~ka'tœ:r] m Kaumuskel; **~toire** [~'twa:r] m Kaumittel n.

mastiquer [masti'ke] (1m) 1. (ver-) kitten; 2. kauen.

mastoc F péj. [mas'tɔk] 1. m Schrank fig., Bulle, Klotz (Mensch); 2. adj./inv. klobig, schwerfällig, plump.

mastodonte [masto'dɔ̃:nt] m zo. Mastodon n; fig. Gigant m; dicke Person f; △ Mammutbau; Auto: Riesenwagen m; ~ du cinéma Filmmagnat m. [Schenkwirt.)

mastroquet P [mastro'kɛ] m)

masure [ma'zy:r] f baufälliges Haus n.

mat [mat] 1. adj. glanzlos, matt; dumpf; klitschig (Brot); (schach-) matt; 2. m Schachspiel: Matt n.

mât [mɑ] m Mast(baum) m; 🚢 Signalmast; gym. Kletterstange f.

mata|dor [mata'dɔ:r] m Stierkämpfer m; F fig. maßgebende Persönlichkeit f; **~more** [~'mɔ:r] m Renommist m, Angeber m.

match [matʃ] m Wettkampf; de championnat Meisterschaftsspiel n; ~ décisif Entscheidungsspiel n.

matelas [mat'lɑ] m Matratze f; ~ fauteuil Sitzmatratze f (Camping); ~ à ressorts Sprungfedermatratze f; ~ à suspension Federkernmatratze f;

matelasser — 301 — **maux**

~**ser** [~la'se] (1a) auspolstern; ~**sure** [~'sy:r] f Polsterung f, Füllung f.
matelot [mat'lo] m Matrose; ~e [~'lɔt] f ein Fischragout n; Matrosentanz m; à la ~ auf Matrosenart.
mater [ma'te] (1a) matt machen, mattieren; matt setzen (Schach); fig. bändigen; ~ une rébellion e-n Aufstand niederzwingen.
mâter [mɑ'te] (1a) bemasten, Mast setzen.
matéri|alité [materjali'te] f Stofflichkeit f; materielles Wesen n; Tatbestand m; ~**au** ⊕ m/sg., ~**aux** m/pl. [~'rjo] Material(ien pl.) n, △ Baumaterial n; ~**el** [~'rjɛl] 1. adj. materiell, körperlich, sinnlich; 2. m Material n; Gerätschaften pl.; ~ d'enseignement Lehrmittel n/pl.; ~ humain Menschenmaterial n; 🚂 ~ roulant rollendes Material n; ~ technique technischer Bedarf m; ~**elle** F [~] f (Lebens-)Unterhalt m.
matern|el [matɛr'nɛl] mütterlich; école ~le Kindergarten m; ~**ité** [~ni'te] f Mutterschaft f; Kinderklinik f.
math(s)* écol. [mat] f/pl. Mathe F (-matik f) f.
mathémati|cien [matemati'sjɛ̃] m Mathematiker m; ~**que** [~'tik] 1. adj. mathematisch; 2. ~s pl. Mathematik f/sg.
matière [ma'tjɛ:r] f Stoff m, Materie f; Irdisches n; Eiter m; Exkrement m; (Lehr-)Gegenstand m; Thema n; ⚖ Sache f; Anlaß m; ~ brute, ~ première Rohstoff m; ~ de base Grundstoff m; F ~ grise Grips m; ~ plastique Preß-, Kunststoff m; table f des ~s Inhaltsverzeichnis n; entrer en ~ zur Sache kommen.
matin [ma'tɛ̃] m Morgen m, Vormittag m; ce ~ heute morgen; de bon ~, de grand ~, au petit ~ am frühen Morgen.
mâtin [mɑ'tɛ̃] 1. m Hofhund m; 2. su. Flegel m fig., Lümmel, Kerl m; ~e f: Drachen m, Kratzbürste f fig.
matin|al [mati'nal] (5c) morgendlich; früh aufstehend; ~**ée** [~'ne] f Morgen(zeit f) m; Vormittag m; Morgenrock m; thé. Nachmittagsvorstellung f, -konzert n; faire la grasse ~ in den Tag hineinschlafen; ~**es** rl. [~'tin] f/pl. Frühmette f;

~**eux** [~'nø] an frühes Aufstehen gewöhnt; ~**ière** [~'njɛ:r]: a. étoile f ~ Morgenstern m, Venus f.
matir orf. [ma'ti:r] (2a) matt feilen, mattieren.
matois [ma'twa] adj. u. su. listig, durchtrieben; ~**erie** [~twaz'ri] f Durchtriebenheit f.
matou [ma'tu] m Kater m; fig. un vilain ~ ein widerlicher Kerl m.
matraqu|e [~'trak] f Gummiknüppel m; ~**er** [~'ke] niederknüppeln.
matras [ma'trɑ] m 🜨 Glaskolben.
matriarcat [matriar'ka] m Mutterrecht n; fig. abus. Frauenherrschaft f.
matric|e [ma'tris] f ⊕ Schraubenmutter; (Steuer-)Stammrolle; typ. Matrize, Mater; 🜨 Uterus m; ~**er** [~'se] (1k) im Gesenk schmieden; ~**ide** [~'sid] m Muttermord.
matricul|e [matri'kyl] f Matrikel; Stammrolle; Erkennungsnummer f; péj. bloße Nummer f fig.; ~**er** [~'le] (1a) in die Stammrolle eintragen.
matrimonial [matrimɔ'njal] ehelich; Ehe...
matrone F [ma'trɔn] f dicke Frau f.
maturation [matyra'sjɔ̃] f Reifwerden n; (Heran-)Reifen n.
mâture [mɑ'ty:r] f Mastwerk n.
maturité [matyri'te] f Reife (a. fig.); avec ~ mit Überlegung; en ~ reif.
mau|dire [mo'di:r] (4m) (ver)fluchen; verwünschen; ~**dissable** [~di'sabl] fluchwürdig.
maugréer [mogre'e] (1a) fluchen; schimpfen, wettern.
maure [mɔ:r] adj. maurisch.
Mauritanie [mɔrita'ni] f: la ~ Mauritanien n.
mausolée [mozɔ'le] m Mausoleum n; prächtiges Grabmal n.
maussade [mo'sad] verdrießlich, unfreundlich; ~**rie** [~'dri] f Unfreundlichkeit f.
mauvais [mo'vɛ] schlecht; ungesund; übel; schlimm; böse; streitsüchtig; boshaft; ~e foi Untreue; Wortbrüchigkeit; ~e tête f Dickschädel m.
mauve [mo:v] 1. f ♀ Malve; 2. m Malvenfarbe f; 3. adj. inv. malvenfarbig.
mauviette [mo'vjɛt] f orn. fette Lerche; fig. schwächliche Person.
mauvis orn. [mo'vi] m Weindrossel f.
maux [mo] pl. von mal.

maxillaire [maksi'lɛ:r] Kiefer...
maxim|e [mak'sim] *f* Grundsatz *m*; *fig.* Ausspruch *m*; **~um** [~'mɔm] *m* Maximum *n*; Höchstpreis; ~ de rendement ⊕ Höchstleistung *f*.
Mayence [ma'jɑ̃:s] *f* Mainz *n*.
mayonnaise *cuis.* [majɔ'nɛ:z] *f* Mayonnaise.
mazagran [maza'grɑ̃] *m* Glas *n* kalter Kaffee mit Schnaps.
mazette [ma'zɛt] **1.** *f péj.* Schlappschwanz *m*, Stümper *m*; **2.** ~! Donnerwetter! (*staunend*).
mazout ⊕ [ma'zu(t)] *m* Heizöl *n*; chauffage à ~ Ölheizung *f*. [ich!]
me [mə] mir, mich; ~ voici! da bin]
méandre [me'ɑ̃:drə] *f* Krümmung. e-s Baches usw.; *fig.* Winkelzug *m*.
mec *, P [mɛk] *m* **1.** Typ *m*, Kerl *m*; **2.** Zuhälter *m*.
mécani|cien [mekani'sjɛ̃] *m* Mechaniker; Autoschlosser *m*; Lokomotivführer; ~ de précision Feinmechaniker; **~que** [~'nik] **1.** *adj.* me'chanisch; **2.** *f* Mechanik; ~ ondulatoire *phys.* Wellenmechanik; **~ser** [~'ze] (1a) mechanisieren; P ärgern; **~sme** [~'nism] *m* Mecha'nismus *m*; ⊕ Getriebe *n*; *fig.* Aufbau e-r Sprache.
mécano F [~'no] *m* = *mécanicien*.
Mécène [me'sɛn] *m* Mäzen; ♀ *fig.* Kunstförderer; Gönner.
méchan|ceté [meʃɑ̃s'te] *f* Bosheit; boshafte Bemerkung *od.* Handlung; **~t** [~'ʃɑ̃] **1.** *adj.* boshaft, böse; *fig.* bissig; unartig, schlecht, elend; kümmerlich, unbedeutend; **2.** *su.* Bösewicht *m*.
mèche [mɛʃ] *f* Docht *m*; Zunder *m*; Lunte; ⊕ Bohrer *m*; ~ (de cheveux) Haarlocke *f*; éventer la ~ *fig.* den Braten (Lunte) riechen; P vendre la ~ *fig.* die Sache ausplaudern; F être de ~ avec q. mit j-m unter e-r Decke stecken; P il n'y a pas ~ *fig.* da ist nichts zu machen, es ist ganz unmöglich. [schwefeln.]
mécher [me'ʃe] (1f) *Weinfässer*]
méchoui *arab. cuis.* [me'ʃwi] *m* ganzer Hammel *für e-e „diffa"*.
mechta *arab.* [mɛʃ'ta] *f* Nest *m fig.*
mécompte [me'kɔ̃:t] *m* Rechenfehler; *fig* Enttäuschung *f*.
méconnaiss|able [mekɔnɛ'sablə] unkenntlich; **~ance** [~'sɑ̃:s] *f* Verkennung; **~ant** [~'sɑ̃] (7) verkennend.

méconnaître [mekɔ'nɛtrə] (4z) verkennen; unterschätzen; nicht mehr kennen; verleugnen.
mécontent [mekɔ̃'tɑ̃] (7) unzufrieden (*de* mit *dar.*); **~ement** [~tɑ̃t'mɑ̃] *m* Unzufriedenheit *f*; **~er** [~'te] (1a) mißvergnügt machen.
Mecque [mɛk]: **la** ~ Mekka *n*.
mécréan|ce [mekre'ɑ̃:s] *f* Unglaube *m*; **~t** [~'ɑ̃] ungläubig.
mecton * [mɛk'tɔ̃] *m* Junge *m*, Bengel *m (12—16 Jahre)*.
médaill|e [me'dɑ:j] *f* Medaille *f*; Erkennungsmarke; *rl.* Ablaßpfennig *m*; **~ier** [~dɑ'je] *m* Medaillen-, Münzschrank; Münzsammlung *f*; **~iste** [~'jist] **1.** *m* Münzkenner, -liebhaber, -sammler; **2.** *adj.*: graveur *m* ~ Münzenstecher.
médecin [med'sɛ̃] *m* Arzt; ~ de caisse Kassenarzt; ~ directeur leitender Arzt; ~ d'enfants Kinderarzt; ~ légiste Gerichtsarzt; ~ de la famille Hausarzt; **~e** [~'sin] *f* Heilkunde; Arznei; ~ aéronautique Luftfahrtmedizin; ~ légale Gerichtsmedizin, ~ spatiale Raumfahrtmedizin **~er** F [~'sine] (1a): ~ q. an j-m herumdoktern.
médi|al [me'djal], *an* [~'djɑ̃] Mittel...; **~at** [~'dja] mittelbar; **~ateur** *m*, **~atrice** *f* [~dja'tœ:r, ~'tris] Vermittler(in *f*) *m*; **~ation** [~dja'sjɔ̃] *f* Vermittlung.
médical [medi'kal] (5c) ärztlich.
médicament [medika'mɑ̃] *m* Arznei *f*, Heilmittel *n*; **~er** *péj.* [~'te] (1a): ~ q. an j-m herumdoktern; **~eux** [~'tø] heilsam, heilkräftig.
médic|astre [medi'kastrə] *m* Quacksalber; Kurpfuscher; **~ateur** [~ka'tœ:r] (7f) heilkräftig; **~ation** [~ka'sjɔ̃] *f* Verabreichung von Arzneien; Heilverfahren *n*. [Arznei...]
médicinal [medisi'nal] (5c) Heil...]
médico|-légal [medikəle'gal] gerichtsmedizinisch; **~-sportif** [~spɔr'tif] (7e) sportärztlich.
médiéval [medje'val] (5c) mittelalterlich.
médiocr|e [me'djɔkrə] mittelmäßig; **~ité** [~kri'te] *f* Mittelmäßigkeit.
médi|re [me'di:r] (4m); ~ de q. j-m Übles nachreden, von j-m übelreden; **~sance** [~'zɑ̃:s] *f* üble Nachrede; **~sant** [~'zɑ̃] (7) **1.** *adj.* schmähsüchtig; **2.** *su.* Lästerzunge *f*, -maul *n*.

méditatif — 303 — **même**

médit|atif [medita'tif] nachdenklich; sinnend; **~ation** [~ta'sjɔ̃] f Nachdenken n; rl. stille Andacht; **~s** pl. Betrachtungen; **~er** [~'te] (1a) nachdenken; etw. im Schilde führen.

méditerranée [meditera'ne] 1. adj.f: une mer ~ ein Binnenmeer n; 2. f: la (mer) ♀ das Mittelländische Meer.

médium [me'djɔm] m Medium n (Spiritisten); fig. Mittelweg; ♪ Mittelstimme f.

médius [me'djys] m Mittelfinger.

médull|aire [medyl'lɛːr] Mark enthaltend; Mark...; **~e** [me'dyl] f Mark n.

médusé [medy'ze] sprachlos, ganz verblüfft.

meeting [mi'tiŋ] m pol. Versammlung f; ⚔ Wettflug m.

méfai|re [me'fɛːr] (4n) Böses tun; **~t** [~'fɛ] m Freveltat f.

méfian|ce [me'fjɑ̃ːs] f Mißtrauen n; **~t** [~'fjɑ̃] (7) mißtrauisch.

méfier [me'fje] (1a): se ~ de q. j-m mißtrauen.

méga|lomanie [megalɔma'ni] f Größenwahn m; **~phone** [~'fɔn] m Lautsprecher m, Megaphon n; Schalltrichter m.

mégarde [me'gard]: par ~ aus Versehen.

mégatonne at. [mega'tɔn] f Megatonne f.

mégère [me'ʒɛːr] f Megäre, Furie, böses Weib m; Xanthippe f.

még|ie [me'ʒi] f Weißgerberei; **~ir** [~'ʒiːr] (4a) u. **~isser** [~ʒi'se] (1a) weiß gerben; **~isserie** [~ʒis'ri] f Weißgerberei.

mégot P [me'go] m Zigaretten-, Zigarrenstummel, Kippe f.

méhari [mea'ri] m Renndromedar n (pl. mehara); **~ste** [~'rist] m Dromedarreiter.

meilleur [mɛ'jœːr] besser; le ~ der Beste.

méjanage text. [meʒa'naːʒ] m Einteilung f der Wollgüten.

méjuger [meʒy'ʒe] v/t. (11) falsch beurteilen.

mélancoli|e [melɑ̃kɔ'li] f Melancholie f, Schwermut f; **~que** [~'lik] melancholisch.

mélang|e [me'lɑ̃ːʒ] m Mischung f; Mischen n; (Rassen-)Kreuzung f; ~ combustible Explosionsgemisch n; ~ réfrigérant Kältemischung f; **~s** pl. Vermischtes n; vermischte Schriften f/pl.; **~er** [~lɑ̃'ʒe] (11) (u. se ~ sich) (ver)mischen, (ver)mengen; **~eur** ⊕ [~'ʒœːr] m Mischer, Mischapparat m; bét. Mischmaschine f.

mélasse [me'las] f ♣ (Zucker-) Sirup m; P fig. Patsche f, Klemme f.

mêl|ée ⚔ [mɛ'le] f Handgemenge n; Sport: Gedränge n; fig. Streit m; **~er** [~] (1a) (ver)mischen; verbinden; unter-ea.-mengen; fig. verwirren; fig. ~ q. dans qch. j-n in etw. (acc.) verwickeln; se ~ de qch. a. fig. sich um etw. kümmern; se ~ à la foule sich unter die Menge mischen.

mélèze ♀ [me'lɛːz] m Lärche f.

mélilot ♀ [meli'lo] m Honigklee.

méli-mélo F [melime'lo] m Sammelsurium n; Mischmasch.

melli|fère [mɛli'fɛːr] honigtragend; **~fique** [~'fik] honigerzeugend; **~flue** [~'fly] süßlich, aalglatt.

mélo|die ♪ [melɔ'di] f Melodie f; **~dieux** [~'djø] (7d) melodisch; wohlklingend; **~dique** [~'dik] melodisch; **~drame** [~'dram] m Melodrama n, Musikschauspiel n; **~mane** [~'man] su. großer Musikfreund m.

melon [mǝ'lɔ̃] m ♀ Melone f; (chapeau m) ~ Melone f, steifer Hut.

membran|e anat. [mɑ̃'bran] f Häutchen n; Membran f; **~eux** [~'nø] anat. häutig; ♀ pergamentartig.

membr|e ['mɑ̃ːbrǝ] m Glied n; fig. Mitglied n; Schiffsrippe f; **~é** [mɑ̃'bre]: bien ~ von schönem Gliederbau; **~u** [~'bry] von starkem Gliederbau; **~ure** [~'bryːr] f Gliederbau m; ⚓ Rippenwerk n.

même [mɛm] 1. adj. le (f la) ~ der- od. das- (f die-)selbe; pl. les ~s dieselben; z. B. ce ~ fait a. ebendieselbe Tatsache; nous-~s wir selbst; de moi-~ von mir aus, von selbst, freiwillig; 2. selbst, selber, z. B. la bonté ~ die Güte selbst; ce jour ~ heute noch; 3. adv. selbst, sogar; voire ~ ja sogar; 4. advt. de ~ ebenso; pas ~ nicht einmal (ohne Verb); ne... ~ pas nicht einmal (mit e-m Verb); boire à ~ la bouteille (od. à même le goulot) gleich aus der

mémère — 304 — **mentonnière**

Flasche trinken; *peint à ~ la peau* direkt auf die Haut gemalt; *être (mettre) à ~ de (mit inf.)* imstande sein (in den Stand setzen) zu; *tout de ~, quand ~* trotzdem *adv.*; *de ~ que* ebenso wie.

mémère F [me'mɛ:r] *f* Muttchen *n*, Großmütterchen *n*.

mémoire [me'mwa:r] **1.** *f* Gedächtnis *n*; Gedenken *n*; *de ~ = par cœur* aus dem Gedächtnis; *citer de ~* aus dem Kopf zitieren; *de ~ d'homme* seit Menschengedenken; **2.** *m* Denkschrift *f*; wissenschaftliche Abhandlung *f*; Gutachten *n*; Verzeichnis *n*; *~s pl.* Denkwürdigkeiten *f/pl.*

mémor|able [memɔ'rablə] denkwürdig; **~ial** [~'rjal] *m* diplomatische Denkschrift *f*; Eingabe *f*; ✝ Kladde *f*, Tagebuch *n*; **~ialiste** [~rja'list] *m* Memoirenschreiber.

menac|e [mə'nas] *f* Drohung; **~er** [~'se] (1k) (be)drohen (de mit).

ménag|e [me'na:ʒ] *m* Haushalt *m*, -arbeit *f*, -gerät *n*; *fig.* Familie *f*; *faux ~* wilde, freie Ehe; *faire le ~* den Haushalt führen, besorgen; *faire des ~s als Aufwartung tätig sein;* P *écol. faire travailler ses ~s* s-n Grips anstrengen; *faire bon ~* sich miteinander vertragen; *femme f de ~* Haushälterin *f (dafür jetzt häufiger: employée de maison* Hausangestellte); *monter son ~* sich einrichten; *tenir ~* haushalten; *vivre de ~* haushälterisch, sparsam leben; **~ement** [menaʒ'mã] *m* Behutsamkeit *f*; Schonung *f*; Vorsicht *f*; **~er¹** [~'ʒe] (1l) schonen; sparen; verschaffen; vermitteln; gut benutzen; richtig verwerten; ⊕ anbringen; **~er²**, **~ère** [~'ʒe, ~'ʒɛ:r] **1.** *adj.* haushälterisch; *école f ~* Haushaltungsschule; **2.** *su.* Haushälter(in *f*) *m*; *f* Hausfrau *f*; *f* Besteckkasten *m*; **~erie** [~ʒ'ri] *f* Tierschau *f*.

mendi|ant [mã'djã] (7) **1.** *adj.* bettelnd; Bettel...; **2.** *su.* Bettler(in *f*) *m*; *les quatre ~s m/pl.* Studentenfutter *n*; **~cité** [~disi'te] *f* Bettelei; **~er** [~'dje] (1a) (er)betteln; **~got** F [~'go] *m* Berufsbettler.

men|ée [mə'ne] *f* Fährte *des flüchtigen Hirsches; fig.* Dreh *m*, Kniff *m*, *~s pl.* Schliche *m/pl.*, Umtriebe *m/pl.*; **~er** [~] (1d) führen, leiten, lenken; *Auto* steuern, fahren; *etw.*

transportieren; *Vieh:* treiben; *fig.* führen, betreiben (*Prozeß, Verhandlungen*); *ne pas en ~ large* kleinlaut werden; *~ une vie de patachon (od. une vie de bâton[s] de chaise)* herumsumpfen, ein liederliches Leben führen; *dem Augenblicke leben, völlig ziel- u. planlos leben.*

ménestrel *hist.* [menɛs'trɛl] *m* Minnesänger; Spielmann, fahrender Sänger.

ménétrier [menetri'e] *m* Dorfmusikant.

meneur [mə'nœ:r] *m* Führer *m*; *fig. péj.* Anstifter *m*, Drahtzieher *m*.

méningite ✱ [menɛ̃'ʒit] *f* Hirnhautentzündung; *~ cérébro-spinale* Genickstarre. [(augen)glas *n*.\]

ménisque [me'nisk] *m* Punktal-|

ménopause ✱ [menɔ'po:z] *f* Wechseljahre *n/pl.*

menotte [mə'nɔt] *f* Händchen *n*; *~s pl.* Handschellen, -fesseln (*a. fig.*).

mensong|e [mã'sɔ̃:ʒ] *m* Lüge *f*; *fig.* Trug; *pieux ~* Notlüge; **~er** [~sɔ̃-'ʒe] lügenhaft; *fig.* trügerisch.

mensu|alité [mãsɥali'te] *f* monatliche Zahlung; Monatsrate *f*; **~el** [~'sɥɛl] monatlich.

mensur|able [mãsy'rablə] meßbar; **~ateur**, [~ra'tœr] *adj. u. m: (appareil m ~)* Meßapparat; **~ation** ✱ [~ra'sjɔ̃] *f* Körpermessung.

mental [mã'tal] innerlich, in Gedanken; Geistes...; *still im Gebet; calcul m ~* Kopfrechnen *n*; *état m ~* Geisteszustand *m*; *restriction f ~e* geheimer Vorbehalt *m*; **~ité** [~li'te] *f* Mentalität *f*, Sinnesart.

ment|erie F ⚐ [mã'tri] *f* (kleine) Lüge; **~eur** [~'tœ:r] **1.** *adj.* lügenhaft; *fig.* trügerisch; **2.** *su.* Lügner *m*.

menthe ⚘ [mã:t] *f* Minze; *~ poivrée* Pfefferminze.

mention [mã'sjɔ̃] *f* Erwähnung *f*; *écol.* Beurteilung *f (bei e-r Prüfung); faire ~ (de) = ~ner* [~sjɔ'ne] (1a) erwähnen.

mentir [mã'ti:r] *v/i.* (2b) (be)lügen; *~ aux enfants* zu Kindern lügen, Kinder belügen.

menton [mã'tɔ̃] *m* *anat.* Kinn *n*; *zo.* Unterkiefer *m*; **~net** [~tɔ'nɛ] *m* Schließhaken; ⊕ Nase *f*; Spurkranz *m*; **~nière** [~tɔ'njɛ:r] *f* Kinnband *n*; ⚔ Sturmriemen *m*.

mentor [mã'tɔːr] *m fig.* Führer; Ratgeber.

menu [məˈny] **1.** *adj.* (7) dünn; fein, klein; *fig.* gering; ~e *monnaie f* Kleingeld *n*; Scheidemünze; *le* ~ *peuple* die kleinen Leute; *hacher* ~ klein hacken (*Holz*); *trotter* ~ trippeln; **2.** *m* Speisekarte *f*; *par le* ~ haarklein; Stück für Stück.

menuis|er [mənɥi'ze] (1a) *Holz* kleinschneiden; tischlern, schreinern; **~erie** [~z'ri] *f* (kleine) Tischlerarbeit; Tischlerei *f*; **~ier** [mənɥi'zje] *m* Tischler *m*.

menzel *arab.* [mã'zɛl] *m* Wohnung *f*, Behausung *f*.

méphitique [mefi'tik] verpestet; ⚒ *gaz m/pl.* ~s böse Wetter *n/pl.*, Schlagwetter *n/pl.*

méplat [me'pla] halbflach; ungleich stark (*Bretter*).

méprendre [meˈprɑ̃ːdr] (4q): *se* ~ sich irren; *à s'y* ~ zum Verwechseln.

mépris [me'pri] *m* Verachtung *f*; *au* ~ *de* ohne Rücksicht auf; **~able** [~'zabl] verächtlich; **~e** [~'priːz] *f* Fehlgriff *m*; Versehen *n*; **~er** [meˈpriːze] (1a) ver-, mißachten; *se* ~ sich selbst schämen.

mer [mɛːr] *f* Meer *n*, See; *haute* ~ offene See; *voyage m par* ~ Seereise *f*.

mercanti [mɛrkɑ̃'ti] *m* Schieber; (gewinnsüchtiger) Handelsmann; Marketender *m*; **~le** [~'til] *esprit m* ~ Krämergeist.

mercenaire [mɛrsəˈnɛːr] **1.** *adj.* gedungen, erkauft; käuflich; gewinnsüchtig; **2.** *m* Söldner; *fig. péj.* käuflicher Mensch *m*.

mercerie [mɛrsəˈri] *f* Kurzwaren *f/pl.*, Posamentierwaren *f/pl.*

merci [mɛr'si] **1.** *m* ~! danke!; *grand* ~! vielen Dank!; **2.** *f* Barmherzigkeit; *crier* ~ um Gnade flehen; *être à la* ~ *des vents* den Winden preisgegeben sein; *sans* ~ erbarmungslos, ohne Gnade.

merci|er *m*, **~ère** *f* [mɛr'sje, ~'sjɛːr] Kurzwarenhändler(in) *f*) *m*.

mercredi [mɛrkrəˈdi] *m* Mittwoch; ~ *des cendres* Aschermittwoch.

mercure ☿ [mɛr'kyːr] *m* Quecksilber *n*.

mercuriale [mɛrkyˈrjal] *f* ✝ Marktbericht *m*; F *fig.* Standpauke *f*.

mercuriel ☿ [mɛrkyˈrjɛl] quecksilberhaltig; Quecksilber...

merde V [mɛrd] *f* Scheiße *f* V; *péj.* Scheißdreck *m* V.

mère [mɛːr] *f* Mutter; *fig. idée f* ~ Grundidee; ~ *patrie* Mutterland *n*.

méridi|en, ~enne [meri'djɛ̃, ~'djɛn] **1.** *adj.* den Meridian betreffend; **2.** *m* Mittagskreis; **3.** *f* Mittagslinie; F Mittagsschläfchen *n*; **~onal** [~djɔˈnal] (5c) **1.** *adj.* südlich; **2.** *su.* Südländer *m*; Südfranzose *m*.

meringue [məˈrɛ̃ːg] *f*: ~ *à la crème* Sahnebaiser *m u. n*.

meris|e ♀ [məˈriːz] *f* Vogelkirsche; **~ier** [~'rizje] *m* Vogelkirschbaum.

mérit|e [meˈrit] *m* Verdienst *n*; Tüchtigkeit *f*, Vorzug *m*; **~er** [~'te] (1a) *v/t.* verdienen, würdig sein; *fig.* einbringen, verschaffen; *v/i.* (*bien*) ~ sich verdient machen (*um*); **~oire** [~'twaːr] anerkennenswert.

merlan [mɛrˈlɑ̃] *icht. m* Weißling.

merle [mɛrl] *m* Amsel *f*; *fig.* F ~ *blanc* weißer Rabe; Seltenheit *f*; *vilain* ~ Scheusal *n*.

merluche ✝ [mɛr'lyʃ] *f* Stockfisch *m*.

merrain [mɛˈrɛ̃] *m* ⊕ Daubenholz *n*; *Hirschgeweih*: Stange *f*.

merveill|e [mɛr'vɛj] *f* Wunder *n*; *à* ~ ausgezeichnet; **~eux** [~'jø] wunderbar; vorzüglich.

mes [me] *pl.* meine *pl.*

mésalliance [mezaˈljɑ̃ːs] *f* Mißheirat.

mésang|e *orn.* [meˈzɑ̃ːʒ] *f* Meise; **~ette** [~ʒɛt] *f* Meisenfalle.

mésaventure [mezavɑ̃'tyːr] *f* Mißgeschick *n*, unangenehmer Vorfall *m*.

mes|dames [meˈdam] *pl.* von *madame*; **~demoiselles** [medmwaˈzɛl] *pl.* von *mademoiselle*.

més|entente [mezɑ̃'tɑ̃ːt] *f* Uneinigkeit; *conjugale* Ehezerwürfnis *n*; **~entère** [~zɑ̃'tɛːr] *m* Dünndarmgekröse *n*; **~estimer** [~zɛsti'me] (1a) mißachten; geringschätzen; **~intelligence** [~zɛ̃teliˈʒɑ̃ːs] *f* Mißverständnis *n*.

mesquin [mɛsˈkɛ̃] (7) armselig; kleinlich; **~erie** [~kinˈri] *f* Kleinlichkeit; Knauserei.

mess ⚔ [mɛs] *m* (Unter-)Offizierskasino *n*.

messag|e [meˈsaːʒ] *m* Botschaft *f*; Auftrag; Mitteilung *f*; Nachricht *f*; **~er** *m*, **~ère** *f* [~saˈʒe, ~'ʒɛːr]

20 Franz.-Dtsch.

messagerie 1. *su.* Bote *m*, Botin *f*; 2. *m fig.* Vorbote, Anzeichen *n*; ~erie [~ʒ'ri] *f* Verkehrs- u. Warentransportgesellschaft *f*; Paketgut *f*; Güterbeförderung *f*.

messe *rl. u.* ♪ [mɛs] *f* Messe.

messéan|ce [mese'ɑ̃:s] *f* Unschicklichkeit; ~t [~'ɑ̃] (7) unschicklich.

messeoir [mɛ'swa:r] (3k) unpassend sein.

messieurs [me'sjø] *s. monsieur*; P *bonjour (au revoir)*, ~-*dames* guten Tag! (Auf Wiedersehen!), meine Herrschaften!

messin [me'sɛ̃] *adj.* (7) *u.* ♀ *su.* aus (*u.* Einwohner *m* von) Metz.

mesur|able [məzy'rabla] meßbar; ~age [~'ra:ʒ] *m* (Ab-, Aus-) Messen *n*; *outil de* ~ ⊕ Meßzeug *n*; ~e [~'zy:r] *f* (1a) (Ab-, aus-, be-, er-)Maß *n*; Maßstab *m*; Silbenmaß *n*; ♪ Takt *m*; *esc.* richtiger Abstand *m*; *fig.* Maßhalten *n*; Maßnahme; *à* ~ *de* im Verhältnis zu; *à* ~ *que* je nachdem; *être en* ~ *de ...* imstande sein zu ...; ~ *de rigueur* erforderliche Maßnahme; *outre* ~ maßlos, ohne Maß und Ziel; *par* ~ *d'hygiène* aus hygienischen Gründen; *poids et* ~s Maße und Gewichte; *sur* ~ nach Maß; ~er [~zy're] (1a) (ab-, aus-, be-, er-)messen; *fig.* abwägen; ~eur [~'rœːr] *m* (Ab-)Messer, Vermesser.

métabolisme *biol.* [metabɔ'lism] *m* Stoffwechsel *m*.

métairie [metɛ'ri] *f* Bauernhof *m*; Meierei.

métal [me'tal] *m* (5c) Metall *n*; ~ *brut* Rohmetall *n*.

métalli|fère [metali'fɛːr] metallhaltig; ~que [~'lik] metallisch; Münz(en)...; *valeurs f/pl.* ~s Münzwerte *m/pl.*; ~ser ⊕ [~li'ze] (1a) mit Metallschicht belegen; Metallglanz geben.

métallo F [meta'lo] *m* Metallarbeiter.

métallurg|ie ⊕ [metalyr'ʒi] *f* Hüttenwesen *n*; ~iste ⊕ [~'ʒist] *m* Hütten-ingenieur *m*, -besitzer *m*; Metallarbeiter *m*.

métamorphos|e ⊔ [metamɔr'foːz] *f* Ver-, Umwandlung *f*; ~er [~fo'ze] (1a) verwandeln.

métaphonie *gr.* [metafɔ'ni] *f* Umlaut *m*.

métaphore ⊔ [meta'fɔːr] *f* Metapher, bildlicher Ausdruck *m*.

métayer [metɛ'je] *su.* (Halb-) Pächter *m*.

méteil [me'tej] *m* Mengkorn *n*.

météo F [mete'o] *f* Wetterbericht *m*, -vorhersage *f*.

météor|e [mete'ɔːr] *m* (*a. fig.*) Meteor *n*; ~isation *vét.* [~ɔriza'sjɔ̃] *f* Trommelsucht *f*; ~itique [~ri'tik] *adj.* Meteoren...; ~ologiste [~rɔlɔ'ʒist] *m*, ~ologue [~rɔ'lɔg] *su.* Meteorologe, Wetterbeobachter.

méthod|e [me'tɔd] *f* Methode, Verfahren *n*; ~ique [~'dik] methodisch, planmäßig, regelrecht.

méticul|eux [metiky'lø] *fig.* peinlich genau; pedantisch; ~osité [~lozi'te] *f* ängstliche Genauigkeit *od.* Sorgfalt.

métier [me'tje] *m* (einzelnes *od.* spezielles) Handwerk *n*; Gewerbe; Beruf; ~ *à tisser* Webstuhl; ~ *à broder* Stickrahmen; F *avoir du* ~ Routine haben.

métis [me'tis] 1. *su.* Mestize *m*; 2. *adj. zo. u.* ♀ durch Kreuzung entstanden.

métrage [me'traːʒ] *m* Vermessung *f* nach Metern; Meterzahl *f*; *cin. long* ~ Spielfilm; *court* ~ Kurzfilm.

mètre ['mɛtr] *m* Meter *n u. m*; ~ *cube* Kubikmeter; ~ *carré* Quadratmeter; ~ *à ruban* Bandmaß *n*; ~ *pliant* Zollstock; ~ *roulant* Rollmaß *n*.

métré [me'tre] *m* Messung *f*, Aufmaß *n*; Meterzahl *f*.

métreur ⊕ [me'trœːr] *m* Messungsingenieur *m*.

métrique [me'trik] 1. *adj.* metrisch; 2. *f* Metrik.

métro 🚇 [me'tro] *m* U-Bahn *f*; Stadtbahn *f*; *a.* Bergbahn *f*.

métro|logie [metrɔlɔ'ʒi] *f* Maß- und Gewichtskunde; ~manie [~ma'ni] *f* Reimsucht.

métronome ♪ [metrɔ'nɔm] *m* Metronom *n*, Taktmesser.

métropol|e [metrɔ'pɔl] *f* Hauptstadt; Mutterland *n*; erzbischöflicher Sitz *m*; ~itain [~li'tɛ̃] 1. *adj.* hauptstädtisch; mutterstaatlich; erzbischöflich; 2. *m* Hoch- und Untergrundbahn *f*, Stadtbahn *f* (*großer Städte*); ~ite [~'lit] *rl. m* Erzbischof.

mets [mɛ] *m* Gericht *n*, Speise *f*.

mettable [me'tabla] tragbar (*Kleider*).

metteur ⊕ *u. typ.* [me'tœːr] *m* Zurichter; Metteur; *Film, Funk, thé.* ~ en scène Aufnahme-, Spielleiter, Regisseur.

mettre ['mɛtrə] (4p) stellen, setzen, legen; bringen; hineintun; *Fehlendes* hinzufügen; *Kleider* anziehen; *Krawatte* umbinden; *Hut* aufsetzen; *Geld* anlegen, (ein)setzen *beim Spiel*; ~ *deux heures à (faire) qch.* zwei Stunden brauchen zu etw.; ~ *au net* ins reine schreiben; ~ *au point* klar-, richtig-, rad. einstellen; noch einmal überarbeiten; *opt.* scharf einstellen; ~ *l'adresse sur qch.* etw. adressieren; ~ *q. à même de faire qch.* j-n instand setzen, etw. zu tun; *Radio:* ~ *à terre* erden; ⚡ ~ *en circuit* einschalten; ~ *en feu* Hochofen anblasen; ~ *en marche Motor* anspringen lassen; ~ *en pages typ.* umbrechen; ~ *plein gaz Auto:* Vollgas *n* geben; *Auto:* ~ *en code* abblenden; ✝ ~ *en vente* zum Verkauf bringen; ~ *hors de service* ausrangieren; *se* ~ *à (faire) qch.* sich an etw. (*acc.*) machen; anfangen, etw. zu tun; *se* ~ *en quatre pour q.* sich für j-n halb umbringen F; *se* ~ *en route* sich auf den Weg machen; *se* ~ *en usage* aufkommen, gebräuchlich werden.

meubl|ant [mœ'blɑ̃] (7) zum Möblieren geeignet; *Möbel...*; *fig.* sich gut ausnehmend; 🏛 *meubles m/pl.* ~s Hausrat *m*; ~e ['mœblə]
1. *adj.:* 🜨 *terre f* ~ lockerer Boden *m*; 🏛 *bien m* ~ bewegliches Gut *n*;
2. *m* Möbelstück *n*; ~s *m/pl.* Mobiliar *n*; ~s *métalliques* Stahlmöbel *n/pl.*; ~s *superposables et juxtaposables* Anbaumöbel *n/pl.*; *se mettre dans ses* ~s sich ein eigenes Heim gründen; ~ *radio combiné* Radioschrank *m* mit Plattenspieler; ~ *radiophono* Musiktruhe *f*; ~er [mœ'ble] (1a) möblieren; *fig.* ausstatten.

meugl|ement [mœglə'mɑ̃] *m* Muhen *n*; ~er [~'gle] (1a) muhen.

meul|e [møːl] *f* ⊕ Mühl-, Schleifstein *m*; ⚘ *(Heu- usw.)* Schober *m*; Kohlenmeiler *m*; sehr großer Käse *m*; ~er ⊕ [mø'le] (1a) ab-, ein-, ausschleifen; ~ *en creux* hohlschleifen; ~erie ⊕ [møl'ri] *f* Mühlstein-, Schleifsteinfabrik; ~ier ⊕ [mø'lje] *m* Mühlsteinhauer; ~ière [~'ljɛːr] *f* Mühlstein *m*; Mühlsteinbruch *m*; ~on [~'lɔ̃] *m* kleiner Haufen (*bsd.* Heu, Salz usw.).

meun|erie [møn'ri] *f* Müllerei; ~ier *m*, ~ière *f* [~'nje, ~'njɛːr] Müller(in *f*) *m*. [Hungerleider.]

meurt-de-faim [mœrdə'fɛ̃] *m*]

meurtr|e ['mœrtrə] *m* Mord; ~ *prémédité* vorsätzlicher Mord; F *fig. c'est un meurtre* das ist jammerschade; ~ier, ~ière [~tri'e, ~tri'ɛːr]
1. *adj.* mörderisch; 2. *su.* Mörder (-in *f*) *m*; 3. *f* Schießscharte.

meurtr|ir [mœr'triːr] (2a) (zer-)quetschen; ~issure [~tri'syːr] *f* Quetschung *f*, Strieme *f*; Fleck *m* am Obst.

Meuse *géogr.* [møːz]: *la* ~ die Maas.

meute [møːt] *f* Meute (*a. fig.*).

méven|dre [me'vɑ̃ːdrə] (4a) *Waren* verschleudern; ~te [~'vɑ̃ːt] *f* Verlustverkauf *m*; Handelsstockung *f*.

Mexi|co [mɛksi'ko] *m* Mexiko *n (Stadt);* ~que [~'zik] *m:* **le** ~ Mexiko *n (Staat).*

mi ♩ [mi] *m* E *n*.

mi... [mi...] halb; *à mi-chemin* auf halbem Wege; *(à la) mi-janvier* Mitte Januar.

miaou [mjaw] *m* Miauen *n*.

miauler [mjo'le] (1a) miauen.

mi-bas [mi'ba] *m* Wadenstrumpf.

mica *min.* [mi'ka] *m* Glimmer; *lunettes f/pl. de* ~ *Sport:* Ski-, Gletscherbrille *f*.

miche [miʃ] *f* Laib *m* (*Brot*).

micheline 🚃 [miʃ'lin] *f* Triebwagen *m*.

micmac F [mik'mak] *m* Intrige *f*; Schiebung *f*, Dreh *m*.

micro [mi'kro] *m* Mikrophon *n*.

micro|be [mi'krɔb] *m* Bakterie *f*, Kleinlebewesen *n*; ~car [~'kaːr] *m* Kleinbus *m*; ~céphale [~se'fal] kleinköpfig; ~filmer [~fil'me] auf Mikrofilm aufnehmen; ~génique [~ʒe'nik] *adj.* für das Mikrophon geeignet; ~n [mi'krɔ̃] *m* Mikron *n* ($^1/_{1000}$ *mm*); ~phone [~'fɔn] *m* Mikrophon *n*; ~poste rad. [~'pɔst] *m* Kleinstempfänger; ~scope [~'skɔp] *m* Vergrößerungsglas *n*, Mikroskop *n*; ~sillon [~si'jɔ̃] *m: (disque m à)* ~ Langspielplatte *f*; ~tir ⚔ [~'tiːr] *m* Artillerieübungsschießgerät *n*.

midi [mi'di] *m* Mittag, zwölf Uhr; Süden; höchster Stand *der Sonne;*

fig. mittlere Lebenszeit *f*; ~ et *demi* halb eins; ~**nette** [~'nɛt] *f* junge Modistin *f (in Paris).*
mie [mi] *f* **1.** Krume; **2.** F *ma* ~*!* meine süße Kleine!
miel [mjɛl] *m* Honig; ~ *naturel* Bienenhonig; ~**lé** [mjeˈle] mit Honig bestrichen; honighaltig, -süß; ~**leux** [~'lø] honigartig; *fig.* scheinheilig.
mien [mjɛ̃]: *le* ~ der (die, das) Meinige; F *un* ~ *frère* ein Bruder von mir.
miette [mjɛt] *f* Krümchen *n.*
mieux [mjø] **1.** *adv.* besser; hübscher; *le* ~ am besten, am liebsten; *le* ~ *possible* so gut als möglich; *aimer* ~ vorziehen; *changer en* ~ sich zum Vorteil verändern; *tant* ~ um so, desto besser; *valoir* ~ mehr wert, besser sein; **2.** *m* Bessere(s) *n*, Beste(s) *n*; Besserung *f im Befinden*; *faute de* ~ mangels e-s Besseren; *au* ~ aufs beste.
mièvre [ˈmjɛːvr] manieriert, gekünstelt *(Stil, Auftreten)*; ~**rie**, ~**té** [mjɛvrəˈri, ~vrəˈte] *f* Manieriertheit *f*; Getue *n.*
mignard, ~**e** [miˈɲaːr, ~ˈɲard] **1.** *adj.* zart; affektiert, geziert; **2.** *m Malerei:* das Gekünstelte *n*; **3.** *su.* Görn; Göre *f*; ~**er** [~'de] (1a) *Kind* verhätscheln; verpimpeln; *Stil usw.* verkünsteln; ~**ise** [~'diːz] *f* Feinheit *f*, Zartheit *f*; Affektiertheit *f*; Besatz *m (an Kleidern).*
mign|on, ~**onne** [miˈɲɔ̃, ~ˈɲɔn] **1.** *adj.* allerliebst, niedlich; *péché m* ~ Lieblingssünde *f*; **2.** *su.* Liebling *m*; Geliebte(r); ~**onnette** [~ɲɔˈnɛt] *f text.* feine Spitze *f*; Schnuckchen *n (kosend)*; ~**oter** F [~ɲɔˈte] (1a) verhätscheln; ~**otise** [~ɲɔˈtiːz] *f* Liebkosung.
migraine [miˈgrɛn] *f* Migräne *f.*
migra|teur [migraˈtœːr] (7f) wandernd; ~**tion** [~grɑˈsjɔ̃] *f* Wanderung; Ziehen *n der Vögel*; ~**toire** [~graˈtwaːr] wandernd.
mijaurée *péj.* [miʒoˈre] *f* Zierpuppe.
mijoter [miʒɔˈte] (1a) *cuis.* langsam kochen *od.* schmoren (lassen); *fig.* von langer Hand vorbereiten; angezettelt werden.
mil 1. [mil] tausend; **2.** ✻ *dial.* ♀ [mij] *m* Hirse *f*; **3.** [mil] *gym.* Keule *f.*
milan[1] *orn.* [miˈlɑ̃] *m* Gabelweihe *f.*

Milan[2] [miˈlɑ̃] *m* Mailand *n.*
milanais [milaˈnɛ] (7) **1.** *adj.* mailändisch; **2.** ♀ *su.* Mailänder *m.*
mildiou ♀, ~ ♀ [milˈdju] *m* Meltau.
miliaire [miˈljɛːr] **1.** *adj.* hirsekornförmig; ✱ *fièvre f* ~ Frieselfieber *n*; **2.** *f* ✱ Frieseln *pl.*
milic|e ✕ [miˈlis] *f* Miliz *f*, Bürgerwehr *f*; ~**ien** [~'sjɛ̃] *m* Milizsoldat.
milieu [miˈljø] *m* Mitte *f*; Milieu *n*, Umwelt *f*; Unterwelt *f*; ♀, ✱ ~ *de culture* Nährboden; *au* ~ *de* mitten in *(dat. u. acc.)*, in der Mitte des *(od. der).*
milit|aire [miliˈtɛːr] **1.** *adj.* militärisch; Militär...; Kriegs..., Heer-...; **2.** *m* Soldat *m*; *pl. les* ~*s* das Militär *n*; ~**ant** [~'tɑ̃] (7) kämpferisch; *rl.* streitend *m*; Vorkämpfer *m*; ~**ariser** [~tariˈze] (1a) militarisieren; ~**er** [~'te] (1a): *en faveur de q.* für j-n sprechen *od.* streiten.
mille [mil] **1.** *a/n.c.* tausend; **2.** ~ Meile *f*; ~**feuille** ♀ [~ˈfœj] *f* Schafgarbe; ~**pattes**, ~**pieds** *ent.* [~ˈpat, ~'pje] *m* Tausendfüßler; ~**pertuis** ♀ [~pɛrˈtɥi] *m* Johanniskraut *n.*
millénaire [mileˈnɛːr] **1.** *adj.* die Zahl 1000 enthaltend; tausendjährig; *nombre m (od. chiffre m)* ~ Tausender; **2.** *m* Jahrtausend *n*; Tausendjahrfeier *f.*
millésime [mileˈzim] *m* Jahreszahl *f auf Münzen.*
millet ♀ [miˈjɛ] *m* Hirse(gras *n*) *f*; *bouillie f de* ~ Hirsebrei *m.*
milli|aire [miˈljɛːr]: *pierre f (od. borne f)* ~ Meilenstein *m*; ~**ard** [miˈljaːr] *m* Milliarde *f*; ~**er** [miˈlje] *m* Tausend *n*; *par* ~*s* zu Tausenden; ~**on** [~'ljɔ̃] *m* Million *f.*
mim|er [miˈme] (1a) durch Gebärden darstellen; ~**étisme** [~meˈtism] *m* Mimikry *f*; ~**eux**, ~**euse** [~'mø, ~'møːz] **1.** ♀ *adj. bei Berührung* sich zs.-ziehend; **2.** *f* ✱ Mimose *f.*
mimi [miˈmi] *m enf.* Katze *f*, Mieze *f*; F *faire* ~ *à q.* j-n abküssen.
minable [miˈnabl] durch e-e Mine zerstörbar; F erbärmlich, ärmlich.
minaud|er [minoˈde] (1a) sich zieren; ~**erie** [~'dri] *f* Schöntuerei, Ziererei.
mince [mɛ̃ːs] dünn; *fig.* winzig; P *interj.* ~ *(alors)*! Donnerwetter!
mine[1] [min] *f* Miene, Aussehen *n*;

mine — 309 — **miscible**

faire ~ de (*mit inf.*) sich stellen als ob; *fig.* ~s *pl.* Gesichter *n/pl.*; Gebärden; faire la ~ schmollen.

min|e² [min] *f* Bergwerk *n*, Zeche; Erzader; ⚒ Mine; *fig.* Fundgrube; ~ (de plomb) Reißblei (Graphit *m*) *n*; inspecteur *m* des ~s Berghauptmann; *fin.* valeurs *f/pl.* de ~s et métallurgie Montanwerte *m/pl.*; **~er** [~'ne] (1a) untergraben; aushöhlen; **~erai** [~n'rɛ] *m* Erz *n*.

minéral [mine'ral] (5c) **1.** *adj.* mineralisch; ressources *f/pl.* ~es Bodenschätze *m/pl.*; **2.** *m* Mineral *n*, Gestein *n*; eau *f* ~e Mineralwasser *n*; **~iser** [~li'ze] (1a) vererzen; se ~ fest (*od.* hart) werden; **~ogiste** [~lɔ'ʒist] *m* Mineraloge.

minet *m*, **~te¹** *f* F [mi'nɛ, ~'nɛt] Kätzchen *n*. [erz).\
minette² [~] *f* Minette (*Art Eisen-*\
mineur¹ [mi'nœ:r] geringer, kleiner; minderjährig; ♪ mode *m* ~ Moll *n*.

mineur² [mi'nœ:r] *m* ⚒ Bergmann; ⚒ Minenleger *m*.

miniaturiste [minjaty'rist] *m* Miniaturmaler.

mini|er, ~ère [mi'nje, ~'njɛ:r] **1.** *adj.* Bergwerks...; Montan...; Mineral...; **2.** *f* Bergwerk *n* mit Tagebau.

minim|e [mi'nim] sehr klein; *m rl.* Mönch (*Franziskaner*); **~iser** [~mi'ze] *v/t.* bagatellisieren; **~a** [~'ma] *adj./f* Mindest...; ⚕ la ration *f* ~ de la Mindestration *f*; **~um**, (*pl.* ~s *od.* ~a) ♣ *usw.* [~'mɔm, ~'ma] *m* Minimum *n*; ~ vital Existenzminimum *n*.

minist|ère [minis'tɛ:r] *m* Ministerium *n*; Dienst; Vermittlung *f*; Amt *n*; ~ des affaires étrangères Außenministerium *n*; Deutschland: Auswärtiges Amt *n*; ~ public Staatsanwaltschaft *f*; **~re** [~'nistrə] *m* Minister, Gesandte(r); Diener; *fig.* Instrument *n*; Werkzeug *n*; Prediger.

minium [mi'njɔm] *m* Mennige *f*.

minois F [mi'nwa] *m* F Gesicht *n*, Äußere(s) *n*; niedliches Gesichtchen *n*.

minon *enf.* [mi'nɔ̃] *m* Mieze *f*, Kätzchen *n*.

minorité [minɔri'te] *f pol.* Minderheit; ⚖ Minderjährigkeit; problème *m* des ~s *pol.* Minderheitenfrage.

minot|erie [minɔ'tri] *f* Mehl-

fabrik; -handel *m*; **~ier** [~'tje] *m* Mehlfabrikant; -händler.

minuit [mi'nɥi] *m* Mitternacht *f*, zwölf Uhr (nachts).

minuscule [minys'kyl] winzig; *adj. u. f* (lettre *f*) ~ kleiner Buchstabe *m*.

minut|e [mi'nyt] *f* **1.** Minute; ~! e-n Moment mal!, halt!; **2.** Konzept *n*; Originalurkunde; ⚖ *pl.* les ~s die Akten *f/pl.*; **~er** [~'te] (1a) entwerfen, aufsetzen, verfassen; die Dauer e-s Rundfunkvortrages usw. genau festsetzen; **~erie** [~'tri] *f* Minutenwerk *n*, -zeiger *m*; ~ d'escalier ⚡ automatische Treppenbeleuchtung; **~ie** [~ny'si] *f* Bagatelle *f*; peinliche Genauigkeit *f*; *a. fig.* Kleinlichkeit; **~ieux** [~ny'sjø] sehr genau.

mioche F [mjɔʃ] *su.* kleiner Junge *m*, Knirps *m*; *f*: Göre *f*, Balg *n*.

mi-partition [miparti'sjɔ̃] *f* Halbierung.

mira|cle [mi'rɑ:klə] *m* Wunder *n*; **~culeux** [miraky'lø] (7d) Wunder..., übernatürlich; **~dor** [~'dɔ:r] *m* Wachtturm; **~ge** [mi'ra:ʒ] *m* Luftspiegelung *f*, Fata Morgana *f*; Täuschung *f*.

mir|e [mi:r] *f* ⚒ Korn *n* am Gewehrlauf; Absteckstange *f* bei der Vermessung; Hauer *m* (*vom Wildschwein*); ~ de réglage Testbild *n*; point *m* de ~ Zielpunkt; Richtungspunkt *m*; **~er** [mi're] (1a) Eier gegen das Licht halten *u.* prüfen; se ~ sich spiegeln; **~ifique** F, *oft iron.* [~ri'fik] wunderschön, -bar.

mirliton ♪ [mirli'tɔ̃] *m* Rohrflöte *f*; 🎪 Vorwarnschild *n*.

miro * [mi'ro] *adj.* schlecht sehend, blind.

mirobolant F [mirɔbɔ'lɑ̃] fabelhaft, erstaunlich.

miroir [mi'rwa:r] *m* Spiegel; *Auto:* ~ rétroviseur Rückblickspiegel.

miroit|é [mirwa'te] hell getupft (*von Pferden*); **~er** [~] (1a) *v/i.* spiegeln; *fig.* schillern; faire ~ in glänzenden Farben schildern; **~erie** [~'tri] *f* Spiegelhandel *m*; -fabrik *f*.

miroton *cuis.* [mirɔ'tɔ̃] *m* Rindragout *n* mit Zwiebeln.

misaine ⚓ [mi'zɛn] *f* Focksegel *n*; mât *m* de ~ Fockmast.

misanthrope [mizɑ̃'trɔp] *m* Menschenfeind *m*, Misanthrop *m*.

miscible [mi'siblə] mischbar.

mise [miːz] f Setzen n, Stellen n; Versetzen n in e-n Zustand; ✝ Einlage; *Spiel:* Einsatz m; *Auktion:* Gebot n; Tracht (Art, sich zu kleiden); ⚔ a. écol. (Strafe) ~ à pied Entlassung f; ~ à la retraite Versetzung n den Ruhestand; ~ à l'eau ⚓ Stapellauf m; ~ au point Einstellung (a. phot. u. fig.); Richtig-, Klarstellung; bsd. pol. Abstimmung f (nicht „Wahl"!); ~ à terre ⚡ Erdanschluß m, Erdung; ~ bas Werfen n (Gebären der Tiere); ~ de feu ⚔ Abfeuern n, Zündung f; ~ de fonds (Geld-)Investition f; ~ en état Instandsetzung f; ~ en exploitation Erschließung f e-s Landes; ~ en fabrication ⊕ Inangriffnahme; ~ en marche (route, service) Inbetriebnahme, Inbetriebsetzung f; *Auto:* Anlassen n; ⚙ Anwerfen n; a. *Auto:* Start m; at. ~ en (od. sur) orbite Abschuß m auf die Erdkreisbahn; ~ en pages typ. Umbruch m; ~ en plis *Frisur:* Wasserwelle; ~ en pratique Anwendung; ~ en scène thé. Inszenierung; ~ en vente Verkauf m; ~ hors de combat Knockout m; ~ hors de service Stillegung; de ~ passend, statthaft, zulässig; annehmbar, gängig.

misérable [mizeˈrablə] elend; beklagenswert.

misère [miˈzɛːr] f Elend n; fig. Erbärmlichkeit; Lappalie, Pappenstiel m fig.

miséricord|e [mizeriˈkɔrd] f Barmherzigkeit; Erbarmen n; Begnadigung; **~ieux** [~ˈdjø] (7d) barmherzig.

missel rl. [miˈsɛl] m Meßbuch n.

missile ⚔ [miˈsil] m (Fernlenk-) Geschoß n.

miss|iologie rl. [misjɔlɔˈʒi] f Missionslehre f; **~ion** [miˈsjɔ̃] f Auftrag m; Sendung; **~ionnaire** rl. [~sjɔˈnɛːr] m Missionar; **~ive** [~ˈsiːv] f Sendschreiben n.

mistigri [mistiˈgri] m F Katze f; *Kartenspiel* n; Kreuzbube (in diesem [u. a.] *Spiel*).

mistoufle ★ [misˈtuflə] f Misere f.

mistral ⚓ [misˈtral] m Nordwestwind (*in Südostfrankreich*).

mitaine [miˈtɛn] f fingerloser (Arbeits-)Handschuh m.

mit|e ent. [mit] f Motte; **~é** [~ˈte] von Motten angefressen.

mi-temps *Sport* [miˈtɑ̃] f Halbzeit.

miteux F [miˈtø] (7d) ärmlich, elend; **~e** [~ˈʒe] (11) mildern.

mitig|atif [mitigaˈtif] (7e) lindernd;

miton [miˈtɔ̃] m Pulswärmer; F onguent m ~-mitaine wirkungsloses Mittel m.

mitonner [mitɔˈne] v/t. u. v/i. (1a) langsam kochen; fig. geschickt vorbereiten.

mitoyen [mitwaˈjɛ̃] (7c) Mittel... (in der Mitte befindlich); clôture f ~ne Zwischenzaun m; △ mur m ~ Brandmauer.

mitraill|ade ⚔ [mitraˈjad] f Kugelfeuer n, Salve; **~e** [~ˈtrɑːj] f Alteisen n, Schrott m; ⚔ Kugelregen m; **~er** [~traˈje] (1a) ⚔ zusammenschießen; F *phot.* ~ q. e-n Schnappschuß von j-m machen; **~ette** [~traˈjɛt] f Maschinenpistole; **~eur** [~ˈjœːr] m Maschinengewehrschütze m, M.G.-Schütze m; **~euse** [~ˈjøːz] f Maschinengewehr n, M.G.

mitr|e [ˈmitrə] f Bischofsmütze; Schornsteinaufsatz m; **~on** [~ˈtrɔ̃] m Bäcker-, Konditorgeselle.

mixage [mikˈsaːʒ] m cin. Mischen n; rad. Geräuschmischen n.

mixt|e [mikst] gemischt; ~ kombiniert; éducation f ~ Koedukation; **~ion** [miksˈtjɔ̃] f phm. Mixtur; **~ionner** phm. [~tjɔˈne] (1a) (ver-) mischen.

mixture [miksˈtyːr] f phm. (a. F *schlechte*) Mischung.

mobil|e [mɔˈbil] **1.** adj. beweglich, verstellbar, dreh-, fahrbar, lose; fig. unbeständig; ⚔ groupe m ~ schnelle Abteilung f; **2.** m méc. beweglicher Körper; fig. Triebfeder f, Motiv n, (Beweg-)Grund m, treibende Kraft m; **~iaire** [~ˈljɛːr] Mobiliar...; **~ier** [~ˈlje] **1.** adj. beweglich; ⚖ aus beweglichen Gütern bestehend; Mobiliar...; **2.** m Mobiliar n, Hausrat m; ⚖ bewegliche Habe f; **~isation** [~lizaˈsjɔ̃] f Mobilmachung; **~iser** [~liˈze] (1a) ⚔ mobilisieren; ⚖ u. ✝ flüssig machen; **~ité** [~liˈte] f Beweglichkeit f; Unstetigkeit f; *phys.* ~ des ions Ionenwanderung.

moche P [mɔʃ] häßlich, mau, mies, schlecht; kitschig.

modal [mɔˈdal] (5c) modal; **~ité** [~liˈte] f Modalität f; Weise f; Eigenschaft; ♪ Tonart f.

mode [mɔd] **1.** m Art f und Weise f; Methode f; ♪ Tonart f; gr. Modus; ~ d'emploi Gebrauchsanweisung f; ✝ m ~ de paiement Zahlungsweise f; ~ de vie Lebensweise f; **2.** f Sitte; Mode; ~s pl. Modewaren; à la ~ modern, modisch, beliebt, nach der Mode; cuis. bœuf m ~ Schmorbraten.

modelage [mɔd'la:ʒ] m Modellieren n, Formen n; faire du ~ modellieren.

modèle [mɔ'dɛl] m Muster n; Modell n, Typ m, Bauart f; Vorlage f; ~ déposé Gebrauchsmuster n; ~ de tricot Strickmuster n; ✝ ~ d'une lettre de change Wechselformular n.

model|é [mɔd'le] m Modellierung f; **~er** [~] (1d) modellieren, formen; bilden, gestalten; se ~ sur sich ... zum Vorbild nehmen; **~eur** [~'lœ:r] m Former m, Modelltischler m.

mod|éliste, ~elliste [mɔde'list, ~dɛ'list] m Modellzeichner m.

modér|antisme pol. [mɔderɑ̃'tism] m gemäßigte Richtung f; **~ateur** m, **~atrice** f [~ra'tœːr, ~'tris] **1.** su. Mäßiger(in f) m; **2.** ⊕ m; Reguliervorrichtung f; **~ation** [~ra'sjɔ̃] f Mäßigung; Verminderung f; fig. Gelassenheit f; **~é** [~'re] mäßig, bescheiden; pol. gemäßigt; **~er** [~] (1f) mäßigen.

modern|e [mɔ'dɛrn] modern, neuzeitlich; **~iser** [~ni'ze] (1a) modernisieren; **~iste** [~'nist] m Freund des Modernen; adj. modern eingestellt; péj. neuerungssüchtig; rl. freisinnig; **~ité** [~ni'te] f neuzeitliches Gepräge n.

modest|e [mɔ'dɛst] bescheiden; schlicht; sittsam; **~ie** [~'ti] f Bescheidenheit; Anspruchslosigkeit.

modicité [mɔdisi'te] f Niedrigkeit f, Mäßigkeit e-s Preises; allg. Beschränktheit, Mittelmäßigkeit.

modifi|able [mɔdi'fjablə] veränderlich; ⊕ einstellbar; **~catif** [~ka'tif] **1.** adj. näher bestimmend; **2.** m Bestimmungswort n; **~cation** [~kɑ'sjɔ̃] f Abänderung f, Neugestaltung f; **~er** [~'fje] (1a) abändern; gr. näher bestimmen; ✝ herabsetzen.

modique [mɔ'dik] (Preis) mäßig.

modiste [mɔ'dist] f Putzmacherin.

modul|ation [mɔdylɑ'sjɔ̃] f ♪ Übergang m in e-e andere Tonart; Vortragsart f; ∉, rad. émetteur m à ~ de fréquence Ultrakurzwellensender m.

modul|e ∆ u. ⚼ [mɔ'dyl] m Modul, Einheitsmaß f; **~er** [~'le] v/t. u. v/i. (1a) modulieren.

moell|e anat. [mwal] f Mark n; ~ épinière Rückenmark n; ~ de rotin Peddigrohr n; **~eux** [~'lø] **1.** markig; **2.** weich **3.** fig. kernig und zart zugleich; voll und weich (Stimme usw.); **~on** [~'lɔ̃] m Bruch-, Baustein; **~s** m/pl. concassés Splitt m.

mœurs [mœrs] f/pl. Sitten, Gewohnheiten, Gebräuche m/pl.

moi [mwa] **1.** ich, mich, mir; à ~! Hilfe!; **2.** le ~ das Ich; die Selbstsucht.

moignon [mwa'ɲɔ̃] m Stumpf m.

moinaille péj. [mwa'nɑːj] f Mönchsvolk n.

moindre ['mwɛ̃ːdrə] minder, geringer; abus. kleiner; le (la) ~ der, die, das mindeste od. geringste (Mindeste, Geringste).

moin|e [mwan] m rl. Mönch; fig. Wärmflasche f; **~eau** orn. [~'no] m Spatz m, Sperling; **~erie** péj. [~n'ri] f Mönchsvolk n; ~wesen n; **~illon** [~ni'jɔ̃] m Mönchlein n.

moins [mwɛ̃] **1.** adv. weniger; le ~ das wenigste, mindeste; au (od. du) ~ wenigstens (vor Zahlen jedoch nur: au ~); à ~ zu e-m niedrigeren Preis; à ~ de deux francs unter zwei Franken; à ~ de (mit inf.), à ~ que ... ne (mit subj.) sofern nicht, außer wenn ...; **2.** m Minuszeichen n; **~-value** ✝ [~va'ly] f Wertverringerung f, Differenz f.

moir|e ✝ [mwa:r] f Moiré m; **~er** ⊕ [mwa're] (1a) moirieren.

mois [mwa] m Monat m; Monatsgeld n; par ~, tous les ~ monatlich; un ~ de date ✝ e-n Monat nach dato; tous les ~, par ~ monatlich.

mois|i [mwa'zi] **1.** adj. schimmlig; **2.** m Schimmel; **~ir** [~'ziːr] (2a) v/t. schimmlig machen; v/i. F lange bleiben; versauern; écol. nicht mitkommen; v/i. u. se ~ verschimmeln; **~issure** ⚚ [~zi'syːr] f Schimmel m; Verschimmeln n; Stockfleck m.

moisson [mwa'sɔ̃] f (Getreide-)Ernte f; **~ner** [~sɔ'ne] (1a) (ab-,

moissonneur — 312 — **monologue**

ein)ernten; *fig.* dahinraffen; ~**neur** *m*, ~**neuse** *f* [ˌsɔˈnœːr, ˌsɔˈnøːz] **1.** *su.* Schnitter(in *f*) *m*; **2.** *f* Nähmaschine; ~**neuse-lieuse** [ˌˈljøːz] *f* Bindemähmaschine.

moit|e [mwat] *etw.* feucht, klamm; ~**eur** [ˌˈtœːr] *f* leichte Feuchtigkeit.

moitié [mwaˈtje] *f* Hälfte; *adv.* halb; *à ~ prix* zum halben Preis; *à ~ chemin* auf halbem Wege; *être de ~ à qch.* zur Hälfte an etw. beteiligt (sein).

moka [mɔˈka] *m* Mokka *m*.

mol [mɔl] s. *mou*.

molaire [mɔˈlɛːr] *f*, *a. dent f ~* Backenzahn *m*.

môle [moːl] *m* Hafendamm, Mole *f*.

molécule [mɔleˈkyl] *f* Molekül *n*.

molester [mɔlɛsˈte] (1a): *~ q.* j-m zusetzen, j-n schikanieren.

molette [mɔˈlɛt] *f* Spornrädchen *n*; ⊕ Schleifrolle; *peint.* Reibkeule; *vét.* Fußgalle *f*.

mollah *arab.* [mɔˈla] *m* mohammedanischer Anführer.

mollasse [ˌˈlas] weichlich, schlaff.

moll|esse [mɔˈlɛs] *f* Weichheit; Schlaffheit; Weichlichkeit; Verweichlichung; ~**et** [mɔˈlɛ] **1.** *adj.* weich, zart; *œuf m ~* weichgekochtes Ei *n*; *pain m ~* Weißbrot *n*; **2.** *m* Wade *f*; ~**etière** [mɔlˈtjɛːr] *f* Wickelgamasche; ~**ir** [mɔˈliːr] (2a) weich werden; ermatten; nachgeben; ~**usque** *zo.* [ˌˈlysk] *m* Weichtier *n*. [Hund.)

molosse [mɔˈlɔs] *m* großer (Wach-)

môme P *od.* F [moːm] *m* kleiner Bengel *m*; Göre *f*.

moment [mɔˈmɑ̃] *m* Augenblick *m*, Moment *m*, *méc.*: *n*; ~**ané** [ˌtaˈne] augenblicklich.

momerie [mɔmˈri] *f* Heuchelei *f*, Verstellung; *pl.* ~**s** Mummenschanz *m*.

momi|e [mɔˈmi] *f* Mumie, ~**fier** [ˌˈfje] (1a) mumifizieren.

mon *m*, **ma** *f*; *pl.* **mes** [mɔ̃, ma; me] mein(e *f*) *m*, *n*; *pl.* meine.

mona|cal [mɔnaˈkal] (5c) mönchisch; ~**chisme** [ˌˈʃism] *m* Mönchstum *n*; -stand.

monar|chie [mɔnarˈʃi] *f* Monarchie *f*; ~**chisme** [ˌˈʃism] *m* monarchisches System *n*; ~**chiste** [ˌˈʃist] *adj. u. su.* monarchistisch; Monarchist *m*; ~**que** [mɔˈnark] *m* Monarch.

monast|ère [mɔnasˈtɛːr] *m* Kloster *n*; ~**ique** [ˌˈtik] klösterlich, mönchisch; Kloster...; Mönchs...

monceau [mɔ̃ˈso] *m* Haufen.

mond|ain [mɔ̃ˈdɛ̃] (7) **1.** *adj. rl.* weltlich, irdisch; *allg.* weltgewandt, mondän; **2.** *m* Mann *m* von Welt, Weltmensch *m*; *f* Dame von Welt; ~**anité** [ˌdaniˈte] *f* Hang *m* zur Veräußerlichung; ~**e** [mɔ̃ːd] *m* Welt *f*; Menschheit *f*; *du ~* Leute *pl.*; Besuch *m*; *tout le ~* jedermann; *aux yeux de tout le ~* vor jedermanns Augen, vor aller Welt; *le ~ entier* die ganze Welt; *le grand ~* die obersten Zehntausend *pl.*

mondial [mɔ̃ˈdjal] (5c) Welt..., weltweit, -umfassend.

mond(i)ovision [mɔ̃d(i)ɔviˈzjɔ̃] *f* transatlantisches Fernsehen *n*.

monégasque [mɔneˈgask] aus Monako.

monét|aire [mɔneˈtɛːr] *f* Währungs...; Münz...; ~**isation** [ˌtizaˈsjɔ̃] *f* Münzprägung *f*.

mongol|ien [mɔ̃gɔˈljɛ̃] (7c) an mongoloider Idiotie leidend; ~**isme** [ˌˈlism] *m* mongoloide Idiotie *f*.

monit|eur [mɔniˈtœːr] *su. gym.* Vorturner *m*; (Ski-, Fecht-)Trainer *m*; Jugendhelfer *m*; *écol.* Aufseher *m*; †Ratgeber *m*; ~, *écol.* Klassenältester *m*; ~**oriat** [ˌtɔˈrja] *m* Jugendpflege *f*, -betreuung *f*.

monn|aie [mɔˈnɛ] *f* Kleingeld *n*; Münze *f*; Landeswährung *f*; *~ métallique* Hartgeld *n*; ~-*or* Goldwährung *f*; *dépréciation f de la ~* Geldentwertung *f*; *rendre la ~* wechseln, rausgeben F; *fig.* entsprechend handeln; *payer de même ~* Gleiches mit Gleichem vergelten; *rendre à q. la ~ de sa pièce* es j-m heimzahlen, mit j-m abrechnen *fig.*; *fig. être ~ courante* zur Tagesordnung gehören, gang u. gäbe sein F; ~**ayer** [ˌnɛˈje] (1i) (aus)münzen, prägen; ~**ayeur** [ˌˈjœːr] *m* Münzer *m*; *faux ~* Falschmünzer *m*.

mono|bloc ⊕ [mɔnɔˈblɔk] *m* Blockgußstück *n*, Zylinderblock *m* (*a. Auto*); ~**cle** [ˌˈnɔkl] *m* Monokel *n*; ~**culture** [ˌkylˈtyːr] *f* Monokultur *f*, Einfelderwirtschaft *f*; ~**lithique** [ˌliˈtik] monolithisch; *fig. pol.* starr; ~**lithisme** *pol.* [ˌˈtism] *m* Starrheit *f*; ~**logue**

monologuer — 313 — **montoir**

[~'lɔg] m Monolog m, Selbstgespräch n; **~loguer** [~lɔ'ge] (1m) e-n Monolog halten; ein Selbstgespräch führen.

monôme [mɔ'no:m] m 1. ⚔ Monom n; 2. Krawall m (v. Studenten).

mono|moteur [mɔnɔmɔ'tœ:r] (7f) einmotorig; ⚵ einmotoriges Flugzeug n; **~place** [~'plas] m Einsitzer m; **~plui** [~'plü] m Eindekker m; **~pole** [~'pɔl] m Monopol n; **~rail** [~'rɑ:j] m Einschienenbahn f; **~ski** [~'ski] m Einbrettschi (Wasserschi); **~syllabe** [~si'lab] adj. (u. m) einsilbig(es Wort n); **~théisme** [~te'ism] m Monotheismus m, Glaube m an einen Gott; **~tone** [~'tɔn] monoton, eintönig; **~tonie** [~tɔ'ni] f Monotonie f, Eintönigkeit f.

mon|seigneur [mɔ̃sɛ'ɲœ:r] m gnädiger Herr, hochwürdigster Herr, Euer (Seiner) Gnaden; ⊕ (pince f) ~ Brecheisen n (der Diebe); **~sieur** [mɔ'sjo, m(ə)sjø] m (abr. mit folgendem Namen: M.; pl. messieurs, abr. MM.) (mein) Herr m; im Brief a. sehr geehrter Herr usw.; ce (un) ~ dieser (ein) Herr.

monstr|e [mɔ̃'strǝ] 1. m Monstrum n, mißgestaltetes Wesen n; Mißgeburt f; myth. Ungetüm n; fig. Ungeheuer n, Scheusal n; 2. adj. kolossal, Riesen...; procès n ~ Schauprozeß m; **~ueux** [mɔ̃stry'ø] (7d) mißgestaltet; ungeheuer (groß); scheußlich; **~uosité** [~ozi'te] f Mißbildung f; Ungeheuerlichkeit f.

mont [mɔ̃] m (fast nur noch in Eigennamen) Berg m; **~age** [~'ta:ʒ] m Hochschaffen n; Bergfahrt f; ⊕ Montage f, Aufstellen n, Montieren n; Zs.-setzen n; Fertigbau m; Anordnung f; ⚡ Schaltskizze f; fig. pol. Propagandatrick m, Bluff m; organisation f de ~ de cou(p) Schein-, Tarnorganisation f; Auto, vél.: ~ des bandages, ~ des pneus Bereifen m.

montagn|ard [mɔ̃ta'ɲa:r] (7) 1. adj. Gebirgs-, Berg...; 2. su. Bergbewohner m; **~e** [~'taɲ] f Berg m; a. ~s pl. Gebirge n; dans les ~s im Gebirge; emmener les troupeaux dans la ~ die Herden ins Gebirge schicken; ~s russes Berg- u. Talbahn f; **~eux** [~'ɲø] (7d) bergig, gebirgig.

mont|aison [mɔ̃tɛ'zɔ̃] f Laichzeit f der Lachse; **~ant** [~'tɑ̃] 1. adj. (7) aufsteigend; aufwärtsgehend od. -fahrend; 2. m Betrag m e-r Rechnung; Zeit f der Flut; Blume f des Weins; Prickeln n des Mostrichs; fig. Reiz m; Haupttrieb m der Pflanzen; Ständer m, Pfosten m; Leiterbaum m; ⚒ Stütze f (Förderturm). [Pfandstelle f.]

mont-de-piété [mɔ̃dpje'te] m

monte|-charge [mɔ̃t'ʃarʒ] m Lastenaufzug m; **~-châssis** [~ʃa'si] m Fensterheber m.

monté [mɔ̃'te] m onté; ~ sur un cheval auf e-m Pferde (sitzend); fig. ~ en qch. wohlversehen mit; fig. coup m ~ ausgemachte Sache f; F être ~ wütend (od. auf der Palme F) sein; **~e** [~] f Hinauffahren m, -steigen n, -fliegen n; Auto: Bergfahrt f; Auffahrt f, Rampe f; fig. 🌱 Steigen n der Preise; fig. Hochkommen n (z.B. der Jugend).

monte|-en-l'air [mɔ̃tɑ̃'lɛ:r] m Fassadenkletterer m; **~-livres** [~'li:vrǝ] m Bücheraufzug; **~-pente** [~'pɑ̃:t] m/inv. Schilift m; **~-plats** [~'pla] m Speisenaufzug m.

mont|er [mɔ̃'te] v/i. u. v/t. steigen, ⚵ hochfliegen, Uhr, Unternehmen, Plattenspieler: aufziehen; Geige: besaiten; ⊕ (an)montieren, aufstellen, zs.-setzen; thé. einstudieren; fig. wachsen; aufrücken; er-, besteigen; fig. erhöhen; hochziehen; e-n Fluß hinauffahren; Lasten hinaufbringen; auf-, einrichten; Bett, Zelt aufschlagen; Partie veranstalten; Diamanten fassen; ⚡ schalten; Batterie mit Geschütz versehen; ~ à cheval, ~ en selle ein (das) Pferd besteigen, aufsteigen, reiten; Fr. F ~ à Paris von der Provinz nach Paris abwandern; ~ dans un taxi in e-e Taxe (od. in ein Taxi) steigen; école. ~ d'une classe versetzt werden; ~ sur ses grands chevaux sich aufs hohe Pferd setzen; † les actions ont monté die Aktien sind gestiegen; faire ~ Preise: hochtreiben; se ~ à sich belaufen auf; ~ q. j-n aufhetzen; **~eur** [~'tœ:r] m ⊕ Monteur m, Aufsteller m; **~électricien**, ~ installateur Elektromonteur m; ~ de tuyaux Rohrleger m; P fig. ~ de coups Flausenmacher, Spinner (F) m; **~icule** [~ti'kyl] m Hügel m; **~oir**

[~'twa:r] *m* (Aufsteige-)Tritt; côté *m du* ~ linke Seite *f des Pferdes*.
montre ['mɔ̃:trə] *f* **1.** Taschenuhr; ~-**bracelet** Armbanduhr; ~ *à déclic* Stoppuhr; ~ *de contrôle* Kontrolluhr; **2.** Ausstellen *n*, Zeigen *n*; Schau(fenster)kasten *m*; *faire* ~ *de qch.* etw. ausstellen, zur Schau stellen.
montrer [mɔ̃'tre] (1a) zeigen; *on la montre du doigt* man zeigt auf sie.
montueux [mɔ̃'tɥø] (7d) bergig, hügelig.
monture [mɔ̃'ty:r] *f* Reittier *n*; ⊕ Montage *f*, Aufstellen *n*, Einrichten *n*; Gestell *n*; Fassung *e-s Schmuckes*; ♩ Saiten *pl.*, ⚓ *u.* ✕ Ausrüstung.
monument [mɔny'mɑ̃] *m* Denkmal *n*; ~ *funéraire* Grabmal *n*; ~**al** [~'tal] *fig.* großartig.
moqu|er [mɔ'ke] (1m): *se* ~ *de* spotten über (*acc.*); *être moqué(e)* verhöhnt werden; ~**erie** [~'kri] *f* Spott *m*; *fig.* Unsinn *m*.
moquette [mɔ'kɛt] *f* **1.** *ch.* Lockvogel *m*; **2.** Mokett *m*, Möbelplüsch *m*.
moqueur [mɔ'kœ:r] (7g) **1.** *adj.* spöttisch, spöttelnd; **2.** *su.* Spötter *m*; **3.** *m orn.* Spottdrossel *f*.
moraine [mɔ'rɛn] *f* Moräne.
moral [mɔ'ral] **1.** *adj.* (5c) sittlich (gut), moralisch; seelisch, geistig; **2.** *m das* Sittliche; innerer Halt *m*, Moral *f e-s Heeres*.
moral|e [mɔ'ral] *f* Moral; Sittenlehre; Strafpredigt; ~**isateur** [~liza'tœ:r] (7f) die Sittlichkeit fördernd; ~**isation** [~liza'sjɔ̃] *f* sittliche Hebung, ~**ité** [~li'te] *f* sittliche Betrachtung; Moral *f e-r Fabel*; sittlicher Wert *m*; Sittlichkeit.
moratoire [mɔra'twa:r]: ✝ *lettre f* ~ Stundungsbrief *m*, Zahlungsstundung *f*; ✝ *intérêts m/pl.* ~*s* Verzugszinsen *f*; *le* ~ Zahlungsaufschub *m*, Moratorium *n*.
morbide [mɔr'bid] *adj.* krankhaft; Krankheits...; *peint.* weich, zart.
morbidesse *peint.* [mɔrbi'dɛs] *f* Weichheit *des Fleisches, der Haltung*.
morbidité [mɔrbidi'te] *f* krankhafter Zustand *m*.
morbifique [mɔrbi'fik] krank machend; *cause f* ~ Ansteckungsstoff *m*. [artig.]
morbilleux ⚕ [mɔrbi'jø] masern-]

morbleu! [mɔr'blø] Himmel Donnerwetter! *n* (*Ungeduld, Wut*).
morc|eau [mɔr'so] *m* Bissen *m*; Stück *n*; Abschnitt *e-s Buches*; P *cracher le* ~ auspacken *fig.*; F *emporter le* ~ die Sache schaffen, ~**eler** [mɔrsə'le] (1c) zerstückeln; ~**ellement** [mɔrsɛl'mɑ̃] *m* Zerstückelung *f*; *fig.* Aufteilung *f*.
mord|ache [mɔr'daʃ] *f* Klemmbacke *im Schraubstock*; Feilkloben *m*; ~**acité** [~dasi'te] *f* beißende Schärfe (*a. fig.*); Ätzkraft; ~**ication** ⚕ [~dika'sjɔ̃] *f* Prickeln *n*, Stechen *n*; ~**icus** F [~'di'kys] steif und fest.
mordieu! [mɔr'djø] verflucht!
mordiller [mɔrdi'je] (1a) leicht (spielend) beißen; knabbern.
mordoré [mɔrdɔ're] goldbraun.
mordre ['mɔrdrə] (4a) beißen; stechen (*Floh*); *fig.* ätzen; fassen (*Anker*); ~ *à qch.* anbeißen an (*dat.*); *fig.* sich (aus Neigung) hineinarbeiten in (*acc.*); *fig.* ~ *sur q.* über j-n herziehen (*od.* meckern).
mordu F [mɔr'dy] *bsd. Sport*: begeistert, besessen.
mor|eau, ~elle [mɔ'ro, ~'rɛl] **1.** *adj.* tiefschwarz; (*cheval m*) ~ Rappe *m*; **2.** *f* ♀ Nachtschatten *m*.
moresque *hist.* [mɔ'rɛsk] maurisch.
morfil ⊕ [mɔr'fil] *m* Grat.
morfondre [mɔr'fɔ̃:drə] (4a) erstarren lassen (*acc.*), durch und durch gehen; *se* ~ sich erkälten; vor Kälte vergehen; *fig.* sich zu Tode langweilen.
morgue [mɔrg] *f* **1.** Dünkel *m*, Arroganz; **2.** Leichenschauhaus *n*.
morgue(i)enne! morgu(i)enne! [mɔr'gɛ, ~'g(j)ɛn] Himmel Kreuz!
moribond [mɔri'bɔ̃] **1.** *adj.* todkrank; **2.** *su.* Sterbende(r).
moricaud [mɔri'ko] **1.** *adj.* schwarzbraun; **2.** *su.* Mulatte *m*.
morigéner [mɔriʒe'ne] (1f) ausschimpfen, abkanzeln.
morille ♀ [mɔ'rij] *f* Morchel.
morillon [mɔri'jɔ̃] *m* ♀ dunkelrote Traube *f*; *orn.* Rußente *f*; *min.* roher Smaragd.
morne [mɔrn] trüb(sinnig), düster; matt (*Farbe*); *Antillen m*: kleiner Einzelberg.
moros|e [mɔ'ro:z] mißgestimmt, mürrisch; ~**ité** [~rozi'te] *f* mürrisches Wesen *n*.
morphin|e ⚕ [mɔr'fin] *f* Mor-

morphinisme — 315 — **motogodille**

phium n; ~**isme** ✍ [~'nism] m Morphiumvergiftung f, -sucht f; ~**omane** [~ɔ'man] **1.** adj. morphiumsüchtig; **2.** su. Morphinist m.

morphologie gr. [mɔrfɔlɔ'ʒi] f Morphologie f, Formenlehre.

mors [mɔ:r] m Gebiß n; ⊕ Backe f, Maul n; vom Pferde: prendre le ~ aux dents durchgehen; fig. aufbrausen, plötzlich wütend werden.

morse zo. [mɔrs] m Walroß n.

morsure [mɔr'sy:r] f Bißwunde; Stich m (a. fig.).

mort¹ [mɔ:r] f Tod m; fig. Ruin m, Untergang m; ~ apparente Scheintod m; ~ civile Verlust m der bürgerlichen Ehrenrechte; F ce n'est pas la ~! das ist doch nicht schlimm!; ~ aux rats Rattengift n.

mort² [mɔ:r] **1.** adj. (7) tot; abgestorben; Wasser: stehend; nature f ~e peint. Stilleben n; **2.** su. (7) Tote(r), Leiche f; **3.** m Spiel: Strohmann; jour m des ~s Allerseelen m.

mortaill|able féod. [mɔrta'jablə] leibeigen; ~**e** [~'ta:j] f Leibeigenschaft.

mortaise ⊕ [mɔr'tɛ:z] f Zapfenloch n.

mortalité [mɔrtali'te] f Sterblichkeit f.

mortel [mɔr'tɛl] (7c) **1.** adj. sterblich, tödlich; Tod..., vergänglich; verhängnisvoll; F entsetzlich langweilig; **2.** su. Sterbliche(r).

morte-saison [mɔrtsɛ'zɔ̃] f stille Zeit, Sauregurkenzeit F.

mortier [mɔr'tje] m ⊕, ⚔ Mörser; ⚜ Art Barett n; △ Mörtel.

mortifi|cation [mɔrtifika'sjɔ̃] f; ✍ Brandigwerden n; cuis. Mürbemachen n; rl. Abtötung f; rl. Prüfung, Demütigung; ~**er** [~'fje] (1a) mürbe machen; rl. kasteien; fig. demütigen, schwer kränken; se ~ ✍ brandig werden.

mortuaire [mɔrtɥɛ:r] Sterbe..., Leichen... usw.; extrait m ~ Totenschein; maison f ~ Trauerhaus n.

morue icht. [mɔ'ry] f Kabeljau m; V Fose f; ~ sèche Stockfisch m; petite ~ Dorsch m; huile f de foie de ~ Lebertran m.

morv|e [mɔrv] f Rotz m der Pferde; Nasenschleim(fluß) m; ~**eux** [~'vø] (7d) **1.** adj. rotzig; **2.** su. F dummer Junge m, Grünschnabel m.

mosaïque¹ [mɔza'ik] mo'saisch.

mosaïque² [mɔza'ik] f Mosaik n; fig. Allerlei n.

mosaïsme [mɔza'ism] m mo'saisches Gesetz n. [arbeiter.)

mosaïste [mɔza'ist] m Mosaik-)

Moscou [mɔs'ku] m Moskau n.

moscouade [mɔs'kwad] f Rohzucker m.

moscoutaire [mɔsku'tɛ:r] pol. **1.** adj. iron. moskauhörig; **2.** su. iron. Moskauhörige(r).

Moselle [mɔ'zɛl] f Mosel.

mosquée [mɔs'ke] f Moschee f.

mot [mo] m Wort n; ~-centre, ~-clef Grund-, Stammwort n; ~-souche, ~-vedette Stichwort n; ~-outil wort- od. satzverbindendes Hilfswort n (cj., prp., adv., int.); ~s pl. croisés Kreuzworträtsel n; à ~s couverts durch die Blume; bon ~ Witz; ⚔ ~ d'ordre Parole f; ne dire ~ kein Wort sagen; sans ~ dire ohne ein Wort zu sagen; au bas ~ gelinde gesagt; à ~ [mɔta'mo] = ~ pour ~ wortgetreu; en un ~ kurz (und gut).

motard [mɔ'tar] m Kradpolizist m.

motel [mɔ'tɛl] m Mo'tel n.

motet ♩ [mɔ'tɛ] m Mo'tette f.

moteur [mɔ'tœ:r] (7f) **1.** adj. bewegend; motorbetrieben; **2.** su. Anstifter(in f) m; **3.** m Motor; ~ à combustion (à deux temps, à explosion) Verbrennungs-(Zweitakt-, Explosions-)Motor; ~ à réaction Düsentriebwerk n; ~ auxiliaire Hilfsmotor; ~ éolien Windkraftmaschine f, -motor m; ~ incorporé ⚡ Einbaumotor; ~ pilon stationärer Motor.

moti|f [mɔ'tif] m Beweggrund, Motiv n (a. ♩); ~**lité** [~tili'te] f Bewegungsvermögen n; ~**on** [mo'sjɔ̃] f Bewegung f; fig. Antrag m; ~ de censure Mißtrauensantrag m; faire une ~ e-n Antrag stellen; ~**onnaire** [~sjɔ'nɛ:r] m Antragsteller; ~**ver** [~ti've] (1a) begründen, motivieren.

moto F [mɔ'to] f Motorrad n; ~**canot** [~tɔka'no] m Motorboot n; ~**culteur** [~kyl'tœ:r] m Motorpflug; Motoregge f; ~**culture** [~kyl'ty:r] f mechanisierte Landwirtschaft f; ~**cyclette** [~si'klɛt] f Motorrad n; ~ à sidecar Motorrad mit Beiwagen; faire de la ~ Motorrad fahren; ~**cycliste** [~si'klist] su. Motorradfahrer(in f) m; ~**godille**

motonautique — 316 — **mousseline**

⚓ [~gɔˈdij] f Außenbordmotor m; **~nautique** [~noˈtik] adj. Motorboot...

motte [mɔt] f Erdscholle; Klumpen m (Butter usw.).

motteux orn. [mɔˈtø] m Weißschwanz.

motus! [mɔˈtys] still davon!

mou (vor vo. **mol**), **molle** [mu, mɔl] weich; feuchtwarm (Wetter); lax (Wind); matt, schlaff; träge, lässig; m cuis. ~ de veau Kalbslunge f.

mouchard [muˈʃaːr] m Spitzel m, Schnüffler m; écol. Petze f; **~er** [~ʃarˈde] v/t. u. v/i. bespitzeln, ausspionieren; écol. (ver)petzen.

mouch|e [muʃ] f Fliege; fig. Kinnbärtchen n; † Schönheitspflästerchen n; kleine(r) Dampfer; Lederknopf m am Fechtdegen; Zentrum n der Scheibe; Tüpfelchen n auf Stoffen; F Lockspitzel m; pattes f/pl. de ~ Gekritzel n; **~er** [muˈʃe] (1a) die Nase putzen (q. j-m); Licht putzen; P zurechtweisen; ⊕ stutzen; se ~ sich die Nase putzen, sich schnauben.

moucherolle orn. [muʃˈrɔl] m Fliegenschnäpper.

moucheron [muʃˈrõ] m 1. ent. Mücke f; 2. Lichtschnuppe f.

mouch|eter [muʃˈte] (1c) sprenkeln, tüpfeln; Florettspitze mit e-m Knopf versehen; **~ette** [muˈʃɛt] f ⊕ Simshobel m; ~s pl. Licht(putz)-schere f; **~eture** [~tyːr] f Gesprenkelte(s) n; zo. bunte Flecke m/pl.; **~oir** [~ˈʃwaːr] m Taschentuch n; **~ure** [~ˈʃyːr] f Nasenschleim m; abgeputzte Lichtschnuppe.

moudre [ˈmudrə] (4y) mahlen; fig. ~ de coups durchbleuen; p.p. moulu fig. wie gerädert.

moue [mu] f schiefes Maul n; faire la ~ schmollen; e-n Flunsch ziehen F.

mouette orn. [mwɛt] f Möwe.

moufle [ˈmuflə] f 1. Fausthandschuh m; 2. ⊕ m Muffel f, Schmelztiegel; 3. ⊕ m u. f Flaschenzug m.

mouflet P [muˈflɛ] su. (7c) Bengel m; Göre f.

mouflon zo. [muˈflõ] m Mufflon m, Gebirgsschaf n.

mouill|age [muˈjaːʒ] m Anfeuchten n; Verdünnen n mit Wasser; Ankergrund; **~er** [~ˈje] (1a) naß machen, anfeuchten, benetzen, begießen; gr. das ll und gn wie j aussprechen; Anker werfen; P se ~ sich kompromittieren; **~ure** [~ˈjyːr] f Feuchtsein n; Stockfleck m.

mouisant * [mwiˈzɑ̃] (7): je suis ~ es geht mir dreckig. [Bauer.\
moujik [muˈʒik] m (russischer)\
moujingue * [muˈʒɛ̃ːg] su. Bengel m.

moukkala arab. [muˈkaˈla] f altes, langes Steinschloßgewehr n.

moulage¹ [muˈlaːʒ] m (Ab-)Formen n; Abdruck; Abguß.

moulage² [muˈlaːʒ] m Mahlen n.

moule¹ [mul] m (Gieß-)Form f; Modell n; jeter en ~ métall. gießen.

moule² [mul] f zo. Miesmuschel f; F fig. Waschlappen m.

moul|é [muˈle] **1.** métall. gegossen; adj. sehr gut geformt (fig.); **2.** m Gedruckte(s) n; **~er** [~] (1a) (ab-)formen; abdrucken; Schneiderei: Körperformen hervortreten lassen (eng anliegend); se ~ sur sich bilden nach; **~eur** [~ˈlœːr] m Former, Gießer; **~ière** [~ˈljɛːr] f (Mies-)Muschelbank.

moulin [muˈlɛ̃] m Mühle f; [~liˈne] (1a) Seide zwirnen; zerfressen (Holzwürmer); **~et** [~liˈnɛ] m Quirl; Drehkreuz n; faire le ~ mit e-m Stocke usw. ein Rad schlagen; battre avec un ~ quirlen; **~eur** [~liˈnœːr] (7d) od. **~ier** [~liˈnje] (7b) su. Seidenzwirner(in f) m. [Bilderleiste f.\
moulure [muˈlyːr] f △ Gesims n)\
mourant [muˈrɑ̃] **1.** adj. sterbend; fig. brechend (Auge); schmachtend; **2.** su. Sterbende(r).

mourir [muˈriːr] (2k) sterben; fig. absterben, ausgehen, eingehen, erlöschen usw.; advt. à ~ entsetzlich; se ~ im Sterben liegen; se ~ de désir vor Sehnsucht vergehen.

mousmé(e) [musˈme] f junge Japanerin.

mousquet|ade ehm. [muskaˈtad] f Musketenfeuer n; **~aire** ehm. [~ˈtɛːr] m Musketier m; **~on** ✕ [~ˈtõ] m Karabiner(haken).

mousse [mus] **1.** m Schiffsjunge; **2.** f ♀ Moos n; Schaum m des Bieres usw.; * Haare n/pl.; **3.** adj. stumpf.

mousseline [musˈlin] **1.** f ✢ Musselin m, Nesseltuch n; **2.** adj.: verre m ~ hauchdünnes Glas n.

mouss|er [mu'se] (1a) schäumen; *fig.* wütend werden; P *faire ~ übertrieben loben*; **~eux** [~'sø] **1.** *adj.* schäumend; moosartig; **2.** Sekt *m*, Schaumwein; **~on** [~'sɔ̃] *f Wind*: Monsun *m*; **~u** [~'sy] bemoost.

moustach|e [mus'taʃ] *f* Schnurrbart *m*; F ⚔ *vieille ~* alter Soldat *m*; **~u** [~'ʃy] schnurrbärtig.

moustiqu|aire [musti'kɛ:r] *f* Moskitonetz *n*; **~e** [~'tik] *m* Moskito *m*, Stechmücke *f*.

moût [mu] *m* Weinmost.

moutard|e [mu'tard] *f* Senf *m*; Mostrich *m*; **~elle** [~'dɛl] *f* Meerrettich *m*; **~ier** [~'dje] *m* Mostrichnäpfchen *n*; Senfhändler, -fabrikant *m*; F *se croire le premier ~ du pape* sich für sehr wichtig halten, die erste Geige spielen wollen.

mouton [mu'tɔ̃] *m* Hammel *m*, Schaf *n*; Hammelfleisch *n*; nachgiebiger Mensch; Gefangenenspitzel; ⊕ Ramme *f*; △ Glockenstuhl; **~s** *pl.* Schafe *n/pl.*; F *~ à cinq pattes* komischer Kauz *m*; Phänomen *n fig.*; *~ de Panurge* Herdenmensch; *fig. pl. ~s* Wellenschaum *m*; **~ner** [~tɔ'ne] (1a) kraus od. wollig machen; *e-n Gefangenen* aushorchen; *v/i.* sich kräuseln (*vom Wasser*); *ciel m moutonné* Himmel voller Schäfchen(wolken); **~nerie** [~tɔn'ri] *f* Dummheit; Nachahmungssucht; **~neux** [~tɔ'nø] (7d) schäumend, wogig, wellig (*Meer usw.*); **~nier** [~tɔ'nje] Schafs...; *fig.* blind folgend, der Leitung bedürftig; *esprit m ~* Herdengeist.

mouture [mu'ty:r] *f* Mahlen *n*, Mahlgeld *n*; Mengkorn *n*.

mouv|ant [mu'vɑ̃] (7d) bewegend, treibend; beweglich; *sables m/pl. ~s* Flugsand; **~ement** [muv'mɑ̃] *m* Bewegung *f*; Gang *m*; ✈ An- od. Abflug *m* (*auf dem Flugplatz*); ♩ Tempo *n*; Verkehr; (reges) Leben *n*; Betrieb; Unruhe *f*; Regung *f der Seele*; Unebenheit *f im Gelände*; Räderwerk *n der Uhr*; ♣ Umsatz; *chef m du ~* Betriebsleiter; *~ d'ensemble* Gruppen-, Riegenturnen *n*; ⊕ *~ perdu* Leerlauf *m*, toter Gang; *~ perpétuel* Perpetuum mobile *n*; *~ syndical* Gewerkschaftsbewegung *f*; **~ementé** [~mɑ̃'te] belebt, wechselvoll; bewegt; **~er** [mu've] (1a) ♪ auflockern; *cuis.* umrühren.

mouvoir [mu'vwa:r] (3d) bewegen, in Bewegung setzen.

moyen [mwa'jɛ̃] **1.** *adj.* (7c) mittlere(r, -s); *fig.* mittelmäßig, durchschnittlich; *~ âge m* Mittelalter *n*; **2.** *m* Mittel *n*; *phil.*, ⚛ Mittelglied *n*; **~s** *pl.* Geldmittel *n/pl.*; *fig. a.* Anlagen *f/pl.*, Fähigkeiten *f/pl.*; ⚖ Beweisgründe; *au ~ de = par le ~ de* mit Hilfe von, durch, vermittels; **3.** **~ne** *f* Durchschnitt *m*; **~âgeux** [mwajɛnɑ̃'ʒø] (7d) mittelalterlich; **~nant** [mwajɛ'nɑ̃] *adv.* mittels.

moyeu [mwa'jø] *m* **1.** (Rad-)Nabe *f*; **2.** Eigelb *n*; eingemachte Pflaume *f*.

muance [mɥɑ̃s] *f* ♪ Stimmenwechsel *m*; ♩ Stimmbruch.

mucilag|e [mysi'la:ʒ] *m* ♀ Pflanzenschleim; *phm.* dicke Gummilösung *f*; **~ineux** [~ʒi'nø] schleim(haltig).

mucosité [mykozi'te] *f* Schleim *m*.

mu|e [my] *f* Mauser(zeit) *der Vögel*; Abwerfen *n des Geweihes*; Häuten *n der Schlangen usw.*; *a.* das Abgelegte; ♩ Stimmbruch *m*; **~er** [mɥe] (1a) mausern; sich häuten *usw.*; Stimmbruch haben.

muet, ~te [mɥɛ, mɥɛt] stumm.

mufl|e ['myflə] *m* Schnauze *f*; Maul *n*; F Flegel; **~erie** F [~flə'ri] *f* Flegelei; **~ier** ♀ [~fli'e] *m* Löwenmaul *n*.

mugi|r [my'ʒi:r] (2a) brüllen; brausen; **~ssement** [~ʒis'mɑ̃] *m* Gebrüll *n*; Tosen *n*.

muguet [my'gɛ] *m* ♀ Maiglöckchen *n*; ♩ Mundschwamm.

mul|âtre *m*, **~âtresse** *f* [my'lɑ:trə, ~lɑ'trɛs] *f* Mulatte *m*, Mulattin *f*.

mule¹ [myl] *f* Hausschuh *m ohne Hinterleder*; päpstlicher Pantoffel *m*; *~s de bain* Badepantoffeln *m/pl.*

mul|e² [myl] *f* Mauleselin; **~et** [my'lɛ] *m* Maulesel, -tier *n*; **~etier** [myl'tje] *m* Maultiertreiber.

mulot [my'lo] *m* große Feldmaus *f*.

mulsion [myl'sjɔ̃] *f* Melken *n*.

multi|colore [myltiko'lɔ:r] bunt, mehr-, vielfarbig; **~culture** ♪ [~kyl'ty:r] *f* Gemischtkultur *f*; **~lingue** [~'lɛ̃:g] mehrsprachig.

multipli|cation [myltiplika'sjɔ̃] *f* Vervielfältigung, Vermehrung; *Fahrrad:* Übersetzung; ⚙ Zugfolge *f*;

multiplier — 318 — **mutiler**

table f de ~ Einmaleins *n*; ~**er** [~pli'e] (1a) vervielfältigen.
multitude [mylti'tyd] *f* Menge.
Munich [my'nik] *m* München *n*.
municipal [mynisi'pal] (5c) Stadt..., Gemeinde...; *conseil m* ~ Gemeinderat; ~**ité** [~pali'te] *f* Magistrat *m*; Gemeindeverwaltung.
munificen|ce [mynifi'sã:s] *f große* Freigebigkeit; ~**t** [~'sã] *sehr* freigebig.
muni|r [my'ni:r] (2a): ~ *de* ausrüsten, versehen mit; ✝ ~ *d'un endossement* indossieren, girieren; ✝ ~ *de la signature (d'un besoin)* mit der Unterschrift (mit e-r Notadresse) versehen; ~**tion** [myni'sjõ]: ~*s f/pl.* Munition *f*; Vorrat *m*; *pain m de* ~ Kommißbrot *n*; ~*s de bouche* eiserne Ration *f*.
muqueux [my'kø] (7d) **1.** *adj.* schleimig; Schleim...; **2.** *muqueuse f* Schleimhaut.
mûr [my:r] reif.
mur [my:r] *m* Mauer *f*, Wand *f*; ~ *de poitrines* Menschenmauer *f*; ~ *du son* Schallgrenze *f*; *mettre au pied du* ~ in die Enge treiben.
mur|age [my'ra:ʒ] *m* Mauerwerk *n*; ~**aille** [~'ra:j] *f (hohe u. dicke Verteidigungs-)*Mauer *f*; ~**al** [~'ral] [5c] Mauer..., Wand...; *carte f* ~*e* Wandkarte.
mûre ♀ [my:r] *f* Maulbeere; ~ *sauvage (~ de ronce)* Brombeere.
murer [my're] (1a) um-, zumauern.
mûr|eraie [myr're] *f* Maulbeerpflanzung, ~**ier** [my'rje] *m* Maulbeerbaum.
mûrir [my'ri:r] *v/t.* (2a) reif werden lassen; *v/i.* reif werden.
murmur|e [myr'my:r] *m* Gemurmel *n*, Geplätscher *n*, Säuseln *n*; Murren *n*; ~**er** [~my're] (1a) murmeln, plätschern, säuseln; murren.
mûron ♀ [my'rõ] *m (wilde)* Brombeere *f*.
musard [my'za:r] (7) **1.** *adj.* die Zeit vertrödelnd; **2.** *su.* F Trödler *m*, Müßiggänger *m* Bummelant *m* F; ~**er** [~zar'de] (1a) Maulaffen feilhalten, die Zeit vertrödeln.
musc [mysk] *m* Moschus-, Bisamtier *n*; Moschus.
muscad|e [mys'kad] *f* Muskatnuß; ~**et** [~'de] *m* Muskatwein; ~**ier** ♀ [~'dje] *m* Muskatbaum.

muscardin *zo.* [myskar'dɛ̃] *m* Haselmaus *f*.
muscat [mys'ka] *m u. adj.* Muskat...; *raisin m* ~ Muska'tellertraube *f*.
muscl|e ['myskla] *m* Muskel; ~ *extenseur* Streckmuskel; ~**er** [~'kle] (1a) muskulös machen; *fig. une démocratie musclée* e-e Demokratie der starken Hand.
muscul|aire [mysky'lɛ:r] Muskel...; ~**eux** [~'lø] (7d) muskulös.
muse [my:z] *f* Muse. [Gesicht *n*.]
museau [my'zo] *m* Schnauze *f*; P]
musée [my'ze] *m* Mu'seum *n*.
musel|er [myz'le] (1c) *Hund:* Maulkorb anlegen; *fig.* ~ *q.* j-n mundtot machen, j-m den Mund (P das Maul) stopfen; ~**ière** [myzə'ljɛ:r] *f* Maulkorb *m*. [trödeln.]
muser [my'ze] (1a) müßig sein,]
musette [my'zɛt] *f* Dudelsack *m*; Freßsack *m der Pferde*; ✕ Brotbeutel *m*.
musical [myzi'kal] (5c) musikalisch; *être doué* ~*ement* musikalisch begabt sein.
musi|c-hall [mjuzi'ko:l] *m* Varieté *n*; ~**cien** [myzi'sjɛ̃] (7c) **1.** *adj.* musikalisch; **2.** *su.* Musiker *m*; Komponist(in *f*) *m*; ~**cologie** [~kɔlɔ'ʒi] *f* Musikwissenschaft; ~**que** [~'zik] *f* Musik; ~ *enregistrée* Schallplattenmusik *f*; *(livre m de)* ~ Musikalbum *n*; *(gedruckte)* Noten *f/pl.*; *notes f/pl. de* ~ Noten *f/pl. (als einzelne Musikzeichen)*; *magasin m de* ~ Musikalienhandlung *f*; *papier m à* ~ Notenpapier *n*.
musquer [mys'ke] (1m) mit Moschus parfümieren; † *fig. musqué* geziert, gesucht *(Stil.)*.
mussolinien *ehm. pol.* [mysɔli'njɛ̃] (7c) mussolinisch.
musulman [myzyl'mã] (7) **1.** *adj.* muselmanisch; **2.** *su.* Muselman *m*.
mut|abilité [mytabili'te] *f* Veränderlichkeit *f*; ~**ant** *biol.* [~'tã] *m* durch Mutation entstandene Variante *f*; ~**ation** [~ta'sjõ] *f* Veränderung *f*, Wechsel *m*; *biol.* Mutation *f*; ~**ationnisme** *biol.* [~tasjɔ'nism] *m* Mutationstheorie *f*; ~**er** [my'te] (1a) *e-n Beamten* versetzen; *den Most* schwefeln.
mutil|ation [mytila'sjõ] *f* Verstümmelung *f*; ~**er** [~'le] (1a) verstümmeln; *mutilé m de guerre* Kriegsversehrter *m*.

mutin [my'tɛ̃] (7) **1.** *adj.* trotzig, widerspenstig; aufwieglerisch; *fig.* munter; schnippisch; **2.** *su.* Trotzkopf *m*; Aufwiegler *m*; ~**er** [~ti'ne] (1a) aufwiegeln; se ~ meutern; ~**erie** [~tin'ri] *f* Trotz *m*, Widerspenstigkeit *f*; Meuterei *f*.

mutisme [my'tism] *m* ⚕ Stummheit *f*; *fig.* Schweigen *n*.

mutu|alisme [mytɥa'lism] *m* gegenseitige soziale Hilfsbereitschaft *f*; ~**alité** [~tɥali'te] *f* Gegenseitigkeit *f*; ~**el** [~'tɥɛl] (7c) gegenseitig; *pari m* ~ Toto *n*.

myocard|e [mjɔ'kard] *m* Herzmuskel *m*; ⚕ *infarctus m du* ~ Herzinfarkt *m*; ~**ite** [~kar'dit] *f* Herzmuskelentzündung *f*.

myop|e ⚕ [mjɔp] kurzsichtig; ~**ie** [~'pi] *f* Kurzsichtigkeit *f*.

myosotis ⚘, ♀ [mjɔzɔ'tis] *m* Vergißmeinnicht *n*.

myrtille ♀ [mir'tij] *f* Blau-, Heidelbeere *f*.

mystère [mis'tɛ:r] *m* Geheimnis *n*.

mystérieux [miste'rjø] (7d) geheimnisvoll.

mysti|cisme [misti'sism] *f* Mystik *f* (*philosophisch-literarische Dichtung*); ~**fier** [~'fje] (1a) foppen, zum besten haben; ~**que** [~'tik] mystisch; schwärmerisch; *f rl.* Mystik *f* (*als Teil der Theologie*); *allg.* Kult *m*, Mythos *m*.

myth|e [mit] *m* (Götter-, Helden-) Sage *f*; ~**ique** [~'tik] mythisch.

mytholog|ie [mitɔlɔ'ʒi] *f* Mythologie *f*, Götterlehre *f*; ~**ique** [~'ʒik] mythologisch; ~**ue** [~'lɔg] *m* Mythologe *m*, Sagenforscher *m*.

N

N (*ou* **n**) [ɛn] *m* N (*od.* n) *n*.
nabab [na'bab] *m fig.* Krösus *m*.
nablater ⚔ [nabla'te] (1a) montieren, aufbauen, basteln.
nacelle [na'sɛl] *f* Nachen *m*; ⚓ Gondel *f*; *phys.* Pfanne.
nacr|e ['nakrə] *f* Perlmutter; **~é** [~'kre] perlmutterartig; **~er** [~] (la) *v/t.* Perlmutterglanz geben (*dat.*).
nag|e [na:ʒ] *f* Schwimmen *n*; ~ (à la) *brasse* Brustschwimmen *n*; ~ *libre* Freistilschwimmen *n*; à la ~ schwimmend; être en ~ in Schweiß gebadet sein; **~ée** [na'ʒe] *f* Schwimmstoß *m*; **~eoire** [~'ʒwa:r] *f* 1. *icht.* Flosse; 2. Schwimmgürtel *m*; **~er** [~'ʒe] (11) schwimmen; **~eur** *m*, **~euse** *f* [~'ʒœ:r, ~'ʒø:z] Schwimmer(in *f*) *m*; *nageur de grand fond* Weitschwimmer.
naguère [na'gɛ:r] unlängst, vor kurzem.
naï|f, ~ve [na'if, ~'i:v] urwüchsig; natürlich, unbefangen; *péj.* naiv, kindisch, einfältig. [Zwerg *m*.)
nain [nɛ̃] (7) 1. *adj.* zwerghaft; 2. *su.*)
naissance [nɛ'sɑ̃:s] *f* Geburt; Entstehung; *fig.* Anfang *m*; *acte m de* ~ Geburtsurkunde *f*.
naître ['nɛ:tr] (4g) geboren werden; entstehen; entspringen (*Fluß*); *faire* ~ hervorrufen; erzeugen; verursachen.
naïveté [naiv'te] *f* Natürlichkeit; Unbefangenheit; *péj.* Naivität *f*, Einfalt *f*; Weltfremdheit.
naja *zo.* [na'ʒa] *m* Brillenschlange *f*.
nan|tir [nɑ̃'ti:r] (2a) *durch Pfand* sichern; ~ *de* versehen mit; **~tissement** [~tis'mɑ̃] *m* Pfand *n*.
naphte [naft] *f* Naphtha *n*, Erdöl *n*.
Naples ['naplə] *m* Neapel *n*.
napolitain [napɔli'tɛ̃] (7) 1. *adj.* neapolitanisch; 2. ♀ *su.* Neapolitaner *m*.
nappe [nap] *f* Tischtuch *n*; ~ *aquifère*, ~ *d'eau souterraine* Grundwasserspiegel *m*; **~ron** [na'prɔ̃] *m* Übertischtuch *n*; Tellerdeckchen *n*.
narcisme *psych.* [nar'sism] *m* Narzißmus *m*, Verliebtheit *f* in sich selbst.

narco|se ⚕ [nar'ko:z] *f* Betäubung, Narkose; **~tique** [~kɔ'tik] *adj. u. m* narkotisch; Narkotikum *n*; **~tiser** [~kɔti'ze] betäuben.
nard ♀ [na:r] *m* Narde *f*.
narguer [nar'ge] (1m) verhöhnen; belästigen (*Passanten*).
narine [na'rin] *f* Nasenloch *n*, -flügel *m*; *Pferd:* Nüster.
narquois [nar'kwa] schalkaft, schelmisch, spöttisch.
narra|teur [nara'tœ:r] (7f) Erzähler *m*; **~tif** [~'tif] (7e) erzählend; **~tion** [~ra'sjɔ̃] *f* Erzählung; Erzählen *n*; Schulaufsatz *m*.
narrer [na're] (1a) ausführlich erzählen.
narval *zo.* [nar'val] *m* Narwal.
nas|al [na'zal] (5c) 1. *adj.* Nasen...; *gr.* nasal; 2. *f* Nasenlaut *m*; **~aliser** [~zali'ze] (1a) nasalieren.
nasarde [na'zard] *f* Nasenstüber *m*; *F* schwere Kränkung.
naseau [na'zo] *m* Nasenloch *n* (*nur v. Tieren*), Nüster *f*, *bsd. der Pferde*.
nasill|ard [nazi'ja:r] (7) näselnd; **~er** [~'je] (1a) näseln.
nasrani *arab.* [nasra'ni] *m* Christ.
nasse [nas] *f Fischerei:* Reuse; (Ratten-)Falle *f*; *fig.* Klemme; Falle *f*, Trick *m*.
nat|al [na'tal] Geburts...; heimatlich; **~alité** [~tali'te] *f* Geburtenziffer.
nata|tion [nata'sjɔ̃] *f* Schwimmen; Schwimmsport *m*; **~toire** [~ta'twa:r] Schwimm...; *vessie f* ~ Schwimmblase *der Fische*.
natif [na'tif] 1. *adj.* gebürtig; angeboren; *min.* gediegen; 2. *su.* Eingeborene(r) *m*.
nation [nɑ'sjɔ̃] *f* Nation *f*, Volk *m*; *bibl. les* ~*s pl.* die Heiden *m/pl.*; **~al** [~jɔ'nal] (5c) national, volkstümlich; Volks...; **~alisation** [~liza'sjɔ̃] *f* Verstaatlichung; Einbürgerung; **~alisme** *pol.* [~na'lism] *m* Vaterlandsgefühl *n*; **~aliste** *pol.* [~'list] *adj. u. su.* nationalistisch; Nationalist *m*; **~alité** [~li'te] *f* Nationalität *f*, Staatsangehörigkeit; *sans* ~ staaten-

nationaux

los; ~aux [~'no] *m/pl*. Staatsangehörige *pl*.

national-socialisme *ehm. pol.* [nasjonalsɔsja'lism] *m* Nationalsozialismus *m* (*in Deutschland: 1933 bis 1945*).

nativité *rl.* [nativi'te] *f* Christi Geburt; *ast.* Nativität.

natt|e [nat] *f* (Stroh-)Matte; Zopf *m*; ~ de roseau Rohrgeflecht *n*; ~ de cheveux Zopf *m*; ~**er** [~'te] (1a) mit Matten belegen; (ein-)flechten.

natural|iser [natyrali'ze] (1a) naturalisieren; einbürgern; *Tiere* ausstopfen; *Pflanzen* präparieren; ~**iste** [~'list] *m* Naturforscher, -philosoph *m*, -wissenschaftler *m*; (Tier-)Ausstopfer; Naturalist.

natur|e [na'ty:r] *f* Natur; Beschaffenheit; Wesen *n*, Eigentümlichkeit; Anlage, Leibesbeschaffenheit; *peint.* ~ morte Stilleben *n*; *loi f* de la ~ Naturgesetz *n*; *adj. cuis.* ohne Beilagen, -gaben; *café m* ~ schwarzer Kaffee; ~**el** [~ty'rɛl] **1.** *adj.* natürlich; Natur...; *adv.* ~**lement** *a.* selbstverständlich; **2.** *m* Naturell *n*; Charakter; Gemütsart *f*; Natürlichkeit *f*; *cuis. au* ~ ohne Zutaten; **3.** *su.* Eingeborene(r); ~**isme** [~'rism] *m* ☥ Naturheilmethode *f*; *allg.* Naturverbundenheit *f*; ~**iste** [~'rist] *m* Naturheilarzt *m*, -kundiger; *adj.* naturverbunden.

naufrag|e [no'fra:ʒ] *m* Schiffbruch; *allg.* Untergang *m*; *faire* ~ Schiffbruch leiden; ~**é** [~fra'ʒe] schiffbrüchig, Schiffbrüchige(r); ~**eur** [~fra'ʒœ:r] *m* Strandräuber.

nauséabond [nozea'bɔ̃] (7) Übelkeit erregend; *fig.* widerlich.

nausé|e [no'ze] *f* Übelkeit, Würgen *n*; *fig.* Ekel *m*; ~**eux** [~ze'ø] (7d) Brechen erregend.

nau|tique [no'tik] nautisch; See...; *club m* ~ Ruderklub *m*; ~**tonier** [~to'nje] *m* Fährmann.

naval, *pl.* ~**s** [na'val] Schiffs..., See...; *ingénieur m* ~ Schiffsingenieur *m*; *chantiers m/pl.* ~**s** Werften *f/pl.*

navarin *cuis.* [nava'rɛ̃] *m* Hammelragout *n*.

navet [na'vɛ] *m* **1.** weiße Rübe *f*; *chou m* ~ Kohlrübe *f*; **2.** F a) Kitschfilm *m*; b) Schmöker *m*; c) kitschiges Bild *n*.

navett|e [na'vɛt] *f* ⊕ Weber-, Nähmaschinenschiffchen *n*; *rl.* Weih-

— 321 —

nécropole

rauchgefäß *n*; 🚃 Pendelzug *m*; (*service m* de) ~ Pendelverkehr *m*; *faire la* ~ *fig.* hin und hergehen *od.* fahren *usw.*; ✈ Wechselreiterei treiben; ~**eur** [~'tœ:r] *m* (7g) Pendler *m*, Pendelverkehrsbenutzer *m*.

navi|gabilité [navigabili'te] *f* Schiffbarkeit; Seetüchtigkeit *e-s Schiffes*; ~**gable** [~'gabl] schiffbar; seetüchtig; ~**gant** ✈ [~'gɑ̃]: *personnel m* ~ Flugpersonal *n*; ~**gateur** [~ga'tœ:r] **1.** *adj.* Schiffahrt treibend; **2.** *m* Seefahrer; ~**gation** [~ga'sjɔ̃] *f*: ~ (*aérienne*)(Luft-)Schiffahrt(skunde) *f*; ~ *interplanétaire* Weltraumschiffahrt *f*; ~**guer** ✈, ⚓ [~'ge] (1m) fahren; steuern.

navire [na'vi:r] *m* (See-)Schiff *n*.

navrer [na'vre] (1a) *fig.* das Herz zerreißen; *je suis navré* es tut mir sehr leid; *j'en suis navré* das Herz blutet mir dabei.

nazi *ehm. pol.* [na'zi] *adj. u. m* nazistisch; Nazi *m* (= *Nationalsozialist*).

ne [nə]: ~ ... *pas* nicht; ~ *guère* kaum; ~ *jamais* nie; ~ *jamais que* immer nur; ~ *plus* nicht mehr; ~ *point gar* nicht; ~ *que* nur; ~... *pas que*..., *mais aussi* nicht nur..., sondern auch...

né [ne] geboren; *bien* ~ von guter Herkunft, gut geartet; *être* ~ coiffé ein Glückskind sein. [weniger.|

néanmoins [neɑ̃'mwɛ̃] nichtsdesto-|

néant [ne'ɑ̃] *m* Nichts *n*; ₮₮ *mettre à* ~ für nichtig erklären; *réduire à* ~ vernichten.

nébul|eux [neby'lø] **1.** *adj.* bewölkt, neb(e)lig; *fig.* finster; **2.** *nébuleuse f ast.* Nebelstern *m*; ~**osité** [~lozi'te] *f* leichte Trübung *f*; dünner Nebel *m*; *fig.* Unklarheit *f*.

nécess|aire [nesɛ'sɛ:r]: **1.** *adj.* notwendig; **2.** *m* Notwendige(s) *n*; Näh-, Toilettenkästchen *n*, -tasche *f*; Besteck *n des Arztes*; ~**ité** [~si'te] *f* Notwendigkeit; Dürftigkeit; ~*s pl.* Bedürfnisse *n/pl.*; ~**iter** [~] (1a): ~ *qch.* etw. erfordern; ~**iteux** [~si'tø] **1.** *adj.* notleidend; **2.** *su./pl. les* ~ die Armen, die Bedürftigen.

nécro|loge [nekrɔ'lɔ:ʒ] *m* Totenliste *f*; Nachruf *m*; ~**logue** [nekrɔ'lɔg] *m* Nachrufverfasser; ~**mancie** [~mɑ̃'si] *f* Geisterbeschwörung; ~**pole** [~'pɔl] *f* Totenstadt.

21 Franz.-Dtsch.

nécrose ☠ [ne'kro:z] f (Knochen-)Brand m.
nectar [nɛk'ta:r] m Göttertrank; Nektar der Blüten.
néerlandais [neerlɑ̃'dɛ] (7) niederländisch; ♀ su. Niederländer(in)m.
nef ⚠ [nɛf] f Kirchenschiff n.
néfaste [ne'fast] unheilvoll; unselig; jour m ~ Unglückstag m.
nèfle ♀ [nɛflə] f Mispel f.
néflier ♀ [nefli'e] m Mispelbaum m.
néga|tif [nega'tif] (7e) negativ, verneinend; phot. épreuve f négative Negativ n; **~tion** [~gɑ'sjɔ̃] f Verneinung f; abschlägige Antwort f; **~tivisme** [~ti'vism] m negative Einstellung f; **~tiviste** a. pol. [~ti'vist] su. Neinsager m.
négligle [negli'ʒe] m Morgenrock m; Hauskleid n; **~ence** [~'ʒɑ̃:s] f Nachlässigkeit f; Fahrlässigkeit f; **~ent** [~'ʒɑ̃] (7) nachlässig; **~er** [~'ʒe] (11) vernachlässigen, versäumen, unterlassen.
négoc|e [ne'gɔs] m (Groß-)Handel m; oft péj. Geschäftemacherei f; Sache f, Affäre f; **~iable** [~'sjablə] verkäuflich, umsetzbar, marktfähig; übertragbar; **~iant** [~'sjɑ̃] m Kaufmann m; ~ en gros Großkaufmann m; **~iateur** [~sjɑ'tœ:r] (7f) su. Unterhändler m, Vermittler m; **~iation** [~sjɑ'sjɔ̃] f Unterhandlung f; Verhandlung f; Begeben n e-s Wechsels; **~ier** [~'sje] v/i. (1a) Handel treiben; v/t. verhandeln; erörtern; vermitteln; Wechsel begeben.
nègre m, **négresse** f ['nɛ:grə, ne'grɛs] Neger(in) m; nègre m * écol. Bester m e-s Wettbewerbs der Ecole Polytechnique.
nègr|erie f, a. **nègrerie** f ehm. [negrə'ri, nɛ~] Negerdepot n, -arbeitslager n; **~ier** ehm. [negri'e] m Sklavenhändler m; a. adj.: bâtiment m ~ Sklavenschiff n; **~ille** [ne'grij] m Pygmäe m; **~illon** [negri'jɔ̃] su. (7c) Negerlein n; **~itude** litt., pol. [~gri'tyd] f selbständiges Denken u. Fühlen n des Schwarzen; ideologisches Erwachen n, Selbstbewußtsein n der Schwarzen; Zugehörigkeit f zur schwarzen Rasse u. Kultur; gegenseitige Liebe u. Achtung unter den Rassen.
neig|e [nɛ:ʒ] f Schnee m; ~s pl. Schneemassen f/pl., -fälle m/pl.;

🌧 ~ carbonique Kohlensäureschnee m; ~ collante (Ski) Pappschnee m; ~ crouteuse Harschschnee m; ~ poudreuse Pulverschnee m; couche f de ~ Schneedecke f; limite f des ~s Schneegrenze f; classes f/pl. de ~ Schulklassen f/pl. auf Schifahrt; partir pour la ~ zum Schisport fahren; cuis. œufs m/pl. à la ~ Eierschnee m; **~é** [nɛ'ʒe] verschneit, schneebedeckt; **~er** [~] (11) schneien; **~eux** [~'ʒø] schneebedeckt, Schnee...
nénuphar ♀ [neny'fa:r] m Seerose f.
néo|colonialisme pol. [neɔkɔlɔnja'lism] m Neokolonialismus m; **~colonialiste** [~'list] pol. su. u. adj. Neokolonialist m; neokolonialistisch; **~latin** [~la'tɛ̃] (7) neulateinisch; **~logisme** [~lɔ'ʒism] m Neologismus m, Neubildung f, neues Wort n.
néphr|algie ☠ [nefral'ʒi] f Nierenleiden n; **~étique** [~fre'tik] 1. adj. Nieren...; 2. m Nierenmittel n; 3. su. Nierenkranker m; **~ite** [~'frit] f Nierenentzündung f.
népotisme [nepɔ'tism] m Vetternwirtschaft f.
nerf anat. [nɛ:r] m Nerv; Sehne f; fig. Haupttriebfeder f; ~ de bœuf [nɛrdə'bø] Ochsenziemer; avoir ses ~s gereizt sein; fig. avoir du ~ [nɛrf] kräftig sein; vivre sur les ~s ein entnervendes Leben führen.
nerprun ♀ [nɛr'prœ̃] m Wegedorn.
nerv|ation [nɛrvɑ'sjɔ̃] f Nervengerüst n e-s Blattes etc. Insektenflügels; **~er** [~'ve] (1a) mit Sehnen überziehen; Buch mit Rippen versehen; **~eux** [~'vø] (7d) Nerven..., nervig, kraftvoll; nervös, nervenkrank; **~i** [nɛr'vi] m Rowdy m, Schläger m; Mörder m; **~in** [~'vɛ̃] adj. u. m nervenstärkendes Mittel (n); **~osisme** ☠ [~vɔ'zism] m Nervenleiden n; Nervenschwäche f; **~osité** [~vozi'te] f Nervenschwäche f; fig. Reizbarkeit; **~ure** [~'vy:r] f Nervengewebe n; Holzmaserung f; 🜲 Rippe f; Gebund n (Buchbinderei); a. typ. (Blatt-, Buch-, Gewölbe-)Rippen F; **~uré** [~vy're]; ⚠ plancher m ~ Rippendecke f.
net, ~te [nɛt] 1. adj. sauber, rein; lauter; unvermischt; unverkennbar, klar, deutlich; ♦ unverkürzt, netto; produit m ~ Reinertrag m; adv. ~ (a.

netteté — 323 — **nimber**

~tement) geradeheraus; *refuser* ~ rundweg abschlagen; **2.** *m mettre au* ~ ins reine schreiben; *mise f od. copie f au* ~ Reinschrift.

nett|eté [nɛt'te] *f* Reinheit; Reinlichkeit; *fig.* Klarheit *des Verstandes usw.*; *Radio*: ~ *de la réception od. de l'audition* Klangreinheit; **~oiement**, **~oyage** [nɛtwa'mɑ̃, ~twa-'jaːʒ] *m* Reinigen *n*, Säubern *n*; *à sec* Trockenreinigen *n*; ~ *par le vide* Staubsaugen *n*; **~oyer** [~twa'je] (1h) reinigen, säubern; * fertig-(kalt-)machen.

neuf¹ [nœf, *in Bindung* nœːv] **1.** *a/n. c.* neun; *preuve f par* ~ hundertprozentiger Beweis *m*; **2.** *m* Neun *f*.

neuf² [nœf] neu; ungebraucht; unbewandert; *quoi de* ~? (et)was Neues?, was gibt's Neues?; *remettre à* ~ neu umarbeiten.

neurasthéni|e [nøraste'ni] *f* Nervenschwäche; **~que** [~'nik] **1.** *adj.* nervenschwach; **2.** *su.* Neurastheniker(in *f*) *m*.

neuro|logiste [nørɔlɔ'ʒist] *m*, **~logue** [~'lɔg] *m* Nervenarzt; **~trophique** [~trɔ'fik] nervenstärkend.

neutral|ement [nøtral'mɑ̃] *adv. gr.* intransitiv; als Neutrum; **~iser** [~li'ze] (1a) *pol., fig.* neutralisieren *fig.* unschädlich (*od.* unwirksam) machen; aufheben (*od.* blockfrei); **~iste** [~'list] neutralistisch, blockfrei; **~ité** [~li'te] *f* Neutralität, Unparteilichkeit, Parteilosigkeit.

neutre ['nøːtr] **1.** *adj.* sächlich; neutral, parteilos; ⚥ geschlechtslos; *verbe* ~ intransitives Zeitwort *n*; **2.** *m gr.* Neutrum *n*; **3.** *su. pol.* Neutrale(r).

neutron *at.* [nø'trɔ̃] *m* Neutron *n*.

neuv|aine *rl.* [nœ'vɛn] *f* neuntägige Andacht; **~ième** [~'vjɛm] neunte(r, s); *un* ~ ein Neuntel *n*.

névé [ne've] *m* Gletscherschnee, Firn (*a. fig.*).

neveu [nə'vø] *m* Neffe; *nos arrière-~x pl.* unsere Nachkommen.

névralgie 🞜 [nevral'ʒi] *f* Nervenschmerz *m*; ~*s pl.* Nervenleiden *n*.

nez [ne] *m* Nase *f*; *fig.* Gesicht *n*; Vorgebirge (*Kap*) *n*; ⚓ (Schiffs-) Schnabel *m*; *avoir du* ~ e-e feine Nase (e-n Riecher F) haben; *faire qch. au* ~ *et à la barbe de q.* vor j-s Augen etw. tun; *faire un* ~ ein langes Gesicht machen; *faire un pied de* ~ *à q.* j-n nach e-m Mißerfolg verulken; P *avoir y* ~ *sale fig.* blau (= betrunken) sein; *avoir q. dans le* ~ j-n nicht riechen können; j-n hassen *od.* nicht mögen; *se trouver* ~ *à* ~ *avec un autre véhicule* sich unmittelbar vor e-m anderen Auto befinden.

ni [ni] auch nicht; noch; *ni … ni* (*mit ne beim vb.!*) weder … noch; *ni moi non plus* ich auch nicht *od.* ebensowenig.

niable ['njablə] leugbar, abstreitbar.

niais, **~e** [njɛ, njɛːz] albern, kindisch; **~erie** [njɛz'ri] *f* Albernheit.

Nice [nis] *f* Nizza *n*.

niche [niʃ] **1.** *f* Nische; Hundehütte; **2.** F *f* Streich *m*, Schabernack *m*.

nich|ée [ni'ʃe] *f* Nestvoll *n*; **~er** [~] (1a) *v/i.* nisten (*a.* F *fig.*); hausen; *v/t.* F unterbringen.

nichrome ⊕ *métall.* [ni'krɔːm] *m* Chromnickelstahl.

nickel [ni'kɛl] *m* 'Nickel; **~er** [ni-'kle] (1a) vernickeln; **~ure** [~'klyːr] *f* Vernicklungskunst *f*, -arbeit *f*.

nicotine 🞜 [niko'tin] *f* Nikotin *n*.

nid [ni] *m* Nest *n*; *~s d'abeilles* Waffel-, Wabenmuster *n*; F *se refaire un* ~ sich wieder e-e Existenz schaffen; **~ification** [~difika'sjɔ̃] *f* Nestbau *m*.

nièce [njɛs] *f* Nichte.

nielle [njɛl] **1.** 🌾 *f* Getreidebrand *m*; Meltau *m*; **2.** ⚘ *f* Kornrade; **3.** ⊕ *m* schwarzer Schmelz.

nieller [njɛ'le] **1.** 🌾 (1a) brandig machen; *se* ~ brandig werden; **2.** ⊕ (1a) mit schwarzem Schmelz auslegen.

niellure [njɛ'lyːr] *f* **1.** 🌾 Getreidebrand(schaden) *m*; **2.** ⊕ mit schwarzem Schmelz ausgelegte Gravierung.

nième F [njɛm] *adj.* (*vorgestellt!*) zigster F; *z.B. pour la* ~ *fois*.

nier [nje] (1a) leugnen, abstreiten; verneinen.

nigaud [ni'go] (7) **1.** *adj.* albern; **2.** *su.* Dummkopf *m*; alberne Gans *f*; **~er** [~'de] (1a) Albernheiten treiben; **~erie** [~'dri] *f* Albernheit *f*, Schildbürgerstreich *m*.

nimb|e [nɛ̃ːb] *m* Heiligenschein; **~er** [nɛ̃'be] (1a) *fig.* mit e-m Nimbus umgeben.

nipp|er F [ni'pe] (1a) ausstaffieren; **~es** F [nip] *f/pl.* abgetragene Kleidung *f*.

nippon [ni'põ] japanisch; **le ♀** Japan *n*.

nique F [nik] *f*: *faire la ~ à q.* j-m die kalte Schulter zeigen.

nitouche [ni'tuʃ] *f*: F *sainte ~* Scheinheilige(r); *adj.* scheinheilig.

nitr|ate 🜹 [ni'trat] *m* Nitrat *n* (*salpetersaures Salz*); *~ d'argent* Höllenstein; **~e** 🜹 ['nitrə] *m* Sal'peter; **~eux** [~'trø] (7d) salpeterhaltig; **~ière** [~tri'ɛːr] *f* Salpetergrube; **~ification** [~trifika'sjõ] *f* Salpeterbildung; **~ifier** [~'fje] (1a): *se ~* sich mit Salpeter bedecken; **~ique** [ni'trik] Salpeter...; *acide m ~* Salpetersäure *f*.

nitro|benzène 🜹 [~bɛ̃'zɛn] *m* Nitrobenzol *n*; **~gène** 🜹 [nitrɔ'ʒɛn] *m* Stickstoff.

nivéal [nive'al] (5c) im Schnee wachsend; im Winter blühend.

niveau [ni'vo] *m fig.* Niveau *n*, Stufe *f*; ⊕ Libelle *f*, Grundwaage *f*; waagerechte Fläche *f*; gleiche Höhe *f od.* Ebene *f* (*a. fig.* gleicher Rang); *~ d'eau* Wasserwaage *f*; *~ des eaux souterraines* Grundwasserspiegel; *~ de maçon* Lotwaage *f*; *~ de vie* Lebensstandard; *adv. de ~* waagerecht; 🚇 *passage m à ~* Bahnübergang (*zu ebener Erde*); *pourparlers m/pl. au ~ le plus élevé* Verhandlungen *f/pl.* auf höchster Ebene.

nivel|er [niv'le] (1c) Höhenunterschiede messen; (ein-)eb(e)nen; *fig.* nivellieren, ausgleichen; **~eur** [~'lœːr] *m* Feldmesser.

nivellement [nivɛl'mɑ̃] *m* Abmessen *n* der Höhenunterschiede; (Ein-)Ebnen *n*; *fig. pol.* Gleichmacherei *f*.

nivomètre ⊕ [nivɔ'mɛːtrə] *m* Schneemesser.

nobiliaire [nɔbi'ljɛːr] **1.** *adj.* Adels...; **2.** *m* Adelsbuch *n*.

nobl|e ['nɔblə] **1.** *adj.* ad(e)lig; edel (-mütig); **2.** *su.* Adlige(r), Edelmann *m*, -dame *f*; **3.** *m* Erhabenheit *f*, Edle(s) *n*; **~esse** [nɔ'blɛs] *f* Adel *m*.

noce [nɔs] *f*, *mst. ~s pl.* Hochzeit(sgesellschaft, -feier); P *être de ~* Hochzeitsreise machen; *faire la ~* flott leben, prassen, sich amüsieren.

nocher *poét.* [nɔ'ʃe] *m* Fährmann.

noci|f, ~ve [nɔ'sif, ~'siːv] schädlich; **~vité** [~sivi'te] *f* Schädlichkeit.

noctambule [nɔktɑ̃'byl] *su.* Nachtwandler(in *f*) *m*.

noctuelle *ent.* [nɔk'tɥɛl] *f* Nachtfalter *m*.

nocturne [nɔk'tyrn] **1.** *adj.* nächtlich; Nacht...; **2.** *m ent.* Nachtvogel *m*; ♪ Nok'turne *f*.

Noé [nɔ'e] *m* Noah.

Noël [nɔ'ɛl] **1.** *m* Weihnacht(en) *f*; ♀ Weihnachtsgeschenk *n*; *un joyeux ~* fröhliche Weihnachten; *faire ~* Weihnachten feiern; *passer un beau ~* ein schönes Weihnachtsfest verbringen; *le ~ des enfants malheureux* das Weihnachtsfest der unglücklichen Kinder; *à Noël*, *oft. à l'occasion de la ~* zu Weihnachten; *pour la ~ de cette année* zum diesjährigen Weihnachtsfest; *faire une ~ à sa propre manière* Weihnachten auf s-e eigene Weise feiern; **2.** *f* ♀ Weihnachtslied *n*.

noëllis|ant [nɔɛli'zɑ̃]: *papier m ~* Weihnachtspapier *n*; **~er** [~'ze] *v/t.* (1a) weihnachtlich gestalten.

nœud [nø] *m* Knoten *f*; *fig.* Schwierigkeit *f*; *thé.* Verwicklung *f*; *anat.* Fingerknöchel; Knorren *im Holze*; *~ coulant* Krawatten-: Schleife *f*; *fig. ~s pl.* Bande *n/pl*.

noir [nwaːr] **1.** *adj.* schwarz; *fig.* düster; bitter *fig.*; P total betrunken *od.* sternhagelblau; *beurre m ~ cuis.* braune Butter *f*; *blé m ~* Buchweizen; *cheval m ~* Rappe; *film m ~* Gangster-, Kriminalfilm *m*; P *trou m ~* Reinfall *m*; **2.** *m* Schwarz(es) *n*; Schwärze *f*; blaues Mal *n von Schlägen*; *fig.* Traurigkeit *f*; Mutlosigkeit *f*; F schwarzer Kaffee *m*; *~ animal* Knochenkohle *f*; *~ de fumée* Kienruß; *dans le ~* auf Anhieb das Richtige treffen; *se mettre en ~* Trauerkleidung anlegen; *tendu de ~* schwarz behangen; **3.** ♪ Viertelnote; **4.** *su.* Schwarze *m*, Neger(in *f*) *m*; **~âtre** [~'raːtrə] schwärzlich; **~aud** [~'ro] (7) **1.** *adj.* schwarzbraun; **2.** *su.* Schwarzkopf *m*.

noirc|eur [nwar'sœːr] *f* Schwärze; *fig.* schwarzes Mal *n*; düstere Stimmung; Bosheit *f*, Gemeinheit *f*; Anschwärzerei *f*; **~ir** [~'siːr] *v/t.* (2a) schwarz machen; *fig.* verdüstern;

anschwärzen; *v/i.* schwarz werden; **~issure** [~si'sy:r] *f* schwarzer Fleck *m.*

noise [nwa:z] *f nur gebr. in:* chercher ~ à q. mit j-m Streit anfangen.

nois|eraie [nwaz're] *f* Nußbaumpflanzung, -gehölz *n;* **~etier** [nwaz'tje] *m* Hasel(nuß)strauch.

noisette ⚘ [nwa'zɛt] **1.** *f* Haselnuß; **2.** *adj.* haselnußbraun; **~s** *pl.* ⚒ Nußkohle.

noix [nwa] *f* **1.** Nuß (⚘, ⊕ *u. cuis*); Walnuß; ~ de galle Gallapfel *m;* huile *f* de ~ du Brésil Paranußöl *n;* ~ de veau *cuis.* Kalbsnuß *f;* **2.** ⊕ Muffe.

nom [nɔ̃] *m* Name; *fig.* Ruf; Geschlecht *n;* 🏛 Rechtstitel; *gr.* Nomen *n;* ~ de ~! zum Donnerwetter!; ~ de baptême Taufname; ~ de guerre angenommener Name; ~ d'une pipe! Himmelkreuz!; ~ propre Eigenname; ~ social (Firmenbezeichnung *f* e-r) Gesellschaftsfirma *f;* de ~ dem Namen nach; du ~ mit Namen; le ~ de Grand der Beiname „der Große"; petit ~ Kosename *m.*

nomade [nɔ'mad] umherziehend; unstet; Wander...; *m* Nomade.

no man's land *pol.* [nomɑnz'lɑnd] *m/inv.* Niemandsland *n.*

nombrable [nɔ̃'brabl] zählbar.

nombr|e ['nɔ̃:br] *m* Zahl *f;* Anzahl *f; gr.* Numerus; *rhét.* Wohlklang; ~ cardinal Grundzahl *f;* Les 2s viertes Buch *n* Mosis; sans ~ zahllos; *(grand)* ~ de (sehr) viele; ~ pair *(impair)* gerade (ungerade) Zahl; **~er** [nɔ̃'bre] (1a) (vor- od. auf-)zählen; numerieren; **~eux** [~'brø] zahlreich; *réth. u.* ♩ wohlklingend, harmonisch; famille *f* nombreuse kinderreiche Familie *f.*

nombril *anat.* [nɔ̃'bri] *m* Nabel.

nomenclature [nɔmɑ̃kla'ty:r] *f* Nomenklatur *f,* Namenregister *n;* Wörterverzeichnis *f;* (Fach-)Benennung.

nomin|al [nɔmi'nal] (5c) namentlich; Namens...; Nenn...; nominell; *gr.* substantivisch; **~atif** [~na'tif] **1.** *adj.* (7e) namentlich, auf e-n bestimmten Namen lautend; **2.** *m gr.* Nominativ *m,* erster Fall; **~ation** [~na'sjɔ̃] *f* Ernennung.

nommé [nɔ'me] be-, genannt; ⚓ au cours ~ zu verzeichnetem Kurs; à point *m* ~ zur rechten Zeit, wie gerufen; un ~ N. ein gewisser N.

nomm|ément [nɔme'mɑ̃] namentlich, besonders; **~er** [~'me] (1a) (be-, er-)nennen; angeben; se ~ heißen; besser: s'appeler.

non [nɔ̃] nein; dire que ~ „nein" sagen; ~ pas durchaus nicht; ne ... pas ~ plus bzw. ni ... ~ plus auch nicht; ~ que nicht etwa, daß *od.* als ob.

non-activité [nɔ̃nakti vi'te] *f* Untätigkeit; mettre en ~ j-n zur Disposition stellen.

nonagénaire [nɔnaʒe'nɛ:r] neunzigjährig, Neunziger(in *f*) *m.*

non-agression [nɔ̃nagrɛ'sjɔ̃] *f* Nichtangriff *m;* pacte *m* de ~ Nichtangriffspakt *m.*

nonce [nɔ̃:s] *m* Nuntius *m.*

nonchalant [nɔ̃ʃa'lɑ̃] lässig, saumselig; gemächlich.

non-comparution [nɔ̃kɔ̃pary'sjɔ̃] *f* Nichterscheinen *n vor Gericht.*

non-conducteur ⚡ [nɔ̃kɔ̃dyk'tœ:r] **1.** *adj.* (7g) nichtleitend; **2.** *m* Nichtleiter.

non-disponibilité ⚔ [nɔ̃dispɔnibili'te] *f* Unabkömmlichkeit.

non-éclaté ⚔ [nɔ̃nekla'te] *m* Blindgänger.

non-immixtion *pol.* [nɔ̃nimiks'tjɔ̃] *f,* **non-intervention** *pol.* [nɔ̃nɛ̃tɛrvɑ̃'sjɔ̃] *f* Nichteinmischung.

non-lieu 🏛 [nɔ̃'ljø] *m* Niederschlagung *f* e-s Prozesses, Freispruch *m.*

nonnain F *rl.,* **nonne** F *rl., ent.* [nɔ'nɛ̃, nɔn] *f* Nonne.

nonobstant [nɔnɔps'tɑ̃] ungeachtet.

nonpareil [nɔ̃pa'rɛj] **1.** *adj.* unvergleichlich; **2.** *f typ.* Nonpareilleschrift *f.* [lingen *n.*\

non-réussite [nɔ̃rey'sit] *f* Mißerfolg *m,* das Miß-\

non-sens [nɔ̃'sɑ̃:s] *m* Unsinn *m,* Sinnlosigkeit *f.*

non-valeur [nɔ̃va'lœ:r] *f* Wertlosigkeit; ✝ ausfallender Posten *m; fig.* unbrauchbarer Mensch *m;* ⚔ nur garnisonverwendungsfähiger Soldat *m.*

nord [nɔ:r] **1.** *m* Nord(wind); 2 die nördlichen Völker *od.* Länder; Nordfrankreich *n; fig.* ne pas perdre le ~ nicht die Nerven verlieren; **2.** *adj.* nördlich; **~-est** [nɔ'r(d)ɛst] *m* Nordost(-wind); **~isme** [nɔr'dism] *m* nordisches Wesen *n;* **~-ouest** [nɔ'r(d)wɛst] *m* Nordwest(wind).

noria ⊕ [nɔ'rja] *m* Wasserhebe-, Paternoster-, Becherwerk *n*.

norm|al [nɔr'mal] (5c) regelmäßig, regelrecht; *école f* ~e Lehrerseminar *n*; **~alien** [~ma'ljɛ̃] *m* Student (Absolvent) der Ecole Normale *in Paris* (*Lehrerseminar*); **~alisation** [~maliza'sjɔ̃] *f* Normung.

normand [nɔr'mɑ̃] (7) **1.** *adj.* normannisch; *fig.* zweideutig; **2.** ♀ *su.* Normanne *m*; *fig.* geriebener Kerl *m*. [Norm.]

norme [nɔrm] *f* Vorschrift, Regel,)

Norvège [nɔr've:ʒ]: **la** ~ Norwegen *n*.

norvégien [nɔrve'ʒjɛ̃] (7c) **1.** *adj.* norwegisch; **2.** ♀ *su.* Norweger *m*.

nos [no] *pl. von notre* unser(e).

nostalgi|e [nɔstal'ʒi] *f* Heimweh *n*; **~que** [~'ʒik] Heimweh...

nota|bilité [nɔtabili'te] *f* Ansehen *n*; *fig.* hervorragende Persönlichkeit; **~ble** [~'tabl] **1.** *adj.* angesehen, hervorragend, bedeutend; **2.** *m* angesehener Bürger; ~s *pl.* Spitzen *der Gesellschaft*.

notair|e [nɔ'tɛ:r] *m* Notar *m*; **~esse** [~tɛ'rɛs] *f* Frau *f* e-s Notars.

notamment [nɔta'mɑ̃] besonders.

notari|al [nɔta'rjal] (5c) notariell; **~at** [~'rja] *m* Notariat *n*; **~é** [~'rje] von e-m Notar ausgefertigt *od.* beglaubigt.

notation [nɔta'sjɔ̃] *f* Bezeichnung; *écol.* Notengebung; ~ *chimique* chemische Formel.

not|e [nɔt] *f* Note; Notiz; Anmerkung; *écol.* Zensur *f*, Nummer *f*; † Rechnung; *prendre* ~ *de qch.* sich etw. merken; † buchen; *ne pas être dans la* ~ *fig.* aus dem Rahmen fallen; **~er** [~'te] (1a) (an-, ver-, vor)merken, notieren; † buchen; ♪ in Noten setzen; * *écol.* ~ *à la tête du client* vorziehen *abs.*; **~ice** [~'tis] *f* kurzer Bericht *m*.

notifi|cation [nɔtifika'sjɔ̃] *f* amtliche Bekanntgabe *f*; **~er** *adm.*, ½ [~'fje] (1a) bekanntgeben, ver-

notion [no'sjɔ̃] *f* Begriff *m.* [künden.)

notoire [nɔ'twa:r] offenkundig, notorisch. [digkeit.)

notoriété [nɔtɔrje'te] *f* Offenkun-)

notre [ˈnɔtrə, nɔt] unser(e).

nôtre ['no:trə] *su.*: *le, la* ~ der (das), die Unsrige; *les* ~s *pl.* die Unsrigen.

notule [nɔ'tyl] *f* kurze Anmerkung.

nou|age [nwa:ʒ] *m* Knüpfen *n*; **~e** [nu] *f* ⚓ Marschland *n*; △ Dachkehle *f*, Kehlrinne *f*; **~é** ⚕ [nwe] rachitisch; **~er** [~] (1a) *v/t.* zs.-, ein-, anknüpfen (*a. fig.*); *v/rfl. se* ~ ansetzen (*Blüten od. Früchte*); ⚕ rachitisch werden; **~et** [nwɛ] *m phm.* Kräutersäckchen *n*; **~eux** [nwø] knotig.

nougat [nu'ga] *m* Nougat *m*.

nouille P [nuj] *f péj.* Schlappschwanz *m*; ~s [~] *f/pl.* Nudeln *f/pl.*

noulet △ [nu'lɛ] *m* Kehlrinne *f*.

nounou *enf.* [nu'nu] *f* Amme *f*.

nou-nours *enf.* [nu'nurs] *m* Teddybär.

nourr|ain [nu'rɛ̃] *m* Fischbrut *f*; **~ice** [nu'ris] *f* **1.** Amme; *fig.* Ernährerin; *mère* ~ selbststillende Mutter; **2.** ⊕, *Auto:* Reservetank; **~icerie** [~ris'ri] *f* Kinderkrippe *f*; Viehmästerei; Seidenraupenzucht; **~icier** [~ri'sje] (7b) ernährend; *Pflege*...; **~ir** [~'ri:r] (2a) (er)nähren; beköstigen, speisen, füttern; säugen, stillen; erziehen; züchten; *fig.* hegen; **~issage** [~ri'sa:ʒ] *m* Viehzucht *f*; Ernährung *f* e-s Kleinkindes; **~issant** [~ri'sɑ̃] (7) nahrhaft; **~isseur** [~ri'sœ:r] *m* Viehzüchter; **~isson** [~ri'sɔ̃] *m* Säugling; **~iture** [~ri'ty:r] *f* Nähren *n*, Stillen *n*, Säugen *n*; Futter *n*; Nahrung(smittel) *n*; *fig.* geistige

nous [nu] wir; uns. [Kost.]

nouure [nu'y:r] *f* ⚕ englische Krankheit; ⚓ Knotenbildung *f*, Fruchtansatz *m*.

nouv|eau (*vor vo.* **~el**), **~elle¹** [nu'vo, ~'vɛl] **1.** *adj.* neu(artig); andere(r, s); unbekannt; unerfahren; *le nouvel an* Neujahrstag *m*; **2.** *adv. de nouveau* von neuem; ~ *nouveau m* Neue(s) *n*; Neuling.

nouveau|-né, **~-née** [nuvo'ne] **1.** *adj.* neugeboren; **2.** *su.* Neugeborene(r); **~té** [~'te] *f* Neuheit *f*, Ungewöhnlichkeit *f*; Neuerung; neuer Modeartikel *m*; *thé.* neues Stück *n*.

nouvelle² [nu'vɛl] *f* Neuigkeit, Nachricht; Novelle; *donner de ses* ~s von sich hören lassen.

nouvellement [nuvɛl'mɑ̃] kürzlich.

nouvelliste [~'list] *m* Novellenschreiber *m*, Novellist.

novateur [nɔva'tœ:r] (7f) **1.** *adj.* neuerungssüchtig; **2.** *su.* Bahnbrecher *m*, Neuerer(in *f*) *m*.

novembre [nɔ'vã:brə] *m* November.

novic|e [nɔ'vis] **1.** *adj.* unerfahren; **2.** *su.* Neuling *m*; Mönch *m* (Nonne *f*) in der Probezeit; ~**iat** [~'sja] *m* Probezeit *f* (*bsd. rl.*); *allg.* Ausbildung(szeit *f*) *f*, Novizenhaus *n*.

noyade [nwa'jad] *f* Ertränken *n*; Tod *m* durch Ertrinken.

noyau [nwa'jo] *m* Kern; Stein *m* (*Obst*; *fig.* Kern, Mittelpunkt; ~ **atomique** *phys.* Atomkern *m*; ~ **cellulaire** *biol.* Zellkern; **chasse-~** *m cuis.* (Obst-)Entkerner; ~**tage** [~'ta:ʒ] *m pol.* Zellenbildung *f*; ~**ter** *pol.* [~'te] (1a) unterwandern.

noyé [nwa'je] *su.* Ertrunkene(r); *adj.* des yeux ~s de larmes in Tränen gebadete Augen.

noyer[1] [nwa'je] (1h) ertränken, *Tiere:* ersäufen; überschwemmen; ⊕ *vis f* noyée versenkte Schraube; se ~ ertrinken.

noyer[2] [nwa'je] *m* Nußbaum.

nu [ny] **1.** *adj.* nackt; kahl; bloß; mettre à ~ bloßlegen, entblößen; *fig.* aufdecken; **2.** *m* Nackte(s) *n*; *peint.* Aktstudie *f*; △ ungeputzte Fläche *f*.

nuag|e [nɥa:ʒ] *m* Wolke *f*; ~**eux** [nɥa'ʒø] (7d) wolkig.

nuanc|e [nɥɑ̃:s] *f* Nuance *f* (*a. fig.*), Farbenabstufung; *fig.* feiner Unterschied *m*; ~**er** [nɥɑ̃'se] (1k) schattieren, abstufen.

nubile [ny'bil] heiratsfähig (*Mädchen*).

nucléaire [nykle'ɛ:r] Atom...

nudisme [ny'dism] *m* Nacktkultur *f*.

nudité [nydi'te] *f* Nacktheit; Blöße; Kahlheit *f*; *peint.* ~s *pl.* nackte Figuren.

nu|e [ny] *f* Wolke *f*; *fig.* aux ~s bis in den Himmel; tomber des ~s verblüfft dastehen; aus den Wolken fallen; ~**ée** [nɥe] *f* Wetterwolke (*a. fig.*); *f* Schwarm *m*, Unmenge *f*.

nuire [nɥi:r] *v/i.* (4c) schaden.

nuisette [nɥi'zɛt] *f* (Damen-)Nachthemd *n*.

nuisi|bilité [nɥizibili'te] *f* Schädlichkeit; ~**ble** [~'zibl] schädlich.

nuit [nɥi] *f* Nacht; être de ~ Nachtschicht haben; ~**ée** [~'te] *f* Übernachtung *f*.

nul [nyl] (7c) kein(e); ungültig, wertlos; null; *st.s.* ~ ne... keiner, niemand...

null|ement [nyl'mɑ̃] keineswegs, ~**ité** [~li'te] *f* 🏛 Ungültigkeit, Nichtigkeit; *fig.* gänzliche Unfähigkeit; *fig.* unfähiger Mensch *m*, Null *f*.

numér|aire [nyme'rɛ:r] **1.** *adj.* Zahl...; Münz...; **2.** *m* bares Geld *n*; ~**al** [~'ral] (5c) e-e Zahl bezeichnend; adjectif *m* ~ Zahlwort *n*; ~**ateur** [~ra'tœ:r] *m* Zähler *m* e-s Bruches; ~**ation** [~ra'sjɔ̃] *f* Numerierung *f*; Zählen *n*; ~**ique** [~'rik] numerisch, mit Ziffern; exemple *m* ~ Zahlenbeispiel *n*.

numéro [nyme'ro] *m* Nummer *f*; (Lotterie- *usw.*)Los *n*; ~ d'appel Telefonnummer *f*; Auto: ~ minéralogique, ~ d'immatriculation Autonummer *f*; ~ du dossier Aktenzeichen *n*; un drôle de ~ ein komischer Kauz; ~**tage** [~rɔ'ta:ʒ] *m* Numerierung *f*; ~**ter** [~rɔ'te] (1a) numerieren; *Buch* mit Seitenzahlen versehen; ~**teur** [~rɔ'tœ:r] *m* Kontrollstempel *mit beweglichen Ziffern*.

numismat|e [nymis'mat] *m* Münzkenner; ~**ique** [~'tik] *f* Münzkunde.

nu-pieds [ny'pje] *od.* pieds nus *adv.* barfuß.

nuptial [nyp'sjal] (5c) hochzeitlich; Hochzeits..., Braut...; bénédiction *f* ~**e** Trauung; ~**ité** [~li'te] *f* Eheschließungsziffer.

nuque [nyk] *f* Genick *n*, Nacken *m*.

nurse [nœrs] *f* Kindermädchen *n*; Krankenschwester *f*.

nu-tête [ny'tɛt] barhäuptig, mit unbedecktem Kopfe.

nutri|ment [nytri'mɑ̃] *m* Nährstoff *m*; ~**tif** [~'tif] (7e) nahrhaft; ~**tion** [~'sjɔ̃] *f* Ernährung *f*, Stoffwechsel *m*.

nylon [ni'lɔ̃] *m* Nylon *n*; bas *m* de ~ Nylonstrumpf *m*.

nymphe [nɛ̃:f] *f* Nymphe *f*; *ent.* Puppe.

nymphéa ♀ [nɛ̃fe'a] *m* Seerose *f*.

nymphète F [nɛ̃'fɛt] *f* Teenager *m*.

O

O (*ou o*) [o] *m* O (*od.* o) *n*.
ô! [o] *int. mit folg. Substantiv* o!,ach!
oasien [ɔa'zjɛ̃] (7c) **1.** Oasen...; *su.* Oasenbewohner *m*; **2.** *Fr.* ⚔, *pol.* der OAS angehörig.
oasis [ɔa'zis] *f* Oase *f*.
obédienc|e [ɔbe'djɑ̃:s] *f rl.* Gehorsam *m*, Unterwerfung *f*; *pol.* parteiliche Hörigkeit *f*; **~ier** *rl.* [~djɑ̃'sje] *m* Pfründenverwalter *m* (*Mönch*).
obéir [ɔbe'i:r] (2a) gehorchen; sich fügen, nachgeben, weichen; *se faire* ~ sich Gehorsam verschaffen; *je suis obéi* man gehorcht mir.
obéissan|ce [ɔbei'sɑ̃:s] *f* Gehorsam *m*; **~t** [~'sɑ̃] (7) gehorsam.
obérer [ɔbe're] (1f) mit Schulden belasten, verschulden.
obèse [ɔ'bɛ:z] zu dick.
obésité [ɔbezi'te] *f* Fettsucht *f*.
obier ♀ [ɔ'bje] *m* Schneeball *m*.
obit *rl.* [ɔ'bit] *m* Seelenmesse *f*.
objec|ter [ɔbʒɛk'te] (1a) einwenden; entgegenhalten; entgegnen; tadelnd vorwerfen; **~teur** [~'tœ:r] *m*: ~ *de conscience* Militärdienstverweigerer *m*; **~tif** [~'tif] **1.** *m* Objektiv (-glas *n*); ⚔ Ziel *n*; Zielpunkt *m*; *fig.* Vorhaben *n*; **2.** *adj.* (7e) objektiv, sachgemäß, sachlich; **~tion** [~k'sjɔ̃] *f* Einwand *m*, Beanstandung *f*; Entgegnung *f*; Schwierigkeit *f*, Hindernis *n*; **~tiver** [~ti've] (1a) rein sachlich betrachten; **~tivité** [~tivi'te] *f* Objektivität *f*, Sachlichkeit *f*.
objet [ɔb'ʒɛ] *m* Objekt *n*; Gegenstand *m*; ✝ Artikel *m*, Gut *n*; ⚯: Betrifft: (*Briefüberschrift*); ~*s trouvés* Fundsachen *f/pl.*
objurgation [ɔbʒyrgɑ'sjɔ̃] *f* schwerer Vorwurf *m*; inständige Bitte *f*.
oblat *rl.* [ɔb'la] *su.* (7) Laienbruder *m*; **~ion** *rl.* [ɔbla'sjɔ̃] *f* Opfer *n*, Darbringung *f*.
obliga|taire [ɔbliga'tɛ:r] *su.* (7) Inhaber *m* von Obligationen; **~tion** [~ga'sjɔ̃] *f* Pflicht *f*, Verpflichtung *f*; Schuldverschreibung *f*, -schein *m*; ✝ ~ *foncière* Pfandbrief *m*; ~*s pl.* *de préférence* Prioritätsobligationen *f/pl.*; **~toire** [~ga'twa:r] obligatorisch, verbindlich; zwangsläufig; *enseignement m* ~ Schulzwang *m*; *service m militaire* ~ allgemeine Wehrdienstpflicht *f*; **~toirement** [~twar'mɑ̃] zwangsläufig.
obli|gé [ɔbli'ʒe] **1.** *adj.* verpflichtet; verbunden, dankbar; *weitS.* notwendig, unerläßlich; **2.** *su.* Schuldner *m*; **~geamment** [~ʒa'mɑ̃] in verbindlicher Weise; **~geance** [~'ʒɑ̃:s] *f* Gefälligkeit *f*, Freundlichkeit *f*; **~geant** [~'ʒɑ̃] (7) gefällig, zuvor-, entgegenkommend, freundlich; **~ger** [~'ʒe] (11) verpflichten; zwingen; ✝ mit Schulden belasten; verpfänden; ~ *q. de qch.* j-m mit etw. e-n Gefallen tun.
obliqu|e [ɔ'blik] schief, schräg; *bisw. noch fig.* versteckt, zweideutig, krumm *fig.*, unredlich; scheel; *bisw. gr.* indirekt, abhängig (*Kasus*); ⚔ ~ *à droite!* halbrechts!; **~er** [~'ke] (1m) *bsd.* ⚔ schräg *od.* seitwärts abschwenken; **~ité** [~kɥi'te] *f* Schrägheit *f*.
oblitér|ation [ɔblitera'sjɔ̃] *f* Abstempelung *f*, Entwertung *f v. Briefmarken*; ✉ Gefäßverstopfung *f*; **~er** [~'re] (1f) *nur fig.* von Zahn der Zeit: unkenntlich machen; *a.* ✉ entwerten, abstempeln; ✉ verstopfen.
oblong [ɔ'blɔ̃] (7i) länglich.
obole [ɔ'bɔl] *f* Obolus *m*, kleine Spende *f*; ⚘ *pas une* ~ keinen roten Heller.
obombrer *st.s.* [ɔbɔ̃'bre] (1a) beschatten.
obsc|ène [ɔp'sɛn] obszön, zotenhaft; **~énité** [~seni'te] *f* Unanständigkeit *f*, Obszönität *f*, Zote *f*.
obscur [ɔps'ky:r] (7) dunkel, finster, düster; trübe (*Wetter*); undeutlich; unbekannt; niedrig (*Herkunft*); (*adv.* **~ément**); **~antisme** *pol.* [~kyrɑ̃'tism] *m* politische Umnachtung *f* (*od.* Umnebelung *f*); **~ation** *ast.* [~rɑ'sjɔ̃] *f* Verfinsterung *f*; **~cir** [~'si:r] (2a) verdunkeln

(*nicht* ⚔!); ~**cissement** [~sis'mã] *m* Verdunkelung *f (nicht* ⚔!); Dunkelwerden *n*; ~**ité** [~ri'te] *f* Dunkelheit *f*; *fig.* Unklarheit *f*; Unscheinbarkeit *f*; niedrige Herkunft *f*.

obsécration [ɔpsekra'sjɔ̃] *f* flehentliche Bitte *f*, Beschwörung *f*.

obséder [ɔpse'de] (1f) verfolgen, quälen, belästigen, plagen; *être obsédé par une idée* von e-m Gedanken nicht mehr loskommen.

obsèques [ɔp'sɛk] *f/pl.* Leichenbegängnis *n*, nationales Staatsbegräbnis *n*.

obséqui|eux [ɔpse'kjø] (7d) übertrieben höflich; ~**osité** [~kjozi'te] *f* übertriebene Höflichkeit *f*, Kriechertum *n*.

observ|able [ɔpsɛr'vabl̩] bemerkbar; ~**ance** [~'vã:s] *f* (Beachtung *f* e-r) Ordensregel *f*; Satzung *f*; ~**ateur** [~va'tœ:r] **1.** *su.* Beobachter *m*; Forscher *m*; **2.** *adj.* beobachtend; ~**ation** [~va'sjɔ̃] *f* Beobachtung *f*; Be-, Anmerkung *f*, Forschung *f*; ~**atoire** [~va'twa:r] *m* Sternwarte *f*, Observatorium *n*; ~**er** [~'ve] (1a) beobachten; prüfend betrachten; Gesetze befolgen; bemerken (a. *fig.*), wahrnehmen; *faire* ~ aufmerksam machen; *s'*~ beobachtet werden; sich in acht nehmen; ⚔ sich gegenseitig beobachten.

obsession [ɔpsɛ'sjɔ̃] *f* Zudringlichkeit *f*; quälender Gedanke *m*; Zwangsvorstellung *f*; Besessenheit *f*.

obstacle [ɔps'takl̩] *m* Hindernis *n*; *phys.* Gegenwirkung *f*; ⚔ ~*s antichars* Panzersperren *f/pl.*

obstétrique ✠ [ɔpste'trik] *f* Geburtshilfe *f*.

obstin|ation [ɔpstina'sjɔ̃] *f* Eigensinn *m*; ~**é** [~'ne] (7) eigensinnig, dickschäd(e)lig; ~**er** [~] (1a): *s'*~ halsstarrig werden; *fig.* sich verhärten (*Herz*); *s'*~ *à (faire) qch.* hartnäckig auf etw. (*dat.*) bestehen.

obstruction [ɔpstryk'sjɔ̃] *f*, ⊕, ✞ Verstopfung *f*; *pol.* Verhinderung *f*, Verschleppung *f der Beschlußfassung*; Be-, Verhinderung *f (Fußball)*; ~**nisme** [~ksjɔ'nism] *m* Obstruktions-, Verschleppungspolitik *f*, -taktik *f*.

obstruer [ɔpstry'e] (1a) versperren, ✠ verstopfen.

obtempérer [ɔptãpe're] (1f) Folge leisten; gehorchen.

obten|ir [ɔptə'ni:r] (2h) erlangen, erreichen; ~**tion** [~tã'sjɔ̃] *f* Erlangung *f*.

obtur|ateur [ɔptyra'tœ:r] **1.** *adj.* verschließend; **2.** *m* Verschluß *m*; Dichtungsring *m*; *chir.* künstlicher Gaumen *m*; *phot.* ~ *(instantané)* (Moment-)Verschluß *m*; ~ *de plaque od.* ~ *à rideau phot.* Schlitzverschluß *m*; ~**ation** [~ra'sjɔ̃] *f* Verschließung *f*; *phot.* Überblendung *f*; ⊕ Dichtung *f*; Zahnfüllung *f*; ~**er** [~'re] (1a) zustopfen, verschließen; ✠ plombieren.

obtus [ɔp'ty] (7) stumpfwinklig; *fig.* abgestumpft; stumpfsinnig, schwerfällig; ~**angle** [~'zã:gl̩] stumpfwinklig; ~**ion** *fig.* [~'zjɔ̃] *f* Abstumpfung *f*.

obus [ɔ'by] *m* Granate *f*; ~ *à balles* Schrapnell *n*; ~ *non éclaté* Blindgänger *m*; ~**ier** [~'zje] *m* Haubitze *f*, Mörser *m*.

obvier [ɔb'vje] (1a) *v/i.* vorbeugen.

occasion [ɔka'zjɔ̃] *f* Gelegenheit *f*; *fig.* Veranlassung *f*; ✞ Gelegenheitskauf *m*; *à l'*~ gelegentlich; *d'*~ gebraucht; antiquarisch (*Buch*); ~**ner** [~zjɔ'ne] (1a) verursachen.

occident [ɔksi'dã] *m* Westen *m*; ~**al** [~'tal] (5c) westlich; abendländisch; *pol. les Occidentaux* die Westmächte *f/pl.*

occiput [ɔksi'pyt] *m* Hinterkopf *m*.

occlusion [ɔkly'zjɔ̃] *f* Verschließung *f*.

occult|ation *ast.* [ɔkylta'sjɔ̃] *f* Verfinsterung *f*; ~**é** [ɔ'kylt] verborgen; ~**isme** [~'tism] *m* Okkultismus *m*.

occup|ant [ɔky'pã] **1.** *adj.* besitzend; ⚔ besetzend; ⚖ beauftragt; **2.** *m premier* ~ erster Besitznehmer *m*; **3.** ⚔, *Auto* Insasse *m*; Mitfahrer *m*; Bewohner *m*; ⚔ Besatzungsmacht *f*; ~**ation** [~pa'sjɔ̃] *f* Besitznahme *f*; Besetzen *f*, Besetzhalten *n*; Beschäftigung *f*; *sans* ~ arbeitslos; ~**er** [~'pe] (1a) besetzen; besetzt halten; innehaben; *Amt:* bekleiden; beschäftigen.

occurrence [ɔky'rɑ̃:s] *f* Vorfall *m*; Zufall *m*; *dans l'*~, *en l'*~ vorkommendenfalls; *par* ~ zufällig.

Océan|ie [ɔsea'ni] *f: l'*~ Ozeanien *n*; ²**ien** [~'njɛ̃] (7c) zu Ozeanien

océanique — 330 — **officialisation**

gehörig; **~ique** [~'nik] im Meer vorhanden, ozeanisch, Tiefsee...
ocelle [ɔ'sɛl] *m* Auge *n* auf Pfauenfedern usw.
ocr|e ['ɔkrə] *f* Ocker *m*; **~er** [ɔ'kre] (1a) mit Ocker färben; **~eux** [ɔ'krø] (7d) ockerfarben.
octaèdre [ɔkta'ɛdrə] 1. *adj.* achtflächig; 2. *m* Oktaeder *n*.
octave ♪ [ɔk'ta:v] *f* Oktave *f*.
octobre [ɔk'tɔbrə] *m* Oktober *m*.
octo|génaire [ɔktɔʒe'nɛ:r] 1. *adj.* achtzigjährig; 2. *su.* Achtzigjähriger *m*; **~gone** [~'gɔn] *m* Achteck *n*.
octr|oi [ɔk'trwa] *m* Bewilligung *f*, Erteilung *f*, Verleihung *f*; *ehm.* Stadtzoll *m*, Akzise *f*; **~oyer** [~trwa'je] (1h) bewilligen, verleihen, gewähren.
octuple [ɔk'typlə] achtfach.
ocul|aire [ɔky'lɛ:r] Augen...; **~iste** [~'list] *su.* Augenarzt *m*.
odeur [ɔ'dœ:r] *f* Geruch *m*; Duft *m*; *fig.* Ruf *m*; **~s** *pl.* Parfüm *n*.
odieux [ɔ'djø] (7d) gehässig; verhaßt; widerwärtig.
odométrie [ɔdɔme'tri] *f* Wegmessung *f*. [schmerzmittel *n.*\
odontalgique [ɔdɔtal'ʒik] *m* Zahn-⌐
odor|ant [ɔdɔ'rɑ̃] wohlriechend; **~at** [~'ra] *m* Geruchssinn *m*; **~iférant** [~rife'rɑ̃] wohlriechend.
œil [œj] *m* (*pl.* **yeux** [jø], in Zssgn nur **œils**) 1. Auge *n* (*a.* ♥, *Suppe*); *à l'~* umsonst, gratis; für nichts u. wieder nichts; *à l'~* nu mit bloßem Auge; *à mes yeux* m-r Ansicht nach, in m-n Augen; *avoir l'~* faible schwache Augen haben; *avoir l'~ à* achtgeben auf; *coup d'~* Blick *m*; *fig.* Überblick *m*; *faire de l'~ à* q. j-m schöne Augen machen; *fermer les yeux sur qch.* etw. übersehen, bei etw. ein Auge zudrücken; F *se mettre le doigt dans l'~* sich gewaltig irren (*od.* verrechnen); F *taper dans l'~* sehr gefallen, in die Augen fallen; *voir du même ~* derselben Ansicht sein; 2. Loch *n* (*Brot, Käse*), Öse *f*; **~-de-bœuf** [~də'bœf] *m* rundes (Dach-)Fenster *n*; **~-de-perdrix** ♣ [~dəpɛr'dri] Hühnerauge *n*; **~lade** [œ'jad] *f* verstohlener *od.* zärtlicher Blick *m*; **~lère** [œ'jɛ:r] *f* Augenbadschälchen *n*; Scheuklappe *f* (*a. fig.*); (*a. adj.*: *dent f ~*) Augenzahn *m*; **~let** [œ'jɛ]

m Schnürloch *n*, Schuhöse *f*; ♥ Nelke *f*; **~leton** 🗡 [œj'tɔ̃] *m* Schößling *m*, Ableger *m*; *phot.* Visier *n*; **~lette** ♥ [œ'jɛt] *f* Mohn *m*; Mohnöl *n*.
œsophage *anat.* [ezɔ'fa:ʒ] *m* Speiseröhre *f*. [fliege).\
œstre ['ɛstrə] *m* Bremse *f* (*Stech*-⌐
œuf [œf, *pl.* ø] *m* Ei *n*; *le blanc* (*jaune*) *d'~* Eiweiß *n* (Eidotter *n u.* *m*); *~s brouillés* Rührei *n*; *~ à la coque* weich(gekocht)es Ei *n*; *~ dur* hart(gesotten)es Ei *n*; *~s* (*au*) *miroir od. ~s sur le plat* Spiegel-, Setzeier *n/pl.*; *détruire (od. écraser) dans l'~* im Keime ersticken.
œuvé|icht. [œ've] mit Rogen.
œuvr|e ['œ:vrə] 1. *f* Werk *n*; *les ~s* *rl. u. litt.* die Werke *n/pl.*; *écol., univ.* die Stiftungen; *bois* *m* *d'~* Nutzholz *n*; *fig.* tout mettre en *~ pour...* alles aufbieten, um... 2. *m peint.* Gesamtwerk *n*; ♪ Opus *n*; *grand ~* Stein *m* der Weisen; ⚗ *gros ~* Rohbau *m*; **~er** *bsd. pol. u. journ.* [œ'vre] *v/i.* (1a) (darauf hin)arbeiten, tätig sein; *~ pour qch.* sich um etw. bemühen; *~ à qch.* an etw. arbeiten.
offens|e [ɔ'fɑ̃:s] *f* Beleidigung *f*; *rl.* Sünde *f*; **~er** [ɔfɑ̃'se] (1a) beleidigen; verletzen; weh tun; *s'~ de qch.* etw. übelnehmen, Anstoß nehmen an (*dat.*); **~eur** [~'sœ:r] *m* Beleidiger *m*; **~if** [~'sif] (7d) *adj.* offensiv, angreifend; Angriffs...; *alliance* *f* *offensive et défensive* Schutz- und Trutzbündnis *n*; **~ive** [~'si:v] *f* Offensive *f*, Angriff *m*.
offert [ɔ'fɛ:r] (7) angeboten; **~oire** *rl.* [ɔfɛr'twa:r] *m* Offertorium *n*.
offic|e [ɔ'fis] 1. *m* Amt *n*, Stelle *f*, Büro *n*, Geschäftslokal *n*; *des brevets* Patentamt *n*; *~ de tourisme* Verkehrsamt *n*, -büro *n*; Fr. 2 *universitaire et culturel pour l'Algérie* Universitäts- und Kulturamt für Algerien (*gegründet am 11. Aug. 1962*); Fr. 2 *du Vocabulaire français* Büro *n* für das Vokabular der französischen Sprache (*gegründet im März 1957*); *faire ~ de* dienen als; 2. *m* Dienerschaft *f*; 3. *m pol.* offrir (*od.* proposer) *ses bons ~s* s-e Vermittlung anbieten; 4. *f*, F *mst m* Anrichtezimmer *n*; 5. *advt.* *d'~* amtlich; **~ialisation** *néol. adm.* [~sjaliza'sjɔ̃] *f* offizielles Einver-

officialiser [~sjali'ze] v/t. (1a) e-n amtlichen Charakter geben, bestätigen; **~iant** [~'sjɑ̃] m Gottesdienst haltender Priester m; **~iel** [~'sjɛl] (7c) amtlich, offiziell, behördlich, Regierungs... [Beamter m.|
officier[1] [ɔfi'sje] m Offizier m; ₰
officier[2] [~] (1a) Gottesdienst halten; *néol.* s-s Amtes walten, arbeiten.
officière [~'sjɛ:r] f weiblicher Offizier m in der Heilsarmee; ₰ Beamtin f.
officieux [ɔfi'sjø] (7d) offiziös, halbamtlich; † *fig.* gefällig; *défenseur* m ~ Offizialverteidiger m; Verteidiger m vor e-m Kriegsgericht.
officin|al [ɔfisi'nal] (5c) Arznei..., Heil...; **~e** [~'sin] f *phm.* Laboratorium n; *fig.* Werk-, Geburtsstätte f; *péj.* Brutstätte f.
offr|ande [ɔ'frɑ̃:d] f *bsd. rl.* (Opfer-)Gabe f; **~ant** [ɔ'frɑ̃] su.: *le plus* ~ der Meistbietende m; **~e** [ɔ'frə] f Angebot n, Offerte f; *allg.* Anerbieten n; ~ *d'emploi* Stellenangebot n; ~ *surprise* Überraschungsangebot n; **~ir** [ɔ'fri:r] (2f) (an-, dar-)bieten; *rl.* darbringen.
offusquer [ɔfys'ke] (1m) blenden; (v. *der Sonne*) *fig.* ärgern, kränken, empören, entrüsten, schockieren, verdrießen.
ogi|val [ɔʒi'val] (5c) spitzbogig; **~ve** [ɔ'ʒi:v] f Spitzbogen m; *at.* Raketenspitze f; ~ *nucléaire* atomarer Sprengkopf m.
ogre m, **~sse** f ['ɔgrə, ɔ'grɛs] Menschenfresser(in f) m im *Märchen*; *fig.* Vielfraß m; gemeiner, grausamer Mensch m.
oh! [o] *int.* oh!; ~ *là là!* Ausruf der Überraschung *od.* Ungeduld.
oie [wa] f Gans f.
oignon [ɔ'ɲɔ̃] m ♀ Zwiebel f; ✠ Knochengeschwulst f *am Fuß*; F *fig. besonders dicke* Taschenuhr f, Kartoffel f *fig.* P, Zwiebel f *fig.* P; **~ade** *cuis.* [ɔɲɔ'nad] f Zwiebelgericht n.
oïl *gr.* [ɔ'il] *adv.*: *la langue d'*~ die alte Sprache Nordfrankreichs.
oindre ['wɛ̃:drə] (4b) mit Öl *usw.* bestreichen, einfetten; *rl.* salben.
oint *rl.* [wɛ̃] m Gesalbter m.
oiseau [wa'zo] m Vogel m; ⚠ Ziegel- *od.* Mörteltrage f, Tuppe f; *à vol d'*~ in der Luftlinie; *vue f à vol d'*~ Ansicht f aus der Vogelperspektive; **~-mouche** *orn.* [~'muʃ] m Kolibri m.
oisel|er [waz'le] (1c) v/t. zur Beize abrichten; v/i. Vogelfallen stellen; **~et** [~'lɛ] m Vöglein n; **~eur** [~'lœ:r] m Vogelfänger m, -steller m, -züchter m; **~ier** [~'lje] m Vogelhändler m.
oisellerie [wazɛl'ri] f Vogelfang m; Vogelhandlung f, -zucht f.
ois|eux [wa'zø] (7d) unnütz; überflüssig; **~if** [~'zif] (7e) müßig, untätig; tot (*Kapital*).
oisillon [wazi'jɔ̃] m Vöglein n.
oisiveté [waziv'te] f Müßiggang m.
oison [wa'zɔ̃] m Gänschen n.
oléagineux [ɔleaʒi'nø] (7d) ölhaltig, ölig.
oléo|duc [ɔleɔ'dyk] m Ölleitung f, Pipeline f; **~dynamique** [~dina'mik] öldynamisch.
olfa|ctif *anat.* [ɔlfak'tif] (7e) Geruchs...; **~ction** [~fak'sjɔ̃] f Riechen n. [glanz m.|
oligiste *min.* [ɔli'ʒist] m Eisen-|
oliv|acé [ɔliva'se] olivenfarbig; **~aire** [~'vɛ:r] olivenförmig; **~aison** [~vɛ'zɔ̃] f Olivenernte f; **~âtre** [~'vɑ:trə] olivgrün; **~e** [ɔ'li:v] f Olive f; *rl. jardin m des* ~*s* Ölberg m; **~erie** [ɔli'vri] f Ölmühle f, Olivenölfabrik f; **~ier** [ɔli'vje] m Ölbaum m.
olympique [ɔlɛ̃'pik]: *jeux m/pl.* ~*s* Olympische Spiele *n/pl.*
ombell|e ♀ [ɔ̃'bɛl] f Dolde f; **~ifère** [ɔ̃bɛli'fɛ:r] doldentragend.
ombrag|e [ɔ̃'bra:ʒ] m schattiges Laubwerk n; schattige Stelle f; *fig.* *porter* ~ Argwohn erregen; *prendre* ~ Argwohn schöpfen; **~er** [ɔ̃bra'ʒe] (1l) beschatten; *fig.* verdecken; **~eux** [~'ʒø] (7d) scheu (*Pferd*); *fig.* argwöhnisch; empfindlich, übelnehmerisch; schüchtern.
ombr|e [ɔ̃:brə] f Schatten m (*a. fig.*), Schattenbild n; *fig.* Dunkel n; Nacht f, Finsternis f; *fig.* Zurückgezogenheit f; *fig.* leiseste Spur f; *myth.* Bewohner m der Unterwelt, Schattengestalt f; dunkle Stelle f *in Gemälden*; *peint.* Umbraerde f; ~ *portée* Schlagschatten m; ~ *absolue* Kernschatten m; ~*s chinoises* Schattenspiele *n/pl.*; *à l'*~ *de* unter dem Schutze von; *sous (l')*~ *de*

ombrelle — 332 — **opinion**

unter dem Deckmantel von; *rejeter dans l'~ alles* in den Schatten stellen *fig.*; **~elle** [ɔ̃'brɛl] *f* kleiner Sonnenschirm *m*; **~er peint.** [ɔ̃'bre] schattieren; **~eux** [ɔ̃'brø] (7d) schattig; beschattet.

omelette [ɔm'lɛt] *f* Omelett *n*, Eierkuchen *m*; *All.* ~ *aux pommes de terre* Kartoffelpuffer *m*; ~ *roulée* Plinse *f*; ~ *soufflée* Eierauflauf *m*.

omettre [ɔ'mɛtrə] (4p) aus-, unter-, weglassen, übersehen, vergessen.

omission [ɔmi'sjɔ̃] *f* Aus-, Unterlassung *f*; Lücke *f*.

omnibus [ɔmni'bys] *m*: (*train m*) ~ Personenzug *m*.

omni|directionnel [~dirɛksjɔ'nɛl] (7c) nach allen Richtungen; **~potence** [~pɔ'tɑ̃:s] *f* Allmacht *f*; **~praticien** [~prati'sjɛ̃]: *médecin m* ~ praktischer Arzt *m*. [terblatt *n*.]

omoplate *anat.* [ɔmɔ'plat] *f* Schul-)

once[1] F [ɔ̃:s] *f* ganz geringe Menge *f*; *fig.* leiser Anstrich *m*.

once[2] *zo.* F Schneeleopard *m*.

onciale [ɔ̃'sjal] *f* Unzialbuchstabe *m*.

oncle [ɔ̃:kl] *m* Onkel *m*.

onc|tion [ɔ̃k'sjɔ̃] *f* Einsalben *n*; *rl.* Salbung *f*; *rl. l'extrême* ~ die letzte Ölung *f*; **~tueux** [ɔ̃k'tɥø] (7d) fettig; *fig. oft péj.* salbungsvoll.

ond|e [ɔ̃:d] *f* Welle *f*; *rad. longueur f d'~s* Wellenlänge *f*; *mise f en ~s* Rundfunkbearbeitung *f*; **~é** [ɔ̃'de] wellig; gewellt; **~ée** [~] *f* Platzregen *m*, Regenguß *m*; **~in** *m*, **~ine** *f* [ɔ̃'dɛ̃, ɔ̃'din] Wassergeist *m*; Flußnixe *f*.

on-dit [ɔ̃'di] *m* Gerücht *n*, Gerede *n*.

ond|oiement [ɔ̃dwa'mɑ̃] *m* Wellenbewegung *f*; *rl.* Nottaufe *f*; **~oyer** [ɔ̃dwa'je] *v/i.* (1a) wogen; flattern (*a. fig.*); ~ *au gré du vent* im Winde flattern; *v/t.* nottaufen.

ondul|ation [ɔ̃dyla'sjɔ̃] *f* Wellenlinie *f*, -bildung *f*; *≠ usw.* Wellenbewegung *f*; (~) *permanente od. indéfrisable* (*Haar*) Dauerwelle *f*; **~atoire** [~la'twa:r] wellenförmig; **~é** [~'le] wellig, gewellt; *tôle f ~e* Wellblech *n*; **~er** [~] (1a) wogen, wallen; *v/t. Haare* ondulieren; **~eux** [~'lø] (7d) wellig.

onéreux [ɔne'rø] (7d) kostspielig; *à titre* ~ kostenpflichtig.

ongl|e *anat.* [ɔ̃:glə] *m* Nagel *m*; *zo.* Kralle *f*, Klaue *f* (*a. fig.*); F *avoir les ~s en deuil* Trauerränder haben;

~ée [ɔ̃'gle] *f* Erfrieren *n* der Fingerspitzen; **~et** [ɔ̃'glɛ] *m* Einkerbung *f in der Taschenmesserklinge*; **~ier** [ɔ̃gli'e] *m* Manikürenecessaire *n*; ~*s pl.* Nagelschere *f*.

onguent [ɔ̃'gɑ̃] *m* Salbe *f*.

onguicule [ɔ̃gqi'kyl] *m* kleiner Nagel *m*, kleine Kralle *f*.

ongulés [ɔ̃gy'le] *m/pl.* Huftiere *n/pl.*

onusien *pol.* [ɔny'zjɛ̃] (7c) Uno...

onze [ɔ̃:z] elf; ~ *le* ~ die (Zahl) Elf *f*; *âgé de* ~ *ans* elf Jahre alt; s. *train*.

opacité [ɔpasi'te] *f* Undurchsichtigkeit *f*; Trübung *f*. [milchweiß.]

opal|e [ɔ'pal] *f* Opal *m*; **~in** [~'lɛ̃])

opaque [ɔ'pak] undurchsichtig.

opéra [ɔpe'ra] *m* Oper(nhaus *n*) *f*.

opér|able [ɔpe'rablə] operierbar; **~ateur** [~ra'tœ:r] *m,* (7f) Bedienungsmann *m*; *téléph.* Fernsprechbeamter *m*; & Briefverteiler *m*; Kameramann *m*; Filmvorführer *m*; ✇ Chirurg *m*; **~ation** [~ra'sjɔ̃] *f* Wirken *n*; Wirkung *f*; ✇ Operation *f*, Eingriff *m*; ✗ Kampfhandlung *f*; ♤ Rechenverfahren *n*; ✝ Unternehmung *f*; ⚠ Bau *m*; ~ *de crédit* Kreditgeschäft *n*; ~ *de sauvetage* Rettungsaktion *f*; *bsd.* ⊕ *les ~s* die Arbeiten *f/pl.*; **~ationnel** [~rasjɔ'nɛl] (7c) ✗ einsatzfähig; gefechtsbereit; im Einsatz befindlich; *Fr. la Défense* ⊇*e du Territoire* die strategische Verteidigung des Landes.

opercule [ɔpɛr'kyl] *m* Deckel *m*; ✇ Kapseldeckel *m*; *icht.* Kiemendeckel *m*.

opérer [ɔpe're] (1f) bewirken; ausführen, vornehmen, tun; ✗, ✇, ♤ operieren.

ophtalm|ie ✇ [ɔftal'mi] *f* Augenentzündung *f*; **~oscope** [~mɔ'skɔp] *m* Augenspiegel *m*.

opiacé [ɔpja'se] opiumhaltig.

opiner *adm.*, *tt̞*, *plais.* [ɔpi'ne] *v/i.* (1a) s-e Meinung sagen; ~ *du bonnet* bedingungslos zustimmen.

opiniâtr|e [ɔpi'njɑ:trə] 1. *adj.* hartnäckig (*adv.* **~ément**); 2. *su.* Starrkopf *m*; **~er** [~ja'tre] (1a): *s'*~ *à* hartnäckig bestehen auf (*dat.*); **~eté** [~tre'te] *f* Hartnäckigkeit *f*.

opinion [ɔpi'njɔ̃] *f* subjektive Meinung *f*; Ansicht *f*; *être dans l'*~ *que* ..., *avoir l'*~ *que* ... der Meinung sein, daß ...; ~ *personnelle* (*publique*) persönliche (öffentliche) Meinung *f*.

opi|omane [ɔpjɔ'man] *su.* Opiumsüchtiger *m*; **~um** [ɔ'pjɔm] *m* Opium *n*.

opportun [ɔpɔr'tœ̃] (*adv.* **~ément**) günstig, angebracht (*fig.*); **~isme** [⁓'tynism] *m* Opportunismus *m*, Nützlichkeitstheorie *f*; **~iste** [⁓'nist] *adj. u. su.* opportunistisch; Opportunist *m*; **~ité** [⁓ni'te] *f* Zweckmäßigkeit *f*; günstige Gelegenheit *f*.

oppos|ant [ɔpo'zɑ̃] **1.** *adj.* gegnerisch, widersprechend; **2.** *su.* Gegner *m*; **~é** [⁓'ze] **1.** *adj.* gegenüberliegend; entgegengesetzt; *angles m/pl.* **~s** (*au sommet*) Scheitelwinkel *m/pl.*; **2.** Gegensatz *m*; *à l'* **~** de im Gegensatz zu (*dat.*); **~er** [⁓] (1a) gegenübersetzen, -stellen, -hängen; entgegensetzen; *fig.* einwenden; *s'* **~** sich widersetzen; **~ition** [⁓zi'sjɔ̃] *f* Gegenüberstellung *f*; Ein-, Widerspruch *m*; Opposition(spartei *f*) *f*.

oppress|er [ɔprɛ'se] (1b) *physiol.*, *☆*: beengen, verkrampfen, lasten auf; *moralisch*: belasten; **~eur** [⁓'sœ:r] *m* Unterdrücker; **~if** [⁓'sif] (7e) bedrückend; *mesures f/pl.* oppressives Zwangsmaßregeln; **~ion** [⁓'sjɔ̃] *f* Unterdrückung *f*; Beklemmung.

opprimer [ɔpri'me] (1a) unterdrücken (*Volk*; *Freiheit*).

opprobre [ɔ'prɔbrə] *m* Schande *f*; Schmach *f*; Schandfleck.

optatif [ɔpta'tif] (7e) e-n Wunsch ausdrückend, Wunsch...; *écol., univ. discipline f* optative Wahlfach *n*. [**~** pour sich entscheiden für.)

opter [ɔp'te] (1a) e-e Wahl treffen;)

opticien [ɔpti'sjɛ̃] *m* Optiker.

optim|isme [ɔpti'mism] *m* Optimismus *m*; **~iste** *phil.* [⁓'mist] **1.** *adj.* optimistisch; **2.** *su.* Optimist *m*.

option [ɔp'sjɔ̃] *f* Wahl. [*m.*)

optique [ɔp'tik] **1.** *adj.* optisch; **2.** *f* Optik *f*; *fig.* (klare) Sicht *f*; Warte *f*, Standpunkt *m*.

opulen|ce [ɔpy'lɑ̃:s] *f* großer Reichtum *m*, Überfluß *m*; **~t** [⁓'lɑ̃] (7) sehr reich; *fig.* üppig.

opuscule [ɔpys'kyl] *m* kleine Schrift *f*.

or [ɔ:r] **1.** *m* Gold *n*; *d'* **~** golden; *rouler sur l'* **~** Geld wie Heu haben; **2.** *adv.* nun (aber); also, folglich.

orag|e [ɔ'ra:ʒ] *m* Gewitter *n*; *fig.* Sturm; Schicksalsschlag *m*; **~eux** [⁓ra'ʒø] (7d) stürmisch (*a. fig.*).

oraison [ɔrɛ'zɔ̃] *f* Grabrede *f*; Gebet *n*; **~** *funèbre* Leichenrede; **~** *dominicale* Vaterunser *n*; **~** *mentale* stilles Gebet *n*.

oral [ɔ'ral] (5c) mündlich.

oran|ge ♀ [ɔ'rɑ̃:ʒ] *f* Apfelsine *f*, Orange *f*; *adj.* orange (gelb); **~gé** [ɔrɑ̃'ʒe] orangefarben; **~geade** [⁓'ʒad] *f* Orangensaft; **~geat** [⁓'ʒa] *m* Orangenkonfitüre *f*; **~ger**[1] [⁓'ʒe] **1.** *m* Apfelsinenbaum; **2.** *su.* (7b) Apfelsinenhändler *m*; **~ger**[2] [⁓'ʒe] (1g) orange färben; **~gerie** [⁓ʒ'ri] *f* Orangerie *f*.

orang-outan(g) *zo.* [ɔrɑ̃u'tɑ̃] *m* Orang-'Utan.

ora|teur [ɔra'tœ:r] *nur m* Redner *m*; *pol.* Wortführer *m*; *pol.* femme **~** Rednerin; *elle est bon* **~** sie ist e-e gute Rednerin; **~toire** [⁓'twa:r] **1.** *adj.* rednerisch; **2.** *m* Betkapelle *f*, -saal; **~torio** ♪ [⁓tɔ'rjo] *m* Oratorium *n*.

orb|e [ɔrb] **1.** *adj. in*: *coup m* **~** Prellschuß; *mur m* **~** blinde Mauer; **2.** *m ast.* Planetenlauf *m*; Himmelskörper; *fig.* Bannkreis *m*; **~ital** [⁓bi'tal] (5c): *ast. vol m* **~** Raumflug *m*; **~ite** [ɔr'bit] *f* Augenhöhle; *ast.* Planeten-, Umlaufbahn *f*; *at.* Erdumkreisung *f*; *at.* mise *f* sur (*od.* en) **~** Abschuß *m* auf die Erdkreisbahn; *voyage m sur* **~** Raumfahrt *f*; **~iter** *ast.* [⁓bi'te] *v/i.*: **~** *autour de la terre* um die Erde kreisen.

orchestre [ɔr'kɛstrə] *m* ♪ Orchester *n*; *thé.* Parkett *n*; **~** *d'instruments à cordes* Streichorchester *n*; *chef m d'* **~** Kapellmeister, Dirigent; **~r** [⁓'tre] (1a) instrumentieren; *fig.* inszenieren.

orchidée ♀ [ɔrki'de] *f* Orchidee.

ordin|aire [ɔrdi'nɛ:r] **1.** *adj.* üblich, gewöhnlich; mittelmäßig; *nourriture f* **~** Hausmannskost; *prix m* **~** Ladenpreis; *vin m* **~** Tischwein; **2.** *m* Gewöhnliche(s) *n*; Alltagskost *f*; ⚔ Mannschaftskost *f*; **3.** *advt.* à l' **~**, d' **~** od. pour l' **~** meistenteils, gewöhnlich; **~ant** *rl.* [⁓'nɑ̃] *m* Weihbischof; **~ateur** [⁓na'tœ:r] *m* Computer *m*; **~ation** [⁓na'sjɔ̃] *f* Priesterweihe *f*.

ordonn|ance [ɔrdɔ'nɑ̃:s] *f* Planung *f*, Anordnung; Erlaß *m*; *☆* Rezept *n*; ⚖ Zahlungsanweisung; ⚔ *ehm.*,

ordonnateur — 334 — **ornithologie**

bisw. m Ordonnanz; Offiziersbursche m; ~**ateur** [~na'tœːr] (7f) (An-)Ordner m; Anweiser m; ~**ée** ⚔ [~'ne] f Ordinate; ~**er** [~] (1a) anordnen; befehlen; ✍ verschreiben; *rl.* ordiniern; ✗ s'~ sich gruppieren.

ordre ['ɔrdrə] m (An-)Ordnung f; fig. Stand, Klasse f; *rl. usw.* Orden; *rl.* Priesterweihe f; *a.* ⚔ Befehl; ✝ Auftrag; ~ *établi* Establishment n; ~ *d'achat* Kaufauftrag; ~ *des émissions rad.* Sendefolge f.

ordur|e [ɔr'dyːr] f Schmutz m; fig. Zote; Unflätigkeit f; ~**s** pl. Müll m; ~**ier** [~dy'rje] adj. schmutzig, zotig.

orée [ɔ're] f Waldrand m; fig. Beginn m, Anfang m (e-s Jhs., e-r Laufbahn).

oreillard [ɔrɛ'jaːr] **1.** adj. langohrig; **2.** *su. zo.* Ohrenfledermaus f.

oreill|e [ɔ'rɛj] f Ohr n; *Hase*: Löffel m; *Gefäß*: Henkel m; *avoir l'~ dure* schwerhörig sein; *se faire tirer l'~* sich lange nötigen lassen; ~**e-d'ours** ♣ [ɔrɛj'durs] f Aurikel; ~**er** [ɔrɛ'je] m Kopfkissen n; ~**ette** [~'jɛt] f Ohrenschützer m; *anat.* Herzvorkammer f; ~**ons** ✍ [~'jɔ̃] m/pl. Mumps, Ziegenpeter.

orfèvre [ɔr'fɛːvrə] m Goldschmied; ~**rie** [~fɛvrə'ri] f Goldwaren pl.

orfraie *orn.* [ɔr'frɛ] f Seeadler m.

organ|e [ɔr'gan] m *anat. u. fig.* Organ n; Werkzeug n; ♪ Stimme f; ⊕ Teil m; fig. Vermittlung f; Blatt n (Zeitung); *pol.* Wortführer m; *pol.* Funktion f; *adm.* Stelle f; ~**igramme** *éc.* [~ni'gram] m Übersichtsplan über die bestehenden Handelsgesellschaften; ~**ique** [~'nik] 🜉 *usw.* organisch; *zo., phil. usw.* gegliedert; ineinandergreifend; planmäßig; *loi f* ~ Grundgesetz n.

organ|isation [ɔrganiza'sjɔ̃] f Organisation f; Bildung f; Organisationstalent n; ~ *des entreprises* Betriebswirtschaft; ~**iser** [ɔrgani'ze] (1a) organisieren, einrichten, (an-)ordnen; ~**isme** [~'nism] m Organismus m; *adm.* Stelle f; ~ *d'État* staatliches Unternehmen n; Staatsorgan n, Behörde f; ~**iste** ♪ [~'nist] *su.* Orgelspieler(in f) m.

orge ♣ [ɔrʒ] **1.** f Gerste; **2.** m ~ *mondé* Gerstengraupen f/pl.; ~ *perlé* Perlgraupen f/pl.; ~**at** [ɔr'ʒa] m Mandelmilch f; ~**let** [ɔrʒə'lɛ] Gerstenkorn n am Augenlid.

orgie [ɔr'ʒi] f Orgie f, Saufgelage n, Prasserei f.

orgue ♪ [ɔrg] m (*im pl. f*) Orgel f; ~ *de Barbarie* Leierkasten m.

orgueil [ɔr'gœj] m Hochmut, Stolz; ~**leux** [~gœ'jø] (7d) hochmütig, stolz, überheblich.

orient [ɔ'rjɑ̃] m Osten; ~**able** [~'tablə] *bsd.* ⊕ verstell-, lenk-, schwenk-, drehbar; ~**al** [~'tal] (5c) östlich; orientalisch; bilderreich (*Stil*).

orientation [ɔrjɑ̃ta'sjɔ̃] f Orientierung, Zurechtfinden n; ✈ Ortung f; *pol.* Richtung, Kurs m; *écol.* (Unterrichts-)Zweig m; ~ *professionnelle* Berufsberatung.

orienter [ɔrjɑ̃'te] (1a) (⚓ nach den Himmelsgegenden) richten; *cadre m orienté Radio*: Richt(strahl)antenne f; fig. ~ *q.* j-n leiten; s'~ sich orientieren, sich zurechtfinden.

orifice ⊕ [ɔri'fis] m Öffnung f.

origan ♣ [ɔri'gɑ̃] m Majoran.

origin|aire [ɔriʒi'nɛːr] ursprünglich; gebürtig, abstammend; ~**al** [~'nal] (5c) **1.** adj. original, ursprünglich, echt; fig. originell; **2.** m Original f; ⚖ Urschrift f; Sonderling; ~**alité** [~nali'te] f Originalität f; Eigentümlichkeit; Sonderbarkeit; ~**e** [ɔri'ʒin] f Ursprung m; Herkunft f, Abstammung f; ~**el** [~'nɛl] angeboren; *péché m* ~ Erbsünde.

oripeaux [ɔri'po] m/pl. alte, geschmacklose Kleidung f; Tinnef m P.

orm|aie ♣ [ɔr'mɛ] f Ulmenpflanzung; ~**e** ♣ [ɔrm] m Ulme f, Rüster f; *iron. attendez-moi sous l'~!* fig. der (die) kann lange warten!; ~**eau** ♣ [ɔr'mo] m junge Rüster f; ~**ille** ♣ [ɔr'mij] f Rüstersetzling m.

ornemaniste [ɔrnəma'nist] m Dekorationsmaler m; Stukkateur m.

ornement [ɔrnə'mɑ̃] m Verzierung f; fig. Zierde f; ~**s** pl. Priesterornat n/sg.; ~**al** [~'tal] ornamental; Schmuck..., Zier...; ~**er** [~'te] (1a) verzieren.

orner [ɔr'ne] (1a) schmücken, zieren; s'~ *de* sich schmücken mit.

ornière [ɔr'njɛːr] f (Wagen-)Spur; ~ *de la routine* Schlendrian m.

ornithologie 🜉 [ɔrnitɔlɔ'ʒi] f Vogelkunde.

oronge ♀ [ɔ'rõːʒ] *f* Eierpilz *m*; **fausse ~** Fliegenpilz *m*.

orpaill|age [ɔrpa'jaːʒ] *m* Goldwaschen *n*; **~eur** [~'jœːr] *m* Goldwäscher.

orphelin [ɔrfə'lɛ̃] **1.** *adj.* verwaist; **2.** *su.* Waise(nknabe *m*, -kind *n*) *f*; **~ de père** (**~ de mère**) Halbwaise *f*; **~at** [ɔrfəli'na] *m* Waisenhaus *n*.

orphéon [ɔrfe'ɔ̃] *m* Gesangverein *m*.

orteil [ɔr'tɛj] *m* (große) Zehe *f*.

ortho|doxe [ɔrtɔ'dɔks] *rl.* orthodox; *allg.* strenggläubig; **~graphe** [~'graf] *f* Rechtschreibung *f*, Orthographie; **~graphie** [~gra'fi] *f* (△ Aufriß *m*; ♀ senkrechte Projektion); **~graphier** [~gra'fje] (1a) richtig schreiben (können); **~pédie** ♉ [~pe'di] *f* Orthopädie.

ortie [ɔr'ti] *f* Brennessel.

ortolan *orn.* [ɔrtɔ'lɑ̃] *m* Gartenammer *f*.

os [ɔs; *pl.* o, *in der Bindung*: oz] *m* Knochen *m*; **~** *pl.* Gebeine *n/pl.*; *trempé jusqu'aux* **~** bis auf die Haut durchnäßt.

oscar [ɔs'kaːr] *m cin.* Oscar, Filmpreis; *allg.* Auszeichnung *f*.

oscill|ation [ɔsila'sjɔ̃] *f* Schwingung; *fig.* Schwankung; **~er** [~'le] (1a) Schwingungen machen; *bsd. fig.* schwanken; **~oscope** [~lɔ'skɔp] *m* Radar: Leuchtschirm *m*.

osé [o'ze] gewagt, verwegen.

oseille ♀ [o'zɛj] *f* Sauerampfer *m*; ✶ Geld *n*, Zaster *m* P.

oser [o'ze] (1a) wagen; sich erdreisten; sich erlauben; *a.* dürfen.

oseraie ♉ [oz'rɛ] *f* Weidengebüsch *n*.

osier [o'zje] ♀ *m* Korbweide *f*; Weiden-rute *f*, -geflecht *n*.

oss|ature [ɔsa'tyːr] *f* Knochengerüst *n*; **~elet** [ɔs'lɛ] *m* Knöchelchen *n*; **~ements** [ɔs'mɑ̃] *m/pl.* Gebeine *n/pl.*; **~eux** [ɔ'sø] (7d) knochig; **~ification** [ɔsifika'sjɔ̃] *f* Knochenbildung; Verknöcherung; **~ifier** [~'fje] (1a) verknöchern lassen; **~u** [ɔ'sy] (stark-)knochig; **~uaire** [ɔ'sɥɛːr] *m* Leichen-, Beinhaus *n*, Totenstätte *f*, *bsd.* Gefallenengedenkstätte *f*.

osten|sible [ɔstɑ̃'sibl] vorzeigbar; sichtbar; **~soir** *rl.* [~'swaːr] *m* Monstranz *f*; **~tation** [~tɑ'sjɔ̃] *f* Prahlerei.

ostéopath|e ♉ [ɔsteɔ'pat] *m* Osteopath, Knochenheilkundiger; **~ie** ♉ [~'ti] *f* Osteopathie.

ostracé *zo.* [ɔstra'se] muschelartig; **~s** [~] *f/pl.* Schaltiere *n/pl.*

ostréi|cole [ɔstrei'kɔl] Austern...; **~culteur** [~kyl'tœːr] *m* Austernzüchter; **~culture** [~kyl'tyːr] *f* Austernzucht.

Ostrogot(h) [ɔstrɔ'go] *su.* Ostgote *m*; ♀ **1.** *adj.* ostgotisch; *fig.* barbarisch; **2.** *fig.* Flegel *m*.

otage [ɔ'taːʒ] *m* Geisel *m u. f*, Bürge; *fig.* Unterpfand *n*.

ota|lgie ♉ [ɔtal'ʒi] *f* Ohrenschmerz *m*; **~rie** *zo.* [ɔta'ri] *f* Seelöwe *m*.

O.T.A.N. *abr.* = *Organisation du Traité Atlantique-Nord pol.* Nato *f*.

ôter [o'te] (1a) wegnehmen; *vom Platz*: entfernen; *Kleider*: ausziehen; *Hut*: abnehmen; abziehen, subtrahieren.

otite ♉ [ɔ'tit] *f* Ohrentzündung.

ottoman *hist.* [ɔtɔ'mɑ̃] (?) osmanisch, türkisch; **~e** [~'man] *f* breites, niedriges Sofa *n*.

ou [u] oder; **~ bien** oder aber; **~ ... ~** ... entweder ... oder.

où [u] wo, wohin; worin; *d'où* woher; *par où* wo(hin)durch.

ouaille *rl.* [wa:j] *f fig.* Schäflein *n*, Pfarrkind *n*.

ouais! F [wɛ] nun sieh' mal einer an! (*Überraschung*); *iron., skeptisch*: dja, dja!

oua|te [wat] *f*: (*la* **~** *u. l'~ die*) Watte; **~ter** [wa'te] (1a) wattieren.

oubli [u'bli] *m* Vergessen(heit *f*) *n*.

oublie [u'bli] *f* Waffel (*in Tütenform*).

oubli|er [ubli'e] (1a) vergessen; verlernen; übersehen; vernachlässigen; *ehm.* **~ettes** [~'ɛt] *f/pl.* (Burg-)Verlies *n/sg.*; **~eux** [~'ø] (7d) vergeßlich.

oued [wed] *m* (*pl.* **~s** *od.* **ouadi** [wa'di]) Wadi *n* (*Fluß*[*tal*] *in Afrika*).

ouest [wɛst] *m* West(en); (*d'~*) westlich; *vent d' ~* Westwind; **~-allemand** [~al'mɑ̃] westdeutsch.

ouf! [uf] o weh!; gottlob!

oui [wi] ja; *dire que oui* „ja" sagen; *mais oui* [mɛ'wi] allerdings; *le oui* das Ja(wort); *fig. dire le grand* **~** sich verheiraten.

ouiche! F [wiʃ] ach was!

ouï-dire [wi'diːr] *m* Hörensagen *n*.

ouïe [wi] *f* Gehör(sinn *m*) *n*; ♪, △ Schalloch *n*; **~s** *pl. icht.* Kiemen.

ouïr [wi:r] hören (*nur noch gebraucht im inf. u. als p.p.* ouï).

ouiste *pol. péj.* [wist] *su. u. adj.* Jasager *m*, Nachläufer *m*, kriecherischer Anhänger *m*; nachplappernd.

ouistiti *zo.* [wisti'ti] *m* (*mst.* le ~, *aber auch* l'~) Pinseläffchen *n*.

ouragan [ura'gɑ̃] *m* Orkan.

ourdir [ur'di:r] (2a) *text., fig.* anzetteln.

ourl|er [ur'le] (1a) (be)säumen; **~et** [~'le] *m* Saum; **~eur** [~'lœ:r] *m* Säumer *an der Nähmaschine*.

ours [urs] *m* Bär *m*; *fig.* bärbeißiger Mensch *m*; ~ *pl.* P Regel *f*, Periode *f*; ~ *blanc* Eisbär; P *manger de l'ours* verprügelt werden; **~e** [~] *f* Bärin; *ast. la grande* 2e der Große Bär; **~in** [~'sɛ̃] *m zo.* Seeigel; **~on** [~'sɔ̃] *m* junger Bär.

oust(e)! F [ust] 'raus!

outarde *orn.* [u'tard] *f* Trappe *f*.

outil [u'ti] *m* Handwerkszeug *n*; P *un drôle d'*~ ein komischer Kauz *m*.

outill|age [uti'ja:ʒ] *m* sämtliches Handwerkszeug *n*, Ausrüstung *f*; P Kram *m*, Krempel *m*; **~er** [~'je] (1a) mit Werkzeugen ausrüsten.

outrage [u'tra:ʒ] *m* Beleidigung *f*, Beschimpfung *f*; Schmach *f*; ~ *à magistrats* Beleidigung *f* von Justizbeamten.

outrag|er [utra'ʒe] (1l) schwer beleidigen, beschimpfen; verletzen; **~eusement** [~ʒøz'mɑ̃] *adv.* in verletzender Weise; *fig.* äußerst, furchtbar.

outranc|e [u'trɑ̃:s] *f* Übertreibung, Überspanntheit; *à* ~ bis aufs äußerste; *fig.* bis aufs Messer; **~ier** [~trɑ̃'sje] 1. *adj.* maßlos, übertrieben; 2. *su.* Heißsporn *m*.

outre [utr] 1. *f* Schlauch *m*; 2. a) *prp.* jenseit(s); neben, außer; *passer* ~ *à qch.* sich völlig über etw. hinwegsetzen; b) *adv.*: *en* ~ außerdem, ferner; *percer d'*~ *en* ~ völlig durchbohren (*Lanze*); 3. *cj.* ~ *que* abgesehen davon, daß.

outrecuid|ance [utrəkɥi'dɑ̃:s] *f* Überheblichkeit; Anmaßung, Unverschämtheit, Frechheit; **~ant** [~'dɑ̃] (7) vermessen, anmaßend.

outre-|mer¹ [utrə'mɛ:r]: *d'*~ überseeisch, Übersee...; **~mer²** [~] *m* Ultramarin *n*; **~passer** [utrəpa'se] (1a) überschreiten.

outrer [u'tre] (1a) übertreiben; empören. [Außenseiter *m* (*a. fig.*).\
outsider *Sport, fig.* [awtsaj'dœ:r] *m*|
ouvert [u'vɛ:r] *p.p. von* ouvrir (2f) öffnen; **~ement** [uvɛrtə'mɑ̃] (in) offen(er Weise), frei heraus; **~ure** [~'ty:r] *f* Öffnen *n*; Öffnung *f*, *fig.* Anfang *m*; ♪ Ouvertüre; ~ *d'esprit* geistige Aufgeschlossenheit; *objectif à grande* ~ *phot.* lichtstarke(s) Objektiv *n*.

ouvr|able [u'vrablə] verarbeitbar; *jour* ~ Werktag; **~age** [u'vra:ʒ] *m* Arbeit *f*, Werk *n*; ⚒ Abbau *m*, Aushieb *m*; 🏛 Bauwerk *n*; **~ager** [uvra'ʒe] (1l) ausarbeiten; verzieren.

ouvre-|boîte [uvrə'bwat] *m* Büchsenöffner; **~gants** [~'gɑ̃] *m* Handschuhweiter; **~lettres** [~'lɛtrə] *m* Brieföffner; **~porte** ⊕ [~'pɔrt] *m* Türöffner, Drücker.

ouvrer [u'vre] (1a) ver-, aus-, bearbeiten; *Stoff:* blümen.

ouvreu|r *m*, **~se** *f* [u'vrœ:r, u'vrø:z] Öffner(in *f*) *m*; *thé.* Logenschließer(in *f*) *m*, *a. cin.* Platzanweiser(in *f*) *m*.

ouvri|er *m*, **~ère** *f* [uvri'e, ~'ɛ:r] 1. *su.* Arbeiter(in *f*) *m*; ~ *à façon* Heimarbeiter(in *f*) *m*; ~ *aux pièces* Akkordarbeiter(in *f*) *m*; ~ *qualifié*, ~ *spécialisé* gelernte(r) Arbeiter *m*, Facharbeiter *m*; 2. *adj.* Arbeiter...; *ent. abeille f ouvrière* Arbeitsbiene.

ouvrir [u'vri:r] *v/t.* (2f) (er)öffnen; (*Appetit*) anregen; *ge-(od. er-)öff*net werden; ~ *en grand la radio* das Radio ganz laut aufdrehen; *v/i.* (auf)gehen *z. B. nach der Straße* (*Fenster*); ~ *à l'exploitation* ein Land erschließen; *fig. s'*~ *à q.* j-m sein Herz ausschütten.

ouvroir [u'vrwa:r] *m* Arbeitssaal *m* e-s Wohltätigkeitsvereins; Nähstube *f für Nonnen*. [*anat.* Eierstock.\
ovaire [ɔ'vɛ:r] *m* ♀ Fruchtknoten;|
ovale [ɔ'val] 1. *adj.* oval; 2. *m* Oval *n*.

ovation [ɔva'sjɔ̃] *f* Ovation *f*.

ov|e △ [ɔ:v] *m* eirunde Verzierung *f*; **~é** [ɔ've] eiförmig.

ovin, **~e** [ɔ'vɛ̃, ɔ'vin] *adj.* Schaf...

ovipare [ɔvi'pa:r] *adj.* (*u. m*) eierlegend(es Tier *n*).

ovule *biol.* [ɔ'vyl] *m* Eizelle *f*.

oxygène [ɔksi'ʒɛn] *m* Sauerstoff.

oxygéner [ɔksiʒe'ne] *v/t. Haare* blondieren. [[~'ne] ozonhaltig.|
ozon|e 🧪 [ɔ'zɔn] *m* Ozon *n*; **~é**

P

P (*ou* **p**) [pe] *m* P (*od*. p) *n*.
pacag|e [pa'ka:ʒ] *m* Viehweide *f*; **~er** [~ka'ʒe] (1l) weiden.
pachyderme *zo*. [~ʃi- *od*. ~ki'dɛrm] *m* Dickhäuter *m*.
pacifi|cateur [pasifika'tœ:r] (7f) *su*. Friedensstifter *m*; **~cation** [~ka-'sjɔ̃] *f* Friedensstiftung *f*; Wiederherstellung *f* der Ruhe; **~er** [~'fje] (1a) beruhigen, befrieden, Unruhen beseitigen; **~que** [~'fik] friedliebend; friedlich; the ♀ *od*. l'Océan ♀ *m* der Stille Ozean *m*; **~sme** [~'fism] *m* Pazifismus *m*; **~ste** [~'fist] *su. u. adj*. Pazifist *m*; pazifistisch.
pacotille *péj*. [pako'tij] *f* Ausschußware *f*, Schund *m*, Dreck *m fig*. P.
pact|e [pakt] *m* Pakt *m*, Abkommen *n*; **~** de non-agression Nichtangriffspakt *m*; **~iser** [~ti'ze] (1a) e-n Vertrag schließen; sich abfinden; paktieren (*avec mit*).
pactole [pak'tɔl] *m fig*. Quell; Urquell.
paf [paf] **1.** *int*. bums!, plauz!; **2.** *adj./inv*. besoffen P, blau.
pagaie *Sport* [pa'gɛ] *f* Paddel *f*.
pag|aie, ~aille F [pa'gaj] s. *pagaye*.
paganis|er [pagani'ze] *v/t*. (1a) zum Heiden machen; **~me** [~'nism] *m* Heidentum *n*.
pagaye F [pa'gaj] *f* Wirrwarr *m*, Durcheinander ...; semer le maximum de ~ entre ... et ... ein Höchstmaß an Durcheinander zwischen ... und ... schaffen; s'épargner la ~ sich Scherereien ersparen.
pagayer *Sport* [pagɛ'je] (1i) paddeln.
page¹ [pa:ʒ] *m* Page *m*, Edelknabe *m*.
pag|e² [~] *f* (Schrift-, Druck-)Seite *f*; suite ~ 118 Fortsetzung Seite 118; être à la ~ auf dem laufenden (*od*. im Bilde) sein; **~iner** *typ*. [paʒi'ne] (1a) paginieren.
pageot ⁎ [pa'ʒo] *m* Bett *n*, Falle *f* P.
pagne [paɲ] *m* (Neger-)Schurz *m*.
paie [pɛ] *f* Löhnung *f*; Lohn *m*; ⚔ Sold *m*.
paiement [pɛ'mɑ̃] *m* Zahlung *f*; ~ anticipé Vorauszahlung *f*; ~ comp-

tant Barzahlung *f*; ~ échelonné, ~ partiel Raten-, Teilzahlung *f*; ~ forfaitaire Pauschalzahlung *f*; ~ du (*od*. pour) solde Restzahlung *f*; ~ ultérieur Nachzahlung *f*.
païen [pa'jɛ̃] (7c) **1.** *adj*. heidnisch; **2.** *su*. Heide *m*.
paill|age [pa'ja:ʒ] *m* Bedecken *n* mit Stroh; **~ard** [~'ja:r] *su*. Wüstling *m*, Lüstling *m*; Dirne *f*, Fose *f* V; **~ardise** [~jar'di:z] *f* Unzucht; **~asse** [~'jas] *f* Strohsack *m*; gemauerter Herd- *od*. Ausgußsockel *m*; **~asson** [~ja'sɔ̃] *m* Strohmatte *f*; Fußabtreter *m*; *péj*. Kriecher *m*.
paill|e [pa:j] **1.** *f* Stroh *n*; ⊕ Fleck (-en) *m im Diamant*; Fehler *m*, Sprung *m*, Riß *m*; ~ de fer ⊕ Stahlspäne *m/pl.*; ~ hachée Häcksel *m u. n*; tirer à la courte ~ mit Hälmchen losen; couleur *f* (de) ~ Strohfarbe *f*; **2.** *adj. inv*. strohfarben, -gelb; **~é** [pɑ'je] strohfarben; brüchig (*Metall*).
pailler¹ [pa'je] (1a) mit Stroh bedecken, ausflechten.
paill|er² [~] *m* Strohhof; Strohschuppen, -miete *f*; **~et** [pɑ'jɛ] *m* ⚓ Art Matte *f*; *a. adj*.: ♱ vin ~ Bleicher(t); **~eté** [pɑj'te] mit Flitter besetzt; **~ette** [pa'jɛt] *f* Flitter *m*; Goldkörnchen *n*, -blättchen *n*; **~eur** [pɑ'jœ:r] (7g) Strohflechter (-in *f*) *m*; Strohhändler(in *f*) *m*; **~eux** [~'jø] (7d) ⋕ strohig; ⊕ brüchig; **~is** ⋆ [~'ji] *m* Streu *f* (*auf Gartenbeeten*); **~ote** [~'jɔt] *f* Strohhütte.
pain [pɛ̃] *m* Brot *n*; Block (*Seife*); Hut (*Zucker*); *fig*. Lebensunterhalt; ⁎ Schlag; Ohrfeige *f*; ~ bis Schwarzbrot *n*, Vollkornbrot *n*; ~ complet Schrotbrot *n*; ~ de veau *cuis*. falscher Hase *m*; ~ d'épice Pfeffer-, Lebkuchen; ~ de munition Kommißbrot *n*; petit ~ Brötchen *n*, Semmel *f*; ~ rassis altbackenes Brot *n*.
pair [pɛ:r] **1.** *adj*. gerade, durch zwei teilbar; hors (de) ~ unvergleichlich; ~ ou non? gerade oder unge-

22 Franz.-Dtsch.

paire — 338 — **palmier**

rade?; **2.** *m (der, die, das)* Gleiche, Ebenbürtige; *hist.* Pair *m*; *England*: Peer; ✝ Pari *n*; de ~ auf gleichem Fuße; *être au* ~ auf Pari stehen *(Aktien)*; für Kost und Wohnung e-e Stelle bekleiden, freie Station haben; *la Chambre des* ~s das englische Oberhaus.

paire [pɛːr] *f* Paar *n*; Gespann *n*; *une* ~ *de ciseaux* e-e Schere *f*; *une* ~ *de gants* ein Paar Handschuhe; *une* ~ *de lunettes* e-e Brille *f*; ~ *de bœufs (de chevaux)* Ochsen-(Pferde-)gespann *n*.

pair|esse [pɛˈrɛs] *f* Frau *f* e-s Peers; **~ie** [ˌ~ˈri] *f* Peerswürde *f*.

paisible [pɛˈziblə] friedlich; still; ungestört im Besitze.

paître [ˈpɛːtrə] (4z) *mst nur noch v/i.* auf der Weide sein; weiden; *faire (od. mener)* ~ auf die Weide führen; *envoyer q.* ~ ! j-n zum Teufel schicken.

paix [pɛ] *f* Frieden *m*; Stille *f*, Ruhe *f*; ~ *séparée* Sonderfrieden *m*; *(la)* ~ ! Ruhe!; *ficher (od.* P *foutre) la* ~ *à* in Ruhe lassen; *rl.* Dieu lui fasse ~ ! Gott hab' ihn selig!

Pakistan [pakistˈtã] *m*: **le** ~ Pakistan *n*; **~ais** [ˌtaˈnɛ] *su. u.* ♀ *adj.* Pakistaner *m*; pakistanisch.

pal [pal] *m pl.* ~s Pfahl *m*.

palabres [paˈlɑːbrə] *f/pl.* **1.** Verhandlung *f* mit Eingeborenen; **2.** *péj.* Gequatsche *n*.

palace [paˈlas] *m* modernes Luxushotel *n*; moderner Luxusbau *m*.

paladin *féod.* [palaˈdɛ̃] *m* Paladin *m*.

palais [paˈlɛ] *m* **1.** Palast *m*; ~ *de justice* Gerichtshof *m*; *style m de* ~ Gerichtsstil *m*; **2.** Gaumen *m*; ~ *artificiel* Gaumenplatte *f*.

palan [paˈlã] *m* ⊕ Zugwinde *f*; Flaschenzug *m*; ⚓ Takel *n*, Talje *f*; **~che** [ˌ~ˈlɑ̃ːʃ] *f* Tragejoch *n* für Eimer; **~çons** [ˌlã~ˈsɔ̃] *m/pl.* Schalwandung *f*, -holz *n*; **~que** *fn.* [ˌ~ˈlɑ̃ːk] *f* Pfahlwerk *n*; **~quer** [ˌlã~ˈkɛ] (1m) aufhissen; **~quin** [ˌ~ˈkɛ̃] *m* Sänfte *f*.

palass * [paˈlas] *m* **1.** langweiliges Geschwafele *n*. **2.** marktschreierische Reklame *f od.* Ansage *f*.

palatal *phon.* [palaˈtal] (5c) palatal, Gaumen...

palatin *anat.* [palaˈtɛ̃] Gaumen...

Palatinat [palatiˈna] *m*: **le** ~ die Pfalz *f*.

pale[1] *rl.* [pal] *f* Kelchdeckel *m*.

pale[2] [~] *f* Ruderblatt *n*; *a.* ✈ Propellerflügel *m*.

pâle [pɑːl] blaß, bleich; *fig.* matt; * ⚔, P krank; P ~*s couleurs f/pl.* Bleichsucht *f*; ⚔ *se faire porter* ~ sich krank schreiben lassen.

pale|frenier [palfrəˈnje] *m* Stallknecht; **~froi** *féod.* [ˌˈfrwa] *m* Paradepferd *n*, Zelter.

paleron [palˈrɔ̃] *m* Vorderbug, Schulterblatt *n einiger großer Säugetiere*.

palet [paˈlɛ] *m* Wurfscheibe *f*.

paletot [palˈto] *m* Überzieher.

palette [paˈlɛt] *f* Ballschläger *m*; *peint.* Palette; Schaufel *f* am Wasserrad; ⚙ Kelle *f*; ⊕ ~ *de rame* Ruderblatt *n*; ✈ ~ *d'hélice* Luftschraubenflügel *m*.

pâleur [pɑˈlœːr] *f* Blässe *f*.

pal|ier [paˈlje] *m* ⚙ Treppenabsatz; ⊕ (Zapfen-)Lager *n*; ⚙, ✈ horizontale Strecke *f*; ✈ Horizontalflug *m*; *fig.* Etappe *f (e-s Fortschritts);* ~ *à billes* Kugellager *n*; ~ *d'âge* Altersstufe *f*; **~ière** ⚙ [ˌˈljɛːr] *f* oberste Treppenstufe.

palification ⚙ [palifikaˈsjɔ̃] *f* Verpfählung.

palifier ⊕ [paliˈfje] (1a) verpfählen.

palinodie [palinɔˈdi] *f* Widerruf *m*.

pâlir [pɑˈliːr] *v/i.* (2a) erblassen; bleich werden; *v/t.* blaß machen.

paliss|ade [paliˈsad] *f* Palisade *f*; Bauzaun *m*; ✿, ❦ lebende Hecke; **~ader** [ˌsaˈde] (1a) verpfählen; umzäunen; **~er** ✿ [ˌˈse] (1a) Bäume anspalieren.

pall|iatif [paljaˈtif] *adj.* (7e) (u. m) ⚕ ein Übel nur lindernd(es Mittel *n*); *fig.* Notbehelf *m*; **~ier** [ˌˈlje] (1a) ⚕ ein Übel nur oberflächlich heilen; *allg.* Mangel beheben, beseitigen; *fig.* bemänteln; *Bilanz*: verschleiern.

palmarès *écol.* [palmaˈrɛs] *m* Liste *f* der prämiierten Schüler; *Sport*: Siegerliste *f*.

palm|e ✿ [palm] *f* Palm(en)zweig *m*; Sieg(es)palme *f*; **~é** [ˌˈme] ✿ handförmig; *zo.* mit Schwimmhaut versehen; **~eraie** [ˌˈmˈrɛ] *f* Palmenhain *m*.

palm|ette [palˈmɛt] *f* ⚙ Palmette *f (Verzierung)*; ✿ symmetrische Spalierform *f* der Obstbäume; **~ier** ✿ [ˌˈmje] *m* Palme *f*.

palmipède [palmi'pɛd]: ~s m/pl. Schwimmvögel.
palmite ♀ [pal'mit] m Palmenmark n.
palmure orn. [pal'my:r] f Schwimmhaut.
palois [pa'lwa] aus Pau.
palombe orn. [pa'lõ:b] f Ringeltaube.
palonnier ⊕ [palɔ'nje] m Ortscheit n am Wagen; ≼, Auto Schalthebel m.
pâlot [pa'lo] bläßlich.
palp|able [pal'pablə] greifbar; fig. handgreiflich; ~e [palp] f (m) ent. Taster m; icht. Bartfaser; ~er [~'pe] (1a) betasten; F Geld: einstreichen F, einkassieren.
palpit|ant [palpi'tã] (7) zuckend (Herz); fig. spannend; ~ation [~ta-'sjõ] f krampfhaftes Zucken; ~s f/pl. Herzklopfen n; ~er [~'te] (1a) zucken; Herz: klopfen, pochen; Busen: wogen.
palplanche ⚠ [pal'plã:ʃ] f Spundwand.
palqueur * [pal'kœ:r] m Zirkuskünstler unter freiem Himmel.
paltoquet F [palto'kɛ] m Flegel m.
palud|éen [palyde'ɛ̃] (7c) Sumpf...; malariaverseucht; fièvre f ~ne = ~isme ⚕ [paly'dism] m Malaria f, Sumpffieber n.
palustre [pa'lystrə] in Sümpfen wachsend od. lebend; Sumpf...; Moor...
pâmer [pa'me] v/i. (1a) u. bsd. se ~ ⚵ ohnmächtig werden; fig. se ~ de joie vor Freude außer sich sein; se ~ de rire sich krank lachen (wollen).
pâmoison [pamwa'zõ] f Ohnmacht.
pampa [pã'pa] f Pampa f (Grassteppe Argentiniens).
pamphl|et [pã'flɛ] m Pamphlet n, Schmähschrift f; ~étaire [~flɛ'tɛ:r] m Pam'phletschreiber.
pamplemousse ♀ [pãplə'mus] m Pampelmuse, Grapefruit f.
pampre ['pã:prə] m Weinranke f, -rebe f.
pan¹ ⊕ [pã] m Bahn f e-s Kleides; Rockschoß; ⚠ (Mauer-)Stück n; ⚠ Fläche f.
pan² [~] plauz!; bum, bum! (beim Anklopfen).
panacée [pana'se] f Allheilmittel n.
panach|e [pa'naʃ] m Helm-, Federbusch; äußerlicher Glanz; Eigenstolz m; Schneid m; ~ de fumée Rauchwolke f; faire ~ sich überschlagen (Auto usw.); Ski: einschlagen; ~é [~'ʃe] (7) buntgestreift; gefleckt; F a. fig. gemischt; ~er [~] (1a) mit e-m Federbusch verzieren; fig. bunt(streifig) machen.
panade [pa'nad] f cuis. Brotsuppe; P Not, Elend n, Misere f.
panais ♀ [pa'nɛ] m Pastinake f.
panama [pana'ma] m Panamahut m.
panaris ⚕ [pana'ri] m Nagelgeschwür n.
pancarte [pã'kart] f Anschlagzettel m; Transparent n.
panégyrique [paneʒi'rik] m Lobrede f.
pan|er cuis. [pa'ne] (1a) panieren, mit geriebenem Brot bestreuen; ~eterie [~ta'tri] f Brotkammer f; ehm. Hofbäckerei; ~etier hist. [pan-'tje] m Brotmeister; ~etière [~'tjɛ:r] f Brotsack m, -beutel m, -tasche, -schrank m.
panier [pa'nje] m Korb; fig. ~ percé Erzverschwender; les dessus du ~ das Beste; fig. ~ à salade Salatkorb; a. grüne Minna P.
pani|fiable [pani'fjablə] zur Brotbereitung geeignet; blé m ~ Brotgetreide n; ~fication [~fika'sjõ] f Brotbereitung; ~fier [~'fje] (1a) in Brot verwandeln.
paniqu|ard [pani'ka:r] m Panikmacher; ~e [pa'nik] f Panik; (a. adj. terreur f ~) panischer Schrecken m; ~é néol. [~'ke]: ~ devant q. vor j-m zitternd.
panne [pan] f 1. Auto, vél., ≼, mot., ⚓ Panne f, Störung f; Versager m; rester en ~ liegenbleiben; tomber en ~ d'essence in ~ sèche kein Benzin mehr haben; ⚓ se tenir en ~ aufgebraßt liegen; 2. ✂ Felbel m (samtartiges Gewebe); 3. thé. armselige Rolle; 4. Flaum m od. Flaum(en) m (Schweinefett); 5. ⚠ Dachlatte, Dachpfette f (a. Stahlbau).
panné P [pa'ne] ruiniert.
panneau [pa'no] m ⚠ Feld n (Brücke, Träger); (Tür- usw.) Füllung f; Tafel f; ch. Eann n, Netz n; ⊕ Fläche f; ≼ Feld n, Bahn f; fig. tomber (od. donner) dans le ~ sich anführen lassen, 'reinfliegen F.
panneton ⊕ [pan'tõ] m Schlüsselbart.

panoplie [panɔ'pli] *f* vollständige (Ritter-)Rüstung; Waffensammlung *f*.

panoptique [panɔp'tik]: *bâtiment m* ~ übersichtlicher Bau *m*.

panorama [panɔra'ma] *m* Panorama *n*, Rundblick *m*.

pans|age [pɑ̃'sa:ʒ] *m* Putzen *n*, Striegeln *n der Pferde*; **~e** [pɑ̃s] *f* F Wanst *m*; *zo.* Vormagen *m der Wiederkäuer*; ⊕ Bauch *m e-r Flasche, des lateinischen a usw.*; **~ement** [pɑ̃s'mɑ̃] *m* Verband, Verbinden *n*; **~er** [~'se] (1a) *chir.* Wunden verbinden; *Pferde* striegeln; **~euse** ⚙ [~'sø:z] *f* Bandagistin.

pantalon [pɑ̃ta'lɔ̃] *m lange* Hose *f*; **~nade** [~lɔ'nad] *f* Gaukelposse; *fig.* faule Ausrede; **~nier** ✝ [~'nje] *m* Hosenschneider; Hosenverkäufer.

pante * [pɑ̃:t] *m* Dummkopf *m*.

panteler [pɑ̃t'le] (1c) keuchen, schnaufen; zucken (*vom Herzen*).

panthère *zo.* [pɑ̃'tɛ:r] *f* Panther *m*.

pantière [pɑ̃'tjɛ:r] *f ch.* Hänge- od. Ziehgarn *n zum Vogelfang*; gestrickte Jagdtasche.

pantin *a. péj.* [pɑ̃'tɛ̃] *m* Hampelmann *m*.

pantographe [pɑ̃tɔ'graf] *m* Storchschnabel (*Zeichnerwerkzeug*).

pantois [pɑ̃'twa] (7) verblüfft.

pantoufl|e [pɑ̃'tufl] *f* Hausschuh *m*; **~er** F [~'fle] *v/i.* (1a) gemütlich plaudern; dummes Zeug reden, spinnen F; **~erie** F [~flə'ri] *f* Plaudern *n*; *fig.* dummes Geschwätz *n*.

pantre * ['pɑ̃:trə] *m* Harlekin *m*, Hanswurst *m*, Einfaltspinsel *m*.

paon *m orn.* [pɑ̃] Pfau *m*; **~neau** [pa'no] *m* junger Pfau.

pap|a *enf.* [pa'pa] *m* Papa; F *à la* ~ gemütlich; **~-gâteau** zu guter Vater; **~al** [~'pal] (5c) päpstlich; **~as** *rl.* [~'pas] *m* Pope *im Orient*; **~auté** [~po'te] *f* Papsttum *m*, Papstwürde *f*; **~e** [pap] *m* Papst.

papegai [pap'gɛ] *m* hölzerner Vogel *zum Abschießen*.

papelard [pa'pla:r] scheinheilig; **~ise** [paplar'di:z] *f* Scheinheiligkeit.

paperass|e [pa'pras] *f* altes Papier *n*; Wisch *m*; **~er** [~'se] (1a) in alten Papieren kramen; **~erie** [papras'ri] *f* Papierkrieg *m*; **~ier** *péj.* [~'sje] *m* Aktensortierer *m*.

pap|eterie [papɛ'tri, pap'tri] *f* Papierfabrik *f*, -handel *m*, -verarbeitung; Schreibwarenhandlung; Schachtel *mit* Schreibutensilien; Schreibmappe *f*; **~ier** [pap(ɛ)'tje] *m* Papiermacher, -händler.

papier [pa'pje] *m* Papier *n*; Schriftstück *n*; Zeitungsartikel *m*; ✝ Anweisung *f*, Wechsel; Staatspapier *n*; ~ *buvard* Löschpapier *n*; ~ *à calquer* Pauspapier *n*; ~ *carbone* Kohlepapier *n*; ~ *à la cuve* Büttenpapier *n*; ~ *à dessin(er)* Zeichenpapier *n*; ~ *bible* Dünndruckpapier *n*; ~ *couché* Kunstdruckpapier *n*; ~-*émeri* Schmirgelpapier *n*; ~ *hygiénique* Toilettenpapier *n*; *serviette f en* ~ Papierserviette *f*; ~-*journal* Zeitungspapier *n*; ~ *mâché* Papiermasse *f*; ~-*monnaie* [~mɔ'nɛ] Papiergeld *n*; ~ *à musique* Notenpapier *n*; ~ *peint*, *de tenture*, *de tapisserie* Tapete *f*; ~ *pelure* Übersee-, Flugpostpapier *n*; ~ *timbré* Stempelpapier *n*; ~*s pl.* (*d'identité*) (Ausweis-)Papiere *n/pl.*

papilionacé [papiljɔna'se] schmetterlingsartig.

papille *anat.* [pa'pil, pa'pij] *f* kleine Hautwarze *f*.

papillon [papi'jɔ̃] *m ent.* Schmetterling; kurzer Schlips *m*, Fliege *f* F (*Querbinder*); kleine geographische Karte *f in der Ecke e-r größeren Karte*; ✝, *Auto*: Zettelchen zum *Aufkleben*; *Auto*, ⚙ Drosselventil *n*; ⊕ Gasbrenner *m*; *Sport*: Schmetterlingsschwimmen *n*; *fig.* Flattergeist *m*; F, *fig.* ~*s noirs* düstere Gedanken, Grillen *f/pl.*; **~ner** F [~jɔ'ne] (1a) umherflattern.

papillot|e [papi'jɔt] *f* (Haar-) Wickel *m*; eingewickelter Bonbon *m*; **~er** [~'te] *v/t.* (1a) die Haare aufwickeln; *cuis.* Kotelett: in Ölpapier wickeln; *v/i.* blinzeln; *fig.* flimmern, glitzern.

Papin ⊕ [pa'pɛ̃]: *digesteur m* (*od. marmite f*) *de* ~ Papinscher Topf *m*.

papul|e ⚙ [pa'pyl] *f* Hitzblatter; **~eux** [~'lø] (7d) mit Bläschen bedeckt.

papyrus ♧ [papi'rys] *m* Papyrus (-staude) *f*.

pâque *rl.* [pɑːk] *f/sg.* Passah *n*.

paquebot ⚓ [pak'bo] *m* Passagier-, Postschiff *n*; *Auto plais.* ~ *roulant* Straßenkreuzer *m*.

pâquerette ⚤ [pɑ'krɛt] f Gänseblümchen n.

Pâques [pɑ:k] **1.** m/sg. Ostern n/sg. od. f/pl.; fêtes f/pl. de ~ Osterfest n; quand ~ sera venu wenn Ostern ist; **2.** f/pl. ~ fleuries Palmsonntag m; ~ closes Weißer Sonntag; faire ses ~ zur österlichen Kommunion gehen.

paquet [pa'kɛ] m Paket n, Bündel n; F Dickwanst; geschmacklos gekleidete Person f; F Rüffel m, fig. Zigarre f; **~age** [pak'ta:ʒ] m: faire son ~ s-e Sachen packen; **~eur** m, **~euse** f [pak'tœ:r, ~'tø:z] (Ver-)Packer(in f) m; **~ier** [~kɛ'tje] m typ. Paket-, Stücksetzer; **~omane** plais. [~kɛtɔ'man] paketsüchtig (beim Einkauf).

par¹ [pa:r] durch: **1.** Ort: ~ la porte, ~ la fenêtre zur Tür, zum Fenster hinaus (od. herein); ~ toute la terre über die ganze Erde; auf der ganzen Erde; tomber ~ terre auf die Erde (der Länge nach) fallen; (aber: tomber à terre auf die Erde herunterfallen); passer ~ Berlin über Berlin reisen; ~ eau (terre) zu Wasser (Lande); prendre ~ la main bei der Hand fassen; **2.** Zeit: ~ la pluie bei (od. während des) Regen(s); ~ un beau temps bei schönem Wetter; ~ un beau soir an e-m schönen Abend; **3.** Grund u. Folge: ~ conséquent infolgedessen, daher; ~ curiosité aus Neugierde; ~ droit et raison mit vollem Recht; ~ hasard zufällig; ~ malheur unglücklicherweise; ~ bonheur glücklicherweise; ~ pitié aus Mitleid; **4.** Handlung e-r Person im Passiv: vaincu ~ César von César besiegt; Le Cid ~ Corneille „Der Cid" von Corneille; **5.** Mittel: arriver ~ le bateau mit dem Schiff (od. zu Schiff) ankommen; ~ chemin de fer mit der Bahn; partir ~ le premier train mit dem ersten Zug abfahren; ~ la poste mit der Post; ~ la route mit dem Wagen, Auto, Rad usw.; **6.** Verteilung: ~ an jährlich; ~ jour täglich; jour ~ jour Tag für Tag; ~ tête pro Kopf; ~ centaines zu Hunderten; ~ tas haufenweise; **7.** commencer (finir, terminer) ~ faire qch. anfangs (schließlich od. zuletzt) etw. tun; **8.** in Verbindung mit prp. od. adv.: ~-ci, ~-là hier und da, hin und wieder; ~ dessous unter ... her; ~ dessus über ... her; fig. darüber hinaus; ~ en bas untendurch; nach unten zu; ~ ici hierher; hierdurch; ~ trop allzu(sehr, -viel); **9.** Beteuerung: ~ ma foi bei meiner Treu.

par² [pa:r] (für part f): de ~ le roi im Namen des Königs.

para F ✈ [pa'ra] m Fallschirmjäger m.

parabole [para'bɔl] f ⚤ Parabel f; fig. Gleichnis n.

parachever [paraʃ've] v/t. (1d) ganz vollenden.

parachut|e [para'ʃyt] m ✈ Fallschirm; ⚙ Fangvorrichtung f; **~er** [~'te] v/t. mit dem Fallschirm abwerfen; troupes f/pl. parachutées Fallschirmtruppen; **~iste** ✈ [~'tist] su. Fallschirmspringer(in f) m.

para-commando ✈ [parakɔmɑ̃'do] m Fallschirmkommando n.

parade¹ [pa'rad] f Parieren n e-s Hiebes od. Stoßes (a. fig.).

parad|e² [pa'rad] f Gepränge n, Staat m; ✈ (Wacht-)Parade f, fig. Verstellung; faire ~ à la foire Publikum (in die Schaubude) hereinlocken; faire ~ de qch. etw. zur Schau stellen, mit etw. prunken; **~er** [~'de] (1a) paradieren; faire ~ un cheval ein Pferd zur Schau (vor)reiten.

paradigme [para'digm] m gr. Musterwort n (für die Flexion usw.).

paradis [para'di] m Paradies n; thé. oberste Galerie f, Olymp; **~iaque** [~'zjak] paradiesisch; **~ier** orn. [~'zje] m Paradiesvogel.

para|fe, jetzt häufiger: **~phe** [pa'raf] m Namenszug, Schnörkel bei der Unterschrift, Paraphe f; **~fer**, a. **~pher** [~'fe] (1a) mit dem Namenszug versehen.

parafoudre ⚡ [para'fu:drə] m Blitzableiter m, -schutz m.

parage¹ ♆ [pa'ra:ʒ] m Seestrich, Küstenstrecke f; **~s** pl. Gewässer n/pl.; F Gegend(en) f (pl.).

parage² [pa'ra:ʒ] m: de haut ~ von vornehmer Abkunft f.

paragraphe [para'graf] m Paragraph m; §-Zeichen n.

paraître [pa'rɛ:tro] (4z) erscheinen (auch Bücher); sichtbar werden; sich zeigen; scheinen, den Anschein haben; il paraît que (mit ind.) es scheint, daß (od. als ob); vient de ~ soeben erschienen (Buch).

parallèle ⚤ [para'lɛl] **1.** adj. par-

parallélépipède — 342 — **pareil**

allel; *barres f/pl.* ~s Barren *m (Turngerät);* **2.** *f* Parallellinie; ⚔ Parallele; **3.** *m ast.* Parallel-, Breitenkreis; *fig.* Parallele *f*, Vergleich *m*.

parallél|épipède ⚙ [paralelepi'pɛd] *m* Langwürfel, Quader; **~isme** [~'lism] *m* Parallelität *f (a. fig.); fig.* Übereinstimmung *f*; **~ogramme** ⚙ [~lɔ'gram] *m* Parallelogramm *n*.

paraly|ser [parali'ze] (1a) 𝄞 lähmen *(a. fig.);* **~sie** [~'zi] *f* 𝄞 Lähmung *f (a. fig.);* ~ *infantile* Kinderlähmung; **~tique** 𝄞 [~'tik] gelähmt; *bibl.* gichtbrüchig; *a. su.*

parangon [parɑ̃'gɔ̃] *m* Typ *m*, Muster *n*; ⊕ fleckenloser Diamant, Perle *f (ohne Fleck).*

parapet ⚔, △ [para'pɛ] *m* Brüstung *f*, Geländer *n*; Brustwehr *f*.

paraphe(r) s. *parafe(r).*

paraphras|e [para'frɑ:z] *f* Umschreibung *f*; **~er** [~fra'ze] (1a) umschreibend erläutern; *fig.* ausschmücken.

parapluie [para'plɥi] *m* Regenschirm; * berufliches Alibi *n*.

paras *abr.* ⚔ [pa'rɑ] *m/pl.* Fallschirmjäger *m/pl.*

parasitage *rad.*, ⊕ [parazi'ta:ʒ] *m* Störung *f*.

parasite [para'zit] ♀, *zo. u. fig.* **1.** *adj.* schmarotzend; *rad. bruit m* ~ Nebengeräusch *n*; **2.** *m* Schmarotzer; *chasseur m de* ~s Kammerjäger, 🪲 Schädlingsbekämpfer.

parasitisme [~zi'tism] *m* Parasitentum *n (a. fig.).*

para|sol [para'sɔl] *m* Sonnenschirm; *Auto:* Blendschutzscheibe *f*; ~ *de jardin* Gartenschirm *m*; **~soleil** *phot.* [~sɔ'lɛj] *m* Blende *f*; **~solette** [~sɔ'lɛt] *f* kleiner(er) Sonnenschirm *m*; **~tonnerre** [~tɔ'nɛ:r] *m* Blitzableiter.

paravent [para'vɑ̃] *m* Wand-, Bettschirm, spanische Wand *f*; * berufliches Alibi *n*; *a.* ⚔ ~ *anti-vue* Sichtblende *f*.

parbleu! [par'blø] na ob!

parc [park] *m* Park, Lustgarten; Pferch; Gehege *n*; ⚔, 🚗 Parkplatz *m*; ~ *d'aviation* Flug(zeug)park; ~ *à huîtres* (Auto-)Parkplatz; ~ *à huîtres* Austernbänke *f/pl.*; ⊕ ~ *machines* Maschinenpark; Maschinerie *f*; **~age** [~'ka:ʒ] *m* **1.** Einpferchen *n*; Einsetzen *n von* Austern; **2.** *Auto:* Parken *n*; ~ *autorisé Auto:* Parkplatz.

parcell|aire [parsɛ'lɛ:r] Parzellen...; *cadastre m* ~ Grundsteuerregister *n*; **~e** [par'sɛl] *f* Parzelle, Stückchen *n*; **~er** [~'le] (1a) aufteilen, parzellieren.

parce que ['pars(ə)kə] *(die Aussprache* ['parskə] *in Anlehnung an lorsque u. puisque ist vorzuziehen!)* weil.

parchemin [parʃə'mɛ̃] *m* Pergament *n*; ~s *pl.* Adelsbriefe; **~é** [~ʃəmi'ne] pergamentartig, -ähnlich; **~er** [~] (1a) pergamentartig machen.

parcimoni|e [parsimɔ'ni] *f* kleinliche Sparsamkeit; Knauserei; **~eux** [~'njø] (7d) knick(e)rig.

parcomètre ⊕ [parkɔ'mɛ:trə] *m* Parkzeitkontrollgerät *n*.

parcour|ir [parku'ri:r] (2i) durchlaufen, -fahren *usw.*; flüchtig durchlesen *od.* über|blicken, prüfen; **~s** [~'ku:r] *m* durchlaufene Strecke *f*; Omnibus-, Eisenbahn-)Linie *f*; 𝄞 Triftrecht *n*; *service m de grand* ~ Fernverkehr.

par delà [pardə'la] *prp.* ganz abgesehen von...

par-dessous [pardə'su] **1.** *prp.* unter(halb); **2.** *adv.* (von) unten.

par-dessus [pardə'sy] **1.** *prp.* über; **2.** *adv.* d(a)rüber, d(a)rauf.

pardessus [pardə'sy] *m* Überzieher.

par-devant [pardə'vɑ̃] *örtl.:* vor *(dat.).*

pardi! [par'di] *int.* bei Gott!; wahrlich!

pardon [par'dɔ̃] *m* Verzeihung *f*: Gnade *f*; ~s *pl.* Ablaß *m*.

pardonn|able [pardɔ'nabl] verzeihlich, entschuldbar; **~er** [~'ne] (1a) verzeihen, vergeben; gönnen; *être pardonné* Verzeihung erhalten; *ne pas* ~ nicht verschonen *(Tod);* nicht mit sich spaßen lassen.

pare|-boue *Auto* [par'bu] *m* Kotflügel; **~-brise** *Auto* [~'bri:z] *m* (Wind-)Schutzscheibe *f*; **~-chocs** ⊕, *Auto* [~'ʃɔk] *m* Stoßstange ⊕; **~-étincelles** ⊕ [~etɛ̃'sɛl] *m* Funkenfänger *m*.

pareil [pa'rɛj] (7c) gleich, ähnlich; derartig, solch; *mon* ~ meinesgleichen; *rendre la* ~*le* Gleiches mit Gleichem vergelten; *sans* ~ unvergleichlich.

parement [par'mã] *m* Schmuck; ⚔ (Ärmel-)Aufschlag; △ Vorderfläche *f*; Randstein *e-s Pflasters*; **~er** [~'te] (1a) △ verblenden; *cout.* besetzen.

parémiologue *litt.* [paremjɔ'lɔg] *m* Sprichwörterklärer.

parent, ~e [pa'rã, ~'rã:t] **1.** *adj.* verwandt; **2.** *su.* Verwandte(r); **~é** [~'te] *f* Verwandtschaft.

parenthèse [parã'tɛ:z] *f* eingeschalteter Satz *m*; *fig.* Abschweifung; *typ.* (runde) Klammer, Parenthese; *par ~ od. entre ~s* beiläufig, nebenbei gesagt.

parents [pa'rã] *m/pl.* Eltern *pl.*

parer¹ [pa're] (1a) schmücken (*de* mit); *cuis.* zubereiten, herrichten; schälen.

parer² [pa're] (1a) abwehren, parieren; *~ un cap* (um) ein Vorgebirge (her)umsegeln; *~ de (od. contre)* schützen vor; *~ à qch.* vorbeugen.

paress|e [pa'rɛs] *f* Faulheit; *fig.* Trägheit; **~eux** [~'sø] (7d) **1.** *adj.* faul; untätig; arbeitsscheu; **2.** *su.* Faulenzer *m*; **3.** *m zo.* Faultier *n*.

pareu|r *m*, **~se** *f* ⊕ [pa'rœ:r, ~'rø:z] Zurichter(in *f*) *m*.

pare-vent ⚔ [par'vã] *m* Luftdruckschutzvorrichtung *f* (*Startbahn für Düsenflugzeuge*).

parfai|re [par'fɛ:r] (4n) vollenden; *e-e Summe* ergänzen; **~t** [~'fɛ] **1.** *adj.* (7) vollkommen, vollendet, perfekt, fehler-, einwandfrei; ausgemacht; absolut; **2.** *m* Perfektum *n*; *cuis.* Gefrorenes *n*; **~tement** [~fɛt'mã] *adv.* ganz recht!

parfil|er [parfi'le] (1a) auszupfen; **~ure** [~'ly:r] *f* ausgezupfte Fäden *m/pl.*

parfois [par'fwa] *adv.* manchmal, bisweilen, mitunter.

parfum [par'fœ̃] *m* Wohlgeruch, Duft; Parfum *n*; **~er** [~fy'me] (1a) parfümieren; **~erie** ✝ [~fym'ri] *f* Parfümfabrikation *f*, -geschäft *n*, -waren *f/pl.*; **~eur** [~fy'mœ:r] *su.* (7g) Parfümeriefabrikant *m od.* -händler *m*.

pari [pa'ri] *m* Wette *f*; Einsatz.

pariade [pa'rjad] *f ch.* Paarzeit der Vögel; Vogelpaar *n*.

parier [pa'rje] (1a) wetten.

pariét|aire ♀ [parje'tɛ:r] *f* Mauerkraut *n*; **~al** [~'tal] (5c) Wand...; *anat. os m ~* Scheitelbein *n*.

parieur [pa'rjœ:r] *m* (7g) Wetter *m*.

Parigot P [pari'go] *su.* (7c) Pariser.

parisianisme [parizja'nism] *m* Pariser Redensart *f od.* Sitte *f*.

parisien [pari'zjɛ̃] (7c) **1.** *adj.* pariserisch; **2.** ♀ *su.* Pariser *m*.

parisyllab|e, ~ique [parisi'lab, ~'bik] *gr.* gleichsilbig.

paritaire [pari'tɛ:r] paritätisch.

parité [pari'te] *f* Gleichheit.

parjur|e [par'ʒy:r] **1.** *adj.* meineidig; eidbrüchig; **2.** *su.* Meineidige(r); **3.** *m* Meineid; **~er** [~ʒy're] (1a): *se ~* eidbrüchig werden.

parking *Auto* [par'kiŋ] *m* Parken *n*; Parkplatz *m*.

par-là [par'la] dahin; da(hin)durch.

parlant [par'lã] (7) redend; *fig.* sprechend ähnlich; *film ~* Sprechfilm *m*; *rad. horloge f ~e* Zeitangabe *f*.

parlement [parlə'mã] *m* Parlament *n*; **~aire** [~tɛ:r] **1.** *adj.* parlamentarisch; **2.** *m* Parlamentsanhänger, -mitglied *n*; Parlamentär, Unterhändler; **~er** [~'te] (1a) verhandeln.

parl|er [par'le] (1a) **1.** sprechen (*à q. od. avec q.* zu j-m, mit j-m), reden; *~ affaires* von Geschäften sprechen; *généralement parlant* allgemein gesprochen; *sans ~ de* abgesehen von; **2.** *m* Reden *n*; Sprechweise *f*; Mundart *f*; *~ concierge* Portiersprache *f*; **~eur** [~'lœ:r] (7g) **1.** *su.* Schwätzer(in *f*) *m*; **2.** *m télégr.* Klopfer; **~oir** [~'lwa:r] *m* Sprechzimmer *n*; **~ote** F [~'lɔt] *f* Gefasele *n*; **~oteur** *péj.* [~lɔ'tœ:r] *m* Vielschwätzer *m*.

parmi [par'mi] (mitten) unter.

parod|ie [parɔ'di] *f* Parodie, Spottnachdichtung; **~ier** [~'dje] (1a) spöttisch nachbilden, parodieren; **~iste** [~'dist] *m* Parodiendichter.

paroi [pa'rwa] *f* (Scheide-, Seiten-)Wand; *~ arrière* Rückwand *f*; *~ rocheuse* Felswand *f*.

paroiss|e [pa'rwas] *f* Pfarrgemeinde *f*, Pfarrei(i); F Freundeskreis *m*; *a. péj.* Herkunft *f*; **~ial** [~'sjal] (5c) zur Pfarrgemeinde gehörig; **~ien** *f* [~'sjɛ̃] **1.** *su.* Pfarrkind *n*; **2.** *m* Gebetbuch *n*.

parol|e [pa'rɔl] *f* Wort *n*; *fig.* Sprache; Versprechen *n*; *~s pl.* Wortwechsel *m*; Text *m e-r* Oper; **~ier** [~'lje] *su.* Verfasser *m* von Chanson- *od.* Liedertexten.

paroxysme [parɔk'sism] *m* ⚥ höchster (*fig.* äußerster) Grad *m*.

parquer [par'ke] (1m) einpferchen; *Auto:* parken (*a. v/i.*); ⚓, ⚔ *usw. Munition, Wagen* auf-, zs.-fahren; *Austern* in e-n Park setzen; *v/i.* zs.-gepfercht sein.

parquet [par'kɛ] *m* ⚖ Parkett *n*; *fig.* Staatsanwaltschaft *f*; † Raum für den Wechselmakler (*Börse*); **~men.** Parkett(fußboden) *n*; **~er men.** [~kə'te] (1c) parkettieren; **~erie** [parke'tri] *f* Täfelung; **~eur** ⊕ [parka'tœːr] *m* Parkettleger.

parqueur [par'kœːr] *m* Austernzüchter.

parrain [pɑ'rɛ̃] *m* Pate, Taufzeuge; **~age** [~rɛ'naːʒ] *m* Patenschaft *f*; **~er** [~rɛ'ne] *v/t.* (1a) *bsd. pol.* aus der Taufe heben, befürworten.

parricide [pari'sid] **1.** *adj.* vater-, muttermörderisch; **2.** *su.* Vater-, Mutter-, Verwandtenmörder(in *f*) *m*; **3.** *m* Vater-, Muttermord.

parsemer *fig.* [parsə'me] (1d) übersäen, bestreuen.

part [paːr] **1.** *f* Anteil *m*; Beteiligung; Mitteilung; Ort *m*; *billet m (od. lettre) de faire ~* Anzeige, Einladung; *prendre ~ à qch.* sich an etw. (*dat.*) beteiligen; *fig. an etw.* (*dat.*) Anteil nehmen; *de la ~ de q.* von seiten (*od.* im Auftrage) j-s; *autre ~* anderswo; *d'autre ~* andererseits; *nulle ~* nirgends; *quelque ~* irgendwo(hin); *à ~* beiseite; *à ~ cela* abgesehen davon; *à ~ soi* für sich; *de ma ~* von mir, meinerseits; *de ~ et d'autre* von (nach, auf) beiden Seiten; beiderseits; *de ~ en ~* durch und durch, ganz durch; **2.** ⚰ *m* Leibesfrucht *f*.

partag|e [par'taːʒ] *m* Teilung *f*; ⚖ Erbteil *n u. m*, Anteil; *fig.* Stimmengleichheit *f*; *ligne f de ~ des eaux* Wasserscheide *f*; **~er** [~ta'ʒe] (1l) teilen; *fig.* teilnehmen an (*dat.*); entzweien; ab-, einteilen; *~ à austeilen unter* (*acc.*); *~ dans* beteiligt sein an (*dat.*); *~ q.* j-n bedenken.

partance ⚓ [par'tãːs] *f*: *en ~ pour* abfahrtsbereit nach.

partant [par'tã] *adv.* folglich.

partenaire [partə'nɛːr] *su.* Partner (-in *f*) *m* (*a.* ♦); Mitspieler(in *f*) *m*.

parterre [par'tɛːr] *m* ♣ Beet *n*; *thé.* Parkett *n*; Zuschauer *m/pl.*

parti [par'ti] *m pol.* Partei *f*; Entschluß; Vorteil; Ausweg, Mittel *n*; Partie *f*, Heirat *f*.

parti|al [par'sjal] (5c) parteiisch; **~alité** [~sjali'te] *f* Parteilichkeit.

particip|ation [partisipɑ'sjɔ̃] *f* Teilnahme; Beteiligung *f* (*a. Sport*); Mitwirkung; † Partnerschaft *f*; **~e** *gr.* [~'sip] *m* Mittelwort, Partizip; **~er** [~'pe] (1a): *~ à qch.* teilnehmen an (*dat.*); *~ de biol.* etw. von den Eigenschaften haben.

particulari|ser [partikylari'ze] (1a) ausführlich schildern; ⚖ gesondert verfolgen; **~té** [~'te] *f* Einzelheit; besonderer Umstand *m*; Eigentümlichkeit.

particul|e [parti'kyl] *f* Teilchen *n*; Partikel *f* (*bsd. gr.*); *at.* Materie-, Elementarteilchen *n*, Partikel *f*; **~ier** [~'lje] **1.** *adj.* (7b) besonder, eigen(tümlich); privat; merkwürdig; **2.** *m* Besondere(s) *n*; Privatleben *n*; Privatmann; F Individuum *n*.

part|ie [par'ti] *f* (Bestand-, Körper-) Teil *m*; *Waren:* Partie, Posten *m*; † Branche *f*; *fig.* Rolle; ♪ Stimme; (Spiel-)Partie; *Sport:* Runde *f*; ⚔, ⚖ Partei; *en ~* teilweise; *(en) ~ ... (en) ~* teils ... teils ...; *faire ~ de qch.* zu etw. (*dat.*) gehören; **~iel** [par'sjɛl] (7c) teilweise vorhanden (*od.* stattfindend), partiell.

partir [par'tiːr] (2b) abreisen (*pour* nach); ⚔, *Sport:* starten; abweg-, fort-, losgehen; abfahren, -segeln; losgehen (*Schuß*); *mot.* anspringen; *l'autre route partait vers...* der andere Weg führte nach ...; *~ pour la neige sun* Schisport fahren; *~ d'un éclat de rire* laut auflachen; *~ de qch.* ausgehen von etw.; *à ~ de* ab, von ... an.

partisan [parti'zã] *m* Anhänger, Parteigänger; ⚔ Partisane *m*.

partition [parti'sjɔ̃] *f* ∅ Teilung; ♪ Partitur *f*; *néol.* (Gebiets-)Teilung *f*.

partout [par'tu] überall.

partou|ze F *f*, **~se** P *f* [par'tuːz] Orgie *f*, wüstes Gelage *n*, Party.

paru [pa'ry] erschienen.

parure [pa'ryːr] *f* Schmuck *m*, Geschmeide *n*; † Damengarnitur *f*.

parution [pary'sjɔ̃] *f* Erscheinen *n* (*e-s Buchs*).

parven|ir [parvə'niːr] (2h) anlangen; *zu etw.* gelangen; *abs.*

parvenu — 345 — **passer**

emporkommen; *je parviens à es gelingt mir, zu;* **~u** [~'ny] *su.* Emporkömmling *m.*

parvis [par'vi] *m* Vorhof, -platz e-r Kirche; *poét.* ~ *pl.* Hallen *f/pl.*

pas [pa] **1.** *m* Schritt; Tanzschritt, -sprung; Durchgang; Engpaß; Meerenge *f*; Türschwelle *f*; Vorrang (*sur q.* vor j-m); *à* ~ *de loup* mit leisen Schritten; *au* ~ *!* langsam fahren!; ~ *cadencé* Gleichschritt; ~ *de géant* Riesenschritt; *gym.* Rundlauf; ⚔, *gym.* ~ (de) gymnastique Laufschritt; ⊕ ~ *de vis* Schraubengang; *faux* ~ Fehltritt; *marquer le* ~ auf der Stelle treten; *sauter* (*od. franchir*) *le* ~ e-n kühnen Entschluß fassen, sich endlich zum Handeln entschließen; **2.** *adv.* ne ... ~ nicht; ne ... ~ de kein; ne ... ~ un(e) nicht ein(e, er); ne ... ~ *non plus* auch nicht; *non* ~ nein, durchaus nicht!

pascal [pas'kal] (5c) österlich; Oster...

pas-d'âne ⚕ [pɑ'dɑːn] *m* Huflattich.

pasquinade [paski'nad] *f* Pasquill *n*, Schmähschrift; *fig.* Spott *m.*

passable [pa'sablə] leidlich, ziemlich (gut), mittelmäßig.

passade [pa'sad] *f* flüchtige Durchreise, kurzer Abstecher *m*; *fig.* schnell vorübergehende Lust, Laune, Neigung *usw.*; Untertauchen *n* e-s Mitbadenden.

passag|e [pa'saːʒ] *m* Durchgang, -marsch, -reise *f*; Zug *der Vögel*; Vorbeigehen *n*, -reiten *n usw.*; Überqueren *n*; Ort des Durchganges, Weg, Straße *f*; kurzer Aufenthalt *m*; △ Passage *f* (*mit Glas bedeckter Gang*); 🚢 Überfahrt *f zu Schiff*; Fahr-, Brückengeld *n*; *fig.* Übergang, Wechsel; Stelle *f in e-m Buch od. Musikstück*; *écol.* Versetzung *f*; ⊕, ⚔ geheimer Aus-, Nebengang; ~ *à niveau* 🚂 Bahnübergang; **~er** [pa'saʒe] (7b) **1.** *adj.* vorübergehend; von kurzer Dauer; *fig.* flüchtig; **2.** *su.* Reisende(r); 🚢 Passagier *m*; ⚙ Fluggast *m*, Insasse *m*; ~ *clandestin* blinder Passagier.

pass|ant [pa'sɑ̃] **1.** *su.* Passant *m*, Vorübergehende(r); **2.** *adj.* chemin *m* ~ vielbenutzter Weg; *rue f* ~ belebte Straße; **3.** *m* Schlaufe *f*; **~ation** [~sa'sjɔ̃] *f* ✝: ~ *de commande* Auftragserteilung; **~avant** [pasa'vɑ̃] *m* Zollwesen: Passier-

schein; 🚢 Laufplanken *f/pl.*, Gangbord *n.*

passe [paːs] *f* Ziehen *n der Vögel*; 🧲 Betasten *n* e-s *Magnetiseurs*; *Sport*: (Ball-)Abgabe *f*; *Spiel*: Zahl *f* über 18 beim Roulette; 🚢 enges Fahrwasser *n*; Durchgangsstelle; ✝ Zuschuß *m*; Aufgeld *n*, Agio *n*; *mot m de* ~ Losungswort *n*; *Sport*: ~ *du ballon* Ballabgabe; *être en* ~ *de* im Begriff (*od.* in der Lage) sein, Aussicht haben auf; *faire une* ~ zu-, abspielen.

passé [pa'se] **1.** *m* Vergangene(s) *n*; Vergangenheit *f*; **2.** *prp.* nach Ablauf; jenseits, hinter.

passe|-bouillon [pasbu'jɔ̃] *m cuis.* Durchschlagsieb *n*; **~-carreau** [~ka'ro] *m* Plättbrett *n*; **~-debout** [~də'bu] *m* Transitschein; **~-droit** [~'drwa] *m* ℙ Schiebung *f*; ungerechte Zurück-, Hintansetzung *f.*

passée [pa'se] *f* Durch-, Vorüberziehen *n*; *ch.* Fährte.

passefiler [pasfi'le] (1a) *Strümpfe usw.* stopfen.

passéiste [pase'ist] *adj.* der Vergangenheit zugewandt; *péj.* rückständig.

passement [pas'mɑ̃] *m* Borte *f*, Besatz *m*, Tresse *f*; **~er** [~'te] (1a) mit Borten *od.* Tressen besetzen; **~erie** [~'tri] *f* Bortenwirkerei; Posamentierarbeit; **~ier** [~'tje] *su.* (7b) Posamentierwarenhändler(in *f*) *m.*

passe|-montagne [pasmɔ̃'taɲ] *m* Auto-, Fliegerkappe *f*; Pelzmütze *f* mit Ohrenklappen; **~-partout** [~par'tu] *m* Dietrich; ⊕ Schrotsäge *f*; **~-passe** [~'pɑːs] *m*: *tour m de* ~ Taschenspielerkunststück *n*; **~-poil** [~'pwal] *m* Borte *f*, Streifen *m*; ⚔ Biese *f*; **~-port** [~'pɔːr] *m* (Reise-) Paß; Geleitbrief.

passe-purée [paspy're] *m* = *passe-bouillon* Durchschlag(sieb *n*).

passer [pa'se] (1a) **1.** *v/i.* von e-m Ort zum andern gehen, vorbeigehen, -fahren, -fließen *usw.* (*q. od. qch. an dat.*); übergehen (*à zu dat.*); *Film*: laufen; *durch Prüfung* durchkommen; verfließen, -gehen, verbleiben; nachlassen; *über ims.* (*acc.*) vorragen; ~ *pour qch.* für etw. gelten; ~ *sur qch.* etw. überschlagen, -gehen; *y* ~ sich etw. Schlimmes gefallen lassen; F ~ *à l'as*

passerage — 346 — **patent**

ausbleiben; *fig.* daraufgehen; *laisser* ~ hingehen lassen; ~ *chez q.* bei j-m vorsprechen; ~ *maître* Meister werden; *l'année passée* voriges Jahr; 2. *v/t.* überqueren, -schreiten; hinüberfahren über (*acc.*); j-n 'übersetzen; herüberreichen; *Flüssiges* durchseihen; hinausgehen über (*acc.*); übersteigen; j-n überholen; kommen; durchstecken, -stoßen; e-n *Rock usw.* anziehen; *Zeit* ver-, zubringen; *Vertrag* aufsetzen; *Examen* bestehen (durchkommen); geprüft werden; j-m *etw.* hingehen lassen, verzeihen; *etw.* über'schlagen, weglassen; F *et j'en passe* und ich lasse die anderen weg; ~ *un coup de fil téléph. abs.* anrufen; *je vous la passe* ich verbinde Sie mit ihr; *cela me passe* das ist mir zu hoch; ✝ ~ *une lettre de change* e-n Wechsel indossieren; ⚔ ~ *en revue* mustern; ~ *par les armes* erschießen; 3. *se* ~ sich ereignen, stattfinden; vorübergehen; verlaufen (z.B. *Operation*); sich leisten, sich erlauben; *se* ~ *de qch.* verzichten auf etw. (*acc.*); etw. entbehren (können).

passerage ♀ [pɑsˈraːʒ] f Kresse.
passereau *orn.* [pasˈro] m Spatz m.
passerelle [pasˈrɛl] f (Lauf-)Steg m, schmale Brücke; *écol. classe f* ~ Übergangsklasse f.
passe|-temps [pasˈtɑ̃] m Zeitvertreib; ~**thé** [~ˈte] m Teesieb n; ~**tte** [~ˈsɛt] f kleines Sieb n.
passeur [paˈsœːr] m Fährmann; Führer m (*Person*) über verbotenes Grenzgebiet.
passe-velours ♀ [pɑsvəˈluːr] m Hahnenkamm.
passible [paˈsiblə] *tt* strafbar, *être* ~ *d'une amende* e-e Geldstrafe entrichten müssen.
passif [paˈsif] 1. *adj.* leidend, passiv; *défense f passive* Luftschutz m; *gr. voix f passive* Leideform, Passiv(um) n; 2. m *gr.* Passiv n; ✝ Passiva n/pl.
passion [paˈsjɔ̃] f Leidenschaft f, Passion f; Liebe f; Gegenstand m der Liebe; Hang m, Sucht f; *rhét.* innere Wärme f; *rl.* Leiden n Christi; Passionspredigt; -geschichte; ~**né** [~sjɔˈne] 1. *adj.* leidenschaftlich; 2. *su.* leidenschaftliche(r) Liebhaber m (de

qch. von etw.); ~**ner** [~] (1a) j-n in Leidenschaft versetzen; begeistern; *se* ~ leidenschaftlich werden; sich begeistern.
passivité [pasiviˈte] f Passivität, leidender Zustand m.
passoire *cuis.* [paˈswaːr] f Sieb n.
pastel [pasˈtɛl] m 1. Pastell-, Farbstift; Pastellgemälde n; 2. ♀ [~] Waid; Waidfarbe f.
pasteur [pasˈtœːr] m Hirt; (*mst protestantischer*) Pfarrer, Pastor; ~**iser** ⚗ [~tœriˈze] (1a) keimfrei machen.
pastich|age *peint., litt.* [pastiˈʃaːʒ] m plagiatartige Nachahmerei f; ~**e** [~ˈtiʃ] m Nachahmung f; ~**er** [~ˈʃe] (1a) nachbilden.
pastille [pasˈtij] f *phm.* Tablette f; Plätzchen n; ~ *de chocolat* Schokoladenplätzchen n.
pastor|al [pastoˈral] 1. *adj.* Hirten-...; *rl.* pastoral; 2. ~**ale** f Hirtengedicht n, -lied n; Schäferspiel n; ~**at** [~ˈra] m Seelsorgeamt n.
pastour|eau [pastuˈro] m Hirtenknabe; ~**elle** [~ˈrɛl] f Hirtenmädchen n. [*Schachspiel.*]
pat [pat] m u. *adj.* Patt n, patt *im*
pataquès [pataˈkɛs] m *gr.* falsche Bindung f in der Aussprache.
patate ♀, F [paˈtat] f Kartoffel.
patati-patata F [pataˈtipataˈta] papperlapapp!
patatras! [pataˈtrɑ] pardauz!
pataud [paˈto] 1. *su.* Tolpatsch m; Grobian m; 2. m junger Hund.
patauger F [patoˈʒe] (1l) im Schlamm herumpa(n)tschen; *fig.* sich beim Reden verwirren.
pât|e [pɑːt] f Teig m; *phm.* (teigartige) Masse, Paste; ~s *alimentaires cuis.* Teigwaren; ~ *de bois* ⊕ Zellstoff m; ~ *dentifrice* Zahnpasta; F *bonne* ~ *d'homme* gute, ehrliche Haut; ~**é** [pɑˈte] m Pastete f; Tintenklecks; ~ *de maisons* Häuserblock m; ~**ée** [~ˈte] f Stopfnudeln *pl.*, (Hunde-, Geflügel-) Futter n.
patelin F [patˈlɛ̃] m Heimatort m, Nest n (*Ortschaft*).
patène [paˈtɛn] f Hostienteller m.
patenôtre [patˈnoːtrə] f 1. Vaterunser n; f P ~s *pl.* Rosenkranz m; *mép.* mechanisches Gebet n; 2. ⊕ Becherwerk n; Paternoster m.
patent [paˈtɑ̃] offensichtlich, offenkundig.

patente [pa'tã:t] f Gewerbesteuer; Genehmigungsbescheid m; Warendeklaration f; Fr. ehm. ⚖ Bestallungsurkunde f; ⚓ ~ de santé Gesundheitspaß m.

pater [pa'tɛ:r] m Vaterunser n.

patère [pa'tɛ:r] f Kleiderhaken m; Gardinenhalter m.

patern|e [pa'tɛrn] wohlwollend; ~el [~'nɛl] (7c) väterlich; ~ité [~ni'te] f Vaterschaft.

pâteux [pɑ'tø] (7d) teigig, pappig; ℱ ~ s pl. Zunge: belegt; Boden: matschig; Tinte usw. zu dickflüssig; avoir la bouche (langue) pâteuse e-e belegte Zunge haben; fig. undeutlich sprechen.

pathétique [pate'tik] **1.** adj. pathetisch; schwungvoll, leidenschaftlich; rührend; **2.** m Erhabene(s) n, Pathetische(s) n.

patho|gène [pato'ʒɛn] krankheitserregend; agent m ~ Krankheitserreger; ~logiste [~lɔ'ʒist] m Pathologe(e), Krankheitsforscher.

patibulaire [patiby'lɛ:r] Galgen...

patience [pa'sjɑ̃:s] f Geduld; Langmut; avoir de la ~ Geduld haben; perdre la ~ die Geduld verlieren; prendre ~ sich gedulden.

patient [pa'sjɑ̃] **1.** adj. geduldig, ausdauernd; **2.** su. Patient(in f) m; ~er [~'te] (1a) sich gedulden.

patin [pa'tɛ̃] m Sport: Schlittschuh; * ~s pl. Streit m; Partei f; Knutscher m/pl. P, Schmatzer m/pl. P; ~ à roulettes Rollschuh; ⊕ ~ de frein Bremsschuh, -klotz; ~age [~ti'na:ʒ] m Eis-, Schlittschuhlaufen n; ~ artistique Kunsteislauf.

patine [pa'tin] f Patina, Edelrost m; Möbel: alte Politurschicht f.

patiner [pati'ne] (1a) **1.** Schlittschuh laufen; Räder von Schienenfahrzeugen rutschen, schleudern; **2.** F ⚡ begrabschen (P); **3.** patinieren, mit Edelrost überziehen.

patin|ette [pati'nɛt] f Kinderfahrzeug: Roller m; ~eur, ~euse [~'nœ:r] su. (7g) Schlittschuhläufer(in f).

pâtir [pɑ'ti:r] (2a) leiden (de qch. unter etw. [nicht unter Schmerzen, sondern äußeren Umständen!]), Schaden nehmen.

pâtiss|er [pɑti'se] (1a) Kuchen backen; ~erie [~s'ri] f Feingebäck n; Konditorei; ~ier [~'sje] su. (7b) Konditor m.

pato [pa'to] s. pataud 1.

patoche F [pa'tɔʃ] f große Hand f, Flosse f P.

patois [pa'twa] m Mundart f; ~ant [~'zɑ̃] (7) mundartlich.

patouill|er [patu'je] v/i. (1a) im Straßenschlamm pantschen (od. waten); ~eux [~'jø] (7d) schlammig; See: hohlgehend.

patraque F [pa'trak] f gebrechliche Person.

pâtre bsd. litt. ['pɑ:trə] m Hirt.

patriarcal [patriar'kal] (5c) patriarchalisch.

patricien antiq. [patri'sjɛ̃] (7c) **1.** adj. patrizisch; **2.** su. Patrizier m.

patrie [pa'tri] f Vaterland n; Geburtsort m; Heimat.

patrimoine [patri'mwan] m elterliches Erbteil n od. -gut n; Vermögen n (e-s Vereins).

patrimonial [patrimɔ'njal] (5c) zum elterlichen Erbe gehörig; Erb...

patriot|e [patri'ɔt] **1.** adj. vaterlandsliebend, patriotisch; **2.** su. Patriot m; Vaterlandsfreund; ~ique [~'tik] patri'otisch, vaterländisch; ~isme [~'tism] m Vaterlandsliebe f; ~ de clocher Lokalpatriotismus.

patron [pa'trɔ̃] **1.** m Beschützer m, Schutzherr; ⛪ Modell n, Muster n, Schnittmuster n; peint. Schablone f; **2.** su. (7c) Gönner m; Schutzheiliger, -patron m; Patronatsherr m; Wirt m; Meister m; Arbeitgeber m; Betriebsleiter m; die Studenten anleitender Chefarzt m od. Medizinprofessor m; ~age [~trɔ'na:ʒ] m Schutz m, Schutzherrschaft f; Patronat n, Gönnerschaft f; Wohltätigkeitsverein m; Jugendheim n, -verein m; ~at [~'na] m Arbeitgeberschaft f, Unternehmertum n; ~ner [~'ne] (1a) beschützen; nach e-m Muster durchzeichnen; schablonieren; ~nesse [~'nɛs] f Vorstandsdame f, Festordnerin f bei e-m Wohltätigkeitsverein usw.

patrouill|e ⚔ [pa'truj] f Streifwache f, Patrouille; ~er [~'je] v/t. (1a) Vormanschen, erkunden;⚔ v/i. patrouillieren; F im Straßenschmutz herumpantschen; ~eur m Wach-, Patrouillenboot n; ⚔ Aufklärer; Patrouillengänger m.

patte [pat] f Pfote, Tatze, Klaue; Schere des Krebses; Bein n, Fuß m

patte-d'oie — 348 — **peccable**

(*Insekten, Kelch, Leuchter*); F Hand; *cout.* Patte *f*, Klappe *f* (*an e-r Tasche; Briefklappe*); ⊕ Lasche; Klammer, Krampe; ~s de mouche Gekritzel *n*; F *graisser la* ~ (*à q. j-n*) schmieren *od.* bestechen; montrer ~ blanche F sich gebührend ausweisen; faire ~ de velours schmeicheln; ~ d'oreille Ohrenschützer *m*; **~-d'oie** [pat'dwa] *f* Knotenpunkt *m* mehrerer Wege; F Krähenfüße *m/pl.* F, Runzeln *pl. in den Augenwinkeln*; **~-fiche** [ˌ~'fiʃ] *f* Mauerhaken *m*.

pâtur|age [pɑty'ra:ʒ] *m* Weideplatz; Weidenutzung *f*; Trift *f*; **~e** [ˌ~'ty:r] *f* Futter *n*; Fraß *m*; Nahrung *f* (*der Tiere*); Weide(platz) *m*; **~er** [ˌ~ty're] (1a) (ab)weiden, (ab)fressen.

paturin ♀ [pɑty'rɛ̃] *m* Rispengras *n*.

paturon [paty'rɔ̃] *m* Fessel *f am Pferdefuß*.

paume [po:m] *f* flache Hand; (*jeu m de*) ~ (Schlag-)Ballspiel *n*.

paumer P [po'me] (1a): (se) ~ (sich) verlieren (*dans ins*); se ~ *dans un texte* sich in e-m Text verhaspeln.

paupérisme [pope'rism] *m* Massenverarmung *f*.

paupière [po'pjɛ:r] *f* Augenlid *n*.

paupiette *cuis.* [po'pjɛt] *f* Roulade.

pause [po:z] *f* Pause; Rast *f*; faire la (une) ~ e-e Pause machen, ausruhen.

pauv|re ['po:vrǝ] **1.** *adj.* arm; jämmerlich; dürftig; **2.** *su.* Arme(r); **~resse** F [pov'rɛs] *f* Bettlerin; **~ret** *m*, **~rette** *f* [ˌ~'rɛ, ˌ~'rɛt] armer Kerl *m*; armes Ding *n* (*Mädchen*); **~reté** [povrǝ'te] *f* Armut; Armseligkeit *f*.

pavage [pa'va:ʒ] *m* Pflaster(n) *n*.

pavaner [pava'ne] (1a): se ~ angeben F, sich brüsten; umherstolzieren, sich breitmachen.

pav|é [pa've] *m* Pflaster(stein) *n*; *fig.* Straße *f*; *fig.* jeter des ~s dans la mare Staub aufwirbeln *fig.*; **~ement** [ˌ~'mã] *m* Pflasterung(smaterial *n*) *f*; **~er** [ˌ~'ve] (1a) pflastern; **~eur** [ˌ~'vœ:r] *m* Steinsetzer, Pflasterer.

pavillon [pavi'jɔ̃] *m* Einfamilien-, Garten-, Lusthaus *n*; Jagdschlößchen *n*; Schalltrichter *m an Trompete, Sprachrohr usw.*; ✕ Standarte *f*; ⚓ Flagge *f*; ⚓ *hospitalier* Gästeheim *n*; ~ de l'oreille Ohrmuschel *f*.

pavois [pa'vwa] *m ehm.* großer Schild; ⚓ Schiffsbehänge *n*; élever sur le ~ zu hohen Ehren erheben; **~er** [ˌ~'ze] (1a) beflaggen.

pavot ♀ [pa'vo] *m* Mohn.

pay|able [pɛ'jablǝ] zahlbar; **~ant** [ˌ~'jɑ̃] (7) **1.** *adj.* bezahlend; gebührenpflichtig; **2.** Zahler *m*; ✝ Bezogene(r).

pay|e [pɛj] *f* (*neuere Schreibung:* paie) Löhnung; Arbeitslohn *m*; Lohn *m*; ✕ Sold *m*; ~ à la pièce Stücklohn *m*, Akkordlohn *m*; P y a une ~ es ist schon lange; F il (elle) est une bonne (mauvaise) ~ er (sie) ist ein (e-e) gute(r) schlechte(r)] Zahler(in *f*) *m*; **~ement**, *moderner:* paiement *s.* dort.

pay|er [pɛ'je] (1i) bezahlen; büßen; vergelten; *v/i.* sich bezahlt machen; ~ q. de retour j-s Freundschaft erwidern; ~ d'audace Kühnheit an den Tag legen; ~ de mine gut aussehen, Eindruck machen; se ~ de sich begnügen mit; se ~ qch. sich etw. leisten; **~eur** [ˌ~'jœːr] (7g) Zahler *m*; (*officier m* ~) Zahlmeister.

pays [pe'i] *m* Land *n*; Heimat *f*; ~ de transit Durchgangsland *n*; ~ en voie de développement Entwicklungsland *n*; mal du ~ Heimweh *n*; voir du ~ etwas von der Welt sehen; F ~ *m*, **~e** [ˌ~'i:z] *f* Landsmann *m*, -männin *f*.

paysage [pei'za:ʒ] *m* Landschaft *f*.

paysagiste [peiza'ʒist] *m* Landschaftsmaler *m*; Gartenarchitekt *m*.

paysan [pei'zɑ̃] (7c) **1.** *adj.* bäuerisch; Bauern...; **2.** *su.* Bauer *m*, Landmann *m*; **~-poète** *m* Bauerndichter; **~nat** [ˌ~za'na] *m* Bauern(wirt)schaft *f*.

paysannerie [peizan'ri] *f* Bauernstand *m*; bäurisches Wesen *n*; *litt.* Dorfgeschichte, *thé.* Bauernstück *n*.

Pays-Bas [pei'ba] *m/pl.*: les ~ die Niederlande *n/pl.*

péage [pe'a:ʒ] *m* Autobahngebühr *f*; Brücken-, Chaussee-geld *n*.

peau [po] *f anat.* Fell *n*, Haut *f*; ✝ *u.* ⊕ Balg *m*; Leder *n*; ♀ Schale, Hülse *f*; F d'âne Diplom *n*; P ~ de balle, V ~ de zébie gar nichts; *défendre sa* ~ sich s-r Haut wehren; um's nackte Leben kämpfen; faire ~ neuve sich häuten; *fig.* ein anderer Mensch werden; *plais.* sich neu einkleiden; **~-rouge** [ˌ~'ruːʒ] *m* Rothaut *f*, Indianer.

peccable [pɛ'kablǝ] sündig.

peccadille [pɛka'dij] *f* kleine Sünde *f*, leichtes Vergehen *n*, Kleinigkeit *f*.

pêche¹ [pɛʃ] *f* Pfirsich *m*.

pêche² [~] *f* Fischerei; Fischen *n*; Fischzug *m*, Fang *m*; ~ à la ligne *das* Angeln; *grande* ~ Hochseefischerei.

péch|é [pe'ʃe] *m* Sünde *f*; ~ *mignon (mortel)* Lieblings(Tod-)sünde; **~er** [~] (1f) sündigen, verstoßen; *fig.* kranken *(par qch. an etw.)*, e-n Fehler haben.

pêcher¹ [pɛ'ʃe] (1a) fischen; *Teich* ausfischen; *fig. iron.* auffangen, -gabeln, entdecken; ~ à la ligne angeln.

pêcher² ♀ [~] *m* Pfirsichbaum.

péch|eur *m*, **~eresse** *f rl.* [pe'ʃœ:r, peʃ'rɛs] **1.** *adj.* sündig, sündhaft; **2.** *su.* Sünder(in *f*) *m*.

pêcheur [pɛ'ʃœ:r] (7g) Fischer *m*.

pécore F [pe'kɔ:r] *f* dummes Weibsstück *n*.

pectoral [pɛktɔ'ral] (5c) zur Brust gehörig; *Brust...*; hustenstillend, *Husten...*

péculat [peky'la] *m* Kassen-Diebstahl, -Unterschlagung *f*; **~eur** [~'tœ:r] *m* Kassendieb, -schwindler.

pécule [pe'kyl] *m* Ersparnisse *f/pl.*; Spargroschen *m/pl.*

pécuniaire [peky'njɛ:r] Geld...

pédago|gie [pedagɔ'ʒi] *f* Pädagogik *f*, Erziehung(slehre *f*); **~gique** [~'ʒik] pädagogisch, erzieherisch; *Erziehungs...*; **~gue** [~'gɔg] *m* Pädagoge *m*, Erzieher *m*; *péj.* F Schulmeister *m*: *faire le* ~ schulmeistern.

pédal|age [peda'la:ʒ] *m* Radfahren *n*; **~e** [pe'dal] *f* Fahrrad *u.* ♪ Pedal *n*; **~er** [~'le] (1a) radfahren; Pedale treten *(Orgel usw.)*; **~ier** [~'lje] *m* Fahrrad: Tretlager *n*; ♪ Pedalklaviatur *f*; ⊕ F [~'lo] *m* Tretboot *n*; Fähre *f* mit Tretantrieb.

pédant [pe'dɑ̃] **1.** *adj.* kleinlich; pedantisch; **2.** *su.* Pedant *m*, Kleinigkeitskrämer *m*; F Schulfuchs *m*; **~erie** [~'tri] *f* Pedanterie *f*; **~esque** [~'tɛsk] *Tonart, Stil:* pedantisch; **~isme** [~'tism] *m* Pedantismus *m*, Kleinigkeitskrämerei *f*.

pédestr|e [pe'dɛstrə]: *statue f* ~ Fußstandbild *n*; **~ement** [~trə'mɑ̃] *adv.* zu Fuß.

pédiatrie [pedja'tri] *f* Kinderheilkunde *f*; ~ *sociale* soziale Kinderpflege *f*; *service m de* ~ Kinderklinik *f*.

pédicul|aire [pediky'lɛ:r]: ✱ *maladie f* ~ Läusesucht; **~e** ♀ [pedi'kyl] *m* Stiel; **~é** ♀ [~'le] gestielt.

pédicure [pedi'ky:r] **1.** *su. (a. adj.: chirurgien m* ~) Fußarzt *m*; **2.** *f* Fußpflege *f*, Pediküre *f (Behandlung)*.

pègre ✱ ['pɛgrə] *f soziologisch:* Unterwelt *f*, Gaunertum *n*.

peignage [pɛ'ɲa:ʒ] *m* ⊕ Kämmen *n*; Krempeln *n*; Hecheln *n*.

peigne [pɛɲ] *m* Kamm; ~ *fin* Staubkamm; ~ *de poche* Taschenkamm *m*; *se donner un coup de* ~ sich schnell mal kämmen.

peign|é [pɛ'ɲe]: *un mal* ~ *m* ein Struw(w)elpeter; **~ée** [~] *f* Strich *m* mit dem Kamme; ein Kamm *m* voll Wolle; F *fig.* Tracht *f* Prügel; **~er** [~] (1a) kämmen; *fig.* ausfeilen *(Stil)*; *Wolle* krempeln; ⊕ *Hanf usw.* hecheln; **~eur** *m*, **~euse** *f* [~'nœ:r, ~'ɲø:z] **1.** *su.* (Woll-)Kämmer(in *f*) *m*; (Flachs-)Hechler(in *f*) *m*; **2.** ⊕ *f* Wollkämmaschine *f*; **~ier** ⊕ [~'ɲe] *m* Kammacher; ✝ Kammhändler.

peign|oir [pɛ'ɲwa:r] *m* Bade-, Frisiermantel *m*; Morgenrock *der Damen*; **~on** [~'ɲɔ̃] *m* Hanf-, Flachsbündel *n*; **~ons** *pl.* Kämmlinge; **~ures** [~'ɲy:r] *f/pl.* ausgekämmte Haare *n/pl.*

peinard ✱ [pɛ'na:r] *adj.* nicht aus der Ruhe zu bringen, urgemütlich.

peindre ['pɛ̃drə] (4b) malen; anstreichen; kneten, formen *(Figürchen)*; *fig.* beschreiben; schildern; *fig.* ~ *en beau* beschönigen; F ~ *le visage a.* sich schminken, *péj.* sich anmalen; ⊕ ~ *au pistolet Farbe* spritzen.

peine¹ [pɛn] *f* Strafe; ~ *de liberté* Freiheitsstrafe.

peine² [pɛn] *f* Mühe, Arbeit; *fig.* Schwierigkeit; seelischer Schmerz *m*, Kummer *m*; Sorge; *à* ~ *adv.* kaum; *homme m de* ~ Schwerarbeiter *m*; △ Handlanger *m*.

pein|é [pɛ'ne] betrübt; **~er** [~] *v/t* (1b) Mühe, Kummer machen; bekümmern; *fig.* ermüden; *v/i.* kein Vergnügen, Ermüdung fühlen; ~ *à faire qch.* etw. ungern *od.* mit größter Anstrengung tun; *se* ~ sich abmühen, sich überanstrengen.

peintre ['pɛ̃trə] *m* Maler *m (a.* △);

fig. Schilderer; *femme f* ~ Malerin; ~ *en bâtiments* Anstreicher.

peintur|e [pɛ̃'ty:r] *f* Malerei; Gemälde *n*; Anstrich *m*; Farbe; *fig.* Schilderung; *~ fraîche!* frisch gestrichen!; **~lurer** *mst péj.* [~tyrly-'re] *v/t. u. v/i.* (1a) (be-)pinseln, (be-)schmieren.

péjora|tif [peʒɔra'tif] (7e) verschlechternd, herabsetzend, pejorativ; **~tion** [~ra'sjɔ̃] *f* Verschlimmerung.

pékin[1] * ✕ [pe'kɛ̃] *m* Zivilist.

pékin[2] ✝ [pe'kɛ̃] *m Art* Seidenstoff; **~é** [peki'ne] *mit* abwechselnd hellen und dunklen Streifen (Pekinseide).

pelade ✾ [pə'lad] *f* Haarausfall *m*.

pelage [pə'la:ʒ] *m* 1. Fell *n bsd. wilder Tiere*; Farbe *f der Pferde*; 2. Enthaaren *n der Häute*; 3. Schälen *n von Kartoffeln*.

pelé [pə'le] 1. *adj.* kahl; ab(ge)schält, gepellt; enthäutet; *fig.* öde; 2. *su.* Glatzkopf *m*; F (armseliger) Mensch *m*; P *pl.* ~s Gören *f/pl.* P (Kinder).

pèle-fruits [pɛl'frɥi] *m* Obstmesser *n*.

pêle-mêle [pɛl'mɛl] 1. *adv.* bunt durcheinander; 2. *m* Wirrwarr.

peler [pə'le] 1. ⊕ (1d) (*Tierfelle*) enthaaren; (ab)schälen, (ab)pellen; 2. *v/i.* ✾, *zo. u.* ✧ sich häuten; 3. *v/rfl.* se ~ sich schälen lassen; *vét.* se ~ haaren, das Haar verlieren.

pèlerin [pɛl'rɛ̃] (7) Pilger *m*; F Wanderer *m*.

pèlerine [pɛl'rin] *f* Umhang *m*.

pèlerin|age [pɛlri'na:ʒ] *m* Pilgerschaft *f*; Wallfahrtsort *m*; **~er** [~'ne] (1a) pilgern.

pélican [peli'kɑ̃] *m* Pelikan; ⊕ Schließkammer *f*; ✝ Zahnzange *f*.

pelisse [p(ə)'lis] *f* Pelz(rock *m usw.*) *m*, Gehpelz *m* (*f. Frauen*).

pell|agre ✾ [pɛ(l)'lagrə] *f* Pellagra *f*; **~e** [pɛl] *f* Schaufel, Schippe; ⊕ *mécanique* Schaufelbagger *m*; F *fig. ramasser une* ~ hinfallen, fallen; *a.* durchfallen; Pech haben; ~ *à gâteaux* Tortenheber *m*; ~ *à poussière* Müllschippe *f*; **~etée** [pɛl'te] *f* *e-e* ~ Schaufelvoll; **~eter** [~] (1a) *a.* (1c) umschaufeln (*Korn*).

pellet|erie ⊕, ✝ [pɛl'tri] *f* Kürschnerei *f*; Pelzhandel *m*; Pelzwerk *n*; **~eur** [pɛl'tœ:r] *m* 1. Schipper *m*; Baggerführer *m*; 2. ⊕ Schaufelader *m*; **~euse** ⊕ [~'tø:z] *f* Bagger *m*; Schaufellader *m*; **~ier** [pɛl'tje] *m* Kürschner *f*; (*a. adj. marchand m ~*) Pelzhändler *m*, Kürschner *m*.

pellicul|aire [pɛliky'lɛ:r] häutchenähnlich, häutig; **~e** [pɛli'kyl] *f* Häutchen *n*; ✧ Schuppe *f*; *phot.* Film *m*; *phot.* ~ *en bobine* Rollfilm *m*; ~ *rigide* Filmpack *m*.

pelot|age [pəlɔ'ta:ʒ] *m* Knäuelwickeln *n*; F Schmeichelei *f*; P Abknutscherei *f*; **~e** [pə'lɔt] *f* Knäuel *n u. m*; Nähkissen *n*; baskisches Ballspiel *n*; F (Spar-)Sümmchen *n*; *faire sa* ~ ein Vermögen zs.-sparen; F *fig. avoir les nerfs en* ~ nur noch ein Nervenbündel sein; *mettre les nerfs de q. en* ~ j-n sehr aufregen; **~er** [pəlɔ'te] *v/t.* (1a) Zwirn zu e-m Knäuel wickeln; F ~ *q.* j-m mit *Schlägen od. Worten* maßnehmen; F *j-m* schmeicheln; P *j-n* liebkosen, abknutschen; *v/i.* (*beim Ballspiel*) mit dem Ball nur spielen.

peloton [pəlɔ'tɔ̃] *m* Knäuel *n*; Häuflein *n*; Gruppe *f*, *Sport:* Mannschaft *f*; ✕ Rotte *f*; Zug *im Bataillon*; ~ *d'exécution* Erschießungskommando *n*; **~ner** [plɔtɔ'ne] (1a) auf ein Knäuel wickeln; se ~ zs.-kauern; sich zs.-rollen; sich ducken.

pelous|ard F [pəlu'za:r] *m* Zaungast; Stammgast *bei Wettrennen*; **~e** [pə'lu:z] *f* Grasplatz *m*, Rasen *m*; *Sport:* Rennbahn *f*.

pelu [pə'ly] behaart, haarig.

peluch|e [pə'lyʃ] *f* Plüsch *m*; **~er** [~'ʃe] (1a) faserig werden; **~eux** [~'ʃø] faserig, wollig.

pelure [pə'ly:r] *f* Haut, Schale *von Früchten*; P Kluft *f* P, Anzug *m*.

pénal [pe'nal] (5c) Straf...; strafrechtlich; *droit* ~ Strafrecht *n*; **~isation** *Sport* [~liza'sjɔ̃] *f* Strafe *f*, Strafpunkt *m*; **~ité** [~li'te] *f* Strafbarkeit *f*; -system *n*; Strafe.

pénates F *fig.* [pe'nat] *m/pl.* trautes Heim *n*.

penaud [pə'no] beschämt; verdutzt, verblüfft; *mine f* ~*e* verdutztes Gesicht *n*.

pench|ant [pɑ̃'ʃɑ̃] 1. *adj.* (7) abschüssig, schief(hängend); 2. *m* Abhang, Rand; *fig.* Hang, Neigung *f*; *fig.* Neige *f* (*des Lebens usw.*); **~er** [~'ʃe] *v/t.* Kopf neigen; *Gegenstände* schief halten; *fig. etw.* niederbeugen; *j-n* hinneigen (las-

pendable — 351 — **pénultième**

sen); *v/i.* sich neigen, schief stehen, ('über)hängen); *fig.* ~ *vers, à qch.,* ~ *à faire qch.* Neigung haben zu e-r Sache (*pour q.* zu j-m); *se* ~ *sur un livre* sich in ein Buch vertiefen; *se* ~ *sur une question* sich mit e-r Frage intensiv befassen.

pend|able [pɑ̃'dablə] hängenswert; *fig.* ganz gemein, übel; **~aison** [ˌdeˈzɔ̃] *f* Erhängung *f*; **~ant¹** [ˌ'dɑ̃] **1.** *adj.* (herab)hängend; bevorstehend; ⚖ schwebend; **2.** *m* Pendant *n*, Gegenstück *n*; ~s d'oreilles Ohrgehänge *n*.

pendant² [pɑ̃'dɑ̃] **1.** *prp.* während; **2.** ~ *que cj.* (*mst. zeitlich!*) während (*s. tandis que*).

pend|ard [pɑ̃'daːr] *su.* (7) *fig.* Galgenstrick *m*; *m orn.* Würger, Dorndreher; **~eloque** [pɑ̃d'lɔk] *f* Leuchtergehänge *n*; Ohrgehänge *n*; **~entif** [ˌdɑ̃'tif] *m* an Kette hängendes Kleinod; △ Hängezwickel; **~erie** [pɑ̃'dri] *f* Kleiderschrank *m*, -kammer *f*, -ablage *f*, Garderobe *f*.

pendiller [pɑ̃di'je] (1a) baumeln.

pend|re ['pɑ̃:drə] *v/t.* (4a) an-, auf-, einhängen; henken; *v/i.* (herab-)hängen; schweben, unentschieden sein (*Prozeß*); **~u** [pɑ̃'dy] *su.* Gehenkter *m* (*nicht fig.!*).

pendu|laire [pɑ̃dy'lɛːr] pendelartig (schwingend); **~le** [ˌ'dyl] **1.** *m* Pendel *m u. n*, Perpen'dikel *m u. n*; **2.** *f* Pendel-, Zimmer-, Stutzuhr; ~ *de pointage* Kontroll- *od.* Steckuhr; **~lette** [ˌdy'lɛt] *f* kleine Stutzuhr.

pêne [pɛn] *m* Riegel (*am Schloß*).

pénéplaine *géogr.* [peneˈplɛn] *f* Fastebene, Wellungsebene.

pénétr|able [peneˈtrablə] durchdringlich; erforschbar; **~ant** [ˌ'trɑ̃] (7) durchdringend; scharf (*Blick*); **~ation** [ˌtraˈsjɔ̃] *f* Eindringen *n*; Scharfblick *m*; **~er** [ˌ'tre] *v/t.* (1f) durchdringen; ganz erfüllen; durchschauen; *v/i.* ~ *dans qch.* in etw. (*acc.*) eindringen; *phm.* *en pénétrant jusqu'au plus profond des pores* mit Tiefenwirkung.

pénible [peˈniblə] mühsam, peinlich.

péniche ⚓ [peˈni] *f* Schleppkahn *m*; * Treter *m*, Oderkahn *m* (*Stiefel*).

pénicill|é ♀ [penisiˈle] pinselförmig; **~ine** [ˌ'lin] *f* Penizillin *n*.

péninsul|aire [penɛ̃syˈlɛːr] halbinselförmig; **~e** [ˌ'syl] *f* Halbinsel.

pénitenc|e [peniˈtɑ̃ːs] *f* Reue, Buße; leichte Strafe; **~erie** [ˌtɑ̃sˈri] *f* päpstliches Sondergericht *n im Rom*; **~ier** [ˌtɑ̃'sje] *m* Bußpriester *m*; Strafanstalt *f*.

pénitent [peniˈtɑ̃] (7) **1.** *adj.* bußfertig; **2.** *su.* Büßer *m*; Beichtkind *n*; Büßermönch *m*; **~iaire** [ˌsjɛːr] *f* Straf...; **~iaux** [ˌ'sjo] *f* Psaumes *m/pl.* ~ Bußpsalmen; **~iel** [ˌ'sjɛl] (7c) Buß...

penn|age [pɛ'naːʒ] *m* Gefieder *n*; **~e** [pɛn] *f* (Schwanz-*od.* Schwung-) Feder; *Weberei:* Garnende *n*; **~é** [ˌ'ne] gefiedert (*Blütenblatt*).

pennon [pɛ'nɔ̃] *m* féod. Panier *n*, Banner *n*; Wappenschild *m*.

pénombre [peˈnɔ̃ːbrə] *f* Halbschatten *m*; *fig.* Verborgenheit.

pens|ant [pɑ̃'sɑ̃] (7) denkend; Denk...; *bien* ~ fromm, religiös; **~é** [pɑ̃'se] (7) durchdacht, **~e-bête** F [pɑ̃sˈbɛt] *m* Einkaufs-, Notizzettel *m*; **~ée** [ˌ'se] *f* Denken *n*; Gedanke *m*; Sinn *m*, Meinung, Absicht; ♀ Stiefmütterchen *n*; **~er** [ˌ'se] (1a) denken; meinen, der Meinung sein; gedenken; F *v/t*.: *voici l'été..., pensez fraicheur hier ist der Sommer!* Denken Sie an die Kühle!; ~ *q., qch.* j-n, etw. vor Augen haben; **~eur** [ˌ'sœːr] *su.* Denker(in *f*) *m*; **~if** [ˌ'sif] (7g) gedankenvoll, nachdenklich.

pension [pɑ̃s'jɔ̃] *f* Pension, Ruhegehalt *n*; Kostgeld *n*; *fig.* Pension *f*; Fremdenheim *n*; Pensionat *n*, Erziehungsanstalt; **~naire** [ˌsjɔˈnɛːr] *su.* Pensionsempfänger *m*; Pensionsgast *m*; *école.* Internatsschüler(in *f*) *m*; **~nat** [ˌsjoˈna] *m* Internat *n*, Schüler(innen)heim *n*, Pensionat *n*; **~né** [ˌsjoˈne] *m* Pensionär *m*, Ruhegehaltsempfänger *m*; **~ner** [ˌsjoˈne] (1a) pensionieren, [arbeit *f.*|

pensum *école.* [pɛ̃'sɔm] *m* Straf-

Pentagone *pol.* [pɛtaˈgɔn] *m*: *le* ~ das Pentagon *n* (*USA*).

pentatome *ent.* [pɛtaˈtɔm] *m* Baumwanze *f*.

pente [pɑ̃:t] *f* Abhang *m*, Abdachung; *fig.* Hang *m*, Neigung.

Pentecôte *rl.* [pɑ̃tˈkoːt] *f* Pfingsten *n/sg. od. f/pl.*; Pfingstfest *n*.

pénultième [penylˈtjɛm] **1.** *adj.* vorletzter; **2.** *f gr.* vorletzte Silbe.

pénurie [peny'ri] f Knappheit f, Not f, großer Mangel m; ~ de place Raummangel m.
pépée F enf. [pe'pe] f Puppi f.
pépère F enf. [pe'pɛːr] m Papachen n.
pépètes P [pe'pɛt] f/pl. Geld n.
pépi|e [pe'pi] f vét. Pips m; F avoir la ~ großen Durst m haben; **~ement** [˷'mɑ̃] m Piepen n; **~er** [˷'pje] (1a) piepen.
pépin [pe'pɛ̃] m Obstkern; F Regenschirm; F fig. Haken m, Schwierigkeit f; **~ière** [˷pi'njɛːr] f Baumschule; fig. Bildungsstätte f; **~iériste** [˷pinje'rist] m Baumschulgärtner.
pepsine phm. [pɛp'sin] f Pepsinwein m.
péquen|aud*, **~ot*** [pek'no] su. Bauernlümmel m; Flegel m (bsd. unter Autofahrern); adj. primitiv.
péquin F ⚔ [pe'kɛ̃] = pékin Zivilist.
perçage [pɛr'saːʒ] m Bohren n; (Durch-)Bohrung f.
percal|e ✝ [pɛr'kal] f Perkal m (weißer Baumwollstoff); **~ine** ✝ [˷'lin] f ein Futterstoff m.
perçant [pɛr'sɑ̃] (7) durchbohrend; fig. durchdringend (Schrei usw.); schneidend (Kälte, Wind usw.).
perce [pɛrs] f ⊕ Bohrer m; ♪ Loch n e-r Flöte usw.; mettre en ~ Faß od. Wein anstechen; **~-bois** ent. [pɛrsə'bwa] m Holzwurm.
percée [pɛr'se] f Bohrung; Durchhau m; Waldweg m; △ ~s pl. Öffnungen.
percement [pɛrsə'mɑ̃] m Durch-, Ausbohren n; Durchstich m.; △ Stemmen n.
perce-neige ♀ [pɛrsə'nɛːʒ] m, a. f Schneeglöckchen n.
perce-oreille ent. [pɛrsɔ'rɛj] m Ohrwurm; **~-papier** ⊕ [pɛrsəpa'pje] m Locher.
percep|teur [pɛrsɛp'tœːr] **1.** *adj. (7f) anat.* wahrnehmend; **2.** m Steuerbeamte(r) m; **~tibilité** [˷tibili'te] f Wahrnehmbarkeit; **~tible** [˷'tibl] wahrnehmbar; **~tif** [˷'tif] (7e) phil. Wahrnehmungs...; **~tion** [˷'sjɔ̃] f phil. Wahrnehmung; (Steuer-)Erhebung; **~tivité** [˷tivi'te] f Wahrnehmungsfähigkeit.
percer [pɛr'se] v/t. (1k) durchbohren, -löchern, -stechen, -dringen usw.; Tür durchbrechen, -schlagen; anzapfen; lachen; v/i. Geschwür: aufgehen; Licht, Zähne: durchbrechen; Wasser, Tinte usw.: durchkommen; an den Tag kommen; sich Bahn brechen; fig. berühmt werden, sich hocharbeiten; fig. ~ dans qch. in etw. (acc.) eindringen, od. etw. durchschauen.
perceur [pɛr'sœːr] (7d) **1.** adj. bohrend; **2.** su. Bohrer(in) f m; **3.** perceuse f ⊕ Bohrmaschine.
percev|able [pɛrsə'vabl] wahrnehmbar; erhebbar (Steuern); **~oir** [˷'vwaːr] (3a) wahrnehmen, merken; Geld: einnehmen; Steuern erheben.
perche [pɛrʃ] f **1.** Stange; Stab m; Angelrute; 𝄞 Stromabnehmer m der Straßenbahn; Sport: saut m à la ~ Stabhochsprung; tendre la ~ à q. fig. j-m aus der Klemme helfen; **2.** icht. Barsch m.
perch|er [pɛr'ʃe] (1a) u. se ~ sich auf e-e Stange od. e-n Zweig setzen (von Vögeln); **~eur** [˷'ʃœːr] (7g) adj. u. a. m (gewöhnlich) auf Zweigen sitzen (Vögel); (oiseaux) ~s m/pl. Baumvögel; **~is** [pɛr'ʃi] m Stangenzaun; **~oir** ⚔ [˷'ʃwaːr] m Hühner-, Vogelstange f; fig. F Mansardenloch n.
perclus [pɛr'kly] (glieder)lahm; **~ion** [˷kly'zjɔ̃] f Lähmung.
perçoir ⊕ [pɛr'swaːr] m Bohrer; Ahle f der Schuhmacher.
percolateur [pɛrkɔla'tœːr] m (Expreß-)Kaffeefilter.
percu|ssion [pɛrky'sjɔ̃] f Schlag m; Stoß m; ⚔ Aufschlag m; 𝄞 Beklopfen n; **~ter** [˷'te] (1a) (be)klopfen(d untersuchen); ⚔ [˷'tœːr] m Zündnadel f, Schlagbolzen.
perd|able [pɛr'dabl] **1.** adj. u. su. verlierend; Verlierende(r); numéro m (od. billet m) ~ Niete f; **~ition** [˷di'sjɔ̃] f Verderben n; navire m en ~ Schiff n in Not; **2.** rl. Verdammnis f. **3.** fig.: lieu m de ~ Ort m des Verkommenheit.
perdre ['pɛrdrə] v/t. (4a) verlieren, irreführen, zugrunde richten, ruinieren; v/i. verlieren, an Wert verlieren, sich verschlechtern; se ~ verlorengehen; verschwinden; aussterben; sich verirren; sich verlieren (in Vermutungen); bill.: sich verlaufen.
perdr|eau [pɛr'dro] m junges Reb-

perdrix — 353 — **périssable**

huhn n; **~ix** [~'dri] f Rebhuhn n; ⚔ œil-de-~ m Hühnerauge n.

perdu [pɛr'dy] adj. verloren; nicht mehr zu retten (Kranker); Ballon: freifliegend; Brunnen: grundlos; ⚔ Wache: weit vorgeschoben; à corps ~ mit Ungestüm; à vos heures ~es in Ihren Muße-, Freistunden; courir comme un ~ wie ein Verrückter umherlaufen; reprise f ~e Kunststopfen n.

père [pɛːr] m Vater; rl. Pater; ~ spirituel o. ~ directeur Beichtvater; son ~ et sa mère s-e Eltern.

pérégrination [peregrinɑ'sjɔ̃] f Wanderung in die Fremde; les ~s z. B. der Vögel das Ziehen ...

péremp|tion [perɑ̃p'sjɔ̃] f ⚖ Verjährung; **~toire** [~'twaːr] entscheidend, unumstößlich, stichhaltig, kategorisch; péj. starr; ⚖ umstoßend, ungültig machend, rechtsverwirkend; **~toirement** [~twar'mɑ̃] adv. klipp u. klar, ein für allemal.

pérenn|e [pe'rɛn] ganzjährig; fig. nicht versiegend; **~ité** [~ni'te] f lange Dauer f; Fortbestand m.

péréquation [perekwɑ'sjɔ̃] f 1. Steuerausgleich m; ~ des charges Lastenausgleich m; 2. ✝ Gewinnausgleich m.

perfectibil|iser [pɛrfɛktibili'ze] (1a) vervollkommnungsfähig machen od. gestalten; **~ité** [~ni'te] f Vervollkommnungsfähigkeit.

perfec|tible phil. [pɛrfɛk'tibla] vervollkommnungsfähig; **~tion** [~'sjɔ̃] f Vollendung; Vollkommenheit; **~tionnement** [~sjɔn'mɑ̃] m Vervollkommnung f; école f de ~ Fortbildungsschule f; **~tionner** [~sjɔ'ne] (1a) vervollkommnen, ausarbeiten.

perfid|e [pɛr'fid] treulos, hinterlistig, heimtückisch, falsch; **~ie** [~'di] f Treulosigkeit; Falschheit; Verräterei.

perforage [pɛrfɔ'raːʒ] m = perforation.

perfor|ateur [pɛrfɔrɑ'tœːr] (7f) 1. adj. durchbohrend, -lochend; 2. su. Bohrer(in f) m; Bohrmaschine f; Locher(in f) m; **~ation** [~rɑ'sjɔ̃] f Durchbohren n, Durchlochen n; Lochung, **~atrice** ⊕ [~rɑ'tris] f Bohrmaschine (~ à air comprimé) Preßluftbohrer m; **~er** mst. ⊕ [~'re]

(1a) durchbohren, (durch)lochen; **~euse** [~'røːz] f Bohr-, Perforier-, Lochmaschine f.

performance Sport, ⊕ [pɛrfɔr'mɑːs] f Leistung; meilleure ~ Bestleistung f; les ~s techniques die technischen Leistungen f/pl.

pergola [pɛrgɔ'la] f Pergola f, Laubengang m.

péricard|e anat. [peri'kard] m Herzbeutel; **~ite** [~'dit] f Herzbeutelentzündung.

péricarpe ♀ [peri'karp] m Fruchthülle f; Samengehäuse n.

péricliter [perikli'te] (1a) in Gefahr sein.

périgueux [peri'gø] m Braunstein.

péril bsd. litt. [pe'ril] m Gefahr f; ~ en mer Seenot f; le ~ jaune die gelbe Gefahr f; **~leux** [peri'jø] (7d) gefährlich; saut m ~ Salto.

périmer [peri'me] v/i. (1a) verfallen, verjähren, ablaufen.

périmètre A [peri'mɛːtr] m Umfang.

périnée anat. [peri'ne] m Damm.

périod|e [pe'rjɔd] 1. f Periode f (a. gr.), Zeit f, Zeitabschnitt m; ast. Umlauf(szeit f) m; ⚔ 'Stadium n; 2. m nur noch in: le plus haut ~ der Höhepunkt; dernier ~ Endstadium n; **~icité** [~disi'te] f Wiederkehr n; fig. Kreislauf m; **~ique** [~'dik] 1. adj. periodisch, regelmäßig wiederkehrend; ~ fièvre f ~ Wechselfieber n; 2. m: ~ professionnel Fachzeitschrift f.

périost|e anat. [pe'rjɔst] m Knochenhaut f; **~ite** [~'tit] f Knochenhautentzündung; **~ose** [~'toːz] f Knochenhautgeschwulst.

péripétie [peripe'si] f Schicksalswendung; Umschwung m; fig. (un-erwartetes) Ereignis n.

périphér|ie [perife'ri] f géom. Umkreis m, Umfang m; **~ique** [~'rik] adj. Umkreis..., Oberflächen...

périphras|e [peri'frɑːz] f Umschreibung; **~tique** [~frɑs'tik] reich an Umschreibungen; gr. umschrieben.

périr [pe'riːr] (2a) ver-, untergehen; umkommen; verfallen; aussterben (Pflanzen, Tiere).

périscop|e [peris'kɔp] m Sehrohr n; **~ique** [~'pik] Optik: konvex, konkav od. gewölbt (geschliffen).

périss|able [peri'sabla] vergänglich;

périssoire — 354 — **persillé**

leicht verderblich (*Waren*); ~oire ⚓ [~'swa:r] f Paddelboot n.
péristyle △ [peris'til] m Säulengang m, Säulenreihe f.
périt|oine anat. [peri'twan] m Bauchfell n; ~onite ♂ [~tɔ'nit] f Bauchfellentzündung.
perl|e [pɛrl] f Perle (a. fig.); typ. Perlschrift; ~é [~'le] mit Perlen besetzt; perlartig; fein und sauber genäht od. ausgeführt; grève ~ Bummelstreik m; ~er [~] v/t. (1a) perlförmig machen; fein ausarbeiten; ♪ glänzend vortragen; v/i. perlen (*Schwein usw.*); ~ier [~'lje] (7b) perlenerzeugend; Perlen enthaltend.
perlimpinpin F [pɛrlɛ̃pɛ̃'pɛ̃] m: *iron. poudre f de* ~ wertlose Arznei f.
perlot * [pɛr'lo] m Tabak m.
perlouze * [pɛr'lu:z] f 1. Perle; 2. Furz m V. [steifen (z. B. Kragen).
permaliser [pɛrmali'ze] dauerhaft|
permanen|ce [pɛrma'nã:s] f Dauerzustand m; Dienststelle f; Bereitschaftsdienst m; ~t [~'nã] (7) (be-)ständig, fortdauernd; stehend (*Heer*); m (Gewerkschafts-, Partei-)Funktionär m; ~te [~'nã:t] f Frisur: Dauerwellen pl.
perme * ⚔ [pɛrm] f Urlaub m.
perméable phys. [pɛrme'abl(ə)] durchlässig, undicht.
permettre [pɛr'mɛtrə] (4p) erlauben, gestatten; dulden.
permis [pɛr'mi] 1. p.p. erlaubt; 2. m Erlaubnisschein; ~ de conduire Auto: Führerschein; ~ de construire Baugenehmigung f; ~ de séjour Einreiseerlaubnis f; ~ d'exportation Ausfuhrerlaubnis f.
permission [pɛrmi'sjɔ̃] f Erlaubnis f (a. als Bescheinigung), Genehmigung; Urlaub m; ~ de détente Erholungsurlaub m; ~naire [~sjɔ'nɛ:r] su. bsd. ⚔ Urlauber m.
permut|able [pɛrmy'tabl(ə)] vertauschbar, versetzbar; ~ation [~ta'sjɔ̃] f Dienststellentausch m, (Amts-)Versetzung f; ⚕ Art Umstellung f; ⊕ Auswechslung; ~er [~'te] (1a) (sein Amt ver)tauschen; bsd. ⚕ 'umstellen, 'umsetzen.
pernicieux [pɛrni'sjø] (7d) verderblich; ♂ bösartig (*Fieber*).
péronnelle F [pɛrɔ'nɛl] f Schnatterliese f, dumme Gans f; Klatschweib n.

péror|aison [perɔrɛ'zɔ̃] f Schlußwort n e-r Rede; ~er [perɔ're] (1a) weitschweifig und hochtrabend reden.
perpendiculaire [pɛrpɑ̃diky'lɛ:r] 1. adj. senkrecht; 2. f Senkrechte f.
perpétr|ation ⚖ [pɛrpetra'sjɔ̃] f Verübung; ~er [~'tre] (1f) Verbrechen verüben.
perpétu|el [pɛrpe'tɥɛl] (7c) fortwährend, ständig, ewig; ~er [~'tɥe] (1a) fortpflanzen; verewigen; ~ité [~tɥi'te] f ununterbrochene Fortdauer; à ~ auf immer; ⚖ lebenslänglich.
perplex|e [pɛr'plɛks] bestürzt; verlegen (*von Personen*); verwickelt (e-e Lage); ~ité [~ksi'te] f Bestürzung, Ratlosigkeit.
perquisition ⚖ [pɛrkizi'sjɔ̃] f Untersuchung; ~ à domicile Haussuchung; ~ner [~sjɔ'ne] (1a) ⚖ untersuchen, durchsuchen.
perron △ [pɛ'rɔ̃] m Freitreppe f.
perroquet [pɛrɔ'kɛ] m orn. Papagei; ⚓ mât m de ~ Bramstenge f.
perruche orn. [pɛ'ryʃ] f Papageienweibchen n.
perruqu|e [pɛ'ryk] f Perücke; * ⊕ während e-r Freizeit vom Chef bezahlte Privatarbeit; F fig. vieille ~ altmodischer Typ m.
pers|an [pɛr'sɑ̃] (7) 1. adj. (neu-)persisch; 2. ♀ su. (Neu-)Perser m; ~e [pɛrs] 1. adj. (alt)persisch; 2. ♀ su. (Alt-)Perser(in f) m; 3. **la ♀e** Persien n (amtliche Bezeichnung: l'Iran).
persécut|er [pɛrseky'te] (1a) grausam verfolgen; fig. ~ q. j-n belästigen; ~eur [~'tœ:r] (7f) 1. adj. verfolgungssüchtig; 2. su. Verfolger m; ~ion [~'sjɔ̃] f grausame Verfolgung f.
persévér|ance [perseve'rɑ̃:s] f Ausdauer; ~ant [~'rɑ̃] (7) beharrlich; ~er [~'re] (1f) beharren, aushalten.
persienne [pɛr'sjɛn] f Jalousie f.
persifl|age [pɛrsi'fla:ʒ] m Spöttelei f; ~er [~'fle] v/t. verspotten; v/i. höhnen; spötteln; ~eur [~'flœ:r] su. (7g) Spötter m.
persil ♀ [pɛr'si] m Petersilie f; ~lade cuis. [~'jad] f kalte Rindfleischschnitte f mit Petersilie, Essig und Öl.
persillé [pɛrsi'je]: *fromage m ~* Gorgonzola (*grünfleckiger Käse*).

persist|ance [pɛrsis'tɑ̃:s] f Beständigkeit; Fortbestand m (bsd. ⚕); **~er** [~'te] (1a) (fort)dauern; ~ dans qch. auf etw. (dat. u. acc.) bestehen; ~ dans une bonne résolution e-m guten Vorsatz treu bleiben; ~ à faire beharrlich tun.

personn|age st.s. [pɛrsɔ'na:ʒ] m bedeutende Persönlichkeit f; thé. usw. Person f; Rolle f; **~alité** (Umgangssprache!) [~nali'te] f Persönlichkeit f, Prominenz f; Wesen n, Charakter m (a. v. Tieren); Eigenliebe; ~s (pl.) Anzüglichkeiten f/pl.; **~e** [pɛr'sɔn] 1. f Person f; Frau f; jeune ~ junges Mädchen n; ~ morale juristische Person; 2. f physique natürliche Person; 2. pr/ind. irgend jemand; ~ ohne vb. od. mit ne beim vb. niemand; ~ d'autre, litterairisch: ~ autre niemand anders; **~el** [~'nɛl] 1. adj. (7c) persönlich; eigenhändig bei Adressen; selbstsüchtig; 2. m Personal n; ~ enseignant Lehrkörper; ✈ ~ navigant od. volant fliegendes Personal n; ~ stable od. primitif Stammpersonal n; chef m de la section du ~ Personalchef m; **~ification** [~nifika'sjɔ̃] f Verkörperung; Versinnbildlichung; **~ifier** [~ni'fje] (1a) verkörpern, personifizieren.

perspec|tif [pɛrspɛk'tif] adj. (7e) perspektivisch; **~tive** [~'ti:v] f Perspektive; fig. Aussicht.

perspicac|e [pɛrspi'kas] scharfsinnig; **~ité** [~kasi'te] f Scharfblick m; Scharfsinn m.

perspirable physiol. [pɛrspi'rablə] durchlässig (bsd. von den Poren der Haut).

persuader [pɛrsɥa'de] (1a): ~ q. j-n überreden (de m. inf.); ~ q. de j-n überzeugen von; ~ qch. à q. j-m etw. einreden.

persuas|if [pɛrsɥa'zif] überzeugend; **~ion** [~sɥa'zjɔ̃] f Überredung; Überzeugung.

perte [pɛrt] f Verlust m; Untergang m, Verderben m; à ~ mit Verlust; à ~ de vue unabsehbar; F fig. ins Blaue hinein; en pure ~ ganz umsonst; à ~ d'ouïe außer Hörweite; ⚕ ~ de sang Blutverlust m; ~ de substance Substanzschwund m; ⚡ ~ à la terre Erdschluß m.

pertérébrant ⚕ [pertere'brɑ̃] (7) bohrend, stechend.

pertinemment [pɛrtinaˈmɑ̃] adv. (zu)treffend; bestimmt, ganz genau.

pertinen|ce ⚖ [pɛrtiˈnɑ̃:s] f ⚖ Erheblichkeit f; allg. das Zutreffende n; **~t** [~'nɑ̃] zur Sache gehörig, treffend.

pertuis [pɛr'tɥi] m 1. † enge Öffnung f; 2. ⚓ enge Durchfahrt f.

perturba|teur [pɛrtyrba'tœ:r] (7f) 1. adj. (ruhe)störend; 2. su. Störenfried m; **~tion** [~ba'sjɔ̃] f Störung; Umwälzung f.

perturber a. ⚡ [~'be] v/t. stören.

péruvien [pery'vjɛ̃] (7c) peruanisch.

pervenche ♀ [pɛr'vɑ̃:ʃ] f Immergrün n.

pervers [pɛr'vɛ:r] pervers, widernatürlich, entartet; **~ité** [~vɛrsi'te] f Perversität, Entartung.

pervertir [pɛrvɛr'ti:r] (2a) die Ordnung, den Sinn umkehren; sittlich verderben; [Pferdes.)

pesade [pə'zad] f Bäumen n des)

pesage [pə'za:ʒ] m Wiegen n; Wiegeplatz für Jockeis, Sattelplatz.

pesant [pə'zɑ̃] adj. (7) schwer vom (Gewicht) vollwertig; schwerfällig, plump; m: valoir son ~ d'or große Verdienste haben; **~eur** [pəzɑ̃'tœ:r] f Gewicht n, Schwere; fig. Schwerfälligkeit.

pèse [pɛ:z] m ⭐ Geld n; in Zssgn: ...waage f; z.B.~bébé m Säuglingswaage f; ~-lait m Milchwaage f; ~-lettre m Briefwaage f.

pesée [pə'ze] f Wiegen n; Gewogene(s) n; faire la ~ de qch. etw. wiegen.

pes|er [pə'ze] v/t. (1d) (ab)wiegen; fig. (ab)wägen; v/i. wiegen; e-n Druck ausüben; schwer sein (od. fallen); lasten; ~ sur läger verharren bei, etw. hervorheben; **~ette** [~'zɛt] f Münzwaage f; **~eur** [pə'zœ:r] m Waagemeister; **~on** [pə'zɔ̃] m Feder-, Läufer-, Schnellwaage f.

pessim|isme [pɛsi'mism] m phil. Pessimismus; Schwarzseherei f; **~iste** [~'mist] 1. adj. pessimistisch; 2. su. Pessimist m; Schwarzseher m.

pest|e [pɛst] f ⚕ Pest, Seuche; fig. Verderben m; F äußerst gefährlicher Mensch m; vét.~bovine Rinderpest; ⚕ ~ bubonique Beulenpest; ~ soit de ...! hol der Teufel den ...!; ~! potztausend!; **~er** [~'te] (1a) fluchen, toben; **~ifère** [~ti'fɛ:r] ver-

pestend; ~iféré [~tife're] **1.** adj. von der Pest angesteckt; **2.** su. Pestkranke(r).
pestilen|ce [pesti'lɑ̃:s] f † ⚔ Pest; bibl. u. fig. Irrlehre; **~t** [~'lɑ̃] pestartig; fig. verpestend; **~tiel** [~'sjɛl] (7c) verpestet; ⚔ ansteckend.
pet P [pɛ] m Furz m V, Pup m.
pétainiste Fr. ehm. pol. [petɛ'nist] su. Pétainanhänger m.
pétale ♀ [pe'tal] m Blumen(kronen)-blatt n.
pétarade [peta'rad] f Geknalle n von Feuerwerk; Auto: Knall m; Rattern n; Furz m, Pup m P.
pétard [pe'ta:r] m ⚔ Pulverladung f; Kanonenschlag m; Sprengbüchse f, -geschoß n, -schuß m; Schwärmer, Frosch (Feuerwerksartikel); Alarmschuß m; fig. F aufsehenerregende Nachricht f; Skandal m, Radau m; Krach m; Schaden m.
Pétaud F [pe'to]: c'est la cour du roi ~ hier geht's drunter u. drüber.
péter P [pe'te] (1f), (1d) sich unanständig aufführen; furzen V; knistern; knallen; kaputt gehen.
pétiller [peti'je] (1a) Feuer: prasseln, knistern; Wein usw.: sprudeln, perlen; Blut: kochen, wallen; Augen: blitzen, funkeln, brennen vor Ungeduld; Radio: knattern.
petiot [pə'tjo] adj. u. su. klein; Kleiner; Knirps m.
petit [p(ə)'ti] **1.** adj. klein, gering, unbedeutend; kleinlich, gemein, unedel; F lieb; ~ à ~ allmählich; adv. ~ement (in) gering(er Menge) = eng (wohnen); ärmlich; **2.** F su. der, die, das Kleine; Junge m von Tieren; **~-blanc** [~'blɑ̃] m geringer Weißwein; **~e-bière** [p(ə)ti'bjɛ:r] f Dünnbier n; fig. ce n'est pas de la ~ das ist nicht von Pappe F; **~e-fille** [~'fij] f Enkelin f; **~esse** [p(ə)ti'tɛs] f Kleinheit; Geringfügigkeit; Kleinlichkeit; fig. Niedrigkeit; **~-fils** [p(ə)ti'fis] m Enkel; **~-gris** [~'gri] m Feh m (Pelz).
pétition [peti'sjɔ̃] f Gesuch n; **~naire** [~sjɔ'nɛ:r] m Antragsteller; **~ner** [~sjɔ'ne] (1a) ein Gesuch einreichen.
petit|-lait [p(ə)ti'lɛ] m Molke f; **~-maître** m, **~e-maîtresse** f [~'mɛ:trə, ~mɛ'trɛs] Geck m; Angeberin f, Modepuppe; **~-neveu** [p(ə)tinə'vø] m Großneffe; **~-nom**

[~'nɔ̃] m Vorname; **2-Poucet** [~pu'sɛ] m Däumling im Märchen.
petits-enfants [p(ə)tizɑ̃'fɑ̃] m/pl. Enkel(kinder n/pl.) pl.
peton F [pə'tɔ̃] m Füßchen n.
pétrel orn. [pe'trɛl] m Sturmvogel.
pétrifi|cation [petrifika'sjɔ̃] f Versteinerung; **~er** [~'fje] (1a) (se ~) sich) versteinern.
pétr|in [pe'trɛ̃] m Backtrog; F fig. Klemme f; **~ir** [~'tri:r] (2a) kneten; fig. bilden, schaffen.
pétriss|age [petri'sa:ʒ] m Kneten n; **~eur** [~'sœ:r] m Kneter; ~ (mécanique) (a. **~euse** [~'sø:z] f) Knetmaschine f.
pétro|chimie [petrɔʃi'mi] f besser: pétrolo-chimie Erdölchemie f; **~chimique** [~'mik] erdölchemisch.
pétrol|e [pe'trɔl] m Petroleum n, Erdöl n; ~ brut Rohöl n; **~erie** [~l'ri] f (Öl-)Raffinerie f; **~ette** [~'lɛt] f Leichtmotorrad n; **~ier, ~ière** [~'lje, ~'ljɛ:r] **1.** Petroleum...; **2.** m (a. navire m ~ier) Tankschiff n, Tanker; **~ifère** [~li'fɛ:r] erdölhaltig; Petroleum...; **~o-chimie** [~loʃi'mi] f Erdölchemie f.
pétulan|ce [pety'lɑ̃:s] f Ausgelassenheit f; **~t,~te** [~'lɑ̃] adj. ausgelassen.
peu [pø] wenig; ~ de pain wenig Brot; à ~ près beinahe; dans ~, sous ~, en ~ de temps in kurzem; depuis ~ seit kurzem; quelque ~ einigermaßen; adv. tant soit ~ wenn auch noch so wenig; cj. pour (od. si) ~ que wenn... auch noch so wenig...; le ~ das Wenige; le ~ de mérite das geringe Verdienst; le ~ de leçons die wenigen Stunden.
peuplade [pœ'plad] f Völkerschaft.
peupl|e ['pœplə] m Volk n; Volksmenge f; **~er** [pœ'ple] (1a) bevölkern; fig. mit Wild usw. besetzen.
peuplier ♀ [pœpli'e] m Pappel f.
peur [pœ:r] f Angst, Furcht; Besorgnis; **~eux** [pœ'rø] ängstlich.
peut-être [pø'tɛ:trə] vielleicht.
phalange [fa'lɑ̃:ʒ] f ✶ hist. Phalanx; anat. Finger-, Zehenglied n.
phalanstère [falɑ̃'stɛ:r] m Gemeinschaftshaus n für Gescheiterte.
phalène ent. [fa'lɛn] f Nachtfalter m.
phanérogame ♀ [fanerɔ'gam] f Blütenpflanze.
phare [fa:r] m Leuchtturm n; Leuchtfeuer n; fig. Leuchte f, Leitstern n;

Führer; *Auto*: Scheinwerfer; *mettre (les ~s) en code Auto*: abblenden; **~chercheur** [farʃɛr'ʃœːr] *m* Suchscheinwerfer; **~perce-brouillard** [~pɛrsəbru'jaːr] *m* Nebelscheinwerfer *m*.

pharis|aïque [fariza'ik] pharisäisch; *fig.* heuchlerisch; **~aïsme** [~za'ism] *m* pharisäische Lehre *f*; *fig.* Scheinheiligkeit *f*, Heuchelei *f*; **~ien** [~'zjɛ] *su.* (7c) Pharisäer *m*; *fig.* Heuchler *m*.

pharma|ceutique [farmasø'tik] pharmazeutisch, Apotheker...; **~cie** [~'si] *f* Apotheke; **~** *familiale* Hausapotheke *f*; **~cien** [~'sjɛ] *m* Apotheker; **~cologie** [~kɔlɔ'ʒi] *f* Arzneilehre; **~copée** [~kɔ'pe] *f* Arzneibuch *n*.

phase [faːz] *f* Phase *f*.

phébus F [fe'bys] *m* 1. Bombast, Schwulst; 2. ♀ *myth.* Phöbus.

phénicien [feni'sjɛ̃] (7c) phönizisch.

phénique [fe'nik]: *acide m* **~** Karbolsäure *f*.

phénomène [fenɔ'mɛn] *m* Erscheinung *f*; Naturerscheinung *f*; Phänomen *n* (*a. fig.*), Wunder (-kind *n*) *n*; F komischer Kauz *m*.

phil|anthrope [filɑ̃'trɔp] *m* Menschenfreund; **~atélie** [~ate'li] *f* Briefmarkensammeln *n*; **~atéliste** [~ate'list] *m* Briefmarkensammler.

philipp|ine [fili'pin] *f* Vielliebchen *n*; *faire ~* essen q. mit j-m Vielliebchen essen; **~ique** [~'pik] *f* geharnischte Rede *f*.

philistin [filis'tɛ̃] *m* Spießbürger, Philister.

philologie [filɔlɔ'ʒi] *f* Philologie; **~** *germanique* Germanistik; **~** *romane* Romanistik.

philosoph|e [filɔ'zɔf] *m* Philosoph; **~ie** [~'fi] *f* Philosophie; Lebensweisheit; *faire sa ~* die Oberprima *e-r französischen Oberschule* besuchen; **~ique** [~'fik] philosophisch; **~isme** *péj.* [~'fism] *m* Philosophiererei *f*, Scheinphilosophie *f*.

philtre ['filtrə] *m* Zaubertrank.

philum|ène [fily'mɛn] *su.* Liebhaber *m* des Rauchens; **~énique** [~me'nik]: *exposition f* **~** Streichholzschachtelausstellung *f*.

phléb|ite ⚕ [fle'bit] *f* Venenentzündung; **~otomie** ⚕ [~bɔtɔ'mi] *f* Aderlaß *m*.

phobie ⚕ [fɔ'bi] *f* heftige (krankhafte) Angst *f*.

phon|ématique [fɔnema'tik], **~émique** [~ne'mik] lautbildungsmäßig; **~ème** [~'nɛm] *m* Lautgebilde *n*.

phonétique [fɔne'tik] 1. *adj.* lautlich, phonetisch; 2. *f* Phonetik, Lautlehre.

phoniatrie [fɔnja'tri] *f* Sprach- u. Stimmtherapie *f*.

phono [fɔ'no] *m* s. **~graphe**; **~capteur** [~kap'tœːr] *m* Schalldose *f*, Tonabnehmer *f*; **~graphe** [~nɔ'graf] *m* Grammophon *n*; **~** *portatif* Koffergrammophon *n*.

phoque *zo.* [fɔk] *m* Robbe *f*.

phosphor|e ⚕ [fɔs'fɔːr] *m* Phosphor; **~é** [~fɔ're] phosphorhaltig; **~escence** [~rɛ'sɑ̃s] (7) Leuchten *n* im Dunkeln; **~** *de la mer* Meeresleuchten *n*; **~escent** [~'sɑ̃] (7) phosphoreszierend; *cadran m* **~** Leuchtzifferblatt *n*; **~eux** [~'rø] (7d), **~ique** [~'rik] phosphorhaltig; Phosphor...; **~isation** [~riza'sjɔ̃] *f* Verwandlung in phosphorsaures Salz; **~iser** [~ri'ze] (1a) mit Phosphor verbinden; **~ite** [~'rit] *f* phosphorsaurer Kalk *m*.

photo [fɔ'to] *f* Photo *n*, Bild *n*.

photo|chimie 🜛 [~ʃi'mi] *f* Photochemie *f*; **~chromie** [~krɔ'mi] *f* Farbdruck *m*; farbiges Lichtbild *n*; **~collographie** [~kɔlɔgra'fi] *f* Fototypie: Lichtdruck *m*; **~copie** [~kɔ'pi] *f* Photokopie *f*, Lichtbildabzug *m*; Anfertigung *f* fotografischer Abzüge; **~électrique** *phys.* [~elɛk'trik] foto-elektrisch; **~flash** [~'flaʃ] *f* Blitzlicht (-aufnahme *f*) *n*; **~gène** *phys.* [~'ʒɛn] photogen, lichterzeugend; **~génique** [~ʒe'nik]: *sujet m* **~** dankbares photographisches Motiv *n*; **~graphe** [~'graf] *su.* Fotograf(in *f*) *m*; **~graphie** [~gra'fi] *f* Lichtbild *n*; Aufnahme, Fotografie; **~** *aérienne* ✈ Luft-, Fernbild *n*; **~** *de poses* Aktfoto *n*; **~** *en couleurs* Farbenfotografie; **~** *instantanée* Momentaufnahme; **~** *prise de près phot.* Nahaufnahme; **~graphier** [~gra'fje] *v/t.* (1a) fotografieren; Aufnahme(n) machen, knipsen; **~graphique** [~gra'fik] fotografisch; **~gravure** ⊕ [~gra'vyːr] *f* (Kupfer- *usw.*)Lichtdruck *m*; **~litho-**

graphie ⊕ [ˌlitɔgraˈfi] *f* Übertragung der Lichtbilder auf Steindruckplatten; **~mètre** [ˌˈmɛːtrə] *m* Belichtungsmesser *m*; **~montage** [ˌmõˈtaːʒ] *m*, *bisw. sogar f* Photomontage *f*; **~stoppeur** [ˌstɔˈpœːr] *su.* fliegender Photograph *m*, Straßenphotograph *m*; **~thérapie** [ˌˌteraˈpi] *f* Lichtheilverfahren *n*; **~thérapique** [ˌˈpik] lichtheilkundlich; *appliquer un traitement* ~ mit der Höhensonne bestrahlen; **~type** ⊕ [ˌˈtip] *m* fotografisches Klischee *n*; **~typie** ⊕ [ˌtiˈpi] *f* Fototypie, Lichtdruck(bild *n*) *m*.

phras|e [fraːz] *f* Satz *m*; Phrase, leere Redensart; ♪ Tonsatz *m*; **~éologie** [frazeolɔˈʒi] *f* Sammlung von Redewendungen; *fig.* Ausdrucksweise; **~éologique** [ˌˈʒik] phraseologisch; **~er** [fraˈze] (1a) 1. *v/t. beim Lesen usw.* die Satzglieder gehörig markieren; 2. *v/i. kurze* (♪ Ton-)Sätze bilden; Phrasen machen; **~eur** [ˌˈzœːr] *su.* (7d) Phrasenmacher(in *f*) *m*, Schwätzer(-in *f*) *m*.

phréatique *géol.* [freaˈtik]: *nappe f* ~ Grundwasserschicht *f*.

phréno|logie ⛟ [frenɔlɔˈʒi] *f* Schädellehre; **~logique** [ˌˈʒik] phrenologisch; **~logiste** [ˌˈʒist] *m*, **~logue** [ˌˈlɔg] *m* Phrenologe *m*.

phtisi|e ✵ [ftiˈzi] *f* Schwindsucht; **~ologie** [ˌzjolɔˈʒi] *f* Lungenheilkunde; **~que** ✵ [ˌˈzik] 1. *adj.* schwindsüchtig; 2. *su.* Schwindsüchtige(r).

phylloxéra *ent.* [filɔkseˈra] *m* Reblaus *f*.

physicien [fiziˈsjɛ̃] *m* 'Physiker.

physio|logie ⛟ [fizjolɔˈʒi] *f* Lehre von den Lebenserscheinungen, Physiologie; **~logique** ⛟ [ˌˈʒik] physiologisch; **~logiste** [ˌˈʒist] *m* Physio'loge *m*; **~nomie** [ˌnɔˈmi] *f* Physiognomie; Gesichtsausdruck *m*; *fig.* eigenes Gepräge *n*; **~thérapie** [ˌteraˈpi] *f* Naturheilmethode *f*.

physique [fiˈzik] 1. *adj.* 'physisch; zur Natur gehörig; körperlich; sinnlich; physikalisch; ⚠ bauphysikalisch; 2. *m* Körperbeschaffenheit *f*; Äußere(s) *n*; 3. *f* Physik *f*; ~ *nucléaire* Kernphysik.

phytothérapeute [fitotera'pøt] *m* Pflanzentherapeut *m*.

piaff|ade [pjaˈfad] *f Pferd:* Stampfen *n*; *fig.* Großtuerei; **~er** [ˌˈfe] (1a) *Pferd:* stampfen; *fig.* sich großtun, angeben; **~eur** [ˌˈfœːr] *m* stampfendes Pferd *n*; *fig.* Großtuer *m*, Angeber *m*.

piaill|ard [pjaˈjaːr] 1. *adj.* kreischend; 2. *su.* Schreihals *m*; **~er** [ˌˈje] (1a) kreischen; *Vögel:* piepsen; *fig.* schreien; **~erie** [pjajˈri] *f* Gekreisch *n*; *fig.* Geschrei *n*; **~eur** *m*, **~euse** *f* [ˌˈjœːr, ˌˈjøːz] *Kind:* Schreihals *m*.

pian|iste ♪ [pjaˈnist] *su.* Pianist (-in *f*) *m*, Klavierspieler(in *f*) *m*; **~istique** [ˌnisˈtik] *adj.* Klavier...; **~o** [pjaˈno] 1. *adj.* piano, leise; 2. *m* Piano *n*, Klavier *n*; ~ *à queue* Flügel; **~oter** *péj.* [pjanɔˈte] (1a) auf dem Klavier klimpern.

piapiater F [pjapjaˈte] *v/i.* (1a) tratschen, quatschen.

piaul|e P [pjoːl] *f* Zimmer *n*, Stube; *péj.* Bude; **~er** [pjoˈle] (1a) *Kinder:* plärren; *Kücken:* piepen.

pic [pik] 1. *m* Hacke *f*; Spitzhaue *f*; Bergspitze *f*; ~ *pneumatique* Preßlufthacke *f* (*zum Straßenaufreißen*); *à* ~ senkrecht; F *fig. arriver à* ~ gerade zur rechten Zeit kommen; 2. *m orn.* Specht. [Stierfechter.\

picador [pikaˈdɔːr] *m* berittener\
picaillons P [pikaˈjõ] *m/pl.* Moneten *f/pl.*, Zaster *m/sg.*

picaresque [pikaˈrɛsk] Schelmen... (*Roman*). [*Wein usw.*\
pichet [piˈʃɛ] *m* Kanne *f*; Krug *für*\
pickpocket [pikpɔˈkɛ(t)] *m* Taschendieb; *prenez garde aux* ~s! vor Taschendieben wird gewarnt!

pick-up [piˈkœp] *m* Tonabnehmer *m*.

picoler ★ [pikɔˈle] (1a) saufen.

picor|ée † [pikɔˈre] *f* Honigsammeln *n der Bienen*; Beute; **~er** [ˌ] (1a) Honig sammeln; aufpicken; F weniger essen, im Essen herumstippen; *fig.* als Plagiat abschreiben.

picot [piˈko] *m* Splitter; ⚒ Spitzhammer *m*; ⊕ Stacheldrahtspitze *f*; Zäckchen *n an Spitzen*; Art (Fisch-)Netz *n*; **~er** [ˌkɔˈte] (1a) prickeln, stechen; *Obst:* anpicken; *fig.* ~ *q.* auf j-m herumhacken; **~erie** [ˌˈtri] *f fig.* Stichelei; **~in** [ˌˈtɛ̃] *m* (Pferde-)Futter (F *a. fig.*) *n*.

pie[1] *orn.* [pi] *f* Elster; F Schwätzer(-in *f*) *m*; *a. adj.: cheval m* ~ Scheck(e *f*).

pie² [pi] **1.** *adj.*: œuvre *f* ~ frommes Werk *n*; **2.** ♀ *m* Pius.

pièce [pjɛs] *f* Stück *n*; Flicken *m*; Geschütz *n*; Stückfaß *n*; Zimmer *n*; Geldstück *n*; Aktenstück *n*; Theaterstück *n*; *fig*. Posse *m*, Streich *m*; ~s détachées Einzelteile *m/pl.*; ~s de rechange Ersatzteile *m/pl.*; ~ de résistance *cuis.* Hauptgericht *n*; à la ~ Akkord...; mettre en ~s in Stücke zerreißen; tout d'une ~ aus e-m Stück.

pied [pje] *m* Fuß (*a. v. Möbeln*); *ch.* Lauf; Fang *des Habichts*; ♀ Halm, Stengel; (Blumen-)Stock; ⚔ Fußpunkt *m*; *fig*. Verhältnis *n*; ~ à coulisse ⊕ Schub-, Schiebelehre *f*; au ~ levé *fig*. aus dem Stegreif, ohne jede Vorbereitung; au petit ~ im kleinen; au ~ de la lettre buchstäblich; en ~ stehend, *fig*. fest angestellt; F ~ noir europäischer Bauer *m* in Algerien; ~ à voûtes affaissées ⚔ Senkfuß; ~ plat ⚔ *weitS.* Senkfuß; mise *f* à ~ Entlassung *f*; F lever le ~ durchbrennen, ausreißen; F être sur ~ wieder auf den Beinen sein.

pied-à-terre [pjeta'tɛːr] *m* Absteigequartier *n*; **~-d'alouette** ♀ [~da-'lwɛt] *m* Rittersporn; **~-de-biche** [~d'biʃ] *m* Klingelzug; ⊕ Geiß-, Kuhfuß, Montierhebel; Zange *f* zum Ziehen von Zahnwurzeln; Steppfuß *m* (*Nähmaschine*); **~-de-chèvre** ⊕ [~d'ʃɛːvrə] *m* Hebebaum, -block; Brechstange *f*; **~-de-poule** [~d'pul] *m* Hahnentritt (*Stoffart*); **~-droit** △ [~'drwa] *m* Nebenpfeiler.

piédestal △ [pjedɛs'tal] *m* (5c) Säulenfuß, Fußgestell *n*, Postament *n*, Sockel.

piège [pjɛːʒ] *m* Falle *f*.

piéger [pje'ʒe] (1g) **1.** *v/t.* in e-e (Auto-)Falle locken; ⚔ eine mine e-e Mine tarnen; **2.** *v/i.* Fallen aufstellen.

pierraille [pjɛ'raːj] *f* grober Kies *m*; Steinschlag *m* für Straßenbau.

pierre [pjɛːr] *f* Stein *m*; Grabstein *m*; ⚕ (Blasen- *usw.*)Stein *m*; ~ à briquet, ~ à feu Feuerstein *m*; ~ précieuse Edelstein *m*; ~ fausse unechter Edelstein *m*; ~ de taille △ Quaderstein *m*; ⚕ tailler (opérer) *q* de la ~ (Blasen- *usw.*) Stein operieren; ~ milliaire Meilenstein *m*; △ ~ reconstituée Betonwerkstein *m*;

P il gèle à ~ fendre es ist starker Frost.

Pierre [pjɛːr] *m* Peter, Petrus.

pierr|eries [pjɛr'ri] *f/pl.* Juwelen *n/pl.*, Geschmeide *n/sg.*; **~ette** [~'rɛt] *f* **1.** F Spatzenweibchen *n*; **2.** *Frau des Pierrot*; **~eux** [~'rø] steinig, steinhaltig; ⚕ Stein...

pierrot [pjɛ'ro] (Pierre) *m* **1.** ♀ Peterchen *n*; **2.** ♀ Hanswurst in weißem Anzuge; **3.** ♀ Spatz.

piétaille F⚔ [pje'taːj] *f* Fußtruppen *f/pl.*, Infanterie *f*.

piété [pje'te] *f* Frömmigkeit; Liebe und Ehrerbietung; ~ filiale kindliche Liebe; mont *m* de ~ Pfandhaus *n*, Leihhaus *n*.

piétiner [pjeti'ne] (1a) mit den Füßen stampfen *od.* strampeln; nicht von der Stelle kommen; trampeln.

piét|isme *rl.* [pje'tism] *m* Pietismus; **~iste** [~'tist] *su.* Pietist(in *f*) *m*.

piéton [pje'tɔ̃] *m* Fußgänger.

piètre ['pjɛtrə] armselig, kümmerlich; **~rie** [~trə'ri] *f* Armseligkeit.

pieu [pjø] *m* Pfahl; P Bett *n*; *péj*. Klappe, Falle *fig*.

pieuvre ['pjœːvrə] *f* *zo.* achtarmiger Tintenfisch, Krake *m*; *fig*. raffgierige Person *f*; ville *f* ~ Moloch *m* von Großstadt.

pieux [pjø] fromm; ehrfurchtsvoll; kindlich; legs *m* ~ Vermächtnis *n* zu frommen Stiftungen.

piézomètre ⊕ [pjezɔ'mɛːtrə] *m* Piezometer *m*, Druckmesser *m*.

pif [pif] **1.** P *a.* **piffre¹** ['pifrə] *m* (dicke) Nase *f*, P Zinken; **2.** piff (paff)! (*klangmalend*); **~(f)er** [~'fe] *a.* **~frer** P [~'fre]: j'peux pas le ~ ich kann ihn nicht riechen (*od.* leiden).

piffr|e²† *m*, **~esse**† *f* P ['pifrə, ~'frɛs] Dickwanst *m*; Fresser *m*; **~er** † [~'fre] (1a): se ~ sich vollfressen.

pifomètre P [pifɔ'mɛːtrə]: juger au ~ über den Daumen peilen.

pigeon [pi'ʒɔ̃] *m* Taube *f*; *fig*. Schafskopf *m*, Kamel *n*; ~ voyageur Brieftaube; arrêter en application de la technique dite du ~ auf gut Glück festnehmen.

pigeonn|e [pi'ʒɔn] *f* Täubchen *n*; **~eau** [~ʒɔ'no] *m* junge Taube *f*; **~ier** [~'nje] *m* Taubenhaus *n*, Taubenschlag.

pige * [piːʒ] *f* Jahr *n*.

piger P [pi'ʒe] (11) erwischen; kriegen; sich *e-e Krankheit* holen; bewundern; kapieren.
pigment [pig'mɑ̃] *m* Pig'ment *n*, Farbstoff *der Haut, der Haare*.
pigne [piɲ] *f* Tannenzapfen *m*.
pignocher F [piɲɔ'ʃe] (1a) ohne Appetit essen.
pignon [pi'ɲɔ̃] *m* 1. △ Giebel; *avoir ~ sur rue* ein eigenes Haus besitzen; 2. *kleines* Zahnrad *n*.
pignouf P [pi'ɲuf] *m* Lümmel, Flegel.
pilage [pi'laːʒ] *m* (Zer-)Stampfen *n*; Zerstoßen *n*; (Aus-)Pressen *n* (*bsd. der Äpfel*).
pilastre △ [pi'lastrə] *m* Pilaster, viereckiger (Wand-)Pfeiler.
pile¹ [pil] *f* Haufe(n) *m*, Stoß *m*; Brückenpfeiler *m*; *phys.* Säule; ⚡ Batterie; Reibstein *m*; F derbe Tracht Prügel; ✕ Schlappe *f*; *at. ~ à eau* Wasserreaktor *m*; *en ~* übereinander geschichtet; *~ sèche* ⚡ Trockenbatterie.
pile² [pil] *f* Rückseite *e-r Münze*; *jouer à ~ ou face* Kopf oder Schrift raten; *fig.* alles auf e-e Karte setzen.
piler [pi'le] (1a) stampfen, zerstoßen; *fig.* F besiegen.
pileux *zo. u.* ♀ [pi'lø] (7d) haarig; *Haar...*
pilier [pi'lje] *m* △ (Stütz-)Pfeiler; *fig.* Stütze *f*; *ehm.* Schandpfahl; F Stammgast.
piliforme [pili'fɔrm] haarförmig.
pill|age [pi'jaːʒ] *m* Plünderung *f*; *fig.* Plagiat *n*; *~s pl. de salles* Saalschlachten *f/pl.*; **~ard** [pi'jaːr] (7) 1. *adj.* räuberisch; 2. *su.* Plünderer *m*; *litt.* Plagiator *m*.
pill|er [pi'je] (1a) (aus)plündern; rauben; *fig.* aus fremden Büchern abschreiben; *pille!* faß! (*zum Hund*); **~eur** [~'jœːr] *m* Plünd(e)rer *f*; *fig.* Plagiator, Abschreiber.
pilon [pi'lɔ̃] *m* ⊕ Stampfe *f*; Stößel; F *fig.* Geflügelkeule *f*; *mettre un livre au ~* ein Buch einstampfen (lassen); **~ner** [~lɔ'ne] (1a) (zer-)stampfen; *Erdboden* feststampfen; ✕ beharken, mit schwerem Artilleriefeuer belegen.
pilori *hist.* [pilɔ'ri] *m* Pranger.
pilot [pi'lo] *m* △ großer Pfahl; Salzhaufen; Lumpen *pl. für Papierherstellung*; **~age** [pilɔ'taːʒ] 1. △ *m* Pfahlwerk *n*, Pfahlrost; 2. ⚓ Steuern *n*, Lotsen(dienst *m*) *n*; ✈ Führung *f*.
pilot|e [pi'lɔt] *m* ⚓ Lotse; ✈ Pilot *m*, Flugzeugführer *m*; *Auto:* Kraftfahrer *m*, Chauffeur *m*; *~ d'essai* Einflieger *m*, Abnahmeflieger *m*; *~ de ligne* Verkehrsflieger *m*; **~er** [~'te] 1. (1a) ⚓ lotsen; ✈; 2. *v/t.* (1a) Pfähle einrammen in (*acc.*); **~in** [~'tɛ̃] *m* Offiziersanwärter der *Handelsmarine*.
pilou [pi'lu] *m* plüschartiger Baumwollstoff *m*.
pilul|e [pi'lyl] *f* *phm.* Pille; *fig. avaler la ~* in den sauren Apfel beißen; F *se dorer la ~* sich das Leben versüßen; **~ier** [~'lje] *m* Pillenbrett *n*. [Frau *f.*]
pimbêche F [pɛ̃'bɛʃ] *f* hochnäsige)
piment [pi'mɑ̃] *m* spanischer Pfeffer; *fig.* Würze *f*; **~er** [~'te] (1a) pfeffern (*a. fig.*).
pimpant [pɛ̃'pɑ̃] (7) *m*: wie gestriegelt u. gebügelt; *f*: fesch, schick.
pin ♀ [pɛ̃] *m* Kiefer *f*; *~ sylvestre* Rotfichte *f*; *pomme f de ~* Kienapfel *m*, *a.* Tann(en)zapfen *m*.
pinacle [pi'nakl] *m* △ Zinne *f*; *fig.* Gipfel; *porter au ~* bis in den Himmel loben.
pinacothèque [pinakɔ'tɛk] *f* Gemäldegalerie *f*.
pinard * *bsd.* ✕ [pi'naːr] *m* Wein.
pinasse ⚓ [pi'nas] *f* Pinasse.
pince [pɛ̃ːs] *f* Zange; Krebsschere; Klammer; Fahrrad: Hosenklammer *f*; ⊕ Brecheisen *n*; P Hand *f*, Flosse (P) *f*; *~ à linge* Wäscheklammer *f*; *~s pl.* Schneidezähne *m/pl. der Grasfresser*; *à ~s* P zu Fuß; *~ à couper* Kneifzange; *~ à percer* Lochzange; *~ à tubes* (*od. à tuyaux*) Rohrzange *f*.
pincé [pɛ̃'se] *adj. fig.* geschraubt, gespreizt; kühl; *une ~e* *f* e-e Fingerspitze voll.
pinceau [pɛ̃'so] *m* Pinsel; Malweise *f*; *fig.* F Fuß *m*; Besen *m*.
pince-nez [pɛ̃s'ne] *m* Kneifer, Klemmer, Zwicker.
pincer [pɛ̃'se] (1k) (ab)kneifen, klemmen; *Saiten:* zupfen, ♪ pizzicato spielen; *mit der Zange* fassen; *auf frischer Tat* ertappen; P *en ~ pour* verknallt sein in (*acc.*) (*Person*); sehr gern mögen (*Getränk*).

pince-sans-rire F [pɛ̃ssɑ̃'riːr] *m heimlicher* Schalk.

pincettes [pɛ̃'sɛt] *f/pl.* ⚒ Pinzette *f*; Feuerzange *sg*; F *n'être pas à prendre avec des* ~ sehr schmutzig sein; sehr schlecht gelaunt sein.

pinède [pi'nɛd] *f* Kiefernwald *m*.

pingouin [pɛ̃'gwɛ̃] *m orn.* Pinguin.

pingr|e F [pɛ̃ːgr] **1.** *adj.* knickerig; **2.** *su.* Knauser(in*f*) *m*; **~ie** [pɛ̃'gri] *f* Knauserei.

pinière [pi'njɛːr] *f* Kiefernpflanzung.

pinson *orn.* [pɛ̃'sɔ̃] *m* Buchfink.

pintade [pɛ̃'tad] *f* Perlhuhn *n*.

pinte [pɛ̃ːt] *f* Pinte (*Maß*); **~r** [pɛ̃'te] (1a) P viel trinken, *péj.* saufen.

pioch|e [pjɔʃ] *f* Hacke; **~er** [~'ʃe] (1a) *v/t.* (um-, auf-)hacken; *v/i. u. v/t. écol.* F zur Prüfung büffeln; ~ *qch. etw.* pauken; **~eur** [~'ʃœːr] *m* Hacker *m*; ⚒ Schanzgräber; F *fig.* fleißiger Student *od.* Schüler; **~euse** [~'ʃøːz] *f* ✠ (Boden-)Hackmaschine; **~on** [~'ʃɔ̃] *m* ⊕ kleine Hacke *f*.

pion [pjɔ̃] *m* Bauer (*im Schachspiel*); (Brett-)Stein *m*; * *écol. péj.* Aufseher *m*. [pennen (P).]

pioncer P [pjɔ̃'se] (1k) schlafen,)

pionnier [pjɔ'nje] *m* Pionier, *fig.* Bahnbrecher.

pip|e [pip] *f* (Tabaks-)Pfeife; nom d'une ~! verflixt!, herrje!; **~eau** [~'po] *m* Rohr-, *bsd.* Lockpfeife *f*; Leimrute *f*; **~ée** [~'pe] *f* Vogelfang *m* mit der Lockpfeife; F Betrug *m*; **~e-line** [pajp'lajn, pi'plin] *f* (Erd-)Ölleitung; **~er** [~'pe] *v/i.* (1a) piepen; *auf der Lockpfeife* pfeifen; *v/t.* mit der Lockpfeife fangen; *Würfel, Karten* fälschen; *beim Spiele* hintergehen; **~erie** [~'pri] *f* Betrug *m im Spiel*; **~ette** [~'pɛt] *f* 🜋 Pipette; Heber *m*; **~eur** [~'pœːr] *m* Vogelsteller mit Lockpfeife; *fig.* Falschspieler.

piquant [pi'kɑ̃] **1.** *adj.* (7) spitz, stechend; *Worte:* verletzend; *Wind:* schneidend; prickelnd, pikant; **2.** *m* Stachel (*a. fig.*); Pikante(s) *n*.

piqu|e [pik] *f* Pike, Spieß *m*; F kleiner Krach *m*; *Spielkarte:* Pik *n*; **~é** [pi'ke] **1.** *m* Steppstich; *Stoff:* Pikee; ⚔ *vol m en* ~ Sturzflug *m*; **2.** *cuis.* sauer; stichig (*Wein*); P verrückt; ~ *des vers* wurmstichig.

pique-assiette [pika'sjɛt] *m* Schmarotzer; **~-crottin** * [~krɔ'tɛ̃] *m* Zirkusfreund *m*; **~-feu** [~'fø] *m* Schüreisen *n*; **~-nique** [~'nik] *m* Picknick *n*; **~-niquer** [~ni'ke] *v/i.* ein Picknick machen; **~-notes** [~'nɔt] *m* Zettelhaken.

piqu|er [pi'ke] (1m) stechen, pieken (F); durchlöchern; *Steine* rauh behauen; durchnähen, steppen; beißen, prickeln (*auf der Zunge*); empfindlich berühren, kränken; anstacheln; reizen; ⚔ im Sturzflug herunterkommen; ~ *des deux* beide Sporen geben; *fig.* sich sehr beeilen; *phot.* ~ *le sujet* die Person aufs Korn nehmen; ~ *un soleil* erröten; ~ *une tête* e-n Kopfsprung machen; P ~ *sur le bois* sich zum Wald hin bewegen; se ~ de qch. sich auf etw. was einbilden; **~et** [~'ke] *m* (Absteck-)Pfahl; Zeltpflock; Pikett *n* (*Kartenspiel*); *a.* ⚔ Wache *f*, Bereitschaft *f*; **~eter** [pik'te] (1c) *mit Pfählen* abstecken; **~ette** [~'kɛt] *f* Tresterwein *m*, Most *m*; Krätzer *m*; **~eur** *m*, **~euse** *f* [~'kœːr, ~'køːz] **1.** *m* Pikör (*reitender Jäger*); Be-, Vorreiter; Bauaufseher *m*; 🜋 Bahn-, Werkmeister *m*; ⚒ Hauer; **2.** *su.* Stepper *m*.

piqûre [pi'kyːr] *f* Stich *m*; *fig.* Hieb *m*; Stepperei, Steppstich *m*; ⚒ Einspritzung *f*, Spritze *f*.

pirat|e [pi'rat] *m* Pirat, Seeräuber; **~er** [~'te] (1a) Seeraub treiben; **~erie** [~'tri] *f* Seeräuberei *f*, *fig.* Erpressung *f*; Plagiat *n*.

pire [piːr] *adj.* schlimmer.

piriforme [piri'fɔrm] birnenförmig.

pirogue [pi'rɔg] *f* Paddelboot *n*; Einbaum *m*.

pirouett|e [pi'rwɛt] *f Tanzkunst:* (Kreis-)Wendung *auf e-r Fußspitze*; *fig. bsd. pl.* ~s plötzliche Gesinnungs- *od.* Meinungsänderung *f*, Ausflüchte; **~er** [~'te] (1a) sich im Kreise herumdrehen; *fig.* Ausflüchte machen; schnell s-n Standpunkt ändern.

pis [pi] **1.** *adv.* schlimmer; *au* ~ *aller* schlimmstenfalls; **2.** *m* Euter *n*.

pis-aller [piza'le] *m* Notbehelf *m*.

pisci|cole [pisi'kɔl] Fischzucht...; **~culteur** [~kyl'tœːr] *m* Fischzüchter; **~culture** [~ty:r] *f* Fischzucht; **~forme** [~'fɔrm] fischförmig; **~ne** [pi'sin] *f* Fischteich *m*; Schwimmbassin *n*, -bad *n*; **~vore** [~'vɔːr] Fische fressend.

pis|é [pi'ze] m △ Stampfbau; **~er** [~] (1a) mit Stampferde bauen.
piss|at [pi'sa] m, **~e** [pis] f (Tier-)Harn m; Pisse f V; **~enlit** [~ɑ̃'li] m F Bettnässer; ♃ Löwenzahn; **~er** [pi'se] (1a) pissen; **~ette** F [pi'sɛt] f (Feuerwehr-)Spritze f; **~eux** [pi'sø] (7d) dreckig; **~otière** F [piso'tjɛːr] f Pißbude f V.
pistach|e ♃ [pis'taʃ] f Pistazie; **~ier** [~'ʃje] m Pistazienbaum.
piste [pist] f Fährte, Spur (a. fig.); Renn-, Rollbahn; Rodelbahn; ~ cendrée Aschenbahn; ~ cyclable Rad(fahr)weg m; ~ de danse Tanzfläche f; ✈ ~ d'envol Startbahn; cin. ~ sonore Tonspur f, -streifen m; Sport: sur ~ couverte in der Halle.
pistil ♃ [pis'til] m Griffel, Stempel.
pistol|e [pis'tɔl] f Pistole (alte span. Goldmünze); **~et** [~'lɛ] m Pistole f (Feuerwaffe); ⚓ F Harnglas n; △ ~ électrique Farbspritzpistole f; ~ de dessinateur Kurvenlineal n.
piston [pis'tɔ̃] m ⊕ Kolben, Stempel; Zündkegel am Perkussionsgewehr; ♩ (a. cornet m à ~s) Klapphorn n; a. Klapphornbläser; F Protektion f, Beziehungen f/pl.; ⊕ course f de ~ Kolbenhub m; fusil m à ~ Perkussionsgewehr n.
pistonner F [pistɔ'ne] (1a) protegieren; auf die Nerven fallen (v. Kindern).
pistou dial. provenzal. [pis'tu] m mörserartiges Gefäß n.
pitanc|e [pi'tɑ̃ːs] f Portion Essen; Nahrung f; avoir maigre ~ kümmerlich leben.
piteux [pi'tø] (7d) jämmerlich, erbärmlich.
pithécanthrope [pitekɑ̃'trɔp] m Affenmensch.
pitié [pi'tje] f Erbarmen n, Mitleid n.
piton [pi'tɔ̃] m ⊕ Ringschraube f; Bergspitze f; P dicke Nase f, Zinken m P.
pitoyable [pitwa'jablə] m jammervoll; erbärmlich.
pitre ['pitrə] m Hanswurst; **~rie** [~trə'ri] f Hanswursterei.
pittoresque [pitɔ'rɛsk] malerisch.
pivert orn. [pi'vɛːr] m Grünspecht.
pivoine [pi'vwan] 1. f Pfingstrose, Pä'onie; 2. orn. m Dompfaff, Gimpel.
pivot [pi'vo] m ⊕ Angel f, Zapfen; fig. Angelpunkt; Hauptstütze f; ♃ Pfahlwurzel f; dent f à ~ Stiftzahn m; **~er** [~'vɔ'te] (1a) sich um etw. (um s-e Angel usw.) drehen; ⊕ schwenken; ♃ e-e netzartige, normale Wurzel treiben.
placage [pla'ka:ʒ] m men. eingelegte Arbeit f; Furnierung f.
placard [pla'kaːr] m Aufgelegte(s) n; Pla'kat n, Anschlag(zettel); △ Wandschrank; ⊕ typ. Fahnenabzug; Feld n über e-r Tür; * Karzer m P, Knast m P, Gefängnis n, péj. vierschrötiger Kerl m, Schrank m; **~er** [~kar'de] (1a) öffentlich anschlagen; fig. schriftlich verhöhnen.
place [plas] f Platz m; Markt m; Stelle, Ort m; Raum m; Amt n; Börsenplatz m; Stadt; Festung; sur ~ am hiesigen (od. dortigen) Ort; an Ort und Stelle; auf der Stelle; ~ d'armes Paradeplatz m; † faire la ~ die Kunden in e-r Stadt besuchen; se mettre en ~ sich ansiedeln; par ~s stellenweise; **~ment** [~'mɑ̃] m Aufstellen n; Unterbringung f von Geldern; Vertrieb von Waren; bureau m de ~ Arbeitsamt n; F fin. ~s de pères de famille absolut sichere Geldanlagen (od. Investierungen).
placer 1. [pla'se] (1k) an e-n Ort setzen, stellen, legen; an-, unterbringen; versorgen; Geld anlegen, Waren absetzen; se ~ en troisième position Sport: den dritten Platz belegen; 2. [pla'sɛːr] m (Fluß-) Goldlager n.
placet [pla'sɛ] m Bittschrift f.
placeu|r m, **~se** f [pla'sœːr, ~'søːz] thé. Platzanweiser(in f) m; Verkäufer m, Unterbringer(in f) m; Stellenvermittler(in f) m.
placid|e [pla'sid] still, sanft, gelassen, ruhig; **~ité** [~di'te] f Sanftmut, Ruhe.
plac|ier m, **~ière** f [pla'sje, ~'sjɛːr] su. Platzanweiser(in f) m a. auf Märkten usw.; Handelsvertreter (-in f) m.
plafond [pla'fɔ̃] m (Zimmer-)Decke f; ✈ Maximal(steig)höhe f; peint. Deckengemälde n; Auto: Höchstgeschwindigkeit f; F avoir une araignée (au ~) e-n Tick haben.
plafonn|ement [plafɔn'mɑ̃] m a. fig. Höchstbegrenzung f; **~er** ⊕ [~'ne] (1a) △ e-e Decke verschalen,

plafonnier — 363 — **planeuse**

vergipsen; *peint. Deckenfiguren* verkürzen; ✈ äußerst hoch fliegen; *bsd. éc.* den Höhepunkt erreichen; **~ier** [~'nje] *m* Deckenlampe *f*, -beleuchtung *f*.

plage [plaːʒ] *f* Strand *m*; Bade-, Seeort *m*; *fig. poét.* Gegend *f*; ✈ ~ de départ Rollbahn *f*; ~ arrière ⚓ Achterdeck *n*; *Auto:* Hinterraum *m*.

plagiaire [pla'ʒjɛːr] *m* Abschreiber, Plagi'ator.

plaid [plɛ] *m* Plaid *m od. n*, wollene Reisedecke *f*; schottischer, karierter Überwurfmantel *m*; **~able** ⚖ [~'dablə] verfechtbar; **~er** ⚖ [~'de] *v/i.* (1b) prozessieren; vor Gericht reden; *v/t. e-n Rechtsstreit* führen; *e-e Sache* verteidigen; *weit S.* ~ pour *q.* sprechen für j-n; **~eur** ⚖ [~'dœːr] *su.* (7g) Prozessierender; Prozeßsüchtiger; **~oirie** ⚖ [~dwa'ri] *f* = plaidoyer; **~oyer** [~dwa'je] *m* Verteidigungsrede *f*, -schrift *f*, Plädoyer *n*.

plaie *bsd. chir.* [plɛ] *f* Wunde *f*; *fig.* Schaden *m*; *fig.* Plage *f*; *fig.* wunde(r) Punkt *m*.

plaignant [plɛ'ɲɑ̃] (7) **1.** *su.* Kläger (-in *f*); **2.** *adj.* klagend.

plain [plɛ̃] (7) *adj.* eben, glatt.

plain-chant [plɛ̃'ʃɑ̃] *m Gregoriani-scher* Kirchengesang.

plaindre [ˈplɛ̃ːdrə] (4b) beklagen; **se ~** klagen; sich beklagen (de *qch.* über etw.); *e-e Klage* einreichen.

plaine *géol.* [plɛn] *f* Ebene, Flachland *n*; *poét.* ~ *liquide* Meer *n*.

plain-pied [plɛ̃ˈpje]: **de ~** ⌂ in einer Flucht (*z. B. Zimmer*), auf gleichem Boden; *fig.* mit Leichtigkeit.

plaint|e [plɛ̃t] *f* (Weh-)Klage; Beschwerde *f*; ⚖ Klage *f*; *livre m de* ~s Beschwerdebuch *n*; **~if** [plɛ̃'tif] (7e) *Stimme:* klagend.

plaire [plɛːr]·(4aa) gefallen; *s'il vous plaît* gefälligst, bitte; *plaît-il?* wie beliebt?; **se ~** *à* Gefallen finden an (*dat.*); *ce n'est* ici *hier gern* sein.

plaisan|ce [plɛˈzɑ̃ːs] *f*: *de ~* Erholungs..., Vergnügungs..., Lust...; **~t** [~'zɑ̃] **1.** *adj.* (7) drollig, humoristisch; (*vor su.*) lächerlich, seltsam; **2.** *m* Spaßmacher *m*; Drollige(s) *n*; *mauvais ~* übler Witzbold; **~ter** [~'te] *v/i.* (1a) scherzen, spaßen; *v/t.* ~ *q.* j-n aufziehen; **~terie** [~'tri]

f Scherz *m*, Spaß *m*; Spott *m*; *mauvaise ~* Schabernack *m*, dummer Streich *m*, schlechter Spaß *m*; **~tin** [~'tɛ̃] *m* Spaßmacher *m*; *mauvais ~* übler Witzbold.

plaisir [plɛˈziːr] *m* Vergnügen *n*, Freude *f*; Lust *f*; Belieben *n*, Gefälligkeit *f*; gerollter Oblatenkuchen; *à ~* nach Herzenslust; grundlos; *fait à ~* *fig.* aus der Luft gegriffen; *pour vous faire ~* um Ihnen entgegenzukommen.

plan [plɑ̃] **1.** *adj.* (7) eben, flach; **2.** *m* Fläche *f*; Grundriß, Plan; ~ *de construction* Bauplan; ~ *quinquennal* Fünfjahresplan; *thé. premier ~* Vordergrund; *deuxième ~* Mitte *f* e-s (Bühnen-)Bildes; *troisième ~* Hintergrund; *cin., phot. gros ~* Großaufnahme *f*; ⊕ Einzelstudie *f*; *sur le ~ confort* hinsichtlich des Komforts; *sur le ~ politique* in politischer Hinsicht, auf politischem Gebiet; *sur le ~ physique* körperlich; *litt. présenter e. gros ~* j-n in großen Zügen darstellen.

planch|e [plɑ̃ːʃ] *f* Planke; Brett *n*, Bohle; 🌱 Beet *n*; Metall-, Holzplatte; (Kupfer-)Stich *m*; ⚓ Laufplanke; *thé.* ~s *pl.* Bühne *sg.*; *Auto:* ~ *de bord* (lumineuse) Armaturen-, Instrumentenbrett *n*; ~ *du tablier m* Schaltbrett *n*, -tafel *f*; *faire la ~* auf dem Rücken schwimmen; *Autostraße:* ~ *de guidage* Leitplanke *f*; **~éier** [plɑ̃ʃeˈje] (1a) mit Bohlen (*od.* Dielen) belegen; **~er** [~'ʃe] *m* Fußboden; F *fig.* ~ *des vaches* fester Boden *m*; **~ette** [~'ʃɛt] *f* Brettchen *n*.

plan|-concave *phys.* [plɑ̃kɔ̃ˈkaːv] plankonkav; **~-convexe** *phys.* [~kɔ̃-'vɛks] plankonvex.

plane [plan] *f* Schnitzmesser *n*.

plané ✈ [pla'ne]: *vol m ~* Gleit-, Segelflug. [*n*.]

planement [planˈmɑ̃] *m* Schweben]

planer¹ [plaˈne] (1a) eb(e)nen, planieren.

planer² [plaˈne] (1a) *in der Luft* schweben; *fig.* ~ *sur* erhaben sein über (*acc.*).

planétaire [planeˈtɛːr] *ast.* **1.** *adj.* Planeten...; **2.** *m* Plane'tarium *n*.

planète [plaˈnɛt] *f ast.* Planet *m*.

planeu|r [plaˈnœːr] *m* ⊕ Plattenschleifer *m*; ✈ Segelflugzeug *n*; **~se** ⊕ [~'nøːz] *f* Planiermaschine *f*.

plani|fication *pol., éc.* [planifika-'sjɔ̃] *f* Planung *f*; **~fier ✝** [~'fje] *v/t.* (1a) planmäßig lenken.

planimétr|ie ⚔ [planime'tri] *f* 'Flächenlehre, Planimetrie; **~ique** ⚔ [~'trik] planimetrisch.

planisme [pla'nism] *m* Planwirtschaft *f*.

planisphère [planis'fɛːr] *m* Erdkarte *f*.

planiste *éc.* [pla'nist] *su. u. adj.* Anhänger *m* der Planwirtschaft; planwirtschaftlich eingestellt.

planning ⊕ [pla'niŋ] *m*: **~** *d'exploitation* Betriebsplanung *f*.

planqu|é P ⚔ [plɑ̃'ke] *m* Drückeberger *m*, Etappenschwein *n*; **~er** P [~] *v/t.* (1m) verstecken; **se ~** *irgendwo* untertauchen.

plant ✓ [plɑ̃] *m* Setzling; junge Pflanze *f*; **~s** *pl.* Schonung *f*, **~age** [~'taːʒ] *m* Pflanzen *n*; **~ain ϟ** [~'tɛ̃] *m* Wegerich *m*; **~ation** [~tɑ'sjɔ̃] *f* Anpflanzung *f*; Plantage *f*; *thé.* Aufstellen *n der Bühnendekoration*; *jeune* **~** Schonung *f*.

plante¹ [plɑ̃ːt] *f* Pflanze *f*, Gewächs *n*; **~** *d'intérieur* Zimmerpflanze *f*; **~** *économique* Nutzpflanze *f*; *jardin m des* **~**s *botanischer Garten*.

plante² [~] *f*: **~** *du pied* Fußsohle *f*.

plant|er [plɑ̃'te] (1a) Pflanze: be-, aufpflanzen, in die Erde stecken *od.* schlagen; hinstellen, -setzen; **~** *à q.* j-n sitzen (*od.* im Stiche) lassen; **~** *là qch.* etw. aufgeben; **~eur** [~'tœːr] *su.* (7g) Pflanzer *m*; **~euse** [~'tøːz] *f* Kartoffelpflanzmaschine *f*.

plantigrade [plɑ̃ti'grad] **1.** auf den Sohlen gehend; **2.** **~s** *m.* Sohlengänger *m/pl.* [holz *n*.\

plantoir ✓ [plɑ̃'twaːr] *m* Pflanz-\
planton ⚔ [plɑ̃'tɔ̃] *m* Ordonnanz *f*; Meldereiter *m*.

plantule ✓ [plɑ̃'tyl] *f* Pflänzchen *n*.

plantureux [plɑ̃ty'rø] (7d) fruchtbar; üppig; F drall (*v. Frauen*).

plaqu|e [plak] *f* Platte *f*; Schildchen *n*; Türschild *n*; Plakette *f*; (Ordens-)Stern *m*; **~** *commémorative* Gedenktafel *f*; **~** *d'identité* Erkennungsmarke *f*; **~** *Auto:* **~** *d'immatriculation* Nummernschild *n*; **~** *tournante* Drehscheibe *f*; **~é** [~'ke] *m* plattierte Arbeit *f*; **~er** [~] (1m) belegen; plattieren; furnieren; auflegen; P *fig.* im Stiche lassen; *v/i.* festhalten *v/i.*, sitzen; **~ette** [~'kɛt] *f* Plakette *f*; Bändchen *n*; Broschüre *f*; **~eur** [~'kœːr] *m* Furnierer *m*, Plattierer *m*.

plasti|c ⚔ [plas'tik] *m* Plastik *n*; *bombe f au* **~** Plastikbombe *f*; *poseur m de* **~** **=** *plastiqueur*; **~cien** [~'sjɛ̃] *m* Formgeber *m*, Plastiker *m*, Bildner *m*; **~cité** [~'site] *f* Plastizität *f*; **~feutre** [~'føtr] *m* Bodenbelag *m* aus Plastik; **~fié** [~'fje] *adj.*: *tissu m* **~** Plastikgewebe *n*, -stoff *m*; **~quage** ⚔ [~'kaːʒ] *m* Plastikbombenattentat *n*; **~que** [~'tik] *adj. u. f* plastisch; *art m* **~** (*od.* nur **~**) *f* Plastik *f*; Modellierkunst *f*; **~quer** [~'ke] (1a) *v/t.* mit e-r Plastikladung überfallen; **~queur** [~'kœːr] *m* Plastikbombenattentäter *m*.

plastron [plas'trɔ̃] *m* **1.** ✝ ⚔ Brustharnisch *m*; **2.** *esc.* Schutzleder *n*; *fig.* Schutz *m*; *fig.* Zielscheibe *f des Spottes*; **3.** Hemdeinsatz *m*, Vorhemd *n*; **~ner** [~trɔ'ne] (1a) sich brüsten, angeben *v/i.* F, sich aufspielen.

plat [pla] **1.** *adj.* (7) platt, flach, fade, schal; *calme m* **~** vollständige Windstille *f* (*od.* Geschäftsruhe *f*); *bourse f* **~e** leere Börse *f*; *être à* **~** abgespannt (*od.* kaputt) sein; *Auto:* auf Latschen stehen; *thé. tomber à* **~** gänzlich durchfallen; **2.** *m* flacher Teil *m von etw.*; Fläche *f*; Schüssel *f*; *cuis.* Gericht *n*; F *mettre les pieds dans le* **~** sich vorbeibenehmen.

platane ✓ [pla'tan] *m* Platane *f*.

plateau [pla'to] *m* Tischplatte *f*; Tablett *n*; Präsentierbrett *n*, -teller *m*; Plateau *n*, Hochebene *f*; ⊕ Scheibe *f*; Stapelbrett *n*; *phys.* Wiegeschale *f*; *thé.* Bühne *f*; Gagenaufwand *m*; *télév.* Fernstudio *n*.

plate-bande [plat'bɑ̃ːd] *f* ⚔ längliches Gartenbeet *n*; Einfassung *f*; △ Bortensims *m*.

platée [pla'te] *f* Schüsselvoll; △ Grundmauer.

plate-forme [plat'fɔrm] *f* Altan *m*; flaches Dach *n*; ⊕ offener Güterwagen *m*; *Omnibus, tram:* Plattform; *Garten:* Terrasse; *fig.* Wahlprogramm *n*; ⊕ **~** *roulante* laufendes Band *n*.

platine [pla'tin] **1.** *f* (Gewehr-)Schloß *n*; Schloßblech *n an Türen*; P *fig.* Mundwerk *n*; **2.** *m min.* Platin *n*.

platiner [plati'ne] (1a) **1.** ⊕ *Gewehre* mit Schloß versehen; **2.** ⊕ (1a) (ver-)platinieren.

platitude [plati'tyd] *f* Schalheit (*Wein*); *fig.* Plattheit, Seichtheit.

plâtr|age [pla'tra:ʒ] *m* ⊕ Gipsarbeit *f*; *fig.* Pfuscherei *f*; **~as** [~'tra] *m* Gipsschutt; **~e** ['pla:tr] *m* Gips; Gipsabguß *m*, -figur *f*; *battre comme ~* durchprügeln; **~er** [pla'tre] (1a) vergipsen; **~eux** [~'trø] (7d) gipsartig *od.* -haltig; **~ier** [~tri'e] *m* Gipsverkäufer; Gipser; **~ière** [~tri'ɛ:r] *f* Gipsbruch *m*.

plausible [plo'ziblə] annehmbar.

plèbe [plɛb] *f* Plebs *f* (*a. m*).

pléb|éien [plebe'jɛ̃] (7c) **1.** *adj.* plebejisch; *fig.* niedrig; **2.** *su.* Plebejer *m*; **~iscite** [~bi'sit] *m* Volksabstimmung *f*, Volksentscheid; **~isciter** [~bisi'te] (1a): *~ qch.* über etw. (*acc.*) durch e-e Volksabstimmung entscheiden.

plein [plɛ̃] **1.** *adj.* (7) voll; (an-)gefüllt; *fig.* vollständig, ganz; satt; beleibt; völlig, gehaltvoll; *~ emploi* Vollbeschäftigung *f*; *~e* trächtig; *en ~* mitten in (*dat.*); *en ~ air* unter freiem Himmel, im Freien; *en ~ été* im Hochsommer; *en ~ hiver* mitten im Winter; *en ~ jour* am hellichten Tage; *en ~e rue* auf offener Straße; *donner en ~ contre ...* direkt aufprallen auf ... (*od.* ~-stoßen mit ...); ℙ *Auto donner à ~* Vollgas geben; *~ comme un œuf* voll bis oben hin, vollgestopft; *de son ~ gré* ganz von selbst, aus sich heraus, aus freiem Antrieb; *en ~ rapport* in voller Ertragsfähigkeit; ꜰ *tout ~ viel(e)*; *il a tout ~ d'envieux* er hat viele Neider; **2.** *m phys.* voller Raum; Fülle *f*; Grundstrich; Mitte *f e-s Waldes*; ※ Zentrum *n*; *le trop ~* Übermaß *n*; *le ~ de la saison* der Höhepunkt der Saison; *faire son ~* (*od. le ~) Auto:* tanken; *faire le ~ des chaudières* die Kessel (auf)füllen; *~ dans le but* Volltreffer; **~(-)air** [plɛ'nɛ:r] *m su.* Freilichtmalerei *f*; Freilichtbild *n*, -gemälde *n*; **~(-)airiste** [plɛnɛ'rist] *su.* Freilichtmaler (-in *f*) *m*.

plénier [ple'nje] (7b) Plenar...; *rl.* vollkommen (*Ablaß*).

plénipotentiaire [plenipɔtɑ̃'sjɛ:r] bevollmächtigt; *a. su.*

plénitude [pleni'tyd] *f* Fülle; Überfluß *m*.

pléonasme [pleɔ'nasm] *m rhét.* Pleonasmus *m*, Wortüberfluß *m*.

pléthor|e [ple'tɔ:r] **1.** *f* ♂ Vollblütigkeit; ⚥ Vollsaftigkeit; **2.** *fig.* Überfülle; **~ique** [~tɔ'rik] *adj. u. su.* vollblütig; Vollblütige(r); *fig.* zahlreich, überreichlich; ⊕ überlastet; ⚥ vollsaftig.

pleur *poét.* [plœ:r]: *~s m/pl.* Tränen *f/pl.*; ꜰ, *iron. verser un pleur* e-e Träne vergießen; **~ard** [plœ'ra:r] *su.* (7) weinerlicher Mensch *m*; **~e-misère** [~mi'zɛ:r] *m* Person *f*, die dauernd über Not u. Elend stöhnt; **~er** [~'re] (1a) *v/i.* weinen; tränen, triefen (*Augen*); *v/t.* beweinen; **~erie** ꜰ [plœr'ri] *f* Weinerei, Flennerei.

pleurésie ♂ [plœre'zi] *f* Rippenfellentzündung.

pleureu|r, ~se [plœ'rœ:r, ~'rø:z] **1.** *adj.* trauernd, weinerlich, klagend; ⚥ *saule m ~* Trauerweide *f*; **2.** *f* Klageweib *n*; Straußenfeder; *ehm. ~s pl.* Trauerbinden.

pleurnich|er ꜰ [plœrni'ʃe] (1a) weinerlich tun; flennen; Krokodilstränen weinen; **~ement** ꜰ [~niʃ'mɑ̃] *m*, **~erie** ꜰ [~niʃ'ri] *f* Gewinsel *n*; **~eur** ꜰ [~'ʃœ:r] *su.* (7d) Flenner(in *f*) *m*.

pleutre ['pløːtr] *m* Feigling *m*, Drückeberger *m*.

pleuvoir [plœ'vwa:r] (3e) regnen (*a. fig.*); *il pleut à verse* es regnet (gießt) in Strömen.

plèvre *anat.* ['plɛːvr] *f* Brustfell *n*.

plexiglas(s) ⊕ [pleksi'glas] *m* Plexiglas *n*.

pli [pli] *m* **1.** Falte *f*; *~ de pantalon* Bügelfalte *f*; **2.** Briefumschlag; *a.* Brief; **3.** *fig.* Wendung *f*; Gewohnheit *f*; **4.** Biegestelle *f*, Bug *f*; *~s pl.* die verborgensten Winkel *des Herzens*; *faire des ~s* Falten werfen; *ne pas faire un ~* wie angegossen sitzen; *sous ce ~* beiliegend; *prendre un ~ fig.* e-e Gewohnheit annehmen; **~able** [pli'ablə] biegsam; *fig.* leitbar; **~ant** [pli'ɑ̃] (7) biegsam, geschmeidig; zs.-klappbar; *canot m ~* Faltboot *n*; *chaise f pliante* Klappstuhl *m*; *appareil m* (*photographique*) *~ phot.* Klappkamera *f*.

plie *icht.* [pli] *f* Scholle.

pli|er [pli'e] (1a) *v/t.* (zs.-)falten; *v/i.* biegen; beugen; bezwingen;

plieur — 366 — **plus**

sich biegen, nachgeben; ✗ wanken; ~ *bagage* sein Bündel schnüren; *se* ~ *à qch. a.* sich anpassen (*dat.*); **~eur**, **~euse** *f* [~'œːr, ~'øːz] **1.** *su.* Falzer(in *f*) *m*; **2.** ⊕ *f* Faltmaschine *f*.

plinthe △ [plɛ̃ːt] *f* (Säulen-)Platte *f*; Scheuerleiste.

plioir [pli'waːr] *m Buchbinderei*: Falzbein *n*, Papiermesser *n*.

pliss|er [pli'se] (1a) *v/t.* in Falten legen; kniffen; *v/i.* Falten werfen; **~ure** [~'syːr] *f* Falten *n*; Falten *pl.*, Gefaltete(s) *n*.

pliure ⊕ [pli'yːr] *f* Falzen *n*.

plomb [plɔ̃] *m* Blei *n*; Bleiarbeit *f* *an Dächern*; (Zoll-)Plombe *f*; (Blei-)Lot *n*; ⚡ Sicherung *f*; *les* ~*s de Venise* die Bleidächer *n/pl.* (der Gefängnisse) Ve'nedigs; *mine f de* ~ Graphit(stift *m*) *m*, Reißblei *n*; *à* ~ lot-, senkrecht; *sommeil m de* ~ sehr tiefer (bleiernen) Schlaf; *tomber à* ~ gerade auf den Kopf fallen; **~age** [~'baːʒ] *m* Plombieren *n*, Füllen *n* der Zähne; Zahnfüllung *f*, Zahnplombe *f*; Verbleiung *f*; Bleisiegel *n*; **~agine** [~ba'ʒin] *f* Graphit *m*; **~é** [~'be] (7) *a.* bleifarbig; *m text. Fall (e-s Stoffes)*; **~er** [~'be] (1a) mit Blei belegen, ausfüllen, beschweren; plombieren; mit dem Lot messen; P ~ *q.* j-m e-e Kugel durch den Kopf jagen, j-n niederknallen; **~erie** [~'bri] *f* Bleiarbeit; Bleihütte; **~eur** [~'bœːr] *m* Plombierer; **~ier** [~'bje] *m* ⊕ Klempner *m*, Installateur *m*, Rohrleger *m*; Bleiarbeiter, -gießer; † Bleihändler.

plombifère [plɔ̃bi'fɛːr] bleihaltig.

plong|e [plɔ̃ːʒ] *f* (*Geschirr*-) Abwaschen *n*; *la* ~ *de qch.* das Tauchen nach etw.; **~eant** [plɔ̃'ʒɑ̃] (7) von oben nach unten gerichtet; **~ée** [~'ʒe] *f* Untertauchen *n*; Tauchfahrt; *en* ~ unter Wasser; **~eon** [~'ʒɔ̃] *m orn.* Taucher; *fig. Sport*: Kopfsprung; *faire le* ~ untertauchen; *fig.* sich ducken; in Not geraten; ausreißen, türmen; **~er** [~'ʒe] (1l) *v/t.* (unter-) tauchen; *in etw.* stoßen, stürzen; *v/i.* tauchen; ~ *sur qch.* sich über etw. erstrecken, über etw. hinabschweifen (*vom Blick*); *se* ~ *fig.* sich versenken; **~eur** [~-'ʒœːr] *m* Taucher; *fig.* Teller-, Geschirrwäscher; **~s** *pl.* Tauchervögel.

plot ⚡ [plo] *m* Klemme *f*.

plouk F [pluk] *m* Bauernlümmel *m*; *jouer au* ~ sich dumm stellen.

ploutocratie [plutɔkra'si] *f* Geldadel *m*.

ploy|able [plwa'jabl] biegsam; **~er** [~'je] (1h) zs.-falten; (sich) biegen, (sich) beugen, nachgeben; ~ *sous la douleur* sich vor Schmerzen winden.

pluie [plɥi] *f* Regen *m*; *se mettre à la* ~! vor Nässe zu schützen!; *fig. faire la* ~ *et le beau temps* ein in entscheidendes Wort mitzureden haben.

plum|age [ply'maːʒ] *m* Gefieder *n*; **~ail** [~'maj] *m* Hutfeder *f*; Federbusch; **~ard** P [~'maːr] *m* Bett *n*, Falle *f* P.

plumass|eau [plyma'so] *m* Staubwedel, Federwisch; *Pfeil*: Fiederung *f*; **~erie** [~s'ri] *f* Handel *m* mit Schmuckfedern.

plum|e [plym] *f* Feder; Schreibfeder; *fig.* Handschrift; Schreibart; *homme m (femme f) de* ~ Schriftsteller(in *f*) *m*; *nom m de* ~ angenommener Schriftstellername; *fig. tenir la* ~ die Feder führen; *venir sous la* ~ geläufig sein; *au courant de la* ~ ohne lange zu überlegen, aus dem Stegreif; **~eau** [~'mo] *m* Federbesen; Staubwedel; **~ée** [~'me] *f* Rupfen *n* der Vögel; ausgerupfte Federn *f/pl.*; ~ *d'encre* Federvoll Tinte; **~er** [~'me] (1a) *e-n Vogel*: rupfen; *fig.* rupfen, ausbeuten, Geld abnehmen; **~et** [~'mɛ] *m* Hutfeder *f*; Federbusch; *fig.* P ~ Schwips; **~ier** [~'mje] *m* Federkasten; **~itif** [~mi'tif] *m* F Protokoll(buch *n*) *n*; F Federfuchser *m*, Schreiberling *m*; **~ule** [~'myl] *f* Flaumfeder, Daune; ⚕ Blattkeim *m*.

plupart [ply'paːr] *f* Mehrzahl; *la plupart des die meisten*; *la* ~ *du temps* meistens; *pour la* ~ größten-, meistenteils.

pluralisme [plyra'lism] *m. phil.* Mehrfältigkeitslehre *f*, Pluralismus *m*; *allg. le* ~ *syndical* das Nebeneinander der Gewerkschaften.

pluralité [plyrali'te] *f* Mehrheit; Vielheit.

pluriel *gr.* [ply'rjɛl] *m* Plural *m*.

plurilingue [plyri'lɛ̃ːg] mehrsprachig.

plus [ply, *am Ende e-s Satzgliedes* plys] *a.* mehr; *le* ~ das Mehr, meiste, am meisten; *de* ~ mehr; ferner, außerdem; *en* ~ noch dazu;

plusieurs — **367** — **poignet**

non ~ auch nicht; *moi non* ~ ich auch nicht; *rien de* ~ weiter nichts; *sans* ~ ohne *etw.* hinzuzufügen, ohne weiteres; *(tout) au* ~ höchstens; ~ ... ~ ... je mehr ... desto mehr; *de* ~ *en* ~ immer mehr; *on ne peut* ~ äußerst, aufs äußerste; *tant et* ~ reichlich, außerordentlich viel; Ŗ *le* ~ [plys] *m* das Pluszeichen *n*.
plusieurs [ply'zjœ:r] *inv.* mehrere.
plus que ['ply kə] *adv. am Satzanfang vor Zahlen* nur noch.
plus-que-parfait *gr.* [plyskəpar'fɛ] *m* Plusquamperfekt(um) *n*, Vorvergangenheit *f*.
plus-value [plyva'ly] *f* Mehrbetrag *m*, -wert *m*; Wertzuwachs *m*.
plutôt [ply'to] *adv.* lieber; vielmehr; *voyez* ~! sehen Sie nur!
pluvi|al [ply'vjal] (5c) Regen...; **~er** *orn.* [~'vje] *m* Regenpfeifer.
pluvi|eux [ply'vjø] (7d) regnerisch; Regen...; **~ographe** [plyvjɔ'graf] *m*, **~omètre** ⊕ [~'mɛ:trə] *m* Regenmesser.
pneu [pnø] *m Auto usw.:* (Gummi-)Reifen *m*; ~ *antidérapant* Gleitschutzreifen; ~ *crevé* Reifenschaden; ~ *de rechange* Ersatzreifen; *un* ~ *a éclaté* ein Reifen ist geplatzt; **~matique** [~ma'tik] *adj.* Luft...; Druckluft...; *bandage m* ~ *Auto usw.:* (Gummi-)Reifen *m*; *carte f* ~ Rohrpostkarte; *poste f* ~ Rohrpost.
pneumon|ie [pnømɔ'ni] *f* Lungenentzündung; **~ique** [~'nik] **1.** *adj. (u. m)* lungenkrank; **2.** *su.* Lungenkranke(r).
pochade [pɔ'ʃad] *f* flüchtige Skizze.
pochard P [pɔ'ʃa:r] **1.** *adj.* besoffen; **2.** P *su.* Säufer *m*.
poch|e [pɔʃ] *f* Tasche *in Rock u. Hose*; *zo.* Beutel *m*, Tasche, Kropf *m*; Sack *m* für Getreide; (Eiter-) Sack *m*; fehlerhafte Falte; Vorlegelöffel *m*; ~ *d'air* ⚡ Luftloch *n*; ~ *de rabat* mit Umschlägen garnierte Tasche *f*; ⚔ **~s** *f rebelles* Nester *n/pl.* von Aufständischen; *faire les* ~s *de q.* j-s Taschen *(als Taschendieb)* leeren; **~ée** [~'ʃe] *f* Inhalt *m* e-r Tasche.
pocher [pɔ'ʃe] (1a) *cuis.* verlorene Eier *(ohne Schale in saurer Soße)* kochen; *fig.* Augen *usw.*: blau schlagen; *Skizze:* flüchtig entwerfen.
pochetée [pɔʃ'te] *f* = *pochée*.

pochette [pɔ'ʃɛt] *f* Täschchen *n*; (Zier-)Taschentuch *n*; ~ *de compas* Reißzeug(kasten *m*) *n*.
pochon [pɔ'ʃɔ̃] *m* Suppenkelle *f*.
podagre [pɔ'dagrə] **1.** *adj. u. su.* gichtig; Gichtkranker *m*; **2.** *f* Gicht.
podomètre ⊕ [pɔdɔ'mɛ:trə] *m* Schrittzähler.
poêle[1] [pwa:l] *m* **1.** (Zimmer-)Ofen; **2.** Bahr-, Leichentuch *n*.
poêl|e[2] [~] *f* Pfanne; **~ée** [pwa'le] *f* Pfannevoll; **~ier** [~'lje] *m* Ofensetzer; **~on** [~'lɔ̃] *m* Kasserolle *f*; *Gießerei:* Schmelzlöffel.
poème [pɔ'ɛm] *m (längeres)* Gedicht *n*; ~ *épique* Epos *n*.
poésie [pɔe'zi] *f* Dichtkunst; Dichtung(sart); *(kleineres)* Gedicht *n*; ~ *du terroir* Heimatdichtung.
poète [pɔ'ɛt] *m* Dichter; *femme f* ~ Dichterin.
poét|ereau [pɔe'tro] *m* Dichterling; **~esse** [~'tɛs] *f* Dichterin; **~ique** [~'tik] dichterisch; **~iser** [pɔeti'ze] (1a) dichterisch ausschmücken.
poids [pwa] *m* Schwere *f*; Gewicht *n*; Wichtigkeit *f*; Last *f*; *fig.* Beschwerde *f*; ~ *public* Ratswaage *f*; ~ *à vide* Leergewicht *n*; ~ *atomique* Atomgewicht *n*; ~ *brut* Rohgewicht *n*; ~ *de chargement* Ladegewicht *n*; ~ *mort* tote Last *f*; *Sport:* ~ *coq* Bantamgewicht *n*; ~ *mouche* Fliegengewicht *n*; ~ *plume* Federgewicht *n*; ~ *léger* Leichtgewicht *n*; ~ *moyen* Mittelgewicht *n*; ~ *(mi-)lourd* (Halb-)Schwergewicht *n*; *Auto:* ~ *lourd* Lastauto *n*, *abr.* LKW *m*; *de peu de* ~ unerheblich; *être de* ~ vollwichtig sein *(z. B. Münzen)*; *faire bon* ~ gutes Gewicht geben, reichlich wiegen; *prendre du* ~ dick werden, ansetzen; ~ *utile* Nutzlast *f*; ~ *vif* Lebendgewicht *n*.
poign|ant [pwa'nɑ̃] stechend; *fig.* herzergreifend, packend; **~ard** [~'na:r] *m* Dolch; **~arder** [~nar'de] (1a) erdolchen; *fig.* tief schmerzen.
poign|e [pwaɲ] *f* Kraft *f*, Energie *f*, Entschlossenheit; *weitS.* Hand, Faust; *a. pol. homme m à* ~ Mann *m* mit e-r starken Hand; **~ée** [~'ɲe] *f* Handvoll; Griff *m*, Heft *n usw.*; ~ *de main* Händedruck *m*; **~er** *barb., aber gebr.* [~] *v/t.* (1a) stechen; *fig.* packen, ergreifen, über j-n kommen; **~et** [~'ɲɛ] *m* Handgelenk *n*, -wurzel *f*; Manschette *f*.

poil [pwal] *m* Haar *n der Tiere*, ❦ *u. an verschiedenen Körperteilen;* ~ *follet* Flaumbart; F *brave m à trois* ~*s* Draufgänger *m; reprendre le* ~ *de la bête* sich wieder hochrappeln, wieder auf den Damm kommen, neuen Mut schöpfen; ~**u** [~'ly] **1.** *adj.* behaart, haarig; **2.** *Fr.* ⚔ *m* Soldat *(1914/18).*

poinçon ⊕ [pwɛ̃'sɔ̃] *m* Pfriem(e *f);* Grabstichel; (Präge-)Stempel *für Gold u. Silber;* ~**ner** [~sɔ'ne] (1a) ♱ *Maße usw.* eichen; *Gold, Silber* stempeln; *Fahrkarten* knipsen, lochen.

poindre ['pwɛ̃:drə] *v/t.* (4b) *(fast nur noch im inf., fut. u. cond.)* stechen; *v/i.* anbrechen *(z. B. der Tag);* ❦ keimen, sprießen.

poing [pwɛ̃] *m* Faust *f.*

point [pwɛ̃] **1.** *m* ✍, *gr. usw.* Punkt *(a. fig.* = Gegenstand); Ort; Zustand, Lage *f;* Stich; Stickerei *f; genähte* Spitze *f;* ~**s** *pl.* Augen *n/pl. e-r Karte u. auf* Würfeln; ~ *chaud bsd.* ♱ Hauptanziehungspunkt *m; deux* ~*s* Doppelpunkt *m;* ~-*virgule* Semikolon *n;* ~ *d'exclamation* Ausrufungszeichen *n;* ~ *d'interrogation* Fragezeichen *n;* ~*s pl. de suspension* Unterbrechungspunkte; ~ *de vue* Gesichtspunkt; ✍ ~ *de côté* Seitenstechen *n;* ~ *d'arrêt* Haltestelle *f (z. B. der Elektrischen); écol. mauvais* ~ schlechte Note; *à ce* ~ *in dem* Grade; ~ *du jour* Tagesanbruch; *à* ~ zu rechter Zeit; *être sur le* ~ *de* im Begriff sein, sich anschicken; *de* ~ *en* ~ Punkt für Punkt; *sur le* ~ *que* in dem Augenblick als; *faire le* ~ *avec q.* sich mit j-m absprechen; *mettre au* ~ (*Gerät*) einstellen; *das Essen* fertigmachen, einrichten; *fig. etw.* regeln, klarstellen; *une organisation f bien au* ~ *e-e* gut ausgerichtete *(od.* straffe) Organisation; *en* (*od.* de) *tout* ~ in jeder Hinsicht; *Sport: battre aux* ~*s* nach Punkten schlagen; ⊕ ~ *d'attache* Halterung *f;* **2.** *adv.* ne ~ (gar) nicht ..., gar kein ...; ~ *du tout* durchaus nicht.

pointage [pwɛ̃'ta:ʒ] *m* Punktieren (*e f*); ⊕ Bohrung *f;* ⚔ Richten *n (Geschütz;* pol. Stimmenzählung *f;* Sport: Wertung *f.*

point|e [pwɛ̃:t] *f* Spitze; Stachel *m;* Stift *m;* Keil *m;* Zipfel *m;* Schärfe *f;* *fig.* witziger Einfall *m,* Pointe; Würze; Rekord *m; vitesse f de* ~ Spitzengeschwindigkeit *f; en* ~ spitz; ~ *diamant* Saphirnadel; F *avoir une* ~ *de vin* e-n Schwips haben; *à la* ~ *du jour* bei Tagesanbruch; *jour m de* ~ Rekordtag *m* mit höchster Besucherzahl; ~ [pwɛ̃'te] (1a) *v/t.* stechen; *Schlächterei:* abstechen; punktieren, mit Punkten bezeichnen; *Sport:* werten; *Zeug:* heften; *Geschütz:* richten; *v/i. Pferd:* sich bäumen; *bsd.* ❦ hervorsprießen, keimen; *Tag:* anbrechen; *Kirchturmspitze usw.:* emporragen; *Vogel:* in die Höhe steigen; *abus.* ~ *qch. du doigt etw.* mit dem Finger zeigen; ✗ ~ *sur* vorstoßen auf; ~**er** *ch.* [~'te:r] *m* Vorstehhund.

pointill|er [pwɛ̃ti'je] *v/t.* (1a) punktieren; *v/i.* über Kleinigkeiten streiten; ~**eux** [~'jø] (7d) rechthaberisch; empfindlich.

point|u [pwɛ̃'ty] spitz; *fig.* spitzfindig; *fig.* empfindlich, reizbar; scharf, schrill *(von der Stimme);* ~**ure** [~'ty:r] *f* Schuh, Handschuh, Hut: Nummer, Größe.

poire [pwa:r] *f* Birne; P Deez *m;* ⚕ ~ *en caoutchouc* Gummispritze *f;* ~ *à poudre* Pulverhorn *n; Auto:* ~ *de trompe* Hupenball *m;* ~ *pour la soif* Notgroschen *m.*

poiré [pwa're] *m* Birnenmost.

poireau [pwa'ro] *m* ♣ Lauch, Porree; F Warze *f;* F *faire le* ~ lange warten.

poirée ❦ [pwa're] *f* Mangold *m.*

poirier [pwa'rje] *m* Birnbaum *m; gym. faire le* ~ *fourchu* Kopfstand machen.

pois [pwa] *m* Erbse *f;* ~ *chiche* Kichererbse *f;* ~ *pl. en cosse* Schotenerbsen *f/pl.;* ~ *pl. sans cosse* Zuckererbsen *f/pl.;* ~ *verts pl., petits* ~ *pl.* grüne Erbsen *f/pl.*

poison [pwa'zɔ̃] *m* Gift *n.*

poissard, ~e [pwa'sa:r, ~'sard] **1.** *adj.* pöbelhaft, vulgär; **2.** ~e *f* Markt-, Fischweib *n.*

poisser [pwa'se] (1a) (aus-, ver-)pichen; *fig.* beschmieren; P klauen; P erwischen.

poisseux [pwa'sø] klebrig, schmierig.

poisson [pwa'sɔ̃] *m* Fisch; ~-*chat* Wels; ~ *fumé* Räucherfisch; ~ *rouge* Goldfisch; ~ *des grands fonds* Tief-

poissonnerie — 369 — **politique**

seefisch; *fig.* ~ *d'avril* Aprilscherz; *donner un* ~ *d'avril à q.* j-n in den April schicken; **~nerie** [ˌsɔ'ri] *f* Fischhalle; Fischmarkt *m*; **~neux** [ˌsɔ'nø] fischreich; **~nier** *m*, **~nière** *f* [ˌsɔ'nje:, ˌ'njɛ:r] **1.** *su.* Fischhändler(in*f*) *m*; **2.** *f* Fischbratpfanne.

poitrail [pwa'traj] *m (pl.:* ~**s**) (Pferde-)Brust *f*; Brust *f* von einigen Tieren; △ Träger *m*.

poitrin|aire [pwatri'nɛ:r] schwindsüchtig *(a. su.)*; **~e** [ˌ'trin] *f* Brust.

poivr|ade *cuis.* [pwa'vrad] *f* Pfefferbrühe *(mit Salz, Essig und Öl)*; **~é** [ˌ'vre] *a.* scharf; *fig.* viel zu teuer; gepfeffert *(Preis)*; **~e** [ˈpwa:vrə] *m* Pfeffer, Pfefferkorn *n*; ~ *long* spanischer Pfeffer; P *adjt.* ~ *et sel* *péi.* besoffen; **~er** *cuis.* [pwa'vre] (1a) pfeffern *(a. fig.)*; F *fig.* ~ *q.* j-n übers Ohr hauen; **~ier** [pwavri'e] *m* ⸸ Pfefferstrauch; Pfefferdose *f*; **~ière** [ˌvri'ɛ:r] *f* Pfefferfeld *n*, -dose *f*; **~ot** P [ˌ'vro] *m* Säufer *m*.

poix [pwa] *f* Pech *n*.

poker [pɔ'kɛ:r] *m* Schüreisen *n*; Poker *m (Kartenspiel)*.

polaire [pɔ'lɛ:r] *m* Polar...; Eis...

polar|isation [pɔlariza'sjɔ̃] *f* Polarisation; * écol., allg.* **~(isé)** [pɔlaːri(i'ze)]: *être* ~ *geistig* total mit Beschlag belegt sein; **~ité** *phys.* [ˌlari'te] *f* Polarität.

polder [pɔl'dɛːr] *m* Polder *m*.

pôle [po:l] *m* Pol *m*.

polém|ique [pɔle'mik] **1.** *adj.* polemisch; **2.** *f* Polemik *f*; **~iser** [ˌmi'ze] (1a) polemisieren; **~ologie** [ˌmɔlɔ'ʒi] *f* Geschichte *f* über die Ursächlichkeit des Krieges, Polemologie *f*.

polenta *cuis.* [pɔlɛ̃'ta] *f* Polenta *f*.

poli [pɔ'li] glatt; glänzend; poliert; gebildet, fein; höflich.

police¹ [pɔ'lis] *f* Polizei *f*; ~ *des constructions* Baupolizei; ~ *criminelle* Kriminalpolizei; ~ *de protection des voies fluviales* Wasserschutzpolizei; ~ *routière* Verkehrspolizei; **~-secours** *m* Überfallkommando *n*; ~ *de sûreté* Sicherheitspolizei; ~ *montée* berittene Polizei; *agent m de* ~ Polizist *m*; ✗ *bonnet m de* ~ (Feld-)Mütze *f*; ✗ *salle f de* ~ Arrestraum *m*; *surveillance f de la* ~ Polizeiaufsicht.

police² [pɔ'lis] *f* Police, Versicherungsschein *m*; ~ *flottante* Pauschalpolice; ~ *de chargement* Konnosse'ment *n*, Seefrachtbrief *m*.

policer [pɔli'se] (1k) zivilisieren.

police-secours [ˌsɔ'ku:r] *f* Überfallkommando *n*; *avertir la* ~ das Überfallkommando benachrichtigen.

polichinelle [pɔliʃi'nɛl] *m* Hanswurst; *c'est le secret de* ~ das ist ein öffentliches Geheimnis, das ist stadtbekannt.

policier [pɔli'sje] (7b) **1.** *adj.* Polizei...; *film m (roman m)* ~ Detektiv-, Kriminalfilm (-roman); **2.** *su.* Polizist *m*.

policlinique [pɔlikli'nik] *f* Poliklinik *f*.

polio [pɔ'ljo], **~myélite** [pɔljɔmje'lit] *f* spinale Kinderlähmung.

polir [pɔ'li:r] (2a) glätten, polieren; *fig.* abschleifen, ausfeilen; verfeinern; den letzten Schliff geben.

poliss|eur [pɔli'sœːr] *su.* (7g) Polierer *m*; **~oir** [ˌ'swa:r] *m* Polierwerkzeug *n*; Nagelfeile *f*; **~oire** [ˌ'swa:r] *f* Glättbürste.

polisson [pɔli'sɔ̃] (7c) **1.** *adj.* ungezogen; schelmisch; zotenhaft; **2.** *su.* kleiner Schlingel *m*; Straßenjunge *m, f* -mädel *n*; Lebemann *m*; liederliches Frauenzimmer *n*; *fig.* Possen-, Zotenreißer *m*; **~ner** [ˌsɔ'ne] (1a) sich wie ein Straßenjunge benehmen *od.* herumtreiben; Zoten reißen; **~nerie** [ˌsɔn'ri] *f* Dummerjungenstreich *m*; Zote.

polissure [pɔli'syːr] *f* Politur; Polieren *n*.

politesse [pɔli'tɛs] *f* Höflichkeit; Lebensart.

politicien *péj.* [pɔliti'sjɛ̃] *su.* (7c) politischer Stümper *m*; *adjt.* in der Politik herumstümpern.

politiqu|e [pɔli'tik] **1.** *adj.* politisch, Staats...; weltklug, geschickt; *économie f* ~ Volkswirtschaft, Nationalökonomie; **2.** *m* Politiker *m*, Staatsmann *m*; *fig.* Schlaukopf *m*; **3.** *m das politische Leben n*; **4.** *f* Politik *f*; Staatskunst *f*, -wissenschaft *f*; ~ *d'autruche*, ~ *de la tête sous l'aile* Vogelstraußpolitik *f*; ~ *de coexistence pacifique* Politik *f* friedlicher Koexistenz; ~ *extérieure (intérieure)* Außen-(Innen-)Politik *f*; ~ *de neutralité* Neutralitäts-(Nichtein-

24 Franz.-Dtsch.

mischungs-)Politik *f*; ~ *de rapprochement* Verständigungspolitik *f*; *parler* ~ von Politik sprechen; **~er** *péj*. [~'ke] (1m) politisieren, am Stammtisch Politik treiben; **~eur** *péj*. [~'kœːr] *m* Stammtischpolitiker *m*.
politis|ation [politizɑ'sjɔ̃] *f* Verpolitisierung *f*; **~er** *néol*. [~'ze] *v/t*. (1a) verpolitisieren.
politolog|ie [~tɔlɔ'ʒi] *f* Politologie *f*; **~ue** [~'lɔg] *m* Politologe *m*.
pollen [pɔ'lɛn] *m* Blütenstaub *m*.
pollicitation ⚖ [pɔlisitɑ'sjɔ̃] *f* Vertragsangebot *n*.
pollinisation ♀ [pɔlinizɑ'sjɔ̃] *f* Bestäubung *f*.
pollu|er [pɔ'lɥe] (1a) *fig.* entweihen, schänden; *physiol.* beflecken; **~tion** [~'sjɔ̃] *f fig.* Entweihung, Verseuchung *f*; ✱ Pollution.
polochon P [pɔlɔ'ʃɔ̃] *m* Keilkissen *n*.
Pologne [pɔ'lɔɲ] *f*: **la** ~ Polen *n*.
polonais [pɔlɔ'nɛ] (7) *adj. u.* ♀ *su.* polnisch; Pole *m*; **~e** [~'nɛːz] *f* Polonäse *f* (*Tanz*).
poltron [pɔl'trɔ̃] (7c) *adj. u. su.* feige; Feigling *m*; Hasenfuß *m*; **~nerie** [~trɔn'ri] *f* Feigheit *f*; feiger Streich *m*.
polycarburant ⊕ [polikarby'rɑ̃] für viele Treibstoffe geeignet.
polyclinique [pɔlikli'nik] *f* Poliklinik *f*.
polycopi|e [pɔlikɔ'pi] *f* Vervielfältigungsverfahren *n*; **~er** [~'pje] *v/t*. (1a) vervielfältigen.
poly|èdre ⚠ [pɔli'edrə] *adj.* vielflächig; *m* Vielflächner *m*; **~gamie** [pɔliga'mi] *f* Polygamie *f*, Vielweiberei *f*; **~glotte** [~'glɔt] *adj.* vielsprachig; *a. su.* Polyglott *m*; **~gone** [~'gɔn] *adj.* vieleckig; *m* Polygon *n*, Vieleck *n*; ✗ (Artillerie-)Schießplatz *m*; ~ *funiculaire* Seilpolygon *n*; ~ *des forces* Krafteck *n*; **~nôme** ⚠ [~'noːm] *m* vielgliedrige Größe *f*.
polype *zo*., ✱ [pɔ'lip] *m* Polyp *m*.
polyphon|ie ♪ [pɔlifɔ'ni] *f* Vielstimmigkeit *f*; **~ique** [~'nik] vielstimmig.
polytechn|icien [politekni'sjɛ̃] *m* Polytechniker *m*; **~ique** [~'nik] polytechnisch; *Fr.* ♀ *f* Polytechnikum *n*, technische Fachschule *f*.
polyvalent [~va'lɑ̃] (7) vielwertig; *fig.* vielseitig.

pomiculteur [pɔmikyl'tœːr] *m* Obst(baum)züchter.
pommad|e [pɔ'mad] *f* Pomade; ~ *pour les lèvres* Lippenpomade; *passer de la* ~ *à q.* j-m um den Bart schmieren; **~er** [~'de] (1a) mit Pomade einfetten; **~in** F [~'dɛ̃] *m* Geck *m*; Friseurgehilfe *m*.
pommard [pɔ'maːr] *m* e-e Sorte Burgunder(wein).
pomm|e [pɔm] *f* Apfel *m*; (Stock-)Knopf *m*; Brause *an der Gießkanne*; ~ *de pin* Tannenzapfen *m*; ~ *de terre* Kartoffel *m*; P *se sucer la* ~ sich abknutschen; P *tomber dans les* ~*s* ohnmächtig werden; **~é, ~ée** [~'me] **1.** *adj.* rund; Kopf... (*z.B. choux m* ~ Kopfkohl; *laitue f* ~*e* Kopfsalat *m*); **2.** *mv.p.* ausgesprochen, völlig, Erz... (*z.B. sottise f* ~*e* Erzdummheit); **3.** *pât. m* Apfelschnitte *f*; **~eau** [~'mo] *m* Degen-, Sattelknopf; **~elé** [~m'le] mit weißen Flecken; mit kleinen Wölkchen (Schäfchen) bedeckt; *cheval m gris* ~ Apfelschimmel; **~elle** [pɔ'mɛl] *f* Siebblech *n vor e-r Röhre*; **~er** [~'me] (1a) Köpfe ansetzen (*Salat, Kohl usw.*); **~eraie** [~m'rɛ] *f* Apfelgarten *m*; **~ette** [~'mɛt] *f* Knöpfchen *n*; Backenknochen *m*; **~ier** [~'mje] *m* Apfelbaum.
pomologie ⚕ [pɔmɔlɔ'ʒi] *f* Obstkunde.
pompe[1] [pɔ̃ːp] *f* Festzug *m*; Gepränge *n*, Pomp *m*; ~*s funèbres* Leichengepränge *n*.
pomp|e[2] [~] *f* Pumpe; P Schuh *m*; ~ *à graisse* Fettpresse; ~ *à incendie* (*à vapeur*) (Dampf-)Feuerspritze; ~ *aspirante* Saugpumpe; ~ *automobile* Automobil(feuer)spritze; *Auto:* ~ *à essence* Tankstelle; ~ *centrifuge* Kreiselpumpe; ~ *foulante* Druckpumpe; ~ *aspirante et foulante* Drucksaugpumpe; *vél.* ~ (*à pneu*) Luftpumpe; *donner un coup de* ~ (wieder) aufpumpen; **~er** [pɔ̃'pe] (1a) *v/t.* (aus)pumpen, *fig.* aufsaugen; F ausfragen; *v/i.* P saufen, *fig.* tanken; P *écol.* pauken, büffeln; **~erie** [~'pri] *f* Pumpenwerk *n*; Pumpenfabrik *f*; **~ette** F [~'pɛt] angeheitert, beschwipst.
pompeux [pɔ̃'pø] (7d) pomphaft; schwülstig (*Stil*).
pompier [pɔ̃'pje] *m* Feuerwehrmann *m*; Pumpen-, Spritzen-

pompiérisme — 371 — **popote**

macher; ~s *pl.* Feuerwehr *f*; *adj.* F kitschig (*Bild*); abgedroschen; geschraubt, hochtrabend.
pompiérisme [pōpjeˈrism] *m* pseudoklassischer Stil *m*; Kitsch *m*.
pompiste [pɔ̃ˈpist] *m* Tankwart *m*.
pompon [pɔ̃ˈpɔ̃] *m* Quast(e *f*); P Kopf *m*; F *fig.* à lui le ~! ihm die Ehre!; **~ner** [˷pɔˈne] (1a) herausstaffieren.
Ponce *antiq.* [pɔ̃:s] *m* Pontius; ~ *Pilate* Pontius Pilatus.
ponc|e [pɔ̃:s] *f* (*a. adj.*: *pierre f* ~) Bimsstein *m*; Pause *zum Durchzeichnen*; **~eau** [pɔ̃ˈso] *m* kleine Brücke *f*; *fig.* Abzugsgraben *m*.
ponc|er [pɔ̃ˈse] (1k) Zeichnung durchpausen; abbimsen; *Parkett* abziehen; **~euse** [˷ˈsøːz] *f* Bandschleifmaschine *f*.
poncif [pɔ̃ˈsif] *m* Schablone(nzeichnung *f*) *f*; Linienblatt *n zum Pausen*, Pause *f*; *fig.* abgedroschene Redensart *f*; Abklatsch *m*.
ponction ✵ [pɔ̃kˈsjɔ̃] *f* Punktur; **~ner** ✵ [˷sjɔˈne] (1a) punktieren.
ponctua|lité [pɔ̃ktɥaliˈte] *f* Pünktlichkeit; **~tion** [˷tɥaˈsjɔ̃] *f* Zeichensetzung, Interpunktion; ♀ Punktierung.
ponctu|el [pɔ̃kˈtɥɛl] (7c) pünktlich; *fig.* ganz bestimmt, Einzel...; **~er** [˷ˈtɥe] (1a) punktieren, tüpfeln; *gr.* interpunktieren; *fig.* ~ chaque mot d'un geste jedes Wort mit e-r Ausdrucksbewegung begleiten.
pondaison *orn.* [pɔ̃dɛˈzɔ̃] *f* Legezeit.
pondéra|ble [pɔ̃deˈrablə] wiegbar; **~l** [˷ˈral] Gewichts...; **~teur** [˷ˈtœːr] *m* das Gleichgewicht erhaltend; **~tion** [˷raˈsjɔ̃] *f* Gleichgewicht(slehre) *n*, Statik; *fig.* Abwägen *n*.
pondérer [pɔ̃deˈre] (1f) abwägen, richtig verteilen; ins Gleichgewicht bringen.
pond|eur *m*, **~euse** *f* [pɔ̃ˈdœːr, ˷ˈdøːz] 1. F *m fig.* j., der viel hervorbringt; F *terrible ~ de prose* produktiver (aber schlechter) Romanschriftsteller; 2. *f* (*a. poule f* ~) Legehenne; **~oir** [˷ˈdwaːr] *m* Legekorb, -nest *in der Hühner-*, Brutanstalt *f*.
pondre [ˈpɔ̃:drə] (4a) Eier legen; *fig.* F verfassen.
poney [pɔˈnɛ] *m* Pony *n*; *fig.* Reitunterricht.

pongé *tiss.* [pɔ̃ˈʒe] *m* leichter Taftstoff *m*.
pont [pɔ̃] *m* Brücke *f*; Hosenlatz, -klappe *f*; (Schiffs-)Deck *n*; *fig.* zs.-hängende, arbeitsfreie Tage *m/pl.*; ⚓ *aérien* Luftbrücke *f*; ⊕ ~ *à bascule* Brückenwaage *f*; ~ *de bateaux* Schiffs-, Pontonbrücke *f*; *Auto:* ~ *élévateur* Hebebühne *f*; ⚓ ~ *d'envol* Startdeck *n* (*Flugzeugträger*); ✕ ~*-levis* Fall-, Zugbrücke *f*; ~*-poutres de béton* Betonbalkenbrücke *f*; ~ *roulant* Schiebebrücke *f*; ⊕ Lauf-, Brückenkran; ~ *suspendu* Hängebrücke *f*; 🚂 ~ *tournant* Drehbrücke *f*; 🚂 Drehscheibe *f*; ~ *transbordeur* Schwebefähre *f*; (*administration f des*) ~s *et chaussées pl.* Brücken- und Wegebau(amt *n*) *m*.
pontage [pɔ̃ˈtaːʒ] *m* Brückenschlagen *n*; ⚡ Überbrückung *f*.
ponte[1] [pɔ̃:t] *f* Eierlegen *n*; Legezeit; die gelegten Eier *n/pl.*
ponte[2] [~] *m Spiel:* Herz-, Schellen-As *n*; *Bakkarat, Roulette:* Gegenspieler, Hasardspieler; F *péj.* Bonze *m*, hohes Tier *n*.
ponter[1] [pɔ̃ˈte] (1a) *im Spiel* gegen den Bankhalter setzen, wetten.
ponter[2] [pɔ̃ˈte] (1a) Schiff mit e-m Deck versehen.
pontet [pɔ̃ˈtɛ] *m* Abzugsbügel *am Gewehr*; Laufbrücke *f*.
pontif|e [pɔ̃ˈtif] *m* Hohe(r)priester *m*; Kirchenfürst *m*; Prälat; F *fig.*, *oft iron.* Tonangeber, Koryphäe *f*; *souverain* ~ Papst; **~ical** [˷fiˈkal] (5c) hohe-, oberpriesterlich; bischöflich; päpstlich; **~icat** [˷fiˈka] *m* Hohe-, Oberpriestertum *n*; päpstliche Würde *f*; **~ier** [˷ˈtje] (1a) das Hochamt feiern; F blasiert reden *od.* auftreten.
pontique *hist.* [pɔ̃ˈtik] vom Schwarzen Meer herrührend; aus Pontus.
ponton [pɔ̃ˈtɔ̃] *m* Pontonbrücke *f*; *bsd.* Brückenkahn, -schiff *m*; Schiffbrücke *f*; *d'embarquement* Landungsbrücke *f*; **~age** [˷tɔˈnaːʒ] *m* Brückengeld *n*, -zoll; Fährgeld *n*.
pool ✝, *pol.*, ⚭ [pul] *m* Pool *m*, Interessengemeinschaft *f*.
popeline ✝ [pɔˈplin] *f* Popeline.
popote F [pɔˈpɔt] 1. *f* Suppe; ✕ Offizierskasino *n*; *faire ~* gemeinsam kochen; 2. *adj.* F bürgerlich; alltäglich.

popula|ce [pɔpy'las] *f* Pöbel *m*; **~cier** [~'sje] pöbel-, plebejerhaft.
popul|age [pɔpy'la:ʒ] *m* Dotterblume *f*; **~aire** [~'lɛ:r] Volks...; volksmäßig, -tümlich, beliebt; **~ariser** [~lari'ze] (1a) beim Volke einführen; gemeinverständlich machen; **~arité** [~lari'te] *f* Beliebtheit; Leutseligkeit; **~ation** [~la'sjɔ̃] *f* Bevölkerung; *toute la ~ enfantine* die ganze Kinderzahl; **~eux** [~'lø] (7d) stark bevölkert; **~iste** [~'list] *pol.* volksparteilich; *litt.* volkstümlich; *pol.* **~o** F [~'lo] *m* niederes Volk *n*, Straßenpöbel *m*, Mob *m*.
porc [pɔ:r] *m* Schwein *n*; *fig.* Ferkel *n* (*schmieriger Mensch*); Schweinefleisch *n*; *métall.* Schlacke *f*.
porcelaine [pɔrsə'lɛn] *f* Porzellan *n*; Porzellangeschirr *n*; **~ de Saxe** Meißener Porzellan *n*.
porcelet [pɔrsə'lɛ] *m* Ferkel *n*.
porc-épic [pɔrke'pik] *m zo.* Stachelschwein *n*.
porchaison [pɔrʃɛ'zɔ̃] *f* Feistzeit der Wildschweine.
porche [pɔrʃ] *m* Portalvorbau *m*, Vorhalle *f*.
porch|er [pɔr'ʃe] *su.* (7b) Schweinehirt *m*; **~erie** [~ʃə'ri] *f* Schweinestall *m*.
pore [pɔ:r] *m* Pore *f*.
poreux [pɔ'rø] (7d) porös, löcherig.
porion ⚒ [pɔ'rjɔ̃] *m* Steiger.
pornographie [pɔrnɔgra'fi] *f* Schundliteratur *f*, Pornographie *f*.
porosité [pɔrozi'te] *f* Durchlässigkeit.
porphyr|e [pɔr'fi:r] *m min.* Porphyr *m*; **~iser** [~firi'ze] (1a) fein zerreiben.
porreau ♀ [pɔ'ro] *m* Lauch, Porree.
port¹ [pɔ:r] *m* Hafen; Hafenstadt *f*; *fig.* Zufluchtsort; **~ d'attache** Heimatshafen *m*; **~ d'aviation** Flughafen; *entrer dans un ~* in e-n Hafen einlaufen; *arriver à bon ~* wohlbehalten ankommen; **~ franc** Freihafen; **~ intérieur** Binnenhafen; **~ pétrolier** Ölhafen *m*; **~ de mer** Seehafen; **~ de relâche** Nothafen; **~ de transbordement** Umschlaghafen.
port² [pɔ:r] *m* Tragen *n*; ⚓ Tonnengehalt; Fracht *f*; Fuhrlohn; ✉ Porto *n*; ♀ Wuchs; ✕ Haltung *f*; ✉ *en ~* dû unfrankiert; *à percevoir* portopflichtig; *lettre officielle en ~* dû portopflichtige Dienstsache; *~ payé* portofrei.

port|able [pɔr'tablə] tragbar; **~age** [~'ta:ʒ] *m* Tragen *n*; Beförderung *f*, Fortschaffen *n*.
portail △ [pɔr'taj] *m* (*pl.* **~s**) Portal *n*, Haupttür *f*.
portant [pɔr'tɑ̃] **1.** *adj.* (7) tragend; ⊕, △ tragfähig; *fig. à bout ~* aus nächster Nähe; *bien ~* gesund; *mal ~* unwohl; **2.** *m* Koffer: Handgriff; *Magnet*: Anker; *thé.* Kulissenstütze *f*.
portatif [pɔrta'tif] *adj.* (7e) tragbar; Hand...; *z.B. phono m ~* Koffergrammophon *n*; *force f portative* Tragkraft, -kraft.
porte [pɔrt] *f* Tor *n*, Tür; *fig.* Eingang *m*; **~s** *pl. a.* Engpaß *m*, Schlucht *f*; *faire du ~ à ~* von Haus zu Haus gehen (*z.B. Polizei*); *mettre à la ~* hinausjagen; *mettre la clef sous la ~* heimlich gehen; *prendre la ~* gehen; **~ à claire-voie** Gittertür; **~ à deux battants** Flügeltür; **~ à flot** bewegliches Wehr *n* (*Flußregelung*); **~ blindée** Stahltür; **~ cochère** Torweg *m*; **~ de secours** Notausgang *m*; **~ vitrée** Glastür.
porte-à-faux △ [pɔrta'fo]: *des marches en ~* freitragende Stufen *f/pl.*; **~-affiches** [~a'fiʃ] *m* (6c) schwarzes Brett *n für* Anschläge; **~-aiguille** *chir.* [~e'gɥij] *m* Nadelfutteral *n*; **~-aiguilles** [~] *m* Nadelbehälter, -brief, -futteral *n*; **~-assiette** [~a'sjɛt] *m* Tellerring, -untersatz; **~-avions** [~a'vjɔ̃] *m* Flugzeugträger; **~-bagages** [pɔrtəba'ga:ʒ] *m* Auto *usw.*: Gepäckträger, -halter.
porte-bobine [pɔrtəbɔ'bin] *m* Spuler *an der Nähmaschine*; **~-bonheur** [pɔrtəbɔ'nœ:r] *m* Glücksbringer; **~-bouteilles** [~bu'tɛj] *m* Flaschenständer; **~-chapeaux** [~ʃa'po] *m* Hutständer *m*; **~-cigare** [~si'ga:r] *m* Zigarrenspitze *f*; **~-cigares** [~] *m* Zigarrentasche *f*; **~-cigarette** [~siga'rɛt] *m* Zigarettenspitze *f*; **~-clefs** [~'kle] *m* Gefangenenwärter; Schlüsselring *m*; ♪ Tastenbrett *n*; **~-documents** [~dɔky'mɑ̃] *m* Collegemappe *f*; Dokumententasche *f*; **~-drapeau** ✕ [~dra'po] *m* Fähnrich.
portée [pɔr'te] *f* Schuß-, Wurf-

porte-enseigne — 373 — **pose**

weite *f*; Wurf *m* Hunde usw.; *fig.* Tragweite, Bedeutung; Bereich *m u. n*; ⊕ Spann-, Bogenweite; ♪ Notensystem *n*; Notenlinien *f/pl.*; *fig.* Fassungskraft; *fig.* Leistungsfähigkeit; *action f à longue* Aktion *f* auf lange Sicht; *at. fusée f à moyenne* ⚔ Mittelstreckenrakete *f*; être à la ~ de qc. sich etw. leisten können; à la ~ de tous für alle verständlich.

porte|-enseigne ⚔ [pɔrtã'sɛɲ] *m* Fähnrich; **~-épée** [~e'pe] *m* Degengehänge *n*; **~-faix** [~ə'fɛ] *m* Lastträger; **~-fenêtre** ⌂ [~təfə'nɛ:trə] *f* Fensterland *f*; Glastür *f*; **~feuille** [~ə'fœj] *m* Brieftasche *f*; Ministeramt *n*; ♰ Wechselbestand; F Falle *f* (*Bett*); **~-foret** [~tɔfɔ'rɛ] *m* Handbohrmaschine *f*; **~-fouet** [~tə'fwɛ] *m* Peitschenhalter (*am Wagen od. Geschirr*); **~-habit** [~ta'bi] *m* Bügel; **~-jarretelles** [~tə ʒar'tɛl] *m* (6c) Hüfthalter *m*; **~-journaux** [~ə ʒur'no] *m* Zeitungshalter *m*; **~-malheur** [~təma'lœ:r] *m fig.* Unglücksvogel; **~manteau** [~təmã'to] *m* Kleiderhaken, Garderobenständer *m*; Reisebeutel *m*; **~mine(s)** [~tə'min] *m* Drehbleistift; **~monnaie** [~təmɔ'nɛ] *m* Portemonnaie *n*, Geldbörse *f*; **~nouvelles** [~ənu'vɛl] *m* Neuigkeitskrämer; **~parapluies** (portəpara'plɥi) *m* Schirmständer; **~parole** [~təpa'rɔl] *m* Sprecher *m*, Wortführer *m*; Fürsprecher *m*; **~-plume** [~tə'plym] *m* Federhalter *m*.

porter [pɔr'te] (1a) 1. *v/t.* tragen, *a.* ertragen, aushalten; *Kleidung usw.* anhaben; *Freundschaft usw.* hegen; unterstützen; lauten, besagen (*Gesetz u. dgl.*); bringen, hinschaffen; *zu etw.* reizen, bewegen; *Augen usw. auf etw.* richten; *Urteil* fällen; einschreiben; *Früchte, Zinsen* tragen; gewinnen (*Lotterielos*) (*a. abs.*); ein-, hervorbringen; *Toast* ausbringen; verursachen, nach sich ziehen; ~ *sur soi* bei sich haben *od.* führen; ~ *candidat* als Kandidat aufstellen; ♰ ~ *en compte* in Rechnung stellen; *être porté disparu* als vermißt gemeldet (*od.* registriert) werden; ~ *remède à qch.* e-r Sache abhelfen; *tout porte à croire que ...* alles läßt vermuten, daß...; 2. *v/i.* tragen (*Eis,* *Hündin, Gewehr*); reichen (*Schall*); ~ *sur qch.* auf etw. (*dat.*) liegen *od.* ruhen, auf etw. (*acc.*) (hin)zielen; sich auf etw. beziehen; ~ *sur q.* j-n (be)treffen; ~ *à la tête* zu Kopfe steigen (*Wein*); ~ *sur les nerfs* auf die Nerven fallen; 3. *se ~* sich wohin begeben; sich (*gut, schlecht*) befinden; als Wahlkandidat auftreten; *se ~ à qch.* sich zu etw. entschließen; *zu etw.* neigen; *se ~ garant pour q.* für j-n bürgen; *être porté(e) pour zu etw. od. j-m* Neigung haben.

porte|-savon (portəsa'vɔ̃) *m* Seifenbehälter *m*; **~scie** [~'si] *m* Sägebock; **~tournante** [~tur'nɑ̃:t] *od.* **~ à tourniquet** [~taturni'kɛ] Drehtür *f*.

port|eur *m*, **~euse** *f* [pɔr'tœ:r, ~'tø:z] 1. *su.* (Gepäck-)Träger(in *f*) *m*; Dienstmann *m*; Überbringer (-in *f*) *m*, Inhaber(in *f*) *m* e-s Wechsels; 2. *m biol.* Keimträger *m*; 3. *adj.* ~ *d'avenir* zukunftsträchtig. **porte-veine** F [pɔrtə'vɛn] *m* Glücksbringer *m* (= *porte-bonheur*); **~vent** ⊕ [~'vã] *m* Windfang *m*; **~voix** [~'vwa] *m* Sprachrohr *n*.

port|ière [pɔr'tjɛ:r] *f* Auto, Wagentür *f*; (Tür-)Vorhang *m*; Portierfrau *f*; **~illon** [pɔrti'jɔ̃] *m* Türchen *n*.

portion [pɔr'sjɔ̃] *f* (An-)Teil *m*; Portion, Ration; ~ *congrue* dürftiges Einkommen *n*.

portique [pɔr'tik] *m* Säulenhalle *f*; (Turn- *usw.*)Gerüst *n*; ♀ Stoa *f*; *fig.* Stoizismus.

porto [pɔr'to] *m* Portwein.

portrait [pɔr'trɛ] *m* Porträt *n*, Brustbild *n*; *fig.* Charakterbild *n*; Schilderung *f*; P Visage *m*; ~ *en pied* Bild *n* in ganzer Figur; **~-charge** [~'ʃarʒ] *m* (*a. nur charge f*) Zerrbild *n*; **~iste** [~'tist] *m* Porträtmaler; **~-robot** 🕵, *journ.* [~rɔ'bo] *m* Täterzeichnung *f*, Fahndungsskizze *f*; **~urer** [~ty're] (1a) porträtieren.

portugais [pɔrty'gɛ] 1. *adj.* portugiesisch; 2. *m* Portugiesisch(e *n*) *n*; 3. ♀ *su.* Portugiese *m*. [gal *n*.] **Portugal** [pɔrty'gal] *m*: *le ~* Portu-] **posage** [po'za:ʒ] *m* Aufstellen *n*.

pose [po:z] *f* Setzen *n*, Legen *n u. dgl.*; Anpassen *n* (*z.B. e-s Sicherheitsgürtels*); Stellung, Haltung; ⚔

Postenstehen n; Sitzen n beim Maler; phot. Zeitaufnahme f; Belichtung f; fig. Pose, Verstellung, Effekthascherei; absence f de ~ Ungezwungenheit; phot. salle f de ~ Aufnahmeraum m.

pos|é [po'ze] (adv. **~ément** [~'mã]) fig. bedächtig, gesetzt; bien ~ gutsituiert; cela ~ dies vorausgesetzt.

posemètre [poz'mɛ:trə] m phot. Belichtungsmesser m; ⚡ Spannungsmesser m.

pos|er [po'ze] (1a) v/t. (an-, auf-, hin)setzen, (-)stellen, (-)legen; ab-, niederlegen; anbringen; ⚡ verlegen; fig. voraussetzen, den Satz aufstellen; ~ le cas den Fall setzen; ~ q. die Aufmerksamkeit auf e-n lenken; v/i. ruhen (sur auf dat.); e-m Maler Modell stehen; phot. sich photographieren lassen; se ~ ✈ landen; fig. sich in Positur setzen; auftreten (en als); **~eur** [~'zœ:r] **1.** su. (7g) Aufsteller m usw.; fig. Angeber m, Wichtigtuer m; ~ de plastic Plastikattentäter m; **2.** m Schienenleger m; Steinsetzer m.

posi|tif [pozi'tif] (7e) **1.** adj. ♉, gr., phys. positiv; bejahend; sicher, tatsächlich; ausdrücklich, bestimmt; zuverlässig; praktisch; berechnend; **2.** m gr., phot. Positiv n; allg. Positive(s) n, Tatsächliche(s) n; phot. ~ sur verre Diapositiv n; **~tion** [~'sjõ] f Lage; Stellung; Haltung; ~ de confiance Vertrauensstellung; ✟ ~ de place Börsenlage; ✕ en ~! stillgestanden!; en ~ assise im Sitzen; en ~ debout stehend; **~tionner** néol. [~sjɔ'ne] lokalisieren.

posologie ⚕ [pozɔlɔ'ʒi] f Dosierungslehre f.

possédé [~] (su. Besessener.

posséd|er [~] (1g) besitzen; völlig innehaben; beherrschen (Sprache); F ~ q. j-n reinlegen (übertölpeln, bemogeln); se ~ Herr über sich sein.

possess|eur [pɔsɛ'sœ:r] m Besitzer; **~if** [~'sif] (7e) mst gr. besitzanzeigend; **~ion** [~'sjõ] f Besitz m; Besitzung; rl. Besessensein n.

possi|bilité [pɔsibili'te] f Möglichkeit; **~ble** [~'sibl] **1.** adj. möglich; le plus vite ~ so schnell als möglich; le plus souvent ~ möglichst oft; autant que ~, le plus ~ soviel wie möglich; **2.** m: je ferai tout mon ~ ich werde mein möglichstes tun.

postal [pɔs'tal] (5c) Post...; abonnement m ~ Postbezug; union f ~e universelle Weltpostverein m.

postcombustion ✈ [pɔstkõbys'tjõ] f Nachverbrennung f.

postdater [pɔstda'te] (1a) vordatieren.

poste[1] [pɔst] f Post(amt n); Extrapost; Poststation; ~ aérienne Luft-(od. Flug-)Post; ~ pneumatique Rohrpost; administration f générale des ~s Oberpostdirektion; mettre à la ~ Brief usw. zur Post bringen, aufgeben; ~ restante postlagernd.

poste[2] [pɔst] m Posten; Wachtposten; Wachthaus n; Wachtmannschaft f; Anstellung f; Amt n, Dienst; ♃ Schicht f; Rundfunksender m, -apparat m; ✕ ~ avancé Vorposten; ~ de jour ☍ Tag(es)-schicht f; ~ de nuit ☍ Nachtschicht f; ~ de police Polizeirevier n; ~ de transformation ⚡ Umspannwerk n; ~ supplémentaire ✆ (Fernsprech-) Nebenstelle f; ~ local Radio: Ortssender; ~ (de) T.S.F. Funkstation f, -stelle f; Radioapparat m; ~ à ondes courtes (longues) Kurzwellen- (Langwellen-)Sender; ~ à ondes ultra-courtes Ultrakurzwellensender (UKW); ~ de télévision Fernsehsender, Fernsehempfänger; ~ (de T.S.F.) portatif Kofferradio n; ~ à galène Detektorapparat m; grand ~ radiotélégraphique od. ~ à grandes distances (Groß-)Funkstation f; ~ à lampes Röhrenapparat; ~ téléphonique Fernsprechanlage f; a. Fernsprechstelle f; ~ téléphonique de taxis Autoruf; rad. ~ transistor Taschenempfänger m; ~ d'eau Wasseranlage f; ☍ ~ d'aiguillage Stellwerk n; ✈ ~ de pilotage Führerraum m; Fr. ~ culturel Kulturzentrum n im Ausland, Pflegestätte f der franz. Sprache u. Kultur. [stellung f.)

poste-clé [pɔstə'kle] m Schlüssel-

poste-frontière [~təfrõ'tjɛ:r] m (5b) Grenzposten m.

poster [pɔs'te] (1a) aufstellen; mit der Post abschicken.

postéri|eur [pɔste'rjœ:r] **1.** adj. hintere(r, s); spätere(r, s); **2.** m F der Hintern m; **~té** [~ri'te] f Nachkommenschaft f; Nachwelt f.

poste-valise [pɔstəva'li:z] *m* (6a): ~ (de T.S.F.) Kofferradio *n*.
postface [pɔst'fas] *f* Nachwort *n*.
posthume [pɔs'tym] nachgeboren, postum, hinterlassen (*z.B. Schriften*); nach j-s Tode eintretend.
postich|e [pɔs'tiʃ] nachher hinzugefügt; unecht, falsch (*Haare, Zähne*); unpassend, simuliert; * *f* Menschenauflauf *m* (*bei e-r Attraktion*); **~eur** * [~'fœ:r] *m* (Zirkus-) Ausrufer *m*.
post|ier *m*, **~ière** [pɔs'tje, ~'tje:r] Postbeamte(r) *m*, -beamtin *f*.
postillon [pɔsti'jõ] *m hist.* Postkutscher; *F* Speicheltropfen *m*.
postposition [pɔstpozi'sjõ] *f gr.* Nachsetzen *n*; Postposition *f*.
postscolaire [pɔstskɔ'lɛ:r] Fortbildungs...
post-scriptum *inv.* [pɔstskrip'tɔm] *m* Nachschrift *f*.
postul|ant [pɔsty'lɑ̃] (7) *su.* Bewerber(in *f*) *m*; Anwärter *m* (*auf e-n Telefonanschluß*); **~at** [~'la] *m phil.* Forderung *f*; *géom.* Zwischensatz; **~ation** [~la'sjõ] *f* ✠ Prozeßführung; **~er** [~'le] *v/t.* (1a) verlangen, gebieten, fordern; sich *um etw.* bewerben; *v/i.* ✠ Sachwalter sein.
posture [pɔs'ty:r] *f* Haltung, Stellung; Positur; *fig.* Lage.
pot [po] *m* Topf; Kanne *f*; ~ à eau Wassertopf *od.* -kanne *f*; ~ à fleurs Blumentopf; ~ à lait Milchtopf, -kanne *f*; ~ d'eau Topf mit Wasser; ~ de chambre Nachttopf; *découvrir le* ~ *aux roses* hinter das Geheimnis kommen; *gare au* ~ *noir!* aufgepaßt! (*Suchspiel*); *tourner autour du* ~ *F fig.* wie die Katze um den heißen Brei gehen; * ✕ *petit* ~ Frühstück *n*.
pota|bilité [pɔtabili'te] *f* Trinkbarkeit; **~ble** [~'tabla] trinkbar; *eau f* ~ Trinkwasser *n*.
potache *F école.* [pɔ'taʃ] *m* Pennäler.
potag|e [pɔ'ta:ʒ] *m* Suppe *f*; ~ *aux champignons* Pilzsuppe *f*; *F pour tout* ~ alles in allem; **~er** [~ta'ʒe] 1. *adj.* □ Küchen..., Suppen...; 2. *m* Gemüsegarten *m*.
potass|e ⊕ ⚗, 🜛 [pɔ'tas] *f* Pottasche; ~ *caustique* Ätzkalk *m*; **~er** [~'se] *v/t. u. v/i.* (1a) pauken, ochsen, büffeln; **~ium** [~'sjɔm] *m* Kalium *n*.
pot|-au-feu [pɔto'fø] *m* Fleischtopf,

Suppentopf; Suppenfleisch *n*, gekochtes Rindfleisch *n*; *F* Spießbürger; *adj.* häuslich (*Frau*), *péj.* spießbürgerlich; **~-bouille** *F* [po'buj] *f* Hausmannskost; **~-de-vin** [pod'vɛ̃] *m* Draufgeld *n* beim Kauf; Bestechungs-, Schmiergelder *n/pl.*
pote [pɔt] 1. † *f adj./f n:* main ~ dicke Hand, *péj.* Pfote, Flosse; 2. *m P* Kumpel *m*, Kamerad *m*.
poteau [pɔ'to] *m* Pfahl, Pfosten; ♂ Mast; △ Stütze *f*; *Sport:* Torlatte *f*; *P* Kumpel *m*, Freund; ~ *indicateur* Wegweiser.
potée [pɔ'te] *f* Topfvoll *m*; Formerde; Zinnasche *f*; *F* ~ *d'enfants* Haufen *m* Kinder.
potelé [pɔt'le] rundlich, drall.
potence [pɔ'tɑ̃:s] *f* Galgen *m*; ⊕ Arm *m*, Träger *m*; Krücke; ✕ Haken(stellung) *m*; △ Kniestütze *f*.
potentat [pɔtɑ̃'ta] *m* Machthaber *m*; *péj.* Tonangeber *m*, Bonze *m*.
potentiel [pɔtɑ̃'sjɛl] 1. *adj. chir.* (7c) nach und nach wirkend; *phil., phys.* potentiell, nur in der Möglichkeit vorhanden; 2. *m* ⚡ Potential *n*, Spannung *f*; *allg.* Leistungsfähigkeit *f*; ~ *de guerre* Kriegspotential *n*.
potentille ♀ [pɔtɑ̃'tij] *f* Fingerkraut *n*.
potentiomètre ⚡ [pɔtɑ̃sjɔ'mɛ:trə] *m* Spannungsteiler.
poterie [pɔ'tri] *f* Töpferei; Töpferwerkstatt; Töpferware; Geschirr *n*.
potiche [pɔ'tiʃ] *f chinesisches od.* japanisches Porzellangefäß *n*.
potier ⊕ [pɔ'tje] *m* Töpfer *m*; ~ *d'étain* Zinngießer.
potin [pɔ'tɛ̃] *m* ⊕ Tombak *m*; *F* Lärm *m*; Geschwätz *n*; **~er** *F* [~ti'ne] (1a) *fig.* tratschen; **~ier** [~ti'nje] (7b) 1. *adj.* klatschhaft; 2. *su.* Klatschmaul *n*; 3. *f* Klatschverein *m*.
potion *phm.* [pɔ'sjõ] *f* Arzneitrank *m*.
potiron ♀ [pɔti'rõ] *m* Riesenkürbis *m*.
pot(-)pourri [popu'ri] *m cuis.* Ragout *n*; ♪ Potpourri *n*.
pou *ent.* [pu] *m* Laus *f*.
pouah *F* [pwa] *f* pfui!
poubelle [pu'bɛl] *f* Müllkasten *m*, -eimer *m*.
pouc|e [pus] *m* Daumen; Zoll; *manger sur le* ~ schnell im Stehen *etw.* essen; *mettre les* ~s nachgeben;

s'en mordre les ~s es bitter bereuen; se tourner les ~s die Hände in den Schoß legen; **~et** [~'sɛ] *m*: **1.** *le Petit 2* der Däumling; **2.** *poucet m* Miniaturwörterbuch *n*; **~ettes** [~'sɛt] *f/pl.* Daum(en)schrauben; **~ier** [~'sje] *m* Däumling *m* zum Schutze e-s Fingers; (Türklinken-)Drücker.

pouding *cuis.* [pu'diŋ] *m* Pudding *m*.

poudre ['pu:drə] *f* Staub *m*; Streusand *m*; Puder *m*; Pulver *n*; Schießpulver *n*; *café m en* ~ gemahlener Kaffee; *sucre m en* ~ Puderzucker; ~ *effervescente* Brausepulver *n*; ~ *de mine* Sprengpulver *n*; *tirer à* ~ blindschießen.

poudr|er [pu'dre] *v/t.* (1a) bestäuben, pudern; *v/i. ch.* Staub aufwerfen; **~erie** [~drə'ri] *f* Pulverfabrik; **~euse** ⊕ [~'drø:z] *f*: ~ *d'insecticides* Insektenpulverspritze *f*; **~eux** [~'drø] (7d) bestäubt, staubig, grau; **~ier** [~dri'e] *m* Puderdose *f*; *ehm.* Streusanddose; **~ière** [~dri'ɛ:r] *f* Pulverlager *n*; *fig. pol.* Pulverfaß *n*; **~in** [~'drɛ̃] *m* Staubregen; **~oyer** [~drwa'je] *v/t.* (1h) staubig machen; *v/i.* stauben.

pouf![1] [puf] plumps!

pouf[2] [puf] *m* Puff (Fußkissen); Polsterhocker; F marktschreierische Reklame.

pouffer [pu'fe] (1a): ~ *de rire* laut auflachen.

pouff|iace, ~iasse V [pu'fjas] *f* Hure *f*, Fose *f* V.

pouillard [pu'ja:r] *m* Rebhühnchen *n*; kleiner Fasan.

pouiller[1] [pu'je](1a) ausschimpfen.

pouill|er[2] [pu'je] (1a) lausen; **~erie** [pu'jri] *f* P Dreckstall *m*; äußerste Ärmlichkeit; **~es** [puj] *f/pl.*: *F* ~ *chanter à q.* j-n beleidigend ausschimpfen; **~eux** [pu'jø] (7d) **1.** verlaust; unfruchtbar (*Land*); verlumpt, völlig verarmt; F knickerig; **2.** *su.* verlumpter Kerl *m*, armer Schlucker *m*; Geizhals *m*.

poujadisme *Fr. pol.* [puʒa'dism] *m* Bewegung *f* des *Steuerreformers* Poujade.

poulaill|e [pu'la:j] *f* Geflügel *n*; **~er** [~'la'je] *m* Hühnerstall; Geflügelhändler; *théʹ.* Galerie *f*, Olymp F; **~erie** [~laj'ri] *f* Hühnermarkt *m*.

poulain [pu'lɛ̃] *m* Füllen *n* (*junges Pferd*); Schrotleiter *f*; Radsport: Nachwuchsrennfahrer *m*.

poularde [pu'lard] *f* Masthühnchen *n*.

poul|e [pul] *f* Huhn *n*, Henne; Stamm *m*, Satz *m* beim *Kartenspiel*; *Sport*: Spiel *n*, Runde *f*; F *fig.* Liebchen *n*; P Frau; *péj.* Hure; F *chair f de* ~ *fig.* Gänsehaut; ~ *d'Inde* Truthenne; *fig.* ~ *mouillée* feige Memme; **~et** [pu'le] *m* Hühnchen *n*; * Polizist; *fig.* Liebesbrief; **~ette** [~'lɛt] *f* junge Henne; *f* junges Mädchen *n*; *à la sauce* ~ mit Frikasseesoße.

pouliche [pu'liʃ] *f* Stutenfüllen *n*.

poulie ⊕ [pu'li] *f* Riemenscheibe *f*, (Block-)Rolle; ⚓ ~ *en ébonite* Hartgummirolle; ⚓ ~ *mouflée Art* Flaschenzug *m*.

poulin|er [puli'ne] (1a) fohlen; **~ière** [~'li'nje:r] *adj. u. f*: (*jument f*) ~ Zuchtstute.

poulot *m*, **~te** *f* F [pu'lo, ~'lɔt] Schnurzchen *n*, Süßerchen *n*.

poulpe *zo.* [pulp] *m* achtarmiger Polyp *m*, Krake.

pouls [pu] *m* Puls; *tâter le* ~ *à q.* j-m den Puls (*fig.* auf den Zahn) fühlen; *se tâter le* ~ s-e Kräfte prüfen.

poult [pult] *m* starker, glanzloser Seidenrips *m*.

poumon [pu'mɔ̃] *m* Lunge *f*; Lungenflügel *m*.

poupard [pu'pa:r] (7) **1.** *su.* pausbäckiges Kind *n*; *fig.* dicker Mensch; **2.** *adj.* rundlich, pausbäckig.

poupe [pup] *f* Heck *n*.

poupée [pu'pe] *f* Puppe; Zierpuppe; Kleider-, Haubenstock *m*; ~ *régionale* Trachtenfigur *f*.

poupin [pu'pɛ̃, ~'pin] *adj.* pausbäckig, frisch; puppenhaft.

poupon *m*, **~ne** *f* [pu'pɔ̃, ~'pɔn] Baby *n*, Säugling *m*; Pausbäckchen *n*.

pouponnière [pupɔ'njɛːr] *f* Säuglingsheim *n*; Laufgitter *n* *für Kleinkinder*.

pour [pu:r] **I.** *prp.* **1.** für (*acc.*), ~ *moi* für mich, statt meiner, um meinetwillen, ich meinerseits *usw.*; *être* ~ *beaucoup* (~ *peu*) *dans qch.* großen (geringen) Anteil haben *an etw.* (*dat.*), viel (wenig) beigetragen haben *zu etw.*; **2.** nach (*dat.*); *partir* ~ abreisen nach; **3.** wegen (*gén.*), um (*gén.*) ...willen; ~ *cette*

pourboire — 377 — **poussée**

raison aus diesem Grunde; **4.** zugunsten (*gén.*) (aus Zuneigung) für; être ~ q. (*qch.*) es mit j-m halten (für etw. sein); **5.** in bezug auf (*acc.*), gegen (*acc.*), mit Rücksicht auf (*acc.*), was betrifft (*acc.*); ~ *cela*, ~ *ce qui est de cela* was das betrifft; *du respect* ~ Achtung vor; *de l'aversion* ~ Abneigung gegen; *sévère* ~ streng gegen; **6.** anstatt (*gén.*), als; *avoir* ~ *ami* zum Freunde *od.* als Freund haben; *prendre q.* (*qch.*) ~ *q.* (*qch.*) j-n (etw.) für j-n (etw.) fälschlich halten; **7.** für, auf (*acc.*); ~ *demain* auf morgen; ~ *huit jours* auf 8 Tage; ~ *cent francs* für 100 Franken; **II.** *cj.* **1.** ~ *que* mit *subj.* damit, (auf) daß; *mit inf.* um zu; ~ *apprendre* um zu lernen, zum Lernen; **2.** ~ *peu que* mit *subj.* wenn auch noch so wenig, wenn auch nur im entferntesten; **3.** *mit inf.* weil; ~ *l'avoir dit* dafür, daß (weil) ich es gesagt habe; **4.** *mit inf. u. folgender nég.* obgleich; ~ *pauvre riche*, il n'est pas moins malheureux obgleich so reich ist, ist er doch unglücklich; **5.** (~ *autant*) que *je sache* soviel ich weiß; **III.** *m le* ~ (*et le contre*) das Für (und Wider).

pourboire [pur'bwa:r] *m* Trinkgeld *n.*

pourceau *litt.*, *a. fig.* [pur'so] *m* Schwein *n.*

pour-cent [pur'sɑ̃] *m* Prozent *n.*

pourcentage [pursɑ̃'ta:ʒ] *m* prozentuale Abgabe *f*; Prozentsatz.

pour ce qui est de ... [purski'ɛdə] *prpt.* was ... betrifft.

pourchasser [purʃa'se] (1a) hitzig *od.* eifrig *od.* hartnäckig verfolgen; *fig.* Jagd machen auf (*acc.*).

pourcompte † [pur'kɔ̃:t] *m* Verkauf minderwertiger Waren auf Rechnung e-s Lieferanten.

pourfendre [pur'fɑ̃:dr] (4a) mit e-m Säbelhieb durchhauen.

pourlécher [purle'ʃe] (1f) ringsherum ablecken; *se* ~ sich die Lippen ablecken.

pourparlers [purpar'le] *m/pl.* Besprechung *f*, Unterhandlung *f*; ~ *à l'échelon* (*ou au niveau*) *le plus élevé pol.* Verhandlungen *f/pl.* auf höchster Ebene.

pourpoint † [pur'pwɛ̃] *m* Wams *n.*

pourpr|e ['purprə] **1.** *m u. adj.* Purpurrot *n*; purpurrot; Purpur-

schnecke *f*; † 🦟 Fleckfieber *n*; **2.** *f* Purpurfarbe (*Farbstoff*); *text.* Purpur *m*; *antiq.* Konsul-, Herrscher-, *rl.* Kardinalswürde; †, *poét., st. s.* Purpurrot *n*; **~é** [~'pre] purpurn; † 🦟 *fièvre f pourprée* Fleckfieber *n.*

pour que ['purkə] *cj.* (*mit subj.*) damit.

pourquoi [pur'kwa] warum, weshalb; *c'est* ~, *voilà* ~ deshalb.

pourr|i [pu'ri] **1.** *adj.* faul; *fig.* verdorben; **2.** *m* das Faule, Moder; **~ir** [~'ri:r] (2a) *v/t.* in Fäulnis bringen; sittlich verderben; *v/i.* (ver)faulen, verwesen; ~ *en prison fig.* lange im Gefängnis sitzen; **~iture** [~ri'ty:r] *f* Fäulnis; *tomber en* ~ in Verwesung übergehen.

poursui|te [pur'sɥit] *f* Verfolgung *f*; ⚖ Beitreibung *f*, Strafverfolgung *f*; **~vant** [~'vɑ̃] *m* Bewerber; Verfolger; ⚖ Kläger; **~vre** [~'sɥi:vrə] (4h) verfolgen; quälen, plagen; *fig.* sich bewerben um; *etw.* betreiben; gerichtlich belangen; fortsetzen; fortfahren.

pourt|ant [pur'tɑ̃] dennoch, doch; **~our** [~'tu:r] *m* Umkreis; **~ourner** [~tur'ne] (1a) rings umschließen.

pourvoi ⚖ [pur'vwa] *m* Einspruch *m*; Rechtsmittel *n*; ~ *en révision* Revisionsantrag *m.*

pourvoir [pur'vwa:r] (3b): ~ *à qch.* für etw. sorgen; ~ *à un emploi* ein Amt bekleiden; ~ *q.* de j-n versehen (*od.* versorgen) mit; *les nations pourvues* die versorgten (*od.* wohlhabenden) Länder *n/pl.*; *se* ~ (*en justice bem Gericht*) einkommen; Beschwerde erheben.

pourvoyeur [purvwa'jœ:r] *su.* (7g) Lieferant *m*; F Kuppler *m.*

pourvu [pur'vy]: ~ *que* m. *subj.* vorausgesetzt daß, wofern; wenn nur.

poussage ⚓ [pu'sa:ʒ] *m* Vortreiben *n* des Tiefgangs e-s Flusses.

poussa(h) [pu'sa] *m* Stehaufmännchen *n*; *fig.* Fettsack *m.*

poussé [pu'se] *adj.* umfassend; beachtlich.

pousse [pus] *f* 🌱 Schößling *m*, Trieb *m*; 🦷 Zahnen *n*; 🐴 Wiederausbruch *m* e-s Ekzems; *vét.* Herzschlächtigkeit; Trübewerden *n des Weines*; **~café** [~ka'fe] *m* Gläschen *n* Schnaps nach dem Kaffee.

poussée [pu'se] *f* Stoß *m*, Stoßen *n*;

pousse-pousse — 378 — **précarité**

Druck m; ⚡ (Düsen-)Antrieb m; Rakete: Schub m; ⚙ Art Hautausschlag m; fig. Aufschwung m, Durchschlagskraft; ~ démographique Bevölkerungszuwachs m.

pousse-pousse [pus'pus] m Rikscha f; kleiner, dreirädriger Lieferhandwagen m; Kinderwagen m.

pousser [pu'se] (1a) **1.** v/t. (an-, vor-, zurück-, weg- usw.) stoßen, (-)drängen, (-)schieben, (-)treiben; écol. u. fig. fördern; forthelfen, förderlich sein (q. j-m); fig. verleiten; Schrei ausstoßen; Arbeit usw. fortod. weiterführen; Herrschaft usw. ausdehnen; eifrig betreiben; ⚙ Schößlinge (hervor)treiben; ~ (le moteur) à fond Auto: Vollgas n geben; **2.** v/i. stoßen, schieben usw.; hervorkommen (Zähne usw.); treiben, ausschlagen (Bäume); wachsen; in Gärung kommen (Wein); vét. herzschlächtig werden; se ~ gestoßen usw. werden; fig. se ~ dans le monde vorwärtskommen; F se ~ col eingebildet werden.

poussette [pu'sɛt] f Sportwagen m (für Kinder).

poussier [pu'sje] m Kohlenstaub; staubartiger Abfall; ~ de coke Koksgrus m; ~ de mottes Torfmull m; **~ière** [~'sjɛːr] f Staub m; ⚙ Blütenstaub m, Pollen m; poét. Erde; Nichts n; Elend n; ~s pl. radio-actives radioaktive Staubteilchen n/pl.; mordre la ~ ins Gras beißen; **~iéreux** [~sje'rø] (7d) staubig; **~if** [~'sif] (7e) vét. herzschlächtig; F engbrüstig; F gros ~ m dicker Schnaufer.

poussin [pu'sɛ̃] m Küken n; **~ière** [~si'njɛːr] f Kükenkäfig m.

poussoir ⊕ [pu'swaːr] m Drücker od. Knopf am elektrischen Schalter, an Uhren; ~ de soupape Ventilbolzen m.

poutou P [pu'tu] m Freund.

poutr|age ⊕ [pu'traːʒ] m Gebälk n; **~aison** ⊕ [putrɛ'zɔ̃] f Balkenlage, Trägerrost m; **~e** [pu'trə] f Balken m; Träger m; **~elle** [pu'trɛl] f kleiner Balken m od. Träger m.

pouvoir [pu'vwaːr] (3f) **1.** können; vermögen; puis-je? darf, dürfte ich? puissé-je réussir! hätte ich doch Erfolg!; cela se peut bien das kann sehr wohl möglich sein; **2.** m Können n, Vermögen n; Macht f,

Gewalt f; Einfluß; Vollmacht f; abus m (od. excès m) de ~ Amtsmißbrauch; ✝ ~ d'achat Kaufkraft f; fondé de ~ Bevollmächtigter; de son plein ~ aus eigener Machtvollkommenheit.

pouzzolanes a. bét. [puzɔ'lan] f/pl. Puzzolane pl. (Tonerdesilikate).

pragma|tique [pragma'tik] pragmatisch, auf Tatsachen beruhend; **~tisme** phil. [~'tism] m Pragmatismus m, Lehre f vom ursächlichen Zusammenhang.

prairie [prɛ'ri] f Wiese; Prärie.

pralin|e [pra'lin] f Praline f; **~er** [~'ne] (1a) in Zucker bräunen (lassen).

pratic|able [prati'kablə] ausführbar; fahrbar (Weg); zum wirklichen Gebrauch geeignet od. bestimmt; fig. umgänglich; **~ien** [~'sjɛ̃] m Praktiker; praktischer Arzt m; sculp. aus dem Groben arbeitender Gehilfe; † erfahrener Rechtsanwalt m.

praticulture [pratikyl'tyːr] f Wiesenbau m.

pratiquant [prati'kɑ̃] (7) streng kirchlich.

pratiqu|e [pra'tik] **1.** adj. praktisch; fig. zweckmäßig; erfahren; **2.** f Anwendung, Praxis; Ausübung; Erfahrung; Verfahren n; Gewohnheit, Brauch m; Gerichtspraxis; ✝ Kundschaft; Kunde m; ~s pl. Kniffe m/pl., Praktiken; **~er** [~'ke] (1m) v/t. ausüben; (praktisch) anwenden; veranstalten; einrichten, anbringen; F ~ q. mit j-m viel verkehren; F mv.p. j-n bearbeiten; bestechen; v/i. praktizieren; die Religionsgebräuche genau beachten.

pré [pre] m Wiese f, Anger m.

préalable [prea'lablə] adj. vorherig; m fig. pol. Vorspiel n; adv. **~ment** vorher, zuvorderst.

préambule [preɑ̃'byl] m Präambel f, Einleitung f; fig. Umschweif (pl.).

préau [pre'o] m Schul-, Gefängnis-, Klosterhof m (a. überdacht); Spielplatz m, -halle f.

préavis [prea'vi] m vorherige Benachrichtigung f; téléph. Voranmeldung f; sans ~ fristlos;

prébende [pre'bɑ̃ːd] f Pfründe.

précaire [pre'kɛːr] heikel, unsicher; ⚖ widerruflich.

précarité [prekari'te] f Unsicherheit; ⚖ Widerruflichkeit.

précaution [preko'sjɔ̃] f Vorsicht; ~s pl. Vorsichtsmaßregeln; ~ner [~sjo'ne] (1a) vorsichtig machen; fig. warnen (contre vor dat.); se ~ sich versehen.

précéd|emment [preseda'mã] adv. vorher; zuvor; ~ent [~'dã] **1.** adj. (7) vorhergehend, vorig; **2.** m Präzedenzfall; sans ~ noch nicht dagewesen; beispiellos; ~er [~'de] (1f): ~ q. vor j-m hergehen, -fahren usw.; früher als j. ankommen; j-n überflügeln od. übertreffen; je suis précédé de q. ich habe j-n vor mir, es geht j. vor mir her.

précep|te [pre'sɛpt] m Vorschrift f; ~teur [~'tœːr] su. (7f) Hauslehrer m; Erzieher m; ~toral [~tɔ'ral] (5c) schulmeisterlich; ~torat [~tɔ'ra] m Hauslehrerstelle f.

prêch|e [prɛʃ] m protestantische Predigt f (F, iron., a. fig.); † protestantismus; † protestantisches Bethaus n; ~er [~'ʃe] (1a) predigen (q. j-m); † fig. zu ermahnen od. überreden versuchen; ~ dans le désert in den Wind (z. umsonst) reden; ~ d'exemple durch sein Beispiel wirken; ~eur [~'ʃœːr] **1.** m Dominikaner (a. frère m ~); **2.** su. (7d) F Moralprediger(in f) m.

prêchi-prêcha F [prɛ'ʃiprɛ'ʃa] (7d) m dummes Geschwätz n.

précieu|x, ~se [pre'sjø, ~'sjøːz] **1.** adj. kostbar; edel (von Steinen); wertvoll; fig. köstlich; geziert; **2.** m. des Preziöse, Gesuchte n; **3.** f die Preziöse (17. Jh.).

précipice [presi'pis] m Abgrund.

précipit|amment [presipita'mã] überstürzt, Hals über Kopf; ~ant 🜂 [~'tã] m Niederschlags-, Fällungsmittel n; ~ation [~ta'sjɔ̃] f Übereilung; 🜂 Niederschlagung, Fällung; ~é 🜂 [~'te] m Niederschlag; ~ée: à la ~ überstürzt.

précipiter [presipi'te] (1a) (hinab-) stürzen; beschleunigen; überstürzen; 🜂 niederschlagen, fällen; se ~ (sur q.) sich stürzen, (auf j-n) losstürzen; (Ereignisse) sich überstürzen.

précis [pre'si] **1.** adj. (7) bestimmt; genau; bündig; deutlich, klar; sachlich; à dix heures ~es Punkt zehn Uhr; **2.** m Abriß, Hauptinhalt; ~ément [~ze'mã] genau; gerade; richtig; ~er [~'ze] (1a) genau bestimmen; ~ion [~'zjɔ̃] f Genauigkeit; Bestimmtheit usw.; genaue Auskunft.

précité [presi'te] vorerwähnt.

précoc|e [pre'kɔs] frühreif; vorzeitig; fig. Kind: frühreif; ~ité [~si'te] f Frühreife; Vorzeitigkeit.

précolombien hist. [prekɔlɔ̃'bjɛ̃] (7c) vorkolumbianisch, vor Christoph Kolumbus.

préconçu [prekɔ̃'sy] vorgefaßt.

préconiser [prekɔni'ze] (1a) rl. als Bischof für würdig erklären od. als Bischof gewählt verkünden od. fig. anpreisen; befürworten, eintreten für, empfehlen.

précontraint bât. [prekɔ̃'trɛ̃] adj.: béton m ~ Vorspannbeton m.

précurseur [prekyr'sœːr] m Vorläufer (a. fig.).

prédécesseur [predesɛ'sœːr] m Vorgänger; † ~s pl. Vorfahren.

prédestin|ation rl. [predɛstina'sjɔ̃] f Vorherbestimmung; Gnadenwahl; ~er [~'ne] (1a) fig. u. rl. auserwählen; vorherbestimmen.

prédica|teur [predika'tœːr] m Kanzelredner; ~tion [~ka'sjɔ̃] f Predigt.

prédiction [predik'sjɔ̃] f Vorhersagen n; Prophezeiung; Weissagung.

prédilection [predilɛk'sjɔ̃] f Vorliebe; de ~ Lieblings...

prédire [pre'diːr] (4m) vorher-, wahr-, weissagen.

prédispos|er [predispo'ze] (1a) empfänglich machen (à für); vorbereiten, Anlaß geben (à zu); ~ition 🜂 [~zi'sjɔ̃] f Empfänglichkeit, Anlage.

prédomin|ance [predɔmi'nɑ̃ːs] f Vorherrschen n, Überwiegen n; Vorherrschaft, Übergewicht n; ~ant [~'nɑ̃] (7) vorherrschend; ~er [~'ne] (1a) vorherrschen, überwiegen.

prééminen|ce [preemi'nɑ̃ːs] f Vorrang m; Hervorragen n; ~t [~'nɑ̃] (7) fig. hervorragend.

préétablir [preeta'bliːr] (2a) vorher festsetzen, vorherbestimmen.

préexistence rl. [preɛgzis'tɑ̃ːs] f früheres Dasein n, Vorleben n.

préfabriqué ⊕ [~fabri'ke] adj. vorgefertigt, Fertig...; en ~ im Fertigbau.

préfac|e [pre'fas] f Vorrede (a. fig.),

préfacer — 380 — **prendre**

Einleitung; **~er** [~'se] (1a) das Vorwort schreiben zu; **~ier** [~'sje] m Vorwortschreiber m.

préfect|oral [prefɛktɔ'ral] (5c) Präfektur...; **~ure** [~'ty:r] f Präfektur f.

préfér|able [prefe'rablə] vorzuziehen(d) (à vor); **~ence** [~'rɑ̃:s] f Vorzug m; Vorliebe; ⚖ Priorität; Kartenspiel: Trumpffarbe; de ~ eher, lieber, mit Vorliebe, vorzugsweise; de ~ à vor; **~er** [~'re] (1f) vorziehen; ~ faire qch. etw. lieber tun.

préf|et [pre'fɛ] m Präfekt, Landrat; école. Fr. rl. ~ des études Studienaufseher m; **~ète** [~'fɛt] f Frau e-s Präfekten usw.

préfix|e [pre'fiks] gr. m Präfix n, Vorsilbe f; **~er** [~k'se] (1a) anberaumen, festsetzen; gr. präfixieren.

pré-gazon ⚘ [prega'zɔ̃] m gepflegte Wiese, Rasenplatz m.

prégouvernɛ-'mã] m: ~ mondial überstaatliche Weltregierung f.

préhension [preɑ̃'sjɔ̃] f Greifen n.

préhis|toire [preis'twa:r] f Vorgeschichte f; **~torique** [~tɔ'rik] vorgeschichtlich.

préjudic|e [preʒy'dis] m Nachteil, Schade(n); au ~ de sa parole s-m gegebenen Worte zuwider; **~iable** [~'sjablə] nachteilig (à für); **~iaux** ⚖ [~'sjo] a/m pl.: frais m/pl. ~ Gerichtskostenvorschuß m; **~iel** ⚖ [~'sjɛl] (7c) vorläufig; question f ~le Vorfrage; **~ier** [~'sje] (1a): ~ à q. j-m Abbruch tun, schaden.

préjug|é [preʒy'ʒe] m Vorurteil n; ⚖ früheres Urteil n, Präzedenzfall; **~er** [~] (11) ⚖ vorläufig entscheiden; mutmaßen, vermuten.

prélasser [prela'se] (1a): se ~ sich in die Brust werfen; sich aufspielen; sich's bequem machen.

prélat cath. [pre'la] m Prälat.

prêle ⚘ [prɛl] f Schachtelhalm m.

prélèvement [prelɛv'mã] m (vorherige) Entnahme f; ⚕ Abstrich; ⚕ ~ sanguin Blutprobe f; ⚕ opérer un ~ e-n Abstrich machen.

prélever [prɛl've] (1d) vorwegnehmen; fin. abheben (Geld); ⚕ ~ du sang à q. j-m Blut abnehmen.

préliminaire [prelimi'nɛ:r] 1. adj. vorläufig, einleitend, Vor...; 2. **~s** m/pl.: ~ de paix (Friedens-)Vorverhandlungen f/pl.

prélud|e [pre'lyd] m Vorspiel n; fig. Einleitung f; Vorbote; **~er** [~'de] v/i. (1a) ♪ mit e-m einleitenden Vorspiel beginnen; präludieren; phantasieren; fig. ~ à qch. ein Vorspiel geben zu etw.

prématur|é [prematy're] 1. adj. (7) frühreif; zu früh, verfrüht; 2. m ⚕ Frühgeburt f; **~ément** [~'mã] adv. vor der Zeit; **~ité** [~ri'te] f Frühreife (mst. fig.); fig. Voreiligkeit.

prémédit|ation [premedita'sjɔ̃] f Vorbedacht m, Vorsatz m; avec ~ vorsätzlich; **~er** [~'te] (1a) vorher überlegen.

prémices [pre'mis] f/pl. erste Früchte f/pl.; fig. Anfänge m/pl., Erstlingsversuche m/pl.

prem|ier, -ière [prɔ'mje, ~'mjɛ:r] 1. adj. u. adj./n. o. (der, die, das) erste; partir le ~ zuerst fortgehen; au ~ jour m nächstens, in den nächsten Tagen; tout le ~ zu allererst, als erster; le ~ venu (la première venue) a. der (die) erste beste; nombre m ~ Primzahl f; matière f première Rohstoff m; 2. m école. Primus; △ erster Stock; thé. jeune ~ Erster Liebhaber; Erste(r, s); 3. f école. Prima; ✝ Primawechsel m; thé. Premiere f; Erstaufführung f; Erste Liebhaberin; erste Ranglage; Sport: Erstleistung f; Auto: erster Gang m; 🚂 erste Klasse.

premièrement [prɔmjɛr'mã] adv. erstens, in erster Linie, zuerst.

premier-né [prɔmje'ne] 1. adj. erstgeboren; 2. m Erstgeborene(r).

premier-Paris [prɔmjepa'ri] m Leitartikel e-r Pariser Zeitung.

prémisses [pre'mis] f/pl. Logik: Prämissen; Voraussetzungen.

prémonitoire ⚕ [premɔni'twa:r] dem Krankheitsausbruch vorhergehend (a. fig.).

prémunir [premy'ni:r] v/t. (2a) im voraus sichern (contre vor dat.).

prenable [prə'nablə] einnehmbar; fig. bestechlich; fig. verführbar.

prenant F [prə'nɑ̃] adj. zeitraubend; anstrengend.

prendre ['prɑ̃:drə] v/t. (4q) (weg-, ab-, an-, mit sich) nehmen; fassen; ergreifen; gefangennehmen; Stadt einnehmen; Fische usw. fangen;

prénégociation — 381 — **prescrire**

ertappen; überraschen; zu sich nehmen, essen, trinken; *Krankheit* bekommen; *Weg* einschlagen; auffassen, deuten; *Radio:* ~ *une station* e-n Sender hereinbekommen; ~ *q.* j-n abholen; ~ *mal* übelnehmen; *téléph.* ~ *la communication* den Hörer abnehmen; ~ *q. de court* j-n überrumpeln *od.* in Verlegenheit bringen; ~ *de vitesse q.* (*qch.*) j-m zuvorkommen (etw. überfordern *od.* zu hohe Ansprüche an etw. stellen); ~ *la liberté* sich die Freiheit nehmen; ~ *port,* ~ *terre* landen; ~ *pour qch. irrtümlich* für etw. halten; *pour qui me prenez -vous?* für wen halten Sie mich?; *bien pris(e)* wohl proportioniert (*Wuchs*); *v/i.* Wurzel fassen; *fig.* Erfolg haben, Anklang finden; haften, festsitzen; zünden, Feuer fangen (*le feu a pris à la maison das Haus hat Feuer gefangen*); gerinnen, zufrieren; ~ *sur qch.* von etw. absparen, abziehen; *s'y* ~ sich bei etw. anstellen; *se* ~ *d'amitié pour q.* Freundschaft fassen zu j-m; *s'en* ~ *à q. de qch.* sich wegen etw. an j-n halten; *se* ~ *à faire qch.* anfangen, etw. zu tun; *se* ~, *a.* nur *v/i.* ~ gerinnen; zufrieren.

prénégociation [prenegɔsjaˈsjɔ̃] *f* Vorverhandlung *f*.

preneur [prəˈnœːr] *su.* (7d) Nehmer *m*; Fänger *m*; ⚰ Abnehmer *m*; ⚖ Mieter *m*; ⊕ Greifer *m*; *rad.* ~ *de son* Tonmixer *m*.

prénom [preˈnɔ̃] *m* Vorname *m*; **~mer** [~nɔˈme] (1a) vorher nennen; ~ *q.* j-m e-n Vornamen geben.

préoccup|ation [preɔkypaˈsjɔ̃] *f* Hauptbeschäftigung, -sorge, -aufgabe; geistige Inanspruchnahme; Hauptinteresse *n*; Unruhe *f*, Sorge *f*; **~er** [~ˈpe] (1a) intensiv beschäftigen, völlig in Anspruch nehmen; beunruhigen; *se* ~ *de* sich intensiv befassen mit; sich Sorgen machen um; *ces faits me paraissent préoccupants* diese Tatsachen geben mir zu denken.

prépaiement [prepɛˈmɑ̃] *m* Vorausbezahlung *f*.

préparateur [prepaʀaˈtœːr] *su.* (7g) Zu-, Vorbereiter *m*; Gehilfe *m* (*bei Experimenten*); ~ *en pharmacie* Laborant.

préparatifs [prepaʀaˈtif] *m/pl.* in beiden *Sprachen nur im pl.*: (Reise-) Vorbereitungen *f/pl.*; **~tion** [~ʀaˈsjɔ̃] *f écol.* Vor-, *cuis.* Zubereitung; *Sport:* Training *n*; *anat.*, 🜚 Präparieren *n*, Präpa'rat *n*; **~toire** [~ʀaˈtwaːʀ] vorbereitend; *école* ~ Vorschule.

préparer [prepaˈʀe] (1a) vor-, zubereiten; ~ *un examen* sich auf ein Examen vorbereiten; *il se prépare qch.* es kriselt, *fig.* es ist etw. im Anzuge.

prépondéran|ce [prepɔ̃deˈʀɑ̃ːs] *f fig.* Übergewicht *n*; **~t** [~ˈʀɑ̃] (7) überwiegend, entscheidend.

prépos|é [prepoˈze] *m* Vorgesetzte(r), Aufseher *m*; *adm.* Briefträger *m*; **~er** [~] (1a): ~ *q. à* j-n zum Leiter ernennen über (*acc.*); **~ition** *gr.* [~ziˈsjɔ̃] *f* Präposition *f*, Verhältnis-, Vorwort *n*.

prépositionnel *gr.* [prepozisjɔˈnɛl] (7c) präpositional.

prérogative [preʀɔgaˈtiːv] *f* Vorrecht *n*.

près [pʀɛ] **1.** *adv.* nahe, nahe bei; *tout* ~ ganz in der Nähe; *ici* ~ dicht nebenan; *à peu* ~ bis auf weniges; beinahe; ungefähr; fast; *à beaucoup* ~ bei weitem nicht, weit gefehlt; *à cela* ~ dies ausgenommen; davon abgesehen; *à cette nuit* ~ abgesehen von dieser Nacht, bis auf diese Nacht; *à quelques exceptions* ~ bis auf einige Ausnahmen; *de* ~ in *od.* aus der Nähe; *fig.* sorgfältig; *couper de* ~ Haare ganz kurz schneiden; *au plus* ~ *fig.* auf dem kürzesten Wege; **2.** *prp.* ~ *de* nahe bei, in der Nähe von, neben (*dat. u. acc.*); *être* ~ *de* (*mit inf.*) nahe daran sein, zu ...; ~ *de deux heures* beinahe zwei Stunden; fast 2 Uhr; *s. auprès*.

présag|e [pʀeˈzaːʒ] *m* Vorbedeutung *f*; Vorzeichen *n*; Ahnung *f*; **~er** [~zaˈʒe] (11) vorbedeuten, verkünden; mutmaßen.

presbyte 🜚 [pʀɛzˈbit] weitsichtig.

presbytère [pʀɛzbiˈtɛːʀ] *m* Pfarrhaus *n*.

presbytie [pʀɛzbiˈsi] *f* Weitsichtigkeit *f*.

prescrip|tible ⚖ [pʀɛskʀipˈtibl] verjährbar; **~tion** [~pˈsjɔ̃] *f* Vorschrift; Rezept *n*; ⚖ Verjährung.

prescrire [pʀɛsˈkʀiːʀ] *v/t.* (4f) vorschreiben; 🜚 verschreiben; ⚖ etw.

préséance — **prestant**

verjähren lassen; se ~ verjähren (par nach).
préséance [prese'ɑ̃:s] f Vorrang m.
présence [pre'zɑ̃:s] f Gegenwart; Anwesenheit; être en ~ e. a. (kampfgerüstet) gegenüberstehen.
présent[1] [pre'zɑ̃] **1.** adj. (7) gegenwärtig, anwesend; vorliegend; bsd. ⚔ ~! hier!; ✝ votre ~e (lettre) Ihr vorliegendes Schreiben; lui ~ in s-r Gegenwart; **2.** m Gegenwart f, gegenwärtige Zeit f; gr. Präsens n; les ~s die Anwesenden; à ~ jetzt; pour le ~ für jetzt.
présent[2] litt. [pre'zɑ̃] m Geschenk n; faire ~ de schenken; recevoir en ~ zum (als) Geschenk erhalten.
présent|able [prezɑ̃'tabl] empfehlenswert; gut aussehend; **~ateur** [~ta'tœ:r] m a. rad. Conférencier, Ansager m von künstlerischen Darbietungen (od. Sendungen); ✝ Vorzeiger e-s fälligen Wechsels; **~ation** [~ta'sjɔ̃] f Ein-, Überreichung, Eingabe; Vorstellung (Fremden gegenüber); Aufmachung (Warenpackung, Zeitung); Ausstattung (Buch); Vorschlag m für ein Amt; ✝ billet m en retard de ~ bereits verfallener Wechsel; payable à ~ zahlbar bei Sicht; **~ement** [~t'mɑ̃] jetzt; **~er** [~'te] (1a) überreichen, dar-, anbieten; vorstellen, einführen; hinhalten, übergeben; darbringen; aufweisen; gewähren; für e-e Stellung vorschlagen; (vor-)zeigen; se ~ devant q. vor j-m erscheinen; **~oir** [~'twa:r] m großes Dekolleté n.
présérie ⊕ [prese'ri] f Vorserie f.
préserva|teur [prezerva'tœ:r] bewahrend, schützend; **~tif** [~'tif] **1.** adj. (7f) schützend; **2.** ♂ m Präservativ n; Schutzmittel n; **~tion** [~va'sjɔ̃] f Bewahrung f, Schutz m.
préserver [prezer've] (1a): ~ de bewahren, schützen vor (dat.).
prési|dence [prezi'dɑ̃:s] f Vorsitz m; Präsidentschaft; **~ent** [~'dɑ̃] Vorsitzender; Präsident m; **~entiel** [~dɑ̃'sjɛl] (7c) den Präsidenten betreffend, Präsidenten...; **~er** [~'de] (1a) **1.** v/t. den Vorsitz führen; **2.** ~ à lenken, leiten, fig. beherrschen; l'idée qui préside à la composition der leitende Gedanke in dem Aufsatz.
présomp|tif [prezɔ̃p'tif] (7e) mutmaßlich; **~tion** [~p'sjɔ̃] f a. ♃♃ Vermutung; Anmaßung f, Dünkel m, Spleen m; **~tueux** [~p'tɥø] (7d) dünkelhaft; anmaßend; a. su.
presque [prɛsk(ə)] beinahe, fast; la ~ totalité fast sämtliche...; la ~ unanimité die fast völlige Einstimmigkeit f.
presqu'île [prɛs'kil] f Halbinsel.
press|age ⊕ [prɛ'sa:ʒ] m (Aus-)Pressen n; **~ant** [~'sɑ̃] (7) zudringlich; dringend; eilig; **~é** [~'se] a. gedrängt (Stil); dicht od. eng geschrieben; eilig (Person od. Sache); **~e** [prɛs] f Presse (⊕ u. Zeitungen); Gedränge n; F Bedrängnis, Klemme; Eile; moments m/pl. de ~ Hauptgeschäftszeit; sous ~ im Druck; F être en (od. dans la) ~ in der Klemme sein; **~e-citron(s)** [prɛsi'trɔ̃] m Zitronenpresse f; **~e-étoffe** [prɛs'tɔf] m Stoffdrücker der Nähmaschine; **~e-étoupe** ⊕ [prɛse'tup] m Stopfbüchse; **~e-fruits** [~'frɥi] m (5c) Frucht-, Saftpresse f.
pressent|iment [prɛsɑ̃ti'mɑ̃] m Vorgefühl n, Ahnung f; **~ir** [~'ti:r] (2b) ahnen; fig. ausfragen; sondieren.
presse-papier [prɛspa'pje] m Briefbeschwerer; **~-purée** [~py're] m Gemüse-, Kartoffelquetsche f.
press|er [prɛ'se] v/t. (1b) drücken; (aus)pressen, keltern; zs.-pressen; bedrängen; dringen (q. in j-n); zur Eile antreiben; beschleunigen; v/i. drängen; rien ne presse es hat keine Eile; se ~ sich drängen; sich beeilen; **~ion** [~'sjɔ̃] f Druck m; fig. Zwang m; ~ sanguine (ou artérielle) Blutdruck m; basse ~ ⊕ Niederdruck m; Tiefdruckgebiet n, Tief m (Wetter); basse ~ démographique geringe Bevölkerungsdichte f; haute ~ ⊕ Hochdruck m; Hochdruckgebiet n, Hoch n (Wetter); ⚡ contact m de ~ Druckkontakt m; **~oir** [~'swa:r] m Kelter f, (Wein-usw.) Presse f; Kelterhaus n.
pressur|age [prɛsy'ra:ʒ] m Auspressen n, Keltern n; **~er** [~'re] (1a) ausdrücken, -pressen, keltern; fig. aussaugen; **~eur** [~'rœ:r] m Kelterer; fig. Ausbeuter, Erpresser.
prest|ance [prɛs'tɑ̃:s] f stattliches Aussehen n; **~ant** ♪ [~'tɑ̃] m Hauptpfeifenwerk n, Prinzipal n e-r Orgel;

prestation — 383 — **prévenir**

~ation [~tɑˈsjɔ̃] f Leistung; Abgabe, Ablieferung f; Zahlungsleistung; ~ de maladie Krankengeld n; ~ de serment Eidesleistung; ~ en nature (en argent) Lieferung in Naturalien (in Geld), Sachleistung; verser une ~ e-e Einzahlung leisten; **~e** [prest] behende, flink; **~esse** [~ˈtɛs] f Behendigkeit f, Fixigkeit f.

prestidigita|teur [prestidiʒitaˈtœːr] m Taschenspieler m; **~tion** [~tɑˈsjɔ̃] f Taschenspielerkunst f.

prestig|e [presˈtiːʒ] m Prestige n, Ansehen n; ~ maritime Seegeltung f; **~ieux** [~ˈtiˈʒjø] (7d) bezaubernd, verblüffend.

presto-moulage [prestɔmuˈlaːʒ] m Knetmasse f, Knete f enf.

présum|able [prezyˈmablə] mutmaßlich, vermutlich; **~er** [~ˈme] v/t. (1a) vermuten; annehmen, meinen; v/i. ~ trop e-e zu gute Meinung haben (de von).

présupposer [presypoˈze] v/t. (1a) voraussetzen; erfordern.

présure [preˈzyːr] f (Kälber-)Lab n.

prêt[1] [prɛ] bereit, fertig (à zu); ~ au départ startbereit; ~ à être fourni lieferfertig; **~-à-porter** m Konfektion f, Fertigkleidung f; ~ à l'usage gebrauchsfertig.

prêt[2] [prɛ] m Darlehen n, Vorschuß; Ausleihen n von Büchern usw.; ⚔ Sold m; service m de ~(s) de livres Buchverleih; ✝ ~ sur gage (od. sur nantissement) Lombardgeschäft n; ~ gratuit (~ à intérêt) unverzinsliches (verzinsliches) Darlehen n.

pretantaine, a. **pretentaine** F [prətɑ̃ˈtɛn]: courir la ~ herumbummeln; in der Weltgeschichte herumgondeln (bsd. als Galan).

prêt-à-porter [prɛtapɔrˈte] m Konfektion, Fertigkleidung f; Kleid od. Kostüm von der Stange.

prétend|ant [pretɑ̃ˈdɑ̃] m Bewerber; Freier; Prätendent; **~re** [~ˈtɑ̃ːdrə] v/t. (4a) beanspruchen, fordern, verlangen; behaupten, daß; wollen; v/i. ~ à Anspruch erheben auf (acc.); streben nach; **~u** [~tɑ̃ˈdy] 1. adj. angeblich; 2. F, auf dem Lande: su. Bräutigam m, Braut f.

prête-nom [prɛtˈnɔ̃] m vorgeschobene Person f, fig. Strohmann.

prétentiard P [pretɑ̃ˈsjaːr] angeberisch. [maßend, anspruchsvoll.

prétentieux [pretɑ̃ˈsjø] (7d) an-⟩

prétention [pretɑ̃ˈsjɔ̃] f Anspruch m; fig. Anmaßung f, Dünkel m.

prêter [prɛˈte] v/t. (1a) (aus)leihen; darbieten; Eid, Hilfe usw. leisten; zuschreiben, unterstellen; v/i. sich dehnen; ~ à Anlaß geben zu; sich eignen zu; se ~ à sich hergeben zu, zustimmen.

prétérit gr. [preteˈrit] m Präteritum n.

prêteur [prɛˈtœːr] su. Verleiher m; Darlehensgeber m.

prétext|e [preˈtɛkst] m Vorwand; prendre ~ de qch. etw. zum Vorwand nehmen; sur ce ~ auf diesen Vorwand hin; sous ~ de (mit inf.) od. que (mit subj.) unter dem Vorwand ...; **~er** [~ˈte] (1a) vortäuschen, vorgeben. [saal m.⟩

prétoire [preˈtwaːr] m Gerichts-⟩

prêtr|aille péj. [prɛˈtrɑːj] f Pfaffengesindel n; **~e** [ˈprɛːtrə] m Priester; **~esse** [prɛˈtrɛs] f Priesterin; **~ise** [~ˈtriːz] f Priesterwürde; -tum n; -stand m.

preuve [prœːv] f Beweis m; Beleg m; Zeichen n; Zeugnis n; arith. Probe; faire la ~ de qch. etw. beweisen.

preux hist. [prø] 1. adj. tapfer; 2. m Held, Recke.

prévaloir [prevaˈlwaːr] v/i. (3h): ~ sur od. contre den Sieg davontragen über (acc.), die Oberhand gewinnen; sich durchsetzen, sich Geltung verschaffen; vorwiegen, -herrschen; se ~ de sich etw. zunutze machen, sich verlassen auf (acc.); für sich geltend machen, pochen auf (acc.); ✝ se ~ de ses frais sur une marchandise s-e Unkosten auf e-e Ware schlagen.

prévarica|teur [prevarikaˈtœːr] (7f) 1. adj. pflichtvergessen; 2. su. Übertreter m der Amtspflicht; **~tion** [~kaˈsjɔ̃] f Amtsvergehen n, Pflichtverletzung f; Unterschlagung f.

prévariquer [prevariˈke] (1m) amtswidrig handeln.

prévenan|ce [prevˈnɑ̃ːs] f Zuvorkommenheit f; **~t** [~ˈnɑ̃] (7) zuvorkommend; einnehmend.

prévenir [prevˈniːr] v/t. (2h): ~ q. j-m zuvorkommen; ~ qch. e-r Sache vorbeugen; verhüten; vereiteln; fig. voreinnehmen (für od. gegen e-e Sache); ~ q. de qch. j-n zuvor benachrichtigen von e-r Sache; warnen vor (dat.).

préventif — 384 — **prisable**

préven|tif [prevã'tif] (7e) vorbeugend; *détention f (od. prison f)* préventive Untersuchungshaft; **~tion** [~'sjɔ̃] *f* Voreingenommenheit, Vorurteil *n*; Vorbeugung *f*; ⚕ Vordacht *m*; *Fr.* ♀ *routière* Verkehrswacht *f*; *en ~* in Untersuchungshaft; **~torium** [~vã'tɔːrjɔm] *m* ⚕ Sanatorium *n*.

prévenu ⚖ [prev'ny] **1.** *adj.* beschuldigt; **2.** *su.* Angeklagte(r).

prévision [previ'zjɔ̃] *f* Voraussehen *n*; Vermutung; ✈ Vormutung; *~ du temps od. ~s météorologiques* Wettervorhersage.

prévoir [pre'vwaːr] (3b) voraus-, vorhersehen; *(im voraus)* bedenken.

prévôt [pre'vo] *m* ehm. Vogt; *rl.* (Dom-, Stifts-)Propst; ⚔ oberster Feldrichter *m*; **~é** [~'te] *f* ⚔ Feldgendarmerie *f*.

prévoy|ance [prevwa'jãːs] *f* Voraussicht; Vorsorge; *~ sociale* (soziale) Fürsorge; *prendre des mesures de ~* Vorsichtsmaßregeln treffen; **~ant** [~'jã] (7) vorausschauend; vorsehend.

prie-Dieu [pri'djø] *m* (6c) Betstuhl.

prier [pri'e] (1a) beten *(Dieu zu Gott)*; bitten; *~ à déjeuner* zum (Mittag-)Essen einladen, zu Tisch bitten; *je vous en prie* ich bitte Sie darum; wenn ich bitten darf; bitte sehr!, gern geschehen!, macht nichts!

prière [pri'ɛːr] *f* Gebet *n*; Bitte; *faire sa ~* beten *(v/i.)*; *~ de ne pas cracher* Bitte nicht spucken.

prieur *m*, **~e** *f* [pri'œːr] Prior *m*, Priorin *f*, Oberin *f*; **~é** [~œ're] *m* Priorei *f*; Priorwürde *f*. [geld *n*.\

primage ⚓ [pri'maːʒ] *m* Prim-/

primaire [pri'mɛːr] **1.** *adj.* Elementar..., Anfangs..., Ur..., Primär...; *vote m ~* Urabstimmung *f*; **2.** *m écol.* Grundschulunterricht *m*; ✝ Primärkreis.

prim|at *rl.* [pri'ma] *m* Primas; **~auté** [~mo'te] *f* Vorrang *m*; Obergewalt *des Papstes*; Vorhand *beim Spiel*.

prime¹ [prim] *adv.*: *de ~ abord* von vornherein; *de ~ face* auf den ersten Blick; *de ~ saut* beim ersten Ansatz, gleich; urwüchsig.

prime² [prim] ✝ *f* Prämie, Gratifikation; Gebühr; Zugabe *(im Laden)*; *faire ~* sehr gesucht sein.

primer¹ [pri'me] *v/i.* (1a) den Vorrang haben, an der Spitze stehen; *v/t.* übertreffen; *la force prime le droit* Gewalt geht vor Recht.

primer² [pri'me] (1a) prämiieren.

primerose ♀ [prim'roːz] *f* Gartenmalve, Stockrose; *~ parisienne* Sammetnelke.

primesautier [primso'tje] (7b) ungezwungen, natürlich, urwüchsig.

primeur [pri'mœːr] *f* erste Zeit der Reife; *~s pl.* erstes Gemüse *n*, Frühobst *n*; *avoir la ~ de qch. etw. als erster genießen*; **~iste** [~mœ'rist] *m* Frühobst- *(od. Frühgemüse-)*Gärtner.

primevère ♀ [prim'vɛːr] *f* Primel.

primitif [primi'tif] (7e) ursprünglich; Ur...; Grund...; primitiv.

primo [pri'mo] *adv.* erstens.

primogéniture [primɔʒeni'tyːr] *f* Erstgeburt.

primordial [primɔr'djal] (5c) ursprünglich; wesentlich.

prin|ce *m*, **~cesse** *f* [prɛ̃s, prɛ̃'sɛs] Fürst(in *f*) *m*; Prinz(essin *f*) *m*.

princeps [prɛ̃'sɛps] *adj. inv.*: *édition f ~* Erstausgabe.

princier [prɛ̃'sje] (7b) fürstlich, prinzenhaft.

princip|al [prɛ̃si'pal] (5c) **1.** *adj.* hauptsächlich, Haupt...; **2.** *m* Hauptsache *f*, -punkt; *(städtischer Schul-)*Direktor; ✝ Börse: *~ et arrérages* Kapital *n u.* rückständige Zinsen *pl.*; *principaux pl. a.* Prominenz *f*, Honoratioren; **~alat** [~pa'la] *m* Amt *f n e-s* städtischen Schuldirektors; **~at** [~'pa] *m* Fürstenwürde *f*; **~auté** [~po'te] *f* Fürstentum *n*; Fürstenstand *m*; **~e** [~'sip] *f n.* Ursprung, Grundursache *f*; *phys.* Bestandteil; 🧪 Grund-, Urstoff *m*; *fig.* Grundsatz, -wahrheit *f*; Verhaltungsregel *f*; *~s pl.* Anfangsgründe; *dès le ~* von Anfang an; *en ~* grundsätzlich.

printanier [prɛ̃ta'nje] (7b) Frühlings...

printemps [prɛ̃'tã] *m* Frühling *m*.

priorat [priɔ'ra] *m* Priorat *n*.

prioritaire [priɔri'tɛːr] *adj.*: *route f ~* Vorfahrtsstraße.

priorité [priɔri'te] *f* Vorrang *m*, Vorzug *m*; *(Verkehr)* Vorfahrt *f*; *avoir ~ sur une voie* Vorfahrt auf einer Straße haben.

prisable [pri'zablə] schätzbar.

pris|e [priːz] f Nehmen n, Ergreifen n; ⚔ Einnahme, Eroberung; Wegnahme *e-s Schiffes*; erbeutetes Schiff n, Prise; Fang m, Beute; Fähigkeit u. Eigenschaft zu fassen *od.* gefaßt zu werden; *fig.* Fassungsvermögen n; *phot.* Aufnahme; Gefrieren n, Gerinnen n; kleine Menge, Prise; ~ *d'air* Luftzufuhr; ~ *d'armes* Parade f (*mit Waffen*); ~ *d'eau* Wasserentnahme; Hydrant m; ~ *de conscience* Erwachen n, Bewußtwerden n, klares Erfassen n; ~ *de contact* Fühlungnahme; ⚡ *de corps* Verhaftung; ~ *de courant* Steckkontakt m, Steckdose; ~ *de sang* Blutentnahme; ⚡ *de terre rad.* Erdung, Erden n; ~ *de vues* (Film-)aufnahme; *donner* ~ *à* Anlaß geben zu; ~ *en charge* Kostenübernahme f; ~ *en considération* Berücksichtigung; *être aux* ~*s avec q.* sich (*dat.*) mit j-m in den Haaren liegen; *lâcher* ~ loslassen; *avoir* (*od. trouver*) ~ *sur q. od. qch. j-n od. etw.* fassen, (an)packen; *fig. auf j-n* Eindruck machen; *donner* ~ *sur soi* sich e-e Blöße geben.

prisée [priˈze] f Schätzung, Taxe.
priser¹ [priˈze] (1a) ~ abschätzen, taxieren; preisen, würdigen.
priser² [priˈze] (1a) Tabak usw. schnupfen. [tor m.]
priseur¹ ⚡ [priˈzœːr] *su.* (7g) Taxa-⎤
priseur² [~] (Tabak-)Schnupfer m.
prismatique [prismaˈtik] ᵅ prismatisch, prismenförmig.
prisme [prism] m Prisma n.
prison [priˈzõ] f Gefängnis n; **~nier** m, **~nière** f [~zɔˈnje, ~zɔˈnjɛːr] Gefangene(r).

priva|tif [privaˈtif] (7e) ⚡ ausschließend; *gr.* verneinend; **~tion** [~vaˈsjõ] f Entziehung, Entbehrung; Fehlen n, Mangel m; *phil.* Aufhebung; ~ *des droits civiques* Aberkennung der bürgerlichen Ehrenrechte; **~tiser** *néol.* [~tiˈze] *v/t.* (1a) wieder zum Privatbesitz machen.

priv|auté [privoˈte] f (*mst. im pl.*) große Vertraulichkeit; **~é** [~ˈve] 1. *adj.* privat; geheim; *zo.* zahm; 2. m Privatleben n; *dans le* ~ privatim.
priver [priˈve] (1a): ~ *q. de qch.* j-n *u-r Sache* (*gén.*) berauben; ~ *de ses droits* entrechten.

privil|ège [priviˈlɛːʒ] m Privileg n, Vorrecht n; **~égier** [~leˈʒje] *v/t.* (1a) bevorzugen, *j-m* ein Vorrecht gewähren *od.* einräumen.

prix [pri] m Preis; Wert; Lohn; Prämie f; ~ *fixes!* (*hier*) feste Preise!; ~ *courant* Marktpreis; ~ *d'amateur* Liebhaberpreis; *dernier* ~ äußerster Preis; ~ *fait* ausgemachter Preis; *les* ~ *de gros et de détail* die Engros- u. En-detailpreise; ~ *de revient* Selbstkostenpreis, Gestehungskosten f/pl.; ~ *de vente* Ladenpreis; ~ *unitaire* Einheitspreis; *diminution f de* ~ Preisabbau m; ~ *local* ortsübliches Tagegeld n; ~ *mondial* Weltmarktpreis; ~*-courant* Preisliste f; *le* ~*-plancher* der niedrigste Preis; ~*-réclame*, ~ *publicitaire* Reklamepreis; *à vil* ~ zu e-m Spottpreis; *à tout* ~ um jeden Preis; *à aucun* ~ um keinen Preis; *hors de* ~ außerordentlich teuer.

proba|bilité [prɔbabiliˈte] f Wahrscheinlichkeit; **~ble** [~ˈbabl] wahrscheinlich.
probant [prɔˈbɑ̃] beweiskräftig.
probation *rl.* [prɔbaˈsjõ] f (Probezeit vor dem) Noviziat n.
probe [prɔb] rechtschaffen.
pro-belge [prɔˈbɛlʒ] *adj.* belgienfreundlich.
probité [prɔbiˈte] f Redlichkeit; Rechtschaffenheit.
problématique [prɔblemaˈtik] fraglich; zweifelhaft; zweideutig.
problème [prɔˈblɛm] m Problem n, schwierige Frage f; ᵅ Aufgabe f.
procéd|é [prɔseˈde] m Verfahren n; ⊕ Lederstück n (*vom Billardstock*); ~*s pl.* Manieren f/pl., Lebensart f; *manquer de* ~*s* keine Lebensart haben; *user de bons* ~*s* sich höflich benehmen; **~er** [~] (1f) schreiten *zu*; fortschreiten; verfahren, vorgehen, zu Werke gehen; ⚡ einschreiten; ~ *de* herrühren von; **~ure** ⚡ [~ˈdyːr] f Verfahren n; Rechtsgang m; Prozeßführung.
procès [prɔˈsɛ] m Prozeß; Prozeßakten f/pl.; *anat.* Fortsatz.
processif [prɔsɛˈsif] (7e) prozeßsüchtig; Prozeß...
procession [prɔsɛˈsjõ] f Prozession, kirchlicher Umzug m; Festzug m.
procession|naire *ent.* [prɔsɛsjɔˈnɛːr] f (*od. adj. chenille f* ~) Prozessionsraupe; **~nal** [~ˈnal] m (5c)

processionnel — 386 — **profanation**

Prozessionsliederbuch n; ~nel [~'nɛl] prozessionsmäßig; ~nellement [~nɛl'mɑ̃] in feierlichem Aufzuge; ~ner [~'ne] (1a) Prozession(en) od. Umzüge veranstalten.

processus [prɔsɛ'sys] m fig. (Entwicklungs-)Prozeß, Verfahren n; anat. Fortsatz m; ~ opératoire Arbeitsweise f e-r Maschine.

procès-verbal [prɔsɛvɛr'bal] m Protokoll n; ~ de constatation Tatbestandsaufnahme f; ~ de séance Sitzungsprotokoll n; dresser (un) ~ ein Protokoll aufnehmen.

prochain [prɔ'ʃɛ̃] **1.** adj. nächst in örtlicher od. zeitlicher Reihenfolge; nahe bevorstehend, baldig; au ~ village im nächsten Dorf (zu dem wir z. B. in dieser Richtung kommen); **2.** su. der Nächste; amour m du ~ Nächstenliebe f; ~ement [~ʃɛn'mɑ̃] nächstens.

proche [prɔʃ] **1.** adj. örtlich, zeitlich, fig. nahe; la ville la plus ~ die (am) nächste(n gelegene) Stadt; le ~ passé die nahe Vergangenheit f; fig. le syriaque, très proche de l'araméen das Syrische, das dem Aramäischen sehr nahe steht; le plus ~ adjoint der nächststehende Gehilfe m; ~ parent naher Verwandter m; **2.** adv. † in der Nähe; heute noch: de ~ en ~ immer näher; von Haus zu Haus; von Ort zu Ort; fig. allmählich immer mehr, immer weiter; **3.** prp. ~ de qch. nahe bei etw.; **4.** m (nur noch in pl.!): nos ~s unsere Verwandten.

Proche-Orient [prɔʃɔ'rjɑ̃] m: le ~ der Nahe Osten.

proclam|ation [prɔklama'sjɔ̃] f Verkündigung; Ausrufung; ~ au peuple français m an das Volk; ~er [~'me] (1a) feierlich bekanntmachen; verkündigen; j-n ausrufen als.

procréer [prɔkre'e] (1a) (er)zeugen.

procuration [prɔkyra'sjɔ̃] f Vollmacht; ✝ Prokura; donner sa ~ Vollmacht geben; ✝ Prokura erteilen; par ~ per Prokura.

procur|er [prɔky're] (1a) verschaffen; besorgen; verursachen; ~eur [~'rœːr] **1.** su. Bevollmächtigte(r); Sachwalter m; **2.** m Prokurator; ~ de la République Staatsanwalt; ~ général Oberstaatsanwalt; ~euse péj. [~'røːz] f Kupplerin f.

prodig|alité [prɔdigali'te] f Verschwendung(ssucht); ~e [~'diːʒ] adj.

Wunder(ding n, -geschöpf n); a. adj.: enfant m u. f ~ Wunderkind n; ~ieux [~'ʒjø] wunderbar; gewaltig.

prodigu|e [prɔ'dig] **1.** adj. verschwenderisch; l'enfant m ~ rl. der verlorene Sohn; **2.** su. Verschwender(in f) m; ~er [~'ge] (1m) verschwenden; fig. nicht schonen; ~ les premiers soins à un blessé e-m Verletzten bereitwillig Erste Hilfe geben.

prodrome [prɔ'drɔːm, ~'drɔm] m ✱ Vorbote; fig. Vorläufer.

produc|teur [prɔdyk'tœːr] **1.** adj. (7f) erzeugend, herstellend; **2.** m Erzeuger, Hersteller; ~tible [~'tiblə] erzeugbar; ~tif [~'tif] produktiv; einträglich; ~tion [~'sjɔ̃] f **1.** Produktion f, Erzeugung f, Ausstoß m; Erzeugnis n; ~ en grand Massenerzeugung; ~ en série(s), ~ de série Serienherstellung, Fließarbeit; ~ journalière Tagesleistung; **2.** ✝ Ertrag m; **3.** ⚖ Beibringung von Beweisen; ~tivité [~tivi'te] f Rentabilität f, Produktivität f, Leistungsfähigkeit f, Ergiebigkeit f, Fruchtbarkeit f; schöpferische Kraft f.

produi|re [prɔ'dɥiːr] (4c) produzieren, erzeugen, hervorbringen; vorführen, -legen; (er)zeugen; einbringen, Zinsen abwerfen; Beweise beibringen; verursachen; se ~ sich zeigen; sich ereignen; sich sehen lassen; (Tod, Stille) eintreten; ~t [~'dɥi] m Erzeugnis n, Ertrag; ✗, ⊕ u. ⚗ Produkt n; ⚖ acte m de ~ Hinterlegungsschein m; ~ accessoire Nebenprodukt n; ⚒ ~ extrait Förderqut n; ✝ ~ fabriqué Fabrikat n; ~ fini Fertigfabrikat n; ~ laminé Walzwerkerzeugnis n; ~ national Sozialprodukt n; ~ semi-fini Halbfabrikat n; phys. ~ de fission Spaltprodukt n; ~ de laiterie Milch- (od. Molkerei-)produkt n; ~ du capital Kapitalertrag.

proémin|ence [prɔemi'nɑ̃ːs] f Hervorragen n; hervorragender Teil m; Anhöhe; ~ent [~'nɑ̃] (7) hervorragend (nicht fig.!), vorspringend.

prof * écol., univ. [prɔf] m Lehrer m; Professor m.

profan|ateur [prɔfana'tœːr] m Entweiher, (Tempel-)Schänder; ~ation [~na'sjɔ̃] f Entweihung,

profane — **projet**

Schändung; ~e [~'fan] **1.** *adj.* weltlich; ruchlos; **2.** *m* Weltliche(s) *n*; **3.** *su.* Gottesverächter(in *f*) *m*; Uneingeweihte(r) *m*; *fig.* Außenstehender *m*; ~**er** [~'ne] (1a) entheiligen, entweihen.

proférer [prɔfe're] (1g) hervorbringen, aussprechen.

prof|ès, ~**esse** *rl.* [prɔ'fɛ, ~'fɛs] *rl.* Eingeweihter *m*; *fig.* Fachmann *m*, Kenner *m*.

profess|er [prɔfɛ'se] (1b) öffentlich bekennen; öffentlich lehren; *Kunst* ausüben; ~**eur** [~'sœ:r] *m* Lehrer (*an höheren Schulen*); Professor; *Fr.* ~ *certifié* Studienrat *m*, -rätin *f*; ~**iographie** [~sjɔgra'fi] *f* Berufskunde *f*; ~**ion** [~'sjɔ̃] *f* öffentliches Bekenntnis *n*; Beruf *m*, Stand *m*; ~ *encombrée* überfüllter Beruf *m*; ~ *de foi* Glaubensbekenntnis *n*; *de* ~ vom Fach, seines Zeichens; ~**ionnel** [~sjɔ'nɛl] (7c) berufsmäßig; *enseignement m* ~ Fachschulunterricht; *orientation f* ~*le* Berufsberatung *f*; *su.* Fachmann *m*; *Sport:* Berufsspieler *m*, -fahrer *m*; ~**orat** [~sɔ'ra] *m* höheres Lehramt *n*; Studienratsstelle *f*; Professur *f*.

profil [prɔ'fil] *m* Profil *n*; Seitenansicht *f*; Querschnitt *m*; ~**er** [~'le] (1a) im Profil *od.* im Querschnitt darstellen; ⊕ *profilé m en acier* Profilstahl *m*; *se* ~ sich in der Zukunft abzeichnen.

profit [prɔ'fi] *m* Profit *m*, Gewinn *m*, Nutzen *m*; ~*s et pertes* Gewinn und Verlust *m*; *mettre à* ~ sich zunutze machen; ~**able** [~'tabl] vorteilhaft, nützlich; einträglich; ~**er** [~'te] (1a): ~ *de qch.* aus e-r Sache Nutzen ziehen *od.* profitieren; ~ *à q.* j-m nützlich sein, Vorteil(e) bringen, zugute kommen; ~**eur** [~'tœ:r] *m* Nutznießer *m*, Profiteur *m*; ~ *de guerre* Kriegsgewinnler *m*.

profond [prɔ'fɔ̃] tief; *fig.* gründlich (*adv.* ~*ément*); *phm.*, 𝕏 *en pénétrant jusqu'au plus* ~ *des pores* mit Tiefenwirkung; ~**eur** [~'dœ:r] *f* Tiefe *f*; 𝕏 Teufe *f*; *fig.* Gründlichkeit *f*.

profus [prɔ'fy] (7) *a.* 𝕏 reichlich; *adv.* ~*ément* verschwenderisch; ~**ion** [~'zjɔ̃] *f* Verschwendung *f*; *à* ~ im Überfluß.

progéniture [prɔʒeni'ty:r] *f* Nachkommenschaft *f*; Kinder *n/pl.*

progestatif [prɔʒɛsta'tif] *m* Schwangerschaftsverhütungsmittel *n*.

prognos|e † [prɔ'gno:z] *f* Vorausbestimmung *f* e-r Krankheit; ~**tique** † [~gnɔs'tik] e-e Krankheit anzeigend.

programm|ateur [prɔgrama'tœ:r] **1.** *m* †, ⊕ Anleitungsheft *n*; **2.** *su. rad., thé.* Programmgestalter *m*; ~**ation** *the., cin., rad.* [~ma'sjɔ̃] *f* Programmgestaltung *f*; *él.* Programmierung *f*; ~**e** [prɔ'gram] *m* Programm *n*; Festordnung *f*; Theaterzettel *m*; ~ *des études Lehrplan m*; ~ *immédiat* Sofortprogramm *n*; ~**er** [~'me] **1.** *él.* ~ *un problème* e-e Aufgabe programmieren; **2.** ⊕ genau einstellen; **3.** *allg.* planmäßig festlegen; ~**eur** ⊕ *él.* [~'mœ:r] *m* Steuerwerk *n*, Programmierer *m*, programmbildender Teil *m* e-s *Elektronenrechners*.

progrès [prɔ'grɛ] *m* Fortschritt *m*; Fortgang *m*; ♪ Fortschreiten *n*; *net* ~ entschiedener Fortschritt *m*.

progress|er [prɔgrɛ'se] (1b) vorwärts gehen; *fig.* Fortschritte machen; ~**if** [~'sif] (7e) vorwärts-, fortschreitend; ~**ion** [~'sjɔ̃] *f* Fortschreiten *n*; *fig.* Zunehmen *n*, Stufenfolge *f*; 𝔸 fortschreitende Reihe *f*; ~**iste** [~'sist] **1.** *adj. pol.* fortschrittlich; **2.** *su.* Fortschrittler *m*; ~**ivité** [~sivi'te] *f* Steigerungsfähigkeit *f*.

prohib|er [prɔi'be] (1a) verbieten; ~**itif** [~bi'tif] (7e) verbietend; *système m* ~ Absperrungssystem *n*; ~**ition** [~bi'sjɔ̃] *f* (Einfuhr-)Verbot *n*; ~ *d'exportation* Ausfuhrverbot *n*; ~**itionniste** [~bisjɔ'nist] **1.** *adj.* schutzzollmäßig; **2.** *m* Anhänger *m* des Prohibitivsystems.

proie [prwa] *f* Raub *m*; Beute *f*; *en* ~ *à* preisgegeben.

projec|teur [prɔʒɛk'tœ:r] *m* Scheinwerfer *m*; *bét.* Spritzmaschine *f*; ~**tif** [~'tif] (7e) werfend; Wurf...; ~**tile** [~'til] *m* Geschoß *n*; ~**tion** [~k'sjɔ̃] *f* (Fort-)Schleudern *n*; Werfen *n*, Wurf *m*; Ausstoßung *f* *des Gasstrahls bei Düsenantrieb*; *géom.* Projektion *f*; *cin.* Vorführung *f*; △ ~ *horizontale* Grundriß *m*; *lanterne f de* ~ Bildwerfer *m*.

projet [prɔ'ʒɛ] *m* Projekt *n*, Plan *m*; Entwurf *m*; Vorhaben *n*; *être en* ~

25*

projeter — 388 — **prononcer**

im Stadium der Planung sein; ~er [prɔʒ'te] (1c) vorwärtsschleudern; (nach vorn) werfen; ausstrahlen; projizieren, auftragen; vorhaben, planen; ~ son ombre s-n Schatten werfen; ~ des étincelles Funken sprühen.

prolé|taire [prɔle'tɛːr] m Proletarier m; *péj.* Prolet m; ~s de tous les pays, unissez-vous! Proletarier aller Länder, vereinigt euch!; **~tariat** [̴taˈrja] m Proletariat n; **~tarien** [̴taˈrjɛ̃] (7c) proletarisch.

proli|fération [prɔlifera'sjɔ̃] *f* ♀ *u. zo.* Vermehrung *f* durch Zellenverteilung; *a.* Sprossen *n*; ✵ Wucherung *f*; *ling.* Ausbreitung *f*, Weiterbildung *f*; *fig.* schnelle Zunahme *f*; **~férer** [̴feˈre] (1f) sich stark vermehren; überhandnehmen; *gr.* weitere Ableitungen hervorbringen; **~fique** *biol.* [̴'fik] sich stark vermehrend; kinderreich.

prolix|e [prɔ'liks] weitschweifig; **~ité** [̴ksiˈte] *f* Weitschweifigkeit *f*.

prolo P [prɔ'lo] *m* Prolet.

prologue [prɔ'lɔg] *m thé.* Prolog *m*; ♪, *a. fig.* Vorspiel *n*.

prolong|ation [prɔlɔ̃gaˈsjɔ̃] *f* zeitliche (*a.* Straf-)Verlängerung *f*; Ausdehnung *f*; **~e** [̴'lɔ̃ːʒ] *f* Schleppseil *n*; **~ement** [̴lɔ̃ʒˈmɑ̃] *m* Verlängerung *f* (*bsd.* räumlich); **~er** [̴'ʒe] (11) verlängern; länger dauern lassen; hinausschieben.

promédical [prɔmediˈkal] *adj.* (5c) an Stelle des Arztes.

promen|ade [prɔmˈnad] *f* Spaziergang *m*, -fahrt *f*, -ritt *m*, -flug *m*; Spazierweg *m*, Anlagen *f/pl.*; **~er** [prɔmˈne] *v/t.* (1d) spazierenführen, herumführen; *fig.* herumlaufen lassen; *fig.* hinhalten; ~ son chien s-n Hund ausführen; *va te ~!* scher' dich zum Teufel!; se ~ spazierengehen, -fahren, -reiten, -fliegen; F *envoyer q.* ~ j-n zum Teufel schicken; **~eur** [̴'nœːr] *su.* (7g) Spaziergänger *m*; **~oir** [̴ˈnwaːr] *m* Wandelgang *m*; *thé.* Stehplatz.

promesse [prɔˈmɛs] *f* Versprechen *n*; ✝ Schuldverschreibung; ~ *formelle* bindende(s) Versprechen *n*; ~ *simple* Wechsel *m* auf den Aussteller.

promett|eur [prɔmɛˈtœːr] (7g) **1.** *adj.* vielversprechend; **2.** *su.* Person *f*, die leichtsinnig Versprechungen macht; **~re** [̴ˈmɛtrə] (4p) versprechen; ✧ *abs.* gut stehen; *fig.* ankündigen; F *j-m gegenüber* versichern; *les champs promettent* die Felder stehen gut; *se* ~ sich vornehmen; erhoffen; F *(auf dem Lande)* sich verloben.

promis [prɔˈmi] *adj.* versprochen; F *auf dem Lande:* verlobt; ~ *au succès* erfolgversprechend; F *(auf dem Lande)* su. Verlobter; *adj. la terre* ~*e* das Gelobte Land ('Kanaan).

promiscuité [prɔmiskɥiˈte] *f* buntes Durcheinander *n*; Vermischung *f* der Geschlechter.

promission *rl.* [prɔmiˈsjɔ̃] *f* Verheißung. [gebirge *n*.]

promontoire [prɔmɔ̃ˈtwaːr] *m* Vor-

promo|teur [prɔmɔˈtœːr] (7f) **1.** *adj.* anstiftend; **2.** *su.* Anstifter(in *f*) *m*; **~tion** [̴moˈsjɔ̃] *f* Beförderung; *(berufliche)* Aufstiegsmöglichkeit *f*; *écol.* Versetzung *f*; *écol.* (Entlassungs-)Jahrgang *m*; ~ *sociale* sozialer Aufstieg *m*; ✝ **~vente** Hebung *f* des Verkaufsindexes.

promouvoir [prɔmuˈvwaːr] (3d) ernennen, befördern.

prompt [prɔ̃] (7) rasch, schnell, flink; hitzig; ~ *à croire* leichtgläubig; ~ *comme l'éclair* blitzschnell; *trop* ~ zu voreilig; *à se décider* kurz entschlossen; **~itude** [̴tiˈtyd] *f* Geschwindigkeit; Bereitschaft *f*; leichte Auffassungsgabe *f*; Jähzorn *m*.

promu [prɔˈmy] *su.* Beförderte(r).

promul|gation [prɔmylgaˈsjɔ̃] *f* (öffentliche, feierliche) Bekanntmachung; **~guer** [̴ˈge] (1m) *Gesetz usw.* öffentlich bekanntmachen.

prôn|e [proːn] *m cath.* Predigt *f*; F Strafpredigt *f*; **~er** [proˈne] (1a) übermäßig rühmen; *fig.* predigen.

pronom [prɔˈnɔ̃] *m* Fürwort *n*.

pronominal [prɔnɔmiˈnal] (5c) *(adv.* ~*ement)* pronominal; *verbe m* ~ reflexives Verb *n*.

prononçable [prɔnɔ̃ˈsablə] aussprechbar.

prononcé [prɔnɔ̃ˈse] **1.** *adj.* stark ausgeprägt *od.* hervortretend; *fig.* ausgesprochen; **2.** *m* (Urteils-)Spruch.

prononc|er [prɔnɔ̃ˈse] *v/t.* (1k) aussprechen; vortragen; *Urteil:* fällen

prononciation — **389** — **prorata**

od. verkünden; *peint. usw.* kräftig ausdrücken; *v/i.* ⚖ entscheiden; se ~ ausgesprochen werden; sich äußern, sich erklären; **~iation** [~sja'sjɔ̃] *f* Aussprache; *fig.* Vortrag *m*; Halten e-r Rede; ⚖ Urteilsverkünd(ig)ung.

pronosti|c [pronɔs'tik] *m* ⚕ Prognose *f*; Voraussage *f*; *Sport:* Tip *m*; **~que** [~] prognostisch; **~quer** [~'ke] (1m) vorhersagen; schließen lassen auf (*acc.*); **~queur** [~'kœːr] *su.* (7g) *pol. Sport:* Voraussager *m*; (Toto-)Tipper *m*.

propagand|e [propa'gɑ̃ːd] *f* Propaganda *f*, Werbung; *film m* de ~ Werbefilm; *matériel m* de ~ Werbeartikel *pl.*; **~isme** [~gɑ̃'dism] *m* Bekehrungseifer; Propagandawesen *n*; *pol.* Hetze *f*; **~iste** [~'dist] *su.* Propagandist *m*, Werber *m*; *pol. péj.* Hetzer *m*.

propaga|teur [propaga'tœːr] (7f) **1.** *adj.* fortpflanzend; **2.** *su.* Verbreiter *m* neuer Lehren; **~tion** [~ga'sjɔ̃] *f* Fortpflanzung; Aus-, Verbreitung; *rad.* ~ des ondes Ausbreitung der Wellen.

propager [propa'ʒe] (11) *v/t.* (*u.* se ~ sich) fortpflanzen; *fig.* (sich) ausbreiten.

propane ⚗ [pro'pan] *m* Propan (-gas) *n*. [(*a. fig.*).)

propension [propɑ̃'sjɔ̃] *f* Neigung)

proph|ète *m*, **~étesse** *f* [prɔ'fɛt, ~fɛ'tɛs] *f* Prophezeiung; **~étie** [~fe'si] *f* Prophezeiung; **~étique** [~fe'tik] prophetisch; **~étiser** [~feti'ze] (1a) prophezeien.

prophyl|actique ⚕ [prɔfilak'tik] vorbeugend; **~axie** ⚕ [~lak'si] *f* Vorbeugung. [vorteilhaft.)

propice [prɔ'pis] günstig; gnädig,)

propitia|teur [prɔpisja'tœːr] *su.* (7g) Versöhner(in *f*) *m*; **~tion** [~sja'sjɔ̃] *f* Versöhnung; **~toire** [~sja'twaːr] versöhnend; Sühn...

proportion [propɔr'sjɔ̃] *f* ⚖ *usw.* Verhältnis *n*, Proportion *f*.

proportion|nel [prɔpɔrsjɔ'nɛl] (7c) verhältnismäßig; *f:* ⚖ *moyenne ~le* mittlere Proportionale; **~ner** [~'ne] (1a) in (das richtige) Verhältnis setzen, anpassen; *bien proportionné(e)* wohlgestaltet.

propos [prɔ'po] *m* Entschluß; Rede *f*, Äußerung *f*; Gerede *n*; Gegenstand (des Gesprächs); Anlaß, Gelegenheit *f*; à ~ zu gelegener (rechten) Zeit, gelegen, passend; *mal à ~* (hors de ~) zu ungelegener Zeit; *juger à ~ de* für ratsam halten zu; *à ~!* übrigens!; was ich sagen wollte!; dabei fällt mir ein; *à ~ de* anläßlich, bei Gelegenheit von; *l'à-~ m* der passende Augenblick; das Treffende e-s Scherzes *usw.*; *a.* Gelegenheitsgedicht *n*; *changer de ~* von *etw.* anderem sprechen; être à ~ an der Zeit sein; **~able** [~'zablə] vorschlagbar; **~ant** [~'zɑ̃] *su.* (7) Antragsteller *m*.

proposer [propo'ze] (1a) vorschlagen; beantragen, vorbringen; se (*dat.*) ~ sich *etw.* vornehmen; se (*acc.*) ~ sich *zu e-r Stelle* melden.

proposition [propozi'sjɔ̃] *f* Vorschlag *m*, Antrag *m* (*a. parl.*); Aufwerfung *e-r Frage*; Lehre, Meinung; *gr.*, ⚖ *usw.* Satz *m*; Behauptung; ~ *additionnelle* Zusatzantrag *m*; ~ *de scrutin* Wahlvorschlag *m*.

propre ['prɔprə] **1.** *adj.* eigen; eigentlich, wirklich; eigentümlich; genau der-(die-), das-(selbe); reinlich, sauber; ~ *à qch.* zu etw. tauglich, passend, zu gebrauchen; *en ~s termes* buchstäblich, wörtlich, Wort für Wort; être ~ à sich eignen zu; **2.** *m* das Eigentümliche, Eigenart *f*; (Grund-)Eigentum *n*; F *iron. du* ~! etw. Schönes; **~-à-rien** *m* Taugenichts.

propret, ~te [prɔ'prɛ, ~'prɛt] (peinlich *od.* hübsch) sauber (*a. Straße, Stadt*).

propreté [proprə'te] *f* Reinlichkeit.

propriét|aire [propriɛ'tɛːr] *su.* Eigentümer(in *f*) *m*; Inhaber(in *f*) *m*; Hausbesitzer(in *f*) *m*; **~é** [proprie'te] *f* Eigentum *n*, Besitz *m*; Eigentümlichkeit; ~ *foncière* Grundbesitz *m*; *loi f sur la* ~ *littéraire* Urheberrechtgesetz *n*.

proprio P [prɔpri'o] *m* Hauswirt.

propuls|er [prɔpyl'se] (1a) *an-, vor-*wärtstreiben; **~eur** [~'sœːr] *adj. u.* *m* vorwärtstreibend; Propeller; ~ *à réaction* Düsentriebwerk *n*; *moteur m* ~ Antriebsmotor; **~if** [~'sif] (7e) vorwärtstreibend; **~ion** [~'sjɔ̃] *f* Vorwärtstreiben *n*; Antrieb *m*; ~ *par réaction* Düsenantrieb *m*.

prorata [prɔra'ta] *m* Anteil *m*; *au* ~ *de* im Verhältnis zu; zum Satz von.

prorog|ation [prɔrɔga'sjõ] f Aufschub m; Frist; *pol.* Vertagung; ⚲**er** [⚲'ʒe] (11) aufschieben; *pol.* vertagen; *adm.* fortsetzen (*Maßnahme*).

prosa|ïque [prɔza'ik] prosaisch, poesielos; *fig.* nüchtern; ⚲**isme** [⚲'ism] m Poesielosigkeit f; Alltäglichkeit f; ⚲**teur** [⚲'tœːr] m Prosaschriftsteller, Prosaiker.

proscri|ption [prɔskrip'sjõ] f Ächtung; *fig.* Abschaffung; ⚲**re** [⚲'kriːr] (4f) ächten; verfolgen; *fig.* abschaffen; ⚲**t** [⚲'kri] m Geächteter m, Verbannter m; Verfolgter m.

prose [proːz] f Prosa.

prosélyte [prɔze'lit] *su. rl.* Neubekehrte(r), Übergetretene(r); *allg.* begeisterter Anhänger.

prospect|er [prɔspɛk'te] (1a) 🛠 schürfen; *at. die* Atmosphäre erforschen; ~ *des gisements* nach Erzlagern forschen; ⚲**eur** [⚲'tœːr] m Gold-, Erzsucher; Kundenwerber m; ⚲**ion** [⚲k'sjõ] f (Kunden-)Werbung f; ⚲**us** [⚲'tys] m Prospekt.

prospère [prɔs'pɛːr] günstig, gewogen; gedeihlich; glücklich.

prospér|er [prɔspe're] (1f) vorwärtskommen, guten Erfolg haben, glücken; ⚲**ité** [⚲ri'te] f Glück n, Gedeihen n; Wohlstand m.

prosterner [prɔstɛr'ne] (1a): *se* ~ sich anbetend, flehend niederwerfen.

prostitu|ée [prɔsti'tɥe] f Straßendirne, Fose f V; ⚲**er** [⚲'e] (1a) der Unzucht preisgeben; *für Geld* preisgeben, *fig.* schänden; ⚲**tion** [⚲ty'sjõ] f Prostitution f, gewerbsmäßige Unzucht f; *fig.* Schändung.

prostr|ation [prɔstra'sjõ] f *fig.* völlige Erschöpfung f; ⚲**é** [⚲'tre] völlig entkräftet; völlig darniederliegend.

protagoniste 🔟 [prɔtagɔ'nist] **1.** *su. thé.* Hauptdarsteller(in *f*) *m*; **2.** *m fig.* Bahnbrecher *m*, Vorkämpfer *m*.

prote [prɔt] *m* Schriftsetzer *m*.

protecteur [prɔtɛk'tœːr] **1.** *adj.* beschützend; gönnerhaft; *régime m* ~ Schutzzollsystem *n*; **2.** *su.* Beschützer(in *f*) *m*, Gönner *m*, Schirmherr *m*.

protection [prɔtɛk'sjõ] f Schutz m; Beistand m; Stütze m; Gönnerschaft; ~ *antiaérienne* Luftschutz m; ~ *contre les gaz* Gasschutz m; ~ *de la*

nature Naturschutz m; *pol.* ~ *des minorités* Minderheitenschutz m; ⚲**nisme** [⚲sjɔ'nism] m Schutzzollsystem n; ⚲**niste** [⚲'nist] m Anhänger m des Schutzzollsystems.

protectorat [prɔtɛktɔ'ra] m Protektorat n.

protée [prɔ'te] m wetterwendischer Mensch m.

protégé [prɔte'ʒe] m Schützling m.

protéger [prɔte'ʒe] (1g) (be)schützen, (be)schirmen; begünstigen; fördern.

protège-radiateur *Auto* [prɔtɛʒradja'tœːr] *m* Kühlerverkleidung *f*.

protestant [prɔtɛs'tɑ̃] (7) **1.** *adj.* protestantisch; **2.** *su.* Protestant (-in *f*) *m*; ⚲**isme** [⚲'tism] *m* Protestantismus.

protesta|taire *pol.* [prɔtɛsta'tɛːr] *su.* politischer Gegner m; *allg.* Widerspruchsgeist m; ⚲**tion** [⚲ta'sjõ] *f* Protest m; feierliche Versicherung; Beteuerung, Versicherung.

protester [prɔtɛs'te] *v/t.* (1a) beteuern; *Wechsel:* protestieren; *v/i.* ~ *de qch.* etw. feierlich beteuern; ~ *contre qch.* sich gegen etw. verwahren.

protêt † [prɔ'tɛ] m Wechselprotest m.

prothèse ✚ [prɔ'tɛːz] f Prothese f.

protocol|aire [prɔtɔkɔ'lɛːr] protokollarisch; amtlich eingetragen; Protokoll...; ⚲**e** [⚲'kɔl] m Protokoll n; *bsd.* (Hof-)Etikette f.

prototype [prɔtɔ'tip] m Prototyp m, Vorbild n; *fig.* Muster n.

protubérance [prɔtybe'rɑ̃ːs] f *anat.* Auswuchs m; Protuberanz *der Sonne.*

protuteur [prɔty'tœːr] m Mitvormund.

prou [pru] *adv.* F *peu ou* ~ mehr oder weniger; (*ni*) *peu ni* ~ gar nicht; ⚲**e** ⚓ [pru] *f* Bug m, Vorderteil n *e-s Schiffes*; ⚲**esse** [pru'ɛs] *f* Heldentat *f*; *allg.* Erfolg m.

prouv|able [pru'vabl] beweisbar, erweislich; ⚲**er** [⚲'ve] (1a) beweisen, dartun, erweisen.

provenance [prɔv'nɑ̃ːs] f Ursprung m, Herkunft; † ⚲*s pl. a.* importierte Waren f/pl.

provenant [prɔv'nɑ̃] (7) herstammend, herrührend.

provençal [prɔvɑ̃'sal] *adj.* (5c) provenzalisch.

provenir [prɔv'ni:r] (2h) herkommen, herrühren.
proverb|e [prɔ'vɛrb] *m* Sprichwort *n*; **~ial** [~'bjal] (5c) sprichwörtlich; **~ialiser** [~bjali'ze] (1a) sprichwörtlich machen.
providen|ce [prɔvi'dɑ̃:s] *f* Vorsehung; *fig.* Schutzengel *m*; **~tiel** [~dɑ̃'sjɛl] (7c) von der Vorsehung bestimmt.
proviguer [prɔvi'ɲe] *v/t.* (1a) *Reben:* absenken.
provin [prɔ'vɛ̃] *m* Absenker.
provinc|e [prɔ'vɛ̃:s] *f* Provinz; **~ial** [~vɛ̃'sjal] (5c) **1.** *adj.* provinziell; *péj.* kleinstädtisch; **2.** *su.* Provinzbewohner *m*, Kleinstädter *m*; **3.** *m rl.* Ordensprovinzial *m*.
proviseur *Fr.* [prɔvi'zœ:r] *m* Studiendirektor (*e-s lycée*).
provis|ion [prɔvi'zjɔ̃] *f* Vorrat *m*; Deckung *e-r Wechselschuld*; Vermitt(e)lungsgebühr; **~s** *pl.* Bedarf *m*; *par* **~** vorläufig; **~oire** [~'zwa:r] **1.** *adj.* provisorisch; **2.** *m* Notbehelf *m*; *ʃʒ* vorläufiges Urteil *n*; einstweilige Verfügung *f*; **~orat** [~zɔ'ra] *m* Direktorat *n* (*e-s lycée*).
provo|cant [prɔvɔ'kɑ̃] (7) provozierend; aufreizend, hetzerisch, aufwiegelnd; **~cateur** [~ka'tœ:r] (7f) **1.** *adj.* = *provocant*; **2.** *su.* Herausforderer *m*; Hetzredner *m*; **~cation** [~ka'sjɔ̃] *f* Provokation *f*, Herausforderung *f*; *ℱ* Reizung; **~quer** [~'ke] (1m) provozieren, herausfordern; wecken, wachrufen (*Interesse*); hervorrufen, reizen.
proxénète [prɔksɛ'nɛt] *m* Kuppler.
proximité [prɔksimi'te] *f* Nähe; *à* **~** *de* nahe bei.
prude [pryd] prüde; affektiert, zimperlich.
pruden|ce [pry'dɑ̃:s] *f* Vorsicht; **~t** [~'dɑ̃] (7) (lebens)klug, vorsichtig.
pruderie [pry'dri] *f* Prüderie *f*.
prud'homme [pry'dɔm] *m* Sachverständige(r), Schiedsrichter; *conseil m des* **~s** Arbeitsgericht *n*.
pruine [pry'in] *f* Reif *m*, Beschlag *m auf Früchten usw.*
prun|e [pryn] *f* Pflaume, Zwetsche; P ✕ Kugel *f*, blaue Bohne *f* F; *pour des* **~s** umsonst; **~eau** [~'no] *m* Backpflaume *f*; P ✕ blaue Bohne *f*; **~x** *pl.* F schwarze, funkelnde Augen

n/pl.; **~elée** [~'le] *f* Pflaumenmus *n*; **~elle** [~'nɛl] *f* ⁕ Schlehe; *anat.* Pupille; **~ellier** ⁕ [~nɛ'lje] *m* Schlehenstrauch; **~ier** ⁕ [~'nje] *m* Pflaumenbaum.
prurigineux *ℱ* [pryriʒi'nø] (7d) juckend.
prurit *ℱ* [pry'rit] *m* (Haut-)Jucken *n*.
Prusse [prys]: *la* **~** *ehm.* Preußen *n*; *bleu m de* **~** Berlinerblau *n*.
prussien [pry'sjɛ̃] (7c) **1.** *adj.* preußisch; **2.** *su.* Preuße *m*.
prussique [pry'sik]: *acide m* **~** Blausäure *f*.
psalm|ique [psal'mik] Psalm..., Psalmen...; **~iste** [~'mist] *m* Psalmendichter; *le* ⁒ *der* Psalmist (*König David*); **~odie** [~mɔ'di] *f* (eintöniges) Absingen *n der* Psalmen; Geleier *n*; **~odier** [~mɔ'dje] (1a) psalmodieren; ableiern.
psau|me [pso:m] *m* Psalm; **~tier**[1] [pso'tje] *m* Psalter(buch *n*); *rl.* großer Rosenkranz.
psautier[2] [pso'tje] *m zo.* Blättermagen *der* Wiederkäuer.
pseudonyme [psødɔ'nim] *adj. u. m* pseudonym; falscher Name.
ps(it)t! *int.* [psit, pst] (*lautmalend*) pst!
psittac|idés ⌂ [psitasi'de] *m/pl.* Familie *f* der Papageien *od.* Sittiche; **~isme** [~'sism] *m* Nachplappern *n*; **~ose** [~'ko:z] *f* ⁕ Papageienkrankheit.
psychanalyse [psikana'li:z] *f* Psychoanalyse.
psychanalyste *ℱ* [psikana'list] *m* Psychoanalytiker.
psychanalytique[psikanali'tik] psychoanalytisch.
psych|é [psi'ʃe] *f* großer (Dreh-) Spiegel *m*; **~iatrie** [~kja'tri] *f* Seelenheilkunde; **~ique** *phil.* [~'ʃik] psychisch, seelisch.
psychisme [psi'ʃism] *m* seelische Struktur *f*.
psycholo|gie [psikɔlɔ'ʒi] *f* Psychologie; **~** *des foules* (*des peuples*) Massen-(Völker-)Psychologie; **~gique** [~'ʒik] psychologisch; *moment m* **~** entscheidender *od.* kritischer Augenblick; **~gue** [~'lɔg] *m*, *a.* **~giste** [~'ʒist] *m* Psychologe *m*.
psychose *ℱ* [psi'ko:z] *f* Gemütskrankheit; Psychose.

psycho|sociologie [psikɔsɔsjɔlɔ'ʒi] f Psychologie auf soziologischer Grundlage; **~somatique** [~zɔma'tik] f u. adj. Psychosomatik f; psychosomatisch; **~technique** [~tɛk'nik] f Psychotechnik f, Eignungskunde f; **~thérapie** [psikɔtera'pi] f Psychotherapie, Seelenheilkunde.

psychromètre ⊕ [psikrɔ'mɛ:trə] m Verdunstungs-, Flüssigkeitsmesser.

ptomaïne ⚕ [ptɔma'in] f Leichengift n, -alkaloid n.

puant [pɥɑ̃] (7) stinkend; *fig.* unverschämt; F widerlich, unerträglich blasiert; **~eur** [pɥɑ̃'tœ:r] f Gestank m.

pub|ère [py'bɛ:r] mannbar, heiratsfähig; **~erté** [~bɛr'te] f Pubertät f.

pubescent [pybɛ'sɑ̃] flaumhaarig.

pubis *anat.* [py'bis] m Schambein n.

publi|c, ~que f [~'blik] 1. adj. allgemein, öffentlich; Staats...; offenkundig; 2. m Publikum n; Öffentlichkeit f.

publication [pyblika'sjɔ̃] f Veröffentlichung f, Publikation f; Bekanntmachung f.

publi|ciste [pybli'sist] m 1. Publizist m; 2. Staatsrechtskundige(r); **~citaire** [~si'tɛ:r] 1. adj. Werbe..., Reklame...; 2. m Werbefachmann; **~cité** [~si'te] f Öffentkundigkeit, Öffentlichkeit; Annoncen-, Reklamewesen n; *weitS.* Kundenwerbung, Propaganda, *expert* en ~ Reklamefachmann; *film* m de ~ Werbefilm; *technicien* m de ~ Werbefachmann; ~ *aérienne* Himmelsschrift; ~ *lumineuse* Lichtreklame; ~ *murale* Wandreklame; *bureau* m de ~ Annoncenbüro n.

publier [pybli'e] (1a) öffentlich bekanntmachen; veröffentlichen; herausgeben; ~ *les bans* Verlobte aufbieten.

puce [pys] 1. f Floh m; F *secouer les* ~*s à q.* j-m den Kopf waschen; 2. adj. flohbraun.

pucelle [py'sɛl] f Jungfrau f; F Mädchen n; *iron.* Jungfer f; ♀ *d'Orléans* Jungfrau von Orleans.

puceron ⚯ [pys'rɔ̃] m Blattlaus f.

pudeur [py'dœ:r] f Scham(haftigkeit), Keuschheit f, Verschämtheit f; Zartgefühl n.

pudibond [pydi'bɔ̃] (7) adj. prüde.

pudique [py'dik] keusch.

puer [pɥe] (1a) stinken (*qch.* nach etw.).

puéricult|rice [pɥerikyl'tris] f Säuglingsschwester; **~ure** [~'ty:r] f Säuglingsfürsorge.

puéril [pɥe'ril] Kindes...; kindisch; **~ité** [~li'te] f kindisches Wesen n; Kinderei.

puffisme [py'fism] m Schwindlertum n; Humbug m.

pugil|at [pyʒi'la] m Faustkampf; **~iste** [~'list] m Faustkämpfer.

puine [pɥin] m Buschholz n.

puiné [pɥi'ne] adj. u. su. zweitgeboren, jünger.

puis [pɥi] dann, darauf.

puisard [pɥi'za:r] m Gully m, Senkgrube f; Überlaufbehälter m.

puisatier [pɥiza'tje] m Brunnenbauer m.

puis|er [pɥi'ze] (1a) schöpfen (*dans od. à* aus); ~ *dans la caisse de son patron* in die Kasse s-s Herrn greifen; **~eur** [~'zœ:r] m (Aus-) Schöpfer, Torfgräber, -stecher; **~oir** [~'zwa:r] m Schöpf- *od.* Gießkelle f, -löffel, -gefäß n usw.

puisque ['pɥisk(ə)] da ja, da doch.

puissamment [pɥisa'mɑ̃] adv. gewaltig; nachdrücklich.

puissan|ce [pɥi'sɑ̃:s] f Macht; Gewalt; Kraft; Leistungsfähigkeit; *min.* Mächtigkeit *et Schicht*; ⚡ Potenz; ✝ *d'achat* Kaufkraft; ~ *de l'atome* Atommacht f; ~ *d'occupation* Besatzungsmacht; *Radio:* ~ (*du son od. du ton*) Lautstärke; ~ *lumineuse* Leuchtkraft; ~ *mondiale* Weltmacht; ~ *continue* ⊕ Dauerleistung; ~ *ascensionnelle* *Auto:* Steigungsfähigkeit; ~ *en bougies* Kerzenstärke; ~*s occidentales* Westmächte f/pl.; **~t** [~'sɑ̃] (7) mächtig; kräftig; tüchtig; beleibt, stark; *rad.* *peu* ~ lautschwach.

puits [pɥi] m Brunnen; Schacht; vertiefte Stelle f; ~ *d'aérage od. d'aération* Luftschacht, ⚒ Wetterführung f; ⚔ ~ *d'éclatement* Granat-, Sprengtrichter; *fig.* ~ *de science* hochgelehrter Mann.

pulluler [pyly'le] (1a) sich schnell und reichlich vermehren, wuchern (*a. fig.*).

pulmonaire [pylmɔ'nɛ:r] 1. adj. Lungen...; 2. ♀ f Lungenkraut n.

pulp|ation *phm.* [pylpɑˈsjɔ̃] *f* Verwandlung in Brei; **~e** [pylp] *f* (Frucht-)Fleisch *n*; Mark *n*; *phm.* Brei *m*; **~er** *phm.* [ˌˈpe] (1a) zu Brei (*od.* Mus) quetschen; **~eux** [ˌˈpø] (7d) ♀, *anat.* fleischig; breiig.
pulsa|teur [pylsaˈtœːr] (7f), **~tif** [ˌˈtif] (7e) klopfend; **~tion** [ˌsaˈsjɔ̃] *f physiol.* Pulsschlag *m*; *phys.* Schwingung; ⊕ Kolbenhub *m*.
pulsion [pylˈsjɔ̃] *f psych.* Regung *f*; *fig.* Anregung *f*.
pulsoréacteur ✈ [pylsɔreakˈtœːr] *m* Pulsostrahltriebwerk *n*.
pulvéris|ateur [pylveriza'tœːr] *m* Zerstäuber; ⊕ Spritzgerät *n für Maler*; **~er** [ˌˈze] (1a) pulverisieren, zerstäuben; *fig.* vernichten.
pulvérulen|ce [pylveryˈlɑ̃ːs] *f* Pulverförmigkeit; Staubigkeit; **~t** [ˌˈlɑ̃] pulverförmig; staubig.
puma *zo.* [pyˈma] *m* Puma, Kuguar.
punaise [pyˈnɛːz] *f* Wanze; Reißnagel *m*.
punch [pɔ̃ːʃ] *m* Punsch.
punique *hist.* [pyˈnik] punisch.
punir [pyˈniːr] (2a) (be)strafen.
puni|ssable [pyniˈsablə] strafbar; **~tion** [ˌˈsjɔ̃] *f* Strafe.
pupill|aire [pypiˈlɛːr] ⚖ Mündel...; *anat.* Pupillen...; **~arité** [ˌlariˈte] ⚖ *f* Minderjährigkeit.
pupille [pyˈpil] **1.** ⚖ *su.* Mündel *m u. n* (*für Mädchen a. f*), Pflegekind *n*, Zögling *m*; **2.** *f anat.* Pupille.
pupitre [pyˈpitrə] *m* Pult *n*; ⚡ **~ de commande** (*ou de distribution*) Schaltpult *n*.
pur [pyːr] rein; lauter; echt; makel-, fehlerlos; bloß, einfach; ♪, *rad.* klangrein.
purée [pyˈre] *f* Brei *m von durchgeschlagenen Hülsenfrüchten usw.*; Püree *n*; P Klemme *f*: **être dans la ~** in der Klemme sitzen.
pureté [pyrˈte] *f* Reinheit; Lauterkeit; *rad.*: **~ de la réception** *od. de l'audition* Klangreinheit; 🔔 **à l'état de ~ chimique** in chemisch reiner Form.
purga|tif [pyrgaˈtif] (7e) **1.** *adj.* reinigend; **2.** ⚕ *m* Abführmittel *n*; **~tion** [ˌgaˈsjɔ̃] *f* Reinigung, Läuterung; **~toire** *rl.* [ˌgaˈtwaːr] *m rl.* Fegefeuer *n*.
purge [pyrʒ] *f* ⚕ Abführmittel *n*; (Grundschuld-, Hypotheken-)Löschung *f*; *pol.* Säuberungsaktion *f*.
purge|oir ⊕ [pyrˈʒwaːr] *m* Filterbecken *n*; **~er** [ˌˈʒe] (1l) reinigen, läutern (*bsd. fig.*); *Strafe usw.* abverbüßen; *Schulden* abtragen; *Hypothek* löschen; rechtfertigen; **~q.** ⚕ j-m ein Abführmittel geben; *abs.* abführen; **se ~** (ein) Abführmittel nehmen.
purification [pyrifikaˈsjɔ̃] *f* Reinigung *f*, Läuterung *f*.
purifier [pyriˈfje] (1a) reinigen, läutern.
puriforme [pyriˈfɔrm] eiterartig.
purin 🌾 [pyˈrɛ̃] *m* (Mist-)Jauche *f*.
puris|me [pyˈrism] *m* Purismus *m*; **~te** [ˌˈrist] *adj. u. m* puristisch; Purist *m*.
puri|tain [pyriˈtɛ̃] (7) *adj. u. su.* puritanisch; Puritaner *m*; **~tanisme** [ˌtaˈnism] *m* Puritanismus *m*; *fig.* Sittenstrenge *f*.
purpurin [pyrpyˈrɛ̃] purpurfarben.
pur-sang [pyrˈsɑ̃] *m* Vollblutpferd *n*; F *adj./inv.* rein, echt.
purulen|ce [pyryˈlɑ̃ːs] *f* Eiterung; **~t** [ˌˈlɑ̃] eit(e)rig.
pus [py] *m* Eiter.
pusillanim|e [pyzilaˈnim] kleinmütig, verzagt; **~ité** [ˌmiˈte] *f* Kleinmut *m*, Verzagtheit.
pustul|e [pysˈtyl] *f* Eiterbläschen *n*.
putain P [pyˈtɛ̃] *f* Hure.
putatif [pytaˈtif] (7e) vermeintlich.
putois *zo.* [pyˈtwa] *m* Iltis.
putré|faction [pytrefakˈsjɔ̃] *f* Fäulnis; Verwesung; **~fié** [ˌˈfje] in Fäulnis übergegangen; **~fier** [ˌˈ] (1a) Fäulnis verursachen; **se ~** faulen, verwesen.
putres|cent [pytreˈsɑ̃] (7) zu faulen anfangend; **~cible** [ˌˈsiblə] verweslich.
putride [pyˈtrid] faulig; Faul...
putsch *pol.* [putʃ] *m* Putsch *m*; **~iste** *pol.* [ˌˈtʃist] *m* Putschist *m*.
puzzle [ˈpœzlə] *m* Puzzlespiel *n*.
pycnomètre [piknoˈmɛːtrə] *m* Dichtigkeitsmesser *m*.
Pygmée [pigˈme] *m* Pygmäe *m*; ♀ *fig.* Zwerg *m*, Wicht *m*.
pyjama [piʒaˈma] *m* Pyjama *m*, Schlafanzug; **~ de plage** Strandanzug *m*.
pylône [piˈloːn] *m* △ Pylon *m*; ⊕

pyramidal — 394 — **pythonisse**

Kranbaum *m*; ⚡ (Licht-, Leitungs-, Antennen-, Sende-)Mast; Verkehrs-, Funkturm.
pyramid|al [pirami'dal] (5c) pyramidenförmig; Pyramiden...; F *fig.* riesig; ~**e** [~'mid] *f* Pyramide; ~**er** [~'de] (1a) e-e Pyramide bilden, spitz zulaufen.
pyramidon ☤ [pirami'dõ] *m* Pyramidon *n*.
Pyrénées [pire'ne] *f/pl.*: *les* ~ die Pyrenäen *pl.*
pyrique *phys.* [pi'rik] Feuer...
pyrite [pi'rit] *f* Pyrit *m*; ~ *de fer* Eisenkies *m*.
pyrographe ⊕ [pirɔ'graf] *m* Meßgerät *n* zur Temperaturbestimmung beim Schmelzprozeß e-s Gletschers.
pyrogravure [pirɔgra'vy:r] *f* (*sur bois* Holz-, *sur cuir* Leder-)Brandmalerei.
pyrolâtrie [pirɔlɑ'tri] *f* Feueranbetung.
pyroligneux [pirɔli'ɲø] (7d): *acide m* ~ (roher) Holzessig.
pyrophorique [pirɔfɔ'rik] luftentzündlich.
pyrosis ☤ [piro'zis] *m* Sodbrennen *n*.
pyrotechnicien [pirɔtɛkni'sjɛ̃] *m* Feuerwerker *m*.
pyroxyle [pirɔk'sil] *m* Schießbaumwolle *f*.
pyrrho|nien [pirɔ'njɛ̃] (7c) *adj. u. su.* skeptisch; Zweifler *m*; ~**nisme** [~'nism] *m* Skeptizismus.
python *zo.* [pi'tɔ̃] *m* Riesen-, Tigerschlange *f*; ~**isse** [~tɔ'nis] *f* Wahrsagerin.

Q

Q (*ou* **q**) [ky] *m* Q (*od.* q) *n*.
quadragénaire [kwadraʒeˈnɛːr] **1.** *adj.* vierzigjährig; **2.** *su.* Vierziger (-in *f*) *m*.
quadrangulaire [kwadrɑ̃gyˈlɛːr]
quadr|ant ⚥, *ast. usw.* [kwaˈdrɑ̃] *m* Viertelkreis; **~ature** ⚥ [~draˈtyːr] *f* Quadratur *f*; *ast.* Geviert *n*.
quadri|chromie [kwadrikrɔˈmi] *f* Vierfarbendruck *m*; **~folié** ♀ [~fɔˈlje] vierblätt(e)rig; **~ge** *antiq.* [~ˈdriːʒ] *m* Viergespann *n*; **~latère** [~drilaˈtɛːr] **1.** *adj.* vierseitig; **2.** *m* Viereck *n*; **~llage** [~driˈjaːʒ] *m* (Propaganda-)Netz *n*; ✕ Durchkämmung *f* des Geländes nach Karrees; **~moteur** [~mɔˈtœːr] viermotorig; **~lle** [kaˈdrij] *f* Quadrille (*als Tanz, beim Kartenspiel u. ♪*); **~llé** [~ˈje] kariert; **~partisme** *pol.* [~parˈtism] *m* Politik *f* des Viermächtestatus; **~réacteur** ≽ [~reakˈtœːr] *m* viermotoriges Düsenflugzeug *n*; **~turbopropulseur** ≽ [~tyrbɔprɔpylˈsœːr] *m* Viermotorer *m* mit Turbopropantrieb.
quadrupède [kwadryˈpɛd] **1.** vierfüßig; **2.** *m* Vierfüßler.
quadrupl|e [kwaˈdryplə] **1.** vierfach; **2.** *m* Vierfache(s) *n*; **~er** [~ˈple] (1a) (sich) vervierfachen.
quai [ke, kɛ] *m* Kai, Flußdamm; ⛛ Bahnsteig.
qualifi|able [kaliˈfjablə] bestimmbar; benennbar; Eigenschaft beilegend; **~cation** [~kaˈsjɔ̃] *f* Bestimmung, Benennung; Qualifizierung, Befähigung zu e-r Sache; **~é** [~ˈfje] qualifiziert, bezeichnet, benannt; *fig.* geeignet; 🇹🇭 schwer (*z.B. Raub*); **~er** [~] (1a) benennen, näher bezeichnen; ~ *q.* (de) *qch.* j-n als etw. bezeichnen (*od.* betiteln).
qualité [kaliˈte] *f* Qualität, Eigenschaft; Beschaffenheit; ✝ Güte, Wert *m*; *a.* Warengattung; 🇹🇭 Titel *m*, Berechtigung; *avoir* ~ *pour* berechtigt sein zu; *gens m/pl. de* ~ vornehme Leute *f/pl.*; *en* ~ *de* als, in der Eigenschaft; ~ *musicale* Tonwiedergabe *f*; ~*s d'organisation* Organisationstalent *n*.
quand [kɑ̃] **1.** wann?; *depuis* ~ seit wann?, wie lange schon?; **2.** als; wenn (*zeitlich*); ~ *même* dennoch, trotzdem.
quant [kɑ̃]: ~ *à* was ... betrifft; *z.B.* ~ *à moi* was mich betrifft, ich meinerseits.
quantième [kɑ̃ˈtjɛm] *m* : *le* ~ *der Soundsovielte*; ⚡ *quel* ~ (*du mois*) *sommes-nous?* den wievielten haben wir?
quantitatif [kɑ̃titaˈtif] quantitativ, Menge...
quantité [kɑ̃tiˈte] *f* Quantität, Menge; ⚥ Größe *f*; *ces exemples et* ~ *d'autres* diese Beispiele und viele andere.
quarantaine [karɑ̃ˈtɛn] *f* Anzahl von (etwa) 40; F Alter *n* von 40 Jahren, *die Vierziger m/pl.*; ⚓ Quarantäne; *rl. la sainte* ~ 40tägige Fastenzeit *vor Ostern*.
quarante [kaˈrɑ̃t] vierzig; *les 2 die* Vierzig, d. h. die Mitglieder der Académie Française.
quart [kaːr] *m* ⚥ ein Viertel *n*; F Glas Bier *n*; ~ *de soupir* ♪ Sechzehntelpause *f*; ~ *d'heure* Viertelstunde *f*; *il est le* ~ es ist (ein) Viertel; *le* ~ *a sonné* es hat (ein) Viertel geschlagen; *une heure et* ~ Viertel zwei; ein Viertel nach eins; *deux heures moins le* ~ (*seltener: ein* ~) drei Viertel zwei (Uhr); *un quart* (*de livre f*) ein Viertel(pfund *n*) *n*; **~e** [kart] *f* ♪ *u. esc.* Quarte *f*; **~eron** [~təˈrɔ̃] *m* **1.** Viertelhundert *n*; **2.** *allg. péj.* Grüppchen *n*, kleiner Haufen *m*, Handvoll *f*; **3.** Mischling *m*.
quartier [karˈtje] *m* Viertel *n* (*z.B. des Apfels, Kalbes, Mondes, e-r Stadt*); Teil, Stück *n* (*e-s zerlegten Ganzen*); Quartalszahlung *f*; *écol.* Arbeitssaal; ✕ (Artillerie-)Kaserne *f*; (Stand-)Quartier *n*; ✕ *demander* ~ um Gnade bitten; *faire* (*od. donner*) ~ das Leben schenken; ~

quartier-maître ⚓ [kartje¦mɛːtrə] *m* Maat. [[¦ˈso] *m* quarz(halt)ig.]
quartz [kwarts] *m* Quarz; **~eux**]
quasi [ka¦zi] fast, gleichsam; Schein...; **~-délit** [[ˌdeˈli] *m* unvorsätzliches Vergehen *n*; **~ment** F [[ˌ¦mã] *adv.* gleichsam; beinahe.
quaternaire [kwatɛr¦nɛːr] durch vier teilbar; vierzählig; *géol.* Quartär ...
quatorze [ka¦tɔrz] vierzehn.
quatrain [ka¦trɛ̃] *m* vierzeiliges Gedicht *n*.
quatre ['katrə] vier; *le ~* die (*Zahl*) Vier; *Henri ~* (*IV*) Heinrich der Vierte (*IV.*); *Sport: le ~ ans* der Vierjährige (*Pferd*).
Quatre-Cantons [katrəkã¦tõ] *m/pl.: lac m des ~* Vierwaldstätter See.
quatre|-mendiants [katrəmã¦djã] *m/pl.* Studentenfutter *n* (*Rosinen, Mandeln, Nüsse*); **~-pans** ⊕ [katrə¦pã] *m* Vierkant; **~-saisons** [kat(rə)sɛ¦zõ] 1. *f* ♀ Monatserdbeere; 2. *f*/*pl.*: *marchand m des ~* herumziehender Grünwarenhändler; **~-temps** [katrə¦tã, F ka¦tã] *m/pl. rl.* (Q.T.) Qua'tember *m*; **~-vingt** [katrə¦vɛ̃] achtzig; **~-vingt-dix** [katrəvɛ̃¦dis] neunzig; **~-vingt-un** [[ˌvɛ̃¦œ̃] einundachtzig.
quatrième [katri¦ɛm] 1. *a*/*n. o.* vierte(r, s); 2. *m* vierter Stock; 3. *f écol.* vierte Klasse *f*.
quatuor ♩ [kwa¦tɥɔːr] *m* Quartett *n*; *~ à cordes* Streichquartett *n*.
quayage [kɛ¦ja:ʒ, ke¦ja:ʒ] *m* Kaigeld *n*.
que¹ [kə] 1. *pr/int.* was?; *~ s'est-il passé?* was ist passiert?; *mit de od. in Ausrufen* wie(viel); *z. B.* ~ *de monde!* wieviel Leute!; *c'est beau!* wie schön (das ist)!; *mit ne ohne pas in Fragen:* ~ *ne suis-je riche?* warum ...?; 2. *pr/r.* welchen *od.* den, welche *od.* die, welches *od.* das; *als Prädikatnominativ bei être: misérable ~ tu es!* Unglücklicher, der du bist!, du Unglücklicher!; *ce ~* (das) was (*acc.*); *je sais ce qu'il veut* ich weiß, was er will; *ell. ~ je sache* soviel ich weiß; *je ne sais ~* (*od. quoi*) *dire* ich weiß nicht, was ich sagen soll; *le jour ~* der Tag, an welchem *od.* an dem ...; 3. *abus.* *ce ~ advt.: ce ~ j'ai eu peur!* habe ich eine Angst gehabt!

que² [kə] *cj.* daß; *z.B. je crois qu'il vient* ich glaube, daß er kommt; *nach e-m Komparativ* als, *z.B. plus grand ~ moi* größer als ich; wie: *tel ~ je suis* so wie ich bin; *ne ... ~* nur; erst; *non* (*pas*) *~* (*mit subj.*) nicht als ob; *stellvertretend als Wiederholung e-r anderen cj.: puisque vous le dites et ~ nous le croyons* da Sie es sagen und wir es glauben; *~* (*mit subj.*), *et + Subjekt mit cond. ...* wenn ..., dann würde(n) auch ...
québécois [kebe¦kwa] (7) aus Quebec.
quel [kɛl] welche(r), welches; was für ein; *~le heure est-il?* wieviel Uhr ist es?; *~ que* (*mit subj.*) welches auch immer; *~s qu'ils soient* wer *od.* was *od.* wie sie auch sein mögen; *~le que soit son influence* welches (*besser:* wie groß) auch immer sein Einfluß sein mag.
quelconque [kɛl¦kɔ̃:k] (*mst. nach dem su. im Sinne von quel(le) qu'il* (*qu'elle*) *soit*) irgendein(e); *vorgestellt od. prädikativ péj.: ein(e)* F x-beliebige(r, s); *ein(e)* sehr mittelmäßige(r, s); *d'une ~ manière* auf irgendeine beliebige Art.
quelque [kɛlk(ə)] 1. *adj.* irgendein(e); *~s pl.* einige; 2. *adv. vor Zahlen:* ungefähr, etwa; *~ ... que* (*mit subj.*) welcher (was für *od.* wie) auch immer; wie sehr auch.
quelquefois [kɛlkə¦fwa] bisweilen.
quelqu'un [kɛl¦kœ̃] *su.* jemand, (irgend)ein(e, er); *pl. quelques-uns, quelques-unes* einige; *d'autre* irgendein anderer; *~ de malade* jemand Krankes; *être ~* e-e (bedeutende) Persönlichkeit sein.
quémand|er [kemã¦de] (1a) aufdringlich betteln; **~eur** [[ˌ¦dœːr] *su.* lästiger Bettler *m*.
qu'en-dira-t-on F [kãdira¦tõ] *m* Gerede *n* der Leute.
quenelle [kə¦nɛl] *f* Fleischklößchen *n*. [*n*, Beißerchen *n*.]
quenotte F *enf.* [kə¦nɔt] *f* Zähnchen
quenouill|e [kə¦nuj] *f* Spinnrocken *m*; ♂ Spindelbaum *m*; **~ée** [k(ə)nu¦je] *f* Spindelvoll *f*.
querell|e [kə¦rɛl] *f* Streit *m*, Zank *m*; *~ d'Allemand* vom Zaun gebrochener Streit; **~er** [kərɛ¦le] (1a): *~ q.* j-n ausschimpfen; *se ~* sich zanken;

querelleur — 397 — **quinquina**

~eur [͜lœ:r] (7g) **1.** adj. zänkisch; **2.** su. Zänker m.
quérir [ke'ri:r] (2) (nur im inf. gebraucht): litt., dial. aller ~, venir ~ (ab)holen; envoyer ~ (ab)holen lassen. [Schatzmeister.]
questeur parl. [kwɛs'tœ:r] m |
question [kɛs'tjõ] f (parl. An-)Frage; ~ capitale, ~-clé Kernfrage f; ~ d'actualité Zeitfrage f; ~ en suspens schwebende Frage; il est ~ de es handelt sich um; tout est ~ de budget alles hängt von der Brieftasche ab; être en ~ in Frage stehen; mettre en ~ in Frage stellen; à la ~! zur Sache!; ~naire [͜tjɔ'nɛ:r] m Fragebogen; **~ner** [͜'ne] (1a) ab-, parl. an-, aus-, befragen; viel fragen; **~neur** [͜'nœ:r] su. Ausfrager(in f) m.
quêt|e [kɛt] f (Auf-)Suchen n; Almosensammeln n, Geldsammlung; la ~ de la paix das Sichbemühen um den Frieden; se mettre en ~ zu suchen anfangen; **~er** [͜'te] (1a) v/t. u. v/i. ch. auf-, nachspüren; Almosen sammeln; fig. erbetteln; **~eur** [͜'tœ:r] su. Almosensammler m; als adj.: frère m ~ rl. Bettelmönch; chien m ~ ch. Spürhund.
queue [kø] f Schwanz m, Schweif m; Stiel m e-r Pfanne usw.; Schleppe am Kleide; Billardstock m; Ende n; ⚔ Nachtrab m, -hut; lange Reihe (beim Anstehen); ✝ Art Faß n; ⊕ Wetzstein m; ~ d'aronde ⊕ Schwalbenschwanz m; à la ~ hintereinander; faire (la) ~ sich anstellen, Schlange stehen; Auto: il lui a fait une ~ de poisson er hat ihn geschnitten (od. abgeklemmt); à la ~ hinten; en ~ im Rücken; marcher à la ~ leu leu im Gänsemarsch gehen; n'avoir ni ~ ni tête weder Hand noch Fuß haben; ♪ piano m à ~ Flügel; fig. tenir la ~ de la poêle den Ton angeben, etw. zu sagen haben; ~-**-de-morue** [kødmɔ'ry] f Lackierpinsel m; F Schwalbenschwanz m (Frack); ~(-)**de(-)rat** [kø'dra] f ⊕ Rattenschwanz m, Rundfeile; Tabakdose aus Baumrinde.
queue leu leu [køl'lø] f Gänsemarsch m; s. a. queue.
queux [kø] f Wetzstein m (für Sensen).
qui [ki]: **1.** pr/i. wer, wen?; de ~ wessen?; à ~ wem?; **2.** pr/r.

welcher od. der, welche od. die, welches od. das; pl. welche od. die; ce ~ (das) was (nom.); à ~ mieux mieux um die Wette; c'est à ~ (mit fut. od. cond.) es geht um die Wette, wer ...; rien ~ nichts was; ~ pis est was noch schlimmer ist; n'avoir ~ tromper niemand zu betrügen haben; ~ que ce soit wer es auch sein mag; jede(r); **3.** pr. indéfini ~ ..., ~ ... der (die) eine(n) ..., der (die) andere(n).
quiconque [ki'kõ:k] jeder, der ...; jede, die ...; wer immer; la France n'a pas à rougir devant ~ Frankreich braucht sich vor niemandem zu schämen.
quidam [ki'dã, k(q)i'dam] m: un ~ (une quidane [ki'dan]) ein gewisser (-e gewisse).
quiétude [kje'tyd, kɥie'tud] f (Seelen-)Ruhe.
quignon [ki'ɲõ] m Brotkanten m.
quille Sport [kij] f Kegel m; P ⚔ Entlassung f; * ~s Beine n/pl.; jouer aux ~s kegeln, Kegel schieben; être reçu comme un chien dans un jeu de ~s sehr kühl empfangen werden.
quill|er [ki'je] (1a) v/i. um den Anwurf werfen; die Kegel wieder aufsetzen; **~ier** [͜'] m Kegelkreuz n; die aufgestellten Kegel.
quinaire [ki'nɛ:r] durch fünf teilbar.
quinaud [ki'no] (7) verdutzt.
quincaill|e [kɛ̃'ka:j] f Eisen- u. Messinggerät n (für den Hausgebrauch); **~erie** [͜kaj'ri] f Haus- u. Küchengeräte n/pl.; **~ier** [͜'je] m Eisenwarenhändler.
quinconce [kɛ̃'kõ:s] m (Gestalt der) Fünf f auf dem Würfel; Schachbrettform f; for. usw. ♠ Kreuzpflanzung f.
quine [kin] m Fünftreffer (Lotterie); Pasch zweier Fünfen (beim Puffspiel usw.); fig. Dusel m F, Riesenschwein n F.
quiné ♠ [ki'ne] fünfzählig, zu je fünfen gestellt.
quinine ♠ u. ♣ [ki'nin] f Chinin n.
quinquagénaire [kɥɛ̃kwaʒe'nɛ:r] **1.** adj. fünfzigjährig; **2.** su. Fünfziger(in f) m.
quinquennal [kɛ̃kɛ'nal] adj. (5c) Fünfjahres...
quinquina [kɛ̃ki'na] m phm. China-Fieberrinde f; ♣ Chinabaum m.

Quint [kɛ̃] *der* Fünfte (V.); *nur gebraucht in*: *Charles-~Kaiser* Karl V.; *Sixte-~ Papst* Sixtus V.

quintal [kɛ̃'tal] (5c) *m* Zentner; *~ métrique* Doppelzentner.

quinte [kɛ̃:t] *f esc., Piquet u.* ♪ Quinte; ♣ heftiger Hustenanfall *m*; *fig.* Schrulle.

quintessenc|e [kɛ̃tɛ'sɑ̃:s] *f* Quintessenz; *fig.* Kern *m*; Beste(s) *n*; Hauptsache; **~ier** [~sɑ̃'sje] (1a) *fig.* verfeinern.

quinteux [kɛ̃'tø] (7d) launisch, wunderlich; ♣ in heftigen Anfällen auftretend.

quintupl|e [kɛ̃'typlə] fünffach; **~er** [~'ple] (1a) verfünffachen.

quinzaine [kɛ̃'zɛn] *f* Mandel (*Maß*), etwa 15; Zeit von vierzehn Tagen.

quinz|e [kɛ̃:z] fünfzehn; ~ *jours* 14 Tage; **~ième** [kɛ̃'zjɛm] *a/n. o.* (*a. su.*) fünfzehnte(r, s); fünfzehntel.

quiproquo [kipro'ko] *m* Verwechselung *f*; *fig.* Irrtum *m*.

quittanc|e [ki'tɑ̃:s] *f* Quittung; *dont ~* worüber (ich) quittiere; *donner ~* quittieren; **~er** [~tɑ̃'se] (1k) quittieren, bescheinigen.

quitt|e [kit] quitt, nichts schuldig; los, frei *von etw.*; *~ à m. inf.* selbst wenn ...; auf die Gefahr hin, daß; nur um...; **~er** [~'te] (1a) verlassen; aufgeben, fahren lassen; ablegen, ausziehen (*Kleidungsstück*); *~ Moscou pour Vienne* Moskau nach Wien ver-
lassen; *~ les sabots* die Holzschuhe ausziehen; *se ~* sich trennen.

quitus *fin.* [ki'tys] *m* Schluß-, Generalquittung *f*.

qui-va-là? [kiva'la] wer da?

qui-vive? [ki'vi:v] wer da?; *être* (*se tenir*) *sur le ~* gewaltig aufpassen, auf der Hut sein.

quoi [kwa] (*betonte Form des que*) was?; *à ~* wozu, woran; *après ~* worauf *usw.*; *de ~* wovon; *sans ~* sonst; *avoir de ~ vivre* die nötigen Mittel zum Leben haben; (*il n'y a*) *pas de ~!* keine Ursache (*zu danken*); bitte!; *~ de neuf?* was Neues?; *~ que* (*mit subj.*) was auch (immer); *~ que vous fassiez* was ihr auch tun möget; *~ qu'il en soit* wie dem auch sei; *un je-ne-sais-~* ein gewisses Etwas; F *advt.* 1. *bekräftigend*: *une affreuse journée, ~* ein schrecklicher Tag, irgendwie; 2. *als Ausdruck der Ungeduld*: selbstverständlich!, natürlich!

quoique *cj.* ['kwakə] (*mit subj.*) obgleich, obwohl, wenn auch.

quolibet [kɔli'bɛ] *m* Kalauer; Stichelei *f*, Anzüglichkeit *f*.

quote-part [kɔt'pa:r] *f* (Steuer-) Anteil *m*.

quotidien [kɔti'djɛ̃] 1. täglich; 2. *m* Tageszeitung *f*.

quotient *arith.* [kɔ'sjɑ̃] *m* Quotient.

quotité [kɔti'te] *f* Anteil *m*; Betrag *m*.

R

R (*ou* **r**) [εːr] *m* R (*od.* r) *n*.
rab P [rab] *m s.* rabdoute *u.* rabiot.
rabâch|age F [rabɑˈʃaːʒ] *m* unnötige Wiederholung *f*, *fig.* Wiederkäuen *n*; **~er** F [~ˈʃe] (1a) immer dasselbe sagen, *fig.* wiederkäuen; **~eur** [~ˈʃœːr] *su.* (7g) langweiliger Schwätzer *m*.
rabais [raˈbε] *m* Rabatt *m*, Abzug *m*; ~ de faveur Sonderrabatt *m*; *adjudication f au* ~ Zuschlag *m* an den Mindestfordernden; *vendre au* ~ zu herabgesetzten Preisen verkaufen.
rabaisser [rabεˈse] (1b) *v/t.* niedriger setzen, stellen, hängen *usw.*; *fig.* herabsetzen, schmälern; den Preis heruntersetzen; *se* ~ sich erniedrigen.
rabasse F [raˈbas] *f* Platzregen *m*, Guß *m fig.* F.
rabat [raˈba] *m* Kragen *m*, Beffchen *n der Richter u. Geistlichen*; *cout.* Taschenklappe *f*.
rabat-joie [rabaˈʒwa] *m* Spielverderber *m*, Störenfried *m*.
rabatt|age [rabaˈtaːʒ] *m* Abschlag *m*, Abzug *m*; *ch.* Treiben *n*; **~eur** [~ˈtœːr] *m ch.* Treiber *m*; ⚒ Hauer *m*.
rabattre [raˈbatr] (4a) *v/t.* niederschlagen, -drücken; herunterlassen, -klappen; *fig.* demütigen; ~ *sur od.* de vom Lohn abziehen; F ~ le caquet à q. j-m den Mund stopfen *fig*; *v/i.* zurückkommen; *fig.* ~ de nachlassen in; *Auto usw.:* sich wieder einreihen; *se* ~ *sur sa droite* e-e plötzliche Wendung nach rechts machen; *se* ~ *sur* sich auf *etw.* beschränken; *fig.* plötzlich auf *etw.* zurückkommen.
rabattu [rabaˈty] (7) herabhängend (*Äste, Hutkrempe*); umgelegt (*Kragen*); ⊕ *couture* ~*e* Kappnaht *f*.
rabbin [raˈbε̃] *m* Rabbiner *m*.
rabdoute *, P [rabˈdut] *m s.* rabiot.
rabêtir [rabεˈtiːr] (2a) *v/t. u. v/i.* verdummen.
rabiole *dial.* [raˈbjɔl] *f* Kohlrübe *f*.
rabiot P *bsd.* ⚒ [raˈbjo] *m* Nachschlag *m* (*Essen*); Nachdienst *m*; faire du (*od.* le) ~ Überstunden machen; ⚒ nachdienen.
rabique [raˈbik] *adj.*: *microbe m* ~ Tollwuterreger.
râble [ˈrɑːbl] *m* **1.** *cuis.* Rücken *m des Hasen*; **2.** *anat.* F Kreuz *n*; **3.** Ofenhaken *m*.
râblé [rɑˈble] *Hase* mit breitem Hinterstück; stämmig, kräftig gebaut, vierschrötig.
rabonnir [rabɔˈniːr] (2a) *v/t.* verbessern; *v/i.* besser werden.
rabot [raˈbo] *m* Hobel *m*, ⚒ Mörtelschippe *f*; **~er** [~bɔˈte] (1a) (be-, ab-) hobeln; *fig.* ausfeilen; **~eur** [~bɔˈtœːr] *m* Hobler.
raboteuse [rabɔˈtøːz] *f* Hobelmaschine.
rabot|eux [rabɔˈtø] rauh, uneben; holp(e)rig (*a. fig.*); **~ure** [~ˈtyːr] *f* (Hobel-)Späne *m/pl.*
rabougrir [rabuˈgriːr] (2a) verkrüppeln *od.* verkümmern (lassen); verschrumpeln (*Früchte*).
rabouillère [rabuˈjεːr] *f* Kaninchenbau *m*.
rabouin * [raˈbwε̃] *m* Teufel; Zigeuner *m*.
rabout|er [rabuˈte] (1a), **~ir** [~ˈtiːr] (2a) an-ea.-stückeln, -nähen.
rabrou|er [rabruˈe] (1a) anschnauzen; **~eur** [~ˈœːr] *m* Grobian *m*.
racaille [raˈkɑːj] *f* Abschaum *m*, Pack *n*, Gesindel *n*.
raccommod|age [rakɔmɔˈdaːʒ] *m* Ausbesserung *f*; Flickerei *f*; **~ement** F [~dˈmɑ̃] *m* Aussöhnung *f*; **~er** [~ˈde] (1a) ausbessern, flicken, stopfen (*Strümpfe*); wieder in Ordnung bringen; *ein Werk* umarbeiten; F aussöhnen; **~eur** [~ˈdœːr] *su.* (7g) Ausbesserer *m*; Flicker *m*.
raccompagner [rakɔ̃paˈɲe] (1a) nach Hause (*od.* zur Tür *od.* hinaus) begleiten.
raccord [raˈkɔːr] *m* ⊕ Zs.-fügung *f*; ⚡ Verbindung *f*; *fig.* Übergang *m*; ~ *à vis* ⊕ Nippel; **~ement** [rakɔrdˈmɑ̃] *m* Verbindung *f*, Vereinigung *f*; ⚡ Verbindungsstelle *f*; Fernsprechanschluß; ⚡ ~ *au secteur*

raccorder — 400 — **radiation**

Netzanschluß *m*; ~ téléphonique *interurbain* Fernanschluß *m*; ⛉ (*ligne f de*) ~ Zweig-, Verbindungsbahn *f*; **~er** [~'de] (1a) (*geschickt*) verbinden, zusammen-, an-ea.-passen.

raccourc|i [rakur'si] *m* Ab-, Verkürzung *f*; kürzerer Weg *m*; *fig.* Abriß; *en* ~ in kurzen Worten; **~ir** [~'si:r] *v/t.* (2a) ab-, verkürzen; *à bras raccourci(s)* aus Leibeskräften; * *faire change raccourci zu wenig Geld ausgeben*; *v/i. u. se* ~ kürzer werden; *Stoff*: einlaufen; *se* ~ sich klein machen; *Boxer*: sich ducken; **~issement** [~sis'mã] *m* Verkürzung *f*; Einlaufen *n* von Stoffen *usw.*

raccroc [ra'kro] *m*: (*coup m de*) ~ Glückswurf; *bill.* Fuchs *m*; *par* ~ ganz zufällig.

raccroch|er [rakrɔ'ʃe] *v/t.* (1a) wieder an-, aufhängen; *téléph.*, *a. abs. gebr.* auflegen (*Hörer*); F ~ *q.* sich j-m aufdrängen; *v/i. bill.* e-n Fuchs machen; *se* ~ *à fig.* sich anklammern an (*acc.*); **~eur** [~'ʃœ:r] **1.** *adj.* marktschreierisch (*Reklame*); **2.** *m* j., der viel Glück im Spiel hat.

race [ras] *f* Rasse; Geschlecht *n*; Stamm *m*; *mv.p.* Gezücht *n*; *écrivain m de* ~ Schriftsteller von Format.

racer [rɛ'sɛ:r] *m Sport*: Rennpferd *n*, -boot *n*, -wagen *m* (*Auto*).

rachat [ra'ʃa] *m* Wieder-, Rück-, Loskauf; Er-, Auslösung *f*.

rachetable [raʃ'tabl] wiederkäuflich; ablöslich, tilgbar.

racheter [raʃ'te] (1d) zurückkaufen; *Rente* ablösen; los-, freikaufen; *rl.* erlösen; *fig.* wieder gutmachen; ausgleichen (*a.* △).

rachi|tique ♂ [raʃi'tik] rachitisch; **~tisme** ♂ [~'tism] *m* Rachitis *f*, englische Krankheit *f*.

racin|age [rasi'na:ʒ] *m coll.* Wurzelwerk *n* (*a. als Art Verzierung*); Nußbraun *n* (*Farbmittel*); **~e** [ra'sin] *f* Wurzel (*a. ♉, gr., als Verzierung fig. usw.*); Fuß *m* e-s Berges; **~er** [~'ne] *v/i.* (1a) Wurzeln schlagen; *v/t.* nußbraun färben; *Buchdeckel* holzähnlich marmorieren.

racket(t)er [rakɛ'tɛ:r] *m* Erpresser *m*, Schieber *m*, Gangster *m*.

racl|e ⊕ ['ra.klə] *f* *raclette*; **~ée** F [ra'kle] *f* Tracht Hiebe, Prügel; **~er** [~'] (1a) schaben, abkratzen; raspeln; *ein Maß* abstreichen; *fig. auf der Geige, im Halse usw.* kratzen; **~erie** F [raklɔ'ri] *f* Gefiedel *n*; **~ette** ⊕ [~'klɛt] *f* Schrapper *m*, Schabekrücke, Schabeisen *n*, Spachtel *m od. f*; **~oir** ⊕ [~'klwa:r] *m* Kratz-, Schabeisen *n*, **~oire** [~] *f a.* ✂ Spachtel *n*; Abstreichholz *n* (*für ein Getreidemaß*); ⊕ Band-Hobel *m*; **~ure** ⊕ [~'kly:r] *f* Abschabsel *n*.

racol|age [rakɔ'la:ʒ] *m* Kunden-, Wählerfang *m*; *ehm.* ※ Pressen *n*; **~er** (1a) anwerben († ※), für sich zu gewinnen suchen; *Kunden* anlocken; *Studenten* keilen F; **~eur** [~'lœ:r] *m* Anwerber *m*.

racont|er [rakɔ̃'te] *v/t.* (1a): ~ *qch.* etw. erzählen; *abs.*: *en* ~ lang u. breit erzählen (*feststehende Redensart!*); **~eur** [~'tœ:r] *su.* (7g) Erzähler *m*.

racornir [rakɔr'ni:r] (2a) zu Hornmasse verhärten; hart u. zähe machen; *se* ~ verknöchern; zs.-schrumpfen. [entschädigen.]

racquitter [raki'te] (1a): ~ *q.* j-n)

radar *phys.*, ※ *etc.* [ra'da:r] *m* Radar(gerät *n*) *m*; *a.* ※ *station f de* ~ Radarstation *f*; *écran m du* ~ Radarschirm *m*; *Auto*: ~ *routier* Radargerät *n* Polizei zur Überwachung der Geschwindigkeitsgrenze; **~s** *m/pl. de surveillance* Sicherungsradaranlagen *f/pl.*; ※ *rendre le* ~ *aveugle* das Radarsystem lahmlegen; **~iste** [~'rist] *m* Radarbeobachter *m*, -mann *m*.

rade ⚓ [rad] *f* Reede *f*.

radeau ⚓ [ra'do] *m* Floß *n*; ~ *de caoutchouc* Schlauchboot *n*.

radi|aire [ra'djɛ:r] **1.** *adj.* strahlenförmig; **2.** **~s** *m/pl* Strahlentiere *n/pl.*; **~al** [~'djal] (5c) strahlig; *anat.* (*a. m*) Armspeichen... (-muskel *m*); **~ant** [~'djã] (7) strahlend; Strahlen...

radia|teur [radja'tœ:r] **1.** *adj.* (7f) Strahlen aussendend; **2.** *m* Heizkörper *m*; Heizröhre *m*; ∉ Heizsonne *f*; ∉ Ofen *m*; *Auto usw.* Kühler *m*; ~ *turbo-soufflant* Raumheizlüfter *m*, Warmluftheizer *m*; ~ *à gaz* Gasofen *m*; **~tion** [~'djɑ'sjɔ̃] *f* **1.** Ausstrahlen *n*, Ausstrahlung *f*; Strahlung *f*; *chimie f sous* ~ Radiochemie *f*; ~ *nocive at.* schädliche Strahlung *f*. **2.** Ausstreichen *n aus e-r Liste od. Rechnung*; ⚖ Löschung *f*.

radic|al [radi'kal] (5c) **1.** *adj.* Wurzel... (✍, *gr. u.* ✍); *fig.* gründlich; *pol.* radical; **2.** *m* ⚛ Grundstoff *m*; *gr.* Stamm *m*; ✍ Wurzelzeichen *n*; **3.** *su. pol.* Radikalist *m*; **~alisme** *pol.* [~ka'lism] *m* Radikalismus *m*; **~elle** [~'sɛl] *f* Wurzelfaser *f*.
radié [ra'dje] *adj.* strahlig.
radier [~] **1.** (1a) strahlen; **2.** (1a) ausstreichen; ⚖ *Hypothek usw.* löschen; **3.** *m* ⚓, △, *hydr.* Fundament *n*, Sohle *f*, Bettung *f*; ~ de tunnel ⚒ Tunnelsohle *f*.
radiesthésie [radjɛste'zi] *f* Radiästhesie *f*, Strahlenfühligkeit *f*.
radieux [ra'djø] (7d) strahlend.
radio... [ra'djo...] *in Zssgn: anat.* (Arm-)Speichen...; *phys.* Radio..., Rundfunk..., Funk..., (Röntgen-, Licht- *usw.*) Strahlen...; **1.** [~'djo] *f* Rundfunk *m*, Radio *n*, Funk *m*; ~ *musicale* Rundfunkmusik *f*; ~ *scolaire* Schulfunk *m*; **2.** [~'djo] *f* = ~*graphie*; **3.** *m* Funker *m*; ⚓ ~ *volant* Bordfunker.
radio|-actif [radjoak'tif] (7e) radioaktiv, Strahlen aussendend; **~astronomie** [~astrono'mi] *f* Radioastronomie *f*; **~conducteur** ⚡ [~kɔ̃dyk'tœːr] *m* Fritter *m*; **~détection** [~detɛk'sjɔ̃] *f* Funkpeilung *f*; **~diffuser** [~dify'ze] (1a) durch Rundfunk übertragen; **~diffusion** [~dify'zjɔ̃] *f* Sendung *f*, Übertragung *f*; **~électricité** [~elɛktrisi'te] *f phys.* Strahlungselektrizität *f*; Hochfrequenztechnik *f*; drahtlose Fernmeldetechnik *f*; **~élément** [~ele'mɑ̃] *m* radioaktives Element *n*; **~goniométrie** [~ɡɔnjɔme'tri] *f* Funkpeilung *f*, Peilen *n*; **~gramme** [~'ɡram] *m* Funkspruch *m*; **~graphie** [~ɡra'fi] *f* Röntgenaufnahme *f*, -bild *n*; **~graphier** [~ɡra'fje] (1a) Röntgenaufnahme *f* machen, durchleuchten, röntgen; **~guidé** [~ɡi'de] (7) ferngelenkt; **~journal** [~ʒur'nal] *m* (5c) Rundfunknachrichten *f/pl.*, -zeitung *f*; **~logie** [~lɔ'ʒi] *f* Strahlen-, Röntgenlehre *f*; **~logue** [~'lɔɡ] *m* Röntgenologe *m*; Strahlenforscher *m*; **~message** [~mɛ'saːʒ] *m* Funkspruch *m*; **~mètre** *phys.* [~'mɛtːr] *m* Strahlungsmesser *m*; **~phare** [~'faːr] *m* Funkpeilturm *m*; **~phonie** [~fɔ'ni] *f* Rundfunk *m*; **~phonique** [~fɔ'nik] Funk..., Radio..., jeu *m* (*od.* ouvrage *m od.* pièce *f*) ~ Hörspiel *n*; **~phono** [~'fɔ'no] *m* Rundfunkempfänger *m* mit Plattenspieler; meuble *m* ~ Musiktruhe *f*; **~photographie** [~fɔtɔɡra'fi] *f* Funkbild *n*; **~programme** [~prɔ'ɡram] *m* Rundfunkprogramm *n*; **~réception** [~resɛp'sjɔ̃] *f* Rundfunkempfang *m*; **~reportage** [~rəpɔr'taːʒ] *m* Funkreportage *f*; **~scopie** ⚕ [~skɔ'pi] *f* Durchleuchtung *f*; **~taxi** [~tak'si] *m* Funktaxi *n*; **~téléconsultation** [~telekɔ̃sylta'sjɔ̃] *f* ärztliche Fernsehberatung *f* für Verkehrsverletzte; **~télégramme** [~teleɡ'ram] *m* Funkspruch *m*; **~télégraphie** [~teleɡra'fi] *f* drahtlose Telegraphie *f*, Funken *n*; **~télégraphiste** *a.* ⚔ [~ɡra'fist] *m* Funker *m*; **~téléphonie** [~tele'fɔni] *f* drahtlose Telefonie *f*; **~télescope** *ast.* [~tɛles'kɔp] *m* Radioteleskop *n*; **~thérapie** ⚕ [~tera'pi] *f* Bestrahlung *f*, Radiotherapie *f*; **~vedette** [~və'dɛt] *f* Funktaxiboot *n*.
radis ✿ [ra'di] *m* Radieschen *n*; F *n'avoir plus un* ~ keinen Pfennig mehr haben, völlig abgebrannt sein.
radium [ra'djɔm] *m* Radium *n*; **~thérapie** [~tera'pi] *f* Radiumheilverfahren *n*.
radius *anat. u. zo.* [ra'djys] *n* Speiche *f*, Spindel *f*.
radon ⚛ [ra'dɔ̃] *m* Radon *n*.
rado|ter [radɔ'te] (1a) unsinnig reden, faseln; **~terie** F [~'tri] *f* Gefasel *n*; **~teur** [~'tœːr] *su.* (7g) Faselhans *m*.
radoub ⚓ [ra'du] *m* Ausbesserung *f*; *bassin m de* ~ Trockendock *n*; **~er** [~'be] (1a) ⚓, *a. allg.* ausbessern.
radoucir [radu'siːr] (2a) sanfter, milder machen; *fig.* besänftigen.
rafal|e [ra'fal] *f* (kurzer) Windstoß *m*; ⚓ Bö; *fig.* plötzlicher Unglücksfall *m*; ⚔ *tir m par* ~*s* Feuerüberfall, Feuergarbe *f*; **~é** [~'le] *adj.* (*u. m*) ⚓ von e-r Bö beschädigt, von Stürmen stark mitgenommen; *fig.* heruntergekommen(er Mensch).
rafferm|ir [rafɛr'miːr] (2a) wieder befestigen; *fig.* (be)stärken; **~issement** [~mis'mɑ̃] *m* Wiederbefestigung *f*; Stärkung *f*.
raffin|ade [rafi'nad] *f* Raffinade *f*; feinster Zucker *m*; **~age** [~'naːʒ] *m* Verfeinerung *f*; Raffinieren *n*; **~é** [~'ne] geläutert, gereinigt; *fig.*

raffinement — 402 — **raison**

durchtrieben; ~**ement** [~fin'mã] *m* Verfeinerung *f*; Ausgesuchtheit *f*; übertriebene Feinheit *f*; Spitzfindigkeit *f*; ~**er** [~'ne] *v/t.* (1a) verfeinern; *fig.* läutern; *v/i.* 1. ~ *sur qch.* auf e-m Gebiet Fortschritte machen; 2. *abs.* sehr weit vorwärtsgehen; ~**erie** [~fin'ri] *f* Zuckersiederei; Raffinerie *f*; ~**eur** [~'nœːr] *m* Zuckersieder.

raffoler F [rafɔ'le] (1a) vernarrt sein, furchtbar gern haben (de in *acc.*).

raffut F [ra'fy] *m* Lärm, Skandal.

raffûter F [rafy'te] (1a) schärfen.

rafiau, rafiot F [ra'fjo] *m* Ruderboot *n* (*mit Segel*); alter Kahn *m*.

rafistoler F [rafistɔ'le] (1a) ausbessern, flicken, reparieren.

rafle ['rɑːflə] *f* Wegraffen *n*; Plünderung, Razzia; Pasch *m* beim Würfelspiel; *ch.* Art Netz *n*.

rafler [rɑ'fle] (1a) weg-, an sich raffen.

rafraîch|ir [rafrɛ'ʃiːr] *v/t.* (2a) erfrischen; abkühlen; auffrischen; *v/i.* kühler, frischer werden; ~**issement** [~ʃis'mã] *m* Abkühlung *f*; Er-, Auffrischung *f*; ~**s** *pl.* Erfrischungen *f/pl.*; ~**isseur** [~ʃi'sœːr] *m*, ~**issoir** [~ʃi'swaːr] *m* Kühlgefäß *n*, -kessel *m*, -schiff *n*.

ragaillardir [ragajar'diːr] (2a) aufheitern.

rag|e [raːʒ] *f* ✤ Tollwut; Wut *f*; rasender Schmerz *m*; Sucht; ~**er** F [rɑ'ʒe] (1l) wüten; ~**eur** F [~'ʒœːr] *adj. u. su.* (7g) jähzornig; Hitzkopf *m*.

raglan [ra'glã] *m* Raglanmantel.

ragondin [ragõ'dɛ̃] *m* Nutria(fell *n*) *f*.

ragot [ra'go] 1. *adj.* † *F* (7) untersetzt; 2. † F *su.* (7) untersetzte Person *f*; 3. untersetztes Pferd *n*; zweijähriges Wildschwein *n*; 4. kurzer, dicker Knüppel; 5. F ~**s** *pl.* leeres Geschwätz *n*.

ragoût [ra'gu] *m cuis.* Ragout *n*; F *fig.* Reiz; ~**ant** [~'tã] appetitlich, lecker; F *fig.* angenehm; ~**er** [~'te] (1a) Appetit machen (*q.* j-m); F *fig.* anregen.

ragréer [ragre'e] ⊕, △ (1a) die letzte Hand (*qch.* an etw. *acc.*) legen; ⚓ wieder auftakeln.

rai [rɛ] *m* Radspeiche *f*; Lichtstrahl *m*.

raid [rɛd] *m Auto:* Fernfahrt *f*, Tour *f*; ✈ Fernflug; ⚔ Streife *f*, Streifzug *m*, Überfall *m*; ~**e** [~] steif, unbiegsam, straff; steil (*Felsen*); schroff (*Holz*); zäh (*Holz*); reißend (*Fluß*); *fig.* starrsinnig; F toll, unglaublich; ⚔ krank; P völlig abgebrannt *fig.*, pleite; P total blau; *advt.* ~ plötzlich, jäh, sehr schnell; ~ *mort* auf der Stelle tot; ~**eur** [~'dœːr] *f* Steifheit; *fig.* Ungelenkheit; Unbeugsamkeit *f*, Schroffheit; Steilheit; große Schnelligkeit; ~**illon** [~di'jõ] *m* kurzer, steiler Weg; ~**ir** [~'diːr] (2a) *v/t.* versteifen, steif (*od.* straff) machen; *v/i. u. se* ~ steif werden; *fig. se* ~ sich sträuben; ~**issement** [~dis'mã] *m* Straffen *n*; *pol.* Versteifung *f* (*sur qch.* in etw.).

raie[1] [rɛ] *f* Strich *m*; Streifen *m*, Striemen *m*; Scheitel *m* im Haar; Furche; *phys.* Linie.

raie[2] *icht.* [rɛ] *f* Rochen *m*.

raifort ♧ [rɛ'fɔːr] *m* Meerrettich.

rail [rɑːj] *m* (Eisenbahn-)Schiene *f*; ~ *à courant électrique* Stromschiene *f*; ~ *mobile* Weichenschiene *f*; ~**-guide** ⛟ *m* Führungsschiene *f*; ~ *porteur* Laufschiene *f*; *l'affaire f roule sur des* ~s die Sache läuft wie am Schnürchen; *fig. les spécialistes du* ~ die Spezialisten des Bahnverkehrs.

raill|er [rɑ'je] (1a) *v/t.* (ver)spotten; *v/i.* scherzen; *se* ~ *de* sich lustig machen über (*acc.*); ~**erie** [rɑj'ri] *f* Spaß *m*, Witzelei *f*; *entendre la* ~ e-n Spaß verstehen; *zu scherzen verstehen*; ~**eur** [~'jœːr] (7g) 1. *adj.* spöttisch; 2. *su.* Spötter *m*.

rainette [rɛ'nɛt] *f* Laubfrosch *m*.

rainure ⊕ [rɛ'nyːr] *f* Nute *f*.

raiponce ♧ [rɛ'põs] *f* Rapunzel *n*.

raire *ch.* [rɛːr] (4s) röhren, schreien (*Hirsch*).

rais [rɛ] *m s. rai.*

raïs *arab.* [ra'is] *m* (An-)Führer *m*, Häuptling *m*; Schiffsherr *m*.

raisin [rɛ'zɛ̃] *m* (Wein-)Traube *f*; ~ *sec* Rosine *f*; ~**é** [~zi'ne] *m* Weintraubenkonfitüre *f*.

raison [rɛ'zõ] *f* Vernunft; Verstand *m*; Recht *n*; Rechenschaft *f*; *fig.* (Beweis- *u.* Beweg-)Grund *m*; Ursache *f*; ⚖ Verhältnis *n*; *avoir* ~ recht haben; *avoir* ~ *de q. od.* mit *qch.* mit j-m *od.* mit etw. fertig werden, j-n *od.* etw. bezwingen *od.* überwinden, die Oberhand über

raisonnable — 403 — **ramenable**

j-n *od.* über etw. gewinnen; über j-n triumphieren; *à* ~ *de* nach Maßgabe von; ✝ in Höhe von ...; *à plus forte* ~ um so mehr; *comme de* ~ wie es recht und billig ist; *en* ~ *de* mit Rücksicht auf; ✝ *sociale* (*Name e-r*) Firma, Firmenbezeichnung; ~**nable** [rezɔˈnablə] vernünftig; *fig. u.* ✝ angemessen, anständig, artig; ~**nement** [~zɔnˈmã] *m* Urteilen *n*; Urteilskraft *f*; Vernunftschluß *m*; Räsonieren *n*; ~**né** [~ˈne] wohlbegründet, recht durchdacht; ~**ner** [~] *v/i.* (1a) urteilen; schließen; *fig.* Einwendungen machen; *v/t.* durchdenken, *fig.* begründen; ~**neur** [~ˈnœːr] *su.* (7g) Verstandesmensch *m*; Klugschwätzer *m*.

rajeun|ir [raʒœˈniːr] (2a) *v/t.* verjüngen; *v/i. u. se* ~ wieder jung werden; ~**issement** [~nisˈmã] *f* Verjüngung *f*.

rajouter [raʒuˈte] (1a) wieder *od.* noch hinzufügen; *écol. Klassen* zs.-legen.

rajust|ement [raʒystəˈmã] *m* Angleichung *f*; Lohnaufbesserung *f*; ~ *des appointements au coût de la vie* Angleichung des Einkommens an die Kosten der Lebensunterhalts; ~**er** [~ˈte] (1a) wieder in Ordnung bringen; ⊕ neu eichen; an-, ausgleichen; ~ *les salaires* die Löhne aufbessern; *a. réajuster.*

râlant P [rɑˈlɑ̃] *adj.* ärgerlich.

râle [rɑːl] *m* **1.** *orn.* Ralle *f*; **2.** *m* Röcheln *n* (*bsd.* Todesröcheln *n*); ~**ment** [rɑlˈmã] *m* Geröchel *n*.

ralenti ⊕ [ralɑ̃ˈti] *m: au* ~ mit der Zeitlupe *f*; *mettre au* ~ verlangsamen; *Auto:* drosseln.

ralent|ir [ralɑ̃ˈtiːr] (2a) *v/t.* langsamer machen *od. fig.* (ab)schwächen; *v/i.* langsamer werden; langsamer fahren; die Geschwindigkeit herabsetzen; *fig.* nachlassen; ~**issement** [~tisˈmã] *m* Langsamerwerden *n*; Abnahme *f des Eifers*; ~ *de la natalité* Geburtenrückgang; ~**isseur** ⊕ [~tiˈsœːr] *m* Zeitlupe *f*.

râler [rɑˈle] (1a) röcheln; F herummeckern; P ~ lange feilschen und nichts kaufen.

râleur P [rɑˈlœːr] *su.* Querkopf *m*, Querulant *m*.

ralliement ⚔ [raliˈmã] *m* Wiederversammlung *f*; *mot de* ~ Feldgeschrei *n*; *point m de* ~ Sammel-, Alarmplatz.

rallier ⚔, ⚓ [raˈlje] (1a) wieder (ver)sammeln, zs.-ziehen; wieder einigen; ⚓ ~ *un port* wieder zu e-m Hafen zurückkehren; *se* ~ *à* sich anschließen an (*acc.*).

rallong|e [raˈlɔ̃ːʒ] *f* Verlängerungsstück *n*; *table f à* ~s Ausziehtisch *m*; ~**ement** [~lɔ̃ʒˈmã] *m* Verlängerung *f*; ~**er** [~ˈʒe] (11) verlängern.

rallumer [ralyˈme] (1a) wieder anzünden; *fig.* wieder entfachen.

rallye [raˈli] *m* Auto: Sternfahrt *f*; ✈ ~ *aérien* Sternflug *m*.

ramag|e [raˈmaːʒ] *m* Ranken *f/pl.* (*mit Blumen auf Stoffen*); Gesang der Vögel; F Geplapper *n* von Kindern; ~**er** [~maˈʒe] (11) Vögel: zwitschern, singen.

ramaigrir [rameˈgriːr] *v/t. u. v/i.* (2a) wieder mager machen *od.* werden.

ramas [raˈmɑ] *m* Auflesen *n*; Haufe(n) *wertloser Dinge*, Gesindels.

ramass|age écol. [ramaˈsaːʒ] *m:* ~ *scolaire* täglicher Schülertransportdienst *m*; ~**e** [raˈmas] *f* Gebirgs-Schlitten *m*; ~**é** [~ˈse] zs.-gerafft; kunterbunt durcheinander; gedrungen; ✤ dicht stehend; ~**e-miettes** [~masˈmjɛt] *m* Tischbesen *m*, -schaufel *f*; ~**er** [~ˈse] (1a) zs.-raffen; *von der Erde* aufheben; einsammeln; F festnehmen, ergreifen; F abkanzeln, runterputzen; F kriegen, bekommen (*Schelte; Schnupfen*); *se* ~ sich versammeln; sich zs.-ziehen; *fig.* sich konzentrieren; sich aufraffen, wieder aufstehen (*nach e-m Fall*); ~**is** [~ˈsi] *m* Haufen *m*; Gesindel *n*.

ramdam(e) ★ [ramˈdam] *m* Lärm, Krach.

rame [ram] *f* **1.** *f* ⚓ Ruder(sport *m*) *n*; **2.** Bohnenstange; **3.** *f* ⚙, *tram.*, *U-Bahn*: Wagenreihe, Zug *m*; ⚓ Schleppzug *m*; ✝ Ries *n* (*Papier*); 20 Rollen *pl.* Tapete.

ramé [raˈme]: *cerf* ~ junger Hirsch, der Geweih aufsetzt.

rameau [raˈmo] *m* Zweig (*a. e-r Familie, Wissenschaft*); ✴ Ader *f*; ~ *d'olivier* Friedenspalme *f*; *Dimanche m des* 2x Palmsonntag.

ramée [raˈme] *f* Laubwerk *n*; Laubdach *n*; Laubhütte. [führbar.\]

ramenable [ramˈnablə] zurück-

ramender [ramɑ̃'de] (1a) *Netze ausbessern*; ✗ *zum zweiten Male düngen*; ⊕ (*Vergoldetes*) *neu vergolden*; *Stoff noch einmal färben*.

ramener [ram'ne] (1d) *wieder her-, (mit-, zurück)bringen od. -führen*; *fig. wiederherstellen* (*Ruhe*).

ramequin [ram'kɛ̃] *m Art Käsekuchen m*.

ram|er ✗ [ra'me] **1.** (1a) *mit Stangen stützen*; **2.** [~] (1a) *rudern*; **~eur** [~'mœːr] *su.* (7g) *Ruderer m*; **~euter** ⊕ [~mø'te] (1a) *an einer Stelle auffahren lassen* (*z.B. Planierraupen*); **~eux** [~'mø] *ästig*; *verzweigt*; **~ier** [~'mje] *m Ringel-, Holztaube f* (*a. pigeon m ~*); **~ification** [~mifika'sjɔ̃] *f Verzweigung*; **~ifier** [~'mi'fje] (1a): *se ~ sich verzweigen* (*a. fig.*); **~ille** [ra'mij] *f kleiner Zweig m*; **~s** *pl.* Reisig *n*.

ramoindrir [ramwɛ̃'driːr] (2a) *wieder verringern*.

ramoll|i [ramɔ'li] *verkalkt fig.*, ✗ *schwachsinnig*; **~ir** [~'liːr] (2a) *weich machen*; *verweichlichen*; *se ~ erschlaffen, verkalken*; **~issement** [~lis'mɑ̃] *m* (*a. fig.*) *Erweichung f*; ✗ *cérébral Gehirnerweichung f*.

ramon|er [ramɔ'ne] (1a) *den Schornstein fegen*; *plais. reinigen* (*Pfeife*); **~eur** [~'nœːr] *m Schornsteinfeger*.

rampant, △ [rɑ̃'pɑ̃] **1.** *adj. kriechend*; *niedrig*; *abschüssig*; **2.** *m Schrägdach n*; P ✗ *~s m/pl.* Bodenpersonal *n*.

ramp|e [rɑ̃ːp] *f Treppenstück n zwischen zwei Absätzen*; *Treppengeländer n*; *Rampe f* (*a. thé.*), *Auffahrt*; *Abhang m, Steigung*; 🚗 *en ~ de ... bei e-m Gefälle* (*e-r Steigung*) *von ...*; *thé. les feux m/pl.* (*od. l'éclairage m*) *de la ~ das Rampenlicht n*; 🚗 *~ de chargement Laderampe*; *Autobahn: ~ d'accès Zufahrtsstraße f*, *Zubringer m*; *~ de protection Leitplanke f*; **~er** [~'pe] (1a) *kriechen* (*a. fig.*); *sich hinschlängeln* (*Pflanze*); *fig. sich erniedrigen*; *gemein sein* (*Stil*).

ramponneau F [rɑ̃pɔ'no] *m Schubs m*, Puff *m*.

ramure [ra'myːr] *f Astwerk n*; (*Hirsch-*)*Geweih n*.

rancard ✗ [rɑ̃'kaːr] *m Erkundigung f*; *aller aux ~s sich erkundigen*.

rancart F [rɑ̃'kaːr] *m* **1.** *mettre au ~ als nutzlos abschaffen*, *abschieben*, *beiseite werfen*; *mise f au ~ Wegwerfen n zum alten Eisen fig.*; **2.** P *Rendezvous n*.

rance [rɑ̃ːs] *ranzig*.

ranch|e [rɑ̃ːʃ] *f Leitersprosse f*; **~er** [rɑ̃'ʃe] *m Stangenleiter f*.

ranc|idité [rɑ̃sidi'te] *f Ranzigkeit*; **~ir** [~'siːr] (2a) *v/i. u. se ~ ranzig werden*; **~issure** [~si'syːr] *f ranziger Geschmack m od. Geruch m*.

rancœur [rɑ̃'kœːr] *f Groll m*.

rançon [rɑ̃'sɔ̃] *f Lösegeld n*; **~ner** [~sɔ'ne] (1a): *~ q. j-m ein Lösegeld auferlegen*; *fig. j-n übereuern*; **~neur** [~'nœːr] *m fig. Geldschneider*.

rancun|e [rɑ̃'kyn] *f Groll m, Rachsucht*; F *sans ~! nichts für ungut!*; **~ier** [~'nje] *adj. u. su.* (7b) *grollend, nachtragend*.

randonnée [rɑ̃dɔ'ne] *f ch. Kreisen n des Wildes um sein Lager*; *fig. langer Marsch m*; 🚗 *Fernflug m*; *Auto: Ausflug m*; *Radtour f*.

rang [rɑ̃] *m Reihe f, Ordnung f*; ✗ *Glied n*; *Stufe f, Rang, Stand*; △ *Steinschicht f*; **~ée** [rɑ̃'ʒe] *f Reihe*; *à une seule ~ einreihig*; **~er** [~] *v/t.* (11) *in Ordnung bringen*, *aufstellen, ordnen*; *Zimmer aufräumen*; *einreihen*, *rechnen* (*parmi les ... od. dans les ... od. au nombre des ... unter die* [*acc.*] *... od. zur Zahl der* [*gén.*] *...*); *~ q. j-n zum ordentlichen Menschen machen*; *~é a. adj.: ordentlich, solide* P; ⚓ *~ la côte an der Küste entlangfahren*; *se ~ a. sich unterordnen*, *beiseite treten, Platz machen*; *fig. solide werden*; *se ~ à une opinion e-r Ansicht beitreten od. beipflichten*.

ranim|ation [ranima'sjɔ̃] *f Wiederbelebung*; **~er** [~'me] *wiederbeleben a fig.*).

raout ✱ [ra'ut] *m Familienessen n*.

rapac|e [ra'pas] *raubgierig*; *habsüchtig*; **~ité** [~si'te] *f Raubgier*, Habsucht.

rapa|trié [rapatri'e] *m Rückwanderer m*; **~trier** [~] (1a) *in die Heimat zurückführen, repatriieren*.

râp|e [rɑːp] *f Reibeisen n*, *grobe Feile, Raspel*; ✗ (*Weintrauben-*)*Kamm m*; **~é** [rɑ'pe] *a. adj. fadenscheinig, schäbig*; **~er** [~] (1a) *reiben*; *raspeln*; *Tabak mahlen*; *Tuch abnutzen*.

rapetass|er F [rapta'se] (1a) grob flicken; **~eur** F [~'sœːr] su. (7g) Flicker m. [kleinern.]
rapetisser [rapti'se] (1a) ver-)
rapiat F [ra'pja] (7) habgierig.
rapide [ra'pid] **1.** adj. schnell, reißend, steil; kursorisch (Lektüre); lebhaft (Stil); **2.** m Stromschnelle f; ⛴ Schnellzug.
rapidité [rapidi'te] f Schnelligkeit; Steilheit; Lebhaftigkeit; phys. ~ de la lumière Lichtgeschwindigkeit.
rapiéc|er [rapje'se] (1f u. k) flicken, ausbessern; **~eter** [~pjɛs'te] (1d) zs.-stückeln, flicken (a. fig.).
rapière esc. [ra'pjɛːr] f Rapier n.
rapin [ra'pɛ̃] m **1.** † Malerlehrling; **2.** fig. Farbenkleckser.
rapin|e [ra'pin] f Raub m, Erpressung; **~er** [~'ne] v/t. u. v/i. (1a) rauben, erpressen.
rappareiller [rapare'je] v/t. (1a) wieder vollständig machen.
rapparier [rapa'rje] (1a) ein Paar (z.B. Handschuhe) wieder vollständig machen.
rappel [ra'pɛl] m Zurückrufen n; pol. Abberufung f; Erinnerung f, Mahnung f; Nachzahlung f; thé. Herausrufen n; Bergsport: Sichern n (mit dem Seil); ⚔ Signal n zum Sammeln; ~ du chariot Rückschalttaste f (Schreibmaschine); ~ à l'ordre Ordnungsruf; ⚔ battre le ~ s. rappeler; faire un ~ sich am Seil herunterlassen, sich sichern; **~er** [ra'ple] v/t. (1c) noch einmal rufen, zurück(be)rufen; thé. hervorrufen, auffordern, mahnen; ins Gedächtnis zurückrufen, erinnern (qch. à q. j-n an etw. [acc.]); ~ ses esprits wieder zur Besinnung kommen; v/i. ⚔ „das Sammeln" blasen; se ~ q. od. qch. sich erinnern (gén. od. an acc.); jedoch F: je m'en (st.s. je me le) rappelle ich erinnere mich daran.
rappliquer [rapli'ke] v/t. (1m) wieder anbringen; v/i. P od. F zurückkommen, hereinschneien.
rapport [ra'pɔːr] m Wiederbringen n, Zurückerstatten n; Hinzugebrachte(s) n; ✝ Ertrag m; fig. Aussage f, Gutachten n; ⚔ Bericht; Übereinstimmung f; ⚕ Verhältnis n; a. gr. Beziehung f, Hinsicht f; bsd. ~s pl. ⚕ Aufstoßen n (Magen); maison f de ~ Mietshaus n; en ~ avec im Zusammenhang mit; par ~ à mit Rücksicht auf (acc.); im Vergleich mit; sous tous les ~s in jeder Beziehung, Hinsicht; ~s pl. de commerce Handelsbeziehungen f/pl.; ~s pl. de force Kräfteverhältnis n; **~er** [~pɔr'te] v/t. wieder-, zurück-, mitbringen; ⚖ (Maßnahmen, Gesetz) zurücknehmen, widerrufen; fig. Ehre usw. davontragen, einbringen, abwerfen; ~ gros viel einbringen; ziehen (Werbemaßnahmen); anstückeln; ⚖ berichten, hinterbringen; ~ à qch. auf etw. (acc.) beziehen; e-r Sache etw. zuschreiben; v/i. ch. apportieren; se ~ passen; sich beziehen (à auf acc.), s'en ~ à sich berufen od. verlassen auf (acc.); **~eur** m, **~euse** f [~'tœːr, ~'tøːz] **1.** su. Berichterstatter(in f) m; écol. usw. Angeber(in f) m, Petze f; **2.** ⚗ m Winkelmesser.
rapprendre [ra'prɑ̃ːdr] (4q) von neuem (od. wieder) lernen.
rapproch|ement [raprɔʃ'mɑ̃] m Annäherung f; Verständigung f; Zs.-stellung f von Tatsachen zur Vergleichung; **~er** [~'ʃe] (1a) (wieder) nähern, fig. näherbringen; fig. versöhnen; fig. zur Vergleichung zs.-stellen, in Zs.-hang bringen.
rapt [rapt] m (Menschen-)Raub, Entführung f.
râpure ⊕ [ra'pyːr] f Raspelspäne m/pl.; cuis. ~ de pain abgeriebene Brotrinde.
raquette [ra'kɛt] f Tennisschläger m; (kurzer, breiter) Schneeschuh m, -reifen m.
rare [rɑːr] selten; seltsam; dünn (gesät; Luft); schwach (Puls).
raré|faction phys. [rarefak'sjɔ̃] f Verdünnung (z.B. der Luft); **~fier** [~'fje] (1a) (Gase) verdünnen; se ~ a. rar, selten werden.
rareté [rar'te] f Seltenheit (Rarität); Mangel m; Knappheit f; phys. Dünne f der Luft; Langsamkeit f des Pulses.
ras [rɑ] **1.** adj. ganz (od. kurz) abgeschoren, kurzhaarig; flach; platt; gestrichen voll; Mode: ~-du-cou kragenlos; faire table ~e reinen Tisch machen; **2.** m in: au ~ de auf gleicher Höhe mit; au ~ du sol flach auf dem Boden; verser du vin à ~-bord Glas bis zum Rande vollgießen; ⚔ ⚓ chargé à ~-bord dicht

rasade — 406 — **rattacher**

an Bord vorbei geschossen; **3.** s. *raz m* reißende Strömung *f*; **4.** ~ *de cou* kragenlose Herren(leder)jacke *f*.

ras|ade [rɑ'zad] *f* volles Glas *n*; *verser une* ~ *à q.* j-m das Glas bis zum Rand vollgießen; **~ement** [rɑz'mã] *m* ⚔ *frt.* Schleifung *f*.

rase-mottes ⚔ [rɑz'mɔt] *m* (6c) Tiefflug *m*.

ras|er [rɑ'ze] (1a) rasieren; langweilen; ⚔ dem Erdboden gleichmachen, schleifen; ⊕ einebnen (*Planierraupe*); ~ *qch.* an etw. (*acc.*) streifen, entlangfahren; **~eur** [~'zœːr] *m* Rasierer; F langweiliger Kerl *m*; **~ibus** F [~zi'bys] *prp.*: ~ *de qch.* dicht an etw. (*acc.*) vorbei; **~oir** [~'zwaːr]: **1.** *m* Rasiermesser *n*, -apparat *m*; **2.** F (*a. adj.: homme* ~) langweiliger Mensch; F *jouer du* ~ sich rumtreiben.

rassasier [rasa'zje] (1a) sättigen; übersättigen.

rassembl|ement [rasãblə'mã] *m* Zs.-bringen *n*; Auflauf *f*; Versammlung *f*; Sammlung *f*; ~ *de troupes* Truppenzusammenziehung *f*; **~er** [~'ble] (1a) zs.-bringen; ⚔ zs.-ziehen; (ver)sammeln; ⊕ wieder zs.-fügen *od.* zs.-setzen.

rasseoir [ra'swaːr] (3k) wieder hinsetzen; *fig.* beruhigen.

rasséréner [rasere'ne] (1f) wieder aufheitern.

rassis [ra'si] *adj.* (7) *fig.* gelassen, gesetzt; altbacken (*Brot*).

rassurer [rasy're] (1a) wieder fest machen; *fig.* (se ~ sich) beruhigen.

rasta F [ras'ta], **~quouère** [rasta'kwɛːr] *m* internationaler Hochstapler *m*.

rat *zo.* [ra] *m* Ratte *f*; *fig.* Laune *f*, Grille *f*; F *fig.* ~ *de bibliothèque* Bücherwurm; Leseratte *f*; ~ *de cave a. fig.* Steuerbeamte(r); ~ *d'église a. fig.* Kirchenläufer; Kirchendieb; ~ *d'hôtel* Hotelratte (*Dieb*).

rata P [ra'ta] *m* mieser Fraß *m*.

ratatiner [ratati'ne] (1a): *se* ~ zs.-schrumpfen; runz(e)lig werden.

ratatouille P [rata'tuj] *f* Fraß *m*.

rate *anat.* [rat] *f* **1.** Milz *f*; P *désopiler* (*dilater*, *épanouir*) *la* ~ *à q.* j-n zum Lachen bringen; P *ne pas se fouler la* ~ sich kein Bein ausreißen; **2.** weibliche Ratte.

raté *Auto, thé.*, ⊕ [ra'te] *m* Versager *m*; Versagen *n*; Fehlzündung *f*; ⚔ Blindgänger *beim Schießen*; gescheiterte Existenz *f*, Versager *m* F, verbummelter Mensch *m*.

rât|eau [rɑ'to] *m* Harke *f*, Rechen *f*; **~eler** [rɑt'le] (1c) harken, rechen; **~elier** [rɑtə'lje] *m* Raufe *f*; (*z.B.* Gewehr-)Ständer; F Gebiß *n*.

rater [ra'te] *v/i.* (1a) versagen (*von Schußwaffen*); *fig.* fehlschlagen, schief gehen P; *v/t.* verfehlen (*a. sa vie*); F ~ *un examen* in e-r Prüfung durchfallen; *coup* ~ *raté* Fehlschuß.

ratiboiser F [ratibwa'ze] stibitzen, klauen F; ruinieren.

ratière [ra'tjɛːr] *f* Rattenfalle.

ratifi|cation [ratifika'sjõ] *f* Bestätigung(surkunde) *f*; Ratifizierung *f*; **~er** [~'fje] (1a) bestätigen (*a. fig.*)

ratiner ⊕ [rati'ne] (1a) *Tuche usw.* kräuseln.

ratiociner *péj.* [rasjɔsi'ne] (1a) *v/i.*: ~ *sur qch.* über etw. spintisieren.

ration [ra'sjõ] *f* Ration *f*.

rational|iser [rasjɔnali'ze] (1a) ✝ rationalisieren; *phil.* (nur) der Vernunft unterordnen; **~isme** [~'lism] *m phil.* Rationalismus *f*; **~iste** [~'list] **1.** *adj. phil.* rationalistisch; **2.** *su.* Rationalist(in *f*) *m*; **~ité** [~li'te] *f phil.* vernunftbedingte Grundlage *f*; *allg.* Zweckdienlichkeit *f*; ⚖ Berechenbarkeit, Rationalität.

ration|naire [rasjɔ'nɛːr] *su.* Rationenempfänger(in *f*) *m*; **~nel** [~'nɛl] vernunftgemäß; ⚖ rational; rationell, zweckmäßig; **~nement** [~sjɔn'mã] *m* Rationierung *f*; *régime m de* ~ Verteilung *f* von Lebensmitteln; **~ner** [~'ne] (1a) zwangsbewirtschaften, rationieren; ⚓ *j-n usw.* auf Rationen setzen.

ratiss|age [rati'sa:ʒ] *m*: ~ *policier* Polizeirazzia *f*; **~er** [rati'se] (1a) (glatt)harken, einebnen; ⚔ durchkämmen; P klauen; F ruinieren; **~oire** 🔧 [~'swaːr] *f* Jäthacke *f*; **~ure** [~'sy:r] *f* Abschabsel *n*.

raton *zo.* [ra'tõ] *m* kleine Ratte *f*; * Algerier; ~ *laveur zo.* Waschbär *m*; **~nade** * ⚔ [~tɔ'nad] *f bis 1962:* Verprügelung *f* von Algeriern, Demolierung *od.* Brandschatzung algerischen Eigentums.

rattachement *pol.* [rataʃ'mã] *m* Rückgliederung *f*, Anschluß *f*.

rattacher [rata'ʃe] (1a) wieder an-

rattrapage — 407 — **réactionnaire**

binden, verknüpfen; *pol.* rückgliedern; se ~ sich anschließen.
rattrapage [ratra'pa:ʒ] *m*: *cours m/pl. de* ~ Nachhilfekurse.
rattraper [ratra'pe] (1a) wieder fangen; wieder erwischen; *fig.* ein- *od. écol.* nach-holen.
ratur|age [raty'ra:ʒ] *m* (Aus-, Durch-)Streichen *n*; **~e** [~'ty:r] *f* Durchstrichene(s) *n*; **~er** [~'ty're] (1a) aus-, durchstreichen; weg-radieren; *Felle* abschaben.
raucité *phon.* [rosi'te] *f* Rauheit *f*.
rauque [ro:k] heiser, rauh.
ravag|e [ra'va:ʒ] *m* Verwüstung *f*; **~er** [~va'ʒe] (1l) verheeren.
ravaler [rava'le] (1a) (wieder) hinunterschlucken; ⚒ abteufen; *fig.* erniedrigen, schmälern; *Bäume* stutzen; *Mauer* reinigen, säubern, neu bewerfen; *fig.* ~ *au rang de qch.* zu etw. degradieren.
ravaud|er [ravo'de] *v/t.* (1a) ausbessern, flicken, stopfen; **~eur** [~'dœ:r] *f* Flicker *m*.
rave ♣ [ra:v] *f* Kohlrabi(knolle *f*) *m*; *(petite)* ~ Radieschen *n*.
ravi [ra'vi] entzückt (de über).
ravier [ra'vje] *m* kleine Schüssel *f* für Vorspeisen.
ravière [ra'vjɛ:r] *f* Rübenfeld *n*.
ravigot|e [ravi'gɔt] *f* pikante Kräutersoße *f*; **~er** *F* [~'te] (1a) wieder zu Kräften bringen.
ravilir [ravi'li:r] (2a) herabwürdigen.
ravin [ra'vɛ̃] *m* Schlucht *f*; Hohlweg; **~e** [~'vin] *f* Regen-, Gieß-, Sturzbach *m*; Schlucht; **~ée** [~'ne] *f* Bett *n* e-s Sturzbachs; **~er** [~'ne] (1a) *durch Regengüsse od. Sturzbäche* auswaschen; *fig.* verheeren.
ravir [ra'vi:r] (2a) rauben, entführen; *fig.* hinreißen, bezaubern, entzücken; *advt. à* ~ zum Entzücken.
raviser [ravi'ze] (1a): *se* ~ anderen Sinnes werden, s-e Meinung ändern.
raviss|ant [ravi'sɑ̃] reißend (*von Tieren*); *fig.* entzückend; **~ement** [~vis'mɑ̃] *m* Entführung *f*; Entzücken *n*; **~eur** [~'sœ:r] *m* Räuber; Entführer.
ravitaill|ement [ravitaj'mɑ̃] *m* Lebensmittelversorgung *f*, Ernährungswirtschaft *f*; ⚔ Verpflegungsempfang; Nachschub; *office m de* ~ Beschaffungsamt *n*; **~[~'je]** neu versorgen.
raviver [ravi've] (1a) neu beleben; *se* ~ *fig.* wieder neu aufleben.
ravoir [ra'vwa:r] (*nur inf. gebräuchlich*) wiederhaben, -bekommen.
rayer [rɛ'je] (1i) ritzen; liniieren; mit Streifen versehen; riefeln; aus-, durchstreichen; *canon m rayé* gezogener Lauf (e-r Kanone).
rayon [rɛ'jɔ̃] *m* Strahl; ⚕ Halbmesser, Radius; Umkreis ⊕; (Rad-)Speiche *f*; *anat.* (Arm-)Speiche *f*; Querbrett *n* in Schränken *usw.*; Abteilung *f* in Warenhaus; *pol.* Bezirk; ✶ Rille *f*; *bsd.* ~ ⚒ ~ *d'action* Aktionsradius, Reichweite *f*; ~ *de miel* Honigwabe *f*; **~s** *alpha at.* Alphastrahlen *m/pl.*; **~s** *X pl.* ⚕ Röntgenstrahlen *m/pl.*; *fig.* F *c'est votre* ~ das betrifft Sie.
rayonn|age [rɛjɔ'na:ʒ] *m* Regal *n* (*für Bücher od. Waren*); **~ant** [~'nɑ̃] (aus)strahlend; *fig.* glänzend; ~ *de joie* freudestrahlend; **~e** [~'jɔn] *f* Kunstseide; **~é** [~'jɔ'ne] **1.** *adj.* strahlig; **2.** **~s** *m/pl.* Strahlentiere *n/pl.*; **~ement** [~n'mɑ̃] *m*: **~s** *destructeur* Todesstrahlen *m/pl.*; ~ *terrestre Radio:* Bodenstrahlung *f*; **~er** [~'ne] (1a) *v/i.* strahlen; *phys.* ausgestrahlt werden; ✶, ⚒ Rillen ziehen; *v/t.* ausstrahlen; mit Regalen *od.* Fächern versehen.
rayure [rɛ'jy:r] *f* Streifen *m*, Gestreifte(s) *n*; ⊕ Ritzen *n*; Züge *m/pl. in Feuerwaffen*; Ausstreichen *n*, Streichung.
raz [ra] *m* reißende Strömung *f*; ~ *de marée* Springflut *f*.
razzia [ra'zja] *f* Razzia; Raubzug *m*.
ré ♪ [re] *m* D *n*.
réacheminer ⚒ [reaʃəmi'ne] (1a) *Briefpost usw.* wieder auf den Weg bringen.
réacteur [reak'tœ:r] *m* Düsentriebwerk *n*; Düsenflugzeug *n*; Atomkraftwerk *n*, Reaktor; ~ *d'essai* Versuchsreaktor.
réactif [reak'tif] *adj.* (7e) *u. m phys.* rückwirkend; 🜚 reagierend(es Mittel *n*); Reagens *n*.
réaction [reak'sjɔ̃] *f* Rückwirkung *f*; *a. pol.* Reaktion *f*; *avion m à* ~ Düsenflugzeug *n*; *montage en* ~ *rad.* Rückkopplung *f*; *phys., psych.* ~ *en chaîne* Kettenreaktion *f*; ~ *nucléaire* Kernreaktion *f*; **~naire**

réactivation [...ksjɔ'nɛːr] *pol.* **1.** *adj.* reaktionär, rückschrittlich; **2.** *su.* Reaktionär *m*.

réactivation *éc.* [reaktiva'sjɔ̃] *f* Wiederbelebung *f der Wirtschaft*.

réagir *phys. u. fig.* [rea'ʒiːr] (2a) reagieren.

réajuster [reaʒys'te] (1a): ~ *les salaires* die Löhne u. Gehälter entsprechend den Lebenskosten erhöhen.

réaléser ⊕ [reale'ze] (1f) nachbohren.

réalis|able [reali'zablə] realisierbar, durchführbar; ✝ in Geld umsetzbar; **~ateur** [...za'tœːr] *m cin.* Filmregisseur *m*, Spielleiter *m*; *rad.*, *télév.* Sendeleiter *m*; *allg.* Gestalter *m*; ⊕ Hersteller *m*, Schöpfer *m*; *biol.* Keimträger *m*; **~ation** [...za-'sjɔ̃] *f* Verwirklichung *f*; ✝ Flüssigmachung *f*; *cin.* Spielleitung *f*, Filmregie *f*; Aufnahme *f*, Verfilmung *f*; **~er** [...'ze] (1a) verwirklichen; ausführen; gestalten; *cin.* aufnehmen; ✝ zu Geld machen; *néol.* begreifen, sich vorstellen, klar erfassen; ~ *un profit* e-n Gewinn erzielen; se ~ in Erfüllung gehen; se ~ *pleinement dans qch.* sich e-r Sache völlig hingeben (*bsd. Sport, a. auf geistigem, naturwissenschaftlichem Gebiet*).

réal|isme [rea'lism] *m phil.*, *litt.*, *peint.*, *pol. usw.* Realismus *m*; **~iste** [...'list] *su. u. adj.* Realist *m*; realistisch; **~ité** [...li'te] *f* Realität *f*, Wirklichkeit *f*, Tatsache *f*.

réappar|aître [reapa'rɛːtr] (4z) wieder erscheinen; **~ition** [...ri'sjɔ̃] *f* Wiedererscheinen *n*.

réappeler [rea'ple] (1c) ⚔ noch einmal verlesen; ⚖ zum zweiten Mal Berufung einlegen.

réapprovisionner [reaprɔvizjɔ'ne] (1a) wieder verproviantieren.

réarm|ement [rearma'mɑ̃] *m* (Wieder-)Aufrüstung *f*; **~er** [...'me] (1a) (wieder) aufrüsten.

réassigner [reasi'ɲe] (1a) ✝ neu anweisen; ⚖ nochmals vorladen.

réassortir ✝ [reasɔr'tiːr] (2a) mit neuen Waren versehen.

réassurer [reasy're] (1a) rückversichern.

rebaptiser [rəbati'ze] (1a) *rl.* wiedertaufen; *allg.* umbenennen.

rébarbatif [rebarba'tif] (7e) abstoßend, mürrisch.

rebâtir [rəba'tiːr] (2a) wieder aufbauen.

rebattre [rə'batrə] (4a) wieder klopfen *od.* schlagen; *Matratzen* auflockern; ⚔ von neuem beschießen; ⊕ *Fässerreifen* wieder antreiben; *fig.* wiederholen; *Weg* wieder und wieder durch'laufen; *avoir les oreilles rebattues de qch.* etw. zum Überdrusse gehört haben; *chemin m rebattu* vielbetretener Weg.

rebell|e [rə'bɛl] **1.** *adj.* aufrührerisch; *fig.* widerspenstig; hartnäckig (*Krankheit usw.*); **2.** *su.* Rebell *m*, Aufrührer *m*; **~er** [...'le] (1a): se ~ sich empören; **~ion** [...-'ljɔ̃] *f* Aufruhr *m*.

rebiffer P [rəbi'fe] (1a): se ~ sich sträuben, empören. [forsten.]

reboiser [rəbwa'ze] (1a) neu auf-)

rebond [rə'bɔ̃] *m* Abprall *m*; *gym.* Rücksprung *m*; **~i** [...'di] dick und rund; prall; **~ir** [...'diːr] (2a) wieder aufspringen; abprallen; **~issement** [...dis'mɑ̃] *m* Zurückprallen *n*; *fig.* Rückschlag *m*; Wiederaufleben *n*, -aufnahme *f* (*z. B. e-r Untersuchung*).

rebord [rə'bɔːr] *m* Rand(leiste *f*); Einfassung *f*; Umschlag; Kragen *am Mantel*; (Hut-)Krempe *f*; Sims *m u. n*; **~er** [...bɔr'de] (1a) neu einfassen.

reboucher [rəbu'ʃe] (1a) wieder zustopfen *od.* zukorken.

rebours [rə'buːr] *m* Gegenstrich *des Tuches*, *Haares usw.*; *fig.* Gegenteil *n*; à ~ gegen den Strich; *fig.* verkehrt; ⚔ *compte m à* ~ Zählen *n* gegen den Strich; *au* (*od.* à) ~ *de* im Gegensatz zu; zuwider (mit *od. dat.*).

rebout|ement ✱ [rəbut'mɑ̃] *m* Wiedereinrenkung *f*; **~er** [...'te] (1a) *Glieder* wiedereinrenken; **~eur** *u.* **~eux** [...'tœːr, ...'tø] *m* Knocheneinrenker; Heilpraktiker.

rebrousse|-courant [rəbrusku'rɑ̃]: *à* ~ in entgegengesetzter Richtung; **~-poil** [...'pwal]: *à* ~ gegen den Strich; F verkehrt.

rebrousser [rəbru'se] (1a) **1.** *v/t.* gegen den Strich bürsten *od.* kämmen; *fig.* ~ *chemin* plötzlich umkehren; **2.** *v/i.* umkehren; ⊕ 'durchdringen (*Messer usw.*).

rebuffade [rəby'fad] *f* barsche Abweisung *f*, Abfuhr *f fig.*

rébus [re'bys] *m* Bilderrätsel *n*.
rebut [rə'by] *m* ✝ Ausschuß(ware *f*); ⚔ ~s *pl.* unzustellbare Sendungen *f/pl.*; ~ *de charbon* ⚔ Kohlenabfall; ⚔ *au* ~ unbestellbar; **~ant** [~'tã] (7) abschreckend; abstoßend; **~er** [~'te] (1a) barsch abweisen; abschrecken; von sich stoßen; ✝ wegwerfen; *se* ~ sich abschrecken lassen.
récalcitrant [rekalsi'trã] (7) widerspenstig; ⊕ tückisch.
recalé F [rəka'le] durchgefallen (*in e-r Prüfung*).
recaler [rəka'le] (1a) *Möbel* wieder geradestellen; F im Examen durchfallen lassen; finanziell wieder auf die Beine bringen; ⊕ glatthobeln; zs.-fügen.
recalibr|age [rəkali'bra:ʒ] *m* Flußregelung *f*; **~er** [~'bre] (1a) *e-n Flußlauf* regeln.
récapituler [rekapity'le] (1a) kurz (zs.-fassend) wiederholen.
recapuchonner [rəkapyʃɔ'ne] (1a) wieder zumachen (*Füller*).
recaser [rəka'ze] (1a) unterbringen (*a. Schüler*); F *se* ~ sich wieder unterbringen lassen; sich wieder einleben (*Flüchtling*).
re|cel, ~cèlement ✝✝ [rə'sɛl, ~sɛl'mã] *m* Hehlerei *f*.
recéler [rəse'le] (1f) verbergen; ✝✝ verheimlichen.
receleur [rəs'lœ:r] *su.* Hehler *m*.
récemment [resa'mã] *adv.* kürzlich.
recens|ement [rəsãs'mã] *m* (Volks-)Zählung *f*; ⊕, ✝, *adm.* Bestandszählung *f*; Besichtigung *f*; **~er** [~'se] (1a) *die Bevölkerung usw.* zählen; ⊕, ✝ nachprüfen, besichtigen; **~ion** [~'sjɔ̃] *f* kritische Text-vergleichung, -ausgabe *f*.
récent [re'sã] kürzlich, jüngst.
récépissé ✝ [resepi'se] *m* Empfangsschein; ✝ Posteinlieferungsschein; **~-warrant** ✝ [~va'rã] *m* Lagerschein.
récep|tacle [resɛp'takl] *m* Sammelplatz, -stelle *f*; *fig.* Schlupfwinkel; ⚘ Fruchtboden; **~teur** [~'tœ:r] *m* ✝ Empfänger, Empfangsapparat; *~ tous courants* Allstromempfänger; *téléph.* Hörer; *décrocher (raccrocher) le* ~ den Hörer abnehmen (auflegen); *Radio:* ~ *de télévision* Fernsehempfänger; ~ *radio* Funk-

empfänger *m*; ~ *de T.S.F.* Rundfunkempfänger *m*; **~tif** [~'tif] 🗲 empfänglich (*à qch.* für etw.); *psych.* rezeptiv, aufnahmefähig; *à des fins réceptives* zu Empfangszwecken; **~tion** [~p'sjɔ̃] *f* Aufnahme, Empfang *m* (*a. rad.*); Einführung *in ein Amt*; Annahme *von Theaterstücken usw.*; Abnahme *von Bauten, Maschinen usw.*; **~tionner** [~sjɔ'ne] ⊕ *Maschinen usw.* abnehmen; **~tivité** [~tivi'te] *f psych.* Rezeptivität *f*, Aufnahmefähigkeit *f*; 🗲 Anfälligkeit *f*.
récession ✝ [resɛ'sjɔ̃] *f* wirtschaftlicher Rückgang *m*.
recette [rə'sɛt] *f* Einnahme, Ertrag *m*; (Geld-)Erhebung *f*; Steueramt *n*, -kasse *f*; *phm. allg.* Mittel *n*; (Koch-)Rezept *n*; *garçon m de* ~s Kassenbote; *fig. faire* ~ Schule machen *fig.*
recev|able [rəs'vablə] annehmbar; zulässig, statthaft; **~eur** [~'vœ:r] *su.* (7g) Einnehmer *m*; *tram. usw.* Schaffner *m*; Kassierer *m*; ⚔ Vorsteher *m*; ⊕, *typ.* Bogenfänger *m*.
recevoir [rəs'vwa:r] (3a) empfangen, bekommen, erhalten; auffangen (*Strahlen*); *fig.* an-, aufnehmen; (*als wahr und bindend*) annehmen; feierlich aufnehmen; einführen; genehmigen; *être reçu docteur* die Doktorwürde erhalten.
réchampir *peint.* [reʃã'pi:r] (2a) hervorheben.
rechange [rə'ʃã:ʒ] *m* Umwechseln *n*; ✝ Rückwechsel; *de* ~ zum Ersatze *od.* Wechseln *vorrätig*, *Reserve*...; *pièce f de* ~ Ersatzteil *m*; **~r** [~ʃã'ʒe] (11) auswechseln; ersetzen.
réchapper [reʃa'pe] (1a) davonkommen; *d'une maladie* e-e Krankheit glücklich überstehen.
recharg|e [rə'ʃarʒ] *f* Wiederladung (🗲 *usw.*); **~er** [~ʃar'ʒe] (11) wieder aufbeladen; umladen; *Gewehr u.* 🗲 wieder laden; *Feind* wieder angreifen; *Wege usw.* neu beschütten; *phot.* ~ *les châssis* neue Platten einlegen.
réchaud ⊕ [re'ʃo] *m* Kocher *m*; Heizplatte *f*; ~ *à gaz* Gaskocher; ~ *à pétrole* Petroleumkocher; ~ *à alcool* Spirituskocher.
réchauff|é [reʃo'fe] *m* Aufgewärmte(s) *n*; F *fig.* aufgewärmter

réchauffer — 410 — **réconciliateur**

Kohl *m fig.* F, alte Geschichte *f*; ~**er** [~] (1a) wieder erwärmen; aufwärmen; *fig.* anfeuern; ~ *le cœur à q.* j-m *seelisch* wohltun; ~**oir** ⊕ [~'fwa:r] *m* Teller- *u.* Schüsselwärmer.

rechausser [rəʃo'se] (1a) wieder (Schuhe und) Strümpfe anziehen (*q.* j-m); ✗ frische Erde anhäufen (*qch.* um etw.); ⚠ *un mur* ein neues Fundament unter e-e Mauer legen.

rêche [rɛʃ] rauh (*Haut*); *fig.* ungefügig.

recherch|e [rə'ʃɛrʃ] *f* (Er-)Forschung; ⚖ Nachspüren *n*; *fig.* Verlangen *n*; Geziertheit *f*; *Stil usw.*; *ast.* ~*s spatiales* Raumforschungen *f/pl.*; ~**é** [~'ʃe] gesucht; *fig.* affektiert; viel begehrt; sorgfältig ausgearbeitet; ~**er** [~] (1a) noch einmal suchen; aufsuchen, nachforschen, trachten nach; sorgfältig ausarbeiten.

rechigné [rəʃi'ɲe] *adj. u. su.* griesgrämig; mürrisch(er Mensch *m*).

rechigner [~] mürrisch sein *od.* aussehen; ⚕ mickern.

rechute ✗, ⚖ [rə'ʃyt] *f* Rückfall *m*.

récidiv|e ✗, ⚖ [resi'di:v] *f*; ~**er** [~di've] (1a) ✗ e-n Rückfall bekommen; ⚖ rückfällig werden; *allg.* e-n Fall wieder aufgreifen; ~**iste** ⚖ [~'vist] *m* Vorbestrafter *m*.

récif ⚓ [re'sif] *m* Riff *n*.

récip|iendaire [resipjɑ̃'dɛ:r] *m* ✝ Empfängerstaat *m*; Kandidat *m für e-e Akademie*; ~**ient** [~'pjɑ̃] *m* Behälter *m*.

réciprocité [resiprɔsi'te] *f* Gegenseitigkeit *f*, Wechselbeziehung *f*.

réciproque [resi'prɔk] gegen-, wechselseitig; *appliquer la* ~ das Gleiche tun, ebenso verfahren.

récit [re'si] *m* Erzählung *f*; Bericht *m*; ♪ Solopartie *f*, Hauptstimme *f*; ~**al** ♪ [~'tal] *m* (*pl.* ~*s*) Vortrag *m* auf e-m Instrument; ~ *de piano a. de Klavierabend m*, -konzert *n*; ~ *de chants* Liederabend *m*; ~**ateur** [~ta'tœ:r] *su.* (7g) Vortragskünstler *m*; ~**atif** [~ta'tif] *m* Rezitativ *n*; ~**ation** [~ta'sjɔ̃] *f* Vortrag *m*; Rezitieren *n*; ~**er** [~'te] (1a) hersagen, vortragen, rezitieren; vorsingen.

réclam|ant [rekla'mɑ̃] *su.* (7) Beschwerdeführer *m*; ~**ation** [~ma'sjɔ̃] *f* Beanstandung *f*, Beschwerde *f*, Zurückforderung *f*; ~**e** [re'klam] *f* Reklame *f*, Werbung *f*; ~ *lumineuse* Lichtreklame *f*; ~**er** [~'me] *v/t.* (1a) anrufen; beanspruchen; *v/i.* Einspruch erheben, protestieren; *se* ~ sich berufen (*de auf acc.*).

reclass|ement [rəklas'mɑ̃] *m* Neueinteilung *f*; Wiedereingliederung *f* in den Arbeitsprozeß; ~ *des salaires* Besoldungsneuregelung *f*; ~**er** [~'se] (1a) neu einteilen *od.* eingruppieren; *se* ~ sich in die Gemeinschaft wieder einfinden.

reclure [rə'kly:r] (41) einsperren.

reclus [rə'kly] **1.** (*p.p. von reclure*) eingeschlossen; **2.** *su.* Einsiedler *m*.

reclusion *od.* **réclusion** [rə-, rekly'zjɔ̃] *f* Abgeschiedenheit *f*; Zuchthausstrafe; ~**naire** [~zjɔ'nɛ:r] *su.* Zuchthäusler(in *f*) *m*.

recogner [rəkɔ'ɲe] (1a) *Nagel usw.* wieder einschlagen.

récognition [rekɔgni'sjɔ̃] *f* (Wieder-)Erkennen *n*; ⚖ Anerkennung *f*.

recoiffer [rəkwa'fe] (1a) das Haar wieder zurechtmachen.

recoin [rə'kwɛ̃] *m fig.* geheimster Winkel *m*.

récol|ement [rekɔl'mɑ̃] *m* amtliche Nachprüfung *f*, Bestandsaufnahme *f*; ~**er** [~'le] (1a) amtlich nachprüfen.

récollection *rl.* [rekɔlɛk'sjɔ̃] *f* innere Andacht *od.* Sammlung *f*.

récolt|e [re'kɔlt] *f* Ernte; ~**er** [~'te] (1a) ernten.

recommand|able [rəkɔmɑ̃'dablə] empfehlenswert; ~**ataire** ✝ [~da'tɛ:r] *m Wechsel*: Notadressat *m*; ~**ation** [~da'sjɔ̃] *f* Empfehlung *f*, Ermahnung *f*; *rl.* Fürbitte; & Einschreiben *n*; ~**er** [~mɑ̃'de] (1a) (an-)empfehlen; raten; & einschreiben lassen.

recommencer [rəkɔmɑ̃'se] (1k) wieder (*od.* von vorn) anfangen.

récompens|e [rekɔ̃'pɑ̃:s] *f* Belohnung; Entschädigung *f*; Strafe; ~**er** [~pɑ̃'se] (1a) belohnen (für *de*); entschädigen; vergelten.

recomposer [rəkɔ̃po'ze] (1a) wieder zs.-setzen.

recompter [rəkɔ̃'te] (1a) überrechnen, nachzählen.

réconcilia|ble [rekɔ̃si'ljablə] versöhnbar; ~**teur** [~'tœ:r] (7f) **1.** *adj.* versöhnend; **2.** *su.* Versöhner *m*;

réconciliation — 411 — **recrue**

~tion [~lja'sjɔ̃] f (Wieder-)Aussöhnung; rl. Wiedereinweihung.
réconcilier [rekɔ̃si'lje] (1a) versöhnen; *Kirche* neu einweihen; *fig.* in Einklang bringen.
reconduction [rəkɔ̃dyk'sjɔ̃] f Erneuerung e-s Miet- *od.* Pachtvertrages; Fortsetzung f (*e-r Politik*); Beibehaltung f (*Preis*).
recondui|re [rəkɔ̃'dɥi:r] (4c) zurückführen, -begleiten; *adm.* fortsetzen (*Maßnahme*); *iron.* ~ q. j-m heimleuchten *fig.* **~te** [~'dɥit] f Zurückbegleitung; (derbe) Abfuhr.
réconfort [rekɔ̃'fɔ:r] m Trost; *⚕* [~'fɔr'tã] m Stärkungsmittel n; **~ation** [~ta'sjɔ̃] f Stärkung; **~er** [~'te] (1a) stärken; laben; trösten.
reconnaiss|able [rəkɔnɛ'sablə] kenntlich, wiedererkennen(d); **~ance** [~'sã:s] f (Wieder-)Erkennung; Besichtigung; ✕ Aufklärung; ✝ Schuldschein m; Anerkennung, Geständnis n; Erkenntlichkeit, Dankbarkeit; *signe m de* ~ Erkennungszeichen n; **~ant** [~'sã] erkenntlich, dankbar (*de für*).
reconnaître [rəkɔ'nɛ:trə] (4z) (wieder)erkennen; besichtigen; auskundschaften; ✕ aufklären; anerkennen; erkenntlich sein für; zugeben; *se* ~ *a.* sich zurechtfinden.
reconquérir [rəkɔ̃ke'ri:r] (2l) wiedererobern.
reconstitu|ant [rəkɔ̃sti'tɥã] **1.** *adj.* (7) wiederherstellend; stärkend; **2.** *m* Nähr-, Kräftigungsmittel n; **~er** [~'tɥe] (1a) wiederherstellen.
reconstr|uction [rəkɔ̃stryk'sjɔ̃] f Wiederaufbau m; **~uire** [~'trɥi:r] (4c) wieder aufbauen.
reconvention ⚖ [rəkɔ̃vã'sjɔ̃] f Gegenklage.
reconvertir [rəkɔ̃vɛr'ti:r] (2a) *j-n* umlernen; *e-e Fabrik* umstellen.
reconversion [rəkɔ̃vɛr'sjɔ̃] f berufliche Umschulung f; *✈* anbaumäßige Umstellung f; *écol. la* ~ *de l'enseignement du français* die Umstellung des Unterrichts des Französischen.
recoquiller [rəkɔki'je] (1a) (*se sich*) schneckenartig zs.-rollen.
record [rə'kɔ:r] m Rekord; Musterleistung f; ~ *d'altitude* Höhenrekord (*Flugsport*); *détenir le* ~ den Rekord innehaben; *fig.* an der Spitze sein.

recoucher [rəku'ʃe] (1a) (*se* ~ *sich*) wieder ins Bett legen.
recoudre [rə'kudrə] (4d) wieder zs.-nähen; *fig.* zs.-bringen.
recoupe [rə'kup] f Abfälle m/pl. von Zeug, Steinen usw.; *✈* Grum(me)t n; ✝ Kleienmehl n; Verschnitt m (*Wein*); **~r** [rəku'pe] *v/t.* (1a) wieder beschneiden; *Wein* verschneiden; *v/i.* noch einmal abheben (*Kartenspiel*).
recourb|ement [rəkurbə'mã] m Krummbiegen n; Krümmung f; **~er** [~'be] (1a) wieder krümmen; umbiegen; **~ure** [~'by:r] f Krümmung.
recour|ir [rəku'ri:r] (2i): ~ *à* s-e Zuflucht nehmen zu; **~s** [rə'ku:r] m Zuflucht f; ⚖ Ersatzanspruch; ~ *en grâce* Gnadengesuch n.
recouv|rement [rəkuvrə'mã] **1.** m Wiedererlangung f; Eintreibung f von Steuern; *~s pl.* Rückstände; ✝ u. ⚕ *mandat m* (*od. ordre m*) *de* ~ *postal* Postauftrag n; **2.** *bsd.* ⚐ Wiederbedecken n; Decke f; **3.** *géol.* Verwerfung f, **~rer** [~'vre] (1a) wiederbekommen; *Steuern* eintreiben; **~rir** [~'vri:r] (2f) wieder (be-)decken; *fig.* bemänteln; *ling. se* ~ sich *bedeutungsmäßig* decken.
récréa|tif [rekrea'tif] (7e) erheiternd; **~tion** [~krea'sjɔ̃] f Erholung f, Entspannung f; *écol.* Pause.
recréer [rəkre'e] (1a) neu schaffen.
récréer [rekre'e] (1a) neu beleben; *fig.* ergötzen; *se* ~ sich erholen.
recrépir [rəkre'pi:r] (2a) neu *mit Kalk* bewerfen; F stark schminken; zurechtfrisieren (*Nachricht*).
récrier [rekri'e] (1a): *se* ~ aufschreien; laut protestieren.
récrimin|ation [rekriminɑ'sjɔ̃] f Gegenbeschuldigung, -klage; *~s pl. a.* Vorwürfe *m/pl.*; **~er** [~'ne] (1a) Gegenbeschuldigungen vorbringen.
récrire [re'kri:r] (4f) wieder schreiben; *fig.* umarbeiten.
recroître [rə'krwa:trə] (4w) wieder wachsen; nachwachsen.
recrû *for.* [rə'kry] m Nachwuchs.
recru [rə'kry] hundemüde.
recrudes|cence [rəkrydɛ'sã:s] f Verschlimmerung f; *a. fig.* Wiederausbruch m; Zunahme; **~cent** *✈* [~'sã] (7) wieder ausbrechend, zunehmend, schlimmer werdend.
recrue [rə'kry] f ✕ Rekrut m; *fig.*

neu aufgenommenes (Vereins-) Mitglied n.
recrut|er ✕ [rəkry'te] (1a) ausheben; *allg.* anwerben; **~eur** ✕, *a. allg.* [‿'tœːr] m Anwerber.
rectangle ♉ [rɛk'tɑ̃ːglə] **1.** *adj.* rechtwink(e)lig; **2.** m Rechteck n.
rectangulaire ♉ [rɛktɑ̃gy'lɛːr] rechtwink(e)lig; rechteckig.
recteur m [rɛk'tœːr] **1.** *adj.* leitend; **2.** *Fr.* m (Akademie-)Rektor m.
rectifica|teur [rɛktifika'tœːr] **1.** *su.* (7f) Berichtiger m; **2.** m ⊕ Reiniger (*Apparat*); ⊕ berichtigend; ⊕ reinigend; **~tion** [‿kɑ'sjɔ̃] f Begradigung; *fig.* Berichtigung; ⚗ Läutern n.
recti|fier [rɛkti'fje] (1a) geradmachen; *fig.* berichtigen; ⚗ läutern; *gym.* ~ *la tenue* die Haltung korrigieren; **~ligne** [‿'liɲ] geradlinig; **~tude** [‿'tyd] f Geradheit (*des Denkens*); Redlichkeit f.
recto [rɛkto] m *Blatt*: Vorderseite.
rectum *anat.* [rɛk'tɔm] m Mastdarm.
reçu [rə'sy] **1.** *adj.* üblich, feststehend; **2.** m Empfang; Quittung f, Empfangsschein.
recueil [rə'kœj] m Sammlung f; **~lement** [rəkœj'mɑ̃] m innere Sammlung f, Andacht f; **~lir** [‿'jiːr] (2c) (ein)sammeln, ernten; *Wasser* auffangen; zs.-suchen; *s-e Gedanken* sammeln; (bei sich) aufnehmen; *Erbschaft* antreten; ~ *des renseignements* Erkundigungen einziehen; se ~ sich sammeln.
recuire [rə'kɥiːr] (4c) noch einmal kochen *od.* backen; aufkochen, -backen; ⊕ ausglühen.
recul [rə'kyl] m Zurücktreten n (*a. fig.*); ✠ Nachbehandlung f; ⊕ Rücklauf, -stoß; ✠ Rückgang der *Kurse od. Preise*; *fig. être en* ~ zurückgehen (*a. Krankheit*); **~ade** [‿'lad] f Zurücklaufen n, -weichen n; Rückzug m; **~é** [‿'le] *a. adj.* entlegen, entfernt; **~er** [‿'le] *v/t.* (1a) zurückstellen, -setzen, -schieben; weiter hinausrücken; aufschieben; *v/i.* rückwärts gehen, fahren *od.* reiten *usw.*; zurückweichen; *fig.* entsagen; stoßen *vom Gewehr*; *pol. le parti recule de 5%* die Partei verliert 5%; **~ons** [‿'lɔ̃]: *à* ~ rückwärts; rücklings.
récupér|ateur [rekypera'tœːr] m **1.** ⊕ Wärmespeicher m; **2.** Altmaterialsammler m; **~ation** [‿rɑ'sjɔ̃] f Einziehung (*Kosten*); **~er** [‿'re] (1f) wiedererlangen; se ~ *de ses pertes* sich schadlos halten.
récurer [reky're] (1a) (ab-, auf-)scheuern.
récus|able [reky'zablə] zurückweisbar; bestreitbar; **~er** ᚦᚦ [‿'ze] (1a) ablehnen, verwerfen; se ~ sich für unzuständig erklären.
recyclage [rəsi'klaːʒ] m berufliche, fachliche Umschulung f; Neuorientierung f; Erwachsenenschulausbildung f in Abendkursen.
rédac|teur [redak'tœːr] m Verfasser m, Ausarbeiter m; Redakteur m, Schriftleiter m *e-r Zeitung*; **~tion** [‿k'sjɔ̃] f (Zeitungs-)Redaktion f; *écol.* Abfassung f *e-s Aufsatzes*; *a. journ.* Aufsatz m.
redan *u.* **redent** [rə'dɑ̃] m ♾ Zahnung f; (Mauer-)Vorsprung m; ✕ Stufe f.
reddition [redi'sjɔ̃] f Zurückgabe f; ✕ Übergabe f, Kapitulation f; (Rechnungs-)Ablegung f.
redemander [rədmɑ̃'de] (1a) noch einmal fragen *od.* erbitten; zurückfordern. [wieder starten.]
redémarrer *a.* 🚗 [rədema're] (1a)
rédemp|teur [redɑ̃p'tœːr] (7f) **1.** *adj.* erlösend; **2.** *m rl.* Erlöser m; **~tion** [‿p'sjɔ̃] f Loskauf m; *rl.* Erlösung f.
redescendre [rəde'sɑ̃ːdrə] *v/i.* (4a) wieder herunterkommen; fallen (*Barometer*); *v/t.* wieder herunternehmen; *Berg* wieder hinabsteigen.
redev|able [rədə'vablə]: ~ *de* noch etw. schuldig; *fig.* zu Dank verpflichtet für; **~ance** [‿'vɑ̃ːs] f (Grund-)Zins m; *Camping*: Standgeld n; regelmäßige Abgabe f; Lizenzgebühr f; ✕ *des mines* Bergwerkssteuer f; **~ancier** [‿vɑ̃'sje] m Zinspflichtiger m.
rédhibi|tion ᚦᚦ [redibi'sjɔ̃] f (Klage f auf) Rückgängigmachung f; **~toire** ᚦᚦ [‿'twaːr] f Wandlungs...
rédiger [redi'ʒe] (1l) zs.-stellen und ordnen; abfassen, zu Papier bringen; *journ.* redigieren.
rédimer [redi'me] (1a): se ~ *de* sich loskaufen von.
redingote [rədɛ̃'gɔt] f **1.** Gehrock m; **2.** Straßen-, Glockenmantel m (*für Damen*).

redire [rə'di:r] (4m) noch einmal sagen; ausplaudern; *avoir (od. trouver) à ~ alles bekritteln.

rediriger [rədiri'ʒe] (1l) *Briefpost usw.* wieder auf den Weg bringen.

rediseur [rədi'zœ:r] *su.* (7g) Wiederholer *m*, Schwatzer *m*.

redite [rə'dit] *f* unnötige Wiederholung *f des Gesagten*.

redondan|ce [rədɔ̃'dɑ̃:s] *f* Wortschwall *m*; **~t** [~'dɑ̃] (7) weitschweifig *(Stil)*.

redonner [rədɔ'ne] *v/t.* (1a) *(mst. fig. in Verbindung mit abstrakten Begriffen)* zurückgeben; *v/i.* ⚔ von neuem angreifen; ~ *dans qch.* wieder in etw. verfallen; *la pluie redonne de plus belle* es fängt wieder stärker an zu regnen; *se ~ à (qch.)* sich wieder (e-r Sache) widmen.

redoubler [rədu'ble] (1a) verdoppeln; *Pelz usw.* neu füttern; *fig.* verstärken; F *écol.* ~ *une classe* sitzenbleiben.

redoutable [rədu'tablə] furchtbar.

redoute [rə'dut] *f* ⚔ Redoute, Schanze; *(Ball-)*Fest *n*.

redouter [rədu'te] (1a) sehr fürchten.

redress|ement [rədrɛs'mɑ̃] *m* Geraderichten *n*; *fig.* Berichtigung *f*; Abstellung *f e-s Mißstandes*; Wiederaufbau *m*; ⚡ Gleichrichtung *f*; ⊕ *u.* ✝ Ankurbelung *f*, Wiederbelebung *f*; ♎ *centre m de ~* Jugendhof *(Erziehungsanstalt)*; **~er** [~'se] (1b) wieder geraderichten; wiederaufrichten; *Finanzen* sanieren; *fig.* berichtigen, wiedergutmachen, bereinigen, beheben; ⊕ *u.* ✝ ankurbeln; ~ *q.* j-n zurechtweisen; *se ~ a.* sich in die Brust werfen; **~eur** [~'sœ:r] *m rad.* Ausgleicher *f*; ⚡ Gleichrichter; ~ *à sec* Trockengleichrichter.

redû [rə'dy] *m* Rest e-r Schuld.

réduc|teur [redyk'tœ:r] **1.** *adj. a.* 🜂 reduzierbar; **2.** *m chir.* Einrenker *(Apparat)*; 🜂 Reduktionsmittel *n*; *phot.* Abschwächer; Verzögerer; **~tibilité** [~tibili'te] *f* Reduzierbarkeit; **~tible** [~'tiblə] verkleinerungsfähig, zurückführbar; 🜂 auflösbar; ⚡ einrenkbar; ♎ *fraction f ~* Bruch, der sich heben *(od.* kürzen*)* läßt; **~tion** [~k'sjɔ̃] *f* Zurückführung; Herabsetzung, Einschränkung *(z.B. von Ausgaben)*; ♎ Kürzung *e-s Bruches*; Umrechnung, -wandlung; ♎ Wiedereinrenkung; 🜂 Reduktion; *peint.* Verkleinerung; † Konvertierung; ⚔ Unterwerfung.

réduire *a.* ♎, 🜂 [re'dɥi:r] (4c) reduzieren; zurückführen; einkochen; nötigen; unterwerfen, -jochen; *peint.* verjüngen; *fig.* vermindern; *Preis* herabsetzen; ~ *q.* (à la mendicité) j-n herunter- *(an den Bettelstab)* bringen; ~ *en* verwandeln in *(acc.)*; *se ~ (à) a.* sich beschränken *(auf acc.)*.

réduit [re'dɥi] *m* verborgenes Plätzchen *n*; Verschlag; Spelunke *f*; Loch *n* F, *fig.* Winkel *m*.

réédifier [reedi'fje] (1a) wiederaufbauen.

rééditer [reedi'te] (1a) neu herausgeben; **~ion** [~'sjɔ̃] *f* Neuausgabe.

rééduca|tion [reedyka'sjɔ̃] *f* Umschulung *f*, Umerziehung *f*; Heilgymnastik *f*; **~quer** [~'ke] (1m) j-n wieder anlernen; umschulen *(für e-n neuen Beruf)*; ⚕ durch Heilgymnastik behandeln.

réel [re'ɛl] **1.** *adj.* (7c) wirklich *(vorhanden)*; wahrhaft; ♎ dinglich; **2.** *m* Wirkliche(s) *n*; Wirklichkeit *f*.

rééle|ction [reelɛk'sjɔ̃] *f* Wiederwahl *f*; **~igible** [~li'ʒiblə] wiederwählbar; **~ire** [~'li:r] (4x) wiederwählen. [*kaufsrecht n.*)

réemption ♎ [reɑ̃p'sjɔ̃] *f* Rück-)

réengager [reɑ̃ga'ʒe] (1l) s. *rengager* wieder verpflanden *usw.*

réévaluation [reevalqa'sjɔ̃] *f* Wieder-, Neueinschätzung *f*.

refaire [rə'fɛ:r] (4n) *v/t.* noch einmal machen, umarbeiten; ausbessern; ⚡ wieder kräftigen; P betrügen; *v/i. Kartenspiel*: noch einmal geben; *se ~* ⚡ wieder zu Kräften kommen.

refait F [rə'fɛ] *adj.* reingefallen F.

réfec|tion [refɛk'sjɔ̃] *f* Wiederherstellung; Umarbeitung; Erholung; *ehm.* Mahlzeit *in Klöstern*; △ ~*s pl.* Instandsetzungsarbeiten *f/pl.*; **~toire** [~'twa:r] *m* Speisesaal *(der Klöster, Schulen usw.)*.

refend ⊕ [rə'fɑ̃] *m* Teilung *f*; *mur m de ~* Scheidewand *f*; **~re** [~'fɑ̃drə] (4a) (wieder) spalten; durchsägen; ~ *l'ardoise f* den Schiefer *(in Platten)* spalten; ~ *le bois* das Holz der Länge nach zersägen *od.* -spalten.

référé ⚖️ [refe're] *m* einstweilige Verfügung *f*; Beantragung *f* e-r einstweiligen Verfügung.

référen|ce [refe'rɑ̃:s] *f* Bezugnahme; ✝ Referenz *f*, Empfehlung; Auskunftgeber *m*; ✝ Musterkarte *od.* -buch *n*; **~daire** [~rɑ̃'dɛ:r] *m* ⚖️ *usw.* Referent *m*.

référendum [referɛ̃'dɔm] *m* Volksentscheid.

référer [refe're] (1f): ~ à qch. auf etw. (*acc.*) beziehen; ~ qch. à q. j-m etw. übertragen; *v/i*. Bericht erstatten; *se* (*od.* s'*en*) ~ à q. sich auf j-n berufen.

refermer [rəfɛr'me] (1a) wieder schließen; *se* ~ *sur soi-même* sich abkapseln. [andrehen P.

refiler P [rəfi'le] (1a) (ab-)geben;)

réfléch|i [refle'ʃi] *a*. überlegt, bedächtig; *gr.* reflexiv; **~ir** [~'ʃi:r] *v/t. u. v/i.* zurückwerfen, -strahlen; *v/i. fig.* überlegen, nachdenken (*sur*, *a. à* über *acc.*); *se* ~ sich abspiegeln, zurückstrahlen; ♀, *anat.* sich zurückbiegen; **~issement** [~ʃis'mɑ̃] *m Licht*: Zurückstrahlung *f*; *Töne*: Widerhall.

réflecteur ⚡ [reflɛk'tœ:r] *m* Spiegel, Reflektor; ~ *rouge* Rückstrahler *od.* Katzenauge *n*.

reflet [rə'flɛ] *m* Abglanz, Reflex; *fig.* Abbild *n*.

refléter [rəfle'te] *v/t.* (1f) *Licht* zurückwerfen; *v/i.* ~ *sur* qch. e-n Widerschein auf etw. (*acc.*) werfen.

réflexe [re'flɛks] *phys.* zurückgestrahlt; *physiol.* unwillkürlich; 💉, *psych. m* Reflex *m*.

réflexion [reflɛk'sjɔ̃] *f* Zurückstrahlung, Widerschein *m*; *opt.* Spiegelung; Überlegung, Nachdenken *n*; Betrachtung; *à la* ~ bei näherer Betrachtung.

reflu|er [rə'flɥe] (1a) zurückfließen (*a. fig.*); **~x** [~'fly] *m* Ebbe *f*; *fig.* Zurückströmen *n*, Rückkehr *f* (*z.B.* ins *Mutterland*).

refondre ⊕ [rə'fɔ̃:dr] (4a) umschmelzen; *fig.* gänzlich um- (*od.* neu) arbeiten.

refonte ⊕ [rə'fɔ̃:t] *f* Umguß *m*; *fig.* Umgestaltung.

réforma|ble [refɔr'mablə] verbesserlich; **~teur** [~'tœ:r] (7f) **1.** *adj.* verbessernd; **2.** *su.* Reformator *m*; **~tion** [~ma'sjɔ̃] *f* Umgestaltung, Verbesserung.

réform|e [re'fɔrm] *f* Reform *f*, verbessernde Umgestaltung; Abstellung *der Mißbräuche*; ~ (*religieuse*) Reformation (*Luthers usw.*); Änderung der Lebensweise; Entlassung *von Beamten u. Soldaten bei Dienstunfähigkeit*; ✂ Ausmusterung *von Pferden*; ~ *agraire* Bodenreform; ~ *monétaire* Währungsreform; **~é** *rl.* [~'me] *su.* Reformierte(r); **~er** [~] (1a) reformieren, verbessern(d umgestalten); *Schädliches* abschaffen; ✂ *Truppen* ausmustern; e-n *Offizier* entlassen (*als untauglich od. unwürdig*); *Pferde* ausmustern; **~ette** *péj. néol.* [~'mɛt] *f* unzureichende Reform; **~isme** *pol.* [~'mism] *m* Reformbestrebungen *f/pl*.

reformer [rəfɔr'me] (1a) neu bilden.

refouler [rəfu'le] (1a) zurückdrängen, -stauen; zurückweisen (*durch Behörden*); *psych.* verdrängen.

réfract|aire [refrak'tɛ:r] **1.** *adj.* widerspenstig; ⊕ feuerfest; **2.** *su.* Widerspenstige(r); Wehrdienst-, Arbeitsverweigerer; **~ion** [~k'sjɔ̃] *f* Strahlen-, Licht-, Farben-, Schallbrechung; *indice de* ~ Brechungsindex. [frain *m*; *fig.* alte Leier *f*.)

refrain [rə'frɛ̃] *m* Kehrreim *m*, Re-)

réfrangible *phys.* [refrɑ̃'ʒiblə] brechbar.

refréner [rəfre'ne] (1f) zügeln; *fig.* in Schach halten; *etw.* eindämmen.

réfrigérant [refriʒe'rɑ̃] **1.** *adj. phys.* (7) kühlend; **2.** *m* ⚗ Kühlmittel *n*; ⚗ Kühlgefäß *n*.

réfrigéra|teur *f* [refriʒera'tœ:r] *m* Kühlschrank; **~tif** [~'tif] **1.** *adj.* (7e) erfrischend; ⊕ *vaisseau m* ~ Kühlfaß *n od.* -schiff *n*; **2.** *m* Kühlmittel *n*; **~tion** [~ra'sjɔ̃] *f* (Ab-)Kühlung.

réfrigérer [refriʒe're] (1f) abkühlen, durchkälten.

réfringent *phys.* [refrɛ̃'ʒɑ̃] (strahlen)brechend.

refrogner, renfrogner [rə-frɔ'ɲe, rɑ̃frɔ'ɲe] (1a) runzeln; *sa mine od. se* ~ ein unzufriedenes *od.* verdrießliches Gesicht machen.

refroidir [rəfrwa'di:r] (2a) abkühlen (*a. fig.*); *v/i.* kalt werden; *fig.* erkalten; *constatations f/pl.* re-*froidissantes* ernüchternde Feststellungen; *se* ~ kalt werden; 💉 sich erkälten.

refroidissement [rəfrwadis'mɑ̃] *m*

fig. Erkaltung *f*; 🞜 Erkältung *f*; ⊕ ~ *par air* Luftkühlung *f*.
refuge [rə'fy:ʒ] *m* Zuflucht(sort) *f*; Verkehrsinsel *f*; (Schutz-)Hütte *f im Gebirge*; ~ *pour animaux* Tierschutzheim *n*.
réfu|gié [refy'ʒje] *m* Flüchtling; **~gier** [~'ʒje] (1a): *se* ~ sich flüchten.
refuite [rə'fɥit] *f ch.* Wechsel *m*.
refus [rə'fy] *m* Weigerung *f*; Ablehnung *f*; ~ *de livraison* ⚓ Annahmeverweigerung *f*; *essuyer un* ~ abschlägig beschieden (*od.* abgewiesen) werden; **~er** [~'fy'ze] *v/t. u. v/i.* (1a) ablehnen, zurückweisen; ~ *de* (*mit inf.*) *u. se* ~ *à* (*mit inf.*) sich weigern.
réfutable [refy'tablə] widerlegbar.
réfuter [refy'te] (1a) widerlegen.
regagner [rəga'ɲe] (1a) wiedergewinnen; wieder erreichen.
regain ↗ [rə'gɛ̃] *m* Grum(me)t *n*; *fig.* Wiederaufleben *n*.
régal [re'gal] *m* (*p ~s*) Festessen *n*; köstliches Essen *n*; *fig.* besonderes Vergnügen *n*; ~ *f* Schmaus *m*; Leckerbissen *m*; hell flackerndes Feuer *n*; *boire à la* ~ aus der Flasche trinken, ohne sie anzusetzen; **~age** [~'la:ʒ] *m* Eb(e)nen *n*; **~e** [re'gal] **1.** ♣ *adj. eau f* ~ Königswasser *n*; **2.** *hist. f* Hoheitsrecht *n*; **~ement** [~'mɑ̃] *m* = *régalage*; **~er** [~'le] **1.** (1a) bewirten; *se* ~ *de qch.* sich etw. schmecken lassen, genießen (*acc.*); **2.** [~] *bei Erdarbeiten* eb(e)nen, **~ien** *hist.* [~'ljɛ̃] (7c) hoheitlich; *droit m* ~ Hoheitsrecht *n*.
regard [rə'ga:r] *m* Blick; **~s** *pl.* Beachtung *f*; ⚠ Licht-, Einsteigloch *n*; *typ. en* ~ gegenüberstehend (*Texte*); **~er** [~'de] *v/t.* (1a) anblicken; betrachten, ansehen; *fig.* berücksichtigen; *fig.* angehen, betreffen; ~ *la télé* fernsehen; *regarde-moi faire!* sieh' mal, wie ich's mache!; *fig.* ~ blicken, schauen; *fig.* ~ *à qch.* auf etw. achten (*acc.*).
régate [re'gat] *f* Regatta *f*.
regel [rə'ʒɛl] *m* neuer Frost.
régence [re'ʒɑ̃:s] *f* Regentschaft.
régénérer [reʒene're] (1f) wieder erzeugen; sittlich erneuern.
régent [re'ʒɑ̃] (7) Regent *m*; **~er** [~'te] (1a) bevormunden.

régicide [reʒi'sid] **1.** *adj.* königsmörderisch; **2.** *m* Königsmord; Königsmörder.
régie [re'ʒi] *f* Regie *f* (*a. thé., rad., cin.*), Verwaltung *f*, Erhebung *f von indirekten (Staats-)Einkünften*; Pacht; *mauvaise* ~ Mißwirtschaft.
regimber [rəʒɛ̃'be] (1a) hinten ausschlagen, *fig.* sich sträuben; ~ *devant qch.* vor etw. (*dat.*) zurückschrecken.
régime [re'ʒim] *m* Regime *n*, Regierung(sform *f*) *f*; Verfahren *n*, Einrichtung *f*, Ordnung *f*, System *n*, Wirtschaft *f*; Verwaltung *f*; Betriebszustand *m*; 🞜 Diät *f*; *gr.* Objekt *n*; ⚘ (Blüten-)Kolben; (*Bananen, Datteln*) Büschel *m*; ⚓ *accéléré* Eilfrachtverkehr; ~ *ordinaire* Frachtverkehr; ~ *direct* näheres Objekt *n* (Akkusativ); ~ *carné, -lacté* Fleisch-, Milchkur *f*; ~ *de la communauté (des biens)* eheliche Gütergemeinschaft; ~ *végétarien* Rohkost *f*; ⚡ *tension f de* ~ Betriebsspannung; *être (mettre) au* ~ Diät halten (verordnen); *rad. vociférer à plein* ~ in voller Lautstärke brüllen.
régiment ⚔ [reʒi'mɑ̃] *m* Regiment *n*; *fig.* Riesenmenge *f*; **~aire** [~'tɛr] Regiments...
région [re'ʒjɔ̃] *f a. anat. usw.* Gegend *f*; *a. fig.* Gebiet *n*, Bereich *m*; ~ *désertique* Wüstengegend; ~ *économique* Wirtschaftsgebiet *n*; ~ *vinicole* Weingegend; **~al** [~ʒjɔ'nal] (5c) regional; Bezirks...; *m* große Provinzzeitung *f*; ~ (*téléphonique*) Gebietstelephonnetz *n*; Telephonvermittlungsdienst *m*, -stelle *f*.
régir [re'ʒiːr] (2a) regieren (*a. gr.*); lenken; verwalten.
régisseur [reʒi'sœːr] *m* (Guts-)Verwalter; *thé., rad.* Inspizient *m*, Bühnen-, Spielwart *m*.
registre [re'ʒistrə] *m* Register *n* (*a. ♪*); Eintragebuch *n* (*a. †*); Verzeichnis *n*; ♪ Stimmlage *f*; ⊕ Schließklappe *f*; ~ *du commerce* Handelsregister *n*; ~ *des plaintes* Beschwerdebuch *n*; ~ *hypothécaire* Grundbuch *n*; *faire (od. tenir) ~ de* Buch führen über (*acc.*).
réglable [re'glablə] regulierbar, einstellbar.
réglage ⊕ [re'gla:ʒ] *m* Regulierung *f*; Liniieren *n des Papiers*; *rad.,*

règle *télév.* Einstellung *f*, Abstimmung *f*; *rad.* ~ de tonalité Tonblende *f*.

règle ['rɛglə] *f* Lineal *n*; Regel, Richtschnur; Vorschrift *f*; Ordnung; *arith.* Rechnungsart; à *calcul* Rechenschieber *m*; de ~ gang und gäbe; en ~ recht, in aller Form; *arith.* les quatre ~s die vier Grundrechnungsarten; ~ *courbe* Kurvenlineal *n*.

réglé *rad.* [re'gle] abgestimmt.

règlement [rɛglə'mã] *m* Regelung *f*; ⚔ Reglement *n*; Statut *n*; Bestimmung *f*; Bereinigung *f* e-r Angelegenheit; ✝ Abrechnung *f*; Bezahlung *f*; ~ *de la circulation Auto*: Fahrvorschrift *f*.

réglementaire [rɛgləmã'tɛːr] vorschriftsmäßig; ~**ation** [~tɑ'sjɔ̃] *f* gesetzliche Regelung; (*office m de*) ~ *des devises od. des changes* Devisenbewirtschaftung(sstelle); ~**er** [~'te] (1a) durch Verordnungen bestimmen; bewirtschaften.

régler [re'gle] (1f) liniieren; regeln; einrichten; normen; *fig.* bestimmen, abmachen; bezahlen; se ~ *sur* sich richten nach.

réglet [re'glɛ] *m* ⊕ Winkelhaken *des Tischlers*; △ *Art* Zierleiste *f*; ~ *typ.* [~'glɛt] *f* Reglette. [Lakritze.)

réglisse [re'glis] *f* Süßholz *n*;)

réglure [re'glyːr] *f* Liniierung *f*.

règne [rɛɲ] *m* Regierung(szeit *f*) *f*; Herrschaft *f*; ~ *animal (végétal, minéral)* Tier- (Pflanzen-, Stein-)reich *n*.

régner [re'ɲe] (1f) regieren; (vor-)herrschen; *Gebiete*: sich erstrecken.

regonfe * *dial.* [rə'gɔ̃ːf]: à ~ in Hülle u. Fülle, im Überfluß.

regonfler [rəgɔ̃'fle] (1a) *vél.* aufpumpen; P *seelisch* wieder aufrichten.

regorger [rəgɔr'ʒe] (1l) *v/i.* überlaufen; ~ *de* überfüllt sein mit; *v/t.* 🐟 er-, ausbrechen; *fig.* wieder herausrücken, -geben.

regratt|er [rəgra'te] (1a) *v/t.* wieder kratzen; △ abputzen, ergaunern; *v/i.* kleine Profite machen; abhandeln, feilschen; ~**ier** *m*, ~**ière** *f* [~'tje, ~'tjɛːr] Feilscher(in *f*) *m*.

régress|if [regrɛ'sif] (1e) rückläufig; ~**ion** [~'sjɔ̃] *f* Zurückgehen *n* e-r Epidemie, e-r Überschwemmung, Rückgang *m* der Arbeitslosigkeit.

regret [rə'grɛ] *m* Leid *n* über e-n Verlust, Bedauern *n*; Reue *f*; Sehnsucht *f*; à ~ ungern; ~s *pl.* Klagen *f/pl.*

regrett|able [rəgrɛ'tabl̩] bedauernswert; bedauerlich; ~**er** [~'te] (1a): (*qch.* den Verlust von *etw.*) bedauern, *etw.* vermissen; sich sehnen nach (*dat.*); bereuen; *abs.* beklagen.

regrèvement [rəgrɛv'mã] *m* Steuererhöhung *f*.

regroup|ement [rəgrup'mã] *m* Umgruppierung *f*; Umschichtung *f der Bevölkerung*; ~**er** [~'pe] umgruppieren, umschichten.

régulariser [regylari'ze] (1a) regulieren, in Ordnung bringen.

régularité [regylari'te] *f* Regelmäßigkeit; Genauigkeit *f*.

régulateur [regyla'tœːr] (7f) **1.** *adj.* regelnd; **2.** ⊕ *m* Regler, Regulator *m*.

régule ⊕ [re'gyl] *m* Lagermetall *n*.

régulier [regy'lje] **1.** *adj.* (7b) regelmäßig; ordentlich; genau; *dem Ordensregel gemäß*; Ordens...; **2.** *m* Soldat *m* e-s stehenden Heeres; Ordensgeistliche(r).

régurgiter 🐟 [regyrʒi'te] (1a) wieder hinunterschlucken.

réhabili|tation [reabilita'sjɔ̃] *f* Wiedereinsetzung in frühere Rechte; *fig.* Rehabilitierung *f*, Ehrenrettung; ~**ter** 🐟 [~'te] (1a) rehabilitieren, wieder zu Ehren bringen *od.* in frühere Rechte einsetzen.

réhabituer [reabi'tɥe] (1a): ~ à *qch.* wieder an *etw.* (*acc.*) gewöhnen.

rehausser [rəo'se] (1a) erhöhen; steigern; *fig.* hervorheben; herausstreichen; △ aufstocken; ~ *de qch. a.* verzieren mit *etw.* (*dat.*).

réimporter [reɛ̃pɔr'te] (1a) wieder (*od.* von neuem) einführen.

réimposer [reɛ̃po'ze] (1a) neu besteuern. [druck *m*.)

réimpression [reɛ̃prɛ'sjɔ̃] *f* Neu-)

réimprimer [reɛ̃pri'me] (1a) wieder (ab)drucken.

rein [rɛ̃] *m* Niere *f*; ~*s pl.* Lenden *f/pl.*, Kreuz *n*; ⊕ (Gewölbe-)Zwickel *m*; 🐟 ~ *flottant*, ~ *mobile* Wanderniere *f*; *fig. avoir les ~s forts* (*od. solides*) reich (*od.* einflußreich) sein.

réincorporer [reɛ̃kɔrpɔ're] (1a) wieder einverleiben.

reine [rɛn] *f* Königin; (Be-)Herr-

reinette — **relent**

scherin; ⚥ ~-des-prés Geißbart m; ~-marguerite Gartenaster.
reinette [rɛ'nɛt] f *Apfel:* Renette.
réinstallation [~stala'sjɔ̃] f Wiedereinsetzung f; Wiederansiedlung f.
réintégration *pol.* [reɛ̃tegra'sjɔ̃] f Rückgliederung.
réintégrer [reɛ̃te'gre] (1f) ⚖ wieder einsetzen; *pol.* rückgliedern; ⚔ wieder integrieren; ~ *q. en prison* (wieder) ins Gefängnis zurückführen.
réitér|atif [reitera'tif] (7e) wiederholend; nochmalig; **~er** [~'re] (1f) wiederholen.
reître ['rɛ:trə] m Haudegen m; *vieux* ~ verschlagener Kerl m.
rejaillir [rəʒa'ji:r] (2a) *Kugel usw.:* abprallen; *Licht:* zurückstrahlen; *Flüssigkeit:* (heraus)spritzen.
rejet [rə'ʒɛ] m Auswerfen n; *fig.* Verwerfung f, Ablehnung f; ✝ Übertragung; ⚥ neuer Trieb; Schößling, Nachwuchs; **~able** [rəʒ'tablə] verwerflich; **~er** [rəʒ'te] (1c) wieder werfen; zurück-, auswerfen; abschleudern; *neue Zweige* treiben; *fig.* verwerfen; *fig.* zurückweisen; ~ *l'échec sur q.* j-n für das Mißlingen verantwortlich machen; **~on** [rəʒ'tɔ̃] m Schößling, Nachtrieb; Nachkömmling.
rejoindre [rə'ʒwɛ̃:drə] (4b) wieder vereinigen; wieder einholen, treffen.
réjoui, ~e [reʒ'wi] **1.** *adj.* vergnügt, munter, lustig; **2.** *su.* gros (grosse) (e) lustige Person f, Spaßvogel m.
réjou|ir [reʒ'wi:r] (2a) erfreuen, erheitern; belustigen; se ~ sich freuen (de über *acc.*); *abs.* sich belustigen; über (*acc.*); **~issance** [reʒwi'sɑ̃:s] f Belustigung; Fröhlichkeit; ·(Freuden-) Fest n; *Schlächterei:* (Knochen-) Beilage.
relâch|e [rə'lɑ:ʃ] **1.** m Nachlassen n, Unterbrechung f; Erholung f, Rast f; *sans* ~ unaufhörlich; *thé. il y a* ~ es ist keine Vorstellung; geschlossen!; **2.** f ⚓ (Aufenthalt m in e-m) Zwischenhafen m; **~é** [~la'ʃe] locker, schlaff; **~ement** [~'mɑ̃] m Abspannung f, Erschlaffung f; Nachlassen n *der Kälte, der Spannung usw.*; *fig.* Erholung f, Ruhe f; **~er** [~'ʃe] (1a) v/t. schlaff machen, abspannen, lockern; *fig.* ab-, er-, nachlassen; nachgeben; wieder freilassen; außer acht lassen; v/i. ⚓ in e-n Zwischenhafen einlaufen; se ~ erschlaffen, schlaff werden; sich gehen lassen; sich erholen; *a. écol.* nachlassen.
relais [rə'lɛ] **1.** m Wechselpferde n/pl.; *ehm.* Poststation f, Umspannort; *heute bisw.:* Zwischenstation f; frische Jagdhunde pl.; *télégr.* Relais n, Verstärker; *rad.* Übertragung f; *Sport:* course f de od. à ~ Stafetten-, Staffellauf m; **2.** m *vom Wasser* verlassenes Land n.
relance [rə'lɑ̃:s] f neuer Einsatz m (*Poker*); fig. neuer Aufschwung m; Wieder-aufgreifen n, -belebung, Erneuerung.
relancer [rəlɑ̃'se] (1k) wieder schleudern; *fig.* wieder in Gang bringen; *ch.* wieder auftreiben; F *fig.* j-m dauernd auf dem Halse sitzen; *beim Spiel* überbieten.
relaps *rl.* [rə'laps] *adj. u. su.* rückfällig(er Ketzer m), Rückfällige(r) m.
relater [rəla'te] (1a) ausführlich berichten, genau erzählen.
rela|tif [rəla'tif] (7e) bezüglich (à auf *acc.*); *gr.* relativ; *fig.* relativ, bedingt; *adv.* relativement à betreffs, im Verhältnis zu; **~tivité** [~tivi'te] f: *phys.* théorie f de la ~ restreinte (généralisée) spezielle (allgemeine) Relativitätstheorie f.
relation [rəla'sjɔ̃] f Beziehung f, Verhältnis n, Verbindung f, Verkehr m; ausführliche Erzählung f, genauer Bericht m; ~s *publiques* Öffentlichkeitswesen n, Public Relations pl.
relax|ation [rəlaksa'sjɔ̃] f Entspannung f; Freilassung f; **~er** [~'kse] (1a) entspannen; Gefangene frei- od. loslassen.
relay|er [rəlɛ'je] v/t. (1i) bei der Arbeit ablösen, abwechseln; *rad.* übertragen; *Programm* übernehmen; v/rfl. se ~ sich abwechseln; ✝ *die Pferde wechseln (alter Postverkehr);* **~eur** *Sport* [~'jœ:r] *su.* (7g) Staffelläufer m.
reléguer [rəlɛ'ge] (1f) *u.* (1m) verweisen, verbannen; *fig.* beseitigen.
relent [rə'lɑ̃] m muffiger Geruch m; unangenehmer Nachgeschmack m; *oft jetzt a. nicht mehr péj. gebr.*; Nachwehen pl., Erinnerung f Überbleibsel n, Rest, Anflug fig.

27 Franz.-Dtsch.

relevage [rəl'va:ʒ] m Leeren n der Briefkästen.
relevant [rəl'vɑ̃] (7) gehörig (de zu).
relève [rə'lɛːv] f Ablösung f.
relevé¹ [rəl've] m Aufheben n; ↑ (Rechnungs-)Auszug m; ⚡ Ablesen n e-s Zählers; Verzeichnis n; Liste f; Zs.-stellung f; cuis. erster Gang m nach der Suppe.
relevé² [~] adj. (7) hoch, vornehm, edel; gehoben (Stil); cuis. pikant.
relevée * [~] f Schub m von wartendem Publikum vor e-m Zirkus.
relèvement [rəlɛv'mɑ̃] m Wiederaufrichtung f; Erhöhung f; ⚓ Wiederflottmachen n; ✱ Wiederhochkommen n, Erholung f; ↑ Auszug m, Verzeichnis n; ⚓, ↑ Peilung f; Ortsaufnahme f; ~ des traitements Gehaltsaufbesserung f.
relever [rəl've] (1d) v/t. wieder aufheben od. -richten; ⚓ flottmachen; erhöhen; aufschürzen; zu Ansehen bringen; fig. hervorheben, rühmen; rügen; Schildwache ablösen; Briefkasten leeren; téléph. Störung beseitigen; cuis. u. fig. pikanter machen; ~ q. de qch. j-n von e-r Verpflichtung entbinden; ⚡ ~ le courrier den Briefkasten leeren; v/i. ~ de maladie s-e Krankheit überstehen; ~ de q. von j-m abhängen; se ~ a. sich wieder erholen, wieder hochkommen.
reliage [rə'lja:ʒ] m (Faß-)Binden n.
relief [rə'ljɛf] m Relief n, erhabene Arbeit f; Hervortreten n; (Gesamtbild n der) Bodenbeschaffenheit f; ⚓ (✠) Höhe f über dem Wasser (dem Erdboden); Glanz, Ansehen n; ~s pl. Essenreste m/pl. auf dem Tisch; mettre en ~ hervorheben; prendre un nouveau ~ neue Gestalt annehmen fig.
reli|er [rə'lje] (1a) wieder (zs.-) binden; Buch einbinden; Faß binden; 📞 téléph. anschließen; ⚡ an-schließen; ⚡ zwei Punkte verbinden; **~eur** m, **~euse** f [~'ljœːr, ~'ljøːz] Buchbinder(in f) m.
religi|eux, ~euse [rəli'ʒjø, ~'ʒjøːz] 1. adj. religiös; gottesfürchtig; gewissenhaft; ordensgeistlich; Kloster...; 2. su. Mönch m, Nonne f.
reli|gion [rəli'ʒjɔ̃] f Religion; Gewissenssache; geistlicher Orden m; entrer (mettre) en ~ ins Kloster gehen(schicken); **~giosité** [~ʒjozi'te]

f (äußerlich od. innerlich) fromme Gesinnung; Gottesfurcht.
reliquaire [rəli'kɛːr] m Heiligenschrein m.
reliquat [rəli'ka] m ↑ u. ✝ Rest, Saldo (a. fig.); ✱ Nachwehen f/pl. od. Folge f e-r Krankheit; Überbleibsel n; **~aire** [~'tɛːr] u. ✝ [~'tɛːr] m Restant, rückständiger Schuldner.
relique [rə'lik] f rl. Reliquie f; poét. ~s pl. Überreste m/pl. [lesen.)
relire [rə'liːr] (4x) wieder (über-))
reliure [rə'ljyːr] f (Buch-)Einband m; Einbinden n.
relocation [rəloka'sjɔ̃] f (Weiter- od. Wieder-)Vermietung.
relouer [rə'lwe] (1a) wieder- (od. weiter-ver-)mieten.
relui|re [rə'lɥiːr] (4c) glänzen, schimmern; fig. a. hervorleuchten; **~sant** [~ɥi'zɑ̃] adj. blank; **~t *** [rə'lɥi] m Tag m; Auge n.
reluquer F [rəly'ke] (1m) neugierig (a. begehrlich) anblicken; fig. péj. nach etw. schielen od. trachten.
remâcher [rəmɑ'ʃe] (1a) wiederkäuen; fig. F hin und her überlegen.
remanier [rəma'nje] (1a) wieder in die Hand nehmen; fig. bsd. Geisteswerke umarbeiten; pol. Kabinett umbilden; ⊕ ausbessern; △ umlegen, -decken.
remarier [rəma'rje] (1a) (se ~ sich) wieder verheiraten.
remarqu|able [rəmar'kablə] merkwürdig; bedeutend; **~e** [rə'mark] f An-, Bemerkung f; **~s détachées** gelegentliche Anmerkungen; **~er** [~'ke] (1m) von neuem od. wieder zeichnen; (an-, be)merken, beobachten; faire ~ qch. à q. j-n auf etw. (acc.) aufmerksam machen; se faire ~ sich bemerkbar machen, sich auszeichnen. [einpacken (a. fig.).)
remballer [rɑ̃ba'le] (1a) wieder)
rembarquer [rɑ̃bar'ke] v/t.(u. se ~ a. v/i. (1a) ⚓ wieder auf ein Schiff bringen od. gehen; fig. se ~ dans qch. sich auf etw. (acc.) wieder einlassen.
rembl|ai [rɑ̃'blɛ] m Aufschüttung f; 🚂 Bahndamm m; **~ayer** [~blɛ'je] (1i) mit Erde od. Schutt ausfüllen.
remboîter chir. [rɑ̃bwa'te] v/t. (1a) (u. se ~ sich) wieder einrenken.
rembourr|age, ~ement ⊕ [rɑ̃bu'ra:ʒ, ~'mɑ̃] m Polsterung f, Aus-

stopfung f; Dichtung f; **~er** [~'re] (1a) ausstopfen, (aus)polstern.

rembours|able [rãbur'sablə] (zu-)rückzahlbar; **~ement** [~sə'mã] m Zurückzahlung f; ✆ Nachnahme f; **contre ~** unter Nachnahme; **~er** [~'se] (1a) *die Auslage* zurückerstatten, -vergüten, -zahlen (*q.* j-m); *se ~* sich selbst bezahlt machen.

rembrun|ir [rãbry'ni:r] (2a) (noch mehr) bräunen; *fig.* verdüstern; *se ~* dunkler werden; *fig.* sich verfinstern; **~issement** [~nis'mã] m Bräunen n; dunkler (Farben-)Ton.

remède [rə'mɛd] m Heilmittel n; *fig.* Hilfsmittel n; *porter ~* abhelfen.

remédiable [rəme'djablə] heilbar.

remédier [rəme'dje] (1a): *~ à qch.* etw. (*acc.*) heilen *od.* beheben; etw. (*dat.*) abhelfen.

remembrement [rəmãbrə'mã] m Flurbereinigung f; Zs.-legung f.

remémorer [rəmemɔ're] (1a) wieder ins Gedächtnis rufen.

remerciement [rəmɛrsi'mã] m Dank.

remercier [rəmɛr'sje] (1a): *~ q. de qch.* j-m für etw. danken (*a. ablehnend*); *in Ehren* verabschieden.

remettre [rə'mɛtrə] (4p) wieder hinstellen, -setzen, -bringen usw.; *Kleidungsstücke* wieder anlegen, *Hut* wieder aufsetzen; *chir.* wieder einrenken; ✚ *den Kranken* wiederherstellen; *fig.* j-n wiedererkennen; *fig.* ab-, übergeben, aushändigen; ausliefern; anvertrauen, anheimstellen; *sich e-r Sache* begeben; *ein Amt* niederlegen; auf-, verschieben; *thé.* absagen; *e-e* (Schach-)Partie als unentschieden aufgeben; erlassen, verzeihen; ⊕ *~ à neuf* instandsetzen, überholen; ✝ *~ à flot* wiederbeleben (*die Wirtschaft*); P *~ ça* wieder anfangen; *se ~ à qch.* sich wieder an etw. (*acc.*) machen; *se ~ sur qch.* auf etw. (*acc.*) zurückkommen; *se ~* sich wieder fassen, sich erholen (*de ton*); *s'en ~ à q. de qch.* j-m etw. anheimstellen.

remilitariser [rəmilitari'ze] (1a) remilitarisieren.

réminiscence [reminis'sã:s] f schwache Erinnerung; *fig.* Nach-, Anklang m.

remise [rə'mi:z] f Überreichung f, -gabe f, Zustellung f; *chir.* Wiedereinrenken n; ✝ Auslieferung; Geldsendung, Rimesse; Gewinnanteil m; Wechselgebühr; Nachlaß m e-r Summe, Provision; Rabatt m; Aufschub m; Remise f, Garage m; *~ à neuf* ⊕ Aufarbeitung; *~ à domicile* Zustellung f durch Boten; *~ en état* Wiederinstandsetzung f; *voiture f de grande ~* Luxusleihauto n mit Chauffeur.

remiser [rəmi'ze] (1a) unterstellen (*Wagen*); P *~ q.* j-m s-n Standpunkt klarmachen, j-n zurechtweisen.

rémissible [remi'siblə] verzeihbar.

rémission [remi'sjõ] f Nachsicht; *rl.* Erlassung, Begnadigung; ✚ Nachlassen n *vom Fieber usw.*

rémitt|ence ✚ [remi'tã:s] f (zeitweises) Nachlassen n; **~ent** [~'tã] (zeitweise) nachlassend.

remmailler [rãma'je] die Maschen wieder aufnehmen (*qch. von etw.*).

rémois [re'mwa] aus, vom Reims.

remont|age [rəmõ'ta:ʒ] m Wiederzusammensetzen n; Anbringen n, -setzen n *e-s Ersatzteiles*; ⛴ *u. von Flußschiffen*: Bergfahrt f; ⚓ Stromaufwärtsfahren n; Aufziehen n *der Uhr*; **~ant** [~'tã] **1.** *adj.* (7) aufwärts (*od.* bergan) fahrend; ✿ nochmals blühend, wiederholt fruchtbringend; **2.** m *phm.* Stärkungstrank; **~e** [~'mõ:t] f Bergfahrt; *coll.* zum Laichen den Fluß hinaufziehende Fische m*pl*.; ⚔ Pferdemusterung f; Ersatzpferde n*/pl.*; **~e-pente** [rəmõt'pã:t] m/*inv.* Schilift; **~ée** [rəmõ'te] f Wiederaufstieg m; Rückkehr an die Oberfläche; Ausfahren n der Bergleute.

remonter [~'te] *v/i.* (1a) (*e-e Treppe, e-n Fluß*) wieder hinaufgehen, -steigen, -fahren usw.; aufwärts gehen; wieder in die Höhe gehen *od.* steigen; ✿ remontieren; *~ à* herstammen aus (*e-r Zeit*), sich hinauf erstrecken bis, zurückgehen (*od.* -greifen) auf (*acc.*); *v/t.* wieder hinaufbringen, -holen usw.; wieder einrichten; wieder versehen (*de mit*); neu beritten machen; *cord. Stiefel* neu besohlen *u.* das Oberleder flicken, vorschuhen; *Uhr* wieder aufziehen; neu zs.-setzen *od.* einrichten; *fig.* neu beleben, kräftigen.

remontoir ⊕ [rəmõ'twa:r] m Aufzug(feder f), Stellrad n *an Uhren*.

remontrance [rəmõ'trɑ̃:s] *f* Vorhaltung *f*, Ermahnung, Verweis *m*; *écol.* Verwarnung.

remontrer [rəmõ'tre] *v/t.* (1a) wieder zeigen; *j-m sein Unrecht vorhalten*; ~ *à q. que (mit ind.)* j-m vorhalten, daß ...; *v/i.* mahnen, warnen; *en* ~ *à q.* klüger *od.* tüchtiger sein (wollen) als jemand.

remordre [rə'mɔrdrə] (4a) wieder (an)beißen; Gewissensbisse machen (*q.* j-m); F *v/i.* wieder anfangen.

remords [rə'mɔ:r] *m* Gewissensbiß.

remor|que [rə'mɔrk] *f* Anhänger *m* (*tram.*, *Auto*); (*câble m de*) ~ Schlepptau *n*; ~ *à plate-forme* Pritschenanhänger *m*; **~quer** [~'ke] (1m) bugsieren, (ab)schleppen; ⚓ ziehen; **~queur** [~'kœ:r] **1.** *adj.* schleppend; **2.** *m* ⚓ Schlepper (*Seemann od. Schiff*); ⊕ Schleppfahrzeug *n*, Bulldog.

remoudre [rə'mudrə] (4y) noch einmal mahlen.

rémoudre [re'mudrə] (4y) noch einmal schleifen.

rémoulade *cuis.* [remu'lad] *f* Remoulade (*pikante Soße*).

rémouleur [remu'lœ:r] *m* (Scheren-) Schleifer.

remous [rə'mu] *m* **1.** ⚓ Kielwasser *n*, Sog; Strudel; Gegenströmung *f*; **2.** *fig. pl.* Umwälzung *f*/*sg.*, Erschütterungen *f*/*pl.*, Ausbrüche *m*/*pl.* (*der Leidenschaften*); *das Hin u. Her n e-r Volksmenge*; *fig.* provoquer des ~ Staub aufwirbeln (*z.B. von e-m Buch*). [flechter *m*.)

rempailleur [rɑ̃pa'jœ:r] *su.* Stuhl-)

remparer [rɑ̃pa're] (1a) durch e-n Wall schützen; *se* ~ sich verschanzen (*a. fig.*); sich von neuem bemächtigen. [werk *n.*)

rempart [rɑ̃'pa:r] *m* Wall, Bollwerk *n.*)

rempiéter [rɑ̃pje'te] (1f) *Strümpfe* anstricken; den unteren Teil e-r Mauer usw. ausbessern.

rempiler [rɑ̃pi'le] (1a) wieder aufschichten; *v/i.* ⚔ *freiwillig* länger dienen.

remplaçant [rɑ̃pla'sɑ̃] *su.* (7) Stellvertreter *m*; *Sport:* Ersatzspieler *m*.

remplac|ement [rɑ̃plas'mɑ̃] *m* Stellvertretung *f*; *en* ~ zum Ersatz; *matières f/pl. de* ~ Ersatz *m*; **~er** [rɑ̃pla'se] (1k) ersetzen; vertreten; ~ *q.* als Stellvertreter (*od.* Nachfolger im Amte) für j-n eintreten.

rempli [rɑ̃'pli] *m* Einschlag *an Kleidern*; **~er** [~pli'e] (1a) *Näherei:* einschlagen.

remplir [rɑ̃'pli:r] (2a) (wieder) anfüllen; ausfüllen; ergänzen; erfüllen, verwirklichen; sättigen.

remplissage [rɑ̃pli'sa:ʒ] *m* Aus-, Nachfüllen *n*; Ausfüllung *f*; Füllwerk *n*; Füllung *f*.

remploi [rɑ̃'plwa] *m* Wiederverwendung *f*; -anlegung *f von Geld*.

remployer [rɑ̃plwa'je] (1h) wieder anwenden.

remplumer [rɑ̃ply'me] (1a) wieder befiedern; *se* ~ wieder Federn bekommen, F *fig.* sich wieder hochrappeln.

rempocher [rɑ̃pɔ'ʃe] (1a) wieder (in die Tasche) einstecken.

remporter [rɑ̃pɔr'te] (1a) wieder forttragen *od.* mitnehmen; *fig. Vorteil* erringen *od.* erlangen; *Preis* gewinnen; *Sieg* davontragen.

rempoter ✍ [rɑ̃pɔ'te] (1a) umtopfen.

remuage [rə'mɥa:ʒ] *m* Umrühren *n*, Umschaufeln *n*; Umfüllen *n* (*des Weins*).

remuant [rə'mɥɑ̃] (7) unruhig; *fig.* rührig; aufregend.

remue-ménage [rəmyme'na:ʒ] *m* 'Umstellen *n von Möbeln usw.*; *fig.* Unordnung *f*; Krawall *m*.

remuement [rəmy'mɑ̃] *m* Hin- und Herbewegen *n*; *fig.* Aufregung *f*, Unruhe *f*; ⊕ ~ *des terres* Wegschaffen *n*, Bewegung *f* von Erdmassen.

remuer [rə'mɥe] *v/t.* (1a) bewegen, rühren; (weg)rücken; *Kind* neu wickeln; ✍ 'umgraben; *Erde* wegschaffen; *fig.* rühren, aufregen; *v/i. u. se* ~ sich rühren; *fig.* sich Mühe geben.

remugle [rə'myglə] *m* muffiger Geruch.

rémunéra|teur [remynera'tœ:r] (7f) **1.** *adj.* vergeltend; lohnend; **2.** *su.* Vergelter *m*, Belohner *m*; **~tif** [~'tif] (7e) (be)lohnend; **~tion** [~ra'sjõ] *f* Vergütung *f*, Entgelt *n od. m*; Belohnung *f*; *en nature* Naturalbezüge *m*/*pl.*; ~ *courante* ortsübliches Tagegeld *n*; **~toire** [~ra'twa:r] zur Belohnung dienend.

rémunérer [remyne're] (1f) bezahlen, vergüten, be-, entlohnen.

renâcler [rəna'kle] (1a) schnauben

renaissance (*Pferd*); F *fig.* sich sträuben (*à od. devant gegen*).

renaissance [rənɛˈsɑ̃:s] *f* Wiedergeburt; ♀ Renaissance.

renaître [rəˈnɛ:trə] (4g) wiedergeboren werden (*a. rl.*); *fig.* wiederaufleben; ❦ wiederaufblühen.

rénal ⨆, *anat.* [reˈnal] (5c) Nieren...

renard *m*, ~e *f* [rəˈnaːr, ~ˈnard] **1.** *su. zo.* Fuchs *m*, Füchsin *f*; *pol.* Streikbrecher(in *f*) *m*, Lohndrücker(in *f*) *m*; ~ **bleu** Blaufuchs *m*; **2.** *m* P Fuchsfell *n*; ⊕, ⚓ Kanthaken; *hydr.* Fuchs *m* (*wasservortreibender Stollen*); **~eau** [~ˈdo] *m* junger Fuchs; **~er** [~ˈde] (1a) schlaue Streiche vollführen; P sich übergeben; kotzen V; **~ière** [~ˈdjɛːr] *f* Fuchsbau *m*.

renauder P [rənoˈde] (1a) (rum-)meckern. (richtigen.|

rencarder * [rɑ̃karˈde] (1a) benach-

rencart P [rɑ̃ˈkaːr] *m* Rendezvous *n*.

renchéri [rɑ̃ʃeˈri] hochnäsig, blasiert, reserviert, eingebildet; faire le ~ (la ~e) sich aufspielen.

renchér|ir [rɑ̃ʃeˈriːr] *v/t.* (2a) verteuern; *v/i.* teurer werden; *fig.* ~ *sur q.* (*od. qch.*) j-n (*od.* etw.) überbieten (übertreiben); **~issement** [~risˈmɑ̃] *m* Verteuerung *f*, Aufschlag *f*; *fig.* Überbietung *f*; **~isseur** [~riˈsœːr] *m* Überbieter(in)*r*.

rencogner F [rɑ̃kɔˈɲe] (1a) in die Enge treiben *od.* drängen.

rencontre [rɑ̃ˈkɔ̃:trə] *f* Begegnung; Zs.-treffen *n*; 🚉 Zs.-stoß(en *n*) *m*; zufälliges Auffinden *n*; (gute) Gelegenheit *f*; ✕ Gefecht *n*; Zweikampf *m*; *pol.* ~ *au sommet* Gipfeltreffen *n*; *Sport*: ~ *finale* Endspiel *n*, Entscheidungsspiel *n*; *aller à la* ~ entgegengehen (*de q. j-m*); *de* ~ gelegentlich, Gelegenheits...

rencontrer [rɑ̃kɔ̃ˈtre] *v/t.* (1a) ~ q. j-n (an)treffen, j-m begegnen; auf j-n (*od. qch.* etw.) stoßen; *se* ~ *a.*: sich treffen; sich finden, sich messen; *fig.*: passen; sich finden, denselben Gedanken haben; vorkommen, gefunden werden; *v/i.* es (*glücklich usw.*) treffen, e-n *guten* Einfall haben.

rendement [rɑ̃dˈmɑ̃] *m* ✍ Ertrag, Ergiebigkeit *f*; ⊕ (Nutz-)Leistung *f* e-r *Maschine*; Leistung *f* e-s *Menschen*; *Radio*: Reichweite *f*; ~ *économique* Wirtschaftlichkeit, Rentabilität *f*; ~ *maximum* Höchstleistung *f*, *Sport*: Spitzenleistung *f*; ~ *théorique* Soll *n*; Solleistung *f*.

rendez-vous [rɑ̃deˈvu] *m* Verabredung *f*; Stelldichein *n*; Treffpunkt; ✕ Sammelplatz.

rendormir [rɑ̃dɔrˈmiːr] *v/t.* (2b) wieder einschläfern; *se* ~ wieder einschlafen.

rendoubler [rɑ̃duˈble] (1a) *Kleid* einschlagen (*und so verkürzen*).

rendre [ˈrɑ̃:drə] (4a) zurück-, wiedergeben; abgeben, zustellen; hinschaffen; leisten, erweisen; einbringen, abwerfen, einträglich sein; *mit adj. od. su.* machen; (wieder) von sich geben; *Festung* übergeben; erwidern, wieder'holen; ausdrücken, darstellen; übersetzen; *Urteil* sprechen; ~ *compte* Rechenschaft geben (ablegen); *fig.* ~ *gorge* das Geld herausrücken müssen; ~ *nul* aufheben, für nichtig erklären; *adm., pol.* ~ *public* veröffentlichen, bekanntgeben; ~ *les armes* die Waffen strecken; sich ergeben; *mit folgendem adj. od. su.* ~ *heureux* glücklich machen; ~ *maître* zum Herrn machen; *en photo, je ne rends jamais bien* auf e-m Bild mache ich mich niemals gut (*od.* sehe ich nie gut aus); *se* ~ *a.*: sich *wohin* begeben; sich er-, hingeben; nicht mehr weiter können.

rendu [rɑ̃ˈdy] **1.** *adj.* erschöpft; ✝ à *bon* frei (*an Bord*); **2.** *m fig.* Vergeltung *f*; Wiedergabe *f* e-r *Zeichnung usw. beim Kopieren*; ✝ zurückgegebene Ware *f*; *un prêté pour un* ~ Wurst wider Wurst.

renduire [rɑ̃ˈdɥiːr] (4c) (wieder) überstreichen, übertünchen.

rendurc|ir [rɑ̃dyrˈsiːr] (2a) härter machen; verhärten; **~issement** [~sisˈmɑ̃] *m* Härten *n*, Verhärtung *f*.

rêne [rɛːn] *f* Zügel *m*; *fig.* ~s *pl.* Leitung *f*, Regierung *f*; *abandonner les* ~s die Zügel schießen lassen.

renégat [rəneˈga] *adj. u. su.*, *rl. u. fig.*, *a. pol.* abtrünnig; Abtrünnige(r) *m*, Renegat *m*.

rêner [rɛˈne] *v/t.* (1a) zäumen.

rénette ⊕ [reˈnɛt] *f* Wirk-, Streich-, Locheisen *n*.

renfermé [rɑ̃fɛrˈme] *m* Dumpfige(s) *n*; *odeur f de* ~ dumpf(ig)er Geruch *m*; *sentir le* ~ dumpfig riechen.

renfermer [rɑ̃fɛrˈme] (1a) (wieder) einschließen; in sich schließen, enthalten; (se ~ sich) beschränken (dans auf).

renfl|ement [rɑ̃fləˈmɑ̃] *m* Anschwellung *f*; ⚛ Ausbauchung *f*; Wulst *m*; **~er** [~ˈfle] *v/t.* (1a) ausbauchen, anschwellen machen; *v/i. cuis.* (auf)quellen; aufgehen (*Teig*); se ~ anschwellen.

renflouer [rɑ̃ˈflwe] (1a) ⚓ wieder flottmachen; wieder haben; *fig.* wieder stärken (*das Ansehen*).

renfonc|ement [rɑ̃fɔ̃sˈmɑ̃] *m* Vertiefung *f*; P Schlag *m* auf den Hut; **~er** [~ˈse] (1k) wieder (*od.* tiefer) hineinstoßen *od.* -schlagen; ~ un tonneau in ein Faß e-n neuen Boden einsetzen; F *fig.* ~ son chapeau sur les oreilles sich den Hut tief über die Ohren stülpen.

renfor|cateur *phot.* [rɑ̃fɔrsaˈtœːr] *m* Verstärker; **~cement** [~fɔrsəˈmɑ̃] *m* Verstärkung *f* (*a.* ⚔ *u. phot.*); **~cer** [~ˈse] (1k) verstärken.

renfort [rɑ̃ˈfɔːr] *m* Verstärkung *f*; cheval *m* de ~ Vorspannpferd *n*.

renfrogner [rɑ̃frɔˈɲe] (1a) runzeln; se ~ ein saures Gesicht machen.

renfroquer [rɑ̃frɔˈke] (1a): se ~ dans un donjon sich in ein Verlies einkapseln.

rengager [rɑ̃gaˈʒe] (1l) wieder verpfänden; ⚔ wieder anwerben; *Arbeiter* wiedereinstellen; *v/i.* freiwillig weiterdienen; se ~ sich erneut verpflichten; *fig.* von neuem anfangen; se ~ dans qch. sich wieder in etw. (*acc.*) verwickeln *od.* einlassen.

rengaine P [rɑ̃ˈgɛn] *f* abgedroschenes Zeug *n*, alte Leier *f*.

rengainer [rɑ̃gɛˈne] (1b) wieder in die Scheide stecken; *fig.* unterdrücken, 'runterschlucken.

rengorg|ement [rɑ̃gɔrʒˈmɑ̃] *m* Aufgeblasenheit *f*; Dünkel *m*; **~er** [~ˈʒe] (1l): se ~ sich in die Brust werfen; *fig.* sich wichtig tun, brüsten.

rengraisser [rɑ̃grɛˈse] *v/t.* (1b) wieder fett machen; *v/i. u.* se ~ wieder fett werden.

reniable [rəˈnjablə] leugbar.

renier [rəˈnje] (1a) verleugnen; abschwören; aufgeben.

renifl|e * [rəˈniflə] *f* Polente *f* P, Polizei *f*; **~er** [~ˈfle] *v/t.* (1a) schniefen, schnauben; *v/i.* schnüffeln; F *fig.* ~ sur Widerwillen empfinden gegen; **~erie** P [~flə'ri] *f* Schnüffelei *f*; **~eur, ~euse** [~ˈflœːr, ~ˈflœːz] *su.* Schnüffler(in *f*) *m*.

réniten|ce [reniˈtɑ̃ːs] *f* ⚕ Gespanntheit *e-s Geschwürs usw.*; **~t** [~ˈtɑ̃] Gegendruck leistend.

renne *zo.* [rɛn] *m* Ren(n)tier *n*.

renom [rəˈnɔ̃] *m* Ruf; Berühmtheit *f*; **~mé** [~nɔˈme] *a. adj.* berühmt (*par, pour* wegen); **~mée** [~] *f* Ruf *m*, Name *m*; *fig.* Leumund *m*; **~mer** [~] (1a) wieder ernennen; rühmen.

renonc|e [rəˈnɔ̃ːs] *f Kartenspiel:* Fehlfarbe; **~ement** [~nɔ̃sˈmɑ̃] *m* Entsagung *f*; ~ de *od.* à soi-même Selbstverleugnung *f*; **~er** [~ˈse] *v/t.* (1k): ~ à qch. e-r Sache entsagen; etw. aufgeben; auf etw. (*acc.*) verzichten; nicht bekennen (*beim Kartenspiel*); *v/t.* j-n nicht anerkennen, verleugnen.

renoncule ♀ [rənɔ̃ˈkyl] *f* Hahnenfuß *m*, Ranunkel *f*.

renou|ée ♀ [rəˈnwe] *f* Knöterich *m*; **~er** [~] (1a) wieder binden, knüpfen; *fig.* wieder anknüpfen, erneuern; **~veau** [~nuˈvo] *m poét.* Lenz *m*; *fig.* Rückkehr *f*; Wiederaufleben *n fig.*; Erneuerung *f*, Neugestaltung *f*; **~veler** [~nuˈvle] (1c) erneuern; *fig.* verjüngen.

renouvellement [rənuvɛlˈmɑ̃] *m* Erneuerung *f*; *fig.* Neuerung *f*; ~ de l'année Jahreswechsel *m*.

rénova|teur [renovaˈtœːr] (7f) 1. *adj.* erneuernd; 2. *su.* Erneuerer *m*; **~tion** [~vaˈsjɔ̃] *f* Erneuerung *f*; *fig.* Neubelebung *f*, Umschwung *m*.

renquiller * [rɑ̃kiˈje] *v/i.* (1a) wieder eintreten (*z.B. in ein Zirkuszelt*).

renseign|ement [rɑ̃sɛɲˈmɑ̃] *m* Auskunft *f*; bureau *m* de ~s Auskunftsbüro *n*; Auskunftei *f*; prendre (*bzw.* donner *od.* fournir) des ~s Auskünfte einziehen (*bzw.* geben *od.* erteilen); **~er** [~ˈɲe] (1a) wieder lehren; ~ q. sur qch. j-m über etw. (*acc.*) Auskunft geben; se ~ sich erkundigen.

rentable [rɑ̃ˈtablə] (7) rentabel.

rente [rɑ̃ːt] *f* Rente *f*, Einkommen *n*; unkündbare Staatsanleihe *f*; Zins *m*; ~ foncière Grund-, Bodenrente *f*; ~ perpétuelle unkündbare Rente *f*; ~ viagère *od.* ~ à fonds *perdu* Leibrente *f*; *titre m* de ~ Rentenbrief *m*.

renter [rã'te] (1a) **1.** mit Renten versehen; **2.** *Strümpfe* anstricken; den unteren Teil (*Haus, Mauer*) ausbessern.

ren|tier *m*, **~tière** *f* [rã'tje, ~'tjɛːr] Rentner(in *f*) *m*.

rentortiller [rãtɔrti'je] (1a) wieder einwickeln; F wieder verwirren.

rentrai|re [rã'trɛːr] (4s) ⊕ durch Stoßnaht verbinden; fein stopfen; **~ture** [~trɛ'tyːr] *f* ⊕ überwendliche Naht *f*, Stepp-, Stoßnaht *f*; Kunststopfen *n*.

rentrant [rã'trã] **1.** *adj.* (7) ⚔ ein-, zurückspringend (*Winkel*); ✗, *frt*. zurückweichend; ⊕ einklappbar, einziehbar; **2.** *m math. u.* ✗ einspringender Winkel *m*; Nische *f*; für *e-n andern* neu eintretender Spieler *m*.

rentray|age [rãtrɛ'jaːʒ] *m* Kunststopfen *n*; **~eur** *m*, **~euse** *f* [~'jœːr, ~'jøːz] Kunststopfer(in *f*) *m*.

rentrée [rã'tre] *f* Rückkehr *f*; Wiedereintritt *m*; Gesamtzahl *f* von Heimkehrern; ✒ Einbringen *n der Feldfrüchte; thé.* neue Saison *f*; Wiederauftreten *n*; ✝ Eingehen *n der Briefe, Gelder usw.*; *opérer les ~s* Außenstände einziehen; ~ *des classes* Schulbeginn *m*.

rentrer [rã'tre] (1a) wieder eintreten; wieder hinein- (*od.* herein-) gehen *od.* -kommen; wieder *zu etw.* zurückkehren; ✝ *Gelder usw.:* eingehen, ⊕ sich inea.-fügen *od.* -schieben; *Stoffe:* einlaufen; *typ. Zeile:* einrücken; ✗ *Ausschlag:* zurücktreten; ♩ einfallen; *Gerichtssitzungen, Schule:* wieder anfangen; ~ (*chez soi*) nach Hause gehen *od.* kommen; ~ *dans l'insignifiance fig.* förmlich (*od.* einfach) verblassen; ~ *dans qch.* in etw. (*acc.*) mit enthalten sein; ~ *déjeuner* zu Mittag nach Hause gehen; ~ *de vacances* vom Urlaub zurückkehren; *v/t.* hineinbringen; einfahren; einheimsen; *fig.* ~ *ses larmes* die Tränen unterdrücken.

renvers|ant F [rãver'sã] (7) verblüffend; **~e** [rã'vɛrs]: *à la* ~ auf den (dem) Rücken (*z.B. fallen, liegen*); **~ement** [~vɛrsa'mã] *m* Umkehrung *f* (*a.* ⚔); Umreißen *n*; Umsturz; Verwirrung *f*; **~er** [~'se]

(1a) *v/t.* 'umkehren (*a.* ⚔, ♩); 'umstülpen, -stoßen, -stürzen, -werfen *usw.*; *fig.* in Unordnung bringen; die Richtung ändern (*Ebbe u. Flut*) *v/i.* umfallen; überkochen (*Milch*); ~ *la tête* den Kopf nach hinten beugen (*od.* hintenüber legen); *renversé(e) a. adj.* umgekehrt; verkehrt; verstört (*Gesicht*).

renvi [rã'vi] *m* Mehreinsatz *m* (*Spiel*); **~der** [~'de] (1a) *Garn:* spulen.

renvoi [rã'vwa] *m* Zurücksendung *f*; Zurückschlagen *n* (*des Balles*); Zurückstrahlen *n*, -werfen *n*; ✈ Aufstoßen *n*, Rülpser *m*; *fig.* Verabschiedung *f*; Verstoßung *f*; zeitliche Verschiebung *f*; Verweisung(szeichen *n*) *f*; Beschlagnahme *f* (*e-r Zeitung*); ⊕ Vorgelege *n*.

renvoyer [rãvwa'je] (1p) wieder-, zurückschicken, -schlagen, -werfen, -strahlen; *j-n* entlassen, fortschicken; *an j-n* verweisen, *auf etw.* (*acc.*) hinweisen; *zeitlich* verschieben; beschlagnahmen (*Zeitung*).

réoccuper [reɔky'pe] (1a) wiederbesetzen.

réorganiser [reɔrgani'ze] (1a) neu einrichten. [dereröffnung.|

réouverture [reuver'tyːr] *f* Wie-|

repaire [rə'pɛːr] *m* Zufluchtsort, Schlupfwinkel *m*; Höhle *f wilder Tiere;* Diebesnest *n; ehm. All. unter Hitler:* ♀ *du Loup* Wolfsschanze *f*.

repaître [rə'pɛːtrə] *v/i.* (4z) fressen; *v/t. fig.* weiden; se ~ *de fig.* sich weiden an (*dat.*).

répandre [re'pãːdrə] (4a) vergießen, ver-, ausschütten; *Blumen:* streuen; *fig.* aus-, verbreiten; austeilen; *se ~ dans le monde* viel in Gesellschaft gehen. [bekannt.|

répandu [repã'dy] *adj. fig.* überall|

réparable [repa'rablə] wiedergutzumachen(d), ersetzlich.

reparaître [rəpa'rɛːtrə] (4z) wieder erscheinen.

répara|teur [repara'tœːr] **1.** *adj.* wiederherstellend; ✈ stärkend; **2.** *su.* Wiederhersteller(in *f*) *m*; **~tion** [~ra'sjõ] *f* Ausbesserung, Reparatur, Wiederherstellung; Wiedergutmachung, Genugtuung, *rl.* Buße; ~ *de dommages* Schadenersatz *m; frais m/pl. de ~* Reparaturkosten *f/pl.*

réparer [repa're] (1a) ausbessern; wiederherstellen; *fig.* wiedergutmachen, ersetzen.

reparler [rəpar'le] *v/i.* (1a): ~ de *qch.* auf etw. zurückkommen.

repart|ie [rəpar'ti] *f* schlagfertige Antwort; **~ir** [~'ti:r] *v/i.* (2b) wieder fortgehen; *v/t.* entgegnen, erwidern.

répart|ir [repar'ti:r] (2a) ver-, aufteilen; **~ition** [~ti'sjɔ̃] *f* Verteilung; Umlage; ⚡ *du courant* Stromverteilung.

reparution [rəpary'sjɔ̃] *f* Wiedererscheinen *n* (e-r *Zeitung*).

repas [rə'pɑ] *m* Mahlzeit *f*; Gastmahl *n*; *faire de vrais* ~ regelmäßig die Mahlzeiten einhalten.

repass|age [rəpa'sa:ʒ] *m* Rücküberfahrt *f*, -gang; Bügeln *n e-s Anzugs usw.*, Plätten *n* der *Wäsche*; Harken *n e-s Weges*; ⊕ Abziehen *n*; Schleifen *n*; Rückflug *n (Zugvögel)*; **~er** [~'se] *v/i.* (1a) wieder vorbeigehen, -kommen, -reiten, -fahren *usw.*; wieder zurückgehen, -kommen; *fig.* ~ *à qch.* wieder zu etw. übergehen; *v/t.* wieder 'übersetzen, -fahren, -schreiten; *fig.* wieder hinreichen; *fig.* (wieder) bearbeiten; *Wäsche* plätten; *Wege* (auf)harken; *Messer* schleifen; *Gewinde* nachschneiden; *e-n Lehrstoff* noch einmal 'durchgehen, -lesen; über'hören; *e-e Rechnung* prüfen; *fer m à* ~ Plätteisen *n*; **~eur** *m*, **~euse** *f* [~'sœ:r, ~'sø:z] **1.** *su.* Plätter(in *f*) *m*; Schleifer *m*; **2.** *f ~ électrique* elektrische Mangel *od.* Rolle.

repav|age, **~ement** [rəpa'va:ʒ, ~v-'mɑ̃] *m* Neupflasterung *f*; **~er** [~'ve] (1a) neu pflastern.

repêch|age [rəpɛ'ʃa:ʒ] Wieder(heraus)fischen *n*; *fig.* F *Fr.* Wiederholungs- *od.* Ergänzungsprüfung *f*; *cours m de* ~ Nachholkursus *m*; **~er** [~'ʃe] (1a) wieder (heraus)fischen; *fig.* heraushelfen (*q. dans j-m aus*); *Sport*: wieder zulassen; *écol.* ~ *q.* j-m bei e-r Wiederholungsprüfung e-e letzte Chance geben. [malen.\]

repeindre [rə'pɛ̃:drə] (4b) überre-

repenser [rəpɑ̃'se] (1a) *v/t.*: ~ *qch.* etw. noch einmal 'überlegen; ~ *un problème* e-e Frage noch einmal überdenken; *v/i.* ~ *à qch.* an etw. zurückdenken.

repent|ance [rəpɑ̃'tɑ̃:s] *f* Reue; Buße; **~ant** [~'tɑ̃] (7) reumütig; **~i** [~'ti] *su.* Büßer *m*; **~ir** [~'ti:r] (2b): **1.** *se* ~ *de qch.* etw. bereuen; **2.** *m* Reue *f*; *typ.* Autorkorrektur *f*.

repérage [rəpe'ra:ʒ] *m* Markieren *n*, Aufstellen *n* von Merkzeichen; Ortung *f*, Peilung *f*; Ermittlung *f*.

réper|cussion [reperky'sjɔ̃] *f* ☇ Zurücktreibung; *phys.* Zurückprallen *n*; *fig.* Rückwirkung; **~cuter** [~ky'te] (1a) ☇ zurücktreiben; *phys.* zurückwerfen; *se* ~ zurückprallen; ⚡ zurücktreten; *fig.* sich auswirken.

repère [rə'pɛ:r] *m* (Merk-)Zeichen *n*, Markierung *f*; *fig.* Anhaltspunkt (*a. point m de* ~).

repérer [rəpe're] (1f) mit Merkzeichen versehen, markieren; *mit Hilfe von Merkzeichen* auffinden; ausfindig machen; ✕ orten; betrachten; beobachten; *se* ~ *sur ...* sich orientieren nach ...

répertoire [reper'twa:r] *m* Sachregister *n*; *thé.* Repertoire *n*.

repeser [rəpə'ze] (1d) nachwiegen; *fig.* von neuem erwägen.

répéter [repe'te] (1f) wieder'holen; *phys.* widerspiegeln; *thé.* proben; *Rolle* einstudieren.

répéti|teur [repeti'tœ:r] (7f) **1.** *su.* Repetitor *m*, Einpauker *m*; † *écol.* (Schularbeiten-)Aufseher *m*; **2.** *m* Signalschiff *n*; **~tion** [~'sjɔ̃] *f* Wiederholung; Privat- *od.* Wiederholungsstunde; *thé.* Probe; Originalkopie *e-s Kunstwerkes*; (*montre f à*) ~ Repetieruhr; ✕ *fusil m à* ~ Repetiergewehr *n*.

repeupler [rəpœ'ple] (1a) wiederbevölkern (*mit Menschen*), -besetzen (*mit Wild, Fischen usw.*), -bepflanzen.

repiger P [rəpi'ʒe] wieder erwischen.

repiquer [rəpi'ke] (1m) wiederstechen; *Pflaster* ausbessern; *Mühlstein* schärfen; ✿ umpflanzen, versetzen.

répit [re'pi] *m* Frist *f*, Aufschub *f*; *fig.* Ruhe *f*; Atempause *f*; *sans* ~ unaufhörlich, unentwegt.

replacer [rəpla'se] (1k) wieder (an s-n Platz) hinstellen, -setzen; *Beamte* wieder anstellen.

replanter [rəplɑ̃'te] (1a) 'umpflanzen, versetzen; wieder neu bepflanzen.

replâtrage [rəpla'tra:ʒ] *m péj.* Flickwerk *n*; oberflächliche Aussöhnung *f*.

replâtrer [rəpla'tre] (1a) übergipsen; F *fig.* oberflächlich ausbessern; *fig.* bemänteln, vertuschen.

replet, **~ète** [rə'plɛ, ~'plɛt] beleibt, dick, rundlich.

réplétion [reple'sjɔ̃] *f* Überfüllung *mit Speisen*; Korpulenz *f*.

repli [rə'pli] *m* Doppelfalte *f*, Umschlag; Windung *f* *e-r Schlange, e-s Weges usw.*; ⚔ Rückzug *m*; *fig.* ~s *pl.* du cœur verborgene Winkel *m/pl.* des Herzens; **~able** [rəpli'ablə] zs.-klappbar; **~er** [~'e] (1a) wieder zs.-falten, -legen; krümmen; falzen; *(Ponton-)Brücke* abbrechen; ⚔ zurückziehen; se ~ sich absetzen.

réplique [re'plik] *f* (Gegen-)Antwort, Widerrede; *thé.* Stichwort *n*; *peint.* Kopie *f*; ⊕ Nachbildung *f*; **~er** [~'ke] (1m) entgegnen, erwidern.

reployer [rəplwa'je] (1h) s. *replier*.

répondant *m*, **~e** *f* [repɔ̃'dã, ~'dã:t] Verteidiger(in *f*) *m e-r These*; Bürge *m*, Bürgin *f*; *rl.* Respon'dent *m der Messe*; *adj.* ~ aux faits sachlich, zweckdienlich.

répondre [re'pɔ̃:drə] *v/i.* (4a): ~ à antworten auf *(acc.)*, erwidern; widersprechen; *fig.* entsprechen; ~ à une lettre e-n Brief beantworten; ~ de bürgen für.

réponse [re'pɔ̃:s] *f* Antwort; en ~ à in Beantwortung *(mit gén.)*.

report † [rə'pɔ:r] *m* Übertrag *auf e-e neue Kontoseite*; Report *(Börse)*; **~age** [rəpɔr'ta:ʒ] *m* Berichterstattung *f*; P ~ bidon Filmreportage *f* vom grünen Tisch aus; ~ *photographique* Bildbericht *m*; **~er 1.** [~'te] (1a) wieder hintragen, -bringen; † *Buchung* übertragen; verweisen *(sur auf); 2.* [~'tɛ:r] *m* Re'porter; ~ de guerre Kriegsberichterstatter; ~ *dessinateur* Pressezeichner *m*; ~-photographe Bildberichterstatter *m*.

repos [rə'po] *m* Ruhe *f*, Rast *f*; *fig.* Schlaf; ♪ Ruhepunkt; Einschnitt, Pause *f in Versen usw.*; Absatz *e-r Treppe*; ⚔ ~! Rührt euch!; champ *m* du ~ Kirchhof; au ~ still; **~ée** *ch.* [~'ze] *f* Lager *n* e-s Wildes; **~é** [~] *adj.* ruhig, kaltblütig; abge-

lagert *(Wein)*; à tête *f* ~e mit Überlegung; **~e-pied** *Motorrad* [rəpoz'pje] *m* Fußraste *f*; **~er** [~'ze] *v/t.* (1a) (hin)legen; ausruhen lassen; erfrischen; beruhigen, Ruhe geben *(dat.)*; *v/i.* ruhen, schlafen; *fig.* (ver)weilen; beruhen *(sur auf dat.)*; ⚔ *reposez arme!* Gewehr ab!; se ~ *a.* ausruhen; sich verlassen *(sur auf acc.)*; sich setzen *(z. B. Wein)*; ♪ brachliegen; **~oir** [~'zwa:r] *m rl.* Stationsaltar.

repouss|ant [rəpu'sã] (7) *a. adj.* abstoßend; **~er** [~'se] *v/t.* (1a) zurückstoßen, -treiben, -schlagen; *fig.* ab- *od.* von sich weisen; *fig.* abstoßen, abschrecken; ♂ neu(e *Schößlinge*) treiben; ⊕ treiben, ziselieren; punzieren; *v/i.* zurückstoßen; ♂ wieder ausschlagen; *Bart:* wieder wachsen; **~oir** [~'swa:r] *m* ⊕ Treibbolzen; Steinmeißel; *peint.* Kontrast *m*; *allg.* gegensätzliches Vorbild *n*.

répréhens|ible [repreã'siblə] tadelnswert; **~ion** [~'sjɔ̃] *f* Tadel *m*, Verweis *m*.

reprendre [rə'prã:drə] *v/t.* (4q) wieder (ab-, auf-, ein-, weg)nehmen; wieder erwischen *od.* einfangen; wieder befallen *(von Krankheiten); sein Wort* zurücknehmen; in Zahlung nehmen; *fig.* tadeln *(de qch. wegen e-r Sache);* venir ~ wieder abholen; ~ le dessus sich wieder hochrappeln; *v/i.* erwidern; ♂ wieder anwachsen; *Wurzel(n)* schlagen; ♂ wieder zuheilen; *fig.* wieder anfangen *od.* aufkommen; wieder aufgenommen werden *(z.B. Telefonverkehr)*; wieder zufrieren *(Flüsse usw.); fig.* ~ sur wieder zurückkommen auf *(acc.)*.

représailles [rəpre'za:j] *f* Repressalien *f/pl.*

représent|able [rəprezã'tablə] darstellbar; **~ant**, **~ante** [~'tã] (1). *su.* Stell-, Volksvertreter(in *f*) *m*; **2.** † *m* Handelsvertreter; ~ *exclusif* Alleinvertreter; ~ *légal* Rechtsvertreter; **~atif** [~ta'tif] darstellend *(de qch. etw.)*; stellvertretend; *fig.* ansehnlich; **~ation** [~ta'sjɔ̃] *f* Vorführung, Darstellung, Abbildung; *fig.* Idee *f*, Anschauung *f*, Vorstellung *f*; Vertretung; würdevolles Auftreten *n*; stattliches Äußere *n*; *thé., cin., rad.* Aufführung *f*; Vorstellung; † Ver-

représentativité — 426 — **réquisitionner**

tretung; ~ du peuple, ~ nationale Volksvertretung; ~ cinématographique od. ~ d'un film Filmvorführung; **~ativité** a. pol. [~tativi'te] f Repräsentierungsrecht n; **~er** [~'te] v/t. (1a) (wieder) vor-, darstellen; auf-, vorweisen; thé., cin., rad. aufführen; ~ q. j-n vertreten; v/i. durch sein Äußeres imponieren.

répress|if [repre'sif] (7e) einschränkend; unterdrückend; Straf...; **~ion** [~'sjɔ̃] f Unterdrückung; Bestrafung. [drückbar; strafbar.|

réprimable [repri'mablə] unter-|

réprimand|able [reprimɑ̃'dablə] zu tadeln; **~e** [~'mɑ̃:d] f Verweis m, Tadel; **~er** [~mɑ̃'de] (1a) rügen, tadeln; ~ q. de qch. j-n wegen etw. tadeln.

réprimer [repri'me] (1a) unterdrücken; fig. im Zaume halten.

repris [rə'pri] m: ~ de justice Vorbestrafte(r).

reprise [rə'pri:z] f Wieder(ein)nahme; Wiederaufnahme, -holung; thé. Wiederaufführung; Kartenspiel: Runde; ♪ zu wiederholender Teil m; Wiederholungszeichen n; Wiederbelebung, -anziehen n der Geschäfte od. Kurse; neuer Gang m beim Fechten; a. ⚔ Ausbesserung, Stopfen n (Strümpfe, Kleider); à plusieurs ~s (zu) wiederholt(en Malen).

repriser [rəpri'ze] (1a) ausbessern, stopfen; wieder abschätzen.

repriseuse [rəpri'zø:z] f Ausbesserin, Stopferin; ⊕ Stopfmaschine.

réproba|teur [reprɔba'tœ:r] mißbilligend, tadelnd; **~tion** [~ba'sjɔ̃] f rl. Verwerfung, Verdammnis; allg. Mißbilligung.

reproch|able [reprɔ'ʃablə] tadelnswert; verwerflich; **~e** [~'prɔʃ] m Vorwurf, Tadel; ⚖ ~s pl. Verwerfungsgründe; **~er** [~ʃe] (1a) vorwerfen (fig.); tadeln; ⚖ verwerfen.

reproduc|teur [reprɔdyk'tœ:r] 1. adj. (7f) fortpflanzend; fig. wiedergebend, vervielfältigend; 2. m männliches Zuchttier n; ⊕ Schalldose f; **~tibilité** [~tibili'te] f Wiedererzeugbarkeit; Fortpflanzungsfähigkeit; **~tible** [~'tiblə] wieder hervorzubringen(d); **~tion** [~'sjɔ̃] f Wiedererzeugung; zo. u. ♀ Fortpflanzung; Wiedergabe; Vervielfältigung; Nachdruck(en n) m.

reproduire [rəprɔ'dɥi:r] (4c) wiederhervorbringen, -erzeugen; wiedergeben; ab-, nachdrucken; vervielfältigen.

réprouv|able [repru'vablə] verwerflich, tadelnswert; **~é** rl. [~'ve] su. (7) Verdammte(r); **~er** [~] (1a) rl. verwerfen; fig. mißbilligen.

reps ✝ [reps] m Rips.

reptile [rep'til] 1. adj. kriechend; 2. m kriechendes Tier n; Reptil n; fig. Kriecher; ~s pl. a. Gewürm n.

repu [rə'py] ad. gesättigt, satt; vollgestopft, vollgefressen.

républicain [repybli'kɛ̃] (7) 1. adj. republikanisch; 2. su. Republikaner (-in f) m.

république [repy'blik] f Republik, la 2 démocratique allemande (RDA) die Deutsche Demokratische Republik (DDR); la 2 Fédérale d'Allemagne Bundesrepublik Deutschland; ~ populaire Volksrepublik.

répudier [repy'dje] (1a) verschmähen; verleugnen; ⚖ Erbschaft ausschlagen; Frau verstoßen.

répugn|ance [repy'nɑ̃:s] f Widerwille(n m); phil. Widerspruch m; **~ant** [~'nɑ̃] widerlich, ekelhaft; fig. widersprechend; **~er** [~'ɲe] (1a) widerstreiten, zuwiderlaufen; anekeln; ~ à q. j-m abgeneigt sein; je répugne à (od. il me répugne de) vous dire es widerstrebt mir, Ihnen zu sagen.

répuls|if [repyl'sif] abstoßend; **~ion** [~'sjɔ̃] f Abstoßung; Widerwille(n m) (pour gegen).

réput|ation [repyta'sjɔ̃] f (a. guter) Ruf m; ✝ Renommee n; connaître de ~ vom Hörensagen kennen; **~er** [~'te] (1a) für etw. ansehen, halten.

requér|ant ⚖ [rəke'rɑ̃] su. Antragsteller(in f) m; **~ir** [~'ri:r] (2l) ersuchen; (gerichtlich) fordern; ⚒ requirieren, beitreiben; fig. erfordern; ~ de qch. um etw. ersuchen.

requête [rə'kɛt] f ⚖ Ersuchen n; Bittschrift.

requin icht. [rə'kɛ̃] m Haifisch, Hai.

requis [rə'ki] (7) erforderlich; verpflichtet.

réquisi|tion [rekizi'sjɔ̃] f An-, Ersuchen n; ⚖ Antrag m; Beschlagnahme, Requisition bei Behörden; ⚒ Aufgebot n; Beitreibung; à présenter à toute ~ auf Verlangen vorzuzeigen; **~tionner** [~sjɔ'ne] (1a)

réquisitoire — 427 — **respecter**

v/t. requirieren (*bsd.* ⚔), einfordern, beitreiben; *v/i.* ᵗᵗ Anträge stellen; **~toire** ᵗᵗ [~'twaːr] *m* Antrag, Anklagerede *f*; *un* ~ *violent contre* ... heftige Ausfälle gegen ...

rescapé [reska'pe] *m* Überlebender *m*.

rescind|able [rɛsɛ̃'dablə] aufhebend; **~ant** ᵗᵗ [~'dɑ̃] **1.** *adj.* = ~*able*; **2.** *m* Nichtigkeitsantrag *m*; **~er** ᵗᵗ [~'de] (1a) aufheben, ungültig erklären.

rescision [resi'zjɔ̃] *f* ᵗᵗ Aufhebung, Ungültigkeitserklärung; ⚕ Wegschneiden *n von Körperteilen*.

rescousse [rɛs'kus] *f*: *venir à la* ~ zu Hilfe kommen.

rescription [rɛskrip'sjɔ̃] *f* Anweisung *zur Erhebung e-r Summe*.

réseau [re'zo] *m* Netz *n*; Geflecht *n*; ⚡ Leitungs-, Stromnetz *n*; ~ *alternatif* Wechselstromnetz *n*; ~ *de chemins de fer*, ~ *ferroviaire* Eisenbahnnetz *n*; ~ *routier* Straßennetz *n*; ~ *télégraphique* Telegraphennetz *n*; ⚔ ~ *de fils de fer* Drahthindernis *n*.

résection ⚕ [resɛk'sjɔ̃] *f* Herausschneiden *n bsd. e-s Knochens*.

réséda ♀ [reze'da] *m* Reseda *f*.

réséquer ⚕ [rese'ke] (1f) *Knochenstücke usw.* herausschneiden.

réserv|ation [rezɛrva'sjɔ̃] *f* Reservierung *f* (*z. B. v. Zimmern*); **~e** *geistiger* Vorbehalt *m*; Zurückhaltung; Vorrat *m*; Reserve (*a.* ⚔); Feuerwehr: Ausgeherlaubnis *f*; ⊕, Auto: Tank *m*; *pièce f de* ~ (*od. de rechange*) Ersatzstück *n*; ⊕ ~ *de puissance* Kraftreserve *f*; *à la* ~ *de* mit Ausnahme von; *en* ~ vorrätig; *sous* ~ *de* unter Vorbehalt; **~é** [~'ve] reserviert, zurückhaltend; *thé.*, *cin.* belegt, besetzt; **~er** [~] (1a) vor-, zurückbehalten; *für später* aufsparen; **~iste** ⚔ [~'vist] *m* Reservist *m*, Ersatzmann.

réservoir [rezɛr'vwaːr] *m* Behälter *m*; ~ *d'essence* Benzintank *m*.

résid|ant [rezi'dɑ̃] *adj.* wohnhaft; *m su.* Einwohner(in *f*) *m*; **~ence** [~'dɑ̃ːs] *f* Wohnsitz *m*; Residenz *f bsd. e-s Fürsten*; **~ent** [~'dɑ̃] *m a. ministre* ~ Geschäftsträger; **~entiel** [~dɑ̃'sjɛl] (7c): *immeuble m* ~ Wohnhaus *n*; **~er** [~'de] (1a) sich aufhalten; wohnen; *fig.* enthalten sein; **~u** 🜚 [~'dy] *m* Rückstand *m*.

résign|ation ᵗᵗ [reziɲa'sjɔ̃] *f* Verzicht *m*; *fig.* Ergebung *f*; **~é** [~'ɲe] (7) resigniert, gefaßt; **~er** [~] (1a) abtreten; auf etw. (*acc.*) verzichten; *se* ~ sich ergeben, sich fügen, sich schicken (*à in acc.*).

résilier ᵗᵗ [rezi'lje] (1a) *e-n Kontrakt usw.* gerichtlich auflösen.

résille [re'zij] *f* Haarnetz *n*.

résin|e [re'zin] *f* Harz *n*; ~ *synthétique* Kunstharz *n*; *bét.* ~ *de scellement* Gießharz *n*; **~eux** [~'nø] harzig; Harz...

résist|ance [rezis'tɑ̃ːs] *f* Widerstand *m*; Ausdauer, Haltbarkeit; ⚕ *pol.* Widerstandsbewegung; ~ *de fuite* Verlustwiderstand *m*; ⚡ ~ *du fil od. de la ligne* Leitungswiderstand *m*; **~ant** [~'tɑ̃] (7) **1.** widerstandsfähig, haltbar; ~ *à la chaleur* wärmebeständig, hitzefest; ~ *à la lumière* lichtecht; ~ *au climat tropical* tropenfest, -sicher; ~ *aux acides* säurefest; ~ *aux intempéries* wetterfest; **2.** *pol. su.* Widerstandskämpfer *m*; **~er** [~'te] (1a) widerstehen, Widerstand leisten; *à qch. a.* etw. aushalten.

résolu [rezɔ'ly] (7) *adj.* fest entschlossen; **~tion** [~'sjɔ̃] *f phys.*, 🜚, ♪ *usw.* Auflösung; Lösung *e-r Frage*; Be-, Entschluß *m*; *fig.* Entschlossenheit; *prendre une* ~ e-n Entschluß fassen; **~toire** ᵗᵗ [~'twaːr] aufhebend.

réson|ance [rezɔ'nɑ̃ːs] *f* Nachhall *m*; Mitklingen *n*; ♪ Resonanzboden *m*; **~nement** [rezɔn'mɑ̃] *m* Rückklang, Resonanz *f*; **~ner** [~'ne] (1a) widerhallen, *fig.* laut hallen, ertönen.

résor|ber [rezɔr'be] (1a) wieder aufsaugen; *fig.* (wieder in den Dienst) übernehmen (*Beamte*); *se* ~ wieder sinken (*Hochwasser*); **~ption** [~p'sjɔ̃] *f* Wiederaufsaugen *n*.

résoudre [re'zudrə] *v/t.* (4bb) (auf-)lösen (*a. math.*); beschließen; *Geschwulst* vertreiben; ᵗᵗ aufheben; *se* ~ *à faire qch.* beschließen *od.* *être resolu à* (*selten de*) *faire qch.* beschließen *od.* sich entschließen *od.* entschlossen sein, etw. zu tun.

respect [rɛs'pɛ] *m* Ehrfurcht *f*; Achtung *f*; *tenir q. en* ~ j-n im Schach halten; *sans* ~ *de* ohne Rücksicht auf (*acc.*); *sauf votre* ~ mit Ihrer Erlaubnis, mit Verlaub; **~able** [rɛspɛk'tablə] achtbar; **~er** [~'te] (1a) achten (ver-)ehren; (ver-)

respectif — 428 — **restaurer**

schonen; **~if** [~'tif] (7e) bezüglich; gegen-, wechselseitig; *adv.* respectivement beziehungsweise.
respectueux [rɛspɛk'tɥø] (7g) respektvoll.
respira|ble [rɛspi'rabləə] atembar; **~teur** ⚔ [~'tœːr] *m* Atemgerät *n*; **~tion** [~ra'sjɔ̃] *f* Atmen *n*; **~toire** [~ra'twaːr] Atmungs...; *exercice m* **~** Atemübung *f*.
respirer [rɛspi're] (1a) *v/i.* (auf-)atmen; *fig.* sich offenbaren, klar zum Ausdruck kommen (*dans qch.* in *etw.*); *v/t.* einatmen; *fig.* nach *etw.* trachten; andeuten; verkörpern.
resplend|ir [rɛsplɑ̃'diːr] (2a) *v/i.* strahlen, glänzen; **~issement** [~dis'mɑ̃] *m* Glanz *m*; *fig.* Leuchten *n*.
responsa|bilité [rɛspɔ̃sabili'te] *f* Verantwortung *f*; *prêt à prendre (od. à assumer) la* **~** verantwortungsfreudig; *goût m des* **~s** Verantwortungsfreudigkeit *f*; **~** *civile* Haftpflicht; *question(s) f de* **~s** Schuldfrage; **~ble** [~'sabləə] verantwortlich (de für); *écol.* **~** *m de classe* Klassensprecher.
resquill|ance F [rɛski'jɑ̃s] *f* Schwarzfahrt *f*, *rad.* -hören *n*, -fernsehen *n*; Nassauerei *f*; **~er** F [~'je] (1a) nassauern; Zaungast (*rad.*: Schwarzhörer) sein; **~eur** F [~'jœːr] *m* Zaungast; Schwarzhörer *m*, -fahrer *m*; **~euse** [~'jøːz] *f* Betrügerin *f*, Schmugglerin *f*.
ressac [rə'sak] *m* Brandung *f*.
ressaisir [rəsɛ'ziːr] (2a) wieder ergreifen; in den Besitz *von etw.* setzen; *se* **~** *a.* wieder zu sich kommen.
ressasser [rəsa'se] (1a) *Mehl* wieder durchbeuteln; F *fig.* noch einmal durchgehen, wiederkäuen F, wiederaufwärmen *fig.*
ressaut △ [rə'so] *m* Vorsprung; Unebenheit *f*; *fig.* Gedankensprung.
ressembl|ance [rəsɑ̃'blɑ̃ːs] *f* Ähnlichkeit; **~ant** [~'blɑ̃] (7) ähnlich; gut getroffen; **~er** [~'ble] (1a) ähnlich sein *od.* sehen; gleichen.
ressemeler [rəsəm'le] (1c) *Stiefel* neu *od.* wieder besohlen.
ressentiment [rəsɑ̃ti'mɑ̃] *m* Empfindlichkeit *f*; Unwille, Groll.
ressentir [rəsɑ̃'tiːr] (2b) *lebhaft* empfinden; fühlen; *fig.* erkennen, merken; *se* **~** *de qch.* die Folgen von *etw.* verspüren.
resserr|ement [rəsɛr'mɑ̃] *m* enges Zs.-ziehen *n*, Verengerung *f*; (Herz-)Beklemmung *f*; ⚕ Verstopfung *f*; *fig. pol.* erhöhte Festigung *f*; **~** *de l'argent* Zurückhalten *n* des Geldes, Geldnot *f*; **~er** [~'re] (1b) wieder einschließen; enger zs.-ziehen; nachspannen, -ziehen; ⚔ *den Leib* verstopfen; *fig.* verkürzen.
ressort [rə'sɔːr] *m* **1.** Federkraft *f*; ⊕ (Trieb-)Feder *f*; *fig.* Mittel *n*; Trieb-, Spannkraft *f*; *rad.* **~** *de tête* Kopfhörerbügel; **~** *à boudin* Sprung-, Spiralfeder *f*; ⊕ **~** *de fixation* Klemmfeder *f*; *faire* **~** federn; *fig.* Bereich *m u. n*; Gebiet *n*; *juger en dernier* **~** in letzter Instanz entscheiden; **~ir** [~'tiːr] (2b) wieder (hin)ausgehen, hervortreten; (2a) **~** *à* gehören zu (*e-r Gerichtsbarkeit*); **~issant** [~ti'sɑ̃] (7) Staatsangehöriger; **~** *à* unter *e-r* Gerichtsbarkeit stehend.
ressource [rə'surs] *f* Hilfsquelle, -mittel *n*; Geldmittel *n/pl.*; ⊕ **~** *énergétique* Energiequelle; **~s** *minérales* Bodenschätze *m/pl.*
ressouvenir [rəsuv'niːr] **1.** *m* (Wieder-)Erinnerung *f*; Nachwehen *f/pl.* (*e-r Krankheit usw.*); **2.** (2h): *se* **~** *de qch.* sich an *etw.* (*acc.*) wieder erinnern.
ressuer [rə'sɥe] (1a) *v/i.* (wieder) schwitzen; *v/t.* ⊕ ausschmelzen.
ressusciter [rɛsysi'te] *v/t. u. v/i.* (1a) wieder lebendig machen *od.* werden, wiederauf(er)wecken; *rl.* auferstehen; *fig.* neu beleben.
ressuyer [rɛsɥi'je] (1h) wieder (ab-)trocknen.
restant [rɛs'tɑ̃] **1.** *adj.* rückständig; ✉ *poste f* **~e** postlagernd; **2.** *m* Rückstand; Rest; **~** *en caisse* Kassenbestand.
restaur|ant [rɛstɔ'rɑ̃] **1.** *adj.* stärkend; **2.** *m* Restaurant *n*; **~** *libre-service* Selbstbedienungsrestaurant *n*; **~** *universitaire* Mensa *f*; **~ateur** [~ra'tœːr] *su.* (7f) Gastwirt; Wiederhersteller; **~ation** [~ra'sjɔ̃] *f* Wiederherstellung, Wiedereinsetzung *f*; *nur hist.*: Restauration.
restaurer [rɛstɔ're] (1a) wiederherstellen; stärken; *Gesetz usw.* wiedereinführen; wieder auf den

reste — 429 — **réticulé**

Thron setzen; se ~ sich erquicken, sich erholen (*durch Nahrung*).

rest|e [rɛst] *m* Rest, Übrige(s) *n*; Überbleibsel *n*; du ~ (au ~) übrigens; de ~ mehr als nötig; être en ~ im Rückstand sein (*avec q. bei j-m*); *abs.* hintanstehen; zurückstehen, sich drücken, nicht mitmachen; **~er** [~'te] (1a) (übrig-, zurück-, ver)bleiben; F wohnen; *il restait devoir 10000 F* er blieb noch 10000 Franken schuldig.

restitu|able [rɛsti'tyabl] zu ersetzen(d); **~er** [~'tɥe] (1a) wiederherstellen; wiedererstatten; *Luftbild* entzerren; **~tion** [~ty'sjɔ̃] *f* Wiederherstellung; Wiedererstattung.

restreindre [rɛs'trɛ̃:dr] (4b) *stärker* zusammenziehen; *fig.* be-, einschränken; se ~ *a. fig.* sich beschränken (*à auf acc.*).

restric|tif [rɛstrik'tif] (7e) einschränkend; **~tion** [~k'sjɔ̃] *f* Einschränkung; Bedingung; Vorbehalt *m*; ✝ ~ *d'importation f* Einfuhrbeschränkung; *fig.* ~ *mentale* stillschweigender Vorbehalt *m*.

restringent ✱ [rɛstrɛ̃'ʒɑ̃] (7) *adj.* (*u. m*) zs.-ziehend(es Mittel *n*).

résult|ante *phys.* [rezyl'tɑ̃:t] *f* Resultante *f*; **~at** [~'ta] *m* Resultat *n*, Ergebnis *n*; ~ *final* Endergebnis *n*; ~ *des essais* ⊕ Prüfungsbefund *m*, Versuchsergebnis *n*; **~er** [~'te] (1a) sich ergeben, resultieren, folgen (*de aus dat.*).

résumé [rezy'me] *m* Zs.-fassung *f*, kurze Übersicht *f*, Abriß *m*; *en* ~ im großen u. ganzen, kurz.

résumer [rezy'me] (1a) kurz zs.-fassen.

résurrection [rezyrɛk'sjɔ̃] *f* Auferstehung *f*; plötzliche Genesung *f*; *fig.* Wiederaufleben *n*.

retable ⚜ [rə'tabl] *m* Altarblatt *n*.

rétabl|ir [reta'bli:r] (2a) wiedereinrichten, -einsetzen, -herstellen (*a.* ✱); **~issement** [~blis'mɑ̃] *m* Wiederherstellung *f* usw.; *gym.* ~ *sur les bras od. sur les poignets* Streckstütz *m*.

retaill|e ⊕ [rə'tɑ:j] *f* Abschnitzel *n*; **~er** [~tɑ'je] (1a) wieder be-, zuschneiden, nachschleifen.

rétam|age [reta'ma:ʒ] *m* Wiederverzinnung *f*; **~é** P [~'me] (7) total besoffen; körperlich fertig, erledigt, völlig kaputt; **~er** [~'me] (1a) wieder verzinnen; P total besoffen *od.* völlig fertig machen; **~eur** [~'mœ:r] *m* Kesselflicker *m*.

retaper [rəta'pe] (1a) reparieren, wieder zurechtmachen, wieder auffrischen; umarbeiten; *Hut* aufbügeln; *Nagel* wieder festklopfen; ✱, *allg.* j-n wieder hochbringen; *école.* durchfallen lassen; ✶ erneut anpumpen *od.* ankeilen F; versohlen, verdreschen; ✱ *se* ~ sich wieder hochrappeln.

retard [rə'ta:r] *m* Verspätung *f*; ✝ Verzug *m*; Aufschub *m*, Verzögerung *f*; Retardierwerk *n* (*e-r Uhr*); *école.* Versäumtes *n*; *arriver en* ~ zu spät ankommen; *être en* ~ zu spät kommen; im Rückstand sein; nachgehen (*Uhr*); *ma montre est en* ~ *de cinq minutes* meine Uhr geht fünf Minuten nach.

retarda|taire [rətarda'tɛ:r] **1.** *adj.* verspätet; rückständig; säumig; **2.** *su.* Nachzügler *m*; **~teur** [~'tœ:r] (7f) *phys.* aufhaltend; ✗ hinhaltend; **~tion** *phys.* [~da'sjɔ̃] *f* Verlangsamung *f*, Verzögerung *f*.

retard|ement [rətardə'mɑ̃] *m* Verzug *m*, Verzögerung *f*; *phot. avec* ~ mit Selbstauslöser; **~er** [~'de] *v/t.* (1a) aufhalten, verzögern; *Uhr* zurückstellen *usw.*; *v/i.* (*Uhr*) nachgehen (*de um*).

retenir [rət'ni:r] (2h) zurück-, an-, aufhalten; zurück- (*a.* im Gedächtnis) behalten; *Strahlen* abhalten; abziehen (*von e-m Betrag*); *Plätze usw.* reservieren, belegen; zurück-, wiederbekommen; einsparen; *se* ~ sich *an etw.* festhalten; plötzlich stehenbleiben; sich beherrschen; an sich halten; sich mäßigen.

retentir [rətɑ̃'ti:r] (2a) widerhallen; ertönen; *fig. faire* ~ verkünden.

retentissement [rətɑ̃tis'mɑ̃] *m* Widerhall *m*; *fig.* Aufsehen *n*.

retenu [rət'ny] zurückhaltend, bescheiden; **~e¹** [~] *f* Abzug *m* vom *Gehalt*; Zurückbehaltung *f*; *école.* Nachsitzen *n*; ~ *d'eaux* Stausee *m*.

réticence [reti'sɑ̃:s] *f* Verschweigung.

réticul|e [reti'kyl] *m* Faden-, Achsenkreuz *n* (*im Fernrohr*); (gestrickte) Handtasche *f*; **~é** [~'le] netzförmig.

rétif [re'tif] (7e) störrisch, widerspenstig.
rétin|e [re'tin] f Netzhaut *des Auges*; **~ite** ♂ [~'nit] f Netzhautentzündung.
retiré [rəti're] adj. abgelegen, einsam; *vivre ~* ein zurückgezogenes Leben führen.
retirer [rəti're] (1a) v/t. zurück-, herausziehen; entziehen, *Lästiges* wegnehmen; *(wieder) bei sich* aufnehmen; gewinnen; *Ruhm* usw. ernten; *Pfand* einlösen; *~ sa casquette* s-e Mütze absetzen; *~ sa pipe de la bouche* die Pfeife aus dem Mund nehmen; *~ de la circulation* aus dem Verkehr ziehen; v/i. von neuem ziehen, lösen, schießen; *se ~* sich zurückziehen; sich zur Ruhe setzen; einlaufen (*von Stoffen*).
retombées at. [rətõ'be] f/pl.: *~ nucléaires* radioaktiver Ausfall m.
retomber [~] (1a) wieder-, zurückfallen.
retor|doir ⊕ [rətɔr'dwa:r] m Zwirnmaschine f; **~dre** [~'tɔrdrə] (4a) noch einmal drehen; ⊕ zwirnen; *fig. donner du fil à ~ à q.* j-m viel zu schaffen machen.
rétorquer [retɔr'ke] (1m) *Gründe* usw. umkehren, zurückweisen.
retors [rə'tɔ:r] 1. adj. gedreht; geschraubt, gewunden (*Ausdruck*); *fig.* gerissen; *fil m ~* Zwirn m; 2. m Schlauberger m.
retouch|e ⊕ [rə'tuʃ] f Retusche f, Nachbesserung, Überarbeitung, Retuschierung; **~er** [~'ʃe] (1a) wieder berühren; überarbeiten; retuschieren, nachbessern.
retour [rə'tu:r] m Rückgang, -kehr f, -reise f; ✝ Rücksendung f; △ Vorsprung; Rückblick; Wechsel *des Glücks* usw.; Erwiderung f; Gegendienst m; *fig.* Gegenstück n, Parallele f; Ausgleichssumme f; Rückprall; *~s pl.* Windungen f/pl.; ☞ *port m de ~* Rückporto n; ✝ *frais m/pl. de ~* Rückfrachtkosten f; ⚓ *fret m de ~* Rückfracht f; ✈ *vol m de ~* Rückflug m; ⚖ *droit m de ~* Heimfallsrecht n; *être de ~* zurück(gekehrt) sein; *sans ~* unwiederbringlich; *être sur le ~* altern; *en ~* dafür, dagegen; *~ d'âge* ♀ Wechseljahre pl.; *~ d'allumage* Auto: Nach-, Spätzündung f; **~ne** [~'turn] f Zeitungsartikel m, der auf e-r der nächsten Seiten fortgesetzt wird; *Kartenspiel:* Trumpf m; **~ner** [~'ne] v/i. (1a) zurückkehren; ⚖ heimfallen; Trumpf machen *od.* sein; *retourne jouer avec elle!* spiele wieder mit ihr!; v/t. umkehren, -wenden; zurücksenden; *Karte* umschlagen; F *j-n* 'rumkriegen; ⚘ umgraben, -pflügen; *se ~* sich umwenden; F andere Maßregeln ergreifen; sich durchwinden *od.* -helfen; Auto: umkippen, umstürzen; *s'en ~* zurückkehren, wiederkommen.
retracer [rətra'se] (1k) nochmals zeichnen; *fig.* wieder vor Augen führen, vergegenwärtigen.
rétrac|ter [retrak'te] (1a) zurück-, einziehen; *fig.* wider'rufen; *se ~* sein Wort zurücknehmen; *fig.* umfassen; chir. sich verkürzen; **~tile** [~'til] zurück-, zs.-, einziehbar; **~tion** chir. [~k'sjõ] f Verkürzung.
retraire ⚖ [rə'trɛ:r] (4s) zurückkaufen, wieder an sich bringen.
retrait [rə'trɛ] 1. adj. (*zs.-gezogen*), verkürzt; verschrumpft (*Getreide*); 2. m Zs.-ziehen n, Zs.-schrumpfen n; (Material-)Schwund; ⊕ Schwundmaß n; Zurücknahme f *e-s Antrags*, *von Sparkassengeldern* usw.; ☞ Abnahme f der Fahrkarten; ⚖ (Wieder-)Einlösung f; Rückkauf; Amtsenthebung f; Herausnahme f; *a. = retraite:* ⚔ Zurückziehung f; *fig.* Rücktritt, Ausscheiden n; *un ~ du permis de conduire* e-e Einziehung des Führerscheins.
retraite [rə'trɛt] f Sichzurückziehen n; ⚔ Rückzug m; ⚔ Zapfenstreich m; Zurücktreten n, *rl.* usw. Zurückgezogenheit f; Ruhestand m, -sitz m; Schlupfwinkel m; Entlassung *mit Pension*; phys. Zs.-ziehen n *durch Hitze*; ✝ Rückwechsel m; △ Rücksprung m; *en ~* pensioniert; *mettre à la ~* in den Ruhestand versetzen; *partir en ~* in Pension gehen; *prendre sa ~* in den Ruhestand treten; *caisse f de ~* Altersversicherung.
retrait|é [rətrɛ'te] 1. adj. in den Ruhestand versetzt; 2. su. Pensionierte(r); **~er** [~] (1a) wieder behandeln; pensionieren, in den Ruhestand versetzen; ⚔ verabschieden.

retranch|ement [rətrɑ̃ʃ'mɑ̃] *m* Einschränkung *f*; Streichung *f*; Abschaffung *f*; ✕ Verschanzung *f*; **~er** [~'ʃe] (1a) ab-, wegschneiden; ✝ abziehen; *fig.* abschaffen, ausmerzen; *Ausgaben usw.* streichen; ✕ verschanzen; *fig.* se ~ *derrière qch.* sich hinter etw. verschanzen.

retransmettre *rad.* [rətrɑ̃s'mɛtrə] *v/t.* (4p) (rück-)übertragen.

rétrécir [retre'si:r] (2a) *v/t.* schmaler machen, verengern; *fig.* einengen, beschränken; *v/i.* enger werden, einlaufen.

rétrécissement [retresis'mɑ̃] *m* Verengerung *f*; Einlaufen *n* (*v. Stoffen*); *fig.* Beschränkung *f*, Beengtheit *f*.

retremper [rətrɑ̃'pe] (1a) wieder eintauchen; *Stahl* härten; *fig.* mit neuer Energie laden; se ~ *fig.* neue Kraft schöpfen.

rétribu|er [retri'bɥe] (1a) *nach Gebühr* belohnen, bezahlen; **~tion** [~by'sjɔ̃] *f* Belohnung, Bezahlung; Hono'rar *n*; ~ (*scolaire*) Schulgeld *n*.

rétro|actif [retrɔak'tif] (7e) rückwirkend(*e Kraft*); **~céder** ⚖ [~se'de] (1f) wieder abtreten; **~grade** [~'grad] rückgängig, -läufig; **~grader** [~gra'de] (1a) zurückschreiten; *Auto:* die Geschwindigkeit senken, runterschalten; langsamer fahren; *fig.* Rückschritte machen, sinken, zurückgehen (*z. B. Produktion*); **~pédalage** [~peda'la:ʒ] *m Fahrrad:* Rücktritt; **~spectif** [~spɛk'tif] (7e): *coup m d'œil* ~ Rückblick.

retrouss|er [rətru'se] (1a) aufkrempeln (*Hemdsärmel*); hochbinden, -kämmen, -schürzen, -streifen, -raffen, *Schnurrbart* nach oben streichen; *nez m* ~é Stupsnase *f*; **~is** [~'si] *m* Hutkrempe *f*; umgeschlagener Rockschoß; Stiefelstulpe *f*.

retrouver [rətru've] (1a) wiederfinden; *fig.* wiedererkennen; Freiheit wiedererlangen; se ~ *a.* sich wieder einfinden.

rétroversion [retrɔvɛr'sjɔ̃] *f* Rückübersetzung *f*; ⚕ Retroversion *f*, Rückwärtslagerung *f*.

rétroviseur [retrɔvi'zœ:r] *m Auto:* Rückspiegel *m*; Spion *m* (*am Fenster*).

rets [rɛ] *m* Netz *n*.

réun|ification *pol.* [reynifika'sjɔ̃] *f* Wiedervereinigung *f*; **~ifier** *pol.*

[~'fje] *v/t.* (1a) wiedervereinigen; **~ion** [~'njɔ̃] *f* (Wieder-)Vereinigung *f*; Wiederzs.-führung *f* (*von Familien*); Einverleibung *f*; Versammlung *f*; Verein *m*; **~ir** [~'ni:r] (2a) (wieder)vereinigen; verbinden; aussöhnen.

réuss|ir [rey'si:r] *v/i.* (2a) Erfolg (*od.* Glück) haben; 💐 *u. Kinder:* gedeihen; *Sachen:* glücken; *je réussis à faire qch.* es gelingt (*od.* glückt) mir, etw. zu machen; *réussi* gelungen; ~ *à un examen* e-e Prüfung erfolgreich bestehen; *v/t. bsd. peint.:* ~ *un tableau* ein Bild gut malen (*od.* mit Erfolg herausbringen); *il a réussi ce tableau* ihm ist dieses Bild geglückt; *abus.* ~ *un plat, une sauce, un examen* bei e-m Gericht, e-r Soße, e-r Prüfung Glück haben; **~ite** [~'sit] *f* Gelingen *n*, (günstiger) Erfolg *m*; (guter) Ausgang *m*; Patience *f* (*Kartenlegen*).

réutilisation [reytiliza'sjɔ̃] *f* Wiederverwertung *f*; ~ *des déchets* Abfallverwertung *f*. [der impfen.\

revacciner ⚕ [rəvaksi'ne] (1a) wie-\

reval|ider ⚖ [rəvali'de] (1a) wieder gültig machen; **~oir** [~'lwa:r] (3b) vergelten; **~orisation** [~lɔriza'sjɔ̃] *f* Aufwertung *f*; gehaltliche Neueinstufung *f*; **~oriser** [~lɔri'ze] (1a) aufwerten.

revanch|ard *pol.* [rəvɑ̃'ʃa:r] *m* Revanchist *m*; *adj.* revanchistisch; **~e** [~'vɑ̃:ʃ] *f* Vergeltung *f*, Rache *f* im Spiel, Erwiderung *f*, Genugtuung *f*; *en* ~ als Ersatz, als Gegenleistung; dafür, dagegen; *prendre sa* ~ sich rächen (*sur q.* an j-m); sich revanchieren (*für etw. Gutes*); *c'est à charge de* ~ dafür muß man sich erkenntlich zeigen (*od.* sich rächen); **~er** ✝ *mv.p.* [~vɑ̃'ʃe] (1a): se ~ sich rächen (de für).

rêvass|er [rɛva'se] *v/i.* (1a) vor sich hinträumen; ~ *à* sinnend *od.* träumerisch denken an (*acc.*); **~erie** [~vas'ri] *f* Träumerei *f* (*a. fig.*); Hirngespinst *n*; **~eur** [~'sœ:r] *su.* (7g) Verträumter *m*.

rêve [rɛːv] *m* Traum *m*; *fig.* Trugbild *n*; *faire un* ~ träumen.

revêche [rə'vɛʃ] sauer, herb (*Geschmack*); rauh (*Stoff*); *fig.* barsch, unfreundlich, abweisend, störrisch, pampig *P* (*z. B. Verkäuferin*); ⊕ spröde.

réveil [re'vɛj] *m* Erwachen *n*; Wecker *m* (*Uhr*); ⚔ Wecken *n*.

réveille-matin [rəvɛjmaˈtɛ̃] *m* **1.** Lärm *m od.* Krach *m* am Morgen; **2.** ⚘ *Art* Wolfsmilch *f*; **3.** † (*mst. nur réveil!*) Wecker(uhr *f*) *m*.

réveiller [reveˈje] (1a) (auf)wecken; *fig.* aufmuntern, reizen, wieder hervorrufen; se ~ aufwachen.

réveillon [revɛˈjɔ̃] *m* Nachtschmaus *m* (*bsd. in der Weihnachts- od. Silvesternacht*).

révéla|teur [revelaˈtœːr] (7f) **1.** *adj.* enthüllend; *fig.* zur Entdeckung (*od.* auf die Spur) führend; **2.** *su.* Enthüller *m*; Denunziant *m*; **3.** *m phot.* Entwickler; **~tion** [~laˈsjɔ̃] *f* Enthüllung; *rl.* Offenbarung.

révéler [reveˈle] (1f) enthüllen, entdecken; verraten; *rl.* offenbaren; *phot.* entwickeln; se ~ sich *als etw.* erweisen.

revenant [rəvˈnɑ̃] **1.** *adj.* (7) einnehmend, gefällig; **2.** *m* Gespenst *n*; *il y a des* ~s es ist dort nicht geheuer; *es spukt*; **~bon** [~ˈbɔ̃] *m* Nebengewinn *m*; Kassenüberschuß *m*.

revend|eur *m*, **~euse** *f* [rəvɑ̃ˈdœːr, ~ˈdøːz] *su.* Wiederverkäufer(in *f*) *m*; **~icatif** [~dikaˈtif] (7e): *journée f revendicative* Streiktag *m* wegen Lohnforderungen; **~ication** [~dikaˈsjɔ̃] *f*: ~ *territoriale* Gebietsanspruch *m*; **~iquer** [~diˈke] (1m) als sein Eigentum in Anspruch nehmen; (zurück)fordern; ~ *la responsabilité de* die Verantwortung übernehmen für (*acc.*); **~re** [~ˈvɑ̃ːdrə] (4a) wiederverkaufen; *avoir d'une chose à* ~ etw. im Überfluß haben; F *en* ~ *à q.* j-n übers Ohr hauen.

revenir [rəvˈniːr] (2h) wiederkommen; zurückkommen; *fig.* spuken, 'umgehen; aufstoßen (*von Speisen*); ⚘ *sich von etw.* erholen; einfallen; eintragen; *nach e-m Streit* sich e-s Besseren besinnen; ✝ kosten, zu stehen kommen; gefallen, passen; ~ *sur ses pas* (wieder) 'umkehren; *fig.* das Gesagte zs.-fassen; *abs. ne pas en* ~ sich nicht genug darüber wundern können; *cuis. faire* ~ anbraten, schmoren; *il m'est revenu* es ist mir zu Ohren gekommen.

revente [rəˈvɑ̃ːt] *f* Wiederverkauf *m*.

revenu [rəvˈny] *m* Einkommen *n*, Einkünfte *f/pl.*

revenue [rəvˈny] *f* Zurückkommen *n*; *for.* Nachwuchs *m*; *ch.* Heraustreten *n des Wildes*.

rêver [rɛˈve] (1f) *v/t. u. v/i.* (1a) träumen; ⚘ phantasieren; F faseln; *fig.* lebhaft wünschen; ~ *à* (sinnend) denken an (*acc.*); ~ *de* träumen von (*dat.*).

réver|bère [revɛrˈbɛːr] *m* Reflektor *an e-r Lampe*; Straßenlaterne *f*; **~bérer** [~beˈre] (1f) zurückstrahlen.

reverdir [rəvɛrˈdiːr] (2a) *v/t.* wieder grün anstreichen; *v/i.* wieder grünen; *fig.* wieder jung werden.

révérenc|e [reveˈrɑ̃ːs] *f* Ehrerbietung; Verbeugung; Knicks *m*; **~iel** [~rɑ̃ˈsjɛl] ehrfurchtsvoll; **~ieux** [~ˈsjø] (7d) kriecherisch; *fig.* ehrerbietig.

révérend [reveˈrɑ̃] hoch-, ehrwürdig; **~issime** [~diˈsim] hochwürdig(st).

révérer [reveˈre] (1f) verehren.

rêverie [rɛvˈri] *f* Träumerei *f*; *fig.* Grille; ⚘ Phantasieren *n*.

revers [rəˈvɛːr] *m* Kehr-, Rückseite *f*; Umschlag *an Kleidern*; Stulpe *f am Stiefel*; Schicksalsschlag; *fig.* Umschwung *m*; ~ *de l'enveloppe* Briefklappe *f*; ⚔ *à* ~ von hinten; **~ement** [~vɛrsəˈmɑ̃] *m* ⚓ Umkehr *f der Flut*; Umladen *n*; *fin.* Rückzahlung *f*; *fig.* ~ *des valeurs* Umkehrung *f der Werte*; **~er** [~ˈse] (1a) wieder (zurück)gießen; wieder einschenken; ⚓ *Güter* umladen; ✝ übertragen; ~ *dans la caisse* wieder in die Kasse zurückfließen lassen; *fig.* ~ *la faute sur q.* die Schuld auf j-n abwälzen.

réver|sible [revɛrˈsibl] übertragbar; ⚖ rück-, heimfällig; ⊕ umsteuer-, auswechselbar; **~sion** [~ˈsjɔ̃] *f* Rück-, Heimfall *m*.

revêtement [rəvɛtˈmɑ̃] *m* Verkleidung *f*, Belag, Überzug; Mauermantel; Stütz- *od.* Strebe(mauer *f*)werk *n* (*e-r Böschung, Terrasse usw.*); ~ *de sols* Fußbodenbelag *m*.

revêtir [rəvɛˈtiːr] (2g) bekleiden (de mit); *Gewand usw.* (*a. fig.*) anziehen, -legen, -nehmen; ✝ versehen; ⊕ über'ziehen; △ verkleiden, verblenden.

rêveur [rɛˈvœːr] (7g) **1.** *adj.* träumerisch; **2.** *su.* Träumer *m*.

revient ✝ [rə'vjɛ̃] m Herstellungskosten pl.; prix m de ~ Selbstkostenpreis.

revigoration [rəvigɔra'sjɔ̃] f erneute Bekräftigung f, Wiederauflebenlassen n.

revir|ement [ravir'mã] m Wenden n e-s Schiffes od. Autos; Umschwung; ✝ Übertragung f e-r Schuld; **~er** [~'re] (1a): ⚓, Auto: wieder wenden; fig. umschwenken, Partei wechseln; fig. ~ de bord umsatteln, (s)einen Entschluß od. (s)eine Ansicht ändern.

revis|er (u. **réviser**) [rə-, revi'ze] (1a) (wieder) 'durchsehen, revidieren; **~eur** [rəvi'zœ:r] m Revisor, Prüfer, Nachseher; **~ion** [~'zjɔ̃] f (nochmalige) 'Durchsicht f, Revision f, letzte Korrektur f; ⚖ Wiederaufnahmeverfahren n; ⚔ Nachmusterung f; **~ionniste** pol. [~zjɔ'nist] adj. u. su. revisionistisch; Revisionist m. [Wiederbelebung f.]

revitalisation éc. [rəvitaliza'sjɔ̃] f)

revivifier [rəvivi'fje] (1a) wieder beleben; ⊕ frischen.

revivre [rə'vi:vrə] v/i. (4e) wieder aufleben; fig. wieder hochkommen; v/t. noch einmal durchleben.

révoca|ble [revɔ'kablə] widerruflich; absetzbar (Beamte); **~tion** ⚖ [~ka'sjɔ̃] f Abberufung, Absetzung; Aufhebung, Widerruf m e-s Gesetzes; **~toire** ⚖ [~ka'twa:r] f widerrufend.

revoi|ci [rəvwa'si]: me ~ hier bin ich wieder; **~là** [~'la]: le ~ malade da ist er wieder krank.

revoir [rə'vwa:r] (3b) wiedersehen; fig. noch einmal prüfen od. durchsehen; au ~! auf Wiedersehen!

révolt|ant [revɔl'tã] empörend; **~e** [~'vɔlt] f Empörung; **~é** [~'te] **1.** adj. aufständisch; **2.** su. Aufständischer m; **~er** [~] (1a) aufwiegeln; fig. empören; se ~ sich empören.

révolu astr. [revɔ'ly] (7) vollendet; abgelaufen, voll; cent ans ~s volle hundert Jahre; **~tion** [~'sjɔ̃] f Umlauf(zeit) m der Planeten; Umwälzung, Revolution; ~ des saisons Jahreszeitenwechsel m; **~tionner** [~sjɔ'ne] (1a) aufwiegeln; revolutionieren; fig. umwälzen.

revolver [revɔl'vɛ:r] m Re'volver; ~ à chargement automatique Selbstladepistole f.

révoquer [revɔ'ke] (1m) ab-, zurückberufen, absetzen; wider'rufen; ~ en doute bezweifeln.

revu|e [rə'vy] f genaue Durchsicht; ⚔ Truppenbesichtigung; Zeitschrift f; thé. Revue f; ~ spéciale (professionnelle) Fachzeitschrift; ~ de(s) modes Modenschau; F nous sommes gens de ~ wir sehen uns wieder; passer en ~ abschreiten; die Parade (mit gén.) abnehmen; **~iste** thé. [~'vyist] su. Verfasser m e-r Revue.

révuls|er [revyl'se] (1a) ableiten; **~if** [~'sif] (7e) ableitend; **~ion** [~'sjɔ̃] f Ableitung f.

rez [re] prp.: couper un arbre (à) ~ de terre e-n Baum dicht über der Erde absägen; adjt. sortie f à ~ Ausgang m zu ebener Erde; **~-de-chaussée** [redʃo'se] m Parterre (-wohnung f) n; ~ surélevé Hochparterre n.

rhabill|er [rabi'je] (1a) wieder an- (od. neu ein)kleiden; flicken, ausbessern; fig. erneuern, wieder auffrischen, in e-e neue Form kleiden; **~eur** [~'jœ:r] m (7g) Ausbesserer m.

rhénan [re'nɑ̃] (7) rheinisch.

rhéostat ⚡ [reɔs'ta] m Rheostat m; phys. ~ à curseur Schiebewiderstand.

rhétori|cien [retɔri'sjɛ̃] su. (7c) Rhetoriker m; m Fr. ehm. écol. Unterprimaner m; **~que** [~'rik] f Redekunst f; Fr. ehm. écol. (classe f de) ~ Unterprima f.

Rhin [rɛ̃] m Rhein m.

rhinocéros zo. [rinɔse'rɔs] m Nashorn n.

rhino|plaste chir. [rinɔ'plast] m Nasenchirurg m; **~scopie** ⚕ [~skɔ'pi] f Nasen(höhlen)untersuchung f.

rhizome ♣ [ri'zo:m] m Wurzelstock m.

rhodanien [rɔda'njɛ̃] (7c) Rhône...

rhomb|e [rɔ̃:b] m ⚹ Rhombus m, Raute f; icht. Klippfisch m; **~oïdal** [rɔ̃bɔi'dal] (5c) rautenförmig.

Rhône [ro:n] m: le ~ die Rhône f.

rhubarbe ♣ [ry'barb] f Rhabarber m.

rhum [rɔm] m Rum m. [m.]

rhumatis|ant [rymati'zɑ̃] (7) an Rheuma(tismus) leidend(er Mensch m); **~mal** [~tis'mal] (5c) rheumatisch; **~me** [~'tism] m Rheumatismus m.

rhume [rym] *m* Katarrh *m*; ~ de cerveau Schnupfen *m*; ~ de poitrine Husten *m*.

riant [rjɑ̃] (7) lachend, heiter.

ribambelle F [ribɑ̃'bɛl] *f* lange Reihe *f*, ganzer Haufen *m*.

ribaud [ri'bo] (7) unzüchtig; Lüstling *m*; ~e [~'boːd] Dirne *f*.

riblette *cuis.* [ri'blɛt] *f* dünne, geröstete Scheibe *f*, Fleisch *n*.

riblons ⊕ [ri'blɔ̃] *m/pl.* Schrott *m*.

ribot|e P [ri'bɔt] *f* Sauferei *f*; ⚓ Tanzveranstaltung *f* an Bord e-s Schiffes; *faire* ~ sich besaufen; *être en* ~ besoffen sein; ~**er** P [~'te] (1a) sich besaufen; ~**eur** P [~'tœːr] *su.* (7g) Säufer *m*.

ribouis P [ri'bwi] *m* alter Treter *m* (*Schuh*).

ribouldingue P [ribul'dɛ̃ːg] *f* Prasserei *f*; Sauferei *f*.

ribouler P [ribu'le] (1a): ~ *des calots* erstaunte Augen machen.

Ricain P [ri'kɛ̃] = *Américain*.

rican|er [rika'ne] (1a) grinsen; höhnisch lachen; ~**eur** [~'nœːr] *su.* (7g) Grinser *m*; *adj.* grinsend.

ric-à-rac *od.* **ric-à-ric** F [rika'rak, rika'rik] peinlich genau.

ricard * [ri'kaːr] *m* Schnaps.

richard F [ri'faːr] *m* reicher Kerl.

rich|e [rif] **1.** *adj.* reich; ~**ment** reichlich; **2.** *m* der Reiche; ~**esse** [~'ʃɛs] *f* Reichtum *m*; Ergiebigkeit; Kostbarkeit, Pracht; ~**s** *f/pl.* du sous-sol ⚒ Bodenschätze *m/pl.*; ~**issime** F [~ʃi'sim] steinreich.

ricin ♀ [ri'sɛ̃] *m* Rizinus, Wunderbaum.

ricoch|er [rikɔ'ʃe] (1a) auf-, abprallen; ~**et** [~'ʃɛ] *m* Abprall e-s Steines auf den Wasser; *fig.* Rückwirkung *f*; ⚔ Prell-, Prallschuß; *par* ~ indirekt.

rictus [rik'tys] *m* Grinsen *m*.

rid|e [rid] *f* Runzel; Falte; ~**eau** [~'do] *m* Vorhang; Gardine *f*; *fig.* Schleier; ~ *de fer* eiserner Vorhang; ~ *de manœuvre* thé. Zwischenvorhang; *thé.* ~ *de vue* Sichtblende *f*; *thé. lever de* ~ Einakter *m*; ~**elle** [~'dɛl] *f* Wagenleiter; ~**er** [~'de] (1a) runzeln, in Falten ziehen; *fig.* kräuseln.

ridicul|e [ridi'kyl] **1.** *adj. u. su.* lächerlich; **2.** *m* Lächerliche(s) *n*; *tourner en* ~ lächerlich machen; ~**iser** [~li'ze] (1a) lächerlich machen.

rien [rjɛ̃] *m* Nichts *n*, Lappalie *f*; *de* ~ unbedeutend, nichtig; *in Sätzen negativen Inhalts:* etwas; *des* ~**s** Nichtigkeiten *f/pl.*; *homme m de* ~ Mensch von niederer Herkunft *od.* schlechter Führung; *en moins de* ~ im Nu; F *un* ~ *fâché* ein kleines bißchen beleidigt; *en* ~ keineswegs; *pour* ~ unentgeltlich, umsonst; (*ne* ...) ~ *moins que* nichts weniger als, durchaus nicht; (*ne* ...) ~ *de moins que* nichts Geringeres als; ganz und gar; ~ *du tout gar* nichts; *compter pour* ~ gar nicht zählen; *n'être pour* ~ *dans une affaire* an e-r Sache völlig schuldlos sein, mit e-r Sache nichts zu tun haben; *il ne dit jamais* ~ er sagt niemals etwas; *sans* ~ *dire* ohne etw. zu sagen.

rieur [rjœːr] (7g) **1.** *adj.* lachlustig; **2.** *su.* Lacher *m*.

rififi * [rifi'fi] *m* Skandal *m*, Schlägerei *f*.

riflard [ri'flaːr] *m* **1.** ⊕ Schrupphobel *m*; Spachtelmesser *n*; **2.** F Mussspritze *f*, altmodischer großer Regenschirm *m*.

rifl|er [ri'fle] (1a) ⊕ glatt raspeln; P klauen; ~**ette** [~'flɛt] *f* P Krieg *m*; * schick; ~**o(t)** * [~'flo] schick, pikfein, reich.

rigide [ri'ʒid] starr, streng.

rigidité [riʒidi'te] *f* Starrheit *f*, Steifheit *f*; *fig.* Strenge *f*.

rigodon [rigɔ'dɔ̃] *m* provenzalischer Tanz *m*; ⚔ Volltreffer *m*; *faire* ~ ins Zentrum treffen.

rigol|ade P [rigɔ'lad] *f* Scherz *m*, Ulk *m*, Spaß *m*; Jux *m*; *enfilé à la* ~ liederlich gekleidet; *prendre à la* ~ scherzhaft auffassen; ~**age** [~'laːʒ] *m* Ableiten *n des Wassers durch Rinnen*; Furchenziehen *n*; ~**ard** P [~'laːr] *adj.* ulkig; *su.* Spaßvogel *m*; ~**e** [~'gɔl] *f* Rinne *f*; Wasserlauf *m*; ✈ Art Graben *m*; ~**er** [~'le] (1a) P sich totamüsieren F; Witze reißen; **2.** ✈ mit Rinnen od. Furchen durchziehen; ~**eur** P [~'lœːr] *su.* (7g) Spaßvogel *m*; *adj.* drollig; ~**euse** *f* [~'løːz] *f* Rigolpflug *m*; ~**o** *m*, ~**ote** *f* [~'lo, ~'lɔt] **1.** P *adj. u. su.* drollig, zum Piepen P, zum Kugeln P; lustiger Bruder *m*; **2.** * *m* Revolver *m*.

rigor|isme [rigɔ'rism] *m* Sitten-, Glaubens-, Prinzipienstrenge *f*;

~iste [~'rist] **1.** *adj.* allzu streng; **2.** *su.* strenger Sittenrichter *m*.

rigoureux [rigu'rø] (7d) unerbittlich streng; hart, rauh; *fig.* peinlich genau, streng.

rigueur [ri'gœ:r] *f* Strenge *f*, Härte *f*; große Genauigkeit *f*; strenge Befolgung *f*; *à la ~* streng genommen; notfalls; *de ~* unerläßlich; *délai m* (*od.* terme *m*) *de ~* äußerster Termin *m*; ⚔ *arrêt m de ~* scharfer Arrest *m*.

rillettes [ri'jɛt] *f/pl.* in Schmalz gebratenes Schweinehackfleisch *n*.

rillons *cuis.* [ri'jɔ̃] *m/pl.* Grieben *f/pl.*

rimaill|e F *péj.* [ri'ma:j] *f* Knittelverse *m/pl.*, Reimerei *f*; **~er** F *péj.* [~'mɑ'je] (1a) schlechte Verse zs.brauen; **~eur** F [~'jœ:r] *m* Dichterling *m*.

rim|e [rim] *f* Reim *m*; **~s** *pl.* Verse *m/pl.*; **~er** [~'me] *v/t.* (1a) in Reim bringen; *v/i.* (sich) reimen; *fig.* zs.passen; *ne ~ à rien* keinen Sinn haben, zwecklos sein; *à quoi cela rime-t-il?* was hat das für e-n Sinn?; **~eur** F [~'mœ:r] *m* Versemacher *m*, Dichterling.

rinçage [rɛ̃'sa:ʒ] *m ⚙* Ausspülung *f*.

rinceau △, ⌀ [rɛ̃'so] *m* Laufwerk *n*.

rince|-bouche [rɛ̃s'buʃ] *m* Mund(aus)spülglas *n od.* -napf; **~-bouteilles** [~bu'tɛj] *m* Flaschenspülmaschine *f*; **~-doigts** [~'dwa] *m* Spülnäpfchen *n* (*für die Hände*).

rincée [rɛ̃'se] *f* Regenguß *m*; F Tracht Prügel, Abreibung.

rinc|er [rɛ̃'se] (1k) aus-, abspülen; naß machen; F verprügeln; * ausplündern; **~eur** [~'sœ:r] *m* Spüler *m*.

rinçoir [rɛ̃'swa:r] *m* Spülgefäß *n*.

rinçure [rɛ̃'sy:r] *f* Spülwasser *n*; sehr dünner Wein *m*.

ring [riŋ] *m* Boxen: Ring; **~ard** ⊕ [rɛ̃'ga:r] *m* Heb-, Schüreisen *n*.

riot|er F [rjɔ'te] (1a) kichern; **~eur** *m*, **~euse** *f* F [~'tœ:r, ~'tø:z] Kicherer *m*, Kicherliese *f*.

ripaill|e F [ri'paj] *f* Schlemmerei; **~er** F [~pa'je] (1a) schlemmen; **~eur** F [~'jœ:r] *su.* (7g) Schlemmer *m*.

ripaton P [ripa'tɔ̃] *m* Fuß *m*.

riper [ri'pe] (1a) △ abschaben; türmen, entwickeln.

ripoliner [ripɔli'ne] (1a) *mit Schleiflack* (an)streichen.

ripopée F [ripɔ'pe] *f* Mischmasch *m*.

ripost|e [ri'pɔst] *f* schlagfertige Antwort *f*; *esc.* Gegenstoß *m*, Nachhieb *m*; **~er** [~'te] (1a) schlagfertig antworten; *esc.* parieren und nachstoßen; ⚔ *~ à q.* j-m Einhalt gebieten.

riquiqui F [riki'ki] *adj.* klein, armselig; wertlos.

rire [ri:r] **1.** (4r) lachen (*de über acc.*); lustig sein; (nur) spaßen; *~ de* spotten über (*acc.*); *~ aux éclats od. éclater de ~ od. ~ à gorge déployée* laut auflachen; *~ au nez de q.* j-m ins Gesicht lachen; *~ jaune* nur gezwungen lachen; *c'est à mourir de ~* es ist zum Totlachen; *c'est pour ~* es ist nur Scherz; *se ~ de q. od. de qch.* j-n verlachen; sich lustig machen über etw. (*acc.*); **2.** *m* Lachen *n*, Gelächter *n*; *fou ~* unbändiges Gelächter *n*.

ris [ri] *m* **1.** *cuis.*: *~ de veau* Kalbsmilch *f*; **2.** ⚓ *m* Reff *n*, Segelring.

risée [ri'ze] *f* (schallendes) Gelächter *n*; Gespött *n*.

risette [ri'zɛt] *f* **1.** (fröhliches, Kinder-)Lachen *n*; *faire ~ à q.* j-m zulächeln; **2.** *fig.* ⚓ leichter Wellengang *m*.

risi|bilité [rizibili'te] *f* Lachvermögen *n*; Lächerlichkeit; **~ble** [~'zibl] lächerlich; *zo.* lachfähig.

risqu|e [risk] *m* Gefahr *f*, Wagnis *n*; *à tout ~* aufs Geratewohl, auf alle Fälle; † *à ses ~s et périls* auf eigene Gefahr; *au ~ de* (*mit inf.*) auf die Gefahr hin, zu ...; **~er** [~'ke] (1m) aufs Spiel setzen, wagen; Gefahr laufen.

risque-tout [riskə'tu] *m* (6c) Wagehals.

rissoll|e *cuis.* [ri'sɔl] *f* Fleischpastetchen *n*; **~er** [~'le] (1a) *cuis.* braun braten *od.* backen; bräunen (*von der Sonne*); **~ette** *cuis.* [~'lɛt] *f* geröstetes Brotschnittchen *n mit gehacktem Fleisch*.

ristourne ✝ [ris'turn] *f* Storno *n*; **~r** ✝ [~'ne] (1a) stornieren.

rite [rit] *m* Ritus, Kirchengebrauch *m*.

ritournelle [ritur'nɛl] *f ♪* Ritornell *n*; *fig.* die alte Leier.

rituel [ri'tɥɛl] **1.** *m* Ritual *n*; Kirchenordnung *f*; **2.** *adj./m* rituell.

rivage [ri'va:ʒ] *m* Gestade *n*, Strand, Ufer(land *n*) *n*.

rival [ri'val] (5c) **1.** *adj.* wetteifernd; **2.** *su.* Nebenbuhler *m*,

rivaliser — 436 — **rogneux**

Rival m; **~iser** [~li'ze] (1a) wetteifern (avec q. de qch. um etw. [dat.] mit j-m); **~ité** [~li'te] f Wettstreit m; Rivalität f.
rive [ri:v] f Ufer n; ♣ Leinpfad m.
river [ri've] (1a) vernieten; fig. festmachen; **~ain** [ri'vrɛ̃] **1.** adj. Ufer...; Grenz...; **2.** su. Uferbewohner m; Anwohner m (e-s Forstes, e-r Straße); Randbewohner m; Anlieger m.
rivet [ri'vɛ] m Niete f.
rivière [ri'vjɛ:r] f (Neben-)Fluß m; fig. ~ de diamants Diamanten-Kollier n.
rivure ⊕ [ri'vy:r] f Vernietung f, Nietnaht f.
rixe [riks] f Schlägerei f; heftiger Wortwechsel m.
riz [ri] m Reis m; **~ière** [~'zjɛ:r] f Reisfeld n.
rob [rɔb] m eingeweckter Fruchtsaft m.
robe [~] f (Damen-)Kleid n; Talar m, Amtstracht f (Richter u. Professoren); fig. Richterstand m; biol. Hülse f, Haut f, Schale f; Deckblatt n e-r Zigarre; Farbe f der Pferde; ~ du soir Abendkleid n; ~ bain-de-soleil Strandkleid n; ~ chemisier Hemdblusenkleid n; ~ de chambre Schlafrock m; ~-tunique f Kasackkleid n; pommes f/pl. de terre en ~ de chambre Pellkartoffeln f/pl.
robin péj. [rɔ'bɛ̃] m Rechtsverdreher m.
robinet [rɔbi'nɛ] m Hahn m; ~ d'arrêt Absperrhahn m; F fig. ~ d'eau tiède leerer Schwätzer m.
robot [rɔ'bo] m Roboter m, weitS. ⚖ mutmaßlicher Verbrecher m; portrait-~ m, silhouette ~ f Täterzeichnung f; astronaute-~ Roboter-Astronaut m.
robust|e [rɔ'byst] robust, kräftig, stämmig; fig. unerschütterlich; **~esse** [~'tɛs] f Kraft f; kernige Gesundheit f.
roc [rɔk] m Felsgestein n, Felsen m.
rocaill|e [rɔ'ka:j] f Haufen m kleiner Steine; Grotten-, Muschelwerk n; a. adj.: genre m ~ Muschelstil m; **~eux** [~ka'jø] (7d) steinig; fig. holprig (z.B. Stil).
rocambol|e [rɔkɑ̃'bɔl] f ♀ Rockenbolle f, Perlzwiebel f; † fig. alter Witz m; **~esque** F [~'lɛsk] des

aventures ~s extravagante (od. ungeahnte) Abenteuer n/pl.
roch|e [rɔʃ] f Felsgestein n, Felsen m; min. Gestein n; ⚒ ~-mère f Muttergestein n; F fig. de vieille ~ von altem Schrot u. Korn; **~er** [~'ʃe] m hoher, spitzer Felsen m, Felswand f; monter sur un ~ auf e-n Felsen steigen; grimper un ~ e-n Felsen erklimmen; fig. insensible comme un ~ hartherzig, hartgesotten; un (cœur de) ~ ein Herz von Stein; c'est parler aux ~s das ist tauben Ohren predigen; **~et** [~'ʃɛ] m **1.** rl. Chorhemd n; **2.** ⊕ kurze, dicke Spule f; roue f à ~ Sperrad n; **~eux** [~'ʃø] (7d) felsig.
rock [rɔ'ke] m Rock 'n Roll tanzen; **~eur** [~'kœ:r] su. Rock 'n Roll-Tänzer.
rocking-chair [rɔkiŋ'tʃɛ:r] m Schaukelstuhl m.
rococo [rɔkɔ'ko] m Rokoko n; P c'est du ~ das ist wertlos (Möbel).
rodage [rɔ'da:ʒ] m Auto: Einfahren n.
rodailler [rɔda'je] v/i. umherirren; fig. herumspuken.
roder ⊕ [rɔ'de] (1a) Metallstücke anea.-schleifen; Auto: einfahren, einlaufen lassen; allg. vertraut machen; ~ à l'émeri schmirgeln.
rôd|er [ro'de] (1a) umherstreifen, herumschleichen; **~eur** [~'dœ:r] su. (7g) Landstreicher m.
rodomont [rɔdɔ'mɔ̃] m Aufschneider m; **~ade** [~'tad] f Großsprecherei f, Prahlerei f.
rœntgenthérapie ⚕ [rœntʒenta'pi] f Röntgentherapie f.
roga|tions rl. [rɔga'sjɔ̃] f/pl. Bittwoche f; **~toire** [~ga'twa:r] ersuchend; ⚖ commission f ~ Rechtshilfeersuchen n; **~ton** [~'tɔ̃] m **1.** Schund m, Dreck m; **2.** F m/pl. Speisereste m/pl., Aufgewärmtes n.
Roger [rɔ'ʒe] m Rüdiger m; F ~ Bontemps lustiger Bruder m.
rogn|e [rɔɲ] f 𝄞 Krätze f; vét. Räude f; ♀ Flachsseide f; P Schabracke f, altes Haus n; P et grogne Stinkwut f; **~er** [~'ɲe] (1a) beschneiden, stutzen; fig. schmälern; P fluchen, schlechter Laune sein; machine f à ~ = **~euse** ⊕ [~'ɲø:z] f Beschneidemaschine f; **~eux** [~'ɲø] (7d) krätzig; vét. räu-

rognon — **437** — **rond-point**

dig; **~on** [~'ɲɔ̃] *m* (*Kalbs- usw.*) Niere *f*; **~ures** [~'ny:r] *f/pl*. (Papier-, Karton-, Fleisch- u. Knochen-)Abfälle *m/pl*.

rogomme F [rɔ'gɔm] *m* Schnaps *m*; *voix f de* ~ Bierbaß *m*, (heisere) Sängerstimme *f*.

rogue [rɔg] **1.** *adj.* hochmütig, schroff, unwirsch; **2.** *f* (Fisch-)

roi [rwa] *m* König *m*. [Rogen *m*.]

roitelet [rwa'tlɛ] *m orn.* Zaunkönig *m*; *fig.* kleiner König; *un des ~s du pétrole* e-r der Ölkönige.

rôle [ro:l] *m* Rolle *f*, Liste *f*, Register *m*; (Theater-, Tabaks-)Rolle *f*; *à tour de* ~ der Reihe nach.

romain [rɔ'mɛ̃] **1.** *adj.* (7) römisch; **2.** ♀ (7) Römer *m*; **3.** *m typ.* Antiqua *f*; **~e** [~'mɛn] *f* **1.** ⊕ Schnellwaage *f* mit Laufgewicht; **2.** ♀ römischer Salat *m*.

romaïque [rɔma'ik] neugriechisch.

roman [rɔ'mɑ̃] **1.** *adj. ling.*, △ romanisch; **2.** *m ling.*, △ Romanisches *n*; Roman *m*; ~ *d'anticipation* Zukunftsroman *m*; ~-**feuilleton** Zeitungsroman *m*; ~ *à suivre* Fortsetzungsroman *m*; ~ *d'épouvante* Schauerroman *m*; ~-**fleuve** Romanzyklus *m*; ~ *de pacotille* od. *de quatre sous* Schund-, Hintertreppenroman *m*; ~ *picaresque* Schelmenroman *m*; ~ *policier*, ~ *noir* Detektiv-, Kriminalroman *m*; **~ce** [~'mɑ̃:s] *f* Romanze, sentimentales Lied *n*; ♪ ~ *sans paroles* Lied *n* ohne Worte; **~cer** [~mɑ̃'se] (1k) *v/t.* zu e-m Roman gestalten; *v/i.* frei erfinden, phantasieren, spintisieren; **~che** [~'mɑ̃:ʃ]: *langue f* ~ Rätoromanisch *n*, Romanisch *n*.

romanc|ier, ~ière [rɔmɑ̃'sje, ~'sjɛ:r] *su.* Romanschriftsteller(in *f*) *m*.

roman-cycle [rɔmɑ̃'sikl] *m* (*ou* **roman-fleuve** [~'flœ:v] *m*) Romanzyklus.

roman|d, ~e [rɔ'mɑ̃, ~'mɑ̃:d] romanisch *nur in: la Suisse romande* die französische Schweiz; **~esque** [~ma'nɛsk] romanhaft; *fig.* schwärmerisch, überspannt; **~ichel** [~mani'ʃɛl] *m* Zigeuner; **~iser** [~ni'ze] *v/t.* (1a) romanisieren; *rl.* römisch machen; *rl. v/i.* sich an das Dogma der römischen Kirche halten; **~iste** [~'nist] *su.* Romanist *m*, Kenner *m* der romanischen Sprachen; **~tique** [~mɑ̃'tik] **1.** *adj.* romantisch; **2.** *m*

das Romantische; **3.** *su.* Romantiker *m*.

romarin ♀ [rɔma'rɛ̃] *m* Rosmarin.

rombière P [rɔ̃'bjɛ:r] *f* alte Schachtel *fig.* P.

rompre ['rɔ̃:prə] *v/t.* (4a) (ab-, auf-, durch-, entzwei)brechen; *fig.* nicht innehalten; ⚔ *z.B. ein Bataillon* sprengen; ᵼᵼ *ehm.* rädern; *fig. u.* ⚔ aufgeben; *fig.* stören, vereiteln, hemmen; *v/i.* brechen; zerreißen; ⚔ *rompez! od.* ~ *les rangs!* weggetreten!; *fig. rompu aux affaires* sehr geschäftskundig; *se* ~ zerbrechen, entzweigehen; *se* ~ *à qch.* sich an etw. (*acc.*) (*Unbequemes, Schweres*) gewöhnen; *se* ~ *le cou fig.* sich das Genick brechen.

rompu [rɔ̃'py] *adj.* (4a) völlig erschöpft; ~ *à* bewandert in; ~ *de fatigue* wie gerädert.

ronce ♀ [rɔ̃:s] *f* Brombeerstrauch *m*; ~*s pl. fig.* Dornen *m/pl.*; ~ *artificielle* Stacheldraht *m*; **~raie** [rɔ̃s'rɛ] *f* Brombeerhecke *f*.

ronchonner F [rɔ̃ʃɔ'ne] (1a) meckern, nörgeln.

rond [rɔ̃] **1.** *adj.* rund; *fig.* g(e)rade, offen; P besoffen; ✝ ~ *en affaires* kulant; **2.** *m* Rund *n*; Kreis *m*; (Servietten-)Ring *m*; ~-**de-cuir** Lederkissen *n*; *péj.* Bürokrat *m*, Pedant *m*, Spießer *m*.

ronde [rɔ̃:d] *f* Runde *f*, Rundgang *m*, -tanz *m*; ♪ ganze Note *f*; ⚔ Patrouille *f*; *Sport:* ~ *de six jours* Sechstagerennen *n*; 🚂 ~ *d'examen à vue* (*des rails*) Streckenbegehung *f*; *à la* ~ ringsherum.

rondeau ♪ [rɔ̃'do] *m* Rondo *n*.

rond-de-cuir F [rɔ̃dəˈkɥi:r] *m* Bürokrat *m*.

rondelet [rɔ̃'dlɛ] (7c) rundlich; drall; *somme f* ~ nettes Sümmchen *n*; **~te** [~'dlɛt] *f* sehr grobe Seide *f*.

rond|elle [rɔ̃'dɛl] *f* runde Scheibe *f*, Unterleg-, Lochscheibe *f*; Dichtungsring *m*; *ehm.* Rundschild *m* ~ *de bocal à conserves* Einweckring *m*; **~eur** [~'dœ:r] *f* Rundung *f*; *fig.* Offenheit *f*, Freimütigkeit *f*; **~in** [~'dɛ̃] *f* Knüppelholz *n*; ⊕ Walze *f*; **~ir** * [~'di:r] *v/i.* (2a) sich besaufen; **~ouillard** F [~du'ja:r] **1.** *adj.* (7) dicklich; **2.** *m* Faß *n*, Tonne *f*.

rond-point [rɔ̃'pwɛ̃] *m* runder Platz *m*.

ronéo [rɔne'o] *m* Vervielfältigungsmaschine *f*; **~typer** *typ.* [~neoti'pe] *v/t.* (1a) vervielfältigen.
ronfl|ant [rɔ̃'flɑ̃] (7) schnarchend; *fig. Stil:* hochtrabend; **~ement** [~flə'mɑ̃] *m* Schnarchen *n*; *fig.* Brummen *n*; Gerattere *n*; **~er** [~'fle] (1a) schnarchen; *Pferd:* schnauben; *Feuer:* bullern; *Maschinen:* rattern; *⚡ summen; ~eur* [~'flœ:r] (7g) **1.** *adj.* schnarchend; **2.** *m.* Schnarcher *m*; **3.** *m ⚡* Summer *m*.
rong|er [rɔ̃'ʒe] *v/t.* (1l) (ab-, be-, zer)nagen; *fig.* anfressen; *fig.* quälen; se ~ *a. fig.* sich verzehren; **~eur** [~'ʒœ:r] (7g) **1.** *adj.* (7g) nagend; **2.** *m* Nagetier *n*.
ronron [rɔ̃'rɔ̃] *m Katze:* Schnurren *n* (*od.* Spinnen *n*); **~ner** [~rɔ'ne] (1a) *Katze:* schnurren, spinnen; *Motor:* wummern, dröhnen.
roqu|er [rɔ'ke] (1m) *Schach:* rochieren; **~et** [~'kɛ] *m* Köter *m*, Kläffer *m*; **~ette** [rɔ'kɛt] *f* **1.** ⚔, ✈ Rakete(ngeschoß *n*) *f*; **2.** ✿ Senfkohl *m*.
rosa|ce △ [rɔ'zas] *f* Rosette *f*; **~cées** ♀ [~'se] *f/pl.* rosenartige Pflanzen; **~ge** ♀ [~'za:ʒ] *m* Rhododendron *n*, Alpenrose *f*.
rosaire *rl.* [rɔ'zɛ:r] *m* Rosenkranz.
rosâtre [ro'zɑ:tra] schmutzigrosa.
rosbif [rɔs'bif] *m* Rostbraten.
rose [ro:z] **1.** *f* Rose; *fig.* Rosette; ♪ ~ *de guitare usw.* Schalloch *n*; ⚓ ~ *des vents* Windrose; *c'est des* ~*s es ist (ja noch) rosig;* **2.** *m* Rosenrot *n*; *a. couleur rosa* (*inv.*), rosenfarben (*a. couleur de* ~).
rosé [ro'ze] blaßrot.
roseau ♀ [ro'zo] *m* Schilfrohr *n*; *fig.* charakterschwacher Mensch.
rosée [ro'ze] *f* Tau *m*.
roselière [rozə'ljɛ:r] *f* Schilfgürtel *m*.
roser ⊕ [ro'ze] (1a) rosenrot [machen.]
roseraie [roz're] *f* Rosengarten *m*.
rosette [ro'zɛt] *f* Rosette; Ordensschleife *f*; rote Kreide *od.* Tinte; Rosettenkupfer *n*; Stellscheibe e-r Uhr.
rosier ♀ [ro'zje] *m* Rosenstock.
rosière [ro'zjɛ:r] *f* sittsames, unschuldiges Mädchen *n*.
rosiériste [rozje'rist] *su.* Rosenliebhaber *m*, -züchter(in *f*) *m*.
rossard F [rɔ'sa:r] *m* Faulpelz.

ross|e [rɔs] **1.** *f* F (Schind-)Mähre, Klepper *m*, Gaul *n*; F *fig.*; P Leuteschinder *m*; **2.** P *adj.* frech, gemein, zynisch; **~ée** F [~'se] *f* Tracht Prügel; **~er** F [~] (1a) durchprügeln.
rossignol [rɔsi'ɲɔl] *m* Nachtigall *f*; † Ladenhüter; F ⊕ Dietrich; *iron.* ~ *d'Arcadie fig.* Esel *m*; **~er** [~'le] (1a) wie e-e Nachtigall schlagen.
rossinante [rɔsi'nɑ̃:t] *f* Schindmähre *f*.
rossolis ♀ [rɔsɔ'li] *m* Sonnentau *m*.
rostre *antiq.* [rɔstrə] *m* (Schiffs-)Schnabel; ♀ Schnabel *m*; *ent.*, *zo.*
rôt [ro] *m* Braten. [Rüssel *m*.]
rot P [ro] *m* Rülpser *m*, Aufstoßen *n*.
rota|teur [rɔta'tœ:r] (7f) Dreh...; **~tif** [~'tif] (7e) drehbar; *typ. machine f* rotative Rotationsmaschine; **~tion** [~ta'sjɔ̃] *f* drehende Bewegung, Achsendrehung; *a.* ⚔ Ablösung *f*, Abwechslung *f*; ✿ ~ (*des cultures*) Wechselwirtschaft; **~tiviste** ⊕ [~tati'vist] *su.* Arbeiter *m* an der Rotationsmaschine; **~toire** [~'twa:r] rotierend.
roter P [rɔ'te] (1a) rülpsen, aufstoßen; *en* ~ ganz verblüfft sein; schuften.
rôti [ro'ti] *m* Braten; **~e** [ro'ti] *f* geröstete Brotschnitte *f*, Toast *m*.
rotin [rɔ'tɛ̃] *m* Flechtrohr *n*; *siège en* ~ Korbsessel *m*; P *ne plus avoir un* ~ keinen Pfennig haben.
rôtir [ro'ti:r] *v/t. u. v/i.* (2a) braten; rösten; *fig.* verbrennen.
rôtiss|age [roti'sa:ʒ] *m* Braten *n*, Rösten *n*; **~erie** [rotis'ri] *f* Gastwirtschaft; **~eur** [~'sœ:r] *su.* Garkoch *m*, Bratenverkäufer *m*; **~oire** [~'swa:r] *f* Bratpfanne *f*; Grillgerät *n*.
roto F *typ.* [rɔ'to] *f* Rotationsmaschine *f*.
rotond|e [rɔ'tɔ̃:d] *f* △ Rotunde; Schirmdach *n in Gärten*; Lokomotivschuppen *m*; **~ité** [~di'te] *f* Rundheit; F Beleibtheit.
rotor ⚡ [rɔ'tɔ:r] *m* Rotor *m*.
rotule [rɔ'tyl] *f anat.* Kniescheibe; ⊕ Kugelgelenk *n*; F *Sport: sur les* ~*s* erschöpft, k.o.
rotur|e [rɔ'ty:r] *f* Bürgerstand *m*; *ehm. la* ~ die Nichtad(e)ligen *m/pl.*; **~ier** [~ty'rje] **1.** *adj.* nicht ad(e)lig; bürgerlich; **2.** *m* Bürgerliche(r); *péj.* Kleinbürger *m*.

rouage [rwa:ʒ] m Räderwerk n.
rouan [rwɑ̃] adj. (7c) u. m: (cheval m) ~ rotgrau(er Schimmel).
rouann|**e** ⊕ [rwan] f Reißer m; Ritzeisen n; **~er** ⊕ [~'ne] (1a) mit dem Reißer (be)zeichnen.
roublard F [ru'bla:r] adj. (7) P schlau, gerissen, ausgekocht; su. schlaues Aas n.
rouble ['rublə] m Rubel m.
roucouler [ruku'le] v/i. (1a) Tauben: gurren, rucksen; fig. schmachten; v/t. schmachtend vortragen.
rou|**e** [ru] f Rad n; faire la ~ gym. radschlagen; ein Rad schlagen (Pfau usw.); fig. sich großtun; **~dentée** ⊕ Zahnrad n; sur ~s fahrbar; ~ à chaîne Kettenrad n; ~ avant (arrière) Vorder-(Hinter-)Rad n; ~ de rechange Ersatzrad n; ~ directrice Steuerrad n; ~ motrice Treibrad n; Auto: frein m sur quatre ~s Vierradbremse f; grande ~ Riesenrad m (Rummelplatz); **~é, ~ée** [rwe] **1.** su. durchtriebene Person f; **2.** adj. locker, frivol, F ausgekocht, durchtrieben; völlig erschöpft; locker, frivol; **~elle** [rwɛl] f Rädchen n; cuis. Scheibe f; **~ennerie** [rwan'ri] f Baumwollware; **~er** [rwe] v/t. ehm. rädern; ~ de coups krumm und lahm schlagen; **~erie** [ru'ri] f Trick m, Gaunerei f, Durchtriebenheit f; **~et** [rwɛ] m (Spinn-)Rad n; méc. Scheibe f; serr. Reif(en); Brunnenkasten; ⚓ Rolle f. [Schmachtlocke f.]
rouflaquette P [rufla'kɛt] f~

rouge [ru:ʒ] **1.** adj. rot; fig. rotglühend; dunkelrot (Haare); ~ cuivre kupferrot; ~ sang blutrot; ~ tirant sur le blanc blaßrötlich; bâton m de ~ Schmink-, Lippenstift; chapeau m ~ Kardinalshut; fig. voir ~ vor Wut außer sich sein; Auto usw.: feu m ~ à l'arrière rotes Rück- (od. Schluß)licht (s. éclairage arrière); **2.** m Rot m, Röte f; rote Schminke f; ~ à lèvres Lippenstift m; mettre du ~ sich schminken; ⊕ porter au ~ zur Rotglut bringen; **3.** su. pol. Rote(r); **~âtre** [ru'ʒɑ:tra] rötlich; **~aud** F [~'ʒo] adj. u. su. (7) (Person f) mit rotem Gesicht; **~-gorge** orn. [ruʒ'ɡɔrʒ] m Rotkehlchen n; **~ole** ✵ [~'ʒɔl] f Masern pl.; **~queue** orn. [~'kø] m Rotschwänzchen n.

rouget [ru'ʒɛ] **1.** adj. (7c) rötlich; **2.** m icht. Rötling, Seebarbe f; vét. Rotlauf m der Schweine.
rougeur [ru'ʒœ:r] f Röte; fig. Erröten n; ~s pl. ✵ Hitzblattern f/pl.
rougir [ru'ʒi:r] v/t. (2a) rot färben, rot streichen, röten; ⊕ glühend machen; v/i. rot werden; fig. erröten (de über).
roui ⊕ [rwi] m Rösten n z. B. des Flachses; fig. sentir le ~ angebrannt schmecken.
rouill|**e** [ruj] f Rost m; Verrostung f u. ⚘ Brand m; **~er** [~'je] (1a) rostig machen; se ~ ver-, einrosten (a. fig.); ungelenkig (⚘ brandig) werden; fig. versauern, verbauern; **~ure** [~'jy:r] f Rosten n; Rost m.
rouir ⚘ [rwi:r] v/t. u. v/i. (2a) rösten (Flachs usw.).
rouissage ⚘ [rwi'sa:ʒ] m Rösten n.
roulade [ru'lad] f cuis. Roulade f; ♪ Koloratur.
roulage [ru'la:ʒ] m Rollen n; Fortrollen n; Spedition f; Fuhrlohn; Walzen n e-s Feldes.
roulant [ru'lɑ̃] **1.** adj. (7) fahrbar; rollend, Roll-...; escalier m ~ Rolltreppe f; ⚔ cuisine f ~e Gulaschkanone, Feldküche; ⚔ pont m ~ Laufkran; tapis m ~ Förderband n; **2.** F ⛟ m Eisenbahner m.
rouleau [ru'lo] m Rolle f; Roll-, Mangel-, Nudelholz n; Walze f; ★ Einnahme f, Inkasso n (Zirkus); ⊕ ~ compresseur Preßwalze f; ~ de massage Punktroller; fig. être au bout de son ~ am Ende s-r Kunst sein.
roulement [rul'mɑ̃] m Rollen n; ♪ Lauf; (Trommel-)Wirbel; Geldumlauf m; Personenwechsel m in Ämtern; Schichtwechsel m in der Arbeit; ⊕ ~ à billes Kugellager n; ⊕ ~ à rouleaux Rollenlager n; ~ à vide Leerlauf m; ~ des pieds Trampeln (im Hörsaal); ✞ fonds m de ~ Betriebskapital m; service m par ~ Schichtdienst m.
rouler [ru'le] v/t. (1a) (fort-, hin-) rollen, -wälzen; walzen; auf-, zs.-rollen, -wickeln; fig. hin und her überlegen; F fig. betrügen; übers Ohr hauen, überrollen z. B., zum Narren halten; F ~ sa bosse sich viel herumtreiben; v/i. rollen, sich wälzen; ast. im Kreise laufen; fig. herumwandern; ⚓ schlingern; ⚔

roulette — 440 — **rouvrir**

trudeln; * quatschen; *Auto:* ~ *(en voiture)* fahren; ~ *à tombeau ouvert* in e-m irrsinnigen Tempo fahren; ~ *de front* nebeneinander fahren *(Radfahrer);* ~ *sur qch. fig.* sich drehen um etw., etw. betreffen; beruhen auf *(dat.);* ~ *sur l'or fig.* steinreich sein; *se* ~ *a.* sich totlachen; F *fig. ça roule?* geht's gut?

roulette [ru'lɛt] *f* Rollrädchen *n;* Rädchen *n (des Zahnbohrers);* Rollstuhl *m,* -wagen *m;* Roulette (-spiel *n) f,* Glücksrad *n; Sport: patin m à* ~*s* Rollschuh; *sifflet m à* ~ Trillerpfeife *f.*

roul|eur [ru'lœ:r] **1.** *adj.* blattwickelnd; Wickel...; **2.** *su.* Gelegenheitsarbeiter *m;* Wandergeselle *m;* Karrenschieber *m; fig.* Hausierer *m;* **3.** *m* ⚒ Fördermann *m;* ⚒ Ziegelbrennerei: Erdkarrer *m; ent.* Blattwickler; * Quatschmaul *m,* Faselkopf *m;* ~**ier** [~'lje] **1.** *adj.* Fuhrmanns...; **2.** † *m* Rollkutscher *m;* **3.** *f* Fuhrmannskittel *m.*

roulis ⚓ [ru'li] *m* Schlingern *n.*

roulon [ru'lɔ̃] *m* Leitersprosse *f.*

roulotte [ru'lɔt] *f a. Auto:* Wohnwagen *m (a. der Zigeuner usw.).*

roulure [ru'ly:r] *f* Ein-, Zs.-rollen *n; for.* Klüftigkeit *f;* * Fose V.

roumain [ru'mɛ̃] **1.** *adj.* (7) rumänisch; **2.** *m* Rumänische *n,* **3.** ♀ *su.* Rumäne *m.*

Roumanie [ruma'ni] *f:* **la** ~ Rumänien *n.*

roupie [ru'pi] *f* **1.** F Nasentropfen *m; il a la* ~ *au nez* ihm läuft die Nase; **2.** Rupie *f (indische Münze).*

roupill|er F [rupi'je] (1a) dösen, duseln, halb schlafen; ~**eur** [~'jœ:r] (7g) *su.* Schlafmütze *f,* Trottel *m;* ~**on** F [~'jɔ̃] *m* Schläfchen *n.*

rouquin F [ru'kɛ̃] (7) *adj. u. su.* rothaarig(e Person *f).*

rouspét|ance F [ruspe'tɑ̃:s] *f* Aufmucken *n,* Gemecker *n;* ~**er** [~'te] (1a) sich auflehnen, meckern, protestieren; ~**eur** F [~'tœ:r] *su.* (7g) Meckerer *m,* Nörgler *m.*

roussâtre [ru'sa:trə] rötlich.

rouss|e * [rus] *f* Polente *f* P, Polizei *f;* ~**eau** [~'so] *m* Rotkopf *m;* ~**er** * [~'se] (1a) nörgeln, meckern; ~**eur** [~'sœ:r] *f* Röte *f* des Haares *usw.;* ~*s pl. od. taches f/pl. de* ~ Sommersprossen *f/pl.*

roussi [ru'si] *m* Brandgeruch *m; sentir le* ~ *fig. ehm.* der Ketzerei verdächtig sein; *jetzt pol.* verdächtig sein.

roussin [ru'sɛ̃] *m* Hengst *m;* * Polizist *m,* Polizeispitzel *m; fig.* ~ *d'Arcadie* Esel *m.*

roussir [ru'si:r] (2a) rotgelb machen; *fig.* versengen.

routage [ru'ta:ʒ] *m* Sortieren *n v. Zeitungen u. Drucksachen* nach ihrem Bestimmungsort.

route [rut] *f* (Fahr-, Land-)Straße *f;* Bahn *f fig.,* Lauf *m;* Weg *m;* ⚓ Fahrt *f,* Kurs *m;* ✈ Flugstrecke *f;* ~ *à priorité* Vorfahrtstraße *f;* ~ *bitumée* Asphaltstraße *f;* ~ *empierrée* Schotterstraße *f;* ~ *en lacets,* ~ *tortueuse* Schlängelweg *m;* ~ *en corniche* Panoramastraße *f;* ~ *glissante* Rutschgefahr *f (Verkehrszeichen);* ~ *nationale* Fernverkehrsstraße *f;* ~ *stop* Stoppstraße *f;* ~ *de grande circulation* Hauptverkehrsstraße *f; en* ~ *pour Dijon* auf dem Wege nach D.; *a. Auto: faire bonne* ~ e-e gute Fahrt haben; *prendre la* ~ *de ... nach ... fahren; faire* ~ *avec* mitfahren, mitreisen; *demander la* ~ überholen wollen; *mettre en* ~ in Gang setzen; *se mettre en* ~ sich auf den Weg machen.

router [ru'te] (1a) *Zeitungen usw.* nach ihrem Bestimmungsort sortieren.

routier[1] [ru'tje] Fern-, Lastkraft-, *vél.* Langstreckenfahrer *m;* Segelhandbuch *n; fig. vieux* ~ *(abus. für routinier)* alter Praktikus *m.*

routier[2] [~] *adj.* (7b) Straßen...; *réseau m* ~ Straßennetz *n; carte f routière* Reise-, Straßenverkehrskarte *f; technique f routière* Straßenbautechnik *f.*

routière [ru'tjɛ:r] *f vél.* Tourenrad *n; Auto:* Reisewagen *m;* F Straßendirne *f,* Fose V.

routin|e [ru'tin] *f* Routine *f,* Fertigkeit *f; fig.* Schlendrian *m;* ~**ier** [~'nje] (7b) **1.** *adj.* aus Gewohnheit handelnd; nach der Schablone arbeitend; **2.** *m* Gewohnheitsmensch *m.* [Röste *f.*]

routoir [ru'twa:r] *m* (Flachs-)

rouvre ♀ ['ru:vrə] *m* Steineiche *f.*

rouvrir [ru'vri:r] (2f) wieder öffnen; ~ *à la circulation* für den Verkehr wieder freigeben.

roux|x *m*, **~sse** *f* [ru, rus] **1.** *adj.* rotgelb, fuchsrot; rothaarig; *vents m/pl.* roux, roux vents raue, trockene, schädliche Aprilwinde *m/pl.*; *lune f* rousse kalte, unfreundliche Aprilzeit *f*; *fig.* kritische Ehezeit *f*; **2.** *m* (Fuchs-)Rot *n*; *cuis.* Mehlschwitze *f*.

roy|al [rwa'jal] **1.** *adj.* (5c) königlich; *caniche m* ~ Königspudel *m*; **2.** ~**e** *f* Spitzbart *m*; ~**aliste** [~ja-'list] **1.** *adj.* royalistisch, königstreu; **2.** *su.* Royalist *m*.

royau|me [rwa'jo:m] *m* Königreich *n*; *fig.* Reich *n*; ~**té** [~'jo'te] *f* Königswürde *f*, Königtum *n*.

ru [ry] *m* kleiner Bach *m*, (Berieselungs-)Graben *m*.

ruade [rųad] *f* Pferd: Ausschlagen *n*; *fig.* grober Ausfall *m*; Anpöbelei *f*.

ruban [ry'bɑ̃] *m* Band *n*; Ordensband *n*; Gurt *m*; ★ Trottoir *n*; ~ *adhésif*, ~ *de fixage* Klebestreifen *m*; ~ *de mesure* ⚠ Bandmaß *n*; ~ *encré od.* ~ *encreur od.* ~ *de machine à écrire* Farbband *n*; ~ *sans fin* ⊕ laufendes Band *n*; ~ *transporteur* Förderband *n*.

rubaner [ryba'ne] (1a) mit Bändern besetzen; *Wachs* bändern; ⊕ in Streifen schneiden.

rubéfier ✵ [rybe'fje] (1a) röten.

rubicond [rybi'kɔ̃] frisch aussehend (*bsd. vom Gesicht*).

rubigineux [rybiʒi'nø] rostig, rostfarben.

rubis *min.* [ry'bi] *m* Rubin; ~ *sur l'ongle fig.* genau, bis auf Heller und Pfennig; *faire* ~ *sur l'ongle* sein Glas austrinken.

rubrique [ry'brik] *f min.* Rotstein *m*; Ru'brik *f*, Abteilung, Titel *m*.

ruche [ryʃ] **1.** *f* Bienenkorb *m*, -stock *m*; Schwarm *m*; **2.** *f* Rüsche *f*; ~**r** [ry'ʃe] (1a) **1.** mit Rüschen einfassen; kraus falten; **2.** *m* Bienenhaus *n*, -stand.

rude [ryd] rauh; *Wege* holp(e)rig; *Geschmack*: herb; mühsam; unangenehm; hart; streng (*à* gegen); *fig.* heftig, gewaltig; ~ ✕ *ou* ~ *coup* ein harter Schlag *m*; ~**ment** ℙ [~'mɑ̃] *adv.* sehr, viel, riesig; tüchtig. [wachsend.]

rudéral ✿ [ryde'ral] auf Schutt

rudesse [ry'dɛs] *f* Rauheit; Roheit; Härte, Herbe *n*; Derbheit.

rudiment [rydi'mɑ̃] *m biol.* Rudiment *n*, Ansatz, Spur *f e-s Organs*; *bsd.* lateinisches Elementarbuch *n*; ~*s pl.* Anfangsgründe; ~**aire** [~'tɛ:r] Elementar...; Grund...; unausgebildet.

rudoyer [rydwa'je] (1h) hart anfahren, anschnauzen.

rue [ry] **1.** *f* Straße *f*; *dans la* ~ auf der Straße; ~ *à sens unique* Einbahnstraße; ~ *barrée!* (Straße polizeilich) Gesperrt!; ~ *commerçante* Geschäftsstraße; *indicateur m des* ~*s* Straßenverzeichnis *n*; **2.** ♀ *f* Raute.

ruée [rųe] *f* Ansturm *m* (*e-r großen Menge*), Andrang *m*, Zustrom *m*.

ruelle [rųɛl] *f* Gäßchen *n*; Raum *m* zwischen Bett und Wand.

ruer [rųe] *v/t.* (1a) schlagen; *v/i.* (hinten) ausschlagen; *se* ~ *sur* herfallen über (*acc.*), sich stürzen auf (*acc.*). [**2.** Kuppler *m.*]

rufian [ry'fjɑ̃] *m* **1.** Wüstling *m*;

rugine ✚ [ry'ʒin] Knochenfeile.

rug|ir [ry'ʒi:r] (2a) brüllen; heulen (*Wind*); *fig.* ~ *de fureur vor* Wut toben; ~**issement** [~ʒis'mɑ̃] *m* Gebrüll *n*; *fig.* Wutgeschrei *n*.

rugosité [rygozi'te] *f* Unebenheit; Rauheit *f*.

rugueux [ry'gø] uneben; rauh.

ruine [rųin] *f* Einsturz *m*, Verfall *m*; Ruine *f*; Ruin *m*, Verderben *n*; *tomber en* ~ verfallen.

ruin|er [rųi'ne] (1a) zerstören; verwüsten; *fig.* ruinieren, um Hab und Gut bringen; vereiteln (*Hoffnungen*); *se* ~ *fig.* sich zugrunde richten; ~**eux** [~'nø] *fig.* zu kostspielig.

ruisseau [rųi'so] *m* Bach (*fig. a.* Strom); Rinnstein, Gosse *f*.

ruissel|er [rųis'le] (1c) rieseln, rinnen, triefen (*von Schweiß, Tränen*); ~**et** [~'lɛ] *m* Bächlein *n*; ~**lement** [rųisɛl'mɑ̃] *m* Rieseln *n*, Geriesel *n*; Rauschen *n* (*des Wassers usw.*); Triefen *n*; Gefunkel *n* (*echter Steine*).

rumb ⚓ [rɔ̃:b] *m* Kompaß-, Windstrich.

rumeur [ry'mœ:r] *f* allgemeine Unruhe *f*, Lärm *m*, dumpfes Getöse *n*, Stimmengewirr *n*; *fig.* Gerücht *n*.

rumin|ant [rymi'nɑ̃] (7) **1.** *adj.* wiederkäuend; **2.** ~*s m/pl.* Wiederkäuer *m*; ~**er** [~'ne] *v/t. u. v/i.* (1a) wiederkäuen; *fig.* hin und her über-

legen; ~ *une conversation* ein Gespräch überdenken (*od.* durchdenken).
run|e [ryn] *f* Rune; **~ique** [~'nik] runisch; *lettres f/pl.* **~s** Runenschrift *f*.
ruolz [rɥɔls] *m* Neusilber *n*.
rupestre ♧ [ry'pɛstrə] auf Felsen lebend.
rupin P [ry'pɛ̃] (7) **1.** *adj.* sehr reich; pikfein, schick; **2.** *su.* pikfeiner Kerl *m*; **~er** ★ *écol.* [~pi'ne]: ~ *(à mort od. le tonnerre)* (ganz toll) glänzen.
rupture [ryp'ty:r] *f* Bruch *m*; Aufbrechen *n*, -sprengen *n*; Riß *m* in Stoffen; *fig.* Abbruch *m von Verträgen*; Auflösung *f Versammlungen usw.*; 🚋 ~ *d'attelage* Zugtrennung; ~ *des fiançailles* Entlobung.
rural [ry'ral] (5c) ländlich; Acker...; *population f* ~**e** Landbewohner *m*, -bevölkerung *f*.
ruse [ry:z] *f* (Arg-, Hinter-)List.
rusé [ry'ze] listig; schlau.
ruser [ry'ze] (1a) List gebrauchen.
rush [rœʃ] *m* Ansturm *m*; äußerste Kraftanstrengung *f*.
russe [rys] **1.** *adj.* russisch; **2.** *m* Russisch(e) *n*; **3.** ⚥ *su.* Russe *m*.

Russie [ry'si]: **la** ~ *(alte Bezeichnung bis 1917; jetzt: U.R.S.S.)* Rußland *n*.
russifier [rysi'fje] (1a) russifizieren.
rustaud [rys'to] (7) **1.** *adj.* ungeschliffen, bäuerisch; **2.** *su.* Bauernlümmel *m*, -dirne *f*; **~erie** ⚘ [~'dri] *f* Ungeschliffenheit.
rusticité [rystisi'te] *f* bäuerische Art *od.* Grobheit.
rustine *vél. etc.* [rys'tin] *f* Reifenflicken *n*.
rustique [rys'tik] *adj.* ländlich; ♧ *u. zo.* widerstandsfähig *(gegen Witterungsunbilden)*; *fig.*: kunstlos; bäuerisch, ungeschliffen.
rustiquer ⊕ [rysti'ke] (1m) *Bausteine* grob bearbeiten.
rustre ['rystrə] **1.** *adj.* flegelhaft; **2.** *m* Bauernlümmel, Flegel.
rut *ch.* [ryt] Brunst *f*; *en* ~ brünstig.
rutil|ant [ryti'lɑ̃] hochrot; *fig.* hell glänzend; bombastisch; **~ement** [~til'mɑ̃] *m* Glanz; **~er** [~'le] (1a) hell glänzen.
rythm|e [ritm] *m* Rhythmus *m*; Tempo *n*; Takt *m*; **~er** [rit'me] (1a) skandieren; *fig.* gleichmäßig verteilen; **~ique** [~'mik] **1.** *adj.* rhythmisch, taktmäßig; **2.** *f* Rhythmik *f*.

S

S (*ou* **s**) [ɛs] *m* S (*od.* s) *n*.
sa [sa] *f* s. son sein.
sabbat [saˈba] *m* Sabbat; *fig.* F Höllenspektakel *m*.
sabine ♀ [saˈbin] *f* Wacholderstrauch *m*.
sabir [saˈbiːr] *m* romanische Mischsprache *f* (*lingua franca*) der Levante und Nordafrikas; *allg.* Kauderwelsch *n*.
sable [ˈsɑːbl̩] *m* **1.** Sand; ⚵ Nierengrieß; ~ *mouvant* Flugsand; *fig. se perdre dans les* ~s sich im Sande verlieren; **2.** *zo.* Zobel *m*.
sablé [sɑˈble] *m* Sandgebäck *n*.
sabler [sɑˈble] (1a) mit Sand bestreuen; ⊕ in Sand gießen; *fig. ein Glas Champagner od. Wein heruntergießen.
sabl|eur [sɑˈblœːr] *m* ⊕ Sandformenmacher; F Zecher; ~**eux** [~ˈblø] (7d) sand(halt)ig; Sand...; ~ Sandstrahlgebläse *n*; ~**ier** [~ˈbliˈe] *m* Sanduhr *f*; *ehm.* (Streu-)Sandbüchse *f*; ~**ière** [~ˈbliˈɛːr] *f* Sandgrube; 🚂 *usw.* Bodenschwelle.
sablon [sɑˈblɔ̃] *m* feiner Sand, Streusand; ~**ner** [~bloˈne] (1a) mit Sand scheuern; ~**neux** [~ˈnø] sandig; ~**nière** [~ˈnjɛːr] *f* (Streu-)Sandgrube.
sabord ⚓ [saˈbɔːr] *m* Stückpforte *f*; ~**age** [~bɔrˈdaːʒ] *m* ⚓ Anbohren *n*, versenken *n*; *fig. bsd. pol.* Torpedierung *f* e-r Konferenz.
sabot [saˈbo] *m* Holzschuh; *zo.* Huf; ⊕ Hemmschuh; Bremsklotz; Kreisel (*Kinderspielzeug*); etwas Schlechtes, *z.B. schlechtes Musikinstrument, schlechtes Schiff, schlechtes Werkzeug*; ✱ fahrbarer Raubtierkäfig; *fig. dormir comme un* ~ tief schlafen; ~**age** [~boˈtaːʒ] *m* Holzschuhfabrikation *f*; Sachbeschädigung *f* (durch Streikende), Sabotage *f*; ~**er** [~ˈte] *v/i.* (1a) mit s-n Holzschuhen klappern; *v/t.* Pfahl *usw.* beschuren; (zurecht)pfuschen; absichtlich beschädigen; sabotieren; ~**eur** [~ˈtœːr] *su.* (7g) Saboteur *m*; Pfuscher *m*; ~**ier** *m*, ~**ière** *f* [~ˈtje, ~ˈtjɛːr] **1.** *su.* ⊕ Holzschuhmacher (-in *f*) *m*; **2.** *f* Schuhplattler *m*.
sabouler F [sabuˈle] (1a) anschnauzen.
sabre [ˈsɑːbr̩] *m* Säbel; ~ *au clair* mit gezogenem Säbel; *traîneur m de* ~ Säbelraßler; ~**-baïonnette** ⚔ [~bajɔˈnɛt] *m* Seitengewehr *n*; ~**r** [sɑˈbre] (1a) niedersäbeln; *fig.* verpfuschen; übers Knie brechen; *ein Manuskript* zs.-streichen; scharf kritisieren.
sabreur [sɑˈbrœːr] *m* **1.** † Haudegen; **2.** Pfuscher *m*.
saburr|al ⚕ [sabyˈral] (5c): *langue f* ~*e* belegte Zunge; ~**e** [saˈbyːr] *f* Belag *m* auf der Zunge.
sac [sak] *m* **1.** Sack, Beutel; Damenhandtasche *f*; Tornister; Ranzen; *hist. rl.* Bußkleid *n*; ~ *à main* Handtäschchen *n*; ~ *à provisions* Einkaufstasche *f*; ~ *de couchage* Schlafsack; ~ *de cours* Collegemappe *f*; ~ *de plage* Badetasche *f*; ~ *sport grand voyage* sportliche Reisetasche *f*; ~ *voyage* Reisetasche *f*; *phot.* ~ *toujours prêt* Bereitschaftstasche *f*; ~ *tyrolien* Rucksack; *homme m de* ~ *et de corde* Galgenstrick, Taugenichts; **2.** Plünderung *f* e-r Stadt; **3.** ✱ tausend Franken.
saccad|e [saˈkad] *f* Ruck *m*; *par* ~s ruck-, stoßweise; ~**é** [~ˈde] *fig.* heftig, unregelmäßig; abgerissen (*Redeweise*); abgehackt (*Stil*).
saccag|e [saˈkaːʒ] *m* wüstes Durcheinander *n*; ~**ement** [~kaʒˈmɑ̃] *m* Plünderung *f*; ~**er** [~ˈʒe] (11) ausplündern; verwüsten; *fig.* durchea.-bringen; ~**eur** [~ˈʒœːr] *m* Plünderer.
sacca|reux ♀ [sakaˈrø] zuckerig; Zucker...; ~**rifère** [~riˈfɛːr] *adj.* zuckerhaltig; ~**rifier** ♀ [~riˈfje] (1a) in Zucker verwandeln; ~**rigène** ♀ [~riˈʒɛn] durch Wasserzusatz Zucker gebend; ~**rin** [~ˈrɛ̃] *adj.* zuckerhaltig; Zucker...; ~**rine** [~ˈrin] *f* Sa(c)charin *n*; ~**rose** [~ˈroːz] *f* Rohr- *od.* Rübenzucker *m*.
sacerdo|ce [sasɛrˈdɔs] *m* Priester-

sacerdotal — 444 — **saint-office**

amt n, -stand, -tum n; Geistlichkeit f; ~tal [~'tal] (5c) priesterlich; Priester...

sachée [sa'ʃe] f Sackvoll m.

sachet [sa'ʃɛ] m Säckchen n; Beutel; Staubbeutel; Riechkissen n; ~ de paie † Lohntüte f.

sacoche [sa'kɔʃ] f Geld-, Reise-, vél. Sattel-, Werkzeugtasche f; Schulranzen m.

sacramentel [sakramã'tɛl] (7c) rl. sakramental; fig. feierlich; paroles f/pl. sacramentelles Einsetzungsworte n/pl.; fig. entscheidende Worte n/pl.

sacr|e ['sakrə] m 1. Salbung f e-s Königs; Weihe f; 2. orn. Saker-, Würgefalke; ~é [sa'kre] heilig, geheiligt; F fig. (vor su.) verflucht; art m ~ religiöse Kunst f; ~ebleu [~ə'blø] verflucht nochmal!; ~é-Cœur [~kre'kœːr] m Herz m Jesu; ~ement [sakrə'mã] m Sakrament n; derniers ~s Sterbesakramente; ~er [~'kre] v/t. (1a) salben, weihen; v/i. fluchen.

sacri|ficateur [sakrifika'tœːr] m Opferpriester; jüdisch: Schächter; ~fice [~'fis] m rl. u. allg. Opfer n (das man bringt); ~fier [~'fje] (1a) opfern; aufopfern; ~lège [~'lɛːʒ] 1. adj. gottlos, frevelhaft; 2. su. Gotteslästerer m; 3. m Kirchenschändung f; Gotteslästerung f; Frevel tat f; ~pant [~'pã] m Taugenichts m, Schurke m; ~stain m. [~'stɛ̃] m Kirchendiener, Küster, Mesner; ~sti [~s'ti] verflucht noch eins!; ~stie rl. [~] f Sakristei f.

sacro-saint [sakrɔ'sɛ̃] sakrosankt, hochheilig. [bein n.]

sacrum anat. [sa'krɔm] m Kreuz-]

sadique [sa'dik] adj. u. su. sadistisch; Sadist m.

safran ♀ [sa'frã] m Safran, Krokus; ~er [~fra'ne] (1a) mit Safran färben.

sagace [sa'gas] scharfsinnig.

sagacité [sagasi'te] f Scharfsinn m.

sage [sa:ʒ] 1. adj. weise, klug, vernünftig; fig. artig, folgsam (Kinder); 2. m Weiser m; ~-femme [saʒ'fam] f Hebamme; ~sse [sa'ʒɛs] f Weisheit, Klugheit, Verständnis; Sport: Geschick n; fig. Sittsamkeit f; Artigkeit, Folgsamkeit.

sagittaire [saʒi'tɛːr] 1. m antiq. Bogenschütze; 2. ast. Schütze; 3. f ♀ Pfeilkraut n.

sagou [sa'gu] m Sago m; ~in [sa-'gwɛ̃] m zo. Springaffe; fig. Schmutzfink; ~tier ♀ [sagu'tje] m Sagopalme f.

Sahara [saa'ra] m: le ~ die Sahara.

sai|e ⊕ [sɛ] f Kratzbürste; ~etter ⊕ [sɛje'te] (1a) mit e-r Kratzbürste putzen (Goldschmied).

saignant [sɛ'ɲã] blutend; viande f ~e nicht durchgebratenes Fleisch.

saignée [sɛ'ɲe] f Aderlaß m; fig. Geldabnehmen n; das entzogene Blut; ⊕ Abzugskanal m; fig. faire des ~s à sa bourse tief in die (Geld-) Tasche greifen.

saigner [sɛ'ɲe] (1b) v/i. bluten; ~ du nez aus der Nase bluten; v/t. ~ q. j-m zur Ader lassen; j-n schröpfen; Tier abschlachten; Graben usw. ablassen, ableiten, entwässern; * ~ q. j-n abmurksen; fig. F se ~ pour ses enfants sein Letztes für s-e Kinder hergeben; se ~ aux quatre veines sich abrackern, sich halb umbringen (pour qu. für j-n).

saill|ant [sa'jã] (7) 1. adj. vorspringend; fig. geistig hervorragend; 2. m ⚔ frt. ausspringender Winkel; fig. das Hervorragende; ~ie [~'ji] f stoßweise Bewegung; zo. Beschälen f; fig. Aufbrausen n; witziger Einfall m; peint. Heraustreten n der Figuren; △ Vorsprung m; par ~s ruckweise.

saillir [sa'ji:r] (2a) ([2c]) hervorragen; peint. hervortreten.

sain [sɛ̃] (7) gesund (~ bei Personen nur attributivisch!); heilsam; † wohlbehalten; unverdorben, unbeschädigt; ~ et sauf unversehrt; ~e fatigue e-e gesunde Erschöpfung f; ~-bois ♀ [sɛ̃'bwa] m Seidelbast; ~doux [~'du] m Schweineschmalz n; ~foin ♀ [~'fwɛ̃] m Esparsette f, Süßklee m.

saint [sɛ̃] (7) 1. adj. heilig, ~ Jean Sankt Johannes; semaine f ~e Karwoche; vendredi ~ m Karfreitag; jeudi ~ m Gründonnerstag; 2. su. Heilige(r); fig. pauvre ~ armer Schlucker m; ~s m/pl. de glace Eisheilige; 3. m le ~ des ~s das Allerheiligste; ~-crépin [~krɛ'pɛ̃] m Schuhmacherwerkzeug n; Habseligkeiten f/pl.; ~e-barbe ehm. ⚓ [sɛ̃t-'barb] f Pulverkammer; ~-frusquin P [~frys'kɛ̃] m Habseligkeiten f/pl.; ~eté [sɛ̃'te] f Heiligkeit; ~-office

Saint-Père — 445 — **salive**

[sɛtɔˈfis] m (ohne pl.) Inquisition(sgericht n) f; ⁀-**Père** [sɛ̃ˈpɛːr] m Papst; ⁀-**Siège** [⁀ˈsjɛːʒ] m päpstlicher Stuhl; päpstliche Kurie f.

saisi|**e** ⚖ [sɛˈzi] m Ausgepfändete(r); ⁀e ⚖ [⁀] f Beschlagnahme f (a. v. Zeitungen); Pfändung; ⁀**ne** ⚖ [⁀ˈzin] f Besitzrecht n e-s Erben, Besitzergreifung f; ⁀**r** [sɛˈziːr] (2a) ergreifen (a. fig.), fassen, packen; befallen (Krankheit); mit Beschlag belegen (verstehen, auffassen; ⁀ q. à bras le corps) j-n umklammern; ⁀ q. de qch. j-n in Besitz von etw. setzen; ⚖ bei j-m etw. anhängig machen; se ⁀ de qch. sich e-r Sache bemächtigen (gén.).

saisiss|**able** [sɛziˈsabl] ⚖ pfändbar; ⁀**ant** [⁀ˈsɑ̃] (7) 1. adj. ergreifend; durchdringend (Kälte); ⚖ auspfändend; 2. su. ⚖ Auspfänder m; ⁀**ement** [⁀ˈmɑ̃] m Ergreifen n; Zs.-fahren n vor Kälte; plötzlicher Schrecken m; Ergriffenheit f.

saison [sɛˈzɔ̃] f Jahreszeit; ✝ Saison f; la ⁀ bat son plein die Saison ist auf dem Höhepunkt; ✍ fraise f de quatre-⁀s Monatserdbeere; marchand m des quatre ⁀s umherziehender Obst- und Gemüsehändler; être toujours de ⁀ immer noch s-e Gültigkeit haben; ⁀**ner** [⁀zɔˈne] (1a) reichlich Früchte tragen; ⁀**nier** [⁀zɔˈnje] (7c) der Jahreszeit angemessen, saisonbedingt; travailleur m ⁀ Saisonarbeiter.

salade [saˈlad] f Salat m; fig. Durcheinander n; P Prügelei f; P panier m à ⁀ Gefängnis-, Zellenwagen; P grüne Minna f; ★ raconter des ⁀s péj. Märchen erzählen, etw. zs.-faseln.

saladier [salaˈdje] m Salatschüssel f.

salage [saˈlaːʒ] m Einsalzen n; Reifungsprozeß m bei der Käsefabrikation.

salaire [saˈlɛːr] m (Arbeits-)Lohn; ⁀ à forfait Akkordlohn; ⁀ de base Grund-, Eck-, Richtlohn; ⁀ maximal (ou maximum) Spitzenlohn; ⁀ minimum Mindestlohn.

salaison [salɛˈzɔ̃] f Einsalzen n; das Eingesalzene; Pökelfleisch n.

salamandre [salaˈmɑ̃ːdr] f zo. Salamander m; kleiner Dauerbrandofen m.

salangane orn. [salɑ̃ˈgan] f Salangane f; deren eßbares Nest n.

salant [saˈlɑ̃]: lac m ⁀ Salzsee; marais m ⁀ Salzteich; puits m ⁀ Salzbrunnen.

salarial [salaˈrjal] adj. (5c) Lohn...; coûts salariaux, charge ⁀e Lohnkosten pl.

salari|**at** [salaˈrja] m Stellung f e-s Lohnempfängers; Arbeitnehmerschaft f; ⁀**é** [⁀ˈrje] m Arbeitnehmer; Gehalts-, Lohnempfänger; ⁀**er** [⁀] (1a) besolden, entlohnen.

salaud P [saˈlo] 1. adj. schmutzig (a. fig.); 2. su. Schmutzfink m; gemeiner Kerl m.

sale [sal] adj. schmutzig; fig. zotig.

salé [saˈle] 1. adj. salzig; Salz...; fig. beißend, scharf; schlüpf(e)rig, heikel; F gepfeffert (Preis); 2. m Schweinepökelfleisch n; petit ⁀ frisch gesalzenes Schweinefleisch n; ★ Gör m.

sale|**ment** P [salˈmɑ̃] außerordentlich, sehr, mächtig, verdammt P; ⁀**r** [⁀ˈle] (1a) salzen, einsalzen, -pökeln; fig. ⁀ q. j-n übertrumpfen; F fig. j-m heftige Vorwürfe machen; j-n streng bestrafen; ⁀**té** [⁀ˈte] f Schmutz(igkeit) m; Unrat m; fig. Zote; Schweinerei.

salicaire ♀ [saliˈkɛːr] f Weiderich m.

saliculture [salikylˈtyːr] f Salzgewinnung.

salicyl|**ate** ⚗ [salisiˈlat] m Salizyl n in Kristallpulverform; ⁀**ique** ⚗ [⁀ˈlik]: acide ⁀ Salizylsäure f.

salière [saˈljɛːr] f Salznäpfchen n.

salifi|**able** ⚗ [saliˈfjabl] salzbildend; ⁀**cation** [⁀kaˈsjɔ̃] f Salzbildung; ⁀**er** ⚗ [⁀ˈfje] (1a) in Salz verwandeln.

saligaud P [saliˈgo] su. Schmutzfink m; liederliche Person f.

salin [saˈlɛ̃] 1. adj. (7) salzhaltig, -artig; ♀ auf Salzboden wachsend; körnig (Marmor); solution ⁀e Salzlösung f; 2. m rohe Pottasche f; Salzteich.

salin|**e** [saˈlin] f Saline, Salz(berg)werk n; ⁀**ier** [⁀ˈnje] m Salzfabrikant, ✝ -händler m; ⁀**ité** [⁀niˈte] f Salzgehalt m.

sal|**ir** [saˈliːr] (2a) beschmutzen, besudeln; ⁀**issant** [⁀liˈsɑ̃] (7) (be-)schmutzend; entehrend.

sali|**vaire** anat. [saliˈvɛːr] Speichel...; ⁀**vation** ✍ [⁀vaˈsjɔ̃] f Speichelfluß m; ⁀**ve** [⁀ˈliːv] f Speichel m;

saliver — 446 — **sangler**

~**ver** [sali've] (1a) viel Speichel auswerfen.
salle [sal] f Saal m, (großes) Zimmer n; ~ *à manger* Eßzimmer n, Wohnzimmer n; ~ *d'attente* Warteraum m; ~ *d'école* Klassenraum m; ⚡ ~ *de commande* Schaltzentrale; ⚔ ~ *de police* Arrestlokal n; ~ *de spectacle* Schauspielhaus n.
salmi|gondis [salmigɔ̃'di] m cuis. Mischgericht n *von allerlei aufgewärmten Fleischresten; fig.* Sammelsurium n; ~**s** cuis. [sal'mi] m Ragout n *von gebratenem Geflügel od. Wildbret.*
saloir [sa'lwa:r] m Salz-, Pökelfaß n; Kellergewölbe n für Käsebereitung.
salon [sa'lɔ̃] m Salon m, Empfangszimmer n; (Kunst-)Ausstellungspalast, -raum; ~ *de l'automobile* Automobil-Ausstellung f; *fig.* ~**s** *pl.* feine Welt f; ~**nier** [~lɔ'nje] m Kunstkritiker.
salope [sa'lɔp] **1.** *adj.* P schlampig; **2.** f P Schlampe, liederliches Frauenzimmer n; ~**rie** [~'pri] f P Schweinerei; *fig.* Pfuscharbeit; ~**tte** [~'pɛt] f Monteuranzug m; Kinderschürze f; knöchellange, enganliegende Damenhose f.
salpêtr|e [sal'pɛ:trə] m Salpeter; ~**er** [~pe'tre] (1a) mit Salpeter bestreuen (überziehen); ~**erie** [~trə'ri] f Salpetersiederei, -hütte; ~**eux** [~'tø] (7d) salpeterhaltig; ~**ière** [~tri'ɛ:r] f Salpetergrube f; la ♀ Hospiz n für alte Frauen u. Geisteskranke in Paris; ~**isation** [~triza'sjɔ̃] f Streuen n von Salpeter; 🜍 Umwandlung in Salpeter; [entzündung f.\
salpingite ⚕ [salpɛ̃'ʒit] f Eileiter-ʃ
salsifis ♀ [salsi'fi] m Bocksbart; ~ *noir od. d'Espagne* Schwarzwurzel f.
saltation ⊕ [salta'sjɔ̃] f Transport m durch Ausnutzung der Wasserkraft.
saltimbanque [saltɛ̃'bɑ̃:k] m Gaukler; Possenreißer m; *fig.* unsicherer Kantonist m.
salubre [sa'lybrə] gesundheitsfördernd; gesund, heilsam.
salubrité [salybri'te] f Heilsamkeit, Zuträglichkeit *der Luft usw.;* Hygiene; ~ *publique* öffentliche Gesundheitspflege.
saluer [sa'lɥe] v/t. u. v/i. (1a) grüßen; begrüßen; ⚔ ⚓ salutieren.

salure [sa'ly:r] f Salzigkeit.
salut [sa'ly] m Wohlfahrt f; *rl.* Heil n, Rettung f; *rl.* ewige Seligkeit f; Gruß, Begrüßung f; *rl.* Abendgottesdienst m; ~ *public* Staatswohl n; ~**aire** [~'tɛ:r] heilsam; ~**ation** [~ta'sjɔ̃] f Gruß m, Begrüßung; ~**iste** [~'tist] *su.* Mitglied n der Heilsarmee.
salve [salv] f ⚔ Salve, Massen-, Reihenfeuer n; *fig.* Beifallssturm m.
samedi [sam'di] m Sonnabend m.
samovar [samɔ'va:r] m Samowar m, Teemaschine f.
samoyède *ling.* [~'jɛd] *adj.* samojedisch.
sancti|ficateur [sɑ̃ktifika'tœ:r] *rl.* **1.** *adj.* (7f) heiligend; **2.** *m = le Saint-Esprit* der Heilige Geist; ~**fication** *rl.* [~ka'sjɔ̃] f Heiligung; Heilighaltung; ~**fier** [~'fje] (1a) heiligen; heilig halten.
sanction [sɑ̃k'sjɔ̃] f Sanktion(ierung); Erteilung der Gesetzeskraft; Genehmigung; Verordnung; *pol.* Sanktion f, Vergeltungsmaßnahme; ~**ner** [~sjɔ'ne] (1a) sanktionieren; Gesetzeskraft erteilen; genehmigen.
sanctuaire [sɑ̃k'tɥɛ:r] m Allerheiligste(s) *n des jüd.* Tempels; Heiligtum n *der Heiden; cath.* Hochaltarstätte f; *fig.* geweihte Stätte; △ Kirchenchor.
sanctus *rl.* [sɑ̃k'tys] m Sanktus n.
sandal [sɑ̃'dal] m Sandelholz n; ~**e** [~] f Sandale f, *esc.* Fechtschuh m; ~**ette** [~'lɛt] f Sandalette f.
sandre *icht.* [sɑ̃:drə] f Zander m.
sandwich [sɑ̃'dwitʃ] m (pl. ~es) belegtes Butterbrot n *od.* -brötchen n; *homme*-~ m Plakatträger; *femme*-~ f Plakatträgerin; *fig.* en ~ *entre* eingeklemmt zwischen (dat.).
sang [sɑ̃] m Blut n; *fig.* Abkunft f; Menschenschlag; *pur* ~ Vollblutpferd n; *avoir qch. dans le* ~ *a. fig.* etw. im Blut haben; *il a du* ~ *et l'honneur* er hat Ehrgefühl; er weiß, was er will; *se faire du mauvais* ~ sich Sorgen machen; ⚡ *coup m de* ~ Schlaganfall; ~**-froid** [~'frwa] m Kaltblütigkeit f; *de sang-froid* kaltblütig, gelassen; ~**lant** [~'glɑ̃] blutig; *fig.* beleidigend, bitter; ~**le** [~'glə] f Gurt m; Tragriemen m; ~**ler** [sɑ̃'gle] (1a) mit e-m Gurte zs.-schnüren; F ~ *un coup de poing à q.* e-n tüchtigen Faustschlag ver-

setzen; se ~ dans son uniforme sich in s-e Uniform zwängen; ~lier [ɡli'e] m Wildschwein n; ~ (mâle) Eber, Keiler; ~ femelle Bache f; ~ jeune Frischling m; ~lot [ɡlo] m Schluchzen n; ~loter [ɡlɔ'te] (1a) schluchzen.

sangsue zo. [sã'sy] f Blutegel m; fig. Blutsauger m.

sangui|fication physiol. [sãɡɥifika-'sjɔ̃] f Blutbildung; ~fier [~'fje] (1a) in Blut verwandeln.

sanguin [sã'ɡɛ̃] Blut...; blutreich, vollblütig, blutfarben; fig. sanguinisch; m Sanguiniker m; ~aire [~ɡi'nɛ:r] 1. adj. blutdürstig; blutig (Kampf); fig. grausam; zo. reißend; 2. ♀ f Blutkraut n.

sanguin|e [sã'ɡin] f Blut-, Messinaapfelsine (a. orange f ~); min. roter Jaspis m; Blutstein m; peint. Rötelzeichnung; ~ à crayon Rötel m; ~elle ♀ [~'nɛl] f roter Hartriegel m; ~olent [~nɔ'lã] mit Blut vermischt.

sanie ♀ [sa'ni] f wässeriger Eiter m.

sani|eux ♀ [sa'njø] eiterig; ~taire [sani'tɛ:r] sanitär; Gesundheits...; écol. ~ Toilettenraum.

sans [sã] prp. ohne; ~los, z.B. ~ doute zweifellos; ~ faute fehlerlos; ~ pain brotlos; ~ quoi sonst; ~ (mit reinem inf.) ohne zu; ~ que (mit subj.) ohne daß; ~-abri [sãza'bri] su. Obdachloser; ~-cœur [~'kœ:r] su. 1. Feigling m; 2. Rohling m; ~-culotte hist. [~ky'lɔt] m extremer Republikaner; ~-culottisme pol. [~lɔ'tism] m Pöbelherrschaft f; ~-façon m [~fa'sɔ̃] s. ~-gêne; ~-fil ⚡ [~'fil] m Funkspruch; ~-filiste [~fi'list] m Funker; Radiobastler m, Rundfunkhörer; ~-gêne m [~'ʒɛn] Ungeniertheit f; ~-logis [~lɔ'ʒi] m Obdachloser m; ~onnet [~sɔ'nɛ] m orn. Star; icht. Art Makrele f; ~-patrie [~pa'tri] su. Staatenlose(r); ~-souci [~su'si] 1. adj. inv. sorglos; 2. m Sorglosigkeit f; ~-travail [~tra'vaj] m Arbeits-, Erwerbsloser.

santal [sã'tal] m Sandelholz n.

santé [sã'te] f Gesundheit; être en bonne ~ gesund sein; ~ publique Sanitätswesen n; maison f de ~ Privatklinik f; Nervenheilanstalt f; office m de ~ Gesundheitsamt n; service m de ~ Sanitätsdienst.

santo|line ♀ [sãtɔ'lin] f Zypressenkraut n; ~n [sã'tɔ̃] m bunte (Weihnachts-)Krippenfigur aus Terrakotta; ~nnier [~tɔ'nje] m Krippenfigurenhersteller; ~nine ♀ [~'nin] f Santonin n (Wurmmittel).

sanve ♀ [sã:v] f Ackersenf m.

Saône [so:n]: la ~ die Saône.

saoul su. s. soûl.

sapajous [sapa'ʒu] m/pl. kleine, unbedeutende Leute.

sap|e [sap] f ⚔ Laufgraben m; Anlegen n von Laufgräben; ⚔ Pionierwesen n; Untergraben n e-r Mauer u. fig. z.B. von Vorurteilen; Unterspülung an der Küste; ✗ große Sichel; ~er ⚔ [~'pe] (1a) Laufgraben (a. fig.); unterspülen, aushöhlen; * kleiden.

sapeur ⚔ [sa'pœ:r] m Pionier; ~-pompier [~pɔ̃'pje] m Feuerwehrmann.

saphirin [safi'rɛ̃] saphirblau.

saphirine [safi'rin] f min. Art Korund m od. Chalcedon m.

sapin [sa'pɛ̃] m Tanne f; Tannenholz n; * Sarg m; * sentir le ~ ein Todeskandidat sein.

sapinière [sapi'njɛ:r] f Tannenwald m.

sapon|aire ♀ [sapɔ'nɛ:r] f Seifenkraut n; ~ifier 🜚 [~ni'fje] (1a) verseifen.

saporifique [sapɔri'fik] adj. Geschmack erzeugend.

sappé * [sa'pe] adj.: être bien ~ in Schale sein, schick angezogen sein.

sapristi [sapris'ti] verflucht!

sarbacane [sarba'kan] f Blas-, Pusterohr n.

sarcas|me [sar'kasm] m Sarkasmus m, beißender Spott; ~tique fig. [~'tik] beißend, höhnisch.

sarcelle orn. [sar'sɛl] f Wildente.

sarcler ✗ [sar'kle] (1a) (aus)jäten.

sar|cloir ✗ [~'klwa:r] m Jäthacke f; ~clure ✗ [~'kly:r] f ausgejätetes Unkraut n.

sarcome ⚕ [sar'ko:m] m Sarkom n, Wucherung f.

sarcophage [sarkɔ'fa:ʒ] m Sarkophag.

sarcopte ent. u. ⚕ [sar'kɔpt] m Krätzmilbe.

Sardaigne [sar'dɛɲ]: la ~ Sardinien n.

sarde [sard] sard(in)isch.

sardin|e [sar'din] f Sardine f; ~s f/pl. à l'huile Ölsardinen f/pl.; ~ en

sardinerie − 448 − **saugrenu**

sel Sardelle *f*; ⚔ F ~**s** *pl.* Tressen *(der Unteroffiziere)*; ~**erie** [~n'ri] *f* Ölsardinenfabrik *f*; ~**ier** [~'nje] **1.** *su.* Sardinenfischer *m*; Sardellenzubereiter *m*; **2.** *m* Netz *n od.* Boot *n* zum Sardinenfang.
sardoine *min.* [sar'dwan] *f* Sardonyx *m*.
sardonique [sardɔ'nik] höhnisch *(vom Lachen)*.
sargasse ♀ [sar'gas] *f* Sargasso *m*.
sari [sa'ri] *m* Sari *m*, langes Gewand *n* e-r Inderin.
sarigue *zo.* [sa'rig] *jetzt öfter f als m* Beutelratte *f*.
sarment ♀ [sar'mã] *m* (Wein-)Rebe *f*, Ranke *f*; Rebholz *n*; ~**eux** ♀ [~'tø] rebentreibend; rankend.
sarrasin [sara'zɛ̃] **1.** *adj.* sarazenisch; **2.** *su.* ♀ Sarazene *m*; **3.** ♂ Buchweizen; ~**e** *ehm.* ⚔ [~'zin] *f* Fallgatter *n*.
sarrau [sa'ro] *m* (Fuhrmanns-)Kittel.
Sarre [sa:r] *f* Saar *(Fluß)*; *(territoire m de) la* ~ das Saargebiet.
sarriette ♀ [sa'rjɛt] *f* Bohnen-, Pfefferkraut *n*.
sarrois [sa'rwa] **1.** *adj.* saarländisch; **2.** *su.* Saarländer *m*.
sas [sɑ] **1.** *m* Haarsieb *n*; **2.** ⊕ *m* Schleusenkammer *f*; ⚔ Gasschleuse *f*; ⚓ Luftschleuse *f*.
sasse [sas] *f* ⚓ Wasserschaufel *f*, Schöpfkelle *f*.
sasser [sa'se] (1a) **1.** durchsieben; sichten; **2.** ⚓ durchschleusen.
satané F [sata'ne] verteufelt.
satanique [sata'nik] teuflisch.
satellis|ation *atom.* [satelizɑ'sjõ] *f* Entsendung *f* auf e-e Satellitenbahn; ~**er** [~'ze] *v/t. atom.* auf e-e Satellitenbahn schicken; *pol.* zu (e-m) Satelliten degradieren.
satellite [satɛ'lit] *m* Trabant *f*; *fig.* Scherge; *ast.* Satellit *m*, Nebenplanet; ~ *aéro* Wetterdienstsatellit; *phénomène m* ~ Begleiterscheinung *f*; *pol.* Etat ~ Satellitenstaat *m*.
satiété [sasje'te] *f* Übersättigung; *à* ~ bis zum Überdruß.
satin [sa'tɛ̃] *m* Satin, Atlas *m*; ~**age** ⊕ [~ti'naːʒ] *m* Glätten *n des Papiers*; Kalandern *v von Stoffen*; Glanz; ~**é** [~'ne] **1.** *adj.* atlasartig; sehr zart; **2.** *m* Atlasglanz; ~**er** ⊕ [~] (1a) atlasartig glätten, satinieren; ~**ette** ✟ [~'nɛt] *f* baumwollener

Satin *m*; ~**eur** ⊕ [~'nœːr] *su.* Glätter *m*; ~**euse** [~'nøːz] *f* Satinierwerk *n*, Glättpresse.
satir|e [sa'tiːr] *f* Satire *f*, Spottgedicht *n*, -schrift *f*; *fig.* (witziger) Spott *m*; ~**ique** [~ti'rik] satirisch; *(poète)* ~ *m* Satiriker; ~**iser** [~ri'ze] *v/t. u. v/i.* (1a) verspotten.
satis|faction [satisfak'sjõ] *f* Befriedigung, *f* Genugtuung; *rl.* Buße; ~**faire** [~'fɛːr] *v/i.* (4n) genügen; ~ *à* Genüge tun; *Verpflichtungen* nachkommen; *v/t.* befriedigen; *j-n* zufriedenstellen; *e-r Leidenschaft* frönen; ~**faisant** [~fə'zɑ̃] genügend; erfreulich; ~**fait** [~'fɛ] zufrieden.
satou * [sa'tu] *m* Trickkünstler *m*.
satur|able ⚗ [saty'rabl] sättigungsfähig; ~**ation** [~rɑ'sjõ] *f* Sättigung *f*; *fig.* Überfüllung *f (Krankenhaus)*; ~**er** [~'re] (1a) ⚗ sättigen; *fig.* übersättigen.
saturn|in ⚗ *u.* ✵ [satyr'nɛ̃] bleifarben; Blei...; ~**isme** ✵ [~'nism] *m* Bleivergiftung *f*.
satyre [sa'tiːr] *m myth.* Bocksfuß, Satyr; *fig.* Lüstling *m*.
sauce [soːs] *f* Soße *f*; P Regenguß *m*; P Benzin *n*; *donner (od. mettre) toute la* ~ Vollgas geben; ~ *à la ravigote* pikante Sauce; ⊕ ~ *du tabac (Schnupf-)*Tabakbeize.
saucée P [so'se] *f* Regenguß *m*; *fig.* ordentlicher Anranzer *m*.
saucer [so'se] (1k) eintunken; *Leder:* beizen; P *fig.* durchweichen *(vom Regen)*; mit Dreck bespritzen; P ~ *q.* j-n abkanzeln.
saucière [so'sjɛːr] *f* Soßenschüssel *f*.
saucisse [so'sis] *f* Bratwurst; Würstchen *n*; ✈ F Fesselballon *m*.
saucisson [sosi'sõ] *m* Wurst *f*; ✵ Fesselballon *m*; *tranche f od. rondelle f de* ~ Wurstscheibe; *entamer un* ~ e-e Wurst *f* anschneiden.
sauf [sof] **1.** *adj.* unbeschädigt, wohlbehalten; *l'honneur est* ~ die Ehre ist gerettet; **2.** *prp.* unbeschadet, vorbehaltlich; ausgenommen; ~ *à...* *(inf.)* mit *od.* unter dem Vorbehalte, *daß*...; ~ *imprévu* wenn nichts dazwischenkommt.
sauf-conduit [sofk**ɔ̃**'dɥi] *m* Geleitbrief; sicheres Geleit *n*.
sauge ♀ [soːʒ] *f* Salbei *a. m*.
saugrenu F [sogrə'ny] ungereimt, lächerlich, albern, verrückt, abstrus.

saulaie [so'lɛ] f Weidengebüsch n.

saule [so:l] m Weide f; ~ pleureur Trauerweide f.

saulée [so'le] f Weidenreihe.

saumâtre [so'ma:tr] leicht salzig; P eklig, widerlich; P fig. gepfeffert (Rechnung).

saumon [so'mɔ̃] m icht. Lachs, Salm; ⊕ Metallblock; ~é [~mɔ'ne] lachsartig; truite f ~e Lachsforelle; **~eau** icht. [~mɔ'no] m junger Lachs, Sälmling.

saumur|e [so'my:r] f (Salz-)Lake; Sole; Salzwasser n; Mutterlauge; **~er** [~my're] (1a) in Lake od. Salzwasser legen; pökeln.

sauna [saw'na] mst. f (bisw. ⊕) Sauna f.

saun|age [so'na:ʒ] m ⊕ Salzfabrikation f; ✝ Salzhandel m; **~er** [~'ne] (1a) Salz hervorbringen; ⊕ Salzsieden; **~erie** [~'ri] f Salzsiederei; **~ier** [~'nje] m ⊕ Salzsieder; Salinenarbeiter; **~ière** [~'nje:r] f Salzkiste f.

saupiquet [sopi'kɛ] m pikante Soße f.

saupoudrer [sopu'dre] (1a) (mit Salz, Zucker usw.) bestreuen; fig. ~ de qch. Rede usw. mit etw. würzen.

saur [sɔ:r]: hareng m ~ Bückling.

saure [sɔ:r] gelbbraun (Pferd).

saurer [so're] (1a) Heringe räuchern.

sauret [so'rɛ] = saur.

saurisserie ⊕ [soris'ri] f (Herings-)Räucherplatz m.

saussaie [so'sɛ] f Weidengebüsch n.

saut [so] m Sprung, Satz; Fall Sturz; gym. ~ au cheval d'arçon Sprung über das Pferd; ~ en hauteur (~ en longueur) Hoch-(Weit-)sprung; au ~ du lit beim Aufstehen; bsd. ✕ ~ de loup Wolfsgrube f; ~ de haies Hürdensprung; ~ à la perche Stabhochspringen n; ~ périlleux Saltomortale m; fig. faire faire le ~ à q. j-n um s-e Stellung bringen; j-m (damit er fällt) ein Bein stellen; par ~s sprungweise; **~-de-lit** [sod'li] m Morgenrock; s. saut; **~e** ⊕ [so:t] f Umspringen n des Windes; fig. ~ d'humeur plötzlicher Stimmungsumschwung m, -wechsel m; **~ée** gym. [so'te] f Sprungweite.

sautelle [so'tɛl] f Setzrebe f.

saute|-en-barque [sotɑ̃'bark] m kurze (Schiffer-)Jacke f; **~-mouton** gym. [sotmu'tɔ̃] m Bockspringen n.

sauter [so'te] v/i. (1a) springen; in die Luft fliegen od. gesprengt werden; überspringen, -gehen (von e-m Gegenstand zum andern); umspringen (Wind); ~ en l'air in die Luft springen (vor Wut); ~ avec élan mit Anlauf springen; ~ le pas sich endlich zum Handeln entschließen; faire ~ sprengen, in die Luft jagen; ~ sur l'occasion die Gelegenheit beim Schopfe ergreifen; v/t. wegspringen über (acc.); auslassen, über'schlagen; cuis. in Butter aufschwitzen od. schmoren; **~elle** [so'trɛl] f Heuschrecke; ⊕ Schmiege; * erwachsenes Mädchen n; **~ie** [so'tri] f kleines Tänzchen n.

saute-ruisseau ✼ ⚤ [sotrɥi'so] m Laufbursche, Bürojunge e-s Notars.

saut|eur [so'tœ:r] su. (berufsmäßige[r]) Springer m; F unzuverlässiger Mensch m, Luftikus m; Konjunkturritter m; **~euse** [~'tø:z] f Hopser m (Tanz); cuis. Schmortopf m; * leichtes Mädchen n; **~iller** [soti'je] (1a) hüpfen, tänzeln; fig. Sprünge machen; **~oir** [~'twa:r] m gym. Sprungschanze f; liegendes (od. Andreas-)Kreuz n; Art Halskette f; ordre m en ~ am Bande über der Brust getragener Orden.

sauvag|e [so'va:ʒ] 1. adj. wild; scheu; fig. ungesellig; ungesittet; 2. su. Wilde(r); **~eon** ✿ [~va'ʒɔ̃] m Wildling; **~erie** [~ʒ'ri] f Wildheit f; Roheit f; F fig. Menschenscheu f; **~esse** [~'ʒɛs] f Wilde; fig. ungebildete Frau f; **~ine** [~'ʒin] f coll. Wasservögel m/pl.; ✝ Wildbalg m; sentir la ~ nach Wasservögeln riechen od. schmecken.

sauvegard|e [sov'gard] f Schutzwache, -brief m; Schirm m, Schutz m, Gewährleistung f; **~er** [~'de] (1a) schützen, bewähren, wahrnehmen.

sauve-qui-peut [sovki'pø] m Panik f; zügellose Flucht f.

sauver [so've] (1a) retten; ⚓ bergen; in Sicherheit bringen; rl. erlösen; fig. wahren; ersparen; se ~ F a. davonlaufen, sich entfernen, gehen; ~ la face das Gesicht (od. den Schein) wahren; se ~ sur qch. sich durch etw. (acc.) entschädigen.

sauve|tage [sov'ta:ʒ] *m* Rettung *f* Schiffbrüchiger; Bergung *f*; *bateau m de ~* Rettungsboot *n*; *opération f de ~* Rettungsaktion, Bergungsarbeit; **~teur** [~'tœ:r] *m* Retter *von Ertrinkenden*; *a. adj.: bateau m ~* Rettungsboot *n*; **~tte** [so'vɛt]: *à la ~ adv.* heimlich, illegal, Schwarzmarkt...

sauveur [so'vœ:r] *m allg.* Retter; F Rettungsengel; ♀ *rl.* Erlöser *m*.

savamment [sava'mɑ̃] *adv.* mit gründlicher Sachkenntnis.

savane *géogr.* [sa'van] *f* Savanne *f*.

savant [sa'vɑ̃] **1.** *adj.* gelehrt, erfahren, kunstvoll, geschickt; **2.** *su.* Gelehrter.

savarin [sava'rɛ̃] *m* Napfkuchen.

savate [sa'vat] *f* abgetragener Schuh *m od.* Pantoffel *m*; *gym.* Beinstoßen *n* (*Art Boxen mit den Beinen*); F *péj.* Tolpatsch *m*, Pfuscher *m*, Niete *f fig.*; ~ *traîner la ~ fig.* sich kümmerlich durchschlagen.

saveter F [sav'te] (1c) verpfuschen.

savetier [sav'tje] *m* Flickschuster, F Pfuscher, Stümper.

saveur [sa'vœ:r] *f* Geschmack *m*; *sans ~* fade.

savoir [sa'vwa:r] **1.** *v/t.* (3g) wissen, können, verstehen; ~ *conduire* Auto fahren können; *je ne saurais pas* ich kann nicht (gut); *c'est à ~ od. il est question de ~ od. il s'agit de ~ il reste à ~ etc.* es ist noch die Frage, *advt.* (*à*) ~ und zwar, nämlich; *faire ~ wissen lassen, bekanntmachen;* **2.** *m* Wissen *n*, Gelehrsamkeit *f*; **~-faire** [~'fɛ:r] *m* Gewandtheit *f*, Geschicklichkeit *f*; **~-vivre** [~'vi:vrə] *m* Lebensart *f*.

savon [sa'vɔ̃] *m* Seife *f*; F *fig.* Verweis, Rüffel; *~ à barbe* Rasierseife *f*; *~ de lessive* Seifenlauge *f*; *~ en paillettes* Seifenflocken *f/pl.*; *bulle f de ~* Seifenblase; *pain m de ~* Stück *n* Seife; *donner un coup de ~ à qch.* etw. mit Seife waschen; *fig. donner un ~ à q.* j-m den Kopf waschen; *kleine Wäsche* (*Handlung*); **~nage** [~vɔ'na:ʒ] *m* Waschen *n* mit Seife; *kleine Wäsche* (*Handlung*); **~ner** [~'ne] (1a) mit Seife waschen; einseifen (*zum Rasieren*); F *fig.* den Kopf waschen (q. j-m); **~nerie** ⊕ [~n'ri] *f* Seifensiederei; **~nette** [~'nɛt] *f* Stück Toilettenseife; Sprungdeckel *m* (*an der Taschenuhr*); **~neux** [~'nø] *adj.* seifig; **~nier** [~'nje] **1.** *adj.* Seifen..., seifenhaltig; **2.** *m* ⊕ Seifenfabrikant; ♀ Seifenbaum *m*.

savour|er [savu're] (1a) genießen; **~et** *cuis.* [~'rɛ] *m* Markknochen; **~eux** [~'rø] schmackhaft; saftig; *fig.* köstlich.

savoyard [savwa'ja:r] *adj.* savoyisch; ♀ *su.* Savoyer *m*.

saxatile [saksa'til] *f* ♀ auf Felsen wachsend; *zo.* zwischen *od.* unter Steinen lebend.

Saxe [saks]: *la ~* Sachsen *n*; ♀ ⊕ *m* Meiß(e)ner Porzellan *n*.

saxifrage ♀ [saksi'fra:ʒ] *f* Steinbrech *m*.

saxo ♪ [sak'so] *m* Saxophonist *m*.

saxon [sak'sɔ̃] **1.** *adj.* sächsisch; **2.** ♀ *m* Sachse *m*.

saxophone ♪ [saksɔ'fɔn] *m* Saxophon *n*.

saynète *thé.* [sɛ'nɛt] *f* kleines Lustspiel *n*, Einakter *m*.

sbire [zbi:r] *m* Häscher, Scherge.

scabieuse ♀ [ska'bjø:z] *f* Ska'biose, Grindkraut *n*.

scabieux ♂ [ska'bjø] krätzartig.

scabreux [ska'brø] heikel; gefährlich, anstößig.

scaferlati [skaferla'ti] *m* halbfein geschnittener Tabak.

scalène [ska'len]: *triangle m ~* ungleichseitiges Dreieck *n*.

scalp(e) [skalp] *m* Kopfhaut *f*.

scalpel ♂ [skal'pɛl] *m* Skal'pell *n*, Sezierungsmesser *n*.

scandal|e [skɑ̃'dal] *m* Skandal *m*, Anstoß *m*, Ärgernis *n*; *fig.* Entrüstung *f*; **~eux** [~'lø] skandalös, ärgerlich, anstößig; **~iser** [~li'ze] (1a): *~ q.* j-m Ärgernis geben; *s'~* sich entrüsten; *se ~ de* Anstoß nehmen an (*dat.*). [dieren.]

scander [skɑ̃'de] (1a) *mét.* skan-∫

Scandinavie [skɑ̃dina'vi] *f*: *la ~* Skandinavien *n*.

scansion *mét.* [skɑ̃'sjɔ̃] *f* Skandieren *n*; Hervorheben *n* der Versfüße.

scape ♀ [skap] *m*; *ent.* erstes Fühlerglied *n* (*der Insekten*).

scaphan|dre [ska'fɑ̃:drə] *m* Schwimmweste *f*, -gürtel *m*; Tauchgerät *n*, Taucheranzug; *~ atomique* Atomschutzanzug *m*; **~drier** [skafɑ̃dri'e] *m* Taucher.

scapulaire [skapy'lɛ:r] **1.** *adj.* Schulter...; **2.** *m rl.* Schulterbinde *f*.

scarabée [skara'be] m (Mist-)Käfer.
scarificateur [skarifika'tœːr] m ✱ Schröpfeisen n; ⚒ Reißpflug m; ⊕ Straßenaufreißer.
scarifier [skari'fje] (1a) ✱ schröpfen; ⚒ mit dem Reißpflug eggen.
scarlatine [skarla'tin] f (a. fièvre f ~) Scharlachfieber n.
sceau [so] m Siegel n; Stempel; Siegelung f mit dem Staatssiegel; fig. Merkmal n; ~x pl. Amt n des Siegelbewahrers.
scélérat [sele'ra] **1.** adj. ruchlos; **2.** su. Verbrecher m, Schurke m; ~esse [~'tɛs] f Ruchlosigkeit f.
scell|é [sɛ'le] m gerichtliches Siegel n; ~er [~] (1a) be-, versiegeln; fig. bekräftigen; (luftdicht) verschließen; 🜂 einmauern.
scénar|io cin. [sena'rjo] m Drehbuch n; ~iste [~'rist] m Drehbuchautor m.
scène [sɛn] f thé. Bühne(nausstattung); Szene f, Schauplatz m; Auftritt m; fig. Ereignis n; ~ de ménage Ehekrach m; faire une ~ Vorwürfe machen; ~ en plein air Freilichtbühne; mettre en ~ auf die Bühne bringen; mise f en ~ Inszenierung f.
scénique [se'nik] Bühnen...
scéno|graphe thé. [seno'graf] m Dekorationsmaler; ~**graphie** thé. [~gra'fi] f Bühnenmalerei.
sceptique [sɛp'tik] **1.** adj. skeptisch; fig. an allem zweifelnd; **2.** su. Skeptiker m.
sceptre ['sɛptrə] m Zepter n (a. m).
schéma [ʃe'ma] m Schema n, Plan, Abriß, Entwurf m; ~**tiser** [~ti'ze] (1a) bildlich (od. schematisch) darstellen.
schibboleth F [ʃibɔ'lɛt] m Erkennungszeichen n.
schisme [ʃism] m Kirchenspaltung f, Schisma n; Spaltung f.
schiste min. [ʃist] m Schiefer.
schizophrénie ✱ [skizɔfre'ni] f Schizophrenie f.
schlague [ʃlag] f: à coups de ~ mit Stockschlägen.
schlass P [ʃlas] besoffen P.
schlinguer P [ʃlɛ̃'ge] (1m) stinken.
schlitt|e [ʃlit] f Schlitten m (zum Holztransport); ~**eur** [~'tœːr] m (Holz-)Schlittenlenker, -führer.
schnaps F [ʃnaps] m Schnaps m.
schnorchel ⚓ [ʃnɔr'kɛl] m Schnorchel m.

schooner ⚓ [sku'nɛːr] m Schoner, Zweimaster.
scia|ble ['sjablə] sägbar; ~**ge** [sja:ʒ] m Sägen n.
sciant F [sjɑ̃] langweilig, ermüdend; fig. nervtötend.
sciatique ✱ [sja'tik] **1.** adj. Hüft...; **2.** f Ischias f.
scie ⊕ [si] f Säge; icht. Sägefisch m; F fig. langweilige Sache od. Person; Stumpfsinn m; F Gassenhauer m, Schlagermelodie f; ~ à corde Spannsäge; ~ à chantourner Laubsäge; ~ circulaire Kreissäge; ~ à main Handsäge; ~ à manche Fuchsschwanz(säge) m; ~ à ruban Bandsäge; trait m de ~ Sägeschnitt; P monter une ~ hochnehmen (à q. j-n).
sciemment [sja'mɑ̃] wissentlich.
scien|ce [sjɑ̃s] f Wissenschaft; Wissen n; Kenntnis; ~s commerciales Betriebslehre f; ~s économiques et commerciales Wirtschaftswissenschaft f; ~s humaines Geisteswissenschaften f/pl.; ~s naturelles Naturwissenschaften f/pl.; ~**tifique** [~ti'fik] wissenschaftlich.
scier [sje] (1a) ⊕ sägen; F zu Tode langweilen; ⚓ rückwärts rudern.
scierie ⊕ [si'ri] f Sägewerk n.
scieur [sjœːr] su. ~ Säger m; F langweiliger Mensch m; ~ de long Brettschneider m.
scille ♀ [sil] f Meerzwiebel f.
scind|ement [sɛ̃d'mɑ̃] m nur Teilbarkeit f; ~**er** [~'de] fig. zerteilen, trennen (Teile e-s Landes); pol. se ~ entre ... sich aufspalten in...
scintill|er [sɛ̃ti'je] wie Sterne funkeln, schimmern, ~**ation** f u. ~**ement** m [~ja'sjɔ̃, ~tij'mɑ̃] Funkeln n, Schimmern n der Sterne; ~**ométrie** météor. [~jɔme'tri] f Flimmermessung f.
scion [sjɔ̃] m ⚒ Schößling m, Reis n; (dünnes) Ende n e-r Angelrute.
scirpe ♀ [sirp] m Binse f.
sciss|ile min. [si'sil] spaltbar; ~**ion** pol. [si'sjɔ̃] f Spaltung f; faire (une) ~ sich absondern; ~**ionnaire** pol. [~sjɔ'nɛːr] m Spalter m, Abtrünniger m; ~**ionniste** pol. [~sjɔ'nist] (a. su.): politique f ~ Spalterpolitik f; ~**iparité** biol. [~sipari'te] f Vermehrung f durch Spaltung (Protozoen); ~**ure** anat. [~'syːr] f Spalte f, Furche f.

sciure [sjy:r] *f* Sägespäne *m/pl.*

scléro|se ⚕ [skle'ro:z] *f* Sklerose *f*, Verkalkung *f*; **~ser** [~ro'ze]: **se ~** verkalken; **~tique** [~ro'tik] **1.** *adj.* ⚕ sklerotisch, verhärtend; **2.** *anat.* harte Augapfelhaut *f*.

scobine ⊕ [skɔ'bin] *f* Raspel *f*.

scol|aire [skɔ'lɛ:r] **1.** *adj.* Schul...; *âge m* **~** schulpflichtiges Alter *n*; *année f* **~** Schuljahr *n*; *établissement m* **~** Unterrichtsanstalt *f*; **2.** *néol. su.* Schüler *m*; **3.** ⚠ *m*: (*groupe m*) **~** Schulbau, -anlage *f*; **~arisable** [~lari'zablə] schulpflichtig; **~arisation** [~larizɑ'sjɔ̃] *f* Einschulung *f*; Schulunterricht *m*; **~ariser** [~lari'ze] (1a) einschulen; **~arité** [~lari'te] *f* (ganze) Schulzeit *f*; Hochschulstudium *n*; **~ obligatoire** Schulpflicht.

scolopendre [skɔlɔ'pɑ̃:drə] *f* ent. Tausendfüßler *m*; ♀ Zungenfarn *m*.

scombre *icht.* ['skɔ̃:brə] *m* Makrele *f*.

scons(e) [skɔ̃:s] *m* Skunkspelz *m*.

scooter *Auto* [sku'tœ:r] *m* Motorroller *m*; *se promener à* (*od. a. en*) **~** mit dem Motorroller spazieren fahren.

scootériste [skute'rist] *su.* Motorrollerfahrer *m*.

scope *Radar, cin.* [skɔp] *m abr.* = *oscilloscope* Leuchtschirm *m*.

scorbut ⚕ [skɔr'byt] *m* Skorbut *m*, Mundfäule *f*; **~ique** ⚕ [~'tik] skorbutkrank (*a. su.*).

score *Sport* [skɔ:r] *m* Punktzahl *f*, Ergebnis *n*.

scori|e [skɔ'ri] *f* (*mst.* hochwertige) Stahlschlacke *f*; *fig.* Schlacke *f*; **~s de haut-fourneau** Hochofenschlacke *f*; *allg.* **~ de coke** Koksschlacke *f*; **~fication** [~fika'sjɔ̃] *f* Verschlackung *f*; **~fier** [~'fje] (1a) *v/t. u. se ~* verschlacken.

scorpion *ent., ast.* [skɔr'pjɔ̃] *m* Skorpion *m*.

scorsonère ♀ [skɔrsɔ'nɛ:r] *f* Schwarzwurzel *f*. [*n.*]

scoubidou * [skubi'du] *m* Dingsda)

scout [skut] *m* Pfadfinder *m*; **~isme** [~'tism] *m* Pfadfinderbewegung *f*.

scribe [skrib] *m* (Ab-)Schreiber *m*; *mst. péj.* Schreiberling *m*; *rl.* Schriftgelehrter *m*.

script [skript] **1.** *m* Bilderzeichen *n*; 🕀 Interimsschein *m*; **2.** *f cin.* Scriptgirl *n*.

scriptural [skripty'ral] (5c) biblisch; 🕀 *monnaie f* **~e** Buch-, Giralgeld *n*.

scroful|aire ♀ [skrɔfy'lɛ:r] *f* Braunwurz *f*; **~es** ⚕ [~'fyl] *f/pl.* Skrofeln *f/pl.*; **~eux** ⚕ [~'lø] (7d) skrofulös (*a. su.*); **~ose** [~'lo:z] *f* Skrofulose *f*.

scrupul|e [skry'pyl] *m* Skrupel *m*, Bedenken *n*; (ängstliche) Gewissenhaftigkeit *f*; **~eux** [~'lø] gewissenhaft; ängstlich; peinlich genau.

scrutateur [skrytɑ'tœ:r] **1.** *adj.* forschend; **2.** *su.* Forscher *m*; *pol.* Stimmenzähler *m*.

scruter [skry'te] (1a) (aus-, er-)forschen; (gründlich) untersuchen.

scrutin [skry'tɛ̃] *m* geheime Abstimmung *f* (*durch Zettel od. Kugelung*); **~ de** *ballottage* Stichwahl *f*; **tour *m* de ~** Wahlgang; **~er** [~ti'ne] *v/i.* (1a) abstimmen.

scull ⚓ [skul] *m* Skuller *m*.

sculp|ter [skyl'te] (1a) (aus)schnitzen; in Holz *od.* Stein graben *od.* hauen; **~ sur** (*marbre*) in (Marmor) (aus)hauen; **~teur** [~'tœ:r] *m* Bildhauer; **~ture** [~'ty:r] *f* Bildhauerei *f*; Bildhauerarbeit *f*; Schnitzwerk *n*.

scutellaire [skytɛ'lɛ:r] **1.** *adj.* schildförmig; **2.** ♀ *f* Helmkraut *n*.

se [sə] sich.

séan|ce [se'ɑ̃:s] *f* Sitzung *f*; Tagung *f*; *bsd.* ♪ Veranstaltung *f*; *a. cin.* Vorstellung *f*; **~ de clôture** Schlußsitzung *f*; *peint.* **~ de pose** Modellsitzen *n*; **~ plénière** Vollsitzung; **~ de rayons** Bestrahlung *f*; **~ tenante** während der Sitzung; *fig.* sofort; **~t** [se'ɑ̃] **1.** *adj.* tagend; *fig.* anständig; schicklich; **2.** *m* Gesäß *n*; **se mettre sur son ~** sich (*im Bett*) aufrecht setzen.

seau [so] *m* Eimer; **~ à ordures** Mülleimer; **~ en plastic** Plastikeimer *m*; F *il pleut à ~x* es gießt, regnet in Strömen.

sébacé [seba'se] talgartig, Talg...

sébile [se'bil] *f* (kleine) Holzschale *f*; Sammelbüchse *f*.

sec, sèche [sɛk, sɛʃ] **1.** *adj.* trocken; ausgetrocknet; gedörrt; hager; ohne weitere Zutat, rein; glatt *fig.*; 🕀 bar (*Geld*); trocken (*von e-m Wechsel*); herb (*Wein*); *fig.* dürr, anmutlos; kalt, gefühllos; barsch, schroff, kraß; ※ *usw.* vollständig (*Untergang*); kurz abgebrochen (*Geräusch*); *coup m de frein sec* scharfes Bremsen *n*; *une perte sèche*

sécante — 453 — **secteur**

de quelque 15 millions ein glatter Verlust von etwa 15 Millionen; *jouer (parier)* ~ hoch spielen (wetten); **2.** *m* Trockene *n*, Trockenheit *f*; trockenes Futter *n*; ⚓ Drogbank *f*; F *en cinq sec* im Nu, im Handumdrehen; *être à sec* kein Wasser haben; *fig.* nichts zu sagen wissen; kein Geld haben, auf dem trocknen sitzen; *fig. boire sec* viel (aber kein Wasser) trinken.

sécante ⚹ [se'kã:t] *f* Sekante.

sécateur ⚹ [seka'tœ:r] *m* Baum-, Garten- *od.* Rosenschere *f*; ~ *à volailles* Geflügelschere *f*.

sécession *pol.* [sese'sjɔ̃] *f* Absonderung, Trennung *f*; *guerre f de* ⚹ *amérik.* Bürgerkrieg *m* (*1861 bis 1865*); **~niste** [~sjɔ'nist] *su.* Abtrünniger *m*.

séchage [se'ʃa:ʒ] *m* Trocknen *n*.

sèche[1] [seʃ] *f s. sec*; *~-cheveux m* Fön, Haartrockenapparat.

sèche[2] [seʃ] *f zo.* Sepia, Tintenfisch *m*.

sèche[3] P [~] *f* Zigarette *f*, Stäbchen *n* P.

sèche-cheveux ⚹ [sɛʃ(ə)'vø] *m* Haartrockner, Fön.

sécher [se'ʃe] *v/i.* (1f) vertrocknen, verdorren; *fig.* versauern; *fig.* sich verzehren (*vor Ärger*); *écol.* nicht beantworten können, durchfallen; *v/t.* (ab-, aus)trocknen; dörren; P aussaufen; ⚹ *écol.* nicht besuchen; *écol.* ⚹ *la classe* die Schule schwänzen; *faire* ~ *un élève* e-n Schüler in der Prüfung durchfallen lassen; **~esse** [~ʃ'rɛs] *f* Trockenheit, Dürre; *fig.* Barschheit *f*, Gefühllosigkeit *f*; Härte (*in der Malerei, im Stil usw.*); **~ie** ⊕ [~ʃ'ri] *f* Trockenanlage *f*.

séch|eur *m u.* **~euse** *f* [se'ʃœ:r, ~'ʃø:z] ⊕ Trockenvorrichtung *f* (⚹ *s. séchoir*); **~oir** [~'ʃwa:r] *m* Handtuchhalter; Trockenboden, -kammer *f*, -platz *m*, *phot.* -ständer *m usw.*; ~ *électrique* Fön(apparat) *m*, Haartrockner *m*.

second, ~e [zɡɔ̃, zɡɔ̃:d] **1.** *adj. u. a/n.o.* zweite(r, s); andere(r, s); niedriger stehend; **2.** *su.* der (die, das) zweite; **3.** *m* Sekun'dant (*im Du'ell*); Beistand; ⚓ Deck(unter)offizier *m*, Maat *m*; zweites Stockwerk *n*; *en* ~ an zweiter Stelle; **~aire** [zɡɔ̃'dɛ:r] zweiten Ranges, sekun-

'där; Neben...; *école f* ~ höhere Schule; *m*: *le* ~ der Unterricht *m* an höheren Schulen; **~e** [zɡɔ̃:d] *f* Zeit, *esc. u.* ⚹ Se'kunde; *écol.* Se'kunda *f*; ✝ ~ (*de change*) Sekundawechsel *m*; 🚃 (Fahrkarte) zweite(r) Klasse; *typ.* Revisionsbogen *m*; **~ement** [zɡɔ̃'dmɑ̃] zweitens; **~er** [zɡɔ̃'de] (1a) unterstützen; befördern, begünstigen; ~ *q.* j-m beistehen, helfen.

secouer [sə'kwe] schütteln, rütteln, *fig.* aufrütteln.

secour|able [səku'rablə] hilfsbereit; **~ir** [səku'ri:r] (2i) ~ *q.* j-m helfen, j-m zu Hilfe kommen, j-n unterstützen (*de qch.* mit etw.); **~iste** [~'rist] *m* Sanitäts-, Rotkreuzhelfer, Erster Helfer; **~s** [s(ə)'ku:r] Hilfe *f*, Beistand *m*; Unterstützung *f*; Fürsorge *f*; ⚔ Hilfstruppen *f/pl.*; *au* ~! Hilfe!; ~ *de chômage* Arbeitslosenunterstützung *f*.

secousse [s(ə)'kus] *f* Erschütterung (*a. fig.*), Stoß *m* (*a. fig.*); ⚡ ~ *nerveuse* Nervenschock *m*; *advt. par* ~s stoß- *od.* ruckweise.

secr|et, ~ète [sə'krɛ, ~'krɛt] **1.** *adj.* geheim, verborgen; *fig.* verschwiegen; **2.** *m* Geheimnis *n*; *fig.* geheimes Mittel *n*; Kunstgriff; Verschwiegenheit *f*; Einzelhaft *f*; *en* ~ im Vertrauen; heimlich; *le Polichinelle* öffentliches Geheimnis *n*; *mettre q. au* ~ j-n hinter Schloß u. Riegel bringen.

secrétaire [səkre'tɛ:r] *m* Sekretär; Schriftführer, Schreiber; Schreibschrank *m*; *orn.* Sekretär, Stelzengeier; ~ *particulier* Privatsekretär; **~rie** [~tɛr'ri] *f* Kanzlei *f*.

secrétariat [səkreta'rja] *m* Sekretariat *n*, Büro *n*, Geschäftsstelle *f*.

sécré|ter *physiol.* [sekre'te] (1f) absondern; **~teur, ~teuse** [~'tœ:r, ~'tø:z] *od.* **~trice** [~'tris] *physiol.* absondernd; **~tion** *physiol.* [~'sjɔ̃] *f* Absonderung *f*; **~toire** *physiol.* [~'twa:r] Absonderungs...

sectaire *rl.* [sɛk'tɛ:r] *m* Sektierer.

sectarisme *pol.* [sɛkta'rism] *m* (*a.* ~*s pl.*) Sektierertum *n*.

secte *rl.* [sɛkt] *f* Sekte.

secteur [sɛk'tœ:r] *m* ⚹ Sektor, Kreis- *od.* Kugelausschnitt *m*; *tram.*, *Bus*: Teilstrecke *f*; Bezirk; ⚔ Frontabschnitt *m*; ~ *de l'économie* Wirtschaftszweig *m*.

section [sɛk'sjɔ̃] f Durchschneidung; ⚔ Schnitt m; ⊕ Querschnitt m; Abschnitt m; Teilstrecke (*Straßenbahn usw.*); ⚔, *gym.* Riege; (Unter-)Abteilung; ⚔ Trupp m; **~ner** [~sjɔ'ne] (1a) in Abschnitte teilen; durchschneiden (*z.B. Telefondrähte*).

séculaire [seky'lɛːr] alle hundert Jahre eintretend; hundertjährig; uralt.

séculari|ser [sekylari'ze] (1a) säkularisieren, weltlich machen, *rl.* verstaatlichen; **~té** [sekylari'te] f weltliche Gerichtsbarkeit; *e-r* Kirche.

séculier [sekyl'lje] (7b) **1.** *adj.* weltlich; irdisch; **2.** *su.* Laie.

securit ⊕, *Auto* [seky'rit] *m* Sekurit *n*, splitterfreies Glas *n*.

sécurité [sekyri'te] f Sicherheit (*-sgefühl n*); Sorglosigkeit; *traité m de ~ collective* kollektive(r) Sicherheitspakt.

sédatif ⚕ [seda'tif] (7e) schmerzstillend, beruhigend; *a. m* schmerzstillendes Mittel *n*.

sédent|aire [sedɑ̃'tɛːr] viel sitzend; *fig.* häuslich; seßhaft; *profession f ~* Haus-, Heimgewerbe *n*; **~arité** [~tari'te] f sitzende Tätigkeit f.

sédiment [sedi'mɑ̃] *m* (Boden-)Satz, Niederschlag *m*; *géol.* Ablagerung f; **~aire** [~'tɛːr] *géol.* Ablagerungs...; Flöz...; Niederschlags... (*z.B. Gebirge*); **~ation** [~ta'sjɔ̃] f: ⚕ *~ du sang* Blutsenkung.

séditi|eux [sedi'sjø] (7d) **1.** *adj.* aufrührerisch; **2.** *su.* Empörer(in *f*) *m*; Aufständische(r); **~on** [~'sjɔ̃] f Aufstand *m*.

séduct|eur [sedyk'tœːr] (7f) **1.** *adj.* verführerisch; **2.** *su.* Verführer(in *f*) *m*; **~ion** [~'sjɔ̃] f Verführung f; *fig.* Zauber *m*.

séduire [se'dɥiːr] (4c) verführen, verleiten; *Zeugen* bestechen; bezaubern; *se ~* verführt werden; *fig.* sich selbst täuschen.

séduisant [sedɥi'zɑ̃] (7) verführerisch; *fig.* bezaubernd.

segment ⚔ [sɛg'mɑ̃] *m* (Kreis-)Abschnitt *m*; ⊕ *~ de piston* Kolbenring; *~ de frein* 🚗 Bremsbacke f; **~aire** *zo.* [~'tɛːr] mehrschnittig; **~er** [~'te] (1a) in Abschnitte schneiden *od.* teilen.

ségrégation [segrega'sjɔ̃] f Absonderung f; *~ raciale* Rassentrennung f; **~niste** [~gasjo'nist] *m* Vertreter *m* der Rassentrennung u. -diffamierung.

seiche [sɛʃ] f s. *sèche*² Tintenfisch *m*.

séide *péj.* [se'id] *su.* Helfershelfer *m*, fanatischer Anhänger *m*.

seigle 🌾, ♀ ['sɛglə] *m* Roggen; *~ ergoté* Mutterkorn *m*.

seigneur [sɛ'ɲœːr] *m* (Lehns-, Landes-, Guts-)Herr; *le ~* der Herr, Gott; *le Grand ~* der Sultan; **~ial** [~ɲœ'rjal] (5c) herrschaftlich; **~ie** [~'ri] f (Lehns-, Guts-)Herrlichkeit; herrschaftliches Gut *n*; *Sa ~* Seine Herrlichkeit (*Titel*).

seille [sɛj] f Holzeimer *m*.

sein [sɛ̃] *m* Busen *m*, Brust f, Mutterleib, Schoß (*a. fig.*); *fig.* Innere(s) *n*; Herz *n.* [netz *n*.]

seine ⊕ [sɛn] f *Fischerei:* Schlepp-]

seing [sɛ̃] *m* Unterschrift f; 🏛 *acte sous ~ privé* Privaturkunde f.

séisme [se'ism] *m* Erdbeben *n*; *fig.* Erschütterung f.

seiz|e [sɛːz] sechzehn; **~ième** [sɛ'zjɛm] **1.** *a/n. o.* sechzehnte(r, s); sechzehntel; **2.** *su.* der (die, das) Sechzehnte; **3.** *m* Sechzehntel *n*.

séjour [se'ʒuːr] *m* Aufenthalt *m*; *fig.* (Wohn-)Sitz; *permis m de ~* Aufenthaltsgenehmigung f; *interdiction f de ~* Aufenthaltsverbot *n*; **~ner** [~ʒur'ne] (1a) sich aufhalten, verweilen; Rast machen; *Gewässer:* stehen.

sel [sɛl] *m* Salz *n*; *fig.* Witz, Humor; **~s** *pl.* volatils Riechsalz *n*; *~ d'engrais* Düngesalz *n*; *min. ~ de déblai* Abraumsalz *n*; *~ nutritif* Nährsalz *n*.

select F [se'lɛkt] auserlesen, fein.

sélec|teur [selɛk'tœːr] *m rad.* Sperrkreis; ⚡ Wähler; **~tif** [~'tif] (7e) trennend; *rad.* abstimmscharf; trennscharf; **~tion** [~'sjɔ̃] f Auswahl; Zuchtwahl; **~tivité** *rad.* [~tivi'te] f Trennschärfe f.

sélé|nique ♐ [sele'nik] Se'len...; **~nite** ♐ [~'nit] f se'lensaures Salz *n*; **~nium** ♐ [~'njɔm] *m* Se'len *n*; **~nographie** [~nogra'fi] f Mondbeschreibung.

self *rad.* [sɛlf] f Spule f; *bobine f de ~* Radiospule; *~ en nid d'abeille* Honigwabenspule; **~-induction** ⚡ [~ɛ̃dyk'sjɔ̃] f Selbstinduktion.

selle [sɛl] f Sattel *m*; ⊕ Waschbrett *n*; Modellblock *m des Bildhauers*;

seller — 455 — **sens**

cuis. (Reh-)Ziemer *m*; (Hammel-)Rücken *m*; *mst. pl.* ~s Stuhlgang *m*; *aller à la* ~ Stuhlgang haben.

seller [sɛˈle] (1a) satteln; *se* ~ gesattelt werden.

sellerie [sɛlˈri] *f* Sattlerei; Sattel-, Geschirrkammer; Geschirr *n* und Sattelzeug *n*; Sattlerarbeit *f*.

sellette [sɛˈlɛt] *f* kleiner Schemel *m*; *mettre q. sur la* ~ j-n ausfragen.

sellier [sɛˈlje] *m* Sattler.

selon [səˈlɔ̃] *prp.* gemäß, nach, zufolge; *c'est* ~ *je nachdem*; ~ *moi* nach meiner Ansicht; *cj.* ~ *que je nachdem ...,* so wie ...

Seltz [sɛls] *m*: *eau f de* ~ Selterswasser *n*.

semailles [s(ə)ˈmɑːj] *f/pl.* Säen *n*, Saat; Saatkorn *n*; Saatzeit.

semaine [s(ə)ˈmɛn] *f* Woche; Wochenarbeit, -lohn *m*, -taschengeld *n*; ✝ ~ *de blanc* Weiße Woche; ~ *sainte* Karwoche; *être de* ~ den Wochendienst haben; **~ier** [~ˈnje] *adj.* (7b) j., der e-e Woche Dienst hat.

sémaphore [semaˈfɔːr] *m* Signalstation *f*, -mast *m*; 🚂 Ein- und Ausfahrtssignal *n*.

sembl|able [sɑ̃ˈblabl] ähnlich; derartig, solch; *mon* ~ meinesgleichen; *nos* ~s *a.* unsere Mitmenschen *m/pl.*; **~ant** [~ˈblɑ̃] *m* (An-)Schein *f*; *faire* ~ *d'être malade* sich krank stellen; *il fait* ~ *or tut nur so*; *ne faire* ~ *de rien* sich nichts merken lassen; **~er** [~ˈble] (1a) scheinen; den Anschein haben; *il me semble* mir scheint; *que vous en semble?* was halten Sie davon?

semelle [s(ə)ˈmɛl] *f* (Schuh-)Sohle; ⊕ Unterfläche; ~ *en liège* (Kork-)Einlegesohle; ~ *fausse* Einlegesohle *für Schuhe*; ~ *orthopédique od. de redressement* Senkfußeinlage; ~ *première* Brandsohle; *Auto:* ~ (*de frein*) Bremsbelag *m*.

semence [s(ə)ˈmɑ̃ːs] *f* ♀ Samen *m*; *fig.* Keim *m*, Ursache; ✝ *Sorte kleiner Nägel m/pl.*; ~ *de diamants* Diamantsplitter *m/pl.*

semer [s(ə)ˈme] (1d) (aus-, be-)säen; ausstreuen (*a. fig.*); P ~ *q.* (*qch.*) j-n abhängen *fig.*; ~ *en ligne* ⊕ drillen.

semestr|e [s(ə)ˈmɛstr] *m* Halbjahr *n*, Semester *n*; halbjähriger Urlaub; halbjährliche Zahlung *f*; **~iel** [~s(ə)mɛstriˈɛl] (7c) halbjährig; halbjährlich.

semeur [s(ə)ˈmœːr] *m* Sämann *m*; *fig.* Ausstreuer *m*, Verbreiter *m*.

semeuse ✍ [s(ə)ˈmøːz] *f* Sämaschine.

semi|-finale [s(ə)mifiˈnal] *f Sport:* Vorschlußrunde; **~fini** [~ˈfiˌni] halbfertig; **~produit** ⊕ [~proˈdɥi] *m* Halbfabrikat *n*; **~remorque** ⊕ [~r(ə)ˈmɔrk] *f* Sattelschlepper *m*; **~rigide** [~riˈʒid] halbstarr.

sémill|ance [semiˈjɑ̃ːs] *f* Lebhaftigkeit *f*, Temperament *n*; **~ant** [~ˈjɑ̃] (7) äußerst lebhaft, quicklebendig.

séminaire [semiˈnɛːr] *m* Semi'nar *n*.

séminal [semiˈnal] (5c) Samen...

séminariste [seminaˈrist] *su.* Seminarist *m*.

semi-officiel [s(ə)miɔfiˈsjɛl] (7c) halbamtlich.

semis [s(ə)ˈmi] *m* Säen *n*; Aufziehen *n* von *Pflanzen* aus Samen; Samenbeet *n*.

semi|-ton ♪ [s(ə)miˈtɔ̃] *m* Halbton; **~voyelle** *gr.* [~vwaˈjɛl] *f* Halbvokal *m*.

semoir ✍ [s(ə)ˈmwaːr] *m* Sä(e)tuch *n*, -maschine *f*; ~ *d'engrais* Düngerstreumaschine *f*; ~ *en lignes* Drillmaschine *f*.

semonce [s(ə)ˈmɔ̃ːs] *f* Verweis *m*.

semoule *cuis.* [s(ə)ˈmul] *f* Grieß *m*.

sempiternel [sɛ̃pitɛrˈnɛl] (7c) ewig, andauernd.

sénat|**eur** [senaˈtœːr] *m* Se'nator *m*.

séné ♀ [seˈne] *m* 'Sennesstrauch, -blätter *n/pl.*

sénéch|**al** *hist.* [seneˈʃal] *m* (5c) *m* Seneschall, Hof- und Küchenmeister; **~aussée** *hist.* [~ˈʃoˈse] *f* Gerichtssprengel *m* e-s Seneschalls.

Sénégal [~ˈgal] *m*: *le* ~ der Senegal *m*; **ais** [~ˈlɛ] *adj.* senegalesisch.

sénevé ♀ [senˈve] *m* Ackersenf.

sénil|**e** [seˈnil] greisenhaft; **~ité** [~liˈte] *f* Altersschwäche.

senior *Sport* [səˈnjɔːr] **1.** *adj.* Se'nioren...; **2.** *m* 'Senior.

sens [sɑ̃ːs] *m* Sinn; Verstand, Meinung *f*; Bedeutung *f*; Richtung *f*, Seite *f*; ~ *pl.* Sinnlichkeit *f*; ~ *artistique* Kunstsinn; *le bon* ~ der gesunde Menschenverstand; ~ *moral* sittliches Bewußtsein *n*; ~ *des responsabilités* Verantwortlichkeitsgefühl *n*; (*rue f à*) ~ *unique* Ein-

sensation — 456 — **septennat**

bahnstraße *f*; (*circulation f à*) ~ *giratoire* Kreisverkehr; ~ *interdit* verbotene Fahrtrichtung *f*; ~ *obligatoire* vorgeschriebene Fahrtrichtung *f*; ~ [sā] *dessus dessous* alles durcheinander; *mettre en* ~ *unique* zur Einbahnstraße machen.

sensation [sãsa'sjõ] *f* (sinnliche) Empfindung *f*; *fig.* Sensation *f*; Aufsehen *n*; *faire* ~ Aufsehen erregen; ~ *de faim* Hungergefühl *n*; **~nel** [~sasjɔ'nɛl] (7c) *fig.* sensationell, aufsehenerregend.

sensé [sã'se] vernünftig, verständig.

sensi|biliser [sãsibili'ze] (1a) reizen, schüren; *phot.* lichtempfindlich machen; **~bilité** [~bili'te] *f* Empfindungsvermögen *n*; Empfindlichkeit *f*; Empfindsamkeit *f*; **~ble** [~'sibl] sinnlich wahrnehmbar, merklich; empfindlich; empfindungsfähig; reizbar; *très* ~ *phot.* hochempfindlich; **~blerie** [~siblə'ri] *f* Gefühlduselei *f*, Rührseligkeit *f*; **~tif** [~'tif] (7e) Empfindungs...; **~tive** ♀ [~'ti:v] *f* Mimose *f*, Sinnpflanze *f*; *fig.* äußerst empfindliche Person *f*.

sensor|iel [~sɔ'rjɛl] (7c) sensorisch, Sinnen...; **~ium** [~'rjɔm] *m* Sensorium *n* (*Empfindungssitz im Gehirn*).

sensual|iser [sãsɥali'ze] (1a) den Sinnen zuschreiben; **~isme** *phil.* [~'lism] *m* Sensua'lismus; Hang zu sinnlichen Genüssen; **~iste** [~'list] **1.** *adj.* sensua'listisch; **2.** *su.* Sensualist *m*; **~ité** [~li'te] *f* Sinnlichkeit; *~s pl.* sinnliche Genüsse *m/pl.*

sensuel [sã'sɥɛl] (7c) **1.** *adj.* sinnlich; **2.** *su.* sinnlicher Mensch *m*.

sente [sã:t] *f* Schneise *f*.

sentenc|e [sã'tã:s] *f* Kern-, Sinnspruch *m*; Ausspruch *m*; 🕮 Spruch *m*; Urteil *n*; ~ *arbitrale* Schiedsspruch *m*; ~ (*entachée*) *d'erreur* Fehlurteil *n*, -spruch *m*; **~ieux** [~'sjø] (7d) spruchartig; sen'tenzen-, spruchreich; *fig.* übertrieben feierlich.

senteur [sã'tœ:r] *f* (Wohl-)Geruch *m*.

sentier [sã'tje] *m* Fußsteig; Pfad; ~ *battu* ausgetretener Fußweg; *fig.* altes Gleis *n*; ~ *de mulet od.* ~ *muletier* Saumpfad.

sentiment [sãti'mã] *m* Gefühl *n*, Empfindung *f*; *fig.* Meinung *f*, Ansicht *f*; ~ *d'infériorité* Minderwertigkeitsgefühl *n*; *mon* ~ *est bon* ich habe ein gutes Gefühl (*als Vorahnung*); *contre son* ~ *intime* gegen s-e innerste Überzeugung; **~al** [~'tal] (5c) sentimental, empfindsam; seelisch; **~alité** [~tali'te] *f* Sentimentalität, Empfindsamkeit.

sentine ⚓ [sã'tin] *f* unterster Schiffsraum *m*; *fig.* Pfuhl *m*.

sentinelle ⚔ [sãti'nɛl] *f* Wachtposten *m*; *être en* ~ Posten stehen.

sentir [sã'ti:r] *v/t.* (2b) fühlen; *fig.* empfinden; wahrnehmen, merken; ahnen; riechen, schmecken (*nach etw.*); ~ *qch. a.* nach etw. riechen, erkennen lassen; *v/i. abs.* übel riechen; ~ *bon* (*mauvais, fort*) gut (schlecht, stark) riechen; *se* ~ sich fühlen; *se* ~ *de qch.* die Folgen verspüren von (*dat.*).

seoir [swa:r] (3k) *fig.* kleiden, sitzen; sich ziemen.

séoudite *géogr.* [seu'dit]: *l'Arabie* ~ Saudiarabien *n*.

sépale ♀ [se'pal] *m* Kelchblatt *n*.

sépara|ble [sepa'rabl] trennbar; **~teur** [~'tœ:r] (7f) trennend; **~tif** [~'tif] (7e) Trennung bewirkend *od.* anzeigend; *mur m* ~ Trennungsmauer *f*; **~tion** [~ra'sjõ] *f* Trennung; Absonderung; 🕮 Absonderung, Scheidung; 🕮 Scheidewand; ~ *de biens* 🕮 Gütertrennung; ~ *de corps* Trennung von Tisch und Bett; **~tiste** [~ra'tist] **1.** *adj.* separatistisch; **2.** *su. rl., pol., phil.* Separatist *m*.

séparément [separe'mã] getrennt.

séparer [sepa're] (1a) trennen; absondern, (unter)scheiden.

sépia [se'pja] *f* ¹Sepia; *zo.* Tintenfisch *m*; ¹ Tintenfischschwarz *n*; *fig.* Sepiazeichnung *f*.

sept [sɛt] sieben.

septain [sɛ'tɛ̃] *m* Strophe *f* von sieben Versen.

septante *dial.* [sɛp'tã:t] siebzig.

septembre [sɛp'tã:brə] *m* September.

septembrisades *hist.* [sɛptãbri'zad] *f/pl.* Septembermorde *m/pl.*

septénaire [sɛpte'nɛ:r] **1.** *adj.* sieben enthaltend; **2.** *m* Zeitraum von sieben Tagen *od.* Jahren; ✱ *le premier* ~ die ersten sieben Tage *m/pl.*

septenn|al [sɛpte'nal] (5c) siebenjährig; **~at** [~'na] *m* siebenjährige

septentrion — 457 — **sermonneur**

Amtszeit *f* des Präsidenten der französischen Republik.
septentrion *poét.* [sɛptɑ̃tri'ɔ̃] *m* Norden; **~al** [~ɔ'nal] (5c) nördlich.
septi|cémie ⚕ [sɛptise'mi] *f* Blutvergiftung; **~cémique** ⚕ [~'mik] von Blutvergiftung herrührend; **~cité** [~si'te] *f* ätzende od. fäulniserregende Eigenschaft.
septième [sɛ'tjɛm] **1.** *a/n. o.* siebente(r, s); siebentel; **2.** *su.* Siebente(r, s); **3.** *m* Siebentel *n*; **4.** *f* ♪ Septime.
septique ⚕ [sɛp'tik] Fäulnis bewirkend; *fosse f ~* Abortgrube.
septuagénaire [sɛptyaʒe'nɛːr] **1.** *adj.* siebzigjährig; **2.** *su.* Siebziger *m*.
septuor ♪ [sɛp'tyɔːr] *m* Septett *n*.
septupl|e [sɛp'typl] **1.** *adj.* siebenfach; **2.** *m das* Siebenfache; **~er** [~'ple] (1a) versiebenfachen.
sépul|cral [sepyl'kral] (5c) Grab...; Toten...; **~cre** [~'pylkrə] *m* Grabstätte *f*; *le saint ~* das Grab Christi; **~ture** [~'tyːr] *f* Beerdigung; Grabstätte.
séquelle [se'kɛl] *f* Sippschaft; *fig.* endlose Reihe (*von unangenehmen Sachen*); Folge(erscheinung) e-r *Krankheit.*
séquence [se'kɑ̃ːs] *f* Spielkarten-, Würfelfolge *f*; *rl., cin.* Sequenz *f*; Folge *f.*
séquestr|ation ⚖ [sekɛstra'sjɔ̃] *f* Beschlagnahme, Einsperrung; **~e** ⚖ [~'kɛstrə] *m* Beschlagnahme *f*, Sequester *n* (*bzw. m*), Zwangsverwaltung *f*, -verwalter *m*; ⚕ abgestorbenes (*u. verkapseltes*) Knochenstück *n*; **~er** ⚖ [~'tre] (1a) mit Beschlag belegen; *widerrechtlich* einsperren.
sérac [se'rak] *m* Firnblock *auf Gletschern*; *a.* Gletscherspalte *f.*
sérail [se'raj] *m* Palast (Harem) des Sultans, Serail.
séran [se'rɑ̃] *m* Flachshechel *f.*
séra|phin *rl.* [sera'fɛ̃] *m* Seraph; **~phique** [~'fik] engelhaft.
serbe [sɛrb] **1.** *adj.* serbisch; **2.** ℒ Serbisch(e) *n*; **3.** ℒ *su.* Serbe *m.*
Serbie *f.* [sɛr'bi]: *la ~* Serbien *n.*
serchoir * ⊕ [sɛr'ʃwaːr] *m* Schraubzwinge *f.*
serein [sə'rɛ̃] **1.** *adj.* (7) heiter, wolkenlos, hell; *fig.* ungetrübt, heiter; ♀ *goutte f ~* schwarzer Star *m*, Stockblindheit *f*; **2.** *su.* Abendtau.

sérén|ade ♪ [sere'nad] *f* (Nacht-) Ständchen *n*; *scherzhaft:* Katzenmusik; **~issime** [~ni'sim] durchlauchtigst; **~ité** [~ni'te] *f* Unbewölktheit *f*; *fig.* Zufriedenheit *f.*
séreux ⚕ [se'rø] serös, wässerig.
serf *féod.* [sɛrf] (7e) **1.** *adj.* leibeigen; **2.** *su.* Leibeigene(r).
serfou|ette ⚒ [sɛr'fwɛt] *f* (Jät-) Hacke; **~ir** ⚒ [~'fwiːr] (2a) leicht um-, behacken.
serge ⊕ [sɛrʒ] *f* Serge *f.*
sergent [sɛr'ʒɑ̃] *m* ⚔ Unteroffizier *m*; *ent.* Goldlaufkäfer; *~ de ville* Schutzmann; **~-major** ⚔ [~ma'ʒɔːr] *m* Schreibstubenunteroffizier *m.*
sergot P [sɛr'go] *m* Polizist *m*, Schutzmann *m*, Schupo *m.*
séricicul|teur [serisikyl'tœːr] *m* Seidenraupenzüchter *m*; **~ture** [~'tyːr] *f* Seidenherstellung *f*, -zucht *f.*
séri|e [se'ri] *f* Serie, Reihe; Abteilung, Klasse; *⚡ coupler en ~* hinter-ea.-schalten; *par ~* satzweise; *hors ~* hervorragend; **~er** [~'rje] (1a) in Reihen aufstellen *od.* einteilen; eingliedern.
sérieux [se'rjø] (7d) *adj. u. m* ernst(haft); *fig.* aufrichtig, wirklich; ernstlich; bedenklich; Ernst(haftigkeit *f*); ernste Veranlassung *f*; *prendre un air ~ od. prendre son ~* e-e ernste Miene machen; *le ~ farouche* der tierische Ernst *m.*
serin [sə'rɛ̃] *su. orn.* Kanarienvogel *m*; Zeisig *m*; *fig.* P *m* Dummkopf *m*; **~er** [səri'ne] (1a): *~ un oiseau* e-m Vogel *zum Lernen* vorpfeifen *od.* vororgeln; F *écol. ~ qch. à q. j-m* etw. einpauken *od.* eintrichtern; **~ette** [səri'nɛt] *f* Vogelorgel; F *fig.* ohne Ausdruck; ausdrucksloser Sänger *m.*
seringu|e [s(ə)'rɛ̃ːg] *f* ⚕ *u. ⚒* (*kleine*) Spritze; ⚕ Klistier-, Injektionsspritze; **~er** [sərɛ̃'ʒe] (1m) (be-, ein- aus)spritzen.
serment [sɛr'mɑ̃] *m* Schwur, Eid (*prêter leisten*); ⚖ *déclarer sous (la foi du) ~* an Eides Statt erklären.
sermon [sɛr'mɔ̃] *m* Predigt *f*; **~naire** [~mɔ'nɛːr] *m* Predigtbuch *n*; **~ner** [~mɔ'ne] *f* ~ *q. j-n* abkanzeln; *v/i.* F predigen, e-e Rede halten; **~neur** [~mɔ'nœːr] *adj. u. su.* nörgelnd, meckernd; Nörgler *m*; Kritikaster *m.*

sérosité *physiol.* [serozi'te] *f* wässerige Feuchtigkeit *f*, Lymphe *f*.

sérothérapie ⚕ [serotera'pi] *f* Serumtherapie *f*.

serpe 🌿 [sɛrp] *f* Gartenmesser *n*, Hippe.

serpent *zo. u. fig.* [sɛr pɑ̃] *m* Schlange *f*; ~ à lunettes, ~ couronné Brillenschlange *f*; ~ à sonnettes Klapperschlange *f*; ♪ Schlangenhorn *n*; ~**aire** [~'tɛːr] **1.** ♀ *m ast.* Schlangenträger; *orn.* Stelzengeier; **2.** *f* ♀ Drachenwurz, Schlangenwurzel; ~**eau** [~'to] *m zo.* junge Schlange *f*; Feuerwerk: (Brillant-) Schwärmer; ~**er** [~'te] (1a) gen schlängeln; *aller en serpentant* Schlangenwindungen machen; ~**in** [~'tɛ̃] (7) **1.** *adj.* schlangenartig, -förmig; *fig.* giftig; *phm.* gegen Schlangenbiß wirksam; **2.** *m* ⊕ Schlangen-, Kühlrohr *n*; Papierschlange *f*; **3.** *f* ♀ Schlangenkraut *n*, Drachenwurz *f*.

serpette 🌿 [sɛr'pɛt] *f* (kleines) Garten-, Winzermesser *n*.

serpigineux ⚕ [sɛrpiʒi'nø] (7d) weiterfressend.

serpillière [sɛrpi'jɛːr] *f* Packleinwand; Scheuerlappen *m*; Schürze *f* aus grober Leinwand.

serpolet 🌿 [sɛrpɔ'le] *m* Thymian *m*.

serrage *bét.* [sɛ'raːʒ] *m* Verdichtung *f*.

serre [sɛːr] *f* Drücken *n*, Pressen *n*; Keltern *n*; Klaue, Kralle; Schere *des Krebses*; ~ (chaude) 🌿 Gewächs-, Treibhaus *n*; ~-**bijoux** [sɛrbi'ʒu] *m* Schmuckkästchen *n*; ~-**bouchon** ⊕ [~bu'ʃɔ̃] *m* Patentverschluß (*für Seltersflachen usw.*); ~-**file** [~'fil] *m* Schlußreihe *f*; schließender Offizier *od.* Unteroffizier; *a. fig.* Hintermann; ⚓ *vaisseau* ~ letztes Schiff *n*; ~-**fils** ⚡, ♪ [~'fil] *m* Klemme *f*; ~-**fine** ⚕ [~'fin] *f* (Wund-)Klammer; ~-**frein(s)** 🚂 [~'frɛ̃] *m* Bremser; ~-**joint(s)** ⊕ *men.* [~'ʒwɛ̃] *m* (Leim-)Zwinge *f*; *charp.* Dielenzwinge *f*; ~-**livres** [~'liːvrə] *m* (6c) Bücherstütze *f*; ~-**papiers** [~pa'pje] *m* Aktengestell *n*, -ständer *m*; *a.* Briefbeschwerer.

serrer [sɛ're] (1b) drücken, pressen; straff(er) anziehen, spannen, klemmen, zs.-schnüren; zs.-drängen; ※ aufschließen; *e-e Stadt* eng einschließen; ver-, einschließen; hart zusetzen; ~ *de près* hart bedrängen, in die Enge treiben; ~ *les dents* die Zähne zs.-beißen; ♂ *avoir le ventre serré* verstopft sein; *fig.* *avoir le cœur serré* bekümmert sein; *dormir serré* fest schlafen; *être serré* eingeengt sein; *fig.* knausern; *logique m serré* straffes Denken *n*; *jouer serré* vorsichtig spielen; *mentir serré* wie gedruckt lügen; *tenir q. serré* j-n knapp *od.* streng halten; *se* ~ sich drängen; *se* ~ (*la taille*) sich schnüren; *le cœur se serre* man bekommt Herzbeklemmungen; *fig.* das Herz dreht sich e-m im Leibe herum.

serre-tête [sɛr'tɛt] *m* Stirnband *n*; Kopftuch *n*; *Sport:* Sturzhelm; *rad.* Kopfhörerbügel *m*.

serru|re [sɛ'ryːr] *f* (Tür- *usw.*) Schloß *n*; ~**rerie** [sɛry'ri] *f* Schlosserei, Schlosserarbeit; ~ *de bâtiment* Bauschlosserei; ~**rier** [sɛry'rje] *m* Schlosser.

sert|e ⊕ [sɛrt] *f* Fassen *n*, Fassung (*von Edelsteinen*); ~**ir** ⊕ [~'tiːr] (2a) *Edelsteine* fassen; ~**issage** ⊕ [~ti'saːʒ] *m* Fassen *n*; ~**isseur** ⊕ [~ti'sœːr] *m* Edelsteinfasser; ~**issure** ⊕ [~ti'syːr] *f* Fassung.

sérum ⚕ [se'rɔm] *m* 'Serum *n*; *physiol.* Blutwasser *n*; ~ *du lait* Molke *f*.

servage *hist.* [sɛr'vaːʒ] *m* Leibeigenschaft *f*, Knechtschaft *f*.

serval *zo.* [sɛr'val] *m* (*pl.* ~s) Busch-, Tigerkatze *f*.

servant, -e [sɛr'vɑ̃, ~'vɑ̃ːt] **1.** *adj.* dienend; dienstuend; **2.** *m rl.* Meßdiener; ※ ~s *pl.* Bedienungsmannschaft(en); ✈ Bodenpersonal *n*; **3.** *f* Dienstmädchen *n*, Magd; Anrichte *f*, Serviertisch *m*; ⊕ Stützvorrichtung.

serveur [sɛr'vœːr] *m* Balljunge *m*; Serierer *m*; Kellner *m*.

servia|bilité [sɛrvjabili'te] *f* Hilfsbereitschaft *f*; ~**ble** [sɛr'vjablə] hilfsbereit, gefällig.

service [sɛr'vis] *m* Dienst; Aufwartung *f*; Dienst(leistung *f*); Seelenmesse *f*; Gang *von Speisen*; *Tennis:* Aufschlag; Dienststelle *f*, Abteilung *f*, Amt *n*; ✈ ~ *aérien* Luftverkehr; ~ *auxiliaire* Hilfsdienst; 🚂 ~ *de grand parcours* Fernverkehr; ~ *de navette* Pendelverkehr; ~ *divin* Gottesdienst; ~ *de dépannage Auto:* Re-

serviette — **459** — **shot**

paraturwerkstatt *f*; ~ *de la clientèle* Kundendienst; ~ *des achats* Einkaufsabteilung *f*; ~ *urbain (interurbain) téléph.* Orts-(Fern-)verkehr; ~ *(de table)* Tischgeschirr *n*; être de ~ Dienst haben; ~ *compris* Trinkgeld mit einbegriffen; ~ *obligatoire* allgemeine Dienst-, Wehrpflicht *f*; ~*s pl. publics* Verwaltungszweige; *solliciter les bons* ~*s de q.* j-n um eine Gefälligkeit bitten.

serviette [sɛr'vjɛt] *f* Mund-, Teller-; Handtuch *n*; Aktentasche, Mappe *f*; ~ *hygiénique* ♀ Damen-, Monatsbinde; ~-**éponge** [~e'pɔ̃:ʒ] *f* Frottier(hand)tuch *n*.

servil|e [sɛr'vil] knechtisch; sklavisch; *fig.* unterwürfig; zu wörtlich *(Übersetzung)*; ~**isme** [~'lism] *m* Duckmäuserei *f*; ~**ité** [~li'te] *f* Kriechertum *n*; *fig.* ängstliche Genauigkeit.

servir [sɛr'vi:r] *v/t.* (2b) j-n bedienen; j-m aufwarten; *fig.* j-m gefällig sein; j-m e-n Dienst erweisen; *die Suppe usw.* auftragen; j-m vorlegen; *für e-e Firma* arbeiten; *Tennis:* aufschlagen; ~ *une rente* e-e Rente auszahlen; *le dîner est servi* es ist angerichtet; *thé.* ~ *la soupe* s-n Mitspieler herausheben; *v/i.* dienen, brauchbar sein, nützen; ~ *de qch.* als etw. dienen, die Stelle von etw. *(dat.)* vertreten; ~ *à qch.* zu etw. dienen; se ~ *de qch.* etw. benutzen.

servi|teur [sɛrvi'tœ:r] *m* Diener; ~**tude** [~'tyd] *f* Knechtschaft, Sklaverei; Zwang *m*; ⚖ Servitut (*a. n*), Last.

servo-moteur ⊕ [sɛrvɔmɔ'tœ:r] *m* Servo-, Stellmotor *m*.

ses [se] *pl.* seine, ihre; *s.* son.

sessile ♀ [sɛ'sil] ungestielt.

session *parl.* [sɛ'sjɔ̃] *f* Sitzung(szeit).

set [sɛt] *m Tennis:* Satz *m*; *cin.* Aufnahmeraum *m*.

sétiforme [seti'fɔrm] borstenförmig, Borsten...

séton ⚕ [se'tɔ̃] *m* Eiterband *n*; Ableitungsgeschwür *n*; *plaie f en* ~ (oberflächliche Haut-)Wunde.

setter *zo.* [sɛ'tɛ:r] *m* Setter *m (Hunderasse)*.

seuil [sœj] *m* (Tür-)Schwelle *f*; *fig.* Eingang; *fig.* Stufe *f*; ⚡ ~ *de tension* Reizschwelle *f*.

seul [sœl] allein(ig), einzig, bloß; einsam; ✝ ~*e (lettre) de change* Solawechsel *m*; *dépenser en* ~*es recherches portuaires* nur für (die) Hafenuntersuchungen ausgeben; *le (la)* ~*(e) juste der (die) einzig richtige*; ~**ement** [~'mɑ̃] nur, bloß; erst; *ne* ... *pas* ~ nicht einmal, nicht nur; ~**et**, ~**ette** F [~'lɛ, ~'lɛt] ganz (mutterseelen-)allein.

sève ♀ [sɛ:v] *f* Saft *m*; *Wein:* Feuer *n*; *fig.* Kraft, Geist *m*, Frische *f*, Schwung *m*.

sévère [se'vɛ:r] streng; *fig.* scharf, rauh; *Kunst:* ernst; schmucklos; *Blick:* düster.

sévérité [severi'te] *f* Strenge, Härte; Ernsthaftigkeit *f*; ⚠ strenge Regelmäßigkeit.

sévices [se'vis] *m/pl.* Mißhandlungen *f/pl.*; rohe Behandlung *f*.

sévir [se'vi:r] (2a): ~ *contre q.* streng gegen j-n verfahren; *(disziplinarisch)* durchgreifen; wüten, verheerend auftreten *(Krankheiten)*.

sevrage [sə'vra:ʒ] *m* Entwöhnung *f* e-s Kindes; Absetzen *n* e-s Tieres; ✿ Abtrennung *f* e-s Baumablegers.

sevrer [sə'vre] (1d) *ein Kind* entwöhnen; *ein Tier* absetzen; ✿ e-n Baumableger ab-, loslösen; ~ *q. de qch.* j-m etw. entziehen.

sexagénaire [sɛksaʒe'nɛ:r] **1.** *adj.* sechzigjährig; **2.** *su.* Sechziger *m*.

sexe [sɛks] *m* Geschlecht *n*; *le* ~ *faible ou le beau* ~ das schwache *od.* schöne Geschlecht *(die Frauen)*; *le* ~ *fort* das starke Geschlecht *(die Männer)*; *le troisième* ~ die Homosexuellen *pl.*; *des deux* ~*s* beiderlei Geschlechts.

sexennal [sɛksɛ'nal] (5c) sechsjährlich, -jährig.

sexologue [sɛksɔ'lɔg] *m* Sexualwissenschaftler *m*.

sextuple [sɛks'typl] sechsfach.

sexuel [sɛk'sɥɛl] (7c) sexuell, geschlechtlich, Geschlechts...

seyant [sɛ'jɑ̃] (7) gut sitzend, passend.

shampooing [ʃɑ̃'pwɛ̃] *m* Kopfwäsche *f*.

shooter *Sport* [ʃu'te] (den Ball) schießen.

short [ʃɔrt] *m* Shorts *pl.*; *cin.* Kurzfilm *m*.

shot *Sport* [ʃɔt] *m* (Ball-)Schuß *m*.

shunt — 460 — **signaler**

shunt ⚡ [ʃœ̃:t] *m* Nebenschluß *m e-s Stromes*; **~er** ⚡ [ʃœ̃'te] (1a) nebenschließen, überbrücken.

si [si] **1.** *conj.* wenn, falls; ob; ~ ce n'est que ce sei denn, daß; ~ tant est que wenn es wahr ist, daß; **2.** *adv.* so; doch, ja *(nach negativen Fragen)*; ~ riche qu'il soit so reich er auch sein mag; ~ fait doch, allerdings; **3.** *m* Wenn *n*; ♩ H *n*.

Sibérie [sibe'ri]: **la** ~ Sibirien *n*.

sibérien [sibe'rjɛ̃] (7c) sibirisch.

sibilant [sibi'lɑ̃] (7c) pfeifend.

siccatif [sika'tif] **1.** *adj.* (7e) trocknend; **2.** *m* Trockenmittel *n*.

Sicile [si'sil]: **la** ~ Sizilien *n*.

sidecar [sajd'ka:r] *m* Seiten-, Beiwagen *m e-s Motorrads*.

sidér|al [side'ral] (5c) Sternen...; **~é** F [~'re] verblüfft, bestürzt. **~idéo|lithique** [sideroli'tik] eisenmineralhaltig *(aus der Tertiärzeit)*; **~métallurgie** [~metalyr'ʒi] *f* Eisenhüttenkunde *f*; **~technie** [~tɛk'ni] *f* Eisenhüttenkunde *f*, Eisenindustrie *f*; **~technicien** [~tekni'sjɛ̃] *m* Eisenhüttenfachmann *m*.

sidérurg|ie ⊕ [sideryr'ʒi] *f* Eisenhüttenkunde *f*; **~ique** [~'ʒik] Eisenhütten...; groupement *m* (od. complexe *m*) ~ Stahlwerk *n*; produits *m/pl.* ~s Stahl- od. Eisenerzeugnisse *n/pl.*

siècle ['sjɛklə] *m* Jahrhundert *n*; *fig.* Zeit(alter *n*) *f*; lange, ewige Zeit *f*; *fig. u. rl.* Welt *f*, weltliches Leben *n*; le ~ des lumières, le ~ philosophique das Zeitalter der Aufklärung.

siège [sjɛ:ʒ] *m* Sessel *m*; Sitz *m (fig. e-r Regierung, Firma, Krankheit, Wunde usw.)*; Sessel *m*; Stuhl *m (fig. Richterstuhl, päpstlicher Stuhl)*; *fig.* Gerichtssaal, -hof; Mittelpunkt *m*, Sammelplatz *m*; ⚔ Belagerung *f*; ~-arrière Soziussitz *(beim Motorrad)*; ~ du cocher Kutscherbock; ⚔ ~ du pilote Führersitz; ~ en osier Korbsessel; ✟ ~ social Geschäftssitz; *fig.* F lever le ~ die Sitzung *(od. die Tafel)* aufheben.

siéger [sje'ʒe] (1g) sitzen, s-n (ihren) Sitz haben *(Papst, Regierung, Krankheit usw.)*; *fig.* tagen, e-e Sitzung abhalten; Mitglied *od.* Vorsitzender sein.

sien [sjɛ̃] sein(ig), ihr(ig); un sien ami ein Freund von ihm *(a. von ihr)*; ma maison et la ~ne mein und sein *(od. ihr)* Haus; F en voilà des ~nes das sieht ihm (ihr) ähnlich.

sieste [sjɛst] *f* Mittagsruhe; faire la ~ Mittagsruhe halten.

sieur F *péj.* [sjœ:r] *m*: un ~ N. ein Herr N.

siffl|able *thé.* [si'flablə] auspfeifenswert; **~ant** [~'flɑ̃] (7) **1.** *adj.* pfeifend; zischend; **2.** *f* Zischlaut *m*.

siffl|ement [sifləmɑ̃] *m* Pfeifen *n*, Zischen *n*, Sausen *n usw.*; **~er** [~'fle] (1a) *v/i.* pfeifen; 🐦 keuchen; *Schlange:* zischen; *Wind:* sausen; *Pfeil:* schwirren; *v/t.* pfeifen; *thé.* auspfeifen, auszischen; P schnell trinken *od.* heruntergießen; *abs.* schnell e-n zwitschern *(od.* hintergießen *od.* verdrücken); **~et** [~'flɛ] *m* Pfeife *f*; *thé.* (Aus-)Pfeifen *n*; Pfiff; P Gurgel *f*; Maul *n*, Zunge *f*; P Frack; ~ à roulette Trillerpfeife *f*; ~ d'alarme ⚙ *a.* Sicherheitsventil *n*; ~ de détresse Notsignal *n*; coup *m* de ~ Pfiff; en ~ schräg; P couper le ~ à q. j-m die Kehle durchschneiden; j-m das Maul stopfen; **~eur** [~'flœ:r] **1.** *adj.* pfeifend; keuchend; **2.** *su. thé.* Pfeifer *m*, Auszischer *m*.

sifflot|ement [siflɔt'mɑ̃] *m* Vorsichhinpfeifen *n*; **~er** [siflɔ'te] *v/t. u. v/i.* (1a) halblaut vor sich hinpfeifen.

sifilet *orn.* [sifi'lɛ] *m* Goldparadiesvogel.

sigill|aire [siʒi'lɛ:r] Siegel...; **~ation** [~la'sjɔ̃] *f* Untersiegeln *n*; **~é** [~'le] gesiegelt.

sigisbée *iron.* [siʒis'be] *m* Galan *m*.

sigle ['siglə] *m* Abkürzungsbuchstabe; Kürzel *n*, Sigel *n (Kurzschrift)*.

signal [si'nal] *m* (5c) Signal *n*, Zeichen *n*; ~ acoustique *od.* d'appel *Radio:* Pausenzeichen *n*; *téléph.* Rufzeichen *n*; 🕮 ~ absolu Hauptsignal *n*; ~ avertisseur Vorsignal *n*; ~ d'arrêt Haltesignal *n*; ~ d'alarme Notbremse *f*; *téléph.* ~ d'appel Rufzeichen *n*; ~ de circulation Verkehrszeichen *n*; ~ de danger Warnzeichen *n*; ~ de détresse Notruf; ~ d'interdiction Verbotszeichen *n*; *Radio:* ~ horaire Zeitzeichen *n*; ~ lumineux Lichtsignal *n*; signaux *m/pl.* radio Funkzeichen *n/pl.*; **~ement** [~'mɑ̃] *m* Personenbeschreibung *f*; **~er** [~'le] (1a) signalisieren, durch ein Signal andeuten, melden;

signalétique — 461 — **simuler**

hinweisen auf (acc.); ~ par T.S.F. funken; **~étique** [~le'tik] beschreibend; markierend, kennzeichnend; fiche f ~ Personalienbogen m; **~eur** a. ⚔ [~'lœːr] m Signalgeber; Funker; **~isation** [~liza'sjɔ̃] f Meldedienst m; Signalanbringung; champignon m de ~ Verkehrslicht n (auf Straßenschutzinsel); lampe f od. lanterne f de ~ Verkehrsampel; tour(elle) f de ~ Verkehrsturm m.

signa|taire [siɲa'tɛːr] su. Unterzeichner(in f) m; pays m ~ Signatarstaat m; **~ture** [~'tyːr] f Unterzeichnung, -schrift; spécimen m de ~ Unterschriftsprobe f.

sign|e [siɲ] m Zeichen n; fig. Merkmal n; Wink; ✻ Muttermal n; **~er** [~'ɲe] (1a) v/t., unterschreiben, -zeichnen; ~ le livre d'or sich ins goldene Buch e-r Stadt eintragen; se ~ sich bekreuzigen; **~et** [~'ɲɛ] m Lese-, Buchzeichen n.

signi|ficatif [siɲifika'tif] (7e) bedeutsam; bezeichnend; vielsagend; **~fication** [~fika'sjɔ̃] f Bedeutung, Sinn m; ⚖ Anzeige; **~fier** [~'fje] (1a) bedeuten, heißen; ausdrücklich zu verstehen geben; ⚖ anzeigen.

silenc|e [si'lɑ̃ːs] m (Still-)Schweigen n; Stille f, Ruhe f; Auto: ~ de marche Laufruhe f; passer sous ~ stillschweigend übergehen; **~ieux** [~'sjø] 1. adj. (7d) schweigsam, verschlossen; still, geräuschlos; 2. m Auto: Schalldämpfer m (a. Pistole), Auspufftopf m.

Silésie [sile'zi]: **la ~** Schlesien n.
silésien [sile'zjɛ̃] (7c) 1. adj. schlesisch; 2. ♀ su. Schlesier m.
silex [si'lɛks] m Feuerstein.
silhouett|e [si'lwɛt] f Silhouette f; **~er** [~'te] (1b) im Schattenriß darstellen.

sili|ce 🜛 [si'lis] f reine Kieselerde od. -säure; **~ceux** min. [~'sø] kieselartig; **~cium** 🜛 [~'sjɔm] m Silizium n; **~ciure** 🜛 [~'sjyːr] f Siliziumverbindung.

siliqu|e ♃ [si'lik] f Schote f, **~eux** ♃ [~'kø] schotentragend.
sillage ⚓ [si'jaːʒ] m Kielwasser n (a. fig.); ⚓ anschließende od. fortsetzende Ader f.
siller ⚓ [si'je] (1a) die Wogen durchschneiden.
sillet ♪ [si'jɛ] m Geigensteg m.

sillomètre ⚓ [sijɔ'mɛtrə] m Geschwindigkeitsmesser, Log n.
sillon [si'jɔ̃] m ✔ Furche f; fig. Streifen; Rille f; poét. ~s pl. Gefilde n; ~ de lumière Lichtstrahl; **~ner** [~jɔ'ne] (1a) (durch-)furchen.
silo [si'lo] m ✔ (Spezial-)Speicher für Getreide usw.; ~ à automobiles Turmgarage f.
silphe ent. [silf] m Aaskäfer.
silure icht. [si'lyːr] m Wels.
simagrée F [sima'gre] f/pl. Getue n.
simarre [si'maːr] f Talar m.
simien zo. [si'mjɛ̃] adj. (u. ~s m/pl.) affenartig(e Tiere n/pl.). [ähnlich.]
simiesque zo. [si'mjɛsk] affen-
simil|aire [simi'lɛːr] ähnlich, gleichartig; **~arité** [~lari'te] f Gleichartigkeit.
simili... [simi'li...] in Zssgn: unecht, nachgemacht (Schmucksachen usw.); m ✝ Nachahmung f; (parure f) en ~ unecht(er Schmuck); **~tude** [~'tyd] f Ähnlichkeit; rhét. Gleichnis n; pol. ~ de vues sur ... Übereinstimmung f über ...
similor [simi'lɔːr] m Scheingold n, Prinzmetall n; en ~ unecht.
simonie rl. [simɔ'ni] f Handel m mit geistlichen Stellen od. Dingen.
simoun [si'mun] m Samum m.
simple ['sɛ̃ːplə] 1. adj. einfach, fig. schmucklos; arglos, schlicht; einfältig; vor dem su.: weiter nichts als, bloß; gemein (Soldat); 2. m F Einfaltspinsel m; das Einfache n; Tennis: Einzelspiel n, ~s pl. Heilkräuter n/pl., Arzneipflanzen f/pl.
simplicité [sɛ̃pli'site] f Einfachheit f; fig. Unbefangenheit f; Einfältigkeit f.
simplifi|cation [sɛ̃plifika'sjɔ̃] f Vereinfachung f; ♃ Bruchkürzen n; **~er** [~'fje] (1a) vereinfachen; ♃ Brüche kürzen; se ~ einfacher werden.
simpliste [sɛ̃'plist] naiv, einseitig, grob vereinfachend, oberflächlich.
simulacre [simy'lakrə] m Götzenbild n; Trugbild n; Scheinhandlung f.
simula|teur [simyla'tœːr] m (7f) Simulant m; ⊕ ast. ~ de réactions humaines künstlicher Raumfahrer m; **~tion** [~la'sjɔ̃] f Verstellung f, Heuchelei f.
simuler [simy'le] (1a) vorgeben, vortäuschen, erheucheln; simulé erheuchelt, erdichtet, Schein-...

simultan|é [simylta'ne] gleichzeitig; *adv.*: *simultanément*; *interprète* m ~ Simultandolmetscher m; **~ité** [~ni'te] f Gleichzeitigkeit f.

sinapisme ♂ [sina'pism] m Senfpflaster n.

sincère [sɛ̃'sɛːr] aufrichtig.

sincérité [sɛ̃seri'te] f Aufrichtigkeit f, Lauterkeit f.

sinciput *anat.* [sɛ̃si'pyt] m Scheitel m, Wirbel m *des Kopfes*.

sindon ♂ [sɛ̃'dɔ̃] m Scharpiebausch m; *rl.* Christi Grabtuch m.

singalette [sɛ̃ga'lɛt] f *Art* Musselinstoff m.

sing|e [sɛ̃ːʒ] m *zo.* Affe m; Storchschnabel m (*Zeichengerät*); Kreuzhaspel f; ⚔ eiserne Ration f; P Büchsenfleisch n; P Chef m; *der Alte* m; *~ capucin* Kapuzineräffchen n; *je suis un (trop) vieux ~* ich bin ein alter Hase; **~er** [sɛ̃'ʒe] (1l) nachäffen; **~erie** [sɛ̃'ʒri] f Affenkomödie f, -posse f; Nachäffung f; F Mätzchen n/*pl.*; **~eur** [~'ʒœːr] 1. *adj.* nachäffend; 2. *su.* Nachäffer m.

singular|iser [sɛ̃gylari'ze] (1a) zum Sonderling stempeln; *se ~* auffallen; **~ité** [~ri'te] f Sonderbarkeit f; Eigenheit f.

singulier [sɛ̃gy'lje] 1. *adj.* (7b) einzeln; sonderbar, eigentümlich; ausgezeichnet; 2. m Singular.

sinistre [si'nistr] 1. *adj.* unheilverkündend; unheilvoll; unheimlich; 2. m Unglück(sfall m) n *durch Feuersbrunst usw.*; Seeschaden m; Naturkatastrophe f.

sinistré [sinis'tre] *su.* Abgebrannte(r), Verunglückte(r), Beschädigte(r); *~ mobilier* de guerre Ausgebombter m; *~ de guerre* Kriegsgeschädigte(r); *être ~* ausgebombt sein.

sinon [si'nɔ̃] wenn nicht ...; wenn nicht, sonst; außer.

sino-soviétique [sinɔsɔvje'tik] chinesisch-sowjetisch.

sinu|eux [si'nɥø] sich schlängelnd, gewunden; **~osité** *anat.* [~nɥozi'te] f Krümmung f, Windung, Gewundenheit f (*a. fig.*).

sinus [si'nys] m *anat.* Höhle f; ⚓ Bucht f; ⚕ Sinus m; **~ite** [~'zit] f Stirnhöhlenvereiterung f.

siphon [si'fɔ̃] m *phys.* (Saug-)Heber; Siphon m; Saugrüssel m (*Weichtiere*); ⚓ Wasserhose f; ⊕ Geruchsverschluß m, Kniestück n e-s *Abflußrohres*.

sire [siːr] m: ♀ Allergnädigster Herr!, Majestät!; F *pauvre ~* unbedeutender Mensch m, armseliger Tropf m.

sirène *myth. u. phys.* [si'rɛn] f Sirene; *fig.* verführerisches Weib n; (*a. ~ à vapeur*) Nebelhorn n; *~ d'alarme* ⊕ Heulsirene.

siroco [sirɔ'ko] m Schirokko m.

sirop [si'ro] m Sirup m.

siroter F [sirɔ'te] (1a) ausnippen; ausschlürfen.

sis [si] liegend, gelegen.

sismographe [sismɔ'graf] m Seismograph m.

site [sit] m Lage f; Landschaft f.

sitôt [si'to] so bald (sobald); *~ dit, ~ fait* gesagt, getan; *~ que* sobald (als); *pas de ~* nicht so bald.

sittelle *orn.* [si'tɛl] f Kleiber m; *~ bleue* Blauspecht m.

situation [sitɥa'sjɔ̃] f Lage f; Stellung f; Zustand m *der Geschäfte*; Vermögensverhältnisse n/*pl.*; *~ économique* Wirtschaftslage f; *~ météorologique* Wetterlage f; *~ stable* Dauerstellung f. [gen.]

situé [si'tɥe] gelegen; *être ~ lie-*}

situer [~] (1a) Haus hinsetzen, -stellen; Zeitpunkt, Lage *usw.* genau angeben *od.* bestimmen; *se ~* liegen; zeitlich stehen.

six [sis; *vor cons.* si; *Bindung:* siz] 1. *adj./n.c.* sechs; 2. m ~ die (*Zahl*) Sechs f; F *à la ~-quatre-deux* hingepfuscht.

sixain [si'zɛ̃] m Sechszeiler m.

sixième [si'zjɛm] 1. *adj./n.o.* sechste (r, s); 2. m Sechstel m; 3. *écol.* sechste Klasse f; *Fr.* erste Oberschulklasse.

sixte ♪ [sikst] f Sexte f.

sizain [si'zɛ̃] = *sixain*.

skating [ske'tiŋ] m Rollschuhlaufen n, -bahn f.

ski [ski] m Schi m; Schisport m; *chausser les ~s* die Schier anschnallen; *faire du ~* Schi laufen; **~eur** [ski'œːr] *su.* (7g) Schiläufer m.

slack [slak] m Damenhose f, Slacks *pl.*

slav|e [slaːv] 1. *adj.* slawisch; 2. ♀ *su.* Slawe m; **~iser** [slavi'ze] (1a) slawisieren; **~isme** [~'vism] m Slaventum n.

sleeping 🛏 [sliˈpiŋ] m Schlafwagen m.

slip text. [slip] m Slip m; ~ de bain Badehose f/pl.

sloop ⚓ [slup] m Schaluppe f.

slovaque [slɔˈvak] slowakisch.

slovène [slɔˈvɛn] slowenisch.

smash Tennis [smaʃ] m Schmetterball m.

smilax ♀ [smiˈlaks] m Stechwinde f.

smoking [smoˈkiŋ] m Smoking m.

snob [snɔb] su. Snob m; adjt. snobistisch; **~inette** F [~biˈnɛt] f snobistische junge Frau f; **~isme** [~ˈbism] m Snobismus m.

snow-boot [snoˈbut] m gefütterter Überschuh m.

sobre [ˈsɔbrə] nüchtern, gemäßigt; zurückhaltend.

sobriété [sɔbrieˈte] f Nüchternheit f; fig. Besonnenheit f; Knappheit f des Ausdrucks.

sobriquet [sɔbriˈkɛ] m Spitzname.

soc 🌾 [sɔk] m Pflugschar f.

socia|biliser [sɔsjabiliˈze] (1a) gesellig machen; **~bilité** [~biliˈte] f Gemeinschaftssinn m, (Hang m zur) Geselligkeit; **~ble** [~ˈsjablə] gesellig; umgänglich.

social [sɔˈsjal] (5c) gesellschaftlich, pol. sozial; ~ Gesellschafts...; assistante f ~e Sozialfürsorgerin; embouteillage m ~ Berufsüberfüllung f; raison f ~e Firmenbezeichnung, (Name e-r Gesellschafts-)Firma; **~-démocrate** pol. [~demɔˈkrat] su. Sozialdemokrat m; **~isation** [~lizaˈsjɔ̃] f pol. Sozialisierung, Verstaatlichung; **~iser** [~liˈze] (1a) sozialisieren, verstaatlichen; **~isme** [~ˈlism] m Sozialismus; **~iste** [~ˈlist] 1. adj. sozialistisch; 2. su. Sozialist m.

sociétaire [sɔsjeˈtɛːr] 1. adj. zu e-r Genossenschaft gehörend; 2. su. Mitglied n e-r Genossenschaft; ✝ Aktieninhaber m; Gesellschafter m.

société [sɔsjeˈte] f Gesellschaft; Umgang m, Verkehr m; ✝ Handelsgesellschaft; Verein m; Verband m; ehm. ⚜ des Nations Völkerbund m; ✝ d'armateurs ⚓ Reederei; ~ fiduciaire Treuhandgesellschaft; ~ en participation od. ~ tacite Stille Gesellschaft; ~ par actions (anonyme) Aktiengesellschaft; ~ en nom collectif Offene Handelsgesellschaft; ~ en commandite simple (par actions) Kommanditgesellschaft (auf Aktien); ~ coopérative Genossenschaft.

sociologie [sɔsjɔlɔˈʒi] f Soziologie f.

socle △ [ˈsɔklə] m Sockel, Untersatz.

socquette [sɔˈkɛt] f Söckchen n.

sod|a [sɔˈda] m Soda- f, Selterswasser n; **~ium** [~ˈdjɔm] m Natrium n.

sœur [sœːr] f Schwester f; rl. Ordensschwester f.

sofa [sɔˈfa] m Sofa n.

soffitte thé., △ [sɔˈfit] f Soffitte f; Decken-, Dachuntersicht f.

soi [swa] sich; amour m de ~ Selbst-, Eigenliebe f; être ~ sich gleich bleiben; être chez ~ zu Hause sein; en ~ an und für sich.

soi-disant [swadiˈzɑ̃] adj. inv. u. adv. sogenannt, angeblich.

soie [swa] f Seide; Spinngewebe n; zo. u. ♀ Borste; ⊕ Heftzapfen m; ~s pl. Seidenhaar n mancher Hunde; ~ artificielle (lavable) Kunst-(Wasch-)seide; ~ grège Rohseide.

soierie [swaˈri] f Seidenbereitung, -fabrik, -weberei; ~s pl. Seidenwaren.

soif [swaf] f Durst m; fig. Begierde; avoir ~ durstig sein; fig. être sur sa ~ unbefriedigt sein; **~fard** P [~ˈfaːr] m Säufer.

soign|é [swaˈɲe] adj. sorgfältig (Arbeit); gepflegt (Person); F tüchtig; rhume m ~ verschleppter Schnupfen; **~er** [~] (1a) pflegen, sorgsam hüten; sorgfältig ausarbeiten od. behandeln; **~eur** Sport [~ˈɲœːr] m Betreuer; **~eux** [~ˈɲø] sorgfältig; pfleglich; ~ de qch. besorgt um etw. (acc.).

soin [swɛ̃] m Sorge f, Sorgfalt f; ~s pl. Dienste; Pflege f; Aufmerksamkeiten f/pl.; aux ~s de zu Händen von (Brief); premiers ~s ✚ Erste Hilfe f; avoir, prendre ~ de qch. Sorge tragen für etw.; ~s superflus vergebliche Mühe; donner des ~s à pflegen, ärztlich behandeln, betreuen; ~s de beauté Schönheitspflege f.

soir [swaːr] m Abend; classe f du ~ Abendschule; le ~ abends; du matin au ~ von früh bis spät; ce ~ heute abend; à ce ~ bis heute abend; vers (od. sur) le ~ gegen Abend; **~ée**

soit [swaˈre] f Abend(zeit) m; Abendgesellschaft; ~ *dansante* Abendgesellschaft mit Tanz.

soit [swa] 1. *int.* ~! [swa(t)] meinetwegen!; *ainsi* ~-*il*! Amen!; 2. *cj.* [swa] *fig.* angenommen, gesetzt; ~ *que* ...(*od.* ou) *que* sei es, daß ..., sei es (*od.* oder), daß.

soixant|aine [swasɑ̃ˈtɛn] f Schock n, (an, etwa) 60 Stück; ~**e** [swaˈsɑ̃:t] sechzig; ~**ième** [~ˈsɑ̃ˈtjɛm] sechzigste(r, s), sechzigstel.

sol [sɔl] m 1. Acker-, Erdboden, Grund m; ~ *lunaire* Mondterritorium n; 2. ♪ m G n.

solaire [sɔˈlɛːr] Sonnen...

solan|acées ♀ [sɔlanaˈse] f/pl. = *solanées*. ~**ées** [~ˈne] f/pl. Nachtschattengewächse n/pl.; ~**um** ♀ [~ˈnɔm] m Nachtschatten.

solariser *phot.* [sɔlariˈze] v/t. (1a) solarisieren.

soldat [sɔlˈda] m Soldat; ~ *de carrière* Berufssoldat; ~**esque** [~ˈtɛsk] 1. *adj.* soldatisch; 2. *su.* f Soldateska.

solde[1] [sɔld] f Sold m, Löhnung.

solde[2] ♱ [~] m Saldo, Rechnungsüberschuß; ~**s** (Inventur-)Ausverkauf; ~ *créditeur* (*débiteur*) Kredit-(Debet-)saldo; ~ *de marchandises* Restbestände m/pl.; *pour* ~ *de votre facture* zum Ausgleich (*od.* zur vollständigen Bezahlung) Ihrer Rechnung; *régler le* ~ *d'une facture* (den Betrag) e-e(r) Rechnung begleichen; *adresser un* ~ e-n (Rechnungs-)Betrag überweisen; F *courir les* ~**s** zum Ausverkauf gehen.

solder[1] [sɔlˈde] (1a) besolden.

solder[2] ♱ [sɔlˈde] (1a) saldieren, abschließen; bezahlen; ausverkaufen.

sole ⚒ [sɔl] f Schlag m e-s Feldes; *vét.* (Fleisch-)Sohle; ⊕ Feuerplatte *des Herdes*; △ (Lager-)Schwelle; Boden m *flachgebauter Boote*; *icht.* Seezunge.

solécisme *gr.* [sɔleˈsism] m grammatischer Fehler m.

soleil [sɔˈlɛj] m Sonne f (a. *fig.*, z. B. *Feuerwerk*); *rl.* Monstranz f; ♀ Sonnenblume f; *gym.* Riesenwelle f; *coup* m *de* ~ ✱ Sonnenstich; *il fait du* ~ die Sonne scheint; ~ *des hauteurs* Höhensonne f; ✱ ~ *artificiel* Höhensonne f.

solenn|el [sɔlaˈnɛl] (7c) feierlich; pomphaft; stattlich; festlich; ~**ité** [~niˈte] f Feierlichkeit; ♌ Förmlichkeiten f/pl.

solfège ♪ [sɔlˈfɛːʒ] m Noten-Abc n, Gesangschule f (*Buch*).

solfier ♪ [sɔlˈfje] (1a) mit Benennung der Noten singen.

solidage ♀ [sɔliˈdaːʒ] m Goldrute f.

soli|daire [sɔliˈdɛːr] solidarisch; gegenseitig *od.* mitverpflichtet *od.* -verantwortlich; ~**dariser** [~dariˈze] (1a) solidarisch machen; *se* ~ *sich für solidarisch erklären*; ~**darité** [~dariˈte] f solidarische (gegenseitige) Verpflichtung, Gesamthaftung.

solide [sɔˈlid] 1. *adj.* fest, dicht; haltbar, dauerhaft; stark, gesund; *fig.* zuverlässig; ♱ zahlungsfähig; *raison* f ~ stichhaltiger Grund m; 2. m fester Körper; fester Grund; *das Echte, Wahre* n.

solidi|fication [sɔlidifikaˈsjɔ̃] f Erstarrung, Verdichtung; ~**fier** [~ˈfje] (1a) fest (*od.* starr) machen; verdichten; ~**té** [~ˈte] f Dichtigkeit, Festigkeit; Haltbarkeit; Zuverlässigkeit; ♱ Kreditfähigkeit.

soli|fluer *géol.* [sɔliflyˈe] ins Rutschen geraten; ~**fluxion** *géol.* [~flykˈsjɔ̃] f Bodenfließen n.

soliloque [sɔliˈlɔk] m Selbstgespräch n.

solipède *zo.* [sɔliˈpɛd] einhufig.

soliste ♪ [sɔˈlist] *su.* Solist(in f) m.

solitaire [sɔliˈtɛːr] 1. *adj.* einsam; abgelegen; ⚕, *zo.* ver m ~ Bandwurm; 2. *su.* Einsiedler(in f) m; *fig.* einzeln gefaßter Diamant m; 3. *zo.* m alter Eber *od.* starker Keiler.

solitude [sɔliˈtyd] f Einsamkeit; *fig.* Einöde.

soli|ve ⊕ [sɔˈliːv] f (Decken-)Balken m; ~**veau** [~liˈvo] m kleiner Balken; *fig. péj.* völlige Null f.

sollicit|ation [sɔlisitaˈsjɔ̃] f dringendes Bitten n, Gesuch n; ⊕ Beanspruchung; ♱ Bemühung f; *psych. la* ~ *de l'extérieur de* Reizwelt von außen; ~**er** [~ˈte] (1a) antreiben, anreizen; hetzen; ~ *q.* j-m zureden (*à od. de faire qch.*); ~ *qch. auprès de q.* j-n um etw. (*acc.*) bitten; ~ *qch. etw. erflehen;* ~ *un texte* e-n Text verdrehen; ~**eur** [~ˈtœːr] (7g) *su.* Bittsteller m; Fürsprecher(in f) m; Bewerber m; ~**ude** [~ˈtyd] f Fürsorge; liebevolle

Sorgfalt; Besorgnis, Sorge, Betreuung.

solo [sɔ'lo] *m* (*pl*. **soli** [sɔ'li]) ♪ Solo *n*, Alleingesang, -spiel *n*; Solostück *n*; Einzelstimme *f*; *fig*. persönliche Note *f*.

solstice *ast*. [sɔls'tis] *m* Sonnenwende *f*.

solu|bilité [sɔlybili'te] *f* (Auf-)Lösbarkeit, Löslichkeit; **~ble** [~'lyblə] (auf)löslich, (auf)lösbar; **~tion** [~'sjɔ̃] *f* ⚗ Auflösen *n*; *fig*.: (Auf-)Lösung; Trennung; ~ *de continuité* Unterbrechung; geschichtlicher Einschnitt *m* (*od*. Riß *m*), Riß *m*, Lücke; ~ *de fortune* Notlösung; ~s *bâtardes* Halb-, Scheinlösungen; ~ *provisoire* Zwischenlösung.

solva|bilité [sɔlvabili'te] *f* Zahlungsfähigkeit; **~ble** [~'vablə] zahlungsfähig. [mittel *n*.]

solvant ⚗ [sɔl'vɑ̃] *m* Lösungs-

somalien [sɔma'ljɛ̃] *adj*. (7c) somalesisch.

sombr|e ['sɔ̃:brə] dunkel, düster, trübe; *fig*. finster; ~ *à la peau* dunkelhäutig; *vêtu de* ~ in dunklem Anzug; **~er** [sɔ̃'bre] (1a) ⚓ umschlagen, sinken; *fig*. scheitern, zugrunde gehen; *fig*. ~ *dans le sommeil* in den Schlaf sinken.

somm|aire [sɔ'mɛ:r] **1.** *adj*. kurz gefaßt, gedrängt; ⚖ summarisch; **2.** *m* Hauptinhalt, kurze Übersicht *f*; **~ation** [~ma'sjɔ̃] *f* Aufforderung, Mahnung; ⚔ Summieren *n*; ⚖ Vorladung; **~e** [sɔm] **1.** *f* Summe; ~ *à forfait*, ~ *forfaitaire*, ~ *globale* Pauschalsumme; *en* ~ im ganzen genommen; kurz; **2.** *f* Last, Tracht *e-s Esels usw*.; *bête f de* ~ Lasttier *n*; **3.** F *m* Schlaf, Schläfchen *n*; *faire un petit* ~ ein Nickerchen machen.

sommeil [sɔ'mɛj] *m* Schlaf (*a. fig.*); Schläfrigkeit *f*; *avoir* ~ schläfrig sein; **~ler** [~me'je] (1a) schlummern; *fig*. lässig werden, untätig sein.

sommel|ier [sɔmə'lje] (7b) Wirtschafter(in *f*) *m*; Kellermeister; **~lerie** [~mɛl'ri] *f* Beschließeramt *n*; Wäsche- und Geschirrkammer; Keller(ei) *m*.

sommer [sɔ'me] (1a) **1.** ⚖ auffordern; ⚔ zur Übergabe auffordern; **2.** ⚔ summieren.

sommet [sɔ'mɛ] *m* Gipfel; Wipfel; ⚘ Spitze *f*; ⚕, ⚠ Scheitel(punkt); *pol*. *conférence f au* ~ Gipfelkonferenz *f*; ~ *du nez* Nasenwurzel *f*; ~ *du poumon* Lungenspitze *f*; *déboucher au* ~ den Gipfel erreichen.

sommier [sɔ'mje] *m* **1.** ✝ Hauptbuch *n*; **2.** ⚖ ~ (*judiciaire*) Strafregister *n*; **3.** Saumtier *n*; Roßhaarmatratze *f*; ⊕ Waage-, Tragebalken; (Glocken-)Welle *f*; Windkasten *e-r* Orgel; Auflegematratze *f*; ~ *élastique* Sprungfeder-, Patentmatratze *f*; ⚒ ~ *de béton* Betonschicht *f e-r* Rollbahn.

sommit|al *alp*. [sɔmi'tal] *adj*. (5c) höchst, der Bergspitze; *névé* ~ Gletscherschnee *m* der Bergspitze; **~é** [~'te] *f* höchste (Berg-)Spitze; ⚘ Krone *f*; *fig*. hervorragende Persönlichkeit *f*, Kapazität *f*.

somnambul|e [sɔmnɑ̃'byl] **1.** *adj*. nachtwandelnd, mondsüchtig; **2.** *su*. Nachtwandler(in *f*) *m*; Schlafwandler(in *f*) *m*; *a*. Medium *n*; **~ique** [~'lik] *adj*. *abus*. (für ~); **~isme** [~'lism] *m* Somnambulismus *m*, Nachtwandeln *n*.

somnifère 💊 [sɔmni'fɛ:r] **1.** *adj*. schlafbringend; **2.** *m* Schlafmittel *n*.

somnolen|ce [sɔmnɔ'lɑ̃:s] *f* Schläfrigkeit *f*; *fig*. Schlaffheit *f*; **~t** [~'lɑ̃] (7) schläfrig; *fig*. schlaff.

somnoler [sɔmnɔ'le] (1a) schlummern.

somptu|aire [sɔ̃p'tɥɛ:r] den Aufwand betreffend; Luxus...; **~eux** [~'tɥø] (7d) prunkvoll, grandios, prächtig; **~osité** [~tɥozi'te] *f* Pracht *f*, Aufwand *m*.

son[1] *m*, **sa** *f*, **ses** *pl*. [sɔ̃, sa, se] sein(e), ihr(e).

son[2] [sɔ̃] *m* Ton *m*, Laut *m*, Klang *m*, Schall *m*; * *les* ~ *et lumière* die alten Leute *pl*.

son[3] [sɔ̃] *m* Kleie *f*; F *fig*. *taches f/pl. de* ~ Sommersprossen *f/pl*.

sonar [sɔ'na:r] *m* ⚓ U-Boot-Suchgerät *n* durch Schall, Sonargerät *n*; *biol*. Echogerät *n*.

sonatine ♪ [sɔna'tin] *f* Sonatine *f*, kleine (*od*. leichtere) Sonate *f*.

sond|age [sɔ̃'da:ʒ] *m* ⊕ Bohrung *f*, Lotung *f*; ⚓ Peilen *f*; *fig*. Stichprobe *f*; ~ *d'opinions* Rundfrage *f*, Meinungsforschung *f*; *tour f de* ~ Bohrturm *m*; **~e** [sɔ̃:d] *f* Lot *n*;

sonder — 466 — **sortie**

(Senk-)Blei n; ⚓ Sonde f; Such-, Visitiereisen n des Zollbeamten; ⚔ Erdbohrer m; ~ lunaire Mondforschungsrakete f; ~ à ultra-sons Echolot n; **~er** [sɔ̃'de] (1a) ⚓ loten, peilen; sondieren (a. fig.); fig. untersuchen; j-n ausforschen; etw. ergründen.

songe [sɔ̃:ʒ] m Traum(bild n) m; fig. Illusion f; **~-creux** [sɔ̃ʒ'krø] m Phantast m, Schwärmer m, Grübler m, Träumer m; Grillenfänger m; **~-malice** F [~ma'lis] m Schalk m, Schelm m; **~r** [sɔ̃'ʒe] (1l) träumen; nachsinnen; denken (à qch. an etw.), sich erinnern an (acc.), sich etw. vor Augen halten; **~rie** [sɔ̃ʒ'ri] f Träumerei f; **~ur** [sɔ̃'ʒœːr] adj. u. su. (7g) träumerisch; Träumer m.

sonique [sɔ'nik] Schall...

sonnaill|e [sɔ'nɑːj] f Kuhglocke f; **~er** [~nɑ'je] 1. m Leittier n, -hammel m; 2. v/i. (1a) beständig läuten, bimmeln F.

sonnant [sɔ'nɑ̃] (7) klingend; schlagend (Uhr); à midi ~ Punkt zwölf (Uhr); espèces f/pl. ~es klingende Münze f, bares Geld m.

sonner [sɔ'ne] (1a) v/t. herbeiklingeln; ~ ses gens s-e Leute herbeiklingeln; P ~ les cloches à q. j-n anschnauzen; v/i. klingeln; klingen, tönen, schallen; gr. lauten; schlagen (Uhr); dix heures sonnent es schlägt 10 Uhr; midi est sonné es hat 12 Uhr geschlagen; ♪ ~ du cor (auf dem) Horn blasen; ⚔ la charge sonne es bläst (od. wird) zum Angriff (geblasen); ~ creux hohl klingen; fig. leer sein; ~ bien (mal) fig. e-n guten (schlechten) Klang haben.

sonnerie [sɔn'ri] f Geläute n (von Glocken); Schlagwerk n (e-r Uhr); ♪ Läutewerk n; Klingel; ⚔ Trompetensignal n; la grosse ~ Glockenwerk n (e-r Kirche).

sonnet poét. [sɔ'nɛ] m So'nett n.

sonnette [sɔ'nɛt] f Klingel; Schelle; ⊕ Ramme; à main Tischklingel, Präsidentenglocke usw.; ~ électrique elektrische (Haus-)Klingel; zo. serpent m à ~ Klapperschlange f.

sonneur [sɔ'nœːr] m Glöckner; ♪ ~ de cor Hornbläser.

sonomètre Auto usw. [sɔnɔ'mɛːtrə] m Schall-, Geräuschmesser m.

sonor|e [sɔ'nɔːr] tönend, klingend; klangreich; film m ~ Ton-, Klangfilm; **~isation** cin. [~riza'sjɔ̃] f Tonuntermalung f; **~ité** [~nɔri'te] f Hellklingen n; Wohlklang m; Klangfülle.

sophisme [sɔ'fism] m Trugschluß.

sophistication [sɔfistika'sjɔ̃] f Verfälschung (phm. u. von Handelswaren); verfälschte Ware.

sophistiqu|e [sɔfis'tik] 1. adj. sophistisch, verfänglich, spitzfindig, überspannt; 2. f Sophistik f; **~ée** néol. bsd. cin. [~'ke] adj./f zu stark geschminkt; **~er** [~] (1m) verdrehen; Trugschlüsse ziehen; verfälschen; **~eur** [~'kœːr] m (Ver-) Fälscher m.

soporifique ⚕ [sɔpɔri'fik] 1. einschläfernd; 2. m Schlafmittel n.

sorbe ♀ [sɔrb] f Spierlingsfrucht; ~ domestique Spierbirne, -apfel m; Haus-, Eberesche; ~ sauvage Vogelbeere.

sorbet [sɔr'bɛ] m Sorbett n (Art Kühltrunk).

sorbier ♀ [sɔr'bje] m Eberesche f; ~ domestique Hausebersche f; ~ sauvage Vogelbeerbaum.

sorbonnard iron. [sɔrbɔ'naːr] m Professor m der Sorbonne.

sorcellerie [sɔrsɛl'ri] f Hexerei.

sorc|ier m, **~ière** f [sɔr'sje, ~'sjɛːr] Zauberer m (a. fig.); Zauberin f; Hexenmeister m, Hexe f.

sordid|e [sɔr'did] schmutzig; fig. geizig; **~ité** [~di'te] f Schmutz m; fig. schmutziger Geiz m.

sornettes F [sɔr'nɛt] f/pl. Gefasele n.

sort [sɔːr] m Schicksal n; (Lebens-) Los n, Geschick n; (Entscheidung f durch den) Zufall m; fig. Lebensstellung f, Vermögensverhältnisse n/pl.; tirer au ~ losen; fig. jeter un ~ sur q. j-n behexen; réserver un ~ particulier à qch. e-r Sache e-e Sonderrolle od. -behandlung vorbehalten; **~able** [~'tablə] angemessen; ~ f Art, Gattung, Sorte; toutes ~s allerlei, allerhand; de la ~ auf die(se) Weise od. so; en quelque ~ gewissermaßen; cj. en ~ od. de ~ que so daß.

sortie [sɔr'ti] f Herausgehen n, Ausgehen n, -reiten n, -fahren n usw.; ⚔ Kommen n od. 'Durchbrechen n der Zähne usw.; ⚠, ⚙ usw. Ausgang m; fig. Austritt m; ✝ u. fig. Abgang m; thé. Abtreten n von der Bühne; Kontremarke; ✝ Ausfuhr; Herstel-

sortilège — 467 — **souffler**

lung; ⚔ Ausfall *m* aus e-r Festung; *écol. privation f* de ~ Arrest *m*; *rad.*: *puissance f* de ~ Sprechleistung; ✝ *acquit m* de ~ (Waren-)Ausgangsschein; ⊕ ~ *de refoulement* Unterflurhydrant *m*; ~ *de secours* (de détresse) Notausgang *m*; ~ *et rentrée de correspondance* Heraus- und Hereinlassen *n* von Briefpost.

sortilège [sɔrti'lɛ:ʒ] *m* Hexerei *f*.

sortir¹ [sɔr'ti:r] **1.** (2b) *v/i.* herausgehen, -treten; ausgehen; hervorkommen; ✵ 'durchbrechen (z.B. *Zähne*); *reliefartig* hervortreten; *aus e-r Lage* herauskommen; *von etw.* abgehen, abweichen; loskommen, sich frei machen; abstammen; ~ *de table* vom Tisch aufstehen (*od.* sich erheben); *v/t.* heraus-bringen *a.* ✝, -führen, -tragen, -ziehen; ~ auf den Markt bringen; ~ *les enfants* die Kinder an die Luft bringen; F *v/rfl. se* ~ *de qch.* sich aus etw. heraushalten; über e-r Sache stehen; *s'en* ~ die Situation meistern; lebend davonkommen; *se* ~ *de tout* alles übersteher; **2.** *m*: *au* ~ beim Herausgehen *n*; *fig.* zu Ende *z.B. des Winters*.

sortir² ✍ [~] (2a) erhalten, erlangen; *cette sentence sortira son plein et entier effet* dieses Urteil soll volle Gültigkeit (Rechtskraft) erhalten (erlangen). [Double *n*.)

sosie [sɔ'zi] *m* Doppelgänger(in *f*),

sot, ~te [so, sɔt] **1.** *adj.* albern, dumm; verlegen, betreten; ärgerlich; **2.** *su.* Dummkopf *m*, Narr *m*, Närrin *f*; *fig.* dumme Gans *f*.

sottise [sɔ'ti:z] *f* Dummheit, Torheit; *fig.* Flegelei; Grobheit.

sou [su] *m* Sou († = 5 *centimes*); *être sans le* ~ nicht e-n Pfennig besitzen.

soubassement △ [subas'mɑ̃] *m* Grundmauer *f*; *Kamin*: Rauchfang; *Bett*: Fußkranz.

soubresaut [subrə'so] *m* plötzlicher Sprung, Ruck, Satz, Stoß; *fig.* Zuckung *f*; *fig.* plötzliche Erregung *f*.

soubrette [su'brɛt] *f* Kammerzofe; *thé.* Soubrette *f*.

souche [suʃ] *f* (Baum-)Stumpf *m*; *fig.* Dummkopf *m*, Klotz *m*; *fig.* Stamm *m* e-s *Geschlechts*; Ahnherr *m*; △ Schornsteinmündung; ~ *de contrôle* Kontrollstamm *m*, -abschnitt *m* e-r *Eintrittskarte*; *carnet m à* ~ Scheck- *od.* Quittungsheft *n usw.* mit Kontrollstamm *od.* -abschnitten; *Français m* de ~ echter Franzose *m*; *fig. faire* ~ Stammvater sein.

souchet [su'ʃɛ] *m* ♀ Zypergras *n*.

souchette ♀ [su'ʃɛt] *f* Eichenschwamm *m*.

souci¹ [su'si] *m* Sorge *f*.

souci² ♀ [su'si] *m* Ringelblume *f*; *jaune comme un* ~ quittegelb.

souci|er [su'sje] (1a): *se* ~ *de qch.* sich um etw. bekümmern (*acc.*); *ne se* ~ *de rien fig.* in den Tag hinein leben; ~**eux** [~'sjø] bekümmert.

soucoupe [su'kup] *f* Untertasse; ~ *volante* fliegende Untertasse.

soud|able ⊕ [su'dablə] lötbar; schweißbar; ~**age** [~'da:ʒ] *m* Schweißung *f*, Lötung *f*.

soudain [su'dɛ̃] (7) plötzlich, (blitz)schnell; ~ *adv.* sogleich; unerwartet; ~**ement** [~dɛn'mɑ̃] *adv.* plötzlich; ~**eté** [~dɛn'te] *f* Plötzlichkeit.

soudanisation *pol.* [sudaniza'sjɔ̃] *f* Sudanisierung *f*.

soudard [su'da:r] *m*: F *vieux* ~ alter Haudegen.

soude [sud] *f* ♀ Salzkraut *n*; 🜛 Soda, (kohlensaures) Natron *n*; ~ *caustique* Ätznatron *n*.

souder [su'de] (1a) ⊕ (an)löten, schweißen; *fig.* fest verbinden.

soudière ⊕ [su'djɛ:r] *f* Sodafabrik.

soudoir ⊕ [su'dwa:r] *m* Lötkolben.

soudoyer [sudwa'je] (1h) j-n besolden; *fig.* dingen, bestechen.

soudure [su'dy:r] *f* Lötmittel *n*; Löten *n*, Schweißen *n*; Schweiß-, Lötstelle, *f*; *fig.* feste Verknüpfung (*a.* ♀ *anat. u.* ✳).

soue *dial.* [su] *f* Schweinestall *m*.

souffl|age [su'fla:ʒ] *m* Glasblasen; *écol.* Vorsagen *n*; ~**e** ['sufləɔ] *m* Hauch, Blasen *n*; ✳ Atemzug, Atem *m*; *fig.* Wehen *n*, Säuseln *n*; *Lüftchen n*; *fig.* Eingebung *f*; ~*e cuis.* [~'fle] *m* Eier-Auflauf *f*; ~**ement** [~flə'mɑ̃] *m* Blasen *n*; ✍ *d'exploit* Unterschlagen *n* e-s Dokuments.

souffler [su'fle] *v/i.* (1a) blasen, pusten; hauchen; wehen; brausen; schnaufen; den Blasebalg treten; *fig.* atmen; *v/t. Glas* blasen; an-, aus-, weg-, aufblasen; *écol.* vor-

soufflerie — 468 — **soumis**

sagen, zuflüstern; *thé.* soufflieren; *fig.* eingeben; mit einem Zuge austrinken; wegschnappen; unterschlagen; *fig.* ~ le chaud et le froid wetterwendisch sein; ~ mot de qch. kein Wort von etw. sagen; *sans* ~ *mot* ohne e-n Ton (*od.* F Piep) zu sagen; *omelette f soufflée* Eier-Auflauf *m*.

soufflerie [suflə'ri] *f* ⊕ Gebläse *n*; ♩ Windwerk *n e-s Harmoniums, e-r Orgel usw.*; ~ *de verre* Glasbläserei; ~ *de sable* Sandstrahlgebläse *n*.

soufflet [su'flɛ] *m* Blasebalg; Balg *e-s Foto-Apparats*; ⊕ *Wagen-:* Klappverdeck *n*; *cout.* Zwickel *m*; *fig.* (Schriftfrz.) Ohrfeige *f* (*häufiger ist: gifle*); Kränkung *f*.

souffleter [suflə'te] (1c) ohrfeigen; *fig.:* ~ *q. de son mépris* j-n mit Verachtung strafen; ~ *le bon sens* dem gesunden Menschenverstand ins Gesicht schlagen.

souffl|eur [su'flœ:r] **1.** *su.* (7g) ⊕ Bläser *m*; F Keucher *m*; *thé.* Souffleur *m*, Souffleuse *f*; *écol.* Vorsager *m*; ♩ *d'orgues* Balgtreter *m*; **2.** *m* *icht.* Tümmler (*Delphinart*); **~ure** ⊕ [~'fly:r] *f* (Guß-) Blase.

souffr|ance [su'frɑ̃:s] *f* Leiden *n*; ⚖ Duldung; † Aufschub *m*, Unterbrechung *der Geschäfte*; *en* ~ unerledigt, nicht honoriert, ungedeckt (*Wechsel*); unbestellbar (*Brief*); ✍, ♃ überfällig (*hierfür jedoch häufiger:* en retard); *effet m en* ~ † notleidender Wechsel; **~ant** [~'frɑ̃] (7) leidend; ✤ kränklich; *fig.* duldsam.

souffre-douleur [sufrədu'lœ:r] *m* (*bisw. a. f*) geplagte Person *f*; Zielscheibe *f* des Spottes, Prügelknabe.

souffreteux [sufrə'tø] (7d) (not-) leidend; kränklich.

souffrir [su'fri:r] *v/t.* (2f) (*a. v/i.*) (er)leiden, erdulden; *fig.* aushalten, vertragen; *fig.* erlauben; ~ *mort et passion* Todesqualen ausstehen; *v/i.* leiden = Schmerzen, Kummer haben; leiden = Schaden nehmen.

soufr|age ⊕ [su'fra:ʒ] *m* Schwefeln *n*; **~e** ['sufrə] *m* Schwefel *f*; ~ *en poudre od.* ~ *fleur f de* ~ Schwefelblüte; ~ *en canons* Stangenschwefel; **~er** ⊕ [~'fre] (1a) (aus)schwefeln; **~eur** *m*, **~euse** [~'frœ:r, ~'frø:z] **1.** *su.* Schwefler(in *f*) *m*; **2.** ⊕ *f* Apparat *m* zum Schwefeln; **~ière** [~fri'ɛ:r] *f* Schwefelgrube *f*.

souhait [swɛ] *m* Wunsch; *à* ~ nach Wunsch; *à vos* ~*s!* (zur) Gesundheit! (*beim Niesen*); **~able** [~'tablə] wünschenswert; **~er** [~'te] (1b) wünschen (~ *le bonjour guten Tag wünschen*; ~ *la bonne année Glück zum neuen Jahr wünschen*).

souill|ard ⊕ [su'ja:r] *m* Wasserloch *n in e-m Brunnensteine*; *dieser Stein selbst*; **~e** [suj] *f ch.* Suhle, Kotlache; ♃ Seeling; **~er** [~'je] (1a) besudeln, beschmutzen; *fig.* beflecken; **~on** [~'jõ] *su.* Schmutzfink *m*; **~ure** [~'jy:r] *f* Schmutz-, *fig.* Schandfleck *m*; *All. ehm.* ~ *de la race* Rassenschande *f*.

souk [suk] *m* arabischer Markt *m*.

soûl [su] **1.** *adj.* übersatt; betrunken; **2.** *m* Genüge *f*; *manger tout son* ~ sich satt essen.

soulag|ement [sulaʒ'mɑ̃] *m* Erleichterung *f*; Unterstützung *f*; **~er** [~'ʒe] (1a) leichter machen, erleichtern; ~ *q.* j-m Erleichterung verschaffen; *fig.* unterstützen; *se* ~ *a.* ein Bedürfnis verrichten.

soûl|ard P [su'la:r] *m* Säufer; **~er** P [~'le] (1a): *se* ~ sich berauschen.

soulèvement [sulɛv'mɑ̃] *m* Erhebung *f*; Steigen *n der Fluten*; *fig.* Entrüstung *f*; Aufstand; ⚕ ~ *de cœur* Übelkeit *f*, Brechreiz.

soulever [sul've] (1d) (ein wenig) in die Höhe heben, aufrichten, -wirbeln; *fig.* in Wallung bringen; entrüsten; aufwiegeln; hervorbringen, -rufen, bewirken; ⚕ ~ *le cœur fig.* Übelkeit verursachen; *gym.* ~ *un poids lourd* ein Gewicht stemmen *od.* hochreißen; *se* ~ sich erheben, sich empören.

soulier [su'lje] *m* Schuh; ~ *à bride* (*à clous*) Spangen-(Nagel-)Schuh; ~ *plat* absatzloser Schuh; *Sport:* ~*s à pointes* Spikes *m/pl.* F *fig.* *être dans ses petits* ~*s* in Verlegenheit, im Druck sein.

soulign|ement [suliɲə'mɑ̃] *m* Unterstreichen *n*; *fig.* Hervorheben *n*; **~er** [~'ɲe] (1a) unterstreichen; *fig.* hervorheben, betonen.

soumettre [su'mɛtrə] (4p) unterwerfen; unterbreiten; † ~ *au calcul* berechnen.

soumis [su'mi] (4p) unterworfen; *a. adj.* unterwürfig, fügsam; ~ *à*

soumission — **469** — **sous**

une autorisation genehmigungspflichtig.
soumission [sumi'sjõ] *f* Unterwerfung; Unterwürfigkeit, Ergebenheit; Gefolgschaftstreue *f*; *Verwaltung*: Lieferungsangebot *n*; **~naire** [~sjɔ'nɛːr] *m* Submittent, Bewerber *um Lieferung*; **~ner** [~sjɔ'ne] (1a) ein Lieferungsangebot machen aud (*acc.*); eine Lieferung übernehmen.
soupape ⊕ [su'pap] *f* Klappe, Ventil *n*; ~ *d'échappement* Auslaß-, Auspuffventil *n*; *Auto*: Auspuffklappe; ~ *de chambre à air* Schlauchventil *n*; ~ *à papillon* Drosselklappe *n*, -klappe *f*.
soupçon [sup'sõ] *m* Argwohn, Verdacht; *fig.* Vermutung *f*; F *fig. un* ~ ein ganz klein wenig; **~ner** [~sɔ'ne] (1a) (be)argwöhnen, in Verdacht haben; *fig.* vermuten, ahnen; **~neux** [~'nø] (7d) mißtrauisch.
soupe [sup] *f* Suppe *f* (*bsd. einfache Fleischbrühe mit Brot*); F ~*s pl.* populaires Volksküche *f*; ~' *aux oignons* Zwiebelsuppe *f*; ~ *grasse* Fleischsuppe; F *pol. aller à la* ~ sein Mäntelchen nach dem Winde drehen; *tailler la* ~ Brot in die Suppe schneiden; *tremper la* ~ die Brühe über die Brotschnitte gießen; F *s'emporter* (*od. monter*) *comme une* ~ *au lait* schnell wütend werden; *fig. tremper une* ~ *à q.* j-n durchprügeln.
soupente [su'pãːt] *f* ⚠ Hängeboden *m*; ⊕ *Schmiede*: Hängeriemen *m*.
souper [su'pe] **1.** *v/i.* (1a) zur Nacht essen; P *fig. j'en ai soupé* das wird mir über; **2.** *m* Nachtessen *n*.
soupeser [supə'ze] (1a) mit der Hand wiegen; *fig.* abwägen.
soupière [su'pjɛːr] *f* Suppenschüssel.
soupir [su'piːr] *m* Seufzer; ♩ Viertelpause *f* (*demi-*~ Achtelpause *f*).
soupirail ⚠ [supi'raj] *m* Kellerfenster *n*.
soupirant [supi'rã] *m* schmachtender Liebhaber.
soupirer [supi're] (1a) seufzen; *fig.* schmachten; sich sehnen (*après*, *vers*, *pour* nach).
soupl|e ['suplə] biegsam, geschmeidig; *fig.* schmiegsam, lenksam; **~esse** [~'plɛs] *f* Biegsamkeit, Geschmeidigkeit; *fig.* Nachgiebigkeit.
souquenille [suk'nij] *f langer grober* Kittel *m*; abgetragener (Herren-)Rock *m*.
sourc|e [surs] *f* Quelle; Ursprung *m*; ~ *lumineuse* Lichtquelle *f*; *indication f des* ~*s* Quellennachweis *m*; *prendre sa* ~ *dans* entspringen in; **~ier** [~'sje] *m* Rutengänger.
sourcil [sur'si] *m* Augenbraue *f*; *froncer les* ~ die Stirn runzeln; **~ler** [~si'je] (1a) die Augenbrauen bewegen; *ne pas* ~ keine Miene verziehen.
sourcilleux [sursi'jø] (7d) sorgenvoll; dünkelhaft.
sourd [suːr] **1.** *adj.* taub; dumpf; ♩ gedämpft; *Phonetik*: stimmlos; *faire la* ~ *oreille à qch.* von etw. nichts wissen wollen; etw. überhören; ~ *comme un pot* stocktaub; *lanterne f* ~*e* Blendlaterne *f*; **2.** *su.* Taube(r).
sourdine ♩ [sur'din] *f* Dämpfer *m*; ⊕ Sperrfeder *an Repetieruhr*; *à la* ~ *od. en* ~ heimlich.
sourd-muet *m* [sur'mɥɛ] (6a) **1.** *adj.* taubstumm. **2.** *su.* Taubstumme(r).
sourdre ['surdrə] *nur noch st. s.*, *und zwar im inf. u. in der 3. Person prés. sg./pl.* (4a) hervorquellen; *fig.* entspringen, entstehen.
souriceau [suri'so] *m* Mäuschen *n*.
souricière [suri'sjɛːr] *f* Mausefalle; *fig.* Verbrecherkneipe.
sourire [su'riːr] **1.** *v/i.* (4r) lächeln; ~ *à q.* j-n an-, j-m zulächeln; ~ *de nouveau à l'existence* sich seines s-s Daseins freuen (*nach e-r Krankheit*); **2.** *m* Lächeln *n*.
souris[1] F [su'ri] *m* feines Lächeln *n*.
souris[2] [su'ri] *f* Maus (*zo. u. anat.*); *fig.* ~ *d'hôtel* Hoteldieb *m*.
sournois [sur'nwa] (7) **1.** *adj.* verschlossen; *fig.* tückisch; **2.** *su.* Duckmäuser *m*; *fig.* Schleicher *m*; **~erie** [~z'ri] *f* Duckmäuserei *f*.
sous [su] unter (*dat. u. acc.*), unterhalb (*gén.*); ⚭ ~ *bande* unter Kreuzband; *fig.* ~ *dictée* nach Diktat; ~ (*le règne de*) *Frédéric* unter (*od.* während der Regierung) Friedrich(s); ~ *main od. en sous-main* heimlich, unter der Hand *fig.*; ~ *la main* zur Hand, zur Verfügung; ~ *le règne de q.* unter der Herrschaft j-s zittern; ~ *mon com-*

sous-affermer — 470 — **souterrain**

mandement unter mir *usw.*; ~ **peine d'amende** bei Geldstrafe; ~ **peu binnen kurzem**; ~ **mes pieds** *a.* zu meinen Füßen; ~ **prétexte** unter dem Vorwand; ~ **ce rapport** in dieser Hinsicht; ~ **(les) scellés** unter (gerichtlichem) Siegel; *fig.* ~ **mes yeux** vor meinen Augen; **mettre une lettre** ~ **enveloppe** e-n Brief in den Umschlag stecken; *fig.* **venir** ~ **ma plume** in die Feder kommen.

sous|-affermer [suzafɛr'me] (1a) in Unterpacht geben *od.* nehmen; **~-aide** [su'zɛd] *m* Untergehilfe; **~-alimenté** [suzalimã'te] unterernährt; **~-bail** [su'baj] *m* Untermiete *f*, -pacht *f*; **~-blouse** [~'bluːz] *f* Unterziehjäckchen *n*; **~-bois** [~'bwa] *m* Unterholz *n*; *peint.* Waldstück *n*.

souscrip|teur [suskrip'tœːr] *m* (Unter-)Zeichner *m*; Abonnent *m*; ~ **à un emprunt** Zeichner e-r (*od.* auf e-e) Anleihe; **~tion** [~'sjɔ̃] *f* Subskription *f*, Unterzeichnung; ~ **à un emprunt** Anleihezeichnung im voraus.

souscrire [sus'kriːr] (4f) *v/t.* unterschreiben; *fig.* gutheißen; *v/i.* ~ **à qch.** einwilligen in (*acc.*); abonnieren auf (*acc.*); ~ **pour qch.** (durch Unterschrift) sich zur Zahlung für etw. verpflichten.

sous|-cutané 𝒮 [sukyta'ne] unter die Haut; **~-entendre** [suzɑ̃'tɑ̃ːdrə] (4a) mit darunter verstehen; stillschweigend mit einbegreifen; *gr.* **le verbe est sous-entendu** das Zeitwort ist zu ergänzen; **~-entente** [suzɑ̃'tɑ̃ːt] *f* Hintergedanke *m*; **~-entrepreneur** [suzɑ̃trəprə'nœːr] *m* Zwischenunternehmer *m*; **~-estimer** [suzɛsti'me] (1a) unterschätzen; **~-exposer** *phot.* [suzɛkspo'ze] (1a) unterbelichten; **~-locataire** [suloka'tɛːr] *su.* Untermieter(in *f*) *m*; **~-locateur** [~lɔka'tœr] *m* Untervermieter; **~-location** [~lɔka'sjɔ̃] *f* (Weiter- *od.* Wieder-)Vermietung, Untermiete; **~-louer** [~'lwe] (1a) untervermieten, -mieten; **~-main** [~'mɛ̃] *m* (Schreib-)Unterlage *f*; **~-marin** [~ma'rɛ̃] **1.** *adj.* unterseeisch; **2.** *m* Unterseeboot *n*; **~-ordre** [su'zɔrdrə] *m* 💥 *usw.* Unterordnung *f*; *fig.* Untergebene(r); **en** ~ in untergeordneter Stellung; **~-pied** [su'pje] *m* Sprungriemen, Hosensteg *m*; **~-poutre** ⊕ [~'putrə] *f* Unterzug *m* (*Stahlbau*); **~-presse** [~'prɛs] im Druck (befindlich); **~-produit** [~prɔ'dɥi] *m* Abfall-, Nebenprodukt *n*, -erzeugnis *n*; **~-secrétaire** [~s(ə)kre'tɛːr] *m* Untersekretär *m*; ~ **d'État** Unterstaatssekretär. [Unterzeichneter *m*.]

soussigné 𝑡𝑡𝑧̂, *m* *usw.* [susi'ɲe] *m*|

sous-sol [su'sɔl] *m* ⚒ Untergrund; △ Kellerwohnung *f*; Untergeschoß *n*; ~s Kellerräume *m/pl.*

sous-station ⚡ [~sta'sjɔ̃] *f*: ~ **électrique** Nebenstelle *f* es Elektrizitätswerks.

sous|traction [sustrak'sjɔ̃] *f* Unterschlagung *f*; *arith.* Subtraktion, Abziehen *n*; **~traire** [sus'trɛːr] (4s) unterschlagen; *fig.* entziehen; *arith.* subtrahieren, abziehen.

sous|-vente [su'vɑ̃ːt] *f* Weiterverkauf *m*; **~-ventrière** [~vɑ̃tri'ɛːr] *f* Bauchgurt *m* (*am Pferdegeschirr*); **~-verge** 🐎 [~'vɛrʒ] *m* Handpferd *n*; **~-vêtements** [~vɛt'mɑ̃] *m/pl.* Unterkleidung *f*; **~-vireuse** *Auto* [~vi'røːz] *adj./f*: **voiture** *f* ~ Wagen *m*, der die Kurven durch zu weites Ausholen schlecht nimmt.

soutache [su'taʃ] *f* Litzen-, Schnurbesatz *m*.

soutane [su'tan] *f* *rl.* (*langer*) Priesterrock *m*; *fig.* Priesterstand *m*.

soute ⚓ [sut] *f* ⚓ Bunker *m*; 🚆 Lade-, *Auto:* Kofferraum *m*; 🚆 ~ **à bagages** Gepäckraum *m*; ~ **à charbon** Kohlenbunker *m*.

soutenable [sut'nabləə] haltbar, vertretbar (*Ansicht*); *fig.* erträglich.

soutènement [sutɛn'mɑ̃] *m* △ Halt, Stütze *f*; 𝑡𝑧̂, ✝ Rechnungsbeleg.

soutenir [sut'niːr] (2h) stützen, halten, tragen; aufrecht halten; *in gleicher Güte* erhalten; *fig.* **j-m den Lebensunterhalt** gewähren, **j-n** unterhalten; stärken, nähren; **als wahr** behaupten; **j-m Beistand** leisten; aushalten, (v)ertragen; ~ **les concurrences internationales** mit der internationalen Konkurrenz Schritt halten; ~ **une théorie** e-e Lehre verteidigen.

soutenu [sut'ny] *a. adj.* anhaltend; *fig.* gehoben, edel (*Stil*); *Börse* fest, behauptet.

souterrain [sutɛ'rɛ̃] **1.** *adj.* (7) unterirdisch; *fig.* heimlich; **travaux** *m/pl.* ~s △ Tiefbau *m*; **2.** *m* △ unterirdisches Gewölbe *n*.

soutien [su'tjɛ̃] m Stütze f (a. ⚡ u. fig.); **~-gorge** [~'gɔrʒ] m Büstenhalter (*Kleidungsstück*).

soutirer ⊕ [suti're] (1a) Flüssigkeiten abfüllen; ~ qch. à q. fig. j-m etw. ablocken.

souvenir [suv'niːr] 1. (2h): se ~ sich erinnern (de an); denken an (acc.); il me souvient que es fällt mir ein (inf.); je m'en souviens mich, daß ...; faire ~ q. de j-n erinnern an (acc.); 2. m Erinnerung f; Andenken n; si j'en ai bon ~ wenn ich mich noch recht erinnere.

souvent [su'vɑ̃] oft(mals); assez ~ öfters; moins ~ seltener; le plus ~ meistens.

souverain [suv'rɛ̃] (7) 1. adj. höchst, oberst; unübertroffen; selbst-, oberherrlich, unumschränkt; 2. su. Souverän m, Staatsoberhaupt n, Fürst(in f) m; 3. m ✝, num. Sovereign; **~eté** [suvrən'te] f höchste Gewalt; fig. Gebiet n, Herrschaft, Allgewalt.

soviet pol. [sɔ'vjɛt] m Sowjet m; les ~s pl. die Sowjets pl., die Sowjetunion f.

soviét|ard péj. [sɔvje'taːr] m Sowjetanhänger m; **~ique** [~'tik] sowjetisch; **~isme** [~'tism] m Sowjetsystem n.

soya ♃ [sɔ'ja] m Sojabohne f.

soyère ✝ [swa'jɛːr] adj./f: industrie f ~ Seidenindustrie f.

soyeux [swa'jø] (7d) seidig.

spaci|eux [spa'sjø] (7d) geräumig, weit; **~osité** [~sjɔzi'te] f Geräumigkeit f.

spadassin [spada'sɛ̃] m Raufbold m, Schläger m, gedungener Mörder m.

spadice ♃ [spa'dis] m Kolben m.

spahi Fr. ehm. ⚔ [spa'i] m Spahi m (*nicht mehr seit Sept. 1962*).

spalt min. [spalt] m Flußspat m.

spalter ⊕ [spal'tɛːr] m Flach-, Kleisterpinsel m.

sparadrap [spara'dra] m Heftpflaster n, Leukoplast n.

sparte ♃ [spart] m spanisches Pfriemengras n, Espartogras n; **~rie** [~'tri] f ⊕ Mattenfabrik f; ✝ Espartoware f.

spasm|e ♣ [spasm] m Krampf m; **~odique** [~mɔ'dik] krampfhaft.

spath min. [spat] m Spat m; ~ fluor od. fusible Flußspat m.

spatial [spa'sjal] (5c) räumlich; Raum...; peint. évocation f ~e Raumvorstellung; at., phys. recherches f/pl. ~es Weltraumforschung f.

spatul|e [spa'tyl] f ⊕ Spachtel m; orn. Löffelreiher m; Ski: Spatel m; **~é** ♃ [~'le] spatelförmig.

speaker rad. [spi'kœːr, bisw. ~'keːr] m Ansager m; femme f ~=~**ine** [~'krin] f Ansagerin f.

spec * [spɛk] m große Parade f (*Zirkus*).

spécial [spe'sjal] (5c) speziell, besonder, Fach...; ~**e** [~] f Sonderausgabe f.

spécial|iser [~li'ze] (1a) spezialisieren, einzeln angeben; se ~ sich spezialisieren; **~iste** [~'list] su. Spezialist m, Fachmann m, Fachgelehrter m; Facharzt m; **~ité** [~li'te] f Spezialität f; Fachwissenschaft f; ✝ ausschließliche Herstellung f; besonderer Geschäftszweig m; Markenartikel m.

spéci|eux [spe'sjø] 1. adj. (7d) scheinbar wahr od. gerecht; tour m ~ Anstrich m von Wahrheit; 2. m Scheinbare(s) n; **~fication** [~fika'sjɔ̃] f besondere Bezeichnung od. Angabe; **~ficité** ♣ [~fisi'te] f besondere Eigenschaft od. Eigentümlichkeit e-s Krankheitserregers; ♣, zo. Zugehörigkeit f; **~fier** [~'fje] (1a) spezifizieren, **~fique** [~'fik] 1. adj. eigenartig; phys. usw. spezifisch; 2. ♣ m spezielles Heilmittel n.

spécimen [spesi'mɛn] m Probeseite f, -stück n; Schriftprobe f; Muster n.

spectacle [spɛk'takl] m Anblick, Schauspiel n; aller au ~ ins Theater gehen; ~s pl. forains Jahrmarktvergnügungsstätten f/pl., Rummelplatz m.

spectaculaire [~ky'lɛːr] adj. auffällig; interessant; beachtlich, eindrucksvoll; dramatisch.

specta|teur, ~trice [spɛkta'tœːr, ~'tris] su. thé., cin. usw. Zuschauer (-in f) m.

spectral [spɛk'tral] (5c) gespenstig; phys. u. ♃ Spek'tral...

spectre [spɛk'trə] m Gespenst n; fig. Schreckbild n; opt. Spektrum n.

spécul|aire ⨀ [speky'lɛːr] 1. adj. Spiegel...; 2. ♃ f Art Glockenblume; min. pierre f ~ Glimmer m.

spécula|teur ✝ [spekyla'tœːr] (7f) su. Spekulant(in f) m; **~tif** [~'tif]

spéculation — 472 — **square**

1. *adj.* (7e) forschend; beobachtend; ✝, *phil.* spekulativ; **2.** *m* Grübler; *fig.* Theoretiker; **3.** *f* Theorie e-r Wissenschaft; **~tion** [~lɑˈsjɔ̃] *f phil.* Forschung, Theorie; ✝ Spekulation *f*.

spéculer [spekyˈle] (1a): ~ *sur* grübeln (über *acc.*); spekulieren (mit *dat.*). [Rede *f*.]

speech F [spitʃ] *m* (*pl.* ~es) kurze)

spéléo F [speleˈo] *m* = ~*logue*.

spéléolo|gie [speleɔlɔˈʒi] *f* Höhlenforschung; **~gique** [~ˈʒik] Höhlenkundlich; **~gue** [~ˈlɔg] *m* Höhlenforscher.

sperme ⚕ [spɛrm] *m* Samen.

sphère [sfɛːr] *f* ♉ Kugel; *ast.* Kreisbahn; *fig.* Bereich *m u. n*; Gebiet *n*; Geschäfts-, Wirkungskreis *m*; Umfang *m* (*der Macht, Kenntnisse usw.*).

sphéri|cité [sferisiˈte] *f* Kugelform *f*; **~que** [~ˈrik] *adj.* sphärisch, kugelig, kugelrund.

sphinx [sfɛ̃ːks] *m* Sphinx *f* (*a. fig.*).

spider *Auto* [spiˈdɛːr] *m* Rück-, Notsitz *m*.

spinal *anat.* [spiˈnal] Rückgrat...

spinelle [spiˈnɛl] **1.** *m min.* (*rubis m*) ~ Rubinspinell, blaßroter Rubin; **2.** *f* Borste, dornenartiges Härchen *n*.

spiral ⊕ [spiˈral] *m* (5c) Uhrfeder *f*.

spir|al [spiˈral] **1.** *adj.* (5c) spiral-, schnecken-, schraubenförmig gewunden; **2.** **~e** [~] *f* ♉ Spirale, Schneckenlinie; **~aliforme** [~raliˈfɔrm] *phys.*: *électrode f* ~ Spiralelektrode.

spire [spiːr] *f* (Spiral-, Schrauben-) Windung (*zo. am Schneckengehäuse*).

spirée ♀ [spiˈre] *f* Spiräe *f*.

spirit|e [spiˈrit] *adj. u. su.* spiritistisch; Spiritist(in *f*) *m*; **~isme** *phil.* [~ˈtism] *m* Spiritismus *f*.

spiritual|iser [spiritɥaliˈze] (1a) *fig.* vergeistigen; **~ité** [~liˈte] *f* Geistigkeit; *rl.* inneres Leben *n*.

spirituel [spiriˈtɥɛl] **1.** *adj.* (7c) geistig; *rl.*, *phil.* usw. geistlich, kirchlich; *fig.* sinnbildlich; *fig.* geistreich; **2.** *m* das Geistliche; Seelsorge *f*, Kirchenwesen *n*.

spiritu|eux [spiriˈtɥø] **1.** *adj.* (7d) alkohol- *od.* weingeisthaltig; **2.** *m* Spirituosen *pl.*; **~osité** [~tɥoziˈte] *f* Alkoholgehalt *m*.

spiromètre [spirɔˈmɛtrə] *m* Atmungsmesser.

spleen ⚕, *psych.* [splin] *m* Lebensüberdruß *m*, Schwermut *f*; Hypochondrie *f*, Verrücktheit *f*.

splend|eur [splɑ̃ˈdœːr] *f* (Licht-) Glanz *m*; Pracht; **~ide** [~ˈdid] glänzend, herrlich, prächtig.

splénétique ⚕ [spleneˈtik] *adj. u. su.* milzsüchtig, Milzsüchtige(r), Hypochonder *m*.

spolia|teur [spɔljaˈtœːr] (7f) **1.** *adj.* räuberisch; **2.** *su.* Räuber *m*; **~tif** [~ˈtif] (7e) beraubend; *saignée f* ~ *spoliative* Aderlaß *m*; **~tion** [~ljɑˈsjɔ̃] *f* Plünderung.

spolier [spɔˈlje] (1a) berauben.

spondée *mét.* [spɔ̃ˈde] *m* Spondeus.

spongiaires [spɔ̃ˈʒjɛːr] *m/pl.* (meer-) schwammartige Gewächse *n/pl. od.* Tiere *n/pl.*).

spongi|eux [spɔ̃ˈʒjø] (7d) schwammig; **~osité** [~ʒoziˈte] *f* Schwammigkeit.

spongite *min.* [spɔ̃ˈʒit] *f* Schwammstein *m*.

spontané [spɔ̃taˈne] spontan, freiwillig, aus eigenem Antriebe handelnd; *physiol.* plötzlich (von selbst) entstanden; ♀ wild wachsend; **~ité** [~neiˈte] *f* Freiwilligkeit; Spontaneität *f*; Unbefangenheit *f*.

sporadique [spɔraˈdik] vereinzelt auftretend, sporadisch.

spore ♀ [spɔːr] *f* Spore.

sport [spɔːr] *m* Sport; ~ *motocycliste* Motorradsport; ~ *nautique* Wassersport; **~if** [~ˈtif] (7e) **1.** *adj.* auf den Sport bezüglich; sportlich, sportmäßig; Sport...; **2.** *su.* Sportbeflissene(r), Sporttreibende(r); Sportler(in *f*) *m*; **~ivité** [~tiviˈte] *f* Sportsgeist *m*; **~sman** [~tsˈman] *m* Sportsmann, Sportler *m*.

spot *télév.* [spɔt] *m* Abtastfleck *m*; ~ *lumineux* Leuchtfleck.

sprat *icht.* [sprat] *m* Sprotte *f*.

sprint *Sport* [sprint] *m* Wettlauf (*auf kurze Entfernung*); **~er** [~ˈtœːr] *su.* Schnelläufer(in *f*) *m*; **~er** [~ˈte] *v/i.* (1a) spurten, sprinten.

spum|eux [spyˈmø], **~euse** [~ˈmøːz] schaumig, schaumbedeckt.

sputation ⚕ [spytɑˈsjɔ̃] *f* Speien *n*.

squale ⚓, *icht.* [skwal] *m* Hai(fisch).

squame ⚓ [skwam] *f* Schuppe.

squameux ⚓ [skwaˈmø] (7d) schuppig.

square [skwaːr] *m* öffentliche Anlage *f*, Grünplatz *m*; *néol.* breite,

squelette — 473 — **statuer**

nicht durchfahrbare Straße f mit Gärten.

squelett|e [skəˈlɛt] m Skelett n, Gerippe n; fig. magere Person f; **~ique** [~ˈtik] spindeldürr.

stabilisa|teur [stabilizaˈtœːr] m ⚓ Seitensteuer n; ⊕ Stabilisator m, Kippsicherung f; **~tion** [~zaˈsjɔ̃] f Stabilisierung; Festmachen n.

stabil|iser [stabiliˈze] (1a) stabilisieren, fest begründen, fest machen; *stabilisé* wertbeständig; **~ité** [~liˈte] f Festigkeit; Dauerhaftigkeit; Beständigkeit (a. fig.); ⊕ Stabilität.

stable [ˈstablə] fest, beständig (a. Wetter); *méc.* stabil.

stabulation [stabylaˈsjɔ̃] f: ~ libre Offenstallhaltung f.

stade [stad] m gym. Stadion n, Sportplatz m, Kampf-, Rennbahn f; ⚕ u. fig. Stadium n, Abschnitt.

stage [staːʒ] m (berufliche) Vorbereitungs- od. Probezeit f; ⚖ Dienstleistung f; Referendarzeit f; Ferienkursus m; Lehrgang m.

stagiaire [staˈʒjɛːr] 1. adj. in der praktischen Berufsausbildung befindlich; 2. su. (Gerichts-, Studien-)Referendar m; a. ⚕ Praktikant m; Teilnehmer m an e-m Studienaufenthalt od. Lehrgang.

stag|nant [staɡˈnɑ̃] (7) stagnierend, stehend; ✝ fau; fig. stockend; **~nation** [~naˈsjɔ̃] f Stagnieren n; ✝ Stockung f, Flauheit f.

stalactite *géol.* [stalakˈtit] f hängender Tropfstein m, Stalaktit m.

stalle [stal] f rl. Chorstuhl m; thé. Sperrsitz m; (Pferde-)Box f.

stance *mét.* [stɑ̃ːs] f Stanze f.

stand [stɑ̃ːd] m Zuschauertribüne f; Verkaufs- od. Austellungsstand m; Schießstand m.

standard [stɑ̃ˈdaːr] m Muster n; Norm f, Typ m, Standard m (a. fig.); *pièces f/pl.* ~s genormte (Maschinen-)Teile m/pl.; **~isation** [~dardizaˈsjɔ̃] f Vereinheitlichung f, Normung f, Standardisierung f; **~iser** [~diˈze] (1a) vereinheitlichen, normen, standardisieren.

standing [stɑ̃ˈdiŋ] m guter Ruf m, Ansehen n (bsd. cin.); Rang m, Stand m; Komfort m, Luxus m e-r Wohnung; *pol.* donner le ~ d'un Etat souverain den Rang e-s souveränen Staates geben.

star cin. [staːr] f (Film-)Star m, Filmstern m; **~lette** cin. [starˈlɛt] f junger Filmstar m; Filmstar m zweiten Ranges.

starter Sport, Auto [starˈtɛːr] m Starter m.

starting-block Sport [startiŋˈblɔk] m (6g) Startblock m.

staticien [statiˈsjɛ̃] m Statiker m.

station [staˈsjɔ̃] f Haltung f; Stillstehen n, Rast f; Aufenthaltsort m; 🚋, Tram, U-Bahn, Bus: Station f; Haltestelle f; Station f (in e-m Krankenhaus); *biol.* Standort m e-r Pflanze; ⚡ Kraftwerk n; ⚡ ~ à grande puissance Großkraftwerk n; ~ d'altitude (od. climatique) Höhenluftkurort m; ~ de correspondance Umsteigestelle f (Tram, Bus, U-Bahn); ~ estivale, ~ d'été Sonnenkurort m; ~ radar Radarstation f; ~ de sports d'hiver Wintersportplatz m; ~ télémétrique Entfernungsmessungsstation f; ~ de T.S.F., ~ poste émetteur od. ~ radiophonique Sender m (Radio); ~ centrale elektrische Zentrale f, Zentralstelle f; ~s assises f/pl. sitzende Tätigkeit f; ~-hôtel m (6a) Motel n; ~-service f (6b) Tankstelle f; ~ radar f Radarstation f; ~ spatiale Raumstation für meteorologische Beobachtungen; **~naire** [~sjɔˈnɛːr] 1. adj. stationär, stillstehend (a. fig.); ✝ unverändert; 2. su. nachtdiensthabender Telefonbeamter m; 3. ⚓, ⚓ m Hafenwachschiff n; **~nement** [~sjɔnˈmɑ̃] m Stehenbleiben n; Halten n, Parken n (Fahrzeuge); ~ autorisé (Auto-)Parkplatz m; 🚋 ~ des wagons Wagenstand m; **~ner** [~sjɔˈne] (1a) stehen (bleiben), halten, parken; **~-service** f (6b) Tankstelle f.

statique [staˈtik] 1. adj. statisch; 2. f Statik f, Gleichgewichtslehre f.

statis|ticien [statistiˈsjɛ̃] m Statistiker m; **~tique** [~ˈtik] 1. adj. statistisch; 2. f Statistik f.

stator ⚡ [staˈtɔːr] m Stator m.

statoréacteur ⚓ [statɔreakˈtœːr] m Strahltriebwerk n.

statuaire [staˈtɥɛːr] 1. adj. Bild(säulen)...; Bildhauer...; 2. satzungsgemäß; 3. m Bildhauer; 4. f Bildhauerkunst.

statu|e [staˈty] f Statue, Bildsäule, Standbild n; **~er** [~ˈtɥe] (1a) festsetzen, bestimmen, verordnen; ~

statu quo — 474 — **stoïcisme**

sur Beschluß fassen über *(acc.) od.* betreffs *(gén.)*; ~ **quo** *bsd. pol.* [staty'kwo] *m* Status quo *m*; ~**re** [~'ty:r] *f* Statur *f*, Wuchs *m*; ~**t** [~'ty] *m* Satzung *f*; Statut *n*; Gesetz *n*; ~**taire** [~ty'tɛ:r] satzungsgemäß.

statut [sta'ty] *m*: *le* ~ *de l'occupation* das Besatzungsstatut *n*.

stéari|ne [stea'rin] *f* Stearin *n*, Talgfett *n*; ~**nerie** [~n'ri] *f* Stearinfabrik; ~**que** [~'rik] *f* Stearin...

steeple-chase [stiplə't∫ɛ:z] *m* Sport: Hindernisrennen *n*.

stellaire *ast.* [stɛ'lɛ:r] **1.** *adj.* sternförmig, Stern(en)...; *univers m* ~ Sternenwelt *f*; **2.** *f* ♀ Sternmiere.

stencil [stã'sil] *m* Wachspapier *n*, -matrize *f*.

sténo(-dactylo) [stenɔdakti'lo] *su.* Stenotypist(in *f*) *m*.

sténograph|e [stenɔ'graf] *su.* Stenograph(in *f*) *m*; ~**ier** [~'fje] (1a) stenographieren.

sténotypiste [stenɔti'pist] *su.* Stenotypist(in *f*) *m* u. Maschinenschreiber(in *f*) *m*.

stentor [stã'tɔ:r] *m*: *voix f de* ~ Stentorstimme.

steppe [stɛp] *f* Steppe *f*.

steppeur [stɛ'pœ:r] *m* Rennpferd *n*.

stercoraire [stɛrkɔ'rɛ:r] **1.** *adj.* Mist...; **2.** *m ent.* Mistkäfer *m*; *orn.* Raubmöwe *f*.

stère [stɛ:r] *m* Ster *(Holzmaß)*, Festmeter *m*.

stéréo|métrie A̋ [stereɔme'tri] *f* Körperlehre; ~**métrique** A̋ [~me'trik] stereometrisch; ~**phonie** *cin.* [~fɔ'ni] *f* Raumton *m*; ~**phonique** [~fɔ'nik] Stereo...; *électrophone m* ~ Stereo-Plattenspieler *m*.

stéréoscop|e *opt.* [stereɔs'kɔp] *m* Stereoskop *n*; ~**ique** [~'pik] stereoskopisch.

stéréotyp|e [stereɔ'tip] **1.** *adj. typ.* Stereotyp..., stereotyp, *fig.* in fester Form, unabänderlich; **2.** *m* Stereotyp-Platte *f od.* -Werk *n*; ~**er** [~'pe] *typ.* (1a) stereotypieren; *avoir le sourire stéréotypé fig.* immer gleichmäßig lächeln; ~**ie** *typ.* [~'pi] *f* Stereotypie *f*, Druckplattenguß *m*.

stérer [ste're] (1f) *Holz usw.* nach Festmetern messen.

stéril|e [ste'ril] ✓, ♀, *zo. u. fig.* unfruchtbar; ⚕ taub; ~**iser** [~li'ze]

(1a) unfruchtbar machen; ⚕ sterilisieren, keimfrei machen; ~**ité** [~li'te] *f* Unfruchtbarkeit.

sternum *anat.* [stɛr'nɔm] *m* Brustbein *n*.

sternuta|tif ⚕ [stɛrnyta'tif] (7e) Niesen erregend; ~**tion** [stɛrnyta-'sjɔ̃] *f* Niesen *n*; ~**toire** [~ta'twa:r] **1.** *adj.* zum Niesen reizend; **2.** *m* Niesmittel *n*, -pulver *n*.

stétho|mètre ⚕, ⚕ [stetɔ'mɛtrə] *m* Brustmesser *m*; ~**scope** ⚕, ⚕ [~'skɔp] *m* Horchrohr *n*.

stick [stik] *m* **1.** Spazier-, Reitstöckchen *n*; Eishockeyschläger *m*; **2.** *un* ~ *de savon* e-e Stange Seife *f*; **3.** ⚕ *de parachutistes* e-e Gruppe *f* von Fallschirmspringern.

stigmat|e ⚕ *u. rl.* [stig'mat] *m* Wundmal *n*; Brandmal *n*; ♀ Narbe *f*; *ent.* Luftloch *n*; ~**ique** *rl. u.* ⚕ [~'tik] Brand- *od.* Wundmale zeigend; *in Zssgn:* ♀ Narben...; ⚕ Spuren *(od.* Narben) zurücklassend; ~**iser** [~ti'ze] *rl. u. fig.* (1a) brandmarken; ⚕ Spuren *od.* Narben zurücklassen.

still *cin.* [stil] *m* Filmphoto *n*.

stimul|ant ⚕ [stimy'lã] **1.** *adj.* (7) anreizend, *fig.* anregend; **2.** *m* Reizmittel *n* (*a. fig.*); ~**ation** ⚕ [~la'sjɔ̃] *f* Anreizung; *fig.* Anregung; ~**er** [~'le] (1a) (an-)reizen; ⚕ (an)stacheln; ~**us** [~'lys] *m* ⚕ *u. fig.* (An-)Reiz.

stipen|diaire [stipã'djɛ:r] **1.** *adj.* um Sold dienend; **2.** *m* Söldner; ~**dié** [~'dje] **1.** *adj.* gedungen; **2.** *m bsd.* ✠ Söldner; ~**dier** [~] (1a) besolden; *mst. mvp.* dingen.

stipul|ation ⚖️ [stipyla'sjɔ̃] *f* vertragsmäßige Abrede, Bedingung, Bestimmung, Klausel; ✝ Absprache *f*; ~**er** ⚖️ [~'le] (1a) vertragsmäßig festsetzen, vereinbaren.

stock ✝ [stɔk] *m* Lagerbestand, Warenvorrat; Stammkapital *n*; ~**-car** *Auto* (Hindernisrennen *n* mit) Testwagen *m*; ~**age** ✝ [~'ka:ʒ] *m* Lagerung *f*; ~**er** [~'ke] (1a) *Warenvorräte* aufstapeln; einlagern; ~**eur** [~'kœ:r] *m* Stapelgerät *n*; ~**iste** [~'kist] *m* Warenlagerbesitzer *m*; Lagervertreter *m* für Autoteile.

stoï|cien *phil.* [stɔi'sjɛ̃] (7c) **1.** *adj.* stoisch; **2.** *su.* Stoiker(in *f*) *m*; *fig.* standhaft(e Person *f*); ~**cisme** [~'sism] *m phil.* Stoizismus *m*; *fig.*

stoïque Gleichmut *m*; **~que** [stɔˈik] **1.** *adj.* stoisch, gleichmütig, standhaft, unempfindlich; **2.** *su.* = **stoïcien** (-ne).

stolon ♀ [stɔˈlõ] *m* Ausläufer *m*.

stomac|al, *pl.* **~aux** [stɔmaˈkal, ˌˈko] *adj.* Magen...

stomachique ✻ [stɔmaˈʃik] *adj. u. m* magenstärkend(es Mittel *n*).

stomatoscope ✻ [stɔmatɔsˈkɔp] *m* Mundspiegel *m*.

stop [stɔp] *int.*: **~!** stopp!, halt!; *m Auto*: (lanterne *f*) **~** Stopplicht *n*.

stopp|age [stɔˈpaːʒ] **1.** ⊕ *m* Anhalten *n*; **2.** *m* (Kunst-)Stopfen *n*; **~er** [ˌˈpe] **1.** (1a) (an)halten; ⊕ abstellen, absperren; **2.** (1a) kunststopfen, ausbessern; **~eur**[1] [ˌˈpœːr]: *ouvrier m* **~** (Kunst-)Stopfer; **~eur**[2] ⊕ [ˌˈpœːr] *m* Bremsschwengel.

store [stɔːr] *m* Rollvorhang *m*, Markise *f*, Rouleau *n*.

strabisme ✻ [straˈbism] *m* Schielen *n*.

strangul|ation [strɑ̃ɡylaˈsjõ] *f* Erdrosselung; **~er** [ˌˈle] (1a) erwürgen, erdrosseln.

strangurie ✻ [strɑ̃ɡyˈri] *f* Harnzwang *m*. [sitz *m*.\

strapontin [strapõˈtɛ̃] *m* Klapp-\

stratagème [strataˈʒɛm] *m* ⚔ Kriegslist *f*; *allg.* List *f*, Kniff.

stratég|ie ⚔ [strateˈʒi] *f* Strategie *f*; **~ique** [ˌˈʒik] *adj.* strategisch; *fig.* **point** *m* **~** Verkehrsknotenpunkt *m*; **~iste** ⚔ [ˌˈʒist] *m* Stratege.

strati|fier *géol. u.* ✒ [stratiˈfje] (1a) schichtenförmig lagern; **~graphie** *géol.* [ˌɡraˈfi] *f* Beschreibung der Erdschichten.

stratosphère [stratɔsˈfɛːr] *f* Stratosphäre.

stratus [straˈtys] *m* Schichtwolke *f*.

stress *psych.* [stres] *m* Gegenschock.

strict [strikt] streng; pünktlich; genau; **~ion** ⊕ [ˌkˈsjõ] *f* Einschnürung.

strident [striˈdɑ̃] gellend, kreischend, schrill.

stridul|ant [stridyˈlɑ̃] (7) durchdringend zirpend; **~ation** [ˌlaˈsjõ] *f* Zirpen *n der Grillen usw.*; **~eux** ✻ [ˌˈlø] (7d) keuchend, pfeifend (*Atmen*).

strie [stri] *f* Streifen *m*, Riefe, Rille; Striemen *m*; Schramme *auf Brillengläsern*.

stri|er [striˈe] (1a) riefe(l)n; ritzen; **~ure** [ˌˈyːr] *f* = **strie**.

stroborama *cin.* [strɔbɔraˈma] *m* Ultrablitzkamera *f*.

strophantine *phm.* [ˌfɑ̃ˈtin] *f* Strophantin *n*.

strophe *mét.* [strɔf] *f* Strophe.

structur|ation ⚙ [stryktyraˈsjõ] *f* Kampfleitung *f*; **~e** [ˌˈtyːr] *f* Bau (-art) *m*, Gefüge *n*; Anordnung; **~** *de l'atome* Atombau *m*; **~** *granulaire* atomistische Struktur; **~el** [ˌtyˈrɛl] (7c) strukturell, in s-r Struktur od. in s-m inneren Aufbau begründet.

strychnine ✻ [strikˈnin] *f* Strychnin *n* (*Gift der nux vomica*).

stuc △ [styk] *m* (Gips-)Stuck; **~ateur** △ [ˌkaˈtœːr] *m* Stuckarbeiter.

studi|eux [styˈdjø] (7d) fleißig (studierend); (~ *à mid.*) eifrig (zu ...); **~o** [ˌˈdjo] *m* Studio *n*; Künstleratelier *n*; Herren-, Arbeitszimmer *n*, Einzelzimmer *n*; Einzimmerwohnung *f*; Filmatelier *n*; *Radio*: Sende-, Besprechraum *m*.

stupé|faction [stypefakˈsjõ] *f* ✻ Betäubung; *fig.* höchstes Erstaunen *n*, Bestürzung; **~fait** [ˌˈfɛ] höchst erstaunt, bestürzt; **~fiant** [ˌˈfjɑ̃] *adj.* (7) *u. m* betäubend(es Mittel *n*); Rauschmittel *n*, Rauschgift *n*; *fig.* verblüffend; **~fier** [ˌˈfje] (1a) betäuben; in Erstaunen setzen; *fig.* verblüffen.

stupeur ✻ [styˈpœːr] *f* Betäubung, *fig.* Betroffenheit; Bestürzung.

stupid|e [styˈpid] **1.** *adj.* stumpfsinnig, dumm; **2.** *su.* Dummkopf *m*; **~ité** [ˌdiˈte] *f* Dummheit *f*; Stumpfsinn *m*. [ren.\

stuquer △ [styˈke] (1a) stuckatie-\

styl|e [stil] *m* ⚙, ♪, ⚕ *usw.* Stil, Schreibart *f*; ♀ (Blumen-)Griffel; Zeiger *e-r Sonnenuhr*; *être de* **~** stilecht sein; **~er** [ˌˈle] (1a) anlernen, schulen; abrichten; *stylé dans les (od. aux) affaires* in den Geschäften bewandert.

stylet [stiˈlɛ] *m* Stilett *n* (*feiner Dolch*); *chir.* Sonde *f*.

stylisme [stiˈlism] *m* **1.** *péj.* stilistische Manieriertheit *f*; **2.** ⊕ **~** *industriel* industrielle Ästhetik *f*.

stylist|e [stiˈlist] *m* Stilist; **~ique** [ˌˈtik] *f* Stilistik.

stylo [stiˈlo] *m* Füller *m*, Füllfederhalter; **~-bille** Kugelschreiber; **~-mine** [ˌˈmin] *m* Drehbleistift.

su [sy] *m*: *au vu et au ~ de tout le monde* vor aller Augen.

suaire [sɥɛːr] *m* Schweißtuch *n*; Grab-, Leichentuch *n*.

suav|e [sɥaːv] lieblich; köstlich; anmutig; **~ité** [sɥavi'te] *f* Lieblichkeit.

subaltern|e [sybal'tɛrn] *adj. u. m* subaltern(e[r] Beamte[r] *m*); **~niser** [~ni'ze] (1a) unterordnen; **~nité** [~'te] *f* untergeordnete Stellung.

subconscience [sypkɔ̃'sjɑ̃ːs] *f* Unterbewußtsein *n*.

subcutané ⚕ [sypkyta'ne] unter der Haut befindlich; subkutan.

subdivis|er [sybdivi'ze] (1a) unterteilen; **~ion** [~'zjɔ̃] *f* Unterteilung *f*, Abschnitt *m*; *Fr.* ⚔ Departementswehrkreis *m*.

subéreux [sybe'rø] korkartig.

subir [sy'biːr] (2a) erleiden, aushalten, sich *e-r Sache* unterwerfen *od.* -ziehen; *Probe* bestehen; *~ l'influence de q.* unter dem Einfluß j-s stehen.

subit [sy'bi] plötzlich.

subjectif [sybʒɛk'tif] *adj.* subjektiv.

subjonctif [sybʒɔ̃k'tif] **1.** *adj.* konjunktivisch; **2.** *m* Konjunktiv.

subjuguer [sybʒy'ge] (1m) unterwerfen.

sublim|able [sybli'mablə] sublimierbar; **~e** [~'blim] erhaben; F famos; **~é** [~'blime] *m* Sublimat *n*; **~er** [~] (1a) sublimieren; *fig.* vergeistigen; **~ité** [~mi'te] *f* Erhabenheit *f*.

sublunaire [sybly'nɛːr] unter dem Mond befindlich.

submer|ger [symber'ʒe] (1l) unter Wasser setzen; versenken; untertauchen; ⚔ überwältigen, -rollen; *fig. être submergé de besogne* vor Arbeit ersticken; **~sible** [~'siblə] untertauchbar; überschwemmbar; tauchfähig; *m* ⚓ Untersee-, U-Boot *n*; **~sion** [~'sjɔ̃] *f* völlige Überschwemmung; Versenken *n*; *mort f par~* Tod *m* durch Ertrinken.

subodorer [sybɔdɔ're] (1a) wittern; F *fig.* riechen F, ahnen, vermuten.

subordination [sybɔrdinɑ'sjɔ̃] *f* Unterordnung; ⚔ *usw.* Dienstgehorsam *m*; *fig.* Abhängigkeit *f*.

subordonn|é [sybɔrdɔ'ne] *usw.* Untergebener; **~ée** [~] *f* Nebensatz *m*; **~er** [~] (1a) unterordnen.

suborn|er [sybɔr'ne] (1a) *zu pflichtwidrigem Handeln* anstiften; verführen; verleiten, bestechen; **~eur** [~'nœːr] **1.** *adj.* anstiftend; **2.** *su.* Verführer *m*.

subrep|tice ⚖ [sybrɛp'tis] erschlichen, heimlich; **~tion** ⚖ [~rɛp'sjɔ̃] *f* Erschleichung.

subroger [sybrɔ'ʒe] (1l) in j-s andern Rechte und Stelle einsetzen; *subrogé(-)tuteur m* gerichtlich ernannter Mit- *od.* Gegenvormund.

subséqu|emment [sypseka'mɑ̃] darauf; demzufolge; **~ent, ~ente** [~'kɑ̃, ~'kɑ̃ːt] *adj.* (nach)folgend.

subsid|e [syp'sid] *m* Zuschuß *m*, Subvention *f*; **~iaire** [~'djɛːr] unterstützend, zusätzlich, Hilfs...; an zweiter Stelle eintretend; **~iarité** *a. phil.* [~djari'te] *f* untergeordnete Rolle *f*, sekundäre Bedeutung *f*.

subsist|ance [sypsis'tɑ̃ːs] *f* (Lebens-)Unterhalt *m*; ⚔ **~s** *pl.* Verpflegung *f e-s Heeres*; **~ant** [~'tɑ̃] (7) sich erhaltend, weiter bestehend; **~er** [~'te] (1a) bestehen, vorhanden sein; *fig.* fortbestehen; weiter leben *od.* zu leben haben; ⚔ *faire ~* verpflegen.

substance [syp'stɑ̃ːs] *f* Substanz *f*; Stoff *m*; Materie; Nährstoff *m*; *fig.* Hauptinhalt *m*, Kernpunkt *m*; *en ~ adv.* im wesentlichen; *litt. riche de ~* gehaltvoll.

substantiel [sypstɑ̃'sjɛl] (7c) *phil.* substantiell; *fig.* wesentlich; nahrhaft, kräftig (*Nahrung*).

substan|tif [sypstɑ̃'tif] **1.** *adj.* (7e) substantivisch; **2.** *m* Substantiv *n*.

substi|tuant *bsd. ehm.* ⚔ [sypsti'tɥɑ̃] *m* Ersatzmann; *a.* = *remplaçant*; **~tué** [~'tɥe] *m* ⚖ Nacherbe; **~tuer** [~] (1a): *~ qch. à qch.* etw. an die Stelle e-r Sache setzen, etw. durch etw. ersetzen; ⚖ zum Nacherben einsetzen; **~tut** [~'ty] *m* Amtsvertreter; ⚖ Staatsanwaltsvertreter; **~tution** [~ty'sjɔ̃] *f* Vertauschung, Ersetzen *n*, Unterschiebung (*e-s Kindes usw.*); ⚖ Einsetzung e-s Nacherben.

substrat [syp'stra] *m* Substrat *n*.

struc|tion ⚙ [sypstryk'sjɔ̃] *f* Tief-, Unter-, Grundbau *m*; **~ture** ⚙ [~'tyːr] *f* Unterbau *n*.

subterfuge [syptɛr'fyːʒ] *m* Ausrede.

subterrané [syptera'ne] unterirdisch.

subtil [syp'til] dünn, fein; ⚡ schnell und tief eindringend; *fig.* scharfsinnig, spitzfindig; listig; schlau; *vue f* ~e *durchdringender Blick m*; **~iser** [~li'ze] *v/t.* (1a) verfeinern, flüchtiger machen; F *fig.* betrügen; klauen, stibitzen, organisieren F; *v/i.* grübeln; se ~ dünner (*od.* feiner) werden; **~ité** [~li'te] *f* Dünne *f der Luft usw.*; Feinheit *e-s Gifts*; Schärfe *der Augen usw.*; *fig.* Gewandtheit; Scharfsinn *m*; Spitzfindigkeit; Verschlagenheit.

suburbain [sybyr'bɛ̃] (7) **1.** *adj.* vorstädtisch; Vorstadt..., Vorort...; *colonie f* ~e Stadtrandsiedlung; **2.** *su.* Vorstädter *m*.

subvention [sybvɑ̃'sjɔ̃] *f* Subvention(ierung *f*) *f*, Unterstützung, Beihilfe, Zuschuß *m*; **~nel** [~sjɔ'nɛl] (7c) als Unterstützung dienend, Unterstützungs...; **~ner** [~sjɔ'ne] (1a) subventionieren, mit Geld unterstützen.

subver|sif [sybvɛr'sif] (7e) *fig.* umstürzlerisch; **~sion** [~'sjɔ̃] *f* Umsturz *m*, Unterminierung *f*, -wanderung *f*.

suc [syk] *m* Saft; *fig.* Beste(s) *n*, Kern.

succéd|ané [syksedaˈne] **1.** *adj.* als Ersatz dienend; **2.** *m* Ersatz(mittel *n*), Surrogat *n*; **~er** [~'de] (1f): ~ *à* in der Zeit, in der Regierung, im Amte *od.* als Erbe (nach)folgen, auf *j-n od. etw.* folgen.

succès [syk'sɛ] *m* Ausfall, Erfolg; *fig.* Gelingen *n*; *thé* Beifall; *poète m à ~* erfolgreicher Dichter *m*; *avoir du ~* Erfolg haben; *mauvais ~* Mißerfolg, Fehlschlag.

success|eur [syksɛˈsœːr] *m* Nach-, Thronfolger *m*; 🕮 [~'siblə] **1.** *adj.* zur Erbfolge berechtigt *od.* berechtigend; **2.** *su.* zur Erbfolge Berechtigte(r); **~if** [~'sif] (7e) aufea.-folgend, ununterbrochen; **~ivement** [~siv'mɑ̃] *adv.* nach-ea.; nach und nach; **~ion** [~'sjɔ̃] *f* Aufea.-folge *f*; 🕮 Erbfolge; Nachlaß *m*, Erbschaft; **~oral** [~sɔ'ral] (5c) die Erbfolge betreffend, Erbfolge...

succin *min.* [syk'sɛ̃] *m* Bernstein.

succinct [syk'sɛ̃] bündig, knapp, gedrängt; F mager (*Mahl*).

succion [syk'sjɔ̃] *f* Saugen *n*; Sog *m*.

succomber [sykɔ̃'be] (1a) unterliegen (*à qch.* e-r *Sache*); *fig.* sterben.

succube [sy'kyb] *m* Nachtmahr *m*.

succulen|ce [syky'lɑ̃:s] *f* Saftigkeit; **~t** [~'lɑ̃] (7) saftig; nahrhaft.

succursale [sykyr'sal] *f* ✝ Filiale *f*; Hilfskirche *f*.

suce-canelle P [syska'nɛl] *m* (6c) Trinker *m*.

sucer [sy'se] (1k) (ein-, aus-)saugen; aus-süffeln P; *fig.* ~ *de saines doctrines* sich recht viele vernünftige Lehren zu eigen machen.

sucette [sy'sɛt] *f* Schnuller *m*; Lutschstange *f*.

suceur [sy'sœːr] *su.* Sauger(in *f*) *m*; *fig.* Aussauger; Schmarotzer.

suç|oir *zo.* [sy'swaːr] *m* Saugrüssel *m*; **~on** [~'sɔ̃] *m* Kußstelle *f*, Saugmal *n*; **~oter** [~sɔ'te] (1a) lutschen.

sucra|ge ⊕ [sy'kraːʒ] *m* Zuckern *n*, Zucker zusetzen (*zum Gären*); **~se** ♀ [~'kraːz] *f* Art Trauben- *od.* Stärkezucker *m*, Invertzucker *m*.

sucr|e ['sykrə] *m* Zucker; ~ *de betterave* Rübenzucker; ~ *de raisin* Traubenzucker; ~ *en morceaux* Stückenzucker; ~ *en poudre* Puderzucker; **~ée** F [~'kre] *f* Zierpuppe; **~é** [~] *a.* zuckersüß; Zucker...; **~er** [~] (1a) (über)zuckern; P *se ~ sur le dos des autres* sich auf Kosten anderer bereichern; **~erie** [~krəˈri] *f* Zuckersiederei; ~s *pl.* Zuckerwerk *n*; **~ier** [~kri'e] (7b) auf Zuckerfabrikation bezüglich; Zucker...; **2.** *m* Zuckerdose *f*; Zuckerfabrikant *m*; **~in** [~'krɛ̃] *m* Zuckermelone *f*.

sud [syd] *m* Süden *m*.

suda|tion ⚡ [syda'sjɔ̃] *f* Schwitzen *n*; **~toire** ⚡ [~da'twaːr] **1.** *adj.* Schweiß...; **2.** *m* Sauna *f*.

sud-coréen [sydkɔre'ɛ̃] *adj.* (7c) südkoreanisch.

sud-est [sy'dɛst] *m* Südosten; Südost(wind); *le Sud-Est asiatique* Südostasien *n*.

sudiste *hist.* [sy'dist] **1.** *adj.* südstaatlich; **2.** *m* Südstaatler *m* (*USA*).

sudorifique [sydɔri'fik] *adj.* (*u. m*) schweißtreibend(es Mittel *n*).

sud-ouest [sy'dwɛst] *m* Südwesten.

sud-vietnamien [~vjɛtna'mjɛ̃] *adj.* (7c) südvietnamesisch.

Suède [sɥɛd] **1a** ~ Schweden *n*.

suédois [sɥe'dwa] **1.** *adj.* schwedisch; **2.** ⚥ *su.* Schwede *m*.

suée [sɥe] f Schwitzen n; P Angstschweiß m; Rüffel m.

suer [sɥe] v/i. (1a) schwitzen; fig. es sich sauer werden lassen; sich beschlagen (Fenster usw.); faire ~ q. j-m die Hölle heiß machen; v/t. ausschwitzen; P en ~ une e-n Tanz hinlegen F, 'ne Runde drehen F; fig. ~ sang et eau Blut u. Wasser schwitzen; sich abquälen.

suette ♀ [sɥɛt] f Schweißfieber n.

sueur [sɥœ:r] f Schweiß m.

suffi|re [syˈfiːr] (p.p. suffi inv.) (4o) genügen, ausreichen; il suffit de quelques jours es genügen einige Tage; **~samment** [͜fiˈzamã] adv. zu ~sant, **~sance** [͜zã:s] f genügende Menge; fig. Selbstgefälligkeit, Dünkel m; à od. en ~ zur Genüge; **~sant** [͜zã] genügend, hinlänglich; fig. selbstgefällig, dünkelhaft.

suffixe ⍾ [syˈfiks] m gr. Suffix n, Nachsilbe f.

suffo|cant [syfɔˈkã] fig. (er)stickend; **~cation** [͜kaˈsjɔ̃] f Atemnot; fig. heftige Beklemmung; **~quer** [͜ke] v/t. u. v/i. (1m) ersticken; fig. ~ d'ennui vor Langerweile umkommen.

suffrag|ant [syfraˈgã] m 1. cath. (a. évêque) ~ Suffragan-, Weihbischof; 2. prot. Vikar m; **~e** [syˈfraːʒ] m (Wahl-)Stimme f; Beifall; ~ féminin Frauenstimmrecht n; ~ universel allgemeines Wahlrecht. [m.]

suffusion ♀ [syfyˈzjɔ̃] f Bluterguß]

suggérer [sygʒeˈre] (1f) nahelegen, einsuggerieren; ⚖ Testament erschleichen.

sugges|tif [sygʒɛsˈtif] (7e) anregend, anschaulich, suggestiv; **~tion** [͜tjɔ̃] f Vorschlag m, Anregung f; Suggestion f, Einflüsterung; ⚖ Erschleichung; ~ grégaire Massensuggestion.

suicid|e [sɥiˈsid] m Selbstmord; **~é** [͜ˈde] m Selbstmörder; **~er** [͜] (1a): se ~ sich das Leben nehmen, Selbstmord begehen.

suie [sɥi] f Ruß m.

suif [sɥif] m Talg m; P fig. Rüffel m, Zigarre f fig. F; **~fer** [͜fe] (1a) mit Talg einschmieren; **~feux** [͜fø] (7d) talgig.

suint ⊕ [sɥɛ̃] m Wollfett n; Schlacke f od. Schaum auf flüssigem Glase;

laine f en ~ ungewaschene Wolle f; **~er** [͜ˈte] (1a) (aus-, durch-, ver-)sickern.

Suisse [sɥis] 1. m (~sse f [͜sɛs]) Schweizer(in f) m; 2. **la Suisse alémanique** die (deutsche) Schweiz.

suisse [sɥis] 1. adj. schweizerisch; 2. m Türsteher; Kirchendiener; petit ~ kleiner (weißer) Käse.

suite [sɥit] f Folge f; fig. Gefolge n; Fortsetzung e-r Schrift; Reihenfolge f, Verlauf m; folgende Zeit, Folge; Wirkung; Zs.-hang m; avoir l'esprit de ~ folgerichtig denken und handeln; prpt. ~ à im Anschluß an (acc.); de ~ in e-r Reihe, hinterea.; et ainsi de ~ und so fort; par ~ infolgedessen; in der Folge; par ~ de infolge (gén.); tout de ~ od. a. nur: de ~ sofort; ⚖ donner une ~ judiciaire à une affaire e-e Angelegenheit gerichtlich verfolgen.

suitée [sɥiˈte] a/f. vom Füllen begleitet (Stute).

suivant [sɥiˈvã] (7) 1. adj. (nach-)folgend; 2. su. Begleiter(in f) m; Anhänger(in f) m; 3. prp. gemäß, nach, zufolge; längs, entlang; 4. cj. ~ que je nachdem; **~e** thé. [͜ˈvãːt] f Kammerzofe f.

suiveur [sɥiˈvœːr] m Mitläufer (a. pol.); Sport: Begleiter.

suivi [sɥiˈvi] 1. a. adj. fortgesetzt; zs.-hängend, ununterbrochen; thé. bien ~ gut besucht; 2. ♀ m Nachbehandlung f.

suivre ['sɥiːvrə] v/t. (4h) be-, verfolgen; folgen (dat.); ⚖ Verbrecher verfolgen; genau beobachten; fig. fortsetzen, weiter ausführen; fleißig besuchen; Kolleg hören; ♀ médicalement bien suivi ärztlich gut betreut; ⚙ (faire) ~ (abr.: F.S.) Nachsenden!; à ~ Fortsetzung folgt.

sujet [syˈʒɛ] (7c) 1. adj. unterworfen; untertan; fig. gebunden an (acc.); ausgesetzt, bloßgestellt; geneigt, gewohnt etw. zu tun; ~ à la déclaration anmeldepflichtig; 2. su. Untertan m, Staatsangehöriger m; 3. m gr. usw. Subjekt n; fig. Gegenstand, Objekt n; Vorwurf e-s Gemäldes; Stoff zum Besprechen usw.; Thema n e-s Aufsatzes u. ♪; Anlaß, Ursache f; Person f; ♀ Patient m, Versuchs-person f, -tier n; anat. Leiche f; mauvais ~ Taugenichts; à ce ~ in dieser Beziehung.

sujétion [syʒe'sjɔ̃] f Untertänigkeit; fig. lästiger Zwang m; Gebundenheit. [Salz n.\
sulfate ⚗ [syl'fat] m schwefelsaures\
sulfur|er ⚗ [sylfy're] (1a) mit Schwefel verbinden; (aus)schwefeln; **~eux** [~'rø] schwefelhaltig; **~ique** [~'rik] f: ~ acide m ~ Schwefelsäure f; éther m ~ Schwefeläther.\
sultan [syl'tɑ̃] m Sultan m; Duftkissen n; **~at** [~ta'na] m Sultanat n; **~e** [~'tan] f Frau f e-s Sultans.\
superbe [sy'pɛrb] **1.** adj. wundervoll, herrlich; hochmütig, stolz; **2.** f Stolz m, Hochmut m; **3.** su. Hochmütiger m.\
supercherie [sypɛrʃə'ri] f Betrug m, Hinterlist f, Finte(nspiel n) f.\
super|fétation [sypɛrfeta'sjɔ̃] f Überflüssige(s) n (z.B. im Sprachstil); **~ficialité** [~fisjali'te] f Oberflächlichkeit f; **~ficie** [~fi'si] f Oberfläche; Flächeninhalt m; **~ficiel** [~fi'sjɛl] oberflächlich; **~fin** [~'fɛ̃] äußerst fein; **~flu** [~'fly] **1.** adj. überflüssig; **2.** m Überfluß; das Überflüssige; **~fluité** [~flɥi'te] f Überflüssigkeit, Überfluß m; **~forteresse** [~fɔr'trɛs] f Superfestung f; **~fusée** f. [~fy'ze] f (6g) Superrakete f.\
supérieur [sype'rjœːr] **1.** adj. höher (gelegen), ober, Ober...; höher (-stehend); fig. hervorragend; vorzüglicher (à als); **~ement** adv. a. vortrefflich, meisterhaft; **2.** su. Vorgesetzte(r); Vorsteher (-in f) m; **3.** f Oberin.\
supériorité [syperjori'te] f Überlegenheit; ausgezeichnete Qualität f; rl. Würde e-s Superiors.\
superlatif [sypɛrla'tif] **1.** adj. (7e) superlativisch; **2.** Superlativ m.\
supermarché [~mar'ʃe] m Selbstbedienungsgeschäft n.\
superpos|able [sypɛrpo'zabl] über-ea.-legbar; fig. übereinstimmend; **~er** [~'ze] (1a) über-ea.-legen; rad. überlagern; superposé(e) über-ea.-liegend; **~ition** [~zi'sjɔ̃] f Über-ea.-setzung, Überlegung a. ⚗); Überlagerung a. rad.\
superproduction [sypɛrprɔdyk'sjɔ̃] f Hervorragende(s) n; ⊕ Spitzenproduktion f; cin. Großfilm m.\
supersonique [~sɔ'nik] adj. Überschall...

supersti|tieux [sypɛrsti'sjø] (7d) abergläubisch; fig. übertrieben gewissenhaft; **~tion** [~'sjɔ̃] f Aberglaube m; fig. übertriebene Gewissenhaftigkeit.\
superstructure △ [sypɛrstryk'tyːr] f Hoch-, Oberbau m. [sichtigen.\
superviser néol. [~vi'ze] (1a) beauf-\
supplanter [syplɑ̃'te] (1a) ausstechen, verdrängen (Rivalen).\
supplé|ant [syple'ɑ̃] (7) **1.** adj. stellvertretend; **2.** su. Stellvertreter(in f) m; **~er** [~'e] v/t. (1a) ergänzen; ersetzen; gr. hinzudenken; j-n vertreten; v/i. ~ à qch. Ersatz bieten für (acc.); **~ment** [~'mɑ̃] m Ergänzung f; ⚓ u. Buch: Supplement n; (Zeitungs-)Beilage f; Zulage f, Zuschuß m; 🚂 Zuschlag(skarte f); **~mentaire** [~mɑ̃'tɛːr] f ergänzend, zusätzlich; ⚓ Supplement...; heure f ~ Überstunde; assurance f ~ Nachversicherung f; écol. corrigé m ~ Nachverbesserung f; **~tifs** ⚔ [~'tif] m/pl. autochthone Hilfstruppen f/pl.\
suppli|ant [sypli'ɑ̃] **1.** adj. demütig bittend; **2.** su. Flehende(r); **~cation** [~ka'sjɔ̃] f demütige Bitte, Flehen n; **~ce** [~'plis] m Leibes-, bsd. Todesstrafe f; fig. Marter f, Qual f; **~cier** [~'sje] (1a) hinrichten; fig. heftig quälen; **~er** [~'e] (1a) anflehen, demütig bitten; **~que** [sy'plik] f Bittschrift.\
support [sy'pɔːr] m Stütze f; ⊕ Träger, Lampensockel m; ♀ Wurzelstock; fig. Beistand; ⚡ ~ de selfs Spulenhalter; ⚔ ~ logistique Nachschub- u. Transportwesen n; **~able** [~'tabl] erträglich; **~er** [~'te] (1a) tragen, (unter)stützen; fig. (geduldig) ertragen; aushalten, verkraften F.\
supposé [sypo'ze] **1.** adj. angeblich, falsch; **2.** prp. (inv. vor, var. nach su.): supposé cette chose = cette chose supposée dies vorausgesetzt; **3.** cj. ~ que (mit subj.) (voraus-)gesetzt, daß ...\
suppo|ser [sypo'ze] (1a) annehmen, vermuten; den Fall setzen, voraussetzen; fig. vorgeben; 🕮 unterschieben; **~sition** [~zi'sjɔ̃] f Annahme, Voraussetzung; Vermutung; falsche Angabe; Unterschiebung; **~sitoire** ✱ [~zi'twaːr] m (Stuhl-)Zäpfchen n.

suppôt [sy'po] *m fig.* Helfershelfer *m;* Handlanger *m.*

suppress|if [sypre'sif] unterdrückend, abstellend; **~ion** [~'sjõ] *f* Unterdrückung, Aufhebung; *fig.* Verheimlichung; ✽ Aussetzen *n* der Absonderung; **~ du personnel** Personal-, Beamtenabbau *m.*

supprimer [sypri'me] (1a) unterdrücken; *fig.* aufheben; entziehen (*Führerschein*); verschweigen; *Geschriebenes* streichen; beseitigen, töten; **~ du personnel** Personal abbauen.

suppura|tif ✽ [sypyra'tif] (7e) *adj. u. m* Eiterung fördernd(es Mittel *n*); **~tion** ✽ [~ra'sjõ] *f* Eiterung.

suppurer ✽ [sypy're] (1a) eitern.

supput|ation [sypyta'sjõ] *f* Berechnung, (Rechnungs-)Überschlag *m;* **~er** [~'te] (1a) (*ungefähr*) berechnen, überschlagen.

suprématie [syprema'si] *f* Oberhoheit *f,* Vormachtstellung *f; fig.* Überlegenheit.

suprême [sy'prɛm] höchst; Hoch..., Ober...; äußerst, letzt; *m cuis.* Fischfilet *n od.* Gericht *n* aus den feinsten Geflügelstücken.

sur[1] [sy:r] *prp.:* auf, über (*beide mit dat.:* wo? *mit acc.:* wohin?); *fig. avoir de l'argent ~ soi* Geld bei sich haben; *juger ~ l'apparence* nach dem Schein *urteilen; se répandre ~* sich verbreiten über ... (hin); *retenir ~ les gages* vom Gehalt abziehen; *fig. tourner ~ son axe* sich um s-e (ihre) Achse *drehen; fermer la porte ~ soi* die Tür hinter sich zumachen; **~ la droite** nach rechts (hin); *coup ~ coup* Schlag auf Schlag; *4 ~ 18 a.* 4 von 18; *~ toutes choses fig.* vor allem; *~ mon honneur!* auf Ehre!, bei meiner Ehre!; *impôt ~* Steuer auf (*acc.*); *gym.* (*marcher*) *~ place!* auf der Stelle (*getreten*)!; (*situé*) *~ le Rhin* am Rhein (gelegen); *~ le soir* gegen Abend.

sur[2] [sy:r] sauer, herbe.

sûr [sy:r] sicher, gefahrlos; *fig.* zuverlässig; *fig.* zweifellos; *pour ~* sicherlich, gewiß; *à coup ~* ganz gewiß; *le plus ~* das Sicherste.

surabond|ance [syrabõ'dã:s] *f* Überfülle, großer Überfluß *m*; **~ant** [~'dã] **1.** *adj.* überreichlich; überflüssig; **2.** *m:* **~ (de la récolte)** Überschuß (der Ernte); **~er** [~'de] (1a) in großem Überflusse da sein; **~ de** *qch.* von etw. überfließen.

suraigu, *f:* **~ë** [syre'gy] ♪ sehr *od.* zu hoch, gellend; ✽ äußerst heftig.

suralimentation [syralimãta'sjõ] *f* Überernährung *f.*

suran|nation ⚖ [syrana'sjõ] *f* Verjährung; **~né** [~'ne] *a. adj. fig.* verjährt; veraltet, altmodisch; **~ner** ⚖ [~] (1a) verjähren.

surbaisser *a.* △ [syrbɛ'se] (1b) niedrig *od.* abgeflacht bauen.

surboum * [syr'bum] *f* Halbstarkenparty *f;* **~er** * [~'me] *v/i.* (1a) e-e Party veranstalten.

surcharg|e [syr'ʃarʒ] *f* neu hinzukommende Last; Überlastung; Übergewicht *n; phil., rl. usw.* Vermehrung *der Leiden; Pferderennen: e-m Pferde auferlegtes* Mehrgewicht *n; fig.* Überfülle *z.B. an Gedanken; écol. usw.* Übergeschriebene(s) *n;* 🚂 *usw.* Übergewicht *n* (*gebräuchlicher:* excédent); △ Nutzlast; *pour ~* noch obendrein; **~er** [~'ʒe] (1l) überladen; zu sehr belasten; *écol. ~ toute une ligne* e-e ganze Zeile (r)überschreiben.

surchauffer [syrʃo'fe] (1a) überhitzen, -heizen.

surclasser [syrkla'se] (1a) e-r höheren Klasse *od.* Rangordnung zuteilen.

surconsommation [~kõsɔma'sjõ] *f* Überverbrauch *m.*

surcoup|e [syr'kup] *f* Überstechen *n beim Kartenspiel;* **~er** [~'pe] *v/t.* (1a) *v/i.* überstechen (*beim Kartenspiel*). [Vermehrung *f.*]

surcroît [syr'krwa] *m* Zuwachs,)

surdi-mutité ✽ [syrdimyti'te] *f* Taubstummheit.

surdité ✽ [syrdi'te] *f* Taubheit *f,* Schwerhörigkeit.

surdorer [syrdɔ're] (1a) doppelt vergolden.

surdos *man.* [syr'do] *m* Kreuzriemen *m.*

sureau ♀ [sy'ro] *m* Holunder.

surécartement 🚂 [~ekartə'mã] *m* Breitspur *f.*

surélever [syrel've] (1d) noch mehr erhöhen; △ höher bauen, aufbauen, -stocken; ✽ *~ les prix* die Preise (hoch)treiben.

surelle ♀ [sy'rɛl] *f* Sauerampfer *m.*

sur-emploi [syrã'plwa] *m* Überbeschäftigung *f.*

surenchère [syrã'ʃɛːr] *f* Über-, Höhergebot *n* (*bei Versteigerungen*).

surenchér|ir [syrãʃe'riːr] (2a) überbieten, höher bieten; **~isseur** [~ri'sœːr] **1.** *adj.* überbietend; **2.** *su.* Überbieter *m*.

surencombrement [~ãkɔ̃brə'mã] *m* Überbelastung *f* (*z.B. v. Krankenhäusern*).

surestimer [syrɛsti'me] (1a) überschätzen.

suret [sy'rɛ] säuerlich.

sûreté [sy'rte] *f* Sicherheit (*a. fig. von Hand, Geschmack usw.*); ✞ Deckung; *fig.* Bürgschaft, Sicherheitspolizei.

surérogation [~eroga'sjɔ̃] *f* Übergebühr *f*; Zusatzleistung *f*.

surexcédent ⊕, ✞, *éc.* [~ɛkse'dã] *m* Zugabe *f*; Überhang *m*.

surexcit|ation ⚕ [syrɛksita'sjɔ̃] *f* Überreizung; **~er** ⚕ [~'te] (1a) überreizen.

surexpertise [~ɛkspɛr'tiːz] *f* zs.- fassendes Gutachten *n*.

surexposer *phot.* [~ɛkspo'ze] (1a) überbelichten.

surface [syr'fas] *f* (Ober-)Fläche, Außenseite (*a. fig.*, ⚭ *usw.*); *fig.* Schein *m*; *a.* ✞ Gewähr, Kredit *m*; ~ *cultivée* Anbaufläche; ~ *utilisable* Nutzfläche; *faire* ~ auftauchen (*U-Boot, Taucher*); *faire de nouveau* ~ *fig.* wieder an die Oberfläche kommen, wieder aufkreuzen fig.

surfaix *man.* [syr'fɛ] *m* Obergurt *m*.

surgelé [syrʒə'le] *adj.* tiefgekühlt.

surgeon ⚘ [syr'ʒɔ̃] *m* Wurzelreis *n*, Ableger.

surgir [syr'ʒiːr] (2a) sich plötzlich erheben; hervorquellen (*Wasser*); hervorgehen; ⚓ auftauchen; *fig.* am Ziel s-r Wünsche anlangen; *faire* ~ ins Leben rufen; ~ *à vive allure Auto*: in sausendem Tempo angefahren kommen.

surhausser [syro'se] (1a) ⚙ erhöhen, zuspitzen; ✞ *Preis* noch mehr erhöhen.

surhomme *phil.* [syr'ɔm] *m* Übermensch.

surhumain [syry'mɛ̃] übermenschlich. [mäßig besteuern.]

surimposer [syrɛ̃po'ze] (1a) über-

surimpression *phot.* [syrɛ̃prɛ'sjɔ̃] *f* Doppelbelichtung *f*; *fig. s'ajouter en* ~ obendrein hinzukommen.

surin [sy'rɛ̃] *m* ⚘ noch ungepfropfter Apfelbaum; ★ Dolch(messer *n*) *m*;

~er ★ [~'rine] (1a) erstechen, kaltmachen.

surintend|ance [syrɛ̃tã'dãːs] *f* Oberaufsicht(sbezirk *m*); Superintendantur; **~ant** *m* [~'dã] Oberaufseher *m*; *prot.* Superintendent *m*.

surir [sy'riːr] (2a) *v/i.* sauer werden.

surjet ⊕ [syr'ʒɛ] *m* überwendliche Naht *f*; **~er** ⊕ [~ʒə'te] (1c) überwendlich nähen [Stelle, sogleich.)

sur-le-champ [syrlə'ʃã] auf der

surlendemain [syrlãd'mɛ̃] *m* übernächster Tag. [es Ochsen.)

surlonge [syr'lɔ̃ːʒ] *f* Lendenstück *n*

surmen|age [syrmə'naːʒ] *m* Überbürdung *f*; Überanstrengung *f*; **~er** [~'ne] (1d) überbürden, überanstrengen.

surmont|able [syrmɔ̃'tablə] übersteigbar; überwindlich; **~er** [~'te] (1a) übersteigen, -ragen; *fig.* überwältigen, meistern, -treffen; *surmonté(e) de a. adj.*: gekrönt, (oben) versehen mit.

surmouler ⊕ [syrmu'le] (1a) von e-m Abgusse abformen.

surmoût ⊕ [syr'mu] *m* Vorlauf *m* (*ungekelterter Most*). [ratte *f.*)

surmulot *zo.* [syrmy'lo] *m* Wander-)

surnager [syrna'ʒe] (1l) obenauf schwimmen; *fig.* sich durchsetzen.

surnaturel [syrnaty'rɛl] übernatürlich.

surnom [syr'nɔ̃] *m* Bei-, Zuname; **~bre** [~'nɔ̃ːbrə] *m* Überzahl *f*; **~mer** [~nɔ'me] (1a): ~ *q.* j-m e-n Beinamen geben.

surnuméraire [syrnyme'rɛːr] **1.** *adj.* überzählig; **2.** *m* Beamtenanwärter *m*. [gebot *n*.)

suroffre ✞ [sy'rɔfrə] *f* höheres An-

suroît ⚓ [sy'rwa] *m* Südwest(wind); Südwester, Seemannshut.

suroxyde ⚗ [syrɔk'sid] *m* Hyperoxyd *n*.

surpasser [syrpɑ'se] (1a) über etw. hinausragen *od.* -gehen; höher, größer usw. sein als ...; *fig.* übertreffen; *F fig.* in höchstes Staunen versetzen. [*m* P.)

surpat* [~'pat] *f* Tanz *m*, Schwof)

surpay|e [syr'pɛj] *f* Überbezahlung *f*; Zulage, Gratifikation *f*; **~er** [syrpɛ'je] (1i) zu teuer *od.* zu hoch bezahlen.

surpeuplé [~pœ'ple] *adj.* übervölkert; überfüllt (*z.B. Krankenhaus*).

surpeuplement [syrpœplə'mã] *m* Übervölkerung *f*; Überfüllung *f*.

surplis *rl.* [syr'pli] *m* Chorhemd *n*.

surplomb △ [syr'plõ] *m* Überhängen *n*; **en ~** schräg überhängend, nicht senkrecht; **~er** △ [~'be] (1a) *v/i.* überhängen, aus dem Lot heraustreten; *v/t.* überdachen, überragen.

surplus [syr'ply] *m* Überschuß *f*; *fig.* Rest; *au* **~** übrigens. [*n* (*a. fig.*).)

surpoids [syr'pwa] *m* Übergewicht)

surpren|ant [syrprə'nã] (7) erstaunlich, seltsam; **~dre** [~'prã:drə] (4q) überraschen, -rumpeln, -listen; ertappen, -schleichen; in Erstaunen setzen; ~ *la bonne foi de q.* j-s guten Glauben mißbrauchen.

surprime ✝ [syr'prim] *f* Zuschlagsprämie *bei Versicherungen*.

surprise [syr'pri:z] *f* Überraschung *f*; Verwunderung *f*; ⚔ Überfall *m*; **~-party** *f* Party, zwanglose Gesellschaft.

surproduction ✝ [syrprɔdyk'sjõ] *f* Überproduktion.

surrénal ⚕ [syrre'nal] *adj.* (5c): (*glande f*) **~e** Nebenniere *f*.

sursalaire [syrsa'lɛ:r] *m* Zulage *f*; ~ *familial* Familien-, Kinderzulage *f*. [übersättigen.)

sursaturer ⌂, ✝ [~saty're] (1a))

sursaut [syr'so] *m* plötzliches Auffahren *n od.* Aufspringen *n*; *s'éveiller en* ~ aus dem Schlafe auffahren.

surseoir ⚖ [syr'swa:r] (3l) (*fut. surseoirai*): ~ *(à) qch.* etw. aufschieben, aussetzen.

sursi|s [syr'si] *m* ⚖ Strafaufschub *m*; ⚔ ~ *d'appel* Gestellungsaufschub; **~taire** ⚔ [~'tɛ:r] Zurückgestellter *m*, Unabkömmlicher *m*.

surtaux [syr'to] *m* zu hohe Steuereinschätzung *f*.

surtax|e [syr'taks] *f* Nachsteuer; zu hohe Steuer; ✉ Zuschlags-, Nach-, Strafporto *n*; Zuschlagszoll *m*; **~er** [~k'se] (1a) nachbesteuern; ✉ mit Zuschlag belegen; zu hoch veranlagen. [*f/pl.*)

surtemps [~'tã] *m* Überstunden)

surtout [syr'tu] **1.** *adv.* besonders; *non,* ~ *pas!* nein, bloß nicht!; ~ *que* zumal; **2.** *m* Kittel *m*; Tafelaufsatz; *Art* Gepäckkarren.

sur|travail [syrtra'vaj] *m* Über-, Mehrarbeit *f*; **~valeur** [~va'lœ:r] *f* Mehrwert *m*.

surveill|ance [syrvɛ'jã:s] *f* Aufsicht; Überwachung; ⊕ Wartung; *sans* ~ unbeaufsichtigt; **~ant** [~'jã] **1.** *adj.* wachsam; überwachend; *écol.* beaufsichtigend; **2.** *su.* Aufseher *m*; **~e** [~'vej] *f*: ~ *de ...* vorgestriger Tag vor ...; **~er** [~'je] (1a) *v/t.* überwachen; *écol.* beaufsichtigen.

surven|ance [syrvə'nã:s] unvorhergesehenes Dazukommen *n*; **~ant** [~'nã] (7) unvermutet dazukommend. [teuer verkaufen.)

survendre [syr'vã:drə] (4a) zu)

survenir [syrvə'ni:r] (2h) plötzlich ankommen *od.* Auto: plötzlich angefahren kommen; aufkreuzen F (*Person, Fahrzeug*); plötzlich eintreten *od.* erfolgen; sich plötzlich ereignen.

survente [syr'vã:t] *f* Überteuerung *f*; ♃ aufkommender Sturm *m*.

survêtement [syrvɛt'mã] *m* Schutzkleidung *f*; ~ *de sports* Trainingsanzug *m*.

survie [syr'vi] *f* Überleben *n*; Fortleben *n* nach dem Tod.

survireuse *Auto* [syrvi'rø:z] *adj./f*: *voiture f* ~ Wagen *m*, der die Kurven zu scharf nimmt.

survivance [syrvi'vã:s] *f* Überleben *n*; *rl.* (Fort-)Leben *n* nach dem Tode; ⚖ Nachfolge *f*; *droit m par* ~ Anwartschaft *f*.

survivant [~vi'vã] (7) **1.** *adj.* überlebend; **2.** *su.* Überlebender *m*.

survivre [~'vi:vrə] (4e) mit dem Leben davonkommen; ~ *à q.* j-n überleben.

survol ✈, *orn., fig.* [syr'vɔl] *m* Überfliegen *n*; ~ *de l'histoire* Überblick *m* über die Geschichte; **~er** [~'le] (1a) überfliegen.

survolt|age [~vɔl'ta:ʒ] *m* **1.** ⚡ Überspannung *f*; **2.** *fig.* ⚡ Überanspannung *f*; **~er** [~'te] *v/t.* (1a) **1.** ⚡ hinauftransformieren; **2.** *fig., a. pol.* auf Hochtouren bringen; *le rythme de vie aux Etats-Unis est trop survolté* der Lebensrhythmus in den USA ist zu überspannt.

sus [sy(s)] **1.** *en* ~ noch dazu, darüber hinaus; *en* ~ *de* außer; noch zu ...; *courir* ~ *à q.* auf j-n losgehen, über j-n herfallen; **2.** *int.* ~ (*donc!*) los!, dalli!

suscepti|bilité [sysɛptibili'te] *f* Empfindlichkeit *f*, Empfänglichkeit

susceptible — 483 — **sympa**

f, Erregbarkeit *f*, Reizbarkeit *f*, Anfälligkeit *f*; ~**ble** [~'tiblə] empfindlich, reizbar; geeignet, in Frage kommend; ~ de *qch.* geeignet, fähig zu (*dat.*), empfänglich für (*acc.*).

susciter [sysi'te] (1a) entstehen *od.* auftreten lassen; hervorrufen; anstiften. [schrift *f auf Briefen*.)

suscription [syskrip'sjɔ̃] *f* Auf-)

susdit [sys'di] (7) **1.** *adj.* obengenannt; **2.** *su. der* (*die, das*) Obengenannte.

susmentionné [sysmɑ̃sjɔ'ne] obenerwähnt.

susnommé [sysnɔ'me] **1.** *adj.* weiter oben genannt; **2.** *su. der* (*die, das*) Obengenannte.

suspect [sys'pɛ *od.* ~'pɛkt] verdächtig; ~**er** [syspɛk'te] (1a) für verdächtig halten.

suspend|re [sys'pɑ̃:drə] (4a) (auf-)hängen; *fig.* aufschiebend; aussetzen; einstweilen des Amtes entsetzen, suspendieren; ~**u** [~pɑ̃'dy] *a. adj.*: frei (*od.* in Federn) hängend, schwebend; Hänge...; pont *m* ~ Hängebrücke *f*; *fig.* être~schweben.

suspens [sys'pɑ̃] † *rl.* vom Amte suspendiert; *advt.*: en ~ in der Schwebe; unentschieden; ~**e** *néol. cin., thé.* [sys'pɑ̃:s] *m* Spannung *f*; ~**if** [~'sif] aufschiebend; *gr. points* *m/pl.* ~**s** Gedankenpunkte; ~**ion** [~'sjɔ̃] *f* Aufhängen *n*; Aufschub *m*, Stillstand *m*; *fig.* Einstellung; einstweilige Amtsenthebung; *Sport*: (zeitweiliger) Ausschluß *m*; Hängewerk *n*; *Auto*: Federung *f*; *fig.* Spannung *f*; *gr.* Unterbrechung *f* in e-m Satze; (*lampe à*) ~ Hängelampe, Ampel; *d'armes*, ~ *d'hostilités* Waffenstillstand *m*; ~ (*de paiement*) Zahlungseinstellung; ~ *du trafic* Verkehrssperre; *gym.* ~ *fléchie* Klimmzug *m*; *Auto*: ~ *indépendante* Schwingachse *f*; *points m/pl.* de ~ Auslassungspunkte; ~**oir** ⚙ [~'swa:r] *m* Trageverband *m*.

suspicion [syspi'sjɔ̃] *f* Verdacht *m*.

sustenta|teur [systɑ̃ta'tœ:r] **1.** *adj.* tragend, Trag...; **2.** *m* Träger, Tragdecke *f*; ✈ Tragfläche *f*; ~**tion** [~tɑ'sjɔ̃] *f* Unterhalt *m*, Ernährung *f*; Aufrechterhaltung; ✈ Gleichgewichtserhaltung.

sustenter [systɑ̃'te] (1a) unterhalten, ernähren; F se ~ sich stärken.

susurrer [sysy're] (1a) flüstern, säuseln; (leise) murmeln; rascheln.

suture [sy'ty:r] *f zo., anat., chir.*, ⚕ Naht *f*; *fig. litt.* Flickstelle *f*, -worte *n/pl.*; ~**r** *bsd.* ⚕ [~ty're] zs.-nähen.

suzerain [syz'rɛ̃] (7) (ober)lehnsherrlich; (*seigneur*) ~ *m* (Ober-)Lehnsherr; ~**eté** [~rɛn'te] *f* (Ober-)Lehnshoheit.

svelte [svɛlt] schlank; ~**sse** [~'tɛs] *f* Schlankheit *f*, schlanke Linie *f*.

swahili *ling.* [swa'ili] *m*: le ~ das Suaheli *n*.

sweater [swɛ'tœ:r] *m* Sweater *m*; dicke, wollene Strickjacke *f*.

swing [swiŋ] *m Jazz*: Swing *m*; *Boxsport*: Schwinger.

sybarit|e [siba'rit] *m. u. adj.* verweichlichter Wollüstling *m*; wollüstig, verweichlicht, schwelgerisch; ~**isme** [~'tism] *m* maßlose Genußsucht *f*, Schwelgerei *f*, Wollust *f*.

sycomore ♀ [sikɔ'mɔ:r] *m* Maulbeerfeigenbaum *m*; *faux* ~ Bergahorn *m*.

syllab|aire [sila'bɛ:r] *m* Abc-Buch *n*, Fibel *f*; ~**e** [si'lab] *f* Silbe *f*; ~**ique** [~'bik] *f*: *écriture f* ~ Silbenschrift *f*.

sylph|e [silf] *m*, ~**ide** [~'fid] Sylphe *f*, Elfe *f*, Luftgeist *m*.

sylv|ain [sil'vɛ̃] **1.** *adj.* (7) in Wäldern lebend; Wald..., Holz...; **2.** ~**ains** [~] *m/pl.* Waldgeister *m/pl.*; ~**atique** [~va'tik] in Wäldern wachsend; ~**estre** [~'vɛstrə] waldig; *a.* ~ *sylvatique*; **Saint-**~**estre** [sɛ̃~] *f* Silvesterabend *m*.

sylvicul|teur [silvikyl'tœ:r] *m* Forstwirtschaftler *m*; ~**ture** [~'ty:r] *f* Forstwissenschaft *f*, Waldkultur *f*.

sylvinite 🜋 [silvi'nit] *f* Kainit *m* (*Düngemittel*).

symbiose [sɛ̃'bjo:z] *f* Symbiose *f*; *pol.* Nebeneinanderleben *n*.

symbol|e [sɛ̃'bɔl] *m* Symbol *n*, Sinnbild *n*, (Erkennungs-)Zeichen *n*; 🜋 Abkürzung *f*, Zeichen *n*; *rl.* Glaubensbekenntnis *n*; ~**iser** [~li'ze] (1a) *v/t.* verkörpern, versinnbildlichen, sinnbildlich darstellen; ~**isme** [~'lism] *m* Symbolismus *m*; ~**iste** [~'list] **1.** *adj.* symbolistisch; **2.** *su.* Symbolist *m*.

symé|trie [sime'tri] *f* Symmetrie *f*; ~**trique** [~'trik] symmetrisch.

sympa F [sɛ̃'pa] *adj./inv.* sympathisch.

sympath|ie [sɛ̃pa'ti] f Sympathie f, Neigung f; Mitgefühl n, Beileid n; Seelenverwandtschaft f; körperliche Mitleidenschaft f; Einklang m *von Tönen u. Farben*; **~ique** [~'tik] sympathisch; **~iser** [~ti'ze] (1a) v/i. sympathisieren, gleichgestimmt sein, mitfühlen; zs.-passen (*avec* mit).

symphon|ie [sɛ̃fɔ'ni] f Symphonie f; **~iste** [~'nist] m Orchestermusiker m; (*bsd.* Symphonien-) Komponist m.

symposium [sɛ̃pɔ'zjɔm] m Zs.-fassung f *von Arbeiten mehrerer Verfasser*.

symptomat|ique a. ✱ [sɛ̃ptɔma'tik] symptomatisch; **~ologie** f [~tɔlɔ'ʒi] f Symptomatologie f, Lehre f von den Krankheitszeichen.

symptôme a. ✱ [sɛ̃p'to:m] m Symptom n, Anzeichen n, Vorbote m.

synagogue [sina'gɔg] f Synagoge f.

synchron|ique [sɛ̃krɔ'nik] synchronistisch, gleichzeitig; **~isation** cin. [~niza'sjɔ̃] f Synchronisierung f; **~iser** cin. [~ni'ze] (1a) synchronisieren, als gleichzeitig darstellen; **~isme** [~'nism] m Gleichzeitigkeit f.

synchroton at. [sɛ̃krɔ'tɔ̃] m Synchroton n, Teilchenbeschleuniger m.

syncop|e [sɛ̃'kɔp] f *gr. u.* ♩ Synkope; ✱ Ohnmacht; **~é** F [~'pe] adj. perplex, völlig sprachlos.

synderme [sɛ̃'dɛrm] m Kunstleder n.

syndi|c [sɛ̃'dik] m Syndikus; Konkursverwalter; **~cal** [~'kal] (5c) adj. gewerkschaftlich; *droit m* **~**, **~calisation** [~kaliza'sjɔ̃] f gewerkschaftliche Organisierung f; **~caliste** [~ka'list] 1. adj. *in Zssgn*: Gewerkschafts...; *mouvement m* **~** Gewerkschaftsbewegung f; 2. su. Gewerkschaftler m; **~cat** [~'ka] m Gewerkschaft f; Syndikat n; Berufsverband m; **~** *d'employeurs* Arbeitgeberverband; **~** *d'initiative* Verkehrsverein (*für Fremdenverkehr*); **~** *industriel* Kartell n; **~** *ouvrier* Arbeitnehmerverband, Arbeitgewerkschaft f; **~** *patronal* Arbeitgeber-, Unternehmerverband; Kartell n; **~** *professionnel* Berufsverband m.

syndiqu|é [sɛ̃di'ke] su. Gewerkschaftler m; **~er** [~] (1m) gewerkschaftlich organisieren; *se* **~** sich gewerkschaftlich organisieren.

synod|al [sinɔ'dal] (5c) syno'dal (-isch), Synoden...; **~e** [si'nɔd] m Synode f, Kirchentag; **~ique** [~'dik] auf e-e Synode bezüglich; *ast.* sy'nodisch.

synonym|e [sinɔ'nim] adj. (*u. m*) sinnverwandt(es Wort n), Synonym n; **~ie** [~'mi] f Sinnverwandtschaft f; **~ique** [~'mik] 1. synonym, sinnverwandt; 2. f Synonymik f, Lehre f von den sinnverwandten Ausdrücken.

synop|sis [sinɔp'sis] f, *bisw.* m Überblick m; *cin.* Filmübersicht f, Exposé n; **~tique** [~'tik] übersichtlich zs.-gestellt; Übersichts...

syntax|e [sɛ̃'taks] f Syntax f, Satzlehre f; **~ique** [~k'sik] syntaktisch.

synthèse [sɛ̃tɛ:z] f Synthese f, Zs.-fassung f, -stellung f; 🜨 Aufbau m.

synthét|ique [sɛ̃te'tik] synthetisch; zs.-fassend; *caoutchouc* **~** synthetischer Gummi m; *chimie* f **~** synthetische Chemie f; *sur base* **~** auf synthetischer Grundlage; **~iser** [~ti'ze] (1a) zs.-fassen; synthetisch herstellen.

synton|ique rad. [sɛ̃tɔ'nik] abgestimmt; **~isateur** rad. [~niza'tœ:r] m Abstimmapparat m, Abstimmer m; **~isation** rad. [~niza'sjɔ̃] f Abstimmung f; **~** *par boutons-poussoirs* Druckknopfabstimmung f; *onde* f *de* **~** Abstimmwelle f; *bobine* f *de* **~** Abstimmspule f; **~iser** rad. [~ni'ze] (1a) abstimmen.

syriaque [si'rjak] altsyrisch.
Syrie [si'ri]: *la* **~** Syrien n.
syrien [si'rjɛ̃] (7c) syrisch.

systématique [sistema'tik] 1. systematisch, planmäßig geordnet; *fig.* grundsätzlich; 2. f *biol.* Systematik f. [matisieren.]
systématiser [sistemati'ze] syste-/

système [sis'tɛm] m System n; **~** *codé* Schlüsselsystem n; P **~** D (*abr. für débrouille-toi*) Durchtriebenheit f, Kunst f des Mogelns, Sich-Durchlavieren n; Bezugsschein B *plais.*; **~** *décimal* Dezimalsystem n; **~** *de montage* Schaltskizze f; **~** *nerveux central* Zentralnervensystem n; **~** *tarifaire* Tarifsystem n; △ **~** *porteur* Tragwerk n.

systole ✱ [sis'tɔl] f Systole f.

T

T (*ou* t) [te] *m* T (*od.* t) *n*; Reißschiene *f*; ⊕ fer *m* à *od.* en ∼ T-Eisen; ⊕ en double ∼ I-Form *f*; ⊕ pièce *f* en ∼ T-Stück *n*.

ta [ta] *f* dein(e).

tabac [ta'ba] **1.** *m* ♀, ⚓ Tabak; ∼ à fumer (à priser) Rauch-, (Schnupf-) tabak; ∼ à chiquer Kautabak; ∼s *pl.* Tabakmanufaktur *f*; -verwaltung *f*; bureau *m od.* débit *m* de ∼ Tabaksladen *m*; coup *m* de ∼ Windhose *f*; **2.** *adj.* tabakbraun.

taba|gie [taba'ʒi] *f ehm.* Tabakszimmer *n*; *jetzt péj.* verrauchtes Zimmer *n od.* Lokal *n*; Tabakgenuß *m*; **∼gisme** [∼'ʒism] *m* Nikotinvergiftung *f*; Nikotinsucht *f*; **∼tière** [∼'tjɛːr] *f* (Tabaks-)Dose; F ⚡ Steckdose.

tabasser P [taba'se] *v/t.* (1a) verprügeln.

tabellaire [tabɛ'lɛːr] listen-, tafelförmig, Tafel...; tabellarisch.

tabernacle [tabɛr'nakl] *m* Zelt *n* (*mst. bibl.*); *rl.* Laub-, Stiftshütte *f*; Tabernakel *m*; ⚛ Sakramentshäuschen *n*.

tablature ♪ [tablaty'r] *f* Tabulatur; *fig.* Rummel *m*.

table ['tablə] *f* Tisch *m*; Tafel, Platte, (Speise-)Tisch *m*; *fig.* Tabelle, Register *n*; Verzeichnis *n*; *rl.* sainte ∼ Tisch *m* des Herrn; ∼ à rallonges Auszugtisch *m*; ∼ camping Campingtisch *m*; ∼ de chevet Nachttischchen *n*; ⚓ ∼ des intérêts Zinstabelle; ⚕ ∼ de multiplication Einmaleins *n*; ∼ de pose phot. Belichtungstabelle; ∼ des matières Inhaltsverzeichnis *n*; ∼ d'hôte gemeinsames Essen *n* in e-r Gaststätte; ∼ pivotante Schwenktisch *m*; * se mettre à ∼ s-e Komplizen bei e-m Verhör verraten.

tableau [ta'blo] *m* (Wand-)Tafel *f* (*écol. a.* ∼ noir); Schwarzes Brett *n*; Gemälde *n* (*a. fig.*); Bild *n* (*a. fig. u. thé.*); *fig.* Schilderung *f*; Liste *f*; Tabelle *f*; ∼ d'avis Warnungstafel *f*; ∼ de bord Auto u.✈: Instrumenten-, Armaturenbrett *n*; ⚡ ∼ (de distri- bution) Schalttafel *f*; ⚓ ∼ de publicité Reklametafel *f*; ⚒ ∼ de service Tafel *f* mit Abfahrt- *od.* Ankunftszeiten; **∼tin** [∼'tɛ̃] *m* kleines Bild *n*.

table|-bureau [tabləby'ro] *f* Arbeitstisch *m im Amtszimmer usw.*; **∼-coiffeuse** [∼kwa'føːz] *f* Frisiertisch *m*.

tabl|ée [ta'ble] *f* Tischgesellschaft *f*; **∼er** [∼] (1a): ∼ sur *fig.* rechnen mit (*dat.*); **∼etier** [tablə'tje] *m* (Kunst-) Tischler *m*.

tablette [ta'blɛt] *f* Brett *n*, (Tisch-) Platte; Tischchen *n*, Täfelchen *n*; *phm.* Tablette; ∼ de chocolat Tafel Schokolade; rayez cela de vos ∼s! *fig.* rechnen Sie nicht darauf!; **∼rie** [∼'tri] *f* Kunsttischlerei *f*; Täfelung.

tablier [tabli'e] *m* Schürze *f*; Spritzleder *n* e-r Kutsche; Aufzug *e-r* Zugbrücke; Fahrbahn *f e-r* Stahlbrücke; Schieber *m* e-s Ofenrohrs; ⚓ rendre son ∼ *fig.* sein Amt niederlegen.

tabloïd *journ.* [tablɔ'id] *adj.*: paraître sur format ∼ in Kleinformat mit Kurzberichten erscheinen.

tabor ⚔ [ta'bɔːr] *m* marokkanisches Infanteriebataillon *n*.

tabou [ta'bu] *adj.* unantastbar; *m* (*pl.* ∼s) Tabu *m*, Heiligsprechung *f*; *allg.* heiliger Brauch *m* (*v. Eingeborenen*).

tabou|ret [tabu'rɛ] *m* Fußbank *f*, Schemel; Hocker; ⊕, ⚡ Isolierschemel; **∼rin** ⊕ [∼'rɛ̃] *m* Rauchfangkappe *f*.

tabulaire [taby'lɛːr] Tabellen...

tabulat|eur [tabyla'tœːr] *m* Tabulator *m*; **∼rice** [∼'tris] *f* Tabelliermaschine *f*.

tac [tak] **1.** *m* kurzer Schall *od.* Schlag; *esc.* Degenklirren *n*; **2.** *int.* ∼! tack! (*schallnachahmend*); riposter du ∼ au ∼ sehr schlagfertig sein; Gleiches mit Gleichem vergelten.

tache [taʃ] *f* Fleck *m*; Fehler *m*, Makel *m*, Schandfleck *m*; ∼ de graisse Fettfleck *m*; ∼ de naissance Muttermal *n*; ∼s de rousseur Sommersprossen *f/pl.*; faire ∼ *fig.* nicht

tâche hingehören, abstechen von; *faire ~ d'huile* mehr u. mehr um sich greifen *(Aufstand).*

tâche [taʃ] *f* aufgegebene Arbeit, Aufgabe; *à la ~* im Akkord *od.* Stücklohn; *prendre à ~* es sich zur Aufgabe machen.

tacher [ta'ʃe] (1a) *v/t.* (be)flecken, besudeln *(a. fig.);* **se ~** fleckig werden, Flecke bekommen.

tâcher [ta'ʃe] (1a): *~ de* sich bemühen, trachten zu; *~ à* darauf ausgehen, die Absicht haben; **~on** ⊕ [taʃ'rɔ̃] *m* Akkordarbeiter.

tacheter [taʃ'te] (1c) *u.* (1e) fleckig machen, sprenkeln.

tachy... [taki...] *in Zssgn:* Schnell...; schnell...; **~mètre** [~'mɛːtrə] *m* ⊕ Tachometer, Geschwindigkeitsmesser.

tacite [ta'sit] stillschweigend *(nicht förmlich ausgesprochen).*

taciturn|e [tasi'tyrn] schweigsam; **-ité** [~ni'te] *f* Schweigsamkeit; *fig.* Verschlossenheit.

tacot F [ta'ko] *m Auto* Karre *f,* Klapperkasten, Mühle *f;* 🚂 Bimmelbahn *f.*

tact [takt] *m* Tastsinn, Gefühl *n; fig.* Anstandsgefühl *n,* Takt; **~icien** ⚔ [~ti'sjɛ̃] *m* Taktiker; **~ile** [~'til] fühlbar; den Gefühlssinn betreffend; **~ique** [~'tik] **1.** *adj.* taktisch; **2.** *f* ⚔ *u. fig.* Taktik.

taffetas [taf'ta] *m* ✝ Taft; *phm. ~ d'Angleterre, ~ gommé* englisches Pflaster *n.*

Tage [ta:ʒ]: **le ~** der Tajo *(Fluß).*

tai|e [tɛ] *f* Kopfkissen-Überzug *m;* ✾ weißer Fleck(en) *m auf der Hornhaut;* **~llable** *féod.* [ta'jabl] steuer-, zoll-, zinspflichtig.

taillad|e [tɑ'jad] *f* ✾ Schnitt *m ins Fleisch; univ. od. esc.* Schmarre, Schmiß *m;* Schlitz *m in e-m Kleide;* **~er** [~'de] (1a) aufschlitzen; einschneiden; **se ~ les poignets** sich die Pulsadern aufschneiden.

tailland|erie [tɑjɑ̃'dri] *f* ⊕ Grobschmiedehandwerk *n,* ✝ *-ware;* **~ier** ⊕ [~'dje] *m* Grobschmied; **~ en œuvres blanches** Weißschmied.

taill|ant [tɑ'jɑ̃] *f* Schärfe *f,* Schneide *f e-s Werkzeugs usw.;* **~e** [tɑ:j] *f* Be-, Zuschneiden *n,* Schnitt *m (a. ✒);* Schneide; Behauen *n von Bausteinen;* Schleifen *n,* Schliff *m von Edelsteinen;* (Holz-) Schnitt *m;* (Kupfer-)Stich *m;* Holzschlag *m;* Kerbholz *n;* Taille *f,* (Körper-)Wuchs *m,* Statur *f,* erforderliches Körpermaß *n; Kartenspiel:* Abziehen *n,* Abzug *m; ~ à la garçonne* Herrenschnitt *m (Haartracht); par rang de ~* der Größe nach; **~e-crayon** [~ɛkrɛ'jɔ̃] *m* Bleistiftspitzer *(Werkzeug);* **~e--douce** ⊕ [~'dus] *f* Kupferstich *m; (Verfahren u. Bild);* **~er** [tɑ'je] (1a) (be-, ein-, zu-)schneiden; (be-)hauen; *Bleistift* spitzen; *Edelstein* schleifen; *Bienen* zeideln; *Stein* behauen; besteuern; *~ la soupe* Brot in die Suppe schneiden; *~ en pointe* (an)spitzen; *bien taillé* stattlich; *v/i.* abziehen; Bank halten *(beim Kartenspiel); v/rfl.* **se ~ la part du lion sur** qch. den Löwenanteil an e-r Sache an sich reißen; **se ~ une grande réputation** sich e-n großen Ruf verschaffen; **~erie** ⊕ [tɑj'ri] *f* Kunst des Schleifens von Edelsteinen und Diamanten; Schleiferei *(Werkstätte des Diamant- od. Edelsteinschleifers);* **~eur** [~'jœːr] *m* Schneider *m;* Damenkostüm *n,* Jackenkleid *n,* Tailleur *m; ~ d'arbres* Baumbeschneider; *~ de limes* Feilenhauer; *~ de pierres* Steinmetz; *~ de diamants* Diamantschleifer; *~ pour dames* Damenschneider; *~ pour messieurs* Herrenschneider *m; ~ travaillant sur mesure* Maßschneider; **~euse** [~'jøːz] *f* Zuschneiderin; **~is** [tɑ'ji] *m* Unterholz *n; fig. gagner le ~* sich in Sicherheit bringen, sich (seitwärts) in die Büsche schlagen.

tailloir [tɑ'jwaːr] *m* (Fleisch-)Hackbrett *n;* △ (Kapitäl-)Deckplatte *f.*

tain ⊕ [tɛ̃] *m* Stanniol *n;* Spiegelbelegung *f.*

taire [tɛːr] (4aa) verschweigen; geheimhalten; **se ~** *sur od. de* qch. schweigen über *(acc.);* **taisez-vous!** halten Sie den Mund!; *faire ~ (ohne se)* zum Schweigen bringen.

talbin ★ [tal'bɛ̃] *m* Schlag, Hieb.

talc *min.* [talk] *m* Talk *m; ~ en poudre* Talkum *n.*

talent [tɑ'lɑ̃] *m* Talent *n,* Gabe *f,* Anlage *f;* **~ueux** F [~'tɥø] talentiert.

taler [tɑ'le] (1a) *v/t.* Früchte usw. (zer)quetschen.

talion [tɑ'ljɔ̃] *m* Wiedervergeltung *f.*

talisman [talis'mɑ̃] *m* Talisman.

tall|e ⚡ [tal] *f* Wurzelschößling *m*; **~er** ⚡ [~'le] (1a) Wurzelschößlinge treiben.

tallipot ♀ [tali'po] *m* Fächerpalme *f*.

talmouse [tal'mu:z] *f Art* Blätterteig *m* mit Käse; P Ohrfeige *f*.

taloche 1. ⊕ [ta'lɔʃ] *f* Reibebrett *n der Maurer*; **2.** F [~] Klaps *m*; F Ohrfeige; **~r** F [~'ʃe] (1a) ohrfeigen.

talon [ta'lɔ̃] *m* Hacken; Ferse *f*; Sporn *der Vögel*; (Schuh-)Absatz; letztes, unteres Ende *n* (*a. fig.*); (Brot-)Kanten; Talon, Abschnitt (-streifen) *e-r Postanweisung usw.*; Stock (*Karten*); ~ en caoutchouc Gummiabsatz; P mettre l'estomac dans les ~s à q. j-n hungrig machen; ~ aiguille Pfennigabsatz; **~ner** [~lɔ-'ne] (1a) *v/t.* auf den Fersen sein; *fig.* hart verfolgen; bedrängen; *fig.* antreiben, anspornen; ~ un cheval e-m Pferde die Sporen geben; **~nette** [~lɔ'nɛt] *f* Hackeneinlage *f im Schuh*; *Strumpf*: verstärkte Ferse *f*; **~neur** [~lɔ'nœːr] *m* Rugbyspieler.

talqueux [tal'kø] (7d) talkartig.

talus [ta'ly] *f* Böschung *f*; en ~ abschüssig.

taluter [taly'te] (1a) abböschen, abschrägen.

tamanoir *zo.* [tama'nwaːr] *m* Ameisenbär, -fresser.

tamar [ta'maːr] *m* Tamarindenfruchtbonbon.

tamarin ♀ [tama'rɛ̃] *m* **1.** Fleisch *n der* Tamarindenfrucht; **2.** *zo.* kleiner Guayana-Seidenaffe; **~ier** ♀ [~ri'nje] *m* Tamarindenbaum.

tambouille P [tã'buj] *f* Küche *f fig.*, Fraß *m*, Kocherei *f*.

tambour [tã'buːr] *m* ♪ Trommel *f*; Tambour, Trommler; ⊕ Kaffee-, *anat.* Gehörtrommel *f*; Drehtür *f*; ⊕ Walze *f*, Welle *f*; ⊕ Tretrad *n*; ~ de frein Bremstrommel *f*; ~ (à broder) Stickrahmen; ✕, ⚔ ~ battant *a.* im Sturmschritt; *fig.* auf der Stelle; ohne viel Federlesens; sans ~ ni trompette ohne Sang und Klang; **~in** ♪ [~'rɛ̃] *m* Tamburin *n*; Tamburinspiel *n*, -spieler, -tanz; **~iner** [~ri'ne] (1a) *v/i.* trommeln, *bsd.* vor Kindern; *v/t.* Verlorenes austrommeln; *fig.* ausposaunen; ~ q. j-m keine Ruhe lassen.

tamis [ta'mi] *m* Sieb *n*; **la ~** die Themse; **~er** [~mi'ze] *f*: (1a) *v/t.* (durch-)sieben; *Licht* dämpfen, mildern; *fig.* kreuz u. quer durchstreifen; *v/i.* durch ein Sieb gehen; ⚓ den Wind durchlassen; **~erie** ⊕ [~miz'ri] *f* Siebfabrik; **~euse** ⊕ [~'zøːz] *f* Siebmaschine; **~ier** [~'zje] *m* ⊕ Siebmacher; ✝ Siebhändler.

tampon [tã'põ] *m* (Holz-, Stein-, Metall-)Pfropfen *od.* Spund; Stöpsel; *chir.* (Scharpie-)Bausch; ⚓ Puffer; ⊕ (*bsd. charp.*) Döbel, Dübel; ~ à timbre Stempelkissen *n*; ~ encreur Farbkissen *n*; coup *m* de ~ Faustschlag; ⚓ Zs.-prall; *allg.* Schlag *m* ins Kontor; **~-buvard** [~by'vaːr] *m* (Tinten-)Löscher; **~nement** [~pɔn'mã] *m* Zupfropfen *n*, Verstopfen *n*; 🚗, Auto (Zug-)Zs.-stoß, Zs.-stoßen *n*; **~ner** [~pɔ'ne] (1a) (zu)stopfen; *chir.* stillen, abstempeln; 🚗, Auto auf(-ea.-)fahren, zs.-stoßen (*qch.* mit etw.); P schlagen; ~ son front avec son mouchoir den Schweiß von der Stirn wischen.

tam-tam [tam'tam] *m* Tamtam *n*; lärmende Reklame *f*, viel Wesens.

tan [tã] *m* (Gerber-)Lohe *f*.

tancer [tã'se] (1k) ausschelten.

tanche *icht.* [tã:ʃ] *f* Schleie *f*.

tandem [tã'dɛm] *m* Fahrrad: Tandemfahrrad *n*; zweirädrige Kutsche *f* mit *hintereinander* gespannten Pferden.

tandis que [tã'di(s)kə] während (*zeitlich u. gegensätzlich gebraucht*).

tangage ⚓ [tã'gaːʒ] *m* Stampfen *n des Schiffes*.

tangent ♠ [tã'ʒã] *adj.* berührend; **~e** [~'ʒã:t] *f* Tangente.

tangible [tã'ʒibl] fühlbar; greifbar.

tango [tã'go] *m* Tango *m*.

tangue [tã:g] *f* Meersand *m*, -schlamm *m*.

tanguer [tã'ge] (1m) ⚓ stampfen; ✕, 🚗 *usw.* schaukeln.

tanière [ta'njɛːr] *f* Höhle *der wilden Tiere*; Grube, (Fuchs-)Bau *m*; *fig.* Schlupfwinkel *m*, Loch *n*.

tanin 🜇 [ta'nɛ̃] *m* Gerbstoff, Tannin *n*.

tank [tã:k] *m* (Öl-, Wasser-, ✕) Tank; Panzer *m*.

tann|ant [ta'nã] *a. adj.* Gerbstoff enthaltend, Gerb...; *fig.* unerträglich; **~e** 🦟 [tan] *f* Mitesser *m*; **~é** [~'ne] *adj.* lohfarben; *fig.* braun-

tanner — 488 — **taquiner**

gebrannt; **~er** [~] (1a) gerben; *fig.* belästigen, langweilen; *fig.* P schlagen; ~ *q.* j-m das Fell gerben, j-n durchprügeln; **~erie** ⊕ [~'ri] *f* Lohgerberei; **~eur** ⊕ [~'nœːr] *m* Gerber; **~iser** [~ni'ze] (1a) *v/t.* Gerbstoff zusetzen.

tansad [tã'sad] *m* Motorrad usw.: Soziussitz *m*.

tant [tã] **1.** *adv.* so viel; so sehr; soundso viel; ~ (*il*) *y a que* so viel ist sicher, daß; *si* ~ *est que* wenn anders; ~ *soit peu* sei es auch noch so wenig; ~ ... *que* teils, teils; sowohl ... als auch; ~ *bien que mal* so einigermaßen; mittelmäßig; *faire* ~ *que* so weit treiben, daß; ~ *mieux* (*pis*) um so besser (schlimmer); **2.** *cj.* ~ *que* solange *od.* soweit; *en* ~ *que* insofern, als; in dem Maße, wie.

tante [tãːt] *f* Tante *f*; F *chez ma* ~ im Leihhaus.

tantième † [tã'tjɛm] *m* Gewinnanteil *m*, Tantieme *f*.

tantine F [tã'tin] *f* Tantchen *n*.

tantinet F [tãti'nɛ] *m*: *un* ~ ein ganz klein bißchen.

tantôt [tã'to] **1.** sogleich, bald; *à* ~ bis nachher; **2.** soeben, vor kurzem.

taon *ent.* [tã] *m* (Vieh-)Bremse *f*.

tapag|e [ta'paːʒ] *m* Lärm *m*, Spektakel *m*; *à grand* ~ mit großem Tamtam; *faire du* ~ Krach machen, lärmen, poltern; **~eur** [~pa'ʒœːr] (7g) **1.** *su.* Lärmer *m*, Ruhestörer *m*; **2.** *adj.* lärmend, laut; auffallend.

tape [tap] *f* **1.** Klaps *m*, Schlag *m* mit der Hand; **2.** Spund *m*, Zapfen *m*.

tapé [ta'pe] *adj.* **1.** (aus-)gedörrt; F ausgemergelt F; **2.** P famos, prima F; schlagfertig; **3.** P beklopft, verrückt.

tape-à-l'œil [tapa'lœj] **1.** *adj/inv.* kitschig; **2.** *m/inv.* Kitsch.

tapecul [tap'ky] *m* Wippe *f*, Brett *n* zum Wippen; Klapperkasten *m* (*jedes schlechte Fahrzeug*); P *faire du* ~ reiten.

tapée F [ta'pe] *f* Menge *f*, Masse *f*, Haufen *m*, Horde *f* (*Kinder usw.*).

taper [ta'pe] (1a) klapsen, schlagen; (*q.* j-m) zu Kopfe steigen (*Wein*); klopfen; ~ *sur q.* j-n verhauen; j-n herziehen; F ~ *q. de qch.* j-n um etw. anpumpen; P *se* ~ *de qch.* bei etw. leer ausgehen; * *se* ~ *qch.* sich etw. leisten; ~ *à la machine* (ab-)tippen; ~ *du pied* mit dem Fuß stampfen; F ~ *sur le ventre* (*à q.*) sich anbiedern; *je me tape de l'œil* mir fallen vor Müdigkeit die Augen zu; ~ *du poing sur la table* mit der Faust auf den Tisch hauen.

tape-tapis ⊕ [tapta'pi] *m/inv.* (Teppich-)Ausklopfer *m*.

tapette [ta'pɛt] *f* kleiner Klaps *m*; ⊕, △ kleines Klopfholz *n*; F Zunge *f*; *avoir une bonne* (*od.* grande *od.* fière) ~ ein tüchtiges Mundwerk haben, viel reden, nicht auf den Mund gefallen sein.

tapeur F [ta'pœːr] *m* Pumpgenie *n*.

tapinois [tapi'nwa]: *advt. en* ~ heimlich, verstohlen.

tapioca [tapjɔ'ka] *m* Sago *m*, Tapioka *f* (*in Brühwürfeln*).

tapir [ta'piːr] (2a): *se* ~ sich ducken, sich kauern, sich verstecken; *m zo.* Tapir.

tapis [ta'pi] *m* Teppich; (Tisch-)Decke *f*, Überzug; *Sport:* (Ring-)Matte *f*; ⚡ *chauffant* Heizteppich; ~ *roulant* ⊕ Förderband *n*; ~ *vert* grüner Tisch, Spieltisch; *fig. amuser le* ~ die Gesellschaft unterhalten; *envoyer q. au* ~ *Boxen:* j-n auf die Matte legen; *allg.* j-n kleinkriegen; *mettre sur le* ~ zur Sprache bringen.

tapiss|er [tapi'se] (1a) tapezieren, *fig.* ausschmücken; * wahrnehmen; **~erie** [~s'ri] *f* gewirkte Tapete; Wandteppich *m*, Gobelin *m*; ~ *de siège* Möbelbezugsstoff *m*; F *faire* ~ nicht aufgefordert werden *beim Tanze*, Mauerblümchen sein; *thé.* als Statistin figurieren; **~ier** *m* [~'sje] *su.* (7b) Tapezierer *m*; Möbelhändler *m*; **~ière** [~'sjɛːr] *f* offener Möbelwagen *m*; *ehm.* Kremser *m*.

tapon F [ta'põ] *m* zs.-geknüllter Packen *m* Wäsche; *en* ~ zs.-geknüllt.

tapot|er [tapo'te] (1a) klapsen, klopfen; P tätscheln; ~ *du piano* auf dem Klavier klimpern; **~is** [~'ti] *m* Geklapper *n*; Klappern *n* der Schreibmaschine.

taquer *typ.* [ta'ke] (1m) *die Form* klopfen.

taquet ⊕ [ta'ke] *m* Pflock *m*.

taquin [ta'kɛ̃] neck-, zanksüchtig; **~er** [~'ki'ne] (1a) hänseln, necken, zu ärgern suchen; *fig.* als Lieb-

taquinerie — 489 — **tasser**

lingsbeschäftigung (*od.* Hobby) haben; ~erie [~ɔn'ri] *f* Neckerei *f*, Stichelei *f*.
taquoir ⊕ *typ.* [ta'kwa:r] *m* Unterlage *f*.
tara|biscoté F [tarabiskɔ'te] *fig.* überladen, geschraubt (*Stil*); überkandidelt; **~biscoter** *fig.* [~] (1a) überladen, verschnörkeln (*Stil*); **~buster** F [~bys'te] (1a) schikanieren, stören; belästigen.
tarare ♂ [ta'ra:r] **1.** *m* Getreidereinigungsmaschine *f*, Windfege *f*; **2.** *int.* F **~!** larifari!, Unsinn!
taraud ⊕ [ta'ro] *m* Schrauben-, Gewindebohrer; **~er** [~'de] (1a) *serr.* Gewinde schneiden *od.* bohren; P rasend machen; * anständig durchprügeln; **~euse** ⊕ [~'dø:z] *f* Gewindebohrmaschine.
tard [ta:r] spät; *au plus* ~ spätestens; *pas plus* ~ *que* erst; *sur le* ~ spät (*abends*); *il se fait* ~ es wird spät; *il se fait* ~ es wird spät; **~er** [tar'de] (1a) zögern, säumen, zaudern; *ne pas* ~ *à faire* bald tun; *il me tarde de* ich sehne mich danach, zu ...; **~if** [~'dif] spät (*eintretend, reifend*); verspätet; langsam; *fruits m/pl.* **~s** Spätobst *n*; **~iflore** ♀ [~di'flo:r] spätblühend; **~igrade** [~di'grad] *adj.* langsam gehend; **~illon** [~di'jɔ̃] *m zo.* Spätling *m*; *fig.* Nesthäkchen *n*; **~iveté** [~div'te] *f* Spätreifen *n*.
tare [ta:r] *f* ✝ Tara, Schwund *m*, Abgang *m*; *fig.* Makel *m*, Schande.
taren|telle [tarã'tɛl] *f* Tarantella (*ital. Volkstanz*); **~tisme** ✱ [~'tism] *m* Tarantelanz.
tarentule *ent.* [tarã'tyl] *f* Tarantel.
tarer [ta're] (1a) beschädigen; * tarieren; *taré a. adj.* schadhaft; *fig.* verkommen, anrüchig; *un quartier taré* ein verkommenes Stadtviertel.
targette [tar'ʒɛt] *f* Schubriegel *m*; P Schuh *m*.
targuer [tar'ge] (1m): *se* ~ *de qch.* sich mit etw. (*dat.*) brüsten.
tarière [ta'rjɛːr] *f* Stangen-, Erdbohrer *m*.
tarif [ta'rif] *m* Tarif, Preisverzeichnis *n*; Taxe *f*; ~ *contractuel* Vertragstarif; ~ *différentiel* Staffeltarif; ~ *maximum od.* ~*plafond* Höchsttarif; ~ *minimum* Mindesttarif; ~ *réduit* ermäßigter Tarif; ~ *à forfait* Pauschaltarif; ~ *de faveur*

Vorzugstarif; ~ *des honoraires* Gebührenordnung *f*; ~ *par mot* Wortgebühr *f*; **~aire** [~'fɛ:r] tariflich, Tarif...; **~er** [~'fe] (1a) *v/t.* e-n Tarif festsetzen; ~ *qch.* für etw. e-n Tarif festsetzen (*acc.*); **~ication** [~fika'sjɔ̃] *f* Tarifgestaltung *f*.
tarin [ta'rɛ̃] *m orn.* Zeisig *m*; P Zinken *m* P, Nase *f*.
tar|ir [ta'ri:r] (2a) *v/t.* trocken legen; *fig.* erschöpfen; *v/i.* ~ versiegen; *fig.* aufhören, stocken; **~issement** [~ris'mã] *m* Versiegen *n*.
tarmacadam △ [tarmaka'dã] *m* Pechschotter *m*.
tarots [ta'ro] *m/pl.* Tarock-karten *f/pl.*, -spiel *n*.
taroupe † [ta'rup] *f* Haare *n/pl.* zwischen den Augenbrauen.
tarsalgie ✱ [tarsal'ʒi] *f* Senkfuß *m*.
tarse *anat.* [tars] *m* Fußwurzel *f*.
tartan † [tar'tã] *m* Schotten-, Plaidstoff *m*; Kleid *n* (*od.* Schal *m*) aus diesem großkarierten Stoff.
tartarinade F [tartari'nad] *f* Aufschneiderei.
tarte [tart] *f* Torte, (Obst-)Kuchen *m*; * Ohrfeige; * häßlich, schlecht; **~lette** [~t'lɛt] *f* Törtchen *n*.
tartine [tar'tin] *f* bestrichene Brotschnitte; F *fig.* Salbaderei *f*; langweiliger Zeitungsartikel *m*.
tartouse * [tar'tu:z] häßlich.
tartr|ate [tar'tra:3] *m* Zusetzen *n* von Weinstein *od.* Kalzium *n* beim Weinbereiten; **~ate** [~'trat] *m* weinsteinsaures Salz; **~e** [~'tartrə] *m* Weinstein; Zahnstein *im Munde*; Kesselstein; **~ifuge** [~tri'fy:ʒ] *m* Reinigungsmittel *n* für Dampfkessel.
tartrique [tar'trik] *adj.* Weinstein...
tartufe [tar'tyf] *m* Scheinheilige(r); **~rie** [~'fri] *f* Heuchelei.
tas [ta] *m* Haufen; Menge *f*; △ Baustelle *f*.
tasse [tɑ:s] *f* Tasse; *une* ~ *de café* e-e Tasse Kaffee; *une* ~ *à café* e-e Kaffeetasse.
tasseau ⊕ [tɑ'so] *m* △ hervorragender Kragstein *m*; *men.* Dachleiste *f*; ⊕ Handamboß *m*.
tassement [tas'mã] *m* Zs.-drücken *n*; *géol.* Senkung *f*; △ Sackung *f*; *Börsenkurse:* Beruhigung *f*.
tasser [tɑ'se] (1a) *v/t.* Heu usw. in Haufen setzen; an-, aufhäufen; *v/i.*

täter sich ausbreiten; se ~ sich senken; *fig.* zur Ruhe kommen, fest werden.

tâter [ta'te] (1a) befühlen, betasten; *fig.* auf die Probe stellen; se ~ sich selbst fragen; ~ à qch. *od.* de qch. etw. probieren, kosten, versuchen.

tâte-vin ⊕ [tɑt'vɛ̃] *m* Stechheber, Weinpipette *f*.

tatillon F [tati'jɔ̃] **1.** *adj.* kleinlich, pedantisch; **2.** *su.* Kleinigkeitskrämer *m*; **~nage** F [~jɔ'naːʒ] *m* Kleinigkeitskrämerei *f*; **~ner** F [~jɔ'ne] (1a) sich mit lauter Kleinigkeiten abgeben.

tâtonn|er [tɑtɔ'ne] (1a) (herum-) tappen; *fig.* zögernd *od.* unsicher zu Werke gehen; **~eur** [~'nœːr] tastend; zögernd, unsicher.

tâtons [tɑ'tɔ̃]: à ~ tastend; auf gut Glück, aufs Geratewohl.

tatou *zo.* [ta'tu] *m* Gürteltier *n*.

tatou|age [ta'twaːʒ] *m* Tätowieren *n*; Tätowierung *f*; **~er** [~'twe] (1a) tätowieren; **~eur** [~'twœːr] *m* Tätowierer *m*.

taud *m od.* **taude** *f* ⚓ [to, toːd] geteerte Plane *f*, Persenning *f*.

taudis [to'di] *m* Elendswohnung *f*, (Hunde-)Loch *n*; Stall.

taule * [toːl] *f* Karzer *m*, Loch *n* (*Gefängnis*); Arbeitsstelle *f*; Haus *n*.

taulier * [to'lje] *su.* (7b) Bordellinhaber.

taupe [top] *f zo.* Maulwurf *m*; F *écol.* Vorbereitungsschule *f* für die Technische Hochschule in Paris.

taupe-grillon *zo.* [topgri'jɔ̃] *m* Maulwurfsgrille *f*.

taup|ier [to'pje] *m* Maulwurfsfänger; **~ière** [~'pjɛːr] *f* Maulwurfsfalle; **~inée**, **~inière** [~pi'ne, ~pi'njɛːr] *f* Maulwurfshügel *m*; *fig.* kleiner Hügel; *fig.* kleines, niedriges Landhäuschen *n*.

taur|eau [to'ro] *m* Stier, Bulle; *fig.* cou *m* de ~ Stiernacken; *course f* de ~x Stierkampf *m*; **~illon** [tori'jɔ̃] *m* junger Stier; **~omachie** [~rɔma'ʃi] *f* Stierkampf *m*.

tautologie ⨃ [totɔlɔ'ʒi] *f* Tautologie, überflüssige Wiederholung.

taux [to] *m* Taxe *f*, festgesetzter Steuersatz *od.* Preis; Zinsfuß, ✝ Kurs; ~ de mortalité Sterblichkeitsziffer *f*; ~ de boisement Holz-, Waldbestand *m*; ⊕ ~ de compression Verdichtungs-, Kompressions-

grad; ✝ ~ du change Umrechnungsverhältnis *n*; ~ d'escompte Diskontsatz *m*; ~ horaire Stundensatz *m*.

tavaillon ⚠ [tava'jɔ̃] *m* Holzschindel *f*.

tavel|age [tav'laːʒ] *m* Fleckigwerden *n* (*des Obstes*); **~er** [~'le] (1c) sprenkeln; **~ure** [~'lyːr] *f* Sprenkelung.

taverne [ta'vɛrn] *f* (Wein-)Schenke.

taxable [tak'sablə] versteuerbar.

taxa|teur [taksa'tœːr] *m* Taxator; **~tion** [~ksa'sjɔ̃] *f* Schätzung, Taxierung *f*.

tax|e [taks] *f* Taxe, Taxpreis *m*, Gebühr (*téléph.*, 🕁 *usw.*); 🚆 Tarifsatz *m*; Steuer(anlage); ~ due Steuerschuld; ~ de livraison Zustellgebühr; ~ d'emmagasinage Lagergeld *n*; ~ successoriale Erbschaftssteuer; ~ sur le chiffre d'affaires Umsatzsteuer; ~ sur la valeur ajoutée Mehrwertsteuer *f*; ~ vicinale Wegesteuer; être soumis aux ~s abgaben-, steuerpflichtig sein; **~er** [~k'se] (1a) taxieren, abschätzen, *den Preis* bestimmen, festsetzen; besteuern; ~ q. de qch. j-n e-r Sache beschuldigen; *avertissement m ~é* gebührenpflichtige Verwarnung *f*.

taxi *Auto* [tak'si] *m* Taxe *f*, Taxi *n*; **~mètre** [~'mɛːtrə] *m* Taxameter; **~phone** [~'fɔn] *m* Telephonzelle *f*, Münzfernsprecher.

tchécoslova|que [tʃekɔslɔ'vak] **1.** *adj.* tschechoslowakisch; **2.** ♀ *su.* Tschechoslowake *m*; ♀**quie** [~'ki] *f*: **la ~** Tschechoslowakei.

tchèque [tʃɛk] **1.** *adj.* tschechisch; **2.** ♀ *su.* Tscheche *m*, Tschechin *f*.

te [tə] dich, dir.

té ⊕ [te] *m* T-Stück *n*; Reißschiene *f*.

techni|cien [tɛkni'sjɛ̃] *m* Techniker; Fachmann; ~s *de la publicité* Werbefachleute *pl.*; **~cité** [~si'te] *f* technisches Verfahren *n od.* Können *n*; technischer Charakter *m*; **~que** [~'nik] **1.** *adj.* technisch, kunst- *od.* handwerksmäßig; Fach...; **2.** *f* Technik *f*; **3.** *écol.* *m* technischer Zweig *m*.

techno|crate *a. péj. pol.* [tɛknɔ'krat] *m* einseitiger, die menschlichen Belange mißachtender Experte; wissenschaftlich geschulter, leitender Beamter; **~cratie** *péj. pol.* [~kra'si] *f* System *n*, das sich ausschließlich auf die Technik stützt; **~logie** [~

technologie — 491 — **télévision**

lɔˈʒi] f Gewerbekunde; (Sammlung und) Erklärung technischer Ausdrücke; **~logique** [~ˈʒik] gewerbekundlich.

teck [tek] m ♀ Tiekholz n; ⚕ Tiekholzbaum.

tectrice orn. [tekˈtris] a/f.: plume ~ Deckfeder.

tégument zo., anat., ⚕ [tegyˈmɑ̃] m Haut f, Decke f, Hülle f.

teigne [tɛɲ] f ent. Motte f; ⚕ (Kopf-) Grind m, Schorf m; vét. Räude.

teindre [ˈtɛ̃dr] (4b) färben; Holz beizen.

teint [tɛ̃] m Färben n; gefärbter Stoff m; Teint m, Gesichts-, Hautfarbe f; bon od. grand ~ echte (petit ~ unechte) Färbung f, farbecht; **~e** [tɛ̃:t] f Farbe(nschattierung f) f, Farbton m; fig. Anflug m, Anstrich m; **~er** [tɛ̃ˈte] (1a) gleichmäßig färben, einförmig anstreichen; **~ure** [~ˈty:r] f flüssige Farbe f zum Färben; Färben n; phm., ⚕ Tinktur f; fig. oberflächliche Kenntnis f, Anflug m; ~ pour les cheveux Haarfärbemittel n; **~urerie** ⊕ [~tyrˈri] f Färberei f; **~urier** [~tyˈrje] m Färber m.

tel [tɛl] (7c) **1.** adj. solche(r, s); solch, so beschaffen, dergleichen, so; wie (Vergleich); ~ que (so beschaffen) wie; ~ celui que montre la photographie wie der, den das Bild zeigt; ~ ... que von der Beschaffenheit ... od. derartig ... od. so ..., daß; ~ que (mit subj.) wie auch immer; ~ quel: prendre la chose telle quelle die Sache so nehmen, wie sie (gerade) ist; **2.** pron. manche(r, s); der und der (die und die, das und das); monsieur un ~ (madame une ~le), a. un ~ (une ~le) Herr (Frau) Soundso.

télautograph|e ⊕ [telotoˈgraf] m Fernschreibtelegraph m; **~ie** [~ˈfi] f Fernschreibtelegraphie f.

télé abr. [teˈle] f Fernsehen n; **~benne** [~ˈbɛn] f, **~cabine** [~kaˈbin] f Skilift m; **~caméra** [~kameˈra] f Fernsehkamera f; **~commande** [~kɔˈmɑ̃:d] f Fernsteuerung f; **~communication** [~kɔmynikaˈsjɔ̃] f Fernmeldung f; **~s** Fernmeldewesen n; **~diffusion** [~difyˈzjɔ̃] f Drahtfunk m; **~férique** [~feˈrik] m (Draht-)Seilbahn f; **~film** [~ˈfilm] m Fernsehfilm m; **~gramme** [~ˈgram] m Telegramm n; par ~ drahtlich; **~graphe** [~ˈgraf] m Telegraf m; **~graphie** [~graˈfi] f Telegrafie f; ~ sans fil (=T.S.F.) drahtlose Telegrafie f; **~graphier** [~graˈfje] (1a) telegrafieren; **~graphique** [~graˈfik] telegrafisch; poteau m ~ Telegrafenmast m, -stange f; mandat m ~ telegrafische Geldüberweisung f; **~graphiste** [~graˈfist] su. Telegrafist m, Telegrafenbeamter m; Telegrammbote m; **~imprimerie** [~ɛ̃primˈri] f Fernschreibetechnik f; **~imprimeur** [~ɛ̃priˈmœ:r] m Fernschreiber m; **~mètre** phot. [~ˈmɛ:trə] m Entfernungsmesser m; **~phérique** [~feˈrik] m (Draht-)Seilbahn f.

téléphon|e [teleˈfɔn] m Telefon n, Fernsprecher m; Ruf m (auf Adressen od. Reklamen); abonné au ~ Fernsprechteilnehmer m; avez--vous le ~? haben Sie Telefon?; appeler q. au ~ j-n anrufen; ~ de table Tischtelefon n; ~ intérieur Haustelefon n; coup m de ~ telefonischer Anruf m; **~er** [~ˈne] (1a) v/i.: ~ à q. mit j-m telefonieren, j-n anrufen; **~ie** [~ˈni] f Fernsprechwesen n, Telefonie f; ~ sans fil drahtlose Telefonie f; bsd. Rundfunk m (abr. T.S.F.); **~ique** [~ˈnik] telefonisch, fernmündlich; annuaire m (od. bottin m) ~ Telefonbuch n; cabine f ~ (öffentliche) Telefonzelle f; taxe f ~ Telefon-, Fernsprechgebühr f.

téléphoto(graphie) [~fɔˈto, ~fɔtɔgraˈfi] f Bildfunk m.

téléreportage [~rəpɔrˈta:ʒ] m Fernsehreportage f.

téles|copage 🚗, Auto [telɛskɔˈpa:ʒ] m Zs.-stoß m; **~cope** [~ˈkɔp] m Teleskop n, Fernrohr n; **~coper** [~kɔˈpe] (1a): se ~ sich in-ea.-schieben; 🚗, Auto zs.-stoßen.

télé|scripteur [teleskripˈtœ:r] m Fernschreiber m; **~siège** [~ˈsjɛ:ʒ] m Skilift m (mit Sitz); Sesselbahn f; **~ski** [~ˈski] m Skilift m (mit Gurten); **~spectateur** [~spɛktaˈtœ:r] m (7f) Fernsehteilnehmer m; **~type** télégr. [~ˈtip] m Fernschreiber m; message m par ~ Fernschreiben n; **~visé** [~viˈze] durch Fernsehfunk gesendet; **~viseur** ⊕ [~viˈzœ:r] m Fernsehgerät n; **~vision** [~viˈzjɔ̃] f Fernsehen n; avoir la ~ ein Fernsehgerät haben; ~ en couleurs Farbfernsehen

télex — 492 — **tendancieux**

n; poste *m* de ~ Fernsehgerät *n* (*od.* -empfänger *m*), -sender *m*.

télex ⊕ [tɛ'lɛks] *m* Fernschreiber *m*; **~iste** [~'ksist] *su.* Fernschreiber *m*.

tellement [tɛl'mɑ̃] *adv.* derartig; F soviel; *il y a* ~ *de voitures* es gibt soviel Wagen.

tellure ⚗ [tɛ'ly:r] *m* Tellur *n*.

témér|aire [teme'rɛ:r] unbesonnen, verwegen, tollkühn; vermessen, frech; *fig.* voreilig, leichtfertig (*Urteil*); **~ité** [~ri'te] *f* Tollkühnheit *f* usw. (s. téméraire); **~s** *pl.* verwegene Taten *f/pl.*

témoign|age [temwa'ɲa:ʒ] *m* Zeugenaussage *f*; Zeugnis *n*; Beweis *m*; Zeichen *n*; **~er** [~'ɲe] (1a) *v/t. u. v/i.* (be)zeugen; erweisen.

témoin [te'mwɛ̃] *m* Zeuge, Zeugin *f*.

tempe [tɑ̃:p] *f* Schläfe *f*.

tempérament [tɑ̃pera'mɑ̃] *m* 1. körperliche Veranlagung *f*, Natur *f*; 2. Temperament *n*, Gemütsstimmung *f*, Charakter *m*, Talent *n*, Veranlagung *f*, Naturell *n*; 3. *fig.* Ausgleich *m*, Ausweg *m*; 4. *† acheter à* ~ auf Abschlag (*od.* Abzahlung) kaufen; *paiement m à* ~ Ratenzahlung *f*; *vente f à* ~ Verkauf *m* auf Abzahlung.

tempérance [tɑ̃pe'rɑ̃:s] *f* Mäßigkeit, Enthaltsamkeit.

tempér|ant [tɑ̃pe'rɑ̃] mäßig, enthaltsam; ⚕ (*a. m*) besänftigend(es) *od.* niederschlagend(es Mittel *n*); **~ature** [~ra'ty:r] *f* Wärmegrad *m*, Temperatur; ~ *de fusion* Schmelzpunkt *m*; **~é** [~'re]: *zone f* ~ée gemäßigte Zone; *fig. monarchie f* ~ée beschränkte Monarchie; **~er** [~'re] (1f) mildern, mäßigen; ⚕ niederschlagen; ⚕ temperieren.

tempêt|e [tɑ̃'pɛt] *f* Gewitter *n*, Sturm *m* (*a. fig.*); F Streit *m*, Krach *m*, Lärm *m*; **~er** F [~'te] (1a) wettern, toben.

tempétueux [tɑ̃pe'tɥø] (7d) stürmisch (*a. fig.*).

templ|e ['tɑ̃:plə] *m* Tempel *m*; *protestantische* Kirche *f*; **~ier** *hist.* [~pli'e] *m* Tempelritter *m*, Templer.

tempo|raire [tɑ̃pɔ'rɛ:r] nur *e-e* gewisse Zeit dauernd, vorübergehend; zeitweilig; *† majoration f* ~ (*de prix*) Teu(e)rungszuschlag *m*; *main-d'œuvre f* ~ Saisonarbeit; **~ral** *anat.* [~'ral] (5c) Schläfen...; **~rel** [~'rɛl] 1. *adj.* (7c) zeitlich, irdisch; weltlich; 2. *m* weltliche Macht *f*; Einkommen *n der Geistlichen*.

temporisa|teur [tɑ̃pɔriza'tœ:r] (7f) zögernd; abwartend (*a. su.*); **~tion** [~za'sjɔ̃] *f* Zögern *n*.

temporis|er [tɑ̃pɔri'ze] (1a) abwarten, zögern; **~eur** [~'zœ:r] *m* Zögerer *m*.

temps [tɑ̃] *m* Zeit *f*; *fig.* Wetter *n*; ♩ Zeitmaß *n*; *mesure f à trois* ~ Dreivierteltakt *m*; *à* ~ zu rechter Zeit, auf (bestimmte) Zeit; *dans le* ~, *au* ~ *jadis* einstmals; *de* ~ *en* ~, *de* ~ *à autre* dann und wann; (*ne pas*) *avoir le* ~ (keine) Zeit haben; *un homme d'action qui ne perd pas de* ~ ein Mann der Tat, der keine Zeit verliert; *depuis beau* ~ seit geraumer Zeit, seit längerem; *de tout* ~ seit jeher; *en même* ~ zugleich; ⚔, *gym.* *en quatre* ~ in vier Griffen *pl.* (Zähl-)Zeiten; *entre-*~ inzwischen; mittlerweile, in der Zwischenzeit *f*; *il est grand* ~ es ist höchste Zeit; *cjt. le* ~ *que* solange bis; *le* ~ *de* + *inf.* während.

tenable [tə'nablə] *bsd.* ⚔ zu halten (-d), haltbar; bewohnbar.

tenace [tə'nas] zähe, klebrig; *fig.* hartnäckig; zuverlässig (*Gedächtnis*).

ténacité [tenasi'te] *f* Klebrigkeit *f*, Zähigkeit *f* (*a. fig.*); Starrsinn *m*, Hartnäckigkeit *f*; Treue *f* (*Gedächtnis*).

tenaill|er *hist.* [tənɑ'je] (1a) mit glühenden Zangen zwicken; peinigen; **~es** [tə'nɑ:j] *f* Kneifzange *f*.

tenancier [tənɑ̃'sje] *m féod.* Lehensbauer *m*; ✝ Pächter *m*, Gutsverwalter *m*.

tenant [tə'nɑ̃] (7) 1. *adj.* haltend; ⚖ *séance f* ~ gleich in derselben Sitzung; *allg.* auf der Stelle, sofort, gleich F; 2. *su.* a) *Sport*: ~ *du titre* Titelverteidiger *m*; b) Verfechter *m e-r Meinung*; *a. pol. les* ~*s de l'état de choses qui ne veut pas changer*; c) *mst. péj.* Inhaber *m e-s Hotels, Spielhauses usw.*; d) *d'un seul* ~ in *e-m* Stück; e) zs.-hängend (*Grundstück*); ⚖ ~*s et aboutissants m/pl.* angrenzende Grundstücke *n/pl.*

tendable [tɑ̃'dablə] dehnbar.

tendanc|e [tɑ̃'dɑ̃:s] *f* Tendenz *f*, Streben *n*, Richtung *f*; Hang *m*; *avoir* ~ *à croire* zu der Ansicht neigen; **~ieux** [~dɑ̃'sjø] (7d) tenden-

ziös; *nouvelle f tendancieuse* Zweckmeldung *f*.
tendant [tã'dã]: ~ *à od. vers* gerichtet *od.* hinzielend auf (*acc.*).
tendelet [tã'dlɛ] *m* Zeltdach *n* (*für Schlauchboote*); Bootszelt *m*.
tender 🚂 [tã'dɛ:r] *m* Tender *m*.
tendeur [tã'dœ:r] *m ch.* Netz-, Fallensteller *m*; ⊕ (Faden-)Spanner *m der Nähmaschine*; Spannschraube *f*; *vét.* Kettenspanner *m*; ~ *pour rayons* Speichenspanner *m*; ~ (*pour pantalons*) Hosenspanner *m*.
tendineux *anat.* [tãdi'nø] (7d) sehnig; Sehnen...
tendoir [tã'dwa:r] *m* Wäschetrockner *m*; Spannholz *n*.
tendon *anat.* [tã'dõ] *m* Sehne *f*.
tendre ['tã:dr] **1.** (4a) *v/t.* spannen; *Fallen* stellen; *Gardinen* aufhängen; darreichen, hinhalten; ~ *du papier* tapezieren; ~ *son esprit* s-n Geist anstrengen; *gym.* ~ *les bras* Arme strecken; *v/i.* ~ *à qch. fig.* auf etw. (*acc.*) abzielen, auf etw. (*acc.*) abzielen; **2.** zart, mürbe; frisch gebacken; empfindlich; zärtlich, liebevoll; *mot m* ~ Kosewort *n*; **~sse** [~'drɛs] *f* Zärtlichkeit; Liebe; ~ *ridicule* Affenliebe; ~s *pl.* Liebkosungen.
tendron [tã'drõ] *m* ♀ Knospe *f*, Sproß; F *fig.* Backfisch (*junges Mädchen*); Brustknorpel *m* (*Kalb*).
tendu [tã'dy] *adj.* gespannt.
ténèbres [te'nɛbrə] *f/pl.* Finsternis *f*.
ténébreux [tene'brø] (7d) dunkel, finster; *fig.* undurchsichtig.
teneur [tə'nœ:r] **1.** *m*: ~ *de livres* Buchhalter; **2.** *f* Wortlaut *m*, (wörtlicher) Inhalt *m*, Gehalt *m*; 'Tenor *m* (*bsd.* 🎵); 🜚 ~ *en carbone* Kohlenstoffgehalt *m*; ⚡ ~ *en sucre* Zuckerspiegel *m*.
ténia *zo.*, 🕮 [te'nja] *m* Bandwurm.
ténifuge 🜚 [teni'fy:ʒ] *m* Bandwurmmittel *n*.
tenir [tə'ni:r] (2h) *v/t.* (fest-, durch)halten; er-, gefaßt haben; besitzen, besetzt halten; *Raum* einnehmen; fassen, enthalten; *für etw.* halten; glauben; ~ *compte de qch.* etw. anrechnen; *v/i.* festsitzen, halten; von Bestand sein; standhalten, es aushalten; lauten (*Antwort*); Platz finden (*in m. dat.*), hineingehen (*z. B. in e-e Tasche*); tagen; ~ *à qch.* großen Wert auf etw. (*acc.*) legen,

s-n Grund in etw. (*dat.*) haben, an etw. (*acc.*) grenzen; ~ *de q.* j-m ähnlich sein, nach j-m schlagen; *y* ~ (es) aushalten; *tiens!*, *tenez!* da (nimm, nehmt)!; *tiens!* ei, sieh da!; ~ *le coup od.* ~ *bon contre ...* standhalten gegen ...; *v/rfl. se* ~ (stehen) bleiben; *s'en* ~ *à qch.* sich an etw. (*acc.*) halten; es bei etw. bewenden lassen; *se* ~ *de rire* sich das Lachen verkneifen.
tennis [tɛ'nis] *m*: *court m de* ~ Tennisplatz *m*; ~ *de table* Tischtennis *n*.
tenon ⊕ [tə'nõ] *m* Zapfen, Stift *m*.
ténor 🎵 [te'nɔ:r] *m* Te'nor(stimme *f*, -sänger) *m*; ~ *à l'ut de poitrine* Heldentenor.
tens|eur *anat.* [tã'sœ:r] **1.** *adj./m* spannend; **2.** *m* Spanner (*Muskel*); **~if** 🜚 [~'sif] spannend.
tension [tã'sjõ] *f* Spannung (*a.* ⚡ *u. fig.*); *phys.* Ausdehnung, Spannkraft; ⚡ ~ *artérielle* Blutdruck *m*; ⚡ *de chauffage* Heizspannung; ~ *de grille* Gitterspannung; ⚡ ~ *de service* Betriebsspannung; ~ *du courant* Stromspannung; ~ *initiale* ⊕ Vorspannung; ⚡ *mesure f de la* ~ (= *mesure du voltage*) Spannungsmessung.
tentacule [tãta'kyl] *m* Fühlorgan *n*, Fühlfaden *niederer Tiere*.
tentant [tã'tã] (7) verführerisch.
tenta|teur [tãta'tœ:r] (7f) Verführer *m*; **~tion** [~ta'sjõ] *f* Versuchung, Lockung, Anfechtung; **~tive** [~ta'ti:v] *f* Versuch *m*; ~ *d'assassinat* Mordversuch *m*; ~ *d'extorsion* Erpressungsversuch *m*.
tente [tã:t] *f* Zelt *n*; *dresser* (*lever*) *une* ~ ein Zelt aufschlagen (abbrechen); ~ *de campeur* Campingzelt *n*; ~ *familiale* Wohnzelt *n*; **~-abri** [tãta'bri] *f* kleines Schutzzelt *n*.
tenter [tã'te] (1a) **1.** versuchen, wagen, (ver)locken, in Versuchung führen; verführen; reizen; *être tenté de* (große) Lust haben zu ...; **2.** mit e-m Zelte bedecken, schützen *usw.*
tentiste [tã'tist] *su.* Zelturlauber *m*.
tenture [tã'ty:r] *f* Tapetenbehang *m*, -stoff *m*; Tapezieren *n*.
ténu [te'ny] sehr dünn, fein; *fig.* subtil, knifflig.

tenue [tə'ny] *f* Haltung; *fig.* Abhaltung *e-r Sitzung od. Konferenz*; ✝ Führung *e-s Buches, Hauses*; *gym.* (Körper-)Haltung; *écol. usw.* Anstand *m*, Benehmen *n*; (Fest-)Anzug *m*; ⚔ Uniform; ✝ ~ *en partie double* doppelte Buchführung *f*; *petite* ~ = ~ *de ville*, ~ *de soirée*, ⚔ ~ *de service* Straßen-, Abend-, Dienstanzug *m*; *grande (petite)* ~ Parade-(Dienst)uniform; *Auto*: ~ *de route* Straßenlage; *tout d'une* ~ alles zusammenhängend.

ténuité [tenɥi'te] *f* Dünnheit, Feinheit, Zartheit; *fig.* Belanglosigkeit *f*, Bedeutungslosigkeit *f*.

ter [tɛːr] *adv.* dreimal; *bei Hausnummern*: c; ♃ u. *géom*.: " (zweigestrichen).

tercer ⚘ [tɛr'se] (1k) den Weinberg zum drittenmal behacken.

tercet *mét.* [tɛr'sɛ] *m* Terzine *f*.

térébenthine *phm.*, ⚘ [terebɑ̃'tin] *f* Terpentin *n*.

térébr|ant [tere'brɑ̃] bohrend *(Schmerz)*; ~**ation** [~brɑ'sjɔ̃] *f* An-, Durchbohren *n (bsd. zur Harzgewinnung).* [*synthetischer Stoff*).|

tergal *text.* [tɛr'gal] *m* Tergal *n* (*voll-*|

tergiver|sation [tɛrʒivɛrsɑ'sjɔ̃] *f* Ausflucht, Winkelzug *m*; ~**ser** [~'se] (1a) Ausflüchte suchen, Winkelzüge machen.

terme [tɛrm] *m antiq*. Grenz-, Hermensäule *f*; *fig*. Grenze *f*, Ziel *n*; Ende *n*; *bsd*. ✝ Termin; Frist *f*; Rate *f*; vierteljährliche Mietzeit *f*; Miete *f*; *fig*. Ausdruck, Wort *n*; ♃ *usw*. Glied *n*; ~ *figuré* bildlicher Ausdruck; ~*s technique* Fachausdruck; ~*s pl*. Zustand, Lage *f*, Verhältnis *n*; ✝ *à* ~ *auf Zeit; opération* ~ Termingeschäft *f*; *à court* ~ kurzfristig; *à long* ~ langfristig; ~ *de rigueur* äußerster Termin; ✝ *demander* ~ Aufschub verlangen; *en* ~*s de commerce* in kaufmännischer Sprache; *par* ~*s* ratenweise; *fig. nous sommes en très bons* ~*s* wir stehen sehr gut miteinander.

termin|aison [tɛrminɛ'zɔ̃] *f* Ausgang *m*, Ende *n*; *gr*. Endung *f*; ~**al** [~'nal] End...; ♃ gipfelständig; ~**er** [~'ne] (1a) begrenzen; beschließen; ein Ziel setzen (*dat*.); beendigen, vollenden; *se* ~ zu Ende gehen; *gr. se* ~ *en ... endigen auf ...*

termino|logie [tɛrminɔlɔ'ʒi] *f* Fachbenennung, -sprache; ~**logique** [~'ʒik] auf Fachausdrücke bezüglich.

terminus 🚋, *Straßenbahn, Bus* [tɛrmi'nys] *m* Endbahnhof *m*, -station *f*.

termit|e *ent.* [tɛr'mit] **1.** *adj.*: *communauté f* ~ Termitenstaat *m*; **2.** ✝ Termite, weiße Ameise; ~**ière** [~'tjɛːr] *f* Termitenhügel *m*.

ternaire [tɛr'nɛːr] aus drei (Einheiten) bestehend; dreizählig.

terne [tɛrn] **1.** *adj.* matt, trübe, glanzlos; **2.** *m* Dreitreffer *m* (*Lotterie*); Dreierpasch (*beim Würfeln*); *fig.* der reinste (Glücks-)Zufall.

ternir [tɛr'niːr] (2a) matt, trübe, glanzlos machen; *fig.* beeinträchtigen (*Ruf*).

ternissure [tɛrni'syːr] *f* Trübung; Glanzlosigkeit *f*; *fig.* Beeinträchtigung *f*.

terrage [tɛ'raːʒ] *m* Behäufeln *n* mit Erde; ⊕ Bleichen *n* (*v. Zucker*); *féod.* Fruchtzins *m*.

terrain [tɛ'rɛ̃] *m* Terrain *n*, Strecke *f* Land(es) *n*, Gelände *n* (*bsd.* ⚔); ⚔ *u. géol.* Erdboden, -reich *n*, Gebirgsart *f*; *peint.* Bodenpartie *f*; *Sport*: Spielfeld *n*; ~ *à bâtir* Baugelände *n*; ~ *vague* Niemandsland *n*; *tout* ~ *adj. Auto*: geländegängig.

terrass|e [tɛ'ras] *f* Terrasse *f*; Erdwall *m*; △ Flachdach *n*; ~**ement** [~s'mɑ̃] *m* △ Erdarbeiten *f/pl*.; 🚋 *usw.* Dammaufschütten *n*; ~**er** [~'se] (1a) mit Erde beschütten; mit e-m Erdwalle umgeben; *fig.* zu Boden schlagen; *fig.* niederschmettern; ~ *le pêne* den Schloßriegel zerschlagen; ~**ier** [~'sje] *m* Erd-, Tiefbauarbeiter.

terrazzo △ [tɛrad'zo] *m* Terrazzom.

terre [tɛːr] *f* Erde; *géol*. Ton *m*; ⚘ Erdboden *m*; Feld *n*, Land *n*; Landgut *n*; Erdstrecke, Land *n*; *fig.* Welt; ⚘ ~ *arable* Anbaufläche *f*; ~ *franche* Gartenerde; ~ *en friche od. en jachère* Brachland *n*; ~ *labourable* Ackerland *n*; ~ *pourrie* Moder *m*; ~ *végétale* Mutterboden *m*; ~ *verte* Grünstreifen *m* (*Autobahn*); ~ *cuite* Terrakotta; ~ *ferme* Festland *n*; *nos armées de* ~, *de mer et de l'air* unsere Land-, Seeu. Luftstreitkräfte; ⚓, ✈ *prendre* ~

landen; *tomber par ~ hinfallen*; ✍ *toucher ~* den Erdboden berühren; *de ~* irden, tönern; ✍ *conducteur m de ~* Erdleitung *f*; F *tout est par ~ pour ...* alles ist im Eimer mit ... *fig.*

terre-à-terre [tεra'tε:r] **1.** *m* Einerlei *n*, Alltägliche *n*; **2.** *adj.* alltäglich; Alltags...

terreau [tε'ro] *m* Garten-, Komposterde *f*; **~ter** ⚡ [~'te] mit Humus bestreuen bedecken.

Terre de Feu [tεrdə'fø] *f* Feuerland (*Südamerika*) *n*.

Terre-Neuve [tεr'nœ:v] *f* Neufundland (*Nordamerika*) *n*; *terre-neuve m Hund:* Neufundländer.

terre-neuvien [tεrnœ'vjɛ̃] *m* Neufundlandfahrer (*Fischerboot od. Fischer*).

terre-plein [tεr'plɛ̃] *m* ⚠ gemauerter Erdwall, Hinterfüllung *f*; 🚋 Bahnkörper; *Straße*: Leitinsel *f*, (Längs-)Teiler *m*.

terrer [tε're] *v/t.* (1b) ⚡ *usw.* mit Erde bewerfen, aufhöhen; behäufeln; Erde aufführen; *v/i. ~* sich in die Erde einwühlen (*von Tieren*); ✕ *se ~* sich hinter Erdwällen verschanzen, sich eingraben; *allg.* sich verkriechen, hausen F.

terrestre [tε'rεstrə] (4a) zur Erde gehörig; Erd...; *fig.* irdisch, weltlich; ♀ *an der* Erde kriechend.

terreur [tε'rœ:r] *f* Schrecken *m*; *Fr. hist. la* ♀ die Schreckenszeit.

terreux [tε'rø] erdig; beschmutzt; erdfarbig, -fahl.

terrible [tε'riblə] furchtbar; *fig.* fürchterlich, schrecklich.

terrien [tε'rjɛ̃] *m* Landbewohner *m*; (*a. adj. propriétaire ~*) Großgrundbesitzer *m*.

terrier *zo.* [tε'rje] *m* Bau *m*; *zo.* Terrier *m*.

terrifier [tεri'fje] (1a) in Schrecken setzen; *fig.* einschüchtern.

terril ⚡ [tε'ril] *m* Schutthalde *f*.

terrine [tε'rin] *f* Terrine *f*, tiefe Schüssel *f*; *cuis.* Schüsselgericht *n*.

territoire [tεri'twa:r] *m* Territorium *n*, Staats-, Stadtgebiet *n*.

territorial [tεrito'rjal] territorial, Landes...; (*armée f*) *~e* Landsturm *m*; **~alité** [~rjali'te] *f* Zugehörigkeit zu e-m Staatsgebiete.

terroir [tε'rwa:r] *m* (Erd-, Acker-) Boden; *sentir le ~* s-e Herkunft nicht verleugnen können (*a. v.*

Wein); F *fig. il sent le ~* man merkt ihm s-e Heimat an; *poète m du ~* Heimatdichter.

terror|iser [tεrɔri'ze] (1a) terrorisieren; **~isme** [~'rism] *m* Schreckensherrschaft *f*; **~iste** *pol.* [~'rist] *su.* Terrorist *m*. [tertiär.]

tertiaire [tεr'sjε:r] drittrangig; *géol.*]

tertio [tεr'sjo] drittens.

tertre ['tεrtrə] *m* Anhöhe *f*; Erdhügel.

terzetto ♪ [tεrzε'to] *m* Terzett *n*.

tes [te] *pl. zu* **ton**, *ta*: deine.

téséfiste [tese'fist] *m* Funker *m*.

tessellé ⚠ [tεsε'le] schachbrettförmig belegt, gewürfelt (*Fußboden*).

tessiture ♪ [tεsi'ty:r] *f* Stimm-, Tonlage; Hauptmotiv *n e-s Musikstücks*.

tesson [tε'sõ] *m* Scherbe *f*.

test [tεst] *m* **1.** Test(prüfung *f*) *m*; **2.** *zo.* Schale *f*, Gehäuse *n*; **~acés** [~ta'se] *m/pl.* Schaltiere *n/pl.*

testa|ment [tεsta'mã] *m* 🕀 letzter Wille; *a. rl.* Testament *n*; **~mentaire** 🕀 [~'tε:r] testamentarisch; Testaments...; **~teur** *m*, **~trice** *f* [~'tœ:r, ~'tris] 🕀 Erblasser(in *f*) *m*.

tester 🕀 [tεs'te] (1a) sein Testament machen; letztwillig verfügen.

testimonial [tεstimo'njal] als Beweis dienend.

têt 🜄 [te] *m* Probiergefäß *n*.

tétanos ሀ, ⚛ [teta'nɔs] *m* Starrkrampf *m*.

têtard [tε'ta:r] *m zo.* Kaulquappe *f*; ⚡ *saule m ~* Kopfweide *f*.

tête [tεt] *f* Kopf *m*; *fig.* Verstand *m*, Eigensinn *m*; Haupt *n*; *weit S.* Person; Stück *n* Vieh; Bildseite *e-r Münze*; oberster Teil *m von etw.*, ♀ Gipfel *m*, Krone; Anfang *m*; Vorderseite; (Hirsch-)Geweih *n*; *~ de ligne* 🚋 Ausgangsbahnhof *m*; *~ de page* Pagenkopf; *homme m de ~* kluger, entschlossener Mensch; *agir ~ baissée* tollkühn, blindlings handeln; *avoir la ~ chaude (froide)* hitzig, leicht zornig sein (kaltblütig sein); *à la ~ de ...* an der Spitze von ...; *carrée* Dickkopf; *faire la ~* schmollen; *en faire une ~* ein Gesicht ziehen; schiefes Gesicht machen; F *idée f de derrière la ~* Hintergedanke *m*; *tenir ~* die Stirn bieten; *piquer une*

tête-à-queue — 496 — **thermidorien**

~ e-n Kopfsprung *ins Wasser* machen; *prendre la* ~ *de* ... die Führung von ... übernehmen; ~ *à* ~ unter vier Augen; *crier à tue-*~ aus vollem Halse, aus Leibeskräften schreien; *calculer de* ~ im Kopfe rechnen; *at*.. ~ *explosive* Sprengkopf *m*; ~ *de lecture* Tonkopf *m* (*Tonband*).
tête-à-queue *Auto* [teta'kø] *m* Drehung *f* um die eigene Achse.
tête-à-tête [teta'tɛt] *m* Zwiegespräch *n*; kleines Sofa *n*; Tee- *od.* Kaffeeservice *n* für 2 Personen.
tête|-bêche *typ.* [tɛt'bɛʃ] *adj.* verkehrt gegen-ea.; Kopf bei Fuß; **~bleu** [~'blø] verdammt!, verflucht!; **~-de-loup** [~də'lu] *f* Staubwedel *m*; **~-plate** ⊕ [~'plat] *f* Flachkopf *m*.
téter [te'te] *v/t. u. v/i.* (1f) saugen.
tête-ronde ⊕ [tɛ'trɔ̃:d] *f* Rundkopf *m*.
tétière [te'tjɛ:r] *f* Babymützchen *n*; Kopfstück *n* e-*s Zaumes*.
tétin [te'tɛ̃] *m* Brustwarze *f*; **~e** [~'tin] *f* Zitze, Euter *n*; *enf.* Schnuller *m*, Nuckel *m*.
téton F [te'tɔ̃] *m* (Mutter-)Brust *f*.
tétra... Ⓤ [te'tra...] *in Zssgn*: vier...
tétraèdre ⚔ [tetra'ɛdr] **1.** *adj.* vierflächig; **2.** *m* Tetraeder *n*.
tétras *orn.* [te'tra] *m* Waldhuhn *n*; *grand* ~ Auer-, *petit* ~ Birkhahn.
tette [tɛt] *f* (Tier-)Zitze.
têtu [tɛ'ty] **1.** *adj.* dickköpfig; **2.** *su.* Dickkopf *m*.
teuf-teuf *enf.* [tœf'tœf] *m* Töfftöff *f* (= *Eisenbahn*).
teugue ⚓ [tœg] *f* Back.
teu|tomane [tøtɔ'man] *m* Deutschtümler, **~ton**, **~tonique** [~'tɔ̃, ~tɔ'nik] teutonisch; *fig.* altdeutsch; (*ordre m*) *teutonique* Deutschritterorden.
texan [tɛk'sɑ̃] *adj.* aus Texas.
texte [tɛkst] *m* Text; Bibelstelle *f*.
textile [tɛks'til] **1.** *adj.* spinnbar, Spinn..., Textil...; *fibre f* ~ Gespinstfaser *f*; **2.** ~*s m/pl.* Textilien *pl.*
textuaire [tɛks'tɥɛ:r] **1.** *adj.* textlich; **2.** *m* bloßer Textabdruck.
textuel [tɛks'tɥɛl] textgemäß, wörtlich.
texture [tɛks'ty:r] *f* Gewebe *n*; *fig.* Gefüge *n*, Bau *m*; *litt.* Anordnung *f*.
Thaïlande [tai'lɑ̃:d] *f*: *la* ~ Thailand *n*.

t(h)alweg [tal'vɛg] *m* Talsohle *f*.
thauma|turge [toma'tyrʒ] **1.** *adj.* wundertätig; **2.** *su.* Wundertäter (-in *f*) *m*; **~turgie** [~te'a:trə] *f* Wundertätigkeit *f*; **~turgique** [~tyr'ʒik] wundertätig.
thé [te] *m* Tee(-Strauch); ~ *dansant* Tanztee *m*; *salon de* ~ Teestube *f*.
théâtr|al [tea'tral] (5c) dramatisch, bühnenmäßig; *fig.* theatralisch, affektiert, geziert; **~e** [te'ɑ:trə] *m* Theater *n*; Bühne *f*; Schauspielkunst *f*; Schauplatz; dramatische Literatur; ~ *en plein air* Freilichtbühne *f*.
théba|ïde [teba'id] *f fig.* Einöde, **~ique** [~'ik] *adj.* Opium...; **~isme** [~'ism] *m* (*langsame*) Opiumvergiftung *f*.
thé|ier ♀ [te'je] *m* Teebaum; **~ière** [~'jɛ:r] *f* Teekanne; ~ *à réchaud* Teemaschine.
thématique *gr.*, ♪ [tema'tik] **1.** thematisch; **2.** *f néol.* Thematik *f*.
thème [tɛm] *m* Thema *n* (*a.* ♪); zu beweisender Satz; Gegenstand, Plan *zu e-m Roman*; *écol.* 'Hinübersetzung *f*, Übersetzung *f* in e-e fremde Sprache; ~ *d'entraînement* Übersetzungsübung *f*.
théocratie [teɔkra'si] *f* Theokratie *f*, Gottes-, Priesterherrschaft.
théodolite Ⓤ, *arp.* [teɔdɔ'lit] *m* Höhenmesser.
théolog|ie [teɔlɔ'ʒi] *f* Theologie; **~ien** [~'ʒjɛ̃] *m* Theolog(e); **~ique** [~'ʒik] theologisch.
théorème Ⓤ, ⚔ [teɔ'rɛm] *m* Lehrsatz.
théori|cien [teɔri'sjɛ̃] *m* Theoretiker; **~e** [~'ri] *f* Theorie *f*, Lehrgebäude *n*; theoretischer Unterricht *m*; *fig. st. s.* lange Reihe *f*, schlange *f*; ~ *de la connaissance* Erkenntnistheorie; ~ *de l'hérédité* Vererbungslehre; *les* ~*s de touristes* die langen Scharen von Touristen; **~que** [~'rik] theo'retisch; **~ser** [~ri'ze] theoretisieren.
thérap|eutique Ⓤ [terapø'tik] **1.** *f* Therapeutik *f*, Heilkunde; ~ *de choc* Schocktherapie; **2.** *adj.* therapeutisch; **~ie** [~'pi] *f* Therapie *f*, Heilkunde *f*.
therm|al [tɛr'mal] (5c) Warmbad..., Thermal...; **~es** [tɛrm] *m/pl.* warme Bäder *n/pl.*, Kurbadehaus *n*; römische Thermen *f/pl.*; **~idorien**

thermique — 497 — **timbre**

[⌵midɔˈrjɛ̃] m fig. Revolutionär; **⌵ique** [ˈmik] thermisch, wärmetechnisch.

thermo... [tɛrmɔ...] in Zssgn: Wärme...; **⌵dynamique** [⌵dinaˈmik] f Wärmemechanik; **⌵électrique** phys. [⌵elɛkˈtrik] thermo-elektrisch; **⌵gène** ⚕ [⌵ˈʒɛn] adj. u. m Wärme erzeugend; Wärmeerzeuger; **⌵hydrographe** ⊕ [⌵idrɔˈgraf] m Wassertemperaturschreiber (beim Schmelzen von Gletschern); **⌵mètre** [⌵ˈmɛtrə] m Thermometer ○; **⌵plongeur** [⌵plɔ̃ˈʒœːr] m Tauchsieder.

thermos [tɛrˈmɔs] f Thermosflasche f.

termo|siphon [⌵siˈfɔ̃] m Warmwasserheizung f; **⌵stat** ⊕, Auto, ⚡ [⌵ˈsta] m Thermostat m; Kühlwasserregler m.

thésauriser [tezoriˈze] (1a) Worte od. Schätze sammeln, horten, hamstern.

thèse [tɛːz] f These f, Leitsatz m; Streitsatz m, Streitschrift f; fig. Dissertation f, Doktorarbeit.

thon icht. [tɔ̃] m Thunfisch; **⌵ier** [tɔˈnje] m Thunfischer(boot n).

thoracique anat. [tɔraˈsik] die Brust betreffend, Brust-.

thorax [tɔˈraks] m anat. Brustkasten; ent. Brust f der Insekten.

thrombose ⚕ [trɔ̃ˈboːz] f Thrombose f.

thym ♀ [tɛ̃] m Thymian.

tiare [tjaːr] f Tiara; päpstliche Krone; porter la ⌵ Papst sein.

Tibet géogr. [tiˈbɛ] m: **le ⌵** Tibet n.

tibia anat. [tiˈbja] m Schienbein n.

tic [tik] m ⚕ Zucken n der Glieder; fig. Tick, wunderliche Angewohnheit f.

ticket [tiˈkɛ] m Fahr-, Eintrittskarte f; Platzkarte f (a. für Pariser Bus); Lebensmittelkarte f; ⌵ de vestiaire Garderobenmarke f; 🚆 ⌵ de quai Bahnsteigkarte f.

tic-tac [tikˈtak] m Klippklapp n (von der Mühle usw.); Ticktack n (von der Uhr, vom Herzen usw.).

tiède [tjɛd] adj. lau (a. pol.), schlaff; su. pol. le ⌵ der Laue m.

tiéd|eur [tjeˈdœːr] f Lauigkeit, Lauheit; **⌵ir** [⌵ˈdiːr] v/i. u. v/t. (2a) lau(warm) werden; erschlaffen lassen.

tien m [tjɛ̃]: le ⌵, la ⌵ne der, die, das deinige; deiner, deine, deines; dein; le ⌵ et le mien das Mein und Dein; les ⌵, ⌵nes die Deinigen; deine; il est tien es gehört dir.

tierce [tjɛrs] f ♪, esc. Terz; cath. Tertie; typ. letzte Korrektur; * Bande f, Clique f; s. a. tiers.

tiercé [tjɛrˈse] m großer Einlauf m (Pferdewette auf die 3 besten Pferde).

tiercer ⚒ [tjɛrˈse] (1k) zum dritten Male umpflügen.

tierceur néol. [tjɛrˈsœːr] su. (7g) großer Einlaufspieler m.

tiers, tierce [tjɛːr, tjɛrs] **1.** adj. dritte(r, s); ⚖ ⌵ arbitre Oberschiedsrichter m; hist. le ⌵ Etat der dritte Stand; Bürgerstand m; fièvre f tierce Dreitagefieber n; pol., éc. le ⌵ monde die blockfreie Welt f, die „Dritte Welt"; ⌵ pays blockfreie Länder n/pl.; **2.** m ⚖ Dritter (der nicht Partei ist); Drittel n.

tiers-point [tjɛrˈpwɛ̃] m ⊕ Dreikantfeile f; △ arc m en ⌵ Spitzbogen.

tif(f)es * [tif] m/pl. Haar(e n/pl.) n.

tifosi Sport [tifoˈzi] adj./pl. u. m/pl. rasende (Menschen m/pl.).

tige [tiːʒ] f ♀ Stengel m, Stiel m; (Baum-)Stamm m; fig. Stammvater m; Schaft m e-s Stiefels; Rohr n des Schlüssels; Kiel m e-r Feder; ⌵ de piston ⊕ Kolbenstange; ⌵s pl. Gestänge n (bsd. ⚒).

tignasse F [tiˈɲas] f wilder Haarschopf.

tignon [tiˈɲɔ̃] m (Haar-)Dutt m.

tigr|e m, **⌵esse** [ˈtigrɔ, tiˈgrɛs] Tiger(in f) m; fig. ⌵esse f Xanthippe f; ⌵-chat m zo. Ozelot m; Bluthund; **⌵é** [⌵ˈgre] getigert.

tilde [tild] f Tilde (⌵ über dem Buchstaben n im Spanischen).

tille [tij] **1.** f Lindenbast m; **2.** f Hammerbeil n; **3.** ⚓ f Stauraum m, Verschlag m.

tiller ⊕ [tiˈje] (1a) Flachs, Hanf pochen.

tilleul ♀ [tiˈjœl] m Linde(nblüte f) f.

timbal|**e** [tɛ̃ˈbal] f ♪ (Kessel-) Pauke; fig. Becher m; F décrocher la ⌵ den Vogel abschießen; **⌵ier** [⌵ˈlje] m Pauk(enschläg)er.

timbre [ˈtɛ̃ːbrɔ] m Glocke f (Weckuhr); Klingel f (Fahrrad); ♪ Klang, Klangfarbe f, Schall; & usw. Stempel; ⌵ en caoutchouc Gummistempel; ⌵ fiscal Stempel-

timbré — 498 — **tirer**

marke f; *fig.* avoir le ~ fêlé *fig.* e-n Vogel haben, nicht richtig im Kopfe (F im Oberstübchen) sein; **~é** [tɛ̃'bre] **1.** ♪ bien ~ klangvoll; **2.** F; *fig.* übergeschnappt; **3.** *papier* m ~ Stempelpapier n.

timbre|-poste [tɛ̃brə'pɔst] m (*pl.* timbres-poste) Briefmarke f; **classeur** m de timbres-poste Briefmarkenalbum n; **~quittance** [~ki'tɑ̃:s] m (*pl.* timbres-quittances) Quittungsmarke(n) f.

timbr|er [tɛ̃'bre] (1a) stempeln; ⚖ rubrizieren; **~eur** [~'brœ:r] m Stempler.

timid|e [ti'mid] furchtsam, schüchtern; **~ité** [~di'te] f Furchtsamkeit, Schüchternheit.

timocratie *pol.* [timɔkra'si] f Herrschaft der Besitzenden.

timon [ti'mɔ̃] m Deichsel f; Ruderpinne f; *fig.* Ruder n, Steuer n; **~erie** [~mɔn'ri] f ⚓ Steuermannsstand m; *Auto:* Armaturenbrett n; *mot.* ~ de freins Bremsgestänge n; **~ier** [~mɔ'nje] m Deichselpferd n; ⚓ Untersteuermann.

timoré [timɔ're] ängstlich; eingeschüchtert. [Farb...]

tinctorial [tɛ̃ktɔ'rjal] (5c) Färbe...,]

tinette * [ti'nɛt] f Lokus m P.

tintamarre F [tɛ̃ta'ma:r] m Heidenlärm m, Gepolter n, Getöse n.

tint|ement [tɛ̃t'mɑ̃] m Anschlagen n e-r *Glocke*; (Nach-)Klingen n; Gebimmel n; *♗ u.* F ~ d'oreilles Ohrenklingen n; **~er** [~'te] (1a) *v/t.* die Glocke mit dem Klöppel schlagen; ~ qch. zu etw. läuten; *v/i.* anschlagen; klingen.

tintin [tɛ̃'tɛ̃] *int.* ~! klingklang!

tintouin F [tɛ̃'twɛ̃] m innere Unruhe f, Sorge f, Kopfzerbrechen n.

tique *ent.* [tik] f Zecke.

tiquer [ti'ke] (1m) ♂ zs.-zucken; F stutzig werden; *ne pas* ~ sich nichts anmerken lassen.

tir [ti:r] m Schießen n, Schießübung f; Schuß(linie f); Schießhaus n; Schießstand n; ~ de barrage Sperrfeuer n; ~ d'essai Probeschießen n; ~ sportif Scheibenschießen n; *préau* m de ~ Schießhalle f; *régler son* ~ (sich) einschießen.

tirade [ti'rad] f *thé.* längere Stelle; Redeschwall m; ♪ Lauf m.

tirage [ti'ra:ʒ] m Ziehen n der Zugtiere usw., *a.* Treideln n; Leinpfad n;

⚒ *u. Lotterie:* Ziehung f; ⊕ Zug e-r *Esse*; Abziehen n des *Weins*; Strecken n des *Metalls*; *typ. u. phot.* Abzug, Kopie f, Abdrucken n, Auflage f; F Schwierigkeit f; ~ *global* Gesamtauflage f; *maison* f de ~ Filmkopieranstalt f.

tiraill|ement [tiraj'mɑ̃] m (Hin- und Her-)Zerren n; *fig.* Gemütsunruhe f; Reiberei f; ⚕ ~ d'entrailles Bauchgrimmen n; ⚕ ~ d'estomac Magenkrampf; **~er** [~ra'je] (1a) *v/t.* hin- und herziehen, zerren; ⚕ usw. nicht zur Ruhe kommen lassen, quälen; *v/i.* ⚒ immer wieder ein paar Schüsse abgeben; **~erie** [tiraj'ri] f Schießerei f, ⚒ Plänkeln n, Geplänkel n; **~eur** [~'jœ:r] m ⚒ Scharfschütze m.

tirant [ti'rɑ̃] m Zugschnur f e-r *Geldbörse*; Lasche *zum Schnüren*; (Stiefel-)Strippe f; △ usw. Zugeisen n; ⚓ ~ d'eau Tiefgang.

tire * [ti:r] f Taxe f, Taxi n.

tiré [ti're] **1.** *adj.* ausgemergelt, abgeklappert; ~ *par les cheveux fig.* an den Haaren herbeigezogen, weit hergeholt; **2.** m ✝ Bezogene(r), Trassat; *ch.* Wild n; *chasse f au* ~ Jagd mit der Büchse.

tire|-au-flanc *a.* ⚒ [tirof'lɑ̃] m Drückeberger m; **~botte** [~'bɔt] m Stiefelknecht; **~boutons** Stiefelanzieher, -haken; **~bouchon** [~bu'ʃɔ̃] m Korkenzieher; **~bouton** [~bu'tɔ̃] m Schuhknöpfer (*Haken für Knöpfstiefel und Spangenschuhe*); **~braise** [~'brɛ:z] f Ofenhaken m, *Art* Schüreisen n; **~d'aile** [~'dɛl] m schneller Flügelschlag; *voler à* ~ pfeilschnell fliegen; **~larigot** F [~lari'go]: *boire à* ~ wie ein Loch saufen; **~ligne** [~'liɲ] m Reißfeder f; ⊕ Linienzieher *des Klempners*, *Notenstechers usw.*

tirelire [tir'li:r] f Sparbüchse; P 🦏 Kopf *m*.

tire-lire [tir'li:r] m Trillern n der *Lerche*.

tire-l'œil F [~'lœj] m Blickfang m.

tire-pied ⊕ [tir'pje] m Knieriemen.

tirepoint ⊕ [tir'pwɛ̃] m Ahle f.

tirer [ti're] *v/t.* (1a) ziehen; (her-) aus-, hervorziehen; *Schuh, Hut (auch Wein)* aus-, abziehen; *typ.* drucken; *phot.* abziehen; *fig.* herausbringen, erlangen, dehnen,

tiret — 499 — **toboggan**

strecken; *durch Destillieren* ausziehen; (ab-, ver-)schießen, abfeuern; drucken; *die Karten legen*; *Blut abzapfen*; *cette revue tire à 10000 exemplaires* diese Zeitschrift kommt in 10000 Exemplaren heraus (*od.* hat e-e Auflageziffer von 10000); ~ *de l'eau* (~ *l'eau*) *Wasser* schöpfen; ~ *à balle* (*à blanc*) scharf (blind) schießen; ~ *au sort* (aus-)losen; ✝ ~ *sur q.* (*Wechsel*) ausstellen auf (*acc.*); ~ *la langue* die Zunge herausstecken; *v/i.* ziehen (*a. Ofen, Zigarre*); gespannt sein (*Schnur*) (*v/i.*), sich wenden, gehen (*Menschen, Vögel*; *allg.*); schießen; losgehen; ~ *sur le rouge* ins Rote spielen; P ~ *au flanc*, ~ *au cul* sich vor der Arbeit drücken; P *se* ~ weg-, vor-, vergehen; P *l'année se tire* das Jahr geht zu Ende.

tir|et [ti'rɛ] *m* Gedankenstrich; Trennungszeichen *n*; **~ette** [~'rɛt] *f* (Gardinen-)Schnur; Handschuhlederriemen *m*; Ausziehplatte *an Schränken usw.*; **~eur** [~'rœːr] *m* (Scharf-, Wild-)Schütze; ✝ Wechselaussteller, Trassant; **~euse** [~-'rœːz] *f*: ~ *de cartes* Kartenlegerin, -schlägerin; **~oir** [~'rwaːr] *m* Schublade *f*; 🚂 Schieber (*Dampfmaschine*); 🚂 Ausziehgleis *n*.

tisane [ti'zan] *f* Arzneitrank *m*, Aufguß *m* von Heilkräutern; **~rie** [~'ri] *f* Teeküche *f* e-s *Krankenhauses*.

tison [ti'zɔ̃] *m* (Feuer-)Brand; *fig.* ~ *de discorde* Zwietrachtstifter *m*, Zankapfel; **~né** [~zɔ'ne] schwarzfleckig (*vom Fell, bsd. der Pferde*); **~ner** [~] (1a) im (Kamin-)Feuer herumstochern; **~nier** ⊕ [~zɔ'nje] *m* Schürhaken.

tiss|age [ti'saːʒ] *m* Weben *n*; Gewebe *n*; Weberei *f* (*Fabrik*); **~er** [~'se] (1a) weben, wirken; *fig.* ~ *une toile d'araignée jusque* ... *se* Fäden bis ... spinnen; **~erand** [tis-'rɑ̃] *m* (Lein-)Weber; **~erin** *orn.* [tis'rɛ̃] *m* Webervogel; **~eur** ⊕ [~'sœːr] *m* Weber *in der Fabrik*.

tissu [ti'sy] **1.** *adj.* gewebt; *fig.* gesponnen, angezettelt; **2.** *m* Gewebe *n* (*a. fig.*), Stoff; *a.* = *tissure*; 🌱 Gebilde *n*; *fig.* Reihe *f*, Kette *f*; *anat.* Anordnung *f*; **~re** [~'syːr] *f* Webart; **~tier** ⊕ [~sy'tje] *m* Bandod. Kleinweber.

titane 🜞 [ti'tan] *m* Titan(metall *n*)*n*.
titi P [ti'ti] *m* Pariser Straßenjunge.
titiller [titi'je] *v/t. u. v/i.* (1a) prickeln, kitzeln.
titiste *pol.* [ti'tist] *adj.* titoistisch.
titrage [ti'traːʒ] *m* Bestimmung *f* des Feingehaltes; 🜞 Meßanalyse *f*.
titre [ˈtitr] *m* (Buch-, Ehren-)Titel; Überschrift *f* e-s *Kapitels*; Bezeichnung *f*; Diplom *n*, Bestallung *f*; Urkunde *f*, Beweisstück *n*; Wertpapier *n*, Stück *n*; Rechtsanspruch; Feingehalt *des Goldes usw.*; ✝ ~ *minier* Kux; *en* ~ wirklich, ordentlich (*z. B. Professor*); *à divers* ~*s* aus verschiedenen Gründen; *à* ~ *exceptionnel* ausnahmsweise; *à* ~ *gracieux* unentgeltlich; *à juste* ~ mit vollem Rechte; *à plus d'un* ~ in mehrfacher Hinsicht; *à* ~ *de* in der Eigenschaft als; *à* ~ *d'essai* (*gracieux*) versuchsweise (freiwillig); *à* ~ *d'information* zur Kenntnisnahme; *à* ~ *d'office* von Amtswegen; *cette visite se fait au* ~ *des échanges culturels* dieser Besuch erfolgt im Zeichen des Kulturaustausches; ✝ *vous en avez payé la moitié à* ~ *d'acompte* Sie haben die Hälfte angezahlt.
titrer [ti'tre] (1a): ~ *q.* j-m e-n Titel (und die damit verbundenen Rechte) verleihen; ⊕, 🜞 titrieren, enthalten; *titré à* ... mit soundso viel Feingehalt; *la bière allemande titre au minimum 12%* das deutsche Bier enthält mindestens 12%.
tituber [tity'be] (1a) taumeln, schwanken.
titulaire [tity'lɛːr] **1.** *adj.* Titular...; im Besitze e-s Amtes befindlich, planmäßig angestellt (*Beamter*); *a.* ordentlich, wirklich; **2.** *m* Inhaber e-s *Amtes*; ~ *d'un brevet* Patentinhaber; ~ *d'un compte de chèques postaux* Inhaber e-s Postscheckkontos; ~ *d'un permis* Inhaber e-s Führerscheins; ~ *du prix Nobel* su. Nobelpreisträger *m*.
titularis|ation [~lariza'sjɔ̃] *f* (beamtenmäßige) Ernennung *f*; **~er** [~lari'ze] (1a) beamtieren; eingruppieren.
toast [tost] *m* Trinkspruch; *porter un* ~ e-n Trinkspruch ausbringen.
toaster [tos'te] *v/t. u. v/i.* (1a) e-n Toast [toːst] ausbringen (*q.* auf j-n).
toboggan [tɔbɔ'gɑ̃] *m* Rodelschlit-

ten *für mehrere Personen*; Gleit-, Rutschbahn *f auf Rummelplätzen usw.*; ⊕ Rutsche *f*, Förderband *n*.

toc [tɔk] **1.** *int.* tapp; **2.** *m* gedämpftes Schlagwerk *n e-r Repetieruhr*; ⊕ Mitnehmer *m*; P Kitsch *m (Möbel, Schmucksachen)*; schlechtes Material *n*.

tocade F [tɔ'kad] *f = toquade.*

tocane [tɔ'kan] *f* junger Champagner(wein *m*) *m*.

tocsin [tɔk'sɛ̃] *m* Sturmläuten *n*; Alarmglocke *f*.

toge [tɔːʒ] *f* 'Toga *der alten Römer*.

togolais [tɔgɔ'lɛ] (7) togolesisch.

tohu-bohu [tɔyboˈy] *m* Wirrwarr.

toi [twa] du; dich; dir.

toilage † [twaˈlaːʒ] *m* Spitzenmuster *n*.

toile [twal] *f* † Leinwand, (Lein-)Tuch *n*; Zeug *n*; Gewebe *n*; *peint.* (Öl-)Gemälde *n*; *thé.* Vorhang *m*; ~s *pl. ch.* Garn *n*; Segelwerk *n*; ~ *à voiles* Segeltuch *n*; ~ *cirée* Wachstuch *n*; ~ *de coton* Kattun *m*; ~ *d'araignée* Spinngewebe *n*; ~ *métallique* Drahtgeflecht *n*; Fliegengitter *n*; ~ *gommée* Steifleinen *n*; ~**rie** † [~lˈri] *f* Leinenwaren(handel *m*) *f*/*pl*.

toilette [twaˈlɛt] *f* Wasch- *od.* Frisiertisch *m*; Damenkleidung *f*, Toilette *f*, Aufmachung *f*; *bsd.* Damenkleid *n*; Einschlagetuch *n* (*für Schneider zum Abliefern*); *cabinet m de* ~ Ankleidezimmer *n*; *les* ~s *pl.* das WC, die Toilette, der Abort; *faire sa* ~ sich waschen, rasieren, kämmen.

toilier [twalˈje] **1.** *adj.* (7b) Leinen...; **2.** *su.* Leinwandhändler *m*.

tois|e [twaːz] *f ehm.* Klafter *m*; Meßgerät *n* (*für Körperlänge*); *fig.* Maßstab *m*; ~**er** [twaˈze] (1a) von oben bis unten betrachten; mit den Augen messen; abschätzen; ~**on** [~ˈzɔ̃] *f* Vlies *n*; F (Haar-)Tolle *f*.

toit [twa] *m* Dach *n*; *fig.* Haus *n*; *Auto*: Verdeck *n*; ~**ure** [~ˈtyːr] *f* Bedachung *f*, Dach *n*.

tôle [toːl] *f* Blech *n*; P Kittchen *n*; ~ *ondulée* Wellblech *n*; P *mettre en* ~ ins Kittchen stecken.

tolér|able [tɔleˈrabl] erträglich; ~**ance** [~ˈrɑ̃ːs] *f* Toleranz *f*, Duldung *f*, Nachsicht *f*; Duldsamkeit *f*; *Devisen:* Freigrenze *f*; ⊕ Toleranz *f*, Spielraum *m*, Spiel *n*; ~**ant** [~ˈrɑ̃] (7) tolerant, duldsam; ~**er** [~ˈre] (1f) dulden, ertragen, zulassen.

tôlerie [tolˈri] *f* ⊕ Blechhütte *f*; † Blechware *f*.

tolet ⚓ [tɔˈlɛ] *m* (Ruder-)Dolle *f*.

tôlier ⊕ [toˈlje] *m* Blechschmied *m*.

tollé [tɔˈle] *m* Zetergeschrei *n*.

tomate ♀ [tɔˈmat] *f* Tomate *f*.

tombac [tɔ̃ˈbak] *m* Tombak *m*; ~ *blanc* Neusilber *n*.

tombal [tɔ̃ˈbal] *adj.* (5c) Grab...; *pierre* ~*e* Grabstein *m*.

tombant [tɔ̃ˈbɑ̃] (7) fallend, sinkend; herabhängend (*Haar*); *en ruines* baufällig (*Haus*); *à la nuit* ~*e* bei eintretender Nacht.

tomb|e [tɔ̃ːb] *f* Grabstein *m*; Grab *n*, Gruft *f*; ~**eau** [tɔ̃ˈbo] *m* Grab *n*, Grabmal *n*, Grabhügel *m*; *fig. rouler à* ~ *ouvert* mit e-r irrsinnigen Geschwindigkeit fahren.

tombée [tɔ̃ˈbe] *f* Einbruch *m der Nacht*; Niederschlag *m*; † Ausschlag *m e-r Waage*.

tombelle [tɔ̃ˈbɛl] *f* Grabhügel *m*.

tomber [tɔ̃ˈbe] *v/i.* (1a) fallen; hinab-, herunterfallen; ausfallen, -gehen (*Haar*); herabhängen; umfallen; abstürzen (*a. im Gebirge*); in e-n Zustand geraten, kommen; werden (*krank*); es (*gut usw.*) treffen; *j-m* zufallen; abnehmen, nachlassen; ~ *malade* krank werden; ~ *en panne* e-e Panne haben; F *tu tombes bien* du kommst gerade zur rechten Zeit; *im Spiel:* ça tombe das paßt; ~ *chez* (*od. sur*) *q.* auf j-n zufällig stoßen; ~ *de son haut* sehr überrascht sein; völlig sprachlos sein; ~ *juste* den Nagel auf den Kopf treffen; *la fête tombe le 9 mai* das Fest fällt auf den 9. Mai; *il tombe de la pluie* es regnet; ~ *sur q. auch:* über j-n herfallen; *d'accord de qch.* in etw. übereinkommen; sich verständigen; ~ *de fatigue* vor Ermüdung zs.-brechen; P ~ *dans les pommes* ohnmächtig werden; *v/t.* ~ niederstrecken, zu Fall bringen; ~**eau** [~ˈbro] *m* Kippwagen *m*; ~ *à ordures* Müllwagen *m*.

tombeur [tɔ̃ˈbœːr] *m* ⊕ Abbrucharbeiter *m*; F Sieger *m* (*Ringkampf*); * Verführer *m*. [(*Verlosung f.*)]

tombola [tɔ̃bɔˈla] *f* Tombola *f*,)

tome [tom] *m litt.* Band *m* (*e-s größeren Schriftwerkes*).

tomenteux ⚥ [tɔmɑ̃'tø] (7d) filzig, wollig.

tommette *Südfr.* △ [tɔ'mɛt] *f* Fußbodenstein *m*.

ton¹ [tõ] *m* ♪ Ton *m*, Klang *m*; Tonart *f*; Stimmhöhe *f*, Farbton *m*; *fig.* Ton *m*, Stil *m*, Redeweise *f*; Lebensart *f*; *physiol.* Spannkraft *f*; F *ne pas être dans le* ~ sich nicht zu benehmen wissen.

ton² *m*, **ta** *f*; **tes** *pl.* [tõ, ta, te] dein (-e *f*) *m*, *n*; *pl.* deine.

tonal [tɔ'nal] (5c) Ton...; ~**ité** [~li'te] *f* Klangfarbe *f*; *Mode:* Tönung *f*; *peint.* dominierender Farbton *m*; *rad.* régulateur *m* de ~ Klangregler *m*.

tond|eur ⊕ [tõ'dœ:r] *m* Scheren *n des Tuchs*; ~**aille** [~'da:j] *f* Schafschur *f*; ~**aison** [~dɛ'zõ] *f* s. *tonte*; ~**eur**, ~**euse** [~'dœ:r, ~'dø:z] **1.** *su.* Scherer(in *f*) *m*; **2.** *f* ⊕ Scher-, Haarschneidemaschine *f*; ✍ Rasenschermaschine *f*; ~**re** [tõ'drə] (4a) (ab)scheren; ✍ *Hecken* beschneiden; *Wiesen* abmähen; *fig.* ~ *q.* j-n zum Mönch machen; F *fig.* j-n neppen, aussaugen; ~**u** [~'dy] **1.** *adj.* geschoren; ✍ abgemäht (*von Wiesen*); beschnitten (*von Hecken*); **2.** Geschorener *m*.

toni|cité [tɔnisi'te] *f physiol.* Spannkraft *f*; ~**fiant** *phm.* [~'fjɑ̃] *m* Kräftigungsmittel *n*; ~**fication** ✍ [~fika'sjõ] *f* Erhöhung *f* der Spannkraft; ~**fier** [~'fje] (1a) die Spannkraft erhöhen; stärken; ~**que¹** [~'nik] *adj. u. m physiol.* tonisch, die Spannkraft erhöhend(es Mittel *n*); Tonikum *n*.

tonique² [tɔ'nik] **1.** *adj.* ♪ (*note f*) ~ Tonika *f*, Grundton *m*; *gr. accent m* ~ Tonakzent *m*; **2.** *f gr.* betonter Vokal *m*, betonte Silbe *f*.

tonitruant [tɔnitry'ɑ̃] donnernd (*von der Stimme*).

tonn|age *a.* ♆ [tɔ'naːʒ] *m* Wasserverdrängung *f*; Ladungsfähigkeit *f*; Tonnengehalt *m*; ~**e** [tɔn] *f* Tonne *f* (*Gewicht = 1000 kg*); großes Faß *n*; (Schiffs-)Tonne *f*; *Art* leichter zweirädriger Wagen *m*; ≽ ~ *à droite* Rolle *f* rechts (*Flugakrobatik*); *Auto:* faire un ~ (*triple*) sich (dreimal) überschlagen; ~**elage** [~nˈlaːʒ] *m*: *marchandises f/pl. de* ~

Faßwaren *f/pl.*; ~**elet** [~n'lɛ] *m* Fäßchen *n*, Tönnchen *n*; ~**elier** ⊕ [~nə'lje] *m* Böttcher *m*, Küfer *m*; ~**elle** [~'nɛl] *f* Gartenhäuschen *n*, -laube *f*; △ Tonnengewölbe *n*; ~**ellerie** ⊕ [~nɛl'ri] *f* Böttcherei *f*.

tonner [tɔ'ne] (1a) donnern (*a. fig.*).

tonnerre [tɔ'nɛːr] *m* Donner *m*; Wetterstrahl *m*; F *auch:* Blitz *m*; *fig.* Krach *m*; Schicksalsschlag *m*; P *une Grecque du* ~ e-e fabelhafte Griechin; *l'auto marche toujours du* ~ der Wagen läuft immer fabelhaft.

tonsille *anat.* [tõ'sij] *f* (Rachen-) Mandel *f*.

tonsur|e *rl.* [tõ'syːr] *f* Tonsur *f*; ~**er** [~sy're] (1a) mit der Tonsur versehen.

tonte [tõːt] *f* (Schaf-)Schur *f*; Schurzeit *f*; Scherwolle *f*.

tonton P [tõ'tõ] *m* Onkel *m*.

tontur|e [tõ'tyːr] *f* ⊕ Scheren *n*; Scherwolle *f*; ✍ Beschneiden *n* e-r *Hecke*; Stutzen *n* e-s *Baums*; Mähen *n* des *Rasens*; abgeschnittene Zweige *m/pl.*; gemähtes Gras *n*; ♆ Erhöhung *f* des Schiffsdecks am Bug u. Heck, Sprung *m*; ~**er** [~ty're] (1a) ausbuchten.

tonus ✱ [tɔ'nys] *m* Tonus *m*, Spannungszustand *m der Muskeln usw.*

topaze *min.* [tɔ'paːz] *f* Topas *m*; ~ *enfumée*, ~ *occidentale* Rauchtopas *m*.

tope F [tɔp] topp!, es gilt!

toper [tɔ'pe] (1a) topp sagen, einwilligen.

topinambour ⚥ [tɔpinɑ̃'buːr] *m* knollige Sonnenblume *f*, Topinambur *f od. m* (*Viehfutter*).

topique [tɔ'pik] **1.** *adj.* Orts...; *fig.* treffend, passend; **2.** *m* örtliches Heilmittel *n*.

topo F [tɔ'po] *m* **1.** △ Geländeskizze *f*, Entwurf *m*; **2.** *bsd. a. écol.* kurze schriftliche *od.* mündliche Ausarbeitung *f*.

topograph|e [tɔpɔ'graf] *m* Topograph *m*; ~**ie** [~'fi] *f* Topographie *f*, Ortsbeschreibung *f*, -kunde *f*; ~**ique** [~'fik] topographisch.

toquade F [tɔ'kad] *f* Flitz *m*, Einfall *m*, Schrulle *f*; flüchtige Liebschaft *f*. *péj.* Zwiebel.

toquante P [tɔ'kɑ̃t] *f* Taschenuhr *f*.

toqu|e [tɔk] *f* Jockey-, Pelzmütze *f*; Barett *n der Richter usw.*; Kappe *f* (*Damenmode*); ~**é** F [tɔ'ke] be-

toquer — 502 — **tortiller**

kloppt F, verdreht, übergeschnappt F; ~ de verknallt in (acc.); **~er** [~'] (1m) st.s. abs. od. v/i.: à qch. vorsichtig mit dem Mittelfinger an etw. anklopfen; se ~ de sich verlieben in (acc.); sich begeistern für.

torch|e [tɔrʃ] f (Pech-)Fackel f; Taschenlampe f; peint. Lappen m; Strohwisch m; Tragwulst m auf dem Kopfe; ⊕ Rolle f (Draht); **~ée** [~'ʃe] (1a) (ab)wischen, putzen; **▲** mit Lehm und Stroh mauern; F fig. verpfuschen; **~ère** [~'sɛːr] f Stehlampe f, Lampenständer m, Leuchter m; **~ette** [~'ʃɛt] f kleiner Scheuer-, Wischlappen m; **~is** [~'ʃi] m Strohlehm; **~on** [~'ʃɔ̃] m Wisch-, Scheuer-, Geschirrtuch m; journ. Revolverblatt n; **~onner** [~ʃɔ'ne] (1a) abwischen, F zs.-schmieren, hinpfuschen.

torcol orn. [tɔr'kɔl] m Wendehals.

tord|age [tɔr'daːʒ] m Drehen n; Zwirnen n; **~ant** [~'dɑ̃] urkomisch, zum Totlachen; **~-boyaux** P [~tɔrbwa'jo] m (schlechter) Schnaps m, Fusel m, Rachenputzer m; **~eur** m, **~euse** f [~'dœːr, ~'døːz] 1. su. Zwirner m; 2. f ent. Wickler m; ⊕ Kabeldrahtzwirnmaschine f; **~oir** [~'dwaːr] m Knebel m (e-r Spannsäge); **~re** ['tɔrdr] (4a) drehen, winden; Wäsche auswringen; zwirnen; verdrehen (a. fig.); ~ et avaler gierig schlingen; se ~ sich drehen, sich winden (z.B. vor Schmerz); rire à se ~ sich halbtot lachen, sich wälzen vor Lachen.

tore ▲ [tɔːr] m Wulst f od. m, Rundstab an Säulen.

toréador [tɔrea'dɔːr], **toréro** [tɔre'ro] m Torero m, Stierkämpfer m.

toreutique [tɔrø'tik] f (Metall-, Elfenbein-, Holz-)Ziselierkunst.

torgn(i)ole P [tɔr'ɲɔl] f kräftige Ohrfeige; a. Faustschlag m.

tornade [tɔr'nad] f Wirbelsturm m.

toron [tɔ'rɔ̃] m blanke Litze f; Draht; ▲ großer Rundstab m; **~ner** ⊕ [tɔrɔ'ne] (1a) verlitzen.

torpédo Auto [tɔrpe'do] f Sportwagen m.

torp|eur [tɔr'pœːr] f Erstarrung, Betäubung; **~ide** [~'pid] erstarrt; fig. empfindungslos.

torpill|e [tɔr'pij] f ✕, ♆ Torpedo m; Mine; icht. Zitterrochen f; **~er** ✕ [~pi'je] v/t. (1a) torpedieren; **~eur** ✕ [~'jœːr] m Torpedoboot n, -flugzeug n; Auto: Stromlinienwagen m; (Torpedo-)Matrose.

torquer ⊕ [tɔr'ke] (1m) Tabak zs.-drehen.

torré|facteur mach. [tɔrefak'tœːr] m Kaffeeröstmaschine f; **~faction** [~fak'sjɔ̃] f Rösten n; **~fier** [~'fje] v/t. (1a) rösten.

torrent [tɔ'rɑ̃] m (reißender Regen-, Berg-)Strom, Wild-, Sturzbach f; fig. Flut f; Strom; céder (résister) au ~ mit dem (gegen den) Strom schwimmen; **~iel** [~'sjɛl] Sturzbach..., durch Regenströme verursacht; pluie f **~le** strömender Regen m, Wolkenbruch m; **~ueux** [~'tɥø] stromartig; wild, reißend.

torride [tɔ'rid] (glühend) heiß; zone f ~ heiße Zone.

tors [tɔːr] 1. adj. gedreht; gewunden; P (f **torte** [tɔrt]) verdreht, schief; 2. m Zwirnung f; **~ade** [tɔr'sad] f schraubenartig gewundene Franse; ⊕ Drall m; ✕ Raupe an Achselstücken von Uniformen; **~ader** ⊕ [~sa'de] (1a) verdrillen; Mode: bouton en cuir torsadé Knopf m aus gedrehtem Leder; **~e** [tɔrs] m Torso m; fig. Rumpf; se mettre le ~ nu sich den Oberkörper freimachen; **~er** ▲ [tɔr'se] (1a) Windungen machen (qch. um etw.) (acc.); **~ion** [~'sjɔ̃] f Drehen n, Winden n; Drehung f; fig. Verdrehung; ♀ Verschlingung f; ~ du tronc Rumpfbeuge f.

tort [tɔːr] m Unrecht n; Schuld f; Schädigung f, Nachteil; à ~ mit od. zu Unrecht; à ~ et à travers unbesonnen, ohne Überlegung; faire ~ à q. de qch. j-n um etw. schädigen.

torte P [tɔrt] adj./f schief, krumm.

tortelle ♀ [tɔr'tɛl] f Hederich m.

torticolis ⚕ [tɔrtikɔ'li] m steifer Hals.

tortill|age [tɔrti'jaːʒ] m Geschwätz n, Ausflüchte f/pl.; **~ard** [~'jaːr] 1. adj. krumm gewachsen; 2. f m ₪ Kleinbahn f; **~e** [tɔr'tij] f gewunden; **~ement** [~j'mɑ̃] m (Zs.-)Drehen m, Winden n; F fig. **~s** pl. Ausflüchte f/pl.; **~er** [~'je] v/t. (1a) zs.-drehen, wickeln, drillen; v/i. sich hin und her drehen; fig. sich drehen und winden, lange

tortillon — 503 — **toupet**

zaudern; se ~ sich winden *(Schlangen)*; **~on** [tɔrti'jɔ̃] *m* Kopfpolster *n (zum Lastentragen);* Wischer *der Kreidezeichner.*
tortionnaire [tɔrsjɔ'nɛːr] **1.** *adj.* gewalttätig; widerrechtlich; zum Foltern dienend; **2.** *m* Folterknecht.
tortis ⊕ [tɔr'ti] *m* (Seiden-, Woll-, Flachs-)Strähne *f.*
tortoir ⊕ [tɔr'twaːr] *m* Knebel.
tortouse * [tɔr'tuːz] *adj.* = tartouse; *ehm. f* Handschelle.
tortu [tɔr'ty] krumm, gewunden; *fig.* verschroben.
tortue *zo.* [tɔr'ty] *f* Schildkröte.
tortueux [tɔrtɥ'ø] gekrümmt, sich schlängelnd; gewunden (a. *fig.*); *fig.* schleichend, verborgen, unlauter, dunkel.
tortur|e [tɔr'tyːr] *f* Folter; *fig.* Qual; **~er** [~ty're] (1a) foltern, martern, *fig.* ~ un texte e-n Text entstellen.
torve [tɔrv] scheel, böse, finster *(vom Blick).*
tôt [to] früh, zeitig; *au plus* ~ so bald wie möglich; ~ *ou tard* früher oder später.
total [tɔ'tal] **1.** *adj.* ganz, völlig; total; **2.** *m das* Ganze, Gesamtbetrag; *au ~, en ~* im ganzen.
total|isateur [tɔtaliza'tœːr] *m* beim Wettrennen: Totalisator; **~isation** [~liza'sjɔ̃] *f* Zs.-zählung; **~iser** [~li'ze] (1a) addieren, zs.-zählen; **~itaire** *pol.* [~li'tɛːr] totalitär; **~itarisme** *pol.* [~ta'rism] *m* totalitäres Regime *n;* **~ité** [~li'te] *f* Gesamtheit.
tôt-fait [to'fɛ] *m* Biskuitkuchen *m.*
toton [tɔ'tɔ̃] *m* Kreisel; Drehwürfel.
touage ⚓ [twa:ʒ] *m* Verholen *n,* Schleppen *n;* Schleppplohn; Schleppschiffahrt *f.*
touaille [twaːj] *f* Rollhandtuch *n.*
toubib P *a.* ⚔ [tu'bib] *m* Arzt.
touch|ant [tu'ʃɑ̃] *prp.* hinsichtlich *(gen.),* betreffend *(acc.);* **~au** [~'ʃo] *m* Streich- od. Probiernadel *f der Goldschmiede;* **~e** [tuʃ] *f* Berühren *n;* Anschlag *m (Klavier);* Farbenauftrag *m,* Pinselstrich *m;* Manier *z.B. e-s Malers;* ♪ Taste, Knopf *m (Akkordeon);* ♪ Griffbrett *n; Fußball:* Spielfeldmittelpunkt *m,* Mark *f;* Einwurf *m;* P Gesicht *n;* Aussehen *n;* ⊕ Stichprobe *f;* à ~~ dicht nebeneinander; ~ *de recul* Rücktaste *der Schreibmaschine;*

Sport: arbitre *m* de ~ Linienrichter; ligne *f* de ~ Seitenlinie; pierre *f* de ~ Probierstein *m;* F *rester sur la* ~ sich abwartend verhalten, untätig bleiben; ⊕ ~ *pour magnétophone,* ~ *pour lecture des enregistrements* Tonbandtaste.
toucher [tu'ʃe] **1.** *v/t.* (1a) (an)rühren, berühren, befühlen; *beim Schießen od. Fechten:* treffen *(touché m sitzender Hieb); Boxsport:* anschlagen; *Geld* einnehmen *od.* einkassieren, *vom Bankkonto* abheben; *mit dem Probierstein* probieren; *peint.* Farben auftragen auf *(acc.);* (gut) darstellen; *Harfe usw.* spielen; *Vieh* vor sich hertreiben; *fig.* rühren, ergreifen; betreffen, angehen; interessieren; *v/i.* ~ à qch. rühren an *(acc.),* etw. nur leicht berühren, etw. anfassen, sich an etw. zu schaffen machen; haften, hinanreichen an *(acc.);* die Pferde anpeitschen; ⚓ anfahren, anlaufen; *téléph.* ~ q. par téléphone j-n telephonisch erreichen; ~ à sa fin *fig.* s-m Ende entgegengehen; *défense de ~!* Berühren, Anfassen *m* verboten!; *touchez-la!* willigen Sie ein!; **2.** *m* Gefühl *n,* Fühlen *n;* Tastsinn; ♪ Anschlag *m,* Spiel *n; avoir le ~ de la laine* sich wie Wolle anfühlen.
touchette ♪ [tu'ʃɛt] *f* Elfenbein- od. Metallbelag *m* auf dem Griffbrett *e-r Gitarre usw.*
toucheur [tu'ʃœːr] *m* Viehtreiber *m; typ.* Auftragwalze *f.*
toue ⚓ [tu] *f* Schleppen *n;* Fährboot *n;* **~ée** [twe] *f* Verholen *n,* Tauerei *f;* Bugsiertau *n;* **~er** [~] (1a) schleppen, bugsieren; **~eur** ⚓ [~'œːr] *m* Schlepper; Tauer.
touff|e [tuf] *f* Büschel *n;* Schopf *m;* Baumgruppe *f;* ~ *d'arbres* Gehölz *n;* **~eur** [~'fœːr] *f* heiße, stickige Luft *f,* Mief *m;* **~u** [~'fy] buschig; dicht belaubt; *Stil:* überladen.
toujours [tu'ʒuːr] immer, stets; immer noch; wieder; doch wenigstens, immerhin; *pour* ~ auf immer.
touloupe [tu'lup] *f* (russ.) Lammfelljoppe *f.*
toundra [tun'dra] *f* Tundra.
toupet [tu'pɛ] *m* (Haar-)Büschel *n,* Schopf *m;* (Sturm-)Tolle *f;* F *fig.* Frechheit *f,* Unverfrorenheit *f.*

tou|pie [tu'pi] f Kreisel m; (Holz-)Fräsmaschine f; F fig. Wetterfahne f; P vieille ~ alte Schachtel f od. Schraube f; c'est une ~ das ist e-e alberne (od. eingebildete) Gans (od. Pute); **~piller** [~pi'je] (1a) sich wie ein Kreisel drehen; v/t. ⊕ Holz mit der Fräsmaschine bearbeiten.

toupillon [tupi'jõ] m Büschelchen n.

tour¹ [tu:r] f Turm m (a. im Schach); ⊕ ~ de sondage Bohrturm m; ~ de T.S.F. Funkturm m.

tour² [tu:r] m kreisförmige Bewegung f, Umdrehung f; Umkreis; (Spazier-)Gang, Reise f; pol. Wahlgang m; Wendung f (a. fig.: bon [mauvais] ~ gute [schlimme] Wendung f); Kehre f, Runde f; Bildung f des Gesichts; Sport: Runde f, Gang; ⊕ Dreh-, Drechselbank f; ⚡ Windung f, Wicklung f; Handumdrehen m; Streich; Kunststück n; Darstellungsweise f, Einkleidung f; Reihe f; à mon ~ wenn od. da usw. ich an der Reihe bin; fermer à double ~ doppelt verschließen; ~ de qch. Gang um etw. herum; ~ de bras Armreif f; ~ de cou Halskrause f; ~ de faveur bevorzugte Abfertigung f; ~ de lit Bettumhang; ~ de main Taschenspielertrick m; en un ~ de main im Handumdrehen, im Nu; ⊕ ~ à pivot Drehturm; ~ de potier Töpferscheibe f; ~ de reins Verrenkung f des Kreuzes; Sport: ~ de repêchage Zwischenrunde f; ~ éliminatoire Ausscheidungsrunde f; ~ cycliste Radtour f; fig. un bref ~ d'horizon ein kurzer Ausblick.

touraill|e ⊕ [tu'ra:j] f Malzdarre f, Darrkammer; gedarrtes Malz n; **~on** [~ra'jõ] m getrocknete Malzkeime pl.; a. Malzkehricht als Mastviehfutter.

tourb|age [tur'ba:ʒ] m Torfstechen n; **~e** [turb] **1.** f Torf m; marais m à ~ Torfmoor n; **2.** f péj. übler Haufen m; **~er** [~'be] (1a) Torf stechen; **~ier** [~'bje] m Torfstecher; **~ière** [~'bjɛ:r] f Torfmoor n, -stich m; **~illon** [~bi'jõ] m Wirbelwind; Strudel; fig. Taumel; ~ de neige Schneegestöber m; **~illonner** [~bijɔ'ne] (1a) sich im Wirbelkreis herumdrehen; strudeln.

tourelle [tu'rɛl] f Türmchen n; Verkehrsturm m; ⚔, ⚓ Panzerturm m; Turm m e-s U-Boots; ⚔ Gefechtsstand m.

touret ⊕ [tu'rɛ] m Rädchen n, Rolle f.

tourie 🜂 [tu'ri] f Ballon m.

tour|ier m, **~ière** f [tu'rje, ~'rjɛ:r] (Kloster-)Pförtner(in f) m.

tourillon [turi'jõ] m Drehzapfen.

touring|-car [turiŋ'ka:r] m Reisebus m; **~club** [~'klœb] m Touristenverein m.

Touring-Secours Auto [turiŋsa'ku:r] m motorisierte Erste Hilfe f.

tour|isme [tu'rism] m Reise-, Touristenverkehr m, -sport, Reisen n; Fremdenverkehr; office m de ~ Verkehrsamt n, -büro n; **~iste** [~'rist] su. Tourist(in f) m, Reisende(r), Ausflügler m, Wanderer m; **~istique** [~ris'tik] Touristen-, Fremdenverkehrs...

tourment [tur'mã] m Marter f, Qual f; **~e** [~'mã:t] f (See-)Sturm m; Aufruhr m; **~er** [~mã'te] (1a) martern, quälen; belästigen; ein Schiff heftig hin und her schleudern; mühsam bearbeiten, herumfeilen an (dat.); **~eur** [~'tœ:r] m fig. Quälgeist m; **~eux** [~'tø] (7d) stürmisch; **~in** [~'tɛ̃] m ⚓ Sturmsegel n; orn. Sturmvogel.

tournage cin. [tur'na:ʒ] m Dreharbeiten f/pl.

tournailler F [turnɑ'je] (1a) auf e-m engen Raume hin und her laufen.

tournant [tur'nã] **1.** adj. sich drehend; Dreh...; fig. flackernd, wild; escalier m ~ Wendeltreppe f; pont m ~ Drehbrücke f; grève f ~e wilder Streik m; **2.** m Kurve f, Ecke f e-r Straße; fig. Wendepunkt m, Strudel; Mühlgang m.

tournasser ⊕ [turna'se] (1a) auf der Drehscheibe bearbeiten.

tourne|bride ehm. [turnə'brid] m Kutscherherberge f; **~broche** [~'brɔʃ] m Bratenwender; **~disque** [~'disk] m Plattenspieler; valise f ~ Phonokoffer m; **~dos** cuis. [~'do] m Rinderfilet n in Scheiben.

tournée [tur'ne] f Rund-, Dienst-, Geschäftsreise f; Bestellgang m (Briefträger); Rundfahrt; Tournee; Gastspielreise f; P Lage (Wein, Bier usw.); P Tracht Prügel.

tournemain † [turnə'mɛ̃] m adv. in: en un ~ im Nu, im Handumdrehen (besser: en un tour de main).

tourn|er [tur'ne] v/t. (1a) drehen (a. cin.); umkehren, umwenden; Karte aufschlagen, Trumpf machen; richten, wenden; herumgehen (qch. um etw.), etw. um'gehen; drechseln, drehen; umformen, auffassen, auslegen; Brot formen; (ver)filmen, Film aufnehmen, kurbeln; Auto: ~ à vide, ~ au ralenti leer laufen; tournez le bouton du contact! Schalten Sie (Licht) ein!; v/i. sich drehen; Fabrik: in Betrieb sein, laufen; mit e-m Wagen umwenden; sich wohin wenden; sich ändern, z. B. sauer werden, gerinnen; ~ à droite rechts abbiegen; ⊕ ~ à vide leerlaufen; il tourne cœur Kartenspiel: Herz ist Trumpf; la tête me ~e ich bin schwindelig; le temps ~e au beau das Wetter wird schön; bien ~é wohlgestaltet, -ausgedrückt, -gebildet; (se) ~ en qch. ausarten in (acc.); e-e Wendung nehmen; ablaufen; sich färben (von Früchten); vents m/pl. tournant à l'est nach Osten drehende Winde; Film: Silence, on tourne! Achtung, Aufnahme!; v/rfl. se ~ vers q. sich an j-n wenden; **~erie** ⊕ [~nə'ri] f Drechslerei; Dreherei.

tournesol ♀ [turnə'sɔl] m Sonnenblume f; Lackmus(pflanze f).

tournette [tur'nɛt] f Garn-, Seidenwinde; Drillkäfig m für Eichhörnchen; ⊕ Glasschneidegerät n.

tourneur [tur'nœːr] 1. adj. tanzend; sich drehend; 2. m Dreher; Drechsler.

tourne|vent [turnə'vɑ̃] m Schornsteinhaube f; **~vis** [~'vis] m Schraubenzieher.

tournicoter F [turnikɔ'te] v/t. (1a) (herum-)drehen.

tourniole ✱ [tur'njɔl] f Fingerwurm m, Nagelgeschwür n.

tourniquet [turni'kɛ] m Drehkreuz n (an Durchgängen); Art Fensterwirbel, (Vor-)Reiber (am Fenster); (Postkarten-)Drehständer m; Drehscheibe f (Glücksspiel); chir. Aderpresse f.

tournis vét. [tur'ni] m Drehkrankheit f der Schafe.

tournoi [tur'nwa] m Turnier n; Sport: Wettspiel n, -kampf m; **~ement** [~'mɑ̃] m Drehen n, Wirbeln n; = tournis.

tournoyer [turnwa'je] (1h) sich im Kreise drehen, wirbeln; F sich drehen und winden.

tournure [tur'nyːr] f (Rede-)Wendung; Körperhaltung, Gestalt; Schnitt m e-s Kostüms; ⊕ Drehspäne m/pl.; allg. Gestaltung f, Bau m.

tourt|e [turt] f Pastete; P Dummkopf m; adj. dumm, blöde; **~eau** [~'to] m Ölkuchen; métall. Schlackenkuchen m; zo. Taschenkrebs m; **~ereau** [~tə'ro] m junge Turteltaube f; **~erelle** orn. [~tə'rɛl] f Turteltaube f; **~ière** cuis. [~'tjɛːr] f Torten- od. Pastetenform f.

tous s. tout. [n.]

Toussaint rl. [tu'sɛ̃] f Allerheiligen

touss|er [tu'se] (1a) husten; **~oter** [~sɔ'te] (1a) hüsteln.

tout [tu, vor. vo. u. nicht aspir. tut] m, **~e** [tut] f; **tous** [tu, alleinstehend u. am Satzende tus] m/pl.; **toutes** [tut] f/pl. 1. pr. ind. a) adjt. od. attributiv (vor pr. od. art. e-s su.), b) substantivisch: insgesamt, ganz, ganze(r,s); alle(e, es); jede(r, s) toute la ville die ganze Stadt; tout Paris ganz Paris; tout le monde jedermann, ein jeder; de tous côtés von allen Seiten, von überall; de toutes sortes allerlei; voilà tout das ist alles; notre intérêt à tous unser aller Interesse; tout fut mis en usage ... alles wurde versucht; se faire ~ à tous allen alles versprechen; 2. su. in: le tout das Ganze; un tout ein Ganzes; les tous [spr. tu] pl. die Ganzen n/pl.; pas (rien) du tout gar nicht(s); 3. adv. u. advt. (vor konsonantisch anlautendem a/f. toute[s]) ganz; tout à coup plötzlich; tout à fait ganz und gar; tout d'un coup auf einmal; tout autant genau ebensoviel; tout d'abord (ganz) zuerst, anfangs; tout à l'heure sogleich, soeben; tout au plus höchstens; c'est tout un das ist ein und dasselbe; est-ce tout? weiter nichts?; ~ de bon allen Ernstes; ~ d'un coup auf einmal; ~ de suite [tut'sɥit] sofort, auf der Stelle; tous les deux jours jeden zweiten Tag, e-n Tag um den andern; im Gerundium verstärkend: tout en riant obgleich od. wobei (ich, du, er, wir usw.) lachte(n); tout le reste alles andere, übrige; somme ~e alles in allem; ~ de même trotzdem;

tout ... que ... (*mit ind.*) sosehr auch, obgleich, wenngleich; *tout pauvres qu'ils sont* so arm sie auch sind, wenn sie auch arm sind; *toutes vieilles qu'elles sont* so alt sie auch immer sein mögen.

tout-à-l'égout [tutale'gu] *m/inv.* städtische Kanalisation *f.*

toute [tut] *s.* tout; **~fois** [~'fwa] jedoch, dennoch; *si* ~ wenn überhaupt; **~-présence** *rl.* [~pre'zã:s] *f* Allgegenwart; **~-puissance** *rl.* [~pɥi'sã:s] *f* Allmacht.

toutes [tut] *s.* tout.

toutou *enf.* [tu'tu] *m* Wauwau *m.*

toux [tu] *f* Husten *m*; *quinte f de* ~ Hustenanfall *m.*

toxi... [toksi...] *in Zssgn* Gift(ig)...; **~cité** [~si'te] *f* Giftigkeit; **~comanie** [~kɔma'ni] *f*, **2.** *m* Gift *n.* **~ne** [~k'sin] *f* Giftstoff *m*; **~que** [~k'sik] **1.** *adj.* giftig; **2.** *m* Gift *n.*

trac [trak] **1.** *m* Lampenfieber *n*, Bammel *m*; *avoir le* ~ Lampenfieber *n od.* Manschetten P haben; *flanquer le* ~ *à q.* j-n in Angst setzen, j-n ins Bockshorn jagen; F *tout à* ~ sofort, auf der Stelle; **2.** *m ch.* Fährte *f*; Gangart *f.*

tracas [tra'ka] *m/pl.* Plackerei *f*, Scherereien *f/pl.*, Ärger *m.*

tracass|ant [traka'sã] *adj.* schikanös; **~er** [~ka'se] (1a) *v/i.* immer hin und her laufen; *fig.* Scherereien machen; ⚓ hin und hergeschleudert werden (*Schiff*); *v/t.* schikanieren, plagen, quälen; **~erie** [~s'ri] *f* Scherereien *f*, Plackerei *f*, Schikane *f*, Hänselei *f*; **~ier** [~'sje] **1.** *adj.* Scherereien verursachend; **2.** *su.* Plagegeist *m.*

trac|e [tras] *f* Spur (*a. fig. u.* ⚔); Fußtapfe *f*; *ch.* Fährte *f*; **~é** [~'se] *m* Vorzeichnung *f*, Umriß *f*; ⚓ Absteckung *f*, Linie *f*; △ Maßwerk *n*; Verlauf *m* (*Grenze*); **~er** [~] *v/t.* (1k) aufzeichnen, entwerfen; *Linie* ziehen; ⚓ abstecken; *fig.* bezeichnen, vorschreiben; schreiben; schildern; *v/i.* ♀ kriechen und stellenweise wurzeln; △ *cordeau m à* ~ Absteckleine *f*; **~eret** [~s're] *m* Vorreißer, **~eur** [~'sœ:r] *su.* Vorzeichner *m*; ⚔ *balle f traceuse* Leuchtkugel *f.*

trachée *zo.* [tra'ʃe] *f* Trachee (*Atmungsorgan der Insekten usw.*); *anat.* ~(-*artère*) Luftröhre; **~ite** ☤ [~ʃe'it] *f* Luftröhrenentzündung.

trachéotomie ☤ [trakeɔtɔ'mi] *f* Luftröhrenschnitt *m.*

traçoir ⊕ [tra'swa:r] *m* Vorreißer *m a. pol.*

tract [trakt] *m* Flugschrift *f*; **~ation** [~ta'sjõ] *f a. pol.* Verhandlung *f*; *oft péj.* Behandlungsweise.

tracter [trak'te] ⊕ ziehen.

tracteur ⊕ [trak'tœ:r] *m* Traktor *m*, Zugmaschine *f*, Schlepper, Trekker; ~ *agricole* Ackerschlepper; Triebwagen; **~chenille** [~'ʃnij] *m* Raupenschlepper; **~remorque** [~rə'mɔrk] *m* Sattelschlepper *m*, Lastzug *m.*

traction [trak'sjõ] *f* Ziehen *n*, Zug *m*; Beförderung *f*; ⊕ Antrieb *m*; *z. B.* ~ *à vapeur* Dampfbetrieb *m*; *Auto:* ~ (*d'*)*avant* Vorder(rad)-antrieb *m.*

tradition [tradi'sjõ] *f* Tradition, Überlieferung; überlieferte Schrift *f*; *fig.* Brauch *m*; ⚖ Auslieferung *f*; **~aliste** [~sjɔna'list] **1.** *adj.* traditionsgebunden; **2.** *su.* Traditionalist *m*; **~nel** [~sjɔ'nɛl] traditionell, althergebracht.

traduc|teur *m*, **~trice** *f* [tradyk'tœ:r, ~'tris] Übersetzer(in *f*) *m*; **~tion** [~'sjõ] *f* Übersetzung *f.*

tradui|re [tra'dɥi:r] (4c) übersetzen, ~*tragen* (*z. B. en prose ins Französische*); ⚖ überführen (*à nach*); *vor e-n Richter* fordern; ~ *qch. dans les faits* etw. in die Tat umsetzen; ~ *une conviction* e-e Überzeugung zum Ausdruck bringen; *se* ~ *par* übersetzt werden *od.* sich übersetzen lassen mit; sich äußern als; zur Folge haben; sich offenbaren; **~sible** [~dɥi'ziblə] über'setzbar.

trafic [tra'fik] *m* Handel, Verkehr; *péj.* Schmuggel *m*; ~ *fluvial* Flußverkehr *m*; *le* ~ *routier, ferroviaire et aérien* der Straßen-, Bahn- u. Luftverkehr; ~ *téléphonique suburbain* Vorortsprechverkehr; ~ *local* Nah-, Ortsverkehr; ~ *lointain. interurbain* Fernverkehr; ~ *de compensation* Verrechnungsverkehr; ~ *de va-et-vient* Pendelverkehr; ~ *d'outre-mer* Überseeverkehr; *suspension f du* ~ Verkehrssperre.

trafiqu|ant [trafi'kã] **1.** *adj.* handeltreibend; **2.** *su.* Händler *m*; *péj.* Schieber *m*; **~er** F [~'ke] (1m)

trafiqueur — 507 — **traite**

Handel (a. péj. Schwarzhandel) treiben (en qch. mit etw.); nur péj.: ~ de qch. mit etw. schieben, etw. verschachern; **~eur** [~'kœ:r] m Schieber.

tragé|die [traʒe'di] f Trauerspiel n, Tragödie (a. fig.); **~dien** m, **~dienne** f [~'dje̜, ~'djɛn] Tragiker, Tragöde m; Tragödin f.

tragique [tra'ʒik] **1.** adj. tragisch; fig. unheilvoll; **2.** m Tragische n; Tragiker; prendre au ~ tragisch, (allzu) ernst nehmen.

trahir [tra'i:r] (2a) verraten; fig. verleugnen; im Stiche lassen, enttäuschen.

trahison [trai'zɔ̃] f Verrat m; haute ~ Hochverrat m.

traille [tra:j] f Seilfähre f.

train [trɛ̃] m Gang(art f), Schritt; Gang (a. z. B. der Geschäfte); Tempo n; Stimmung f, Schwung m; (Lebens-)Stil m; Lärm; Aufwand n; Gefolge n; ⚙ usw. Zug; ✕ Train; (Wagen-)Gestell n; ✕ ~ blindé Panzerzug; ⚙ ~ correspondant Anschlußzug; ~ de banlieue Vorortzug; ⚙ ~ de ceinture Stadt-, Ringbahnzug; ~ de grand parcours Fernzug; ~ d'embranchement Zubringerzug; ~ express, ~ rapide Schnellzug; ~ de petite vitesse, ~ de marchandises Güterzug; ~ fantôme Geisterbahn f (Rummelplatz); ~ de messageries Eilgüterzug m; ~ omnibus Personenzug, Bummelzug m; ~ routier Lastzug m; ~ de bois Zug Flößholz; ✍ ~ de culture landwirtschaftliches Inventar n; ~ de devant, ~ de derrière Vorder-, Hinterteil n von Pferden usw.; ✕ ~ d'atterrissage Fahrgestell n, Fahrwerk n; ⊕ ~ d'engrenages Getriebe n e-r Maschine; ⊕ ~ de laminoir Walzenstraße f; ~ de roues Radsatz; fig. à fond de ~ in sausendem Tempo, in voller Fahrt; en bon ~ gut im Zuge, im Gange; F être dans le ~ mit der Zeit mitgehen; être en ~ de im Begriff sein zu; former un ~ e-n Eisenbahnzug zs.-stellen; mettre en ~ in Gang bringen; F prendre le ~ onze zu Fuß gehen; j'ai eu (attrapé, pris) mon train ich habe den Zug erreicht; les discussions vont bon ~ die Gespräche machen gute Fortschritte.

train|age [trɛ'na:ʒ] m Ziehen n, Schleppen n; Beförderung f auf e-m Schlitten; **~ard** [~'na:r] m Nachzügler m; ⊕ Sägeschlitten m; **~asser** [~na'se] v/t. (1a) in die Länge ziehen; fig. v/i. herumbummeln; **~e** [trɛn] f (Nach-)Schleppen n; Schlepptau n; -netz n; bsd. ⚓ Schlepper m; Schleppe am Kleide; **~eau** [trɛ'no] m (großer Pferde-)Schlitten; Schleppnetz n (ch. u. zum Fischen); ~ automobile Motorschlitten.

traînée [trɛ'ne] f Spur f, Streifen m verstreuten Kornes usw.; ✕ Rücktrift f, Luftwiderstand m; F Prostituierte f; a. fig. ~ de poudre Laufffeuer n.

traîner [trɛ'ne] (1b) v/t. (nach-)schleppen; s-e Worte lang ziehen, dehnen; ~ en longueur in die Länge ziehen; ~ des nuits entières ganze Nächte verbringen (od. vertrödeln); v/i. auf der Erde nachschleppen; fig. unordentlich herumliegen; von Personen u. fig.: zurückbleiben; sich hinschleppen.

traîneur [trɛ'nœ:r] **1.** su. Schlepper m; Nachzügler m; **2.** m ✕ Schlittenführer m; ~ de sabre Säbelraßler m.

training ✍ psych. [trɛ'niŋ] m Training n.

train-poste ⚙, ✉ [trɛ̃'pɔst] m Postzug.

train-train F [trɛ̃'trɛ̃] m das alltägliche Einerlei; fig. Schlendrian m.

traire [trɛ:r] (4s) melken; fig. ~ q. j-n schröpfen.

trait [trɛ] m Ziehen n; Zug beim Trinken; écol. (Feder-)Strich m; (Gesichts-)Zug; (Charakter-)Zug; fig. Streich; Beziehung f; Ausschlag der Waage; Pfeil, Wurfspieß; witziger Einfall; Leitseil n; Geschirrtau n; Reihe f hinter-ea.; ♪ Notenfolge f; cheval m de ~ Zugpferd n; avoir ~ à sich beziehen (auf acc.); boire d'un seul ~ in e-m Zuge trinken; ~ d'union Bindestrich m; d'un ~ de plume mit einem Federstrich.

traitable [trɛ'tabl] fig. verträglich, umgänglich, fügsam; nachgiebig.

traite [trɛt] f nicht unterbrochene Wegstrecke f; Sklaven-, Mädchenhandel m; ✝ Tratte, gezogener Wechsel m; ✍ Melken n; ~ non négociable unbegebbarer Wechsel m; faire ~ sur e-e Tratte ziehen; la ~ échoit (tombe) le ... die Tratte

traité — 508 — **transcription**

ist am ... fällig; ~ (*des noirs*) Sklavenhandel *m*; ~ *des blanches* Mädchenhandel *m*.

traité [trɛ'te] *m* Abhandlung *f*, *a*. Lehrbuch *n*; Vertrag; ~ *d'arbitrage* Schiedsgerichtsvertrag *m*.

traitement [trɛt'mɑ̃] *m* Behandlung *f*; ⚕ Behandlung *f*, Kur *f*; Bewirtung *f*; Besoldung *f*, Gehalt *n*; ~ *initial* Anfangsgehalt *n*; ~ *de faveur* Vorzugsbehandlung *f*; *mauvais* ~ Mißhandlung *f*; ~ *de l'information* Datenverarbeitung *f*.

traiter [trɛ'te] *v/t.* (1a) ab-, behandeln; erörtern; unterhandeln (*qch. wegen, über acc.*); bewirten; *péj.* beiteln; 🜄 *u.* 🜚 behandeln; ~ *en usine* verhütten; ~ *par les rayons* ☢ bestrahlen; ~ *q. de fat* j-n e-n Gecken schimpfen; *v/i.* ~ *de qch.* von etw. handeln.

traité-type [trɛtɛ'tip] *m* Modellvertrag.

traiteur [trɛ'tœːr] *m* Restaurateur *m*, Gastwirt *m*; Hauslieferant *m* fertiger Gerichte.

traîtr|e, ~esse *f* ['trɛːtrə, trɛ'trɛs] **1.** *adj.* verräterisch; heimtückisch; *pas un ~ mot* kein Sterbenswörtchen *n*; **2.** *su.* Verräter(in *f*) *m*; ~ *à la patrie* Vaterlandsverräter *m*; *prendre q. en* ~ j-n verräterisch überfallen; **~eusement** [ˌtrøz'mɑ̃] *adv.* verräterisch, hinterrücks; **~ise** [ˌ'triːz] *f* Tücke; Verrat *m*.

trajectoire *phys.* [traʒɛk'twaːr] *f* Flugbahn *der Geschosse*.

trajet [tra'ʒɛ] *m* Überfahrt *f*; Fahrt *f*, Reise *f*; (Fahr-)Strecke *f*; *chir.* Kanal *e-r* Wunde.

tralala F [trala'la] *m* Gehabe *n*; Tamtam *m*, Aufwand *m*, *fig.* Staat *m*. [Straßenbahn *f*.]

tram F [tram] *m* abr. für tramway)

tram|e [tram] *f* ⊕ *Weberei usw.*: Einschlag *m*, -schuß *m*; Gewebe *n*; *typ. a. phot.* Raster *m*; *fig.* Komplott *n*, Verschwörung; **~er** [~'me] (1a) *Weberei:* einschießen; *fig.* anzetteln; **~inot** F [~mi'no] *m* Straßenbahner *m*.

tramontane [tramɔ̃'tan] *f bsd. im Mittelmeer:* ⚓ Nordwind *m*; Polarstern *m*; *fig.* Leitstern *m*.

tramway [tram'wɛ] *m* Straßenbahn (-wagen *m*) *f*; *tracteur m* (*od. automotrice f*) *du* ~ Triebwagen *m*.

tranchant [trɑ̃'ʃɑ̃] **1.** *adj. a. fig.* scharf schneidend; *fig.* entscheidend; grell abstechend (*Farben u.* ♪); **2.** *m* Schneide *f*, Schärfe *f*.

tranche [trɑ̃ːʃ] *f* Schnitte, Scheibe *Brot, Fleisch usw. fig.* Abschnitt *m*; (Marmor-)Platte; (Brett-)Kante; (Münz-)Rand *f*; (Buch-)Schnitt *m*; *couper par ~s* in Scheiben schneiden; * *en avoir une* ~ blöde (*od.* bekloppt P) sein.

tranché [trɑ̃'ʃe] *adj. fig.* scharf unterschieden; stark abstechend.

tranchée [~] *f* Graben *m*; Durchstich *m*; 🏛 Einschnitt *m*; ⚒ Laufa. Schützengraben *m*; ⚕ ~s *pl.* heftige Leibschmerzen *m/pl.*; **~abri** [~a'bri] *f* Unterstand *m*; Luftschutzgraben *m*.

tranche|lard [trɑ̃ʃ'laːr] *m* Speckmesser *n*; **~montagne** [~mɔ̃'taɲ] *m* Aufschneider *m*.

tranch|er [trɑ̃'ʃe] *v/t.* (1a) (ab-, durch-, zer-)schneiden (*od.* -hauen); *fig.* entscheiden; ~ *le mot* offen heraus sprechen; ~ *la question* die Frage entscheiden; *v/i.* schneiden; *fig.:* sich abheben; grell abstechen; ~ *sur qch.* entscheiden über etw. (*acc.*); ~ *de* sich das Ansehen geben von; ~ *court od. net* e-n kurzen Prozeß machen, kurz abbrechen; *dans le vif* energisch vorgehen, durchgreifen; **~et** [~'ʃɛ] *m* Schustermesser *n*; **~oir** [~'fwaːr] *m* Hack-, Wiegebrett *n*.

tranquill|e [trɑ̃'kil] ruhig, ungestört; *fig.* unbesorgt; friedlich; **~iser** [~li'ze] (1a) beruhigen, beschwichtigen; **~ité** [~li'te] *f* Ruhe *f*, Stille *f*; ~ *d'esprit* Gemütsruhe *f*.

transaction [trɑ̃zak'sjɔ̃] *f* Übereinkommen *n*, Vergleich *m*; ✝ Transaktion *f*, (Handels-)Geschäft *n*; ~*s pl.* Handelsverkehr *m*, Umsatz *m*.

transatlantique [trɑ̃zatlɑ̃'tik] *adj.* überseeisch; *m* Ozeandampfer *m*.

transbord|ement ⚓ [trɑ̃sbɔrdə'mɑ̃] *m* Umladen *n*; *pont m de* ~ Ladebrücke *f*; **~er** ⚓ [~'de] (1a) umladen; **~eur** [~'dœːr] *m* ⚓ Schiebebühne *f*; *Art* Laufkran *m*; *pont m* ~ Schwebefähre *f*.

transcend|ance [trɑ̃sɑ̃'dɑ̃ːs] *f phil.* Transzendenz *f*, Übersinnlichkeit *f*; *allg.* hohe Überlegenheit *f*; **~ant** [~'dɑ̃] (7) transzendent.

trans|cription [trɑ̃skrip'sjɔ̃] *f* Abschreiben *n*; Abschrift *f*; schriftliche

transcrire — 509 — **transparent**

Übertragung f (a. Kurzschrift); ⚖ Eintragen n; ♪ Umsetzen n; ~ phonétique phonetische Umschrift f; Lautschrift f; **~crire** [~'kri:r] (4f) abschreiben; ⚖ ein-, übertragen; ♪ umsetzen; gr. phonetisch umschreiben; **~ducteur** ⚡ [~dyk'tœ:r] m Energieumwandler m; **~es** [trã:s] f/pl. Angst f; fig. Art (Traum-)Zustand m völliger Hypnose; **~éater** néol. [trãzea'te] v/t. (1a) e-n Kranken auf e-e Station bringen; **~ept** ⚕ [trã'sεpt] m (Kirchen-)Querschiff n; **~férer** [~sfe're] (1f) transferieren, abtreten; überführen; **~fert** [~'fε:r] m Überführung f, Verlegung f; †, ⚖ Übertragung f, Abtretung f; pol. Umschwung m.

transfigur|ation [trãsfigyra'sjõ] f Verklärung; **~er** [~'re] (1a) umbilden; se ~ rl. sich verklären.

transforma|teur [trãsfɔrma'tœ:r] 1. adj. (7f) umformend; 2. m ⚡ Transformator, Umformer; ~ du courant Stromwandler m; **~tion** [~ma'sjõ] f ⚕, ⚡, zo. usw. Umformung, Umwandlung f; Umgestaltung f; † Verarbeitung f; Fußball: Torwechsel m.   [tor.]

transfo ⚡ [trãs'fo] m Transforma-⌋ **transform|er** [trãsfɔr'me] (1a) umbilden; ver-, umwandeln; se ~ sich verändern; fig. sich verstellen; se ~ (en) sich verwandeln (in); **~isme** biolog. [~'mism] m Lehre f von der Entstehung der Arten; Entwicklungslehre f, Evolutionstheorie f.

transfuge [trãs'fy:ʒ] m ⚔ Überläufer; fig. Abtrünnige(r).

transfus|er [trãsfy'ze] (1a) hinübergießen, -leiten; ⚕ ~ du sang Blut übertragen; **~ion** [~'zjõ] f Um-, Hinübergießen n; ⚕ ~ de sang Bluttübertragung f.

transgresser [~grε'se] (1b) Gebot usw. übertreten.

transhum|ance [trãzy'mã:s] f Almauftrieb m, Sömmerung f; **~er** [trãzy'me] v/t. (1a) auf die Gebirgsweide führen; v/i. wandern (Herden).   [gleich treffen.]

transiger [trãzi'ʒe] (1l) e-n Ver-⌋ **transir** [trã'si:r] v/t. (2a) erstarren lassen; v/i. vor Kälte erstarren.

transistor ⚡ [trãsis'tɔ:r] m Transistor m, Kristallverstärker m; rad. poste m ~ Taschenempfänger m.

transit † [trã'zit] m Transit (-verkehr m) m, Durchgang(shandel); **Durchgangs~**; ⚔ ~ [~'te] v/t. (1a) (durch ein Land) durchlassen; v/i. durchgehen; **~if** [~'tif] Übergangs...; gr. verbe m ~ zielendes od. transitives Verb n; **~ion** [~zi'sjõ] f Übergang m; **~oire** [~'twa:r] vorübergehend.

Transjordanie [trãsʒɔrda'ni] f: la ~ Transjordanien n.

translation [trãsla'sjõ] f Beförderung an e-n andern Ort; Versetzung e-s Beamten; rl. Verlegung e-s Festes; ⚖ u. ⚡ fig. Übertragung.

translucid|e [trãsly'sid] durchscheinend; **~ité** [~di'te] f Durchscheinen n.

transmett|eur [trãsmε'tœ:r] m ⚡ (a. adj. appareil m ~) Sender; téléph. Sprechkapsel f; **~re** [~'mεtr] (4p) an j-n gelangen lassen; übersenden; überliefern; vererben; e-e Krankheit übertragen; ⚡ übertragen, leiten; phys. das Licht usw. durchlassen.

transmigr|ation [trãsmigra'sjõ] f Übersiedelung, (Aus-)Wanderung f; **~er** [~'gre] (1a) übersiedeln.

transmiss|ibilité [trãsmisibili'te] f Übertragbarkeit (bsd. physiol.); **~ible** [~'sibl] übertragbar (bsd. physiol.); **~ion** [~'sjõ] f rad., ⊕ ⚖, ♂: Übertragung; ⚖ Überlassung f; Übermittlung (Nachrichten); physiol. Vererbung; rad. Sendung f; ⊕ Transmission; ⚕ Überlieferung f (alter Handschriften); ~ d'énergie Kraftübertragung f; manipulateur m de ~ Sendetaster m; ⊕ ~ par (od. ~ chaînes Kettenantrieb m.

transmu|able [trãs'mɥabl] umwandelbar (⚛ Elemente); **~er** [~'mɥe] bsd. ⚛ (1a) umwandeln; **~tabilité** [~mytabili'te] f Umwandelbarkeit; **~table** [~'tabl] umwandelbar; **~tation** [~ta'sjõ] f Verwandlung der Wirklichkeit durch die Kunst; phys. Umwandlung von Elementen.

transocéanique [trãsɔsea'nik] transozeanisch, Übersee-.

transpar|aître [trãspa'rε:trə] durchscheinen; **~ence** [~'rã:s] f Durchsichtigkeit; **~ent** [~'rã] 1.

transpercer — 510 — **travail**

adj. durchsichtig, leicht zu durchschauen(d); **2.** *m peint.* Transparent *n (durchschimmerndes Gemälde)*; Ölpapier *n zum Illuminieren*; *écol. usw.* Linienblatt *n*; enveloppe *f* ~e Fenster(brief)umschlag *m*.

transpercer [trãspɛr'se] (1k) durchbohren, -stechen, -dringen.

transpir|able ⚚ [trãspi'rablə] ausdünstbar; **~ation** [~ra'sjõ] *f* (Haut-) Ausdünstung; Schweiß *m*; **~er** [~'re] (1a) transpirieren, schwitzen; *fig.* ruchbar werden.

transplant|able [trãsplã'tablə] verpflanzbar; *chir.* übertragbar; **~ation** [~ta'sjõ] *f* ⚚ *u. fig.* Verpflanzung; **~er** [~'te] (1a) ⚚ *u. fig.* verpflanzen; *chir.* übertragen.

transport [trãs'pɔ:r] *m* Transport *m*, Beförderung *f an e-n Ort*; Truppentransportschiff *n*; ✝ Übertrag; *phil., rl. usw.* Verzückung *f*, (Gefühls-)Ausbruch, Begeisterung *f*; **~s aériens** *pl.* Luftverkehr *m*; ⚚ **~ au cerveau** Hirnschlag *m*; **~ d'aviation** Flugzeugmutterschiff *n*; **courroie** *f* **de ~** Umhängeriemen *m (für Kamera usw.)*; **~ scolaire** Schulbusverkehr *m*; ⚖ **~ sur les lieux** *(od. sur place)* Lokalbesichtigung *f*; **~able** [~'tablə] transportfähig; **~ation** *ehm.* [~ta'sjõ] *f* (Straf-)Verschickung *in e-e Kolonie*; **~er** [~'te] (1a) transportieren, wegschaffen, befördern; *an e-n Ort* verlegen, versetzen; *mit sich* führen; ⚖ übertragen; abtreten; *fig.* außer sich bringen, entzücken; **se ~** sich begeben; *fig.* sich hinreißen lassen; **~eur** [~'tœ:r] *m* Spediteur *m*; ⚙ Förderer *m*; ⚙ Zeugschieber *der Nähmaschine*; **~eurs aériens** Förderer *m*; ⚙ **~ oscillant** Schwingförderer.

transpos|able [trãspo'zablə] *gr.* versetzbar; ♪ transponierbar; **~er** [~'ze] (1a) umstellen, versetzen; ♪ transponieren; ♀ hinüberschaffen; *typ.* verdrucken.

transposi|teur ⚙, ♪ [trãspozi'tœ:r] *m* transponierendes Klavier *n*; **~tif** [~'tif]: *langue f transpositive* häufige Wortumstellungen gestattende Sprache; **~tion** [~'sjõ] *f* Umstellung *(bsd. gr. der Wortfolge)*; ♪ Versetzung *in andere Tonart(en)*; ♀ Hinüberbringen *n in Gleichungen*.

transsibérien [trãssibe'rjɛ̃] transsibirisch; **le ☊** die transsibirische Eisenbahn *f*.

transsonique *phys.* [trãssɔ'nik] *adj.* Überschall...

transsuder [trãssy'de] *v/t. u. v/i.* (1a) aus-, durchschwitzen *(a. fig.)*.

transvaser [trãsva'ze] (1a) umgießen, umfüllen.

transvers|aire [trãsvɛr'sɛ:r] *anat.*: **muscle** *m* **~** Quermuskel; **~al** [~'sal] quer hindurchgehend; Quer...; **~e** *anat.* [~'vɛrs] = **~aire**.

transvider [trãsvi'de] (1a) *Reste (Neigen)* aus Flaschen zs.-gießen.

Transylvanie [trãsilva'ni]: **la ~** Siebenbürgen *n*, Ardeal *n*.

trantran P [trã'trã] *m*: **le ~ quotidien** der tägliche Trott *m*.

trapèze [tra'pɛ:z] *m* ♀ Trapez *n*; *gym.* Schwebe- *od.* Hängereck *n*; *anat.* großer viereckiger Schultermuskel.

trapéziste [trape'zist] *m* Trapezkünstler.

trapézoïde [trapezɔ'id] **1.** *adj.* trapezähnlich; **2.** *m* ♀ Trapezoid *n*.

trappe [trap] *f* Falle *f*, Klappe *f*; Fall-, Klapptür; Schiebefenster *n*, -tür; *thé.* Versenkung.

trapu [tra'py] untersetzt, stämmig.

traque *ch.* [trak] *f* Treibjagd; **~nard** [~'na:r] *m* Falle *f*; *ch.* Fuchseisen *n*; Halbpaß *(Gangart e-s Pferdes)*; **~ pour autos** Autofalle *f*.

traqu|er [tra'ke] *v/t.* (1m) *ch.* treiben; verfolgen; um'stellen, aufs Korn nehmen, hetzen *(a. fig.)*; ⚒ orten, feststellen; *allg.* aufstöbern; **~et** [~'kɛ] *m* (Marder- *usw.*) Falle *f*; ⚙ Mühlklapper *f*; **~eur** *ch.* [~'kœ:r] *m* Treiber.

traumat|ique ⚚ [trɔma'tik] **1.** *adj.* Wundfieber betreffend, Wund...; **2.** *m* Wundmittel *n*; **~isant** *fig.* [~ti'zã] (7) tiefgreifend; **~isme** ⚚ [~'tism] *m* Verletzung *f*; **~ crânien** Hirnverletzung *f*.

travail [tra'vaj] **1.** *m* *(pl. travaux)* Arbeit *f*, Mühe *f*; Inanspruchnahme *f*; **~ noir** *od.* **illicite** Schwarzarbeit *f*; **~ à forfait** *(od. à la tâche)* Akkordarbeit *f*; **~ à la chaîne** Fließ-, Band-, Serienarbeit *f*; **~ continu** Fließarbeit *f*; **~ d'équipe** *od.* **par équipes** Teamwork *n*, *a. écol.* Gemeinschaftsarbeit *f*; **~ intellectuel** Kopfarbeit *f*, geistige Abeit *f*; **~ sur mesure** Maßarbeit *f (Schneiderei)*;

travailler — 511 — **treizième**

travaux de nettoyage Aufräumungsarbeiten *f/pl.*; *travaux forcés m/pl.* Zuchthaus(strafe *f*) *n*, Zwangsarbeit *f*; ~ *d'entretien* Erhaltungsarbeiten *f/pl.*; *cessation f du* ~ Arbeitseinstellung; *cesser le* ~ die Arbeit einstellen; **2.** *m* (*pl.* ~s) Tiergestell *n* (*zum Beschlagen der Hufe, für Verbandszwecke usw.*); **3.** * Einbruch.

travaill|er [trava'je] *v/i.* (1a) arbeiten; *Holz:* sich werfen; *Mauer:* sich senken; *Geld:* Zinsen bringen; *Wein:* gären; sich anstrengen; leiden, krank sein; *v/t.* bearbeiten; sorgfältig ausarbeiten; *fig.* nicht zur Ruhe kommen lassen, quälen; *Gemüter* aufreizen; *Wein* verfälschen; **~eur, ~euse** [~'jœːr, ~'jøːz] **1.** *adj.* arbeitsam; **2.** *su.* Arbeiter(in *f*) *m*, Werktätige(r m) *f*; ~ *de force* Zwangsarbeiter; ~ *intellectuel* geistiger Arbeiter; ~ *manuel* Handarbeiter; **3.** *f* Nähkasten *m*; ~ *sociale* soziale Fürsorgerin; **~isme** [~'jism] *m pol.* Arbeiterbewegung *f*; **~iste** [~'jist] *m* Mitglied *n* der englischen Labourpartei.

travée △ [tra've] *f* Fach *n* (*Zwischenraum von Pfeiler zu Pfeiler*); ~ *de pont* Jochweite e-r Brücke.

travelage 🚇 [trav'laːʒ] *m* Schwellenabstand *m*.

travers [tra'vɛːr] **1.** *m* Quere *f*, Querdurchmesser; Unregelmäßigkeit *f*; Schiefheit *f*; *fig.* Verkehrtheit *f*, Verschrobenheit *f*; *deux* ~ *de doigt* zwei Finger breit; ~ *de main* Handbreite *f*; **2.** *adv. de* ~ schief, verkehrt; *sa bouche est de* ~ sein Mund ist schief; *en* ~ *de qch.* quer über etw.; **3.** *prp. à* ~ (*bsd. bei Hindernissen:* au ~ de) *qch.* (quer) durch et.; *des circuits à* ~ *la France* Rundfahrten *f/pl.* quer durch Frankreich; **~able** [~vɛr'sabl] überschreitbar; **~e** [tra'vɛrs] *f* ⊕ Querbalken *m*, -stück *n*; 🚇 ~ *usw.* (Schienen-)Schwelle *f*; 🗡 Quergang *m*; *fig.* Mißgeschick *n*, widriger Zufall *m*; (*chemin m de*) ~ Quer-, Richtweg *m*; *rue f de* ~ Quer-, Seitenstraße *f*; **~ée** [~'se] *f* Überfahrt, Reise (*de* über, *durch*); Durchquerung; *dans la* ~ *des agglomérations* beim Durchfahren von Ortschaften; 🚇 ~ *de voie* Gleis-, Bahnkreuzung; **~er** [~'se] *v/t.* (1a) durchqueren, quer durch *z.B. ein Land* gehen, fahren, reisen; über *e-n Fluß* setzen, schwimmen; durch *etw.* hindurchdringen; *fig.* hindern, durchkreuzen; *v/i.* hindurchgehen.

traversin [travɛr'sɛ̃] *m* Keilkissen *n*; Waagebalken *m*; ⊕ Bodenholz *n* der Tonnen.

traversine ⊕ [~'sin] *f* Querschwelle *e-s Rostes*; ⚓ Laufbrett *n*, -planke *zwischen Schiffen*.

travesti [travɛs'ti] *m* Vermummung *f*; Markenkostüm *n*; *thé.* Hosenrolle *f*.

travestir [travɛs'tiːr] (2a) (*en femme als Frau*) verkleiden; *fig. Gedanken* entstellen; *bal m travesti* Maskenball.

travestissement [travɛstis'mã] *m* Verkleidung *f*; *fig.* Parodierung *f*, scherzhafte Umdichtung *f*.

trayeur [trɛ'jœːr] *m* Melker.

trayon [trɛ'jɔ̃] *m* Zitze *f* der Kuh.

trébuch|ant [treby'ʃɑ̃] *adj.* stolpernd, strauchelnd; vollwichtig (*von Münzen*); **~er** [~'ʃe] (1a) straucheln, stolpern; *fig.* e-n Fehltritt tun; versagen; *Münzen:* vollwichtig sein; **~et** [~'ʃɛ] *m* Goldwaage *f*; *ch.* Fallbauer *n*; *fig.* F Falle *f*.

tréfil|er ⊕ [trefi'le] *v/t.* (1a) zu Draht ziehen; **~erie** ⊕ [~l'ri] *f* Drahtzieherei; **~eur** ⊕ [~'lœːr] *m* Drahtzieher.

trèfle ['trɛflə] *m* ♣ Klee; △ Kleeblattkreuz *n*, Dreipaß; *Karten:* Treff *n*, Kreuz *n*, Eichel *f*.

tréflière ♣ [trefli'ɛːr] *f* Kleefeld *n*.

tréfonds ⚖ [tre'fɔ̃] *m* unterirdischer Grundbesitz; *le fonds et le* ~ *fig.* sämtliche Hintergründe (*od. péj.* Schliche); *savoir le fonds et le* ~ gründlich kennen.

treill|age [trɛ'jaːʒ] *m* Gitterwerk *n*; ~ *métallique* Drahtgeflecht *n*; **~ager** [~ja'ʒe] (1l) ver-, umgittern; **~e** [trɛj] *f* Weinspalier *n*, -laube; **~is** [~'ji] *m* netzartiges Gitter *n*; ~ *métallique* △ Rabitzgewebe *n*; *allg.* Drahtgewebe *n*; *peint.* Kopierrahmen; Drillich(anzug *m*) *m*; 🗲 Brückenschaltung *f*; **~isser** [~ji'se] (1a) vergittern.

treiz|e [trɛːz] **1.** *a/n. inv.* dreizehn; **2.** *m* Dreizehn *f*; **~ième** [trɛ'zjɛm] **1.** *a/n. o.* dreizehnte(r, s); drei-

tremble — 512 — **tréteau**

zehntel; **2.** *su.* Dreizehnte(r, s); **3.** *m* Dreizehntel *n*.

tremble ♀ ['trɑ̃:blə] *m* Zitterpappel *f*, Espe *f*; **~ment** [trɑ̃blə'mɑ̃] *m* Zittern *n*; ♩ Tremolo *n*; **~ de terre** Erdbeben *n*; F **tout le ~** der ganze Krempel.

trembl|er [trɑ̃'ble] (1a) zittern, beben, zagen; schwanken; ♩ tremulieren; **~eur** [~'blœ:r] *m fig.* Angstmeier; ⚡ Unterbrecher *m*, Wackelkontakt *m*, Summer *m*; 🕿 Alarmglocke *f*; **~oter** F [~blɔ'te] (1a) etw. zittern.

trémie ⊕ [tre'mi] *f* Schütt-, Füll-, Beton-trichter *m*; ⚔ Kaminentle *m*; ⊕ Eisbunker *m*; **~ de déversement** (Kohlen-, Koks-)Schütte.

trémousser [tremu'se] *v/i.* (1a) sich lebhaft hin und her bewegen; mit den Flügeln schlagen, flattern; *v/rfl.* **se ~** zappeln, unruhig sein; F *fig.* sich abrackern, sich plagen.

tremp|age [trɑ̃'pa:ʒ] *m* Anfeuchten *n*; **~e** [trɑ̃:p] *f* Eintunken *n*; ⊕ Härten *n*, ⊕, *fig.* Härte *f des Stahls*; Maische *f* (*Bierbrauerei*); *fig.* Körper-, Charakterbeschaffenheit *f*, Art *f*, Schlag *m*; F Tracht *f* Prügel; **~é** [trɑ̃'pe]: *fig.* **bien ~ gedigen**; *des hommes au caractère bien ~* charakterfeste Menschen *m/pl.*; **~ée** [~] *f* ⊕ Härteform *f*; Durchnässung *f*; Tracht *f* Prügel; **~er** [~] *v/t.* (1a) eintauchen, -weichen, -tunken; Stahl härten; *fig.* stählen; Wein mit Wasser mischen; *Papier* anfeuchten; *v/i.* in etw. Nassem liegen, aufweichen; **~ dans un crime** an e-m Verbrechen beteiligt sein; **~ette** F [trɑ̃'pɛt] *f* in Wein getauchtes Brot *n*.

tremplin *gym.* [trɑ̃'plɛ̃] *m* Sprungbrett *n* (*a. fig.*); **~ (de ski)** (Ski-) Sprungschanze *f*.

trémulation ♫ [tremyla'sjɔ̃] *f* schnelles Zittern *n*.

trentaine [trɑ̃'tɛn] *f* (etwa) dreißig Stück *n/pl.*, halbes Schock *n*; Alter *n* von dreißig Jahren; die Dreißiger.

trente [trɑ̃:t] dreißig. [*m/pl.*]

trentième [trɑ̃'tjɛm] **1.** *adj./n.* dreißigste(r, s); **2.** *m* Dreißigstel *n*.

trépan [tre'pɑ̃] *m ♀* Schädelbohrer *m*, -bohrung *f*; ⊕ Steinbohrer *m*; **~ation** [~pɑnɑ'sjɔ̃] *f* Trepanation *f*, Schädelbohrung *f*; **~er** [~'ne] (1a) aufmeißeln.

trépas *poét.* [tre'pɑ] *m* Hinscheiden *n*, Tod *m*; **~ser** [~'se] (1a) dahinscheiden.

trèpe P [trɛp] *m* (Menschen-)Masse *f*.

trépidation [trepidɑ'sjɔ̃] *f ♫* Zucken *n*, Zittern *n*; ⊕ Rütteln *n*, Vibration *f*; *fig.* heftige Erregung *f*.

trépied [tre'pje] *m* Dreifuß *m*; *a. phot.* Stativ *n*.

trépigner [trepi'ne] *v/i.* (1a) (~ **des pieds**) mit den Füßen stampfen, trampeln; *v/t.* festtreten.

trépointe *cord.* [tre'pwɛ̃:t] *f* genähter Rand *m*.

très [trɛ] **1.** *als Adverb nur vor adj. od. adv.*: sehr; **~ joli** sehr hübsch; **~ bien** sehr gut; **2.** P, F *vor su. in verstärkender Bedeutung:* F **j'ai ~ peur (soif, faim)** ich habe große Angst (großen Durst, Hunger); **je n'avais pas ~ envie de parler** ich hatte keine große Lust zu sprechen; P **truc** *m* **~ mode** sehr modische Sache *f*; **j'avais ~ mal à la tête** ich hatte starke Kopfschmerzen; **il faut prendre ~ garde à ...** man muß sehr auf ... achten; **un jus ~ fruit** ein naturreiner Saft *m*; **un panorama ~ ville** neuve ein modernarchitektonischer Ausblick *m*; **nous sommes ~ copains** wir verstehen uns wundervoll.

trésaill|e ⊕ [tre'zɑ:j] *f* Sperrleiste *f* (*am Leiterwagen*); **~é** [~zɑ'je] rissig (*Brennfehler des Porzellans*); **~ure** [~'jy:r] *f* Riß *m*, Sprung *m* (*in der Porzellanglasur*).

trésor [tre'zɔ:r] *m* Schatz *m*; Schatzkammer *f*, -amt *n*; Fiskus *m*; Geldschrank *m*; Panzergewölbe *n* (*e-r Bank*); *fig.* Fundgrube *f*; **~erie** [~zɔr'ri] *f* Schatzkammer *f*, -amt *n*; Finanzwesen *n* e-s *Staates*; **~ier** [~'rje] *su.* (7b) Kassenwart *m*, Schatzmeister *m*.

tressage [trɛ'sa:ʒ] *m* Geflecht *n*.

tressaill|ement [trɛsɑj'mɑ̃] *m* Zucken *n*, Schauer *m*; **~ir** [~'ji:r] (2c) (*fut.* [2a]) zs.-fahren, zittern.

tressauter [trɛso'te] (1a) aufspringen.

tress|e [trɛs] *f* Zopf *m*; Geflecht *n*; ⚡ Litze *f*; **~er** [~'se] *v/t.* (1a) (durch)flechten.

tréteau [tre'to] *m* Gerüst *n*; ⊕ Fußgestell *n*, Bock *m der Marktleute*; **~x** *pl.* Gauklerbühne *f*.

treuil ⊕ [trœj] *m* Welle *f*, Wellbaum *m*, Winde *f*, Haspel *f*; ⚓ Bratspill *n*; ~ *électrique* Elektrowinde *f*.

trêve [trɛ:v] *f* Waffenstillstand *m*; *fig*. Rast *m*, Ruhe *f*; ~ *de cérémonies!* nur keine Umstände!; ~ *de raillerie!* Scherz beiseite!; *pourparlers m/pl. de* ~ Waffenstillstandsverhandlungen *f/pl.*

Trèves [trɛ:v] *f* Trier *n*.

tri [tri] *m* Sortieren *n*, Auswahl *f*.

triage [tri'a:ʒ] *m* Auslesen *n*, Sortieren *n*; Auswahl *f*; *for.* Schlag *m*.

trian|gle ⚹ [tri'ɑ̃:glə] *m* Dreieck *n*; ♩ Triangel *m*; ~**gulaire** [~gyˈlɛ:r] dreieckig; ~**gulation** [~ɑ̃gylɑˈsjɔ̃] *f* trigonometrische Vermessung *f*.

trias *géol.* [tri'ɑ:s] *m* Trias(formation *f*) *m*; ~**ique** *géol.* [triɑˈzik] zur Trias gehörig, Trias...

triathlon *Sport* [triatˈlɔ̃] *m* Dreikampf *m*.

tribal [tri'bal] *adj.* (5c) Stammes...

tribo-électricité [tribɔelektrisiˈte] *f* Reibungselektrizität *f*.

tribord [triˈbɔ:r] *m* Steuerbord *n*.

tribu [tri'by] *f mst.* wilder (Volks-) Stamm *m*.

tribulation [tribylɑˈsjɔ̃] *f* Drangsal, Trübsal *f*, Widerwärtigkeit *f*.

tribun|al [tribyˈnal] *m* Gericht *n*, Gerichtshof, Richterstuhl; ~ *arbitral*, ~ *d'arbitres* Schiedsgericht *n*; ~ *constitutionnel* Verfassungsgericht *n*; ~ *de commerce* Handelsgericht *n*; ~ *de première instance* Amtsgericht *n*; ~ *de la pénitence* Beichtstuhl; ~ *pour mineurs* Jugendgericht *n*; ~**e** [~'byn] *f* Rednerbühne *f*; erhöhter Platz *m* für Musik; Galerie *f*, Chor *m*; Gerüst *n* für Zuschauer; Tribüne *f*.

tribut [tri'by] *m* Tribut; Abgabe *f*; *fig.* Zoll, Schuldigkeit *f*; ~**aire** [~'tɛ:r] **1.** *adj.* tributpflichtig; *fig.* untertan, unterworfen (de q. j-m); *fleuve m* ~ Nebenfluß *f*; **2.** *su.* Tributpflichtige(r) *m*; Nebenfluß *m*.

trich|e F [triʃ] *f* Betrug *m*, Schiebung *f*, Schummel *m*; *à la* ~ durch Schummel; ~**er** [tri'ʃe] (1a) mogeln, schummeln; ~**erie** [~ʃ'ri] *f* Schummel *m*, Mogelei *f*.

trichin|e *zo.* [tri'ʃin] *f* Trichine *f*; ~**ose** ⚕ [~'no:z] *f* Trichinenkrankheit.

trichromie ⊕ [trikrɔˈmi] *f* Dreifarbendruck *m*.

tricolore [trikɔˈlɔ:r] dreifarbig; *drapeau m* ~ Trikolore *f* (*französische Nationalflagge*).

tricorne [tri'kɔrn] **1.** *adj.* dreihörnig; **2.** *m* dreieckiger Hut *m*, Dreimaster *m*, Dreispitz *m*.

tricot [tri'ko] *m* Strickerei *f*; gestrickter Stoff, Trikot *n*; Strickarbeit *f*, -zeug *n*; ~**age** [~kɔˈta:ʒ] *n* Stricken *n*; gestrickte Arbeit *f*; Strickzeug *n*; Klöppeln *n*; ~**s** *pl.* Strick-, Trikot(age)waren *f/pl.*; ~**er** [~'te] (1a) stricken; Spitzen klöppeln; P rennen, wetzen F, rasen; ~**eur** *m*, ~**euse** *f* [~'tœr, ~'tø:z] **1.** *su.* Stricker(in *f*) *m*; Klöppler(in *f*) *m*; **2.** ⊕ *f* Strickmaschine.

tricouni ⊕ [trikuˈni] *m* Zwecke *f* für Bergstiefel.

trictrac [trikˈtrak] *m* Puffspiel *n*; Puffbrett *n*; Partie *f* Puff.

tricycle [triˈsiklə] *m vél.* Dreirad *n*; ~ *à moteur* dreirädriger Lieferwagen *m*.

trident [tri'dɑ̃] *m* ✧ Mistgabel *f*; *myth.* Dreizack *m*.

trièdre ⚹ [tri'ɛdr] dreiflächig.

trien|nal [triɛˈnal] (5c) dreijährig; *plan m* ~ Dreijahresplan; ~**nalité** [~naliˈte] *f* dreijährige (Amts- *usw.*) Dauer; ~**nat** [~'na] *m* Zeitraum von drei Jahren; dreijährige Amtsdauer *f*.

trier [tri'e] (1a) auslesen; sortieren, verteilen; *fig.* ausmerzen.

tri|eur *m*, ~**euse** *f* [tri'œr, ~'ø:z] **1.** *su.* Ausleser *m*; **2.** ⚒ Erzklauber; ⊕ (Getreide- *usw.*)Verlesemaschine *f*; **3.** ⊕ *f* Wollkrempelmaschine.

trifouiller F [trifu'je] (1a) durchwühlen; kramen.

triglotte [tri'glɔt] dreisprachig.

trigone ⚹ [tri'gɔn] dreieckig.

trigonométrie ⚹ [~nɔmeˈtri] *f* Trigonometrie.

trilatéral [trilateˈral] (5c) dreiseitig.

trilingue [triˈlɛ̃:g] dreisprachig.

trill|e ♩ [trij] *m* Triller *m*; ~**er** [~'je] *v/t.* (1a) trillern.

trillion [triˈljɔ̃] *m* **1.** *bis 1948:* Billion *f* (= *1000 Milliarden* = 10^{12}); **2.** *seit 1948:* Trillion *f* (= *1 Milliarde f Milliarden* = 10^{18}).

trilobé ♀, △ [trilɔˈbe] dreilappig.

trimard [triˈma:r] *m* ✶ Landstraße

f; P Schwerarbeiter *m*; **~er** * [~mar'de] tippeln, herumstromern, sich rumtreiben; **~eur** * [~'dœːr] *m* Tippelbruder; Stromer, Vagabund.

trimbaler F [trɛ̃ba'le] (1a) überall mit sich herumschleppen.

trimer F [tri'me] (1a) sich abrackern, schuften.

trimestr|e [tri'mɛstrə] *m* Vierteljahr *n*, Quartal *n*; vierteljährliche(s Gehalt *n*) Miete *f*; **~iel** [~tri'ɛl] dreimonatlich.

tringle ['trɛ̃ːglə] *f* Stange, Leiste, Latte, *bsd.* Gardinenstange; **~s** *pl.* Gestänge *n*.

tringler [trɛ̃'gle] *charp. usw.* (1a) (ab)schnüren.

trinité [trini'te] *f* Dreieinigkeit, Dreifaltigkeit.

trinquart ⚓ [trɛ̃'kaːr] *m* Heringsbüse *f*, -fischerboot *n*.

trinquer [trɛ̃'ke] (1m) **1.** ~ *avec q. à un événement* mit j-m zu e-m Ereignis anstoßen; **2.** P herhalten müssen; *abs.* reinfallen.

trio [tri'o] *m* ♪ Terzett *n*, Trio *n*; F *fig.* Kleeblatt *n* (*Personen*).

triode ⚡ [tri'ɔd] *f*: *lampe f* ~ Elektronenröhre.

triolet [trio'lɛ] *m* **1.** ♪ Triole *f*; **2.** ♀ Wolfs- *od.* Schafsklee.

triomph|al [triɔ̃'fal] Triumph...; **~alement** [~fal'mɑ̃] im Triumph, triumphierend; **~ateur** [~fa'tœːr] **1.** *adj.* triumphierend; **2.** *su.* Sieger *m*; Triumphator *m*; **~e** [tri'ɔ̃ːf] **1.** *m* Triumph, glänzender Erfolg; **2.** *f Kartenspiel:* Trumpf *m*; **~er** [triɔ̃'fe] (1a) **1.** triumphieren, siegen (*de über acc.*); ~ *de qch. fig.* etw. überwinden; ~ sich mit etw. brüsten; **2.** *abs.* frohlocken.

tripaille P [tripɑ'j] *f* Kaldaunen *pl.*

tripart|i [tripar'ti] (7) *adj.*, *a.* **~ite** [~'tit] *adj. m od. f* dreiteilig; *pol.*: *conférence f tripartie* Dreierkonferenz; *pacte m tripartite* Dreierpakt *m*; **~isme** [~'tism] *m* Dreiparteiensystem *n*; **~ition** [~ti'sjɔ̃] *f* Dreiteilung.

tripatouiller F [tripatu'je] (1a) begrapschen, entstellen; verfälschen; mogeln; ~ *qch.* an etw. herumspielen.

tripe [trip] *f* ✝ Trippsamt *m*; Einlage *e-r Zigarre*; *cuis.* œuf *m* à la ~ hartgesottenes Ei *n* in Scheiben mit Zwiebeln; **~s** *pl.* Kaldaunen *pl.*

trip|erie [tri'pri] *f* Kaldaunengeschäft *n*; **~ette** [~'pɛt] *f* kleine Kaldaune; P *cela ne vaut pas* ~ das ist gar nichts wert.

triphasé ⚡ [trifa'ze] dreiphasig.

tripl|e ['triplə] **1.** *adj.* dreifach; **2.** *m* das Dreifache *n*; **~er** [~'ple] (1a) verdreifachen; **~icité** [~plisi'te] *f* dreifaches Vorkommen *n*, Drei-(fach)heit.

triporteur *vél.* [tripɔr'tœːr] *m* Lieferdreirad *n*; ~ *de levée* Postmotorrad *n*.

tripot [tri'po] *m* Spielhaus *n*, -hölle *f*; Spelunke *f*; **~age** [~pɔ'taːʒ] *m* Mauscherei *f*; *fig.* Mischmasch *m*; Börsenschwindel *m*; **~s** *pl.* Intrigen *f/pl.*; **~ée** F [~'te] *f* Tracht Prügel; Horde *Kinder*; **~er** [~] *v/i.* (*a. v/t.*) (1a) vermanschen; begrapschen; herumkramen; dunkle Geschäfte machen; intrigieren; ~ *aux machines* an den Maschinen herumfummeln.

triptyque *Auto* [trip'tik] *m* Triptik *n*.

trique [trik] *f* Knüppel *m*; * Aufenthaltsverbot *n*; P *être habitué à marcher à la ~* an Kadavergehorsam gewöhnt sein; **~balle** [~'bal] *m* zweirädriger Langholzwagen; **~r** [~'ke] *v/t.* (1m) prügeln, schlagen (*bsd. den Esel*); *Holz usw.* sortieren; **~trac** [~'trak] *m* Höllenlärm.

trisaieul *m*, **~e** *f* [triza'jœl] Ururgroßvater, -mutter.

trisannuel ♀ [triza'nɥɛl] dreijährig.

tri|section [trisɛk'sjɔ̃] *f* Dreiteilung (*bsd.* ♈); **~séquer** ♈ [~se'ke] (1g) dreiteilen.

trisser [tri'se] (1a) **1.** zwitschern (*Schwalben*); **2.** *v/t. u. v/i.* zum drittenmal da capo verlangen; **3.** *se* ~ abhauen, türmen.

trist|e [trist] traurig; betrübend; *fig.* trübselig, langweilig; jämmerlich; trüb, finster (*bsd. vom Wetter*); **~esse** [~'tɛs] *f* Traurigkeit, Betrübnis *f*; Trübsinn *m*; Langweiligkeit.

triton [tri'tɔ̃] *m zo.* Wassermolch; Trompetenschnecke *f*; *fig.* F *faire les ~s* schwimmen, baden.

tritur|able [trity'rablə] zerreibbar; **~er** [~'re] (1a) zerreiben, -malmen, -stoßen; zer-, *fig.* vorkauen.

trivial [tri'vjal] abgedroschen, all-

trivialité — 515 — **trop-plein**

täglich; vulgär; **~ité** [~li'te] f Plattheit f, Alltäglichkeit; vulgärer Ausdruck m.

troc [trɔk] m Tausch-, péj. Kuhhandel m.

trochée mét. [trɔ'ʃe] m Trochäus.

troène ♀ [trɔ'ɛn] m Liguster m.

troglodyte [trɔglɔ'dit] 1. adj. höhlenbewohnend; 2. m Höhlenbewohner; orn. Zaunkönig m.

trogn|e F [trɔɲ] f Vollmondgesicht n; **~on** [~'ɲɔ̃] m Kerngehäuse n, Griebs m, (Kohl-)Strunk m; P fig. Birne f, Kopf m; F Liebling m.

troïka pol. [trɔi'ka] f Dreierausschuß m; Dreierspitze f (Nato).

trois [trwa] 1. drei; 2. m Drei f.

troisième [trwa'zjɛm] 1. dritte(r, s); 2. su. Dritte(r, s); 3. m Drittel n; △ dritter Stock; 4. f Fr. 4. Klasse.

trois|-mâts ⚓ [trwa'ma] m Dreimaster; **~quarts** [~'ka:r] m ♪ Kindergeige f; Auto-, Dreiviertelmantel m; peint. Art Porträt m (coupé m), gewöhnl. ~ etw. größere Halbkutsche f.

trolley ⚡ [trɔ'lɛ] m Stromabnehmer m; ⚡ fil m de ~ (od. fil aérien) Oberleitung f; ⚡ perche f de ~ Kontaktstange der Straßenbahn; **~bus** [~'bys] m Obus m, Oberleitungsbus m.

trombe [trɔ̃:b] f Windhose; ~ d'eau Wasserhose f; arriver en ~ angesaust kommen.

trombon|e ♪ [trɔ̃'bɔn] m 1. Posaune f; 2. Büroklammer f; **~iste** [~'nist] m Posaunenbläser (a. trombone).

trombin|e P [trɔ̃'bin] f Fratze f, Visage f; **~oscope** P plais. [~nɔ-'skɔp] m illustriertes Jahrbuch n der Parlamentsmitglieder.

trompe [trɔ̃:p] f ♪ u. ch. Jagdhorn n; Fahrrad, Auto usw.: Hupe f; zo. Rüssel m des Elefanten u. einiger Insekten; △ Trompe f; anat. Trompete (im Ohr); ⊕ ~ soufflante Wasserstrahlgebläse n; **~-la-mort** F [trɔ̃pla'mɔ:r] m wieder gesund gewordener Todeskandidat; **~-l'œil** [trɔ̃p'lœj] m verblüffend naturgetreues Gemälde n; fig. trügerischer Schein m, Illusion f; en ~ täuschend ähnlich.

tromper [trɔ̃'pe] (1a) betrügen, täuschen; irreführen; fig. sich die Zeit vertreiben; se ~ sich irren (de in); **~ie** [~'pri] f Betrug m.

trompeter [trɔ̃pə'te] v/t. (1c) od. (1d) unter Trompetenschall bekanntmachen; fig. ausposaunen.

trompette [trɔ̃'pɛt] 1. f Trompete; fig. ~ de la ville, ~ du quartier Klatschmaul n; 2. m Trompeter; **~-major** ⚔ [~ma'ʒɔ:r] m Stabstrompeter.

trompeur [trɔ̃'pœ:r] (7g) 1. adj. täuschend, (be)trügerisch; 2. su. Betrüger m.

tronc [trɔ̃] m ♀ (Baum-)Stamm m; △, ⚛ Stumpf; anat. Rumpf; ~ des pauvres Opferstock m; ~ à collectes Sammelbüchse f; Fr. écol. ~ commun gemeinsamer Bildungsweg.

tronche ⭐ [trɔ̃:ʃ] f Kopf m, Birne f fig.; toute ma ~! mir wie aus dem Gesicht geschnitten!

tronchet [trɔ̃'ʃɛ] m Hauklotz.

tronçon [trɔ̃'sɔ̃] m Stumpf; Stummel; (abgeschnittenes od. Bruch-) Stück n von länglichem Gegenstand; Schwanzrübe f e-s Pferdes; 🚂 usw. Strecke f; Teilstrecke f; ✈ Abschnitt m e-r Flugstrecke; ~ de banlieue Vorortstrecke f.

tronconique [trɔ̃kɔ'nik] kegelstumpfförmig; abgestumpft.

tronçonn|er [trɔ̃sɔ'ne] (1a) (in längliche Stücke) zerschneiden, -stükkeln; **~euse** ⊕ [~'nø:z] f Kreis-, Holzscheitsäge f.

trôn|e [tro:n] m Thron m; **~er** [tro'ne] (1a) thronen.

tronquer [trɔ̃'ke] (1m) (ab)stutzen △, ⚛ abstumpfen; fig. verstümmeln.

trop [tro, in der Bindung trɔp, am Schlusse e-s Satzes trɔ] zu viel, zu (sehr); ne ... pas ~ nicht allzu (sehr); beaucoup ~ viel zuviel; ~ peu zu wenig; par ~ gar zu, allzusehr; de ~ überflüssig; zuviel.

trophée [trɔ'fe] m Trophäe f, Siegeszeichen n; ~s pl. a. Zierat m.

trophique 🧬 [trɔ'fik] die Ernährung (und das Wachstum) betreffend.

tropical [trɔpi'kal] (5c) tropisch, Tropen...; pays m/pl. tropicaux Tropenländer n/pl.; **~iser** [~kali'ze] v/t. (1a) auf die Tropen einstellen.

tropique ast. [trɔ'pik] m Wendekreis.

tropisme [trɔ'pism] m 1. biol. Tropismus m; 2. fig. alte, ursprüngliche Lebensgewohnheiten f/pl.

trop-plein [trɔ'plɛ̃] m Überfluß;

33*

troquer — 516 — **trouver**

⊕ Überlauf; *bsd. fig.* Überfülle *f*; *le ~ de population* der Bevölkerungsüberschuß *m*.

troquer [trɔ'ke] (1m) vertauschen (*contre* mit).

trot [tro] *m* Trab; *aller au ~* Trab reiten; *mettre au ~* traben lassen.

trott|ade [trɔ'tad] *f* kurzer Spazierritt *m*; kleine Spazierfahrt; **~e** [trɔt] *f* Strecke Weges; *tout d'une ~* ohne anzuhalten; **~e-bébé** [ˌbe'be] *m* Laufstall; **~e-menu** [trɔtmə'ny] *adj. inv.* trippelnd; *la gent ~ (La Fontaine)* die Mäuse *f/pl.*; **~er** [ˌ'te] (1a) trippeln; trippeln (*Mäuse*); F *fig.* herumlaufen; **~erie** F [ˌ'tri] *f* Gelaufe *n*; Lauferei; **~eur, ~euse**[1] [ˌ'tœːr, ˌ'tøːz] **1.** *adj.*: *robe f ~* Straßenkleid *n*; **2.** *m man.* Traber; tüchtiger Wanderer *m*; Straßenschuh *m*, -kostüm *n*; **~euse**[2] [ˌ] *f* Sekundenzeiger *m*; **~in** F [ˌ'tɛ̃] *m* Laufmädchen *n*; **~iner** [ˌti'ne] *man.* (1a) ganz kurzen Trab gehen, tänzeln; trippeln; **~inette** [ˌti'nɛt] *f* Roller *m* (*Kinderspielzeug*); **~oir** [ˌ'twaːr] *m* Bürgersteig *m*, Gehweg *m*; P *faire le ~* auf den Strich gehen.

trou [tru] *m* Loch *n*; *fig. a.* Kaff *n*, Nest *n*; *~ d'air* Luftloch *n*; *~ d'aiguille* Nadelöhr *n*; *boucher un ~* ein Loch zustopfen, e-e Schuld abtragen; *faire un ~ à la lune* sich verdrücken, ohne s-e Schulden zu bezahlen; P *mais c'était un ~ noir* aber das war ein Reinfall.

troubadour [truba'duːr] *m* (*provenzalischer*) Minnesänger *m*.

troublant [tru'blɑ̃] aufregend; beunruhigend; störend; sinnverwirrend.

trouble [trublə] **1.** trübe; *fig.* unklar; verworren; *la ~ situation* die verworrene Lage *f*; **2.** *m* Verwirrung *f*; *fig.* Mißhelligkeit *f*; Unruhe *f*, Bestürzung *f*; *a. rad., téléph.* Störung *f*; *~s pl.* Aufruhr *m*; **3.** *f* Fischnetz *n*.

trouble-fête [trublə'fɛt] *su.* Störenfried *m*, Spielverderber (in *f*) *m*.

troubler [tru'ble] (1a) *Wasser usw.* trüben; *Luft* in Aufruhr versetzen; *Wellen* aufwühlen; *Frieden, Schlaf usw.* stören; *Geist* verwirren; *Plan* durchkreuzen; *se ~* trübe werden; sich verwirren; *fig.* sich beunruhigen, sich ängstigen (*we* gehen).

trouée [tru'e] *f* Öffnung *f*; *for.* offene Stelle, Durchhieb *m*; ⚔ Lücke *f*; Flußdurchbruch *m*.

trouer [tru'e] (1a) durchbohren, durchlöchern; *se ~* Löcher bekommen.

troufion ⚔ P [tru'fjɔ̃] *m* Landser, *péj.* Muschkote.

trouill|ard P [tru'jaːr] *m* Feigling, Angsthase; *pomme f de ~!* der Idiot von Feigling!; **~e** P [truj] *f* Riesenangst, Schiß *m* V.

troup|e [trup] *f* Truppe, Mannschaft; Trupp *m*, Schar, Haufen *m*; *ch. a.* Rudel *n*, Schwarm *m*; *~s pl.* Truppen *pl.*; *~s de métier* Berufstruppen *pl.*; **~eau** [ˌ'po] *m* Herde *f*; *rl.* Gemeinde *f*; **~ier** F [ˌ'pje] *m* Soldat *m*.

trouss|e [trus] *f* Bündel *n*, Packen *m*; Garnitur, Satz *m*, Etui *n*, (Werkzeug-)Tasche; chirurgisches Besteck *n*; *~* (*de toilette od. de voyage*) Reisenecessaire *n*; *~s pl. ehm.* Pluderhosen *pl.*; *être aux ~s de q.* hinter j-m her sein, j-m auf den Fersen sitzen; *~ de pansement* Verbandszeug *n*; *~ à pharmacie* Taschenapotheke; **~é** [tru'se]: *bien ~* hübsch zurechtgemacht; F gut gebaut (*od.* gewachsen); F gut getroffen (*Kunstwerk, litt., Kompliment*); **~eau** [ˌ'so] *m* (Schlüssel-)Bund *n*; Aussteuer *f*, Ausstattung *f*.

trouss|er [tru'se] (1a) aufschürzen, -binden; heraufziehen; zs.-packen; *fig.* e-e Sache prompt erledigen; F *~ q.* j-n hinwegraffen; **~is** [ˌ'si] *m* Aufschürzfalte *f*, Raffung *f*.

trouvable [tru'vablə] auffindbar.

trouvaille [tru'vaːj] *f* glücklicher Fund *m*; Fundgegenstand *m*; Einfall *m* e-s Künstlers *od.* Forschers; Volltreffer *m fig.*

trouver [tru've] (1a) finden; erfinden; erachten; herausfinden; entdecken, er-, ausdenken; *aller ~ q.* j-n aufsuchen; *se ~* gefunden werden; vorkommen; sich fühlen; *se ~* (*mit p/p.*) werden; *se ~ mal* in Ohnmacht fallen; *il se trouve que ...* es erweist sich, daß ...; *comment trouvez-vous ...?* wie finden Sie ...?, was halten Sie von ...?; *wie gefällt Ihnen ...?*; *ce prestige se trouve augmenté de manière spectaculaire* dieses Prestige wird in beachtlicher Weise vergrößert.

trouvère [tru'vɛːr] *m (nordfranzösischer)* Minnesänger.

trouveur [tru'vœːr] *su.* Finder *m*.

truand [try'ã] *su.* Landstreicher *m*; **~aille** P [~'daːj] *f* Bettelpack *n*.

truble ['trybləː] *f* (Hand-)Fischnetz *n*, Schöpfnetz *n* (*a.* trouble).

trublion [trybli'ɔ̃] *m* Unruhestifter.

truc [tryk] *m* **1.** Kunstgriff; *fig.* Dreh, Betrug, Kniff, Trick; Ding *n*; Dingsda *m od. f (Person)*; **2.** 🚂 *a.* truck offener Güterzugwagen, Lore *f*, Karren; **~ électrique** Elektrokarren.

trucage [try'kaːʒ] *m* Trick, Schwindelei *f*, Fälschung *f (Gemälde, Möbel)*; Fotomontage *f*, Filmtrick.

truchement [tryʃ'mã] *m* **1.** † Dolmetscher; **2.** *fig.* par le **~** de ... durch die Fürsprache von ...

truck [tryk] *s.* truc 2.

truculent [tryky'lã] wild; urwüchsig, verwegen; kraftvoll (*Stil*).

trudgeon *Schwimmsport* [tryd'ʒɔ̃] *m* Pudeln *n*.

truelle △ [try'ɛl] *f* Kelle.

truff|e ♀ [tryf] *f* Trüffel (*a. als Konfekt*); P Zinken *m (Nase)*; **~er** [~'fe] (1a) mit Trüffeln füllen *od.* garnieren. [Trüffelkultur.]

trufficulture ✿ [tryfikyl'tyːr] *f*)

truffière ✿ [try'fjɛːr] *f* Trüffelboden *m*.

truie [trɥi] *f* Sau, Mutterschwein *n*.

truisme [trɥism] *m* Binsenweisheit *f*.

truite *icht.* [trɥit] *f* Forelle; **~ saumonée** Lachsforelle.

truité [trɥi'te] (rot) gesprenkelt; rissig (*Glasur*).

trumeau [try'mo] *m* Fensterpfeiler; Pfeilerspiegel; *cuis.* Rinderkeule *f*.

truquage *s.* trucage.

truqu|er [try'ke] (1m) schwindeln, verfälschen; *Bilanz*: verschleiern; *film m* truqué Trickfilm; **~eur** [~'kœːr] *su.* Schwindler *m*.

trust [trœst] *m* Konzern, Trust; **~er** [trœs'te] (1a) vertrusten.

tsar [tsaːr] *m* Zar; **~ine** [tsa'rin] *f* Zarin; **~iste** [~'rist] zaristisch.

tsé-tsé [tset'se] *f* Tsetsefliege.

tsigane [tsi'gan] *m* Zigeuner.

tu [ty] du.

tua|ble [tɥablə] schlachtbar; schlachtreif; **~ge** [tɥaːʒ] *m das* Schlachten; Schlachtgeld *n*; **~nt** F [tɥɑ̃] ermüdend, anstrengend; zum Sterben langweilig.

tu-autem F [tɥo'tɛm] *m* Kern *fig.*, Hauptschwierigkeit *f*.

tub [tœb] *m* Badewanne *f*; Wannenbad *n*.

tub|age [ty'baːʒ] *m* ⊕ Rohrlegung *f*; *rad.* Einsetzen *n* von Röhren; **~e** [tyb] *m* Rohr *n*; Röhre *f (a. rad.)*, Lampe *f*; Tube *f* für Farben, Pasten *usw.*; Blasrohr *n*; *anat.* Gang, Kanal; Rohrpfosten *m*; ⚡ Angströhre *f*, Zylinderhut *m*; P U-Bahn *f*; *anat.* Kehle *f*; ♪ Orgelpfeife *f*; **~ à niveau d'eau** Wasserstandsröhre *f*; ⚡ **~ au néon** Neonröhre *f*; ⚡ **coupe-circuit m à ~** Röhrensicherung *f*; *Auto:* **~ d'échappement** Auspuffrohr *n*; *rad.* **~ d'émission** Senderöhre *f*; 🧪 **~ à essai** Reagenzglas *n*; **~ taraudé** Gewinderohr *n*. [füttern.]

tuber [ty'be] (1a) mit Röhren aus-)

tubercul|e [tybɛr'kyl] *m* Knöllchen *n*; *anat.* Knötchen *n*; ♀ Wurzelknolle *f*; 💊 (Lungen-)Tuberkel *f*; **~é** [~'le] höckerig, warzig; **~eux** 💊 [~'lø] (7d) **1.** tuberkulös, Tuberkel-...; **2.** *su.* Schwindsüchtiger *m*; **~ose** 💊 [~'loːz] *f* Tuberkulose, Lungenschwindsucht.

tubéreux ♀ [tybe'rø] knollig.

tubérisation [~riza'sjɔ̃] *f* Knollenbildung.

tubérosité [~rozi'te] *f anat.* Auswuchs *m*; ♀ Knollen *m*.

tubulaire [tyby'lɛːr] röhrenförmig, Röhren...; ⊕ **chaudière f ~** Röhrenkessel *m*.

tubule [ty'byl] *m* kleine Röhre *f*.

tubulure [tyby'lyːr] *f* ♀ (röhrenartiger) Hohlraum *m*; 💊 Gefäßöffnung (*zum Einsatz e-r Röhre*); ⊕ Rohransatz *m*, Stutzen *m*.

tudesque [ty'dɛsk] altdeutsch.

tue|-chien ♀ [ty'ʃjɛ̃] *m* Herbstzeitlose *f*; **~-mouche** [~'muʃ] *m* ♀ Fliegenpilz; *papier m* **~s** Fliegenpapier *n*.

tuer [tɥe] (1a) töten, erlegen; schlachten; *fig.* ruinieren; (se) **~** (sich) zu Tode quälen; se **~ a) sich** das Leben nehmen; **b)** tödlich verunglücken; P **~ le ver** frühmorgens ein Schnäpschen trinken.

tuerie [ty'ri] *f* Blutbad *n*, Gemetzel *n*; Schlachtbank *fig.*

tue-tête [ty'tɛt]: à **~** aus vollem Halse; aus Leibeskräften.

tueur [tɥœːr] **1.** *su.* (7g) gedungener Mörder; **2.** *m* Schweineschlächter.

tuf *min.* [tyf] *m* Tuffstein.

tuil|e [tɥil] *f* **1.** Dachziegel *m*; **2.** F unangenehme Überraschung, Pech *n fig.*, Pleite; *quelle ~!* was für ein Pech!; *j'ai eu une ~* ich habe *diesmal* Pech gehabt; **~eau** [~'lo] *m* Ziegelbruchstück *n*; **~erie** ⊕ [~l'ri] *f* Ziegelei; **~ier** ⊕ [~'lje] *m* Ziegelbrenner.

tulipe [ty'lip] *f* ⚕ Tulpe; Lampenglocke.

tulle ✝ [tyl] *m* Tüll; **~rie** [~l'ri] *f* Tüllindustrie, -handel *m*.

tumbler ⚡ [tœm'blɛ:r] *m*: *interrupteur m ~* Kippschalter.

tumé|faction ⚕ [tymefak'sjɔ̃] *f* Anschwellung, Geschwulst; **~fier** ⚕ [~'fje] (1a) auf-, anschwellen machen; *se ~* anschwellen.

tumeur [ty'mœ:r] *f* ⚕ Geschwulst; ⚕ Knorren *m*.

tumulaire [tymy'lɛ:r] Grab...

tumult|e [ty'mylt] *m* Tumult, Krawall, Lärm, Aufruhr, Getümmel *n*, Treiben *n fig.*, Unruhe *f*; **~ueux** [~'tɥø] (7d) lärmend, tobend.

tumulus *antiq.* [tymy'lys] *m* Grabhügel, Hühnengrab *n*.

tungstène ⚗ [tɔ̃gs'tɛn] *m* Wolfram *n*.

tunique [ty'nik] *f* Tunika; *Fr. écol.* Schüleruniform; ⚔ Waffenrock *m*; *anat. u.* ⚕ Häutchen *n*; ärmellose (Überzieh-)Jacke zum Knöpfen.

Tunisie [tyni'zi] *f*: **la ~** Tunesien *n*.

tunnel [ty'nɛl] *m* Tunnel, Durchstich; ⚒ *puits m de ~* Förderschacht; **~rail** *m* Schienentunnel (*unter dem Ärmelkanal*).

turban [tyr'bɑ̃] *m* Turban; ✝ Turbantuch *n*; ⚕ Türkenbund.

turbin P [tyr'bɛ̃] *m* Schufterei *f* P, Arbeit *f*; **~aire** ⚙ [~bi'nɛ:r] kreiselförmig; **~e** ⊕ [~'bin] *f* Turbine; *~ aérienne* Windmotor *m*; **~é** ⚕ [~'ne] kreiselförmig; **~er** P [~] *v/t.* (1a) schuften F, schwer arbeiten; **~eur** [~'nœ:r] *m* Turbinen-, P (Schwer-)Arbeiter.

turbo-alternateur [tyrbɔalterna'tœ:r] *m*, **~générateur** [~ʒenera'tœ:r] *m* Turbogenerator; **~propulsion** [~prɔpyl'sjɔ̃] *f* Turboantrieb *m*; **~réacteur** [~reak'tœ:r] *m* Strahlturbine *f*; **~soufflante** [~su'flɑ̃:t] *f* Turbogebläse *n*.

turbot *icht.* [tyr'bo] *m* Steinbutt.

turbulen|ce [tyrby'lɑ̃:s] *f* Ausgelassenheit, lärmendes Wesen *n*; **~t** [~'lɑ̃] ausgelassen, wild.

turc, *f*: **turque** [tyrk] **1.** *adj.* türkisch; *fig.* hartherzig; **2.** ♀ *su.* Türke *m*; ♀ Prügelknabe *m*.

turelure [tyr'ly:r] **1.** *int. ~!* dideldumdei!; **2.** *f* Dideldumdei *n*; F alte Leier.

turf [tyrf] *m* Rennsport, -bahn *f* (*für „Rennbahn" jedoch mst.: champ m de courses*); **~iste** [~'fist] *su.* Rennsportler *m*.

turgescen|ce ⚕ [tyrʒe'sɑ̃:s] *f* Anschwellung *durch Flüssigkeit*; **~t** [~'sɑ̃] (7) angeschwollen.

turion ♀ [ty'rjɔ̃] *m* Wurzelknospe *f*.

turlupin F [tyrly'pɛ̃] *m* primitiver Witzbold; **~ade** F [~pi'nad] *f* albener Witz *m*; **~age** F [~pi'na:ʒ] *m* albernes Herumwitzeln *n*; **~er** F [~pi'ne] *v/t.* (1a) foppen, aufziehen, auf die Nerven fallen.

turlutaine F [tyrly'tɛn] *f* Marotte, Flitz *m*.

turlututu F [tyrlyty'ty] **1.** *m* ♪ Flöte *f*; **2.** *int. ~!* papperlapapp!

turne P [tyrn] *f* Bruchbude, Bude, Kasten *m*, Loch *n*, Stall *m*.

turnep ♀ [tyr'nɛp] *m* Futter-, Runkelrübe *f* (*mst. jedoch: rave*).

turpitude [tyrpi'tyd] *f* Schändlichkeit; Schandtat.

turquet ♀ *u.* ✿ [tyr'kɛ] *m* Mais.

Turquie [tyr'ki] *f*: **la ~** die Türkei.

turquin [tyr'kɛ̃]: *bleu ~* türkischblau.

turquoise *min.* [tyr'kwa:z] *f* Türkis *m*.

tussilage ♀ [tysi'la:ʒ] *m* Huflattich.

tutélaire [tyte'lɛ:r] schützend; ⚖ vormundschaftlich.

tutelle [ty'tɛl] *f* Vormundschaft; *fig.* Bevormundung.

tuteur [ty'tœ:r] **1.** *su.* (7f) Vormund *m*; **2.** *m* (Baum- *usw.*) Stütze *f*; Spalierstange *f*.

tutoiement [tytwa'mɑ̃] *m* Duzen *n*.

tutoyer [tytwa'je] *v/t.* (1h) duzen.

tutu [ty'ty] *m* **1.** Balletträckchen *n*; **2.** ⚕ Tbc-Kranker *m*.

tuyau [tɥi'jo] *m* Rohr *n*; Röhre *f*, ♀ Halm; F Tip, Wink; ⚡ *~ isolant* Isolierschlauch; *~ d'arrosage* Gartenschlauch; *~ d'échappement* Auspuffrohr *n*; *~ de cheminée* Rauchfang; *~ de poêle* Ofenrohr *n*; *~ de prise d'essence* Benzinzuführung *f*; *~ de raccordement* Anschlußrohr *n*;

tuyautage — 519 — **tzigane**

~ *de trop plein* Überlaufrohr *n*; **~tage** ⊕ [~jɔ'ta:ʒ] *m* Rohrleitung *f*; **~ter** [~'te] ⊕ (1a) *Wäsche in Röhrenfalten legen*; F ~ q. j-m vertrauliche Winke geben; **~terie** [~'tri] *f* ✝ Röhrenhandel *m*; ⊕ *gesamtes Röhrenwerk n*.

tuyère ⊕ [tɥi'jɛ:r] *f* (*a.* Raketen-) Düse; ❦ ~ *d'éjection* Strahldüse *f*.

twister [twis'te] (1a) e-n Twist tanzen.

tympan [tɛ̃'pɑ̃] *m anat.* Paukenhöhle *f* (mit Trommelfell) (*im Ohr*); △ Giebelfeld *n*; *men.* Füllung *f*; *hydr.* Schöpf-, Tretrad *n*; **~iser** *f* [~pani'ze] (1a) in Verruf bringen; **~isme** ⚕ [~pa'nism] *m*, **~ite** ⚕ [~pa'nit] *f* Blähungen *f/pl.*, Trommelsucht; **~on** ♪ [~pa'nɔ̃] *m* Hackbrett *n*.

type [tip] *m* Typus; Urbild *n*, Sinnbild *n*; Grundform *f*; P Kerl *m*, Mensch *m*, Mann *m*; *péj.* Type *f*, Marke *f*, Sonderling *m*; *mst.* ~s *pl.*: Lettern *f/pl.*, Typen *m/pl.*; △ ~ *de construction* Bauart *f*; **~sse** P [~'pɛs] *f* Frauenzimmer *n*, Weibsstück *n*.

typhique ⚕ [ti'fik] **1.** *adj.* typhuskrank, typhös; **2.** *su.* Typhuskranke(r).

typhon [ti'fɔ̃] *m* Taifun *m*, Wirbelsturm *m*.

typhus ⚕ [ti'fys] *m* Typhus *m*; *vét.* Viehseuche *f*.

typique [ti'pik] typisch, charakteristisch; originell; vorbildlich.

typo [ti'po] **1.** *m* Buchdrucker *m*; **2.** *f* Buchdruckerei *f*.

typo|chromie [tipɔkrɔ'mi] *f* Farbendruck *m*; **~graphe** [~'graf] *m* Buchdrucker; **~graphie** [~gra'fi] *f* Buchdruckerkunst; Buchdruckerei.

tyran [ti'rɑ̃] *m* Tyrann (*a. fig.*); **~nicide** [~rani'sid] **1.** *adj.* auf Tyrannenmord sinnend *od.* ausgehend; **2.** *m* Tyrannenmörder, -mord; **~nie** [~ra'ni] *f* Tyrannei; Willkür-, Zwangs-, Gewaltherrschaft; **~nique** [~'nik] tyrannisch.

tyrolien, ~ne [tirɔ'ljɛ̃, ~'ljɛn] aus Tirol, Tiroler; ♪ *f* Jodeln *n*; *Tanz*: Tirolienne; ♀ Tiroler(in *f*) *m*.

tzar *usw.* s. *tsar* Zar.

tzigane = *tsigane* Zigeuner.

U

U (*ou* **u**) [y] *m* U (*od.* u) *n*.

ubiqui|ste [ybiˈkɥist] *m u. adj.* **1.** F in allen Dingen bewanderter Mensch *m*; Hans Dampf *m* in allen Gassen; überall tätig; **2.** *Scholastik:* universeller Doktor; **3.** = ~taire *rl.* [‿kɥiˈtɛːr] *m* Allgegenwartsbekenner; ~té [‿ˈte] *f* Allgegenwart *f*; gleichzeitige Anwesenheit *f* überall; internationale Versiertheit *f*.

ukase [yˈkaːz] *m* Ukas, *fig.* strengster Befehl.

ulcération [ylseraˈsjɔ̃] *f* ⚕ Geschwürbildung; *fig.* Bitterkeit.

ulcère ⚕ [ylˈsɛːr] *m* Geschwür *n*; ~ gastrique, ~ à l'estomac Magengeschwür *m*.

ulcér|er [ylseˈre] (1f) ⚕ eiterig machen; *fig.* erbittern; ~eux [‿ˈrø] voller Geschwüre.

ultérieur [ylteˈrjœːr] jenseitig; später.

ulti|matum [yltimaˈtɔm] *m* Ultimatum *n*; ~me [‿ˈtim] letzte(r, s); ~mo [‿tiˈmo] *adv.* zuletzt; letztens.

ultra *pol.* [ylˈtra] *m* Extremist *m*, Radikalist *m*; ~**-moderne** [‿mɔˈdɛrn] hypermodern; ~**montain** [‿mɔ̃ˈtɛ̃] **1.** *adj.* jenseits der Berge (Alpen) gelegen *od.* wohnend; ultramonˈtan; **2.** *su. pol.* Ultramontane(r); Klerikale(r); ~**montanisme** *rl.* [‿taˈnism] *m* Ultramontanismus; ~**pénétrant** ⚕ *phm.* [‿peneˈtrɑ̃] mit Tiefenwirkung; ~**select** [‿seˈlɛkt] hochelegant (*Restaurant*); ~**sensible** *phot., rad.* [‿sɑ̃ˈsibləˈ] hochempfindlich; ~**son** [‿ˈsɔ̃] *m* Überschall *m*; ~**sonique** [‿sɔˈnik] *adj.: appareil m* ~ Überschallgerät *n*.

ultra-violet [yltravjɔˈlɛ] ultraviolett; ⚕ *rayons m/pl.* ~s ultraviolette Strahlen; ⚕ *exposition f aux rayons* ~s Bestrahlung; *appliquer le traitement par les rayons* ~s mit der Höhensonne bestrahlen.

ululer [ylyˈle] (1a) *Eule:* schreien; *allg.* laut heulen.

un *m*, **une** [œ̃, yn] **1.** *a./n.c.* ein(er), eine, ein(es); *advt.: un à un* einzeln, einer hinter dem andern, eins nach dem andern; **2.** *adj.* unteilbar, einfach; ungeteilt; einheitlich; einzig; F *ne faire ni une ni deux* nicht lange fackeln; *c'est tout un das* ist ganz einerlei; **3.** *art. indéf.* ein, eine, ein; **4.** *su. l'un, l'une; les uns, les unes der* (die, das) eine; die einen; *l'un(e) l'autre* einander; *les un(e)s pour les autres* füreinander; *de deux jours l'un* alle zwei Tage, e-n Tag um den andern; **5.** *m inv.* die (*Zahl*) Eins; *der* Ein(s)er.

unanim|e [ynaˈnim] einstimmig, einmütig; ~ité [‿miˈte] *f* Einstimmigkeit; *à l'*~ einstimmig.

une-pièce *text.* [ynˈpjɛs] *f/inv.* Einteiler *m*.

uni [yˈni] **1.** *adj.* glatt; eben; einfarbig; schmucklos, schlicht; **2.** *m* Einfarbigkeit *f*; einfarbiger, ungemusterter Stoff.

uni|cellulaire ⚕ *u. zo.* [yniselyˈlɛːr] einzellig; ~**cité** [‿siˈte] *f* Einmaligkeit; ~**colore** [‿kɔˈlɔːr] einfarbig; ~**corne** *zo.* [‿ˈkɔrn] einhörnig; ~**ème** [yˈnjɛm] *adj./n.o. nur in Zssgn: le cent* ~ der hundertste; ~**fication** [‿fikaˈsjɔ̃] *f* Einigung (*zu e-m Ganzen*); Vereinheitlichung *f*; ⚡ Gleichschaltung *f*; ~**fier** [‿ˈfje] (1a) einigen, vereinheitlichen.

uniform|e [yniˈfɔrm] **1. a)** *adj.*; **b)** *adv.* **~ément** [‿meˈmɑ̃] gleichförmig, -mäßig; -artig; einförmig; **2.** *m* Uniform *f*, Dienstkleidung *f*; ~**isation** [‿mizaˈsjɔ̃] *f* Uniformierung *f*, einheitliche Gestaltung *f*; ~**iser** [‿miˈze] (1a) uniformieren, vereinheitlichen; ~**ité** [‿miˈte] *f* Gleich-, Einförmigkeit *f*.

unijambiste ⚕ [‿ʒɑ̃ˈbist] *m* Einbeinige(r).

uni|latéral [ynilateˈral] einseitig; ~**lingue** [‿ˈlɛ̃ːg] einsprachig.

union [yˈnjɔ̃] *f* Zs.-schluß *m*, Verbindung, Vereinigung; Bund *m*; Bündnis *n*; Staatenbund *m*; Einigkeit, Eintracht.

unipolaire *phys.* [ynipɔˈlɛːr] einpolig.

unique [yˈnik] alleinig, einzig; un-

uniquement — 521 — **user**

vergleichlich; *iron.* sonderbar; *seul et ~* einzig und allein; *école f ~* Einheits-, Grundschule; *prix m ~* Einheitspreis; **~ment** [~'mã] einzig und allein; nur.

unir [y'ni:r] (2a) ver-binden, -einigen; *ehelich* trauen; ebnen, glätten.

unisson [yni'sõ] *m* ♪ Gleichklang; *fig.* Übereinstimmung *f*; *à l'~* einstimmig; gleichzeitig; *se mettre à l'~ des circonstances* sich nach den Umständen richten.

uni|taire [yni'tɛ:r] **1.** *adj. rl. u. pol.* nach Einheit strebend; einheitlich; **2.** *m rl. u. pol.* Unitarier; **~tarianisme** *pol.* [~tarja'nism] *m* einheitliche Ausrichtung *f*; **~tarisme** [~ta'rism] *m* Lehre *f* der Unitarier.

unité [yni'te] *f* Einheit(lichkeit) *f*; ♣ Einer *m*; ⊕ Maßeinheit *f*; ⊕ Anlage *f*; P Million *f*; ⚔ *~ combattante* Kampfeinheit *f*.

univalent ⚗ [yniva'lã] einwertig.

univers [yni'vɛ:r] *m* Weltall *n*; Erdkreis; **~aliser** [~vɛrsali'ze] (1a) allgemein machen, verallgemeinern; **~alité** [~sali'te] *f* Allgemeinheit *f*; *a.* ⚖ Gesamtheit *f*; **~el** [~'sɛl] universal, vielseitig; allgemein; allumfassend.

universitaire [yniversi'tɛ:r] **1.** *adj.* Universitäts...; **2.** *m* Universitätsprofessor *m*.

université [yniversi'te] *f* Universität *f*; *in Frankreich:* Gesamtschulwesen *n*, Gesamtlehrkörper *m*; *~ populaire* Volkshochschule.

univoque [yni'vɔk] *Logik:* eindeutig; *gr.* gleichlautend; ♪ gleichnamig.

uppercut [yper'kyt, œper'kœt] *m Boxsport:* Kinnhaken.

uran|ate ⚗ [yra'nat] *m* uransaures Salz *n*; **~e** ⚗ [y'ran] *m* Uranoxyd *n*.

uranie *ent.* [yra'ni] *f* U'rania (*Schmetterling*); ⚘ Urania (*Muse*).

uranite [yra'nit] *f* Uranit *m*.

uran|ium ⚗ [yra'njɔm] *m* Uran *n*; **~ographie** ⚸ [~nɔgra'fi] *f* Himmelsbeschreibung.

urbain [yr'bɛ̃] städtisch; Stadt...; *chauffage m ~* Fernheizung *f*; *téléph.* **~ réseau** *m ~* Stadtnetz *n*, -bahnnetz *n*.

urban|isme [yrba'nism] *m* Städtebaukunst *f*; Stadtplanung *f*; **~iste** [~'nist] *m* Städtebauer *m*, -planer *m*;

~ité [~ni'te] *f* Höflichkeit, feines Benehmen *n*.

uré|e ⚗ [y're] *f* Harnstoff *m*; **~mie** 𝒮 [~'mi] *f* Harnvergiftung; **~térite** 𝒮 [~te'rit] *f* Entzündung der Harnröhre.

urètre *anat.* [y'rɛtrə] *m* Harnröhre *f*.

urgence [yr'ʒã:s] *f* Dringlichkeit *f*; *il y a (grande) ~* es eilt sehr; *d'~* dringend.

urgent [yr'ʒã] dringend.

urin|aire [yri'nɛ:r] Harn...; **~al** [~'nal] *m* Uringlas *n*; **~ation** [~na'sjõ] *f* Urinieren *n*, Wasserlassen *n*; **~e** [~'rin] *f* Urin *m*; **~er** [~ri'ne] (1a) Wasser lassen, urinieren; **~oir** [~'nwa:r] *m* Bedürfnisanstalt *f (für Männer)*; Urinflasche *f*.

urique ⚗ [y'rik]: *acide m ~* Harnsäure *f*.

urne [yrn] *f* Urne *f*.

uro|cystite 𝒮 [yrɔsis'tit] *f* Blasenentzündung *f*; **~scopie** 𝒮 [~skɔ'pi] *f* Urinuntersuchung.

U.R.S.S. [yɛrɛs'ɛs *od.* yrs] *abr.* Sowjetunion *f*, UdSSR.   [fieber *n.*]

urticaire 𝒮 [yrti'kɛ:r] *f* Nessel-]

urugayen [yryge'jɛ̃] uruguayisch.

us [ys] *m/pl.*: *~ et coutumes* Sitten *f/pl.* und Gebräuche.

usable [y'zablə] abnutzbar; brauchbar.

usag|e [y'za:ʒ] *m* Benutzung *f*; Gebrauch, Sitte *f*; ⚖ Nutznießung *f*; Holzungs-, Triftrecht *n*; *fig.* Gewohnheit *f*, Vertrautheit *f*; *~ du monde* Weltkenntnis *f*; Lebensart *f*; *hors d'~* nicht mehr gebräuchlich; abgetragen (*Kleidung*); **~é** [yza'ʒe] getragen (*Kleider*), gebraucht; **~er** *m*, **~ère** *f* [~'ʒe, ~'ʒɛ:r] Benutzer (-in *f*) *m*; *~ (de la route)* Verkehrsteilnehmer(in *f*) *m*; *~ de la T.S.F. weitS.:* Radiohörer(in *f*) *m*.

usance [y'zã:s] *f* Usus *m*, Sitte *f (e-s Landes)*; ✝ Laufzeit *f od.* -frist *f e-s Wechsels*; *lettre f à trois ~s* Dreimonatswechsel *m*.

usé [y'ze] ge-, verbraucht (*a. fig.*), *Truppen:* abgekämpft; *Film:* abgespielt; *fig. homme m ~* verbrauchter Mensch; *phrase f ~e* abgedroschene Redensart.

user [y'ze] **1.** *v/i.* (1a): *~ de qch.* etw. gebrauchen, anwenden; *en ~ avec q.* mit j-m umgehen *od.* verfahren, j-n behandeln; *v/t. ~ qch.* etw. verbrauchen; abnutzen, abtragen;

usinage s'~ sich abnutzen; sich aufreiben; 2. *m* Tragen *n* (*v. Stoffen*); F à l'~ avec q. bei längerem Umgang mit j-m.

usin|age [yzi'na:ʒ] *m* Maschinenbetrieb; maschinelle Bearbeitung *f*; Verarbeitung *f*; ~e [y'zin] *f* Hütte (-nwerk *n*); Betrieb *m*, Fabrik; ~ électrique Kraftwerk *n*; ~ hydraulique Pumpwerk *n*; ~**ier** [~'nje] *m* Hütten- (werk-), Fabrik-besitzer.

usité [yzi'te] gebräuchlich, üblich, gangbar; ~ *par* (*od.* *de*) *q.* von j-m gebraucht.

ustensile [ystã'sil] *m* (Haus-, Küchen-)Gerät *n*; Zubehör *n*; ~ *manuel* Handgerät *n*; ~*s pl.* Gerätschaft(en *f/pl.*) *f*, Handwerkszeug *n*; Utensilien *f/pl.*

usuel [y'zɥɛl] gebräuchlich, üblich; *langue f* ~*le* Umgangssprache.

usufruit [yzy'frɥi] *m* Nießbrauch, Nutznießung *f*; ~**ier** *m* 👤 [~'tje] Nutznießer *m*.

usuraire [yzy'rɛ:r] wucherisch.

usur|e [y'zy:r] *f* Wucher *m*; *fig.* Abnutzung; ⊕ Abnutzung, Verschleiß *m*; *avec* ~ *fig.* reichlich (*vergelten*); *péj.* anständig (*heimzahlen*); ~**ier** *m*, ~**ière** *f* [~'rje, ~'rjɛ:r] Wuchere(in *f*) *m*.

usurpa|teur [yzyrpa'tœ:r] **1.** *adj.* usurpatorisch; **2.** *su.* Thronräuber *m*; ~**tion** [~pa'sjõ] *f* Thronraub *m*; ~**toire** [~pa'twa:r] usurpatorisch; widerrechtlich.

usurper [yzyr'pe] (1a) sich widerrechtlich aneignen, sich anmaßen; usurpieren.

ut ♪ [yt] *m* C *n*; *ténor à l'*~ *de poitrine* Heldentenor.

utérin, ~e [yte'rɛ̃, ~'rin] 👤, *anat.* (Gebär-)Mutter...; 👤 *frères m/pl.* ~*s* Halbbrüder mütterlicherseits.

utile [y'til] nützlich, dienlich; *en temps* ~ zur rechten Zeit.

utilisa|ble [ytili'zablə] benutzbar, verwendbar; befahrbar; *non* ~ ohne Gebrauchswert; *surface f* ~ Nutzfläche; ~**tion** [~zɑ'sjõ] *f* Nutzbarmachung; Nutzung; ⊕ Bedienungsanweisung *f*; △ ~ *de l'espace* Raumnutzung *f*; ~ *des loisirs* Freizeitgestaltung; ~ *pacifique de l'énergie atomique* friedliche Nutzung der Atomenergie.

utiliser [ytili'ze] (1a) nutzbar machen; (nützlich) verwenden, ausnützen; ⊕ ~ *complètement* auslasten (*e-e Maschine*).

utili|taire [ytili'tɛ:r] **1.** *adj.* Gebrauchs..., Nutz..., Nützlichkeits...; **2.** *m* Utilitarist *m*; ~**tarisme** *phil.* [~ta'rism] *m* Utilitarismus *m*, Nützlichkeitsprinzip *n*, -lehre *f*; ~**té** [~'te] *f* Nützlichkeit, Nutzen *m*; ~*s pl. thé.* Nebenrollen.

utop|ie *a. pol. u. phil.* [ytɔ'pi] *f* Utopie, Hirngespinst *n*; ~**ique** [~'pik] utopisch, unreal, überspannt; unmöglich; ~**iste** *pol. u. phil.* [~'pist] *su.* Utopist *m*, Weltverbesserer *m*, überspannter Kopf (*fig.*).

utricule 👤 [ytri'kyl] *m* (kleiner) Schlauch.

uvaire ♀ [y've:r] traubenförmig.

uvulaire *anat.* [yvy'lɛ:r] Zäpfchen...

V

V (*ou* **v**) [ve] *m* V (*od.* v) *n*.

va [va] **1. 3.** *P. sg. prés. u. impér. sg. von aller* (1o) *gehen*; **2.** *int.* ~ les sei!, meinetwegen!; ╪ ~ *pour cette somme!* Nehmen Sie es dafür!

vacance [vakɑ'sjɔ̃] *f* Vakanz *f*, freie Stelle; ~s *pl.* Ferien.

vacant [va'kɑ̃] leerstehend (*Wohnung*); vakant, unbesetzt, offen (*Stelle*); ⚖ herrenlos.

vacarme [va'karm] *m* (Heiden-)Lärm, Spektakel.

vacation [vaka'sjɔ̃] *f* Mühewaltung, Zeitaufwand *m e-s Beamten*; ⚖ Sitzung; Amtserledigung; ~s *pl.* Gebühren *der Notare usw*.; ⚖ ~s *pl.* (Gerichts-)Ferien; *chambre f des* ~s Ferienstrafkammer.

vaccin [vak'sɛ̃] *m* Kuhpockenlymphe *f*, Impfstoff; **~able** ⚕ [~si'nabl] impfbar; **~al** ⚕ [~si'nal] Kuhpocken...

vaccina|teur ⚕ [vaksina'tœ:r] *m* Impfarzt, Impfer; **~tion** ⚕ [~na'sjɔ̃] *f* (Kuhpocken-)Impfung.

vaccine [vak'sin] *f* Kuhpocken *pl.*

vacciner [vaksi'ne] (1a) ⚕ impfen; *allg.* immun machen.

vach|e [vaʃ] *f* Kuh; *fig.* Kuhfleisch *n*; Kuhhaut, -leder *n*; F *fig.* melkende Kuh (*Ausbeutungsobjekt n*); P Polizist *m*; P *adj.* hartherzig, gemein; ~ *de Russie* Juchten *m*; *manger de la* ~ *enragée fig.* viel durchmachen müssen; *zo.* ~ *marine* Seekuh; **~ement** P [vaʃ'mɑ̃] *adv.* riesig, äußerst; **~er** *m*, **~ère** *f* [~'ʃe, ~'ʃɛ:r] Kuhhirt(in *f*) *m*; **~erie** [~ʃ'ri] *f* Kuhstall *m*; Molkerei; F Gemeinheit; **~erin** [~ʃ'rɛ̃] *m* Gruyère-Käse *m*; Sahnebaiser *n od. m*; **~ette** [~'ʃɛt] *f* ╪ Vaschetteder *n*; ~ *tannée* Rindbox *n*.

vacill|ant [vasi'jɑ̃] schwankend, flackernd (*Licht*), *fig.* wankelmütig; unschlüssig; unbeständig; **~ation** [~ja'sjɔ̃] *f* Schwanken *n*, Wanken *n*, Flackern *n vom Licht*; *fig.* Unentschlossenheit; **~atoire** [~ja'twa:r] schwankend, wankend; *fig.* unge-

wiß; **~er** [~'je] (1a) (sch)wanken, flackern; unschlüssig sein.

vacuité [vakųi'te] *f* Leere.

vacuomètre ⊕ [~kųɔ'mɛ:trə] *m* Unterdruckmesser *m*.

vacuscope *phys.* [vaky'skɔp] *m* Vakuskop *n* (*für Druckmessung*).

vacuum [va'kųɔm] *m* Leere *f*.

vade-mecum [vademe'kɔm] *m* Handbuch *n*, Vademecum *n*.

vadrouill|e [va'druj] *f* ⚓ Schiffsbesen *m aus Tauwerk*; P Bummel *m*, Bierreise; **~er** P [~'je] (1a) bummeln, e-e Bierreise machen; **~eur** *m*, **~euse** *f* P [~'jœ:r, ~'jø:z] Nachtbummler(in *f*) *m*.

va-et-vient [vae'vjɛ̃] *m* Hin- und Herbewegung *f*; *fig.* Schwanken *n der Meinungen*; Kommen *n* und Gehen *n*; Pendelverkehr; ⊕ sich hin und her bewegender Maschinenteil; ⚡ Wechsel-, Doppelschalter; ⚓ Fährseil *n*; (*kleine*) Fähre *f*.

vagabond [vaga'bɔ̃] **1.** *adj.* herumstreifend, unstet; **2.** *su.* Vagabund *m*, Landstreicher *m*; **~age** [~'da:ʒ] *m* Landstreicherei *f*; **~er** [~'de] (1a) vagabundieren, herumstrolchen, -streichen; *fig.* von e-m Gegenstande zum andern übergehen.

vagin *anat.* [va'ʒɛ̃] *m* Scheide *f*.

vagi|r [va'ʒi:r] (2a) wimmern, winseln; **~ssement** [~ʒis'mɑ̃] *m* Wimmern *n*, Gewinsele *n*.

vague¹ [vag] *f litt.* Woge, Welle; ⚔ (Angriffs-)Welle; ~ *de chaleur (de froid)* Hitze-(Kälte-)welle.

vagu|e² [~] **1.** *adj.* vage, unbestimmt; unerklärlich; undeutlich; unbebaut; *terrains m/pl.* ~s Ödland *n*; **2.** *m das* Unbestimmte, Unbegrenzte *n*; Unbestimmbare(s) *n*; *peint.* Undeutlichkeit *f*, *das* Duftige; *avoir du* ~ *dans l'esprit* F *fig.* etw. benebelt sein; **~er** [~'ge] (1m) umherschweifen.

vaillamment [vaja'mɑ̃] *s. vaillant*.

vaillance [va'jɑ̃:s] *f* Tapferkeit.

vaillant [va'jɑ̃] **1.** *adj.* tapfer, heldenmütig (*adv. vaillamment*); **2.** *il*

vaille — **524** — **valvé**

n'a pas un sou ~ er hat keinen Pfennig (*bzw.* Sou) in der Tasche.

vaille [vaj] *1. u. 3. P. prés. subj. von valoir* (3h) gelten; ~ *que* ~ wohl oder übel, auf alle Fälle.

vain [vɛ̃] eitel; vergeblich; *fig.* nichtig, grundlos; *en* ~ vergeblich.

vaincre ['vɛ̃:krə] (4i) (be)siegen; überwinden; übertreffen.

vaincu [vɛ̃'ky] *su.* Besiegte(r).

vainqueur [vɛ̃'kœ:r] *m* Sieger; *Sport:* ~ *aux points* Punktsieger.

vair [vɛ:r] *m* graues Pelzwerk *n*.

vairon [vɛ'rõ] *1. adj.* verschiedenfarbig (*Augen*); *2. m icht.* Elritze *f*, Pfrille *f*.

vaisseau [vɛ'so] *m bsd.* ✠ *u. poét.* Schiff *n*; Gefäß *n*; ~ *cosmique* Raumschiff *n*; *anat.* ~ *sanguin* Blutgefäß *n*; *maladie f de* ~ Gefäßerkrankung; **~-école** [~e'kɔl] *m* Kadetten-, Schulschiff *n*.

vaissel|ier [vɛsə'lje] *m* Geschirrschrank; **~le** [vɛ'sɛl] *f* Tafel-, Tischgeschirr *n*; *faire la* ~ (*Geschirr*) abwaschen; **~lerie** [vɛsɛl'ri] *f* Küchengeschirr(industrie) *f*.

val † [val] *m* Tal *n* (*nur in Namen und in:* par monts et par vaux über Berg und Tal).

valable [va'lablə] gültig; ⚖ rechtskräftig.

Valachie *hist.* [vala'ʃi] *f*: **la** ~ *die* (Walachei.)

Valais [va'lɛ] *m:* **le** ~ Wallis *n*.

valaisan [valɛ'zã]: *Alpes f/pl.* ~*es* Walliser Alpen.

valaque *hist.* [va'lak] walachisch.

valdingue * [val'dɛ̃:g] Fall *m: 1. f: faire une* ~ fallen; *2. auch m: ramasser un* ~ hinfallen; **~r** * [~dɛ̃'ge] (1m) wegwerfen.

valence [vɑ̃'lɑ̃:s] *1.* ♀ *f* spanische Apfelsine; *2.* 🜶 *f* Wertigkeit.

valenciennes † [valɑ̃'sjɛn] *f/pl.* Valencienner Spitzen.

valérian|e ♀ *u.* ✠ [vale'rjan] *f* Baldrian *m*; **~elle** *f* [~rja'nɛl] *f* Feldsalat *m*, Rapunzel.

valet [va'lɛ] *m* (Haus-)Diener *m*, Bedienter *m*; Knecht *m*; *Kartenspiel:* Bube, Bauer *m*; Gewicht *n*, Sperrzange *f e-r Tür*; ~ *de chambre* Kammerdiener; ~ *de nuit* ⊕ (*auch: ~ muet*) *m* Herrenanzug-, -hemd-, -hutständer *m*, Herrendiener; ~ *de place* Gepäckträger *m*; ✧ *mtre. maitre m* ~ Großknecht; **~aille** [val'tɑj] *f* Dienerpack *n*.

valétudinaire [valetydi'nɛ:r] *1. adj.* kränklich; *2. su.* Kränkelnde(r).

valeur [va'lœ:r] *f* Wert *m*; Bedeutung *f*, Geltung; † Wertpapier *n*; Valuta, Betrag *m*; Tapferkeit; ~ *alimentaire* Nährwert *m*; † ~ *brute* reiner Wert *m*; ~ *de crête od. de pointe* Spitzenwert *m*; ~ *estimative*, ~ *estimée* Taxwert *m*; ~ *fournie* Valutaklausel; ~ *globale* (*partielle*) Gesamt-(Teil-)wert *m*; *de* ~ hochwertig; *être mis en* ~ zur Geltung kommen; **~eux** [~lœ'rø] tapfer.

validation ⚖ [valida'sjõ] *f* Gültigkeitserklärung.

valid|e [va'lid] *1.* rechtskräftig; *2.* gesund, kräftig, *a.* ✠ tauglich; **~er** [~'de] (1a) für gültig erklären; **~ité** [~di'te] *f* (Rechts-)Gültigkeit.

valise [va'li:z] *f* Koffer *m*; *ehm.* Felleisen *n*; **~-armoire** *od.* **~-porte-habits** Schrankkoffer *m*; *rad. poste m* ~ Kofferempfänger; ~ *tourne-disques* Phonokoffer *m*.

vallée [va'le] *f* Tal *n*.

valleuse [va'lø:z] *f in der Normandie:* kleines Tal *n*.

vallon [va'lõ] *m* kleines Tal *n*; **~né** [~lɔ'ne] hüg(e)lig; **~nement** [~lɔn'mɑ̃] *m* Hügelbildung *f*.

valoir [va'lwa:r] *v/i.* (3h) wert sein, gelten; taugen; ~ *mieux* besser sein; † *à* ~ auf Abschlag; *à* ~ *sur in* Anrechnung auf (*acc.*); *faire* ~ geltend machen, aus-, verwerten; *Gut* selbst bewirtschaften; *e-r Sache* Wert geben, herausstreichen; *v/t.* ~ *qch. à q.* j-m etw. einbringen, abwerfen; F ~ *son pesant d'or* s-n Wert haben (*z.B. Möbel*); P *ça vaut dix!* das ist ja fabelhaft (*od.* fein!).

valoris|ation † [valɔriza'sjõ] *f* Aufwertung; **~er** † [~'ze] (1a) aufwerten; *fig.* ins rechte Licht setzen, zur Geltung bringen.

vals|e ♪ [vals] *f* Walzer *m*; **~er** [~'se] *v/t. u. v/i.* (1a) Walzer tanzen; **~eur** *m* [~'sœ:r] *su.* Walzertänzer(in *f*).

value † [va'ly] *f* Wert *m*; *nur noch in:* † *moins-*~ *f* Mindereinnahme, -wert *m*; Wertverringerung; *plus-*~ *f* Mehrbetrag *m*, -wert *m*.

valv|acé ♀ [valva'se] klappenartig; **~aire** ♀ [~'vɛ:r] Klappen...; **~e** [valv] *f* ⊕ Klappe, Ventil *n*; *rad.* Röhre; ♀ Fruchtklappe; *zo.* (Muschel-)Schale; **~é** ♀ [~'ve] klappen-

valviforme — 525 — **varier**

förmig; **~iforme** [~vi'fɔrm] ⊕ ventilartig; ⚥ u. zo. = valvaire; **~ule** anat., ⚥ [~'vyl] f Klappe; **~ulite** ⚥ [~vy'lit] f Klappenentzündung.

vamp cin. [vã:p] f Vamp m; **~er** F [vã'pe] (1a) verführerisch anlächeln.

vampir|e zo. [vã'pi:r] m Vampir; fig. Ausbeuter m, Blutsauger; Menschenmörder m; **~ique** [~pi'rik] vampirartig.

van [vã] **1.** ⚒ m Getreideschwinge f; **2.** m Pferdetransportwagen m.

vandalisme [vãda'lism] m Vandalismus, Zerstörungswut f.

vanill|e ⚥ [va'nij] f Vanille(ngewürz n); **~é** [~'je] Vanille(n)...; **~erie** ⚒ [~nij'ri] f Vanille(n)pflanzung; **~ier** [~'je] m Vanillenpflanze f; **~on** [~'jõ] m mexikanische Vanille f.

vanisé text. [vani'ze] plattiert.

vanit|é [vani'te] f Blasiertheit f, Eitelkeit; Nichtigkeit; **~eux** [~'tø] **1.** adj. blasiert, angeberisch, eingebildet; **2.** su. Angeber m, Großtuer m.

vannage [va'na:ʒ] m ⚒ Schwingen n des Getreides; ⊕ Wehr n.

vanne [van] **1.** f Schütze e-s Wasserkanals; ⊕ **~d'arrêt** Absperrschieber m; **~d'écluse** Schleusenwehr n; **2.** m P dumme Sache f; ✱ Unverschämtheit f.

vanneau orn. [va'no] m Kiebitz.

vanner [va'ne] (1a) ⚒ Getreide schwingen; P ermüden.

vannerie [van'ri] f Korbmacherei; ✝ Korbwaren f/pl.

vann|ette ⚒ [va'nɛt] f Futterschwinge; **~eur** [~'nœ:r] m ⚒ Getreideschwinger; ✱ Renommist m; **~euse** [~'nø:z] f Getreidereinigungsmaschine.

vannier [va'nje] m Korbmacher.

vannure ⚒ [va'ny:r] f Spreu.

vantail [vã'taj] (5c) m Tür-, Fensterflügel.

vantard [vã'ta:r] **1.** adj. prahlerisch; **2.** su. Großsprecher m; Angeber m; **~ise** [~tar'di:z] f Angabe, Prahlerei.

vanter [vɑ̃'te] (1a) rühmen, anpreisen; se **~ de qch.** sich e-r Sache rühmen; **~ie** [~'tri] f Großsprecherei.

va-nu-pieds F [vany'pje] m Habenichts.

vape ✱ [vap] f **1.** momentane Bewußtlosigkeit (durch Alkoholgenuß etc.); **2.** Pechsträhne.

vapeur [va'pœ:r] **1.** f Dampf m; **~ sortante**, **~ de décharge** Abdampf m; **~ vive** ⊕ Frischdampf m; **~s** pl. ✱ hysterische Launen; fig. Grillen; Blutwallungen pl., Umnebelung (durch Alkoholgenuß); **2.** m Dampfboot n, kleiner Dampfer; **~ côtier** (od. de cabotage) Küstendampfer.

vaporeux [vapɔ'rø] (7d) dunstig; fig. nebelhaft, unklar; peint. zart, hautfein; ✱ an Blutwallungen leidend.

vaporisa|ge ⊕ [vapɔri'za:ʒ] m Dämpfung f, Dampfbehandlung f; **~teur** [~za'tœ:r] m Verdunster; (Parfüm-)Zerstäuber; Sprühdrüse f.

vaporiser [vapɔri'ze] v/t. cuis. usw. (1a) verdunsten od. abdampfen lassen; zerstäuben; se **~** verdunsten, sich verflüchtigen.

vaquer [va'ke] (1m) unbesetzt od. vakant sein (v. Ämtern); (Gerichts-) Ferien haben; leer stehen (Wohnung); fig. **~ à qch.** e-r Sache nachgehen, etw. betreiben.

varan zo. [va'rã] m Waran(eidechse f) Nordafrikas.

varangue ⚓ [va'rã:g] f Schiffsrippe, Spante.

varappe [va'rap] f Kletterwand; Klettern n (im Gebirge).

varech ♃ [va'rɛk] m Tang, Seegras n.

vareuse [va'rø:z] f Matrosenkittel m; Joppe; **~ de toile** Drillichjacke; **~ de sport** Sportjacke.

varia|bilité [varjabili'te] f Veränderlichkeit; **~ble** [~'rjablə] **1.** veränderlich; ⊕ verstellbar; **2.** ♀ f: la **~** die Veränderliche.

variant [va'rjã] (7) veränderlich, wechselnd.

variante [va'rjã:t] f Variante, verschiedene Lesart f; Abart.

variation [varja'sjõ] f Veränderung, Wechsel m; ♀, phys. Abweichung der Magnetnadel; ♩, ♀ Variation.

varice ✱ [va'ris] f Krampfader.

varicelle ✱ [vari'sɛl] f Windpocken pl.

varié [va'rje] mannigfaltig, verschieden; fig. abwechslungsreich, bunt.

varier [~] v/t. (1a): **~ qch.** Abwechslung bringen in (acc.); variieren; v/i. sich verändern; ver-

variété — 526 — **végétal**

änderlich sein; *phys.* abweichen (*Magnetnadel*); *fig.* ~ sur qch. verschiedener Ansicht sein über (*acc.*); se ~ sich verändern, anders werden.
variété [varje'te] *f* Mannigfaltigkeit; Ab-, Spielart; ~s *pl.* Allerlei *n*, Vermischtes *n*; *théâtre m de* ~s Varietétheater *n*.
variol|aire ⚕ [varjɔ'lɛːr] pockenartig; ~é ⚕ [~'rjɔl] *f* Blattern *pl.*, Pocken *pl.*; ~é ⚕ [~'le] mit Pocken besetzt; pockennarbig (*a. su.*); ~**eux** ⚕ [~'lø] blatter(n)krank (*a. su.*); ~**ique** ⚕ [~'lik] Pocken...
variomètre *rad.* [varjɔ'mɛːtrə] *m* Variometer *n u. m*; 🖈 Steiggeschwindigkeitsmesser *m.* [ader...\
variqueux [vari'kø] Krampf-/
varlop|e ⊕ [var'lɔp] *f* großer Schlichthobel *m*, Rauhbank; ~**er** ⊕ [~'pe] (1a) *mit der Rauhbank* hobeln.
varre ⚓ [var] *f* Harpune *zum Seeschildkrötenfang.*
Varsovie [varsɔ'vi] *f* Warschau *n.*
varsovien [varsɔ'vjɛ̃] *adj. u.* ♀ *su.* aus Warschau; Warschauer *m.*
vasculaire 🜊 [vasky'lɛːr] gefäßreich; Gefäß...
vase [vɑːz] **1.** *m* Gefäß *n*, Vase *f*; ~ jaugé ⚗ Meßgefäß *n*; ~ de nuit Nachtgeschirr; **2.** *f* Schlamm *m*; P Wasser *n*; Regen *m.*
vasé [vɑ'ze] schlammbedeckt.
vaseline *phm.* [vaz'lin] *f* Vaselin *n.*
vaser P [vɑ'ze] (1a) pinseln P, regnen.
vaseux [vɑ'zø] (7d) schlammig; P erschöpft, kaputt F; unklar (*Artikel*); P être ~ e-n Kater haben.
vasistas [vazis'tas] *m* Klapp-, Schiebe-, Guckfenster *n der Bodenkammern, e-r Tür usw.*
vaso-moteur ⚕ *u. anat.* [vazɔmɔ'tœːr]: *nerfs m/pl.* ~s Gefäßnerven.
vasouiller * [vazu'je] (1a) *mit der Antwort* zögern.
vasque [vask] *f* großes flaches (Springbrunnen-)Becken *n.*
vassal [va'sal] (5c) **1.** *adj.* abhängig; **2.** *su.* Vasall *m*, Lehnsmann *m.*
vassalité [vasali'te] *f*, **vasselage** [vas'laːʒ] *m* Vasallentum *n*, Lehnbarkeit *f*; *fig.* Abhängigkeit *f.*
vaste [vast] weit, ausgedehnt, unermeßlich; *fig.* vielseitig.
vatican [vati'kɑ̃] vatikanisch.
vaticination [vatisinɑ'sjɔ̃] *f* Wahrsagung *f*; *péj.* Unkerei *f.*

vaticiner [vatisi'ne] (1a) wahrsagen, die Zukunft prophezeien.
va-tout [va'tu] *m* letzter Trumpf; *jouer son* ~ alles aufs Spiel setzen.
Vaud [vo] *m: canton de* ~ Kanton *m* Waadt.
vaudevill|e *thé.* [vod'vil] *m* Singspiel *n*, Vaudeville *n*; ~**esque** [~'lɛsk] *adj.* in der Art e-s Vaudeville; ~**iste** [~'list] *su.* Verfasser *m* von Singspielen.
vaudois [vo'dwa] waadtländisch.
vau-l'eau [vo'lo]: à ~ stromabwärts; *fig. (s'en) aller à* ~ mißlingen, schiefgehen.
vaurien [vo'rjɛ̃] *m* Taugenichts.
vautour [vo'tuːr] *m orn.* Geier; *fig.* habgieriger Kerl *m*, Wucherer.
vautrer¹ [vo'tre] (1a) Hetzjagd auf Schwarzwild veranstalten.
vautrer² [vo'tre] (1a) *se* ~ sich *im Kote* wälzen; *fig.* sich hinfläzen; *se* ~ *dans le vice* dem Laster verfallen sein.
vau-vent *ch.*, ⚓ [vo'vɑ̃]: à ~ den Wind im Rücken.
vavain ⚓ [va'vɛ̃] *m* Fährseil *n.*
vavass|erie *féod.* [vavas'ri] *f* Afterlehngut *n*; ~**eur** *féod.* [~'sœːr] *m* Hintersasse (*niederer Vasall*).
veau [vo] *m* Kalb *n*; Kalbfleisch *n*; Kalbleder *n*; ~ *marin*, ~ *de mer* Seekalb *n.*
vécu [ve'ky] erlebt, wahr.
vecteur [vɛk'tœːr] *m* 🅰 Vektor; Träger; *at.* Sprengsatzträger.
vedette [və'dɛt] *f* **1.** ⚔ (Kavallerie-) Posten *m*; Vorpostenboot *n*; ~-*anti-sous-marine* U-Boot-Jäger *m*; ~ *rapide* Schnellboot *n*; **2.** *thé. cin.* Hauptdarsteller(in *f*) *m*; *cin.* Star *m*, Filmgröße *f*; *Sport:* Kanone *f*; ~ *de la boxe* hervorragender Vertreter des Boxsports; ~ *de l'écran od. du cinéma* Filmdiva *f*, -star *m*; **3.** *fig.* Anrede *f* im Brief (*mit Titeln usw.*); **4.** en ~ vorn, im Vordergrund; *être en* ~ *fig.* immer aufpassen, auf s-m Posten sein; *mettre en* ~ in besonderer Zeile *od.* besonders groß schreiben *od.* drucken; *journ.* in großer Aufmachung (*od.* in Schlagzeilen) bringen.
végéta|bilité [veʒetabili'te] *f* Wachstumsfähigkeit; ~**ble** [~'tabl] wachstumsfähig.
végétal [veʒe'tal] **1.** *adj.* pflanzenhaft, Pflanzen..., Gewächs...; **2.** *m*

végétarien — 527 — **vendange**

Pflanze *f*, Gewächs *n*; **végétaux** *pl.* Vegetabilien *n/pl.*
végétarien [veʒetaˈrjɛ̃] **1.** *adj.* vegetarisch; **2.** *su.* Vegetarier *m*; *biol.* Pflanzenfresser *m*.
végéta|tif [veʒetaˈtif] (7e) vegetativ; Pflanzen...; **~tion** [~taˈsjɔ̃] *f* Wachstum *n* der Pflanzen; Vegetation; Pflanzenwelt.
végéter [veʒeˈte] (1f) als Pflanze leben; *fig.* vegetieren, ein kümmerliches Leben führen, so dahinleben.
véhémen|ce [veeˈmɑ̃:s] *f* Heftigkeit, Ungestüm *m u. n*; **~t** [~ˈmɑ̃] heftig, ungestüm; *fig.* feurig, hinreißend.
véhicul|aire [veikyˈlɛ:r] *adj.*: *langue* *f* ~ Verkehrssprache; **~e** [veiˈkyl] *m* Beförderungsmittel *n*; Fahrzeug *n*; Fuhrwerk *n*; *phys.* Übertrager *m*, Weiterleiter *m*; *fig.* Mittler *m*; ~ *cosmique* Raumschiff *n*; ~ *sur rails* Schienenfahrzeug *n*; **~er** [~ˈle] (1a) transportieren, befördern; *phys.*, 🜚 übertragen; *biol.* enthalten.
veille [vɛj] *f* Wachen *n*; (Nacht-) Wache; Vorabend *m*, Tag *m* vorher; *la* ~ *de Noël* der Heilige Abend; **~s** *pl.* Nachtarbeiten; ~ *d'une fête* Tag *m* vor e-m Feste; *fig. à la* ~ *de ...* auf dem Punkte zu ..., nahe (dar)an ..., kurz vor ...
veillée [vɛˈje] *f* Nachtwache *f*; Abendunterhaltung *f*, -stunde *f*, Feierstunden *f/pl.*
veiller [vɛˈje] *v/i.* (1a) wachen, sorgen (*à qch.* für etw., *à ce que* dafür daß); ~ *sur* wachen über (*acc.*); achtgeben auf (*acc.*); ~ *tard* lange aufbleiben; *v/t.* ~ *qn.* bei j-m wachen; ~ *un mort* Totenwache halten.
veill|eur [vɛˈjœ:r] *m* Wächter *m*; ~ *de nuit* Nacht-, Feuerwächter in e-r Fabrik; ~ *de garage* Garagenwächter; **~euse** [~ˈjø:z] *f* Nachtlampe, -licht *n*; Sparbrenner *m* (*Gas*); Stichflamme *f* (*Gasbadeofen, Boiler*); *Auto:* Standlicht *n*; *mettre en* ~ kleinstellen (*Gas*; *Licht*) *Auto:* das Standlicht einschalten; *rl.* ~ *au sanctuaire* Ewige Lampe.
veinard [vɛˈnaːr] *m* Glückspilz, -kind *n*.
vein|e [ven] *f* Ader (*a. in Holz, Stein usw.*); ⚒ Gang *m*, Flöz *m*; *anat.* Blutader, Vene; *fig.* Neigung, Anlage *f*; *Auto:* Glück *n*, Schwein *n*

fig. F, Erfolg *m*; *avoir de la* ~ Glück (*od.* Schwein) haben; *mauvaise* ~ Unglück *n*, Pech *n*; *être en* ~ *de qch.* zu etw. aufgelegt sein; **~é** [vɛˈne] geädert (*Holz, Marmor usw.*); **~er** [~] (1b) adern, ad(e)rig machen; **~eux** [~ˈnø] ⊕ aderig; geädert; aderreich; *anat.* Ader...; venös; **~ule** [~ˈnyl] *f anat.* Blutäderchen *n*; **~ure** [~ˈny:r] *f* Maserung.
vélaire *gr.* [vɛˈlɛːr] velar, Hintergaumen...
vélar ♀ [veˈlaːr] *m* Hederich.
vêler [vɛˈle] (1a) kalben.
vélin ⊕ [vɛˈlɛ̃] *m* feines Pergament *n*; *Alençonspitzen f/pl.*; 🜚 *papier m* ~ Velinpapier *n*.
velléité [vɛlleiˈte] *f* Anwandlung, Regung *f*; **~s** *pl.* Gelüste *n/pl.*
vélo F [veˈlo] *m* Fahrrad *n*.
vélo|cité [velɔsiˈte] *f* Schnelligkeit, Geschwindigkeit (*nicht als Maßbegriff!*); **~drome** [~ˈdrɔm] *m* Radrennbahn *f*; **~moteur** [~mɔˈtœːr] *m* Leichtmotorrad *n*; **~pousse** [~ˈpus] *m* Lieferrad *n*.
velours [vəˈluːr] *m* Sam(me)t; *gr.* falsche Bindung *f*; *fig.* Zartheit *f* (*v. der Haut*); milder Geschmack *m* (*vom Wein*).
velout|é, -ée [vəluˈte] **1.** *adj.* sam(me)tartig, -weich; *vin m* ~ milder dunkelroter Wein; **2.** *m* Sam(me)tglanz, -streifen; -artige *n*, -weiche *n*; -band *n*; **~er** ⊕ [~] (1a) sam(me)tartig weben *od.* wirken.
velt|age ⊕ [vɛlˈtaːʒ] *m* Ausmessen *n*, Eichen *n*; **~e** ⊕ [vɛlt] *f* Visierstab *m*; Eichmaß *n*; **~er** ⊕ [~ˈte] (1a) *Tonnen* ausmessen, eichen.
velu [vəˈly] haarig, rauh, zottig.
vélum [veˈlɔm] *m* Zeltdach *n*.
velvet [vɛlˈvɛ] *m od.* **velvantine** *od.* **velventine** [vɛlvɑ̃ˈtin] *f* Velvet *m*, Baumwollsamt *m*.
venaison [vənɛˈzɔ̃] *f* Wildbret *n*.
vén|al [veˈnal] käuflich, feil; *fig.* bestechlich; 🜚 *valeur f* ~ Verkaufspreis *m*; **~alité** [~naliˈte] *f* Verkäuflichkeit; *fig.* Bestechlichkeit.
venant [vəˈnɑ̃] **1.** *adj.*: *bien* ~ gut gedeihend; regelmäßig eintreffend (*Rente*); **2.** *m allants et* ~*s pl.* Zu- und Abgehende, Passanten; *à tout* ~ dem ersten besten.
vendable [vɑ̃ˈdabl] verkäuflich.
vendan|ge [vɑ̃ˈdɑ̃ːʒ] *f* Weinlese;

-ernte; ~s pl. -lesezeit; ~geoir ⊕ [↳dɑ̃'ʒwaːr] m Traubenkorb, -bütte f; ~ger [↳'ʒe] (1l) Weinlese halten; e-n Weinberg ablesen; ~geur m [↳'ʒœːr] (7g) Winzer m.
vendetta [vɛ̃det'ta] f Blutrache.
vend|eur m, ~euse f [vɑ̃'dœːr, ↳'døːz] Verkäufer(in f) m.
vendre ['vɑ̃ːdrə] (4a) verkaufen; fig. für Geld verraten.
vendredi [vɑ̃drə'di] m Freitag; ~ saint Karfreitag.
vendu [vɑ̃'dy] su. bestochener Mensch m.
venelle [və'nɛl] f Gäßchen n; fig. enfiler la ~ ausreißen, flüchten.
vénén|eux [vene'nø] giftig (🌹 u. phm.); ~ifique od. ~ipare [veneni'fik, ↳'paːr] Gift erzeugend.
vénér|able [vene'rabla] 1. adj. ehrwürdig; 2. m Hochwürdige(r); Ehrwürden f; ~ation [↳ra'sjɔ̃] f Verehrung, Ehrfurcht; ~er [↳'re] (1f) verehren.
vénerie [vɛn'ri] f Jägerei, Weidwerk n.
vénérien ♂ [vene'rjɛ̃] ve'nerisch, geschlechtskrank.
veneur [və'nœːr] m (Hetz-)Jäger m.
vengeance [vɑ̃'ʒɑ̃ːs] f Rache; Rachsucht.
venger [vɑ̃'ʒe] (1l) rächen (q. de qch. j-n für od. wegen etw.); se ~ de q. sich an j-m rächen; se ~ de qch. sur q. sich für etw. an j-m rächen.
veng|eur m, ~eresse f [vɑ̃'ʒœːr, ↳ʒ'rɛs] 1. su. Rächer(in f) m; 2. adj. rächend.
véniel [ve'njɛl] verzeihlich (Sünde); F leicht (Fehler).
venim|eux [vəni'mø] (7d) giftig; langue f venimeuse Lästermaul n, -zunge; ~osité [↳mozi'te] f Giftigkeit.
venin [və'nɛ̃] m (Schlangen-)Gift n; fig. Bosheit f, Galle f.
venir [və'niːr] v/i. (2h) kommen; zufallen (durch Erbschaft usw.); eintreten, stattfinden; abstammen; entstehen; geraten, gut, schlecht gedeihen; hinaufreichen bis ...; fortkommen; passen; à ~ (zu)künftig; ~ chercher od. ~ prendre q. (qch.) j-n abholen (ihr holen); ~ dire kommen, (um) zu sagen od. kommen u. sagen od. bloß sagen; ~ de faire soeben etw. getan haben; ~ de dire (so)eben gesagt haben; ~ à dire

zufällig sagen; en ~ à qch. zu etw. schreiten od. greifen; sich auf etw. einlassen; ~ voir q. j-n besuchen; voir ~ q. j-s Absicht merken, j-n kommen lassen (ruhig abwarten, was er tun wird); se faire bien ~ de q. sich bei j-m beliebt machen; être bien venu partout überall gern gesehen sein; être mal venu à ... nicht berechtigt sein zu ...; ~ s. a. bienvenu; 2. m Kommen n.
Venise [və'niːz] f Venedig n.
vénitien [veni'sjɛ̃] (7c) 1. adj. venezianisch; 2. ♀ su. Venezianer m.
vent [vɑ̃] m Wind m; 🌹 Blähung f; ch. Witterung f; ♩ instrument m à ~ Blasinstrument n; ~s pl. alizés Passatwinde; ~ au dos, ~(-)arrière Rückenwind; ~ au sol Bodenwind; ~ coulis Zug(luft f); ~ debout, ~ devant Gegenwind; intercurrences f/pl. des ~s d'est et d'ouest Wechsel m der Ost- und Westwinde; P être dans le ~ auf dem laufenden od. up to date sein.
vente ♂ [vɑ̃ːt] f Verkauf m; Absatz m, Vertrieb m; ~ forcée Zwangsverkauf m; ~ réclame Werbeverkauf m; ~ volante ambulanter (Straßen-)Handel m; hôtel m des ~s, salle f de ~ Auktionslokal n; ~ en série(s) od. en grandes quantités Massen-, Serienverkauf m, -absatz m; ~s à prime Differenzgeschäfte n/pl.; ~ publique (öffentliche) Versteigerung, Auktion; être de bonne ~ gut (ab)gehen (Ware); être dur à la ~ schlecht (ab)gehen.
vent|eaux ⊕ [vɑ̃'to] m/pl. Windlöcher n/pl., Düsen f/pl. e-s Gebläses; ~er [↳'te] v/i. (1a) in: il vente es ist windig; v/t. 🌾 worfeln (Getreide von der Spreu trennen); ~eux [↳'tø] windig; 🌹 blähend.
ventila|teur [vɑ̃tila'tœːr] m Ventilator; ⚒ Bewetterungsmaschine f; ~tion [↳la'sjɔ̃] f Ventilation; Lufterneuerung; ⚒ Bewetterung; ♃ Schätzung f.
ventiler [vɑ̃ti'le] (1a) ventilieren, lüften; 🏠 mit Luftabzügen versehen; ♃ bei Erbschaften: abschätzen; ♃ e-n Gesamtbetrag auf verschiedene Konten ventilieren.
ventillon ⊕ [vɑ̃ti'jɔ̃] m Blasebalgventil n.
ventis for. [vɑ̃'ti] m/pl. Windbruch m.

ventosité 🞭 [vãtozi'te] f Blähung.
ventous|e [vã'tu:z] f chir. Schröpfglas n; ⊕ Zug-, Luftloch n; Gummisauger m; Entlüftungsventil n; zo. Saugnapf m bei Würmern; **~er** 🞭 [~tu'ze] (1a) schröpfen.
ventral [vã'tral] (5c) Bauch...; **~e** [~] f Bauchriemen m (Autosicherheitsgürtel).
ventre ['vãːtr] m Bauch, (Unter-)Leib; fig. Ausbauchung f; aller ~ à terre in gestrecktem Galopp reiten; faire le ~ sich ausbauchen (Gefäß, Mauer); F taper sur le ~ (à q.) sich anbiedern; F prendre du ~ dick werden.
ventrée [vã'tre] f Wurf m Junge; P Bauchvoll m; P prendre une ~ sich den Bauch vollfressen.
ventricule anat. [vãtri'kyl] m Kammer f, Höhle f.
ventrière [vãtri'ɛːr] f chir. Bauchbinde, -gurt m, -riemen m; ⊕ charp. Querbalken m.
ventriloque [vãtri'lɔk] su. Bauchredner m.
ventripotent F [vãtripɔ'tã] dickbäuchig.
ventru [vã'try] 1. adj. dickbäuchig; ⚥ bauchig; ⊕ stark bauchig; 2. su. Schmerbauch m.
venu [və'ny] 1. p/p. von venir (2a) kommen; a. adj. fig.: bien ~ gelungen, geglückt; bestanden (Prüfung); mal ~ mißraten; 2. su. Ankömmling m; fig. Sprößling m; le premier ~ der erste beste; un nouveau ~ écol. ein Neuer.
venue [və'ny] f Ankunft; Wuchs m (⚥ u. anat.); d'une belle ~ schön gewachsen; tout d'une ~ oben und unten gleich dick.
vêpres rl. ['vɛːpr] f/pl. Nachmittagsgottesdienst m, Vesper f.
ver [vɛːr] m Wurm (a. fig.); Made f; ~ blanc Engerling; ~ luisant Johanniswürmchen n; ~ de terre Regenwurm; ~ à soie Seidenraupe f; ~ solitaire Bandwurm; F avoir le ~ solitaire wie ein Scheunendrescher essen; fig. ~ rongeur Gewissensbisse m/pl.; tirer les ~s du nez à q. j-n ausfragen; tuer le ~ frühmorgens ein Schnäpschen trinken.
véracité [verasi'te] f Wahrhaftigkeit; Wahrheitsliebe f.
véranda 🛆 [verã'da] f Veranda.
verbal [vɛr'bal] (5c) mündlich;

Diplomatie, 🜲 Verbal...; gr.: adjectif m ~ Verbaladjektiv n; 🜲, parl. usw. procès-~ m Protokoll n.
verbalisation [vɛrbaliza'sjɔ̃] f Aufsetzen n e-s Protokolls, Protokollieren n.
verbaliser [vɛrbali'ze] (1a) ein Protokoll aufnehmen.
verb|e [vɛrb] m Verbum n, Zeitwort n; biblisch: le ⚥ das Wort; F avoir le ~ haut laut sprechen; fig. das große Wort führen; **~eux** [~'bø] wortreich; geschwätzig.
verbiage [vɛr'bjaːʒ] m Wortschwall, Geschwätz n.
verbosité [vɛrbozi'te] f Wortfülle, Weitschweifigkeit f; Phrasenhaftigkeit f, Wortgeklüngel n.
ver-coquin [vɛrkɔ'kɛ̃] m ent., vét. Drehwurm m, -krankheit f der Schafe.
verdage [vɛr'daːʒ] m Gründünger, Gründüngung f.
verdagon [vɛrda'gɔ̃] m sehr saurer od. junger Wein m, Krätzer m P.
verdale ⚥ [vɛr'dal] f Art Olivenbaum m.
verdange orn. [vɛr'dãːʒ] m Goldammer f; Haubenlerche f.
verdâtre [vɛr'daːtr] grünlich.
verdelet [vɛrdə'lɛ] säuerlich (Wein).
verde|ret zo. [vɛr'dɛ] m grüne Eidechse f; **~t** 🜞 [~'dɛ] m Kupfergrün n.
verd|eur [vɛr'dœːr] f Unreife des Obstes; Saft m der Pflanzen; Herbheit, Säure des Weines u. des Obstes; fig. Derbheit f, Schärfe der Rede; Jugendfrische, -kraft.
verdict 🜲 [vɛr'dikt] m Urteilsspruch.
verdier orn. [vɛr'djɛ] m Grünfink.
verdir [vɛr'diːr] (2a) 1. v/t. grün anstreichen; 2. v/i. grünen (Laub bekommen); Grünspan ansetzen.
verdiss|age [vɛrdi'saːʒ] m Grünfärben n; **~ement** ⚥ [~'smã] n Grünen n.
verdoyant [vɛrdwa'jã] grünend; grünlich.
verdoyer [vɛrdwa'je] (1h) grünen.
verdur|e [vɛr'dyːr] f Grün n der Bäume usw.; grünes Laub n; Rasenteppich m; Frisch-, Gartengemüse n; théâtre m de ~ Freilufttheater n; **~ette** [~dy'rɛt] f grüne Stickerei f; **~ier** su. [~'rje] Gemüsehändler m.
véreux [ve'rø] wurmstichig

verge — 530 — **vernis**

(*Früchte*); *fig.* verdächtig; *cas m* ~ faule Sache *f.*

verge [vɛrʒ] *f* Rute, Gerte; *anat.* männliches Glied *n*; *fig.* Geißel; ✕: ~*s pl. ehm.* Spießruten.

vergé [vɛr'ʒe] ungleich gewebt *od.* gefärbt; streifig; *papier m* ~ gerippes Papier *n*.

verger [vɛr'ʒe] *m* Obstgarten *m*.

verget|é [vɛrʒə'te] striemig; streifig (*Haut*); **~er** [~] (1c) (ab-, aus-)bürsten, auspeitschen; **~ier** [~'tje] *m* Bürstenbinder; **~te** [~'ʒɛt] *f* kleine Rute; ~s *pl.* (Kleider-)Bürste *f*; **~ures** [~ʒy:r] *f/pl.* Striemen *m/pl.*; kleine Streifen *m/pl.* auf der Haut.

vergeure ⊕ [vɛr'ʒy:r] *f* Wasserstreifen *m* (*Papier*); Profildraht *m*.

verglacé [vɛrgla'se] mit Glatteis bedeckt.

verglas [vɛr'glɑ] ⊕ P Glatteis *n*.

vergne ♀ P [vɛrɲ] *m* Erle *f*.

vergogne [vɛr'gɔɲ] *f*: *sans* ~ schamlos; *fig.* abgebrüht.

vergue [vɛrg] *f* ⚓ Rahe, Segelstange *f*; ⊕ Arm *m*.

véricle [ve'riklə] *f* falscher Edelstein *m*; *diamants m/pl. de* ~ falsche Diamanten.

véri|dique [veri'dik] wahrheitsliebend, -getreu; **~fiable** [~'fjablə] feststellbar, nachprüfbar.

vérifica|teur [verifika'tœ:r] *m* (Rechnungs-)Prüfer, Revisor; ⊕ Prüf-, Kontrollgerät *n*; ~ *économique* Wirtschaftsprüfer; ~ *des impôts* Steuerprüfer; **~tion** [~ka'sjɔ̃] *f* (Nach-)Prüfung, Untersuchung; Beglaubigung.

vérifier [veri'fje] (1a) *die Richtigkeit* untersuchen, (nach)prüfen, beglaubigen; *se* ~ bestätigt werden.

vérin [ve'rɛ̃] *m* ⊕ Schraubenwinde *f*; *Auto:* Wagenheber *m*.

véris|me *litt. Kunst* [ve'rism] *m* italienischer Naturalismus; **~te** [~'rist] *m* Anhänger des Naturalismus.

vérit|able [veri'tablə] wahr; echt, wirklich; wahrhaft, aufrichtig; *un* ~ *orateur* ein vollendeter Redner; **~é** [~'te] *f* Wahrheit; Wahrhaftigkeit, Aufrichtigkeit; ~ *banale od. triviale,* ~ *de la Palice,* ~ *qui court les rues, iron.* ~ *première* Binsenwahrheit; *en* ~ wahrlich, in der Tat; *à la* ~ zwar.

verjus [vɛr'ʒy] *m* Saft *unreifer Trauben*; unreife Trauben *f/pl.*; saurer Wein *m*, Krätzer; F *fig. voix f au* ~ versoffene Stimme.

verjuté [vɛrʒy'te] sauer, herb.

vermeil [vɛr'mɛj] **1.** *adj.* hochrot; *lèvres f/pl. vermeilles* purpurrote Lippen; **2.** *m* vergoldetes Silber *n*.

vermicel|le [vɛrmi'sɛl] *m* Fadennudeln *f/pl.*; (*potage m au*) ~ Nudelsuppe *f*; **~lerie** [~sɛl'ri] *f* Fadennudelfabrik(ation *f*) *f*.

vermi|cide 🐛 [vɛrmi'sid] **1.** *adj.* wurmtötend; **2.** *m* Wurmmittel *n*; **~culaire** [~ky'lɛ:r] wurmförmig.

vermicul|é △ [vɛrmiky'le] mit kleinen wurmartigen Verzierungen; **~ure** △ [~'ly:r] *f* wurmlinige Verzierung.

vermifuge 🐛 [vɛrmi'fy:ʒ] *adj. u. m* wurmabtreibend(es Mittel *n*).

vermill|er *ch.* [vɛrmi'je] (1a) nach Würmern wühlen (*Wildschwein usw.*); **~on** [~'jɔ̃] *m* Zinnober *m*; Zinnoberrot *n*; **~onner** [~jɔ'ne] **1.** (1a) mit Zinnober bemalen *od.* anstreichen; *se* ~ sich schminken; **2.** *ch.* nach Wurzeln suchen (*Dachs*).

vermin|ation 🐛 [vɛrmina'sjɔ̃] *f* Wurmkrankheit; **~e** [vɛr'min] *f* Ungeziefer *n*; *fig.* Gesindel *n*; *lutte f contre la* ~ Schädlingsbekämpfung; **~eux** [~'nø] Wurm...

vermisseau [vɛrmi'so] *m* (Regen-)Würmchen *n*; *fig.* kleiner, armer Wicht *m*. [mern lebend.)

vermivore [vɛrmi'vɔ:r] von Würmern lebend.

vermou|ler [vɛrmu'le] (1a): *se* ~ wurmstichig werden; **~lu** [~'ly] wurmstichig; **~lure** [~'ly:r] *f* Wurmfraß *m*, Wurmmehl *n*.

vermout(h) [vɛr'mut] *m* Wermutwein.

vernaculaire [vɛrnaky'lɛ:r] regional begrenzt, einheimisch.

vernal [vɛr'nal] Frühlings...; *ast. équinoxe m od. point m* ~ Frühlingsgleiche *f*.

verne ♀ P [vɛrn] *m* Erle.

verni [vɛr'ni] *m* Lackleder *n*.

vernier ⊕ [vɛr'nje] *m* Nonius *m*; *rad.* Feineinsteller.

vernir [vɛr'ni:r] (2a) firnissen, lackieren; ⊕ glasieren; *fig.* übertünchen; *a. adj.*: *bottines f/pl. vernies* Lackstiefel *m/pl.*

vernis [vɛr'ni] *m* Firnis, Lack, Politur *f*, Anstrich, Glasur *f*; *fig.*

vernissage — 531 — **vert**

glänzender Anstrich, Schein; ~ à ongles Nagellack; ~**sage** [~ni'sa:ʒ] m Lackieren n; ⊕ Glasieren n; (jour m de) ~ Vorbesichtigung f e-r Ausstellung usw., Vorschau f; ~**ser** ⊕ [~ni'se] (1a) glasieren.

vérole 🜨 [veˈrɔl] f Syphilis; petite ~ Blattern pl., Pocken pl.; petite ~ volante Windpocken pl.

vérolé [verɔ'le] syphiliskrank, syphilitisch.

véronique ♀ [verɔ'nik] f Männertreu f. [waren pl.|

verraille † [vɛˈraːj] f kleine Glas-|

verr|**e** [vɛːr] m Glas n; Glasglocke f; papier m de ~ Sandpapier n; ~à eau Wasserglas n; ~ d'eau Glas n Wasser; avec le ~ od. ~ compris einschließlich Flasche; ~ armé ⊕ Drahtglas n; ~ à pied Weinglas n; ~ dépoli Milch-, Mattglas n; ~ incassable od. ~ de sécurité Auto: splittersicheres Glas n; ~ soluble 🜂 Wasserglas n; petit ~ Schnäpschen n; ~**erie** [vɛˈri] f ⊕ Glashütte, -machen n; † -ware; † ~(s)! Aufschrift: Zerbrechlich! Vorsicht, Glas!; ~**ier** [vɛˈrje] m Glasbläser m; Gläserkorb; peintre m ~ Glasmaler; ~**ière** [vɛˈrjɛːr] f △ Kirchenfenster(scheibe) n; Gläserbecken n (Tafelgeschirr); Glaskasten m, -glocke, -scheibe über e-r Pflanze, -dach n (a. 🌿); ~**ine** [vɛˈrin] f Glasbedeckung zum Schutz der Pflanzen über Beet usw. (hierfür a. verrière); Barometerröhre f; Positionslampe f; ~**oterie** † [verɔ'tri] f kleine Glaswaren pl.

verrou [vɛˈru] m Riegel; mettre sous ~ wegschließen; sous les ~s hinter Schloß und Riegel; ~**iller** [~'je] (1a) ein-, ver-, zuriegeln.

verrue [vɛˈry] f Warze f.

vers [vɛːr] **1.** m Vers m; **2.** prp. ~ l'est gegen, nach Osten (hin), ostwärts; ~ le ciel a. zum Himmel; ~ l'époque um die Zeit; ~ midi gegen, um Mittag.

versage 🖉 [vɛrˈsaːʒ] m erstes Umpflügen n.

Versailles [vɛrˈsaj] m franz. Stadt.

versant [vɛrˈsɑ̃] **1.** adj. leicht umfallend (Wagen); **2.** m Abhang.

versatil|**e** [vɛrsaˈtil] nur fig. unstet, veränderlich, wankelmütig; ~**ité** [~liˈte] f Wankelmut m; Unbeständigkeit.

verse [vɛrs] f **1.** Liegen n des Getreides; **2.** ⊕ Guß m; **3.** adv. il pleut à ~ es gießt in Strömen.

versé [vɛrˈse]: ~ dans bewandert in (dat.).

verseau[1] △ [vɛrˈso] m Schräge f des Oberteils e-s nicht abgedeckten Band- od. Hauptgesimses.

Verseau[2] ast. [~] m: le ~ der Wassermann.

versement [vɛrsəˈmɑ̃] m (Ein-, Aus-)Zahlung f; (Geld-)Aufwendung f; ~ complémentaire Nachzahlung f; faire un ~ aus-, einzahlen; faire des ~s a. Geld aufwenden für; échelonner une souscription sur plusieurs ~s in ratenweise zu zahlende Teilbeträge staffeln.

verser [vɛrˈse] v/t. (1a) (ein-, aus-, ver-)gießen; fig. einflößen; ~ (à boire) einschenken; aus-, weg-, verschütten; verbreiten, ausströmen; Geld einzahlen od. fig. auswerfen; Wagen umwerfen; Getreide umlegen, niederschlagen; ~ des fonds Kapital ein- od. anlegen; ~ son sang 🕇 sein Leben opfern; ~ la clarté Licht verbreiten; v/i. umfallen; sich legen (Getreide).

verset [vɛrˈse] m Bibelvers m.

vers|**eur, ~euse** [vɛrˈsœːr, ~ˈsøːz] **1.** su. Einschenker(in f) m; **2.** ⊕ Gießer m; Waggonkipper m; **3.** f elegante Kaffee- od. Teekanne (mit horizontalem Griff).

versicolore [vɛrsikɔˈlɔːr] verschiedenfarbig.

versifica|**teur** [vɛrsifikaˈtœːr] m Verskünstler m; ~**tion** [~kaˈsjɔ̃] f Versbau m, -kunst, -lehre.

versifier [vɛrsiˈfje] v/t. (1a) in Verse bringen; v/i. Verse machen.

version [vɛrˈsjɔ̃] f écol. **1.** Übertragung in die Muttersprache, 'Herübersetzung f; ~ d'entraînement Übersetzungsübung; **2.** Version f, Auffassungs-, Darstellungsweise, Lesart f; **3.** ⊕ (Bau-)Typ m, Abart f.

verso [vɛrˈso] m Rückseite f e-r Buchseite; au ~ umseitig.

versoir 🖉 [vɛrˈswaːr] m Streichbrett n am Pfluge.

vert [vɛːr] **1.** adj. (7) grün; fig. unreif, herb; noch unbearbeitet (Holz usw.); frisch; munter, rüstig; derb, scharf (Antworten usw.); ~ d'eau

34*

vert-de-gris — 532 — **vétilleux**

wassergrün; ~ doré goldgrün; langue f ~e Gaunersprache; 2. m Grün n; Grünfutter n; Herbe f, Säure f; ~ bleu Blaugrün n; ~ clair Hellgrün n; ~ foncé Dunkelgrün n; ~ tirant sur le jaune Gelbgrün n.

vert-de-gris [vɛrdə¹gri] m Grünspan; **~é** [⌂¹ze] grünspanig.

vertébral anat. [vɛrte¹bral] (5c) Wirbel...; colonne f ~e Wirbelsäule f.

vertèbre anat. [vɛr¹tɛ:brə] f Wirbelbein n; ~s cervicales (dorsales) Hals-(Rücken-)wirbel m/pl.

vertébré [vɛrte¹bre] **1.** adj. gewirbelt; **2.** ~s m/pl. Wirbeltiere n/pl.

vertement [vɛrtə¹mɑ̃] unverblümt, geradeaus, drastisch.

vertical [vɛrti¹kal] (5c) lot-, senkrecht (stehend); (ligne f) ~e f Senkrechte (senkrechte Linie), Lot n; ast. point m ~ Scheitelpunkt, Zenit m u. n; **~ité** [⌂kali¹te] f senkrechte Lage od. Richtung.

verticill|e [vɛrti¹sil] m Quirl m; **~é** ♀ [⌂si¹le] quirlförmig.

vertige [vɛr¹ti:ʒ] m ♂ Schwindel m; fig. Taumel m; vét. rasender Koller der Pferde; fig. Wahnwitz; cela donne le ~ das macht schwindlig; j'ai le ~ mir ist schwindlig.

vertigineux [vɛrtiʒi¹nø] (7d) schwindlig; schwindelnd; fig. wahn-, irrsinnig.

vertu [vɛr¹ty] f Tugend; Sittsamkeit; fig. Kraft; en ~ de kraft, vermöge, auf Grund (z. B. e-r Vollmacht); **~bleu,** **~chou** † [⌂¹blø, ⌂¹ʃu] int. ~! potztausend!; **~eux** [⌂¹tɥø] (7d) tugendhaft; sittsam; **~gadin** ehm. [⌂ga¹dɛ̃] m Frauenrock: Wulst m u. f.

verve [vɛrv] f Begeisterung f; Schwung m, fig. Feuer n, Schmiß m F.

verveine ♀ [vɛr¹vɛn] f Eisenkraut n.

vésanie ♂ [veza¹ni] f Geisteskrankheit f.

vesce [vɛs] f Wicke; **~ron** ♂ [vɛs¹rɔ̃] m breitblättrige Platterbse f.

vési|cant ♂ [vezi¹kɑ̃] (7), **~catoire** [⌂ka¹twa:r] **1.** blasenziehend; **2.** m Zugpflaster n; **~culaire** [⌂ky¹lɛ:r] ♀ u. anat. bläschenartig; Bläschen...; **~cule** [⌂¹kyl] f ♀ u. anat. Bläschen n; ~ biliaire Gallenblase.

vesou [və¹zu] m Zuckerrohrsaft.

vespasienne [vɛspa¹zjɛn] f Bedürfnisanstalt für Männer.

Vesper poét. [vɛs¹pɛ:r] m Abendstern.

vespéral [vɛspe¹ral] (5c) abendlich.

vesse [vɛs] f ♂ leichte Blähung; P Angst; P Gefahr; **~de-loup** ♀ [⌂də¹lu] f Staubpilz m, Bovist m, Bofist m; **~r** [⌂¹se] (1b) Blähungen haben; pupen P plais.

vessie [vɛ¹si] f anat. (Harn-)Blase; ~ à glace Eisbeutel m; ~ natatoire Schwimmblase der Fische; prendre des ~s pour des lanternes fig. sich sehr täuschen, sich etw. vormachen lassen F. [keusches Mädchen n.)

vestale [vɛs¹tal] f Vestalin f; fig.)

veste [vɛst] f (Herren-, Kinder-) Jacke, Jackett n, Joppe f; fig. P Reinfall m, Pleite f; **~lumberjack m, Windbluse f; ~norvégienne** Windjacke; P remporter une ~ durchfallen; F retourner sa ~ pol. umschwenken; fig. Partei wechseln.

vestiaire [vɛs¹tjɛ:r] m Garderobe f, Kleiderablage f für das Publikum; abus. Sachen f/pl., Kleidungsstücke n/pl.; préposée f au ~ Garderobenfrau.

vestibule [vɛsti¹byl] m Hausflur, Vorhalle f, Diele f, Flur m.

vestige [vɛs¹ti:ʒ] m (Fuß-)Spur f.

veston [vɛs¹tɔ̃] m (Herren-)Jackett n (kürzer als veste), Sakko m, kurze Jacke f (od. Joppe f); un complet ~ ein (Sakko-)Anzug; ~ d'intérieur Hausjacke f; ~ droit einreihiger Anzug; ~ croisé zweireihiger Anzug.

vêtement [vɛt¹mɑ̃] m Kleidung f, Gewand n; ~s pl. de dessus (de dessous) Ober-(Unter-)kleidung f/sg.

vétéran [vete¹rɑ̃] m Veteran m, ausgedienter Soldat; écol. Sitzenbleiber m.

vétérinaire [veteri¹nɛ:r] **1.** adj. tierärztlich; **2.** m Tierarzt m.

vétill|ard [veti¹ja:r] m Kleinigkeitskrämer m; **~e** [ve¹tij] f Lappalie f; **~er** [⌂¹je] (1a) sich mit Lappalien beschäftigen; über Kleinigkeiten herumkritteln od. meckern; **~erie** [⌂tij¹ri] f Meckerei f, Quengelei; **~eur** [⌂¹jœ:r] m Kleinigkeitskrämer m, Meckerer m, Quengler(in f) m; Nörgler(in f) m; **~eux** [⌂¹jø] kleinlich; spitzfindig; kompliziert, puselig.

vêtir [vɛˈtiːr] v/t. (2g) (be)kleiden.
véto [veˈto] m Einspruch; Einspruchsrecht n; *opposer son ~ à* sein Veto einlegen.
vêtu [veˈty] p.p. von vêtir (2g) kleiden; a. stark behäutet (*Zwiebeln*).
vêture [veˈtyːr] f rl. Einkleidung; *allg.* Bekleidungsart.
vétus|te [veˈtyst] veraltet, abgenutzt; **~té** [~ˈte] f (hohes) Alter n (*nur von Sachen!*), Baufälligkeit f.
veuf m, **veuve** f [vœf, vœːv] **1.** *adj.* verwitwet; **2.** *su.* Witwe(r); ⁕ f Guillotine.
veule [vøːl] schlaff, schlapp, energielos, weichlich; matt; feige, hinterhältig.
veulerie [vølˈri] f Schlaffheit; Weichlichkeit; Mattigkeit.
veuvage [vœˈvaːʒ] m Witwer-, Witwenstand f; *fig.* Verlassenheit f.
vexant [vekˈsɑ̃] ärgerlich, enervierend (*a. Person*).
vexa|teur [veksaˈtœːr] bedrückend; **~tion** [~ksɑˈsjɔ̃] f Schikane f; Plackerei; Verstimmung, Verdruß m, Kränkung; **~toire** [~ksaˈtwaːr] lästig, drückend.
vexer [vekˈse] (1a) schikanieren, ärgern; *fig.* cela me vexe das ärgert mich; *se ~ de* sich ärgern über (*acc.*).
via [vi'a] (*vor Ortsnamen*) *prp.* über.
viabilité [vjabiliˈte] **1.** f Lebensfähigkeit; **2.** f Befahrbarkeit f.
viable [ˈvjabl] lebensfähig; befahrbar.
viaduc [vjaˈdyk] m Viadukt, Talüberführung f.
viager [vjaˈʒe] **1.** *adj.* lebenslänglich; **2.** m lebenslängliche Rente f.
viande [vjɑ̃ːd] f zur Nahrung bestimmtes Fleisch n; ~ *frigorifiée od.* congelée Gefrierfleisch n; ~ *fraîche* (séchée) Frisch-(Dörr-)fleisch n; ~ hachée Gehacktes n; *menue ~* Geflügel n, Kleinwild n; ~s *froides assorties* kalter Aufschnitt m; *conserve f de ~* Büchsenfleisch.
viand|er [vjɑ̃ˈde] dick, fett; **~er ch.** [~] (1a) äsen, weiden; **~is ch.** [~ˈdi] m Geäse n, Weide f.
viatique [vjaˈtik] m Taschengeld n für die Reise; *rl.* letzte Ölung f.
vibrant [viˈbrɑ̃] *adj.* schwingend; *fig.* aufregend; schwungvoll; *~e gr.* [~ˈbrɑ̃ːt] f Vibrant m, Zitterlaut m (*r, l*).
vibra|teur [vibraˈtœːr] m rad. usw.: Summer; *bét.* Rüttelerreger m; **~tion** [~brɑˈsjɔ̃] f Schwingung; ♩ Beben n; Zittern n; *Film:* Flimmern n; *bét.* Rütteln n; *Auto:* Erschütterung f.
vibr|er [viˈbre] (1a) vibrieren, schwingen, zittern, beben; *Film:* flimmern; *faire ~* in Schwingung versetzen, *fig.* erschüttern; mitreißen, ergreifen; **~ion** [~briˈɔ̃] m zo. Zittertierchen n; **~isses** [~ˈbris] f/pl. zo. Schnurrhaare n/pl.; *orn.* Schnabelflaum m; *anat.* Haar n in Menschennase.
vicaire rl. [viˈkɛːr] m Vikar.
vicairie f, **vicariat** m [vikeˈri, vikaˈrja] Pfarrverweserstelle f; Amtsdauer f e-s Vikars; Wohnung f e-s Vikars.
vice [vis] m Fehler, Gebrechen n; Mangel; Unvollkommenheit f, *fig.* Laster n; Sittenlosigkeit f; ~ *de forme* Formfehler m; ~ *de conformation* körperlicher Fehler m; ⊕, △ ~ *de construction* Konstruktionsfehler m. [tend; Vize-..., Unter-...)
vice... [vis...] *in Zssgn:* stellvertre-
vicennal [viseˈnal] alle zwanzig Jahre stattfindend.
vice-versa [visevɛrˈsa] umgekehrt.
vichy ⁕ [viˈʃi] m Baumwollstoff aus Fäden von zweierlei Farbe.
vichyssois *pol. ehm.* [viʃiˈswa] m Vichyverräter m.
vici|able [viˈsjabl] dem Verderben unterworfen; **~ateur** [~sjaˈtœːr] verderbend; *fig.* Verderbnis bringend; **~er** [~ˈsje] v/t. (1a) verderben; ᵼᵼ umstoßen; *air m vicié* verdorbene Luft f; *se ~* schlecht werden, verderben (*v/i.*), *fig.* ausarten; **~eux** [~ˈsjø] (7d) fehler-, lasterhaft, liederlich; ᵼᵼ ungültig; tückisch (*Pferd usw.*).
vicinal [visiˈnal] (5c) nachbarlich; *chemin m ~* Land-, Feldweg zwischen Nachbargemeinden; *chemin m de fer ~* Kleinbahn f.
vicissitude [visisiˈtyd] f Wechsel m, Sichabwechseln n; Abwechselung f; *~s pl.* Wechselfälle m/pl.; Mißgeschick n; Schicksalsschläge m/pl.
vicomt|e m, **~esse** f [viˈkɔ̃ːt, ~kɔ̃ˈtɛs] Vicomte, Vicomtesse.
victime [vikˈtim] f Opfer n (*das man wird od. ist*); Opfertier n, Schlachtopfer n; ~ *de guerre* Kriegsopfer n.

victoire [vik'twa:r] f Sieg m; remporter la (od. une) ~ den (od. e-n) Sieg erringen od. davontragen.

victoria [vikto'rja] f antiq. Siegeswagen m; weitS. offener, vierrädriger Wagen m; ~ **regia** ♀ [~ re'ʒja] f Viktoria regia.

victorieux [viktɔ'rjø] (7d) siegreich.

victuailles [vik'tɥɑ:j] f/pl. Lebensmittel n/pl., Proviant m.

vidange [vi'dɑ̃:ʒ] f Ausleeren n; Abfuhr der Fäkalien; Nichtvollsein n e-s Fasses; Leckage, Abgang m, Verlust m durch Auslaufen; Auto: Ölablaß m, Entleerung f; ~s pl. Kot m der Aborte; **~er** [~dɑ̃'ʒe] (1l) e-n Abort od. Öltank leeren; **~eur** [~'ʒœ:r] m Abortleerer.

vide [vid] **1.** adj. leer; fig. gehaltlos, hohl; ~ de sens sinnlos; **2.** m Leere f; leerer Raum; Vakuum n; fig. Nichtigkeit f; faire le ~ die Luft auspumpen; F Luft schaffen, aufräumen; **3.** advt. à ~ leer; frapper à ~ danebenschlagen; ⊕ marche à ~ Leerlauf m e-r Maschine; **~-bouteille** [~bu'tɛj] m **1.** † Landhäuschen n; **2.** Art Saugheber auf Flaschenhälsen; **~-citron** [~si'trɔ̃] m Zitronenpresse f.

videlle cuis. [vi'dɛl] f Teigrädchen n.

videment [vid'mɑ̃] m Ausleeren n.

vidéo Auto, télév. [vide'o] m Tele-Beobachtungsgerät n.

vide-ordures [vidɔr'dy:r] m Müllschlucker; **~-pommes** [~'pɔm] m Apfelentkerner.

vider [vi'de] (1a) (aus)leeren; cuis. aus-nehmen, -kernen usw.; fig. Ort räumen; Rechnungen, Streit erledigen; P rausschmeißen; ~ les arçons vom Pferd abgeworfen werden; fig. ~ l'esprit de geistigen Kräfte erschöpfen.

vidi|mer [vidi'me] (1a) Abschrift kollationieren, beglaubigen; **~mus** [~'mys] m beglaubigte Abschrift f.

vidoir [vi'dwa:r] m Abladeplatz, Kippe f.

vidrecome [vidrə'kɔm] m Humpen.

viduité [vidɥi'te] f Witwenstand m.

vidure ⊕ [vi'dy:r] f Herausgenommenes n (beim Entleeren).

vie [vi] f Leben n; Lebensbeschreibung, -kraft, -unterhalt m, -weise, -zeit; à ~ lebenslänglich; de ma ~ zeit meines Lebens, mein Lebtag; sans ~ leblos; temperamentlos; cherté f de la vie hohe Lebenskosten f/pl.; ~ économique (politique) Wirtschafts-, (Staats-)leben n; ~ utile ⊕ Lebensdauer.

vieill|ard [vjɛ'ja:r] m Greis; **~arder** [~jar'de] (1a) altern (Wein); **~erie** [~j'ri] f alter Kram m; fig. überholte (od. veraltete) Sache; ~s pl. fig. abgedroschene Gedanken m/pl.; **~esse** [~'jɛs] f (hohes od. Greisen-)Alter n; **~ir** [~'ji:r] v/i. (2a) altern; schwächer werden; veralten; v/t. alt machen od. erscheinen lassen.

vieilliss|ement [vjejis'mɑ̃] m Altern n; Veralten n; Altmachen n; **~eur** [~'sœ:r] m Antiquitätenfälscher.

vieillot, ~te F [vjɛ'jo, ~'jɔt] **1.** adj. ältlich; **2.** su. altes Männchen n; Mütterchen n.

viell|e ♪ [vjɛl] f (Dreh-)Leier; **~er** [~'le] (1a) leiern; **~eur** [~'lœ:r] m Drehleierspieler m.

Vienne [vjɛn] f **1.** (Fluß, Département u. Stadt in Frankreich); **2.** Wien n.

viennois [vje'nwa] **1.** adj. aus Vienne od. Wien; Wiener...; **2.** su. Bewohner m von Vienne; Wiener m.

vierge [vjɛrʒ] **1.** f Jungfrau; **2.** adj. jungfräulich, rein; Jungfern...; forêt f ~ Urwald m; ♀ vigne f ~ wilder Wein m; 🜚 argent m (or m) ~ gediegenes Silber n (Gold n); page f ~ unbeschriebene Seite f; pellicule f ~ Rohfilm m.

vieux, vieil (vor vo.), **vieille** [vjø, vjɛj, vjɛj] **1.** adj. alt; **2.** su. der (die) Alte; P les vieux die Eltern.

vieux-neuf [vjø'nœf] m wiederhergestellte alte Sache(n pl.) f; in e-m alten Stil nachgemachtes Möbelstück n; fig. alte Geschichte f, olle Kamelle f F.

vif [vif] **1.** adj. lebendig; ⚡ unter Spannung; fig. lebhaft, munter; scharf; eindringlich; eau f vive Quellwasser n; arête f vive △ scharfe Kante; haie f vive grüne (od. lebende) Hecke f; ⚖ Lebende(r); **3.** m physiol. lebendes, gesundes Fleisch n; fig. Kernpunkt; phot. prendre une photo sur le ~ etw. lebend aufnehmen; fig. trancher (od. couper) dans le ~ energische Maßnahmen ergreifen; den wunden Punkt treffen; mit j-m kurzen Prozeß machen.

vif-argent [vifar'ʒã] *m* Quecksilber *n*.

vigie [vi'ʒi] *f* ⚓ Wache *auf dem Maste; at.* ⚔ Wächter *m* auf dem Kommandoposten für Luftsicherung; Ausguck *m*; 🚋 Bremsersitz *m*; ⚓ kleine Klippe *f*; *Art* Boje *f*.

vigilance [viʒi'lɑ̃:s] *f* Wachsamkeit.

vigilant [viʒi'lɑ̃] wachsam, umsichtig.

vigile [vi'ʒil] *f cath.* Vorabend *m* (*e-s Festes*); *weitS.* Fasttag *m*.

vigne [viɲ] *f* ♀ Weinberg *m*; cep *m* de ~ Weinstock; ~ vierge wilder Wein *m*; F être dans les ~s du Seigneur einen zu sitzen haben F, betrunken sein; **~ron, ~ronne** *f* [viɲə'rɔ̃, ~'rɔn] **1.** *su.* Winzer(in *f*) *m*; **2.** *m* Weinbauer; **3.** *adjt.*: hélice *f* ~ronne Weinbergschnecke.

vignett|e [vi'ɲɛt] *f* Vignette *f*, Randverzierung; Titelbild *n*; Stempel-, Steuermarke *f*; ♣ Sumpfspierstaude *f*; *Auto:* Autosteuerquittungsmarke *f*; (Mitglieds-)Abzeichen *n*; **~iste** [viɲə'tist] *m* Stecher, Zeichner von Verzierungsbildchen.

vigneture [viɲə'ty:r] *f* weinrankenartige Verzierung von Initialen.

vignoble [vi'ɲɔblə] *m* Weinberg.

vignon ♀ [vi'ɲɔ̃] *m* Stechginster *m*.

vigogne [vi'gɔɲ] *f* **1.** *zo.* Wikunja *f*; **2.** ⚹ Vigognewolle *f*.

vigoureux [vigu'rø] (7d) kräftig, stark; *phot.* hart; *fig.* nachdrücklich, energisch.

vigueur [vi'gœ:r] *f* Lebenskraft, Rüstigkeit, Vollkraft; *fig.* Festigkeit, Nachdruck *m*; ⚖ *usw.* Kraft, Gültigkeit; entrer en ~ in Kraft treten; être en ~ gültig sein; plein de ~ kraftstrotzend.

vil [vil] niedrig; *fig.* gemein; verächtlich; ✝ ~ prix *m* Schleuderpreis; à ~ prix spottbillig; de ~ prix von geringem Wert; *fig.* de ~e condition von niedrigem Stande.

vilain, ~e [vi'lɛ̃, ~'lɛn] **1.** *adj.* gemein, widerlich, abstoßend; *fig.* unangenehm, lästig, schlecht; garstig, häßlich, abscheulich; ungezogen; unpassend; **2.** *m* a) *ehm.* Leibeigener; Bauer, Nichtad(e)lige(r); b) *fig.* Flegel *m*; gemeiner Kerl *m*.

vilayet [vila'jɛ] *m* Wilajet *n* (*Verwaltungsbezirk in der Türkei*).

vilebrequin ⊕ [vilbrə'kɛ̃] *m* Drehbohrer *m*; Kurbelwelle *f*.

vilenie [vil'ni] *f* Gemeinheit *f*, Niederträchtigkeit *f*; Zote *f*.

vileté [vil'te] *f* Billigkeit; Wertlosigkeit.

vilipender [vilipɑ̃'de] (1a) heruntermachen (*Sachen od. Personen*); verunglimpfen.

villa [vi'la] *f* Villa, Landhaus *n*; ~ individuelle Einfamilienhaus *n*.

village [vi'la:ʒ] *m* Dorf *n*; ~ de toile Zeltstadt *f* (*Camping*).

villageois [vila'ʒwa] (7) **1.** *adj.* dorfmäßig, ländlich; Dorf...; **2.** *su.* Dorfbewohner.

villanelle [vila'nɛl] *f* Hirtenlied *n*; *ehm.* Bauerntanz *m*.

ville [vil] *f* Stadt *f*; ~ d'eau Badeort *m*; ~ frontière Grenzstadt; ~ maritime Seestadt; à la ~ in der Stadt; en ~ Hier (*auf Briefen*); dîner en ~ auswärts (*nicht zu Hause*) essen; être en ~ nicht zu Hause sein, ausgegangen sein.

villégiat|eur [vileʒja'tœ:r] *su.* (7f) Sommerfrischler *m*; **~ure** [~'ty:r] *f* Sommerfrische, -aufenthalt *m*; P *plais.* être en ~ im Kittchen (Gefängnis) sitzen.

Villon *litt.* [vi'jɔ̃, *besser als* vi'lɔ̃]: François ~ (*frz. Dichter des 15. Jhs.*).

villosité [vilozi'te] *f* Zottigkeit.

vin [vɛ̃] *m* Wein; ~ chaud Glühwein; ~ d'origine Naturwein; grand ~, ~ de cru Auslese *f*, auserlesener Wein, Spitzenwein; ~ de liqueur Süßwein; gros (petit) ~ schwerer (leichter) Wein; ~ sec herber Wein; tache de ~ 𝒻 rotes Muttermal *n*.

vinage [vi'na:ʒ] *m* Alkoholzusatz.

vinaigr|e [vi'nɛgr] *m* Essig; *fig.* Schärfe *f*, Bitterkeit *f*; **~er** [~'gre] (1a) mit Essig bereiten; **~erie** [~grɛ'ri] *f* Essigfabrik; **~ette** *cuis.* [~'grɛt] *f* **1.** Salatsoße; bœuf *m* à la ~ Rindfleischsalat; **2.** « grüne Minna *f* (*Polizeiwagen*); **~ier** [~gri'e] *m* Essigbrauer, -händler; -flasche *f*.

vinaire [vi'nɛ:r] Wein...

vinasse [vi'nas] *f* ✝ Nachwein *m*; Krätzer *m*.

vindicatif [vɛ̃dika'tif] (7e) **1.** *adj.* rachsüchtig; strafend; **2.** *su.* Rachsüchtiger *m*. [Ahndung.]

vindicte ⚖ [vɛ̃'dikt] *f* Sühnung,

vinée [vi'ne] *f* Weinernte(ertrag *m*); ⊕ Gärkeller *m*.

viner [~] (1a) *dem Wein* Alkohol zusetzen.

vinette ♀ [vi'nɛt] *f* Sauerampfer *m*.

vineux [vi'nø] (7d) weinreich, -artig, -rot; feurig, gehaltvoll (*Wein*); mit Reben bepflanzt; *année f vineuse* gutes Weinjahr.

vingt [vɛ̃, *in Zssgn* vɛ̃t...] zwanzig.

vingtaine [vɛ̃'tɛn] *f* (etwa) zwanzig Stück *n/pl.*

vingtième [vɛ̃'tjɛm] **1.** *a/n. o.* zwanzigste(r, s); **2.** *m* Zwanzigstel *n*; **3.** *su.* Zwanzigste(r, s); **~ment** [~m'mã] zwanzigstens.

vingtupl|e [vɛ̃'typlə] **1.** *adj.* zwanzigfach; **2.** *m* Zwanzigfache(s) *n*; **~er** [~'ple] (1a) verzwanzigfachen.

vinicole [vini'kɔl] weinbauend.

viniculture [vinikyl'ty:r] *f* Weinbau *m*.

vinifica|teur ⊕ [vinifika'tœ:r] *m* Gärrohr *n*; **~tion** [~ka'sjõ] *f* Weinbereitung *f*.

vin|ique [vi'nik] Wein...; *éther m* ~ Weinäther; **~osité** [~nozi'te] *f* Weingehalt *m*.

viol [vjɔl] *m* Vergewaltigung *f*.

viola|ble [vjɔ'lablə] verletzbar; **~cé** [~'se] *adj.* veilchenartig; veilchenblau; **~cer** [~] (1k) ins Violette spielen; **~teur** [~'tœ:r] *m* ⚤ Veilchen...; **~teur** [~'tœ:r] ⚖ *usw.* Übertreter *m*; *rl.* Kirchenschänder *m*; **~tion** [~la'sjõ] *f* ⚖ *usw.* Verletzung; Vergewaltigung; *rl.* Schändung, Entweihung; ~ *de domicile* Hausfriedensbruch *m*.

violâtre [vjɔ'la:trə] hellviolett; blau angelaufen.

viole ♪ [vjɔl] *f* Viola, Bratsche; ~ *de gambe* Gambe *f*; **~mment** [~la'mã] *adv. von* violent.

violen|ce [vjɔ'lɑ̃:s] *f* Heftigkeit; Gewalt(tätigkeit *f*) *f*; *faire* ~ Gewalt antun; **~t** [~'lɑ̃] (7) heftig; gewaltsam; ungestüm; **~ter** [~'te] (1a) Gewalt antun (*dat.*).

violer [vjɔ'le] (1a) verletzen, übertreten; *Eid usw.* brechen; *rl.* entheiligen; *Denkmäler usw.* schänden; ⚖ vergewaltigen.

violet [vjɔ'lɛ] **1.** *adj.* (7c) veilchenblau, vio'lett; **2.** *m* Veilchenblau *n*.

violette ♀ [vjɔ'lɛt] *f* Veilchen *n*.

violier ♀ [vjɔ'lje] *m* Levkoie *f*; ~ *jaune* Goldlack.

violiste ♪ [vjɔ'list] *su.* Bratschenspieler *m*.

violon [vjɔ'lõ] *m* ♪ Geige *f*, Violine *f*; Geiger; P *fig.* Arrestlokal *n*, Kittchen *n* F; **~celle** [~'sɛl] *m* Cello *n* [~'tʃɛlo]; **~celliste** ♪ [~sɛ'list] *m*. Cellist *m*; **~iste** [~lɔ'nist] *su.* Geiger *m*, Violinist *m*.

viorne ♀ [vjɔrn] *f* Schneeball *m*.

vipère [vi'pɛ:r] *f* Viper, Otter; *fig. langue f de* ~ Lästerzunge.

vipérin [vipe'rɛ̃] (7) Viper..., Schlangen...

virage [vi'ra:ʒ] *m* **1.** Drehen *n*, Wenden *n*; Wendung *f*; *Sport*: Kehre *f*; *vél., Auto usw.*: Kurve *f*; ~ *à droite* Rechtskurve *f*; *Sport*: ~ *en épingle à cheveux* Haarnadelkurve *f*; ~ *serré* scharfe Kurve *f*; *prendre le* ~ *die Kurve nehmen*; **2.** *phot.* Tonung *f*; **~-fixage** *phot.* [~fik'sa:ʒ] *m* Tonfixierbad *n*.

virago F [vira'go] *f* Mannweib *n*.

vire [vi:r] *f* **1.** schmale Felsterrasse; Serpentine; **2.** P ⚕ Nagelgeschwür *n*.

virée [vi're] *f* **1.** Wendung; **2.** *for.* Abschätzung *f* e-s Schlages nach Baumreihen; **3.** F Bummel *m*; *Auto* F: Spazierfahrt; *plais.* ~ *en bagnole* Spritzfahrt.

virement [vir'mã] *m* ♣ Wenden *n*; *f*; ✝ Überweisung *f*; Ab-, Verrechnung *f*; Umbuchung *f*, Giro *n*, Ausgleichung *f*; Übertragung *f auf e-n andern Titel des Etats*; ~ *bancaire* (*postal*) Bank-, (Post-)überweisung *f*; *compte m de* ~ *en banque* Bankgirokonto *n*; *par* ~ bargeldlos, unbar, im Giroverkehr; *opérer un* ~ girieren, ausgleichen.

virer [vi're] (1a) *v/i.* **1.** e-e Kurve fahren; *tourner et* ~ sich drehen u. wenden; **2.** wenden; **3.** ~ *au jaunâtre* ins Gelbliche übergehen; *v/t.* **4.** drehen, wenden; e-n Motor umschalten; **5.** *phot.* tonen; **6.** ✝ überweisen; umbuchen, girieren; ~ *les parties* die Posten ab- u. zuschreiben; ~ *une somme à* e-n Betrag auf ein anderes Konto übertragen.

vireux [vi'rø] (7d) giftig, schädlich (*Pflanzen*); ekelhaft (riechend), widerlich (schmeckend).

virevolte [vir'vɔlt] *f man.* Kreisschwenkung; *fig.* plötzlicher Umschwung *m*.

virginal [virʒi'nal] (5c) jungfräulich.

virginité [virʒini'te] f Jungfräulichkeit; *fig.* Reinheit.

virgule [vir'gyl] f Komma n.

viril [vi'ril] (7) männlich; *fig.* mannhaft, entschlossen.

virili|ser [virili'ze] (1a) männlichen Charakter geben (*dat.*); **~té** [~'te] f Mannesalter n; *physiol.* Mannbarkeit; *fig.* Männlichkeit f.

viro|le ⊕ [vi'rɔl] f Zwinge; Ring m *an Federhaltern, Werkzeuggriffen aus Holz, den Griffen der Tischmesser, Gabeln usw.*; **~ler** [~'le] (1a) e-n Griff mit Ring (*od.* Zwinge) versehen.

virolo|gie [virɔlɔ'ʒi] f Virusforschung; **~gique** [~'ʒik] *adj.*: études f/pl. ~s Virusforschung.

virtu|alité [virtɥali'te] f Wirkungsvermögen n; **~el** [~'tɥɛl] wirkungsfähig n; ~-möglich, dem Wesen (*od.* Inhalt) nach vorhanden, möglich, eigentlich, theoretisch vorhanden, ideal(*e Betriebsplanung*), schlummernd *fig.*; *opt.* scheinbar, virtuell; *phys.* imaginär, virtuell; *phil.* virtuell, möglich, kraftbegabt, potentiell.

virtuos|e [vir'tɥoːz] *su.* Virtuose m; **~ité** [~tɥozi'te] f Virtuosität f, Kunstfertigkeit.

virulen|ce [viry'lɑ̃ːs] f ⚘ Virulenz f, Giftigkeit; *fig.* Bissigkeit f; **~t** [~'lɑ̃] ⚘ virulent, giftig; *fig.* bissig.

virulicide [viryli'sid] virustötend.

virus ⚘, [vi'rys] m Virus; Gift-, Ansteckungsstoff; ~ filtrant filtrierbarer Virus; *maladie* f *à* ~ Viruserkrankung.

vis [vis] f Schraube; ⊕ Schraubengang m; *zo.* Schraubenschnecke; ~ *calante* Stellschraube; ~ *moletée* Rändelschraube; *escalier* m *à* ~ Wendeltreppe f; ~ *femelle* Schraubenmutter f; *pas* m *de* ~ ⊕ Schraubengang; F *fig. serrer la* ~ *à q.* j-n kurz halten.

visa [vi'za] m Visum n, Sichtvermerk m; ✝ eingetragene Handelsnummer f; ⚘ amtliche Arzneigenehmigung f; ~ *d'entrée* (*de sortie*) Einreise-, (Ausreise-)visum n.

visag|e [vi'zaːʒ] m Gesicht n, Angesicht n; *fig.* Person f, Figur f; *trouver* ~ *de bois fig.* niemanden antreffen; **~iste** ⚘ [~za'ʒist] m Gesichtskosmetiker m, -chirurg m.

vis-à-vis [viza'vi] **1.** *adv.* gegenüber; **2.** *prp.* ~ *de* gegenüber (*dat.*); *se trouver* ~ *de rien fig.* vor dem Nichts stehen; **3.** *m* Gegenüber *n*; leichte vierrädrige Kalesche f.

viscéral *anat.* [vise'ral] (5c) Eingeweide...

viscère *anat.* [vi'sɛːr] *m*: ~s *pl.* innere Körperorgane n/pl.

viscose [vis'koːz] f Viskose (*Zelluloseverbindung*).

viscosité [viskozi'te] f Viskosität, Zähflüssigkeit.

visée [vi'ze] f Zielen n; *fig.* Ziel n, Absicht.

viser [~] (1a) **1.** *v/i.* ~ *à qch.* zielen nach (*acc.*); es absehen auf (*acc.*); *v/t.* etw. ins Auge fassen; *fig.* es abgesehen haben auf (*acc.*); hinweisen auf (*acc.*); sich beziehen auf (*acc.*); ⚔ ~ *q. à la tête* nach dem Kopfe j-s zielen; **2.** beglaubigen, visieren.

viseur ⊕ [vi'zœːr] m Visier n, *phot.* Sucher (~ *gradué* mit Skala); ~ *clair* (*direct*) Aufsichts-, (Durchsichts-)sucher m; **~-télémètre** [~zœrtele-'mɛtrə] m Meß-Sucher m.

visi|bilité [vizibili'te] f Sicht(bar)keit; **~ble** [~'ziblə] sichtbar, offensichtlich, offenkundig.

visière [vi'zjɛːr] f *ehm.* Visier n, Helmgitter n; (*Mützen- usw.*) Schirm m; *Schußwaffe:* Visierung, Visier n und Korn n; *fig. rompre en* ~ *à q.* mit j-m kurzerhand brechen, j-m s-e Meinung ins Gesicht sagen.

visigoth [vizi'go] (7) **1.** *adj.* westgotisch; **2.** ♀ ♂ *Westgote m*.

vision [vi'zjɔ̃] f **1.** Sehen n, Schauen n; ⚘ Sehstärke; **2.** *fig.* Vision, Erscheinung, Traumbild n, Hirngespinst n; **~naire** [~zjɔ'nɛːr] **1.** *adj.* visionär, schwärmerisch, phantasievoll; **2.** *su.* Geisterseher m; **~ner** *cin.* [~zjɔ'ne] (1a) mit dem Bildwerfer betrachten; *allg.* in Augenschein nehmen; **~neuse** *cin.* [~-'nøːz] f Bildwerfer m, -betrachter m.

visitat|eur [vizita'tœːr] *su.* (7f) Besucher *m* von Kranken; **~ion** [~ta'sjɔ̃] f: *rl. la* ♀ *de la Vierge* Mariä Heimsuchung.

visit|e [vi'zit] f Besuch m; *rl.* Visitation, Besichtigung, Durchsuchung; Überprüfung (*Fahrzeug*); *rendre* ~ *à q.* j-n besuchen; **~er**

visiteur — 538 — **vivre**

[~'te] (1a) besichtigen, sich ansehen, *aus Neugier* be-, aufsuchen (*nie mit e-r Person im acc.*!); ⚖ untersuchen; durchsuchen (*Gepäck*); *rl.* heimsuchen; **~eur** [~'tœ:r] *su.* (7g) Besucher *m*, Gast *m*; ~ *forain* Messebesucher *m*; ~ *de douane* Zollkontrolleur *m*.

vison *zo. u.* † [vi'zõ] *m* Nerz *od.* Nerzfell *n*.

visqueux [vis'kø] (7d) klebrig; zähflüssig.

vissant ⊕ [vi'sã] aufschraubbar.

visser [vi'se] (1a) an-, festschrauben; P *fig.* kurzhalten; *mes parents m'ont vissé* m-e Eltern haben mich kurzgehalten. [(*Fluß*).]

Vistule [vis'tyl]: **la** ~ die Weichsel)

visuel *anat.* [vi'zɥɛl] Gesichts..., Seh..., visuell.

vital [vi'tal] (5c) Lebens..., lebensnotwendig; vital, zähe; **~iser** [~li'ze] (1a) Lebenskraft geben, beleben; **~ité** [~li'te] *f* Vitalität *f*, Lebenskraft *f*.

vitamine [vita'min] *f* Vitamin *n*, Nährstoff *m*.

vite [vit] *adv.* schnell, rasch.

vitellus ⛭ [vite'lys] *m zo.* Eidotter (*a. n*); ⚕ Dotter (*a. n*).

vitesse [vi'tɛs] *f* Schnelligkeit; Geschwindigkeit *f* (*als Maßbegriff*); *Auto:* Gang *m*; 🚂 *train m de petite (de grande)* ~ Güterzug (Schnellzug); *petite (grande)* ~ Fracht-, (Eil)gut *n*; ~ *imposée* vorschriftsmäßige Geschwindigkeit; ~ *maximale od. maximum (minimum)* Höchst-, (Mindest)geschwindigkeit; *réduire la* ~ die Geschwindigkeit herabsetzen (*od.* vermindern); *rester maître de sa* ~ s-n Wagen in der Hand behalten; *fig. être en perte de* ~ an Einfluß verlieren; *la* ~ *de vie d'aujourd'hui* das heutige Tempo *n*.

viticole [viti'kɔl] weinbauend, Weinbau...

viticul|teur [vitikyl'tœ:r] *m* Weinbauer; **~ture** [~'ty:r] *f* Weinbau *m*.

vitrage [vi'tra:ʒ] *m* Fenster-, Glaswerk *n*; Scheibengardinen *f/pl.*; ⊕ Glasverschlag; Verglasen *n*.

vitr|ail *m, pl.* **~aux** [vi'traj, ~'tro] Kirchenfenster *n*; **~e** ['vitrə] *f* Glasscheibe; Fenster(scheibe) *n*; ~ *protectrice* Schutzscheibe; *casser les vitres fig. a.* mit der Tür ins Haus fallen; **~é** [~'tre] *a.* glasartig, Glas...; *porte f* ~*ée* Glastür; **~er** [~] (1a) mit Glasscheiben versehen, verglasen.

vitrerie [vitrə'ri] *f* ⊕ Glaserhandwerk *n*; † Glashandel *m*, -ware.

vitresci|bilité [vitresibili'te] *f* Verglasbarkeit; **~ble** [~'siblə] verglasbar.

vitr|eux [vi'trø] glasartig, glasig; **~ier** *su.* [~'trje] Glaser *m*; † Glashändler(in *f*) *m*.

vitrière [vitri'ɛ:r] *f* Fenstereisen *n*.

vitri|fiable [vitri'fjablə] verglasbar; **~fication** [~fika'sjõ] *f* Verglasung; **~fier** [~'fje] (1a) zu Glas verarbeiten; **~ne** [~'trin] *f* Schaufenster *n*; Glasschrank *m*, Vitrine *f*; Schaukasten *m*.

vitriol [vitri'ɔl] *m* 🜖 Vitriol *n*; schlechter Schnaps, Fusel; **~er** [~'le] (1a) mit Vitriol bespritzen, begießen; **~eur** [~'lœ:r] *m* Vitriolattentäter *m*.

vitrosité [vitrozi'te] *f* Glasartigkeit.

vitupérer [vitype're] (1f) **1.** *v/t.* ausschelten; verdammen; **2.** *v/i.* wettern, schimpfen.

vivace [vi'vas] lebenskräftig; ⚕ ausdauernd; *fig.* eingewurzelt.

vivacité [vivasi'te] *f* Lebhaftigkeit; *fig.* Glut, Heftigkeit.

vivandier *m ehm.* ⚔ [vivã'dje] Marketender *m*.

vivant [vi'vã] **1.** *adj.* lebend, lebendig; *fig.* lebhaft, belebt; **2.** *m* Lebende(r); *bon* ~ Lebemann; *de son* ~ bei seinen Lebzeiten; *du* ~ *de Voltaire* zu Lebzeiten Voltaires.

vivat [vi'vat] **1.** er (sie, es) lebe hoch!; **2.** *m* Lebehoch *n*.

vive [vi:v] **1.** *icht. f* Meerdrache *m*; **2.** *von vif* lebendig, lebhaft.

viveur [vi'vœ:r] *m* Lebemann.

vivier [vi'vje] *m* Fischteich; -kasten *m*.

vivifica|teur [vivifika'tœ:r] belebend; **~tion** [~ka'sjõ] *f* Belebung.

vivi|fier [vivi'fje] (1a) lebendig machen; (neu) beleben; *fig.* wieder hervorrufen; **~pare** [~'pa:r] *adj. u. m* lebendige Junge gebärend(es Tier), Säugetier *n*; **~section** ⚕ [~sɛk'sjõ] *f* Vivisektion *f*, operatives Experimentieren *n* am lebenden Tier *n*. [leben.]

vivoter F [vivɔ'te] (1a) kümmerlich)

vivre[1] ['vi:vrə] **1.** (4e) leben; *vive ...!* es lebe ...! (hoch)!; *qui vive?* wer

vivre da?; ~ beaucoup en dedans ein ausgeprägtes Innenleben n führen; ~ sa vie sein Eigenleben führen; **2.** ~s m/pl. Lebensmittel n/pl., Proviant m, ✕ Proviantlieferung f, z.B. ~s-viande m/pl. Fleischlieferung f; F couper les ~ à q. j-m das Taschengeld beschneiden.

vivre² ⌀ ['vi:vrǝ] f gewundene Schlange; [windungen am Rande.]

vivré [vi'vre] mit Schlangen-╛

vivrier [vivri'e] adj. lebensmittelerzeugend.

vizir [vi'zi:r] m Wesir, Vezier.

vlan, v'lan! [vlã] int. klatsch!

vocable [vɔ'kabl] m Vokabel f, Wort n e-r Sprache; rl. sous le ~ de unter dem Schutze ... (gén.); invoquer sous le ~ de z.B. St. Jean unter den Namen ... anrufen.

vocabulaire [vɔkaby'lɛ:r] m Vokabular n; Fachsprache f; kleines Wörterverzeichnis n.

vocal [vɔ'kal] (5c) anat. usw. auf die Stimme bezüglich; ♪ gesanglich, Gesang...

vocali|que [vɔka'lik] gr. vokalisch; **~sation** ♪ [~za'sjõ] f Sing- od. Stimmübung nur auf Vokalen; **~se** ♪ [~'li:z] f Singübung; **~ser** [~li'ze] ♪ (1a) Stimmübungen machen; gr. se ~ sich in e-n Vokal verwandeln; **~sme** gr. [~'lism] m Vokalismus.

vocation [vɔka'sjõ] f innerer Ruf m, bsd. Bestimmung f.

voci|férations [vɔsifera'sjõ] f/pl. lautes Schimpfen n, Geschrei n; **~férer** [~fe're] (1f) wütend schreien, zornig reden, toben usw.

vodka [vɔt'ka] m Wodka m.

vodou rl. [vɔ'du] m Wodu (Negerkult auf Haiti).

vœu [vø] m Gelübde n; Gelöbnis f; fig. Weihegeschenk n; Wunsch m.

vogue [vɔg] f fig. Beliebtheit, Ruf m, Mode; großer Zulauf m; être en ~ beliebt, modern in, in Mode sein; **~r** [~'ge] (1m) dahinsegeln; fortgerudert werden, sich fortbewegen, dahinschwimmen; a. rudern; fig. vogue la galère! komme was wolle!

voici [vwa'si] **1.** adv. hier (da) ist (sind); me ~! da bin ich!; **2.** prpt. vor (zeitlich: rückblickend).

voie [vwa] f Weg m, Bahn; Straße; Wagenspur, Spurweite; Gleis n;

Transportgelegenheit; fig. Mittel n, Weg m; ch. Fährte, Spur; anat. Kanal m; Auto: ~ d'accès à une autoroute Zubringer(straße f) m; ~ affluente Nebenstraße; ~ à grande circulation Hauptstraße; ~ de dégagement Entlastungsstraße; ~ de communication Verbindungsweg m; ~ des airs Luftweg; ~ d'évitement Ausweichgleis n; ~ de parcours Fahrtlinie, -richtung; ~ express Schnellstraße; ⛉ ~ ferrée Schienenstrang m, -weg m; ~électrifiée Leitungsschiene; a. fig. elektrische Eisenbahn; ~ prioritaire Vorfahrtstraße; à ~ normale voll-, normalspurig; à ~ large breitspurig; à ~ unique ⛉ eingleisig; à double ~ zweigleisig; ligne f à ~ étroite Schmalspurbahn; ~ hiérarchique ⛔ Instanzen-, Dienstweg m; ast. ~ lactée Milchstraße; ⚛ ~s respiratoires Luftwege m/pl.; fig. ~s et moyens Mittel und Wege.

voilà [vwa'la] **1.** adv. hier (da) ist (sind); me ~ à Paris! jetzt bin ich in Paris!; ~ tout das ist alles; ~ pourquoi darum; F nous y ~! da haben wir den Salat!; **2.** prpt. seit, vor (zeitlich rückblickend).

voile [vwal] **1.** m Vorhang; Schleier, fig. Hülle f; Deckmantel; ✝ Schleierstoff; anat. Gaumensegel n; prendre le ~ Nonne werden; ins Kloster gehen; **2.** f ⚓ Segel n; fig. Schiff n; ✈ construction en ~ Flächentragwerk n; faire ~ (ab-)segeln (pour nach); tendre la ~ selon le vent das Segel nach dem Winde richten; fig. sich in die Umstände schicken.

voiler [vwa'le] (1a) ⚓ mit Segeln versehen; verschleiern; verhüllen; bemänteln; phot. überbelichten, verschleiern; ~ à l'aide de la fumée ✕ vernebeln; voix f voilée belegte Stimme; se ~ ⊕ sich werfen, sich (ver)biegen (Holz usw.).

voilerie [vwal'ri] f Segelmacherei.

voilette [vwa'lɛt] f kleiner Schleier m.

voil|ier [vwa'lje] m Segelmacher; ⚓ (bon) (guter) Segler (a. von Vögeln); ✈ Segelflugzeug n; **~ure** [~'ly:r] f Segelwerk n, -stellung f; ✈ Tragwerk n, Verspannung f; Flugwerk n (Rakete); Hülle f, Kappe f (Fallschirm); Sichwerfen n (des Holzes).

voir [vwaːr] *v/t.* (3b) sehen; *fig.* erleben; einsehen; durchsehen, beurteilen; *faire ~ zeigen*; *être bien vu* gut angeschrieben sein; *aller bzw. venir ~ besuchen* (nur venir ~ *im Gespräch mit anderen!*); *j'irai le ~ (je viendrai te ~)* ich werde ihn (dich) besuchen; *~ le médecin* den Arzt aufsuchen; *v/i.* sehen können; *~ à qch.* nach etw. sehen, für etw. sorgen; *c'est à ~* das will überlegt sein; *cela se voit* das sieht man!; *~ vu rappeler que ...* er hat sich in Erinnerung bringen lassen müssen.

voire [vwaːr]: *~ (même)* (ja) sogar; *int. iron.* Donnerwetter! *(Erstaunen)*; man höre bloß!; sieh mal einer an!

voirie [vwaˈri] *f* Verwaltung *f* der öffentlichen Wege, Plätze und Wasserstraßen; Straßenbauamt *n*; Schuttabladeplatz *m*; (städtische) Müllabfuhr.

voisin [vwaˈzɛ̃] **1.** *adj.* benachbart; angrenzend; **2.** *su.* Nachbar *m*, ~**age** [~ziˈnaːʒ] *m* Nachbarschaft *f*; ~**er** [~ziˈne] (1a) mit den Nachbarn verkehren.

voitura|ble [vwatyˈrablə] auf Wagen wegschaffbar; ~**ge** [~ˈraːʒ] *m* Beförderung *f* auf Wagen; ~**scolaire** Schulbusverkehr *m*.

voiture [vwaˈtyːr] *f a. Auto:* Wagen *m*; (Pferde-)Fuhrwerk *n*; Kutsche; ✝ Fracht; *lettre f de ~* Frachtbrief *m*; 🚂 *~-couchettes* Liegewagen *m*; *en ~!* einsteigen!; *~ de course* Rennwagen *m*; *~ de livraison* Geschäfts-, Lieferwagen *m*; *~ de place* Taxe; *~ de remise* Leihwagen *m*; *~ allégée* Leichtschnellzugwagen *m*; *~ carénée* Stromlinienwagen *m*; *~ directe* 🚂 Kurswagen *m*; *~ mécanique*, *~-fauteuil mécanique* Invaliden-, Krankenwagen *m*; *~ radio* Funkwagen *m*; *la ~ tient bien la route* der Wagen liegt gut auf der Straße (*od.* hat eine gute Straßenlage).

voiturée [vwatyˈre] *f* Wagenvoll *m*.

voiture|-panier [vwatyrpaˈnje] *f* Korbwagen *m*; ~**-pliante** [~pliˈɑːt] *f* (= *landau m pliant*) zusammenlegbarer Kinderwagen *m*; sogenannter Sportwagen *m*; ~**-réclame** [~reˈklam] *f* Reklamewagen *m*.

voiturer [vwatyˈre] (1a) mit e-m Wagen befördern.

voiturette [vwatyˈret] *f* kleiner Wagen *m*; Handwagen *m*; *Auto:* Kleinwagen *m*.

voiturier [vwatyˈrje] *m* Fuhrmann *m*.

voix [vwa] *f* ♪ *usw.* Stimme; *fig. (innere)* Regung; *ch.* Anschlagen *n* der Hunde; *gr.* Genus *n* des Verbums; (Wahl-)Stimme; Wahlrecht *n*; *aller aux ~* abstimmen; *à haute ~ (à ~ basse)* mit lauter (leiser) Stimme; *de vive ~* mündlich.

vol [vɔl] **1.** *m* Diebstahl, Raub; *~ avec effraction* Einbruchsdiebstahl; *~ de grand chemin* Straßenraub; **2.** *m* Flug, Fliegen *n* von Vögeln, ✈ *usw.*; (Auf-)Schwung; *ch.* (Vogel-)Beize *f*; *coll.* Schwarm *m* von Vögeln; *~ à voile* Segelflug; *~ acrobatique* Kunstflug; *~ plané* Gleitflug; *à ~ d'oiseau* aus der Vogelschau *f*; *au ~* im Fluge.

volage [vɔˈlaːʒ] flatterhaft, unbeständig; ⚓ leicht umschlagend (*Schiff*).

volaill|e [vɔˈlaːj] *f* Geflügel *n*; *cuis. a.* Huhn *n*; ~**er** [~ˈlɑˈje] *m* ✝ Geflügelhändler *m*, *-stall m*.

volant [vɔˈlɑ̃] **1.** *adj.*: *vente f ~e* ✝ ambulanter Straßenhandel *m*; **2.** *m* Federball (*a.* *Spiel n damit*); Volant; (Windmühlen-)Flügel; ⊕ Schwungrad *n*; *Auto:* Steuer(rad) *n*; ✝ Reservefonds *m*; abreißbares Blatt *n*; *prendre le ~* sich ans Steuer setzen.

volatil [vɔlaˈtil] *adj.* 🜍 flüchtig; *fig.* leichtsinnig; *sels m/pl. ~s* Riechsalz *n*; *~e* [~] *m* geflügeltes Tier *n*; **~iser** 🜍 [~liˈze] (1a) verdunsten lassen; *F* klauen; *se ~* verdunsten.

vol-au-vent *cuis.* [vɔloˈvɑ̃] *m* Blätterteigpastete *f*.

volcan [vɔlˈkɑ̃] *m* Vulkan *m*, ~**icité** [~kaniziˈte] *f géol. u. min.* vulkanische Beschaffenheit; Vulkantätigkeit, vulkanische Erscheinung; ~**ique** [~ˈnik] vulkanisch; *fig.* gärend; aufbrausend; ~**isme** [~ˈnism] *m* Vulkanismus *m*.

vole [vɔl] *f*: *faire la ~* beim Kartenspiel alle Stiche (*m/pl.*) machen.

volée [vɔˈle] *f* (Auf-, Aus-)Flug *m*; Kette, Volk *n*, Schwarm *m*, Menge von Vögeln; *fig.* Rang *m*, Stand *m*; Schwung *m* der Glocke; ✈, ⊕ Hubhöhe *f*; Ausladung *f*; Ausleger *m* (*e-s Krans*); *Tennis:* Flugball *m*;

voler — **541** — **vôtre**

⚔ Salve; Tracht *Prügel*; ⚠ Treppenstück *n zwischen zwei Absätzen*; *à la* ~ im Fluge, ohne Überlegung.
voler [vɔ'le] **1.** (1a) v/i. *a.* ✈ fliegen; *fig.* eilen; v/t. *ch.* beizen; **2.** stehlen; bestehlen; rauben; **~ie** [vɔl'ri] f *(Vogel-)Beize;* **2.** F f Dieberei.
volet [vɔ'lɛ] *m* Fensterladen; ⊕ Klappe f; *phot.* Kassettenschieber *m*; Falltürchen *n am Taubenschlag*; ⊕ (Wasserrad-)Schaufel f; kleines Brett n z.B. zum Erbsenverlesen; *fig.* Aspekt, Seite f *fig.*, Punkt *fig.*; ~ *roulant* Rolladen *m*, Rolljalousie f.
voleter [vɔl'te] (1c) flattern.
voleur [vɔ'lœːr] **2.** *adj.* diebisch; **1.** *su.* Dieb *m*.
volière [vɔ'ljɛːr] f Vogelhaus *n*; großer Käfig *m*; Taubenschlag *m*.
volig|e ⊕ [vɔ'li:ʒ] f dünnes Brett *n* Schindelbrett *n*; ⚠ Schalbrett *n*; **~er** ⊕ [~li'ʒe] (1l) belatten; ⚠ vereinschalen.
voli|tif [vɔli'tif] *phil.* auf den Willen bezüglich; **~tion** [~'sjɔ̃] f *phil.* Wollen *n*.
volon|taire [vɔlɔ̃'tɛːr] **1.** *adj.* freiwillig; eigensinnig; *enfant su.* ~ eigensinniges Kind *n*; **2.** *su.* ⚔ Freiwilliger *m*; **~tariat** nur [~ta'rja] *m* Dienst als Freiwilliger; **~té** [~'te] f Wille *m*; *fig.* Willenskraft; ~s *pl.* Grillen, Launen; *faire acte de bonne* ~ s-n guten Willen zeigen; *pain m à* ~ Brot nach Belieben; **~tiers** [~'tje] *adv.* gern, willig; *fig.* leicht, ohne weiteres.
volt ⚡ [vɔlt] *m* Volt *n*; **~age** ⚡ [~'ta:ʒ] f Spannung f; **~aïque** [~ta'ik] *a.* galvanisch; *arc m* ~ elektrischer Lichtbogen.
voltaire [vɔl'tɛːr] *m* Großvaterstuhl.
voltaïsation ⚡ [vɔltaiza'sjɔ̃] f Elektrotherapie f mit galvanischem Strom.
voltampère ⚡ [~tɑ̃'pɛːr] *m* Watt *n*.
volte [vɔlt] f *esc.* rasche Wendung f, Volte f; *man.* Kreisritt *m*; ✈ Schleife f.
volte-face [vɔltə'fas] f ⚔ *u. man.* Kehrtwendung f; *fig.* Gesinnungswechsel *m*; *faire* ~ sich plötzlich wenden (*a. fig.*).
voltig|e [vɔl'ti:ʒ] f Springseil *n*; Seilspringen *n*; Springen *n* über das Pferd; **~er** [~ti'ʒe] (1l) (herum-)flattern *von Schmetterlingen usw.*;

gym. am, auf dem, über das Pferd (Kunst-)Schwünge *od.* Sprünge ausführen; *fig.* Sprünge machen; **~eur** [~'ʒœːr] *m gym.* Seilspringer *m*, -tänzer *m*; Kunstreiter *m*; ⚔ Stoßtruppgrenadier *m*.
volubil|e ♀ [vɔly'bil] sich windend; **~is** ♀ [~'lis] *m* (Trichter-)Winde f; **~ité** [~li'te] f Zungen-, Schlagfertigkeit.
volume [vɔ'lym] *m* Band (*Buch*); *phys.*, ⚗ *usw.* Rauminhalt, Volumen *n*; ♩ Umfang *der Stimme*; ~ *des échanges commerciaux* Handel(sumfang *m*) *m*.
volumineux [vɔlymi'nø] (7d) vielbändig (*Buch*); umfangreich.
volupté [vɔlyp'te] f Wollust; Hochgenuß *m*, Wonne(gefühl *n*).
voluptueux [vɔlyp'tɥø] **1.** *adj.* wollüstig; **2.** *m* Wollüstling.
volute [vɔ'lyt] f *zo.* Walzenschnecke; ⚠ Schnecke, Spirale; *charp.* Trittstufe f. [geschwür *n.*]
vomique¹ ♀ [vɔ'mik] f Lungen-
vomi|que² *phm.* [vɔ'mik]: *noix f* ~ Brechnuß f; **~r** [~'miːr] v/t. (2a) (aus)brechen; sich über'geben; *fig.* ausspeien; **~ssement** [~mis'mɑ̃] *m* ⚕ (Er-)Brechen *n*; (Aus-)Speien *n*; **~tif** ⚕ [~'tif] **1.** *adj.* Erbrechen erregend; **2.** *m* Brechmittel *n*; **~to-negro** ⚕ [~mitɔne'gro] *m*/*inv.* Gelbfieber *n*.
vorac|e [vɔ'ras] **1.** *adj.* gefräßig; **2.** *su.* Fresser *m*, Vielfraß *m*; **~ité** [~si'te] f Gefräßigkeit; Gier.
vorticelle *zo.* [vɔrti'sɛl] f Glockentierchen *n*.
vos [vo] *pl. von votre* eure, Ihre.
Vosges [vo:ʒ] f/*pl.* Vogesen *pl.*
votant [vɔ'tɑ̃] *su.* Wähler *m*; ~ *inscrit* Stimm- (*od.* Wahl-)Berechtigter.
vot|ation [vɔta'sjɔ̃] f *pol. usw.* Abstimmung; *mode m de* ~ Stimmverfahren *n*; **~e** [vɔt] *m* Stimme f; ~ *des femmes* Frauenstimmrecht *n*; ~ *nul* ungültige Stimme *f*; **~er** [~'te] v/i. (1a) abstimmen; v/t. stimmen für (*acc.*) *durch Abstimmung* genehmigen.
votif [vɔ'tif] *rl.* Votiv..., Dankes..., Weih...; Gedächtnis...
votre ['vɔtrə] euer, eu(e)re, Ihr(e).
vôtre ['vo:trə]: *le, la* ~ der, die, das eurige, Ihrige; *je suis des* ~s ich

vouer gehöre zu Ihrer (eurer, deiner) Partei; ich bin (mit Ihnen) dabei, ich mache mit.
vouer [vwe] (1a) widmen, weihen.
vouloir [vu'lwa:r] **1.** (3i) wollen; je voudrais a. ich möchte gern; bien voulu fig. gern gesehen; je le veux bien ich habe nichts dagegen; ~ dire bedeuten; en ~ à q. j-m grollen, auf j-n böse od. ärgerlich sein; en ~ à qch. nach etw. (dat.) trachten; qu'est-ce que vous me voulez? was wollen Sie von mir?; un dictionnaire qui se veut utile... ein Wörterbuch, das nützlich sein soll, ...; **2.** m (mauvais) ~ (böser) Wille.
vous [vu] ihr, Ihr, euch, Euch; Sie, Ihnen, manchmal a. einem, einen; sich (in der 2. Pers. pl. der Höflichkeitsanrede); de ~ à moi zwischen uns (beiden).
vouss|oir [vu'swa:r] m Gewölbestein; **~ure** △ [~'sy:r] f Bogenrundung, Wölbung.
voussoyer [vuswa'je] (1h) (dafür heute häufiger: vouvoyer) siezen.
voût|e [vut] f Gewölbe n, Wölbung; ~ en berceau Tonnengewölbe n; ~ sur croisées d'ogives Spitzbogengewölbe n; **~é** [~'te] △ u. anat. gewölbt; fig. krumm; **~er** [~] △ (1a) wölben; se ~ sich wölben; fig. e-n krummen Buckel bekommen.
vouvoyer [vuvwa'je] (1h) siezen.
voyage [vwa'ja:ʒ] m Reise f; Fahrt f; (Besorgungs-)Gang ~ e-s Dienstmanns; Transport m; Reisebeschreibung f; ~ à pied (Fuß-)Wanderung f; ~ d'agrément, d'affaires Vergnügungs-, Geschäftsreise f; ~ circulaire Rundreise f; ~ de durée, ~ de longue distance Dauerfahrt f; ~ en service commandé Dienstreise f; ~-surprise Fahrt f ins Blaue; en ~ verreist.
voyag|er [vwaja'ʒe] (1l) (umher-) reisen, auf Reisen sein; **~eur** m, **~euse** f [~'ʒœ:r, ~'ʒø:z] Reisende(r); Passagier m; pigeon m ~ Brieftaube f; ✟ ~ représentant Vertreter; commis m ~ Handlungsreisender.
voyant [vwa'jɑ̃] **1.** adj. sehend; grell, schreiend (Farben); **2.** m (Hell-) Seher, Prophet; phot. Bildfenster n; ⚓ Signalfeuer n; ⚡ Leuchtzeichen n; Kontrollicht n; ⊕ Leuchtscheibe f; ⊕ ~ d'un niveau Nivellierscheibe f.

voyelle [vwa'jɛl] f Vokal m, Selbstlaut m.
voyer ehm. [vwa'je] m: (agent) ~ Wegemeister, -inspektor m.
voyou [vwa'ju] m Straßenjunge, Rumtreiber m, Stromer m; bisw. **~te** [~'jut] f Göre f.
vrac ⚓ [vrak] adv.: en ~ durcheinander, lose, unverpackt; marchandises f/pl. en ~ Massengüter n/pl.
vrai [vrɛ] **1.** adj. wahr(-heitsgemäß, -haft); wahrheitsliebend; fig. naturgetreu; wirklich; il est ~ que a. zwar, freilich, allerdings; **2.** m das Wahre n; Wahrheit f; à ~ dire, pour ~ dire offen gestanden; parler od. dire ~ die Wahrheit sprechen od. sagen; pour ~, au ~, dans le ~ der Wahrheit gemäß; être dans le ~ das Richtige getroffen haben; F enf. pour de ~ im Ernst!, wirklich!
vraiment [vrɛ'mɑ̃] wahrlich, wahrhaftig; iron. was Sie sagen!
vraisembl|able [vrɛsɑ̃'blabla]wahrscheinlich; **~ance** [~'blɑ̃:s] f Wahrscheinlichkeit.
vrille [vrij] f ⊕ Zwick-, Vorbohrer m; ♀ (Wickel-)Ranke; ✈ descendre en ~ abtrudeln.
vrillé ♀ [vri'je] (wickel-)rankig.
vrillée ♀ [vri'je] f Acker-, Kornwinde.
vriller [vri'je] ⊕ v/t. (1a) an-, durchbohren; v/i. schraubenartig in die Höhe steigen; ✈ trudeln; ♀ sich windend in die Höhe ranken.
vrill|ette ent. [vri'jɛt] f Art Holzwurm m, Klopfkäfer m; **~on** ⊕ [~'jɔ̃] m kleiner Zwick-, Vorbohrer.
vromb|ir [vrɔ̃'bi:r] (2a) surren (Flugzeug); Motor: knattern; **~issement** [~bis'mɑ̃] m Surren m; Geknatter n.
vu [vy] **1.** prp. nach Durchsicht (gén.); in Anbetracht (gén.); **2.** cj. ~ que in Anbetracht mit Rücksicht darauf, daß; **3.** m: au ~ et au su de tout le monde vor aller Welt.
vue [vy] f Sehen n, Sehkraft f; Augenlicht n; Augen n/pl., Blick m; An-, Besehen n, Anblick m; Ansicht f; Aus-, Fernsicht f; fig. Absicht, Plan m; Scharfblick m; Einsicht; Lichtöffnung f; à ~ d'œil nach dem Augenmaß; zusehends; ✟ à ~ auf Sicht (Wechsel); à trois jours de ~ drei Tage nach Sicht;

vulcaniser — 543 — **vultuosité**

à larges ~s (*à grandes* ~s) *fig.* großzügig; *à perte de* ~ soweit das Auge reicht; *avoir la* ~ *basse* kurzsichtig sein; ~ *basse od.* ~ *courte* Kurzsichtigkeit; *fig.* ~ *d'ensemble de...* Überblick über (*acc.*)...; ~ *latérale* Seitenansicht; *faiblesse f de la* ~ Sehschwäche; *point m de* ~ Standpunkt; *prise f de* ~s Filmaufnahme; ~ *prise de près Film:* Nahaufnahme; *double* ~ Doppelsehen *n*; *en* ~ *de* in Hinsicht *od.* mit Rücksicht auf (*acc.*); angesichts (*gén.*); *être en* ~ sichtbar *od.* in Sicht sein; *être gardé à* ~ unter (*polizeilicher*) Bewachung stehen.

vulcaniser ⊕ [vylkani'ze] (1a) *Kautschuk* vulkanisieren.

vulgaire [vyl'gɛːr] **1.** *adj.* allgemein verbreitet, gewöhnlich; gemein, vulgär; *langue f* ~ Volkssprache; **2.** *m die* kleinen Leute *pl.*; *das* Gemeine *n, das* Ordinäre *n*.

vulgari|ser [vylgari'ze] (1a) gemeinverständlich machen; ~**té** [~'te] *f* Gemeinheit, Grobheit.

vulnéra|bilité [vylnerabili'te] *f* Verwundbarkeit; ~**ble** [~'rablə] verwundbar.

vulnéraire [vylne'rɛːr] **1.** *adj.* Wunden heilend, Wund..., Heil...; **2.** *m* ✣ Wundbalsam; **3.** *f* ✣ Wundklee *m,* -kraut *n*.

vultu|eux ✣ [vyl'tɥø] (7d) rot angelaufen (*Gesicht*); ~**osité** ✣ [~tɥozi'te] *f* Gesichtsschwellung.

W

W (*ou* **w**) [dublə've] *m* W (*od.* w) *n*.

wadi [va'di] *m* tiefes, steiles Felstal *in der Sahara usw.*

wagon 🚃 [va'gɔ̃] *m* Wagen; ~ *couvert* gedeckter Güterwagen; ~ *frigorifique* Kühlwagen; ~ *libre am Rangierberg* ablaufender Waggon; ~ *plat* Brückenwagen; *le* ~ *de queue* (*de tête*) *der* hintere (vordere) Wagen; **~-ambulance** [~ɑ̃by'lɑ̃:s] *m* Krankenwagen; **~-basculant** [~basky'lɑ̃] *m* Kippwagen; **~-citerne** [~si'tɛrn] *m* Tank-, Kesselwagen; **~-couchettes** [~ku'ʃɛt] *m* Liegewagen *m*; **~-lit** [~'li] *m* Schlafwagen.

wagon|née [vagɔ'ne] *f* Waggonladung; **~net** [vagɔ'nɛ] *m* Kipplore *f*.

wagon|-poste [vagɔ̃'pɔst] *m* Postwagen; **~-restaurant** [~rɛstɔ'rɑ̃] *m* Speisewagen.

wallon [va'lɔ̃, wa'lɔ̃] **1.** *adj.* wallonisch; **2.** ⚥ *su.* Wallone *m*.

warrant [va'rɑ̃, wa'rɑ̃] *m* ✝ Warenschein; Lagerschein, -papier *n*; **~er** [~'te] (1a) durch Lagerschein sichern.

water F [wa'tɛːr, P va'tɛːr] *m* Klosett *n*, Toilette *f*.

water-polo *Sport* [wa-, vatɛrpɔ'lo] *m* Wasserball(spiel *n*).

watt ⚡ [wat] *m* Watt *n*; **~age** ⚡ [~'taːʒ] *m* Stromverbrauch.

wattman [wat-, P vat'man] *m* Straßenbahnfahrer.

week-end [wik'ɛnd] *m* Wochenende *n*.

western F [vɛs'tɛrn] *m* Wildwestfilm, -geschichte *f*.

westphalien [vɛstfa'ljɛ̃] (7c) westfälisch.

whisk(e)y [wis'ki] *m* Whisky.

whist *cart.* [wist] *m* Whist *n*; **~eur** [~'tœːr] *su.* (7g) Whistspieler *m*.

wigwam [wig'wam] *m* Indianerhütte *f*.

willaya ⚔ [wila'ja] *f* (arabischer Militär-)Bezirk *m*.

Wisigoths *hist.* [vizi'go] *m*/*pl.* Westgoten *pl.*

wolfram *min.* [vɔl'fram] *m* Wolfram *n*.

X

X (*ou* **x**) [iks] *m* X (*od.* x) *n*.
Xanthippe [gzã'tip] *f* Xanthippe, Drachen *m fig.*, zänkisches Weibsstück *n*.
xénomane [ksenɔ'man] *adj. u. su.* für das Ausländische schwärmend *od.* Schwärmender *m*. [freundlich.\
xénophile [kseno'fil] ausländer-∫
xénophob|e [kseno'fɔb] ausländerfeindlich; **~ie** [~'bi] *f* Ausländerhaß *m*.

xéranthème ♀ [kserã'tɛm] *m* Strohblume *f*.
Xérès [kse'rɛs] *m* (*spanische Stadt*); ♀ *m* Sherry *m* (*Wein*).
xylograph|e [ksilɔ'graf] *m* Holzschnitzer; **~ie** [~'fi] *f* Holzschnittkunst.
xylophage *ent.* [ksilɔ'fa:ʒ] *m* Holzkäfer.
xylophone ♪ [ksilɔ'fɔn] *m* Xylophon *n*.

Y

Y (*ou* **y**) [i'grɛk] *m* ⚥ (*od.* y) *n*.
y [i] dort(hin); *ferner vertritt y mst. den sächlichen Dativ = à cela:* dafür, daran, darauf, dazu, darunter, damit, darin, danach, dabei, darüber; *j'y irai* ich werde dorthin gehen; *y voyez-vous encore?* können Sie noch sehen?; *on y va* es kommt schon jemand, ich komme (gehe) schon; *gleich!*; *vous n'y êtes pas!* weit gefehlt!; *j'y pense* ich denke daran; *y compris* darunter, mit einbegriffen; *je ne m'y fie pas* ich habe kein Vertrauen dazu.
yacht [jak(t), jɔt] *m* Jacht *f*; **~** (*à voile*) Segeljacht *f*; **~ing** [~'tiŋ] *m* Segelsport *m*; **~ing-club** [~'klœb] *m* Segelklub *m*.
yack *zo.* [jak] *m* Jak, Grunzochse.
yaourt [ja'u:r] *m* Joghurt *n*.

Yémen *géogr.* [je'mɛn] *m*: **le ~** der Jemen *m*.
Yéménite [jeme'nit]: **le ~** der Jemenit *m*.
yeuse ♀ [jø:z] *f* immergrüne Steineiche.
yeux [jø] *pl. von œil* Auge.
y(i)ddish [(j)i'diʃ] jiddisch.
yole ⚓ [jɔl] *f* Jolle.
youfte [juft] *m* Juchten(leder) *n*.
yougoslave [jugɔ'sla:v] **1.** *adj.* jugoslawisch; **2.** ♀ *su.* Jugoslawe *m*.
Yougoslavie [jugɔsla'vi] *f*: **la ~** Jugoslawien *n*.
you-you *arab.* [ju'ju] *int.* hoch, hoch!
ypréau ♀ [ipre'o] *m* Silberpappel *f*; langstielige Rüster *f*.
Ypres ['iprə] *m* Ypern *n* (*in Belgien*).

Z

Z (*ou* **z**) [zɛd] *m* Z (*od.* z) *n*.
zabre *ent.* ['zabrə] *m* Getreidelaufkäfer.
zanzibar [zãzi'ba:r] *m*, P **zanzi** [zã'zi] *m* Glücks-, Würfel-spiel *n*.
zazou F [za'zu] *m* Playboy; Geck.
zèbre *zo.* ['zɛ:brə] *m* Zebra *n*.
zébrer [ze'bre] (1f) zebraartig streifen.
zébrure [ze'bry:r] *f* zebraartige Streifung *od.* Streifen *m/pl*.
zébu *zo.* [ze'by] *m* Zebu *n*; ~ *domestique* indischer Buckelochse.
Zélande [ze'lã:d] *f*: **la** ~ Seeland *n*; *la Nouvelle-*~ Neuseeland *n*.
zélateur *bsd. rl.* [zela'tœ:r] *m* blinder Eiferer *m* (*de* für *acc.*); eifriger Anhänger *od* Verfechter.
zèle [zɛl] *m* Eifer; F *faire du* ~ zuviel Eifer zeigen.
zélé [ze'le] (7) eifrig.
zélot|e *bsd. hist. rl.* [ze'lɔt] *m* Zelot; *fig.* Fanatiker; **~isme** [~'tism] *m* Zelotentum *n*; blinder Eifer.
zend [zɛ̃:d] *m* Zendsprache *f* (*a. adj.*).
zénith [ze'nit] *m* Scheitelpunkt; *fig.* Gipfel.
zéphire, **zéphyr** [ze'fi:r] *m* Zephir, Westwind; lauer Wind; *text.* Zephir (*Baumwollgewebe*).
zéph|irien, **~yrien** [zefi'rjɛ̃] zephirisch, zephirleicht.
zéro [ze'ro] *m* Null *f*; *fig.* Nichts *n*, reine Null *f*; Nullpunkt; ~ *absolu phys.* absoluter Nullpunkt; *fig. partir de* ~, *repartir à* ~ von vorn anfangen; ~ *de conduite pour ...* Betragensfünf *f* für ...; *une température de* ~ *degré* e-e Temperatur von null Grad; **~tage** [~ro'ta:ʒ] *m phys.* Nullpunktbestimmung *f*.
zeste [zɛst] *m* Außenschale *f* e-r Zitrone *od. Apfelsine*; *cela ne vaut pas un* ~ das ist absolut nichts wert.
zester [zɛs'te] (1a): ~ *un citron*, *un orange* e-e Zitrone, Apfelsine schälen.
zézayer [zeze'je] (1i) lispeln ([z] statt [ʒ], [s] statt [ʃ]).

zibeline *zo.* [zi'blin] *f* Zobel(pelz *m*) *m*.
zibeth *zo.* [zi'bɛt] *m* Zibetkatze *f*.
zigouiller F *plais.* [zigu'je] (1a) abmurksen P, kaltmachen P.
zig(ue) P [zig] *m*: (*bon*) ~ (guter) Kamerad, feiner, lieber Kerl.
zigzag [zig'zag] *m* Zickzack (*a.* ⚔); **~uer** [~'ge] (1m) hin u. her taumeln; sich im Zickzack bewegen; im Zickzack verlaufen (*Weg*); ⚔ im Zickzack fliegen.
zinc [zɛ̃:k] *m* Zink *n*; P Theke *f*, Schenktisch; ⚔ Kiste *f* (*Flugzeug*).
zincage ⊕ [zɛ̃'ka:ʒ] *m* = **zingage**.
zinci|de [zɛ̃'sid] zinkähnlich; **~fère** [~'fɛ:r] zinkhaltig; **~que** 🜍 [~'sik]: *oxyde m* ~ Zinkoxyd *n*; *sels m/pl.* ~**s** Zinksalze *m/pl*.
zincographie ⊕ [zɛ̃kɔgra'fi] *f* Zinkätzung.
zingage ⊕ [zɛ̃'ga:ʒ] *m* Verzinken *n*.
zingaro *italienisch* [zɛ̃ga'ro] *su*. Zigeuner *m*.
zingu|er ⊕ [zɛ̃'ge] (1m) mit Zink decken; verzinken; **~erie** ⊕ [~'gri] *f* Zinkhütte; Zinkwaren *pl*.; **~eur** [~'gœ:r] *m* Zinkarbeiter.
zinzinuler [zɛ̃ziny'le] (1a) zwitschern (*v. Meisen*); singen (*v. Grasmücken*).
zizanie [ziza'ni] *f* Zwietracht.
zodiacal *ast.* [zɔdja'kal] (5c) zum Tierkreis gehörig.
zodiaque *ast.* [zɔ'djak] *m* Tierkreis.
zoécie *biol.* [zɔe'si] *f* Einzelzelle *f* der Kolonien von Moostierchen.
zoïle *litt.* [zɔ'il] *m* boshafter Kritiker.
zokat *arab.* [zɔ'ka] *m* Steuer *f*.
zona 🜍 [zo'na] *m* Gürtelrose *f*.
zonage [zo'na:ʒ] *m* Einteilung *f* in Zonen.
zon|e [zo:n] *f ast.*, ⚔, *pol.* Zone; Erdgürtel *m*; (gürtelartiger) Streifen *m*; Landstrich *m*; Gebiet *n*; ~ *bleue* Pariser Stadtteil *m* mit Parkverbot; ~ *côtière* Küstengebiet *n*; ~ *de réception* Empfangsbereich *m*; ⚔ ~ *de combat* Kampfgebiet *n*; *Sport:* ~ *de penalty* Strafraum *m*;

fig. de seconde (od. de deuxième) ~ zweitrangig; **~er *** [zo'ne]: *se ~* sich hinlegen, schlafen gehen.
zonier [zo'nje] *m* Grenzbewohner.
zoo F [zo(o)] *m* Zoo, zoologischer Garten.
zoo|logie [zɔɔlɔ'ʒi] *f* Zoologie, Tierkunde; **~phage** [~'fa:ʒ] Tiere fressend; **~phyte** [~'fit] *m* Tierpflanze *f*; **~psychologie** [~psikɔlɔ-'ʒi] *f* Tierpsychologie; **~thérapie** [~tera'pi] *f* Tierheilkunde; **~tomie** [~tɔ'mi] *f* Tieranatomie.
zostère ♀ [zɔs'tɛ:r] *f* Wasserrieme *m*; *~ marine* Seegras *n*.

zouave ⚔ [zwa:v] *m* Zuave; *fig. faire le ~* ganz groß angeben.
zoulou [zu'lu] *m* Zulu(kaffer); *ling.* das Zulu *n*.
zut! P [zyt] still!, ruhig!; denk nicht daran!, scher dich weg!, laß mich in Ruh!
zyeuter P [zjø'te] *v/t.* (1a) anglotzen.
zygote *biol.* [zi'gɔt] *m* befruchtende Eizelle *f*.
zymo|logie 🜹 [zimɔlɔ'ʒi] *f* Gärungslehre; **~technie** 🜹 [~tɛk'ni] *f* Gärungsverfahren *n*; **~tique** 🜹 [~'tik] gärungserregend.

Französische Abkürzungen

A

A accepté (*fin.*); acquitté (*fin.*); ampère ⚡; argent (*auf Kurszetteln*).
A.A. acte d'Accusation ⚖; Alliance Atlantique; anti-aérien.
A.A.C. Association d'Anciens Combattants.
A.A.F. Allocations d'Assistance à la Famille.
A.B.A. Académie des Beaux-Arts.
Abt. abonnement.
A.C. Association de Camping.
A.C.A.D.I. Association des Cadres Dirigeants de l'Industrie.
A.C.C.F. Auto-Camping-Club de France.
A.C.E. Assemblée Consultative Européenne.
A.C.F. Automobile Club de France.
A.C.O. Action Catholique Ouvrière.
A.D.E.F. Association de Défense des Economiquement Faibles.
A.E. Afrique Equatoriale.
Aé.C.F. Aéro-Club de France.
A.E.F. *ehm.* Afrique Equatoriale Française.
A.E.F.O.M. Agence Economique de la France d'Outre-Mer.
A. et R. aller et retour.
A.F. Académie Française.
A.F.C.V. Association Française des Camps Volants (*Touristenverkehr*).
A.F.I.D. Agence Française d'Information et de Documentation.
A.F.N. *ehm.* Afrique Française du Nord.
AFNOR Association Française de Normalisation.
A.F.P. Agence France Press.
A.F.U.H. Association Française pour l'Urbanisme et l'Habitation.
A.G. Assemblée Générale.
A.G.M.G. Association Générale des Mutilés de Guerre.
Agr. agrégé.
A.H. Agence Havas.
A.I.B.L. Académie des Instructions et Belles-Lettres.
A.I.E.A. Agence Internationale de l'Energie Atomique.
A.I.T. Alliance Internationale du Tourisme.
A.I.T.A. Association Internationale des Transports Aériens.
A.J. Auberges de la Jeunesse.
A.M. Académie de Médecine; Administration Militaire; Allocation Maternité.
A.M.S. Assemblée Mondiale de la Santé.
A.N. Afrique du Nord; Assemblée Nationale.
A.N.F.A.N.O.M.A. Association nationale des Français d'Afrique du Nord, d'outre-mer et de leurs amis.
A.O.F. *ehm.* Afrique Occidentale Française.
A.P. Académie de Pharmacie; Agence de Placement; Agence Postale.
A.P.E.L.C. Association des Parents d'Elèves des Lycées et Collèges.
Appt. appartement.
ARCE Association pour les Relations Culturelles avec l'Etranger.
arr. arrondissement.
art. article.
a/s. aux soins zu Händen.
A.S. Assurances Sociales; Assurés Sociaux.
A.T. annuaire téléphonique; Associations de Tourisme.
At. atome.
A.T.A.I. Association du Transport Aérien International.
A.T.M. Armée de Terre Métropolitaine.
A.U.F. Assemblée de l'Union Française.
A.U.P.E.L.F. Association des Universités Partiellement ou Entièrement de Langue Française.
A.V. Académie Vétérinaire; Assurance-Vie.
Av. avenue; avocat.

B

b., bt billet Wechsel, Anweisung.
Bac baccalauréat.
B.A.S. Bureau d'Aide Sociale.

B.B.D. billets „bon dimanche".
B.C. Brevet de Capacité; Bureau de Chômage.
B.C.P. Bataillon de Chasseurs à pied.
B.C.R.A.M. Bureau Central de Renseignements et d'Action Militaire (1941).
Bd. boulevard.
B.D.F. Banque de France.
B.D.T. bons du trésor.
B.E.L. Bureau d'Etude et de Liaison.
Bénélux Belgique-Nederland-Luxembourg.
Bep Bataillon d'équipement de ponts.
B.E.P.C. Brevet d'Etudes du Premier Cycle.
B.E.P.S. Brevet d'Enseignement Primaire Supérieur.
B.F. Banque de France; basse fréquence; brevet français.
B.I. bouche d'incendie (*Hydrant*).
B.I.C.I. Bureau International du Commerce et de l'Industrie.
B.I.D.A. Bureau International des Droits d'Auteur.
B.I.D.R. Banque Internationale de Développement et de Reconstruction.
B.I.E. Bureau International de l'Education (*od*. des Expositions).
B.I.N. Bureau International de Normalisation.
B.I.P. Bureau d'Information et de Propagande.
B.I.P.A.R. Bureau International des Producteurs d'Assurances et de Réassurances.
B.I.R.D. Banque Internationale pour la Reconstruction et le Développement.
B.I.T. Bureau International du Travail.
B.J.S. Bureau de la Jeunesse et des Sports.
b. lat. bas latin.
B.M. Banque Mondiale; bulletin météorologique.
B.N. Bulletin de Naissance; Bureau de Normalisation.
B.N.T. Bureau National du Tourisme.
B.O.M.E.N. Bulletin Officiel du Ministère de l'Education Nationale.
B.P. Brevet Professionnel.
B.P.C. Bataillon de Pionniers et de Chars.

B.P.M.E. Brevet de Préparation Militaire Elémentaire.
br., bt brut brutto.
B.R.I. Banque de Règlements Internationaux.
B.R.M. brigade routière motorisée.
B.S. Brevet Supérieur.
B.S.E.C. Brevet Supérieur d'études commerciales.

C

c. courant; centime.
C.A. certificat d'aptitude; Communauté Atlantique.
C.A.F. Caisses d'Allocations Familiales; coût, assurance, fret.
C.A.P. Certificat d'Aptitude Professionnelle.
C.A.P.E.S. Certificat d'Aptitude au Professorat de l'Enseignement Secondaire.
C.A.T. Certificat d'Aptitude Technique.
C.C. certificat de capacité; Chambre de Commerce; Code Civil (*od*. Criminel *od*. de Commerce).
C.C.C. copie certifiée conforme.
C.C.C.S. Centre de Coopération Culturelle et Sociale.
C.C.F. Camping-Club de France; Chambre de Commerce Française.
CCFA Commandement en Chef Français en Allemagne Oberkommando der französischen Streitkräfte in Deutschland.
C.C.N.N.U. Comité de Coordination de Normalisation des Nations Unies.
C.C.P. compte (de) chèques postaux.
C.D. Chambre des Députés; Corps Diplomatique.
C.D.A. Comité de Défense Atlantique.
C.E. certificat d'études; Communauté Européenne; Conseil de l'Europe; Conseil d'Etat.
C.E.A. Commission de l'Energie Atomique; Confédération Européenne de l'Agriculture; *Fr.* Centre d'Etudes Atomiques.
C.E.A.I. Cercles d'Echanges Artistiques Internationaux.
C.E.C.A. Communauté Européenne du Charbon et de l'Acier.
C.E.D. Communauté Européenne de Défense.

C.E.E. 1. Communauté économique européenne = EWG ; 2. Commission Economique pour l'Europe (*Nations-Unies*).

C.E.L.G. certificat d'études littéraires générales.

C.E.M.E.A. Centres d'Entraînement aux Méthodes d'Education Actives (*Ferienkolonien*).

C.E.M.G. Chef d'Etat-Major Général.

C.E.N. Centre d'Etudes Nucléaires.

C.E.P. certificat d'études primaires.

CERN Conseil Européen de Recherches Nucléaires ; *neuerdings genannt* : Organisation Européenne pour la Recherche Nucléaire (*in Genf*).

C.E.T. Centre d'Etudes de Télécommunications ; Commission Européenne de Tourisme.

C.F.O. Confédération Force Ouvrière.

C.F.P. certificat de formation professionnelle.

C.F.T.C. Confédération Française des Travailleurs Chrétiens.

C.G.A.C. Confédération Générale des Anciens Combattants.

C.G.C. Confédération Générale des Cadres.

C.G.T. Confédération Générale du Travail.

C.G.T.I. Confédération Générale des Travailleurs Intellectuels.

ch.d.f. chemin de fer.

C.H.E.A. Centre des Hautes Etudes Administratives.

C.H.E.M. Centre des Hautes Etudes Militaires.

C.H.U. Centre hospitalo-universitaire.

C.I.C. carte internationale de camping ; Crédit Industriel et Commercial.

C.I.F. Centre Interentreprise de Formation ; Conseil International des Femmes.

C.I.S.L. Confédération Internationale des Syndicats Libres.

C.I.S.O. Confédération Internationale des Syndicats Ouvriers.

C.I.T.I. Confédération Internationale des Travailleurs Intellectuels.

C.I.W.L. Compagnie Internationale des Wagons-Lits.

C.J. camp de jeunesse.

cm centimètre.

C.M. certificat médical ; Chambre des Métiers ; Code Militaire ; Conseil des Ministres.

C.M.P. Compagnie du Chemin de Fer Métropolitain de Paris.

C.N.C. Centre National de la Cinématographie.

C.N.E. Caisse Nationale d'Epargne.

C.N.J.A. Centre National des Jeunes Agriculteurs.

C.N.P.F. Conseil National du Patronat Français.

C.N.P.P. Centre national de prévention et de protection.

C.N.T. Centre National de Tourisme.

C.O.P. Centre d'Orientation Professionnelle.

C.P.C.V. Comité Protestant des Colonies de Vacances.

CREDOC Centre de recherches et de documentation sur la consommation.

C.R.E.P.S. Compagnie de Recherches et d'Exploitation de Pétrole au Sahara.

C.R.I. Croix-Rouge Internationale.

C.R.J. Conseil Représentatif des Juifs de France.

C.S.E.N. Conseil Supérieur de l'Education Nationale.

C.S.F. Chambres Syndicales Françaises ; Compagnie Générale de Télégraphie sans Fil.

C.T.S. Centre de Transfusion Sanguine.

C.U. Cité Universitaire.

CV cheval-vapeur PS.

C.V.A.F. Corps Volontaire Auxiliaire Féminin.

C.V.J. Centres de Vacances de la Jeunesse.

C.W.L. Compagnie des Wagons-Lits.

D

D.A. défense aérienne ; Défense Atlantique.

D.A.F. Dictionnaire de l'Académie Française.

D.C.A. Défense contre Avions.

Dépt. Département.

D.E.S. Diplôme d'Etudes Supérieures.

D.I. Destinataire inconnu ; Droit International.

D.O.T. Défense Opérationnelle du Territoire.

D.P. Démocrates Populaires; défense passive ziviler Luftschutz.
D.S.B. Diplôme Supérieur de Bibliothécaire.
D.S.M. Détection des sous-marins.
D.S.T. Direction de la Sécurité du Territoire.

E

E.A. écoles d'apprentissage.
E.B.A. Ecole des Beaux-Arts.
E.D.F. Eclaireurs de France (*Scouts*).
E.F. Etat Français.
E.F.A.A. examen de fin d'apprentissage artisanal.
E.H.E.C. Ecole des Hautes Etudes Commerciales.
E.H.E.I. Ecole des Hautes Etudes Industrielles.
E.M. Etat-Major.
E.M.P. Ecoles Militaires Préparatoires.
E.N. Ecoles Normales; énergie nucléaire.
E.N.P. Ecoles Normales Primaires.
E.N.S. Ecoles Normales Supérieures.
E.N.S.E.S. Ecole Normale Supérieure d'Enseignement Secondaire.
E.N.S.E.T. Ecole Normale Supérieure d'Enseignement Technique.
E.O. Extrême-Orient.
e. ou o.e. erreur ou omission exceptée Irrtum vorbehalten.
E.P. Ecoles Polytechniques (*od.* Primaires *od.* Professionnelles).
E.P.V. Ecole Polytechnique de Vente.
E.S.C. Enseignement Secondaire Classique.
E.S.M. Enseignement Secondaire Moderne.
établt établissement.
ETAP Etude Travail Application Psychotechnique.
E.U. Europe Unie.
E.U.A. Etats-Unis d'Amérique.

F

F.A. Forces Aériennes (*od.* Armées *od.* Atlantiques).
F.A.F.N.F. Fédération des Associations des Familles Nombreuses de France.
F.A.P.E.L.C. Fédération Autonome des Parents d'élèves des Lycées et Collèges.
F.B.I. Federal Bureau of Investigation (Sûreté fédérale américaine).
F.C.A. Fédération des Coopératives Agricoles.
F.C.C. Fédération des Coopératives de Consommation.
F.C.V.F. Fédération des Colonies de Vacances Familiales.
F.D.I.F. Fédération Démocratique Internationale des Femmes.
F.E.C. Fédération des Etudiants Catholiques. [Nationale.]
F.E.N. Fédération de l'Education
F.F.A.J. Fédération Française des Auberges de la Jeunesse.
F.F.C.C. Fédération Française de Camping et de Caravaning.
F.F.E.C. Fédération Française des Etudiants Catholiques.
F.F.L. Forces Françaises Libres (*1940—1944*).
F.I.A. Fédération Internationale de l'Automobile.
F.I.A.C. Fédération Internationale des Anciens Combattants.
F.I.A.P.F. Fédération Internationale des Associations de Producteurs de Films.
F.I.C.C. Fédération Internationale des Clubs de Camping.
F.I.J. Fédération Internationale des Journalistes.
F.I.O.C.E.S. Fédération Internationale des Organisations de Correspondances et d'Echanges Scolaires.
F.I.P.P. Fédération Internationale de la Presse Périodique.
F.I.T. Fédération Internationale des Traducteurs.
F.L. Faculté des Lettres.
F.L.N. 1. Front de Libération Nationale Algerische Befreiungsfront *od.* Widerstandsbewegung (*seit November 1955 bis zum 1. Juli 1962*); 2. Forces de la Libération Nationale (*1944/45*).
F.M. franchise militaire portofrei (*für Militär*).
FNAC Fédération Nationale d'Achats des Cadres (*od.* d'Action Catholique).
F.N.A.J. Fédération Nationale des Auberges de la Jeunesse.
F.N.U. Forces des Nations Unies.
F.O. Force Ouvrière.
F.O.M. France (d')Outre-Mer.
Frs francs Franken.
frs. francs; Frères.
F.S. Faire suivre! Bitte nachsenden!
F.T.M. Forces de Terre et de Mer.

G

GATT Accord Général sur les Tarifs et le Commerce Allgemeines Zoll- u. Handelsabkommen.
G.E.C.U.S. Groupe d'Etudes de l'Urbanisme Souterrain.
Girep Groupement interprofessionnel des industries de la région Est de Paris.
GMB Gouvernement Militaire de Berlin.
G.M.R. Gardes Mobiles Républicaines.
G.O. grandes ondes (rad.).
G.P.R.A. ehm. Gouvernement Provisoire de la République Algérienne.
G.Q. Grand Quartier.
G.R. grande route.
G.R.A.E. Gouvernement Révolutionnaire Angolais en Exil.

H

H.B.M. habitations à bon marché.
H.E.C. Hautes Etudes Commerciales; Heure de l'Europe Centrale.
H/F. ≠ haute fréquence.
H.L.M. habitations à loyers moyens.
H.P. haut-parleur; Horse Power.
Htes Pyr. Hautes-Pyrénées.

I

I.Agr. Institut Agronomique.
I.E.I. Institut d'Esthétique Industrielle.
I.E.R.N. Institut Européen pour la Recherche Nucléaire.
I.F. Institut de France.
I.F.O.P. Institut Français de l'Opinion Publique.
igame Inspecteur général de l'Administration en mission extraordinaire.
I.L.C. Institut Linguistique et Commercial.
IMPEX Service des Importations et des Exportations.
I.N.E.D. Institut National d'Etudes Démographiques.
I.N.R.A. Institut National de la Recherche Agronomique.
I.N.S. Institut National des Sports.
I.N.S.T.N. Institut National des Sciences et Techniques Nucléaires.
I.P.C.L. Institut du Pétrole, des Carburants et Lubrifiants.
I.P.E.S. Institut de Préparation aux Enseignements de Second Degré.
I.P.N. Institut de Physique Nucléaire.
I.R.G. Internationale des Résistants à la Guerre.

J

J.E.C. Jeunesse Etudiante Chrétienne. [raliste.]
J.E.F. Jeunesse Européenne Fédé-
J.O. Journal Officiel.
J.O.R.F. Journal Officiel de la République Française.
J.P.A. Jeunesse au Plein Air.

K

km/h kilomètres par heure.
kWh kilowatts-heure, kilowatt-heure.

L

L.A.F. Ligne Aéronautique de France.
L.D. livraison à domicile.
L.D.H. Ligue des Droits de l'Homme.
L.E. Légion Etrangère.
L.E.C.E. Ligue Européenne de Coopération Economique.
L.F.A.J. Ligue Française des Auberges de la Jeunesse.
L.M. livret matricule (od. militaire).
L.M.C.A. Ligue Mondiale contre l'Alcoolisme.
L.R.N. Ligue Républicaine Nationale.
L.T.T. Lignes Téléphoniques et Télégraphiques.

M

M. Monsieur.
M.A.E. Ministères des Affaires Etrangères.
M.C.F. Mouvement Communiste Français.
M.C.I. Ministère du Commerce et de l'Industrie.
M.C.P. Mouvement des Combattants de la Paix.
M.C.V.G. Mutilés, Combattants et Victimes de la Guerre.
M.D.N. Ministère de la Défense Nationale.
M.E.N. Ministère de l'Education Nationale.
M.F. Ministère des Finances.
Mgr Monseigneur.

M.I. Ministère de l'Information (od. de l'Intérieur).
Micuma Société des Mines de Cuivre de la Mauritanie.
Miferma Société des Mines de Fer de la Mauritanie.
Mlle Mademoiselle.
MM. Messieurs.
M.M. Ministère de la Marine.
Mme Madame.
MMelles Mesdemoiselles.
MMes Mesdames.
M.N.A. *ehm.* Mouvement National Algérien (*für Zusammenarbeit mit Frankreich auf der Basis der Gleichberechtigung*).
M.N.E.F. Mutuelle Nationale des Etudiants de France.
M.N.J.R. Mouvement National de la Jeunesse Républicaine.
M.O. Moyen-Orient.
M.O.C.I. Moniteur Officiel du Commerce et de l'Industrie.
M.P.T.T. Ministère des Postes, Télégraphes et Téléphones.
M.R.F. Mouvement de Résistance Française.
M.R.L. Mouvement Républicain de la Libération.
M.R.P. Mouvement Républicain Populaire.
M.R.U. Ministère de la Reconstruction et de l'Urbanisme.
M.S.P.P. Ministère de la Santé Publique et de la Population.
M.T.L.D. Mouvement pour le Triomphe des Libertés Démocratiques.
M.T.P.T.T. Ministère des Travaux Publics, Transports et Tourisme.
M.T.S.S. Ministère du Travail et de la Sécurité Sociale.

N

N.D.L.R. Note de la Rédaction.
NF, N.F. Nouveaux Francs (*seit 1. 1. 1960*).
No numéro.
N/Réf. notre référence unser Zeichen (*auf Briefen*).
N.R.F. Nouvelle Revue Française.
N.U. Nations Unies.

O

O.A.A. Organisation pour l'Alimentation et l'Agriculture.
O.A.C.I. Organisation de l'Aviation Civile Internationale.
O.A.S. *Fr. ehm.* Organisation de l'Armée Secrète (*etwa von 1960 bis 1962*).
O.C.C.A.J. Organisation Centrale des Camps et Auberges de la Jeunesse.
O.C.E.E. Organisation de Coopération Economique Européenne.
O.C.M.J. Organisation Civile et Militaire des Jeunes.
O.C.T.S. Organisation Commune des Territoires Sahariens.
O.D.E. Office de Documentation Economique.
O.E.A. Organisation des Etats américains.
O.E.C.E. Organisation Européenne de Coopération Economique.
O.E.S.C. Organisation pour l'Education, la Science et la Culture Intellectuelle.
O.F.C.E. Office Français du Commerce Extérieur.
O.F.I. Comex Office Français d'Importation et du Commerce Extérieur.
O.F.R.S. Office Français de Recherches Sous-marines.
O.I.E. Organisation Internationale des Employeurs.
O.I.J. Organisation Internationale de la Jeunesse.
O.I.N. Organisation Internationale de la Normalisation.
O.I.R. Organisation Internationale de la Radiodiffusion; Organisation Internationale des Réfugiés (*Nations Unies*).
O.I.T. Organisation Internationale du Travail.
O.M.C. Organisation Mondiale du Commerce (*Nations Unies*).
O.M.M. Organisation Météorologique Mondiale.
O.M.S. Organisation Mondiale de la Santé (*Nations Unies*).
O.N.I.A. Office National Industriel de l'Azote.
O.N.M. Office National Météorologique.
O.N.T. Office National du Tourisme.
O.N.U. Organisation des Nations Unies (*Uno*).
O.N.U.E.S.C. Organisation des Nations Unies pour l'Education, la Science et la Culture Intellectuelle (*Unesco*).

O.P.A. Organisation du Pacte Atlantique.
O.R.S.T.O.M. Office de la Recherche Scientifique et Technique d'Outre-Mer.
O.S. Ouvrier spécialisé (*rangmäßig zuunterst in der technischen Laufbahn*).
O.S.M. Organisation Syndicale Mondiale.
O.T.A. Organisation Mondiale du Tourisme et de l'Automobile
O.T.A.N. Organisation du Traité de l'Atlantique Nord (*NATO*).
O.V.F. Office du Vocabulaire français (*gegründet März 1957*).

P

P.A. Pacte Atlantique; piste atomique; poids atomique; professeur agrégé.
P.A.N. Pacte Atlantique-Nord.
P.B., P. Bt. poids brut.
P.C. Parti Communiste; permis de conduire; poste de commandement; prix courant.
P.C.A. Pool Charbon-Acier.
P.C.B. (Certificat d'Etudes) Physiques, Chimiques, Biologiques.
P.C.F. Parti Communiste Français.
P.C.I. permis de conduire international.
P. et C. Ponts-et-Chaussées.
P.D. port dû unfrankiert.
P.et T. *f/pl.* Postes et Télécommunications Post- u. Fernmeldeverkehr *m* (*so seit 1960 statt der früheren P.T.T. benannt*).
P.F.A. Presse Française Associée.
P.G. prisonniers de guerre; procureur général Staatsanwalt.
P.I. passage interdit Durchfahrt (*od.* Durchgang) verboten; pompe d'incendie Feuerspritze.
P.-L.-M. Paris-Lyon-Marseille.
P.M.E. Petites et Moyennes Entreprises.
P.M.I. Protection Maternelle et Infantile.
P.N. passage à niveau Bahnübergang.
P.N.F. Parti National Français.
P.N.P. *ehm.* Parti National du Progrès probelgische Fortschrittspartei im Kongo.
P.P. par procuration per procura, in Vertretung.

P.R. Parti Radical; Police Routière; poste restante.
P.R.A. Parti du Rassemblement Africain Afrikanische Sammlungspartei.
P.R.D. Parti Républicain Démocratique.
P.R.E. Programme de la Reconstruction Européenne.
P.R.I. Parti Radical Indépendant.
P.R.L. Parti Républicain de la Liberté.
P.R.R.S. Parti Radical et Radical-Socialiste.
P.R.S. Parti Républicain Socialiste.
P.S. Parti Socialiste; police-secours Überfallkommando; poste de secours Unfallstation; post-scriptum.
P.S.A. parti sans laisser d'adresse unbekannt verzogen.
P.S.D. Parti Socialiste Démocratique.
P.S.R. Postes de Secours Routiers Unfallstationen an Autobahnen.
P.S.U. Parti Socialiste Unitaire.
P.T.T. Postes, Télégraphes, Téléphones (*seit 1960: P. et T.*).
p.v.t. par voie télégraphique drahtlich.
Pyr.-Or. Pyrénées-Orientales.

Q

Q.G. (F.A.) Quartier Général (des Forces Atlantiques).

R

Rad. Soc. Radicaux Socialistes.
R.A.T.P. Régime Autonome des Transports Parisiens.
R.A.U. République Arabe Unie Vereinigte Arabische Republik, VAR.
RB. envoi contre remboursement Nachnahmesendung.
R.C. Registre du Commerce.
R.C.P. Régiment de chasseurs à pied.
R.D. Route départementale.
R.D.F. Radiodiffusion Française.
R.D.J. Rencontres de Jeunes.
Rép. Ind. Républicains Indépendants.
R.F. Ralliement Français; République Française.
R.F.A. République Fédérale Allemande.
R.F.T. Régie Française des Tabacs.

R.G.R. Rassemblement de la Gauche Républicaine.
R.I. Républicains Indépendants.
R.N. route nationale.
R.P. Radio Paris; Réponse Payée.
R.P.F. Rassemblement du Peuple Français.
R.R.R.S. Parti Républicain Radical et Radical-Socialiste.
R.S. Radicaux-Socialistes; Républicains Socialistes.
R.S.V.P. Répondez, s'il vous plaît.
R.T.D. Radio-Télédiffusion.
R.T.F. Radiodiffusion et Télévision Française; Rassemblement Travailliste Français.
R.U.P. reconnu d'utilité publique.
R.V. route vicinale.
R.X. rayons X.

S

S.A. Société Anonyme.
S.A.C.D. Société des Auteurs et Compositeurs Dramatiques.
S.A.C.E.M. Société des Auteurs, Compositeurs et Editeurs de Musique.
S.A.F.I.C. Société Anonyme Française de l'Industrie de Caoutchouc.
S.A.R.L. Société à responsabilité limitée G.m.b.H. [ciale.]
S.A.S. Section administrative spé-
S.A.U. Section Administrative Urbaine; Service d'Architecture et d'Urbanisme.
S.C.A.F. Société Centrale des Agriculteurs de France.
S.C.E. Service Contre-Espionnage.
S.C.E.O. Syndicats de Cadres, d'Employés, d'Ouvriers.
S.D. Socialistes Démocratiques; sauf les dimanches.
S.D.F. Scouts de France.
S.D.N. Société des Nations.
S.E. ou O. sauf erreur ou omission.
S.E.I.T.A. Société d'Exploitation Industrielle des Tabacs et des Allumettes.
S.E.P.I. Société d'Exploitation de Produits Industriels.
S.E.T.E.C. Société d'Etudes du Trafic et des Communications.
S.F.I.O. Section Française de l'Internationale Ouvrière.
S.F.P. Société Française Psychotechnique.
S.G.F. Société du Gaz de France.
S.G.L. Société des Gens de Lettres.

S.I. Syndicat d'Initiative Fremdenverkehrsverein.
S.I.P. Société de l'Industrie Pétrolifère.
S.I.R. Service International des Recherches. [Français.]
S.J.F. Syndicat des Journalistes
S.M. Sa Majesté; stations météorologiques.
S.M.I.G. Salaire minimum interprofessionnel garanti.
S.N.A. Société Nord-Atlantique.
S.N.A.F. Société Nationale des Architectes de France.
S.N.C.F. Société Nationale des Chemins de fer Français.
S.N.E.C.M.A. Société Nationale d'Etudes et de Construction de Moteurs d'Aviation.
S.N.I. Syndicat National des Instituteurs.
S.N.L.C. Syndicat National des Lycées et Collèges.
Soc. An. Société Anonyme.
S.O.F.R.E.L.E.C. Société française d'Etudes et de Réalisations d'Equipements électriques.
Sogep Société de gestion, d'édition et de publicité.
S.O.G.R.E.A.H. Société Grenobloise d'Etudes et d'Applications Hydrauliques.
S.O.I. Secours Ouvrier International.
S.P.A. Société Protectrice des Animaux.
S.P.A.E.F. Société des pétroles de l'Afrique Equatoriale Française.
S.P.C.N. Sciences Physiques, Chimiques, Naturelles.
S.R. Service de renseignements Auskunftsdienst.
S.R.L. société à responsabilité limitée G.m.b.H.
S.S. Service de Santé.
S.S.F. Société Spéléologique de France; Société Sportive de France.
S.S.O. sud-sud-ouest.
s.v.p. s'il vous plaît.
Sycomom Syndicat des Constructeurs Belges de Machines-Outils pour le Travail des Métaux.

T

T.A. test d'aptitude transports aériens.
T.A.I. Transport Aérien International.

T.C.F. Touring-Club de France.
T.F.O.M. Territoires Français (d')Outre-Mer.
T.N.P. Théâtre National Populaire.
T.O.M. Territoires (d')Outre-Mer.
T.S.C. taxe et service compris.
T.S.F. Télégraphie, Téléphonie sans Fil.
T.S.V.P. tournez, s'il vous plaît.
T.V. télévision.

U

U.A.F. Union des Artisans de France.
UAM Union Africaine et Malgache.
U.A.S.I.F. Union des Associations Scientifiques et Industrielles Françaises.
U.C.I. 1. Union Canine Internationale Internationaler Hunde-Zuchtverband; 2. Union Cycliste Internationale.
U.C.J.F. Union Chrétienne de Jeunes Filles.
U.D.S.R. Union Démocratique et Socialiste de la Résistance.
U.E. Union Européenne.
U.E.F. Union des Etudiants de France; Union Européenne Fédéraliste.
U.E.O. Union de l'Europe occidentale.
U.E.P. Union Européenne des Paiements.
U.E.R. Union Européenne de Radiodiffusion.
U.F.A.J. Union Française des Auberges de la Jeunesse.
U.F.C.V. Union Française des Colonies de Vacances (*katholisch*).
U.F.O.V.A.L. Union Française des Œuvres de Vacances Laïques.
U.F.T. Union des Fédérations des Transports.
U.G.E.M.A. Union Générale des Etudiants Musulmans Algériens.
U.G.I.C. Union Générale des Ingénieurs et Cadres.
U.G.S. Union de la Gauche Socialiste.
U.I.E. Union Internationale des Etudiants.
U.J.R.F. Union de la Jeunesse Républicaine de France.
U.N.A.P.E.I. Union Nationale des Associations de Parents d'Enfants Inadaptés.
U.N.C. Union Nationale des Combattants.
U.N.E.F. Union Nationale des Etudiants de France.
UNESCO United Nations Educational, Scientific and Cultural Organization (Organisation des Nations Unies pour l'Education, la Science et la Culture).
U.N.R. Union pour la Nouvelle République (*ab Nov. 1962*: l'Union pour la Ve République).
U.P.E. Union Parlementaire Européenne.
U.P.(I.) Union Postale (Internationale).
U.P.R. Union Populaire Républicaine.
U.P.U. Union Postale Universelle.
U.R.N.D. Union Républicaine Nationale Démocratique.
U.R.P. Union Républicaine Progressiste.
U.R.S.S. Union des Républiques Socialistes Soviétiques.
U.S.E. Union des Syndicats d'Electricité.
U.T. Unités Territoriales.
U.T.I. Union des Télécommunications Internationales.

V

V.A.C. Vins d'Appellation Contrôlée.
V.E. Votre Eminence; Votre Excellence.
V.M. Votre Majesté.
V.S.O.P. Very Superior Old Pale (très vieil alcool supérieur).

W

W. watt.
W.(-)C. water closet Toilette, WC.
W.L. wagon-lit.
W.R. wagon-restaurant.

X

XP exprès payé Eilbote bezahlt.

Y

Y.C.F. Yacht-Club de France.

Z

Z.F.O. Zone Française d'Occupation.
Z.M. Zone Militaire.

T.C.F. Touring Club de France.
T.O.M. Territoire Français d'Outre-Mer.
T.O.M. Tampimpo (?) d'Outre-Mer.
T.S.C. taxe réservée commerce.
T.S.F. Téléphonie-Télégraphie sans fil.
T.S.V.P. tournez s'il vous plaît.
T.V. Télévision.

U

U.A.F. Union des Artisans de France.
U.A.M. Union Africaine et Malgache.
U.A.S.I.E. Union des Associations Scientifiques et Industrielles Européennes.
U.C.I. 1. Union Cinématographique internationale (Ciné-caritas). 2. Union Cycliste Internationale.
U.C.J.F. Union Chrétienne de Jeunes Filles.
U.D.S.R. Union Démocratique et Socialiste de la Résistance.
U.E. Union Européenne.
U.E.F. Union des Européens de France, Union Européenne des Fédéralistes.
U.E.O. Union de l'Europe occidentale.
U.E.P. Union Européenne des Paiements.
U.E.R. Union Européenne de Radiodiffusion.
U.F.A.C. Union Française des Anciens Combattants de la Guerre.
U.F.O.V.A.L. Union Française des Œuvres de Vacances Laïques.
U.F.T. Union des Fédérations des Travaux.
U.G.E.M.A. Union Générale des Étudiants Musulmans Algériens.
U.G.I.C. Union Générale des Ingénieurs et Cadres.
U.G.S. Union de la Gauche Socialiste.
U.I.E. Union Internationale des Étudiants.
U.J.R.F. Union de la Jeunesse Républicaine de France.
U.N.A.P.E.L. Association des Parents d'Enfants de l'enseignement.

U.N.C. Union Nationale des Combattants.
U.N.E.F. Union Nationale des Étudiants de France.
UNESCO United Nations Educational, Scientific and Cultural Organization (Organisation des Nations Unies pour l'Éducation, la Science et la Culture).
U.N.R. Union pour la Nouvelle République (du 1er oct. 1958).
U.P.U. Union Postale Universelle.
U.P.R. Union Populaire Républicaine.
U.R.I. Union Postale Universitaire.
U.R.N.D. Union Républicaine Nationale Démocratique.
U.R.P. Union Républicaine Populaire.
U.R.S.S. Union des Républiques Socialistes Soviétiques.
U.S.E. Union des Syndicats d'Électricité.
U.T. Unités Territoriales.
U.T.I. Union des Télécommunications Internationales.

V

V.A.C. Vins d'Appellation Contrôlée.
V.E. Votre Éminence Votre Excellence.
V.M. Vous-Même.
V.S.O.P. 'Very Superior Old Pale' (très vieil/alcool supérieur).

W

W. watt.
W.-C. water-closet, Toilettes W.C.
W.L. wagon-lit.
W.R. wagon-restaurant.

X

XF centres pays Bilbao bezahlt.

Y

Y.C.F. Yacht-Club de France.

Z

Z.F.O. Zone Française d'Occupation.
Z.M. Zone Militaire.

Konjugation
der französischen Verben

Die in der folgenden Zusammenstellung angeführten Verben sind als Musterbeispiele zu betrachten. Im Wörterbuch sind hinter jedem Verb Nummer und Buchstabe (1a), (2b), (3c), (4d) usw. angegeben, die auf diese Musterbeispiele hinweisen.

Zur Bildung der Zeiten

Impératif: In der Regel aus der 2. Person Singular des *Indicatif présent* unter Weglassung des Personalpronomens. Die Verben der 1. Konjugation verlieren das **s** der 2. Person des Indikativs (wenn nicht *en* oder *y* darauf folgt).

Imparfait: Aus der 1. Person Plural des *Indicatif présent* durch Änderung von ...ons in ...ais usw.

Participe présent: Aus der 1. Person Plural des *Indicatif présent* durch Änderung von ...ons in ...ant.

Subjonctif présent: Aus der 3. Person Plural des *Indicatif présent* durch Änderung von ...ent in ...e usw.

Subjonctif imparfait: Aus der 2. Person Singular des *Passé simple* durch Anhängung von ...se usw.

Futur I: Aus dem *Infinitif présent* durch Anhängung von ...ai usw.

Conditionnel I: Aus dem *Infinitif présent* durch Anhängung von ...ais usw.

Man beachte besonders:

1. In der 1. Person Singular des *Indicatif présent* der Verben auf -er ist nur die umschriebene Frageform mit *est-ce que* möglich: *est-ce que je blâme?*
2. In der Umgangssprache benutzt man für die Vergangenheit, wie im Deutschen, besonders das *Passé composé: j'ai blâmé.*
3. Außer in der 3. Person Singular ist heute das *Imparfait du subjonctif* (Konjunktiv des *Imparfait*) in Wort und Schrift fast völlig ungebräuchlich.

(1) avoir — Hilfsverben

A. Indicatif

I. Einfache Formen

Présent
- sg. j'ai / tu as / il a
- pl. nous avons / vous avez / ils ont

Imparfait
- sg. j'avais / tu avais / il avait
- pl. nous avions / vous aviez / ils avaient

Passé simple
- sg. j'eus / tu eus / il eut
- pl. nous eûmes / vous eûtes / ils eurent

Futur simple
- sg. j'aurai / tu auras / il aura
- pl. nous aurons / vous aurez / ils auront

Conditionnel présent
- sg. j'aurais / tu aurais / il aurait
- pl. nous aurions / vous auriez / ils auraient

Participe présent
ayant

Participe passé
eu (f eue)

II. Zusammengesetzte Formen

Passé composé
j'ai eu

Plus-que-parfait
j'avais eu

Passé antérieur
j'eus eu

Futur antérieur
j'aurai eu

Conditionnel passé
j'aurais eu

Participe composé
ayant eu

Infinitif passé
avoir eu

B. Subjonctif

I. Einfache Formen

Présent
- sg. que j'aie / que tu aies / qu'il ait
- pl. que nous ayons / que vous ayez / qu'ils aient

Imparfait
- sg. que j'eusse / que tu eusses / qu'il eût
- pl. que nous eussions / que vous eussiez / qu'ils eussent

Impératif
aie — ayons — ayez

II. Zusammengesetzte Formen

Passé
que j'aie eu

Plus-que-parfait
que j'eusse eu

Hilfsverben

(1) être

A. Indicatif

I. Einfache Formen

Présent
sg. je suis
tu es
il est
pl. nous sommes
vous êtes
ils sont

Imparfait
sg. j'étais
tu étais
il était
pl. nous étions
vous étiez
ils étaient

Passé simple
sg. je fus
tu fus
il fut
pl. nous fûmes
vous fûtes
ils furent

Futur simple
sg. je serai
tu seras
il sera
pl. nous serons
vous serez
ils seront

Conditionnel présent
sg. je serais
tu serais
il serait
pl. nous serions
vous seriez
ils seraient

Participe présent
étant

Participe passé
été

II. Zusammengesetzte Formen

Passé composé
j'ai été

Plus-que-parfait
j'avais été

Passé antérieur
j'eus été

Futur antérieur
j'aurai été

Conditionnel passé
j'aurais été

Participe composé
ayant été

Infinitif passé
avoir été

B. Subjonctif

I. Einfache Formen

Présent
sg. que je sois
que tu sois
qu'il soit
pl. que nous soyons
que vous soyez
qu'ils soient

Imparfait
sg. que je fusse
que tu fusses
qu'il fût
pl. que nous fussions
que vous fussiez
qu'ils fussent

Impératif
sois — soyons — soyez

II. Zusammengesetzte Formen

Passé
que j'aie été

Plus-que-parfait
que j'eusse été

(1a) blâmer

Erste Konjugation

I. Einfache Formen

Présent
sg. je blâme
tu blâmes
il blâme
pl. nous blâmons
vous blâmez
ils blâment

Passé simple
sg. je blâmai
tu blâmas
il blâma
pl. nous blâmâmes
vous blâmâtes
ils blâmèrent

Participe passé
blâmé(e)

Infinitif présent
blâmer

¹blâme-t-il?

Impératif
blâme
blâmons
blâmez
NB. blâmes-en (-y)

Imparfait
sg. je blâmais
tu blâmais
il blâmait
pl. nous blâmions
vous blâmiez
ils blâmaient

Participe présent
blâmant

Futur I
sg. je blâmerai
tu blâmeras
il blâmera
pl. nous blâmerons
vous blâmerez
ils blâmeront

Conditionnel I
sg. je blâmerais
tu blâmerais
il blâmerait
pl. nous blâmerions
vous blâmeriez
ils blâmeraient

Subjonctif présent
sg. que je blâme
que tu blâmes
qu'il blâme
pl. que nous blâmions
que vous blâmiez
qu'ils blâment

Subjonctif imparfait
sg. que je blâmasse
que tu blâmasses
qu'il blâmât
pl. que nous blâmassions
que vous blâmassiez
qu'ils blâmassent

II. Zusammengesetzte Formen
(Vom Participe passé mit Hilfe von avoir und être)

1. Das Aktiv
Passé composé: j'ai blâmé
Plus-que-parfait: j'avais blâmé
Passé antérieur: j'eus blâmé
Futur II: j'aurai blâmé
Conditionnel II: j'aurais blâmé

2. Das Passiv
Présent: je suis blâmé
Imparfait: j'étais blâmé
Passé simple: je fus blâmé
Passé composé: j'ai été blâmé
Plus-que-parf.: j'avais été blâmé
Passé antérieur: j'eus été blâmé
Futur I: je serai blâmé
Futur II: j'aurai été blâmé
Conditionnel I: je serais blâmé
Conditionnel II: j'aurais été blâmé
Impératif: sois blâmé
Participe présent: étant blâmé
Participe passé: ayant été blâmé
Infinitif présent: être blâmé
Infinitif passé: avoir été blâmé

Zeichen	Infinitif	Bemerkungen	Présent de l'indicatif	Présent du subjonctif	Passé simple	Futur	Impératif	Participe passé
(1b)	aimer	Oft wird vortoniges ai- wie [e] und nicht wie [ɛ] gesprochen.	aime aimes aime aimons aimez aiment	aime aimes aime aimions aimiez aiment	aimai aimas aima aimâmes aimâtes aimèrent	aimerai aimeras aimera aimerons aimerez aimeront	aime aimons aimez	aimé(e)
(1c)	appeler	Der Schlußkonsonant des Stammes verdoppelt sich unter dem Ton (auch im fut. und cond., da Nebenton)	appelle appelles appelle appelons appelez appellent	appelle appelles appelle appelions appeliez appellent	appelai appelas appela appelâmes appelâtes appelèrent	appellerai appelleras appellera appellerons appellerez appelleront	appelle appelons appelez	appelé(e)
(1d)	celer	Das e des Stammes wird è unter dem Ton (auch im fut. und cond., da Nebenton)	cèle cèles cèle celons celez cèlent	cèle cèles cèle celions celiez cèlent	celai celas cela celâmes celâtes celèrent	cèlerai cèleras cèlera cèlerons cèlerez cèleront	cèle celons celez	celé(e)
(1e)	crocheter	èt unter dem Ton (auch im fut. und cond., da Nebenton)	crochète crochètes crochète crochetons crochetez crochètent	crochète crochètes crochète crochetions crochetiez crochètent	crochetai crochetas crocheta crochetâmes crochetâtes crochetèrent	crochèterai crochèteras crochètera crochèterons crochèterez crochèteront	crochète crochetons crochetez	crocheté(e)

Zeichen	Infinitif	Bemerkungen	Présent de l'indicatif	Présent du subjonctif	Passé simple	Futur	Impératif	Participe passé
(1f)	régner	Das **é** des Stammes wird **è** unter dem Ton nur im *prés.* und *impér.*, nicht im *fut.* und *cond.*	règne règnes règne régnons régnez règnent	règne règnes règne régnions régniez règnent	régnai régnas régna régnâmes régnâtes régnèrent	régnerai régneras régnera régnerons régnerez régneront	règne régnons régnez	régné (inv.)
(1g)	abréger	Das **é** des Stammes wird **è** unter dem Ton nur im *prés.* und *impér.*, nicht im *fut.* u. *cond.* Nach **g** Einschiebung eines stummen **e** vor **a** u. **o**	abrège abrèges abrège abrégeons abrégez abrègent	abrège abrèges abrège abrégions abrégiez abrègent	abrégeai abrégeas abrégea abrégeâmes abrégeâtes abrégèrent	abrégerai abrégeras abrégera abrégerons abrégerez abrégeront	abrège abrégeons abrégez	abrégé(e)
(1h)	employer	Das **y** des Stammes wird **i** unter dem Ton (auch im *fut.* und *cond.*, da Nebenton)	emploie emploies emploie employons employez emploient	emploie emploies emploie employions employiez emploient	employai employas employa employâmes employâtes employèrent	emploierai emploieras emploiera emploierons emploierez emploieront	emploie employons employez	employé(e)
(1i)	payer	Für das **y** des Stammes wird unter dem Ton (auch im *fut.* u. *cond.*, da Nebenton) die Schreibung mit **i** bevorzugt	paie, paye paies, payes paie, paye payons payez paient, -yent	paie, paye paies, payes paie, paye payions payiez paient, -yent	payai payas paya payâmes payâtes payèrent	paierai, paye... paieras paiera paierons paierez paieront	paie, paye payons payez	payé(e)

Zeichen	Infinitif	Bemerkungen	Présent de l'indicatif	Présent du subjonctif	Passé simple	Futur	Impératif	Participe passé
(1k)	menacer	**c** erhält eine Cedille (ç) vor **a** und **o**, damit der c der [s]-Laut erhalten bleibt	menace menaces menace menaçons menacez menacent	menace menaces menace menacions menaciez menacent	menaçai menaças menaça menaçâmes menaçâtes menacèrent	menacerai menaceras menacera menacerons menacerez menaceront	menace menaçons menacez	menacé(e)
(1l)	manger	Einschiebung eines stummen **e** zwischen Stamm und mit **a** oder **o** beginnender Endung, damit die **g** den [ʒ]-Laut behält	mange manges mange mangeons mangez mangent	mange manges mange mangions mangiez mangent	mangeai mangeas mangea mangeâmes mangeâtes mangèrent	mangerai mangeras mangera mangerons mangerez mangeront	mange mangeons mangez	mangé(e)
(1m)	conjuguer	Das stumme **u** am Ende des Stammes bleibt überall, auch vor **a** und **o**	conjugue conjugues conjugue conjuguons conjuguez conjuguent	conjugue conjugues conjugue conjuguions conjuguiez conjuguent	conjuguai conjuguas conjugua conjuguâmes conjuguâtes conjuguèrent	conjuguerai conjugueras conjuguera conjuguerons conjuguerez conjugueront	conjugue conjuguons conjuguez	conjugué(e)
(1n)	saluer		salue salues salue saluons saluez saluent	salue salues salue saluions saluiez saluent	saluai saluas salua saluâmes saluâtes saluèrent	saluerai salueras saluera saluerons saluerez salueront	salue saluons saluez	salué(e)

Zeichen	Infinitif	Bemerkungen	Présent de l'indicatif	Présent du subjonctif	Passé simple	Futur	Impératif	Participe passé
(1o)	aller	Wechsel des Stammes all mit den Stämmen von lateinisch vadere und ire	vais vas va allons allez vont	aille ailles aille allions alliez aillent	allai allas alla allâmes allâtes allèrent	irai iras ira irons irez iront	va (vas-y; aber: va-t'en) allons allez	allé(e)
(1p)	envoyer	Nach (1h), hat aber unregelmäßiges fut. und cond.	envoie envoies envoie envoyons envoyez envoient	envoie envoies envoie envoyions envoyiez envoient	envoyai envoyas envoya envoyâmes envoyâtes envoyèrent	enverrai enverras enverra enverrons enverrez enverront	envoie envoyons envoyez	envoyé(e)

Zweite Konjugation

(2a) punir *

Zweite regelmäßige Konjugation, deren Kennzeichen meist die Stammerweiterung durch ...is... bzw. ...iss... ist

I. Einfache Formen

Présent	Impératif	Futur I	Subjonctif présent
sg. je punis tu punis il punit	punis punissons punissez	*sg.* je punirai tu puniras il punira	*sg.* que je punisse que tu punisses qu'il punisse
pl. nous punissons vous punissez ils punissent		*pl.* nous punirons vous punirez ils puniront	*pl.* que nous punissions que vous punissiez qu'ils punissent

Passé simple	Imparfait	Conditionnel I	Subjonctif imparfait
sg. je punis tu punis il punit	*sg.* je punissais tu punissais il punissait	*sg.* je punirais tu punirais il punirait	*sg.* que je punisse que tu punisses qu'il punît
pl. nous punîmes vous punîtes ils punirent	*pl.* nous punissions vous punissiez ils punissaient	*pl.* nous punirions vous puniriez ils puniraient	*pl.* que nous punissions que vous punissiez qu'ils punissent

Participe passé	Participe présent
puni(e)	punissant

Infinitif présent
punir

II. Zusammengesetzte Formen

Vom *Participe passé* mit Hilfe von *avoir* und *être*; s. (1a)

* **fleurir** im bildlichen Sinne hat im *Participe présent* meist **florissant**, im *Imparfait* meist **florissait**

Zeichen	Infinitif	Bemerkungen	Présent de l'indicatif du subjonctif		Passé simple	Futur	Impératif	Participe passé
(2b)	sentir	Keine Stammerweiterung durch ...is... bzw. ...iss...	sens sens sent sentons sentez sentent	sente sentes sente sentions sentiez sentent	sentis sentis sentit sentîmes sentîtes sentirent	sentirai sentiras sentira sentirons sentirez sentiront	sens sentons sentez	senti(e)
(2c)	cueillir	prés, fut. und cond. nach der 1. Konjugation	cueille cueilles cueille cueillons cueillez cueillent	cueille cueilles cueille cueillions cueilliez cueillent	cueillis cueillis cueillit cueillîmes cueillîtes cueillirent	cueillerai cueilleras cueillera cueillerons cueillerez cueilleront	cueille cueillons cueillez	cueilli(e)
(2d)	fuir	Keine Stammerweiterung durch ...is... bzw. ...iss... Wechsel zwischen y und i je nach End- od. Stammbetonung	fuis fuis fuit fuyons fuyez fuient	fuie fuies fuie fuyions fuyiez fuient	fuis fuis fuit fuîmes fuîtes fuirent	fuirai fuiras fuira fuirons fuirez fuiront	fuis fuyons fuyez	fui(e)
(2e)	bouillir	prés. ind. und Ableitungen nach der 4. Konjugation	bous bous bout bouillons bouillez bouillent	bouille bouilles bouille bouillions bouilliez bouillent	bouillis bouillis bouillit bouillîmes bouillîtes bouillirent	bouillirai bouilliras bouillira bouillirons bouillirez bouilliront	bous bouillons bouillez	bouilli(e)

Zeichen	Infinitif	Bemerkungen	Présent de l'indicatif	Présent du subjonctif	Passé simple	Futur	Impératif	Participe passé
(2f)	couvrir	prés. ind. und Ableitungen nach der 1. Konjugation; p.p. auf **-ert**.	couvre couvres couvre couvrons couvrez couvrent	couvre couvres couvre couvrions couvriez couvrent	couvris couvris couvrit couvrîmes couvrîtes couvrirent	couvrirai couvriras couvrira couvrirons couvrirez couvriront	couvre couvrons couvrez	couvert(e)
(2g)	vêtir	Geht nach (2b), außer im p.p. Abgesehen von **vêtu** wird **vêtir** kaum noch gebraucht.	vêts vêts vêt vêtons vêtez vêtent	vête vêtes vête vêtions vêtiez vêtent	vêtis vêtis vêtit vêtîmes vêtîtes vêtirent	vêtirai vêtiras vêtira vêtirons vêtirez vêtiront	vêts vêtons vêtez	vêtu(e)
(2h)	venir	prés. ind., fut., p.p. u. Ableitungen nach der 4. Konjugation. Im passé simple Umlaut [ɛ̃]; man beachte das eingeschobene **-d-** im fut. und cond.	viens viens vient venons venez viennent	vienne viennes vienne venions veniez viennent	vins vins vint vînmes vîntes vinrent	viendrai viendras viendra viendrons viendrez viendront	viens venons venez	venu(e)
(2i)	courir	prés. ind., p.p., fut. u. Ableitungen nach der 4., passé simple nach der 3. Konjugation; **-rr-** im fut. und cond.	cours cours court courons courez courent	coure coures coure courions couriez courent	courus courus courut courûmes courûtes coururent	courrai courras courra courrons courrez courront	cours courons courez	couru(e)

— 570 —

Zeichen	Infinitif	Bemerkungen	Présent de l'indicatif	Présent du subjonctif	Passé simple	Futur	Impératif	Participe passé
(2k)	mourir	prés. ind., fut. und Ableitungen nach der 4. Konjugation, doch Umlaut eu neben ou; passé simple nach der 3. Konjugation	meurs meurs meurt mourons mourez meurent	meure meures meure mourions mouriez meurent	mourus mourus mourut mourûmes mourûtes moururent	mourrai mourras mourra mourrons mourrez mourront	meurs mourons mourez	mort(e)
(2l)	acquérir	prés. ind. und Ableitungen nach der 4. Konjugation mit Einschiebung von i vor e; p.p. mit -s; -err- im fut. u. cond.	acquiers acquiers acquiert acquérons acquérez acquièrent	acquière acquières acquière acquérions acquériez acquièrent	acquis acquis acquit acquîmes acquîtes acquirent	acquerrai acquerras acquerra acquerrons acquerrez acquerront	acquiers acquérons acquérez	acquis(e)
(2m)	haïr	Geht nach (2a); aber es verliert im sg. prés. ind. und impér. das Trema auf dem i	hais [ɛ] hais hait haïssons haïssez haïssent	haïsse haïsses haïsse haïssions haïssiez haïssent	haïs [a'i] haïs haït haïmes haïtes haïrent	haïrai haïras haïra haïrons haïrez haïront	hais haïssons haïssez	haï(e)
(2n)	faillir	Defektiv; fut. und cond. nach (2a). Im Sinne v. Bankrott machen geht es nach (2a)			faillis faillis faillit faillîmes faillîtes faillirent	faillirai failliras faillira faillirons faillirez failliront		failli(e)

Dritte Konjugation

(3a) recevoir

I. Einfache Formen

Présent

- sg. je reçois
  tu reçois
  il reçoit
- pl. nous recevons
  vous recevez
  ils reçoivent

Impératif

reçois
recevons
recevez

Futur I

- sg. je recevrai
  tu recevras
  il recevra
- pl. nous recevrons
  vous recevrez
  ils recevront

Subjonctif présent

- sg. que je reçoive
  que tu reçoives
  qu'il reçoive
- pl. que nous recevions
  que vous receviez
  qu'ils reçoivent

Passé simple

- sg. je reçus
  tu reçus
  il reçut
- pl. nous reçûmes
  vous reçûtes
  ils reçurent

Imparfait

- sg. je recevais
  tu recevais
  il recevait
- pl. nous recevions
  vous receviez
  ils recevaient

Conditionnel I

- sg. je recevrais
  tu recevrais
  il recevrait
- pl. nous recevrions
  vous recevriez
  ils recevraient

Subjonctif imparfait

- sg. que je reçusse
  que tu reçusses
  qu'il reçût
- pl. que nous reçussions
  que vous reçussiez
  qu'ils reçussent

Participe passé

reçu(e)

Participe présent

recevant

Infinitif présent

recevoir

II. Zusammengesetzte Formen

Vom *Participe passé* mit Hilfe von avoir und être; s. (1a)

Zeichen	Infinitif	Bemerkungen	Présent de l'indicatif	du subjonctif	Passé simple	Futur	Impératif	Participe passé
(3b)	voir	Wechsel zwischen **i** und **y** wie in (2d). Ableitungen regelmäßig, jedoch im fut. und cond. -**err**- (statt -**oir**-)	vois vois voit voyons voyez voient	voie voies voie voyions voyiez voient	vis	verrai *pourvoir*: je pourvoirai; *prévoir*: je prévoirai	vois voyons voyez	vu(*e*)
(3c)	falloir	Nur gebräuchlich in der 3. P. sg.	il faut	qu'il faille	il fallut	il faudra		fallu (*inv.*)
(3d)	mouvoir	Tonsilbe: **meu**. In den Formen mit **mouv** rückt die Betonung auf die Endung	meus meus meut mouvons mouvez meuvent	meuve meuves meuve mouvions mouviez meuvent	mus mus mut mûmes mûtes murent	mouvrai mouvras mouvra mouvrons mouvrez mouvront	meus mouvons mouvez	mû, mue
(3e)	pleuvoir		il pleut	qu'il pleuve	il plut	il pleuvra		plu (*inv.*)
(3f)	pouvoir	Im *prés. ind.* manchmal auch **je puis**; fragend **puis-je** (besser als peux-je)	peux peux peut pouvons pouvez peuvent	puisse puisses puisse puissions puissiez puissent	pus pus put pûmes pûtes purent	pourrai pourras pourra pourrons pourrez pourront		pu (*inv.*)

Zeichen	Infinitif	Bemerkungen	Présent de l'indicatif du subjonctif		Passé simple	Futur	Impératif	Participe passé
(3g)	savoir	p.p. **sachant**	sais sais sait savons savez savent	sache saches sache sachions sachiez sachent	sus sus sut sûmes sûtes surent	saurai sauras saura saurons saurez sauront	sache sachons sachez	su(e)
(3h)	valoir	**prévaloir** bildet das prés. subj. regelmäßig: **que je prévale**, etc.	vaux vaux vaut valons valez valent	vaille vailles vaille valions valiez vaillent	valus valus valut valûmes valûtes valurent	vaudrai vaudras vaudra vaudrons vaudrez vaudront		valu(e)
(3i)	vouloir	Tonsilbe: **veu-**. In den Formen mit **voul-** rückt die Betonung auf die Endung. Im *fut.* Einschiebung von **-d-**	veux veux veut voulons voulez veulent	veuille veuilles veuille voulions vouliez veuillent	voulus voulus voulut voulûmes voulûtes voulurent	voudrai voudras voudra voudrons voudrez voudront	veuille veuillons veuillez	voulu(e)
(3k)	seoir	Geht nach der 4. Konjugation. Nur in wenigen Formen gebräuchlich. *p.pr.* **seyant**; im Sinne von Sitzung haltend jedoch **séant**	il sied ils siéent			il siéra ils siéront		sis(e)

Zeichen	Infinitif	Bemerkungen	Présent de l'indicatif du subjonctif		Passé simple	Futur	Impératif	Participe passé
(3l)	asseoir	Hat, außer im passé simple und p.p. (assis), doppelte Formen: assied..., assey..., assié...	assieds assieds assied asseyons asseyez asseyent	asseye asseyes asseye asseyions asseyiez asseyent	assis assis assit assîmes assîtes assirent	assiérai assiéras assiéra assiérons assiérez assiéront	assieds asseyons asseyez	assis(e)
(3m)	choir	Selten gebraucht. Im fut. und cond. auch Verdoppelung des -r-	chois		il chur	choirai od. cherrai		chu(e)
	déchoir		déchois déchois déchoit déchoyons déchoyez déchoient	déchoie déchoies déchoie déchoyions déchoyiez déchoient	déchus déchus déchut déchûmes déchûtes déchurent	déchoirai déchoiras déchoira déchoirons déchoirez déchoiront		déchu(e)
	échoir	Defektiv; die wenig gebräuchlichen Formen sind:	il échoit	qu'il échoie qu'ils échoient	il échut ils échurent	il échoira ils échoiront		échu(e)

Vierte Konjugation

(4a) vendre   Vierte regelmäßige Konjugation mit unverändertem Stamm

I. Einfache Formen

Présent
sg. je vends
tu vends
il vend[1]
pl. nous vendons
vous vendez
ils vendent

Impératif
vends
vendons
vendez

Futur I
sg. je vendrai
tu vendras
il vendra
pl. nous vendrons
vous vendrez
ils vendront

Subjonctif présent
sg. que je vende
que tu vendes
qu'il vende
pl. que nous vendions
que vous vendiez
qu'ils vendent

Imparfait
sg. je vendais
tu vendais
il vendait
pl. nous vendions
vous vendiez
ils vendaient

Conditionnel I
sg. je vendrais
tu vendrais
il vendrait
pl. nous vendrions
vous vendriez
ils vendraient

Subjonctif imparfait
sg. que je vendisse
que tu vendisses
qu'il vendît
pl. que nous vendissions
que vous vendissiez
qu'ils vendissent

Passé simple
sg. je vendis
tu vendis
il vendit
pl. nous vendîmes
vous vendîtes
ils vendirent

Participe présent
vendant

Participe passé
vendu(e)

Infinitif présent
vendre

II. Zusammengesetzte Formen

Vom *Participe passé* mit Hilfe von *avoir* und *être*; s. (1a)

[1] rompre bildet: il rompt.

Zeichen	Infinitif	Bemerkungen	Présent de l'indicatif du subjonctif		Passé simple	Futur	Impératif	Participe passé
(4b)	peindre	Wechsel zwischen nasalem **n** und mouilliertem **n** (**gn**); **-d-** nur vor **r**, also im *inf.*, *fut.* und *cond.*	peins peins peint peignons peignez peignent	peigne peignes peigne peignions peigniez peignent	peignis peignis peignit peignîmes peignîtes peignirent	peindrai peindras peindra peindrons peindrez peindront	peins peignons peignez	peint(e)
(4c)	conduire	**Luire, reluire, nuire** haben im *p.p.* kein **t**	conduis conduis conduit conduisons conduisez conduisent	conduise conduises conduise conduisions conduisiez conduisent	conduisis conduisis conduisit conduisîmes conduisîtes conduisirent	conduirai conduiras conduira conduirons conduirez conduiront	conduis conduisons conduisez	conduit(e)
(4d)	coudre	Vor den mit Vokal beginnenden Endungen wird **-d-** durch **-s-** ersetzt	couds couds coud cousons cousez cousent	couse couses couse cousions cousiez cousent	cousis cousis cousit cousîmes cousîtes cousirent	coudrai coudras coudra coudrons coudrez coudront	couds cousons cousez	cousu(e)
(4e)	vivre	Wegfall des End-**v** des Stammes im *sg. prés. ind.*; *passé simple* **vécus**; *p.p.* **vécu**	vis vis vit vivons vivez vivent	vive vives vive vivions viviez vivent	vécus vécus vécut vécûmes vécûtes vécurent	vivrai vivras vivra vivrons vivrez vivront	vis vivons vivez	vécu(e)

Zeichen	Infinitif	Bemerkungen	Présent de l'indicatif du subjonctif		Passé simple	Futur	Impératif	Participe passé
(4f)	écrire	Vor Vokal bleibt **v** aus lateinisch **b** erhalten	écris écris écrit écrivons écrivez écrivent	écrive écrives écrive écrivions écriviez écrivent	écrivis écrivis écrivit écrivîmes écrivîtes écrivirent	écrirai écriras écrira écrirons écrirez écriront	écris écrivons écrivez	écrit(e)
(4g)	naître	-ss- im *pl. prés. ind.* u. dessen Ableitungen; im *sg. prés. ind.* erscheint **i** vor **t** als **î**	nais nais naît naissons naissez naissent	naisse naisses naisse naissions naissiez naissent	naquis naquis naquit naquîmes naquîtes naquirent	naîtrai naîtras naîtra naîtrons naîtrez naîtront	nais naissons naissez	né(e)
(4h)	suivre	*p.p.* nach der 2. Konjugation	suis suis suit suivons suivez suivent	suive suives suive suivions suiviez suivent	suivis suivis suivit suivîmes suivîtes suivirent	suivrai suivras suivra suivrons suivrez suivront	suis suivons suivez	suivi(e)
(4i)	vaincre	Kein **t** in der 3. P. *sg. prés. ind.*; Umwandlung des **c** in **qu** vor Vokalen (jedoch: **vaincu**)	vaincs vaincs vainc vainquons vainquez vainquent	vainque vainques vainque vainquions vainquiez vainquent	vainquis vainquis vainquit vainquîmes vainquîtes vainquirent	vaincrai vaincras vaincra vaincrons vaincrez vaincront	vaincs vainquons vainquez	vaincu(e)

37 Franz.-Dtsch.

Zeichen	Infinitif	Bemerkungen	Présent de l'indicatif du subjonctif		Passé simple	Futur	Impératif	Participe passé
(4k)	clore	prés. 3. P. pl. **closent**; entsprechend prés. subj.; 3. P. sg. prés. ind. auf ..ôt	je clos tu clos il clôt ↘ils closent	↘que je close		↘je clorai	clos	clos(e)
(4l)	éclore	Nur in der 3. P. gebräuchlich	il éclôt ils éclosent	qu'il éclose qu'ils éclosent		il éclora ils écloront		éclos(e)
	conclure	passé simple geht nach der 3. Konjugation. **Reclure** hat im p.p. **reclus(e)**; ebenso: **inclus(e)**; aber: **exclu(e)**	conclus conclus conclut concluons concluez concluent	conclue conclues conclue concluions concluiez concluent	conclus conclus conclut conclûmes conclûtes conclurent	conclurai concluras conclura conclurons conclurez concluront	conclus concluons concluez	conclu(e)
(4m)	dire	**Redire** wird wie **dire** konjugiert. Die anderen Komposita haben im prés. ...**disez** mit Ausnahme v. **maudire**, das nach der 2. Konjugation geht, aber im p.p. **maudit hat**	dis dis dit disons dites disent	dise dises dise disions disiez disent	dis dis dit dîmes dîtes dirent	dirai diras dira dirons direz diront	dis disons dites	dit(e)

Zeichen	Infinitif	Bemerkungen	Présent de l'indicatif	du subjonctif	Passé simple	Futur	Impératif	Participe passé
(4n)	faire	Vielfacher Wechsel des Stammvokals	fais [fɛ] fais fait faisons [fəzɔ̃] faites [fɛt] font	fasse fasses fasse fassions fassiez fassent	fis fis fit fîmes fîtes firent	ferai feras fera [fə-] ferons ferez feront	fais faisons faites	fair(e)
(4o)	confire		confis confis confit confisons confisez confisent	confise confises confise confisions confisiez confisent	confis confis confit confîmes confîtes confirent	confirai confiras confira confirons confirez confiront	confis confisons confisez	confit(e)
(4p)	mettre	Abwerfung des einen t im sg. prés. ind. in den stammbetonten Formen	mets mets met mettons mettez mettent	mette mettes mette mettions mettiez mettent	mis mis mit mîmes mîtes mirent	mettrai mettras mettra mettrons mettrez mettront	mets mettons mettez	mis(e)
(4q)	prendre	Einige Formen werfen d ab	prends prends prend prenons prenez prennent	prenne prennes prenne prenions preniez prennent	pris pris prit prîmes prîtes prirent	prendrai prendras prendra prendrons prendrez prendront	prends prenons prenez	pris(e)

Zeichen	Infinitif	Bemerkungen	Présent de l'indicatif du subjonctif		Passé simple	Futur	Impératif	Participe passé
(4r)	rire	p.p. nach der 2. Konjugation	ris ris rit rions riez rient	rie ries rie riions riiez rient	ris ris rit rîmes rîtes rirent	rirai riras rira rirons rirez riront	ris rions riez	ri (*inv.*)
(4s)	traire	*passé simple* und *imparfait subj.* fehlen	trais trais trait trayons trayez traient	traie traies traie trayions trayiez traient		trairai trairas traira trairons trairez trairont	trais trayons trayez	trait(*e*)
(4t)	circoncire		circoncis circoncis circoncit circoncisons circoncisez circoncisent	circoncise circoncises circoncise circoncisions circoncisiez circoncisent	circoncis circoncis circoncit circoncîmes circoncîtes circoncirent	circoncirai circonciras circoncira circoncirons circoncirez circonciront	circoncis circoncisons circoncisez	circoncis(*e*)
(4u)	boire	Vor Vokal bleibt **v** aus lat. **b** erhalten. *passé simple* nach der 3. Konjugation	bois bois boit buvons buvez boivent	boive boives boive buvions buviez boivent	bus bus but bûmes bûtes burent	boirai boiras boira boirons boirez boiront	bois buvons buvez	bu(*e*)

Zeichen	Infinitif	Bemerkungen	Présent de l'indicatif du subjonctif		Passé simple	Futur	Impératif	Participe passé
(4v)	croire	*passé simple* nach der 3. Konjugation	crois crois croit croyons croyez croient	croie croies croie croyions croyiez croient	crus crus crut crûmes crûtes crurent	croirai croiras croira croirons croirez croiront	crois croyons croyez	cru(e)
(4w)	croître	î im *sg. prés. ind.* und im *sg. impér.*, *passé simple* nach der 3. Konjugation	croîs croîs croît croissons croissez croissent	croisse croisses croisse croissions croissiez croissent	crûs crûs crût crûmes crûtes crûrent	croîtrai croîtras croîtra croîtrons croîtrez croîtront	croîs croissons croissez	crû, crue
(4x)	lire	*passé simple* nach der 3. Konjugation	lis lis lit lisons lisez lisent	lise lises lise lisions lisiez lisent	lus lus lut lûmes lûtes lurent	lirai liras lira lirons lirez liront	lis lisons lisez	lu(e)
(4y)	moudre	*passé simple* nach der 3. Konjugation	mouds mouds moud moulons moulez moulent	moule moules moule moulions mouliez moulent	moulus moulus moulut moulûmes moulûtes moulurent	moudrai moudras moudra moudrons moudrez moudront	mouds moulons moulez	moulu(e)

Zeichen	Infinitif	Bemerkungen	Présent de l'indicatif	Présent du subjonctif	Passé simple	Futur	Impératif	Participe passé
(4z)	paraître	î vor t; *passé simple* nach der 3. Konjugation	parais parais paraît paraissons paraissez paraissent	paraisse paraisses paraisse paraissions paraissiez paraissent	parus parus parut parûmes parûtes parurent	paraîtrai paraîtras paraîtra paraîtrons paraîtrez paraîtront	parais paraissons paraissez	paru(e)
(4aa)	plaire	*passé simple* nach der 3. Konjugation; taire bildet il tait (ohne ^); *participe passé* von plaire unveränderlich	plais plais plaît plaisons plaisez plaisent	plaise plaises plaise plaisions plaisiez plaisent	plus plus plut plûmes plûtes plurent	plairai plairas plaira plairons plairez plairont	plais plaisons plaisez	plu (*inv.*)
(4bb)	absoudre	**Résoudre** hat als übliches *passé simple:* je résolus; als *participe passé:* résolu(e)	absous absous absout absolvons absolvez absolvent	absolve absolves absolve absolvions absolviez absolvent	✗ absolus ✗ absolus ✗ absolut ✗ absolûmes ✗ absolûtes ✗ absolurent	absoudrai absoudras absoudra absoudrons absoudrez absoudront	absous absolvons absolvez	absous absoute
(4cc)	bruire	defektiv	il bruit					

Alphabetisches Verzeichnis
der aufgeführten Konjugationsmuster

abréger 1g	confire 4o	falloir 3c	prendre 4q
absoudre 4bb	conjuguer 1m	fuir 2d	punir 2a
acquérir 2l	coudre 4d		
aimer 1b	courir 2i	haïr 2m	recevoir 3a
aller 1o	couvrir 2f		rire 4r
appeler 1c	crocheter 1e	lire 4x	
asseoir 3l	croire 4v		saluer 1n
avoir 1	croître 4w	manger 1l	savoir 3g
	cueillir 2c	mettre 4p	seoir 3k
blâmer 1a		moudre 4y	sentir 2b
boire 4u	déchoir 3m	mourir 2k	suivre 4h
bouillir 2e	dire 4m	mouvoir 3d	
bruire 4cc			traire 4s
	échoir 3m	naître 4g	
céder 1f	écrire 4f		vaincre 4i
celer 1d	employer 1h	paraître 4z	valoir 3h
choir 3m	envoyer 1p	payer 1i	vendre 4a
circoncire 4t	être 1	peindre 4b	venir 2h
clore 4k		placer 1k	vêtir 2g
conclure 4l	faillir 2n	plaire 4aa	vivre 4e
conduire 4c	faire 4n	pleuvoir 3e	voir 3b
		pouvoir 3f	vouloir 3i

Bildung des Plurals der Substantive und Adjektive

Hauptregel: Der *pl.* der Substantive und Adjektive, bei denen keine Merkzahl steht, wird durch Anhängung eines **s** an die Singularform gebildet:

le fleuve	*der Fluß*;	les fleuves
poli, polie	*höflich*;	polis, polies

Die im *sg.* auf **s**, **x** oder **z** endenden Substantive bleiben im *pl.* unverändert, ebenso die Aussprache, wenn nicht das Gegenteil ausdrücklich angegeben ist:

le fils	*der Sohn*;	les fils
la voix	*die Stimme*;	les voix
le nez	*die Nase*;	les nez

Ausnahmen

(5a) Einige Fremdwörter verändern sich im *pl.* nicht:

l'amen	*das Amen*;	les amen
le credo	*das Glaubensbekenntnis*;	les credo

(5b) Die im *sg.* auf **-au**, **-eau**, **-eu**, **-œu** (sowie einige der auf **-ou**) endenden Substantive und Adjektive nehmen im *pl.* ein (nur in der Bindung wie ein stimmhaftes s gesprochenes) **x** an:

le noyau	*der Kern*;	les noyaux
le tableau	*das Gemälde*;	les tableaux
le dieu	*der Gott*;	les dieux
le vœu	*das Gelübde*;	les vœux
le bijou	*das Juwel*;	les bijoux
beau	*schön*;	beaux
hébreu	*hebräisch*;	hébreux

(5c) Die mit diesem Zeichen versehenen, auf **-al** endenden Substantive und Adjektive verwandeln im *pl.* die männliche Endung in **-aux**; ebenso einige auf **-ail** (Bildung wie bei 5b):

	le général	*der General*;	les généraux
	amical	*freundschaftlich*;	amicaux
	le corail	*die Koralle*;	les coraux
aber:	le chacal	*der Schakal*;	les chacals

(6a) Alle Bestandteile erhalten das Pluralzeichen:

la petite-fille	*die Enkelin*	les petites-filles
un arc-doubleau	*ein Pfeilerbogen*	les arcs-doubleaux

(6b) Nur der **erste** Bestandteil erhält das Pluralzeichen:

un appui-main	*ein Malstock*;	les appuis-main

(6c) Alle Bestandteile bleiben **unverändert**:

l'abat-foin	*die Heu/luke*;	les abat-foin

(6d) Der **letzte** Bestandteil kann das Pluralzeichen erhalten, der erste dagegen bleibt unverändert:

le garde-main	*die Schreibunterlage*;	les garde-main *oder* les garde-mains

(6e) Der **erste** Bestandteil kann das Pluralzeichen erhalten, der letzte dagegen bleibt unverändert:

le garde-phare	*der Leuchtturmwächter*;	les garde-phare *oder* les gardes-phare

(6f) Bei **dreiteiligen** Zusammensetzungen: die **beiden letzten** Bestandteile erhalten das Pluralzeichen:

l'arrière-grand-père	*der Urgroßvater*;	les arrière-grands-pères

(6g) Der **letzte** Bestandteil muß das Pluralzeichen erhalten:

l'arrière-neveu	*der Großneffe*;	les arrière-neveux

Bildung des Femininums
der Adjektive, Partizipien und Substantive

Hauptregel: Um das Femininum eines Adjektivs oder Substantivs zu bilden, hängt man ein **e** an das Maskulinum. Eine Merkzahl ist nicht angegeben, wenn Maskulinum und Femininum auf **e** endigen, oder wenn das Femininum einfach durch Anhängung eines **e** gebildet wird und dabei die Aussprache des Maskulinums unverändert beibehält:

infect	*faulig*;	infecte	
sage	*weise*;	sage	
esclave	*Sklave*;	esclave	*Sklavin*
ami	*Freund*;	amie	*Freundin*
futur	*zukünftig*;	future	

Ausnahmen und besondere Fälle

(7) Das durch Anhängung von **e** an das Maskulinum gebildete Femininum wird anders ausgesprochen als das Maskulinum (vgl. Hauptregel):

chaud	*warm*;	chaude [ʃoːd]
grand	*groß*;	grande [grɑ̃ːd]

sourd	*taub*;	sourde [surd]
soûl [su]	*übersättigt*;	soûle [sul]
aucun	*kein(er)*;	aucune [o'kyn]
certain	*gewiß*;	certaine [sɛr'tɛn]
féminin	*weiblich*;	féminine [femi'nin]
acquis	*erworben*;	acquise [a'ki:z]
clos	*verschlossen*;	close [klo:z]
confus	*verworren*;	confuse [kɔ̃'fy:z]
Français	*Franzose*;	Française [frɑ̃'sɛ:z]
gaulois	*gallisch*;	gauloise [goʻlwa:z]
retors	*gedreht*;	retorse [rəˈtɔrs]
dévot	*fromm*;	dévote [deˈvɔt]
expert	*erfahren*;	experte [ɛksˈpɛrt]
prompt	*eilig*;	prompte [prɔ̃t]

(7a) Endung des Femininums **ë**, wenn das Maskulinum auf **-gu** endet:

aigu	*spitz*;	aiguë [eˈgy]

(7b) Das vor dem Endkonsonanten des Maskulinums stehende **e** bekommt im Femininum einen accent grave:

altier	*stolz*;	altière [alˈtjɛːr]
amer	*bitter*;	amère [aˈmɛːr]
complet	*vollständig*;	complète [kɔ̃ˈplɛt]

(7c) Die Auslaute der auf **-el, -eil, -ul, -an, -en, -on, -et, -as** endigenden Maskulina werden verdoppelt:

cruel	*grausam*;	cruelle [kryˈɛl]
pareil	*gleich*;	pareille [paˈrɛj]
nul	*null und nichtig*;	nulle [nyl]
paysan	*bäuerisch*;	paysanne [peiˈzan]
ancien	*alt*;	ancienne [ɑ̃ˈsjɛn]
bon	*gut*;	bonne [bɔn]
net [nɛt]	*rein*;	nette [nɛt]
gras	*fett*;	grasse [grɑːs]

(7d) Verwandlung von **-eux** in **-euse**:

peureux	*furchtsam*;	peureuse [pœˈrøːz]

(7e) Verwandlung von **-f** in **-ve**:

captif	*gefangen*;	captive [kapˈtiːv]

(7f) Verwandlung von **-eur** in **-rice**:

ambassadeur	*Botschafter*;	ambassadrice [ɑ̃basaˈdris]
tentateur	*verlockend*;	tentatrice [tɑ̃taˈtris]

(7g) Verwandlung von **-eur** in **-euse**:

trompeur	*betrügerisch*;	trompeuse [trɔ̃ˈpøːz]

(7h) Verwandlung von **-eur** in **-eresse**:

enchanteur	*bezaubernd*;	enchanteresse [ɑ̃ʃɑ̃ˈtrɛs]

(7i) Verwandlung von **-c** in **-que** oder von **-g** in **-gue**:

caduc	*hinfällig*;	caduque [kaˈdyk]
franc	*frei*;	franque [frɑ̃ːk]
long	*lang*;	longue [lɔ̃ːg]

(7k) Verwandlung von **-c** in **-che**:

blanc	*weiß*;	blanche [blɑ̃ːʃ]

Alphabetisches Verzeichnis
unregelmäßiger französischer Verben

Vom Präsens sind sämtliche Formen angegeben, von den anderen Zeiten meist nur die erste Person, wenn die Bildung der anderen keine Schwierigkeiten macht. Der Imperativ ist nur gegeben, wenn er mit den betreffenden Formen des Präsens nicht ganz übereinstimmt. Beim Partizip Perfekt ist die weibliche Form eingeklammert. Der Bindestrich ersetzt den leicht zu ergänzenden ersten Teil des Wortes. Mit Vorsilben (wie ac, ad, con, de, ex usw.) zusammengesetzte Verben sind nur besonders aufgeführt, wenn sie mit dem Simplex nicht ganz übereinstimmen.

absoudre *freisprechen* (4b) *Prés.* absous, -ous, -out, absolvons, -vez, -vent. *Imp.* absolvais. *Passé spl.* fehlt. *Subj.* absolve. *Fut.* absoudrai. *Part.* absolvant; absous (-oute).

acquérir *erwerben* (2l) *Prés.* acquiers, -iers, -iert, acquérons, -rez, acquièrent. *Imp.* acquérais. *Passé spl.* acquis. *Subj.* acquière, acquérions, -riez, acquièrent; acquisse. *Fut.* acquerrai. *Part.* acquérant; acquis(e).

aller *gehen* (1o) *Prés.* vais, vas, va, allons, allez, vont. *Imp.* allais. *Passé spl.* allai. *Subj.* aille, allions, alliez, aillent; allasse. *Fut.* irai. *Part.* allant; allé(e). *Impér.* va (vas *vor en und* y), allons, allez.

assaillir *angreifen* (2c) *Prés.* assaille, -lles, -lle, -llons, -llez, -llent. *Imp.* assaillais. *Passé spl.* assaillis. *Subj.* assaille; assaillisse. *Fut.* assaillirai. *Part.* assaillant; assailli(e).

asseoir *setzen* (3l) *Prés.* assieds, -ieds, -ied, asseyons, -eyez, -eyent. *Imp.* asseyais. *Passé spl.* assis. *Subj.* asseye; assisse. *Fut.* assiérai. *Part.* asseyant; assis(e). *So auch* surseoir, *aber Fut.* surseoirai.

avoir *haben* (1) *Prés.* ai, as, a, avons, avez, ont. *Imp.* avais. *Passé spl.* eus. *Subj.* aie, aies, ait, ayons, ayez, aient; eusse. *Fut.* aurai. *Part.* ayant; eu(e). *Impér.* aie, ayons, ayez.

battre *schlagen* (4a) *Prés.* bats, bats, bat, battons, -ttez, -ttent. *Imp.* battais. *Passé spl.* battis. *Subj.* batte; battisse. *Fut.* battrai. *Part.* battant; battu(e).

boire *trinken* (4u) *Prés.* bois, bois, boit, buvons, buvez, boivent. *Imp.* buvais. *Passé spl.* bus. *Subj.* boive, buvions; busse. *Fut.* boirai. *Part.* buvant; bu(e).

bouillir *kochen* (2e) *Prés.* bous, bous, bout, bouillons, -llez, -llent. *Imp.* bouillais. *Passé spl.* bouillis. *Subj.* bouille; bouillisse. *Fut.* bouillirai. *Part.* bouillant; bouilli(e).

conclure *schließen* (*Vertrag*) (4l) *Prés.* conclus, -clus, -clut, -cluons, -cluez, -cluent. *Imp.* concluais. *Passé spl.* conclus, -clûmes. *Subj.* conclue; conclusse. *Fut.* conclurai. *Part.* concluant; conclu(e).

conduire *führen* (4c) *Prés.* conduis, -duis, -duit, -duisons, -duisez, -duisent. *Imp.* conduisais. *Passé spl.* conduisis. *Subj.* conduise; conduisisse. *Fut.* conduirai. *Part.* conduisant; conduit(e).

connaître *kennen* (4z) *Prés.* connais, -ais, -aît, -aissons, -aissez, -aissent. *Imp.* connaissais. *Passé spl.* connus. *Subj.* connaisse; connusse. *Fut.* connaîtrai. *Part.* connaissant; connu(e).

coudre *nähen* (4d) *Prés.* couds, couds, coud, cousons, -sez, -sent. *Imp.* cousais. *Passé spl.* cousis. *Subj.* couse; cousisse. *Fut.* coudrai. *Part.* cousant; cousu(e).

courir *laufen* (2i) *Prés.* cours, cours, court, courons, -rez, -rent. *Imp.* courais. *Passé spl.* courus. *Subj.* coure; courusse. *Fut.* courrai. *Part.* courant; couru(e).

couvrir *bedecken* (2f) *Prés.* couvre, -res, -re, -rons, -rez, -rent. *Imp.* couvrais. *Passé spl.* couvris. *Subj.* couvre; couvrisse. *Fut.* couvrirai. *Part.* couvrant; couvert(e).

craindre *fürchten* (4b) *Prés.* crains, crains, craint, craignons, -gnez, -gnent. *Imp.* craignais. *Passé spl.*

craignis. *Subj.* craigne; craignisse. *Fut.* craindrai. *Part.* craignant; craint(e).

croire *glauben* (4v) *Prés.* crois, crois, croit, croyons, -yez, croient. *Imp.* croyais. *Passé spl.* crus. *Subj.* croie, croyions; crusse. *Fut.* croirai. *Part.* croyant; cru(e).

croître *wachsen* (4w) *Prés.* croîs, croîs, croît, croissons, croissez, croissent. *Imp.* croissais. *Passé spl.* crûs, crûs, crût, crûmes, crûtes, crûrent. *Subj.* croisse; crusse. *Fut.* croîtrai. *Part.* croissant; crû (crue), *pl.* cru(e)s.

cueillir *pflücken* (2c) *Prés.* cueille, -lles, -lle, -llons, -llez, -llent. *Imp.* cueillais. *Passé spl.* cueillis. *Subj.* cueille; cueillisse. *Fut.* cueillerai. *Part.* cueillant; cueilli(e).

devoir *müssen* (3a) *wie* recevoir, *aber Part. passé* dû (due), *pl.* du(e)s.

dire *sagen* (4m) *Prés.* dis, dis, dit, disons, dites, disent. *Imp.* disais. *Passé spl.* dis. *Subj.* dise; disse. *Fut.* dirai. *Part.* disant; dit(e).

dormir *schlafen* (2b) *Prés.* dors, dors, dort, dormons, -mez, -ment. *Imp.* dormais. *Passé spl.* dormis. *Subj.* dorme; dormisse. *Fut.* dormirai. *Part.* dormant; dormi(e).

écrire *schreiben* (4f) *Prés.* écris, écris, écrit, écrivons, -vez, -vent. *Imp.* écrivais. *Passé spl.* écrivis. *Subj.* écrive; écrivisse. *Fut.* écrirai. *Part.* écrivant; écrit(e).

envoyer *schicken* (1p) *Prés.* envoie, envoies, envoie, envoyons, envoyez, envoient. *Imp.* envoyais. *Passé spl.* envoyai. *Subj.* envoie, envoyions; envoyasse. *Fut.* enverrai. *Part.* envoyant; envoyé(e).

être *sein* (1) *Prés.* suis, es, est, sommes, êtes, sont. *Imp.* étais. *Passé spl.* fus. *Subj.* sois, sois, soit, soyons, soyez, soient; fusse. *Fut.* serai. *Part.* étant; été. *Impér.* sois, soyons, soyez.

faire *machen* (4n) *Prés.* fais, fais, fait, faisons, faites, font. *Imp.* faisais. *Passé spl.* fis. *Subj.* fasse, fassions; fisse. *Fut.* ferai. *Part.* faisant; fait(e).

falloir *müssen, nötig sein* (3c) *Prés.* il faut. *Imp.* il fallait. *Passé spl.* il fallut. *Subj.* qu'il faille; qu'il fallût. *Fut.* il faudra. *Part.* fallu.

fuir *fliehen* (2d) *Prés.* fuis, fuis, fuit, fuyons, fuyez, fuient. *Imp.* fuyais. *Passé spl.* fuis. *Subj.* fuie, fuyions, fuyiez, fuient; fuisse. *Fut.* fuirai. *Part.* fuyant; fui(e).

haïr *hassen* (2m) *Prés.* hais, hais, hait, haïssons, -ssez, -ssent. *Imp.* haïssais. *Passé spl.* haïs, haïmes. *Subj.* haïsse, -ssions; haïsse, haït. *Fut.* haïrai. *Part.* haïssant; haï(e).

lire *lesen* (4x) *Prés.* lis, lis, lit, lisons, lisez, lisent. *Imp.* lisais. *Passé spl.* lus. *Subj.* lise; lusse. *Fut.* lirai. *Part.* lisant; lu(e).

mentir *lügen* (2b) *Prés.* mens, mens, ment, mentons, -tez, -tent. *Imp.* mentais. *Passé spl.* mentis. *Subj.* mente; mentisse. *Fut.* mentirai. *Part.* mentant; menti.

mettre *setzen, stellen* (4p) *Prés.* mets, mets, met, mettons, -ttez, -ttent. *Imp.* mettais. *Passé spl.* mis. *Subj.* mette; misse. *Fut.* mettrai. *Part.* mettant; mis(e).

moudre *mahlen* (4y) *Prés.* mouds, mouds, moud, moulons, -lez, -lent. *Imp.* moulais. *Passé spl.* moulus, moulûmes. *Subj.* moule; moulusse. *Fut.* moudrai. *Part.* moulant; moulu(e).

mourir *sterben* (2k) *Prés.* meurs, meurs, meurt, mourons, -rez, meurent. *Imp.* mourais. *Passé spl.* mourus. *Subj.* meure, mourions, -riez, meurent; mourusse. *Fut.* mourrai. *Part.* mourant; mort(e).

mouvoir *bewegen* (3d) *Prés.* meus, meus, meut, mouvons, mouvez, meuvent. *Imp.* mouvais. *Passé spl.* mus. *Subj.* meuve, mouvions, -viez, meuvent; musse. *Fut.* mouvrai. *Part.* mouvant; mû (mue), *pl.* mu(e)s.

naître *geboren werden* (4g) *Prés.* nais, nais, naît, naissons, naissez, naissent. *Imp.* naissais. *Passé spl.* naquis. *Subj.* naisse; naquisse. *Fut.* naîtrai. *Part.* naissant; né(e).

ouvrir *öffnen* (2f) *Prés.* ouvre, ouvres, ouvre, ouvrons, ouvrez, ouvrent. *Imp.* ouvrais. *Passé spl.* ouvris. *Subj.* ouvre, ouvrions. *Fut.* ouvrirai. *Part.* ouvrant; ouvert(e).

plaire *gefallen* (4aa) *Prés.* plais, plais, plaît, plaisons, -sez, -sent. *Imp.* plaisais. *Passé spl.* plus, plûmes. *Subj.* plaise; plusse. *Fut.* plairai. *Part.* plaisant; plu.

pouvoir *können* (3f) *Prés.* peux (puis), peux, peut, pouvons, pouvez, peuvent. *Imp.* pouvais. *Passé spl.* pus. *Subj.* puisse, puissions; pusse. *Fut.* pourrai. *Part.* pouvant; pu.

prendre *nehmen* (4q) *Prés.* prends, prends, prend, prenons, prenez, prennent. *Imp.* prenais. *Passé spl.* pris. *Subj.* prenne, prenions, -niez, prennent; prisse. *Fut.* prendrai. *Part.* prenant; pris(e).

recevoir *empfangen* (3a) *Prés.* reçois, -çois, -çoit, -cevons, -cevez, -çoivent. *Imp.* recevais. *Passé spl.* reçus. *Subj.* reçoive, recevions, -viez, reçoivent; reçusse. *Fut.* recevrai. *Part.* recevant; reçu(e).

rire *lachen* (4r) *Prés.* ris, ris, rit, rions, riez, rient. *Imp.* riais. *Passé spl.* ris. *Subj.* rie, riions, riiez, rient; risse. *Fut.* rirai. *Part.* riant; ri.

savoir *wissen* (3g) *Prés.* sais, sais, sait, savons, savez, savent. *Imp.* savais. *Passé spl.* sus. *Subj.* sache, sachions; susse. *Fut.* saurai. *Part.* sachant; su(e). *Impér.* sache, sachons, sachez.

servir *(be)dienen* (2b) *Prés.* sers, sers, sert, servons, -vez, -vent. *Imp.* servais. *Passé spl.* servis. *Subj.* serve; servisse. *Fut.* servirai. *Part.* servant; servi(e).

sortir *hinausgehen* (2b) *Prés.* sors, sors, sort, sortons, -tez, -tent. *Imp.* sortais. *Passé spl.* sortis. *Subj.* sorte; sortisse. *Fut.* sortirai. *Part.* sortant; sorti(e).

suivre *folgen* (4h) *Prés.* suis, suis, suit, suivons, -vez, -vent. *Imp.* suivais. *Passé spl.* suivis. *Subj.* suive; suivisse. *Fut.* suivrai. *Part.* suivant; suivi(e).

taire *verschweigen* (4aa) *Prés.* tais, tais, tait, taisons, -sez, -sent. *Imp.* taisais. *Passé spl.* tus, tûmes. *Subj.* taise; tusse. *Fut.* tairai. *Part.* taisant; tu(e).

tenir *halten* (2h) *Prés.* tiens, tiens, tient, tenons, tenez, tiennent. *Imp.* tenais. *Passé spl.* tins. *Subj.* tienne, tenions, -niez, tiennent; tinsse. *Fut.* tiendrai. *Part.* tenant; tenu(e).

vaincre *(be)siegen* (4i) *Prés.* vaincs, vaincs, vainc, vainquons, -quez, -quent. *Imp.* vainquais. *Passé spl.* vainquis. *Subj.* vainque; vainquisse. *Fut.* vaincrai. *Part.* vainquant; vaincu(e).

valoir *gelten, wert sein* (3h) *Prés.* vaux, vaux, vaut, valons, valez, valent. *Imp.* valais. *Passé spl.* valus. *Subj.* vaille, valions, valiez, vaillent; valusse. *Fut.* vaudrai. *Part.* valant; valu(e).

venir *kommen* (2h) *Prés.* viens, viens, vient, venons, venez, viennent. *Imp.* venais. *Passé spl.* vins, vins, vint, vînmes, vîntes, vinrent. *Subj.* vienne, venions; vinsse. *Fut.* viendrai. *Part.* venant; venu(e).

vivre *leben* (4e) *Prés.* vis, vis, vit, vivons, vivez, vivent. *Imp.* vivais. *Passé spl.* vécus. *Subj.* vive; vécusse. *Fut.* vivrai. *Part.* vivant; vécu(e).

voir *sehen* (3b) *Prés.* vois, vois, voit, voyons, voyez, voient. *Imp.* voyais. *Passé spl.* vis. *Subj.* voie, voyions, voyiez, voient; visse. *Fut.* verrai. *Part.* voyant; vu(e).

vouloir *wollen* (3i) *Prés.* veux, veux, veut, voulons, voulez, veulent. *Imp.* voulais. *Passé spl.* voulus. *Subj.* veuille, voulions, -liez, veuillent; voulusse. *Fut.* voudrai. *Part.* voulant; voulu(e). *Impér.* veuille, veuillez.

Zahlwörter

Grundzahlen

- 0 zéro [ze'ro]
- 1 un, une f [œ̃, yn]
- 2 deux [dø, døz_]
- 3 trois [trwa, trwaz_]
- 4 quatre ['katrə, kat]
- 5 cinq [sɛ̃k, sɛ̃]
- 6 six [sis, si, siz_]
- 7 sept [sɛt]
- 8 huit [ɥit, ɥi]
- 9 neuf [nœf, nœv_]
- 10 dix [dis, di, diz_]
- 11 onze [ɔ̃:z]
- 12 douze [du:z]
- 13 treize [trɛ:z]
- 14 quatorze [ka'tɔrz]
- 15 quinze [kɛ̃:z]
- 16 seize [sɛ:z]
- 17 dix-sept [di'sɛt]
- 18 dix-huit [di'zɥit, di'zɥi]
- 19 dix-neuf [diz'nœf, diz'nœv_]
- 20 vingt [vɛ̃]
- 21 vingt et un [vɛ̃te'œ̃]
- 22 vingt-deux [vɛ̃t'dø]
- 24 vingt-quatre [vɛ̃t'katrə]
- 30 trente [trɑ̃:t]
- 40 quarante [ka'rɑ̃:t]
- 50 cinquante [sɛ̃'kɑ̃:t]
- 60 soixante [swa'sɑ̃:t]
- 70 soixante-dix [swasɑ̃t'dis]
- 71 soixante et onze [swasɑ̃teˈɔ̃:z]
- 80 quatre-vingts [katrə'vɛ̃]
- 81 quatre-vingt-un [katrəvɛ̃'œ̃]
- 90 quatre-vingt-dix [katrəvɛ̃'dis]
- 91 quatre-vingt-onze [katrəvɛ̃'ɔ̃:z]
- 100 cent [sɑ̃]
- 101 cent un [sɑ̃'œ̃]
- 200 deux cents [dø'sɑ̃]
- 211 deux cent onze [døsɑ̃'ɔ̃:z]
- 1000 mille [mil]
- 1001 mille un [mi'lœ̃]
- 1002 mille deux [mil'dø]
- 1100 onze cents [ɔ̃z'sɑ̃]
- 1308 treize cent huit [trɛzsɑ̃'ɥit]
- 2000 deux mille [dø'mil]
- 100000 cent mille [sɑ̃'mil]
- le million [mi'ljɔ̃] die Million
- le milliard [mi'lja:r] die Milliarde
- le billion [bi'ljɔ̃] die Billion
- le trillion [tri'ljɔ̃] die Trillion

Ordnungszahlen

- 1er le premier [prə'mje] der erste
- 1re la première [prə'mjɛ:r] die erste
- 2e { le deuxième [dø'zjɛm] der zweite / la deuxième [dø'zjɛm] die zweite
- le second [zgɔ̃] der zweite
- la seconde [zgɔ̃:d] die zweite
- 3e le od. la troisième [trwa'zjɛm]
- 4e quatrième [katri'ɛm]
- 5e cinquième [sɛ̃'kjɛm]
- 6e sixième [si'zjɛm]
- 7e septième [sɛ'tjɛm]
- 8e huitième [ɥi'tjɛm]
- 9e neuvième [nœ'vjɛm]
- 10e dixième [di'zjɛm]
- 11e onzième [ɔ̃'zjɛm]
- 12e douzième [du'zjɛm]
- 13e treizième [trɛ'zjɛm]
- 14e quatorzième [katɔr'zjɛm]
- 15e quinzième [kɛ̃'zjɛm]
- 16e seizième [sɛ'zjɛm]
- 17e dix-septième [disɛ'tjɛm]
- 18e dix-huitième [dizɥi'tjɛm]
- 19e dix-neuvième [diznœ'vjɛm]
- 20e vingtième [vɛ̃'tjɛm]
- 21e vingt et unième [vɛ̃tey'njɛm]
- 22e vingt-deuxième [vɛ̃tdø'zjɛm]
- 30e trentième [trɑ̃'tjɛm]
- 31e trente et unième [trɑ̃tey'njɛm]
- 40e quarantième [karɑ̃'tjɛm]
- 41e quarante et unième [karɑ̃tey'njɛm]
- 50e cinquantième [sɛ̃kɑ̃'tjɛm]
- 51e cinquante et unième [sɛ̃kɑ̃tey'njɛm]
- 60e soixantième [swasɑ̃'tjɛm]
- 61e soixante et unième [swasɑ̃tey'njɛm] ['zjɛm]
- 70e soixante-dixième [swasɑ̃tdi-]
- 71e soixante et onzième [swasɑ̃teɔ̃-'zjɛm]
- 80e quatre-vingtième [katrəvɛ̃'tjɛm]
- 81e quatre-vingt-unième [katrəvɛ̃y-'njɛm]
- 90e quatre-vingt-dixième [katrəvɛ̃di-]
- 91e quatre-vingt-onzième [katrəvɛ̃ɔ̃-]
- 100e centième [sɑ̃'tjɛm] ['zjɛm]
- 1000e millième [mi'ljɛm]

Durch Anhängung der Silbe *-ment* an die Ordnungszahlen entstehen Zahladverbien, die in der Aufzählung gebraucht werden:

1° erstens 1. *premièrement* [prəmjɛrˈmɑ̃] oder *primo* [priˈmo]	4° viertens 4. *quatrièmement* [katriɛmˈmɑ̃]
2° zweitens 2. *deuxièmement* [døzjɛmˈmɑ̃], *secondement* [səgɔ̃dˈmɑ̃] oder *secundo* [sekɔ̃ˈdo]	5° fünftens 5. *cinquièmement* [sɛ̃kjɛmˈmɑ̃] usw.
3° drittens 3. *troisièmement* [trwazjɛmˈmɑ̃] oder *tertio* [tɛrˈsjo]	Außerdem ist noch gebräuchlich: *en premier lieu* [ɑ̃ prəˈmje ljø] an erster Stelle = erstens, *en second lieu*, *en troisième lieu* usw.; *en dernier lieu* = letztens.

Zum Gebrauch der Ordnungszahlen im Französischen merke man besonders, daß zur Bezeichnung von Regenten gleichen Namens und beim Datum nur für 1 die Ordnungszahl gebraucht wird, ab 2 dagegen ausschließlich die Grundzahl: *Napoléon Ier (premier) — le 1er (premier) mai;* aber: *Napoléon III (trois) — le 3 (trois) mai.*

Besondere Zahlwörter

1. Brüche

ein Bruch *une fraction* [frakˈsjɔ̃]
½ *(un) demi* [dəˈmi] ein halb; *la moitié* [lamwaˈtje] die Hälfte
¹⁄₃ *un tiers* [œ̃ˈtjɛːr]
²⁄₃ *(les) deux tiers* [(le) døˈtjɛːr]
¹⁄₄ *un quart* [œ̃ˈkaːr]
³⁄₄ *(les) trois quarts* [(le)trwaˈkaːr]
¹⁄₅ *un cinquième* [œ̃sɛ̃ˈkjɛm]
⁵⁄₈ *cinq huitièmes* [sɛ̃ɥiˈtjɛm]

⁹⁄₁₀ *(les) neuf dixièmes* [(le) nœf diˈzjɛm]
¹³⁄₁₆ *treize seizièmes* [trɛzsɛˈzjɛm].
Der Dezimalbruch = *la fraction décimale* [desiˈmal], z. B. 0,45, ist zu lesen: *zéro, virgule* [virˈgyl], *quarante-cinq centièmes*; 17,38 ist zu lesen: *dix-sept, trente-huit (centièmes)* oder *dix-sept, virgule, trente-huit.*

2. Vervielfältigungszahlen

fois autant [fwazoˈtɑ̃] ...fach oder *fois plus* [fwaˈplys] ...mal mehr.
deux fois autant zweifach
cinq fois autant fünffach
vingt fois plus zwanzigmal mehr.
Zu merken: *une quantité sept fois plus grande que* das Siebenfache von ... usw.

Daneben sind gebräuchlich:
simple [sɛ̃plə] einfach
double [dublə] doppelt
triple [triplə] dreifach
quadruple [kwaˈdryplə] vierfach
quintuple [kɥɛ̃ˈtyplə] fünffach
sextuple [sɛksˈtyplə] sechsfach
centuple [sɑ̃ˈtyplə] hundertfach

3. Sammelzahlen

une douzaine ein Dutzend
une huitaine [ɥɥiˈtɛn] etwa 8 (auch 8 Tage)
une dizaine etwa 10 [14 Tage]
une quinzaine eine Mandel (auch)
une vingtaine, etc. etwa 20 usw.

une soixantaine etwa 60, ein Schock
une centaine etwa 100
un millier etwa 1000.
Nicht zu bilden von den Zahlen 2, 5, über 100 und den zusammengesetzten Zahlen wie 65 oder 80!

Amtliche französische Maße
Mesures légales françaises
(Loi du 2 avril 1919 et décret du 26 juillet 1919)

A) Unités Géométriques — Geometrische Einheiten

Longueur — Längenmaße

Mm	Mégamètre	= 1 000 000 m	Megalometer, Megameter
mam	Myriamètre	= 10 000 m	Myriameter
km	Kilomètre	= 1 000 m	Kilometer (km)
hm	Hectomètre	= 100 m	Hektometer (hm)
dam	Décamètre	= 10 m	Dekameter (Dm)
m	Mètre	= 1 m	Meter (m)
dm	Décimètre	= $1/10$ m	Dezimeter (dm)
cm	Centimètre	= $1/100$ m	Zentimeter (cm)
mm	Millimètre	= $1/1000$ m	Millimeter (mm)
μm ou μ	Micron	= $1/1\,000\,000$ m	Mikron (μ)
mμ	Millimicron	= $1/1\,000\,000\,000$ m	Millimy (mμ)
	Mille Marin	= 1 852 m	Seemeile (sm)

Superficie — Flächenmaße

km^2	Kilomètre carré	= 1 000 000 m^2	Quadratkilometer (qkm, km^2)
hm^2	Hectomètre carré	= 10 000 m^2	Quadrathektometer (qhm, hm^2)
dam^2	Décamètre carré	= 100 m^2	Quadratdekameter (qDm, Dm^2)
m^2	Mètre carré	= 1 m^2	Quadratmeter (qm, m^2)
dm^2	Décimètre carré	= $1/100$ m^2	Quadratdezimeter (qdm, dm^2)
cm^2	Centimètre carré	= $1/10\,000$ m^2	Quadratzentimeter (qcm, cm^2)
mm^2	Millimètre carré	= $1/1\,000\,000$ m^2	Quadratmillimeter (qmm, mm^2)

Surfaces agraires — Landwirtschaftliche Maße

ha	Hectare	= 100 a ou 10 000 m^2	Hektar (ha)
a	Are	= dam^2 ou 100 m^2	Ar (a)
ca	Centiare	= $1/100$ a ou 1 m^2	—

Volume — Kubikmaße

km^3	Kilomètre cube	= 1 000 000 000 m^3	Kubikkilometer (cbkm, km^3)
m^3	Mètre cube	= 1 m^3	Kubikmeter (cbm, m^3)
dm^3	Décimètre cube	= $1/1000$ m^3	Kubikdezimeter (cdm, dm^3)
cm^3	Centimètre cube	= $1/1\,000\,000$ m^3	Kubikzentimer (ccm, cm^3)
mm^3	Millimètre cube	= $1/1\,000\,000\,000$ m^3	Kubikmillimeter (cmm, mm^3)

Capacité — Hohlmaße

hl	Hectolitre	=	100 l	Hektoliter (hl)
dal	Décalitre	=	10 l	Dekaliter (Dl)
l	Litre	=	1 l	Liter (l)
dl	Décilitre	=	$^1/_{10}$ l	Deziliter (dl)
cl	Centilitre	=	$^1/_{100}$ l	Centiliter (cl)
ml	Millilitre	=	$^1/_{1000}$ l	Milliliter (ml)
st	Stère	=	1 m^3	Ster
dst	Décistère	=	$^1/_{10}$ st	— $^1/_{10}$ m^3

B) Unités de Masse — Gewichtseinheiten

t	Tonne	=	1 t ou 1000 kg	f	Tonne (t)
q	Quintal	=	$^1/_{10}$ t ou 100 kg	m	Doppelzentner (dz)
kg	Kilogramme	=	$^1/_{1000}$ t	n	Kilogramm (kg)
hg	Hectogramme	=	$^1/_{10}$ kg	n	Hektogramm (hg)
dag	Décagramme	=	$^1/_{100}$ kg	n	Dekagramm (Dg)
g	Gramme	=	$^1/_{1000}$ kg	n	Gramm (g)
dg	Décigramme	=	$^1/_{10000}$ kg	n	Dezigramm (dg)
cg	Centigramme	=	$^1/_{100000}$ kg	n	Zentigramm (cg)
mg	Milligramme	=	$^1/_{1000000}$ kg	n	Milligramm (mg)
	Carat m	=	2 dg	n	Karat —

C) Anciennes mesures — Ältere Maße

Aune f	=	1,188 m	Elle f (0,6669 m)
Pied m	=	0,3248 m	Fuß m (0,31385 m)
Pouce m	=	$^1/_{12}$ pied	Zoll m ($^1/_{12}$ Fuß)
Ligne f	=	$^1/_{12}$ pouce	Linie f ($^1/_{12}$ Zoll)
Livre f	=	500 g	Pfund n (500 g)
Lieue f	=	4 km	Meile f (7,500 km)
Arpent m (de Paris)	=	34,18 ar	Morgen m (25,53—36 Ar)

**LANGENSCHEIDTS
TASCHENWÖRTERBÜCHER**

LANGENSCHEIDT
DICTIONNAIRE DE POCHE
DES LANGUES FRANÇAISE ET ALLEMANDE

Seconde Partie

Allemand-Français

Par

Dr. Kurt Wilhelm

6e Nouvelle édition remaniée et augmentée

LANGENSCHEIDT
BERLIN · MUNICH · VIENNE · ZURICH

LANGENSCHEIDTS TASCHENWÖRTERBUCH

DER FRANZÖSISCHEN UND DEUTSCHEN SPRACHE

Zweiter Teil

Deutsch-Französisch

Von

PROF. DR. KURT WILHELM

6. Neubearbeitung

LANGENSCHEIDT
BERLIN · MÜNCHEN · WIEN · ZÜRICH

Inhaltsverzeichnis

Table des matières

	Seite Page
Vorwort — *Préface*	**597**
Hinweise für die Benutzung des Wörterbuches — *Indications pour l'emploi du dictionnaire*	**599**
Erklärung der im Wörterbuch angewendeten Zeichen und Abkürzungen — *Explication des signes et abréviations employés dans ce dictionnaire*	**601**
Tableau de la prononciation allemande à l'usage des lecteurs français	605
Emploi de la lettre majuscule	608
De la division des mots allemands	608
L'alphabet allemand	608
Alphabetisches Wörterverzeichnis — *Liste alphabétique des mots*	**609–1189**
Gebräuchliche Abkürzungen der deutschen Sprache — *Abréviations usuelles de la langue allemande*	**1189**
Modèles de la déclinaison et de la conjugaison de la langue allemande	1193
Liste alphabétique des verbes allemands irréguliers	1197
Zahlwörter — *Adjectifs numéraux*	**1199**

Die Nennung von Waren erfolgt in diesem Werk, wie in Nachschlagewerken üblich, ohne Erwähnung etwa bestehender Patente, Gebrauchsmuster oder Warenzeichen. Das Fehlen eines solchen Hinweises begründet also nicht die Annahme, eine Ware oder ein Warenname sei frei.

Auflage: 55. 54.	*Letzte Zahlen*
Jahr: 1979 78 77 76	*maßgeblich*

6. Neubearbeitung. Copyright 1884, 1902, 1911, 1929, 1952, © 1959
Langenscheidt KG, Berlin und München
Druck: Graph. Betriebe Langenscheidt, Berchtesgaden/Obb.
Printed in Germany · ISBN 3-468-10155-4

Vorwort

Wie jede lebende Sprache ist auch das Deutsche einem ständigen Wandel unterworfen. Sein Wortschatz erneuert sich unaufhörlich. Täglich ersetzen neue Wörter andere, die ungebräuchlich geworden sind, und Ausdrücke, die der familiären Sprache oder gar dem Argot angehörten, gehen in die Umgangssprache über.

Die vorliegende Neubearbeitung berücksichtigt diese Entwicklung. Sie enthält den Wortschatz der lebenden Sprache. Die Beseitigung aller wenig gebräuchlichen oder veralteten Wörter und eine neue typographische Anordnung haben es uns erlaubt, viele neue Wörter, Fachausdrücke und gebräuchliche Redewendungen aufzunehmen.

Im Anschluß an das eigentliche Wörterbuch geben wir eine Liste der gebräuchlichsten Abkürzungen in den beiden Sprachen.

Für die phonetische Umschrift haben wir das System der Association Phonétique Internationale übernommen.

Auf Seite 599 finden sich Hinweise für die Benutzung dieses Wörterbuches. Diese praktischen Ratschläge, deren Beachtung wir nicht genug empfehlen können, gestatten es, aus diesem Werk den größtmöglichen Nutzen zu ziehen.

Ein besonderer Dank gebührt Herrn René Anglade, Professor am Institut Français in Berlin, sowie Herrn Wolfgang Schröder, die uns beide wertvolle Hinweise gegeben haben.

Prof. Dr. Kurt Wilhelm

Préface

La langue allemande, comme toute langue vivante, est sujette à un changement continuel; son vocabulaire se renouvelle sans cesse. Chaque jour des termes nouveaux en remplacent d'autres, tombés en désuétude, et des expressions appartenant au langage familier ou même à l'argot, passent dans la langue courante.

La présente édition remaniée et augmentée tient compte de cette évolution. Elle renferme le vocabulaire de la langue vivante. L'élimination de tous les termes peu usités ou vieillis et une disposition typographique nouvelle nous ont permis d'accueillir beaucoup de mots récents, de termes techniques et de locutions usuelles.

A la suite du dictionnaire proprement dit nous donnons une liste des abréviations les plus courantes dans les deux langues.

Nous avons adopté pour la transcription phonétique le système de l'Association Phonétique Internationale.

On trouvera page 599 des indications pour l'utilisation de ce dictionnaire. Ces conseils pratiques, dont nous ne saurions assez recommander la lecture préalable, permettent de tirer de cet ouvrage le meilleur parti.

Nous remercions vivement M. René Anglade, professeur à l'Institut Français de Berlin, ainsi que M. Wolfgang Schröder pour les indications qu'ils nous ont fournies.

Prof. Dr. Kurt Wilhelm

Hinweise
für die Benutzung des Wörterbuches
Indications pour l'emploi du dictionnaire

1. Die alphabetische Reihenfolge ist überall beachtet worden. Hierbei werden die Umlaute (ä, ö, ü) den Buchstaben a, o, u gleichgestellt.

An ihrem alphabetischen Platz sind gegeben:

a) die unregelmäßigen Formen der Zeitwörter und der Hauptwörter, erstere mit Verweisung auf die Grundform, sowie die Steigerungsformen der Eigenschaftswörter;

b) die verschiedenen Formen der Fürwörter;

c) die wichtigsten Eigennamen (Personennamen, geographische Bezeichnungen usw.).

2. Die Bedeutungsunterschiede der verschiedenen Übersetzungen sind durch bildliche Zeichen, abgekürzte Bedeutungshinweise (s. Verzeichnis S. 601) oder durch Sammelbegriffe wie *Sport, Auto* usw., zuweilen auch durch verwandte oder entgegengesetzte Ausdrücke (Synonyme, Antonyme) gekennzeichnet.

3. Das grammatische Geschlecht der Hauptwörter (m, f, n) ist bei jedem deutschen und französischen Wort angegeben.

4. Zweierlei Schreibweise wird, wenn solche gebräuchlich ist, durch Buchstaben in runden Klammern gekennzeichnet, z. B. **Friede(n)** *m* paix *f*.

5. Deklination der Hauptwörter. Die in runden Klammern hinter den deutschen Hauptwörtern stehende Ziffer (3^2) verweist auf die Tabellen am Schluß des Bandes (S. 1194), in der ausführlich Aufschluß über die Bildung der Formen gegeben wird.

1. L'ordre alphabétique a été rigoureusement observé. Les voyelles infléchies (ä, ö, ü) y correspondent aux lettres a, o, u.

Vous trouverez à leur place alphabétique:

a) les formes irrégulières des verbes (dont les infinitifs sont toujours indiqués) et des substantifs, ainsi que des comparatifs et des superlatifs des adjectifs;

b) les formes diverses des pronoms;

c) les noms propres les plus importants (noms de personnes, noms géographiques *etc.*).

2. Les différences d'acception des différentes traductions sont signalées par des signes symboliques, par des abréviations explicatives (voir le tableau page 601) ou sont indiquées par des mots collectifs tels que *Sport, Auto*, etc. Parfois, ces différences sont expliquées par des expressions analogues ou contraires (synonymes, antonymes).

3. Le genre grammatical des substantifs (m, f, n) est indiqué pour tous les mots allemands et français.

4. S'il y a deux manières d'écrire, la seconde est indiquée entre parenthèses, p. ex. **Friede(n)** *m* paix *f*.

5. La déclinaison des substantifs. Les substantifs allemands sont suivis de chiffres entre parenthèses (3^2) qui renvoient à la fin du dictionnaire (page 1194) aux tableaux dans lesquels se trouvent tous les renseignements nécessaires sur la déclinaison des substantifs.

6. Die Konjugation der starken und unregelmäßigen Zeitwörter. Die deutschen Zeitwörter führen wir in einer alphabetischen Liste auf, die im Anhang hinter Ziffer (30) eingefügt ist (S. 1197).	**6. La conjugaison des verbes forts et irréguliers.** Pour les verbes allemands nous donnons dans l'appendice, insérée après la chiffre (30), une liste alphabétique (page 1197).
7. Aufeinanderfolgende gleichlautende Wortteile sind durch den Bindestrich ersetzt, z. B. **Ankläger(in** *f*) *m* accusateur, -trice = accusatrice.	**7. Les parties homonymes d'un mot qui se succèdent** ont été remplacées par un trait d'union, p. ex. **Ankläger(in** *f*) *m* accusateur, -trice = accusatrice.
8. Rechtschreibung. Für die Rechtschreibung der französischen Wörter dienen als Grundlage die Regeln der Académie française, für die deutschen Wörter der „Duden".	**8. L'orthographe.** L'orthographe des mots français est conforme aux prescriptions de l'Académie française, celle des mots allemands se règle sur le livre de Duden.

Eine ausführliche Darstellung der deutschen Aussprache vermittelt Ihnen

Langenscheidts
Aussprachplatte Deutsch

(Die Laute des Deutschen)

Langspielplatte 17 cm ⌀, 45 Umdr./min.

Unabhängig von jedem Lehrbuch können Sie durch Vorspielen und Nachsprechen eine korrekte, von mundartlichen Färbungen und Tönungen freie Aussprache erlernen. Der der Platte beigegebene Text mit ausführlichen Erläuterungen wird hierbei eine gute Hilfe sein.

Erklärung der im Wörterbuch angewendeten Zeichen und Abkürzungen

Explication des signes et abréviations employés dans ce dictionnaire

1. Bildliche Zeichen — Signes

Die Tilde (das Wiederholungszeichen) ~ ⁓ ♀ ♂ dient dazu, zusammengehörige und verwandte Wörter zu Gruppen zu vereinigen.

Die fette (⁓) Tilde vertritt das ganze voraufgegangene Wort oder den Wortteil vor dem senkrechten (|) Strich, z. B. **Abbild** *n* image *f*; **⁓ung** *f* (= Abbildung) illustration *f*; **Abend|sonne** *f* soleil *m* couchant; **⁓stern** *m* (= Abendstern) Vénus *f*.

Die einfache Tilde (⁓) vertritt

a) in den Anwendungsbeispielen das unmittelbar voraufgegangene Stichwort, das auch mit Hilfe der Tilde gebildet sein kann, z. B. **abwarten** attendre; **⁓d**: e-e ⁓e *(abwartende) Haltung einnehmen* garder l'expectative.

b) bei der Wiedergabe des rückbezüglichen Zeitwortes, das mit se oder s' gebildet wird, die unmittelbar voraufgegangene Grundform z. B. **auf|brechen** ouvrir; **⁓drängen**: *j-m etw.* ⁓ imposer qch. à q.; *sich j-m* ⁓ *(aufdrängen)* s'imposer à q.

c) In der Aussprachebezeichnung hingegen wird die bereits vorangegangene Aussprache oder Teile derselben durch eine Tilde (⁓) angedeutet, z. B. **Agent** [a'gɛnt], **⁓ur** [⁓'tuːr].

Die Tilde mit Kreis (⁕) weist darauf hin, daß sich die Schreibung des Anfangsbuchstaben des voraufgegangenen

Le tilde (signe de répétition) ~ ⁓ ♀ ♂ a été employé pour réunir par groupes les mots de la même catégorie et les mots apparentés.

Le tilde en caractère gras (⁓) remplace la totalité du mot précédent ou la partie du mot devant le trait vertical (|), p. ex. **Abbild** *n* image *f*; **⁓ung** *f* (= Abbildung) illustration *f*; **Abend|sonne** *f* soleil *m* couchant; **⁓stern** *m* (= Abendstern) Vénus *f*.

Le tilde normal (⁓) remplace

a) dans les exemples d'application l'en-tête immédiatement précédent, parfois représenté à l'aide du tilde, p. ex. **abwarten** attendre; **⁓d**: e-e ⁓e *(abwartende) Haltung einnehmen* garder l'expectative.

b) un verbe immédiatement précédent qui doit être mis à la forme réfléchie, p. ex. **auf|brechen** ouvrir; **⁓drängen**: *j-m etw.* ⁓ imposer qch. à q.; *sich j-m* ⁓ *(aufdrängen)* s'imposer à q.

c) Dans la transcription phonétique toutefois, la prononciation précédente en total ou en partie est indiquée par un tilde, p. ex. **Agent** [a'gɛnt], **⁓ur** [⁓'tuːr].

Le tilde avec cercle (⁕) indique que le mot précédent prend une majuscule ou une minuscule lors-

— 602 —

gegangenen Wortes in der Wiederholung ändert (groß in klein oder umgekehrt); z. B. **allein,** ⎱besitz = *Alleinbesitz m;* **Alkohol** ⎱**frei** = *alkoholfrei adj.*

Der kurze Strich (-) in Wörtern wie gut-artig, Turm-uhr usw. deutet die Trennung der Sprechsilben an, um den Ausländer vor Irrtümern in der Aussprache des Deutschen zu bewahren.

qu'il doit être répété, p.ex. **allein,** ⎱**besitz** = *Alleinbesitz m;* **Alkohol** *m,* ⎱**frei** = *alkoholfrei adj.*

Le trait court (-) dans des mots comme gut-artig, Turm-uhr, etc. indique la séparation des syllabes pour éviter que l'étranger prononce mal le mot allemand.

F	familiär, vertraulich nachlässige Sprechweise, *langage familier.*	🚂	Eisenbahn, *chemin de fer.*
P	populär, Sprache des (ungebildeten) Volkes, *populaire, poissard.*	♪	Musik, *musique.*
		△	Baukunst, *architecture.*
V	vulgär, unanständig, *vulgaire, inconvenant.*	⚡	Elektrizität, Elektrotechnik, *électricité, électrotechnique.*
⨃	wissenschaftlich, *scientifique.*	⚖	Rechtswissenschaft, *jurisprudence, droit.*
⚘	Pflanzenkunde, Pflanze, *botanique, plante.*	✉	Postwesen, *postes.*
⊕	Handwerk, Technik, *terme de métier ou technique.*	A̷	Mathematik, *mathématiques.*
⚒	Bergbau, *mines.*	✿	Ackerbau, Landwirtschaft, Gartenbau, *agriculture, agronomie, horticulture.*
⚔	militärisch, *militaire.*		
⚓	Marine, Schiffahrt, Schiffersprache, *marine, navigation, langage marin.*	⚗	Chemie, *chimie.*
		✚	Heilkunde, Medizin, *médecine, thérapeutique.*
✝	Handel, kaufmännisch, *commerce, commercial.*	⚜	Wappenkunde, *blason.*
		✈	Flugwesen, *aviation.*

2. Abkürzungen — Abréviations

a.	*aussi,* auch.		*arp.*	*arpentage,* Feldmeßkunst.
abr.	*abréviation,* Abkürzung.		*art.*	*article,* Artikel, Geschlechtswort.
abs.	*absolu,* absolut.			
abus.	*abusif, abusivement,* mißbräuchlich.		*ast.*	*astronomie,* Sternkunde.
			Auto	Automobilwesen, *automobilisme.*
acc.	*accusatif,* Akkusativ (Wenfall).		*bibl.*	*biblique,* biblisch.
adj.	*adjectif,* Adjektiv, Eigenschaftswort.		*bill.*	*billard,* Billard(spiel).
			bisw.	bisweilen, *parfois.*
adv.	*adverbe,* Adverb, Umstandswort.		*bot.*	*botanique,* Botanik, Pflanzenkunde.
alp.	*alpinisme,* Bergsport.		*bsd.*	besonder(s),*principal(ement).*
a/n.	*adjectif numéral,* Zahlwort.		*cath.*	*catholique,* katholisch.
anat.	*anatomie,* Anatomie, Lehre vom Körperbau.		*ch.*	*chasse,* Jagd.
			charp.	*charpenterie,* Zimmermannsausdruck.
a/n. c.	*adjectif numéral cardinal,* Grundzahl.		*chir.*	*chirurgie,* Chirurgie.
a/n. o.	*adjectif numéral ordinal,* Ordnungszahl.		*cj.*	*conjonction,* Konjunktion, Bindewort.
antiq.	*antiquité,* Altertum.		*coll.*	*terme collectif,* Sammelname.
arith.	*arithmétique,* Rechenkunst.		*comp.*	*comparatif,* Komparativ.

cons.	consonne, Mitlaut.
cord.	cordonnerie, Schuhmacherei.
cuis.	cuisine, Kochkunst, Küche.
dat.	datif, Dativ (Wemfall).
dipl.	diplomatie, Diplomatie.
d-m	deinem, à ton, à ta.
d-n	deinen, ton, ta (acc.).
ea.	einander, l'un l'autre, réciproquement.
écol.	langage des écoliers, Schülersprache.
e-e	eine, un, une.
ehm.	ehemals, autrefois.
e-m	einem, à un, à une.
e-n	einen, un, une.
engS	im engeren Sinne au sens étroit.
ent.	entomologie, Insektenkunde.
e-r	einer, d'un, d'une; à un, à une.
e-s	eines, d'un, d'une.
esc.	escrime, Fechtkunst.
etc.	et cétera, und so weiter.
etw.	etwas, quelque chose.
f	féminin, weiblich.
féod.	féodalité, Lehnswesen.
fig.	figuré, figürlich, bildlich.
for.	Forstwissenschaft, sylviculture.
f/pl.	féminin pluriel, weibliche Mehrzahl.
frt.	fortification, Befestigungswesen.
fut.	futur, Zukunft.
gén.	génitif, Genitiv (Wesfall).
géogr.	géographie, Erdkunde.
géol.	géologie, Geologie.
géom.	géométrie, Raumlehre.
gér.	gérondif, Gerundium.
gr.	grammaire, Grammatik.
gym.	gymnastique, Turnwesen.
hist.	histoire, Geschichte.
icht.	ichtyologie, Fischkunde.
ind.	indicatif, Indikativ.
inf.	infinitif, Infinitiv.
int.	interjection, Empfindungswort, Ausruf.
inv.	invariable, unveränderlich.
iron.	ironiquement, spöttisch.
j.	jemand, quelqu'un.
j-m	jemand(em), à quelqu'un.
j-n	jemand(en), quelqu'un (acc.).
j-s	jemandes, de quelqu'un.
litt.	littérature, Literatur, nur in der Schriftsprache.
m	masculin, männlich.
mach.	les machines, Maschinenwesen.
man.	manège, Reitkunst.
m-ea	miteinander, l'un avec l'autre
méc.	mécanique, Mechanik.
men.	menuiserie, Tischlerei.
mép.	méprisable, verächtlich.
mét.	métrique, Verslehre.
métall.	métallurgie, Hüttenwesen.
min.	minéralogie, Mineralogie.
m/pl.	masculin pluriel, männliche Mehrzahl.
mst	meistens, le plus souvent.
mv.p.	en mauvaise part, im üblen od. schlimmen Sinne.
myth.	mythologie, Mythologie.
n	neutre, sächlich.
nom.	nominatif, Nominativ (Werfall).
n/pl.	neutre pluriel, sächliche Mehrzahl.
npr.	nom propre, Eigenname.
num.	numismatique, Münzkunde.
od.	oder, ou.
opt.	optique, Optik, Lichtlehre.
orn.	ornithologie, Vogelkunde.
parl.	parlement, Parlament.
part.	participe, Mittelwort.
pass.	passif, Passiv, Leideform.
peint.	peinture, Malerei.
péj.	péjoratif, verschlimmernd, verächtliche Herabsetzung ausdrückendes Wort.
pfort	plus fort, verstärkter Sinn.
phil.	philosophie, Philosophie.
phm.	pharmacie, Apothekerkunst.
phon.	phonétique, Lautlehre.
phot.	photographie, Photographie.
phys.	physique, Physik.
physiol.	physiologie, Physiologie.
pl.	pluriel, Mehrzahl.
poét.	poétique, dichterisch.
pol.	politique, Politik.
p.p.	participe passé, Partizip der Vergangenheit.
p.pr.	participe présent, Partizip der Gegenwart.
pr.	pronom, Fürwort.
pr. abs.	pronom absolu, absolutes Fürwort.
pr/d.	pronom démonstratif, hinweisendes Fürwort.
prés.	présent, Präsens, Gegenwart.
pr/i.	pronom interrogatif, fragendes Fürwort.
pr/ind.	pronom indéfini, unbestimmtes Fürwort.
pro.fr.	prononciation française, französische Aussprache.

prot.	protestant, protestantisch.	sup.	superlatif, Superlativ.
prp.	préposition, Verhältniswort.	télégr.	télégraphie, Telegraphie.
pr/p.	pronom personnel, persönliches Fürwort.	téléph.	téléphonie, Fernsprechwesen.
pr/poss.	pronom possessif, besitzanzeigendes Fürwort.	thé.	théâtre, Theater.
		typ.	typographie, Buchdruck(erkunst).
pr/r.	pronom relatif, bezügliches Fürwort.	u.	und, et.
psych.	psychologie, Psychologie.	usw.	und so weiter, et cétera.
q.	quelqu'un, jemand.	v.	von, vom, de.
qch.	quelque chose, etwas.	var.	variable, veränderlich.
resp.	respectivement, respektive, beziehungsweise.	v/aux.	verbe auxiliaire, Hilfszeitwort.
rhét.	rhétorique, Rhetorik, Redekunst.	vb.	verbe, Verb(um), Zeitwort.
		vét.	médecine vétérinaire, Tierheilkunde.
rl.	religion, Religion.	vgl.	vergleiche, comparez.
S.	Seite, page.	v/t.	verbe intransitif, intransitives Zeitwort.
s.	siehe, man sehe, voir, voyez.		
suj.	sujet, Subjekt, Satzgegenstand.	v/imp.	verbe impersonnel, unpersönliches Zeitwort.
sculp.	sculpture, Bildhauerkunst.	vo.	voyelle, Selbstlaut.
s-e	seine, sa, son, ses.	v/rfl.	verbe réfléchi, reflexives Zeitwort.
serr.	serrurerie, Schlosserei.		
sg.	singulier, Einzahl.	v/t.	verbe transitif, transitives Zeitwort.
s-m	seinem, à son, à sa.		
s-n	seinen, son, sa (acc.).	weitS.	in weiterem Sinne, par extension.
s-r	seiner, de son, de sa; à son, à sa.		
s-s	seines, de son, de sa.	z.B.	zum Beispiel, par exemple.
su.	substantif, Hauptwort.	zo.	zoologie, Zoologie, Tierkunde.
subj.	subjonctif, Konjunktiv.		

Tableau de la prononciation allemande à l'usage des lecteurs français

Lettre	Transcription	Explication	Exemple

a) les voyelles

Lettre	Transcription	Explication	Exemple
a	ɑː	lang *long* (**â**me)	Abend ['ɑːbənt] kam [kɑːm] Paar [pɑːr] Laden ['lɑːdən]
	a	kurz *bref* (p**a**tte)	Ast [ast] Kamm [kam] Markt [markt] Matte ['matə]
ä	ɛː	offen und lang *ouvert et long* (fen**ê**tre)	ähnlich ['ɛːnliç] Mähne ['mɛːnə] Käse ['kɛːzə] Träger ['trɛːgər]
	ɛ	offen und kurz *ouvert et bref* (**e**nnemi)	emsig ['ɛmziç] Kämme ['kɛmə] Teller ['tɛlər] Herr [hɛr]
e	eː	geschlossen und lang *fermé et long* (donn**é**)	Esel ['eːzəl] See [zeː] leben ['leːbən] nehmen ['neːmən]
	e	geschlossen u. mittellang (kurz) *fermé et moyen* (d**é**fendre)	Debatte [de'batə] Telephon ['teːlefoːn]
	ə	schwach und kurz *faible et bref* (m**e**)	Tinte ['tintə] Rose ['roːzə] gegeben [gə'geːbən]
i	iː	geschlossen und lang *fermé et long* (égl**i**se)	ihnen ['iːnən] Bibel ['biːbəl] Dieb [diːp]
	i	geschlossen u. mittellang (kurz) *fermé et moyen* (h**i**stoire)	in [in] binden ['bindən] Wind [vint]
o	oː	geschlossen und lang *fermé et long* (r**o**se)	oben ['oːbən] Bote ['boːtə] Moor [moːr] Sohn [zoːn]

Lettre	Transcription	Explication	Exemple
	o	geschlossen u. mittellang (kurz) *fermé et moyen (ch**au**d)*	Tomate [to'mɑːtə] Geologe [geo'loːgə] monoton [mono'toːn]
	ɔ	offen und kurz *ouvert et bref (p**o**ste)*	offen ['ɔfən] Form [fɔrm] locken ['lɔkən]
ö	øː	geschlossen und lang *fermé et long (j**eû**ne)*	Öse ['øːzə] Töne ['tøːnə] Goethe ['gøːtə]
	œ	geschlossen und kurz *fermé et bref (n**eu**f)*	öffnen ['œfnən] Löffel ['lœfəl]
u	uː	geschlossen und lang *fermé et long (t**ou**r)*	Uhr [uːr] Mut [muːt] Fuhre ['fuːrə] Bude ['buːdə]
	u	geschlossen und kurz *fermé et bref (m**ou**stache)*	unten ['untən] bunt [bunt] Mutter ['mutər]
ü	yː	geschlossen und lang *fermé et long (p**u**r)*	Übel ['yːbəl] Tür [tyːr] Mühle ['myːlə]
	y	geschlossen und kurz *fermé et bref (br**u**sque)*	üppig ['ypiç] Müll [myl] Rücken ['rykən]

b) les diphtongues

ai/ei/ey	aɪ	das offene und kurze [ɪ] nähert sich dem geschlossenen und mittellangen (kurzen) [e] *l'[ɪ] ouvert et bref se rapproche de l'[e] fermé et moyen (**ai**l)*	Eisen ['aɪzən] Greise ['graɪzə] Mai [maɪ]
au	aʊ	das offene und kurze [ʊ] nähert sich dem geschlossenen und mittellangen (kurzen) [o] *l'[ʊ] ouvert et bref se rapproche de l'[o] fermé et moyen (c**aou**tchouc)*	Aufbau ['aʊfbaʊ] Maus [maʊs] Brause ['braʊzə]
äu/eu	ɔʏ	das offene und kurze [ʏ] nähert sich dem geschlossenen und mittellangen (kurzen) [ø] *l'[ʏ] ouvert et bref se rapproche de l'[ø] fermé et moyen (**œi**l)*	euch [ɔʏç] äußern ['ɔʏsərn] Beute ['bɔʏtə] läuten ['lɔʏtən]

c) les consonnes

g	g	comme dans le mot **g**ant	geben ['geːbən] Lage ['lɑːgə]
	ʒ	comme dans le mot **j**upe	Genie [ʒe'niː] Regie [re'ʒiː] Jackett [ʒa'ket]

Lettre	Transcription	Explication	Exemple
j	j	comme dans le mot *mayonnaise*	jeder ['jeːdər] gejagt [gə'jaːkt]
s	z	im Anlaut vor Vokalen und zwischen Vokalen *au début devant voyelle et entre voyelles (zèle)*	Sonne ['zɔnə] Base ['baːzə]
	s	in allen anderen Positionen und wo ss oder ß geschrieben wird *dans tous les autres cas et pour les graphies ss ou ß (austère)*	Aster ['astər] lispeln ['lispəln]
s	s	(*sou*)	Haus [haus] Messer ['mesər] naß [nas]
sch	ʃ	comme dans le mot *cheval*	Schein [ʃain] Asche ['aʃə] Mensch [mɛnʃ] Spiel [ʃpiːl] Stein [ʃtain] gestehen [gə'ʃteːən]
z	ts	comme *t* et *c* fondus	Zange ['tsaŋə] kurz [kurts] sitzen ['tsitsən] Platz [plats]
v	f	comme dans le mot *faible*	Vater ['faːtər] vergessen [fɛr'gɛsən] passiv ['pasiːf]
w	v	comme dans le mot *vendre*	Waage ['vaːgə] Vampir [vam'piːr] November [no'vɛmbər]
ng	ŋ	ce son n'existe que dans quelques mots étrangers, comme *camping*	singen ['ziŋən] Rang [raŋ] wanken ['vaŋkən] Bank [baŋk]
h	h	prononcé avec un véritable souffle	heben ['heːbən] erholen [ɛr'hoːlən] Uhu ['uːhu]
(i)ch	ç	son qui ressemble à la semi-consonne i des mots français tels que m*i*el, s*i*en	ich [iç] rechnen ['rɛçnən] Teich [taiç] leuchten ['lɔyçtən] räuchern ['rɔyçərn] Bücher ['byːçər] Löcher ['lœçər] Fläche ['flɛçə] Milch [milç] horch [hɔrç] mancher ['mançər] Chemie [çe'miː] China ['çiːna]

— 608 —

Lettre	Transcription	Explication	Exemple
(a)ch	x	son purement laryngal qui peut se comparer à la prononciation du r vélaire final, surtout des Parisiens, dans les mots *gare*, *guerre*	Dach [dax] Loch [lɔx] Buch [bu:x] auch [aux] machen ['maxən] acht [axt]
	k	comme dans le mot *camp*	Chor [ko:r] Christ [krist] Fuchs [fuks] sechs [zɛks] Hexe ['hɛksə]

Emploi de la lettre majuscule

S'écrivent avec une majuscule: 1. le premier mot d'une phrase; 2. tous les substantifs; 3. tous les noms propres; 4. les adjectifs, pronoms et adjectifs numéraux ordinaux qui font partie d'un titre ou nom propre (das Schwarze Meer = la mer Noire), Heinrich der Vierte = Henri IV; 5. les adjectifs dérivés des noms propres (die Voltaireschen Schriften = les œuvres de Voltaire); 6. des mots de toute espèce employés comme substantifs (das Gute = le bon).

De la division des mots allemands

1. Les mots monosyllabes ne sont pas divisés (Haus, fein, Mund); 2. Dans les mots polysyllabes il n'y a pas de division si la syllabe n'est formée que d'un son (Ma-ria, Ebe-ne), **mais** Au-to-mo-bil (deux sons); 3. Une consonne placée entre deux voyelles appartient à la seconde syllabe (Va-ter, Ro-se, Na-gel); 4. Si une voyelle est suivie de deux ou plusieurs consonnes, la dernière appartient à la syllabe suivante (Gel-der, Kas-se, Nut-zen, Ver-wand-te, hüpf-te); 5. ch, st, sch, ß ne représentent qu'un son unique on ne les divise jamais (Kü-che, mei-ste, Wä-sche, hei-ßen); 6. Les mots composés sont divisés suivant leurs parties composantes (Diens-tag, wor-an, dar-auf, Tür-schloß, be-ob-ach-ten).

L'alphabet allemand

A	a	[a:]	N	n	[ɛn]
B	b	[be:]	O	o	[o:]
C	c	[tse:]	P	p	[pe:]
D	d	[de:]	Q	q	[ku:]
E	e	[e:]	R	r	[ɛr]
F	f	[ɛf]	S	s	[ɛs]
G	g	[ge:]	T	t	[te:]
H	h	[ha:]	U	u	[u:]
I	i	[i:]	V	v	[fau]
J	j	[jɔt]	W	w	[ve:]
K	k	[ka:]	X	x	[iks]
L	l	[ɛl]	Y	y	['ypsilɔn]
M	m	[ɛm]	Z	z	[tsɛt]

A

A, a [a:] n A, a m; ♪ la m (angeben donner; von A bis Z depuis A jusqu'à Z; d'un bout à l'autre.

Aachen ['a:xən] n Aix-la-Chapelle f.

Aal [a:l] m (3) anguille f; ²**en**: sich ~ s'étirer; P battre sa flemme; ²~**glatt** souple comme une anguille.

Aas [a:s] n (4) charogne f; ²**en** ['a:zən] (27): mit etw. ~ F gaspiller qch.; '~**fliege** f mouche f à viande.

ab [ap] ✝ ~ *Bahnhof* pris à la gare; ~ *Berlin* pris à Berlin; *auf Fahrplänen*: départ; *von gestern* ~ à partir d'hier; dès hier; ~ *und zu* de temps à autre; *(abzüglich)* à déduire; *den Hut* ~! chapeau bas!

abänderlich ['~ʔɛndərliç] modifiable; variable; ²~**keit** ['~kaɪt] f variabilité f; ⚖ commuabilité f.

'**ab-änder**|**n** changer; *teilweise*: modifier; retoucher; ²**ung** f changement m; *teilweise*: modification f.

'**Ab-änderungs**|**-antrag** m, '~**vorschlag** m amendement m (*stellen* déposer). [l'angoisse; s'inquiéter.\]

'**ab-ängstigen**: sich ~ être dans|

'**ab-arbeiten** *Schuld*: acquitter par le travail; sich ~ s'épuiser au travail; s'éreinter. [dépit.\]

'**ab-ärgern**: sich ~ se consumer de|

'**Ab-art** f variété f; (*Entartetes*) espèce f bâtarde; ²**en** dégénérer.

'**ab-ästen** ♂ (26) ébrancher.

'**ab-ätzen** enlever à l'eau-forte; ⚕ cautériser.

'**Abbau** m exploitation f; ~ v. *Steinkohlen* déhouillement m *Personal*: licenciement m; congédiement m; *Preis*: réduction f; diminution f; *Maschine*: démontage m; *Amt*: suppression f; ²**en** ⚒ exploiter; *Steinkohlen* ~ déhouiller; (*entlassen*) renvoyer; licencier; congédier; *Preise usw.*: diminuer; réduire; *Amt*: supprimer; (*abmontieren*) démonter; '~**schacht** ⚒ m puits m d'exploitation. [avec les dents.\]

'**abbeißen** arracher (*od.* couper)|

'**abbeizen** enlever à l'eau-forte; métall. décaper.

abbekommen (*erhalten*) avoir sa part de; (*losbekommen*) réussir à détacher; *eins* ~ F en prendre pour son grade. [rappel m.\]

'**abberuf**|**en** rappeler; ²**ung** f|

'**abbestell**|**en** décommander; contremander; ²**ung** f annulation f d'une commande.

'**abbetteln** quémander; obtenir à force de quémander.

'**abbezahlen** achever de payer; solder; *durch Raten*: payer par acomptes.

'**abbiegen** v/t. (*umbiegen*) plier; courber; (*ablenken*) détourner; v/i. *vom Wege* ~ s'écarter de sa route; *rechts* ~ tourner (*od.* obliquer) à droite.

'**Abbild** n image f; copie f; *Person*: portrait m; ²**en** faire une copie (*resp.* un portrait) (de); '~**ung** image f; *typ.* illustration f.

'**abbinden** délier; détacher; ⚕ ligaturer.

'**Abbitte** f excuse f; ~ *tun* demander pardon, *öffentlich*: faire amende honorable; ²**n**: j-m etw. ~ demander pardon à q. de qch.; *öffentlich* ~ faire amende honorable.

'**abblasen** *Staub*: souffler; ⚔ *Gas*: émettre; *Veranstaltung*: contremander; révoquer; annuler.

'**abblätter**|**n** v/t. effeuiller; v/i. s'effeuiller; *Farbe*, *Putz*: s'écailler; ⚕ s'exfolier; ²**n** n, ²**ung** f ♃ effeuillaison f; ⚕ exfoliation f.

'**ab**|**blenden** *Auto*: baisser les phares; se mettre en code; *Fenster*: voiler; masquer; *phot.* diaphragmer; '~**blitzen** échouer; *j-n* ~ *lassen* éconduire q.; '~**blühen** défleurir; '~**brausen** (*davonjagen*) partir à toute vitesse; (*duschen*) doucher; ~**brechen** v/t. rompre; *zerbrechend*: briser; (*losmachen*) détacher; (*abtragen*) démolir; (*abpflücken*) cueillir; (*aufhören mit*) rompre, *plötzlich*: couper court (à); ⚔ *Lager*: lever; ⚔ *Brücke*: replier; *Gerüst*: enlever; *Zelt*: plier; *Reise*: interrompre; *Kampf*: arrêter; *Spitze*: casser; v/i. se rompre; (*aufhören*) cesser, *kurz*:

abbrennen — 610 — **Abessinien**

couper court; *wir wollen hier* ~ brisons là.

'**abbrennen** v/t. brûler; *Feuerwerk*: tirer; v/i. être consumé par le feu; *Person*: être incendié (*od.* sinistré).

'**abbringen**: *j-n von etw.* ~ détourner (*od.* écarter) q. de qch.; *j-n von s-r Meinung* ~ faire changer d'avis.

'**abbröckeln** v/t. *Brot*: émietter; v/i. s'émietter; *Farbe, Putz*: s'écailler.

'**Abbruch** *m* démolition *f*; *fig.* rupture *f*; *j-m* ~ *tun* nuire (*od.* porter préjudice) à q.; *e-r Sache* ~ *tun* porter atteinte à qch.; ~ *leiden* être lésé.

'**ab**|**brühen** échauder; *cuis.* blanchir; ~**bürsten** brosser; ~**büßen** *Schuld*: expier; *Strafe*: subir.

Abc [ɑ:be'tse:] *n* abc *m*; alphabet *m*; ~**buch** *n* abécédaire *m*; ~-**Schüler** (-in *f*) *m*, ~-**Schütze** *m* commençant *m*, -e *f*; ~-**Waffen** *f/pl.* armes *f/pl.* ABC (atomiques, biologiques et chimiques).

abdach|**en** ['~daxən] (25) disposer en pente; *sich* ~ aller en pente; ℚ**ung** *f* pente *f*; talus *m*.

'**abdämm**|**en** endiguer; ℚ**ung** *f* endiguement *m*.

'**Abdampf** *m* vapeur *f* d'échappement; ℚ**en** s'évaporer; (*abfahren*) F partir. [(étuver; ♪ assourdir.)

'**abdämpfen** faire évaporer; *cuis.*)

'**abdank**|**en** v/i. démissionner; *Fürst*: abdiquer; ℚ**ung** *f* démission *f*; *Fürst*: abdication *f*.

'**abdeck**|**en** (7) découvrir; *Haus*: enlever le toit; *Tisch*: desservir; *Vieh*: équarrir; ℚ**er** *m* équarrisseur *m*; ℚ**erei** [~'raɪ] *f* (*als Stätte*: chantier *m* d') équarrissage *m*.

'**abdicht**|**en** (26) calfeutrer; boucher; *Leck*: étancher; ⚓ calfater; ℚ**ung** *f* calfeutrage *m*; *gegen Wasser*: étanchement *m*; ⚓ calfatage *m*.

'**ab**|**dienen** *Schuld*: acquitter en servant; ⚔ *s-e Zeit* ~ faire son service militaire; ~**drängen** écarter; repousser; ~**drehen** v/t. détacher en tordant; casser; *Licht*: éteindre; *das Gas* ~ fermer le robinet (du gaz); v/i. ✈ u. ⚓ changer de route; ~**drosseln** étrangler; *Motor*: mettre au ralenti.

'**Abdruck** *m* impression *f*; reproduction *f*; (*Abgedrucktes*) épreuve *f*; copie *f*; (*Gepräge*) empreinte *f*; ℚ**en** imprimer; reproduire.

'**abdrücken** prendre une empreinte; *Gewehr*: décharger; *j-n herzlich* ~ serrer q. dans ses bras.

abebben ['~ʔɛbən] se calmer peu à peu; baisser. [dégivrer.)

'**ab**-**eisen** enlever la glace;)

Abend ['ɑ:bənt] *m* (31) *als Zeitpunkt*: soir *m*; *als Zeitdauer*: soirée *f*; *am* ~ le soir; *heute* ⚯ ce soir; *gestern* ⚯ hier (au) soir; *am* ~ *vorher* la veille au soir; *der Heilige* ~ la veille de Noël; *zu* ~ *essen* dîner (*etw.* de qch.); souper (de qch.); *guten* ~! bonsoir!; *es wird* ~ le jour baisse; la nuit vient; ~**andacht** *f* office *m* du soir; ~**anzug** *m* habit *m* de soirée; ~**brot** *n* dîner *m*; souper *m*; ~**dämmerung** *f* crépuscule *m*; ~**essen** *n* = ~**brot**; ~**gebet** *n* prière *f* du soir; ~**gesellschaft** *f* soirée *f*; ~**gottesdienst** *m* office *m* du soir; ~**kleid** *n* robe *f* de soirée; ~**land** *n* Occident *m*; ~**länder**(**in** *f*) *m* Occidental *m*, -e *f*; ℚ**ländisch** ['~lɛndɪʃ] occidental; ℚ**lich** du soir; ~**mahl** *rl. n* communion *f*; Cène *f* (*bsd. prot.*); *das* ~ *gehen* (*nehmen*) communier; ~**mahlsgänger**(**-in** *f*) *m* communiant *m*, -e *f*; ~**mahlzeit** *f* dîner *m*; souper *m*; ~**musik** *f* sérénade *f*; ~**rot** *n*, ~**röte** *f* coucher *m* de soleil.

abends ['ɑ:bənts] le soir.

'**Abend**|**sonne** *f* soleil *m* couchant; ~**stern** *m* Vénus *f*; étoile *f* du soir; ~**tau** *m* serein *m*; ~-**unterhaltung** *f* veillée *f*; ~**wind** *m* vent *m* du soir; ~**zeitung** *f* journal *m* du soir.

Abenteuer ['ɑ:bəntɔʏər] *n* (7) aventure *f*; *auf* ~ *ausgehen*: courir l'aventure; *ein* ~ *bestehen* courir une aventure; ℚ**lich** aventureux.

'**Abenteu**|**rer** *m*, ~**erin** *f* aventurier *m*, -rière *f*. [ou bien.)

aber ['ɑ:bər] mais; *nun* ~ or; *oder* ~)

'**Aber**|**glaube** *m* superstition *f*; ℚ**gläubisch** ['~glɔʏbɪʃ] superstitieux.

aberkenn|**en** ['~ʔɛrkɛnən]: *j-m etw.* ~ contester (*od.* refuser) qch. à q.; ⚖ déposséder q. de qch. par sentence; ℚ**ung** *f*: ~ *der bürgerlichen Ehrenrechte* privation *f* des droits civiques.

aber|**malig** ['~ma:lɪç] répété; autre ~**mals** ['~ma:ls] de nouveau; encore une fois. [toute la moisson.)

'**ab**-**ernten** moissonner; enlever)

Abessin|**ien** [abɛ'si:niən] *n*l'Éthiopie

Abessinier(in) — 611 — **abgeben**

f; ~**ier(in** f) m Éthiopien m, -enne f; ~**isch** éthiopien.

'**abfahren** v/t. *Lasten*: transporter; camionner; charrier; *Strecke*: parcourir; v/i. partir (*nach pour*); *Auto*: a. démarrer; *alp.* descendre.

'**Abfahrt** f départ m; *Auto*: a. démarrage m; ⚓ partance f; *alp.* descente f.

'**Abfahrts**|**bahnsteig** m quai m de départ; **~bereit** prêt à partir; **~lauf** *alp.* m course f de descente; **~zeichen** n signal m de départ; **~zeit** f heure f du départ.

'**Abfall** m *Blätter*: chute f; v. e-r *Partei*: défection f; *zum Feinde*: désertion f; rl. apostasie f; *Gelände*: pente f; déclivité f; (*Reste*) déchets m/pl., 🜋 résidu m; **~eimer** m seau m à ordures; **~eisen** n riblons m/pl.; '2**en** (*sich loslösen*) tomber; (*sich neigen*) aller en pente; descendre; (*nachlassen*) baisser; *von j-m* ~ abandonner q.; *von e-r Partei* ~ faire défection; *zum Feinde*: déserter; rl. apostasier; *Sport*: perdre du terrain; *es wird etw. für dich* ~*fig.* tu en auras ta part.   [*lände*: incliné.]

'**abfällig** *Urteil*: défavorable; *Ge-*)
'**Abfallprodukt** n sous-produit m.

'**abfangen** attraper; *Brief, Ball*: intercepter; ⚓ redresser; ⚠ étan-[

'**abfärben** (se) déteindre. [çonner.]

'**abfass|en** (*abfangen*) surprendre; *Vertrag*: dresser; (*verfassen*) rédiger; '2**en** n, 2**ung** f rédaction f.

'**ab**|**faulen** pourrir; tomber en pourriture; '**~fegen** balayer; '**~feilen** limer.

'**abfertig|en** expédier; *Kunden*: servir; *j-n* ~ (*abweisen*) renvoyer q., F envoyer promener q.; 2**ung** f expédition f; *Kunden*: service m; *fig.* renvoi m; 2**ungsschein** m feuille f d'expédition; 2**ungsstelle** f bureau m d'expédition.

'**abfeuern** v/t. décharger; tirer; v/i. faire feu.

'**abfind|en** payer; (*entschädigen*) dédommager; indemniser; *sich mit etw.* ~ s'accommoder de qch.; *sich mit j-m* ~ s'arranger avec q.; 2**ung** ['~fɪndʊŋ] f accommodement m; arrangement m; (*Entschädigung*) indemnisation f; 2**ungssumme** f indemnité f. [f aplatissement m.]

'**abflach|en** ['~flaxən] aplatir; '2**ung**)
ab|**flauen** ['~flauən] diminuer; fai-

blir; *Wind*: tomber, ⚓ mollir; '**~fliegen** ⚐ partir; décoller; (*wegfliegen*) s'envoler; '**~fließen** s'écouler; '2**flug** m départ m; envol m; '2**flugbahn** ⚐ f piste f de départ (*od.* d'envol).

'**Abfluß** m écoulement m; (*Gewässer*) décharge f; (*Vorrichtung*) égout m; **~graben** m rigole f; **~röhre** f déchargeoir m.

'**ab**|**fordern**: *j-m etw.* ~ réclamer qch. de q.; '**~formen** mouler; '**~fragen** interroger; *Schüler*: faire réciter sa leçon à; '**~fressen** brouter; ronger; '**~frieren** geler.

'**Abfuhr** ['~fu:r] f charroi m; (*Leerung*) vidange f; *esc.* mise f 'hors de combat; *fig.* échec m; *j-m e-e* ~ *erteilen* éconduire q.

'**abführ|en** v/t. emmener; *Verbrecher*: conduire en prison; *Schuld*: acquitter; *Summe*: verser; *j-n vom Wege* (*Gegenstand*) ~ détourner q. du chemin (du sujet); v/i. ♂ se purger; 2**mittel** n laxatif m; purgatif m.

'**abfüll|en** soutirer; *in Flaschen* ~ embouteiller; 2**ung** f soutirage m; ~ *auf Flaschen* embouteillage m.

'**abfütter|n** donner à manger à; nourrir; alimenter; *Kleidung*: fourrer; 2**ung** f *Vieh*: alimentation f.

'**Abgabe** f (*Ablieferung*) remise f; livraison f; (*Steuer*) taxe f; droit m; impôt m; *Gepäck*: mise f en consigne; *Ball*: passe f; *Erklärung*: dépôt m; *soziale* ~*n* charges f/pl. sociales; 2**nfrei** exempt de taxes; 2**npflichtig** ['~pflɪçtɪç] soumis aux taxes.

'**Abgang** m départ m; sortie f; (*Verkauf*) débit m; (*Verlust*) diminution f; perte f.

'**Abgangs**|**prüfung** f examen m de fin d'études (*od.* de sortie); '**~zeit** f heure f du départ; '**~zeugnis** n certificat m de fin d'études.

'**Abgas** n gaz m d'échappement.

abgebaut ['~gəbaʊt] démoli; (*entlassen*) licencié; congédié; (*aufgehoben, eingestellt*) supprimé.

'**abgeben** (*abliefern*) (dé)livrer; (*zurückgeben*) remettre; rendre; (*abtreten*) céder; (*absondern*) dégager; *Meinung, Stimme*: donner; *Schuß*: tirer; *Gepäck*: déposer; *e-n Wechsel auf j-n* ~ tirer une lettre de change sur q.; *e-n Ball* ~ *Sport*:

abgebrannt — 612 — **abhandeln**

faire une passe; e-n guten Arzt usw. ~ faire un bon médecin, etc.; sich ~ mit s'occuper de.
ab|gebrannt ['~gəbrant] incendié; sinistré; ~ sein fig. être à sec; '~**gebrüht**: gegen alles ~ sein n'avoir plus 'honte de rien'; ~**gedroschen** ['~gədrɔʃən] fig. rebattu; ~**gefeimt** ['~gəfaimt] astucieux; malin; ~**er Schurke** fieffé coquin m; ~**gegriffen** ['~gəgrifən] usé (a. fig.); ~**gehärtet** ['~gəhɛrtət] endurci (gegen à).
'**abgehen** (sich entfernen) s'en aller; partir; (sich loslösen) se détacher; von der Schule ~ quitter l'école; gut ~ se passer bien; ✝ se vendre; reißend ~ s'enlever; 500 Franken gehen ab cinq cents francs à déduire; das geht ihm ab (fehlt ihm) cela lui manque; von etw. nicht ~ persévérer dans qch.; sich nichts ~ lassen ne se refuser rien.
ab|gekämpft ['~gəkɛmpft] usé; exténué; ~**geklärt** ['~gəklɛ:rt] rasséréné; serein; ~**gelagert** ['~gəla:gərt] Wein: reposé en cave; ~**gelegen** ['~gəle:gən] éloigné; écarté; ~**gemacht!** ['~gəmaxt] entendu!; ~**gemessen** ['~gəmɛsən] réservé; compassé; ~**geneigt** ['~gənaikt] peu enclin (à); défavorable (à); j-m ~ sein avoir de l'aversion pour q.; e-r Sache ~ sein répugner à qch.; '2**geneigtheit** f aversion f; répugnance f; ~**genutzt** ['~gənutst] usé.
Abgeordnete|(r a. m) ['~gəʔɔrdnətər] m, f député m, délégué m, -e f; ~**nhaus** (18) n Chambre f des députés; heute: Assemblée f nationale.
ab|gerissen ['~gərisən] déguenillé; Sätze: décousu; ~**gerundet** ['~gərundət] arrondi; Stil: périodique; ~**gesagt** ['~gəza:kt] Feind: juré. [-e f; délégué m, -e f.)
'**Abgesandte**(r a. m), f envoyé m,)
'**abgeschieden** retiré; isolé; '2**heit** f retraite f; isolement m.
'**abgeschliffen** poli; '2**heit** f politesse f; savoir-vivre m. [achevé.)
'**abgeschlossen** fermé; (vollendet))
abgeschmackt ['~gəʃmakt] insipide; fade; (widersinnig) absurde; '2**heit** f insipidité f; fadeur f; (Widersinnigkeit) absurdité f.
abgesehen ['~gəze:ən]: ~ von abstraction faite de; en dehors de; davon ~ à part cela; ~ davon, daß ...
outre que ... (ind.); es auf (acc.) ~ haben avoir des visées sur.
ab|gespannt ['~gəʃpant] fatigué; épuisé; F à plat; '2**gespanntheit** f fatigue f; épuisement m; ~**gestanden** ['~gəʃtandən] pas frais; Wein: éventé; ~**gestorben** ['~gəʃtɔrbən] Glieder: engourdi, für immer: paralysé; die Füße sind mir wie ~ j'ai les pieds engourdis; ~**gestumpft** ['~gəʃtumpft] Kegel: tronqué; Messer: émoussé; fig. abruti; ~ sein gegen être indifférent à; ~**getan** ['~gəta:n] réglé; fini; ~**getragen** ['~gətra:gən] usé; Kleidung: a. élimé.
'**abgewinnen**: j-m etw. ~ gagner qch. sur q.; e-r Sache (dat.) Geschmack ~ trouver goût à qch.
abgewirtschaftet ['~gəvirtʃaftət]: er hat ~ fig. F il est au bout de son rouleau.
'**ab|gewöhnen**: j-m etw. ~ faire perdre l'habitude de qch. à q.; sich etw. ~ se désaccoutumer de qch.; ~**gezehrt** ['~gətse:rt] amaigri; émacié.
'**abgießen** verser (ce qui est de trop); in e-e Form: couler; mouler; ⚗ décanter.
'**Abglanz** m reflet m.
'**ab|gleiten** glisser; Auto: déraper.
'**Abgott** m idole f.
Abgött|erei [~gœtə'rai] f idolâtrie f; '2**isch** idolâtre; ~**verehren** idolâtrer.
'**abgraben** Teich: saigner; j-m das Wasser ~ fig. couper l'herbe sous le pied de q.
'**ab|grämen**: sich ~ se consumer de chagrin; '~**grasen** brouter; '~**greifen** user (à force de manier); ~**grenzen** délimiter; borner; '2**grenzung** f délimitation f.
'**Abgrund** m abîme m; gouffre m; steiler: précipice m. [dable.]
abgründig ['~gryndiç] fig. inson-)
'**abgucken** imiter; Schule: copier.
'**Abguß** m moulage m; typ. cliché m.
'**ab|haben** avoir sa part; '~**hacken** détacher à coups de hache; '~**haken** décrocher; '~**halftern** ôter le licou à; fig. F renvoyer; débarquer.
'**abhalten** (hindern) empêcher; Gottesdienst: célébrer; Sitzung: tenir; ein Kind ~ faire faire ses besoins à un bébé; '2**ung** f empêchement m; (Veranstaltung) organisation f.
'**abhand|eln** (erörtern) traiter; j-m

abhanden etw. ~ acheter qch. à q.; etw. vom Preis ~ demander (resp. obtenir) une diminution de prix; '~**en:** ~**kommen** s'égarer; se perdre; '⚇**lung** f traité m; dissertation f; thèse f.

'**Abhang** m pente f; penchant m; (Gebirgs⚇) versant m.

'**abhäng|en** v/t. dépendre; téléph. décrocher; Sport: j-n ~ laisser q. derrière soi; v/i. ~ von dépendre de; ~**ig** ['~hɛŋiç] dépendant; Satz: subordonné; '⚇**igkeit** f dépendance f; gegenseitige ~ interdépendance f.

'**abhärmen:** sich ~ se consumer de chagrin.

abhärt|en ['~hɛrtən] (sich s')endurcir (gegen à); '⚇**ung** f endurcissement m (gegen à).

ab|hauen ['~hauən] v/t. abattre; couper; ✗ faucher; v/i. F (verschwinden) décamper; filer; '~**häuten** ['~hɔytən] écorcher; dépouiller; (schälen) peler; '~**heben** enlever; Kartenspiel: couper; Geld: retirer; téléph. décrocher; sich ~ se détacher; ~**heften** Akten: classer.

'**ab|heilen** se cicatriser; '~**helfen:** e-r Sache (dat.) ~ remédier à qch.; dem ist nicht abzuhelfen c'est irrémédiable. {fig. f éreintement m.}

'**abhetz|en** (sich s')éreinter; '⚇**ung** f

'**Ab|hilfe** f remède m; ~ schaffen porter remède (od. remédier) à; '⚇**hobeln** raboter; ⚇'**hold** mal disposé pour; défavorable à; '⚇**holen** aller (den Angeredeten: venir) chercher (od. prendre); ~ lassen envoyer chercher; '⚇**holzen** (27) déboiser; '⚇**horchen** écouter; ✱ ausculter.

'**abhör|en|en** Funkspruch, Ferngespräch: intercepter; capter; ✗ être aux écoutes; Zeugen: entendre; interroger; Schüler: faire réciter sa leçon à; '⚇**en** n interception f; Zeugen: audition f; ⚇**posten** m poste m d'écoute; ⚇**vorrichtung** f dispositif m d'écoute.

'**ab-irr|en** s'égarer; se fourvoyer; dévier; ast. aberrer; '⚇**ung** f égarement m; ast. aberration f.

Abitur [abi'tuːr] n, ~**ium** [~ium] n baccalauréat m; écol. bachot m; ~**ient(in** f) m bachelier m, -ière f; ~**ientenzeugnis** [~turi'ɛntən-] n diplôme m de baccalauréat.

'**ab|kanten** chanfreiner; '~**kanzeln** (29) sermonner; '~**karten** (26) comploter; abgekartete Sache coup m monté; affaire f concertée; '~**kaufen** acheter.

Abkehr ['~keːr] f éloignement m; (Abscheu) aversion f; '⚇**en** détourner; (abfegen) balayer.

'**ab|ketten** déchaîner; '~**klären** clarifier; ⚗ décanter; sich ~ fig. se rasséréner.

'**Abklatsch** ['~klatʃ] m copie f; calque m; typ. cliché m; '⚇**en** calquer; typ. clicher.

'**abklemmen** pincer. [paraître.]

'**abklingen** s'évanouir; fig. dis-

'**ab|klopfen** faire tomber en frappant; den Staub ~ épousseter; '~**knabbern** grignoter; '~**knallen** (abfeuern) décharger; (erschießen) F descendre; '~**knapsen** [~knapsən] rogner; '~**kneifen** pincer; '~**knicken** rompre en pliant; '~**knöpfen** (25) déboutonner; j-m etw. ~ soustraire qch. à q.; '~**knüpfen** dénouer; '~**kochen** cuire; ⚗ faire une décoction de; '~**kommandieren** détacher.

'**abkommen 1.** (abschweifen) s'écarter; (sich entfernen) s'éloigner; Brauch: se perdre; tomber en désuétude; Sport: gut ~ faire un beau départ; ich bin davon abgekommen j'en suis revenu; ~ können être disponible; **2.** ⚇ n (6) Brauch usw.: désuétude f; (Start) départ m; (Vertrag) arrangement m; convention f; accord m.

abkömm|lich ['~kœmliç] disponible; ⚇**ling** ['~kœmliŋ] m (3) descendant m; (Trieb) rejeton m.

'**ab|koppeln** Hunde: découpler; détacher; '~**kratzen** v/t. racler; Schuhe: décrotter; ▲ regratter; v/i. (sterben) P casser sa pipe; '~**kriegen** = ~bekommen.

'**abkühl|en** rafraîchir; refroidir (a. fig.); phys. réfrigérer; '⚇**ung** f rafraîchissement m; refroidissement m; phys. réfrigération f.

Abkunft ['~kunft] f (14) origine f; descendance f; Tiere: race f.

'**abkürz|en** raccourcir; Wörter: abréger; übermäßig ~ écourter; '⚇**ung** f raccourcissement m; Wörter: abréviation f; '⚇**ungszeichen** n signe m d'abréviation.

'**abküssen** couvrir de baisers.

'**ablad|en** décharger; '⚇**en** n, '⚇**ung** f déchargement m; '⚇**eplatz** m débarcadère m.

Ablage — 614 — **abnehmen**

'**Ablage** f dépôt m; *Kleider*: vestiaire m; *Akten*: classement m.

'**ablager|n** v/t. déposer; v/i. ~ *lassen* laisser vieillir; '**♀ung** f mise f en cave (*resp.* sur chantier); *géol.* gisement m.

Ablaß ['~las] m (42) (*Abfluß*) écoulement m; *Teich*: décharge f; *rl.* indulgence(s pl.) f; *Preis*: réduction f; '**~brief** m lettre f d'indulgence.

'**ablassen** (*loslassen*) lâcher; (*abtreten*) céder; *Faß*: vider; *j-m Blut* ~ faire une saignée à q.; *etw. vom Preise* ~ faire une réduction; *von etw.* ~ renoncer à qch.; *von e-m Fehler* ~ se corriger d'un défaut.

'**Ablaßhahn** m purgeur m.

'**Ablauf** m (*Abfluß*) écoulement m; (*Zeit♀*) expiration f; *Wechsel*: échéance f; *Sport*: départ m; (*Ausgang*) issue f; *nach* ~ *von* au bout de; '**♀en** (*abfließen*) s'écouler; (*verstreichen*) expirer; (*verlaufen*) se dérouler; se passer; *Uhr*: s'arrêter; *Sport*: partir.

'**ab|laugen** lessiver; '**~lauschen** épier.

'**Ablaut** *gr.* m apophonie f.

'**ab|leben** mourir; décéder; '**♀leben** n mort f; décès m; '**~lecken** lécher.

'**ableg|en** déposer; *Akten*: classer; *Kleider*: ôter; *legen Sie ab!* débarrassez-vous!; *Maske*: lever; *Gewohnheit*: se défaire de; *Fehler*: se corriger de; *Gelübde*: prononcer; *Trauer*: quitter; *Prüfung*: passer; *Eid*: prêter; *Probe*: fournir; *Rechenschaft*, *Zeugnis*: rendre; *typ.* distribuer; '**♀en** n, '**♀ung** f *Akten*: classement m; *Gelübde*: prononciation f; *Eid*: prestation f; *typ.* distribution f; '**♀er** m ✿ marcotte f; *Wein*: provin f; '**♀e-raum** m vestiaire m.

'**ablehn|en** refuser; décliner; ⚖ récuser; '**♀ung** f refus m; ⚖ récusation f.

ableit|bar ['~laitba:r] dérivable; '**~en** détourner; *gr.*, ⚡ dériver; *gedanklich*: déduire; '**♀ung** f détournement m; *gr.* dérivation f; ⚡ dérivée f; *gedankliche*: déduction f.

'**ablenk|en** détourner; (*zerstreuen*) distraire; *Verdacht*: écarter; *phys.* diffracter; '**♀ung** f diversion f; (*Zerstreuung*) distraction f; *phys.* diffraction f; '**♀ungs-angriff** m diversion f.

'**ablesen** lire (*von den Augen* dans les yeux); *Früchte*: cueillir; *die Raupen* ~ écheniller. [f désaveu m.)

'**ableugn|en** nier; désavouer; '**♀ung**)

'**abliefer|n** livrer; remettre; '**♀n** n, '**♀ung** f livraison f; remise f; '**♀ungsschein** m reçu m; bulletin m de livraison; '**♀ungstermin** m date f de livraison.

'**abliegen** (*entfernt sein*) être éloigné (*von de*); (*ablagern*) mûrir; *Wein*: reposer; '**~listen** ['~listən]: *j-m etw.* ~ obtenir qch. de q. par ruse; '**~locken**: *j-m etw.* ~ tirer habilement qch. de q.; '**~lösbar** séparable; '**~löschen** effacer; *Tinte*: sécher.

'**ablös|en** détacher; séparer; *Wache*: relever; *Arbeiter*: relayer; '**♀en** n, '**♀ung** f séparation f; ✕ relève f.

'**abmach|en** (*losmachen*) ôter; (*wegnehmen*) ôter; (*vereinbaren*) arranger; régler; *vertragsmäßig*: stipuler; '**♀ung** f arrangement m; convention f; accord m; *vertragsmäßige*: stipulation f.

'**abluchsen**: *j-m etw.* ~ soutirer qch. à q.

ab|magern ['~ma:gərn] (29) (a) maigrir; '**♀magerung** f amaigrissement m; '**~mähen** faucher; '**~malen** peindre; (*kopieren*) copier.

'**Abmarsch** m départ m; **♀ieren** se mettre en marche.

'**abmeld|en** contremander; *j-n* ~ annoncer le départ de; *sich* ~ prendre congé; *behördlich*: déclarer son départ; '**♀ung** f déclaration f de départ.

'**abmess|en** mesurer; *arp.* arpenter; *Worte*: peser; '**♀ung** f mesurage m; *arp.* arpentage m.

'**ab|mieten** louer; '**~montieren** démonter; '**~mühen**: *sich* ~ se donner de la peine; (*abplagen*) se fatiguer; '**~murksen** F zigouiller; '**~nagen** ronger; '**~nähen** diminuer la taille.

Abnahme ['~na:mə] f (15) (*Wegnahme*) enlèvement m; levée f; (*Verkleinerung*) diminution f; (*Schwächung*) affaiblissement m; (*Entgegennahme*) réception f; *Wasser*: décrue f; ✂ amputation f; *Mond*: déclin m (*a. fig.*).

'**abnehm|bar** amovible; démontable; '**~en** v/t. (*wegnehmen*) ôter; enlever; *téléph.* décrocher; (*kaufen*) acheter; (*entgegennehmen*) recevoir; ✂ amputer; *Wäsche*: dépendre;

Abnehmer(in) — 615 — **abschalten**

Bart: couper; raser; *Paß, Fahrkarte*: retirer; *Rechnung*: (*prüfen*) examiner; *j-m etw.* ~ prendre qch. à q.; *v/i.* diminuer (*a. Tage*); décroître (*a. Mond*); (*schwächer werden*) s'affaiblir; *am Körper*: maigrir; *Geschwulst*: (se) désenfler; *fig.* baisser; déchoir.

'**Abnehmer(in** *f*) *m* acheteur *m*, -euse *f*; ~ *finden* trouver acheteur (*od.* preneur); se vendre.

'**Abneigung** *f* aversion *f*; répulsion *f*.

ab|norm [~'nɔrm] ano(r)mal; **~normität** [~i'tɛːt] *f* (16) anomalie *f*.

'**abnötigen**: *j-m etw.* ~ arracher (*od.* extorquer) qch. à q.

'**abnutz|en**, '**abnütz|en** user; **2-ung** *f* usure *f*.

Abonn|ement [~abɔn(ə)'mɑ̃] *n* abonnement *m*; **~ent(in** *f*) [~'nɛnt] *m* abonné, -e *f*; **2ieren** [~'niːrən] s'abonner à; être abonné à.

'**ab-ordn|en** déléguer; députer; **2-ung** *f* délégation *f*; députation *f*.

A'bort *m* (3) cabinets *m/pl.* (d'aisances); W. C. *m*.

ab|pachten affermer; louer; '**~passen** compasser; (*auflauern*) guetter; '**~pellen** (25) peler; '**~pfeifen** *Sport*: donner le signal de fin du jeu; '**~pflücken** cueillir; '**~plagen**: *sich* ~ se fatiguer; F s'éreinter; '**~platt|en** aplatir; **2en** *n*, **2ung** *f* aplatissement *m*.

'**abplatzen** sauter.

Abprall ['~pral] *m* rebondissement *m*; '**2en** (6) rebondir; *aufschlagend*: ricocher; '**~er** *m* ricochet *m*.

'**ab|protzen** ⚔ (27) mettre en batterie; '**~putzen** nettoyer; *Haus*: crépir; *Nase*: moucher; '**~quälen**: *sich* ~ se torturer; '**~quetschen** écraser; **~rackern** ['~rakərn] (24): *sich* ~ F s'éreinter; '**~rahmen** écrémer; '**~rasieren** raser; '**~raspeln** râper; '**~raten**: *j-m etw.* ~ déconseiller qch. à q.; dissuader q. de qch.; '**~räumen** débarrasser; déblayer; *Tisch*: desservir.

'**abrechn|en** *v/t.* (*abziehen*) déduire; décompter; ✝ (*ausgleichen*) régler; balancer; *Konto*: liquider; *fig.* faire abstraction (*von de*); *v/i.*: *mit j-m* ~ régler ses comptes avec q. (*a. fig.*); **2ung** *f* (*Abzug*) déduction *f*; ✝ règlement *m* de compte; *Konto*: liquidation *f*; '**2ungsstelle** *f* bureau *m* de liquidation.

'**Abrede** *f* (*Vereinbarung*) convention *f*; (*Leugnung*) contestation *f*; *etw. in* ~ *stellen* contester qch.

'**abreib|en** frictionner; frotter; (*wegreiben*) ôter en frottant; '**2ung** *f* friction *f*; frottement *m*. [pour].)

'**Abreise** *f* départ *m*; '**2n** partir (*nach*)

'**abreiß|en** *v/t.* arracher; détacher; (*niederreißen*) abattre; démolir; *Faden*: casser (*a. v/i.*); '**2kalender** *m* calendrier-bloc *m*.

'**ab|reiten** *v/i.* partir à cheval; *v/t. Strecke*: parcourir à cheval; *die Front* ~ passer à cheval devant le front d'une troupe; '**~rennen**: *sich* ~ s'épuiser à force de courir.

'**abricht|en** *Tiere*: dresser; ajuster; *fig. j-n* ~ endoctriner q.; ⊕ **2en** *n*, **2ung** *f* dressage *m*; ⊕ ajustage *m*; **2er** *m* dresseur *m*; ⊕ ajusteur *m*.

'**abriegel|n** (29) verrouiller; ⚔ barrer; '**2ung** ⚔ *f* barrage *m*.

'**Abriß** *m* plan *m*; esquisse *f*; (*kurze Darstellung*) abrégé *m*; précis *m*; *Haus*: démolition *f*.

'**ab|rollen** *v/t.* dérouler; *Ware*: camionner; *v/i.* rouler du haut en bas; *Zeit*: s'écouler; '**~rücken** *v/t.* écarter; éloigner; *v/i.* se retirer (*von de*); *fig.* s'écarter (*de*); ⚔ partir.

'**Abruf** *m* rappel *m*; *auf* ~ à notre convenance; '**2en** rappeler.

'**abrunden** arrondir.

'**abrupfen** arracher; *Huhn*: plumer.

'**abrüst|en** désarmer; **2en** *n*, **2ung** *f* désarmement *m*.

'**abrutschen** glisser; *Auto*: déraper.

'**Absage** *f* refus *m*; excuses *f/pl.*; (*Widerruf*) contrordre *m*; '**~brief** *m* lettre *f* d'excuses; '**2n** *e-e Einladung* ~ s'excuser, *v. Einladenden*: retirer une invitation; (*abbestellen*) décommander. [*j-n* ~ *fig.* F débarquer q.]

'**absägen** scier; couper avec la scie.)

'**absatteln** desseller.

'**Absatz** *m* interruption *f*; (*Schuh*2) talon *m*; *Schrift*: alinéa *m*; ✝ débit *m*; vente *f*; '**~gebiet** *n* débouché *m*; marché *m*. [aspirer.\]

'**absaugen** enlever en suçant; *Staub*:)

'**abschaben** (7) gratter; racler; *sich* ~ s'user; s'élimer.

'**abschaff|en** (25) abolir; supprimer; *Gesetz*: abroger; '**2ung** *f* abolition *f*; suppression *f*; *Gesetz*: abrogation *f*.

'**abschäl|en** peler; *die Rinde* ~ écorcer.

'**abschalt|en** ⚡ *Strom*: interrompre; couper; (*entkuppeln*) débrayer;

'**Qung** f ⚡ *Strom*: interruption f; coupure f; (*Entkupplung*) débrayage m.

abschätz|bar ['ˈʃɛtsbaːr] estimable; évaluable; **˷en** estimer; évaluer; taxer; **˷ig** méprisant; '**Qung** f estimation f; évaluation f; taxation f.

Abschaum m écume f; *fig.* ˷ *der Gesellschaft* lie f du peuple; ˷ *der Menschheit* rebut m de l'humanité.

'**abschäumen 1.** écumer; **2.** ⚥ n écumage m.

'**Abschaumlöffel** m écumoire f.

'**abscheiden** v/t. séparer; 🜂 précipiter.   [tondre.]

'**abscheren** *Haare*: couper; *Schafe*:

Abscheu m (3^1) aversion f; (*Schauder*) horreur f; (*Widerwille*) dégoût m; ˷ *einflößen* faire horreur; ˷ *vor etw.* (*dat.*) (*j-m*) *haben* avoir qch. (q.) en horreur.

'**abscheuern** récurer; *sich* ˷ (*abnutzen*) s'user par frottement.

abscheulich [-ˈʃɔʏlɪç] horrible; abominable; atroce; '**Qkeit** f horreur f; abomination f; atrocité f.

'**ab|schicken** envoyer; expédier; **˷schieben** repousser; écarter; (*polizeilich entfernen*) expulser.

Abschied ['ˈʃiːt] m (3) départ m; congé m; adieu m/pl.; (*Entlassung*) démission f; retraite f; ˷ *nehmen* prendre congé; *s-n* ˷ *einreichen* demander sa retraite; *donner sa démission*; ⚔ quitter le service.

'**Abschieds|besuch** m visite f d'adieux; **˷brief** m lettre f d'adieux; **˷gesuch** n demande f de retraite; **˷empfang** m réception f d'adieux; **˷rede** f discours m d'adieux.

'**abschießen** tirer; (*herunterschießen*) abattre; descendre; *Pfeil*: décocher; *Torpedo, Rakete*: lancer.

'**ab|schinden** écorcher; *sich* ˷ s'échiner; **˷schirren** ['ˈʃɪrən] (25) déharnacher; '**Qung** f massacre m.

'**abschlacht|en** tuer; abattre;

Abschlag m (*Abprallen*) rebondissement m; (*Preis*Q) diminution f; rabais m; *auf* ˷ *von* à déduire de; *auf* ˷ *kaufen* acheter à tempérament; *ohne* ˷ sans rien rabattre; '**Qen** v/t. abattre; *Gerüst*: démonter; *Bitte, Angriff*: repousser; *Früchte*: gauler; *Kopf*: couper; (*versagen*) refuser; v/i. *bill. Ball*: rebondir.

abschläg|ig ['ˈʃlɛːɡɪç] négatif; ˷*e Antwort* refus m; ˷ *beschieden werden* essuyer un refus.

'**Abschlagszahlung** f acompte m; paiement m par acomptes.

'**abschleifen** polir (*a. fig.*); (*schärfen*) affiler; *Diamant*: égriser.

'**Abschlepp|dienst** m *Auto*: service m de dépannage; '**Qen** remorquer; dépanner; *sich* ˷ s'éreinter (en portant un fardeau); **˷en** n dépannage m; **˷wagen** m voiture f de dépannage.

'**abschleudern** ⚔ catapulter.

'**abschließen** v/t. *Tür usw.*: fermer (à clef); *Debatte*: clore; *Konto*: arrêter; *Rechnung*: régler; *Kauf, Vertrag*: conclure; (*vollenden*) achever; (*absperren*) isoler; v/i. *Rechnung*: se terminer; *mit j-m* ˷ en finir avec q.; *sich* ˷ s'isoler; s'enfermer.

'**Abschluß** m *Debatte, Rechnung*: clôture f; (*Bilanz*) bilan m; *Vertrag*: conclusion f; (*Beendigung*) achèvement m; *zum* ˷ *bringen* achever; terminer; *mit etw. zum* ˷ *kommen* en finir avec qch.; **˷examen** n examen m final (*od.* de fin d'études).

'**ab|schmecken** goûter; *Getränke*: déguster; **˷schmelzen** v/t. métall. séparer par fusion; v/i. fondre; **˷schmieren** *Auto*: graisser partout; **˷schminken** démaquiller; **˷schnallen** déboucler; **˷schneiden** couper; *Ehre*: flétrir; *gut* ˷ s'en tirer bien; **˷schnellen** ['ˈʃnɛlən] v/t. lancer; *Pfeil*: décocher; v/i. partir; *Feder*: sauter.

'**Abschnitt** m coupon m; (*Kreis*Q) segment m; (*Front*Q) secteur m; (*Epoche*) période f; *im Buch*: paragraphe m; (*Teil*) partie f; section f.

'**abschnür|en** délacer; séparer (avec un fil); 🜂 ligaturer; '**Qen** n, '**Qung** f ligature f.

'**ab|schöpfen** ôter le dessus; (*abschäumen*) écumer; (*entfetten*) dégraisser; (*entsahnen*) écrémer; **˷schrägen** ⊕ ['ˈʃrɛːɡən] chanfreiner; biseauter.

'**abschrauben** dévisser.

'**abschreck|en** intimider; effaroucher; *Metall*: tremper; *Eier*: rafraîchir; **˷end** effrayant; repoussant; ˷*es Beispiel* exemple m à ne pas suivre; '**Qung** f intimidation f; ⊕ trempe f; '**Qungsmittel** n moyen m d'intimidation

abschreib|en copier (*von* sur); (*entlehnen*) plagier; (*ins reine schreiben*) mettre au net; ☦ (*abrechnen*) déduire; (*tilgen*) amortir; (*absagen*) s'excuser par écrit; (*abbestellen*) décommander par écrit; '2en *n*, '2ung *f* copie *f*; (*Entlehnung*) plagiat *m*; (*Reinschrift*) mise *f* au net; ☦ amortissement *m*; '2er *m* copiste *m*; plagiaire *m*.
'**abschreiten** mesurer au pas; *die Front* ⚔ passer devant le front des troupes.
'**Abschrift** *f* copie *f*; double *m*; duplicata *m*; *für gleichlautende* ⚓ pour copie conforme.
'**abschuppen** *Fisch:* écailler.
'**abschürf|en** érafler; '2ung *f* éraflure *f*.
'**Abschuß** *m Gewehr:* décharge *f*; (*Abhang*) penchant *m*; versant *m*; *Torpedo, Rakete:* lancement *m*; ⚓**rampe** *f* rampe *f* de lancement.
abschüssig ['ˌʃysiç] escarpé; '2keit *f* déclivité *f*.
'**abschütteln** secouer; *Bäume:* 'hocher; *Früchte:* faire tomber en secouant.
'**abschütten** verser; *Sack:* vider.
'**abschwächen** affaiblir; *fig.* atténuer; *Stoß:* amortir.
'**abschwatzen:** *j-m etw.* ⚓ F soutirer qch. à q. par de belles paroles.
'**abschweif|en** s'écarter; faire des digressions; divaguer; '2en *n*, '2ung *f* digression *f*.
'**ab|schwellen** désenfler; se dégonfler; ⚓**schwenken** *v/t.* laver; rincer; *v/i.* dévier; prendre une autre direction; ⚓**schwören** abjurer; renier; ⚓**segeln** mettre à la voile; ⚓**sehbar** ['ˌzeːbaːr] à portée de la vue; *in* ⚓*er Zeit* dans un avenir peu éloigné.
'**absehen** *v/t.* voir; *es ist kein Ende abzusehen* on ne sait pas encore comment cela va finir; *j-m etw. an den Augen* ⚓ lire qch. dans les yeux de q.; *v/i.* von *j-m* ⚓ copier sur q.; von *etw.* ⚓ *fig.* faire abstraction de qch.
'**ab|seifen** (21) savonner; ⚓**seilen** ['ˌzaɪlən] (25) assurer (*od.* descendre) à la corde; *sich* ⚓ se laisser descendre à la corde.
'**absein** être parti; *Knopf:* être détaché; *fig.* être à bout.
abseits ['ˌzaɪts] à l'écart; à part; *Sport:* 'hors-jeu; off-side.

'**absend|en** envoyer; expédier; '2en *n*, '2ung *f* envoi *m*; expédition *f*; '2er(in *f*) *m* expéditeur *m*, -trice *f*; '2ungs-ort *m* lieu *m* d'expédition.
'**absengen** roussir; *cuis.* flamber.
'**absetz|bar** amovible; ☦ vendable; ⚓**en** *v/t.* déposer; *Reiter:* démonter; *Hut:* ôter; *Beamten:* destituer; *König:* détrôner; *die Zeile* ⚓ aller à la ligne; faire un alinéa; (*abrücken*) écarter; ♪ (*staccato spielen*) détacher les notes; ☦ placer; débiter; *vom Budget* ⚓ rayer du budget; *v/i.* s'arrêter; faire une pause; '2ung *f* déposition *f*; *Beamten:* destitution *f*; *Fürst:* détrônement *m*.
'**Absicht** *f* intention *f*; (*Vorsatz*) dessein *m*; *mit* ⚓ à dessein; *das war nicht m-e* ⚓ je ne l'ai pas fait exprès; '2lich intentionnel; *adv. a.* avec intention; à dessein; exprès.
'**absingen** chanter.
Absinth [ˌzint] *m* (3) absinthe *f*.
'**absitzen** *v/i.:* vom *Pferd* ⚓ descendre de cheval; *v/t. Strafe:* purger; *Zeit:* faire.
absolut [apzoˈluːt] absolu; 2ion [ˌluˈtsjoːn] *f* absolution *f*; 2ismus [ˌtismus] *m* absolutisme *m*.
absolvieren [ˌzɔlˈviːrən] *Studien:* terminer; achever.
ab'sonderlich particulier; bizarre; singulier; '2keit *f* particularité *f*; bizarrerie *f*; singularité *f*.
'**absonder|n** séparer; isoler; *physiol.* sécréter; isolement *m*; *physiol.* sécrétion *f*; '2ung *f* séparation *f*; isolement *m*; *physiol.* sécrétion *f*.
absor|bieren [ˌzɔrˈbiːrən] absorber.
'**abspann|en** *Pferd:* dételer; '2en *n Pferd:* dételage *m*; '2ung *f fig.* affaiblissement *m*.
'**ab|sparen** économiser; épargner; *sich etw. vom Munde* ⚓ prendre qch. sur sa bouche; ⚓**speisen:** *j-n* ⚓ donner à manger à q.; *fig. j-n mit Worten* ⚓ payer q. de mots; ⚓**spenstig** ['ˌʃpɛnstiç] ⚓ *machen* détourner, *Arbeiter:* débaucher.
'**absperr|en** (*abschließen*) fermer; (*absondern*) isoler; *Straße:* barrer; barricader; *Verkehr, Maschine:* arrêter; *Dampf:* couper; *Hafen:* bloquer; '2en *n*, '2ung *f* fermeture *f*; *Straße:* barrage *m*; *Verkehr, Maschine:* arrêt *m*; '2**hahn** *m* robinet *m* d'arrêt; '2**ventil** *n* soupape *f* d'arrêt. [*m.*\]
'**abspiegel|n** refléter; '2ung *f* reflet⏎

abspielen — 618 — **abtragen**

'**ab|spielen** jouer jusqu'au bout; *vom Blatt* ~ jouer à première vue; déchiffrer; *Ball*: lancer; (*abnutzen*) user (en jouant); *sich* ~ se passer; se dérouler; '~**splittern** *v/t.* détacher par éclats; *v/i.* éclater en morceaux; '~**sprechen** (*bestreiten*) contester; *j-m das Recht* ~ disputer (*od.* ôter) le droit à q.; *j-m das Leben* ~ condamner q. à mort; *mit j-m etw.* ~ convenir de qch. avec q.; '~**sprengen** faire sauter; '~**springen** (*herunterspringen*) sauter à bas; (*sich ablösen*) se détacher; (*zurückprallen*) rebondir; '~**spritzen** arroser; *Auto*: laver; **2sprung** *m* saut *m*; (*Satz*) élan *m*; '~**spulen** dévider.

'**abspülen** rincer; laver.

'**abstamm|en** descendre (*von* de); *gr.* dériver (de); **2ung** *f* origine *f*; *gr.* dérivation *f*; étymologie *f*.

'**Abstand** *m* distance *f*; écart *m*; intervalle *m*; *von etw.* ~ *nehmen* renoncer à qch.; s'abstenir de qch.; '~**summe** *f* indemnité *f*.

abstatten ['~ʃtatən] *Besuch*: rendre.

'**abstauben** (25) épousseter.

'**abstech|en** *v/t. Vieh*: saigner; *v/i.* (*sich abheben*) contraster (*gegen* avec); **2er** *m* (7) crochet *m*; (*Ausflug*) excursion *f*.

'**absteck|en** tracer; délimiter; *mit Pfählen*: jalonner; **2fähnchen** *n* guidon *m*; **2leine** *f* cordeau *m* à tracer; **2pfahl** *m* jalon *m*.

'**abstehen** être distant; ~**d**: ~*e Ohren* oreilles *f/pl.* décollées.

'**absteifen** ⊕ arc-bouter; étayer.

'**absteig|en** descendre; **2equartier** *n* pied-à-terre *m*; *péj.* maison *f* de passe.

'**abstell|en** (*abschaffen*) réformer, supprimer; *Auto*: garer; *Gepäck*: déposer; *Maschinen, Radio*: arrêter, stopper; *Gas*: couper; **2hebel** *m* levier *m* d'arrêt; **2raum** *m* débarras *m*; **2tisch** *m* desserte *f*.

'**abstempeln** estampiller; timbrer; *Briefmarke*: oblitérer; *fig.* marquer.

'**absteppen** piquer.

'**absterben** dépérir; *Glied*: s'engourdir; ⚕ s'atrophier.

Abstieg ['~ʃtiːk] *m* (3) descente *f*.

'**abstimm|en** *v/t.* (*in Einklang bringen*) accorder; *Radio*: régler; syntoniser; *v/i.* voter; *über etw.* (*acc.*) ~ mettre qch. aux voix; **2ung** *f* *Radio*: réglage *m*; syntonisation *f*; (*Wahl*) vote *m*; scrutin *m*; (*Volks*⚔) plébiscite *m*; *zur* ~ *bringen* mettre aux voix; *namentliche* ~ vote *m* par appel nominal; **2ungslokal** *n* bureau *m* de vote; **2ungszettel** *m* bulletin *m* de vote.

'**abstoppen** arrêter; stopper; chronométrer; *Tempo*: ralentir.

'**Abstoß** *m Sport*: coup *m* d'envoi; **2en** repousser; *Ware*: vendre; *die Ecke* ~ écorner; *sich die Hörner* ~ jeter sa gourme; *fig.* dégoûter; **2end** dégoûtant.

abstrahieren [~straˈhiːrən] abstraire.

abstrakt [~ˈstrakt] abstrait; **2ion** [~ˈtsjoːn] *f* abstraction *f*.

'**abstreichen** enlever; *Korn, Maß*: rader; *Messer*: repasser; '~**streifen** dépouiller; *Handschuhe usw.*: ôter; *fig. etw.* ~ se défaire de qch.; '~**streiten** contester; *Schuld*: dénier.

'**Abstrich** *m* (*Abzug*) diminution *f*; rabais *m*; ~*e machen* en rabattre; ⚕ prélèvement *m*.

abstuf|en ['~ʃtuːfən] (25) étager; *Töne, Farben u. fig.* nuancer; **2ung** *f* gradation *f*; nuance *f*.

abstumpfen ['~ʃtʊmpfən] (25) émousser; *fig. a.* blaser; hébéter.

'**Absturz** *m* chute *f*; (*Abhang*) précipice *m*. [s'abattre.]

'**abstürzen** faire une chute; ✈)

'**abstützen** étançonner.

'**absuchen** chercher dans; fouiller; *Gelände*: explorer, *ch.* battre.

Abszeß [apsˈtsɛs] *m* abcès *m*.

Abt [apt] *m* (3³) abbé *m*.

'**abtakeln** ⚓ (26) dégréer.

'**abtasten** tâter; *fig.* sonder.

'**abtauen** (*v/t.* faire) dégeler.

Abtei [apˈtaɪ] *f* (16) abbaye *f*.

'**Abteil** *n* compartiment *m*; **2en** diviser; (*abtrennen*) séparer; '~**ung** *f* division *f*; séparation *f*; (*Abteilung*) *Behörde, Firma*: section *f*; rayon *m*; ⚔ détachement *m*.

Abteilungsleiter *m* chef *m* de section (*od.* de rayon).

'**ab|telegrafieren** décommander par télégramme.

Äbtissin [ɛpˈtɪsɪn] *f* (16) abbesse *f*.

'**ab|tönen** nuancer; dégrader; **2tönung** *f* dégradation *f*; '~**töten** *Gefühl*: étouffer; *rl.* mortifier.

'**abtragen** déblayer; enlever; (*abnutzen*) user; (*abzahlen*) acquitter; *die Tafel* ~ desservir (la table).

abträglich ['˷trɛːkliç] nuisible; préjudiciable.
'**Abtragung** f enlèvement m; Schuld: acquittement m.
'**Abtransport** m évacuation f; ²**ie-ren** transporter; évacuer.
'**abtreib|en** v/t. chasser; ⚔ ein Kind ˷ faire avorter; v/i. ⚓, ✈ dériver; '²**ung** ⚔ f avortement m.
'**abtrennen** séparer; Genähtes: découdre.
'**abtret|bar** cessible; ˷**en** v/i. se retirer; von der Bühne ˷ quitter la scène; (hinausgehen) sortir; v/t. (überlassen) céder; Schuhe: éculer; die Füße ˷ sich ˷ décrotter ses chaussures; '²**er** m décrottoir m; (Fußmatte) paillasson m; '²**ung** f cession f.
'**Ab|trift** ⚓, ✈ f dérive f; '˷**tritt** (Abort) cabinets m/pl.; (Weggang) thé. sortie f; '²**trocknen** v/t. essuyer; séchez; v/i. sécher; '²**tropfen** dégoutter; '²**trudeln** ✈ tomber en vrille.
abtrünnig ['˷trynɪç] infidèle; renégat; rebelle; s-m Glauben ˷ werden renier sa foi; '²**e(r** a. m) m, f renégat m, -e f. [heit: se défaire de.)
'**abtun** Mantel usw.: ôter; Gewohn-)
'**ab-urteil|en** juger; '²**ung** f jugement m définitif. [qch. de q.]
'**abverlangen**: j-m etw. ˷ réclamer)
'**ab|wägen** peser; (erwägen) considérer; '˷**wälzen** rouler; faire rouler; fig. rejeter; etw. von sich ˷ se décharger de qch.; e-e Schuld von sich ˷ se disculper d'une accusation.
'**abwand|eln** modifier; varier; '²**lung** f modification f; variation f.
'**abwarten** attendre; die Zeit ˷ patienter; temporiser; ˷**d** expectant; e-e ˷**e** Haltung einnehmen; sich ˷ verhalten garder l'expectative.
abwärts ['˷vɛrts] en bas; vers le bas; ˷ gehen (fahren) descendre.
'**abwasch|en** laver; cuis. faire la vaisselle; '²**tisch** m table f à faire la vaisselle; '²**ung** f lavage m.
Abwässer ['˷vɛsər] n/pl. eaux f/pl. d'égout; Fabriken: eaux f/pl. industrielles.
'**abwechsel|n** v/t. changer; varier; v/i. alterner; mit-ea.˷ se succéder; se relayer; '˷**d** changeant; alternatif; '˷**ung** f changement m; variation f; (Wechselfolge) alternance f.
'**Abweg** m fausse route f; (Umweg) détour m; fig. égarement m; auf ˷e geraten faire fausse route; ²**ig** ['˷giç] erroné.
'**Abwehr** f défense f; (Schutz) préservation f; gegen Spione: contre-espionnage m; '˷**dienst** m service m de contre-espionnage; ²**en** se défendre de; Stoß: parer; Unglück: détourner; '˷**feuer** n tir m de barrage; '˷**geschütz** n canon m antiaérien; '˷**schlacht** f bataille f défensive.
'**abweich|en** s'écarter; dévier; diverger; phys. décliner; ⚓, ✈ dériver; (verschieden sein) différer; '˷**end** divergent; ano(r)mal; gr. irrégulier; '²**ung** f écart m; déviation f; divergence f; phys. déclinaison f; Licht: diffraction f; ⚓, ✈ dérive f; v. der Regel: anomalie f; gr. irrégularité f.
'**abweiden** paître; brouter.
'**abweis|en** renvoyer; refuser; Angriff, Bitte: repousser; ⚖ débouter; '²**ung** f refus m; renvoi m.
'**abwenden** détourner; Unglück: a. prévenir; Hieb: parer.
'**abwerfen** (abschütteln) jeter; se débarrasser de; Reiter: désarçonner; Joch: secouer; Maske: lever; Bomben: lancer; (einbringen) rapporter; mit dem Fallschirm ˷ parachuter.
'**abwert|en** ['˷veːrtən] dévaluer; dévaloriser; '²**ung** f dévaluation f; dévalorisation f.
'**abwesen|d** ['˷veːzənt] absent; fig. distrait; '²**de(r** a. m) m, f absent m, -e f; '²**heit** f absence f.
'**abwick|eln** dévider; dévider; Geschäft: régler; liquider; '²**lung** f Geschäft: règlement m; liquidation f.
'**ab|wiegen** peser; '˷**wimmeln** envoyer promener; '˷**winken** faire signe que non; '˷**wischen** nettoyer; effacer; Tränen: essuyer; ˷**wracken** ⚓ ['˷vrakən] (25) démolir; '˷**würgen** étrangler.
'**abzahlen**: etw. ˷ payer qch.; etw. auf ˷e Schuld ˷ payer un compte.
'**abzählen** compter (an den Fingern sur les doigts); (abziehen) soustraire.
'**Abzahlung** f acompte m; paiement m par acomptes; auf ˷ à tempérament; '˷**geschäft** n (Unternehmen): maison f de) vente f à tempérament.
'**abzapfen** (sou)tirer; j-m Geld ˷ F soutirer de l'argent à q.
abzäumen débrider.

abzäunen — 620 — **achtlos**

abzäun|en ['ˌtsɔʏnən] enclore; '**⁀ung** f séparation f; (Zaun) clôture f.

'abzehr|en consumer; (abmagern) (a)maigrir; '**⁀ung** f amaigrissement m; (Entkräftung) atrophie f.

'Abzeich|en n marque f distinctive; (Vereins⁀ usw.) insigne m; '**⁀nen** dessiner; copier (au crayon, etc.); am Rande ~ (quittieren) émarger; sich ~ se dessiner; sich ~ gegen contraster avec; '**⁀nung** f copie f; dessin m.

'Abzieh|bild n image f à décalquer; décalcomanie f; '**⁀en** v/t. (herunterziehen) ôter; retirer; arith. soustraire; ✝ déduire; décompter; rabattre; vom Gehalt: retenir (sur); Wein: (sou)tirer; Bett: dégarnir; Bild: décalquer; das Fell ~ écorcher; Messer: repasser; typ. tirer; imprimer; v/i. s'en aller; partir; ⚔ Truppen: décamper; se retirer; Rauch: sortir; '**⁀en** n arith. soustraction f; Wein: soutirage m; Bild: décalcomanie f; Messer: repassage m; typ. tirage m; '**⁀riemen** m cuir m à repasser; '**⁀stein** m pierre f à aiguiser.

'ab|zielen: ~ auf (acc.) viser à; '**⁀zirkeln** (29) compasser (a. fig.).

'Abzug m départ m; (Zurücknahme) Truppen: retrait m; (Rückzug) retraite f; Rauch: cheminée f d'appel; ✝ décompte m; Gehalt: retenue f (von sur); Preise: rabais m; remise f; (Diskont) escompte m; typ., phot. épreuve f; Gewehr: détente f.

abzüglich ['ˌtsyːklɪç] déduction faite de; moins.

'Abzugs|graben m fossé m de décharge; '**⁀hahn** m détente f; '**⁀kanal** m Unrat: égout m; (Entwässerung) canal m d'écoulement; '**⁀loch** △ n chatière f; '**⁀rinne** f caniveau m; rigole f; '**⁀rohr** n Rauch: tuyau m de dégagement; '**⁀röhre** f tuyau m de décharge (od. d'émission); '**⁀vorrichtung** f dispositif m de détente.

abzweig|en ['ˌtsvaɪɡən] (25) v/t. séparer; ⚡ brancher; dériver; v/i. u. sich ~ se détacher; Wege, 🚂: bifurquer; '**⁀⁀klemme** f ⚡ borne f de dérivation; '**⁀ung** f bifurcation f; embranchement m; ⚡ dérivation f; (Wasser-)Leitung: branche f.

ach! [ax] ah!; Klage: hélas!; Erstaunen: pas possible!; P sans blague?; ~ was! bah!; ~ wo! il s'en faut (de) beaucoup; ~ daß (doch) ... plût à Dieu que ... (subj.); ach so! ah! c'est ça!; 2 und Weh schreien jeter les 'hauts cris; mit ~ und Krach avec bien du mal.

Achat [aˈxaːt] m (3) agate f.

Achillesferse [aˈxilɛsˌ] f talon m d'Achille; fig. point m faible.

Achse ['aksə] f essieu m; mach. arbre m; Erde: axe m; Auto: pont m.

Achsel ['aksəl] f (15) aisselle f; épaule f (zucken 'hausser); etw. auf die leichte ~ nehmen prendre qch. à la légère; über die ~ ansehen regarder de haut en bas (od. avec dédain); '**⁀band** n épaulette f; '**⁀höhle** f creux m de l'aisselle; '**⁀klappe** f patte f d'épaule; '**⁀streifen** m, '**⁀stück** m épaulette f; Hemd: gousset m; '**⁀zucken** n 'haussement m d'épaules.

acht [axt] 1. (16) 'huit; etwa ~ une 'huitaine de; 2. 2 f (16) (chiffre m) 'huit m; 3. 2 f (Bann) ban m; fig. proscription f; in die ~ erklären = ächten; 4. 2 f (Obacht) attention f; sich in 2 nehmen prendre garde; außer 2 lassen négliger; '**⁀bar** estimable; honorable; '**⁀barkeit** f honorabilité f; '**⁀e(r)** 'huitième de (den, am) ~ (n) (8.) Juli le 'huit juillet; '2**eck** n (3) octogone m; '**⁀eckig** octogonal; '2**el** n 'huitième m.

'Achtel|note ♩ f croche f; '**⁀pause** ♩ f demi-soupir m; '**⁀takt** ♩ m mesure f d'une croche.

'achten v/t. (schätzen) estimer; Gesetze: respecter; (für etw. halten) croire; juger; v/i. (aufpassen) ~ auf (acc.) faire attention à.

ächten ['ɛçtən] (26) bannir; proscrire; mettre 'hors la loi.

'acht|ens ['axtəns] 'huitièmement; '**⁀enswert** estimable; '**⁀er** m (7) Sport: canot m à 'huit rameurs; '2**erbahn** f montagnes f/pl. russes; '2**erdeck** n pont m arrière; '**⁀erlei** ['ˌlaɪ] de 'huit espèces; '**⁀fach** ['ˌfax], '**⁀fältig** ['ˌfɛltɪç] 'huit fois autant; '**⁀flächig** ⚛ octaèdre; octaédrique; '**⁀geben**, '**⁀haben**: ~ auf (acc.) faire attention à; prendre garde à; prendre soin de; '**⁀hundert** 'huit cent(s); '**⁀jährig** ['ˌjɛːrɪç] de 'huit ans; '**⁀los** inattentif;

Achtlosigkeit — 621 — **After**

négligent; **≈losigkeit** f inattention f; **∼malig** ['∼mɑːliç] fois (répété); **'∼sam** attentif; (sorglich) soigneux; **'≈samkeit** f attention f; soin(s pl.) m; **'≈seitig** octogonal; **'∼silbig** (≈silber m) octosyllabe (m); ≈'stundentag m journée f de huit heures; **'∼tägig** de huit jours.

Achtung ['axtuŋ] f (Hochachtung) estime f; (Ehrfurcht) respect m; (Achtsamkeit) attention f; ∼! attention!; gare!; ∼ einflößen imposer; j-m ∼ erweisen avoir des égards pour q.; sich ∼ zu verschaffen wissen se faire respecter.

'Ächtung f bannissement m; proscription f; mise f 'hors la loi.
'achtung|gebietend imposant; respectable; **'≈s-erfolg** m succès m d'estime; **'∼svoll** respectueux.
'acht|zehn dix-huit; **'∼zehnte(r)** dix-huitième; **'≈zehntel** n dix-huitième m; **∼zig** ['axtsiç] quatre-vingt(s); **≈ziger(in** f) m ['∼gər(in)] octogénaire m, f; **'∼zigste(r)** quatre-vingtième; **'≈zigstel** n quatre-vingtième m.

ächzen ['ɛçtsən] (27) 1. gémir; geindre; 2. ≈ n gémissement m.
Acker ['akər] m (7¹) champ m; **'∼bau** m (3) agriculture f; **'∼bauer** m laboureur m; cultivateur m; **'∼baukunde** f agronomie f; **≈bautreibend** agricole; **∼boden** m terre f labourable; **'∼gaul** m cheval m de labour; **'∼gerät** n instrument m aratoire; **'∼land** n terre f labourable; **'≈n** (29) labourer; **'∼n** n (6) labourage m; **'∼scholle** f glèbe f.

Adams-apfel ['ɑːdams‿] m pomme f d'Adam.
addier|en [a'diːrən] additionner; **≈maschine** f additionneuse f.
Adel ['ɑːdəl] m (7) noblesse f; (die ∼igen) les nobles m/pl.
ad(e)lig ['ɑːd(ə)liç] noble; **≈e(r** a. m) m, f noble m, f.
'adeln (21) 1. anoblir; fig. ennoblir; 2. ≈ n anoblissement m; fig. ennoblissement m.
'Adels|brief m lettres f/pl. de noblesse; **'∼herrschaft** f aristocratie f; **'∼titel** titre m nobiliaire.
Ader ['ɑːdər] f (15) veine f; (Schlag≈) artère f; fig. verve f; j-n zur ∼ lassen saigner q.; **∼laß** ['∼las] m (4²) saignée f.
adieu [a'djøː] adieu; ∼ sagen faire [ses adieux.)

Adjektiv ['atjɛktiːf] n (3¹) adjectif m; **≈isch** adjectif. [de camp.)
Adjutant [atju'tant] m (12) aide m)
Adler ['ɑːdlər] m (7) aigle m (Feldzeichen: f); **'∼nase** f nez m aquilin.
Admiral [atmi'rɑːl] m (3¹) amiral m.
Admiralität [∼rali'tɛːt] f amirauté f.
adopt|ieren [adɔp'tiːrən] adopter; **≈ion** [∼tsi'oːn] f adoption f.
Adressat(in f) [adrɛ'saːt] m (12) destinataire m, f; ∼ unbekannt inconnu à l'appel.
A'dreß|buch n, **∼kalender** m bottin m; annuaire m; ✝ annuaire m du commerce.
Adresse [a'drɛsə] f (15) adresse f; per ∼ chez, durch Gefälligkeit: aux soins de.
adressier|en [adrɛ'siːrən] adresser; mettre l'adresse sur; **≈maschine** f adressographe m.
Adria ['ɑːdria:] f l'Adriatique f; **≈tisch** [adri'ɑːtiʃ] adriatique.
A-Dur ['ɑːduːr] n la m majeur.
Advent rl. [at'vɛnt] m (3) avent m.
Adverb [at'vɛrp] n adverbe m; **≈ial** [∼'bjɑːl] adverbial.
Advokat(in f) [atvo'kɑːt] m avocat m, -e f; **∼stand** m barreau m.
Aero|dynamik ['ɛːroː‿] f aérodynamique f; **≈dynamisch** aérodynamique; **∼lith** [∼'liːt] m aérolithe m; **∼nautik** [∼'nautik] f aéronautique f; **≈nautisch** aéronautique; **'∼plan** m aéroplane m; **'∼statik** [∼stɑːˈtik] f aérostatique f; **≈statisch** aérostatique.
Affe ['afə] m (13) singe m; ⚔ P sac m; P as m de carreau; F e-n kleinen ∼n (Rausch) haben être parti; être un peu gris; F e-n ∼n an j-m gefressen haben avoir un béguin pour q.
Affekt [a'fɛkt] m (3) émotion f; passion f; **≈ieren** [∼'tiːrən] affecter; **∼iertheit** f affectation f. [duper.)
äffen ['ɛfən] (25) singer; (foppen))
'affen|-artig simiesque; **'≈liebe** f amour m aveugle; **'≈pinscher** m chien m griffon; **'≈schande** f scandale m; **'≈weibchen** n guenon f.
Afferei [afə'rai] f (16) singerie f; (Foppen) duperie f.
affig fig. F [a'fiç] maniéré; ridicule.
Afrika [a'friːka:] n (17) l'Afrique f.
Afrikan|er(in f) [afri'kɑːnər] m Africain m, -e f; **≈isch** africain.
After ['aftər] m (7) anus m; (der Hintern) derrière m, P cul m;

Afterbildung — 622 — **Aktionär**

'~**bildung** f pseudo-culture f; '~**miete** f sous-location f; ²**mieten** sous-louer; '~**mieter** m sous-locataire f; '~**rede** f calomnie f; médisance f; ²**reden** calomnier; médire. [mer f Egée.|

ägäisch [ɛ'gɛːiʃ] égéen; ²es Meer|

Agent [a'gɛnt] m (12) agent m; chargé m d'affaires; ~**ur** [~'tuːr] f agence f.

Aggregat [agre'gɑːt] n agrégat m.

Agio † ['aːʒioː] n (11) (Aufgeld) agio m; (Mehrwert) prime f.

Agitation [agita'tsioːn] f agitation f; propagande f; ~**ator** [~'tɑːtɔr] m agitateur m; propagandiste m; ²**ieren** faire de la propagande.

Agraffe [a'grafə] f (15) agrafe f.

A'grar|gesetze n/pl. lois f/pl. agraires; ~**ier** [a'grɑːriər] m (17) agrarien m; ²**isch** agraire; ~**land** n pays m agricole; ~**reform** f réforme f agraire.

Ägypt|en [ɛ'gyptən] n (17) l'Égypte f; ~**er(in** f) m (7) Égyptien m, -ne f; ²**isch** égyptien.

ah! ah!; ~ **was!** ah bah!

aha! ah! ah!; je l'avais bien dit!

Ahle [a'lə] f(15) alêne f; typ.pointe f.

Ahn(e) f ['aːn(ə)] m (5 u. 12) aïeul m, -e f; ~**en** pl. ancêtres m/pl.; aïeux m/pl.

ahnd|en ['aːndən] (26) (tadeln) blâmer; (strafen) punir; ²**ung** f (Tadel) blâme m; (Strafe) punition f.

ähneln [ɛːnəln] (26): j-m ~ ressembler (un peu) à q.

ahnen ['aːnən] (25) pressentir; (vermuten) se douter de.

'**Ahnen|stolz** m orgueil m de la naissance; '~**tafel** f arbre m généalogique.

ähnlich ['ɛːnliç] ressemblant; semblable; analogue; j-m ~ sehen ressembler à q.; das sieht Ihnen ganz ~ je vous reconnais bien là; ²**keit** f ressemblance f; fig. analogie f.

Ahnung ['aːnuŋ] f pressentiment m; (Vorstellung) idée f; ²**slos** qui ne se doute de rien; ²**svoll** plein de pressentiment.

Ahorn ['aːhɔrn] m (3) érable m.

Ähre ['ɛːrə] f épi m (15).

'**Ähren|lese** f glanage m; '~**leser** (-**in** f) m glaneur m, -euse f.

Akademie [akade'miː] f (15) académie f.

Akade|miker (aka'deːmikər) m (7) (Mitglied e-r Akademie) académicien m; ²**misch** académique; ~ **gebildet** qui a fait des études universitaires.

Akazie [a'kaːtsiə] f (15) acacia m.

akklimatisier|en [aklimati'ziːrən] acclimater; ²**ung** f acclimatation f.

Akkord [a'kɔrt] m (3) ♪ accord m; (Folge von ~en) harmonie f; (Vergleich) arrangement m; in ~ arbeiten travailler aux pièces (od. à la tâche od. à forfait); ~**arbeit** f travail m aux pièces (od. à la tâche od. à forfait); ~**arbeiter(in** f) m ouvrier m, -ière f aux pièces.

Akkordeon [a'kɔrdeɔn] n accordéon m.

akkreditieren [akredi'tiːrən] accréditer.

Akku(mulator) [akumu'lɑːtɔr] (11 u. 18) m accu(mulateur) m ([auf-]laden [re]changer); ~**enbatterie** f batterie f d'accu(mulateur)s.

akkurat [~'rɑːt] exact; ²**esse** [~'tɛsə] f exactitude f.

Akkusativ ['akuzatiːf] m (3¹) accusatif m; '~**objekt** n complément m direct.

Akontozahlung [a'kɔntotsaːluŋ] f acompte m; paiement m par acomptes.

Akrobat|(in f) [akro'bɑːt] m (12) acrobate m, f; ~**ik** f acrobatie f; ²**tisch** acrobatique.

Akt [akt] m (3) acte m; Kunst: académie f; nu m.

Akte ['aktə] f pièce f; document m; zu den ~**n legen** classer; joindre au dossier; fig. ne plus parler de qch.

'**Akten|deckel** m chemise f (d'un dossier); '~**heft** n dossier m; '~**hefter** m classeur m; '~**mappe**, '~**tasche** f portefeuille m; größere: serviette f; '~**mensch** m bureaucrate m; '~**schrank** m classeur m; '~**ständer** m étagère f; casier m; ~**stoß** m dossier m; '~**stück** n = Akte; '~**zeichen** n numéro m du dossier.

Aktie ['aktsiə] f (15) action f.

'**Aktien|besitzer**, '~**inhaber** m actionnaire m; '~**gesellschaft** f société f anonyme (od. par actions); '~**händler** m courtier m; '~**kapital** n fonds m social; '~**markt** m marché m des actions; '~**spekulant** m agioteur m.

Aktion [ak'tsioːn] f action f; ~**är**

Aktionsradius — 623 — **allerliebst**

(-**in** f) [~'nɛːr(in)] m actionnaire m, f; ~**sradius** m rayon m d'action.

aktiv [ak'tiːf] **1.** actif; ⚔ en activité (de service); **2.** ⚤ gr. ['aktiːf] n [3¹] actif m; voix f active; ~**a** [~'tiːva] n/pl., ~**bestand** m actif m; ~**ieren** [~'viː-] activer; '**2ismus** m activisme m; **2i'tät** f activité f; '**2kapital**, '**2vermögen** n capital m effectif.

aktuell [aktu'el] actuel; e-e ~e Frage une question d'actualité.

Akust|ik [a'kustik] f (16) acoustique f; **2isch** acoustique. [(acuité f.\]

akut [a'kuːt] aigu; ~**er** Zustand)

Akzent [ak'tsɛnt] m (3) accent m.

akzentuieren [~tuˈiːrən] accentuer.

Akzept ✝ [~'tsɛpt] n (3) acceptation f (einholen procurer).

Akzep|tant ✝ [~'tant] m (12) acceptant m; **2tieren** [~'tiːrən] accepter. [m.\]

Alabaster [ala'bastər] m (7) albâtre

Alarm [a'larm] m (3¹) alarme f; alerte f; ~ schlagen (blasen) donner (sonner) l'alarme; ~**anlage** f dispositif m d'alarme; ~**bereitschaft** f: sich in ~ befinden être en état d'alerte; ~**glocke** f tocsin m; sonnerie f d'alarme; **2ieren** [~'miːrən] alarmer; ⚔ alerter; ~**signal** n signal m d'alarme; ~**sirene** f sirène f d'alarme; ~**zustand** m état m d'alerte.

Alaun [a'laun] m (3¹) alun m; **2haltig** ['~haltiç] aluneux.

Alban|ese [alba'neːzə] m, ~**esin** f, -e f; **2esisch** albanais; ~**ien** [~'baːniən] n l'Albanie f.

albern ['albərn] **1.** adj. niais; sot; **2.** v/i. dire des niaiseries; **2heit** f niaiserie f; sottise f.

Album ['album] n (9 u. 11) album m.

Alchi|mie [alçi'miː] f alchimie f; ~**mist** [~'mist] m (12) alchimiste m.

Alemann|e [alə'manə] m, ~**in** f Aleman m, -e f.

Alexandriner mét. [alɛksan'driːnər] m (7) alexandrin m.

Alge ['algə] f algue f.

Algebra ['algebraː] f algèbre f; **2isch** algébrique.

Algeri|en [al'geːriən] n (17) l'Algérie f; ~**er(in** f) m Algérien m, -ne f; **2sch** algérien.

Algier ['alʒiːr] n Alger m. [par alibi.\]

Alibibeweis [a'liːbiː~] m preuve f)

Alimente [ali'mɛntə] n/pl. (3) aliments m/pl.; pension f alimentaire.

Alkali [al'kaːliː] n alcali m; **2sch** alcalin.

Alkohol ['alkohoːl] m (3¹) alcool m; **2frei** non-alcoolisé; ~**e Getränke** boissons f/pl. non-alcooliques; ~**gehalt** m teneur f en alcool; '~**haltig** (~**iker** [~'hoːlikər] m) alcoolique (m); **2isch** [~'hoːliʃ] alcoolique; ~**e Getränke** spiritueux m/pl.; '~**test** m alcootest m; '~**verbot** n prohibition f (d'alcool); '~**vergiftung** f intoxication f par l'alcool.

Alkoven [al'koːvən] m (16) alcôve f.

all [al] (21) tout; ~**e Menschen** tous les hommes; ~**e zwei Tage** tous les deux jours; das **2** l'univers m.

'**all**|'**abendlich** tous les soirs; '~**bekannt** connu de tout le monde; als sicher: notoire; (v. vielen gewußt): public.

Allee [a'leː] f (15) allée f; avenue f.

Allegor|ie [alego'riː] f allégorie f; **2isch** [ale'goːriʃ] allégorique.

allein [a'lain] **1.** adj. u. adv. seul; schon ~ der Gedanke la seule pensée; mit j-m ~ sein être en particulier (od. en tête-à-tête) avec q.; **2.** cj. mais; cependant; **2berechtigung** f droit m exclusif; **2besitz** m possession f exclusive; **2handel** m monopole m; **2herrschaft** f monarchie f; **2herrscher** m monarque m; ~**ig** exclusif; ~**stehend** seul; isolé; (ehelos) célibataire; (einsam) solitaire; **2vertretung** f représentation f exclusive; **2vertrieb** m exclusivité f.

'**alle**'**mal** toutes les fois; toujours; ein für ~ une fois pour toutes.

'**allen**|**falls** (zur Not) au besoin; à la rigueur; (höchstens etwa) tout au plus. [tout.\]

~**thalben** ['alənt'halbən] par-)

'**aller**|'**best** le meilleur de tous; das **2e** ce qu'il y a de mieux; ~'**dings** sans doute; en effet; bien entendu; ~'**erst** le premier de tous, la première de toutes, etc.; zu ~ avant tout; ~'**hand** toutes sortes de; divers; er hat ~ Geld il a pas mal d'argent; das ist ~ c'est trop fort; **2heiligen(fest)** n (6) la Toussaint; das **2heiligste** in e-m Tempel: le sanctuaire; im jüdischen Tempel: le saint des saints; ~'**lei** = ~**hand**; ~'**letzt** le dernier de tous, la dernière de toutes, etc.; zu ~ en dernier lieu; ~'**liebst** charmant; ravissant; am ~**en** de pré-

allermeist — 624 — **Alter**

férence; ~'meist la plupart des ...; am ~en le plus (souvent); ~'nächst le plus proche; ~'neu(e)st le plus nouveau; *das* 2e le dernier cri; 2'seelen *n* (6) jour *m* des morts; ~'seits de tous côtés; 2'weltskerl F *m* gaillard *m*; type *m*; ~wenigst [~'ve:niçst]: *das* ~e le moins; *am* ~en le moins.

'**alles** tout; ~ *in allem* en somme; tout bien considéré; ~ *zu seiner Zeit* chaque chose en son temps; *da hört doch* ~ *auf* c'est trop fort; c'est le comble.

'**alle**|'**samt** tous ensemble; '~'**zeit** toujours; en tout temps.

'**All**|**gegenwart** *f* omniprésence *f*; ubiquité *f*; '2**gegenwärtig** omniprésent; 2**ge**'**mein** général; universel; ~**ge**'**meinbildung** *f* culture *f* générale; ~**ge**'**meinheit** *f* généralité *f*; universalité *f*; (*Publikum*) public *m*; 2**ge**'**meinverständlich** intelligible à tous; à la portée de tous; '~**gewalt** *f* toute-puissance *f*; '2**gewaltig** tout-puissant; 2**gütig** infiniment bon; ~'**heilmittel** *n* remède *m* universel; panacée *f*; '2**heit** *f* totalité *f*; universalité *f*.

Allianz [ali'ants] *f* alliance *f*.

Alligator [ali'gɑ:tɔ:r] *m* alligator *m*.

Alliierte(*r a. m*) [ali'i:rtər] *m* allié *m*.

'**all**|'**jährlich** annuel; 2**macht** = ~**gewalt**; '2**mächtig** = ~**gewaltig**; *der* 2e *m* le Tout-Puissant; ~**mählich** [~'mɛ:liç] graduel; *adv. a.* peu à peu; ~'**monatlich** mensuel.

Allotria [a'lotria] *n/pl.*: ~ *treiben* faire des fredaines; baguenauder.

'**all**|**seitig** ['~zaitiç] universel; 2**stromempfänger** *m Radio*: poste *m* tous-courants; ~'**täglich** quotidien; *fig.* banal; trivial; 2'**täglichkeit** *f* banalité *f*; trivialité *f*.

'**alltags** (*werktags*) en semaine; '2**kost** *f* ordinaire *m*; '2**sorgen** *f/pl.* soucis *m/pl.* quotidiens.

'**all**|'**wissend** qui sait tout; omniscient; 2'**wissenheit** *f* omniscience *f*; ~'**wöchentlich** hebdomadaire; ~**zu**'**sehr**, ~**zu**'**viel** trop; ~ *ist ungesund* trop est trop.

Alm [alm] *f* (16) pâturage *m* alpestre; ~**hütte** *f* cabane *f* alpine.

Almanach ['almanax] *m* (3¹) almanach *m*.

Almosen ['almo:zən] *n* (6) aumône *f*; ~ *geben* faire l'aumône; *um* (*ein*) ~ *bitten* demander la charité; '~**büchse** *f* tronc *m*; '~**pfleger**(**in** *f*) *m* aumônier *m*, -ière *f*.

Aloe ['a:loe:] *f* (15) aloès *m*.

Alp [alp] *m* (13) elfe *m*; lutin *m*; '~**drücken** *n* cauchemar *m*.

Alpen ['alpən] *f/pl.* Alpes *f/pl.*

'**alpen**|-**artig** alpestre; 2**glühen** *n* embrasement *m* des Alpes; '2**jäger** *m* chasseur *m* alpin; '**klub** *m* club *m* alpin; '~**rose** *f* rhododendron *m* des Alpes; '2**stock** *m* alpenstock *m*; '2**veilchen** *n* cyclamen *m*; '2**verein** *m* = ~**klub**; '2**wirtschaft** *f* exploitation *f* alpestre; (*Gebäude*) auberge *f* de montagne.

Alphabet [alfa'be:t] *n* (3) alphabet *m*; 2**isch** (*adv.* par ordre) alphabétique.

'**Alphorn** *n* cor *m* des Alpes.

alpin [al'pi:n] alpin; alpestre; 2'**ist** *m* alpiniste *m*.

Alraun [al'raun] *m* (3), ~**e** *f* (15) mandragore *f*.

als [als] *cj.* (*wie*) comme; en qualité de; à titre que; en tant que; *zeitlich*: quand; lorsque; *eines Tages*, ~ ... un jour que ...; ~ *ob* comme si; *tun* ~ *ob* faire semblant (*od.* feindre (de); *nach* comp.: que; *mehr* ~ *zwei Jahre* plus de deux ans; '~'**bald** aussitôt; '~'**dann** alors; (*darauf*) puis.

also ['alzo:] 1. *adv. Vergleich*: ainsi; de la sorte; 2. *cj. Schluß*: donc; *Folge*: par conséquent.

alt [alt] 1. *adj.* âgé; vieux; (*ehemalig, altertümlich*) ancien; (*uralt u. altmodisch*) antique; (*abgenutzt*) usé; ~ *werden* vieillir; *zehn Jahre* ~ âgé de dix ans; *wie* ~ *ist er* (*schätzen Sie ihn*)? quel âge a-t-il (lui donnez-vous)?; *er ist zehn Jahre* ~ il a dix ans; *für* ~ *kaufen* acheter d'occasion; *immer wieder das* ~*e Lied* (*die* ~*e Leier*) *fig.* toujours la même antienne; 2. 2 *m* (3³) *J*: alto *m*.

Altar [al'tɑ:r] *m* (3¹ *u.* 3) autel *m*; ~**tuch** *n* nappe *f* d'autel.

'**alt**|**backen** rassis; '~**deutsch** ancien allemand.

Alte(**r** *a. m*) ['altə(r)] *m*, *f* vieillard *m*, vieille (femme) *f*.

'**Alt**|-**eisen** *n* ferraille *f*; ~**eisenhändler** *m* ferrailleur *m*; '~**enteil** *n* pension *f* (aux parents); ~**er** *n* (7) (*Dauer*) âge *m*; (*Greisen*2) vieillesse *f*; *hohes* ~ *v. Dingen*: vétusté *f*; *von*

älter — 625 — **Amtsbezeichnung**

2s her de tout temps; vor 2s ancien-
nement; jadis.
'**älter** ['eltər] (comp. v. alt) plus âgé;
v. Geschwistern: aîné; er ist ~ als
ich il est mon aîné; ein ~er Herr
un homme d'un certain âge.
'**altern** (29) vieillir.
'**Alters**|**genosse** m, **~genossin** f
camarade m, f du même âge;
~grenze f limite f d'âge; **~heim** n
asile m des vieillards; **~klasse** f
classe f d'ancienneté; **~rente** f
rente f de vieillesse; **2schwach**
sénile, caduc; **~schwäche** f
sénilité f; caducité f; **~unter-
schied** m différence f d'âge; **~-
versicherung** f assurance f (contre
la) vieillesse; **~versorgung** f
pension f de retraite.
'**Alter**|**tum** n (1²) antiquité f;
2**tümlich** ['~ty:mliç]antique;Wort:
archaïque.
'**Altertums**|**forscher** m archéolo-
gue m; **~kunde** f archéologie f.
ältest ['eltəst] (sup. v. alt) le plus
âgé; v. Geschwistern: aîné; 2**e(r)**
m (Vorsteher) doyen m.
'**altfranzösisch** ancien français.
'**Alt**|**händler** m brocanteur m; Eisen:
ferrailleur m; Kunst: marchand m
d'antiquités; antiquaire m; 2**her-
gebracht** ['~gəbraxt] traditionnel;
'2**hochdeutsch** ancien 'haut alle-
mand. [m.]
Altistin [al'tistin] f (12) contralto
'**altklug** précoce; blanc-bec; den 2en
spielen prendre des airs de grande
personne.
'**ältlich** ['eltliç] qui n'est plus de
première jeunesse; F vieillot.
'**Alt**|**material** n déchets m/pl.; rési-
dus m/pl.; '**~material-erfassung** f
récupération f des déchets, **~ma-
terialverwertung** f utilisation f
des déchets; 2**modisch** démodé,
passé de mode; '**~sprachler** m (7)
philologue m classique; '**~stadt** f
cité f; '**~stimme** f contralto m;
2**väterlich** ['~fɛ:tərliç] patriarcal;
'**~weibersommer** m été m de la
Saint-Martin; (Spinnfäden) filan-
dres f/pl., F fils m/pl. de la Vierge.
Aluminium [alu'mi:niʊm] n (9)
aluminium m.
am [am]: ~ Arm au bras; ~ Morgen
le matin; ~ 7. Mai le sept mai; ~
Main sur le Main; ~ besten le mieux.
Amateur [ama'tø:r] m amateur m.

Amazone [~'tso:nə] f amazone f.
Amber ['ambər] m ambre m.
Amboß ['ambɔs] m (4) enclume f.
Ameise ['a:maɪzə] f fourmi f.
'**Ameisen**|**bär** m, **~fresser** m four-
milier m; tamanoir m; '**~haufen**
m fourmilière f; '**~löwe** m fourmi-
lion m; '**~säure** f acide m formique.
Amen ['a:mən] adv. u. n (6) amen
m; ainsi soit-il. [que f.]
Amerika [a'merika]n(17)l'Améri-)
Ameri'kan|**er** m, **~erin** f Améri-
cain m, -e f; 2**isch** américain.
Amethyst [ame'tyst] m améthyste f.
Amme ['amə] f(15) nourrice f; '**~n-
märchen** n conte m bleu (od. de
bonne femme).
Ammer orn. ['amər] f bruant m.
Ammoniak [amo'niak] n (3¹) am-
moniaque f; 2**haltig** ammoniacal.
Amnestie [amnɛs'ti:] f (15) amn-
istie f; 2**ren** amnistier.
Amöbe [a'mø:bə] f amibe f.
a-Moll [a:'mɔl] n la m mineur.
'**Amor** m Cupidon m; Amour m.
amorph [a'mɔrf] amorphe.
Amortis|**ation** [amɔrtiza'tsio:n] f
amortissement m; 2**ieren** [~'zi:-]
amortir.
Ampel ['ampəl] f (15) suspension f.
Ampere ✠ [am'pɛ:r] (pro. fr.) n
(11[¹]) ampère m; '**~meter** n am-
pèremètre m; **~stunde** f ampère-
heure m.
Ampfer ['ampfər] m oseille f.
Amphi|**bie** [am'fi:biə] f(15) amphi-
bie m; 2**bisch** amphibie; **~theater**
[am'fi:tea:tər] n amphithéâtre m.
Ampulle [am'pulə] f ampoule f.
Amput|**ation** [amputa'tsio:n] f am-
putation f; 2**ieren** [~'ti:rən] am-
puter.
Amsel orn. ['amzəl] f (15) merle m.
Amt [amt] n (1²) (Dienststelle)
bureau m; (Anstellung) emploi m;
poste m; (Amtstätigkeit) fonction f;
(Ehren2) charge f; s-s ~es walten
faire son devoir; von ~s wegen
d'office; in ~ und Würden sein
être arrivé (aux honneurs); 2**ieren**
[~'ti:-] être en fonctions; 2**lich**
officiel; '**~mann** m (1²) bailli m.
'**Amts**|-**anmaßung** f abus m d'auto-
rité; '**~antritt** m entrée f en
fonctions; '**~anwalt** ⚖ m ministère
m public; '**~befugnis** f compétence
f; '**~bewerber(in** f) m candidat m,
-e f; '**~bezeichnung** f désignation

39 Dtsch.-Franz.

Amtsbezirk — 626 — **anbrennen**

f de la fonction; '∼**bezirk** *m* district *m*; juridiction *f*; '∼**blatt** *n* bulletin *m* officiel; '∼**bruder** *m* collègue *m*; confrère *m*; '∼**dauer** *f* durée *f* du mandat; '∼**diener** *m* huissier *m*; '∼**eid** *m* serment *m* d'entrée en charge; '∼**enthebung** *f* destitution *f*; *zeitweilige*: suspension *f*; '∼**führung** *f* administration *f*; gestion *f*; '∼**gebühren** *f/pl.* droits *m/pl.*; taxes *f/pl.*; '∼**geheimnis** *n* secret *m* professionnel; '∼**gehilfe** *m* adjoint *m*; '∼**gericht** *n* tribunal *m* de première instance; '∼**geschäfte** *n/pl.* fonctions *f/pl.*; '∼**gewalt** *f* autorité *f*; '∼**handlung** *f* opération *f* administrative; acte *m* officiel; '∼**kleid** *n* robe *f*; '∼**miene** *f* mine *f* officielle; air *m* officiel; '∼**mißbrauch** *m* abus de pouvoir; '⁹**müde** fatigué (*od.* dégoûté) de ses fonctions (*od.* de son emploi); '∼**person** *f* fonctionnaire *m*; '∼**pflicht** *f* devoirs *m/pl.* d'une charge; '∼**richter** *m* juge *m* de première instance; '∼**schimmel** *iron.* *m* carriole *f* administrative; '∼**schreiber** *m* greffier *m*; '∼**siegel** *n* sceau *m* officiel; '∼**stunden** *f/pl.* heures *f/pl.* de bureau; '∼**tracht** *f* costume *m* officiel; robe *f*; '∼**vergehen** *n* forfaiture *f*; prévarication *f*; '∼**verschwiegenheit** *f* discrétion *f* professionnelle; '∼**vorgänger** *m* prédécesseur *m*; '∼**vorsteher** *m* chef *m* de bureau; '∼**zimmer** *n* bureau *m*.

Amulett [amu'let] *n* (3) amulette *f*.

amüsieren [amy'zi:rən] amuser.

an [an] **1.** *prp.* (*wo? dat., wohin? acc.*); *a) örtliche Nähe*: à; *b) geogr. Lage*: (situé) sur; *c) Zeit*: *am Tage nach Ostern* le lendemain de Pâques; ∼ *e-m schönen Frühlingsmorgen* par une belle matinée de printemps; *auf Fahrplänen*: arrivée; **2.** *adv.* *von* ... ∼ dès; à partir de. [*analogie f.*\]

analog [ana'lo:k] analogue; ⁹**ie** *f*\]

Analphabet [an⁹alfa'be:t] *m* (12) illettré *m*; ∼**entum** *n* analphabétisme *m*.

Analy|se [ana'ly:zə] *f* (15) analyse *f*; ⁹**sieren** analyser; ∼**tiker** *m* analyste *m*; ⁹**tisch** analytique.

Ananas ['ananas] *f* ananas *m*.

Anarch|ie [anar'çi:] *f* anarchie *f*; ⁹**isch** [∼'narçiʃ] anarchique; ∼**ist(in** *f*) *m* anarchiste *m*.

Anatom [∼'to:m] *m* (12) anatomiste *m*; ∼**ie** [∼'mi:] *f* anatomie *f*; ⁹**isch** anatomique.

'**an|bahnen** frayer le chemin; préparer; ∼**bändeln** ['∼bɛndəln] (29) flirter; (*mit j-m Händel suchen*) chercher noise à q.

'**Anbau** *m* ↙ culture *f*; *Gebäude*: annexe *f*; ⁹**en** ↙ cultiver; *Gebäude*: adosser; *sich* ∼ s'établir; ⁹**fähig** cultivable; '∼**fläche** *f* terre *f* cultivable.

'**anbefehlen** enjoindre; commander; *j-m etw.* ∼ ordonner qch. à q.

'**Anbeginn** *m* début *m*; origine *f*; *von* ∼ *an* dès l'origine.

'**an**|**behalten** *Kleider*: garder; ∼'**bei** ci-joint; ci-inclus; sous ce pli; ∼**beißen** *v/t.* mordre dans; *v/i.* mordre à l'hameçon; *zum* ⁹ *schön* joli à croquer; '∼**belangen** concerner; *was mich anbelangt* quant à moi; en ce qui me concerne; '∼**bellen** aboyer après (*od.* contre); '∼**beraumen** ['∼bəraumən] (25) fixer; ♃ préfinir; préfixer.

'**anbet|en** adorer; ⁹**er(in** *f*) *m* adorateur *m*, -trice *f*.

'**Anbetracht** *m*: *in* ∼ en considération de; vu; étant donné; *in* ∼, *daß* vu que; étant donné que. [de q.\]

'**anbetteln**: *j-n* ∼ mendier auprès\]

'**Anbetung** *f* adoration *f*; ⁹**swürdig** adorable.

'**anbieder|n** (29): *sich* ∼ se montrer familier (*bei* avec); F taper sur le ventre (à); ⁹**ung** *f* familiarité *f*.

'**anbieten 1.** offrir; **2.** ⁹ *n* offre *f*.

'**anbinden** *v/t.* ∼ *an* (*dat. od. acc.*) attacher à; *Boot*: amarrer; *Reben*: accoler; palisser; *v/i.* ∼ *mit* chercher querelle à.

'**anblasen** *Feuer*: souffler; *Hochofen*: mettre en feu; *etw.* ∼ souffler sur qch.; *j-n* ∼ F attraper q.

'**Anblick** *m* (*das Angeblickte*) aspect *m*; vue *f*; (*das Anblicken*) regard *m*; coup *m* d'œil; ⁹**en** regarder.

'**an|blinzeln** regarder en clignant de l'œil; '∼**bohren** forer; *Harzbäume*: térébrer; (*bohrend öffnen*) percer; *ein Faß* ∼ mettre un tonneau en perce; ♃ saborder; '∼**braten** *v/t.* rôtir légèrement; *v/i.* *in der Pfanne* ∼ gratiner; '∼**brechen** *v/t.* *Brot*, *Flasche*: entamer; *v/i.* *Tag*: commencer à paraître (*od.* à poindre); *die Nacht bricht an* la nuit tombe; '∼**brennen** *v/t.* mettre le feu

anbringen — 627 — **Anfall**

à; *Zigarre usw.*: allumer; *v/i.* s'allumer; *Speisen*: brûler; '~**bringen** placer (*a. Wort*); mettre; appliquer; ⊕ installer; (*herbringen*) apporter; (*herbeiführen*) amener; *Plakat*: afficher.

'**Anbruch** *m* entamure *f*; commencement; *Tag*: pointe *f*; *Nacht*: tombée *f*.

'**anbrüllen** *Tiere*: rugir contre; *Menschen*: tonner contre, rudoyer, P engueuler.

Anchovis [~'ʃoːvis] *icht. f* anchois *m*.

An|dacht ['~daxt] *f* (16) recueillement *m*; (*Gebet*) prière *f*; s-e ~ halten faire ses dévotions (*od.* sa prière); ⚒**dächtig** ['~dɛçtɪç] dévot; recueilli; (*aufmerksam*) attentif; ~**dachtsübung** *f* exercice *m* spirituel.

'**andauern 1.** durer; continuer; persister; **2.** ⚒ *n* durée *f*; persistance *f*; ~**d** permanent; continuel.

Anden ['andən] *f|pl.* (15) Andes *f|pl.*; Cordillère *f* des Andes.

'**Andenken** *n* (6) mémoire *f*; souvenir *m*; zum ~ an (*acc.*) en souvenir de.

ander ['andər] (18) autre; am ~n Tage le lendemain; e-r um den ~n tour à tour; e-n Tag um den ~n tous les deux jours; *etw.* and(e)res autre chose; nichts ~es (bei v. mit ne) rien d'autre; und ~es mehr et autres choses encore; und ~e mehr et ainsi de suite; *machen Sie das* ~en weis à d'autres!; alles ~e tout le reste; unter ~em entre autres choses; '~erseits d'autre part; par contre; '~mal: ein ~ une autre fois.

ändern ['ɛndərn] (29) changer; *teilweise*: modifier; (*bessern*) corriger; s-e *Meinung* ~ changer d'avis.

'**andern|falls** autrement; sinon; en cas contraire; ~**teils** d'autre part.

'**anders** autrement; *nach sein, werden, scheinen*: autre; *sich ~ besinnen* se raviser; *j.* ~ quelqu'un d'autre; *niemand* ~ personne d'autre (*bei vb. mit* ne); *nicht* ~ *können* ne pouvoir faire autrement; '~**artig** différent; d'une autre espèce; '~**denkend** qui pense autrement; d'avis différent; *H.* dissident; ~**geartet** d'un autre caractère.

anders|gläubig hétérodoxe; '~**wo** ailleurs; '~**wo'her** d'ailleurs; '~**wo'hin** ailleurs.

andert'halb ['~thalp] un et demi; ~ *Stunden* une heure et demie.

'**Änderung** *f* changement *m*; modification *f*; '~**svorschlag** *m* amendement *m*.

ander|wärts ['~vɛrts] ailleurs; '~**weitig** autre; *adv.* ailleurs.

'**andeut|en** *durch Zeichen*: indiquer; *durch Worte*: faire allusion à; donner à entendre; *peint.* ébaucher; ⚒**ung** *f* indication *f*; allusion *f*; '~**ungsweise** par allusion.

'**andichten** attribuer (faussement).

'**Andrang** *m* affluence *f*; presse *f*; (*Blut*⚒) congestion *f*.

'**andrängen** approcher avec empressement (*an acc.* de).

'**andrehen** *Gas usw.*: ouvrir; *Auto*: mettre en marche; *s.* anknipsen.

'**andringen** s'avancer impétueusement vers; *Blut*: affluer vers.

'**androh|en** *j-m etw.* ~ menacer q. de qch.; ⚒**ung** *f* menace *f*; ♈ avertissement *m*.

'**andrücken** serrer (*od.* presser) contre.

aneig|nen ['~ʔaɪɡnən]: *sich* ~ s'approprier; ⚒**ung** *f* appropriation *f*.

an-ei'nander l'un à (*resp.* près de) l'autre; ~**fügen** joindre; ~**geraten** en venir aux mains; ~**grenzen** être contigu; se toucher; ~**prallen**, ~**stoßen** s'entrechoquer; ~**reihen** mettre à la suite; ~**rücken** rapprocher.

Anekdot|e [anɛk'doːtə] *f* anecdote *f*; ⚒**enhaft** anecdotique.

Ane'mone *f* anémone *f*.

'**an|-empfehlen** recommander; ⚒-**erbieten** *n* (6) offre *f*.

'**an-erkannt** reconnu; '~**ermaßen** comme chacun le reconnaît; de l'aveu de tous.

'**an-erkenn|en** reconnaître (*als*, *für* pour); *lobend*: apprécier; *gesetzlich* ~ légitimer; *Rekord*: homologuer; *nicht* ~ désavouer; '~**enswert** digne d'être apprécié; louable; ⚒**ung** *f* reconnaissance *f*; *gesetzliche* ~ légitimation *f*.

'**an-erziehen** inculquer.

'**an|fachen** (25) souffler; attiser (*a. fig.*); ~**fahren** *v/t.* charrier; *Verkehr*: *j-n (etw.)* ~ accrocher q. (qch.); *fig.* rudoyer; rabrouer; *v/i.* arriver; *Zug*: se mettre en marche; *Auto*: démarrer; ⚒ descendre dans la mine.

'**Anfahrt** *f* accès *m*; (*Ankunft*) arrivée *f*.

'**Anfall** *m* attaque *f*; *Krankheit*: a.

39*

anfallen — 628 — **angedeihen**

accès m; *mörderisch*: attentat m; *durch Erbschaft*: dévolution f; '̱**en attaquer**; *mörderisch*: attenter à q.
anfällig ['̱fɛliç] de santé faible.
Anfang ['̱faŋ] m commencement m; *erster* ̱ début m; *von* ̱ *an* dès le début; *den* ̱ *mit etw. machen* commencer qch.; '̱**en commencer** (*zu* à *od.* de); *se mettre à*; (*tun*) faire; *mit j-m Streit* ̱ chercher querelle à q.
Anfäng|er(in) ['̱fɛŋər(in)] m commençant m, -e f; débutant m, -e f; novice m, f; '̱**lich** primitif; initial; originaire; *adv.* = *anfangs.*
anfangs ['̱faŋs] d'abord; au commencement; '̱**buchstabe** m (lettre f) initiale f; *großer* ̱ majuscule f; *kleiner* ̱ minuscule f; '̱**gehalt** n traitement m initial; '̱**geschwindigkeit** f vitesse f initiale; '̱**gründe** ['̱gryndə] m/pl. éléments m/pl.; *ganz elementare*: rudiments m/pl.; '̱**unterricht** m enseignement m élémentaire; [*ren*) toucher.)
'**anfassen** saisir; prendre; (*berüh-*)
'**anfaulen** commencer à pourrir.
anfecht|bar ['̱fɛçtba:r] contestable; '̱**en** attaquer; (*bestreiten*) contester; *Leidenschaften*: inquiéter; '̱**ung** f contestation f; (*Versuchung*): tentation f.
anfeind|en ['̱faɪndən] (26) attaquer; manifester de l'hostilité; '̱**ung** f inimitié f; hostilité f.
anfertig|en ['̱fɛrtigən] faire; *Kleider*: a. confectionner; ⊕ fabriquer; (*abfassen*) rédiger; '̱**ung** f fabrication f; *Kleidung*: confection f; (*Abfassung*) rédaction f.
anfeucht|en ['̱fɔyçtən] (26) humecter; mouiller; '̱**er** m (7) mouilleur m.
'**an|feuern** allumer; chauffer; *fig.* enflammer; *Sport*: encourager; '̱**flehen** implorer; supplier; '̱**flicken** coudre (*an acc.* à); '̱**fliegen** *Stadt*: faire escale à.
Anflug ['̱flu:k] m arrivée f; (*Aufflug*) essor m; *fig.* idée f; trace f; soupçon m.
anforder|n exiger; *j-n* (*etw.*) ̱ réclamer q. (qch.); '̱**ung** f exigence f.
'**Anfrage** f demande f; *parl.* interpellation f; '̱**en** *parl.* interpeller; *bei j-m nach etw.* ̱ s'informer de qch. auprès de q.
'**an|fressen** ronger; *Würmer*: piquer;

Vögel: picoter; ⌢ corroder; *von den Motten angefressen* mité; ̱**freunden** ['̱frɔyndən] (26): *sich mit j-m* ̱ se lier (d'amitié) avec q.; *sich mit etw.* ̱ se familiariser avec qch.; '̱**frieren** geler; se congeler; '̱**fügen** joindre; ajouter; '̱**fühlen** toucher; tâter; *sich hart* ̱ être dur au toucher.
Anfuhr ['̱fu:r] f (16) charriage m; charroi m; *An- und Abfuhr Güter*: camionnage m.
anführ|en (*leiten*) conduire; *Beispiel*: donner; *Heer*: commander; (*erwähnen*) citer; *Zeugen*: produire; *Gründe*: alléguer; (*betrügen*) tromper; duper; '̱**er** m chef m; ⚔ commandant m; *Aufruhr, Streik*: meneur m; '̱**ung** f conduite f; ⚔ commandement m; (*Erwähnung*) citation f; *Zeugen*: production f; *Gründe*: allégation f; '̱**ungszeichen** n guillemet m.
'**an|füllen** remplir (*mit* de); *übermäßig*: combler; '̱**gabe** f déclaration f; indication f; (*Auskunft*) information f; (*Anweisung*) instruction f; (*Anzeige*) dénonciation f; *als Zeuge*: déposition f; (*Prahlerei*) vanterie f; *nähere* ̱*n* détails m/pl.; '̱**gaffen** F badauder; regarder bouche bée; ̱**gängig** ['̱gɛŋiç] faisable; possible.
'**angeb|en** *v/t.* dire; nommer; *ausführlicher*: déclarer; *Richtung*: indiquer; *Wert*: déclarer; (*anzeigen*) dénoncer, rapporter, *écol.* moucharder; cafarder; *v/i.* (*wichtig tun*) faire l'important; poser; se vanter; '̱**er** m indicateur m; dénonciateur m; *gehässiger*: délateur m; rapporteur m; *écol.* mouchard m; cafard m; (*Wichtigtuer*) vantard m; fanfaron m; ̱**erei** [̱ə'raɪ] f délation f; (*Wichtigtuerei*) vanterie f; fanfaronnade f; (*das Hinterbrachte*) dénonciation f; ̱**inde** [̱'gəbɪndə] n cadeau m; ̱**lich** prétendu; soi-disant; *adv.* à ce qu'on dit; ̱**er** *Wert* valeur f nominale.
'**an|geboren** inné; naturel; '̱**gebot** n offre f; ̱**gebracht** ['̱gəbraxt] convenable; ̱**gebrannt** ['̱gəbrant] ̱ *riechen* sentir le brûlé; ̱ *schmecken* avoir un goût de brûlé; ̱**gebrütet** [̱'gəbry:tət] couvi; ̱**gebunden** [̱'gəbʊndən] *kurz* ̱ *sein* avoir le parler bref; ̱**gedeihen**

['˷gədaɪən]; *j-m etw.* ˷ *lassen* accorder qch. à q.; *Erziehung:* donner; **˷gegossen** ['gəgɔsən]: *wie* ˷ *sitzen* aller comme un gant; **˷gegriffen** [˷'gəgrifən]: — *aussehen* avoir l'air fatigué (*od.* souffrant); **˷geheitert** ['˷gəhaɪtərt] ~ *sein* être gris (*od.* émêché); **'˷gehen** *v*/*i.* (*anfangen*) commencer; (*in Brand geraten*) prendre feu; (*verderben*) se gâter; pourrir; (*leidlich sein*) être passable; (*möglich sein*) être possible; *Stiefel:* se mettre; *v/t. j-n* ˷ aborder q., *fig.* s'adresser à q.; (*betreffen*) regarder; concerner; *was mich angeht* quant à moi; *was geht es Sie an?* de quoi vous mêlez-vous?; *j-n um etw.* ˷ demander qch. à q.

angehö|ren ['˷gəhøːrən]: *e-r Klasse usw.:* être (du nombre) de; **⚥rige(r** *a. m*) *m*, *f* parent *m*, -e *f*; *e-s Staates:* ressortissant *m*, -e *f*.

'Angeklagte(r *a. m*) *m*, *f* accusé *m*, -e *f*; ⚥ prévenu *m*, -e *f*; (*Beklagter*) défendeur *m*, défenderesse *f*.

Angel|fische'rei *f* pêche *f* à la ligne; **˷haken** *m* hameçon *m*; **'⚥n** (29) pêcher à la ligne.

angeloben ['˷gəloːbən] promettre solennellement; jurer; faire vœu de.

'Angel|punkt *m* pivot *m*; **'˷rute** *f* canne *f* à pêche; ligne *f*.

'Angel|sachse *m*, **'˷sächsin** *f* Anglo-Saxon *m*, -ne *f*; **⚥sächsisch** anglo-saxon.

'Angel|schnur *f* ligne *f*; **⚥weit:** *die Tür steht* (*sperr*)˷ *offen* la porte est (toute) grande ouverte.

an|gemessen ['˷gəmɛsən] convenable; (*übereinstimmend*) conforme à; (*entsprechend*) proportionné; **˷genehm** ['˷gəneːm] agréable; sympathique; **˷genommen** [˷'gənɔmən] conventionnel; *˷es Kind* enfant *m* adoptif; *˷er Name* nom *m* de guerre (*od.* d'emprunt); *˷ daß ...* supposé que ... (*subj.*).

Anger ['aŋər] *m* (7) pâturage *m*; (*Grasplatz*) pelouse *f*.   [touché.)

angeschlagen [˷'gəʃlaːgən] *Boxen:*

angesehen ['˷gəzeːən] notable; ˷ *sein* être considéré; *schlecht* (*gut*) ˷ *sein* être mal (bien) vu de.

'Angesicht *n* visage *m*; face *f*; '⚥*s* (*gén.*) eu égard à.

angestammt ['˷ʃtamt] héréditaire.

'Angestellt|e(r *a. m*) *m*, *f* employé *m*, -e *f*; *m-e* ˷*en* mon personnel; *leitender* ˷ dirigeant *m*; *höherer* ˷ employé *m* supérieur; **'˷engewerkschaft** *f* syndicat *m* des employés; **'˷enversicherung** *f* assurance *f* des employés.

an|getan ['˷gətaːn]: *dazu* ˷, *daß ... fait pour ...* (*inf.*); ˷ *mit* vêtu de; *er hat es ihm* ˷ il l'a conquis; **˷getrunken** ['˷gətrʊŋkən] émêché; gris; **˷ge'wandt** *adj.* appliqué; *Chemie usw.:* expérimental; **˷gewiesen** ['˷gəviːzən]: ˷ *sein auf* (*acc.*) dépendre de; *ich bin darauf* ˷ je n'ai que cette ressource; **˷gewöhnen** ['˷gəvøːnən]: *j-m etw.* ˷ accoutumer (*od.* habituer) q. à qch.; *sich etw.* ˷ prendre l'habitude de qch.

'Angewohnheit *f* habitude *f*.

angießen ⚘ humecter.

angleich|en assimiler; rajuster; **'⚥ung** *f* assimilation *f*; rajustement *m*.

Angler ['aŋlər] *m* (7) pêcheur *m* (à la ligne).   [nexion *f.*)

anglieder|n annexer; **⚥ung** *f* an-)

Anglika|ner(in *f*) [aŋli'kaːnər] *m* anglican *m*, -e *f*; **⚥nisch** anglican.

'anglo-amerikanisch anglo-américain.

'anglotzen F reluquer.

An'gorakatze *f* (chat *m*) angora *m*.

'angreif|bar attaquable; contestable; **˷en** attaquer; assaillir; *Gesundheit:* affaiblir; épuiser; *Kapital:* entamer; 🜋 ronger; corroder; *die Nerven* ˷ porter sur les nerfs; *das hat mich angegriffen* cela m'a secoué; **'˷end** agressif; offensif; *fig.* fatigant; **'⚥er** *m* agresseur *m*; assaillant *m*; attaquant *m*.

angrenzen ['˷grɛntsən]: *an etw.* (*acc.*) ˷ confiner à qch.; **'˷d** contigu; voisin; adjacent; *Land:* a. limitrophe.

'Angriff *m* attaque *f* (*auf acc.* contre); agression *f*; *rollende* ˷ attaques *f/pl.* successives; *mit blanker Waffe:* charge *f*; *auf Ehre:* atteinte *f* (portée à l'honneur); *in* ˷ *nehmen* commencer; se mettre à; *zum* ˷

Angriffskrieg — 630 — **Ankerkette**

ansetzen déclencher l'attaque; *zum ~ übergehen* passer à l'attaque; **'~skrieg** *m* guerre *f* offensive.

Angst [aŋst] **1.** (14¹) peur *f* (*vor dat.* de); crainte *f* (de); angoisse *f*; anxiété *f*; (*Herzens*♀) détresse *f*; P frousse *f*; *~ haben* avoir peur (*vor dat.* de); *~ bekommen*; *in ~ geraten* prendre peur; *j-m ~ machen* faire peur à q.; **2.** ♀ *adj.*: *mir ist ~* j'ai peur; **'♀-erfüllt** plein d'anxiété; **'~geschrei** *n* cris *m/pl.* de détresse (*od.* d'angoisse); **'~hase** *m* poltron *m*; F froussard *m*.

ängstig|en ['ɛŋstɪgən] (25) faire peur (à); (*sich ~*) s'inquiéter (*um* de); **~lich** ['ɛŋstlɪç] craintif; (*angsterfüllt*) inquiet; (*kleinlich*) minutieux; (*peinlich genau*) scrupuleux; **♀lichkeit** *f* anxiété *f*; *fig.* scrupule *m*.

'Angst|schweiß *m* sueur *f* froide; **'~voll** inquiet; angoissé.

'angucken regarder.

'anhaben *Kleider usw.*: avoir mis; porter; *j-m etw. ~ wollen* en vouloir à q.; *man kann ihm nichts ~* il ne donne pas prise.

'anhaften adhérer (à); **'~d** adhérent (à); *inniger*: inhérent (à).

'anhaken accrocher; agrafer.

Anhalt ['~halt] *m* (*Stützpunkt*) point *m* d'appui; (*Träger*) soutien *m* (*a. fig.*); **♀en** *v/t.* arrêter; *etw. ~* (*e-e Pause in etw. machen*) suspendre qch.; *zu etw. ~* exhorter à qch.; *v/i.* s'arrêter; (*fortdauern*) continuer; durer; (*persistieren*) persister; *um etw. ~* demander qch.; *um ein Mädchen ~* demander une fille en mariage; *um e-e Stelle ~* solliciter une place; **♀end** continuel; (*beharrlich*) persévérant; (*hartnäckig*) soutenu; *adv. a.* sans cesse; **'~er** *m*: *per ~ fahren* faire de l'auto-stop; **'~spunkt** *m* indice *m*; point *m* d'appui (*od.* de repère).

Anhang ['~haŋ] *m Werk*: appendice *m*; *ergänzend*: supplément *m*; *Testament*: codicille *m*; *Akte*: annexe *f*; (*Anhängerschaft*) adhérents *m/pl.*, partisans *m/pl.*, *mv.p.* coterie *f*, *péj.* clique *f*; **♀en**: *j-m ~ sein* être attaché à q.

'anhäng|en suspendre; (*anhaften machen*) attacher; *an e-m Haken*: accrocher; *Hörer*: *téléph.* raccrocher; (*am Schlusse hinzufügen*) ajouter (à); *fig. j-m etw. ~* imputer (*od.* attribuer) qch. à q.; **'♀er** *m* adhérent *m*; partisan *m*; (*Schüler*) disciple *m*; (*Schmuck*) pendentif *m*; *Straßenbahn*: baladeuse *f*; *Auto*: remorque *f*; **♀erschaft** *f/pl.* les partisans *m/pl.*; **~ig** ['~hɛnɪç] attaché; ⚖ pendant; *e-e Sache bei e-m Gerichtshofe ~ machen* saisir un tribunal d'une affaire; *e-n Prozeß ~ machen* intenter un procès; **'~lich** attaché; dévoué; **'♀lichkeit** *f* attachement *m*; dévouement *m* (*an acc.* pour); **♀sel** ['~hɛŋzəl] *n* (7) *für Ohrring*: pendeloque *f*; *für Uhr*: breloque *f*. [rudoyer.]

'anhauchen souffler sur; F *fig.*)

'anhäuf|en amasser; *in Haufen geordnet*: entasser; *ungeordnet*: amonceler; (*höher häufen*) accumuler; **'♀ung** *f* entassement *m*; amoncellement *m*; accumulation *f*.

'an|heben *v/t.* soulever; *v/i.* (*anfangen*) commencer; **'~heften** attacher (*an acc.* à); *Plakat*: poser; **~heimeln** ['~haɪmǝln] (29) rappeler le pays (*od.* le foyer).

anheim|fallen [~'haɪm-] échoir (en partage); **~geben**, **~stellen**: *j-m etw. ~* s'en remettre (*od.* s'en rapporter) à q. de qch.

anheischig ['~haɪʃɪç]: *sich ~ machen zu etw.* s'engager à qch.; se faire fort de ... (*inf.*).

'anheizen commencer à chauffer.

'anherrschen: *j-n ~* apostropher q.

'Anhieb *m*: *auf ~* du premier coup.

'Anhöhe *f* éminence *f*; élévation *f*; 'hauteur *f*; (*Hügel*) colline *f*; coteau *m*.

'anhören **1.** écouter; (*vernehmen*) entendre; prêter l'oreille à; *sich gut ~* flatter l'oreille; **2.** ♀ *n* audience *f*; *Zeugen usw.*: audition *f*.

Anilin [ani'liːn] *n* (3, o. *pl.*) aniline *f*.

Anis [aː'niːs] *m* (4) anis *m*; **~likör** *m* anisette *f*.

'ankämpfen lutter (*gegen* contre).

'Ankauf *m* achat *m*; **'♀en** acheter; *sich ~* acheter une propriété; s'établir.

Anker ['aŋkǝr] *m* (7) ancre *f* (*werfen* jeter; *lichten* lever); *vor ~ gehen* (*liegen*) se mettre (être) à l'ancre; ⚡ induit *m*; armature *f*. [cran.)

ankerben ['~kɛrbən] marquer d'un)

'Anker|boje *f* balise *f*; **'~grund** *m* mouillage *m*; **'~kette** *f* câble-chaîne

ankern — 631 — **anlegen**

m; '2n (29) ancrer; jeter l'ancre; mouiller; '˷platz m mouillage m; '˷tau n câble m (de retenue); ˷'˷uhr f montre f à échappement; '˷winde f cabestan m.

an|ketten ['˷kɛtən] enchaîner; ˷kitten ['˷kitən] mastiquer.

Anklage f accusation f; 🕮 prévention f; '˷bank f banc m des accusés; '2n: j-n e-r Sache (gén.) ˷ accuser q. de qch.; öffentlich ˷ dénoncer.

Ankläger m accusateur m; öffentlicher ˷ procureur m de la République.

Anklage|rede f réquisitoire m; '˷schrift f acte m d'accusation; '˷zustand m mise f en accusation; 🕮 prévention f.

anklammern ['˷klamərn] cramponner (an acc. à); Wäsche usw.: fixer avec des pinces.

Anklang m résonance f; écho m; (entfernte Ähnlichkeit) réminiscence f; ˷ finden être bien accueilli.

ankleben 1. v/t. coller; Plakat: afficher; v/i. coller ensemble; adhérer (an dat. à). **2.** 2 n Tapete: pose f; Plakat: affichage m.

ankleiden ['˷klaɪdən] habiller;

Ankleide|spiegel m psyché f; '˷zimmer n cabinet m de toilette.

an|klingeln téléph.: j-n ˷ téléphoner à q.; '˷klingen rappeler (an etw. acc. qch.); '˷klopfen an die Tür: frapper (à); '˷knipsen ⚡ presser (resp. tourner) le bouton (od. commutateur); '˷knöpfen (25) boutonner.

anknüpf|en v/t. attacher; nouer; Gespräch ˷: lier conversation; v/i. mit j-m ˷ entrer en relations avec q.; an etw. (acc.) ˷ partir de qch.; '2ungspunkt m point m de départ.

anknurren gronder contre.

ankommen arriver; fig. gut ˷ être bien accueilli; übel ˷ tomber mal; ˷ auf (acc.) dépendre de; es kommt darauf an cela dépend; c'est selon; es kommt darauf an, zu ... (inf.) il s'agit de; es kommt mir darauf an, zu ... (inf.) il m'importe de ... (inf.); je tiens à ... (inf.); ich lasse es darauf ˷ je courrai la chance; es kommt mir nicht auf das Geld an je ne regarde pas à l'argent; darauf soll es nicht ˷ qu'à cela ne tienne.

Ankömmling ['˷kœmliŋ] m (3¹) nouveau venu m, nouvelle venue f.

an|koppeln attacher (an acc. à); 🐎 accoupler; accrocher; '˷krallen: sich ˷ se cramponner; ˷kreiden ['˷kraɪdən] (26) marquer à la craie; das werde ich ihm ˷ il me le paiera; ˷kreuzen ['˷krɔytsən] marquer d'une croix.

ankündig|en ['˷kyndigən] annoncer; zur Warnung: avertir; '2ung f annonce f; avertissement m; avis m.

Ankunft ['˷kʊnft] f (14¹) arrivée f.

Ankunfts|station f gare f destinataire; ⚓ débarcadère m; '˷zeit f heure f d'arrivée.

ankurbel|n mettre en marche; fig. redresser; '2ung f mise f en marche; fig. redressement m.

an|lächeln: j-n ˷ sourire à q.

Anlage ['˷laːgə] f Kapital: placement m; Gebäude: établissement m; (Bau) construction f; Park: plantation f; ˷n pl. jardins m/pl.; promenades f/pl.; Gedicht usw.: plan m; ébauche f; (Fähigkeit) disposition f (zu pour); aptitude f (à); (Beilage) annexe f; pièce f annexée; (Entwurf) plan m; (An-ordnung) arrangement m; ⊕ installation f; Verband: application f; ⚔ ouvrages m/pl.

anlangen ['˷laŋən] v/i. arriver; v/t. concerner; regarder.

Anlaß ['˷las] m (4²) (Veranlassung) occasion f; zum Handeln: motif m; ˷ geben zu etw. donner lieu à qch.; ohne allen ˷ sans aucun motif.

anlass|en (anbehalten) garder; Maschine: mettre en marche; Fahrzeug: démarrer; Motor: lancer; Metalle: recuire; '2er m (7) Auto: démarreur m.

anläßlich [˷lɛslɪç] (gén.) à l'occasion de; à propos de.

Anlauf m élan m; fig. im ersten ˷ d'emblée; '˷bahn 🏃 f piste f de départ; '2en v/i. commencer à courir; prendre son élan; Fahrzeug: démarrer (a. fig.); ˷ gegen se heurter contre; (anschwellen) s'enfler; Summe: se monter à; (blind werden) ternir; Scheibe: s'embuer; v/t.: e-n Hafen ˷ toucher un port; '˷hafen m port m de relâche; '˷zeit f fig. période f de démarrage.

Anlaut gr. m son m initial; '2en commencer (mit par).

anläuten: j-n ˷ téléphoner à q.

anleg|en v/t. mettre (an acc. contre);

Anlegen — 632 — **anordnen**

Kleider: mettre; *Fabrik usw.*: établir; installer; *Weg*: tracer; construire; *Geld*: placer; ✗ planter; *Gewehr*: mettre en joue; ✤ appliquer; *es darauf* ~ *zu* ... (*inf.*) prendre à tâche de ... (*inf.*); v/i. (*landen*) aborder, accoster; faire escale; *auf j-n* ~ coucher q. en joue; ℒen *n*, ℒung *f* établissement *m*; *Geld*: placement *m*; (*Einrichtung*) installation *f*; (*Bau*) construction *f*; ✗ plantation *f*; ~**stelle** ⚓ *f* appontement *m*; embarcadère *m*.

'**anlehnen**: *an etw.* (*acc.*) ~ appuyer contre qch.; *Tür*: entrebâiller.

Anleihe ['~laɪə] *f* (15) emprunt *m* (*machen* ✝ contracter); *bei j-m e-e* ~ *machen* emprunter qch. à q.

'**anleimen** coller.

'**anleit|en** diriger; (*belehren*) instruire; ℒ**ung** *f* instruction *f*.

'**anlernen** instruire; '~**zeit** *f* période *f* d'initiation.

'**anliegen** 1. *Ländereien*: être voisin de; être contigu à; *Kleider*: être ajusté; coller; 2. ℒ *n* (6) contiguïté *f*; (*Wunsch*) désir *m*; (*Bitte*) demande *f*; ~**d** contigu; adjacent; *Kleider*: collant; (*beigefügt*) sous ce pli; ci-joint.

'**an|locken** attirer; séduire; allécher; '~**löten** souder; ℒ**löten** *n* soudage *m*; '~**lügen**: *j-n* ~ mentir à q.; '~**machen** (*befestigen*) attacher; (*hinzutun*) mettre à; *Feuer, Licht*: allumer; *Salat*: faire; '~**malen** peinturer.

'**Anmarsch** *m* approche *f*; ℒ**ieren** ['~iːrən] approcher.

anmaß|en ['~maːsən] (27): *sich etw.* ~ s'arroger qch.; *Erfindung*: s'attribuer; *Recht*: usurper; *sich etw. zu tun* ~ avoir la prétention de faire qch.; *sich ein Urteil* ~ se permettre un jugement (*über acc.* sur); '~**end** arrogant; prétentieux, présomptueux; 'ℒ**ung** *f* arrogance *f*; prétention *f*; présomption *f*.

'**anmeld|en** annoncer; *zur Versteuerung*: déclarer; (*einschreiben lassen*) faire inscrire; *Telefongespräch*: demander; *sich bei der Polizei* ~ faire une déclaration de séjour à la police; ℒ**en** *n*, ℒ**ung** *f* annonce *f*; *zur Versteuerung*: déclaration *f*; (*Einschreibung*) inscription *f*; (*Gesprächs*ℒ) téléph. demande *f* de communication; 'ℒe**pflicht** *f* déclaration *f* obligatoire; 'ℒe**schein** *m* fiche *f* de déclaration.

'**anmerk|en** remarquer; *j-m etw.* ~ lire qch. sur le visage de q.; ~ (*notieren*) (an)noter; ℒ**ung** *f* remarque *f*; note *f*; *mit* ~*en versehen* annoter.

'**anmuster|n** *Schiffsvolk*: enrôler; 'ℒ**en** *n*, 'ℒ**ung** *f* enrôlement *m*.

'**Anmut** *f* (16) grâce *f*; charme *m*; *mst Sachen*: aménité *f*; 'ℒ**en** donner l'impression de; 'ℒ**ig** gracieux; charmant; ~ *sein* avoir du charme; *Gegend*: riant.

'**an|nageln** clouer; '~**nähen** coudre (*an acc.* à); *Knopf*: mettre.

annäher|n ['anɛːərn] approcher (de); '~**nd** approchant, (*ungefähr*) approximatif; 'ℒ**ung** *f* approche *f*; *fig.* rapprochement *m*; 'ℒ**ungsversuch** *m* tentative *f* de rapprochement.

Annahme ['anaːmə] *f* (15) acceptation *f*; (*Abnahme*) réception *f*; (*Zulassung*) admission *f*; (*Voraussetzung*) supposition *f*; (*Hypothese*) hypothèse *f*; *Kind, Meinung*: adoption *f*; *in der* ~, *daß* ... supposé que ... (*subj.*); '~**stelle** *f* bureau *m* de réception; *für Handgepäck*: consigne *f*.

Annalen [a'naːlən] *f/pl.* annales *f/pl.*

annehm|bar ['anɛmbaːr] acceptable; *Grund*: plausible; (*zulässig*) admissible; '~**en** accepter; *nicht* ~ refuser; *Gesuch*: admettre; *Meinung*: adopter; (*übernehmen*) se charger de; (*sich aneignen*) prendre; *Besuche*: recevoir; *Rat*: écouter; (*voraussetzen*) supposer; *Konfession*: embrasser; 'ℒ**lichkeit** *f* agrément *m*.

annektier|en [anɛk'tiːrən] annexer; ℒ**en** *n*, ℒ**ung** *f* annexion *f*.

Annonce [a'nɔsə] (*pro. fr.*) *f* (15) annonce *f* (*aufgeben publier*); ~**blatt** *n* feuille *f* de publicité.

annoncieren [anɔ̃'siːrən] publier une annonce.

annullieren [anu'liːrən] annuler.

Anode [a'noːdə] *f* (15) anode *f*; ~**nbatterie** *f* batterie *f* de plaque (*od.* anodique); ~**nspannung** *f* tension *f* de plaque (*od.* anodique); ~**nstecker** *m* fiche *f* de tension anodique. [~'liː] *f* anomalie *f*.]

anomal ['anomaːl] anomal; ℒ**ie** **anonym** [ano'nyːm] anonyme; ℒ**ität** *f* anonymat *m*.

'**Anorak** *m* anorak *m*.

'**an-ordn|en** ((*ein*)*ordnen*) disposer;

Anordnen — 633 — **Anschaffungspreis**

arranger; (verordnen) ordonner; arrêter; '2en n, '2ung f der einzelnen Teile: disposition f; im ganzen: arrangement m; (Verordnung) ordre m; arrêt m.
'an-organisch anorganique.
'anpacken empoigner; saisir.
'anpass|en (sich s')accommoder; (s')ajuster; fig. (s')adapter; (anprobieren) essayer; '2en n, '2ung f accommodation f; ajustement m; (Anprobe) essayage m; fig. adaptation f; **∽ungsfähig** d'une grande faculté d'adaptation; **2ungsfähigkeit** f faculté d'adaptation.
'anpfeifen Sport: donner le coup d'envoi; F fig. savonner.
'Anpfiff m Sport: coup m d'envoi; F fig. savon m.
'anpflanz|en planter; '2en n, '2ung f plantation f.
'anpflöcken cheviller.
'anpochen frapper (à la porte).
'Anprall m (3¹) choc m; '2en: **∽** an (acc.) donner (od. 'heurter) contre.
anprangern ['∽praŋərn] (29): j-n **∽** mettre q. au pilori.
'anpreis|en vanter; recommander; übermäßig: prôner; s-e Ware **∽** faire l'article; '2en n, '2ung f recommandation f; réclame f. [essayer.]
'Anprobe f essayage m; '2ieren)
'an|pumpen F taper (um de); **'∽raten**: j-m etw. **∽** conseiller qch. à q.; '2raten n conseil m; auf sein **∽** sur son conseil; **∽rauchen** enfumer; Zigarre usw.: allumer.
'anrechn|en compter; mettre en compte; fig. tenir compte de; (zuschreiben) attribuer à; etw. hoch **∽** faire grand cas de qch.; als Fehler **∽** imputer à faute; '2ung f: in **∽** bringen mettre en ligne de compte.
'Anrecht n droit m (auf acc. à).
'Anrede f titre m; rhét. apostrophe f; feierliche: 'harangue f; '2n feierlich: 'haranguer; j-n **∽** adresser la parole à q., unvermittelt: aborder q., accoster q.
'anreg|en animer; exciter; stimuler (a. ✱); zum Denken **∽** donner à penser; Unternehmung: suggérer; **∽end** suggestif; ✱ stimulant; '2ung f suggestion f; impulsion f; excitation f. [holz: frotter.]
'anreiben Farbe: broyer; Streich-)
anreihen ['∽raiən] joindre; Perlen usw.: enfiler.

'anreißen déchirer (au bord).
'Anreiz m (innerer Drang) impulsion f; auf etw. Bestimmtes hin: incitation f; ✱, fig. stimulation f; '2en exciter; inciter; stimuler.
'an|rempeln F (29) bousculer; '**∽rennen**: gegen j-n **∽** donner contre q.
Anrichte ['∽riçtə] f (15) dressoir m; crédence f; '2n (herrichten) préparer; (auftragen) dresser; servir; ⊕ apprêter; préparer; Schaden: causer; da hast du was Schönes angerichtet tu en fais de belles.
'an|rollen v/i. arriver en roulant; v/t. ✞ camionner; **∽rüchig** ['∽ryçiç] suspect; mal famé; **'∽rücken** v/t. avancer; (näher rücken) approcher; v/i. (s')approcher (gegen de).
'Anruf m appel m (a. téléph.); an Gott usw.: invocation f; '2en appeler; (telefonieren) téléphoner (à); Gott: invoquer; Instanz: avoir recours à; j-s Hilfe **∽** implorer le secours de q.; um Hilfe **∽** appeler au secours; **∽ung** f appel m; Gottes: invocation f; Instanz: recours m (à); **∽zeichen** n signal m d'appel.
'anrühren: etw. **∽** toucher (à) qch.; (auflösen) délayer; Eier usw.: battre; brouiller; Gips: gâcher.
Ansag|e ['∽zaːgə] f (15) annonce f; feierliche: proclamation f; '2en annoncer; (verkünden) proclamer; Heirat usw.: faire part de; '**∽er(in** f) ['∽zaːgər] m (7) Radio: speaker m, speakerine f; Kabarett: présentateur m.
'ansamm|eln rassembler; Menschen: rassembler; Reichtümer: accumuler; '2lung f amassement m; Menschen: rassemblement m; Reichtümer: accumulation f.
ansässig ['∽zɛsiç] domicilié; établi; sich **∽** machen s'établir.
'Ansatz m pièce f ajoutée; (Tisch2) rallonge f; Rechenaufgabe: disposition f; Rechnung: article m; (Schätzung) évaluation f; ♀ pousse f; (Anlauf) élan m; Haar: naissance f; Instrument: embouchure f; in **∽** bringen mettre en ligne de compte.
'ansaugen sucer; phys. aspirer.
'anschaff|en procurer; durch Kauf: acheter; procurer; '2en n, '2ung f acquisition f; durch Kauf: achat m; '2ungskosten pl. frais m/pl. d'achat; '2ungspreis m prix m d'achat.

anschalten — 634 — **ansehnlich**

'**anschalten** mettre en circuit; *Auto:* mettre le contact; *Licht:* allumer
'**anschau|en** regarder; *aufmerksam:* contempler; *überlegend:* considérer; '**~lich** clair; évident; '**2lichkeit** f évidence f; clarté f; '**2ung** f (*Betrachtung*) contemplation f; *phil.* intuition f; (*Standpunkt*) opinion f; (*~sweise*) manière f de voir; (*Vorstellung*) idée f; '**2ungs-unterricht** m leçon f de choses; '**2ungsvermögen** n faculté f intuitive.

'**Anschein** m apparence f; semblant m; *sich den ~ geben* faire semblant (*zu de*); *se donner l'air* (*de*); *es hat den ~ daß* ... il semble que ... (*subj.*); *dem ~ nach* selon les apparences; '**2end** apparent; *adv. a.* en apparence.

'**an|schicken**: *sich zu etw. ~* s'apprêter (*od.* se disposer) à qch.; '**~schießen** *ch.* blesser (d'un coup de fusil); '**~schirren** (25) 'harnacher; *weitS.* atteler.

'**Anschlag** m coup m (*gegen contre*); ♪ touche f; (*Zettel*) affiche f; placard m; *Glocke:* tintement; *Gewehr:* mise f en joue; (*Schätzung*) évaluation f, estimation f, *gesetzl.* taxe f; (*Plan*) projet m; (*Kosten*2) devis m; *heimlicher ~* complot m; (*Mord*2) attentat m; *in ~ bringen* mettre en ligne de compte; '**~brett** n tableau m des affiches; '**2en.** v/t. fixer (*an acc.* à); *Erlaß usw.:* afficher; placarder; (*läuten*) sonner; *Saite:* toucher; faire vibrer; *Boxsport:* toucher; *Gewehr:* mettre en joue; (*schätzen*) évaluer; estimer; taxer; v/i. *~ an* (*acc.*) 'heurter contre; *Glocke:* tinter; sonner; *Schall:* résonner; (*bellen*) aboyer; (*nützen*) profiter; faire de l'effet; '**~säule** f colonne f d'affiches; '**~zettel** m affiche f.

'**anschließen** v/t. attacher (*an acc.* à); *Gefangene:* enchaîner; (*anfügen*) joindre; ⚡ connecter; *sich ~ an* (*acc.*) se joindre à, *pol.* se rattacher à; *sich der Meinung e-s anderen ~* se ranger à l'avis d'un autre; v/i. joindre; *eng ~* coller.

'**Anschluß** m contact m; jonction f; adjonction f; 🕿 correspondance f; *téléph.* communication f (téléphonique); ⚡ connexion f; raccordement m; raccord m; *pol.* rattachement m; (*Bekanntschaft*) connaissances f/pl.; *im ~ an* (*acc.*) à propos de; '**~bahn** f embranchement m; '**~dose** f prise f de courant; '**~station** 🕿 f station f d'embranchement; '**~stecker** m fiche f; '**~zug** m train m correspondant.

'**an|schmiegen** (25): *sich an j-n ~* se serrer contre q.; '**~d** souple; caressant; '**~schmieren** barbouiller; *fig.* F duper; '**~schnallen** (25) boucler; *Degen:* mettre; *Schlittschuhe:* attacher; *Schi:* chausser.

'**anschnauz|en** F (27) rudoyer; savonner; P engueuler; '**2er** F m réprimande f; savon m; P engueulade f.

'**an|schneiden** entamer (*a. fig.*); '**2schnitt** m *Schinken usw.:* entame f; (*Schnittfläche*) coupe f.

Anschovis [~'ʃo:vis] f anchois m.

'**an|schrauben** visser; '**2schrauben** n vissage m; '**~schreiben** écrire; (*anmerken*) noter; ♰ porter en compte; *~ lassen* prendre à crédit; *gut angeschrieben sein fig.* être bien noté; '**~schreien**: *j-n ~* rudoyer q.; '**2schrift** f adresse f.

anschuldig|en ['~ʃuldigən] (25): *j-n ~* accuser q. (*e-r Sache gén.* de qch.); '**2ung** f accusation f.

'**anschwärz|en** noircir; *fig. a.* dénigrer; diffamer; '**2en** n, '**2ung** f *fig.* dénigrement m; diffamation f; '**2er** m diffamateur m.

'**anschweißen** souder à.

'**anschwell|en** v/i. s'enfler; (*sich mit Gas füllen*) se gonfler; *Flüsse:* croître; être en crue; v/t. enfler; '**2en** n, '**2ung** f gonflement m; *Flüsse:* crue f; (*Geschwulst*) tumeur f.

'**anschwemm|en** *Sand ~* charrier des sables; '**2ung** f alluvion f.

'**an|sehen** regarder; *j-n schief ~* regarder q. de travers; *sich etw. ~* examiner (*resp.* aller voir) qch.; *irrtümlich ~ für* prendre pour; *als etw. ~* considérer comme; *etw. mit ~* assister à qch.; être témoin de qch.; '**2sehen** n (6) (*Handlung des Sehens*) vue f; (*Anschein*) apparence f; *an m;* (*Rücksicht*) égard m; (*Schätzung*) considération f; (*Geltung*) autorité f; prestige m; importance f; *von ~ kennen* connaître de vue; *in ~ stehen* être très considéré; *sich ~ verschaffen* se faire respecter; *ohne ~ der Person* sans acception de personne; **~sehnlich** ['~zeːnliç]

Ansehung — 635 — **ansteigend**

de belle apparence; (*bedeutend*) considérable; (*wichtig*) important; ⌂sehung ['⌂ze:uŋ] *f*: in ⌂ (*gén.*) en considération de; '⌂seilen attacher avec une corde; encorder; '⌂sengen flamber; '⌂setzen *v/t.* (*befestigen*) appliquer (contre); mettre (à); (*anstücken*) ajouter; ⚥ (*treiben*) pousser; (*festsetzen*) fixer; (*taxieren*) évaluer; taxer; *Becher*: porter aux lèvres; *Instrument*: emboucher; *Bowle*: faire; préparer; *v/i.* (*anfangen*) commencer; se mettre à; *Fett* ⌂ engraisser.

'**Ansicht** *f* (*Handlung des Ansehens*) vue *f*; (*Art, wie ein Gegenstand sich dem Auge zeigt*) vue *f* (*a. phot.*); aspect *m*; (*geistige Anschauung*) manière *f* de voir; (*Meinung*) opinion *f*; avis *m*; m-r ⌂ nach selon moi; à mon avis; *Bücher*: zur ⌂ en communication; '⌂ig: j-s ⌂ werden apercevoir q.

'**Ansichts**|(**post**)**karte** *f* carte *f* (postale) illustrée; '⌂sache *f* affaire *f* de goût (*od.* d'opinion); '⌂sendung ✝ *f* envoi *m* au choix.

ansiedel|**n** (29) établir; ⌂n *n*, ⌂**ung** *f* établissement *m*; colonie *f*; '**Ansiedler** *m* colon *m*.

'**Ansinnen** *n* prétention *f*; j-m ein ⌂ stellen prétendre que q. fasse qch.

'**anspann**|**en** *in Kräfte, Bogen usw.*: tendre; *Geist*: appliquer; *Pferde*: atteler; ⌂**en** *in Pferde*: attelage *m*; ⌂**ung** *f fig.* tension *f*; application *f*.

'**an**|**speien** cracher sur; *fig.* conspuer; '⌂**spielen** jouer le premier; *auf etw.* (*acc.*) ⌂ faire allusion à qch.; ⌂**spielung** ['⌂ʃpi:luŋ] *f* allusion *f*; '⌂**spinnen** joindre en filant; *Gespräch*: lier; *Verrat*: tramer; *sich* ⌂ *fig.* se former; se développer; se tramer; '⌂**spitzen** ⊕ appointer; *Bleistifte usw.*: tailler.

'**Ansporn** *m*, '⌂**ung** *f* excitation *f*; stimulation *f*; ⌂**en** éperonner; *fig.* aiguillonner; stimuler.

'**Ansprache** *f* 'harangue *f*; v. *Vorgesetzten*: allocution *f*.

'**ansprechen**: j-n ⌂ adresser la parole à q.; aborder q.; j-n um etw. ⌂ demander qch. à q.; *fig.* (*Eindruck machen*) plaire; intéresser; '⌂**d** agréable; tentant.

'**an**|**sprengen**: *angesprengt kommen* arriver au galop; '⌂**springen** (6) *v t.*: j-n ⌂ *feindlich*: bondir sur q.;

v/i. Motor: démarrer; '⌂**spritzen** asperger; *mit Schmutz*: éclabousser.

'**Anspruch** *m* prétention *f*; droit *m*; revendication *f*; réclamation *f*; *auf etw.* (*acc.*) ⌂ *machen* prétendre à (*od.* réclamer) qch.; ⌂ *haben auf* (*acc.*) avoir droit à; *ganz in* ⌂ *nehmen* préoccuper.

'**anspruchs**|**los** modeste; sans prétention(s); ⌂**losigkeit** *f* modestie *f*; '⌂**voll** prétentieux; exigeant.

'**anspucken** = *anspeien*.

'**anstacheln** piquer; *fig.* stimuler.

'**Anstalt** ['⌂ʃtalt] *f* (16) établissement *m*; (*Schule*) école *f*; ⌂**en** *machen* se préparer (à); faire des préparatifs (de).

'**Anstand** ['⌂ʃtant] *m* (3¹) (*Schicklichkeit*) bienséance *f*; convenances *f/pl.*; (*sittsames Benehmen*) décence *f*; (*Ehrbarkeit*) honnêteté *f*; (*Bedenken*) hésitation *f*; *ch.* affût *m*.

'**anständig** ['⌂ʃtendiç] convenable; bienséant; (*sittsam*) décent; (*ehrbar*) honnête; *sei* ⌂! tiens-toi bien; ⌂**keit** *f s.* Anstand.

'**Anstands**|**besuch** *m* visite *f* de politesse (*od.* de convenance); '⌂**dame** *f* chaperon *m*; '⌂**gefühl** *n* sentiment *m* des convenances; tact *m*; ⌂**halber** ['⌂halbər] pour la forme; ⌂**los** sans difficulté (*od.* hésitation); ⌂**widrig** ['⌂vi:driç] malséant.

'**anstarren** regarder fixement.

anstatt [⌂ˈʃtat] 1. *prp.* (*gén.*) au lieu de; à la place de; ⌂ *meiner* à ma place; 2. *cj.* ⌂, daß ...; ⌂ zu (*inf.*) au lieu de (*inf.*).

'**an**|**staunen** regarder avec étonnement; '⌂**stechen** piquer; *Faß*: mettre en perce; *Butter usw.*: entamer.

'**ansteck**|**en** (*befestigen*) épingler; attacher avec une épingle; *Ring*: mettre; (*anzünden*) allumer; mettre le feu à; ✠ infecter; contaminer; ⌂**en** *in Lampe*: allumage *m*; '⌂**end** contagieux (*a. fig.*); ⌂**ung** *f* contagion (*a. fig.*) *f*; infection *f*; ⌂**ungsgefahr** *f* danger *m* de contagion.

'**anstehen** (*warten*) faire (la) queue (*zaudern*) hésiter; (*geziemen*) être (bien)séant; aller bien; (*sich verzögern*) être différé (*genehm sein*) convenir; ⌂ *lassen* (*verzögern*) différer; remettre; ajourner.

'**ansteigen** monter; aller en montant; '⌂**d** montant.

'anstell|en donner un poste à; nommer à un poste; (*mit e-m Amt bekleiden*) placer; employer; engager; *Arbeiter*: embaucher; fest ~ titulariser; (*veranstalten*) arranger; (*laufen lassen*) faire marcher; *Betrachtungen*: faire; sich ~ se poster; faire (la) queue; *fig.* s'y prendre; sich ~, als ob ... faire semblant de ... (*inf.*); '♀en *n*, '♀ung *f* placement *m*; nomination *f* (à); *Arbeiter*: embauchage *m*; embauche *f*; (*Stelle*) place *f*; emploi *m*.

'Anstich *m Obst*: piqûre *f*; *Faß*: mise *f* en perce.

Anstieg ['~ʃtiːk] *m* (3) montée *f*.

'anstieren F (25) regarder d'un air hagard.

'anstift|en causer; provoquer; *j-n zu etw.* ~ exciter q. à qch.; '♀en *n*, '♀ung *f* provocation *f*; excitation *f*; '♀er *m* auteur *m*; instigateur *m*.

'anstimmen entonner.

Anstoß ['~ʃtoːs] *m* choc *m*; 'heurt *m*; (*Ärgernis*) scandale *m*; (*Antrieb*) impulsion *f*; (*etw., woran man sich stößt*) obstacle *m*; *Sport*: coup *m* d'envoi; *Stein des ~es* pierre *f* d'achoppement; *bei j-m* ~ *erregen* scandaliser q.; choquer q.; ~ *an* (*dat.*) *nehmen* être choqué par; se scandaliser (*od.* se formaliser) de; '♀en *v/t.* pousser (contre); 'heurter; *die Gläser* (*mit den Gläsern*) ~ choquer les verres; trinquer; *v/i.* (*straucheln*) broncher; (*angrenzen*) toucher; être contigu à; *bei j-m* ~ choquer q.; scandaliser q.; *mit der Zunge* ~ zézayer; '♀end contigu; adjacent; attenant.

anstößig ['~ʃtøːsiç] choquant; inconvenant; (*zotig*) indécent; (*schlüpfrig*) scabreux; '♀keit *f* inconvenance *f*; indécence *f*.

'an|strahlen *Gebäude usw.*: éclairer; illuminer; '~streben: *etw.* ~ aspirer à qch.

'anstreich|en (*anmalen*) peindre; badigeonner; *Stelle*: marquer; '♀er *m* (7) peintre *m* (en bâtiments).

anstreng|en ['~ʃtrɛŋən] (25) (*ermüden*) fatiguer; *Klage*: intenter; *Geist*: tendre; *sich* ~ s'efforcer (de); '~end fatigant; '♀ung *f* effort *m*; fatigue *f*.

'Anstrich *m* peinture *f*; badigeonnage *m*; (*aufgestrichene Masse*) couche *f* (de peinture); *fig.* semblant *m*; apparence *f*.

'anstricken *Strümpfe*: rempiéter.

anstücke(l)n ['~ʃtykə(l)n] rajouter (une pièce).

'Ansturm *m* assaut *m*; *Kunden*: affluence *f*; *im ersten* ~ d'emblée.

'ansturmen: ~ *gegen* fondre sur; assaillir.

'Ansuchen *n* (6) demande *f*; requête *f*; *inständiges*: instances *f/pl.*

Ant-arkt|is [ant'ʔarktis] *f* région *f* antartique; ♀**isch** antartique.

'antasten toucher; tâter; palper; *fig.* porter atteinte à.

'Anteil *m* (*Teil*) part *f*; portion *f*; (*Teilnahme*) intérêt *m*; *an etw.* (*dat.*) ~ *haben* avoir part (od. participer) à qch.; *an etw.* (*dat.*) ~ *nehmen* prendre part à q.ch.; montrer de l'intérêt pour qch.; s'intéresser à qch.; '~**nahme** *f* intérêt *m*; '~**schein** † *m* action *f*.

'antelefonieren téléphoner (à).

Antenne [an'tɛnə] *f* (15) antenne *f*; **~nmast** *m* mât *m* d'antenne.

Anthra'zit *m* anthracite *m*.

Anthropo|'log(e) *m* anthropologue *m*; **~lo'gie** *f* anthropologie *f*; ♀**'logisch** anthropologique.

'Anti-alkoholiker [anti'ʔalkoho:likər] *m* antialcoolique *m*.   [*m*.

'Antichrist *m* (5² u. 12) Antéchrist

antik [an'tiːk] antique; ♀**e** *f* (15) antiquité *f*.

Antillen [~'tilən] *f/pl.*: *die* ~ les Antilles *f/pl.*

Antilope [~'loːpə] *f* antilope *f*.

'anti-magnetisch antimagnétique.

Antipode [~'poːdə] *m* antipode *m*.

'antippen taper doucement.

An'tiqua *typ.* [~kva:] *f* (caractère *m*) romain *m*.

Antiquar [~'kvaːr] *m* (3¹) antiquaire *m*; brocanteur *m*; (*Buchhändler*) marchand *m* de livres d'occasion, F bouquiniste *m*; **~iat** [~kva'ri'at] *n* (3) boutique *f* d'antiquaire; (*Buchhandlung*) librairie *f* d'occasion; ♀**isch** d'occasion.

Antiquität [~kvi'tɛːt] *f* antiquité *f*; **~enhändler** *m* marchand *m* d'antiquités; antiquaire *m*; brocanteur *m*.

Antisemit [~ze'miːt] *m* (12) antisémite *m*; ♀**isch** antisémitique; **~ismus** [~mi'tismus] *m* antisémitisme *m*.

Anti'the|se *f* antithèse *f*; ♀**tisch** antithétique.   [face *f*.)

Antlitz ['antlits] *n* (3²) visage *m*;

antraben se mettre (*resp.* arriver) au trot.

Antrag ['ˌtraːk] *m* (3³) (*Vorschlag*) proposition *f*; (*Anbieten*) offre *f*; (*Gesuch*) demande *f*; *parl.* motion *f*; e-n ~ *stellen* faire une proposition (*resp.* une demande), *parl.* présenter une motion; 2en proposer; '~**formular** *n* formule *f* de demande; '~**steller** *m* celui qui fait une proposition (*resp.* une demande); requérant *m*.

antreffen rencontrer; trouver.

antreiben pousser; exciter stimuler; *mach.* actionner; commander; *Fahrzeug:* propulser.

antreten 1. *v/i.* (*sich aufstellen*) se mettre en rangs; *v/t.* (*in etw. eintreten*) commencer; *ein Amt ~* entrer en fonctions (*od.* en charge); *Erbschaft:* recueillir; *Beweis:* fournir; e-e *Reise ~* partir en voyage; se mettre en route; *die Regierung ~* prendre le pouvoir; **2.** 2 *n* rassemblement *m*.

Antrieb *m* impulsion *f*; instigation *f*; excitation *f*; *natürlicher:* instinct *m*; *Fahrzeug:* propulsion *f*; *mach.* commande *f*; *aus eigenem ~* de mon (ton, *etc.*) propre mouvement; *aus freiem ~* spontanément; de plein gré.

Antriebs|kraft *f* force *f* motrice; '~**maschine** *f* machine *f* motrice; '~**riemen** *m* courroie *f* de commande (*od.* de transmission); '~**welle** *f* arbre *m* primaire (*od.* de commande).

antrinken: *sich e-n Rausch ~* se griser; F prendre une cuite.

Antritt *m Amt:* entrée *f* en fonctions (*od.* en charge); (*Beginn*) commencement *m*; début *m*; '~**besuch** *m* visite *f* d'introduction; '~**srede** *f* discours *m* de réception.

antun (*anziehen*) mettre; *j-m Ehre* (*Gewalt*; *Schande*) ~ faire honneur (violence; 'honte) à q.; *es j-m ~* charmer q.; *sich Zwang ~* se contraindre; se faire violence; *sich etw. ~* attenter à ses jours.

Antwerpen [ant'vɛrpən] *n* Anvers *f*.

Antwort *f* (16) réponse *f*; réplique *f*; *rasche ~* repartie *f*; riposte *f*; *um ~ wird gebeten* (*abr. u.A.w.g.*) réponse, s'il vous plaît (*abr.* R.S.V.P.); *in ~ auf* en réponse à; *um e-e ~ verlegen* à court de riposte; *keine ~ schuldig bleiben* avoir réponse (*od.* réplique) à tout; 2en (26) répondre (*auf acc.* à); répliquer; *schnell ~* repartir; riposter; '~**karte** *f* carte-réponse *f*; '~**schein** *m* coupon-réponse *m*; '~**schreiben** *n* réponse *f*.

'An- und 'Abfuhr *f Güter:* camionnage *m*.

anvertrauen confier; *sich j-m ~* se confier à q., (*mitteilen*) faire ses confidences (*od.* s'ouvrir) à q.

anverwandt parent; *durch Heirat:* allié; apparenté.

anwachsen 1. (*Wurzel schlagen*) prendre racine; s'enraciner; (*zunehmen*) s'accroître; augmenter; **2.** 2 *n* enracinement *m*; (*Zunehmen*) accroissement *m*; augmentation *f*.

Anwalt ['ˌvalt] *m* (3[³]) avocat *m*; *in Zivilsachen:* avoué *m*; (*Sachwalter*) mandataire *m*; *fig.* défenseur *m*; '~**sbüro** *n* étude *f*; '~**schaft** *f* fonctions *f/pl.* d'avocat (*resp.* d'avoué); (*Anwälte*) barreau *m*; '~**skammer** *f* chambre *f* des avocats.

anwand|eln: *es wandelt ihn die Lust an, zu ...* (*inf.*) il lui prend envie (*od.* l'envie lui prend) de ... (*inf.*); 2**lung** *f Krankheit:* atteinte *f*; *Laune usw.:* velléité *f*.

anwärmen chauffer légèrement.

Anwärter *m* candidat *m*; aspirant *m*; (*Thron*2) prétendant *m*.

Anwartschaft ['ˌvartʃaft] *f* expective *f* (*auf acc.* de); candidature *f*.

anweis|en (*angeben*) indiquer; (*belehren*) instruire; (*befehlen*) ordonner; (*zuweisen*) assigner (*a. Platz*); 2**ung** *f* indication *f*; directives *f/pl.*; (*Belehrung*) instruction *f*; (*Befehl*) ordre *m*; (*Zuweisung*) assignation *f*; † chèque *m*; bon *m*; ✇ mandat *m*.

anwend|bar ['ˌvɛntbaːr] applicable; '~**en** employer; user de; faire usage de; *Regel usw.:* appliquer (*auf etw. acc.* à qch.); 2**ung** *f* emploi *m*; utilisation *f*; application *f*; 2**ungsbereich** *m* champ *m* d'application; 2**ungsklausel** *f* clause *f* applicable; 2**ungsweise** *f* mode *m* d'emploi.

anwerb|en engager; embaucher; *Mitglieder:* recruter (*a.* ⚔); enrôler (*a.* ⚔); ⚔ lever; '2en *n*, 2ung

anwerfen — 638 — **Appell**

f engagement *m*; embauchage *m*; *Mitglieder*, ⚔: recrutement *m*; enrôlement *m*.

'**anwerfen 1.** *Motor*: lancer; *Auto*: démarrer; **2.** ⚔ *n* lancement *m*.

'**Anwesen** propriété *f*; '**⚔d** présent; '**⚔de(r** *a. m*) *m*, *f* personne *f* présente; die ⚔en l'auditoire *m*; l'assistance *f*; '**⚔heit** *f* présence *f*.

'**Anwesenheits|gelder** *n/pl.* jetons *m/pl.* de présence; '**⚔liste** *f* liste *f* de présence.

anwidern ['⚔vi:dərn] (29): *j-n* ⚔ répugner à q.; dégoûter q.

Anwohner(in(*f*) ['⚔vo:nər(in)] *m* (7) voisin *m*, -e *f*; *am Ufer e-s Flusses*: riverain *m*, -e *f*.

'**Anwurf** *m* jet *m*; △ crépi *m*.

'**anwurzeln** prendre racine; *wie angewurzelt dastehen* être comme cloué sur place.

'**Anzahl** *f* nombre *m*; '**⚔en** payer un acompte; '**⚔ung** *f* (paiement *m* d'un) acompte *m*.

'**anzapfen** *Faß*: percer; mettre en perce; *Baum*: gemmer; *j-n* ⚔ F taper q. (*um de*).

'**Anzeichen** *n* signe *m*; *deutliches*: indice *m*; (*Vorbote*) présage *m*; 𝕊 symptôme *m*.

'**anzeichnen** marquer; noter; (*zeichnen*) dessiner.

Anzeig|e ['⚔tsaɪɡə] *f* (15) indication *f*; *bei Behörde*: déclaration *f*; *warnend*: avertissement *m*; ✝ avis *m*; *Dieb usw.*: dénonciation *f*; *Zeitung*: annonce *f*; *amtlich*: notification *f*; (*schriftliche Mitteilung*) lettre *f* de faire-part; faire-part *m*; '**⚔en** *Thermometer*: marquer; *Weg usw.*: indiquer; *warnend*: avertir; (*ankündigen*) annoncer; *amtlich*: notifier; (*etw. andeuten*) dénoter; indiquer; *als Vorbedeutung*: présager; *behördlich*: déclarer; faire déclaration de; *bei Gericht*: dénoncer; (*mitteilen*) faire part de; '**⚔enblatt** *n* feuille *f* d'annonces; '**⚔enbüro** *n* office *m* de publicité; '**⚔enteil** *m* *Zeitung*: rubrique *f* de publicité; '**⚔epflicht** *f* déclaration *f* obligatoire; '**⚔er** *m* dénonciateur *m*.

anzetteln ['⚔tsetəln] (29) ourdir; tramer; *Komplott*: machiner.

'**anziehen 1.** *v/t.* (*ziehen*) tirer; (*spannen*) tendre; (*in sich aufnehmen*) absorber; (*etw. an sich ziehen*) attirer; (*fesseln*) intéresser; attirer; *Kleidung*: mettre; *j-n* ⚔ habiller q.; *Schuhe*: chausser; *Bremse, Schraube*: serrer; *die Zügel* ⚔ tenir la main; *v/i. Schach*: jouer le premier; *Preise*: 'hausser; **2.** ⚔ *n* attraction *f*; (*Kleiden*) habillement *m*; *Preise*: 'hausse *f*; '**⚔d** attrayant; attirant; intéressant.

'**Anziehungskraft** *f* force *f* d'attraction; *fig.* charme *m*.

'**Anzug** *m* costume *m*; complet *m*; (*Annäherung*) approche *f*; *Spiel*: premier coup *m*; *im* ⚔ *sein* approcher.

anzüglich ['⚔tsy:klɪç] piquant; à double entente; '**⚔keit** *f* (*Scherz*) moquerie *f*; (*Anspielung*) allusion *f* piquante.

'**anzünd|en** allumer; (*in Brand stecken*) mettre le feu à; '**⚔er** *m* (7) allumeur *m*; (*Werkzeug*) allume-feu *m*; allume-gaz *m*; 𝕫 allumoir *m* électrique.

'**anzwei|feln**: *etw.* ⚔ mettre qch. en doute; '**⚔flung** *f* mise *f* en doute.

apart [a'part] particulier; *dieses Kleid ist sehr* ⚔ cette robe a du cachet.
[Apennins *m/pl.*]
Apennin(en *pl.*) [ape'ni:n(ən)] *m* les)
Apfel ['apfəl] *m* (7¹) pomme *f*; *in den sauren* ⚔ *beißen* avaler la pilule; '**⚔baum** *m* pommier *m*; '**⚔kuchen** *m* tarte *f* aux pommes; '**⚔mus** *n* marmelade *f* de pommes; '**⚔schimmel** *m* cheval *m* gris pommelé.

Apfelsine [⚔'zi:nə] *f* (15) orange *f*; **⚔nbaum** *m* oranger *m*; **⚔nlimonade** *f* orangeade *f*.

'**Apfel|torte** *f* tarte *f* aux pommes; '**⚔wein** *m* cidre *m*. [risme *m*.)
Aphorismus [afo'rɪsmʊs] *m* apho-)
Apostel [a'pɔstəl] *m* (7) apôtre *m*; **⚔'amt** *n* apostolat *m*; **⚔geschichte** *f* Actes *m/pl.* des Apôtres.

apostolisch [apɔ'sto:lɪʃ] apostolique.
Apostroph [apɔ'stro:f] *m* (3¹) apostrophe *f*.
apostro'phieren mettre une apostrophe; (*anreden*) apostropher.

Apotheke [apo'te:kə] *f* (15) pharmacie *f*.

Apo'theker(in *f*) *m* (1) pharmacien *m*, -ne *f*; *ehm.* apothicaire *m*; **⚔rechnung** *f* compte *m* d'apothicaire; **⚔ware** *f* produit *m* pharmaceutique. [(*a. fig.*).)
Apparat [apa'ra:t] *m* (3) appareil *m*)
Appell [a'pɛl] *m* (3¹) appel *m*.

Appell|ant [apɛˈlant] *m* appelant *m*; **~ation** *f* appel *m*; appellation *f*; **~ationsgericht** *n* cour *f* d'appel.

Appetit [apeˈtiːt] *m* (3) appétit *m* (*auf acc.* de); ~ **machen** mettre en appétit; **2lich** appétissant; **~losigkeit** *f* manque *m* d'appétit; inappétence *f*. [plaudir.]

applaudieren [aplauˈdiːrən] ap-

Applaus [aˈplaus] *m* (4) applaudissements *m/pl.*

approbiert [aproˈbiːrt] approuvé.

Aprikose [apriˈkoːzə] *f* (15) abricot *m*; (*Baum*) abricotier *m*.

April [aˈpril] *m* (3¹) avril *m*; *j*-*n* in den ~ **schicken** donner (*od.* faire avaler) à q. un poisson d'avril; **~scherz** *m* poisson *m* d'avril.

Aquamarin [akvamaˈriːn] *m* (3) aigue-marine *f*.

Aquarell [akvaˈrɛl] *n* (3¹) aquarelle *f*; **~farbe** *f* couleur *f* à l'eau; **~maler** *m* aquarelliste *m*.

Aquarium [aˈkvaːrium] *n* aquarium *m*. [équateur *m*.]

Äquator [ɛˈkvaːtɔr] *m* (8 *o. pl.*)

Äquivalent [ɛkviːvaˈlɛnt] *n* équivalent *m*. [valent *m*.]

Ar [aːr] *n*, *m* (3¹) are *m*. [valent *m*.]

Ara [ˈɛːra] *f* (16¹) ère *f*.

Araber(in *f*) *m* [ˈaːrabər] Arabe *m*, femme *f* arabe.

Arabeske [araˈbɛska] *f* arabesque *f*.

A'ra|bien *n* l'Arabie *f*; **2isch** [aˈraːbiʃ] arabe.

Arbeit [ˈarbait] *f* (16) travail *m*; P boulot *m*; *zu schaffende*: besogne *f*; *mühsame*: labeur *m*; *schwere*, *lästige*: corvée *f*; (*Werk*) ouvrage *m*; *Schule*: *häusliche schriftliche*: devoir *m*; *ohne* ~ *sein* chômer; *in* ~ *stecken* être plongé dans le travail; *bei j-m in* ~ *stehen* être en service chez q.; *über der* ~ *sitzen* être à son travail; *an die* ~ *gehen* se mettre au travail; *die* ~ *einstellen* cesser le travail, (*streiken*) faire grève; **2en** (26) travailler (*an etw. dat.* à qch.); *Maschine*: aller; fonctionner.

'Arbeiter(in *f*) *m* ouvrier *m*, -ière *f*; travailleur *m*, -euse *f*; *geistiger* ~ travailleur *m* intellectuel; *gelernter* ~ (*Fach* 2) ouvrier *m* qualifié (*od.* spécialisé); *ungelernter* ~ ouvrier *m* non qualifié (*od.* non spécialisé); manœuvre *m*, (*Tagelöhner*) journalier *m*; **~ausschuß** *m* comité *m* ouvrier; **~aussperrung** *f* lock-out *m*; renvoi *m* des ouvriers; **~ausstand** *m* grève *f*; **'~bewegung** *f* mouvement *m* ouvrier; **'~frage** *f* question *f* ouvrière; **'~gewerkschaft** *f* syndicat *m* ouvrier; **'~klasse** *f* classe *f* ouvrière; **'~partei** *f* parti *m* ouvrier; **'~presse** *f* presse *f* ouvrière; **'~priester** prêtre-ouvrier *m*; **'~rat** *m* conseil *m* ouvrier; **'~schaft** *f* les ouvriers *m/pl.*; **'~siedlung** *f* cité *f* ouvrière; **'~viertel** *n* quartier *m* ouvrier.

'Arbeit|**'geber** *m* employeur *m*; patron *m*; **'~geberverband** *m* association *f* patronale; **'~nehmer** *m* ouvrier *m*; employé *m*; salarié *m*; **'~nehmerverband** *m* syndicat *m*; association *f* des travailleurs.

'arbeitsam laborieux; (*emsig*) assidu; actif; **2keit** *f* activité *f*; assiduité *f*.

'Arbeits|**-amt** *n* office (*od.* bureau) *m* du travail; **~anzug** *m* für Mechaniker: combinaison *f*; **'~aufnahme** *f* reprise *f* de travail; **'~bedingung** *f* condition *f* de travail; **'~beschaffungsmaßnahmen** *f/pl.* mesures *f/pl.* en vue de procurer du travail; **'~biene** *f* abeille *f* ouvrière; **'~buch** *n* livret *m* de travail; **'~dienst** *m* service *m* du travail; **'~dienstpflicht** *f* service *m* du travail obligatoire; **'~einstellung** *f* cessation *f* du travail; (*Streik*) grève *f*; **'2fähig** capable de travailler; **'~feld** *n* champ *m* d'activité; **'~gang** *m* opération *f*; **'~gebiet** *n* = ~*feld*; **'~gemeinschaft** *f* coopération *f*; *Schule*: communauté *f* de travail; **'~gericht** *n* conseil *m* de prud'hommes; (*Bundes*2) tribunal *m* fédéral du travail; **'~gesetzgebung** *f* législation *f* du travail; **'~haus** *n* maison *f* de correction; **'~invalide** *m* mutilé *m* du travail; **'~kamerad** *m* camarade *m* de travail; **'~kittel** *m* salopette *f*; blouse *f* de travail; **'~kraft** *f* capacité *f* de travail; *die* ~*kräfte* la main-d'œuvre; les ouvriers; **'~lager** *n* camp *m* de travail; **'~leistung** *f* *Maschine*: rendement *m*; **'~lohn** *m* salaire *m*; paie *f*; **2los** sans travail; **'~lose(r** *a. m*) *m*, *f* chômeur *m*, -euse *f*; **'~losen-unterstützung** *f* allocation *f* (de) chômage (*erhalten* toucher); **'~losenversicherung** *f* assurance *f* (contre le) chômage; **'~losigkeit** *f* chômage *m*; **'~mann** *m* ouvrier *m*; manœuvre

Arbeitsmarkt — 640 — **Armbinde**

m; homme m de peine; '⸗markt m offres f/pl. et demandes f/pl. d'emploi; marché m du travail; '⸗minister(ium n) m ministre (ministère) m du travail; '⸗nachweis m bureau m de placement; '⸗niederlegung f = ⸗einstellung; '⸗norm f norme f du travail; '⸗paß m carte f de travail; '⸗pferd n cheval m de trait; '⸗plan m emploi m du temps; programme m; '⸗prozeß m procédé m de travail; '⸗raum m cabinet m de travail; (Büro) bureau m; (Studio) studio m; Handwerker: atelier m; Schule: étude f; '⸗recht n droit m de travail; '⸗saal m Frauen: ouvroir m; (Studiersaal) salle f d'études; '⸗²scheu paresseux; '⸗scheu f paresse f; '⸗schule f école f active; '⸗stätte f atelier m; chantier m; '⸗streitigkeit f différend m du travail; '⸗stunde f heure f de travail; '⸗tag m jour m ouvrable; '⸗teilung f division f du travail; '⸗tisch m (Schreibtisch) bureau m; Handwerker: établi m; '⸗überlastung f surcharge f de travail; '⸗²unfähig invalide; incapable de travailler; '⸗unfähigkeit f invalidité f; incapacité f de travail; '⸗unfall m accident m du travail; '⸗unterricht m Schule: école f active; '⸗verhältnis n état m de travail; ⸗se pl. conditions f/pl. de travail; '⸗vermittlung f ([Amt]) bureau m de) placement m; '⸗vertrag m contrat m de travail; '⸗²willig prêt à travailler; '⸗woche f semaine f de travail; '⸗zeit f heures f/pl. de travail; durée f du travail; '⸗zeit-ordnung f règlement m de la durée du travail; '⸗zeug n outils m/pl.; '⸗zimmer n cabinet m de travail; studio m.

archa|isch [ar'ça:iʃ] archaïque; ⸗**²ismus** m archaïsme m.

Archäo|log|e m (12[13]) archéologue m; ⸗**ie** [⸗ʹgi:] f archéologie f.

Arche ['arçə] f (15) arche f.

Archipel [arçi'pe:l] m archipel m.

Architekt [arçi'tɛkt] m (12) architecte m; ⸗**ur** [⸗ʹtu:r] f architecture f.

Archiv [ar'çi:f] n (3¹) archives f/pl.; ⸗**ar** [⸗çi'va:r] m (3¹) archiviste m.

Areal [are'a:l] n (3¹) aire f; superficie f.

Arena [a're:na] f arène f.

arg [ark] (18²) 1. mauvais; (boshaft) méchant; malicieux; (schwerwiegend) grave; nichts ⸗es rien de mal; im ⸗en liegen être en mauvaise posture; das ist zu ⸗ c'est trop fort; es zu ⸗ treiben aller trop loin; ⸗ mitnehmen malmener, 2. ² n méchanceté f; malice f.

Argentini|en [argɛn'ti:niən] n (17) l'Argentine f; ⸗**er(in** f) m Argentin m, -e f; ⸗**²sch** argentin.

Ärger ['ɛrgər] m (7) dépit m; colère f; (Verdruß) ennui m; (Unannehmlichkeit) contrariété f; ⸗**lich** (Ärger erregend) fâcheux; vexant; F embêtant; (Ärger empfindend) fâché; contrarié; ⸗ werden se fâcher; '²**n** (24) (sich) fâcher (über acc. de); (se) mettre en colère (de); '⸗**nis** n (4¹) scandale m; esclandre m; (Ärger) dépit m; öffentliches ⸗ erregen faire esclandre; ⸗ nehmen se scandaliser (an dat. de).

Arg|list f astuce f; malice f; perfidie f; ⸗**²listig** astucieux; malicieux; perfide; '⸗**²los** candide; (unbefangen) ingénu; (ohne schlechte Absicht) sans malice; '⸗**losigkeit** f candeur f; ingénuité f; ⸗**wohn** ['⸗vo:n] m (3) soupçon m; ⸗**wöhnen** ['⸗vø:nən] (25) soupçonner; '⸗**²wöhnisch** soupçonneux. [ariette f.]

Arie ['a:riə] f (15) air m; kleine ⸗]

Ar|ier(in f) ['⸗riər] m Aryen m, -ne f; '²**isch** aryen.

Aristokrat|(in f) [aristo'kra:t] m (12) aristocrate m, f; ⸗**ie** [⸗kra'ti:] f aristocratie f; ⸗**²isch** [⸗'kra:tiʃ] aristocratique; Person: aristocrate.

Arithmet|ik [arit'me:tik] f (16) arithmétique f; calcul m; ⸗**iker** m arithméticien m; '²**isch** arithmétique.

arktisch ['arktiʃ] arctique.

Arm [arm] m (3) bras m; ⸗ in ⸗ kleine ⸗ dessus, bras dessous; j-m unter die ⸗e greifen donner un coup de main à q.; in s-e ⸗e schließen serrer dans ses bras.

arm (18²) pauvre; (bedürftig) indigent; ⸗ machen appauvrir; ⸗ werden s'appauvrir.

Armatur [arma'tu:r] f armature f; Maschinen: garniture f; ⸗**enbrett** n Auto: tableau m (od. planche f de bord.

'**Arm|band** n bracelet m; '⸗**banduhr** f montre-bracelet f; '⸗**binde** f écharpe f; (Erkennungszeichen) bras-

Armblatt — 641 — **Aschermittwoch**

sard m; '~blatt n Kleid: dessous m de bras; '~brust f arbalète f; '~brustschütze m arbalétrier m.
Armee [ar'me:] f (25) armée f; ~befehl m ordre m du jour de l'armée; ~korps n corps m d'armée.
Ärmel ['ɛrməl] m (3) manche f; etw. aus dem ~ schütteln fig faire qch. sans difficulté; '~aufschlag m parement m; '~kanal m géogr. la Manche; '~loch n emmanchure f; '~schoner m garde-manche m.
'**Armen|-anstalt** f établissement m de charité; '~büchse f tronc m des pauvres; '~fürsorge f assistance f publique; '~haus n hospice m; asile m.
Armeni|en [ar'me:niən] n l'Arménie f; ~er(in f) m Arménien m, -ne f.
'**Armen|pflege** f assistance f publique; '~pfleger m aumônier m.
Arm(e)'sünder|glocke f glas m du condamné; ~miene f mine f (od. patibulaire).
armie|ren [ar'mi:rən] (mit de); ⚓ équiper; ♀rung f ♁ armement m; ⚓ équipement m.
'**Arm|lehne** f bras m (d'un fauteuil); accoudoir m; '~leuchter m chandelier m à branches; großer: candélabre m.
ärmlich ['ɛrmlɪç] pauvre; misérable; (jämmerlich) chétif.
'**Arm|reifen** m bracelet m; ♀selig pauvre; misérable; pitoyable; '~seligkeit f état m pitoyable; pauvreté f; misère f; verächtlich: mesquinerie f; '~sessel m fauteuil m.
Armut ['armu:t] f (16) pauvreté f; indigence f; '~szeugnis n certificat m d'indigence; sich ein ~ ausstellen fig. montrer son incapacité.
'**Armvoll** m brassée f.
Aroma [a'ro:ma:] n aroma m arôme m.
aromatisch [aro'ma:tiʃ] aromatique.
Arrak ['arak] m (3¹) arac(k) m.
Arrest [a'rɛst] m (3²) arrêt m; arrêts m/pl. (leichter simples; strenger de rigueur); Schule: retenue f; ~ant [~'tant] m (12) détenu m; prisonnier m; ~lokal n salle f de police; ⚔ locaux m/pl. disciplinaires.
arretieren [arɛ'ti:rən] arrêter.
Arsch V [arʃ] m cul m; derrière m; '~backe V f fesse f; '~loch V n trou m du cul.
Arsen [ar'ze:n] n (11[3¹]) arsenic m.

Arsenal [arze'na:l] n (3¹) arsenal m.
ar'senhaltig arsenical.
Art [a:rt] f (16) manière f; façon f; (Gattung) espèce f; sorte f; genre m; race f; aus der ~ schlagen dégénérer; von der ~, daß de manière que (final: subj.); ♀-eigen caractéristique de la race; ♀en (21): nach j-m ~ tenir de q.; ressembler à q.
Arteri|e [ar'te:riə] f (15) artère f; ~enverkalkung f artério-sclérose f.
artesisch [ar'te:ziʃ] artésien.
'**artfremd** étranger à la race.
artig ['a:rtɪç] Kind: sage; (liebenswürdig) aimable; Aussehen: gentil, mignon; joli; ♀keit f der Kinder: sagesse f; (Liebenswürdigkeit) amabilité f; die man sagt: compliment m; (Niedlichkeit) gentillesse f; (feines Benehmen) urbanité f.
Artikel [ar'ti:kəl] m (7) article m; ✝ e-n ~ führen tenir un article; ~schreiber m publiciste m.
artikulieren [~tiku'li:rən] articuler.
Artillerie ['artɪlə'ri:] f (15) artillerie f (reitende montée; schwere lourde); ~flugzeug n avion m d'artillerie.
Artillerist ['~rɪst] m (12) artilleur m; canonnier m. [artichaut m.]
Artischocke ❀ [arti'ʃɔkə] f (15)
Artist(in f) [ar'tɪst] m (12) acrobate m, f; ♀isch acrobatique.
Arz|nei [a:rts(ə)'naɪ] f médecine f; (Heilmittel) médicament m; remède m; ~buch n codex m; ~kunde f médecine f; science f médicale; ~mittel n médicament m; ~trank m potion f; (Tee für Kranke) tisane f; ~ware f drogue f; produit m pharmaceutique. [docteur m.]
Arzt [a:rtst] m (3² u. ³) médecin m;
'**Ärzteschaft** f corps m médical.
'**Ärztin** ['ɛ:rtstɪn] f (16¹) femme f docteur (od. médecin); doctoresse f.
'**ärztlich** médical; ~e Verordnung ordonnance f de médecin.
As [as] n 1. (4¹) Spiel: as m; 2. ♪ la b bémol. [amiante m.]
Asbest [as'bɛst] m (3²) asbeste m;
Asch|becher ['aʃ-] m cendrier m; ♀blond blond cendré; ~e f (15) cendre f (mst im pl.).
'**Aschen|bahn** f Sport: cendrée f; ~brödel n (7), '~puttel n Cendrillon f; '~urne f urne f funéraire.
'**Aschermittwoch** m mercredi m des Cendres.

40 Dtsch.-Franz.

asch|farbig cendré; **~grau** gris cendré; **⚥kasten** m cendrier m.
äsen ['ɛːzən] viander; pâturer.
Asiat|(in f) [azi'aːt] m Asiatique m, f; ⚥**isch** asiatique.
Asien ['aːziən] n (17) l'Asie f.
Aske|se [as'keːzə] f ascétisme m; **~t** m ascète m; ⚥**tisch** ascétique.
asozial ['azotsiaːl] insociable; asocial.
Asphalt ['asfalt] m (3) asphalte m; bitume m; **~arbeiter** m bitumier m.
asphal'tie|ren asphalter; bitum(in)er; ⚥**rung** f bitumage m.
Aspirin [aspi'riːn] n aspirine f; **~tablette** f comprimé m d'aspirine.
aß, äße (aːs, 'ɛːsə) s. essen.
Assel ['asəl] f cloporte m.
Assessor [a'sesoːr] m (8¹) assesseur m; adjoint m.
Assistent|(in f) [asis'tɛnt] m (12) assistant m, -e f; aide m, f.
Assistenz-arzt m interne m des hôpitaux; ⚔ aide-major m.
Ast [ast] m (3² u. ³) branche f; Holz: nœud m; sich e-n ~ lachen fig. F rire comme un bossu.
Aster ♀ ['astər] f (15) aster m.
Ästhet [ɛs'teːt] m esthète m; **~ik** [~tik] f esthétique f; ⚥**isch** esthétique.
Asthma ['astmaː] n (11) asthme m; ⚥**tisch** [~'maːtiʃ] asthmatique.
ästig ['ɛstiç] (voller Äste) branchu; (verzweigt) rameux; Holz: noueux.
Astrolo|g(e) [astro'loːg(ə)] m astrologue m; **~gie** f astrologie f; ⚥**gisch** astrologique.
Astronom [astro'noːm] m (12) astronome m; **~ie** [~'miː] f astronomie f; ⚥**isch** astronomique. [physique f.]
Astrophysik ['astro-] f astro-
Astwerk n branchage m.
Asyl [a'zyːl] n (3¹) asile m (für Obdachlose ~ de nuit); **~recht** n droit m d'asile.
Asym|metrie [azyme'triː] f asymétrie f; ⚥²**metrisch** asymétrique.
Atelier (pro. fr.) [atel'jeː] n (11) studio m; (Werkstatt) atelier m.
Atem ['aːtəm] m (6) haleine f; (das Atmen) respiration f; (Lebenshauch) u. poët. souffle m; ~ holen (schöpfen) prendre haleine; respirer; außer ~ kommen perdre haleine; nach ~ ringen avoir des étouffements; **~beschwerde** f étouffement m; **~gerät** n appareil m respiratoire; **~gymnastik** f gymnastique f respiratoire; **~holen** n respiration f; **~los** 'hors d'haleine; essouflé; **~losigkeit** f essoufflement m; **~not** f difficulté (od. gêne) f de respiration; **~pause** f pause f; temps m d'arrêt; **~übung** f exercice m de respiration; **~zug** m souffle m; letzter ~ dernier souffle (od. soupir) m; in e-m ~ tout d'une haleine.
Athei|smus [ate'ʔismus] m athéisme m; **~st** m (12) athée m; ⚥**stisch** athée.
Athen [a'teːn] n (17) Athènes f; **~er(in** f) m Athénien m, -ne f.
Äther ['ɛːtər] m (7) éther m; mit ~ betäuben éthériser.
ätherisch [ɛ'teːriʃ] éthéré (a. fig.).
Äthiopien [ɛ'tioːpiən] n l'Éthiopie f.
Äthiopier(in f) m Éthiopien m, -ne f; ⚥**opisch** éthiopien.
Athlet [at'leːt] m (12) athlète m; **~ik** f athlétique f; ⚥**isch** athlétique.
At'lantik m s. atlantisch; **~pakt** m pacte m atlantique; **~rat** m conseil m atlantique.
atlantisch [at'lantiʃ] atlantique; **~e Gemeinschaft** communauté f atlantique; der ⚥e Ozean l'océan m Atlantique; l'Atlantique m.
Atlas ['atlas] m (4¹) (Riese, Gebirge) Atlas m; (Karten; pl. a. At'lanten) atlas m (de géographie); (Art Seidenstoff) satin m; ⚥**-artig** satiné; **~glanz** m satiné m.
atm|en ['aːtmən] (26) respirer; (pusten) souffler; ⚥**en** n, ⚥**ung** f respiration f.
Atmosphär|e [atmɔs'fɛːrə] f (15) atmosphère f; ⚥**isch** atmosphérique; **~e Störungen** troubles m/pl. (od. perturbations f/pl.) atmos-
'Atmungs|beschwerden f/pl. gêne f de respiration; étouffement m; **~organ** n appareil m respiratoire.
Ätna ['ɛtnaː] m: der ~ l'Etna m.
Atom [a'toːm] n (3¹) atome m; **~antrieb** m: mit ~ à propulsion atomique.
ato'mar atomique; nucléaire.
A'tom|bombe f bombe f atomique; **~energie** f énergie f atomique (od. nucléaire); **~explosion** f explosion f atomique; **~forscher** m atomiste m; **~forschung** f recherches f/pl. atomiques; **~fragen** f/pl.: Minister für ~ ministre m des affaires atomiques; **~gewicht** n poids m atomi-

Atomkontrolle — 643 — **aufbieten**

que; ~**kanone** f canon m atomique; ~**kontrolle** f contrôle m de l'énergie atomique; ~**kraft** f = ~-energie; ~**krieg** m guerre f atomique; ~**meiler** m pile f (od. réacteur m) atomique; ~**spaltung** f fission f nucléaire; ~**sprengkopf** m ogive f nucléaire; ~**theorie** f théorie f atomique; ~**versuch** m expérience f atomique; ~**waffe** f arme f atomique; ~**wissenschaftler** m atomiste m; ~**wolke** f nuage m atomique; ~**zeit-alter** n ère f atomique; ~**zertrümmerung** f désintégration f atomique.

Atten|tat [aten'ta:t] n (3) attentat m; '~**täter** m auteur m d'un attentat.

Attest [a'tɛst] n (3²) certificat m (ärztliches médical).

Attrappe [a'trapə] f (Schaupackung) article m factice d'étalage.

Attribut [atri'bu:t] n (3) (Sinnbild) emblème m; (äußeres Zeichen) gr. (complément d'un) déterminatif m; **℔iv** [~'ti:f]: ~es Adjektiv adjectif m épithète.

ätz|en ['ɛtsən] corroder; weitS. a. ronger; chir. cautériser; (eingravieren) graver à l'eau-forte; '**℔en** f gravure f à l'eau-forte; '~**end** corrosif; caustique (a. fig.).

'**Ätz|kunst** f gravure f à l'eau-forte; '~**mittel** chir. n caustique m; '**℔ung** f gravure f à l'eau-forte; chir. cautérisation f; '~**wasser** n.

au! [au] int. aïe! [eau-forte f.)

auch [aux] aussi, (ebenso) de même (sogar) même; (in der Tat) en effet; nicht nur ..., sondern ~ non seulement ..., mais encore (od. aussi); ~ nicht non plus; ich ~ nicht moi non plus; das ~ noch cela encore; das ~ noch! il ne manquait plus que cela!; oder ~ ou bien; ist es ~ wahr? est-ce (bien) vrai?; mais est-ce vrai?; wenn ~ bien que (subj.); ~ wenn même si; so groß er ~ ist quelque (od. si) grand qu'il soit; wer es ~ (immer) sei qui que ce soit; wie dem ~ sei quoi qu'il en soit.

Audienz [audi'ɛnts] f (16) audience f (erteilen donner).

Au(e) ['au(ə)] f (16) prairie f.

Auer|hahn ['auər-] m tétras m; coq m de bruyère; '~**henne** f poule f de bruyère; '~**ochs** m aurochs m.

auf [auf] 1. prp. (dat. resp. acc.); a) örtlich: sur; à; dans; par; de; en; vers; ~ auf dem Tisch sur la table;

~ dem Lande à la campagne; ~ der Straße dans la rue; ~ die Erde fallen tomber par terre (od. à terre); ~ allen Seiten de tous côtés; ~ Besuch en visite; ~ mich zu vers (od. sur) moi; b) zeitlich: vers; à; pour; en; pendant; ~ den Abend vers le soir; ~ morgen! à demain!; ~ drei Tage pour trois jours; ~ Reisen en voyage; ~ der Flucht pendant la (od. en) fuite; c) fig. par; de; à; en; sur; ~ Befehl par ordre; ~ diese Art de cette manière; ~ Ihre Bitte à votre prière; ~ französisch en français; ~ m-n Rat sur mon conseil; **2.** adv. ~ (offen) sein être ouvert; ~(gestanden) sein être levé (od. debout); ~ und ab (~ und nieder) de haut en bas, (hin und her) de long en large; ~ und ab gehen aller de long en large; faire les cent pas; er ist ~ und davon il est parti; **3.** cj. ~ daß afin (od. pour) que (subj.); **4.** int. ~! allons!; debout!

'**auf**|'**arbeiten** Kleider: remettre à neuf; (vollenden) achever; '~**atmen** respirer; fig. se sentir (od. être) soulagé; ~**bahren** ['~ba:rən] (25) Leichnam: mettre en bière; Sarg: déposer sur le catafalque.

'**Aufbau** m construction f; ⊕ montage m; ⚓ superstructure f; Auto: carrosserie f; (Gliederung) structure f; organisation f; '**℔en** construire; Denkmal: ériger; élever; ⊕ monter; fig. organiser.

'**auf**|'**bäumen**: sich ~ se cabrer (a. fig.); '~**bauschen** enfler (a. fig.); '~**begehren** réclamer; protester (gegen contre); '~**behalten** Kopfbedeckung: garder; den Hut ~ rester couvert; Augen usw.: tenir ouvert; '~**beißen** ouvrir avec les dents; '~**bekommen** Tür: réussir à ouvrir; Aufgabe: avoir à faire.

'**aufbesser|n** améliorer; Gehalt: augmenter; '**℔ung** f amélioration f; Gehalt: augmentation f.

'**aufbewahr|en** conserver; garder; '**℔ungsgebühr** f frais m/pl. de garde (od. de consigne); '**℔ungsort** m, '**℔ungsraum** m dépôt m; Speisen: garde-manger m; Kleider: garde-robe f; Café, thé.: vestiaire m; Handgepäck: consigne f; Fahrrad, Auto: garage m.

'**auf**|**bieten** convoquer; (verkünden) proclamer; Verlobte: publier les

aufbinden — 644 — **aufliegen**

bans de mariage; *Soldaten*: lever; *Kräfte*: déployer; *Mittel*: employer; '~binden attacher; lier sur; (*losbinden*) délier; j-m etw. ~ en faire accroire à q., F monter un bateau à q.; '~blähen gonfler; enfler; *sich* ~ *fig.* se rengorger; '~blasen gonfler; '~bleiben rester ouvert; (*wachen*) rester debout; veiller; '~blicken: ~ zu lever les yeux vers, *fig.* respecter; '~blitzen jeter une lueur vive; jaillir (comme un éclair) (*a. fig.*); '~blühen éclore; s'épanouir; *Geschäft, Land*: prospérer; ²blühen *n* épanouissement *m*; '~brauchen consommer; épuiser.

aufbrausen 1. entrer en effervescence; bouillonner; *fig.* s'emporter; *leicht* ~ avoir la tête près du bonnet; **2.** ²*n* *n* ébullition *f*; effervescence *f* (*a. fig.*); *fig.* emportement *m*; '~d effervescent, *fig.* fougueux; (*jähzornig*) irascible.

'**auf**|**brechen** *v/t.* ouvrir; *gewaltsam*: forcer; *Wild*: éventrer; (*einstoßen*) enfoncer; *v/i.* s'ouvrir; ⚘ éclore; s'épanouir; *Geschwür*: percer; (*fortgehen*) se mettre en route; partir; '~bringen *Moden*: mettre en vogue; introduire; *Gerücht*: faire courir; *Kind*: élever; *Geld*: procurer; trouver; *die Kosten für etw.* ~ faire les frais de qch.; *Beweise usw.*: fournir; produire; ⚔ lever; *Schiff*: capturer; (*in Zorn bringen*) fâcher; mettre en colère; ²**bruch** *m* départ *m*; *ch.* entrailles *f/pl.*; '~brühen faire bouillir; '~bügeln repasser; donner un coup de fer à; '~bürden (26): j-m etw. ~ charger q. de qch., imposer qch. à q., (*zur Last legen*) imputer qch. à q.; '~decken étendre (*od.* mettre) sur; *das Tischtuch* ~ mettre la nappe; (*bloßlegen*) découvrir; dévoiler; '~drängen: j-m etw. ~ imposer qch. à q.; *sich j-m* ~ s'imposer à q.; '~drehen *Strick*: détordre; *Hahn usw.*: ouvrir.

'**aufdringlich** importun; fâcheux; ²**keit** *f* importunité *f*.

'**Aufdruck** *m* impression *f*; ²**en** imprimer (sur).

'**aufdrücken** appuyer sur; *prägend*: empreindre sur; *Siegel*: apposer; (*öffnen*) ouvrir en poussant.

aufeinander [~ʔaɪ'nandər] l'un sur l'autre; *zeitlich*: l'un après l'autre;

²**folge** *f* succession *f*; ~**folgen** se succéder; ~**folgend** successif; consécutif; ~**häufen** empiler; ~**legen** mettre l'un sur l'autre; superposer; ~**prallen**, ~**stoßen** se heurter; s'entrechoquer; '~**türmen** entasser.

Aufenthalt ['~ɛnthalt] *m* (3) arrêt *m*; (*Verspätung*) retard *m*; (*a. Ort des Verweilens*) séjour *m*; demeure *f*; *ständiger*: domicile *m*; résidence *f*; ~ *nehmen* séjourner; '~**s-erlaubnis** *f* permis *m* de séjour; '~**s-ort** *m* résidence *f*; domicile *m*. [fliger.)

'**auf-erlegen** imposer; *Strafe*: in-)
'**auf-ersteh**|**en** ressusciter; ²**ung** *f* résurrection *f*.

'**auf**|-**erwecken** réveiller; *e-n Toten*: ressusciter; '~-**essen** manger (tout); consommer; achever son repas; '~**fädeln** (29) enfiler; (*auseinanderfädeln*) effiler.

'**auffahr**|**en** *v/t.* ⚔ établir; poster; *v/i.* *plötzlich*: sursauter; *aus dem Schlaf* ~ s'éveiller en sursaut; (*in die Höhe fahren*) s'élever; monter; *mit dem Wagen*: donner contre; *fig.* s'emporter; '~**end** emporté; fougueux; (*jähzornig*) irascible; ²**t** *f* (16) *vor e-m Gebäude*: rampe *f*; (*Fahrt in die Höhe*) montée *f*.

'**auffallen** tomber sur; *fig.* se faire remarquer; *nicht* ~ passer inaperçu; (*überraschen*) frapper; '~**d**, '**auffällig** frappant; *Farbe*: voyant.

'**auffang**|**en** saisir (au vol); *Briefe*: intercepter; *Stoß*: amortir; *Hieb*: parer; *Strahlen, Flüssigkeit*: capter; *evakuierte Bevölkerung*: accueillir; ²**lager** *n* centre *m* d'accueil.

'**auffärben** reteindre.

'**auffass**|**en** saisir; entendre; concevoir; comprendre; (*deuten*) interpréter; ²**ung** *f* conception *f*; manière *f* de comprendre; (*Deutung*) interprétation *f*; ²**ungsvermögen** *n* compréhension *f*; intelligence *f*; entendement *m*.

auffind|**bar** ['~fɪntba:r] trouvable; '~**en** trouver; *Verborgenes*: découvrir.

'**auf**|**fischen** pêcher; retirer de l'eau; '~**flackern** *Licht*: s'aviver; '~**flammen** jeter des flammes; s'enflammer; '~**fliegen** prendre son vol; s'élever; ⚔ décoller; *Schiff, Mine*: faire explosion; ~ *lassen* faire sauter; *Tür usw.*: s'ouvrir brusquement.

auffordern — 645 — **Aufhänger**

'**aufforder|n**: ~ *zu* inviter à; engager à; (*ermahnen*) exhorter à; *amtlich*: sommer de (*zur Übergabe* se rendre); mettre en demeure de; *zum Kampfe*: provoquer; '2**en** *f* invitation *f*; *amtliche*: sommation *f* (*a. zur Übergabe*); mise *f* en demeure; ~ *zum Duell* cartel *m*.

'**aufforst|en** ['~fɔrstən] reboiser; '2**en** *n*, 2**ung** *f* reboisement *m*.

'**auffressen** dévorer.

'**auffrischen** (25) rafraîchir; *fig.* raviver; renouveler.

'**aufführ|en** *Gebäude*: construire; élever; (*nennen*) citer; *thé.* représenter; jouer; ♪ exécuter; *Zeugen*: produire; ~ porter en compte; *sich* ~ se conduire; '2**en** *n*, 2**ung** *f* construction *f*; *Stelle*: citation *f*; *thé.* représentation *f*; ♪ exécution *f*; *Zeugen*: production *f*; (*Benehmen*) conduite *f*; '2**ungsrecht** *n* droit *m* de représentation.

'**auffüllen** (r)emplir (mit de); *Benzin*: faire le plein de.

'**Aufgabe** *f* ☼ expédition *f*; remise *f*; (*Arbeit*) tâche *f*; (*Auftrag*) mission *f*; (*Zweck*) but *m*; *Schule*: devoir *m*; *mathematische*: problème *m*; (*Verzicht*) abandon *m*; *wegen* ~ *des Geschäfts* pour cause de cessation de commerce.

Aufgabe|nbereich *m* fonctions *f/pl.*; ~**ort** ☼ *m* lieu *m* de l'expédition.

aufgabeln ['~gaːbəln] prendre à la fourche(tte); *fig.* F pêcher.

'**Aufgang** *m* montée *f*; *Gestirne*: lever *m*; (*Sichöffnen*) ouverture *f*.

'**aufgeb|en** ☼ (re)mettre à la poste; expédier; *Gepäck*: faire enregistrer; *Hoffnung, Stellung, Spiel*: abandonner; (*verzichten*) renoncer à; *Meinung*: revenir de; *Kranke*: déclarer perdu; condamner; *j-m etw.* ~ charger q. de qch.; *Rätsel*: proposer; *Schulaufgabe*: donner; *mathematische Aufgabe*: poser; *im Geschäft* ~ se retirer des affaires; *den Geist* ~ rendre l'âme; '2**er** ☼ *m* expéditeur *m*.

aufgeblasen ['~gəblaːzən] gonflé, (*dünkelhaft*) présomptueux; (*selbstgefällig*) suffisant; 2**heit** *f* présomption *f*; (*Selbstgefälligkeit*) suffisance *f*.

'**Aufgebot** *n zur Ehe*: publication *f* des bans de mariage; *Regierung*: proclamation *f*; ⚔ levée *f*.

aufgedunsen ['~gədunzən] bouffi, boursouflé.

'**aufgehen** (*sich öffnen*) s'ouvrir; *Saat*: pousser; *Samenkorn, Teig*: lever; *Gestirne, Vorhang*: se lever; *Naht*: se découdre; *Geschwür*: percer; *Knoten*: se dénouer; *Blüte*: s'épanouir; éclore; (*von-ea.-gehen*) se défaire; *arith.* être divisible (sans reste); (*sich in etw. verwandeln*) se transformer en; se réduire en; (*aufgebraucht werden*) s'épuiser; ~ *in* (*dat.*) être absorbé par; *in Flammen* ~ être la proie des flammes; *es geht gerade auf* le compte y est.

auf|gehoben: *gut* ~ *sein* être en bonnes mains; ~**geklärt** ['~gəkleːrt] éclairé; instruit; sans préjugés; '2**geld** *n* arrhes *f/pl.*; (*Zuschlag*) agio *m*; ~**gelegt** ['~gəleːkt] disposé (*zu* à); *gut* (*schlecht*) ~ de bonne (mauvaise) humeur; '~**gepaßt**! attention!; ~**geräumt** ['~gərɔymt] *Zimmer*: rangé; *fig.* de bonne humeur; ~**geregt** ['~gəreːkt] agité; ému; excité; 2**geregtheit** *f* excitation *f*; nervosité *f*; ~**geschlossen** ['~gəʃlɔsən] ouvert; 2**geschlossenheit** *f*: ~ *des Geistes* ouverture *f* d'esprit; '~**geschoben** différé; remis; **gesessen!** à cheval!; ~**geweckt** ['~gəvɛkt] intelligent; éveillé; ~**geworfen** ['~gəvɔrfən]: ~**e** *Lippen* lèvres *f/pl.* épaisses; '~**gießen** verser (*auf acc.* sur); *Tee*: faire infuser; '~**graben** creuser; fouiller; '~**greifen** ramasser; saisir (*au passage*).

'**Aufguß** *m* infusion *f*; '~**tierchen** *n/pl.* infusoires *m/pl.*

'**aufhaben** *Hut*: avoir sur la tête; (*offen haben*) avoir ouvert; *Aufgaben*: avoir à faire. [de hache.\

'**aufhacken** piocher; ouvrir (à coups)⎪

'**aufhaken** décrocher; dégrafer.

'**aufhalsen** F: *j-m etw.* ~ mettre qch. sur le dos à q.

'**aufhalten** tenir ouvert; *die Hand* ~ tendre la main; (*hemmen*) arrêter; entraver; (*zurückhalten*) retenir; (*verzögern*) retarder; *sich* ~ (*verweilen*) s'arrêter (*bei* à); séjourner; *sich* ~ *über* (*acc.*) (*tadeln*) trouver à redire à.

'**aufhäng|en** pendre (*a. Wäsche*); suspendre; accrocher; 2**er** *m* (7)

aufhauen — 646 — **Auflegung**

ruban *m* (pour accrocher un vêtement).
'aufhauen ouvrir à coups de hache.
'aufhäuf|en entasser; empiler; accumuler; **˛en** *n*, **˛ung** *f* entassement *m*; accumulation *f*.
'aufheben lever; (*aufsparen*) mettre de côté; *v. der Erde*: ramasser; *Last*: soulever; (*aufbewahren*) conserver; garder; (*abschaffen*) abolir; supprimer; (*ungültig machen*) annuler; *zeitweise*: suspendre; (*ausgleichen*) compenser; *Gesetz*, *Sitzung*, *Belagerung*: lever; *Versammlung*: dissoudre; *Gesetz*: abroger; *Urteil*: casser; e-e *Verlobung* ˛ rompre les fiançailles; **˛en** *n*, **˛ung** *f* levée *f*; (*Abschaffung*) abolition *f*; suppression *f*; ⚖ annulation *f*; *Gesetz*: abrogation *f*; *Urteil*: cassation *f*; *viel Aufhebens von etw. machen* faire grand bruit de qch.
'auf|heitern (29) (*sich se*) rasséréner; *Gemüt*: (s')égayer; *Himmel*: (s')éclaircir; **'˛helfen**: *j-m* ˛ aider q. à se relever; secourir q.; **'˛hellen** (25) éclaircir; *fig. a.* élucider; **'˛hetzen** *fig.* exciter; provoquer (*zu* à); acharner (*gegen* contre); *ch. hetzen*; **'˛holen** *Zeit*: rattraper; *Sport*: gagner du terrain; **'˛horchen** tendre (*od.* dresser) l'oreille; être tout oreilles; **'˛hören** cesser; finir; s'arrêter; *da hört* (*doch*) *alles auf!* en voilà assez!; c'est un (*od.* le) comble!; **'˛jagen** *ch.* = **˛hetzen**; **˛jauchzen, ˛jubeln** jubiler.
'Aufkauf *m* achat *m* (en masse); wucherischer ˛ accaparement *m*; **'˛en** acheter (en masse), wucherisch ˛ accaparer.
'Aufkäufer *m* acheteur *m*; *mv. p.* accapareur *m*.
'aufklappen ouvrir; *Kragen*: relever.
'aufklär|en éclairer; informer (*über acc.* de) instruire; *Frage usw.*: tirer au clair; élucider; *j-n über e-n Irrtum* ˛ tirer q. d'erreur; *Gelände*: reconnaître; *Wetter*: *sich* ˛ s'éclaircir; se mettre au beau; **'˛er** *m* rationaliste *m*; ⚔ éclaireur *m*; ✈ avion *m* de reconnaissance; **˛ung** *f* éclaircissement *m*; renseignement *m*; information *f*; *Zeitalter n der Aufklärung* siècle *m* philosophique (*od.* des lumières); **˛ungsfilm** *m* film *m* documentaire.

'auf|kleben coller (*auf acc.* sur); **˛klinken** (25) *Tür*: déclencher; **˛knacken** *Nuß*: casser; **'˛knöpfen** déboutonner; **'˛knüpfen** *Knoten*: défaire; dénouer; (*hängen*) pendre; **'˛kochen** *v/i.* bouillir; *v/t.* faire bouillir; **'˛kommen** s'élever; (*genesen*) se remettre; se rétablir; (*Glück haben*) faire fortune; réussir; (*gebräuchlich werden*) s'établir; s'introduire; s'implanter; *Zweifel*: naître; *Gedanke*: se faire jour; (*einstehen*) se porter garant (*für* de); répondre de; *gegen j-n* ˛ rivaliser avec q.; *Geld*: rentrer; **'˛kommen** *n* (*Entstehung*) naissance *f*; origine *f*; (*Genesung*) convalescence *f*; rétablissement *m*; **'˛kratzen** *wund*: égratigner; *Wolle usw.*: carder; **˛kreischen** pousser des cris perçants; **'˛krempe(l)n** retrousser.
'aufkündig|en: *j-m* ˛ donner congé à q.; *Freundschaft*: rompre (avec); *Vertrag*: résilier; se dédire de; *Gehorsam*: refuser; *Kauf*: révoquer; *Darlehen usw.*: dénoncer; **˛ung** *f* congé *m*; *Vertrag*: résiliation *f*; *Kauf*: révocation *f*; *Darlehen usw.*: dénonciation *f*.
'auflachen éclater de rire.
'auflad|en charger (*auf acc.* sur); *Akku*: charger; **'˛er** *m Akku*: chargeur *m*.
'Auflage *f* (*Steuer*) impôt *m*; *e-r Steuer*: imposition *f*; *Buch*: édition *f*; *Zeitung*: tirage *m*; *vermehrte und verbesserte* ˛ édition *f* corrigée et augmentée; **˛ziffer** *f Zeitung*: tirage *m*.
'auflass|en laisser ouvert; *den Hut* ˛ rester couvert; garder son chapeau; ⚖ céder; **˛ung** *f* ⚖ cession *f*.
'auflauern: *j-m* ˛ guetter q.; épier q.
'Auflauf *m* rassemblement *m*; *cuis.* soufflé *m*; **'˛en** s'enfler; *Beträge*: s'accumuler; ⚓ échouer; *auf e-e Mine*: toucher.
'aufleben revivre; se ranimer.
'auflecken lécher; *Hund*: laper.
'Auflegematratze *f* sommier *m*.
'aufleg|en poser (sur); mettre; *téléph.* raccrocher; *Pflaster*: appliquer; *Steuer*: imposer (*a. rl. die Hände*); *Strafe*: infliger; *Anleihe*: émettre; *zur Subskription* ˛ ouvrir une souscription; *Buch*: éditer; *neu* ˛ rééditer; **'˛en** *n*, **˛ung** *f Pflaster*: application *f*.

auflehnen — 647 — **Aufprall**

'**auflehn|en** (*sich* ~ s')appuyer; *sich* ~ *gegen* se révolter contre; '**₂en** *n*, '**₂ung** *f* soulèvement *m*; révolte *f*.
'**auf|leimen** coller (*auf* acc. sur); '**~lesen** ramasser; *Ähren*: glaner; '**~leuchten** briller; flamboyer; '**~liefern** expédier; '**₂lieferung** *f* expédition *f*; '**~liegen** être posé (*auf dat.* sur); *Ware*: être étalé; '**~lockern** desserrer; *Federbett*: secouer; *Erde*: ameublir; *Sitten*: sich ~ se relâcher; '**~lodern** s'enflammer; *Flammen*: monter.
'**auflös|bar** (dis)soluble; ₳ résoluble; '**~en** (*aufknüpfen*) délier; dénouer; *Zucker*: (*sich* ~) fondre; *Rätsel, Problem, Gleichung*: résoudre; *Bruch*: réduire; *phys.* désagréger; (*zersetzen*) désorganiser; décomposer; (*zergehen lassen*) dissoudre (*a. Vereinigung*); délayer; ✕ licencier; *sich in nichts* ~ se réduire à rien; *sich in Wohlgefallen* ~ finir à la satisfaction de tous; '**₂ung** *f* dénouement *m*; *Rätsel, Problem, Gleichung*: solution *f*; *Bruch*: réduction *f*; ₳ décomposition *f*; dissolution *f* (*a. Vereinigung*); ✕ licenciement *m*; '**₂ungszeichen** ♩ *n* bécarre *m*.
'**aufmach|en** ouvrir; *Knoten*: défaire; *Flasche*: déboucher; (*putzen*) parer; *sich* ~ se mettre en route; *sich auf und davon machen* décamper, F filer; '**₂ung** *f Ware*: présentation *f*; *thé, Film*: mise *f* en scène.
'**Aufmarsch** *m* défilé *m*; *zum Kampf*: déploiement *m*; *strategischer*: concentration *f*; '**₂ieren** défiler; *zum Kampf*: se déployer en bataille; entrer en ligne. [trépaner.)
'**aufmeißeln** ouvrir au ciseau; *chir.*)
'**aufmerk|en** faire attention (*auf acc.* à); '**~sam** attentif; (*zuvorkommend*) prévenant; empressé; *j-n auf etw.* (*acc.*) ~ *machen* appeler l'attention de q. sur qch.; faire remarquer qch. à q.; '**₂samkeit** *f* attention *f* (*auf sich ziehen* attirer sur soi; *fesseln* captiver; *ablenken* détourner).
'**aufmontieren** monter. [ner.)
'**aufmucken** F se rebiffer; P rouspéter.
'**aufmunter|n** (29) ranimer; encourager; '**₂ung** *f* encouragement *m*.
'**aufnageln**: ~ *auf* (*acc.*) clouer sur.
'**aufnähen**: ~ *auf* (*acc.*) coudre sur.
'**Aufnahme** *f* (15) *Gesellschaft*: réception *f*; *Gast*: *a.* accueil *m*; *Schule*: admission *f*; *Kind*: adoption *f*; *Geld*: emprunt *m*; *phot.* photo(graphie) *f*; *Film*: prise *f* de vue; (*Röntgen*₂) radiographie *f*; *Warenlager*: inventaire *m*; *Schallplatte*: enregistrement *m*; *phys.* absorption *f*; *in* ~ *bringen* mettre en vogue; '**~bedingung** *f* condition *f* d'admission; '**₂fähig** admissible; *geistig*: intelligent; capable d'attention; '**~fähigkeit** *f* admissibilité *f*; *geistige*: intelligence *f* pouvoir *m* d'attention; '**~gerät** *n Film*: appareil *m* de prise de vues; '**~leiter** *m Film, Funk*: metteur *m* en scène; '**~prüfung** examen *m* d'admission (*od.* d'entrée).
'**auf|nehmen** lever; *Kleid, Masche usw.*: relever; *vom Boden* ~ ramasser; *Faden, Gespräch*: wieder ~ reprendre; *in Schule, Verein usw.*: admettre (dans); (*empfangen*) accueillir; recevoir; (*fassen*) contenir, *fig.* (*verstehen*) comprendre; (*auslegen*) interpréter; *etw. günstig* ~ prendre qch. en bonne part; *Verbindung*: établir; *Kampf*: accepter; (*borgen*) emprunter; *Hypothek*: prendre; *Anleihe*: contracter; (*schriftlich festsetzen*) dresser; *phot.* photographier; faire (*od.* prendre) une photo de; (*filmen*) filmer; *auf Platte, Band*: enregistrer; *in sich* ~ s'assimiler; *es mit j-m* ~ se mesurer avec q.; '**~nötigen**: *j-m etw.* ~ imposer qch. à q.
'**auf-opfer|n** dévouer; sacrifier; immoler; '**~nd** dévoué; '**₂ung** *f* dévouement *m*; sacrifice *m*.
'**auf|packen** charger (*auf acc.* sur); (*aufmachen*) défaire; '**~päppeln** (29) élever au biberon; '**~passen** faire attention (*auf acc.* à); prendre garde (à); *Hut*: essayer; (*auflauern*) guetter; '**₂passer** *m* guetteur *m*; mouchard *m*; *Schule*: surveillant *m*; '**~peitschen** *Leidenschaften*: exciter; '**~pflanzen** planter, arborer; *Batterie*: dresser; *Seitengewehr*: mettre au canon; '**~pfropfen** enter sur; '**~picken** becqueter; (*öffnen*) ouvrir à coups de bec; '**~platzen** [crever; éclater; '**~plustern**: *sich* ~ *Vögel*: s'ébouriffer; *fig.* se rengorger; '**~polieren** (re)polir; '**~polstern** rembourrer; renouveler le rembourrage; '**~prägen** empreindre sur.

Aufprall m (3¹) choc m; *Stein, Geschoß*: ricochet m; **²en** (*prallend auf etw. stoßen*) donner contre; *Stein, Geschoß*: ricocher; rebondir.
aufprobieren essayer.
aufprotzen atteler. [gonflement m.]
aufpumpen 1. gonfler; 2. ² n]
aufputschen irriter; soulever.
Aufputz m parure f; **²en** parer; attifer.
auf|quellen v/i. jaillir; (*anschwellen*) (se) gonfler; *cuis.* renfler; v/t. *cuis.* faire revenir; **~raffen** ramasser précipitamment; *Kleider*: relever; retrousser; *sich ~* se relever; se ressaisir; rassembler ses forces; **~ragen** se dresser; s'élever; surgir.
aufrauh|en ⊕ égratigner; lainer.
aufräumen mettre en ordre; ranger; *das Zimmer ~* faire la chambre; (*wegräumen*) enlever; *Schutt*: déblayer; ✝ liquider; (*freimachen*) débarrasser; *mit etw. ~ fig.* faire table rase de qch.
aufrechn|en porter en compte; compenser (*gegen acc.* par); **²ung** f compensation f.
aufrecht droit (*a. fig.*); (*stehend*) debout; **~erhalten** maintenir; **²erhaltung** f maintien m.
aufrecken allonger (le cou); *sich ~* se dresser.
aufreg|en agiter; émouvoir; échauffer; *Leidenschaften*: exciter; *sich ~* s'emballer; s'émouvoir (*über acc.* de) **~end** émouvant; excitant; **²ung** f agitation f; émotion f; excitation f.
auf|reiben frotter; *wund*: écorcher; (*untergraben*) miner; ruiner; ⚔ anéantir; *sich ~* s'user; s'exténuer; **~reihen** ranger; *Perlen*: enfiler; **~reißen** v/t. ouvrir violemment; *Schienen, Pflaster*: enlever; arracher; *Plan*: tracer; dessiner; *die Augen ~* écarquiller les yeux; v/i. *Haut*: se gercer; *Boden*: se crevasser; *Naht*: se découdre.
aufreiz|en exciter; irriter; provoquer; **²ung** f excitation f; irritation f; provocation f.
aufrichten *Mauern usw.*: élever; ériger; *Herrschaft*: établir; (*wieder ~*) relever; redresser; *fig.* consoler; rendre courage à; *sich ~* se dresser; *fig.* (re)prendre courage.
aufrichtig sincère; franc: droit; **²keit** f sincérité f; franchise f; droiture f.

auf|riegeln déverrouiller; **²riß** m élévation f; **~ritzen** érafler; égratigner; **~rollen** enrouler; mettre en rouleau; (*entfalten*) dérouler; *Frage*: entamer; ⚔ attaquer de flanc; **~rücken** ⚔ monter en grade; *zum Hauptmann ~* passer capitaine; (*zusammenrücken*)⚔ serrer les rangs.
Aufruf m appel m; öffentlicher: proclamation f; (*Aufforderung*) sommation f; ⚖ citation f; **²en** appeler; convoquer; ⚖ citer.
Aufruhr m ['ruːr] (3) tumulte m; (*Empörung*) révolte f; insurrection f; émeute f; soulèvement m.
aufrühr|en remuer; agiter (*a. fig.*); *fig.* soulever; pousser à la révolte; *Leidenschaften*: exciter; *Streit usw.*: réveiller; **²er** m séditieux m; rebelle m; insurgé m; révolté m; **~erisch** séditieux; rebelle.
aufrüst|en réarmer; **²en** n, **²ung** f réarmement m.
auf|rutteln secouer; (*wecken*) réveiller; **~sagen** réciter; **~**kündigen; **~sässig** ['zεsiç] récalcitrant; rebelle; **²sässigkeit** f rébellion f; insubordination f; **²satz** m (*Tisch²*) surtout m; (*Möbel²*) chapeau m; *Kleid, Kamin*: garniture f; (*Schornstein²*) mitre f; (*Schul²*) rédaction f; *Zeitung*: article m; **~saugen** absorber; aspirer; **²saugung** f absorption f; **~schauen** lever les yeux (*zu* vers); **~schäumen** écumer; bouillonner; **~scheuchen** faire lever; effrayer; effaroucher; **~scheuern** *sich die Haut ~* s'écorcher; **~schichten** entasser; disposer par couches; *Holz*: empiler; **~schieben** pousser; ouvrir; *zeitlich*: ajourner; différer; remettre (*auf acc.* à); **~schießen** s'élever (brusquement); ⚤ pousser; *Kind*: faire une poussée.
Aufschlag m (*Fall*) chute f; *Stein, Geschoß*: ricochet m; ⚔ impact m; *Rock*: revers m; *Ärmel*: parement m; *Preis*: augmentation f; renchérissement m; hausse f; *Tennis*: service m; *Steuer*: surtaxe f; **²en** v/t. *Augen*: lever; *Ärmel*: retrousser; *Tür*: enfoncer; *Lager, Wohnung*: établir; *Buch*: ouvrir; (*errichten*) dresser; *Bett*: monter; *Zelt*: planter; *Karte*: retourner; *Tennis*: servir; (*befestigen*) fixer (*auf acc.* sur); *Preis*: hausser; v/i. rebondir; ricocher;

Aufschlagzünder — 649 — **aufstehen**

✝ renchérir; '~**zünder** m fusée f percutante.
'**aufschließen** ouvrir; ✕ (zs.-rücken) serrer les rangs. [éventrer.\
'**aufschlitzen** fendre; Bauch ~\
'**Aufschluß** m explication f; éclaircissements m/pl.; j-m ~ **geben** donner à q. des éclaircissements (über acc. sur); renseigner q. (sur); sich ~ **verschaffen** s'informer (über acc. de); '~**²reich** instructif.
'**aufschnallen** (befestigen) boucler; Sattel: mettre; (öffnen) déboucler.
'**aufschnappen** 'happer; attraper.
'**aufschneid**|en v/t. ouvrir (en coupant); Buch: couper; Braten usw.: découper; chir. inciser; v/i. fig se vanter; fanfaronner; gasconner; '²**er** m fanfaron m; gascon m; ²**e'rei** f fanfaronnade f; gasconnade f.
'**Aufschnitt** m (Schnittfläche) coupe f; chir. incision f; kalter ~ viande f froide; assiette f anglaise; charcuterie f.
'**auf**|**schnüren** délier; délacer; '~**schrauben** (anschrauben) visser; (losschrauben) dévisser; '~**schrecken** v/t. effaroucher; effrayer; v/i. sursauter; ²**schrei** m grand cri m (aigu); '~**schreiben** mettre par écrit; noter; prendre des notes; '~**schreien** pousser un cri; '²**schrift** f adresse f; Münzen: légende f; Flasche: étiquette f; Laden: enseigne f; ²**schub** m délai m; (Vertagung) ajournement m; ✝ prolongation f; Strafe: sursis m; '~**schütteln** secouer; remuer.
'**aufschütt**|**en** verser (auf acc. sur); mit Erde ~ remblayer; Damm: élever; '²**ung** f remblai m; (Damm) digue f.
'**aufschwingen**: sich ~ s'élancer; prendre son essor; sich zu etw. ~ se résoudre à qch.
'**Aufschwung** m élan m; essor m (a. fig.); gym. rétablissement m; ~ **nehmen** prospérer.
'**aufseh**|**en** lever les yeux; '²**en** n (6) sensation f; ärgerliches ~: scandale m; ~ **erregen** faire sensation; '~**en-erregend** sensationnel; '²**er** (-in f) m (7) surveillant m, -e f; inspecteur m, -trice f; gardien m, -ne f. [être ouvert.\
'**aufsein** être debout; Geschäft:\
'**aufsetzen** v/t. mettre (od. poser) (auf acc. sur); den Hut ~ mettre son chapeau; Flicken, Taschen: appliquer; Kegel: planter; dresser; Brille: chausser; Wasser: faire chauffer; Miene: prendre; schriftlich: mettre par écrit; rédiger; Kontrakt, Rechnung: établir; dresser; v/i. t. ✈ prendre terre.
'**Aufsicht** f surveillance f (führen avoir;); (Musterung) inspection f.
'**Aufsichts**|**beamte(r)** m surveillant m; inspecteur m; contrôleur m; '~**behörde** f inspection f; services m/pl. de surveillance; '~**rat** m conseil m d'administration; '~**stelle** f service m de surveillance.
'**auf**|**sitzen** se dresser sur son séant; (zu Pferde steigen) monter à cheval; Geflügel: se percher; fig. j. ~ **lassen** F plaquer q.; '~**sitzstange** f perchoir m; '~**spalten** (v/i. se) fendre; '~**spannen** étendre; Schirm: ouvrir; Segel: déployer; '~**sparen** réserver; économiser; mettre de côté.
'**aufspeicher**|**n** (29) emmagasiner; amasser; ⚡ accumuler; Waren: stocker; '²**n** n, '²**ung** f emmagasinage m; ⚡ accumulation f; Waren: stockage m.
'**auf**|**sperren** ouvrir largement; Augen: écarquiller; Mund und Nase ~ demeurer bouche bée; '~**spielen** jouer; sich ~ faire l'important; '~**spießen** enferrer; embrocher; '~**sprengen** forcer; Tür: faire sauter; '~**sprießen** germer; pousser; '~**springen** sursauter; se lever en sursaut; Ball, vor Freude: bondir; (bersten) se crev(ass)er; Haut: (se) gercer; Tür usw.: s'ouvrir tout d'un coup; '~**sprudeln** bouillonner; '~**spulen** (25) (em)bobiner; ²**spulen** n (em)bobinage m; '~**spüren** dépister; fig. découvrir; '~**stacheln** aiguillonner; Leidenschaften: exciter; '~**stampfen** frapper du pied; piétiner; '²**stand** m tumulte m; (Empörung) révolte f; soulèvement m; émeute f; ~**ständisch** [ˈʃtɛndɪʃ] révolté; séditieux; '~**stapeln** (29) empiler; entasser; ✝ stocker; '~**stapelung** f entassement m; ✝ stockage m; '~**stechen** percer; Geschwür: ouvrir; '~**stecken** (befestigen) attacher; Gardinen, Haar: épingler; Kleid: (re)trousser; Miene: prendre; Fahne: arborer; (aufgeben) renoncer à; j-m ein Licht ~ dessiller les yeux à q.; '~**stehen** (sich erheben)

Aufstehen — 650 — **Aufwallung**

se lever; (*offen sein*) être ouvert; (*auf etw. stehen*) reposer (*auf dat. sur*); (*sich empören*) se soulever; s'insurger; ⒉**stehen** *n* lever *m*; '⁓**steigen** s'élever; monter; *Gestirne*: se lever; *Gedanken*: venir; ⚔ décoller; partir.

'**aufstell|en** mettre en place; poser; placer; (*aufrichten*) mettre debout; (*ordnen*) ranger; *Denkmal*: ériger; ⚔ *Wache*: placer; *Batterie*: poster; *Truppen*: mettre sur pied, (*anordnen*) disposer, ranger; *Schach, Plan, Verzeichnis*: dresser; *Kegel*: planter; *Netz*: tendre; *Zeugen*: produire; *Behauptung*: avancer; lancer; *Maschine*: monter; installer; *Bedingung, Grundsatz, Gleichung*: poser; *Beispiel*: proposer; *Rekord, Tarif, Rechnung*: établir; *Wagen*: stationner; *als Kandidat* ⁓ présenter comme candidat; *sich* ⁓ se placer; ⚔ se former; *hintereinander*: faire (la) queue; *sich als Kandidat* ⁓ poser sa candidature; ⒉**en** *n*, ⒉**ung** *f* placement *m*; *Denkmal*: érection *f*; ⚔ *Batterie*: emplacement *m*; *Truppen*: mise *f* sur pied, (*Anordnung*) disposition *f*; *Zeugen*: production *f*; ⊕ montage *m*; *Rekord, Tarif, Rechnung*: établissement *m*; (*Verzeichnis*) relevé *m*: *detaillierte* ⁓ *bei Rechnungen*: décompte *m*.

'**aufstemmen** ouvrir au ciseau; *sich* ⁓ s'appuyer; ⒉**stieg** ['⁓ʃtiːk] *m* (3) montée *f*; ascension *f*; ⚔ départ *m*; *décollage m*; *fig.* avancement *m*; '⁓**stöbern** *ch.* faire lever; *fig.* dénicher; ⚔ débusquer; '⁓**stocken** *Haus*: surélever d'un (*resp.* de plusieurs) étage(s); '⁓**stoßen** *v/t.* ouvrir en poussant; *Tür usw.*: enfoncer; *Faß*: défoncer; *v/i.* (*rülpsen*) avoir des renvois; (*unvermutet auftreten*) survenir; ♻ toucher; *auf etw.* (*acc.*) ⁓ 'heurter contre qch.; '⒉**stoßen** *n* (*Rülpsen*) renvois *m/pl.*; *saures*: aigreurs *f/pl.*; '⁓**streben** s'élever; *fig.* ⁓ *zu* aspirer à; '⁓**streichen** *Farbe*: appliquer; *Butter* ⁓ beurrer; '⁓**streifen** retrousser; '⁓**streuen** répandre; *Mehl usw.*: saupoudrer de; '⁓**stülpen** retrousser; *Hut*: enfoncer sur la tête; '⁓**stützen**: *sich* ⁓ s'appuyer (sur); *sich mit dem Ellenbogen* ⁓ s'accouder; '⁓**suchen** (re)chercher; *j-n* ⁓ aller trouver q.; ⁓**tafeln** ['⁓tɑːfəln]

servir; '⁓**takeln** ♻ gréer; *fig.* F *sich* ⁓ s'attifer; ⒉**takt** *m* ♩ levé *m*; *des Dirigenten*: signal *m*; *e-r Bewegung*: départ *m*; *fig.* ouverture *f*; prélude *m*; '⁓**tauchen** paraître à la surface; revenir sur l'eau; émerger; *fig.* apparaître; surgir; '⁓**tauen** *v/i.* dégeler (*a. v/t.*); *Eis*: fondre; *fig.* se dégourdir; ⒉**tauen** *n* dégel *m*.

'**aufteil|en** partager; *Land*: démembrer; ⒉**en** *n*, ⒉**ung** *f* partage *m*; *Land*: démembrement *m*.

auftischen ['⁓tɪʃən] (27) servir; *Neuigkeiten*: débiter.

Auftrag ['⁓traːk] *m* (3³) charge *f*; commission *f*; (*Bestellung*) commande *f*; ordre *m*; *Farbe*: couche *f*; *im* ⁓ ✝ par ordre (*od.* autorisation); *im* ⁓ *von* de la part de; '⒉**en** mettre sur la table; servir; *Farbe*: mettre; appliquer; *Kleidung*: user; *fig. stark* ⁓ exagérer; *j-m etw.* ⁓ charger q. de qch.; '⁓**geber** *m* commettant *m*; mandant *m*; '⁓**nehmer** *m* mandataire *m*.

'**auf|treiben** (*aufblähen*) gonfler; (*erweitern*) élargir; (*ausfindig machen*) dénicher; découvrir; *Wild*: faire lever; (*aufwirbeln*) soulever; *Geld*: trouver; se procurer de; '⁓**trennen** découdre; défaire; '⁓**treten** mettre le pied sur le sol; marcher; *öffentlich*: se présenter (*als comme*); ⁓ *als* (*sich ausgeben*) poser en; (*sich benehmen*) se conduire; (*erscheinen*) apparaître; *thé.* entrer (en scène); *zum ersten Male* ⁓ débuter; *Gerücht*: naître; s'élever; *gegen j-n* ⁓ prendre parti contre q.; '⒉**treten** *n* (6) manières *f/pl.*; attitude *f*; conduite *f*; (*Erscheinen*) apparition *f*; *thé.* entrée *f* (en scène); *erstes* ⁓ début *m*.

'**Auftrieb** *m* élan *m*; poussée *f*; ⚔ force *f* ascensionnelle.

'**Auftritt** *m* scène *f*; (*Auftreten*) entrée *f* en scène; apparition *f*; '⁓**slied** *n* air *m* d'entrée.

'**auf|trumpfen**: *gegen j-n* ⁓ dire son fait à q.; '⁓**tun** ouvrir; *Hut*: mettre; *Speisen*: servir; '⁓**türmen** entasser; amonceler; '⁓**wachen** s'éveiller; se réveiller; '⁓**wachsen** croître; grandir.

'**aufwall|en** bouillonner; *fig.* s'emporter; '⒉**en** *n*, '⒉**ung** *f* bouillonnement *m*; ébullition *f*; *fig.* emportement *m*.

Aufwand ['⁓vant] m (3) dépenses f/pl.; frais m/pl.; (Prunk) luxe m; standesgemäßer ⁓ représentation f; großen ⁓ treiben mener grand train; '⁓s-entschädigung f indemnité f de représentation.
'**aufwärmen** réchauffer; [nage.\
'**Aufwartefrau** f femme f de mé-\
'**aufwarten** servir (bei Tisch à table); mit etw. ⁓ offrir qch.
'**Aufwärter(in** f) m garçon m; domestique m, f; servante f; femme f de ménage.
aufwärts ['⁓verts] en montant; vers le haut; '**⁓haken** m Boxkampf: uppercut m.
'**Aufwartung** f service m; (Besuch) visite f; j-m s-e ⁓ machen rendre visite à q. [vaisselle; '⁓en laver.\
Aufwasch ['⁓vaʃ] m lavage m de\
'**aufwecken** réveiller; Toten: ressusciter.
'**aufweichen** v/t. amollir; Boden: détremper; v/i. s'amollir; ⊕ se détremper; Schokolade: fondre.
'**aufweisen** présenter; produire; Eigenschaften: montrer.
'**aufwend|en** mettre en œuvre; Mühe ⁓ se donner de la peine; Geld: dépenser; '⁓ung f dépense f.
'**aufwerfen** jeter en l'air; soulever (a. Frage); Frage: poser; mit Erde ⁓ remblayer; Damm: élever; Graben: creuser; sich ⁓ als s'ériger en.
aufwert|en ['⁓ve:rtən] revaloriser; '⁓ung f revalorisation f.
'**aufwickeln** enrouler; (aufspulen) (em)bobiner; Zwirn: pelotonner; die Haare: papilloter; (loswickeln) dérouler; Garn: dévider; Kind: démailloter.
aufwiegel|n ['⁓vi:gəln] (29) mutiner; soulever; provoquer; exciter; '⁓n m, '⁓ung f provocation f.
'**aufwieg|en** contrebalancer; fig. a. valoir autant (que); compenser; mit Gold ⁓ payer au poids de l'or; '⁓er ['⁓vi:glər] m (7) agitateur m; émeutier m; '⁓lerisch séditieux.
'**Aufwind** m vent m ascendant.
'**auf|winden** guinder; soulever (avec un cric); (loswinden) détortiller; Anker: lever; '⁓**wirbeln** v/t. soulever; fig. viel Staub ⁓ faire de la poussière; v/i. s'élever en tourbillons; '⁓**wischen** essuyer; torcher; '⁓**wühlen** fouiller; Erde: fouir; fig. remuer.

'**aufzähl|en** énumérer; Geld: compter; '⁓ung f énumération f.
'**aufzäumen** brider.
'**aufzehren** zerstörend: consumer; verbrauchend: consommer; (einsaugen) absorber; sein Vermögen ⁓ manger sa fortune.
'**aufzeichn|en** dessiner; Plan: tracer; (notieren) noter; '⁓ung f dessin m; (Notiz) note f; annotation f.
'**aufzeigen** montrer; exhiber.
'**aufziehen** v/t. tirer (en haut; (faire) monter; Fahne: 'hisser; Vorhang: lever; Bild, Karte, Saite: monter; Uhr, Grammophon: remonter; (spannen) tendre sur; auf Leinwand ⁓ entoiler; Kinder, Tiere: élever; Pflanzen: cultiver; Schublade: tirer; ouvrir; Perlen: enfiler; (verspotten) railler, (harmlos) plaisanter; (einrichten) organiser; arranger; andere Saiten ⁓ changer de ton; v/i. défiler; passer en cortège (rl. en procession); Gewitter: monter; auf Wache ⁓ monter la garde.
'**Aufziehkurbel** f manivelle f.
'**Aufzucht** f élevage m; Pflanzen: culture f.
'**Aufzug** m (Fahrstuhl) ascenseur m; Lasten: monte-charge(s) m; Speisen: monte-plats m; (Seilbahn) téléphérique m; Schiläufer: téléski m; Weberei: chaîne f; thé. acte m; öffentlicher: cortège m; rl. procession f; (Vorbeimarsch) défilé m; (Kleidung) habillement m; costume m.
'**auf|zwängen**, '⁓**zwingen**: j-m etw. ⁓ forcer q. à prendre qch., fig. imposer qch. à q.
'**Aug-apfel** m (7¹) globe m de l'œil; prunelle f (a. fig.); fig. favori m.
Auge ['augə] n (10) œil m (pl. yeux); & a. bouton m; Karten: point m; (Sehen) vue f; regard m; blaue ⁓n haben avoir les yeux bleus; schwache ⁓n haben avoir l'œil (od. la vue) faible; mit bloßem ⁓ à l'œil nu; die ⁓n offenhalten; s-e ⁓n überall haben avoir l'œil à tout; aus den ⁓n lassen perdre de vue; vor meinen ⁓n sous mes yeux; mit blauem ⁓ davonkommen l'échapper belle; ganz ⁓ sein être tout yeux; ⁓ in ⁓ stehen se trouver face à face; unter vier ⁓n seul à seul; entre quatre yeux; j-m ⁓n machen faire les yeux doux (F de l'œil) à q.; j-m die ⁓n öffnen fig. ouvrir les yeux à q.; détromper

äugeln q.; *j-m unter die ~n treten* paraître devant q.; *ein ~ haben auf (acc.)* avoir l'œil sur; *ein ~ auf etw. werfen* fig. jeter son dévolu sur qch.; *j-m etw. an den ~n absehen* lire qch. dans les yeux de q.; *~ um ~, Zahn um Zahn* œil pour œil, dent pour dent; *aus den ~n, aus dem Sinn* loin des yeux, loin du cœur; *vor ~n führen* mettre en évidence; *im ~ behalten* ne pas perdre de vue; *in die ~n treten (springen)* sauter aux yeux; *der Gefahr ins ~ sehen* braver le danger; *ins ~ fassen* envisager; *ein ~ bei etw. zudrücken* fermer les yeux sur qch.; *j-m die ~n zudrücken* fermer les paupières à q.
äugeln ['ɔygəln] (21) *v/i.* lancer des œillades; faire les yeux doux; *v/t.* 🌱 écussonner.
'Augen|-arzt *m* oculiste *m*; **'~binde** *f* bandeau *m*; **'~blick** *m* clin *m* d'œil; instant *m*; moment *m*; *im ~* à l'instant; *alle ~e* à tout moment; à chaque instant; *jeden ~* d'un moment à l'autre; *im ~ als ...* au moment où ...; *lichter ~* intervalle *m* lucide; **²blicklich** momentané; instantané; *adv.* à l'instant; tout de suite; **'~braue** *f* sourcil *m*; **~brauenstift** *m* crayon *m* noir (pour les yeux); **'~entzündung** *f* ophtalmie *f*; **²fällig** évident; **~fehler** *m* défaut *m* visuel; **'~flimmern** *n* éblouissement *m*; **'~glas** *n* verre *m*; *für ein Auge*: monocle *m*; (*Kneifer*) lorgnon *m*; *mit Stiel*: face-à-main *m*; (*Fernglas*) lorgnette *f*; (*Brille*) lunettes *f/pl.*; **'~heilkunde** *f* ophtalmologie *f*; **'~höhle** *f* orbite *f*; **'~klappe** *f* *Pferd*: œillère *f*; **'~leiden** *n* ophtalmie *f*; maladie *f* des yeux; **'~licht** *n* vue *f*; **'~lid** *n* paupière *f*; **'~lidentzündung** *f* blépharite *f*; **'~maß** *n* mesure *f* à vue d'œil; *gutes ~ haben* avoir l'œil juste; avoir le compas dans l'œil; *nach ~* à vue d'œil; **'~merk** *n* but *m*; vue *f*; *sein ~ auf etw. (acc.) richten* avoir qch. en vue; **'~mittel** 🌱 *n* collyre *m*; **'~nerv** *m* nerf *m* optique; **'~pulver** *n* collyre *m* sec; **'~salbe** *f* collyre *m* gras; **'~schein** *m* inspection *f*; examen *m*; *nach dem ~* selon l'apparence; *in ~ nehmen* inspecter; examiner; **²scheinlich** évident; *adv. a.* selon les apparences; **'~schirm** *m* garde-vue *m*; **'~spiegel** *m* ophtalmoscope *m*; **'~stern** *m* pupille *f*; prunelle *f*; **'~täuschung** *f* illusion *f* d'optique; **'~triefen** *n* lippitude *f*; **'~wasser** 🌱 *n* collyre *m* (liquide); **'~weh** *n* mal *m* aux yeux; **'~weide** *f* régal *m* pour l'œil; spectacle *m* ravissant; **'~wimper** *f* cil *m*; **'~zahn** *m* canine *f*; **'~zeuge** *m* témoin *m* oculaire.
August [au'gust] *m* (3) août *m*; **~iner(in** *f*) *m* augustin *m*, -e *f*.
Auktion [auk'tsio:n] *f* (16) vente *f* aux enchères (*od.* à l'encan).
Auktionator [~io'na:tor] *m* (8¹) commissaire-priseur *m*.
auktio'nieren vendre aux enchères.
Aula ['aula] *f* (16² *u.* 11¹) salle *f* des fêtes.   [-d'ours. *f.*
Aurikel 🌱 [au'ri:kəl] *f* (15) oreille-
aus [aus] **1.** *prp.* (*dat.*) **a)** *örtlich*: 'hors de; dans; par; *~ der Stadt kommen* venir de la ville; *~ den Angeln* 'hors de gonds; *~ e-m Glase trinken* boire dans un verre; *~ dem Fenster sehen* regarder par la fenêtre; **b)** *zeitlich*: de; *~ der Zeit von* du temps de; **c)** *Stoff*: de; en; *~ Holz de (resp. en) bois*; **d)** *Ursache*: de; par; pour; *~ Furcht vor* de peur de; par crainte de; *~ Liebe zu* par amour de; *~ diesem Grunde* pour cette raison; **e)** *Mittel, Art u. Weise*: de; à; *~ aus allen Kräften* de toutes mes (tes, *etc.*) forces; *~ vollem Halse* à tue-tête; **2.** *adv.* *meine Kraft ist ~* je suis à bout de forces; *es ist ~ mit ihm* c'en est fait de lui; *von hier ~* d'ici; *von Hause ~* dès l'origine; *weder ~ noch ein wissen* ne savoir que faire; ne savoir où donner de la tête; *bei j-m ~ und ein gehen* fréquenter chez q.; *~!* *Sport*: out!
'aus-arbeit|en élaborer; (*vollenden*) achever; parfaire; *schriftlich*: rédiger; ⊕ ouvrager; ouvrer; façonner; finir; **²en** *n*, **²ung** *f* élaboration *f*; (*Vollendung*) achèvement *m*; *schriftliche*: rédaction *f*; ⊕ façonnage *m*; finissage *m*.
'aus-art|en dégénérer; **²ung** *f* dégénération *f*; dégénérescence *f*.
aus|-ästen ['~ɛstən] élaguer; ébrancher; **'~-atmen** *v/i.* expirer; *v/t.* exhaler; **²-atmen** *n*; **²-atmung** *f* expiration *f*; **'~baden** *fig. etw.*

ausbaggern — 653 — **Ausdruck**

müssen avoir à payer les pots cassés; '~baggern draguer; '⚙baggerung f dragage m; '~balancieren équilibrer; '⚙bau m achèvement m; (Vergrößerung) agrandissement m; (Erweiterung) extension f; (vorspringender Bau) avance f; saillie f; ⚔ Stellung: aménagement m; Auto: démontage m; fig. développement m.

ausbauch|en ['~bauxən] (ausweiten) évaser; (bossieren) bosseler; '⚙en n, '⚙ung f (Ausweiten) évasement m; (Bossieren) bosselage m.

'**ausbauen** achever; (vergrößern) agrandir; ⚔ Stellung: aménager; (herausbauen) démonter; fig. développer.

'**ausbedingen** stipuler; sich etw. ~ se réserver qch.

'**ausbeißen** arracher avec les dents; sich e-n Zahn ~ se casser une dent.

'**Ausbesser|er** m, '~in f réparateur m, -trice f; raccommodeur m, -euse f; Gemälde: restaurateur m, -trice f; (Ausbesserin für Wäsche) repriseuse f; '⚙n réparer; raccommoder; P rabibocher; Gemälde: restaurer; Wäsche: repriser; Schiff: radouber; '~n n, '~ung f réparation f; raccommodage m; Gemälde: restauration f; Wäsche: reprise f; Schiff: radoub m.

'**ausbeulen** planer; débosseler.

'**Ausbeut|e** f produit m; rendement m; ⚒ exploitation f, ♈ dividende m; fig. profit m; '⚙en (26) exploiter; '~en n, '~ung f exploitation f; '~er m exploitant m; mv. p. exploiteur m.

'**ausbiegen**: vor j-m ~ (se ranger pour) laisser passer q.; rechts ~ prendre sa droite; tourner à droite.

'**ausbieten** mettre en vente; offrir.

'**ausbild|en** former; développer; ⚔ instruire; entraîner; Geist: cultiver; '⚙er ⚔ m instructeur m; '⚙ung f formation f; développement m; études f/pl.; culture f; ⚔ instruction f; entraînement m; '⚙ungslager n camp m d'entraînement; '⚙ungslehrgang m cours m d'instruction.

'**aus|bitten**: sich ~ s'imaginer; demander qch. à q.; '~blasen souffler; Hochofen: éteindre; '~bleiben rester absent; ne pas venir; ⚔ manquer; ♉︎ faire défaut; '⚙blei-

ben n absence f; '~bleichen (v/i. se) décolorer; '⚙blick m vue f; perspective f; '~blühen cesser de fleurir; '~bluten perdre tout son sang; cesser de saigner; '~bohren forer; creuser; aléser.

'**ausboot|en** débarquer; fig. limoger; '⚙ung f débarquement m.

'**ausbraten** rôtir à point; Schmalz ~ faire fondre de la graisse.

'**ausbrechen** v/t. arracher; Speisen usw.: vomir; Arznei: rendre; sich e-n Zahn ~ se casser une dent; v/i. s'évader (aus de); in Lachen ~ éclater de rire; in Tränen ~ fondre en larmes; Krankheit: se déclarer; Feuer, Krieg usw.: éclater; Vulkan: faire éruption.

'**ausbreit|en** étendre; déployer; (auslegen) étaler; (verbreiten) répandre; propager; '⚙ung f extension f; déploiement m; (Verbreitung) propagation f.

'**ausbrennen** v/t. consumer par le feu; chir. cautériser; v/i. être consumé par le feu; (erlöschen) s'éteindre.

'**Ausbruch** m éruption f; Leidenschaft: explosion f; Freude: éclat m; aus der Haft: évasion f; Krankheit: apparition f; beim ~ des Krieges lorsque la guerre éclata.

'**aus|brüten** couver; faire éclore; fig. machiner; '⚙buchtung f baie f; '~bügeln Kleider: repasser; '⚙bund m modèle m; (Wunder) prodige m; '~bürgern expatrier; '⚙bürgerung f expatriation f; '~bürsten donner un coup de brosse à.

'**Ausdauer** f persévérance f; (Beharrlichkeit) persistance f; '⚙n persévérer; (beharren) persister; ♉︎ être vivace; '⚙nd persévérant; (beharrlich) persistant; ♉︎ vivace.

'**ausdehn|bar** Gase: dilatable; expansible; Metalle: ductile; Gummi, Federn: extensible; '~en étendre; élargir; (verlängern) allonger; phys. dilater; '⚙ung f extension f; phys. dilatation f; Dampf: expansion f; '⚙ungskraft f force f d'expansion.

'**aus|denken**: sich ~ s'imaginer; '~deuten interpréter; expliquer; '~dienen faire son temps (de service); '~dörren (des)sécher; '~drehen Lampe, Licht: éteindre; '~dreschen battre; '⚙druck m ex-

ausdrücken — 654 — **Ausführung**

pression f; (Wort) terme m; (Sprechweise) diction f; zum ~ bringen exprimer; formuler.
'ausdrück|en exprimer; (auspressen) press(ur)er; **'~lich** formel; adv. expressément.
'ausdrucks|los sans expression; **'~voll** expressif; **'2weise** f manière f de s'exprimer; élocution f.
'aus|dunsten (26), **'~dünsten** v/i. s'évaporer; (schwitzen) transpirer; v/t. exhaler; **'2dünstung** f évaporation f; exhalation f; (das Ausgedünstete) exhalaison f.
'aus-einander séparés l'un de l'autre; **'~breiten** (26) déployer; **'~bringen** séparer; **'~fallen** tomber en morceaux; **'~falten** déplier; **'~fliegen** s'envoler dans toutes les directions; se disperser (dans l'air); **'~gehen** se séparer; Menge: se disperser; Meinungen: différer; être partagé; **'~halten** fig. distinguer; **'~jagen** disperser; **'~kommen** se séparer; fig. diverger; **'~laufen** se disperser; phys. diverger; **'~nehmbar** démontable; **'~nehmen** démonter; défaire; **'~rollen** dérouler; **'~setzen** (trennen) séparer; (darlegen) exposer; (erklären) expliquer; ✝ sich ~ s'arranger (mit avec); **'2setzung** f (Erklärung) explication f; (Darlegung) exposé m; (Streit) discussion f; dispute f; bewaffnete: conflit m; guerre f; ✝ arrangement m; **'~stieben** se disperser; **'~treiben** disperser; chasser de tous côtés; **'~wickeln** dérouler; **'~ziehen** étirer.
'aus-er|koren élu; choisi; **'~lesen** exquis; choisi; **'~sehen** (30) destiner (zu à); choisir; **'~wählen** élire; choisir; destiner (zu à); **'2wählte(r)** m élu m.
'aus|-essen manger tout; achever (un plat); **'~fädeln** dé(sen)filer; sich ~ (ausfasern) s'effiler.
'ausfahr|en sortir (od. se promener) en voiture, etc.; fig. s'emporter; **'~end** fig. emporté; **'2t** f sortie (od. promenade) f en voiture, etc.; (Tor) porte f cochère.
'Ausfall m Haare: chute f; (Fehlbetrag) manque m; déficit m; perte f; (Ergebnis) résultat; ⚔ sortie f; esc. botte f; Schule: congé m; **'2en** Haare, Zähne usw.: tomber; allmählich: se détacher; ⚔ faire une sortie; esc. se fendre; (nicht stattfinden) n'avoir pas lieu; die Stunde fällt aus la leçon est supprimée; die Schule fällt aus il n'y aura pas classe; gut ~ réussir; finir bien; **'2end** agressif; (beleidigend) insultant; **'~straße** f axe m de sortie; **'~tor** frt. n poterne f; **'~winkel** m angle m de réflexion.
'ausfasern effilocher; effiler.
'aus|fechten vider par les armes; Streit: vider; Kampf: disputer; **'~fegen** balayer; donner un coup de balai à; **'~feilen** limer; wegnehmend: enlever à la lime; fig. polir.
'ausfertig|en expédier; (abfassen) rédiger; Urkunde: dresser; ⚖ passer; **'2ung** f expédition f; (Abfassung) rédaction f; (Schriftstück) document m; in dreifacher Ausfertigung en trois exemplaires.
'aus|findig: ~ machen finir par découvrir; détecter; **'~flicken** raccommoder; rapiécer; **'~fliegen** s'envoler; fig. prendre la clef des champs; **'~fließen** (s'é)couler; fig. émaner; **'2flucht** f faux-fuyant m; subterfuge m; (Vorwand) prétexte m; Ausflüchte machen tergiverser; **'2flug** m excursion f; tour m.
Ausflügler(in f) ['ˈfly:glər] m excursionniste m, f; touriste m, f.
'Ausfluß m écoulement m; décharge f; ⚕ flux m; (Mündung) embouchure f; fig., phys. émanation f; **'~loch** n issue f; **'~menge** f débit m; **'~röhre** f tuyau m de décharge.
'ausforsch|en chercher à découvrir; scruter; j-n ~ sonder q. (über acc. sur); **'2en** n, **'2ung** f recherche f; perquisition f; enquête f.
'aus|fragen questionner; interroger; interviewer; **'~fransen** ['ˈfranzən] effranger; **'~fräsen** fraiser; **'~fressen** Trog: vider; (verüben) F faire; (zersetzen) ronger.
Ausfuhr ['ˈfuːr] f (16) exportation f.
'ausführ|bar exécutable; réalisable; ✝ exportable; **'2barkeit** f possibilité f d'exécuter. [d'exportation.\]
'Ausfuhrbewilligung f licence f)
'ausführ|en ✝ exporter; Auftrag: exécuter; accomplir; Bauwerk: construire; élever; (darlegen) exposer; développer; j-n ~ sortir q.; **'2en** n, **'2ung** f exportation f;

Auftrag: exécution *f*; (*Darlegung*) exposé *m*; développement *m*.
'**Ausfuhrhandel** *m* commerce *m* d'exportation.
ausführlich ['˽fy:rliç] détaillé; *Bericht*: circonstancié; *adv.* en détail; 2**keit** *f*: *mit* ˽ en détail. [nance *f*.\
'**Ausfuhr**|**ort** *m* lieu *m* de prove-/
'**Ausführung** = *Ausführen*; ˽**sbestimmung** *f* règlement *m* d'application.
'**Ausfuhr**|**verbot** *n* défense *f* d'exporter; embargo *m*; '˽**zoll** *m* droit *m* d'exportation.
'**ausfüllen** remplir (*mit* de); *Loch*, *Lücke*: combler (de).
'**ausfüttern** *Kleider*: doubler.
'**Ausgabe** *f* dépense *f*; (*Verteilung*) distribution *f*; *Fahrkarten, Lebensmittel*: délivrance *f*; *Aktien*: émission *f*; *Buch*: édition *f*.
'**Ausgang** *m* sortie *f*; issue *f* (*a. fig.*); *kein* ˽! impasse! (*Ende*) fin *f*; *Drama*: dénouement *m*; (*Ergebnis*) résultat *m*; '˽**spunkt** *m* point *m* de départ; '˽**sstellung** *f* position *f* de départ.
'**ausgeben** *Geld*: dépenser; (*verteilen*) distribuer; (*aushändigen*) délivrer; *Aktien*: émettre; (*in Umlauf setzen*) mettre en circulation; (*sich*) ˽ *für* se faire passer pour.
ausge|**bombt** ['˽gəbɔmpt]: ˽ *sein* être sinistré; 2**burt** *f* créature *f*; ˽ *der Hölle* monstre *m* échappé de l'enfer; '˽**dehnt** étendu; vaste; ˽*e Praxis* clientèle *f* nombreuse; '˽**dient** ['˽gədi:nt] *Kleid*: usé; *Maschine*: 'hors de service'; *Professor*: émérite; *Beamter*: retraité; en retraite; ˽*er Soldat* vétéran *m*; '˽**fahren** *Straße*: défoncé; plein d'ornières; '˽**fallen** extraordinaire; '˽**franst** (*schäbig*) élimé; '˽**glichen** équilibré.
'**ausgehen** sortir; *frei* ˽ être acquitté; *ungestraft* ˽ rester impuni; *Geld, Kräfte*: manquer; *Farbe*: déteindre; *Fleck*: s'en aller; *Waren*: s'épuiser; *Geduld*: échapper; *Haar*: tomber; *Feuer, Licht*: s'éteindre, (*enden*) finir; se terminer (*gr. auf acc.* en *od.* par); ˽ *von* partir de, (*herrühren*) provenir de; *auf etw* (*acc.*) ˽ viser (*od.* tendre) à qch.
ausgehungert ['˽gəhuŋərt] affamé; famélique.
'**Ausgeh-uniform** *f* tenue *f* de sortie.

ausge|**kocht** ['˽kɔxt] roublard; '˽**lassen** plein d'entrain; folâtre; turbulent; *sehr* ˽ égrillard; 2**lassenheit** *f* folle gaieté *f*; turbulence *f*; ˽**leiert** ['˽gəlaɪərt] usé; ˽**lernt** ['˽gəlɛrnt]: ˽ *haben* avoir fini son apprentissage; ˽**macht** ['˽gəmaxt] entendu; *Preis*: convenu; (*gewiß*) certain; *Schwindler usw.*: fieffé; consommé; ˽**mergelt** ['˽gəmɛrgəlt] *fig.* 'hâve; ˽**nommen** ['˽gənɔmən] **1.** *prp.* (*acc.*) 'hors; sauf; à l'exception de; excepté; **2.** *cj.* ˽ *daß* excepté que (*ind.*); ˽**prägt** ['˽gəprɛ:kt] *fig.* prononcé; marqué; ˽**rechnet** ['˽gərɛçnət] précisément; ˽**schlossen** ['˽gəʃlɔsən] impossible!; '˽**schnitten** décolleté; échancré; '˽**spielt**: ˽ *haben* *fig.* être fini; ˽**sprochen** ['˽gəʃprɔxən] prononcé; avoué; ˽**stalten** ['˽gəʃtaltən] former; façonner; développer; ˽**sucht** ['˽gəzu:xt] choisi; recherché; exquis; *Stil*: châtié; ˽**wachsen** ['˽gəvaksən] développé; adulte; ˽**zeichnet** ['˽gətsaɪçnət] (*vorzüglich*) exquis; parfait; excellent; ˽! parfait!; à merveille! [pieux.\
ausgiebig ['˽gi:biç] abondant; co-/
'**ausgieß**|**en** verser; répandre; *fig.* épancher; 2**ung** *rl. f des Heiligen Geistes*: descente *f*.
Ausgleich ['˽glaɪç] *m* (3) compromis *m*; arrangement *m*; accord *m*; *Verlust*: compensation *f*; *Budget*: équilibre *m*; *Sport*: 'handicap *m*; 2**en** égaliser; égaler (*a. fig.*); *fig.* arranger; *Streit*: (r)accommoder; *Rechnung*: régler; solder; *Verluste*: compenser; *Budget*: équilibrer; *Sport*: 'handicaper; '˽**en** *n*, '˽**ung** *f* aplanissement *m*; *Streit*: (r)accommodement *m*; *Verlust*: compensation *f*; '˽**er** ⊕ équilibreur *m*; '˽**getriebe** *n* différentiel *m*; '˽**sfonds** *m* fonds *m* d'égalisation; ˽**sgymnastik** *f* gymnastique *f* corrective.\
'**ausgleiten** (30) glisser. [rective.\
'**ausgliedern** éliminer.
'**ausgrab**|**en** déterrer; *Leiche*: exhumer; (*vertiefen*) creuser; 2**ung** *f* fouille *f*; *Leiche*: exhumation *f*.
'**ausgreifen** étendre le bras; *Pferd*: allonger le pas.
Ausguck ['˽guk] *m* (3) poste *m* d'observation; ⚓ vigie *f*; ˽ *sein* être en vigie. [bec *m*.\
'**Ausguß** *m* (˽*becken*) évier *m*; (*Tülle*)/

aushacken — 656 — **Auskundschaften**

'aus|hacken arracher (à coups de bec); *Augen*: crever; '~haken décrocher; dégrafer; '~halten *v/t.* soutenir; *Schmerzen*: endurer; supporter; ♪ tenir; (*unterhalten*) entretenir; *v/i.* tenir bon; persévérer; *das ist nicht auszuhalten* c'est à n'y pas tenir; '~handeln *Preis*: débattre.

aus**händig**|en ['~hendigən] (25) remettre; ✝ (dé)livrer; 'Ꝑung *f* remise *f*; livraison *f*; délivrance *f*.

'**Aushang** *m* (3³) (*Plakat*) affiche *f*.

'aus**hänge**|n *Plakat usw.*: afficher; (*loshaken*) décrocher; 'Ꝑschild *n* enseigne *f*; 'Ꝑtafel *f* écriteau *m*; 'Ꝑzettel *m* écriteau *m*; affiche *f*.

'aus**harren** persévérer.

'aus**hauchen** exhaler; expirer.

'aus**hauen** creuser à coups de hache; *in Marmor* ~ sculpter en marbre; *Wald*: éclaircir; *Zweige aus e-m Baum* ~ ébrancher un arbre.

'aus**heb**|en enlever; *Tür*: ôter des gonds; ⚔ lever; *Graben*: creuser; *Räuber*: dénicher; 'Ꝑen *n*, 'Ꝑung *f* enlèvement *m*; ⚔ levée *f*; *Graben*: creusage *m*; creusement *m*; *Räuber*: dénichement *m*.

'aus**hecken** couver; *fig. a.* machiner.

'aus**heilen** guérir complètement.

'aus**helfe**|n: *j-m* ~ aider q. (*mit etw. de qch.*); 'Ꝑr(in *f*) *m* aide *m, f*.

'**Aushilfe** *f* (*Beistand*) secours *m*; assistance *f*; (*Mittel*) expédient *m*; (*Person*) intérimaire *m*.

'**Aushilfs**|**kellner** *m* extra *m*; Ꝑweise ['~hilfsvaɪzə] provisoirement.

aus**höhl**|en ['~hø:lən] (25) creuser; excaver; 'Ꝑung *f* creusage *m*; creusement *m*; excavation *f*; (*Loch*) creux *m*.

'aus**holen** *v/i.*: *zum Sprung* ~ prendre son élan; *zum Schlag* ~ lever le bras pour frapper; *fig. weit* ~ aller chercher bien loin; *v/t.* j-n ~ sonder q.

aus|**holzen** ['~hɔltsən] déboiser; éclaircir; '~**horchen**: *j-n* ~ sonder q.; ~**hülsen** ['~hylzən] écosser; '~**hungern** affamer; ~ réduire par la famine; '~**husten** *v/t.* expectorer (en toussant); *v/i.* cesser de tousser; '~**jäten** sarcler; '~**kämmen** (*entfernen*) enlever en peignant; *Haar*: peigner; démêler; '~**kaufen** acheter tout(e la provision); '~**kehlen** men. (25) canneler; 'Ꝑ**kehlung** *f* cannelure *f*; '~**kehren** (25) balayer; nettoyer; '~**keltern** passer au pressoir; pressurer; '~**kennen** (25): *sich* ~ *in* (*dat.*) se connaître à; ~**kernen** ['~kɛrnən] *Kirschen*: ôter les noyaux; *Äpfel*: ôter les pépins; *Nüsse*: cerner; *Gurken*: égrener; ~**kitten** ['~kitən] mastiquer.

'**ausklag**|**bar** exigible; 'Ꝑ**en** *Wechsel*: demander l'exhibition de; poursuivre en justice.

'**Ausklang** *m* fin *f*; note *f* finale.

'aus**klauben** éplucher; ⚔ trier.

'aus**kleide**|n déshabiller; dévêtir; △ revêtir (*mit* de); 'Ꝑ**raum** *m* vestiaire *m*.

'aus|**klingeln** publier (*od.* annoncer) au son d'une clochette; '~**klingen** *Rede*: s'achever; *Töne*: se perdre; expirer; *Verse*: finir (*auf acc.* par); '~**klinken** décliqu(et)er.

'aus**klopfe**|n: *den Staub* ~ *von etw.* épousseter qch.; *Pfeife*: débourrer; 'Ꝑ**r** *m* (7) baguette *f* à épousseter (*resp.* à battre les habits).

aus|**klügeln** ['~kly:gəln] trouver à force de subtiliser; *sich etw.* ~ imaginer qch. en subtilisant; '~**kneifen** F s'esquiver; filer; '~**kneten** pétrir (suffisamment); *Butter*: délaiter; '~**knobeln**: *etw.* ~ jouer qch. aux dés; *fig.* F = '~**klügeln**; '~**kochen** *v/t.* extraire par la cuisson; *genügend* ~ faire bien cuire; *Wäsche*: faire bouillir; '~**kommen** *Vögel*: éclore; *Feuer*: éclater; *Neuigkeit usw.*: devenir public; ~ *mit* avoir assez de; se tirer d'affaire avec; *mit j-m* ~ s'accorder avec q.; 'Ꝑ**kommen** *n* (6) *Vögel*: éclosion *f*; *wirtschaftliches* ~ nécessaire *m*; *sein* ~ *haben* avoir de quoi vivre; *es ist kein* ~ *mit ihm* on ne peut s'entendre avec lui; ~**kömmlich** ['~kœmliç] suffisant; *Amt usw.*: qui nourrit son homme; ~**körnen** ['~kœrnən] égrener; '~**kosten**: *etw.* ~ jouir de qch. jusqu'au bout (*a. fig.*); '~**kramen** (*ausräumen*) démeubler; *fig. sein Wissen* ~ faire montre de son savoir; '~**kratzen** *v/t.* gratter; effacer; *fig. Augen*: arracher; *v/i.* F filer; '~**kriechen** *Vögel*: éclore; sortir de l'œuf; '~**kugeln** *Arm*: démettre; *Land*: explorer; ⚔ reconnaître; 'Ꝑ**kundschaften** *n* espionnage *m*;

Auskunft — 657 — **Auslösung**

Land: exploration *f*; ⚔ reconnaissance *f*.

'**Auskunft** ['ˌkunft] *f* (14¹) renseignement *m*; information *f*; *j-m über etw.* (*acc.*) ~ *geben* renseigner q. sur qch.; **ˌei** [ˌ'tai] *f* (16) bureau *m* de renseignements.

'**Auskunfts|beamter** *m* préposé *m* des renseignements.

'**auskuppel|n** *Auto*: débrayer; '2**n** *n*, '2**ung** *f* débrayage *m*.

'**aus|kurieren** guérir radicalement; '**ˌlachen**: *j-n* ~ se rire (*od.* se moquer) de q.; *sich* ~ rire à son aise.

'**auslade|n** *A* décharger; ⚓ débarquer; △ faire saillir; *Gast*: désinviter; '2**n** *n*, '2**ung** *f* déchargement *m*; ⚓ débarquement *m*; △ saillie *f*; '2**platz** *m*, '2**stelle** *f* débarcadère *m*; '2**r** *m* déchargeur *m*.

'**Auslage** *f* débours(é) *m*; (*Kosten*) frais *m*/*pl.*; *Waren*: étalage *m*; *esc.*)

'**Ausland** *n* étranger *m*. [garde *f*.)

Ausländ|er(in *f*) ['ˌlɛndər] *m* étranger *m*, -ère *f*; '2**erfeindlich** xénophobe *m*; '2**isch** étranger; ⚑ exotique.

'**Auslands|guthaben** *n* créances *f*/*pl.* étrangères; '**ˌhandel** *m* commerce *m* extérieur; '**ˌhilfe** *f* aide *f* à l'étranger; '**ˌmarkt** *m* marché *m* étranger; '**ˌpatent** *n* brevet *m* étranger; '**ˌreise** *f* voyage *m* à l'étranger; '**ˌschulden** *f*/*pl.* dettes *f*/*pl.* extérieures.

'**auslangen** (25) étendre le bras; (*ausreichen*) suffire.

'**auslass|en** ommettre; *aus Vergeßlichkeit*: oublier; (*kundgeben*) manifester; *Zeile*: laisser en blanc; *Fett*: faire fondre; *Kleider usw.*: élargir; *Freude*: épancher; *Ärger*: décharger (*an dat.* sur); (*faire*) passer (sur); *sich* ~ *über* (*acc.*) s'étendre (*od.* se prononcer) sur; '2**ung** *f* omission *f*; (*Kundgabe*) manifestation *f*; *gr. v. Wörtern*: ellipse *f*; '2**ungszeichen** *n* apostrophe *f*.

'**Auslauf** *m* *Wasser usw.*: écoulement *m*; (*Mündung*) bouche *f*; *Wettrennen*: départ *m* (*a.* ⚓); ~ *haben avoir du parcours;* '**ˌbahn** ⚑ *f* piste *f*; '2**en** partir (*a.* ⚓); sortir; *Flüssigkeit*: couler; fuir; *Berge*: se prolonger; *Wurzeln*: s'étendre; (*entweichen*) (s')écouler; (*enden*) finir (*auf acc.* par); se terminer (*in acc.* en *od.* par); *Wettrennen*: prendre le départ.

'**Ausläufer** *m* *Hotel*: chasseur *m*; (*Laufbursche*) garçon *m* (de courses *od.* de bureau); ⚑ rejeton *m*; ramification *f*; stolon *m*; *fig.* (*Abzweigung*) branche *f*; *Gebirge*: contrefort *m*. [lessivage *m*.)

'**auslaug|en** ⚑ lessiver; '2**ung** *f*)

'**Auslaut** *m* son *m* final; '2**en** se terminer (*auf acc.* en *od.* par).

'**ausläuten** *v*/*i.* finir de sonner; *v*/*t.* annoncer au son des cloches.

'**ausleben**: *sich* ~ vivre sa vie; s'épuiser.

'**auslecken** *v*/*t.* (s'é)couler goutte à goutte; *v*/*t.* lécher; vider en léchant.

'**ausleer|en** vider; *Gruben*: vidanger; *den Briefkasten* ~ faire la levée; ⚑ évacuer; '2**ung** *f* vidange *f*; ~ *des Briefkastens* levée *f*; ⚑ évacuation *f*.

'**ausleg|en** étendre; (*vorschießen*) débourser; avancer; *Waren*: étaler; *Möbel usw.*: incruster; marqueter; *Fußboden*: parqueter; *mit Fliesen* ~ carreler; (*erklären*) expliquer; interpréter; '2**en** *n*, '2**ung** *f* (*Vorschießen*) déboursement *m*; *Waren*: étalage *m*; *Möbel*: incrustation *f*; *Fußboden*: parquetage *m*; ~ *mit Fliesen* carrelage *m*; (*Erklärung*) interprétation *f*; *Bibel*: exégèse *f*; '2**er** *m* (7) *fig.* interprète *m*.

'**aus|leiden** cesser de souffrir; '**ˌleihen** prêter; *für Geld*: louer; '**ˌlernen** *v*/*t.* apprendre à fond; *v*/*i.* finir son apprentissage.

'**Auslese** *f* (15) (*Auswahl*) choix *m*; sélection *f*; (*Wein*) vin *m* de grand cru; *fig.* élite *f*; '2**n** choisir; (*sortieren*) trier; *Buch usw.*: finir de lire.

'**ausliefer|n** *Waren*: (dé)livrer; expédier; ⚖ extrader; '2**ung** *f* livraison *f*; expédition *f*; ⚖ extradition *f*; '2**ungsvertrag** *m* traité *m* d'extradition.

'**aus|liegen** être étalé; *esc.* être en garde; '**ˌlöffeln** manger à la cuiller; *fig.* payer les pots cassés; '**ˌlösbar** rachetable; '**ˌlöschen** *v*/*t.* *Licht*: éteindre; *Schrift*: effacer (*a. fig.*) *v*/*i.* s'éteindre; '**ˌlosen** mettre en loterie; tirer au sort; '2**losung** *f* tirage *m* au sort.

'**auslös|en** *Pfand*: dégager; *Wechsel*: acquitter; (*loskaufen*) racheter; *phot.*, ⚔ déclencher; *fig.* (*hervorrufen*) provoquer; '2**er** *m* (7) déclencheur *m*; '2**ung** *f* dégagement *m*; *Wechsel*: acquit *m*;

41 Dtsch.-Franz.

auslüften — 658 — **ausreden**

(*Loskaufen*) rachat *m*; ⊕, *phot.*, ⚔ déclenchement *m*.

'auslüft|en aérer; ⊕ éventer; ventiler; 'ǫung *f* aérage *m*; ventilation *f*.

'ausmachen (*betragen*) faire; *Kartoffeln*: arracher; *Flecken*: effacer; ⚡ *Gerät*: débrancher, *Radio*: fermer; (*auslöschen*) éteindre; *Streit*: vider; arranger; (*festsetzen*) décider; arrêter; (*ausfindig machen*) détecter; *das macht nichts aus* cela ne fait rien.

'ausmahl|en bien moudre; 'ǫen *n*, 'ǫung *f* mouture *f*.

'ausmalen 1. peindre; *Kupferstich usw.*: colorier; enluminer; *fig.* dépeindre; *sich etw.* ~ se figurer qch.; 2. ǫ *n* peinture *f*; *Kupferstich*: coloriage *m*; *fig.* description *f*.

'Ausmarsch ⚔ *m* sortie *f*; départ *m*; 'ǫieren sortir; partir.

'Aus|maß *n* dimension *f*; étendue *f*; *in geringem* ~ dans une faible mesure; 'ǫmauern maçonner; 'ǫmeißeln ciseler; (*mit dem Meißel entfernen*) enlever au ciseau; 'ǫmergeln épuiser; exténuer; 'ǫmerzen rayer; retrancher; *Namen aus e-r Liste*: éliminer; *aus der Sprache*: bannir; *Gesetz*: abroger.

'ausmess|en mesurer; *Feld usw.*: arpenter; ⚓ jauger; 'ǫen *n*, 'ǫung *f* mesurage *m*; *Feld*: arpentage *m*; ⚓ jaugeage *m*.

'ausmieten (faire) déloger.

'ausmisten *Stall usw.*: nettoyer; enlever le fumier (de).

'ausmünden: ~ *in* (acc.) *Fluß*: se jeter dans; déboucher (*a. Straße*) dans.

'ausmuster|n rejeter; ⚔ réformer; 'ǫung ⚔ *f* réforme *f*.

'Ausnahme ['~naːmə] *f* (15) exception *f* (*von* à); *mit* ~ *von* à l'exception de; *bis auf wenige* ~*n* à peu d'exceptions près; '~**angebot** *n* offre *f* exceptionnelle; '~**fall** *m* cas *m* exceptionnel; '~**gesetz** *n* loi *f* d'exception; '~**tage** *m*/*pl*. journées *f*/*pl*. d'occasions; '~**tarif** *m* tarif *m* exceptionnel; '~**zustand** *m* état *m* d'urgence.

'ausnahms|los sans exception; '~**weise** par exception; exceptionnellement.

'ausnehmen *Eingeweide*: vider; (*ausschließen*) excepter; *ein Nest* ~ dénicher des oiseaux; *sich gut* ~ se présenter bien; faire bon effet; *sich* ~ *wie* avoir l'air de; faire l'effet de; '~**d** extraordinairement; extrêmement.

'ausnutzen ['~nutsən]: *etw.* ~ tirer profit de qch.; *j-n* ~ exploiter q.

'auspacken *Kiste*: dépaqueter; *Waren*: déballer; *Koffer*: défaire; *fig.* faire un déballage de.

'auspeitschen fouetter; fustiger.

'auspfänd|en: *j-n* ~ saisir de biens de q.; 'ǫung *f* saisie-exécution *f*.

'auspfeifen siffler; 'huer.

'ausplanzen transplanter; *aus e-m Topfe* ~ dépoter.

'aus-plaudern ébruiter; divulguer; F vendre la mèche. [lage *m*.\

'ausplünder|n piller; 'ǫung *f* pil-\\
'aus|polstern rembourrer; '~**posaunen** (25) publier à son de trompe; *fig.* crier sur les toits; '~**pressen** press(ur)er; *Öl*: extraire; *fig.* extorquer; '~**probieren** essayer; éprouver; mettre à l'épreuve.

Auspuff ['~puf] *m* (3) *Auto*: échappement *m*; '~**gas** *n* gaz *m* d'échappement; '~**rohr** *n* tuyau *m* d'échappement; '~**ventil** *n* soupape *f* d'échappement.

'aus|pumpen pomper; vider; *die Luft* ~ faire le vide; '~**punkten** ['~puŋktən] *Sport*: battre aux points; '~**pusten** souffler; '~**putzen** ✗ ébrancher; élaguer; (*schmücken*) parer; décorer; (*putzen u. reinigen*) nettoyer; '~**quartieren** press(ur)er; *fig.* extorquer; '~**radieren** effacer (à la gomme); gommer; (*dem Boden gleichmachen*) raser; '~**rahmen** ôter du cadre; '~**rangieren** mettre "hors de service"; ⚔ réformer; '~**rauben** piller; dévaliser; '~**räuchern** faire des fumigations; *Bienen*: enfumer; *mit Schwefel* ~ soufrer; 'ǫ**räucherung** *f* fumigation *f*; ~ *mit Schwefel* soufrage *m*; '~**raufen** *Unkraut usw.*: arracher; '~**räumen** *Wohnung*: déménager; *Zimmer*: démeubler; *Schrank usw.*: débarrasser; vider; *Kanal*: curer; *Grube*: vidanger.

'ausrechn|en calculer; (*überschlagen*) supputer; 'ǫen *n*, 'ǫung *f* calcul *m*; (*Überschlag*) supputation *f*.

'ausrecken étendre; étirer.

'Ausrede *f* détour *m*; subterfuge *m*; excuse *f*; faux-fuyant *m*; 'ǫn: *j-m etw.* ~ dissuader *q.* de qch.; *sich* ~

ausreiben — 659 — **Ausschiffung**

(*herausreden*) s'en tirer par des détours; *lassen Sie mich ~ laissez-moi finir*; *j-n nicht ~ lassen* couper la parole à q.

'**ausreiben** *Flecken*: enlever en frottant; *Augen*: se frotter.

'**ausreichen** suffire; *~ mit* avoir assez de; '*~d* suffisant.

'**ausreifen** (bien) mûrir.

'**Ausreise** *f* départ *m*; sortie *f*; '*~erlaubnis* *f* permission *f* de sortie; '*~visum* *n* visa *m* de sortie.

'**ausreiß|en** *v/t.* arracher; *v/i.* se déchirer; *Naht*: se découdre; *Gefangener*: s'évader; ⚔ déserter; *er reißt sich kein Bein aus* il ne se casse pas; '**2en** *n* arrachement *m*; *fig.* évasion *f*; fuite *f*; ⚔ désertion *f*; '**2er** *m* (7) évadé *m*; fuyard *m*; ⚔ déserteur *m*. [à cheval.\]

'**ausreiten** se promener (*od.* sortir)⌋

'**ausrenken** ['*~*rɛŋkən] (25) *Glied*: démettre; luxer; disloquer.

'**ausricht|en** (re)dresser; ⚔ aligner; *Auftrag*: faire; s'acquitter de; *Befehl*: exécuter; *richten Sie ihm m-n Gruß aus*! saluez-le de ma part; *etw. ~* (*erreichen*) réussir à faire qch.; '**2ung** *f* redressement *m*; *Glied*: alignement *m*; *Befehl*: exécution *f*.

'**aus|ringen** *Wäsche*: tordre; '**2ritt** *m* sortie *f* (*od.* promenade *f*) à cheval; '*~roden* essarter; (*urbar machen*) défricher; '*~rollen* dérouler; *Wäsche*: calandrer; *Teig*: étendre avec le rouleau.

'**ausrott|en** (26) extirper; (*vernichten*) exterminer; '**2ung** *f* extirpation *f*; (*Vernichtung*) extermination *f*.

'**ausrücken** *v/t. Maschinenteile*: dé(sem)brayer; *v/i.* se mettre en marche; partir; (*fliehen*) décamper.

'**Ausruf** *m* exclamation *f*; cri *m*; (*Ankündigung*) proclamation *f*; '**2en** *v/i.* s'écrier; *v/t.* crier; publier à haute voix, *j-n als König ~* proclamer q. roi; '*~er* *m* (7) crieur *m* (public); camelot *m*; (*Zeitungs*2) vendeur *m*; '*~ung* *f* proclamation *f*; '*~ungswort* *n* interjection *f*; '*~ungszeichen* *n* point *m* d'exclamation.

'**aus|ruhen**: *sich ~* se reposer; '*~rupfen* arracher; *die Federn ~* plumer.

'**ausrüst|en** munir (*mit* de); ⚓, ⚔ équiper; armer; '**2en** *n*, '**2ung** *f* équipement *m*; armement *m*.

'**aus|rutschen** glisser; *Auto*: déraper;

'**2saat** *f* ensemencement *m*; (*Gesätes*) semailles *f/pl.*; '*~säen* semer.

'**Aussage** *f* (15) dire *m*; déclaration *f*; ⚖ déposition *f*; *gr.* attribut *m*; '**2n** dire; déclarer; ⚖ *in e-r Sache ~* déposer de qch.; *gr.* énoncer; '*~satz* *m* proposition *f* affirmative.

'**Aussatz** ⚕ (3²) *m* lèpre *f*.

'**aussätzig** ['*~*zɛtsɪç] lépreux; '**2e(r** *a. m*) *m, f* lépreux *m*, -euse *f*.

'**aussaug|en** sucer; (*ausbeuten*) exploiter; '**2er** *m der Arbeitskraft*: exploiteur *m*; *fig.* sangsue *f*.

'**ausschacht|en** ['*~*ʃaxtən] (26) excaver; foncer; '**2ung** *f* fonçage *m*.

'**ausschalen** *Austern*: écailler; △ décoffrer.

'**ausschälen** ôter la pelure (*od.* l'enveloppe); *Eier, Nüsse usw.*: écaler; *Erbsen, Bohnen*: écosser.

'**ausschalt|en** exclure; écarter; *arith., Sport*: éliminer; ⚡ *Strom*: interrompre, couper; ⚡ *Licht*: éteindre; *Gerät*: débrancher; *Radio*: fermer; (*entkuppeln*) débrayer; '**2er** ⚡ *m* (7) interrupteur *m*. [coffrage *m*.\]

Ausschalung ['*~*ʃɑːluŋ] *f* dé-⌋

Ausschank ['*~*ʃaŋk] *m* (3³) débit *m*.

'**ausscharren** déterrer.

'**Ausschau** *f* tour *m* d'horizon; *~ halten* scruter l'horizon; '**2en** regarder; *nach j-m ~* chercher q. des yeux; *s. a. aussehen*.

'**ausscheid|en** *v/t.* séparer de; ⚕ dégager; *physiol.* sécréter; ⚕ *u. Sport*: éliminer; *v/i.* se retirer; *aus dem Dienst ~* quitter le service; *aus e-r Gesellschaft ~* quitter; *das scheidet aus* cela n'entre pas en ligne de compte; '**2en** *n*, '**2ung** *f* séparation *f*; ⚕ dégagement *m*; *physiol.* sécrétion *f*; ⚕ *u. Sport*: élimination *f*.

'**Ausscheidungs|kampf** *m* épreuve *f* éliminatoire; '*~runde* *f* tour *m* éliminatoire; '*~spiel* *n* match *m* de sélection.

'**aus|schelten** gronder; tancer; '*~schenken* verser; (*verkaufen*) débiter.

'**ausschicken** *Boten*: envoyer; *~ nach j-m* envoyer chercher q.

'**ausschießen**: *j-m ein Auge ~* crever un œil à q. d'un coup de feu; *e-n Preis ~* tirer à qui aura un prix; (*aussondern*) rejeter; mettre au rebut; *Papier*: trier; *typ.* imposer.

'**aus|schiffen** *u. sich ~* débarquer; '**2schiffung** *f* débarquement *m*;

41*

ausschimpfen — 660 — **Außenseiter**

'~schimpfen gronder; couvrir d'injures; '~schirren (25) déharnacher; '~schlachten *Fleischerei*: dépecer; *fig.* exploiter.

ausschlafen *u. sich* ~ dormir son content; *s-n Rausch* ~ cuver son vin.

Ausschlag *m* ⚡ pousses *f/pl.*; ✱ éruption *f*; (*Hitzpickel*) bouton *m*; élevure *f*; *Magnetnadel*: déviation *f*; *Waage*: trait *m*; *den* ~ *geben* faire pencher la balance; décider; '~en *v/t. Auge*: crever; *Zahn*: casser; (*bekleiden*) garnir (*mit* de); revêtir (*mit* de); (*ablehnen*) repousser; refuser; *Erbschaft*: répudier; *v/i. Pferd*: ruer; *Waage*: nach e-r *Seite* ~ pencher d'un côté; *Magnetnadel*: dévier; ⚡ pousser; bourgeonner; *Wände*: (*beschlagen*) suinter; suer; *mit Händen und Füßen* ~ se débattre à coups de poing et à coups de pied; (*ausgehen*) se terminer; '~gebend décisif.

ausschließ|en *j-n* ~ fermer la porte à q.; *fig.* exclure; excepter; *Sport*: disqualifier; '~lich exclusif.

ausschlüpfen éclore; sortir (de l'œuf).

'**Ausschluß** *m* exclusion *f*; *Sport*: disqualification *f*; *unter* ~ *der Öffentlichkeit* à huis clos.

ausschmelzen extraire par la fonte; *Metalle*: fondre.

ausschmieren graisser; ⚓ calfater; *Fugen e-r Mauer*: (re)jointoyer.

ausschmück|en orner; décorer; (*verschönern*) embellir; '~en *n*, '~ung *f* ornementation *f*; (*Verschönerung*) embellissement *m*.

ausschnauben: *sich die Nase* ~ se moucher.

ausschneiden couper; *Baum*: élaguer; *Holz, Papier*: découper; *Kleid*: échancrer; décolleter.

'**Ausschnitt** *m* coupe *f*; (*Zeitungs*♀) coupure *f*; *Baum*: élagage *m*; *Holz, Papier*: découpage *m*; découpure *f*; *Kleid*: échancrure *f*; décolletage *m*; décolleté *m*; ⚔ secteur *m*; *fig.* tranche *f*; section *f*. (puisant).

ausschöpfen (é)puiser; vider (en)|

ausschrauben dévisser.

'**ausschreib|en** (*ohne Abkürzung*) écrire en toutes lettres; (*abschreiben*) copier; *mv.p.* piller; ✝ *Scheck*: remplir; *Rechnung*: dresser; *Sitzung*: convoquer; *Wahlen*: annoncer; *Steuern*: imposer; *Stelle*: mettre au concours; '~en *n*, '~ung *f* copie *f*; plagiat *m*; *Sitzung*: convocation *f*; *Stelle*: mise *f* au concours; ✝ appel *m* d'offres.

ausschreien crier; *sich den Hals* ~ s'égosiller.

ausschreit|en marcher à grands pas; allonger le pas; *fig.* (dé)passer les bornes; '~ung *f fig.* excès *m*.

'**Ausschuß** *m* comité *m*; commission *f*; (*Abfall*) déchet *m*; ✝ rebut *m*; pacotille *f*; '~ware *f* marchandise *f* de rebut; camelote *f*.

'**aus|schütteln** secouer; '~schütten verser; répandre; *Herz*: épancher; (*ausfüllen*) combler; ✝ *Dividende*: répartir; '~schwärmen *Bienen*: essaimer; ⚔ *Infanterie*: se déployer en tirailleurs; '~schwatzen ébruiter; raconter; '~schwefeln ['~ʃveːfəln] soufrer.

'**ausschweif|en** *v/t.* échancrer; ⊕ godronner; *v/i.* se livrer à des digressions; (*liederlich leben*) se débaucher; '~end débauché; dévergondé; libertin; *ein* ~*es Leben führen* se livrer à la débauche; '~ung *f* échancrure *f*; (*Abschweifung*) digression *f*; *moralisch*: débauche *f*; libertinage *m*.

ausschwitz|en *v/i. Bäume*: suinter; *Haut*: transpirer; ⚗ exsuder; *v/t.* ⚗ exsuder; '~en *n*, '~ung *f* suintement *m*; *Haut*: transpiration *f*; ⚗ exsudation *f*.

'**aussehen** **1.**: ~ *als* ob avoir l'air de; paraître; *wie j.* (*etw.*) ~ ressembler à q. (à qch.); *gut* ~ avoir bonne mine; **2.** ♀ *n* air *m*; mine *f*; aspect *m*; apparence *f*; *nach dem* ~ *urteilen* juger sur l'apparence *f*.

aussein (*zu Ende sein*) être fini; *fig.* ~ *auf* (*acc.*) *od. nach* être à la recherche de; viser à.

außen ['ausən] (au) dehors; *von* ~ (her) du dehors; *nach* ~ (hin) en dehors; à l'extérieur; '♀-**antenne** antenne *f* extérieure; '♀**bordmotor** *m* motogodille *f*. (tre).|

aussenden envoyer; *Wellen*: émet-|

'**Außen|hafen** *m* avant-port *m*; '~**handel** *m* commerce *m* extérieur; '~**linie** *f* contour *m*; '~**minister**(**ium** *n*) *m* ministre (ministère) *m* des affaires étrangères; '~**politik** *f* politique *f* extérieure; '~**seite** *f* extérieur *m*; *Stoff*: endroit *m*; '~**seiter** *m* (7)

Außenstände — 661 — **aussprechen**

Rennen: outsider *m*; *pol.* non-conformiste *m*; ~**stände** ⌉ [‿ʃtendə] *m/pl.* créances *f/pl.*; '~**stürmer** *m Sport*: extérieur *m*; '~**welt** *f* monde *m* (extérieur); '~**werk** *n* dehors *m/pl.*; ⚔ ouvrage *m* avancé; '~**winkel** *m* angle *m* externe.

außer ['ausər] **1.** *prp.* (*dat.*) 'hors de; en dehors de; (*dazu*) outre; (*davon*) excepté; 'hormis; **2.** *cj.* ~ **daß**; ~ **wenn** excepté que (*ind.*); à moins que ... ne (*subj.*); '~**amtlich** non officiel; privé; '~**dem** en outre; de plus; au surplus; '~**dienstlich** en dehors du service; 2'~**dienststellung** *f Personen*: mise *f* en non-activité.

äußere ['ɔysərə] **1.** extérieur; **2.** 2 *n* (18) extérieur *m*; dehors *m/pl.*; apparence *f*; *ein angenehmes* ~ un physique agréable; *pol.* affaires *f/pl.* étrangères.

'**außer**|-**ehelich** 'hors du mariage; ~**es Kind** enfant *m* (resp. *f*) illégitime (od. naturel[le]); ~**gewöhnlich** extraordinaire; '~**halb** *prp.* (gén.) 'hors de; ~ *der Stadt* 'hors ville; *adv.* au dehors; 2'~**kurssetzung** *f* mise *f* 'hors de circulation.

äußerlich ['ɔysərliç] extérieur; externe; *auf Medizinflaschen*: pour l'usage externe; (*oberflächlich*) superficiel; 2**keiten** *f/pl.* formalités *f/pl.*

'**äußern** (29) *Furcht usw.*: manifester; montrer; *Meinung*: dire; déclarer; exprimer; *sich ~ über* (*acc.*) se prononcer sur.

'**außer**|-**ordentlich** extraordinaire; étonnant; prodigieux; ~**er Professor** professeur *m* sans chaire; '~**planmäßig** extraordinaire; *Beamter*: surnuméraire; *Etat*: extra-budgétaire.

äußerst ['ɔysərst] extrême; le plus éloigné; *im ~en Falle* (*allenfalls*) à la rigueur.

außerstande [‿'ʃtandə] 'hors d'état.

'**Äußer**|**ste**(**s**) *n* (18) extrême *m*; extrémité *f*; *sein ~ tun* faire tout son possible; *zum ~n greifen* avoir recours aux extrêmes; ~**ung** ['ɔysəruŋ] *f* manifestation *f*; expression *f*; (*Ausspruch*) propos *m*.

aussetz|**en** ['auszetsən] *v/t.* exposer; ⚔ poser; ⚓ débarquer; *Boot*: mettre à la mer; (*bestimmen*) destiner; *Rente*: constituer; *als Preis ~* proposer en prix; (*vermachen*) léguer; *an j-m* (*e-r Sache*) *etw. auszusetzen haben* critiquer q. (qch.); trouver à redire à qch.; *v/i.* s'interrompre; s'arrêter; *Puls*: être intermittent; *Motor*: avoir des ratés; '2**en** *n*, 2**ung** *f* exposition *f*; ⚔ pose *f*; ⚓ débarquement *m*; *Rente*: constitution *f*; *Preis*: proposition *f*; (*Unterbrechung*) interruption *f*; suspension *f*; *Puls*: intermittence *f*; *Motor*: raté *m*.

'**Aussicht** *f* vue *f*; *fig.* perspective *f*; espérance *f*; chance *f*; ~ *auf Erfolg* chance *f* de succès; *etw. in ~ haben* avoir qch. en vue; *etw. in ~ nehmen* se proposer qch.; *in ~ stehen* être en perspective; *j-m etw. in ~ stellen* faire espérer qch. à q.; ~ *in die Zukunft* perspective *f* d'avenir.

'**aussichts**|**los** voué à l'échec; sans espoir; vain; '~**turm** *m* belvédère *m*; '~**voll** prometteur; plein de chances. [choisir.\]

'**aussieben** cribler; tamiser; *fig.*\
aussöhn|**en** ['‿zø:nən] (25) réconcilier; 2**ung** *f* réconciliation *f*.

'**aus**|**sondern** séparer; (*auswählen*) trier; (*ausschalten*) éliminer; ⚕ sécréter; 2**sonderung** *f* séparation *f*; (*Auswählen*) triage *m*; (*Ausschalten*) élimination *f*; ⚕ sécrétion *f*; '~**spähen** *v/i.*: *nach j-m ~* chercher q. des yeux; *v/t.* épier; espionner.

ausspann|**en** étendre; (*losspannen*) détendre; *Pferde*: dételer; *fig.* se reposer; détendre son esprit; 2**ung** *f fig.* repos *m*; détente *f*.

'**ausspeien** cracher; *fig.* lancer.

'**aussperr**|**en**: *j-n ~* fermer la porte à q.; *Arbeiter*: congédier; renvoyer; 2**ung** *f Arbeiter*: lock-out *m*.

'**aus**|**spielen** *v/t. Karte*: jouer; (*als Gewinn aussetzen*) mettre en loterie; *v/i.* (*auszuspielen haben*) avoir la main; '~**spinnen** *fig.* amplifier; *weitläufig ~* délayer; '~**spionieren** espionner.

'**Aussprache** *f* prononciation *f*; (*Erörterung*) discussion *f*; (*klärendes Gespräch*) explication *f*; '~**bezeichnung** *f* prononciation *f* figurée; notation *f* phonétique.

'**aus**|**sprechen** prononcer; (*ausdrücken*) exprimer; *Urteil*: rendre; *Wunsch*: former; formuler; *sich ~ über* (*acc.*) s'exprimer sur; *sich mit j-m über etw. ~* (*acc.*) s'expliquer

ausspritzen — 662 — **austragen**

avec q. de qch.; *sich ~ für* se déclarer pour; *(sich zeigen)* se manifester; '**~spritzen** v/t. faire jaillir; *Feuer:* éteindre; ⚕ *Wunde:* seringuer; v/i. gicler; '²**spruch** *m* parole *f*; *bsd. Richter:* sentence *f*; arrêt *m*; *(Entscheidung)* décision *f*; '**~spucken** cracher; **~spülen** *Gläser usw.:* rincer; *sich den Mund ~* se rincer la bouche; '²**spülung** *f Gläser, Mund:* rinçage *m*; '**~staffieren** (25) *Kleider:* garnir (mit de); *j-n mit etw. ~* accoutrer q. de qch.; ²**staffierung** *f* accoutrement *m*; ²**stand** *m (Streik)* grève *f*; *in den ~ treten* se mettre en grève; '**~ständig** ✝ arriéré; *(streikend)* en grève.

ausstatt|en ['~ʃtatən] (26) équiper; *(sich) ~ mit* se pourvoir de; *Tochter:* donner un trousseau à; *mit Mitgift ~* doter; *fig.* décorer (mit de); garnir (de); '²**en** *n*, '²**ung** *f* équipement *m*; *(Heirats²)* trousseau *m*; *(Mitgift)* dot *f*; *thé.* décors *m/pl.*; *Buch mit guter ~* un livre bien présenté; '²**ungsstück** *n.* pièce *f* à décors.

'**aus|stäuben** épousseter; '**~stechen** *mit Grabstichel:* graver; *Auge:* crever; *Rasen, Torf:* (en)lever; *Graben:* creuser; *Flasche:* vider; *fig. j-n ~* supplanter q., *(übertreffen)* l'emporter sur q.; '**~stehen** v/t. supporter; endurer; *nicht ~ können* ne pouvoir souffrir; v/i. *noch ~* n'être pas encore arrivé *(Geld:* rentré); *~de Forderung* dette *f* active; *~de Gelder* sommes *f/pl.* à recouvrer; '**~steigen** descendre; ⚓ débarquer.

'**ausstell|en** *zur Schau:* exposer; *zum Verkauf:* étaler; *Netze:* tendre; ✕ poser; *Paß, Zeugnis:* délivrer; *Urkunde, Rechnung:* dresser; *Wechsel:* tirer *(auf j-n sur* q.); '²**er(in** *f) m* (7) exposant *m*, -e *f*; *Wechsel:* tireur *m*, -euse *f*; '²**ung** *f zur Schau:* exposition *f*; *zum Verkauf:* étalage *m*; ✕ pose *f*; *Schriftstücke:* délivrance *f*; *Wechsel:* émission *f*.

'**Ausstellungs|raum** *m* salle *f* d'exposition; '**~stand** *m* stand *m*.

'**aussterben** *Familie:* s'éteindre; *Pflanzen:* périr; *Land:* se dépeupler.

'**Aussteuer** *f (Möbel usw.)* trousseau *m*; *(Mitgift)* dot *f*; '²**n** = *aussatten*.

'**ausstopfen** rembourrer; *Tiere:* empailler; *mit Watte ~* ouater.

'**ausstoß|en** expulser; *Auge:* crever;

gr. supprimer; élider; *aus e-r Gesellschaft usw.:* exclure; *Schrei:* pousser; *Schmähungen:* proférer; *Torpedo:* lancer; '²**en** *n*, '²**ung** *f* expulsion *f*; *gr.* suppression *f*, élision *f*; *aus e-r Gesellschaft:* exclusion *f*; *Torpedo:* lancement *m*; '²**rohr** *n* tuyau *m* d'expulsion; ⚓ tube *m* lance-torpilles.

'**ausstrahl|en** v/i. *(strahlen)* rayonner; irradier; v/t. *(verbreiten)* répandre; '²**en** *n*, '²**ung** *f* rayonnement *m*; irradiation *f*.

'**ausstreck|en** étendre; allonger; '**~streich|en** *(ungültig machen)* rayer; biffer; *(glatt streichen)* aplanir; *(einfetten)* graisser; '²**en** *n*, '²**ung** *f* rayure *f*; *(Glätten)* aplanissement *m*; *(Einfetten)* graissage *m*.

'**ausstreu|en** disséminer; disperser; *Dünger:* épandre; *fig.* propager; '²**en** *n*, '²**ung** *f* dissémination *f*; dispersion *f*; *Dünger:* épandage *m*; *fig.* propagation *f*.

'**ausström|en** v/i. s'écouler; *(hervorsprudeln)* jaillir; *(entweichen)* s'échapper; fuir; v/t. *(dé)verser (a. fig.)*; *Gas, Dampf, Duft:* exhaler; *phys.* émettre; '²**en** *n*, '²**ung** *f* écoulement *m*; *Gas, Dampf, Duft:* échappement *m*; fuite *f*; exhalation *f*; *phys.* émission *f*.

'**aussuchen** choisir; trier. [sion *f.*

'**Austausch** *m* échange *m*; ✝ *a.* troc *m*; '²**en** échanger; ✝ *a.* troquer; '**~schüler** *m* élève *m* d'échange; '**~stoff** *m* succédané *m*.

'**austeil|en** distribuer; *Befehle:* donner; *Sakramente:* administrer *(a. Schläge)*; *~ unter (acc.)* partager entre; '²**en** *n*, '²**ung** *f* distribution *f*; *Sakramente:* administration *f*.

Auster ['austər] *f* (15) huître *f*; '**~nschale** *f* écaille *f* d'huître; '**~nzucht** *f* ostréiculture *f*.

'**austilg|en** (25) *(ausrotten)* exterminer; extirper *(a. fig.)*; *Schuld:* éteindre; '²**ung** *f* extermination *f*; extirpation *f*; *Schuld:* extinction *f*.

'**austoben**: *sich ~* s'abandonner à (sa fureur *resp.* ses passions); *(aufhören zu toben)* s'apaiser; *Jugend:* jeter sa gourme.

Austrag ['~traːk] *m* (3³) *(Ausgleich)* arrangement *m*; *(Lösung)* solution *f*; *(entscheidender Ausgang)* fin *f*; *e-n Streit zum ~ bringen* vider une querelle; ²**en** ['~gən] porter à domicile; ⚖ distribuer; *Neuigkeiten:*

Austräger(in) — 663 — **Auswurf**

débiter; divulguer; *Streit:* vider; (*entscheiden*) décider.
'**Austräger(in** f) m porteur m, -euse f; distributeur m, -trice f.
Australien [aus'traːliən] n (17) l'Australie f; **~ier(in** f) m Australien m, -ne f; ⚔isch australien.
'**austreib|en** chasser; expulser; *j-m etw.* ~ faire passer qch. à q.; *Vieh:* mener paître; *Geister:* exorciser; '⚔ung f expulsion f; *Geister:* exorcisme m.
'**aus|treten** v/i. (*verlassen*) se retirer (de); sortir (de); *W.C.:* sortir; *Wasser:* déborder; *ast. étranger; v/t.* (*abnutzen*) user; (*ausweiten*) élargir; *Feuer:* éteindre avec le pied; *Schuh:* éculer; '**~trinken** vider; *alles ~* boire tout; '⚔tritt m sortie f; *Fluß:* débordement m; *ast.* émersion f; '**~trocknen** v/t. dessécher; v/i. se dessécher; *Quelle:* (se) tarir; '**~trommeln** fig. = '**~trompeten** fig. divulguer; '**~tüfteln** trouver à force de débuiter; '**~tuschen** colorier; passer au lavis.
'**aus-üb|en** exercer; pratiquer; ~*de Gewalt* pouvoir m exécutif; '⚔er m, '⚔ung f exercice m; pratique f.
'**Ausverkauf** m vente f totale; liquidation f; *alter Ladenbestände:* soldes m/pl.; '⚔en vendre son fonds de boutique; liquider; solder; '⚔t: ~ *sein* être épuisé; *thé.* être comble.
'**aus|wachsen** se développer; *Korn:* germer; *es ist zum* ⚔ c'est assommant; '⚔wahl f choix m; sélection f; ♱ assortiment m; *e-e große ~ haben* être bien assorti.
'**auswählen** choisir; sélectionner.
'**Auswahl|mannschaft** f *Sport:* équipe f sélectionnée; '**~sendung** f envoi m au choix.
'**auswalzen** *Eisen:* laminer.
'**Auswand|(e)rer** m, '**~rerin** f (7) émigrant m, -e f; émigré m, -e f; '⚔ern émigrer; '**~ern** n, '**~erung** f émigration f.
auswärtig ['~vɛrtiç] étranger; extérieur; ~*er Schüler* externe m; *das* ⚔e *Amt* le ministère des affaires étrangères.
auswärts ['~vɛrts] (en) dehors; au dehors; ~ *essen* dîner en ville.
'**auswasch|en** *Kleid, Wunde:* laver; *Flecken:* enlever (en lavant); *Felsen:* creuser; *Gold:* extraire (par le lavage); ⚔en n, ⚔ung f lavage m.

'**auswechsel|bar** amovible; *untereinander:* interchangeable; '**~n** échanger; ⚔n n, '⚔ung f échange m.
'**Ausweg** m (*Ausgang*) sortie f; issue f; *fig.* expédient m; (*Mittel*) moyen m; (*Ausflucht*) subterfuge m.
'**ausweich|en** faire place; se ranger de côté; s'écarter pour laisser passer; *links ~!* doubler à gauche!; (*aus dem Wege gehen*) éviter; *e-r Sache:* échapper à; *e-r Frage usw.:* éluder (acc.); '⚔en n évitement m; *ast., Pendel:* élongation f; '**~end** évasif; '⚔gleis n voie f de garage (*od.* d'évitement); '⚔stelle 🚂 f gare f d'évitement.
'**ausweiden** *Wild:* éventrer; vider.
'**ausweinen:** *sich* ~ se soulager en pleurant; *sich die Augen* ~ s'user les yeux à force de pleurer.
Ausweis ['~vais] m (4) carte f d'identité; passeport m; papiers m/pl.; '⚔en expulser; *sich* ~ justifier de son identité; montrer ses papiers; '**~karte** f carte f d'identité; '**~papiere** n/pl. papiers m/pl. d'identité; '**~ung** f expulsion f; '**~ungsbefehl** m ordre m (*od.* arrêté) m d'expulsion.
'**aus|weiten** élargir; *Loch:* évaser; '**~wendig** extérieur; ~ *lernen* (*können*) apprendre (savoir) par cœur; '**~werfen** *Netze, Anker:* jeter; *Asche, Feuer:* lancer; vomir; *Auge:* crever (en lançant une pierre); *Betrag:* affecter (*für etw.* à qch.); ♣ expectorer; *Blut:* cracher; *Erde:* déblayer; *Graben:* creuser; *Patronen:* éjecter; (*anweisen*) assigner; '**~werten** exploiter; mettre en valeur; '⚔**wertung** f exploitation f; mise f en valeur; '**~wetzen:** *e-e Scharte* ~ *fig.* réparer un échec; '**~wickeln** désenvelopper; *Kind:* démailloter; '**~wiegen** peser; '**~winden** tordre; '**~wintern** ['~vintərn] hiverner; '**~wirken** obtenir; procurer; *sich* ~ produire tout son effet; '⚔**wirkung** f effet m; '**~wischen** *Augen:* frotter; *Gläser:* essuyer; *Schrift:* effacer; *j-m eins* ~ F jouer un tour à q.
'**auswringen** (25) *Wäsche:* tordre.
Auswuchs ['~vuːks] m (4¹) excroissance f; ♣ *u.* ♀ tumeur f; loupe f; *fig.* abus m; aberration f.
'**Auswurf** m (*Unrat*) immondices f/pl.; ♣ expectoration f; crachat m; *fig.* rebut m; lie f.

auswürfeln: etw. ~ jouer qch. aux dés. [*ung* f dentelure f; créneluref.\
'auszack|en denteler; créneler; ♀-\
'auszahl|en payer; ♀**ung** f paiement m.
'auszähl|en compter; dénombrer; *Boxen:* compter out; *die Stimmen* ~ dépouiller le scrutin; ♀**ung** f dénombrement m; ~ *der Stimmen* dépouillement m du scrutin.
'auszanken gronder; tancer.
'auszehr|en consumer; épuiser; ♀**ung** f consomption f; ☞ *a.* phtisie f; épuisement m.
'auszeichn|en: j-n ~ distinguer q., *mit Orden:* décorer q.; ✝ étiqueter; marquer le prix; *sich* ~ se distinguer; ♀**ung** f distinction f; *mit Orden:* décoration f; ✝ étiquette f; marque f.
'auszieh|en v/t. arracher; *Buchstellen, Rechnungen, Nägel, Zähne:* extraire (*a.* ♣); (*dehnen*) étendre; *Tisch:* rallonger; *Linie:* tirer; tracer; *mit Tinte* ~ passer à l'encre; *Kleider:* ôter; enlever; *sich* ~ se déshabiller; *sich die Schuhe* ~ se déchausser; v/i. partir; (*aus e-r Wohnung*) déménager (*heimlich:* à la cloche de bois); ♀**en** n arrachement m; *Buchstellen, Rechnungen, Nägel, Zähne:* extraction f (*a.* ♣); (*Auskleiden*) déshabillage m; (*aus e-r Wohnung*) déménagement m; ♀**feder** f tire-ligne m; ♀**tisch** m table f à rallonges; ♀**tusche** f encre f de Chine f.
'auszischen siffler; 'huer.
'Auszug m (*Tisch*♀) rallonge f; *Buch*, ⚟: extrait m; *kurzer* ~ *e-r Schrift:* abrégé m; (*Zusammenfassung*) résumé m; sommaire m; (*Hauptgehalt*) (quint)essence f; *Konto:* relevé m; (*aus e-m Lande*) exode m; émigration f; *aus e-m Ort:* départ m; (*aus e-r Wohnung*) déménagement m; ⚟. **mehl** n fleur f de farine; ♀**sweise** par extraits; en abrégé. [arracher.\
'auszupfen effiler; (*ausrupfen*)\
Autarkie [autar'ki:] f (15) autar-\
au'tarkisch autarcique. [cie f.\
authentisch [au'tεntiʃ] authentique.
Auto ['aɔto] n (11) auto f; voiture f ~ *fahren* faire de l'auto; **~-anhänger** m remorque f; **~-anrufstelle** f poste m téléphonique d'autos; **~bahn** f autoroute f;

autostrade f; (*Rennbahn*) autodrome m; **~biographie** [~'fi:] f autobiographie f; **~brille** f lunettes f/pl. d'auto; **~bus** ['~bus] m (4¹) autobus m; (*Reisebus*) autocar m; **~didakt** (~di'dakt) m autodidacte m; **~droschke** f taxi m; **~fahrer** m automobiliste m; **~friedhof** m cimetière m d'autos; **~garage** f garage m pour autos; **~'genschweißung** f soudure f autogène; **~'gramm** n autographe m; **~heber** m lève-auto m; **~hilfsdienst** m services m/pl. de dépannage; **~hof** m garage m pour autos; **~hupe** f klaxon m; **~-industrie** f industrie f automobile; **~kappe** f casquette f d'auto; **~koffer** m malle f d'auto; **~kolonne** f convoi m automobile; **~krat** [~'krɑ:t] m autocrate m; **~lotsendienst** m service m de pilotage.
Automat [~'mɑ:t] m (12) automate m; distributeur m automatique; **~enrestaurant** (*pro. fr.*) n restaurant m automatique; **~ion** [~'tsio:n] f automa(tisa)tion f; ♀**isch** automatique.
Automobil [~mo'bi:l] n automobile f; **~-ausstellung** f *große:* Salon m de l'automobile.
auto|nom [~'no:m] autonome; ♀**no'mie** f autonomie f.
'Auto|nummer f numéro m d'immatriculation; **~parkplatz** m parc m pour autos; parking m; *Straße:* stationnement m autorisé; **~paß** m triptyque m.
Autor(in f) ['auto:r (~'to:rin)] m auteur m; femme f auteur.
'Auto|reifen m pneu m; **~rennbahn** f autodrome m; **~rennen** n course f d'autos; **~reparaturwerkstatt** f atelier m de réparations. [f autorité f.\
autoritä|r [~i'tε:r] autoritaire; ♀**t**\
'Auto|ruf m poste m téléphonique d'autos; **~schlange** f file f d'autos (*od.* de voitures); **~schlosser** m mécanicien m; garagiste m; **~straße** f autoroute f; autostrade f; **~tankstelle** f poste m d'essence; **~-unfall** m accident m d'auto.
Axt [akst] f (14¹) 'hache f; cognée f.
Azalie [a'tsa:liə] f (15) azalée f.
Azetylen [atsety'le:n] n (3), **~gas** n acétylène m.
Azoren [a'tso:rən] pl. Açores f/pl.
azurn [a'tsu:rn] azuré; d'azur.

B

B, b [be:] *n* B, b *m*; ♪ *n* si *m* bémol.
Baby ['be:bi:] *n* (11) bébé *m*; **~wäsche** *f* layette *f*. [chante *f*.]
Bacchantin [ba'xantin] *f* bac-}
Bach [bax] *m* (3³) ruisseau *m*.
Bache *ch.* ['baxə] *f* (15) laie *f*.
'Bachstelze *f* bergeronnette *f*; lavandière *f*; F 'hochequeue *m*.
Back|apfel ['bak-] *m* pomme *f*.
'Backbord ⚓ *n* bâbord *m*. [tapée.]
Backe ['bakə] *f* (15) joue *f*; **dicke ~** joue *f* enflée; *Tier*: bajoue *f*; **~n** *pl. Schraubstock*: mâchoires *f*/*pl.*
backen ['bakən] (30) *v*/*t. Brot usw.*: (faire) cuire; *cuis.* (faire) frire; *v*/*i. im Ofen*: cuire; *in der Pfanne*: frire; *Schnee*: prendre.
'Backen|bart *m* favoris *m*/*pl.*; **~knochen** *m* (os *m* de la) pommette *f*; **~streich** *m* soufflet *m*; **~tasche** *zo. f* abajoue *f*; **~zahn** *m* molaire *f*.
Bäcker|(in *f*) ['bɛkər] *m* (7) boulanger *m*, -ère *f*; **~ei** [~'raɪ] *f*(16) boulangerie *f*; **~(s)frau** *f* boulangère *f*; **~geselle** *m* garçon *m* boulanger; F mitron *m*; **~laden** *m* boulangerie *f*.
'Back|fisch *m* poisson *m* à frire; (*gebackener Fisch*) friture *f*; *fig.* jeune fille *f*; jouvencelle *f*; **~fisch-alter** *n* âge *m* ingrat; **~form** *f* moule *m* à pâtisserie; **~geld** *n* fournage *m*; **~hähnchen** *n* poulet *m* rôti; **~haus** *n* fournil *m*; **~hitze** *f* fournaise *f*; **~mulde** *f* pétrin *m*; **~obst** *n* fruits *m*/*pl.* séchés; **~ofen** *m* four *m*; **~pfanne** *f* poêle *m* à frire; **~pfeife** *f* soufflet *m*; gifle *f*; **~pflaume** *f* pruneau *m*; **~pulver** *n* levure *f* en poudre; **~stein** *m* brique *f*; **~stube** *f* fournil *m*; **~trog** *m* pétrin *m*; **~ware** *f*, **~werk** *n* pâtisseries *f*/*pl.*; **~zahn** *m* molaire *f*.
Bad [ba:t] *n* (1²) bain *m*; (*Ort*) bains *m*/*pl.*; station *f* balnéaire (*mit warmer Quelle*: thermale); ville *f* d'eaux; *ins ~ reisen* aller aux eaux; *ins (aus dem) ~ steigen* se mettre au (sortir du) bain.
'Bade|-anstalt *f* établissement *m* de bains; **~anzug** *m* maillot *m* de bain; **~arzt** *m* médecin *m* des eaux; **~diener** *m* garçon *m* de bains; baigneur *m*; **~frau** *f* baigneuse *f*; **~gast** *m* baigneur *m*; **~handtuch** *n* serviette *f* de bain; **~hose** *f* caleçon *m* de bain; **~kappe** *f* bonnet *m* de bain; **~kur** *f* saison *f* aux eaux (*resp.* à la mer); **~mantel** *m* peignoir *m* de bain; **~meister** *m* maître *m* baigneur.
baden ['ba:dən] **1.** (26) *v*/*t.* baigner; *v*/*i.* se baigner; *in Badewanne*: prendre un bain; **2.** ♀ *n* baignade *f*; (*Land*) (le pays de) Bade *m*; **²er(in *f*)** *m* Badois *m*, -e *f*.
'Bade|-ofen *m* chauffe-bain *m*; **~ort** *m* station *f* balnéaire (*mit warmer Quelle*: thermale); ville *f* d'eaux; **~reise** *f* voyage *m* aux eaux; **~saison** *f* saison *f* balnéaire; **~stelle** *f* baignade *f*; **~strand** *m* plage *f*; **~stube** *f* salle *f* de bains; (*Schwitzraum*) étuve *f*; **~tuch** *n* serviette *f* de bain; **~wanne** *f* baignoire *f*; **~zelle** *f* cabinet *m*; **~zimmer** *n* salle *f* de bains.
badisch ['ba:dɪʃ] badois.
baff F [baf] épaté.
Bagatell|e [baga'tɛlə] *f* bagatelle *f*; **²isieren** minimiser.
Bagger ['bagər] *m* (7) drague *f*; (*Hafen²*) cure-môle *m*; **²n** (29) draguer; curer.
Bahn [ba:n] *f* (16) voie *f*; route *f* (*a. ast.*); *Planet*: orbite *f*; 🚂 chemin *m* de fer; voie *f* ferrée; (*Eis²*) glissoire *f*; (*Lauf²*) carrière *f*; (*Flug²*) trajectoire *f*; (*Kampf²*) arène *f*; stade *m*; (*Zeug²*) lé *m*; **~ frei!** gare!; **sich ~ brechen** se frayer un chemin, *fig.* se faire jour; **~-anschluß** *m* raccordement *m* de voies ferrées; **~-arbeiter** *m* cheminot *m*; homme *m* d'équipe; **~-aufseher** *m* garde-voie *m*; **~beamte(r)** *m* employé *m* de chemin de fer; **'²brechend** *adj.* qui fraie le chemin; *Erfindung*: révolutionnaire; **~brecher** *m* pionnier *m*; **~brücke** *f* viaduc *m*; **~damm** *m* talus *m*.

bahnen ['ba:nən] (25) *Weg*: frayer; percer; (*ebnen*) aplanir; *fig.* préparer.
'**Bahn|fahrt** f voyage m ferroviaire; **~hof** m gare f; station f; **~hofsvorsteher** m chef m de gare; '**~hofswirt** m buvetier m; '**~hofswirtschaft** f buffet m; buvette f; '**~knotenpunkt** m nœud m de chemin de fer; terre-plein m; '2**lagernd** en gare; '**~linie** f ligne f ferroviaire; '**~meister** m piqueur m de la voie; '**~netz** n réseau m ferroviaire; '**~post** f bureau m postal de la gare; '**~rennen** n *Sport*: course f sur piste; '**~schranke** f barrière f; '**~station** f quai m (de la gare); '**~steigkarte** f ticket (*od.* billet) m de quai; '**~strecke** f ligne f ferroviaire; '**~-überführung** f passage m supérieur (*od.* en dessus); '**~übergang** m passage m à niveau; '**~unterführung** f passage m inférieur (*od.* en dessous); '**~verbindung** f communication f ferroviaire; '**~verkehr** m trafic m ferroviaire; '**~wärter** m garde-barrière m; garde-voie m; '**~wärterhäuschen** n guérite f de garde-voie.

Bahr|e ['ba:rə] f (15) civière f; *für Kranke*: brancard m; (*Totenǝ*) bière f; '**~enträger** m brancardier m; '**~tuch** n drap m mortuaire.

Bai [bai] f (11) baie f.

Baiser [bɛ'ze:] n (15) meringue f (à la crème).

Baisse ✝ ['bɛ:s(ə)] f (15) baisse f.

Bajazzo [ba'jatso:] m paillasse m.

Bajonett [bajo'nɔt] n (3) baïonnette f. [bouée f;\]

Bake ⚓ ['ba:kə] f (15) balise f;}

Bakelit [bakə'li:t] n bakélite f.

Bakterie [bak'te:riə] f (15) microbe m; bactérie f; **~nforscher** m bactériologue m.

Balanc|e [ba'laŋsə] f balance f; 2**ieren** balancer; **~ieren** [~'si:rən] n balancement m.

bald [balt] bientôt; sous peu; (*fast*) presque; **~** ... **~** ... tantôt ... tantôt; *so* **~** si tôt; *so* **~** *kommt er nicht il n'arrivera pas de sitôt; so* **~** *wie möglich* le plus tôt possible; **~** *darauf* bientôt après.

Baldachin ['baldaxi:n] m (3¹) baldaquin m; dais m.

baldig ['baldiç] prochain; *auf* **~**es *Wiedersehen* à bientôt; '**~st** le plus tôt possible; au plus tôt.
'**baldmöglichst** le plus tôt possible.
Baldrian ['baldri:a:n] m (3¹) valériane f; '**~tropfen** m/pl. teinture f de valériane.

Balg [balk] m (3³) peau f; *Schlangen*: dépouille f; (*Blaseǝ*) soufflet m; F (*Kind*) moutard m; marmot m; 2**en** [balɡən] (25): *sich* **~** *se colleter*; se chamailler; **~erei** [~ɡə'rai] f chamaillerie f; rixe f; '**~treter** m souffleur m d'orgues.

Balkan ['balka:n] m (6) les Balkans m/pl.; **~länder** n/pl.: *die* **~** *les États* m/pl. *balkaniques*.

Balken ['balkən] m (6) poutre f; (*Deckenǝ*) solive f; '**~träger** m pointal m; '**~waage** f romaine f; '**~werk** n poutrage m. [m.\]

Balkon [bal'kɔŋ] m (11; 3¹) balcon}

Ball [bal] m (3³) balle f; (*Fußǝ*) a. ballon m; (*Billardǝ*) bille f; (*Schlagǝ*) êteuf m; (*Gesellschaftsǝ*) bal m; **~** *spielen* jouer à la balle.

Ballade [ba'la:də] f (15) ballade f.

Ballast ['balast] m (3²) lest m; *fig.* bagage m inutile; fatras m.

Ballen ['balən] **1.** m (6) **~** balle f; ballot m; (*Handǝ*) thénar m; (*Fußǝ*) plante f du pied; **2.** 2 (25) mettre en boule; *die Faust* **~** *serrer le poing; Schnee* **~** *faire des boules de neige;* '2**weise** *adv.* par ballots.

Ballett [ba'lɛt] n (3) ballet m; (**~truppe**) corps m de ballet; **~kunst** f chorégraphie f; **~meister** m maître m de ballet; **~tänzer(in** f) m danseur m, -euse f de ballet; (*Solotänzerin*) ballerine f; **~truppe** f corps m de ballet.

'**ball|förmig** en forme de balle; '2**gesellschaft** f soirée (*resp.* matinée) f dansante; '2**kleid** n robe f de bal; 2**netz** n filet m.

Ballon [ba'lɔŋ] m (11; 3¹) ballon m; **~fahrt** f ascension f en ballon; **~führer** m aérostier m; **~hülle** f enveloppe f du ballon; **~reifen** m *Auto*: pneu m ballon; **~sperre** f barrage m de ballons.

'**Ball|saal** m salle f de danse; '**~schuh** m escarpin m; '**~spiel** n (jeu m de) paume f.

Balsam ['balza:m] m (3¹) baume m; '**~duft** m souffle m embaumé.
balsamieren [~'mi:rən] embaumer.

balsamisch [‿'zɑːmiʃ] balsamique.
Balt|e ['baltə] m, **‿in** f Balte m, f; **‿ikum** n provinces f/pl. baltiques; **Ɵisch** baltique. [trade f.]
Balustrade [balus'trɑːdə] f balus-]
balzen ch. ['baltsən] (27) être en chaleur. [bambou m.]
Bambus ['bambus] m, **‿rohr** n]
Bammel F ['baməl] m: e-n ‿ haben avoir les foies (od. le trac). [nalité f.]
banal [ba'nɑːl] banal; **Ɵität** f ba-]
Banane [ba'nɑːnə] f (15) banane f; **‿nstecker** m Radio: fiche-banane f.
Ba'naus|e m homme m sans culture; cuistre m; **Ɵisch** plat; terre-à-terre.
Band [bant] **1.** n (3³) (Bindfaden) ficelle f; (Schnur) cordon m; anat. ligament m (OrdensƟ) ruban m, breites: cordon m; (HutƟ) bride f; ⊕ eisernes ‿ crampon m; Faß: cercle m; laufendes ‿ tapis m roulant; Arbeit am laufenden ‿ travail m à la chaîne; fig. lien m; **2.** m (3³) volume m; (Teil e-s Werkes) tome m; **‿antenne** f antenne f en ruban; **‿arbeit** f travail m à la chaîne; **‿e** f ['bandə] **1.** n/pl. liens m/pl.; fers m/pl.; **2.** f (15) bande f (a. BillardƟ); troupe f; **‿eisen** n fer m en rubans; (fer m) feuillard m.
bände ['bɛndə] s. binden.
'Bandenkrieg m guérilla f.
Banderole [‿'roːlə] f (15) bandelette f; bande f de fermeture.
'Bandförderer m tapis m roulant.
bandförmig ['bantfœrmiç] en forme de ruban; ⚭ liguié.
bändig|en ['bɛndigən] (25) dompter; maîtriser; Ɵung f domptage m; Ɵer(in)f m dompteur m, -euse f.
Bandit [ban'diːt] m (12) bandit m; brigand m.
'Band|maß n mètre m à ruban; **‿säge** f scie f à ruban; **‿schleife** f nœud m de ruban; **‿wurm** m ver m solitaire; ⚥ ténia m.
bang|e f ['baŋə] craintif; peureux; angoissé; mir ist ‿ j'ai peur (vor dat. de); ‿ machen faire peur; **‿en:** ‿ um craindre pour; **Ɵigkeit** f (16) crainte f; angoisse f, anxiété f.
Bank [baŋk] f (14¹) banc m; ohne Lehne: banquette f (a. ⚘); auf die lange ‿ schieben faire traîner; durch die ‿ sans (faire de) distinction; ✝ (16) banque f (halten tenir; sprengen faire sauter); '**‿abschluß**

✝ m bilan m de banque; '**‿aktie** f action f de banque; '**‿anweisung** f chèque m; '**‿beamte(r)** m employé m de banque; '**‿diskont** m escompte m bancaire.
Bänkelsänger ['bɛŋkəlzɛŋər] m (7 [16¹]) chanteur m ambulant.
bankerott [baŋk(ə)'rɔt] **1.** insolvable; en (état de) faillite; **2.** ⚤ m (3) faillite f; banqueroute f.
Bankett [baŋ'kɛt] n (3) banquet m.
'bank|fähig ✝ bancable; **Ɵgeschäft** n banque f; **Ɵgirokonto** n compte m de virement bancaire; **Ɵguthaben** n avoirs m/pl. en banque; **Ɵhalter** m banquier m; **Ɵhaus** n (maison f de) banque f.
Bankier [‿'kieː] m (11) banquier m.
'**Bank|konto** n compte m en banque; **Ɵmäßig** bancaire; **Ɵnote** f billet m (de banque); **‿noten-umlauf** m circulation f fiduciaire; **‿rott** [‿'krɔt] m = ‿erott; **‿schuld** f dette f bancaire; **‿spesen** pl. frais m/pl. de banque; **‿verkehr** m opérations f/pl. bancaires.
Bann [ban] m (3) ban m; (Verbannung) bannissement m; (KirchenƟ) excommunication f; fig. (Zauber) charme m; ensorcellement m; in den ‿ tun mettre au ban, kirchlich: excommunier; '**‿bulle** f bulle f d'excommunication; **Ɵen** (25) (vertreiben) bannir; mettre au ban; kirchlich: excommunier; fig. fasciner; captiver; charmer; Gefahr, Geister: conjurer; **‿er** ['banər] n (7) bannière f; étendard m; '**‿erträger** m porte-bannière m; porte-étendard m; '**‿fluch** m anathème m; '**‿meile** f banlieue f; '**‿ware** f contrebande f.
Bantamgewicht ['bantam‿] n poids m coq.
bar [bɑːr] **1.** (nackt) nu; mit gén.: dépourvu de; (offen daliegend) pur; ✝ comptant; gegen ‿ au comptant, en espèces; **2.** ⚤ f (11¹) bar m.
Bär(in f) ['bɛːr(in)] m (16¹), (12) ours m, -e f; Sternbild: Ourse f; j-m e-n ‿en aufbinden en conter à q.
Baracke [ba'rakə] f (12) baraque f; **‿nlager** n baraquement m.
Barbar [bar'bɑːr] (12) m barbare m; **‿ei** [‿'raɪ] f (16) barbarie f; vandalisme m; **Ɵisch** barbare.
Barbe icht. ['barbə] f barbeau m.
bärbeißig ['bɛːrbaɪsiç] bourru; 'hargneux.

Barbestand *m* espèces *f/pl.* en caisse.

Barbier [bar'biːr] *m* (3¹) barbier *m*; coiffeur *m*; ~becken *n* plat *m* à barbe; ℒen (25) faire la barbe (à); raser; *über den Löffel* ~ *fig.* duper; rouler; ~messer *n* rasoir *m*; ~stube *f* salon *m* de coiffure.

Barchent ['barçɛnt] *m* (3) futaine *f*.

Bardame *f* barmaid *f*.

Barde ['bardə] *m* (13) barde *m*.

Bären|führer *m* meneur *m* d'ours; '~haut *f*: *auf der* ~ *liegen fig.* fainéanter; '~hunger *m* faim *f* de loup; ~klau ♀ *f* acanthe *f*; ~mütze *f* bonnet *m* à poil; ~zwinger *m* fosse *f* aux ours.

Barett [ba'rɛt] *n* (3) barrette *f*; *der Advokaten usw.*: toque *f*; *(Baskenmütze)* béret *m*.

bar|fuß ['baːrfuːs], ~füßig ['~fyːsiç] *nu-pieds*; *pieds nus*; ℒgeld *n* argent *m* comptant; espèces *f/pl.*; numéraire *m*; ~geldlos par virement; 'ℒgeschäft *n* marché *m* au comptant; '~haupt, ~häuptig ['~hɔyptiç] *nu-tête*; *tête nue*; ℒ-hocker *m* tabouret *m* de bar.

barg, ~en [bark, '~gən] *s. bergen.*

Bariton ['baːritɔn] *m* (3¹) baryton *m*.

Bar'kasse *f* barcasse *f*.

Barkauf *m* achat *m* au comptant.

Barke ['barkə] *f* (15) barque *f*.

Barlauf *m* jeu *m* de barres; ~ *spielen* jouer aux barres.

Barlohn *m* rémunération *f* en espèces *(od.* en numéraire).

barmherzig [barm'hɛrtsiç] miséricordieux; charitable; ℒkeit *f* miséricorde *f*; charité *f*.

ba'rock [ba'rɔk] (ℒ *n*) baroque *(m)*.

Barometer [baro'meːtər] *n (a. m)* (7) baromètre *m (steht auf veränderlich est au variable)*; ~stand *m* 'hauteur *f* barométrique.

Baron(in *f*) [ba'roːn(in)] *m* (3¹, 16¹) baron *m*, -ne *f*.

Barre [barə] *f* (15) barre *f*; ~n *m (6) Gold usw.*: lingot *m*; *(Turngerät)* barres *f/pl.* parallèles.

Barrikad|e [bari'kaːdə] *f* (15) barricade *f*; ℒieren [~'diːrən] barricader.

Barsch [barʃ] **1.** *icht. m* (3² [u. ³]) perche *f*. **2.** ♀ *fig.* brusque; *(mürrisch)* bourru.

Bar|schaft ['baːrʃaft] *f* (16) argent *m* comptant; ~scheck *m* chèque *m* ouvert.

Barschheit *f* brusquerie *f*; grossièreté *f*.

Barsendung *f* envoi *m* en espèces.

barst (barst) *s. bersten.*

Bart [baːrt] *m* (3³) barbe *f*; *(Schnurr*ℒ) moustache *f*; *der Katze*: moustaches *f/pl.*; *Schlüssel*: panneton *m*; *e-n* ~ *bekommen* prendre de la barbe; *sich den* ~ *wachsen lassen* laisser pousser sa barbe; *in den* ~ *murmeln* grommeler; parler entre les dents; *j-m um den* ~ *gehen* courtiser q.; P *so (ei)*ⁿ~! c'est du réchauffé!; ~binde *f* fixe-moustache *m*; '~flechte *f* ❀ sycosis *m*; ❀ lichen *m*.

bärtig ['bɛːrtiç] barbu.

bartlos imberbe.

Bar|verlust *m* perte *f* en argent comptant; ~zahlung *f* paiement *m* comptant; *gegen* ~ payable au comptant.

Basalt [ba'zalt] *m* (3) basalte *m*.

Basar [ba'zaːr] *m* (3¹) bazar *m*.

Base ['baːzə] *f* (15) cousine *f*; ⚗ base *f*.

Basel ['baːzəl] *n* Bâle *f*.

basieren [ba'ziːrən] baser *(auf dat. sur)*; fonder (sur).

Basilika [ba'ziːlika] *f* basilique *f*.

Basis ['baːzis] *f* (16²) base *f*.

Bask|e ['baskə] *m*, ~in *f* Basque *m*, *f*; ~enmütze *f* béret *m*.

Basketspiel ['baːskɪt~] *n* basket-[ball *m*.]

baskisch basque.

Baß [bas] *m* (4²) basse *f*; *zweiter* ~ basse-contre *f*; *den* ~ *streichen* jouer de la basse; '~bläser *m* basson *m*; ~geige *f kleine:* violoncelle *m*; *große:* contrebasse *f*; '~horn *n* basson *m*.

Bassist [ba'sist] *m* (12) basse *f*; *zweiter* ~ basse-contre *f*.

Baß|saite *f* corde *f* de basse; '~schlüssel *m* clef *f* de fa; '~stimme *f* voix *f* de basse.

Bast [bast] *m* (3²) liber *m*; *(fibre f d'écorce)*; *Lein:* filasse *f*.

basta! ['basta] suffit!; assez!

Bastard ['bastart] *m* (3) bâtard *m*; ❦ *⁹* hybride *m*.

Bastei [bas'tai] *f* (16) bastion *m*.

bast|eln [~təln] (29) bricoler; ℒler *m* bricoleur *m*.

'**Bast|matte** *f* natte *f* de fibre *(od.* d'écorce *od.* de Chine); ~seide *f* (15) soie *f* écrue.

bat, bäte (baːt, 'bɛːtə) *s. bitten.*

Bataillon [bata'lioːn] *n* (3¹) ba-

Bataillonskommandeur — 669 — **Baumschule**

taillon m; ~**skommandeur** m chef m de bataillon.
Batist [ba'tist] m (3²) batiste f.
Batterie [batə'ri:] f (15) ⚔ batterie f; ⚡ batterie f d'accu(mulateur)s; ~**empfänger** m récepteur m sur piles; ~**zündung** f allumage m par batterie.
Bau [bau] m (3) construction f; (*Struktur*) structure f; *e-s organischen Körpers*: organisation f; 🌾 culture f; ⚒ exploitation f; (*Gebäude*) bâtiment m; édifice m; vom~ sein être du bâtiment; (*Höhle*) terrier m; tanière f; ~**akademie** f école f d'architecture; ~**anschlag** m devis m; ~**arbeiter** m ouvrier m du bâtiment; ~**art** f style m; ~**bedarf** m matériaux m/pl.
Bauch [baux] m (3³) ventre m; (*Schiffs*♀) coque f; fond m; ~**binde** f ceinture f abdominale; *Zigarren*: bague f; ~**fell** m péritoine m; ~**fell-entzündung** f péritonite f; ~**fett** n panne f; ~**flosse** f nageoire f abdominale; ~**grimmen** n (6) = ~**krampf**; ~**gurt** m sous-ventrière f; ~**höhle** f cavité f abdominale; ~'**ig** ventru; bombé; convexe; ~**krampf** m colique f; ~**laden** F m éventaire m (du colporteur); ~**muskel** m muscle m abdominal; ~**nabel** m nombril m; ~**redner** m ventriloque m; ~**schmerzen** m/pl. = ~**weh**; ~**speicheldrüse** f *anat.* pancréas m; ~**weh** n mal m de ventre; ~ haben avoir mal au ventre.
Baude ['baudə] f (15) (*Hütte*) 'hutte f; (*Sennhütte*) chalet m.
bauen ['bauən] (25) v/t. bâtir; construire; *Nest*: faire; (*errichten*) élever; dresser; 🌾 (*bebauen*) cultiver; *Getreide usw.*: planter; ⚒ exploiter; v/i. ~ *auf (acc.) fig.* compter (*od.* tabler) sur.
Bauer ['bauər] **1.** m (*a. n*) (*Käfig*) cage f; *großer*: volière f; **2.** m (10 *od.* 13) paysan m; laboureur m; cultivateur m; *fig.* rustre m; *Kartenspiel*: valet m; *Schach*: pion m.
Bäuerin f (16¹) paysanne f; ♀(e)**risch** rustique; paysan, *péj.* (*grob*) rustaud; grossier.   [bâtir.
Bau-erlaubnis f autorisation f de
Bauern|bursche m jeune paysan m; ~**dirne** f jeune paysanne f; ~**fänger** m (7) charlatan m; escroc m; bonneteur m; ~**fänge'rei**

f attrape-nigaud m; ~**hochzeit** f noce f de village; ~**hof** m ferme f; *als Pacht*: *a.* métairie f; ~**lümmel** m manant m; rustre m; ~**mädchen** n jeune paysanne f; ~**partei** f parti m paysan; ~**schaft** f paysans m/pl.; ♀**schlau** madré; ~**stand** m classe f paysanne; paysans m/pl.; ~**stolz** m *fig.* orgueil m bête; ~**tracht** f costume m villageois; ~**volk** n = ~**stand**.
Bauers|frau f = **Bäuerin**; ~**mann** m = **Bauer**.
Bau|fach n (*Baukunst*) architecture f; ♀**fällig** caduc; délabré; ~**fälligkeit** f caducité f; délabrement m; ~**flucht** f alignement m; ~**führer** m chef m des travaux; ~**gerüst** n échafaudage m; ~**geschäft** n entreprise f de construction; ~**gewerbe** n (profession f du) bâtiment m; ~**gewerbeschule** f école f professionnelle d'architecture; ~**handwerk** n (industrie f du) bâtiment m; ~**herr** m propriétaire m; ~**hof** m, ~**hütte** f chantier m (de construction); ~**holz** n bois m de construction; ~**ingenieurschule** f école f des ponts et chaussées; ~**kasten** m boîte f de construction; ~**kompanie** f compagnie f du génie; ~**kosten-anschlag** m devis m; ~**kunst** f architecture f; ~**leiter** m = ~**führer**; ~**leitung** f direction f des travaux.
'**baulich** architectural; ♀**keit** f (*Gebäude*) bâtiment m; édifice m.
Baum [baum] m (3³) arbre m; (*Schranke*) barrière f; *Pflug usw.*: brancard m; flèche f; (*Hebel*) timon m; ♀-**artig** arborescent.
'**Baumaterial** n matériaux m/pl. de construction.
'**Baum|bestand** m peuplement m forestier; ~**blüte** f floraison f des arbres.
'**Baumeister** m architecte m.
baumeln ['bauməln] (29) pendiller.
bäumen (25): *sich* ~ se dresser; *Pferd*: se cabrer (*a. fig.*).
'**Baum|frevel** m délit m forestier; ~**garten** m verger m; ~**kuchen** m pièce f montée; ~**marder** m mart(r)e f; ~**pfahl** m tuteur m; ~**reihe** f rangée f d'arbres; ~**rinde** f écorce f d'arbre; ~**schere** f sécateur m; ~**schule** f pépinière

Baumstamm — 670 — **Bebauung**

f; '~stamm m tronc m d'arbre; '~stark fig. fort comme un chêne; '~stumpf m souche f d'arbre; '~wachs n mastic m à greffer; '~wolle f coton m; '2woll(en-)industrie f industrie f cotonnière; '~woll(en)stoff m cotonnade f; '~zucht f arboriculture f.

'Bau|-ordnung f réglementation f des constructions; '~platz m = ~stelle; '~polizei f services m/pl. d'urbanisme.

Bausch [bauʃ] m (3² [u. ³]) bour(re)let m; coussinet m; in ~ und Bogen en bloc; '2en (27) (v/t. faire) bouffer; '2ig bouffant.

'Bau|schutt m décombres m/pl.; '~sparkasse f caisse f d'épargne de construction; '~stätte f chantier m (de construction); '~stein m pierre f à bâtir; fig. ~e pl. matériaux; '~stelle f terrain m à bâtir; emplacement m; = ~stätte; '~stil m style m; '~stoffe m/pl. matériaux m/pl. de construction; '~tätigkeit f activité f du bâtiment; '~techniker m architecte m; '~trupp m équipe f de pose; '~unternehmen n ('~unternehmer m) entreprise f (entrepreneur m) de bâtiments (resp. de travaux publics); '~vorhaben n projet m de construction; öffentliches: projet m de travaux publics; '~werk n édifice m; bâtiment m; '~wesen n travaux m/pl. de construction; öffentliches: travaux m/pl. publics; '~zaun m clôture f de terrain; palissade f.

Bayer|(in f) ['baiər] m (13 [16¹]) Bavarois m, -e f; '2isch bavarois; '~n n (17) la Bavière.

Bazill|enträger [ba'tsilən,trɛ:gər] m porteur m de germes (od. de bacilles); '~us m (16²) bacille m.

beabsichtigen [bə'^ʔapzɪçtɪgən](25): etw. ~ avoir qch. en vue; se proposer qch.; ~ zu ... avoir l'intention de ...; compter ...

be'-acht|en (26) faire attention à; (berücksichtigen) prendre en considération; tenir compte de; Vorschrift: observer; 2en n, 2ung f (prise f en) considération f; Vorschrift: observation f; ~enswert remarquable.

be'-ackern labourer.

Beamt|e(r) [bə'amtə(r)] m (18) fonctionnaire m; in e-m Büro usw.: employé m; (höherer Gerichts2 usw.) magistrat m; ~en-abbau m licenciement m des fonctionnaires; ~enbund m union f des fonctionnaires; ~enschaft f, ~entum n fonctionnaires m/pl.; ~in f fonctionnaire f; in e-m Büro usw.: employée f.

be'-ängstig|en alarmer; inquiéter; angoisser; 2ung f angoisse f; (Besorgnis) inquiétude f.

beanspruch|en [~'^ʔanʃpruxən] (25) demander (a. Zeit); réclamer; als Recht: revendiquer; ⊕ fatiguer; 2ung f demande f; réclamation f; als Recht: revendication f; ⊕ fatigue f.

beanstand|en [~'^ʔanʃtandən] (26) faire des objections à; trouver à redire à; réclamer contre; 2ung f réclamation f; objection f.

beantragen [~'^ʔantra:gən] (25) demander; in Versammlung: proposer.

be'-antwort|en répondre à; 2ung f réponse f.

be'-arbeit|en travailler; (Form geben) façonner; ♪ arranger; thé. Text: adapter; (abfassen) rédiger; Stoff usw.: traiter; ↙ cultiver; labourer; ⊕ usiner; neu ~ remanier; refaire; renouveler; fig. j-n ~ travailler q.; chercher à gagner q.; 2er m celui qui travaille (resp. façonne resp. remanie) qch.; ♪ arrangeur m; thé. e-s Textes: adaptateur m; (Verfasser) rédacteur m; 2ung f travail m; (Formgebung) façonnement m; ♪ arrangement m; thé. Text: adaptation f; (Abfassung) rédaction f; Stoff usw.: traitement m; ↙ culture f; ⊕ usinage m; (Umarbeitung) remaniement m; in ~ en préparation.

be'-argwöhnen soupçonner; suspecter.

beaufsichtig|en [~'^ʔaufzɪçtɪgən] (25) surveiller; contrôler; inspecter; 2en n, 2ung f surveillance f; contrôle m; inspection f.

be'-auf|tragen charger (mit de); 2tragte(r) [~tra:ktə(r)] m (18) ..., chargé m d'affaires; (Bevollmächtigter) mandataire m; (Abgeordneter) délégué m; ✝ commissionnaire m.

be'bau|en couvrir de bâtiments; ↙ cultiver; labourer; 2ung ↙ f culture f.

beben ['be:bən] (25) **1.** trembler; tressaillir (*vor Freude* de joie); **2.** ⁂ *n* tremblement *m*; tressaillement *m*.

bebildern [~'bildərn] (29) illustrer.

bebrüten [~'bry:tən] couver.

Becher ['bɛçər] *m* (7) gobelet *m*; (*Würfel*⁂) cornet *m*.

Becken ['bɛkən] *n* (6) bassin *m* (*a. anat. u. géogr.*); (*Wasch*⁂) cuvette *f*; ♩ ~ *pl.* cymbales *f/pl.* (toit.).

bedachen [~'daxən] couvrir (d'un toit).

Bedacht [~'daxt] **1.** *m* (3): *auf etw.* (*acc.*) ~ *nehmen* tenir compte de qch.; prendre qch. en considération; **2.** ⁂ *adj.* réfléchi; ~ *auf* (*acc.*) attentif à; soucieux de.

bedächtig [~'dɛçtiç] (*achtsam*) circonspect; discret; (*überlegend*) réfléchi; prudent; (*langsam*) lent; ⁂keit *f* circonspection *f*; prudence *f*; (*Langsamkeit*) lenteur *f*.

Bedachung [~'daxuŋ] *f* couverture *f*; (*Dach*) toiture *f*.

be'danken: *sich bei j-m* ~ faire ses remerciements à q.; *sich bei j-m für etw.* ~ remercier q. de (*od.* pour) qch.

Bedarf [~'darf] *m* (3) besoin *m*; *nach* ~ suivant les besoins; *mein* ~ ce qu'il me faut.

Be'darfs|-artikel *m/pl.* articles *m/pl.* d'usage courant; ~**fall** *m*: *im* ~ au besoin; ~**haltestelle** *f* arrêt *m* facultatif.

bedauer|lich [~'dauərliç] regrettable; (*beklagenswert*) déplorable; ~**n** (29) regretter; (*beklagen*) déplorer; *j-n* ~ plaindre q. (*wegen* de); ⁂n *n* regret *m*; ~**nswert** = ~*lich*; ~**nswürdig** digne de pitié.

be'decken couvrir (*mit* de).

be'denk|en considérer; (*überlegen*) penser (*od.* songer *od.* réfléchir) à; *j-n mit etw.* ~ pourvoir q. de qch.; *léguer* qch. à q.; *sich* ~ délibérer; *sich anders* (*e-s Bessern*) ~ se raviser; (*zögern*) hésiter; *die Folgen* ~ peser les conséquences; *vorher* ~ préméditer; ⁂en *n* (6) considération *f*; (*Überlegung*) réflexion *f*; (*Zögern*) hésitation *f*; (*Zweifel*) doute *m*; (*Skrupel*) scrupule *m*; ~**lich** douteux; critique; grave; (*heikel*) scabreux; délicat; (*Bedenken hegend*) pensif; ⁂lichkeit *f* hésitation *f*; scrupule *m*; ⁂zeit *f* temps *m* de la réflexion.

be'deut|en signifier; vouloir dire; (*andeuten*) indiquer; (*ankünden*) présager; *j-m etw.* ~ donner à entendre qch. à q.; ~**end** important; considérable; ~**sam** significatif; ⁂ung *f* signification *f*; (*Sinn*) sens *m*; (*Wichtigkeit*) importance *f*; *eigentliche* (*bildliche*) ~ sens *m* propre (figuré).

be'deutungs|los insignifiant; ~**voll** très significatif; très important; ⁂**wandel** *m* changement *m* de sens.

be'dien|en servir; (*handhaben*) manier; manœuvrer; (*Kartenspiel*) fournir; *sich e-r Sache* (*gén.*) ~ se servir de qch.   [domestique *m*.]

Bediente(r) [~'di:ntə(r)] *m* (18)

Bedienung [~'di:nuŋ] *f* service *m*; (*Dienerschaft*) domestiques *m/pl.*; (*Handhabung*) maniement *m*; manœuvre *f*.

Be'dienungs|geld *n* pourboire *m*; (frais *m/pl.* de) service *m*; ~**mannschaft** ⚔ *f* servants *m/pl.*; ~**vorschrift** *f* mode *m* d'emploi.

beding|en [~'diŋən] conditionner; (*notwendig machen*) nécessiter; (*erfordern*) exiger; ~**t** conditionné; ~ *durch* dû à; ~ *sein durch* être la conséquence de; ⁂theit *f* relativité *f*; ⁂ung *f* condition *f*; *unter der* ~, *daß* ... à condition que ... (*subj.*); ~**ungslos** sans condition(s); inconditionnel; ⁂ungssatz *m* proposition *f* conditionnelle; ~**ungsweise** sous condition (*od.* réserve).

be'dräng|en presser fortement; (*bekümmern*) affliger; (*bedrücken*) oppresser; opprimer; *v. Gläubigern*: obséder; poursuivre; ⁂nis *f* (14²) détresse *f*; gêne *f*; (*bedrängte Lage*) embarras *m*.

be'droh|en menacer; ~**lich** menaçant; ⁂ung *f* menace *f*.

be'drucken imprimer.

be'drück|en opprimer; oppresser; ⁂er *m* oppresseur *m*; ⁂ung *f* oppression *f*.   [douin *m*.]

Beduine [bedu'i:nə] *m* (13) Bé-

be'dürf|en (*gén. od. acc.*) avoir besoin de; ⁂nis *n* (4¹) besoin *m*; ⁂nis-anstalt *f* cabinets *m/pl.* (d'aisances); urinoir *m*; vespasienne *f*; ~**nislos** sans besoins; frugal; ⁂nislosigkeit *f* frugalité *f*; ~**tig** indigent; nécessiteux; ⁂tigkeit *f* indigence *f*.   [teck *m*.]

Beefsteak ['bi:fste:k] *n* (11) bif-

be'-ehren: j-n ~ mit honorer q. de; sich ~ avoir l'honneur de.

beeid(ig)en [~'ʔaɪd(ɪɡ)ən] (26, 25) affirmer par serment; ℨung f affirmation f par serment; (pêcher..)

be'-eilen: sich ~ se hâter; se dé-

beein|drucken [~'ʔaɪndrʊkən] (25) impressionner; **~flussen** [~flʊsən] (28): j-n ~ influencer q.; etw. ~ influer sur qch.; ℨflussung f influence f; **~trächtigen** (25) faire tort à; porter préjudice à; ℨträchtigung f préjudice m (porté à).

be'-end(ig)en finir; terminer; achever; ℨung f fin f; achèvement m.

beeng|en [~'ʔɛŋən] (25) (res)serrer; (beklemmen) oppresser; fig. restreindre; sich be-engt fühlen se sentir à l'étroit; ℨtheit f resserrement m; Brust: oppression f; fig. restriction f.

be'-erben hériter de.

beerdig|en [~'ʔeːrdɪɡən] enterrer; ℨung f enterrement m.

Be'erdigungs|-anzeige f faire--part m de décès; **~büro** n entreprise f des pompes funèbres; **~feier** f funérailles f/pl.; obsèques f/pl.; **~kosten** pl. frais m/pl. funéraires.

Beere ['beːrə] f (15) baie f; (Wein℈) grain m (de raisin); **'~nwein** f vin m de fruits (od. de baies).

Beet [beːt] n (3) planche f; parterre m; schmales: plate-bande f.

befähig|en [~'fɛːhɪɡən] (25) qualifier (zu pour); rendre propre (zu à od. capable de); **~t** capable (zu de); ℨung f qualification f; capacité f; aptitude f; ℨungsnachweis m certificat m d'aptitude.

befahl(st) [~'faːl(st)] s. befehlen.

befahr|bar [~'faːrbaːr] Weg: praticable; carrossable; Gewässer: navigable; **~en** Straße usw.: passer en voiture sur; ⚓ naviguer sur; Schacht: descendre dans; sehr ~e Straße rue (resp. route) f très fréquentée (od. passante).

be'fallen (30) attaquer; surprendre; ~ sein von être atteint de.

be'fangen (verlegen) gêné; embarrassé; (voreingenommen) prévenu; ℨheit f embarras m; (Vorurteil) prévention f; parti m pris.

be'fassen: sich ~ mit s'occuper de.

befehden [~'feːdən] (26) faire la guerre à.

Befehl [bə'feːl] m (3) commandement m; ordre m; ℨen (30) ordonner; commander.

Be'fehls|-empfänger ⚔ m agent m de liaison; **~form** f impératif m; **~haber** [~'feːlshaːbər] m (7) commandant m; ℨhaberisch impérieux; autoritaire; **~stab** ⚔ m disque m de commandement; **~verweigerung** f refus m d'obéissance; ℨwidrig [~viːdrɪç] contraire aux ordres.

befestig|en [~'fɛstɪɡən] attacher (an dat. resp. acc. à); affermir (a. fig.); ⚔ fortifier; fig. consolider; stabiliser; ℨung f ⚔ fortification f; fig. affermissement m; consolidation f; stabilisation f.

befeucht|en [~'fɔʏçtən] (26) humecter; mouiller; ℨen n, ℨung f humectation f; mouillage m.

Beffchen ['bɛfçən] n (6) rabat m.

be'find|en v/t. trouver (für gut bon); sich ~ être; se trouver; gesundheitlich ~: se porter; v/i. ~ über (acc.) juger de; ℨen n (6) (Ansicht) avis m; (Gesundheitszustand) état m de santé; **~lich** existant; situé.

be'flagg|en pavoiser; ℨung f pavoisement m.

befleck|en [~'flɛkən] (25) tacher; salir (a. fig.); fig. entacher; flétrir; ℨung f souillure f.

befleißigen [~'flaɪsɪɡən] (25): sich e-r Sache (gén.) s'appliquer à qch.; sich ~, etw. zu tun s'évertuer à faire qch.

be'fliegen voler sur.

beflissen [~'flɪsən] appliqué; empressé; zélé; ℨheit f application f; zèle m; **~tlich** soigneusement.

beflügeln [~'flyːɡəln] (29) fig. (eilen machen) donner des ailes à; (beschleunigen) accélérer. s. befehlen.

befohle, befohlen [~'foːlə, ~'foːlən] s. befehlen.

be'folg|en Rat usw.: suivre; Befehl: exécuter; Gesetz usw.: observer; obéir à; ℨung f Befehl: exécution f; Gesetz usw.: obéissance f (à).

be'förder|n expédier; transporter; in Stellung: faire avancer; befördert werden monter en grade; être promu; zum General befördert werden passer général; ℨung f expédition f; transport m; in Stellung: avancement m; ℨungsmittel n moyen m de transport.

befracht|en [~'fraxtən] (26) charger; ⚓ affréter; ℨer ⚓ m affréteur m; ℨung f ⚓ affrètement m.

be'fragen: j-n ~ um, über (acc.), nach, wegen demander qch. à q., um Rat: consulter q. au sujet de.

be'frei|en (25) libérer; délivrer; Sklaven: affranchir; v. Lasten, Pflichten: exempter; dispenser; exonérer; v. Hemmnissen: débarrasser; **~er(in** f) m libérateur m, -trice f; **2ung** f libération f; délivrance f; Sklaven: affranchissement m; v. Lasten, Pflichten: exemption f; dispense f; exonération f; **2ungskrieg** m guerre f d'indépendance.

befremd|en [~'frɛmdən] (26) étonner; **~en** n étonnement m; **~lich** [~'frɛmtliç] étrange.

be'freunden [~'frɔyndən] (26): sich ~ se lier d'amitié (mit avec); befreundet sein être lié (mit avec); être ami (de); sich mit e-m Gedanken ~ se familiariser avec une idée.

befried|en [~'fri:dən] (26) pacifier; **~igen** [~digən] (25) contenter; satisfaire; **~igend** satisfaisant; **2igung** f contentement m; satisfaction f; **2ung** f pacification f.

befristet [~'fristət] à durée limitée; lang (kurz) ~ à long (court) terme.

befrucht|en [~'fruxtən] (26) féconder; (fruchtbar machen) fertiliser; **2en** n, **2ung** f fécondation f; (Fruchtbarmachung) fertilisation f.

Befug|nis [~'fu:knis] f (14²) autorisation f; attributions f/pl.; pouvoirs m/pl. (überschreiten outrepasser); **⚖** compétence f; **2t** autorisé (à); **⚖** compétent.

be'fühlen toucher; tâter; Stoff: manier.

Be'fund m (3) état (d'une chose); constatation f; Waren: inventaire m; e-s Experten: rapport m.

be'fürcht|en craindre; redouter; appréhender; **2ung** f crainte f; appréhension f.

be'fürwort|en (26) recommander; Bitte, Gesuch: appuyer; **2ung** f recommandation f; Gesuch: appui m.

begab|t: ~ sein être doué (mit de; für pour); **2ung** f don m; talent m.

be'gaffen regarder bouche bée.

begann [~'gan] s. beginnen.

begatt|en [~'gatən] (26): sich ~ s'accoupler; **2en** n, **2ung** f accouplement m. [quer.]

begaunern [~'gaʊnərn] (29) escro-

begeb|bar † [~'ge:ba:r] négociable; **~en** (30) Aktien, Anleihen: émettre; Wechsel: négocier; sich ~ se rendre; aller, (geschehen) arriver, se passer; sich e-r Sache (gén.) ~ abandonner qch.; renoncer à qch.; **2enheit** f événement m.

begegn|en [~'ge:gnən] (26): j-m rencontrer q.; (j-m zustoßen) arriver à q.; (abhelfen) remédier à; (zuvorkommen) prévenir (e-r Sache dat. qch.); **2nung** f rencontre f.

be'geh|en (30) Weg: passer sur; parcourir; festlich ~ célébrer; Verbrechen: commettre; Fehler: rein; Handlung: accomplir; **2en** n, **2ung** f Fest: célébration f.

Begehr|(en n) [~'ge:r(ən)] m (3) demande f; désir m; (Gelüst) convoitise f; **2en:** etw. ~ demander qch. (von j-m à q.); (wünschen) désirer; (gelüsten) convoiter; **2enswert** désirable; **2lich** avide; **~lichkeit** f avidité f; convoitise f.

be'geifern (29) couvrir de bave; fig. calomnier.

begeister|n [~'gaɪstərn] (29) (sich) s')enthousiasmer (für pour); sich leidenschaftlich ~ für se passionner pour; **2ung** f enthousiasme m.

Begier|(de) [~'gi:rdə] f (15) appétit m; envie f; (Gier) avidité f; convoitise f; (Habgier) cupidité f; sinnliche: concupiscence f; ⚔ appétence f; **2ig** avide (nach de); (habgierig) cupide; (lüstern) concupiscent. [verser sur.]

be'gießen arroser; mit etw. ~

Beginn [~'gin] m (3) commencement m; début m; **⟨** der Vorstellung: lever m du rideau; **2en** (30) commencer; Kampf, Gespräch engager.

beglaubig|en [~'glaʊbigən] (25) attester; certifier; Akte: vidimer; Unterschrift: légaliser; Paß: viser; Gesandten: accréditer; beglaubigte Abschrift copie f conforme; **2ung** f attestation f; Unterschrift: légalisation f; Paß: visa m; **2ungsschein** m certificat m; **2ungsschreiben** n lettres f/pl. de créance.

be'gleich|en solder; Rechnung: régler; **2ung** f règlement m.

Be'gleit|-adresse f bulletin m d'expédition; **~en** (26) accompagner (a. ♪), ⚓, ⚔ convoyer; escorter; **~er(in** f) m compagnon m, compagne f; ♪ accompagnateur m,

Begleiterscheinung — 674 — **Beherbergungsgewerbe**

-trice f; ~**erscheinung** f phénomène (resp. événement) m concomitant; ~**flugzeug** n avion m d'escorte; ~**mannschaft** f escorte f; ~**schein** m lettre f d'envoi; ~**schiff** n convoyeur m; ~**schreiben** n lettre f d'envoi; ~**ung** f accompagnement m; (Gefolge) suite f; ⚔ escorte f.

beglück|en [~'glykən] rendre heureux; ~**wünschen** (27) féliciter (zu de).

begnadig|en [~'gna:digən] (25) gracier; faire grâce à; *allgemein*: amnistier; ~**ung** f grâce f; pardon m; *allgemeine*: amnistie f; ~**ungsgesuch** n recours m en grâce; ~**ungsrecht** n droit m de grâce.

begnügen [~'gny:gən] (25): *sich mit etw.* ~ se contenter de qch.

be'graben enterrer; ensevelir.

Begräbnis [~'grɛ:pnis] n (4¹) enterrement m; ~**feier** f funérailles f/pl.; *obsèques* f/pl.

be'greif|en (*geistig erfassen*) saisir; comprendre; concevoir; ~**lich** compréhensible; concevable; naturel; ~**licherweise** naturellement.

begrenz|en [~'grɛntsən] borner; limiter; ~**ung** f limitation f.

Be'griff m (3) idée f; concept m; notion f; (~*vermögen*) entendement m; *schwer von* ~ *sein* avoir la tête dure (*od.* l'esprit obtus); *im* ~ *sein, etw. zu tun* être sur le point de faire qch.; ~**en** *in e-m Tun* ~ *sein* être occupé à (*od.* en train de) faire qch.; *das Haus ist im Bau* ~ la maison est en (voie de) construction; ~**lich** conceptuel; ~**sbestimmung** f définition f; ~**sstutzig** qui a l'esprit obtus; ~**svermögen** n entendement m; ~**sverwirrung** f confusion f d'idées.

be'gründ|en fonder; établir; (*beweisen*) donner des raisons; *Antrag*: motiver; ~**er(in** f) m fondateur m, -trice f; ~**ung** f (*Gründung*) fondation f; (*Erklärung*) raison f; exposé m des motifs.

be'grüß|en saluer; ~**en** n, ~**ung** f salutation f; (*Gruß*) salut m.

begünstig|en [~'gynstigən] favoriser; protéger; ~**ung** f faveur f; protection f. |son avis sur qch.|

be'gut|achten (25): *etw.* ~ donner ~**ert** [~'gy:tərt] riche; opulent.

behaart [~'ha:rt] chevelu; *am Körper*: poilu; velu.

behäbig [~'hɛ:biç] qui aime ses aises; *Sache*: commode; ~**keit** f aisance f; *Sache*: commodité f.

behaftet [~'haftət]: *Schulden*: chargé (*mit de*); *Krankheit*: atteint (de); *Irrtum*: entaché (de).

behagen [~'ha:gən] (25) **1.** plaire; convenir; agréer; **2.** ♀ n (6) agrément m; plaisir m.

be'haglich agréable; confortable; *sich* ~ *fühlen* se sentir à son aise; ~**keit** f aise f; bien-être m; confort m.

be'halten garder; retenir.

Behält|er [~'hɛltər] m (7), ~**nis** n récipient m; réservoir m.

be'hand|eln traiter; *Kranken*: a. soigner; *Maschine*: manier; *als Freund* ~ traiter en ami; *schlecht* ~ maltraiter; ~**lung** f traitement m; *Maschine*: maniement m. |charge f.|

Be'hang m (3³) tenture f; *Baum*:)

be'hängen: *mit etw.* ~ garnir de qch., (*schmücken*) orner de qch.

be'harr|en persévérer (*bei dans*); persister (*bei dans*); *auf etw.* (*dat.*) ~ insister sur qch.; ~**lich** persévérant; constant; ~**lichkeit** f persévérance f; persistance f; constance f; ~**ungsvermögen** n force f d'inertie; ~**ungszustand** ⊕ m état m permanent; permanence f. [rir.)

be'hauen tailler; *vierkantig* ~ équar-)

behaupt|en [~'hauptən] (26) (*versichern*) affirmer; prétendre; (*aufrechterhalten*) maintenir; défendre; ⚔ rester maître de; ~**ung** f affirmation f; assertion f.

Behausung [~'hauzuŋ] f logement m; demeure f. [aplanir.)

be'heben écarter; *Schwierigkeiten*:)

beheimatet [~'haima:tət] (*gebürtig*) originaire (de); (*ansässig*) domicilié (à).

Behelf [~'hɛlf] m (3) expédient m; ~**en** *sich* ~ se tirer d'affaire; se débrouiller; se contenter de.

Be'helfs|heim n habitation f provisoire; ~**mäßig** provisoire; improvisé; de fortune.

behellig|en [~'hɛligən] (25) importuner; ~**ung** f importunité f.

behend|e [~'hɛnd(ə)] agile; leste; (*schnell*) prompt; ~**igkeit** f agilité f; (*Schnelligkeit*) promptitude f.

beherberg|en [~'hɛrbɛrgən] (25) loger; héberger; ~**ung** f logement m; hébergement m; ~**ungsgewerbe** n industrie f hôtelière.

be'herrsch|en régner sur; gouverner; *fig.* maîtriser; dominer; *Sprache*: posséder; ⁀er(in *f*) *m* souverain *m*, -e *f*; *fig.* maître *m*, -esse *f*; dominateur *m*, -trice *f*; ⁀ung *f* gouvernement *m*; domination *f*; maîtrise *f*; empire *m*.

beherzig|en [⁀'hɛrtsigən] (25) prendre à cœur; **⁀enswert** digne de considération; ⁀ung *f* prise *f* en considération.

beherzt [⁀'hɛrtst] courageux; 'hardi; ⁀heit *f* courage *m*; 'hardiesse *f*.

be'hexen ensorceler.

behilflich [⁀'hilfliç] secourable; *j-m bei etw.* ⁀ *sein* aider q. à faire qch.

be'hindern empêcher; gêner.

be'horchen épier; *&* ausculter.

Behörd|e [⁀'høːrdə] *f* (15) autorité *f*; *Stadt*: autorités *f/pl.*; *Gericht*: magistrats *m/pl.*; *die Hohe* ⁀ *pol.* la Haute Autorité. **⁀lich** officiel.

be'hufs (*gén.*) en vue de; à l'effet de.

behüt|en [⁀'hyːtən] garder, protéger; *j-n vor etw.* (*dat.*) ⁀ préserver q. de qch.; *Gott behüte!* à Dieu ne plaise!; ⁀*!* jamais!; ⁀er(in *f*) *m* gardien *m*, -ne *f*; protecteur *m*, -trice *f*.

behutsam [⁀'huːtzaːm] prudent; (*bedächtig*) circonspect; ⁀keit *f* prudence *f*; circonspection *f*.

bei [baɪ] *prp.* (*dat.*) **a)** *örtlich*: près de; auprès de; chez; dans; sous; sur; à; de; avec; en; contre; ⁀ *Berlin* près de Berlin; ⁀ *der Mutter* auprès de la mère; ⁀ *mir* (*zu Hause*) chez moi; ⁀ *den Franzosen* chez les Français; ⁀ *Schiller* dans Schiller; *etw.* ⁀ *der Hand haben* avoir qch. sous la main; *etw.* ⁀ *sich haben* avoir qch. sur soi; ⁀ *Tisch* à table; *die Schlacht* ⁀ *Verdun* la bataille de Verdun; ⁀ *ihm lernt man viel* von lui on apprend beaucoup; ⁀ *dir selbst* en toi-même; *dicht* ⁀ *der Tür* tout contre la porte, **b)** *zeitlich*: à; de; en; lors de (*od.* pendant); par; ⁀ *seiner Ankunft* à son arrivée; ⁀ *seinen Lebzeiten* de son vivant; ⁀ *Tage* de jour; ⁀ *hellem Tage* en plein jour; ⁀ *seinem Aufenthalt* lors de (*od.* pendant) son séjour; ⁀ *jedem Wetter* par tous les temps; **c)** *Zustand, Art und Weise*: à; en; par; sous; sur; ⁀ *Wasser und Brot* au pain et à l'eau; ⁀ *guter Laune* de bonne humeur; ⁀ *guter Gesundheit* en bonne santé; ⁀ *Stimme* en voix; *schwören* ⁀ jurer par; ⁀ *Namen nennen* nommer par son nom; ⁀ *der Hand nehmen* prendre par la main; ⁀ *Todesstrafe* sous peine de mort; ⁀ *m-r Ehre* sur mon honneur; **d)** *Vergleichung, Einräumung*: avec; malgré; ⁀ *m besten Willen* avec la meilleure volonté du monde; ⁀ *alledem* avec cela, malgré) tout cela.

'beibehalten garder; conserver.

'Beiblatt *n* supplément *m*.

'Beiboot *n* canot *m* de bord.

'beibringen *Beweis*: fournir; produire (*a. Zeugen*); *Gründe*: alléguer; *Verlust, Niederlage*: infliger; *Stoß*: porter; *j-m etw.* ⁀ (*lehren*) apprendre qch. à q., (*verständlich machen*) faire comprendre qch. à q.

Beicht|e ['baɪçtə] *f* (15) confession *f*; *zur* ⁀ *gehen* aller à confesse; ⁀ *ablegen* faire sa confession; *j-m die* ⁀ *abnehmen* confesser q.; '⁀en (26) *v/t.* confesser; *v/i.* se confesser (*bei* à); '⁀stuhl *m* confessionnal *m*; '⁀vater *m* confesseur *m*.

beide ['baɪdə] (18) *pl.* les deux; l'un et l'autre; *alle* ⁀ tous (les) deux.

'beider|lei [⁀dərlaɪ] les (*resp.* des) deux sortes; ⁀ *Geschlechts* des deux sexes (*gr. genres*); '⁀seitig (*adv.* ⁀seits) (*gegenseitig*) mutuel; réciproque; des deux côtés; *adv. a.* de part et d'autre. [*m.*]

'beides *n* l'un(e) et l'autre (chose *f*))

'beidrehen ⚓ mettre en panne.

bei-ei'nander l'un avec l'autre; (*zusammen*) ensemble.

'Beifahrer *m Lastauto*: aide-camionneur *m*; *Sport*: coéquipier *m*.

'Beifall *m* (3) applaudissements *m/pl.*; (*stürmischer* à tout rompre); (*Billigung*) approbation *f*; assentiment *m*; ⁀ *finden* avoir du succès; ⁀ *klatschen* (*spenden*; *zollen*) applaudir.

'beifällig approbateur; favorable.

'Beifalls|ruf *m* bravo *m*; '⁀sturm *m* tonnerre *m* d'applaudissements.

'beifolgend ci-joint.

'Beifracht *f* pacotille *f*.

'beifüg|en ajouter; joindre; *gr.* mettre en apposition; ⁀ung *f* addition *f*; adjonction *f*; *gr.* apposition *f*; *unter* ⁀ en ajoutant.

'Beifuß ♃ *m* armoise *f*.

'Beigabe *f* supplément *m*; complément *m*.

beigeben ajouter; attacher; *klein ~* baisser le ton, F filer doux.
'Beige-ordnete(r) m (18) adjoint m.
'Beigericht n 'hors-d'œuvre m.
'beigeschlossen ci-inclus; ci-joint.
'Beigeschmack m arrière-goût m; *petit goût m (de).* [s'associer à q.]
'beigesellen adjoindre; *sich j-m ~)*
'beiheften annexer.
'Beihilfe f aide f; assistance f; subvention f; secours m.
'beikommen j-m (e-r Sache dat.) ~ avoir prise sur q. (sur qch).
Beil [baɪl] n (3) 'hache f; cognée f.
'Beilage f pièce f ajoutée (od. annexée); *Zeitung:* supplément m; *Gemüse mit ~* plat m de légumes
'Beilast ⚓ f pacotille f. [garni.]
'beiläufig ['ˌlɔʏfɪç] accessoire; incident; ~ *gesagt* soit dit en passant.
'beileg|en v/t. ajouter; annexer; *Bedeutung:* attacher; *Namen usw.:* donner; *(zuschreiben)* attribuer; *Streit:* arranger; vider; *Absicht:* prêter; v/i. ⚓ mettre à la cape; **ung** f attribution f; *Streit:* arrangement m; ⚓ mise f à la cape.
beileibe [ˌlaɪbə]: ~ *nicht!* (pas) du tout!; certes non!
'Beileid n (3) condoléance f; *sein ~ bezeigen* faire ses condoléances; **'~sbezeigung** f condoléances f/pl.
'beiliegen être joint à; **~d** ci-joint.
'beimengen = *beimischen.*
'beimessen attribuer; *Schuld:* imputer; *Glauben ~* ajouter foi.
'beimischen mêler; mélanger.
Bein [baɪn] n (3) *(Körperteil)* jambe f; *künstliches ~* jambe f mécanique; *(Tisch⁴)* pied m; *(Knochen:* os m); *auf den ~e sein* être sur pied; *auf die ~e bringen* mettre sur pied; *die ~e in die Hand nehmen* prendre ses jambes à son cou; *sich auf die ~e machen* se mettre en route; *sich die ~e nach etw. ablaufen* se mettre en quatre pour qch.; *ein ~ stellen* donner un croc-en-jambe; *fig.* tendre un piège; *j-m wieder auf die ~e helfen* à se relever; *wieder auf die ~e kommen* retomber sur ses pieds; *gut auf den ~en sein* avoir de bonnes jambes.
'bei|nah(e) presque; à peu près; *ich wäre ~ gefallen* il a manqué de tomber. [*(name)* sobriquet m.]
'Beiname m surnom m; *(Spitz-*
'Bein|-arbeit f *Sport:* jeu m des

jambes; **'~bruch** m fracture f de la jambe; **~ern** ['baɪnərn] d'os; en os; **~fäule** f, **~fraß** ☠ m carie f des os; **~haus** n ossuaire m; **~kleid** n pantalon m; *kurzes:* culotte f; **~schiene** ☒ f éclisse f; **~schoner** m *Sport:* garde-jambe m; **'~stellen** n croc-en-jambe m; **'~stumpf** m moignon m de jambe.
'bei-ordnen *(beigeben)* adjoindre; *(an die Seite stellen)* coordonner.
beipflichten ['ˌpflɪçtən] (26): e-r *Sache (dat.)* ~ consentir à qch.; approuver qch.; *j-m ~* se ranger à l'avis de q.
'Beirat m conseil m; comité m consultatif; *(Person)* conseiller m.
beirren [baˈʔɪrən]: *sich ~ lassen* se laisser déconcerter.
bei'sammen ensemble; réunis; *dicht ~* serrés; **~sein** n (6) réunion f.
'Beischlaf m acte m sexuel; coït m; cohabitation f; *unerlaubter:* concubinage m.   [cubin m, -e f.]
'Beischläfer(in f) m mv. p. con-
beischließen ajouter; joindre.
'Beisein n présence f; *im ~* en présence de, *Rechtsanwalt:* assisté de; *im ~ e-s Notars* par-devant notaire.
bei'seite à part; **~ bringen** faire disparaître; **~ gehen** s'écarter; **~ lassen** laisser de côté; **~ legen** mettre de côté; **~ nehmen** prendre à part; **~ schaffen** = ~ *bringen*; ~ legen; **~ schieben** écarter; **~ stehen** se tenir à l'écart.
'beisetz|en enterrer; *Segel:* déployer; **ung** f enterrement m; **'ungsfeier** f funérailles f/pl.; obsèques f/pl.
'Beisitzer m (7) assesseur m.
'Beispiel n exemple m; *zum ~ (abr. z.B.)* par exemple *(abr. p. ex)*; *als ~ anführen* citer en exemple; *mit gutem ~ vorangehen* donner le bon exemple; *sich an j-m ein ~ nehmen* prendre exemple sur q.; **²haft** exemplaire; **²los** sans exemple; *(unerhört)* inouï; **²weise** par exemple.
'beispringen: j-m ~ secourir q.
beißen ['baɪsən] (30) mordre; *Insekten usw.:* piquer; *(kauen)* mâcher; *(brennen)* cuire; *in die Augen ~ Rauch:* piquer les yeux; *das beißt auf der Zunge* cela pique la langue; *ins Gras ~* mordre la poussière; *in den sauren Apfel ~* avaler la pilule; *nichts zu ~ haben* n'avoir rien à se mettre sous

beißend — 677 — **Beklemmung**

la dent; ~d mordant; *fig. a.* caustique; *Schmerz*: cuisant.
'**Beiß|zahn** *m* (dent *f*) incisive *f*; '~**zange** *f* pince *f* coupante.
Beistand ['baɪʃtant] *m* (3³) assistance *f*; (*Person*) assistant *m*; ⚖ avocat *m*; '~**spakt** *m* pacte *m* d'assistance; '~**svertrag** *m* traité *m* d'assistance.
'**beistehen**: *j-m* ~ assister q.
'**Beisteu|er** *f* contribution *f*; *freiwillige*: subside *m*; *staatliche*: subvention *f*. '**2ern** contribuer (*zu* à).
'**beistimmen** = *beipflichten*.
'**Beistrich** *m* virgule *f*.
Beitrag ['~tra:k] *m* contribution *f*; (*Anteil*) quote-part *f*; *für Verein*: cotisation *f*; **2en** contribuer (*zu*); ~**smarke** *f* timbre-cotisation *m*.
'**beitreib|en**: e-e *Summe* ~ recouvrer une somme; *Abgaben usw.* ~ exiger; *Steuer*: faire rentrer; ⚔ réquisitionner; '**2ung** *f* recouvrement *m*; ⚔ réquisition *f*.
'**beitreten**: *j-m* ~ se ranger du côté de q.; *Vorschlag*: accéder (à); *e-r Gesellschaft*: entrer (dans).
'**Beitritt** *m* accession *f* (à); *Gesellschaft*: entrée *f* (dans); *Partei*: adhésion *f* (à); '~**s-erklärung** *f* déclaration *f* d'accession (*resp.* d'adhésion).
'**Beiwagen** *m* voiture *f* supplémentaire; *Motorrad*: side-car *m*; *Straßenbahn*: baladeuse *f*.
'**Beiwerk** *n* accessoires *m*/*pl.*
'**beiwohnen** e-m *Vorgange*: assister à.
'**Beiwort** *n* épithète *f*; *gr.* adjectif *m*.
Beiz|e ['baɪtsə] *f* (15) ⊕ décapage *m*; (*Ätzen*) corrosion *f*; (*Mittel*) caustique *m*; *cuis.* marinade *f*; '~**jagd** *f* chasse *f* au vol (*od.* au faucon).
beizeiten [~'tsaɪtən] à temps; (*frühzeitig*) de bonne heure.
beizen ['baɪtsən] (27) **1.** ⊕ décaper; (*ätzen*) corroder; *chir.* cautériser; *Holz*: teinter; *Fleisch*: mariner; *ch.* chasser au faucon; **2.** **2** *n* ⊕ décapage *m*; (*Ätzen*) corrosion *f*; *chir.* cautérisation *f*.
be'jahen (25) dire oui; répondre affirmativement; *affirmer*; ~**d** affirmatif.
bejahrt [~'jɑ:rt] avancé en âge; âgé.
Be'jahung *f* affirmation *f*; ~**sfall** *m*: *im* ~ *e* dans l'affirmative.
be'jammern déplorer; ~**swert**, ~**swürdig** déplorable; digne de pitié.
be'kämpf|en combattre; lutter contre; **2ung** *f* lutte *f* (contre).
be'kannt connu (*j-m* de q.); familier;

allgemein ~ *Sache*: notoire, public, *Person*: renommé; *er ist mir* ~ je le connais; *sich* ~ *machen* se faire connaître; *mit j-m* ~ *werden* faire la connaissance de q.; *machen Sie mich mit ihr bekannt* faites-moi faire sa connaissance; *j-n mit etw.* ~ *machen* faire connaître qch. à q.; *mit j-m* ~ *sein* connaître q.; **2enkreis** *m* (cercle *m* de) relations *f*/*pl.*; **2e**(**r** *a. m*) *m*, *f* ami *m*, -e *f*; connaissance *f*; ~**e** *pl.* gens *m*/*pl.* de connaissance; *ein* ~**er** *von mir* un monsieur de ma connaissance; ~**er'maßen**, ~**lich** comme on sait; notoirement; **2gabe** *f*, **2machung** *f* publication *f*; *feierliche*: proclamation *f*; (*Anzeige*) avis *m*, *Zeitung*: annonce *f*; ~**geben**, ~**machen** publier; annoncer; *feierlich*: proclamer; **2schaft** *f* connaissance *f*; ~**werden** s'ébruiter.
be'kehr|en convertir; **2er** *m* (7) missionnaire *m*; **2te**(**r** *a. m*) *m*, *f* converti *m*, -e *f*; prosélyte *m*, *f*; **2ung** *f* conversion *f*.
be'kenn|en confesser; avouer; (*anerkennen*) reconnaître; *Kartenspiel*: donner de la (même) couleur; *sich zu etw.* ~ se déclarer partisan de qch.; *rl.* professer qch.; *2er m* celui qui fait profession (de); *rl.* confesseur *m*; **2tnis** *n* (4¹) confession *f*; aveu *m*; profession *f* (de foi); **2tnisschule** *f* école *f* confessionnelle.
be'klag|en plaindre; déplorer; *sich* (*bei j-m*) ~ *über* (*acc.*) se plaindre (à q.) de; ~**enswert** *Person*: à plaindre; *Sache*: déplorable; **2te**(**r** *a. m*) *m*, *f* inculpé *m*, -e *f*; *Zivilprozeß*: défendeur *m*, -deresse *f*.
be'klatschen *thé.* applaudir; (*verleumden*) *j-n* ~ médire de q.; ~**'kleben**: *mit Papier* ~ coller du papier sur.
be'klecksen barbouiller (*mit de*).
be'kleid|en revêtir (*mit de*); *schützend*: couvrir (de); *Amt*: remplir; exercer; *mit e-m Amte*: revêtir de; investir de; **2ung** *f* revêtement *m*; (*Kleider*) vêtement *m*; habillement *m*; *e-s Amtes*: exercice *m*; *mit e-m Amt*: investiture *f*; **2ungsindustrie** *f* confection *f*; **2ungsstücke** *n*/*pl.* effets *m*/*pl.* d'habillement.
be'klemm|en serrer; (*bedrücken*) oppresser; **2en** *n*, **2ung** *f* serrement *m* (de cœur); oppression *f*.

beklommen [ˈklɔmən] serré; oppressé; angoissé; 2heit *f* angoisse *f.*

be'kommen *v/t.* recevoir (*a. Radiostation*); (*erlangen*) obtenir (*a. Erlaubnis*); *bsd. fut.*: (commencer à) avoir; *Krankheit*: prendre; attraper; *wo bekommt man ...?* où peut-on trouver ...?; *Sie* ~ *noch 100 fr. von mir* je vous dois encore cent francs; *v/i.* es bekommt ihm gut il s'en trouve bien; cela lui réussit; *wohl bekomm's!* grand bien vous fasse!; bon appétit!

bekömmlich [ˈkœmlɪç] (*zuträglich*) profitable; *der Gesundheit* ~ salutaire; *Speise*: d'une digestibilité parfaite; *es ist ihm* ~ il s'en trouve bien; cela lui réussit.

beköstig|en [ˈkœstɪgən] (25): *j-n* ~ nourrir q.; *sich selbst* ~ pourvoir soi-même à sa nourriture; 2ung *f* nourriture *f.*

bekräftig|en [ˈkrɛftɪgən] affirmer; confirmer; 2ung *f* affirmation *f*; confirmation *f.*

be|kränzen [ˈkrɛntsən] couronner (*mit de*); ~**kreuz(ig)en**: *sich* ~ se signer; faire le signe de croix; ~**kriegen** [ˈkriːgən]: *j-n* ~ faire la guerre à q.; ~'**kritteln** critiquer; ~'**kritzeln** griffonner.

be'kümmer|n affliger; *sich* ~ *um* prendre soin de; se soucier de; 2nis *f* (14²) affliction *f*; chagrin *m*; souci *m.*

be|kunden [ˈkʊndən] (26) déclarer; *vor Gericht*: déposer; (*bezeigen*) manifester; montrer; (*bezeugen*) sourire de; ~'**lächeln** rire de; ~'**laden** charger (*mit de*); *bsd. fig.* accabler (de).

Belag [bəˈlaːk] *m* (3³) *Zunge*: enduit *m*; *Butterbrot mit* ~ beurrée *f* garnie; *Spiegel*: étamure *f*; tain *m*; *cuis.*, ⊕ garniture *f.*

Belager|er [ˈlaːgərər] *m* (7) assiégeant *m*; 2n assiéger; ~**ung** *f* siège *m*; ~**ungszustand** *m* état *m* de siège (*verhängen* décréter; *aufheben* lever).

Belang [ˈlaŋ] *m* (3) importance *f*; intérêt *m*; 2en traduire en justice; poursuivre; 2los sans importance; ~**losigkeit** *f* affaire *f* sans (aucune) importance; 2reich important.

belasten [ˈlastən] charger (*mit de a.* ⚖); ✝ *j-s Konto* (*od. j-n*) *mit etw.* ~ porter qch. au débit de q.;

débiter q. de qch.; *erblich belastet sein* avoir une tare héréditaire.

belästig|en [ˈlɛstɪgən] (25) importuner (*mit de*); incommoder (de); *pfort* molester (de); 2ung *f* importunité *f*; *pfort* molestation *f.*

Belastung [ˈlastʊŋ] *f* chargement *m*; charge *f*; ✝ débit *m*; *erbliche* ~ tare *f* héréditaire; ~**sgrenze** *f* limite *f* de charge; ~**sprobe** *f* essai *m* de charge; *fig.* (*schwere rude*) épreuve *f*; ~**szeuge** *m* témoin *m* à charge.

belaubt [ˈlaʊpt]: *dicht* ~ feuillu; touffu. [monter (*od.* s'élever) à.\]
be'laufen: *sich* ~ *auf* (*acc.*) se\
be'lauschen épier.

be'leb|en vivifier; (*beseelen*) animer; *neu* ~ *Hoffnungen* raviver; ~**t** animé; vif; *Straße*: fréquentée; 2ung *f* animation *f.*

Be'lebungs|mittel *n* tonique *m*; stimulant *m*; ~**versuch** *m* tentative *f* pour rappeler (q.) à la vie.

be'lecken lécher.

Beleg [ˈleːk] *m* (3) pièce *f* justificative (*od.* à l'appui); (*Beweis*) preuve *f*; (~**stelle**) référence *f*; (*Urkunde*) document *m*; *v.* *Rechnungen*: quittance *f*; 2en [ˈleːgən] mettre sur; *Platz*: marquer, (*bestellen*) retenir; *Tiere*: couvrir; *Spiegel*: étamer; *Rechnungen*: justifier; *e-e Vorlesung* ~ s'inscrire à un cours; *durch Stellen* ~ prouver par des citations; (*bezeugen*) attester; *ein Butterbrot mit etw.* ~ garnir une beurrée de qch.; *j-n mit e-r Strafe* ~ infliger une peine à q.; *mit Abgaben* ~ mettre des impôts sur; *mit Bomben* ~ bombarder; *e-n Ort mit Truppen* ~ faire cantonner des troupes dans un endroit; ~**exemplar** *n* exemplaire *m* justificatif; ~**schaft** *f* personnel *m*; ~**stelle** *f* référence *f*; 2t *Platz*: marqué; retenu; *Zunge*: chargé; *Brötchen*: garni; *Stimme*: voilé; *Wort*: attesté.

belehn|en [ˈleːnən]: *j-n mit etw.* ~ investir q. de qch.; 2ung *f* investiture *f.*

be'lehr|en instruire (*über acc.* de); informer (*über acc.* de); *j-n e-s Besseren* ~ ouvrir les yeux à q. (*über acc.* sur); *sich* ~ *lassen* entendre raison; 2ung *f* instruction *f*; information *f.*

beleibt [ˈlaɪpt] corpulent; ~ *werden* prendre de l'embonpoint; 2heit *f* corpulence *f*; embonpoint *m.*

beleidig|en [~'laɪdɪɡən] (25) offenser; *gröblich*: insulter; *(beschimpfen)* injurier; **~end** offensant; injurieux; **2er** *m* (7) offenseur *m*; **2ung** *f* offense *f*; injure *f*; affront *m*.

be'leih|en † *vom Entleiher*: contracter un emprunt sur; *vom Darleiher*: prêter (une somme) sur; **2ung** *f* mise *f* en gages; avance *f* sur gages.

be'lesen: ~ sein avoir beaucoup de lecture; **2heit** *f* connaissances *f*/*pl.* littéraires.

be'leucht|en éclairer; *festlich*: illuminer; *fig.* éclaircir; examiner; **2ung** *f* éclairage *m*; *festliche*: illumination *f*; *fig.* éclaircissement *m*; *Auto*: die ~ anstellen allumer les phares; **2ungs-anlage** *f* installation *f* d'éclairage.

Belg|ien ['bɛlɡiən] *n* (12) la Belgique; **'~ier(in** *f*) *m* Belge *m*, *f*; **'2isch** belge.

belicht|en *phot.* [~'lɪçtən] exposer; **2ung** *phot. f* pose *f*; exposition *f*.

Be'lichtungs|dauer *phot. f* temps *m* de pose, **~messer** *phot. m* posemètre *m*; **~tabelle** *phot. f* table *f* de temps de pose; **~zeit** *f* = **~dauer**.

be'lieb|en 1. plaire; (*zu etw. geneigt sein*) être disposé à; *vouloir*; *wie Sie* ~ comme il vous plaira; *wenn's beliebt* s'il vous plaît; **2.** **2** *n* (6) plaisir *m*; gré *m*; goût *m*; volonté *f*; *nach* ~ à volonté; à discrétion; *nach Ihrem* ~ à votre gré; *in j-s* ~ *stellen* remettre à la discrétion de q.

beliebig [~'liːbɪç] quelconque; e-e (F x-), ~e *Linie* une ligne quelconque; *ein* ~es *Buch* n'importe quel livre.

beliebt [~'liːpt] aimé; *Sachen*: recherché; en vogue; *beim Volke* ~ populaire; *sich bei j-m* ~ *machen* se faire aimer de q.; **2heit** *f* popularité *f*; *Sachen*: vogue *f*.

be'liefern approvisionner; *j-n mit Waren* ~ fournir (*od.* livrer) des marchandises à q.

bellen ['bɛlən] (25) aboyer.

Belletrist [bɛlə'trɪst] *m* homme *m* de lettres; **~ik** (16) *f* belles-lettres *f*/*pl.*

be'lobig|en louer; **2ung** *f* éloge *m*; louange *f*.

be'lohn|en récompenser (*für* de); *j-n mit Undank* ~ payer q. d'ingratitude; **2ung** *f* récompense *f*.

be'lügen: *j-n* ~ mentir à q.

belustig|en [~'lʊstɪɡən] (25) amuser; divertir, **~end** amusant; divertissant; **2ung** *f* amusement *m*; divertissement *m*.

bemächtigen [~'mɛçtɪɡən] (25): *sich* ~ (*gén.*) s'emparer de.

be'malen peindre; *sich das Gesicht* ~ se maquiller. [tiquer.\]

bemängeln [~'mɛŋəln] (29) critiquer]

bemann|en ⚓ [~'manən] (25) équiper; **2ung** *f* équipage *m*.

bemänteln [~'mɛntəln] (29) *Fehler*, *Übel*: pallier; *Wahrheit*: farder; voiler; *Tatsachen*: déguiser.

bemerk|bar [~'mɛrkbaːr] apercevable; (*wahrnehmbar*) perceptible; *sich* ~ *machen* se faire remarquer; **~en** remarquer; apercevoir; (*sagen*) dire; (*aufmerksam machen*) faire remarquer (*auf* sur); **~enswert** remarquable; **2ung** *f* (*Beobachtung*) observation *f*; (*Anmerkung*) note *f*; (*Äußerung*) remarque *f*.

be'messen mesurer.

bemitleiden [~'mɪtlaɪdən] (25): *j-n* ~ avoir pitié de q.

bemittelt [~'mɪtəlt] aisé; ~ *sein* être dans l'aisance.

be'mogeln F tricher.

bemoost [~'moːst] moussu.

bemüh|en [~'myːən]: *j-n* ~ donner de la peine à q.; *sich* ~, *zu* s'efforcer de; *sich um etw.* ~ faire des efforts pour obtenir qch.; *sich für j-n um etw.* ~ se mettre en peine pour obtenir qch. à q.; *sich eifrig um etw.* ~ briguer qch.; *sich zu j-m* ~ se donner la peine d'aller trouver q.; **2en** *n*, **2ung** *f* peine *f*; effort *m*.

bemuttern [~'mʊtərn] (29): *j-n* ~ entourer q. de soins maternels.

benachbart [~'naxbaːrt] voisin.

benachrichtig|en [~'naːxrɪçtɪɡən] (25): *j-n von etw.* ~ informer (*im voraus*: prévenir; *warnend*: avertir) q. de qch.; **2ung** *f* information *f*; avertissement *m*; avis *m*.

benachteilig|en [~'naːxtaɪlɪɡən] (25): *j-n* ~ désavantager q.; porter préjudice à q.; **2ung** *f* désavantage *m*.

be'nagelen garnir de clous. [*m.*\]
be'nagen ronger.]

benebel|n [~'neːbəln] (29) couvrir de brouillard; *fig.* (*trüben*) offusquer; troubler; F (*berauschen*) griser; **~t** brouillé; F (*berauscht*) gris.

Benediktiner(in *f*) [benedɪk'tiːnər(ɪn)] *m* bénédictin *m*, -e *f*.

be'nehmen 1. ôter; enlever; *den Atem (Appetit)* ~ couper la respiration (l'appétit); *sich* ~ se conduire; **2.** ℒ *n* (6) conduite *f*; manières *f/pl*.
be'neiden: j-n ~ porter envie à q.; *j-n um etw.* ~ envier qch. à q.; **~swert** digne d'envie.
be'nenn|en (dé)nommer; appeler; *(betiteln)* qualifier *(mit de); Zeit und Ort* ~ désigner le temps et le lieu; **ℒung** *f* nom *m*; dénomination *f*; qualification *f*.
be'netzen mouiller; humecter; *mit Tränen* ~ baigner de larmes.
Ben'gal|e *m*, **~in** *f* Bengali *m*, *f*; **~en** *n* le Bengale; **ℒisch** bengali.
Bengel ['bɛŋǝl] (7) *m Glocke:* battant *m*; *typ.* barreau *m*; *(frecher Junge)* gamin *m*; polisson *m*.
benommen [~'nɔmǝn] engourdi; abasourdi; *e-n* **~en** *Kopf haben* avoir la tête lourde; **ℒheit** *f* engourdissement *m*; lourdeur *f* [qch.]
be'nötigen: *etw.* ~ avoir besoin de⌋
benutz|en [~'nʊtsǝn] utiliser; profiter de; employer; **ℒen** *n*, **ℒung** *f* utilisation *f*; usage *m*; emploi *m*; **ℒer(in** *f***)** *m* usager *m*, -ère *f*; utilisateur *m*, -trice *f*; **ℒungsrecht** *n* jouissance *f*; droit *m* d'usufruit.
Benzin [bɛn'tsiːn] (3¹) *n* benzine *f*; *(Kraftstoff)* essence *f*; **~behälter** *m*, **~tank** *m* réservoir *m* à essence; **~zapfstelle** *f* poste *m* d'essence.
Benzol [bɛn'tsoːl] *n* benzol *m*.
beobacht|en [~'ʔoːbaxtǝn] (26) observer; *durch Polizei:* surveiller; *(genau betrachten)* examiner; **ℒer(in** *f***)** *m* observateur *m*, -trice *f*; **ℒung** *f* observation *f*; *Regel:* observance *f*; *durch Polizei:* surveillance *f*; **ℒungsflug** *m* vol *m* d'observation; **ℒungsgabe** *f* esprit *m* d'observation; **ℒungsposten** ✕ *m* poste *m* d'observation.
beordern [~'ʔɔrdǝrn] (29) commander.
be'packen charger *(mit de).*
be'pflanzen planter *(mit de).*
be'pinseln badigeonner.
bequem [~'kveːm] commode; confortable; *nur v. Personen:* qui aime ses aises; *es sich* ~ *machen* se mettre à son aise; *prendre ses aises;* **~en** (25): *sich* ~ s'accommoder; *sich zu etw.* ~ consentir à qch.; **ℒlichkeit** *f* commodité *f*; aises *f/pl.*; confort *m*; *die* ~ *lieben* aimer ses aises.
berappen [~'rapǝn] (25) ⊕ crépir; *(bezahlen)* payer, F casquer.

be'rat|en: *j-n* ~ conseiller q.; *etw.* ~; *über etw. (acc.)* ~ délibérer sur *(od.* de*)* qch.; *sich über etw. (acc.)* ~ conférer de *(od.* sur*)* qch.; **~end** délibératoire; **~e** *Stimme* voix *f* consultative; **ℒer(in** *f***)** *m* conseiller *m*, -ère *f*; **~schlagen** délibérer *(über acc.* de *od.* sur*)*; conférer *(über acc.* sur*); sich* ~ se consulter *(über acc.* sur*)*; tenir conseil *(sur)*; **ℒung** *f* conseil *m*; délibération *f*; consultation *f*.
be'raub|en dévaliser; dépouiller; détrousser; piller; *(entziehen)* priver *(de)*; **ℒung** *f* dépouillement *m*; *(Entziehung)* privation *f*.
be'rauschen enivrer; griser; **~d** enivrant; *Wein:* capiteux; fumeux.
'Berber *m* Berbère *f*; **ℒisch** berbère.
Berberitze [bɛrbǝ'ritsǝ] (15) épine-vinette *f*; berbéris *m*.
be'rechn|en calculer; compter; † facturer; **ℒung** *f* calcul *m*; compte *m*; † facturation *f*.
be'rechtig|en (25) autoriser *(zu à)*; *zu e-r Annahme* une supposition; *zu Hoffnungen* ~ justifier les espérances; **~t** 🏛 fondé (en droit); ayant qualité pour; **ℒte(r)** *m* ayant droit *m*; **ℒung** *f* autorisation *f*; droit *m*; 🏛 qualité *f* (pour); *(Triftigkeit)* bien-fondé *m*; **ℒungsschein** *m* diplôme *m*; licence *f*.
be'red|en: *etw. (j-n)* ~ parler de qch. *(de q.); (beraten)* discuter; *j-n* ~, *etw. zu tun* décider q. à faire qch.; *sich mit j-m über etw. (acc.)* ~ conférer avec q. de *(od.* sur*)* qch.; **ℒsamkeit** *f* éloquence *f*; **~t** éloquent.
Be'reich *m* (3) domaine *m*; sphère *f*; *(Amts*ℒ*)* ressort *m*; *Geschütz:* portée *f*.
bereicher|n [~'raıçɛrn] (29) *(sich* ~ *)* s'enrichir; *Kenntnisse:* a. augmenter; **ℒung** *f* enrichissement *m*.
be'reif|en couvrir de givre; *Faß usw.:* cercler; *Fahrrad, Auto:* munir *(od.* garnir*)* de pneus; **ℒung** *f* *Faß usw.:* cerclage *m*; *Fahrrad, Auto:* montage *m* des pneus; *(Reifen)* bandage *m*, *Auto:* pneus *m pl.*
be'reinig|en *Angelegenheit:* régler; *pfort.* vider; **ℒung** *f* règlement *m*.
be'reisen *Land:* parcourir; voyager dans; *Märkte:* fréquenter.
bereit [bǝ'raıt] prêt *(zu à)*; disposé *(à)*; **~en** (26) préparer; *(verwendbar machen)* apprêter; *Kummer, Vergnügen usw.:* causer; *Überraschung:*

bereitlegen — 681 — **berückend**

ménager; *Pferd*: dresser; ~**legen**, ~**machen** préparer; disposer; ~**s déjà**; 2**schaft** *f* (16) disposition *f*; ⚔ piquet *m*; *in* ~ *halten* tenir prêt; ~**stehen** être prêt; ~**stellen** préparer; disposer; *j-m etw.* ~ mettre qch. à la disposition de q.; 2**ung** *f* préparation *f*; apprêt *m*; ~**willig** disposé (zu à); empressé; *adv. a.* volontiers; 2**willigkeit** *f* bon vouloir *m*; bonne volonté *f*; empressement *m*.

be'reuen: *etw.* ~ se repentir de qch.
Berg [berk] *m* (3) montagne *f*; *einzelner mit Namen*: mont *m*; *mit etw. hinter dem* ~ *halten* cacher ses desseins; *über alle* ~ *e sein* avoir pris le large; *über* ~ *und Tal* par monts et par vaux; *wir sind über den* ~ nous avons fait le plus difficile; *goldene* ~ *e versprechen* promettre monts et merveilles; 2**'-ab** en descendant; **'-akademie** *f* école *f* des mines; 2**'-an**, 2**'-auf** en montant; **'-arbeiter** *m* mineur *m*; **'-bahn** *f* chemin *m* de fer de montagne; **'-bau** *m* exploitation *f* des mines; **'-bauindustrie** *f* industrie *f* minière; **'-besteigung** *f* ascension *f* (d'une montagne); **'-bewohner(in** *f*) *m* montagnard *m*, -e *f*.

Berge|geld ⚓ ['bɛrgəɡɛlt] *n* droit *m* de sauvetage; 2**n** (30) sauver; mettre en sûreté; *Verwundete*: relever; abriter; *in sich* ~ contenir.

'Berg|fahrt *f* excursion *f* dans les montagnes; ⚓, 🚂 remontage *m*; **'-führer** *m* guide *m*; **'-geist** *m* gnome *m*; **'-gipfel** *m* sommet *m*; cime *f*; **'-grat** *m* arête *f*. [tagneux.]

bergig ['bɛrɡiç] montueux; mon-

'Berg|kamm *m* crête *f* d'une montagne; **'-kessel** *m* cirque *m* de montagnes; **'-kette** *f* chaîne *f* de montagnes; **'-knappe** *m* mineur *m*; **'-krankheit** *f* mal *m* des montagnes; **'-kristall** *m* cristal *m* de roche; **'-mann** ⚒ *m* mineur *m*; **'-männisch** selon l'usage des mineurs; **'-pfad** *m* sentier *m*; **'-predigt** *f* Sermon *m* sur la Montagne; **'-recht** ⚒ *n* code *m* minier; **'-rennen** *n Sport*: course *f* de côtes; **'-rücken** *m* croupe *f* (de montagne); **'-rutsch** *m* glissement *m* de montagne (*od.* de terrain); **'-schuh** *m* brodequin *m* (de montagne); **'-schuhnägel** *m/pl.* crampons *m/pl.*;

'-seil *n* corde *f*; **'-spitze** *f* sommet *m*; pic *m*; cime *f*; **'-sport** *m* alpinisme *m*; **'-steiger(in** *f*) *m* alpiniste *m*, *f*; **'-stock** *m* bâton *m* ferré; alpenstock *m*; **'-strom** *m* torrent *m*; **'-sturz** *m* éboulement *m*; **'-ung** *f* sauvetage *m*; **'-volk** *n* montagnards *m/pl.*; **'-wacht** *f* garde *f* de montagne; **'-wand** *f* flanc *m* (de montagne); paroi *f*; **'-wanderung** *f* excursion *f* dans les montagnes; **'-werk** *n* mine *f*; *im Tagebau*: minière *f*; **'-wesen** *n* administration *f* des mines.

Bericht [bə'riçt] *m* (3) rapport *m*; (*Rechenschafts*2, *Niederschrift*) compte rendu *m*; *amtlicher*: bulletin *m*; *e-r Sitzung*: procès-verbal *m*; communiqué *m*; (*Erzählung*) récit *m*; relation *f*; *laut* ~ suivant avis; ~ *erstatten* faire un rapport; 2**en** informer (*über acc.* de); instruire (de); faire un rapport (sur); relater (*acc.*); *j-m etw.* (*od. über etw. acc.*) ~ rapporter qch. à q.; *j-m etw.* ~ faire savoir qch. à q.; **~er** *m*, **~erstatter** *m* (7) *Parlament*: rapporteur *m*; *Zeitung*: reporter *m*; *Radio*: radio-reporter *m*; *auswärtiger*: correspondant *m*; **~erstattung** *f* information *f*; rapport *m*; compte rendu *m*; *Zeitung*: reportage *m*; *auswärtige*: correspondance *f*; 2**igen** (25) rectifier; *Fehler, Arbeit*: corriger; 2**igend** rectificatif; **~igung** *f* rectification *f* (*Fehler, Arbeit*: correction *f*; (*verbesserte Niederschrift*) corrigé *m*; *offizielle*: rectificatif *m*; **~sjahr** *n* exercice *m*.

be'riechen sentir; *sich* ~ se flairer.
be'riesel|n irriguer; arroser; 2**ung** *f* irrigation *f*; arrosage *m*; épandage *m* des eaux d'égout; 2**ungsfeld** *n* champ *m* d'épandage.

beritten [~'ritən] monté; à cheval.
Berlin|er(in *f*) [bɛr'li:nər(in)] *m* (7) Berlinois *m*, -e *f*; **~hilfe** *f* aide *f* à Berlin; 2**erisch** berlinois.

Bern [bɛrn] *n* Berne *f*.

Bernhardiner|(in *f*) [bɛrnhar'di:nər(in)] *m* bernardin *m*, -e *f*; (*Hund*) Saint-Bernard *m*; **~kloster** *n* couvent *m* des bernardins. [jaune.]

Bernstein ['bɛrnʃtaɪn] *m* ambre *m*
bersten ['bɛrstən] (30) crever; (*e-n Spalt bekommen*) se fendre.

berüchtigt [~'ryçtiçt] mal famé.
be'rücken captiver; ravir; séduire; **~d** captivant; ravissant; séduisant.

be'rücksichtig|en [~ziçtigən] (25): etw. ~ avoir égard à qch.; prendre qch. en considération; tenir compte de qch.; **2ung** f considération f; mit ~ (gén.) en considération (de); unter ~ en raison de; en tenant compte de; eu égard à.

Beruf [bə'ru:f] m (3) (Tätigkeit) profession f; (Handwerk) métier m; innerer ~ vocation f; (Aufgabe) mission f; freier ~ profession f libérale; **2en** v/t. mander; Versammlung: convoquer; j-n zu etw. ~ appeler q. à qch.; sich ~ auf (acc.) s'en rapporter (od. se référer) à; **2en** adj. (kompetent) compétent; zu etw. ~ sein avoir la vocation pour qch.; **2lich** professionnel.

Be'rufs|-arbeit f travail m professionnel; **~ausbildung** f formation f professionnelle; **~beamtentum** n fonctionnaires m/pl. de carrière; **~beratung** f orientation f professionnelle; **~beratungsstelle** f centre m d'orientation professionnelle; **~fachschule** f école f professionnelle; **~genosse** m, **~kollege** m collègue m; **~genossenschaft** f corporation f professionnelle; der Arbeiter: syndicat m; **~heer** n armée f de métier; **~leben** n vie f professionnelle; **2mäßig** professionnel; **~schule** f école f de perfectionnement postscolaire; **~soldat** m militaire m de carrière; **~spieler** m Sport: professionnel m; **2tätig** qui exerce une profession (resp. un métier); **~tätige(r** a. m) m, f travailleur m -euse f; **~vertretung** f représentation f professionnelle; **~wettkampf** m concours m professionnel.

Berufung [~'ru:fuŋ] f (16) (Ernennung) nomination f, appel m; innere: vocation f; (Einℓ) convocation f; 🕿 pourvoi m; mit (unter) ~ auf (acc.) en se référant à; ~ einlegen interjeter appel (gegen de); **~sgericht** n, **~skammer** f cour f (od. tribunal m) d'appel; **~skläger** m appelant m.

be'ruh|en: ~ auf (dat.) reposer sur; (davon abhängen) dépendre de; etw. auf sich (dat.) ~ lassen ne pas poursuivre une affaire; das beruht auf e-m Irrtum cela provient d'une erreur; **~igen** [~'ru:igən] (25) tranquilliser; calmer; apaiser; (Zuversicht erwecken) rassurer; (befrieden) paci-

fier; sich bei etw. ~ être satisfait de qch.; **2igung** f apaisement m; zu Ihrer ~ pour vous tranquilliser; zur ~ Ihres Gewissens pour l'acquit de votre conscience; **2igungsmittel** n calmant m.

be'rühmt célèbre; renommé; fameux; hoch~ illustre; **2heit** f célébrité f.

be'rühr|en toucher; (erwähnen) mentionner; leicht ~ frôler; effleurer; traurig ~ attrister; unangenehm ~ choquer; **2ung** f attouchement m; contact m (a. fig.); fig. rapport m; in ~ kommen mit entrer en rapport (od. en contact) avec.

Be'rührungs|linie ⩕ f tangente f; **~punkt** m point m de contact.

be'säen [~'zɛ:ən] semer; ensemencer; fig. mit etw. ~ (par)semer de qch.

be'sagen dire; signifier.

besagt [~'za:kt] susdit; ledit, ladite.

be'saitet: zart ~ tendre; sensible.

besänftig|en [~'zɛnftigən] (25) apaiser; adoucir; **2ung** f apaisement m; adoucissement m.

Be'satz m bordure f; garniture f; loser: volant m; **~ung** f ⚔ garnison f; Fahrzeug: équipage m.

Be'satzungs|-armee f armée f d'occupation; **~behörde** f autorités f/pl. occupantes; **~kosten** pl. frais m/pl. d'occupation; **~macht** f puissance f occupante (od. d'occupation); **~statut** n statut m d'occupation; **~truppen** f/pl. troupes f/pl. d'occupation; **~zone** f zone f d'occupation.

be'saufen P: sich ~ se soûler.

be'schädig|en endommager; détériorer; ⚓, ⚔, ✈ avarier; **2ung** f dommage m; détérioration f; ⚓ ⚔, ✈ avarie f.

be'schaffen 1. procurer; 2. adj. (ainsi) fait; gut ~ en bon état; **2heit** f qualité f; état m; condition f; Körper: constitution f. [ravitaillement.]

Be'schaffungs-amt n office m de]

beschäftig|en [~'ʃɛftigən] (25) (sich ~ s')occuper (mit etw. de [augenblicklich à] qch.); (zu arbeiten geben) employer; **2ung** f occupation f; emploi m.

be'schäm|en rendre honteux; humilier; (verwirren) confondre; (übertreffen) surpasser; **2ung** f honte f; humiliation f; confusion f.

beschatten [~'ʃatən] (26) ombrager.

be'schau|en contempler; (betrach-

beschaulich — 683 — **Beschränktheit**

ten) regarder; (*prüfen*) examiner; *Fleisch usw.* inspecter; ~**lich** contemplatif; 2**lichkeit** *f* contemplation *f*; vie *f* paisible.

Bescheid [~'ʃaɪt] *m* (3)(*Entscheidung*) décision *f*; réponse *f*; (*Auskunft*) renseignement(s *pl.*) *m*; ⚖ jugement *m*; *j-m* ~ **geben** renseigner q. (*über acc.* sur); *über etw.* (*acc.*) ~ **wissen** être au fait (*od.* au courant) de qch.; *mit* (*in dat.*) *etw.* ~ **wissen** se connaître (*od.* savoir se prendre) à qch.; *j-m gehörig* ~ **sagen** dire son fait à q.; *bis auf weiteren* ~ jusqu'à nouvel ordre; *abschlägiger* ~ refus *m*; 2**en** [~dən] *v/t.*: *j-n* ~ instruire q. (*über acc.* de), (*bestellen*) convoquer; *j-n abschlägig* ~ répondre à q. par un refus; *es war mir beschieden, zu* ... (*inf.*) il m'a été donné de ... (*inf.*); *sich* ~ se modérer; se résigner (*mit etw.* à qch.), 2**en** *adj.* modeste; (*zurückhaltend*) discret; ~**enheit** *f* modestie *f*;(*Zurückhaltung*)discrétion *f*.

be'scheinen éclairer (de ses rayons).

bescheinig|en [~'ʃaɪnɪɡən] (25) certifier; attester; *den Empfang* ~ *Summe*: donner quittance (*od.* un reçu),*Brief*: accuser réception; 2**ung** *f* attestation *f*; certificat *m*; (*Quittung*) quittance *f*; reçu *m*.

be'schenken: *j-n* ~ faire un cadeau à q.; *j-n mit etw.* ~ faire cadeau à q. de qch.; *j-n reichlich* ~ combler q. de cadeaux; *mit etw. beschenkt werden* recevoir qch. en cadeau.

be'scher|en: *j-m* ~ *etw.* ~ donner qch. (en présent) à q.; 2**ung** *f* (distribution *f* de) cadeaux *m/pl.*; *zu Neujahr*: étrennes *f/pl.*; *e-e schöne* ~! une jolie histoire!; *da haben wir die* ~! nous y voilà!

be'schicken *Versammlung*: envoyer des députés à; *Ausstellungen*: participer à; *Hochofen*: charger; *sein Haus* ~ mettre ses affaires en ordre.

be'schieß|en canonner; bombarder; 2**ung** *f* canonnade *f*; bombardement *m*.

be'schimpf|en insulter; outrager; injurier; 2**ung** *f* insulte *f*; outrage *m*; injure *f*; affront *m*.

be'schirm|en (25) abriter; protéger; défendre; 2**ung** *f* protection *f*; défense *f*.

be'schlafen: *e-e Sache* ~ laisser passer la nuit sur qch.

Be'schlag *m Flinte usw.*: garniture *f*; *Pferd*: ferrure *f*; *Fenster*: (*Dampf*) buée *f*; ⚖ arrêt *m*; saisie *f*; confiscation *f*; séquestration *f*; *in* ~ *nehmen* (*mit* ~ *belegen*) *Person*: accaparer, *Sachen*: saisir, confisquer séquestrer, ⚓ mettre l'embargo sur; 2**en** *v/t.*: *mit etw.* ~ garnir de qch.; *Pferd*: ferrer; *in etw.* (*dat.*) *gut* ~ *sein* être versé dans (F ferré sur *od.* calé en) qch.; *v/i. mit Feuchtigkeit*: (*sich* se) couvrir (de buée; de rosée; *etc.*); (*s*')embuer; ~**nahme** *f* (15) saisie *f*; arrêt *m*; confiscation *f*; séquestre *m*; ⚓ embargo *m*; ⚔ mise *f* en réquisition; 2**nahmen** saisir, confisquer; ⚓ mettre l'embargo sur; ⚔ réquisitionner; ~**schmied** *m* maréchal-ferrant *m*.

be'schleichen: *j-n* ~ épier q.; *die Furcht beschleicht ihn* la peur le gagne.

be'schleunig|en (25) accélérer; 'hâter; 2**ung** *f* accélération *f*.

be'schließen résoudre; (*entscheiden*) décider; (*beendigen*) finir; terminer.

Be'schluß *m* (4²) résolution *f* (*fassen* prendre); (*Entscheidung*) décision *f*; (*Ende*) conclusion *f*; *Potsdamer Beschlüsse m/pl.* accords *m/pl.* de Potsdam, 2**fähig** qui atteint le quorum; ~**fähigkeit** *f* quorum *m*; ~**fassung** *f* résolution *f*; décision *f*.

be'schmieren enduire (*mit* de); *mit Fett* ~ graisser; *Brot usw.*: beurrer; (*besudeln*) barbouiller.

be'schmutzen salir; souiller.

be'schneid|en rogner (*a. fig.*); *Haare, Nägel*: couper; *Hecke*: tondre; *Bäume*: tailler; (*schmälern*) réduire; *rl.* circoncire; 2**ung** *f* rognement *m*; *Haare, Nägel*: coupe *f*; *Hecke*: tonte *f*; *Bäume*: taille *f*; (*Schmälerung*) réduction *f*; *rl.* circoncision *f*.

be'schnüffeln, be'schnuppern flairer; *fig.* fouiner; *alles* ~ fourrer son nez partout.

be'schönig|en (25) embellir; pallier; 2**en** *n*, 2**ung** *f* palliation *f*.

beschottern [~'ʃɔtərn] (29) empierrer; 2**n** *n*, 2**ung** *f* empierrement *m*.

be'schränk|en (25) borner (*auf acc.* à); limiter; restreindre; ~**t** borné; (*eng*) étroit; 2**theit** *f* étroitesse *f* (d'esprit); *Zeit*: brièveté *f*; *Mittel*: insuffisance *f*; 2**ung** *f* limitation *f*; restriction *f*.

be'schreib|en écrire sur; *(darstellen)* décrire; *näher* définir; *umständlich* ~ détailler; 2en *n*, 2ung *f* description *f*; *e-r Person*: signalement *m*; ~**end** descriptif.

be'schreiten mettre le pied sur *(od.* dans); *e-n Weg* ~ s'engager dans une voie.

beschrift|en [~'ʃriftən] mettre une inscription sur; 2ung *f* inscription *f*.

beschuhen [~'ʃu:ən] chausser.

beschuldig|en [~'ʃuldigən] (25) inculper; *e-s Verbrechens* ~ incriminer; *j-n e-r Sache (gén.)* ~ imputer qch. à q.; accuser q. de qch.; *fälschlich* ~ calomnier; 2te(r *a. m*) *m*, *f* accusé *m*, -e *f*; inculpé *m*, -e *f*; prévenu *m*, -e *f*; 2ung *f* inculpation *f*; incrimination *f*; imputation *f*; accusation *f*.

be'schummeln F attraper; filouter.

Be'schuß ⚔ *m* bombardement *m*.

be'schütz|en protéger; 2er(in *f*) *m* protecteur *m*, -trice *f*.

be'schwatzen causer de; *j-n* ~ enjôler q.

Beschwerde [~'ʃve:rdə] *f* (15) *(Mühe, Last)* peine *f*; fatigue *f*; mal *m*; *(Schmerzen)* douleurs *f/pl.*; *(Klage)* plainte *f*; réclamation *f*; ~ **einlegen** *(führen)* über *(acc.)* se plaindre de; ~**buch** *n* registre *m* des réclamations; ~**führer(in** *f***)** *m* réclamant *m*, -e *f*; ~**schrift** plainte *f*.

beschwer|en [~'ʃve:rən] (25) peser sur; charger; alourdir; *sich* ~ über *(acc.)* se plaindre de *(bei* à).

be'schwerlich pénible; *(ermüdend)* fatigant; *(belästigend)* importun; *(schwer)* difficile; *j-m* ~ *fallen* être à charge à q.; gêner q.; importuner q.; 2**keit** *f* peine *f*; difficulté *f*; fatigue *f*; incommodité *f*.

beschwichtigen [~'ʃviçtigən] (25) faire taire; apaiser; calmer.

be'schwindeln tromper; duper.

beschwingt [~'ʃviŋt] ailé.

beschwipst [~'ʃvipst] éméché; gris.

be'schwör|en affirmer par serment; *j-n* ~ conjurer q.; supplier q.; *Geister*: *(rufen)* évoquer, *(austreiben)* conjurer, exorciser; 2en *n*, 2ung *f* affirmation *f* par serment; *v. Geistern*: *(Herbeirufen)* évocation *f*, *(Austreibung)* conjuration *f*, exorcisme *m*; 2er *m* exorciste *m*.

beseelen [~'ze:lən] (25) animer.

be'sehen regarder; *prüfend*: examiner; *(besichtigen)* visiter.

beseitigen [~'zaitigən] (25) mettre de côté; écarter; *(sich entledigen)* se débarrasser de; *Schwierigkeiten*: aplanir; *j-n* ~ faire disparaître q.

Besen ['be:zən] *m* (6) balai *m*; *(Mop)* balayette *f*; *(Feder2)* plumeau *m*; ~**binder** *m* faiseur *m* de balais; ~**stiel** *m* manche *m* à balai.

besessen [~'zesən] possédé; obsédé; 2e(r *a. m*) *m*, *f* possédé *m*, -e *f*; 2**heit** *f* obsession *f*; manie *f*.

be'setz|en mettre sur; *(mit etw. versehen)* garnir (mit de); *Amt*: pourvoir à; *thé.* distribuer; *(in Besitz nehmen)* occuper *(a. ⚔)*; ~**t** *Wagen*: complet; *Abtritt, Platz, téléph.*: occupé; *Kartenspiel*: gardé; *Person*: pris; 2ung *f* garniture *f*; *e-s Amtes*: nomination *f* (à); *thé.* distribution *f* (des rôles); *(Inbesitznahme)* occupation *f (a. ⚔)*; *Sport*: équipe *f*.

besichtig|en [~'ziçtigən] (25) inspecter; *(besuchen)* visiter; *prüfend*: examiner; 2ung *f* inspection *f*; *(Besuch)* visite *f*; *(Prüfung)* examen *m*.

be'siedel|n coloniser; 2ung *f* colonisation *f*.

be'siegeln sceller; *fig. a.* confirmer; *dein Schicksal ist besiegelt* ton destin est fixé.

be'siegen vaincre; triompher de.

be'singen chanter; célébrer.

be'sinn|en: *sich* ~ *auf etw. (acc.)* se souvenir de qch.; *sich* ~ *(nachsinnen)* réfléchir (à); *sich e-s Bessern* ~ se raviser; *ich besinne mich darauf* cela me revient à l'esprit; *ohne sich zu* ~ sans réfléchir, *(sogleich)* sans hésiter; 2en *n* (6) réflexion *f*; *ohne* ~ *(Zögern)* sans hésitation; ~**lich** pensif; méditatif; 2ung *f* connaissance *f*; *(Nachdenken)* réflexion *f*; recueillement *m*; *die* ~ *verlieren* perdre connaissance; *(wieder) zur* ~ *kommen* reprendre connaissance, *fig.* revenir à la raison; *j-n zur* ~ *bringen fig.* ramener q. à la raison; ~**ungslos** sans connaissance; évanoui; 2**ungslosigkeit** *f* évanouissement *m*.

Be'sitz *m* (3²) possession *f*; *in* ~ *nehmen* prendre possession de; *in den* ~ *e-r Sache gelangen* entrer en possession de qch.; *aus dem* ~ *bringen* déposséder; 2-**anzeigend** *gr.* possessif; 2**en** posséder; avoir; *Platz*

Besitzer(in) — 685 — **Beständigkeit**

usw.: occuper; ~de Klassen les possédants m/pl.; ~er(in f) m possesseur m; (Eigentümer) propriétaire m, f; ~ergreifung f, ~nahme f prise f de possession; appropriation f; widerrechtliche: usurpation f; ~los sans biens; ~losigkeit f manque m de biens; ~recht n droit m de posséder; z'z possessoire m; ~stand m état m de possession; ~tum n (1²), ~ung f: (un)bewegliches ~ biens m/pl. (im)meubles; (Anwesen) propriété f; (Landgut) terre f; ~wechsel m changement m de possesseur (resp. de propriétaire); ✝ remise f.

besoffen P [~'zɔfən] ivre; soûl.

besohl|en [~'zo:lən] (25) mettre des semelles à; neu ~ ressemeler ; ⸰en n, ⸰ung f ressemelage m.

besold|en [~'zɔldən] (26) payer; Truppen: solder; Arbeiter: salarier; Beamte, Angestellte: appointer; Bedienste: gager; ⸰ung f Truppen: solde f; Arbeiter: salaire m; paie f; Beamte, Angestellte: traitement m; appointements m/pl.; Bediente: gages m/pl.; ⸰ungs-ordnung f cadre m des traitements.

be'sonder particulier; spécial; singulier; ⸰heit f particularité f; spécialité f; singularité f; ~s en particulier; particulièrement; (hauptsächlich) surtout; nicht ~ (bei vb. ne ...) pas trop bien.

besonnen [~'zɔnən] **1.** v/t. ensoleiller; **2.** adj. réfléchi; prudent; circonspect; ⸰heit f réflexion f; prudence f; circonspection f.

be'sorg|en (Sorge tragen) avoir soin de; (erledigen) s'occuper de; (beschaffen) procurer; (befürchten) appréhender; craindre; ~ Sie mir e-e Taxe faites-moi venir un taxi; ⸰nis f (14²) appréhension f; crainte f; souci m; ~nis-erregend inquiétant; ~t inquiet (um de); soucieux (de); ⸰theit f souci m; inquiétude f; ⸰ung f soins m/pl.; ~en machen faire des courses (od. des commissions).

be'spann|en Bogen; mettre une corde à; mit Pferden ~ atteler des chevaux à; ⸰ung f Wagen: attelage m.

be'speien cracher sur; conspuer.

be'spiegeln: sich ~ se mirer.

bespitzeln [~'ʃpitsəln] espionner.

be'spötteln (29) railler.

be'sprech|en parler de; discuter;

Ereignis: commenter; Buch: faire un compte rendu (od. une critique) de; Krankheit: conjurer par des formules; Platte: faire enregistrer sich mit j-m ~ conférer avec q. (über acc. de); ⸰raum m Radio: studio m; ⸰ung f discussion f; conférence f; entretien m; pol. pourparlers m/pl.; Werk: compte rendu m; critique f; Krankheit: conjuration f.

be'spreng|en arroser (mit de); asperger (mit Weihwasser d'eau bénite); Wäsche: mouiller; ⸰en n, ⸰ung f arrosage m; aspersion f.

be'spritzen arroser (mit de); mit Schmutz ~ éclabousser.

be'spucken cracher sur. [baigner.]

be'spülen Fluß: arroser; Meer:]

besser ['bɛsər] meilleur; adv. mieux; ~e Tage des jours meilleurs; ein ~er Herr un monsieur bien; wider ~es Wissen tout en sachant le contraire; ~ werden s'améliorer, ~ sein valoir mieux; être meilleur; ihm ist ~ il va mieux; etw. ~es qch. de meilleur; in Ermangelung e-s ⸰en faute de mieux; '~n (29) rendre meilleur; améliorer; Fehler: corriger; ⸋ amender; (ausbessern) réparer; sich ~ devenir meilleur, s'améliorer, sittlich: se corriger, s'amender, Kranker: aller mieux, se rétablir, in Leistungen: faire des progrès, Wetter: se remettre au beau; ⸰ung f amélioration f; sittliche: correction f; amendement m; ✝ rétablissement m; gute ~! meilleure santé!; '⸰ungs-anstalt f maison f de correction; pénitencier m; '⸰wisser m qui sait tout mieux que les autres; ergoteur m.

bestall|en [~'ʃtalən] (25): ~ mit (einsetzen) installer dans, (ernennen) nommer à; ⸰ung f installation f (dans); nomination f (à).

Be'stand m (3³) (Bestehen) existence f; (Dauer) durée f; (Dauerhaftigkeit) stabilité f; (etw. wirklich Vorhandenes) effectif m; ✝ stock m; (Kassen⸰) encaisse f; ~ haben; von ~ sein subsister; durer; ê.re durable; eiserner ~ fonds m de réserve.

be'ständig stable; constant; (dauerhaft) durable; (fortgesetzt) continuel; (immerwährend) permanent; auf ~ stehen être au beau fixe; ⸰keit f stabilité f; constance f; (Fortdauer) durée f; permanence f.

Be'stands|-aufnahme f inventaire m; ~buch n livre m d'inventaire; ~liste f inventaire m.
Be'standteil m partie f (wesentlicher intégrante); élément m; ingrédient m; 🜨 composant m.
be'stärk|en affermir (in dat. dans); fortifier (in dat. dans); corroborer; confirmer; 2ung f affermissement m; corroboration f; confirmation f.
bestätig|en [~'ʃtɛːtigən] (25) (bekräftigen) confirmer; (als wahr ausweisen) constater; gerichtlich ~ entériner; Gesetz: sanctionner; Vertrag: ratifier; Schreiben: accuser réception (de); sich ~ se vérifier; 2ung f confirmation f; constatation f; vérification f; Vertrag: ratification f; Schreiben: accusé m de réception; gerichtliche ~ entérinement m.
bestatt|en [~'ʃtatən] (26) enterrer; 2ung f enterrement m. [sière.\
be'stauben (v/i. se) couvrir de pous-\
be'stäuben (pudern) poudrer; ♣ féconder (par le pollen).
be'staubt [~'ʃtaupt] poussiéreux.
Be'stäubung ♣ pollinisation f.
beste ['bɛstə]: der (die) 2e le (la) meilleur (-e); der ~ Freund le meilleur ami; beim ~n Willen avec la meilleure volonté du monde; im ~n Schlaf en plein sommeil; nach ~m Wissen und Gewissen en toute conscience; der erste ~ le premier venu; mein 2r! mon cher!; das 2 le meilleur; le mieux; das ist das 2, was Sie tun können c'est ce que vous pouvez faire de mieux; es ist das ~ (od. am ~n), zu ... (inf.) le mieux est de ... (inf.); es ist das ~, er ... le mieux est qu'il ... (subj.); hoffen wir das ~ espérons que tout ira pour le mieux; sein 2s tun faire de son mieux; das 2 bei der Geschichte le meilleur de l'histoire; er will nur dein 2s il n'a en vue que ton bien; zum 2n der Armen au profit des pauvres; j-m etw. zum ~n geben régaler q. de qch.; j-n zum ~n haben se moquer de q.; ~ns; aufs ~; zum ~n le mieux possible; le (od. au) mieux.
be'stech|en fig. corrompre; F graisser la patte à; Zeugen: suborner; durch Freundlichkeit: séduire; ~lich corruptible; vénal; 2lichkeit f corruptibilité f; vénalité f; 2ung f corruption f; Zeugen: subornement m; durch Freundlichkeit: séduction f.

Besteck [~'ʃtɛk] n (3) étui m; chir. trousse f; (Tisch2) couvert m; 2en piquer (mit de); garnir (de).
be'stehen 1. v/t. Kampf: soutenir (avec succès); Probe: subir; Prüfung: passer; v/i. exister; (fort~) subsister; se maintenir; auf etw. (dat. od. acc.) ~ insister sur qch., eigensinnig: s'opiniâtrer à qch.; auf s-m Kopf ~ s'entêter; ~ aus se composer de; consister en; ~ in (dat.) consister dans (od. à [inf.]); **2.** 2 n existence f; ~d existant; composé (aus de).
be'stehlen voler.
be'steig|en monter (sur); Berg: faire l'ascension de; Pferd: monter à; Rad: enfourcher; 2ung f ascension f.
be'stell|bar ✍ cultivable; 2bezirk ⌾ m secteur m postal; ~en Waren: commander; Briefe: remettre; Feld: cultiver; Auftrag: s'acquitter de; Platz, Zimmer: retenir; (einrichten) arranger; sein Haus ~ régler ses affaires; j-n ~ mander q.; faire venir q.; j-n zum Richter ~ constituer q. juge; ~ Sie ihm Grüße von mir faites (od. transmettez)-lui mes compliments; es ist schlecht damit bestellt cela prend mauvaise tournure; es ist schlecht mit ihm bestellt il est mal en point; danke ~! merci bien!; ich empfehle mich ~ mes meilleures salutations; ich werde es ~ erledigen je ferai cela de mon mieux. **be'steuer|bar** imposable; taxable; ~n imposer; 2ung f imposition f.
bestialisch [bɛsti'aːliʃ] bestial.
Bestialität [~li'tɛːt] f bestialité f.
Bestie ['bɛstiə] f (15) bête f féroce; brute f (a. fig.).
be'stimm|bar déterminable; (erklärbar) définissable; ~en v/t. déterminer; j-n ~ zu décider q. à; (festsetzen) fixer; (erklären) définir; (bezeichnen)

bestimmt — 687 — **Betonung**

désigner; *näher* ~ préciser; *(entscheiden)* décider; *(anordnen)* arrêter; ordonner; *(vorschreiben)* prescrire; *v/i.:* ~ *über (acc.)* disposer de; ~**t** *(genau)* déterminé; défini; *(entschieden)* décidé; résolu; *(sicher)* certain; sûr; *(kurz u. genau)* précis; net; *(feststehend)* fixe; *für (zu) etw.* ~ *sein* être destiné à qch.; ℒ**theit** *f* assurance *f*; *(Gewißheit)* certitude *f*; *(Genauigkeit)* précision *f*; ℒ**ung** *f* détermination *f*; destination *f*; *(Schicksalsℒ)* destinée *f*; *(Festsetzung)* fixation *f*; *(Erklärung)* définition *f*; *(Bezeichnung)* désignation *f*; *(Anordnung)* arrêté *m*; ordonnance *f*; *(Vorschrift)* prescription *f*; ℒ**ungs-ort** *m* lieu *m* de destination.

'**Best|leistung** *f Sport:* record *m*; ℒ**möglich** le meilleur *(adv.* le mieux) possible.

be'straf|en punir *(für* de); châtier; ℒ**ung** *f* punition *f*; châtiment *m*.

be'strahl|en: *mit etw.* ~ exposer aux rayons de qch.; ✠ traiter par les rayons X; *von der Sonne* ~ *lassen* exposer au soleil; insoler; ℒ**ung** *f phys.* irradiation *f*; ~ *radiothérapie f; ~ durch die Sonne* insolation *f*.

be'streben 1. *sich* ~, *zu* ~ s'efforcer de; tâcher de; s'appliquer à; **2.** ℒ *n* effort *m*; application *f*; *es wird mein* ~ *sein, zu* ~ je m'efforcerai de.

be'streichen enduire *(mit* de); ✕ raser; balayer; *mit Fett* ~ graisser; *mit Butter* ~ beurrer.

be'streit|bar contestable; ~**en**: *etw.* ~ contester qch.; *Kosten:* payer; *Sport:* disputer; *j-s Unterhalt* ~ défrayer q.; ℒ**ung** *f* contestation *f*; *Kosten:* paiement *m*.

be'streuen: *mit etw.* ~ répandre qch. sur; *mit Salz, Mehl, Zucker:* saupoudrer de, *mit Blumen usw.:* parsemer de; *mit Sand* ~ sabler.

be'stricken *fig.* charmer; enjôler.

bestück|en ✕ *(*~'**ʃtykən)** (25) armer de canons; ℒ**ung** *f* armement *m*.

be'stürm|en assaillir *(a. fig.);* mit *Bitten* ~ obséder de prières; ℒ**ung** *f* assaut *m*.

bestürz|en consterner; ~**t** consterné; *(sprachlos)* interdit; ℒ**ung** *f* consternation *f*.

'**Bestzeit** *f* record *m* de vitesse.

Besuch [~'zu:x] *m* (3) visite *f*; *häufiger:* fréquentation *f*; *auf* ~ *en* visite; *er hat* ~ il (y) a du monde *(od. q.)* chez lui; *j-s* ~ *erwidern* rendre sa visite à q.; *e-n* ~ *abstatten* = ℒ**en** aller *(resp.* venir) voir, *förmlich:* rendre visite à; *oft* ~ fréquenter; *Arzt, Stadt, Museum usw.:* visiter; *Schule:* fréquenter; *aller à (a. thé., Konzert); Versammlung:* assister à; *Vorlesung:* suivre; ~**er(in** *f*) *m* visiteur *m*, -euse *f*; *thé.* spectateur *m*, -trice *f*; ~**szeit** *f* heure *f* de visite; ℒ**t**: *das Konzert ist gut* ~ le concert est bien fréquenté *(od.* suivi).

be'sudeln salir; *(mit* de); souiller *(de);* ~**tagt** [~'ta:kt] âgé; ~**tasten** tâter; toucher à.

betätig|en [~'tɛ:tigən] (25) actionner; ⊕ commander; *sich* ~ être actif; *sich bei etw.* ~ prendre part *(od.* participer) à qch.; *sich als Arzt* ~ pratiquer *(od.* exercer) la médecine; ℒ**ung** *f* activité *f*; *(Teilnahme)* participation *f*; ⊕ commande *f*.

betäub|en [~'tɔybən] (25) *durch Lärm:* assourdir; *(Besinnung rauben)* étourdir; *(einschläfern)* assoupir; ✠ anesthésier; *(chloroformieren):* chloroformer; *mit Äther* ~ éthériser; ℒ**ung** *f durch Lärm:* assourdissement *m*; *Besinnung:* étourdissement *f;* ✠ narcose *f*; anesthésie *f*; *(Chloroformierung)* chloroformisation *f*; ~ *mit Äther* éthérisation *f*; ℒ**ungsmittel** *n* narcotique *m*; *(Rauschgift)* stupéfiant *m*.

beteilig|en [~'taɪlɪgən] (25): *j-n bei* ~ faire participer q. à; † intéresser q. dans; *sich* ~ *an (dat.)* participer à; ℒ**ten** *m(f)/pl.* intéressé(e)s *m(f)/pl.;* ℒ**ung** *f* participation *f*; *(Mitwirkung)* collaboration *f*; coopération *f*.

beten ['be:tən] (26) **1.** *v/i.* faire *(od.* dire) sa prière; *(zu Gott)* ~ prier; *vor Tisch* ~ dire le bénédicité; *nach Tisch* ~ dire les grâces; *ein Vaterunser* ~ dire un Pater; **2.** ℒ *n* prière *f*.

beteuer|n [~'tɔyərn] (29) protester *(de);* ℒ**ung** *f* protestation *f*.

betiteln [~'ti:təln] (29) *Schriftstück:* intituler; *j-n* ~ donner un titre à q.; traiter q. de.

betölpeln [~'tœlpəln] empaumer.

Beton [be'tɔŋ] *m* (11) béton *m*.

beton|en [~'to:nən] (25) appuyer sur; accentuer; *fig.* insister sur; ℒ**en**, ℒ**ung** *f* accentuation *f*; accent *m* tonique; *fig.* insistance *f*.

betonieren — 688 — **Betrunkenheit**

beto'nieren [beto'ni:rən] **1.** bétonner; **2.** ⩾ *n* bétonnage *m*. [nière *f*.\
Be'tonmischmaschine *f* béton-\
betör|en [\~'tø:rən] (25) enjôler; égarer; ⩾**theit** *f* égarement *m*.
Betracht [\~'traxt] *m* (3 *o. pl.*) considération *f*; (*Rücksicht*) égard *m*; etw. in \~ ziehen prendre qch. en considération; etw. außer \~ lassen laisser qch. de côté; in \~ kommen entrer en ligne de compte (*od.* en considération); *das kommt nicht in* \~ c'est sans importance; ⩾**en** (*besehen*) regarder; Gestirne usw.: contempler; *erwägend*: envisager, considérer; *nachdenklich*: méditer (sur); réfléchir (à); (*beobachten*) observer; (sich) \~ als (se) considérer comme; **\~en** *n*, **\~ung** *f* contemplation *f*; méditation *f*; réflexion *f*; **\~er(in)** *m* contemplateur *m*, -trice *f*; observateur *m*, -trice *f*.
beträchtlich [\~'trɛçtliç] considérable; important.
Betrag [\~'traːk] *m* (3³) montant *m*; somme *f*; \~ erhalten pour acquit.
be'tragen 1. *v/i.* se monter à; faire; sich \~ se comporter; se conduire; **2.** ⩾ *n* (6) conduite *f*.
be'trauen: *j-n mit etw.* \~ confier qch. à q.; charger q. de qch.; **\~ern** déplorer; *j-n* \~ porter le deuil de q.
Betreff [\~'trɛf] *m*: in ⩾ = \~s; ⩾**en** (*ertappen*) attraper; (*überraschen*) surprendre; *v. Übel* atteindre; frapper; (*angehen*) concerner; *was mich betrifft* quant à moi; ⩾**end** en question; *adv.* concernant; ⩾**s** (*gén.*) à l'égard (*od.* au sujet) de; concernant; *in Schreiben*: objet *m*.
be'treiben *Prozeß*: poursuivre; *Beruf*: exercer; *Studien*: se livrer à; faire; *auf* ⩾ *von* à l'instigation de.
be'treten 1. *v/t. Zimmer*: entrer dans; *Rasen*: marcher sur; *die Schwelle* \~ franchir le seuil; **2.** *adj. Weg*: battu, *fig.* (*verlegen*) confus; (*verwirrt*) consterné; interdit.
be'treu|en(25)se charger de;prendre soin de; ⩾**ung** *f* soin *m* (donné à).
Be'trieb *m* (3) (*Leben, Bewegung*) animation *f*; mouvement *m*; (*Unternehmen*) entreprise *f*; (*Fabrik*) usine *f*; (*Werkstatt*) atelier *m*; (*Inganghaltung*) service *m*; exploitation *f*; *Maschine*: marche *f*; fonctionnement *m*; in \~ setzen mettre en marche (*od.* en service); außer \~

'hors service; ⩾**sam** actif; industrieux; **\~samkeit** *f* activité *f*; industrie *f*.
Be'triebs|-angehörige(r) *m* employé *m*; **\~anlage** *f* installations *f/pl.*; **\~ausschuß** *m* comité *m* d'entreprise; **\~fähig** en état d'exploitation; **\~fest** *n* fête *f* d'entreprise; **\~führer** *m* chef *m* d'entreprise; directeur *m*; gérant *m*; F patron *m*; **\~gebäude** *n* usine *f*; **\~gemeinschaft** *f* communauté *f* d'entreprise; **\~jahr** *n* exercice *m*; **\~kapital** *n* capital *m*; fonds *m* de roulement; **\~kosten** *pl.* frais *m/pl.* d'exploitation; **\~leiter** *m* = \~führer; **\~material** ⩾ *n* matériel *m* roulant; **\~-obmann** *m* délégué *m* du personnel; **\~ordnung** *f* règlement *m* d'entreprise; **\~rat** *m* conseiller *m* (technique); *der Arbeitnehmer*: conseil *m* d'entreprise, (*Person*) conseiller *m* d'entreprise; *der Firma*: conseil *m* d'exploitation; **\~schutz** *m* protection *f* contre les risques d'entreprise; **\~stoff** *m* carburant *m*; essence *f*; **\~störung** *f* troubles *m/pl.* dans l'exploitation; panne *f*; incident *m* technique; **\~unfall** *m* accident *m* du travail; **\~verfassungsgesetz** *n* loi *f* relative au statut des entreprises; **\~versammlung** *f* assemblée *f* d'entreprise; **\~wirtschaft(slehre)** *f* économie *f* industrielle.
be'trinken: sich \~ s'enivrer.
betroffen [\~'trɔfən] frappé; confus; *s. a. betreffen*; *ich fühle mich* \~ j'en suis affecté.
Be'trogene(r *a. m*) *m*, *f* dupe *f*.
betrüb|en [\~'try:bən] affliger; attrister; *tief* \~ désoler; **\~end**, **\~lich** affligeant; attristant; *tief* \~ désolant; ⩾**nis** *f* (14²) affliction *f*; tristesse *f*; *tiefe* \~ désolation *f*.
Be'trug *m* (3) fraude *f*; tromperie *f*; imposture *f*; *im Spiel*: tricherie *f*.
be'trüg|en tromper; frauder; duper; *im Spiel*: tricher; \~ *um* frustrer de; **\~er(in)** *f* *m* trompeur *m*, -euse *f*; fraudeur *m*, -euse *f*; imposteur *m*; *im Spiel*: tricheur *m*, -euse *f*; ⩾**e'rei** *f* tromperie *f*; fraude *f*; imposture *f*; *im Spiel*: tricherie *f*; **\~erisch** trompeur; frauduleux.
be'trunken ivre; F gris; *völlig* (*schwer*) \~ complètement ivre, F noir; \~ machen enivrer, F griser; ⩾**heit** *f* ivresse *f*.

Bet|saal ['beːtzaːl] *m* oratoire *m*; '**⁀stuhl** *m* prie-Dieu *m*.
Bett [bɛt] *n* (5) lit *m*; *ch.* gîte *m*; *zu ⁀ bringen* coucher; *zu ⁀ gehen* (aller) se coucher; *krank zu ⁀ liegen* être alité; *das ⁀ hüten* garder le lit; *ins (aus dem) ⁀ steigen* se mettre au (sortir du) lit; *aus dem ⁀ springen* sauter à bas du lit; '**⁀bezug** *m* draps *m/pl.*; '**⁀couch** *f* divan-lit *m*; '**⁀decke** *f* couverture *f* de lit; *gesteppte ⁀* courtepointe *f*.
'**bettel**|'**⁀arm** pauvre comme Job; misérable; '**⁀ 2armut** *f* grande pauvreté *f*; '**2brief** *m* lettre *f* de quémandeur; '**2brot** *n*: *das ⁀ essen* vivre d'aumônes; '**2bruder** *m* = **1.** Bettler; **2.** 2mönch *⁀ei* [⁀'laɪ] *f* (16) mendicité *f*; *lästige:* requête *f* importune; '**2geld** *n* aumônes *f/pl.*; '**2gesindel** *n* gueux *m/pl.*, F gueusaille *f*; '**2mann** *m* mendiant *m*; gueux *m*; '**2mönch** *m* moine *m* mendiant; '**⁀n** (29) mendier; demander l'aumône; *lästig:* quémander; '**2n** *n* = 2ei; '**2orden** *m* ordre *m* mendiant; '**2sack** *m* besace *f*; '**2stab** *m* bâton *m* de mendiant; *an den ⁀ bringen* réduire à la mendicité; '**2volk** *n* gueux *m/pl.*; '**2weib** *n* mendiante *f*, gueuse *f*.
'**betten** *v/t.* (26) mettre au lit; coucher.
'**Bett**|**flasche** *f* bouillotte *f*; '**⁀himmel** *m* ciel *m* de lit; '**⁀lägerig** alité; '**⁀laken** *n* drap *m* de lit.
Bettler(in *f*) ['bɛtlər] *m* (7) mendiant *m*, -e *f*; gueux *m*, gueuse *f lästiger:* quémandeur *m*, -euse *f*.
'**Bett**|**nässen** *n* incontinence *f* d'urine; '**⁀nässer** *m* pissenlit *m*; '**⁀sack** *m* paillasse *f*; '**⁀schirm** *m* paravent *m*; '**⁀stelle** *f* couchette *f*; bois *m* de lit; *eiserne ⁀* lit *m* de fer; '**⁀(t)uch** *n* drap *m* de lit; '**⁀überzug** *m* taie *f*; '**⁀vorleger** *m* (7) descente *f* de lit; '**⁀wärmer** *m* (7) bouillotte *f*; bassinoire *f*; moine *m*; '**⁀wäsche** *f* linge *m* de lit; *reine ⁀* des draps *m/pl.* blancs; '**⁀zeug** *n* literie *f*.
betulich [⁀'tuːlɪç] complaisant; empressé; prévenant.
be'tupfen moucheter; tapoter du bout (du pinceau, des doigts, *etc.*).
beug|en ['bɔʏɡən] (25) plier; courber; fléchir; *fig.* humilier; abaisser; *Recht, Gesetz:* violer; fausser; *gr. Hauptwort:* décliner, *Zeitwort:* conjuguer; '**2ung** *f* fléchissement *m*;

flexion *f* (*a. gr.*); *Recht, Gesetz:* violation *f*; *gr. Hauptwort:* déclinaison *f*, *Zeitwort:* conjugaison *f*.
Beule ['bɔʏlə] *f* (15) bosse *f*; ♂ tumeur *f*; *⁂* **⁀npest** *f* peste *f* bubonique.
beunruhig|en [⁀'ʔunruːɪɡən] (25) inquiéter; alarmer; (*aufregen*) agiter; **2ung** *f* inquiétude *f*; alarme *f*.
be'urkunden (26) documenter; *Unterschrift:* homologuer; *Schriftstück:* homologuer; authentifier.
beurlaub|en [⁀'ʔuːrlaʊbən] (25) donner un congé (*od.* une permission) à; (*suspendieren*) suspendre de ses fonctions; **⁀t** en congé; en permission; **2ung** *f* mise *f* en congé; (*Suspendierung*) suspension *f*.
be'urteil|en [⁀'ʔʏrtaɪlən] juger de; *Buch:* faire un compte rendu de; **2er(in** *f*) *m* (7) critique *m*; **2ung** *f* jugement *m*; (*e-r Sache gén.* sur qch); compte rendu *m*.
Beute ['bɔʏtə] *f* (15) butin *m*; (*Raub*) proie *f*; '**⁀gierig** avide de butin.
Beutel ['bɔʏtəl] *m* (7) sac *m*; (*Geld2*) bourse *f*; *zo.* poche *f*; ⚔ musette *f* (*Tabaks2*) blague *f* (à tabac); '**⁀chen** *n* sachet *m*; '**2n** *Mehl:* bluter; *sich ⁀* faire des poches; '**⁀schneider** *m* filou *m*; '**⁀tier** *n* marsupial *m*.
bevölker|n [⁀'fœlkərn] (29) peupler; **2n** *n* peuplement *m*; **2ung** *f* population *f*; **2ungsdichte** *f* densité *f* de population.
bevollmächtig|en [⁀'fɔlmɛçtɪɡən] (25) autoriser; donner pouvoir (*od.* procuration) à; **⁀t** sein avoir pleins pouvoirs; **2te(r)** *m* (18) *dipl.* plénipotentiaire *m*; ✝ fondé *m* de pouvoir; mandataire *m*; **2ung** *f* autorisation *f*; procuration *f* (*Vollmacht*) plein pouvoir *m*.
bevor [bə'foːr] avant que (*subj.*); avant de (*inf.*); **⁀munden** [⁀ˈmʊndən] (26) être tuteur de; *fig.* tenir en tutelle; *bevormundet werden* être mis en tutelle; **2munden** *n* tutelle *f*; **⁀raten** approvisionner; **⁀rechten** privilégié; **⁀schussen** [⁀ˈʃʊsən]: *j-n ⁀* faire des avances à q.; **⁀stehen** être imminent (*od.* en perspective); **⁀stehend** imminent.
bevorzug|en [⁀'foːrtsuːɡən] préférer; (*begünstigen*) favoriser; avantager; **2ung** *f* préférence *f*.
be'wach|en bewachter; surveiller; **2ung** *f* garde *f*; surveillance *f*. [vert de.|
be'wachsen: *⁀ sein mit* être cou-|

---

43 Dtsch.-Franz.

bewaffn|en armer (*mit* de); 2ung *f* armement *m*.
Be'wahr|-anstalt *f* asile *m*; 2en garder; conserver; *j-n* ~ *vor* (*dat.*) préserver q. de; (*schützen*) protéger (*vor dat.* de); *sich* ~ *vor etw.* (*dat.*) ~ se garder de qch.; *Gott bewahre!* (point) du tout!; ~**ung** *f* garde *f*; préservation *f*.
bewähren [~'vɛ:rən]: *sich* ~ faire ses preuves *f*; répondre à l'attente.
bewahrheit|en [~'va:rhaitən] (26) confirmer; 2ung *f* confirmation *f*.
bewähr|t [~'vɛ:rt] éprouvé; *f*pfort à toute épreuve; 2ung *f* épreuve *f*; (*Bestätigung*) confirmation *f*; 2ungsfrist *f* sursis *m*.
bewalden [~'valdən] boiser.
bewältig|en [~'vɛltigən] (25) dompter; subjuguer; *Arbeit*: venir à bout de; *Strecke*: parcourir; 2ung *f* domptage *m*; subjugation *f*.
bewand|ert [~'vandərt]: ~ *sein in* (*dat.*) être versé dans (F calé en *od.* ferré sur); 2tnis [~'vantnis] *f* (14²) caractère *m* (d'une chose); *damit hat es folgende* ~: voici comment la chose se présente; voici ce qu'il en est.
bewässer|n [~'vɛsərn] arroser; irriguer; 2ung *f* arrosage *m*; irrigation *f*; 2ungs-anlage *f* système *m* d'irrigation.
beweg|en [~'ve:gən] (30) mouvoir; mettre en mouvement; remuer; (*hin und her* ~) agiter (*a. fig.*); *sich* ~ (*gehen*) circuler, ⊕ jouer; ~ *um* tourner autour de; *innerlich*: émouvoir; attendrir; *j-n zu etw.* ~ engager (*od.* déterminer) à qch., *sich* ~ *lassen fig.* se laisser toucher (*od.* fléchir); 2grund *m* motif *m*; mobile *m*; ~**lich** mobile; (*flink*) agile; ~e *Güter* biens *m*/*pl.* meubles; 2lichkeit *f* mobilité *f*; (*Flinkheit*) agilité *f*; ~**t** [~kt] agité (*a. See*); mouvementé; (*gerührt*) ému; touché; 2theit *f* agitation *f*; (*Rührung*) émotion *f*; 2ung *f* mouvement *m*; agitation *f*; (*Verkehr*) circulation *f*; (*Dreh*2) rotation *f*; (*Rührung*) émotion *f*; *körperliche*: exercice *m*; *sich in* ~ *setzen* se mettre en mouvement; s'ébranler; 2ungsfreiheit *f* liberté *f* de mouvement; 2ungskrieg *m* guerre *f* de mouvement; 2ungslehre *f* mécanique *f*; ~**ungslos** immobile; 2ungslosig-keit *f* immobilité *f*; 2ungsnerv *m* nerf *m* moteur. [déplorer.|
beweinen pleurer; *bsd. Sachen*:]
Beweis [~'vais] *m* (4) preuve *f* (*für* de); (~**grund**) argument *m*; *wissenschaftlicher*: démonstration *f*; ~**antritt** *m* production *f* de preuves; ~**aufnahme** *f* audition *f* des preuves; 2bar prouvable; démontrable; 2en prouver; démontrer; *Mut usw.*: faire preuve de; ~**führung** *f* démonstration *f*; argumentation *f*; ~**grund** *m* argument *m*; ~**kraft** *f* force *f* démonstrative; 2kräftig concluant; ~**mittel** *n* argument *m*; preuve *f*; ~**stück** *n* preuve *f*; pièce *f* justificative.
be'wenden: 1. *es bei etw.* (*abs. dabei*) ~ *lassen* s'en tenir à qch., en rester à qch., *abs.* en rester là; 2. 2 *n*: *dabei hat es sein* ~ il faut s'en tenir là.
be'werb|en: *sich um etw.* ~ rechercher qch., tâcher d'obtenir qch., solliciter qch., *um ein Amt*: *a.* postuler qch., *durch Umtriebe*: briguer qch.; *sich um ein Mädchen* ~ demander une jeune fille en mariage; *sich um e-n Preis* ~ concourir pour un prix; 2er(in*f*) *m* prétendant *m*, -e *f* (*um* à); *um ein Amt usw.*: candidat *m*, -e *f* (à); aspirant *m*, -e *f* (à); concurrent *m*, -e *f* (pour); 2ung *f* recherche *f* (*um* de); sollicitation *f* (de); *durch Umtriebe*: brigue *f*; *um ein Mädchen*: demande *f* en mariage; *um e-n Preis*: concours *m* (pour); 2ungsschreiben *n* demande *f* d'emploi.
be'werfen *Mauer usw.*: crépir; *j-n mit Steinen* ~ jeter des pierres à q.
be'werkstellig|en effectuer; (*ausführen*) accomplir; réaliser; 2ung *f* accomplissement *m*; réalisation *f*.
be'wert|en estimer; évaluer; ✝ coter; 2ung *f* estimation *f*; évaluation *f*.
be'wickeln envelopper (*mit* de).
be'willig|en [~'viligən] (25) accorder; *Summe*: allouer; *Rechte*: concéder; *parl.*: voter; 2ung *f* consentement *m*; *Summe*: allocation *f*; *Rechte*: concession *f*; *parl.* vote *m*.
be'willkommnen [~'vilkɔmnən] souhaiter la bienvenue à.
be'wirken faire; effectuer; (*verursachen*) causer; provoquer.
bewirt|en [~'virtən] (25) héberger; donner l'hospitalité à; *mit Essen*:

Bewirtung — 691 — **Bezugnahme**

traiter; régaler; ⁓ung f hospitalité f; mit Essen: traitement m; régal m.
be'wirtschaft|en exploiter; (verwalten) administrer; Waren: rationner; Devisen: réglementer; ⁓ung f exploitation f; (Verwaltung) administration f; gestion f; Waren: rationnement m; Devisen: réglementation f.
bewog(en) [⁓'vo:k(-gən)] s. bewegen.
bewohn|bar [⁓'vo:nba:r] habitable; ⁓en habiter; occuper; ⁓er(in f) m (7) habitant m, -e f.
bewölk|en [⁓'vœlkən] (25): sich ⁓ se couvrir de nuages; fig. s'assombrir; ⁓t nuageux; fig. soucieux; ⁓ung f nuages m/pl.
Bewund(e)rer m (7), ⁓(r)erin f (7) admirateur m, -trice f; ⁓ern admirer; ⁓ernswürdig admirable; ⁓erung f admiration f.
Be'wurf ⊕ m (3³) crépi m; enduit m.
be'wußt conscient; adv. a. sciemment; en conaissance de cause; sich e-r Sache (gén.) ⁓ sein avoir conscience de qch.) se rendre compte de qch.; sich keiner Schuld⁓ sein n'avoir rien à se reprocher; (beabsichtigt) voulu; intentionnel; die ⁓e Sache l'affaire en question; ⁓los sans connaissance; ⁓ werden perdre connaissance; ⁓losigkeit f perte f de connaissance; évanouissement m; ⁓sein n conscience f; das ⁓ verlieren (wieder zum ⁓ kommen) perdre (reprendre) connaissance; j-m etw. zum ⁓ bringen faire sentir qch. à q.
be'zahl|en payer; (vergüten) rétribuer; rémunérer; sich ⁓t machen s'indemniser; das macht sich ⁓t cela paie; ⁓ung f paiement m; (Vergütung) rétribution f; rémunération f.
be'zähmen dompter; maîtriser; apprivoiser.
be'zauber|n ensorceler; (entzücken) charmer; enchanter; fasciner; ⁓nd charmant; enchanteur; ⁓ung f ensorcellement m; fig. charme m; enchantement m.
be'zeichn|en marquer; durch Wort: désigner; (angeben) dénoter; indiquer; (bedeuten) signifier; als etw. ⁓ qualifier de qch.; ⁓end significatif; ⁓ung f marque f; durch Wort: désignation f; (Bedeutung) signification f.
be'zeig|en montrer; marquer; témoigner; ⁓ung f démonstration f; marque f; témoignage m.

be'zeug|en attester; témoigner; ⁓ung f attestation f; témoignage m.
bezichtig|en [⁓'tsiçtigən] (25) accuser; ⁓ung f accusation f.
be'zieh|bar rapportable (auf acc. à); (bewohnbar) habitable; ⁓en Haus: aller occuper; s'installer dans; Ort: s'établir à (resp. dans); Schule: entrer à; Universität: se rendre à; Märkte: fréquenter; e-e Geige ⁓ (mit Saiten) monter un violon; (überziehen) revêtir de; (mit etw. bedecken) couvrir de; Bett: mettre des draps à; Kopfkissen: mettre une taie à; Waren: faire venir; Gehalt, Unterstützung: toucher; Zeitung: être abonné à; Wechsel: tirer; (sich) auf etw. (acc.) ⁓ (se) rapporter à qch.; sich auf j-n (auf sein Schreiben) ⁓ se référer à q. (à sa lettre); ⁓er (7) m ✝ tireur m; Zeitung: abonné m; ⁓ung f rapport m (a. gr.); relation f; zu etw. in ⁓ stehen avoir rapport à qch.; zu j-m in ⁓ stehen avoir des rapports (od. être en relations) avec q.; in dieser ⁓ à cet égard; sous ce rapport; in jeder ⁓ à tous égards; in keiner ⁓ en aucune façon (bei vb. mit ne); in gewisser (mancher) ⁓ à certains (à beaucoup d') égards; ⁓ungsweise respectivement; ou (bien).
beziffern [⁓'tsifərn] (29) chiffrer; Seiten: numéroter; paginer; sich ⁓ auf (acc.) se monter à.
Bezirk [⁓'tsirk] m (3) district m; canton m; (Umkreis) enceinte f; enclos m; (Wahl⁓, Wehr⁓) circonscription f; (Stadtteil) quartier m, in Paris: arrondissement m; (größerer Verwaltungs⁓) département m.
Be'zirks|-amt n mairie f; ⁓kommando n bureau m de recrutement; ⁓schulrat m inspecteur m primaire; ⁓vorsteher m administrateur m d'un quartier.
be'zuckern saupoudrer de sucre.
Be'zug m garniture f; Bett: draps m/pl. et taies f/pl. d'oreiller · Möbel: étoffe f; Zeitung: abonnement m à; in Schreiben: référence f; ⁓ nehmen auf (acc.) se référer à; mit ⁓ auf (acc.) relativement à; mit ⁓ auf Ihr Schreiben me référant à votre lettre; Bezüge pl. s. a. Gehalt.
bezüglich [⁓'tsy:kliç] **1.** (gén.) concernant; touchant; **2.** adj. relatif.
Be'zugnahme m (15): mit ⁓ auf (acc.) se référant à; relativement à.

Be'zugs|bedingungen f/pl. conditions f/pl. de livraison; ♀**beschränkt** rationné; soumis au rationnement; **~preis** m Zeitung: prix m d'abonnement; **~quelle** f source f; provenance f; **~recht** n droit m de souscription; **~schein** m bon m d'achat; ticket m.

bezwecken [~'tsvɛkən] (25) avoir pour but; was ~ Sie damit? que voulez-vous proposez-vous par là?; Schuhe: chevillier.

be'zweifeln mettre en doute; douter de; es ist nicht zu ~, c'est 'hors de doute.

be'zwing|en vaincre; soumettre; Leidenschaft: maîtriser; Schmerz: surmonter; ♀**er** m vainqueur m.

Bibel ['biːbəl] f (15): die ~ la Bible, l'Écriture (sainte); ♀**fest** versé dans la Bible; '**~gesellschaft** f Société f biblique; '**~spruch** m verset m; '**~stelle** f passage m de la Bible; '**~stunde** f der Konfirmanden: instruction f religieuse.

Biber ['biːbər] m(7) castor m; '**~bau** m construction f de castor; '**~pelz** m fourrure f de castor.

Biblio|gra'phie f bibliographie f; ♀**'graphisch** bibliographique.

Bibliothek [~'teːk] f (16) bibliothèque f; **~ar(in** f) [~teˈkaːr] m (3¹) bibliothécaire m, f.

biblisch ['biːblɪʃ] biblique; de la Bible; ♀**e** Geschichte histoire f sainte.

bieder ['biːdər] brave, honnête; (ohne Falsch) loyal; (unbescholten) intègre; ♀**keit** f; ♀**sinn** m honnêteté f; loyauté f; ♀**mann** m (1²) honnête homme m; homme m de bien; scherzhaft: bonhomme m; ♀**meier** n Louis-Philippe m.

bieg|en ['biːɡən] v/t. plier; (krümmen) courber; Knie: ployer; fléchir; gr. décliner; v/i. um die Ecke ~ tourner le coin; es muß ~ oder brechen il faut que ça plie ou que ça rompe; **~sam** (30) pliable; flexible; (geschmeidig) souple (a. fig.); ♀**samkeit** f flexibilité f; souplesse f; ♀**ung** f courbure f; Fluß: détour m; sinuosité f; Weg: tournant m; coude m; (Kurve) virage m; gr. déclinaison f.

Biene ['biːnə] f (15) abeille f.

'Bienen|haus n rucher m; '**~honig** m miel m d'abeilles; '**~korb** m ruche f; '**~schwarm** m essaim m (d'abeilles); '**~stich** m piqûre f d'abeille; '**~stock** m ruche f; '**~volk** n colonie f d'abeilles; '**~wabe** f rayon m de miel; '**~wachs** n cire f; '**~zelle** f alvéole m; '**~zucht** f apiculture f; '**~züchter** m apiculteur m.

Bier [biːr] n (3) bière f (helles blonde; dunkles brune); ein ~! un bock!; '**~baß** m voix f de rogomme; '**~brauer** m brasseur m; '**~brauerei** f brasserie f; '**~faß** n tonneau m à bière; '**~filz** m dessous m de verre; '**~flasche** f bouteille f à bière; '**~gelage** n beuverie f; '**~glas** n verre m à bière; '**~haus** n brasserie f; '**~hefe** f levure f de bière; '**~krug** m broc m à bière; '**~reise** f: e-e ~ machen faire le tour des brasseries; '**~seidel** n chope f; '**~steuer** f impôt m sur la bière; '**~suppe** f soupe f à la bière; '**~untersatz** m = ~filz; '**~wärmer** m chauffe-bière m; '**~wirt** m débitant m de bière; '**~wirtschaft** f = ~

Biese ['biːzə] f passepoil m. [haus.\]

Biest [biːst] n bête f féroce; fig. brute f.

biet|en ['biːtən] (30) offrir; sich etw. ~ lassen fig. souffrir qch.; ♀**er** m offrant m.

Bigam|ie [biɡaˈmiː] f (15) bigamie f; **~ist** m bigame m. [goterie f.\]

bigott [biˈɡɔt] bigot; ♀**e'rie** f bi-

Bi'kini m (Badeanzug) bikini m.

Bilanz [~'lants] f (16) bilan m (aufstellen établir); balance f; die ~ ziehen faire son bilan; in die ~ einstellen porter au bilan; **~aufstellung** f établissement m du bilan; ♀**ieren** [~'tsiː-] faire le bilan; **~verschleierung** f camouflage m de bilan.

Bild [bɪlt] n (1) image f; (Stich) estampe f; gravure f; (Bildnis) portrait m; (Gemälde) tableau m; (Licht♀) photo(graphie) f; Münze: effigie f; (Abbildung) illustration f; (Sinn♀) symbole m; in ~ern sprechen parler par images; im ~e sein être au fait (od. au courant); sich ein ~ von etw. machen se faire une idée de qch.; '**~berichter** (-statter) m reporter-photographe m; cameraman m; ♀**en** ['bɪldən] (26) former; Verein: constituer (a. ausmachen); Geist: cultiver; gr. faire; (gestalten) façonner; (belehren) instruire; (schaffen) créer; ♀**end** instructif; ~e Künste f/pl. arts m/pl. plastiques.

Bilder|-ausstellung f exposition f de tableaux; **⸺bibel** f Bible f illustrée; **⸺bogen** m recueil m d'images; **⸺buch** n livre m d'images; **⸺galerie** f galerie f de tableaux; **⸺rahmen** m cadre m; **⸺rätsel** n rébus m; **2reich** rhét. figuré; métaphorique; **⸺sprache** f langage m figuré; **⸺stürmer** m iconoclaste m; **⸺stürmerei** f iconoclasie f.

Bild|fläche ['bilt-] f Kino: écran m; fig. wieder auf der ~ erscheinen réapparaître à l'horizon; von der ~ verschwinden disparaître; **⸺funk** m (3¹) téléphotographie f; (Fernsehen) télévision f; **⸺hauer** m sculpteur m: **⸺hauer-arbeit** f sculpture f; **2⸺hübsch** très joli; **2lich** figuratif; fig. figuré; rhét. métaphorique; ~er Ausdruck métaphore f; im ~en Sinne au sens figuré; **⸺nis** ['⸺tnis] n (4¹) portrait m; (Abbildung) image f; auf Münzen: effigie f; **⸺nismaler** m portraitiste m; **2sam** qui se laisse former; souple; plastique; fig. docile; **⸺samkeit** f souplesse f; plasticité f; fig. docilité f; **⸺säule** f statue f; **⸺schirm** m écran m; **⸺schnitzer** m sculpteur m sur bois; **2schön** superbe; beau comme le jour; **⸺seite** f Münze: effigie f; face f; **⸺streifen** m bande f de film; **⸺telegramm** n bélinogramme m; **⸺telegraphie** f bélinographie f; **⸺übertragung** f transmission f d'images.

Bildung ['bildun] f (16) formation f; constitution f; (Formgeben) façonnement m; geistige: culture f; (a. Schul2) instruction f; éducation f.

'Bildungs|-anstalt f maison f d'éducation; **2fähig** éducable; **⸺fähigkeit** f éducabilité f; **⸺grad** m, **⸺stufe** f degré m d'instruction (od. de culture); **⸺mittel** n instrument m de culture; **⸺zweck** m dessein m culturel.

'Bild|-unterschrift f légende f; **⸺werfer** m appareil m de projection; **⸺werk** n œuvre f d'art.

Billard ['biljart] n (3¹ u. 11) billard m; ~ spielen jouer au billard; **⸺ball** m bille f (de billard); **⸺stock** m queue f (de billard); **⸺zimmer** n salle f de billard. [m.]

Billett [bil'jɛt] n (3) billet m; ticket)

billig ['biliç] équitable; (gerecht) juste; (vernunftgemäß) raisonnable; Preis: bon marché, ~er meilleur marché, am ~sten le meilleur marché; **⸺en** ['⸺gən] (25) approuver; agréer; (zustimmen) consentir à; **2keit** f équité f; justice f; **2keitsgründe** m/pl.: aus ~n pour des raisons d'équité; **2ung** f approbation f, consentement m.

Billion [bi'lio:n] f (16) trillion m.

Bimmel|bahn f 'bimǝlba:n] f tortillard m; **2n** (29) (klingeln) sonner; andauernd: F sonnailler. [ponce.]

Bimsstein ['bims∫tain] m pierre f)

Binde ['bində] f (15) bande f; (Verbandzeug) bandage m; ⚕ ligature f, (Arm2) écharpe f, in der ~ en écharpe; (Stirn2, Augen2) bandeau m; (Hals2) cravate f; j-m die ~ von den Augen nehmen fig. faire tomber le bandeau des yeux de q.; **⸺gewebe** anat. n tissu m conjonctif; **⸺glied** n lien m; **⸺haut** f Auge: conjonctive f; **⸺haut-entzündung** f conjonctivite f; **⸺mittel** n cuis. liaison f; (Zement) ciment m (a. fig.); (Mörtel) mortier m; **2n** (30) lier (a. fig.); (an etw. befestigen) attacher (an acc. à); sittlich: obliger; Besen, Strauß: faire; Buch: relier; Noten: lier; couler; gr. lier; faire la liaison; Faß: cercler; j-n an etw. (acc.) attacher q. à qch., fig. astreindre q. à qch.; j-m etw. auf die Seele ~ mettre qch. sur la conscience de q.; sich ~ s'engager; j-n Buch: reliure f; Faß: cerclage m; s. a. Bindung; **2nd** fig. obligatoire.

Binder ['bindər] m (Hals2) cravate f; **⚲** lieuse f, (Person) lieur m.

Binde|strich m trait m d'union; **♪** liaison f; **⸺wort** n conjonction f.

'Bindfaden m ficelle f; es regnet Bindfäden il pleut à verse.

Bindung ['bindun] f sittliche: obligation f; engagement m; beim Sprechen: liaison f.

binnen ['binən] dans l'espace de; en; ~ kurzem sous peu.

'Binnen|fischerei f pêche f en eau douce; **⸺gewässer** n/pl. eaux f/pl. continentales; **⸺hafen** m port m intérieur; bassin m; darse f; **⸺handel** m commerce m intérieur; **⸺klima** n climat m continental; **⸺land** n région f continentale; **2ländisch** continental; **⸺meer** n mer f intérieure; **⸺schiffahrt** f navigation f fluviale; **⸺see** m lac m intérieur; **⸺verkehr**

Binnenwährung *m* circulation *f* intérieure; **~währung** *f* monnaie *f* nationale; **~zoll** *m* douanes *f*/*pl.* intérieures.

Binse ♀ ['binzə] *f* (15) jonc *m*; **~nwahrheit** *f* vérité *f* banale (*od.* triviale *od.* de La Palisse), banalité *f*.

Bio|chemie [bioçe'mi:] *f* biochimie *f*; **~graph** [~'gra:f] *m* biographe *m*; **~graphie** [~gra'fi:] *f* biographie *f*; **2graphisch** [~'gra:fiʃ] biographique; **~log(e)** *m* biologiste *m*; **~logie** [~lo'gi:] *f* biologie *f*; **2logisch** [~'lo:giʃ] biologique.

Birke ['birkə] *f* (15) bouleau *m*.

'Birk|hahn *m* coq *m* de bruyère; **~huhn** *n* poule *f* de bruyère.

'Birn|baum *m* (3³) poirier *m*; **~e** ['birnə] *f* (15) ♀ poire *f*; ≠ ampoule *f*; **~enmost** *m* poiré *m*.

Birsch [birʃ] *f* chasse *f*; *auf die ~ gehen* aller à la chasse; **2en** chasser; giboyer.

bis [bis] **1.** *prp.* jusque; 7 ~ 8: 7 à 8; 7 ou 8; ~ *zu, nach*; ~ *auf, an* (*acc.*) jusqu'à; ~ *auf weiteres* jusqu'à nouvel ordre; ~ *wann?* jusque quand?; ~ *wohin?* jusqu'où?; ~ *hierher* jusqu'ici; *von ... bis ... de ... à ...*; *von Kopf ~ Fuß* de la tête aux pieds; ~ *an* (*acc.*) (*ungefähr*) environ; près de; ~ *auf* (*acc.*) (*einschließlich*) y compris (*inv.*), (*ausgenommen*) excepté, sauf, à ... près; ~ *dahin* jusque-là; ~ *nachher!* à tout à l'heure!; à bientôt!; **2.** *cj.* ~ *daß* jusqu'à ce que (*subj.*); *warten* ~ attendre que (*subj.*).

Bisam ['bi:zam] *m* (3¹) musc *m*; **~katze** *f* civette *f*; **~ratte** *f* rat *m* musqué. [(*Getränk*) bi(s)chof *m*.\]

Bischof ['biʃɔf] *m* (3¹ *u.* ³) évêque *m*; **bischöflich** [~'ʃø:fliç] épiscopal.

'Bischofs|-amt *n* épiscopat *m*; **~hut** *m* mitre *f*; **~mantel** *m* pallium *m*; **~sitz** *m* siège *m* épiscopal; **~stab** *m* crosse *f* (épiscopale); **~würde** *f* dignité *f* épiscopale; épiscopat *m*.

bisher ['bis'he:r] jusqu'à présent (*od.* ici); *wie* ~ comme par le passé; *le* qui a été jusqu'à présent; (*jetzig*) actuel.

Biskay|a [bis'ka:ja:] *n* (16) la Biscaye; **~ischer** '**Meerbusen** *m* golfe *m* de Gascogne.

Biskuit [bis'kvi:t] *n od. n* biscuit *m*.

'bis'lang jusqu'ici.

Bison ['bi:zɔn] *m* bison *m*.

Biß [bis] **1.** *m* (4) morsure *f* (*a.*

Schlangen); *Insekten, Schlangen:* piqûre *f*; **2.** ♀ *s. beißen*, **2chen** ['~çən]: *ein* ~ un peu (de).

Bissen ['bisən] *m* (6) bouchée *f*; (*Stück*) morceau *m*.

bissig ['bisiç] *fig.* mordant; 'hargneux;~*er Hund!* chien méchant (*od.* dangereux)!; **2keit** *f* humeur *f* hargneuse; *e-r Bemerkung:* mordant *m*.

Bistum ['bistu:m] *n* (1²) évêché *m*.

'bis'weilen parfois; quelquefois.

Bitte ['bitə] **1.** *f*(15) prière *f*; demande *f*; *inständige* ~ supplication *f*; instance *f*; sollicitation *f*; **2.** ♀! permettez; s'il vous plaît; *als Antwort auf e-n Dank:* (il n'y a) pas de quoi; de rien; *als Antwort auf e-e Entschuldigung:* (il n'y a) pas de mal; ~ *sehr!* je vous en (en) prie; faites donc; **2n** (30) prier; *für j-n* ~ intercéder en faveur de q.; *j-n um etw.* ~ demander qch. à q.; prier q. de faire qch.; *j-n zu Tisch* ~ inviter (*od.* prier) q. à dîner; *sehr* ~ solliciter, (*flehentlich*) supplier; *ich lasse* ~ *!* faites entrer!

bitter ['bitər] amer (*a. fig.*); acerbe (*a. fig.*); *fig.* aigre; *Kälte:* piquant; sévère; *Not:* dur; *Feind, Kampf;* acharné; *es ist ~er Ernst* ce n'est que trop réel; **'~böse** fort en colère; très fâché; **2keit** *f* amertume *f*; *fig. a.* aigreur *f*; **'~lich** amer; ~ *weinen* pleurer des larmes amères; **2salz** *n* sel *m* de Sedlitz; sulfate *m* de magnésie; sel *m* amer; **'~süß** aigredoux; **2wasser** *n* eau *f* de Sedlitz.

'Bitt|gang *m* procession *f*; **~gesuch** *n*, **~schrift** *f* pétition *f*; supplique *f*; requête *f* (*a.* ⚖); **~steller(in** *f*) *m* pétitionnaire *m, f*; **~woche** *f* semaine *f* des rogations.

Biwak ['bi:vak] *n* (3¹) bivouac *m*, **2ieren** [~'ki:rən] bivouaquer.

bizarr [bi'tsar] bizarre.

Bizeps ['bi:tseps] *m* biceps *m*.

Blachfeld ['blax-] *n* rase campagne [*f*.\]

bläffen ['blɛfən] aboyer. [pagne *f*.\]

bläh|en ['blɛ:ən] (25) *v/t.* gonfler; *v/i.* ⚕ causer des vents; **~end** ⚕ flatueux; **2ung** *f* vent *m*; flatuosité *f*; flatulence *f*; P pet *m*.

blaken ['bla:kən] (25) filer; (*kohlen*) charbonner. [impair *m*.\]

Blamage [bla'mɑ:ʒə] *f* (25) gaffe *f*; \]

blamieren [~'mi:rən] ridiculiser; discréditer; *sich* ~ se compromettre; se rendre ridicule.

blank luisant; (*glänzend*) brillant; (*glatt*) poli; (*bloß*) nu; ~e *Waffe* arme f blanche; ~ *ziehen* tirer l'épée.
blanko ✝ ['blaŋko:]: *in* ~ en blanc; *in* ~ *akzeptieren* (*Wechsel*) accepter à découvert; *2*-**akzept** *n* acceptation f à découvert; '~**unterschrift** f signature f en blanc; *2*vollmacht f blanc-seing m; *fig.* carte f blanche.
Bläschen ['blɛ:s-çən] *n* (6) *anat.* vésicule f; ⚜ bouton m.
Blase ['bla:zə] f (15) *Luft*: bulle f; *Dampf*: bouillon m; (*Haut*⚜) cloque f; ampoule f; ~*n ziehen* faire des cloques; (*Harn*⚜) vessie f; (*Retorte*) alambic m; '~**balg** m soufflet m.
blasen (30) souffler; *Flöte* ~ jouer de la flûte; *Horn* ~ sonner du cor; *2*-**entzündung** f cystite f; *2***stein** m calcul m vésical; '~**ziehend** vésicant.
Bläser ['blɛ:zər] *m* (7) (*Glas*⚜) souffleur m; ♪ joueur m d'un instrument à vent. [snobisme m.\
blasiert [bla'zi:rt] blasé; ⚜**heit** f]
blasig bulleux; ⚜ boursouflé.
Blas|-instrument *n* instrument m à vent; '~**rohr** *n* *Indianer*: sarbacane f; ⚲ chalumeau m; *Glashütte*: canne f.
blaß [blas] pâle; blême; ~ *werden* pâlir, *Farben*: passer.
Blässe ['blɛsə] f (15) pâleur f.
bläßlich ['blɛslɪç] pâlot.
Blatt [blat] *n* feuille f; *Ruder*: pale f; (*Zeitung*) journal m; *vom* ~ à livre ouvert, ♪ à première vue; *fig.* *kein* ~ *vor den Mund nehmen* parler franc; *das* ~ *hat sich gewendet* la fortune a changé; *das steht auf e-m anderen* ~ c'est une autre question; '~**er** *f* (*Hitz*⚜) pustule f; bouton m, *pl.* petite vérole f.
blätter|ig ['blɛtərɪç] feuilleté; (*belaubt*) feuillu; ⚜**kuchen** *m* gâteau feuilleté; ⚜**magen** *m* feuillet m; '~**n** (29) feuilleter (*in etw. dat.* qch.).
Blatternarb|e ['blatər-] f marque f de petite vérole; ⚜**ig** variolé.
'**Blätter|pilz** ♀ *m* agaric m; ⚜**reich** feuillu; '~**teig** m pâte f feuilletée; '~**werk** *n* feuillage m.
'**Blatt|feder** ⊕ f ressort m à lames; '~**förmig** en forme de feuille; '~**gewächs** *n* = ~*pflanze*; '~**gold** *n* or m en feuilles; '~**grün** *n* chlorophylle f; '~**laus** *f* puceron m; '~**pflanze** f plante f verte; '~**säge** f égoïne f; '~**salat** *m* jeune salade f; '~**scheide** f gaine f; '~**stiel** ♀ *m* pétiole m; '~**zinn** *n* étain m en feuilles.
blau [blaʊ] **1.** bleu; (*himmel*~) azuré; F (*betrunken*) gris; rond; *mit e-m* ~*en Auge davonkommen* l'échapper belle; *j-m* ~*en Dunst vormachen* conter des bourdes à q.; *sein* ~*es Wunder erleben* être émerveillé; ~(*en Montag*) *machen* faire le lundi; ~*er Fleck* marbrure f, F bleu m; **2.** ♀ *n* (3¹ *o. pl.*); '⚜**e**(s) *n* bleu m; *ins* ~*e hinein* *fig.* en l'air; *ins* ~*e hinein schwatzen* parler en l'air (*od.* à tort et à travers); '~**äugig** ['~ɔʏgɪç] aux yeux bleus; '⚜-**beere** f myrtille f; airelle f.
Bläue ['blɔʏə] f (15 *o. pl.*) bleu m.
'**blauen** (25) être (*od.* devenir) bleu.
'**bläuen** (25) rendre bleu; bleuir (*Wäsche*: passer au bleu; (*prügeln*) rosser.
'**Blau|fuchs** *zo.* ~ *m* renard m bleu; '⚜**grau** gris bleuâtre; '⚜**grün** vert bleu; '~**holz** *n* bois m de campêche; '~**kehlchen** *n* gorge f bleue; '~**kreuz** ⚔ *n* gaz m à croix bleue.
bläulich bleuâtre; ♉ livide.
'**Blau|meise** f mésange f bleue; '~**pause** f calque m; bleu m '~**säure** f acide m prussique; '⚜-**schwarz** noir bleu; '~**stift** m crayon m bleu; '~**strumpf** m *fig.* bas-bleu m; '~**sucht** f cyanose f.
Blech [blɛç] *n* (3) (*Eisen*⚜) tôle f; (*Weiß*⚜) fer-blanc m; F (*Geschwätz*) bêtises f/pl.; absurdités f/pl.; '~**büchse** f, '~**dose** f boîte f en fer--blanc; '⚜**en** F (25) casquer; financer; ⚜**ern** de (*resp.* en) fer-blanc; de (*resp.* en) tôle; *fig.* creux; '~**flasche** ⚔ f bidon m; '~**geschirr** *n* casseroles f/pl. en fer-blanc; '~**instrument** *n* (instrument m de) cuivre m; '~**kanne** f bidon m; '~**musik** f musique f des cuivres; '~**schere** f cisailles f/pl.; '~**schmied** *m* ferblantier m; tôlier m; '~**walzwerk** *n* laminoir m (à tôle); '~**ware** f ferblanterie f; tôlerie f.
blecken ['blɛkən] (25): *die Zähne* ~ montrer les dents.
Blei [blaɪ] **1.** *n* (3) plomb m; **2.** *m* (3) *icht.* brème f; (*Bleistift*) crayon m; '~**anspitzer** *m* taille-crayon m; '~**arbeit** f plomberie f; '~**arbeiter** *m* plombier m.
Bleibe F ['blaɪbə] f gîte m; auberge f.
bleiben ['blaɪbən] (30) rester; demeurer; ~ (*beharren*) *bei* persister

bleibend — **696** — **Blitz**

dans; dabei ~, daß... persister à dire que...; es bleibt dabei c'est convenu; c'est entendu; am Leben ~ rester en vie; bei der Wahrheit ~ s'en tenir à la vérité; bei der Sache ~ ne pas s'écarter du sujet; ~ Sie mir vom Halse laissez-moi la paix; ~d permanent; (fest) stable; fixe; '~**lassen** ne pas faire; (aufhören) ne plus faire.

bleich [blaɪç] blême; pâle; blafard; ~ werden blêmir; pâlir; **2e** f (15) (Anstalt, Platz) blanchisserie f; (Gewerbe) blanchissage m; **~en** (25) v/i. blanchir; se décolorer; fig. passer (a. Farbe); v/t. Leinwand usw.: blanchir; **2mittel** n décolorant m; '**2sucht** ♀ f chlorose f; **~süchtig** ['~zyçtɪç] chlorotique.

'**bleiern** de plomb (a. fig.); en plomb.

'**Blei**|**erz** n minéral m de plomb; '**~farbe** f couleur f de plomb; **2farbig** livide; blafard; '**~feder** = **~stift**; '**~gießer** ⊕ m plombier m; '**~gieße'rei** ⊕ f plomberie f; '**~galz** min. m galène f; '**~glätte** f litharge f; **2haltig** plombifère; '**~hütte** f plomberie f; '**~kabel** n câble m sous plomb; '**~krankheit** ♂ f affection f saturnine; '**~lot** n (fil m à) plomb m; (Senkblei) sonde f; '**~plombe** f (cachet m de) plomb m; '**~rohr** n tuyau m de plomb; '**~siegel** n plomb m; '**~stift** m crayon m; '**~stifthalter** m porte-crayon m; '**~stifthülse** f protège-pointe m; '**~stiftmine** f mine f; '**~stiftspitzer** m taille-crayon m; '**~vergiftung** f saturnisme m; '**~weiß** n céruse f.

Blende ['blɛndə] f (15) △ fausse fenêtre f; fausse porte f; opt., phot. diaphragme m; (Sonnen2) parasolaid m; min. blende f; '**2n** aveugler (a. durch Glanz u. fig.); crever les yeux à; durch Glanz u. fig.: éblouir; fig. fasciner; **~n** n, **~ung** f aveuglement m; durch Glanz u. fig.: a. éblouissement m; fig. fascination f; **2nd** aveuglant; durch Glanz u. fig.: a. éblouissant; fig. (zauberhaft) presti-

'**Blender** m P esbroufeur m. [gieux.]
'**Blend**|**fenster** n fausse fenêtre f; '**~laterne** f lanterne f sourde; '**~rahmen** m châssis m; '**~werk** n fig. illusion f; fantasmagorie f.

Blesse ['blɛsə] f (15) (Stirnfleck) chanfrein m; Pferd mit e-r ~ cheval m avec une étoile au front.

'**Bleßhuhn** n foulque f.

bleuen ['blɔyən]: j-m den Rücken ~ rouer q. de coups; rosser q.

Blick [blɪk] m (3) regard m; coup d'œil m; (Auge) vue f; fig. œil m; verliebter ~ œillade f; böser ~ regard m méchant, zauberkräftiger: mauvais œil m; auf den ersten ~, Liebe: à première vue; den ~ heften auf (acc.) fixer le regard (od. les yeux) sur; '**2en** (25) regarder (auf j-n [etw. acc.] q. [qch.]); sich ~ lassen se montrer; paraître; in die Zukunft ~ scruter l'avenir; das läßt tief ~ cela donne à penser; '**~punkt** m point m de vue; '**~winkel** m angle m visuel.

blieb(e) [bliːp, '~bə] s. bleiben.

blies, bliese [bliːs, '~zə] s. blasen.

blind [blɪnt] aveugle; ~ machen aveugler; ~ werden perdre la vue, Spiegel: devenir terne, perdre son éclat; auf einem Auge ~ borgne; (trübe) terne; (trügerisch) faux; feint; ~er Alarm fausse alerte f; ~er Passagier passager m clandestin.

'**Blind**|**darm** m cæcum f; '**~darm-entzündung** f appendicite f; '**~e-kuh** f: ~ spielen jouer à colin-maillard; '**~en-anstalt** f asile m d'aveugles; '**~enführerhund** m chien m d'aveugle; '**~enschrift** f alphabet m des aveugles; '**~e**(r a. m) m, f aveugle m, f; **2fliegen** voler sans visibilité; '**~flug** m vol m sans visibilité; '**~gänger** ['~gɛŋər] ⚔ m obus m (resp. bombe f) non éclaté(e); '**2geboren** aveugle de naissance; '**2heit** f cécité f; fig. aveuglement m; wie ~ schlagen aveugler; wie mit ~ geschlagen sein avoir la berlue; **2lings** ['~lɪŋks] à l'aveuglette, aveuglément; '**2schießen** tirer à blanc; **~schleiche** ['~ʃlaɪçə] f (15) orvet m.

blink|**en** ['blɪŋkən] (25) reluire; briller; ast. scintiller; ⚔ faire des signaux lumineux; '**2er** m ⚔ signaleur m; Auto: clignotant m; '**2feuer** ⚓ n feu m à éclipses; '**2zeichen** n ⚔ signal m lumineux; Verkehr: clignotant m.

blinzeln ['blɪntsəln] cligner (mit den Augen des yeux); wiederholt: clignoter.

Blitz [blɪts] m (3²) (Schein) éclair m; (Schlag) foudre f; der ~ hat eingeschlagen la foudre est tombée (in

Blitzableiter — 697 — **bluten**

acc. sur); vom ~ getroffen frappé par la foudre; ~**ableiter** ['~⁹aplaɪtər] m (7) paratonnerre m; '2-**artig** foudroyant; '2**blank** reluisant; resplendissant; '2**en** (27) étinceler; flamboyer; es blitzt il fait des éclairs; '~**krieg** m guerre f éclair; '~**licht** phot. n flash m; '~**licht-aufnahme** f prise f de flash; '~**schlag** m coup m de foudre; '2**schnell** rapide comme l'éclair; '~**schutz** m; '~**sicherung** f parafoudre m; '~**strahl** m (coup m de) foudre f; '~**zug** m train m éclair.

Block [blɔk] m (3³) bloc m; (Hack2, Henkers2) billot m; Metall: saumon m; (Notiz2) bloc-notes m; (Häuser2) pâté m de maisons; ~**ade** [~'ka:də] f (15) blocus m (brechen forcer); '~**eis** n glace f en blocs; '~**flöte** f flûte f à bec; '~**haus** n blockhaus m; 2**ieren** [~'ki:rən] bloquer; '~**kondensator** ⚡ m condensateur m fixe; '~**schrift** f gros caractères m/pl.; '~**station** 🚂 f poste m d'aiguilleur.

blöd|e ['blø:də] (dumm) stupide; bête; ~**igkeit** f stupidité f; '~**sinn** m imbécillité f; idiotie f; (Geschwätz) absurdités f/pl.; bêtises f/pl.; ~**sinnig** ['~zɪnɪç] imbécile; idiot. (Rind: beugler.)

blöken ['blø:kən] (25) Schaf: bêler;)

blond [blɔnt] blond; '2**e** f blonde f; (Mädchen) blond(in)e f; '2**kopf** m blondin m, -e f.

bloß [blo:s] **1.** adj. seul; simple; (unbedeckt) découvert; nu; mit ~ Füßen nu-pieds; pieds nus; mit ~em Auge à l'œil nu; (bar) dépourvu; **2.** adv. seulement.

Blöße ['blø:sə] f (15) nudité f; fig. côté m faible; sich e-e ~ geben se découvrir, fig. donner prise sur soi, prêter le flanc.

'**bloß|legen** dénuder; mettre à nu; '~**liegen** être mis à nu; '~**stellen** compromettre; (aussetzen) exposer.

Bluff [bluf] m bluff m; '2**en** bluffer.

blühen ['bly:ən] (25) **1.** fleurir; fig. a. prospérer; **2.** 2 n (6) floraison f; fig. prospérité f; '~**d** en fleur; fleurissant; fig. florissant; prospère.

Blume ['blu:mə] f (15) fleur f; Wein: bouquet m; durch die ~ à mots couverts.

'**Blumen|beet** n parterre m; '~**blatt** n pétale m; '~**brett** n jardinière f;

'~**duft** m parfum m (des fleurs); '~**erde** f terreau m; '~**flor** m assortiment m de fleurs; floraison f; '~**garten** m jardin m à fleurs; '~**gärtner** m jardinier m fleuriste; '~**geschäft** n (magasin m de) fleuriste m; '~**gewinde** n feston m; guirlande f; '~**händler(in** f) m marchand m, -e f de fleurs; fleuriste m, f; '~**kasten** m jardinière f; '~**kelch** m calice m; '~**kohl** m chou-fleur m; '~**korb** m corbeille f à (resp. de) fleurs; '~**korso** m bataille f (od. fête) f de fleurs; '~**krone** f couronne f de fleurs; ♀ corolle f; '~**laden** m (magasin m de) fleuriste m; '~**mädchen** n bouquetière f; fleuriste f; '~**markt** m marché m aux fleurs; '~**stand** m kiosque m de fleuriste; '~**ständer** m jardinière f; '~**stengel** m tige f; '~**strauß** m bouquet m; '~**tisch** m jardinière f; '~**topf** m pot m à (resp. de) fleurs; '~**vase** f vase m à (resp. de) fleurs; '~**zucht** f floriculture f; '~**züchter** m horticulteur m; '~**zwiebel** f bulbe m.

Bluse ['blu:zə] f (15) blouse f; Damen: a. corsage m.

Blut [blu:t] n (3, o. pl.) sang m; fig. race f; ~ der Reben jus m de la treille; böses ~ machen irriter les esprits; ruhig ~! du calme!; das ~ steigt ihm ins Gesicht le rouge lui monte au visage; heißes ~ haben être très passionné; ~ und Wasser schwitzen suer sang et eau; ~ lassen saigner; ~ beflecken ensanglanter; '~**ader** f veine f; '~**andrang** m congestion f; '~**apfelsine** f sanguine f; '2-**arm** anémique; fig. (sehr arm) très pauvre; '~**armut** f anémie f; '~**auswurf** m crachements m/pl. de sang; '~**bad** n boucherie f; carnage m; massacre m; '~**bahn** f circulation f du sang; '2**bildend** hémoplastique; '~**blase** f vésicule f (de sang); '~**buche** ♀ f hêtre m rouge; '~**druck** m tension f artérielle; erhöhter ~ hypertension f; zu niedriger ~ hypotension f; '~**durst** m soif f de sang; goûts m/pl. sanguinaires; 2**dürstig** ['~dyrstɪç] altéré de sang; sanguinaire.

Blüte ['bly:tə] f (15) fleur f; (Blütezeit) floraison f; fig. prospérité f.

'**Blut-egel** m sangsue f.

'**bluten** (26) saigner; aus der Nase ~ saigner du nez; Rebe: pleurer.

Blütenblatt — 698 — **Boden**

Blüten|blatt n pétale m; **⸺kelch** m calice m; **⸺knospe** f bouton m; **⸺staub** m pollen m; **⸺stengel** m tige f florale.
'**Blut|entziehung** f saignée f; **⸺er** m personne f atteinte d'hémophilie; '**⸺erguß** m hémorragie f; '**⸺erkrankheit** f hémophilie f.
'**Blütezeit** f floraison f; fig. prospérité f; apogée m.
'**blut|farben**, **⸺farbig** sanguin; (blutig) sanguinolent.
'**Blut|fluß** m flux m de sang; hémorragie f; '**⸺gefäß** n vaisseau m sanguin; '**⸺gericht** n juridiction f criminelle; '**⸺gerinnsel** n embolie f; '**⸺gerüst** n échafaud m; '**⸺geschwür** n clou m; furoncle m; '**⸺gier** f, ²**gierig** = '**⸺durst**, ²**dürstig**; '**⸺gruppe** f groupe m sanguin; '**⸺hänfling** m linotte f rouge; '**⸺hund** m braque m; fig. tigre m; '**⸺husten** m hémoptysie f; '²**ig** sanglant; ensanglanté; Braten: saignant; ⸺er Anfänger vrai débutant m; ⸺er Ernst grand sérieux m; ²**jung** tout jeune; **⸺körperchen** ['kœrpərçən] n globule m de sang, rotes ⸺ globule m rouge; hématie f; weißes ⸺ globule m blanc; leucocyte m; '**⸺kreislauf** m circulation f du sang; '**⸺lache** f mare f de sang; '**⸺laus** f puceron m lanigère; ²**leer** exsangue; '**⸺leere** f, '**⸺mangel** m anémie f; '**⸺probe** f analyse f du sang; '**⸺rache** f vendetta f; ²**reich** sanguin; ²**reinigend** (⸺es Mittel) dépuratif (m); '**⸺reinigung** f dépuration f; ²**rot** rouge sang; ²**rünstig** ['rynstiç] sanglant; fig. sanguinaire; ²**sauer** très pénible; es sich ⸺ werden lassen se donner énormément de mal; '**⸺sauger** m sangsue f; fig. a. vampire m; '**⸺schande** f inceste m; '**⸺schänder** m incestueux m; inceste m; ²**schänderisch** ['ʃɛndəriʃ] incestueux; '**⸺schuld** f homicide m; '**⸺spender(in** f) m donneur m, -euse f de sang; ²**stillend** (⸺es Mittel) hémostatique (m); '**⸺stockung** f stagnation f du sang; '**⸺stropfen** m goutte f de sang; '**⸺sturz** m hémorragie f foudroyante; ²**sverwandt** proche parent; '**⸺sverwandtschaft** f parenté f proche; consanguinité f; '**⸺tat** f meurtre m; '²**triefend** sanglant; '**⸺übertragung** f transfusion f du sang;

'**⸺umlauf** m circulation f du sang; '**⸺ung** f saignement m; hémorragie f; '²**unterlaufen** ecchymosé; ⸺es Auge œil m injecté de sang; '**⸺untersuchung** f analyse f du sang; '**⸺vergießen** n effusion f de sang; massacre m; '**⸺vergiftung** f septicémie f; '**⸺verlust** m perte f de sang; '**⸺wärme** f température f du sang; '**⸺wasser** n lymphe f; sérum m; '²**wenig** très peu; '**⸺wurst** f boudin m; '**⸺zeuge** m, '**⸺zeugin** f martyr m, -e f.
b-Moll n si m bémol mineur.
Bö ♁ [bø:] f (16) rafale f.
Boa ['bo:a] f boa m.
Bob|bahn ['bɔp-] f piste f de bobsleigh; '**⸺fahrer** m conducteur (od. pilote) m de bobsleigh; '**⸺schlitten** m bobsleigh m.
Bock [bɔk] m (3³) mâle m; (Ziegen²) bouc m; (Kaninchen²) bouquin m; (Schaf², Sturm²) bélier m; gym. cheval m de bois; (Kutscher²) siège m; (Gerüst) chevalet m; tréteau m; (Feuer²) chenet m; Bier: bock m; fig. steifer ⸺ lourdaud m; den ⸺ zum Gärtner machen enfermer le loup dans la bergerie; e-n ⸺ schießen fig. faire une bévue; gaffer; ihn stößt der ⸺ il est récalcitrant; ⸺ springen Spiel: jouer à saute-mouton; ²**beinig** ['⸺baıniç] récalcitrant; entêté; revêche; '**⸺bier** n bière f de mars.
Böckchen ['bœkçən] n chevreau m.
bock|en ['bɔkən] sauter comme un bouc; Pferd: se cabrer; fig. s'entêter; être revêche; '**⸺ig** störrisch entêté; revêche; '²**leiter** f échelle f double; '²**sbart** ♃ m salsifis m sauvage; '²**sbeutel** m vin m de Wurtzbourg; '²**shorn** n corne f de bouc; fig. j-n ins ⸺ jagen intimider q.; '²**springen** n saute-mouton m; '²**sprung** m cabriole f; ⸺sprünge machen sauter comme un cabri; '²**wurst** f saucisse f de mouton.
Boden ['bo:dən] m (6¹) sol m; terrain m; terre f; Faß, Flasche usw.: fond m; (Fuß²) plancher m; (Dach²) grenier m; (Bodenkammer) galetas m; aus dem ⸺ stampfen faire sortir du sol; zu ⸺ fallen tomber à (od. par) terre; sich vom ⸺ heben ≥ décoller; j-m ⸺ abgewinnen gagner du terrain sur q.; dem ⸺ gleichmachen raser; zu ⸺ schlagen v/t. terrasser, v/i.

Bodenabwehr — 699 — **Bombenwerfer**

tomber à (od. par) terre; die Augen zu ~ schlagen baisser les yeux; festen ~ fassen prendre pied; den ~ unter den Füßen verlieren perdre pied; auf dem ~ des Gesetzes sur le terrain de la loi; '~**abwehr** f défense f aérienne; '~**be-arbeitung** ✍ f culture f; '~**beschaffenheit** f nature f du sol; '~**besitz** m propriété f foncière; '~**erhebung** f élévation f de terrain; éminence f; '~**ertrag** m rapport m du sol; '~**erzeugnis** n produit m du sol; '~**fenster** n lucarne f; '~**fläche** f étendue f; superficie f; '~**kammer** f mansarde f; galetas m; '~**los** sans fond; fig. inouï; '~**personal** n personnel m non navigant; '~**reform** f réforme f agraire; '~**satz** m dépôt m; (Niederschlag) sédiment m; Kaffee: marc m; '~**schätze** [ˈʃɛtsə] m/pl. richesses f/pl. naturelles (od. du sol); '~**see** n lac m de Constance; '~**senke** f dépression f de terrain; '~**ständig** sédentaire; enraciné; autochtone; '~**turnen** n gymnastique f au sol; '~**wind** m vent m au sol; '~**wohnung** f galetas m.

Bofist ♦ [ˈboːfɪst] m boviste m.

bog, böge [boːk, ˈbøːgə] s. biegen.

Bogen [ˈboːgən] m arc m; ⚔ a. cintre m; (Krümmung) courb(ur)e f; (Spitz②) ogive f; (Brücken②) arche f; (Geigen②) archet m; Papier: feuille f; (Sattel②) arçon m; Fluß: coude m; '~**brücke** f (6) pont m à arches; '~**fenster** n fenêtre f cintrée; '²**förmig** arqué; en arc; '~**gang** m arcade f; '~**gewölbe** n voûte f en plein cintre; '~**halle** f portique m; '~**lampe** f lampe f à arc; '~**licht** n lampe f à arc; '~**linie** f courbe f; '~**pfeiler** m arc-boutant m; '~**schießen** n tir m à l'arc; '~**schuß** m coup m d'arc; Artillerie: tir m courbe; '~**schütze** m archer m; '~**sehne** f corde f de l'arc; '~**strich** ♪ m coup m d'archet; '²**weise** par feuillets; [~ madrier m.]

Bohle [ˈboːlə] f (16) ais m; starke]

Böhm|e [ˈbøːmə] m (13), '~**in** f Bohémien m, -ne f; '~**en** n (17) la Bohême; '²**isch** bohémien; das sind ihm ~e Dörfer pour lui c'est de l'hébreu.

Bohne [ˈboːnə] f (15) fève f; grüne ~n pl. haricots m/pl.; (Sau②) fève f de marais; (Kaffee②) grain m de café; fig. ✕ blaue ~n pl. pruneaux m/pl.

'**Bohnen**|**kraut** n sarriette f; '~**stange** f rame f; fig. F perche f; '~**stroh** n paille f de fèves.

Bohner [ˈboːnər] m cireur m de parquets; '~**maschine** f cireuse f; '²**n** cirer; encaustiquer; '~**wachs** n encaustique f.

Bohr|**-arbeiten** [ˈboːr-] f/pl. travaux m/pl. de forage; '²**en** (25) forer; (durch②) percer; (aus②) aléser; Zahnarzt: creuser; in den Grund ~ couler; '~**er** m (7) Holz, Stein, Metall: foret m; perçoir m; (großer Holz②) tarière f; (kleiner Holz②) vrille f; (Person) perceur m; '~**erspitze** f mèche f; '~**loch** n ⚒ forure f; ⚔ trou m de mine; '~**maschine** f leichte: perceuse f; schwere: foreuse f; für Gestein: perforatrice f; '~**stahl** m outil m à aléser; '~**turm** m tour f de sondage; Ölfeld: derrick m; '~**ung** f forage m; perçage m; (Erd②) sondage m; '~**winde** ⊕ f vilebrequin m; '~**wurm** ent. m taret m.

böig [ˈbøːɪç] à rafales.

Boje [ˈboːjə] f bouée f; balise f.

Bolivian|er(in f) [boliviˈɑːnər] m Bolivien m, -ne f; '²**isch** bolivien.

Bolivien [boˈliːviən] n la Bolivie.

Böller [ˈbœlər] m (7) petit mortier m.

Bollwerk [ˈbɔlvɛrk] n (3) bastion m; fig. rempart m; boulevard m.

Bolsche|ˈwismus m (16) bolchevisme m; '~**wist** m (12) bolcheviste m; bolchevik m; ²**wistisch** bolcheviste.

Bolzen [ˈbɔltsən] m (6) (Waffe) carreau m; trait m; ⊕ boulon m; cheville f; (Plätt②) plaque f; (Schlag②) percuteur m.

Bombard|**ement** [bɔmbardəˈmɑ̃] n bombardement m; ²**ieren** [~ˈdiː-] bombarder.

Bombast [bɔmˈbast] m (3²) pathos m; emphase f; ²**isch** emphatique.

Bombe [ˈbɔmbə] f (15) bombe f; cuis. (Eis②) bombe f glacée.

'**Bomben**|**-abwurf** m lancement m de bombes; '~**attentat** n attentat m à la bombe; '~**erfolg** m succès m éclatant (od. fou); '²**fest** à l'épreuve des bombes; '~**flugzeug** n avion m de bombardement; bombardier m; '~**geschädigte(r)** m sinistré m; '~**geschwader** n escadrille f de bombardement; '~**rolle** f rôle m à effet; '~**schütze** m bombardier m; '²**sicher** = ²**fest**; '~**splitter** m éclat m de bombe.

'Bomber m = *Bombenflugzeug*.
Bon [bɔŋ] m (11) bon m; **⁓bon** m bonbon m; **⁓bondose** f bonbonnière f; **⁓bonladen** m confiserie f.
Bonze ['bɔntsə] m (13) bonze m.
Boot [boːt] n (3) bateau m; *großes:* chaloupe f; *kleines:* canot m; embarcation f; *(Barke)* barque f.
'**Boots|fahrt** f promenade f en bateau; '**⁓führer** m batelier m; '**⁓haken** m gaffe f; '**⁓haus** n 'hangar m à bateaux; '**⁓mann** m matelot m; '**⁓rennen** n régates f/pl.; '**⁓verleih** m location f de bateaux.
Borax ['boːraks] m borax m.
Bord [bɔrt] m (3) bord m; *über* ⁓ *werfen* jeter par-dessus bord; *Mann über* ⁓! un homme à la mer!; *an* ⁓ *gehen* se rendre à bord.
Bordell [bɔr'dɛl] n (3¹) bordel m.
'**Bord|flugzeug** n avion m embarqué; '**⁓funker** m radio m de bord; '**⁓monteur** m mécanicien m; '**⁓schwelle** f bordure f de trottoir.
Borg [bɔrk] m (3) crédit m; *(das Borgen)* emprunt m; **⁓en** (25) *(entleihen)* prendre à crédit; emprunter *(etw. von j-m qch. à q.)*; *(auf Borg geben)* donner à crédit; *(verleihen)* prêter.
Borke ['bɔrkə] f (15) *(Rinde)* écorce f.
borniert [bɔr'niːrt] borné; **⁓heit** f étroitesse f d'esprit.
Bor|salbe ['boːrzalbə] f vaseline f boriquée; '**⁓säure** f acide m borique. [*(Gebäude)* Bourse f.]
Börse ['bœrzə] f (15) bourse f;
'**Börsen|bericht** m bulletin m de la Bourse; '**⁓blatt** n journal m financier; '**⁓geschäft** n affaire f de Bourse; '**⁓krach** m débâcle f financière; krach m; '**⁓kurs** m cours m de la Bourse; '**⁓makler** m agent m de change; '**⁓notierung** f cote f de la Bourse; '**⁓spiel** n spéculations f/pl. à la Bourse; agiotage m; '**⁓wucher** m agiotage m; '**⁓wucherer** m agioteur m. [poil m.]
Borste ['bɔrstə] f (15) soie f; ♀ a.]
'**Borsten|besen** m balai m de soies; '**⁓vieh** n espèce f porcine.
borstig ['bɔrstiç] 'hérissé; ⁓ séteux; *fig.* *(widerspenstig)* rébarbatif.
Borte ['bɔrtə] f (15) bord m; bordure f; *(Litze)* passepoil m; *(Tresse)* galon m; passement m; '**⁓nmacher** m passementier m. [boriquée.]
Borwasser ['boːrvasər] n eau f]
bösartig ['bøːsʔ-] malin; *(boshaft)* méchant; **⁓keit** f malignité f; *(Boshaftigkeit)* méchanceté f.
Böschung ['bœʃuŋ] f talus m; pente f; *steile:* berge f.
böse ['bøːzə] *adj.* mauvais; *adv.* mal; *(boshaft)* méchant; *(verderbt)* pervers; *(schwer zu ertragen)* fâcheux; *(erzürnt)* fâché; irrité; *(krank)* malade; *Zeiten:* dur; ⁓ *machen* fâcher; irriter; ⁓ *werden* se fâcher; *j-m* ⁓ *sein* en vouloir à q.; ⁓ *meinen* ne pas penser à mal; '**⁓(r)** *rl.* m (18) malin m; '**⁓(s)** n mal m; **⁓wicht** m vaurien m; **⁓fort** scélérat m.
bos|haft ['boːshaft] malin; méchant; *(arglistig)* malicieux; '**⁓heit** f malignité f; méchanceté f; *(Arglist)* malice f.
Bosporus ['bɔsporus] m (14) le Bosphore. [veillance f.]
'**böswillig** malveillant; '**⁓keit** f malbot (boːt) s. bieten.
Botan|ik [bo'taːnik] f (16) botanique f; **⁓iker** m (7) botaniste m; **⁓isch** botanique; *der Garten* jardin m de botanique *(od. des plantes)*; **⁓isieren** [⁓ni'ziːrən] herboriser; **⁓i'siertrommel** f boîte f à herboriser.
Bot|e ['boːtə] m (13) messager m; courrier m; *für Gänge:* garçon m de courses; commissionnaire m; '**⁓enfrau** f messagère f; '**⁓engang** m course f; '**⁓enlohn** m gratification f; '**⁓enmeiste'rei** f messagerie f; '**⁓mäßig** soumis; '**⁓mäßigkeit** f: *unter s-r* ⁓ sous sa domination; '**⁓schaft** f message m; *pol.* ambassade f; '**⁓schafter(in** f) m (7) ambassadeur m, -drice f; '**⁓schaftsrat** m conseiller m d'ambassade.
böte, boten ['bøːtə, 'boːtən] s. bieten.
Böttcher ['bœtçər] m (7) tonnelier m; **⁓ei** [⁓'raɪ] f tonnellerie f.
Bottich ['bɔtiç] m (3) cuve f.
Bouillon [bul'jɔŋ] f bouillon m; consommé m; **⁓würfel** m cube m de consommé. [vin m aromatisé.]
Bowle ['boːlə] f (15) bol m; *(Getränk)*]
Box [bɔks] f (16 [15]) box m.
box|en ['bɔksən] (27) boxer; **⁓en** n boxe f; '**⁓er** m (7) boxeur m; '**⁓handschuh** m gant m de boxe; '**⁓kampf** m match m de boxe; '**⁓ring** m ring m. [m; **⁓ieren** boycotter.]
Boykott [bɔy'kɔt] m (3) boycottage]
brach [braːx]: 1. ⁓ *(brächo)* ['brɛːçə] s. brechen; 2. *adj.* en friche; '**⁓e** f (15) '**⁓feld** n '**⁓land** n friche f;

Brachland — 701 — **Braunbier**

jachère f; '**~liegen** être en friche; fig. chômer; se reposer; '**℔vogel** m courlis m. [s. bringen.]
brachte, brächte ['braxtə, 'brɛçtə]
brack|ig ['brakiç] saumâtre; '**℔wasser** n eau f saumâtre.
Brahman|e [bra'maːnə] m brahmane m; **℔isch** brahmanique.
Bram|segel ['braːm-] n (voile f de) perroquet m; '**~stange** f mât m de perroquet.
Brand [brant] m (3², ³) incendie m; *großer*: embrasement m; (*Verbrennen*) combustion f; (*Ziegel*℔) cuite f; (*die auf einmal gebrannte Masse*) fournée f; (*Feuer*℔) brandon m; tison m; ⚕ gangrène f; ⚕ rouille f; nielle f; F (*Durst*) soif f; *in ~ stecken* mettre le feu à; incendier; *in ~ stehen* être en flammes; *in ~ geraten* prendre feu; s'enflammer; '**~blase** f ampoule f; '**~bombe** f bombe f incendiaire; '**~brief** m fig. demande f pressante de secours; '**~direktor** m chef m des sapeurs-pompiers; **℔en** ['brandən] (26) déferler; se briser contre.
'Brandenburg n Brandebourg m; **℔isch** brandebourgeois.
'**Brand|fackel** f torche f incendiaire; brandon m (a. fig.); '**℔fest** à l'épreuve du feu; incombustible; '**~fleck(en)** m brûlure f; ⚕ tache f gangreneuse; '**~gefahr** f danger m d'incendie; '**~geruch** m odeur f de brûlé; '**~herd** m foyer m d'incendie; **℔ig** ['brandıç] qui sent le brûlé; ⚕ gangreneux, ⚕ rouillé; niellé; '**~mal** n marque f de brûlure; stigmate m (a. fig.); fig. flétrissure f; '**~male'rei** f pyrogravure f; '**℔marken** (25) marquer au fer rouge; stigmatiser (a. fig.); fig. flétrir; '**~mauer** f mur m mitoyen, '**~meister** m capitaine m des pompiers; '**~opfer** bibl. n holocauste m; '**~plättchen** n/pl. plaques f/pl. incendiaires; '**~rede** f discours m incendiaire; '**~schaden** m dommage m causé par l'incendie; **℔schatzen** ['~ʃatsən] (27) rançonner; '**~schatzung** ['~ʃatsuŋ] f rançonnement m; '**~sohle** f semelle f intérieure; '**~stelle** f lieu m de l'incendie; '**~stifter(in** f) m incendiaire m, f; '**~stiftung** f incendie m volontaire; '**~ung** f déferlement m des flots; ressac m; '**~versicherung** f assurance f contre l'incendie; '**~wache** f piquet m d'incendie; '**~wunde** f brûlure f; '**~zeichen** n = mal.
brannte s. brennen.
Branntwein ['brantvaın] m eau-de-vie f; '**~brenner** m distillateur m; '**~brenne'rei** f distillerie f.
Brasilian|er(in f) [brazili'aːnər] m Brésilien m, -ne f; **℔isch** brésilien.
Brasilien [bra'ziːliən] n (6) le Brésil.
brät, brätst [brɛːt(st)] s. braten.
'**Brat|apfel** m pomme f à cuire; *gebraten*: pomme f cuite.
'**braten 1.** (30) rôtir; *Äpfel*: cuire; *in der Pfanne* ~ frire; *auf dem Roste* ~ griller; *braun ~* (faire) rissoler; **2.** ℒ m rôti m; *den ~ riechen* fig. éventer la mèche; '**℔brühe** f jus m de rôti; sauce f; '**℔schüssel** f plat m à rôti; '**℔wender** m tournebroche m.
'**Brat|fisch** m poisson m à frire (*gebraten*: frit); '**~hering** m hareng m à frire (*gebraten*: frit); '**~huhn** n poulet m à rôtir (*gebraten*: rôti); '**~kartoffeln** f/pl. pommes f/pl. (de terre) rissolées; *in Fett schwimmend*: pommes f/pl. (de terre) frites; '**~ofen** m four m; '**~pfanne** f poêle f (à frire); '**~rost** m gril m.
Bratsche ♪ ['braːtʃə] f (15) alto m.
'**Brat|schüssel** f cocotte f; '**~spieß** m broche f; '**~wurst** f saucisse f.
Brauch [braux] m (3³) usage m; coutume f; '**℔bar** qui peut servir; utile; (*verwendbar*) utilisable; *Kleidungsstück*: mettable; *Mensch*: capable; '**~barkeit** f utilité f; *e-s Menschen*: capacité f; **℔en** (25) (*gebrauchen*) se servir (*od.* user) de; employer; (*nötig haben*) avoir besoin de; *er braucht etw. a.* il lui faut qch.; (*verbrauchen*) consommer; *Zeit*: mettre; *Sie ~ nur zu ... (inf.)* vous n'avez qu'à ... (*inf.*); '**~tum** n coutumes f/pl.
Braue ['brauə] f (15) sourcil m.
brau|en ['brauən] (25) *Essig, Punsch usw.*: faire; *Bier*: brasser; '**℔er** m (7) brasseur m; **℔erei** [~ə'raı] f brasserie f; **℔erei** f brasserie f; '**℔haus** n brasserie f; '**℔kessel** m chaudière f à brasser; '**℔meister** m maître m brasseur.
braun [braun] brun; *Gesicht*: bruni; hâlé; basané; bronzé; *Pferd*: bai; *Butter*: noir; *~ werden, ~ färben* brunir; *cuis. ~ braten* roussir; (faire) rissoler; **~äugig** ['~ɔʏgiç] aux yeux bruns; **℔bier** n bière f de brune.

Bräun|e ['brɔynə] f (15) couleur f brune; teint m 'hâlé; (Hals♀) ♠ angine f; häutige ~ croup m; '♀en (25) brunir; Sonne: a. 'hâler; bronzer; cuis. rissoler; Zucker: caraméliser; Metall: bistrer.
'**Braunkohle** f lignite m.
bräunlich ['brɔynlɪç] brunâtre.
Braunschweig ['braunʃvaɪk] n Brunswick f.
Brause ['brauzə] f (Gärung) (15) effervescence f; fermentation f; Gießkanne: (pomme f d')arrosoir m; = ~limonade; '~**bad** n douche f; '~**kopf** m fig. tête f chaude; '~**limonade** f limonade f gazeuse; '♀**en** bruire; mugir; (wallen) bouillonner; Wogen: a. gronder; Wind: souffler; Ohr: tinter; bourdonner; bsd. ♠ entrer (resp. être) en effervescence; sich ~ prendre une douche; '~**n** n bruissement m; mugissement m; im Ohr: tintement m; bourdonnement m; bsd. ♠ effervescence f; (Dusche) douche f; '~**pulver** n poudre f effervescente; '~**wind** m = ~kopf.
Braut [braut] f (14¹) fiancée f; am Hochzeitstag: (jeune) mariée f; '~**bett** n lit m nuptial; '~**führer** m garçon m d'honneur; '~**gemach** n chambre f nuptiale.
'**Bräutigam** m (3¹) fiancé m; am Hochzeitstag: (jeune) marié m.
'**Braut|jungfer** f demoiselle f d'honneur; '~**kleid** n robe f de mariée; '~**kranz** m couronne f nuptiale; '~**leute** pl. fiancés m/pl.; am Hochzeitstag: die ~ les jeunes mariés m/pl.; '~**nacht** f nuit f de noces; '~**paar** n = ~leute; '~**schatz** m dot f; '~**schau** f: auf ~ gehen chercher femme; '~**schleier** m voile m de mariée; '~**schmuck** m parure f de mariée; '~**stand** m fiançailles f/pl.; '~**werbung** f demande f en mariage.
brav [braːf] brave; (bieder) a. honnête; Kind: sage; '♀**heit** f bravoure f; (Biederkeit) honnêteté f; '~**o** ['braːvoː] bravo, m (fragilité f.)
brechbar ['brɛç-] fragile; '♀**keit** f
'**Brech|bohnen** f/pl. haricots m/pl. verts; '~**durchfall** m cholérine f; '~**eisen** n levier m de fer; pince-monseigneur f; '♀**en** (30) v/t. rompre; casser; briser; (durch etw. hindurch) percer; Gliedmaßen: casser; fracturer; Flachs: broyer; Obst: cueillir; Papier: plier; phys. réfracter; réfléchir; fig. Frieden usw.: rompre; Wort, Treue: manquer à; Ehe, Eid: violer; Gesetz: enfreindre; v/i. rompre; se casser; se briser; Leder: se fendre; Stoff: se couper; Stimme: muer; Auge: s'éteindre; ~ mit rompre avec; (sich er~) vomir; gebrochen Deutsch sprechen écorcher l'allemand; gebrochene Worte paroles f/pl. entrecoupées; '~**en** n rupture f; cassement m; fracture f; Flachs: broyage m; Obst: cueillette f; Papier: pliage m; Ehe, Eid: violation f; (Er♀) vomissement m; '~**mittel** n vomitif m; émétique m; '~**reiz** m nausée f; envie f de vomir; '~**ruhr** f cholérine f; '~**stange** f = ~eisen; '~**ung** f réfraction f; réflexion f.
'**Bregen** m cuis. cervelles f/pl.
Brei [braɪ] m (3) bouillie f; v. Hülsenfrüchten: purée f; v. Obst: marmelade f; ♀**artig**, ♀**ig** en bouillie.
breit [braɪt] large; ample; Stil: ample, mv.p. prolixe; Nase: plat (a. Fuß); camus; 2 m ~ large de 2 m; ~ machen; ~ treten élargir; ~ werden s'élargir; '~**beinig** adv. les jambes écartées; '~**drücken** aplatir; '♀**e** f (15) largeur f; 60 cm in der ~ 60 cm de large; in die ~ gehen s'élargir, fig. s'étendre; géogr., ast. latitude f; Stil: ampleur f, mv.p. prolixité f; '♀**engrad** m degré m de latitude; '♀**enkreis** m parallèle m; '~**machen**: sich ~ occuper beaucoup de place; '~**nasig** au nez camus; '~**schlagen** P. fig.: j-n ~ (über-reden) persuader q.; '~**schult(e)rig** carré des épaules; '♀**seite** ♣ f bordée f; '~**spurig** 🚂 à voie normale; fig. F qui fait l'important; '~**treten** fig.: e-n Gegenstand ~ s'appesantir sur un sujet. [m.]
'**Brei-umschlag** m (3³) cataplasme
Bremen ['breːmən] n Brême f.
Brems|belag ['brɛms-] m garniture f de frein; '~**e** f (15) ent. taon m; Rad: frein m (anziehen serrer; lösen desserrer) pour Pferd: tord-nez m; '♀**en** (27) freiner; '~**er** 🚂 m garde-frein m; '~**ersitz** 🚂 m vigie f; '~**hebel** m levier m de frein; '~**klotz** m, '~**schuh** m cale f; '~**spur** f trace f de freinage; '~**vorrichtung** f freins m/pl.
brenn|bar ['brɛn-] combustible; inflammable; '♀**barkeit** f combusti-

Brenneisen — 703 — **bringen**

bilité f; inflammabilité f; `2-eisen` n fer m rouge; fürs Haar: fer m à friser; chir. cautère m; `~en` v/t. brûler (a. fig.); (durch 2 bezeichnen) marquer au fer rouge; (rösten) griller; Haare: friser; donner un coup de fer (à); Branntwein: distiller; Mehl: roussir; Kaffee: torréfier; Kalk usw.: cuire; chir. cautériser; v/i. Wunde, Auge: cuire; Ofen: marcher; Licht: être allumé; Lampe: éclairer; es brennt! au feu!; das Wort brennt (liegt) mir auf der Zunge j'ai le mot sur le bout de la langue; `2en` n brûlure f; (Rösten) grillage m; Branntwein: distillation f; Kaffee: torréfaction f; Kalk usw.: cuisson f; `~end` brûlant; ardent; `2er` m (7) v. Branntwein: distillateur m; (Gas 2) bec m de gaz; `2erei` [~'raɪ] f distillerie f; `2essel` f ortie f; `2glas` n loupe f; lentille f; `2holz` n bois m de chauffage; `2material` n combustibles m/pl.; `2-ofen` ⊕ m fourneau m de calcinage; `2-öl` n huile f lampante; `2punkt` m foyer m; fig. centre m; `2schere` f fer m à friser; `2spiegel` m miroir m ardent; `2spiritus` m alcool m à brûler; `2stoff` m combustible m; Auto: carburant m; `2weite` f opt. distance f focale.

brenzlig ['brɛntslɪç] sentant le brûlé; fig. es wird ~ ça sent le roussi.

'**Bresche** f (15) brèche f; e-e ~ schlagen battre (in etw. acc. qch.) en brèche.

Bretagne [bre'tanjə] f la Bretagne.

Bre'ton|e m, `~in` f Breton m, -ne f; `2isch` breton.

Brett [brɛt] n (1) planche f (a. fig.); ais m (nie fig.); Schwarzes ~ tableau m noir (od. d'annonces); (Bücher 2) rayon m; tablette f; (Tablett) plateau m; (Spiel 2) damier m; fig. ein ~ vor dem Kopf haben être bouché; bei j-m e-n Stein im ~ haben être dans les bonnes grâces de q.

Bretter ['brɛtər] n/pl.: die ~ la scène; über die ~ gehen être représenté; `~bude` f baraque f (en planches); `~verschlag` m, `~wand` f cloison f; cloisonnage m; `~zaun` m clôture f en planches.

'**Brett**|**spiel** n jeu m de dames; trictrac m; `~stein` m fer m à repasser.

Brevier [bre'vi:r] n (3¹) bréviaire m.

Brezel ['bre:tsəl] f (15) bretzel m.

Brief [bri:f] m (3) lettre f; (Epistel) épître f; (Urkunde) document m; `~ablage` ✝ f classement m; `~annahme` f (Schalter) guichet m d'expédition des lettres; `~aufschrift` f adresse f; `~ausgabe` f distribution f des lettres; `~beschwerer` m (7) presse-papiers m; `~bogen` m feuille f de papier à lettres; `~bote` m facteur m; `~einwurf` m fente f pour lettres; `~fach` n casier m à lettres; `~geheimnis` n secret m postal; `~karte` f carte-lettre f; `~kasten` m boîte f aux lettres; `~kastenleerung` f levée f des lettres; `~kopf` m en-tête m (de la lettre); `~lich` par lettre(s); `~mappe` f portefeuille m; `~marke` f timbre-poste m; `~marken-anfeuchter` m mouilleur m; `~markensammler` (-in f) m philatéliste m, f; `~öffner` m (7) coupe-papier m; `~ordner` m classeur m de lettres; `~papier` n papier m à lettres; `~porto` n port m de lettres; `~post` f courrier m; `~schaften` f/pl. lettres f/pl.; (allerlei Papiere) papiers m/pl.; `~schreiber` (in f) m auteur m (d'une lettre) litt. épistolier m, -ière f; `~steller` m (7) (Buch) guide m épistolaire; `~stil` m style m épistolaire; `~tasche` f portefeuille m; (Reise 2) sac m voyageur; `~taube` f pigeon m voyageur; `~träger` m facteur m; `~umschlag` m enveloppe f; `~verkehr` m ~wechsel m; `~waage` f pèse-lettre m; `~wechsel` m correspondance f; mit j-m in ~ stehen (treten) être (entrer) en correspondance avec q.

brief (bri:t) s. braten.

Bri'gade f brigade f.

Brigg ⚓ [brɪk] f (11¹) brick m.

Brikett [bri'kɛt] n (11,30) briquette f.

Brillant [bril'jant] **1.** m (12) brillant m; diamant m taillé à facettes. **2.** 2 brillant; excellent.

Brille ['brɪlə] f (15) lunettes f/pl.; e-e ~ une paire de lunettes; e-e ~ aufsetzen mettre des lunettes.

'**Brillen**|(-**ein**)**fassung** f monture (od. châsse) f de lunettes; `~futteral` n étui m à lunettes; `~glas` n verre m de lunettes; `~macher` m lunetier m; `~schlange` zo. ~ serpent m à lunettes.

bringen (30) (hin ~) porter; (her ~) apporter; ([her]führen) (a)mener; (erzeugen) produire; Artikel: publier; Vorteil: od ~urter; an

Brise — 704 — **Brückenpfeiler**

sich (acc.) ~ s'approprier; s'emparer de; *es auf 80 Jahre* ~ parvenir à l'âge de 80 ans; *j-n dahin (dazu)* ~ *daß* ... amener q. à ... (*inf.*); *es mit sich* ~ entraîner; avoir pour conséquence; *es über sich* ~ se résoudre (à); *j-n um etw.* ~ faire perdre qch. à q.; *es weit* ~ aller loin; *es so weit* ~ *daß* ... faire tant et si bien que ...; *j-n wieder zu sich* ~ faire reprendre connaissance à q.; *es zu etw.* ~ faire son chemin.
Brise ['briːzə] *f* (15) brise *f*.
Brit|e ['britə] *m* (13); '~**in** *f* Britannique *m, f*; Anglais *m, -e f*; '2**isch** britannique; anglais.
bröck|(e)lig ['brœk(ə)liç] (*zerbrechlich*) cassant; (*zerreibbar*) friable; '~**eln** (29) émietter.
Brocken ['brɔkən] **1.** *m* (6) morceau *m*; (*Splitter*) éclat *m*; fragment *m*; (*Krume*) miette *f*; ⚔ *dicke* ~ marmites *f/pl.*; **2.** ♀ morceler; *Brot in die Suppe* ~ tremper la soupe; '2**weise** par morceaux; par fragments.
brod|eln ['broːdəln] (29) bouillonner; '2**em** *m* vapeur *f* chaude; (*Qualm*) fumée *f*.
Brokat [broˈkaːt] *m* (3) brocart *m*.
Brom [broːm] *n* (3¹) brome *m*.
Brom|beere ['brɔmbeːrə] *f* mûre *f* sauvage; '~**beerstrauch** *m* ronce *f*.
brom|haltig ['~haltiç] contenant du brome; '2**säure** *f* acide *m* bromique; '2**silber** *n* bromure *m* d'argent.
Bronchien ['brɔnçiən] *f/pl.* (15) bronches *f/pl.*
Bronchitis ⚕ [brɔnˈçiːtis] *f* bronchite *f*.
Bronz|e ['brɔ̃ːsə] *f* (15) bronze *m*; 2**efarben** couleur de bronze; 2**ieren** [~ˈsiːrən] bronzer.
Brosame ['broːzaːmə] *f* (15) mie *f* (de pain); (*Krümel*) miette *f*.
Brosch|e ['brɔʃə] *f* (15) broche *f*; 2**ieren** [~ˈʃiːrən] brocher; ~**üre** [~ˈʃyːrə] *f* (15) brochure *f*.
Brot [broːt] *m* (3) pain *m*; *weißes (schwarzes)* ~ pain *m* blanc (bis); ~ *backen* cuire du pain; *sein* ~ *verdienen* gagner sa vie; '~**bäcker** *m* boulanger *m*; '~**bäcke'rei** *f* boulangerie *f*; '~**baum** *m* arbre *m* à pain; '~**beutel** *m* filet *m* à pain; ⚔ musette *f*.
Brötchen ['brøːtçən] *n* (6) petit pain *m*; *belegtes* ~ sandwich *m*.
'**Brot|-erwerb** *m* gagne-pain *m*;

'~**getreide** *n* céréales *f/pl.* panifiables; '~**herr** *m* patron *m*; '~**karte** *f* carte *f* de pain; '~**korb** *m* corbeille *f* à pain; *j-m den* ~ *höher hängen fig.* tenir la dragée 'haute à q.; '~**krume** *f* mie *f* (de pain); '~**kruste** *f* = '~**rinde**; '~**laib** *m* miche *f* (de pain); '2**los** sans ressources; *Kunst*: peu lucratif; ingrat; *j-n* ~ *machen* ôter ses moyens d'existence à q.; '~**marke** *f* ticket *m* de pain; '~**neid** *m* jalousie *f* de métier; '~**rinde** *f* croûte *f* de pain; '~**röster** *m* grille-pain *m*; '~**schneidemaschine** *f* coupe-pain *m*; '~**schnitte** *f* tranche *f* de pain; '~**suppe** *f* panade *f*; '~**tasche** *f* musette *f*; *Hirten*: panetière *f*.
Bruch [brux] **1.** *m* (3³) rupture *f*; (*Knochen*2) fracture *f*; (*Darm*2) hernie *f*; (*Spalte*) fente *f*; crevasse *f*; ✞ *Schokolade usw.*: débris *m/pl.*; (*das Zerbrochene*) casse *f*; *im Papier*: pli *m*; (*Stein*2) carrière *f*; ⚖ fraction *f*; *gemeiner* ~ fraction *f* ordinaire; *gemischter* ~ nombre *m* fractionnaire; *unechter* ~ expression *f* fractionnaire; *fig. e-s Vertrages usw.*: rupture *f*; violation *f*; *in die Brüche gehen* échouer; se réduire à rien; ✈ *F* ~ *machen* s'écraser au sol; **2.** *m* u. *n* (*Sumpf*) marais *m*; '~**band** *n* bandage *m* herniaire; '2**fest** résistant à la rupture; '~**fläche** *f* cassure *f*; '~**gold** *n* or *m* natif.
brüchig ['bryçiç] fragile; (*spröde*) cassant; ~*e Stimme* voix *f* cassée.
'**Bruch|last** ⊕ *f* charge *f* de rupture; '~**linie** *géol. f* ligne *f* de faille; '~**rechnung** *f* calcul *m* fractionnaire; '~**schaden** *m an Waren*: casse *f*; '~**stein** *m* moellon *m*; '~**stelle** *f* cassure *f*; '~**strich** *m* barre *f* de fraction; '~**stück** *n* fragment *m*; '2**stückweise** par fragments; '~**teil** *m* partie *f*; fraction *f*; '~**zahl** *f* nombre *m* fractionnaire.
Brücke ['brykə] *f* (15) pont *m* (*schlagen über acc.* jeter sur; *abbrechen* rompre); (*Zahn*2) bridge *m*; ⚓ passerelle *f*; *alle* ~*n hinter sich abbrechen fig.* brûler ses vaisseaux.
'**Brücken|bau** *m* construction *f* des ponts; '~**baupionier** *m* sapeur--pontonnier *m*; '~**bogen** *m* arche *f*; '~**geländer** *n* garde-fou *m*; parapet *m*; '~**geld** *n* péage *m*; '~**kopf** ⚔ *m* tête *f* de pont; '~**pfeiler** *m* pilier *m*

Brückensteg — 705 — **Brutschrank**

d'un pont; ˷**steg** m passerelle f; ˷**waage** f bascule f; ˷**zoll** m péage m.

Bruder ['bruːdər] m (7¹) frère m; *Genossenschaft*: confrère m; *Leichtfuß* écervelé m; ˷ *Liederlich* débauché m; ˷ *Lustig* joyeux compère m; ˷**krieg** m guerre f fratricide; ˷**kuß** m accolade f fraternelle. '**Bruder**|**lein** n frérot m; ²**lich** fraternel; ˷**lichkeit** f fraternité f. '**Bruder**|**liebe** f amour m fraternel; ˷**mord** m, ˷**mörder** m fratricide m.

'**Bruderschaft** f (16) fraternité f; (*Genossenschaft*) communauté f; confrérie f; *rl.* congrégation f; *mit j-m* ˷ *schließen* (*trinken*) fraterniser avec q. (le verre en main).

'**Brudervolk** n peuple m frère.

Brügge ['brygə] n Bruges f.

Brühe ['bryːə] f (15) bouillon m; consommé m.

'**brüh**|**en** (25) *Geflügel usw.*: échauder; *die Wäsche* ˷ couler la lessive; '˷**heiß** = ˷**warm**; ²**kartoffeln** f/pl. pommes f/pl. de terre bouillies; '˷**warm** bouillant; tout chaud (*a. fig.*); ²**würfel** m cube m de consommé.

brüllen ['brylən] (25) *Rind*: mugir; beugler; *Löwe*: rugir; (*heulen*) 'hurler; (*zornig schreien*) vociférer.

'**Brumm**|**bär** m grognard m; ˷**baß** m bourdon m; ²**en** (25) gronder; grogner; *Lied*: fredonner; *Insekten*: bourdonner; F (*im Gefängnis sein*) être sous les verrous; *in den Bart* ˷ grommeler entre ses dents; *mir brummt der Kopf* la tête me tourne; '˷**en** n grondement; grognement m; *Insekten*: bourdonnement m; '˷**er** m ent. mouche f bleue; ♪ bourdon m; ²**ig** grondeur; grognon.

brünett [bryˈnɛt] brun; brunet.

Brunft *ch.* [brʊnft] f (14¹) chaleur f; rut m; ²**en** en chaleur (*od.* en rut); ˷**zeit** f temps m du rut.

Brünne ['brynə] f cuirasse f.

Brunnen ['brʊnən] m (6) puits m; (*künstliche Quelle*) fontaine f; (*natürliche Quelle*) source f; *zur Kur*: eaux f/pl. (minérales); ˷ *trinken* prendre les eaux; '˷**bauer** m puisatier m; '˷**kresse** ♀ f cresson m de fontaine; '˷**kur** f cure f d'eaux minérales; '˷**rand** m margelle f.

Brunst [brʊnst] f (14¹) ardeur f; *ch.* = *Brunft*.

brünstig ['brʏnstɪç] ardent; fervent; *ch.* en chaleur; en rut.

brüsk brusque; ˷**ieren** brusquer.

Brüssel ['brʏsəl] n (17) Bruxelles f.

Brust [brʊst] f (14¹) poitrine f; (*Busen*) sein m; gorge f; (*Mutter*²) mamelle f; sein m; *anat.* thorax m; *Pferd*: poitrail m; *cuis.* Fasan, Rebhuhn: estomac m, Huhn: blanc m; *fig.* cœur m; sein m; *Hemd*: devant m; *die* ˷ *geben* donner le sein; *von der* ˷ *entwöhnen* sevrer; *sich an die* ˷ *schlagen* se frapper la poitrine; *sich in die* ˷ *werfen* se rengorger; '˷**bein** n sternum m; '˷**beschwerde** f oppression f de poitrine; '˷**bild** n buste m; '˷**bohrer** ⊕ m vilebrequin m.

brüsten ['brʏstən] (26); *sich* ˷ se rengorger; *sich* ˷ *mit* faire parade de.

'**Brust**|**fell** n plèvre f; '˷**fell-entzündung** f pleurésie f; '˷**flosse** f nageoire f pectorale; '˷**kasten** m, '˷**korb** m thorax m; F coffre m; ²**krank** poitrinaire; '˷**lehne** f balustrade f; parapet m; ˷**leiden** n maladie f de poitrine; '˷**pulver** n poudre f pectorale; '˷**riemen** m am *Pferd*: poitrail m; '˷**schild** n plaque f; '˷**schwimmen** n brasse f; '˷**stimme** f voix f de poitrine; '˷**stück** n *Schlächterei*: poitrine f; '˷**tasche** f poche f intérieure; '˷**tee** m tisane f pectorale; '˷**ton** m: *fig.* ˷ *der Überzeugung* du ton de la plus profonde conviction; '˷**tuch** n fichu m; '˷**umfang** m tour m de poitrine.

Brüstung ['brʏstʊŋ] f parapet m; appui m; balustrade f.

'**Brust**|**warze** f mamelon m; tétin m; '˷**wehr** f parapet m.

Brut [bruːt] f (16) (*die ausgebrüteten Jungen*) couvée f; (*Insekten*²) couvain m; (*Fisch*²) alevin m; frai m; *böse* ˷ mauvaise engeance f.

bru|**taˈl** brutal; ²**taliˈtät** f brutalité f.

'**Brut**|**-apparat** m couveuse f (artificielle); '˷**-ei** n œuf m à couver; *angebrütet*: œuf m couvi.

brüten ['bryːtən] (26) **1.** couver; (*nachsinnen*) méditer; *fig.* über etw. (*dat. od. acc.*) ˷ couver (*od.* machiner) qch.; **2.** ˷ n incubation f.

'**Brut**|**henne** f (poule f) couveuse f; '˷**hitze** f chaleur f d'incubation; *fig.* chaleur f tropicale; '˷**-ofen** m couveuse f (artificielle); '˷**schrank**

44 Dtsch.-Franz.

Brutstätte — 706 — **Bügel**

⚯ m étuve f bactériologique; '⚯-stätte fig. f foyer m.
brutto ['bruto:]: ⚯ wiegen peser brut; '⚯einnahme f recette f brute; '⚯gewicht n poids m brut; '⚯preis m prix m fort; '⚯registertonne f tonne f brute; '⚯tonnage f tonnage m brut. [f caïeu m.\
'**Brut|zeit** f couvaison f; '⚯zwiebel
Bube ['bu:bə] m (13) garçon m; gamin m; Kartenspiel: valet m; '⚯streich m gaminerie f; polissonnerie f; (Schurkentat) fourberie f.
'**Bubikopf** m cheveux m/pl. coupés court. [(schurkisch) fourbe.\
'**bübisch** (ungezogen) polisson;|
Buch [bu:x] n (1³) livre m; ⚯ Papier main f de papier; ⚯ führen tenir les livres; '⚯binder m relieur m; '⚯binde'rei f métier (resp. atelier) m de relieur; (das Buchbinden) reliure f; '⚯deckel m couverture f de livre.
'**Buchdruck** m imprimerie f; typographie f; '⚯er m imprimeur m; (Schriftsetzer) typographe m; '⚯e'rei f imprimerie f; '⚯erkunst f art m typographique; '⚯presse f presse f typographique.
Buch|e ⚲ ['bu:xə] f (15) 'hêtre m; ⚯ecker ⚹ [‘⚯ekɐr] f (15) ⚲ faîne f; '⚯einband m reliure f.
buch|en ['bu:xən] **1.** (25) ✠: etw. ⚯ prendre note (od. passer écriture) de qch.; **2.** adj. en ⚯ (en bois de) 'hêtre.
'**Bücher|-abschluß** ✠ m clôture f des livres; '⚯brett n rayon m; tablette f; '⚯ei [by:çə'raɪ] f bibliothèque f; '⚯freund m bibliophile m; '⚯gestell n tablettes f/pl.; étagère f; '⚯kunde f bibliographie f; '⚯mappe f serviette f; '⚯narr m bibliomane m; '⚯regal n = ⚯gestell f; '⚯revisor m expert m comptable; '⚯schrank m bibliothèque f; '⚯stütze f appui-livres m; '⚯trödler m bouquiniste m; '⚯verzeichnis n catalogue m de livres; '⚯wurm m teigne f des livres; fig. rat m de bibliothèque, F bouquineur m.
'**Buch fink(e)** m pinson m; '⚯führung f, '⚯haltung f comptabilité f (einfache en partie simple; doppelte double); tenue f des livres; '⚯halter(in f) m comptable m, f; '⚯handel m commerce m de livres; im ⚯ sein Buch: être en librairie (od. en vente); '⚯händler(in f) m libraire m, f; '⚯handlung f, '⚯laden n librairie f.

'**Buch|macher** m Sport: bookmaerk m; '⚯prüfer m expert m comptable; '⚯rücken m dos m d'un livre.
Buchsbaum ['buks-] m (3³) buis m.
Buchse ⊕, ⚡ ['buksə] f douille f.
Büchse ['byksə] f (15) boîte f; étui m; (Gewehr) carabine f.
'**Büchsen|fleisch** n viande f en conserve; ⚔ singe m; '⚯gemüse n légumes m/pl. en conserve; '⚯macher m armurier m; '⚯milch f lait m condensé; '⚯öffner m (7) ouvre-boîtes m.
Buchstabe ['⚯ʃta:bə] m (13¹) lettre f; caractère m; typ. type m; großer ⚯ majuscule f; kleiner ⚯ minuscule f; in ⚯n en toutes lettres.
'**Buchstaben|gleichung** f équation f algébrique; '⚯rätsel n logogriphe m; '⚯rechnung f algèbre f.
buch|stabieren [⚯'bi:rən] épeler (a. mühsam lesen); '⚯stäblich [‘⚯ʃtɛ:pliç] littéral; adv. a. à la lettre; au pied de la lettre.
Bucht [buxt] f (16) baie f; kleine: anse f; (Meerbusen) golfe m; Deutsche ⚯ golfe m de Helgoland.
'**Buch-umschlag** m couverture f; '⚯ung f inscription f dans les livres; '⚯ungsmaschine f machine f comptable; '⚯verleih m service m de prêt de livres; '⚯weizen ⚹ m sarrasin m; '⚯zeichen n signet m.
Buck|el ['bukəl] m (7) (Höcker) bosse f; (Rücken) dos m; ⚠ saillie f; '⚯(e)lig bossu; '⚯(e)lige(r a. m) m, f bossu m, -e f.
bücken ['bykən] (25): sich ⚯ baisser; se courber. [(od. fumé).\
'**Bück(l)ing** icht. m 'hareng m saur|
'**Bückling** m (3¹) (Verbeugung) révérence f; courbette f.
buddeln ['budəln] (29) fouiller.
Buddhis|mus [bu'dis-] m bouddhisme m; ⚯t m bouddhiste m; ⚯tisch bouddhique.
Bude ['bu:də] f (15) boutique f; échoppe f; (Bretergebäude) baraque f; F turne f.
Budget [by'dʒe:] n (11) budget m.
Budike P [bu'di:kə] f (15) bistrot m.
Büfett [by'fe:] n (3) buffet m.
Büffel ['byfəl] m (7) buffle m; '⚯n F (29) piocher; bûcher.
Bug [bu:k] m (3³) courbure f; Rind: épaule f; (Schiffs⚯) proue f.
Bügel ['by:gəl] m (7) pièce f courbe; (Steig⚯) étrier m; (Korb⚯) anse f;

Bügelbrett — 707 — **Bundestag**

(*Kleider*≎) cintre *m*; (*Gewehr*≎) sous-garde *f*; '~brett *n* planche *f* à repasser; '~eisen *n* fer *m* à repasser; *Schneiderei*: carreau *m*; '~falte *f* pli *m* du pantalon; 'ℒn (29) *Wäsche*: repasser; *Nähte*: rabattre; *Schneiderei*: passer le carreau sur.
Büglerin ['by:glərin] *f* repasseuse *f*.
Buhle ['buːlə] *m* (13), *f* (15) amant *m*, -e *f*; 'ℒn: mit j–m ~ flirter avec q.; faire la cour à q.; *um* j–n ~ courtiser q.; *um etw*. ~ briguer qch.; ~'**rei** *f* flirt *m*; intrigue *f* a moureuse; galanterie *f*; '~rin *f* femme *f* galante; courtisane *f*; ℒ**risch** amoureux; galant.
Buhne ['buːnə] *f* (15) (*Ufermauer*) épi *m*; *Fischerei*: bordigue *f*.
Bühne ['byːnə] *f* (15) scène *f*; théâtre *m*; *auf die* ~ *bringen* mettre en scène; *über die* ~ *gehen* être représenté; (*Gerüst*) estrade *f*; tribune *f*.
'**Bühnen**|-**anweisung** *f* indication *f* scénique; '~**aussprache** *f* prononciation *f* théâtrale; '~**ausstattung** *f* décors *m/pl*.; '~**bearbeitung** *f* adaptation *f* scénique; '~**beleuchtung** *f* éclairage *m* scénique; '~**bild** *n* décors *m/pl*.; '~**bildner**(**in** *f*) *m* décorateur *m*, -trice *f*; '~**dichter** *m* auteur *m* dramatique; 'ℒ**fähig**, 'ℒ**mäßig** scénique; qui convient à la scène; '~**künstler**(**in** *f*) *m* acteur *m*, actrice *f*; '~**maler** *m* peintre *m* de décors *f*; '~**rechte** *n/pl*. droits *m/pl*. de représentation; '~**stück** *n* pièce *f* de théâtre; '~**vorhang** *m* rideau *m*; toile *f*; '~**wand** *f* coulisse *f*.
buk, **büke** (buːk, 'byːkə) *s*. *backen*.
Bu'lette *f* boulette *f*.
Bulga|**re** [bul'gɑːrə] *m*, ~**rin** *f* Bulgare *m*, *f*; ~**rien** *n* (17) la Bulgarie; ℒ**risch** bulgare.
Bull|**-auge** ['bul-] *n* 'hublot *m*; '~**dogge** *f* (15) bouledogue *m*.
Bulle *zo*. ['bulə] **1.** *m* (13) taureau *m*; **2.** *f* (15) (*Urkunde*) bulle *f*; ~**n**-**hitze** P *f* fournaise *f*.
Bummel ['buməl] *m* (7) promenade *f*; F balade *f*; P vadrouille *f*; *auf den* ~ *gehen* F aller se balader, faire une balade, P vadrouiller; ~**ant**(**in** *f*) [~m'lant] *m* lambin *m*, -e *f*; ~**ei** [~'lai] *f* (16) flânerie *f*; (*müßiges Leben*) vie *f* dissipée (*od*. de dissipation); (*Nichtstuerei*) fainéantise *f*; (*Saumseligkeit*) lanternerie *f*; (*Nachlässigkeit*) négligence *f*; '~**leben** *n* vie *f* dissipée (*od*. de dissipation); 'ℒ**n** (29) flâner; F se balader; P vadrouiller; (*nichts tun*) F fainéanter; (*säumig sein*) lanterner; lambiner; traîner; (*sich vergnügen*) s'amuser; '~**zug** 🚂 *m* train *m* omnibus; F tortillard *m*.
'**Bumm**|**ler**(**in** *f*) *m* (7) flâneur *m*, -euse *f*; (*Nichtstuer*) fainéant *m*, -e *f*; (*Trödler*) lambin *m*, -e *f*; (*Landstreicher*) vagabond *m*, -e *f*; 'ℒ**lig** (*faul*) fainéant; (*trödelig*) lambin; (*nachlässig*) négligent.
bums! *int*. [bums] patatras!
Buna ['buːnɑː] *m* u. *n* caoutchouc *m* synthétique.
Bund [bunt] **1.** *m* (3³) (*Bündnis*) union *f*; (*Freundschafts*≎) alliance *f*; *pol*. coalition *f*; *zu gegenseitiger Unterstützung*: confédération *f*; *zu Schutz und Trutz*: ligue *f*; (*bindender Vertrag*) pacte *m*; (*Binde*) bandeau *m*; (*Kopf*≎) turban *m*; **2.** *n* (3³) *Stroh*, *Gemüse*: botte *f*; ~ *Reisholz* fagot *m*; (*Schlüssel*≎) trousseau *m*.
Bündel ['byndəl] *n* (7) paquet *m*; *Stroh*, *Gemüse*: botte *f*; (*Akten*≎) liasse *f*; (*Ruten*≎) faisceau *m* de verges; ~ *Reisholz* fagot *m*; *sein* ~ *schnüren* faire son paquet; 'ℒ**n** (29) lier ensemble; faire un paquet de; 'ℒ**weise** par paquets, *etc*.
'**Bundes**|-**arbeitsgericht** *n* tribunal *m* fédéral du travail; '~**behörde** *f* autorité *f* fédérale; '~**gebiet** *n* territoire *m* fédéral; '~**genosse** *m* allié *m*; confédéré *m*; '~**genossenschaft** *f* confédération *f*; '~**gericht** *n* tribunal *m* fédéral; '~**gesetz** *n* loi *f* fédérale; '~**gesetzblatt** *n* journal *m* officiel fédéral; '~**kanzler** *m* chancelier *m* fédéral; '~**kongreß** *m* congrès *m* fédéral; '~**lade** *f* arche *f* d'alliance; '~**minister** *m* ministre *m* fédéral; '~**post** *f*: *Deutsche* ~ administration *f* des postes de la République fédérale d'Allemagne; '~**präsident** *m* président *m* de la République fédérale; '~**rat** *m* conseil *m* fédéral; Bundesrat *m*; '~**regierung** *f* gouvernement *m* fédéral; '~**republik** *f*: *Deutsche* ~ République *f* fédérale allemande (*od*. d'Allemagne); '~**staat** *m* confédération *f* d'États; *einzelner*: État *m* (con)fédéré; 'ℒ**staatlich** fédéral; '~**tag** *m* assemblée *f* fédérale; par-

Bundesverfassung — 708 — **Bus**

lement m fédéral; diète f fédérale; Bundestag m; '~verfassung f constitution f fédérale; '~verfassungsgericht n tribunal m constitutionnel de la République fédérale; '~versammlung f assemblée f fédérale; '~wehr f Bundeswehr f.

bündig ['byndiç] (*beweisend*) concluant; *Redeweise*: concis; succinct; net; '2keit f Redeweise: concision f; netteté f.

Bündnis ['byntnis] n (4¹) alliance f; pacte m; *s. Bund*; '~politik f politique f d'alliance; '~vertrag m traité m d'alliance.

Bunker ['buŋkər] m ⚓ soute f à charbon; ⚔ fortin m; *zum Schutz*: abri m bétonné.

bunt [bunt] en couleurs; de couleurs variées; multicolore; (*~scheckig*) bigarré; bariolé; *fig*. varié; (*verworren*) confus; ~e Reihe machen faire alterner les places des messieurs et des dames; (*~durcheinander*) pêle-mêle; ~ durcheinandergehen aller sens dessus dessous; *es wird (ist) mir zu* ~ c'en est trop; *er treibt es zu* ~ il va trop loin; '2druck m chromotypographie f; '2heit f variété f de couleurs; bigarrure f; '2papier n papier m peint; '2' sandstein m grès m bigarré; '~scheckig bigarré; bariolé; '2scheckigkeit f bigarrure f; bariolage m; '2specht m pic m rouge; '2stift m crayon m de couleur.

Bürde ['byrdə] f (15) charge f; (*schwere Last*) fardeau m.

Burg [burk] f (16) château m (fort); citadelle f; *fig*. asile m.

Bürg|e ['byrgə] m (13), '~in f *allgemein*: garant m, -e f; *für Zahlung*: caution f; e-n ~n stellen fournir caution; '2en (27) garantir (für etw. qch.); (*einstehen*) répondre (*für de*); für e-n Wechsel ~ avaliser un effet.

Bürger|(in f) ['byrgər(in)] m (7) bourgeois m, -e f; (*Staats*2) citoyen m, -ne f; (*Stadtbewohner*) citadin m, -e f; '~brief m lettre f de bourgeoisie; '~eid m serment m civique; '~garde f = ~wehr f; '~krieg m guerre f civile; '~kunde f instruction f civique; '2lich civil; *dem Stande nach*: bourgeois; *verächtlich*: roturier; plébéien; *als Staatsbürger*: civique; 2es Gesetzbuch (*Recht*) code m (droit m) civil; '~meister m Frankreich: maire m; *Belgien*: bourgmestre m; *französische Schweiz*: syndic m; *regierender ~ Berlin*: bourgmestre m régnant; ~meiste'rei f mairie f; '~pflicht f devoir m civique; '~recht n e-r Stadt: droit m de cité; e-s Staates: droit m de citoyen; '~schaft f bourgeoisie f; citoyens m/pl.; '~sinn m civisme m; '~stand m bourgeoisie f; '~steig m trottoir m; '~wehr f milice f (bourgeoise); garde f nationale.

Burg|flecken m petit bourg m; bourgade f; '~frau f, '~fräulein n châtelaine f; '~friede(n) m union f sacrée; *pol*. trêve f politique (*od*. entre les partis); '~graben m fossé m (d'un château); douve f; '~graf m burgrave m; '~herr m châtelain m.

Bürgschaft ['byrkʃaft] f (16) caution f; garantie f; ~ leisten fournir caution.

Burgund [burˈgunt] n (3¹) la Bourgogne; ~er(in f) [-ˈgundər] m (7) Bourguignon m, -ne f; ~erwein m vin m de Bourgogne; bourgogne m; 2isch bourguignon.

'Burg|verlies n oubliettes f/pl.; '~vogt m châtelain m.

Büro [byˈroː] n (11) bureau m; ~-angestellte(r a. m) m, f employé m, -e f de bureau; ~bedarfs-artikel m/pl. articles m/pl. de bureau; ~klammer f attache f; agrafe f; ~krat m (12) bureaucrate m; F rond-de-cuir m; ~kratentum n, ~kra'tie f bureaucratie f; 2'kratisch bureaucratique; ~mensch m, P ~hengst m gratte-papier m; F rond-de-cuir m; ~schluß m clôture f du (*resp*. des) bureau(x); ~stunden f/pl. heures f/pl. de bureau; ~vorsteher m chef m de bureau; *beim Anwalt*: principal m.

Bursch|(e) ['burʃ(ə)] m (13) jeune homme m; garçon m; gars m; (*Student*) étudiant m; (*Lehrling*) apprenti m; ⚔ brosseur m; '~enschaft f association f d'étudiants; 2ikos [ˈʃiːkoːs] gaillard; sans façons.

Bürste ['byrstə] f (15) brosse f; '2n (26) brosser.

'**Bürsten|-abzug** m épreuve f à la brosse; '~binder m brossier m; ~bindeˈrei f brosserie f; '~halter m porte-brosses m; '~handel m, ~waren f/pl. brosserie f. [autocar m.\]

Bus [bus] m autobus m; (*Reise*2)

Busch [buʃ] *m* (3² *u.* ³) buisson *m*; bosquet *m*; bocage *m*; (*Strauch*) arbrisseau *m*; arbuste *m*; (*Wald*) (bois *m*) taillis *m*; (*dichter Tropenwald*) brousse *f*; *Haare:* touffe *f*; (*Feder*⁓) panache *m*; *auf den* ⁓ *klopfen fig.* sonder le terrain; *sich in die Büsche schlagen* s'esquiver.

Büschel ['byʃəl] *m od. n* (7) touffe *f*; (*Haar*⁓) toupet *m*; (*Quaste*) 'houppe *f*; ⚥ fascicule *m*.

buschig ['buʃiç] *Haare:* touffu; *Gelände:* buissonneux; embroussaillé.

'**Busch**|**klepper** *m* brigand *m*; '⁓**mann** *m* Boschiman *m*; '⁓**werk** *n* broussailles *f*/*pl.*; buissons *m*/*pl.*

Busen ['bu:zən] *m* (6) sein *m*; gorge *f*; *fig.* cœur *m*; poitrine *f*; (*Meer*⁓) golfe *m*; '⁓**freund(in** *f*) *m* ami *m*, -e *f* intime; '⁓**nadel** *f* broche *f*; *für Herren:* épingle *f*; '⁓**tuch** *n* fichu *m*.

Bussard ['busart] *m* (3) buse *f*.

Buße ['bu:sə] *f* (15) pénitence *f* (*auferlegen* imposer); (*Reue*) repentance *f*; (*Geld*⁓) amende *f*; ⁓ *tun* faire pénitence (*für* de).

büßen ['by:sən] 1. expier; faire pénitence; *für etw.* ⁓ porter la peine de qch.; expier qch.; *etw. mit s-m Leben* ⁓ expier qch. par sa mort; *das soll er mir* ⁓ *il me paiera cela*; 2. ⚥ *n* expiation *f*; pénitence *f*. [-e *f*.\

'**Büßer(in** *f*) *m* (7) pénitent *m*,]
'**buß**|**fertig** contrit; repentant; '⁓**fertigkeit** *f* contrition *f*; repentance *f*; '⁓**geld** *n* amende *f*; '⁓**hemd** *n* 'haire *f*.

Bussole [bu'so:lə] *f* (15) boussole *f*.
'**Buß- und** '**Bet-tag** *m* jour *m* de pénitence et de prières.

Büste ['bystə] *f* (15) buste *m*; '⁓**nhalter** *m* soutien-gorge *m*.

Butt *icht.* [but] *m* (3) barbue *f*; (*Stein*⁓) turbot *m*.

Bütte ['bytə] *f* (15) (*Gefäß*) cuve *f*; (*großes Faß*) botte *f*; (*Trag*⁓) 'hotte *f*; ⁓**l** ['bytəl] *m* (7) huissier *m*; (*Häscher*) bourreau *m*; '⁓**npapier** ['bytənpapi:r] *n* papier *m* à la cuve.

Butter ['butər] *f* (15) beurre *m* (*braune* noir; *zerlassene* fondu); *mit* ⁓ *bestreichen* beurrer; '⁓**birne** ⚥ *f* beurré *m*; '⁓**blume** *f* renoncule *f*; pissenlit *m*; '⁓**brot** *n* tartine *f* (de beurre); beurrée *f*; *belegtes* ⁓ sandwich *m*; '⁓**brotpapier** *n* papier *m* parchemin; '⁓**dose** *f* beurrier *m*; '⁓**händler(in** *f*) *m* marchand *m*, -e *f* de beurre; '⁓**maschine** *f* baratte *f*; '⁓**milch** *f* lait *m* de beurre; babeurre *m*; '⁓**n** (29) battre le beurre; baratter; *nur v*/*i.* se changer en beurre; '⁓**säure** *f* acide *m* butyrique; '⁓**soße** *f* sauce *f* au beurre; '⁓**stulle** *f* = ⁓**brot**.

Büttner ['bytnər] *m* tonnelier *m*.

Butzenscheibe ['butsən-] *f* (15) vitrail *m* en culs de bouteille.

Byzan|**tiner(in** *f*) *m* [bytsan'ti:nər (-in)] Byzantin *m*, -e *f*; ⚥**tinisch** byzantin; ⁓**ti'nismus** *m* byzantinisme *m*; ⁓**z** *n* Byzance *f*.

C

C, c [tse:] *n* C, c *m*; ♪ ut *m*; do *m*.
Café [ka'fe:] *n* (11) café *m*; *s. Kaffee.*
camp|en ['kɛmpən] camper; ⁀ing ['⁀pɪŋ] *n* camping *m*; ⁀ingplatz *m* terrain *m* de camping.
Catcher ['kɛtʃər] *m* catcheur *m*.
C-'Dur *n* ut *m* majeur.
Cellist [tʃɛ'lıst] *m* violoncell(ist)e *m*.
Cello ['tʃɛlo] *n* (11) violoncelle *m*.
Cembalo ['tʃɛmbalo] *n* clavecin *m*.
Ces ♪ [tsɛs] *n* ut *m* bémol.
Ceylon ['tsaılən] *n* Ceylan *m*.
Chaiselongue [ʃɛ:z(ə)'lõ:g] *f* divan *m*; ottomane *f*; [léon *m.*]
Chamäleon [ka'mɛ:leən] *n* camé-⌐
Chamotte [ʃa'mɔtə] *f* chamotte *f*.
Champagner [ʃam'panjər] *m* (7), ⁀wein *m* vin *m* de Champagne; champagne *m*.
Champignon [ʃampinjõŋ] *m* (11) champignon *m* de Paris.
Chaos ['ka:ɔs] *n* chaos *m*.
chaotisch [ka'o:tıʃ] chaotique.
Charakter [ka'raktər] *m* (3¹) caractère *m*; ⁀bild *n* portrait *m*; ⁀fehler *m* défaut *m* de caractère; ⁀fest d'un caractère ferme; ⁀festigkeit *f* fermeté *f* de caractère; ⁀i'sieren caractériser; ⁀istik [⁀'rıstık] *f* caractéristique *f*; *e-r Person:* portrait *m* moral; ⁀istisch [⁀'rıstıʃ] caractéristique; ⁀los [⁀'raktərlos] sans caractère; ⁀losigkeit *f* manque *m* de caractère; ⁀schilderung *f* peinture *f* de caractère; ⁀zug *m* trait *m* caractéristique.
Chargenrolle [ʃarʒən-] *f* rôle *m* de figurant.
Chargierte(r) ⚔ [ʃar'ʒi:rtə(r)] *m* gradé *m*.
chartern ⚓ ['ʃartərn] (29) affréter.
Chauffeur [ʃɔ'fø:r] *m* (3¹) chauffeur *m*.
Chaussee [ʃɔ'se:] *f* (15) grande route *f*; route *f* nationale; ⁀arbeiter *m* cantonnier *m*; ⁀geld *n* droits *m/pl.* de péage.
Chauvin|ismus [ʃovi'nısmus] *m* chauvinisme *m*; ⁀ist ['⁀nıst] *m* (12) chauvin *m*; ⁀istisch chauvin.
Chef [ʃɛf] *m* (11) chef *m*; *Firma:* patron *m*; '⁀arzt *m* médecin *m* en chef; '⁀redakteur *m* rédacteur *m* en chef.
Chemie [çe'mi:] *f* (15) chimie *f*.
Chemikalien [çemi'ka:liən] *f/pl.* (15) produits *m/pl.* chimiques.
Chem|iker ['çemikər] *m* (7) chimiste *m*; ²isch chimique; ⁀e Fabrik fabrique *f* de produits chimiques; ⁀e Kampfstoffe gaz *m/pl.* de combat; ⁀er Krieg guerre *f* chimique; etw. ⁀ untersuchen faire l'analyse chimique de qch.
Cherub ['çe:rup] *m* (11) chérubin *m*.
Chiffre ['ʃıfər] *f* (15) chiffre *m*; unter der ⁀ ... aux initiales ...; '⁀schrift *f* écriture *f* chiffrée.
chiffrieren [⁀'fri:rən] chiffrer.
Chile [tʃi:le] *n* (17) le Chili.
Chile|ne [tʃi'le:nə] *m*, ⁀nin *f* Chilien *m*, -ne *f*; ²nisch chilien.
'Chilesalpeter *m* salpêtre *m* du Chili.
China ['çi:na] *n* (17) la Chine; '⁀rinde *phm. f* quinquina *m*.
Chine|se [çi'ne:zə] *m* (13), ⁀sin *f* Chinoise *m*, -e *f*; ²sisch chinois.
Chinin [çi'ni:n] *n* (11) quinine *f*.
Chi|rurg [çi'rurk] *m* (12) chirurgien *m*; ⁀rur'gie *f* (15) chirurgie *f*; ²-'rurgisch chirurgical.
Chlor [klo:r] *n* (3²) chlore *m*; ⁀at [⁀o'ra:t] *n* chlorate *m*; '⁀kalk *m* chlorure *m* de chaux; ⁀o'form [kloro-] *n* (11) chloroforme *m*; ²ofor'mieren chloroformer; '⁀säure *f* acide *m* chlorique; '⁀wasserstoff *m* acide *m* chlorhydrique.
Cholera ['ko:lora] *f* choléra *m*; '⁀kranke(r *a. m*) *m*, *f* cholérique *m*, *f*.
Cho'ler|iker [ko'le:rikər] *m* colérique *m*; ²isch colérique.
Chor [ko:r] **1.** *m* Drama u. ♪: chœur *m*; **2.** *m* (*a. n*) ⛪ Kirche: chœur *m*; (*Empore*) jubé *m*; ⁀al [ko'ra:l] *m* (3¹ *u.* ³) choral *m*; cantique *m*; hymne *m* u. *f*; (*Kirchengesang*) plain-chant *m*; '⁀altar *m* maître-autel *m*; '⁀gang *m* pourtour *m* du chœur; '⁀gesang *m* chant *m* du chœur; *in kathol. Kirche*: plain--chant *m*; '⁀hemd *n* surplis *m*;

'~herr *m* chanoine *m*; '~knabe *m* enfant *m* de chœur; '~rock *m* chape *f*; ¦~sänger(in *f*) *m* choriste *m*, *f*; '~stuhl *m* stalle *f*.

Christ|(in *f*) ['krist(in)] *m* (12) chrétien *m*, -ne *f*; '~baum *m* arbre *m* de Noël.

'Christen|beit *f* chrétienté *f*; '~liebe *f* charité *f* chrétienne; '~mensch *m* chrétien *m*; '~pflicht *f* devoir *m* de chrétien; '~seele *f* âme *f* chrétienne; '~tum *n* (1²) christianisme *m*.

'Christfest *n* fête *f* de Noël.

'Christ|kind *n* enfant *m* Jésus; ¦◦lich chrétien; '~messe *f* messe *f* de minuit; '~nacht *f* nuit *f* de Noël; ~us ['kristus] *m* Jésus-Christ *m*; le Christ.

Chrom [kro:m] *n* (3¹) chrome *m*; '~leder *n* cuir *m* chromé; '~säure *f* acide *m* chromique; '~stabl *m* acier *m* chromé.

Chron|ik ['kro:nik] *f* (16) chronique *f*; ¦◦isch chronique; ~ist [~o'ni-] *m* chroniqueur *m*; ~ologie [~nolo'gi:] *f* chronologie *f*; ◦o'logisch chronologique.

Chrysantheme [kryzan'te:mə] *f* chrysanthème *m*.

circa ['tsirka] environ.

Cis ♪ [tsis] *n* ut *m* dièse.

Clearing-abkommen ['kli:riŋ-] *n* accord *m* de compensation.

Clique ['klikə] *f* (15) coterie *f*; F *mv.p.* clique *f*; ~nwirtschaft *f* régime *m* de coteries.

Clown [klaun] *m* clown *m*.

c-'Moll *n* ut *m* mineur.

Cocktail ['kɔkte:l] *m* cocktail *m*.

Computer [kɔm'pju:tər] *m* ordinateur *m*.

Couch [kautʃ] *f* (14) divan *m*.

Countdown *n* compte *m* à rebours.

Couplet [ku'ple:] *n* (11) chanson (-nette) *f*.

crawlen ['krauləun] nager le crawl.

Creme ['kre:m(ə)] *f* (11¹) crème *f* (*a. fig.*); '~torte *f* tarte *f* à la crème.

Cutaway ['katəve:] *m* (11) jaquette *f*.

D

D, d [de:] *n* D, d *m*; ♪ ré *m*.
da [da:] **1.** *adv.* **a)** *örtlich:* là; y; (*hier*) ici; ~ ist; ~ sind vous; ~ bin ich me voilà; ihr ~! vous autres!; Sie ~! eh! vous, là-bas!; ~ kommt er le voilà qui vient; ~ haben wir's! nous y voilà!; ça y est!; tu vois (*resp.* vous voyez) bien!; sieh ~! tiens!; voyez (donc)!; nichts ~! il n'en sera rien; wer ~? ⚔ qui vive?; *der Mann* ~ cet homme-là; l'homme que voilà; **b)** *zeitlich:* (*damals, dann*) alors; à ce moment; von ~ an; von ~ ab dès lors; à partir de ce moment; **2.** *cj.* **a)** *zeitlich:* lorsque; quand; comme; **b)** *Grund:* parce que; comme; ~ (*nun einmal*); ~ doch puisque.
dabei [da'baɪ] **a)** *örtliche Nähe:* auprès; y; **b)** *zeitliche Nähe:* gerade ~ sein, etw. zu tun être en train de faire qch.; **c)** *Beziehung:* es bleibt ~ c'est convenu; es ist nichts ~ ce n'est pas difficile, (*es macht nichts*) cela ne fait rien; ~ komme ich zu kurz je n'y trouve pas mon compte; was ist denn ~? quel mal y a-t-il à cela?; *er befindet sich wohl* ~ il s'en trouve bien; (*außerdem*) en outre; de plus; ~bleiben rester présent (*od.* auprès); *fig.* (*auf etw. bestehen*) s'en tenir à; persister dans; ~sein être présent (à), en être; assister (à); ~sitzen, ~stehen se ~dableiben rester. |tenir à côté.
da capo [da 'ka:po] bis.
Dach [dax] *n* (12) toit *m*; *Auto:* capote *f*; *unter* ~ *und Fach* à l'abri; à couvert; *das* ~ *decken* couvrir une maison; *j-m aufs* ~ *steigen fig.* donner sur les doigts à q.; '~antenne *f* antenne *f* (installée) sur le toit; '~boden *m* grenier *m*; les combles *m/pl.*; '~decker *m* couvreur *m*; '~fenster *n* lucarne *f*; '~first *m* faîte *m*; '~garten *m* jardin-terrasse *m* (sur le toit); '~geschoß *n* étage *m* mansardé; '~kammer *f* mansarde *f*; galetas *m*; '~luke *f* lucarne *f*; '~organisation † *f* imbrication *f* de sociétés; '~pappe *f* carton *m* bitumé; '~pfanne *f* tuile *f*; '~reiter *m* cavalier *m* de toiture; ⚠ tourelle *f* du transept; '~rinne *f* gouttière *f*; '~röhre *f* tuyau *m* de descente.
Dachs [daks] *m* (4 *a.* ²) blaireau *m*; *frecher* ~ *fig.* insolent *m*; *wie ein* ~ *schlafen* dormir comme une marmotte; '~bau *m* terrier *m* de blaireau; '~hund *m* basset *m*.
'Dach|**schiefer** *m* ardoise *f*; '~schindel *f* bardeau *m*; '~sparren *m* chevron *m*; '~stroh *n* chaume *m*; '~stube *f* = ~*kammer*; '~stuhl ⚠ *m* ferme *f*, comble *m*; '~traufe *f* gouttière *f*; '~werk *n* toiture *f*; '~ziegel *m* tuile *f*. [denken.|
dachte, dächte ['daxtə, 'dɛçtə] *s.*|
Dackel ['dakəl] *m* (7) basset *m*.
'dadurch par là; (*auf solche Weise*) de cette manière; ~, *daß* ... étant donné que ...; du fait que ...
dafür [da'fy:r] (*statt dessen*) pour cela; ~, *daß* (*weil*) parce que; *Tausch:* à la place de; au lieu de; en échange; en retour; en revanche; *Entgelt:* en récompense; *mit Bezug auf Vorhergehendes:* ·y; en; ~sein approuver; *wer kann* ~? à qui la faute?; *ich kann nichts* ~ ce n'est pas ma faute; je n'y puis rien; ~halten penser; être d'avis; ²halten *n* (6) opinion *f*; avis *m*; *nach meinem* ~ à mon avis.
da'gegen 1. *adv.* contre cela; là-contre; ~sein être contre; être d'un avis contraire; *nichts* ~ *haben* vouloir bien; ne pas s'opposer à; *Vergleich:* en comparaison de (cela); auprès de (cela); **2.** *cj.* au contraire; par contre; ~halten (*vergleichen*) comparer(à); (*erwidern*) répondre(à).
daheim [da'haɪm] **1.** (*zu Hause*) chez moi (toi, *etc.*); à la maison; (*in der Heimat*) dans mon (ton, *etc.*) pays; **2.** ♀ *n* (3¹) chez-soi *m*.
daher [da'he:r] **1.** *adv.* **a)** *Herkunft:* de là; de ce côté-là; **b)** *Ursache:* de là; aussi (*mit Inversion*); *das kommt* ~, *daß* ... cela vient de ce que ...; **2.** *cj.* c'est pourquoi; (*folglich*) par

conséquent; ~gehen passer; ~kommen arriver; ~laufen accourir.
dahin [da'hin, 'da:hin] là; vers ce lieu-là; y; (weg) parti; (verloren) perdu; (vergangen) passé; (tot) mort; bis ~ jusque-là; '~ab [~'nap] (en descendant) par là; '~auf [~'nauf] (en montant) par là; '~aus [~'naus] (en sortant) par là; de ce côté-là; ~eilen passer rapidement; Zeit: fuir; '~ein [~'naɪn] (en entrant) par là; là-dedans; ~gehen s'en aller; (vergehen) passer; ~gehören faire partie de; se rapporter à; ~gestellt: ~ sein lassen laisser indécis; es mag ~ bleiben passons là-dessus; ~leben kümmerlich; végéter; vivoter; ~scheiden trépasser; ~siechen dépérir; ~sterben se mourir.
da'hin|ten là-bas; ~ter (là) derrière; ~ steckt etw. il y a qch. là-dessous; sich ~ machen s'y mettre, ~terknien: sich ~ s'efforcer (de); ~terkommen éclaircir la chose; découvrir le secret (od. le pot aux roses).
Dahlie ♀ ['da:liə] f dahlia m.
'dalli: ~ ... ~ dare-dare.
damal|ig ['da:ma:liç] d'alors; '~s alors; schon ~ dès lors.
Damast [da'mast] m (3²) damas m; ~arbeit f damassure f; ♀en de damas; damassé; ~fabrik f damasserie f; ~weber m damasseur m.
Dambrett ['dɑ:mbrɛt] n damier m.
Dame ['da:mə] f (15) dame f (a. Spiel); femme f; ~ spielen jouer aux dames; die ~ des Hauses la maîtresse de maison.
'Damen|-abteil n compartiment m de dames; '~binde f serviette f hygiénique (pour dames); '~(fahr-)rad n bicyclette f de dames; '~handtasche f sac m à main; '~hut m chapeau m de femme; '~kleid n robe f; '~konfektion f confection f pour dames; '~schneider (-in) f m couturier m, -ière f; '~sitz m: im ~ reiten monter en amazone; '~welt f: die ~ les dames f/pl.
'Dame|spiel n jeu m de dames; '~stein m pion m.
Damhirsch ['dam-] m (3²) daim m.
damit [da'mit] 1. adv. [a. 'da-] (in Beziehung auf etw.) avec (resp. de resp. à) cela; en; y; ~ bin ich einverstanden j'y consens; wie steht es ~? qu'en est-il ?; où en est l'affaire ?; bei Zeitwörtern, die par regieren: par

cela; par là; 2. cj. afin (od. pour) que (subj.); bei gleichem Subjekt: afin de (inf.); pour (inf.). [f bêtise f.\
dämlich F ['dɛ:mliç] bête; '♀keit F\
Damm [dam] m digue f; (Fahrweg) chaussée f; (Hafen♀) jetée f; quai m; 🚆 remblai m; fig. barrière f; wieder auf den ~ kommen retrouver la santé; j-n wieder auf den ~ bringen remettre q. sur pied; wieder auf dem ~ sein en forme; '~bruch m rupture f d'une digue.
dämm|erig ['dɛmǝriç] crépusculaire; fig. vague; '♀erlicht n lueur f du crépuscule; faible lueur f; '~ern (29): es dämmert morgens: le jour (od. l'aube) point; le jour commence à poindre; abends: le soir (od. la nuit) tombe; il commence à faire nuit; fig. es dämmert mir je commence à voir clair.
'Dämmer|schein m demi-jour m; '~stunde f heure f du crépuscule; '~ung f crépuscule m; (Morgen♀) aube f; point m (od. pointe f) du jour; (Abend♀) crépuscule m du soir.
Dämon ['dɛ:mɔn] m (8¹) démon m (a. fig.); ♀isch [dɛ'mo:niʃ] démoniaque; mv. p. diabolique.
Dampf [dampf] m (3³) vapeur f; Speisen: fumée f; unter ~ stehen être sous pression; '~antrieb m commande f à la vapeur; mit ~ marchant à la vapeur; '~bad m bain m de vapeur; '~boot n (bateau m à) vapeur m; '~druck m pression f de la vapeur; '♀en (25) dégager des vapeurs; (rauchen) fumer.
dämpf|en ['dɛmpfǝn] (25) réprimer; affaiblir; Töne: assourdir; Schlag, Radio: amortir; Brand, Stimme: étouffer; cuis. (en)dauber, étuver; ♪ mettre la sourdine à; '♀en n, ♀ung f répression f; affaiblissement m; Töne: assourdissement m; Schlag, Radio: amortissement m; Brand, Stimme: étouffement m; cuis. étuvée f. [m.\
'Dampfer m (7) (bateau m à) vapeur\
'Dämpfer m (7) Licht: éteignoir m; ♪ sourdine f; Piano: étouffoir m; ⚙ (Stoß♀) amortisseur m; fig. douche f.
'Dampf|heizung f chauffage m à la vapeur; '♀ig plein de vapeur (resp. de fumée); '~kessel m chaudière f à vapeur; '~kochtopf m marmite f autoclave; '~maschine f machine f à vapeur; '~schiff n = ~er; '~schiffahrt f navigation f à vapeur; '~walze f rouleau m compresseur.

Damwild ['damvilt] *n* daims *m/pl.*
danach [da'nɑːx] (*nach etw.*) *als Ziel*: après; à cela; y; *Zeit*: après cela; puis; ensuite; (*demnach*) d'après (*od.* selon *od.* suivant) cela; ~ aussehen en avoir l'air; ~ kannst du dich richten tu peux te régler là-dessus.
Däne ['dɛːnə] *m* (13), **~in** *f* (16¹) Danois *m*, -e *f*.
da'neben à côté; auprès (de cela); (*außerdem*) outre cela; en outre; (*gleichzeitig*) en même temps.
'Dänemark *n* (17) le Danemark.
danieder [da'niːdər] en bas; à (*od.* par) terre; **~liegen** être alité; *fig.* languir.
'dänisch danois.
Dank [daŋk] **1.** *m* (3) remerciement *m*; (*Belohnung*) récompense *f*; (*Erkenntlichkeit*) reconnaissance *f*; haben Sie (vielen) ~! merci (beaucoup)!; Gott sei ~! Dieu merci; ~ sagen dire merci; j-m für etw. ~ wissen savoir gré à q. de qch.; j-m für etw. zu ~ verpflichtet sein être obligé à q. de qch.; zum ~ en remerciement (*für* pour); **2.** ♀ *prp.* (*dat.*) grâce à; **'~adresse** *f* adresse *f* de remerciements; **'♀bar** reconnaissant (*für* de); *fig.* qui rend (bien); **'~barkeit** *f* reconnaissance *f* (*für* de); gratitude *f*; **♀en** (25) *v/i.*: j-m für etw. ~ remercier q. de (*od.* pour) qch.; (*Gruß erwidern*) rendre le salut; *v/t.* (*vergelten*) récompenser (j-m etw. q. de qch.); (*verdanken*) devoir (j-m etw. qch. à q.); danke schön! (grand) merci!; danke bestens! mille remerciements!; merci bien!; '**~end**: ~ erhalten ✝ pour acquit; '**♀enswert** digne de reconnaissance; '**♀erfüllt** pénétré de reconnaissance; '**~fest** *n* fête *f* d'action de grâces; '**~gebet** *n* action *f* de grâces; das ~ sprechen dire les grâces; '**♀sagen** = **♀en**; *rl.* rendre grâce(s); '**~sagung** *f* remerciement *m*; *rl.* action *f* de grâces; '**~schreiben** *n* lettre *f* de remerciements.
dann [dan] (*damals*) alors; (*darauf*) après cela; puis; ensuite; (*ferner*) en outre; de plus; *Bedingung*: dans (*od.* en) ce cas; alors; ~ und wann de temps à autre. (aller.)
dannen ['danən]: von ~ gehen s'en
daran [da'ran], F **dran** [dran] *räumlich*: (là-)dessus; sur cela; à cela; y; de cela; y; (*nahe dabei*) (au)près; was liegt ~? qu'importe?; mir liegt nichts ~ peu m'importe (zu de); ~ soll es nicht liegen! qu'à cela ne tienne!; gut (übel) ~ sein être en bonne (mauvaise) posture; es ist etw. ~ la chose en vaut la peine, (*Wahres*) il y a du vrai là-dedans; wer ist ~? à qui le tour?; wir sind ~ c'est notre tour (zu de); **~gehen**, **~machen**: sich ~ s'y mettre; **~setzen** risquer; mettre en œuvre.
darauf [~'rauf], F **drauf** a) *räumlich*: (là-)dessus; sur cela; à cela; y; de cela; en; b) *zeitlich*: après cela; (*später*) ensuite; puis; am Tage ~ le lendemain; das Jahr ~ l'année suivante; c) wie kommt er ~? comment l'idée lui en vient-elle?; es kommt ~ an cela dépend; c'est selon; ~ kommt es nicht an cela n'importe pas; ~ soll es nicht ankommen qu'à cela ne tienne; ~ aus sein, etw. zu tun vise à faire qch.; ~ und dran sein être sur le point (zu de); ~ steht der Tod c'est défendu sous peine de mort; **~gehen**: es geht viel Zeit darauf on y passe beaucoup de temps; es geht viel Geld darauf on y dépense beaucoup d'argent; **~hin** là-dessus; (*demgemäß*) d'après cela.
daraus [~'raus], F **draus** (sortant) de là; en; ~ wird nichts il n'en sera rien; cela ne donnera rien.
'darben (25) être dans l'indigence.
darbiet|en ['daːrbiːtən] offrir; présenter; *thé.* représenter; '**♀ung** *f* offre *f*; *thé.* représentation *f*.
'darbring|en offrir; '**♀ung** *f* offre *f*.
Darda'nellen *pl.* (*Straße der détroit m des*) Dardanelles *f/pl.*
darein [da'raɪn], F **drein** dans ce lieu; là-dedans; y; sich ~ ergeben s'y résigner; sich ~ mischen s'en mêler; **~reden** se mêler à la conversation; j-m ~ interrompre q.; **~willigen** y consentir.
darin [da'rin], F **drin** là-dedans; dans (*od.* en) cela; y.
'darleg|en exposer; (*erklären*) expliquer; '**♀ung** *f* exposition *f*; exposé *m*; (*Erklärung*) explication *f*.
Darlehn|(e)n ['dɑːrleː(ə)n] *n* (6) prêt *m* d'argent; als ~ à titre de prêt; '**~skasse** *f* caisse *f* de prêts.
Darm [darm] *m* (3³) boyau *m*; intestin *m*; (*Wursthülle*) robe *f*;

Darmentzündung — 715 — **davonlaufen**

'~-entzündung f entérite f; '~-geschwür n ulcère m intestinal; '~-katarrh ⚔ m entérite f; '~leiden n affection f intestinale; '~saite f corde f de boyau; '~verschlingung f iléus m; '~verstopfung f constipation f.
darnach [dar'na:x] = danach.
darob [da'rɔp] F **drob** = darüber.
Darre ['darə] f (15) four m à sécher; Brauerei: touraille f; Bäume: dessèchement m; Vögel: consomption f.
'**darreich|en** offrir; présenter; tendre; **⚓ung** f présentation f.
darren ['darən] (25) **1.** sécher au four (Brauerei: à la touraille); **2.** ⚓ n séchage m au four (Brauerei: à la touraille).
darstell|bar ['daːrʃtɛlbaːr] thé. représentable; jouable; '~en (re)présenter; mit Worten: exposer; (beschreiben) décrire; thé. jouer; interpréter; sinnbildlich ~ symboliser; '~end descriptif; **⚓er(in** f) m artiste m, f; thé. acteur m, actrice f; interprète m, f; '**⚓ung** f présentation f; thé. représentation f; (Beschreibung) description f; exposé m.
'**dar|tun** prouver; démontrer; ~über [da'ry:bər], F **drüber** ['dry:bər] **a)** örtlich: au-dessus (de); dessus; ~ hin par-dessus; ~ hinaus au-delà; **b)** zeitlich: pendant ce temps; là-dessus; 10 Jahre und ~ 10 ans et plus (Alter: et au-dessus); fig. là-dessus, de cela; en; y; es geht nichts ~ il n'y a rien de mieux; ich freue mich ~ je m'en réjouis; **⚓überlegen** [~'ry:-] mettre par-dessus; **⚓überstehen** [~'ry:-] être au-dessus; **~um** [~'rum], F **drum 1.** adv.: ~ (herum) autour (de cela); Beziehung: pour cela; de cela; en; **2.** ['da-] a. cj. Grund: voilà (od. c'est) pourquoi; à cause de cela; pour cette raison; **~unter** [~'runtər], F **drunter** là-dessous; au-dessous (de); par-dessous; 10 Jahre und ~ 10 ans et moins (Alter: et au-dessous); Preis: à moins; aus e-r Anzahl: du nombre; entre; parmi; ~ und drüber sens dessus dessous; **⚓unterlegen** mettre par-dessous.
das n cela, F ça; ce; s. der.
'**dasein 1.** être présent; être là; être venu; (bestehen) exister; **2.** ⚓n (6) présence f; (Existenz) existence f; vie f.
'**Daseins|berechtigung** f droit m à l'existence; raison f d'être; '~kampf m lutte f pour la vie.

'**dasitzen** être assis là.
'**dasjenige** s. derjenige.
daß [das] que.
dasselbe [~'zɛlbə] s. derselbe.
'**dasteh(e)n** être là; être debout.
Daten ['da:tən] n/pl. (Gegebenheit) données f/pl.; (Angaben) indications f/pl.; '~verarbeitung f traitement m de l'information. [⚓ung f datation f.]
datieren [da'ti:rən] dater (von de);]
Dativ ['da:ti:f] m (3¹) datif m.
dato ['da:to] actuellement; bis ~ jusqu'à ce jour; ⚓wechsel m lettre f de change à échéance fixe.
Dattel ['datəl] f (15) datte f; '~baum m, '~palme f dattier m.
Datum ['da:tum] n (9²) date f; ein ~ abmachen prendre date; ein früheres (späteres) ~ auf etw. (acc.) setzen antidater (postdater) qch; welches ~ haben wir heute? quel jour (od. le combien) sommes-nous aujourd'hui?; '~stempel m dateur m.
Daube ⊕ ['daubə] f (15) douve f.
Dauer ['dauər] f (15) durée f; (Kontinuität) continuité f; auf die ~ à la longue; '~brand-ofen m poêle m à feu continu; '~fahrer m Sport: stayer m; '~fahrt f Sport: épreuve f de fond; '~fleisch n viande f de conserve; '~flug m vol m de durée; '⚓haft durable; solide; stable; '~haftigkeit f durabilité f; solidité f; stabilité f; '~karte f carte f d'abonnement; '~lauf m pas m gymnastique; (langer Wettlauf) course f de fond; '~marsch m marche f d'épreuve; **⚓n** (29) v/i. durer; v/t. (rühren) faire pitié à; '⚓nd permanent; persistant; continu; '~stellung f emploi m fixe; situation f stable; '~welle f permanente f; '~wurst f saucisson m sec de conserve.
Daumen ['daumən] m (6) pouce m; '~abdruck m empreinte f digitale; '~schrauben f/pl. poucettes f/pl.
Däumling ['dɔymlin] m (3¹) poucier m; Märchen: Petit-Poucet m.
Daune ['daunə] f (15) plume f d'eider; '~nbett n duvet m; édredon m.
Daus [daus] n (4) Kartenspiel: as m.
davon [da'fɔn] de cela; en; '~eilen partir à la hâte; fuir; '~fliegen s'envoler; '~kommen en réchapper; s'en tirer (mit dem Leben la vie sauve); mit blauem Auge ~ en être quitte pour la peur; '~laufen

davonmachen — 716 — **deinesgleichen**

s'enfuir; *es ist zum* ~! c'est à n'y pas tenir!; ~**machen**: *sich (auf und)* ~ s'enfuir; F filer; ~**schleichen** s'esquiver; ~**tragen** emporter; *den Sieg über j-n* ~ l'emporter (*od.* remporter la victoire) sur q.

davor [da'fo:r] **a)** *örtlich*: devant (cela); **b)** *Verhältnis*: de cela; en.

dazu [da'tsu:] **a)** *örtlich*: y; **b)** *Zweck*: à cela; y; en; pour cela; dans ce but; (*ferner*) en outre; de plus; ~**gehören** en faire partie; *Person*: être du nombre; ~**gehörig** qui en fait partie; ~**kommen** survenir; *noch* ~ s'y ajouter; ~**mal** [,da:tsuma:l] alors; ~**tun** ajouter; *ohne sein* 2 *wans* son intervention.

dazwischen [da'tsvifən] entre les deux; ~**kommen** intervenir; *unvermutet*: survenir; 2**kunft** f (16) intervention f; ~**reden** se mêler à la conversation; ~**n** interrompre q.; ~**stellen** interposer; ~**treten** intervenir.

D-'Dur *n* ré *m* majeur.

Debatt|e [de'batə] f (15) débat *m*; discussion f; 2**ieren** [,'ti:rən] débattre (*über etw. acc.* qch.); discuter (qch.).

Debet † ['de:bet] *n* (11) débit *m*; '~**posten** *m* compte *m* débiteur; ~**saldo** *m* solde *m* débiteur.

Dechant [de'çant] *m* (12) doyen *m*.

dechiffrieren [,fi'fri:-] déchiffrer.

Deck ⚓ [dɛk] *n* (3) pont *m*; *Wagen*: impériale f; '~**bett** *n* édredon *m*; (*Decke*) couverture f; '~**blatt** *n Zigarre*: robe f; ♀ bractée f; ~**e** f (15) couverture f; (*Zimmer* 2) plafond *m*; (*Tisch* 2) nappe f; *mit j-m unter e-r* ~ *stecken fig.* agir de connivence (F être de mèche) avec q.; *sich nach der* ~ *strecken* s'accommoder aux circonstances; vivre selon ses moyens; '~**el** *m* (7) couvercle *m*; ⚙ *u. zo.* opercule *m*; (*Buch* 2) couverture f; (*Uhr* 2) cuvette f.

decken (25) couvrir (*a. Dach, Kosten, Farbe, Rückzug, Tiere*); *den Tisch* ~ mettre le couvert; *Bedarf*: satisfaire à; (*sich*) ~ † (se) nantir; *Defizit*: combler; *sich* ~ ⚔ coïncider (*mit avec*); être identique (*mit* à); (*schützen*) protéger; 2**beleuchtung** f, 2**lampe** f plafonnier *m*; 2**gemälde** *n* plafond *m*;

Deck|farbe f couleur f opaque; ~**mantel** *m* manteau *m*; *fig. a.* couvert *m*; prétexte *m*; '~**name** *m* pseudonyme *m*; nom *m* de guerre; '~**offizier** *m* sous-officier *m* de marine; '~**ung** f (16) couverture f; † *a.* garantie f; sûreté f; *ohne* ~ à découvert; ⚔ ~ *suchen* se couvrir; se mettre à l'abri; *volle* ~! à couvert!; '~**weiß** *n* blanc *m* opaque.

defekt [de'fɛkt] **1.** défectueux; (*beschädigt*) endommagé; en panne; **2.** 2 *m* (3) manque *m*; défaut *m*.

Defensive ['defɛn'zi:fə] f (15) défensive f; *in der* ~ *bleiben* se tenir sur la défensive. [finition f.]

defi'nieren définir; 2**nition** f dé-)

Defizit † ['de:fitsit] *n* (3) déficit *m*.

Deflation [deflatsi'o:n] f déflation f.

Degen ['de:gən] *m* (6) épée f.

Degener|ation f dégénération f; dégénérescence f; 2**ieren** [,'ri:-] dégénérer.

'**Degen|gehänge** *n* baudrier *m*; '~**griff** *m* poignée f d'épée; '~**knopf** *m* pommeau *m*; '~**koppel** f ceinturon *m*; '~**quaste** f dragonne f; '~**scheide** f fourreau *m* d'épée; '~**stich** *m*, '~**stoß** *m* coup *m* d'épée.

degra'dieren dégrader; *Offizier*: casser.

dehn|bar ['de:nba:r] extensible; élastique; *Metall*: ductile; *Gase*: expansible; dilatable; ~**er Begriff** notion f mal définie; 2**barkeit** f extensibilité f; élasticité f; *Metall*: ductilité f; *Gase*: expansibilité f; dilatabilité f; ~**en** (25) (*sich* ~ s')étendre; (se) dilater; *in die Länge*: (s')allonger; *in die Breite*: (s')élargir; 2**en** *n*, '2**ung** f extension f; *phys.* dilatation f; *in die Länge*: allongement *m*; *in die Breite*: élargissement *m*.

Deich [daiç] *m* (3) digue f.

Deichsel ['daiksəl] f (15) timon *m*; '~**gabel** f limons *m/pl.*; '~**pferd** *n* timonier *m*.

dein [daɪn] (20) *pr/poss.*: '~**e** f) *m u. n* ton *m* (*vor vo. od. stummem h a. f*), ta f (*vor cons.*); *pl.* tes; *ich bin* ~ je suis à toi; '~**er**, '~**e**, '~**es**: der(die, das) ~**e** *od.* '~**ige** le tien, la tienne; '~**er** (*gén. v. du.*): *ich gedenke* ~ je me souviens de toi; je pense à toi; ~**erseits** [,'zaɪts] de ton côté; de ta part; ~**esgleichen** [',əsglaɪçən] ton (tes) pareil(s); ton (tes) semblable(s).

deinet|halben ['⁓əthalbən], '⁓we-gen, (um) '⁓willen pour toi; à cause de toi.
deinige ['⁓igə] (18b) s. *dein*.
De'is|mus m déisme m; ⁓t m déiste m.
Dekade [de'ka:də] f décade f.
kaden|t t décadent; ⁓z [deka'dents] f décadence f.
Dekan [de'ka:n] m (3¹) doyen m; ⁓at [⁓ka'na:t] décanat m.
dekla|'mieren déclamer; (*vortragen*) réciter; ⁓'rieren déclarer.
Dekli|nati'on f déclinaison f; ⁓'nier-bar déclinable; ⁓'nieren décliner.
Dekolle|té [⁓kɔl(ə)'te:] n décolleté m; ⁓'tiert décolleté.
Dekor [de'ko:r] m décor m; ⁓ateur [⁓ɔra'tø:r] m décorateur m; ⁓ati'on f décoration f; *thé.* décor m; ⁓ati'ons-maler m peintre m décorateur; ⁓a'tiv décoratif; ⁓ieren décorer.
Dekret [de'kre:t] n (3) décret m; ⁓ieren [⁓e'ti:-] décréter.
Dele|gati'on f délégation f; ⁓'gierendéléguer; ⁓'gierte(r) m délégué m.
delikat [deli'ka:t] délicat; (*heikel*) a. difficile; (*köstlich*) délicieux.
Delikatesse [⁓a'tesə] f (15) (*Lecker-bissen*) friandise f; † ⁓n pl. comes-tibles m/pl. de choix; (*Zartheit, Feinheit*) délicatesse f; ⁓nhand-lung f épicerie f fine.
De'likt n délit m.
Delirium [de'li:rium] n délire m.
Delphin [del'fi:n] m (3¹) dauphin m.
Delta ['dɛlta] n (11¹) delta m.
Demagog|(e [dema'go:g(ə)] m (12 [13]) démagogue m; ⁓ie [⁓o'gi:] f démagogie f; ⁓isch démagogique.
demas'kieren démasquer.
Demen|ti [de'mɛnti] n démenti m; ⁓'tieren démentir.
'dem|-ent'sprechend *adj.* conforme à cela; *adv.* ⁓gemäß; ⁓'gegen-'über en opposition à cela; (*dagegen*) par contre; ⁓ge'mäß conformément à cela; en conséquence; par consé-quent; ⁓'nach d'après cela; *logische Folge:* donc; en conséquence; ⁓'nächst bientôt; sous peu.
demobilisier|en [⁓'zi:-] démobili-ser; ⁓ung f démobilisation f.
Demokrat(in f) [⁓'kra:t(in)] m (12) démocrate m, f; ⁓ie [⁓a'ti:] f démo-cratie f; ⁓isch démocratique; *Per-son:* démocrate; ⁓isieren [⁓i'zi:-] démocratiser.
demolieren [demo'li:rən] démolir.

Demonstr|ant [demɔn'strant] m manifestant m; ⁓ati'on f manifes-tation f; *öffentliche:* manifestation f; ⁓a'tiv démonstratif; ⁓ieren dé-montrer; *öffentlich:* manifester.
Demont|age [⁓'ta:ʒə] f démontage m; ⁓ieren [⁓'ti:rən] démonter.
demorali'sieren démoraliser.
Demut [de'mu:t] f (16) humilité f.
demütig ['⁓my:tiç] humble; (*unter-würfig*) soumis; ⁓en ['⁓gən] (25) humilier; '⁓ung f humiliation f.
'demzufolge en conséquence; par conséquent.   [*battre.*)
dengeln ['dɛŋəln] (29) *Sense:*⌉
Denk|-art ['dɛŋk-] f manière f de penser; mentalité f; '⁓bar ima-ginable; '⁓en penser (*an acc.* à; *über acc., von* de); (*nach⁓*) ré-fléchir (*über acc.* à *od.* sur); *zu* ⁓ *geben* donner à penser; (*vorha-ben*) songer à; compter; (*annehmen*) penser; croire; présumer; se douter de; *was* ⁓ *Sie!* quelle idée!; *wer hätte das gedacht?* qui aurait dit cela?; *sich* ⁓ s'imaginer; se figurer; *das habe ich mir gedacht* je m'y at-tendais; *sich* ⁓ *lassen* se concevoir; se comprendre; '⁓en n pensée f; (*Nach⁓*) réflexion f; méditation f; '⁓er m penseur m; philosophe m; '⁓fähigkeit f faculté f de penser; '⁓faulheit f paresse f d'esprit; '⁓-freiheit f liberté f de penser; '⁓kraft f = ⁓fähigkeit; '⁓mal n (1² *u.* 3) monument m; '⁓münze f médaille f (commémorative); '⁓schrift f mémoire m; '⁓sport-aufgabe f jeu m d'esprit; '⁓spruch m sentence f; '⁓übung f exercice m intellectuel; '⁓ungs-art f = ⁓art; '⁓vermögen f = ⁓fähigkeit; '⁓weise f manière f de penser; '⁓würdig mémorable; '⁓-würdigkeit f fait m mémorable; ⁓en *pl. als Titel:* Mémoires m/pl.; '⁓zettel m (*Notiz*) note f; *fig.* j-m e-n ⁓ *geben* administrer une leçon (*od.* une correction) à q.
denn [dɛn] *begründend:* car; *nach comp.:* que; wo ist er ⁓? où ist il donc?; *es sei* ⁓, *daß* à moins que (ne *u. subj.*); ⁓**och** cependant; pourtant; (*gleichwohl*) toutefois.
Dentist [dɛn'tist] m (12) dentiste m.
Denunz|iant(in f) [denuntsi'ant (-in)] m (12) dénonciateur m, -trice f; ⁓ieren [⁓'tsi:rən] dénoncer.

Depesch|e [de'pɛʃə] *f* (15) dépêche *f*; télégramme *m*; **2ieren** [~'ʃi:-] télégraphier.
deponieren [depo'ni:rən] déposer.
Depor|tation [~tsi'o:n] *f* déportation *f*; **2'tieren** déporter.
Depositen|bank [~'zi:tən-] *f* banque *f* de dépôts; **~kasse** *f* caisse *f* des dépôts et consignations; **~konto** *n* compte *m* de dépôt; **~schein** *m* reconnaissance *f* de dépôt.
Depot [de'po:] *n* (11) dépôt *m*.
Depu'tierte(r) *m* député *m*.
der *m*; **die** *f*; **das** *n* **1.** *art.* le *m*, la *f* (*beide vor vo. od. stummem h*: l'); **2.** *pr/r.* = *welcher*; **3.** *pr/d.* = *dieser, jener*; *der und der* un tel.
der-art ['de:r-] de telle manière; tellement; *~, daß* tellement que; **'~ig** tel; pareil.
derb [dɛrp] (*fest*) solide; ferme; (*kräftig*) vigoureux; fort; (*grob*) rude; grossier; (*hart*) dur; *~e Antwort* verte réponse *f*; **'2heit** *f* (*Festigkeit*) solidité *f*; fermeté *f*; (*Stärke*) vigueur *f*; (*Grobheit*) grossièreté *f*.
der-'einst *Zukunft*: un jour; *Vergangenheit*: jadis; **~ig** futur.
'dere(n)t|halben, '~wegen, '~willen à cause d'eux (*resp.* d'elles, *etc.*).
'der|gestalt de telle manière; *~, daß* de sorte que (*ind.*; *final*: *subj.*); (*so sehr*) tellement; **'~'gleichen** pareil; tel; *und ~ mehr* et autres choses semblables; **~jenige** ['~jenigə] *m*, **'diejenige** *f*, **'dasjenige** *n* (22[1]) celui *m*, celle *f*.
'dermal|'-einst = *dereinst*.
dermaßen ['~'ma:sən] = *dergestalt*.
derselbe [~'zɛlbə] *m*, **die'selbe** *f*, **das'selbe** *n* (22[1]) le (la) même; *dasselbe* la même chose; *das kommt auf dasselbe hinaus* cela revient au même.
'der'weil en attendant; entre(-)temps.
Derwisch ['de:rviʃ] *m* (3[2]) derviche *m*.
'derzeitig actuel; présent.
Des ♪ [dɛs] *n* ré *m* bémol.
Desert|eur [dezɛr'tø:r] *m* déserteur *m*; **2ieren** [~'ti:rən] déserter.
des|'gleichen pareillement; de même; **'~'halb** à cause de cela; pour cette raison; c'est pourquoi.
Desinfektion [dɛsˀinfɛktsi'o:n] *f* désinfection *f*; **~smittel** *n* désinfectant *m*.
des-infizieren [~fi'tsi:rən] désinfecter.
Despot [dɛs'po:t] *m* (12) despote *m*; **2isch** despotique; **~ismus** [~o'tismus] *m* despotisme *m*.
dessenungeachtet ['dɛsən'ˀungəˀaxtət] malgré cela; néanmoins.
Destillati'on *f* (16) distillation *f*.
Destillier|-apparat *m* alambic *m*; **2en** [~'li:rən] distiller; **~kolben** *m* alambic *m*; **~ung** *f* distillation *f*.
desto ['dɛsto] d'autant; *~ besser* d'autant mieux, *Ausruf*: tant mieux!; *~ schlimmer!* tant pis!; *je mehr ..., ~ mehr ...* plus ..., plus ...; *je mehr, ~ besser* plus il y en aura, mieux ça vaudra.
'des'wegen = *deshalb*.
Detail [de'taɪ] *n* (11) détail *m*; **~handel** *m* commerce *m* de détail; **~list** [~a'jist] *m* (12) détaillant *m*.
Detektiv [detɛk'ti:f] *m* (3[1]) détective *m*; **~film** *m* film *m* policier; **~roman** *m* roman *m* policier.
Detektor ⚡ [de'tɛktɔr] *m* (8[1]) détecteur *m*; **~-apparat** *m* poste *m* à galène.
deucht [dɔʏçt] *s. dünken*.
deut|eln ['dɔʏtəln] (29) subtiliser (*an dat.* sur); **'~en** (26): *~ auf etw.* (*acc.*) indiquer qch. du doigt (*resp.* des yeux), *fig.* annoncer qch., présager qch.; (*auslegen*) interpréter (*schlecht, übel* en mal); **'~lich** (*leicht unterscheidbar*) distinct; (*verständlich*) clair; (*leserlich*) lisible; (*freimütig*) franc; **'2lichkeit** *f* clarté *f*; distinction *f*; (*Leserlichkeit*) lisibilité *f*; (*Freimütigkeit*) franchise *f*.
deutsch [dɔʏtʃ] allemand; d'Allemagne; *hist.* germanique; tudesque (*a. mv.p.*); *auf ~* en allemand; *mit j-m ~ reden* dire son fait à q.; *~e Redensart* germanisme *m*; **'2e(r** *a. m*) *m, f* Allemand *m*, -e *f*; *die alten ~en* les Germains; **'2enhaß** *m* germanophobie *f*; **'~feindlich** germanophobe; **'~-'französisch** franco-allemand; *Wörterbuch*: allemand-français; **'~freundlich** germanophile; **'2freundlichkeit** *f* germanophilie *f*; **'2kunde** *f* histoire *f* de la civilisation allemande; **'2land** *n* l'Allemagne *f*; **'2tum** *n* (1[2]) nationalité *f* allemande; caractère *m* allemand.
Deutung ['dɔʏtuŋ] *f* interprétation *f*.
Devise [de'vi:zə] *f* devise *f*; *~n pl.* ⚕ devises *f/pl.*; changes *m/pl.*
De'visen|beschaffung *f* obtention *f* de devises; **~bewirtschaftung** *f* réglementation *f* des devises; **~-er-**

Devisenerfassung — 719 — **dienen**

fassung f saisie f des devises; ~**kurs** m cours m des changes; ~**mangel** m manque m de devises; ~**stelle** f office m des changes; ~**verkehr** m marché m des changes.

de'**vot** [de'vo:t] (*unterwürfig*) soumis; (*demütig*) humble (*frömmelnd*) dévot.

De'zember [de'tsɛmbər] m (7) décembre m.

dezent [de'tsɛnt] décent; (*zart*) délicat *Musik*: tendre.

dezentrali'sieren décentraliser.

Dezer|nat [detser'nɑ:t] n (3) ressort m; ~'**nent** m chef m de service.

dezimal [detsi'mɑ:l] décimal; ~**bruch** m (fraction f) décimale f; ²**rechnung** f calcul m décimal; ²**waage** f bascule f (décimale).

dezi'mieren [detsi-] décimer.

Diabe|tes [dia'be:təs] m diabète m; ~**tiker** [~'tikər] m diabétique m.

Dia|dem [dia'de:m] n (3¹) diadème m; ~'**gnose** [~'gno:zə] f (15) diagnostic m; ²**gonal** [~go'nɑ:l] diagonal; ~**kon** [dia'ko:n] m (3¹ u. 12) diacre m; ~**konissin** [~ko'nisin] f diaconesse f; ~'**lekt** [dia'lɛkt] m (3) dialecte m; ~'**lektik** f dialectique f; ²**lektisch** dialectique; (*mundartlich*) dialectal; ~'**log** [~'lo:k] m (3) dialogue m; ~'**mant** m diamant m; ²**me'tral** diamétral; ~**positiv** n diapositive f; ~**rrhöe** [dia'rø:] f (15) diarrhée f.

Di'ät [di'ɛ:t] f (16) diète f; (*Gesundheitskost*) régime m; ~ *halten* faire (la) diète; suivre un régime; ~**en** f/pl. (*Tagegelder*) indemnité f; *für Sitzungen*: jetons m/pl. de présence; ~**fehler** m écart m de régime.

dich (*acc. v. du*) te (*vor vo. od. stumm em h: t'*); *als pr. abs. u. nach prp.* toi.

dicht [diçt] dense; compact; (*eng an-ea.-gelegen*) épais; (*eng zusammen*) serré; *Saat, Regen*: dru; *Laub*: touffu; (*gut schließend*) bien joint; (*wasser~*) étanche; imperméable; (*luft~*) étanche; ~ *bei* tout près (de); ~ *hinter mir* juste derrière moi; ²**e** f densité f; (*Undurchlässigkeit*) étanchéité f; imperméabilité f; ~**en** (26) rendre dense; (*gutschließen machen*) boucher; fermer hermétiquement; obturer; ⊕ calfater; *Verse*: faire; composer; (*erdichten*) inventer; ~ *in v. Versen*: composition f de vers; *all sein ~ und Trachten* toute sa pensée et ses efforts; ²**er**(**in** f) m (7) poète m, femme f poète; ~**e'risch** poétique; ²**erling** m (3) rimailleur m; '~**halten** savoir se taire; ²**igkeit** f densité f (*a. phys.*); (*Undurchlässigkeit*) étanchéité f; imperméabilité f; ²**kunst** f poésie f; ²**ung** f poésie f; littérature f; (*einzelnes Werk*) œuvre f poétique; poésie f; poème m; ⊕ joint m; garniture f; ²**ungsring** ⊕ m (anneau m de) joint m.

dick [dik] épais; gros; (*beleibt*) corpulent; replet; (*geschwollen*) enflé; *Milch*: caillé; ~ *werden* grossir (a. ~ *machen*), *Milch*: se cailler; ~ *und fett* gros et gras; *durch* ~ *und dünn* à travers tout; *er hat es* ~ *hinter den Ohren* c'est un sournois; *e-n* ~*en Kopf* (*ein* ~ *es Fell*) *haben* fig. avoir la tête (la peau) dure; ²**e Freunde** amis m/pl. intimes, F copains m/pl.; ~**e Luft** fig. F situation f critique; '~**bändig** volumineux; '~**bäuchig** ventru; ²**darm** m gros intestin m; '²**e** f (15) épaisseur f; grosseur f; '~**fellig** qui a la peau dure; '~**flüssig** épais; filant; visqueux; '²**häuter** m (7) pachyderme m; **e Icht** ['~ɪçt] n (3) fourré m; (*Buschholz*) taillis m; '²**kopf** m grosse tête f; F caboche f; fig. tête f dure; '~**köpfig** qui a une grosse tête; F cabochard; fig. entêté; têtu; '²**kopfigkeit** f fig. entêtement m; '~**leibig** corpulent; obèse; replet; *Buch*: gros; volumineux; '~**lippig** lippu; '~**tun** F se rengorger; ~ *mit* se vanter de; '²**wanst** F m pansu m.

Di'dak|tik f didactique f; ²**tisch** didactique.)

die [di:] s. der. (dactique.)

Dieb|(in f) ['di:b(in)] m (3) voleur m, -euse f; ~**e'rei** f vol m; larcin m.

'**Diebes|bande** f, bande f de voleurs; ~**höhle** f repaire m de voleurs; ²**sicher** à l'abri des voleurs.

'**dieb|isch** enclin au vol; voleur; *sich* ~ *freuen* fig. s'amuser royalement, (*schadenfroh*) se réjouir malicieusement; ²**stahl** ['~ʃtɑ:l] m (3³) vol m; larcin m; *geistiger* ~ plagiat m; ²**stahlversicherung** f assurance f contre le vol.

diejenige ['~jenigə] s. derjenige.

Diele ['di:lə] f (15) planche f; (*Flur*) vestibule m; (*Tanz*²) dancing m; ²**n** *panneelieren*; ~ *n* planchéiage m.

dien|en ['di:nən] (25) *j-m* ~ servir q.; ~ *zu* servir à; ~ *als* servir de;

Diener(in) faire fonction de; *als Ersatz* ~ tenir lieu de; *bei j-m* ~ être en service (*od.* en condition) chez q.; *j-m zu etw.* ~ servir à q. de qch.; *womit kann ich (Ihnen)* ~? en quoi puis-je vous être utile?; qu'y a-t-il pour votre service?; '2**er(in** *f*) *m* (7) serviteur *m*, servante *f*; domestique *m*, *f*; valet *m*; laquais *m*; (*Verbeugung*) révérence *f*; '2**erschaft** *f* domestiques *m/pl.*; ~**ertracht** *f* livrée *f*; '~**lich** utile; (*zuträglich*) convenable; (*heilsam*) salutaire.

Dienst *m* (3²) service *m*; (*Anstellung*) emploi *m*; place *f*; ~ *ist* ~! service d'abord!; ~ *am Kunden* service *m* de la clientèle; ~ *haben* être de service; *in* ~ *nehmen* prendre en service; *in* ~ *treten* prendre du service; entrer en condition; *bei j-m im* ~ *stehen* être au service de q.; *j. e-n* ~ *erweisen* rendre (un) service à q.; *außer* ~ (*abr. a. D.*) en retraite; *was steht zu* ~*en*? qu'y a-t-il pour votre service?; *j-m zu* ~*en stehen* être aux ordres de q.

Dienstag ['di:nsta:k] *m* (3) mardi *m*; '2**s** le mardi; tous les mardis.

'**Dienst**|-**alter** *n* ancienneté *f*; '~**antritt** *m* entrée *f* en charge (*od.* en service); '~**anweisung** *f* instructions *f/pl.*; '~**aufwands-entschädigung** *f* frais *m/pl.* de représentation; '2**bar** (*zu Diensten verpflichtet*) sujet; '~**barkeit** *f* sujétion *f*; ⚖ servitude *f*; '2**beflissen** serviable; empressé; '~**bote** *m* domestique *m*; '~**eid** *m* serment *m* de fidélité; '~**eifer** *m* empressement *m*; zèle *m*; '2**eifrig** empressé; zélé; '~**entlassung** *f* renvoi *m*; congé *m*; '2**fähig** apte au service; '2**fertig** serviable; empressé; '~**fertigkeit** *f* empressement *m*; '2**frei** exempt de service; libre; '~**grad** *m* grade *m*; '~**herr** *m* maître *m*; (*Arbeitgeber*) patron *m*; '~**jahr** *n* année *f* de service; '~**leistung** *f* service *m* (*a.* ⚔); bon office *m*; ⚖ prestation *f* de service; '2**lich** officiel; ~ *verhindert* retenu par le service; '~**lohn** *m* gages *m/pl.*; '~**mädchen** *n* bonne *f*; servante *f*; '~**mann** *m* (1²) commissionnaire *m*; (*Vasall*) vassal *m*; '2**mäßig** réglementaire; '~**mütze** *f* bonnet *m* d'ordonnance; '~**ordnung** *f* règlement *m* (du service);

'~**pflicht** *f* devoir *m* d'une fonction); ⚔ *allgemeine* ~ service *m* militaire obligatoire; '2**pflichtig** obligé de servir; ⚔ astreint au service militaire; '~**pistole** *f* pistolet *m* d'ordonnance; '~**reise** *f* tournée *f* de service; '~**rock** *m* uniforme *m*; '~**sache** *f* affaire *f* de service; '~**stelle** *f* bureaux *m/pl.*; services *m/pl.*; ~**stunden** *f/pl.* heures *f/pl.* de service; '2**tauglich** bon pour le (*od.* apte au) service; '2**tuend** de service; '2**-unfähig**, '2**-untauglich** impropre (*od.* inapte) au service; ~**verhältnisse** *n/pl.* conditions *f/pl.* de service; '~**verpflichtung** *f* engagement *m* obligatoire; '~**vertrag** *m* contrat *m* de service; '~**vorschrift** *f* règlement *m*; ⚔ consigne *f*; '~**weg** *m* voie *f* 'hiérarchique (*einhalten* suivre); '2**willig** zélé; '~**wohnung** *f* logement *m* de service; '~**zeit** *f* années *f/pl.* de service; '~**zeugnis** *n* état(s *pl.*) *m* (*od.* certificat *m*) de service.

dies [di:s] *s. dieser*; '~**bezüglich** à) **die**'**selbe** *s. derselbe*. [cet effet.)

Dieselmotor ['di:zəlmo:tɔr] *m* (8¹) moteur *m* Diesel.

'**dieser** *m*, '**diese** *f*, '**die(se)s** *n* (21) **1.** *adj. sg.* ce (*vor vo. od. stummem h*: cet) *m*, cette *f*; *pl.* ces *m*, *f*; **2.** *su. sg.* celui-ci *m*, celle-ci *f*; *pl.* ceux-ci *m*, celles-ci *f*; **3.** die(se)s n ceci.

diesig ['di:ziç] brumeux; nébuleux.

dies|**jährig** ['~sjɛ:riç] de cette année; '~**mal** cette fois(-ci); ~**seitig** ['~zaitiç] (qui est) en deçà; ~**seits** ['~zaits] *prp.* de ce côté; '2**seits** *n* ce monde.

Dietrich ['di:triç] *m* (3) fausse clef *f*; *Schlosser*: crochet *m*; F rossignol *m*.

Differential [diferɛntsi'a:l] *m* différentielle *f*; *Auto*: différentiel *m*; ~**rechnung** *f* calcul *m* différentiel.

differentiieren [~tsi'i:~] ⚙ différentier. [(*Streit*) différend *m*.)

Diffe'**renz** *f* (16) différence *f*;)

Diktaphon [~'fo:n] *n* dictaphone *m*.

Dik'**tat** *n* (3) dictée *f*; ~**or** *m* (8¹) dictateur *m*; 2**orisch** [~a'to:~] dictatorial; ~**ur** [~a'tu:r] *f* dictature *f*.

dik'**tieren 1.** dicter; **2.** ⚙ *n* dictée *f*.

Di'**lemma** *n* dilemme *m*. [tante *m*.)

Dilettant [dile'tant] *m* (1²) dilet-)

Dill ♀ *m* fenouil *m*; anet(h) *m*.

Ding [diŋ] *n* (3) chose *f*; F machin *m*; (*Gegenstand*) objet *m*; (*Angelegenheit*) affaire *f*; *guter* ~*e sein*

dingen — 721 — **Doktor**

être de bonne humeur; *unverrichteterdinge zurückkommen* revenir bredouille; *vor allen ~en* avant tout; *das geht nicht mit rechten ~en zu* ce n'est pas naturel; *die ~e beim rechten Namen nennen* nommer les choses par leur nom; *das ist ein ~ der Unmöglichkeit* c'est impossible; *jedes ~ hat zwei Seiten* chaque médaille a son revers; *aller guten ~e sind drei* jamais deux sans trois; ²*en* (30) *v/t.* louer; retenir; *nur v. Personen:* engager; *Arbeiter:* embaucher; *v/i.* marchander (*um etw.* qch.); ²**fest:** *j-n ~ machen* mettre q. en état d'arrestation.

Dingsda ['dɪŋsda] *m, f, n* chose *f*; F machin *m*; *Herr ~* monsieur Chose*f*.

'**Dingwort** *n* substantif *m*. [*m.*]

Diözese [diœˈtseːzə] *f* (15) diocèse *m*.}

Diphtherie [dɪftəˈriː] *f* (15) diphtérie *f*; [*m*; brevet *m*.]

Diplom [diˈploːm] *n* (3¹) diplôme*f*.}

Diplo'mat *m* (12) diplomate *m*; **~enschreibtisch** *m* bureau *m* ministre; **~ie** [~aˈtiː] *f* diplomatie *f*; ²**isch** diplomatique; *Person:* rusé.

Di'plom|-ingenieur *m* ingénieur *m* diplômé; **~kaufmann** *m* diplômé *m* de l'école de commerce.

dir (*dat. v. du*) te (*vor vo. od. stummem h:* t'); *als pr. abs.* à toi; *nach prp.* toi.

direkt [diˈrɛkt] direct; (*tout*) droit; ²**ion** [~tsiˈoːn] *f* direction *f*; ²**ive** [~ˈtiːvə] *f* instructions *f/pl.*; ²**or** (*-in f*) [~tɔr(ɪn)] *m* (8¹) directeur *m*, -trice *f*; *franz. Gymnasium staatl.:* proviseur *m*, *städt.:* principal *m*; ²**orium** [~ˈtoːriː] *n* direction *f*; directoire *m*; ²**sendung** *f* émission *f* en direct.

Dirig|ent [diriˈgɛnt] *m* (12) chef *m* d'orchestre; ²**ieren** [~ˈgiːrən] diriger. [P putain *f*.]

Dirne ['dɪrnə] *f* (15) prostituée *f*;}

Dis ♪ [dɪs] *n* ré *m* dièse.

Disharˈmonie [dɪsharmoˈniː] *f* ♪ dissonance *f*; discordance *f*, *fig.* discorde *f*; ²**monisch** discordant.

Diskant ♪ [dɪsˈkant] *m* dessus *m*.

Diskont ✝ [~ˈkɔnt] *m* escompte *m*; *den ~ heraufsetzen* (*herabsetzen*) augmenter (baisser) le taux d'escompte; **~bank** *f* banque *f* d'escompte; **~satz** *m* taux *m* d'escompte.

Diskothek [~koˈteːk] *f* discothèque *f*.

diskreditieren [~kreˈdiːtiːrən] discréditer; déprécier.

Diskus ['dɪskʊs] *m* disque *m*.

Diskussion [~kʊsiˈoːn] *f* discussion *f*.

'**Diskus|werfer** *m* lanceur *m* de disque; '**~wurf** *m* lancement *m* du disque.

disku|ˈtabel discutable; ~'**tieren** discuter (*über acc.* de *od.* sur).

dispen|sieren dispenser (*von* de).

Dispo|nent ✝ [~poˈnɛnt] *m* (12) gérant *m*; ²**nieren** disposer (*über acc.* de); **~siti'on** *f* (16) disposition *f*; *zur ~* (*abr. z. D.*) *stellen* mettre en non-activité (*od.* en disponibilité); **~sitionsfonds** [~fɔ̃] (*pro.fr.*) *m* fonds *m/pl.* disponibles.

Disput [~ˈpuːt] *m* (3) dispute *f*.

disqualifiˈzieren disqualifier.

Dissertation [dɪsɛrtatsiˈoːn] *f* (16) dissertation *f*; (*Doktorarbeit*) thèse *f* de doctorat (d'Université).

Dissident [dɪsiˈdɛnt] *m* dissident *m*.

Disso'nanz *f* dissonance *f*.

Distel ♀ ['dɪstəl] *f* (15) chardon *m*; '**~fink** *orn. m* chardonneret *m*.

Diszipli|n [dɪstsiˈpliːn] *f* (16) discipline *f*; (*Fach*) branche *f* d'enseignement; ²**narisch** disciplinaire; **~narstrafe** *f* punition *f* disciplinaire; **~narverfahren** *n* enquête *f* disciplinaire; ²**nieren** discipliner.

Diva ['diːva] *f* (11¹) vedette *f*.

Dividende [diviˈdɛndə] *f* (15) dividende *m*; **~nschein** *m* coupon *m* de dividende.

divi|ˈdieren diviser; *abs.* faire la division; ²**sion** [~ziˈoːn] *f* division *f*; ²**sor** ✕ [~ˈviːzɔr] *m* diviseur *m*.

Diwan ['diːvaːn] *m* (3¹) divan *m*.

doch [dɔx] (*dennoch*) cependant; pourtant; (*aber*) mais; *nachdrücklich:* donc; si; si fait; mais si. *Aussage:* si; si fait; mais si. *Aussage nach verneinter Aussage:* si; si fait; mais si.

Docht [dɔxt] *m* (3) mèche *f*.

Dock ⚓ [dɔk] *n* (11) dock *m* (*schwimmendes* flottant); '**~arbeiter** *m* docker *m*.

Docke ['dɔkə] *f* (15) pilier *m*; *Geländer:* balustre *m*; *Garn:* écheveau *m*; (*Puppe*) poupée *f*.

'**docken** ⚓ (25) faire entrer aux docks; *Garn:* mettre en écheveaux.

Dogge *zo.* ['dɔgə] *f* (15) dogue *m*.

Dog|ma ['dɔgma] *n* (9¹) dogme *m*; ²**matisch** dogmatique.

Dohle *orn.* ['doːlə] *f* (15) choucas *m*.

Doktor ['dɔktɔr] *m* (8¹) docteur *m* (*med.* en médecine; *jur.* en droit;

45 *Dtsch.-Franz.*

Doktorand — 722 — **Dörrobst**

phil. ès lettres; *rer. pol.* ès sciences politiques); den ~ machen passer son doctorat; F *(Arzt)* médecin m, F docteur m; *Herr ~! bei Ärzten:* docteur!, *sonst:* Monsieur!; ~and [~o'rant] m candidat m au doctorat; '~arbeit f thèse f de doctorat (d'Université); '~examen n (examen m) doctorat m; '~grad m grade m de docteur; '~hut m bonnet m de docteur; '~in [~'to:-] f *(Ärztin)* femme f médecin; doctoresse f; '~promotion f promotion f au doctorat; '~titel m, '~würde f titre m de docteur; *die ~würde erhalten* être reçu docteur.

Dokument [doku'mɛnt] n (3) document m; *(amtlicher Schein)* certificat m; ₂**arisch** [~'ta:rif] documentaire; ₂**ieren** [~'ti:rən] documenter.

Dolch [dɔlç] m (3) poignard m; '~messer n couteau-poignard m; '~stoß m coup m de poignard.

Dolde ♀ ['dɔldə] f (15) ombelle f; ₂**nförmig** ombelliforme.

Dollar ['dɔlar] m dollar m.

dolmetsch|en ['dɔlmɛtʃən] (27) v/t. interpréter; v/i. servir d'interprète; '~er(in f) m (7) interprète m, f; *fig.* truchement m; '~er-examen n examen m d'interprétariat; '~erschule f école f d'interprètes.

Dom [do:m] m (3) cathédrale f; *(Kuppel)* äußere: dôme m, innere: coupole f. , n; terre f domaniale.

Domäne [do'mɛ:nə] f (15) domaine f.

'**Domherr** m chanoine m.

dominieren [domi'ni:-] dominer.

Dominikaner(in f) [~ni'ka:nər] m dominicain m, -e f.

Domino [do'mino] **1.** m (11) domino m; **2.** n *Spiel:* domino m; *~ spielen* jouer aux dominos; '~stein m domino m.

'**Dom|kapitel** n chapitre m de la cathédrale; '~pfaff *orn.* m bouvreuil m.

Donau ['do:nau] f (16) Danube m; '~becken n bassin m danubien.

Donner ['dɔnər] m (7) tonnerre m; *~ und Doria!* mille tonnerres!; ₂**n** (29) tonner; *Meer:* mugir; *Geschütze:* gronder; *fig.* tempêter; '~schlag m coup m de tonnerre; *mst. fig.* coup m de foudre; '~stag m lundi m saint; ₂**stags** le jeudi; tous les jeudis; '~stimme f voix f tonnante; '~wetter n *int.* (zum) ~! mille tonnerres!

dopen ['dɔpən] (25) *Sport:* doper.

Doppel ['dɔpəl] n double m; '~adler m aigle f impériale (*od.* à deux têtes); '~bett n lit m à deux personnes; '~decker ⚓ m biplan m; '~ehe f bigamie f; '~fenster n contre-fenêtre f; '~flinte f fusil m à deux coups; '~gänger m double m; sosie m; '~griff ♪ m double corde f; '~haus n maisons f/pl. jumelles; '~kinn n double menton m; '~konsonant m consonne f double; ₂**n** doubler; ₂**polig** ∉ bipolaire; '~punkt m deux points m; *typ.* deux-points m; ₂**reihig** ['~raiç] à deux rangs; *Anzug:* croisé; ₂**seitig** double; '~sinn m double sens m; ambiguïté f; ₂**sinnig** ambigu; *mv. p.* équivoque; '~spiel n *Tennis:* double m; *fig.* duplicité f; *ein ~ treiben* jouer double jeu; '~stecker ∉ m fiche f double.

doppelt ['dɔpəlt] double; *~ soviel* deux fois autant; ₂**e(s)** n double m; '~kohlensauer: *~es Natron* bicarbonate m de soude.

'**Doppel|tür** f contre-porte f; *(Flügeltür)* porte f à deux battants; '~verdiener m P cumulard m; '~verdienst m P cumul m; '~währung m bimétallisme m; '~zentner m quintal m métrique; '~zimmer n chambre f à deux lits; ₂**züngig** *fig.* double; dissimulé; faux; '~züngigkeit f duplicité f; fausseté f.

Dorf [dɔrf] n (1²) village m; *kleines:* hameau m; '~bewohner(in f) m villageois m, -e f; '~gemeinde f commune f rurale; '~krug m auberge f; cabaret m; '~leben n vie f rustique (*od.* au village); '~musikant m ménétrier m; '~pfarrer m curé m (*prot.* pasteur) m de campagne; '~schulze m maire m de village.

Dorn [dɔrn] m (5) épine f; *(Stichel)* poinçon m; *in Schnallen:* ardillon m; *er ist mir ein ~ im Auge* il me gêne; '~busch m arbuste m épineux. '**Dornen|hecke** f 'haie f d'épines'; '~krone f couronne f d'épines; ₂**voll** *fig.* 'hérissé d'épines.

dorn|ig ['dɔrniç] épineux; ~**röschen** ['~rø:sçən] n *Märchen:* la Belle au bois dormant.

dorren ['dɔrən] (se) sécher.

dörr|en ['dœrən] (25) (des)sécher; *(rösten)* torréfier; '~**fleisch** n viande f séchée; ₂**gemüse** n légumes m/pl. séchés; ₂**obst** n fruits m/pl. séchés.

Dorsch [dɔrʃ] *m* (3²) dorsch *m*.
dort [dɔrt] là; y; par là; wer ~? qui parle?; allô?; '~**her** de là; de là-bas; '~**hin** de ce côté-là; là-bas; '~**ig** (qui se trouve) en ce lieu(-là).
Dose ['do:zə] *f* (1) boîte *f*; (*Schnupftabak*) tabatière *f*.
dösen ['dø:zən] somnoler; rêvasser.
'**Dosen-öffner** *m* (7) ouvre-boîte *m*.
dos|ieren [do'zi:rən] doser; **2is** ['do:zis] *f* (27) dose *f*.
Dotter ['dɔtər] *m* (7) jaune *m* d'œuf; '~**blume** *f* renoncule *f*; **2gelb** jaune d'œuf.
Dozent(in *f*) [do'tsɛnt] *m* (12) chargé *m*, -e *f* de cours; maître *m* de conférences.
dozieren [~'tsi:rən] faire des cours; professer; *fig.* parler avec autorité.
Drache(n) ['draxə(n)] *m* (13 [6]) dragon *m*; *fig. a.* mégère *f*; (*Papier*) cerf-volant *m* (*steigen lassen* lancer); ~**brut** *f fig.* engeance *f* de vipères. [gon *m*.]
Dragoner [dra'go:nər] *m* (7) dra-
Draht [dra:t] *m* (3³) fil *m* (de fer, de laiton, *etc.*); *per* ~ *antworten* répondre par câble; '~**antwort** *f* réponse *f* télégraphique; '~**bürste** *f* brosse *f* métallique; **2en** (26) télégraphier; câbler; '~**feder** *f* ressort *m* à boudin; '~**fenster** *n* fenêtre *f* treillagée; '~**funk** *m* télédiffusion *f*; '~**gaze** *f* gaze *f* métallique; '~**geflecht** *n* grillage *m* métallique; '~**gestell** *n* monture *f* en fil de fer; '~**gitter** *n* treillis *m* en fil de fer; '~**glas** *n* verre *m* armé; '~**haarterrier** *m* fox *m* à poil raide; '~**hindernis** *n* réseau *m* de fils de fer; **2lich** *per* câble '~**2los** sans fil; ~**es** *Telegramm* radiotélégramme *m*; ~**e** *Telegraphie* *f* télégraphie *f* sans fil (*abr.* T.S.F.); radiotélégraphie *f*; '~**netz** *n* toile *f* métallique; '~**puppe** *f* marionnette *f*; '~**schere** *f* cisailles *f/pl.*; '~**seil** *n* câble *m* (métallique); '~**seilbahn** *f* funiculaire *m*; téléphérique *m*; '~**verhau** *m* barbelés *m/pl.*; '~**zange** *f* pince *f* à fil de fer; '~**zaun** *m* clôture *f* en fil de fer; '~**zieher** *m* (7) tréfileur *m*; *fig.* machinateur *m* (d'intrigues).
drall [dral] **1.** bien tordu; (*steif*) raide; *fig.* ferme; *Person:* vigoureux. **2.** ~ ⚔ *m* (3) pas *m* des rayures.
Drama ['dra:ma] *n* (9¹) drame *m*;

~**tiker** [~a'ma:tikər] *m* (7) auteur *m* dramatique; dramaturge *m*; **2tisch** [~'ma:tiʃ] dramatique; *fig. a.* théâtral; **2ti'sieren** dramatiser; ~**turg** *m* critique *m* de théâtre; = ~**tiker**; ~**turgie** [~ur'gi:] *f* dramaturgie *f*.
Drang¹ [draŋ] *m* (3) (*Bedürfnis*) besoin *m* (*Druck*) pression *f*; (*Trieb*) désir *m* (impétueux); passion *f*; impulsion *f*.
drang², **dränge** ['drɛŋə] *s.* dringen.
dräng|eln ['drɛŋəln] (29) pousser; bousculer; ~**en** (25) *v/t.* serrer; presser; (*treiben*) pousser (*zu* à); *Gläubiger:* '*es drängt mich, zu* ... (*inf.*) j'ai grande envie (*od.* il me tarde) de ... (*inf.*); ~ *sich ~ Ereignisse:* se précipiter; *sich durch die Menge* ~ fendre la foule; *v/i. pressen; auf etw.* (*acc.*) ~ insister sur qch.; **2en** *n* poussée *f*; *fig.* instances *f/pl.*
Drangsal ['draŋza:l] *f* (14) *u. n* (3) tourment *m*; tribulations *f/pl.*; **2ieren** [~a'li:rən] tourmenter; brimer. [**2ung** *f* drainage *m*.]
dränier|en [drɛ'ni:rən] drainer;
drasch [draʃ] *s.* dreschen.
drastisch ['drastiʃ] énergique; ☤ drastique.
drauf [drauf] = *darauf*; **2gänger** ['~gɛŋər] *m* (7) risque-tout *m*; casse-cou *m*; '~**gehen** (*umkommen*) périr; **2geld** *n* arrhes *f/pl.*; '~**los!** allez-y! '~**losgehen** se lancer sur; F s'emballer sur; ~**losleben** vivre au jour le jour; ~**losreden** parler à tort et à travers.
draußen ['drausən] (au) dehors; (*in der Fremde*) à l'étranger.
Drechsel|bank ['drɛksəl-] *f* tour *m*; **2n** (27) faire au tour; tourner.
'**Drechsler** *m* (7) tourneur *m*; ~**ei** [~'rai] *f* (16) art *m* du tourneur; (*Werkstatt*) atelier *m* de tourneur.
Dreck [drɛk] *m* (3) ordure *f*; *auf der Straße:* boue *f*; crotte *f*; (*Exkremente*) excréments *m/pl.*; V merde *f*; (*Schund*) camelote *f*; '~**fink** F *m* salaud *m*; saligaud *m*; '**2ig** sale; boueux; crotté; V merdeux.
Dreh P [dre:] *m* truc *m*; *auf den* ~ *kommen* trouver le truc; '~**bank** *f* tour *m*; **2bar** mobile; orientable; '~**bleistift** *m* porte-mine(s) *m*; '~**brücke** *f* pont *m* tournant; '~**buch** *n Film:* scénario *m*; '~**bühne** *f* scène *f* tournante; **2en** [~'e:ən] (25) *u. sich* ~ (*wenden*) tourner;

45*

Dreher — 724 — **drittens**

(*winden*) tordre; tortiller; *Schiff:* virer de bord; *Pillen usw.*: faire; *Zigarette:* rouler; *Film:* tourner; *sich im Kreise* ~ tournoyer; pivoter; *das Gespräch dreht sich um ...* la conversation tourne autour de ...; *alles dreht sich um ihn* il est le pivot de l'affaire; '~**er** m (6) (*Beruf*) tourneur m; '~**kondensator** ₰ m condensateur m variable; '~**kran** m grue f tournante; '~**krankheit** f tournis m; '~**kreuz** n tourniquet m; '~**orgel** f orgue m de Barbarie; '~**punkt** m centre m de rotation; '~**rolle** f calandre f; '~**scheibe** f plaque f tournante; *Töpferei:* tour m; '~**strom** m courant m triphasé; '~**stuhl** m chaise f pivotante; '~**tür** f porte f tournante; '~**ung** f tour m (*a. Windung*); rotation f; '~**zahl** f *Motor:* nombre m de tours; '~**zapfen** m pivot m.

drei [draɪ] 1. trois; 2. ♀ f (16) (chiffre m) trois m; '♀**-achteltakt** ♪ m mesure f à) trois-'huit m; ♀**-akter** ['~aktər] m (7) pièce f en trois actes; ~**beinig** ['~baɪnɪç] à trois pieds; '♀**-blatt** ♣ n trèfle m; '♀**bund** m triple alliance f; '♀**decker** m (7) ♣ trois--ponts m; '♀**-eck** n triangle m; '~**eckig** triangulaire; ♀**-einigkeit** f Trinité f; ~**erlei** ['draɪərˌlaɪ] de trois espèces; '♀**erpakt** m pacte m à trois; ~**fach** ['~fax], ~**fältig** ['~fɛltɪç] triple; '~**farbig** tricolore; '♀**fuß** m trépied m; '~**hundert** trois cent(s); '~**jährig** ['~jɛːrɪç] de trois ans; (*von ~er Dauer*) triennal; ♀**käsehoch** F ['~kɛːzəhoːx] m (3) marmouset m; '♀**klang** m triple accord m; '♀**königsfest** n jour m (*od. fête f*) des Rois; Épiphanie f; '♀**mächteplan** m plan m tripartite; '~**mal** trois fois; '~**malig** répété trois fois; '♀**master** ♣ m (7) trois-mâts m; (*Hut*) tricorne m; '~**monatig** trimestriel; '~**monatlich** trimestriel; *adv.* tous les trois mois; '~**motorig** trimoteur; '♀**rad** n tricycle m; tri(-)porteur m; '♀**radwagen** m tricar m; '♀**röhren-apparat** m poste m à trois lampes; '~**seitig** trilatéral; '~**sitzig** à trois places; '~**sprachig** en trois langues; '♀**sprung** m triple saut m.

dreißig ['draɪsɪç] trente; *gegen* (*etwa; rund*) ~ une trentaine; ♀**er** (-**in** f) ['~gər] m (7) homme m

(*femme f*) qui a atteint la trentaine; *in den* ♀ *Jahren* dans les années trente à quarante; '~**jährig** de trente ans; '~**ste(r)** ['~sɪçstər] trentième; '♀**stel** n trentième m.

dreist [draɪst] 'hardi; (*frech*) effronté; P culotté; '♀**igkeit** f 'hardiesse f; (*Frechheit*) effronterie f; P culot m.

drei|**stimmig** ['~ʃtɪmɪç] à trois voix; '~**stöckig** de (*resp. à*) trois étages; '~**tägig** de trois jours; '~**tausend** trois mille; '~**teilig** partagé (*od.* divisé) en trois; '♀**teilung** f division f en trois parties; ♣ trisection f; '♀**vierteltakt** ♪ m mesure f à trois temps; '♀**zack** m (3) trident m; '~**zehn** treize; '~**zehnte(r)** treizième; '♀**zehntel** n treizième m; '~**zeilig** de trois lignes; ♣ Strophe f tercet m.

Dresch|**boden** ['drɛʃ-] m aire f de grange; '~**e** F f fessée f; ♀**en** (30) battre (le grain); *j-n* ~ F rosser q.; *leeres Stroh* ~ *fig.* radoter; '~**en** n (6) battage m; '~**flegel** m fléau m; '~**maschine** f batteuse f; '~**tenne** f aire f de grange.

dress|**ieren** [drɛˈsiːrən] dresser; ♀**ur** ['~suːr] f (16) dressage m.

dribbeln ['drɪbəln] dribbler.

Drift [drɪft] f courant m de surface.

Drill ⚔ [drɪl] m entraînement m; dressage m; '~**bohrer** m drille f; ♀**en** (25) faire tourner; *Seide:* croiser; ⚔ entraîner; dresser; '~**ich** m (3) treillis m; '~**ichjacke** f vareuse f de treillis; '~**ing** m (3¹) (*Gewehr*) fusil m à triple canon; ~**e** pl. trois jumeaux m/pl.; '~**maschine** f semoir m en lignes.

drin [drɪn] = *darin*.

dring|**en** ['drɪŋən] (30) pénétrer (*in acc.* dans; *durch* à travers); ~ *aus* sortir de; ~ *auf* (*acc.*) insister sur; *in j-n* ~ insister auprès de q.; (*drängen*) presser; '~**end**, '~**lich** pressant; urgent; '♀**lichkeit** f urgence f; '♀**lichkeits-antrag** m demande f d'urgence.

drinnen ['drɪnən] (au) dedans; là-dedans.

dritt [drɪt]: *der, die, das* '~**e** le, la troisième; *der ~e Stand* le tiers état; ~**e** *Person* tierce (*od.* '♀**el** n (7) tiers m; '~**eln** (29) diviser en trois parties; '~**ens** troisièmement; en troisième lieu.

droben ['dro:bən] là-'haut; en 'haut.
Drog|e ['dro:gə] f (15) drogue f; ~e'rie f (15) droguerie f; ~ist(in f) [~o'gist] m (12) droguiste m, f.
Droh|brief ['dro:-] m lettre f de menaces; ℒen ['dro:ən] (25): j-m ~ menacer q. (mit de); ℒend menaçant; *Ereignis*: imminent.
Drohne ['dro:nə] f (15) faux bourdon m; *fig.* fainéant m.
dröhnen ['drø:nən] (25) **1.** retentir; bourdonner; ⚔ vrombir; *Erde*: trembler; *Donner*: gronder; **2.** ℒ n bourdonnement m; ⚔ vrombissement m; *Erde*: tremblement m; *Donner*: grondement m.
Drohung ['dro:uŋ] f menace f.
drollig ['drɔliç] plaisant, drôle; e-e ~e *Geschichte* une histoire drôle; une drôle d'histoire. [madaire m.)
Dromedar [drome'da:r] n (3¹) dro-)
Droschke ['drɔʃkə] f (15) fiacre m. **'Droschken|-auto** n taxi m; ~halteplatz m station f de voitures; ~kutscher m cocher m de fiacre.
Drossel *orn.* ['drɔsəl] f (15) grive f; ~klappe f clapet m d'étranglement; *Motor*: papillon m; ℒn étrangler; ~spule f ≠ f bobine f de réactance; ~ventil ⊕ n soupape f d'étranglement.
drüben ['dry:bən] de l'autre côté.
Druck [druk] m (3¹) pression f (*ausüben* exercer [*auf acc.* sur]); (*Magen*ℒ) pesanteur f d'estomac; (*Last*) poids m; (*Bedrückung*) oppression f; *typ.* impression f; *im* ~ *befindlich* sous presse; *in* ~ *geben* faire imprimer; ~bogen m feuille f; *typ.* placard m.
Drückeberger ['~bergər] m (7) F tire-au-flanc m; ⚔ embusqué m.
drucken ['drukən] (25) imprimer.
drücken ['drykən] (25) presser; serrer (*a. Schuhe*); *Schuhe*: *a.* gêner; *fig.* accabler; (*wehe tun*) blesser; (*bedrücken*) opprimer; (*bekümmern*) affliger; *Preise*: (faire) baisser; *v/i.* ~ *auf (acc.)* appuyer sur, presser (*acc.*), (*lasten*) peser sur; *sich* ~ F tirer au flanc, (*aus dem Staube machen*) s'esquiver, filer, ⚔ s'embusquer; *sich vor etw.* (*dat.*) ~ esquiver qch.; ~**d** pesant; lourd; ~e *Hitze* chaleur f accablante.
'Drucker m (7) imprimeur m.
'Drücker m (7) *Tür*: poignée f; *Schloß*: loquet m; *Gewehr*: détente f.

Drucker|ei [drukə'raɪ] f (16) imprimerie f; ~**presse** f presse f d'imprimerie; ~**schwärze** f encre f d'imprimerie.
'Druck|fahne *typ.* f placard m; ~**fehler** m faute f d'impression; F coquille f; ~**fehlerverzeichnis** n errata m; ℒ**fertig** bon à tirer; ~**festigkeit** f résistance f à la compression; ~**genehmigung** f permis m d'imprimer; imprimatur m; ~**knopf** m bouton-pression m; ~**kosten** *pl.* frais m/pl. d'impression; ~**legung** f impression f; ~**luft** f air m comprimé; ~**messer** m manomètre m; ~**mittel** m moyen m coercitif; ~**papier** n papier m à imprimer; ~**pumpe** f pompe f foulante; ~**sache** f imprimé m; ~**schrift** f ouvrage m imprimé; *in* ~ en capitales d'imprimerie; ~**stock** m cliché m; ~**walze** f rouleau m imprimeur; ~**werk** n = ~*pumpe*; *typ.* ouvrage m imprimé.
Dru'id|e m, ~**in** f druide m, -desse f.
drum [drum] = *darum*; *das ganze* ℒ *und Dran* n tout ce qui s'y rattache; F tout le tremblement.
drunten ['druntən] en bas; là-bas.
Drusch 🌾 [druʃ] m (3) battage m.
Druse ['dru:zə] f *min.* druse f; *vét.* gourme f.
Drüse ['dry:zə] f (15) glande f; ~**n-entzündung** f adénite f.
Dschungel ['dʒuŋəl] m, f, n jungle f.
Dschunke ['dʒuŋkə] f (15) jonque f.
du [du] (19) tu; *als pr. abs.* toi; *mit j-m auf* ~ *und* ~ *stehen* être à tu et à toi avec q.; *j-n mit* ~ *anreden* tutoyer q. [m; tampon m.)
Dübel ['dy:bəl] m cheville f; goujon)
Dubleegold [du'ble:-] n doublé m d'or. [m; *gr.* doublet m.)
Dublette [du'bletə] f (15) double)
duck|en ['dukən] (25) (ra)baisser; *fig.* abaisser; humilier; *sich* ~ baisser la tête, (*niederkauern*) se tapir; ℒ**mäuser** m (7) sournois; cafard m; ~**mäuserig** sournois; cafard.
dudel|n ['du:dəln] jouer de la cornemuse; ℒ**sack** 🎵 m cornemuse f; ℒ**sackpfeifer** m joueur m de cornemuse.
Duell [du'ɛl] n (3¹) duel m; *zum* ~ *fordern* provoquer en duel; ~**ant** [~'lant] m duelliste m; ℒ**ieren**: *sich* ~ *mit* se battre en duel avec.

Duett ♪ [du'ɛt] n (3) duo m.
Duft [duft] m (3³) odeur f; (Wohlgeruch) parfum m; '℔en (26) lieblich: sentir bon; nach etw. ~ sentir qch.; es duftete nach Rosen cela sent la rose; die Blumen ~ les fleurs sentent bon; '℔end odorant; qui sent bon; '℔ig peint. vaporeux; Kleid: léger; (wohlriechend) odorant; parfumé; embaumé; '℔los inodore.
Dukaten [du'kɑ:tən] m (6) ducat m.
duld|en ['duldən] (26) souffrir; mit Nachsicht: tolérer; mit Geduld: supporter; '℔er(in f) m (7) martyr m, -e f; souffre-douleur m, f; '℔sam ['~zɑ:m] tolérant; '℔samkeit f, '℔ung f tolérance f.
dumm [dum] sot; bête; imbécile; niais; (unwissend) ignorant; ~er Junge F blanc-bec m; ~es Zeug bêtises f/pl.; e-e ~e Geschichte une fâcheuse affaire; ~ machen abêtir; sich ~ stellen faire la bête; '℔dreist impertinent; '℔dreistigkeit f impertinence f; '℔e(r a. m) m, f sot m, -te f; niais m, -e f; imbécile m, f; der ~ sein F être roulé; '℔heit f sottise f; bêtise f; (Unwissenheit) ignorance f; (Ungeschicklichkeit) gaffe f; '℔kopf m sot m; imbécile m.
dumpf [dumpf] sourd; mat; (bedrückt) morne; (gefühllos) apathique; (schwül) étouffant; lourd; ~ riechen sentir le renfermé; '℔heit f torpeur f; apathie f; '℔ig lourd; étouffant; ~er Geruch odeur f de renfermé.
Dumping ['dampiŋ] n dumping m.
Düne ['dy:nə] f (15) dune f.
Dung [duŋ] m (3, o. pl.) engrais m; natürlicher ~ = Dung.
'Düng|emittel n engrais m; '℔en (25) engraisser; fumer; mit Kalk ~ chauler; '℔er m (7) = Dung.
'Dung|grube f fosse f à fumier; '℔haufen m (tas m de) fumier m.
'Düngung f fumage m; fumure f; (Kalk℔) chaulage m.
dunkel ['duŋkəl] **1.** obscur; (finster) sombre; es ist ~ il fait sombre; es wird ~ il commence à faire sombre; Farbe: foncé; Teint: basané; (unbestimmt) vague; (verworren) confus; ~es Bier bière f brune; ~er Vokal voyelle f sourde; ~e Nacht nuit f noire; ~e Geschäfte affaires f/pl. douteuses (od. louches); ~e Brillengläser verres m/pl. fumés; ~ brennen éclairer faiblement; ein Zimmer ~ machen faire l'obscurité dans une pièce; mir wird ~ vor den Augen ma vue se trouble; sich ~ erinnern se rappeler confusément; **2.** ℔ n (7) obscurité f; ténèbres f/pl.
Dünkel ['dyŋkəl] m présomption f; suffisance f.
'**dunkelbraun** brun foncé; Hautfarbe: basané; Pferd: bai foncé.
'**dünkelhaft** présomptueux; suffisant; orgueilleux.
'**Dunkel|heit** f obscurité f; ténèbres f/pl.; '℔kammer f phot. f chambre f noire; '℔n (29) v/t. Farbe: foncer; v/i. Farbe: devenir plus foncé; foncer; es dunkelt il commence à faire sombre; '℔rot rouge foncé.
dünken ['dyŋkən] (30) sembler; paraître; sich ~ se croire.
Dünkirchen ['dy:nkirçən] n Dunkerque f.
dünn [dyn] mince; (hager) grêle; (schlank) svelte; (mager) maigre; (wässerig) clair; (verdünnt) allongé; (schwach) faible; Stoff: léger; Luft: léger; raréfié; Haar: rare; clairsemé; ~(er) machen amincir, Sauce: allonger; ~(er) werden s'amincir, Haar: s'éclaircir; sich ~ machen (verschwinden) s'esquiver; '℔bier n bière f légère; '℔darm m intestin m grêle; '℔druckpapier n papier m bible; '℔flüssig très fluide; '℔heit f minceur f; Stoff, Luft: légèreté f; phys. raréfaction f.
Dunst [dunst] m (3² u. ³) exhalaison f; vapeur f; fumée f; j-m blauen ~ vormachen conter des bourdes à q.; '℔en dégager des vapeurs.
dünsten ['dynstən] Fleisch: étuver.
'**dunst|ig** vaporeux; es ist ~ il fait du brouillard; '℔kreis m atmosphère f.
Dünung ♪ ['dy:nuŋ] f houle f.
Duplikat [dupli'kɑ:t] n (3) duplicata m; copie f; double m.
Dur ♪ [du:r] n mode m majeur.
durch [durç] **1.** prp. (acc.) **a)** örtlich: par; (quer ~) à travers; (mitten ~) au travers de; **b)** zeitlich: pendant; durant; **c)** Mittel: par; au moyen de; (dank) grâce à; ~ Lesen en lisant; ~ vieles Arbeiten à force de travail; **2.** adv. er ist ~ (vorbei) il est passé, (hindurch) il a traversé, (außer Gefahr) il est 'hors de danger, Examen: il a réussi; der Käse ist ~ le fromage est bien fait; ~ und ~

durcharbeiten — 727 — **Durchfuhrzoll**

d'un bout à l'autre; tout à fait; ~ und ~ kennen connaître à fond; die ganze Nacht ~ toute la nuit.
'**durch**|-**arbeiten** (26) travailler avec soin; Geisteswerke: étudier à fond; abs. travailler sans s'arrêter; sich ~ se frayer un passage; '~-**atmen** respirer à fond.
'**durch-aus** tout à fait; (unbedingt) absolument; ~ nicht (bei vb. ne...) nullement; (bei vb. ne...) point du tout.
'**durch**|**backen** bien cuire; '~-**beißen** couper (od. percer) d'un coup de dent; sich ~ fig. faire son chemin, F se débrouiller; '~-**bekommen** (réussir à) faire passer; '~-**betteln**: sich ~ s'en tirer en mendiant; '~-**bilden** bien former; sich ~ s'instruire à fond; '~-**blasen** souffler à travers; '~-**blättern**, '~-**blättern** feuilleter; '~-**bleuen** F rosser; étriller; '**2blick** m échappée f de vue; '~-**blicken** v/i. voir (od. regarder) à travers; fig. percer; ~ lassen laisser percer (od. entrevoir); '~-**blicken** v/t. parcourir des yeux.
durch|'**bluten** irriguer; **2blutung** f irrigation f sanguine; **2bohren** v/t. perforer; percer; den Schädel ~ chir. trépaner; ~**bohren** v/t. (trans)percer; mit dem Blick ~ transpercer d'un regard; ~der Blick regard m perçant; das durchbohrt mir das Herz cela me perce (od. me fend) le cœur; von Kugeln durchbohrt percé (od. criblé) de balles; '~-**braten** bien rôtir; bien cuire; '~-**brechen** v/t. briser; rompre; Straße: percer; v/i. Gedanken usw.: éclore; se faire jour; Zähne: percer; (zerbrechen) se rompre; ~-**brechen** v/t. (brechend spalten) rompre; ⚔ percer; (einstoßen) enfoncer; Regel ~ manquer à; ne pas tenir compte de; '~-**brennen** percer à l'aide du feu; brûler; ⚡ Sicherung: fondre; fig. F s'esquiver; filer; '~-**bringen** faire passer; j-n im Examen ~ faire réussir q. à un examen; fig. Vermögen: gaspiller; manger; sich ~ se tirer d'affaire; gagner sa vie; **2brochen** [~broxən] ajouré; Strümpfe: à jour; '**2bruch** m percement m; Damm usw.: rupture f; Wasser: irruption f; Fluß: débordement m; ⚔ Front: percée f; zum ~ kommen fig. se faire jour; '~-**denken**, ~'**denken** examiner à fond; approfondir; '~-

drängen (faire) passer de force; sich ~ fendre la foule; '~-**dringen** v/i. pénétrer (à travers); abs. se frayer un passage; fig. réussir; Stimme: percer; Wahrheit: percer; se faire jour; mit s-r Meinung ~ faire prévaloir son opinion; ~'**dringen** v/t. pénétrer; percer; ~'**dringend** pénétrant; Blick: perçant; '~-**drücken** faire passer de force; (eindrücken) enfoncer; Willen: imposer; die Knie ~ effacer les genoux; ~'**drungen** imbu (von de); pénétré (de); ~-**eilen** parcourir; '~-**eilen** v/i. passer à la hâte.
durch-ei'nander 1. confusément; sens dessus dessous; pêle-mêle; (wahllos) indifféremment; 2. 2 n (6) pêle-mêle m; confusion f; ~**bringen**, ~**mengen** confondre; ~**gehen** se confondre; s'embrouiller; ~**werfen** embrouiller; jeter pêle-mêle.
'**durch**|**fahren** v/i. passer par; Zug: brûler les stations; ~'**fahren** v/t. traverser; **2fahrt** f traversée f; passage m; (Torweg) porte f cochère; **2fall** m chute f; ⚕ diarrhée f; fig. échec m, thé. a. four m; '~-**fallen** v/i. tomber à travers; Prüfung: échouer, essuyer un échec, être refusé, F être collé; thé. tomber, être un four; j-n ~ lassen refuser q., F recaler q.; '~-**fechten** Meinung usw.: faire triompher; '~-**feilen** limer; percer (od. couper) à la lime; '~-**finden**: sich ~ trouver son chemin; fig. se débrouiller.
durch|'**flechten** entrelacer (mit de); '~-**fliegen** v/i. voler à travers; traverser; ~'**fliegen** v/t. traverser au vol; (schnell lesen) parcourir (des yeux); lire à la hâte; '~-**fließen** v/t. arroser; Fluß: traverser; '~-**fließen** v/i. couler à travers; Fluß: passer par; '~-**forschen**, ~'**forschen** examiner à fond; Land: explorer; '~-**fressen** trouer en rongeant; ätzend: corroder; '~-**frieren** v/i. geler entièrement; être transi; ~-'**frieren** v/t. transir; glacer; '**2fuhr** f passage m; ✝ transit m; ~-**führbar** ['~fy:rba:r] exécutable; '~-**führen** conduire à travers; fig. exécuter; mener à bonne fin; '**2führung** f exécution f; '**2führungsbestimmung** f modalité f d'application (od. d'exécution); '**2fuhrzoll** m droit m de transit; ~-

durchfurchen — 728 — **durchreiten**

'**furchen** sillonner; '²**gang** *m* passage *m*; ✝ transit *m*; **gängig** ['geniç] général; courant.
'**Durchgangs|bahnhof** *m* gare *f* de passage; **gut** *n* marchandises *f/pl.* en transit; **handel** *m* commerce *m* de transit; **passant** *m* passant *m*; **schein** *m* passavant *m*; **verkehr** *m* transit *m*; **wagen** *m* wagon *m* à couloir; **zug** *m* train *m* direct; rapide *m*; express *m*.
'**durchgehen** *v/i.* passer; traverser; *Vorschlag*: être adopté; *(fliehen)* s'enfuir, F filer; ✕ déserter; *Pferd*: s'emballer; *j-m etw.* lassen passer qch. à q.; *v/t. Sohlen*: user; *fig.* examiner; contrôler; reviser; vérifier; *noch einmal* *Lektion*: repasser; **d** *Fahrkarte*: de correspondance; *Zug*: direct; *fig.* général; courant.
durch|geistigen animer; *(vergeistigen)* spiritualiser; **gießen** filtrer; **greifen** passer la main à travers, *fig.* prendre des mesures énergiques; **greifend** énergique; tranchant; **gucken** regarder à travers; **halten** *v/i.* tenir bon *(od.* ferme); *v/t. Note*: tenir; ²**hau** *m* percée *f*; **hauen** trancher; couper en deux; *(spalten)* fendre; *Weg*: frayer avec la hache; *fig. den Knoten* trancher le nœud; *j-n* donner une correction à q., F rosser q.; **hecheln** ⊕ sérancer, *fig.* critiquer; déchirer à belles dents; **helfen**: *j-m* aider q. à faire qch.; *sich* s'en tirer; **irren** errer à travers *(od.* par); **jagen** *v/i.* passer à toute allure; **jagen** *v/t.* parcourir; **kämmen** démêler (avec le peigne); peigner; *Gebiet*: filtrer; **kämpfen**: *sich* se faire jour en combattant; se frayer son chemin; **kauen** *fig.* F remâcher; **kneten** bien pétrir; **kommen** passer *(durch* par); *fig.* se tirer d'affaire; échapper à; *Prüfung*: réussir; être reçu; **können** pouvoir passer *(durch* par); **kosten** goûter successivement; *(auskosten)* épuiser; *fig. die ganze Bitterkeit* boire le calice jusqu'à la lie; **kreuzen** croiser; *Pläne*: contrarier; ²**laß** *m* (1²) passage *m*; **lassen** laisser passer; *(filtern)* filtrer; **lässig** perméable; poreux; ²**lässigkeit** *f* perméabilité *f*; ²**laucht** *f* (16) Altesse *f* (sérénissime); *Anrede*: Monseigneur *m*; **laufen** *v/i.* passer à la hâte; *v/t. Sohlen*: user;

sich die Füße se blesser les pieds; (par la marche); **laufen** *v/t.* parcourir; **leben** *Zeit*: passer; *Stimmung*: passer par; *etw. (mit)* assister à qch.; voir qch.; **lesen** lire entièrement; *sich durch ein Buch* venir à bout de lire un livre; *flüchtig* parcourir; lire du bout des doigts; **leuchten** *v/t.* examiner à la lumière; ✱ radioscoper; **leuchten** *v/i.* luire à travers; ²**leuchtung** *f* radioscopie *f*; radiographie *f*; **liegen**: *sich* s'écorcher à force d'être couché; **lochen** perforer; **lochen** *Fahrkarten*: poinçonner; **löchern** (29) trouer; cribler de trous; **lüften** *v/t.* aérer; **lüften** aérer à fond; **machen** passer par; *Klasse*: faire; *(beenden)* achever; *viel* passer par bien des épreuves; ²**marsch** *m* passage *m*; P diarrhée *f*; **marschieren** passer *(durch* par); traverser; **messen** mesurer dans toute son étendue; **messen** parcourir; ²**messer** *m* (27) diamètre *m*; (*Innen*²) calibre *m*; **mischen** bien mélanger; **mischen** mêler *(mit* de); **mustern**, **mustern** passer en revue; examiner; **nässen** tremper; mouiller; **nehmen** s'occuper de; traiter; **pausen** poncer; calquer; **peitschen** fouetter; fustiger; *fig.* expédier; **pressen** passer en pressant; *sich* se frayer un passage à travers; **prob(ier)en** essayer l'un après l'autre; **prügeln** rosser; **queren** traverser; ²**querung** *f* traversée *f*; **rasen** traverser à une allure folle; **rasseln** F *im Examen usw.*: échouer; **räuchern** *Fleisch*: bien fumer; *Raum*: enfumer; **rechnen** calculer jusqu'au bout; *noch einmal* reviser un compte; **regnen** *v/i.*: *es regnet überall durch* la pluie perce partout; **regnen** *v/t.*: *ich bin ganz durchregnet* je suis trempé jusqu'aux os; **reiben** écorcher en frottant; **reichen**: *j-m etw.* tendre qch. à q. à travers; ²**reise** *f* passage *m*; *auf de* *durch* en passant par; *auf der* *sein* être de passage; **reisen** *v/i.* passer par; **reisen** *v/t.* parcourir; ²**reisende(r** *a. m)* *m*, *f* passant *m*, *-e f*; **reißen** (*v/i.* se) déchirer; **reißen** *v/t.* déchirer; **reiten** *v/i.* passer à che-

durchrieseln — 729 — **durchsuchen**

val; v/t. Beinkleid: déchirer (en allant à cheval); sich ~ s'écorcher en allant à cheval; ~'rieseln: es durchrieselt e-n kalt un frisson vous court le long du corps; ~'ringen: sich ~ surmonter tous les obstacles; ~'röntgen = ~'leuchten; ~'rosten se rouiller entièrement; ~'rühren bien remuer; ~'rütteln bien secouer; cahoter; ~'sagen téléph. téléphoner; ~'sägen couper avec la scie; scier; ~'schauen v/i. voir à travers; ~'schauen v/t. regarder; deviner; ~'schauern faire frissonner; ~'scheinen transparaître; ~ durch luire à travers; ~'scheinend transparent; translucide; diaphane; ~'scheuern Hände usw.: écorcher (en frottant); ~'schießen v/i. tirer à travers; (eilen) passer rapidement; ~'schießen v/t. percer d'un trait (d'une balle, etc.); typ. espacer; interligner; mit Papier ~ interfolier; ~'schiffen v/t. parcourir; Ozean: traverser; ~'schiffen v/i. naviguer à travers; ~'schimmern luire à travers; transparaître; ~'schlafen v/i. dormir sans interruption; ~'schlafen v/t. passer (le temps) à dormir; ²'Schlag m (Sieb) passoire f; ⊕ poinçon m; (Abschrift) copie f; double m; ~'schlagen v/t. percer; pénétrer; Sicherung: fondre; Papier: boire; Medikament: faire effet; fig. être efficace (od. convaincant); sich ~ se frayer un passage, se débrouiller; kümmerlich: vivoter, gagner péniblement sa vie; v/t. Wand: percer; durch ein Sieb ~ passer à la passoire; durch ein Seihtuch ~ filtrer; ~der Erfolg plein succès m; ~'schlagen v/t. percer; traverser; ²'Schlagpapier n papier m mince (pour copies); ²'Schlagkraft f force f de pénétration; ~'schlängeln v/i. serpenter à travers; ~'schlängeln: sich ~ se glisser à travers; ~'schleusen écluser; j-n ~ filtrer q.; ~'schlüpfen se glisser à travers; fig. échapper; ~'schmuggeln faire passer furtivement (od. en contrebande); ~'schneiden v/t. couper en deux; trancher; ~'schneiden v/t. croiser; traverser; Wellen: fendre; &̥ couper; ²'Schnitt m (3) △ coupe f; profil m; (Mittelmaß) moyenne f; im ~ (durchschnittlich) en moyenne; ~'schnittlich moyen; adv. en moyenne; ²'Schnitts-einnahme f revenu m moyen; ²'Schnittsmensch m homme m moyen; (mittelmäßige Mensch) homme m médiocre; ²'Schnittspreis m prix m moyen; ~'schnüffeln, ~'schnüffeln fouiller; fureter dans; ~'schreiten v/i. marcher à travers; ~'schreiten v/i. traverser; arpenter; ²'Schrift f copie f; ²'Schuß m ⊕ trame f; typ. interligne f; ~'schütteln bien secouer; ~'schweifen rôder par; ~'schwimmen v/i. passer à la nage; ~'schwimmen v/t. traverser (à la nage); ~'schwindeln F: sich ~ vivre d'expédients; ~'schwitzen v/i. transsuder; ~'schwitzen v/t. tremper de sueur; ~'sehen v/i. regarder à travers; v/t. parcourir (du regard); examiner; revoir; reviser; ~'seihen filtrer; ~'setzen v/t. venir à bout de; Meinung usw.: faire passer (od. adopter); s-n Willen ~ faire sa volonté; es ~, daß ... obtenir que ... (subj. od. fut. resp. cond.); sich ~ arriver à ses fins; ~'setzen v/t. entremêler (mit de); imprégner (de); ²'Sicht f échappée f de vue; im Walde: percée f; (Überprüfung) re(od. ré)vision f; zur gefälligen ~ aver prière de revoir; ~'sichtig transparent; limpide; diaphane; clair; ²'Sichtigkeit f transparence f; limpidité f; clarté f; ~'sickern suinter à travers; fig. s'ébruiter; ~'sieben cribler; tamiser; passer au crible (od. au tamis); ~'spalten fendre (en deux); ~'spielen Stück: jouer d'un bout à l'autre; ~'spielen Zeit: passer au jeu; ~'sprechen discuter à fond; téléph. téléphoner; ~'stechen percer; (erdolchen) poignarder; ²'steche'rei f connivence f; fraude f; F manigance f; ~'stecken (faire) passer à travers; ~'stehen tenir; ²'Stich m percement m; (durchstochene Stelle) percée f; tranchée f; tunnel m; ~'stöbern, ~'stöbern fouiller; fureter dans; ~'stoßen v/t. pousser à travers; ~'stoßen v/t. percer; trouer; ~'streichen v/t. rayer; biffer; ~'streichen v/t. parcourir; rôder par; ~'streifen rôder à travers; parcourir en tous sens; ~'strömen v/i. couler à travers; ~'strömen v/t. traverser; ~'suchen, ~'suchen fouiller; gerichtlich: perquisitionner; ⚔ Gebiet: explorer;

Durchsuchung — 730 — **D-Zug**

ch. faire une battue dans; ⁓-'suchung f fouille f; *gerichtliche*: perquisition f; ⚔ *Gebiet*: exploration f; ch. battue f; '⁓tanzen: *die Sohlen* ⁓ user ses semelles à force de danser; ⁓'tanzen v/t. traverser en dansant; *die Nacht* ⁓ passer la nuit à danser; ⁓'tränken imprégner (*mit de*); imbiber (de); '⁓treiben conduire à travers; ⁓trieben [⁓'tri:bən] fin; rusé; *⁓er Mensch* finaud m; filou m; ⁓'triebenheit f ruse f; '⁓tropfen tomber goutte à goutte; ⁓'wachen, '⁓wachen: *die Nacht* ⁓ veiller toute la nuit; passer la nuit à veiller; ⁓'wachsen: *⁓es Fleisch* viande f entrelardée; *⁓er Speck* lard m maigre; ⁓'wandern traverser à pied; ⁓'wärmen, '⁓wärmen bien chauffer; *Bett*: bassiner; '⁓waten, ⁓'waten passer à gué; '⁓weg m passage m; ⁓weg ['durç'wek] toujours et partout; (*durchgehend*) généralement; '⁓weichen (25) v/i. s'amollir; tremper; ⁓'weichen v/t. amollir; *durch Nässe*: tremper; '⁓winden: *sich* ⁓ se faufiler; fig. se tirer d'affaire; ⁓'winden entrelacer (*mit de*); ⁓'wirken entrelacer (*mit de*); *mit Gold* ⁓ brocher d'or; '⁓wühlen, ⁓'wühlen fouiller; '⁓zählen, ⁓'zählen compter un à un; '⁓zechen, ⁓'zechen: (*die Nacht*) ⁓ passer (la nuit) à boire; '⁓zeichnen calquer; '⁓ziehen v/t. Faden: passer; *Linie*: tirer; tracer; ⁓'ziehen v/t. parcourir; traverser; *mit etw.* ⁓ pénétrer de qch.; ⁓'zucken *Blitz*: sillonner; fig. faire tressaillir; '⁓zug m passage m; (*Luft⁓*) courant m d'air; △ architrave f; ⁓'zwängen (25) faire passer de force (*durch par*); *sich* ⁓ forcer le passage.

dürf|en ['dyrfən] (30) avoir le droit (*od.* la permission) de; pouvoir; (*wagen*) oser; *darf ich?* m'est-il permis?; *darf ich Sie fragen?* puis-je vous demander?; *darf ich bitten?* s'il vous plaît?; *wenn ich so sagen darf* si j'ose m'exprimer ainsi; *das dürfte wohl falsch sein* c'est sans doute une erreur; *das* ⁓ *Sie mir glauben* vous pouvez m'en croire; ⁓tig ['dyrftiç] indigent; nécessiteux; fig. insuffisant; incomplet; (*armselig*) mesquin; 'Ltigkeit f indigence f; fig. insuffisance f; (*Armseligkeit*) mesquinerie f.

dürr [dyr] sec; *Holz*: mort; *Boden*: aride; (*unfruchtbar*) stérile; (*mager*) maigre; 'Le f (15) sécheresse f; *Boden*: aridité f; (*Magerkeit*) maigreur f.

Durst [durst] m (3²) soif f; ⁓ *haben* (*machen*) avoir (donner) soif; ⁓ *bekommen* commencer à avoir soif; *s-n* ⁓ *löschen* étancher sa soif; se désaltérer; 'Len, dürsten ['dyrstən] (26) avoir soif (*fig. nach de*); 'Lig altéré (*nach de*); 'Lstillend désaltérant.

Dur-Ton-art ['du:r-] f mode m majeur.

Dusche ['duʃə] f (15) douche f; 'Ln (27) v/i. prendre une douche; v/t. doucher.

Düse ['dy:zə] f (15) buse f; tuyère f; *Auto*: gicleur m.

Dusel ['du:zəl] m (7) (*Schwindel*) vertige m; (*Schläfrigkeit*) somnolence f; (*Glück*) veine f; ⁓ (*Glück*) *haben* avoir de la veine; (*Dummkopf*) idiot m; ⁓ei [⁓'laı] f somnolence f; (*Gedankenlosigkeit*) inadvertance f; 'Lig somnolent; (*dumm*) stupide; idiot; 'Ln (*schwindlig sein*) avoir le vertige; (*schlummern*) somnoler.

Dussel ['dusəl] m idiot m; 'Lig = dus(e)lig; 'Ln = duseln.

'**Düsen|-antrieb** m propulsion f par réaction; '⁓flugzeug n avion m à réaction.

düster ['dy:stər] sombre; ténébreux; fig. morne; (*Unheil verkündend*) lugubre.

Dutzend ['dutsənt] n (3¹) douzaine f; '⁓mensch m homme m médiocre; '⁓ware f marchandise f médiocre; 'Lweise par douzaines.

duz|en ['du:tsən] (27) tutoyer; 'L-freund m ami m intime qu'on tutoie; *wir sind* ⁓*e* nous nous tutoyons; 'Lfuß m: *mit j-m auf dem* ⁓ *stehen* être à tu et à toi avec q.

Dynam|ik [dy'nɑ:mik] f dynamique f; Lisch dynamique; ⁓it [⁓a'mi:t] n dynamite f; *mit* ⁓ *in die Luft sprengen* dynamiter; ⁓o(ma-schine f) m dynamo f.

Dynast|ie [dynas'ti:] f dynastie f; Lisch [dy'nastiʃ] dynastique.

D-Zug ['de:tsu:k] m (3²) train m direct; rapide m.

E

E, e [e:] *n* E, e *m*; ♪ *n* mi *m*.
Ebbe ['ɛbə] *f* (15) reflux *m*; marée *f* descendante (*od.* basse); ~ und Flut marée *f*; *fig.* F ~ sein être à sec.
eben ['e:bən] **1.** *adj.* (*glatt*) uni; (*flach*) plat; plain; (*nicht holperig*) égal; ⚔ plan; zu ~er Erde au rez-de-chaussée; au ras du sol; **2.** *adv.* (*gerade*) justement; précisément; (*kaum*) à peine; ~ *etw. getan haben* venir de faire qch.; *ich wollte* ~ *sagen* j'allais dire; '2**bild** *n* portrait *m*; image *f* (*Gottes de Dieu*); '~**bürtig** égal; '~**da** au même endroit; ibidem; '~**da'her** du même endroit; *begründend*: pour la même raison; '~**da'hin** au même endroit; '~**der-**, **die-**, **das'selbe** juste le, la même; ~**deshalb** voilà justement pourquoi; 2**e** ['e:bənə] *f* plaine *f*; ⚔ plan *m*; *auf höchster* ~*Konferenz*: au plus haut niveau; '~**falls** pareillement; également; de même; '2**holz** *n* bois *m* d'ébène; '2**maß** *n* symétrie *f*; '~**mäßig** bien proportionné; symétrique; '~**so** de même; ~ *groß wie* aussi grand que; '~**so'gut** tout aussi bien; '~**so'lange** tout aussi longtemps; '~**so'sehr**, '~**so'viel** tout autant (*mit su.* de); '~**so'wenig** tout aussi peu (*mit su.* de); ne ... pas plus (*mit su.* de); *ich* ~ ni moi non plus.
Eber ['e:bər] *m* (2) *zo.* sanglier *m*; *zahmer*: verrat *m*; '~**esche** *f* sorbier *m*. [égaliser.\
ebnen ['e:bnən] aplanir; niveler;\
Echo ['ɛço] *n* (11) écho *m*; '~**lot** *n* (3) sondage *m* par le son.
echt [ɛçt] véritable; vrai; (*natürlich*) naturel; (*rein*) pur; *Stein*: fin; (*verbürgt*) authentique; '2**heit** *f* pureté *f*; (*Verbürgtheit*) authenticité *f*.
'**Eck**|**ball** *m* *Sport*: corner *m*; coin *m*; ~**e** ['ɛkə] *f* (15) coin *m* (*a. Sport*); (*Winkel*) angle *m*; (*Ende*) bout *m*; *abgestoßene* ~ écornure *f*; *an allen* ~*n und Enden* partout; de tous côtés; *um die* ~ *biegen* tourner le coin; *um die* ~ *bringen* faire disparaître; assassiner; '~**haus** *n* maison *f* du coin; '2**ig** angulaire; anguleux; *fig.* (*linkisch*) gauche, (*ungeschliffen*) peu poli; '~**pfeiler** *m* pilier *m* cornier; *Brücke*: culée *f*; '~**platz** *m* coin *m*; '~**schrank** *m* armoire *f* d'angle; '~**stein** *m* pierre *f* angulaire; *Kartenspiel*: carreau *m*; '~**zahn** *m* (dent *f*) canine *f*.
edel ['e:dəl] noble; (~*mütig*) généreux (*a. Wein*); *Metall*: précieux; *Stil*: élevé; *Frucht*: sélectionné; 2**dame** *f*, 2**frau** *f* dame *f* noble; 2**gas** *n* gaz *m* rare; ~**gesinnt** ['~gəzɪnt], ~**herzig** ['~hɛrtsɪç] généreux; '2**knabe** *m* page *m*; 2**mann** *m* gentilhomme *m*; '2**metall** *n* métal *m* précieux; '2**mut** *m* générosité *f*; ~**mütig** ['~my:tɪç] généreux; '2**stahl** *m* acier *m* raffiné; '2**stein** *m* pierre *f* précieuse; '2**tanne** *f* sapin *m* argenté; '2**weiß** ♀ *n* (3²) edelweiss *m*.
Edikt [e'dɪkt] *n* (3) édit *m*.
Efeu ['e:fɔy] *m* (11) lierre *m*.
Effekt [ɛ'fɛkt] *m* (3) effet *m*; (*Arbeitsstärke*) puissance *f*.
Effekten [~ən] *pl.* effets *m/pl.*; valeurs *f/pl.*; ~**börse** *f* Bourse *f* des valeurs; ~**handel** *m* commerce *m* de valeurs; ~**händler** *m* agent *m* de change; ~**markt** *m* marché *m* des valeurs.
Effekt|**hasche'rei** *f* recherche *f* de l'effet; 2**iv** [~'ti:f] effectif; 2**voll** qui fait de l'effet. [m'est égal.\
egal [e'gɑ:l] égal; *das ist mir* ~ ça\
Egel ['e:gəl] *m* (7) sangsue *f*.
Egge ['ɛgə] *f* (15) herse *f*; 2**n** (25) 'herser; '~**n** *n* 'hersage *m*.
Ego|**ismus** [ego'ɪsmus] *m* (16) égoïsme *m*; ~**ist**(**in**) *m* égoïste *m, f*; 2**istisch** égoïste; 2**zentrisch** [~'tsɛntrɪʃ] égocentrique; égotiste.
ehe ['e:ə] (*daß*) avant que ... (*subj.*); *bei gleichem subj.*: avant de ... (*inf.*).
'**Ehe** *f* (15) mariage *m*; *in erster* ~ en premières noces; *Kind*: erster ~ du premier lit; *wilde* ~ union *f* libre; concubinage *m*; *e-e* ~ *schließen* se marier; *die* ~ *brechen* être adultère; ~**bett** *n* lit *m* nuptial; 2**brechen** être adultère; '~**brecher**

ehebrecherisch — 732 — **Ehrverlust**

(**-in** f) m (7) adultère m, femme f adultère; '♀**brecherisch** adultère; '**~bruch** m adultère m; ♀**dem** ['~de:m] autrefois; '**~frau** f femme f (mariée); épouse f; '**~gatte** m mari m; époux m; '**~gattin** f femme f; épouse f; '**~gelübde** n vœu m matrimonial; '**~hälfte** F f (chère) moitié f; '**~leute** pl. époux m/pl.; '♀**lich** conjugal; *Kind:* légitime; '♀**lichen** (25) épouser; '♀**los** célibataire; non marié; **~losigkeit** ['~lo:zɪçkaɪt] f célibat m; ♀**malig** ['~ma:lɪç] ancien; d'autrefois; *der* **~e** *Minister* l'ex-ministre m; '**~mann** m mari m; époux m; '**~paar** n couple m (de mariés); '**~partner** m conjoint m; '**~pflicht** f devoir m conjugal.

'**eher** (*früher*) plus tôt; (*lieber*) plutôt; *um so* **~** raison de plus; *je* **~**, *desto besser* le plus tôt sera le mieux.

'**Ehe**|**recht** n droit m matrimonial; '**~ring** m anneau m de mariage;

ehern ['e:ərn] d'airain. [alliance f.)

'**Ehescheidung** f divorce m; '**~sklage** f action f en divorce.

'**Ehe**|**schließung** f mariage m; '**~stand** m mariage m; *in den* **~** *treten* se marier.

'**ehestens** ['e:əstəns] au plus tôt.

'**Ehe**|**streit** m querelle f de ménage; '**~versprechen** n promesse f de mariage.

Ehr|**abschneider** ['e:r⁹apʃnaɪdər] m diffamateur m; '**~abschneiderei** f diffamation f; '♀**bar** honorable; (*der Sitte gemäß*) honnête; (*dem Anstand gemäß*) décent; (*keusch*) chaste; '**~barkeit** f honorabilité f; honnêteté f; (*Anstand*) décence f; (*Keuschheit*) chasteté f; '**~e** f (15) honneur m; *auf* **~**! sur l'honneur; sur ma foi; *zu j-s* **~** en l'honneur de q.; *es ist ihm e-e* **~**, *zu* ... cela lui fait honneur de ...; *j-m die* **~** *erweisen*, *zu* ... faire à q. l'honneur de ...; *auf* **~** *halten* être jaloux de son honneur; *s-e* **~** *daransetzen*, *zu* ... se faire un point d'honneur de ...; *j-n bei der* **~** *piquer* q. d'honneur; *in* **~**n *halten* honorer; *wieder zu* **~**n *bringen* réhabiliter; *sich etw.* *zur* **~** *anrechnen* se faire un honneur de qch.; '♀**en** (25) honorer (*mit* de).

'**Ehren**|**amt** n charge f honorifique; '♀**amtlich** (*adv.* à titre) honorifique; '**~bezeigung** f honneurs m/pl. (*erweisen* rendre); '♀**en** (25) '**~bürger(in** f) m citoyen m, -ne f d'honneur; '**~dame** f demoiselle (*resp.* dame) f d'honneur; '**~erklärung** f réparation f d'honneur; '**~gabe** f don m d'honneur; '**~gast** m convive m d'honneur; '**~geleit** n escorte f d'honneur; '**~gericht** n tribunal m d'honneur; '**~haft** honnête; honorable; '**~haftigkeit** f honnêteté f; honorabilité f; '♀**halber** pour l'honneur; honoris causa; '**~handel** m affaire f d'honneur; '**~kränkung** f injure f; '**~legion** f Légion f d'honneur; '**~mal** monument m aux victimes de la guerre; '**~mann** m homme m d'honneur; '**~mitglied** n membre m honoraire (*od.* d'honneur); '**~pforte** f arc m de triomphe; '**~platz** m place f d'honneur; '**~preis** m prix m d'honneur; ♀ véronique f; '**~rechte** n/pl.: *bürgerliche* **~** droits m/pl. civiques; '**~rettung** f réhabilitation f; '♀**rührig** injurieux; infamant; '**~runde** f *Sport:* tour m d'honneur; '**~sache** f affaire f d'honneur; '**~strafe** f peine f infamante; '**~tag** m jour m solennel; jour m où q. est à l'honneur; '**~titel** m titre m honorifique; '**~verpflichtung** f engagement m d'honneur; '♀**voll** honorable, glorieux; '**~wache** f garde f d'honneur; '♀**wert** honorable; '**~wort** n parole f d'honneur; '**~zeichen** n insigne m; décoration f.

ehr|**erbietig** ['~⁹ɛrbi:tɪç] respectueux; '♀**erbietung** f haute considération f; respect m; '♀**furcht** f respect m; vénération f; *j-m s-e* **~** *bezeigen* présenter ses respects à q.; **~** *gebieten* imposer le respect; '**~furchtsvoll** respectueux; '♀**gefühl** n sens (*od.* sentiment) m de l'honneur; '♀**geiz** m ambition f; '**~geizig** ambitieux; '**~lich** honnête; (*rechtschaffen*) probe, (*loyal*) loyal; **~e** *Haut* F bonne pâte f d'homme; **~** *gesagt* à parler franc; *es* **~** *ich j-m meinen* bonne foi envers q.; '♀**lichkeit** f honnêteté f; (*Rechtschaffenheit*) probité f; (*Loyalität*) loyauté f; '**~los** sans honneur; infâme; '**~losigkeit** f déshonneur m; infamie f; '♀**ung** f honneur m (fait à q.); '**~vergessen** = **~los**; '♀**verlust** m perte f des droits civiques; dégradation f ci-

ehrwürdig — 733 — **Eigentum**

vique; '~**würdig** vénérable; respectable.
ei! [aɪ] **1.** eh!; tiens!; ~ was! allons donc!; **2.** ⚥ n (1) œuf m (weich|gekocht)es à la coque; hart|gekocht)es dur; rohes ~ cru); ~er legen pondre.
Eibe ['aɪbə] f if m.
Eibisch ⚥ ['aɪbɪʃ] m guimauve f.
Eich|amt ['aɪçʔamt] n bureau m d'étalonnage des poids et mesures; '~**baum** m (15), '~**e** f chêne m.
Eichel ['~çəl] f (15) gland m; ~**häher** ['~hɛːər] m geai m; '~**kaffee** m café m de glands doux; '~**mast** f glandée f.
'**eichen 1.** adj. de (od. en) chêne; (25) **2.** v/t. étalonner; Hohlmaße: jauger; **3.** ⚥ n étalonnage m; Hohlmaße: jaugeage m.
'**Eichen|holz** n (bois m de) chêne m; '~**laub** n feuilles f/pl. de (od. feuillage m du) chêne; '~**lohe** f tan m; '~**wald**(**ung** f) m forêt f de chênes, chênaie f.
'**Eich|horn**, '~**hörnchen** n, '~**katze** f, '~**kätzchen** n écureuil m; ~**maß** n étalon m; Hohlmaße: jauge f; '~**meister** m vérificateur m des poids et mesures; '~**ung** f = '~ene.
Eid [aɪt] m (3) serment m; an ~es Statt à titre de serment; j-m e-n ~ abnehmen faire prêter serment à q.; e-n ~ leisten (schwören) prêter serment; e-n ~ brechen violer (od. rompre) son serment. [beau-fils m.]
Eidam ['aɪdam] m (3) gendre m;
'**Eid|bruch** m parjure m; '2**brüchig**, ('~**brüchige**[**r**] m) parjure (m).
Eidechse ['aɪdɛksə] f (15) lézard m.
Eiderdaunen ['aɪdər-] f/pl. édredon m; duvet m de l'eider.
'**Eides|formel** f formule f de serment; '~**leistung** f prestation f de serment.
'**eid|esstattliche Versicherung** f déclaration f sous la foi du serment; 2**esverweigerung** f refus m de prêter serment; 2**genossenschaft** f confédération f; ~**genössisch** ['~gənœsɪʃ] fédéral; ~**lich** ['aɪtlɪç] sous la foi du serment; sich ~ verpflichten, etw. zu tun jurer de faire qch.
'**Eidotter** m (7) jaune m d'œuf.
'**Eier|becher** m coquetier m; '~**brikett** n boulet m (de charbon); '~**handgranate** f grenade f à main ovoïde; '~**händler**(**in** f) m marchand

m, -e f d'œufs; '~**kuchen** m omelette f; '~**schale** f coque (od. coquille) f (d'œuf); '~**speise** f entremets m aux œufs; '~**stock** m ovaire m
Eifer ['aɪfər] m (7) zèle m; empressement m; pfort ardeur f; '~**er** m zélateur m; fanatique m; '2**n** (29): ~ für montrer du zèle pour; ~ gegen s'emporter contre; '~**sucht** f jalousie f; '2**süchtig** jaloux (auf acc. de).
'**eiförmig** ovale. [ardent.]
eifrig ['aɪfrɪç] zélé; empressé; pfort]
'**Eigelb** n (3) jaune m d'œuf.
eigen ['aɪgən] propre; (spezifisch) spécifique; (eigentümlich) particulier; (befremdend) étrange; (sonderbar) singulier; (anspruchsvoll) exigeant; (genau) exact; sein ~er Herr sein être son maître; zu ~en Händen en main propre; in ~er Person en personne; er hat ein ~es Zimmer à une chambre à lui; ich habe es mit ~en Augen gesehen je l'ai vu de mes propres yeux; etw. auf ~e Faust (aus ~em Trieb) tun faire qch. de son propre chef; das gehört ihm zu ~ cela lui appartient en propre; sich etw. zu ~ machen s'approprier qch., fig. adopter qch.; '2**-art** f particularité f; '~**-artig** particulier; singulier; 2**bedarf** m besoins m/pl. personnels (resp. nationaux); 2**brötler** ['~brøːtlər] m (7) original m; ~**händig** ['~hɛndɪç] de ma (resp. ta, etc.) propre main; ~ (geschrieben) autographe; 2**heim** n maison f à soi; 2**heit** f propriété f; (Eigentümlichkeit) particularité f; (Sonderbarkeit) singularité f; 2**liebe** f amour-propre m; '2**lob** n éloge m de soi-même; '~**mächtig** arbitraire; adv. a. de ma (resp. ta, etc.) propre autorité; '2**name** m nom m propre; '2**nutz** m intérêt m personnel; égoïsme m; ~**nützig** ['~nʏtsɪç] égoïste; adv. par intérêt; '~**s** exprès; spécialement; particulièrement; '2**schaft** f qualité f; auszeichnende: caractère m; (das Eigentümliche) propriété f; (Merkmal) attribut m; '2**schaftswort** n adjectif m; '2**sinn** m entêtement m; obstination f; opiniâtreté f; (Grille) caprice m; '~**sinnig** ['~zɪnɪç] entêté; obstiné; opiniâtre; (wunderlich) capricieux; ~**tlich** ['aɪgəntlɪç] véritable; vrai; proprement dit; im ~en Sinne au sens propre; adv. à vrai dire; à proprement parler; '2**tum**

Eigentümer(in) n (1²) propriété f; **2tümer(in** f) ['⁓ty:mər] m (5) propriétaire m, f; '⁓**tümlich** propre; particulier; **2tümlichkeit** f propriété f; particularité f; caractère m; caractéristique f; trait m distinctif; propre m; '**2tumsrecht** n ('**2tumstitel** m) droit (titre) m de propriété; '**2tumswohnung** f appartement m en copropriété; '**2wille** m entêtement m; '⁓**willig** entêté.

eig|nen ['aɪgnən] (29): sich ⁓ être propre (od. apte (zu à); être qualifié (pour); se prêter (à); '**2nung** f qualification f; aptitude f; '**2nungsprüfung** f test m; '**2nungszeugnis** n certificat m d'aptitude.

'**Eiland** n (3) île f.

'**Eil|bote** m courrier m; durch ⁓n par exprès; '⁓**brief** m lettre f (à remettre) par exprès.

Eile ['aɪlə] f (15) hâte f; (Flinkheit) promptitude f; in aller ⁓ à la (od. en toute) hâte; '**2n** m (25): sich ⁓ se hâter; se dépêcher; se presser; (laufen) courir; es eilt cela presse; '**2nds** à la hâte.

'**eil|fertig** pressé; prompt; adv. a. à la hâte; '**2fertigkeit** f promptitude f; hâte f; '**2fracht** f '**2gut** n marchandises f/pl. en grande vitesse; '⁓**ig** Person: pressé; Sache: pressant; es ⁓ haben être pressé; er hatte nichts 2eres zu tun als zu ... il n'eut rien de plus pressé que de ...; '⁓**igst** vite; en toute hâte; '**2marsch** m marche f forcée; '**2zug** m (train m) rapide m.

Eimer ['aɪmər] m (7) seau m; '**2weise** par seaux.

ein [aɪn] (20) **1.** Zahlwort: un m, une f; (Punkt) ⁓ Uhr à une heure (précise); ⁓ für allemal une fois pour toutes; in ⁓em fort continuellement; ihr ⁓ und alles son unique trésor; ⁓er nach dem andern l'un après l'autre; weder ⁓ noch aus wissen ne (pas) savoir où donner de la tête; ⁓ und derselbe (dasselbe) une seule et même personne (chose); auf eins hinauslaufen revenir au même; eins werden tomber d'accord; **2.** art. un m, une f.

'**Ein-akter** m (7) pièce f en un acte; vor e-m größeren Stück: lever m de rideau.

einander [aɪˈnandər] l'un l'autre; les uns les autres; l'un à l'autre; les uns aux autres; ⁓ helfen s'entraider; ⁓ schaden s'entre-nuire.

'**ein-arbeiten** (26) faire entrer; insérer; sich ⁓ in (acc.) se mettre au courant de; s'initier à.

einarmig ['⁓ʔarmɪç] manchot.

einäscher|n ['⁓ʔɛʃərn] réduire en cendres; Leichen: incinérer; '**2ung** f Leichen: incinération f; crémation f.

'**ein|-atmen** aspirer; respirer; '**2-atmung** f aspiration f; respiration f; ⁓**äugig** ['⁓ʔɔʏgɪç] borgne.

'**Einbahnstraße** f (rue f à) sens unique m; v. Gegenrichtung: sens m interdit.

'**einbalsamie|ren** embaumer; '**2ung** f embaumement m.

'**Einband** m (13³) reliure f.

'**Einbau** m encastrement m; Maschinen, Apparate usw.: installation f (in acc. dans); montage m; '**2en** encastrer (in die Wand dans le mur); Maschine, Apparat usw.: installer (in acc. dans); monter.

'**Einbaum** m pirogue f.

'**einbe|greifen** (y) comprendre; '⁓**griffen**: (mit)⁓ y compris; '⁓**halten** retenir (vom Lohn sur le salaire); '⁓**berufen** ⚔ appeler (sous les drapeaux); Parlament usw.: convoquer; '**2ung** f appel m; Parlament usw.: convocation f; '**2ungsbefehl** m ordre m d'appel.

einbeulen ['aɪnbɔʏlən] (25) bosseler. [dans.]

'**einbeziehen** comprendre (in acc.)

'**einbiegen** v/t. plier en dedans; v/i. in e-n Weg ⁓ prendre un chemin; nach rechts ⁓ tourner à droite.

'**einbild|en**: sich ⁓ s'imaginer; se figurer; sich etw. ⁓ auf (acc.) tirer vanité de; '**2ung** f imagination f; (irrige Vorstellung) illusion f; (Anmaßung) présomption f; '**2ungskraft** f imagination f; '**2ungsvermögen** n faculté f imaginative.

'**ein|binden** relier; '**2binden** n reliure f; '⁓**blasen** souffler (in acc. dans); fig. suggérer; ⁓**bleuen** ['⁓blɔʏən] (25): j-m etw. ⁓ inculquer qch. à q.; '**2blick** m coup m d'œil; fig. aperçu m; idée f; j-m ⁓ in etw. (acc.) gewähren mettre q. au courant de qch.

'**einbrech|en** Wasser: faire irruption; (einsinken) s'écrouler; auf dem Eis: s'enfoncer; gewaltsam: entrer de

Einbrecher(in) — 735 — **einflößen**

force (*in acc.* dans); *in ein Haus* ~ cambrioler une maison; ⚔ *in die Linien* ~ enfoncer (*od.* percer) les lignes; *in ein Land* ~ envahir un pays; *Nacht:* tomber; '**2er(in**ƒ)*m* (7) cambrioleur *m*, -euse ƒ.

'**ein|brennen** marquer au fer chaud; '**~bringen** *Antrag:* déposer; *Getreide:* engranger; rentrer; *Gewinn:* rapporter; '**~bringlich** lucratif; '**~brocken** (25) tremper; *fig. j-m etw.* ~ jouer un mauvais tour à q.

'**Einbruch** *m Wasser:* irruption ƒ; *in ein Haus:* effraction ƒ; ⚔ *in die Front:* enfoncement *m*; percée ƒ; *in ein Land:* invasion ƒ; *der Nacht:* tombée ƒ; '**~sdiebstahl** *m* cambriolage *m*; vol *m* avec effraction; '**2ssicher** incrochetable; '**~sstelle** ⚔ ƒ point *m* d'attaque; percée ƒ.

Ein|buchtung ['~buxtuŋ] ƒ indentation ƒ; (*Bucht*) anse ƒ; '**2bürgern** ['~byrgərn] (29) naturaliser; '**~bürgerung** ƒ naturalisation ƒ; '**~buße** ƒ dommage *m*; perte ƒ; '**2büßen** ƒ perdre; '**2dämmen** (25) endiguer.

'**eindeck|en** couvrir; *sich* ~ (*versorgen*) se pourvoir (*mit* de); '**2er** ⚔ *m* (7) monoplan *m*.

'**eindeichen** = *eindämmen*.

ein|deutig ['~dɔytiç] dont le sens est clair; '**~dicken** épaissir.

'**eindring|en** (30) pénétrer; entrer de (*od.* par) force; *Flüssigkeit:* s'infiltrer; *auf j-n* ~ *fig.* presser q.; *in ein Land* ~ envahir un pays; '**~lich** pénétrant; (*ergreifend*) émouvant; (*drängend*) pressant; avec insistance; '**2lichkeit** ƒ insistance ƒ; '**2ling** *m* (3¹) intrus *m*; ⚔ envahisseur *m*.

'**Eindruck** *m* (3³) *fig.* impression ƒ; (*Gepräge*) empreinte ƒ.

'**ein|drücken** enfoncer, (*zerbrechen*) casser; (*einprägen*) empreindre, imprimer; '**~druckvoll** impressionnant; '**~e** *s. ein*; '**~ebnen** (25) aplanir; niveler; '**2-ehe** ƒ monogamie ƒ; '**~engen** resserrer; mettre à l'étroit; *fig.* gêner.

einer ['aɪnər] 1. *s. ein*; 2. ⚔ *m Sport:* (7) canot *m* à un rameur; skiff *m*; *arith.* unité ƒ; '**~lei** de même espèce; (*das ist*) ~! c'est égal (*od.* indifférent); '**2lei** *n* (6 *o. pl.*) monotonie ƒ; uniformité ƒ; *das tägliche* ~ le train-train quotidien. [tails] *od.* part.]

einerseits ['~zaɪts], **einesteils** ['~/-
einfach ['~fax] simple; (*bescheiden*) modeste; *Mahl:* frugal; '**2heit** ƒ simplicité ƒ; *Mahl:* frugalité ƒ.

'**einfädeln** (29) *Nadel:* enfiler; *fig. Gespräch:* engager; *Plan:* tramer.

'**einfahren** (30) *v*/*i*. (r)entrer (en voiture, *etc.*); ⚔ descendre (dans le puits); *Zug:* entrer en gare; *v*/*t*. rentrer; *Pferde:* dresser à la voiture; *Auto:* roder.

'**Einfahrt** ƒ (16) entrée ƒ; ⚔ descente ƒ (dans le puits); (*Torweg*) porte ƒ cochère.

'**Einfall** *m* (3³) (*Einsturz*) écroulement *m*; ⚔ invasion ƒ; *phys. Strahlen:* incidence ƒ; (*Gedanke*) idée ƒ; *launenhafter* ~ caprice *m*; *launiger* ~ boutade ƒ; *witziger* ~ saillie ƒ; *wunderlicher* ~ lubie ƒ; *auf den* ~ *kommen* avoir l'idée (*zu* de); *s'aviser* (de); '**2en** s'écrouler; ⚔ *in* (*acc.*) envahir (*acc.*); *phys. Strahlen:* faire incidence; ♪ rentrer; *in die Rede:* interrompre; *es fällt mir ein* il me vient à l'idée (à l'esprit); *sich etw.* ~ *lassen* s'aviser de qch.; *was fällt dir ein?* quelle mouche te pique?; *das fällt mir nicht ein!* j'en suis bien loin!; *Ihr Name fällt mir nicht ein* votre nom ne me revient pas; '**~swinkel** *m* angle *m* d'incidence.

Ein|falt ['~falt] ƒ (16) simplicité ƒ; ingénuité ƒ; (*Unbefangenheit*) naïveté ƒ; (*Dummheit*) niaiserie ƒ; '**2fältig** ['~fɛltɪç] simple; naïf; (*dumm*) niais; '**~faltspinsel** F *m* nigaud *m*; benêt *m*; '**~familienhaus** *n* maison ƒ pour une seule famille; '**2fangen** prendre; (*ergreifen*) saisir; (*verhaften*) arrêter; '**2farbig** unicolore; *Stoff:* uni.

'**einfass|en** border (*mit* de); garnir (de); (*umgeben*) entourer (de); *Schmuck:* sertir, enchâsser (*a. Brille*); (*rahmen*) encadrer; '**~ung** ƒ bordure ƒ; garniture ƒ; (*Einfriedigung*) clôture ƒ; *Edelstein:* sertissure ƒ; *Brille:* monture ƒ; (*Rahmen*) cadre *m*; *Tür, Fenster:* chambranle *m*.

'**ein|fetten** (26) graisser; lubrifier; '**~finden**: *sich* ~ se trouver (à l'endroit indiqué); se présenter; *vor Gericht:* comparaître; '**~flechten** entrelacer; entremêler de; '**~fließen** couler (*in acc.* dans); ~ *lassen fig.* glisser; '**~flößen** (27) *Arznei:* faire prendre; administrer;

Einfluß — 736 — **Eingeweihte(r)**

fig. suggérer; inspirer; *j-m Bewunderung* ~ remplir q. d'admiration. **'Einfluß** *m fig.* influence *f*; ascendant *m*; *(Ansehen)* crédit *m*; *auf j-n (etw. acc.)* ~ *ausüben* influencer q. (influer sur qch.); **₂reich** (très) influent; **~sphäre** ['~sfɛːrə] *f* sphère *f* d'influence.

'ein|flüstern: *j-m etw.* ~ souffler qch. à q., *fig.* suggérer qch. à q.; **'~fordern** réclamer; *Steuern*: lever. **einförmig** ['~fœrmɪç] uniforme; *fig.* monotone; **₂keit** *f* un'iformité *f*; *fig.* monotonie *f*.

ein|fried(ig)en ['~friːdɪgən] enclore (d'une 'haie); clôturer; **₂friedigung** *f* clôture *f*; enclos *m*; **'~frieren** geler; être pris dans les glaces; **'~fügen** insérer (*in acc.* dans); *sich* ~ *(anpassen)* s'adapter (à); **'~fühlen**: *sich* ~ *in j-n* se mettre dans la peau de q.; **₂fühlungsvermögen** *n* intuition *f*; **₂fuhr** ['~fuːr] *f* (16) importation *f*; **₂fuhrbeschränkung** *f* restriction *f* d'importation.

'einführ|en importer; *Waren*: importer; *in ein Amt*: installer (*in acc.* dans); *in etw. (acc.)* ~ *fig.* initier à qch.; *j-n in ein Geheimnis* ~ mettre q. dans un secret.

'Einfuhr·erlaubnis *f* permis *m* d'importation (*od.* importer); **'~handel** *m* commerce *m* d'importation; **'~überschuß** *m* excédent *m* d'importation.

'Einführung *f* introduction (*in acc.* dans, *fig.* à); *fig.* initiation *f* (*in acc.* à); *v. Waren*: importation *f*; *in ein Amt*: installation *f* (*in acc.* dans); **'~s-übung** *f* exercice *m* d'initiation (*in acc.* à).

'Einfuhr|verbot *n* défense (*od.* interdiction) *f* d'importer; prohibition *f*; **'~zoll** *m* (droit *m* d')entrée *f*. **'einfüllen** verser (*in acc.* dans); *in Flaschen* ~ mettre en bouteilles. **'Eingabe** *f* (*Gesuch*) pétition *f*; demande *f*; ₂ʳ ̣̄ requête *f*.

'Eingang *m* entrée *f* (*a.* †); **₂s** au commencement; **'~sbuch** † *n* livre *m* des entrées.

'ein|geben *Arznei*: faire prendre, administrer; *fig.* inspirer; suggérer; *Bittschrift*: présenter; **~gebildet** ['~gəbɪldət] imaginaire; *(dünkelhaft)* vaniteux; *(anmaßend)* présomptueux; *auf etw. (acc.)* ~ *sein* se piquer de qch.

'eingeboren natif; naturel; indigène; *(angeboren)* inné; **'₂e(r)** *m, f* indigène *m, f*.

Ein|gebung ['~geːbʊŋ] *f* inspiration *f*; suggestion *f*; **₂gedenk**: *e-r Sache (gén.)* ~ *sein (bleiben)* se souvenir de qch.; **₂gefallen**: **~e** *Wangen* joues *f/pl.* creuses; **~e** *Augen* yeux *m/pl.* enfoncés; **₂gefleischt** ['~gəflaɪʃt] incarné; *fig.* incorrigible; **~er** *Junggeselle* célibataire *m* endurci; **₂gefroren** *Kredit*: bloqué.

'eingehen *v/i.* entrer; *(ankommen)* arriver; *Gelder*: rentrer; *(erlöschen)* s'éteindre; *(absterben)* dépérir; *Zeitungen*: cesser de paraître; *Gesellschaft*: se dissoudre; *Stoff*: (se) rétrécir; *Stelle*: ~ *lassen* supprimer; *auf etw. (acc.)* ~ *(in etw. einwilligen)* consentir à, *(sich zu etw. hergeben)* se prêter à qch., *(sich über etw. auslassen)* se prononcer sur qch.; *auf ein Thema* ~ s'étendre sur un sujet; *auf e-e Bedingung* ~ souscrire à une condition; *v/t. Bedingung*: souscrire à; *Vertrag*: conclure; *Ehe*: contracter; *Wette*: faire; *Verpflichtung*: prendre; *e-n Vergleich* ~ entrer en composition; **'~d** détaillé; ~ *behandeln* traiter à fond.

eingekeilt ['~gəkaɪlt] coincé. **Eingemachte(s)** ['~gəmaxtə(s)] *n* (18) conserves *f/pl.*; *(Früchte)* confitures *f/pl.*

eingemeind|en ['~gəmaɪndən] (26) incorporer à une commune.

eingenommen ['~gənɔmən] prévenu *(für* en faveur de; *gegen* contre); *von sich* ~ suffisant; infatué; épris de lui-même; **'₂heit** *f* prévention *f (für* pour; *gegen* contre); *(Dünkel)* infatuation *f*.

Ein|gesandt ['~gəzant] *n* (11) communiqué *m*; **₂geschlossen** ['~gəʃlɔsən] inclus; **₂geschränkt** ['~gəʃrɛŋkt] borné; restreint; **₂geschrieben** ['~gəʃriːbən] inscrit; *Brief*: recommandé; **₂gesessen** ['~gəzɛsən] domicilié; *Bevölkerung*: indigène; **~geständnis** *n* aveu *m*; **₂gestehen** ['~gəʃteːən] avouer; *(zugeben)* admettre; **₂getragen** ['~gətraːgən] enregistré; **~e** *Schutzmarke* marque *f* déposée; **₂geweide** ['~gəvaɪdə] *n* (5) *anat.* viscères *m/pl.*; *(Gedärme)* intestins *m/pl.*; entrailles *f/pl.*; **~geweihte(r** *a. m)* ['~gəvaɪtə(r)] *m, f* initié *m*, -e *f*; adepte *m*,

eingewöhnen — 737 — **Einkerkerung**

f; gewöhnen (sich ~ s')acclimater; (s')habituer à; gewurzelt ['~gəvurtsəlt] enraciné; gießen verser (in acc. dans); gipsen ['~gipsən] sceller en plâtre; chir. mettre dans le plâtre; glas n monocle m; gleisig ['~glaitsiç] à voie unique; gliederung f incorporation f; graben enterrer; (verscharren)enfouir (fig. graver; sich ~ se terrer; gravieren ['~vi:-] graver dans; greifen mettre la main (in acc. dans); Zahnräder: engrener; fig. se mêler (in acc. de); intervenir (dans); in j-s Rechte ~ empiéter sur les droits de q.; '~griff m engrenage m; fig. intervention f; widerrechtlicher: empiétement m; chir. intervention f chirurgicale.

einhaken agrafer; ⊕ enclencher.

'**Einhalt** m arrêt m; e-r Sache ~ gebieten arrêter qch.; 'en v/t. (hemmen) arrêter; (zurückhalten) retenir; Bedingung, Vorschrift: observer; Versprechen: tenir; Weg: suivre; v/i. s'arrêter.

'**einhämmern**: etw. ~ fig. bourrer le crâne de qch. (contre.)

'**einhandeln**: ~ gegen échanger)

einhändigen ['~hɛndigən] remettre (en main propre); 'ung f remise f.

'**einhängen** (sus)pendre; Tür: pendre; téléph. raccrocher; Rad: enrayer; '~hauchen insuffler (fig. inspirer; j-m Leben ~ animer q. de son souffle; '~hauen v/t. enfoncer; Loch: percer; in den Stein ~ graver sur la pierre; v/i. (zulangen) F avoir un bon coup de fourchette; '~heften brocher; Futter: faufiler; '~heimisch ['~haimiʃ] indigène (a. ♀); natif; du pays; local; national; Krankheit: endémique; ~ machen naturaliser; ~ werden se naturaliser; '~heimsen ['~haimzən] (27) fig. empocher; '~heiraten entrer par mariage.

'**Einheit** f unité f; lich qui a de l'unité; (gleichmäßig) uniforme; (unitarisch) unitaire; lichkeit f unité f; (Gleichmäßigkeit) uniformité f.

'**Einheits**|**bestrebung** f aspiration f à l'unité; mouvement m unitaire; '~front f front m unique; '~kurzschrift f sténographie f unifiée; '~liste f liste f unique; '~preis m

prix m unique; '~schule f école f unique; '~staat m État m unitaire; '~zeit f heure f universelle.

'**einheizen** chauffer; j-m ~ fig. dire son fait à q. (unanimité f.)

einhellig ['~hɛliç] unanime; keit f)

einherstolzieren ['~he:r-] se pavaner.

'**einhole|n** feierlich: aller à la rencontre de; (erreichen) atteindre; rejoindre; rattraper (a. fig.); (einkaufen) faire des emplettes; Ernte, Segel: rentrer; Tauwerk: 'haler; Erlaubnis: demander; j-s Rat (Befehle) ~ prendre conseil (les ordres) de q.; 'netz n filet m à provisions.

'**Ein**|**horn** n licorne f; '~hüllen envelopper; warm ~ emmitoufler.

einig ['ainiç] d'accord; (sich) ~ werden (sein) tomber (être) d'accord (über acc. sur); ~e ['ainigə] quelques; su. quelques-uns (-unes); '~en (25) unifier; (in Übereinstimmung bringen) (sich se) mettre d'accord (über acc. sur); ~ermaßen ['~'ma:sən] dans une certaine mesure; en quelque sorte; (leidlich) passablement; ~es quelque chose; ~keit ['~kait] f (16) union f; concorde f; ~ung ['~guŋ] f unification f; (Übereinstimmung) accord m.

'**ein**|**impfen** inoculer; fig. inculquer; '~jagen: Furcht ~ faire peur; '~jährig ['~jɛ:riç] d'un an; (ein Jahr dauernd; alljährlich) annuel; '~kalkulieren mettre en ligne de compte.

einkapseln ['~kapsəln] (29) enkyster; fig. sich ~ s'isoler; 'ung ♂ f enkystement m.

'**einkassier**|**en** encaisser; 'en n, ung f encaissement m.

'**Einkauf** m achat m; kleiner: emplette f; 'en acheter; faire emplette de; abs. faire des emplettes.

'**Einkäufer** m acheteur m.

'**Einkaufs**|**abteilung** f service m des achats; '~preis m prix m d'achat.

Einkehr ['~ke:r] f (16) arrivée f; entrée f; (Wirtshaus) auberge f; fig. ~ in sich selbst recueillement m; 'en (25) entrer; aller loger; descendre (bei j-m chez q.); in ein Gasthaus ~ à un hôtel.

einkellern ['~kɛlərn] (29) encaver.

'**einkerben** (25) entailler.

einkerker|**n** ['~kɛrkərn] (29) incarcérer; emprisonner; 'ung f incarcération f; emprisonnement m.

46 Dtsch.-Franz.

einkesseln — 738 — **einmotorig**

einkessel|n ['⁓kesəln] encercler; **⁓ung** f encerclement m.
'ein|kitten mastiquer; **'⁓klagen** Schuld: poursuivre le recouvrement (de); **'⁓klammern** cramponner; Wörter usw.: mettre entre parenthèses (in eckige Klammern: entre crochets); **'⁓klang** m unisson m; accord m; in ⁓ bringen mettre d'accord; **'⁓kleben** coller dans.
'einkleid|en habiller; Gedanken: revêtir; **⁓ung** f habillement m.
'ein|klemmen serrer avec des pinces; chir. étrangler; **'⁓klinken** (v/i. se) fermer au loquet; encliqueter; **'⁓knicken** v/t. casser à demi; e-e Seite: faire une corne à une page; v/i. se briser; **'⁓kochen** v/i. se réduire par ébullition; v/t. Saft: concentrer; Früchte: confire.
'einkommen 1. Geld: rentrer; um etw. ⁓ demander qch.; **2.** 2 n (6) revenu m; **⁓steuer** f impôt m sur le revenu.
'einkreis|en encercler; **⁓ungspolitik** f politique f d'encerclement.
'Einkünfte f/pl. (14¹) revenus m/pl.
'einkuppeln ⊕ embrayer.
'einlad|en Waren: charger (in acc. dans); Personen: inviter; **2en** n, **⁓ung** f chargement m; Personen: invitation f; **'⁓end** (verlockend) engageant; (reizend) séduisant.
'Ein|lage f chose f incluse; (Kapital-2) mise f de fonds; Spiel: enjeu m; Sparkasse: dépôts m/pl.; thé. intermède m; Suppe mit ⁓ soupe f garnie; **'⁓lagern** emmagasiner; **'⁓laß** m (4) admission f; entrée f; **'⁓lassen** laisser (resp. faire) entrer; admettre; sich auf (od. in) etw. (acc.) ⁓ s'engager dans qch.; sich mit j-m ⁓ entrer en relations avec q.
'Einlaß|karte f carte f d'entrée; **'⁓ventil** n soupape f d'admission.
'Einlauf ♂ m lavement m; **'2en** entrer; arriver; Schiff: entrer au port; Zug: entrer en gare; Stoff: (se) rétrécir; nicht ⁓d Stoff: irrétrécis-; **'einläuten** sonner. [sable.]
'einleb|en: sich ⁓ in (acc.) s'habituer à; (heimisch werden) s'acclimater à; vivre dans un endroit.
'einleg|e|n mettre (in acc. dans); (einfügen) insérer (dans); (einzahlen) verser; Waren: déposer; Fleisch, Fisch: mariner; Früchte: confire; Möbel: incruster; mar-

queter; ♂ Ableger: marcotter; Berufung ⁓ interjeter appel; ein gutes Wort ⁓ für intercéder pour; Ehre mit etw. ⁓ retirer de la gloire de qch.; Verwahrung ⁓ protester; **'2-sohle** f semelle f (à mettre dans les chaussures).
'einleit|en introduire; (vorbereiten) préparer; Verhandlungen usw.: entamer; Prozeß: instruire; ♪ préluder; **2ung** f introduction f; (Vorbereitung) préparation f; (Vorwort) préface f; ♪ prélude m; ouverture f.
'einlenken: ⁓ in (acc.) entrer dans; fig. se raviser. [liariser avec.]
'einlesen: sich ⁓ in (acc.) se fami-
'einleuchten paraître (od. être) évident; **'⁓d** évident; clair.
'einliefer|n livrer; **2ung** f livraison f; **'2ungsschein** m récépissé m.
'einliegend ci-inclus; ci-joint.
'einlös|bar convertible; **'⁓en** dégager; Pfand: a. retirer; Schuld: payer; Wechsel: faire accueil à; Banknoten: rembourser; Wertpapiere: convertir; **2ung** f dégagement m; ♪ paiement m; Banknoten: remboursement m; Wertpapiere: conversion f.
'Einmach|(e)glas n bocal m à conserves; verre m à confitures; **2en** confire; conserver.
'einmal une fois; ⁓ um das andere une fois sur deux; auf ⁓ en même temps, (plötzlich) tout à coup; ein für allemal une fois pour toutes; noch ⁓ encore une fois; noch ⁓ so groß wie le double de; (ehemals) autrefois; es war ⁓ il y avait (od. il était) une fois; Zukunft: un jour; hör ⁓! écoute donc!; nicht ⁓ (bei vb. ne...) pas même; **'⁓eins** n table f de multiplication; **'⁓ig** unique.
'Einmarsch m entrée f; **'2ieren** entrer; faire son entrée.
'Einmaster ['⁓mastər] m (7) vaisseau m à un seul mât.
'einmauern (em)murer.
'einmeißeln ciseler (in acc. dans).
'einmengen = einmischen.
'einmieten ♂ mettre en silo; j-n ⁓ arrêter un logement pour q.; sich ⁓ louer un logement.
'einmisch|en mêler (in acc. à); sich ⁓ se mêler (in acc. de); intervenir (dans); s'ingérer (dans); **2ung** f ingérence f; intervention f.
'einmotorig monomoteur.

einmünden — 739 — **Einsargung**

'**einmünden**: ~ *in* (*acc.*) déboucher (*od.* se jeter) dans; *Straße*: déboucher sur. [**keit** *f* unanimité *f*.\
'**einmütig** ['‿my:tiç] unanime; '²-|
'**einnähen** coudre (*in acc.* dans); (*enger machen*) rétrécir.
Einnahme ['‿na:mə] *f* (15) *Stadt*: prise *f*; *Land*: conquête *f*; *Steuern*: perception *f*; *Geld*: recette *f*; (*Einkommen*) revenu *m*; † *in* ~ **stellen** porter en recette; '**‿buch** † *n* livre *m* des recettes; '**‿quelle** *f* source *f* de revenus.
'**einnebeln** (29) embrumer; entourer d'un nuage de fumée.
'**einnehm|en** prendre; *Land*: conquérir; *Stellung*: occuper; *Steuern*: percevoir; *Geld*: encaisser; toucher; *fig.* prévenir (*für* in faveur de; *gegen* contre); '**‿end** engageant; séduisant; **‿es Wesen** manières *f/pl.* avenantes; '²**er(in** *f*) *m* (7) receveur *m*, -euse *f*; *v. Steuern*: percepteur *m*.
'**einnicken** s'assoupir.
'**einnisten**: *sich* ~ se nicher; *fig.* s'implanter (*in dat. resp. acc.* dans).
'**Ein-öde** *f* désert *m*; solitude *f*.
'**ein-ölen** huiler.
'**ein-ordn|en** ranger; classifier; *Akten*: classer; *sich* ~ s'adapter (*in acc.* à); '²**en** *n*, '²**ung** *f* classification *f*; *Akten*: classement *m*.
'**ein|packen** *v/t.* empaqueter, emballer; *in Papier* ~ envelopper dans du papier; *in Stroh* ~ empailler; *v/i.* faire sa malle; '²**packen** *n* empaquetage *m*; emballage *m*; '**‿passen** ajuster; '**‿pferchen** (25) parquer; '**‿pflanzen** planter; *fig.* implanter; '**‿phasig** ⚡ monophasé.
'**einpökel|n** saler; mariner; '²**en** *n*, '²**ung** *f* salaison *f*; marinage *m*.
'**einpolig** [‿'po:liç] unipolaire.
'**einprägen** empreindre; graver (*a. fig.*); *fig.* inculquer.
'**einquartier|en** loger; ⚔ *a.* cantonner; '²**ung** *f* logement *m*; ⚔ *a.* (*mise f en*) cantonnement *m*; ~ *haben* loger des soldats.
'**einrahmen** (25) encadrer.
'**einrammen** enfoncer.
'**einräum|en** *Möbel*: ranger; mettre en place; *Wohnung*: emménager; (*überlassen*) céder; (*zugestehen*) accorder; concéder; '²**ung** *f* emménagement *m*; (*Überlassung*) cession *f*; (*Zugestandnis*) concession *f*.
'**einrechnen** comprendre dans un compte; *mit eingerechnet* y compris; *nicht mit eingerechnet* non compris.
'**einreden**: *j-m etw.* ~ persuader q. de qch.; faire croire qch. à q.; *das lasse ich mir nicht* ~ on ne me fera pas croire cela; *auf j-n* ~ chercher à persuader q.
'**einreib|en** frictionner (*mit* avec); frotter (*mit* de); '²**en** *n*, '²**ung** *f* friction *f* (*a.* ✱); frottement *m*.
'**einreichen** présenter.
'**einreih|en** ranger; ✕ enrôler; '**‿ig** ['‿raiç] à un seul rang; *Anzug*: droit.
'**Einreise** *f* entrée *f*; '**‿erlaubnis** *f* permis *m* d'entrée; '²**en** entrer; **‿visum** *n* visa *m* d'entrée.
'**einreißen** *v/t.* faire une déchirure à; (*niederreißen*) démolir; *v/i. fig.* se répandre; *Gewohnheit*: s'introduire.
'**ein|reiten** *Pferd*: dresser; **‿renken** ['‿rɛŋkən] (25) remboîter; remettre; *fig.* arranger; '**‿rennen**: *offene Türen* ~ enfoncer des portes ouvertes; *sich den Schädel* ~ se casser la tête au mur.
'**einricht|en** arranger; ⊕ ajuster; (*errichten*) établir; fonder; *Anlagen*: installer; *Verwaltung*: organiser; *Haus*: emménager; *Wohnung*: meubler; '²**en** *n*, '²**ung** *f* arrangement *m*; ⊕ ajustage *m*; (*Errichtung*) établissement *m*; fondation *f*; *Anlagen*: installation *f*; *Verwaltung*: organisation *f*; (*Verfahren*) procédé *m*; *Haus*: emménagement *m*; *Wohnung*: ameublement *m*; (*Getriebe*) mécanisme *m*; (*Vorrichtung*) dispositif *m*.
'**ein|riegeln** enfermer au verrou; '**‿ritzen** graver; '**‿rollen** enrouler; '**‿rosten** s'enrouiller; F *fig.* s'encroûter; '**‿rücken** *v/t. Anzeige*: insérer; *mach.* embrayer; *typ.* rentrer; *v/i.* ✕ entrer (*in acc.* dans); *in j-s Stelle* ~ succéder à q. dans un emploi; '**‿rühren** délayer.
Eins [aıns] *f* (16³) un *m*; *s.* ein.
'**ein|sacken** ensacher; '**‿salzen** saler.
'**einsam** solitaire; isolé; '²**keit** *f* solitude *f*; isolement *m*.
'**einsammel|n** recueillir; *Früchte*: récolter; cueillir; *Geld* ~ faire une collecte; '²**en** *n*, '²**ung** *f* *Früchte*: récolte *f*; *Geld*: collecte *f*; quête *f*.
einsarg|en ['‿zargən] mettre en bière; '²**ung** *f* mise *f* en bière.

'Einsatz m Spiel: enjeu m; mise f en jeu; (Tisch♀) rallonge f; (Spitzen♀) entre-deux m; ♪ rentrée f; ⚔ entrée f en ligne; Gasmaske: tampon m; '♀**fähig** capable de faire qch.
'einsaugen sucer; aspirer; Flüssigkeit: s'imbiber de.
'einscha|lten △ coffrer; ♀**len** f, '♀**lung** f coffrage m; '♀**ler** m coffreur m.
'einschalt|en intercaler; ⚡ mettre en circuit; Strom: fermer; Licht: allumer; (kuppeln) embrayer; fig. sich ~ s'immiscer; s'ingérer; '♀**en** n, '♀**ung** f intercalation f; ⚡ mise f en circuit; Strom: fermeture f; (kuppeln) embrayage m.
'ein|schärfen inculquer; '~**scharren** enfouir; enterrer; '~**schätzen** estimer; Steuern: taxer; '~**schenken** verser de l'eau; Glas: remplir; '~**schicken** envoyer; '~**schieben** glisser (in acc. dans); (einschalten) intercaler; '~**schienig** monorail; à une seule voie; '~**schießen** (zerstören) démolir à coups de canon; Gewehr: éprouver; Geld: verser; sich ~ s'exercer au tir; régler le tir.
'einschiff|en embarquer (nach pour); '♀**ung** f embarquement m; '♀**ungsplatz** m embarcadère m.
'ein|schlafen s'endormir; vor dem ♀ avant de s'endormir; Glieder: s'engourdir; Beziehungen: se ralentir; '~**schläf(e)rig**: ~es Bett lit m à une personne; '~**schläfern** ['~ʃlɛːfərn] (29) endormir; assoupir; '~**des Mittel** ⚜ soporifique m.
'Einschlag m Kugel: point m d'impact (od. de chute); Blitz: chute f; (Umschlag) enveloppe f; emballage m; Weberei: trame f; '♀**en** v/t. Nägel, Tür: enfoncer; (zerstören) casser; briser; (einwickeln) envelopper (od. emballer) (in acc. dans); Eier: pocher; Weberei: tramer; Kleid: rendoubler; Weg: prendre; v/i. (einwilligen) toper; auf j-n ~ tomber sur q. à bras raccourcis; Blitz, Kugel: tomber (in acc. sur); es hat eingeschlagen la foudre est tombée; fig. réussir; tourner bien.
ein'schlägig ['~ʃlɛːgɪç] relatif à.
'ein|schleichen sich ~ se glisser (in acc. dans); (sich) s'introduire; '~**schleppen** Krankheit: importer.
'einschließ|en enfermer; zum Verwahren: serrer; (einzäunen) enclore; (beifügen) inclure; (verschließen) mettre sous clef; (umringen) entourer; ⚔ cerner; bloquer; fig. renfermer; comprendre; '~**lich** y compris; inclusivement.
'ein|schlummern s'assoupir; '♀**schluß** m pièce f incluse; mit ~ von y compris; '~**schmeicheln**: sich bei j-m ~ s'insinuer auprès de q.; '~**schmeichelnd** insinuant; '~**schmelzen** v/i. (se) fondre; v/t. fondre; Altmaterial: refondre; '~**schmieren** enduire (mit de); mit Fett ~ graisser; mit Öl ~ huiler; mit Salbe ~ oindre; Buch: griffonner; '~**schmuggeln** introduire en contrebande; sich ~ s'introduire furtivement; '~**schmutzen** salir; barbouiller; '~**schnappen** se fermer à ressort; fig. prendre qch. de travers.
'einschneiden v/t. inciser; entailler; Namen: graver; ♂ tranchant; fig. incisif; radical.
'einschneien couvrir de neige; eingeschneit sein être bloqué par les neiges.
'Einschnitt m incision f; entaille f.
'einschränk|en (25) borner; limiter; restreindre; sich ~ in den Ausgaben: réduire ses dépenses; '♀**ung** f limitation f; restriction f; réduction f; (Vorbehalt) réserve f.
'einschrauben visser (in acc. dans); fixer avec des vis.
'Einschreibe|brief m lettre f recommandée; '~**gebühr** f, '~**geld** n droits m/pl. d'enregistrement; '♀**n** inscrire; (registrieren) enregistrer; e-n Brief ~ lassen recommander une lettre; sich ~ lassen Universität: s'immatriculer; ♀! recommandé!, Wertbrief: chargé!; '~**n** inscription f; (Registrierung) enregistrement m; Brief: recommandation f; Universität: immatriculation f.
'einschreiten 1. intervenir; **2.** ♀ n intervention f.
'einschrumpfen (se) rétrécir; Früchte: se ratatiner.
'einschüchter|n (29) intimider; '♀**ung** f intimidation f.
'einschul|en scolariser; '♀**ung** f scolarisation f.
'Einschuß m Kugel: entrée f; ✝ versement m; Weberei: trame f.
'einschütten verser (in acc. dans).
'einschwenken ⚔ opérer une conversion.
'einsegn|en bénir; consacrer; Kin-

Einsegnung — **Einstellschraube**

der: confirmer; *Priester*: ordonner; **²ung** f bénédiction f; consécration f; *Kinder*: confirmation f; *Priester*: ordination f.

'**einsehen 1.** (*prüfen*) examiner; (*begreifen*) voir; comprendre; (*erkennen*) reconnaître; (*fühlen*) sentir; mit dem Nachbarn ~ suivre dans le livre du voisin; **2.** ² n (6) (*Prüfung*) examen m; ein ~ haben se rendre à la raison (*od.* à l'évidence). [rouler.]

'**einseifen** savonner; *fig.* F (*betrügen*)

'**einseitig** ['ˈnzaɪtɪç] d'un côté; ⚕ u. ᛭ᵼᵼ unilatéral; *fig.* trop spécialisé; *Auffassung*: étroit; (*ausschließlich*) exclusif; (*parteilich*) partial; **²keit** f étroitesse f; point m de vue exclusif; (*Parteilichkeit*) partialité f.

'**einsend|en** envoyer; *an Zeitungen*: communiquer; **²en** n, **²ung** f envoi m; (*Eingesandt*) communiqué m; **²er** m expéditeur m; *Zeitung*: correspondant m.

'**einsetz|en** v/t. mettre (*od.* placer) dans; *Scheibe, Zahn*: poser; *Kraft*: employer; *Leben*: risquer; *Spiel*: mettre en jeu; miser (*a. abs.*); ✓ planter; *Anzeige*: insérer (*in acc.* dans); *Edelsteine*: sertir; enchâsser; sein Ehrenwort ~ engager sa parole; (*errichten*) instituer; établir; *in ein Amt*: installer (*in acc.* dans); *in e-e Würde*: investir de; *zum Richter* ~ constituer juge; *j-n zu s-m Erben* ~ instituer q. son héritier; (*buchen*) porter au (*od.* sur le) compte; 🅰 substituer; ⚔ engager; mettre en ligne; v/i. commencer; se mettre à; ♩ (*einfallen*) rentrer; sich ~ für intervenir pour; s'employer à; **²en** n, **²ung** f mise f; pose f; *Kraft*: emploi m; *Leben*: risque m; *Spiel*: mise f; ✓ plantation f; *Anzeige*: insertion f; *Edelstein*: sertissage m; (*Errichtung*) établissement m; *in ein Amt*: installation f (*in acc.* dans); *in e-e Würde*: investiture f; *Richter*: constitution f; *Erben*: institution f; 🅰 substitution f; ⚔ entrée f en ligne; ♩ rentrée f.

'**Einsicht** f (16) inspection f; (*Untersuchung*) examen m; *fig.* (*Verständnis*) intelligence f; jugement m; ~ nehmen in etw. (*acc.*) examiner qch.; prendre connaissance de qch.; **²ig**, **²svoll** intelligent; (*verständnisvoll*) compréhensif.

'**einsickern** s'infiltrer (*in acc.* dans).

Einsied|elei [ˈaɪnziːdəˈlaɪ] f (16) ermitage m; **~ler** m ermite m.

ein|silbig [ˈzɪlbɪç] monosyllab(iqu)e; *fig.* taciturne; **~sinken** (s')enfoncer; **²sitzer** [ˈzɪtsər] m voiture f à une place; ✈ monoplace m; **~spannen** tendre dans (*resp.* sur); *Pferd*: atteler; **²spänner** [ˈʃpɛnər] m (7) voiture f à un cheval. [économie f.]

'**einspar|en** économiser; **²ung** f

'**ein|sperren** enfermer; *in ein Gefängnis* ~ emprisonner, F coffrer; **~spielen** entraîner à jouer; **~spinnen**: *sich* ~ se mettre en cocon; **²sprache** f = **²spruch**; **~sprengen** *Wäsche*: humecter; *fig.* disséminer; **~springen**: *für j-n* ~ remplacer q. [jection f; piqûre f.]

'**einspritz|en** injecter; **²ung** f in-)

'**Einspruch** m opposition f; (*Protest*) protestation f (*a.* Sport); (*Beschwerde*) réclamation f; ~ erheben protester (*gegen* contre); ᛭ᵼᵼ former opposition (à); **~srecht** n veto m.

'**einspurig** 🚆 [ˈʃpuːrɪç] à une (seule) voie. [autrefois.]

einst [aɪnst] un jour; (*früher*) jadis;)

'**ein|stampfen** faire entrer en foulant; *Buch*: ~ (*lassen*) mettre au pilon; **~stauben** (25) se couvrir de poussière; **~stechen** enfoncer; *Löcher*: percer; **~stecken** ficher (*in acc.* dans); *Schwert*: rengainer; *Beschimpfung*: avaler; *Hieb*: encaisser; *Brief*: mettre à la boîte; *in die Tasche* ~ empocher; **~stehen**: ~ *für* répondre de; **~steigen** monter (en voiture); ~! en voiture!

'**einstell|en** mettre (*in acc.* dans); *Auto*: garer; ⊕ ajuster; *phot.* mettre au point; *Radio*: régler; *Leute*: embaucher; *Rekruten*: incorporer; (*unterbrechen*) suspendre; (*aufhören lassen*) cesser; *ein gerichtliches Verfahren* ~ rendre une ordonnance de non-lieu; *sich* ~ se montrer; se trouver; *Schmerz*: se faire sentir; *sich plötzlich* ~ survenir; *sich* ~ *auf* (*acc.*) s'adapter à; **²en** n, **²ung** f mise f (en dépôt); ⊕ ajustement m; *phot.* mise f au point; *Radio*: réglage m; *Leute*: embauche f; embauchage m; *Rekruten*: incorporation f; (*Unterbrechung*) suspension f; (*Aufhören*) cessation f; *fig.* attitude f; (*Meinung*) opinion f; **~ig** d'un seul chiffre; **~schraube** f vis f de réglage.

einstig ['aınstıç] (*künftig*) futur; (*ehemalig*) ancien.
'einstimm|en joindre sa voix à; *fig. a.* se joindre (*in acc.*); **'~ig** à une (seule) voix; *fig.* unanime; *adv. a.* à l'unanimité; **2igkeit** *f* unanimité *f*.
einstmals ['aınstma:ls] = *einst*.
'ein|stöckig à un étage; **'~stoßen** enfoncer; *Scheibe:* casser; **'~streichen** frotter (*mit* de); *Geld:* empocher; **'~streuen** répandre dans; *Stroh ~* faire la litière; *fig.* semer dans; **'~strömen** affluer (*in acc.* dans); **'~studieren** étudier; **'~stündig** d'une heure; **'~stürmen** fondre (*auf j-n* sur q.); **2sturz** *m* écroulement *m*; effondrement *m*; *Erdmassen:* éboulement *m*; **'~stürzen** *v/i.* s'écrouler; s'effondrer; *Erdmassen:* s'ébouler; *fig. auf j-n ~* fondre sur q.
einstweil|en ['aınst'vaılən] en attendant; entre(-)temps; provisoirement; **'~ig** provisoire; intérimaire; ✠ provisionnel; *~e Verfügung* référé *m*.
ein|tägig ['~tɛ:gıç] d'un jour; *fig.* éphémère; **2tagsfliege** ['~ta:ksfli:gə] *f* éphémère *m*; **2tänzer** *m* danseur *m* professionnel; **'~tauchen** plonger (*in acc.* dans); tremper (dans) (*a. Brot*); immerger; *Feder:* prendre de l'encre; **'~tauschen** échanger; troquer.
'einteil|en diviser (*in acc.* en); *phys.* graduer; *in Anteile:* partager; *in Klassen: a.* classer; **2ung** *f* division *f*; *phys.* graduation *f*; *in Anteile:* partage *m*; (*in Klassen*) classement *m*.
eintönig ['~tø:nıç] monotone; **2keit** *f* monotonie *f*.
'Eintopfgericht *n* plat *m* unique.
'Ein|tracht *f* concorde *f*; harmonie *f*; union *f*; **2trächtig** ['~trɛçtıç] d'accord; en bonne intelligence.
'eintrag|en *in e-e Liste:* inscrire (*in acc.* dans); (*registrieren*) enregistrer; *gerichtlich:* entériner; (*einbringen*) rapporter; produire; *eingetragene Schutzmarke* marque *f* déposée; **'~en** *n*, **'~ung** *f* inscription *f*; (*Registrierung*) enregistrement *m*; *gerichtlich:* entérinement *m*.
einträglich ['~trɛ:klıç] lucratif; profitable. [instiller.]
'einträufeln verser goutte à goutte;
'eintreffen arriver; *Voraussage:* se réaliser; **2** *n* (6) arrivée *f*; *e-r Voraussage:* réalisation *f*.
'eintreiben *Nagel:* enfoncer; *Vieh:* ramener; *Geld:* recouvrer.
'eintreten *v/i.* entrer (*in acc.* dans); *~ für* défendre, (*einstehen*) répondre de; (*geschehen*) arriver; se produire; *plötzlich ~* survenir; *v/t.* enfoncer (d'un coup de pied); *sich e-n Dorn ~* s'enfoncer une épine dans le pied; **'~den'falls** le cas échéant.
eintrichtern ['~trıçtərn] (29) entonner; *fig.* F inculquer.
'Eintritt *m* entrée *f*; *fig.* arrivée *f*.
'Eintritts|geld *n* (prix *m* d')entrée *f*; **'~karte** *f* billet *m* (d'entrée).
'ein|trocknen sécher; *Quelle:* (se) tarir; *Früchte:* se ratatiner; **'~tröpfeln** verser goutte à goutte; instiller; **~tunken** ['~tuŋkən] tremper (*in acc.* dans); **'~üben** étudier.
einverleib|en ['~fɛrlaıbən] (25) incorporer (*e-r Sache dat.* dans qch.); annexer (à qch.); **2en** *n*, **2ung** *f* incorporation *f*; annexion *f*.
Ein|vernehmen|er *m*, **'~in** *f* (6) accord *m*; entente *f*; intelligence *f*; *~ mit dem Feinde* intelligences *f*/*pl*. avec l'ennemi; *in gutem ~ mit j-m stehen* s'entendre bien avec q.; *sich ins ~ setzen* (*mit*) se mettre d'accord (avec); s'entendre (avec); *im ~ mit* d'accord avec; **2verstanden:** *~!* d'accord!; entendu!; *~ sein mit etw.* approuver qch.; *~ sein mit j-m* être d'accord avec q.; **'~verständnis** *n* accord *m*; intelligence *f*; *strafbares:* connivence *f*; *im ~ mit* d'accord avec; **2wachsen** *Nagel:* s'incarner; (*mit Wachs einreiben*) cirer; *Schi:* farter; **~wand** ['~vant] *m* (3^3) objection *f*; ✠ opposition *f*.
'Einwander|er *m*, **'~in** *f* immigrant *m*, -e *f*; **2n** immigrer; **'~ung** *f* immigration *f*.
'ein|wand'frei irrécusable; (*vorwurfsfrei*) irréprochable; **~wärts** ['~vɛrts] en dedans; **'~wässern** tremper dans l'eau; (*entsalzen*) dessaler; **'~weben** tisser (*in acc.* dans); *fig.* entrelacer; **'~wechseln** changer; **'~wecken** (25) conserver; *Früchte:* confire; **2wegflasche** *f* bouteille *f* perdue; **'~weichen** (25) tremper; *Wäsche:* essanger.
einweih|en ['~vaıən] inaugurer; *rl.* bénir; *~ in* (*acc.*) initier à; **2ung** *f* inauguration *f*; *rl.* bénédiction *f*; (*Einführung*) initiation *f*.
'einweis|en installer (*in acc.* dans); **2ung** *f* installation *f* (*in acc.* dans).

einwenden — 743 — **Eisenbergwerk**

'**einwend|en** objecter (gegen à); '**̴ung** f objection f (gegen à).

'**einwerfen** casser (à coups de pierres); *Brief*: mettre à la boîte; *Ball*: remettre en jeu; *fig.* objecter.

'**einwickeln** envelopper; *Kind*: emmailloter; *fig.* F j-n ̴ entortiller q.

'**einwillig|en** ['̴vɪligən] consentir (*in acc.* à); '**̴ung** f consentement m.

'**einwirk|en**: ̴ *auf* (*acc.*) agir sur; influer sur; '**̴ung** f influence f.

Einwohner|(in f) ['̴voːnɐr] m (7) habitant m, -e f; '**̴melde-amt** n bureau m des déclarations de résidence; '**̴schaft** f habitants m/pl.; population f.

'**Einwurf** m objection f; *Briefkasten*: fente f; *Ball*: remise f en jeu.

'**einwurzeln** prendre racine; *fig.* sich ̴ s'enraciner; e-e *eingewurzelte Gewohnheit* une habitude invétérée.

'**Einzahl** *gr.* f singulier m; **̴en** verser; payer; '**̴en** n, '**̴ung** f versement m; paiement m; '**̴er** (-in f) m déposant m, -e f.

einzäun|en ['̴tsɔynən] (25) entourer d'une clôture; '**̴ung** f clôture f. [schreiben) inscrire.|

'**einzeichnen** dessiner dans; (*ein-*)

'**Einzel|fall** m cas m isolé; '**̴gänger** m solitaire m; '**̴haft** f détention f cellulaire; '**̴handel** m commerce m de détail; '**̴händler** m détaillant m; '**̴heit** f particularité f; détail m; '**̴leben** n vie f solitaire; **̴n 1.** *adj.* seul; (*besonder*) particulier; (*abgesondert*) séparé; isolé; *die* ̴ *en Teile* les différentes parties f/pl.; **2.** *adv.* un à un; séparément; en particulier; '**̴ne** m, f/pl. quelques-uns, quelques-unes; '**̴ne(r)** m homme m seul; individu m; *jeder* ̴ chacun en particulier; '**̴ne(s)** n fait m isolé; détail m; *im* ̴*n* en détail; '**̴spiel** n simple m; '**̴teile** ⊕ m/pl. pièces f/pl. détachées; '**̴tisch** m table f individuelle; '**̴verkauf** m (vente f au) détail m; *Zeitungen*: vente f au numéro; '**̴wesen** n individu m; '**̴zimmer** n chambre f individuelle (*od.* à une personne).

einzieh|bar ['̴tsiːbaːr] rétractile; *Geld*: recouvrable; '**̴en** v/t. faire entrer; *Flüssigkeit*: absorber; *Krallen, Bauch, Beine*: rentrer; *Schultern*: effacer; *Fahne, Segel*: amener; *Münzen*: retirer de la circulation; *typ. Zeile*: rentrer; *Geld*: encaisser;

faire rentrer; *Steuern*: percevoir; *Soldaten*: appeler (sous les drapeaux); ♃ confisquer; *Erkundigungen*: prendre; *Luft*: aspirer; v/i. entrer (*in acc.* dans); *in e-e Wohnung* ̴ emménager; *bei j-m* ̴ aller loger chez q.; '**̴en** n, '**̴ung** f rentrée f; *Flüssigkeit*: absorption f; *Geld*: encaissement m; recouvrement m; *Steuern*: perception f; ♃ appel m sous les drapeaux; ♃ confiscation f; *Luft*: aspiration f; (*in e-e Wohnung*) emménagement m.

'**ein|zig** ['aɪntsɪç] unique; seul; ̴ *und allein* uniquement; '**̴zig-artig** singulier; '**̴zuckern** saupoudrer de sucre; (*einmachen*) confire; '**̴zug** m entrée f; *in e-e Wohnung*: emménagement m; *s-n* ̴ *halten* faire son entrée; '**̴zwängen** forcer à entrer.

'**Ei|pulver** n œufs m/pl. en poudre; '**̴rund** ovale.

Eis [ais] n (4) glace f (*a. Portion*); *zu* ̴ *gefrieren* se congeler; *das* ̴ *treibt auf dem Fluß* la rivière charrie des glaçons; '**̴bahn** f patinoire f; '**̴bank** f banquise f; '**̴bär** m ours m blanc; '**̴bein** n pied m de porc; *fig.* ̴ *e haben* avoir les pieds glacés; '**̴berg** m iceberg m; '**̴blumen** f/pl. fleurs f/pl. de givre; '**̴brecher** (7) brise-glace m; '**̴decke** f couche f de glace.

Eisen ['aɪzən] n fer m (6); *altes* ̴ ferraille f; '**̴artig** ferrugineux.

'**Eisenbahn** f chemin m de fer; '**̴abteil** n compartiment m; '**̴beamte(r)** m, '**̴beamtin** f employé m, -e f de chemin de fer; '**̴brücke** f pont m de chemin de fer; '**̴er** m cheminot m; '**̴fähre** f bac m transbordeur; '**̴fahrplan** m indicateur m; horaire m; '**̴fahrt** f voyage m ferroviaire; '**̴knotenpunkt** m nœud m de chemin de fer; '**̴linie** f ligne f ferroviaire; '**̴netz** n réseau m ferroviaire; '**̴schiene** f rail m; '**̴station** f station f de chemin de fer; '**̴transport** m transport m par voie ferrée; '**̴übergang** m passage m à niveau; '**̴unglück** n accident m ferroviaire; '**̴verbindung** f communication f ferroviaire; '**̴verkehr** m trafic m ferroviaire; '**̴wagen** m wagon m; '**̴zug** m train m.

'**Eisen|bau** m construction f en fer; '**̴bergwerk** n mine f de fer; '**̴-

Eisenbeschlag — 744 — **Elend**

beschlag m ferrure f; **'~beton** (pro. fr.) m béton m armé; **'~blech** n tôle f (de fer); **'~draht** m fil m de fer; **'~-erz** n minerai m de fer; **'~garn** n fil m extra-fort; **'~gießer** m fondeur m de fer; **'~gießerei** f fonderie f de fer; **'~guß** m fonte f (de fer); **2haltig** ['~haltiç] ferrugineux; **'~hammer** m marteau m de forge; **'~hütte** f fonderie f; forge f; usine f sidérurgique; **'~industrie** f industrie f du fer (od. sidérurgique); **'~kraut** & n verveine f; **'~schlacke** f mâchefer m; **'~späne** m/pl. paille f de fer; **'~träger** m poutre f en fer; **'2- und 'stahl-erzeugend:** ~e Industrie industrie f sidérurgique; **'~waren** f/pl. (articles m/pl. de) quincaillerie f; **'~warenhändler** m quincaillier m; **'~warenhandlung** f quincaillerie f; **'~werk** n = ~hütte.
eisern ['aɪzərn] de fer; 🕱 (unveräußerlich) inaliénable; (unveränderlich) inaltérable, ~er Bestand fonds m de réserve; ✠ ~e Ration vivres m/pl. de réserve; das 2e Kreuz la croix de fer; der ~e Vorhang le rideau de fer.
'eis|frei débarrassé des glaces; **2gang** m débâcle f; **'~gekühlt** glacé; Wein: frappé; **'~grau** chenu; **2heilige** m/pl. saints m/pl. de glace; **'2hockey(spiel)** n 'hockey m sur glace; **'2höhle** f glacière f; **~ig** ['aɪzɪç] couvert de glace; fig. glacé; glacial; **'~kalt** glacé; glacial; **2kunstlauf** m patinage m artistique; **'2läufer(in)** f(m) patineur m, -euse f; **'2maschine** f machine f à glace; glacière f; **'2meer** n mer f Glaciale; **2pickel** m piolet m; **'2scholle** f glaçon m; **'2schrank** m glacière f; **'2sport** m patinage m; **'2treiben** n charriage m des glaçons; **'2-umschlag** m compresse f de glace; **'2vogel** m martin-pêcheur m; **'2waffel** f cornet m de glace; **'2zapfen** m glaçon m pendant; **'2zeit** f époque f glaciaire; **'2zone** f zone f glaciale.
eitel ['aɪtəl] vain; (eingebildet) vaniteux; (putzsüchtig) coquet; (nichts als) ne ... (rien) que; auf etw. (acc.) ~ sein tirer vanité de qch.; **'2keit** f vanité f; (Putzsucht) coquetterie f.
Eiter ['aɪtər] m (7) pus m; **'~beule** f abcès m; **'~bläs-chen** n pustule f; **'~herd** m foyer m purulent; **'2ig** purulent; (eiternd) suppurant; **'2n** (29) suppurer; **'~ung** f suppuration f.
'Eiweiß n (3²) blanc m d'œuf; rohes ~ glaire f; **2haltig** ['~haltiç] albumineux; **'~stoff** m albumine f.
Ekel ['e:kəl] m (7) dégoût m (vor dat. pour); (mit Übelkeit) nausée f; (Widerwille) répugnance f; ~ vor etw. (dat.) bekommen prendre qch. en dégoût; ~ vor (dat.) haben être dégoûté de qch.; **'2haft** dégoûtant; nauséabond; répugnant; nur fig. rebutant; **'2ig** dégoûtant; répugnant; **'2n** (29): es ekelt mich davor cela me dégoûte.
E'kliptik f écliptique f.
Eksta|se [ɛk'staːzə] f (15) extase f; in ~ geraten s'extasier; **2tisch** extatique. [de l'Équateur.\]
Ekua'dor n: Republik ~ république f \]
elastisch [e'lastɪʃ] élastique.
Elastizität [~tsi'tɛːt] f élasticité f.
Elch [ɛlç] m (3) élan m.
Elefant [ele'fant] m (12) éléphant m.
ele'gant [~'gant] élégant; **2z** f élégance f.
Elegie [ele'giː] f (15) élégie f.
elegisch [e'leːgɪʃ] élégiaque.
elektrifizier|en [elɛktrifi'tsiːrən] électrifier; **2ung** f électrification f.
E'lektr|iker [~triːkər] m électricien m; **2isch** électrique; **~ische** f tram(way) m.
elektrisier|en [~'ziːrən] électriser; **2maschine** f électriseur m.
Elektrizität [~tsi'tɛːt] f (16) électricité f; **~swerk** n usine f d'électricité; centrale f électrique.
Elek'trode f (15) électrode f.
Elektro|'lyse f électrolyse f; **~magnet** [e'lɛktroː-] m électro-aimant m; **~motor** m moteur m électrique; **~n** [~'troːn] n (8¹) électron m; **~nenrechner** m calculateur m électronique; **~technik** f électrotechnique f; **~techniker** m électricien m; **2technisch** électrotechnique.
Element [ele'mɛnt] n (3) élément m.
elementar [~'taːr] élémentaire; **~lehrer(in)** f(m) instituteur m, -trice f; **2schule** f école f primaire; **~unterricht** m enseignement m primaire.
Elen ['eːlən] n od. m, **'~tier** n élan m.
Elend ['eːlɛnt] **1.** n misère f; f fort détresse f; calamité f; ins ~ geraten tomber dans la misère; **2.** misérable; malheureux; sich ~ fühlen se sentir mal en point; ~ aussehen avoir très mauvaise mine.

elf [ɛlf] **1.** onze; **2.** ♀ f: (16) die ~ le (chiffre) onze; *Sport*: l'équipe f; **3.** ♂ m elfe m; sylphe m; ²en f (15)
'**Elfenbein** n ivoire m. [sylphide f.\
Elf'meter m *Sport*: penalty m.
'**elfte** (*als su.* ♀) le, la onzième; *Ludwig XI.* Louis XI (onze); der, den, am ~(n) Januar le onze janvier; '~ns onzièmement.
Elite [e'li:tə] f ²elite f.
Ell(en)bogen m coude m; *sich auf den* ~ *stützen* s'accouder; *mit den* ~ *stoßen* coudoyer; pousser du coude; *sich mit den* ~ *durchdrängen* jouer des coudes; '~**freiheit** f aisance f des coudes; ~ *haben* avoir ses coudées franches.
Elle ['ɛlə] f (15) aune f; *mit der* ~ *messen* auner; '²**nlang** long d'une aune; *fig.* interminable.
Ellipse [ɛ'lɪpsə] f (15) ellipse f.
Elsaß n [*inv. o. pl.*]: *das* ~ l'Alsace f.
Elsäss|er(in f) ['ɛlzɛsər] m (7) Alsacien m, -ne f; '²**isch** alsacien.
Elsaß-Lothringen ['ɛlzas-] n l'Alsace-Lorraine f.
Elster ['ɛlstər] f (15) pie f.
elterlich ['ɛltərlɪç] des parents.
'**Eltern** *pl.* parents m/pl.; '~**bestim** m *Schule*: conseil m des parents; '~**liebe** f amour m des parents; '~**los** orphelin.
E'lysium n Élysée m. [(15) émail m.\
Email [e'mai(l)] n (11), **E'maille** f)
emaillieren [emal'ji:rən] émailler.
Emanzi|pati'on f émancipation f; ²**pieren** [~'pi:rən] émanciper.
Em'bargo n embargo m. [m.\
Embryo [ɛmbryo] n (11) embryon)
emeritier|en [emeri'ti:rən] mettre à la retraite; ~**t** en retraite; ²**ung** f mise f à la retraite.
Emigrant(in f) [emi'grant] m (12) émigré m, -e f; émigrant m, -e f.
emi'grieren émigrer.
Eminenz [~'nɛnts] f Éminence f.
empfahl [ɛm'pfa:l] *s.* empfehlen.
Empfang [ɛm'pfaŋ] m (3³) réception f (*a. Radio*); ~ *bescheinigen* accuser réception; *bei* ~ *Ihres Schreibens* au reçu de votre lettre; (*Aufnahme*:) accueil m; ²**en** (30) v/t. recevoir; *Geld: a.* toucher; *Personen: a.* accueillir; v/i. *Frau*: concevoir; devenir enceinte.
Empfäng|er(in f) [~'pfɛŋər] m (7) ☼ destinataire m, f; *Wechsel*: accepteur m; *Radio*: récepteur m; ²**lich** susceptible (*für de*); sensible (à); ☼ prédisposé (à); *für Eindrücke* ~ impressionnable; ²**lichkeit** f susceptibilité f; ☼ prédisposition f (*für* à); ~ *für Eindrücke* impressionnabilité f; ~**nis** f (14²) conception f.
Em'pfangs|-anlage f poste m récepteur; ²**berechtigt** *Geld*: autorisé à toucher; ~**bescheinigung** f reçu m; ☼ récépissé m; (*Quittung*) quittance f; ~**bestätigung** f accusé m de réception; ~**station** f ☼ gare f destinataire; *Radio*: poste m récepteur; ~**zimmer** n salon m.
empfehl|en [ɛm'pfe:lən] (30) recommander; ~ *Sie mich e-r Dame*: mes hommages à, (*ich*) *empfehle mich (Ihnen)* j'ai l'honneur de vous saluer; *sich* ~ (*zurückziehen*) se retirer; ~**enswert**, ~**enswürdig** recommandable; ²**ung** f recommandation f; (*Grüße*) compliments m/pl., *an Dame*: hommages m/pl.; ²**ungsbrief** m lettre f de recommandation.
empfind|en [~'pfɪndən] sentir; éprouver; ressentir; ²**en** n, ²**ung** f sensation f; (*Gemütsstimmung*) sentiment m; ²**lich** sensible (*für* à) (*a. fig.*); (*leicht verletzt*) susceptible; (*zartfühlend*) délicat; *Kälte, Schmerz*: vif; ²**lichkeit** f sensibilité f; (*Verletzbarkeit*) susceptibilité f; (*Zartgefühl*) délicatesse f; ~**sam** sentimental; ²**samkeit** f sentimentalité f; *übertriebene*: sensiblerie f.
em'pfindungs|los privé de sentiment; *fig.* insensible; ²**losigkeit** f insensibilité f; ☼ anesthésie f; ²**vermögen** n sensibilité f.
empföhle, empfohlen [~'pfø:lə, ~'pfo:lən] *s.* empfehlen. [den.\
empfunden [~'pfundən] *s.* empfin)
Emphase [ɛ'fa:zə] f emphase f.
empor [ɛm'po:r] en haut; vers le haut; ~**arbeiten**: *sich* ~ *fig.* parvenir par son travail; ~**blicken** lever les yeux; ~**bringen** élever; faire réussir.
Empore [ɛm'po:rə] f (15) jubé m; *für Orgel*: tribune f (d'église).
empör|en [ɛm'pø:rən] (25) soulever; révolter; *fig.* indigner; ~**end** révoltant; ²**er(in** f) m (7) révolté m, -e f; rebelle m, f.
em'por|fahren monter; ~**heben** lever; ~**helfen**: *j-m* ~ aider q. à se relever; ~**kommen** s'élever (*a. fig.*);

Emporkömmling — 746 — **Entblößung**

fig. parvenir; faire son chemin; ≈**kömmling** m (3¹) arriviste m; parvenu m; ≈**lodern** s'élever dans les airs; ≈**ragen** s'élever (*über* acc. au-dessus de); ≈**schauen** —blicken; ≈**schießen** jaillir; ≈**schweben** s'élever dans les airs ≈**schwingen:** sich ≈ s'élever d'un vol rapide, *fig.* parvenir rapidement; ≈**streben** chercher à s'élever.

Empörung [ʼpøːruŋ] f rébellion f; révolte f; *fig.* indignation f.

em'porwachsen monter; grandir.

emsig ['ɛmziç] diligent; assidu; empressé; appliqué; ≈**keit** f diligence f; assiduité f; empressement m; application f.

Ende ['ɛndə] n (10) *räumlich:* bout m; fin f; *äußerstes* ≈ extrémité f; *zeitlich:* terme m, fin f; (*Ablauf*) expiration f; (*Ergebnis*) issue f; *fig.* but m; zu dem ≈ dans ce but; à cet effet; † ≈ *April* fin avril; ≈ *dieses Monats* fin courant; ≈ *nächsten Monats* fin mois prochain; *etw.* zu ≈ *bringen* finir (od. terminer) qch.; *mit etw.* zu ≈ *sein* avoir fini qch.; *ein* ≈ *nehmen* finir; prendre fin; *zu* ≈ *gehen; dem* ≈ *zugehen;* sich s-m ≈ *zuneigen* toucher (od. tirer) à sa fin, *Frist:* expirer; *e-r Sache* (dat.) *ein* ≈ *machen* mettre fin à qch.; *ein* ≈ *machen mit* en finir avec; *am* ≈ *s-r Kraft sein* être au bout de ses forces; *letzten* ≈s somme toute; au bout du compte; ≈**n** (26) v/t. ≈ *beenden* finir (*mit par*); se terminer (*gr. auf acc.* en od. *par*); *Frist:* expirer; ≈ *mit* (*führen zu*) aboutir à.

End|ergebnis ['ɛntʼɛrgə:pnɪs] n résultat m final; ≈**gültig** définitif.

endigen ['ɛndɪgən] (25) = enden.

Endivie ✣ [ɛn'diːvjə] f (15) chicorée f; endive f. (finale; *Sport:* finale f.)

Endkampf ['ɛntkampf] m lutte f)

endlich ['ɛntlɪç] (*begrenzt*) limité; *phil.* fini; *adv.* enfin; ≈**e** n, ≈**keit** f monde m fini; *phil.* fini m.

end|los ['ɛntloːs] sans fin; infini; ≈**losigkeit** f infinité f; ≈**punkt** m bout m; extrémité f; ≈**reim** m rime f finale; ≈**spurt** ['ʼʃpurt] m enlevée f finale; ≈**station** f terminus m; ≈**ung** ['ɛnduŋ] f terminaison f; désinence f; ≈**ziel** n, ≈**zweck** m but m; fin f.

Energie [enɛrˈgiː] f énergie f; ≈**hilfsquellen** f/pl. ressources f/pl. énergétiques; ≈**versorgung** f approvisionnement m en énergie.

e'nergisch énergique.

eng [ɛŋ] étroit; (*eingeengt*) serré; *Sieb, Kamm:* fin; (*eingeschränkt*) restreint; *im* ≈*eren Sinne* au sens étroit; ≈ *schreiben* écrire serré; ≈*er machen* rétrécir; ≈*er werden* se rétrécir; '≈**anliegend** collant; ≈**brüstig** ['ʼbrʏstɪç] étroit de poitrine; ≈**e** f (15) (*Engsein*) étroitesse f; (*enger Ort*) passage m étroit; défilé m; *fig. in die* ≈ *treiben* mettre au pied du mur. [angélique.)

Engel ['ɛŋəl] m (7) ange m; ≈**haft**)

Engerling ['ɛŋərlɪŋ] m (3¹) ver m blanc; larve f du hanneton.

engherzig ['ʼhɛrtsɪç] étroit; qui a le cœur sec; peu généreux; ≈**keit** f sécheresse f de cœur.

Eng|land ['ɛŋlant] n (17) l'Angleterre f; ≈**länder(in** f) ['lɛndər] m (7) Anglais m, -e f; ≈**lisch** ['ʼlɪʃ] anglais; ≈**e** *Krankheit* rachitisme m.

eng|maschig à mailles serrées; ≈**paß** m défilé m; gorge f.

en gros [ɑ̃ˈgroː] en gros.

Engros|geschäft [ʼgroː-] n, ≈**handel** m commerce m de gros.

Enkel(in f) ['ɛŋkəl] m (7) petit-fils m, petite-fille f; ≈ *pl.* petits-enfants)

En'klave [ʼvə] f enclave f. [m/pl.)

ent'|art|en (26) dégénérer; *fig.* se dépraver; ≈**ung** f dégénération f; dégénérescence f; *fig.* dépravation f.

ent'-äußern: sich ≈ (gén.) se défaire de; se dessaisir de.

entbehr|en [ʼbeːrən] (25) être privé de; ≈ *können* pouvoir se passer de; (*vermissen*) regretter; ≈**lich** superflu; ≈**lichkeit** f superfluité f; ≈**ung** f privation f.

ent'bieten: *j-m s-n Gruß* ≈ présenter ses salutations à q.

ent'bind|en dispenser (*von* de); v. *Eid:* délier (*von* de); v. *Amt:* relever (de); v. *Frau:* accoucher, entbunden werden von être accouchée de; ≈**ung** f dispense f; v. *Amt:* relèvement m; v. *Eid:* déliement m; *Frau:* accouchement m; ≈**ungs-anstalt** f maison f d'accouchement; maternité f.

ent'blättern effeuiller.

entblöß|en [ʼbløːsən] (27) découvrir; mettre à nu; dénuder; *pfort* dénuer (*von* de); *fig.* sich ≈ se dépouiller (*von* de); ≈**ung** f dénudation f; *pfort* dénûment m.

ent'brennen s'enflammer.
ent'deck|en découvrir; 2er *m* (7) explorateur *m*; 2ung *f* découverte *f*.
Ente ['ɛntə] *f* (15) canard *m* (*a. fig.*); *weibl.*: cane *f*; junge ~ caneton *m*.
entehr|en [~'ʔeːrən] déshonorer; (*in Verruf bringen*) diffamer; 2ung *f* diffamation *f*.
enteign|en [~'ʔaɪɡnən] (25) déposséder; exproprier; 2ung *f* expropriation *f*; 2ungsverfahren *n* (procédure *f* d')expropriation *f*.
ent'eilen s'enfuir.
ent'erben déshériter.
'Enter|haken ⚓ *m* (6) grappin *m* d'abordage; 2n ⚓ ['ɛntərn] (29) aborder; '~n ⚓ *n* abordage *m*.
ent|'fachen (25) enflammer; attiser; *Krieg*: déclencher; ~'**fahren** échapper; ~'**fallen** échapper; *sein Name ist mir* ~ son nom m'a échappé; *auf j-n als Anteil* ~ revenir à q.
ent'falt|en déplier; déployer (*a. fig.*); (*entwickeln*) développer; *sich* ~ (*aufblühen*) s'épanouir; 2ung *f* déploiement *m*; développement *m*; (*Aufblühen*) épanouissement *m*.
ent'färben décolorer; *Gesicht*: *sich* ~ changer de couleur; pâlir.
ent'fern|en (25) (*sich* s')éloigner; (*wegschaffen*) écarter; (*wegnehmen*) ôter; *Flecken*: enlever; 2n éliminer; ~t éloigné; (*entlegen*) lointain; (*auseinanderliegend*) distant; *weit* ~, *es zu glauben* bien loin de le croire; 2ung *f* éloignement *m*; écartement *m*; ⚕ élimination *f*; (*Strecke*) distance *f*; 2ungsmesser *m* télémètre *m*. [chaînement *m*.]
ent'fessel|n déchaîner; 2ung *f* dé-]
ent'fett|en dégraisser; 2ung *f* dégraissage *m*; (*Magerwerden*) amaigrissement *m*; 2ungskur [~'fɛtuŋsku:r] *f* cure *f* d'amaigrissement.
ent|'flammen (*v/i.* s')enflammer; ~'**fliegen** s'envoler; ~'**fliehen** s'enfuir; ~'**fremden** (25): *sie sind mir entfremdet* il y a du froid entre eux; 2'**fremdung** *f* refroidissement *m*.
ent'führ|en enlever; ravir; 2er *m* (7) ravisseur *m*; 2ung *f* enlèvement *m*; ravissement *m*; rapt *m*.
entgegen [~'ɡeːɡən] (*dat.*) *Richtung*: au-devant de; à la rencontre de; vers; *Gegensatz*: contre; contraire à; ~**arbeiten** s'opposer (à); contrarier (*acc.*); ~**bringen** apporter; *fig.* présenter; ~**eilen** courir à la rencontre de; ~**gehen** aller à la rencontre de; ~**gesetzt** opposé; contraire; ~**halten** présenter; (*vergleichen*) opposer; (*einwenden*) objecter; ~**handeln** agir contre; *e-m Gesetz*: enfreindre (*acc.*); ~**kommen** venir à la rencontre (*od.* au-devant) de; *fig.* faire des avances; 2**kommen** *n* bienveillance *f*; prévenances *f/pl.*; ~**kommend** prévenant; 2**nahme** *f* réception *f*; acceptation *f*; ~**nehmen** recevoir; accepter; ~**sehen** attendre (*acc.*); ~**setzen**, ~**stellen** opposer; ~**stehen** être contraire; s'opposer; ~**strecken** tendre vers; *sich* ~ s'opposer; ~**treten** s'opposer; ~**wirken** agir contre; s'opposer (à); contrarier (*acc.*).
entgegn|en [~'ɡeːɡnən] (26) répliquer; répondre; *schnell* ~ repartir; riposter; 2ung *f* réplique *f*; réponse *f*; *schnelle* ~ repartie *f*; riposte *f*.
ent'gehen échapper; *die Gelegenheit* ~ *lassen* manquer l'occasion.
Entgelt [ɛnt'ɡɛlt] *n* (3) dédommagement *m*; (*Entlohnung*) rémunération *f*; *ohne* ~ gratuitement; gratis; 2en (*entlohnen*) rémunérer; *j-n etw.* ~ *lassen* s'en prendre à q. de qch.
ent'giften désintoxiquer.
ent'gleis|en (27) dérailler; *fig. a.* faire un pas de clerc; 2ung *f* déraillement *m*; *fig.* pas *m* de clerc.
ent'gleiten échapper (*aus de*).
ent'halt|en contenir; (*einschließen*) renfermer; *sich* ~ (*gén.*) s'abstenir de; ~**sam** abstinent; (*mäßig*) sobre; *geschlechtlich*: continent; 2**samkeit** *f* abstinence *f*; (*Mäßigkeit*) sobriété *f*; *geschlechtliche*: continence *f*.
ent'haupt|en [~'haʊptən] (26) décapiter; 2ung *f* décapitation *f*.
ent'häuten dépouiller; écorcher.
ent'heben dispenser (de); *j-n e-r Sache* (*gén.*) ~ délivrer q. de qch.; *j-n s-s Amtes* ~ suspendre q. de ses fonctions. [fonctions.]
ent'heiligen profaner.]
ent'hüll|en découvrir; dévoiler; (*offenbaren*) révéler; (*einweihen*) inaugurer; 2ung *f* dévoilement *m*; (*Offenbarung*) révélation *f*; *Denkmal*: inauguration *f*.
Enthusias|mus [~'tuzi'as~] *m* enthousiasme *m*; (~**t** *m*), 2**tisch** enthousiaste (*m*); *adv.* avec enthousiasme.
ent|'keimen *v/i.* germer; *v/t.* enlever le germe de; (*keimfrei machen*) stériliser; ~**kernen** [~'kɛrnən] (25) ôter les pépins (*resp.* les noyaux) de;

entkleiden — 748 — **entschlafen**

~**kleiden** déshabiller; *fig.* dépouiller; ~**kommen** s'échapper; e-r Gefahr ~ échapper à un danger; ~**korken** [~'kɔrkən] déboucher
entkräft|en [~'krɛftən] (26) affaiblir; *Beweis*: infirmer; ⚖ invalider; ℒ**ung** *f* affaiblissement *m*; *Beweis*: infirmation *f*; ⚖ invalidation *f*; ℳ **Kräftung** *f* inanition *f*.
ent'lad|en décharger; *sich* ~ *Gewitter, Zorn*: éclater, *Flinte*: partir; ℒ**er** *m* ⊕ (7) déchargeur *m*; ℒ**ung** *f* décharge *f*; *Gewitter, Zorn*: éclatement *m*.
ent'lang (*mit vorangehendem acc. od. an mit dat.*) *den* (*od. an dem*) *Fluß* ~ le long de la rivière; *den Fluß* ~ *gehen* longer la rivière.
entlarven [~'larfən] (25) démasquer.
ent'lass|en renvoyer; congédier; licencier (*a. Truppen*); (*absetzen*) destituer; *Gefangene*: libérer (*a.* ⚖); ℒ**ung** *f* renvoi *m*; congédiement *m*; licenciement *m* (*a. Truppen*); (*Absetzung*) destitution *f*; *Gefangene*: libération *f* (*a.* ⚖); s-e ~ *einreichen* donner sa démission.
ent'last|en décharger (*von de*); *fig. a.* soulager; ℒ**ung** *f* décharge *f*; ℒ**ungsangriff** *m* diversion *f*; ℒ**ungszeuge** *m* témoin *m* à décharge.
ent'laufen 1. s'enfuir; ⚔ déserter; *Gefangene*: s'évader; 2. ℒ *n* fuite *f*; ⚔ désertion *f*; *Gefangene*: évasion *f*.
ent'lausen (27) épouiller.
ent|ledigen [~'le:digən] (25) (*sich*) se débarrasser (*e-r Sache gén.* de qch.); *sich e-s Auftrages* ~ s'acquitter d'une commission; ~'**leeren** vider; *Grube*: vidanger; *Ballon*: dégonfler; ⚰ lever; ☤ évacuer; ℒ**leerung** *f* vidage *m*; *Ballon*: dégonflement *m*; ⚰ levée *f*; ☤ évacuation *f*; ~'**legen** écarté, éloigné; ~**lehnen** [~'le:nən] emprunter (*von* à); ℒ**lehnung** *f* emprunt *m*; ~**leiben** [~'laɪbən]: *sich* ~ se suicider; ~'**leihen** emprunter (*von* à); ℒ**leiher**(in *f*) *m* emprunteur *m*, -euse *f*; ℒ**leihung** *f* emprunt *m*; ~'**loben**: *sich* ~ rompre ses fiançailles; ~'**locken** *Geständnis, Tränen*: arracher; *Töne*: tirer; ~**lohnen** rémunérer; payer; ℒ**lohnung** *f* rémunération *f*; ~'**lüften** aérer; ℒ**lüftung** *f* aérage *m*; ~**mannen** [~'manən] (25) émasculer; ℒ**mannung** *f* émasculation *f*.

entmensch|en [~'mɛnʃən] abrutir; ~**t** abruti; (*unmenschlich*) inhumain.
entmilitarisier|en [~militari'zi:-] démilitariser; ℒ**ung** *f* démilitarisation *f*.
ent'minen déminer. [tion *f*.]
entmündig|en ⚖ [~'myndigən] (25) interdire; ℒ**ung** *f* interdiction *f*.
entmutig|en [~'mu:tigən] (25) décourager; ℒ**ung** *f* découragement *m*.
Ent'nahme *f* (15): *bei* ~ *von* en prenant; ℒ**nationali'sieren** dénationaliser; ℒ**nazifizieren** [~natsifi'tsi:rən] dénazifier; ~**nazifi'zierung** *f* dénazification *f*; ℒ'**nehmen** prendre (*dat.*; *aus* dans *od.* à); (*folgern*) conclure (*aus* de); ℒ**nerven** [~'nɛrfən] (25) énerver; ℒ**politi'sieren** dépolitiser; ℒ**puppen** [~'pupən] (25): *sich* ~ sortir de sa chrysalide; *fig.* se révéler.
ent'rahm|en (*Milch*) écrémer.
ent'rät|seln [~'rɛ:tsəln] (29) déchiffrer; (*lösen*) résoudre; débrouiller; ~'**rechten** priver de ses droits; ~'**reißen** arracher; ~'**richten** payer; *Dank*: présenter; ~'**rinnen** s'écouler; (*entlaufen*) s'échapper (*aus* de); e-r *Gefahr* ~ échapper à un danger; ~'**rollen** dérouler; *sich* ~ se dérouler; ~'**rosten** dérouiller; *den Augen* ~ soustraire aux regards; *der Welt entrückt* dérobé au monde; ~'**rümpeln** [~'rympəln] (29) déblayer.
ent'rüst|en indigner; ℒ**ung** *f* indignation *f*.
ent'sag|en renoncer (*dat.* à); *dem Thron* ~ abdiquer; ℒ**ung** *f* renoncement *m* (à); (*Thron*ℒ) abdication *f*.
Ent'satz ⚔ *m* déblocage *m*; secours *m*.
ent'schädig|en dédommager (*für* de); *gesetzlich*: indemniser (*für* de); ℒ**ung** *f* dédommagement *m*; *gesetzliche*: indemnisation *f*; (~**s-summe**) indemnité *f*; ℒ**ungsklage** *f* action *f* en dommages-intérêts; ℒ**ungssumme** *f* indemnité *f*.
ent'scheid|en décider (*über acc.* de; *für* pour); ⚖ juger; ~**end** décisif; ℒ**ung** *f* décision *f* (*treffen* prendre); ⚖ jugement *m*; ℒ**ungsspiel** *n* match *m* décisif; *Tennis*: belle *f*.
ent'schieden décidé, (*entschlossen*) résolu; *Abneigung*: prononcé; ℒ**heit** *f* décision *f*; (*Entschlossenheit*) résolution *f*. s'éteindre.
ent'schlafen s'endormir; (*sterben*)

entschleier|n [ˌʼʃlaɪərn] (29) dévoiler; ⸗**ung** f dévoilement m.

ent'schließ|en: *sich* ⸗ se résoudre (*zu* à); se décider (à); ⸗**ung** f = *Entschluß*; ⸗**ungs-antrag** m projet m de résolution.

entschlossen [ˌʼʃlɔsən] résolu; décidé; ⸗**heit** f résolution f; fermeté f; (*Tatkraft*) énergie f.

ent|'schlüpfen échapper; *das Wort ist mir entschlüpft* le mot m'est échappé; ⸗**'schluß** m résolution f (*fassen* prendre); décision f; ⸗**'schlüsseln** déchiffrer.

ent'schuld|bar excusable; ⸗**igen** [ˌʼʃʊldɪɡən] (25) excuser; *sich* ⸗ *mit etw.* prendre qch. pour excuse; *sich bei j-m* ⸗ s'excuser auprès de q.; *sich* ⸗ *wegen etw.* s'excuser de qch.; ⸗ *Sie!* pardon!; excusez-moi!; *er hat sich entschuldigen lassen* il s'est excusé; ⸗**igung** f excuse f; *um* ⸗ *bitten* demander pardon (*j-n* à q.).

ent|'schweben s'envoler; ⸗**'schwinden** disparaître; ⸗**'seelt** [ˌʼzeːlt] inanimé; mort; ⸗**'senden** envoyer.

ent'setz|en (*absetzen*) destituer; (*erschrecken*) effrayer (*über acc. de*); *Festung*: débloquer; délivrer (*les assiégés*); ⸗**en** n (6) (*Schrecken*) effroi m; épouvante f; ⸗**lich** horrible; effroyable; épouvantable; ⸗**ung** f (*Absetzung*) destitution f; ✕ déblocquement m.

ent|'seuchen [ˌʼzɔʏçən] désinfecter; ⸗**'sichern** enlever le cran d'arrêt; ⸗**'siegeln** décacheter; ⚒ desceller; ⸗**'sinnen:** *sich* ⸗ (*gén.*) se souvenir (de); se rappeler (*acc.*); ⸗**'spannen** détendre; ⸗**'spannung** f détente f.

ent'spinnen: *sich* ⸗ naître; *Kampf*: s'engager.

ent'sprechen correspondre (à); répondre (à); *Wunsch*: satisfaire (à); ⸗**d** correspondant; conforme (à).

ent|'sprießen naître (de); ⸗**'springen** (*fliehen*) s'évader (*aus* de); *Fluß*: prendre sa source; *fig.* naître (*od.* provenir) (*aus* de); ⸗**'stammen** descendre (*od.* provenir) (de); ⸗**stauben** [ˌʼʃtaʊbən] dépoussiérer.

ent'steh|en naître (*aus* de); (*hervorgehen*) résulter (de); (*sich bilden*) se former (de); *Streit*: s'élever; ⸗**en** n, ⸗**ung** f naissance f; origine f; (*Bildung*) formation f.

ent'steigen sortir (de).

ent'stell|en défigurer; déformer;

fig. dénaturer; *Wahrheit*: altérer; ⸗**ung** f défiguration f; déformation f; *Wahrheit*: altération f.

ent'strömen s'écouler (de).

ent'täusch|en décevoir; *Hoffnung*: désappointer; ⸗**ung** f déception f; *Hoffnung*: désappointement m.

ent|'thron|en détrôner; ⸗**ung** f détrônement m. [f déblaiement m.⟩

ent'trümm|ern déblayer; ⸗**erung**⟨

entvölker|n [ˌʼfœlkərn] (29) dépeupler; ⸗**ung** f dépeuplement m.

ent'wachsen: *dem Boden* ⸗ sortir de terre; *der Schule* ⸗ *sein* avoir dépassé l'âge scolaire.

ent'waffn|en désarmer; ⸗**ung** f désarmement m.

ent'warn|en donner le signal de fin d'alerte; ⸗**ung** f fin f d'alerte.

ent'wäss|ern *Boden*: drainer; ⸗**erung** f *Boden*: drainage m.

entweder [ˈˌveːdər]: ⸗ ... *oder* ... ou (bien) ... ou (bien) ...; ⸗ *oder* d'une façon ou de l'autre.

ent'weichen 1. (s')échapper; s'évader; 🏃 se dégager; **2.** ⸗ *n* évasion f; 🏃 dégagement m. [fanation f.⟩

ent'weih|en profaner; ⸗**ung** f pro-⟩

ent'wenden (26) (*stehlen*) voler.

ent'werfen tracer; *flüchtig*: ébaucher; esquisser; *Vorhaben*: former; projeter.

ent'wert|en déprécier; *Marken*: oblitérer; *Geld*: dévaloriser; ⸗**ung** f dépréciation f; *Marken*: oblitération f; *Geld*: dévalorisation f.

ent'wick|eln développer (*a. fig. u. phot.*); *sich* ⸗ *fig. a.* évoluer; (*entfalten*) déployer (*a. fig.*); (*entrollen*) dérouler; *sich zu etw.* ⸗ devenir qch.; 🏃 dégager; ⸗**ler** m *phot.* révélateur m; ⸗**lung** f développement m (*a. phot.*); évolution f (*Entfaltung*) déploiement m; 🏃 dégagement m; ⸗**lungsjahre** n/pl. époque f de la puberté; ⸗**lungsland** n pays m en voie de développement; ⸗**lungszeit** ✻ f (période f d')incubation f.

ent|'winden: *j-m etw.* ⸗ arracher qch. des mains à q.; ⸗**wirren** [ˌʼvɪrən] (25) débrouiller; démêler; ⸗**'wirrung** f démêlement m; ⸗**'wischen** F (s')échapper; s'évader; ⸗**wöhnen** [ˌʼvøːnən] (25) (*gén. od. von*) déshabituer (de); *Kind*: sevrer.

ent'würdig|en dégrader; avilir; ⸗**ung** f dégradation f; avilissement m.

Ent|'wurf m projet m; dessein m;

entwurzeln — 750 — **Erbprinz**

(*Skizze*) esquisse *f*; ébauche *f*; croquis *m*; (*Konzept*) brouillon *m*; ②'**wurzeln** déraciner; ②'**zaubern** désenchanter; ②'**ziehen** retirer; (*wegnehmen*) ôter; enlever; *sich e-r Sache* (*dat.*) ~ se soustraire à qch.; ~'**ziehung** *f* retrait *m*; (*Wegnahme*) enlèvement *m*.

entziffer|n [~'tsifərn] (29) déchiffrer; ②**ung** *f* déchiffrement *m*.

ent'zücken 1. ravir; enchanter; **2.** ② *n* (6) ravissement *m*; enchantement *m*; ~**d** ravissant; à ravir.

entzünd|bar [~'tsyntba:r] inflammable; ②**barkeit** *f* inflammabilité *f*; ~**en** enflammer (*a.* ⚔); allumer; ②**ung** *f* inflammation *f* (*a.* ⚔).

ent'zwei en deux; en morceaux; cassé; (*zerrissen*) déchiré; ~**brechen** (*v/i.* se) briser; (se) casser; (se) rompre; ~**en** (25) brouiller; désunir; ~**gehen** se casser; ~**reißen** (*v/i.* se) déchirer; ②**ung** *f* brouille *f*; désunion *f*.

Enzian ['ɛntsia:n] *m* (3) gentiane *f*.

Enzyklopäd|ie [ɛntsyklope'di:] *f* encyclopédie *f*; ②**isch** [~'pe:diʃ] encyclopédique.

Epidem|ie [epide'mi:] *f* (15) épidémie *f*; ②**isch** [~'de:miʃ] épidémique.

Epigone [epi'go:nə] *m* épigone *f*.

Epigramm [~'gram] *n* épigramme *f*.

Epik ['e:pik] *f* poésie *f* épique; ~**er** *m* poète *m* épique. [épicurien.|

Epiku're|er *m* épicurien *f*; ②**isch**

Epilep|sie [epile'psi:] *f* épilepsie *f*; ~**tiker** [~'lɛptikər] *m* épileptique *m*; ②**tisch** [~'lɛptiʃ] épileptique.

Epilog [~'lo:k] *m* épilogue *m*.

episch ['e:piʃ] épique.

Episod|e [epi'zo:də] *f* épisode *m*; ②**isch** épisodique.

Epistel [e'pistəl] *f* (15) épître *f*.

Epoche [e'pɔxə] *f* (15) époque *f*; ~ **machen** faire époque. [épopée *f*.|

Epos ['e:pɔs] *n* (16) poème *m* épique;

er [e:r] (19) *als pr. conjoint:* il; *zum Ersatz für ein su./f:* elle; *als pr. abs.* lui; *bsd. ehm.:* ② (*Anrede*) vous.

er'-achten 1. juger (*für nützlich utile*); croire; estimer; **2.** ② *n* (6) opinion *f*; *m-s* ~**s** à mon avis. [vail.|

er'-arbeiten acquérir par son tra-

Erb|-anspruch ['ɛrp-] *m* prétention *f* à un héritage; ~**anteil** *m* part *f* d'héritage.

erbarm|en [~'barmən] (25): *sich* ~ avoir pitié (de); ②**en** *n*, ②**ung** *f* (6) pitié *f*; compassion *f*; miséricorde *f*; ~**enswert**, ~**enswürdig** digne de pitié (*od.* de compassion).

er'bärmlich déplorable; (*jämmerlich*) piteux; pitoyable; misérable; (*gemein*) bas; ②**keit** *f* état *m* pitoyable; misère *f*; (*Gemeinheit*) bassesse *f*.

erbarmungs|los [~'barmuŋslos] impitoyable; ~**voll** plein de compassion; miséricordieux.

er'bau|en bâtir; construire; *fig.* édifier; *erbaut sein von*; *sich* ~ *an* (*dat.*) être édifié de; ②**er** *m* constructeur *m*; ~**lich** édifiant; ②**ung** *f* construction *f*; *fig.* édification *f*; ②**ungsschrift** *f* livre *m* d'édification.

Erb|begräbnis ['ɛrp-] *n* caveau *m* de famille; ②**berechtigt** qui a droit à la succession.

Erb|e ['ɛrbə] *m* (13), '~**in** *f* (16¹) héritier *m*, -ière *f*; '~**e** *n* (10) héritage *m*; succession *f*.

er'beben trembler; *fig.* tressaillir.

erben ['ɛrbən] (25) hériter (*etw. de qch.*; *etw. von j-m* qch. de q.).

erbeuten [~'bɔytən] (26) capturer; *vom Feinde* ~ prendre à l'ennemi.

'**erb|fähig** habile à succéder; ②**fehler** *m* vice *m* héréditaire; ②**feind** *m* ennemi *m* héréditaire; ②**folge** *f* (ordre *m* de) succession *f*; ②**gut** *n* patrimoine *m*.

er'bieten: *sich* ~ *zu* ... (*inf.*) s'offrir à ... (*inf.*). [qch. à q.).|

er'bitten demander (*etw. von j-m*)

erbitter|n [~'bitərn] (28) aigrir; irriter; (*aufbringen*) exaspérer; ~**t** *Kampf*: acharné; ②**ung** *f* aigreur *f*; irritation *f*; (*Entrüstung*) exaspération *f*; *Kampf*: acharnement *m*.

'**erbkrank** atteint d'un mal héréditaire; ②**heit** *f* maladie *f* héréditaire.

erblassen [~'blasən] (27), **er'bleichen** (30) pâlir (*vor dat.* de); blêmir.

Erblasser(in *f*) ['ɛrplasər] *m* (7) testateur *m*, -trice *f*.

erblich ['ɛrplɪç] héréditaire; ②**keit** *f* hérédité *f*.

erblich [~'bliç] s. erbleichen.

er'blicken apercevoir; voir; *das Licht der Welt* ~ voir le jour.

er'blind|en (26) devenir aveugle; perdre la vue; *Scheiben*: se ternir; ②**ung** *f* perte *f* de la vue; cécité *f*.

erbosen [~'bo:zən] (27) fâcher; irriter; courroucer. [(à).|

erbötig [~'bø:tiç] prêt (*zu* à); disposé

'**Erbprinz** *m* prince *m* héritier.

er'brechen 1. briser; forcer; *Briefe*: décacheter; ouvrir; *Schloß*: fracturer; *Zimmer*: entrer par effraction (dans); ⚤ (*sich*) ~ vomir; **2.** ⚤ *n* (5) rupture *f*; *Briefe*: décachetage *m*; ⚤ vomissement *m*.

'**Erb**|**recht** *n* droit *m* successoral; '~**reich** *n* monarchie *f* héréditaire.

er'bringen apporter; *Beweis*: produire.

'**Erbschaft** *f* héritage *m*; succession *f*; ~**ssteuer** *f* impôt *m* successoral (*od.* sur les successions).

'**Erbschleicher**|(**in** *f*) *m* captateur *m*, -trice *f*; ~**ei** (~'raɪ] *f* (16) captation *f*.

'**Erbse** ['ɛrpsə] *f* (15) (petit) pois *m*; ~**nbrei** *m* purée *f* de pois.

'**Erb**|**stück** *n* chose *f* héritée; héritage *m*; '~**sünde** *f* péché *m* originel; '~**teil** *n* part *f* d'héritage; *elterliches* ~ patrimoine *m*; '~**teilung** *f* partage *m* d'une succession.

Erd|**achse** ['e:rt-] *f* axe *m* de la terre; '~**anschluß** *m* Radio: prise *f* de terre; '~**arbeiten** *f*/*pl.* terrassement *m*; '~**arbeiter** *m* terrassier *m*; '~**bahn** *astr.* ~ orbite *f* terrestre; '~**ball** *m* globe *m* (terrestre); '~**beben** *n* tremblement *m* de terre; séisme *m*; '~**bebenmesser** *m* sismographe *m*; '~**beere** *f* fraise *f*; (*Pflanze*) fraisier *m*; '~**beschreibung** *f* géographie *f*; '~**boden** *m* terre *f*; sol *m*; *dem* ~ *gleichmachen* raser; ~**e** ['e:rdə] *f* (15) terre *f*; (*Welt*) monde *m*; *auf* ~**n** sur terre; au monde; ici-bas; *auf die* ~ *werfen* (*fallen*) jeter (tomber) à (*od.* par) terre; ⚤**en** ⚡ mettre à la terre; *abs.* mettre la prise de terre.

er'denk|**en** imaginer; inventer; *fälschlich*: controuver; ~**lich** imaginable.

'**Erden**|**leben** *n* vie *f* terrestre; '~**los** *n* sort *m* des humains.

'**erd**|**fahl**, ~**farben** ['~farbən] terreux; '⚤**floh** *m* altise *f*; '⚤**geist** *m* gnome *m*; '⚤**geschichte** *f* géologie *f*; '~**geschichtlich** géologique; '⚤**geschoß** *n* rez-de-chaussée *m*; '⚤**gürtel** *n* zone *f*; '⚤**hälfte** *f* hémisphère *m*; '⚤**hügel** *m* butte *f*; tertre *m*.

er'dicht|**en** = *erdenken*; ⚤**ung** *f* invention *f*; fiction *f*.

erdig ['e:rdɪç] terreux.

'**Erd**|**kabel** *n* câble *m* souterrain; '~**karte** *f* mappemonde *f*; '~**kloß** *m* motte *f* (de terre); '~**kreis** *m*, '~**kugel** *f* globe *m* (terrestre); '~**kunde** *f* géographie *f*; '~**leitung** *f* *télégr.* ligne *f* télégraphique souterraine; ⚡ ligne *f* de terre; '~**nuß** *f* cacahuète *f*; '~**oberfläche** *f* surface *f* de la terre; '~**öl** *n* naphte *m*; pétrole *m*. [gnarder.\

erdolchen [ɛr'dɔlçən] (25) poi-\
'**Erd**|**pol** *m* pôle *m*; '~**reich** *n* terre *f*.

er'dreisten (26): *sich* ~, *zu* (*inf.*) oser (*inf.*); avoir l'audace de (*inf.*).

er'dröhnen retentir.

erdrossel|**n** [~'drɔsəln] étrangler; ⚤**ung** *f* strangulation *f*. [étouffer.\

er'drücken écraser; (*ersticken*)\

Erd|**rutsch** ['e:rtrutʃ] *m* éboulement *m* de terrain; éboulis *m*; '~**schicht** *f* couche *f* de terre; '~**scholle** *f* motte *f* (de terre); glèbe *f*; '~**spalte** *f* crevasse *f*; '~**stoß** *m* secousse *f* sismique; '~**strich** *m* région *f*; zone *f*; '~**teil** *m* continent *m*.

er'dulden souffrir; endurer; supporter.

'**Erd**|-**umfang** *m* circonférence *f* de la terre; '~-**umschiffung** *f* circumnavigation *f*; ~**ung** *f* ['~duŋ] *f* mise *f* à la terre; '~**wall** *m* terre-plein *m*; rempart *m* (de terre).

er'eifern: *sich* ~ s'échauffer (*über acc.*, *für* au sujet de); se passionner (pour).

er'eig|**nen**: *sich* ~ arriver; se passer; ⚤**nis** *n* (41) événement *m*.

Eremit(**in** *f*) [~'mi:t] *m* (12) ermite *m*.

er'-eilen *Tod*: surprendre. [*m*, *f*.\

er'fahr|**en 1.** *v/t.* apprendre; savoir; (*erleiden*) éprouver; subir; **2.** *adj.* (*ge-übt*) expérimenté; (*bewandert*) expert; ~ *in* (*dat.*) versé dans; ⚤**ung** *f* expérience *f*; *aus* ~ par expérience; *in* ~ *bringen* apprendre; ~**ungsgemäß** selon les données de l'expérience; ~**ungsmäßig** expérimental; empirique.

er'fassen saisir (*a. fig.*); *fig.* (*begreifen*) concevoir; comprendre.

er'find|**en** inventer; imaginer; *fälschlich*: controuver; ⚤**er** *m* inventeur *m*; ~**erisch** inventif (*scharfsinnig*) ingénieux; ⚤**ung** *f* invention *f*; (*Erdichtung*) fiction *f*.

Er'findungs|**gabe** *f*, ~**kraft** *f* talent *m* (*od.* esprit) *m* inventif; ⚤**reich** fertile\
er'flehen impl|orer. [en inventions.\

Erfolg [~'fɔlk] *m* (3) succès *m*; *guten* ~! bonne chance!; ~ *haben* réussir; avoir du succès; ⚤**en** (*statt-*

erfolglos — 752 — **erhalten**

finden) avoir lieu; arriver; *als Wirkung:* s'ensuivre; résulter; *Zahlung:* être effectué; *Antwort:* être donné; 2los infructueux; *adv. a.* sans succès; 2reich couronné de succès; *adv.* avec succès; ~saussicht *f* chance *f.*

er'forder|lich nécessaire; *Alter:* requis; ~lichen'falls en cas de besoin; ~n demander; exiger; 2nis *n* (4¹) exigence *f;* nécessité *f;* besoin *m.*

er'forsch|en *Land usw.:* explorer; *(ergründen)* approfondir; *(durchdringen)* pénétrer; scruter; 2ung *f* exploration *f;* recherche *f.*

er'fragen apprendre par des questions; *den Weg* ~ demander son chemin; *zu* ~ *bei ...* s'adresser à ...

er'freuen réjouir; faire plaisir à; *sich* ~ *an (dat.); sich e-r Sache (gén.)* ~ jouir de qch.

erfreu|lich [~'froːlɪç] réjouissant; *(zufriedenstellend)* satisfaisant; *es ist* ~ *zu sehen* il y a plaisir à voir; ~licher'weise heureusement; ~t heureux. [froid; geler.]

er'frieren mourir *(od.* périr) de)

er'frisch|en (27) rafraîchir; 2ung *f* rafraîchissement *m;* 2ungsraum *m* buvette *f.*

er'füll|en remplir *(mit de); Bitte:* accorder; *Pflicht:* accomplir *(a. Wille);* remplir *(a. Versprechen); Vertrag:* exécuter; *Zweck:* atteindre; *Hoffnung:* réaliser; 2ung *f* accomplissement *m;* réalisation *f; in* ~ *gehen* s'accomplir; *se* réaliser; 2ungsort *m* lieu *m* de paiement; 2ungspolitik *f* politique *f* de réalisations.

ergänz|en [~'ɡɛntsən] (27) compléter; *Fehlendes:* suppléer; *Summe:* parfaire; *Lücke:* combler; ⚔ recruter; ~end complémentaire; *(zusätzlich)* supplémentaire; 2ung *f zur Vervollständigung:* complément *m (a. gr.); noch zusätzlich:* supplément *m;* ⚔ recrutement *m;* 2ungsband *m* supplément *m;* 2ungsblatt *n* feuille *f* supplémentaire; 2ungsfarben *f/pl.* couleurs *f/pl.* complémentaires; 2ungsgesetz *n* loi *f* complémentaire; 2ungswahl *f* élection *f* complémentaire; 2ungswinkel *m* angle *m* complémentaire *(resp.* supplémentaire).

ergaunern [~'ɡaʊnərn] escroquer.

er'geb|en 1. *(hervorbringen)* donner; *(einbringen)* rapporter; *(beweisen)* prouver; *sich* ~ se rendre, *(sich widmen)* se dévouer (à), *(sich fügen)* se résigner *(in acc.* à), *e-m Laster:* s'adonner (à); *sich* ~ *aus* s'ensuivre de; résulter de; 2. *adj.* dévoué; *(gelassen)* résigné; *e-m Laster:* adonné (à); 2enheit *f* dévouement *m; (Fügung)* résignation *f;* soumission *f;* 2nis *n* [~'ɡeːpnɪs] *n* (4¹) résultat *m; (Folge)* conséquence *f; (Wirkung)* effet *m;* ~nislos sans résultat; *(unnütz)* vain.

er'gehen *Gesetz, Anordnung:* paraître; être publié; *Urteil:* être prononcé; ~ *lassen* publier, *über sich (acc.)* ~ *lassen* souffrir patiemment; *v/imp.* se trouver; devenir; *wie ist es Ihnen dort ergangen?* qu'êtes-vous devenu là-bas?; *sich im Freien* ~ prendre l'air; *sich* ~ *in (dat.)-Belobigungen, Flüchen:* se répandre en, *Hoffnungen:* se bercer de, *Vermutungen:* se perdre en.

er'giebig fertile *(an dat.* en); *(reich)* riche (en); *(viel hervorbringend)* productif; *(gewinnbringend)* lucratif; 2keit *f* rendement *m;* rapport *m;* productivité *f; (Fruchtbarkeit)* fertilité *f; (Reichtum)* richesse *f (an dat.* en).

er'gießen répandre; *sich* ~ *Fluß:* se jeter *(in acc.* dans).

ergötz|en [~'ɡœtsən] (27) réjouir; divertir; amuser; *sich* ~ *an (dat.)* se délecter à; 2en *n* divertissement *m;* plaisir *m;* ~lich divertissant; amusant; plaisant.

er'grauen grisonner; blanchir.

er'greifen saisir; prendre; *(packen)* empoigner; *(festnehmen)* appréhender; *Beruf:* embrasser; *(rühren)* émouvoir; toucher.

Ergriffenheit [~'ɡrɪfənhaɪt] *f* émotion *f.* [mettre en colère.)

ergrimmen [~'ɡrɪmən] (25) se)

er'gründen sonder; *fig. a.* approfondir. [ment *m.*)

Er'guß *m* effusion *f;* épanche-)

er'haben élevé; *fig. a.* sublime; *Stil: a.* noble; *(getrieben)* en relief; ~ *über (acc.)* au-dessus de; supérieur à; 2e *n* sublime *m;* 2heit *f* élévation *f (a. fig.); getriebene:* relief *m; fig.* sublimité *f; Stil:* noblesse *f; (Überlegenheit)* supériorité *f.*

er'halt|en conserver; *(aufrecht)* maintenir; *(unterhalten)* entretenir; *(bekommen)* recevoir, *durch Be*

Erhalter — 753 — **erlahmen**

mühung: obtenir; ℒer m (7) conservateur m; (*Unterstützer*) soutien m.
er'hältlich [‿'hɛltlɪç] en vente.
Er'haltung f conservation f; (*Aufrecht*℧) maintien m; (*Unterhalt*) entretien m.
er'hängen pendre. [entretien m.)
er'härten v/i. devenir dur; s'endurcir; v/t. rendre dur; fig. confirmer. [*schnappen*] 'happer.)
er'haschen attraper; saisir; (*auf-*)
er'heb|en lever; élever (*a. fig. u. Ӿ*: ins Quadrat au carré); (*preisen*) exalter; *Klage* ∾ intenter une action; *Gebühren*: percevoir; *in den Adelsstand* ∾ anoblir; ‿*lich* [‿'he:plɪç] considérable; ‿*ung* f élévation f (*a. fig.*); *Gebühren*: perception f; (*Aufstand*) soulèvement m; (*Nachforschung*) enquête f; recherche f.
er'heischen réclamer; exiger.
erheitern [‿'haɪtərn] (29) égayer.
er'hellen (25) v/t. éclairer; *Farbe, fig.*: éclaircir; v/imp. résulter (*aus* de). [(*sich* ∾) s'échauffer (*a. fig.*).)
er'hitzen [‿'hɪtsən] (27) chauffer;)
erhöh|en [‿'hø:ən] (25) élever (*um* de); (*re*)*hausser*; *Preis*: augmenter; *Geschwindigkeit*: accélérer; *Strafe*: aggraver; ‿*ung* f élévation f; 'haussement m; *Preis*: augmentation f; *Geschwindigkeit*: accélération f; *Strafe*: aggravation f; (*Anhöhe*) 'hauteur f; éminence f.
er'hol|en: *sich* ∾ reprendre des forces; v. *Krankheit*: se rétablir; se remettre; v. *Anstrengung*: se délasser; se reposer; ‿*ung* f rétablissement m; récréation f; repos m; délassement m; ‿*ungsbedürftig* qui a besoin de se reposer; ‿*ungsheim* n maison f de repos.
er'hör|en exaucer; ‿*ung* f exaucement m; ∾ *finden* être exaucé.
Erika ♀ ['e:rika] f bruyère f.
er'-inner|lich présent à la mémoire; ‿*n* [‿'ʔɪnərn] (29): *j-n an etw.* (*acc.*) ∾ rappeler qch. à q.; *j-n daran* ∾ *etw. zu tun* faire penser q. à faire qch.; *sich an etw.* (*acc.*) (*od. e-r Sache gén.*) ∾ se souvenir de qch.; se rappeler qch.; *soviel ich mich erinnere* autant qu'il m'en souvienne; *wenn ich mich recht erinnere* si j'ai bonne mémoire; ‿*ung* f souvenir m; (*Mahnung*) avertisse-

ment m; *zur* ∾ *an* (*acc.*) en souvenir de; ‿*ungsvermögen* n mémoire f.
er'jagen *ch.* prendre (à la chasse); (*einholen*) atteindre; attraper; (*erwerben*) acquérir. [froidir.)
erkalten [‿'kaltən] (26) (se) re-)
erkält|en [‿'kɛltən] (26) refroidir; *sich* ∾ prendre froid; s'enrhumer; ‿*ung* f refroidissement m; rhume m.
erkenn|bar (*a.* connaissable), ‿*en* reconnaître (*an dat.* à); *sich zu* ∾ *geben* se faire connaître; *zu* ∾ *geben* donner à entendre; ∾ *auf* (*acc.*) ½½ condamner à.
er'kennt|lich reconnaissable; (*dankbar*) reconnaissant (*für* de); ‿*lichkeit* f reconnaissance f; ‿*nis* f (14²) connaissance f; entendement m; ‿*nisvermögen* n intelligence f; entendement m.
Er'kennung f reconnaissance f; ‿*skarte* f carte f d'identité; ‿*smarke* f plaque f d'identité; ‿*swort* n mot m de passe; ‿*szeichen* n signe m de reconnaissance.
'Erker m (7) pièce f en saillie; encorbellement m; ‿*fenster*, ('‿*zimmer*) n fenêtre (pièce) f en saillie.
erklär|bar [‿'klɛ:rbɑ:r] explicable; ‿*en* déclarer (*a. Krieg, Liebe*); (*erläutern*) expliquer; (*darlegen*) exposer; (*deuten*) interpréter; ‿*lich* explicable; ‿*ung* f déclaration f; (*Erläuterung*) explication f; (*Darlegung*) exposé m; (*Deutung*) interprétation f.
er'klettern, **er'klimmen** *Baum*: grimper à; *Berg*: gravir; *Hindernis*: escalader.
er'klingen retentir; résonner.
erkrank|en [‿'kraŋkən] tomber malade; ∾ *an* (*dat.*) ∾ être atteint de; ‿*ung* f maladie f.
er'kühnen [‿'ky:nən]: *sich* ∾, *zu* ... (*inf.*) oser ... (*inf.*); avoir l'audace de ... (*inf.*). [reconnaître.)
erkunden [‿'kundən] sonder; ☒)
erkundig|en [‿'kundɪɡən] (26): *sich* ∾ s'informer (*über acc., nach* de; *bei* auprès de); se renseigner (*sur*); *er hat sich nach deinem Befinden erkundigt* il a demandé de tes nouvelles; ‿*ung* f information f (*über acc.* sur); renseignement m (*sur*).
Er'kundung f reconnaissance f.
er'künsteln feindre; affecter.
erlahmen [‿'lɑ:mən] être paralysé (*od.* perclus); *Kräfte*: diminuer; *Eifer*: se refroidir.

47 Dtsch.-Franz.

er'lang|en (25) obtenir; (*erreichen*) atteindre; (*erwerben*) acquérir; **ung** *f* obtention *f*; (*Erwerbung*) acquisition *f*.

Erlaß [er'las] *m* (4²) (*Befreiung*) dispense *f*; *Strafe*: remise *f*; *rl.* absolution *f*; † rabais *m*; remise *f*; (*Verordnung*) ordonnance *f*; (*Regierungs*) décret *m*; *e-s Ministers*: arrêté *m*; *Gesetz*: promulgation *f*.

er'lassen (*veröffentlichen*) publier; *Gesetz*: promulguer; *Haftbefehl*: décerner; *j-m etw.* ~ dispenser (*od.* exempter) q. de qch., *Strafe, Schuld*: faire grâce à q. de qch.; tenir q. quitte de qch.; *j-m s-e Sünden* ~ délier q. de ses péchés.

er'läßlich pardonnable; rémissible; *Sünde*: véniel.

erlaub|en [~'laubən] (25) permettre; **nis** [~'laupnis] *f* (14²) permission *f*; **nisschein** *m* permis *m*.

erlaucht [~'lauxt] illustre.

er'läuter|n expliquer; éclaircir; commenter; **ung** *f* explication *f*; éclaircissement *m*; commentaire *m*.

Erle ['erlə] *f* (15) aune *m*.

er'leb|en voir; faire l'expérience de; assister à; être témoin de; *Schlimmes*: essuyer; (*erleiden*) éprouver; subir; *schlimme Zeiten* ~ passer par de rudes épreuves; *wir werden es nicht mehr* ~ nous ne verrons plus cela; *er wird die Nacht nicht* ~ il ne passera pas la nuit; *sein sechzigstes Jahr* ~ atteindre la soixantaine; *etw.* ~ avoir une aventure; **nis** [~'le:pnis] *n* (4¹) événement *m* (dont on a été témoin); chose *f* vécue; (*Abenteuer*) aventure *f*.

erledig|en [~'le:digən] (25) finir; *Angelegenheit*: régler; *Streit*: vider; *Geschäft*: expédier; *Auftrag*: s'acquitter de; **t** [~'diçt] réglé; *Stelle*: vacant; *ein* ~*er Mann* un homme fini.

er'legen *Geldsumme*: payer; *ch.* tuer.

erleichter|n [~'laiçtərn] (29) alléger; *Gewissen*: décharger; (*lindern*) soulager; *etw.* ~ faciliter qch.; **ung** *f* allégement *m*; (*Linderung*) soulagement *m*.

er'leiden subir; éprouver; *Niederlage*: essuyer; (*ertragen*) souffrir.

er'lernen apprendre.

er'lesen *adj.* choisi; de choix.

er'leucht|en éclairer; *festlich* ~ illuminer; *fig.* éclaircir; inspirer; **ung** *f* éclairage *m*; *festliche* ~ illumination *f*; *fig.* éclaircissement *m*; inspiration *f*.

er'liegen succomber. [piration *f*.]

erlogen [~'lo:gən] faux; controuvé.

Erlös [~'lø:s] *m* (4) montant *m* (d'une vente); (*Einnahme*) recette *f*.

er'löschen (30) s'éteindre; *Firma*: cesser d'exister.

er'lös|en délivrer; *rl.* racheter; **er** *m* (7) libérateur *m*; *rl.* Rédempteur *m*; Sauveur *m*; **ung** *f* délivrance *f*; *rl.* rédemption *f*.

ermächtig|en [~'meçtigən] (25) autoriser (*zu* à); **ung** *f* autorisation *f*; *pol.* plein pouvoir *m*.

er'mahn|en exhorter (*zu* à); (*zurechtweisen*) admonester; **ung** *f* exhortation *f*; (*Zurechtweisung*) remontrance *f*; admonestation *f*.

er'mangel|n manquer (*e-r Sache gén.* de qch.); **ung** *f* manque *m*; *in* ~ (*gén.*) faute de; à défaut de; *in* ~ *e-s Besseren* faute de mieux.

ermannen [~'manən] (25): *sich* ~ prendre courage.

ermäßig|en [~'mɛ:sigən] modérer; *Preis*: réduire; **ung** *f* modération *f*; *Preis*: réduction *f*.

ermatt|en [~'matən] (26) *v/t.* lasser; fatiguer; *v/i.* se lasser; (*sich erschöpfen*) s'épuiser; (*schwach werden*) s'affaiblir; **ung** *f* lassitude *f*; fatigue *f*; affaiblissement *m*.

er'messen 1. mesurer; *fig.* juger; (*erwägen*) considérer; **2.** **2** *n* (6) jugement *m*; *nach meinem* ~ selon moi.

ermittel|n [~'mitəln] (29) découvrir; trouver; (*nachforschen*) rechercher; *nicht zu* ~ introuvable; **ung** *f* découverte *f*; (*Nachforschung*) recherche *f*; *t* instruction *f*.

er'möglichen (25) rendre possible.

er'mord|en assassiner; **ung** *f* assassinat *m*.

ermüd|en [~'my:dən] (26) (*v/i.* se) fatiguer; (se) lasser; **ung** *f* fatigue *f*; lassitude *f*.

ermunter|n [~'muntərn] (29) exciter; (*erheitern*) égayer; (*anfeuern*) ranimer; encourager; **ung** *f* excitation *f*; encouragement *m*.

ermutig|en [~'mu:tigən] (25) encourager (*zu* à); **ung** *f* encouragement *m*.

er'nähr|en nourrir; (*beköstigen*) alimenter; **er** *m* (7) soutien *m*; **ung** *f* nourriture *f*; alimentation *f*; (*Unterhalt*) entretien *m*.

er'nenn|en: *j-n* ~ nommer q. (*zum*

Ernennung — 755 — **Erschaffung**

Direktor directeur; *zu e-m Amt*: à); ⚬ung *f* nomination *f*.

er'neue|(r)n [‿'nɔyərn] renouveler; rénover; *Beziehungen:* renouer; ⚬rung *f* renouvellement *m*; rénovation *f*; *Beziehungen:* renouement *m*.

er'niedrig|en (25) abaisser; dégrader; *pfort* avilir; (*demütigen*) humilier; *Preise:* réduire; ⚬ung *f* abaissement *m*; dégradation *f*; *pfort* avilissement *m*; (*Demütigung*) humiliation *f*; *Preise:* réduction *f*.

Ernst [ɛrnst] **1.** *m* (3², o. pl.) sérieux *m*; gravité *f*; *im* ∼? (parlezvous) sérieusement?, P'sans blague?; *es wird* ∼ cela tourne au sérieux; *das ist mein* ∼ c'est sérieux; *allen* ∼*es* très sérieusement; tout de bon; *mit etw.* ∼ *machen* prendre qch. au sérieux; **2.** ⚬ *adj.* sérieux; grave; *etw.* ∼ *nehmen* prendre qch. au sérieux; *ein* ∼*es Wort mit j-m reden* dire son fait à q.; **¹⚬haft**, **¹⚬lich** sérieux; grave.

Ernte ['ɛrntə] *f* (15) récolte *f*; (*Getreide*⚬) moisson *f*; (*Wein*⚬) vendange *f*; (*Heu*⚬) fenaison *f*; (*Obst*⚬) cueillette *f*; '∼**arbeiter** *m* moissonneur *m*; '²**n** (26) récolter; *Getreide:* moissonner; *fig.* recueillir; '∼**segen** *m* (riche) moisson *f*; '∼**zeit** *f* temps *m* de la moisson.

ernüchter|n [‿'nyçtərn] (29) dégriser; *fig. a.* désillusionner; ⚬ung *f* dégrisement *m*; *fig. a.* désillusion *f*.

Er'-ober|er *m* (7) conquérant *m*; ⚬n (29) conquérir; *Stadt:* prendre; ∼ung *f* conquête *f*; *Stadt:* prise *f*.

er'öffn|en ouvrir; *Kampf, Diskussion:* engager; *feierlich* ∼ inaugurer; (*mitteilen*) faire savoir, communiquer, *förmlich:* notifier; ⚬ung *f* ouverture *f*; *feierliche:* inauguration *f*, (*Mitteilung*) communication *f*, *förmliche:* notification *f*.

erörter|n [‿'œrtərn] (29) discuter; débattre; ⚬n *m*, ⚬ung *f* discussion *f*; débat *m*. [⚬isch érotique.)

Erot|ik [e'ro:tik] *f* érotisme *m*;)

erpicht [‿'piçt] ∼*auf* (*acc.*) acharné à; avide de; *aufs Geld* ∼ cupide.

er'press|en (28) extorquer; *von j-m Geld* ∼ faire chanter q.; ⚬er *m* (7) exacteur *m*; *pfort* maître *m* chanteur; ⚬ung *f* extorsion *f*; exaction *f*; (*Geld*⚬) chantage *m*; ⚬ungsversuch *m* tentative *f* de chantage.

er'prob|en éprouver; mettre à l'épreuve; ⊕ essayer; ∼**t** éprouvé; à toute épreuve.

erquick|en [‿'kvikən] (25) rafraîchir; (*stärken*) restaurer; *fig.* réconforter; ∼**end** rafraîchissant; *fig.* réconfortant; ⚬ung *f* rafraîchissement *m*; *fig.* réconfort *m*.

er'raten deviner.

er'rechnen calculer.

er'reg|bar excitable; (*reizbar*) irritable; (*empfindlich*) susceptible; ⚬barkeit *f* irritabilité *f*; (*Empfindlichkeit*) susceptibilité *f*; ∼**en** exciter; (*reizen*) irriter; (*anstacheln*) stimuler; (*aufregen*) agiter; (*aufwiegeln*) soulever; *Mitleid:* émouvoir; *Freude:* causer; ⚬er *m* (7) ✳ microbe *m* pathogène; ⚕ excitatrice *f*; ⚬ung *f* excitation *f*; (*Reizung*) irritation *f*; (*Rührung*) émotion *f*; (*Aufregung*) agitation *f*.

erreich|bar excitable; (*reizbar*) [‿'raiçba:r] qu'on peut atteindre; accessible; *j-m* ∼ à la portée de q.; ∼**en** (*einholen*) rejoindre; rattraper; *etw.* ∼ atteindre (*mühsam*: à) qch.; parvenir à qch.

er'rett|en sauver; ⚬er *m* sauveur *m*; ⚬ung *f* sauvetage *m*.

er'richt|en élever (*a.* ⚭); ériger; (*gründen*) établir; fonder; ⚬ung *f Denkmal:* érection *f*; (*Gründung*) établissement *m*; fondation *f*.

er'ringen gagner; remporter.

er'röten 1. rougir (*über acc.*, *vor dat.* de). **2.** ⚬ *n* (6) rougeur *f*.

Errungenschaft [ɛr'ruŋənʃaft] *f* (16) acquisition *f*; conquête *f*.

Er'satz *m* (3², o. pl.) (*Ausgleich*) compensation *f*; (*Wiedererstattung*) restitution *f*; (*Schaden*⚬) dédommagement *m*; indemnité *f*; *stellvertretend:* remplacement *m*; *unzulänglicher:* succédané *m*; ersatz *m*; (*Gegenwert*) équivalent *m*; ✕ réserve *f*; ✳ prothèse *f*; *j-m für etw.* ∼ *leisten* dédommager q. de qch.; ∼**anspruch** *m* recours *m*; ∼**batterie** ⚡ *f* pile *f* de rechange; ∼**mann** *m* remplaçant *m*; ∼**mittel** *n* succédané *m*; ∼**pflicht** *f* obligation *f* d'indemniser; ∼**rad** *n* (∼**reifen** *m*) roue *f* (pneu *m*) de rechange; ∼**spieler** (-in *f*) *m* remplaçant *m*, -e *f*; ∼**stück** *n* pièce *f* de rechange; ∼**wahl** *f* élection *f* complémentaire.

er'saufen se noyer.

er'säufen noyer; jeter à l'eau.

er'schaff|en créer; ⚬ung *f* création *f*.

er'schallen résonner; retentir; *Gelächter*: éclater.
er'schein|en paraître; *Geister u. plötzlich*: apparaître; *Zeitpunkt*: arriver; ⚕ comparaître; *Buch*: soeben erschienen vient de paraître; ⚭en *n* (6) arrivée *f*; *plötzliches*: apparition *f*; ⚕ comparution *f*; *Werk*: publication *f*; parution *f*; ⚭ung *f* apparition *f*; (*Traumbild*) vision *f*; (*Natur*⚭) phénomène *m*; *in ~ treten* se montrer, *Dinge*: se manifester; *er ist e-e imponierende ~* il a de la prestance; ⚭ungswelt *f* monde *m* visible (*od.* des phénomènes.
er'schieß|en tuer d'un coup de feu; fusiller; passer par les armes; *sich ~* se brûler la cervelle; ⚭ung *f* exécution *f* par les armes; ⚭ungskommando *n* peloton *m* d'exécution.
er'schlaff|en (25) (*v/i. se*) relâcher; (s')affaiblir; ⚭ung *f* relâchement *m*; affaiblissement *m*; ⊕ *Feder*: fatigue *f*.
er'schlagen tuer; abattre; assommer; *vom Blitz ~ werden* être frappé de la foudre. [tation *f*.}
er'schleichen capter; ⚭ung *f* cap-}
er'schließ|en *Land*: ouvrir à l'exploitation; *fig.* déduire de; ⚭ung *f* *Land*: (mise *f* en) exploitation *f*.
er'schöpf|en épuiser; exténuer; *Geduld*: mettre à bout; ⚭end épuisant; (*vollständig*) complet, exhaustif; *adv. a.* fond; ⚭ung *f* épuisement *m*.
er'schrecken (25) *v/t.* effrayer; épouvanter; *v/i.* (30) *u. sich ~* s'effrayer (*über acc.* de); s'épouvanter (de).
erschütter|n [~'ʃʏtərn] (29) ébranler; secouer; *fig. a.* émouvoir; ⚭ung *f* ébranlement *m*; secousse *f*; choc *m*; *fig. a.* grosse émotion *f*; *Auto*: vibration *f*; cahot *m*.
erschwer|en [~'ʃveːrən] (25) rendre (plus) difficile; (*verschlimmern*) aggraver; ⚭ung *f* aggravation *f*.
er'schwindeln escroquer.
er'schwingen: *~ können* pouvoir payer; ⚭lich qu'on peut payer; *Preis*: accessible.
ersehen [~'zeːən]: *~ aus* voir par.
er'sehnen souhaiter vivement; désirer avec ardeur.
er'setz|bar remplaçable, réparable; ⚭en remplacer; (*ergänzen*) suppléer (à); *Verlust*: réparer, restituer; *j-m e-n Schaden ~* dédommager q. de qch.; *j-m s-e Kosten ~* rembourser q. de ses frais.

er'sichtlich [~'zɪçtlɪç] visible; (*augenscheinlich*) évident; *daraus ist ~* il ressort de là.
er'sinnen inventer; imaginer.
er'spähen épier; guetter.
er'spar|en épargner (*a. fig.*); économiser; ⚭nis *f* (14²) épargne *f*; (*erspartes Geld*) épargnes *f/pl.*; économies *f/pl.*
ersprießlich [~'ʃpriːslɪç] utile; profitable; (*heilsam*) salutaire; ⚭keit *f* utilité *f*; profit *m*.
erst [eːrst] premièrement; (*anfänglich*) d'abord; (*vorher*) auparavant, préalablement; *eben ~* il n'y a qu'un instant; tout à l'heure; *es ist ~ gestern hier seulement*; *es ist ~ zwei Uhr* il n'est que deux heures; *~ recht* à plus forte raison; *nun ~ recht!* raison de plus!; *~ recht nicht* bien moins encore; *nun ~ recht nicht!* moins que jamais! [tifier.}
er'starken (25) devenir fort; se for-}
er'starr|en (se) raidir; *Glieder*: s'engourdir; (*gerinnen*) se figer; *~ machen* transir, *Glieder*: engourdir; ⚭ung *f* raidissement *m*; *Glieder*: engourdissement *m*; (*Gerinnen*) figement *m*; *fig.* stupeur *f*, stupéfaction *f*.
er'statt|en (26) restituer; rendre; *Kosten*: rembourser; *Bericht*: faire; ⚭ung *f* restitution *f*; *Kosten*: remboursement *m*; *~ e-s Berichts* rapport *m*.
'Erst-aufführung *f* première *f*.
er'staun|en *v/t.* étonner; *v/i.* s'étonner (*über acc.* de); être étonné (de); ⚭en *n* (6) étonnement *m*; *in ~ setzen* étonner; *in ~ geraten* s'étonner; *zu m-m größten ~* à ma grande surprise; ⚭lich étonnant.
'Erst-ausgabe *f* première édition *f*.
'erste (*als su.* ⚭) le premier, la première; *Franz I.* François Ier; *zum ~n Mal* pour la première fois; *fürs ~* premièrement; (*einstweilen*) pour le moment; *als ~r* arriver le premier; *an ~r Stelle* en premier lieu; *der ~ beste* le premier venu.
er'stechen poignarder.
er'stehen *v/i.* naître; *v/t.* acheter aux enchères; faire l'acquisition de.
er'steig|en gravir; escalader; ⚭ung *f* ascension *f*; escalade *f*.
erstens ['eːrstəns] premièrement.
erst|'geboren ['eːrstgəboːrən] premier-né; aîné; ⚭geburt ⚕ *f* primogéniture *f*; aînesse *f*; ⚭geburts-

erstgenannt — 757 — **Erzader**

recht n droit m d'aînesse; **~genannt** ['~gənant] susdit.

er'sticken 1. étouffer; suffoquer (*beide a. v|i.*); *durch Ertrinken, Gase*: asphyxier; **2.** ℒ n étouffement m; suffocation f; *durch Ertrinken, Gase*: asphyxie f. [qualité.\

erstklassig ['~klasiç] de première\
'Erstling m (3¹) premier m; premier-né m; ~e pl. prémices f|pl.\
'erstmalig premier; '~s pour la pre-\
er'streben aspirer à. [mière fois.\
er'strecken: sich ~ s'étendre (*auf acc.* à); *fig.* s'appliquer (à).\
er'stürm|en prendre d'assaut; ℒ**ung** f prise f d'assaut.\
er'suchen 1.: *j-n um etw.* ~ demander qch. à q.; prier q. de qch.; **2.** ℒ n (6) demande f; prière f.\
er'tappen attraper; surprendre.\
er'teilen donner.\
er'tönen résonner; retentir.\
Ertrag [er'traːk] m (3³) produit m; rapport m; ⊕, 🗡 rendement m; (*Erlös*) recette f; ℒ**en** supporter; endurer; *Schimpf*: avaler; ℒ**fähig** productif; ℒ**fähigkeit** f productivité f.\
erträglich [~'trɛːkliç] supportable; (*ziemlich gut*) passable. [à l'eau.\
er'tränken noyer; sich ~ se jeter\
er'träumen rêver; sich ~ s'imaginer.\
er|'trinken se noyer; **~'trotzen** obtenir par des bravades; **~'Erfolg:** forcer.\
ertüchtig|en [~'tyçtigən] (25) éduquer; entraîner; ℒ**ung** f éducation f; entraînement m.\
erübrigen [~'ˀyːbrigən] (25) épargner; économiser; *Zeit*: trouver; *sich* ~ être inutile (*od.* superflu).\
er'wachen 1. s'éveiller; *plötzlich*: se réveiller; *aus e-m Traum* ~ sortir d'un rêve; **2.** ℒ n (6) réveil m.\
er'wachsen 1. croître; grandir; (*hervorgehen*) naître; résulter (*aus* de); **2.** *adj.* adulte; ℒ**e(r** *a. m*) m, f (18) adulte m, grande jeune fille f; grande personne f; ℒ**enbildung** f formation f des adultes.\
er'wäg|en peser; (*überlegen*) considérer; (*prüfen*) examiner avec soin; ℒ**ung** f considération f; *in* ~ *ziehen* prendre en considération.\
er'wählen choisir; *Beruf*: embrasser; *durch Abstimmung*: élire.\
er'wähn|en mentionner; faire mention de; ℒ**ung** f mention f.\
er'wärmen chauffer; échauffer (*a. fig.*); *sich* ~ s'échauffer (*a. fig.*);

sich ~ *für fig.* (commencer à) s'intéresser à.

er'wart|en attendre; (*vermuten*) s'attendre à; ℒ**ung** f attente f; *über alles Erwarten* au-delà de toute attente; *s-e* ~*en in zu hoch spannen* avoir des espoirs exagérés; ~**ungsvoll** plein d'espoir.\
er'weck|en (r)éveiller; *vom Tode* ~ ressusciter; *fig.* éveiller; exciter; (*hervorrufen*) provoquer; ℒ**en** n, ℒ**ung** f *vom Tode*: résurrection f.\
er'wehren: sich ~ (*gén.*) se défendre (de); *sich der Tränen* ~ retenir ses larmes.\
er'weich|en (25) (r)amollir; *fig.* fléchir; (*rühren*) attendrir; ℒ**ung** f (r)amollissement m; (*Rührung*) attendrissement m.\
Erweis [~'vais] m preuve f (*erbringen* fournir); ℒ**en** [~zən] prouver; *Dienst*: rendre; *Ehre, Gefallen*: faire; *Gunst*: accorder; *Dankbarkeit*: témoigner; montrer; *sich* ~ se montrer.\
erweiter|n [~'vaitərn] (29) élargir; *Geschäft*: agrandir; *gr., rhét.* amplifier; ℒ**ung** f élargissement m; *Geschäft*: agrandissement m; *gr., rhét.* amplification f.\
Erwerb [~'verp] m (3) (*Verdienst*) gain m; (*Ertrag*) profit m; (*Erwerbung*) acquisition f; ℒ**en** [~bən] acquérir; gagner.\
er'werbs|fähig capable de gagner sa vie; ℒ**losen-unterstützung** f allocation f de chômage; ℒ**lose(r** *a. m*) m, f chômeur m, -euse f; ℒ**losigkeit** f chômage m; ℒ**quelle** f ressource f; ℒ**sinn** m esprit m industrieux; ℒ**tätigkeit** f industrie f; activité f; ~**unfähig** incapable de gagner sa vie; invalide; ℒ**zweig** m branche f d'industrie; profession f; métier m. [tion f.\
Erwerbung [~'verbuŋ] f (acquisi-\
erwider|n [~'viːdərn] (29) répondre (*auf acc.* à); répliquer; riposter; repartir; riposter; *Gruß, Besuch*: rendre; ℒ**ung** f réponse f; réplique f; *schnelle* ~ repartie f; riposte f.\
er'wirken obtenir.\
er'wischen attraper; F pincer.\
er'wünsch|t désirer vivement; ~**t** désiré; (*angenehm*) agréable.\
er'würgen étrangler; égorger.\
Erz [eːrts] n (3²) min. (*Gestein*) minérai m; (*Metall*) airain m; '~**ader** f veine f; filon m.

er'zähl|en raconter; conter; dire; *kunstvoll:* narrer; 2*en n,* 2*ung f* récit *m;* (*bsd. das* ~) narration *f;* (*Geschichte*) histoire *f;* (*Märchen*) conte *m;* (*Novelle*) nouvelle *f;* 2*er(in f) m* conteur *m,* -euse *f;* narrateur *m,* -trice *f; mit bes. Lust:* raconteur *m,* -euse *f.*

Erz|bischof ['ɛrts-] *m* archevêque *m;* 2**bischöflich** ['~bɪʃøːflɪç] archiépiscopal; **'~bistum** *n* archevêché *m;* (*Würde*) archiépiscopat *m;* **'~bösewicht** *m* scélérat *m* achevé.

er'zeigen montrer; témoigner; *Dienst:* rendre; *sich dankbar* ~ montrer de la reconnaissance; *sich treu* ~ se montrer fidèle.

Erzengel [ɛrtsˀ-] *m* archange *m.*

er'zeug|en engendrer; procréer; *fig.* produire; faire naître; 2*er(in f) m* (7) procréateur *m,* -trice *f; fig.* producteur *m,* -trice *f;* 2*nis n* produit *m; geistiges:* production *f;* 2*ung f* procréation *f; fig.* production *f.*

Erz|feind ['ɛrts-] *m* ennemi *m* juré; **'~gang** ⚒ *m* filon *m;* veine *f;* **'~gauner** [ɛrts-] *m* filou *m* fieffé; **'~gießer** *m* fondeur *m;* **'~grube** *f* mine *f;* **'~herzog(in f) m* [ɛrts-] archiduc *m,* archiduchesse *f;* **'~herzogtum** *n* archiduché *m;* **'~hütte** *f* fonderie *f.*

er'zieh|en élever; 2*er(in f) m* (7) éducateur *m,* -trice *f;* instituteur *m,* -trice *f;* (*Hauslehrer*) précepteur *m,* gouvernante *f;* pédagogue *m;* **~erisch** pédagogique; 2*ung f* éducation *f;* instruction *f.*

Er'ziehungs|-anstalt *f* maison *f* de correction; pénitencier *m;* **~beihilfe** *f* allocation *f* d'éducation; **~lehre** *f* pédagogie *f;* **~methode** *f* méthode *f* pédagogique; **~wesen** *n* éducation *f* nationale. [*winn.:* réaliser.)

er'zielen atteindre; obtenir; *Ge-*)
er'zittern se mettre à trembler.

Erz|priester ['ɛrts-] *m* archiprêtre *m;* **~schurke** [ɛrts-] *m* filou *m* fieffé.

er'zürnen fâcher; irriter; *sich mit j-m* ~ se fâcher (*od.* se brouiller) avec q.

er'zwingen forcer; obtenir de force; *etw. von j-m* ~ extorquer qch. à q.

es (19) *pr/p.* **1.** *als Subjekt:* il *m,* elle *f;* es (*das Eisen*) *ist schwer* il (*le fer*) est lourd; *es* (*das Fenster*) *ist offen* elle (*la fenêtre*) est ouverte; **2.** *als Subjekt bei v/imp.:* il; *ce;* on; ~ *regnet* il pleut; ~ *ist offenbar*

c'est évident; *ich bin* ~ c'est moi; ~ *klopft* on frappe; **3.** *als Objekt:* le, la (*beide vor vo. od. stummem h:* l'); en; y; *er weiß* ~ il le sait; *ich kenne* ~ (*das Buch*) je le connais; *ich sehe* ~ (*das Mädchen*) je la vois; *du wirst* ~ *bereuen* tu t'en repentiras; *ich bin* ~ *gewohnt* j'y suis habitué.

Es ♪ [ɛs] *n* mi *m* bémol.

Esche ['ɛʃə] *f* (15) frêne *m.*

Esel|(in f) ['eːzəl] *m* (7) âne *m,* baudet *m,* ânesse *f,* P bourrique *f;* **~ei** [~'laɪ] *f* ânerie *f;* bêtise *f;* **'~sbrücke** *f fig.* guide-âne *m;* **'~sohr** *n im Buch:* corne *f;* **'~treiber(in f) m* ânier *m,* -ière *f.* [*m.*)

Eskimo ['ɛskimo] *m* (11) Esquimau)
eso'terisch ésotérique.

Espe ['ɛspə] *f* (15) tremble *m.*

Essay [ɛˈsɛː] *m* essai *m;* **~ist** [ɛ'ɪst] *m* essayiste *m.* [comestible.)
eßbar ['ɛsbaːr] mangeable; *cuis.*)

ess|en ['ɛsən] (30) manger; P bouffer; *zu Mittag* ~ déjeuner; *zu Abend* ~ dîner; *zu Nacht* ~ souper; *gut* ~ *und trinken* faire bonne chère; *etw. gern* ~ aimer qch.; 2*en n* (6) manger *m;* (*Mahl*) repas *m;* (*Mittag*-2) déjeuner *m;* (*Abend*2) dîner *m;* (*Nacht*2) souper *m;* (*Gericht*) mets *m;* plat *m;* (*Imbiß*) casse-croûte *m;* **'2enszeit** *f* heure *f* du repas.

Essenz [ɛ'sɛnts] *f* essence *f.*

'Esser *m* mangeur *m.*

'Eß|geschirr *n* vaisselle *f;* **~gier** *f* gloutonnerie *f;* **'2gierig** glouton.

Essig ['ɛsɪç] *m* (3¹) vinaigre *m;* **'~fabrik** *f* vinaigrerie *f;* **'~flasche** *f* vinaigrier *m;* **'~gurke** *f* cornichon *m* au vinaigre; **'2sauer** aigre; **~**-acétique; **'~säure** *f* acide *m* acétique; **2saure 'Ton-erde** *f* acétate *m* d'alumine.

'Eß|löffel *m* cuiller *f;* **'~löffelvoll** *m* cuillerée *f;* **'~lust** *f* appétit *m;* **'~napf** ⚔ *m* gamelle *f;* **~waren** *f/pl.* comestibles *m/pl.;* denrées *f/pl.* alimentaires; **'~zimmer** *n* salle *f* à manger.

Est|e ['ɛstə] *m* (13), **'~in** *f* Estonien *m,* -ne *f;* **'~land** *n* l'Estonie *f;* **'2ländisch** estonien.

Estrich ['ɛstrɪç] *m* (3¹) aire *f;* *mit Fliesen:* carrelage *m.*

Etage [eˈtaːʒə] *f* étage *m.*

Etappe [eˈtapə] *f* (15) étape *f;* (*Hinterland*) arrière *m.*

Etat [eˈtaː] *m* (11) budget *m* (*auf-*

Etat(s)jahr stellen dresser); ⁓(s)jahr n année f budgétaire; ℒ(s)mäßig budgétaire.
Eth|ik ['eːtik] f (16) éthique f; morale f; '⁓iker m moraliste; ℒisch éthique; moral.
Ethno|log(e) [etnoˈloːgə] m ethnologue m; ⁓lo'gie f ethnologie f; ℒ'logisch ethnologique.
Etikett [eti'ket] n étiquette f; † marque f; ⁓e f étiquette f; cérémonial m; protocole m.
etliche ['etliçə] quelques; su. quelques-uns, quelques-unes.
etwa ['etva] environ; à peu près; ⁓ 30 une trentaine (de); (vielleicht) peut-être; ⁓ig [⁓'vaː] éventuel; '⁓s quelque chose; in verneinenden Sätzen: rien; ohne ⁓ zu sagen sans rien dire; mit su.: quelque (peu de); ⁓ Schönes quelque chose de beau; ⁓ anderes autre chose; adv. un peu.
euch [ɔyç] (19) (dat. u. acc. pl. v. du) vous; als pr. abs. (dat. à) vous; nach prp. vous.
euer ['ɔyɐ] 1. pr/p. (gén. pl. von du) de vous; 2. adj. u. pr/poss. ⁓ m u. n, eu(e)re f u. pl. votre, pl. vos; ist das ⁓? est-ce à vous ?; unser und ⁓ Haus notre maison et la vôtre.
Eule ['ɔylə] f (15) 'hibou m; chouette f; ent. noctuelle f.
'eur|erseits de votre côté; '⁓esgleichen vos pareils.
'euret|halben, '⁓wegen, (um) '⁓willen pour vous; à cause de vous.
'eurig: der, die, das ⁓e le, la, vôtre.
Europ|a [ɔy'roːpa] n (17) l'Europe f; ⁓äer(in f) [ɔyrɔ'pɛːɐr] m Européen m, -ne f; ℒäisch européen; ⁓arat m conseil m de l'Europe.
'Euter n (7) pis m. [évacuation f.\
evakuier|en [eva⁓ˈkiːrən] évacuer; ℒung f/
evang'elisch [evaŋˈgeːliʃ] évangélique; protestant; ℒelist [⁓geˈlist] m évangéliste m; ℒelium [⁓ˈgeːlium] n (9) Évangile m; ⁓ des Matthäus l'Évangile m selon saint Matthieu.
eventuell [eventu'el] éventuel.
ewig [ˈeːviç] éternel; (immerwährend) perpétuel (a. Friede); seit ⁓en Zeiten de temps immémorial; ℒ'gestrigen pl.: die ⁓ les éternels retardataires m/pl.; ℒ'keit f éternité f; in alle ⁓ à tout jamais; ⁓lich ['eːviglɪç] éternellement.
exakt [ɛ'ksakt] exact; ℒheit f exactitude f. [Prüfung.\
Examen [ɛ'ksaːmən] n (11) s./

Exekut|ion [ɛksekutsi'oːn] f exécution f; ℒiv [⁓'tiːf] exécutif; ⁓ive [⁓və] f pouvoir m exécutif.
Exempel [ɛ'ksɛmpəl] n (7) exemple m (statuieren statuer [an j-m de q.]); (Aufgabe) problème m; ⁓lar [ɛksɛm'plaːr] n (3) exemplaire m; ℒlarisch exemplaire.
exerzier|en [ɛksɛr'tsiːrən] v/t. exercer; v/i. faire l'exercice (f); ℒplatz m place f d'armes.
Exil [ɛ'ksiːl] n exil m.
exist|ent [ɛksis'tent] existant; ℒia'lismus [⁓tsia-] m existentialisme m; ℒia'list m existentialiste m; ⁓iell [⁓tsi'ɛl] existentiel.
Exis'tenz f existence f; ⁓berechtigung f raison f d'être; ⁓minimum n minimum m vital; ⁓mittel n/pl. moyens m/pl. d'existence.
exis'tieren exister; vivre.
exkommuni'zieren excommunier.
exmatrikulieren [⁓matriku'liːrən] rayer de la liste (des étudiants).
exotisch [ɛ'ksoːtiʃ] exotique.
Exped|ient [⁓pedi'ɛnt] m (12) expéditionnaire m; ℒieren [⁓'diː-] expédier; ⁓ition [⁓peditsi'oːn] f expédition f; Zeitung: bureau m.
Experiment [⁓peri'mɛnt] n (3) expérience f; ℒell [⁓'tɛl] expérimental; ℒieren [⁓'tiː-] expérimenter.
Experte [ɛks'pɛrtə] m expert m.
explo'dieren exploser; (bersten) éclater; ℒsion [⁓zi'oːn] f explosion f; ℒ'sivstoff m matière f explosive.
Expon|ent [⁓po'nɛnt] m exposant m; ℒieren [⁓'niː-] exposer.
Export [ɛks'pɔrt] m (3) exportation f; ⁓eur [⁓'tøːr] m (3¹) exportateur m; ⁓handel m commerce m d'exportation; ℒieren [⁓'tiː-] exporter.
Ex'preßzug m (train m) express m.
extra ['ɛkstra] extra; (absichtlich) exprès; (zusätzlich) en plus; en supplément; ℒ'ausgabe f dépense f extraordinaire; (Sonderausgabe) édition f spéciale; ℒbeilage f, ℒblatt n supplément m; '⁓fein extra-fin; superfin.
Extrakt [⁓'trakt] m u. n extrait m.
'Extrazug m train m spécial.
extrem [⁓'treːm] 1. extrême; 2. ℒ n (3) extrême m; ℒist [⁓'mist] m extrémiste m. [lence f.\
Exzellenz [⁓tsɛ'lɛnts] f (16) Excel/
exzentrisch [⁓'tsɛntriʃ] excentrique.
Exzeß [⁓'tsɛs] m excès m.

F

F, f [ɛf] *n* F, f *m od. f*; ♪ *n* fa *m*.
Fabel ['faːbəl] *f* (15) fable *f*; ~**dichter** *m* fabuliste *m*; 2**haft** fabuleux; magnifique; F épatant; !2**n** (29) inventer des contes; (*faseln*) radoter; ~**sammlung** *f* recueil *m* de fables; fablier *m*.
Fabrik [fa'briːk] *f* (16) fabrique *f*; *größere:* manufacture *f*; (*Werk*) usine *f*; ~**ant**(**in** *f*) [~i'kant] *m* (12) fabricant *m*, -e *f*; manufacturier *m*, -ière *f*; ~**arbeiter** *m* ouvrier *m* d'usine; ~**at** [~i'kaːt] *n* (3) objet *m* fabriqué (*od.* manufacturé); ~**ati'onsfehler** *m* défaut (*od.* vice) *m* de fabrication; ~**besitzer** *m* propriétaire *m* de fabrique; fabricant *m*; industriel *m*; usinier *m*; ~**landschaft** *f* paysage *m* usinier; ~**marke** *f* = ~**zeichen**; 2**neu** sortant de l'usine; ~**stadt** *f* ville *f* industrielle; ~**ware** *f* article *m* de fabrique; ~**zeichen** *n* marque *f* de fabrique.
fabrizieren [fabri'tsiːrən] fabriquer; faire; (*erzeugen*) produire.
Fach [fax] *n* (2) *Schrank:* compartiment *m*; *Kasten:* case *f*; *Bücherbrett:* rayon *m*; ⚐ panneau *m*; *typ.* cassetin *m*; *fig.* branche *f*; profession *f*; spécialité *f*; (*Lehr*2) discipline *f*; (*Stoff*) matière *f*; *Mann vom* ~ homme *m* du métier; spécialiste *m*.
'**Fach**|-**arbeiter** *m* ouvrier *m* qualifié; ~**arzt** *m* (médecin *m*) spécialiste *m*; ~**(aus)bildung** *f* formation *f* professionnelle; ~**ausdruck** *m* terme *m* technique.
fächeln ['fɛçəln] (29) éventer.
Fächer ['fɛçər] *m* (7) éventail *m*.
'**Fach**|**gelehrte**(**r**) *m* spécialiste *m*; ~**genosse** *m* confrère *m*; collègue *m*; ~**kenntnisse** *f/pl.* connaissances *f/pl.* spéciales; 2**kundig** ['~kundiç] compétent; ~**lehrer**(**in** *f*) *m* professeur *m* spécialiste; ~**mann** *m* homme *m* du métier; spécialiste *m*; (*Sachverständiger*) expert *m*; 2**männisch** ['~mɛniʃ] compétent; spécial; du métier; ~**schule** *f* école *f* professionnelle; 2**simpeln** ['~ zimpəln] parler métier; ~**sprache** *f* langage *m* technique (*od.* du métier); ~**studium** *n* études *f/pl.* spécialisées; ~**unterricht** *m* enseignement *m* spécialisé; ~**verband** *m* association *f* professionnelle; ~**wand** ⚐ *f* cloison *f*; ~**werk** *n* ⚐ cloisonnage *m*; colombage *m*; (*Buch*) ouvrage *m* spécial (*od.* technique); ~**wissenschaft** *f* spécialité *f*; ~**zeitschrift** *f* périodique *m* professionnel.

Fackel ['fakəl] *f* (15) flambeau *m*; (*Pech*2) torche *f*; (*Stroh*2) brandon *m*; !2**n** (29) *fig.* vaciller; F Laterner; ~**träger** *m* porte-flambeau *m*; ~**zug** *m* retraite *f* aux flambeaux.
fade ['faːdə] fade; (*geschmacklos*) insipide; ~**s** *Geschwätz* fadaises *f/pl.*
Faden ['faːdən] *m* (6¹) fil *m* (*a. fig.*); (*Bind*2) ficelle *f*; *Gewebe:* corde *f*; ⚓ (6) (*Maß*) brasse *f*; (*Näh*2) fil *m* à coudre; *den* ~ *der Rede verlieren* perdre le fil; *an e-m* (*seidenen*) ~ *hängen* ne tenir qu'à un fil; !2**förmig** filiforme; ~**kreuz** *opt. n* réticule *m*; ~**nudel** *f* vermicelle *m*; 2**scheinig** ['~ʃaɪniç] usé jusqu'à la corde; râpé; *fig.* cousu de fil blanc.
Fagott ♪ [fa'gɔt] *n* (3) basson *m*; ~**bläser** *m* bassoniste *m*.
fähig ['fɛːiç] capable (*zu* de); (*geschickt*) apte (*zu* à); !2**keit** *f* capacité *f*; aptitude *f*; (*Talent*) talent *m*.
fahl [faːl] (*trübe*) terne; (*bleich*) pâle; blême; blafard; (~*rot*) fauve.
'**Fähnchen** *n* banderole *f*; ⚔ fanion *m*.
fahnd|**en** ['faːndən] (26): *nach j-m* (*auf j-n*) ~ poursuivre q.; rechercher q.; !2**ung** *f* poursuite *f*; recherche *f*.
Fahne ['faːnə] *f* (15) drapeau *m* (*aufstecken* arborer); bannière *f*; (*Reiter*2) étendard *m*; ⚓ pavillon *m*; *zu den* ~ *berufen* appeler sous les drapeaux; *mit fliegenden* ~ bannières déployées.
'**Fahnen**|-**abzug** *typ. m* placard *m*; ~**eid** *m* serment *m* de fidélité au drapeau; ~**flucht** *f* désertion *f*; !2**flüchtig** déserteur; ~ *werden* dé-

Fahnenflüchtiger — 761 — **Fallbaum**

serter; '~flüchtige(r) m déserteur m; '~junker m (porte-)enseigne m; *Reiterei*: cornette m; '~stange f, '~stock m 'hampe f; '~träger m porte-drapeau m; *Reiterei*: porte-étendard m; ~weihe f bénédiction f du (*resp.* des) drapeau(x).

Fähnrich ['fɛːnrɪç] m (3) enseigne m.

'**Fahr|bahn** f chaussée f; *für Rennen*: piste f; '**2bar** mobile; *Weg*: praticable; ⚓ navigable; '~bereitschaft f service m automobile; '~damm m chaussée f.

Fähre ['fɛːrə] f (15) bac m; fliegende ~ pont m volant; traille f.

fahren ['faːrən] (30) v/i. aller (*im Wagen* en voiture; *im Auto* en auto; *mit dem Dampfer* en bateau; *mit der Eisenbahn* par le train); ~ *durch* passer par; traverser; *über den Fluß* ~ passer (*od.* traverser) la rivière; *gut bei* etw. ~ se trouver bien de qch.; *der Wagen fährt sich gut* la voiture roule bien; *fahre wohl!* adieu!; ~ *lassen* quitter; lâcher; abandonner; *v/t.* conduire; rouler; *Last*: charrier; transporter; '~d ambulant; errant.

'**Fahr|er(in** f) m (7) conducteur, -trice f; *Auto*: chauffeur m, -euse f; '~erlaubnis f permis m de conduire; '~gast m voyageur m; passager m (*Taxi*2) client m; '~geld n prix m du voyage (*od.* du transport); '~geschwindigkeit f allure f; vitesse f; '~gestell n 🚂 train m d'atterrissage; *Auto*: châssis m; '2ig agité; instable; distrait; '~karte f billet m; ticket m; '2kartenschalter m guichet m; '2lässig négligent; imprudent; (*sorglos*) insouciant; ~*e Tötung* homicide m par imprudence; '~lässigkeit f négligence f; imprudence f; insouciance f; '~lehrer m professeur m de conduite. [passeur m.\

'**Fährmann** m (1²) batelier m; \

'**Fahr|plan** m indicateur m; horaire m; '2planmäßig régulier; '~preis m prix m du voyage (*od.* du transport); '~preis-anzeiger m *beim Taxi*: taximètre m; compteur m; '~rad n bicyclette f; vélo(cipède) m; F bécane f; '~radraum m garage m pour bicyclettes (*od.* vélos); '~rinne f ornière f; '~schein m billet m; ticket m; '~scheinheft n carnet m de tickets.

'**Fährschiff** n ferry-boat m.

'**Fahr|schule** f *Auto*: auto-école f; '~straße f route f carrossable; '~stuhl m chaise f roulante (*od.* à roulettes); (*Aufzug*) ascenseur m; (*Lastenaufzug*) monte-charge m; '~stuhlführer m garçon m d'ascenseur; liftier m.

Fahrt [faːrt] f (16) course f; trajet m; (*Reise*) voyage m; (*Wander*2) excursion f; (*Spazier*2) promenade f; ⚓ trajet m; (*durchfahrene Strecke*) parcours m; trajet m; ~ *ins Blaue* voyage-surprise m.

'**Fährte** f (15) trace f; piste f.

'**Fahr|vorschrift** f règlement m de la circulation; code m de la route; '~wasser n chenal m; passe f; *fig*. *ins gehörige* ~ *kommen* trouver sa voie; '~weg m chemin m carrossable; chaussée f; '~zeit f durée f du parcours (*od.* du trajet); '~zeug n véhicule m; voiture f; ⚓ bâtiment m.

Fäkalien [fɛˈkaːliən] *pl.* matières *f/pl.* fécales; vidanges *f/pl.*

'**Fakir** m fakir m.

Faksimile [~ˈziːmile] n fac-similé m.

'**fakt|isch** effectif; réel; '2or m (8¹) 🎩 gérant m; (*Werkmeister*) contremaître m; *typ.* prote m; 🎓 facteur m; *fig*. facteur m; élément m; 2orei [~oˈraɪ] f factorerie f; 2otum [~ˈtoː-] n factotum m; '2um n fait m.

Fakultät [fakulˈtɛːt] f (16) faculté f.

fakultativ [~ˈtiːf] facultatif.

falb [falp] fauve; *Pferd*: aubère.

'**Falk|e** ['falkə] m (13) faucon m; '~en-auge n *fig.* vue f perçante; '~enjagd f ~nerei; '~ner m (7) fauconnier m; '~ne'rei f (16) fauconnerie f.

Fall [fal] m (3²)(*Sturz*) chute f (*a. fig.*); (*Wasser*2) cascade f, *großer:* cataracte f; (*Gefälle*) pente f; *gr. u. fig.* cas m; ⚖, *pol.* affaire f; (*Untergang*) ruine f; *das war der* ~ il en a été ainsi; *zu* ~ *bringen* faire tomber; *zu* ~ *kommen* tomber; *in diesem* ~ en (*od.* dans) ce cas; *in e-m solchen* ~ en pareil cas; *im vorliegenden* ~ en l'espèce; *im* ~*e e-s Krieges* en cas de guerre; *im* ~*e, daß*... au (*od.* dans le) cas où (*cond.*); *auf jeden* ~ en tout cas; *für alle Fälle* à toute éventualité; *von* ~ *zu* ~ suivant le cas; *im besten* ~*e* en mettant tout au mieux; *im schlimmsten* ~*e* au pis aller; '~**baum** m

Fallbeil — 762 — **Familienunternehmen**

barrière f; '~beil n guillotine f; '~brücke f pont-levis m.
Falle ['falə] f (15) piège m; traquenard m; (Fallgrube) trappe f; (Mause⁀) souricière f; (Bett) pieu m; j-m e-e ~ stellen tendre un piège à q.; in die ~ gehen donner dans le piège (od. dans le panneau).
fallen ['falən] (30) 1. tomber (a. fig.); (sinken) baisser; être en baisse; (abnehmen) décroître; diminuer; Barometer: descendre; baisser; in der Schlacht: rester sur le champ de bataille; tomber à l'ennemi; Schuß: partir; Licht: frapper; donner sur; Anteil: passer (an, auf acc. à); in e-e Kategorie: rentrer dans; ~ auf (acc.) zeitlich: tomber (acc.); ~ lassen fig. Wort: lâcher, Anspruch: renoncer à; 2. ⁀ n chute f; (Abnahme) baisse f; diminution f.
fällen ['fɛlən] (25) abattre; Lot: abaisser; ⁀ Urteil: rendre; prononcer; ein Urteil ~ über (acc.) porter un jugement sur.
'**Fall**|**gatter** n 'herse f; '~**geschwindigkeit** f vitesse f de chute; '~**gesetz** n loi f de la chute des corps; '~**grube** f trappe f.
fällig ['fɛliç] échu; payable; ~ sein; ~ werden échoir; venir à échéance; '⁀**keit** f échéance f; '⁀**keitstermin** m terme m d'échéance.
'**Fall**|·**obst** n fruits m/pl. tombés; '~**reep** ['⁀re:p] ⚓ n (3) tire-vieille f.
falls au (od. dans le) cas où (cond.); si.
'**Fallschirm** m parachute m; mit dem ~ abspringen descendre en parachute; mit dem ~ abwerfen parachuter; '~**absprung** m descente f en parachute; '~**jäger** m, '~**springer** m parachutiste m; '~**springen** n parachutisme m.
'**Fall**|**strick** m lacs m; embûche f; '~**sucht** f épilepsie f; '⁀**süchtig** épileptique; '⁀**tür** f trappe f.
falsch [falʃ] 1. adj. faux (a. Zahn); (unecht) imité; (erheuchelt) feint; (unrichtig) incorrect; (unaufrichtig) peu sincère; (treulos) perfide; Haar: postiche; Spielkarte: biseauté; Würfel: pipé; Akkord: dissonant; Ausdruck: impropre; das ist der ~e Schlüssel c'est la mauvaise clef; ~ schreiben mal orthographier; ~ sprechen parler incorrectement; ~ aussprechen mal prononcer; ~ verstehen mal comprendre; comprendre de travers; ~ singen chanter faux; ~ spielen tricher au jeu; ~ schwören faire un faux serment; ~ gehen se tromper de chemin, Uhr: ne pas être à l'heure, ne pas aller juste; ~ verbunden téléph. on m'a donné un faux numéro; il y a erreur; in ~em Licht sous un faux jour; mir ist etw. in die ~e Kehle gekommen j'ai avalé de travers; 2. ⁀ n (3²) fausseté f; ohne ~ loyal; sincère.
fälsch|en ['fɛlʃən] (27) fausser; falsifier (a. Geld); Text: altérer; Karten: biseauter; Würfel: piper; Wein: frelater; '⁀**er(in** f) m (3) falsificateur m, -trice f (a. Geld); faussaire m, f. [losigkeit) perfidie f.⟩
'**Falschheit** f fausseté f; (Treu-⟨
'**fälschlich** faux; '~**er**|**weise** faussement; à faux.
'**Falsch**|**münzer** m (7) faux-monnayeur m; '~**spieler(in** f) m tricheur m, -euse f.
'**Fälschung** f falsification f (a. Geld); faux m; Text: altération f; Karten: biseautage m; Wein: frelatage m.
'**Falt**|**boot** n berthon m; canot m pliant; '~**e** ['faltə] f (15) pli m; (Runzel) ride f; fig. repli m; in ~n legen (fälteln) plisser; ~ werfen faire des plis; die Stirn in ~n ziehen froncer les sourcils.
falten ['faltən] (26) plier; (fälteln) plisser; Stirn: froncer; Hände: joindre; '⁀**rock** m jupe f plissée; '⁀**wurf** m draperie f. [lon m.⟩
'**Falter** m (7) lépidoptère m; papil-⟨
faltig ['faltiç] plissé; Haut: ridé.
Falz [falts] m (3²) △ rainure f; ⊕ pli m; '~**bein** n plioir m; '⁀**en** (27) △ rainer; Bogen usw.: plier.
familiär [famili'ɛːr] familier.
Familie [fa'miːliə] f (15) famille f.
Fa'milien|-**ähnlichkeit** f air m de famille; ~**anschluß** m: ~ haben être reçu dans des familles; ~**bad** n bain m mixte; ~**begräbnis** n caveau m de famille; ~**gemeinschaft** f communauté f familiale; ~**glück** n bonheur m domestique; ~**haupt** n chef m de famille; ~**kreis** m cercle m de famille; im ~ en famille; ~**leben** n vie f familiale (od. de famille); ~**name** m nom m de famille; ~**recht** n droit m domestique (od. de famille); ~**stand** m situation f de famille; ~**unterhalt** m charges f/pl. de famille; ~**unternehmen** n

Familienunterstützung — 763 — **Fassungslosigkeit**

entreprise f familiale; ~**unterstützung** f allocation f familiale; ~**vater** m père m de famille.
famos [fa'moːs] fameux; F épatant.
Fana|**tiker(in** f) [fa'naːtikər] m (7) fanatique m, f; ⚬**tisch** fanatique; ⚬**ti'sieren** fanatiser; ~**tismus** [~a'tis-] m fanatisme m.
fand, fände [fant, 'fɛndə] s. finden.
Fanfare [fan'faːrə] f (15) fanfare f.
Fang [faŋ] m (3²) prise f; capture f; (Beute) proie f; (Fisch⚬) pêche f; ch. mst pl. défenses f/pl.; der Raubvögel: serres f/pl.; '~**arm** zo. m tentacule m; '~**ball** m balle f; (Spiel) jeu m de balle; '~**eisen** n chausse-trape f; ⚬**en** (30) prendre; (ergreifen) saisir; attraper; '~**leine** f laisse f; '~**netz** n filet m; '~**schuß** m coup m de grâce; '~**zähne** m/pl. crocs m/pl.; Wildschwein: défenses f/pl.
Farb|**band** ['farpbant] n ruban m de machine à écrire; ruban m encreur; ~**e** ['farbə] f (15) couleur f; (Gesichts⚬) teint m; (~ton) teinte f; (~stoff) teinture f; (Anstrich) peinture f; ~**n auftragen** mettre des couleurs; colorier; die ~ verlieren déteindre; die ~ wechseln changer de couleur; ~ bekommen se colorer; prendre de la couleur; gesunde ~ haben avoir des couleurs; ~ bekennen Kartenspiel: donner de la (même) couleur, fig. jouer cartes sur table.
färb|**en** ['fɛrbən] (25) colorer; Färberei: teindre (rot en rouge); (bunt machen) colorier; sich das Haar ~ se teindre les cheveux; ⚬**en** n, ⚬**ung** f coloration f; Färberei: teinture f.
farben|**blind** daltonien; ⚬**blindheit** f daltonisme m; ⚬**druck** m impression f en couleurs; chromotypie f; ~**empfindlich** phot. orthochromatique; ⚬**gebung** f coloris m; ⚬**kasten** m boîte f de (resp. à) couleurs; ⚬**lehre** f théorie f des couleurs; ⚬**photographie** f photographie f en couleurs; ⚬**sinn** m sens m des couleurs; ⚬**spiel** n jeu m des couleurs (od. des lumières); ⚬**topf** m pot m à peinture; camion m.
Färber|(**in** f) ['fɛrbər] m (7) teinturier m, -ière f; ~**ei** [~'raɪ] f teinturerie f; (das Färben) teinture f.
Farb|**film** ['~film] m film m en couleurs; '~**holz** n bois m colorant; ⚬**ig** ['~biç] de (od. en) couleur; ⚬**ige(r)** ['~bigər] m homme m de couleur; ~**kasten** m = ~**enkasten**; '⚬**los** sans couleur; incolore; '~**photographie** f = '~**enphotographie**; '~**stift** m crayon m de couleur; pastel m; '~**stoff** m matière f colorante; Haut: pigment m; '~**ton** m teinte f.
Farce ['farsə] f farce f.
Farm [farm] f (16) ferme f; ~**er(in** f) m (7) fermier m, -ière f.
'**Farnkraut** n fougère f.
Färse ['fɛrzə] f (15) génisse f.
Fasan [fa'zaːn] m (3 u. 8) faisan m; ~**e'rie** [~anə-] f faisanderie f.
Fasching ['faʃiŋ] m (3¹) carnaval m.
Faschi|**smus** [fa'ʃismus] m fascisme m; ~**st** m fasciste m; ⚬**stisch** fasciste.
Fasel|**ei** [fazə'laɪ] f radotage m; '~**hans** (14¹) m, '~**liese** f radoteur m, -euse f; '⚬**ig** étourdi; '⚬**n** (29) (Unsinn reden) radoter; divaguer.
Faser ['faːzər] f (15) anat. u. ⚹ fibre f; kleine: filament m; (Bohnen⚬) fil m; (Fleisch⚬) filandre f; '⚬**ig** fibreux; filamenteux; Fleisch: filandreux; '⚬**n** (29) (v/i. s') effiler; (v/i. s')effilocher; '~**stoff** m fibrine f.
Faß [fas] n (2¹) tonneau m; großes: tonne f; kleines: baril m; (Stück⚬) barrique f; (Wein⚬) fût m; pièce f; nach dem ~ schmecken sentir le fût.
Fassade [fa'saːdə] f (15) façade f.
'**faßbar** saisissable; fig. a. compréhensible.
'**Faßbinder** m tonnelier m.
'**Faßdaube** f douve f (de tonneau).
fassen ['fasən] (28) prendre; saisir; Dieb: a. arrêter; (aufnehmen können) contenir; Edelstein: monter; sertir; enchâsser; Gedanken: concevoir; (verstehen) comprendre; saisir; Entschluß: prendre; sich ~ (sich zs.-nehmen) se contenir, (sich beruhigen) se calmer; sich kurz ~ être bref.
faßlich ['faslɪç] compréhensible; ⚬**keit** f compréhensibilité f.
'**Faßreifen** m cercle m.
Fassung ['fasuŋ] f seelische: contenance f; calme m; Brille: monture f; Edelstein: sertissure f; Glühbirne: douille f; schriftliche: rédaction f; version f; die ~ bewahren garder sa contenance; die ~ verlieren perdre contenance; j-n aus der ~ bringen déconcerter q.
'**Fassungs**|**kraft** f intelligence f; conception f; compréhension f; '⚬**los** sans contenance; (bestürzt) déconcerté; ~**losigkeit** f manque m

Fassungsvermögen — 764 — **Federzeichnung**

de contenance; '~**vermögen** n räumliches: capacité f; ⚓ tonnage m; fig. = ~kraft. [ne ... guère que.]
fast [fast] presque; à peu près; ~ nur)
fasten ['fastən] (26) **1.** jeûner; faire maigre; **2.** ⚲ n jeûne m; **3.** ⚲ (6) pl. (= ~zeit f) carême m; '⚲**speise** f plat m maigre.
'**Fastnacht** f mardi m gras; '~**sspiel** n divertissement m carnavalesque; '~**szeit** f temps m du carnaval.
'**Fasttag** m jour m de jeûne; jour m maigre.
fatal [fa'tɑ:l] (unangenehm) fâcheux; désagréable; vexant; (unheilvoll) fatal; das ist ~! F quelle tuile!; ⚲**ismus** [~a'lis-] m fatalisme f; ⚲**ist** m fataliste m; ~**istisch** fataliste.
Fatum ['fɑ:tum] n (9²) destin m; (Verhängnis) fatalité f; (Geschick) destinée f; sort m.
'**Fatzke** F m fat m; freluquet m.
fauchen ['fauxən] (25) cracher; Maschine: souffler.
faul [faul] pourri; (verdorben) gâté; corrompu; Zahn: carié; fig. mauvais; (träge) paresseux, fainéant, P flemmard; (zweifelhaft) douteux; e-e ~e Sache une affaire véreuse; ~er Zauber; ~e Redensarten balivernes f/pl.; auf der ~en Haut liegen F fainéanter; ⚲**baum** ♀ m bourdaine f.
Fäule ['fɔylə] f (15) = Fäulnis.
faul|**en** ['faulən] (25) pourrir; se putréfier; Fleisch usw.: se corrompre; se gâter; Zahn, Knochen: se carier; ~**enzen** ['~lɛntsən] (27) paresser; fainéanter; P battre sa (od. la) flemme; '⚲**enzer(in** f) m paresseux m, -euse f; fainéant m, -e f; P flemmard m, -e f; ⚲**enzerei** [~'raɪ] f = '⚲**heit** f paresse f; fainéantise f; P flemme f; '~**ig** putride.
Fäulnis ['fɔylnis] f (14² o. pl.) pourriture f; (Verwesung) putréfaction f; Zahn, Knochen: carie f; (Zersetzung) décomposition f.
'**Faul**|**pelz** m = ~enzer; '~**tier** zo. u. fig. n paresseux m.
Faun [faun] m faune m.
Fauna ['fauna] f (9¹) faune f.
Faust [faust] f (14¹) poing m; e-e ~ machen fermer le poing; sich mit Fäusten schlagen se battre à coups de poing; auf eigene ~ de son (propre) chef.
Fäustchen ['fɔystçən] n (6): sich ins ~ lachen rire sous cape.

'**faust**|'**dick**: er hat es ~ hinter den Ohren c'est un grand sournois; '⚲**handschuh** m mitaine f; '⚲**kampf** m boxe f; (Streit) pugilat m; '⚲**kämpfer** m boxeur m; pugiliste m; '⚲**pfand** n gage m; '⚲**recht** n droit m du plus fort; '⚲**schlag** m coup m de poing.
Favorit(**in** f) [favo'ri:t] m favori m, -te f.
Fazit ['fɑ:tsit] n (3¹ u. 11) résultat m; ✝ total m.
F-Dur f fa m majeur.
Februar ['fe:bruɑ:r] m (3¹) février m.
'**Fecht**|**boden** m salle f d'armes; '~**bruder** fig. m mendiant m; ⚲**en** ['fɛçtən] (30) faire de l'escrime; escrimer; F (betteln) mendier; ~**en** n escrime f; '~**er(in** f) m (7) escrimeur m, -euse f; '~**handschuh** m gant m d'escrime; '~**kunst** f = ~sport; '~**meister** m maître m d'armes; '~**sport** m escrime f.
Feder ['fe:dər] f (15) plume f (a. Schreib⚲ u. fig.); (Schwanz⚲) penne f (Hut⚲) plumet m; ⊕, Uhr usw.: ressort m; ~**n** bekommen s'emplumer; ~**n** verlieren perdre ses plumes; se déplumer; mit fremden ~**n** schmücken se parer des plumes du paon; die ~ ergreifen; zur ~ greifen prendre la plume; '~**ball** m volant m; (Spiel) badminton m; '~**besen** m plumeau m; '~**bett** n lit m de plume; '~**büchse** f étui m à plumes; '~**busch** m plumet m; panache m; Vögel: 'huppe f; '~**deckbett** n édredon m; '~**fuchser** m (7) gratte-papier m; plumitif m; '~**gewicht** n poids m plume; '~**halter** m porte-plume m; '~**kasten** m plumier m; '~**kiel** m tuyau m de plume; '~**kissen** n coussin m de plume; '~**kraft** f élasticité f; '~**krieg** m polémique f; '⚲**leicht** léger comme une plume; '~**lesen** n: ohne viel ~**s** zu machen sans façons; '~**matratze** f sommier m élastique; '~**messer** m canif m; '⚲**n** (29) (elastisch sein) faire ressort; gut ~ Wagen: être bien suspendu; (mausern) muer (a. sich ~); '⚲**nd** élastique; '~**strich** m trait m de plume; '~**ung** f Wagen: suspension f; ressorts m/pl.; '~**vieh** n volaille f; '~**wischer** m essuie-plumes m; '~**wolke** f cirrus m; '~**zeichnung** f

dessin *m* à la plume; '~**zug** *m* trait *m* de plume; parafe *m*.
Fee [fe:] *f* (15) fée *f*.
feenhaft ['fe:ənhaft] féerique.
'**Fegefeuer** *n* (7) purgatoire *m*.
feg|en ['fe:gən] (25) balayer; *Schornstein*: ramoner; *ch.* frayer; '2**en** *n* balayage *m*; *Schornstein*: ramonage *m*; '2**er** *m* balayeur *m*; (*Schornstein*2) ramoneur *m*.
Fehde ['fe:də] *f* (15) querelle *f*; hostilité *f*; ~**brief** *m* défi *m*; ~**handschuh** *m*: *j-m den* ~ *hinwerfen* jeter le gant à q.
Fehl «**anzeige** *f* «néant»; '2**bar** faillible; '~**betrag** *m* déficit *m*; e-n ~ *aufweisend* déficitaire; '~**bitte** *f* prière *f* inutile; e-e ~ *tun* essuyer un refus; '~**druck** *m* impression *f* manquée; 2**en** ['fe:lən] (25) *v/i.* (*sündigen*) pécher (*gegen contre*); (*unrecht handeln*) manquer (*gegen* à); (*abwesend sein*) être absent; (*nicht vorhanden sein*) manquer; *es fehlt mir an Geld* je manque d'argent; *ihm fehlt Geld* (*er vermißt es*) il lui manque de l'argent; *was fehlt Ihnen?* qu'avez-vous?; *ihm fehlt immer etw.* il a toujours qch.; *weit gefehlt!* vous n'y êtes pas!; *erreur!*; *das fehlte gerade noch!* il ne manqu(er)ait plus que cela!; *an mir soll es nicht* ~ il ne tiendra pas à moi (*daß ... que ... ne* [*subj.*]); *es fehlt wenig daran, daß* ... il s'en faut (de) peu que ... ne (*subj.*); '~**en** *n* (6) manque *m*; défaut *m*; ~**er** ['fe:lər] *m* (7) (*Verstoß*) faute *f*; (*Versehen*) erreur *f*; méprise *f*; bévue *f*; (*Charakter*2) défaut *m*; (*Gebrechen*) vice *m*; ⊕ défectuosité *f*; *grammatischer* ~ faute *f* de grammaire; *gegen die Reinheit der Sprache*: barbarisme *m*; *gegen den Syntax*: solécisme *m*; *gegen den Sinn*: contresens *m*; '2**erfrei** sans faute (*resp.* défaut); correct; parfait; '2**erhaft** fautif; défectueux; imparfait; (*mangelhaft*) vicieux; (*unrichtig*) incorrect; '~**erhaftigkeit** *f* défectuosité *f*; imperfection *f*; *gr.* incorrection *f*; '2**erlos** = 2**frei**; '~**farbe** *f Kartenspiel*: renonce *f*; '~**geburt** *f* avortement *m*; *fausse couche f;* '2**gehen** se tromper (*de chemin*); faire fausse route; s'égarer; '~**geschossen**! erreur!; vous n'y êtes pas!; '2**greifen** se méprendre; ♪ toucher à faux; '~**griff** *m* méprise *f*; (*Schnitzer*) bévue *f*; '~**karte** *f* fausse carte *f*; '2**schießen** manquer le but; *fig.* se tromper; '~**schlag** *m* coup *m* manqué (*od.* raté); *fig.* échec *m*; '2**schlagen** manquer (*od.* rater) son coup; *fig.* échouer; '~**schluß** *m* conclusion *f* erronée; '~**schuß** *m* coup *m* manqué (*od.* raté); '2**treten** faire un faux pas; '~**tritt** *m* faux pas *m*; ~**urteil** *n* jugement *m* erroné; ᵼᵼ erreur *f* judiciaire; '~**zündung** *f Auto*: raté *m* d'allumage.
Feier [faɪər] *f* (15) fête *f* (*begehen célébrer*); (*Zeremonie*) cérémonie *f*; *e-s Festes*: célébration *f*; *zur* ~ *des Tages* pour célébrer le jour; ~**abend** *m* fin *f* du travail; repos *m*; ~ *machen* cesser le travail; '2**lich** solennel; (*förmlich*) cérémonieux; ~**lichkeit** *f* solennité *f*; (*Feier*) cérémonie *f*; fête *f*; '2**n** (29) *v/t.* (*feierlich begehen*) fêter; célébrer; *j-n* ~ fêter q.; *v/i.* (*nicht arbeiten*) chômer; '~**stunde** *f* heure *f* de repos (*od.* de loisir); *ernste*: cérémonie *f*; '~**tag** *m* jour *m* de repos, (*Festtag*) jour *m* férié; jour *m* de fête; *gesetzlicher* ~ fête *f* légale.
feige ['faɪgə] lâche; couard; poltron.
Feige ୢ *f* (15) figue *f*; ~**nbaum** *m* figuier *m*; ~**nblatt** *n bei Statuen*: feuille *f* de vigne.
Feig|heit ['faɪkhaɪt] *f* (3¹) lâcheté *f*; couardise *f*; poltronnerie *f*; 2**herzig** ['~hertsɪç] = **feige**; ~**ling** ['~lɪŋ] *m* lâche *m*; couard *m*; poltron *m*.
feil [faɪl] à vendre; en vente; *fig.* (*bestechlich*) vénal.
'**Feilbank** *f* établi *m*.
'**feilbieten** mettre en vente; offrir.
Feil|e ['faɪlə] *f* (15) lime *f*; '2**en** limer; *fig.* châtier; polir; '~**kloben** *m* étau *m* à main. [etw. qch.]
feilschen ['faɪlʃən] marchander (*um*)
'**Feilspäne** *m/pl.* limaille *f*.
fein [faɪn] fin; (*sehr dünn*) ténu; (*schön*) beau; ici; (*erlesen*) choisi; de choix; (*vornehm*) élégant; distingué; exquis; (*zart*) délicat; *Stimme*: grêle; (*spitzfindig*) subtil; *sich* ~ *machen* se faire beau; *ein* ~*er Kunde iron.* un joli client; ~*e Nase* (*ein* ~*es Ohr*) *haben* avoir le nez fin (l'oreille fine); *e-e* ~*e Zunge haben* être un gourmet; *der stellen Radio*: sensibiliser; '2**bäcker** *m*

Feinbäckerei — 766 — **Fenster**

pâtissier m; confiseur m; ⁒bäckerei f pâtisserie f; confiserie f.

Feind|(in f) [faɪnt, ⌒dɪn)] m ennemi m, -e f; ⁒ hostile; '⌒esland n pays m ennemi; ⁒lich ennemi; (⌒ gesinnt) hostile; Geschick: adverse; '⌒schaft f inimitié f; (feindliche Gesinnung) hostilité f; ⁒selig hostile; '⌒seligkeit f hostilité f.

fein|fühlend, ⌒fühlig ['faɪnfy:lɪç] délicat; sensible; ⁒gebäck n pâtisseries f/pl.; ⁒gefühl n tact m; délicatesse f (des sentiments); ⁒gehalt m Münzen: titre m; ⁒gold n or m fin; ⁒heit f finesse f; (Vornehmheit) élégance f; des Umgangs usw.: délicatesse f; '⌒hörig ['⌒hø:rɪç] qui a l'oreille fine; ⁒kosthandlung f épicerie f fine; ⁒mechanik(er m) f mécanique f (mécanicien m) de précision; ⁒schmecker m (7) gourmet m; ⌒sinnig ['⌒zɪnɪç] d'esprit délicat; ⁒sliebchen n poét.: mein ⌒ ma mie; '⌒ste superfin. [obésité f.\

feist [faɪst] replet; obèse; ⁒heit f

Felch(en) icht. ['fɛlç(ən)] m féra f.

Feld [fɛlt] n (1) champ m (a. fig.); fig. domaine f; Sport: (Gruppe) peloton m; (Gefilde) campagne f (a. ⚔); △ compartiment m; (Füllung) panneau m; Schachspiel: case f; ⚔ ins (od. zu ⌒e) ziehen entrer en campagne (a. fig.); zu ⌒e ziehen gegen faire la guerre à (a. fig.); aus dem ⌒e schlagen mettre en fuite; das ⌒ behaupten rester maître du terrain; das ⌒ räumen abandonner le terrain (a. fig.); auf freiem ⌒e en pleine (od. rase) campagne; '⌒arbeit f travail m des champs; labour m; '⌒arbeiter m ouvrier m des champs; '⌒artillerie f artillerie f de campagne; ⁒aus, ⁒ein à travers champs; '⌒bau m agriculture f; '⌒bett n lit m de camp; '⌒blume f fleur f des champs; '⌒bluse f vareuse f; '⌒diebstahl m maraudage m; '⌒dienst m service m de campagne; '⌒dienstübung f manœuvres f/pl. (militaires); '⌒flasche f bidon m; '⌒frevel m maraudage m; '⌒früchte f/pl. fruits m/pl. des champs; '⌒geistliche(r) m aumônier m militaire; '⌒gendarmerie f prévôté f; '⌒geschrei n ⚔ cri m de guerre; (Losung) mot m d'ordre;

⁒grau gris verdâtre; grisâtre; '⌒graue(r) m (18) soldat m; P poilu m; '⌒herr m capitaine m; général m; der Oberste ⌒ le général commandant en chef; '⌒herrnkunst f stratégie f; '⌒hüter m garde m champêtre; '⌒jäger m ⚔ chasseur m; ch. chasseur m de plaine; '⌒kaplan m = ⌒geistlicher; '⌒kessel m ⚔ marmite f; '⌒küche f cuisine f roulante; '⌒lager n camp m; '⌒lazarett n ambulance f; '⌒lerche f alouette f commune; '⌒marschall m maréchal m; deutscher: feld--maréchal m; '⌒marschmäßig en tenue de campagne; '⌒maus f campagnol m; '⌒messer m (7) arpenteur m; '⌒messung f arpentage m; '⌒mütze f calot m; '⌒post f poste f militaire (od. aux armées); '⌒postnummer f secteur m postal; '⌒prediger m = ⌒geistliche(r); '⌒salat m mâche f; doucette f; '⌒schlacht f bataille f rangée; '⌒spat m feldspath m; '⌒stecher m jumelles f/pl. (de campagne); '⌒wache ⚔ f poste m de surveillance; '⌒webel m Infanterie: sergent-major m; Artillerie: maréchal m des logis chef; '⌒weg m chemin m vicinal; '⌒zeichen n enseigne f; '⌒zug m campagne f; expédition f militaire.

Felge ['fɛlgə] f (15) jante f; '⌒nbremse f frein m sur jante.

Fell [fɛl] n (3) peau f; ein dickes ⌒ haben F fig. avoir la peau dure; j-m das ⌒ über die Ohren ziehen fig. écorcher q.; '⌒handel m pelleterie f; '⌒händler m pelletier m.

Fels [fɛls] m (12¹) rocher m; (⌒gestein) roc m; (⌒masse) roche f; '⌒abhang m pente f du rocher; pente f rocheuse; '⌒block m bloc m de roche.

Felsen ['fɛlzən] m (6) = Fels; ⁒fest (unerschütterlich) inébranlable; ⁒gebirge n montagne f rocheuse; '⌒keller m cave f (creusée) dans le roc; '⌒klippe f écueil m; '⌒kluft f crevasse f; '⌒küste f côte f rocheuse; falaise f; '⌒riff n récif m.

felsig ['fɛlzɪç] rocheux.

Fels|stein m pierre f de roche; '⌒wand f paroi f de rocher; roch:r m escarpé.

Fenchel ♀ ['fɛnçəl] m (7) fenouil m.

Fenster ['fɛnstər] n (7) fenêtre f; croisée f; (Wagen⁒) glace f; (Laden⁒) devanture f; vitrine f; (Früh-

Fensterbrett — 767 — **Fertigkeit**

beet☉) châssis *m* (de couche); (*Kirchen*☉) vitrail *m*; ↙**brett** *n* appui *m*; rebord *m*; ↙**brüstung** *f* appui *m* de fenêtre; ↙**flügel** *m* battant *m* de fenêtre; ↙**glas** *n* verre *m* à vitres; ↙**kreuz** *n* croisée *f*; ↙**laden** *m* volet *m*; *äußerer:* a. contrevent *m*; ☉**In F** s'entretenir par la fenêtre; ↙**nische** *f* embrasure *f* de fenêtre; ↙**pfeiler** *m* trumeau *m*; ↙**rahmen** *m* châssis *m* de fenêtre; ↙**riegel** *m* crémone *f*; targette *f*; ↙**rouleau** *n* store *m*; ↙**scheibe** *f* vitre *f*; carreau *m*; ↙**spiegel** *m* espion *m*; ↙**tür** *f* porte-fenêtre *f*; ↙**vorhang** *m* rideau *m*.

Ferien ['feːriən] *pl.* vacances *f/pl.*; *des Gerichts:* vacations *f/pl.*; ↙**kolonie** *f* colonie *f* de vacances); ↙**lager** *n* camp *m* de vacances.

Ferkel ['fɛrkəl] *n* (7) petit cochon; porcelet *m*; goret *m*; *fig.* polisson *m*; cochon *m*; ☉**n** mettre bas; *fig.* se conduire comme un cochon.

Fer'ment *n* ferment *m*.

fern [fɛrn] éloigné; (*entlegen*) lointain; (*auseinanderliegend*) distant; *adv.* loin; *von* ↙(*e*) à distance; de loin; *der* ☉**e Osten** l'Extrême-Orient *m*.

'**Fern-amt** *n* bureau *m* (téléphonique) interurbain; ↙**anruf** *m* communication *f* interurbaine; ↙**aufnahme** *f* (photo *f* de) lointain *m*; ↙**bahn** *f* grande ligne *f*; ☉**bleiben** ne pas se mêler (à); s'abstenir (de); ↙**e** *f* (15) distance *f*; lointain *m*; *in der* ↙ au loin; *aus der* ↙ de loin; *aus weiter* ↙ de très loin; *das liegt noch in weiter* ↙ nous en sommes encore loin; ↙**empfang** *m* Radio: réception *f* à grande distance; ☉**er** *adv.* (*außerdem*) de plus; en outre; ☉**erhin** à l'avenir; ↙**flug** ☉ *m* vol *m* de distance; grand raid *m*; ☉**gelenkt**, ☉**gesteuert** téléguidé; ↙**gespräch** *n* communication *f* interurbaine; ↙**glas** *n* jumelles *f/pl.*; *einrohriges:* longue-vue *f*; ☉**halten** tenir éloigné (*od.* à l'écart); ↙**heizung** *f* chauffage *m* à distance; ↙**her** de loin; ↙**leitung** *f* ligne *f* à grande distance; ☉**liegen** être loin; *das liegt mir fern* c'est loin de ma pensée; ☉**mündlich** par téléphone; ↙**photographie** *f* téléphotographie *f*; ↙**rohr** *n* lunette *f* d'approche; longue-vue *f*; *ast.* télescope *m*;

↙**schreiber** *m* téléscripteur *m*; ↙**seh-apparat** *m* poste (*od.* appareil) *m* de télévision; téléviseur *m*; ↙**sehbild** *n* image *f* télévisée; ↙**sehempfänger** *m* récepteur *m* de télévision; téléviseur *m*; ↙**sehen** *n* (6) télévision *f*; ↙**sehsender** *m* émetteur *m* de télévision; '**sehsendung** *f* émission *f* de télévision; ↙**sehteilnehmer** *m* abonné *m* de la télévision; ↙**sehzuschauer(in** *f*) *m* téléspectateur *m*, -trice *f*; ↙**sicht** *f* perspective *f*; vue *f*; ↙**sprech-amt** *n* central *m* téléphonique; ↙**sprechanschluß** *m* communication *f* téléphonique; ↙**sprech-automat** *m* taxiphone *m*; ↙**sprechbuch** *n* annuaire *m* des téléphones; ↙**sprecher** *m* (7) téléphone *m*; ↙**sprechgebühr** *f* taxe *f* téléphonique; ↙**sprechleitung** *f* ligne *f* téléphonique; ↙**sprechnetz** *n* réseau *m* téléphonique; ↙**sprechstelle** *f* poste *m* téléphonique; ↙**sprechteilnehmer** (-in *f*) *m* abonné *m*, -e *f* du téléphone; ↙**sprechverbindung** *f* communication *f* téléphonique; ↙**sprechwesen** *n* téléphonie *f*; ↙**sprechzelle** *f* öffentliche: cabine *f* téléphonique (publique); ☉**stehen** être étranger à; ↙**steuerung** *f* téléguidage *m*; télécommande *f*; ↙**unterricht(skurs)** *m* cours *m* par correspondance; ↙**verkehr** *m* service *m* des grandes lignes; *Straße:* trafic *m* lointain (*od.* à grande distance); *téléph.* service *m* interurbain.

Ferse ['fɛrzə] *f* (15) talon *m*; *j-m auf den* ↙ *sein* être aux (*od.* sur les) talons de q.; ↙**ngeld** *n*: ↙ *geben* montrer les talons; lâcher pied.

fertig ['fɛrtiç] prêt (zu à); (*gewandt*) habile; (*geübt*) exercé; (*vollendet*) achevé; fini; *Kleider:* tout fait; confectionné; de confection; *mit etw.* ↙ *sein* avoir terminé (*od.* fini) qch.; *ich bin* ↙ j'ai fini, (*erledigt*) je suis à bout; *mit etw.* (j-m) ↙ *werden* venir à bout de qch. (q.); ↙**bekommen**, ↙**bringen** finir; achever; (*zustande bringen*) venir à bout de; ☉**fabrikat** *n* produit *m* fini; ☉**keit** *f* habileté *f*; dextérité *f*; (*Übung*) routine *f*; pratique *f*; (*Leichtigkeit*) facilité *f*; (*Zungen*☉) volubilité *f*; ↙ *in etw.* ↙ *besitzen* exceller (*od.* être habile) en qch.; ↙**kriegen** venir à bout de; ↙-

fertigmachen — 768 — **Fettfleck**

machen apprêter; '~**stellen** finir; achever; '2**ware** f produit m fini (od. manufacturé). [fa m bémol.)
Fes [fɛs] **1.** m od. n fez m; **2.** ♪ n)
fesch [fɛʃ] chic; coquet.
Fessel ['fɛsəl] f (15) lien m; (Kette) chaîne f; fers m/pl.; am Pferdefuß: paturon m; (Hemmnis) entrave f; in ~n legen (schlagen) = 2n; '~**ballon** m ballon m captif; '2n (29) ligoter; enchaîner; fig. captiver; fasciner; '2nd captivant.
fest [fɛst] **1.** ferme (a. Börse); ~ concret; (haltbar) solide; (unbeweglich) fixe (a. Preis, Stellung, Gehalt); (dauerhaft) stable; Stoff: serré; Schlaf: profond; mit ~em Kragen avec col tenant; ~en Fuß fassen prendre pied; ~ bei etw. bleiben persévérer dans qch.; ~ versprechen promettre ferme; ~ an etw. (acc.) glauben croire fermement à qch.; ~ anblicken fixer les yeux (od. les regards) sur; ~er schrauben serrer la vis; **2.** 2 n (3²) fête f; '2-**ausschuß** m comité m de la fête; '2**beleuchtung** f illumination f; '~**besoldet** qui a des appointements fixes; '~**binden** lier; attacher solidement; Knoten: serrer; '~**bleiben** tenir ferme; '2e f = ~ung; '2-**essen** n festin m; banquet m; '~**fahren**: sich ~ s'embourber; ♪ toucher le fond; '2**gabe** f hommage m; '2**gedicht** n poésie f de circonstance; '2**gelage** n = 2**essen**; '2**gesang** m hymne m; '~**halten** v/t. tenir ferme; (festnehmen) arrêter; (zurückhalten, behalten) retenir; v/i.: an etw. (dat.) ~ tenir à qch.; sich an etw. (dat.) ~ se tenir ferme à qch.; s'accrocher à qch.; '2**halten** n attachement m (an dat. à); '~**heften** fixer; Papier: attacher; '~**igen** fortifier; consolider; affermir; '2**igkeit** f fermeté f; (Haltbarkeit) solidité f; (Unbeweglichkeit) fixité f; (Dauerhaftigkeit) stabilité f; '~**igung** f consolidation f; '~**klammern** (sich se) cramponner (an acc. à); Papier: attacher (à); '~**kleben** coller (an dat. à; an acc. sur); '2**land** n terre f ferme; continent m; '~**ländisch** continental; '~**legen** fixer; Plan usw.: établir; (bestimmen) déterminer; sich auf etw. (acc.) ~ s'obliger à qch.; '~**lich** de fête; pompeux; (feierlich) solennel; '2**lichkeit** f solennité f; (Fest) fête f; cérémonie f; '~**liegen** être immobilisé; Termin: être fixé.
'**Fest**|**lokal** n salle f de fête (resp. des fêtes); '2**machen** fixer; attacher; ✝ confirmer; ⚓ amarrer; '~**mahl** m = 2**essen**; '2**meter** m stère m; '2**nageln** clouer; river (a. fig.); ~**nahme** ['~nɑːmə] f arrestation f; '2**nehmen** arrêter; '**rede** f discours m (solennel); '~**redner** m orateur m d'une cérémonie; '**saal** m = ~**lokal**; '2**saugen**: sich ~ s'attacher par succion; '2**schnallen** boucler; '2**schnüren** serrer (en laçant); '2**schrauben** visser; '2-**setzen** fixer; établir; (verordnen) arrêter; décréter; vertraglich: stipuler; (einsperren) emprisonner; '~**setzung** f fixation f; établissement m; vertragliche: stipulation f; (Festnahme) emprisonnement m; '2**sitzen** être solidement fixé; fig. être immobilisé; durch Panne: être en panne; '~**spiel** n festival m; '2-**stampfen** tasser; fouler; '2**stecken** attacher; fixer; '2**stehen** se tenir ferme sur ses pieds; fig. être certain; '2**stehend** fig. certain; Ziel: fixe; '2**stellen** constater; mach. bloquer; '~**stellung** f constatation f; mach. blocage m; '~**tag** m jour m de fête; '2**treten** tasser.
Festung ['fɛstuŋ] f (16) forteresse f; (befestigter Ort) place f forte.
'**Festungs**|-**arbeit** f travail m aux fortifications; '~**artillerie** f artillerie f de forteresse; '~**bau** m fortification f; '~**haft** f détention f (dans une forteresse); '~**werk** n (ouvrage m de) fortification f.
'**Fest**|**vorstellung** f représentation f de gala; '~**zug** m cortège m (solennel); rl. procession f.
Fetisch ['feːtiʃ] m fétiche m; ~**ismus** [feti'ʃis~] m fétichisme m.
fett [fɛt] **1.** gras; ~er Bissen bon morceau m; ~ machen, ~ werden engraisser; ~ drucken typ. imprimer en (caractères) gras; **2.** 2 n (3) graisse f; 🜚 corps m gras; mit ~ bestreichen graisser; ~ abschöpfen dégraisser; ~ ansetzen engraisser; j-m sein ~ geben fig. F dire son fait à q.; '2-**auge** n œil m (du bouillon); '2**druck** m caractères m/pl. gras; ~**en** ['fɛtən] graisser; ⊕ lubrifier; Haare: pommader; '2**fleck** m tache

fetthaltig — 769 — **fiebern**

f de graisse; '~**haltig** adipeux; '²**henne** ⚥ *f* orpin *m*; '²**hering** *m* 'hareng *m* blanc; ~**ig** ['fetiç] graisseux; onctueux; ⚯ adipeux; (*schmierig*) crasseux; '²**igkeit** *f* graisse *f*; onctuosité *f*; *des Leibes*: obésité *f*; ~**leibig** ['laibiç] obèse; '²**leibigkeit** *f* obésité *f*; '²**näpfchen** *n*: ins ~ treten mettre les pieds dans le plat; '²**schicht** *f* couche *f* de graisse; '²**sucht** *f* obésité *f*; '²**wanst** *m* bedon *m*.

Fetzen ['fetsən] *m* (6) lambeau *m*; (*Lumpen*) 'haillon *m*; (*Lappen*) chiffon *m*; in ~ reißen déchirer qch. en morceaux.

feucht ['fɔyçt] humide; (*angefeuchtet*) mouillé; (*leicht ~*) moite; ~ **machen** humecter; ~ **werden** s'humecter.

'**Feuchtigkeit** *f* humidité *f*; *der Haut*: moiteur *f*; ~**gehalt** *m*, ~s**grad** *m* état *m* hygrométrique; ~s**messer** *m* hygromètre *m*.

feudal [fɔy'dɑ:l] féodal; *fig.* somptueux; ²**ismus** [~a'lis~] *m* féodalité *f*.

Feuer ['fɔyər] *n* (7) feu *m*; (*Brand*) incendie *m*; *fig.* chaleur *f*; ardeur *f*; fougue *f*; ~ **anmachen** faire du feu; *das ~ anstecken* allumer le feu; ~ **anlegen** mettre le feu; *in ~ geraten* prendre feu; s'enflammer (*a. fig.*); ~ **geben** donner du feu, (*schießen*) faire feu; *unter ~ nehmen* prendre sous son feu; *mit ~ und Schwert verheeren* mettre à feu et à sang; *das ~ einstellen* cesser le feu; *und Flamme sein für* être tout feu et flamme pour; *für j-n durchs ~ gehen* se jeter au feu pour q.; ~! (*rufen*) (crier) au feu!; '~**alarm** *m* alerte *f* d'incendie; '~**bereich** *m* zone *f* du feu; '²**beständig** qui résiste au feu; ⚗, ⚙ réfractaire; '~**bestattung** *f* crémation *f*; incinération *f*; '~**brand** *m* tison *m*; '~**eifer** *m* zèle *m* ardent; '~**einstellung** *f* cessez-le-feu *m*; '²**fest** incombustible; à l'épreuve du feu; '~**gefahr** *f* danger *m* d'incendie; '²**gefährlich** aisément inflammable; ~**glocke** *f* tocsin *m*; '~**haken** *m der Feuerwehr*: croc *m* à incendie; (*Schüreisen*) tisonnier *m*; '~**herd** *m* foyer *m*; '~**leiter** *f* échelle *f* à incendie; '~**löschboot** *n* bateau-pompe *m*; '~**löscher** *m* extincteur *m*; '~**melder** *m* avertisseur *m* d'incendie; '²**n** (29) faire du feu; chauffer; (*schießen*) faire feu; tirer (*auf acc.* sur); '~**probe** *f* épreuve *f* du feu; *die ~ bestehen fig.* passer par le creuset; '~**raum** *m* foyer *m*; chauffe *f*; '²**rot** rouge feu; *Haar*: roux; '~**sbrunst** *f* incendie *m*; '~**schaden** *m* dommage *m* causé par l'incendie; ✝ sinistre *m*; ~**schiff** *n* bateau-phare *m*; '~**schirm** *m* écran; (*Kamingitter*) garde-feu *m*; '~**schwamm** *m* amadou *m*; '²**sicher** incombustible; '~**snot** *f* sinistre *m*; '²**speiend** qui lance des flammes; ~*er Berg* volcan *m*; '~**spritze** *f* pompe *f* à incendie; '~**stahl** *m* briquet *m*; '~**stätte** *f* lieu *m* de l'incendie; ⚠ foyer *m*; '~**stein** *m* pierre *f* à feu; silex *m*; *für Feuerzeug*: pierre *f* à briquet; '~**stoß** ⚔ *m* rafale *f* de mitrailleuse; '~**taufe** *f* baptême *m* du feu; '~**ung** *f* chauffage *m*; (*Brennmaterial*) combustible *m*; (*Feuerstelle*) foyer *m*; chauffe *f*; '~**versicherung** *f* assurance *f* contre l'incendie; '~**wache** *f* poste *m* de pompiers; '~**waffe** *f* arme *f* à feu; '~**walze** *f* feu *m* roulant; '~**wehr** *f* corps *m* des pompiers; '~**wehrmann** *m* pompier *m*; '~**werk** *n* feu *m* d'artifice; '~**werker** *m* (7) artificier *m*; pyrotechnicien *m*; '~**werkskörper** *m* pièce *f* d'artifice; '~**zange** *f* pincettes *f/pl.*; '~**zeichen** *n* fanal *m*; '~**zeug** *n* briquet *m*.

Feuilleton *n* feuilleton *m*.

feurig ['fɔyriç] ardent; *Auge*: étincelant; *Wein*: généreux; capiteux; *Pferd*: fringant.

ff: *etw. aus dem ~ verstehen* connaître *f* à fond.

Fiasko [fi'asko] *n* fiasco *m*.

Fibel ['fi:bəl] *f* (15) abécédaire *m*; (*Schmuck*) broche *f*.

Fiber ['fi:bər] *f* (15) fibre *f*.

Ficht|e ['fiçtə] *f* épicéa *m*; '~**ennadel** *f* aiguille *f* d'épicéa; '~**enzapfen** *m* cône *m* d'épicéa.

fidel [fi'de:l] gai; joyeux; ~*es Haus* F joyeux drille *m*.

Fieber ['fi:bər] *n* (7) fièvre *f*; ~ *bekommen* prendre la fièvre; '~**anfall** *m* accès *m* de fièvre; '²**artig** fébrile; '²**frei** sans fièvre; '~**frost** *m* frissons *m/pl.* (de fièvre); '²**ig** fiévreux; fébrile; '²**krank** pris de fièvre; qui a de la température; fiévreux; '~**mittel** *n* fébrifuge *m*; '²**n** (29) avoir de la fièvre (*od.* de la

48 Dtsch.-Franz.

Fieberrinde — 770 — **Finte**

température); être fiévreux; '~**rinde** f quinquina m; '~**thermometer** n thermomètre m médical.

Fied|el ['fi:dəl] f (15) violon m; mv. p. crincrin m; '~**elbogen** n archet m; '2**eln** (29) racler du violon; '~**ler** F m (7) racleur m.

fiel [fi:l] s. fallen.

Figur [fi'gu:r] f (16) figure f; (*Körperwuchs*) taille f; Schach: pièce f. **figürlich** [~'gy:rliç] figuré; adv. au figuré.

Filiale [fili'a:lə] f (15) succursale f; (*Tochtergesellschaft*) filiale f.

Filigran [fili'gra:n] n filigrane m.

Film [film] m (3¹) film m (*drehen* tourner); pellicule f; '~**atelier** n studio m; '~**aufnahme** f prise f de vues; '~**bearbeitung** f adaptation f cinématographique; ~**diva** f = ~**star**; 2**en** (25) filmer; abs. tourner un film; '~**fachmann** m cinéaste m; '~**kamera** f caméra f; '~**leinwand** f écran m; '~**pack** n film-pack m; '~**regisseur** m metteur m en scène, réalisateur m; '~**reklame** f réclame f par le cinéma; '~**schaffende(r)** m cinéaste m; '~**schauspieler(in** f) m acteur m, -trice f de cinéma; '~**spule** f bobine f de film; '~**star**, '~**stern** m étoile f de cinéma, vedette f; star f; '~**streifen** m bande f (d'un film); '~**verleih** m location f de films; '~**vorführer** m opérateur m; '~**vorführung** f projection f de film; '~**vorstellung** f séance f cinématographique.

Filter ['filtər] m u. n (7) filtre m; '~**mundstück** n bout m filtrant; '2**n** filtrer.

filtrier|en [~'tri:rən] filtrer; 2**papier** n papier m filtre; 2**tuch** n étamine f; 2**ung** f filtrage m.

Filz [filts] m (3²) feutre m; '2**en** feutrer; '~**hut** m (chapeau m de) feutre m; '2**ig** feutré; '~**laus** f pou m du pubis; '~**schuh** m chausson m; '~**stift** m crayon m feutre.

Fi'nale n finale m.

Finanz [fi'nants] f (16), mst: ~**en** pl. finances f/pl.; ~**abkommen** n accord m financier; ~**amt** n administration f des finances; fisc m; ~**hilfe** f aide f financière; 2**iell** [~i'ɛl] financier; 2**ieren** [~'tsi:rən] financer; ~**ierung** f financement m; ~**jahr** n année f financière; exercice m; ~**minister(ium** n) m

ministre (ministère) m des finances; ~**welt** f finance f; ~**wesen** n, ~**wirtschaft** f finances f/pl.

Findel|haus ['findəlhaus] n hospice m des enfants trouvés; '~**kind** n enfant m trouvé.

find|en ['findən] (30) trouver; (*antreffen*) rencontrer; sich in etw. (acc.) ~ se résigner à qch.; das wird sich ~ nous verrons bien, (sich regeln) cela s'arrangera; '2**er(in** f) m celui (celle) qui trouve (resp. a trouvé); '2**erlohn** m récompense f à celui qui trouve un objet; ~**ig** ['findiç] ingénieux; 2**igkeit** f ingéniosité f; 2**ling** ['~tlin] m (3¹) enfant m trouvé; (*Stein*) bloc m erratique.

Finger ['fiŋər] m (7) doigt m; der große ~ le doigt du milieu; der kleine ~ le petit doigt; l'auriculaire m; sich die ~ nach etw. lecken se lécher les doigts de qch.; sich die ~ verbrennen fig. s'échauder; sich aus den ~n saugen inventer; j-m auf die ~ sehen surveiller q. de près; mit ~n auf j-n zeigen montrer q. du (péj. au) doigt; j-m auf die ~ klopfen donner à q. sur les doigts; an den ~n abzählen compter sur les doigts; fig. man kann es sich an den ~n abzählen c'est aisé à voir; lange ~ machen avoir les doigts crochus; man kann ihn um den ~ wickeln fig. il est souple comme un gant; '~**abdruck** m empreinte f digitale; '~**abdruckverfahren** n dactyloscopie f; '~**fertigkeit** f dextérité f; ~ haben avoir du doigté; '~**glied** n phalange f; '~**hut** m dé m (à coudre); ♀ digitale f; '~**ling** m (3¹) doigtier m; '2**n** (29) Angelegenheit: arranger; '~**nagel** m ongle m (du doigt); '~**ring** m anneau m; bague f; '~**satz** ♪ m doigté m; '~**spitze** f bout m du doigt; '~**spitzengefühl** n doigté m; tact m; '~**übung** ♪ f exercice m de doigté; '~**zeig** m indication f; avis m.

fingieren [fiŋ'gi:-] feindre; simuler.

Fink [fiŋk] orn. m (12) pinson m.

Finn|e m (13), '~**in** f Finnois m, -e f; Finlandais m, -e f; '2**isch** finnois; finlandais; '~**land** n (17) la Finlande.

finster ['finstər] sombre (a. fig.); ténébreux; ~e Nacht nuit f noire; '2**nis** f (14²) ténèbres f/pl.; ast. éclipse f.

'**Finte** f (15) feinte f; (*List*) ruse f.

Firlefanz ['firləfants] *m* (3²) balivernes *f/pl.*; (*Person*) fat *m*.

firm: ~ *sein in* (*dat.*) être ferré sur.

Firma ['firma] *f* (9¹) maison *f* (de commerce); firme *f*; (*Name*) raison *f* sociale; ~**ment** *n* firmament *m*.

firm|e(l)n ['firmə(l)n] (25 [29]) confirmer; '**2ung** *f* confirmation *f*.

'**Firmen|schild** *n* enseigne *f*; ~**verzeichnis** *n* annuaire *m* du commerce.

Firn [firn] *m* (3) névé *m*.

Firnis ['firnis] *m* (4¹) vernis *m*; '**2en** (28) vernir.

First [first] *m* (3² u. 16) *Berg*: crête *f*; (*Haus*⸚) faîte *m*; arête *f*; ~**ziegel** *m* tuile *f* faîtière.

Fis [fis] *m* fa *m* dièse.

Fisch [fiʃ] *m* (3²) poisson *m*; *gebratener*: friture *f*; ~**adler** *m* aigle *m* pêcheur; ~**behälter** *m* vivier *m*; ~**bein** *n* baleine *f*; ~**besteck** *n* service *m* à poisson; ~**blase** *f* vessie *f* de poisson; ~**brut** *f* alevin *m*; (*Laich*) frai *m*; ~**dampfer** *m* chalutier *m* à vapeur.

'**fischen 1.** pêcher; **2.** ⸚ *n* pêche *f*.

'**Fischer**|(**in** *f*) *m* (7) pêcheur *m*, -euse *f*; ~**boot** *n* bateau *m* de pêche; chalutier *m*; ~**ei** [⸚'rai] *f* pêche *f*; ⊕ métier *m* de pêcheur; (*Fangstelle*) pêcherie *f*.

'**Fisch|fang** *m* pêche *f*; ~**fanggerät** *n* attirail *m* de pêche; ~**gericht** *n* (plat *m* de) poisson *m*; ~**geruch** *m* odeur *f* de poisson; ~**gräte** *f* arête *f*; ~**halle** *f* 'halle *f* aux poissons; ~**handel** *m* commerce *m* de poisson; ~**händler**(**in** *f*) *m* marchand *m*, -e *f* de poisson; ~**handlung** *f* poissonnerie *f*; ~**köder** *m* amorce *f*; ~**konserven** *f/pl.* conserves *f/pl.* de poisson; ~**laden** *m* = ~*handlung*; ~**laich** *m* frai *m*; ~**leim** *m* colle *f* de poisson; ~**markt** *m* marché *m* aux poissons; ~**milch** *f* laitance *f*; ~**netz** *n* filet *m*; ~**otter** *m* u. *f* loutre *f*; ~**ragout** *n* matelote *f*; '**2reich** poissonneux; ~**reiher** *m* 'héron *m* cendré; ~**reuse** *f* nasse *f*; ~**rogen** *m* œufs *m/pl.* de poisson; ~**schuppe** *f* écaille *f* de poisson; ~**suppe** *f* bouillabaisse *f*; ~**teich** *m* vivier *m*; ~**weib** F *n* poissarde *f*; ~**weiher** *m* = ~*teich*; ~**zucht** *f* pisciculture *f*; ~**zug** *m* coup *m* de filet.

fiskalisch [fis'ka:liʃ] fiscal.

Fiskus ['fiskus] *m* fisc *m*.

Fistel ['fistəl] *f* (15) ♣ fistule *f*; ♪ fausset *m*; ~**stimme** *f* voix *f* de fausset.

Fittich ['fitiç] *m* (3) aile *f* (*a. fig.*).

fix [fiks] prompt; (*flink*) alerte; *Idee, Gehalt*: fixe; ~ *und fertig* tout prêt.

Fixier|bad [⸚'ksi:rba:t] *n* bain *m* de fixage; **2en** [⸚'ksi:rən] fixer (*a. phot.*); *j-n* ~ regarder q. fixement; ~**salz** *n* fixateur *m*.

'**Fix|stern** *m* étoile *f* fixe; ~**um** *n* (somme *f*) fixe *m*.

Fjord *m* fjord *m*.

flach [flax] plat (*a. fig.*); (*eben*) plan; plain; ras; (*niedrig*) bas; *fig.* superficiel; *mit der* ~*en Hand* du plat de la main; ~ *machen* aplatir; aplanir.

'**Flachdach** *n* toit *m* en terrasse.

'**Fläche** *f* (15) (*Ober*⸚) superficie *f*; surface *f*; ⚐ plan *m*; (*Seite*) face *f*.

'**Flach-eisen** *n* fer *m* plat.

'**Flächen**|-**inhalt** *m* superficie *f*; ⚐ aire *f*; ~**maß** *n* mesure *f* de superficie; ~**messung** ⚐ *f* planimétrie *f*; ~**winkel** *m* angle *m* plan.

'**Flach|heit** *f* aplatissement *m*; *fig.* platitude *f*; ~**kopf** *m* *fig.* esprit *m* faible; ~**land** *n* pays *m* plat; plaine *f*; ~**relief** *n* bas-relief *m*; ~**rennen** *n* course *f* plate.

Flachs ♀ [flaks] *m* (4) lin *m*; ~**bau** *m* culture *f* du lin; **2blond** blond filasse; ~**feld** *n* linière *f*; ~**haar** *n* cheveux *m/pl.* filasse; ~**hechel** *f* affinoir *m*; ~**kopf** *m* blondin *m*.

'**Flachzange** *f* pince *f* plate.

flackern ['flakərn] (29) *Licht*: vaciller; *Feuer*: flamber; flamboyer.

Fladen ['fla:dən] *m* (6) flan *m*; (*Kuchen*) galette *f*; (*Kuh*⸚) bouse *f*.

Flagg|e ['flagə] *f* (15) pavillon *m*; *die* ~ *streichen* amener le pavillon, *fig.* baisser pavillon; **2en** (25) *v/t.* pavoiser; *v/i.* être pavoisé; ~**enparade** *f* parade *f* du drapeau; ~**ensignal** *n* signalisation *f* par fanions; ~**schiff** *n* vaisseau *m* amiral.

Flak [flak] *f* artillerie *f* anti-aérienne; D.C.A. *f* (= défence *f* contre avions).

Flame ['flɑ:mə] *m*, **Flämin** ['flɛ:min] *f* Flamand *m*, -e *f*.

Flamingo [fla'miŋɡo] *m* flamant *m*.

flämisch ['flɛ:miʃ] flamand.

Flamme ['flamə] *f* (15) flamme *f*; *in* ~*n stehen* être en flammes; *über die* ~ *halten Geflügel*: flamber; '**2nd** *adj.* enflammé; ardent; ~**nwerfer** *m* lance-flammes *m*.

Flammerie — 772 — **Fleischwaren**

'**Flammerie** *m* (11) pudding *m*.
Fland|ern ['flandərn] *n* (17) la Flandre; ⩾**risch** ['flandriʃ] flamand.
Flanell [fla'nɛl] *m* (3¹) flanelle *f*.
fla'nieren 1. flâner; **2.** ⩾ *n* flânerie *f*.
Flank|e ['flaŋkə] *f* (15) flanc *m*; *j-m in die* ~ *fallen* prendre q. de flanc; '~**en-angriff** *m* attaque *f* de flanc; '~**endeckung** *f* flanquement *m*; *auf Marsch:* flanc-garde *f*; ⩾**ieren** [~'ki:rən] flanquer.
Flansch [flanʃ] *m*, '~**e** *f* bride *f*.
'**Fläschchen** *n* (6) fiole *f*; flacon *m*.
Flasche ['flaʃə] *f* (15) bouteille *f*; (*Wasser*⩾) carafe *f*; *einschließlich* ~ verre compris; *auf* ~*n ziehen* embouteiller; *mit der* ~ *nähren* nourrir au biberon.
'**Flaschen|bier** *n* bière *f* en bouteilles; '~**boden** *m* cul *m* de bouteille; '~**hals** *m* goulot *m*; '~**korb** *m* panier *m* à bouteilles; '~**kürbis** ♀ *m* calebasse *f*; '~**post** *f* bouteille *f* à la mer; '~**ständer** *m* porte-bouteilles *m*; '~**wein** *m* vin *m* en bouteilles; '~**zug** *m* moufles *f/pl.*
'**flatterhaft** volage; (*leichtsinnig*) léger; (*unbeständig*) inconstant; ⩾**igkeit** *f* légèreté *f*; inconstance *f*.
flattern ['flatərn] (29) voltiger; voleter; *fig.* folâtrer; papillonner; *im Wind* ~ flotter au vent.
flau [flau] faible; (*matt*) languissant (*a.* †); *mir ist* ~ je me sens défaillir; ⚓ *er werden* mollir; ⩾**heit** *f* faiblesse *f*; langueur *f*.
Flaum [flaum] *m* (3) duvet *m*; '~**feder** *f*, '~**haar** *n* duvet *m*; ⩾**weich** moelleux.
Flausch [flauʃ] *m* (3²) frise *f*; (*Haar*⩾) touffe *f* (de cheveux).
'**Flausen** (*pl.*) fariboles *f/pl.*
Flaute ['flautə] *f* ⚓ calme *m*; morte-saison *f*. [= *flegeln*.]
Fläz *m* = **Flegel** *fig.*; ⩾**en** ['flɛ:tsən]
Flecht|e ['flɛçtə] *f* (15) tresse *f*; (*Haar*⩾) natte *f*; ♂ dartre *f*; *fressende* ~ lupus *m*; ♀ lichen *m*; ⩾**en** (30) tresser; *Haare:* natter; *Kranz:* faire; '~**er** *m* vannier *m*; '~**werk** *n* treillis *m*.
Fleck [flɛk] *m* (3) tache *f*; (*Flicken*) pièce *f*; (*Stelle*) endroit *m*; place *f*; *blauer* ~ bleu *m*; meurtrissure *f*; *sich nicht vom* ~ *rühren* ne pas bouger; *nicht vom* ~ *kommen* ne pas avancer; *das Herz auf dem rechten* ~ *haben* avoir le cœur bien placé; ⩾**en** (25) *v/t.* tacheter; (*sprenkeln*) moucheter; *v/i.* faire des taches; se tacher; '~**en** *m* (6) tache *f*; (*Markt*⩾) bourg *m*, *kleiner:* bourgade *f*; '⩾**enlos** sans tache(s); immaculé; '~**enreiniger(in** *f*) *m* dégraisseur *m*, -euse *f*; '~**fieber** *n* fièvre *f* typhoïde; '⩾**ig** tacheté; (*befleckt*) taché, ~ *werden* se tacher; '~**seife** *f* savon *m* à détacher; '~**typhus** *m* = ~*fieber*; '~**wasser** *n* eau *f* de Javel.
Fleder|maus ['fle:dər-] *f* chauve-souris *f*; '~**wisch** *m* plumeau *m*.
Flegel ['fle:gəl] *m* (7) fléau *m*; *fig.* rustre *m*; butor *m*; '~**ei** [~'laɪ] *f* grossièreté *f*; ⩾**haft** grossier; '~**jahre** *n/pl.* âge *m* ingrat; *in den* ~*n sein* jeter sa gourme; ⩾**n:** *sich* ~ se conduire comme un rustre; *sich* ~ *auf* (*acc.*) se vautrer sur.
flehen ['fle:ən] (25) **1.** implorer (*zu j-m* q.); implorer (*v/t.*); **2.** ⩾ *n* supplication *f*; imploration *f*; '~**tlich** instant; *adv. a.* avec instance.
Fleisch [flaiʃ] *n* (3²) chair *f*; ♀ *a.* pulpe *f*; *Schlächterei:* viande *f*; *j-m in* ~ *und Blut übergehen* devenir une seconde nature chez q.; *sich ins eigene* ~ *schneiden* se faire tort à soi-même; '~**bank** *f* étal *m* (de boucher); '~**(be)schau** *f* inspection *f* sanitaire de la viande; ~**(be)-schauer** ['~bəʃauər] *m* inspecteur *m* sanitaire des abattoirs; '~**brühe** *f* bouillon *m*; consommé *m*; '~**er** *m* (7) boucher *m*; '~**ergesell(e)** *m* garçon *m* boucher; '~**(er)laden** *m* boucherie *f*, (*Schweine*⩾) charcuterie *f*; '~**ersfrau** *f* bouchère *f*; '~**eslust** *f* désirs *m/pl.* charnels; concupiscence *f*; '~**extrakt** *m* extrait *m* de viande; '⩾**farben** couleur chair; incarnadin; '⩾**fressend** carnassier; carnivore; '~**gericht** *n* plat *m* de viande; '~**hackmaschine** *f* hache-viande *m*; '⩾**ig** charnu; potelé; ♀ pulpeux; '~**klößchen** *n* boulette *f*; quenelle *f*; '~**konserven** *f/pl.* conserves *f/pl.* de viande; '~**kost** *f* alimentation *f* carnée; (*Gericht*) plat *m* de viande; '⩾**lich** charnel; '⩾**los** décharné; ~*er Tag* jour *m* maigre (*od.* sans viande); '~**markt** *m* marché *m* à la viande; '~**pastete** *f* pâté *m* de viande; '~**schnitte** *f* tranche *f* de viande; escalope *f*; '~**waren** *f/pl.* charcuterie *f*; ~

Fleischwerdung *rl.* ['͜veːrduŋ] *f* incarnation *f*; **͜wurst** *f* saucisson *m*.

Fleiß [flaɪs] *m* (3²) application *f*; assiduité *f*; (*Emsigkeit*) diligence *f*; (*Sorgfalt*) soin(s *pl.*) *m*; **2ig** appliqué; assidu; diligent; *Arbeit:* fait avec soin.

flennen F ['flɛnən] (25) pleurnicher.

fletschen ['flɛtʃən] (27): *die Zähne ~* montrer les dents.

'Flick|-arbeit *f* rapiéçage *m*; **͜2en** (25) raccommoder; rapiécer; ravauder; **͜en** *n* rapiéçage *m*; raccommodage *m*; **͜en** *m* (6) pièce *f*; **͜er(in)** *f* raccommodeur *m*, -euse *f*; ravaudeur *m*, -euse *f*; **͜e'rei** *f* rapiéçage *m*; raccommodage *m*; **͜schneider** *m* raccommodeur *m*; **͜schuster** *m* savetier *m*; **͜werk** *n* rapiéçage *m*; *geistiges:* compilation *f*; **͜wort** *n* cheville *f*; **͜zeug** *n* *Fahrrad:* nécessaire *m* de réparation.

Flieder ['fliːdər] *m* lilas *m*.

Fliege ['fliːgə] *f* (15) mouche *f*; *spanische ~* cantharide *f*, *phm.* vésicatoire *m*; *zwei ~n mit e-r Klappe schlagen* faire d'une pierre deux coups. [*zeug:* aller en avion.]

fliegen ['fliːgən] (30) voler; *im Flug-*

'Fliegen|dreck *m* chiure *f* de mouches; **͜fänger** *m* attrape-mouches *m*; **͜fenster** *n* fenêtre *f* gazée; **͜gewicht** *n* poids *m* mouche; **͜klappe** *f* tue-mouches *m*; **͜pilz** *m* fausse oronge *f*; **͜wedel** *m* chasse-mouches *m*.

Flieger|(in *f*) ['fliːgər] *m* aviateur *m*, -trice *f*; pilote *m*; **͜abwehr** *f* défense *f* antiaérienne; **͜abwehrkanone** *f* canon *m* antiaérien; **͜alarm** *m* alerte *f* aérienne; **͜angriff** *m* raid *m* aérien; attaque *f* par avions; **͜aufnahme** *f* photo *f* aérienne; **͜bombe** *f* bombe *f*; **͜offizier** *m* officier *m* aviateur; **͜schule** *f* école *f* de pilotage; **͜staffel** *f* escadrille *f* d'avions; **͜tätigkeit** *f* activité *f* aérienne.

flieh|en ['fliːən] (30): *j-n* (*etw.*) ~; *vor j-m* (*vor etw. dat.*) ~ fuir q. (qch.); (*meiden*) éviter; *von dannen ~* s'enfuir; *zu j-m ~* se réfugier chez q.; **'2kraft** *f* force *f* centrifuge.

Fliese ['fliːzə] *f* (15) carreau *m*; dalle *f*; *mit ~n belegen* carreler; daller.

Fließ *m* ruisseau *m*; **͜arbeit** ['fliːsʔarbaɪt] *f* travail *m* à la chaîne; **͜band** *n* chaîne *f* roulante.

fließen ['fliːsən] (30) couler; *Papier:* boire; *durch etw. ~* traverser qch.; *ins Meer ~* se jeter dans la mer; **͜d:** coulant; courant; *~ sprechen* parler couramment.

'Fließpapier *n* papier *m* buvard.

flimmern ['flɪmərn] (29) scintiller; (*zittern*) vibrer; *es flimmert ihm vor den Augen* il a des éblouissements.

flink [flɪŋk] agile; leste; alerte.

Flinte ['flɪntə] *f* (15) fusil *m*; *die ~ ins Korn werfen fig.* jeter le manche après la cognée; **͜nschuß** *m* coup *m* de fusil. ['2en (26) flirter.]

Flirt [flœrt, flirt] *m* (11) flirt *m*;

Flitter ['flɪtər] *m* (7) paillette *f*; *fig.* clinquant *m*; **͜glanz** *m* faux brillant *m*; **͜gold** *n* oripeau *m*; **͜kram** *m* colifichets *m/pl.*; **͜wochen** *f/pl.* lune *f* de miel.

'Flitz|bogen *m* arc *m*; **2en** ['flɪtsən] filer comme une flèche. [*flechten.*]

flocht, flöchte [flɔxt, 'flœçtə] *s.*

Flock|e ['flɔkə] *f* (15) flocon *m*; **2ig** floconneux; **͜seide** *f* bourre *f* de soie; **͜wolle** *f* bourre *f* de laine.

flog, flöge [floːk, 'flœgə] *s. fliegen.*

Floh¹ [floː] *m* (3³) puce *f*.

floh², **flöhe** [floː, 'fløːə] *s. fliehen.*

flöhen ['fløːən] (25) épucer.

Flor [floːr] *m* (3¹) fleuraison *f*; *fig.* prospérité *f*; (*Stoff*) crêpe *m*; voile *m*; *in ~* en fleur, *fig.* en vogue.

Flora ['floːra] *f* (16²) flore *f*.

Florenz [flo'rɛnts] *n* Florence *f*.

Florett [flo'rɛt] *n* (3) fleuret *m*; **͜fechter(in** *f*) *m* fleurettiste *m*, *f*; **͜seide** *f* filoselle *f*. [prospérer.]

florieren [floˈriːrən] être florissant;

Floskel ['flɔskəl] *f* (15) fleur *f* de rhétorique.

floß¹, **flösse** [flɔs, 'flœsə] *s. fließen.*

Floß² [floːs] *n* (3³) radeau *m*; (*geflößtes Holz*) train *m* de bois; **͜brücke** *f* pont *m* de radeaux.

Flosse ['flɔsə] *f* (15) *zo.* nageoire *f*; ✈ aileron *m*; stabilisateur *m*.

flöß|en ['fløːsən] (27) flotter; **2en** *n* flottage *m*; **2er** *m* (7) flotteur *m*.

Flöt|e ['fløːtə] *f* (15) flûte *f*; **2en** jouer de la flûte; *Vögel:* chanter; siffler; **2engehen** F être fichu; **͜enspieler(in** *f*) *m* joueur *m*, -euse *f* de flûte; flûtiste *m*, *f*; **͜entöne** *m/pl. fig.:* *j-m die ~ beibringen* faire entendre raison à q.

flott [flɔt] léger; dégourdi; *~ leben* mener joyeuse vie; ⚓ à flot.

Flott|e ['flɔtə] *f* (15) flotte *f*; **⁓en-manöver** *n* manœuvres *f/pl.* navales; **⁓enparade** *f* revue *f* navale; **⁓enstützpunkt** *m* base *f* navale; **⁓ille** [flo'tilə] *f* (15) flottille *f*; **²machen** mettre à flot (*a. fig.*); wieder ⁓ renflouer, remettre à flot (*a. fig.*), *Auto*: dépanner; **²weg** [⁓'vɛk] *f* d'un trait.

Flöz [fløːts] *n* (3²) couche *f* sédimentaire.

Fluch [fluːx] *m* (3³) malédiction *f*; imprécation *f*; (⁓*wort*) juron *m*; **²en** (25) jurer; *j-m* ⁓ maudire q.; *auf j-n* ⁓ pester contre q.

Flucht [fluxt] *f* (16) fuite *f*; *aus Gewahrsam:* évasion *f*; △ alignement *m*; ⁓ *von Gemächern* enfilade *f* de pièces; *auf der* ⁓ dans la fuite; en fuyant; *die* ⁓ *ergreifen* prendre la fuite; s'évader; *in die* ⁓ *schlagen* mettre en fuite (⚔ en déroute); **⁓artig** en fuite; ⚔ en déroute.

flücht|en ['flʏçtən] (26): *v/i. u. sich* ⁓ s'enfuir; prendre la fuite; se réfugier; **⁓ig** fugitif; (*vergänglich*) passager; (*eilig*) rapide; (*oberflächlich*) superficiel; *Arbeit:* négligé; peu soigné; 🜨 volatil; ⁓ *sehen entrevoir*; **²igkeit** *f* rapidité *f*; (*Lässigkeit*) négligence *f*; 🜨 volatilité *f*; **²igkeitsfehler** *m* faute *f* d'inattention; **²ling** ['flʏçtlɪŋ] *m* (3¹) réfugié *m*; (*auf Flucht befindlich*) fugitif *m*; (*Ausreißer*) fuyard *m*; **²lingsfamilie** *f* famille *f* de réfugiés; **²lingslager** *n* camp *m* de réfugiés.

'**Flucht|linie** △ *f* alignement *m*; **⁓versuch** *m* tentative *f* de fuite.

Flug [fluːk] *m* vol *m*; *längerer:* raid *m*; (*Schwarm*) volée *f*; **⁓abwehr** *f* défense *f* antiaérienne; **⁓bahn** *f Geschoß:* trajectoire *f*; **⁓blatt** *n* tract *m*; (*Schmähschrift*) pamphlet *m*; **⁓boot** *n* hydravion *m*; **⁓dienst** *m* service *m* aérien.

Flügel ['flyːɡəl] *m* (7) aile *f*; (*Klavier*) piano *m* à queue; (*Tür*², *Fenster*²) battant *m*; *vantail m*; *Lunge:* lobe *m*; *mit den* ⁓*n schlagen* battre des ailes; *fig. j-m die* ⁓ *beschneiden* rogner les ailes à q.; *die* ⁓ *hängen lassen* baisser l'oreille; **⁓adjutant** *m* aide *m* de camp; **²lahm** *fig.* paralysé; **⁓mann** *m* chef *m* de file; **⁓schlag** *m* coup *m* d'aile; **⁓schraube** *f* vis *f* à ailettes; **⁓tür** *f* porte *f* à deux battants; **⁓weite** *f* envergure *f*.

'**Flug|fahrplan** *m* horaire *m* du service aérien; **⁓feld** *n* champ *m* d'aviation; aérodrome *m*; **⁓gast** *m* passager *m*.

flügge ['flyɡə]: ⁓ *sein* voler de ses propres ailes; *fig.* ⁓ *werden* prendre sa volée.

'**Flug|hafen** *m* aérodrome *m*; aéroport *m*; **⁓halle** *f* hangar *m* d'avions; **⁓karte** *f* billet *m* de passage; **⁓lehrer** *m* instructeur *m*; **⁓linie** *f* ligne *f* de navigation aérienne; **⁓lotse** *m* navigant *m* de l'aviation; **⁓motor** *m* moteur *m* d'avion; **⁓personal** *n* personnel *m* navigant; **⁓platz** *m* = ⁓*feld*; **⁓post** *f* poste *f* aérienne; *per* ⁓ *par avion*; **²s** [fluːks] aussitôt; sur-le-champ; **⁓sand** *m* sable *m* mouvant; **⁓schein** *m* = ⁓*karte*; **⁓schrift** *f* brochure *f* de propagande; tract *m*; libelle *m*; **⁓schüler** *m* élève-pilote *m*; **⁓sicherungsdienst** *m* service *m* de balisage; **⁓strecke** *f* = ⁓*linie*; **⁓stützpunkt** *m* base *f* aérienne; **⁓technik** *f* aviation *f*; **⁓verkehr** *m* trafic *m* aérien; **⁓wesen** *n* aviation *f*.

'**Flugzeug** *n* avion *m*; **⁓ausstellung** *f* salon *m* aéronautique; **⁓fabrik** *f* usine *f* d'avions; **⁓führer** *m* pilote *m*; **⁓geschwader** *n* escadrille *f* d'avions; **⁓halle** *f* hangar *m* d'avions; **⁓kabine** *f* carlingue *f*; **⁓mutterschiff** *n* navire *m* porte-avions *m*; **⁓schuppen** *m* = ⁓*halle*; **⁓stützpunkt** *m* = *Flugstützpunkt*; **⁓träger** *m* porte-avions *m*.

Flunder ['flundər] *f* (15) flet *m*.

Flunker|ei [fluŋkə'raɪ] *f* bluff *m*; chiqué *m*; **²n** 'hâbler; fanfaronner.

Flur [fluːr] **1.** *f* (16) champs *m/pl.*; campagne *f*; **2.** *m* vestibule *m*; *schmaler:* couloir *m*; *breiter:* corridor *m*; (*Treppen*²) palier *m*; **⁓hüter** *m* garde *m* champêtre; **⁓schaden** *m/pl.* dans les champs.

Fluß [flus] *m* (4²) rivière *f*; (*Strom*) fleuve *m*; (*Fließen*) écoulement *m*; 🜨 fluxion *f*; 🜨 *métall.* fusion *f*; *in* ⁓ *sein* (*bringen*) *fig.* être (mettre) en train; **²'ab(wärts)** en aval; **⁓arm** *m* bras *m* d'un fleuve; **²'auf(wärts)** en amont; **⁓bett** *n* lit *m* d'un fleuve; **⁓dampfer** *m* bateau-mouche *m*; **⁓fisch** *m* poisson *m* d'eau douce; **⁓fischerei** *f* pêche *f* fluviale.

flüssig ['flʏsɪç] liquide; *Stil:* aisé; coulant; ⁓ *machen* liquéfier, † réa-

Flüssigkeit — 775 — **Formalität**

liser; ~ werden se liquéfier; '2**keit** f liquide m; Stil: aisance f; facilité f.
'**Fluß**|**netz** n réseau m fluvial; '~**pferd** n hippopotame m; '~**schiffahrt** f navigation f fluviale; '~**schiffer** m marinier m; '~**spat** m (3) spath m fluor. [chuchoter.\
flüstern ['flystərn] (29) murmurer;\
Flut [flu:t] f (16) flux m; marée f montante; ~**en** pl. v. Wasser: flots m/pl.; (Überschwemmung) inondation f; fig. Worte, Zuschauer: flot m; Tränen: torrent m; '2**en** (26) (strömen) (s'é)couler; fig. se presser en foule; '~**welle** f raz m de marée; '~**zeit** f (heure f de la) marée f.
focht, föchte [fɔxt, 'fœçtə] s. fechten.
Fock|**mast** ['fɔkmast] m mât m de misaine; '~**segel** n misaine f.
Föderalismus [fødəra'lismus] m fédéralisme m. [2 (25) poulîner.\
Fohlen ['fo:lən] **1.** n (6) poulain m; **2.**\
Föhn [fø:n] m (3) fœhn m.
Föhre ['fø:rə] f (15) pin m.
Folge ['fɔlgə] f (15) suite f; (Reihen-2) série f; (Aufeinander2) succession f; (Fortsetzung) continuation f; (Folgerung) conséquence f; (Ergebnis) résultat m; (Wirkung) effet m; in der ~ dans la suite; in bunter ~ pêle-mêle; ~ leisten (dat.) obéir (à), e-r Einladung: accepter une invitation; zur ~ haben avoir pour conséquence; von ~n sein avoir des conséquences; ~n nach sich ziehen tirer à conséquence; an den ~n e-r Wunde des suites d'une blessure; '2**n** (25): ~ (dat. od. auf acc.) suivre (acc.); (nachfolgen) succéder (à); (gehorchen) obéir (à); e-r Einladung: accepter (acc.); (sich ergeben) résulter (aus de); s'ensuivre (de); '2**nd** suivant; der ~e Tag le lendemain; am ~en Morgen le lendemain matin; 2**ndermaßen** ['~ndərma:sən] de la manière suivante; 2**nreich** riche en conséquences; 2**nschwer** gros de conséquences; 2**richtig** conséquent; logique; ~ denken und handeln avoir l'esprit de suite; '~**richtigkeit** f conséquence f; 2**rn** ['fɔlgərn] (29) déduire (aus de); als Schlußfolgerung: conclure (aus de); '~**rung** f déduction f; (Schluß2) conclusion f; conséquence f; '~**satz** m phil. corollaire m; gr. proposition f consécutive; '2**widrig** inconsé-

quent; '~**widrigkeit** f inconséquence f; '~**zeit** f suite f; avenir m.
folg|**lich** ['~klıç] par conséquent; en conséquence; (also) donc; ~**sam** ['~za:m] obéissant; docile; '2**samkeit** f obéissance f; docilité f.
Foliant [foli'ant] m (12) in-folio m.
Folie ['fo:liə] f (15) feuille f; (Spiegel2) tain m; zur ~ dienen (dat.) donner du relief (à).
Folter ['fɔltər] f (15) torture f; j-n auf die ~ spannen mettre q. à la torture; torturer q. (a. fig.); '~**bank** f chevalet m (de torture); '~**kammer** f chambre f de torture; '~**knecht** m tortionnaire m; '2**n** torturer; (quälen) tourmenter; '~**qual** f torture f; '~**werkzeug** n instrument m de torture.
Fön [fø:n] m sèche-cheveux m.
foppe|**n** ['fɔpən] (25) mystifier; duper; 2**rei** f mystification f; duperie f.
'**Förder**|-**anlage** ⚒ f installation f d'extraction; '~**band** ⚒ n bande f transporteuse; '~**er** m, '~**in** f promoteur m, -trice f; '~**korb** ⚒ m benne f; '2**lich** profitable; utile.
forder|**n** ['fɔrdərn] (29): etw. von j-m ~ demander qch. à q., pfort exiger qch. de q.; Eigentum: réclamer; Recht: revendiquer; Opfer: causer; j-n vor Gericht ~ appeler q. en justice; zum Zweikampf ~ provoquer en duel.
förder|**n** ['fœrdərn] (29) activer; faire avancer; (beschleunigen) 'hâter; accélérer; (begünstigen) favoriser; (ermutigen) encourager; ⚒ extraire; '2**schacht** ⚒ m puits m d'extraction; '2**seil** ⚒ n câble m d'extraction.
'**Forderung** f demande f, pfort exigence f; Eigentum: réclamation f; Recht: revendication f; (Duell2) provocation f en duel.
'**Förderung** f avancement m; encouragement m; (Beschleunigung) accélération f; ⚒ extraction f.
Forelle [fo'rɛlə] f (15) truite f.
Forke ['fɔrkə] f (15) fourche f.
Form [fɔrm] f (16) forme f; (Art u. Weise) façon f; (Guß2) moule m; (Umgangs2) manière f; in gehöriger ~ dans les formes; in guter ~ sein être (bien) en forme.
formal [fɔr'ma:l] formel; 2**ien** pl. formalités f/pl.; 2**ität** [~ali'tɛ:t] f (16) formalité f.

Format [fɔr'ma:t] *n* (3) format *m*; ein Mann von ~ un homme d'envergure; ⚔ a. unité *f*. ~**ion** [⸗tsi'o:n] *f* formation *f*; ⚔ a. unité *f*.
'**Formblatt** *n* formulaire *m*.
'**Formel** (15) formule *f*; ⚲**buch** *n* formulaire *m*; ⚲**kram** *m* formalités *f/pl.*
formell [fɔr'mɛl] formel.
'**form**|**en** (25) former; *kunstgemäß:* façonner; *(modeln)* modeler; *Gießerei:* mouler; ⚲**en** *n* formation *f*; *kunstgemäß:* façonnement *m*; *(Modeln)* modelage *m*; *Gießerei:* moulage *m*; ⚲**enlehre** *f* morphologie *f*; ⚲**er** *m* (7) modeleur *m*; *Gießerei:* mouleur *m*; ⚲**fehler** *m* vice *m* de forme; ⚲**gebung** *f* façonnement *m*; ⚲**gerecht** dans les formes; ⚲**gewandt** qui a du savoir-vivre.
förmlich ['fœrmliç] dans les formes; *(ausdrücklich)* cérémonieux; ⚲**keit** *f* formalité *f*; *(Feierlichkeit)* cérémonie *f*.
'**form**|**los** informe; amorphe; *fig.* sans façon; sans gêne; ⚲**losigkeit** *f* caractère *m* amorphe; *fig.* manque *m* de formes; sans-gêne *m* *(Unschicklichkeit)* inconvenance *f*; ⚲**sache** *f*: *das ist bloße* ~ c'est une simple formalité.
Formu|'**lar** *n* (3¹) formulaire *m*; formule *f*; ⚲'**lieren** formuler.
'**form**|**vollendet** de forme parfaite; ⚲**widrig** contraire aux formes.
forsch [fɔrʃ] plein d'entrain; crâne.
forsch|**en** ['fɔrʃən] (27) faire des recherches; ~ *nach* rechercher; ⚲**er** *m* (7) chercheur *m*; savan *m*; ⚲**ung** *f* recherche(s *pl.*) *f*; ⚲**ungsgebiet** *n* domaine *m* de recherches; ⚲**ungsgemeinschaft** *f*: *deutsche* ~ communauté *f* allemande de recherches; ⚲**ungsreise** *f* voyage *m* d'exploration; ⚲**ungsreisende**(**r**) *m* (18) explorateur *m*.
Forst [fɔrst] *m* (3²) forêt *f*; ~**akademie** *f* école *f* forestière; ⚲'**amt** *n* administration *f* des eaux et forêts; ~**aufseher** *m* garde *m* forestier; ⚲**beamte**(**r**) *m* employé *m* de l'administration des eaux et forêts.
Förster ['fœrstər] *m* (7) (garde *m*) forestier *m*; ⚲**ei** [⸗'rai] *f* maison *f* de (garde) forestier;
'**Forst**|**fach** *n* sylviculture *f*; ~**frevel** *m* délit *m* forestier; '**haus** *n* = *Försterei*; ⚲**meister** *m* inspecteur *m* des eaux et forêts; ⚲**revier** *n* district *m* forestier; ⚲**wesen** *n*, '⚲**wirtschaft** *f* sylviculture *f*.
Fort [fo:r] **1.** ⚔ *n* (11) fort *m*; *kleines:* fortin *m*. **2.** ♀ [fɔrt] *(abwesend)* absent; *(weit)* loin; *(weggegangen)* parti; ~! partez!; sortez!; *in* ~ sans relâche; *und so* ~ et ainsi de suite; ~ *und* ~ toujours.
fort|**an** ['fɔrt'⁹⸗] dès lors; désormais; ⚲**begeben:** *sich* ~ s'en aller; partir; ⚲**bestand** *m* maintien *m*; continuation *f*; continuité *f*; ⚲**bestehen** continuer d'exister; subsister; se maintenir; ⚲**bewegen** déplacer; faire avancer; *sich* ~ se déplacer; se mouvoir; avancer; ⚲**bewegung** *f* locomotion *f*; ⚲**bilden** perfectionner; *sich* ~ se perfectionner; ⚲**bildung** *f* perfectionnement *m*; ⚲**bildungsschule** *f* école *f* de perfectionnement postscolaire; ~**bleiben** ne pas (re)venir; demeurer absent; ~**bringen** emporter; *Person:* emmener; faire partir; ~**dauer** *f* continuation *f*; durée *f*; continuité *f*; ⚲**dauern** continuer (d'exister); durer; ~**eilen** partir à la hâte; ~**erben:** *sich* ~ passer d'une génération à l'autre; ~**fahren** *v/i.* partir en voiture; *(weiter verrichten)* continuer; poursuivre; *v/t. (wegschaffen)* emporter; ⚲**fall** *m* suppression *f*; abolition *f*; ~**fallen** être supprimé; ne pas avoir lieu; F tomber; '~**fliegen** s'envoler; '~**führen** continuer; *(wegführen)* enlever; emmener; ⚲**gang** *m* départ *m*; *(Ablauf)* marche *f*; cours *m*; *(Entwicklung)* développement *m*; *(Fortschritt)* progrès *m*; ~**gehen** s'en aller; partir; *(weitergehen)* continuer; durer; ~**helfen:** *j-m* ~ aider q. dans sa fuite, *fig.* aider q. (à continuer qch.); '~**jagen** *v/t.* chasser; ~**kommen** partir; *(vorwärtskommen)* avancer; *fig.* faire son chemin; ⚲**kommen** *n* avancement *m*; *glückliches* ~ réussite *f*; '~**lassen** laisser partir; *(auslassen)* omettre; supprimer; '~**laufen** (s')échapper; '~**laufend** suivi; continu; ~**e** *Nummer* numéro *m* d'ordre; '~**leben** continuer de vivre; survivre; ⚲**leben** *n* survie *f*; ~**machen:** *sich* ~ s'en aller; décamper; ~**nehmen** ôter; enlever; ~**pflanzen** *(sich* se reproduire; (se)

propager (*a. Licht u. fig.*); *Schall usw.*: (se) transmettre; (*sich*) ~ *auf j-n* (se) transmettre à q.; '2**pflanzung** *f* reproduction *f*; propagation *f* (*a. Licht u. fig.*); *Schall usw.*: transmission *f*; '~**räumen** enlever; débarrasser; '~**reißen** (*mitreißen*) entraîner; (*entreißen*) arracher; '~**rücken** déplacer; *vorwärts*: avancer; *zurück*: reculer; '~**schaffen** transporter; enlever; '~**scheren**: *sich* ~ filer; '~**schicken** renvoyer; '~**schleichen**: *sich* ~ se retirer furtivement; se dérober; '~**schleppen** emporter; *sich* ~ se traîner; '~**schreiten** continuer de marcher; *fig.* avancer; progresser; faire des progrès; '~**schreitend** progressif; '2~**schritt** *m* progrès *m*; (*Fortschreiten*) avancement *m*; progression *f*; '~**schrittlich** ['~ʃrɪtlɪç] progressiste; '~**setzen** continuer; poursuivre; '2**setzung** *f* continuation *f*; *Schrift*: suite *f*; ~ *folgt* à suivre; '~**stürzen** sortir précipitamment; '~**tragen** emporter; enlever; '~**treiben** chasser; expulser; '~**während** continuel; *adv.* continuellement; '~**werfen** jeter (de côté *od.* au loin); '~**ziehen** *v/t.* entraîner; *v/i.* partir; (*aus der Wohnung*) ~ déménager; (*auswandern*) émigrer.

Foxtrott ['fɔkstrɔt] *m* fox-trot *m*.
Fracht [fraxt] *f* charge *f*; ⚓ fret *m*; cargaison *f*; (~**gebühr**) frais *m/pl.* de transport; '~**brief** *m* lettre *f* de voiture; ⚓ connaissement *m*; '~**dampfer** *m*, '~**er** *m* cargo *m*; '2**frei** franc(o) de port; '~**führer** *m* voiturier *m*; camionneur *m*; '~**fuhrwesen** *n* roulage *m*; camionnage *m*; '~**gebühr** *f* frais *m/pl.* de transport; '~**gut** *n* (marchandises *f/pl.* en) petite vitesse *f*; '~**kahn** *m* péniche *f*; chaland *m*; '~**kosten** *pl.* = ~**gebühr**; '~**satz** *m* taxe *f* de transport; '~**schiff** *n* cargo *m*; '~**stück** *n* colis *m*; '~**verkehr** *m* transport *m* de marchandises; '~**vertrag** *m* connaissement *m*; '~**wagen** *m* camion *m*.
Frack *m* (11 *u.* 3³) habit *m* (noir).
Frage ['fra:gə] *f* question *f* (*stellen* poser); (*Nach*2) demande *f*; *gr.* interrogation *f*; (*Streit*2) problème *m*; *in* ~ *stehend* en question; *in* ~ *stellen* mettre en question; *das ist noch die* ~ (c'est) à savoir; *das ist außer* ~ il n'y a pas de doute; *ohne* ~ sans aucun doute; *das kommt nicht in* ~! il n'en est pas question!; '~**bogen** *m* questionnaire; *m* '~**fürwort** *n* pronom *m* interrogatif; '2**n** (25): *j-n etw.* (*od. nach od. um etw.*) ~ demander qch. à q.; *j-n* (*aus*) ~ questionner q. (*über acc.* sur); *prüfend*: interroger q. (*nach* sur); *nach j-m* ~ demander q., (*sich erkundigen*) demander des nouvelles de q.; *nichts nach etw.* ~ ne pas se soucier de qch.; *das fragt sich* cela est douteux; *es fragt sich, ob* ... il s'agit de savoir si ...; '2**nd** *gr.* interrogatif; *j-n* ~ *ansehen* interroger q. du regard; '~**satz** *gr. m* proposition *f* interrogative; '~**steller**(**in** *f*) *m* (7) interrogateur *m*, -trice *f*; *parl.* interpellateur *m*, -trice *f*; '~**wort** *gr. n* particule *f* interrogative; '~**zeichen** *gr. n* point *m* d'interrogation.

frag|**lich** ['~klɪç] en question; (*zweifelhaft*) douteux; contestable; '~**los** incontestable; 'hors de doute; **2ment** [frag'ment] *n* fragment *m*; ~**mentarisch** [~'tɑ:rɪʃ] fragmentaire; ~**würdig** ['~kvyrdɪç] douteux.
Fraktion [fraktsi'oːn] *f* (16) fraction *f*; *pol.* groupe *m*.
Frak'**tur** *f* (16), ~**schrift** *f* caractères *m/pl.* allemands (*od.* gothiques).
frank [fraŋk] 1. franc; ~ *und frei d'un air dégagé*; *etw.* ~ *und frei sagen* dire qch. franchement (*od.* carrément); 2. 2 *m* (12) franc *m*.
Franke ['fraŋkə] *m* (13), '**Fränkin** *f hist.* Franc *m*, Franque *f*; *géogr.* Franconien *m*, -ne *f*.
'**Franken** *n* (17), '~**land** *n* la Franconie.
Frankfurt ['fraŋkfʊrt] *n* Francfort *f*.
fran'**kieren** affranchir.
fränkisch ['frɛŋkɪʃ] *hist.* franc; *géogr.* franconien.
franko ['fraŋko] franc(o) de port.
Frankreich ['fraŋkraɪç] *n* (17) la France. '2**n** franger.
Franse ['franzə] *f* (15) frange *f*.
Franziskaner(**in** *f*) ['~tsɪs'kɑːnər] *m* franciscain *m*, -e *f*.
Franz|**ose** [fran'tsoːzə] *m* (13), **~ösin** ['~tsøːzɪn] *f* Français *m*, -e *f*; 2**ösisch** ['~tsøːzɪʃ] français; ~*e Redensart* gallicisme *m*.
fräs|**en** ['frɛːzən] (27) fraiser; '2**er** *m* fraiseur *m*; (*Werkzeug*) fraise *f*; 2**maschine** ['~ʃmaʃiːnə] *f* fraiseuse *f*.
Fraß [fraːs] *m* (3²) pâture *f*; *pfort* mangeaille *m*; P ⚔ rata *m*.

Fratze ['fratsə] *f* (15) grimace *f*; (*Zerrbild*) caricature *f*; (*häßliches Gesicht*) visage *m* grotesque.
'**fratzen|haft** grotesque; ⟨2⟩**schneider(in)** *m* grimacier *m*, -ière *f*.
Frau [frau] *f* (16) femme *f*; (*Ehe*⟨2⟩) épouse *f*; *Anrede mit folgendem npr. od. Titel*: madame (*abr.* Mme); e-e ~ nehmen prendre femme; se marier; zur ~ haben avoir épousé; zur ~ geben donner en mariage; *Ihre* ~ *Mutter* madame votre mère; *Ihre* ~ *Gemahlin* madame ... (*npr.*); *die gnädige* ~ madame.
'**Frauen|arbeit** *f* travail *m* des femmes; '~**arzt** *m* gynécologue *m*; '~**bewegung** *f* mouvement *m* féministe; '~**feind** *m* misogyne *m*; '~**frage** *f* féminisme *m*; '~**kloster** *n* couvent *m* de femmes; '~**krankheit** *f* maladie *f* de (la) femme; '~**rechtler(in)** *m* féministe *m,f*; '~**sperson** *f* femme *f*; fille *f*; '~**zimmer** *n* (*mst mv.p.*) femme *f*; fille *f*; '~**stimmrecht** *n* (droit *m* de) vote *m* des femmes.
Fräulein ['frɔylaɪn] *n* (6) demoiselle *f*; *Anrede mit folgendem npr. od. Titel*: mademoiselle (*abr.* Mlle); *Ihr* ~ *Tochter* mademoiselle votre fille; *das gnädige* ~ mademoiselle.
frech [frɛç] insolent; effronté; ⟨2⟩**heit** *f* insolence *f*; effronterie *f*.
Fregatte [fre'gatə] *f* frégate *f*.
frei [fraɪ] libre; (*befreit; ausgenommen*) exempt; (~*mütig*) franc; *hemmungslos*) licencieux; (*unentgeltlich*) gratuit, (*kostenlos*) sans frais; ☨ franc(o) de port; ✝ ~ *ab Berlin* pris à Berlin; ~ *bis Berlin* rendu à Berlin; ~ (*ins*) *Haus* franco à domicile; *er Wille* libre arbitre *m*; *aus* ~*en Stücken* de bon gré; ~*e Künste* arts *m/pl.* libéraux; ~*er Beruf* profession *f* libérale; ~*e Stelle* place *f* vacante; *in* ~*er Luft* au grand air; *unter* ~*em Himmel* en plein air, *nachts*: à la belle étoile; *aus* ~*er Hand zeichnen* dessiner à main levée; *aus* ~*er Hand schießen* tirer sans appui; *die* ~*e Wahl haben* avoir libre choix; ~*en Lauf lassen* laisser libre cours (à); *s-r Rede* ~*en Lauf lassen* parler à bâtons rompus; ~*e Hand lassen* (*haben*) donner (avoir) carte blanche; *auf* ~*en Fuß setzen* mettre en liberté; *sein* ~*er Herr sein* être son maître; ~*er Tag Schule*: jour *m* de congé; *so* ~ *sein* zu ... (*inf.*) prendre la liberté de ... (*inf.*); *ich bin so* ~! si vous permettez!; *es steht Ihnen* ~, *zu* ... (*inf.*) libre à vous de ... (*inf.*); ~ *ausgehen* n'avoir rien à payer; ~ *sprechen* parler franchement, (*ohne Konzept*: sans manuscrit); ~ *lassen Zeile*: laisser en blanc; ~ *werden* ♞ se dégager.
'**Frei|beuter** *m* (7) pirate *m*; *hist.* flibustier *m*; '~**billet** *n* billet *m* de faveur; ⚇ permis *m* de circulation; ⟨2⟩**bleibend** ✝ sans engagement; *Preis*: facultatif; '~**denker** *m* libre penseur *m*; '~**denkerei** *f*, '~**denkertum** *n* libre pensée *f*.
Freie ['fraɪə] *n*: *im* ~*n* au grand air; en plein air.
'**freien** (25): *um j-n* ~ rechercher (*od.* demander) q. en mariage.
'**Freier** *m* prétendant *m*; *auf* ~*sfüßen gehen* chercher femme.
'**Frei|exemplar** *n* exemplaire *m* gratuit; '~**fläche** *f* espace *m* libre; '~**frau** *f* baronne *f*; '~**gabe** *f* *Sperrkonto*: déblocage *m*; (*Rückgabe*) restitution *f*; ⟨2⟩**geben** mettre en liberté; congédier; (*zurückgeben*) restituer; *Schule*: donner congé; ⟨2⟩**gebig** ['~ge:bɪç] libéral; large; généreux; '~**gebigkeit** *f* libéralité *f*; largesse *f*; générosité *f*; *große*: munificence *f*; '~**geist** *m* libre penseur *m*; esprit *m* fort; '~**gepäck** *n* bagages *m/pl.* gratuits; '~**hafen** *m* port *m* franc; ⟨2⟩**halten** défrayer; *bei Schmaus*: régaler; *Platz*: réserver; '~**handel** *m* libre-échange *m*; ⟨2⟩**händig** *zeichnen*: à main levée; *schießen*: sans appui; '~**handzeichnen** *n* dessin *m* à main levée; '~**heit** *f* liberté *f*; *dichterische* ~ licence *f* poétique; *in* ~ *setzen* mettre en liberté; *sich die* ~ *nehmen* se permettre (*zu de*); prendre la liberté (de); *volle* ~ *haben* avoir toute sa liberté; ⟨2⟩**heitlich** libéral.
'**Freiheits|beraubung** *f* atteinte *f* à la liberté; '~**drang** *m* soif *f* de liberté; '~**krieg** *m* guerre *f* d'indépendance; '~**strafe** *f* emprisonnement *m*.
frei|he'raus franchement; ⟨2⟩**herr** *m* baron *m*; '⟨2⟩**karte** *f* billet *m* de faveur; ⟨2⟩**korps** *n* corps *m* franc; '~**lassen** mettre en liberté; *Sklaven*: affranchir; '⟨2⟩**lassung** *f* mise *f* en liberté; *Sklaven*: affran-

chissement *m*; '**⁀lauf** *m Fahrrad*: roue *f* libre; '**~legen** dégager.

freilich ['fraɪlɪç] assurément; sans doute; *einräumend*: il est vrai que.

'**Frei|licht-aufführung** *f* représentation *f* en plein air; '**~lichtbühne** *f* théâtre *m* de plein air; '**~lichtmalerei** *f* peinture *f* de plein air; '**~luftschule** *f* école *f* de plein air; '**⁀machen** délivrer; libérer; affranchir (*a. Brief*); *v. Hindernissen*: dégager; *sich* ~ s'émanciper (*von* de); '**~marke** *f* timbre-poste *m*; '**~maurer** *m* franc-maçon *m*; '**~maure'rei** *f* franc-maçonnerie *f*; '**~mut** *m* franchise *f*; (*Aufrichtigkeit*) sincérité *f*; **⁀mütig** ['~my:tɪç] franc; (*aufrichtig*) sincère; '**~schar** *f* corps *m* franc; **~schärler** ['~ʃɛ:rlər] *m* (7) franc-tireur *m*; '**~schüler** (**-in** *f*) *m* boursier *m*, -ière *f*; '**~schwimmer** *m* nageur *m* qualifié; '**~sinn** *m* esprit *m* libéral; *pol. u. rl.* libéralisme *m*; '**⁀sinnig** éclairé; *pol. u. rl.* libéral; '**⁀sprechen** *rl.* absoudre; ⚖ acquitter; déclarer non coupable; '**~sprechen** *n*, '**~sprechung** *f*, '**~spruch** *m rl.* absolution *f*; ⚖ acquittement *m*; verdict *m* de non-culpabilité; '**~staat** *m* État *m* libre; '**~stadt** *f* ville *f* libre; '**⁀stehen:** *es steht Ihnen frei, zu* ... (*inf.*) libre à vous (*od.* vous êtes libre) de ... (*inf.*); '**~stelle** *f Schule*: bourse *f*; '**⁀stellen:** *j-m etw.* ~ laisser q. libre de faire qch.; '**~stoß** *m Sport*: coup *m* franc; '**~stunde** *f* heure *f* libre; '**~tag** *m* vendredi *m*; '**⁀tags** le vendredi; '**~tisch** *m* pension *f* gratuite; *Schule*: bourse *f* de demi-pension; '**~tod** *m* mort *f* volontaire; suicide *m*; '**~treppe** *f* perron *m*; '**~-übungen** *f/pl.* exercices *m/pl.* d'assouplissement; '**~-umschlag** *m* enveloppe *f* timbrée; '**⁀'willig** volontaire; spontané; *adv. a.* de bon gré; '**~'willige(r)** *m* volontaire *m*; '**~willigkeit** *f* spontanéité *f*; '**~zeit** *f* récréation *f*; loisirs *m/pl.*; '**~zeitgestaltung** *f* organisation *f* des loisirs; **~zügigkeit** ['~tsy:gɪçkaɪt] *f* liberté *f* de (choisir son) domicile.

fremd [frɛmt] étranger; (*seltsam*) étrange; *er ist mir* ~ je ne le connais pas; *das ist mir ganz* ~ je ne m'y connais pas; *das kommt mir* ~ *vor* cela me paraît étrange; *unter* ~*em Namen* sous un nom d'emprunt; '**~-artig** hétérogène; (*seltsam*) étrange, *pfort* bizarre; '**⁀-artigkeit** *f* hétérogénéité *f*; (*Seltsamkeit*) étrangeté *f*, *pfort* bizarrerie *f*; **⁀e** ['frɛmdə] *f* (15) pays *m* étranger; *in der* (*die*) ~ à l'étranger.

'**Fremden|buch** *n* registre *m* des voyageurs; '**⁀feindlich** xénophobe; '**~führer** *m* guide *m*; '**~heim** *n* pension *f*; '**~-industrie** *f* industrie *f* du tourisme; '**~legion** *f* légion *f* étrangère; '**~legionär** *m* légionnaire *m*; '**~verkehr** *m* tourisme *m*; '**~zimmer** *n* chambre *f*; *privat*: chambre *f* d'ami.

'**Fremd|e(r** *a. m*) (18) *m*, *f* étranger *m*, -ère *f*; '**~herrschaft** *f* domination *f* étrangère; '**~körper** *m* corps *m* étranger; **⁀ländisch** ['~lɛndɪʃ] étranger; (*exotisch*) exotique; **~ling** ['~tlɪŋ] *m* (3[1]) étranger *m*; '**~sprache** *f* langue *f* étrangère; '**⁀sprachig** parlant une langue étrangère; '**⁀sprachlich** d'une langue étrangère; ~*er Unterricht* enseignement *m* des langues étrangères; '**~wort** *n* mot *m* étranger.

Frequenz [fre'kvɛnts] *f* (16) (*Besucherzahl*) effectif *m*; ⚡ fréquence *f*.

Fresko ['frɛsko] *n* (9[1]) fresque *f*; *a* ⁀ *malen* peindre à fresque.

Fress|e P ['frɛsə] *f* gueule *f*; *j-m in die* ~ *schlagen* casser la gueule à q.; '**⁀en** (30) manger; (*verschlingen*) dévorer; goinfrer; P bouffer; ⚕ *um sich* ~ se répandre (*a. fig.*); '**~en** *n* pâture *f*; mangeaille *f*; *ein gefundenes* ~ P *fig.* une aubaine; '**~er** P *m* glouton *m*; **~erei** P [~'raɪ] *f* gloutonnerie *f*; goinfrerie *f*.

'**Freß|gier** *f* gloutonnerie *f*; '**⁀gierig** glouton; '**~napf** *m* mangeoire *f*; '**~trog** *m* auge *f*.

Frettchen ['frɛtçən] *n* (6) furet *m*.

Freu|de ['frɔʏdə] *f* (15) joie *f*; (*Heiterkeit, Fröhlichkeit*) gaieté *f*; réjouissance *f*; (*Vergnügen*) plaisir *m*; (*Jubel*) allégresse *f*; *s-e* ~ *an etw.* (*dat.*) *haben* prendre plaisir à qch.; *außer sich vor* ~ *sein* ne pas se sentir de joie; '**~denbotschaft** *f* joyeuse nouvelle *f*; '**~denfest** *n* fête *f*; '**~denfeuer** *n* feu *m* de joie; '**~dengeschrei** *n* cris *m/pl.* d'allégresse; '**~denhaus** *n* maison *f* de tolérance; '**~denmädchen** *n* fille *f*

Freudentag de joie; '⁓dentag *m* jour *m* d'allégresse; '⁓dentaumel *m* transport *m* de joie; '⁓dentränen *f/pl.* larmes *f/pl.* de joie; '2destrahlend rayonnant de joie; '2detrunken ivre de joie; '2dig joyeux. [joyeux.]

freud|los ['⁓lo:s] sans joie; '⁓voll 'freuen (25) réjouir; faire plaisir à; *sich ⁓* se réjouir (*über acc.* de; *auf acc.* d'avance de); *es freut mich, zu ... (inf.)* je suis heureux de ... (*inf.*).

Freund|(in *f*) ['frɔʏnt, '⁓dɪn] *m* (3¹) ami *m*, -e *f*; *als ⁓* en ami; *⁓ sein von etw.* aimer qch.; *mit j-m gut ⁓ sein* être lié avec q.; *j-n zum ⁓ haben* avoir q. pour ami; '2lich aimable; (*wohlwollend*) bienveillant; (*leutselig*) affable; (*freundschaftlich*) amical; *Dinge*: agréable; *⁓es Angebot* offre *f* obligeante; *das ist sehr ⁓ von Ihnen* c'est bien aimable à vous; vous êtes bien aimable; *seien Sie bitte so ⁓* soyez assez aimable (*zu pour*); *⁓ tun* faire l'aimable; '⁓lichkeit *f* amabilité *f*; (*Wohlwollen*) bienveillance *f*; (*Leutseligkeit*) affabilité *f*; '⁓schaft *f* amitié *f*; *aus ⁓* par amitié; *für j-n ⁓ hegen* avoir de l'amitié pour q.; *mit j-m ⁓ schließen* se lier d'amitié avec q.; '2schaftlich amical; '⁓schaftsdienst *m* service *m* d'ami; bon office *m*; '⁓schaftspakt *m* pacte *m* d'amitié; '⁓schaftsspiel *n* match *m* amical; '⁓schaftsvertrag *m* traité *m* d'amitié.

Frevel ['fre:fəl] *m* (7) délit *m*; crime *m*; (*Missetat*) forfait *m*; *rl.* sacrilège *m*; '2haft criminel; *rl.* sacrilège; impie; '⁓mut *m* folle témérité *f*; '2n (29) se rendre coupable d'un délit (*od.* d'un crime); *⁓ an (dat.)*; *⁓ gegen* commettre un attentat contre; '⁓tat *f* = *Frevel*.

Frevler(in *f*) ['fre:flɔr(ɪn)] *m* criminel *m*, -le *f*; *rl.* sacrilège *m*, *f*.

Friede ['fri:də] *m* (13¹), '⁓n *m* (6) paix *f*; *in ⁓ en paix*; *⁓ schließen* (*um ⁓ bitten*) faire (demander) la paix.

'**Friedens|bewegung** *f* mouvement *m* pacifiste; '⁓bruch *m* rupture *f* de la paix; '⁓konferenz *f* conférence *f* de la paix; '⁓miete *f* loyer *m* d'avant-guerre; '⁓pfeife *f* calumet *m* de paix; '⁓richter *m* juge *m* de paix; '⁓reglung *f* règlement *m* de paix; '⁓schluß *m* conclusion *f* de la paix; '⁓stifter *m* pacificateur *m*; '⁓störer *m* perturbateur *m* de la paix; (*Störenfried*) trouble-fête *m*; '⁓verhandlungen *f/pl.* négociations *f/pl.* de paix; '⁓vertrag *m* traité *m* de paix; '⁓zeit *f*; *in ⁓en* en temps de paix.

fried|fertig ['fri:t-] pacifique; '2fertigkeit *f* caractère *m* pacifique; esprit *m* conciliant; '⁓hof *m* cimetière *m*; '⁓lich pacifique; (*ungestört*) paisible; '⁓liebend pacifique.

frieren ['fri:rən] (30) geler; *es friert* il gèle; *es friert mich* j'ai froid.

Fries [fri:s] *m* (4) frise *f* (*a.* △).

Fries|e ['fri:zə] *m*, '⁓in *f* Frison *m*, -ne *f*; '2isch frison; '⁓land *n* la Frise.

frisch [frɪʃ] frais; (*neu*) nouveau; (*eben geschehen*) récent; *Wäsche*: blanc; *Obst*: frais cueilli; (*munter*) vif; (*flink*) alerte; *⁓ und munter* frais et dispos; *noch ⁓* bien conservé; *⁓ rasiert* rasé de frais; *⁓ vom Faß* fraîchement tiré; *auf ⁓er Tat* sur le fait; en flagrant délit; *in ⁓er Luft* au grand air; *⁓e Luft schöpfen* prendre l'air; *⁓ machen* rafraîchir; *⁓ gestrichen!* attention à la peinture!; '⁓auf! allons!; '2e *f* (3¹) fraîcheur *f*; (*Jugend2*) vigueur *f*; '2fleisch *n* viande *f* fraîche; '2gemüse *n* légumes *m/pl.* frais; '2ling *zo.* (3¹) *m* marcassin *m*; '⁓weg [⁓'vɛk] sans hésiter.

Fris|eur [fri'zø:r] *m* (3¹) coiffeur *m*; '⁓euse [⁓'zø:zə] *f* (15) coiffeuse *f*. **fri'sier|en** coiffer; 2**mantel** *m* peignoir *m*; 2**salon** *m* salon *m* de coiffure; 2**tisch** *m* toilette *f*.

friß(t), **frissest** ['frɪs(ə)t] *s.* *fressen*.

Frist [frist] *f* (16) temps *m*; (*bestimmter Zeitraum*) terme *m*; (*Aufschub*) délai *m*; *répit* m; *in Jahres2 d'ici un an*; '2en atermoyer; *sein Leben* (*mühsam*) gagner péniblement sa vie; vivoter; '2los sans délai; *⁓e Entlassung* renvoi *m* sans préavis; '⁓verlängerung *f* délai *m*; prolongation *f*; prorogation *f*.

Frisur [fri'zu:r] *f* (16) coiffure *f*.

frivol [fri'vo:l] (*leichtfertig*) léger; frivole; (*unschicklich*) inconvenant; (*schlüpfrig*) les-; 2**lität** [⁓voli'-] *f* (*Leichtfertigkeit*) légèreté *f*; frivolité *f*; (*Unschicklichkeit*) inconvenance *f*; (*schlüpfrige Bemerkung*) propos *m* leste.

froh [fro:] joyeux; heureux (*über acc.* de); content (de); bien aise (de); *s-s Lebens nicht ⁓ werden* ne pas jouir de l'existence.

fröhlich ['frø:liç] gai; joyeux; enjoué; **2keit** f gaieté f; enjouement m.

froh|'locken exulter; bondir de joie; F jubiler; **2locken** n cris m/pl. d'allégresse; F jubilation f; **2sinn** m gaieté f; belle humeur f.

fromm [frɔm] (18²) pieux; religieux; (andächtig) dévot (a. mv.p.); (sanft) doux; ~e Miene mine f débonnaire; ein ~er Wunsch un vain souhait; un vœu platonique.

Frömmel|ei [frœmə'laɪ] f (16) bigoterie f; **2n** faire le bigot; **2nd** bigot.

'frommen (25): j-m ~ être profitable à q.; zu etw. ~ être utile (od. servir) à qch.

'Frömm|igkeit f piété f; dévotion f; **~ler(in** f) m bigot m, -e f.

Fron [fro:n] f, **~dienst** m corvée f.

frönen ['frø:nən] (25) s'abandonner à; être adonné à.

Fron|'leichnam(sfest n) m Fête-Dieu f; **2pflichtig** corvéable.

Front f (16) front m; △ façade f; ~ machen faire front, fig. faire face (gegen à); **2al** [~'ta:l] de front; **~al- ansicht** f vue f de face; **~dienst** m service m au front; **~kämpfer** m, **~soldat** m combattant m; **~offi- zier** m officier m de troupe.

fror, fröre [fro:r, 'frø:rə] s. frieren.

Frosch [frɔʃ] m (3² u. ³) grenouille f; Feuerwerk: pétard m; **'~keule** f cuisse f de grenouille; **'~laich** m frai m de grenouille; **'~mann** m homme-grenouille m; **'~teich** m grenouillère f.

Frost [frɔst] m (3² u. ³) gelée f; (Kälte) froid m; **'~beule** f engelure f.

frösteln ['frœstəln] (21) frissonner; avoir le frisson.

frost|ig ['frɔstɪç] froid; glacial; **2igkeit** f fig. froideur f; **'~schaden** m ravages m/pl. de la gelée; in den Weinbergen: champlure f; **'~schutz- mittel** n antigel m; **'~wetter** n (temps m de) gelée f.

frottier|en [frɔ'ti:rən] frotter; **2- (hand)tuch** n serviette-éponge f.

Frucht [fruxt] f (14¹) fruit m; (Halm**2**) blés m/pl.; (Ergebnis) résultat m; die ersten Früchte les primeurs f/pl.; **'2bar** fécond; (viel liefernd) productif; ⚹ fertile; Mensch u. Tier: prolifique; **~ machen** féconder; fertiliser; **~barkeit** f fécondité f; fertilité f; productivité

f; **'~baum** m arbre m fruitier; **'2- bringend** fructifère; fig. fructueux; profitable; **'~eis** n glace(s pl.) f; **'2en** (26) porter des fruits; nichts ~ rester infructueux; **'~fleisch** n pulpe f; chair f; **'~gehäuse** n, **'~hülle** f péricarpe m; **'~keim** m **2los** (unfruchtbar) stérile; fig. a. infructueux; inutile; **'~losigkeit** f stérilité f; inutilité f; **'~mus** n marmelade f; **'2reich** abondant en fruits; fig. fructueux; **'~saft** m jus m de fruits; eingemachter: sirop m; **'~schale** f coupe f à fruits; **'~** pelure f; peau f; **'2tragend** fructifère.

früh [fry:] 1. adj. matinal; am Morgen de grand matin; ~es Obst primeurs f/pl.; (vorzeitig) prématuré; (~reif) précoce; hâtif; (anfänglich) premier; primitif; in ~er Jugend dans sa première (od. prime) jeunesse; in ~en Zeiten dans les temps primitifs; dans les premiers âges; 2. adv. de bonne heure; tôt; um 5 Uhr ~ à cinq heures du matin; ~ am Abend le soir de bonne heure; ~ und spät matin et soir; von ~ bis spät du matin au soir; ~ aufstehen être matinal (stets: matineux); **'2-aufsteher** m homme matineux; **'2beet** n couche f; **'2e** ['fry:ə] f (15) matin m; (Tagesanbruch) point m du jour; in aller ~ de grand matin; **'~er** 1. adj. comp. v. früh; 2. adj. (ehemalig) ancien; (vorhergehend) précédent; 3. adv. plus tôt; (vorher) auparavant; avant; (ehemals) autrefois; jadis; ~ oder später tôt ou tard; **'~est** sup. v. früh; (erst) le premier; (ältest) le plus ancien; **'~estens** au plus tôt; **'2geburt** f accouchement m prématuré; naissance f avant terme; **'2gemüse** n primeurs f/pl.; **'2gottesdienst** m office m du matin; **'2gymnastik** f gymnastique f matinale; **'2jahr** n printemps m; **'2- jahrsmesse** f foire f de printemps; **'2kartoffel** f pomme f de terre précoce (od. 'hâtive); **'2konzert** n concert m matinal; **'2ling** m (3¹) printemps m; **'2lingsblume** f fleur f printanière; **'2lingshaft** printanier; **'2messe** f messe f basse; **'2mette** f matines f/pl.; **'~morgens** de bon (od. de grand) matin; **'2-obst** n fruits m/pl. préco-

frühreif — 782 — **Fuhrunternehmer**

ces; primeurs f/pl.; '~**reif** précoce; ⚥ a. ʹhâtif; ♀**reife** f précocité f; ♀**schoppen** m chope f du matin; ʹ♀**stück** n petit déjeuner m; '~**stükken** (2) prendre le petit déjeuner; '~**zeitig 1.** adj. précoce; ʹhâtif; (vorzeitig) prématuré; **2.** adv. de bonne heure; '♀**zeitigkeit** f précocité f; ʹ♀**zug** m train m du matin; ʹ♀**zündung** f allumage m avancé.

ʹ**F-Schlüssel** ♪ m clé f de fa.

Fuchs [fuks] m (4²), **Füchsin** [ʹfyksin] f renard m, -e f; junger: renardeau m; fig. rusé compère m; (Pferd) alezan m; (Student) étudiant m du premier semestre; '~**bau** m renardière f; '~**eisen** n, '~**falle** f piège m à renard.

Fuchsie ♀ [ʹfuksiə] f (15) fuchsia m.

Fuchs|jagd f chasse f au renard; '~**pelz** m renard m; '~**rot** roux; '~**schwanz** m queue f de renard; ⚥ vulpin m; (Säge) égoïne f; ♀(**teufels**)**wild** furieux; ʹhors des gonds.

Fuchtel [ʹfuxtəl] f férule f; unter j-s ~ stehen être sous la férule de q.; ʹ♀**n** (29): mit den Händen ~ agiter les mains; gesticuler.

Fuder [ʹfuːdər] n (7) charretée f; (Faß) foudre m. [à bon droit.)

Fug [fuːk] m (3): mit ~ und Recht⟩

Fuge [ʹfuːgə] f (15) joint m, (Naht) jointure f; (Einfügung) emboîture f; (Rille) rainure f; ♪ fugue f; aus den ~n gehen se déboîter, se disloquer, fig. se dissoudre; ʹ♀**n** (25) Bretter: joindre; emboîter; Mauer: jointoyer.

füg|en [ʹfyːgən] (25) joindre; (passend ordnen) disposer; régler; sich ~ se soumettre (an acc. à), s'accommoder (an acc. à); das fügt sich gut cela s'arrange bien; cela se trouve bien; **~lich** [ʹ~klɪç] convenable; adv. a. à bon droit; ~**sam** [ʹ~kzaːm] accommodant; docile; ♀**samkeit** f caractère m accommodant, docilité f; ~**ung** [ʹ~guŋ] f jonction f; (Schicksals♀) arrêt m du destin; Gottes ~ voies f/pl. de Dieu; ~ in (acc.) soumission f à.

fühl|bar [ʹfyːlbaːr] f. (berührbar) tangible; (greifbar) palpable; '~**en** (25) sentir; (befühlen) toucher; tâter; palper; ♀**en** n attouchement m; (Gefühl) sentiment

m; ʹ♀**er** m (7) ent. antenne f; fig. s-e ~ ausstrecken sonder le terrain; ʹ♀**horn** ent. n antenne f; ʹ♀**ung** f contact m; ~ nehmen mit j-m entrer en (od. prendre) contact avec q.; contacter q; ʹ♀**ungnahme** f (entrée f en) contact m.

fuhr, führe [fuːr, ʹfyːrə] s. fahren.

Fuhre [ʹfuːrə] f (15) charriage m; (Ladung) charretée f.

führen [ʹfyːrən] (25) v/t. conduire (a. Auto); mener; (geleiten) guider; (verwalten) diriger; ⚓, ✈, Auto: piloter; Dame: donner le bras à; Truppen: commander; Geschäft: gérer; Beweis: fournir; donner; Haushalt, Rechnung, Bücher, Kasse, Korrespondenz: tenir; Namen, Titel: porter; Waren: tenir; avoir (à vendre); Protokoll: dresser; Leben: mener; Feder: manier; bei sich ~ porter sur soi; mit sich ~ Fluß: charrier; zu weit ~ entraîner trop loin; sich gut (schlecht) ~ se conduire bien (mal); v/i. (an der Spitze sein) être en tête; tenir la tête; das führt zu nichts cele ne mène à rien; '~**d** dirigeant.

ʹ**Führer|(in** f) m (7) guide m (a. Buch); (Wagen♀) conducteur m, -trice f; Auto: chauffeur m, -euse f; (Lokomotiv♀) mécanicien m (Flugzeug♀) pilote m; (Geschäfts♀) directeur m, -trice f; gérant m, -e f; ✕ chef m (a. pol.); pol. leader m; '~**kabine** ✈ f poste m de pilotage; '~**prinzip** n principe m autoritaire; '~**schein** m brevet m de pilote; Fahrzeug: permis m de conduire; '~**sitz** m ✈ siège m du pilote; Auto: siège du chauffeur; '~**stand** m poste m du mécanicien.

Fuhr|geld [ʹfuːr-] n frais m/pl. de transport; '~**mann** m voiturier m; charretier m; ast. Cocher m; '~**lohn** m = ~**geld**; '~**park** ✕ m parc m.

ʹ**Führung** f conduite f; ✕ commandement m; ✈ pilotage m; ⊕ guide m; Geschäft: gestion f; direction f; gérance f; Bücher: tenue f; (Prozeß♀) procédure f; die ~ übernehmen prendre la direction (✕ le commandement; Sport: la tête); '~**szeugnis** n certificat m de bonne conduite (od. de bonne vie et mœurs).

ʹ**Fuhr|-unternehmen** n entreprise f de transports; '~**-unternehmer** m entrepreneur m de transports; '~

Fuhrwerk — 783 — **für**

werk n véhicule m; für Fracht: chariot m; ~wesen n transports m/pl.; ⚔ train m (des équipages). 'Füll|bleistift m porte-mines m; ~e ['fylə] f (15) plénitude f; abondance f; (Körper2) embonpoint m; ~en zo. ['fylən] n (6) poulain m; weibliches: pouliche f; 2en (25) remplir (mit de); cuis. farcir; Ballon: gonfler; Zähne: obturer; in Flaschen ~ embouteiller; ~ in (acc.) verser dans; in Fässer ~ entonner; ~ aus tirer de; '~feder f, '~federhalter m stylo(graphe) m; '~federhaltertinte f encre f pour stylos; '~horn n corne f d'abondance; '~sel ['~zəl] n cuis. farce f; fig. remplissage m; (Lückenbüßer) cheville f; '~ung f remplissage m; Zahn: obturation f; Braten: farce f; Ballon: gonflement m; Tür: panneau m; '~wort n (mot m) explétif m.

Fund [funt] m (3) objet m trouvé; glücklicher ~ trouvaille f, unverhofft: aubaine f.

Fundament [funda'mɛnt] n (3) fondement m; 2al [~'ta:l] fondamental.

'Fund|büro n bureau m des objets trouvés; '~gegenstand m objet m trouvé; '~geld n récompense f (pour objets trouvés); '~grube f mine f; 2ieren [~'di:rən] fonder.

fünf [fynf] 1. cinq; ~ grade sein lassen ne pas chercher midi à quatorze heures; 2. ♀ f (chiffre m) cinq m; '2eck n pentagone m; '~eckig pentagonal; '~er'lei de cinq sortes; '~fach quintuple; adv. cinq fois; '~füßig: ~er Vers pentamètre m; '~hundert cinq cent(s); '2'jahresplan m plan m quinquennal; '~jährig de cinq ans; '2jährlich adv. tous les cinq ans; '2kampf m pentathlon m; '~mal cinq fois; '2markstück n pièce f de cinq marks; '~seitig de cinq pages; ⚔ pentagonal; '~silber m pentasyllabe m; '~silbig pentasyllabe; '~tägig de cinq jours; '~tausend cinq mille; '~te cinquième; der (den, am) ~(n) (5.) März le cinq (5) mars; Karl der ♀ Charles-Quint m; '2tel n (7) cinquième m; '~tens cinquièmement; '2zehn quinze; '~zehnte quinzième; '2zehntel n quinzième m; '~zig ['~tsiç] cinquante; etwa ~ une cinquantaine; '2ziger(in f) m quinquagénaire m,

f; '~zigjährig de cinquante ans; '~zigste cinquantième; 2zigstel ['~tsiçstəl] n cinquantième m. [tion de.]

fungieren [fuŋ'gi:-]: ~ als faire fonc-

Funk [fuŋk] m (3¹) radio f; '~anlage f, '~apparat m poste m émetteur (od. radio); '~ausstellung f große: salon m de T.S.F.; '~bild n téléphotographie f; '~boje f radiophare m.

'Funk|e m (13) étincelle f (a. fig.); fliegender: flammèche f; fig. lueur f; '2eln (29) étinceler (strahlen) briller; (glitzern) scintiller; 2elnagel'neu (tout) battant neuf; '~en m (6) = Funke; '2en (25) radiotélégraphier; abs. a. envoyer un sans-fil; '~enfänger m (7) pare-étincelles m; '~(en)telegraphie f radiotélégraphie f; télégraphie f sans fil; '~er m (1) radiotélégraphiste m; radiotéléphoniste m; radio m; '~haus n station f d'émission radiophonique; '~nachrichten f/pl. nouvelles f/pl. radiodiffusées; '~peilung f radiorepérage m; '~spruch m radio(télé)gramme m; sans-fil m; '~station f poste m de radio; '~telegramm n radio(télé)gramme m; ~tion [~tsi'o:n] f fonction f; ~tionär [~tsio'nɛ:r] m fonctionnaire m; agent m; 2tio'nieren fonctionner; '~turm m pylône m de radio; antenne f; '~verbindung f communication f radiophonique; '~wagen m voiture f radio; '~wesen n radiophonie f; radio f.

für [fy:r] 1. prp. (acc.) pour; (als Austausch für) en échange de; (anstatt) au lieu de; (zum Gebrauch für) à l'usage de; (mit Rücksicht auf) à l'égard de; (zugunsten von) en faveur de; ~ diesen Preis à ce prix; Gefühl ~ das Schöne sentiment m du beau; Mann ~ Mann tous l'un après l'autre; Tag ~ Tag jour par jour; Schritt ~ Schritt pas à pas; Stück ~ Stück pièce à pièce; Wort ~ Wort mot à mot; ~ sich leben vivre seul; das ist e-e Sache ~ sich c'est une chose à part; das hat viel ~ sich cela est très plausible; ich ~ meine Person quant à moi; ~ erst premièrement; was ~ ein(e) quel (-le); quelle espèce de; 2. adv. ~ und ~ continuellement; sans cesse; 3. 2 n: das ~ und Wider le pour et le contre,

Fürbitte f intercession f; *rl.* prière f; ~ einlegen intercéder (*bei* auprès de).

Furche ['furçə] f (15) sillon m; (*Rinne*) cannelure f; (*Runzel*) ride f; '2n (25) sillonner; (*runzeln*) rider.

Furcht [furçt] f (11) crainte f (*vor dat.* de); (*Angst*) peur f (*vor dat.* de); *aus ~ vor* (*dat.*) (*zu ..inf.*) de crainte (*od.* de peur) de (*... inf.*); *aus ~, daß ... die* ... (*od.* de peur) que ... ne (*subj.*); *in ~ versetzen* faire peur (à); effrayer; '**2bar** redoutable; terrible; formidable; '**_barkeit** f caractère m redoutable.

fürchten ['fyrçtən] (26): *j-n* (*etw.*) ~; *sich vor j-m* (*vor etw. dat.*) ~ craindre (*od.* redouter) q. (qch.); avoir peur de q. (de qch.); ~, *daß ... (~ für)* craindre (*od.* appréhender *od.* avoir peur) que ... ne (*subj.*) (pour).

'**fürchterlich** effroyable; terrible.

'**furcht|los** intrépide; '**_losigkeit** f intrépidité f; '**_sam** craintif; (*schüchtern*) timide; (*ängstlich*) peureux; '**2samkeit** f timidité f.

Furie ['fu:riə] f furie f; *fig.a.* mégère f.

für'liebnehmen (30): ~ *mit* se contenter de.

Furnier ⊕ [fur'ni:r] n (3¹) feuille f de placage; '2en ⊕ plaquer; '**_holz** n bois m de placage; contre-plaqué m; **_ung** f placage m.

'**Fürsorge** f sollicitude f; *staatliche* (*soziale*) ~ assistance f sociale; '**_amt** n bureau m d'assistance sociale; '**_erziehung** f régime m pénitentiaire; '**_rin** f assistante f sociale; '**_staat** m État m tutélaire; '**_wesen** n assistance f sociale.

'**Für|sprache** f intercession f; ~ *einlegen für* intercéder pour (*bei* auprès de); '**_sprecher** m celui qui intercède (*für* pour); intercesseur m; (*Anwalt*) avocat m.

Fürst|(in f) ['fyrst(in)] m (12) prince m, princesse f; '**_bischof** m prince m évêque; '**_engeschlecht** n dynastie f; '**_entum** n (1²) principauté f; '2**lich** princier; *~ leben* vivre en prince (*resp.* en princesse).

Furt [furt] f (16) gué m.

Furunk|el [fu'ruŋkəl] m (7) furoncle m; clou m; ~**u'lose** & f furonculose f.

für|'wahr vraiment; certes; '2**witz** m curiosité f; '2**wort** *gr.* n (1²) pronom m.

Furz V [furts] m pet m; '2**en** péter.

Fusel F ['fu:zəl] m tord-boyaux m.

Fusion [fuzi'o:n] f fusion f.

Fuß [fu:s] m (3² *u.* ³) pied m; *Bildsäule*: a. base f; piédestal m; *Vögel*: patte f; *zu ~* à pied; *gut zu ~ sein* être bon marcheur; *auf gleichem ~e* sur le pied d'égalité; *mit dem ~ an etw.* (*acc.*) *stoßen* se heurter le pied contre qch.; *j-m zu Füßen fallen* se jeter aux pieds de q.; *auf die Füße fallen* retomber sur ses pieds; *auf eigenen Füßen stehen* voler de ses propres ailes; être indépendant; *mit Füßen treten* fouler aux pieds; *festen ~ fassen* prendre pied; *j-m auf dem ~e folgen* suivre q. de près; *auf großem ~e leben* mener grand train; *auf freien ~ setzen* mettre en liberté; *mit j-m auf gutem* (*schlechtem*) *~e stehen* être en bons (mauvais) termes avec q.; *mit j-m auf gespanntem ~e stehen* être brouillé avec q.

'**Fuß|-abtreter** m *metallener*: décrottoir m; =**_matte**; '**_angel** f chausse-trape f; '**_arzt** m chirurgien m pédicure; '**_bad** n bain m de pieds; '**_ball** m ballon; balle f; ~ *spielen* jouer au football; footballer; '**_ballplatz** m terrain m de football; '**_ballspiel** n football m; '**_ballspieler** m footballeur m; '**_bank** f tabouret m; '**_bekleidung** f chaussure f; '**_boden** m plancher m; '**_breit** m: *keinen ~ weichen* ne pas reculer d'une semelle; '**_bremse** f frein m à pédale; '**_decke** f couvre-pied m; 2**en** ['fu:sən] (21) *fig.* se fonder (*auf dat. od. acc.* sur); reposer (sur); '**_ende** n *Bett:* pied m du lit; '**_fall** m génuflexion f; *e-n ~ vor j-m tun* se jeter aux pieds de q.; se prosterner devant q.; 2**fällig** à genoux; prosterné; '**_fesseln** f/pl. fers m/pl.; '**_gänger(in** f) ['~gɛŋər(-in)] m (7) piéton m, -ne f; '**_gängerweg** m trottoir m; '**_gelenk** n cou-de-pied m; '**_gestell** n piédestal m; (*Bock*) escabeau m; '**_gicht** f podagre f; '**_hebel** m *Auto:* pédale f; ✈ palonnier m; 2**hoch** 'haut d'un pied; '**_knöchel** m cheville f du pied; 2**krank** souffrant du pied (*resp.* des pieds); '**_lappen** m chaussette f russe; '**_leiste** f plinthe f.

Füßling ['fy:sliŋ] m (3¹) pied m de bas.

'**Fuß|matte** f paillasson m; '**_note** f note f (au bas de la page); '**_pfad** m

Fußpflege — 785 — **futuristisch**

sentier m; ~pflege f soins m/pl. (od. hygiène f) des pieds; ~pfleger(in f) m pédicure m, f; ~reiniger m décrottoir m; ~reise f voyage m à pied; ~sack m chancelière f; ~schemel m tabouret m; ~sohle f plante f du pied; ~soldat m fantassin m; ~spitze f pointe f du pied; ~spur f, ~(s)tapfe f trace f; empreinte f (du pied); in j-s ~n treten marcher sur les traces de q.; ~steig m sentier m; (Bürgersteig) trottoir m; ~stütze f repose-pieds m; ~tritt m coup m de pied; ~volk n infanterie f; ~wanderung f excursion f à pied; ~wärmer m chaufferette f; chauffe-pieds m; ~weg m chemin m de piétons; (Pfad) sentier m; ~wurzel f tarse m.

futsch F [futʃ] disparu; perdu; (verdorben) abîmé; fichu; P foutu.

Futter ['futər] n (7) nourriture f; pâture f; fourrage m; mangeaille f; (Kleider2) doublure f.

Futteral [∼'raːl] n (3) étui m; Waffen u. Schirme: fourreau m.

'**Futter|beutel** m musette f; ~gerste f escourgeon m; ~gras n fourrage m vert; ~kammer f magasin m à fourrage; ~krippe f mangeoire f; fig. F assiette f au beurre; ~mittel n fourrage(s pl.) m; &2n v/t. donner à manger (à); v/i. manger.

füttern ['fytərn] (29) donner à manger (à); Kind: faire manger; Nestvögel: donner la becquée (à); Kleider: doubler (mit de); mit Pelz ~ fourrer; mit Watte ~ ouater; ⊕ revêtir.

'**Futter|napf** m mangeoire f; ~pflanze f plante f fourragère; ~sack m sac m à avoine; musette f; ~schneide(maschine) f 'hache-paille m; ~trog m auge f; mangeoire f.

Fütterung ['fytəruŋ] f Vieh: alimentation f; nourriture f; Kleider: doublure f.

'**Futterzeug** n étoffe f pour doublure.

Futur gr. [fu'tuːr] n futur m; ~ismus [∼u'rismus] m futurisme m; ~ist [∼'rist] m futuriste m; &2istisch [∼'ristiʃ] futuriste.

G

G, g [ge:] *n* G, g *m*; ♪ sol *m*.
Gabar'dine *m od. f* gabardine *f*.
Gabe ['ga:bə] *f* (15) don *m*; présent *m*; *milde* ~ aumône *f*; *(Anlage)* don *m*; talent *m*.
Gabel ['ga:bəl] *f* (15) fourche *f*; *(Tisch2)* fourchette *f*; *an der Rebe:* vrille *f*; '~**arm** *m* limon *m*; '~**deichsel** *f* brancard *m*; limonière *f*; **2förmig** ['~fœrmiç] fourchu; '~**frühstück** *n* déjeuner *m* à la fourchette; '**2n** (20) enfourcher; *sich* ~ se bifurquer; '~**ung** *f* bifurcation *f*; '~**zacke** *f*, '~**zinke** *f* fourchon *m*.
gackern ['gakərn] (29) caqueter.
gaff|en ['gafən] (25) regarder bouche bée; badauder; **2er**(**in** *f*) ['gafər] *m* badaud *m*, -e *f*.
Gage ['ga:ʒə] *f* (15) *Schauspieler:* cachet *m*; ✕ solde *f*; *s. a. Gehalt*.
gähnen ['gɛ:nən] (25) **1.** bâiller; **2.** ⵕ *n* (6) bâillement *m*.
Gala ['gala] *f*: *in* ~ en grande tenue; '~**abend** *m* (soirée *f* de) gala *m*.
galant ['galant] galant.
Galanterie [galantə'ri:] *f* (15) galanterie *f*; ~**arbeit** *f* bijouterie *f*; *in Leder:* maroquinerie *f*; ~**waren** *f*/*pl.* bijouterie *f*; articles *m*/*pl.* de fantaisie (*od. de luxe*); ~**warenhändler** *m* bijoutier *m*.
Gala|lith [~'li:t] *n* galalith(e) *f*; '~**uniform** *f* grande tenue *f*; '~**vorstellung** *f* représentation *f* de gala *m*.
Galeere [ga'le:rə] *f* (15) galère *f*.
Ga'leeren|sklave *m*, ~**sträfling** *m* galérien *m*; forçat *m*.
Galerie [galə'ri:] *f* (15) galerie *f*; *thé.* paradis *m*; poulailler *m*.
Galgen ['galgən] *m* (6) potence *f*; gibet *m*; *an den* ~ *kommen* être pendu; '~**frist** *f* quart *m* d'heure de grâce; '~**humor** *m* humour *m* macabre; '~**strick** *m*, '~**vogel** *m* gibier *m* de potence; pendard *m*.
'**Gall-apfel** *m* (7¹) (noix *f* de) galle *f*.
Galle ['galə] *f* (15) bile *f*; *Tiere u. fig.:* fiel *m*; *Fische:* amer *m*; *ihm läuft die* ~ *über* sa bile s'échauffe.
'**Gallen|blase** *f* vésicule *f* biliaire; '~**stein** *m* calcul *m* biliaire.

Gallert ['galərt] *n* (3), **Gal'lerte** *f* (15) gélatine *f*; *cuis.* gelée *f*; '**2-artig** gélatineux; colloïdal.
Gallie|n ['galiən] *n* (17) la (les) Gaule(s); ~**r**(**in** *f*) *m* Gaulois *m*, -e *f*.
gallig ['galiç] *anat.* biliaire; *fig.* bilieux; fielleux; plein de fiel.
gall|ikanisch [gali'ka:niʃ] gallican; '~**isch** gaulois; **2izismus** [~'tsismus] *m* gallicisme *m*.
Galopp [ga'lɔp] *m* (3) galop *m*; *in kurzem (gestrecktem)* ~ au petit (grand) galop; **2ieren** galoper.
Galosche [ga'lɔʃə] *f* (15) galoche *f*.
galt (galt), **gälte** [galtə] *s. gelten*.
galva|nisch [gal'va:niʃ] galvanique; ~**nisieren** [~vani'zi:rən] galvaniser; **2no'meter** *n* galvanomètre *m*; **2no'plastik** *f* galvanoplastie *f*.
Gamasche [ga'maʃə] *f* (15) guêtre *f*.
Gang [gaŋ] **1.** *m* (3³) marche *f*; *Mensch u. Tier:* allure *f*; *nur Mensch:* démarche *f*; *Auto:* vitesse *f*; *den zweiten* ~ *einschalten* passer en seconde vitesse; *Sport:* tour *m*; *(Spazier2)* promenade *f*; *(Lauf)* cours *m*; *der* ~ *der Dinge* le train des choses; *(Besorgung)* course *f*; *(Durch2)* passage *m*; *(Flur)* couloir *m*, *breiter:* corridor; *m*(*Weg*) chemin *m*; *bei Mahlzeit:* plat *m*, service *m*; *erster* ~ entrée *f*; *esc.* assaut *m*; passe *f*; ✠ filon *m*; veine *f*; ⚕, *anat.* canal *m*; conduit *m*; *(Gewinde)* pas *m* (de vis); *Maschine:* mouvement *m*, marche *f*; *in* ~ *bringen* mettre en marche; *in* ~ *kommen* se mettre en marche; *im* ~ *sein* marcher; *in vollem* ~ *e sein* battre son plein; **2.** ⵕ: *das ist* ~ *und gäbe* c'est courant.
'**Gang**|-**art** *f* démarche *f*; *Tiere:* allure *f*; '**2bar** *Weg:* praticable; *Münze:* qui a cours; *(gebräuchlich)* usité; *Ware:* de bon débit.
Gängel|band ['gɛŋəl-] *n* lisière *f*; *am* ~ *führen* = '**2n** tenir en lisière.
'**Gang**|**hebel** *m* *Auto:* levier *m* de vitesse; '~**wechsel** *m* changement *m* de vitesse. [~ oie *f*, F dinde *f*)
Gans [gans] *f*(14¹) oie *f*; *fig.* dumme\
Gänschen ['gɛns-çən] *n* oison *m*.

Gänse|blümchen ['gɛnzəbly:mçən] *n* pâquerette *f*; (*petite*) marguerite *f*; '~**braten** *m* oie *f* rôtie; '~**füßchen** *n/pl.* guillemets *m/pl.*; '~**haut** *f fig.* chair *f* de poule; '~**klein** *n* (3¹) abatis *m/pl.* d'oie; '~**leberpastete** *f* pâté *m* de foie gras; '~**marsch** *m* (im ~ à la) file *f* indienne; *Studenten*: monôme *m*; ~**rich** ['~riç] *m* (3) jars *m*; '~**schmalz** *f* graisse *f* d'oie; '~**stall** *m* étable *f* aux oies.

ganz [gants] **1.** *adj.* tout; (*ungeteilt*) entier; (*unversehrt*) intact; (*vollständig*) complet; (*völlig*) total; die ~e *Stadt* toute la ville; la ville entière; *ein* ~*es Brot* un pain entier; *von* ~*em Herzen* de tout mon cœur; ~ *Rom* tout Rome; *die* ~*e Welt* le monde entier; **2.** *adv.* entièrement, tout à fait; (*vollständig*) complètement; *vor adj. u. adv.* tout (*vor adj./f mit konsonant. Anlaut*: toute); ~ *und gar* absolument; ~ *und gar nicht* (*bei vb.* ne …) point du tout; ~ *gut* assez bien; ~ *recht!* c'est ça!; parfaitement!; ~ *gewiß* bien sûr; ~ *der Ihrige* tout à vous; ~ *Ohr sein* être tout oreilles; *er ist* ~ *der Mann danach* c'est bien l'homme qu'il faut; ~ *in Leder en cuir* pleir; '²**e**(**s**) *n* (18) tout *m*; (*Gesamtbetrag*) total *m*; (*Gesamtheit*) ensemble *m*, totalité *f*; *im* ²*n* au total, en tout, (*in Bausch und Bogen*) en bloc; *im* ²*n genommen* à tout prendre; '²**efabrikat** *n* produit *m* fini; '²**heit** *f* = ²e(s); '²**heitsmethode** *f* méthode *f* globale; '²**lederband** *m* reliure *f* en cuir plein. [*adv. a.* tout à fait.]

gänzlich ['gɛntslɪç] entier; total;)

gar [gɑːr] **1.** *adj. Speise*: assez cuit; cuit à point; rôti suffisamment; (*fertig*) prêt; ~ *machen Leder*: tanner, *Metalle*: affiner; **2.** *adv.* bien; fort; ~ *nicht* (*nichts*) (*bei vb.* ne …) point (rien) du tout; ~ *zu* par trop.

Garage [gaˈraːʒə] *f* (15) garage *m*; *in e-r* ~ *unterstellen* garer; ~**wärter** *m* garagiste *m*.

Garant [gaˈrant] *m* garant *m*; ~**ie** [~'tiː] *f* (15) garantie *f*; ²**ieren** garantir (*für etw. qch.*); ~**ieschein** *m* bulletin *m* de garantie. [ver q.]

'**Gar-aus** *m*: *j-m den* ~ *machen* achever.]

Garbe ['garbə] *f* (15) gerbe *f*; *in* ~*n binden* mettre en gerbes.

Garde ['gardə] *f* (15) garde *f*.

Garderobe [gardəˈroːbə] *f* (15) (*Kleidung*) vêtements *m/pl.*; garde-robe *f* (*a. thé. Kostümraum*); (*Kleiderablage*) vestiaire *m*; (*Ankleideraum*) *thé.* loge *f*.

Garde'roben|frau *f* préposée *f* au vestiaire; ~**marke** *f* ticket *m* de vestiaire; ~**raum** *m* vestiaire *m*; ~**ständer** *m* portemanteau *m*.

Gardine [garˈdiːnə] *f* (15) rideau *m*; ~**nhalter** *m* embrasse *f*; ~**npredigt** *f* semonce *f* conjugale; *j-m e-e* ~ *halten* sermonner *q.*; ~**nstange** *f* tringle *f*.

gären ['gɛːrən] (30) fermenter (*a. fig.*); *Teig*: *a.* lever; *Wein*: bouillonner. [gargote *f.*)

'**Garküche** *f* rôtisserie *f*; *billige* ~)

Garn [garn] *n* (3) fil *m*; *ch.* panneau *m*; (*Netz*) filet *m*; *ins* ~ *gehen fig.* donner dans le panneau; *sein* ~ *spinnen fig.* défiler son chapelet.

gar'nieren garnir (*mit* de).

Garni'son *f* garnison *f*; ²**verwendungsfähig** apte au service de place.

Garnitur [garniˈtuːr] *f* (16) (*Besatz*) garniture *f*; parement *m*; *an der Wäsche*: parure *f*; (*Satz zs.-gehöriger Dinge*) assortiment *m*; ⚔ uniforme *m*; *die erste* ~ la grande tenue.

'**Garn|knäuel** *n* peloton *m* de fil; ~**spule** *f* bobine *f*; fusée *f*.

garstig ['garstɪç] vilain; (*häßlich*) laid; (*abstoßend*) repoussant.

'**Gärstoff** *m* ferment *m*.

Garten ['gartən] *m* (6¹) jardin *m*; (*Obst*²) verger *m*; (*Gemüse*²) jardin *m* potager; '~**anlage** *f* jardin *m* (public); square *m*; '~**arbeit** *f* jardinage *m*; '~**architekt** *m* architecte *m* paysagiste; '~**bau** *m* jardinage *m*; horticulture *f*; '~**bau-ausstellung** *f* exposition *f* d'horticulture; '~**blume** *f* fleur *f* cultivée; '~**erde** *f* terreau *m*; '~**fest** *n* garden-party *f*; '~**gerät** *n* ustensiles *m/pl.* de jardinage; '~**gewächs** *n* plante *f* potagère; '~**haus** *n* pavillon *m*; '~**häuschen** *n* gloriette *f*; '~**kunst** *f* horticulture *f*; '~**laube** *f* berceau *m*; tonnelle *f*; '~**lokal** *n* café *m* avec jardin; '~**messer** *n* serpette *f*; '~**schere** *f* cisailles *f/pl.* de jardinier; '~**schlauch** *m*, '~**spritze** *f* tuyau *m* d'arrosage; '~**seite** *f* côté *m* jardin; '~**stadt** *f* cité-jardin *f*; '~**stuhl** *m* chaise *f* de jardin; '~**wirtschaft** *f*

Gartenzaun — 788 — **Gaul**

horticulture f; (*Lokal*) restaurant m dans un jardin (public); '⁓zaun m clôture f.

Gärtner|(in f) ['gɛrtnər] m (7) jardinier m, -ière f; '⁓ei [⁓'raı] f jardinage m; horticulture f; (*Betrieb*) maison f d'horticulture; ⁓ *betreiben* jardiner, *berufsmäßig*: faire de l'horticulture.

Gärung ['gɛːruŋ] f fermentation f; '⁓smittel n ferment m; '⁓sprozeß m processus m de la fermentation.

Gas [gaːs] n (4) gaz m; ⁓ *geben* (*wegnehmen*) *Auto*: donner (couper) les gaz; '⁓alarm m alerte f aux gaz; '⁓angriff m attaque f par gaz; '⁓anstalt f usine f à gaz; '⁓anzünder m allume-gaz m; '⁓arbeiter m gazier m; '2⁓artig gazeux, gazéiforme; '⁓behälter m gazomètre m; '⁓beleuchtung f éclairage m au gaz; '⁓bildung f gazéification f; '⁓brenner m bec m de gaz; '⁓druck m pression f du gaz; '⁓fabrik f = ⁓*anstalt*; '⁓flamme f flamme f du gaz; bec m de gaz; '2⁓förmig gazéiforme; '⁓hahn m robinet m à gaz; 2⁓haltig ['⁓haltıç] gazeux; '⁓hebel m *Auto*: accélérateur m; '⁓heizung f chauffage m au gaz; '⁓herd m, '⁓kocher m réchaud (*od.* fourneau) m à gaz.

Gas|kogn|e f Gascogne f; '⁓er(in f) m Gascon m, -ne f; 2⁓isch gascon.

'**Gas|krieg** m guerre f chimique; '⁓laterne f bec m. de gaz; réverbère m; '⁓leitung f conduite f de gaz; '⁓licht n lumière f du gaz; '⁓maske f masque m à gaz; '⁓messer m gazomètre m; *in der Wohnung*: compteur m à gaz; '⁓motor m moteur m à gaz; '⁓ometer m gazomètre m; '⁓schutz m défense f contre les gaz.

Gasse ['gasə] f (15) ruelle f; *hohle* ⁓ chemin m creux; *fig.* e-e ⁓ *bilden* former la haie.

'**Gassen|hauer** m scie f; refrain m populaire; '⁓junge m gamin m; polisson m; '⁓mädchen n garce f.

Gast [gast] m (3² *u.* ³) hôte m; *eingeladener*: invité m; (*Fremder*) étranger m; (*Tisch*2) convive m; (*Stamm*2) habitué m; (*Hotel*2) client m; pensionnaire f; *Restaurant*: consommateur m; (*Fest*2) convié m; *thé.* acteur m en tournée (*od.* de passage); *zu* ⁓ *laden* inviter; *zu* ⁓ *sein bei j-m* être l'invité de q.; *wir haben Gäste* nous avons du monde; '2⁓frei hospitalier; '⁓freiheit f hospitalité f; '⁓freund m hôte m; '2⁓freundlich hospitalier; '⁓freundschaft f hospitalité f; '⁓geber(in f) m hôte m, -esse f; '⁓haus n auberge f; '⁓hof m hôtel m; '⁓hofbesitzer m hôtelier m; '⁓hörer m auditeur m libre; 2⁓ieren [gas'tiːrən] banqueter; *thé.* jouer sur un théâtre étranger; '2⁓lich hospitalier; '⁓lichkeit f hospitalité f; '⁓mahl n banquet m; festin m; '⁓recht n droit m d'hospitalité; lois f/pl. de l'hospitalité; '⁓reise f tournée f; '⁓rolle f rôle m joué par un acteur en tournée (*od.* de passage); '⁓spiel n représentation f d'acteurs en tournée (*od.* de passage); '⁓stätte f restaurant m; '⁓stättengewerbe n industrie f hôtelière; '⁓stube f salle f (d'hôtel) *privat*: chambre f d'ami; '⁓vorstellung f = ⁓*spiel*; '⁓wirt (in f) m hôtelier m, -ière f; restaurateur m; aubergiste m, f; (*Schankwirt*) cabaretier m, -ière f; '⁓wirtschaft f auberge f; restaurant m; (*Schenke*) cabaret m; '⁓zimmer n = ⁓*stube*.

'**Gas|uhr** f = ⁓*messer*; 2⁓vergiftet gazé; '⁓vergiftung f intoxication f par les gaz; '⁓werk n = ⁓*anstalt*.

Gatte ['gatə] m (13) mari m; époux m; '⁓n (26) *pl.* époux m/pl.

Gatter ['gatər] n (7) grille f; treillage m; '⁓tor n porte f à claire-voie.

Gattin ['gatın] f femme f; épouse f.

Gattung ['gatuŋ] f genre m; (*Familie*) famille f; race f; (*Art*) espèce f; '⁓sname m nom m commun; nom m générique.

Gau [gau] m (3) district m; canton m.

'**Gaukel|bild** n image f trompeuse; illusion f; fantasmagorie f; '⁓ei [⁓'laı] f (16) tours m/pl. de passe-passe (*od.* de prestidigitation); jonglerie f; (*Blendwerk*) fantasmagorie f; 2⁓haft trompeur; fantasmagorique; 2⁓n ['gaukəln] (29) (*flattern*) voltiger; (*Taschenspielerei treiben*) faire des tours de passe-passe (*od.* de prestidigitation); *mit Kugeln usw.*: jongler; '⁓spiel n = ⁓*ei*.

Gaukler ['gauklər] m prestidigitateur m; jongleur m; bateleur m; (*Seiltänzer*) saltimbanque m; (*Betrüger*) charlatan m; ⁓ei [⁓'raı] f = *Gaukelei*.

Gaul F [gaul] m (3³) rosse f.

Gaumen ['gaumən] *m* (6) palais *m*; **~laut** *m* palatale *f*; **~segel** *n* voile *f* du palais.

Gauner|(in *f*) ['gaunər] *m* (7) escroc *m*; filou *m*; **~ei** [~'raɪ] escroquerie *f*; filouterie *f*; **2n** (29) escroquer; filouter; **'~sprache** *f* argot *m*; langue *f* verte; **~streich** *m* tour *m* d'escroc; filouterie *f*.

Gaze ['gɑːzə] *f* (15) gaze *f*.

Gazelle [ga'tsɛlə] *f* (15) gazelle *f*.

'G-Dur *n* sol *m* majeur. [scrit *m*.]

Geächtete(r) [gə'ˀɛçtətə(r)] *m* pro-)

Geäder [gə'ˀɛːdər] *n* (7) système *m* veineux, veines *f/pl.*; (*Marmorierung*) marbrure *f*.

ge'-artet: *gut* ~ d'un bon naturel; *die Menschen sind so* ~ c'est la nature humaine.

Ge'-ast *n* branches *f/pl.*; branchage *m*.

Gebäck [gə'bɛk] *n* (3) pâtisserie *f*.

Gebälk [gə'bɛlk] *n* (3) charpente *f*.

gebar [~'baːr] *s.* gebären.

Gebärde [gə'bɛːrdə] *f* (15) geste *m*; **~n machen** gesticuler; **2n:** *sich* ~ se conduire; *sich ernst* ~ prendre un air sérieux; *sich wie ein Kind* ~ faire l'enfant; **~nspiel** *n*, **~nsprache** *f* mimique *f*.

gebaren [gə'baːrən] **1.** (25): *sich* ~ se conduire; **2.** 2 *n* (6) conduite *f*.

ge'bär|en (30) mettre au monde; accoucher de; enfanter; *fig.* faire naître; (*erzeugen*) produire; engendrer; **2en** *n* enfantement *m*, accouchement *m*; **2mutter** *f* matrice *f*; utérus *m*.

Gebäude [gə'bɔʏdə] *n* (7) bâtiment *m*; immeuble *m*; *größeres*: édifice *m*; *jede Art v. Bauwerk*: construction *f*; *fig.* système *m*; **~steuer** *f* impôt *m* sur la propriété bâtie.

Gebein [gə'baɪn] *n* (3) os *m/pl.*; **~e** *pl.* ossements *m/pl.* [*m/pl.*]

Gebell [gə'bɛl] *n* (3) aboiements)

geben ['geːbən] (30) donner; (*hervorbringen*) a. rendre; produire; *Theaterstück:* jouer; représenter; *Karten* ~ *Spiel:* avoir la donne; *es gibt il y a*; *es wird Regen* ~ nous aurons de la pluie; *gebe Gott, daß* ... fasse le Ciel que ... (*subj.*); *Gott geb's!* plaise à Dieu!; *was gibt's?* qu'est-ce que se passe?; *von sich* ~ servir son plat à q.; *viel auf etw.* (*acc.*) ~ faire grand cas de qch.; *verloren* ~ considérer comme perdu; *von sich* ~ *Worte:* exprimer, *Speisen usw.:* rendre, vomir; *sich* ~ se donner (*für etw.* pour qch.), *Schmerz:* s'apaiser, *Schwierigkeit:* s'arranger.

Gebet [gə'beːt] *n* (3) prière *f* (*verrichten* faire); *j-n ins* ~ *nehmen* fig. confesser q.; **~buch** *n* livre *m* de prières.

Gebiet [~'biːt] *n* (3) territoire *m*; (*Besitztum*) domaine *m* (*a. fig.*); *fig.* ressort *m*; **2en** (30) (*befehlen*) commander; ordonner; (*verfügen*) disposer (*über acc.* de); **~er(in** *f*) *m* (7) maître *m*, -esse *f*; (*Herrscher*) souverain *m*, -e *f*; **2erisch** impérieux; impératif; **~s-abtretung** *f* cession *f* de territoire; **~s-anspruch** *m* revendication *f* territoriale; **~s-erweiterung** *f* agrandissement *m* de territoire; **~sstreifen** *m* zone *f*.

Gebilde [~'bɪldə] *n* (7) œuvre *f*; création *f*; (*Erzeugnis*) produit *m*; *géol.* formation *f*.

gebildet [~'bɪldət] cultivé; instruit.

Gebinde [~'bɪndə] *n* (7) (*Garbe*) gerbe *f*; *Böttcherei:* futaille *f*.

Gebirg|e [~'bɪrgə] *n* (7) (chaîne *f* de) montagnes *f/pl.*; monts *m/pl.*; **2ig** [~'bɪrgɪç] montagneux.

Ge'birgs|bewohner(in *f*) *m* montagnard *m*, -e *f*; **~kamm** *m* crête *f*; **~kette** *f* chaîne *f* de montagnes; **~paß** *m* défilé *m*; col *m*; **~schlucht** *f* gorge *f*; col *m*; **~stock** *m géol.* massif *m* de montagnes; **~volk** *n* montagnards *m/pl.*; **~zug** *m* = ~kette.

Gebiß [~'bɪs] *n* (4) dents *f/pl.*; denture *f*; *künstliches:* dentier *m*, fausses dents *f/pl.*, F râtelier *m*; *am Zaum:* mors *m*.

Gebläse [~'blɛːzə] *n* (1) soufflets *m/pl.*; ⊕ *u. Orgel:* soufflerie *f*.

geblümt [~'blyːmt] parsemé de fleurs; *Stoff:* à ramages.

gebogen [~'boːgən] **1.** *s.* biegen; **2.** *adj.* courbe; arqué.

geboren [~'boːrən] *s.* gebären; né; ~ *werden* naître; ~er Deutscher né Allemand. [**2.** *adj. en* sûreté.)

geborgen [~'bɔrgən] **1.** *s.* bergen;)

Gebot [~'boːt] *n* (3) commandement *m* (*a. rl.*); (*Angebot*) offre *f*; *höheres* ~ † enchère *f*; *j-m zu* ~*e stehen* être à la disposition de q.

Gebrauch [~'braux] *m* (3¹) usage *m*; emploi *m*; (*Sitte*) coutume *f*; (*Handhabung*) maniement *m*; *zum* ~ *für* à l'usage de; ~ *machen von* = 2en; *in* ~ *kommen* commencer à être employé; *außer* ~ *sein* n'être plus usité; *außer*

gebrauchen — 790 — **Gedankenlosigkeit**

~kommen tomber en désuétude; *in* ~ *nehmen* mettre en usage; ꝛen se servir (*od.* user *od.* faire usage) de; employer; utiliser; (*handhaben*) manier; *zu* ~ *sein* pouvoir servir.

gebräuchlich [~'brɔyçliç] d'usage; *Wörter usw.*: usité; usuel.

Ge'brauchs|-anweisung f mode m d'emploi; **~gegenstand** m objet m usuel; **~graphiker** m artiste m publicitaire; **~güter** n/pl. biens m/pl. de consommation; **~wert** m utilité f.

ge'braucht 1. *s.* gebrauchen; **2.** *adj.* usagé; *Wagen, Buch usw.* d'occasion.

ge'brech|en (30) v/impf.: es gebricht mir an (dat.) je manque de; ꝛen *n* (6) défaut m; infirmité f; **~lich** fragile; infirme; (*hinfällig*) caduc; ꝛ-**lichkeit** f fragilité f; infirmité f (*Hinfälligkeit*) caducité f. [m/pl.]

Gebrüder [~'bry:dər] *pl.* (17) frères **Gebrüll** [~'bryl] *n* (3) rugissement(s *pl.*) m; mugissement(s *pl.*) m.

ge'bückt: ~ *gehen* marcher courbé.

Gebühr [~'by:r] f (16) (*Kosten*) droits m/pl.; taxe f; (*Prämie*) prime f; *~en pl. Arzt usw.*: honoraires m/pl.; *nach* ~ comme il convient; *über* ~ plus que de raison.

ge'bühren (25): *j-m* ~ être dû (*od.* revenir de droit) à q.; *sich* ~ *convenir*; **ꝛd** dû; convenable; ꝛ-**erlaß** *m* remise f des droits; **~frei** exempt de droits (*od.* de taxes); ꝛ-**ordnung** f *Ärzte usw.*: tarif m des honoraires; **~pflichtig** soumis à la taxe.

gebunden [~'bundən] lié (*ein*~) relié; *fig.* engagé.

Geburt [~'bu:rt] f (16) naissance f; *vor* (*nach*) *Christi* ~ avant (après) Jésus-Christ; (*Gebären*) accouchement m; (*Leibesfrucht*) fruit m; *fig.* (*Ursprung*) origine f; **~enbeschränkung** f limitation f des naissances; **~enrückgang** m dénatalité f; **~enüberschuß** m excédent m de(s) naissances; **~enziffer** f natalité f; **~enzuwachs** m augmentation f des naissances. (originaire de); né (à).}

gebürtig [~'byrtiç] natif (*aus* de);

Ge'burts|-adel m noblesse f héréditaire; **~anzeige** f faire-part m de naissance; *behördlich*: déclaration f de naissance; **~fehler** m défaut m naturel; **~helfer(in** f) m médecin m accoucheur, sage-femme f; **~hilfe** f obstétrique f; **~jahr** n année f de (la) naissance; **~ort** m lieu m de naissance; **~register** n registre m des naissances; **~schein** m acte (*od.* extrait) m de naissance; **~stadt** f ville f natale; **~tag** m date f de naissance; (*Festtag*) anniversaire m (de naissance); **~urkunde** f = ~schein; **~wehen** f/pl. douleurs f/pl. de l'enfantement; **~zange** f forceps m.

Gebüsch [~'byʃ] *n* (3²) buissons m/pl.; (*Gestrüpp*) broussailles f/pl.; maquis m; (*Gehölz*) bocage m.

Geck [gɛk] m (12) fat m; ꝛ**enhaft** fat; **~enhaftigkeit** f fatuité f.

Gedächtnis [~'dɛçtnis] *n* (4¹) mémoire f; (*Erinnerung*) souvenir m; *aus* (*nach*) *dem* ~ de mémoire; *etw. im* ~ *bewahren* garder qch. en mémoire; *etw. aus dem* ~ *verlieren* perdre le souvenir de qch.; *j-m etw. ins* ~ *zurückrufen* rappeler qch. à q.; *aus dem* ~ *tilgen* bannir de sa mémoire; *zum* ~ en mémoire de; *mein* ~ *läßt mich im Stich* la mémoire me manque; **~feier** f commémoration f; **~kunst** f mnémo(tech)nique f; **~rede** f discours m à la mémoire de q.; **~schwäche** f amnésie f; **~stütze** f moyen m mnémotechnique; **~übung** f exercice m de mémoire.

gedämpft: *mit* ~*er Stimme* à mi-voix; à voix basse (*od.* étouffée).

Gedanke [~'daŋkə] m (13¹) pensée f; idée f; (*Absicht*) intention f; (*Plan*) dessein m; (*Vermutung*) soupçon m; (*Betrachtung*) réflexion f; méditation f; *in* ~ *sein* être pensif; *in* ~*n versunken sein* être absorbé dans ses réflexions; *mit dem* ~*n umgehen, zu* ... (*inf.*) songer à ... (*inf.*); s-e ~*n nicht beisammen haben* être distrait; *wo warst du mit d-n* ~*n*? où avais-tu l'esprit?; *sich über etw.* (*acc.*) ~*n machen* s'inquiéter de qch.; *er verfiel auf den* ~*n, zu* ... (*inf.*) il eut l'idée de ... (*inf.*); *wer brachte ihn auf den* ~? qui lui en a donné l'idée?; *j-n auf andere* ~*n bringen* distraire q.; *auf andere* ~*n kommen* se changer les idées, (*s-e Meinung ändern*) changer d'avis; *der* ~ *an* (*acc.*) l'idée f de; *kein* ~! y pensez-vous!

Ge'danken|-austausch m échange m d'idées; **~blitz** m saillie f; **~freiheit** f liberté f de la pensée; **~fülle** f richesse f de pensée; abondance f d'idées; **~gang** m suite f des idées; ꝛ**los** irréfléchi; étourdi; **~losigkeit**

gedankenreich — 791 — **gefangen**

f étourderie f; aus~ par étourderie; par inadvertance; ~reich riche en idées; ~reichtum m = ~fülle; ~strich m tiret m; ~übertragung f transmission f de la pensée; ~voll riche en idées; (nachdenklich) pensif; soucieux; ~welt f monde m des idées.

Gedärm(e) [~'dɛrm] n (7) boyaux m/pl.; cuis. tripes f/pl.

Gedeck [~'dɛk] n (3) couvert m; (Tischzeug) linge m de table; (Mahlzeit) repas m à prix fixe.

Gedeih [~'daɪ] m: auf ~ und Verderb à tout risque; ~en prospérer; (gut anschlagen) réussir; (groß werden) grandir; (sich entwickeln) se développer; (wachsen) croître; die Sache ist so weit gediehen, daß ... la chose est arrivée au point où ...; ~en n (6) prospérité f; réussite f; succès m; (Wachsen) accroissement m; ~lich prospère; (ersprießlich) profitable.

ge'denk|en (30): j-s (e-r Sache gén.) ~ se souvenir de q. (de qch.), erwähnend: faire mention de q. (de qch.); feierlich: commémorer (acc.); (beabsichtigen) se proposer de; penser; ~en n mémoire f (an acc. de); pensée f (à); zu s-m ~ en mémoire de lui; seit Menschen~ de mémoire d'homme; ~feier f commémoration f; ~stein m monument m (commémoratif); ~tafel f plaque f commémorative; ~tag m anniversaire m.

Gedicht [~'dɪçt] n (3) poème m; kleineres: poésie f; ~sammlung f recueil m de poèmes; anthologie f.

gediegen [~'di:gən] solide; min. pur; ~heit f solidité f; min. pureté f.

gedieh(en) [~'di:(ən)] s. gedeihen.

Gedräng|e [~'drɛŋə] n (7) foule f; cohue f; presse f; fig. ins ~ kommen; im ~ sein se trouver dans l'embarras; ~t serré; Stil: concis; dense.

gedroschen [~'drɔʃən] s. dreschen.

gedrückt [~'drykt] fig. déprimé.

gedrungen [~'drʊŋən] **1.** s. dringen; **2.** adj. Gestalt: trapu; Stil: concis.

Geduld [~'dʊlt] f patience f; ~haben (die ~ verlieren) avoir de la (perdre) patience; mir reißt die ~ (der ~sfaden) ma patience est à bout; ~en [~dən] (26): sich ~ prendre patience, patienter; ~ig patient; ~sfaden F m s. Geduld; ~spiel n jeu m de patience.

gedungen [~'dʊŋən] s. dingen.

ge'dunsen bouffi; boursouflé.

geeignet [~'¹⁹aɪgnət] propre (zu à);

apte (à); ~e Maßnahme mesure f appropriée.

Gefahr [gə'faːr] f (16) danger m; dringende: péril m; (Wagnis) risque m; auf die ~ hin au risque de; auf s-e ~ à ses risques et périls; ~ laufen, zu ... (inf.) courir le risque de ... (inf.); in ~ sein (schweben) être en danger; sich in ~ begeben; in ~ kommen s'exposer au danger.

gefährden [~'fɛːrdən] mettre en danger (resp. en péril).

ge'fährlich dangereux; (gefahrvoll) périlleux; Krankheit: grave; ~keit f Krankheit: gravité f.

ge'fahrlos sans danger.

Gefährt [~'fɛːrt] n (3) véhicule m; ~e (13) m, ~in f compagnon m, compagne f; camarade m.

Gefälle [~'fɛlə] n (7) inclinaison f; pente f; Fluß: chute f.

ge'fallen 1. plaire; convenir; wie gefällt Ihnen ...? comment trouvez-vous ...?; wie es Ihnen gefällt comme il vous plaira; es gefällt mir hier je me plais ici; sich ~ in (dat.) se complaire à (resp. en resp. dans); sich etw. ~ lassen consentir à qch., (es ertragen) supporter qch.; sich (nichts) alles ~ lassen (ne pas) se laisser faire; das lasse ich mir ~! à la bonne heure!; das kann man sich allenfalls noch ~ lassen passe encore (pour cela); **2.** ~ n plaisir m; an etw. (dat.) ~ finden trouver (ou. prendre) plaisir à qch.; ich finde großes ~ an ihm il me plaît beaucoup; j-m zu ~ pour faire plaisir à q.; **3.** ~ m service m; plaisir m; tun Sie mir einen ~ faites-moi ce plaisir; rendez-moi ce service; ~endenkmal n monument m aux morts (de la guerre); ~e(r) m mort m (à la guerre).

gefällig [~'fɛlɪç] aimable; complaisant; (dienstfertig) obligeant; (zuvorkommend) prévenant; (genehm) agréable; was ist ~? que désirez-vous?; qu'y a-t-il pour votre service?; j-m ~ sein obliger q.; gern ~ sein aimer (à) rendre service; ~keit f complaisance f; obligeance f; service m; j-m eine ~ erweisen obliger q.; aus ~ par complaisance; ~keitswechsel ✝ m billet m de complaisance; ~st [~'fɛlɪçst] s'il vous plaît.

Ge'fall|sucht f coquetterie f; ~süchtig [~zʏçtɪç] coquet.

ge'fangen prisonnier; captif; (in

Gefangene(r) — 792 — **Gegenmittel**

Haft) détenu; ⁀e(r *a. m*) *m*, *f* prisonnier *m*, -ière *f*; (*Inhaftierter*) détenu *m*, -e *f*; ⁀en-anstalt *f* prison *f*; maison *f* de détention; ⁀enwärter (-in *f*) *m* geôlier *m*, -ière *f*; ~geben: sich ~ se rendre (prisonnier); ~halten détenir (en prison); ⁀nahme *f* arrestation *f*, capture *f*; ~nehmen arrêter; capturer; ⚔ faire prisonnier; *fig.* captiver; ⁀schaft *f* captivité *f*; (*Haft*) prison *f*; ⚔ in ~ geraten être fait prisonnier; ~setzen mettre en prison.

Gefängnis [~'fɛŋnis] *n* (4¹) prison *f*; cachot *m*; ins ~ werfen mettre en prison; im ~ sitzen être en prison; ~hof *m* préau *m*; ~strafe *f* (peine *f* de la) prison *f*; ~zelle *f* cellule *f*.

Gefasel [~'fɑːzəl] *n* (7) radotage *m*.

Gefäß [~'fɛːs] *n* (3²) vase *m*; récipient *m*; *anat. u.* ♀ vaisseau *m*.

gefaßt [~'fast] calme; (*ergeben*) résigné; ~ sein auf (*acc.*) s'attendre à.

Gefecht [~'fɛçt] *n* (7) combat *m*; (*Handgemenge*) engagement *m*; (*Zusammenstoß*) rencontre *f*; außer ~ setzen mettre 'hors de combat'; ~stand *m* poste *m* de commandement; ~s-übung *f* manœuvres *f*/*pl*.

Gefieder [~'fiːdər] *n* (7) plumage *m*; ⁀t emplumé; *Pfeil*: enpenné.

Gefilde [~'fildə] *n* (7) champs *m*/*pl*.

Geflecht [~'flɛçt] *n* (3) entrelacs *m*; (*Hurdenwerk*) claie *f*; netzartiges: \

gefleckt [~'flɛkt] tacheté. [réseau *m*.\

geflissentlich [~'flisəntliç] à dessein.

Geflügel [~'flyːgəl] *n* (7) volaille *f*; ~händler(in *f*) *m* marchand *m*, -e *f* de volailles; ⁀t ailé; ~es Wort dicton *m*; sentence *f*; ~zucht *f* élevage *m* de volailles.

Geflüster [~'flystər] *n* (7) chuchotement *m*; *fig.* murmure *m*.

Gefolg|e [~'folɡə] *n* (7) suite *f*; (*Ehren*⁀) cortège *m*; (*Bedeckung*) escorte *f*; im ~ haben avoir pour conséquence; ~schaft *f* suite *f*; partisans *m*/*pl*.; *im Betrieb*: personnel *m*; ~smann *m* partisan *m*.

gefräßig [~'frɛːsiç] vorace; glouton; ⁀keit *f* voracité *f*; gloutonnerie *f*.

Gefreite(r) [~'fraɪtər] *m* (18) caporal *m*; soldat *m* de première classe.

Ge'frier-anlage *f* réfrigérateur *m*; ⁀en [~'friːrən] (se) geler; ~ machen congeler; ~fleisch *n* viande *f* congelée (*od.* frigorifiée); F frigo *m*; ~punkt *m* point *m* de congélation;

auf dem ~ stehen être à zéro; ~raum *m* chambre *f* réfrigérante.

Ge'frorene(s) *n* (18) glace *f*.

Gefüg|e [~'fyːɡə] *n* (7) structure *f*; ⁀ig souple; (*willfährig*) accommodant; (*fügsam*) docile; ⁀igkeit *f* souplesse *f*; (*Fügsamkeit*) docilité *f*.

Gefühl [~'fyːl] *n* (3) sentiment *m*; (*sinnliche Empfindung*) sensation *f*; (*Tastsinn*) toucher *m*; tact *m* (*a. Feingefühl*); ~ für das Schöne sentiment *m* du beau; ~ haben für être sensible à; ⁀los insensible (*gegen* à); *fig. a.* impassible; ~losigkeit *f* insensibilité *f*; *fig.* impassibilité *f*; ~sduselei [~duzə'laɪ] *f* sensiblerie *f*; ~sleben *n* vie *f* sentimentale; ~ssache *f* affaire *f* de sentiment; ~ssinn *m* (sens *m* du) toucher *m*; tact *m*; ⁀voll sensible; (*liebevoll*) affectueux.

ge'geben *s.* geben; zu ~er Zeit en temps utile; à propos; ~en'falls le cas échéant.

gegen ['ɡeːɡən] *prp.* (*acc.*) *Richtung, Zeit*: vers; ~ Abend vers le soir; (*ungefähr*) environ; à peu près; *persönlich*: (*in bezug auf*) envers; pour; *feindlich*: contre; *Tausch*: contre; pour; *Vergleich*: en comparaison de; auprès de; '⁀-angriff *m* contre-attaque *f*; '⁀befehl *m* contrordre *m*; '⁀beschuldigung *f* récrimination *f*; '⁀besuch *m*: j-m ~ machen rendre une visite à q.; '⁀beweis *m* preuve *f* (du) contraire.

Gegend ['ɡeːɡənt] *f* (16) contrée *f*; région *f*; (*Landschaft*) paysage *m*.

'**Gegen|dienst** *m* service *m* rendu en échange d'un autre; ~druck *m* contre-pression *f*; réaction *f*; ⁀einander [~ʔaɪ'nandər] l'un envers (*resp.* contre) l'autre; (*gegenseitig*) mutuellement; '~forderung *f* demande *f* en compensation (✝️ reconventionnelle); ~füßler ['~fyːslər] *m* antipode *m*; ~geschenk *n*: ein ~ machen rendre un cadeau; '~gewicht *n* contrepoids *m*; das ~ halten contrebalancer; '~gift *n* contrepoison *m*; antidote *m*; '~kandidat *m* rival *m*; '~klage *f* reconvention *f*; '~leistung *f* équivalent *m* d'un service rendu; '~licht *n* contre-jour *m*; '~liebe *f* amour *m* partagé; keine ~ finden être refusé; '~maßnahme *f* contre-mesure *f*; représaille *f*; '~mittel *n* antidote m; ~partei f parti m d'opposition; ⚖ partie f adverse; ~probe f contre-épreuve f; ~rechnung f = ~forderung; ~rede f réplique f; (Einwand) objection f; ~reformation f Contre-Réforme (od. -Réformation) f; ~revolution f contre-révolution f; ~satz m opposition f; contraire m; contraste m; im ~ zu au contraire de; im ~ stehen (e-n ~ bilden) zu contraster avec; 2sätzlich opposé (à); adv. par (od. en) opposition (à); ~schlag m contrecoup m; ~seite f côté m opposé; (Umseite) revers m; 2seitig mutuel, réciproque; ~seitigkeit f mutualité f; réciprocité f; auf ~ beruhen être réciproque; ~spiel n contrepartie f; ~spieler m rival m; ~stand m objet m; (Thema) sujet m; ~ständlich objectif; 2standslos sans objet; (überflüssig) superflu; ~stoß m contrecoup m; ~stimme f voix f contraire; ≈ contrepartie f; ~strömung f contre-courant m; ~stück n pendant m; ~teil n contraire m; opposé m; im ~ au contraire; 2~über 1. prp. (dat.) vis-à-vis de; en face de; envers; en présence de; 2. adv. en face; 3. ≈ n vis-à-vis m; 2~überliegend opposé; 2~überstehen: ea. ~ être l'un vis-à-vis de l'autre, Heere usw.: être en présence, (sich entsprechen) se correspondre; 2~überstellen opposer; ⚖ confronter; ~~überstellung f opposition f; ⚖ confrontation f; (Vergleichung) comparaison f; 2~übertreten faire face à; ~vorschlag m contreproposition f; ~wart f présence f; (Jetztzeit) temps m présent; gr. présent (e); 2~wärtig présent (bei a; fig. à l'esprit); (jetzig) actuel; adv. a. à présent; 2~wartsnah actuel; ~wehr f défense f; résistance f; ~wert m équivalent m; ~wind m vent m debout; ~winkel m angle m opposé; ~wirkung f réaction f; 2~zeichnen contresigner; ~zeuge m témoin m adverse; ~zug m contrecoup m; Schach.: riposte f; 🚂 train m en sens opposé.

Gegner|(in f) ['ge:gnər] m (7) adversaire m, f; Meinung: antagoniste m, f; (Feind) ennemi m, -e f; (Nebenbuhler) rival m, -e f; 2isch opposé; adverse; ⚔ ennemi; ~schaft f antagonisme m; rivalité f; = Gegner pl.

gegolten [gə'gɔltən] s. gelten.

Ge'hackte(s) n viande f hachée.

Gehalt [~'halt] 1. m (3) éléments m/pl. constitutifs; (Inhalt) contenu m; Münzen: titre m; aloi m; ⚒ teneur f (an dat. en); (Raum) capacité f; contenance f; fig. valeur f; mérite m; 2. n (1²) Beamter, Angestellter: traitement m; appointements m/pl.; Arbeiter: salaire m; paie f; Soldat: solde f; Hausangestellter: gages m/pl.; freie Berufe: honoraires m/pl.; 2los fig. futile; sans valeur; insignifiant; ~losigkeit f fig. futilité f; insignifiance f; 2reich fig. substantiel; de valeur.

Ge'halts|-**abzug** m retenue f sur le traitement, etc.; ~**erhöhung** f augmentation f de traitement, etc.; ~**kürzung** f réduction f de traitement, etc.; ~**stufe** f échelon m de traitement, etc.; ~**zulage** f supplément m de traitement, etc.

ge'haltvoll = gehaltreich.

geharnischt [~'harniʃt] cuirassé; fig. énergique.

gehässig [~'hɛsiç] 'haineux; 2keit f 'haine f.

Gehäuse [~'hɔyzə] n (7) étui m; boîte f; (Uhr2) boîtier m; große Uhr: cage f; (Kompaß2) habitacle m; Frucht: trognon m; ⊕ carter m; (Kapsel) capsule f; Schnecke: coquille f.

Gehege [~'he:gə] n (7) enclos m; (Wald2) bois m en défen(d)s; ch. garenne f; j-m ins ~ kommen fig. chasser sur les terres de q.

geheim [~'haim] secret; (verborgen) caché; (geheimnisvoll) mystérieux; (vertraut) privé; intime; im ~en en secret; en cachette; 2bericht m rapport m confidentiel; 2bund m alliance f secrète; 2fach n compartiment m à secret; ~halten tenir secret; 2lehre f doctrine f ésotérique; 2mittel n moyen m secret.

Ge'heimnis n (4¹) secret m; tiefes: mystère m; das öffentliche ~ le secret de Polichinelle; ein ~ vor j-m haben avoir des secrets pour q.; j-n in das ~ einweihen mettre q. dans le secret; ein ~ machen aus faire (un) mystère de; ~**krämer** m cachottier m; ~**krämerei** f cachotterie f; 2**voll** (~ tun faire le) mystérieux.

Ge'heim|**polizei** f police f secrète; ~**polizist** m agent m de la po-

Geheimrat — 794 — **geil**

lice secrète; ~**rat** m conseiller m privé (od. intime); ~**schrift** f écriture f chiffrée; ~**sender** m émetteur m clandestin; ~**sprache** f langage m secret; ~**tinte** f encre f sympathique; ~**tuerei** [~tuə'rar] f cachotterie f; ⚥**tun** faire le mystérieux.

Geheiß [~'haɪs] n (3²) ordre m.

gehen ['ge:ən] (30) 1. aller; (zu Fuß ~) aller à pied; marcher; (weg~) s'en aller; partir; (hinaus~) sortir; Zug: partir; Teig: lever; Gerücht: courir; circuler; ⊕ fonctionner; marcher (a. Uhr); gut ~ Ware: avoir un bon débit; wie geht es dir? comment vas-tu?; wie geht's? comment ça va(-t-il)?; es geht mir gut (soso) je vais bien (comme ci, comme ça); es gehe, wie es wolle advienne que pourra; so geht's in der Welt ainsi va le monde; sich's gut ~ lassen ne pas s'en faire; ~ lassen se laisser aller; an die Arbeit ~ se mettre au travail; nach der Straße ~ Fenster: donner sur la rue; in sich ~ rentrer en soi-même; vor sich ~ avoir lieu; zu j-m ~ aller chez q.; das geht auf dich cela te concerne; es ~ ... Personen in den Saal la salle contient ... personnes; wie oft geht vier in acht? en huit combien de fois quatre?; darüber geht nichts il n'y a rien au-dessus; es geht nichts über (acc.) ... il n'y a rien de tel que ...; das geht über alle Begriffe cela passe tout; das geht mir über alles je mets cela au-dessus de tout; es geht um ... il y va de ...; 2. ⚥**n** marche f; das ~ fällt ihm schwer il a de la peine à marcher; das ~ und Kommen les allées et venues f/pl.; le va-et-vient.

geheuer [~'hɔʏər]: nicht ganz ~ suspect; es ist hier nicht ~ on ne se sent pas en sûreté ici.

Geheul [~'hɔʏl] n (3) 'hurlement(s pl.) m; Sturm: mugissement m.

Gehilfe [~'hɪlfə] m (13) aide m; assistant m; Handwerk: compagnon m; (Amts⚥) adjoint m; Anwalt: clerc m.

Gehirn [~'hɪrn] n (3) cervelle f; (Organ) cerveau m; ~**entzündung** f encéphalite f; ~**erschütterung** f commotion f cérébrale; ~**erweichung** f ramollissement m du cerveau; ~**haut** f méninge f; ~**hautentzündung** f méningite f; ~**schale** f crâne m; ~**schlag** m apoplexie f.

gehoben [~'ho:bən] 1. s. heben; 2. adj. Stil: soutenu; élevé; in ~**er** Stimmung fort animé. [ferme f.]

Gehöft [~'hø:ft] n (3) métairie f;]

Gehölz [~'hœlts] n (3²) bois m; bocage m; bosquet m.

Gehör [~'hø:r] n (3) (Sinn) ouïe f; ein gutes ~ haben avoir l'ouïe fine; (Sinn für Musik) oreille f; ~ finden être écouté; j-m ~ schenken prêter l'oreille à q.

ge'horchen (25): j-m ~ obéir à q.; j-m nicht ~ désobéir à q.

ge'hör|en (25) appartenir (od. être) à; ~ zu être de; faire partie de; das gehört nicht zur Sache c'est en dehors de la question; das gehört nicht hierher c'est déplacé ici; cela n'a rien à faire ici; wohin gehört dies? où faut-il ranger ici?; dieser Stuhl gehört nicht hierher cette chaise n'est pas à sa place ici; dazu gehört viel Geld il y faut beaucoup d'argent; dazu gehört Zeit cela demande du temps; sich ~ (sich schicken) convenir; es gehört sich il est convenable; ⚥**fehler** m défaut m d'ouïe; ⚥**gang** m conduit m auditif; ~**ig** appartenant (à); faisant partie (de); (erforderlich) requis; (passend) convenable; (tüchtig) bon; adv. (gebührend) dûment; ~**los** sourd; ⚥**losigkeit** f surdité f.

Gehörn [~'hœrn] n (3) cornes f/pl.; ch. bois m.

Ge'hörnerv m nerf m auditif.

ge'hörnt encorné; cornu.

gehorsam [~'ho:rza:m] 1. obéissant; 2. ⚥ m (3) obéissance f; ⚥**spflicht** f devoir m d'obéissance.

'**Geh|rock** m redingote f; '~**weg** m trottoir m; '~**werk** n mouvement m.

Geier orn. ['gaɪər] m (7) vautour m.

Geifer ['gaɪfər] m (7) bave f; ⚥**n** (29) baver.

Geige ['gaɪgə] f (15) violon m; die erste ~ spielen faire la partie de premier violon, fig. jouer le premier rôle; ⚥ **n** (25) jouer du violon.

'**Geigen|bauer** m luthier m; '~**bogen** m archet m; '~**kasten** m étui m à violon; '~**schlüssel** m clef f de sol; '~**spieler(in** f) m violoniste m, f; '~**steg** m chevalet m de violon. [Geigenspieler.)

Geiger(in f) ['gaɪgər] m (7) =]

geil [gaɪl] Boden: trop gras; ⚥ exubérant; luxuriant; (wollüstig)

Geilheit — 795 — **gelassen**

lascif; lubrique; '2**heit** f & exubérance f; (Wollust) lasciveté f.
Geisel ['gaɪzəl] m u. f (15) otage m (stellen fournir).
Geiß [gaɪs] f (16) chèvre f; '~**blatt** n chèvrefeuille m; '~**bock** m bouc m.
Geißel ['gaɪsəl] f (15) fouet m; fig. fléau m; '~**bruder** m flagellant m; '2**n** (29) fouetter; fustiger; tl. flageller (a. fig.); '~**ung** f fustigation f; rl. flagellation f.
Geist [gaɪst] m (1¹) esprit m; (Seele) âme f; (Verstand) intelligence f; (Genie) génie m; (Gespenst) revenant m; spectre m; fantôme m; der Heilige ~ le Saint-Esprit; im ~ en esprit; en (od. par la) pensée; den ~ aufgeben rendre l'âme.
'**Geister|banner** m; '~**beschwörer** m (7) nécromancien m; rl. exorciste m; '~**beschwörung** f nécromancie f; rl. exorcisme m; '~**erscheinung** f apparition f; vision f; '2**haft** de spectre; (übernatürlich) surnaturel; '~**seher** m visionnaire m; '~**stunde** f heure f des revenants; '~**welt** f monde m des esprits.
'**geistes-abwesen|d** absent; distrait; '2**heit** f absence f d'esprit; distraction f.
'**Geistes|-arbeiter** m (travailleur m) intellectuel m; '~**bildung** f culture f intellectuelle; '~**blitz** m, '~**funke** m saillie f; '~**freiheit** f liberté f d'esprit; '~**gabe** f don m de l'esprit; talent m; '~**gegenwart** f présence f d'esprit; '2**gestört** ['~gəʃtøːrt], 2**krank** aliéné; fou; '~**gestörtheit** f, '~**krankheit** f aliénation f mentale; folie f; '~**größe** f génie m; '2**schwach** faible d'esprit; imbécile; '~**schwäche** f faiblesse f d'esprit; imbécillité f; '~**stärke** f force f d'esprit; '~**verfassung** f mentalité f; ✕ moral m; '2**verwandt** congénial (mit à); '~**verwandtschaft** f affinité f intellectuelle; '~**wissenschaften** f/pl. lettres f/pl.; sciences f/pl. de l'esprit; '~**zustand** m état. n mental.
geist|ig ['gaɪstɪç] spirituel; (den Verstand betreffend) intellectuel; (das Gemüt betreffend) mental; Getränke: spiritueux; '2**igkeit** f spiritualité f; '~**lich** spirituel; (zum Klerus gehörig) clérical; (kirchlich) ecclésiastique; Orden: religieux; ~**er Stand** clergé m; ~**e Musik** musique f sacrée; '2**liche(r)** m (18) ecclésiastique m; cath. prêtre m; curé m; prot. pasteur m; '2**lichkeit** f clergé m; '~**los** sans esprit; (fade) fade; ~**es Gesicht** physionomie f sans expression; '2**losigkeit** f manque m d'esprit; (Fadheit) fadeur f; '~**reich** spirituel; '~**tötend** ['~tø:tənt] abrutissant; '~**voll** ingénieux.
Geiz [gaɪts] m (3²) avarice f; '2**en** (27) être avare (mit de); '~**hals** m avare m; 2**ig** ['gaɪtsɪç] avare.
Ge'jammer n lamentations f/pl.
Gejohle [~'joːlə] n 'huées f/pl.
Gekeife [~'kaɪfə] n (7) criailleries f/pl.
Gekicher [~'kɪçər] n (7) rires m/pl. étouffés. [baudage m (a. fig.).]
Gekläff [~'klɛf] n, ~**e** n (3[7]) cla-]
Geklapper [~'klapər] n (1) claquement m; Storch: craquètement m.
Geklatsche [~'klatʃə] n claquement m; fig. commérage m. [vais jeu m.]
Geklimper [~'klɪmpər] n (7) mau-]
Geklingel [~'klɪŋəl] n (7) sonnerie f; Schelle: drelin m.
Geklirr [~'klɪr] n (3) cliquetis m.
Geknatter [~'knatər] n (7) craquètement m; (Prasseln) pétillement m; Motor: pétarade f.
Geknister [~'knɪstər] n crépitation f; Seide: frou(-)frou m.
Gekrächze [~'krɛçtsə] n croassement(s pl.) m.
Ge'kreisch n (3) criailleries f/pl.
Gekritzel [~'krɪtsəl] n (7) griffonnage m. (Eingeweide) tripes f/pl.]
Gekröse [~'krø:zə] n (7) fraise f;]
ge'künstelt affecté; recherché.
Gelächter [~'lɛçtər] n (7) rire m; lautes ~ éclats m/pl. de rire; ein lautes ~ erheben éclater de rire; zum ~ werden être la risée.
ge'lackmeiert F: ~ sein être roulé.
Gelag(e) [~'la:g(ə)] n (7) festin m; banquet m; (Trink2) beuverie f.
gelähmt [~'lɛ:mt] perclus; paralysé.
Gelände [~'lɛndə] n (7) terrain m; 2**gängig** Auto: tous terrains; ~**lauf** m cross-country m; ~**r** n balustrade f; (Treppen2) rampe f; (Brücken2) garde-fou m; parapet m.
gelang [~'laŋ] s. gelingen.
gelangen [~'laŋən] (25) parvenir (an acc.; zu à); arriver (an acc.; mühevoll: à).
Gelaß [~'las] n (4) pièce f.
ge'lassen calme; placide; (ergeben) résigné; adv. de sang-froid; avec

Gelassenheit — 796 — **Gelenkrheumatismus**

calme; ²**heit** f calme m; placidité f; sang-froid m; ¹résignation f.
Gelatine [ʒela'tiːnə] f gélatine f.
Gelaufe [ˌ'laufə] n va-et-vient m.
geläufig [ˌ'lɔyfiç] courant; (geübt) exercé; (vertraut) familier; ~ sprechen parler couramment.
gelaunt [ˌ'launt] disposé; gut (schlecht) ~ de bonne (mauvaise) humeur.
Geläut(e) [ˌ'lɔyt(ə)] n (3) sonnerie f; carillon m; unter dem ~ der Glocken au son des cloches.
gelb [gɛlp] jaune; ~machen; ~werden jaunir; ²**filter** m filtre m jaune; ¹**lich** jaunâtre; ²**schnabel** fig. m blanc-bec m; ¹²**sucht** f jaunisse f; ¹**süchtig** atteint de jaunisse.
Geld [gɛlt] n (1) argent m (kleines ~; Wechsel²; ~ e-s Landes) monnaie f; die öffentlichen ~er les deniers m/pl. publics; ¹**angelegenheit** f affaire f d'argent; ¹**anlage** f placement m de fonds; ¹**anleihe** f emprunt m; ¹**anweisung** f mandat m; ¹**aufwertung** f revalorisation f; ¹**beutel** m, ¹**börse** f bourse f; porte-monnaie m; ¹**bewilligung** f allocation f; ¹**brief** m lettre f chargée; ¹**briefträger** m facteur m (distributeur de mandats); ¹**buße** f amende f; ¹**einnahme** f [ˌna:mə] f recette f; ¹**einnehmer** m receveur m; ¹**entschädigung** f indemnité f en espèces; ¹**entwertung** f dévaluation f; völlige: démonétisation f; ¹**forderung** f créance f monétaire; ¹**geber** m bailleur m de fonds; ¹**geschäft** n affaire f d'argent; ¹**gier** f cupidité f; ¹**heirat** f mariage m d'argent; ¹**knappheit** f rareté f de l'argent; = ~not; ¹**krise** f crise f financière; ¹**kurs** m cours m du change; ¹**leistung** f prestation f en espèces; ¹**leute** pl. financiers m/pl.; ¹**mangel** m manque m d'argent; ¹**mann** m financier m; ¹**markt** m marché m monétaire; ¹**mittel** n/pl. ressources f/pl. financières; ¹**not** f pénurie f d'argent; ¹**preis** m cours m du change; ¹**sack** m versiegelter: group m; ¹**schneiderei** f filouterie f; ¹**schrank** m coffre-fort m; ¹**schuld** f dette f d'argent; ¹**sendung** f envoi m d'argent; ¹**sorten** f/pl. espèces f/pl.; ¹**strafe** f amende f; ¹**stück** n

pièce f (d'argent); ¹**summe** f somme f d'argent; ¹**tasche** f portefeuille m; (Sack) sacoche f; ¹**umlauf** m, ¹**umsatz** m circulation f monétaire; ¹**verlegenheit** f embarras m/pl. pécuniaires; in ~ sein être à court d'argent; ¹**wechsel** m change m; ¹**wechselstube** f bureau m de change; ¹**wechsler** m changeur m; ¹**wesen** n, ¹**wirtschaft** f finances f/pl.; ¹**wucher** m agiotage m.
Gelee [ʒe'le:] n (10 u. 11) gelée f.
ge'legen 1. s. liegen; 2. adj. örtlich: situé; nach Süden ~ donnant au midi; nach der Straße ~ donnant sur la rue; (passend) convenable, opportun, adv. à propos; das kommt ihm sehr ~ cela lui arrive fort à propos; ihm ist daran ~, daß ... il lui importe que ... (subj.); was ist daran ~? qu'importe?; ²**heit** f occasion f (ergreifen saisir); bei ~ à l'occasion (von de); bei dieser ~ à cette occasion; à ce propos; ~ geben donner l'occasion; ²**heitsgedicht** n poème m de circonstance; ²**heitskauf** m occasion f; ¹**tlich** occasionnel; (zufällig) accidentel; adv. à l'occasion; (zufällig) par hasard.
gelehr|ig [ˌ'le:riç] docile; ²**igkeit** f docilité f; ²**samkeit** f érudition f; ¹**t** savant; in Geisteswissenschaften: érudit; ²**te(r)** m (12 u. 13) savant m; (Geisteswissenschaftler) érudit m.
Geleise [gə'laizə] n (7 mst pl.) ornière f (a. fig.); 🚂 voie f (ferrée); rails m/pl.; aus dem ~ kommen dérailler, fig. sortir de l'ornière; wieder ins ~ bringen fig. remettre dans la bonne voie; wieder ins ~ kommen fig. retrouver ses habitudes.
Geleit [ˌ'lait] n (3) accompagnement m; ⚔ escorte f; (Trauer²) cortège m; convoi m (a. ⚓); freies ~ sauf-conduit m; das ~ geben = ²en; ~**brief** m sauf-conduit m; ✝ lettre f d'envoi; ²**en** reconduire; accompagner; ⚔ escorter; ⚓ convoyer; ~**wort** n préface f; mit e-m ~ versehen préfacer; ~**zug** ⚓ m convoi m.
Gelenk [ˌ'lɛŋk] n (3) articulation f; jointure f; ⊕ joint m; (Kette) chaînon m; ¹**entzündung** f arthrite f; ²**ig** [ˌ'lɛŋkiç] (geschmeidig) souple; (gewandt) agile; ²**igkeit** f souplesse f; agilité f; ¹**rheumatismus** m rhumatisme m articulaire.

Gelichter [ˌ'liçtər] *n* (7): *solches* ~ *des gens m/pl.* de cette espèce *f.*
Geliebte(r *a. m*) *m, f* [ˌ'li:ptə(r)] amant *m, -e f;* maîtresse *f.*
gelind(e) [ˌ'lind(ə)] doux; *Temperatur:* modéré; *Klima:* tempéré; *Strafe:* léger; ~e *Saiten aufziehen* adoucir le ton; ~ *gesagt* au bas mot.
gelingen [ˌ'liŋən] **1.** (30): *es gelingt mir, etw. zu tun* je réussis (*od.* je parviens *od.* j'arrive) à faire qch.; **2.** ℒ *n* (6) réussite *f;* succès *m.*
gellen [ˈgɛlən] rendre un son aigu (*od.* strident); ~d aigu; strident.
ge'loben (25) promettre solennellement; faire vœu (de).
Gelöbnis [ˌ'lø:pnis] *n* (4¹) promesse *f* solennelle; vœu *m.*
gelt [gɛlt]: ~? n'est-ce pas?; '~en valoir; (*gültig sein*) être valable; *Geld:* avoir cours; *Gesetz:* être en vigueur; (*geschätzt sein*) être estimé; avoir du crédit; *für etw.* ~ passer pour; *von s/applliquer à; das gilt mir* c'est à moi que cela s'adresse; *es gilt, zu ... (inf.)* il s'agit de ... (*inf.*); *was gilt die Wette?* que pariez-vous?; *das gilt nicht* cela ne compte pas; *es gilt das Leben* il y va de la vie; *etw.* ~ *lassen* admettre qch.; '~end: *die* ~ *Meinung* l'opinion *f* en cours; *das* ~e *Recht* le droit coutumier; ~ *machen* faire valoir; '²ung *f* (16) valeur *f;* (*Ansehen*) autorité *f;* crédit *m;* (*Gültigkeit*) validité *f;* ℨ℀ vigueur *f;* *Geld:* cours *m; zur* ~ *bringen* faire valoir; mettre en valeur; *zur* ~ *kommen;* *sich* ~ *verschaffen* s'imposer; *e-r Sache (dat.)* ~ *verschaffen* faire respecter qch.; '²ungsbedürfnis *n* besoin *m* de se faire valoir; '²ungsbereich *m:* ~ *e-s Gesetzes* territoire *m* où une loi est en vigueur.
Gelübde [ˌ'lypdə] *n* (7) vœu *m.*
gelungen [ˌ'luŋən] réussi.
Gelüst|(e) [ˌ'lyst(ə)] *n* désir *m;* (*Verlangen*) envie *f;* convoitise *f;* ℒ**en** (26): *es gelüstet mich nach etw.* j'ai envie de qch.; **xfr.** je convoite qch.
Gemach [ˌ'ma:x] (1², *poet.* ³) *n* chambre *f;* salle *f* (d'un palais); *die Gemächer* les appartements *m/pl.; kleines* ~ cabinet *m.*
gemächlich [ˌ'mɛ:çliç] commode; nonchalant, ~**keit** *f* commodité *f;* nonchalance *f.* [*m,* épouse *f.*|
Gemahl(in *f*) [ˌ'ma:lin] *m* (3) époux

ge'mahnen: *j-n an etw. (acc.)* ~ rappeler qch. à q.
Gemälde [ˌ'mɛːldə] *n* (7) tableau *m;* peinture *f;* ~**ausstellung** *f* exposition *f* de peinture; ~**galerie** *f* galerie *f* de peinture.
gemasert [ˌ'ma:zərt] madré; veiné.
gemäß [ˌ'mɛ:s] conforme (à); *adv.* conformément (à); suivant; selon; d'après; ℨ**heit** *f* conformité *f;* ~**igt** [ˌ'mɛ:siçt] modéré; *Klima:* tempéré.
Gemäuer [ˌ'mɔyər] *n* (7) murailles *f/pl.; altes* ~ masures *f/pl.*
Gemecker [ˌ'mɛkər] *n* bêlements *m/pl.; fig.* F rouspétance *f.*
gemein [ˌ'maɪn] commun; (*gewöhnlich*) ordinaire; vulgaire; (*niedrig*) bas; vilain; (*roh*) grossier; *der* ~e *Mann* l'homme du peuple; ~er Soldat, *a.* ℒe**(r)** (18) *m* simple soldat *m.*
Gemeinde [ˌ'maɪndə] *f* (15) commune *f;* (*Stadt*ℒ) municipalité *f;* (*Pfarr*ℒ) paroisse *f;* *rl.* communion *f;* ~**abgaben** *f/pl.* impôts *m/pl.* communaux; ~**bezirk** *m* circonscription *f* municipale; ~**haus** *n* mairie *f;* ~**rat** *m* conseil *m* municipal; (*Person*) conseiller *m* municipal; ~**schule** *f* école *f* communale; ~**verwaltung** *f* administration *f* municipale; ~**vorsteher** *m* maire *m.*
ge'mein|**gefährlich** qui constitue un danger public; ~**geist** *m* esprit *m* de corps; esprit *m* public; ~**gültig** généralement reçu; ℒ**gut** *n* bien *m* commun; *zum* ~ *machen* fig. vulgariser; ℒ**heit** *f* bassesse *f;* infamie *f;* ~**hin** ordinairement; communément; ℒ**nutz** *m* intérêt *m* général; ~**nützig** [ˌ'nytsiç] d'intérêt général; d'utilité publique; ℒ**platz** *m* lieu *m* commun; banalité *f;* ~**sam** commun; *adv.* en commun; ensemble; ~e *Sache machen* faire cause commune (*mit* avec); *der* ~e *Markt* le marché commun; ~**schädlich** préjudiciable à l'intérêt général; ℒ**schaft** *f* (16) communauté *f* (*atlantische* atlantique); *in* ~ *mit j-m* en commun avec q.; *der* ~ *der Gläubigen* communion *f* des fidèles; ~**schaftlich** = ~**sam;** ℒ**schafts-erziehung** *f* coéducation *f;* ℒ**schaftsgefühl** *m* sens *m* civique; esprit *m* public; ℒ**schaftsschule** *f* école *f* interconfessionnelle; ℒ**sinn** *m* = ~**geist;** ~**verständlich** à la

Gemeinwesen portée de tous; ~ machen vulgariser; 2wesen n communauté f; 2wohl n bien m public. [(misch.)]
Gemenge [~'mɛŋə] n (7) = Ge-
ge'messen mesuré; (förmlich) formel; (ernst) grave; 2heit f mesure f; (Ernst) gravité f.
Gemetzel [~'mɛtsəl] carnage n (7) m; (Blutbad) massacre m.
Gemisch [~'mɪʃ] n (3²) mélange m; 2t mixte.
Gemme ['gɛmə] f gemme f; erhabene: camée m; vertiefte: intaille f.
'Gems|bock m chamois m mâle; ~e ['gɛmzə] f (15) chamois m; '~leder n chamois m. [mure(s pl.) m.)
Gemurmel [~'murməl] n (7) mur-)
Gemüse [~'my:zə] n (7) légume(s pl.) m; erstes ~ primeurs f/pl.; ~bau m culture f maraîchère; ~garten m jardin m potager; ~gärtner m maraîcher m; ~händler(in) m fruitier m, -ière f; marchand m, -e f des quatre-saisons; ~markt m marché m aux légumes; ~suppe f potage m à la jardinière; julienne f. [çonné.)
gemustert [~'mustərt] Stoff: fa-)
Gemüt [~'my:t] n (7) âme f; coeur m; die ~er les esprits m/pl.; ein gutes ~ haben avoir bon coeur; j-m etw. zu ~e führen faire sentir qch. à q.; sich etw. zu ~e führen prendre qch. à coeur; 2lich Ort: où l'on se sent à l'aise; confortable; Person: agréable; hier ist es ~ il fait bon ici; ~ gehen aller à la papa; ~lichkeit f Ort: aise(s pl.) f; confort m; Person: bonhomie f.
ge'müts|-arm de coeur sec; 2-art f caractère m; tempérament m; 2bewegung f émotion f; ~krank hypocondriaque; mélancolique; ~krankheit f hypocondrie f; mélancolie f; 2leben n vie f sentimentale; ~mensch m homme m de coeur; ~ruhe f tranquillité f d'âme (od. de coeur); calme m; 2stimmung f, 2verfassung f, 2zustand m humeur f; état m d'âme; moral m.
ge'mütvoll plein de coeur.
genas, genäse [gə'nɑ:s, ~'nɛ:zə] s. genesen.
genau [~'nau] exact; (bestimmt) précis; (kleinlich~) minutieux; (peinlich ~) scrupuleux; (ausführlich) détaillé; (richtig, knapp) juste; (knauserig) parcimonieux; (streng) strict;

Waage: sensible; ~ passen (gehen) aller juste; ~ nehmen prendre à la lettre; y regarder de près; ~ genommen strictement parlant; ~ wissen savoir exactement; ~ kennen connaître à fond; ~ angeben préciser; 2igkeit f exactitude f; précision f; (Richtigkeit) justesse f; (Knauserigkeit) parcimonie f; Waage: sensibilité f. [darme m.)
Gendarm [ʒan'darm] m (12) gen-)
genehm [~'ne:m] agréable; j-m ~ sein plaire (od. convenir) à q.; ~igen (25) agréer; accepter; (zustimmen) consentir (à); (billigen) approuver; (erlauben) permettre; autoriser; Geld: allouer; Vertrag: ratifier; sich ~ (Schnaps) se payer un verre; 2igung f agrément m; (Zustimmung) consentement m; (Billigung) approbation f; (Erlaubnis) permission f; autorisation f; Geld: allocation f; Vertrag: ratification f; ~igungspflichtig soumis à une autorisation.
geneigt [~'naıkt] incliné; penché; fig. enclin (zu à); disposé (à); (wohlgesinnt) bienveillant (j-m pour q.); favorable (à); 2heit f inclinaison f; fig. penchant m, (Wohlgesinntheit) bienveillance f.
General [genə'ra:l] m (3¹ u. ³) général m; Kommandierender: général m en chef; ~agent m agent m général; ~arzt m médecin m (en) chef; ~baß m basse f continue; ~bevollmächtigte(r) m fondé m de pouvoir; ~direktor m directeur m en chef; ~'feldmarschall m feldmaréchal m; Frankreich: maréchal m de France; ~intendant thé. m directeur m général; ~ität [~ali'tɛ:t] f généraux m/pl.; ~kommando n commandement m en chef; ~leutnant m général m de division; ~major m général m de brigade; ~nenner m (7) dénominateur m commun; auf den ~ bringen réduire au même dénominateur; ~oberst m général m d'armée (resp. de corps d'armée); ~probe f répétition f générale; ~stab m état-major m; ~streik m grève f générale; ~versammlung f assemblée générale; ~vollmacht f plein pouvoir m; procuration générale.
Gene'rator [gene-] m générateur m; (Drehstrom 2) alternateur m.
generell [genə'rɛl] général.

genesen [ˌ'neːzən] (30) guérir; *(sich erholen)* se rétablir; ₂**de(r** a. m) m, f convalescent m, -e f.

Ge'nesung f guérison f; rétablissement m; *(Zeit der ~)* convalescence f.

Genf [gɛnf] n (17) Genève f; **~er(in** f) m Genevois m, -e f; der **~er** See le lac Léman *(od.* de Genève*)*.

genial [geni'aːl] génial; de génie; ₂**ität** [ˌali'tɛːt] f génie m.

Genick [ˌ'nɪk] n (3) nuque f; *(Hals)* cou m; *sich das ~ brechen* se casser le cou *(a. fig.)*; **~starre** f méningite f cérébro-spinale.

Genie [ʒe'niː] n (11) génie m.

genieren [ʒe'niːrən] (25): *sich ~, etw. zu tun* ne pas oser faire qch.; *sich vor j-m ~* se sentir gêné devant q.; *sich ~ (sich Zwang auferlegen)* se gêner.

genieß|bar [ˌ'niːsbaːr] mangeable; *(trinkbar)* potable; buvable; *(erträglich)* supportable; **~en** (30) manger; manger et boire; *mit Behagen ~* goûter; savourer; *fig.* jouir de; *Erziehung:* recevoir; *nicht zu ~* immangeable, *Getränk:* imbuvable, *fig.* insupportable; ₂**er** m jouisseur m.

Genitalien [geni'taːliən] *pl.* parties f/pl. génitales.

Genitiv [ˈgeːnitiːf] m (3) génitif m.

ge'nommen s. *nehmen*. [genießen.)

genoß, genösse [ˌ'nɔs, ˌ'nœsə] s.)

Genoss|e [ˌ'nɔsə] m, **~in** f (13) compagnon m, compagne f; camarade m, f *(a. pol.)*; ₰ᵼ Genossen *pl.* consorts m/pl.; **~enschaft** f société f; coopérative f; syndicat m; **~enschaftler** m (7) sociétaire m; **~enschaftswesen** n syndicats m/pl.

Gent [gɛnt] n Gand m.

Genua ['geːnua] n Gênes f.

genug [ˌ'nuːk] assez; suffisamment; *~ der Worte!* assez de paroles!; *~ der Scherze!* trêve de plaisanteries!; *~ davon!* en voilà assez!; *~ sein* suffire; *~ haben* avoir assez *(von* de*)*; *~ zum Leben haben* avoir de quoi vivre.

Genüg|e [ˌ'nyːgə] n u, f (15) suffisance f; *(Befriedigung)* satisfaction f; *zur ~* suffisamment; *e-r Sache (dat.) ~ tun* satisfaire à qch.; *j-m ~ tun* satisfaire q.; ₂**en** (25) suffire; *s. a. Genüge tun;* ₂**end** suffisant; *(befriedigend)* satisfaisant; ₂**sam** facile à satisfaire; *(mäßig)* sobre; **~samkeit** f sobriété f.

Ge'nugtuung f satisfaction f; *für e-e Kränkung: a.* réparation f; *~ fordern* demander satisfaction *(od.* raison*) (von j-m ~ für etw.* à q. de qch.*)*; *exiger réparation; j-m ~ geben* donner satisfaction *(od.* rendre raison*)* à q.; *~ faire réparation* à q.; *sich ~ verschaffen* se faire rendre raison.

Ge'nuß m (4²) jouissance f *(a. ₰ᵼ)*; usage m; *(Verzehr)* consommation f; *hoher:* délice m *(pl. f)*; **~mittel** n stimulant m; ₂**reich** délicieux; **~sucht** f goût m du plaisir; ₂**süchtig** avide de jouissances.

Geograph [geoˈgraːf] m géographe m; **~ie** [ˌaˈfiː] f géographie f; ₂**isch** géographique.

Geolog|e [geoˈloːg(ə)] m géologue m; **~ie** [ˌoˈgiː] f géologie f; ₂**gisch** [ˌˈloːgiʃ] géologique.

Geomet|er [geoˈ-] m géomètre m; **~rie** [ˌeˈtriː] f géométrie f; ₂**risch** [ˌˈmeːtriʃ] géométrique.

Gepäck [ˌ'pɛk] n (3) bagage *(s pl.)* m; **~abfertigung** f enregistrement m des bagages; **~annahme** f guichet m des bagages; **~aufbewahrung** f consigne f; **~ausgabe** f livraison f des bagages; **~halter** *m Fahrrad:* porte-bagages m; **~netz** n filet m à bagages; **~raum** m consigne f; *Auto:* coffre m à bagages; **~revision** f visite f des bagages; **~schalter** m guichet m des bagages; **~schein** m bulletin m des bagages; **~stück** n colis m; **~träger** m commissionnaire m; *am Bahnhof:* porteur m; *Fahrrad:* porte-bagages m; **~übergewicht** n excédent m de bagages; **~wagen** m fourgon m *(*des bagages*)*. **gepanzert** blindé; cui-)

ge'pfeffert poivré *(a. fig.)*. [rassé.)

Gepfeife [ˌ'pfaɪfə] n sifflements m/pl./

Gepflogenheit [ˌ'pfloːgənhaɪt] f coutume f. [mouche f.)

Geplänkel [ˌ'plɛŋkəl] n escar-)

Geplapper [ˌ'plapər] n (7) babil m.

Geplärr(e) [ˌ'plɛrə] n (3 [7]) piaillerie f. [mure m; ♪ clapotis m.)

Geplätscher [ˌ'plɛtʃər] n (7) mur-)

Gepolter [ˌ'pɔltər] n (7) tapage m; vacarme m.

Gepräge [ˌ'prɛːgə] n (7) empreinte f; *fig. a.* caractère m.

Gepränge [ˌ'prɛŋə] n (7) pompe f.

Geprassel [ˌ'prasəl] n (7) pétillement m; *Feuer:* crépitement m; *(Krachen)* craquement m. [plômé.)

geprüft [ˌ'pryːft] *staatlich:* di-)

Gequake [ˌ'kvaːkə] n coassement m.

gerade [‿'rɑːdə] **1.** *adj.* droit (*a. fig.*); (*ohne Umweg*) direct; *Zahlen:* pair; *Charakter:* franc; (*aufrichtig*) sincère; **2.** *adv.* justement; précisément; (*soeben*) tout à l'heure; ‿ etw. getan haben venir de faire qch.; ‿ dabei sein, etw. zu tun être justement en train de faire qch.; ‿ recht kommen venir à point; wie es ‿ kommt au petit bonheur; ‿ das Gegenteil tout (*od.* juste) le contraire; **3.** ♀ *f* (ligne *f*) droite *f*; ‿'aus tout droit; ‿'halten tenir droit; ‿he'raus franchement; carrément; ‿richten (re)dresser; ‿sitzen, ‿stehen se tenir droit; ‿s'wegs tout droit; directement; ‿'zu tout droit; *fig.* = ‿heraus; ‿ erstaunlich vraiment surprenant.

Ge'rad|heit *f* rectitude *f*; *fig.* droiture *f*; franchise *f*; **♀linig** [‿liːnɪç] en ligne droite; ♀ rectiligne.

Gerassel [‿'rasəl] *n* (7) bruit *m* de ferraille; *Wagen:* roulement (*pl.*) *m*; *Waffen, Ketten:* cliquetis *m*.

Gerät [‿'rɛːt] *n* (3) ustensile *m*; (*Werkzeug*) outil *m*; (*Apparat*) appareil *m*; (*Turn♀*) agrès *m*; (*Ausrüstung*) attirail *m*; *Radio:* poste *m*; ⊕ matériel *m*; ‿ekammer *f* débarras *m*.

ge'raten 1. (30) *v/i.:* ‿ nach arriver (*od.* parvenir) à; gut (schlecht) ‿ réussir (*od.* tourner) bien (mal); ‿ in (*acc.*) tomber dans; in j-s Hände ‿ tomber entre les mains de *q.*; an j-n ‿ tomber sur *q.*; auf e-n Weg ‿ s'engager dans un chemin; außer sich ‿ se mettre 'hors de soi'; vor Freude außer sich ‿ ne pas se sentir de joie; **2.** *adj.* (*ratsam*) utile; à propos; gut ‿e Kinder des enfants *m/pl.* qui tournent bien.

Ge'räteturnen *n* exercices *m/pl.* aux agrès.

Geratewohl [gəraːtəˈvoːl] *n:* aufs ‿ au hasard; au petit bonheur.

geraum [‿'raʊm]: ‿e Zeit longtemps.

geräumig [‿'rɔʏmɪç] spacieux; vaste; **♀keit** *f* (grand) espace *m*; (vaste) étendue *f*.

Geräusch [‿'rɔʏʃ] *n* (2) bruit *m*; **♀los** sans bruit; silencieux; **♀voll** bruyant.

gerb|en ['gɛrbən] (25) corroyer; tanner; weiß ‿ mégisser; mégir; *fig. j-m das Fell* ‿ tanner la peau à *q.*; **♀en** *f* corroyage *m*; tannage *m*; **'♀er** *m* corroyeur *m*; tanneur *m*; (*Weiß♀*) mégissier *m*; **♀e'rei** *f* corroierie *f*; tannerie *f*; (*Weiß♀*) mégisserie *f*; **'♀erlohe** *f* tan *m*; **'♀stoff** *m* tannin *m*.

gerecht [‿'rɛçt] juste; (*billig*) équitable; *j-m* ‿ *werden* rendre justice à *q.*; *e-r Sache* (*dat.*) ‿ *werden* tenir compte de qch.; **♀igkeit** *f* justice *f*; (*Billigkeit*) équité *f*; *j-m* ‿ *widerfahren lassen* rendre justice à *q.*; **♀igkeitssinn** *m* esprit *m* de justice.

Gerede [‿'reːdə] *n* (7) bavardage *m*; racontars *m/pl.*; (*Gerücht*) bruit *m*; *albernes:* ragots *m/pl.*; *sich ins* ‿ *bringen* faire parler de soi.

ge'reichen (25): *zu etw.* ‿ contribuer à qch.; causer qch.; *j-m zum Nutzen* ‿ tourner à l'avantage de *q.*; *j-m zur Ehre* ‿ faire honneur à *q.*

ge'reizt irrité; **♀heit** *f* irritation *f*.

gereuen [‿'rɔʏən] (25): *es gereut mich* j'en me repens; *lassen Sie es sich nicht* ‿! ne le regrettez pas!

Gericht [‿'rɪçt] *n* (3) (*Speise*) mets *m*; plat *m*; ⚖ tribunal *m*, cour *f*, (*Gebäude*) palais *m* de justice; *vor* ‿ *fordern* (*laden*) citer en justice; *vor* ‿ *erscheinen* comparaître; *j-n vor* ‿ *ziehen* traduire *q.* en justice; *sich dem* ‿ *stellen* se présenter en justice; *über j-n zu* ‿ *sitzen* juger *q.*; *Jüngstes* ‿ jugement *m* dernier; **♀lich** judiciaire; (*rechtsförmig*) juridique.

Ge'richts|akten *f/pl.* dossier *m*; ‿arzt *m* médecin *m* légiste; ‿barkeit *f* juridiction *f*; ‿behörde *f* tribunal *m*; ‿beisitzer *m* assesseur *m*; ‿bescheid *m*, ‿beschluß *m* décision *f* du tribunal; ‿bezirk *m* juridiction *f*; ‿diener *m* huissier *m*; ‿ferien *pl.* vacations *f/pl.* des tribunaux; ‿gebäude *n* palais *m* de justice; ‿hof *m* cour *f*; tribunal *m*; *Internationaler* ‿ cour *f* internationale de justice; ‿kanzlei *f* greffe *m*; ‿kosten *pl.* frais *m/pl.* de justice; ‿ordnung *f* règlements *m/pl.* judiciaires; ‿personal *n* parquet *m*; ‿pflege *f* administration *f* de la justice; ‿saal *m* salle *f* d'audience; ‿schranken *f/pl.* barre *f*; ‿schreiber *m* greffier *m*; ‿sitzung *f* séance *f*; audience *f*; (*Tagung*) session *f* de la cour; ‿tag *m* jour *m* d'audience; ‿termin *m* assignation *f*; ‿urteil *n* arrêt *m* de la cour; ‿verfahren *n* procédure *f*; ‿verhand-

Gerichtsvollzieher — 801 — **Geschäft**

lung f débats m/pl.; ~**vollzieher** m (7) huissier m; ~**wesen** n justice f.
gerieben fig. [~'ri:bən] roué; madré.
gering [~'riŋ] petit; peu considérable; (niedrig) bas; (wenig) peu (de); (beschränkt) restreint; borné; ~**er als** ... moindre que ...; inférieur à ...; ~**er machen**; ~**er werden** diminuer; nichts 2eres als ... (bei vb. ne ...) rien de moins que ...; kein 2erer als ... nul autre que ... (bei vb. mit ne); nicht das 2ste (bei vb. ne ...) pas la moindre chose; das 2ste, was er tun kann le moins qu'il puisse faire; nicht im ~sten (bei vb. ne ...) pas le moins du monde; (bei vb. ne ...) pas du tout; der 2ste le moindre des hommes; ~**achten** v/t. etw. ~ faire peu de cas de qch.; ~**fügig** [~fy:giç] peu important; (nichtig) futile; insignifiant; 2**fügigkeit** f futilité f; insignifiance f; ~**schätzig** estimer peu; dédaigner; ~**schätzig** [~ʃɛtsiç] dédaigneux; 2**schätzung** f dédain m.
ge'rinn|en (30) se coaguler; se figer; Milch: se cailler; geronnene Milch lait m caillé; 2**en** n coagulation; 2**sel** [~zəl] n ruisselet m; (Blut2) caillot m de sang.
Geripp|e [~'ripə] n (7) squelette; ♃, Tier: carcasse f; 2t Stoff: côtelé; ♀ nervé; △ cannelé.
gerissen [~'risən] roué; madré.
German| [gɛr'mɑːnə] m (13), ~**in** f Germain m, -e f; ~**ien** [~niən] n (13) la Germanie f; 2**isch** germanique; ~**ist** [~'nist] m germaniste m; ~**istik** f étude f des langues germaniques.
'**gern**|(**e**) volontiers; avec plaisir; herzlich ~ de bon cœur; ich möchte ~ wissen je voudrais bien savoir; das glaube ich ~ je crois bien; ~ gesehen sein il est bien vu; ~ sein an e-m Ort: se plaire; ~ haben; ~ mögen aimer; etw. ~ tun aimer (à) faire qch.; er kann mich ~ haben ᵖ je me fiche de lui; 2**egroß** m fanfaron m.
Ge'röll n (3) éboulis m.
Gerste ['gɛrstə] f (15) orge f.
'**Gersten|korn** n grain m d'orge; ♗ orgelet m, F compère-loriot m.
Gerte ['gɛrtə] f (15) verge f; baguette f; gaule f; (Reit2) cravache f.
Geruch [~'rux] m (3³) odeur f; (Sinn2) odorat m; (Spürsinn2) flair m; 2**los** inodore; (ohne Geruchsinn)

privé de l'odorat; ~**sinn** m odorat m; ~**snerv** m nerf m olfactif.
Gerücht [~'ryçt] n (3) bruit m; das allgemeine ~ la rumeur publique; es geht das ~, daß ... le bruit court que ...; ~**emacher** m alarmiste m; 2**weise** d'après la rumeur publique.
ge'rufen: das kommt wie ~ cela arrive fort à propos.
ge'ruhen daigner; vouloir bien.
ge'rührt ému; touché.
Gerümpel [~'rympəl] n (7) vieux meubles m/pl.; (Plunder) fatras m.
Gerundium gr. [ge'rundium] n gérondif m.
Gerüst [~'ryst] n (3²) (Bau2) échafaudage m; (Schau2) tréteau m; tribune f; (Richtblock) échafaud m.
Gervais ['ʒɛrveː] m (Käse) petit suisse m; demi-sel m.
gesalbt [~'zalpt] oint.
gesamt [~'zamt] tout entier; total; das 2**e** le tout; l'ensemble m; 2**ansicht** f vue f d'ensemble; 2**ausgabe** f (édition f des) œuvres f/pl. complètes; 2**betrag** m somme f totale; total m; 2**bild** n tableau m d'ensemble; ~**deutsch**: Minister für ~**e** Fragen ministre m des questions panallemandes; 2**eigentum** n propriété f collective; 2**eindruck** m impression f d'ensemble (od. générale); 2**einnahme** f recette f totale; revenu m total; 2**heit** f totalité f; tout m; ensemble m; 2**summe** f somme f totale; 2**übersicht** f vue f d'ensemble; 2**wert** m valeur f totale (od. globale); 2**wille**(**n**) m volonté f générale.
Gesandt|e(**r** a. m) [~'zantə(r)] m, (18) envoyé m, -e f; (Botschafter) ambassadeur m, -drice f; päpstlicher ~ nonce m; ~**schaft** f légation f; (Botschaft) ambassade m; päpstliche ~ nonciature f.
Gesang [~'zaŋ] m (3³) chant m; (Vogel2) a. ramage m; (Lied) chanson f; rl. cantique m; 2**buch** n livre m de cantiques; ~**lehrer**(**in** f) m professeur m de chant; ~**s-einlage** f intermède m de chant; ~**sstück** n morceau m de chant; ~**ver-ein** m (société f) chorale f; orphéon f.
Gesäß [~'zɛːs] n (3²) derrière m.
Gesäusel [~'zɔʏzəl] n (1) doux murmure m.
Geschäft [~'ʃɛft] n (3) affaire f; tout ~**en reden** parler affaires; (Unternehmen) opération f; (Handel) com-

50 Dtsch.-Franz.

geschäftig — 802 — **Geschlinge**

merce m; (Gewerbe) métier m; (Handelshaus) maison f (de commerce); établissement m; (Laden) boutique f, großes: magasin m; sein ~verrichten F faire ses besoins; ⁀**ig** actif; affairé; ⁀**igkeit** f activité f; ⁀**lich** commercial; d'affaires; ~verhindert empêché par des affaires.

Ge'schäfts|-anteil m part f sociale; ~**aufgabe** f cessation f de commerce; ~**bereich** m ressort f; e-s Ministers: portefeuille m; ~**bericht** m compte m rendu; ~**betrieb** m exploitation f; administration f; ~**brief** m lettre f d'affaires; ~**buch** n livre m de commerce; ⁀**fähig** solvable; ~**freund** m correspondant m; ~**führer** m gérant m; ~**führung** f gestion f des affaires; ~**gang** m marche f des affaires; (Gang in Geschäften) course f pour affaires; ~**gegend** f quartier m des affaires; ~**haus** n maison f (de commerce); ~**inhaber** m patron m; chef m d'une maison (de commerce); ~**jahr** n exercice m; ~**kapital** n fonds m/pl. (de commerce); ~**kreis** m champ m d'activité; cercle m d'affaires; ~**lage** f situation f commerciale; ~**leben** n commerce m; affaires f/pl.; ~**lokal** n bureau m; (Laden) magasin m; ~**mann** m (1, pl. ~leute) homme m d'affaires, commerçant m; ⁀**mäßig** selon l'usage des affaires; ~**ordnung** f règlement m; ~**papiere** n/pl. papiers m/pl. d'affaires; ~**raum** m = ~lokal; ~**reise** f voyage m d'affaires; ~**reisende(r)** m représentant m (de voyageur) m de commerce; ~**schluß** m fermeture f; ~**stelle** f bureau m; ~**stil** m style m commercial; ~**stille** f morte-saison f; ⁀ Stunde heure f creuse; ~**stunden** f heures f/pl. de bureau; ~**teilhaber** (-**in** f) m associé m, -e f; ~**träger** m chargé m d'affaires; ~**unkosten** pl. frais m/pl généraux; ~**verbindung** f, ~**verkehr** m relations f/pl. commerciales; ~**viertel** m = ~gegend; ~**wagen** m voiture f de livraison; ~**zimmer** n bureau m; ~**zweig** m branche f.

geschah [~'ʃa:] s. geschehen.

geschech|en [~'ʃe:ən] (30) arriver; se passer; (zustoßen) advenir; es ~ sehehe! soit!; das geschieht dir recht tu as ce que tu mérites; es ist um mich ~ c'en est fait de moi; ~ lassen laisser faire; ⁀**nis** n événement m.

gescheit [~'ʃaɪt] sensé; intelligent; (richtig urteilend) judicieux; (vernünftig) raisonnable; ~er Kopf esprit m bien fait; er ist nicht recht ~ il n'a pas tout son bon sens.

Geschenk [~'ʃɛŋk] n (3) présent m; cadeau m; (Gabe) don m; j-m ein ~ mit etw. machen faire présent (od. cadeau) de qch. à q.

Geschicht|e [~'ʃɪçtə] f (15) histoire f; (Erzählung) conte m; (Vorgang) affaire f; das ist e-e schöne ~! iron. en voilà une affaire!; ⁀**lich** historique; ~**lichkeit** f historicité f; ~**sforscher** m historien m; ~**sforschung** f recherches f/pl. historiques; étude f de l'histoire; ~**(s)schreiber** m historien m; historiographe m; ~**(s)schreibung** f historiographie f; ~**swissenschaft** f science f historique; histoire f.

Geschick [~'ʃɪk] n (3) (Schicksal) destin m; persönliches: destinée f; sort m; gutes (böses) ~ bonne (mauvaise) étoile f; (Fertigkeit) = ~**lichkeit** f adresse f; habileté f; ~**lichkeitsspiel** n jeu m d'adresse; ⁀**t** adroit; habile; ~ zu propre à.

Geschiebe [~'ʃiːbə] n poussée f.

geschieden [~'ʃiːdən] divorcé (von j-m d'avec q.); séparé. [f/pl.]

Geschimpfe [~'ʃɪmpfə] n = invectives]

Geschirr [~'ʃɪr] n (3) = Gerät; (Gefäß) vase m; (Nacht⁀) pot m de chambre; (Küchen⁀) batterie f de cuisine; irdenes ~ poterie f; (Tisch⁀) vaisselle f; ⁀ (Koch⁀) gamelle f; (Pferde⁀) harnais m; ~**schrank** m buffet m; ~**wäscher** m plongeur m.

Geschlecht [~'ʃlɛçt] n (1, a. 3) genre m (a. gr.); (natürliches) sexe m; (Abstammung) race f; famille f; (Generation) génération f; ⁀**lich** sexuel; (e-r Gattung angehörig) générique.

ge'schlechts|krank atteint d'une maladie vénérienne; ⁀**krankheit** f maladie f vénérienne; ~**leben** n vie f sexuelle; ~**los** asexué; ⁀**name** m nom m de famille; ⁀, ~**nom** m générique; ⁀**organ** n organe m génital; ⁀**reife** f puberté f; ~**teile** m/pl. organes m/pl. génitaux; ~**trieb** m instinct m sexuel; ⁀**verkehr** m relations f/pl. sexuelles; (Akt) coït m; ⁀**wort** gr. = article m.

Geschlinge [~'ʃlɪŋə] n entrelacs m;

Wurzeln, Stämme: fouillis *m; Tiere:* fressure *f.*

geschlossen [ˌˈʃlɔsən] fermé; *Reihen:* serré; ~e *Gesellschaft* réunion *f* privée; cercle *m* fermé; *bei* ~*en Türen* à 'huis clos; **2heit** *f* accord *m;* ensemble *m.*   [*m/pl.*]

Geschluchze [ˌˈʃluxtsə] *n* sanglots

Geschmack [ˌˈʃmak] *m* (3³) goût *m; als chemische Eigenschaft:* saveur *f; das ist nicht nach meinem* ~ cela n'est pas à mon goût; *an etw.* (dat.) ~ *finden* prendre (*od.* trouver) goût à qch.; goûter qch.; *für etw.* ~ *haben* avoir le goût de qch. (*od.* du goût pour qch.); *den* ~ *an etw.* (dat.) ~ *verlieren* perdre le goût de qch.; *e-n bitteren* ~ *im Munde haben* avoir la bouche amère; **2los** *an* sans goût; insipide; fade; *fig.* de mauvais goût; **~losigkeit** *f* manque *m* de goût; insipidité *f;* fadeur *f;* fig. acte *m* de mauvais goût; **~sache** *f* affaire *f* de goût; **~ssinn** *m* (sens *m* du) goût *m;* **2voll** plein de goût; *adv.* avec goût.

Geschmeide [ˌˈʃmaɪdə] *n* (7) bijoux *m/pl.; kostbares:* joyaux *m/pl.;* (*Schmuck*) parure *f.*

geschmeidig [ˌˈʃmaɪdɪç] souple, flexible; *métall.* ductile; **2keit** *f* souplesse *f;* flexibilité *f; métall.* ductilité *f.*

Geschmeiß [ˌˈʃmaɪs] *n* (3²) vermine *f; fig.* F canaille *f.*

Geschmiere [ˌˈʃmiːrə] *n* (3) barbouillage *m;* griffonnage.

Geschnarche [ˌˈʃnarçə] *n* ronflements *m/pl.*

Geschnatter [ˌˈʃnatər] *n* (7) caquetage *m; Gänse:* criaillerie *f.*

Geschöpf [ˌˈʃœpf] *n* (3) créature *f.*

Geschoß [ˌˈʃɔs] *n* (4) projectile *m; Gewehr:* balle *f; Kanone:* obus *m;* (*Stockwerk*) étage *m;* **~bahn** *f* trajectoire *f.*   [niéré.]

geschraubt [ˌˈʃraupt] guindé; maˈ

Geˈschrei *n* (3) cris *m/pl.; großes* ~ *erheben* jeter les 'hauts cris; *viel* ~ *von etw. machen* faire grand bruit de qch.   [nage *m;* gribouillis *m.*]

Geschreibsel [ˌˈʃraɪpsəl] *n* griffonˈ

Geschütz [ˌˈʃyts] *n* (3²) canon *m;* pièce *f;* (*coll.*) artillerie *f* lourde; *fig. schweres* ~ *auffahren* employer des arguments massifs; **~bedienung** *f* servants *m/pl.;* **~feuer** *n* canonnade *f;* **~führer** *m*

chef *m* de pièce; **~park** *m* parc *m* d'artillerie; **2t:** ~ *vor* à l'abri de.

Geschwader [ˌˈʃvaːdər] *n* (7) escadre *f; kleines* ~ escadrille *f.*

Geschwätz [ˌˈʃvɛts] *n* (3²) commérages: bavardage *m; harmloses:* babil *m;* (*Klatsch*) racontars *m/pl.;* (*unwahres Gerede*) F bobard *m;* **2ig** bavard; loquace; *Kind:* babillard; **~igkeit** *f* loquacité *f.*   [arqué.]

geˈschweift échancré; *Augenbraue:*

geschweige [ˌˈʃvaɪɡə] ~ *denn et encore moins; hinzufügend:* à plus forte raison.

geschwind [ˌˈʃvɪnt] prompt; (*beschleunigt*) rapide; *adv.* vite; **2igkeit** *f* vitesse *f;* rapidité *f;* **2igkeitsbeschränkung** *f* limitation *f* de vitesse; **2igkeitsmesser** *m* tachymètre *m.*

Geschwister [ˌˈʃvɪstər] *pl.* (7) 2 *Personen:* frère et sœur; *mehrere Personen:* frères et sœurs *m/pl.;* **2lich** fraternel; **~liebe** *f* amour *m* fraternel; **~paar** *n* frère et sœur.

Geschworen|engericht [ˌˈʃvoːrənən-] *n* (*Mitglieder*) jury *m;* (*Einrichtung*) cour *f* d'assises; **~e(r)** *m* (18) juré *m.*

Geschwulst [ˌˈʃvʊlst] *f* (14¹) enflure *f;* tumeur *f.*   [ulcère *m.*]

Geschwür [ˌˈʃvyːr] *n* (3) abcès *m;*

geˈsegnet béni; bienheureux; ~*e Mahlzeit!* grâces!; bon appétit!; *mit etw.* ~ *sein* être doté de qch.

Gesell(e) [ɡəˈzɛl(ə)] *m* (12[13]) compagnon *m; Handwerk: a.* ouvrier *m; fauler* ~ paresseux *m; schlauer* ~ rusé compère *m; lustiger* ~ bon vivant *m;* **2en** (25) (*sich* ~ *se*) joindre (zu à); **2ig** sociable; *das* ~e *Leben* la vie mondaine; **~igkeit** *f* sociabilité *f.*

Geˈsellschaft *f* (16) société *f* (*a. pol.*); compagnie *f;* (*Fest2*) réunion *f;* (*Abend2*) soirée *f;* (*Verein*) association *f;* (*Club*) cercle *m;* club *m;* ~ *mit beschränkter Haftpflicht* société *f* à responsabilité limitée; *j-m* ~ *leisten* tenir compagnie à q.; *wir haben* ~ nous avons du monde; **~er(in** *f*) *m Geschäft:* associé *m,* -e *f; stiller* ~ commanditaire *m, f;* (*Gefährte*) compagnon *m,* dame *f* (*resp.* demoiselle) *f* de compagnie; *guter* ~ homme *m* de bonne compagnie; **2lich** en société; mondain; (*sozial*) social; ~e *Verhältnisse* conditions *f/pl.* sociales; ~e *Beziehungen* relations *f/pl.*

Ge'sellschafts|-abend m soirée f; **-anzug** m tenue f de soirée; **-auto** n autocar m; **-dame** f dame f de compagnie; **-kapital** n fonds m social; **-kleid** n robe f de soirée; **-lehre** f sociologie f; **-raum** m salon m; **-reise** f voyage m collectif; **-schicht** f couche f sociale; **-spiel** n jeu m de société.

Gesetz [ˌ'zɛts] n (1) loi f; (Regel) règle f; (Statut) statut m; **-e geben** légiférer; **- werden** devenir loi; sich etw. zum **-** machen se faire une loi de qch.; nach dem **-** aux termes de la loi; **-blatt** n Bulletin m des Lois; **-buch** n code m; Bürgerliche(s) **-** code m civil; **-entwurf** m projet m de loi; **-es-kraft** f force f de loi; **-es-übertretung** f violation f de la loi; **-esvorlage** f projet m de loi; **ℒgebend** législatif; **-geber** m législateur m; **ℒgebung** f législation f; **ℒlich** légal; **-** geschützt breveté; patenté; **-lichkeit** f légalité f; **ℒlos** anarchique; **-losigkeit** f anarchie f; **ℒmäßig** légal; (regelmäßig) régulier; (rechtmäßig) légitime; **-mäßigkeit** f légalité f; (Regelmäßigkeit) régularité f; (Rechtmäßigkeit) légitimité f; **ℒt** (ruhig) posé; (ernst) sérieux; (gereift) mûr; (anständig) convenable; **-**, daß supposé que (subj.); **ℒtenfalls** supposé le cas; **ℒwidrig** illégal; (unrechtmäßig) illégitime; **-widrigkeit** f illégalité f; (Unrechtmäßigkeit) illégitimité f.

Gesicht [ˌ'zɪçt] n (1) figure f; (Antlitz) visage m; face f; (Sehvermögen) vue f; (Miene) mine f; air m; (Erscheinung) (3) apparition f; vision f; zu **-** bekommen apercevoir; ein langes **-** machen avoir la mine longue; j-m ein schiefes **-** machen faire la mine à q.; **-er** schneiden faire des grimaces; ein **-** ziehen faire la grimace; grimacer; j-m ins **-** lachen rire au nez à q.; j-m ins **-** sehen regarder q. en face.

Ge'sichts|-ausdruck m physionomie f; **-farbe** f teint m; **-kreis** m horizon m; **-massage** f massage m facial; **-muskel** m muscle m facial; **-punkt** m point m de vue; **-zug** m trait m (du visage).

Gesims [ˌ'zɪms] n (4) moulure f; (Kranzℒ) corniche f; Fenster, Tür, Kamin: chambranle m.

Gesinde [ˌ'zɪndə] n (7) domestiques m/pl.; **-l** n (7) canaille f; **-stube** f office f.

gesinnt [ˌ'zɪnt] qui a tel ou tel sentiment (resp. telle ou telle opinion); gut (übel) **-** bien (mal) intentionné.

Gesinnung [ˌ'zɪnuŋ] f sentiments m/pl.; (Meinung) opinion f; (Charakter) caractère m; niedrige **-** bassesse f de cœur; petitesse f d'esprit.

Ge'sinnungs|genosse m ami m politique; rl. coreligionnaire m; **ℒlos** sans caractère; **-losigkeit** f manque m de caractère; **ℒtreu** loyal; **-wechsel** m volte-face f.

gesittet [ˌ'zɪtət] civil; poli; Volk: civilisé; **-** machen civiliser; **ℒung** f civilité f; politesse f; Volk: civilisation f; **-** (être disposé à (inf.).

gesonnen [ˌ'zɔnən]: **-** sein zu (inf.).

Gespann [ˌ'ʃpan] n (3) attelage m; fig. couple m.

ge'spannt tendu (a. fig.); Aufmerksamkeit: soutenu; auf etw. (acc.) **-** sein être curieux de qch.; **ℒheit** f tension f; (Neugier) curiosité f.

Gespenst [ˌ'ʃpɛnst] n (1¹) fantôme m; spectre m; (Geist) revenant m.

Gespiel|e [ˌ'ʃpiːlə] m (13), **-in** f camarade m, f de jeu.

Gespinst [ˌ'ʃpɪnst] n (3²) filure f.

Gespött [ˌ'ʃpœt] n (3) moqueries f/pl.; (Gegenstand des Spottes) risée f; zum **-** werden devenir la risée.

Gespräch [ˌ'ʃprɛːç] n (3) conversation f; (Unterredung) entretien m; (Zwieℒ) dialogue m; sich in ein **-** mit j-m einlassen entrer en conversation avec q.; ein **-** über etw. (acc.) haben avoir une conversation au sujet de qch.; das **-** auf etw. (acc.) bringen amener la conversation sur qch.; **ℒig** causeur; (geschwätzig) loquace; j-n **-** machen délier la langue à q.; **-igkeit** f humeur f causeuse; (Geschwätzigkeit) loquacité f; **-sform** f: in **-** sous forme de dialogue; **-sgegenstand** m sujet m de conversation; **-spartner(in** f) m interlocuteur m, -trice f; **ℒsweise** en causant.

ge'sprenkelt moucheté.

gespreizt [ˌ'ʃpraɪtst] affecté; **ℒheit** f affectation f.   [(Strand) plage f.]

Gestade [ˌ'ʃtaːdə] n (7) rivage m;]

gestaffelt [ˌ'ʃtafəlt] échelonné.

Gestalt [ˌ'ʃtalt] f (16) forme f; (Wuchs) taille f; (Zuschnitt) façon f; litt. personnage m; Erde: con-

gestalten figuration f; ~ annehmen prendre forme; ~ geben = 2en (26) former; façonner; 2lehre f morphologie f; 2los amorphe; ~ung f formation f; künstlerische: réalisation f.

Ge'stammel [~'ʃtaməl] n (7) balbutiements m/pl.

geständ|ig [~'ʃtendɪç]: ~ sein avouer; 2nis [~'ʃtentnɪs] n (4¹) aveu m; (Beichte) confession f; ein ~ von etw. ablegen faire l'aveu de qch.

Ge'stank [~'ʃtaŋk] m (3, o. pl.) puanteur f; mit ~ erfüllen empester.

ge'statten [~'ʃtatən] (26) permettre.

Geste ['gɛstə] f (15) geste m.

ge'steh|en avouer; (beichten) confesser; (zugeben) convenir (etw. de qch.); offen gestanden à parler franc; 2ungskosten pl. prix m coûtant (od. de revient).

Ge'stein n (3) roche f; min. minéral m; ~skunde f minéralogie f.

Gestell [~'ʃtɛl] n (3) tréteau m; chevalet m; (Fuß2) piédestal m; (Bücher2) étagère f; rayons m/pl.; Auto: châssis m; ✈ carcasse f; ~ungsbefehl m ordre m d'appel.

gestern ['gɛstərn] 1. hier (früh matin); mittag à midi; abend soir); **2.** 2 n passé m.

gestiefelt [~'ʃtiːfəlt] botté. [culer.

gestikulieren [gɛstiku'liːrən] gesti-

Gestirn [~'ʃtɪrn] n (3) astre m; (Sternbild) constellation f; 2t étoilé; constellé.

Gestöber [~'ʃtøːbər] n (7) tourbillon m (de neige). [m/pl.

Gestöhne [~'ʃtøːnə] n gémissements

Gesträuch [~'ʃtrɔyç] n (3) buissons m/pl.; broussailles f/pl.

gestreift [~'ʃtraɪft] rayé.

ge'streng ['gɛstrɪç] sévère; die 2en Herren les saints m/pl. de glace. [Tage hier.

gestrig ['gɛstrɪç] d'hier; am ~en

Gestrüpp [~'ʃtrʏp] n (3) broussailles f/pl.

Gestüt [~'ʃtyːt] n (3) 'haras m.

Gesuch [~'zuːx] n (3) demande f; (Bittschrift) pétition f; bsd. ⚖ requête f; 2t recherché; ✝ demandé.

Gesudel [~'zuːdəl] n barbouillage m.

Gesumme [~'zʊmə] f (2) bourdonnements m/pl.

gesund [~'zʊnt] sain; (körperlich wohl) bien portant; en bonne santé; (der Gesundheit förderlich) salutaire; (heilsam) salutaire; ~ werden = ~en, bleiben Sie ~! portez-vous bien!; ~beten guérir par la prière; 2brunnen m eaux f minérales; ~en (26) guérir; se rétablir; (sanieren) assainir; 2heit f santé f; Luft: salubrité f; bei guter ~ en bonne santé; ~! beim Niesen: à vos souhaits!; ~heitlich sanitaire; hygiénique.

Ge'sundheits|-amt n service m de santé; 2halber pour raisons de santé; ~lehre f hygiène f; ~maßnahme f mesure f d'hygiène; ~pflege f soins m/pl. d'hygiène; öffentliche: (office m de l') hygiène f publique; ~polizei f police f sanitaire; ~rücksichten f/pl.: aus ~ pour raisons de santé; 2schädlich malsain; insalubre; ~wesen n hygiène f publique; ~zustand m état m de santé; der Gesamtheit: état m sanitaire.

Ge'sundung f convalescence f; (Sanierung) assainissement m.

Getäfel [~'tɛːfəl] n (7) lambris m; Fußboden: parquet m; 2t lambrissé; Fußboden: parqueté.

Ge'töse [~'tøːzə] n (7) fracas m; vacarme m; Meer: mugissement m.

Getrampel [~'trampəl] n trépignements m/pl.

Getränk [~'trɛŋk] n (3) boisson f; breuvage m; geistige ~e spiritueux m/pl.; ~esteuer f impôt m sur les boissons. [tun oser faire qch.

getrauen [~'trauən]: sich ~, etw. zu

Getreide [~'traɪdə] n (7) céréales f/pl.; blé m; grains m/pl.; ~art f espèce f de céréales; ~bau m culture f des céréales; ~boden m terre f à céréales; (Speicher) grenier m à blé; ~brand m rouille f; ~feld n champ m de céréales (od. de blé); ~handel m commerce m des grains; ~markt m marché m aux grains; ~schwinge f van m; ~speicher m grenier m à blé; silo m; ~zoll m droit m sur les céréales.

getreu [~'trɔy] fidèle; loyal.

Getriebe [~'triːbə] n (7) rouages m/pl.; engrenage m; mécanisme m; Auto: boîte f de vitesses; fig. agitation f. [fiance); assuré.

ge'trost plein de (adv. avec) con-

Getto ['gɛto] n ghetto m.

Getue [~'tuːə] n affectation f; F chichi m.

Getümmel [~'tʏməl] n (7) (Lärm) tumulte m; (Gedränge) cohue f; (Schlacht2) mêlée f.

getupft [ˌ'tupft] moucheté.

Gevatter(in f) [ˌ'fatər] m (1 u. 13) compère m, commère f; **zu ~ stehen** servir de parrain, de marraine.

Geviert [ˌ'fiːrt] n (3) carré m.

Gewächs [ˌ'vɛks] n (4) végétal m; (*Pflanze*) plante f; *Wein*: cru m; (*Auswuchs*) excroissance f.

ge'wachsen: *gut ~* bien fait; *j-m ~ sein* être de taille à tenir tête à q.; *e-r Sache* (*dat.*) *~ sein* être à la hauteur de qch.

Ge'wächshaus n serre f.

gewagt [ˌ'vaːkt] osé; *~es Spiel treiben* jouer gros (jeu).

gewahr [ˌ'vaːr]: *~ werden* (*acc. u. gén.*) voir (*acc.*); s'apercevoir de.

Gewähr [ˌ'vɛːr] f (16) garantie f; caution f; (*Sicherheit*) sûreté f; *für etw. ~ leisten* garantir qch.; répondre de qch.; **2en** (25) accorder; (*darbieten*) offrir; (*verschaffen*) procurer; *Kredit, Entschädigung*: allouer; *~ lassen* laisser faire; **~en**, **~ung** f *Gunst*: octroi m; *Wunsch*: accomplissement m; *Kredit, Entschädigung*: allocation f; (*Ermächtigung*) autorisation f; **2leisten** garantir; **~leistung** f garantie f.

Ge'wahrsam m (3) garde f; sûreté f; (*Haft*) détention f; *in ~ bringen* mettre en sûreté; (*Gefängnis*) prison f; *sicheres ~* lieu m sûr. [autorité.]

Ge'währsmann m garant m; *Quelle*:)

Gewalt [ˌ'valt] f (16) (*Macht*) pouvoir m; puissance f; (*Stärke*) force f; (*~tätigkeit*) violence f; *moralische*: autorité f; *gesetzgebende* (*ausübende*) *~* pouvoir m législatif (exécutif); *höhere ~* force f majeure; *mit aller ~* de toutes ses forces; *~ anwenden* user de violence; *j-m ~ antun* faire violence à q.; *in j-s ~ stehen* être à la merci de q.; *in s-e ~ bekommen* se rendre maître de qch.; *sich in ~ haben* être maître de se posséder; **~herrschaft** f despotisme m; tyrannie f; **~herrscher** m despote m; tyran m; **2ig** [ˌ'valtɪç] *puissant* (*stark*) fort; (*heftig*) violent; (*~ groß*) prodigieux, énorme; *sich ~ irren* se tromper grandement; **~maßnahme** f mesure f arbitraire (*od.* violente); **2sam** violent; *adv. a.* par (*od.* de vive) force; *~ öffnen* forcer; *e-s ~en Todes sterben* mourir de mort violente; **~samkeit** f violence f; **~streich** m coup m de force; ⚔ coup m de main; **2tat**

f acte m de violence; (*Tätlichkeit*) voie f de fait; **2tätig** [ˌtɛːtɪç] violent; brutal; **~tätigkeit** f violence f.

Gewand [ˌ'vant] n (1², *poét.* 3) vêtement m.

gewandt [ˌ'vant] (*flink*) leste; agile; (*geschickt*) habile; adroit; *Stil*: aisé; **2heit** f (*Flinkheit*) agilité f; (*Geschicklichkeit*) habileté f; adresse f; *Stil*: aisance f.

gewann [ˌ'van] *s.* gewinnen.

gewärtig [ˌ'vɛrtɪç]: *e-r Sache* (*gen.*) *~ sein = etw. ~en* [ˌɪgən] s'attendre à qch.

Gewäsch [ˌ'vɛʃ] n (3²) bavardage m.

Gewässer [ˌ'vɛsər] n (7) eaux f/pl.

Gewebe [ˌ'veːbə] n (7) tissu m.

geweckt [ˌ'vɛkt] éveillé; vif.

Gewehr [ˌ'veːr] n (3) fusil m; (*Waffe*) arme f; *das ~ über!* l'arme sur l'épaule!; *~ ab!* reposez arme!; *präsentiert das ~!* présentez arme!; *die ~e zusammensetzen* former les faisceaux; *ins ~ treten* prendre les armes; *an die ~e!* rompez les faisceaux!; *~ bei Fuß stehen* être l'arme au pied; **~fabrik** f fabrique f d'armes; **~feuer** n fusillade f; **~kolben** m crosse f (de fusil); **~kugel** f balle f (de fusil); **~lauf** m canon m (de fusil); **~riemen** m bretelle f (de fusil); **~ständer** m râtelier m (d'armes).

Ge'weih n (3) bois m; ramure f. [m.]

ge'weiht sacré; ⚔ *Stätte* sanctuaire)

Gewerbe [ˌ'vɛrbə] n (7) (*gewerbliche Tätigkeit*) industrie f; (*Beruf*) profession f; (*Handwerk*) métier m; *ein ~ betreiben* exercer un métier; **~aufsichts-amt** n office m d'inspection industrielle; **~ausstellung** f exposition f industrielle; **~fleiß** m industrie f; **~freiheit** f liberté f industrielle; **~gericht** n, **~kammer** f conseil m des prud'hommes; **~ordnung** f code m industriel; **~schein** m licence f; **~schule** f école f professionnelle; **~schulwesen** n enseignement m professionnel; **~steuer** f patente f; **2treibend** industriel; **~treibende(r)** m industriel m. [professionnel.)

gewerb|lich [ˌ'vɛrplɪç], **~smäßig**)

Gewerkschaft [ˌ'vɛrkʃaft] f syndicat m; ⚔ société f d'exploitation; **~ler** m (7) syndiqué m; *Frankreich* F: cégétiste m; **2lich** syndical(iste); (*~ organisiert*) syndiqué; **~sbewegung** f mouvement m syndical;

Gewerkschaftsbund — 807 — **Gewölbe**

syndicalisme *m*; ~**bund** *m* confédération *f* (*freier libre*) des syndicats.
Gewicht [~'viçt] *n* (3) poids *m*; *fig.* importance *f*; *nach dem* ~ *verkaufen* vendre au poids; *es fehlt am* ~ le poids n'y est pas; *fig. es fällt schwer ins* ~ c'est très important; ~ *auf etw.* (*acc.*) *legen* attacher de l'importance à qch.; ♀**ig** [~tiç] pesant; (*wichtig*) important.
gewiegt [~'vi:kt] (*schlau*) malin.
Gewieher [~'vi:ər] *n* (7) 'hennissements *m/pl.* [posé à.]
gewillt [~'vilt]: ~ *sein* zu être dis-)
Gewimmel [~'viməl] *n* (7) fourmillement *m*; (*Menge*) foule *f*.
Gewimmer [~'vimər] *n* (7) gémissements *m/pl.*; lamentations *f/pl.*
Gewinde [~'vində] *n* (7) (*Blumen*♀) guirlande *f*; *Schraube*: filet *m*; ~ *schneiden* tarauder; fileter; ~**abstand** *m* pas *m* de vis; ~**bohrer** *m* taraud *m*; ~**bohrmaschine** *f* taraudeuse *f*.
Gewinn [~'vin] *m* (3) gain *m*; † bénéfice *m*; (*Nutzen*) profit *m*; *mép.* lucre *m*; (*Lotterie*♀) numéro *m* gagnant; ~ *bringen* rapporter un bénéfice; être lucratif; *das ist schon ein* ~ c'est autant de gagné; ~**anteil** *m* part *f* de bénéfice; dividende *m*; *thé.* droits *m/pl.* d'auteur; ~**anteilschein** *m* coupon *m* de dividende; ~**beteiligung** *f* participation *f* aux bénéfices; ♀**bringend** profitable; avantageux; lucratif; ♀**en** (30) gagner (*bei* à); (*erwerben*) acquérir; *Preis*: remporter; ♀ extraire; *Zucker*: tirer (*aus* de); *Gunst*: s'attirer; ~**er** *m* (7) gagnant *m*; ~**liste** *f* liste *f* des numéros gagnants; ~**los** *n* numéro *m* gagnant; ~**spanne** *f* marge *f* bénéficiaire (*od.* de bénéfice); ~**steuer** *f* impôt *m* sur les bénéfices; ~**sucht** *f* âpreté *f* au gain; ♀**süchtig** [~zyçtiç] âpre au gain; ~**und-Ver'lust-Konto** *n* compte *m* des profits et pertes; ~**ung** *f* (*Erwerbung*) acquisition *f*; ♀ extraction *f*. [*m/pl.*]
Gewinsel [~'vinzəl] *n* gémissements)
gewiß [~'vis] (*sicher*) sûr; certain; *adv.* certainement; certes; ~! mais oui!; *ein gewisser* ... un certain ...; *ein gewisses Etwas* un je ne sais quoi.
Gewissen [~'visən] *n* (6) conscience *f*; *mit gutem* ~ en bonne conscience;

nach bestem ~ en toute conscience; *ein reines* ~ *haben* avoir la conscience pure (*od.* tranquille); *etw. auf dem* ~ *haben* avoir qch. sur la conscience; *j-m ins* ~ *reden* faire appel à la conscience de q.; *sich ein* ~ *aus etw. machen* se faire un cas de conscience de qch.; *das* ~ *schlägt ihm* il a des remords; ♀**haft** consciencieux; (*peinlich* ♀) scrupuleux; ~**haftigkeit** *f* délicatesse *f* de conscience; scrupules *m/pl.*; ♀**los** sans conscience; sans scrupule; ~**losigkeit** *f* manque *m* de conscience.
Ge'wissens|-**angst** *f* reproches *m/pl.* de la conscience; ~**biß** *m* remords *m*; ~**frage** *f* cas *m* de conscience; ~**freiheit** *f* liberté *f* de conscience; ~**konflikt** *m* conflit *m* de conscience; ~**zwang** *m* contrainte *f* morale.
gewissermaßen [gəvisər'ma:sən] en quelque sorte; pour ainsi dire.
Ge'wißheit *f* certitude *f*; ~ *erlangen* obtenir des certitudes; *sich* ~ *verschaffen über* (*acc.*) s'assurer de; *augenscheinliche* ~ évidence *f*.
Gewitter [~'vitər] *n* (7) orage *m*; ~**himmel** *m* ciel *m* orageux; ~**luft** *f* atmosphère *f* d'orage; ♀**n**: *es gewittert* il fait de l'orage; ~**regen** *m* pluie *f* d'orage; ~**schauer** *m* averse *f* d'orage; ~**wolke** *f* nuée *f* d'orage.
gewitzt [~'vitst] (*pfiffig*) malin.
gewogen [~'vo:gən] bienveillant; *j-m* ~ *sein* avoir de l'affection pour q.; ♀**heit** *f* bienveillance *f*.
gewöhnen [~'vø:nən] (25) (*sich* ~) s'accoutumer (*an acc.* à); (s')habituer (à).
Ge'wohnheit *f* habitude *f* (*annehmen* prendre *od.* contracter); (*Sitte*) coutume *f*; usage *m*; *aus* ~ par habitude; *zur* ~ *werden* tourner en habitude.
ge'wohnheits|**mäßig** habituel; ♀**mensch** *m* routinier *m*; ♀**recht** *n* droit *m* coutumier; ♀**trinker** *m* buveur *m* invétéré.
gewöhnlich [~'vø:nliç] ordinaire; (*zur Gewohnheit geworden*) habituel; (*herkömmlich*) usuel; (*gemein*) commun, *p/fort* vulgaire; *adv. a.* d'habitude; *wie* ~ comme d'habitude.
gewohnt [~'vo:nt] habitué; accoutumé (*an etw. od. an etw. acc.* à qch.).
Gewöhnung [~'vø:nuŋ] *f* habitude *f*.
Gewölbe [~'vœlbə] *n* (15) voûte *f*;

Gewölk — 808 — **Gis**

unterirdisches ~ souterrain *m*; (*Grab*♀) caveau *m*.
Gewölk [~'vœlk] *n* (3) nuage (*s pl.*) *m*.
ge'wonnen ~*es Spiel haben* avoir partie gagnée.
Gewühl [~'vy:l] *n* (3) (*Wühlen*) fouilles *f/pl.*; (*Menge*) cohue *f*; (*Kampf*♀) mêlée *f*. [sinueux.]
gewunden [~'vundən] tortueux;|
gewürfelt [~'vyrfəlt] quadrillé.
Gewürm [~'vyrm] *n* (3) vers *m/pl.*; (*Kriechtiere*) reptiles *m/pl.*; *fig.* vermine *f*.
Gewürz [~'vyrts] *n* (3) épice *f*; condiment *m*; (*Würzung*) assaisonnement *m*; (*Würze*) aromate *m*; ~**händler**(**in** *f*) *m* épicier *m*, -ière *f*; ~**handlung** *f* épicerie *f*; ~**nelken** *f/pl.* clous *m/pl.* de girofle; ~**waren** *f/pl.* épiceries *f/pl.*
ge|zackt [~'tsakt], ~**zahnt** [~'tsa:nt], ~**zähnt** [~'tsɛ:nt] denté; dentelé.
Gezänk [~'tsɛŋk] *n* (3) querelles *f/pl.*
Ge'zeit [~], *mst* ~**en** [~'tsaɪtən] *fig.* marées *f/pl.* [*m/pl.*\]
Gezeter [~'tse:tər] *n* (7) 'hauts cris|
geziemen[~'tsi:mən](25); *sich* ~ convenir; être convenable; ~**d** convenable; décent: *adv. a.* comme il faut.
Gezier|e [~'tsi:r(ə)] *n* affectation *f*; ♀**t** affecté; ~**theit** *f* affectation *f*.
Gezisch [~'tsɪʃ] *n* (3² [7]) sifflements *m/pl.*; *spöttisches*: 'huées *f/pl.*; ~**el** *n* chuchotement(*s pl.*) *m*. [geance *f*.|
Gezücht [~'tsyçt] *n* (7) race *f*; en-|
Gezwitscher [~'tsvɪtʃər] *n* (7) gazouillement *m*; ramage *m*.
ge'zwungen ~ *lachen* rire jaune.
gib, **gib(s)t** [gi:p(s)t] *s. geben*.
Gicht [~gɪçt] *f* (16) goutte *f*; arthrite *f*; (*Hand*♀) chiragre *f*; (*Fuß*♀) podagre *f*; ♀-**anfall** *m* attaque *f* de goutte; ♀-**artig**, ♀**isch** goutteux; arthritique; ~**knoten** *m* nœud *m* articulaire; ♀**krank** goutteux; arthritique.
Giebel ['gi:bəl] *m* (7) pignon *m*; (*Verzierung*) fronton *m*; ~**dach** *n* toit *m* à pignon; ~**feld** *n* tympan *m*; ~**seite** *f* frontispice *m*.
Gier [gi:r] *f* (16) avidité *f* (*nach de*); (*Freß*♀) gloutonnerie *f*; (*Geld*♀) cupidité *f*; ♀**en**: *nach etw.* ~ convoiter qch., ♀**ig** ['gɪ:rɪç] avide (*nach de*); (*freß*♀) glouton; (*geld*♀) cupide.
'Gieß|bach *m* torrent *m*; ~**en** [ˈgi:sən] (30) *v/t.* verser; (*ver*~) répandre (*auf, über acc.* sur), ⊕ (*form-*

men) fondre; couler; jeter en moule; *Blumen:* arroser; *v/i.* es gießt il pleut à verse; ~**en** *n* fonte *f*; coulage *m*; *Blumen:* arrosage *m*; ~**er** *m* fondeur *m*; mouleur *m*; ~**erei** [~ˈraɪ] *f* coulage *m*; (*Gießhaus*) fonderie *f*; '~**form** *f* moule *m*; '~**kanne** *f* arrosoir *m*.

Gift [gɪft] *n* (3) poison *m*; 🕮 toxique *m*; *tierisches:* venin *m* (*a. fig.*); ~ *und Galle speien fig.* écumer de rage; *da will ich* ~ *drauf nehmen fig.* j'en mettrais ma tête à couper; '~**gas** *n gaz m* toxique; '♀**ig** *Tiere:* venimeux (*a. fig.*); *Pflanzen, Mineralien:* vénéneux; 🕮 toxique; ♀ virulent; (*vergiftet*) empoisonné; *fig.* envenimé; plein de rage; (*boshaft*) malicieux; '~**igkeit** *f* 🕮 toxicité *f*; ♀ virulence *f*; *fig.* (*Boshaftigkeit*) malice *f*; '~**mischer**(**in** *f*) *m* empoisonneur *m*, -euse *f*; '~**mord** *m* empoisonnement *m*; '~**mörder** *m* = ~**mischer**; '~**pflanze** *f* plante *f* vénéneuse; '~**schlange** *f* serpent *m* venimeux; '~**stoff** *m* toxine *f*; '~**zahn** *m* crochet *m* (à venin).

Gigant [giˈgant] *m* (15) géant *m*; ♀**isch** gigantesque. [*hist.* gilde *f.*\]
Gilde ['gɪldə] *f* (15) corporation *f*;|
Gimpel ['gɪmpəl] *m* (7) *orn.* bouvreuil *m*; *fig.* sot *m*; nigaud *m*.
Gin [dʒɪn] *m* genièvre *m*.
ging [gɪŋ] *s. gehen*.
Ginster ['gɪnstər] *m* genêt *m*.
Gipfel ['gɪpfəl] *m* (7) sommet *m*; *spitz zulaufender:* cime *f*; *Gebäude:* faîte *m*; comble *m* (*a. fig.*); '~**höhe** ✈ *f* plafond *m*; '~**konferenz** *f* conférence *f* au sommet; '~**punkt** *m* point *m* culminant; *fig.* comble *m*.
Gips [gɪps] *m* (4) plâtre *m*; '~**abguß** *m* plâtre *m*; moulage *m*; '~**arbeiter** *m* plâtrier *m*; '♀**en** (27) plâtrer; '~**figur** *f* (figure *f* en) plâtre *m*; '~**stein** *m* gypse *m*; '~**verband** *m* bandage *m* plâtré.
Giraffe [giˈrafə] *f* (15) girafe *f*.
girieren [ʒiˈriːrən] endosser.
Girlande[gɪrˈlandə]*f*(15)guirlande*f*.
Giro ['ʒi:ro] *n* (11) endossement *m*; '~**bank** *f* banque *f* de virement; '~**buchung** *f* virement *m*; '~**konto** *n* compte *m* de virement; '~**verkehr** *m* virements *m/pl.*; '~**zentrale** *f* banque *f* centrale de virement.
girren ['gɪrən] (25) roucouler.
Gis ♪ *n* sol *m* dièse.

Gischt [giʃt] m (3²) écume f.
Gitarre [gi'tarə] f (15) guitare f; ~**nspieler(in** f) m guitariste m, f.
Gitter ['gitər] n (7) grille f; netzartiges: treillis m; ~**fenster** n fenêtre f grillagée (od. à barreaux); ~**tür** f (porte f de) grille f; ~**werk** n grillage m; netzartiges: treillage m; ~**zaun** m clôture f à claire-voie.
Glacéhandschuh [gla'se:-] m gant m (de chevreau) glacé.
Gladiator [gladi'atɔr] m gladiateur.
Glanz [glants] m (3²) éclat m; leuchtender: brillant m; (blanke Politur) lustre m (alle a. fig.); (Herrlichkeit) splendeur f; (Gepränge) pompe f; s-n ~ verlieren se ternir.
glänzen ['glɛntsən] (27) briller; resplendir; (schimmern) (re)luire.
'**Glanz**|**leder** n cuir m verni; ~**los** sans éclat (a. fig.); (matt) mat; (trübe) terne; ~**nummer** f clou m; ~**papier** n papier m satiné; ~**zeit** f époque f brillante.
Glas [glaːs] n (2¹) verre m; geschliffenes: cristal m; ~**arbeiter** m verrier m; ²**artig** ['ˌ˚aˑrtiç] vitreux; ~**auge** n œil m artificiel; ~**bläser** m souffleur m de verre; ~**dach** n toit m vitré; ~**er** m vitrier m; ~**erei** [ˌ˚ˑrai] f vitrerie f.   [vitreux.\
gläsern ['glɛːzərn] de verre; Blick:\
Glas|**fabrik** f verrerie f; ~**glocke** f globe m; Pflanzen: cloche f; ²**grün** vert bouteille; ~**haus** n (Treibhaus) serre f; ~**hütte** f verrerie f ²**ieren** [glaˈziːrən] vernir; Töpferei: vernisser; Porzellan: émailler; Kuchen: glacer; ²**ig** ['glaːziç] vitreux; '~**kasten** m vitrine f; ~**malerei** f peinture f sur verre; ~**papier** n papier m de verre; ~**perle** f perle f de verre; ~**scheibe** f vitre f; ~**scherbe** f tesson m; ~**schleifer** m tailleur m de verre; ~**schrank** m armoire f vitrée; zur Schau: vitrine f; '~**splitter** m éclat m de verre; ~**tür** f porte f vitrée; ~**ur** [ˌ˚'zuːr] f (16) vernis m; glaçure f; Backwerk: glace f; '~**wand** f vitrage m; ~**waren** f/pl. verrerie f; ~**wolle** f laine f de verre.
glatt [glat] (18²) lisse; (eben) uni; (geglättet) poli; (schlüpfrig) glissant; (kahl) ras; (einschmeichelnd) souple, insinuant; Betrag: ✝ rond; Landung: ✈ normal; adv. a. sans accroc; facilement; tout net; ~ **heraus** rondement; tout net; ~ **machen** = glätten.

Glätte ['glɛtə] f (15) ce qui est glissant; (Politur) poli m.
'**Glatt**-**eis** n (4) verglas m; j-n aufs ~ führen fig. tendre un piège à q.
glätten ['glɛtən] (26) lisser; polir; (ebnen) aplanir; Papier: satiner; fig. limer; polir; s-e Züge ~ sich sa figure se déride.
'**glatt**|**streichen** lisser; ~**weg** [ˌ'vɛk] tout net.
Glatze ['glatsə] f (15) partie f chauve; völlige: tête f chauve; (Kahlköpfigkeit) calvitie f; e-e ~ bekommen devenir chauve.
'**Glaub**|**e** (13¹), ~**en** (6) m foi f; (persönliche Überzeugung) croyance f; (Vertrauen) créance f; crédit m; ~ an Gott croyance f en Dieu; in gutem ~n handeln agir de bonne foi; ~n schenken ajouter foi à; ~n finden trouver créance, Nachricht: trouver crédit; ²**en** ['glaʊbən] (25) croire; j-n in reich ~ croire q. riche; (meinen) penser; j-m ~ croire q.; ~ **an** (acc.) croire à; an Gott ~ croire en Dieu; wenn man ihm ~ darf (soll) à l'en croire; das soll e-r ~ on nous la baille belle; das ist kaum zu ~ c'est à peine croyable; er muß dran ~ il faut bien qu'il en passe par là.
'**Glaubens**-**artikel** m article m de foi; ~**bekenntnis** n profession f de foi; das Apostolische ~ le Credo; ~**freiheit** f liberté f religieuse; ~**genosse** m coreligionnaire m; ~**krieg** m guerre f de religion; ~**lehre** f dogme m; ~**spaltung** f schisme m; ~**zeuge** m martyr m (de la foi); ~**zwang** m contrainte f religieuse.
'**Glaubersalz** n sulfate m de soude.
'**glaubhaft** croyable; digne de foi.
gläubig ['glɔybiç] plein de foi; rl. croyant; fidèle.   [-ière f.\
'**Gläubiger(in** f) m(7) créancier m,\
'**glaub**|**lich** ['glaʊblɪç] croyable; ~**würdig** digne de foi; (verbürgt) authentique; ²**würdigkeit** f verbürgte: authenticité f.
gleich [glaɪç] **1.** adj. égal; (der nämliche) (le) même; (gleichkommend) pareil; (ähnlich) semblable; (gleichgültig) indifférent; zu ~er Zeit en même temps; j-n mit ~er Münze bezahlen fig. rendre à q. la monnaie de sa pièce; das ist mir ~ cela m'est égal; **2.** adv. (augenblicklich) à l'instant; (auf der Stelle) sur-le-champ; tout de suite; (sogleich) aussitôt;

gleichalt(e)rig — 810 — **Globus**

tout à l'heure; ~ **als wenn** (*od.* **ob**) comme si; ~ **etw. tun** aller faire qch.; **ich komme** ~ je viens tout de suite; je vais venir; ~ **anfangs** de prime abord; dès l'abord; ~ **heute** des aujourd'hui; ~ **teilen** partager à parties égales; ~ **viel** autant; ~ **groß** de même grandeur; ~ **weit** à égale distance; '~**alt(e)rig** du même âge; '~**artig** de même nature; homogène; similaire; ⚳**artigkeit** f homogénéité f; similarité f; '~**bedeutend** synonyme (*mit* de); identique (à *od.* avec); '~**berechtigt** égal en droits; ⚳**berechtigung** f égalité f des droits; '~**bleiben**: sich ~ rester le même; '~**bleibend** invariable; ⚳**e** n la même chose; **ein ~s tun** faire de même; **~s mit ~m vergelten** rendre la pareille; '~**en** (30) égaler; *j-m* (*e-r Sache dat.*) ~ ressembler à q. (à qch.); '~**falls** pareillement; de même, **danke,** ~ merci, à vous de même; '~**förmig** conforme (*mit* à); semblable (à); (*einförmig*) uniforme; (*eintönig*) monotone; ⚳**förmigkeit** f conformité f; (*Einförmigkeit*) uniformité f; (*Eintönigkeit*) monotonie f; ⚳**gewicht** n équilibre m; balance f; **im ~ bringen** équilibrer; **das ~ halten** garder l'équilibre; **sich das ~ halten** se faire équilibre; **aus dem ~ bringen** déséquilibrer; '~**gültig** indifférent (*gegen* à); ⚳**gültigkeit** f indifférence f; ⚳**heit** f égalité f; identité f; parité f; ⚳**klang** *m ♪* unisson m; accord m (*a. fig.*); *Wörter:* homonymie f; ⚳**kommen:** *j-m* ~ égaler q. (*an, in dat.* en); '~**laufend** parallèle; '~**lautend** conforme; *gr.* homonyme; **für ~e Abschrift** pour copie conforme; '~**machen** égal(is)er; niveler; ⚳**maß** n proportion f; symétrie f; '~**mäßig** symétrique; (*regelmäßig*) régulier; (*gleichförmig*) uniforme; ⚳**mäßigkeit** f symétrie f; (*Regelmäßigkeit*) régularité f; (*Gleichförmigkeit*) uniformité f; ⚳**mut** m calme m; impassibilité f; '~**mütig** ['~my:tiç] calme; impassible; '~**namig** ['~na:miç] du même nom; ~ **machen** réduire au même dénominateur; ⚳**nis** ['~nis] n (4¹) allégorie f; *rhét.* métaphore f; *bibl.* parabole f; ⚳**richter** ⚡ m redresseur m; '~**sam** pour ainsi dire; '~**schalten**

coordonner; *pol.* mettre au pas; ⊕ synchroniser; ⚳**schaltung** f coordination f; *pol.* mise f au pas; ⊕ synchronisation f; ~**schenk(e)lig** ['~ʃɛŋk(ə)liç] isocèle; ⚳**schritt** m pas m cadencé; ~**seitig** ['~zaitiç] équilatéral; '~**setzen**, '~**stellen** égaler; mettre au même rang; assimiler; ⚳**stellung** f assimilation f; '~**strom** m courant m continu; '~**tun**: **es** *j-m* ~ imiter q.; égaler q.; ⚳**ung** f équation f; '~**viel** tout autant; ~ **wer** n'importe qui; ~**wertig** ['~ve:rtiç] équivalent; ⚳**wertigkeit** f équivalence f; ~**wink(e)lig** ['~viŋk(ə)liç] équiangle; '~**wohl** cependant; toutefois; ~**zeitig** ['~tsaitiç] simultané; (*zeitgenössisch*) contemporain; *adv. a.* en même temps; ⚳**zeitigkeit** f simultanéité f.

Gleis [glais] n (4) = **Geleise**.
Gleisner|(**in** f) ['glaisnər] m (7) hypocrite m, f; ⚳**isch** hypocrite.
gleißen ['glaisən] (30) luire; briller.
'**Gleit|bahn** f *Eis:* glissoire f; ⊕ glissière f; ⚳**en** ['glaitən] (30) glisser; *Auto:* déraper; '~**flug** m vol m plané; **im ~** en vol plané; '~**flugzeug** n planeur m; '~**schiene** f glissière f; '~**schutz** m antidérapant m.
Gletscher ['glɛtʃər] m (7) glacier m; '~**brand** m coup m de soleil; insolation f; '~**schnee** m névé m; '~**spalte** f crevasse f de glacier.
glich(**en**) ['gliç(ən)] *s.* **gleichen**.
Glied [gli:t] n (1) membre m; ⚛ terme m; *Kette:* chaînon m; (*Geschlecht*) génération f; *gr.* proposition f; partie f; ⚔ rang m; file f; ⚳**ern** ['gli:dərn] (29) diviser (*in acc.* en); (*ordnen*) organiser; ~**erpuppe** f mannequin m; marionnette f; ~**erreißen** n douleurs f/pl. rhumatismales; ~**erung** f division f; *Rede usw.:* plan m; structure f; ~**maßen** ['~ma:sən] f/pl. membres m/pl.
glimmen ['glimən] (30) brûler sans flamme; jeter une faible lueur; *unter Asche:* couver.
'**Glimmer** min. m mica m; '~**schiefer** min. m micaschiste m.
glimpflich ['glimpfliç]: ~ **davonkommen** s'en tirer convenablement.
gliß, glisse ['glis(ə)] *s.* **gleißen**.
glitzern ['glitsərn] (29) étinceler; scintiller. [m (terrestre).\
Globus ['glo:bus] m (16² *u.* 4) globe\

Glöckchen ['glœkçən] n (6) clochette f.

Glocke ['glɔkə] f (15) cloche f; (*Klingel*) sonnette f; *Fahrrad*: timbre m; grelot m; *große*: bourdon m; *etw. an die* ~ *hängen fig.* crier qch. sur les toits; *wissen, was die* ~ *geschlagen hat* savoir à quoi s'en tenir.

'**Glocken**|**blume** f campanule f; ~**geläut(e)** n sonnerie f de cloches; ~**gießer** m fondeur m de cloches; ²**hell** argentin; ~**klang** m son m des cloches; ~**schlag** m coup m de cloche; *auf den* ~ à l'heure sonnante; ~**schwengel** m battant m de cloche; ~**spiel** n carillon m; ~**stuhl** m chaise f du clocher; ~**turm** m clocher m.

Glöckner ['glœknər] m (7) sonneur m.   [s. glimmen.]

glomm, glömme [glɔm, 'glœmə]

Glorie ['glo:riə] f (15) gloire f; ~**schein** m nimbe m; auréole f.

glorreich ['glo:raiç] glorieux.

Gloss|**ar** [glɔ'sa:r] n (3¹ *u.* 3²) glossaire m; ~**e** f glose f; ²**ieren** [~'si:-] gloser; *litt.* commenter.

'**glotzen** regarder d'un œil 'hagard.

Glück [glyk] n (3) bonheur m; (*Vermögen, Schicksal*) fortune f; (*Erfolg*) chance f, F veine f; ~ *bringen* porter bonheur; *sein* ~ *machen* faire fortune; *sein* ~ *versuchen* tenter fortune; ~ *haben* avoir de la chance; *zum* ~ par bonheur, heureusement; *auf gut* ~ au petit bonheur; *j-m zu etw.* ~ *wünschen* féliciter q. de qch.; *viel* ~! = ~ *auf*! bonne chance!, *Bergleute*: salut!; ²**bringend** qui porte bonheur.

Gluck|**e** ['gluk] f (15) couveuse f; ²**en** glousser; (*brüten*) couver.

glück|**en** ['glykən] (25) réussir; *alles glückt ihm* tout lui réussit; ~**lich** *innerlich*: heureux; *äußerlich*: fortuné; *e-e* ~*e Hand haben* avoir la main heureuse; *sich* ~ *schätzen* s'estimer heureux; ~*e Reise!* bon voyage!; ~**licher**'**weise** heureusement; par bonheur, ²**sache** f affaire f de chance; ~'**selig** bienheureux; ²**seligkeit** f félicité f; ~ béatitude f.

'**Glücks**|**fall** m aubaine f; chance f; ~**göttin** f Fortune f; ~**güter** n/pl. richesses f/pl.; ~**jäger** m aventurier m; ~**kind** n, ~**pilz** m favori m

de la fortune; F veinard m; ~**rad** n roue f de la fortune; ~**ritter** m aventurier m; ~**spiel** n jeu m de hasard; ~**stern** m bonne étoile f; ~**zufall** m coup m de chance.

'**glück**|**verheißend** de bon augure; ²**wunsch** m félicitation f; souhait m (de bonheur).

'**Glüh**|**birne** f ampoule f (électrique); ²**en** ['gly:ən] (25) être rouge; *fig.* brûler (*vor de*); ~**end** ardent; brûlant; ~**faden** m filament m à incandescence; ~**hitze** f chaleur f torride; ⊕ chaude f; ~**lampe** f lampe f à incandescence; ~**strumpf** m manchon m à incandescence; ~**wein** m vin m chaud; ~**würmchen** n ver m luisant.

Glut [glu:t] f (16) ardeur f; *fig. a.* ferveur f; feu m; (*Kohlen*²) brasier m; *in* ~ *geraten* s'enflammer; prendre feu.   [rine f.]

Glyzerin [glytsə'ri:n] n (3) glycé-]

G-'**Moll** n sol m mineur.

Gnade ['gna:də] f (15) grâce f; (*Milde*) clémence f; (*Barmherzigkeit*) miséricorde f; (*Gunst*) faveur f; *sich j-m auf* ~ *und Un*² *ergeben* se rendre à la merci de q.; *um* ~ *bitten* demander grâce, ✗ demander quartier; ~ *finden* trouver grâce; *j-m e-e* ~ *erweisen* faire une grâce à q.; ~ *für Recht ergehen lassen*; ~ *walten lassen* user de clémence; *ohne (aus)* ~ *(und Barmherzigkeit)* sans (par) pitié; *rl. in der* ~ *stehen* avoir la grâce; *Euer* ~*n* Monseigneur; Votre Grâce.

'**Gnaden**|-**akt** m acte m de grâce; ~**bild** n image f miraculeuse; ~**brot** n entretien m par charité; ~**frist** f délai m de grâce; ~**gehalt** f pension f; ~**geschenk** n gratification f; ~**gesuch** n recours m en grâce; *ein* ~ *einreichen* se pourvoir en grâce; ²**reich** plein de grâce; ~**stoß** m coup m de grâce; ~**wahl** rl. f prédestination f; ~**weg** m voie f de la grâce; *auf dem* ~ à titre de grâce.

gnädig ['gnɛ:diç] propice; (*geneigt*) favorable; (*huldreich*) clément; gracieux; *Gott sei uns* ~! que Dieu nous soit en aide!; ~ *Frau!* Madame!; ~*er Herr!* Monseigneur!

Gneis *min.* [gnais] m (4) gneiss m.

Gold [gɔlt] n (3) or m; ~**ader** ✗ f filon m d'or; ~**ammer** f bruant m;

Goldarbeiter — 812 — **graben**

'~arbeiter m orfèvre m; '~**barren** m barre f (od. lingot m) d'or; '~**bestand** m encaisse-or f; '~**blech** n or m en lames; '~**deckung** f couverture-or f; ℒen ['gɔldən] d'or; en or; (goldfarbig) doré; ~e Hochzeit noces f/pl. d'or; die ~e Mitte le juste milieu; ℒ**farben** ['~farbən] doré; couleur d'or; '~**fasan** m faisan m doré; '~**fisch** icht. m poisson m rouge; '~**gehalt** m titre m (od. teneur f) en or; ℒ**gelb** jaune doré; '~**gräber** m (7) chercheur m d'or; '~**grube** f mine f d'or; ℒ**haltig** aurifère; ℒ**ig** tout en or; fig. délicieux; '~**käfer** m scarabée m doré; '~**kind** n F in Anrede: mein ~ mon bijou; '~**klausel** f clause-or f; '~**lack** ♀ m giroflée f jaune; '~**macher** m (7) alchimiste m; '~**mark** f mark-or m; '~**münze** f monnaie (od. pièce) f d'or; '~**plombe** f, '~**plombierung** f aurification f; '~**regen** ♀ m cytise m; '~**sachen** f/pl. orfèvrerie f; '~**schmied** m orfèvre m; '~**schmiedearbeit** f (Stück) pièce f d'orfèvrerie; '~**schnitt** m: Buch m mit ~ livre m doré sur tranche; '~**staub** m poudre f d'or; '~**stickerei** f broderie f d'or; '~**waage** f trébuchet m; jedes Wort auf die ~ legen peser tous ses mots; '~**währung** f étalon-or m.

Golf [gɔlf] **1.** m (3) golfe m; **2.** n, '~**spiel** n golf m; '~**platz** m terrain m de golf; '~**strom** m Gulf-Stream m.

Gondel ['gɔndəl] f (15) gondole f; ⚓ nacelle f; '~**führer** m gondolier m; '~**lied** n barcarolle f; ℒ**n** aller en gondole.

gönn|en ['gœnən] (25): j-m etw. ~ ne pas envier qch. à q.; j-m etw. nicht ~ envier qch. à q.; (gewähren) sich etw. ~ s'accorder qch.; ich gönne es Ihnen j'en suis bien aise pour vous; ℒ**er(in** f) m (7) protecteur m, -trice f; (Wohltäter) bienfaiteur m, -trice f; patron m, -ne f; ℒ**ermiene** f air m protecteur; ℒ**erschaft** f protection f; patronage m.

Göpel ['gøːpəl] m (7) cabestan m vertical; (Werk) manège m. [m, f.\

Gör [gøːr] n (5), '~**e** f (15) F gosse\

gor, göre [goːr, 'gøːrə] s. gären.

Gorilla [go'rila] m (11) gorille m.

Gosse ['gɔsə] f (15) évier m; Straße: égout m; ruisseau m.

Got|ik ['goːtik] f (style m) gothique m; ℒ**isch** ['~iʃ] gothique.

Gott [gɔt] m (1¹ u. ²) dieu m; christlicher: Dieu m; der liebe ~ le bon Dieu; ~ der Herr le Seigneur; ~ sei Dank! Dieu merci; um ~es Willen pour l'amour de Dieu; gebe ~, daß ... Dieu veuille que ... (subj.); ~ bewahre! à Dieu ne plaise!; vergelt's ~! Dieu vous le rende!; ~ sei mit uns! Dieu soit avec nous!

Götter|bild ['gœter-] n idole f; '~**dämmerung** f crépuscule m des dieux; '~**funke** m étincelle f divine; '~**lehre** f mythologie f; '~**speise** myth. f ambroisie f; '~**trank** m nectar m.

'**Gottes|-acker** m cimetière m; '~**dienst** m service m divin; office m (divin); culte m; ~ halten célébrer l'office; '~**friede** m trêve f de Dieu; '~**furcht** f crainte f de Dieu; (Frömmigkeit) piété f; ℒ**fürchtig** ['~fʏrçtiç] craignant Dieu; (fromm) pieux; '~**gabe** f don m du ciel; '~**gelehrsamkeit** f théologie f; '~**haus** n église f; temple m; '~**lästerer** m, **lästerin** f blasphémateur m, -trice f; '~**lästerung** f blasphème m; sacrilège m; '~**leugner** ['~lɔygnər] m athée m; '~**urteil** n jugement m de Dieu; ordalie f; '~**ver-ächter** m impie m; '~**ver-achtung** f impiété f; '~**ver-ehrung** f culte m. [Dieu; ℒ**heit** f divinité f.\

gott|gefällig ['~fɛliç] agréable à Gött**|in** ['gœtin] f déesse f; ℒ**lich** divin; '~**lichkeit** f divinité f.

gott'lob! Dieu soit loué!; '~**los** impie; athée; '~**losigkeit** f impiété f; athéisme m; '~'**selig** dévot; ℒ**seligkeit** f dévotion f; '~**verlassen** abandonné de Dieu; ℒ**fort** maudit; ℒ**vertrauen** n croyance f en Dieu.

Götze ['gœtsə] m (13), '~**nbild** n idole f; '~**ndiener** m idolâtre m; '~**ndienst** m idolâtrie f.

Gouvern|ante [guvɛr'nantə] f gouvernante f; '~**eur** [~'nøːr] m gouverneur m.

Grab [graːp] n (1¹) fosse f; (Gruft) tombe f; (~mal) tombeau m; das Heilige ~ le Saint Sépulcre; zu ~e läuten sonner le glas; zu ~e tragen enterrer; j-n zu ~e geleiten rendre les derniers devoirs à q.; '~**denkmal** n tombeau m; monument m funéraire.

Graben ['graːbən] **1.** m (6¹) fossé m; ⚔ tranchée f; (Bewässerungsℒ) canal m; **2.** ℒ (30) creuser; mit dem

Grabesruhe — 813 — **Graupeln**

Spaten: bêcher; *Brunnen*: forer; *mit dem Grabstichel*: graver, *(durchwühlen)* fouiller; *(ausgraben)* déterrer; extraire; *Kartoffeln*: arracher; *sich ins Gedächtnis ~* se graver dans la mémoire; *sich in die Erde ~* se terrer.

'**Grabes|ruhe** f, '**~stille** f silence m du tombeau; '**~stimme** f voix f sépulcrale.

'**Grab|geläute** n glas m funèbre, '**~gewölbe** n caveau m; '**~hügel** m tombe f; '**~kreuz** n croix f funéraire; '**~legung** f mise f au tombeau; inhumation f; '**~mal** n = **~denkmal**; '**~rede** f oraison f funèbre; '**~schrift** f épitaphe f; '**~stätte** ['~ʃtɛtə] f sépulture f; '**~stein** m pierre f tombale; '**~stichel** m burin m; '**~tuch** n drap m mortuaire.

Grad [gra:t] m (3) degré m; *(Dienst²)* grade m; '**~abzeichen** n insigne m (de grade); *in Frankreich*: galon m; '**~einteilung** f, '**~messer** m échelle f graduée.

Graf [gra:f] m comte m; '**~enstand** m rang m de comte.   [lich comtal.]

Gräf|in ['grɛ:fin] f comtesse f; '**2-**
'**Grafschaft** f comté m.

Gram [gra:m] **1.** m (3) chagrin m; **2.** 2: *j-m ~ sein* en vouloir *(od.* garder rancune) à q.

gräm|en ['grɛ:mən] (25) *(sich ~ se)* chagriner; *sich zu Tode ~* mourir de chagrin; '**~lich** f chagrin.

Gramm [gram] n (3) gramme m.

Gramm|atik [gra'matik] f (16) grammaire f; **2atikalisch** [~'ka:liʃ], **2atisch** [~m'atiʃ] grammatical; *er Fehler* faute f de grammaire.

Grammophon ['gramofo:n] n (3¹) phono(graphe) m; '**~aufnahme** f enregistrement m (sur disque); '**~platte** f disque m.

Gran [gra:n] n (3¹) grain m.

Granat *min.* [gra'na:t] m (3 *u.* 5) grenat m; **~apfel** m grenade f; **~e** f (15) ⚔ = **~apfel**; ⚔ obus m; **~splitter** m éclat m d'obus; '**~trichter** m entonnoir m; **~werfer** m lance-grenades m.

Granit [gra'ni:t] m (3) granit m.

Granne ♀ ['granə] f barbe f; arête f.

Graph|ik ['gra:fik] f (16) art m graphique *(od.* du dessin); '**~iker** ['~ikər] m (7) artiste m du dessin; *(Gebrauchs²)* artiste m publicitaire; **2isch** graphique.

Graphit [gra'fi:t] m (3) graphite m

Grapholog|e [grafo'lo:gə] m graphologue m; **~ie** [~o'gi:] f graphologie f; **2isch** graphologique.

Gras [gra:s] n (2¹) herbe f; ♀ *Gräser pl.* graminées f/pl.; *ins ~ beißen* F *fig.* mordre la poussière; *das ~ wachsen hören* se croire bien fin.

grasen ['gra:zən] (21) brouter l'herbe; paître.

'**gras|fressend** herbivore; '**2futter** n herbage m; '**2fütterung** f fourrage m vert; '**~grün** vert comme l'herbe; '**2halm** m brin m d'herbe; '**2hupfer** m (7) sauterelle f.

grasig ['gra:ziç] herbeux.

'**Gras|land** n herbage m; '**~mähmaschine** f faucheuse f; '**~mücke** f fauvette f; '**~platz** m pelouse f.

grassieren [gra'si:rən] régner; *(wüten)* sévir.

gräßlich ['grɛsliç] horrible; atroce; '**2keit** f horreur f; atrocité f.

Grat [gra:t] m (3) crête f; arête f; ⊕ bavure f.

Gräte ['grɛ:tə] f (15) arête f.

gratis ['gra:tis] gratis; gratuitement.

Grätsche ['grɛ:tʃə] f saut m à jambes écartées; **2en**: *die Beine ~* écarter les jambes.

Gratulant [~'lant] m celui qui félicite; **~lation** [~tsi'o:n] f félicitation f; **2lieren** [gratu'li:rən]: *j-m zu etw. ~* féliciter q de qch.

grau [grau] gris; *(düster)* sombre; *(farblos)* pâle; *etwas ~* grisâtre; *~ werden, ~e Haare bekommen* grisonner; *darüber lasse ich mir keine ~en Haare wachsen fig.* je ne m'en fais pas pour cela; *~ anstreichen* peindre en gris; *das ~e Altertum* la plus 'haute antiquité; '**~blau** gris bleuâtre.   [Grisons *m/pl.*]

Graubünden ['graubyndən] n les **grauen** ['grauən] **1.** *Tag*: commencer à poindre; *mir graut* j'ai horreur *(vor dat.* de); **2.** 2 n (6) *(Entsetzen)* horreur f; '**~erregend**, '**~haft**, '**~voll** affreux; horrible.

'**grau|haarig** aux cheveux gris; **~len** F ['graulən] (25): *sich ~* avoir peur *(vor dat.* de); '**~lich** *(furchtsam)* peureux; = **~enerregend**.

gräulich ['grɔʏlıç] grisâtre.

Graupe ['graupə] f (15) orge m mondé; *feine*: orge m perlé.

Graupeln ['~əln] **1.** f/pl. grésil m; **2.** 2 (29): *es graupelt* il grésille.

Graus [graus] *m* (4) épouvante *f*.
'**grausam** cruel; atroce; '**2keit** *f* cruauté *f*; atrocité *f*. [mêlé.]
'**Grau-schimmel** *m* cheval *m* pom-
grausen ['grauzən] (27): *mir graust je frémis d'horreur; **2en** *n* (6) horreur *f*; épouvante *f*; '**~en-erregend, ~ig** ['grauzic] horrible; épouvantable.
Graveur [~'vø:r] *m* graveur *m*. [ble.]
gravier|en [gra'vi:rən] graver; **2-nadel** *f* burin *m*; **2ung** *f* gravure *f*.
Gravitation [~itatsi'o:n] *f*, **~skraft** *f* gravitation *f*; **~sgesetz** *n* loi *f* de la gravitation. [(*feierlich*) solennel.]
gravitätisch [gravi'tɛ:tiʃ] grave;
Grazie ['gra:tsiə] *f* (15) grâce *f*; *myth*. Grâce *f*; **2iös** gracieux.
Greif [graif] *m* (3. *u*. 12) griffon *m*; '**2bar** saisissable; (*fühlbar*) tangible; (*zur Hand*) à portée de la main; '**2en** (30) saisir; prendre; *falsch ~ ♩* toucher faux; *~ nach* étendre la main pour prendre; *um sich ~ fig*. se propager; gagner du terrain; '**2er** crochet *m*; crampon *m*.
Greis [grais] *m* (4) vieillard *m*; '**~en-alter** *n* âge *m* sénile; '**2enhaft** *f* sénile; '**~enhaftigkeit** *f* sénilité *f*; '**~in** *f* vieille femme *f*; vieille dame *f*.
grell [grɛl] *Ton*: perçant; aigu; *Licht*: éblouissant; *Farben*: criard; cru; **~e Gegensätze** contrastes *m/pl*. violents. [dier *m*.]
Grenadier [grena'di:r] *m* grena-
'**Grenz|-abkommen** *n* accord *m* frontalier; '**~-aufseher** *m* douanier *m*; '**~bahnhof** *m* gare *f* frontière; '**~bevölkerung** *f*, '**~bewohner** *m/pl*. frontaliers *m/pl*.; '**~e** *f* (15) limite *f*; (*Landes2*) frontière *f*; (*Schranke*) borne *f*; (*äußerstes Ende*) extrémité *f*; confins *m/pl*.; *die ~ (fig. ~n) überschreiten* passer la frontière (*fig*. les bornes); *alles hat s-e ~n* il y a une limite à tout; **2en** ['grɛntsən] (27) confiner (*an acc*. à); toucher (à); être voisin de, *fig*. tenir (de); friser (*acc*.); '**2enlos** sans bornes; sans limites; (*unbeschränkt*) illimité; (*unendlich*) infini; '**~enlosigkeit** *f* infinité *f*; '**~er** *m* frontalier *m*; = '**~aufseher**; '**~fall** *m* cas *m* limite; '**~gebiet** *n* région (*od*. zone) *f* frontière; '**~jäger** *m* douanier *m*; '**~land** *n* pays *m* limitrophe; '**~linie** *f* ligne *f* de démarcation; '**~mark** *f* = '**~land**; '**~pfahl** *m* poteau *m* frontière; borne *f*; '**~-schutz** *m* gardes *m/pl*. frontières; '**~situation** *f* situation *f* limite; '**~sperre** *f* fermeture *f* de la frontière; '**~stadt** *f* ville *f* frontière; '**~station** *f* station *f* frontière; '**~stein** *m* borne *f*; '**~streit** *m* litige *m* de la frontière; '**~übertritt** *m* passage *m* de la frontière; '**~verkehr** *m* trafic *m* frontalier; '**~wache** *f* = **~schutz**; '**~wert** *m* valeur *f* limite; '**~zoll** *m* douane *f*; '**~zwischenfall** *m* incident *m* de frontière.

Greu|el ['grɔʏəl] *m* (7) horreur *f*; abomination *f*; '**~eltat** *f* atrocité *f*; '**2lich** horrible; abominable.
Griebe *f* creton *m*.
Griech|e ['gri:çə] *m* (13), '**~in** *f* Grec *m*, Grecque *f*; '**~enland** *n* (17) la Grèce; '**~entum** *n* hellénisme *m*; **2isch** ['~iʃ] grec; *das ~e Feuer* feu *m* grégeois; **2isch-ka'tholisch** grec orthodoxe; **2isch-'römisch** gréco-romain.
'**Gries|gram** *m* humeur *f* grondeuse (*od*. grincheuse); (*Person*) grognon *m*; '**2grämig** grognon; grincheux.
Grieß [gri:s] *m* (3²) gravier *m*; ⚒ 'houille *f* menue; ♆ gravelle *f*; (*Weizen2*) semoule *f*; '**~brei** *m* semoule *f* au lait; '**~klöße** *m/pl*. boulettes *f/pl*. de semoule; '**~mehl** *n* semoule *f*.

Griff [grif] 1. *m* (3) (*Handgriff*) coup *m* de main; ⚔ **~e** *pl*. maniement *m* d'armes; (*Stiel*) manche *m*; (*Henkel*) anse *f*; (*Degen2*, *Messer2*, *Stock2*) poignée *f*; (*Koffer*:) portant *m*; (*Kralle*) griffe *f*; serre *f*; ♩ touche *f*; *e-n guten ~ tun fig*. avoir la main heureuse; *e-n falschen ~ tun ♩* toucher faux; *etw. im ~e haben fig*. avoir l'habitude de qch.; 2. **2** ♩: greifen; '**~brett** ♩ *n* touche *f*; *Klavier*: clavier *m*.
Griffel ['grifəl] *m* (7) crayon *m* d'ardoise; (*Radiernadel*) burin *m*; ♣ *antiq*. *u*. ⚤ style *m*.
Grille ['grilə] *f* (15) grillon *m*; cigale *f*; *fig*. caprice *m*; chimère *f*; *~n fangen fig*. broyer du noir, F avoir le cafard; '**~nfänger** *m* songe-creux *m*; '**2nhaft** capricieux; chimérique.
Grimasse [gri'masə] *f* (15) grimace *f*; '**~nschneider** *m* grimacier *m*.
Grimm [grim] *m* (3) fureur *f*; rage *f*; *st. s*. courroux *m*; '**2ig** furieux; enragé; *Kälte*: rigoureux.
Grind [grint] *m* (3) teigne *f*; **2ig** ['~diç] teigneux.

grinsen ['grinzən] (27) **1.** ricaner; **2.** ⚥ n (6) ricanement m.
Grippe ['gripə] f (15) grippe f; **2krank** grippé.
Grips F [grips] m jugeote f.
grob [gro:p] (18²) (*stark, dick*) gros; (*plump*) grossier; (*roh*) brutal; (*frech*) impertinent; **'2heit** f grossièreté f; **2ian** ['gro:bia:n] m (3) rustre m; **~körnig** ['~kœrnic] à gros grains.
gröblich ['grø:pliç] gros; grossier.
grob|schlächtig ['~ʃlɛçtic] de nature grossière; **2schmied** m forgeron m.
Grog [grok] m (11) grog m.
grölen F ['grø:lən] (25) brailler.
Groll [grol] m (3) rancune f; **'2en** (25): j-m ~ garder rancune à q.; en vouloir à q.; *Donner:* gronder.
'Grön|land n le Groenland; **'~länder(in)** m Groenlandais m, -e f; **'2ländisch** groenlandais.
Gros [gros] n (4¹) **1.** (*12 Dutzend*) grosse f; **2.** ⚔ n gros m.
groß [gro:s] (18²) grand; (*erwachsen*) a. adulte; (*geräumig*) vaste; (*dick*) gros; *wie ~ ist er?* quelle taille a-t-il?; quelle est sa taille?; *im 2en* en grand; *im ~en* (*und*) ganzen en général; *im ~en und kleinen verkaufen* vendre en gros et au détail; *in ~en Zügen* à longs traits, *fig.* dans les grandes lignes; *j-n ~ ansehen* faire de grands yeux à q.; *ein ~es Maul haben fig.* P être fort en gueule; *~ (größer) werden* grandir; *größer machen* agrandir; *~ schreiben* écrire avec une majuscule; **'2admiral** m grand amiral m; **'2angriff** m attaque f de grand style; **~artig** ['~?a:rtic] grandiose; imposant; magnifique; **'2artigkeit** f grandeur f; magnificence f; **'2aufnahme** f gros plan m; **'2betrieb** m exploitation f en grand; **2britannien** [~bri'tanjən] n (17) la Grande-Bretagne.
Größe ['grø:sə] f (15) grandeur f (*a. fig.*); (*Weite*) ampleur f; (*Rauminhalt*) volume m; (*Körper2*) taille f (*a. Kleidung*); (*Kragen2, Hemd2*) encolure f; (*Hut2, Handschuh2, Schuh2*) pointure f; (*Menge*) quantité f; (*Person*) célébrité f.
'Groß'eltern *pl.* grands-parents *m/pl.*; **'~enkel(in f)** m arrière-petit-fils m, arrière-petite-fille f.

großenteils en grande partie.
'Größenwahn m mégalomanie f.
'Groß|flugzeug n avion m géant; **'~fürst(in f)** m ~herzog; **'~grundbesitz** m grande propriété f; **'~grundbesitzer** m grand propriétaire m; **'~handel** m commerce m de gros; **'~händler** m négociant m en gros; grossiste m; **2herzig** ['~hɛrtsiç] généreux; magnanime; **'~herzigkeit** f générosité f; magnanimité f; **'~herzog(in f)** m grand-duc m, grande-duchesse f; **'~herzogtum** n grand-duché m; **'~industrie** f grande industrie f; **'~industrielle(r)** m grand industriel m.
Grossist [gro'sist] m (12) = Großhändler.
groß|jährig ['~jɛ:riç] majeur; **'2jährigkeit** f majorité f; **'2kaufmann** m négociant m en gros; grossiste m; **'2kraftwerk** n centrale f électrique à grande puissance; **'2macht** f grande puissance f; **'2mama** f grand-maman f; **'2maul** n vantard m; **'~mäulig** vantard; **'2meister** m grand maître m; **'2mut** f générosité f; **'~mütig** généreux; **'2mutter** f grand-mère f; **'2neffe** m petit-neveu m; **'2nichte** f petite-nièce f; **'2onkel** m grand-oncle m; **'2papa** m grand-papa m; **'2rein(e)machen** m nettoyage m général; **'2sprecher** m fanfaron m; hâbleur m; **'2spreche'rei** f fanfaronnade f; hâblerie f; jactance f; **'~sprecherisch** fanfaron; **'~spurig** *fig.*: ~ *tun* faire l'important; **'2stadt** f grande ville f; **'2tante** f grand-tante f; **'2tat** f haut fait m; exploit m.
größtenteils ['grø:stəntaɪls] pour la plupart; *zeitlich:* le plus souvent.
Groß|tuer(in f) ['~tu:ər(in)] m vantard m, -e f; **'~tue'rei** f vantardise f; **'2tun** faire l'important; *mit etw. ~ se* vanter de qch.; **'~vater** m grand-père m; **'2ziehen** élever; **'2zügig** ['~tsy:giç] à larges vues; (*in ~er Form*) de grand style; **'~zügigkeit** f largeur f de vues; grand style m.
grotesk [gro'tɛsk] grotesque; **2e** f (15) grotesque f.
Grotte ['grotə] f (15) grotte f.
grub, grübe [gru:p, 'gry:bə] *s. graben*.
Grübchen ['gry:pçən] n (6) fossette f.
Grube ['gru:bə] f (15) fosse f; ⚒

Grübelei — 816 — **Grünfutter**

mine f; *in die* ~ *fahren* descendre dans le puits; (*Vertiefung*) creux m.
Grübel|ei [gryːbəˈlaɪ] f (16) ruminations f/pl.; **'₂n** se creuser la tête; ruminer (*über etw. acc. qch.*).
'Gruben|-arbeiter m mineur m; **~gas** n grisou m; **~holz** n bois m de mine; **'~lampe** f lampe f de mineur; **'~unglück** n accident m de mine. [m.\
Grübler ['gryːblər] m songe-creux\
Gruft [gruft] f (14¹) caveau m; tombeau m; tombe f; (*Grube*) fosse f; (*Höhle*) caverne f. [m.\
Grum(me)t ['grum(ə)t] n (3) regain\
grün [gryːn] **1.** vert; *~er Tisch* fig. tapis m vert; *~er Junge* F blanc-bec m; ~ *werden vor Neid* verdir; *auf keinen ~en Zweig kommen fig.* ne pas réussir; **2. ₂ n** (3¹) vert m; *Felder, Bäume:* verdure f; *bei Mutter ~ schlafen* dormir à la belle étoile.
Grund [grunt] m (3²) (*tiefste Stelle*) fond m; (*Tal*) vallée f; (*Erdboden*) sol m; terrain m; (*~lage*) fondement m; base f; (*Vernunft₂*) raison f; (*Beweg₂*) motif m; cause f; ~ *und Boden* biens-fonds m/pl.; *in* ~ *und Boden* à fond; *aus diesem ~e* pour cette raison; *im ~e* au fond; *von ~ aus* radicalement; *auf ~ von* (*kraft*) en vertu de; *den ~ verlieren* perdre pied; ~ *haben* avoir pied; ~ *haben, zu ...* (*inf.*) être fondé à ... (*inf.*); avoir lieu de ... (*inf.*); ~ *geben, zu ...* (*inf.*) donner lieu à ... (*inf.*); *e-r Sache* (*dat.*) *auf den ~ gehen* examiner une chose à fond; *den ~ legen zu etw.* jeter (*od.* établir) les fondements de qch.; ⚓ *auf ~ geraten* toucher le fond; *in den ~ bohren* couler bas; **'~bedeutung** f sens m primitif; **'~bedingung** f condition f fondamentale; **'~begriff** m idée f fondamentale; notion f de base; **'~besitz** m propriété f foncière; **'~besitzer** m propriétaire m (foncier); **'~buch** n cadastre m; **'~-ehrlich** foncièrement honnête; **'~-eigentum** n = ~*besitz*; **'~eis** n glace f de fond.
gründ|en ['gryndən] (26) fonder; (*einrichten*) établir; (*einsetzen*) instituer; (*schaffen*) créer; (*errichten*) ériger; *sich ~ auf* (*acc.*) se fonder sur; **'₂er(in** f) m fondateur m, -trice f.
'grund|'falsch absolument faux; **'₂-farbe** f couleur f primitive; *peint.* fond m; **'~feste** f fondement m;

'₂fläche f base f; **'₂form** f forme f primitive; *gr.* radical m; **'₂gebühr** f taxe f fixe; *téléph.* taxe f d'abonnement; **'₂gedanke** m idée f fondamentale; **'~gehalt** n traitement m de base; **'₂gesetz** n loi f fondamentale; (*Verfassung*) constitution f; ~**ieren** [~ˈdiː-] *peint.* apprêter la toile; **'₂-irrtum** m erreur f foncière (*od.* fondamentale); **'₂kapital** n fonds m social; **'₂lage** f base f; fondement m; assises f/pl.; **'~legend** fondamental.
gründlich ['gryntlɪç] solide; (*tief*) profond; (*v. Grund aus*) radical; *adv. a.* à fond; **'₂keit** f solidité f; (*Tiefe*) profondeur f. [goujon f.\
Gründling *icht.* ['gryntlɪŋ] m (3¹)\
'Grund|linie f base f; **'~lohn** m salaire m de base; **'₂los** sans fond; *Weg:* défoncé; fig. dénué de fondement; *adv.* sans raison; **'~mauer** f soubassement m. [m saint.\
Grün'donners-tag m (3) jeudi\
'Grund|pfeiler m base f, soutien m; **'~preis** m prix m de base; **'~recht** n droit m foncier; *Volk:* droit m fondamental; **'~regel** f règle f fondamentale; **'~rente** f rente f foncière; **'~riß** m plan m; (*kurze Darstellung*) abrégé m; précis m; **'~satz** m principe m; (*Lebensregel*) maxime f; **'₂sätzlich** de (*adv. par*) principe; **'~schuld** f dette f hypothécaire; **'~schule** f école f (primaire) élémentaire; **'~stein** m pierre f de base; *den ~ legen* poser la première pierre; **'~steinlegung** f pose f de la première pierre; **'~steuer** f impôt m foncier; **'~stoff** m matière f première; ⚗ corps m simple; **'~strich** m plein m (d'une lettre); **'~stück** n fonds m (de terre); bien-fonds m; (*Bauplatz*) terrain m à bâtir; (*Gebäude*) immeuble m; **'~ton** m tonique f; *peint.* couleur f fondamentale; **'~-übel** n mal m foncier.
Gründung ['gryndʊŋ] f fondation f; établissement m; création f.
'grund|ver'schieden radicalement différent; **'₂wasser** n nappe f souterraine; **'₂wissenschaft** f science f fondamentale; **'₂zahl** f nombre m cardinal; **'₂zins** m redevance f; rente f foncière; **'₂zug** m trait m principal; *Grundzüge pl. Wissenschaft:* éléments m/pl.
grün|en ['gryːnən] (25) verdir; fleurir; **'₂futter** n fourrage m vert;

Grünkohl — **817** — **gut**

'≈kohl m chou m vert; '~lich verdâtre; '≈schnabel m fig. blanc-bec m; '≈span m vert-de-gris m; '≈specht m pivert m.

grunzen ['gruntsən] (27) **1.** grogner; **2.** ⚥ n (6) grognement (s pl.) m.

Grupp|e ['grupə] f (15) groupe m; **~en-arbeit** f travail m d'équipe; **~en-aufnahme** f, **~enbild** n (photographie f d'un) groupe m; **~enweise** par groupes; ⚥**ieren** [~'pi:rən] grouper; **~ierung** [~'pi:ruŋ] f groupement m. [charbon m.]

Grus ⛏ [gru:s] m (4, o. pl.) menu)

gruselig F ['gru:zəliç] qui donne le frisson; *Geschichte:* à faire dresser les cheveux.

Gruß [gru:s] m (3² u. ³) salut m; (*Begrüßung*) salutation f; *durch Verbeugung:* révérence f; *freundliche* ~! mes amitiés!; *m-e besten Grüße* mes meilleurs compliments (*an acc.* à); *viele Grüße von mir* bien des choses de ma part (*an acc.* à); *j-s Grüße bestellen* transmettre les compliments de q.

grüßen ['gry:sən] (27) saluer; ~ *Sie ihn (herzlich) von mir* saluez-le (dites-lui bien des choses) de ma part; *er läßt Sie* ~ il vous fait ses compliments; *grüß' Gott!* salut!

Grütze ['grytsə] f (15) gruau m; *als Speise:* bouillie f de gruau; *fig.* F (*Verstand*) cervelle f, jugeote f.

guck|en ['gukən] (15) regarder; (*nach etw. [j-m]*; *auf etw. acc. [j-n]*) qch. [q.]); ~ *aus* (*hervorsehen*) sortir de; '≈fenster n vasistas m; '≈loch n judas m.

Guerillakrieg [ge'ril:a~] m guerre f de guérillas (*od.* de partisans).

Guillotine [gijo'ti:nə] f guillotine f.

Guinea [gi'ne:a] n la Guinée.

'**Gulasch** (3¹) goulasch m; **~kanone** ⚔ F f cuisine f roulante.

Gulden ['guldən] m (6) florin m.

gültig ['gyltiç] valable; ⚖ *u. rl.* valide; *Münze:* qui a cours; ~ *machen; für* ~ *erklären* valider; '≈keit f validité f; *Münze:* cours m.

Gummi ['gumi] m (*a. n*) (11) gomme f; caoutchouc m; '~absatz m talon m de caoutchouc; '~ball m balle f élastique; '~band n élastique m; '~baum m gommier m.

gummieren [~'mi:rən] gommer.

'**Gummi|handschuh** m gant m de caoutchouc; '≈knüppel m matraque f; '≈mantel m imperméable m; '≈reifen m pneu(matique) m; '≈scheibe f rondelle f de caoutchouc; '≈schlauch m tuyau m de caoutchouc; *Auto:* chambre f à air; '≈schuh m caoutchouc m; '≈strumpf m bas m élastique; '≈zug m élastique m.

Gunst [gunst] f (16) faveur f; *zu j-s* ~*en* en faveur de q.; *sich um j-s* ~ *bemühen* briguer les faveurs de q.; *j-s* ~ *erlangen* gagner la faveur de q.; *bei j-m in* ~ *stehen* être en faveur auprès de q.

günst|ig ['gynstiç] favorable; propice; *im ~sten Falle* en mettant les choses au mieux; *j-m ~ gesinnt sein* favoriser q.; *ein ~es Licht auf j-n (etw. acc.) werfen* montrer q. (qch.) sous un jour favorable; '≈ling m (3) favori m; '≈lingswirtschaft f favoritisme m.

Gurgel ['gurgəl] f (15) gosier m; gorge f; *j-m die* ~ *abschneiden* couper la gorge à q.; ⚥**n** (29) (se) gargariser; '~wasser n gargarisme m.

Gurke ['gurkə] f (15) concombre m; *kleine:* cornichon m; *saure* ~ cornichon m au vinaigre.

Gurt [gurt] m (3) sangle f.

Gürtel ['gyrtəl] m (7) ceinture f; ⚔ ceinturon m; ⚓, *géogr.* zone f; '~rose ☦ f zona m; '~schnalle f boucle f de ceinture; '≈tier n tatou m.

'**gürten** (26) ceindre; *Pferd:* sangler.

Guß [gus] m (4²) (*Regen*⚥) averse f; *Gießerei:* fonte f; *Wasser:* jet m; *aus e-m* ~ d'un seul jet; d'un bloc; '~abdruck m cliché m; '~eisen n (fer m de) fonte f; '~form f moule m; '≈stahl m acier m fondu; '≈stahlwerk n aciérie f; '≈waren f/pl. articles m/pl. de fonte.

gut [gu:t] **1.** *adj.* bon; *adv.* bien; *es ist* ~; (*schon*) ~! c'est bien!; *lassen wir es* ~ *sein!* c'est bon!, n'en parlons plus; ~ *denn!* soit!; ~ *zwei Jahre* il y a bien deux années; il y a deux bonnes années; *Sie tun ~ daran, zu ...* vous ferez bien de ...; ~ *sein zu* être bon pour; *j-m* ~ *sein* aimer q.; *es* ~ *haben* être heureux; avoir de la chance (*a. es* ~ *treffen*); *es* ~ *meinen* avoir de bonnes intentions; *Sie haben* ~ *reden* vous en parlez à votre aise; *sich* ~ *stehen* avoir de quoi (vivre); *sich mit j-m* ~ *stehen* être bien avec q.;

Gutachten — 818 — **Gynäkologie**

sich ~ bei etw. stehen trouver son compte à qch.; ein ~er Mensch un homme de bien; in ~em Sinne en bonne part; ein ~es Wort bei j-m einlegen für intercéder auprès de q. pour; die ~e alte Zeit le bon vieux temps; **2.** ♀ n (1²) bien m; (Land♀) terre f; (Ware) marchandise f; '♀-**achten** n (6) avis m (d'expert); expertise f; ♀**achter** ['~⁹axtər] m (7) expert m; ~**achtlich** ['~⁹axtliç] sous forme d'avis; '~**artig** d'un bon naturel; ⚕ bénin; '♀**dünken** n (6): nach ~ à volonté; '♀**e(s)** n bien m; bon m; ~s tun faire le bien; j-m ~s tun faire du bien à q.; des ~n zuviel tun exagérer; sich zum ~n wenden prendre bonne tournure; alles ~! toutes sortes de bonnes choses; in aller ~, ayez la bonté de ..., (gutwillig) de bon gré.

Güte ['gy:tə] f (15) bonté f; (Beschaffenheit) bonne qualité f; haben Sie die ~ zu ... ayez la bonté de ...; in (aller) ~ à l'amiable.

'**Güter|-abfertigung** f expédition f des marchandises; '~**annahme** (-stelle) f réception f des marchandises; '~**bahnhof** m gare f des marchandises; '~**gemeinschaft** f communauté f de biens; '~**schuppen** m entrepôt m; '~**trennung** f séparation f de biens; '~**verkehr** m trafic m des marchandises; '~**wagen** 🚃 m fourgon m; offener: truc m; '~**zug** m train m de marchandises.

gut|gelaunt ['~launt] de bonne humeur; ~**gesinnt** ['~zint] bien pensant; '~**gläubig** de bonne foi; '♀-**haben** ✞ avoir à son crédit; '♀-**haben** n crédit m; avoir m; '~-

heißen approuver; ~**herzig** ['~hertsiç] qui a bon cœur.

gütig ['gy:tiç] bon; (wohlwollend) bienveillant; mit Ihrer ~en Erlaubnis avec votre permission.

gütlich ['gy:tliç] à l'amiable; sich ~ tun se régaler (an dat. de).

'**gut|machen**: (wieder ~) réparer; nicht wieder gutzumachen irréparable; irrémédiable; ~**mütig** ['~my:tiç] bon; ein ~er Mensch une bonne nature; ♀**mütigkeit** f bonté f; '~**sagen** se porter garant (für de).

'**Guts|besitzer** m propriétaire m d'une terre.

'**Gut|schein** m bon m; '♀**schreiben**: j-m etw. ~ porter qch. au crédit de q.; '~**schrift** f crédit m.

'**Guts|herr** m propriétaire m d'une terre; '~**hof** m ferme f.

'**gut-stehen** = gutsagen.

'**Gutsverwalter** m régisseur m d'une terre.

'**gut|tun** faire du bien; ~**willig** ['~viliç] de bonne volonté; adv. de bon gré; '♀**willigkeit** f bonne volonté f.

Gymnasi|albildung [gymnazi'ɑ:l-] f études f/pl. secondaires; ~**aldirektor** m directeur m d'un gymnase; Frankreich: lycée: proviseur m, collège: principal m; ~'**ast(in** f) m lycéen m, -ne f; collégien m, -ne f; ~**um** [gym'nɑ:zium] n (9) gymnase m; Frankreich: staatliches: lycée, m städtisches: collège m.

Gymna|stik [gym'nastik] f (16) gymnastique f; ♀**stisch** [~stiʃ] gymnastique.

Gynäkolog|(e) [gynɛko'lo:gə] m gynécologue m; ~**ie** [~o'gi:] f gynécologie f.

H

H, h [haː] *n* H, h *m od. f*; ♩ si *m*. **ha!** [haː] ah!; 'ha!
Haag [haːk] *m* (3¹) la Haye.
Haar [haːr] *n* (3) cheveu *m*; *coll.* cheveux *m/pl.*, chevelure *f*; *(Bart♀, Tier♀)* poil *m*; *(Roß♀)* crin *m*; *sich das ~ machen* se coiffer; arranger ses cheveux; *auf ein (aufs) ~* exactement; *um ein ~ wäre ich ...* il s'en est fallu (de) peu que je ... *(subj.)*; *~e auf den Zähnen haben fig.* avoir bec et ongles; *~e lassen müssen* laisser de ses plumes; *sich in die ~e geraten* se prendre aux cheveux; *sich in den ~en liegen* être aux prises; *kein gutes ~ an j-m lassen* déchirer q. à belles dents; *die ~e standen mir zu Berge* les cheveux se dressaient sur ma tête; *an den ~en herbeiziehen* tirer par les cheveux; *das hat an e-m ~ gehangen* cela n'a tenu qu'à un cheveu; '**~ausfall** *m* chute *f* des cheveux; '**~band** *n* bandeau *m*; '**~besen** *m* balai *m* de crin; '**~breit** *n*: *nicht um ein ~ weichen* ne pas reculer d'un pouce; '**~bürste** *f* brosse *f* à cheveux; '**~büschel** *m* touffe *f* de cheveux, *(Schopf)* toupet *m*; *²en* (25) *(mausern)* muer; '**~entferner** *m* (7) dépilatoire *m*; '**~esbreite** *f*; *um ~ de* l'épaisseur d'un cheveu; '**~färbemittel** *n* teinture *f* pour les cheveux; '²**fein** fin comme un cheveu; *fig.* subtil; '²**ig** chevelu; velu; poilu; '**~kamm** *m* peigne *m*; *weiter:* démêloir *m*; '²**klein** fin comme un cheveu; *adv.* par le menu; '**~knoten** *m* chignon *m*; '**~künstler** *m* coiffeur *m*; '**~locke** *f* boucle *f* (de cheveux); '²**los** chauve; glabre; '**~nadel** *f* épingle *f* à cheveux; '**~netz** *n* filet *m*; '**~öl** *n* huile *f* pour les cheveux; '**~pflege** *f* soins *m/pl.* de la chevelure; '**~pinsel** *m* pinceau *m* fin; '**~röhrchen** *n* tube *m* capillaire; '²**scharf** tranchant comme un rasoir; *fig.* très précis; *(ganz nahe)* tout près de; '**~schleife** *f* nœud *m* de ruban; '**~schneidemaschine** *f* tondeuse *f*;

'**~schneiden** *n* (6) coupe *f* des cheveux; '**~schneider** *m* coiffeur *m*; '**~schneidesalon** *m* salon *m* de coiffure; '**~schnitt** *m* coiffure *f*; *s. ~schneiden*; '**~schopf** *m* = *~büschel*; '**~schwund** *m* = *~ausfall*; '**~sieb** *n* tamis *m* de crin; '**~spalterei** ['~ʃpalta'raɪ] *f* (16) subtilités *f/pl.*; *~ treiben* couper les cheveux en quatre; '²**sträubend** qui fait dresser les cheveux, horripilant; '**~strich** *m* sens *m* des cheveux; *typ.* délié *m*; '**~tracht** *f* coiffure *f*; '**~trockner** *m* (7) séchoir *m* électrique; sèche-cheveux *m*; '**~wasser** *n* lotion *f* capillaire; '**~wickel** *m* (7) bigoudi *m*; '**~wuchs** *m* pousse *f* des cheveux, chevelure *f*; '**~wuchsmittel** *n* produit *m* capillaire; '**~zopf** *m* tresse *f*.
Hab [haːp]: *~ und Gut n* tout son avoir; *~e* ['~bə] *f* (15) avoir *m*; bien *m*; *bewegliche ~* biens *m/pl.* meubles; *unbewegliche ~* immeubles *m/pl.*; '²**en** (30) avoir; *was hast du davon?* qu'est-ce que tu y gagnes?; *nichts auf sich ~* être sans importance; *er hat viel von s-m Vater* il tient beaucoup de son père; *das Buch ist in allen Buchhandlungen zu ~* le livre se trouve *(od.* s'obtient) dans toutes les librairies; *das ist nicht mehr zu ~* on n'en trouve plus; *zu ~ bei en* vente chez; *das hat nichts zu sagen* cela ne veut rien dire; *wir ~ den 15. März* nous sommes le quinze mars; *wir ~ Winter* nous sommes en hiver; *~ Sie sich doch nicht so!* ne faites pas tant de manières!; *da ~ wir's!*; nous voilà dans de beaux draps!; *ich hab's!* j'y suis!; *~ wollen* vouloir; '**~en †** *n* (6) avoir *m*; crédit *m*; '**~enichts** *m* (14¹) pauvre diable *m*; '**~gier** ['~pgiːr] *f* cupidité *f*; '²**gierig** cupide; '²**haft**: *~ werden* se saisir de.
Habicht ['haːbiçt] *m* (3) autour *m*.
Habilit|ation [habilitatsi'oːn] *f* soutenance *f* de thèse; '**~ationsschrift** *f* thèse *f*; ²**ieren** [~'tiːrən] se qualifier pour l'enseignement supérieur.
'**Hab|seligkeiten** *f/pl.* tout son

Habsucht — 820 — **Halbbruder**

avoir m; ⎷sucht f, ²süchtig = ⎷gier, ²gierig.

'Hack|beil n 'hachette f; ⎷block m billot m; ⎷brett n hachoir m; ♪ tympanon m; ⎷e ['hakə] f (15) 'houe f; *spitze*: pioche f; (*Picke*[*l*]) pic m; (*Axt*) 'hache f; = ⎷en n (*Ferse*) talon m (zusammenschlagen claquer); j-m auf den ⎷ sein être sur les talons de q.; ²en *Fleisch*: 'hacher; *Holz*: fendre; ↙ 'houer, piocher; *Vögel*: becqueter; ⎷fleisch n 'hachis m; ⎷klotz m billot m; ⎷messer n couperet m; 'hachoir m.

Häcksel ['hɛksəl] m u. n (7) paille f 'hachée; ⎷maschine f 'hache-paille m.

Hader ['ha:dər] m (7) dissension f; querelle f; ²n: mit j-m ⎷ se quereller avec q.; mit dem Schicksal ⎷ accuser son sort.

Hafen ['ha:fən] m (7¹) port m (a. *fig.*); ⎷arbeiter m docker m; ⎷damm m môle m; jetée f; ⎷einfahrt f entrée f du port; *enge*: goulet m; ⎷sperre f embargo m; ⎷stadt f ville f maritime; port m; ⎷wächter m garde-port m; ⎷zoll m droits m/pl. de port.

Hafer ['ha:fər] m (7) avoine f; ihn sticht der ⎷ sa fortune lui monte à la tête; ⎷brei m bouillie f d'avoine; ⎷flocken f/pl. flocons m/pl. d'avoine; ⎷grütze f gruau m d'avoine; ⎷schleim m crème f d'avoine

Haff [haf] n (3 u. 11) 'haff m.

Haft [haft] f emprisonnement m; détention f; in ⎷ nehmen emprisonner; in ⎷ halten détenir; aus der ⎷ entlassen relâcher; libérer; ²bar responsable (*für* de); ⎷befehl m mandat m d'arrêt (*erlassen* décerner); ²en (26): ⎷ an (*dat.*) adhérer (*od.* tenir) à; ⎷ für répondre de.

Häftling ['hɛftliŋ] m (3¹) détenu m.

'Haft|pflicht f responsabilité f; mit beschränkter ⎷ (*abr.* m.b.H.) à responsabilité limitée; ²pflichtig responsable; ⎷pflichtversicherung f assurance f de responsabilité civile; ⎷ung f = ⎷pflicht.

Hag [ha:k] m (3) (*Hecke*) 'haie f; (*Eingehegtes*) enclos m; (*Buschwerk*) buisson m; (*Hain*) bosquet m.

'Hage|buche f charme m; ⎷butte ['ha:gəbutə] f (15) fruit m de l'églantier; F gratte-cul m; ⎷dorn m aubépine f.

Hagel ['ha:gəl] m (7) grêle f; ⎷korn n grêlon m; ²n (29) grêler; ⎷schaden m dommage m causé par la grêle; ⎷schauer m giboulée f (accompagnée de grêle); ⎷schlag m grêle f; ⎷wetter n orage m accompagné de grêle.

hager ['ha:gər] maigre; sec.

'Hagestolz m (12 u. 3²) célibataire m endurci; vieux garçon m.

Häher ['hɛ:ər] m (7) geai m.

Hahn [ha:n] m (3³) coq m; (*Wasser*²) robinet m; (*Faß*²) cannelle f; (*Gas*²) bec m; (*Gewehr*²) chien m (de fusil); der ⎷ im Korbe sein être comme coq en pâte; es kräht kein ⎷ danach personne ne s'en soucie.

Hähnchen ['hɛ:nçən] n petit coq m; *cuis.* poulet m rôti.

'Hahnen|fuß ♀ m renoncule f; ⎷kamm m crête f de coq; ♀ crête-de-coq f; ⎷kampf m combat m de coqs; ⎷schrei m chant m du coq; ⎷tritt m germe m de l'œuf.

Hahnrei ['ha:nrai] m cocu m.

Hai [hai] m (3), ⎷fisch m requin m.

Hain [hain] m (3) bosquet m; bocage m.

Häkchen ['hɛ:kçən] n (6) (petit) crochet m; (*Kleider*²) agrafe f.

'Häkel|arbeit f ouvrage m au crochet; ⎷haken m crochet m; ²n ['hɛ:kəln] (29) faire du crochet; ⎷nadel f = ⎷haken.

Haken ['ha:kən] **1.** m (6) crochet m (a. *Boxsport*); *größerer*: croc m; *zu Ösen*: agrafe f; (*Kleider*²) patère f; portemanteau m; die Sache hat e-n ⎷ il y a un mais; **2.** ² accrocher (*an*, *in acc.* à); ²förmig ['⎷fœrmiç] crochu; ⎷kreuz n croix f gammée; svastika m; ⎷nase f nez m crochu.

halb [halp] demi; die ⎷e Stadt la moitié de la ville; ⎷e Maßnahmen demi-mesures f/pl.; e-e ⎷e Stunde une demi-heure; ein(e) und e-e ⎷e Stunde une heure et demie; ⎷ 11 (Uhr) dix heures et demie; es schlägt ⎷ la demie sonne; auf ⎷er Höhe à mi-'hauteur; auf ⎷em Wege à mi-chemin; zum ⎷en Preis à moitié prix; ein ⎷es Jahr six mois; nicht ⎷ so viel (bei vb. ne...) pas la moitié; ⎷ und ⎷ à demi; ⎷..., ⎷... moitié..., moitié...; ⎷amtlich officieux; ²bildung f demi-savoir m; ²blut n demi-sang m; '²bruder m frère

Halbdunkel — 821 — **Halt**

m consanguin; *mutterseits:* frère *m* utérin; ℒ**dunkel** *n* demi-jour *m*; *peint.* clair-obscur *m*; ℒ**e(s)** *n* demi *m*.

'Halb|fabrikat *n* produit *m* demi-fini; ℒ**finale** *n* demi-finale *f*; ℒ**gar** à moitié cuit; ℒ**gebildete(r)** *m* demi-lettré *m*; ℒ**gefrorene(s)** *n* cuis. sorbet *m*; ℒ**geschwister** *pl.* enfants *m/pl.* de deux lits; demi-frères *m/pl.*; demi-sœurs *f/pl.*; ℒ**gott** *m* demi-dieu *m*; ℒ**heit** *f* (16) demi-mesure *f*; (*Unvollkommenheit*) imperfection *f*; ℒ**ieren** [ℒ'bi:-] partager en deux; ℒ**ierung** *f* bissection *f*; ℒ**insel** *f* presqu'île *f*; *große:* péninsule *f*; ℒ**jahr** *n* semestre *m*; ℒ**jährig** ['ℒjɛːrɪç] durant six mois; semestriel; ℒ**jährlich** qui se renouvelle tous les six mois; *bezahlen:* par semestre; ℒ**kreis** *m* demi-cercle *m*; hémicycle *m*; ℒ**kugel** *f* hémisphère *m*; ℒ**lang** demi-long; ℒ**laut** à mi-voix; ℒ**leinen** *n* toile *f* métisse; ℒ**mast** *m*: *auf* ~ en berne; ℒ**messer** *m* rayon *m*; ℒ**monatlich** qui se renouvelle tous les quinze jours; *Veröffentlichung:* bimensuel; ℒ**mond** *m* demi-lune *f*; croissant *m*; ℒ**nackt** à moitié (*od.* à demi) nu; ℒ**offen** entrouvert; ℒ**pension** *f* demi-pension *f*; ℒ**rund** semi-circulaire; ℒ**schatten** *m phys.* pénombre *f*; *Kunst:* demi-teinte *f*; ℒ**schlaf** *m* somnolence *f*; ℒ**schuh** *m* soulier *m* bas; ℒ**schwergewicht** *n Sport:* poids *m* mi-lourd; ℒ**schwester** *f* demi-sœur *f*; ℒ**seide** *f* demi-soie *f*; ℒ**starke(r)** *m* demi-sel *m*; J 3 *m*; ℒ**stündig** ['ℒʃtʏndɪç] d'une demi-heure; ℒ**stündlich** toutes les demi-heures; ℒ**tägig** d'une demi-journée; ℒ**tot** à moitié (*od.* à demi) mort; ℒ**vers** *m* hémistiche *m*; ℒ**vokal** *m* semi-voyelle *f*; ℒ**voll** à moitié plein; ℒ**waise** *f* orphelin *m* de père (*resp.* de mère); ℒ**wegs** ['ℒveːks] à mi-chemin; F (*leidlich*) passablement; tant bien que mal; ℒ**welt** *f* demi-monde *m*; ℒ**wolle** *f* demi-laine *f*; ℒ**wüchsig** ['ℒvyːksɪç] qui n'a pas encore atteint sa croissance; ℒ**zeit** *f Sport:* mi-temps *f*.

Halde ['haldə] *f* (15) pente *f* de montagne; ⚒ 'halde *f*.

Hälfte ['hɛlftə] *f* (15) moitié *f*; *zur* ~ à moitié; *um die* ~ *mehr* moitié plus; *um die* ~ *größer* plus grand de moitié; *meine bessere* ~ (*Ehefrau*) F ma moitié. [(7) licou *m*.)

Halfter ['halftər] *f* (15), *a. m* od. *n*)

Hall|e ['halə] *f* (15) galerie *f* (*Säulen*ℒ) portique *m*; (*Saal*) 'hall *m*; salle *f*; (*Markt*ℒ) 'halle *f*; *Auto:* garage *m*; ✈ 'hangar *m*; ℒ**en** (25) résonner; retentir; ℒ**enbad** *n* piscine *f* fermée.

halli! [ha'li:] *ch.* taïaut! [allô!\
hallo! [ha'lo:] 'hé!; 'holà!; *téléph.*|

Halm [halm] *m* (3) tige *f*; (*Getreide*ℒ) chaume *m*; (*Stroh*ℒ) brin *m* de paille; ℒ**früchte** *f/pl.* céréales *f/pl.*

Hals [hals] *m* (4²) cou *m*; (*Flaschen*ℒ) col *m*, *enger:* goulot *m*; (*Kehle*) gorge *f*; (*Kragen*) collet *m*; (*Pferde*ℒ) encolure *f*; ~ *über Kopf* précipitamment; *aus vollem* ~ *e* de toutes ses forces; à tue-tête; *es im* ~*e haben* avoir mal à la gorge; *in den falschen* ~ *bekommen* avaler de travers; *j-m um den* ~ *fallen* se jeter au cou de q.; *sich etw. auf den* ~ *laden* se mettre qch. sur les bras; *etw. auf dem* ~*e haben* avoir qch. sur les bras (*od.* sur le dos); *sich etw. vom* ~ *e schaffen* se débarrasser de qch.; *bleiben Sie mir damit vom* ~*e* laissez-moi la paix avec cela; *j-m den* ~ *umdrehen* tordre le cou à q.; *j-m den* ~ *brechen* casser les reins à q.; *das wächst mir zum* ~*e heraus fig.* F j'en ai par-dessus la tête; *steifer* ~ ☆ torticolis *m*; ℒ**abschneider** *m* égorgeur *m*; *fig.* usurier *m*; ℒ**ausschnitt** *m* échancrure *f*; décolleté *m*; ℒ**band** *n* collier *m*; ℒ**binde** *f* cravate *f*; ℒ**brecherisch** périlleux; ℒ**eisen** *n* carcan *m*; ℒ**entzündung** *f* inflammation *f* de la gorge; ℒ**kette** *f* collier *m*; ℒ**kragen** *m* collet *m*; (*loser Hemdkragen*) faux col *m*; ℒ**krause** *f* collerette *f*; ℒ**-Nasen-Ohren-Arzt** *m* oto-rhino-laryngologiste *m*; ℒ**schlagader** *f* (artère *f*) carotide *f*; ℒ**schmerz** *m* ~*weh*; ℒ**starrig** [ℒ'ʃtarɪç] obstiné; entêté; ℒ**starrigkeit** *f* opiniâtreté *f*; ℒ**tuch** *n* mouchoir *m* de cou; *Herren*: *a.* cache-nez *m*; *Damen:* ˚ *a.* fichu *m*; *seidenes:* foulard *m*; ℒ**weh** *n* mal *m* de gorge; ℒ**weite** *f* encolure *f*.

Halt [halt] **1.** *m* (3) (temps *m* d')arrêt *m*; 'halte *f*; *e-r Sache* ~ *bieten* arrêter qch.; (*Stütze*) appui *m*; soutien *m*; *innerer:* consistance *f*;

haltbar — 822 — **Hand**

tenue *f*; **2.** ♀! 'halte!; ~ (doch)! un moment!; '♀bar tenable; (*fest*) solide; (*dauerhaft*) durable; '~**barkeit** *f* solidité *f*; ♀**en** ['haltən] (30) *v/t.* tenir; (*fest*~, *an*~) arrêter (*a. Ball*); (*zurück*~) retenir; (*aufrechter*~) maintenir; (*ein*~) observer; (*verteidigen*) défendre; (*unter*~) entretenir; (*fassen*) contenir; *Maß*: garder; *Diener, Lehrer*: avoir; *Mahlzeit*: prendre; *Rede*: faire; prononcer; *Lobrede, Vortrag, Mittagsschlaf*: faire; *Zeitung*: être abonné à; *Hochzeit*: célébrer; *Schule* ~ faire classe; e-e *Stunde* ~ donner une leçon; ~ *von* penser de; *viel von j-m* ~ avoir q. en grande estime; *ich weiß, was ich davon zu* ~ *habe* je sais à quoi m'en tenir; ~ *für* croire; tenir pour; prendre pour; *ge*~ *werden für* passer pour; *es für gut* ~, *zu* ... (*inf.*) trouver bon de ... (*inf.*); *es für ratsam* ~, *zu* ... (*inf.*) juger à propos de ... (*inf.*); *es mit j-m* ~ avoir partie liée avec q.; prendre le parti de q.; ~ *Sie es damit*, *wie Sie wollen* vous en ferez ce que vous voudrez; *v/i.* (*festsitzen*) tenir; (*dauerhaft sein*) être solide; (*haltmachen*) s'arrêter; (*Stand haben*) stationner; *Eis*: porter; *auf etw.* (*acc.*) ~ tenir à qch., *Ehre, gute Sitten*: veiller à qch.; *auf sich* ~ prendre soin de qch; *zu e-r Partei* (*Sache*) ~ être le partisan (*od.* le tenant) d'un parti (d'une cause); *es hält schwer*, *zu* ... (*inf.*) il est difficile de ... (*inf.*); *an sich* ~ se contenir; se retenir; *sich an etw.* (*acc.*) ~ *fig.* s'en tenir à qch.; *sich an j-n* ~ s'en prendre à q. (*wegen de*); *sich von e-r Sache* ~ ne pas se mêler à (*od.* d')une affaire; *sich nicht mehr* ~ *können vor* ne plus se tenir de; *sich* ~ *Früchte*: se conserver; se garder; '~**eplatz** *m* 'halte *f*; station *f*; '~**er** *m* (7) soutien *m*; appui *m*; (*Feder*♀) porte-plume *m*; '~**esignal** *n* signal *m* d'arrêt; '~**estelle** *f* arrêt *m*.

'**halt**|**los** inconsistant; ♀**losigkeit** *f* inconsistance *f*; '~**machen** s'arrêter; ♀**ung** *f* attitude *f*; (*Benehmen*) tenue *f*; maintien *m*; (*Stellung*) posture *f*.

Halunke [ha'luŋkə] *m* (13) coquin *m*.
Hamburg ['hamburk] *n* Hambourg *f*.
hämisch ['hɛːmiʃ] sournois; ~*es Lachen* rire *m* sardonique.

Hammel ['haməl] *m* (7^1), '~**fleisch** *n* mouton *m*; '~**keule** *f* gigot *m*.
Hammer ['hamər] *m* (7^1) marteau *m*; *zwischen* ~ *und Amboß* entre l'enclume et le marteau; *unter den* ~ *kommen* être vendu aux enchères.
hämmer|**bar** ['hɛmər-] malléable; ♀**n** (29) marteler; ♀**n** *n* martelage *m*.
'**Hammer**|**werfen** *n*, '~**wurf** *m* lancement *m* du marteau.
Hämorrhoiden [hɛmɔroi'dən] *pl.* (15) hémorroïdes *f/pl.*
Hampelmann ['hampəl-] *m* (1^2) pantin *m*.
Hamster ['hamstər] *m* (7) 'hamster *m*; '~**er** *m* stockeur *m*; ♀**n** (29) faire des provisions illicites.
Hand [hant] *f* (14^1) main *f*; *Fußball*: (faute *f* de) main *f*; ~ *aufs Herz*! la main sur la conscience; ~ *in* ~ la main dans la main; ~ *drauf*! tope!; je vous en donne ma parole; *Hände hoch*! 'haut les mains!; *Hände weg*! n'y touchez pas!; *die* ~ *von etw. lassen* ne pas toucher à qch.; ne pas se mêler à (*od.* de) qch.; *j-m die* ~ *drücken* serrer la main à q.; *die* ~ *bei etw. im Spiel haben* être mêlé à qch.; *die* ~ *auf etw.* (*acc.*) *legen* saisir qch.; se saisir de qch.; ~ *an sich* (*acc.*) *legen* attenter à ses jours; *alle Hände voll zu tun haben* ne plus savoir où donner de la tête; *weder noch Fuß haben fig.* n'avoir ni queue ni tête; *er ist m-e rechte* ~ il est mon bras droit; *an der* ~; *bei der* ~; *zur* ~ à la (*od.* sous la *od.* en) main; à portée de la main; *zu Händen von* à l'attention de; *etw. an* (*od. bei*) *der* ~ *halten* (*führen*) tenir (conduire) qch. par la main; *an die* ~ *nehmen* prendre par la main; *an die* ~ *geben* fournir, *fig.* suggérer; *j-m an die* ~ *gehen* donner un coup de main à q.; *das liegt auf der* ~ c'est évident; *j-n auf Händen tragen fig.* être aux petits soins pour q.; *etw. aus der* ~ *lassen* lâcher qch.; laisser tomber qch. des mains; *etw. aus der* ~ *geben* se dessaisir de qch.; *aus der* ~ *fressen* (*nehmen*) manger (prendre) dans la main; *aus der* ~ *schlagen* faire tomber des mains qch. à q.; *aus der* ~ *in den Mund leben* vivre au jour le jour; *aus erster* ~ de première main; *aus dritter* ~ indirectement; *das liegt in s-r* ~ c'est en son pouvoir; *etw. in*

Handarbeit — 823 — **Handgriff**

der ~ haben avoir qch. à la (*od.* dans la *od.* en) main; *j-m in die Hände arbeiten* faire le jeu de q.; *j-m etw. in die Hände spielen* livrer qch. à q.; *das läßt sich mit Händen greifen* on peut toucher cela au doigt; c'est manifeste; *ihm sind die Hände gebunden fig.* il a les mains liées; *an Händen und Füßen gebunden* pieds et poings liés; *mit Händen und Füßen um sich schlagen* se défendre à coups de pieds et à coups de poings; *die Hände in die Seite stemmen* se camper les poings (*od.* les mains) sur les *hanches*; *mit der ~ über etw. (acc.) streichen* passer la main sur qch.; *mit der ~ gemacht* fait à la main; *von langer ~* de longue main; *etw. von der ~ weisen* repousser qch.; *die Arbeit geht ihm leicht von der ~* il a le travail facile.

'**Hand|-arbeit** *f* travail *m* manuel; *weibliche ~en pl.* ouvrages *m/pl.* à l'aiguille; **~arbeiter(in** *f) m* ouvrier *m*, -ière *f*; **~aufheben** *n durch ~ abstimmen* voter à main levée; **~ausgabe** *f* édition *f* portative; **~ball** *m* 'hand-ball *m*; **~bewegung** *f* geste *m* de la main; **~breit** large comme la main; **~bremse** *f* frein *m* à main; **~buch** *n* manuel *m*. [*f* de main.]

Hände|druck ['hɛndə-] *m* poignée)

Handel ['handəl] *m* (7[1]) commerce *m*; (*~ im großen und mit dem Ausland*) *a.* ~ *und Wandel* trafic *m*; ~ *treiben* = ⁲n.

Händel ['hɛndəl] *m/pl.* querelle *f*; *~ suchen mit j-m* chercher querelle à q.

handeln ['handəln] (29) agir; (*behandeln*) traiter (*von* de); avoir pour sujet; † commercer (*mit j-m* avec q.); (*feilschen*) marchander; *es handelt sich um* il s'agit de; *mit sich ~ lassen* se montrer traitable.

'**Handels|-abkommen** *n* accord *m* commercial; **~adreßbuch** *n* annuaire *m* du commerce; **~agent** *m* agent *m* commercial; **~artikel** *m* article *m* de commerce; **~bericht** *m* rapport *m* commercial; **~beziehungen** *f/pl.* relations *f/pl.* commerciales; **~bilanz** *f* bilan *m* commercial; **~brauch** *m* usance *f*; ⁲**-einig**, ⁲**-eins** *~ sein (werden)* être (tomber) d'accord en affaire; convenir du prix; **~firma** *f* raison *f* sociale; **~flagge** *f* pavillon *m*; **~flotte** *f* flotte *f* marchande; **~freiheit** *f* liberté *f* du commerce; **~gericht** *n* tribunal *m* de commerce; ⁲**gerichtlich** consulaire; **~gesellschaft** *f* société *f* commerciale; **~gesetzbuch** *n* code *m* de commerce; **~herr** *m* commerçant *m*; **~hochschule** *f* école *f* supérieure de commerce; **~interessen** *n/pl.* intérêts *m/pl.* commerciaux; **~kammer** *f* chambre *f* de commerce; **~korrespondenz** *f* correspondance *f* commerciale; **~mann** *m* marchand *m*; commerçant *m*; **~marine** *f* marine *f* marchande; **~minister** *m* ministre *m* du commerce; **~niederlassung** *f* factorerie *f*; **~platz** *m* place *f* de commerce; **~politik** *f* politique *f* commerciale; **~recht** *n* droit *m* commercial; **~register** *n* registre *m* du commerce; **~reisende(r)** *m* voyageur *m* de commerce; **~schiff** *n* navire *m* marchand; **~schule** *f* école *f* de commerce; **~sperre** *f* embargo *m*; **~stadt** *f* ville *f* commerçante; **~teil** *m Zeitung*: rubrique *f* commerciale.

'**Händel|sucht** *f* humeur *f* querelleuse; ⁲**süchtig** querelleur.

'**Handels|-unternehmen** *n* entreprise *f* commerciale; **~verbindungen** *f/pl.* relations *f/pl.* commerciales; **~vertrag** *m* traité *m* de commerce; **~vertreter** *m* représentant *m* de commerce; **~volk** *n* peuple *m* commerçant; **~ware** *f* article *m* de commerce; **~zeichen** *n* marque *f*; **~zweig** *m* branche *f* de commerce.

'**handeltreibend** commerçant.

'**händeringend** (*en*) *se tordant les mains*.

'**Hand|feger** *m* balayette *f*; **~fertigkeit** *f* dextérité *f*; **~fessel** *f* menotte *f*; ⁲**fest** robuste; **~feuerwaffe** *f* arme *f* à feu portative; **~fläche** *f* paume *f* de la main; **~geld** *n* arrhes *f/pl.*; **~gelenk** *n* poignet *m*; ⁲**gemein:** ~ *werden* en venir aux mains; **~gemenge** *n* mêlée *f*; **~gepäck** *n* bagages *m/pl.* à main; **~granate** *f* grenade *f* (à main); ⁲**greiflich** palpable; (*augenscheinlich*) évident; ~ *werden* en venir aux mains; **~griff** *m* poignée *f*; (*Bewe-*

Handhabe — 824 — **Harmonie**

gung) manipulation *f*; '~habe *f* (15) maniement *m*; *fig.* prise *f*; ~ bieten donner prise; 'Ωhaben (25) manier; manipuler; ⚛ appliquer; '~habung *f* maniement *m*; manipulation *f*; ⚛ application *f*; '~hebel *m* levier *m* à main; '~karren *m* charrette *f* à bras; '~koffer *m* valise *f*; '~korb *m* panier *m* à anse; '~kurbel *f* manivelle *f*; '~kuß *m* baisemain *m*; '~langer *m* (7) manœuvre *m*; *bei Maurern*: aide-maçon *m*; '~laterne *f* lanterne *f* portative.

Händler(in *f*) ['hɛndlər] *m* (7) marchand *m*, -e *f*; vendeur *m*, -euse *f*.

'**Hand|lesekunst** *f* chiromancie *f*; '~leuchter *m* bougeoir *m*; 'Ωlich maniable; *fig.* traitable; '~lung *f* action *f*; acte *m*; ✝ commerce *m*; trafic *m*; (*Laden*) boutique *f*, *große*: magasin *m*.

'**Handlungs|bevollmächtigte(r)** *m* fondé *m* de pouvoir; '~freiheit *f* liberté *f* d'action; '~gehilfe *m* employé *m* de commerce; '~reisende(r) *m* voyageur *m* de commerce; '~vollmacht *f* procuration *f*; '~weise *f* manière *f* d'agir; (*Verfahren*) procédé *m*.

'**Hand|pflege(rin)** *f* manucure *f*; '~presse *f* presse *f* à bras; '~reichung *f* assistance *f*; coup *m* de main; '~schelle *f* menotte *f*; '~schlag *m fig.* promesse *f* solennelle; (*Händedruck*) poignée *f* de main; '~schreiben *n* (lettre *f*) autographe *m*; '~schrift *f* écriture *f*; (*Schriftwerk*) manuscrit *m*; '~schriftendeuter *m* graphologue *m*; '~schriftendeutung *f* graphologie *f*; '~schriftenkunde *f* paléographie *f*; 'Ωschriftlich écrit à la main; manuscrit; *adv.* par écrit; '~schuh *m* gant *m*; '~schuhladen *m* ganterie *f*; '~schuhmacher *m* gantier *m*; '~spiegel *m* miroir *m* à main; '~streich *m* coup *m* de main; '~tasche *f* sac *m* à main; '~tuch *n* serviette *f*; essuie-main *m*; '~tuchhalter *m* porte-serviette *f*; '~umdrehen *n*: *im* ~ en un tournemain; '~voll *f* poignée *f*; '~wagen *m* charrette *f* à bras; '~werk *n* métier *m*; *weitS.* profession *f*; *coll.* artisanat *m*; *j-m das* ~ *legen* mettre fin aux menées de q.; *j-m ins* ~ *pfuschen* aller sur les brisées de q.; '~werker *m* (7) ouvrier *m*; artisan *m*; '~werk-

kerstand *m* artisanat *m*; '~werksbetrieb *m* entreprise *f* artisanale; '~werksbursch(e) *m* compagnon *m*; '~werkskammer *f* chambre *f* des métiers (*od.* d'artisanat); '~werkswesen *n* artisanat *m*; '~werkszeug *n* outils *m*/*pl.*; '~wurzel *f* poignet *m*; '~zeichnung *f* (6) dessin *m* fait à la main.

hanebüchen ['haːnəbyːçən] inouï.

Hanf [hanf] *m* (3) chanvre *m*; '~leinen *n* toile *f* de chanvre.

Hänfling ['hɛnflɪŋ] *m* (3¹) linot *m*, linotte *f*.

'**Hanfsame(n)** *m* chènevis *m*.

Hang [haŋ] *m* (3¹) pente *f*; *fig.* penchant *m* (*zu* à); inclination *f* (à).

Hänge|boden ['hɛŋə-] *m* soupente *f*; '~brücke *f* pont *m* suspendu; '~lampe *f* suspension *f*; '~lippe *f* lippe *f*; '~matte *f* 'hamac *m*.

'**hangen** = *hängen v/i.*

hängen ['hɛŋən] **1.** (30) *v/i.* être (sus-)pendu; être accroché; *v/t.* pendre; suspendre; (*anhaken*) accrocher; *sich an j-n* ~ s'attacher à q.; **2.** Ω *n*: *mit* ~ *und Würgen* F à grand-peine; '~bleiben (30): ~ *an* (*dat.*) rester accroché à.

'**Hängeschloß** *n* cadenas *m*.

Hannover [haˈnoːfər] *n* Hanovre *f*.

Hänsel|ei [hɛnzəˈlaɪ] *f* brimade *f*; taquinerie *f*; 'Ωn brimer; taquiner.

Hansestadt *f* ville *f* 'hanséatique.

Hanswurst ['hans-] *m* (3²) arlequin *m*; ~iade [~ziˈaːdə] *f* arlequinade *f*.

Hantel ['hantəl] *f* haltère *m*; 'Ωn (29) faire l'exercice des haltères.

hantieren [~ˈtiːrən] **1.** *v/i.* manier; manipuler; **2.** Ω *n* occupation *f*; (*Handhabung*) maniement *m*.

hapern ['haːpərn] (29) clocher.

Happ|en ['hapən] *m* (6) bouchée *f*; 'Ωig avide.

Harem ['haːrem] *m* (11) 'harem *m*.

hären ['hɛːrən]: ~*es Gewand* 'haire *f*.

Harfe ['harfə] *f* (15) 'harpe *f*; ~nist(in *f*) *m* (12), ~nspieler(in *f*) *m* 'harpiste *m*. [(25) râteler.]

Harke ['harkə] *f* (15) râteau *m*; 'Ωn⌋

Harlekin ['harləkiːn] *m* (3¹) arlequin *m*; ~ade [~ˈnaːdə] *f* arlequinade *f*.

Harm [harm] *m* affliction *f*.

härmen ['hɛrmən]: *sich* ~ s'affliger.

'**harm|los** innocent; inoffensif; anodin; 'Ωlosigkeit *f* innocence *f*; Ωonie [~oˈniː] *f* harmonie *f*; ~o-

harmonieren — 825 — **häufen**

nieren [~o'ni:rən] s'accorder (*mit avec*); *mit j-m ~* s'entendre avec q.
Harmoñ|ika [har'mo:nika:] *f* (16² *u.* 11) accordéon *m*; ♀**isch** harmonieux; **~ium** [~ium] *n* harmonium *m*.
Harn [harn] *m* (3) urine *f*; **~blase** *f* vessie *f*; ♀**en** (25) uriner.
Harnisch ['harniʃ] *m* (3²) 'harnais *m*; (*Brust*♀) cuirasse *f*; *fig. in ~ geraten* s'emporter; *j-n in ~ bringen* exaspérer q.
'**Harn|röhre** *f* urètre *m*; **~ruhr** *f* diabète *m*; **~säure** *f* acide *m* urique; **~untersuchung** *f* analyse *f* d'urine; **~zwang** *m* strangurie *f*.
Harpun|e [har'pu:nə] *f* (15) 'harpon *m*; ♀**ieren** [~'ni:rən] 'harponner.
harren ['harən] (25): *e-r Sache* (*gén.*) *~* attendre qch. impatiemment.
hart [hart] dur; (*rauh*) rude; (*mühevoll*) pénible; (*streng*) rigoureux, *adv. ~ an* (*dat.*) tout près de; *~ machen* (en)durcir; *~ werden* (se) durcir; *~ auf ~* acharné; *e-e ~e Nuß zu knacken geben* donner du fil à retordre; *e-n ~en Stand haben* être dans une position difficile.
Härte ['hɛrtə] *f* (15) dureté *f*; *Haut:* rudesse *f*; *Stahl:* trempe *f*; *fig.* rigueur *f*; (*streng*) rigoureux; ♀**n** (26) durcir; *Stahl:* tremper; **~n** *n Stahl:* trempe *f*.
'**hart|gekocht**, **~gesotten** dur; *fig.* endurci; ♀**geld** *n* espèces *f/pl.* sonnantes; **~gummi** *m* ébonite *f*; **~herzig** dur; ♀**herzigkeit** *f* dureté *f*; **~hörig** qui a l'oreille dure; **~köpfig** [~kœpfiç] entêté; têtu; **~leibig** constipé; ♀**leibigkeit** [~laibiçkart] *f* constipation *f*; **~näckig** [~nɛkiç] opiniâtre; (*eigensinnig*) obstiné; *~ auf etw.* (*dat.*) *bestehen* s'obstiner à faire qch.; ♀**näckigkeit** *f* opiniâtreté *f*; obstination *f*.
Harz [ha:rts] *n* (3²) résine *f*; (*Gebirge*) *der ~* le Harz; ♀**ig** résineux.
Haschee [ha'ʃe:] *n cuis.* 'hachis *m*.
haschen ['haʃən] (27) attraper.
Häscher ['hɛʃər] *m* (7) sbire *m*.
Hase ['ha:zə] *m* (13) lièvre *m*; (*Häsin*) 'hase *f*; *fig.* poltron *m*; *da liegt der ~ im Pfeffer* F voilà le hic.
Hasel ['ha:zəl] *f* coudrier *m*; noisetier *m*; **~gebüsch** *n* coudraie *f*; **~huhn** *n* gelinotte *f*; **~maus** *f* muscardin *m*; **~nuß** *f* noisette *f*; **~rute** *f* baguette *f* de coudrier; **~strauch** *m* = Hasel.

Hasen|braten *m* lièvre *m* rôti; **~fuß** *m fig.* poltron *m*; **~jagd** *f* chasse *f* au lièvre; **~panier** *n*: *das ~ ergreifen* prendre la poudre d'escampette; **~pfeffer** *m* civet *m* de lièvre; **~scharte** *s&* *f* bec-de-lièvre *m*.
Haspe ['haspə] *f* (15) gond *m*; (*Fenster-, Türband*) penture *f*; **~l** *f* (15) (*Garn*♀) dévidoir *m*; *zum Emporwinden:* treuil *m*; ♀**ln** (29) dévider; (*empor~*) guinder.
Haß [has] *m* (4) 'haine *f* (*gegen* de).
hassen ['hasən] (28) haïr; **~swert** 'haïssable; (*verhaßt*) odieux.
häßlich ['hɛsliç] laid; *fig. a.* vilain; *~ machen*; *~ werden* enlaidir; ♀**keit** *f* laideur *f*.
Hast *f* (16) 'hâte *f*; précipitation *f*; ♀**en** (26) se hâter; se précipiter; ♀**ig** précipité; *adv.* en toute 'hâte; précipitamment.
Hätschel|ei [hɛ:tʃə'lar] *f* caresses *f/pl.*; ♀**n** (29) caresser; (*verzärteln*) dorloter; choyer.
Häubchen ['hɔypçən] *n* (6) petit bonnet *m*; (*Kinder*♀) béguin *m*.
Haube ['haubə] *f* (15) bonnet *m*; coiffe *f*; *Auto:* capot *m*; *Vogel:* 'huppe *f*; *unter die ~ bringen fig.* marier; **~nlerche** *f* alouette *f* 'huppée. [*m*.|
Haubitze [hau'bitsə] *f* (15) obusier|
Hauch [haux] *m* (3) souffle *m*; (*Atem*) haleine *f*; *gr.* aspiration *f*; ♀**dünn** léger comme un souffle; ♀**en** (25) souffler; *gr.* aspirer; **~laut** *m* consonne *f* aspirée.
'**Hau|degen** *m* (6) espadon *m*; *fig.* sabreur *m*; *alter ~* vieux soudard *m*; ♀**en** ['hauən] (30) frapper; battre; (*fällen*) abattre; *Holz:* fendre; *Stein:* tailler; *Loch:* faire; *um sich ~* frapper à droite et à gauche; **~er** *m* ⚒ mineur *m*; *ch.* défense *f*.
Haufe ['haufə] (13¹), **~n** (6) *m* tas *m*; amas *m*; monceau *m*; *geschichteter:* pile *f*; (*Menge*) foule *f*; (*Schar*) troupe *f*; *~ Kinder* marmaille *f*; *über den ~n werfen* culbuter, *fig.* faire *fi* de; *über den ~n schießen* abattre d'un coup de feu.
häufeln ['hɔyfəln] (29) mettre en tas; ✓ butter.
häufen (25) **1.** entasser; accumuler; **2.** ♀ *n* entassement *m*; accumulation *f*.

haufen|weise en tas; en masse; **⁀wolke** f cumulus m.
'häufig fréquent; adv. a. souvent; **⁀keit** f fréquence f.
'Hauklotz m (3² u. ³) billot m.
Haupt [haupt] n (1²) tête f; fig. chef m; **⁀altar** m maître-autel m; **⁀bahnhof** m gare f centrale; **⁀bestandteil** m élément m principal; **⁀buch** n grand livre m; sommier m; **⁀eingang** m entrée f principale; **⁀erbe** m (**⁀erbin** f) héritier m (-ière f) principal(e); **⁀geschäft** n maison f mère; **⁀gewinn** m gros lot m; **⁀kasse** f caisse f centrale.
'Häuptling m (3¹) chef m de tribu (de bande, etc.); **⁀**s la tête f première.
'Haupt|linie f ligne f principale; **⁀mann** m (1) capitaine m; **⁀masse** f gros m; **⁀merkmal** n caractère m distinctif; **⁀nenner** m dénominateur m commun; **⁀ort** m chef-lieu m; **⁀person** f personnage m principal; **⁀post-amt** n poste f centrale; **⁀punkt** m point m cardinal; **⁀quartier** n grand quartier m général; **⁀rolle** f thé. u. fig. premier rôle m; fig. a. rôle m principal; **⁀sache** f essentiel m; principal m; in der **⁀** au fond; (besonders) surtout; **⁀**'sächlich principal; essentiel; capital; adv. a. surtout; avant tout; **⁀satz** gr. m proposition f principale; **⁀schlag-ader** f aorte f; **⁀schlüssel** m passe-partout m; **⁀schriftleiter** m rédacteur m en chef; **⁀schwierigkeit** f principale difficulté f; F 'hic m; **⁀sehenswürdigkeit** f clou m; **⁀stadt** f capitale f; métropole f; **⁀**'städtisch métropolitain; **⁀straße** f grande route f; in e-r Stadt: grande rue f; **⁀stück** n pièce f principale; rl. article m principal; **⁀teil** m partie f principale; **⁀treffer** m = **⁀**gewinn; **⁀treppe** f grand escalier m; **⁀unterschied** m différence f essentielle; **⁀verfahren** n procédure f définitive; **⁀versammlung** f assemblée f générale; **⁀wort** n substantif m.
Haus [haus] n (2¹) maison f; (Wohnung) logis m; domicile m; parl. Chambre f; (Familie) famille f; dynastie f; (Firma) maison f; firme f; zu **⁀**e sein être à la maison (od. chez soi); viel zu **⁀**e hocken être casanier; nach **⁀**e gehen rentrer à la maison (od. chez soi); j-n nach **⁀**e bringen reconduire q. à la maison; zu **⁀**e arbeiten travailler à domicile; ins **⁀** liefern livrer à domicile; aus dem **⁀** bringen faire sortir; j-n aus dem **⁀**e stoßen chasser q. de la maison; von **⁀** zu **⁀** gehen aller de porte en porte; bei mir zu **⁀**e (in m-r Heimat) dans mon pays; wo sind Sie zu **⁀**? de quel pays êtes-vous? im **⁀**e von chez; von **⁀** aus originairement; in etw. (dat.) zu **⁀**e sein être au fait de qch.; herzliche Grüße von **⁀** zu **⁀** bien des choses de nous tous à tous les vôtres; **⁀angestellte**(r m) m, f domestique m, f; **⁀anzug** m vêtement m d'intérieur; **⁀apotheke** f pharmacie f de famille; **⁀arbeit** f travaux m/pl. du ménage; Schule: devoir m;(Heimarbeit) travail m à domicile; **⁀arrest** m (haben être aux) arrêts m/pl. (à la chambre); **⁀arzt** m médecin m de la famille; **⁀aufgabe** f Schule: devoir m; **⁀**'backen de ménage; fig. terre à terre; **⁀besitzer**(in f) m propriétaire m, f; **⁀bewohner** m habitant m; locataire m; **⁀brand** m charbon m pour usage domestique.
Häus·chen ['hɔʏsçən] n (6) maisonnette f; aus dem **⁀** sein avoir perdu la tête; j-n aus dem **⁀** bringen mettre q. 'hors de lui.
'Haus|dame f gouvernante f; **⁀diener** m domestique m; **⁀drache** m fig. mégère f.
hausen ['hauzən] (27) (wohnen) demeurer; habiter; loger; (Unwesen treiben) faire des ravages.
'Häuser|block m pâté m de maisons; **⁀makler** m courtier m en immeubles; **⁀reihe** f rangée f de maisons.
'Haus|flur m vestibule m; **⁀frau** f maîtresse f de maison; (gute) (bonne) ménagère f; **⁀freund** m ami m de la maison; péj. sigisbée m; **⁀friedensbruch** m violation f de domicile; **⁀gebrauch** m usage m domestique; **⁀gehilfin** f aide f de ménage; **⁀genosse** m colocataire m; **⁀gerät** n mobilier m; ustensiles m/pl. de ménage; **⁀gesinde** n domestiques m/pl.; **⁀halt** m ménage m; Staat: budget m; **⁀**'halten tenir le ménage; mit etw. **⁀** être économe de qch.; **⁀hälterin** f femme f de ménage; gouvernante f; **⁀**'hälterisch ménager; économe; **⁀halts-**

Haushaltsarbeit — 827 — **Hebung**

arbeit f travail m ménager; '~halts-artikel m article m de ménage; '~haltsplan m parl. budget m; '~haltung f tenue f d'un ménage; '~haltungsschule f école f ménagère; '~haltungsvorstand m chef m de famille; '~herr(in f) m maître m, -esse f de maison; (Gastgeber) hôte m, -esse f; ²hoch fig. énorme; '~hund m chien m du logis; zo. chien m domestique.

hausier|en [⸗'ziːrən]: mit etw. ~ colporter qch.; ²er(in f) m (7) marchand m, -e f ambulant, colporteur m, -euse f; colportage m.

'Haus|-industrie f industrie f à domicile; '~kleid n robe f d'intérieur; '~lehrer m précepteur m.

häuslich ['hɔʏslɪç] domestique; (haushälterisch) ménager; ([zu]viel im Hause) casanier; sich ~ niederlassen s'installer; ~e Frau femme f d'intérieur; ~es Leben vie f de famille; ~e Angelegenheit affaire f privée; ²keit f intérieur m; vie f de famille; (Liebe zum Hause) goût m de la vie de famille.

'Haus|mädchen n bonne f; '~mannskost f cuisine f bourgeoise; '~marder m fouine f; martre f; '~meister m concierge m; '~meisterwohnung f loge f de concierge; '~miete f loyer m; '~mittel n recette f de famille; remède m de bonne femme; Pension: patronne f; '~ordnung f règlement m; '~personal n personnel m; gens m/pl. de maison; '~rat m = ~gerät; '~recht n droit m du maître de maison; '~schlüssel m clef f de la maison; '~schneiderin f couturière f à domicile; '~schuhe m/pl. pantoufles f/pl.

Hausse ✝ ['hoːsə] f (15) 'hausse f.

'Haus|stand m ménage m; e-n ~ gründen fonder une famille; '~suchung f visite f domiciliaire; bei j-m e-e ~ vornehmen faire une descente de justice chez q.; '~telefon n téléphone m privé; '~tier n animal m domestique; '~tor n porte f cochère; '~trauer f deuil m de famille; '~tür f porte f de la maison; '~vater m père m de famille; '~verwalter m intendant m; gérant m; '~verwaltung f gérance f; '~wart m (3) concierge m; '~wirt(in f) m propriétaire (F proprio) m, f; '~wirtschaft f économie f domestique; (Haushalt) ménage m; ²wirtschaftlich ménager; '~wirtschaftsschau f salon m des arts ménagers; '~zinssteuer f impôt m sur les loyers.

Haut [haʊt] f (14¹) peau f; anat. derme m; Obst: pelure f; die ~ abziehen dépouiller; écorcher; er ist nur ~ und Knochen il n'a que la peau et les os; aus der ~ fahren être 'hors de soi; sich s-r ~ wehren défendre sa peau; s-e ~ zu Markte tragen risquer sa peau; mit ~ und Haaren en entier; cuir et poil; '~abschürfung f excoriation f; '~arzt m dermatologue m; '~ausschlag m éruption f; eczéma m.

Häut|chen ['hɔʏtçən] n (6) pellicule f; membrane f; ²en (26): sich ~ changer de peau; zo. muer; ~er n, '~ung zo. f mue f.

'Haut|-entzündung f inflammation f de la peau; dermatite f; '~farbe f teint m; '~jucken n démangeaisons f/pl.; prurit m; '~krankheit f maladie f de la peau; dermatose f; '~pflege f hygiène f de la peau; '~salbe f onguent m pour la peau.

Havanna [ha'vana:] la Havane; ~zigarre f 'havane m.

Havarie [hava'riː] f (15) avarie f; ~ erleiden subir une avarie.

he! [heː]; 'holà!

Hebamme ['heːpᵊamə] f sage-femme f; accoucheuse f.

'Hebe|baum m levier m; '~bock m chèvre f; '~kran m grue f; ~l m levier m; kleiner: manette f; alle ~ in Bewegung setzen faire jouer tous les ressorts; '~l-arm m bras m de levier.

h'eben ['heːbən] 1. (30) lever; élever; (an~) soulever; (vergrößern) augmenter; ⚓ renflouer; (erhöhen) (re)hausser; fig. faire ressortir; Brüche: simplifier; e-n ~ F (trinken) lever le coude; 2. ² n élévation f; (Vergrößern) augmentation f; ⚓ renflouage m.

'Heber m (7) phys. siphon m; ⊕ levier m; Auto: cric m.

'Hebe|vorrichtung f, '~werk n élévateur m; '~winde f cric m.

he'bräisch hébreu m, hébraïque f.

'Hebung f relèvement m (a. Ni-

Hechel

veau); *(Vergrößerung)* augmentation *f*; *Schiff*: renflouage *m*; *mét.* syllabe *f* accentuée.
Hechel ['hɛçəl] *f* (15) séran *m*; 2en (29) sérancer; *fig. j-n ~ (durch~)* critiquer q.; déchirer q. à belles dents.
Hecht [hɛçt] *m* (3) brochet *m*.
Heck ⚓ [hɛk] *n* (3) arrière *m*; poupe *f*; ~e ['hɛkə] *f* (15) 'haie *f*; *(Brut)* couvée *f*, nichée *f*; 2en (25) pondre et couver; nicher; *fig.* imaginer; '~en *n* ponte *f*; '~en**rose** *f* églantine *f*; '~en**schere** *f* sécateur *m*; '~en**schütze** *m* franc-tireur *m*; '~**motor** *m* moteur *m* (à l')arrière; '~**zeit** *f* ponte *f*.
heda! ['he:da:] 'holà!; 'hé!
Heer [he:r] *n* (3) armée *f*; *fig.* foule *f*; *(Schwarm)* nuée *f*; '~es**gruppe** *f* groupe *m* d'armées; '~es**leitung** *f* 'haut commandement *m*; '~**führer** *m* chef *m* d'une armée; général *m*; '~**lager** *m* camp *m*; '~**schar** *f* armée *f*; *die himmlischen ~en* les légions *f/pl.* célestes; '~**schau** *f* revue *f*; '~**straße** *f* route *f* militaire; '~**wesen** *n* armée *f*.
Hefe ['he:fə] *f* (15) levain *m*; levure *f*; *fig.* lie *f*; '~**kuchen** *m* gâteau *m*.
Heft [hɛft] *n* (3) *(Griff)* manche *m*; *Degen*: poignée *f*; *(Schreib*2) cahier *m*; *(Lese*2) brochure *f*; *(Lieferung)* fascicule *m*; livraison *f*; *das ~ in Händen haben* tenir le gouvernail; 2en (26) attacher; *(hefteln)* agrafer; *(vornähen)* faufiler; *Buch*: brocher; *Augen*: fixer; '~**er** *m* classeur *m*; *s. a. ~maschine*; '~**faden** *m* faufil *m*.
heftig ['hɛftiç] véhément; violent; impétueux, *(leidenschaftlich)* passionné; intense; *(aufbrausend)* emporté; *~ werden* s'emporter; 2**keit** *f* véhémence *f*; violence *f*; impétuosité *f*; intensité *f*.
'**Heft**|**klammer** *f* attache *f (der Heftmaschine):* agrafe *f* (de bureau); '~**mappe** *f* classeur *m*; '~**maschine** *f* agrafeuse *f*; *Bücher*: brocheuse *f*; '~**naht** *f* faufilure *f*; '~**pflaster** *n* emplâtre *m*; bande *f* adhésive; *englisches ~* taffetas *m* d'Angleterre; '~**zwecke** *f* punaise *f*.
hegen ['he:ɡən] (25) garder; conserver; *j-n ~* prendre soin de q.; *j-n ~ und pflegen* choyer q.; *Hoffnung*: nourrir.
Hehl [he:l] *n* (3): *kein ~ aus etw.*

Heilkraut

machen ne pas se cacher de qch.; 2en ɛts (25) receler; '~**er(in** *f*) *m* receleur *m*, -euse *f*; ~**erei** [~'raɪ] *f* recel *m*; recèlement *m*.
hehr [he:r] auguste; sublime.
Heid|**e** ['haɪdə] *m*, '~**in** *f* (13) païen *m*, -ne *f*; *bibl. ~n pl.* gentils *m/pl.*; '~**e** *f* bruyère *f*; *(Landschaft)* lande *f*; '~**kraut** *n* bruyère *f*.
'**Heidelbeere** *f* airelle *f*, myrtille *f*.
'**Heiden**|**angst** *f* peur *f* bleue; frousse *f*; '~**geld** F *n* argent *m* fou; '~**lärm** *m* vacarme *m* infernal; '2**mäßig** *fig.* F énorme; '~**tum** *n* (1²) paganisme *m*. ~ (églantine *f*).
Heideröschen ['~rø:sçən] *n* petite
heidnisch ['haɪtnɪʃ] païen.
Heidschnucke *f* brebis *f* des landes.
heikel ['haɪkəl] difficile; *Sache*: épineux.
heil [haɪl] **1.** *(gesund)* sain et sauf; *(geheilt)* guéri; *(intakt)* intact; *(ganz)* entier; *mit ~er Haut davonkommen* l'échapper belle; **2.** 2 *n* (3) salut *m*; *~! salut!;* ~ *dem König!* vive le roi!; *sein ~ versuchen* tenter fortune.
Heiland ['haɪlant] *m* (3) Sauveur *m*.
'**Heil**|**anstalt** *f* sanatorium *m*; *(Irrenanstalt)* maison *f* d'aliénés; '~**bad** *n* ville *f* d'eaux; station *f* thermale; '2**bar** guérissable; '2**barkeit** *f* curabilité *f*; '2**bringend** salutaire; '2en (25) *v/t.* guérir; *(abhelfen)* remédier à; *v/i.* (se) guérir; *Wunde*: se cicatriser; '~**gehilfe** *m* aide-médecin *m*; '~**gymnastik** *f* gymnastique *f* médicale.
heilig ['haɪlɪç] saint; *(geheiligt)* sacré; *die 2e Schrift* l'Écriture *f* sainte; la Bible; *die ~en drei Könige* les trois mages; *Fest der ~en drei Könige* jour *m* des Rois; Épiphanie *f*; '2**abend** *m* veille *f* de Noël; '2**e(r** *a. m*) *m*, *f* saint *m*, -e *f*; '~**en** (25) sanctifier; '2**ung** *f* sanctification *f*; *(Weihe)* consécration *f*.
'**Heiligen**|**geschichte** *f* légende *f* des saints; '~**schein** *m* auréole *f* (*a. fig.*); *poet. a.* nimbe *m*; '~**schrein** *m* reliquaire *m*.
'**heilig**|**halten** vénérer; *Sonntag*: sanctifier; '2**haltung** *f Sonntag*: sanctification *f*; '2**keit** *f* sainteté *f*; '~**sprechen** canoniser; '~**sprechung** *f* canonisation *f*.
'**Heiligtum** *n* sanctuaire *m*.
'**Heil**|**kraft** *f* vertu *f* curative; '2**kräftig** curatif; salutaire; '~**kraut**

Heilkunde — 829 — **heißen**

n herbe *f* médicinale; '~kunde *f* médecine *f*; thérapeutique *f*; ²los inguérissable (*a. fig*); sans remède; '~magnetismus *m* mesmérisme *m*; '~massage *f* massage *m* thérapeutique; ~methode *f* méthode *f* thérapeutique (*od*. de traitement); '~mittel *n* remède *m*; '~pädagogik *f* pédagogie *f* thérapeutique; '~pflanze *f* plante *f* médicinale; '~praktiker *m* guérisseur *m*; '~quelle *f* source *f* médicinale; ²sam *Klima* = salutaire (*a. fig.*); salubre; '~s-armee *f* armée *f* du salut; '~s-armist(in *f*) *m* salutiste *m, f*; '~serum *n* sérum *m* antitoxique; '~stätte *f* sanatorium *m*; '~trank *m* potion *f*; *vét*. breuvage *m*; '~ung *f* guérison *f*; *Wunde*: cicatrisation *f*; '~verfahren *n* procédé *m* thérapeutique; traitement *m*.

Heim [haim] *n* (3) foyer *m*; domicile *m*; chez-soi *m*; '~arbeit *f* travail *m* à domicile; '~arbeiter(in *f*) *m* ouvrier *m*, -ière *f* en chambre.

Heimat ['haima:t] *f* (16) pays *m* (natal); patrie *f*; *engere*: terroir *m*; *aus der* ~ *vertreiben* expatrier; *in die* ~ *zurückschicken* rapatrier; '~dichter *m* poète régionaliste (*od*. du terroir); '~hafen *m* port *m* d'attache; '~kunde *f* géographie *f* locale; '~kunst *f* art *m* régional; '~land *n* = *Heimat*; ²lich (du pays) natal; ²los sans domicile; sans patrie; apatride; '~recht *n* droit *m* de patrie.

heim|begeben: *sich* ~ *se rendre chez soi*; rentrer; '~begleiten: *j-n* ~ raccompagner q.; ²chen *ent*. ['~çǝn] *n* (6) grillon *m*; ²fahrt *f* rentrée *f*; retour *m* (à la maison *resp*. au pays); '~führen ramener à la maison; reconduire; *e-e Braut* ~ prendre femme; ²gang *m* = ²fahrt; *fig*. trépas *m*; '~gehen rentrer chez soi; *fig*. trépasser; '~holen aller chercher; '~isch du pays; natal; domestique; (*eingeboren*) indigène; *sich* ~ *fühlen* se sentir (comme) chez soi; ~ *werden* s'acclimater; *in etw*. (*dat*.) ~ *sein* être familier avec qch.; '²kehr *f* (16) = ²fahrt; '~kehren rentrer; retourner; '~leuchten: *j-m* ~ *fig*. envoyer promener q.; '~lich secret; caché; *mv. p*. clandestin; (*traulich*) intime; *adv. a*. à la dérobée; en cachette; en tapinois; ~ *lachen* rire sous cape; ~ *tun*

f faire des cachotteries; '²lichkeit *f* secret *m*; mystère *m*; (*Traulichkeit*) intimité *f*; '²reise *f* = ²fahrt; '~schicken renvoyer (à la maison); *fig.* = ~leuchten; '²stätte *f* asile *m*; *fig.* berceau *m*; '²stättengesellschaft *f* société *f* de constructions familiales; '~suchen affliger; frapper; (*verwüsten*) infester; *rl*. visiter; '²suchung *f* affliction *f*; épreuve *f*; ~ *Mariä* Visitation *f* de la Vierge; '²tücke *f* perfidie *f*; sournoiserie *f*; '~tückisch perfide; sournois; '²weg *m* retour *m*; *sich auf den* ~ *machen* se mettre en route pour rentrer; '²weh *n* mal *m* du pays; nostalgie *f*; '²wehr *f* garde *f* nationale; '~zahlen: *j-m etw.* ~ rendre la pareille à q.; '~ziehen rentrer.

Heinzelmännchen ['haintsǝlmɛnçǝn] *n* lutin *m*; gnome *m*.

Heirat ['haira:t] *f* (16) mariage *m*; '²en (26) *v/t*. épouser; se marier avec; *v/i*. se marier; prendre femme; *unter seinem Stande* ~ se mésallier; *aus Liebe* (*nach Geld*) ~ faire un mariage d'amour (d'argent).

'**Heirats**|-**antrag** *m* demande *f* en mariage; '~anzeige *f* faire-part *m* de mariage; (*Ehewunsch*) annonce *f* matrimoniale; '~büro *n* agence *f* matrimoniale; '²fähig mariable; *Mädchen*: nubile; '~gut *n* dot *f*; '~kandidat *m* prétendant *m*; '²lustig qui a envie de se marier; '²schwindler *m* escroc *m* en mariages; '~urkunde *f* acte *m* de mariage; '~vermittlung *f* = ~büro.

heischen ['haiʃǝn] demander.

heiser ['haizǝr] rauque; *vorübergehend*: enroué; *sich* ~ *schreien* s'égosiller; ~ *werden* s'enrouer; '~keit *f* raucité *f*; *vorübergehende*: enrouement *m*.

heiß (hais) chaud; *es ist* ~ il fait chaud; *mir ist* ~ j'ai chaud; *Zone*: torride; ~*e Quelle* source *f* thermale; *fig.* ardent; *da ging es* ~ *her* l'affaire fut chaude; *um den* ~*en Brei herumgehen* tourner autour du pot; ~ *machen*; ~ *werden* chauffer; '~blütig ardent; passionné.

heißen ['haisǝn] (30) *v/t*. appeler; nommer; (*befehlen*) ordonner; commander; *v/i.* s'appeler; se nommer; (*bedeuten*) signifier; vouloir dire; *das heißt* c'est-à-dire; *es heißt* on dit; *wie heißt das auf französisch?*

Heißhunger — 830 — **Hemmung**

comment cela se dit-il en français?; *ich werde morgen kommen, das heißt, wenn ich kann* je viendrai demain, du moins si je peux.

'**Heiß|hunger** *m* faim *f* dévorante, fringale *f*; '²**hungrig** affamé (*nach de*); '²**laufen:** *sich ~* s'échauffer; '~**sporn** *m* tête *f* chaude.

heiter ['haɪtər] serein; (*fröhlich*) gai; joyeux; '²**keit** *f* sérénité *f*; gaieté *f*; (*Gelächter*) hilarité *f*.

'**Heiz|apparat** *m* calorifère *m*; '²**bar** qui peut être chauffé, '²**en** ['haɪtsən] (27) chauffer; *Zimmer: a.* faire du feu (dans); '~**er** *m* (7) chauffeur *m*; '~**fläche** *f* surface *f* de chauffe; '~**kissen** *n* coussin *m* chauffant (électrique); '~**körper** *m* radiateur *m*; '~**kraft** *f* puissance *f* calorifique; '~**material** *n* combustibles *m/pl.*; '~**öl** *n* mazout *m*; '~**raum** *m* ⊕ chambre *f* de chauffe; ⚓ chaufferie *f*; '~**sonne** *f* radiateur *m* électrique; '~**strom** *m* courant *m* de chauffage; '~**ung** *f* chauffage *m*; '~**vorrichtung** *f* = ~**apparat**; '~**wert** *m* pouvoir *m* calorifique.

Hektar ['hɛktaːr] *m u. n* hectare *m*.

hektographieren [hɛktogra'fiːrən] hectographier.

'**Hektoliter** *n* hectolitre *m*.

Held|in (*f*) ['hɛlt/'~dɪn] *m* héros *m*, héroïne *f*.

'**Helden|dichtung** *f* poésie *f* épique; '~**gedicht** *n* poème *m* épique; *altfranzösisch*: chanson *f* de geste; '²**haft** héroïque; '~**lied** *n* = ~**gedicht**; '~**mut** *m* héroïsme *m*; '²**mütig** ['~myːtɪç] héroïque; '~**sage** *f* légende *f* héroïque; '~**tat** *f* action *f* héroïque; exploit *m*; '~**tenor** *m* fort ténor *m*; '~**tod** *m* mort *f* héroïque; *den ~ sterben* mourir au champ d'honneur; '~**tum** *n* héroïsme *m*.

helfe|n ['hɛlfən] (30): *j-m ~* aider q.; assister q.; secourir q.; seconder q.; *~ gegen* être bon pour (*od.* efficace contre); *j-m bei der Arbeit ~* aider q. dans son travail; *was hilft's?* à quoi bon?; *das hilft nichts* cela ne sert à rien; *es half alles nichts* tout fut en vain; *so wahr mir Gott helfe* ainsi Dieu me soit en aide; *sich zu ~ wissen* savoir se débrouiller (*od.* se tirer d'affaire); *ich werde dir ~!* (*drohend*) attends, je saurai bien te trouver!; '²**r(in** *f*) *m* aide *m*, *f*;

assistant *m*, -e *f*; '²**rshelfer(in** *f*) *m* complice *m*, *f*.

Helium ['heːlium] *n* hélium *m*.

hell [hɛl] clair; (*erleuchtet*) éclairé; (*glänzend*) brillant; *Bier, Haar:* blond; *Kopf:* intelligent; *es wird ~* le jour vient; *es ist ~er Tag* il fait grand jour; *am ~en Tage* en plein jour; *bis in den ~en Tag hinein schlafen* faire la grasse matinée; *es bleibt lange ~* il fait jour longtemps; *~ machen* faire de la lumière; *~e Augenblicke* moments *m/pl.* de lucidité; *in ~en Haufen* en foule.

'**hell|blau** bleu clair; '~**blond** blond très clair; '²**dunkel** *n* clair-obscur *m*; '²**e** *f* clarté *f*; (*Licht*) lumière *f*.

Heller ['hɛlər] *m* (7) denier *m*; liard *m*; sou *m*; *keinen roten ~ haben* n'avoir ni sou ni maille; *alles auf ~ und Pfennig bezahlen* payer jusqu'au dernier centime.

'**hell|farbig** de ton clair; de couleur claire; '~**gelb** jaune clair; '~**glänzend** brillant d'un vif éclat; '~**grau** gris clair; '~**grün** vert clair; '~**hörig** qui a l'oreille fine; *~ werden* dresser l'oreille; '²**igkeit** *f* clarté *f*.

'**Hell|sehen** *n* seconde vue *f*; '~**seher(in** *f*) *m* voyant *m*, -e *f*; '²**seherisch** qui a la seconde vue; '²**sichtig** clairvoyant; lucide; '~**sichtigkeit** *f* clairvoyance *f*; lucidité *f*; '²**tönend** qui rend un son clair.

Helm [hɛlm] *m* (3) casque *m*; ⚙ (*a. ~dach n*) dôme *m*; coupole *f*; '~**busch** *m* panache *m*.

Hemd [hɛmt] (5) *n* chemise *f*; '~**ärmel** *m* manche *f* de chemise; '~**bluse** *f* chemisier *m*; '~**eneinsatz** *m* devant *m* de chemise; '~**enfabrikant** *m* chemisier *m*; '~**engeschäft** *n* chemiserie *f*; '~**enknopf** *m* bouton *m* de chemise; '~**enmatz F** ['~dənmats] *m* marmot *m*; '~**hose** *f* combinaison *f*; '~**kragen** *m* col *m*; '~**weite** *f* encolure *f*. [phère *m*.]

Hemisphäre [hemi'sfɛːrə] *f* hémis-

hemm|en ['hɛmən] (25) arrêter; retenir; (*bremsen*) freiner; entraver; (*behindern*) gêner; empêcher; (*verlangsamen*) ralentir; (*verzögern*) retarder; ⚕ inhiber; *Rad:* enrayer; '²**nis** *n* (4¹) entrave *f*; (*Hindernis*) obstacle *m*; empêchement *m*; '²**schuh** *m* sabot *m* d'arrêt; ⚙ cale *f*; *den ~ anlegen* enrayer; freiner; '²**ung** *f* arrêt *m*; ralentissement *m*;

hemmungslos — 831 — **Herausgabe**

fig. gêne *f*; ℞ inhibition *f*; ⊕ enrayement *m*; *Uhr*: échappement *m*; ~en haben se sentir gêné, éprouver de la gêne; '2ungslos sans gêne; '2vorrichtung *f* frein *m*.

Hengst [hɛŋst] *m* (3²) cheval *m* entier; (*bsd.* Zucht2) étalon *m*.

'**Henkel** *m* (7) anse *f*; *Topf*: *a.* oreille *f*; '~korb *m* panier *m* à anse.

henk|en ['hɛŋkən] pendre; '2en *n* pendaison *f*; '2er *m* (7) bourreau *m*; *amtlich*: exécuteur *m* des 'hautes œuvres; '2ersknecht *m* valet *m* de bourreau; '2ersmahl(zeit *f*) *n* dernier repas *m* du condamné; *fig.* dîner *m* d'adieu.

Henne ['hɛnə] *f* (15) poule *f*; *junge* ~ poulette *f*.

her [he:r] ici; par ici; ~ damit donnez-le-moi; *nur immer* ~! donnez-!; (~*bei*) approchez donc!; *von da* ~ de ce côté-là; de là; *Bier* ~! à boire!; *hinter j-m* ~ *sein* être aux trousses de q.; *hinter e-r Sache* ~ *sein* (pour)suivre une affaire; *es ist ein Jahr* ~ il y a un an.

herab [hɛ'rap] en bas; vers le bas; *von oben* ~ de haut; d'en 'haut (*a. fig.*); ~**bemühen** prier q. de descendre; ~**blicken** regarder en bas; *auf j-n* ~ regarder q. de haut; ~**bringen** descendre; ~**drücken** *Preis*: réduire; ~**fahren** descendre; ~**fallen** tomber; ~**fließen** découler; ~**führen** conduire en bas; ~**gehen** descendre; ~**hängen** pendre bas; ~**kommen** descendre; *fig.* baisser; ~**lassen** (laisser) descendre; ♱ rabattre; *Vorhänge usw.*: baisser; *fig. sich zu j-m* ~ se mettre à la portée de q.; *sich zu etw.* ~ condescendre à qch.; ~**lassend** condescendant; (*geringschätzig*) dédaigneux; 'hautain; 2**lassung** *f* condescendance *f*; ~**nehmen** descendre; ~**reichen** descendre; ~**sehen** = ~*blicken*; ~**setzen** mettre plus bas; (r)abaisser (*a. Preis*); *Preis*: réduire; diminuer; *Ruf*: discréditer; déprécier; 2**setzung** *f* abaissement *m*; *Preis*: rabais *m*; réduction; *Ruf*: dépréciation *f*; ~**sinken** descendre; ~**springen** sauter en bas; ~**steigen** descendre; ~**strömen** descendre en masse; tomber à flots; ~**stürzen** *v/t.* précipiter (du haut de); *v/i.* tomber (du haut de); ~**würdigen** dégrader; avilir; 2**würdigung** *f* dégradation *f*; avilissement *m*; ~**ziehen** tirer en bas; *fig.* abaisser.

heran [hɛ'ran] par ici; de ce côté; *nur* ~! approchez!

he'ran|bilden former; ~**bringen** approcher; apporter; ~**eilen** accourir; ~**holen** amener; *Radio*: capter; ~**kommen** approcher; arriver; ~**machen**: *sich an etw.* (*acc.*) ~ se mettre à qch.; *sich an j-n* ~ accoster q.; ~**nahen** = ~*kommen*; 2**nahen** *n* approche *f*; ~**reichen** atteindre (*an acc.* à); ~**rücken** *v/t.* approcher; *v/i.* (s')approcher; ~**schleichen** (s')approcher tout doucement; ~**treten**: *an j-n* ~ aborder q.; ~**wachsen** grandir; croître; se développer; ~**wagen**: *sich an etw.* (*acc.*) ~ oser approcher de qch.; ~**ziehen** attirer; (*aufziehen*) élever; (*herannahen*); approcher; *zum Kriegsdienst* ~ enrôler.

herauf [hɛ'rauf] vers le haut; en 'haut; ~**beschwören** évoquer; *Gefahr*: provoquer; ~**bitten** prier de monter; ~**bringen** monter; *j-n* ~ conduire q. en haut; ~**führen** conduire q. à monter; ~**helfen**: *j-m* ~ aider q. à monter; ~**holen** monter; ~**klettern** grimper en 'haut; ~**kommen** monter; ~**schrauben**, ~**setzen** *Preis*: 'hausser; ~**steigen** monter; ~**ziehen** *v/t.* tirer en 'haut; *v/i. Gewitter*: s'élever.

heraus [hɛ'raus] 'hors (de); (en) dehors; ~ *damit*! montrez (cela)!; ~ *mit der Sprache*! expliquez-vous!; ~-**arbeiten** dégager; *fig. sich* ~ se tirer d'affaire; ~**bekommen** parvenir à faire sortir; *Geständnis*: arracher; (*entdecken*) découvrir; *Rätsel*: deviner; *Geld*: avoir à recevoir; *Sie bekommen ... heraus* il vous revient ...; ~**bringen** porter dehors; *Wagen usw.*: sortir; *Fleck*: enlever; *Wort*: proférer; *Buch*: éditer; ~**dürfen** avoir la permission de sortir; ~**eilen** sortir à la hâte; ~**fallen** tomber dehors; ~**finden** découvrir; démêler; *fig. sich* ~ se reconnaître (dans); ~**fließen** couler dehors; 2**forderer** *m* provocateur *m*; *Sport*: challenger *m*; ~**fordern** provoquer; défier; *Sport*: challenger; ~**fordernd** provocant; 2**forderung** *f* provocation *f*; défi *m*; *Sport*: challenge *m*; ~**fühlen** sentir; deviner; 2**gabe** *f* remise *f*;

herausgeben restitution *f*; *Buch:* publication *f*; édition *f*; ~**geben** tendre; *(ausliefern)* délivrer; *(zurückerstatten)* restituer; *Geld:* rendre *(auf acc.* sur); *Buch:* publier; faire paraître; éditer; ℒ**geber** *m* éditeur *m*; ~**gehen** sortir; *beim* ♀ *au sortir de;* ~**gucken:** *aus der Tasche* ~ passer 'hors de la poche; *aus dem Fenster* ~ regarder par la fenêtre; ~**haben** avoir découvert; ~**hängen** suspendre au dehors; *sortir* (de); ~**helfen** aider à sortir (de); tirer d'embarras; ~**holen** sortir de; ~**kehren** faire voir; ~**klauben** éplucher; ~**kommen** sortir; *fig.* se tirer de; *Buch:* être publié; paraître; *(bekanntwerden)* s'ébruiter; *auf eins* ~ revenir au même; *dabei kommt nichts heraus* cela ne mène à rien; ~**können** pouvoir sortir; ~**kriechen** sortir en rampant; ~**lassen** laisser (resp. faire) sortir; *Gefangene:* relâcher; ~**laufen** courir dehors; sortir (en courant); ~**legen** mettre dehors; ~**lehnen:** *sich* ~ se pencher en (*od.* au) dehors; ~**lesen** trier; extraire; *aus e-m Text:* retirer de; ~**locken** attirer dehors; *ein Geheimnis aus j-m* ~ soutirer un secret à q.; ~**lösen** éliminer; ~**lügen:** *sich* ~ se tirer d'affaire par des mensonges; ~**machen** *Fleck:* enlever; *sich* ~ se remettre; ~**nehmen** retirer *(aus* de); sortir (de); *sich etw.* ~ se permettre qch.; ~**platzen** éclater; *lass etw.* ~ laisser échapper qch.; ~**pressen** exprimer; *Geld, Geständnis:* arracher; *aus j-m etw.* ~ extorquer qch. à q.; ~**putzen** parer; attifer; ~**ragen** faire saillie; *aus etw.* ~ s'élever au-dessus de (*od.* dominer) qch.; ~**reißen** arracher; *sich* ~ se tirer d'affaire; ~**rücken:** *Geld* ~ financer; *mit der Sprache* ~ se décider à parler; ~**rufen:** *j-n* ~ crier à q. de sortir; appeler q. au dehors; ~**schaffen** transporter dehors; ~**schauen** = ~**gucken;** ~**schlagen** *v/t. fig.* tirer *(aus* de); *s-e Kosten* ~ faire ses frais; *v/i.* jaillir; *Flamme:* sortir; ~**schleichen** glisser dehors; ~**schneiden** couper; découper *(aus* dans); ~**sehen** = ~**gucken;** ~**springen** sauter dehors; ~**spritzen** gicler; ~**stecken** mettre dehors; *Fahne:* arborer; ~**stellen** placer dehors; *(hervorheben)* mettre en évidence; *sich* ~ apparaître; ~**strecken** tendre; *Zunge:* tirer; ~**streichen** effacer; ôter; *(rühmen)* faire valoir; vanter; ~**strömen** se répandre au dehors; sortir à flots; ~**stürmen** sortir avec impétuosité; ~**stürzen** (*v/i.* se) précipiter dehors; *aus dem Fenster* ~ jeter par la fenêtre; ~**suchen** trier; choisir dans le tas; ~**treten** sortir; ~**wachsen** sortir de terre; *er ist aus s-n Kleidern herausgewachsen* ses vêtements lui deviennent trop courts; ~**wagen:** *sich* ~ oser sortir; ~**werfen** jeter dehors; ~**winden:** *sich* ~ se tirer d'embarras; ~**wollen** vouloir sortir; *mit der Sprache nicht* ~ hésiter à parler; ~**zahlen** rendre la monnaie; ~**ziehen** tirer *(aus* de); extraire (de).

herb [hɛrp] âcre; âpre; *Wein:* vert; rêche; *fig.* amer. [bier *m.*]

Herbarium [hɛrˈbaːrium] *n* herbei [hɛrˈbaɪ] ici; par ici; de ce côté-ci; ~! approchez!; ~**bringen** apporter; = ~**führen;** ~**eilen** accourir; ~**führen** amener; *fig.* causer; ~**holen** aller chercher; ~**lassen:** *sich* ~ consentir (*zu* à); condescendre (à); ~**laufen** accourir; ~**rufen** appeler; ~**schaffen** faire venir; procurer; ~**schleppen** apporter à grand-peine; traîner avec soi; ~**sehnen:** *j-n (etw.)* ~ désirer qu'arrive q. (qch.); ~**strömen** affluer; arriver en masse; ~**winken:** *j-n* ~ faire signe q. d'approcher; ~**wünschen** = ~**sehnen;** ~**ziehen** tirer à soi; attirer.

herbemühen [ˈheːrbəmyːən]: *j-n* ~ prier q. de venir; *sich* ~ prendre (*od.* se donner) la peine de venir.

Herberge [ˈhɛrbɛrɡə] *f* (15) (*Wirtshaus*) auberge *f*; (*Zuflucht*) asile *m*; (*Nachtlager*) gîte *m*.

'**her|bestellen** mander; '~**beten** réciter machinalement.

Herbheit [ˈhɛrphaɪt] *f* âcreté *f*; *Wein:* verdeur *f*.

'**her|bitten** prier de venir; '~**blicken** regarder par ici; '~**bringen** apporter; (*herbeiführen*) amener.

Herbst [hɛrpst] *m* (3²) automne *m*; ℒ**lich** d'automne; (*zum Herbst gehörig*) automnal; '~**zeitlose** ♀ *f* (15) colchique *m*.

Herd [heːrt] *m* (3) foyer *m*; (*Feuer*♀) âtre *m*; *am* ~ au coin du feu.

Herde [ˈheːrdə] *f* (15) troupeau *m*; '~**ntrieb** *m* instinct *m* grégaire.

herein [he'raɪn] (en) dedans; à l'intérieur; ~! entrez!; ~**begeben**: sich ~ entrer; ~**bekommen** parvenir à faire entrer; Sender: capter; ~**bemühen**: sich ~ se donner la peine d'entrer; ~**bitten**: j-n ~ prier q. d'entrer; ~**brechen** Nacht: tomber; bei ~der Nacht à la tombée de la nuit; ~**bringen** apporter dans; rentrer; ~**drängen**: sich ~ se frayer une entrée; ~**fahren** entrer (en voiture, etc.); ~**fallen** (F ''**reinfallen**) tomber dedans; fig. donner dans le panneau; ~**führen** introduire; faire entrer; ~**helfen** aider à entrer; ~**holen** faire entrer; ~**kommen** entrer; ~**kriegen** ~**bekommen**; ~**lassen** laisser (resp. faire) entrer; ~**legen**: j-n ~ fig. mettre q. dedans; ~**nehmen** entrer; ~**platzen** fig. arriver à l'improviste; ~**reden**: in etw. (acc.) ~ se mêler de qch.; ~**regnen** pleuvoir dans; ~**rufen** appeler; ~**schleichen**: sich ~ se glisser (in acc. dans); ~**schneien** neiger dans; fig. arriver à l'improviste; tomber du ciel; ~**strömen** entrer à flots (od. en foule); ~**stürmen** entrer avec impétuosité; se précipiter in acc. dans; zu j-m chez q.; ~**stürzen** v/s précipiter in acc. dans; ~**tragen** (ap)porter (in acc. dans); ~**treten** entrer; ~**wagen**: sich ~ oser entrer; ~**winken**: j-n ~ faire signe à q. d'entrer; ~**ziehen** v/i. entrer; v/t. mêler à.

'**her|fallen**: ~ über (acc.) tomber sur; '~**finden** trouver le chemin; '~**führen** amener; '2**gang** m venue f; (Verlauf) marche f; '~**geben** donner; sich ~ se prêter (zu à); '~**gebracht** traditionnel; '2**gebrachte** n tradition f; '~**gehen**: vor j-m ~ précéder q.; hinter j-m ~ suivre q.; neben j-m ~ marcher à côté de q.; (geschehen) se passer; '~**gehören** être à sa place (od. à propos); '~**halten** tendre; ~ müssen être le souffre-douleur; '~**holen** aller chercher; '**~hören** écouter.

Hering ['he:rɪŋ] m (3¹) 'hareng m (gesalzener salé; geräucherter saur, fumé).

'**Herings|fang** m pêche f de hareng; '~**lake** f saumure f du hareng; '~**salat** m salade f de hareng; '~**tonne** f caque f de hareng.

'**her|jagen**: j-n vor sich ~ chasser q. devant soi; '~**kommen** venir (von de); (abstammen) provenir (de); (sich ableiten) dériver (de); (hervorgehen) résulter (de); '2**kommen** n (6) tradition f; = 2**kunft** f; ~**kömmlich** ['~kœmlɪç] traditionnel.

Her|kunft ['~kunft] f (14¹) origine f; provenance f (a. †); '~**kunftsbezeichnung** f appellation f d'origine; '2**laufen** accourir; hinter j-m ~ courir derrière q.; '2**leiern** psalmodier; Rede: débiter; '2**leiten** conduire; amener; fig. dériver (von de); '2**machen**: sich über etw. (acc.) ~ se mettre à qch.; sich über j-n ~ tomber sur q.

Hermelin [hɛrmə'liːn] n (3¹) hermine f.

hermetisch [hɛr'meːtɪʃ] hermétique.

hernach [hɛr'nɑːx] après; puis; ensuite.

'**hernehmen** prendre; tirer.

hernieder [hɛr'niːdər] en bas.

heroi|sch [he'roːɪʃ] héroïque; 2**smus** [~ro'ɪsmus] m héroïsme m.

Herold ['heːrɔlt] m (3) 'héraut m.

'**herplappern** débiter (od. réciter) machinalement.

Herr [hɛr] m (12²) maître m; vornehmer: seigneur m; e-s Geschäfts: chef m; patron m; e-s Landes: souverain m; Titel (u. mein ~): monsieur m (abr. M.), (m-e) ~en m/pl. messieurs m/pl. (abr. MM.); sehr geehrter ~! Brief: Monsieur; gnädiger ~ monseigneur m; ~ Graf monsieur le comte; ~ Hauptmann! (mon) capitaine!; rl. der ~ le Seigneur; ~ des Hauses maître m de la maison, e-r Firma: chef m de la maison; ~ im Hause sein être maître chez soi; sein eigener ~ sein être son propre maître; ~ sein über être maître de; ~ über Tod und Leben sein avoir droit de vie et de mort; aus aller ~en Ländern de tous les coins du monde; für ~en! Abtritt: hommes.

'**her|reichen** tendre; présenter; '2**reise** f retour m; venue f.

'**Herren|anzug** m complet m; '~**artikel** m article m pour messieurs; '~**bad** n bain m pour hommes; '~**fahrer** m automobiliste m amateur; '~(**fahr**)**rad** n bicyclette f d'homme; '~**haus** n manoir m; '~**konfektion** f confection f pour messieurs; '~**leben** n vie f de grand seigneur; '~**los** sans maître; abandonné; ~**es Gut** épave f; '~**moden** f/pl. modes f/pl. mascu-

Herrenreiten — 834 — **herumziehend**

lines; '~reiten n course f d'amateurs; '~schneider m tailleur m pour hommes; '~schnitt m taille f à la garçonne; '~sitz m manoir m.
'**Herrgott** m (1¹ u. ²) Dieu m; Seigneur m.
herrichten ['heːrɪçtən] préparer.
'**Herrin** f maîtresse f; e-s Geschäfts: patronne f; e-s Landes: souveraine f.
herr|isch ['herɪʃ] de (adv. en) maître; (gebieterisch) impérieux, ~**lich** magnifique; (köstlich) délicieux; (glänzend) splendide; ~ und in Freuden leben mener joyeuse vie; '²**lichkeit** f magnificence f, splendeur f; '²**schaft** f domination f; empire m; (Macht) pouvoir m; (Regierungszeit) règne m; (höchste Gewalt) souveraineté f; (Besitz) domaine m; die ~ führen exercer le pouvoir; die ~ (Arbeitgeber) les maîtres m/pl.; die ~en monsieur et madame; meine ~en! mesdames, messieurs!; ~**schaftlich** de maître; (grundherrlich) seigneurial; ~e Wohnung grand et bel appartement m.
herrsch|en ['herʃən] (27) dominer (über sur); Monarch u. fig.: régner (sur); '²**er(in** f) m (7) souverain m, -e f; '²**erhaus** n dynastie f régnante; '²**sucht** f despotisme m; esprit m autoritaire; ~**süchtig** despotique; autoritaire; impérieux.
'**her|rufen** appeler; ~**rühren** provenir (von de); ~**sagen** réciter; '~**sehen** regarder par ici (od. de ce côté-ci); '~**stammen** descendre (von de); provenir (de); Wort: dériver (de); '~**stellen** faire; fabriquer; produire; Text: restituer; (wieder~) rétablir; remettre; '²**steller** m (7) fabricant m; producteur m; '²**stellung** f fabrication f; (Wieder~) rétablissement m; '²**stellungspreis** m frais m/pl. de fabrication; prix m de revient.
herüber [heˈryːbər] de ce côté-ci; en deçà; ~**geben**, ~**reichen** passer.
'**He**'**rübersetzung** f version f.
herum [heˈrum] autour de; rings ~ tout autour; die Reihe ~ chacun à son tour; hier ~ par ici; dans ces alentours; dort ~ (quelque part) par là; (vorbei, abgelaufen) écoulé.
he'**rum|balgen**: sich ~ se chamailler; ~**blättern**: in e-m Buche ~ feuilleter un livre; ~**bummeln** flâner; ~**drehen** tourner; e-m die

Worte im Munde ~ dénaturer le sens des paroles de q.; sich ~ se retourner; faire volte-face; ~**fahren**: j-n um ein Kap: doubler; ziellos: aller ça et là (en voiture, etc.); j-n ~ promener q. (en voiture, etc.); ~**flattern** voltiger; ~**fliegen** voler autour (de); ziellos: voler çà et là; ~**fragen** interroger à la ronde; überall ~ s'informer de tous côtés; ~**führen** v/t. ziellos: conduire çà et là; um etw. ~ conduire autour de qch., v/i. faire le tour de qch.; j-n in der Stadt ~ piloter q. dans la ville; ~**geben** = ~**reichen**; ~**gehen** circuler; ziellos: aller çà et là; ~ um faire le tour de; ~ lassen faire circuler; ~**horchen** écouter partout; ~**kommen**: um die Ecke ~ tourner le coin; er ist weit herumgekommen il a beaucoup voyagé; um ~e Gefahr ~ réussir à éviter un danger; ~**kramen** fouiller (in dat. dans); fureter (dans); ~**laufen** ziellos: courir çà et là; um etw. ~ courir autour de qch.; müßig ~ flâner; ~**liegen** traîner; ~**reichen** (faire) passer; faire circuler; ~**reisen**: in der Welt ~ courir le monde; in e-m Lande ~ parcourir un pays; ~**schlendern** flâner; ~**schleppen**: mit sich ~ traîner avec soi; F trimbaler; ~**schnüffeln** fureter (od. mettre son nez) partout; ~**schweifen** vagabonder; ~**sitzen**: ~ um être assis autour de; müßig ~ être désœuvré; ~**sprechen**: sich ~ se divulguer; ~**stehen**: ~ um faire le cercle autour de; müßig ~ badauder; ~**stöbern** (29) fouiller (in dat. dans); ~**streichen**, ~**streifen** rôder; flâner; ~**streiten**: sich ~ se disputer; ~**strolchen** vagabonder; ~**tanzen** danser en rond; j-m auf der Nase ~ se moquer de q.; ~**tappen** tâtonner; ~**treiben**: sich ~ rôder; sich in Cafés ~ courir les cafés; ²**treiber** (-in f) m rôdeur m, -euse f; ~**tummeln**: sich ~ prendre ses ébats; ~**wälzen**: sich ~ se rouler; ~**wenden** retourner; ~**wühlen** = ~**kramen**; ~**zanken** = ~**streiten**; ~**ziehen** rôder; errer ça et là; um ~ tracer autour de; sich ~ s'étendre autour de; faire le tour de; ~**ziehend** ambulant; mv.p. vagabond.

herunter [hɛ'runtər] en bas; à bas; ~! descendez!; ~**bringen**: etw. ~ descendre qch.; j-n ~ fig. mettre q. bien bas; ~**klappen** rabattre; ~**kommen** descendre; fig. déchoir; tomber bien bas; ~**lassen** (faire) descendre; Vorhang, Verdeck: baisser; etw. vom Preise ~ rabattre qch. du prix; ~**machen** rabattre; fig. chapitrer; (herabwürdigen) déprécier; ~**nehmen** descendre; ~**purzeln** dégringoler; ~**reißen** arracher; fig. vilipender; ~**schlagen** rabattre; Verdeck: baisser; ~**schlucken** avaler; ~**schrauben** baisser; sein être bien bas; ~**werfen** jeter (en) bas; ~**ziehen** tirer en bas; mettre plus bas.

hervor [hɛr'fo:r] en avant; (au) dehors; ~**blicken**: hinter etw. (dat.) ~ regarder de derrière qch.; (sichtbar werden) paraître; (durchbrechen) percer; ~**brechen** s'échapper; s'élancer; fig. éclater; ~**bringen** produire; faire naître; créer; Ton, Wort: proférer; Eindruck: causer; ~**drängen** pousser en avant; ~: sich ~ se faire remarquer; se mettre en avant; ~**dringen** percer; ~**gehen** sortir; naître; résulter (aus de); ~**heben** fig. faire ressortir; mettre en évidence (od. en relief); ~**holen** tirer (aus de); ~**kehren** fig. étaler; ~**kommen** sortir; (durchbrechen) percer; ~**leuchten** luire; fig. briller d'un vif éclat; ~**locken** attirer; ~**quellen** sourdre; jaillir; ~**ragen** faire saillie; saillir; avancer; aus etw. ~ émerger de qch.; ~ über (acc.) dépasser (acc.); fig. se distinguer; ~**ragend** saillant; fig. a. éminent; ~**rufen** appeler; fig. rappeler; fig. faire naître; susciter; provoquer; ~**schießen** s'élancer; ~**sprießen** pousser; ~**springen** sauter en avant; s'élancer; (hervorragen) faire saillie; ~**sprudeln** jaillir; ~**stechen** fig. se faire remarquer; se distinguer; ~**stechend** saillant; fig. éminent; ~**stehen** faire saillie; ~**treten** s'avancer; (hervorragen) faire saillie; fig. ressortir; se marquer nettement; ~**tun**: sich ~ se distinguer; ~**wagen**: sich ~ oser s'avancer; ~**zaubern** faire apparaître comme par enchantement; ~**ziehen** tirer (aus de; unter dat. de dessous).

Herz [hɛrts] n (12²) cœur m; (Mut) a. courage m; (Gemüt) a. âme f; (Busen) sein m; sich ein ~ fassen prendre courage; ein gutes ~ haben avoir bon cœur; das ~ auf dem rechten Fleck haben avoir le cœur bien placé; j-m sein ~ ausschütten s'ouvrir à q.; das ~ auf der Zunge haben parler à cœur ouvert; sie sind ein ~ und e-e Seele ils ne font qu'un; das bricht ihm das ~ cela lui fend (od. brise) le cœur; das macht ihm das ~ schwer cela lui pèse sur le cœur; das liegt mir am ~en j'ai cela à cœur; das ist ihm ans ~ gewachsen cela lui tient au cœur; j-m etw. ans ~ legen recommander chaudement qch. à q.; j-n ans ~ drücken presser q. sur son cœur (od. sein); etw. auf dem ~en haben avoir qch. sur le cœur; j-n in sein ~ geschlossen haben porter q. dans son cœur; es wird ihm schwach ums ~ le cœur lui manque (od. faut); du weißt nicht, wie mir um's ~ ist tu ne sais les sentiments que j'éprouve; ein Kind unter dem ~en tragen attendre un bébé; etw. nicht über's ~ bringen ne pas avoir le cœur (od. le courage) de faire qch.; von ~en gern de bon cœur; von ganzem ~en de tout (mon) cœur; zu ~en gehen aller droit au cœur; sich etw. zu ~en nehmen prendre qch. à cœur.

'**herzählen** énumérer.

'**Herz|-anfall** m crise f cardiaque; '~**beklemmung** f serrement m de cœur; '~**beschwerde** f trouble m cardiaque; '~**beutel** m péricarde m; '~**blatt** & n feuille f centrale; fig. chéri(e) f m; ²**brechend** navrant; '~**bube** m (Karte) valet m de cœur; '~**chen** n mignon(ne) f m; '~**dame** f (Karte) dame f de cœur; '~**eleid** n crève-cœur m; '²**en** (27) presser son cœur, caresser.

'**Herzens|-angelegenheit** f affaire f de cœur; '~**angst** f angoisse f; '~**freude** f joie f extrême; '~**grund** m: aus ~ du fond du cœur; '²**gut** très bon; ich bin ihm ~ je l'aime de tout mon cœur; '~**güte** f bonté f de cœur; '~**kind** n enfant m chéri f; '~**lust** f: nach ~ à cœur joie; '~**qual** f grand tourment m; '~**wunsch** m désir m profond.

'**herz|-erfreuend** qui réjouit le cœur; '~**ergreifend** touchant; '~**erhebend** qui élève le cœur; '~**erquik-**

herzerquickend — 836 — **hier**

kend = ⸺**erfreuend**; **⸺erweiterung** f hypertrophie f du cœur; **'⸺fehler** m déficience f cardiaque; **'⸺grube** f creux m de l'estomac; **⸺haft** (mutig) courageux; (entschlossen) résolu Kuß: bon.

herziehen ['he:rtsi:ən] venir s'établir ici: *über j-n* ⸺ dire du mal de q.

'herzig gentil; (allerliebst) charmant. **'herz|⸺innig** cordial; intime; **'⸺kammer** f ventricule m du cœur; **'⸺kirsche** f bigarreau f; **'⸺klopfen** battement(s pl.) m du cœur; ♂ tachycardie f; **'⸺krampf** m angine f de poitrine; **'⸺krank** cardiaque; **'⸺krankheit** f, **'⸺leiden** n affection f cardiaque; **'⸺lähmung** f paralysie f du cœur; **'⸺lich** cordial; (liebevoll) affectueux; ⸺ *gern* très volontiers; **'⸺lichkeit** f cordialité f; **'⸺los** sans cœur; insensible; dur; **'⸺losigkeit** f insensibilité f; dureté f.

Herzog|(in f [16¹]) ['hɛrtso:k] (3[³]) m duc m, duchesse f; **'⸺lich** ducal; **'⸺tum** n [1²] duché m.

'Herz|schlag m attaque f (F coup m) d'apoplexie; (Schlagen) battement m du cœur; **'⸺spezialist** m cardiologue m; **'⸺stärkend** cordial; fig. réconfortant; **'⸺stärkung** f réconfort m; (Mittel) cordial m.

'Herz|verfettung f dégénérescence f graisseuse du cœur; **'⸺verpflanzung** f greffe f du cœur; **'⸺weh** n douleurs f/pl. au cœur; **'⸺zerreißend** navrant.

Hess|e ['hɛsə] m, **'⸺in** f 'Hessois m, -e f; **'⸺en** n (17) la Hesse; **'⸺isch** 'hessois.

'Hetz|⸺artikel m article m de provocation; **'⸺blatt** n journal m incendiaire; **'⸺e** f (15) (Eile) précipitation f; fig. campagne f (menée contre); **'⸺en** ['hɛtsən] v/t. Hunde: lâcher (auf acc. sur); Wild: chasser; (verfolgen) poursuivre; persécuter; traquer; (auf⸺) exciter; v/i. souffler la révolte; **'⸺er** m (7) ch. piqueur m; fig. **'⸺er(in** f) m excitateur m, -trice f; instigateur m, -trice f; **'⸺e'rei** f excitations f/pl.; **'⸺jagd** f chasse f à courre; **'⸺rede** f discours m incendiaire; **'⸺schrift** f écrit m incendiaire.

Heu [hɔy] n (3) foin m; **'⸺boden** m grenier m à foin; fenil m; **'⸺bündel** n botte f de foin.

Heuchel|ei [hɔyçə'laɪ] f (16) hypocrisie f; (Verstellung) feinte f; dissimulation f; **'⸺n** ['hɔyçəln] (29) être hypocrite; feindre; dissimuler.

'Heuchler|(in f) m (7) hypocrite m, f; **'⸺isch** hypocrite; feint.

Heu|er ⚓ ['hɔyər] f paie f; salaire m; **'⸺ern** Schiff: affréter; Matrosen: engager; **'⸺ernte** f fenaison f; **'⸺fieber** n rhume m des foins; **'⸺gabel** f fourche f à faner; **'⸺haufen** m meule f de foin.

'heul|en (25) 'hurler; F (weinen) pleurnicher; Wind: mugir; **'⸺en** n (6) hurlement(s pl.) m; F (Weinen) pleurnicheries f/pl.; Wind: mugissement(s pl.) m; **⸺und Zähneklappern** des pleurs et des grincements de dents; **'⸺sirene** f sirène f d'alarme.

'Heu|schnupfen m rhume m des foins; **'⸺schober** m meule f de foin; **'⸺schrecke** f (15) sauterelle f; **'⸺schreckenschwarm** m nuée f de sauterelles; **'⸺schuppen** m fenil m.

heut|(e) ['hɔytə] aujourd'hui; ⸺ *morgen* (abend) ce matin (soir); ⸺ *mittag* (aujourd'hui) à midi; ⸺ *über acht Tage* (d')aujourd'hui en 'huit; ⸺ *vor acht Tagen* il y a 'huit jours; *noch* ⸺; *noch aujourd'hui même*; *dès aujourd'hui*; *bis* ⸺ jusqu'(à) aujourd'hui; **'⸺ig** d'aujourd'hui; *am* ⸺*en Tage* aujourd'hui; **⸺en Tages** (jetzig) = **'⸺zutage** aujourd'hui; actuellement; de nos jours.

'Heu|wagen m chariot m de (resp. à) foin; **'⸺wender** m faneuse f.

Hex|e ['hɛksə] f (15) sorcière f; Schimpfwort: mégère f; **'⸺en** ['hɛksən] être sorcier; user de sortilèges; **'⸺englaube** m croyance f aux sorcières; **'⸺enkessel** m fig. chaudière f bouillante; **'⸺enmeister** m sorcier m; **'⸺enschuß** ♂ m lumbago m; **⸺e'rei** f sorcellerie f; magie f.

Hi'atus [hi'ɑ:tus] m hiatus m.

Hieb [hi:p] m (3) coup m; *j-m e-n* ⸺ *versetzen* porter un coup à q.; *der* ⸺ *hat gesessen* (ist fehlgegangen) le coup a porté (a manqué); *es hat* ⸺*e gesetzt* on a échangé des coups; **'⸺fest** qui résiste aux coups; invulnérable; **'⸺waffe** f arme f tranchante; **'⸺wunde** f blessure f faite par un coup de sabre.

hie'nieden ici-bas; en ce bas monde.

hier [hi:r] ici; *bei Namensaufruf*: ⸺*!* présent!; *auf Briefen*: en ville; ⸺ *ist* (sind) ... voici; ⸺ *bin ich me voici*; ⸺ *und da* çà et là; ⸺ *herum*

hieran — 837 — **hin**

par ici; von ~ an à partir d'ici; ~ auf Erden en ce bas monde; ~ ruht ci-gît; ici repose; '~an par là.
Hierarch|ie [hierar'çi:] f 'hiérarchie f; ⁀isch ['rarçiʃ] 'hiérarchique.
'**hier|auf** là-dessus; Zeit: après cela; '~aus de ceci; de là; '~bei à ce sujet; zeitlich: en même temps; (beigeschlossen) ci-joint, ci-inclus; ci-annexé; '~bleiben rester ici; '~durch par ici; fig. par ce moyen; par là; '~für pour cela; '~gegen contre cela; là-contre; '~her ici; par ici; de ce côté-ci; '~herum en ces parages; '~hin par ici; ~ und dorthin çà et là; '~in là-dedans; en cela; '~mit avec cela; ~ bescheinige ich ... par la présente je certifie ...; '~nach après cela; là-dessus; '~neben près d'ici.
Hieroglyph|e [hie·roˈglyːfə] f hiéroglyphe m; ⁀isch hiéroglyphique.
'**Hier|sein** n présence f; ⁀selbst ici-même; en ville; ⁀über là-dessus; à ce sujet; Richtung: par ici; de ce côté-ci; ⁀unter là-dessous; ~ verstehen entendre par là; ⁀von de cela; ⁀zu à cela; (außerdem) en outre; ⁀zulande en (od. dans) ce pays-ci; chez nous.
hiesig ['hiːzɪç] d'ici; de cet endroit.
Hifthorn ['hɪft-] n cor m de chasse.
Hilfe ['hɪlfə] f (15) aide f; ärztliche: assistance f; (Rettung) secours m; (zu) ~! au secours!; mit ~ von j-s (e-r Person: avec) l'aide de; um ~ rufen crier (od. appeler) au secours; j-n um ~ bitten demander du secours à q.; j-m zu ~ kommen (eilen) venir (accourir) au secours de q.; ~ bringen porter secours; j-m ~ leisten secourir q.; ⁀flehend implorant du secours; '~leistung f aide f; assistance f; secours m; '~ruf m appel m au secours; cri m de détresse.
'**hilf|los** privé de secours; abandonné; Kranker: impotent; ⁀losigkeit f abandon m; détresse f; Kranker: impotence f; '~reich secourable; serviable.
'**Hilfs|-arbeiter** m manœuvre m; ⁀bedürftig nécessiteux; indigent; '~bedürftigkeit f besoin m; indigence f; ⁀bereit secourable; serviable; '~bereitschaft f serviabilité f; '~dienst m service m auxiliaire; '~gelder n/pl. subsides m/pl.;

'~**kasse** f caisse f de secours; '~**lehrer(in** f) m instituteur m, -trice f adjoint, -e; an höheren Schulen: professeur m adjoint; '~**leistung** f bons offices m/pl.; s. a. Hilfe; '~**linie** ♉ f ligne f auxiliaire; '~**mittel** n moyen m; ressource f; '~**motor** m moteur m auxiliaire; '~**quelle** f ressource f; '~**schule** f école f pour enfants arriérés '~**truppen** f/pl. troupes f/pl. auxiliaires; '~**verb** n, '~**zeitwort** n (verbe m) auxiliaire m; '~**werk** n œuvre f d'assistance; '~**zug** m train m de secours.
Himbeer|e ['hɪmbeːrə] f (15) framboise f; '~**saft** m sirop m de framboises; '~**strauch** m framboisier m.
Himmel ['hɪməl] m (7) ciel m; (~s-gewölbe) firmament m; ~ und Erde in Bewegung setzen remuer ciel et terre; zwischen ~ und Erde schweben être suspendu entre ciel et terre; um ~s willen au nom du ciel; in den ~ kommen aller au (gagner le) ciel; gen ~ fahren monter au ciel; fig. in den ~ heben porter aux nues; das schreit zum ~ c'est révoltant; ⁀-'an vers le ciel; ⁀**bett** n lit m à baldaquin; ⁀**blau** bleu de ciel; peint. bleu d'azur; '~**fahrt** f Christi: ascension f (Fest: Ascension) f; Mariä: assomption f (Fest: Assomption) f; ⁀**hoch** qui s'élève jusqu'au ciel; ⁀**reich** n royaume m des cieux; ⁀**schreiend** révoltant; qui crie vengeance.
'**Himmels|-erscheinung** f météore m; rl. vision f céleste; '~**gegend** f région f du ciel; s. a. ⁀richtung; '~**gewölbe** n voûte f céleste; firmament m; '~**körper** m corps m céleste; '~**kunde** f astronomie f; '~**richtung** f point m cardinal; '~**schlüssel** ♀ m primevère f; '~**strich** m zone f; '~**zelt** n voûte f céleste.
himmel|wärts ['~vɛrts] vers le ciel; '~**weit** bien loin; Unterschied: énorme.
'**himmlisch** céleste; fig. angélique.
hin [hɪn] örtlich: là; y; nach Norden ~ vers le nord; ~ und her çà et là; de côté et d'autre; ~ und her gehen aller et venir; das ♀ und Her le va-et-vient; ~ und zurück aller et retour; zeitlich: ~ und wieder de temps en temps; de temps à autre; das ist noch lange ~ c'est encore bien

hinab — 838 — **hinfällig**

loin; ~ sein (*verflossen*) être passé; *fig.* er ist ~ (*verloren*) c'en est fait de lui; ~ sein vor ne plus se tenir de.
hinab [hi'nap] en bas; en descendant; *den Fluß* ~ en aval; **~fahren**, **~gehen**, **~steigen** descendre.
hinan [hi'nan] vers le haut; **~steigen** monter; *Berg:* gravir.
'**hin-arbeiten:** *auf etw.* (*acc.*) ~ viser à qch.
hinauf [hi'nauf] vers le haut; en montant; *den Fluß* ~ en amont; **~arbeiten:** *sich* ~ parvenir à force de travail; **~begeben:** *sich* ~ monter; se rendre en haut; **~begleiten:** *j-n* ~ accompagner q. jusqu'en 'haut; **~bringen**, **~fahren**, **~gehen**, **~laufen**, **~steigen**, **~tragen** monter; **~reichen** *v/t.* tendre en 'haut; *v/i.* atteindre (*bis an acc.* jusqu'à); **~treiben** faire monter; *Preis:* (faire) 'hausser.
hinaus [hi'naus] (vers le) dehors; ~! sortez!; *zum Fenster* ~ par la fenêtre; *auf Monate* ~ pour plusieurs mois; *über etw.* (*acc.*) ~ sein avoir dépassé qch.; **~begleiten:** *j-n* ~ accompagner q. qui sort; **~beugen:** *sich zum Fenster* ~ se pencher par la fenêtre; **~bringen** porter dehors; *j-n* ~ faire sortir q.; **~gehen** sortir; ~ *auf* (*acc.*) *Fenster:* donner sur; ~ *über* (*acc.*) dépasser; **~jagen** chasser dehors; **~laufen** sortir en courant; (*enden*) aboutir (*auf acc.* à); *auf eins* ~ revenir au même; **~schieben** pousser dehors; *zeitlich:* ajourner; différer; remettre; **~schleudern** éjecter; **~stürzen** se précipiter dehors; **~weisen** éconduire; **~werfen** jeter dehors; *zur Türe* ~ mettre à la porte, F flanquer dehors; *zum Fenster* ~ jeter par la fenêtre; **~wollen** vouloir sortir; *fig.* viser (*auf* à); '~ *worauf willst du hinaus?* où veux-tu en venir?; *hoch* ~ avoir de hautes visées; **~ziehen** *v/t.* tirer (*od.* traîner) dehors; *v/i.* sortir; *sich* ~ traîner en longueur.
'**hin|begeben:** *sich* ~ se rendre (*nach* à *resp.* dans; *zu* à *resp.* chez); '**~bestellen** mander; '**~blick** *m fig.* considération *f*; *im* ~ *auf* (*acc.*) en considération de; eu égard à; '**~bringen** porter (à); (*hinführen*) conduire (à); *Zeit:* passer.
'**hinder|lich** contraire; (*beschwerlich*) embarrassant; gênant; **~n**

['hindərn] (29) empêcher; (*hemmen*) entraver; (*lästig sein*) embarrasser; gêner; '**⌾nis** *n* (4¹) empêchement *m*; obstacle *m*; '**⌾nisrennen** *n* course *f* d'obstacles; steeple-chase *m*.
'**hindeuten:** *auf etw.* (*acc.*) ~ désigner (*od.* montrer) qch.; *fig.* donner à entendre qch.
Hindin ['hindin] *f* (16¹) biche *f*.
'**hindrängen** pousser vers; *fig.* affluer (*zu; nach* à).
'**Hindu(frau** *f*) *m* Hindou *m*, -e *f*.
'**hin'durch** à travers, au travers de; *zeitlich:* pendant; durant; **~gehen** traverser.
Hindu'stan *n* l'Hindoustan *m*.
'**hin-eilen** se hâter d'aller (*zu* à *resp.* chez).
hinein [hi'naın] dans; en dedans; à l'intérieur de; **~arbeiten** faire entrer; **~begeben:** *sich* ~ entrer; se rendre à l'intérieur de; **~bekommen** parvenir à faire entrer; **~denken:** *sich in e-e Rolle* ~ entrer dans un rôle; *sich in j-s Lage* ~ se mettre à la place de q.; **~finden:** *sich in etw.* (*acc.*) ~ se faire à qch.; **~gehen** entrer; **~geraten:** *in etw.* (*acc.*) ~ tomber dans qch.; **~leben:** *in den Tag* ~ vivre au jour le jour; **~mischen:** *sich* ~ *in* (*acc.*) se mêler de; **~reden** interrompre; **~schieben** pousser dedans (*in etw. acc.* dans qch.); introduire (*in etw. acc.* dans qch.); **~schlüpfen** se glisser dedans (*in etw. acc.* dans qch.); in s-e *Pantoffeln* ~ enfiler ses pantoufles; **~schreiben** écrire dans; **~stecken** mettre (*od.* fourrer) dedans (*in etw. acc.* dans qch.); *Geld:* engager (dans); **~treiben** faire entrer (de force); *Nagel:* enfoncer; **~tun** mettre dedans (*in etw. acc.* dans qch.); **~wagen:** *sich* ~ oser entrer; **~ziehen:** *in etw.* (*acc.*) ~ entraîner dans qch., *fig.* englober dans qch.; *j-n in etw.* (*acc.*) ~ impliquer q.; **~zwängen** faire entrer de force.
'**hin|fahren** *v/i.* aller (*od.* se rendre) (en voiture, *etc.*) (*zu* à *resp.* chez); *fig.* s'en aller; partir; *mit der Hand über etw.* (*acc.*) ~ passer la main sur qch.; *v/t.* conduire (en voiture, *etc.*); *Lasten:* charrier; '**⌾fahrt** *f* aller *m*; *auf der* ~ à l'aller; '**~fallen** tomber par terre; '**~fällig** mal assuré; (*schwach*) faible; (*gebrechlich*)

Hinfälligkeit — 839 — **Hinterbliebene(n)**

caduc; ⚕ débile; ⚕**fälligkeit** f faiblesse f; (Gebrechlichkeit) caducité f; ⚕ débilité f; '~**finden** trouver son chemin; '~**fort** désormais; dorénavant; à l'avenir; ⚕**fracht** ✝ f fret m d'aller; '~**führen** conduire (zu à resp. vers resp. chez); ⚕**gabe** f don m de soi; (Ergebenheit) dévouement m; ⚕**gang** m aller m; (Tod) décès m; '~**geben** donner; (überlassen) livrer; (preisgeben) abandonner; sich ~ s'adonner (à); se consacrer (à); se (dé)vouer (à); ⚕**gebung** f dévouement m.

hin'gegen au contraire; par contre.

'hin|gehen aller (od. se rendre) (zu à resp. chez); so vor sich hin gehen aller au 'hasard; aller droit devant soi; über etw. (acc.) ~ passer sur qch.; j-m etw. ~ lassen passer sur qch. à q.; Zeit: passer; (sterben) décéder; '~**gehören** être à sa place; '~**geraten** tomber; '~**halten** tendre; présenter; (verzögern) faire traîner; mit Versprechungen ~ payer de promesses; j-n ~ F lanterner q.; '~**haltend** dilatoire; ⚔ retardateur; '~**horchen** écouter; dresser l'oreille.

hinken ['hɪŋkən] **1.** boiter (auf e-m Fuß d'un pied); être boiteux; bsd. fig. clocher; **2.** 2 n claudication f; '~**d** boiteux.

'hin|knien s'agenouiller; se mettre à genoux; '~**kritzeln** griffonner; '~**langen**: j-m etw. ~ tendre qch. à q.; nach etw. ~ tendre la main vers qch.; (genügen) suffire; '~**länglich** suffisant; '~**laufen** courir (zu à resp. vers resp. chez); '~**legen** mettre; poser; placer; sich ~ se coucher; s'étendre; ~! à terre!; '~**lenken** diriger (auf acc. sur od. vers); Gespräch: amener (auf acc. sur); '~**morden** assassiner; égorger; '~**nehmen** prendre; accepter; etw. geduldig ~ prendre qch. en patience; Beleidigung: avaler; '~**neigen**: zu etw. ~ pencher (od. incliner) à qch.

hinnen ['hɪnən]: von ~ d'ici.

'hin|opfern sacrifier; immoler; '~**passen** être à sa place; '~**raffen** enlever; '~**reichen** = '~langen; '~**reichend** suffisant; ⚕**reise** f aller m; auf der ~ à l'aller; '~**reisen** aller (od. se rendre) (zu à resp. chez); '~**reißen** entraîner; (entzücken) ravir; '~**richten** diriger (auf acc. sur od. vers); Verbrecher: exécuter; (enthaupten) décapiter; durch Elektrizität: électrocuter; ⚕**richtung** f exécution f (capitale); durch Elektrizität: électrocution f; '~**schaffen** transporter (zu à resp. chez); '~**schauen** = '~sehen; '~**scheiden** décéder; trépasser; '~**schicken** envoyer (zu à resp. chez); '~**schlachten** massacrer; égorger; '~**schlagen** s'étaler par terre; '~**schleppen** traîner; '~**schmieren** barbouiller; griffonner; '~**schwinden** s'évanouir; disparaître; '~**sehen** regarder (vers); ohne hinzusehen les yeux fermés; '~**setzen** mettre; poser; placer; sich ~ s'asseoir; ⚕**sicht** f égard m; in dieser ~ à cet égard; sous ce rapport; in gewisser ~ à certains égards; in jeder ~ à tous égards; '~**sichtlich** (gén.) à l'égard de; en ce qui concerne; par rapport à; '~**siechen** languir; dépérir; '~**sinken** tomber comme une masse; (schwinden) s'évanouir; tot ~ tomber mort; '~**stellen** placer; mettre; als Muster ~ proposer en exemple; sich als etw. ~ se donner pour; '~**sterben** dépérir; se mourir; '~**strecken** tendre; (niederstrecken) étendre par terre; '~**strömen** couler (nach vers); affluer (à); '~**stürzen** (fallen) tomber par terre; (eilen) se précipiter (nach vers).

'hint'an|setzen laisser de côté; négliger; '~**stehen** passer après le reste; se trouver négligé.

hinten ['hɪntən] derrière; à l'arrière; en arrière; von ~ par derrière; (im Hintergrund) au fond; ~'**an** derrière; à la queue; ~'**über** à la renverse.

hinter ['hɪntər] **1.** prp. (Lage dat.; Richtung acc.) derrière; zeitlich: après; ~ etw. (acc.) kommen fig. découvrir qch.; ~ sich lassen dépasser; etw. ~ sich haben (abgeschlossen haben) en avoir fini avec qch.; **2.** adj. arrière; postérieur; de derrière; die ~e Seite la côté arrière (od. der ~e Teil la partie arrière (od. postérieure); ⚕**achse** f essieu m arrière; ⚕**backe** f fesse f; ⚕**bein** n patte f de derrière; sich auf die ~e stellen se cabrer, fig. regimber; ⚕**bliebene(n)** [~'bli:bənə(n)] pl. survivants m/pl.; famille

Hinterbliebenenfürsorge — 840 — **hinwegspringen**

f du défunt; ♀**bliebenenfürsorge** *f* assistance *f* aux survivants; ~**bringen**: *j-m etw.* ~ rapporter (*od.* dénoncer) qch. à q.; ~**drein** [~drain] après coup.

'**Hintere(r)** *m* (18) derrière *m*; den Hintern voll hauen donner la fessée.

'**hinter**|**ei'nander** l'un derrière l'autre; *zeitlich*: l'un après l'autre, *drei Tage* ~ trois jours de suite; ♀**front** *f* façade *f* postérieure; ♀**fuß** *m* pied *m* de derrière; ♀**gebäude** *n* bâtiment *m* sur la cour; ♀**gedanke** *m* arrière-pensée *f*; ~**gehen** abuser; duper; tromper; ♀**gestell** ⊕ *n* arrière-train *m*; ♀**grund** *m* fond *m*; *thé.* arrière-plan *m*; ♀**gründe** *m/pl. fig.* raisons *f/pl.* secrètes; dessous *m/pl.*; ♀**halt** *m* embuscade *f*; guet-apens *m*; '~**hältig** dissimulé; ♀**hand** *f man.* arrière-main *f*; *Kartenspiel*: die ~ haben être le dernier en cartes; '♀**haupt** *anat. n* occiput *m*; '♀**haus** *n* maison *f* sur la cour; '~**her** après (coup); ♀**hof** *m* arrière-cour *f*; ♀**indien** *n* l'Indochine *f*; '♀**kopf** *m* = ♀**haupt**; ♀**land** *n* arrière-pays *m*; hinterland *m*; ~'**lassen** laisser; *letztwillig*: léguer; ♀**lassenschaft** *f* succession *f*; héritage *m*; ~'**legen** déposer; consigner (*a. Gepäck*); ♀'**legung** *f* dépôt *m*; consignation *f*; ♀**leib** *m* arrière-train *m* (*Insekten*: abdomen *m*); ~'**list** *f* ruse *f*; artifice *m*; '~**listig** rusé; artificieux; ♀**mann** *m* celui qui vient derrière (*resp.* après) q.; *Wechsel*: endosseur *m*; ♀**rad** *n* roue *f* arrière; ~**rücks** ['~ryks] par derrière; *fig. a.* traîtreusement; ♀**seite** *f* côté *m* de derrière; *Blatt*: verso *m*; '~**st** (*sup. v. ninten*) dernier; ♀**teil** *n* partie *f* postérieure; derrière *m*; ♀**treffen** *n*: ins ~ *geraten fig.* être éclipsé; ~'**treiben** faire échouer; contrecarrer; ♀**treppe** *f* escalier *m* de service; ♀**treppenroman** *m* roman *m* de concierge; '♀**tür(e)** *f* porte *f* de derrière; sich *e-e* ~ offen halten *fig.* se ménager une porte de sortie; ♀**wäldler** ['~veltlər] *m* homme *m* des bois; '♀**wand** *f* mur *m* de derrière; *thé.* fond *m*; ~'**ziehen** (*unterschlagen*) soustraire; détourner; ♀'**ziehung** *f* détournement *m*; ♀**zimmer** *n* chambre *f* de derrière.

'**hin**|**tragen** porter (*zu* à *resp.* chez); '~**treten**: *vor j-n* ~ se présenter devant q.; '~**tun** mettre; placer.

hinüber [hi'ny:bər] au-delà; de l'autre côté; *da* ~ par là; (*über hinweg*) par-dessus; ~**blicken** regarder de l'autre côté; *zu j-m* ~ regarder du côté de q.; ~**bringen** transporter de l'autre côté; ~**fahren** passer (*v/t.* transporter) de l'autre côté; ~**gehen** passer de l'autre côté; ~ *über etw.* (*acc.*) traverser qch.; ~**helfen**: *j-m* ~ *über etw.* (*acc.*) aider q. à traverser qch.; ~**kommen** passer; arriver de l'autre côté; ~**reichen** s'étendre au-delà; *etw. über den Tisch* ~ passer qch. par-dessus la table; ~**schaffen** = ~**bringen**; ~**schwimmen**: *über den Fluß* ~ traverser le fleuve à la nage; ~**setzen** *v/t.* faire passer de l'autre côté; *v/i.* passer (une rivière; *etc.*); ~**springen** sauter de l'autre côté; *über e-n Graben* ~ franchir un fossé d'un bond; ~**steigen** passer par-dessus (*über etw. acc.* qch.); ~**ziehen** *gr.* faire la liaison; lier.

hin und her *s.* **hin.**

hin- und 'her|**bewegen** agiter; ~**gehen** aller et venir; ~**reden** parler longuement (*über acc.* sur); ~**schwanken** ballotter; (*taumeln*) chanceler; *fig.* hésiter (longtemps); ~**schwingen** = ~**bewegen**; ~**streiten**: *über etw.* (*acc.*) ~ débattre qch.; ~**wogen** ondoyer. [retour *m.*

Hin- und 'Rückfahrt *f* aller et |

hinunter [hi'nuntər] en bas; en descendant; à (*od.* par) terre; ~**bringen**: *j-n* ~ accompagner q. en bas; *etw.* ~ descendre qch.; ~**gehen** descendre; ~**schlucken** avaler; ~**tragen** porter en bas; descendre; ~**werfen** jeter (en) bas.

Hinweg ['hinve:k] *m* aller *m*; *auf dem* ~ à l'aller.

hinweg [~'vek] au loin; arrière; ~ *mit euch!* ôtez-vous de là; ~ *mit ihm!* qu'on l'emmène!; *über etw.* (*acc.*) ~ **sein** en avoir fini avec qch.; ~**gehen** s'en aller; *über etw.* (*acc.*) ~ passer par-dessus qch.; ~**raffen** emporter; enlever; ~**sehen**: *fig. über etw.* (*acc.*) ~ fermer les yeux sur qch.; ~**setzen**: sich ~ *über* (*acc.*) se mettre au-dessus de qch.; ~**springen**: *über etw.* (*acc.*) ~ sauter par-dessus qch.

Hin|weis ['˘vaɪs] *m* (4) indication *f*; (*Verweisung*) renvoi *m*; '2**weisen: auf etw.** (*acc.*) ˘ indiquer qch., (*verweisen*) renvoyer à qch.; '2**weisend** *gr.* démonstratif; '2**welken** se faner; '˘**wenden:** *sich* ˘ *nach* (*zu*) se tourner vers; s'adresser à; '2**werfen** jeter; (*umwerfen*) renverser; *Gedanken, Zeichnung:* esquisser; ébaucher; '2**wieder(um)** en revanche; *zeitlich:* de nouveau.

'**hin|zeigen: auf etw.** (*acc.*) ˘ montrer qch.; '˘**ziehen** *v*/*t*. (at)tirer; *zeitlich:* traîner en longueur; *v*/*i.* (*sich niederlassen*) aller s'établir (*nach* à); *sich* ˘ (*erstrecken*) s'étendre, *zeitlich:* se prolonger; '˘**zielen:** ˘ *auf* (*acc.*) viser (*od.* tendre) à.

hin'zu vers; y; (*außerdem*) de plus; en outre; ˘**bekommen** recevoir en plus; ˘**denken** ajouter par la pensée; ˘**fügen** ajouter; joindre; 2**fügung** *f* adjonction *f*; addition *f*; ˘**gehören:** ˘ *zu* faire partie de; ˘**gesellen:** *sich* ˘ *zu* se joindre à; ˘**kommen** s'ajouter (*zu* à); (*erscheinen*) survenir; *es kommt noch hinzu, daß ...* ajoutez que ...; ˘**rechnen** ajouter; ˘**setzen** = ˘**fügen;** ˘**treten** se joindre (*zu* à); ˘**tun** = ˘**fügen;** ˘**zählen** ajouter; ˘**ziehen** faire prendre part; *Arzt:* consulter; 2**ziehung** *f Arzt:* consultation *f*.

Hippe ['hɪpə] *f* (15) serpe(tte) *f*; (*Sense, bsd. des Todes*) faux *f*.

Hirn [hɪrn] *n* (3) cervelle *f*; (*Organ*) cerveau *m*; '˘**gespinst** *n* chimère *f*; '˘**haut** *f* méninge *f*; '˘**haut-entzündung** *f* méningite *f*; '˘**masse** *f* matière *f* cérébrale; '˘**schale** *f* crâne *m*; '˘**schlag** *m* apoplexie *f*; 2**verbrannt** ['˘fɛrbrant] complètement fou.

Hirsch [hɪrʃ] *m* (3²) cerf *m*; '˘**fänger** ['˘fɛŋər] *m* couteau *m* de chasse; coutelas *m*; '˘**geweih** *n* bois *m*/*pl.* de cerf; '˘**hornsalz** *n* carbonate *m* d'ammonium; '˘**käfer** *m* cerf-volant *m*; '˘**kalb** *n* faon *m*; '˘**kuh** *f* biche *f*; '˘**leder** *n* peau *f* de cerf (*resp.* de daim).

Hirse ['hɪrzə] *f* (15) millet *m*; '˘**brei** *m* bouillie *f* de millet.

Hirt(in *f* [16¹]) [hɪrt] *m* (12) pâtre *m*; (*Schaf*2) berger *m*, -ère *f*; (*Rinder*2) bouvier *m*, -ière *f*; (*Kuh*2) vacher *m*, -ère *f*; *fig.* pasteur *m*.

'**Hirten|brief** *rl. m* lettre *f* pastorale; '˘**flöte** *f* chalumeau *m*; '˘**gedicht** *n* bucolique *f*; '˘**knabe** *m* petit berger *m*; '˘**mädchen** *n* jeune bergère *f*; '˘**stab** *m* 'houlette *f*; *rl.* crosse *f*; '˘**tasche** *f* panetière *f*; '˘**volk** *n* peuple *m* pasteur.

His ♩ [hɪs] *n inv.* si *m* dièse.

hiss|en ['hɪsən] (28) 'hisser; *Fahne:* *a.* arborer; '2**-tau** *n* drisse *f*.

Histor|ie [hɪs'toːriə] *f* (15) histoire *f*; ˘**iker** *m* (7) historien *m*; ˘**iograph** [˘toriogra'fː] *m* historiographe *m*; 2**isch** historique.

'**Hitz|bläs-chen** *n*, '˘**blatter** *f* bouton *m* de chaleur; ˘**e** ['hɪtsə] *f* (15) chaleur *f*; *fig.* ardeur *f*; fougue *f*; *in* ˘ *geraten* s'échauffer; s'emporter; '˘**eferien** *f*/*pl.* vacances *f*/*pl.* de canicule; '˘**ewelle** *f* vague *f* de chaleur; 2**ig** chaud; (*leidenschaftlich*) ardent; ˘ *werden* s'échauffer; '˘**kopf** *m* tête *f* chaude; 2**köpfig** ['˘kœpfɪç]: ˘ *sein* être une tête chaude; '˘**pickel** *m*/*pl.* rougeurs *f*/*pl.*; '˘**schlag** *m* insolation *f*; coup *m* de soleil.

Hobel ['hoːbəl] *m* (7) rabot *m*; '˘**bank** *f* établi *m*; '˘**eisen** *n* fer *m* de rabot; '˘**maschine** *f* raboteuse *f*; 2**n** (29) raboter; *fig.* façonner; '˘**span** *m* copeau *m*.

Hoboe [hoˈboːə] *f* (15) 'hautbois *m*.

Hobo'ist *m* (12) 'hautboïste *m*.

hoch [hoːx] (ch *vor e* = h: *hohe, hoher, hohes*; *comp.* höher, *sup.* höchst, *s. diese*) **1.** 'haut; élevé; *Ehre, Verdienst, Ansehen:* grand; *es ist hohe Zeit* il est grand temps; *Ton, Preis, Zahl, Stellung:* élevé; *Spiel, Gewinn, Zinsen:* gros; *hohes Fieber* forte fièvre *f*; *hohe Schule* école *f* supérieure, *man.* 'haute école *f*; *hohe Feste* fêtes *f*/*pl.* solennelles; *hohes Gericht* 'haute cour *f*; *auf hoher See* en pleine mer; *in hohem Alter* dans un âge avancé; *bei hoher Strafe* sous peine sévère; ˘ *zu Roß* perché sur son cheval; *auf hohem Roß sitzen fig.* être monté sur son grand cheval; *ein Meter* ˘ 'haut d'un mètre; *drei Treppen* ˘ au troisième étage; *drei* ˘ *fünf* trois puissance cinq; ˘ *und niedrig* les grands et les petits; ˘ *oben* tout en 'haut; ˘ *oben auf* au 'haut de; ˘ *über* très 'haut au-dessus de; *wie* ˘ *schätzen Sie es?* à combien l'évaluez-vous?;

hochachten — 842 — **höchst**

das ist mir zu ~ cela me dépasse; *es geht* ~ *her* on s'en donne; ~ *wohnen* habiter en 'haut; ~ *spielen* jouer gros (jeu); *e-n hohen Ton anschlagen* le prendre de 'haut; ~ *und heilig versprechen* promettre solennellement; 2. 2 *n* (11) vivat *m*; *ein* ~ *auf j-n ausbringen* porter un toast à q.; = 2*druckgebiet*.

'hoch|-achten estimer beaucoup; '⌂achtung *f* ('haute) considération *f*; *mit vorzüglicher* ~ = '⌂achtungsvoll avec l'expression de ma parfaite considération (*od.* de mes sentiments distingués); '⌂altar *m* maître-autel *m*; '2-amt *n* grand-messe *f*; '⌂antenne *f* antenne *f* aérienne; '⌂arbeiten: *sich* ~ parvenir à force de travail; '⌂bahn *f* métro *m* aérien; '2bau *m* construction *f* en surface; (*Oberbau*) superstructure *f*; '⌂bedeutsam très important; '⌂begabt extrêmement doué; '⌂beglückt comblé de joie; '⌂bejahrt chargé d'ans; '⌂berühmt très célèbre; '⌂betagt chargé de jours; '⌂betrieb *m* activité *f* intense; '⌂bocken *Auto*: soulever; '⌂bringen *fig.* faire marcher; (*wieder* ~) remettre à flot; '⌂burg *f* citadelle *f*; centre *m*; '⌂deutsch 'haut allemand; '2druck *m* 'haute pression *f*; *mit* ~ *arbeiten* être sous pression; *typ.* impression *f* en relief; '2-druckgebiet *n* zone *f* de haute pression; 2-ebene *f* plateau *m*; '2(-ehr)würden (Votre) Révérence *f*; '⌂empfindlich *phot.* suprasensible; '⌂erfreut enchanté, ravi; '⌂fahren: *aus dem Schlaf* ~ se réveiller en sursaut; '⌂fahrend 'hautain; altier; arrogant; '⌂fein superfin; '⌂finanz *f* 'haute finance *f*; '⌂fläche *f* = 2ebene; '⌂fliegend qui vole 'haut; *fig.* ambitieux; *Plan*: vaste; '⌂flut *f* marée *f* 'haute; '⌂frequenz *f* 'haute fréquence *f*; '⌂gebildet très cultivé; '⌂gebirge *n* 'haute montagne *f*; '⌂geboren illustre; '2gefühl *n* enthousiasme *m*; exaltation *f*; '⌂gehen monter; *die See geht hoch* la mer est 'houleuse; *fig.* s'échauffer; '⌂gelegen élevé; situé sur une 'hauteur; '⌂gelehrt docte; '2genuß *m* délice *m*; '⌂gesang *m* hymne *m*; '⌂geschlossen *Kleid*: montant; '⌂geschossen élancé; '⌂geschürzt

troussé court; '⌂gesinnt ['⌂gəzint] noble; '⌂gespannt ≠ à 'haute tension; *Dampf*: à 'haute pression; ~*e Erwartungen* grands espoirs *m/pl.*; '⌂gestellt 'haut placé; '⌂gewachsen de 'haute taille; '⌂gradig d'un 'haut degré; fort; intense; '⌂halten lever; *fig.* ~ *in Ehren* 2; '2haus *n* gratte-ciel *m*; '⌂heben (re)lever; '⌂herrschaftlich *Haus*: de maître; *Wohnung*: de luxe; '⌂herzig magnanime; '2herzigkeit *f* magnanimité *f*; '2kirche *f* Église *f* épiscopale; '⌂klappen relever; '2konjunktur *f* 'haute conjoncture *f*; '2land *n* massif *m* montagneux; 2länder(in *f*) ['⌂lɛndər] *m* montagnard *m*, -e *f*; '⌂leben: *j-n* ~ *lassen* boire à la santé de q.; ~ *porter un toast à q.;* ... *lebe hoch! vive ...!*; '⌂löblich ['⌂lø:pliç] honorable; '2meister *m* grand maître *m*; '⌂modern ultra-moderne; '2moor *n* fagne *f*; '2-mut *m* 'hauteur *f*; orgueil *m*; ~mütig ['⌂my:tiç] 'hautain; orgueilleux; ⌂näsig ['⌂nɛ:ziç] qui a un air de morgue; (*geschraubt*) guindé; *Frau*: pimbêche; '2-ofen *m* 'haut fourneau *m*; '2parterre *n* rez-de-chaussée *m* surélevé; '⌂prozentig d'un pourcentage élevé; '⌂rot (d'un) rouge vif; vermeil; *Gesicht*: rubicond; '2relief *n* 'haut-relief *m*; '2rufe *m/pl.* vivats *m/pl.*; '2saison *f* 'haute saison *f*; '⌂schätzen = ⌂achten; '⌂schlagen *Kragen*: relever; '2schule *f* grande école *f*; université *f*; '2schüler *m* étudiant *m*; '2schulreife *f* baccalauréat *m*; '⌂schwanger en état de grossesse avancée; '2seefischerei *f* pêche *f* en 'haute mer; '2seeflotte *f* flotte *f* de 'haute mer; '2sommer *m* plein été *m*; *im* ~ au fort (*od.* cœur) de l'été; '⌂spannung ≠ *f* 'haute tension *f*; '2spannungsleitung *f* ligne *f* à 'haute tension; '2sprung *m* saut *m* en 'hauteur.

höchst [hø:çst] (*sup. von hoch*) le plus 'haut; *fig.* suprême; (*größt*) le plus grand; *phys.*, ⊕ *u.* ♀ maximum; (*äußerst*) extrême; *der* ~*e Punkt* le point culminant; *das* ~*e Wesen* l'Être *m* suprême; *das* ~*e Gut* le souverain bien; *im* ~*en Grade* (*Maße*) au suprême (*od.* dernier) degré; *es ist* ~*e Zeit* il est grand temps; *adv.* extrêmement; très.

hoch|stämmig à 'haute tige; *Wald*: de haute futaie; ²**stapelei** [~ʃtaːpəˈlaɪ] *f* imposture *f*; ²**stapler** *m* imposteur *m*; chevalier *m* d'industrie.

'**Höchst|belastung** *f* charge *f* maxima; **~betrag** *m* maximum *f*; *bis zum ~ von* jusqu'à concurrence de; **~dauer** *f* durée *f* maxima.

'**hochstehend** 'haute placé.

höchst|ens ['høːçstəns] tout au plus; au maximum; ²**form** *f* superlatif *m*; *Sport*: pleine forme *f*; ²**gehalt** *n* traitement *m* maximum; ²**geschwindigkeit** *f* vitesse *f* maxima, plafond *m*; ²**kommandierende(r)** *m* commandant *m* en chef; chef *m* suprême; ²**leistung** *f* rendement *m* maximum; débit *m* maximum; *Sport*: record *m*; ²**maß** *n* maximum *m*; ²**preis** *m* prix *m* maximum *m*; ²**tarif** *m* tarif *m* maximum.

'**hoch|tönend** qui sonne 'haut; *fig.* emphatique; **~e Worte** grands mots *m/pl.*; **~trabend** *fig.* fastueux; emphatique; **~verdient** de grand mérite; **~ver-ehrt** très honoré; ²**verrat** *m* 'haute trahison *f*; ²**verräter** *m* coupable *m* de haute trahison; ²**wald** *m* futaie *f*; ²**wasser** *n* crue *f*; inondation *f*; *Meer*: marée *f* 'haute; ²**wertig** de 'haute teneur; riche; ²**wild** *n* gros gibier *m*; ²**würden** ['~vyrdən] *Euer ~ Anrede*: Monseigneur *m*; Votre Éminence *f*; **~würdig** révérendissime.

Hochzeit ['hɔxtsaɪt] *f* noce(s *pl.*) *f*; (*Trauung*) mariage *m*; silberne (goldene) ~ noces *f/pl.* d'argent (d'or); **~ halten** célébrer ses noces; ²**lich** nuptial; **~sfeier(lichkeit)** *f* noces *f/pl.*; **~sgäste** *m/pl.* invités *m/pl.* aux noces; (gens *m/pl.* de la) noce *f*; **~sgedicht** *n* épithalame *m*; **~smarsch** *m* marche *f* nuptiale; **~sreise** *f* voyage *m* de noces; **~sschmaus** festin (*od.* repas) *m* de noce(s); **~stag** *m* jour *m* de la noce.

Hock|e ['hɔkə] *f* (15) (*Garben*²) tas *m* de gerbes; *gym.* accroupissement *m*; ²**en** (25) être accroupi; **~er** *m* (7) tabouret *m*; escabeau *m*.

Höcker ['hœkər] *m* (7) bosse *f*; *im Gelände*: saillie *f*; ²**ig** bossué.

Hockey ['hɔke] *n* (11) 'hockey *m*; **~schläger** *m* crosse *f*; **~spieler** *m* 'hockeyeur *m*.

Hode ['hoːdə] *f* (15) *od. m*, **~n** *m* (13 6]) testicule *m*; **~nsack** *m* scrotum *m*.

Hof [hoːf] *m* (3³) cour *f*; (*Hotel*) hôtel *m*; (*Bauern*²) ferme *f*; *Gestirne*: 'halo *m*; *j-m den ~ machen* courtiser q.; **~amt** *n* charge *f* à la cour; **~dame** *f* dame *f* d'honneur; ²**fähig** admis à la cour.

Hoffart ['hɔfart] *f* (16) orgueil *m*.

hoffärtig ['~fɛrtɪç] orgueilleux.

hoffen ['hɔfən] (25) espérer (*auf etw. acc.* qch.); **~tlich**: *~ kommst du* j'espère que tu viendras.

Hoffnung ['hɔfnʊŋ] *f* (*Hoffen*) espérance *f*; *auf bestimmtes Ziel*: espoir *m*; *~ schöpfen* prendre espoir; *die ~ aufgeben* perdre tout espoir; *sich ~en auf etw. (acc.) machen* se nourrir de l'espoir d'obtenir qch.; *guter ~ sein* être enceinte; *j-m ~ auf etw. (acc.) machen* faire espérer qch. à q.

'**hoffnungs|los** sans espoir; désespéré; ²**losigkeit** *f* désespoir *m*; désespérance *f*; ²**strahl** *m* rayon *m* d'espoir; **~voll** plein d'espoir.

'**Hof|fräulein** *n* demoiselle *f* d'honneur; **~haltung** *f* cour *f*; **~hund** *m* chien *m* de garde.

höfisch ['høːfɪʃ] de (la) cour; (*ritterlich*) courtois.

höflich ['høːflɪç] poli; civil; *gegen Damen*: courtois; galant; ²**keit** *f* politesse *f*; civilité *f*; *gegen Damen*: courtoisie *f*; galanterie *f*; ²**keitsbesuch** *m* visite *f* de cérémonie; ²**keitsformel** *f* formule *f* de politesse. [la cour.)

'**Hoflieferant** *m* fournisseur *m* de)

Höfling ['høːflɪŋ] *m* (3¹) courtisan *m*.

'**Hof|mann** *m* courtisan *m*; **~marschall** *m* maréchal *m* du palais; **~narr** *m* bouffon *m* de la cour; **~rat** *m* (3³) conseil *m* aulique; (*Titel*) conseiller *m* aulique; **~seite** *f* côté *m* cour; **~sitte** *f* étiquette *f*; **~staat** *m* cour *f*; **~tor** *n* porte *f* cochère; **~wohnung** *f* appartement *m* sur la cour.

Höhe ['høːə] *f* (15) 'hauteur *f*; (*Erhebung*) élévation *f*; (*Gipfel*) sommet *m*; *über Meeresspiegel*: altitude *f*; e-e *~ von 2 Metern* deux mètres de haut (*od.* de hauteur); *auf gleicher ~ mit au niveau de; à la même 'hauteur que; auf der ~ des Glücks* au comble du bonheur; *auf der ~ sein fig.* être à la page; *in die ~ fahren* (*hochspringen*) sursauter;

Hoheit — 844 — **Holm**

in die ~ gehen Preise: 'hausser; in die ~ treiben Preise: faire 'hausser; in die ~ richten redresser; in die ~ sehen lever les yeux; in die ~ schießen s'élancer dans les airs, (wachsen) grandir; in die ~ schnellen faire un bond, Preise: 'hausser rapidement; in die ~ steigen monter; s'élever; in die ~ werfen jeter en l'air; in die ~ ziehen 'hisser; sich in die ~ schwingen prendre son vol; sich in die ~ schieben Kleidung: remonter; das ist die ~! c'est le comble!

Hoheit ['ho:haɪt] f (16) grandeur f; (höchste Gewalt) souveraineté f; (Titel) Altesse f; '~s-abzeichen n emblème m de nationalité; '~sgewässer n/pl. eaux f/pl. territoriales; '~srechte n/pl. droits m/pl. de souveraineté.

Hohe'lied n (18): das ~ le Cantique des Cantiques.

'Höhen|flug m vol m à grande 'hauteur; '~kur f cure f d'altitude; '~luftkur-ort m station f d'altitude; '~messer m altimètre m; arp. théodolite m; '~messung f altimétrie f; '~rekord m record m d'altitude; '~sonne f soleil m des 'hauteurs; (Apparat) soleil m artificiel; '~steuer n gouvernail m d'altitude; '~unterschied m différence f de niveau; '~zahl f cote f d'altitude; '~zug m chaîne f de collines.

Hohe'priester m (18) grand prêtre m.

'Höhepunkt m point m culminant; faîte m; apogée m.

höher ['hø:ər] (comp. v. hoch) plus 'haut; plus élevé; fig. supérieur; ~en Ortes en 'haut lieu; ~e Schule école f secondaire; ~e Mathematik 'hautes mathématiques f/pl.; ~e Gewalt force f majeure; auf ~en Befehl par ordre supérieur; in ~em Sinne dans un sens plus relevé; ~ rücken fig. avancer; ~ schrauben monter, Preis: 'hausser.

hohl [ho:l] creux m, fig. vide; die ~e Hand le creux de la main; ~ machen creuser; ~ werden se creuser.

hohläugig ['~'ɔygɪç] qui a les yeux creux.

Höhle ['hø:lə] f (15) caverne f; grotte f; der wilden Tiere: antre m; tanière f; repaire m.

'höhlen creuser; '2bewohner m, '2mensch m homme m des cavernes; troglodyte m; '2forscher m spéléologue m; '2forschung f spéléologie f; '2wohnung f grotte f.

'Hohl|fläche f concavité f; '~geschliffen concave; '~heit f cavité f; fig. nullité f; '~kehle f gorge f; '~kopf m tête f creuse; '~maß n mesure f de capacité; '~raum m vide m; '~saum m ourlet m à jour; '~spiegel m miroir m concave.

Höhlung ['hø:luŋ] f cavité f; (Aus²) excavation f; ⚕ caverne f; Schlüssel: canon m.

'Hohlweg m chemin m creux; (Engpaß) défilé m; schluchtartig: ravin m.

Hohn [ho:n] m (3) raillerie f; ironie f; herausfordernd:~ bravade f.

höhnen ['hø:nən] railler.

'Hohn|gelächter n rire m moqueur; zum ~ werden devenir la risée de tout le monde; '~geschrei n 'huées f/pl.

'höhnisch railleur; ironique.

'hohn|lächeln sourire d'un air moqueur; '2lächeln n sourire m moqueur; '2lachen ricaner; '~sprechen: j-m ~ railler q.; narguer q.; der Vernunft ~ insulter à la raison.

Höker|(in f) ['hø:kər] m (7) revendeur m, -euse f; '2n tenir un petit commerce; être revendeur.

Hokuspokus [ho:kus'po:kus] m tour m de passe-passe; jonglerie f.

hold [hɔlt] gracieux; j-m ~ sein être favorable à q.; vouloir du bien à q.; das Glück ist ihm ~ la fortune lui sourit; '~selig plein de grâces.

holen ['ho:lən] (25) aller (resp. venir) chercher; ~ lassen envoyer chercher; sich ~ Schnupfen: attraper.

Holland ['hɔlant] n (17) la Hollande.

Holländ|er(in f) ['hɔlɛndər] m (7) 'Hollandais m, -e f; '2isch 'hollandais.

Hölle ['hœlə] f (15) enfer m; zur ~ fahren descendre aux enfers; in die ~ kommen aller en enfer; être damné; j-m die ~ heiß machen la donner chaude à q.

'Höllen|-angst f angoisse f terrible; '~fahrt f descente f aux enfers; '~lärm m vacarme m infernal; '~maschine f machine f infernale; '~qual f supplice m; martyre m infernal; '~stein m 🜛 nitrate m d'argent; phm. pierre f infernale.

'höllisch infernal.

Holm [hɔlm] m (kleine Insel) îlot m; (Querholz) traverse f; gym. barre f.

holp(e)rig — 845 — **horizontal**

holp|(e)rig ['hɔlp(ə)riç] raboteux; inégal; '~**ern** (29) cahoter.

Holunder [ho'lundɐr] m (7) sureau m.

Holz [hɔlts] n (1¹ u. ²) bois m; fig. (Art) trempe f; '~**apfel** m pomme f sauvage; '~**arbeiten** f/pl. articles m/pl. en bois; '2-**artig** ligneux; ligniforme; '~**bekleidung** f boiserie f; '~**bock** m chevalet m; ent. capricorne m; '~**bündel** n fagot m.

'**holzen** (27) couper du bois.

hölzern ['hœltsɐrn] de (od. en) bois; fig. raide; (linkisch) gauche.

'**Holz|-essig** m vinaigre m de bois; '~**fällen** n abattage m du bois; '~**fäller** m (7) bûcheron m; '~**faser** f fibre f ligneuse; '2**frei** pur chiffon, d'alfa; '~**frevel** m délit m forestier; '~**gasgenerator** m gazogène m; '~**hacker** m, '~**hauer** m (7) bûcheron m; '~**häher** m geai m; '~**hammer** m maillet m; '~**handel** m commerce m de bois; '~**händler** m marchand m de bois; '2**ig** ligneux; '~**käfer** m xylophage m; '~**klotz** m billot m de bois; '~**kohle** f charbon m de bois; '~**lager** n dépôt m de bois; '~**nagel** m cheville f; '~**pantinen** f/pl. sabots m/pl. en bois; '~**pflaster** n pavage m en bois; '~**schale** f sébile f; '~**scheit** n bûche f; '~**schlag** m abattage m du bois; im Revier: coupe f du bois; '~**schneidekunst** f gravure f sur bois; xylographie f; '~**schnitt** m gravure f sur bois; '~**schnitze'rei** f sculpture f sur bois; '~**schuh** m sabot m; '~**schuhmacher** m sabotier m; '~**schuppen** m bûcher m; '~**span** m copeau m (de bois); '~**splitter** m éclat m de bois; écharde f; '~**stoß** m pile f de bois; (Scheiterhaufen) bûcher m; '~**taube** f (pigeon m) ramier m; '~**verkleidung** f boiserie f; '~**verschlag** m cloison f de planches; '~**weg** m chemin m forestier; fig. auf dem ~ sein faire fausse route; '~**werk** n charpente f; boiserie f; '~**wolle** f laine f de bois; '~**wurm** m ver m du bois; perce-bois m. [2i'tät homogénéité f.]

homogen [homo'ge:n] homogène;

Homöopath [homøo'pa:t] m (12) homéopathe m; ~**ie** [~'ti:] f homéopathie f; 2**isch** ['~'pa:tiʃ] homéopathique.

homosex|uell [~zɛksu'ɛl] homosexuel; 2**uali'tät** f homosexualité f.

Honig ['ho:niç] m (3¹) miel m; j-m ~ um den Mund schmieren fig. flagorner q.; '2-**artig** mielleux; '~**kuchen** m pain m d'épice; '2**süß** doux comme le miel; fig. mielleux; '~**wabe** f rayon m de miel.

Honor|ar [hono'rɑ:r] n (3¹) honoraires m/pl.; ~**arprofessor** m professeur m honoraire; ~**atioren** [~ratsi'o:-] pl. notables m/pl.; 2**ieren** rétribuer; Wechsel: faire honneur à.

Hopfen ['hɔpfən] m (6) 'houblon m; an ihm ist ~ und Malz verloren il n'y a rien à faire de lui; '~**feld** n 'houblonnière f; '~**stange** f perche f à 'houblon.

hop|p! [hɔp] 'hop!; '~**sa!**, [~'hɔpsa] 'hop là!; '~**sen** sauter; sautiller.

'**Hör|-apparat** m récepteur m; Schwerhörige: appareil (od. cornet) m acoustique; 2**bar** ['hø:rba:r] perceptible (à l'oreille); '~**bericht** m radioreportage m.

horch|en ['hɔrçən] (25) écouter; 2**er** m (7) écouteur m; 2**gerät** n appareil m d'écoute; 2**posten** ⚔ m poste m d'écoute; 2**rohr** n cornet m acoustique; 𝄞 stéthoscope m.

Horde ['hɔrdə] f (15) 'horde f; bande f; Obst: claie f.

hören ['hø:rən] 1. (25) entendre; (zuhören) écouter; (erfahren) apprendre; gut (schlecht) ~ avoir l'oreille bonne (dure); auf j-n ~ écouter q.; (sagen) ~ entendre dire; ich habe davon gehört j'en ai entendu parler; ~ Sie mal! dites donc!; auf den Namen ... ~ répondre au nom de ...; sich ~ lassen se faire entendre, fig. être plausible; das läßt sich ~ à la bonne heure; von sich ~ lassen donner de ses nouvelles; Sie sollen von mir ~ vous aurez de mes nouvelles; 2. 2 n (6) audition f; (Gehör) ouïe f; ihm verging ~ und Sehen dabei il en fut tout étourdi: 2**sagen** n: vom ~ par ouï-dire.

'**Hör|er(in** f) m auditeur m, -trice f; (Student) étudiant m, -e f; téléph. récepteur m; (Kopf2) casque m (d'écoute); '~**erschaft** f auditoire m; Radio: auditeurs m/pl.; '~**fehler** m erreur f d'audition; 𝄞 défaut m de l'ouïe; '~**folge** f programme m de radio; '2**ig** (leibeigen) serf; er ist ihr il est l'esclave de sa passion pour elle. [m; 2**al** [~'tɑ:l] horizontal.]

Horizont [hori'tsɔnt] m (3) horizon

Hormon [hɔr'moːn] n (3) hormone f.
'**Hörmuschel** téléph. f pavillon m.
Horn [hɔrn] n (1²) corne f; ♪ cor m; ⚔ clairon m; (Bergspitze) pic m, pfort aiguille f; auf dem (ins) ~ blasen sonner du cor; sich die Hörner ablaufen jeter sa gourme; j-m Hörner aufsetzen rendre q. cocu; mit j-m ins selbe ~ blasen être de connivence avec q.; '~**bläser** m (sonneur m de) cor m; '~**blende** f amphibole f; '~**brille** f lunettes f/pl. d'écaille.
Hörn|chen ['hœrnçən] n (6) (Gebäck) croissant m; '⁀**en**: sich ~ ch. jeter sa tête; '~**erklang** m son m du cor.
'**Hörnerv** m nerf m auditif. [née f.)
'**Hornhaut** f callosité f; Auge: cor-ɟ
Hornisse [hɔr'nisə] f (15) frelon m.
Hornist [hɔr'nist] m (12) corniste; ⚔ clairon m.
'**Horn|signal** ⚔ n sonnerie f de clairon; '~**vieh** n bêtes f/pl. à cornes.
'**Hör-organ** n organe m de l'ouïe.
Horoskop [hɔrɔ'skoːp] n (3¹) horoscope m.
'**Hör|rohr** n cornet m acoustique; ♫ stéthoscope m; '~**saal** m salle f de cours; '~**spiel** n Radio: pièce f radiophonique.
Horst [hɔrst] m (3²) bosquet m; (Nest) nid m; (Adler⁀) aire f; '⁀**en** (26) nicher; aire f.
Hort [hɔrt] m (3) (Schatz) trésor m; (Kinder⁀) crèche f; garderie f; (Zuflucht) asile m fig. appui m; '⁀**en** (26) thésauriser; '~**ensie** [~'tenziə] ♀ f hortensia m; '~**nerin** f gardienne f d'enfants.
'**Hörweite** f portée f de la voix.
Hose ['hoːzə] f (15) pantalon m; (Knie⁀) culotte f; das Herz fiel ihm in die ~ n le cœur lui manquait; sie hat die ~ n an fig. c'est elle qui porte la culotte.
'**Hosen|band-orden** m ordre m de la Jarretière; '~**boden** m fond m de pantalon; '~**klammer** f Radfahrer: pince f; '~**klappe** f pont m de pantalon; '~**latz** m braguette f; '~**matz** m bambin m; '~**rock** m jupe-culotte f; '~**rolle** thé. f travesti m; '~**schlitz** m braguette f; '~**tasche** f poche f de pantalon; '~**träger** m/pl. bretelles f/pl.
Hospi|tal [hɔspi'taːl] m (1² u. 3¹) hôpital m; für Greise, Waisenkinder: hospice m; '~**tant** [~'tant] m (12) auditeur m libre.

Hospiz [hɔs'piːts] n (3²) hospice m.
Hostie ['hɔstiə] f (15) hostie f.
Hotel [ho'tɛl] n (11) hôtel m; ~**besitzer(in** f) m hôtelier m, -ière f; ~**diener** m, ~**page** m chasseur m; ~**gewerbe** n industrie f hôtelière; ~**rechnung** f note f d'hôtel.
hott! [hɔt] 'hue!
hu! [huː] 'hou!
hü! [hyː] 'hue!
Hub [huːp] m (3³) élévation f; Kolben: course f.
hüben ['hyːbən] en deçà; de ce côté-ci; ~ wie drüben d'un côté comme de l'autre.
'**Hubraum** ['huːp-] m cylindrée f.
hübsch [hypʃ] joli; ~ artig bien sage.
'**Hub|schrauber** m hélicoptère m; '~**seil** n câble m de relevage.
'**huckepack** s califourchon.
Huf [huːf] m (3) sabot m; '~**beschlag** m ferrure f; '~**eisen** n fer m à cheval; '~**lattich** m pas-d'âne m; '~**nagel** m clou m à ferrer; '~**schlag** m coup m de pied de cheval; (Geräusch) pas m d'un cheval; '~**schmied** m maréchal m ferrant; '~**schmiede** f maréchalerie f.
'**Hüft|bein** ['hyft-] n os m iliaque; '~**e** f hanche f; '~**gelenk** n articulation f de la hanche; '~**gürtel** m, '~**halter** m gaine f; '~**knochen** m = ~**bein**; '~**umfang** m tour m des hanches; '~**weh** n sciatique f.
Hügel ['hyːgəl] m (7) colline f; coteau m; '⁀**ig** montueux; accidenté.
Hugenott|**e** [hugə'nɔtə] m (12 [13]) 'huguenot m; ~**in** f 'huguenote f.
Huhn [huːn] n (1²) poule f; junges ~ poulet m; gemästetes ~ poularde f.
Hühnchen ['hyːnçən] n poulet m; mit j-m ein ~ zu rupfen haben fig. avoir maille à partir avec q.
'**Hühner|-auge** ✧ n cor m; '~**augen-operateur** m pédicure m; '~**hof** m basse-cour f; '~**hund** m chien d'arrêt m; braque m; '~**jagd** f chasse f à la perdrix; '~**leiter** f échelle f de poulailler; '~**stall** m poulailler m; '~**stange** f perchoir m; '~**suppe** f bouillon m de poulet; '~**zucht** f élevage m de volailles; aviculture f.
Huld [hult] f (16) grâce f; faveur f.
huldig|en ['huldiɡən] (25) rendre hommage; j-m ~ présenter ses hommages à q.; e-r Sache ~ s'adonner à qch.; e-r Ansicht ~ se déclarer en faveur d'une opinion; sich ~ lassen

Huldigung — 847 — **hüpfen**

recevoir les hommages; 'Ωung f hommage m.
'**huld**|**reich**, ⁓**voll** plein de grâce.
Hülle ['hylə] f (15) enveloppe f; sterbliche ⁓ dépouille f mortelle; (Gewandung) draperie f; zo. tégument m; ♀ involucre m; in ⁓ und Fülle en abondance; 'Ωn (25) envelopper (in acc. de); draper (de).
Hülse ['hylzə] f (15) peau f; écale f; (Schote) cosse f; (PatronenΩ) douille f; ⁓**nfrucht** f légume m sec.
human [hu'ma:n] humain; plein d'humanité; Ωismus [⁓ma'nɪsmus] m humanisme m; Ωist m humaniste m; ⁓**istisch** classique; Ωität [⁓'te:t] f humanité f.
Humbug ['humbuk] m (3¹) blague(s pl.) f; mystification f.
Hummel ['huməl] f (16) bourdon m.
Hummer ['humər] m (7 u. 10) 'homard m.
Humor [hu'mo:r] m (3¹) humour m; ⁓**eske** [⁓mo'rɛskə] f (15) pièce f humoristique; farce f; ⁓**ist** [⁓'rɪst] m (12) humoriste m; Ωistisch humoristique.
humpeln ['humpəln] (29) boiter; aller clopin-clopant. [coupe f.]
Humpen ['humpəl] m (6) 'hanap m;]
Humus ['hu:mus] m (16) humus m; terre f végétale.
Hund [hunt] m (3) chien m (a. ⚔); bekannt wie ein bunter ⁓ connu comme le loup blanc; wie ⁓ und Katze leben vivre comme chien et chat; auf den ⁓ gekommen sein fig. être à bout de forces (od. de ressources); vor die ⁓e gehen être un homme perdu; mit allen ⁓en gehetzt sein la connaître.
Hunde|**abteil** ['hundə-] n fourgon m des chiens; ⁓**arbeit** F f travail m de chien; 'Ω-**artig** canin; ⁓**aus-stellung** f exposition f canine; ⁓**hütte** f niche f à chien; ⁓**kälte** f froid m de loup; ⁓**kuchen** m biscuit m pour chiens; ⁓**leben** F n vie f de chien; ⁓**leine** f laisse f; ⁓**marke** f plaque f (de chien); 'Ω-**müde** f harassé; éreinté; P vanné; ⁓**napf** m écuelle f; ⁓**peitsche** f cravache f; ⁓**rasse** f race f canine; ⁓**rennen** n course f de chiens.
hundert ['hundərt] **1.** cent; etwa ⁓ une centaine; 200 deux cents; 250 deux cent cinquante; **2.** Ω n cent m; ⁓e von des centaines de; vier vom ⁓ quatre pour cent; 'Ωer m (7) centaine f; (Ziffer 100) chiffre m cent; (Geldschein) billet m de cent (francs, etc.); ⁓**erlei** ['⁓ərlaɪ] de cent espèces; fig. a. trente-six choses; '⁓-**fach**, ⁓**fältig** ['⁓fɛltɪç] centuple; ⁓**gradig** ['⁓gra:dɪç] centigrade; Ω**jahrfeier** f centenaire m; ⁓**jährig** centenaire; séculaire; qui dure cent ans; '⁓**jährlich** qui revient tous les cent ans; '⁓**mal** cent fois; ⁓**prozentig** [⁓'pro:tsɛntɪç] cent pour cent; 'Ω**satz** m pourcentage m; '⁓**st** ('Ω**stel** n) centième (m); vom Ωsten ins Tausendste kommen discourir à perte de vue; faire des coq-à-l'âne; '⁓**tausend** cent mille.
'**Hunde**|**sperre** f défense f de laisser courir les chiens; ⁓**steuer** f impôt m sur les chiens; '⁓**wetter** n temps m de chien; '⁓**zucht** f élevage m de chiens; '⁓**zwinger** m chenil m.
Hündin ['hyndɪn] f chienne f.
'**hündisch** de chien; fig. servile.
Hunds|**fott** P ['⁓tsfɔt] m (1²) chien m; canaille f; (Feigling) lâche m; 'Ω**gemein** abject; infâme; ⁓**tage** ['⁓ta:gə] m/pl. canicule f.
Hün|**e** ['hy:nə] m (13), ⁓**in** f géant m, -e f; ⁓**engestalt** f colosse m; '⁓**engrab** n tumulus m.
Hunger ['huŋər] m (7) faim f (nach de; stillen apaiser; assouvir); ⁓ (bekommen) haben (commencer à) avoir faim; ⁓ leiden souffrir de la faim; vor ⁓ sterben mourir de faim; '⁓**blockade** f blocus m de la faim; '⁓**jahr** n année f de famine; '⁓**künstler** m jeûneur m professionnel; '⁓**kur** f diète f absolue; '⁓**leider(in** f) m (7) famélique m, f; F meurt-de-faim m, f; ⁓**lohn** m salaire m dérisoire (od. de famine); 'Ω**n** (29) avoir faim; (fasten) jeûner; faire diète; '⁓**snot** f famine f; (Knappheit) disette f; ⁓**streik** m grève f de la faim; '⁓**tod** m: den ⁓ sterben mourir de faim; '⁓**tuch** n: am ⁓e nagen manquer du strict nécessaire.
'**hungrig** qui a faim (nach de); affamé (de); (sehr) ⁓ sein avoir (très) faim.
Hunn|**e** ['hunə] m (13) 'Hun m.
Hupe ['hu:pə] f (15) klaxon m; corne f; trompe f; 'Ω**n** (25) klaxonner; corner.
hüpfen ['hypfən] (25) saut(ill)er; auf e-m Bein ⁓ sauter à cloche-pied.

Hürd|e ['hyrdə] *f* (15) claie *f*; (*Pferch*) parc *m*; *Sport*: 'haie *f*; '~enlauf *m*, '~enrennen *n* course *f* de haies (*od.* d'obstacles).

Hure ['hu:rə] *f* (15) prostituée *f*; P putain *f*; ♀**n** forniquer; *Frau*: se prostituer; ~'**rei** *f* (15) prostitution *f*.

hurra! [hu'ra:] 'hourra!; ♀**patriot** *m* chauvin *m*; ♀**patriotismus** *m* chauvinisme *m*.

hurtig ['hurtiç] preste; alerte; *adv. a.* vite.

Husar [hu'za:r] *m* (12) 'hussard *m*.

husch [huʃ] 'hop!; vite!; *in e-m* ♀ vivement; *j-n nur auf e-n* ♀ *besuchen* ne faire qu'un saut chez q.; '~**en** glisser (*od.* passer) rapidement (*über acc.* sur).

hüsteln ['hy:stəln] (29) toussoter.

husten ['hu:stən] **1.** (26) tousser; **2.** ♀ *m* (6) toux *f*; *den* ~ *haben* être enrhumé; '♀**anfall** *m* quinte *f* de toux; '♀**mittel** *n* remède *m* béchique; '♀**reiz** *m* envie *f* de tousser; '♀**saft** *m* sirop *m* béchique; '~**stillend** béchique.

Hut [hu:t] **1.** *m* (3¹) chapeau *m* (*steifer* dur; *melon*; *weicher* mou); *den* ~ *aufsetzen* (*lüften*) mettre (soulever) son chapeau; *den* ~ *aufbehalten* garder son chapeau; rester couvert; *den* ~ *abnehmen* ôter son chapeau; *se découvrir* (*vor j-m* devant q.); *den* ~ *in die Stirn drücken* enfoncer son chapeau; *den* ~ *aufs Ohr setzen* mettre le chapeau sur l'oreille; *unter e-n* ~ *bringen* *fig.* mettre d'accord; ~ *ab!* chapeau bas!; **2.** *f* (16) garde *f*; *auf der* ~ *sein* être (*od.* se tenir) sur ses gardes; *in s-e* ~ *nehmen* prendre sous sa garde; '~**band** *n* ruban *m* de chapeau.

hüten ['hy:tən] (26) garder; veiller (sur *od.* à); *vor etw.* (*dat.*) ~ préserver de qch.; *sich* ~ *vor* (*dat.*) se garder de; prendre garde à; *sich wohl* ~, *etw. zu tun* n'avoir garde de faire qch.; *er soll sich* ~! qu'il prenne garde!

'**Hüter(in** *f*) *m* (7) gardien *m*, -ne *f*; (*Vieh*♀) gardeur *m*, -euse *f* de bétail.

Hut|feder *f* plumet *m*; '~**form** *f* forme *f* à chapeaux; '~**futter** *n* coiffe *f* de chapeau; '~**futteral** *n* carton *m* à chapeau; '~**geschäft** *n* chapellerie *f*; '~**krempe** *f* bord *m* (d'un chapeau); '~**macher(in** *f*) *m* chapelier *m*, -ière *f*; '~**nadel** *f* épingle *f* à chapeaux; '~**schachtel** *f* carton *m* à chapeau; '~**schleife** *f* cocarde *f*; '~**schnur** *f* cordon *m* de chapeau; *über die* ~ *gehen fig.* F passer les bornes.

Hütte ['hytə] *f* (15) cabane *f*; *mit Strohdach*: chaumière *f*; (*bloßes Schutzdach*) 'hutte *f*; ⊕ ~**nwerk**.

'**Hütten|arbeiter** *m* ouvrier *m* d'usine (*od.* de fonderie); '~**besitzer** *m* maître *m* de forge; '~**kunde** *f* métallurgie *f*; '~**wart** *m* gardien *m* de la cabane; '~**werk** *n* métallurgique; forge *f*; (*Gießerei*) fonderie *f*; '~**wesen** *n* usines *f*/*pl.* métallurgiques; métallurgie *f*.

hutzelig ['hutsəliç] ratatiné.

Hyäne [hy'ɛ:nə] *f* (15) hyène *f*.

Hyazinthe [hya'tsintə] *f* (15) jacinthe *f*.

Hydr|ant [hy'drant] *m* (12) bouche *f* à eau (*od.* d'incendie); ♀**aulisch** [~'draulif] hydraulique.

Hygie|ne [hy'gie:nə] *f* (15) hygiène *f*; ♀**nisch** hygiénique.

Hymn|e ['hymnə] *f*, '~**us** *m* hymne *m*.

Hyperbel [hy'pɛrbəl] *f* hyperbole *f*.

Hypno|se [hyp'no:zə] *f* (15) hypnose *f*; ~**tiseur** [~ti'zø:r] *m* hypnotiseur *m*; ♀**ti'sieren** hypnotiser.

Hypochond|er [hypo'xɔndər] *m* hypocondriaque *m*; ♀**risch** hypocondriaque. [poténuse *f*.)

Hypotenuse [~te'nu:zə] *f* (15) hy-)

Hypothek [~'te:k] *f* (16) hypothèque *f* (*aufnehmen* prendre; *löschen* purger); *mit e-r* ~ *belasten* hypothéquer; ♀**arisch** [~te'ka:riʃ] hypothécaire; ~**enbank** *f* banque *f* foncière; ~**enbuch** *n* registre *m* des hypothèques.

Hypothese [hypo'te:zə] *f* (15) hypothèse *f*.

Hysterie [hyste'ri:] *f* hystérie *f*.

hysterisch [~'s'te:riʃ] hystérique.

I

I, i [i:] *n* i *m*.
i! eh!; ~ **wo!** pensez-vous!
Iber|er [i'be:rər] *m* Ibère *m*; ℒ**isch** ibérique.
ich [iç] **1.** (19) je; *als pr. abs.* moi; *hier bin* ~ me voici; ~ *bin es* c'est moi; **2.** ℒ *n* moi *m*; ℒ**sucht** *f* égoïsme *m*.
ideal [ide'a:l] **1.** idéal; **2.** ℒ *n* (3¹) idéal *m*; ~**isieren** idéaliser; ℒ**ismus** [~a'lɪs-] *m* idéalisme *m*; ℒ**ist** (-*in f*) *m* idéaliste *m, f*; ~**istisch** idéaliste.
Idee [i'de:] *f* (15) idée *f*; (*Begriff*) notion *f*; ~**nverbindung** [i'de:ən-] *f* association *f* d'idées.
identi|fizieren [identifi'tsi:rən] identifier; ~**sch** [~'dɛntɪʃ] identique; ℒ'**tät** *f* identité *f*.
Idiom [idi'o:m] *n* idiome *m*; ℒ**atisch** idiomatique. [[~'o:tɪʃ] idiot.]
Idiot [idi'o:t] *m* (12) idiot *m*; ℒ**isch**
Idol [i'do:l] *n* idole *f*.
Idyll [i'dyl] *n* (3¹), ~**e** *f* (15) idylle *f*; ℒ**isch** idyllique.
Igel [i:gəl] *m* (7) hérisson *m*.
ignorieren [igno'ri:rən] *j-n* ~ feindre de ne pas connaître q.; *etw.* ~ ne pas tenir compte de qch.
ihm [i:m] (*dat. v. er, es*) lui; *als pr. abs.* à lui; *nach prp.* lui.
ihn [i:n] (*acc. v. er*) le (*vor vo. od. stummem h*: l'); *als pr. abs. u. nach prp.* lui.
ihnen ['i:nən] **1.** (*dat. pl. v. er, sie, es*) leur; *als pr. abs.* à eux *m*, à elles *f*; *nach prp.* eux *m*, elles *f*; **2.** ℒ (*dat. v. Sie*) vous; *als pr. abs.* à vous; *nach prp.* vous.
ihr [i:r] **1.** (*dat. v. sie sg.*) lui; *als pr. abs.* à elle; *nach prp.* elle; **2.** (*nom. pl. v. du, in Briefen* ℒ) vous; **3.** *pr*/*poss.* **1.** ~**e** (*f*) *m. u. n* a) *v. e-r Besitzerin*: son *m* (*vor vo. od. stummem h*: *a. f*), sa *f* (*vor cons.*); *pl.* ses; b) *v. mehreren Besitzern*: leur; *pl.* ~**e** leurs; ℒ votre; ℒ leurs; '~**er**, '~**e**, '~**es**: der (die, das) ~**e** *od.* ~**rige** a) *v. e-r Besitzerin*: le sien, la sienne; b) *v. mehreren Besitzern*: le (la) leur; ℒ le (la) vôtre; '~**er** (*gén. v. sie*): ich

gedenke ~ je me souviens d'elle; je pense à elle.
'**ihrerseits** de sa (*pl.* leur) part; de son (*pl.* leur) côté; ℒ de votre part (*od.* côté).
ihresgleichen ['~əsglaɪçən] son (*pl.* leur) pareil; ℒ votre pareil.
ihret|halben ['i:rət-], ~'**wegen**, (*um*) '~**willen** à cause d'elle (d'eux *m*/*pl.*; d'elles *f*/*pl.*) pour elle (eux *m*/*pl.*, elles *f*/*pl.*); ℒ à cause de vous; pour vous.
illu|minieren [ilumi'ni:rən] illuminer; ℒ**sion** [~zi'o:n] *f* illusion *f*; ~**sorisch** [ilu'zo:rɪʃ] illusoire; ~**strieren** [~s'tri:rən] illustrer; *illustrierte Zeitung* journal *m* illustré.
Iltis ['iltɪs] *m* (4¹), '~**pelz** *m* putois *m*.
Imbiß ['imbɪs] *m* (4) collation *f*; casse-croûte *m*; e-n kleinen ~ *nehmen* prendre une collation; F casser la croûte.
Imker ['imkər] *m* (7) apiculteur *m*.
Immatrikul|ation [imatrikulatsi'o:n] *f* immatriculation *f*; inscription *f* à l'Université; ℒ**ieren** [~'li:rən] immatriculer.
immer ['imər] toujours; *auf* (*für*) ~ pour toujours; à jamais; ~ *noch* toujours; encore; ~, *wenn er kam* toutes les fois qu'il venait; ~ *mehr* de plus en plus; ~ *besser* de mieux en mieux; ~ *größer* de plus en plus grand; *wer auch* ~ qui que ce soit; ~**dar** ['~da:r] toujours; '~'**fort** continuellement; ℒ**grün** ♀ *n* pervenche *f*; '~**hin** toujours est-il que; ~! tout de même; '~**während** continuel; perpétuel. [meubles *m*/*pl.*]
Immobilien [imo'bi:liən] *pl.* im-
immun [i'mu:n] immunisé; *parl.* qui jouit de l'immunité parlementaire; ℒ**ität** [~muni'tɛ:t] *f* immunité *f*.
Imperativ ['imperati:f] *m* (3¹) impératif *m*. [parfait *m*.]
Imperfekt ['imperfɛkt] *n* (3) im-
Imperialismus [imperia'lɪsmus] *m* impérialisme *m*.
impf|en ['impfən] (25) (wieder re-) vacciner; ℒ**ung** *f* vaccination *f*;

Impfschein — 850 — **Infrarot**

¹**℞schein** *m* certificat *m* de vaccination; ¹**℞stoff** *m* vaccin *m*; ¹**℞zwang** *m* vaccination *f* obligatoire.
Imponderabilien [impɔndera'biːliən] *n/pl.* impondérables *m/pl.*
imponieren [impo'niːrən]: *j-m* ~ en imposer à q.
Import [im'pɔrt] *m* (3) importation *f*; **~eur** [~'tøːr] *m* importateur *m*; **℞ieren** [~'tiːrən] importer.
impotent ['impotɛnt] impuissant.
imprägnieren [imprɛg'niːrən] imprégner.
Impuls [im'puls] *m* (4) impulsion *f*.
imstande [im'ʃtandə]: ~ *sein zu* être en état (*od.* à même) de.
in [in] (*wo? dat., wohin? acc.*) dans; en; à; ~ *Paris* à Paris, (*innerhalb*) dans Paris; *vor Ländernamen:* en (*ohne art.*), *bei hinzugefügter näherer Bestimmung:* dans (*mit art.*), *vor Ländernamen im pl. und vor männlichen außereuropäischen Ländern:* à (*mit art.*); *im Osten* à l'est; ~ *drei Wochen* (*nach Ablauf von*) dans trois semaines, (*im Laufe von*) en trois semaines; ~ *m-m ganzen Leben* de (*od.* en toute) ma vie; *im Januar* en (*od.* au mois de) janvier; *im Sommer usw.* en été, *etc.* (*aber: im Frühling* au printemps).
In'angriffnahme *f* (15) mise *f* en œuvre. [pation *f*.)
In'anspruchnahme *f* (15) occu-)
¹**Inbegriff** *m* quintessence *f*; ²**en** *y* compris.
Inbe'triebsetzung *f* mise *f* en exploitation; mise *f* en marche.
¹**Inbrunst** *f* (14¹) ferveur *f*; ardeur *f*; ²**brünstig** fervent; ardent.
in'dem 1. *adv.* cependant; pendant ce temps; 2. *cj.* pendant que; comme; *oft durch gérondif:* ~ *wir lachen* en riant.
Inder(in *f*) ['indər] *m* (7) Indien *m*, -ne *f*.
indes [in'dɛs], **in'dessen** 1. *adv.* cependant; sur ces entrefaites; en attendant; (*jedoch*) toutefois; pourtant; 2. *cj.* pendant que; (*Gegensatz*) tandis que.
Index ['indɛks] *m* (3²) index *m*; indice *m*.
Indian|er(in *f*) [indi'aːnər] *m* (7) Indien *m*, -ne *f*; ²**isch** indien.
Indien ['indi(ə)n] *n* (17) l'Inde *f*.
In'dienststellung *f* mise *f* en service; ⚓ armement *m*.

Indigo ['indigo] *m* (11) indigo *m*; ²**blau** bleu indigo.
Indikativ ['indikatiːf] *m* (3¹) indicatif *m*.
indirekt ['indirɛkt] indirect.
¹**indisch** indien; *der ²e Ozean* l'océan *m* Indien.
indiskret ['indiskreːt] indiscret; ²**ion** [~tsi'oːn] *f* indiscrétion *f*.
indivi|duell [individu'ɛl] individuel; ²**duum** [~'viːduum] *n* individu *m*. [*m* présomption *f*.)
Indizienbeweis [in'diːtsiənbəvaɪs])
Indoger'man|e [indo-] *m* Indo-européen *m*; ²**isch** indo-européen.
Indoss|ament [indɔsa'mɛnt] *n* (3) endossement *m*, *†* (12) endosseur *m*; ²**ieren** [~'siːrən] endosser.
Indukt|ion [induktsi'oːn] *f* induction *f*; **~or** [~'duk-] *m* inducteur *m*.
industrialisier|en [industriali'ziːrən] industrialiser; ²**ung** *f* industrialisation *f*.
Industrie [~'striː] *f* (15) industrie *f*; **~ausstellung** *f* exposition *f* industrielle; **~kammer** *f* chambre *f* d'industrie. [²**e(r)** *m* (7) industriel *m*.)
industriell [~stri'ɛl] industriel;)
Indus'trie|stadt *f* ville *f* industrielle; **~unternehmen** *n* entreprise *f* industrielle; **~zentrum** *n* centre *m* industriel; **~zweig** *m* branche *f* d'industrie.
in-ei'nander l'un dans l'autre; **~fassen** (s')engrener; **~flechten** enlacer; **~fließen** se réunir; se confondre; **~fügen** emboîter; **~greifen** s'engrener; *fig. a.* s'enchaîner.
infam [in'faːm] infâme.
Infanter|ie ['infantəriː] *f* infanterie *f*; ¹**~ist** *m* fantassin *m*.
Infektion [infɛktsi'oːn] *f* infection *f*; **~skrankheit** *f* maladie *f* infectieuse.
Infinitiv ['infinitiːf] *m* infinitif *m*.
infizieren [infi'tsiːrən] infecter.
Inflation [inflatsi'oːn] *f* inflation *f*.
Influenza [~flu'ɛntsaː] *f* influenza *f*; grippe *f*.
infolge [in'fɔlgə] (*gén.*) par (*od.* à la) suite de; **~dessen** en conséquence; par conséquent.
Inform|ation [infɔrmatsi'oːn] *f* information *f*; **~ationsminister(ium** *n*) *m* ministre (ministère) *m* de l'information; ²**ieren** [~'miːrən] informer (*über acc.* de).
¹**infrarot** infrarouge.

Ingenieur [inʒeni'øːr] *m* (3¹) ingénieur *m*.
'**Ingrimm** *m* (3) rage *f* intérieure;
'**Ingwer** ['iŋvər] *m*(7) gingembre *m*.
Inhaber(**in** *f*) ['inhaːbər] *m* (*Eigentümer*) propriétaire *m*, *f*; 🏛, ✝, *Titel*: détenteur *m*, -trice *f*; (*Besitzer*) possesseur *m*; *Wechsel*: porteur *m*; *Amt, Orden*: titulaire *m*; *Geschäft*: chef *m*.
inhaft|ieren emprisonner; ⁓**nahme** *f* [in'haft-] arrestation *f*.
Inhal|ations-apparat [inhalatsi'oːns-] *m* inhalateur *m*, ⁓**ieren** [⁓'liːrən] inhaler.
Inhalt ['inhalt] *m* (3) contenu *m*; (*Raum*⁓) capacité *f*; contenance *f*; ⁓ aire *f*; ⁓ *und Form* ta *erklären* déclarer en substance; '⁓**s-angabe** *f* résumé *m*; analyse *f*; '⁓**(s)leer**, '⁓**(s)los** creux; sans valeur; qui manque de fond; '⁓**(s)reich**, '⁓**(s)schwer** substantiel; profond; '⁓**sverzeichnis** *n* table *f* des matières.
Initiale [initsi'aːlə] *f* initiale *f*.
Initiative [initsia'tiːvə] *f* initiative *f* (*ergreifen* prendre).
In|jektion [injɛktsi'oːn] *f* injection *f*; piqûre *f*; ⁓**jizieren** [⁓ji'tsiːrən] injecter. [ment *m*.⟩
Inkasso [⁓'kaso] *n* (11) encaisse-⟨
inklusive [inklu'ziːvə] inclusivement; y compris.
inkonsequent ['inkɔnzəkvɛnt] inconséquent. [gueur.⟩
In|krafttreten *n* entrée *f* en vi-⟨
'**Inland** *n* (1) intérieur *m* (du pays).
In|länder(**in** *f*) ['inlɛndər] *m* habitant *m*, -e *f* du pays; '⁓**ländisch** (d')intérieur; du pays; '⁓**landshandel** *m* commerce *m* intérieur. [d'édredon.⟩
Inlett ['inlɛt] *n* (3¹) enveloppe *f*⟨
'**inliegend** ci-inclus; ci-joint.
in'mitten (*gén.*) au milieu de.
'**inne|haben** ['inə-] posséder; avoir; *Provinz*: occuper; *Rekord*: détenir; '⁓**halten** *v*/*t*. observer; *v*/*i*. s'arrêter; faire une pause.
'**innen** (au) dedans; *nach* ⁓ en dedans; à l'intérieur; *nach* ⁓ *zu* vers le dedans (*od.* l'intérieur); *von* ⁓ du dedans; '⁓**aufnahme** *f* intérieur *m*; '⁓**dekorateur** *m* décorateur *m* d'intérieur; '⁓**dienst** *m* service *m* de bureau; '⁓**leben** *n* vie *f* intérieure; '⁓**minister** *m* ministre *m* de l'intérieur; '⁓**politik** *f* politique *f* intérieure; '⁓**raum** *m* intérieur *m*; '⁓**welt** *f* monde *m* intérieur; '⁓**winkel** *m* angle *m* interne.
inner ['inər] intérieur; interne (*a.* ⚕); (*wesentlich*) intrinsèque; '⁓**e**(**s**) *n* intérieur *m*; dedans *m*; *fig.* sein *in*, '⁓**halb 1.** *adv.* au dedans; à l'intérieur; **2.** *prp.* örtlich (*gén.*) au dedans de; *zeitlich* (*dat. u. gén.*) en; dans l'espace de; '⁓**lich** intérieur; intime; mental; ⁓ *anzuwenden* phm. pour l'usage interne; '⁓**st** intime; le plus profond; '⁓**ste**(**s**) *n* cœur *m*; fond *m*.
'**inne|werden** s'apercevoir de; '⁓**wohnen** être inhérent à.
'**innig** [⁓iç] intime; (*herzlich*) cordial; *Wunsch*: ardent.
Innung ['inuŋ] *f* (16) corporation *f*.
in-offiziell inofficiel.
Inqui|sition [inkvizitsi'oːn] *f* inquisition *f*; ⁓'**sitor** *m* inquisiteur *m*.
Insass|e ['inzasə] *m* (13), '⁓**in** habitant *m*, -e *f*; *Fahrzeug*: voyageur *m*, -euse *f*; passager *m*, -ère *f*.
insbesondere [insbə'zɔndərə] en particulier; spécialement.
'**Inschrift** *f* inscription *f*; *Gebäude*: épigraphe *f*; *Münze*: exergue *m*.
Insekt [in'zɛkt] *n* (5) insecte *m*; ⁓**enfresser** *m* insectivore *m*; ⁓**enkunde** *f* entomologie *f*; ⁓**enpulver** *n* poudre *f* insecticide.
'**Insel** ['inzəl] *f* (15) île *f*; *kleine* ⁓ îlot *m*; '⁓**bewohner**(**in** *f*) *m* insulaire *m*, *f*; '⁓**meer** *n* archipel *m*; '⁓**volk** *n* peuple *m* insulaire.
Inser|at [inze'raːt] *n* (3) annonce *f*; ⁓**aten-annahme** *f* guichet *m* des annonces; ⁓**atenbüro** *n* bureau *m* des annonces; ⁓**ieren** insérer une annonce; ⁓**ieren** *n* insertion *f*.
'**ins**|**ge'heim** en secret; secrètement; en cachette; '⁓**ge'mein** communément; '⁓**ge'samt** tous ensemble.
'**insofern** [in'zoːfɛrn] **1.** *cj.* en tant que; **2.** *adv.* jusqu'à ce point; dans cette mesure.
insolven|**t** [inzɔl'vɛnt] insolvable; ⁓**z** *f* insolvabilité *f*.
insonderheit [in'zɔndərhaɪt] particulièrement; notamment.
'**in'soweit** = insofern.
Inspek|'**teur** *m* inspecteur *m*; ⁓**tion** [inspɛktsi'oːn] *f* inspection *f*; ⁓**tionsreise** *f* tournée *f* d'inspection.
Inspir|ation [inspiratsi'oːn] *f* inspiration *f*, ⁓**ieren** [⁓'riːrən] inspirer.

Inspiz|ient [inspitsi'ɛnt] *m* inspecteur *m*; **♀ieren** [~'tsi:rən] inspecter.
Install|ateur [instala'tø:r] *m* (3¹) plombier *m*; ⚡ électricien *m*; **~ationsgeschäft** [~tsi'o:ns-] *n* plomberie *f*; **♀ieren** [~'li:-] installer.
instand halt|en [in'ʃtant-] tenir en état; entretenir; **Instandhaltung** *f* entretien *m*.
inständig ['inʃtendiç] instant; ~e *Bitte* instance *f*.
in'stand setz|en mettre en état (*od.* à neuf); *wieder* ~ réparer; **Instandsetzung** *f* mise *f* en état; réparation *f*.
Instanz [in'ʃtants] *f* (16) instance *f*; *in letzter* ~ en dernier ressort; **~enweg** *m* voie *f* 'hiérarchique (*einhalten* suivre).
Instinkt [in'ʃtiŋkt] *m* (3) instinct *m*; **♀iv** [~'ti:f], **♀mäßig** instinctif.
Institut [insti'tu:t] *n* (3) institut *m*; (*Anstalt*) établissement *m*; (*Einrichtung*) institution *f*; (*Pensionat*) pensionnat *m*.
instru|ieren [~ʃtru'i:rən] instruire; **♀ment** [~ʃtru'ment] *n* (3) instrument *m*; **~mentieren** [~'ti:rən] orchestrer.
Insulaner [inzu'la:nər] *m* insulaire *m*.
inszenier|en [instse'ni:rən] mettre en scène; **♀ung** *f* mise *f* en scène.
intakt [in'takt] intact; *fig.* intègre.
Integralrechnung [inte'gra:l-] *f* calcul *m* intégral.
Integrität [integri'tɛ:t] *f* intégrité *f*.
Intel|lekt [inte'lɛkt] *m* intellect *m*; **♀lektuell** [intelektu'ɛl] intellectuel; **♀ligent** [~li'gɛnt] intelligent; **~ligenz** [inteli'gɛnts] *f* intelligence *f*.
Inten|dant [inten'dant] *m* (12) intendant *m*; **~dan'tur** *f*, **~'danz** *f* intendance *f*; **♀siv** [inten'zi:f] intense; ✗, *gr.* intensif; **♀sivieren** [~zi'vi:rən] intensifier.
interess|ant [~'sant] intéressant; **♀e** [inte'resə] *n* (12) intérêt *m*; *es liegt in Ihrem* ~, *es zu tun* il est de votre intérêt de le faire; ~ *haben* s'intéresser (*für* à); **♀engemeinschaft** *f* union *f* d'intérêts; **♀ent**(**in** *f*) [~'sɛnt] *m* (12) intéressé *m*, -e *f*; **~ieren** [~'si:rən] (*sich* s') intéresser (*für* à).
Inter|im ['interim] *n* intérim *m*; **♀imistisch** [~'mistiʃ] provisoire; intérimaire; **'~ims-ausschuß** *m* comité *m* intérimaire; **~jektion** [~jɛktsi'o:n] *f* interjection *f*; **♀kontinen'tal** intercontinental; **~mezzo** [~'metso] *n* (11) intermède *m*; **♀n** [~'tern] interne; **♀nat** [~'na:t] *n* internat *m*; **♀national** [~natsio'na:l] international; *die* ♀e *l'Internationale f*; **♀nieren** [~'ni:rən] interner; **~nierung** [~'ni:ruŋ] *f* internement *m*; **~pellant** [~pe'lant] *m* interpellateur *m*; **~pellation** [~pɛlatsi'o:n] *f* interpellation *f*; **♀pellieren** [~pe'li:rən] interpeller; **~pret** [~'pre:t] *m* interprète *m*; exégète *m*; **~pretation** [~pretatsi'o:n] *f* explication *f* (de textes); (*Deutung*) interprétation *f*; exégèse *f*; **~pretieren** [~pre'ti:rən] *Text, Autor:* expliquer; (*deuten*) interpréter; **♀pungieren** [~puŋ'gi:rən], **♀punk'tieren** ponctuer; **~punktion** [~puŋktsi'o:n] *f* ponctuation *f*; **~vall** [~'val] *n* (3) intervalle *m*; **♀venieren** [~ve'ni:rən] intervenir; **~vention** [~vɛntsi'o:n] *f* intervention *f*; **~view** [~'vju:] *n* (11) interview *f*; **♀'viewen** (25) interviewer; **~'zonengrenze** *f* frontière *f* interzones.
intim [in'ti:m] intime; **♀ität** [~timi'tɛ:t] *f* intimité *f*.
intransitiv ['~tranziti:f] intransitif.
Intri|ge [~'tri:gə] *f* intrigue *f*; **♀gieren** [~tri'gi:rən] intriguer.
Invalid|e [~va'li:də] *m* (13) invalide *m*; mutilé *m*; **~enrente** *f* pension *f* d'invalidité; **~enversicherung** *f* assurance *f* (contre l')invalidité; **~ität** [~lidi'tɛ:t] *f* invalidité *f*.
Inventar [invɛn'ta:r] *n* (3¹) inventaire *m* (*aufnehmen* faire *od.* dresser); (*Hausrat*) mobilier *m*; **~-aufnahme** *f* inventaire *m*; **♀i'sieren** inventorier; *abs.* faire l'inventaire.
Inventur [invɛn'tu:r] *f* (16) inventaire *m*; ~ *machen* faire son inventaire; **~-ausverkauf** *m* soldes *m/pl*.
Inversion [~vɛr'zio:n] *f* inversion *f*.
investier|en [~vɛs'ti:rən] investir; placer; **♀ung** *f* investissement *m*; placement *m*.
inwendig ['invɛndiç] intérieur; au (*od.* en) dedans.
inwie|'fern, ~'**weit** dans quelle mesure; jusqu'à quel point.
Inzest [in'tsɛst] *m* inceste *m*.
'Inzucht [in'tsɛst] *f* (16) union *f* consanguine.
in'zwischen entre-temps; sur ces entrefaites; en attendant.
I-Punkt *m* point *m* sur l'i.

Irak [i'rɑːk] *m*: der ~ l'Irak *m*; 2**isch** iraquien. [iranien.]
Iran [i'rɑːn] *m* l'Iran *m*; 2**isch**
irden ['irdən] de terre.
irdisch ['irdiʃ] terrestre; *(weltlich)* temporel; mondain.
Ir|e ['iːrə] *m* (13), '**~in** *f* Irlandais *m*, -e *f*.
irgend ['irgənt]: ~ *etwas* n'importe quoi, *negativ*: rien; ~ *jemand* n'importe qui; *wenn* ~ *möglich* pour peu que ce soit possible; '**~'-ein**: ~ *Buch* quelque (*od.* n'importe quel) livre; un livre quelconque; *negativ*: aucun; '**~'-einer** quelqu'un; une personne quelconque; n'importe qui; '**~'-einmal**: *wenn* ~ si jamais; '**~'etwas** n'importe quoi; '**~'wann** en quelque temps que ce soit; n'importe quand; '**~'was** = ~*etwas*; '**~'welche** *pl. v.* ~*ein*; *s. dies*; '**~'wer** n'importe qui; '**~'wie** d'une manière quelconque; n'importe comment; '**~'wo**(**hin**) en quelque lieu (que ce soit); n'importe où; quelque part; '**~'wo'her** de n'importe où.
ir|isch ['iːriʃ] irlandais; 2**land** ['irlant] *n* l'Irlande *f*; 2**länder**(**in** *f*) ['ɪ·ˌdər] *m* Irlandais *m*, -e *f*.
Iron|ie [iro'niː] *f* ironie *f*; 2**isch** [i'roːniʃ] ironique; 2**isieren** [~niˈziːrən] ironiser.
irre ['irə] **1.** (*verirrt*) égaré; (*geistig gestört*) aliéné; fou; ~ *werden* ne plus savoir que penser (*an dat.* de), ♂ devenir fou; **2.** '2 *f*, 2(**r**) *m* ♂ aliéné *m*, -e *f*; fou *m*, folle *f*; **3.** '2 *f* (*Verirrung*) égarement *m* (*Irrtum*) erreur *f*; *in die* ~ *führen* égarer; *in die* ~ *gehen* s'égarer.
'**irre|führen** égarer; '**~gehen** s'égarer; faire fausse route; '**~leiten** =

~führen; '**~machen** dérouter; (*außer Fassung bringen*) déconcerter.
irren ['irən] (25) (*herum*~) errer; *sich* ~ se tromper (*in der Straße de rue*); être dans l'erreur; *wenn ich nicht irre* si je ne me trompe; sauf erreur; '2**-anstalt** *f*, 2**haus** *n* asile *m* (*od.* maison *f*) d'aliénés; '2**-arzt** *m* aliéniste *m*; psychiatre *m*.
'**irrereden 1.** délirer; divaguer; **2.** 2 *n* divagation(s *pl.*) *f*.
'**Irr|fahrt** *f* odyssée *f*; '**~garten** *m* labyrinthe *m*; '**~glaube** *m* hérésie *f*; '2**gläubig** hérétique; '2**ig** erroné; '**~lehre** *f* doctrine *f* erronée; (*Ketzerei*) hérésie *f*; '**~licht** *n* feu *m* follet; '2**sinn** *m* folie *f*; '2**sinnig** aliéné; fou; '**~tum** *m* (1²) erreur *f*; (*Versehen*) méprise *f*; ~ *vorbehalten* sauf erreur ou omission; 2**tümlich** erroné; *adv.* par erreur; '**~weg** *m* faux chemin *m*; *auf* ~*e geraten* s'égarer; '**~wisch** *m* feu *m* follet; *fig.* farfadet *m*.
Ischias ['iʃias] *f* sciatique *f*.
Islam ['isla:m] *m* Islam *m*.
Island ['iːslant] *n* (17) l'Islande *f*.
Island|er(**in** *f*) ['iːslendər] *m* Islandais *m*, -e *f*; 2**isch** islandais.
Isol|ator [izoˈlɑːtɔːr] *m* (8¹) isolateur *m*; **~ierband** *n* ruban *m* isolant; **~ieren** [~ˈliːrən] isoler; **~ierung** *f* isolement *m*; ⚡ isolation *f*.
Israel ['israel] *n* Israël *m*; **~it**(**in** *f*) [~ˈliːt] *m* (12) Israélite *m*, *f*; 2**itisch** israélite.
'**Istbestand** *m* effectif *m*.
Isthmus ['istmus] *m* (16²) isthme *m*.
Italien [i'talien] *n* (17) l'Italie *f*.
Italien|er(**in** *f*) [itali'eːnər] *m* Italien *m*, -ne *f*; 2**isch** italien.

J

J, j [jɔt] *n* J, j *m*.
ja [ja:] **1.** oui; *o ~!* ma foi oui!; *certes; ~ doch!* mais oui!, *Widerspruch:* si!, mais si!, si fait!; *~ freilich* bien sûr; sans doute; *~ sogar* et même; *zu etw. ~ sagen* consentir à qch.; *tue das ~ nicht* ne fais surtout pas cela; *ich sagte es dir ~* je te l'avais bien dit; *das ist ~ unmöglich* mais c'est impossible. **2.** ♀ *n:* das *~* le oui; *mit ~ antworten* répondre affirmativement.
Jacht [jaxt] *f* (16) yacht *m*.
Jack|e ['jakə] *f* (15), **~ett** [ja'kɛt] *n* veste *f*; veston *m*; *(Damen♀, Kinder♀)* jaquette *f*; **~enkleid** *n* tailleur *m*.
Jagd [ja:kt] *f* (16) chasse *f*; *auf die ~ gehen* aller à la chasse; *~ machen auf* (*acc.*) faire la chasse à; **'~aufseher** *m* garde-chasse *m*; **♀bar** bon à chasser; **'~flieger** *m* aviateur *m* de chasse; **'~flinte** *f* fusil *m* de chasse; **'~flugzeug** *n* avion *m* de chasse; **'~frevel** *m* délit *m* de chasse; **'~geschwader** *n* escadre *f* de chasse; **'~gewehr** *n* = *~flinte*; **'~horn** *n* cor *m* de chasse; **'~hund** *m* chien *m* de chasse; **'~revier** *n* terrain *m* de chasse; **'~schein** *m* permis *m* de chasse; **'~schloß** *n*, **'~schlößchen** *n* pavillon *m* de chasse; **'~spieß** *m* épieu *m*; **'~tasche** *f* gibecière *f*; **'~wesen** *n* vénerie *f*; **'~zeit** *f* saison *f* de la chasse.
jagen ['ja:gən] (25) *v/t.* chasser; faire la chasse à; *(ver~)* chasser (*aus de*); *v/i. (dahin~)* aller à toute vitesse; courir (*nach* après).
Jäger|(in *f*) ['jɛ:gər(in)] *m* chasseur *m*, -euse *f*; ✈ avion *m* de chasse; **~ei** [~'rai] *f* chasse *f*; vénerie *f*; **'~haus** *n* maison *f* forestière; **'~smann** *m* chasseur *m*.
Jaguar [ja:gua:r] *m* jaguar *m*.
jäh [jɛ:] subit; soudain; *(überstürzt)* précipité; *(abschüssig)* escarpé; *fig.* brusque; **'~lings** soudainement.
Jahr [ja:r] *n* (3) an *m*; *als Dauer:* année *f*; *bei ~en* avancé en âge; *im ~e ... en ...*, *unter 100:* l'an ...; *im ~e des Heils* l'an de grâce; *übers ~* dans un an; *ein ~ ums andere* tous les deux ans; *von ~ zu ~* d'année en année; *auf viele ~e hinaus* pour bien des années; *seit ~ und Tag* depuis longtemps; *in den besten ~en* sein être à la fleur de l'âge; **♀'-aus**, **♀'-ein** tous les ans; **'~buch** *n* annuaire *m*; chronique *f*; **~bücher** *pl.* annales *f/pl.*; **♀elang** qui dure des années entières; pendant des années.
jähren ['jɛ:rən] (25): *es jährt sich heute, daß ...* il y a aujourd'hui un an que ...
'Jahres|-abschluß ✝ *m* bilan *m* de fin d'année; **'~bericht** *m* compte rendu *m* annuel; **'~bilanz** *f* = *~-abschluß*; **'~einkommen** *n* revenu *m* annuel; **'~feier** *f*, **'~fest** *n* anniversaire *m*; **'~frist** *f* délai *m* d'un an; *nach ~* au bout d'un an; **'~gehalt** *n* traitement *m* annuel; **'~kongreß** *m* congrès *m* annuel; **'~rate** *f* annuité *f*; **'~ring** *m* cerne *m*; **'~tag** *m* anniversaire *m*; **'~versammlung** *f* assemblée *f* annuelle; **'~wechsel** *m* nouvel an *m*; **'~zahl** *f* année *f*; date *f*; *Münze:* millésime *m*; **'~zeit** *f* saison *f*.
'Jahr|gang *m* année *f*; ✗ classe *f*; **~hundert** *n* siècle *m*; **~hundertfeier** *f* centenaire *m*.
jährlich annuel; *adv. a.* par an.
'Jahr|markt *m* foire *f*; **~markts-händler** *m* marchand *m* forain; **~tausend** *n* millénaire *m*; **~zehnt** *n* (3¹) dix ans *m/pl.*
'Jähzorn *m* accès *m* de colère; *(Eigenschaft)* irascibilité *f*; **♀ig** irascible.
Jakobin|er [~ko'bi:nər] *m* jacobin *m*; **♀isch** jacobin.
Jalousie [ʒalu'zi:] *f* (15) jalousie *f*; *aufklappbare:* persienne *f*.
Jamaika [ja'maika] *n* la Jamaïque.
Jamb|e ['jambə] *m* ïambe *m*; **♀isch** ïambique; **~us** *m* ïambe *m*.
Jammer ['jamər] *m* (7) *(Elend)* misère *f*; *(Herzeleid)* affliction *f*; *es ist ein ~* c'est pitié; *(Wehklagen)* = **'~geschrei** *n* lamentations *f/pl.*; **'~gestalt** *f* figure *f* pitoyable; **'~leben** *n* existence *f* misérable.

jämmerlich ['jɛmərliç] (*elendig*) misérable; (*kläglich*) pitoyable.

jammer|n ['jamərn] (29) *v/i.* se lamenter; gémir; *v/t.*: j-n ~ faire pitié à q.; **'~schade**: *es ist* ~ c'est grand dommage; **'♀tal** *n* vallée *f* de larmes.

Januar ['janua:r] *m* (3¹) janvier *m*.

'Ja|pan *n* (17) le Japon; **~paner(in** *f*) *m* Japonais *m*, -e *f*; **♀panisch** japonais; nippon. [jargon *m*.\]

Jargon [ʒar'gɔŋ] (*pro. fr.*) *m* (3¹)\]

Jasmin [jas'mi:n] *m* (3¹) jasmin *m*.

Jaspis ['jaspis] *m* (4¹) jaspe *m*.

jäten ['jɛ:tən] **1.** (26) sarcler; **2.** ♀ *n* sarclage *m*.

Jauche ['jauxə] *f* (15) purin *m*.

jauchzen ['jauxtsən] (27) pousser des cris de joie; jubiler.

'Ja|va *n* Java *f*; **~vaner(in** *f*) *m* Javanais *m*, -e *f*; **♀vanisch** javanais.

'Jawort *n* (1) oui *m*; consentement *m*.

Jazz [jats] *m* jazz *m*; **'~kapelle** *f* jazz--band *m*; **'~musik** *f* musique *f* de jazz.

je [je:] jamais; *von* ~(*her*) de tout temps; ~ *und* ~ en tout temps; ~ *zwei und zwei* deux à deux; ~ *zehn Wörter* chaque dix mots; ~ *nach den Umständen* selon les circonstances; ~ *nachdem* selon que, *abs.* c'est selon; ~ *mehr* (*weniger*) ..., *desto mehr* (*weniger*) ... plus (moins) ..., plus (moins) ...; ~ *eher*, ~ *lieber* le plus tôt sera le mieux; ~ *weiter wir kommen* à mesure que nous avançons.

'jedenfalls en tout cas.

jeder ['je:dər], **'jede**, **'jedes** (21) **1.** *adj.* chaque, *verallgemeinernd*: tout; *jeden Augenblick* à tout moment; *er wird jeden Augenblick da sein* il arrivera d'un moment à l'autre; *jedes dritte Wort* tous les trois mots; un mot sur trois; *ohne jeden Zweifel* sans aucun doute; **2.** *su.* chaque (*resp.* tout) homme (*od.* chacun) *m*, chaque (*resp.* toute) femme *f*; *jeder, der* quiconque.

'jeder|mann chacun; tout le monde; **'~zeit** en tout temps; à toute heure.

'jedesmal chaque fois (*wenn que*) toutes les fois; **'~ig** de chaque fois.

je'doch cependant; toutefois.

jedwe|der ['je:t've:dər] *m*, **'~de(s** *n* *f*, **jeglich** ['je:kliç] = *jeder*.

Jeep [dʒi:p] *m* jeep *f*.

jeher [je:'he:r]: *von* ~ de tout temps.

Jelängerjelieber ♀ [je:'lɛŋərje:'li:bər] *n* chèvrefeuille *m*.

jemals ['je:ma:ls] jamais.

jemand ['je:mant] *m* (24) quelqu'un, *bei negativem Sinn*: personne, aucun.

jener ['je:nər], **'jene**, **'jenes** (21) ce (*vor vo. od. stummem h*: cet) *m*, cette *f*, ces *pl.*; *su.* celui-là *m* (ceux-là *pl.*); celle-là *f* (celles-là *pl.*); *n*: cela.

jenseit|ig ['jɛnzaitiç] qui est au--delà (*od. de l'autre côté*); **'~s** *prp.* (*gén.*) au-delà de; de l'autre côté de; **'♀s** *n* au-delà *m*.

Jesuit [jezu'i:t] *m* jésuite *m*; **~enorden** *m* compagnie *f* de Jésus.

'Jesus *m* Jésus *m*; **'~ Christus** *m* Jésus-Christ *m*.

jetzig ['jɛtsiç] d'à présent; (*gegenwärtig*) actuel; de nos jours.

jetzt [jɛtst] à présent; maintenant; *bis* ~ jusqu'ici; *von* ~ *an* désormais; *eben* ~ à l'instant (même); **'♀zeit** *f* (temps *m*) présent *m*.

Joch [jɔx] *n* (3) joug *m*; (*Gespann*) paire *f*; (*Feldmaß*) arpent *m*; (*Berg-* ♀) col *m*; (*Brücken* ♀) arche *f*; △ travée *f*; **'~bein** *n* os *m* de la pommette.

Jockei ['jɔkaɪ] *m* jockey *m*.

Jod [jo:t] *n* (3) iode *m*. [jodleur *m*.\]

'jod|eln (29) iodler; iouler; **♀ler** *m*\]

'Jodo'form *n* iodoforme *m*.

Joghurt ['jo:gurt] *m od. n* yogourt *m*.

Johannis [jo'hanis] *n* la Saint-Jean; **~beere** *f* groseille *f*; *schwarze*: cassis *m*; **~beersaft** *m* sirop *m* de groseilles; *schwarzer*: cassis *m*; **~beerstrauch** *m* groseillier *m*; *schwarzer*: cassis *m*; **~brot** *n* caroube *f*; **~brotbaum** *m* caroubier *m*; **~feuer** *n* feu(x *pl.*) *m* de la Saint-Jean; **~käfer** *m* ver *m* luisant; **~tag** *m* fête *f* de la Saint-Jean; **~trieb** *m* *fig.* regain *m* de jeunesse.

johlen ['jo:lən] (15) criailler.

Jolle ['jɔlə] *f* (15) yole *f*.

Jongl|eur [ʒɔŋ'lø:r] *m* jongleur *m*; **♀ieren** [~'li:rən] jongler.

Joppe ['jɔpə] *f* (15) vareuse *f*; veste *f*; *Arbeit, Sport*: veston *m*.

Journal [ʒur'na:l] *n* journal *m*; **~ist** [~'list] *m* journaliste *m*; **~istik** [~'listik] *f* journalisme *m*; **♀istisch**\]

jovi'al jovial. [journalistique.\]

Jubel ['ju:bəl] *m* (7) allégresse *f*; **'~fest** *n* jubilé *m*; **'~geschrei** *n* cris *m/pl.* d'allégresse; **'~jahr** *n* jubilé *m*; **♀n** (29) jubiler.

Jubil|ar [jubi'la:r] *m* (3¹) jubilaire *m*; **~äum** [~'lɛ:um] *n* (9) jubilé *m*.

Juchten ['juxtən] *n od. m* (6), '~**leder** *n* cuir *m* de Russie.
jucken ['jukən] **1.**(25) *v/i.* démanger; *es juckt mich* j'ai des démangeaisons; *ihm juckt das Fell* le dos lui démange; *v/t.* (*sich se*) gratter; **2.** ♀ *n* (6) démangeaison(s *pl.*) *f*; prurit *m*.
Jude ['ju:də] *m* (13) juif (*Volksname* Juif) *m*; '~**nfeind** *m* antisémite *m*; ♀**feindlich** antisémite; ~**ntum** *n* (1) judaïsme *m*; (*Volk*) Juifs *m/pl.*
Jüd|**in** ['jy:-] *f* juive (*Volksname* Juive) *f*; ♀**isch** juif; judaïque.
Jugend ['ju:gənt] *f* (16) jeunesse *f*; (*Kindheit*) enfance *f*; (*Jünglingsalter*) adolescence *f*; *coll.* jeunes gens *m/pl.*; '~**bewegung** *f* mouvement *m* de la jeunesse; '~**buch** *n* livre *m* pour la jeunesse; '~**-erinnerung** *f* souvenir *m* de jeunesse; '~**freund**(**in** *f*) *m* ami *m*, -e *f* de jeunesse (*od.* d'enfance); '~**fürsorge** *f* assistance *f* à la jeunesse; '~**gericht** *n* tribunal *m* pour mineurs; '~**herberge** *f* auberge *f* de la jeunesse; '**kriminalität** *f* délinquance *f* juvénile; '♀**lich** de (la) jeunesse; jeune; (*der Jugend eigen*) juvénile; ~*er Held* thé. jeune premier *m*; ~ *aussehen* avoir l'air jeune; *die* ~*en* les mineurs *m/pl.*; '~**liebe** *f* premières amours *f/pl.*; '~**organisation** *f* organisation *f* de jeunesse; '~**pflege** *f* assistance *f* à la jeunesse; '~**schrift** *f* = ~*buch*; '~**schutzgesetz** *n* loi *f* de protection de la jeunesse; '~**streich** *m* folie *f* de jeunesse; '~**zeit** *f* jeunesse *f*.
Jugo|**slawe** [jugo'sla:və] *m* (13), ~**slawin** *f* Yougoslave *m*, *f*; ~**slawien** *n* (13) la Yougoslavie *f*; ~**slawisch** yougoslave.
Juli ['ju:li] *m* (11) juillet *m*.
jung [juŋ] (18²) jeune; *Wein*: *a.* nouveau; vert; *Gemüse*: frais; ~ *Erbsen* petits pois *m/pl.*; ~ *und alt* jeunes et vieux *m/pl.*; *von* ~ *auf* depuis la plus tendre jeunesse; *in* ~*en Jahren* dans la jeunesse; *die* ~*en Leute* les jeunes gens *m/pl.*; *die* ~*en Eheleute* les nouveaux (*od.* jeunes) mariés *m/pl.*; *wieder* ~ *machen* (*werden*) rajeunir; ♀**brunnen** *m* fontaine *f* de Jouvence.
'**Junge 1.** *m* (13) garçon *m*; (*Schlingel*) gamin *m*; **2.** '~(**s**) *n* (18) (*Tier*) petit *m*; *junge pl. werfen* (*bekommen*) = ♀*n* (25) mettre bas; avoir des petits; '♀**nhaft** puéril; de gamin.

jünger ['jyŋər] **1.** (*comp. v. jung*) plus jeune; ~*er Bruder* frère *m* cadet; *er ist zwei Jahre* ~ *als ich* il est mon cadet de deux ans; **2.** ♀ *m* (7) disciple *m*.
Jungfer ['juŋfər] *f* (15) fille *f*; demoiselle *f*; *alte* ~ vieille fille *f*.
jüngferlich ['jyŋfərliç] de fille; ~ *tun* faire l'ingénue.
'**Jungfern**|**fahrt** ♣ *f* première traversée *f* de l'Océan; '~**haut** *f* hymen *m*; '~**kranz** *m* couronne *f* virginale; '~**schaft** *f* virginité *f*.
'**Jung**|**frau** *f* fille *f*; demoiselle *f*; vierge *f*; *die Heilige* ~ la sainte Vierge; *die* ~ *von Orléans* la Pucelle d'Orléans; *ast.* Vierge *f*; '♀**fräulich** virginal; '~**fräulichkeit** *f* virginité *f*; '~**gesell**(**e**) *m* garçon *m*; célibataire *m*; '~**gesellenwohnung** *f* garçonnière *f*; '~**lehrer**(**in** *f*) *m* instituteur *m*, -trice *f* stagiaire.
Jüngling ['jyŋliŋ] *m* (3¹) jeune homme *m*; adolescent *m*; '~**s-alter** *n* adolescence *f*.
jüngst [jyŋst] **1.** (*sup. v. jung*) le plus jeune; *der* ♀*e* le cadet; *das* ♀*e Gericht*; *der* ♀*e Tag* le jugement dernier; **2.** *adv.* récemment; dernièrement.
Juni ['ju:ni] *m* (11) juin *m*.
junior ['ju:niɔr] (le) jeune; junior.
Junker ['juŋkər] *m* (7) gentilhomme *m* campagnard; (*Kraut*♀) 'hobereau *m*.
Jura ['ju:ra] **1.** *géogr. m*: *der* ~ le Jura; **2.** ⚖ *n/pl.*: ~ *studieren* faire son (*od.* étudier le) droit.
Jurist [ju'rist] *m* (12) juriste *m*; (*Student*) étudiant *m* en droit; ♀**isch** juridique; ~*e Fakultät* faculté *f* de droit.
Jury ['ʒy:ri] *f* (11¹) jury *m*.
Justiz [jus'ti:ts] *f* (16) justice *f*; ~**beamte**(**r**) *m* magistrat *m*; ~**irrtum** *m* erreur *f* judiciaire; ~**minister** (**-ium** *n*) *m* ministre (ministère) *m* de la justice; ~**mord** *m* meurtre *m* juridique; ~**palast** *m* palais *m* de justice.
Jute ['ju:tə] *f* (15), '~**hanf** *m* jute *m*.
Juwel [ju've:l] *n* (5²) joyau *m*; bijou *m* (*a. fig.*); ~*en pl.* pierreries *f/pl.*; ~**enhandel** *m* joaillerie *f*; bijouterie *f*; ~**enhändler** *m*, ~**ier** [juve'li:r] *m* joaillier *m*; bijoutier *m*.
Jux F [juks] *m* facétie *f*; P rigolade *f*.

K

K, k [kɑː] n K, k m. [gue f.]
Kabale [kaˈbɑːlə] f cabale f; intri-
Kabarett [kabaˈrɛt] n (3¹) cabaret m artistique; F boîte f de nuit.
Kabel [ˈkɑːbəl] n (7) câble m.
Kabeljau [ˈkɑːbəljau] m (3¹ u. 11) morue f fraîche; cabillaud m.
'**kabeln** (29) câbler.
Kabine [kaˈbiːnə] f (15) ⚓ cabine f; ✈ carlingue f; **~nroller** m vespa f carrossée.
Kabinett [kabiˈnɛt] n (7) cabinet m; pol. a. ministère m; **~skrise** f crise f ministérielle; **~ssitzung** f séance f du conseil des ministres.
Kabrio|lett n cabriolet m.
Kachel [ˈkaxəl] f (15) carreau m (de faïence); **~ofen** m poêle m de faïence.
'**Kacke** f caca m; **2n** faire caca.
Kadaver [kaˈdɑːvər] m (7) cadavre m d'animal; (Aas) charogne f; **~gehorsam** m obéissance f aveugle.
Kadett [kaˈdɛt] m (12) cadet m; **~en-anstalt** f école f de cadets.
Käfer [ˈkɛːfər] m (7) scarabée m; escarbot m; ⛛ coléoptère m.
Kaffee [ˈkafeː] m (11) café m (ungemahlener en grains; ungerösteter vert); ~ mit Milch café au lait; café m crème; ~ kochen faire le café; ~ trinken prendre du (od. le) café; '**~bohne** f grain m de café; '**~brenner** m torréfacteur m; '**~ersatz** m succédané m de café; '**~geschirr** n service m à café; '**~grund** m marc m de café; '**~haus** n café m; '**~hausbesitzer** m cafetier m; '**~kanne** f cafetière f; '**~klatsch** m commérage m; '**~maschine** f cafetière m; große: percolateur m; '**~mühle** f moulin m à café; '**~satz** m = ~grund; '**~tante** F f commère f; '**~tasse** f tasse f à café; '**~wärmer** m couvre-cafetière m. [F idiot m.]
Kaffer [ˈkafər] m (13) Cafre m; fig.]
Käfig [ˈkɛːfiç] m (3) cage f.
kahl [kɑːl] (nackt) nu; Baum: a. dépouillé (de feuilles); Kopf: chauve; Gesicht: glabre; Tier: sans poil

(resp. plumes); fig. pauvre; '**2heit** f Kopf: calvitie f; Berg usw.: nudité f; fig. pauvreté f; '**2kopf** m tête f chauve; **~köpfig** [ˈ~kœpfiç] chauve; '**2köpfigkeit** f calvitie f.
Kahn [kɑːn] m (3⁸) barque f; canot m; (Nachen) nacelle f; größerer: bateau m; ~ fahren se promener en canot; canoter; '**~fahren** n canotage m; '**~fahrt** f promenade f en canot.
Kai [kaɪ] m (11) quai m; '**~anlagen** f/pl. quais m/pl.
Kairo [ˈkaɪro] n le Caire.
Kaiser|(in f) [ˈkaɪzər] m (7) empereur m, impératrice f; **2lich** impérial; **~reich** n empire m; **~schnitt** ⚕ m opération f césarienne; '**~tum** n (1²) empire m.
Kajüte [kaˈjyːtə] f (15) cabine f.
Kakadu [ˈkakaduː] m (3¹ u. 11) cacatoès m.
Kakao [kaˈkɑːo] m (11) cacao m; **~baum** m cacaotier m; **~bohne** f amande f de cacao. [m cactus m.]
Kak|teen f/pl. cactées f/pl.; '**~tus**]
Kalander [kaˈlandər] m (7) calandre f; **2n** calandrer.
Kalauer [ˈkɑːlauər] m (7) calembour m; **2n** faire des calembours.
Kalb [kalp] n (1²) veau m; **2en** [ˈ~bən] (25) vêler; '**~fleisch** n (viande f de) veau m; '**~leder** n (cuir m de) veau m.
'**Kalbs|braten** m rôti m de veau; '**~hachse** f jarret m de veau; '**~milch** f ris m de veau; '**~nierenbraten** m longe f de veau; '**~schnitzel** n escalope f de veau.
Kaldaune [kalˈdaunə] f mst pl.: ~n (15) boyaux m/pl.; cuis. tripes f/pl.
Kaleidos|kop n kaléidoscope m.
Kalender [kaˈlɛndər] m (7) calendrier m; als Buch: almanach m; **~jahr** n année f civile.
Kalesche [kaˈlɛʃə] f (15) calèche f.
Kali [ˈkɑːli] n (11) potasse f.
Kaliber [kaˈliːbər] m (7) calibre m.
Kalif [kaˈliːf] m califie m.
'**Kalisalpeter** m nitrate m de potasse.
Kalium [ˈkɑːlium] n (11) potassium m.

Kalk [kalk] m (3) chaux f (gelöschter eteinte; ungelöschter vive); ~brennen cuire la chaux; mit ~ bewerfen crépir; mit ~ düngen chauler; '~anstrich m enduit m de chaux; '2-artig calcaire; '~brenner m chaufournier m; '2en (25) enduire de chaux; ~ chauler; '~grube f fosse f à chaux; '2haltig calcaire; '~milch f lait m de chaux; '~ofen m four m à chaux; '~stein m pierre f à chaux; calcaire m. [calculer.]

Kalku|lati'on f calcul m; 2'**lieren**
Kalorie [kalo'ri:] f calorie f.
kalt [kalt] (18²) fig. a. impassible; indifférent; es ist ~ il fait froid; mir ist ~ j'ai froid; ~e Füße haben avoir froid aux pieds; ~ machen refroidir; ~ werden (se) refroidir; ~ stellen laisser refroidir; mir wird ~ je me refroidis; ~ essen manger froid; ~e Platte charcuterie f; ~e assiette f anglaise; ~ schmieden forger à froid; j-m die ~e Schulter zeigen battre froid à q.; '~blütig ['~bly:tiç] qui a du sang-froid; adv. avec sang-froid; '2blütigkeit f sang-froid m.
Kälte ['kɛltə] f (15) froid m; fig. a. froideur f; '~welle f vague f de froid.
kalt|**herzig** ['~hɛrtsiç] froid; '~machen P fig. tuer; '2schale f soupe f froide; '~stellen fig. priver de toute influence; écarter; F débarquer; limoger. (m), '2tisch calviniste (m).
Kalvi'nismus m calvinisme m; ~(t)
Kalzium ['kaltsium] n calcium m.
Kamel [ka'me:l] n (3) chameau m (chamelle f); fig. F nigaud m; ~haar n poil m de chameau.
Kamelie [ka'me:liə] f (15) camélia m.
Ka'meltreiber m chamelier m.
Kamera ['kamərɑ] f (11¹) caméra f.
Kamerad|(**in** f) [kamə'rɑ:t, ~'rɑ:din] m (12) camarade m, f; compagnon m, compagne f; ~schaft f (16) camaraderie f; 2schaftlich de (adv. en) camarade. [opérateur m.)
Kameramann n cameraman m;
Ka'mille f (15) camomille f; ~ntee m infusion f de camomille.
Kamin [ka'mi:n] m (3¹) cheminée f; ~feger m ramoneur m; ~gesims n manteau m de cheminée.
Kamm [kam] m (3³) (Haar2) peigne m, weiter: démêloir m; (Gebirgs2) crête f (a. Hahnen2); arête f; alles über e-n ~ scheren fig. mettre tout dans le même sac; ihm schwillt der ~ fig. il dresse la crête. [a. carder.)
kämmen ['kɛmən] (25) peigner; ⊕
Kammer ['kamər] f (15) chambre f; '~diener m valet m de chambre.
Kämmer|**ei** [kɛmə'raɪ] f (15) administration f des finances municipales; ⊕ cardage f; peignage m; '~er m (7) administrateur m des finances municipales; päpstlicher: camérier m.
'**Kammer**|**frau** f femme f de chambre; camériste f; '~gericht n cour f d'appel; '~herr m chambellan m; '~jäger m chasseur m de vermine; '~jungfer f femme f de chambre; thé. soubrette f; suivante f; '~musik f musique f de chambre; '~sänger(in f) m chanteur m, cantatrice f; '~spiele pl. théâtre m intime; '~zofe f = ~jungfer.
'**Kamm**|**garn** n fil m d'étaim; (Wolle) peigné m; '~rad n roue f dentée; '~wolle f peigné m.
Kampf [kampf] m (3³) combat m; lutte f; ~ ums Dasein lutte f pour l'existence; j-n zum ~ stellen forcer q. à combattre; den ~ aufnehmen faire face à l'adversaire; '~bahn f stade m; '~begierde f ardeur f belliqueuse; '2bereit prêt au combat; '~einheit ⨯ f unité f tactique.
kämpf|**en** ['kɛmpfən] (25) combattre (gegen j-n q.); lutter (gegen contre); '2er m combattant m; lutteur m.
Kampfer ['kampfər] m (7) camphre m; '~spiritus m alcool m camphré.
'**Kampf**|**flieger** m pilote m de combat; '~flugzeug n avion m de combat; '~genosse m compagnon m d'armes; '~geschwader n escadre f de combat; '~hahn m fig. querelleur m; '~linie ⨯ f front m d'attaque; '~lust combativité f; '2lustig combatif; '~platz m lieu m du combat; (Arena) arène f; '~preis m palme f; '~richter m arbitre m; '~spiel n lutte f; (Turnier) tournoi m; '2-unfähig inapte au combat; ~ machen mettre 'hors de combat'; '~wagen m char m d'assaut.
kampieren [kam'pi:rən] camper.
Kanada ['kanada] n (17) le Canada.
Kanad|**ier**(**in** f) [ka'nɑ:diər] m Canadien m, -ne f; 2isch canadien.
Kanal [ka'nɑ:l] m (3¹ u. ³) canal m; (Leitung) conduit m; géogr. (Ärmel-2) la Manche.

kanali'sier|bar canalisable; ~**en** canaliser; 2**ung** f canalisation f.
Kanarienvogel [ka'nɑ:riən-] m canari m.
Kandare [kan'dɑ:rə] f (15) mors m.
Kandelaber [kandə'lɑ:bər] m (7) candélabre m.
Kandid|at(in f) [kandi'dɑ:t] m (12) candidat m, -e f; ~**a'tur** f candidature f; 2**ieren** se porter candidat; poser sa candidature. [(sucre m) candi m.\
Kandis ['kandis] m, '~**zucker** m\
Kaneel [ka'ne:l] m cannelle f.
Känguruh ['kɛŋguru] n (3¹ u. 11) kangourou m.
Kaninchen [ka'ni:nçən] n (6) lapin m (zahmes de clapier; wildes de garenne); ~**bau** m terrier m de lapin; ~**gehege** f garenne f; ~**stall** m clapier m.
Kanister [ka'nistər] m bidon m.
Kanne ['kanə] f (15) pot m; bsd. Bier: canette f; Benzin usw.: bidon m; '~**gießer** m politicien m de café; 2**gießern** faire de la politique de café; 2'**lieren** canneler.
Kannibal|e [kani'bɑ:lə] m (13) cannibale m; 2**isch** de cannibale; adv. f diablement.
Kanon ['kɑ:nɔn] m (11) canon m.
Kanonade [kano'nɑ:də] f canonnade f.
Kanon|e [ka'no:nə] f (15) canon m; fig. F as m; unter aller ~ fig. F au-dessous de tout; ~**enboot** n canonnière f; ~**endonner** m bruit m du canon; ~**enfutter** F n chair f à canon; ~**enkugel** f boulet m (de canon); ~**enrohr** n canon m; ~**enschuß** m coup m de canon.
Kanonier [~'ni:r] m (3¹) canonnier m.
Ka'no|niker m chanoine m; 2**nisch** canonique.
Kantate [kan'tɑ:tə] f cantate f.
'**Kant|e** f (15) arête f; (scharfe Seite) carne f; (Rand) bord m; (Tuch2) lisière f; auf die hohe ~ legen fig. mettre de côté; ~**en** m (Brot2) croûton m; '2**en Holz**: équarrir; (auf die Kante stellen) mettre sur la carne; '2**ig** à arête vive; ~ **behauen** Holz: équarrir.
Kantine [kan'ti:nə] f (15) cantine f.
Kanton [kan'to:n] m (3¹) canton m; 2**ieren** [~to'ni:rən] cantonner; '~**ist** m: unsicherer ~ gaillard m peu sûr.
Kantor ['kantɔr] m (8¹) chantre m.
Kanu [ka'nu:, 'kɑ:nu] n (11) canoë m.
Kanüle [ka'ny:lə] f (15) canule f.

Kanzel ['kantsəl] f (15) chaire f; auf die ~ steigen monter en chaire; von der ~ herab verkünden annoncer en chaire; '~**rede** f sermon m; '~**redner** m orateur m de la chaire.
Kanzlei [kants'laɪ] f (16) chancellerie f; greffe m; (Büro) bureau m; Notar: étude f; ~**diener** m huissier m (de chancellerie); ~**papier** n papier m ministre; ~**schreiber** m greffier m; ~**stil** m style m de palais (od. de chancellerie); ~**vorsteher** m chef m de bureau.
Kanz|ler ['kantslər] m (7) chancelier m; ~'**list** m (12) greffier m.
Kap [kap] n (3¹ u. 11) cap m; promontoire m.
Kapaun [ka'paʊn] m (3¹) chapon m.
Kapell|e [ka'pɛlə] f (15) chapelle f; ♩ orchestre m; ⚔ musique f; ~**meister** m ♩ chef m d'orchestre; ⚔ chef m de musique.
Kaper ['kɑ:pər] **1.** ♀ f (15) câpre f; ♁ m (7) corsaire m; 2**n** (29) Schiff: capturer; '~**schiff** n corsaire m.
Kapital [kapi'tɑ:l] n (3¹ u. 8²) capital m (totes ~ improductif); ~**abwanderung** f émigration f de capitaux; ~**anlage** f placement m de capitaux; ~**bildung** f constitution f de capitaux; ~**flucht** f évasion f de capitaux; ~'**ismus** [~'lismus] m capitalisme m; ~**ist** [~'talist] m capitaliste m; 2**istisch** [~'listiʃ] capitaliste; 2**kräftig** qui possède des capitaux; ~**steuer** f impôt m sur le capital; ~**verbrechen** n crime m capital.
Kapitän [~'tɛ:n] m (3¹) capitaine m (zur See de vaisseau); ~**leutnant** m lieutenant m de vaisseau.
Kapitel [ka'pitəl] n (7) chapitre m.
Kapitell △ [kapi'tɛl] n chapiteau m.
Kapitull|ation [kapitulatsi'o:n] f capitulation f; 2**ieren** [~'li:rən] capituler; (weiterdienen) Soldat: se rengager. [lain m; vicaire m.\
Kaplan [ka'plɑ:n] m (3¹ u. ²) chape-\
Käppchen ['kɛpçən] n calotte f.
Kappe ['kapə] f (15) bonnet m; chaperon m (a. △); mit Schirm: casquette f; (Kapuze) capuchon m; (Priesterkäppchen) calotte f; cord. bout m; etw. auf s-e ~ nehmen fig. prendre qch. sur soi; '2**n** (25) Baum: éteter; Mast: couper; Hahn: châtrer.
Käppi ['kɛpi] n (11) képi m.
Kapriole [kapri'o:lə] f (15) cabriole f; ~**n machen** cabrioler.

Kapsel ['kapsəl *f*](15) capsule *f*; boîte *f*.

kaputt F [ka'put] cassé; abîmé; **~gehen** se casser; s'abîmer; **~machen** casser; abîmer.

Kapuz|e [ka'puːtsə] *f* (15) capuchon *m*; *bis über die Schultern:* capeline *f*; **~'iner(in** *f*) *m* capucin *m*, -e *f*.

Karabiner [kara'biːnər] *m* (7) carabine *f*.

Karaffe [ka'rafə] *f* (15) carafe *f*.

Karambo|'lage *f Auto:* collision *f*; *bill.* carambolage *m*; **2'lieren** *Auto:* entrer en collision *f*; *bill.* caramboler.

Kara'mel *m* caramel *m*.

Kar'at [ka'raːt] *n* (3) carat *m*; **2ätig** [ka'rɛːtiç]: *18~es Gold* |or *m* à dix-huit carats.   [corassin *m*.\

Karausche *icht.* [ka'rauʃə] *f* (15)|

Karawane [kara'vaːnə] *f* (15) caravane *f*.   [(de calcium).\

Karbid [kar'biːt] *n* (3¹) carbure *m*|

Karbol [~'boːl] *n* (7) phénol *m*; **~säure** *f* acide *m* phénique.

Karbonade [~bo'naːdə] *f* (15) côtelette *f*.

Karbunkel ✱ [kar'buŋkəl] *m* (7) charbon *m*; furoncle *m*.

Kardan|gelenk [kar'daːn-] *n* joint *m* de cardan; **~welle** *f* arbre *m* à cardan.

Kardätsche [~'dɛːtʃə] *f* (15) carde *f*; *für Pferde:* brosse *f*; **2n** carder; *Pferd:* brosser.

Kardinal [kardi'naːl] *m* (3¹ *u.* ³) cardinal *m*; **~zahl** *f* nombre *m* cardinal.   [vendredi *m* saint.\

Karfreitag [kaːr'fraitaːk] *m* (3)|

Karfunkel [kar'fuŋkəl] *m* (7) *min.* escarboucle *f*; ✱ = *Karbunkel*.

karg [kark] (18²|¹) avare (*od.* chiche) (*mit* de); (*knapp*) maigre; *Mahl:* frugal; **~en** ['~gən] (25) être avare (*od.* chiche) (*mit* de); lésiner; **'2heit** *f* lésinerie *f*.

kärglich ['kɛrkliç] chiche; mesquin; **2keit** *f* mesquinerie *f*.   [drillé.\

kariert [ka'riːrt] à carreaux; qua-|

Karik|atur [karika'tuːr] *f* (16) caricature *f*; **~aturist** [~tu'rist] *m* (12) caricaturiste *m*; **2ieren** caricaturer.

Karmesin [karme'ziːn] *n* (3¹) cramoisi *m*.   [**2rot** carminé.\

Karmin [kar'miːn] *n* (3¹) carmin *m*.|

Karneol *min.* [karne'oːl] *m* cornaline *f*.   [carnaval *m*.\

Karneval ['karnəval] *m* (3¹ *u.* 11)|

Karnies ✱ [kar'niːs] *n* corniche *f*.

Karo ['kaːro] *n* (11) carreau *m*; **~'linger** *m* Carolingien *m*.

Karosse [ka'rɔsə] *f* carrosse *m*; **~'rie** [~'riː] *f* carrosserie *f*.

Karotte [ka'rɔtə] *f* (15) carotte *f*.

Karpfen ['karpfən] *m* (6) carpe *f*; **'~teich** *m* étang *m* aux carpes.

Karre ['karə] *f* (15), **'~n** *m* (6) (*Schub2*) brouette *f*; *zweirädrig:* charrette *f*; P (*Fahrrad*) bécane *f*; **'2n** (25) brouetter; charrier; **'~nladung** *f* charretée *f*.

Karriere [kari'ɛːrə] *f* carrière *f*; *~ machen* faire carrière.

Karst [karst] *m* 'houe *f*; pioche *f*; (*Gebirge*) le Carst (*od.* Karst).

Kartätsche [kar'tɛːtʃə] *f* (15) boîte *f* à mitraille; *mit ~n beschießen* mitrailler; **~nfeuer** *n* feu *m* de mitraille.

Kartäuser|(in *f*) *m* [kar'tɔyzər] chartreux *m*, -euse *f*; **~kloster** *n* chartreuse *f*; **~likör** *m* chartreuse *f*.

Karte ['kartə] *f* (15) carte *f*; (*Eintritts2; Fahr2*) billet *m*; *nach der ~ speisen* dîner à la carte; *die ~n legen* tirer les cartes; *~n spielen* jouer aux cartes; *mit offenen ~n spielen* jouer cartes sur table (*a. fig.*); *j-m in die ~n sehen* voir dans le jeu de q.; *alles auf e-e ~ setzen* jouer tout sur une carte.

Kartei [~'tai] *f* (16) fichier *m*; classeur *m*; **~karte** *f* fiche *f*.

Kartell [~'tɛl] *n* (3¹) défi *m*; (*Vereinigung*) cartel *m*; **~träger** *m* témoin *m*.

'Karten|blatt *n* carte *f*; **'~brief** *m* carte-lettre *f*; **'~haus** *n* château *m* de cartes; **'~kunststück** *n* tour *m* de cartes; **'~legerin** *f* tireuse *f* de cartes; **'~spiel** *n* jeu *m* de cartes; **'~spieler(in** *f*) *m* joueur *m*, -euse *f* de cartes; **'~ständer** *m* support *m*; **'~werk** *n* atlas *m*; **'~zeichnen** *n* cartographie *f*; **'~zeichner** *m* cartographe *m*; **'~zimmer** *n* salle *f* des cartes.

Kartoffel [kar'tɔfəl] *f* (15) pomme *f* de terre; **~brei** *m* purée *f* de pommes de terre; **~käfer** *m* doryphore *m*; **~mehl** *n* fécule *f* de pommes de terre; **~salat** *m* salade *f* de pommes de terre; **~suppe** *f* soupe *f* aux pommes de terre.

Karton [kar'tɔŋ] *m* carton *m*; **2ieren** [~to'niːrən] cartonner.

Kartothek [~to'teːk] *f* (15) fichier *m*; classeur *m*.

Kartusche [kar'tuʃə] *f* (15) cartouche *f*; *artill.* gargousse *f*.

Karussell [karuˈsɛl] *n* (3¹) carrousel *m*; manège *m* de chevaux de bois (*resp.* d'autos, d'avions, *etc.*).

Karwoche [ˈkɑːrvɔxə] *f* semaine *f* sainte.

Karzer [ˈkartsər] *m* (7) cachot *m*.

Kaˈschemme F *f* bouge *m*; caboulot *m*.

Kaschmir [ˈkaʃmiːr] *m* (3¹) cachemire *m*; (*Land*) le Cachemire.

Käse [ˈkɛːzə] *m* (7) fromage *m*; '⁓bereitung *f* fromagerie *f*; '⁓blatt *n* feuille *f* de chou; '⁓fabrikant *m* fromager *m*; '⁓glocke *f* cloche *f* à fromage; '⁓händler(in *f*) *m* fromager *m*, -ère *f*; '⁓kuchen *m* tarte *f* au fromage; '⁓laden *m* fromagerie *f*; '⁓made *f* ver *m* de fromage.

Kasematte [kazəˈmatə] *f* casemate *f*.

käsen (27) *v/i.* faire du fromage; *Milch:* se cailler; *v/t.* convertir en fromage.

Käseˈrei *f* fromagerie *f*.

Kasern|e [kaˈzɛrnə] *f* (15) caserne *f*; ⁓ieren [⁓ˈniːrən] caserner.

'**Käsestange** *f* bâton *m* au fromage.

käsig [ˈkɛːzɪç] caséeux; *fig.* F pâle; blême. [cercle *m*; ✗ mess *m*.]

Kasino [kaˈziːno] *n* (11) casino *m*.

Kaskade [kasˈkaːdə] *f* cascade *f*.

Kaskoversicherung *f* assurance *f* tous risques.

Kasperle [ˈkaspərlə] *m* polichinelle *m*; guignol *m*; '⁓theater *n* guignol *m*.

Kasse [ˈkasə] *f* (15) caisse *f*; *thé.* bureau *m*; *bei* ⁓ *sein* être en fonds; *nicht bei* ⁓ *sein* être à court d'argent; *per* ⁓ *bezahlen* payer comptant.

'**Kassen|-abschluß** *m* compte *m*; '⁓anweisung *f* bon *m* de caisse; '⁓arzt *m* médecin *m* de l'assistance; '⁓bestand *m* encaisse *f*; '⁓bote *m* garçon *m* de recettes; '⁓buch *n* livre *m* de caisse; '⁓führer(in *f*) *m* caissier *m*, -ière *f*; '⁓revision *f* vérification *f* de la caisse; '⁓schein *m* bon *m* de caisse; '⁓stunden *f/pl.* heures *f/pl.* de bureau; '⁓sturz *m* contrôle *m* de la caisse; '⁓wart *m* caissier *m*; '⁓zettel *m* bon *m*.

Kasserolle [kasəˈrɔlə] *f* cocotte *f*.

Kassette [kaˈsɛtə] *f* cassette *f*; *phot.* châssis *m*.

kassier|en [kaˈsiːr-] encaisser; *Urteil:* casser; ⁓er(in *f*) *m* caissier *m*, -ière *f*.

Kastani|e [kasˈtɑːnjə] *f* châtaigne *f*; *edle:* marron *m*; ⁓enbaum *m* châtaignier *m*; *edler:* marronnier *m*; ⁓enbraun châtain; marron; ⁓enhändler(in *f*) *m* marchand *m*, -e *f* de marrons; ⁓enwald *m* châtaigneraie *f*. [coffret *m*.]

Kästchen [ˈkɛstçən] *n* (6) cassette *f*.

Kaste [ˈkastə] *f* (15) caste *f*.

kastei|en [kasˈtaɪən] (25) mortifier; macérer; ⁓ung *f* mortification *f*; macération *f*.

Kastell [kasˈtɛl] *n* (3¹) château *m* fort; ⁓an(in *f*) [⁓ˈlɑːn] *m* châtelain *m*, -e *f*.

Kasten [ˈkastən] *m* (6) caisse *f*; boîte *f*; '⁓geist *m* esprit *m* de caste.

Kastr|at [kasˈtrɑːt] *m* castrat *m*; ⁓ieren [⁓ˈtriːrən] châtrer; ⁓ierung *f* castration *f*.

Kata|falk [kataˈfalk] *m* (3¹) catafalque *m*; ⁓kombe [⁓ˈkɔmbə] *f* catacombe *f*; ⁓log [⁓ˈloːk] *m* catalogue *m*; ⁓logisieren [⁓logiˈziːrən] cataloguer; ⁓pult [⁓ˈpʊlt] *m u. n* catapulte *f*.

Katarrh [kaˈtar] *m* (3¹) catarrhe *m*; rhume *m*. [cadastre *m*.]

Kataster [kaˈtastər] *m u. n* (7).

kata|strophal [⁓stroˈfɑːl] catastrophique; ⁓strophe *f* catastrophe *f*.

Kate|chismus [kateˈçɪsmʊs] *m* (16²) catéchisme *m*; ⁓gorie [⁓goˈriː] *f* catégorie *f*; ⁓gorisch [⁓ˈgoːrɪʃ] catégorique.

Kater [ˈkɑːtər] *m* (7) matou *m*; chat *m* mâle; *e-n* ⁓ *haben fig.* avoir mal aux cheveux.

Katheder [kaˈteːdər] *m u. n* chaire *f*.

Kathe|drale [kateˈdrɑːlə] *f* (15) cathédrale *f*; ⁓te [kaˈteːtə] *f* (15) côté *m* de l'angle droit.

Kathode [kaˈtoːdə] *f* cathode *f*.

Kathol|ik(in *f*) *m* [katoˈliːk] catholique *m*, *f*; ⁓isch [⁓ˈtoːlɪʃ] catholique; ⁓izismus [⁓iˈtsɪsmʊs] *m* catholicisme *m*.

Kattun [kaˈtuːn] *m* (3¹) calicot *m*; *bedruckter:* indienne *f*.

katz|balgen [ˈkatsbalgən]: *sich* ⁓ se chamailler; ⁓balgeˈrei *f* échange *m* de horions; ⁓buckeln [ˈbʊkəln] faire des courbettes. [*m* (*a. ♀*).]

Kätzchen [ˈkɛtsçən] *n* (6) chaton.

Katze [ˈkatsə] *f* (15) chat *m*, chatte *f*.

'**katzen|-artig** félin; *fig. a.* perfide; '**⁓-auge** *n Fahrrad:* cataphote *m*; cataðioptre *m*; '**⁓freundlich** câlin; félin; '**⁓geschrei** *n* miaulements *m/pl.*; '**⁓jammer** *m* mal *m* aux cheveux; *moralischer* ⁓ malaise *m* moral, F cafard *m*; '**⁓musik** *f* chari-

Katzensprung — 862 — **Keilschrift**

vari m; `~`sprung m: es ist nur ein `~` fig. c'est à deux pas.

Kauderwelsch ['kaudərvɛlʃ] n (3²) baragouin m; jargon m; `~`en baragouiner; jargonner.

kau|en ['kauən] (25) mâcher; Tabak `~` chiquer (du tabac); an den Nägeln `~` ronger ses ongles; `~`ern (29): `~` u. sich `~` s'accroupir; zum Verstecken: se tapir; se blottir.

Kauf [kauf] m (3³) achat m; acquisition f; (`~`geschäft) marché m; (kleiner Ein`~`) emplette f; etw. mit in `~` nehmen s'accommoder de qch.; `~`auftrag m ordre m d'achat; `~`brief m lettre f d'achat; Verkauf: contrat m de vente; `~`en acheter (von j-m etw. qch. à q.); den werde ich mir `~` fig. il me le paiera; dafür kann ich mir nichts `~` cela ne fait une belle jambe! [m, -euse f.]

Käufer(in f) ['kɔyfər] m (7) acheteur/

Kauf|fahrteischiff n navire m marchand; `~`haus n (grand) magasin m; `~`herr m négociant m; `~`kraft f pouvoir m d'achat; `~`kräftig qui a de l'argent pour acheter; `~`laden m boutique f; `~`leute pl. s. `~`mann.

käuflich ['kɔyflɪç] à vendre; achetable; (bestechlich) vénal; `~` erwerben acquérir par voie d'achat; `~`keit f vénalité f.

'Kauf|lust f envie f d'acheter; (Nachfrage) demande f; `~`mann m marchand m; (Krämer) épicier m; (Großhändler) négociant m; commerçant m; `~`männisch ['`~`mɛnɪʃ] commercial; `~`preis m prix m d'achat; `~`vertrag m contrat m de vente; Verkauf: contrat m de vente; `~`zwang m obligation f d'acheter. [gomme f à mâcher.]

Kaugummi m chewing-gum m;/

Kaukasus ['kaukazus] m le Caucase.

Kaul|barsch ['kaul-] m perche f; `~`quappe ['kaulkvapə] f (15) têtard m.

kaum [kaum] à peine; ne ... guère; es `~` glauben können avoir de la peine à le croire.

'Kau|muskel m muscle m masticateur m; `~`tabak m tabac m à chiquer. [(Summe) cautionnement m.]

Kaution [kautsi'o:n] f(16) caution f;/

Kautschuk ['kautʃuk] m (3¹) caoutchouc m.

Kauz [kauts] m (3² u. ³) orn. chouette f; fig. original m; drôle m de type.

Kavalier [kava'liːr] m (3¹) cavalier m.

Kavalkade [kavalˈkaːdə] f cavalcade f. [`~`ist m (15) cavalier m.]

Kavaller|ie ['`~`ləri:] f cavalerie f;/

Kaviar ['kaːviaːr] m caviar m.

Kebs|-ehe ['keːps-] f concubinage m; `~`weib n concubine f.

keck hardi; (frech) effronté; `~`heit f hardiesse f; (Frechheit) effronterie f.

Kegel ['keːgəl] m (7) Spiel: quille f; A cône m; (Berg) pic m; `~`bahn f jeu m de quilles; `~`förmig ['`~`fœrmɪç] conique; `~`kugel f boule f (du jeu de quilles); `~`n (29), `~`schieben jouer aux quilles; `~`schieben n jeu m de quilles; `~`schnitt A m section f conique; `~`spiel n = `~`schieben; `~`stumpf m cône m tronqué.

Kehl|deckel ['keːl-] m épiglotte f; `~`e f (15) gorge f; (Schlund) gosier m; A cannelure f; aus voller `~` à plein gosier; etw. in die falsche `~` bekommen avaler de travers; `~`hobel m rabot m à moulures; `~`kopf m larynx m; `~`kopfkatarrh m laryngite f; `~`kopfspiegel m laryngoscope m; `~`laut m son m guttural.

Kehr|-aus ['keːr-] m dernier tour m de danse; clôture f; den `~` machen renvoyer tout le monde; `~`besen m balai m; `~`e f (15) tournant m; virage m; `~`en (fegen) balayer; Kamin: ramoner; (wenden) tourner; in sich gekehrt plongé dans ses réflexions; sich nicht `~` an (acc.) ne faire aucun cas de; ne pas faire attention à; `~`icht m u. n (3) balayures f/pl.; ordures f/pl.; `~`icht-eimer m boîte f à ordures; `~`ichthaufen m tas m de balayures; `~`ichtkasten m boîte f à ordures; poubelle f; `~`maschine f balayeuse f; `~`reim m refrain m; `~`seite f revers m; fig. revers m de la médaille.

kehrt [keːrt]: `~`! demi-tour!; `~`machen revenir sur ses pas; ╳ faire demi-tour.

keifen ['kaifən] (25) criailler; glapir.

Keil [kail] m (3) coin m; (Hemm`~`) cale f; `~`e fig. F f rossée f; `~`en (25) v/t. coincer; (e-n Keil unterlegen) caler; F (prügeln) rosser; v/i. Pferd: ruer; `~`er m (7) sanglier m; `~`e'rei F f rixe f; grabuge m; `~`förmig ['`~`fœrmɪç] cunéiforme; `~`kissen m traversin m; `~`schrift f caractères m/pl. cunéiformes.

Keim [kaɪm] m (3) germe m; '2en (25) germer (a. fig.); (treiben) pousser; '~en n germination f; '2fähig qui peut germer; '2frei stérilisé; ~ machen stériliser; '2tötend stérilisant; '~zelle f spore f.

kein [kaɪn] (20) (bei vb. ne ...) pas (pfort point) de; das ist ~ Baum ce n'est pas un arbre; ~ mehr (bei vb. ne ...) plus de; du bist ~ Kind mehr tu n'es plus un enfant; ~er, ~e, ~es pas un,-e;aucun,-e;nul,-le;personne (bei vb. mit ne); auf ~en Fall en aucun cas (bei vb. mit ne); unter ~er Bedingung à aucun prix (bei vb. mit ne); ~er von beiden aucun des deux (bei vb. mit ne); '~erlei [~ər'laɪ]: auf ~ Weise en aucune façon (bei vb. mit ne); '~esfalls, ~eswegs ['~ve:ks] pas (pfort point) du tout; nullement (bei vb. alle mit ne); '~mal pas une seule fois; jamais (bei vb. beide mit ne). [m sec.\

Keks [ke:ks] m biscuit m; gâteau\

Kelch [kɛlç] m (3) coupe f; ♃ u. rl. calice m; den ~ bis zur Neige trinken boire le calice jusqu'à la lie; '~blatt n sépale m. [rer2) truelle f.\

Kelle ['kɛlə] f (15) louche f; (Mau-\

Keller ['kɛlər] m (7) cave f; kleiner: caveau m; zur Weinbereitung: cellier m; '~assel f cloporte m; ~ei [~'raɪ] f (16) caves f/pl.; '~fenster n soupirail m; '~geschoß n sous-sol m; '~loch n soupirail m; '~meister m sommelier m; '~wohnung f sous-sol m.

Kellner ['kɛlnər] m (7) garçon m; (Wein2) sommelier m; '~in f serveuse f; Anrede: mademoiselle f.

'**Kelte** m Celte m.

Kelter ['kɛltər] f (15) pressoir m; ~ei [~'raɪ] f pressoir m; '2n (29) pressurer.

kenn|bar ['kɛn-] (re)connaissable; '~en (30) connaître; (wissen) savoir; '~enlernen: j-n ~ faire la connaissance de q.; etw. ~ apprendre à connaître qch.; '2er(in) f m connaisseur m, -euse f; '2erblick m ('2ermiene f) regard m (airs m/pl.) de connaisseur; '2karte f carte f d'identité; '~tlich (re)connaissable.

'**Kenntnis** f (14²) connaissance f, pl. a. savoir m; von etw. ~ haben être informé de qch.; von etw. ~ nehmen prendre connaissance de qch.; j-n von etw. in ~ setzen, j-m etw. zur ~ bringen mettre q. au courant de qch.; informer q. de qch.; '~nahme f: zur ~ pour prendre connaissance (abr. p.p.c.); '2reich fort instruit; savant.

Kenn|wort n mot m d'ordre; mot m de passe; '~zeichen n marque f (distinctive); (Merkmal) indice m; '2zeichnen (26) caractériser; '~ziffer ₰ f caractéristique f.

kentern ⚓ ['kɛntərn] (29) chavirer.

Ke'ram|ik f céramique f; 2isch céramique.

Kerb|e ['kɛrbə] f (15) (en)coche f; entaille f; '~el m cerfeuil m; '2en faire une coche à; ~holz ['kɛrp-] n: qch.; j-n von etw. in ~ setzen; j-m etw. auf dem ~ haben fig. avoir qch. sur la conscience; '~tier n insecte m.

Kerker ['kɛrkər] m (7) cachot m; geôle f; '~meister(in f) m geôlier m, -ière f; '~strafe f peine f du cachot.

Kerl [kɛrl] m (3) homme m; individu m;gaillard m;(Schuft) coquin m.

Kern [kɛrn] m (3) noyau m, (Apfel2 usw.) pépin m (Nuß2, Kirsch2) amande f; (Melonen2) graine f; fig. substance f; quintessence f; '~frucht f fruit m à pépins; '~gehäuse n cœur m; Apfel: trognon m; '2ge'sund plein de santé; '~holz n cœur m du bois; '2ig fig. énergique; (stämmig) robuste; '~leder n cuir m de choix; '~obst n fruits m/pl. à pépins; '~physik f physique f nucléaire; '~punkt m point m essentiel; '~schatten m ombre f absolue; '~seife f savon m de Marseille; '~spaltung f fission f nucléaire; '~spruch m sentence f; '~truppen f/pl. troupes f/pl. d'élite; '~waffen f/pl. armes f/pl. nucléaires.

Kerze ['kɛrtsə] f (15) bougie f; (Talg2) chandelle f;Kirche: cierge m.

kerzen|ge'rade droit comme un cierge; '2leuchter m chandelier m; kleiner: bougeoir m; '2licht n, '2schein m lueur f de la chandelle; '2stärke f bougie f.

keß F [kɛs] déluré; qui a du toupet.

Kessel ['kɛsəl] m (7) chaudron m; großer: chaudière f; (Kochtopf) marmite f; (Wasser2) bouilloire f; (Tal2) cirque m; cuvette f; '~flicker m (7) chaudronnier m; '~haken m crémaillère f; '~pauke f timbale f; '~raum salle f des chaudières; '~

Kesselschmied — 864 — **kindertümlich**

schmied m chaudronnier m; '**~schmiede** f chaudronnerie f; '**~stein** m tartre m; '**~treiben** n battue f; rabattage m.

Kett|chen ['kɛtçən] n chaînette f; '**~e** f (15) chaîne f; (Hals2) collier m; ⚔ cordon m.

ketten ['kɛtən] (26) enchaîner; '2**-antrieb** m transmission f par chaîne; '2**bruch** m fraction f continue; '2**brücke** f pont m suspendu; '2**gelenk** n, '2**glied** n chaînon m; '2**hund** m chien m d'attache; '2**rad** n roue f dentée; '2**reaktion** f réaction f en chaîne; '2**regel** f règle f conjointe; '2**stich** m point m de chaînette.

Ketzer|(in f) ['kɛtsər] m hérétique, f; **~ei** [~'raɪ] f hérésie f; **~gericht** n inquisition f; **~isch** hérétique; **~verbrennung** f autodafé m.

keuch|en ['kɔyçən] (25) 'haleter; panteler; *Pferd:* être poussif; '2**-husten** m coqueluche f.

Keule ['kɔylə] f (15) massue f; (Mörser2) pilon m; *Vieh:* cuisse f; *Wild:* cuissot m; (Hammel2) gigot m.

keusch [kɔyʃ] chaste; pudique; '2**heit** f chasteté f; pudicité f.

Khaki ['ka:ki] n kaki m.

Kicher|-erbse ['kiçər-] f pois m chiche; '2**n** ricaner; rire sous cape.

Kiebitz ['ki:bɪts] m (3²) orn. vanneau m; *fig. beim Spiel:* qui fait galerie.

Kief|er ['ki:fər] **1.** m anat. mâchoire f; ent. **~n** pl. mandibules f/pl.; **2.** ♀ f pin m; '**~ernwald** m pinède f; '**~ernzapfen** m pomme f de pin.

Kiel [ki:l] m (3) (Feder2) tuyau m (de plume); plume f; ♃ quille f; (Rumpf im Wasser) carène f; '2**holen** ♃ caréner; '2**linie** f mise f en chantier; 2**'-oben** la quille en l'air; '2**raum** m fond m de cale; '**~wasser** n sillage m.

Kieme ['ki:mə] f (15): **~n** pl. icht. branchies f/pl., außen sichtbare: ouïes f/pl.

Kien [ki:n] m (3) bois m résineux; '**~-apfel** m pomme f de pin; '**~fakkel** f torche f de sapin; '**~holz** n bois m résineux; '2**ig** résineux; '**~span** m copeau m résineux.

Kiepe ['ki:pə] f (15) 'hotte f.

Kies [ki:s] m (4) gravier m.

Kiesel ['ki:zəl] m (7) caillou m; galet m; *min.* silex m; '**~erde** f 🝆 silice f; *min.* terre f siliceuse; '2**haltig** siliceux; '**~säure** f acide m silicique; '**~stein** m = Kiesel.

Kiesgrube ['ki:s-] f sablière f.

Kikeriki [kikəri'ki:] n cocorico m.

Kilo ['ki:lo] n (11), **~gramm** n kilo (-gramme) m; **~meter** n (a. m) kilomètre m; **~meterstein** m borne f kilométrique; **~meterzähler** m compteur m kilométrique; **~watt** n kilowatt m; **~wattstunde** f kilowatt-heure m.

Kimm|e ['kɪmə] f (15) entaille f; hervorragend: saillie f; *Gewehr:* cran m de mire; **~ung** ♃ f fleurs f/pl. du vaisseau.

Kind [kɪnt] n (1) enfant m, f (bekommen accoucher de); von **~** auf dès l'enfance; an **~**es Statt annehmen adopter; das **~** beim rechten Namen nennen *fig.* appeler un chat un chat; sich bei j-m lieb **~** machen s'attirer les grâces de q.; mit **~** und Kegel avec toute sa famille; '**~bett** n couches f/pl.; im **~** sein être en couches; '**~bettfieber** n fièvre f puerpérale.

Kinder|-arbeit ['kɪndər-] f travail m des enfants; '**~beihilfe** f allocation familiale; '**~bewahr-anstalt** f crèche f; garderie f; '**~ei** [~'raɪ] f (16) enfantillage m; '**~frau** f bonne f d'enfants; '**~fräulein** n gouvernante f; bonne f d'enfants; '**~funk** m radio f enfantine; '**~garten** m jardin m d'enfants; école f maternelle f; '**~gärtnerin** f jardinière f d'enfants; '**~heim** n, '**~hort** m crèche f; garderie f; '**~klapper** f 'hochet m; '**~krankheit** f maladie f infantile; '**~lähmung** f: spinale **~** poliomyélite f; '2**leicht** enfantin; das ist **~** un enfant le ferait; '2**lieb:** **~** sein aimer les enfants; '**~liebe** f amour m filial; der Eltern: amour m des parents pour les enfants; '**~lied** n chanson f enfantine; '2**los** sans enfants; '**~mädchen** n bonne f d'enfants; '**~märchen** n conte m d'enfants; '**~pflege** f puériculture f; '**~schreck** m croque-mitaine m; '**~schriften** f/pl. littérature f enfantine; '**~schwarm** m marmaille f; '**~spiel** n jeu m d'enfants; *fig. a.* bagatelle f; '**~sterblichkeit** f mortalité f infantile; '**~streich** m enfantillage m; gaminerie f; '**~stube** f chambre f des enfants; e-e gute **~** haben être bien élevé; 2**tümlich** ['~

Kinderwaage — **klagen**

ty:mliç] à la portée des enfants; '~waage f pèse-bébé m; '~wagen m voiture f d'enfants; '~wärterin f bonne f d'enfants; '~zimmer n chambre f d'enfants; '~zulage f = ~beihilfe.

Kindes|-alter ['kindəs-] n enfance f; bas âge m; '~beine n/pl.: von ~n an dès la plus tendre enfance; '~kind n petit-fils m, petite-fille f; '~liebe f amour m filial; '~mord m infanticide m; '~mörder(in f) m infanticide m, f; '~pflicht f devoir m filial.

Kind/heit ['.thait] f (16) enfance f; 2**isch** ['.diʃ] enfantin; *Handlung*: puéril; ~ *sein* faire l'enfant; ~ *werden* tomber en enfance; '2**lich** enfantin; (*dem Kinde geziemend*) filial; (*unbefangen*) naïf; '~**taufe** f baptême m.

Kinn [kin] n (3) menton m; '~**backe(n** m) f mâchoire f; '~**band** n jugulaire f; '~**bart** m barbiche f; '~**haken** m *Boxkampf*: uppercut m; '~**kette** f gourmette f; '~**lade** f mâchoire f; '~**riemen** m jugulaire f.

Kino ['ki:no] n (11) cinéma m; '~**vorstellung** f séance f de cinéma.

Kiosk ['ki:ɔsk] m kiosque m.

Kipp|e ['kipə] f(15): *auf der* ~ *stehen* être près de tomber; F mégot m (de cigarette); '2**en** (25) v/t. perdre l'équilibre; (*schaukeln*) basculer; v/t. renverser; '~**karren** m tombereau m; '~**lastwagen** m camion m basculant; '~**lore** f wagonnet m basculant.

Kirche ['kirçə] f église f, *protestantische in Frankreich*: temple m; *als Einrichtung*: Église f; (*Gottesdienst*) service m divin; office m (divin).

'Kirchen|bann m excommunication f; *in den* ~ *tun* excommunier; '~**buch** n registre m de la paroisse; '~**chor** m maîtrise f; lutrin m; '~**diener** m sacristain m; bedeau m; '~**fahne** f bannière f; '~**fenster** n vitrail m (pl. vitraux); '~**fest** n fête f religieuse; '~**gemeinde** f paroisse f; '~**geschichte** f histoire f ecclésiastique (*od*. de l'Église); '~**jahr** n année f ecclésiastique; '~**konzert** m concert m spirituel; '~**lehre** f dogme m; '~**lied** n cantique m; '~**musik** f musique f religieuse (*od*. sacrée); '~**rat** m consistoire m; '~**recht** n droit m canon; '~**schändung** f sacrilège m; '~**spaltung** f schisme m

'~**staat** m États m/pl. de l'Église; '~**steuer** f impôt m du culte; '~**tag** m *kath*. congrès m eucharistique; *prot*. congrès m évangélique; '~**vorsteher** m marguillier m.

Kirch|gänger(in f) m [`~gɛŋər] m fidèle m, f; '~**hof** m cimetière m; 2**lich** ecclésiastique; *Trauung*: religieux; '~**spiel** n paroisse f; '~**sprengel** m diocèse m; *prot*. paroisse f; '~**turm** m clocher m; '~**weihe** f consécration f d'une église.

Kirmes f fête f patronale; *Belgien*: kermesse f; (*Jahrmarkt*) foire f.

kirre ['kirə] apprivoisé; ~ *machen* = ~**n** apprivoiser; *ch*. appâter; allécher.

Kirsch [kirʃ] m (3²) kirsch m; '~**baum** m cerisier m; '~**e** f (15) cerise f; '~**kern** m noyau m de cerise; '~**kuchen** m tarte f aux cerises; '2**rot** rouge cerise; '~**wasser** n kirsch m.

Kissen ['kisən] n (6) coussin m; (*Kopf*2) oreiller m; '~**bezug** m taie f d'oreiller. [*garren*: boîte f.\]

Kiste ['kistə] f (15) caisse f; *Zi*-\

Kitsch [kitʃ] m pacotille f, toc m; (*Schundware*) camelote f; *Bild*: croûte f; '2**ig** tocard.

Kitt [kit] m (3) ciment m (*a. fig*.) (*Glaser*2) mastic m; '~**chen** F n prison f; violon m; '~**el** [`kitəl] m (7) sarrau m; blouse f; '2**en** (26) cimenter (*a.fig*.); *Glaser*: mastiquer.

Kitzel ['kitsəl] m (7) chatouillement m; (*Sinnen*2) volupté f; (*Jucken*) démangeaison f; (*Gelüst*) envie f; '2**ig** chatouilleux; *fig*. scabreux; '2**n** (29) chatouiller; *fig. a*. flatter.

Kladde ['kladə] f (15) brouillon m.

klaffen ['klafən] (25) bâiller; être béant.

kläff|en ['klɛfən] (25) glapir m; *Hund*: japper; *ch. u. fig*. clabauder; '2**er** m (*Hund*) jappeur m; *ch*. clabaud m; (*Person*) clabaudeur m.

Klafter ['klaftər] f (15) (*Längenmaß*) toise f; (*Holzmaß*) corde f; '2**n** (29) toiser; *Holz*: corder.

Klage ['kla:gə] f (15) plainte f; ⚖ *a*. action f, procès m; (*Jammern*) lamentation(s pl.) f = ~**lied**; *in* ~*n ausbrechen* se répandre en plaintes; ~ *führen* se plaindre (*über acc*.); *e-e* ~ *gegen j-n einreichen* porter plainte contre q.; intenter un procès à q.; '~**gedicht** n élégie f; '~**geschrei** n lamentations f/pl.; '~**lied** n complainte f; *mv. p*. jérémiade f; '2**n**

Klagepunkt (25) v/i. se plaindre; (*jammern*) se lamenter; ⚖ porter plainte en justice; v/t. j-m etw. ~ se plaindre de qch. à q.; '~**punkt** ⚖ m chef m d'accusation.
Kläger(in f) ['klɛːgər(in)] m plaignant m, -e f; *Zivilprozeß*: demandeur m, -deressse f.
Klage|ruf ['klɑːgə-] m cri m plaintif; '~**sache** f procès m; cause f; '~**schrift** f plainte f.
kläglich ['klɛːkliç] (*klagend*) plaintif; (*beklagenswert*) déplorable; (*elend*) misérable.
Kla'mauk m chahut m; chambard m.
klamm [klam] 1. (*beengt*) serré; (*erstarrt*) engourdi; (*feucht*) moite; *der Schnee ist* ~ la neige prend; 2. ♀ f (16) gorge f; '♀**er** f (15) crampon m; ⚓ ancre f; (*Büro*♀) attache f; (*Wäsche*♀) pince f; ~**n** pl. runde: parenthèses f/pl.; eckige: crochets m/pl.; *in* ~**n** *setzen* mettre entre parenthèses; '~**ern** (29) (*sich* ~ *se*) cramponner (*an occ.* à).
Klamotten P [kla'mɔtən] f/pl. frusques f/pl.; nippes f/pl.
Klang [klaŋ] m (3³) son m; *Stimme*: ton m; *guten* ~ *haben* fig. être réputé; '~**farbe** f timbre m; '~**fülle** f sonorité f; '~**lehre** f acoustique f; '♀**los** sourd; non sonore; '~**net**; '~**reinheit** f netteté f; '♀**voll** sonore.
Klappbett n lit m clos.
Klappe ['klapə] f (15) *Tisch*: abattant m; *Brief-, Rocktasche*: patte f; (*Deckel*) couvercle m; (*Fliegen*♀) tue-mouches m; (*Fall*♀) trappe f; (*Ventil*) clapet m; (*Orgel*♀) soupape f; (*Hosen*♀) pont m; *Ofen, Instrument*: clef f; *Flöte*: languette f, *anat., zo. u.* ♀ valvule f; P (*Bett*) pieu m; *in die* ~ *gehen* se mettre au pieu; P (*Mund*) gueule f; *halt' die* ~! ferme ta gueule; '♀**n** (25) v/i. claquer; *fig.* aller bien; P coller; *es kommt zum* ♀ cela va se déclencher.
'**Klapper** f (15) crécelle f; (*Tanz*♀) castagnette f; (*Kinder*♀) hochet m; '♀**ig** *fig.* très faible; '♀**n** (29) cliqueter; *Mühle*: faire tic tac; *Storch*: craqueter; *mit den Zähnen* ~ claquer des dents; '~**schlange** f serpent m à sonnettes; crotale m; '~**storch** m cigogne f.
Klapp|fenster n vasistas m; *Auto*: déflecteur m; '~**hut** m claque m; '~**kamera** f folding m; '~**kragen** m col m rabattu; '~**messer** n couteau m pliant; '~**sitz** m, '~**stuhl** m (siège m) pliant m; *thé.* strapontin m; '~**tisch** m table f à abattants; '~**tür** f trappe f; '~**verdeck** n capote f.
Klaps [klaps] m (4²) tape f; claque f; '♀**en** taper; claquer.
klar [klɑːr] clair (*a. fig.*); (*durchsichtig*) transparent; limpide; (*rein*) pur; (*heiter*) serein; *fig.* lucide; évident; net; ~ *werden Flüssigkeit*: se clarifier, *Himmel*: s'éclaircir; *ich bin mir darüber im* ~**en** *j'y vois clair*; '~**blickend** clairvoyant.
klär|en ['klɛːrən] (25) clarifier; éclaircir (*a. fig.*); *Fußball*: dégager; '♀**ung** f clarification f; *fig.* éclaircissement m.
'**Klarheit** f clarté f; netteté f; (*Augenscheinlichkeit*) évidence f.
Klarinette [klari'netə] f clarinette f.
'**klar|legen**, '~**machen**, '~**stellen** éclaircir; mettre (*od.* tirer) au clair; *j-m etw.* ~ faire comprendre qch. à q.; '♀**stellung** f éclaircissement m; '~**werden** s'éclaircir; *sich über etw.* (*acc.*) ~ comprendre qch.
Klasse ['klasə] f (15) classe f; *Fahrkarte erster* (*zweiter*) ~ première f (seconde f).
'**Klassen|-arbeit** f composition f; '~**einteilung** f classement m; classification; '~**frequenz** f effectif m (d'une classe); '~**geist** m esprit m de classe (*od.* de caste); '~**haß** m 'haine f de classes; '~**kampf** m lutte f de classes; '~**lehrer** m professeur m principal; '~**zimmer** n (salle f de) classe f.
klassifizier|en [klasifi'tsiːrən] classifier; '♀**ung** f classification f.
'**Klass|ik** f classicisme m; '~**iker** (auteur m) classique m; '♀**isch** classique; '~**i'zismus** m classicisme m.
klatsch 1. ~! flac!; 2. ♀ m bavardage m; F commérage m; cancans m/pl.; '♀**base** f commère f; cancanière f.
Klatsche ['klatʃə] f (15) (*Fliegen*♀) tue-mouches f; '♀**n** claquer; *mit den Händen* ~; *in die Hände* ~ claquer (*od.* battre) des mains; (*schwatzen*) bavarder; F commérer; cancaner; '~**rei** f = Klatsch.
'**klatsch|haft** bavard, cancanier; '♀**maul** n cancanier m, -ière f; '♀**mohn** m, '♀**rose** f coquelicot m; ~**naß** trempé jusqu'aux os;

klatschsüchtig — 867 — **Kleinstaat**

'~**süchtig** ['~zyçtiç] cancanier; '~**weib** n = ~base.
klauben ['klaubən] trier; *Gemüse*: éplucher; *Worte* ~ ergoter.
Klaue [klauə] f (15) griffe f; *Raubvögel*: serre f; (*Huf*) sabot m; corne f; F (*Schrift*) mauvaise écriture f; '2**en** P (*stehlen*) chiper; '~**nseuche** f maladie f de la corne; *Schafe*: piétin m.
Klaus|e ['klauzə] f (15) défilé m; cluse f; (*Mönchs*2) cellule f; (*Einsiedelei*) ermitage m; ~**el** ['klauzəl] f clause f; ~**ner** ['klausnər] m solitaire m; ermite m; ~**ur** [.'zu:r] f/pl. clôture f; *in der* ~ *Schule*: sous surveillance; ~**ur-arbeit** f épreuves f/pl. surveillées.   [vier m.\
Klaviatur [klavia'tu:r] f (16) cla-\
Klavier [kla'vi:r] n (3¹) piano m; ~ *spielen* jouer du piano; ~**auszug** m partition f pour piano; ~**konzert** n concerto m pour piano; *e-s Solisten allein*: récital m de piano; ~**lehrer(in** f) m professeur m de piano; ~**schule** f méthode f de piano; ~**spieler(in** f) m pianiste m, f; ~**stimmer** m (7) accordeur m de pianos; ~**stunde** f leçon f de piano.
'**Klebe|marke** f timbre m (d'assurance sociale); '~**mittel** n colle f; 💉 agglutinant m; 2**n** ['kle:bən] (25) (v/i. a. se) coller (*an dat. resp. acc.* à); 💉 (v/i. s')agglutiner; *am Buchstaben* ~ s'en tenir à la lettre; '~**pflaster** n emplâtre m collant; '~**r** m colle f; ⚕ gluten m; '2**rig** gluant; collant; (*schleimig*) visqueux; glutineux; '~**stoff** m colle f; ⚕ gluten m; '~**streifen** m bande f gommée.
Klecks [kleks] m (4) tache f; (*Tinten*2) a. pâté m; '2**en** (27) faire des taches; *Feder*: cracher; (*sudeln*) barbouiller; ~**e'rei** f (16) barbouillage m.
Klee [kle:] m (3¹) trèfle m; '~**blatt** n fig. trio m; '~**feld** n tréflière f.
Kleiber *orn.* sittelle f; F grimpereau m.
Kleid [klait] n (1) habit m; vêtement m; *Damen*: robe f; 2**en** ['~dən] (26) habiller; vêtir; ~ *aller à q.*
Kleider|-ablage ['klaidər~] f vestiaire m; '~**bügel** m cintre m; '~**bürste** f brosse f à habits; '~**haken** m patère f; '~**kammer** f, '~**schrank** m garde-robe f; '~**puppe** f mannequin m; '~**ständer** m portemanteau m.

'**kleid|sam** seyant; qui va bien; '2**ung** f habillement m; vêtements m/pl.; *feine*: toilette f; '2**ungsstück** n vêtement m.   [n recoupe f.\
Kleie [klaiə] f (15) son m; '~**nmehl**\
klein [klain] petit; (*winzig*) exigu; menu; ~**er Buchstabe** (lettre f) minuscule f; ~**es Holz** menu (*od.* petit) bois m; ~**es Geld** (petite) monnaie f; ~**er Junge** bambin m; *der* ~**e Mann** fig. l'homme m du peuple; *ein* (*ganz*) ~ *wenig* un (tout) petit peu; un tant soit peu; un tantinet; *von* ~ *auf* dès le bas âge; *im* ~**en** en petit; *im* ~ *verkaufen* vendre au détail; ~ *anfangen* partir de rien; ~ *beigeben* filer doux; céder; *j-n* ~ *kriegen* faire mettre les pouces à q.; *sich* ~ *machen* se faire tout petit; ~**er machen**; ~ *werden* diminuer; 2'**asien** n l'Asie f Mineure; '2**auto** (**-mobil**) n voiturette f; '2**bahn** f chemin de fer à voie étroite; F tortillard m; '2**bauer** m petit cultivateur m; '2**bürger** m petit bourgeois m; '2**e**(**r** a. m) m, f petit m, -e f; '2**e** n peu m de chose; *im* ~**en** en petit; en miniature; *im* 2**n verkaufen** vendre au détail; '2**flugzeug** n avionnette f; '2**geld** n (petite) monnaie f; '~**gläubig** de peu de foi; '2**gläubigkeit** f manque m de foi; '~**hacken** hacher menu; '2**handel** m commerce m de détail; '2**händler** m détaillant m; '2**heit** f petitesse f; '2**hirn** n cervelet m.
'**Kleinigkeit** f bagatelle f; rien m; '~**skrämer** m pédant m; '~**skräme'rei** f pédanterie f.
'**Klein|kind** n bébé m; '~**kinderbewahr-anstalt** f crèche f; garderie f; '~**kram** m vétilles f/pl.; riens m/pl.; '~**krieg** m guerre f de guérillas; '2**laut** découragé; interdit; *j-n* ~ *machen* décontenancer q.; ~ *werden* être décontenancé (*od.* interdit); baisser le ton; '2**lich** petit; borné; mesquin; (*genau*) minutieux; '~**lichkeit** f petitesse f d'esprit; mesquinerie f; (*Genauigkeit*) minutie f; '2**machen** couper menu; *Holz*: menuiser; '2**mahlen** moudre fin; '~**mut** m pusillanimité f; 2**mütig** ['~my:tiç] pusillanime; ~**od** ['~no:t] n (3) bijou m (a. fig.); joyau m; '~**rentner(in** f) m petit(e) rentier m,-ière f;'2**schneiden** couper menu; '~**staat** m petit État m; État m se-

Kleinstaaterei — 868 — **Klubsessel**

condaire; '**~staate'rei** f particularisme m; '**~stadt** f petite ville f; ville f de province; '**~städter(in** f) m provincial m, -e f; '²**städtisch** provincial; '**~verdiener** m gagne-petit m; '**~verkauf** m = ~handel; '**~vieh** n menu bétail m.

Kleister ['klaɪstər] m (7) colle f; '²n (29) coller.

Klemm|e ['klɛmə] f (15) pince f; ⚡ borne f; serre-fils m; fig. gêne f; embarras m; in der ~ sein être dans l'embarras, F être dans le pétrin (od. dans la dèche); '²**en** (25) serrer; sich ~ se pincer; se coincer; F (stehlen) chiper; '**~er** m (7) pince-nez m; '**~schraube** f serre-fils m.

Klempner ['klɛmpnər] m (7) ferblantier m; **~ei** [~'raɪ] f ferblanterie f.

Klepper ['klɛpər] m (7) rosse f; bidet m; 'haridelle f.

kler|ikal [kleri'kɑːl] clérical; '²**iker** m ecclésiastique m; '²**us** ['~rus] m clergé m.

Klette ['klɛtə] f (15) bardane f; [glouteron m.\
Kletter|**eisen** n grappin m; '**~mast** m mât m de cocagne; '²**n** ['klɛtərn] (29) grimper (auf acc. sur; an dat. à); auf e-n Berg ~ gravir une montagne; '**~pflanze** f plante f grimpante; '**~seil** n corde f; '**~stange** f mât m.

Klient(in f) ['kliːɛnt] m client m, -e f.

Klima ['kliːma] n (11²) climat m; sich an das ~ gewöhnen s'acclimater; **~anlage** f dispositif m de climatisation; Auto: climatiseur m; Saal mit ~ salle f climatisée; ²**tisch** [kli'maː-] climatique.

Klimbim F [klim'bim] m tintamarre m; tralala m. [grimper.\
klimmen ['klimən] (30) gravir;\
Klimper|**kasten** F m mauvais piano m; F chaudron m; '²**n** F: auf dem Klavier ~ pianoter; tapoter.

Klinge ['klɪŋə] f (15) lame f; (Degen) fer m; épée f; über die ~ springen lassen passer au fil de l'épée.

Klingel ['klɪŋəl] f (15) sonnette f; ⚡ sonnerie f; '**~beutel** m bourse f à quêter; '²**n** (29) sonner (j-m q.); '**~zug** m cordon m de sonnette.

klingen ['klɪŋən] (30) sonner; tinter (a. die Ohren); '**~d** sonore; in ~er Münze en espèces sonnantes; mit ~em Spiel musique en tête.

Klin|ik ['kliːnik] f clinique f; ²**isch** clinique.

Klinke ['klɪŋkə] f (15) loquet m; '²**n** presser le loquet; '**~r** △ m brique f vernissée.

klipp [klip-]: ~ und klar clair et net; '²**e** f (15) écueil m; '²**fisch** m morue f salée.

klirren ['klɪrən] (25) **1.** cliqueter; Fenster: trembler; Gläser: s'entrechoquer; **2.** ² n cliquetis m; Fenster: tremblement m; Gläser: choc m.

Klischee [kli'ʃeː] n (11) cliché m.

Klistier [klis'tiːr] n (3¹) lavement m (j-m geben administrer à q.); clystère m; **~spritze** f seringue f à lavement.

klitschig ['klitʃiç] comme de la pâte.

Kloake [klo'ɑːkə] f (15) égout m; cloaque m.

Klob|en ['kloːbən] m (6) (Scheit) bûche f; ⊕ feststehender ~ poulie f fixe; (Feil²) étau m à main; '²**ig** fig. grossier.

klopf|en ['klɔpfən] (25) v/i. frapper; Herz: battre; Motor: cogner; es klopft on frappe; v/t. battre; Steine: casser; '²**er** m (7) (Aus²) battoir m; (Tür²) 'heurtoir m; '²**geist** m esprit m frappeur; '²**zeichen** n signe m frappeur.

Klöppel ['klœpəl] m (7) Glocke: battant m; (Spitzen²) fuseau m à dentelle; '**~arbeit** f (Spitze) dentelle f au fuseau '²**n** (29): Spitzen ~ faire de la dentelle.

Klops [klɔps] m (4) cuis. boulette f.

Klosett [klo'zɛt] n (3) cabinets m/pl. (d'aisance); water-closet m; W.C. m; **~papier** n papier m hygiénique.

Kloß [kloːs] m (3² u. ³) boule f; (Erd²) glèbe f; cuis. boulette f.

Kloster ['kloːstər] n (7¹) couvent m; cloître m; monastère m; ins ~ gehen entrer au couvent; '**~bruder** m religieux m; '**~frau** f religieuse f; '**~kirche** f église f conventuelle; '**~leben** n vie f monastique.

klösterlich ['kløːstərliç] conventuel; (mönchisch) monastique; monacal.

Kloster|**regel** f règle f monacale; '**~schule** f école f conventuelle; '**~zelle** f cellule f de couvent.

Klotz [klɔts] m (3² u. ³) bloc m de bois; (Hack²) billot m; (Baumstamm) souche f; fig. rustre m; '²**ig** massif; fig. grossier.

Klub [klup] m (11) club m; cercle m; '**~sessel** m fauteuil m.

Kluft [kluft] f (14¹) (*Spalte*) fente f; (*Abgrund*) gouffre m; abîme m (a. fig.); F (*Kleidung*) frusques f/pl.

klug [klu:k] intelligent; (*vorsichtig*) prudent; (*weise*) sage; *ich kann daraus nicht ~ werden* je n'y comprends rien; *man wird aus ihm nicht ~* il est indéchiffrable.

Klüge|lei f subtilité f; **2ln** ['kly:gəln] se perdre en subtilités.

'Klugheit f intelligence f; prudence f; sagesse f.

klüglich ['kly:kliç] *adv.* prudemment; sagement.

Klump|en ['klumpən] m (6) masse f; *runder:* boule f; *durch Gerinnen:* grumeau m; (*Haufen*) tas m; *~ Butter* motte f de beurre; **'~fuß** m pied m bot; **'2ig** grumeleux.

Klüngel ['klyŋəl] m coterie f.

knabbern ['knabərn] (29) croquer (*an etw. dat.* qch.); grignoter (qch.).

Knabe ['kna:bə] m (13) garçon m.

'Knaben|-alter n enfance f; âge m puéril; **'2haft** enfantin; *mv.p.*puéril; **'~schule** f école f de garçons; **'~streich** m gaminerie f.

knack|en ['knakən] (25) *v/i.* craquer; *v/t.* casser; **'2laut** m explosive f; **'2-mandel** f amande f (sèche); **'2-melure** f; *er hat e-n ~* fig. F c'est une tête fêlée; **'2wurst** f saucisson m fumé.

Knall [knal] m (3³) éclat m; détonation f; explosion f; *Peitsche:* claquement m; *~ und Fall sun te coup;* tout à coup; **'~bonbon** m (*pro. fr.*) m bonbon m fulminant; **'~effekt** m coup m de théâtre; **'2en** (25) éclater; *Sprengstoff:* détoner; *Schuß:* retentir; *es knallt* on entend une détonation; *mit der Peitsche ~* faire claquer son fouet; (*schießen*) tirer des coups de fusil; **'~erbse** f pois m fulminant; **'~gas** n gaz m détonant; **'2rot** d'un rouge éclatant.

knapp [knap] *Kleider:* serré; étroit; juste; *Geld:* rare; (*bündig*) succinct; *Stil:* concis; (*ärmlich*) mesquin; *mit ~er Not* à grand-peine; *adv. a.* à peine; tout juste; **'2e** m (13) écuyer m; ⚒ mineur m; **'~halten** traiter chichement; **'2heit** f (*Enge*) étroitesse f; *Geld:* rareté f; pénurie f; *Stil:* concision f; (*Ärmlichkeit*) mesquinerie f; **'2schaft** ⚒ f (16) corps m des mineurs.

Knarre ['knarə] f crecelle f; F (*Gewehr*) flingot m; **2n** (25) craquer;

Tür, Rad: grincer; **'~n** m craquement m; *Tür, Rad:* grincement m.

Knast [knast] m nœud m; **'~er** m tabac m; **'2ern** pétiller.

'knattern (29) **1.** pétiller; crépiter (*a. Gewehr*); *Motor:* pétarader m. **2. 2** n pétillement m; crépitement m (*a. Gewehr*); *Motor:* pétarade f; *téléph.* friture f.

Knäuel ['knɔyəl] n, *a. m* (7) pelote f; peloton m; *fig.* agglomération f.

Knauf [knauf] m (*Degen2*) pommeau m; △ chapiteau m.

Knauser ['knauzər] m (7) ladre; pingre m; **'~ei** [~'raɪ] f ladrerie f; pingrerie f; lésinerie f; **'2ig** ladre; pingre; **'2n** (27) lésiner.

knautschen ['knautʃən] (*v/i.* se) froisser; (*v/i.* se) chiffonner.

Knebel ['kne:bəl] m (7) garrot m; (*Mund2*) bâillon m; **'~bart** m moustache f; **'2n** (26) garrotter; *durch Mundknebel:* bâillonner.

Knecht [knɛçt] m (3) valet m; garçon m de ferme; (*Leibeigener*) serf m; **'2en** (26) asservir; **'2isch** servile; **'~schaft** f servitude f.

kneif|en ['knaɪfən] (30) *v/t.* pincer (*j-n in die Backe* la joue à q.); *v/i.* se dérober; *esc.* rompre la mesure; **'2en** n pincement m; **'2er** m (7) pincenez m; **'2zange** f tenailles f/pl.

'Kneip|-abend m beuverie f; **'~bruder** m buveur m; **'~e** f (15) cabaret m; estaminet m; guinguette f; taverne f; P bistrot m; *s.a.* *-abend*; **2en** ['knaɪpən] (25) boire; F chopiner; **~erei** f beuverie f; **'~lied** n chanson f à boire; **'~wirt** m cabaretier m; P bistrot m.

knet|en ['kne:tən] (26) pétrir; *weich~* malaxer; (*massieren*) masser; **'2maschine** f pétrisseuse f; malaxeur m; **'2trog** m pétrin m.

Knick [knik] m (3) (*Sprung*) fêlure f; (*Biegung*) coude m; (*Falte*) pli m; **'~ei** n œuf m fêlé; **2en** ['knikən] *v/i.* se fêler; *v/t.* fêler; briser; *Halm:* casser; (*falten*) plier; *fig.* affliger; **'~er, '~rei, '2erig, '2ern = Knauser etc.**; **'~erbocker** [nikər] pl. knickerbocker m; **'~s** [kniks] m (4) révérence f; **'2sen** [~zən] (27) faire la révérence.

Knie [kni:] n (10, *a.* 3) genou m; ⊕ coude m; *auf die ~* (*pl.*) *fallen* (*auf den ~n liegen*) tomber (être) à genoux; *übers ~ brechen fig.* bâcler

Kniebeuge — 870 — **Köcher**

'~beuge f (15) génuflexion f; '~fall m génuflexion f; fig. prosternation f; e-n ~fall tun fig. se mettre à genoux; 'Ωfällig à genoux; en se prosternant; '~gelenk n articulation f du genou; '~holz n bois m tortu; '~hosen f/pl. culottes f/pl.; '~kehle f jarret m; 'Ωn s'agenouiller; (auf den Knien sein) être à genoux; '~riemen m Schuster: tire-pied m; '~scheibe f rotule f; '~schützer m genouillère f; '~strumpf m bas m long; bas m de sport; '~stück ⊕ n coude m; 'Ωtief jusqu'aux genoux; '~wärmer m genouillère f; '~welle f Sport: tourniquet m dans les jarrets.

Kniff [knif] m (3) (Kneifen) pincement m; (~fleck) pinçon m; (Falte) pli m; (Trick) truc m; 'Ωen (26) pli(ss)er; 'Ωig épineux.

knipsen ['knipsən] (27) Fahrkarte: poinçonner; phot. photographier; prendre une photo (de); ∉ (an~) tourner le bouton; allumer; mit den Fingern ~ claquer des doigts.

Knirps [knirps] m (4) nabot m; tom-pouce m; (kleiner Junge) mioche m.

knirschen ['knirʃən] (27) craquer; Schnee: crisser; Sand: crier; mit den Zähnen ~ grincer les (od. des) dents.

knistern ['knistərn] (29) craqueter; crépiter; Feuer: pétiller; Stoff: froufrouter. [raboteux.\

Knittelvers ['knitəl-] m vers m\
'**knitter|frei** infroissable; '~n (29) froisser; chiffonner.

knobeln ['knoːbəln] (würfeln) jouer aux dés.

Knoblauch ['knoːplaux] m (3) ail m; '~wurst f saucisson m à l'ail.

Knöchel ['knœçəl] m (7) nœud m; (Fuβ₂) cheville f.

Knochen ['knɔxən] m (6) os m; '~bruch m fracture f; '~fraß m carie f; '~gerippe n, '~gerüst n squelette m; ossature f; '~haus n ossuaire m; '~haut f périoste m; '~haut-entzündung f périostite f; '~leim m gélatine f d'os; '~mark n moelle f; '~mehl n poudre f d'os; '~splitter m éclat m d'os; esquille f.

knöchern ['knœçərn] en os; osseux;\
'**knochig** osseux. [fig. racorni.\

Knockout [nɔk'aut] m knock-out m.

Knödel ['knøːdəl] m (7) boulette f.

Knoll|e ['knɔlə] f (15), '~en m ♀ tubercule m; bulbe m; 'Ωig en tubercule; bulbeux.

Knopf [knɔpf] m (3³) bouton m; Stock: pomme f; (Degen₂) pommeau m.\
knöpfen ['knœpfən] boutonner.\
'**Knopf|fabrik** f boutonnerie f; '~loch n boutonnière f.

Knorpel ['knɔrpəl] m (7) cartilage m; cuis. tendron m; 'Ωig cartilagineux. [nœud m; 'Ωig noueux.\
Knorr|en ['knɔrən] m (6) am Holz:\
Knosp|e ['knɔspə] f (15) bourgeon m; (Blüten₂) bouton m; 'Ωen (25) bourgeonner; Blüte: boutonner; (sich entfalten) s'épanouir.

Knot|en ['knoːtən] m nœud m; (Haar₂) chignon m; ₰ tubercule m; (Nerven₂) ganglion m; den ~ schürzen (lösen) fig. nouer (dénouer) l'action; 'Ωen (26) nouer; '~enpunkt ⛬ m embranchement m; (point m de) jonction f; '~enstock m bâton m noueux; 'Ωig noueux.

Knuff [knuf] m bourrade f; 'Ωen donner des bourrades (à).\
knüllen ['knylən] (v/i. se) froisser; (v/i. se) chiffonner.\
knüpfen ['knypfən] (25) nouer.

Knüppel ['knypəl] m (7) rondin m; Polizei: matraque f; ⚒ manche m à balai; '~damm m chemin m de rondins; '~holz n rondins m/pl.

knurr|en ['knurən] (25) grogner (a. fig.); Hund: gronder (a. fig.); mein Magen knurrt j'ai des borborygmes; 'Ωig grognon; grondeur.

knusp(e)rig ['knusp(e)riç] croustillant; croquant.

Knute ['knuːtə] f (15) knout m.\
knutschen ['knuːtʃən] F Stoff: (v/i. se) froisser; (v/i. se) chiffonner; (herzen) caresser, P peloter.

Knüttel ['knytəl] m (7) = Knüppel; '~vers m = Knittelvers.

Kobalt ['koːbalt] m (3) cobalt m; '~bombe f bombe f au cobalt.

Koblenz ['koːblɛnts] n Coblence f.

Kobold ['koːbɔlt] m (3) lutin m.

Kobolz [ko'bɔlts] m: ~ schießen faire la culbute.

Koch [kɔx] m (3³), '**Köchin** f (16¹) cuisinier m, -ière f; '~apparat m = '~er; '~buch n livre m de cuisine; 'Ωen v/t. cuire; Wasser usw.: faire bouillir; Kaffee: faire; v/i. cuire; Wasser usw.: bouillir; abs. faire la cuisine; cuisiner; '~er m réchaud m.

Köcher ['kœçər] m carquois m.

'Koch|gerät n, ~geschirr n batterie f de cuisine; ⚔ gamelle f; ~herd m fourneau m de cuisine; cuisinière f; ~kessel m chaudron m; marmite f; ~kiste f marmite f norvégienne; ~kunst f art m culinaire; ~löffel m cuiller f à pot; ~maschine f = ~herd; ~platte f réchaud m; ~rezept n recette f; ~salz n sel m de cuisine; ~topf m pot m; marmite f; casserole f.

Köder ['kø:dər] m (7) appât; amorce f; leurre m; ⚔n (29) appâter; leurrer; fig. allécher.

Kodex ['ko:dɛks] m code m.

Ko-edukati|on f coéducation f.

Koffe-in [kɔfe'i:n] n caféine f; ⚔frei décaféiné.

Koffer ['kɔfər] m (7) coffre m; (Reise⚔) malle f; (Hand⚔) valise f; ~grammophon n phono m portatif; ~radio n mallette-radio f; récepteur m portatif; ~raum m Auto: coffre m à bagages; ~träger m porteur m.

Kohl [ko:l] m (3) chou m; F fig. (Geschwätz) bavardage m; ~ bafouiller; ~dampf F m faim f; ~ schieben se mettre la ceinture.

Kohle ['ko:lə] f (15) charbon m; (Stein⚔) houille f; (Zeichen⚔) fusain m; glühende ~ braise f; (wie) auf glühenden ~n sitzen être sur des charbons ardents; ⚔n (25) v/t. carboniser; v/i. charbonner; ⚓ faire du charbon; F (schwindeln) bluffer.

'Kohlen|becken n brasero m; ~bassin m 'houiller; ~bergwerk n mine f de charbon; 'houillère f; ~bunker m soute f à charbon; ~eimer m seau m à charbon; ~feuer n brasier m; ~flöz n couche f de charbon; ~gebiet n bassin m 'houiller; ~glut f braise f; brasier m; ~grube f = ~bergwerk; ⚔haltig ['~haltiç] carbonifère; '~händler m charbonnier m; '~handlung f commerce m de charbon; '~heizung f chauffage m au charbon; '~hydrat n hydrocarbonate m; ~kasten m caisse f à charbon; '~keller m charbonnier m; '~knappheit f pénurie f de charbon; '~lager n dépôt m de charbon; min. gisement m 'houiller; '~markt m marché m charbonnier; '~meiler m charbonnière f; '~oxyd (-gas) n oxyde m de carbone; '~platz m dépôt m de charbon; '~produk-

tion f production f de charbon; '~revier n = ~gebiet; ⚔sauer carbonique; '~säure f acide m carbonique; '~schaufel f pelle f à charbon; '~schiff n charbonnier m; '~staub m poussier m; '~stift m fusain m; '~stoff m carbone m; '~träger m charbonnier m; '~trimmer ⚓ m soutier m; '~wagen m tender m; ⚔ banne f; '~wasserstoff m hydrogène m carburé.

'Kohlepapier n papier m carbone.

Köhler ['kø:lər] m (7) charbonnier m.

'Kohle- und Stahlgemeinschaft f: Europäische ~ communauté f européenne du charbon et de l'acier; '~zeichnung f (dessin m au) fusain m.

'Kohl|kopf m tête f de chou; '~meise f mésange f charbonnière; ⚔rabenschwarz noir comme (du) jais; ~rabi [~'ra:bi] m (11) chourave m; '~rübe f chou-navet m; ~weißling [~'vaɪslɪŋ] m papillon m blanc du chou.

Kohorte [ko'hɔrtə] f cohorte f.

Koje ['ko:jə] f (15) cabine f.

Koka-in [koka'i:n] n (3¹) cocaïne f; ~sucht f cocaïnomanie f; ⚔süchtig [~zyçtiç] (~süchtige[r] m [~tigər] cocaïnomane (m).

Kokarde [ko'kardə] f (15) cocarde f.

Kokerei [kokə'raɪ] cokerie f.

kokett [ko'kɛt] coquet; ⚔erie [~'ri:] f coquetterie f; ~ieren [~'ti:rən] faire la coquette; F coqueter.

Kokon [ko'kɔŋ] m cocon m.

Kokos|nuß [ko'kɔs-] f coco m; ~palme f cocotier m.

Kokotte [ko'kɔtə] f cocotte f.

Koks [ko:ks] m (4) coke m.

Kolben ['kɔlbən] m (6) (Gewehr⚔) crosse f; 🜛 alambic m; (Maschinen⚔) piston m; (Mais⚔) épi m de maïs; (Löt⚔) soudoir m; ~ring m segment m de piston; ~stange f bielle f de piston.   [oiseau-mouche m.]

Kolibri ['ko:libri] m colibri m;

Kolik ['ko:lik] f (16) colique f.

Kolleg [kɔ'le:k] n (8²) cours m (halten faire; hören suivre; ein ~ belegen s'inscrire à un cours; ~e [~gə] m (13) collègue m; (Fachgenosse) confrère m.

kolleg|ial [~gi'a:l] de (adv. en) collègue; confraternel; ⚔iali'tät f (16) confraternité f.

Kol'leg|gelder n/pl. droits m/pl. d'inscriptions; ~heft n cahier m de

Kollegium — 872 — **kommissarisch**

cours; ~ium [~gium] n (9) conseil m; *der Kardinäle*: collège m; (*Lehrer*&) *corps* m des instituteurs (*resp.* des professeurs).
Kollekte [kɔˈlɛktə] f (15) quête f; collecte f. [lectif.\
Kollek'tivvertrag m contrat m col-/
Koller [ˈkɔlər] **1.** n (7) (*Kragen*) collet m; (*Wams*) pourpoint m; **2.** m rage f; *vét.* vertige m; **2**n (29) (*kullern*) rouler; *Truthahn*: glouglouter; *Leib*: gargouiller. [*zeitlich*: coïncider.\
kolli'dieren entrer en collision;/
Köln [kœln] n Cologne f.
Kolon [ˈkoːlɔn] n gr. deux points m/pl.; ⚕ côlon m.
Kolonialwaren [koloniˈaːl-] f/pl. denrées f/pl. coloniales; ~**geschäft** n épicerie f; ~**händler** m épicier m.
Kolon|ie [koloˈniː] f (15) colonie f; **2isieren** [~niˈziːrən] coloniser; ~**ist** m (12) colon m. [nade f.\
Kolonnade [kɔlɔˈnaːdə] f colon-/
Kolonne [kɔˈlɔnə] f (15) colonne f.
Kolo|phonium [koloˈfoːnium] n (9) colophane f; ~**ratur** ♪ [kolora'tuːr] f: ~*en pl.* roulades f/pl.; fioritures f/pl.; **2rieren** [~ˈriːrən] colorier; colorer; ♪ orner de fioritures; ~**rit** [koloˈriːt] n (3) coloris m.
Koloß [koˈlɔs] m (4) colosse m. [ter.\
kolportieren [kɔlpɔrˈtiːrən] colpor-/
Kolumne [koˈlumnə] f colonne f.
Kombin|ation [kɔmbinatsiˈoːn] f combinaison f; **2ieren** [~ˈniːrən] combiner. [buse f.\
Kombüse [kɔmˈbyːzə] f (15) cam-/
Komet [koˈmeːt] m (12) comète f.
Komfort [kɔmˈfoːr] m (3) confort m; **2abel** [~ˈfɔrtaːbəl] confortable.
Kom|ik [ˈkoːmik] f (16) comique m; '~**iker** m comique m; **2isch** comique; bouffon; drôle.
Komitee [komiˈteː] n comité m.
Komma [ˈkɔma] n (11²) virgule f.
Komman|dant [~ˈdant] m commandant m; ~**dan'tur** f bureau m du commandant; ~**deur** [kɔmanˈdøːr] m commandant m; chef m; **2dieren** [~ˈdiːrən] commander; ~**'ditgesellschaft** f (société f en) commandite f.
Kommando [kɔˈmando] n (11) commandement m; (*Abteilung*) détachement m; ~**brücke** ⚓ f passerelle f de commandement; ~**ruf** m, ~**wort** n commandement m.
kommen [ˈkɔmən] **1.** (30) venir; (*an*~) arriver; (*eintreten*) entrer; *vom Sprechenden weg*: aller; *gesprungen* ~ arriver en sautant; *gelaufen* ~ accourir; *geritten* ~ arriver à cheval; *da kommt er!* le voilà!; *es kommt ein Gewitter* il se prépare un orage; *es kommt davon, daß ...* la cause en est que ...; *wie es gerade kommt* comme cela se trouve; *wie kam das?* comment est-ce arrivé?; *wie es auch* ~ *mag* quoi qu'il arrive; *komme, was wolle!* advienne que pourra; *woher* (*od. wie*) *kommt es, daß ...?* d'où vient que ...?; comment se fait-il que ...?; *das kommt davon, wenn man ...* voilà ce que c'est que de ...; *dazu kommt, daß ...* ajoutez à cela que ...; *er soll mir nur* ~! qu'il y vienne!; *so lasse ich mir nicht* ~ je ne me laisserai pas traiter comme ça; *wenn Sie mir so* ~ si vous le prenez sur ce ton; *etw. dahin* ~ *lassen* laisser les choses en venir là; *wie* ~ *Sie dazu?* qu'est-ce qui vous y amène? *auf etw.* (*acc.*) *zu sprechen* ~ en venir à parler de qch.; *ich komme nicht auf s-n Namen* son nom ne me revient pas; *durch e-e Stadt* ~ passer par (*od.* traverser) une ville; *hinter etw.* (*acc.*) ~ découvrir qch.; *wie weit bist du mit d-r Arbeit gekommen?* où en es-tu de ton travail?; *über j-n* ~ tomber sur q.; *um etw.* ~ perdre qch., (*das man erhalten soll*) être frustré de qch.; *von j-m* ~ sortir de chez q.; *vor j-m* ~ (*den Vorrang haben*) précéder q.; *zu etw.* ~ parvenir à qch.; obtenir qch.; *zu nichts* ~ n'arriver à rien; *wieder zu sich* ~ reprendre connaissance; **2.** ~ *und Gehen* les allées et venues f/pl.; le va-et-vient; *die* ~*de* Zeit; à venir; prochain; *die* ~*e Woche* la semaine prochaine.
Komment|ar [kɔmɛnˈtaːr] m commentaire m; ~**ator** [~ˈtaːtɔr] commentateur m; **2ieren** [~ˈtiːrən] commenter.
Kommers [kɔˈmɛrs] m réunion f d'étudiants; ~**buch** n recueil m de chansons d'étudiants.
kommerzi|ell commercial; **2en|rat** [kɔˈmɛr-] m conseiller m de commerce. [~**in** f camarade f m, f.\
Kommiliton|e [kɔmiliˈtoːnə] m,/
Kommissar [kɔmiˈsaːr] m (3³) commissaire m; ~**iat** [~riˈaːt] n commissariat m; **2isch** provisoire.

Kommißbrot ✗ [kɔ'mis-] *n* (3) pain *m* de munition.

Kommission [‿si'o:n] *f* commission *f*; **‿är** [‿o'nɛ:r] *m* commissionnaire *m*; **‿sgeschäft** ♀ commission *f*.

Kommode [kɔ'mo:də] *f* (15) commode *f*.

kommu|nal [kɔmu'nɑ:l] communal; ♀**'nalsteuern** *f/pl.* impôts *m/pl.* communaux; ♀**ne** *f* commune *f*; ♀**nion** *rl.* [‿ni'o:n] *f* communion *f*; ♀**nismus** [‿'nismus] *m* communisme *m*; ♀**'nist(in** *f*) *m* communiste *m*, *f*; **‿nistisch** communiste.

Komödiant(in *f*) [kɔmø'diant(in)] *m* (12) comédien *m*, -ne *f*.

Komödie [‿'mø:diə] *f* (15) comédie *f*.

Kompagnon ['‿panjɔn] *m* associé *m*.

Kompa'nie *f* compagnie *f*; **‿chef** *m* capitaine *m*; commandant *m* de compagnie. [comparatif *m.*\]

Komparativ *gr.* ['kɔmparati:f] *m*\]

Kompaß ['kɔmpas] *m* (4) boussole *f* (*Bord*♀) compas *m*; **‿nadel** *f* aiguille *f* de la boussole.

kompensieren [‿'zi:rən] compenser.

kompeten|t [kɔmpe'tɛnt] compétent; ♀**z** *f* compétence *f*.

Komplet [kõ'ple:] *n* ensemble *m*.

komplett [kɔm'plɛt] complet.

Komplex [‿'plɛks] (3²) **1.** *m* complexe *m*; *Häuser*‿ pâté *m*; **2.** ♀ complexe.

Kompli|ment [kɔmpli'mɛnt] *n* (3) compliment *m*; ♀**mentieren** [‿ti:rən] complimenter; ♀**zieren** [‿'tsi:rən] compliquer.

Komplott [‿'plɔt] *n* (3) complot *m* (*anzetteln*; *schmieden* tramer; ourdir).

Kompo|nente [kɔmpo'nɛntə] *f* composante *f*; ♀**nieren** [‿'ni:rən] composer; **‿'nist** *m* (12) compositeur *m*; **‿sition** [‿zitsi'o:n] *f* composition *f*.

Kompost [kɔm'pɔst] *m* compost *m*.

Kompott [kɔm'pɔt] *n* (3) compote *f*; **‿schale** *f*, **‿schüssel** *f*, **‿teller** *m* compotier *m*.

Kompress|e [‿'prɛsə] *f* compresse *f*; **‿or** *m* compresseur *m*. [primer.\]

komprimieren [‿pri'mi:rən] com-\]

Kompro|miß [‿pro'mis] *m* u. *n* (4) compromis *m* (*schließen* établir); **‿mißlösung** *f* solution *f* de compromis; ♀**mittieren** [‿mi'ti:rən] compromettre. [m.\]

Komtur [kɔm'tu:r] *m* commandeur\]

Kondens|ator [kɔndɛn'zɑ:tɔr] *m* ⚡ condensateur *m*; ⊕ u. *phys.* condenseur *m*; ♀**ieren** condenser.

Konditionalis *gr.* [‿ditsio'nɑ:lis] *m* conditionnel *m*.

Konditor [kɔn'di:tɔr] *m* (8¹) confiseur *m*, *Kuchen*: pâtissier *m*; **‿ei** *f* confiserie *f*, *Kuchen*: pâtisserie *f*.

Kondol|enz [kɔndo'lɛnts] *f* condoléances *f/pl.*; ♀**ieren** faire ses condoléances.

'Kondor *m* condor *m*.

Konfekt [kɔn'fɛkt] *n* (3) sucreries *f/pl.*; confiserie *f*; dragées *f/pl.*

Konfektionsgeschäft [‿tsi'o:ns-] *n* magasin *m* de confection.

Konfer|enz [‿fe'rɛnts] *f* (16) conférence *f*; (*Lehrer*♀) conseil *m* des instituteurs (*resp.* des professeurs); **‿enzbeschluß** *m* arrêt *m* de (la) conférence; **‿enzzimmer** *n* salle *f* de conférence; ♀**ieren** [‿'ri:rən] conférer (*mit j-m über acc.* avec q. de).

Konfession [‿fɛsi'o:n] *f* confession *f*; ♀**slos** sans confession; **‿sschule** *f* école *f* confessionnelle.

Konfetti [kɔn'fɛti] *pl.* confetti *m/pl.*

Konfirmand|(in *f*) *m* [kɔnfir'mant, -din] (12) catéchumène *m*, *f*; **‿enunterricht** *m* catéchisme *m*; instruction *f* religieuse.

Konfir|mation [‿matsi'o:n] *f* confirmation *f*; ♀**mieren** confirmer.

konfiszieren [‿fis'tsi:rən] confisquer.

Konfitüren [‿fi'ty:rən] *f/pl.* confitures *f/pl.*, (*Zuckerwerk*) confiserie *f*.

Konflikt [kɔn'flikt] *m* (3) conflit *m*; *in* ‿ *geraten* entrer en conflit.

konfrontieren [‿frɔn'ti:rən] confronter.

Kongreß [kɔn'grɛs] *m* (4) congrès *m*; **‿mitglied** *n* congressiste *m*.

kon|gruent [kɔngru'ɛnt] congruent; ⚹ coïncident; ♀**gru'enz** *f* congruence *f*; ⚹ coïncidence *f*; ♀**gru'enz-satz** *m* cas *m* d'égalité.

König ['kø:niç] *m* (3) roi *m*; **‿in** *f* reine *f*; ♀**lich** royal; (‿ *gesinnt*) royaliste; **‿reich** *n* royaume *m*.

'Königs|freund *m* royaliste *m*; **‿kerze** ♀ *f* molène *f*; **‿krone** *f* couronne *f* royale; ♀ fritillaire *f* impériale; **‿mord** *m*; **‿mörder** *m* régicide *m*; **‿wasser** 🜇 *n* eau *f* régale; **‿würde** *f* dignité *f* royale; royauté *f*.

Königtum ['‿niç-] *n* (1²) royauté *f*.

konisch ['ko:niʃ] conique.

Konju|gation [kɔnjugatsi'oːn] f conjugaison f; ℒ'**gieren** conjuguer; *konjugiert werden* se conjuguer.

Konjunk|tion [kɔnjuŋktsi'oːn] f conjonction f; ~**tiv** [~'juŋktiːf] m (3¹) subjonctif m; ~**tur** [~'tuːr] f conjoncture f.

konkav [kɔn'kaːf] concave.

Konkordat [kɔnkɔr'daːt] n concor-
konkret [~'kreːt] concret. [dat m.}

Konkur|rent [~ku'rɛnt] m concurrent m; (*Mitbewerber*) compétiteur m; ~**renz** [~'rɛnts] f concurrence f; (*Mitbewerbung*) compétition f; *außer* ~ 'hors concours'; ℒ'**rieren** concourir (*um* pour).

Konkurs [~'kurs] m (4) faillite f; ~ *anmelden* se déclarer en faillite; *in* ~ *geraten* faire faillite; ~**erklärung** f déclaration f de faillite; ~**eröffnung** f ouverture f de la faillite; ~**gläubiger** m créancier m du failli; ~**masse** f actif m de la faillite; ~**ordnung** f règlement m des faillites; ~**verwalter** m syndic m de la faillite.

können ['kœnən] (30) **1.** pouvoir; (*gelernt haben*) savoir; *es kann sein, daß ...* il se peut que ... (*subj.*); *ich kann nichts dafür* ce n'est pas ma faute; *so gut ich kann* de mon mieux; **2.** ℒ *n* pouvoir m; savoir m; capacité f.

konsequen|t [kɔnze'kvɛnt] conséquent; ℒ**z** f conséquence f.

konservat|iv [~zɛrva'tiːf] conservateur; ℒ**ive(r)** m conservateur m; ℒ**i'vismus** m conservatisme m; ℒ**o'rium** [~'toːrium] n conservatoire m.

Konser|ve [~'zɛrvə] f conserve f; ~**venbüchse** f boîte f de (*resp.* à) conserves; ℒ**vieren** [~'viːrən] conserver.

Kon|sistorium [~sis'toːrium] n (9) consistoire m; ~**sole** [~'zoːlə] f (15) console f; support m.

konsoli'dieren consolider; ℒ**ung** f consolidation f.

Kon|sonant [kɔnzo'nant] m (12) consonne f; ~**sorte** [~'zɔrtə] m consort m; ~**sortium** [~'zɔrtsium] n (9) consortium m; ℒ**statieren** [~sta'tiːrən] constater; ℒ**stitu'ieren** [~sti-] constituer; ~**stitution** [~stitutsi'oːn] f constitution f; ℒ**stitutionell** [~tsio'nɛl] constitutionnel; ℒ**struieren** [~stru'iːrən] construire; ~**struktion** [~tsi'oːn] f construction f; ~**struktionsfehler** m défaut (*od.* vice) m de construction.

Konsul ['kɔnzul] m (10) consul m; ℒ**arisch** [~'laːriʃ] consulaire; ~**at** [~'laːt] n (3) consulat m.

konsul'tieren consulter.

Konsum [~'zuːm] m (12) consommation f; ~**ent** [~zu'mɛnt] m (12) consommateur m; ~**güter** n/pl. biens m/pl. de consommation; ℒ**ieren** [~'miːrən] consommer; ~**verein** m coopérative f d'achats.

Kontakt [~'takt] m (3) contact m; ~**stöpsel** m fiche f.

Konter|admiral ['kɔntər ˀatmiraːl] m contre-amiral m; ~**bande** f contrebande f; ~**fei** [~'faɪ] n portrait m; '~**revolution** f contre-révolution f.

Kontinent [~ti'nɛnt] m (3) continent m; ℒ**al** [~'taːl] continental.

Kontingent [~tiŋ'gɛnt] n contingent m; ℒ**ieren** [~'tiːrən] contingenter; ~**ierung** f contingentement m.

kontinu|ierlich [~tinu'iːrlɪç] continuel; *continu*; ℒ**ität** [~i'tɛːt] f continuité f.

Konto ['kɔnto] n (9¹ u. 11) compte m (*eröffnen* ouvrir); '~**auszug** m relevé m de compte; '~**inhaber** m titulaire m d'un compte.

Kontor [~'toːr] n (3¹) bureau m; comptoir m; ~**ist(in** f) [~to'rist] m employé m, -e f de bureau.

Kontra|baß ['kɔntra-] m contrebasse f; ~**hent** [~'hɛnt] m (12) contractant m.

Kontrakt [~'trakt] m (3) contrat m; ~**abschluß** m conclusion f d'un contrat; ~**bruch** m violation f de contrat; ℒ**brüchig** [~bryçɪç] qui viole un contrat; ℒ**lich** contractuel.

'**Kontrapunkt** ♪ m contrepoint m.

Kontrast [kɔn'trast] m contraste m; ℒ**ieren** [~s'tiːrən] contraster; être en contraste.

Kon|troll|abschnitt m coupon m de contrôle; ~**e** f (15) contrôle m; ~**eur** [~'løːr] m contrôleur m; ℒ**ieren** [~'liːrən] contrôler; ~**kommission** f commission f de contrôle; ~**marke** f jeton m de contrôle; ~**rat** m conseil m de contrôle; ~**turm** m tour f de contrôle; ~**uhr** f horloge f de contrôle; ~**zettel** m fiche f de contrôle.

Kontur [kɔn'tuːr] f contour m.

Konven|tion [~vɛntsi'oːn] f convention f; ℒ**tio'nell** conventionnel.

Konver|sationslexikon [~vɛrza:tsi'oːns-] n encyclopédie f; ~**sati'onsstück** *thé.* n pièce f de salon;

konvertierbar — 875 — **Kopplung**

⁀**tierbar** [‿'tiːrbaːr] convertible; ⁀'**tieren** convertir; ‿'**tit(in** *f*) *m* converti *m*, -e *f*.

konvex [‿'vɛks] convexe; bombé.

Konzentr|ation [‿tsɛntratsi'oːn] *f* concentration *f*; ‿**ationslager** *n* camp *m* de concentration; ⁀'**ieren** concentrer; ⁀'**isch** concentrique.

Kon|zept [‿'tsɛpt] *n* (3) brouillon *m*; *aus dem* ‿ *kommen* perdre le fil; *j-n aus dem* ‿ *bringen* faire perdre le fil à q.; ‿**zeption** [‿tsɛptsi'oːn] *f* conception *f*; ‿**zern** [‿'tsɛrn] *m* (3¹) trust *m*; cartel *m*; ‿**zert** [‿'tsɛrt] *n* (3) concert *m*; (*Solisten*⁀) récital *m*; ⁀**zertieren** [‿'tiːrən] donner un concert (*resp.* un récital).

Konzes|sion [‿tsɛsi'oːn] *f* concession *f*; licence *f*; patente *f*; ⁀**sio'niert** patenté; ⁀'**sions-inhaber** *m* concessionnaire *m*.

Konzil [‿'tsiːl] *n* concile *m*.

Koordin|ate [koʔərdi'naːtə] *f* (15) coordonnée *f*; ⁀**ieren** coordonner.

Köper ['køːpər] *m* (7) croisé *m*.

Kopf [kɔpf] *m* (3³) tête *f*; *Brief*- *en*--tête *m*; *Münze*: face *f*; *heller* (*beschränkter*) ‿ esprit *m* lucide (borné); ‿ *oder Schrift?* pile ou face?; *ich weiß nicht, wo mir der* ‿ *steht* je ne sais où donner de la tête; *sich den* ‿ *zerbrechen* se casser la tête; *den* ‿ *verlieren* perdre la tête; *nur s-m* ‿ *folgen* n'en faire qu'à sa tête; *den* ‿ *hängen lassen* être abattu; *j-m den* ‿ *zurechtsetzen* remettre q. à la raison; *j-m den* ‿ *waschen* *fig.* laver la tête (*od.* donner un savon) à q.; *j-m den* ‿ *verdrehen* tourner la tête à q.; *es geht an* ‿ *und Kragen* il y va de la tête; *nicht auf den* ‿ *gefallen sein* ne pas être tombé sur la tête; *auf dem* ‿ *stehen* être la tête en bas; *j-m etw. auf den* ‿ *zusagen* accuser q. ouvertement de qch.; *auf s-m* ‿ *bestehen* être entêté; s'entêter; *e-n Preis auf j-s* ‿ *setzen* mettre à prix la tête de q.; *auf den* ‿ *stellen* mettre sens dessus dessous; *aus dem* ‿ *de* mémoire; *das geht mir nicht aus dem* ‿ cela ne me sort pas de la tête; *sich etw. aus dem* ‿ *schlagen* renoncer à qch.; *durch den* ‿ *schießen* *fig.* venir à (*od.* traverser) l'esprit; *sich etw. in den* ‿ *setzen* se mettre qch. en tête; *in den* ‿ *steigen* monter à la tête; *im* ‿ *nicht richtig sein* avoir l'esprit dérangé;

mit dem ‿ *dafür haften* en répondre sur sa tête; *mit dem* ‿ *gegen etw. stoßen* donner de la tête contre qch.; *mit dem* ‿ *durch* (*gegen*) *die Wand rennen* se jeter (se cogner) la tête au mur; *j-m über den* ‿ *wachsen* dépasser q.; *bis über den* ‿ *in Schulden stecken* être dans les dettes jusqu'au cou; *von* ‿ *bis Fuß* des pieds à la tête; *j-n vor den* ‿ *stoßen* choquer q.; *zu* ‿ *steigen* monter à la tête; ‿'**arbeit** *f* travail *m* de tête; '‿**arbeiter** *m* travailleur *m* intellectuel; '‿**bahnhof** *m* tête *f* de ligne; '‿**ball** *m Sport*: 'heading *m*'; '‿**bedeckung** *f* coiffure *f*.

köpfen ['kœpfən] (25) décapiter; *Bäume*: éteter; *Ball*: renvoyer le ballon de la tête.

'**Kopf|ende** *n Bett*: chevet *m*; '‿**haar** *n* cheveux *m/pl.*; chevelure *f*; '‿**haut** *f* cuir *m* chevelu; '‿**hörer** *m* casque *m* (d'écoute); '‿**kissen** *n* oreiller *m*; '‿**kissenbezug** *m* taie *f* d'oreiller; ⁀**los** *fig.* étourdi; '‿**losigkeit** *fig. f* étourderie *f*; '‿**nicken** *n* signe *m* de (la) tête; '‿**putz** *m* coiffure *f*; '‿**rechnen** *n* calcul *m* mental; '‿**salat** *m* laitue *f* (pommée); ⁀**scheu** (*mißtrauisch*) méfiant; (*stutzig*) effarouché; '‿**schmerz** *m* mal *m* de tête; *en haben avoir mal à la tête*; '‿**schütteln** *n* hochement *m* de tête; '‿**schützer** *m* passe--montagne *m*; '‿**sprung** *m* plongeon *m*; ⁀**stehen** être la tête en bas; '‿**steuer** *f* cote *f* personnelle; '‿**stimme** *f* voix *f* de tête; fausset *m*; '‿**tuch** *n* fanchon *f*; ⁀'**über** la tête la première; '‿**waschen** *n* shampooing *m*; '‿**weh** *n* = ‿*schmerz*; '‿**zerbrechen** *n* casse-tête *m*; *viel* ‿ *machen* donner du cassement de tête.

Kopie [ko'piː] *f* copie *f*; *phot.* épreuve *f*; *fig.* imitation *f*.

kopier|en [ko'piːrən] copier; *phot.* tirer; *fig.* imiter; ⁀**presse** *f* presse *f* à copier; ⁀**rahmen** *m* châssis--presse *m*; ⁀**stift** *f* crayon *m* à copier; ⁀**tinte** *f* encre *f* à copier. [met *m*.]

Koppe ['kɔpə] *f* (15) cime *f*; sommet *f*.

Koppel ['kɔpəl] **1.** *f* (15) corde *f*; *ch.* laisse *f*; (*Paar Tiere*) couple *m*; (*eingefriedetes Feld*) enclos *m*; **2.** ⚔ *n* ceinturon *m*.

'**kopp|eln** (29) coupler; ⚔ accoupler; ⚔ enclore; ⁀'**lung** ⚔ *f* accouplement *m*.

kopulieren [kopu'liːrən] greffer.
Koralle [ko'ralə] f (15) corail m; **~nfischer** m corailleur m; **~n-insel** f atoll m; **~nriff** n récif m de coraux.
Koran [ko'raːn] m Coran m.
Korb [kɔrp] m (3¹) panier m; *ohne Henkel:* corbeille f; *zweihenkeliger:* manne f, *kleiner:* mannette f; *(Trag~)* banne f, *kleiner:* bannette f; *fig.* j-m e-n ~ geben refuser q.; e-n ~ bekommen essuyer un refus; **~blütler** ['~blyːtlər] ♀ m composacée f; **~flasche** f bouteille f clissée, *große:* bonbonne f; **~flechter** m vannier m; **~geflecht** n vannerie f; **~macher** m vannier m; **~macherei** f vannerie f; **~möbel** n meuble m en rotin; **~sessel** m siège m en rotin; **~waren** f/pl. vannerie f; **~weide** ♀ f osier m.
Kord [kɔrt] m velours m à côtes; **~el** ['~dəl] f (15) cordon m; ficelle f.
Kore|a [ko'reːa] n la Corée; **~aner(in** f) [ko're'aːnər] m Coréen m, -ne f.
kören ['køːrən] sélectionner. [rinthe.\
Korinthe [ko'rintə] f raisin m de Co-)
Kork [kɔrk] m (3) liège m; *(Pfropfen)* bouchon m; **~eiche** f chêne-liège m; **²en** (25) **1.** *v/t.* boucher; **2.** *adj.* de *(resp.* en) liège; **~enzieher** m tire-bouchon m; **~gürtel** m ceinture f de liège; **~mundstück** n bout m de liège.
Korn [kɔrn] n (1² u. ³) grain m; *coll.* grains m/pl.; blé m; *(Roggen)* seigle m; *(Samen²)* graine f; ⚔ guidon m; mire f; *aufs ~ nehmen* viser; **~ähre** f épi m; **~blume** f bluet m.
körnen ['kœrnən] (25) v/t. *Pulver:* (sich se) grener; *Leder:* a. chagriner; *métall.* granuler; v/i. *Getreide:* grener.
'Körner ⊕ **~** pointeau m. [grener.\
Kornett [kɔr'nɛt] **1.** ♪ n cornet m. **2.** ⚔ m cornette m.
'Kornfeld n champ m de blé.
'Korn|handel m commerce m des grains; **~händler** m grainetier m.
'körnig granuleux.
'Korn|kammer f grenier m *(a. fig.);* **~speicher** m grenier m à blé; silo m; **~wurm** m charançon m.
'Körper m (7) corps m; **~anlage** f constitution f; complexion f; **~bau** m stature f; **~beschaffenheit** f = *~anlage;* **~chen** n corpuscule m; **~erziehung** f éducation f physique; **~fülle** f embonpoint m; corpulence f; **~größe** f taille f; **~haltung** f port m; maintien m; tenue f; **~kraft** f force f physique; **~kultur** f culture f physique; **²lich** corporel; *(stofflich)* matériel; **²los** incorporel; *(stofflos)* immatériel; **~pflege** f hygiène f du corps; **~schaft** f corporation f; corps m; **~schaftssteuer** f impôt m sur le revenu des sociétés; **~teil** m partie f du corps; **~übung** f exercice m physique; **~verletzung** f coups et blessures m/pl. *(mit tödlichem Ausgang* suivis de mort); **~welt** f monde m physique *(od.* matériel); **~wuchs** m taille f.
Korporal [kɔrpo'raːl] m (3¹) caporal m; *bei berittenen Truppen:* brigadier m; **~schaft** f escouade f.
Korpora|tion [~poratsi'oːn] f corporation f; **²tiv** [~'tiːf] corporatif.
Korps [koːr] n corps m; **~geist** m esprit m de corps.
korpulen|t [~pu'lɛnt] (16) corpulent; **²z** f corpulence f.
korrekt [kɔ'rɛkt] correct; **²heit** f correction f; attitude f correcte.
Korrek|tor [~'rɛktɔr] m correcteur m; **~'tur** f (16) correction f; *Schüler:* corrigé m; *typ.* épreuve f *(lesen* corriger; *revoir);* **~'tur-abzug** m, **~'turbogen** m épreuve f; **~'turfahne** f placard m; **~'turlesen** n correction f des épreuves *(resp.* des placards).
Korrespond|ent(in f) [kɔrɛspɔn-'dɛnt(in)] m correspondant m, -e f; **~enz** [~'dɛnts] f correspondance f; **²ieren** [~'diːrən] correspondre *(mit* avec). [m; corridor m.\
Korridor ['kɔridoːr] m (3¹) couloir)
korrigieren [kɔri'giːrən] corriger.
korrupt [~'rupt] corrompu; **²ion** [~tsi'oːn] f corruption f.
Kors|e ['kɔrzə] m (12), **~in** f Corse m, f. [**~stange** f busc m.\
Korsett [~'zɛt] n (3) corset m;)
'Kor|sika n la Corse; **²sisch** corse.
Korso ['kɔrzo] m (11) avenue f.
Korvett|e [~'vɛtə] f corvette f; **~enkapitän** m capitaine m de corvette.
Kosak [ko'zak] m (12) Cosaque m.
kose|n ['koːzən] (27) caresser; **²name** m petit nom m d'amitié; **²wort** n mot m tendre.
Kosinus [['koːzinus] m) cosinus m.
Kosme|tik [kɔs'meːtik] f cosmétique f; **~tikerin** f esthéticienne f; **²tisch** cosmétique.
kosmisch ['kɔsmiʃ] cosmique.

Kosmopolit [~mopo'li:t] m cosmopolite m; ⁀isch cosmopolite.
'**Kosmos** m cosmos m; univers m.
Kost [kɔst] f (16) nourriture f; pension f; *gute* (*schlechte*) ~ bonne (mauvaise) chère f; *magere* ~ maigre pitance f; *in* ~ *en pension*; *freie* ~ *haben* être nourri (gratuitement); *freie* ~ *und Wohnung haben* être logé et nourri; *auf schmale* ~ *setzen* mettre à la diète; ⁀**bar** cher; (*wertvoll*) précieux; ⁀**barkeit** f grande valeur f; (*Gegenstand*) objet m précieux.
'**kosten** (26) **1.** *v/i.* coûter; *wieviel* (*was*) *kostet dieses Buch?* combien (coûte) ce livre?; *das kostet ihn viel* cela lui coûte cher; *es koste, was es wolle* coûte que coûte; *es sich etw.* ~ *lassen* se mettre en frais; *v/t.* goûter; *Getränke*: déguster; (*probieren*) essayer; (*genießen*) jouir de; (*sich laben an*) savourer; **2.** ⁀ *pl.* frais m/pl.; coût m; dépenses f/pl.; fig. u. ₜₜ dépens m/pl.; *auf m-e* ~ à mes frais, fig. à mes dépens; *auf* ~ *anderer* aux dépens d'autrui; *ich werde die* ~ *davon tragen* c'est moi qui en ferai les frais; *sich* ~ *machen* se mettre en frais; *keine* ~ *scheuen* ne pas regarder à la dépense; *auf s-e* ~ *kommen* rentrer dans ses frais; **3.** ⁀ n gustation f; *Getränke*: dégustation f; ⁀**anschlag** m devis m; ⁀**aufwand** m frais m/pl.; dépenses f/pl.; ⁀**berechnung** f compte m des frais; ⁀**frei**, ⁀**los** sans frais; gratuit; ⁀**punkt** m prix m; frais m/pl.
'**Kost**|**gänger** m (7) pensionnaire m, ⁀**geld** n prix m de pension.
köstlich ['kœstliç] délicieux; exquis.
'**Kostprobe** f dégustation f; fig. échantillon m.
'**kostspielig** coûteux; dispendieux.
Kostüm [kɔs'ty:m] n (3¹) costume m; (*Verkleidung*) a. travesti m; (*Schneider*⁀) tailleur m; ⁀**ball** m bal m costumé (*od.* travesti); ⁀**ieren** [~ty-'mi:-] costumer; (*verkleiden*) a. travestir; ⁀**ierung** f travestissement m.
Kot [ko:t] m (3) boue f; crotte f; *v. Menschen*: excréments m/pl., ⚥ fèces f/pl., V merde f; *v. Tieren*: fiente f; *mit* ~ *bespritzen* éclabousser; crotter; *von* ~ *reinigen* décrotter.
Kotelett [kɔt(ə)'lɛt] n côtelette f; en pl. (*Bart*) côtelettes f/pl. [mâtin m.|
Köter ['kø:tər] m (7) cabot m; *großer*|

Kot|**flügel** m Auto: aile f; ⁀**grube** f fosse f à ordures.
kotzen V ['kɔtsən] (27) dégobiller.
Krabbe ['krabə] f (15) crevette f; crabe m; (*Kind*) marmot m; ⁀**eln** (29) *v/i. Kinder*: aller à quatre pattes; (*wimmeln*) grouiller; *v/t.* (*kitzeln*) chatouiller.
krach [krax] **1.** ~! crac!; patatras!; **2.** ⁀ m craquement m; (*Lärm*) vacarme m; fracas m; (*Streit*) brouille f, F grabuge m; ~ *schlagen* faire un esclandre (*od.* du chahut); ⁀**en** (25) craquer; éclater; *Geschütz*: tonner; ⁀ n craquement m.
krächzen ['krɛçtsən] (27) croasser.
Kraft [kraft] **1.** f (14¹) force f; (*Tat*⁀) énergie f; (*fülle*) vigueur f; (*Vermögen*) pouvoir m; *moralische*: vertu f; *geistige*: faculté f; *aus allen Kräften* de toutes mes (ses, *etc.*) forces; *das steht nicht in meinen Kräften* ce n'est pas en mon pouvoir; *in* ~ *treten* (*setzen*; *sein*) entrer (mettre; être) en vigueur; *außer* ~ *setzen* abroger; *das geht über m-e Kräfte* c'est au-dessus de mes forces; **2.** ⁀ *prp.* (*gén.*) en vertu de; ⁀**anlage** f centrale f de force motrice; ⁀**anstrengung** f effort m; ⁀**aufwand** m déploiement m de forces; ⁀**ausdruck** m gros mot m; ⁀**brühe** f consommé m; ⁀**droschke** f taxi m; ⁀**einheit** f unité f dynamique; ⁀**fahrer**(*in* f) m chauffeur m, -euse f; automobiliste m, f; ⁀**fahrsport** m, ⁀**fahrwesen** n automobilisme m; ⁀**fahrzeug** n auto(mobile) f; ⁀**futter** n fourrage m concentré.
kräftig ['krɛftiç] fort; vigoureux; robuste; (*nahrhaft*) substantiel; ⁀**en** (25) fortifier; (*erquicken*) restaurer; ⁀**ungsmittel** n fortifiant m; cordial m.
'**Kraft**|**lehre** f dynamique f; ⁀**leistung** f tour m de force; ⚥ effet m dynamique; ⁀**los** sans force; dénué de vigueur; faible; ⁀**meier** m fanfaron m; ⁀**meie'rei** f fanfaronnade f; ⁀**messer** m dynamomètre m; ⁀**omnibus** m autobus m; autocar m; ⁀**postverkehr** m service des autocars postaux; ⁀**probe** f tour m de force; épreuve f (de force); ⁀**quelle** f source f d'énergie; ⁀**station** f = ⁀**anlage**; ⁀**stoff** m essence f; carburant m; ⁀**strotzend** plein de force(s); ⁀**voll** vigoureux; ⁀**wagen** m

Kraftwagenführer(in) — 878 — **Krause**

auto(mobile) f ǀ **~wagenführer(in** f) m chauffeur m, -euse f; **~werk** n usine f électrique.

Kragen ['krɑːgən] m (6) (Rock♀) collet m; (Hemd♀) col m, zum Anknöpfen: faux col m; der Geistlichen: rabat m; der Damen: collerette f; (Halskrause) fraise f; j-n beim ~ nehmen saisir q. au collet; es geht ihm an den ~ sa vie est en danger; **~knopf** m bouton m de faux col; **~nummer** f encolure f; **~schoner** m cache-col m; **~weite** f encolure f.

Kräh|e ['krɛːə] f (15) corneille f; ♀en (25) chanter; **~enfüße** m/pl. Schrift: pattes f/pl. de mouches; (Runzeln) pattes f/pl. d'oie; **~winkel** n (7) trou m (de province).

Krake zo. ['krɑːkə] m pieuvre f.

krakeel|en [krɑˈkeːlən] (25) faire du tapage; (sich zanken) se chamailler; ♀er m tapageur m; (Zänker) querelleur m.

Kralle ['krɑlə] f (15) griffe f; ongle m; Raubvögel: serre f; ♀n: sich ~ an (acc.) se crampponer à.

Kram [krɑːm] m (3³) (Schundware) pacotille f; (Plunder) fatras m; das paßt nicht in s-n ~ cela ne fait pas son affaire; j-m den ~ verderben gâter l'affaire de q.; ♀en (25) fouiller (in dat. dans).

Krämer|(in f) ['krɛːmər] m épicier m, -ière f; für Kurzwaren: mercier m, -ière f; **~geist** m esprit m mercantile.

Kramladen m boutique f. [m.ǀ

Krampe ['krɑmpə] f (15) crampon ǀ

Krampf [krɑmpf] m (3³) crampe f; spasme m; er bekam e-n ~ il lui prit une crampe; **~ader** f varice f; ♀en: sich ~ se contracter convulsivement; ♀haft convulsif; spasmodique; ♀stillend antispasmodique.

Kran [krɑːn] m (3³ u. 12) grue f; ♣ crône m.

Kranich ['krɑːniç] m (3) grue f.

krank (18²) (werden tomber) malade; sich ~ melden se faire porter malade; sich ~ lachen se pâmer de rire; ♀e(r a. m) m, f malade m, f.

kränkeln ['krɛŋkəln] (29) être maladif; languir.   [être atteint de.ǀ

'kranken (25): ~ an (dat.) souffrir de;ǀ

kränken ['krɛŋkən] 1. (25) offenser; blesser; 2. ♀ n offense f.

'Kranken-auto n ambulance f automobile; **~bericht** m bulletin m de santé; **~besuch** m visite f à un malade; **~bett** n: auf dem ~ liegen être alité; **~geld** n allocation f de maladie; **~haus** n hôpital m; privates: clinique f; in ein ~ aufnehmen (bringen) hospitaliser; **~kasse** f caisse f de maladie; **~kost** f diète f; régime m; **~lager** n = ~bett; **~pflege** f soins m/pl. donnés aux malades; **~pfleger(in** f) m infirmier m, -ière f; garde-malade m, f; **~saal** m infirmerie f; **~schein** m feuille f de maladie; **~schwester** f infirmière f; **~stube** f chambre f du malade; salle f des malades; infirmerie f; **~trage** f brancard m; **~träger** m brancardier m; **~versicherung** f assurance-maladie f; **~wagen** m ambulance f; **~wärter(in** f) m = ~pfleger; **~wesen** n service m sanitaire; **~zimmer** n = ~stube.

'krank|haft maladif; ♣ morbide; pathologique; ♀heit f maladie f (bekommen contracter; attraper).

'Krankheits|bestimmung f diagnostic m; **~erreger** m microbe m pathogène; **~erscheinung** f symptôme m; ♀halber pour cause de maladie; **~stoff** m virus m; **~zeichen** n symptôme m.

'kränk|lich maladif; (schwächlich) chétif; infirme; ♀lichkeit f état m maladif; ♀ung f offense f.

Kranz [krants] m (3² u. ³) couronne f; ♣ corniche f; **~niederlegung** f dépôt m de couronne.

Krapfen cuis. ['krɑpfən] m (6) beignet m.   [Gegensatz: vif.ǀ

kraß [krɑs] Unwissenheit: crasse;ǀ

Krater ['krɑːtər] m (7) cratère m.

'Kratz|bürste f brosse f dure; F fig. personne f revêche; ♀bürstig [~byrstiç] F fig. revêche; **~e** f (15) grattoir m; Spinnerei: carde f.

Krätze ♣ ['krɛtsə] f (15) gale f.

'Kratz|-eisen n décrottoir m; ♀en ['kratsən] (27) gratter; (die Haut ritzen) égratigner; ⊕ Wolle: carder; **~fuß** F m révérence f.

krätzig ♣ ['krɛtsiç] galeux.

'Kratzwunde f égratignure f.

krauen ['krauən] (25) gratter doucement.

krau|len ['krauələn] (25) Sport: nager le crawl; **~s** (18¹) crépu; frisé; Stoff: crêpé; die Stirn ~ ziehen froncer le sourcil; ♀se f (15) (Hals♀) fraise f; (Hemd♀) jabot m.

kräuseln ['krɔʏzəln] (29) friser; *Haare, Stoff:* crêper; *(fälteln)* plisser; *Wasser:* rider.

kraus|haarig ['kraus-] qui a les cheveux crépus; 'Ꝟkopf *m* tête *f* crépue; ⊕ fraise *f* conique.

Kraut [kraut] *n* (1²) herbe *f*; *phm.* *Kräuter pl.* simples *m/pl.*; *Kräuter sammeln* herboriser; *ins ~ schießen* pousser tout en feuilles; *wie ~ und Rüben* sens dessus dessous.

Kräuter|buch ['krɔʏtər-] *n* herbier *m*; ²**fressend** herbivore; '~händler** *m* herboriste *m*; '~handlung** *f* herboristerie *f*; '~käse** *m* fromage *m* aux herbes; '~kur** *f* traitement *m* par les simples; '~sammler** *m* herborisateur *m*; '~suppe** *f* potage *m* aux herbes; '~tee** *m* tisane *f*.

'**Krautjunker** *m* 'hobereau *m*.

Krawall [kra'val] *m* (3¹) bagarre *f*; (*Lärm*) tapage *m*; chahut *m*.

Krawatte [kra'vatə] *f* (15) cravate *f*; **~nnadel** *f* épingle *f* de cravate.

kraxeln ['kraksəln] grimper.

Kreatur [krea'tuːr] *f* (16) créature *f*.

Krebs [kreːps] *m* (4) écrevisse *f*; *ast.* Cancer *m*; ♂ cancer *m*; (*Pferde²*) gangrène *f*; '~artig** ♂ cancéreux; '~butter** *f* beurre *m* aux écrevisses; '²en** (27) pêcher des écrevisses; *fig.* s'éreinter en vain; '~gang** *m* marche *f* à reculons; '~schaden** *m* ♂ affection *f* cancéreuse; *fig.* gangrène *f*; '~schere** *f* pince *f* d'écrevisse; '~suppe** *f* bisque *f*.

kredenz|en [kre'dɛntsən] (27) verser à boire; offrir; ²**tisch** *m* crédence *f*; dressoir *m*.

Kredit [kre'diːt] *m* (3) crédit *m*; **~bank** *f* banque *f* de crédit; **~brief** *m* lettre *f* de crédit; ²**fähig** solide; **~fähigkeit** *f* solidité *f*; ²**ieren** [~di'tiːrən] créditer; ²**los** discrédité; **~losigkeit** *f* discrédit *m*.

Kreditor ['kreːditɔr] *m* créditeur *m*.

Kreide ['kraɪdə] *f* (15) craie *f*; '²**-bleich** blanc comme un linge; '~felsen** *m* roche *f* crétacée; ²**haltig** ['~haltɪç] crayeux; '²**weiß** *fig.* = ²**bleich**; '~zeichnung** *f* (dessin *m* au) crayon *m*.

Kreis [kraɪs] *m* (4) cercle *m*; (*Verwaltungs²*) *a.* district *m*; canton *m*; arrondissement *m*; *fig.* cercle *m*; milieu *m*; sphère *f*; *litt.* cénacle *m*; *im ~e der Familie* au sein de la famille; *im engsten ~e* dans la plus stricte intimité; *im ~e sitzen* être assis en rond; '~abschnitt** *m* segment *m*; '~arzt** *m* médecin *m* administratif; '~ausschnitt** *m* secteur *m*; '~bahn** *ast. f* orbite *f*; '~bewegung** *f* mouvement *m* circulaire; '~bogen** *m* arc *m* de cercle.

kreischen ['kraɪʃən] **1.** (27) brailler, piailler; *Säge:* grincer; *~de Stimme* voix *f* criarde; **2.** ♀ *n* braillement *m*; piaillement *m*; *Säge:* grincement *m*.

'**Kreis|drehung** *f* rotation *f*; '~el** *m* (7) toupie *f*; '~elkompaß** *m* compas *m* gyroscopique; ²**eln** ['~zəln] tournoyer; ²**en** (27) tourner; (*wirbeln*) tournoyer; *Blut, Geld:* circuler; '²fläche** *f* cercle *m*; '²**förmig** circulaire; '~lauf** *m* mouvement *m* circulaire; *Blut:* circulation *f*; '~laufstörungen** *f/pl.* troubles *m/pl.* circulatoires; '~linie** *f* ligne *f* circulaire; ≠ circonférence *f*; '²**rund** circulaire; '~säge** *f* scie *f* circulaire; '~stadt** *f* chef-lieu *m* d'arrondissement; '~umfang** *m* circonférence *f* du cercle; '~verkehr** *m* sens *m* giratoire.

Krematorium [krema'toːrium] *n* crématorium *m*; four *m* crématoire.

Kreml [krɛml] *m*: *der ~* le Kremlin.

Kremp|e ['krɛmpə] *f* (15) rebord *m*; *Hut:* bord *m*; '~el **1.** *f* *m* bric-à-brac *m*; **2.** *f* ⊕ carde *f*; ²**eln** ⊕ carder; '²en** *Hut:* relever les bords.

'**Kremser** ['krɛmzər] *m* (7) tapissière *f*.

Kreol|e [kre'oːlə] *m*, **~in** *f* créole *m,f*.

krepieren [kre'piːrən] crever; *Geschoß:* éclater.

Krepp [krɛp] *m*, '~flor *m* crêpe *m*.

Kresse ['krɛsə] *f* (15) cresson *m*.

Kreta ['kreːta] *n* la Crète.

Kreuz [krɔʏts] *n* (3²) croix *f* (*a. fig.*); *fig. a.* chagrin *m*; *Körperteil:* reins *m/pl.*; *Pferd:* croupe *f*; ♪ dièse *m*; *Kartenspiel:* trèfle *m*; ♀ *und quer* en zigzag; en tous sens; *das* (*od. ein*) *~ schlagen* faire le signe de la croix; *ans ~ schlagen* mettre en croix; *zu* *~e kriechen* faire amende honorable; baisser pavillon; '~abnahme** *f* descente *f* de croix; '~band** *n*: *unter ~* sous bande; '~bein** *n* sacrum *m*; '²**brav** bien brave; '²en** (27) croiser (*a. Rassen*); (*lavieren*) louvoyer; (*schneiden*) couper; '~er** *m* (7) (*Münze*) kreutzer *m*; ✠ croiseur *m*; '~fahrer** *m* croisé *m*; '~fahrt** *f*

Kreuzfeuer — 880 — **Kriminalroman**

croisière f; rl. croisade f; '~**feuer** n feu m croisé; unter ~ nehmen prendre entre deux feux; '2**fi'del** gai comme un pinson; 2**förmig** ['~fœrmiç] cruciforme; '~**gang** m cloître m; '~**gewölbe** n voûte f en arête; 2**igen** (25) crucifier; '~**igung** f crucifixion f; mise f en croix; '2**lahm** éreinté; ~ schlagen éreinter; '~**otter** f vipère f commune; '~**ritter** m croisé m; '~**schmerzen** m/pl. douleurs f/pl. lombaires; '~**schnabel** orn. m bec--croisé m; '~**spinne** f araignée f porte-croix; '~**stich** m point m croisé; ~e (Schmerzen) = ~schmerzen; '~**ung** f croisement m; (Straßen2) a. carrefour m; intersection f; '~**ungspunkt** m croisement m; point m d'intersection (a. Å); '~**verhör** n interrogatoire m contradictoire; '~**weg** m carrefour m; croisée f des chemins; '2**er** m (7) en (forme de) croix; '~**wort(rätsel)** n mots m/pl. croisés; '~**zug** m croisade f.

kribbel|ig F ['kribliç] irritable, nerveux; '~**n** (wimmeln) fourmiller; (prickeln) picoter; (jucken) démanger.

'**Kricket** n cricket m. (ger.)

kriech|en F ['kri:çən] (30) ramper; se glisser (durch par); aus dem Ei: sortir; auf allen vieren ~ aller (od. marcher) à quatre pattes; vor j-m ~ être à plat ventre devant q.; '~**end** rampant; fig. a. servile; '**2er** m (7) flagorneur m; 2**e'rei** f flagornerie f; '~**erisch** rampant; flagorneur; '2**tier** n reptile m.

Krieg [kri:k] m (3) guerre f; ~ führen gegen (mit) faire la guerre à; in den ~ ziehen partir en guerre.

kriegen F ['kri:gən] (25) (bekommen) obtenir; recevoir; attraper.

'**Krieger** m guerrier m; '~**denkmal** n monument m aux morts de la guerre; '2**isch** belliqueux; guerrier; '~**ver'ein** m association f d'anciens combattants.

'**krieg|führend** belligérant; '2**führung** f stratégie f; manière f de faire la guerre.

'**Kriegs|-akademie** f école f supérieure de guerre; '~**anleihe** f emprunt m de guerre; '~**ausrüstung** f armement m; '~**berichter** m correspondant m aux armées; '~**beschädigte(r)** m (18) mutilé m de guerre; '~**dienst** m service m militaire; '~**dienstverweigerer** m objecteur m de conscience; '~**entschädigung** f indemnité f de guerre; '~**erklärung** f déclaration f de guerre; '~**fall** m cas m de guerre; '~**flotte** f marine f de guerre; '~**fuß** m: auf dem ~ mit j-m stehen être sur le pied de guerre avec q.; '~**gefangene(r)** m (18) prisonnier m de guerre; '~**gefangenschaft** f captivité f; in ~ geraten être fait prisonnier; '~**gerät** n matériel m de guerre; '~**gericht** n cour f martiale; conseil m de guerre; vor ein ~ stellen traduire en conseil de guerre; '~**geschädigte(r)** m sinistré m de guerre; '~**gesetz** n loi f militaire (od. martiale); '~**gewinn** m profits m/pl. de guerre; '~**gewinner** ['~gəvinlər] m (7) profiteur m de guerre; '~**glück** n sort m (od. fortune f) des armes; '~**hafen** m port m militaire; '~**handwerk** n métier m des armes; '~**herr** m: Oberste(r) ~ chef m suprême; généralissime m; '~**hetzer** m fauteur m de guerre; '~**-industrie** f industrie f de guerre; '~**kamerad** m compagnon m d'armes; '~**kosten** pl. frais m/pl. de la guerre; '~**kunst** f stratégie f; '~**lasten** f/pl. contributions f/pl. de guerre; '~**list** f stratagème m; 2**lustig** belliqueux; '~**macht** f force f militaire; '~**marine** f = ~flotte; '~**material** n = ~gerät; 2**pflichtig** ['~pfliçtiç] astreint au service militaire; '~**rat** m conseil m de guerre; '~**schäden** m/pl. dommages m/pl. de guerre; '~**schauplatz** m théâtre m de la guerre; '~**schiff** n bâtiment m (od. vaisseau m) de guerre; '~**schule** f école f militaire (od. de guerre); '~**stärke** f effectif m de guerre; '~**steuer** f contribution f de guerre; '~**teilnehmer** m combattant m; '~**treiber** m = ~hetzer; '~**verbrecher** m criminel m de guerre; '2**verwendungsfähig** apte au service armé; '~**wissenschaft** f science f militaire; '~**zug** m expédition f (militaire); '~**zustand** m état m de guerre.

Krim [krim] f la Crimée.

Kriminal|beamte(r) [krimi'nɑ:l-] m (18) employé m de la police criminelle; '~**film** m film m policier; ~**gericht** n tribunal m criminel; ~**polizei** f police f criminelle; ~**roman** m roman m policier.

Krims-krams

Krimskrams F ['krimskrams] *m* fatras *m*. [quelin *m*,} bretzel *m*.|
Kringel ['kriŋəl] *m* (*Gebäck*) cra-'
Krippe ['kripə] *f* (15) crèche *f* (*Vieh*♀) *a*. mangeoire *f*.
Kris|e ['kri:zə] *f* (15) crise *f*; '♀**eln**: *es kriselt* une crise menace.
Kristall [kris'tal] *m* (3¹) cristal *m*; ♀**en** de cristal; cristallin; ~**fabrik** *f* cristallerie *f*; ♀**inisch** [~'li:niʃ] cristallin; ♀**i'sieren** cristalliser.
Kriterium [kri'te:rium] *n* critérium *m*; critère *m*.
Kritik [kri'ti:k] *f* (16) critique *f*; *tadelnd*: censure *f*; *in e-r Zeitung*: compte rendu *m*; ~ *üben* faire des critiques; *se livrer à la critique*; *unter aller* ~ au-dessous de tout; ~**aster** [~ti'kastər] *m* critiqueur *m*.
Krit|iker ['kri:tikər] *m* (7) critique *m*; ♀**isch** critique; ♀**isieren** [~ti'zi:rən] faire la critique de; *tadelnd*: critiquer; censurer.
Kritt|elei [kritə'lai] *f* critique *f* pédante; '♀**eln** critiquer minutieusement; '~**ler** *m* critiqueur *m*.
Kritzel|ei [kritsə'lai] *f* griffonnage *m*; '♀**n** griffonner.
Krocket ['krɔkət] *n* croquet *m*.
Krokodil [kroko'di:l] *n* (3) crocodile *m*.
Krokus ['kro:kus] *m* crocus *m*.
Krone ['kro:nə] *f* (15) couronne *f*; (*Baum*♀) cime *f*; 'houppe *f*; (*Blüten*♀) corolle *f*; (*Leuchter*) lustre *m*; *e-r Sache dat. die* ~ *aufsetzen fig.* mettre le comble à qch.
krönen ['krø:nən] (25) couronner; *gekrönter Dichter* poète *m* lauréat.
'**Kron|gut** *n* bien *m* de la couronne; '~**leuchter** *m* lustre *m*; '~**prinz** *m* prince *m* royal (*od.* héritier); '~**prinzessin** *f* princesse *f* royale; '~**rat** *m* conseil *m* de la couronne.
Krönung ['krø:nuŋ] *f* couronnement *m*.
'**Kronzeuge** *m* témoin *m* principal.
Kropf [krɔpf] *m* (3¹) *zo*. (*Vormagen*) jabot *m*; ✱ goitre *m*.
kröpfen ['krœpfən] (25) *Gänse*: gaver; *Bäume*: étêter; ⊕ couder.
Kröte ['krø:tə] *f* (15) crapaud *m*.
Krück|e ['krykə] *f* (15) béquille *f*; *an* ~*n gehen* marcher avec des béquilles; '~**stock** *m* canne *f*.
Krug [kru:k] *m* (3¹) cruche *f*; (*Topf*) pot *m*; (*großer Wasser*♀) jarre *f*; (*Dorfschenke*) auberge *f*; cabaret *m*.

55 *Dtsch.-Franz.*

Küchenherd

Kruke ['kru:kə] *f* (15) cruchon *m*.
Krümchen ['kry:mçən] *n* miette *f*; *fig.* brin *m*. [(pain).)
Krume ['kru:mə] *f* (15) mie *f* (de)
Krüm|el ['kry:məl] *m* miette *f*; '♀**(e)lig** qui s'émiette; '♀**eln** (29) (*v*/*i*. s')émietter.
krumm [krum] courbe; (*gebogen*) courbé; (*hakig*) crochu (*a. Nase, Finger*); (*unregelmäßig*) tortu; *Straße*: tortueux; ~**e** *Beine* jambes *f*/*pl*. torses; ~ *werden* se courber, *v. Personen*: se voûter; ~ *biegen* courber; ~ *und lahm schlagen* rouer de coups; '~**beinig** bancal; (*x-beinig*) cagneux.
krümm|en ['krymən] (25) courber; (*biegen*) plier; *Wurm: sich* ~ se tordre (*a. fig*.); '♀**er** ⊕ *m* coude *m*.
'**Krumm|holz** *n* bois *m* tortu; '♀**linig** curviligne; '♀**nehmen**: *etw.* ~ prendre qch. de travers (*od.* en mauvaise part); '~**stab** *m* crosse *f*.
'**Krümmung** *f* courbe *f*; courbure *f*; *Bach*: sinuosité *f*.
Kruppe *f* (15) croupe *f*.
Krüppel ['krypəl] *m* (7) estropié *m*; ~ *ohne Beine* cul-de-jatte *m*; *zum* ~ *machen* estropier; *zum* ~ *werden* être estropié; ♀**haft** estropié; (*nicht voll entwickelt*) rabougri.
Kruste ['krustə] *f* (15) croûte *f*; '~**ntier** *n* crustacé *m*.
Kruzifix ['krutsi'fiks] *n* (3²) crucifix *m*.
Ku|ba ['ku:ba] *n* Cuba *f*; ~**baner** (-*in f*) [ku'ba:-] *m* Cubain *m*, -e *f*.
Kübel ['ky:bəl] *m* (7) baquet *m*; cuveau *m*.
Kubik|meter [ku'bi:k-] *n* (*a. m*) mètre *m* cube; ~**wurzel** ⋏ *f* racine *f* cubique; ~**zahl** *f* cube *m* (d'un nombre).
Kubus ['ku:bus] *m* cube *m*.
Küche ['kyçə] *f* (15) cuisine *f* (*besorgen faire*); *gute* ~ bonne chère *f*; *kalte* ~ repas *m* froid.
Kuchen ['ku:xən] *m* (6) gâteau *m*; *kleiner*: tartelette *f*; petit four *m*; *ja* ~! F zut!; '~**bäcker** *m* pâtissier *m*; '~**bäckerei** *f* pâtisserie *f*.
'**Küchen-einrichtung** *f* batterie *f* de cuisine.
'**Kuchenform** *f* moule *m*.
'**Küchen|garten** *m* potager *m*; '~**gerät** *n*, ~**geschirr** *n* ustensiles *m*/*pl*. (*od*. batterie *f*) de cuisine; '~**herd** *m* fourneau *m* de cuisine;

Küchenjunge — 882 — **Kundgebung**

cuisinière f; **'⁓junge** m marmiton m; **'⁓mädchen** n fille f de cuisine, aide-cuisinière f; **'⁓meister** m chef m de cuisine; **'⁓messer** n couteau m de cuisine; **'⁓schrank** m buffet m de cuisine; garde-manger m; **'⁓zettel** m menu m.
Küchlein ['kyçlaın] n (6) poussin m.
Kuckuck ['kukuk] m (3) coucou m (a. **'⁓s-uhr** f); F zum ⁓! au diable!; diantre!; *das weiß der* ⁓ qui diable peut le savoir; *der* ⁓ *soll ihn holen!* que le diable l'emporte!
Kufe ['kuːfə] f (15) cuve f; ⁓n *pl. des Schlittens*: barres f/pl.
Küfer ['kyːfər] m tonnelier m.
Kugel ['kuːɡəl] f (15) boule f; & sphère f; (*Billard*⁀) bille f; (*Gewehr*⁀) balle f; (*Kanonen*⁀) boulet m; *sich e-e* ⁓ *durch den Kopf jagen* (*od. schießen*) se brûler la cervelle; **'⁓abschnitt** m segment m de sphère; **⁀artig** globulaire; **'⁓ausschnitt** m secteur m sphérique; **'⁓fang** m pare-balles m; **⁀fest** à l'épreuve des balles; **'⁓form** f forme f sphérique; (*Gießform*) moule m à balles; **⁀förmig** ['fœrmiç] sphérique; globulaire; **'⁓gelenk** n articulation f à rotule; joint m articulé; **'⁓gestalt** f forme f sphérique; **'⁓lager** n roulement m à billes; **⁀n** (29) rouler; *sich vor Lachen* ⁓ se tordre de rire; **'⁓regen** m grêle f de balles; **⁀rund** rond comme une boule; sphérique; **'⁓schreiber** m stylo m à bille; **'⁓stoßen** n Sport: lancement m du poids.
Kuh [kuː] f (14¹) vache f; **'⁓euter** n pis m de vache; **'⁓fladen** m bouse f de vache; **'⁓glocke** f sonnaille f; **'⁓handel** *fig.* m maquignonnage m; **'⁓hirt(in** f) m vacher m, -ère f.
kühl [kyːl] frais; froid (*a. fig.*); ⁓ *werden* se rafraîchir; se refroidir; **'⁓anlage** f installation f frigorifique; **⁀e** f (15) fraîcheur f; *in der* ⁓ *au frais*; **'⁓en** (25) rafraîchir; *in Eis* ⁓ mettre à la glace, *Wein*: frapper; *Rache*: assouvir; **'⁓end** rafraîchissant; réfrigérant; **⁀er** m *Auto*: radiateur m; **⁀erhaube** f couvre-radiateur m; **⁀erverkleidung** f calandre f; **⁀schrank** m réfrigérateur m; frigidaire m; **⁀ung** f réfrigération f; (*Erfrischung*) rafraîchissement m; **⁀wagen** m wagon m frigorifique.
'Kuhmagd f vachère f.

kühn [kyːn] hardi; (*verwegen*) audacieux; (*tollkühn*) téméraire; **⁀heit** f hardiesse f; (*Verwegenheit*) audace f; (*Tollkühnheit*) témérité f.
'Kuh|pocken f/pl. vaccine f; **'⁓pocken-impfung** f vaccination f; **⁀reigen** m ranz m des vaches; **'⁓stall** m vacherie f; étable f.
Küken ['kyːkən] n poussin m.
kulant [kuˈlant] prévenant; † coulant.
[kuli-] culinaire.
Kuli ['kuːli] m coolie m; **⁀narisch**
Kulisse [kuˈlisə] f (15) coulisse f; *hinter den* ⁓n dans la coulisse.
Kulmin|ation [kulminatsiˈoːn] f culmination f; **⁀ationspunkt** m point m culminant; **⁀ieren** culminer.
Kult [kult] m (3) culte m; **⁀ivator** ⚙ [ˌtiˈvaːtər] m bineuse f; **⁀ivieren** cultiver.
Kultur [kulˈtuːr] f (16) culture f; (*Gesittung*) civilisation f; **⁀arbeit** f œuvre f civilisatrice; **⁀ell** [ˌtuˈrɛl] culturel; **⁀fähig** cultivable; **⁀film** m documentaire m; **⁀geschichte** f histoire f de la civilisation; **⁀kampf** m conflit m politico-religieux; **⁀pflanze** f plante f cultivée; **⁀volk** n peuple m civilisé.
Kultus ['kultus] m (14³) culte m; **'⁓minister(ium** n) m ministre (ministère) m de l'instruction publique.
Kümmel ['kyməl] m (7) cumin m; (*Schnaps*) kummel m.
Kummer ['kumər] m (7) chagrin m; (*Sorge*) souci m; ⁓ *bereiten* (*haben*) causer (avoir) du chagrin; *sich* ⁓ *machen* se chagriner (*um* de).
'kümmer|lich misérable; (*ärmlich*) pauvre; (*erbärmlich*) chétif; ⁓ *leben* vivoter; **⁀n** (29) chagriner; affliger; *sich* ⁓ *um* se soucier de, (*sich einmischen*) se mêler de; **⁀nis** f (14²) chagrin m; affliction f.
'kummervoll soucieux.
Kum(me)t ['kum(ə)t] n (3) collier m.
Kumpan [kumˈpaːn] m (3¹) copain m.
Kumpel ⚙ ['kumpəl] m mineur m.
'kündbar résiliable.
Kunde ['kundə] **1.** m (13) client m; **2.** f (15) nouvelle f.
'Kunden|dienst m service m après--vente; **⁀werbung** f publicité f; réclame f.
'kundgeb|en manifester; **⁀ung** f manifestation f; *Gefühle*: a. démonstration f.

kundig instruit; informé; expérimenté; versé dans.

kündig|en ['kʏndɪgən] (25) donner congé (*j-m* à q.); *Vertrag*: dénoncer; résilier; **⁓ung** *f* congé *m*; préavis *m*; *mit monatlicher* ⁓ avec préavis d'un mois; *Vertrag*: dénonciation *f*; résiliation *f*; **⁓ungsfrist** *f* délai *m* de préavis; *gesetzliche*:\
Kundin *f* cliente *f*. (délai-congé *m*.)\
Kundschaft ['kʊntʃaft] *f* clientèle *f*; ⚔ reconnaissance *f*; *auf* ⁓ *ausgehen* ⚔ exécuter une reconnaissance; **⁓er** ⚔ *m* (7) éclaireur *m*.

kund|tun faire savoir; **⁓werden** devenir notoire; s'ébruiter.

künftig ['kʏnftɪç] à venir; futur; **⁓'hin** (*von jetzt an*) désormais; (*späterhin*) à l'avenir.

Kunst [kʊnst] *f* (14¹) art *m*; (*⁓fertigkeit*) adresse *f*; (*Verfahren*) procédé *m*; *das ist keine* ⁓ ce n'est pas malin; **⁓akademie** *f* école *f* des beaux-arts; **⁓ausdruck** *m* terme *m* technique; **⁓ausstellung** *f* exposition *f* artistique; **⁓dünger** *m* engrais *m* chimique.

Künstel|ei [kʏnstə'laɪ] *f* (16) raffinement *m*; (*Ziererei*) affectation *f*; **2n** raffiner; *an etw.* (*dat.*) ⁓ fignoler qch.

Kunst-erziehung *f* éducation *f* artistique.

kunst|fertig habile; adroit; **⁓fertigkeit** *f* habileté *f*; adresse *f*; **2fleiß** *m* industrie *f*; **2flieger** *m* aviateur *m* acrobatique; **2flug** *m* vol *m* acrobatique; **2freund** *m* ami *m* des arts; mécène *m*; **2gärtner** *m* horticulteur *m*; **2gärtnerei** *f* horticulture *f*; **2gegenstand** *m* objet *m* d'art; **⁓gemäß**, **⁓gerecht** conforme aux règles de l'art; **2geschichte** *f* histoire *f* de l'art; **2gewerbe** *n* art *m* décoratif (*od.* appliqué *od.* industriel); **2gewerbemuseum** *n* musée *m* des arts décoratifs; **2gewerbeschule** *f* école *f* des arts décoratifs; **⁓gewerblich** de l'art décoratif; **2griff** *m* procédé *m* (*Kniff*) artifice *m*; F truc *m*; **2handel** *m* commerce *m* d'objets d'art; **2händler** *m* marchand *m* d'objets d'art; **2honig** *m* miel *m* artificiel; **2kenner** *m* connaisseur *m* (d'art); **2kniff** *m* = **2griff**; **2kritik** *f* critique *f* d'art; **2kritiker** *m* critique *m* d'art; **2lauf** *m auf dem*

Eise: patinage *m* artistique; **2leder** *n* similicuir *m*.

Künst|ler(in *f*) ['kʏnstlər(ɪn)] *m* artiste *m*, *f*; **⁓ler-atelier** *n* studio *m*; **2lerisch** d'(*adv.* en) artiste; artistique; **2lich** (*nachgemacht*) artificiel; imité; (*unecht*) faux; *Haar*: postiche.

Kunst|liebhaber(in *f*) *m* amateur *m* d'art; **2los** sans art; (*natürlich*) naturel; **⁓maler** *m* artiste *m* peintre; **2reich** plein d'art; ingénieux; **⁓reiter(in** *f*) *m* écuyer *m*, -yère *f*; **⁓richter** *m* membre *m* du jury; (*Kritiker*) critique *m* d'art; **⁓sammlung** *f* collection *f* d'objets d'art; **⁓schlosser** *m* serrurier *m* d'art; **⁓seide** *f* soie *f* artificielle; rayonne *f*; **⁓sinn** *m* sentiment (*od.* goût) *m* artistique; **2stopfen** stopper; **⁓stopferei** *f* (*Werkstatt*) atelier *m* de stoppage; **⁓stopfer(in** *f*) *m* stoppeur *m*, -euse *f*; **⁓stück** *n* tour *m* de force (*od.* d'adresse); *das ist kein* ⁓ ce n'est pas malin; **⁓tischler** *m* ébéniste *m*; **⁓tischlerei** *f* ébénisterie *f*; **⁓ver-ein** *m* société *f* d'amis des arts; **⁓verlag** *m* librairie *f* d'art; **⁓verleger** *m* éditeur *m* d'œuvres d'art; **⁓verständig** expert; **2voll** = **2reich**; **⁓werk** *n* œuvre *f* d'art; **⁓wert** *m* valeur *f* artistique; **⁓wolle** *f* laine *f* artificielle.

kunterbunt ['kʊntərbʊnt] bariolé; (*bunt durcheinander*) pêle-mêle.

Kupfer ['kʊpfər] *n* (7) cuivre *m*; *in* ⁓ *stechen* graver (au burin) sur cuivre; **⁓blech** *n* cuivre *m* battu (*od.* laminé); **⁓druck** *m* impression *f* en taille-douce; **⁓erz** *n* minerai *m* de cuivre; **2farben**, **2farbig** cuivré; **⁓geld** *n* monnaie *f* de bronze; **2n** de (*resp.* en) cuivre; **2rot** cuivré; **⁓schmied** *m* chaudronnier *m*; **⁓stecher** *m* graveur *m* en taille-douce; **⁓stich** *m* estampe *f*; gravure *f*; taille-douce *f*; **⁓stichkabinett** *n* cabinet *m* d'estampes; **⁓vitriol** *n* vitriol *m* bleu.

Kuppe ['kʊpə] *f* (15) sommet *m*; (*Nadel*2) tête *f*; (*Finger*2) bout *m*.

Kuppel ['kʊpəl] *f* (15) (**⁓raum**) coupole *f*; *äußere*: dôme *m*; **⁓ei** [⁓'laɪ] *f* proxénétisme *m*; **2n** faire l'entremetteur *m*, -euse *f*; ⊕ coupler; *Auto*: embrayer; 🚂 réunir; atteler; **⁓ung** *f* couplage *m*; *Auto*: embrayage *m*; 🚂 attelage *m*.

Kuppler(in f) m entremetteur m, -euse f; proxénète m, f.
Kur [ku:r] f (16) cure f; traitement m; **⁓-anstalt** f sanatorium m.
Kürassier [⁓'si:r] m (7) cuirassier m.
Kuratel [kura'te:l] f (16) curatelle f; tutelle f; *unter ⁓ stehen* être en tutelle; *unter j-s ⁓ stehen* être sous la tutelle de q.
Kurator [ku'ra:tɔr] m (8¹) curateur m; **⁓ium** [⁓ra'to:riʊm] n (*Verwaltungsrat*) conseil m d'administration.
'**Kurbad** n ville f d'eaux; station f thermale (*od.* balnéaire).
Kurbel ['kʊrbəl] f (15) manivelle f; **2n** (29) tourner la manivelle; *Film:* tourner; **⁓stange** f bielle f; **⁓welle** f vilebrequin m.
Kürbis ['kyrbis] m (4¹) citrouille f; courge f; **⁓flasche** f calebasse f.
küren ['ky:rən] élire.
'**Kur|fürst(in** f) m électeur m, -trice f; **⁓fürstentum** n électorat m; '**2-fürstlich** électoral; '**⁓gast** m estivant m, -e f; curiste m, f; '**⁓haus** n casino m; **⁓ie** [ku'ri:ə] f curie f; **⁓ier** [ku'ri:r] m (7) courrier m; **2ieren** [ku'ri:rən] traiter; (*heilen*) guérir; **2ios** [kuri'o:s] (18¹) curieux, bizarre; **⁓iosität** [⁓ozi'tɛ:t] f curiosité f; bizarrerie f; '**⁓karte** f carte f de séjour; '**⁓liste** f liste des estivants; '**⁓ort** m station f thermale (*od.* balnéaire); '**⁓pfuscher** m charlatan m; **⁓pfusche'rei** f charlatanerie f.
Kurs [kʊrs] m (4) cours m; ⚓ route f. **Kursaal** m casino m.
'**Kurs|bericht** m bulletin m de la Bourse; '**⁓buch** 👓 n indicateur m (des chemins de fer).
Kürschner ['kyrʃnər] m (7) pelletier m; fourreur m; **⁓ei** [⁓'raɪ] f pelleterie f. [*rücht:* courir.\
kursieren [kʊr'zi:rən] circuler; *Ge-*/
kursiv [kʊr'zi:f] en italique; **2-schrift** f italique m.
'**Kurs|makler** m agent m de change; '**⁓notierung** f cote f (de la Bourse); **2orisch** [⁓'zo:-]: *⁓e Lektüre* lecture f courante; '**⁓schwankung** f fluctuation f des cours; '**⁓steigerung** f hausse f; '**⁓sturz** m baisse f; '**⁓us** [⁓zʊs] m cours m; '**⁓verlust** m perte f au change; '**⁓wert** m cours m du change; '**⁓zettel** m = ⁓notierung f.
'**Kurtaxe** f taxe f de séjour.

'**Kür-übung** f exercice m libre.
Kurve ['kʊrvə] f (15) courbe f; (*graphische Darstellung*) graphique m; *an Straßen:* virage m (*nehmen* prendre); tournant m; *e-e ⁓ fahren* virer.
kurz [kʊrts] (18²) court; *Zeit:* bref; *⁓ und bündig* laconiquement; *⁓ und gut* bref; *in einem Wort; in ⁓en Zügen fig.* en peu de mots; *in ⁓em* en peu de temps; sous peu; *seit ⁓em* depuis peu; *vor ⁓em* il y a peu de temps avant; *über ⁓ oder lang* tôt ou tard; *⁓ angebunden fig.* qui a la réplique leste; *⁓ entschlossen* prompt à se décider; *⁓ abbrechen* rompre brusquement; *sich ⁓ fassen* être bref; *⁓ dauern* durer peu; *bei etw. zu ⁓ kommen* ne pas trouver son compte à qch.; *es ⁓ machen* faire vite; *um es ⁓ zu machen* en un mot; *pour être bref*; *⁓ schneiden* couper court, *⁓ und klein schlagen* broyer menu; casser; *⁓en Prozeß mit j-m machen* exécuter q. sans autre forme de procès; *den kürzeren ziehen* avoir le dessous; *kürzer machen* raccourcir; *kürzer werden* (se) raccourcir; '**⁓-arbeit** f travail m à temps réduit; chômage m partiel; '**2-arbeiter** m chômeur m partiel; '**⁓-atmig** asthmatique; '**2-atmigkeit** f asthme m.
Kürze ['kyrtsə] f (15) *zeitlich:* brièveté f; peu m de durée; *räumlich:* peu m de longueur; *Ausdruck:* brièveté f; concision f; *in ⁓* sous peu; '**2n** (27) abréger; raccourcir; écourter; *Lohn:* réduire.
kurz|er'hand sans hésiter; '**⁓film** m court métrage m; '**⁓fristig** ['⁓fristiç] à court terme; '**⁓gefaßt** bref; concis; succinct; '**2geschichte** f anecdote f; '**⁓halten** *fig.: j-n ⁓* tenir q. de court, *mit Geld:* tenir q. serré; '**⁓lebig** ['⁓le:biç] éphémère.
'**kürzlich** récemment; dernièrement.
'**Kurz|schluß** m court-circuit m; '**⁓schrift** f sténographie f; '**2sichtig** myope; *fig.* à vues bornées; '**⁓sichtigkeit** f myopie f; *fig.* étroitesse f de vues; '**⁓streckenläufer** m sprinter m; '**2treten** raccourcir le pas; '**2-um** bref; en un mot.
'**Kürzung** f (16) réduction f; diminution f; *thé.* coupure f; ⚕ simplification f.

'**Kurz|ware** *f*; '**~warengeschäft** *n* mercerie *f*; '**~warenhändler** *m* mercier *m*; '**~weil** *f* (16) passe-temps *m*; amusement *m*; divertissement *m*; '²**weilig** ['-vaɪlɪç] amusant; divertissant; '**~welle** *f* onde *f* courte; '**~wellensender** *m* émetteur *m* à ondes courtes.

kuschen ['kuʃən] *Mensch:* se tenir coi; *Hund:* coucher; *kusch dich!* coucher!

Kuß [kus] *m* (4¹) baiser *m*.

küssen ['kysən] (28) embrasser; *Hand, Stirn:* baiser.

'**kuß|fest** indélébile; '²**hand** *f* baisemain *m*; e-e ~ *zuwerfen* envoyer un baiser.

Küste ['kystə] *f* (15) côte *f*; rivage *m* (*Land längs der* ~) littoral *m*; *längs der* ~ *hinfahren* côtoyer; caboter.

'**Küsten|batterie** *f* batterie *f* côtière; '**~bewohner(in** *f*) *m* habitant *m*, -e *f* du littoral; '**~fahrer** *m* caboteur *m*; cabotier *m*; '**~fahrt** *f* cabotage *m*; '**~fahrzeug** *n* côtier *m*; '**~fluß** *m* fleuve *m* côtier; '**~land** *n* côte *f*; littoral *m*; '**~schiffahrt** *f* = ~*fahrt*; '**~strich** *m* littoral *m*; '**~wachschiff** garde-côte *m*.

Küster ['kystər] *m* (7) sacristain *m*; bedeau *m*; marguillier *m*; **~ei** [~'raɪ] *f* charge *f* (*resp.* logement *m*) du sacristain.

'**Kutsch|e** ['kutʃə] *f* voiture *f*; équipage *m*; (*Pracht*²) carrosse *m*; ²**er** *m* (7) cocher *m*; ²**ieren** [~'tʃiː-] *aller en voiture*; (*lenken*) conduire.

Kutt|e ['kutə] *f* (15) froc *m*; '**~er** *m* ⚓ cutter *m*; cotre *m*.

Kuvert [ku'vɛrt] *n* (3) (*Gedeck*) couvert *m*; (*Brief* ²) enveloppe *f*; ²**ieren** [~'tiːrən] mettre sous enveloppe.

L

L, l [ɛl] *n* L, l *m od. f.*
Lab|e ['la:bə] *f* rafraîchissement *m*; délectation *f*; 2**en** (*sich* se) rafraîchir; (se) délecter (*an dat.* de); 2**end** rafraîchissant; délectable; suave; ~**etrunk** *m* breuvage *m* délectable.   ['te:t] *f* instabilité *f*
labil [la'bi:l] instable; 2**ität** [~bili-]
'Labmagen *m* caillette *f*.
Labor|ant(in *f)* [labo'rant(in)] *m* assistant *m* de laboratoire; laborantine *f*; ~**atorium** [~'to:rium] *n* (9) laboratoire *m*; officine *f*; 2**ieren** [~'ri:rən] ⚕ expérimenter; (*leiden*) souffrir (*an de*). [~**e** *resp.* ~**etrunk**.]
Lab|sal ['la:psa:l] *n* (3), '~**ung** *f* =
Labyrinth [laby'rint] *n* (3) labyrinthe *m*.
Lache *f* 1. ['laxə] (15) (*Pfuhl*) mare *f*; bourbier *m*; (*Pfütze*) flaque *f*. 2. ['laxə] (*Lachen*) rire *m*; e-e helle ~ **anschlagen** éclater de rire.
lächeln ['lɛçəln] (29) 1. sourire (*über acc.* de; *zu* à); 2. 2 *n* sourire *m*.
lachen ['laxən] (25) 1. rire (*über acc.* de); *ich muß darüber* ~ cela me fait rire; *gezwungen* ~ rire du bout des lèvres; *sich krank* ~ se pâmer de rire; 2. 2 *n* (6) rire *m*; *das ist zum* ~ c'est à faire rire; *zum* ~ *bringen* faire rire.
'Lacher *m* rieur *m*; *die*~ *auf s-r Seite haben* avoir les rieurs de son côté.
lächerlich ['lɛçərliç] ridicule; (*zum Lachen*) risible; ~ **machen**; *ins* 2**e ziehen** tourner en ridicule; ridiculiser; *sich* ~ **machen** se rendre ridicule; 2**keit** *f* ridicule *m*.
'Lach|gas *n* (4) gaz *m* hilarant; '~**krampf** *m* rire *m* convulsif.
Lachs [laks] *m* (4) saumon *m*.
'Lachsalve *f* éclat *m* de rire.
'Lachs|fang *m* pêche *f* du saumon; 2**farben** (rouge) saumon; '~**forelle** *f* truite *f* saumonée; '~**schinken** *m* filet *m* de porc fumé.
'Lachtaube *f* tourterelle *f* des Indes.
Lack [lak] *m* (3), '~**firnis** *m* laque *f*; vernis *m*; '~**farbe** *f* laque *f*; 2**ieren** [la'ki:~] laquer; vernir; ~**ierer** *m* vernisseur *m*; ~**leder** *n* cuir *m* verni;

'~**mus** *m* tournesol *m*; '~**schuhe** *m/pl.* chaussures *f/pl.* vernies.
Lade ['la:də] *f* (15) coffre *m*; caisse *f*; bahut *m*; (*Schub*2) tiroir *m*; '~**damm** *m* embarcadère *m*; '~**fähigkeit** *f* tonnage *m*; '~**gebühr** *f* droits *m/pl.* de chargement; '~**hemmung** *f* enrayage *m*.
'laden (30) 1. charger (*a.* ⚡) (*auf e-n Wagen* sur une voiture); *etw. auf sich* ~ *fig.* se charger de qch., *Verantwortung:* assumer, *Haß:* s'attirer; *j-n zu sich* (*zu Tische*) ~ prier (*od.* inviter) q. chez soi (à dîner); 2. 2 *n Waren:* chargement *m*; ⚔ *u.* ⚡ charge *f*; 3. 2 *m* (6[¹]) boutique *f*; *großer:* magasin *m*, (*Fenster*2) volet *m*; contrevent *m*; '2**fenster** *n* devanture *f*; '~**fräulein** *n* vendeuse *f*; '2**hüter** *m* garde-boutique *m*; rossignol *m*; '2-**inhaber(in** *f) m* boutiquier *m*, -ière *f*; '2**mädchen** *n* vendeuse *f*; '2**preis** *m* prix *m* de vente; '2**schluß** *m* fermeture *f* des magasins; '2**schwengel** F *m* calicot *m*; '2**tisch** *m* comptoir *m*.
'Lade|platz *m* embarcadère *m*; '~**rampe** *f* rampe *f* de chargement; quai *m*; '~**raum** *m* tonnage *m*; capacité *f* de chargement; ⚔ chambre *f*; '~**schein** *m* connaissement *m*; '~**streifen** ⚔ *m* bande *f* (de mitrailleuse).
'Ladung *f* (16) chargement *m*; cargaison *f*; (*Last; a.* ⚡) charge *f*; ⚖ citation *f*; '~**sfähigkeit** *f* tonnage *m*.
Lafette [la'fɛtə] *f* (15) affût *m*.
Laffe ['lafə] *m* (13) fat *m*; benêt *m*.
Lage ['la:gə] *f* (15) situation *f*; (*Stellung*) position *f*; (*Zustand*) état *m* (*des choses*); conditions *f/pl.*; (*Schicht*) couche *f*; *die hohen* ~ *n* ♪ les notes *f/pl.* élevées; e-e ~ *Bier* une tournée de bière; *malerische* ~ site *m* pittoresque; *in der* ~ *sein*, *zu* être en état (*od.* à même de).
'Lager *n* (7) couche *f*; lit *m*; (*Nachtherberge*) gîte *m*; *e-s Wildes:* retraite *f*; *des Hasen:* gîte *m*; *wilder Tiere:* repaire *m*; ⚔ camp *m*; (*Faß*2, *Holz*2) chantier *m*; *géol.* gisement

Lageraufseher — 887 — **Landesverräter(in)**

m; ✝ stock m; magasin m; dépôt m; entrepôt m; ein~ anlegen constituer un stock; auf ~ haben avoir en magasin; ⊕ palier m; '~aufseher m garde-magasin m; '~bestand m stock m; den ~ aufnehmen faire l'inventaire; '~bier n bière f de garde; '~geld n (frais m/pl. de) magasinage m; '~halter m (7) magasinier m; '~haus n entrepôt m; ~ist [-'rıst], '~leiter m chef m du camp; '~miete f magasinage m; 2n (29) v/i. camper; (ruhen) reposer; sich ~ se coucher; s'étendre; ✝ être en magasin; Wein: être sur chantier; v/t. étendre par terre; ✝ emmagasiner; stocker; Wein: mettre en chantier; ⚔ faire camper; '~n n (em)magasinage m; stockage m; ⚔ campement m; Sport: camping m; '~obst n fruits m/pl. de garde; '~platz m couche f; gîte m; ⚔ campement; = '~raum m dépôt m; entrepôt m; '~schein m warrant m; '~stätte f = ~platz f; '~ung f (em-)magasinage m; stockage m; géol. gisement m; stratification f; '~verwalter m magasinier m; '~verzeichnis n inventaire m.

Lagune [la'gu:nə] f lagune f.

lahm [la:m] paralysé (a. fig.); perclus; (hinkend) boiteux; fig. sans force; '~en (25) être boiteux; boiter.

lähmen ['lɛ:mən] (16) paralyser.

'**lahmlegen** paralyser.

'**Lähmung** ♂ f (16) paralysie f.

Laib [laip] m (3) Brot: miche f.

Laich [laiç] m (3) frai m; 2en (25) frayer; '~platz m frayère f; '~zeit f saison f du frai.

Laie ['laiə] m (13) laïque m; (Uneingeweihter) profane m; fig. novice m.

'**Laien|bruder** m frère m lai (a. convers); 2haft adv. (adv. en) profane; fig. (adv. en) novice; '~priester m prêtre m séculier; '~schwester f sœur f converse; '~theater n théâtre m d'amateurs.

Lakai [la'kai] m (12) laquais m.

Lake ['la:kə] f (15) saumure f.

'**Laken** n (6) toile f; drap m (de lit).

lakonisch [la'ko:niʃ] laconique.

Lakritze [la'kritsə] f (15) réglisse f.

lallen [la'lən] (25) bégayer; balbutier.

Lama [la:ma:] n lama m.

Lamelle [la'mɛlə] f (15) lamelle f.

Lamm [lam] n (1²) agneau m. [m.]

Lämmchen ['lɛmçən] n (6) agnelet

lammen (25) agneler.

'**Lämmer|geier** m gypaète m; vautour m barbu; '~wolke f cirrus m.

'**Lamm|fell** n toison f d'agneau; 2fromm doux comme un agneau; '~(s)geduld f patience f d'ange.

Lampe ['lampə] f (15) lampe f.

'**Lampen|anzünder** m lampiste m; '~docht m mèche f de lampe; '~fieber n trac m; '~glocke f globe m (de lampe); '~putzer m lampiste m; '~schirm m abat-jour m; '~zylinder m verre m de lampe.

Lampion ['lampi'ɔŋ] m (11) lampion m.

Land [lant] n (1¹ u. 3) terre f (festes ferme); (Erdboden) sol m; (einzelnes Grundstück) champ m; terrain m; géogr. u. pol. pays m; Gegensatz zu Stadt: campagne f; auf dem ~e à la campagne; außer ~es à l'étranger; an~ gehen (steigen) débarquer; '~adel m noblesse f campagnarde; '~arbeit f travail m des champs; '~arbeiter(in f) m ouvrier m, -ière f agricole; '~arzt m médecin m de campagne; '~aufenthalt m séjour m à la campagne; '~besitz m propriété f foncière; '~besitzer m propriétaire m foncier, '~bewohner m campagnard m; pl. population f rurale; '~briefträger m facteur m rural; 2einwärts [-'?ainvɛrts] vers l'intérieur du pays; 2en (26) v/i. ♣ aborder; accoster; ≷ atterrir; Passagiere: descendre à terre; v/t. débarquer; '~enge f isthme m.

'**Länder|eien** [lɛndə'raiən] f/pl. biens m/pl. ruraux; '~kunde f géographie f; '~name m nom m de pays; '~spiel n match m international.

'**Landes|beschreibung** f topographie f; '~brauch m usage m du pays; '~erzeugnisse n/pl. produits m/pl. du pays; '~farben f/pl. couleurs f/pl. nationales; 2flüchtig ['-flyçtiç] réfugié; émigré; '~fürst (-in f) m prince m, -esse f régnant, -e; '~gebiet n territoire m; '~grenze f frontière f; '~herr m souverain m; '~hoheit f souveraineté f; '~kirche f Église f nationale; '~sprache f langue f nationale; '~trauer f deuil m public; 2üblich usuel (od. en usage od. d'usage) dans le pays; '~vater m souverain m; '~verrat m haute trahison f; '~verräter(in f) m traître m, -esse

Landesverteidigung — 888 — **länger**

f à son pays; '~verteidigung f défense f nationale; '~verweisung f proscription f; '~bannissement f; '~verwiesene(r) m proscrit; exilé m; banni m.
'**Land|flucht** f désertion f des campagnes; exode m. rural; '~frau f campagnarde f; paysanne f; '~friede m paix f publique; '~friedensbruch m trouble m apporté à la paix publique; '~funk m radio f agricole; '~gemeinde f commune f rurale; '~gericht n tribunal m de première instance; '~gut n terre f; '~haus n maison f de campagne; '~jäger m gendarme m (à pied); '~karte f carte f (géographique); '~kreis m arrondissement m rural; '²läufig généralement reçu (od. admis); courant; '~leben n vie f champêtre (od. rustique); '~leute pl. campagnards m/pl.; population f rurale.
ländlich ['lɛntliç] champêtre; rural; (einfach) rustique.
'**Land|luft** f air m de la campagne; '~macht f puissance f continentale; (Heer) armée f de terre; '~mann m campagnard m; paysan m; '~messer m arpenteur m; '~partie f partie f de campagne; '~pfarrer m cath. curé m (prot. pasteur m) de campagne; '~plage f calamité f publique; '~rat m conseil m d'arrondissement (Person) sous-préfet m; '~ratte ⚓ f terrien m; '~recht n code m civil; Allgemeines ~ droit m commun; '~regen m pluie f générale; '~rücken m hauteurs f/pl.; '~schaft f paysage m; s. a. ~strich; '~schaftsbild n panorama m; peint. paysage m; '~schaftsmaler m paysagiste m; '~schaftsmale'rei f (peinture f de) paysages m/pl.; '~schule f école f de village; '~ser ['lantsər] F m troupier m; '~sitz m maison f de campagne; villa f.
'**Lands|knecht** m lansquenet m; '~mann m, '~männin f compatriote m, f; was ist er für ein ~? de quel pays est-il?
'**Land|spitze** f cap m; '~stadt f ville f de province; '~stände m/pl. états m/pl. provinciaux; '~straße f grande route f; '~streicher m vagabond m; '~streiche'rei f vagabondage m; '~strich m contrée f; région f; '~sturm ✕ m landsturm m;

'~tag m Landtag m; diète f; '~tier n animal m terrestre.
'**Landung** f débarquement m; descente f (à terre); ✈ atterrissage m; '~s-armee f corps m expéditionnaire; '~s-bahn ✈ f piste f d'atterrissage; '~s-brücke f débarcadère m; '~s-platz m débarcadère m; terrain m d'atterrissage.
'**Land|vogt** m bailli m; '~volk n = ~leute; '~weg m chemin m vicinal; auf dem ~e par voie de terre; '~wehr f landwehr f; '~wein m vin m du pays; petit vin m; '~wirt m agriculteur m; cultivateur m; '~wirtschaft f agriculture f; '²wirtschaftlich agronomique; (den Feldbau betreffend) agricole; '~wirtschaftsminister(ium n) m ministre (ministère) m de l'agriculture; '~zunge f langue f de terre.
lang [laŋ] (18²) long; ~ und breit longuement; de façon détaillée; drei Meter ~ sein avoir trois mètres de longueur (od. de long); drei Jahre ~ pendant trois années; ~ hinschlagen tomber tout de son long; ~e Finger machen fig. avoir les doigts crochus; ein ~es Gesicht machen avoir la mine longue; mit ~er Nase abziehen s'en aller tout penaud; j-m e-e ~e Nase machen faire un pied de nez à q.; '~-atmig fig. de longue haleine; '~e adv. longtemps, wie ~? combien de temps?; noch ~ nicht (bei vb. ne...) pas de sitôt; ~ (aus)bleiben être long (od. tarder) à revenir.
Länge ['lɛŋə] f (15) longueur f; (Silbe, Vokal) longue f; ast., géogr. longitude f; (sich) in die ~ ziehen traîner en longueur; der ~ nach hinfallen tomber tout de son long.
'**langen** (25) v/i. (ausreichen) suffire f; être assez; (heranreichen) atteindre à; nach etw. ~ (é)tendre la main vers qch.; v/t. tendre; passer.
'**längen** allonger; étirer.
'**Längen|grad** m degré m de longitude; '~kreis m méridien m; '~maß n mesure f de longueur; Schneider: longimètre m.
'**länger** (comp. v. lang[e]) plus long; zeitlich: plus longtemps; wenn Sie es noch ~ so treiben si vous continuez de la sorte; ein Jahr ~ une année de plus; zwei Jahre und ~ deux ans et plus; es ist ~ als e-n

Langeweile — 889 — **Lastkraftwagen**

Monat her il y a plus d'un mois; *je ~, je lieber* le plus longtemps sera le mieux; *~ machen* allonger; *~ werden* (s')allonger; augmenter.

Lang|e'weile f (15) ennui m; *aus ~* par ennui; *~ haben* s'ennuyer; '**~finger** F m chapardeur m; **2fristig** ['~fristɪç] à long terme; à longue échéance; **2haarig** ['~ha:rɪç] aux cheveux longs; **2jährig** ['~jɛ:rɪç] *Erfahrung*: long; *Freund*: vieux; '**~lauf** m course f de fond; '**2lebig** qui vit longtemps; '**~lebigkeit** f longévité f.

länglich ['lɛŋlɪç] oblong.

'**Lang|mut** f patience f; **2mütig** ['~my:tɪç] patient. [long de.]

längs [lɛŋs] *prp. (dat. u. gén.)* le

'**langsam** lent; *(säumig)* tardif; *(schwerfällig)* pesant; *~er werden* se ralentir; *~er gehen* ralentir le pas; *~ fahren!* au pas; **2keit** f lenteur f.

'**Längs-ansicht** f vue f longitudinale. [dormeur m, -euse f.)

'**Langschläfer(in** f) m grand, -e)

Langspielplatte f (disque m) microsillon m. [tudinale.)

'**Längsschnitt** m coupe f longi-)

längst [lɛŋst]: *ich weiß es ~* il y a longtemps que je le sais; '**~ens** *adv.* au plus tard.

'**lang|stielig** à longue queue; *fig.* F ennuyeux; '**2streckenbomber** m bombardier m à long rayon d'action; '**2streckenlauf** m course f de fond; '**2streckenrekord** m record m de distance.

Languste [laŋ'gustə] f langouste f.

'**lang|weilen** ennuyer m embêter; raser; '**~weilig** ennuyeux; F assommant; '**2welle** f *Radio*: onde f longue; '**~wierig** ['~vi:rɪç] de longue durée; long; & chronique.

Lano'lin n lanoline f.

Lanze ['lantsə] f (15) lance f (*brechen für* rompre pour); **2nförmig** ['~fœrmɪç] lancéolé; '**~nreiter** m lancier m; '**~nstechen** n tournoi m; '**~nstich** m coup m de lance.

Lanzette *chir.* [lan'tsɛtə] f (15) lancette f. [f; vétille f.)

Lappalie [la'pɑ:liə] f (15) bagatelle)

Lapp|e ['lapə] m (13), '**~in** f Lapon m, -ne f.

'**Lapp|en** m (6) lambeau m; chiffon m; 'haillon m (*Wisch*2) torchon m; *anat.*, & lobe m; *j-m durch die ~ gehen* fig. F filer à q. entre les mains; **2ig en** lambeaux, *anat.*, & lobé.

läppisch ['lɛpɪʃ] puéril; inepte; *~es Zeug* inepties f/pl.; fadaises f/pl.

'**Lapp|land** n (17) la Laponie; '**~länder(in** f) ['~lɛndər] m Lapon m, -ne f; **2ländisch** ['~lɛndɪʃ] lapon.

Lärche & ['lɛrçə] f (15) mélèze m.

Lärm [lɛrm] m (3) bruit m; (*Krach*) tapage m; vacarme m; grosser ~ tintamarre m; '**2en** (25) faire du bruit (*resp.* du tapage); **2end** bruyant; '**~er** m tapageur m.

Larve ['larfə] f (15) larve f; (*Maske*) masque m.

lasch [laʃ] mou; flasque; '**2e** f patte f; *Schuh*: languette f, 🖶 éclisse f; '**2heit** f caractère m flasque.

lassen ['lasən] (30) laisser; (*veran~*) faire; *~ von* renoncer à; *etw. sein ~* s'abstenir de qch.; *laß mich!* laisse-moi (tranquille); *laß das!* laisse cela; *laß es dir gesagt sein* tiens-toi pour averti; *wir wollen es dabei ~* nous nous en tiendrons là; *~ Sie uns gehen!* partons!; *er ist klug, das muß man ihm ~* il est intelligent, il faut en convenir.

lässig ['lɛsɪç] indolent; nonchalant; négligent; *(gleichgültig)* indifférent; '**2keit** f indolence f; nonchalance f; négligence f; *(Gleichgültigkeit)* indifférence f.

Lasso ['laso:] n lasso m.

Last [last] f (16) charge f (*a.* ⚡); *(Bürde)* fardeau m; faix m; *fig.* poids m; *j-m zur ~ fallen* être à charge à q.; *j-m etwas zur ~ legen* imputer qch. à q.; ✝ *zu ~en von ...* au débit de ...; '**~auto** n camion m; poids m lourd; '**2en** peser (*auf dat.* sur); '**~en-aufzug** m monte-charge m; '**~en-ausgleich** m péréquation f des charges; '**2enfrei** exempt de charges.

Laster ['lastər] n (7) vice m.

'**Läster|er** m (7); '**~in** f médisant m, -e f; diffamateur m, -trice f.

'**lasterhaft** vicieux; **2igkeit** f immoralité f.

'**Läster|maul** n mauvaise langue f; **2n** ['lɛstərn] (29): *j-n ~* médire de q.; diffamer q.; *rl.* blasphémer; '**~n** n, '**~ung** f médisance f; diffamation f; *rl.* blasphème m.

'**Lastfuhrwerk** n camion m; fardier

lästig ['lɛstɪç] importun; onéreux; *(hinderlich)* encombrant; *j-m ~ werden (fallen)* importuner q.

'**Last|kahn** m chaland m; '**~kraftwagen** m camion m; poids m lourd;

Lastpferd — 890 — **lauten**

'⁓pferd n, '⁓tier n bête f de somme; '⁓träger m portefaix m; '⁓wagen m camion m (a. Auto); fardier m.

La'surstein m lapis-lazuli m.

Latein [la'taɪn] n (1) latin m; ⁓er m Latin m; ℒisch latin; ⁓e Buchstaben (caractères m/pl.) romains m/pl.

Laterne [la'tɛrnə] f (15) lanterne f; tragbare: falot m; ⚓ u. 🚂 fanal m; (Straßen⁓) réverbère m.

La'ternen|-anzünder m lanternier m; allumeur m de réverbères; ⁓pfahl m (poteau m de) réverbère m.

Latrine [la'tri:nə] f (15) latrines f/pl.

Latsche [la'tʃə] f savate f; ♀ pin m nain; ℒn traîner la jambe.

Latte ['latə] f (15) latte f.

Latten|kiste f caisse f à claire-voie; ⁓rost m caillebotis m; ⁓verschlag m lattis m; ⁓zaun m clôture f en lattis.

Lattich ♀ ['latiç] m (3) laitue f.

Latwerge [lat'vɛrgə] f électuaire m.

Latz [lats] m (3²) (Brust⁓) bavette f; (Hosen⁓) pont m (de pantalon).

lau [lau] tiède; ⁓ werden (s'at)tiédir.

Laub [laup] n (3) feuillage m; '⁓baum m arbre m à feuilles caduques; '⁓dach n dôme m de feuillage; ⁓e ['laubə] f (15) tonnelle f; berceau m; '⁓engang m charmille f; '⁓enkolonie f (colonie f des) jardins m/pl. ouvriers; '⁓frosch m rainette f; grenouille f verte; '⁓säge f scie f à chantourner; '⁓wald m bois m d'arbres à feuilles caduques; '⁓werk n feuillage m.

Lauch ♀ [laux] m (3) poireau m.

Lauer ['lauər] f (15): auf der ⁓ liegen être aux aguets; ℒn (29) attendre (auf j-n, etw. acc. q., qch.); in e-m Hinterhalte: guetter (auf j-n, etw. acc. q., qch.).

Lauf [lauf] m (3) course f; der Ereignisse: cours m (a. ast.); marche f; des Wassers: courant m; der Welt: train m; ♪ roulade f; (Gewehr⁓) canon m; ch. (Bein) jambe f; pied m; im ⁓e von au cours de; im ⁓e der Zeit à la longue; avec le temps; '⁓bahn f Sport: piste f; fig. carrière f; '⁓brücke f passerelle f; '⁓bursche m garçon m de courses; ℒen (30) courir; (fließen) couler; Zeit: s'écouler; Bahnzüge: circuler; Fahrrad, Motor: tourner; Maschinen: marcher; fonctionner; Gefäß, Füllfederhalter: fuir; 'ℒend courant; auf dem ⁓en sein être au courant, ✝ être à jour; ⁓e Nummer numéro m d'ordre; ⊕ Arbeit am ⁓en Band travail m à la chaîne.

Läufer ['lɔyfər] m (7) coureur m; Fußball: demi m; Schach: fou m; (Treppen⁓) tapis m d'escalier; (schmaler Teppich) chemin m; (Tisch⁓) chemin m de table; ♪ roulade f.

Lauf|erei [⁓'raɪ] f (16) courses f/pl.; viel ⁓ machen donner bien à courir; '⁓feuer n traînée f de poudre (a. fig.); '⁓graben m tranchée f.

läufig ['lɔyfɪç]: ⁓ sein être en rut.

'**Lauf|junge** m = ⁓bursche m; '⁓mädchen n trottin m; '⁓masche f maille f (qui file); '⁓paß m: F j-m den ⁓ geben envoyer promener q.; '⁓schritt m pas m de course; '⁓steg m passerelle f; '⁓zeit f ch. rut m; Sport: temps m du parcours; ✝ échéance f; '⁓zettel m circulaire f.

Lauge ['laugə] f (15) lessive f; ℒn 'Lauheit f tiédeur f. [lessiver.]

Laun|e ['launə] f (15) humeur f; (Grille) caprice m; bei guter (schlechter) ⁓ sein être de bonne (mauvaise) humeur; ℒenhaft capricieux; (wunderlich) bizarre; '⁓enhaftigkeit f caractère m capricieux; ℒig enjoué; (kurzweilig) divertissant; ℒisch capricieux; (wetterwendisch) changeant.

Laus [laus] f (14¹) pou m.

lausch|en ['lauʃən] (27) écouter attentivement (auf etw. acc. qch.); prêter l'oreille (à qch.); abs. être aux écoutes; ℒer m écouteur m; '⁓ig retiré; intime.

laus|en ['lauzən] (27) épouiller; '⁓ig pouilleux; fig. F misérable.

'**Lausitz** f die ⁓ la Lusace.

laut [laut] 1. adj. 'haut; (stark klingend) sonore; (lärmend) bruyant; adv. à 'haute voix; ⁓ sprechen (singen) parler (chanter) 'haut; ⁓ lachen rire aux éclats; ⁓ werden Stimmen: s'élever; ⁓ (bekannt) werden s'ébruiter; ⁓ werden lassen termes; en vertu de; suivant; selon; d'après; 3. ℒ m (3) son m; er gab keinen ⁓ von sich il ne souffla mot; '⁓bar: ⁓ werden s'ébruiter; 'ℒe ♪ f (15) luth m; ℒen (26) sonner (a. gr.); das Gesetz lautet ... la loi porte que ...; der Brief lautet folgendermaßen voici les termes

läuten — **891** — **lebenslänglich**

mêmes de la lettre; *das Urteil lautet auf ...* le tribunal a prononcé une peine de ...; *auf den Inhaber ~d* au porteur; *auf den Namen ~d* nominatif.

läuten ['lɔytən] (26) **1.** sonner (*j-m q.*); *es' läutet* on sonne (*zur Messe* la messe); **2.** 2 *n* sonnerie *f*.

¹lauter (*comp. v. laut*) plus ¹haut; **2.** (*rein*) pur; *fig.* sincère; **3.** *inv.* (*nichts als*) (*bei vb.* ne) rien que; '2**keit** *f* pureté *f*; *fig.* sincérité *f*.

läuter|n ['lɔytərn] (29) purifier; épurer; 🔥 filtrer; clarifier; *métall.* (r)affiner; 2**ung** *f* purification *f*; 🔥 filtrage *m*; *métall.* (r)affinage *m*.

¹Läuterwerk *n* sonnerie *f*.

Laut|gesetz *n* loi *f* phonétique; '~**lehre** *gr. f* phonétique *f*; '2**los** sans bruit; muet; *Stille*: profond; 2**malend** onomatopéique; '~**malerei** *f* onomatopée *f*; '~**schrift** *f* transcription *f* phonétique; '2**schwach** *Radio*: faible; peu puissant; '~**sprecher** *m Radio*: haut-parleur *m*; '~**stärke** *f Radio*: intensité *f* (du son); '~**verschiebung** *gr. f* mutation *f* consonantique; '~**wandel** *gr. m* changement *m* phonétique.

lauwarm tiède.

Lava ['la:va] *f* (16²) lave *f*; '~**glut** *f* lave *f* ardente; '~**strom** *m* coulée *f* de lave.

Lavendel [la'vɛndəl] *m* (7) lavande *f*.

lavieren [la'vi:rən] louvoyer.

Lawine [la'vi:nə] *f* (15) avalanche *f*.

lax [laks] lâche; *Stil*: flasque; *~e Sitten* mœurs *f/pl.* relâchées; 2**heit** *f* laxité *f*; *Stil*: flaccidité *f*; *Sitten*: relâchement *m*.

Lazarett [latsa'rɛt] *n* (3) hôpital *m* (militaire); *fliegendes ~* ambulance *f*; *~gehilfe m* infirmier *m* (militaire); *~schiff n* vaisseau-hôpital *m*; *~zug m* train *m* sanitaire.

Lebe|'hoch *n* (11) vivat *m*; toast *m* (*ausbringen auf* porter à); **'~lang**: *mein ~* de ma vie; ma vie durant; '~**mann** *m* viveur *m*.

leben ['le:bən] **1.** (25) vivre; être en vie; *gut ~* faire bonne chère; (*genug*) *zu ~ haben* avoir de quoi vivre; *~ Sie wohl!* adieu!; **2.** 2 *n* (6) vie *f*; *langes ~* longévité *f*; *j-m das ~ schenken* accorder le jour à q., (*begnadigen*) faire grâce de la vie à q.; *j-m das ~ nehmen* ôter la vie à q.; faire mourir q.; *sich das ~ nehmen* attenter à ses jours; se suicider; *am ~ sein* être en vie; *aus dem ~ scheiden* quitter la vie; *aus dem ~ schöpfen* prendre sur le vif; *etw. für sein ~ gern tun* avoir la passion de faire qch.; *ins ~ rufen* donner naissance à; *wieder ins ~ rufen* ressusciter, *fig. a.* faire renaître; *nach dem ~ malen* peindre d'après nature; *ums ~ kommen* perdre la vie; périr; *ums ~ bringen* tuer; *auf ~ und Tod* à la vie et à la mort; *Kampf auf ~ und Tod* combat *m* à mort; *~ und Treiben* animation *f*; mouvement *m*; *das habe ich in m-m ~ nicht gesehen* je n'ai de ma vie vu cela; '~**d** vivant; 2**dgewicht** *n* poids *m* vif; '~**dig** [le'bɛndiç] vivant; (*reges Leben habend*) vif; *bei ~em Leibe* tout vif; *~ werden* s'animer; *wieder ~ werden* revivre; se ranimer; *~ machen* animer; vivifier; 2**digkeit** *f* vivacité *f*.

Lebens|-abend ['le:bəns-] *m* soir *m* de la vie; *~alter n* âge *m*; '~**art** *f* manière *f* de vivre; (*Benehmen*) savoir-vivre *m*; '~**aufgabe** *f* tâche *f* de toute une vie; '~**baum** ♣ *m* thuya *m*; '~**bedingung** *f* condition *f* vitale; '~**bedürfnis** *n* besoin *m* vital; '~**beschreibung** *f* biographie *f*; '~**bild** *n* portrait *m* biographique; '~**dauer** *f* durée *f* de la vie; *auf ~* à vie; '~**ende** *n* terme *m* de la vie; *bis an sein ~* jusqu'à sa mort; '~**erfahrung** *f* expérience *f* de la vie; '~**er-innerung** *f*: *~en* mémoires *m/pl.*; '2**fähig** viable; '~**fähigkeit** *f* viabilité *f*; '~**frage** *f* question *f* vitale; '~**freude** *f* joie *f* de vivre; '2**froh** gaillard; '~**führung** *f* manière *f* de vivre; conduite *f*; '~**fülle** *f* plénitude *f* de vie; vigueur *f*; '~**gefahr** *f* danger *m* de mort; '2**gefährlich** très dangereux; '~**gefährte** *m*, '~**gefährtin** *f* compagnon *m*, compagne *f* de vie; '~**geister** *m/pl.* esprits *m/pl.* vitaux; '~**geschichte** *f* biographie *f*; '2**groß** de grandeur naturelle; '~**haltung** *f* train *m* de vie; '~**haltungskosten** *pl.* coût *m* de la vie; '~**klugheit** *f* expérience *f* de la vie; sagesse *f* pratique; '~**kraft** *f* force *f* vitale; vigueur *f*; '2**kräftig** vigoureux; '2**länglich** perpétuel; pour toute la vie; *Gefangenschaft*: à perpétuité; *Berufung, Amt*: à vie; *~e Rente* rente *f*

Lebenslauf — 892 — **Legierung**

viagère; 'ˍlauf m vie f; curriculum m vitae; 'ˍlicht poét. n flambeau m de la vie; 'ˍlust f joie f de vivre; 'ˋlustig heureux de vivre; attaché à la vie; 'ˍmittel n/pl. vivres m/pl.; 'ˍmittelgeschäft n magasin m d'alimentation; 'ˍmittelkarte f carte f d'alimentation; 'ˋmüde las de vivre; dégoûté de la vie; 'ˍmut m courage m de vivre; 'ˍniveau n niveau m de vie; 'ˍraum m espace m vital; 'ˍregel f règle f de conduite; maxime f; 'ˍrente f rente f viagère; 'ˍstandard m standard m de vie; 'ˍstellung f position f sociale; (Posten) situation f pour toute la vie; 'ˍtrieb m instinct m vital; 'ˍ-überdruß m dégoût m de la vie; 'ˋ-überdrüssig dégoûté de la vie; 'ˍ-unterhalt m subsistance f; ⚖ aliments m/pl.; s-n ˍ verdienen gagner sa vie; 'ˍversicherung f assurance f sur la vie; 'ˋwahr pris sur le vif; vrai; 'ˍwandel m vie f; conduite f; 'ˍweg m chemin m (de la vie); carrière f; 'ˍweise f façon f de vivre; train m de vie; ⚕ régime m; 'ˍweisheit f philosophie f; sagesse f pratique; 'ˍzeichen n signe m de vie; 'ˍzeit f durée f de la vie; auf ˍ ≈ länglich; 'ˍziel n, 'ˍzweck m but m de la vie.

Leber ['le:bər] f (15) foie m; frei von der ˍ weg reden fig. f parler à cœur ouvert; 'ˍfleck m tache f de rousseur; 'ˍleiden n hépatalgie f; troubles m/pl. hépatiques; 'ˍtran m huile f de foie de morue; 'ˍwurst f andouille f; (Pastete) pâté m de foie.

'**Lebe**|**wesen** n être m vivant; kleinstes ˍ microbe m; ˍ**'wohl** n adieu m.

lebhaft ['le:phaft] vif; (belebt) animé; **ˋigkeit** f vivacité f; (Belebtheit) animation f.

'**Leb**|**kuchen** m pain m d'épice; 'ˋlos sans vie; inanimé; 'ˍlosigkeit f absence f de vie; 'ˍtag m: mein ˍ de (toute) ma vie; 'ˍzeiten f/pl.: bei meinen ˍ de mon vivant.

lechzen ['lɛçtsən] (27): ˍ nach être altéré de; fig. ˍ être avide de qch.; soupirer après qch.

leck [lɛk] 1. ˍ sein avoir une fuite; fuir; ⚓ faire eau; 2. ≈ n fuite f; ⚓ voie f d'eau; 'ˍen v/i. = leck sein; v/t. lécher.

lecker ['lɛkər] friand; **≈bissen** ≈ei [ˍ'raɪ] f (16) friandise f; **≈maul** n gourmet m; F fin bec m.

Leder ['le:dər] n (7) cuir m; weiches: peau f; vom ˍ ziehen dégainer; 'ˍband m, 'ˍeinband m reliure f en cuir; 'ˍhandel m peausserie f; 'ˍhändler m peaussier m; 'ˍhandschuh m gant m de peau; 'ˍhose f culotte f de peau; 'ˍkoffer m malle f en cuir; 'ˍmantel m manteau m en cuir; 'ˍmappe f serviette f en cuir; ≈n de (resp. en) cuir; fig. sec; ennuyeux; 'ˍwaren f/pl. peausserie f; cuirs m/pl.; 'ˍzeug ⚔ n buffleterie f.

ledig ['le:dɪç] libre; von etw. ˍ sein en être quitte (od. délivré) de qch.; (unverheiratet) célibataire; non marié; **≈ensteuer** [ˍ'dɪgən-] f impôt m sur les célibataires; 'ˍlich ['ˍdɪg-] purement (et simplement).

Lee ⚓ [le:] f (15) côté m sous le vent.

leer [le:r] vide; Stelle: vacant; Platz: inoccupé; Papier: en blanc; fig. creux; vide de sens; das sind ˍe Worte ce ne sont que des mots; ˍes Stroh dreschen fig. radoter; ˍ machen vider; ˍ werden se vider; ˍ ausgehen ne rien obtenir; **≈e** ['le:rə] f (15) vide m; '**ˍen** (25) vider; (räumen) évacuer; Briefkasten: faire la levée (de); '**ˋgewicht** n poids m à vide; **≈lauf** m ⊕ marche f à vide; Auto: point m mort; fig. efforts m/pl. inutiles; 'ˍlaufen marcher à vide; Faß: se vider; 'ˍstehend vide; Stelle: vacant; '**ˋtaste** f barre f d'espacement; '**≈ung** f vidange f; Briefkasten: levée f.

Lefze ['lɛftsə] f babine f.

legal [le'ga:l] légal; **ˍisieren** [ˍgali'zi:rən] légaliser; **≈ität** [ˍ'tɛ:t] f légalité f. [2. n (3) legs m.|

Legat [le'gɑ:t] 1. m (12) légat m;|

'**Legehenne** f (poule f) pondeuse f.

legen ['le:gən] (25) mettre; placer; poser; Eier: pondre; sich ˍ s'allonger, (nachlassen) se calmer, s'apaiser, (zu Bett) se coucher; sich auf etw. (acc.) ˍ fig. s'appliquer à qch., als Ausweg: avoir recours à qch.

Legende [le'gɛndə] f (15) légende f; **ˋnhaft** légendaire.

'**Legezeit** f saison f de la ponte.

legier|**en** [le'gi:rən] Metalle: allier; cuis. lier; **≈ung** f alliage m.

Legion [le'gio:n] f légion f; ~är [~o'nɛ:r] m légionnaire m.
legisla|tiv [legisla'ti:f] législatif; ²**tur(periode)** f législature f.
legitim [legi'ti:m] légitime; ²**ation** [~tima'tsio:n] f légitimation f; ²**ationskarte** f carte f d'identité; **~ieren** [~'mi:rən] légitimer; *sich* ~ prouver son identité.
Lehen ['le:ən] n (6) fief m.
Lehm [le:m] m (3) limon m; (terre) glaise f, argile f; **~boden** m sol m argileux; **~grube** f glaisière f; **~hütte** f cabane f en torchis; ²**ig** glaiseux; argileux; **~wand** f mur m en torchis.
Lehne ['le:nə] f (15) dos m; dossier m; (Seiten²) accoudoir m; (Stütze) appui m; ²**n** (25) (sich s')appuyer (gegen, an acc. contre od. à; auf acc. sur), mit dem Rücken: a. (s')adosser (gegen, an acc. à).
Lehnsessel m fauteuil m.
Lehns|herr m suzerain m; **~mann** m (1) vassal m; **~pflicht** f vasselage m; **~wesen** n féodalité f.
Lehr|-amt n ['le:r-] charge f de professeur (resp. d'instituteur); professorat m; **~-amts-anwärter** m stagiaire m; **~-anstalt** f école f; **~brief** m certificat m d'aptitude professionnelle; **~buch** n livre m d'enseignement; (Handbuch) manuel m; précis m.
'**Lehre** f (15) leçon f; (Vorschrift) précepte m; (Unterweisung) instruction f; enseignement m; (System) doctrine f (christliche chrétienne); système m; (Lehrzeit) apprentissage m; (Warnung) avertissement m; ⊕ (Meßinstrument) calibre m; jauge f; modèle m; lassen Sie sich das e-e ~ sein! que cela vous serve de leçon!; bei j-m in der ~ sein être en apprentissage auprès de q.; j-n in die ~ geben (bringen) mettre q. en apprentissage; ²**n** (25): j-n etw. ~ enseigner (od. apprendre) qch. à q.; instruire q. dans qch.; j-n lesen ~ apprendre à lire à q.; **~n** n enseignement m.
'**Lehrer|(in** f) m (Dorfschul²) maître m, -esse f d'école; (Elementar²) instituteur m, -trice f; an höheren Schulen: professeur m; **~bildungs-anstalt** f école f normale d'instituteurs (resp. d'institutrices); **~kollegium** n corps m des professeurs (resp. des instituteurs); **~konferenz** f conseil m des professeurs (resp. des instituteurs); **~schaft** f corps m enseignant; **~seminar** n = ~bildungs-anstalt.
'**Lehr|fach** n matière f d'enseignement; discipline f; **~film** m documentaire m; **~freiheit** f liberté f de l'enseignement; **~gang** m cours m; **~gebäude** n fig. système m; **~gedicht** n poème m didactique; **~gegenstand** m matière f (d'enseignement); **~geld** n frais m/pl. d'apprentissage; ~ zahlen müssen fig. apprendre à ses dépens; **~haft** dogmatique; **~herr(in** f) m patron m, -ne f; **~jahr** n année f d'apprentissage; **~körper** m corps m des professeurs (resp. des instituteurs); **~kraft** f = ~er; **~ling** m (3¹) apprenti m; **~mädchen** n apprentie f; **~meister** m maître m; e-s Lehrlings: patron m; **~mittel** n/pl. matériel m d'enseignement; **~plan** m programme m des études; ²**reich** instructif; **~saal** m salle f de cours; **~satz** m thèse f; & théorème m; rl. dogme m; **~stoff** m matière f (d'enseignement); **~stuhl** m chaire f (für Philologie de philologie); **~stunde** f leçon f; **~tätigkeit** f enseignement m; professorat m; **~vertrag** m contrat m d'apprentissage; **~weise** f méthode f d'enseignement; **~werkstätte** f atelier m d'apprentissage; atelier-école m; **~zeit** f apprentissage m; **~zeugnis** n = ~brief.
Leib [laip] m (1) corps m; (Bauch) ventre m; j-m auf den ~ rücken (zu Leibe gehen) serrer q. de près; sich j-n vom ~e halten tenir q. à distance; bleib mir vom ~e laisse-moi tranquille; mit ~ und Seele de tout son cœur; j-m mit ~ und Seele ergeben sein être dévoué à q. corps et âme; **~arzt** m médecin m ordinaire; **~binde** f ceinture f; **~chen** n (6) corset m; am Kleid: corsage m; ²**eigen** serf; **~eigene(r)** m serf m; **~eigenschaft** f servage m.
'**Leibes|beschaffenheit** f constitution f, complexion f; **~erbe** m héritier m naturel; **~frucht** f fruit m; fœtus m; **~fülle** f embonpoint m; **~größe** f taille f; stature f; **~kraft** f force f physique; aus Leibeskräften de toutes ses forces, laufen: à toutes jambes, schreien: à

tue-tête; '~strafe f peine f corporelle; '~übung f exercice m physique; pl. a. éducation f physique.
'Leib|garde f ('~gardist m) garde f (garde m) du corps; '~gericht n plat m préféré; '~gurt m ceinture f; '℔haft(ig) en personne; (personifiziert) personnifié; incarné; der ⁀e le diable; '℔lich corporel; Verwandter: propre; germain; ⁀e ⁀n Brüder frères m/pl. germains; '~rente f rente f viagère; ~riemen m ceinturon m; '~schmerzen m/pl. colique(s) f (pl.); ~ haben avoir mal au ventre; '~wache f ('~wächter m) garde f (garde m) du corps; '~wäsche f linge m de corps; '~weh n = ~schmerzen.
Leiche ['laɪçə] f (15) mort m; corps m (d'un mort); (Leichnam) cadavre m.
'Leichen|begängnis n (4¹), '~feier f funérailles f/pl.; obsèques f/pl.; '℔blaß blême; livide; '~fledderer m détrousseur m de cadavres; '~halle f dépôt m mortuaire; s. a. ~schauhaus; '~haus n maison f mortuaire; s. a. ~schauhaus; '~hemd n suaire m; '~rede f oraison f funèbre; '~schändung f violation f de cadavre; '~schau f autopsie f; '~schauhaus n morgue f; '~träger m porteur m (du cercueil); P croque-mort m; '~tuch n linceul m; '~verbrennung f crémation f; '~wagen m corbillard m; char m funèbre; '~zug m cortège m funèbre.
Leichnam ['laɪçnɑːm] m (3) cadavre m; corps m (d'un mort).
leicht [laɪçt] Gewicht: léger; Krankheit: peu grave; fig. facile; aisé; ~(er) machen faciliter, Lasten: alléger; sich's ~ machen en prendre à son aise; das ist mir ~ cela ne lui coûte guère; ~es Spiel haben avoir beau jeu; etw. auf die ⁀e Achsel (od. Schulter) nehmen prendre qch. à la légère; es wird ihm ~er (ums Herz) il se sent le cœur plus léger; '℔athletik f athlétisme m; '~blütig ['̱blyːtɪç] fig. d'humeur enjouée; '℔er ⚓ m (7) allège f; '~fallen: es fällt ihm leicht, zu ... il n'a pas de peine à ...; es fällt ihm leicht cela ne lui coûte guère; '~fertig léger; volage; frivole; (unbedachtsam) étourdi; '℔fertigkeit f légèreté f, frivolité f; (Unbedachtsamkeit) étourderie f; '℔fuß m fig. étourdi m; '~füßig ['̱fyːsɪç] aux

pieds légers; fig. étourdi; léger; ~geschürzt [̱gəˈʃʏrtst] court-vêtu; '℔gewicht n Sport: poids m léger; '~gläubig crédule; naïf; '℔gläubigkeit f crédulité f; naïveté f; '~hin à la légère; '℔igkeit f légèreté f; (Mühelosigkeit) facilité f; (Behendigkeit) agilité f; '~lebig insouciant; '℔metall n métal m léger; '~nehmen prendre à la légère; '℔sinn m, '~sinnig [ˈ̱zɪnɪç] = ℔fertigkeit, ~fertig.
leid [laɪt] 1. inv. es tut mir ~, daß ... (resp. zu ... inf.) je regrette (od. je suis fâché) que ... (subj.) resp. de ... inf.); das tut mir ~ j'en suis fâché; du tust ihm ~ tu lui fais pitié; 2. ℨ n (3) (Übel) mal m; (Mühe) peine f; (Schmerz) douleur f; (Kummer) chagrin m; j-m ein ~ (an)tun faire du mal (od. du chagrin) à q.; sich ein ~ antun attenter à ses jours; sein ~ klagen conter ses chagrins.
'Leideform gr. f passif m; voix f passive.
leiden ['laɪdən] (30) 1. v/i. souffrir (an, unter dat. de); v/t. souffrir; (dulden) tolérer; (erdulden) endurer; supporter; (über sich ergehen lassen) subir; j-n ~ können aimer q.; j-n nicht ~ können ne pouvoir souffrir q.; 2. ℨ n (6) souffrance f; (Schmerz) douleur f; (Gram) peines f/pl.; ⚕ affection f; Christi: passion f; '~d souffrant; gr. passif; '℔schaft f passion f; '~schaftlich passionné; '~schaftslos sans passion; impassible.
'Leidens|gefährt(e) m, '~gefährtin f compagnon m, compagne f d'infortune; '~geschichte f rl. passion f; '~weg m calvaire m.
leid|er! ['laɪdər]; ~ Gottes! hélas!; malheureusement; '~ig fâcheux; triste; désagréable; '~lich passable; adv. a. comme ça; comme ci, comme ça; F couci-couça; '℔tragende(r) m qui est en deuil; die ⁀n la famille du défunt; '~voll douloureux; '℔wesen n désolation f; zu m-m großen ~ à mon grand regret.
Leier [laɪər] f (15) lyre f; '~kasten m orgue m de Barbarie; '~kastenmann m joueur m d'orgue de Barbarie; '℔n jouer de la lyre; fig. psalmodier.
Leih|amt ['laɪʔamt] n = ~haus; '~bibliothek f bibliothèque f de

leihen — 895 — **Lendenschmerzen**

prêt; ²en (30) (aus~) prêter; (ent~) emprunter (von j-m etw. qch. à q.); '~frist f délai m de prêt; '~gebühr f taux m de prêt; '~haus n mont-de-piété m; ²weise à titre de prêt.

Leim [laim] m (3) colle f; (Vogel²) glu f; auf den ~ gehen fig. donner dans le panneau; aus dem ~ gehen se décoller; se déboîter; ²en (25) coller; ch. engluer; '~farbe f détrempe f; '~ig collant; gluant; '~rute f gluau m.

Lein [lain] m (3) lin m; '~e f (15) corde f; man. longe f; (Lenkseil) guide f; für Hunde: laisse f; an der ~ führen (an die ~ nehmen) tenir (mettre) en laisse f; '~en n (6) toile f; (Wäsche) linge m; ²en de lin; de fil; rein ~ pur fil; '~engarn n fil m de lin; '~en-industrie f industrie f filière; '~enware f, '~enzeug n toile f; linge m; '~kraut n linaire f; '~kuchen m tourteau m; '~öl n huile f de lin; '~pfad ⊕ m chemin m de halage; '~samen m graine f de lin; '~wand f toile f; Film: écran m; '~wandschuh m espadrille f; '~weber m tisserand m; ~weberei [~'rai] f (Handwerk) tisseranderie f; (Fabrik) tissage m.

leise ['laizə] bas; Schlaf: léger; Gehör: fin; fig. doux; délicat; mit ~r Stimme à voix basse; ~ sprechen (singen) parler (chanter) bas; mit ~n Schritten à pas étouffés; ²treter m (Mucker) sournois m; (Angsthase) timoré m.

Leiste ['laistə] f (15) liteau m, (Borte) bordure f, anat. aine f.

leisten 1. (26) Pflicht: faire; s'acquitter de; (ausführen) exécuter; (erfüllen) accomplir; ⊕ rendre; produire; Zahlung: effectuer; Dienst: rendre; Eid, Hilfe: prêter; in e-m Fach etw. ~ être fort en qch.; sich etw. ~ se payer (od. s'offrir) qch.; **2.** ² m forme f; auf den ~ schlagen mettre sur la forme; alles über e-n ~ schlagen fig. mettre tout au même taux; ²bruch f 'hernie f inguinale; ²gegend f anat. région f inguinale.

'**Leistung** f exécution f; accomplissement m; (Arbeit) travail m; ⊕ puissance f; rendement m; (Produktion) production f; (Zahlung) paiement m; e-s Eides: prestation f; (Erfolg) résultat m; Sport: performance f; ~en pl. e-r Versicherung: prestations f/pl.; '²sfähig capable de satisfaire à toutes les demandes; (produktiv) productif; ⊕ à grande puissance; à 'haut rendement; '~sfähigkeit f capacité f; productivité f; ⊕ puissance f; capacité f de rendement; '~slohn m salaire m au rendement; '~sprämie f prime f de rendement.

Leitartik|el ['lait⁹artikəl] m article m de fond; leader m; éditorial m; '~ler m éditorialiste m.

leiten ['laitən] (26) conduire (a. phys.); (führen) guider; mener; (Richtung geben) diriger; (verwalten) administrer; gérer; Wasser: amener; '~d conducteur (a. phys.); ~er Gedanke idée f directrice.

'**Leiter 1.** a) '~ (in f) m conducteur m, -trice f; guide m; e-s Betriebes: directeur m, -trice f; gérant m, -e f; chef m; b) m phys. conducteur m. **2.** f échelle f; '~sprosse f échelon m; '~wagen m chariot m à ridelles.

'**Leit|faden** m fil m conducteur; (Lehrbuch) manuel m; précis m; fig. fil m rouge; '²fähig conductible; '~fähigkeit f conductibilité f; '~gedanke m idée f directrice; '~hammel m bélier m (qui conduit le troupeau); '~motiv n thème m dominant; leitmotiv m; '~planke f planche f latérale; '~satz m principe m; directive f; '~seil n man. longe f; guide f; '~spruch m épigraphe f; '~stern m (Polarstern) étoile f polaire; fig. guide m.

'**Leitung** f conduite f (a. Gas, Wasser); ≸ ligne f; (Geschäfts²) direction f.

'**Leitungs|draht** m fil m conducteur; '~mast m pylône m; '~netz n réseau m électrique; '~rohr n conduit m; conduite f; '~schnur ≸ f cordon m; '~wasser n eau f potable; '~widerstand m résistance f du fil conducteur.

'**Leitvermögen** n conductibilité f.

Lektion [lɛk'tsio:n] f leçon f.

Lekt|or ['lɛkto:r] m (8¹) lecteur m; ~üre [~'ty:rə] f lecture f.

Lende ['lɛndə] f (Hüfte) 'hanche f; ~n pl. (Nierengegend) reins m/pl.; (Wild², Kalbs²) longe f.

'**Lenden|braten** m filet m; v. Ochsen: aloyau m; v. Kalb: longe f; '~gegend f région f lombaire; reins m/pl.; '²lahm déhanché; éreinté; fig. sans énergie; '~schmerzen

Lendenstück — 896 — **Leutseligkeit**

m/pl. lumbago m; '~stück n longe f; '~weh n = ~schmerzen.

'**Lenk**|**ballon** m dirigeable m; ♀bar dirigeable; gouvernable; (*lenksam*) traitable; docile; ♀en ['lɛŋkən] (25) diriger; *Staat, Schiff:* gouverner; *Wagen, Auto:* conduire; ✈ piloter (*a. Auto, Schiff*); *Blicke:* braquer; '~**er(in** f) m conducteur m, -trice f; '~**rad** n volant m; '~**rolle** f galet--guide m; '~**sam** facile à conduire; traitable, docile; '~**seil** n guide f, longe f; '~**stange** f Fahrrad: guidon m; '~**ung** f direction f; gouvernement m; conduite f.

Lenz [lɛnts] m (3²) printemps m.

Leopard [leo'part] m léopard m.

Lepra ['le:pra] (16) f lèpre f; '~**kranke**(r a. m) m, f lépreux m, -euse f.

Lerche ['lɛrçə] f (15) alouette f.

'**Lern**|**begierde** f envie f d'apprendre; ♀**begierig** désireux d'apprendre; studieux; '~**eifer** m application f; ♀**en** apprendre (*lesen* à lire; *bei j-m* auprès de [*od.* avec] q.; *etw. von j-m* qch. de q.); étudier.

'**Les**|**-art** f version f; *verschiedene* ~ variante f; ♀**bar** lisible.

'**Lese** f (15) récolte f; cueillette f; (*Wein*♀) vendange f; '~**buch** n livre m de lecture; recueil m de morceaux choisis; (*Elementar*♀) abécédaire f; '~**halle** f salle f de lecture; '~**lampe** f liseuse f.

lesen ['le:zən] 1. (30) lire; (*aussuchen*) choisir; trier; (*Vorlesung halten*) faire un cours (*über* sur); (*entziffern*) déchiffrer; (*pflücken*) cueillir; *Korrekturen:* corriger; *Messe:* dire; *Holz:* ramasser; *Gemüse:* éplucher; *Ähren ~* glaner; *Wein ~* vendanger; 2. ♀ n lecture f; *Früchte:* cueillette f; (*Aussuchen*) triage m, v. *Gemüse:* épluchage m; '~**swert** digne d'être lu.

'**Lese**|**probe** thé. f lecture f; '~**pult** n pupitre m; '~**r(in** f) m lecteur m, -trice f; (*Viel*♀) liseur m, -euse f; '~**ratte** f rat m de bibliothèque; '~**rkreis** m lecteurs m; public m; ♀**rlich** lisible; '~**rschaft** f = ~*kreis*; '~**saal** m salle f de lecture; '~**stoff** m lecture f; '~**stück** n morceau m; '~**zeichen** n signet m; '~**zimmer** n cabinet m de lecture; '~**zirkel** m cercle m de lecture.

'**Lesung** f lecture f.

Lett|**e** ['lɛtə] m (13), '~**in** f Letton m, -ne f; ♀**isch** letton; '~**land** n la Lettonie.

letzt [lɛtst] 1. dernier; extrême; ~*en Sonntag* dimanche dernier; *die ~e Hand an etw.* (acc.) *legen* mettre la dernière main à qch.; *an ~er Stelle* en dernier lieu; *zum ~enmal* pour la dernière fois; *in den ~en Zügen liegen* être à l'agonie; *auf dem ~en Loch pfeifen* fig. être à bout; *~er Wille* dernières volontés f/pl.; 2. ♀ f inv.: *zu guter Letzt* en définitive; '~**ens**, '~**hin**, '~**lich** dernièrement; l'autre jour; *in Aufzählungen:* en dernier lieu; '~**er** dernier; '~**erwähnt**, '~**genannt** qui vient d'être mentionné (*od.* cité); '~**willig** ['~viliç] testamentaire; *~ über etw. verfügen* prendre des dispositions testamentaires au sujet de qch.

'**Leucht**|**boje** f bouée f lumineuse; '~**e** f (15) poét. flambeau m; lanterne f; falot m; ⚓ fanal m; fig. coryphée m; ♀**en** ['lɔyçtən] (26) luire; éclairer (*j-m* q.); (*glänzen*) briller; (*funkeln*) étinceler; '~**end** lumineux; éclatant; *~es Beispiel* exemple m éclatant; '~**er** m (7) chandelier m; (*Hand*♀) bougeoir m; (*Kron*♀) lustre m; '~**feuer** n fanal m; '~**gas** n gaz m d'éclairage; '~**käfer** m ver m luisant; lampyre m; '~**kraft** f pouvoir m éclairant; intensité f lumineuse; '~**kugel** f balle f lumineuse (*od.* traçante); '~**pistole** ⚔ f pistolet m lance-fusées; '~**rakete** f fusée f lumineuse; '~**schiff** n bateau--phare m; '~**spurkugel** f balle f traçante; '~**turm** m phare m; '~**zeichen** n signal m lumineux; '~**zifferblatt** n cadran m lumineux.

leugn|**en** ['lɔyknən] (26) nier; (*bestreiten*) contester; ♀**en** n reniement m; désaveu m; '~**er** m négateur m.

Leumund ['lɔymunt] m (3) réputation f; '~**szeuge** m témoin m de moralité; '~**szeugnis** n certificat m de bonne vie et mœurs.

Leute ['lɔytə] pl. (3) gens m/pl.; monde m; (*Personal*) personnel m; *unter die ~ gehen* voir du monde; '~**schinder** m exploiteur m.

Leutnant ['lɔytnant] m (3¹ *u.* 11) sous-lieutenant m.

leutselig ['~ze:liç] affable; débonnaire; ♀**keit** f affabilité f.

Leviten [le'vi:tən] *pl.*: *j-m die ~ lesen fig.* chapitrer q.
Levkoje [lef'ko:jə] *f* (15) giroflée *f*.
Lexikon ['lɛksikɔn] *n* (9¹ *u.* ²) dictionnaire *m*; *für einzelne Werke*: lexique *m*; (*Konversations⁔*) encyclopédie *f*.
Liane [li'a:nə] *f* liane *f*.
Libanon ['li:banɔn] *m* le Liban.
Libelle [li'bɛlə] *f* libellule *f*; F demoiselle *f*; ⊕ niveau *m* à bulle d'air.
liberal [libe'ra:l] libéral; **⁔ismus** [~ra'lis~] *m* (16²) libéralisme *m*.
Libyen ['li:byən] *n* la Libye *f*; **~er(in** *f*) *m* Libyen (-ne) *f*.
Licht [liçt] **1.** *n* (1 *u.* 3) lumière *f*; (*Helle*) clarté *f*; (*Tages⁔*) jour *m*; (*Talg⁔*) chandelle *f*; (*Wachs⁔*) bougie *f*; *~ machen* allumer la lumière; *das ~ der Welt erblicken* voir le jour; naître; *mir geht ein ~ auf* je commence à voir clair; *ich werde ihm ein ~ aufstecken* je le ferai voir clair; *ans ~ kommen* se découvrir; *se mettre au jour*; *~ bringen* mettre au jour; *bei ~* à la lumière; *etw. bei ~ besehen* examiner (*od.* regarder) qch. de près; *gegen das ~* à contre-jour; *j-n hinters ~ führen fig.* duper q.; *du stehst mir im ~* tu m'empêches de voir; **2.** ⁂ lumineux; clair; *Wald, Haare*: clairsemé; *~er Tag* grand (*od.* plein) jour *m*; *~er Augenblick* moment *m* lucide; *~e Stelle am Himmel*: éclaircie *f*, *im Wald*: a. clairière *f*.
'**Licht|anlage** *f* installation *f* d'éclairage; **~bild** *n* photo(graphie) *f*; **~bild-ausweis** *m* carte *f* d'identité avec photo; **~bildervortrag** *m* conférence *f* avec projections; **~bildwerfer** *m* appareil *m* à projections; épidiascope *m*; **⁔blau** bleu clair; **~blick** *fig.* *m* moment *m* de bonheur; **~bogen** *m* arc *m* électrique; **~brechung** *f* réfraction *f* des rayons lumineux; **~druck** *m* phototypie *f*; **⁔empfindlich** sensible à la lumière; **⁔en** (26) (*sich ~*) s'éclaircir; *Anker*: lever; *Baum*: élaguer; *fig.* éclaircir; **⁔erloh** ['liçtərlo:]: *~ brennen* être tout en flammes; **~erscheinung** *f* phénomène *m* lumineux; **~farbendruck** *m* héliogravure *f*; **~hof** *m* cour *f* vitrée; *phot.*, *ast.* 'halo *m*; **~kegel** *m* faisceau *m* de lumière; **~kreis** *m* cercle *m* lumineux; **~lehre** *f* optique *f*; **~leitung** *f* circuit *m* d'éclairage; **~meß** *f* Chandeleur *f*; **~messer** *m* photomètre *m*; **~pause** *f* photocalque *m*; **~quelle** *f* source *f* lumineuse; **~reklame** *f* réclame *f* lumineuse; **~schacht** *m* cour *f* intérieure; ⚒ puits *m* au jour; **~schalter** *m* commutateur *m*; **~schein** *m* lueur *f*; reflet *m* de lumière; **⁔scheu** qui fuit le jour; **~schirm** *m* abat-jour *m*; **~seite** *f* côté *m* éclairé; *fig.* beau côté *m*; **~signal** *n* signal *m* optique; **~spieltheater** *n* cinéma *m*; **~stärke** *f* intensité *f* lumineuse; **~strahl** *m* rayon (*fig.* trait) *m* de lumière; **~ung** *f am Himmel*: éclaircie *f*; *im Walde*: a. clairière *f*; *des Ankers*: levée *f*.
Lid [li:t] *n* (1) paupière *f*.
lieb [li:p] cher; (*zärtlich geliebt*) chéri; (*liebenswürdig*) aimable; (*angenehm*) agréable; *der ~ Gott* le bon Dieu; *du ~er Gott!* ah! mon Dieu!; *du ~er Himmel!* bonté du Ciel!; *ach, du ~e Zeit!* bonté divine!; *Unsere Liebe Frau* la Sainte Vierge; *die ~e Sonne* le bon soleil; *den ~en langen Tag* toute la sainte journée; *es ist mir ~, daß ...* je suis bien aise que ... (*subj.*); *es ist mir nicht ~, daß ... je n'aime pas que ...* (*subj.*); *wenn dir den Leben ~ ist* si tu tiens à la vie; *s. a. ~er*, *~st*; **~äugeln** ['~ʔɔygəln]: *mit j-m ~* lancer des œillades à q.; *mit e-r Reise ~* caresser l'idée de faire un voyage; **~behalten**: *j-n ~* garder de l'amour (*resp.* de l'amitié) pour q.; **⁔chen** *n* (6) bien-aimée *f*; **⁔e** *f* (15) amour *m* (*pl. off f*) (*zu* de; *a.* pour); (*Zuneigung*) affection *f*; *christliche ~* charité *f* (chrétienne); **⁔ediene'rei** *f* (16) basse complaisance *f*; **⁔elei** [~bə'laɪ] *f* amourette *f*; flirt *m*.
lieben ['li:bən] (25) aimer; *zärtlich*: chérir; **~d**: *die ⁔en* les amants *m/pl.*; **~swert** digne d'être aimé; **~swürdig** aimable; **⁔swürdigkeit** *f* amabilité *f*.
'**lieber** (*comp. v. lieb, gern*): *~ haben*, (*mögen, wollen*) aimer mieux; préférer; (*eher*) plutôt.
'**Liebes|abenteuer** *n* aventure *f* galante; **~brief** *m* lettre *f* d'amour; billet *m* doux; **~dienst** *m* obligeance *f*; complaisance *f*; *aus Mildtätigkeit*: œuvre *f* charitable (*od.* de charité); **~erklä-**

Liebesgaben — 898 — **lila**

rung f déclaration f (d'amour); '~**gaben** f/pl. dons m/pl. (charitables); ⚔ dons m/pl. patriotiques; '~**gedicht** n poème m d'amour; '~**geschichte** f histoire f d'amour; '~**geständnis** n aveu m d'amour; '~**glut** f ardeur f amoureuse; '~**handel** m intrigue f amoureuse; affaire f galante; '~**kummer** m chagrin m d'amour; '~**lied** n chanson f d'amour; '~**mahl** n agape f; ~**müh** ['~my:] f: verlorene ~ peine f perdue; '~**paar** n couple m d'amoureux; '~**pfand** n gage m d'amour; '~**rausch** m ivresse f amoureuse; '~**roman** m roman m d'amour; '~**trank** m philtre m d'amour; '~**verhältnis** n liaison f (amoureuse); '~**werk** n œuvre f de charité.

'**lieb**|**evoll** affectueux; tendre; '~**gewinnen** prendre en affection; se prendre d'amitié pour; '~**haben** aimer; 2**haber**(**in** f) ['~ha:bər] m amoureux m, -euse f; amant m, -e f; Kunst, Sport: amateur m; thé. Erste(r) ~ jeune premier m, -ière f; 2**haberei** [~'raɪ] f (16) goût m particulier pour; (Steckenpferd) violon m d'Ingres; '~'**kosen** caresser; 2**kosung** f caresse f; '~**lich** agréable; charmant; suave; (anmutig) gracieux; Land: riant; doux; 2**lichkeit** f charme m; suavité f; grâce f; douceur f; 2**ling** ['li:plɪŋ] m (3) favori m, -te f; als Kosename: mignon m, -ne f; 2**lingsbeschäftigung** f occupation f favorite; 2**lingsdichter** m poète m préféré; '~**los** sans amour; sec; dur; '~**losigkeit** f sécheresse (od. dureté) f de cœur; '~**reich** affectueux; 2**reiz** m charme(s pl.) m; attraits m/pl.; '~**reizend** charmant; 2**schaft** f (16) liaison f (amoureuse); amourette f; flirt m.

liebst [li:pst] (sup. v. lieb, gern): am ~**en** de préférence; am ~**en haben** aimer le mieux; m-e ~**e** Beschäftigung mon occupation f favorite; 2**e**(**r**) m, f chéri m, -e f; bien-aimé m, -e f.

Lied [li:t] n (1) chanson f; chant m; (Kirchen2) cantique m; davon kann ich ein ~ singen fig. j'en sais quelque chose; '~**chen** n chansonnette f.

Lieder|**abend** ['li:dər-] m récital m de chant; '~**buch** n recueil m de chansons; chansonnier m; '~**dich**-**ter** m chansonnier m; '2**lich** négligent; (ausschweifend) débauché; libertin; ~**er Kerl** mauvais sujet m; ~**es Frauenzimmer** femme f de mauvaise vie; ~**e Arbeit** travail m bâclé; '~**lichkeit** f négligence f; (Sittenlosigkeit) débauche f; libertinage m; mauvaises mœurs f/pl.; '~**tafel** f société f chorale; orphéon m.

Liefer|**ant** [li:fə'rant] m fournisseur m; '~**auto** n livreuse f; kleines: camionnette f; fourgonnette f; '2-**bar** livrable; '~**frist** f délai m de livraison; '2**n** (25) livrer; (besorgen) fournir; '~**schein** m bulletin m de livraison; '~**termin** m date f de livraison; '~**ung** f livraison f; (Besorgung) fourniture f; Buch: fascicule m; '~**ungsbedingungen** f/pl. conditions f/pl. de livraison; '~**ungsgeschäft** n opération f à terme; '~**wagen** m = ~**auto** f; '~**zeit** f = ~**frist**.

liegen ['li:gən] (30) être couché; Ort: être situé; (sich befinden) se trouver; être; was liegt daran? qu'importe?; woran liegt es? à quoi cela tient-il? daran soll es nicht ~! qu'à cela ne tienne!; an wem liegt es? à qui la faute?; an j-m ~ (von j-m abhängen) dépendre de q.; die Entscheidung liegt bei ... la décision relève de ...; mir liegt etw. an dieser Sache je tiens à cette affaire; mir liegt daran, daß ... (resp. zu ... inf.) il m'importe que ... (subj.) (resp. de ... inf.); das liegt in ihm c'est dans sa nature; gegen (od. nach) Süden ~ être exposé au midi; nach dem Hofe ~ donner sur la cour; '~-**bleiben** rester couché; Arbeit: être arrêté; ne pas se faire; Ware: ne pas se vendre; Brief: rester en souffrance; Auto: rester en panne; '~**lassen** laisser; (vergessen) oublier; 2**schaft** f: ~**en** pl. (16) immeubles m/pl.; biens-fonds m/pl.

'**Liegestuhl** m chaise f longue; fauteuil-couchette m; transatlantique m.

Lift [lɪft] m (3 od. 11) ascenseur m; '~**führer**(**in** f) m liftier m, -ière f; garçon m d'ascenseur.

Liga ['li:ga:] f ligue f.

Liguster [li'gʊstər] m troène m.

Likör [li'kø:r] m (3¹) liqueur f; ~**fabrikant** m liquoriste m; ~**glas** n verre m à liqueur.

lila ['li:la:] (2 n) lilas (m).

Lilie ['li:liə] *f* (15) lis *m*.
Liliputaner(in *f*) [lilipu'ta:nər(in)] *m* Lilliputien *m*, -ne *f*. [monade *f*.)
Limonade [limo'na:də] *f* (15) li-)
Limousine [limu'zi:na] *f* limousine *f*; conduite *f* intérieure.
'**lind(e)** doux; ~e *Luft* zéphyr *m*.
Lind|e ['lində] *f*, '~enbaum *m* tilleul *m*; '~enblüte *f* fleur *f* de tilleul; '~enblütentee *m* infusion *f* de tilleul.
'**linder|n** (29) adoucir; (*erleichtern*) soulager; *Schmerz*: calmer; apaiser; alléger; ♀ung *f* adoucissement *m*; (*Erleichterung*) soulagement *m*; *Schmerz*: apaisement *m*; allégement *m*; ♀ungsmittel *n* calmant *m*.
Lindwurm ['lint-] *m* dragon *m*.
Lineal [line'a:l] *n* (3¹) règle *f*.
Line'arzeichnen *n* dessin *m* linéaire.
Lingu'ist *m* linguiste *f*; ~ik *f* linguistique *f*; ♀isch linguistique.
Lini|e ['li:niə] *f* (15) ligne *f* (*a*. ⚔); *e-s Geschlechtes*: branche *f*; *in erster* ~ *fig*. en premier lieu; *in e-r* ~ *aufstellen* mettre en ligne; aligner; ~ *halten beim Schreiben*: suivre les lignes; '~enblatt *n* transparent *m*; '~enpapier *n* papier *m* réglé; '~enrichter *m Sport*: juge *m* de touche; '~enschiff *n* vaisseau *m* de ligne; ♀(**i**)**eren** [lin(i)'i:rən] régler.
link gauche; ~*e Seite Stoff, Münze*: envers *m*; '♀**e** *f* la main gauche; *pol*. la gauche; *zur* ~*n* à (main) gauche; '~**isch** gauche; maladroit.
links [liŋks] à (main) gauche; *j-n* ~ *liegenlassen fig*. tourner le dos à q.; '♀-**außen(stürmer)** *m Sport*: ailier *m* gauche; '♀**er** *m* = '♀**händer** *m* gaucher *m*; ~**händig** ['~hendiç] gaucher; '♀-**innen(stürmer)** *m Sport*: inter *m* gauche; '~'**um!** gauche!
Linnen ['linən] *n* toile *f*.
Linoleum [li'no:leum] *n* (9) linoléum *m*; ~**schnitt** *m* gravure *f* sur linoléum.
Lins|e & *u. opt*. ['linzə] *f* (15) lentille *f*; ♀**enförmig** ['~fœrmiç] lenticulaire; '~**engericht** *n* plat *m* de lentilles; '~**ensuppe** *f* soupe *f* aux lentilles.
Lipp|e ['lipə] *f* lèvre *f*; *sich auf die* ~*n beißen* se mordre les lèvres; *es soll nicht über m-e* ~*n kommen* je n'en soufflerai mot; *e-e* ~ *riskieren fig*. F lâcher une impertinence;

~**enblütler** ['~bly:tlər] *m* labiée *f*; '~**enlaut** *m* labiale *f*; '~**enstift** *m* (bâton *m* de) rouge *m*.
Liquid|ation [likvidatsi'o:n] *f* liquidation *f*; ♀**ieren** [~'di:rən] liquider.
lispeln ['lispəln] (29) zézayer; (*flüstern*) chuchoter. [bonne *f*.]
Lissabon ['lisabɔn] *n* (17) Lis-)
List [list] *f* (16) ruse *f*; astuce *f*; (*Kunstgriff*) artifice *m*.
Liste *f* (15) liste *f*; (*Aufstellung*) relevé *m*; (*Steuer*♀) rôle *m*; '~**nwahl** *f* scrutin *m* de liste.
'**listig** rusé; astucieux; finaud.
Litanei [lita'nai] *f* (16) litanies *f/pl*. (*Geleier*) litanie *f*.
Litau|en ['litauən] *n* (17) la Lituanie; '~**er(in** *f*) *m* Lituanien *m*, -ne *f*.
Liter ['li:tər] *n u. m* litre *m*.
lite'ra|risch littéraire; ♀**t** [litə'ra:t] *m* (12) homme *m* de lettres; ♀**tur** [~'tu:r] *f* (16) littérature *f*; ♀**tur-angaben** *f/pl*. bibliographie *f*; ♀**turgeschichte** *f* histoire *f* de la littérature. [d'affiches.)
Litfaßsäule ['litfas-] *f* colonne *f*)
Lithograph [lito'gra:f] *m* lithographe *m*; ~**ie** [~gra'fi:] *f* lithographie *f*; ♀**ieren** [~'fi:rən] lithographier; ♀**isch** lithographique.
Liturg|ie [litur'gi:] *f* liturgie *f*; ♀**isch** [li'turgiʃ] liturgique.
Litze ['litsə] *f* (15) cordon *m*; (*Tresse*) galon *m*; (*platte Schnur*) soutache *f*; (*Vorstoß*) passepoil *m*; ⚡ câble *m* torsadé.
Liv|land [li:f-] *n* la Livonie, '~**länder(in** *f*) *m* Livonien *m*, -ne *f*.
Livree [liv're:] *f* livrée *f*.
Lizen|tiat [litsɛn'tsi̯a:t] *m* licencié *m*; ~**z** [li'tsɛnts] *f* licence *f*; ~**zträger** *m* titulaire *m* de la licence.
Lob [lo:p] *n* (3) louange *f*; (~*rede*) éloge *m*; ♀**en** ['lo:bən] (25) louer; faire l'éloge de; *j-n für etw*. (*od. wegen*) ~ louer q. de qch.; ♀**enswert** louable; digne d'éloge; '~**gesang** *rl*. *m* hymne *f*; ~**hudelei** [~hu:də'lai] *f* (16) adulation *f*; ♀-**hudeln** aduler; ~**hudler** *m* adulateur *m*.
'**löblich** louable.
'**Lob|lied** *n* chant *m* de louange; *rl*. = ~*gesang*; ♀**preisen** (30) glorifier; exalter les mérites de; ~**preisung** ['~praizuŋ] *f* glorification *f*; '~**rede** *f* éloge *m*; panégyrique *m*; '~**redner** *m* panégyriste *m*; '~**spruch** *m* éloge *m*.

Loch [lɔx] n (1²) trou m; (Öffnung) ouverture f; F (Gefängnis) cachot m; im Zeug: accroc m; im Käse: œil m; elendes ~ (Wohnung) taudis m; '~-eisen n emporte-pièce m; poinçon m; ǁen (25) perforer; Fahrkarten usw.: poinçonner; '~er m (7) perforateur m; [poreux.]
löcherig ['lœçəriç] troué; (porös)ǁ
'Loch|kartensystem n système m de fiches perforées; **~ung** f perforation f; **~zange** f perforateur m; des Schaffners: pince f à poinçonner; ⊕ emporte-pièce m.
Locke ['lɔkə] f (15) boucle f; ~n brennen friser les cheveux; in ~n legen mettre en boucles; boucler.
'locken v/t. (an~) attirer; allécher; ch. appâter; piper; fig. séduire; leurrer; v/i. Haar: (sich se) boucler; '~d (anziehend) attrayant, séduisant; 'ǁkopf m tête f frisée; 'ǁwickel m aus Papier: papillote f; aus Metall bigoudi m.
'lock|er lâche; desserré; (nicht dicht) peu cohérent; (porös) poreux; ✓ Boden: meuble; moralisch: relâché; léger; libertin; dissolu; ~er Vogel personne f légère; ein ~es Leben führen vivre dans la dissipation; er läßt nicht ~ fig. il n'en démord pas; ~ werden = ~ern (29) relâcher; Schraube: desserrer; Boden: ameublir; 'ǁerung f relâchement m; '~ig bouclé; 'ǁmittel n appât m; amorce f; 'ǁpfeife f appeau m; pipeau m; 'ǁspeise f = ǁmittel; 'ǁspitzel m agent m provocateur; der Polizei: mouchard m; 'ǁung f séduction f; attrait m; appât m (a. ch.); 'ǁvogel m ch. appeau m; fig. personne f qui allèche.
Lod|en ['lo:dən] m (6) loden m; ǁen ['lo:dərn] (29) flamber; flamboyer; fig. brûler; '~ernd ardent.
Löffel ['lœfəl] m (7) cuiller f; ch. oreille f; 'ǁn (29) manger à la cuiller; '~voll m (3¹) cuillerée f; 'ǁweise par cuillerées.
Log ⊕ [lɔk] n (3¹) loch m.
Logarithm|enrechnung [loga'ritmən-] f calcul m logarithmique; **~entafel** f table f de logarithmes; **~us** m logarithme m.
'Logbuch ⊕ n livre m du loch.
Log|e ['lo:ʒə] f loge f; **ǁenbruder** m frère m (franc-maçon); **ǁenschließer(in f)** m ouvreur m, -euse f.

Logier|besuch [lo'ʒi:r-] m invités m/pl. qui logent; ǁen loger; **~haus** n hôtel m garni; **~zimmer** n chambre f d'ami.
Logik ['lo:gik] f (16) logique f.
Logis ['lo:ʒi:] n logement m; logis m.
'logisch logique.
'Logleine ⊕ f ligne f de loch.
Loh|e ['lo:ə] f flamme(s pl.) f; ⊕ tan m; ǁen v/i. flamber; flamboyer; v/t. ⊕ tanner; **~gerber** m tanneur m; **~gerbe'rei** f tannerie f.
Lohn [lo:n] m (3²) salaire m; Dienstboten: gages m/pl.; fig. récompense f; '~arbeit f travail m salarié; '~arbeiter m (ouvrier m) salarié m; '~empfänger m salarié m; ǁen (25) (ent~) payer; fig. a. récompenser (j-m etw. q. de qch.); sich ~ valoir la peine; (sich lohnt sich (der Mühe) nicht cela n'en vaut pas la peine; 'ǁend profitable; (vorteilhaft) avantageux; (gewinnbringend) lucratif, rémunérateur.
löhnen ['lø:nən] (25) Arbeiter: payer le salaire; Dienstboten: payer les gages; ⚔ distribuer la solde.
'Lohn|erhöhung f augmentation f des salaires; '~herr m patron m; '~kampf m lutte f pour l'augmentation des salaires; '~kürzung f, '~senkung f réduction f des salaires; '~satz m taux m de salaire; '~skala f: gleitende ~ échelle f mobile des salaires; '~steuer f impôt m sur les salaires; '~stop m blocage m des salaires; '~streit m conflit m des salaires; '~tag m jour m de paie; '~zahlung f paiement m du salaire.
'Löhnung f paie f; Arbeiter: a. salaire m; Dienstboten: gages m/pl.; ⚔ solde f; '~stag m = Lohntag.
Lokal [lo'ka:l] n (3) local m; établissement m; (Gaststätte) restaurant m; café m; ~e(s) n in e-r Zeitung: chronique f locale; '~farbe f couleur f locale; ǁisieren [~kali'zi:rən] localiser; **~ität** [~'tɛ:t] f local m; '~kenntnis f connaissance f des lieux; **~patriotismus** m patriotisme m de clocher; **~termin** m descente f sur les lieux; **~verhältnisse** n/pl. circonstances f/pl. locales; **~verkehr** m trafic m local.
Lokomotiv|e [lokomo'ti:və] f (15) locomotive f; **~führer** m mécanicien m.

Lombard|geschäft [lɔmˈbart-] n prêt m sur gages; **♀ieren** [~ˈdiːrən] prêter sur gages. [m a. f.)
London [ˈlɔndən] n (17) Londres f; **~er(in** f) n Londonien m, -ne f.
Lorbeer [ˈlɔrbeːr] m (5²) laurier m; sich auf s-n ~en ausruhen s'endormir sur ses lauriers; **~kranz** m couronne f de laurier.
Lore [ˈloːrə] f (15) truc m; (Kipp♀) wagonnet m basculant.
Lorgnette [lɔrnˈjɛtə] f (15) binocle m; (Stielbrille) face-à-main m.
Los [loːs] 1. n (4) lot m; (Schicksal) sort m; destinée f; (Lotterie♀) billet m de loterie; das große ~ gewinnen gagner le gros lot; durchs ~ entscheiden décider par le sort; das ~ über etw. (acc.) werfen (od. entscheiden lassen) tirer qch. au sort; 2. ♀ (18¹) détaché; (frei) dégagé; (entfesselt) déchaîné; was ist ~? qu'y a-t-il?; es ist etw. ~ il se passe qch.; als ob nichts ~ wäre comme si de rien n'était; sein Geld ist er ~ il en est pour son argent; j-n (etw.) ~ sein être débarrassé (od. quitte) de q. (de qch.); j-n (etw.) ~werden pouvoir se débarrasser de q. (de qch.); etw. ~ haben se connaître à qch.; ~! allons!; allez!
lösbar [ˈløː-] soluble; Aufgabe: résoluble.
los|bekommen parvenir à détacher; **~binden** détacher; délier; **~brechen** v/t. détacher (en rompant); v/i. éclater.
Lösch|apparat m extincteur m; **~blatt** n (papier m) buvard m; **♀en** [ˈlœʃən] éteindre; Schuld: a. amortir; Hypothek: radier; Durst: étancher; Schiff: décharger; Waren: débarquer; (aus~) effacer, rayer; **~en** n extinction f; Schulden: amortissement m; Hypothek: radiation f; Schiffe: déchargement m; Waren: débarquement m; **~er** m (7) buvard m; **~gerät** n extincteur m; **~mannschaft** f (corps m des) pompiers m/pl.; **~papier** n = ~blatt; **~platz** ♆ m débarcadère m.
los|drehen détacher en tordant; **~drücken** Gewehr: tirer.
lose [ˈloːzə] lâche; (losgelöst) détaché; Schraube: desserré; (beweglich) mobile; ✝ au détail; fig. licencieux; frivole; ~ sein Zahn: branler; ~r schrauben desserrer la vis; ~s Haar

cheveux m/pl. flottants; e-e ~ Hand haben fig. avoir la main leste; e-n ~n Mund haben avoir une mauvaise langue.
Löse|geld n rançon f; **~mittel** n ♔ dissolvant m; ✧ expectorant m.
losen (27) 1. tirer au sort; 2. ♀ n tirage m au sort.
lösen [ˈløːzən] (27) délier (a. fig.); dénouer; (trennen) separer; Schraube: desserrer; Aufgabe, Widerspruch: résoudre; Rätsel: deviner; Zweifel: lever; Karte: prendre; Vertrag: résilier; annuler; Knoten: défaire; Pfand: retirer; Schuß: lâcher; ♔ dissoudre.
los|fahren partir; Fahrzeug: démarrer; ~ auf (acc.) aller droit sur, (herfallen über) fondre sur; **~feuern** décharger; ~ auf (acc.) faire feu sur; **~gehen** partir; (sich lösen) se détacher; F (anfangen) commencer; auf j-n ~ aller droit sur q., (herfallen über) fondre sur q.; auf etw. (acc.) frisch~ poursuivre qch. avec ardeur; **~haken** décrocher; dégrafer; **~kauf** m rachat m; **~kaufen** racheter; **~ketten** [ˈkɛtən] déchaîner; **~knüpfen** dénouer; **~kommen** parvenir à se dégager (von de); se débarrasser (de); ⚔ être libéré; ⚓ décoller; **~koppeln** ch. découpler; Wäggons: détacher; **~lassen** lâcher; abs. lâcher prise; Gefangene: mettre en liberté; **~legen** F commencer.
löslich [ˈløːslɪç] soluble; **♀keit** f solubilité f.
los|lösen détacher; **~machen** défaire; détacher; Hemmnisse: dégager; **~marschieren** se mettre en marche (auf acc. sur); **~platzen** éclater; **~reißen** arracher; détacher; **~sagen**: sich von e w. ~ se désister de qch.; renoncer à qch.; sich von j-m ~ se désolidariser de q.; **♀sagung** f désistement m (von de); renoncement m (à); **~schießen** Waffe: décharger; fig. F dire ce que l'on a sur le cœur; ~ auf (acc.) fig. fondre (od. se jeter) sur; **~schlagen** v/t. enlever (à coups de ...); ✝ vendre à tout prix; v/i. commencer l'attaque; auf j-n ~ frapper q.; **~schnallen** déboucler; **~schrauben** dévisser; **~sprechen** absoudre; **♀sprechung** f absolution f; **~sprengen** v/t. faire sauter; v/i. s'élancer au galop; **~springen** sauter; (sich ab-

losstürmen — 902 — **Luftikus**

lösen) se détacher; '~**stürmen** fondre (*auf acc.* sur); (*angreifen*) assaillir; '~**stürzen** se précipiter (*auf acc.* sur); '~**trennen** découdre.
'**Losung** *f* (*Aus*♀) tirage *m* (au sort); *ch.* fiente *f*, *Rotwild:* fumées *f/pl.*; (*Parole*) = '~**swort** *n* mot *m* d'ordre.
'**Lösung** *f* solution *f* (*a.* ♠, ♣ *u.* ⚗); *thé.* dénouement *m*; (*Trennung*) séparation *f*; *Vertrag:* résiliation *f*; annulation *f*.
'**los|werden** se débarrasser de; se défaire de; '~**wickeln** dévider; '~**ziehen** marcher (*auf acc.* sur).
Lot [lo:t] *n* (3) (*ehm. Gewicht*) demi-once *f*, *géom.* perpendiculaire *f*; ⊕ fil *m* à plomb; ⚓ sonde *f*; ♀en prendre l'aplomb; passer au fil à plomb; ⚓ sonder.
löt|en ['lø:tən] (26) souder; *hart* ~ braser; ♀**en** *n*, ♀**ung** *f* soudure *f*; (*Hart*♀) brasure *f*.
Lothring|en ['lo:triŋən] *n* (17) la Lorraine; '~**er(in** *f*) *m* Lorrain *m*, *-e f*; ♀**isch** lorrain.
'**Löt|kolben** *n* fer *m* à souder; '~**lampe** *f* lampe *f* à souder; '~**mittel** *n* soudure *f*; (*Hart*♀) brasure *f*.
Lotos ['lo:tɔs] *m* lotus *m*; ~**blume** *f* fleur *f* de lotus *m*. [tical.)
'**lotrecht** à plomb; d'aplomb; ver-)
Lots|e ['lo:tsə] *m* (13) pilote *m*; ♀**en** ['lo:tsən] (27) piloter; '~**en-boot** *n* bateau-pilote *m*. [sure *f*.)
'**Lötstelle** *f* soudure *f*; (*Hart*♀) bra-)
Lotterie [lɔtə'ri:] *f* (15) loterie *f*; ~**einsatz** *m* enjeu *m* à la loterie; ~**gewinn** *m* gain *m* à la loterie; (*Los*) lot *m* gagnant; ~**los** *n* billet *m* de loterie.
lotter|ig ['lɔtəriç] bohème; ♀**leben** *n* vie *f* de bohème; '~**n** mener une vie de bohème; ♀**wirtschaft** *f* incurie *f*. [de) loto *m*.)
Lotto ['lɔto:] *n* (11), ~**spiel** *n* (jeu *m*)
'**Lötzinn** *n* étain *m* à souder.
Löw|e ['lø:və] *m* (13), '~**in** *f* (16¹) lion *m*, *-ne f*; '~**en-anteil** *m* part *f* du lion; '~**enjagd** *f* chasse *f* au lion; '~**enmaul** *n* mufller *m*; '~**enzahn** ♀ *m* pissenlit *m*; dent-de-lion *f*.
loyal [loa'ja:l] loyal; ♀**ität** [~jali'tɛ:t] *f* loyauté *f*.
Luchs [luks] *m* (4) lynx *m*; loup-cervier *m*; *fig.* fin matois *m*.

Lück|e ['lykə] *f* (15) lacune *f* (*a. Text*♀); (*Mauer*♀, *Hecken*♀, *Zahn*♀) brèche *f*; (*Leere*) vide *m*; '~**enbüßer** *m* bouche-trou *m*; *in Versen:* cheville *f*; '♀**enhaft** qui a des lacunes (*resp.* des brèches); (*unvollständig*) incomplet; défectueux.
Luder ['lu:dər] *n* (7) charogne *f*.
Luft [luft] *f* (14¹) air *m*; *geistig:* atmosphère *f*; ~ *schöpfen* (*schnappen*) prendre l'air; *keine* ~ *bekommen* manquer d'air; étouffer; *wieder* ~ *bekommen* reprendre haleine; *s-m Herzen* ~ *machen* épancher sa bile; *j-n an die* ~ *setzen* F flanquer q. à la porte; *das ist aus der* ~ *gegriffen* c'est pure invention; *in der* ~ *liegen* être dans l'air; *in die* ~ *fliegen* sauter; *in die* ~ *sprengen* faire sauter; *nach* ~ *schnappen* chercher à respirer; '~**abwehr** *f* défense *f* antiaérienne; '~**angriff** *m* raid *m* aérien; attaque *f* aérienne; '~**aufklärung** *f* reconnaissance *f* aérienne; '~**aufnahme** *f* photo (-graphie) *f* aérienne; '~**bad** *n* bain *m* d'air; '~**ballon** *m* ballon *m*; *lenkbarer:* dirigeable *m*; '~**bild** *n* photo(graphie) *f* aérienne; '~**blase** *f* bulle *f* d'air; *Fisch:* vessie *f* natatoire; '~**brücke** *f* pont *m* aérien; ♀**dicht** hermétique.
'**Luftdruck** *m* pression *f* atmosphérique; '~**bremse** *f* frein *m* à air comprimé; '~**messer** *m* baromètre *m*.
lüften ['lyftən] (26) aérer; ventiler; *Hut usw.:* soulever.
'**Luft|fahrt** *f* aviation *f*; navigation *f* aérienne; (*Reise*) voyage *m* en avion; '~**fahrtgesellschaft** *f* compagnie *f* de navigation aérienne; '~**fahrtministerium** *n* ministère *m* de l'Air; '~**fahrtwesen** *n* aéronautique *f*; aviation *f*; '~**feuchtigkeit** *f* humidité *f* atmosphérique; '~**feuchtigkeitsgrad** *m* degré *m* hygrométrique; '~**feuchtigkeits-messer** *m* hygromètre *m*; '~**flotte** *f* flotte *f* aérienne; ♀**gekühlt** ['~gəky:lt] refroidi par air; '~**geschwader** *n* escadre *f* aérienne; '~**gewehr** *n* fusil *m* à air comprimé; '~**hafen** *m* aéroport *m*; '~**hauch** *m* souffle *m* (d'air); '~**heizung** *f* chauffage *m* à air chaud; '~**herrschaft** *f* maîtrise *f* de l'air; '♀**ig** aérien; *Zimmer:* aéré; *Kleid:* léger; (*flatterhaft*) volage; '~**ikus** *m* écer-

Luftinspektion — 903 — **Lungenspitze**

velé m; '~-inspektion f contrôle m photographique aérien; '~kampf m combat m aérien; '~kissen n coussin m pneumatique; '~kissenfahrzeug n aéroglisseur m; '~korridor m couloir m aérien; '⚨krank: ~ sein avoir le mal de l'air; '~krieg m guerre f aérienne; '~kühlung f refroidissement m par air; '~kur f cure f climatique; '~kur-ort m station f climatique; '~landetruppen f/pl. troupes f/pl. aéroportées; '⚨leer (~er Raum) vide (m); '~linie f ligne f droite; ≯ ligne f aérienne; '~loch n △ soupirail m; ⊕ évent m; ventouse f; ≯ trou m d'air; '~messer m aéromètre m; '~post f poste f aérienne; durch (od. mit) ~ par avion; '~pumpe f pompe f (à pneu[matique]s); Auto: a. gonfleur m; '~raum m espace m aérien; '~reifen m pneu(matique) m; '~reiniger m épurateur m d'air; Auto: filtre m d'air; '~röhre f anat. trachée-artère f; '~röhrenentzündung f trachéite f; '~sack m ballonnet m; '~schacht ⚒ m puits m d'aération; '~schiff n aérostat m; lenkbares: dirigeable m; '~schiffahrt f aérostation f; mit Flugzeugen: navigation f aérienne; aviation f; '~schiffahrtskunde f aéronautique f; '~schiffer m aéronaute m; aérostier m; (Flieger) aviateur m; '~schiffhafen m, '~schiffhalle f port m d'attache; 'hangar m; '~schlauch m chambre f à air; '~schloß n château m en Espagne; '~schraube f hélice f; propulseur m; '~schutz m défense f passive; '~schutzraum m abri m; '~schutz-übung f exercice m de défense passive; '~spiegelung f mirage m; '~sprung m gambade f; saut m en l'air; '~streitkräfte f/pl. forces f/pl. aériennes; '~strom m, '~strömung f courant m atmosphérique; = ~zug; '~torpedo m torpille f aérienne.

'**Lüftung** f aération f; aérage m; ventilation f; '~sklappe f clapet m d'aérage; '~srohr n conduit m d'aérage.

'**Luft|ver-änderung** f changement m; '~verkehr m trafic m aérien; '~waffe f arme f aérienne; aviation f (militaire); '~warte f observatoire m aéronautique; '~weg m voie f aérienne; auf dem ~e par la voie des airs; '~widerstand m résistance f de l'air; '~ziegel △ m brique f crue; '~zufuhr f ventilation f; '~zug m courant m d'air; '~zwischenfall m incident m aérien.

Lug [lu:k] m (3): ~ und Trug pur mensonge m.

Lüge ['ly:gə] f (15) mensonge m; j-n ~n strafen démentir q.

lugen ['lu:gən] guetter; épier.

lügen ['ly:gən] (30) **1.** mentir; **2.** ⚨ n mensonge m; '⚨gewebe n tissu m de mensonges; '~haft menteur; (trügerisch) mensonger; '⚨meldung f fausse nouvelle f; F canard m, bobard m.

Lügner|(in f) ['ly:knər] m menteur m, -euse f; ⚨isch = lügenhaft.

Luke ['lu:kə] f (15) lucarne f; ⚓ écoutille f.

Lulatsch ['lu:latʃ] m grand flandrin m.

lullen ['lulən] (25): in den Schlaf ~ endormir par des chansons.

Lümmel ['lyməl] m (7) mufle m; ~'ei f muflerie f; '⚨haft comme un mufle.

Lump [lump] m (3 u. 12) gueux m; fig. salaud m.

'**Lumpen 1.** m (6) chiffon m; (pl. zerlumpte Kleider) guenilles f/pl.; 'haillons m/pl.; **2.** ⚨ (25): sich nicht ~ lassen F n'être pas chiche.

'**Lumpen|geld** n vil prix m; '~gesindel n canaille f; '~händler m marchand m de chiffons; '~kerl m salaud m; '~kram m fatras m; '~pack n = ~gesindel; '~papier n papier m de chiffons; '~sammler (-in f) m chiffonnier m, -ière f; (letzte Straßenbahn) F balai m.

Lump|erei [~'rai] f (16) vétille f; bagatelle f; '⚨ig déguenillé m; (armselig, knickerig) mesquin.

Lunge ['luŋə] f (15) poumon m; Fleischerei: mou m; sich die ~ aus dem Leibe reden (schreien) s'époumoner à force de parler (crier); durch die ~ rauchen avaler la fumée.

'**Lungen|-entzündung** f pneumonie f; '~flügel m lobe m du poumon; '~heilstätte f sanatorium m antituberculeux; '⚨krank m antituberculeux; '⚨kranke[r] m) poitrinaire (m); '~krankheit f affection f pulmonaire; '~schwindsucht f, '~tuberkulose f phtisie f; tuberculose f pulmonaire; '⚨schwindsüchtig phtisique; '~spitze f sommet m du poumon.

lungern

lungern ['luŋərn] (22) fainéanter; *nach etw.* ~ convoiter qch.
Lunte ['luntə] *f* (15) mèche *f*; ~ *riechen fig.* éventer la mèche.
Lupe ['lu:pə] *f* (15) loupe *f*; *unter die* ~ *nehmen fig.* examiner de près.
Lupine [lu'pi:nə] *f* lupin *m*.
Lust [lust] *f* (14¹) plaisir *m*; (*Annehmlichkeit*) agrément *m*; (*Freude*) joie *f*; (*Verlangen*) envie *f*; désir *m*; (*Neigung*) goût *m* (zu de); (*fleischliche* ~ désir *m* charnel; concupiscence *f*; ~ *haben zu* avoir envie de: *ich bekomme* ~, *zu ...* (*inf.*) l'envie me prend de ... (*inf.*); *die* ~ *verlieren zu ...* perdre l'envie de ...; *ganz wie Sie* ~ *haben* à votre gré; '~**barkeit** *f* divertissement *m*; fête *f*.
Lüster ['lystər] *m* (7) lustre *m*.
'**lüstern** plein de convoitise; (*geil*) lascif; luxurieux; *nach etw.* ~ *sein* convoiter (*od.* désirer) qch.; '2**heit** *f* convoitise *f*; (*Geilheit*) lascivité *f*.
'**Lust|garten** *m* jardin *m* d'agrément; '~**häus-chen** *n* gloriette *f*.
'**lustig** gai; joyeux; enjoué; (*belustigend*) réjouissant; (*drollig*) amusant, drôle; *Bruder* 2 joyeux compère *m*; ~*e Person thé.* personnage *m* comique; bouffon *m*; ~ *sein* être gai; s'amuser; *es geht* ~ *zu* on s'amuse bien; *sich* ~ *machen* se moquer (*über acc.* de); '2**keit** *f* gaieté.
'**Lüstling** *m* (3¹) débauché *m*.

lust|los languissant; sans entrain; '2**mord** *m* crime *m* sadique; '2**schloß** *n* château *m* de plaisance; '2**seuche** *f* maladie *f* vénérienne; '2**spiel** *n* comédie *f*; '2**spieldichter** *m* auteur *m* comique; '~**wandeln** se promener.
Luth|eraner [luta'ra:nər] *m* luthérien *m*; 2**erisch** luthérien.
lutsch|en ['lutʃən] sucer; '2**er** *m* sucette *f*.
Lüttich ['lytiç] *n* Liège *f*.
Luv ⚓ [lu:f] *f* (16), '~**seite** *f* lof *m*; '2**en** lofer; 2**wärts** ['~vɛrts] au vent.
Luxemburg ['luksɛmburk] *n* le Luxembourg; '~**er(in** *f*) *m* Luxembourgeois *m*, -e *f*; '2**isch** luxembourgeois.
luxuriös [luksu'riø:s] (18¹) luxueux.
Luxus ['luksus] *m* luxe *m*; '~**artikel** *m* article *m* de luxe; '~**ausgabe** *f* édition *f* de luxe; '~**steuer** *f* taxe *f* de luxe; '~**zug** *m* train *m* de luxe.
Luzifer ['lu:tsifer] *m* Lucifer *m*.
Lymph|drüse ['lymf-] *f* glande *f* lymphatique; '~**e** *f* lymphe *f*.
lynch|en ['lynçən] (27) lyncher; '2**justiz** *f* lynchage *m*.
Lyr|ik ['ly:rik] *f* (16) poésie *f* lyrique; ~**iker** ['~ikər] *m* (poète *m*) lyrique *m*; '2**isch** lyrique.
Lysol [ly'zo:l] *n* lysol *m*.
Lyzeum [ly'tse:um] *n* (9) lycée *m* de jeunes filles.

M

M, m [ɛm] *n* M, m *m od. f.*
Maas [ma:s] *f* la Meuse.
Maat [ma:t] *m* quartier-maître *m*.
'**Mach**|**-art** *f* façon *f*; **~e** *f* dissimulation *f*; feinte *f*; (*Gettue*) affectation *f*.
machen ['maxən] (25) faire; **~** + *adj. oft:* rendre; **~** + *su. oft:* donner; *was (od. wieviel) macht das?* combien (coûte) cela?; *j-n* **~** (*spielen*) *lassen* faire q.; *j-n zu s-m Freunde* **~** faire son ami de q.; *j-n zum General* **~** faire q. général; *j-n zum Bettler* **~** réduire q. à la mendicité; *sich (gut)* **~** aller bien; faire bon effet; *sich an etw. (acc.)* **~** se mettre à qch.; *ich mache mir nicht viel daraus* je n'y tiens guère; je m'en moque (bien); *macht, daß ihr wegkommt!* allez-vous-en!; '**2schaft** *f* machination *f*; intrigue *f*.
'**Macher** *m* faiseur *m*; fabricant *m*; '**~lohn** *m* main-d'œuvre *f*; façon *f*.
Macht [maxt] *f* (14¹) pouvoir *m*; (*Staat*) puissance *f*; *geistige*: autorité *f*; (*Einfluß*) ascendant *m*; (*Kraft*) force *f*; '**~befugnis** *f* pouvoir *m*; autorité *f*; '**~bereich** *m* pouvoir *m*; ressort *m*; **~haber** ['~ha:bər] *m* (7) maître *m*; potentat *m*.
mächtig ['mɛçtɪç] puissant; (*groß*) grand; énorme; *e-r Sache* **~** *sein (werden)* être (se rendre) maître de qch.; '**2keit** ♣ *f* richesse *f*; puissance *f*.
'**macht**|**los** impuissant; *dagegen ist man* **~** on ne peut rien y faire; '**2losigkeit** *f* impuissance *f*; '**2spruch** *m* décision *f* autoritaire; acte *m* d'autorité; '**~voll** puissant; omnipotent; '**2vollkommenheit** *f* omnipotence *f*; *aus eigener* **~** de son propre chef; '**2wort** *n* (3) parole *f* énergique; *ein* **~** *sprechen* faire acte d'autorité; [élucubration *f*.\
'**Machwerk** *n* ouvrage *m* sans valeur;)
Mädchen ['mɛ:tçən] *n* (6) jeune fille *f*; *kleines* **~** fillette *f*; (*Dienst2*) servante *f*; bonne *f* (*für alles* à tout faire); '**2haft** comme une jeune fille; '**~handel** *m* traite *f* des blanches; '**~heim** *n*, '**~hort** *m* asile (*od.*

foyer) *m* pour jeunes filles; '**~name** *m* nom *m* de demoiselle; '**~schule** *f* école *f* de filles. [asticot *m*.\
Made ['ma:də] *f* (15) larve *f*; ver *m*;)
Mädel ['mɛ:dəl] *n* (7) fillette *f*;\
'**madig** véreux. [petite fille *f*.)
Madonna [ma'dɔna] *f* madone *f*.
Madri'gal *n* madrigal *m*.
Magazin [maga'tsi:n] *n* (3¹) magasin *m*; dépôt *m*; (*Zeitschrift*) magazine *m*; **~verwalter** *m* magasinier *m*; ⚓ chef *m* de dépôt.
Magd [ma:kt] *f* (14¹) servante *f*; bonne *f*; *rl.* vierge *f*.
Magen ['ma:gən] *m* (6) estomac *m*; *schwer im* **~** *liegen* peser sur l'estomac; *(sich) den* **~** *verderben* (se) donner une indigestion; *j-n (etw.) im* **~** *haben fig.* F ne pouvoir digérer q. (qch.); '**~beschwerde** *f* dérangement *m* d'estomac; **~n haben** avoir l'estomac dérangé; '**~bitter** *m* digestif *m*; amer *m*; '**~drücken** *n* pesanteur *f* d'estomac; '**~geschwür** *n* ulcère *m* d'estomac; '**~katarrh** *m* flux *m* de ventre; '**~krampf** *m* crampe *f* d'estomac; gastralgie *f*; '**~krebs** *m* cancer *m* de l'estomac; '**~leiden** *n* affection *f* de l'estomac; '**~saft** *m* suc *m* gastrique; '**~säure** *f* aigreurs *f/pl.* (d'estomac); '**~schmerzen** *m/pl.* maux *m/pl.* d'estomac; **2stärkend** ['~ʃtɛrkənt] digestif, stomachique; '**~tropfen** *m/pl.* (remède *m*) digestif *m*; '**~verstimmung** *f* embarras *m* gastrique.
mager ['ma:gər] maigre; *Boden:* a. aride; **~** *werden* maigrir; **~** *machen* amaigrir; '**2keit** *f* maigreur *f*; *Boden:* a. aridité *f*; '**~milch** *f* lait *m* écrémé.
Ma'gie *f* magie *f*; **~gier** [ma'gi:ər] *m* (7) mage *m*; (*Zauberer*) magicien *m*; '**2gisch** magique.
Magistrat [magɪs'tra:t] *m* (3) municipalité *f*; autorités *f/pl.* municipales; **~sperson** *f* fonctionnaire *m* municipal.
Magnesi'a [mag'ne:sia] *f* magnésie *f*; **~um** *n* magnésium *m*.
Magnet [mag'ne:t] *m* (3) aimant *m*; **~-eisen** *n*, **~-eisen-erz** *n*, **~(-eisen)-**

Magnetfeld — 906 — **malvenfarbig**

stein *m* aimant *m* naturel; ~feld *n* champ *m* magnétique; ⁀isch magnétique; ~ machen aimanter; ~ werden s'aimanter; ⁀isieren [‿neti'zi:rən] aimanter; *Personen*: magnétiser; ~ismus [‿'tismus] *m* magnétisme *m*; ~nadel *f* aiguille *f* aimantée; ~ophon [‿to'fo:n] *n* magnétophone *m*; ~zünder *m* magnéto *f*; ~zündung *f Auto*: allumage *m* par magnéto.
Magnolie [mag'no:liə] *f* magnolia *m*.
Mahagoni [maha'go:ni] *n* (11) acajou *m*.
'**Mäh|drescher** *m* faucheuse-batteuse *f*; ⁀en ['mɛ:ən] (25) faucher; '~er(in *f*) *m* faucheur *m*, -euse *f*.
Mahl [ma:l] *n* (3 *u.* 1²) repas *m*; (*Fest*⁀) banquet *m*; '⁀en (2) moudre; '~en *n* mouture *f*; '~gebühr *f* mouture *f*; ~stein *m* meule *f*; ~zeit *f* repas *m*; (*gesegnete*) ~! bon appétit!
'**Mähmaschine** *f* (15) faucheuse *f*, moissonneuse *f*; *für Rasen*: tondeuse *f*. [*pfort* sommation *f*;)
'**Mahnbrief** ✝ *m* (3) réclamation *f*;]
Mähne ['mɛ:nə] *f* (15) crinière *f*.
mahn|en ['ma:nən] (25): *j-n an etw.* (*acc.*) ~ avertir qn de qch.; rappeler qch. à q.; *zu etw.* ~ exhorter à qch.; *j-n wegen etw.* ~ réclamer qch. à q.; '⁀ruf *m* exhortation *f*; avertissement *m*; '⁀ung *f* exhortation *f*; ✝ avertissement *m*; réclamation *f*; sommation *f*; '⁀wort *n* (3) parole *f* d'exhortation; avertissement *m*; '⁀zettel *m* avertissement *m*; sommation *f*.
Mähre ['mɛ:rə] *f* (15) rosse *f*.
Mai [maɪ] *m* (3 *u.* 16) mai *m*; *fig.* printemps *m*; '~baum *m* (arbre *m* de) mai *m*; '~blume *f* muguet *m*.
Mailand ['maɪlant] *n* Milan *f*.
Mainz [maɪnts] *n* Mayence *f*.
Mais [maɪs] *m* (4) maïs *m*.
Maische ['maɪʃə] *f* (15) trempe *f*, moût *m*; '⁀en mettre en trempe.
'**Mais|kolben** *m* épi *m* de maïs; '~mehl *n* farine *f* de maïs.
Majestät [majɛs'tɛ:t] *f* (16) majesté *f*; *als Anrede*: *a.* Sire, Madame; ⁀isch majestueux; ~sbeleidigung *f*, ~sverbrechen *n* crime *m* de lèse-majesté. [lique *f*.)
Majolika [ma'jo:lika] *f* (16²) majo-]

Major [ma'jo:r] *m* (3¹) commandant *m*; chef *m* de bataillon. [jolaine *f*.)
Majoran ♀ ['ma:jɔra:n] *m* (3) marjolaine *f*.
Major|at [majo'ra:t] *n* (3) majorat *m*; ~atsherr *m* majorataire *m*; ⁀enn [‿'rɛn] *m* majeur; ~ennität [‿ɛni'tɛ:t] *f* majorité *f*; ~i'tät *f* majorité *f*; ~i'tätswahl *f* scrutin *m* majoritaire. [majuscule *f*.)
Majuskel [ma'juskəl] *f* (lettre *f*)]
Makel ['ma:kəl] *m* (7) tache *f*; souillure *f*. [mesquine.)
Mäkelei [‿'laɪ] *f* (16) critique *f*)
'**makellos** sans tache.
mäkeln ['mɛ:kəln] (29): *an etw.* (*dat.*) ~ critiquer qch.
Makkaroni [maka'ro:ni] *m/pl.* macaroni(s *pl.*) *m*.
Makler ✝ ['ma:klər] *m* (7) courtier *m*; *beeideter*: agent *m* de change.
'**Mäkler** *m* (7) critiqueur *m*.
'**Makler|gebühr** *f*, '~geschäft *n* courtage *m*. [maquereau *m*.)
Makrele *icht.* [ma'kre:lə] *f* (15))
Makrone [ma'kro:nə] *f* (15) macaron *m*. [culature *f*.)
Makulatur [makula'tu:r] *f* (16) ma-)
Mal [ma:l] *n* **1.** (3 *a.* ²) (*Merkzeichen*) signe *m*; marque *f*; (*Fleck*) tache *f*; *Spiel*: but *m*; (*Denk*⁀) monument *m*; (*Mutter*⁀) tache *f* de naissance; **2.** *zeitlich*: fois *f*; *zu wiederholten* ~en à plusieurs reprises; *zwei* ⁀ *fünf ist zehn* deux fois cinq font dix; *mit einem* ~e (*ohne Unterbrechung*) tout d'un coup, (*plötzlich*) tout à coup; **3.** ⁀ *adv.* F une fois; *sag'* ~ *an!* dis-moi donc!; *es ist* ~ *nicht anders* c'est comme ça; *es ist nicht* ~ *leserlich* ce n'est même pas lisible. [chite *f*.)
Malachit [mala'xi:t] *m* (3) mala-]
Malai|e [ma'laɪə] *m* (13), ~in *f* Malais *m*, -e *f*; ⁀isch malais.
Malaria [ma'lɑ:ria] *f* (16²) malaria *f*.
malen ['ma:lən] (25) peindre; *sich* ~ *lassen* faire faire son portrait.
'**Maler|(in** *f*) *m* (7) peintre *m*, femme *f* peintre; '~akademie *f* académie *f* de peinture; ~ei [‿'raɪ] *f* (16) peinture *f*; ⁀isch pittoresque; '~stock *m* appuie-main *f*.
'**Malkasten** *m* boîte *f* de couleurs.
'**malnehmen** multiplier.
Malt|a ['malta] *n* Malte *f*; ~eser (-in *f*) [‿'te:zər] *m* Maltais *m*, -e *f*; ⁀isch maltais.
Malve ♀ ['malvə] *f* (15) mauve *f*; '⁀nfarbig mauve.

Malz [malts] *n* (3²) malt *m*; '~**bier** *n* bière *f* de malt; '~**bonbon** (*pro. fr.*) *m* bonbon à l'extrait de malt; '~**darre** *f* touraille *f*.
'malzen (27) malter.
Mälzerei [~'raɪ] *f* maltage *m*; (*Fabrik*) malterie *f*.
'Malz|**-extrakt** *m* extrait *m* de malt; '~**kaffee** *m* café de malt *m*.
Mama [ma'ma:] *f* (11¹) maman *f*.
Mammut ['mamu:t] *n* (3 *u.* 11) mammouth *m*.
man [man] on (*nach si*, ou, où, et, que *oft*: l'on); ~ *muß* il faut.
Mänade [mɛ'nɑːdə] *f* ménade *f*; bacchante *f*. [angine *f* de poitrine.\
Managerkrankheit ['menɪdʒər-] *f*]
manch [manç] (21): ~**er** *m*, ~**e** *f*, ~**es** *n* maint *m*, -e *f*; plus d'un *m*, -e *f*; ~**e** *pl.* plusieurs; *nur adjektivisch*: bien des; beaucoup de; maint(e *f*)s; so ~**es Buch** tant de livres; ~**es Mal** mainte(s) fois; *wie* ~**es Mal!** que de fois!; ~**erlei** [~'laɪ] divers; ♀ *n* toutes sortes *f/pl.* de choses; ~'**mal** quelquefois; parfois.
Man|**dat**(**in** *f*) [man'dɑːt] *m* (1²) mandant *m*, -e *f*; ♱♱ délégant *m*, -e *f*; ~**da'rin** *m* mandarin *m*; ~**darine** ♀ [~dɑ'riːnə] *f* 15) mandarine *f*; ~**dat** [~'dɑːt] *n* (13) mandement *m*; ♱♱ *u. Wahl*: mandat *m*; ~**datsgebiet** *n* territoire *m* sous mandat.
Mandel ['mandəl] *f* (15) amande *f*; *gebrannte* ~ amande *f* grillée, praline *f*; *anat.* amygdale *f*; (*15 Stück*) quinzaine *f*; '~**baum** *m* amandier *m*; '~**entzündung** *f* amygdalite *f*; '~**kern** *m* amande *f*; '~**milch** *f* lait *m* d'amandes; '~**öl** *n* huile *f* d'amandes; '~**seife** *f* savon *m* d'amandes. [line *f.*\
Mandoline [mando'liːnə] *f* mando-]
Mandschu|**rei** [mandʒu'raɪ] *f* la Mandchourie; ♀**isch** mandchou *m*.
Manen ['mɑːnən] *pl.* mânes *m/pl.*
Manege [ma'neːʒə] *f* manège *m*.
Mangan [maŋ'gɑːn] *n* (3¹) manganèse *m*. (15) calandre *f.*\
Mange(**l**) ['maŋəl] *f* (*Wäscherolle*)]
'**Mangel** *m* (7¹) (*Fehler*) défaut *m*; (*Fehlen*) manque *m*, pfort pénurie *f*; (~ *am Notwendigen*) disette *f*; (*Not*) indigence *f*; *aus* ~ *an* (*dat.*) faute de; ~ *haben an* (*dat.*) manquer de; '♀**haft** défectueux; '~**unvollständig** incomplet; *gr.* défectif; (*sehr fehlerhaft*) vicieux; *Zensur*: insuffisant; '~**haftigkeit** *f* défectuosité *f*; '~**holz** *n* rouleau *m* de calandre; '♀**n** *v t.* calandrer; *v/i.* manquer; faire défaut; *es mangelt ihm an nichts* il ne manque de rien; *rien ne lui manque*; '♀**s** (*gén.*) à défaut de; faute de.
Mangold ♀ ['maŋgɔlt] *m* (3) bette *f*.
Manie [ma'niː] *f* manie *f*.
Manier [ma'niːr] *f* manière *f*; *Kunst*: *a.* style *m*; (*Verfahren*) procédé *m*; *gute* ~**en** bonnes manières *f/pl.* savoir-vivre *m*; ♀**iert** [~ni'riːrt] affecté; maniéré; ~**iertheit** *f* affectation *f*; maniérisme *m*; ♀**lich** civil; poli; ~**lichkeit** *f* civilité *f*; politesse *f*.
Manifest [mani'fɛst] *n* manifeste *m*.
Maniküre [mani'kyːrə] *f* (15) manucure *f*; ♀**n** (25) manucurer.
manisch ['mɑːniʃ] maniaque.
Manko ♱ ['maŋko] *n* (11) manque *m*; déficit *m*.
Mann [man] *m* (1²) homme *m*; (*Ehe*♀) mari *m*; ~ *für* ~ un par un; l'un après l'autre; ~ *gegen* ~ corps à corps; *mit* ~ *und Maus* ⚓ corps et biens; *ein* ~ *von Wort sein* être homme de parole; *wenn Not am* ~ *ist* en cas de besoin; au besoin; *er ist nicht der* ~ *dazu* il n'est pas l'homme qu'il faut; *ein ganzer* ~ *sein* être (tout à fait) un homme; *sich als* ~ *zeigen* se montrer homme; *s-n* ~ *stehen* payer de sa personne; *s-e Ware an den* ~ *bringen* trouver preneur pour sa marchandise; *s-e Tochter an den* ~ *bringen* trouver un parti pour sa fille; *an den rechten* ~ *kommen*; *s-n* ~ *finden* trouver son homme (*od.* à qui parler); '~ *a nod.* *f* manne *f*; '♀**bar** *Mädchen*: nubile; *Jüngling*: pubère; '~**barkeit** *f* *Mädchen*: nubilité *f*; *Jüngling*: puberté *f*.
Männchen ['mɛnçən] *n* (6) petit homme *m*; *Tiere*: mâle *m*; ~ *machen* se dresser sur ses pattes de derrière, *Hund*: faire le beau.
Männer|**chor** ['mɛnər-] *m* chœur *m* d'hommes; '~**gesangver-ein** *m* société *f* chorale d'hommes; '~**treu** ♀ *f* panicaut *m*.
'**Mannes**|**-alter** *n* âge *m* adulte; '~**kraft** *f* force *f* virile; virilité *f*; '~**wort** *n* (3) parole *f* d'honnête homme; '~**zucht** *f* discipline *f*.
'**mannhaft** viril; '♀**igkeit** *f* virilité *f*.

mannigfach — 908 — **Marktschreier**

mannig|fach ['maniçfax], **~faltig** ['~faltiç] varié; divers; **2faltigkeit** f variété f; diversité f.
'männlich mâle; masculin (a. gr.); (mannhaft) viril; Kind ~en Geschlechts enfant m du sexe masculin; ~e Kleidung habits m/pl. d'homme; **2keit** f masculinité f (a. gr.); (Mannhaftigkeit) virilité f.
'Mannschaft f (16) hommes m/pl.; ⚔ troupe f; soldats m/pl.; ⚓ équipage m; Sport: équipe f; **~s-kost** f ordinaire m; **~srennen** n course f par équipes.
manns|hoch ['mans-] de la taille d'un homme; **2leute** pl. F hommes m/pl.; **2person** f F homme m; **'~toll** nymphomane.
'Manöver n amazone f, virago f.
Manometer [mano'me:tər] n manomètre m.
Manöv|er [ma'nø:vər] n (7) manœuvre f; **2rieren** [~'ri:rən] manœuvrer. [mer n mansarde f.\
Man'sarde [manzardə] f, **~nzim-**\
mansch|en ['manʃən] tripoter; **2erei** [~'rai] f tripotage m.
Manschette [man'ʃɛtə] f (15) manchette f; **~n haben** fig. F avoir le trac (od. la frousse); **~nknopf** m bouton m de manchette.
Mantel ['mantəl] m (7¹) manteau m; (Umhang) cape f; (Überzieher) pardessus m; ⚓ capote f; ⚙ surface f convexe; ⊕ enveloppe f; chemise f (a. Geschoß2); Fahrrad u. Auto: enveloppe f; s-n ~ nach dem Winde hängen fig. louvoyer; tourner comme une girouette.
Manufakturwaren [manufak'tu:r-] f/pl. articles m/pl. manufacturés, textiles m/pl.
Manuskript [manu'skript] n (3) manuscrit m; typ. copie f.
Mappe ['mapə] f (15) (Akten2) portefeuille m; gr ßere ~ serviette f; für Zeichnungen: carton m; (Ablege2) classeur m (Schüler2) sac m (d'écolier); cartable m.
Mär(e) ['mɛ:r(ə)] f nouvelle f.
Märchen ['mɛ:rçən] n (6) conte m; **~buch** n livre m de contes; **2haft** féerique; (fabelhaft) fabuleux; **~welt** f monde m féerique (resp. fabuleux). [mart)ər e.f.\
Marder ['mardər] m (7) (**~pelz** m)\
Margarine [marga'ri:nə] f (15) margarine f.

Marginalie [margi'nɑ:liə] f note f marginale (od. en marge).
Marien|bild [ma'ri:ən-] n madone f; **~käfer(chen** n) m coccinelle f; F bête f à bon Dieu.
Marine [ma'ri:nə] f (15) marine f; bei der ~ dans la marine; **~attaché** m attaché m naval; **2blau** bleu marine; **~offizier** m officier m de marine.
marinieren cuis. [mari'ni:rən] mariner.
Marionette [mario'nɛtə] f marionnette f; **~ntheater** n théâtre m de marionnettes.
Mark [mark] **1.** n moelle f; durch ~ und Bein jusqu'aux moelles; **2.** f géogr. marche f; pays m limitrophe; **3.** f ♰ mark m.
'Marke f (15) marque f; (Spiel2, Kontroll2) jeton m; (Speise2) cachet m; (Lebensmittel2, Textil2 usw.) ticket m; (Klebe2) timbre m; (Qualität) sorte f; (Wein2) cru m; (Erkennungs2) plaque f d'identité; **~n-artikel** m article m de marque; **~nschutz** m protection f des marques de fabrique.
'mark-erschütternd qui va jusqu'aux moelles; **~er** Schrei cri m déchirant.
Marketender(in f) [markə'tɛndər (-in)] m (7) vivandier m, -ière f; cantinier m, -ière f.
'Mark|graf m, **~gräfin** m, f; **~grafschaft** f margraviat m.
markier|en [~'ki:rən] marquer; (vortäuschen) simuler; faire semblant de; (betonen) accentuer; souligner; **2ung** f marquage m; (Zeichen) marques f/pl.
'markig moelleux; fig. a. énergique.
Markise [mar'ki:zə] f store m; (Schutzdach) marquise f.
'Mark|klößchen n F boulette f de moelle; **~knochen** m os m à moelle; **~stein** m borne f; **~stück** n pièce f d'un mark.
Markt [markt] m (3³) marché m; (Jahr2) foire f; auf den ~ bringen mettre sur le marché; **~bericht** m bulletin m du marché; **~bude** f échoppe f; größere: boutique f; **~flecken** m bourg m; kleiner: bourgade f; **~frau** f marchande f; **~halle** f halle f; **~händler(in** f) m marchand m, -e f forain, -e; **~platz** m place f du marché; **~preis** m prix m courant; **~schreier** ['~-

[fraɪər] m charlatan m; '~tag m jour m de marché; '~tasche f sac m à provisions; '~weib F n poissarde f.
Marmelade [marməˈlɑːdə] f (15) marmelade f.
Marmor ['marmɔr] m (3¹) marbre m; '2-artig marmoréen; '~bruch m marbrière f; 2ieren [~ˈroːrɪrən] marbrer; '2n de (od. ~)arbre; '~platte f plaque f ~arbre; '~schleifer m marbrier m; '~schleife'rei f marbrerie f.
Marokk|aner(in f) [marɔˈkɑːnər] m Marocain m, -e f; 2anisch marocain; ~o [maˈrɔko] n le Maroc.
Marotte [maˈrɔtə] f marotte f.
Marqui|s [marˈkiː] m, ~se [~ˈkiːzə] f marquis m, -e f.
Marsch [marʃ] 1. f (16) région f marécageuse; 2. m (3² u. ³) marche f; auf dem ~e en marche; 3. 2! marche!
Marschall ['marʃal] m (3¹ u. ³) maréchal m; '~stab m bâton m de maréchal; '~würde f maréchalat m.
'Marsch|-anzug m tenue f de route; '~befehl m ordre m de marcher (resp. de partir); 2bereit prêt à marcher(resp.à partir); 2ieren [~ˈʃiːrən] (25) marcher; '~kolonne f colonne f de route; '~land n contrée f marécageuse; 2mäßig en tenue de route; '~ordnung f ordre m de marche; '~pause f pause f; 'halte f; '~route ✗ f feuille f de route; '~verpflegung f vivres m/pl. de route.
Marter ['martər] f (15) martyre m; (Folter) torture f; supplice m; '~kammer f chambre f des supplices; 2n (29) martyriser; (foltern) torturer; '~tod m martyre m.
Märtyrer|(in f) ['mertyrər] m (7) martyr m, -e f; '~tod m, '~tum n (1) martyre m.
Marx|ismus [marˈksɪsmus] m (6²) marxisme m; ~ist(in f) m marxiste m, f; 2istisch marxiste.
März [merts] m (3³ u. 16) mars m.
Marzipan [martsiˈpɑːn] n (3¹) massepain m; '2enfest indémaillable.
Masch|e ['maʃə] f (15) maille f; 2ell [~ˈʃiˑnɛl] mécanique; ~ hergestellt fabriqué à la machine.
Ma'schinen|-arbeit f travail m à la machine; ~bau m construction f de machines; ~bauer m mécanicien m; constructeur m de machines; ~baumeister m ingénieur-
mécanicien; ~defekt m avarie f de machine; ~fabrik f atelier m de constructions mécaniques; ~gewehr n mitrailleuse f; leichtes: fusil m mitrailleur; unter ~ nehmen mitrailler; ~haus n salle f des machines; 2mäßig mécanique; ~meister m machiniste m (a. théâ.); 🚂 mécanicien m; ~-öl n huile f de graissage; ~pistole f mitraillette f; pistolet m mitrailleur; ~raum m salle f des machines; ~satz typ. m composition f mécanique; ~schaden m avarie f de machine; ~schlosser m mécanicien m; ~schreiben n dactylographie f; ~schreiber(in f) m dactylo(graphe) m, f; ~schrift f dactylographie f; in ~ dactylographié; ~teile m/pl. pièces f/pl. d'une machine.
Maschin|erie [~ʃinəˈriː] f machinerie f; ~ist [~ˈnɪst] m machiniste m; 🚂 mécanicien m.
Maser ['mɑːzər] f (15) Haut: tache f; marque f; Holz: veine f; '~holz n bois m madré; '2ig Holz: veiné, madré; '~n ♠ f/pl. rougeole f; '2n madrer; '~ung f madrure f.
Mask|e ['maskə] f (15) masque m; '~enball m bal m masqué; '~enkostüm n travesti m; '~enzug m, ~erade [~ˈrɑːdə] f (15) mascarade f; 2ieren [~ˈkiːrən] masquer.
Maskotte [~ˈkɔtə] f mascotte f.
Maß [mɑːs] 1. f (14): e-e ~ Bier un pot de bière; 2. n (3²) mesure f; (Verhältnis) proportions f/pl.; (Grenzen) bornes f/pl.; (Aus2) dimension f; étendue f; (Eich2) jauge f; nach ~ sur mesure; in dem ~e wie à mesure que; in vollem ~e pleinement; in hohem ~e à un 'haut degré; in reichem ~e à profusion; über die ~en outre mesure; à outrance; über alle ~en extrêmement; ~ nehmen prendre mesure; '~-abteilung f rayon m d'habillement sur mesure.
Massage [maˈsɑːʒə] f massage m.
massa'krieren massacrer.
'**Maß-anzug** m complet m sur mesure.
Masse f masse f.
'**Maß-einheit** f unité f de mesure.
Massen|-absatz ['masən-] m vente f en grandes quantités; '~-artikel m article m de série; '~-aufgebot n levée f en masse; '~-aussperrung f lock-out m en masse; '~fabrika-

Massengrab — 910 — **Maul**

tion f fabrication f en série; '~**grab** n fosse f commune; '2**haft** en masse; '**kundgebung** f manifestation f monstre; '~**mord** m massacre m. [seur m, -euse f.\
Masseu|r [ma'sø:r] m, ~**se** f mas-\
'**Maß|gabe** f mesure f; nach ~ (gén.) en raison de; '2**gebend** qui sert de règle; (bestimmend) décisif; (zuständig) compétent; 2~**halten** garder la mesure.

mass|ieren [~'si:rən] ⚔ masser; ✕ concentrer; ~**ig** en masse; massif.

mäßig ['mɛ:siç] modéré; tempéré; (einfach im Essen) frugal; (genügsam) sobre; (mittel~) médiocre; (gering) modique; ~**en** (25) modérer; (mildern) tempérer; '2**keit** f modération f, tempérance f; (Einfachheit im Essen) frugalité f; (Genügsamkeit) sobriété f; (Mittel2) médiocrité f; '2**ung** f modération f.

massiv [ma'si:f] 1. massif (a. fig.). 2. ♀ n massif m; 2**bau** m construction f en dur.

'**Maß|krug** m pot m; cruche f; '~**lieb(chen)** ♀ n pâquerette f; '2**los** sans mesure; démesuré; immodéré; '~**losigkeit** f démesure f; ~**nahme** ['~na:mə] f, '~**regel** f mesure f (treffen prendre); '2**regeln** (29): j-n ~ rappeler q. à l'ordre, prendre des mesures contre q.; '~**regelung** f rappel m à l'ordre; '~**schneider(in** f) m tailleur m (couturière f) travaillant sur mesure; '~**stab** m règle f graduée; Karten: échelle f; in großem ~e sur une grande échelle; in verjüngtem ~e à échelle réduite; en petit; fig. mesure f; e-n ~ an etw. (acc.) legen appliquer une norme (od. un critère) à qch.; '2**voll** mesuré; modéré; '~**zahl** f cote f.

Mast [mast] 1. m (3² u. 5¹) ♃ mât m; (Leitungs2) pylône m; 2. f (16) engraissement m; '~**darm** m rectum m. [2. ♀ n engraissement m.\
mästen ['mɛstən] (26) 1. engraisser;\
'**Mast|futter** n engrais m; '~**huhn** n poularde f; '~**korb** m ♃ hune f; '~**kur** f cure f d'engraissement; '~**vieh** n bétail m à l'engrais; bétail m engraissé.

Mater typ. ['maːtər] f matrice f.\
Material [materi'aːl] n (8²) (Stoff) matériau m; matière f; (Gerät) matériel m; ~**ismus** [~'lismus] m

matérialisme m; ~**ist** [~'list] m matérialiste m; 2**istisch** matérialiste; ~**schaden** m dégâts m/pl. matériels.\
Materi|e [ma'teːriə] f matière f;\
2**ell** [~'el] matériel.

Mathe|matik [matema'tiːk] f (16) mathématiques f/pl.; ~**matiker** [~'maːtikər] m mathématicien m; 2**matisch** mathématique.

Matjeshering ['matjəs-] m 'hareng m vierge.

Matratze [ma'tratsə] f (15) matelas m; ~**nmacher** m matelassier m.

Mä'tresse f maîtresse f.\
Matrikel [ma'triːkəl] f matricule f.\
Matrize [ma'tritsə] f matrice f; zur Vervielfältigung: stencil m.\
Matros|e [ma'troːzə] m (13) matelot m; ~**enbluse** f vareuse f.\
Matsch [matʃ] m (3²) gâchis m; bouillie f; (Schmutz) boue f; '2**ig** en bouillie; (schmutzig) boueux; Obst: blet.

matt [mat] (glanzlos) mat (a. Schach); (trübe) terne; (erschöpft) épuisé; las; languissant; (schwach) faible; Blick: éteint; Stimme: mourant; Börse: lourd; ~ setzen faire mat; '~**blau** bleu mourant.

'**Matte** f natte f; (Fuß2) paillasson m; (Wiese) prairie f.

'**Matt|gold** n or m mat; '~**heit** f, '~**igkeit** f matité f; (Müdigkeit) lassitude f; langueur f; (Schwäche) faiblesse f; '~**scheibe** f verre m dépoli.

Mätzchen ['mɛtsçən] n/pl. minauderies f/pl.; ~ machen minauder; thé. se livrer à des lazzis.

'**Matze** [matsə] f, '~**n** m pain m azyme.\
Mauer ['mauər] f (15) mur m; (Gemäuer) muraille f; '~**absatz** m recoupement m; '~**anschlag** m affichage m; '~**anstrich** m badigeonnage m; '~**arbeit** f maçonnerie f; '~**blümchen** n: ~ sein fig. F faire tapisserie; 2**n** (29) maçonner; '~**segler** m (grand) martinet m; '~**stein** m moellon m; (Backstein) brique f; '~**vertiefung** f niche f; '~**vorsprung** m encorbellement m; '~**werk** n maçonnerie f; murs m/pl.

Mauke ['maukə] f malandre f.\
Maul [maul] n (1²) bouche f; (Rachen) gueule f; (Schnauze) museau m; Wiederkäuer: mufle m (alle P a. v. Menschen); halt das ~! P gueule!; j-m das ~ stopfen P clouer

Maulaffe — 911 — **Mehlsuppe**

le bec à q.; '~-**affe** m badaud m; ~n feilhalten badauder; '~**beerbaum** m mûrier m; '~**beere** f mûre f.
'**maulen** (25) (*schmollen*) faire la moue; bouder; (*schimpfen*) F rouspéter.
'**Maul**|-**esel**(**in** f) m mulet m, mule f; '~-**eseltreiber** m muletier m; '2**faul** F peu loquace; '~**held** m fanfaron m; '~**heldentum** n fanfaronnades f/pl.; '~**korb** m muselière f; j-m e-n ~ anlegen museler q.; '~**schelle** f soufflet m; gifle f; '~**sperre** f trisme m; '~**tier** n = ~**esel**; ~**- und Klauenseuche** vét. f fièvre f aphteuse; '~**werk** n: *ein gutes* ~ haben P avoir la langue bien pendue.
'**Maulwurf** m taupe f; '~**sfalle** f taupière f; '~**shügel** m taupinière f.
Maur|**e** ['maurə] m (13) Maure (*od. More* m); '~**in** f Mauresque (*od.* Moresque) f.
Maurer ['maurər] m (7) maçon m; '~**geselle** m ouvrier m maçon; '~**kelle** f truelle f; '~**meister** m maître m maçon; '~**polier** m maître m maçon.
'**maurisch** maure; moore; mauresque; moresque.
Maus [maus] f (14¹) souris f.
Mäus-chen ['mɔysçən] n (6) souriceau m; *kosend:* mein ~! mon petit rat!; 2'**still:** es ist ~ on entendrait trotter une souris; sich ~ (ver-)halten se tenir coi.
'**Mause** (*od.* Mäuse)|-**dreck** m crotte f de souris; '~**falke** m busard m; '~**falle** f souricière f; '~**loch** n trou m de souris.
mausen ['mauzən] (27) v/i. *Katze:* attraper des souris (*resp.* des rats); v/t. fig. F chiper; chaparder.
'**Mauser** f (15) mue f; 2n (29): *sich* ~ muer; être en mue.
'**mause'tot** raide mort; bien mort.
'**mausig** F fig.: *sich* ~ *machen* faire l'important. [solée m.]
Mausoleum [mauzo'le:um] n maximal [maksi'ma:l] (au) maximum; 2**geschwindigkeit** f vitesse f maxima; 2**preis** m prix m maximum.
Maxime [ma'ksi:mə] f maxime f.
Maximum ['maksimum] n maximum m. [naise f.]
Mayonnaise [majo'nɛ:zə] f mayon-]
Mäzen [mɛ'tse:n] m (3¹) mécène m.
Mechan|**ik** [~'ça:nik] f (16) mécanique f; ~**iker** m (7) mécanicien m; F

mécano m; 2**isch** mécanique; 2-**isieren** [~çani'zi:rən] mécaniser; ~**i'sierung** f mécanisation f; ~**ismus** [~'nismus] m (16²) mécanisme m.
Mecker|**er** F ['mɛkərər] m ronchonneur m; rouspéteur m; 2**n** bêler; *die Ziege nachahmend:* chevroter; *fig.* F ronchonner; rouspéter.
Medaill|**e** [me'daljə] f (15) médaille f; j-n mit e-r ~ auszeichnen médailler q.; ~**on** [~'jɔ̃] n médaillon m.
Medikament [medika'mɛnt] n (3) médicament m; remède m.
Medium ['me:dium] n médium m; *phys.* milieu m.
Medizin [medi'tsi:n] f (16) médecine f; (*Arznei*) remède m; ~**er** (-**in** f) m étudiant m, -e f en médecine; (*Arzt*) médecin m; 2**isch** (*ärztlich*) médical; (*arzneilich*) médicinal; ~**e Fakultät** faculté f de médecine.
Meer [me:r] n (3) mer f; '~**busen** m golfe m; '~**enge** f détroit m.
'**Meeres**|**brandung** f brisants m/pl.; '~**grund** m fond m de la mer; '~**küste** f côte f; '~**leuchten** n phosphorescence f de la mer; ~**spiegel** m niveau m de la mer; *über (unter) dem* ~ au-dessus (au-dessous) de la mer; '~**stille** f calme m; bonace f; '~**strand** m plage f; '~**strömung** f courant m (marin); '~**ufer** n bord m de la mer.
'**Meer**|**fahrt** f partie f en mer; croisière f; 2**grün** glauque; '~**katze** zo. f guenon f; '~**rettich** m raifort m; '~**schaum** m écume f de mer; '~**schwein** n marsouin m; '~**schweinchen** n cochon m d'Inde; cobaye m; '~**weib**(**chen**) n sirène f.
Megaphon [mega'fo:n] n (3) mégaphone m; porte-voix m.
Mehl [me:l] n (3) farine f; *feinstes* ~ fleur f de farine; *mit* ~ *bestreuen* (en)fariner; '~**beutel** m blutoir m; '~**brei** m bouillie f (de farine); '~**fabrik** f, '~**handel** m minoterie f; '~**händler** m minotier m; 2**ig** farineux; '~**käfer** m ver m de farine; '~**kloß** m boulette f de farine; '~**sack** m sac m à farine; '~**schwitze** f roux m; '~**sieb** m sas m (à farine); '~**speise** f mets m à la farine; (*süße Speise*) entremets m sucré; '~**suppe**

Mehltau f soupe f à la farine; **⸺tau** m blanc m; **⸺wurm** m ver m de farine.

mehr [me:r] **1.** (comp. v. viel) plus; (ohne folgendes als a.) davantage; ⸺ als plus que, (vor Zahlen) plus de; ⸺ als nötig plus qu'il ne faut; ⸺! encore!; ⸺ und ⸺; immer ⸺ de plus en plus; e-r immer noch ⸺ als der andere à qui mieux mieux; was noch ⸺ ist qui plus est; bien plus; ⸺ oder weniger plus ou moins; er ist ⸺ reich als arm il est plutôt riche que pauvre; **2.** ♀ n (7) plus m; (Überschuß) surplus m; **'♀-arbeit** f surcroît m de travail; **'♀-aufwand** m, **'♀-ausgabe** f excédent m de dépenses; **'♀belastung** f surcharge f; **'♀betrag** m excédent m de; **'♀-einnahme** f excédent m de recette; **⸺en** (25) (sich) augmenter; (vervielfachen) (se) multiplier; **⸺ere** ['me:rərə] pl. plusieurs; **⸺eres** diverses choses f/pl.; **⸺erlei** [⸺'laɪ] de plusieurs espèces; **⸺fach** multiple; adv. à différentes reprises; **⸺farbig** ['⸺farbiç] polychrome; **'♀-gewicht** n excédent m de poids; **'♀heit** f pluralité f; der Stimmen: majorité f; **'♀heitsbeschluß** m: durch ⸺ à la majorité des voix; **⸺jährig** ['⸺jɛ:riç] de plusieurs années; **'♀kosten** pl. excédent m de frais; **⸺malig** ['⸺ma:liç] répété; réitéré; **'⸺mals** plusieurs fois; à plusieurs reprises; **⸺phasig** ≠ ['⸺fa:ziç] polyphasé; **⸺polig** ≠ ['⸺po:liç] multipolaire; **⸺silbig** ['⸺zilbiç] polysyllabe; **⸺sprachig** ['⸺ʃpra:xiç] polyglotte; **⸺stimmig** ['⸺ʃtimiç] à plusieurs voix; **⸺tägig** ['⸺tɛ:giç] de plusieurs jours; **'♀verbrauch** m excédent m de consommation; **'♀wert** m plus-value f; **'♀wertsteuer** f taxe f sur la valeur ajoutée; **'♀zahl** f la plupart, gr. pluriel m.

meiden ['maɪdən] (30) éviter; fuir.

Meierei [maɪə'raɪ] f métairie f.

Meil|e ['maɪlə] f (15) mille m; französische (= 4 km) lieue f; **⸺enstein** m pierre (od. borne) f milliaire; **♀enweit** à plusieurs lieues de distance.

Meiler ['maɪlər] m (7) meule f (de charbonnier).

mein [maɪn] (20) **1.** pr/poss. '⸺(e) f m u. n mon (vor d. stummem h a. f), ma (vor cons.); pl. mes; **2.** ♀ n: das ⸺ und Dein le tien et le mien; **3.** ⸺ (gén. v. ich = meiner); gedenke ⸺ souviens-toi de moi.

'Mein-eid m (3) parjure m; '♀ig parjure; ⸺ werden se parjurer.

meinen (25) être d'avis; (sagen) dire; (glauben) croire; (denken) penser; (als Ziel im Auge haben) avoir en vue; (beabsichtigen) avoir l'intention de; was ⸺ Sie damit? qu'entendez-vous par là?; man sollte ⸺ on dirait (od. croirait); damit ist er gemeint cela s'adresse à lui; es war gut gemeint l'intention était bonne; es gut ⸺ mit j-m vouloir du bien à q.

'mein|er, '⸺e, '⸺es: der (die, das) '⸺e le mien, la mienne; '⸺er (gén. v. ich): er gedenkt ⸺ il se souvient de moi; il pense à moi; **⸺erseits** ['⸺zaɪts] de mon côté; de ma part; ganz ⸺ als Kompliment: tout le plaisir était pour moi; **⸺esgleichen** (mes) pareil(s); mon (mes) semblable(s); **⸺ethalben** ['⸺ət'halbən], **'⸺etwegen** pour moi; à cause de moi; (ich habe nichts dagegen) soit; je le veux bien; **⸺ige:** der, die, das '⸺e le mien, la mienne; ich werde das ⸺ tun je ferai ce qui dépendra de moi.

'Meinung f opinion f; avis m; (Absicht) intention f; ich bin der ⸺, daß ... je suis d'avis que ... (ind.); sich e-e ⸺ bilden se faire une opinion; m-r ⸺ nach à mon avis; selon moi; mit j-m e-r ⸺ sein être du même avis que q.; j-s ⸺ teilen partager l'opinion de q.; es herrscht nur e-e ⸺ darüber tout le monde est d'accord là-dessus; j-m (gehörig) die ⸺ sagen dire son fait à q.

'Meinungs-austausch m échange m de vues; **⸺verschiedenheit** f divergence f d'opinions.

Meise orn. ['maɪzə] f (15) mésange f.

Meißel ['maɪsəl] m (7) ciseau m; '♀n (29) ciseler.

meist [maɪst] (18) (sup. v. viel): das ⸺ Geld le plus d'argent; die ⸺ Zeit la plupart du temps; die ⸺en Leute la plupart des gens; die ⸺e la plus grande partie; le plus; am ⸺en le plus; '⸺begünstigt le plus favorisé; '⸺bietend: ⸺ verkaufen vendre au plus offrant; '♀bietende(r) m le plus offrant; '⸺ens, '⸺enteils pour la plupart; le plus souvent.

Meister|(**in** f) m (7) maître m, -esse f; ~ werden passer maître; an j-m s-n ~ finden trouver son maître en q.; *Sport:* champion m; **⚹haft**, **⚹lich** magistral; de (*adv.* en) maître; **⚹n** (29) maîtriser; (*übertreffen*) surpasser; **'~schaft** f (16) maîtrise f; (*Überlegenheit*) supériorité f; *Sport:* championnat m; **'~schaftswettspiel** n match m de championnat; **'~schuß** m coup m de maître; **'~schütze** m maître m tireur; **'~sänger** m (7) maître m chanteur; **'~stück** n, **'~werk** n chef-d'œuvre m.
'**Meistgebot** n dernière enchère f.
Mekka ['mɛka] n (17) la Mecque.
Melanch|**olie** [melaŋko'li:] f (15) mélancolie f; **~oliker(in** f) [~'ko:likɐr] m mélancolique m, f; **⚹olisch** [~'ko:liʃ] mélancolique.
Melasse [me'lasə] f (15) mélasse f.
'**Melde**|-**amt** n commissariat m de police; ⚔ bureau m de recrutement; **'~gänger** ⚔ m estafette f; **'~hund** m chien m d'estafette; **⚹n** [ˈmɛldən] (26): *j-m etw.* ~ annoncer (*od.* apprendre) qch. à q., *schriftlich:* mander qch. à q., (*berichten*) rapporter; *sich* ~ s'annoncer, (*erscheinen*) se présenter, *polizeilich:* faire sa déclaration de résidence, *téléph.* répondre à l'appel, *Schule:* lever la main; *sich krank* ~ se faire porter malade; *sich für e-e Stelle* ~ se présenter pour une place; *sich zu e-m Examen* ~ se faire inscrire pour un examen; **'~r** m, **'~reiter** ⚔ m estafette f; **'~schein** m déclaration f de résidence; **'~schluß** m clôture f des inscriptions; **'~stelle** f = ~amt; **'~zettel** m = ~schein.
'**Meldung** f annonce f; rapport m (a. ⚔); (*Vorstellung*) présentation f; *polizeiliche:* déclaration f de résidence.
meliert [me'li:ʁt] *Haar:* grisonnant.
Melisse ♃ [me'lisə] f mélisse f; **~ngeist** m eau f de mélisse.
'**Melk**|-**eimer** m seau m à traire; **⚹en** ['mɛlkən] (30) traire; **'~er(in** f) m vacher m, -ère f; **'~schemel** m escabeau m; sellette f.
Melod|**ie** [melo'di:] f (15) mélodie f; **⚹iös** [~di'ø:s], **⚹isch** mélodieux.
Melo|'**drama** n mélodrame m; **⚹dra'matisch** mélodramatique.
Melone [me'lo:nə] f (15) melon m.
Meltau ['me:ltau] m nielle f.

Membran(e) [mɛm'brɑ:n(ə)] f (16 [15]) membrane f. [lâche m.|
Memme ['mɛmə] f (15) poltron m,|
Memoiren [memo'ɑ:rən] n/pl. mémoires m/pl.; **~schreiber** m memorialiste m. [rie f.|
Menagerie [~ʒe'ri:] f (15) ménage-|
Menge ['mɛŋə] f (15) quantité f; (*Vielheit*) multitude f; (*der große Haufen*) foule f; ⚹n (25) mêler; *Zs.-passendes:* mélanger; *sich* ~ *in* (*acc.*) se mêler de. [minium m.|
Mennig ['mɛniç] m (3), **⚹e** f (15)|
'**Mensch** [mɛnʃ] **1.** m (12) homme m; être m humain; ein m tout le monde; *unter ~en kommen* voir du monde; **2.** P n (1¹) créature f.
'**Menschen**|-**affe** m anthropoïde m; **⚹ähnlich** anthropomorphe; **'~alter** n âge m d'homme; génération f; **'~feind** m misanthrope m; **'~fresser** m (7) anthropophage m; cannibale m; **'~fresserei** f anthropophagie f; cannibalisme m; **'~freund** m philanthrope m; **'~freundlich** philanthropique; **'~freundlichkeit** f philanthropie f; **'~gedenken** n: *seit* ~ de mémoire d'homme; **'~geschlecht** n genre m humain; **'~handel** m traite f des esclaves; **'~haß** m misanthropie f; **'~kenntnis** f connaissance f des hommes; **'~kind** n être m humain; **'~leben** n vie f humaine; ~ *pl.* kosten faire des victimes; **⚹leer** dépeuplé; (*öde*) désert; **'~liebe** f amour m des hommes; philanthropie f; **'~material** n matériel m humain; **'~menge** f foule f; **'⚹möglich** humainement possible; **'~raub** m rapt m; **'~recht** n droit m de l'homme; **'~scheu** f timidité f; **⚹scheu** timide; **'~schinder** m écorcheur m, exploiteur m; **'~schinderei** f exploitation f odieuse; **'~schlag** m race (*od.* espèce) f d'hommes; **'~seele** f: *keine* ~ (*bei vb.* ne ...) pas une âme; **'~sohn** *rl.* m Fils m de l'homme; **'~tum** n humanité f; **'~verstand** m: *gesunder* ~ bon sens m; sens m commun; **'~würde** f dignité f humaine (*od.* de l'homme); **⚹würdig** digne de l'homme.
'**Mensch**|**heit** f humanité f; genre m humain; **⚹lich** humain; ~er werden s'humaniser; **'~lichkeit** f humanité f; **'~werdung** *rl.* f incarnation f.

Menstruation [mɛnstruatsi'oːn] *f* règles *f/pl.*

Mensur [mɛn'zuːr] *f* (16) mesure *f*; *esc.* duel *m*.

Menuett [menu'ɛt] *n* menuet *m*.

Mergel ['mɛrgəl] *m* (7) marne *f*; **~grube** *f* marnière *f*.

Meridian [meridi'ɑːn] *m* (3¹) méridien *m*.

Merino [me'riːno] *m* (zo., Stoff) mérinos *m*; **~wolle** *f* laine *f* mérinos.

'**merk|bar** perceptible; sensible; **Ⓢblatt** *n* feuille *f* de renseignements; (Anzeichen) indice *m*; (Eigentümlichkeit) caractère *m* (distinctif); '**~würdig** remarquable; (seltsam) curieux; '**~würdiger'weise** chose curieuse; **Ⓢwürdigkeit** *f* chose *f* remarquable, (Seltsamkeit) curiosité *f*; **Ⓢzeichen** *n* (point *m* de) repère *m*.

Mesner ['mɛsnər] *m* sacristain *m*.

'**Meß|-amt** *rl. n* messe *f*; service *m* religieux; '**~band** *n* mètre *m* à ruban; **Ⓢbar** mesurable; '**~buch** *rl. n* missel *m*; livre *m* de messe; '**~diener** *rl. m* servant *m*; enfant *m* de chœur.

Messe *f* (15) *rl.* messe *f* (lesen dire); ✝ foire *f*; ⚓, ⚔ mess *m*; '**~amt** ✝ *n* office *m* de la foire; '**~halle** *f* 'hall *m* de (la) foire.

messen ['mɛsən] (30) mesurer; *arp.* arpenter; *zwei Meter in die Breite* ~ avoir deux mètres de large; *sich mit j-m* ~ se mesurer avec q.

Messer ['mɛsər] **1.** *n* (7) couteau *m*; ✂ scalpel *m*; **2.** *m* (Meßapparat) compteur *m*; '**~handlung** *f* coutellerie *f*; '**~schmied** *m* coutelier *m*; '**~schneide** *f* tranchant *m* (d'un couteau); '**~spitze** *f* pointe *f* de couteau; '**~steche'rei** *f* rixe *f* au couteau; '**~stich** *m* coup *m* de couteau.

'**Meß|gefäß** *n* ⊕ vase *m* jaugé; *rl.* vase *m* sacré; '**~gerät** *n rl.* objets *m/pl.* sacerdotaux; ⊕ instrument *m* de mesure; *arp.* instrument *m* d'arpentage; '**~gewand** *rl. n* chasuble *f*; '**~hemd** *rl. n* aube *f*.

Messias [me'siːas] *m* Messie *m*.

Messing ['mɛsiŋ] *n* (3¹) laiton *m*; cuivre *m* jaune; '**~blech** *n* laiton *m* en lames; lame *f* de laiton; '**~draht** *m* fil *m* de laiton; '**~schmied** *m* dinandier *m*; '**~ware** *f* dinanderie *f*.

'**Meß|kelch** *rl. m* calice *m*; '**~schnur** *f* cordeau *m* d'arpenteur; '**~stange** *f* jalon *m*; '**~stock** *m* jauge *f*; '**~tisch** *m* planchette *f*; '**~tuch** *rl. n* corporal *m*; '**~uhr** *f* compteur *m*.

'**Messung** *f* mesurage *m*; *arp.* arpentage *m*.

Mestiz|e [mɛs'tiːtsə] *m*, **~in** *f* métis *m*, -se *f*.

Met [meːt] *m* hydromel *m*.

Metall [me'tal] *n* (3¹) métal *m*; **~arbeiter** *m* ouvrier *m* métallurgiste; F mé...allo *m*; **Ⓢen** de métal; métallique; **~geld** *n* espèces *f/pl.* sonnantes; **Ⓢhaltig** [~haltiç] métallifère; **~industrie** *f* industrie *f* métallurgique; **Ⓢisch** métallique; **~kunde** *f* métallographie *f*; **~platte** *f* plaque *f* de métal; **~warenfabrik** *f* usine *f* d'articles métalliques.

Metamorphose [metamɔr'foːzə] *f* métamorphose *f*.

Metaph|er [me'tafər] *f* métaphore *f*; **Ⓢorisch** [~'foː-] métaphorique.

Meta|physik [~fy'ziːk] *f* métaphysique *f*; **Ⓢphysisch** métaphysique.

Meteor [mete'oːr] *n* (3¹) météorite *f*; **~eisen** *n* fer *m* météorique; **~olog(e)** [~oro'loːg(ə)] *m* météorologue *m*; **~ologie** [~'giː] *f* météorologie *f*; **~stein** *m* aérolithe *m*.

Meter ['meːtər] *n* (a. *m*) (7), '**~maß** *n* mètre *m*.

Method|e [me'toːdə] *f* (15) méthode *f*; **~ik** *f* méthodologie *f*; **Ⓢisch** méthodique.

Methyl [me'tyːl] *n* méthyle *m*; **~alkohol** *m* alcool *m* méthylique.

Metr|ik [me'triːk] *f* (16) métrique *f*; (Abhandlung) *a.* traité *m* de métrique; '**Ⓢisch** métrique.

Metro'pole *f* métropole *f*.

Mette ['mɛtə] *f* (15) matines *f/pl.*

Mettwurst ['mɛt-] *f* andouille *f* fumée.

Metz|elei [mɛtsə'laɪ] *f* massacre *m*; boucherie *f*; **Ⓢeln** massacrer; **~ger** *m* boucher *m*; **~gerei** [~gə'raɪ] *f* boucherie *f*.

Meuchel|mord ['mɔʏçəl-] m assassinat m; **~mörder** m assassin m; **2mörderisch** assassin: **2n**assassiner. **'meuch'lerisch** traître; perfide; **~lings** [mɔʏçliŋs] traîtreusement.
Meut|e ['mɔʏtə] f (15) meute f; **~erei** [~'raɪ] f (16) mutinerie f; **~erer** m (7) mutin m; **2ern** (29) se mutiner.
Mexik|aner(in) f [meksi'ka:nər] m Mexicain m, -e f; **2anisch** mexicain; **~o** [~o] n le Mexique; (Stadt) Mexico m. [2. **2** n miaulement m.]
miauen [mi'aʊən] (25) **1.** miauler;
mich [mɪç] (acs. v. ich 19) me (vor vok. od. stummem h: m'); nach prp. moi.
Michel ['mɪçəl] m (17): der deutsche ~ le Michel allemand.
Mieder ['mi:dər] n (7) corsage m; corset m; **~tuch** n fichu m.
Mien|e ['mi:nə] f (15) mine f; air m; gute ~ zum bösen Spiel machen faire bonne mine à mauvais jeu; ohne e-e ~ zu verziehen sans sourciller; **~enspiel** n mimique f.
mies F [mi:s] mauvais; moche; mir ist ~ j'ai le cafard; **~machen** peindre tout en noir; **2macher** m défaitiste m; F rabat-joie m; **2macherei** f défaitisme m; **2muschel** f moule f.
Miet|-auto ['mi:t-] n auto f de louage; (Taxi) taxi m; **~e** f **1.** (15) (~preis) loyer m; zur ~ wohnen être en location; zur ~ wohnen être locataire; **2.** ✗ meule f; silo m; **2en**(26)louer;*Dienstboten:*engager; *Schiff:* affréter; **~en** f location f; ⚓ affrétement m; **~er(in)** f m locataire m, f; ⚓ affréteur f m; **~fuhrwerk** n voiture f de louage; **~geld** n loyer m; **~haus** n maison f de rapport; **~kaserne** f caserne f; **~kontrakt** m contrat m (de location); bail m; **~leute** pl. locataires m/pl.; **~ling** m mercenaire m; **~preis** m loyer m; **~vertrag** m = ~kontrakt; **2weise** à bail; **~wohnung** f appartement m en location; **~zins** m loyer m.
Mieze ['mi:tsə] f minet m, minette f.
Migräne [mi'grɛ:nə] f(15)migraine f.
Mikro|be [mi'kro:bə] f (15) microbe m; **~phon** [~kro'fo:n] n (3¹) microphone m; **~skop** [~kro'sko:p] n (3¹) microscope m; **2skopisch** microscopique.
Milbe ent. ['mɪlbə] f (15) mite f.

Milch [mɪlç] f (16) lait m; *Fisch:* laitance f; **2-artig** laiteux; lacté; **~bart** m barbe f naissante; *fig.* blanc-bec m; **~brei** m bouillie f au lait; **~brötchen** n petit pain m; **~bruder** m frère m de lait; **~büchse** f boîte f de lait condensé; **~drüse** f glande f mammaire; **2en** avoir (resp. donner) du lait; **~flasche** f bouteille f à lait; für den Säugling: biberon m; **~frau** f laitière f; **~geschaft** n laiterie f; crémerie f; **~glas** n verre m à lait; (Glasart) opaline f; **~händler(in)** f m laitier m. -ière f; crémier m, -ière f; **~handlung** f = ~geschäft; **2ig** laiteux; **~kanne** f pot m à lait; aus Metall: bidon m à lait; **~kuh** f (vache f) laitière f; **~kur** f régime m lacté; **~mädchen** n laitière f; **~mann** m laitier m; **~pulver** n lait m en poudre; **~säure** f acide m lactique; **~schleuder** f écrémeuse f; **~schüssel** f jatte f à lait; **~schwester** f sœur f de lait; **~speise** f laitage m; **~straße** ast. f voie f lactée; **~topf** m pot m à lait; **~zahn** m dent f de lait; **~zucker** m sucre m de lait; lactose m.
mild [mɪlt], **~e** ['~də] **1.** doux; (gnädig) clément; (nachsichtig) indulgent; (wohlwollend) bienveillant; *Strafe:* léger; *Wetter:* tempéré; ~e Stiftung œuvre f pie; ~e Gabe don m charitable; ~(er) werden se radoucir; **2.** **2e** f (15) douceur f; (Gnade) clémence f; (Nachsicht) indulgence f; **~ern** (29) adoucir; (ermäßigen) modérer; (abschwächen) atténuer; tempérer; *Strafe:* commuer; ~de Umstände circonstances f/pl. atténuantes; **2erung** f adoucissement m; (Abschwächung) atténuation f; der Strafe: commutation f; **2erungsgrund** m circonstance f atténuante; **~herzig** ['~hɛrtsɪç]; **~tätig** charitable; **2tätigkeit** f charité f.
Militär [mili'tɛ:r] (11) **1.** m militaire m; soldat m; **2.** n (état m) militaire m; militaires m/pl.; armée f; **~anwärter** m candidat m militaire à un emploi civil; **~arzt** m médecin m militaire; **~attaché** m attaché m militaire; **~dienst(pflicht)** m (f) service m militaire (obligatoire); **2dienstpflichtig** soumis

Militärflugzeug — 916 — **Mischung**

au service militaire; ~**flugzeug** n avion m militaire; ~**geistlicher** m aumônier m militaire; ~**hilfe** f aide f militaire; ⸚**isch** militaire.
Mil ta'rismus m militarisme m.
Mili'tär|kasino n mess m; ~**paß** n passeport m militaire; ~**pflicht** f = ~dienstpflicht; ~**regierung** f gouvernement m militaire; ⸚**tauglich** apte au service militaire; ~**untauglich** inapte au service militaire; réformé; ~**verwaltung** f intendance f militaire.
Miliz [mi'li:ts] f (16) milice f; ~**soldat** m milicien m.
Milliard|är(in f) [miliar'dɛːr] m milliardaire m, f; ~**e** [⸚'li:ardə] f (15) milliard m; billion m.
Milli|'gramm ['mili-] n milligramme m; ~'**meter** n u. m millimètre m.
Million [mili'oːn] f (16) million m; ~**är(in** f) [⸚'nɛːr] m (3¹) millionnaire m, f. [vét. m charbon m.]
Milz [milts] f (16) rate f; ~**brand**⌡
Mim|e ['miːmə] m mime m; ~**ik** ['⸚mik] f mimique f.
Mimikry ['mimikri] f mimétisme m.
'**mimisch** ['miːmiʃ] mimique.
Mimose [mi'moːzə] f mimosa m; ⸚**nhaft** fig. hypersensible.
minder ['mindər] (18) moindre; (kleiner) plus petit; adv. moins; '⸚**heit** f minorité f; '⸚**jährig** mineur; '⸚**jährigkeit** f minorité f; '~**n** (29) diminuer; réduire; ⸚**ung** f diminution f; ~**wertig** d'une valeur inférieure; de mauvaise qualité; ⸚**wertigkeit** f infériorité f; ⸚**wertigkeitsgefühl** n sentiment m d'infériorité; ⸚**zahl** f minorité f.
mindest ['mindəst] (18): der, die, das ~**e** le, la moindre; adv. le moins; nicht das ~**e** (bei vb. ne...) pas la moindre chose; nicht im ~**en** (bei vb. ne...) pas le moins du monde; zum ~**en** au moins; pour le moins; '⸚**betrag** m minimum m; '⸚**bietend** le moins offrant; '~**ens** au moins; '⸚**lohn** m salaire m minimum; '⸚**maß** n minimum m; '⸚**preis** m prix m minimum m.
Mine ['miːnə] f (15) mine f.
'**Minen|feld** ⚓ n champ m de mines; '~**leger** ⚓ m (7) mouilleur m de mines; '~**räumboot** f, ~**suchboot** n dragueur m de mines; '~**sperre** f barrage m de mines; '~**werfer** ⚓ m (7) lance-mines m.

Mineral [minə'raːl] n (3¹ u. 8²) minéral m; ~**bad** n bain m d'eaux minérales; ⸚**isch** minéral; ⸚**og(e)** [⸚a'loːgə] m (12[13]) minéralogiste m; ~**ogie** [⸚o'giː] f minéralogie f; ~**quelle** f source f d'eaux minérales; ~**salz** n sel m minéral; ~**wasser** n eau f minérale.
Miniatur [minia'tuːr] f miniature f; ~**maler** m miniaturiste m.
mini'mal minime. [mum m.]
Minimum ['miːnimum] n mini-⌡
Minirock ['miːnirɔk] m mini-jupe f.
Minister ['ministər] m ministre m; ~**ialbeamte(r)** [⸚teri'aːl-] m employé m de ministère; ~**ial-erlaß** m arrêté m ministériel; [⸚'ɛll] f ministériel; ~**ium** [⸚s'teːrium] n ministère m; ~**krisis** f crise f ministérielle; ~**präsident** m président m du conseil (des ministres); ~**rat** m conseil m des ministres.
Ministrant rl. [minis'trant] m servant m; enfant m de chœur.
Minne ['minə] f (15) poét. amour m; ~**lied** n chanson f d'amour; ~**sang** m poésie f des troubadours; ~**sänger** m minnesænger m; Nordfrankreich: trouvère m; Südfrankreich: troubadour m.
minor|enn [mino'ren] mineur; ⸚**ennität** [⸚i'tɛːt] f minorité f; ⸚**i'tät** f minorité f.
minus ['miːnus] **1.** moins; **2.** ⚑ n † déficit m; arith. moins m; ~**pol** m pôle m négatif; ⸚**zeichen** n moins m.
Minut|e [mi'nuːtə] f (15) minute f; ~**enzeiger** m aiguille f des minutes.
Minze ['mintsə] f (15) menthe f.
mir [miːr] (dat. v. ich 19) me (vor vo. od. stummem h: m'); als pr. abs. à moi; nach prp. moi; ~ nichts, dir nichts sans plus de façons.
Mirabelle [mira'belə] f mirabelle f.
'**Misch-art** f espèce f bâtarde; '⸚**bar** miscible; '~**barkeit** f miscibilité f; '~**ehe** f mariage m mixte; ⸚**en** ['miʃən] (27) mêler; mélanger; Wein: frelater; mit Wasser ~ couper d'eau; Gift: préparer; ⚕ combiner; Kartenspiel: battre; Metalle: allier; sich in etw. (acc.) ~ se mêler de qch.; sich ins Gespräch ~ se mêler à la conversation; ~**getränk** n cocktail m; ~**ling** ['⸚liŋ] m (3¹) métis m; ~**masch** ['⸚maʃ] m(3²) brouillamini m; ~**maschine** f mélangeur m; (Beton⸚) bétonnière f; '⸚**ung** f mé-

Mischwald — 917 — **mitbekommen**

lange m; (Metall♀) alliage m; phm. mixture f; '~wald m forêt f d'essences variées; forêt f mixte.
Mispel ['mispəl] f (15) nèfle f; '~baum m néflier m.
miß|-achten [mis'-] mésestimer; dédaigner; '♀-achtung f mésestime f; dédain m; unter ~ au mépris de; '~behagen déplaire; '♀behagen n malaise m; (Unlust) déplaisir m; '♀bildung f difformité f, déformation f; '~billigen désapprouver; '♀billigung f désapprobation f; '♀brauch m abus m; ~brauchen abuser de; ~bräuchlich ['~brɔʏçlɪç] abusif; '~deuten interpréter mal (od. de travers); '♀deutung f interprétation f fausse.
missen ['misən] (28): etw. ~ être privé de qch.; etw. nicht ~ können ne pouvoir se passer de qch.
'**Miß|-erfolg** m insuccès m; échec m; '~ernte f mauvaise récolte f.
'**Misse|tat** f méfait m; (Verbrechen) crime m; '~täter(in f) m malfaiteur m, -trice f; criminel m, -le f.
miß|fallen déplaire; '♀fallen n déplaisir m; '~fällig déplaisant; (anstößig) choquant; sich ~ äußern über j-n (etw. acc.) critiquer qn (qch.); '♀geburt f (Fehlgeburt) fausse couche f; (Kind) avorton m; fig. monstre m; '♀geschick n infortune f; adversité f; malchance f; (Querstrich) contretemps m; '~gestalt(et) difforme; '~gestimmt mal disposé; de mauvaise humeur; ~glücken réussir mal; échouer; ~gönnen: j-m etw. ~ envier qch. à q.; '♀griff m méprise f; '♀gunst f envie f; jalousie f; ~günstig envieux; jaloux; '~handeln maltraiter; '♀handlung f mauvais traitement m; '♀heirat f mésalliance f; ~hellig ['~hɛlɪç] discordant; (uneins) en dissension; '♀helligkeit f discordance f; dissension f; (Zwist) différend m.
Mission [misi'o:n] f (16) mission f; ~ar [~io'na:r] m (3) missionnaire m.
'**Miß|klang** m dissonance f; cacophonie f; '~kredit m discrédit m; in ~ bringen discréditer; '♀lich (ungewiß) incertain; douteux; (schwierig) difficile; (heikel) délicat, pfort scabreux; ♀liebig ['~li:bɪç] mal vu; impopulaire; ♀lingen [~'lɪŋən] ne pas réussir; échouer; F rater; '~lingen n (6) insuccès m; échec m; '~mut m mauvaise humeur f; découragement m; '♀mutig de mauvaise humeur; découragé; ♀'raten 1. v/i. ne pas réussir; F rater; 2. adj. mal venu; '~stand m inconvénient m; '~stimmung f discordance f; fig. mauvaise humeur f; '~ton m son m faux; dissonance f (a. fig.); ♀'trauen se méfier de; (anzweifeln) se défier de; '~trauen n (6) méfiance f; défiance f; '~trauens-antrag m, '~trauens-votum n motion f (od. vote m) de défiance; '~trauisch méfiant; défiant; '~vergnügen n déplaisir m; mécontentement m; '♀vergnügt mécontent; '~verhältnis n disproportion f; '♀verständlich qui prête à malentendu; '~verständnis n malentendu m; (falsche Auffassung) méprise f; '♀verstehen entendre (od. comprendre) mal; se méprendre sur; '~wirtschaft f mauvaise administration f.
Mist [mist] m (3²) fumier m; Tiere: fiente f; fig. P (Plunder) fatras m; '~beet n couche f; '~beetfenster n châssis m; '~el f (15) gui m; '♀en (26) v/i. fienter; v/t. Acker: fumer; '~fink m fig. P saligaud m; '~gabel f fourche f (à fumier); '~grube f fosse f à fumier; '~haufe(n) m (tas m de) fumier m; '~käfer m bousier m.
Mistral [mis'tra:l] m mistral m.
mit [mit] 1. prp. (dat.) a) Begleitung: avec; komme ~ mir viens avec moi; b) Mittel: avec; par; de; à; ~ e-m Stock avec un bâton; ~ dem Zug ankommen arriver par le train; ~ dem Finger berühren toucher du doigt; ~ dem Bleistift schreiben écrire au crayon; c) Art u. Weise: avec; de; à; en; ~ Vergnügen avec plaisir; ~ Gewalt de force; ~ lauter Stimme à 'haute voix; ~ gutem Gewissen en toute conscience; d) Eigenschaft: à; ein Kind ~ blauen Augen un enfant aux yeux bleus; 2. adv. aussi; ~ dabeisein en être; y assister.
'**Mit|-angeklagte(r** a. m) m, f coaccusé m, -e f; '~-arbeit f collaboration f; coopération f; '♀-arbeiten collaborer (an dat. à); coopérer (à); '~-arbeiter(in f) m collaborateur m, -trice f; '♀bekommen: als Mit-

Mitbenutzung — 918 — **Mitteldling**

gift ~ avoir en dot; '~benutzung f jouissance f en commun; '~besitzer(in f) m copropriétaire m, f; '~bestimmungsrecht n droit m de cogestion; '~bewerber(in f) m concurrent m, -e f; '~bewohner(in f) m cohabitant m, -e f; ²bringen amener; *Sachen:* apporter; '~bürger(in f) m concitoyen m, -ne f; '~eigentümer(in f) m = ~besitzer; ²ei'nander ensemble; l'un avec l'autre, les uns avec les autres; '~empfinden n sympathie f; '²-empfinden sympathiser (*mit avec*); '~erbe m, ~erbin f cohéritier m, -ière f; ²erleben participer (*od.* assister) à; '~esser ⚥ m tanne f; ²fahren partir avec; accompagner (*acc.*); '~fahrer m passager m; ²fühlen sympathiser (*mit* avec); '²geben donner (*als Mitgift en dot*); *j-m e-n Brief* ~ charger q. d'une lettre; '~gefangene(r a. m) m, f compagnon m, compagne f de captivité; ♂♀ codétenu m, -e f; '~gefühl n sympathie f; (*Mitleid*) compassion f; '²gehen aller avec; accompagner (*acc.*); '~gift f dot f.

Mit|hilfe f assistance f; coopération f; *péj.* complicité f; '²hin donc; par conséquent; '²hören téléph. intercepter (*une communication*); '~inhaber(in f) m copropriétaire m, f; associé m, -e f; '~kämpfer m compagnon m de lutte; '²kommen venir avec; accompagner (*acc.*); *fig. Schule:* pouvoir suivre; '~läufer m complice m; *pol.* suiveur m (*d'un parti*); sympathisant m; '~laut(er) gr. m (3 [7]) consonne f.

Mitleid n pitié f; (*Mitgefühl*) compassion f, commisération f; *mit j-m* ~ *haben* avoir pitié de q.; ~ *erwecken* apitoyer; '~enschaft f: *in* ~ *ziehen* affecter; *in* ~ *gezogen werden* subir aussi les suites de qch.; '²ig compatissant, charitable; '~sbezeigung f condoléance f.

'**mit|machen** prendre part à; faire comme les autres; *Mode usw.:* suivre; '²mensch m prochain m; '~nehmen emmener; *Sachen:* emporter; ~**nichten** [~'niçtən] (*bei vb. ne ...*) nullement; (*bei vb. ne ...*) point du tout.

Mitra ['mi:tra] f mitre f.

'**mit|rechnen** v/t. (*hinzurechnen*) comprendre dans le compte; v/i. (*Bedeutung haben*) compter; '~reden prendre part à la conversation; *fig. mitzureden haben* avoir voix au chapitre; '~reisen voyager avec; être du voyage; ²**reisende(r** a. m) m, f compagnon m, compagne f de voyage; '~reißen entraîner; ~**'samt** (*dat.*) avec; '~schicken envoyer avec; envoyer en même temps; '~schleppen traîner avec soi; F trimbaler; '²schuld f complicité f; ~**schuldig** complice m; '²schuldige(r a. m) m, f complice m, f; '²schüler(in f) m condisciple m; camarade m, f (*de classe*); '~spielen prendre part au jeu; *j-m übel* ~ jouer un mauvais tour à q.; '²spieler(in f) m camarade m, f de jeu; *Kartenspiel:* partenaire m, f; *Sport:* coéquipier m, -ière f.

'**Mittag** m (3) midi m; (*Himmelsgegend*) a. sud m; *zu* ~ *essen* déjeuner; '~essen n déjeuner m; repas m de midi; '²s à midi; '~skreis m méridien m; '~sruhe f, '~sschlaf m sieste f; ~ *halten* faire la sieste; '²szeit f heure f de midi; (*Essenszeit*) heure f du déjeuner.

'**Mitte** f (15) milieu m; (*Mittelpunkt*) centre m; *in der* ~ au milieu; au centre; ~ *März usw.* à la mi-mars; *die* ~ *halten* garder le (juste) milieu; *in unsere(r)* ~ entre nous; *aus unserer* ~ d'entre nous.

'**mitteil|bar** communicable; '~**en** j-m etw. ~ communiquer qch. à q.; faire savoir qch. à q.; *bei Familienanzeigen:* faire part de qch. à q.; '~sam communicatif; ²ung f communication f; *amtliche:* communiqué m; *vertrauliche* ~ confidence f.

'**Mittel** m (7) moyen m; (*Geld*²) ressources f/pl.; (*Heil*²) remède m; ⚥ moyenne f; *im* ~ (*durchschnittlich*) en moyenne; *sich ins* ~ *legen* s'interposer; intervenir; ~ *und Wege finden* trouver moyen (*zu* de); '~alter n moyen âge m; '²alterlich médiéval; F moyenâgeux; '~amerika n l'Amérique f centrale; '²bar indirect; '~ding n être m (resp. chose f) intermédiaire; être m (resp. chose f) qui tient de ... et de ...; '~europa n l'Europe f centrale; '2-europäisch: ~e Zeit heure f de l'Europe f centrale; '2fein de qualité moyenne; '~finger m doigt m du milieu; anat. médius m; '~fuß m anat. métatarse m; '~gebirge m montagnes f/pl. moyennes; '~gewicht n Sport: poids m moyen; '~glied n e-s Fingers: phalangine f; Å u. Logik: moyen terme m; '2groß de taille moyenne; de moyenne grandeur; '~hand f anat. métacarpe m; '2hochdeutsch moyen 'haut allemand; 2ländisch ['~lɛndiʃ] méditerranéen; das ~e Meer la (mer) Méditerranée; '~läufer m Sport: demi-centre m; '~linie f ligne f du milieu; ligne f médiane; '2los sans ressources; '~losigkeit f dénuement m; '2mäßig médiocre; (v. mittlerer Größe usw.) moyen; '~mäßigkeit f médiocrité f; '~meer n la (mer) Méditerranée; '~ohrentzündung f otite f moyenne; '~punkt m centre m; '2s gén. moyennant; au moyen de; '~schule f école f primaire supérieure; '~smann m, '~sperson f médiateur m; (Vermittler) intermédiaire m; '~sorte f qualité f moyenne; '~stand m classe f moyenne; '~stimme f voix f moyenne; '~straße f fig. juste milieu f; '~streckenlauf m ('~streckenläufer m, '~streckenrekord m) course f (coureur m, record m) de demi-fond; '~streifen m Autostraße: bande f médiane; '~stück n pièce f (resp. morceau m) du milieu; Fleischerei: flanchet m; '~stufe f Schule: classes f/pl. moyennes; '~stürmer m Sport: centre m; '~weg m fig. juste milieu m; '~welle f Radio: onde f moyenne; '~wort gr. n participe m.

'mitten: ~auf; ~in; ~unter (dat. resp. acc.) au milieu de; ~ ins Herz en plein cœur; ~ im Winter en plein hiver; ~ aus du milieu de; ~ durch à travers; au travers de; ~ im Reden tout en parlant; ~'drin, ~'drunter en plein milieu; juste au milieu; ~'durch au travers de.

'Mitter|nacht f minuit m; um ~ = 2nächtig ['~nɛçtiç] à minuit; (nächtlich) nocturne.

'Mittfasten pl. mi-carême f.

'Mittler|(in f) m (7) médiateur m, -trice f; '2weile en attendant; sur ces entrefaites.

'mittun en être; faire comme les autres.

Mittwoch ['~vɔx] m (3) mercredi m; '2s le mercredi.

mit'unter parfois; de temps en temps.

'mit|unterzeichnen contresigner; '2-ursache f cause f secondaire; '~verantwortlich qui partage la responsabilité; '2verschworene(r) m conjuré m; '2welt f contemporains m/pl.; '2wirken coopérer (bei à); collaborer (à); concourir (à); '2wirkung f coopération f; collaboration f; concours m; unter ~ von avec le concours de; en collaboration avec; '2wissen n connaissance f; ohne mein ~ à mon insu; 2wisser(in f) ['~vɪsər] m confident m, -e f; complice m, f; '~zählen = ~rechnen.

Mix'tur f phm. mixture f; potion f.
Mob [mɔp] m (11) populace f.
Möbel [ˈmøːbəl] n (7) meuble m; '~fabrik f fabrique f de meubles; '~händler m marchand m de meubles; tapissier m; '~tischler m ébéniste m; '~transport m déménagement m; '~wagen m voiture f de déménagement; tapissière f.

mobil [moˈbiːl] mobile; (flink) dispos; ~ machen ⚔ mobiliser; 2iar [~biˈliaːr] n mobilier m; 2ien [~ˈbiːliən] pl. biens m/pl. meubles; ~i'sieren mobiliser; 2machung f mobilisation f.

möblieren [mœˈbliːrən] meubler; möbliertes Zimmer chambre f meublée (od. garnie).

Mode [ˈmoːdə] f (15) mode f; augenblicklich herrschende: a. vogue f; neueste ~ dernière mode f; dernier cri m; ~ sein être à la mode (od. en vogue); in ~ bringen mettre à la mode; aus der ~ sein être démodé; aus der ~ kommen passer de mode; sich nach der ~ kleiden die Mode mitmachen suivre la mode; '~artikel m article m de mode; nouveauté f; '~dame f femme f à la mode; '~dichter m poète m en vogue; '~geck m dandy m; '~journal n journal m de mode.

Modell [moˈdɛl] n (3¹) modèle m; (Schnittmuster) patron m; (Guß2)

Modellflugzeug moule *m*; △ maquette *f*; ~ stehen servir de modèle, *peint. a.* poser; ~**flugzeug** *n* avion-modèle *m*; **♀ieren** [~'liːrən] modeler; ⊕ mouler.
modeln ['moːdəln] (29) modeler.
'**Modenarr** *m* dandy *m*.
'**Mode**|**nschau** *f* défilé *m* de mode; '~**puppe** *f* mannequin *m*.
Moder ['moːdər] *m* (7) pourri *m*; *(Schlamm)* bourbe *f*; vase *f*; '~**geruch** *m* odeur *f* de pourri; *(§)* pourri; *(schlammig)* bourbeux; **♀n** pourrir; se putréfier.
modern [mo'dɛrn] moderne; *(nach der neuesten Mode)* à la mode.
modernisier|**en** [~'ziːrən] moderniser; *Kleid usw.*: mettre au goût du jour.
'**Mode**|**schriftsteller** *m* auteur *m* en vogue; '~**waren** *f/pl.* modes *f/pl.*; nouveautés *f/pl.*; '~**wort** *n* mot *m* à la mode; '~**zeitung** *f* journal *m* de modes.
modifizieren [~fi'tsiːrən] modifier.
'**modisch** à la mode.
Modistin [mo'distin] *f* modiste *f*.
Modus ['moːdus] *m* (16) mode *m*.
mogeln ['moːgəln] (29) F tricher; *Schule*: frauder.
mög|**en** ['møːgən] (30) *(können, dürfen)* pouvoir; *(wollen)* vouloir; avoir envie de; *gern* ~ aimer; *lieber* ~ aimer mieux; *ich möchte* je voudrais; *so sehr ich auch möchte* quelque envie que j'en aie; *es mag sein* il se peut; *was man auch immer sagen mag* quoi que l'on dise; *mag er auch noch so reich sein* si riche qu'il soit; *man möchte meinen (sagen)* on dirait.
möglich ['møːkliç] possible; *(ausführbar)* faisable; praticable; ~**erweise** peut-être; **♀keit** *f* possibilité *f*; *nach* ~ autant que possible; '~**st**: *sein* ~**es tun** faire tout son possible; ~ *bald* le plus tôt possible; ~ *viel* autant que possible; ~ *gut* le mieux possible.
Mohammed ['moːhamɛt] *m* Mahomet *m*; ~**aner(in** *f)* [~'daːnər] *m* (7) musulman *m*, -e *f*; **♀anisch** musulman.
Mohn [moːn] *m* (3) pavot *m*; *(Feld♀)* coquelicot *m*.
Mohr(in *f)* ['moːr(in)] *m* Maure *(od.* More*)*, Mauresque *(od.* Moresque*) f*.

Möhre ['møːrə] *f*, '**Mohrrübe** *f* carotte *f*.
mok|**ant** [mo'kant] moqueur; ~**ieren** [~'kiːrən]: *sich* ~ *über (acc.)* se moquer de.
Mokka(-kaffee) ['mɔka] *m* moka *m*.
Molch [mɔlç] *m* (3) salamandre *f*.
Mole ['moːlə] *f* (15) môle *m*; jetée *f*.
Mole|**kül** [mole'kyːl] *n* molécule *f*; **♀kular** [~ku'laːr] moléculaire.
Molke ['mɔlkə] *f* petit-lait *m*; ~'**rei** *f* laiterie *f*.
Moll ♪ [mɔl] *n* mode *m* mineur.
mollig ['mɔliç] douillet; *(rundlich)* potelé; *(warm)* à bonne température; agréable; *Zimmer*: où il fait bon.
Molluske [mɔ'luskə] *f* mollusque *m*.
Moment [mo'mɛnt] (3) **1.** *m* moment *m*; **2.** *n* facteur *m*; ⊕ moment *m*; *psychologisches* ~ moment *m* psychologique; **♀an** [~'taːn] momentané; pour le moment; ~**aufnahme** *f*, ~**bild** *n* instantané *m*; ~**verschluß** *phot. m* obturateur *m* instantané.
Monade [mo'naːdə] *f* monade *f*.
Monarch|(**in** *f)* [mo'narç] *m* (12) monarque *m*; souverain *m*, -e *f*; ~**ie** [~'çiː] *f* monarchie *f*; **♀isch** monarchique.
Monat ['moːnat] *m* (3) mois *m*; **♀elang** des mois durant; **♀lich** mensuel; *adv.* tous les mois; par mois; ~*e Zahlung* paiement *m* par mensualités; ~*e Rate = Monatsrate*; '~**sbericht** *m* rapport *m* mensuel; '~**sgehalt** *n* traitement *m* mensuel; mois *m*; '~**skarte** *f* abonnement *m* mensuel; '~**srate** *f* mensualité *f*; '~**sschrift** *f* revue *f* mensuelle.
Mönch [mœnç] *m* (3) moine *m*; religieux *m*; ~ *werden* se faire moine; entrer dans les ordres; **♀isch** de moine; monacal; '~**skloster** *n* couvent *m* de moines; monastère *m*; '~**skutte** *f* froc *m*; '~**s-orden** *m* ordre *m* monastique; '~**stum** *n*, '~**swesen** *n* monachisme *m*.
Mond [moːnt] *m* (3) lune *f*; *anderer Gestirne*: lunule *f*; *der* ~ *scheint* il fait clair de lune; '~**bahn** *f* orbite *f* de la lune; '~**finsternis** *f* éclipse *f* de lune; **♀hell** éclairé par la lune; *es ist* ~ il fait clair de lune; '~**licht** *n* clair *m* de lune; '~**nacht** *f* nuit *f* de lune; '~**rakete** *f* fusée *f* lunaire; '~**scheibe** *f* disque *m* de la lune;

Mondschein — 921 — **morsch**

'~schein m clair m de lune; beim ~ au clair de la lune; '~sichel f croissant m (de la lune); ⁀süchtig ['~zyçtiç] somnambule; '~viertel n quartier m de la lune; '~wechsel m lunaison f.

Mongol|e [mɔŋˈgoːlə] m, ~in f Mongol m, -e f; ~ei [~ˈlaɪ] f la Mongolie; ⁀isch mongol.

monieren [moˈniːrən] (*mahnen*) avertir; (*tadeln*) critiquer.

mono|gam [monoˈgaːm] monogame; ⁀gramm [~ˈgram] n monogramme m; ⁀kel [~ˈnɔkəl] n monocle m; ⁀log [~ˈloːk] m monologue m; e-n ~ halten monologuer; ⁀pol [~ˈpoːl] n monopole m; ~polisieren [~poliˈziːrən] monopoliser; ⁀theismus m monothéisme m; ~ton [~ˈtoːn] monotone.

Monstranz [mɔnˈstrants] f (16) ostensoir m. [m.]

Monstrum ['mɔnstrum] n monstre

Monsun [mɔnˈzuːn] m (3¹) mousson f.

Montag ['moːntaːk] m (3) lundi m; ⁀s le lundi.

Montage [mɔnˈtaːʒə] f montage m; ~anzug m combinaison f, cotte f; ~halle f 'hall m de montage.

Montan|-industrie [mɔnˈtaːn-] f industrie f minière et métallurgique; ~union f pocl m charbon-acier.

Mont|eur [mɔnˈtøːr] m monteur m; ⁀ieren [~ˈtiːrən] monter; ~ierung f = ~age; ~ur ⚔ [~ˈtuːr] f équipement m.

Moor [moːr] n (3) marécage m; '~bad n bain m de boue; '~boden m terrain m marécageux; ⁀ig marécageux; '~land n marécages m/pl.

Moos ⚔ [moːs] n (4) mousse f; ⁀ig moussu.

Moped [moˈpeːt] n vélomoteur m.

Mops [mɔps] m (4²) carlin m; ⁀en F (*stehlen*) chiper; sich ~ F (*sich langweilen*) se raser.

Moral [moˈraːl] f (16) morale f; (*Sittlichkeit*) moralité f; (*geistige, seelische Verfassung*) moral m; ⁀isch moral; ~isieren [~liˈziːrən] moraliser; ~ist [~ˈlist] m moraliste m; ~prediger m moraliseur m.

Moräne [moˈrɛːnə] f moraine f.

Morast [moˈrast] m (3² [u. 3¹]) bourbe f; (*Sumpf*) marais m; ⁀ig bourbeux; marécageux.

Moratorium [moraˈtoːrium] n moratoire m; moratorium f (15) (*Zahlungsaufschub*) atermoiement m.

Morchel ['mɔrçəl] f (15) morille f.

Mord [mɔrt] m (3) meurtre m; (*Meuchel♀*) assassinat m; (*Totschlag*) homicide m; '~anschlag m attentat m (contre la vie de); '~brenner m incendiaire f; ⁀en (26) v/t. assassiner; v/i. commettre un meurtre.

Mörder|(in f) ['mœrdər] m (7) meurtrier m, -ière f; assassin m; '~grube f: aus s-m Herzen keine ~ machen avoir le cœur sur la main; '~hand f main f meurtrière; '⁀isch meurtrier; *Kampf*: sanglant.

Mord|geselle ['mɔrt-] m assassin m; '~gier f instincts m/pl. sanguinaires; '⁀gierig sanguinaire; '~skerl F m gaillard m; '~slärm m vacarme m infernal; '⁀smäßig f formidable; énorme; '~tat f = ~Mord; '~versuch m tentative f d'assassinat; '~waffe f arme f meurtrière.

Morgen ['mɔrgən] **1.** m matin m; (~zeit) matinée f; (*Osten*) orient m; (*Feldmaß*) arpent m; guten ~! bonjour!; am ~ le matin; e-s schönen ~s un beau matin; den anderen ~ le lendemain matin; **2.** ♀ adv. demain (*früh* matin; *mittag* à midi; *abend* soir); '~andacht f prière f du matin; '~anzug m saut-de-lit m; '~ausgabe f édition f du matin; '~besuch m visite f matinale; '~blatt n journal m du matin; '~dämmerung f aube f; pointe f (*od.* point m) du jour; '⁀dlich matinal; '~grauen n = ~dämmerung; '~kleid n peignoir m; '~land n l'Orient m; le Levant; '~länder(-in f) m Levantin m, -e f; '⁀ländisch oriental; levantin; '~post f courrier m du matin; '~rock m peignoir m; '~rot n, '~röte f aurore f; '⁀s le matin; dans la matinée; sechs Uhr ~ six heures du matin; '~sonne f soleil m levant; '~ständchen n aubade f; '~stunde f heure f matinale; '~zeit f matinée f; '~zeitung f = ~blatt.

'**morgig** de demain.

Morph|inist(in f) [mɔrfiˈnist] m morphinomane m, f; ~ium ['~fium] n morphine f.

morsch [mɔrʃ] (*zerbrechlich*) caduc; (*verfault*) pourri; (*wurmstichig*) vermoulu; *Zahn*: carié.

Morse|alphabet ['mɔrzə-] *n* alphabet *m* morse; **~schrift** *f* morse *m*.

Mörser ['mœrzər] *m* (7) mortier *m*.

Mörtel ['mœrtəl] *m* (7) mortier *m*; *mit* ~ *bewerfen* crépir.

Mosaik [moza'i:k] *n* mosaïque *f*.

Moschee [mɔ'ʃe:] *f* (15) mosquée *f*.

Moschus ['mɔʃus] *m* musc *m*.

Mosel ['mo:zəl] *f*: *die ~la* Moselle; **'~wein** *m* vin *m* de Moselle; moselle *m*.

'Moskau *n* (11) Moscou *m*; **~er**(*in* *f*) *m* Moscovite *m*, *f*.

Moskito [mɔs'ki:to] *m* (11) moustique *m*; **~netz** *n* moustiquaire *f*.

Mos|lem ['mɔslem] *m*, **~lime** *f* musulman *m*, -e *f*.

Most [mɔst] *m* (3²) moût *m*; (*Apfelwein*) cidre *m*.

Mostrich ['mɔstriç] *m* (3) moutarde *f*; **'~soße** *f* sauce *f* à la moutarde; **'~töpfchen** *n* moutardier *m*.

Motette [mo'tetə] *f* motet *m*.

Motiv [mo'ti:f] *n* (3¹) motif *m* (*a. Kunst*); mobile *m*; **~ieren** [~ti'vi:rən] motiver.

Motor ['mo:tɔr] *m* (8¹) moteur *m*; **'~boot** *n* canot *m* à moteur; **'~defekt** *m* panne *f* de moteur; **~enschlosser** [mo'to:rən-] *m* mécanicien *m*; **~enstärke** [mo'to:rən-] *f* puissance *f* du moteur; **~gehäuse** *n* carter *m* du moteur; **'~haube** *f* capot *m*; **~isieren** [motori'zi:rən] motoriser; **'~pflug** *m* charrue *f* à tracteur; **'~rad** *n* moto(cyclette) *f*; **~ fahren** aller à moto(cyclette) *f*; **'~radfahrer** *m* motocycliste *m*; **'~radsport** *m* sport *m* motocycliste; **'~roller** *m* scooter *m*; **~ fahren** aller en scooter; **'~rollerfahrer** *m* scootériste *m*; **'~triebwagen** 🚋 *m* automotrice *f*; autorail *m*; micheline *f*.

Mott|e ['mɔtə] *f* (15) mite *f*; teigne *f*; **'~enfraß** *m* mangeure *f* de mites; **'~enpulver** *n* (poudre *f*) insecticide *m*. [*Buch*: épigraphe *f*.]

Motto ['mɔto] *n* (11) devise *f*; *im*]

Möwe ['mø:və] *f* (15) mouette *f*; *größere*: goéland *m*.

Mück|e ['mykə] *f* (15) cousin *m*; moucheron *m*; (*Stech*²) moustique *m*.

Mucken 1. *f/pl.* ~ *haben* avoir des lubies, *Sache*: clocher; **2.** ♀: *sich nicht* ~ = *nicht mucksen*.

Mücken|netz *n* moustiquaire *f*; **~enstich** *m* piqûre *f* de moustique.

Mucker ['mukər] *m* (7) (*Griesgram*) grognon *m*; (*Schleicher*) sournois *m*; (*Frömmler*) cagot *m*; **'~tum** *n* (*Frömmelei*) cagotisme *m*.

mucksen ['muksən]: *nicht* ~ ne souffler mot; ne pas ouvrir le bec.

müd|e ['my:də] fatigué; *ler e-r Sache* (*gén.*) ~ *sein* être las de qch.; *es* ~ *sein, zu* ... (*inf.*) se lasser de ... (*inf.*); ~ *machen* fatiguer; ~ *werden* se fatiguer; *zum Umfallen* ~ qui tombe de fatigue; **'Qigkeit** *f* fatigue *f*; lassitude *f*; *vor* ~ *umfallen* tomber de fatigue.

Muff [muf] *m* (3) manchon *m*; **'~e** ⊕ *f* (15) manchon *m*; **'~el** 🦌 *f* moufle *f*; **'Qig** moisi; ~ *riechen* sentir le moisi (*od.* le renfermé).

Mühe ['my:ə] *f* (15) peine *f*; *mit* ~ *und Not* à grand-peine; *sich* ~ *geben* se donner de la peine; *es macht mir* ~, *zu* ... (*inf.*) j'ai de la peine à ... (*inf.*); *es ist nicht der* ~ *wert* ce n'est pas la peine; cela n'en vaut pas la peine; **'Qlos** sans peine; **'Qn** (25): *sich* ~ se donner de la peine; **'Qvoll** pénible; **'~waltung** *f* peine *f* que l'on se donne à faire qch.

Mühl|bach ['my:l-] *m* chenal *m*; **'~e** *f* (15) moulin *m*; ~ *spielen* jouer à la marelle; **'~espiel** (jeu *m* de) marelle *f*; **'~rad** *n* roue *f* de moulin; **'~stein** *m* meule *f* de moulin).

'Müh|sal *f* (14) peines *f/pl.*; fatigues *f/pl.*; labeur *m*; **'Qsam**, **'Qselig** pénible; laborieux; **'~seligkeit** *f* peines *f/pl.*

Mulatt|e [mu'latə] *m* (13), **~in** *f* mulâtre *m*, -esse *f*.

Mulde ['muldə] *f* (15) (*Backtrog*) pétrin *m*; 'huche *f*; (*Napf*).jatte *f*; (*Kübel*) baquet *m*; *géogr.* cuvette *f*.

Mull [mul] *m u. n* (3) mousseline *f*.

Müll [myl] *m* (3) balayures *f/pl.*; immondices *f/pl.*; (*Küchenabfälle*) ordures *f/pl.* ménagères; **'~abfuhr** *f* service *m* de nettoiement; **'~eimer** *m* seau *m* à ordures.

Müller|(in *f*) ['mylər] *m* (7) meunier *m*, -ière *f*.

'Müll|grube *f* fosse *f* à ordures; **'~haufen** *m* tas *m* d'ordures; **'~kasten** *m* poubelle *f*; **'~kutscher** *m* boueur *m*; **'~schaufel**, **'~schippe** *f* pelle *f*; **'~wagen** *m* voiture *f* du service de nettoiement.

mulmig ['mulmiç] *fig.* véreux; louche.

Multipli|kand [multipli'kant] *m* multiplicande *m*; **~kation** [~ka-'tsio:n] *f* multiplication *f*; **~kator** [~'ka:tɔr] *m* multiplicateur *m*; **2zieren** multiplier.

Mumi|e ['mu:miə] *f* (15) momie *f*; **2fizieren** [mumifi'tsi:rən] momifier.

Mumm F [mum] *m*: ~ *haben* avoir du cran; **~elgreis** *m* vieux barbon *m*; P birbe *m*; **~enschanz** *m* mascarade *f*.

Mumpitz F ['mumpits] *m* farce *f*; blagues *f/pl.* [*m/pl.*; parotidite *f.*]

Mumps ✱ [mumps] *m* oreillons)

München ['mynçən] *n* Munich *m*.

Mund [munt] *m* (3) bouche *f* (*Mündung*) embouchure *f*; *den* ~ *spitzen* faire la petite bouche; *den* ~ *verziehen* pincer les lèvres; *den* ~ *halten* se taire; tenir sa langue; *den* ~ *voll nehmen* fanfaronner; *j-m den* ~ *stopfen* F clouer le bec à q.; *nicht auf den* ~ *gefallen sein* n'avoir pas sa langue dans sa poche; *j-m Worte in den* ~ *legen* attribuer de propos à q.; *immer im* ~*e führen* avoir toujours à la bouche; *j-m nach dem* ~ *reden* parler selon les désirs de q.; *j-m über den* ~ *fahren* couper la parole à q.; *zum* ~*e führen* porter à la bouche; *sich den* ~ *verbrennen* s'attirer des désagréments par ses propos indiscrets; **~art** *f* dialecte *m*; idiome *m*; (*Bauern*2) patois *m*; **2artlich** dialectal; idiomatique; **~bedarf** *m* vivres *m/pl.*

Mündel ['myndəl] *m, n od. f* (7) pupille *m, f*; **~gelder** *n/pl.* deniers *m/pl.* pupillaires; **2sicher** de tout repos.

'munden (26): *j-m* ~ être au goût de q.; *sich etw.* ~ *lassen* manger (*resp.* boire) qch. de bon cœur.

'münden (26): ~ *in* (*acc.*) *Fluß*: se jeter dans; *Straße*: déboucher dans.

'mund|faul avare de paroles; **2fäule** ✱ *f* stomatite *f* ulcéreuse; **~gerecht**: *j-m etw.* ~ *machen* accommoder qch. au goût de q.; **2harmonika** *f* harmonica *m*; **2höhle** *f* cavité *f* buccale.

'mündig majeur; **~sprechen** déclarer majeur; ~ *werden* atteindre sa majorité; **2keit** *f* majorité *f*; **2sprechung** *f* émancipation *f*.

mündlich ['myntliç] verbal; oral; *adv. a.* de vive voix; *das* 2e *bei e-m Examen*: l'oral *m*.

Mund|schenk ['~ʃɛŋk] *m* échanson *m*; **~stück** *n* Pfeife, Zigarette: bout *m*; ♪ embouchure *f*; *Zaum*: mors *m*; **'2tot** interdit; *j-n* ~ *machen* interdire la parole à q.; **'~tuch** *n* serviette *f*.

'Mündung *f* (*Fluß*2) embouchure *f*; *Gerät*: bouche *f*; **'~s-arm** *m* bras *m* d'une embouchure.

'Mund|voll *m* bouchée *f*; **'~vorrat** *m* vivres *m/pl.*; **'~wasser** *n* eau *f* dentifrice; gargarisme *m*; **'~werk** *n*: *ein gutes* ~ *haben* F avoir la langue bien pendue; **'~winkel** *m* commissure *f* des lèvres.

Munition [muni'tsio:n] *f* munition *f*; **~swagen** caisson *m*; fourgon *m*.

munkeln ['muŋkəln] (29) chuchoter; *man munkelt, daß*... on dit que...

Münster ['mynstər] *n* (*a. m*) (7) cathédrale *f*.

munter ['muntər] gai; (*lebhaft*) vif; alerte; (*aufgeweckt*) éveillé; **2keit** *f* gaieté *f*; (*Lebhaftigkeit*) vivacité *f*; (*Aufgewecktheit*) esprit *m* éveillé.

'Münz|-amt *n* (hôtel *m* de la) Monnaie *f*; **'~e** *f* monnaie *f*; (*Denk*2) médaille *f*; = ~*amt*; *bare* ~ argent *m* comptant; **'~einheit** *f* unité *f* monétaire; **2en** ['myntsən] (27) battre monnaie; monnayer; *das ist auf mich gemünzt* fig. c'est à moi que cela s'adresse; c'est une pierre dans mon jardin; **'~(en)sammlung** *f* collection *f* de médailles; médaillier *m*; **'~fälscher** *m* fa.ux-monnayeur *m*; **'~fernsprecher** *m* taxiphone *m*; **'~gehalt** *m* titre *m* des monnaies; **'~kabinett** *n* cabinet *m* de(s) médailles; **'~kenner** *m* numismate *m*; **'~kunde** *f* numismatique *f*; **'~prägung** *f* monétisation *f*; **'~recht** *n* droit *m* de battre monnaie; **'~stempel** *m* coin *m*; **'~umlauf** *m* circulation *f* monétaire; **'~wert** *m* = ~*gehalt*; **'~wesen** *n* système *m* monétaire; **'~zeichen** *n* marque *f*.

mürbe ['myrbə] tendre; (*gut durchgekocht*) bien cuit; ~ *machen Fleisch*: mortifier, *fig.* mater.

Murks F *m* bousillage *m*; **2en** bousiller; gâcher.

Murmel ['murməl] *f* (15) bille *f*; **'2n** (29) murmurer; *in den Bart* ~ marmonner entre ses dents; *Spiel*:

Murmeln — 924 — **Muttergottesdienst**

jouer à la bille; '~n *n* murmure *m*; '~spiel *n* jeu *m* de billes; '~tier *n* marmotte *f*.

murren ['murən] (25) murmurer; gronder; grogner.

mürrisch ['myriʃ] grincheux; maussade.

Mus [mu:s] *n* (4) marmelade *f*.

Muschel ['muʃəl] *f* (15) coquillage *m*; (*Schale*) *a*. coquille *f*; eßbare ~ moule *f*; (*Ohr*2) conque *f*; *téléph*. pavillon *m*; '~kalk *m* calcaire *m* conchylien; '~schale *f* coquille *f*; coquillage *m*; '~tier *n* coquillage *m*.

Muse ['mu:zə] *f* muse *f*.

Musel|**man**(**in** *f a*. '~männin] ['mu:zəl-] *m* musulman *m*, -e *f*; 2**manisch** [~'ma:niʃ], 2**männisch** ['~menıʃ] musulman.

Museum [mu'ze:um] *n* (9) musée *m*; *naturgeschichtliches*: muséum *m*.

Musik [mu'zi:k] *f* (16) musique *f*; ~**alienhandlung** [~zi'ka:liən-] *f* magasin *m* de musique; 2**alisch** [~'ka:liʃ] musical; ~ *sein* être musicien; *aimer la musique*; ~**alität** [~kali'tɛ:t] *f* sens *m* de la musique; ~**ant**(**in** *f*) [~'kant] *m* (12) musicien *m*, -ne *f*; ~**aufführung** *f* séance *f* musicale; *concert m*; *e-s Solisten*: récital *m*; ~**begleitung** *f* accompagnement *m*; ~**direktor** *m* chef *m* d'orchestre; ~**drama** *n* drame *m* musical.

Musiker(**in** *f*) ['mu:zikər] *m* musicien *m*, -ne *f*.

Mu'sik|**fest** *n* fête *f* musicale; festival *m*; ~**kapelle** *f* orchestre *m*; ~**korps** *n* orchestre *m*; ⚔ musique *f*; ~**kritiker** *m* critique *m* musical; ~**lehrer**(**in** *f*) *m* professeur *m* de musique; ~**schule** *f* conservatoire *m*; ~**stück** *n* morceau *m* de musique; ~**ver-ein** *m* société *f* musicale (*od*. philharmonique).

musizieren [~'tsi:rən] faire de la musique.

Muskat [mus'ka:t] *m*, ~**nuß** *f* (noix *f*) muscade *f*; ~'**eller**(**wein**) *m* (vin *m*) muscat *m*.

Muskel ['muskəl] *m* (10) *od*. *f* (15) muscle *m*; '~**kater** *m* courbature *f*; '~**kraft** *f* force *f* musculaire; '~**krampf** *m* crampe *f*; '~**schwund** *m* atrophie *f* musculaire; '~**system** *n* musculature *f*.

Musket|**e** [~'ke:tə] *f* mousquet *m*; ~**ier** ['~keti:r] *m* mousquetaire *m*; *heute*: fantassin *m*.

Muskul|**atur** [muskula'tu:r] *f* musculature *f*; 2**ös** [~'lø:s] musculeux; musclé.

Muß [mus] *n* nécessité *f*.

Muße ['mu:sə] *f* (15) loisir *m*; *mit* ~ à loisir. [seline *f*.\]

Musselin [musə'li:n] *m* (3) mous-\]

müssen ['mysən] (30) devoir; (*nötig sein*) falloir; (*verpflichtet sein*) être tenu (*od*. forcé *od*. obligé *od*. contraint) de; *ich muß es tun* je dois le faire; *er muß schlafen* il faut qu'il dorme; il lui faut dormir; *ich mußte lachen* je n'ai pu m'empêcher de rire.

'**Mußestunde** *f* loisir *m*.

müßig ['my:siç] oisif; désœuvré; (*unnütz*; *überflüssig*) oiseux; 2**gang** *m* oisiveté *f*; désœuvrement *m*; 2**gänger**(**in** *f*) *m* oisif *m*, -ive *f*.

Muster ['mustər] *n* (7) modèle *m*; (*Urbild*) type *m*; (*Zeichnung*) dessin *m*; (*Schablone*) patron *m*; (*Warenprobe*) échantillon *m*; '~**bild** *n* modèle *m*; type *m*; '~**buch** *n* livre *m* d'échantillons; 2**gültig**, 2**haft** exemplaire; ~ *m* modèle; '~**knabe** *m* enfant *m* modèle; '~**koffer** *m* boîte *f* à échantillons; marmotte *f*; '2**n** (29) examiner; inspecter; ⚔ passer en revue; *Weberei*: appliquer des dessins sur; *fig*. toiser; '~**schüler**(**in** *f*) *m* élève *m*, *f* modèle; '~**schutz** *m* protection *f* légale des modèles; '~**ung** *f* inspection *f*; examen *m*; ⚔ revue *f*; *zum Wehrdienst*: revision *f*; '~**zeichner**(**in** *f*) *m* dessinateur *m*, -trice *f*.

Mut [mu:t] *m* (3) courage *m*; *kriegerischer*: bravoure *f*; ~ *fassen* (*od*. *schöpfen*) prendre courage; *j-m* ~ *machen* encourager q.; *j-m den* ~ *benehmen* décourager q.; *den* ~ *sinken lassen* perdre courage; *guten* ~*es sein* avoir du courage.

Mütchen ['my:tçən] *n*: *sein* ~ *kühlen an* (*dat*.) passer sa colère sur.

'**mut**|**ig** courageux; '~**los** découragé; '2**losigkeit** *f* découragement *m*; ~**maßen** ['~ma:sən] (22) présumer; soupçonner; conjecturer; '~**maßlich** présomptif; (*wahrscheinlich*) probable; 2**maßung** *f* présomption *f*; conjecture *f*.

Mutter ['mutər] *f* (14¹) mère *f*; (*Schrauben*2) (15) écrou *m*; '~**brust** *f* sein *m* de la mère; ~**gesellschaft** *f* société *f* mère; ~'**gottesbild** *n*

Mutterland — 925 — **Mythos**

madone f; '~land n pays m natal; (Stammland) métropole f; mère f patrie; '~leib n sein m de la mère.
mütterlich ['mytərliç] maternel; ²keit f sentiment m maternel.
'**Mutter**|**liebe** f amour m maternel; '~mal n tache f de naissance; envie f; '~milch f lait m maternel; '~mord m parricide m; '~mörder (-in f) m parricide m, f; '~schaft f maternité f; '~schutz m protection f de la maternité; '~schwein n truie f; ²**seelen**-**al**'**lein** absolument seul; esseulé; '~**söhnchen** ['~zøːnçən] n enfant m gâté; '~**sprache** f langue f maternelle; (Stammsprache) langue f mère; '~**stelle** f : ~ vertreten tenir lieu de mère (bei à); '~tag m fête f des mères; '~witz m esprit m naturel.
'**Mut**|**wille** m pétulance f; (Schelmerei) espièglerie f; (Böswilligkeit) malignité f; malice f; '²**willig** pétulant; (schelmisch) espiègle; (böswillig) malicieux.
Mütz|**e** ['mytsə] f (15) bonnet m; mit Schirm: casquette f; '~**enmacher**(**in** f) m bonnetier m, -ière f; casquettier m, -ière f; '~**enschirm** m visière f de casquette.
Myriade [myri'aːdə] f myriade f.
Myrrhe ['myrə] f myrrhe f.
Myrte ['myrtə] f (15) myrte m.
myst|**eriös** [mysteri'øːs] mystérieux; ²**erium** [~'teːrium] n mystère m; ²**ik** ['~stik] f mystique f; '²**iker**(**in** f) m mystique m, f; '~**isch** mystique; ²**izismus** [~'tsismus] m mysticisme m.
Myth|**e** ['myːtə] f (15) mythe m; ²**enhaft**, '²**isch** mythique.
Mytho|**logie** [mytolo'giː] f mythologie f; ²'**logisch** mythologique.
Myth|**os** ['myːtɔs] m mythe m.

N

N, n [ɛn] *n* N, *m* N, *m od. f.*
na! F [na] eh bien!; allons!; ~ *so was!* par exemple!; ~ *und ob!* ma foi, oui!
Nabe ⊕ ['nɑːbə] *f* (15) moyeu *m*.
Nabel ['nɑːbəl] *m* (7¹) nombril *m*; '~**bruch** *n* 'hernie *f* ombilicale; '~**schnur** *f* cordon *m* ombilical.
nach [nɑːx] **1.** *prp.* (*dat.*) **a)** *Richtung:* à; ~ *Paris reisen alle* à Paris; *vor Ländernamen:* en (*ohne art.*), *bei hinzugefügter näherer Bestimmung:* dans (*mit art.*), *vor Ländernamen im pl. und vor männlichen außereuropäischen Ländernamen:* à (*mit art.*); ~... ⊕, ⚓ à destination de...; *abreisen* ~ partir pour; *der Weg* ~ *Paris* le chemin de Paris; ~ *dieser Seite de ce côté;* ~ *dem Flusse (hin)* du côté de la rivière; ~ *Norden* vers le nord; ~ *Norden liegen* être exposé au nord; *donner au nord;* ~ *der Straße liegen* donner sur la rue; **b)** *Rang, Folge, Zeit:* après, (*nach Ablauf von*) au bout de; **c)** (*gemäß*) d'après; selon, suivant; **2.** *adv. mir* ~! suivez-moi!; ~ *und* ~ peu à peu; petit à petit; ~ *wie vor* après comme avant.
nachäffen ['~ʔɛfən] contrefaire; F singer.
nachahm|en ['~ʔɑːmən] imiter; copier; *péj.* contrefaire; '~**enswert** digne d'être imité; '**2er(in** *f*) *m* imitateur *m*, -trice *f*; '**2ung** *f* imitation *f*; *péj.* contrefaçon *f*; (*nachgeahmtes Kunstwerk*) pastiche *m*; **2ungstrieb** *m* instinct *m* d'imitation.
'**nach-arbeiten** *v/t. nachbildend:* copier; *verbessernd:* retoucher; *das Versäumte* ~ travailler à (*od.* pour) rattraper le temps perdu; *v/i.: j-m* ~ prendre q. pour modèle; (*zusätzlich arbeiten*) faire du travail supplémentaire.
Nachbar|(in *f*) ['naxbaːr] (10 *u.* 13) *m* voisin *m*, -e *f*; '~**land** *n* pays *m* voisin; '**2lich** voisin; *gut* ~ en bon voisin; '~**schaft** *f* voisinage *m*; *in der* ~ près d'ici.
'**nach|bekommen** recevoir en surplus (*od.* en supplément); '~**bess-ern** retoucher; '**2besserung** *f* retouche *f*; '~**bestellen** commander en supplément; '~**beten** répéter machinalement; '~**bezahlen** payer un supplément; '~**bilden** copier; imiter; '**2bildung** *f* copie *f*; imitation *f*; (*Faksimile*) fac-similé *m*; '~**bleiben** rester en arrière; *Uhr:* retarder; *Schule:* ~ *sitzen;* '~**blicken**; *j-m* ~ suivre q. des yeux; '~**bringen** apporter après (*od.* plus tard); '~**datieren** postdater.

nach'dem 1. *cj.* après que ...; *bei gleichem Subjekt: a.* après ... (*inf.* passé), *au Maß u. Grad:* je ~ selon (*od.* suivant) que (*ind.*); **2.** *adv. :* je ~ c'est selon; cela dépend.
'**nach|denken** réfléchir (*über acc.* à *od.* sur); méditer (sur); '**2denken** *n* (6) réflexion *f*; méditation *f*; '~**denklich** pensif; méditatif; rêveur; '~**dichten** imiter; '**2dichtung** *f* imitation *f*; '~**drängen** pousser par derrière; *dem Feinde* ~ talonner l'ennemi; '**2druck** *m* force *f*; (*Tatkraft*) énergie *f*; *auf etw.* (*acc.*) ~ *legen* insister sur qch.; accentuer qch.; *phys., gr.* intensité *f*; *rhét.* emphase *f*; *typ.* reproduction *f*; *ungesetzlicher:* contrefaçon *f*; '~**drucken** reproduire; *ungesetzlich:* contrefaire; '~**drücklich** énergique; *rhét. a.* emphatique; '~**eifern**: *j-m* ~ s'efforcer d'égaler q.; '**2-eiferung** *f* émulation *f*; '~**eilen**: *j-m* ~ courir après q.; ~**ei'nander** l'un après l'autre; successivement; '~**empfinden**: *j-m etw.* ~ *können* comprendre les sentiments de q.
Nachen ['naxən] *m* (6) nacelle *f*; canot *m*; barque *f*.
'**nach|erzählen** répéter (ce que l'on a entendu raconter, *etc.*); '**2-erzählung** *f* narration *f*; compte *m* rendu de lecture; '**2fahr** *m* descendant *m*; '~**fahren**: *j-m* ~ suivre q. (en voiture, *etc.*); '~**färben** reteindre; '**2feier** *f* lendemain *m* d'une fête; '**2folge** *f* succession *f*; '~**folgen**: *j-m* ~ suivre q., *im Amt, als Erbe:* succéder à q.; '~**folgend** suivant; '**2-**

folger m successeur m; **˜fordern** demander en sus (od. en plus); **˜forderung** f demande f en sus; **˜forschen**: e-r Sache (dat.) ˜ rechercher qch.; faire des recherches sur qch.; s'enquérir de qch.; **²forschung** f recherche f; enquête f; **²frage** f informations f/pl.; recherches f/pl.; ✝ demande f; es ist starke ˜ nach diesem Artikel cet article est très demandé; **˜fragen** s'informer de; ✝ demander; **²frist** f prolongation f ✝ de délai; **˜fühlen** = empfinden; **˜füllen** remplir; **˜geben** v/i. céder; j-m an Geist nichts ˜ ne pas le céder en esprit à q.; v/t. donner après; ajouter; **²gebühr** f surtaxe f; **²geburt** f arrière-faix m; délivre m; **˜gehen** Uhr: retarder; j-m ˜ suivre q.; e-r Sache (dat.) ˜ s'occuper de qch., Geschäften: vaquer à, Vergnügen: se livrer à; **˜gelassen**: ˜e Werke œuvres f/pl. posthumes; **˜gemacht** imité; artificiel; (gefälscht) contrefait; **˜ge-ordnet** subordonné; **˜gerade** enfin; peu à peu; **²geschmack** m arrière-goût m; übler ˜ déboire m; **˜giebig** ['˜gi:biç] souple; flexible; (willfährig) complaisant; **²giebigkeit** f souplesse f; (Willfährigkeit) complaisance f; **˜graben** fouiller; **²grabung** f fouille f; **˜grübeln**: ˜ über acc. se creuser la tête au sujet de; **²hall** ['˜hal] m (3¹) retentissement m; écho m; **˜hallen** retentir; résonner **˜haltig** ['˜haltiç] durable; persistant; tenace; **˜hang** ['˜haŋən], **˜hängen**: e-r Sache (dat.) ˜ s'abandonner à qch.; **˜helfen**: j-m ˜ aider q. à avancer; venir en aide à q.; fig. pousser q.; **'˜her** après; ensuite; puis; bis ˜! à tout à l'heure!; à tantôt!; **²hilfe** f aide f; secours m; **²hilfestunde** f leçon f particulière; **˜hinken** venir après; **˜holen** rattraper; **²hut** ⚔ f arrière-garde f; **˜jagen**: j-m ˜ poursuivre q.; faire la chasse à q.; dem Ruhme: courir après; **²klang** m écho m; souvenir m; **˜klingen** résonner; Glocke: vibrer; **²komme** ['˜kɔmə] m (13) descendant m; **˜kommen**: j-m ˜ suivre q.; rejoindre q.; e-m Befehl: se conformer à; e-r Bitte: acquiescer à; e-r Forderung: faire droit à; s-n Verbindlichkeiten: satisfaire à; **²kommenschaft** f descendance f; postérité f; **²kömmling** ['˜kœmliŋ] m = ²komme; **²kriegszeit** f après-guerre m (od. f); **²kur** f soins m/pl. après la cure; **²laß** ['˜las] m (4[²¹]) e-r Strafe, e-r Forderung: remise f; des Preises: diminution f; (Erbschaft) succession f; künstlerischer: œuvres f/pl. posthumes; ohne ˜ sans relâche; **˜lassen** v/t. Seil: (re)lâcher; Schraube: desserrer; Strafe, Forderung: remettre; Preis: diminuer; v/i. in der Spannkraft: se relâcher; (lose werden) se desserrer; (vermindern) diminuer; (schwach werden) faiblir; Eifer: se refroidir; Sturm: s'apaiser; Wind: tomber; Regen: cesser; **˜lassend** ♪ rémittant; **˜lässig** négligent; **²lässigkeit** f négligence f; **²laßpfleger** m curateur m; **˜laufen** courir après; **²lese** f 🍇 glanage m; (Trauben²) grappillage m; fig. recueil m complémentaire; **˜lesen** ♂ glaner; Trauben: grappiller; e-e Stelle: lire; in e-m Buch ˜ consulter un livre; (nochmals lesen) relire; **˜liefern** livrer plus tard; compléter une livraison; **²lieferung** f livraison f complémentaire; **˜lösen** Fahrkarte: faire supplément; **²löseschalter** m guichet m des suppléments; **˜machen** = ˜ahmen; **˜malen** copier; **˜messen** vérifier une mesure; **²mittag** m après-midi m od. f; **˜mittags** (dans) l'après-midi; **²mittags-unterricht** m classe f de l'après-midi; **²mittagsvorstellung** f matinée f; **²nahme** f remboursement m (gegen contre); **²nahmegebühr** f montant m du remboursement; **˜nehmen** prendre encore; **˜plappern** répéter (machinalement); **²porto** n surtaxe f; **²prüfen** vérifier; contrôler; **²prüfung** f vérification f; contrôle m; **˜rechnen** vérifier un calcul (✝ un compte); **²rede** f épilogue m; üble ˜ médisance f; j-n in üble ˜ bringen médire de q.; **˜reden** répéter; j-m ˜ B ses dire du mal de q.; médire de q.; **˜reifen** ♂ mûrir après la cueillette; **˜reisen**: j-m ˜ partir pour rejoindre q.; **²richt** f nouvelle f; information f (a. Radio); **²richten-agentur** f agence f; französische ˜ Agence f

France Presse; '⁀richtendienst m service m d'informations; '⁀rücken avancer; dem Feinde ⁀ poursuivre l'ennemi; '⁀ruf m faire-part (längerer: article) m nécrologique; '⁀ruhm m gloire f posthume; '⁀rühmen: j-m etw. ⁀ dire qch. à la gloire (od. à l'éloge) de q.; '⁀sagen répéter; j-m etw. ⁀ dire qch. de q.; '⁀saison f arrière-saison f; '⁀satz m second membre m; '⁀schauen = ⁀blicken; '⁀schicken Briefe: faire suivre; '⁀schlagen v/t. Buch: consulter; Stelle im Buch: chercher; v/i. j-m. ⁀ tenir de q.; '⁀schlagewerk n ouvrage m de référence; '⁀schleichen: j-m ⁀ suivre q. furtivement; '⁀schleppen traîner après soi; remorquer; '⁀schlüssel m fausse clef (clé) f; '⁀schreiben copier; nach Diktat ⁀ écrire sous la dictée; (mitschreiben) prendre des notes; '⁀schrift f copie f; e-r Rede: notes f/pl.; (Zusatz) post-scriptum m; '⁀schub ⚔ m ravitaillement m; '⁀schütten ajouter; '⁀sehen: j-m ⁀ suivre q. des yeux; (prüfen) examiner; vérifier; ⁀ ob s'assurer si; Hefte: corriger; Wort: chercher; in e-m Buch ⁀ consulter un livre; j-m etw. ⁀ passer qch. à q.; '⁀sehen n: du wirst das ⁀ haben tu en seras pour tes frais; '⁀senden = ⁀schicken; '⁀setzen mettre après; (hinzufügen) ajouter; j-m ⁀ se mettre à la poursuite de q.; '⁀sicht f indulgence f (gegen envers); ⁀ üben (od. haben) user d'indulgence (gegen envers); ⁀sichtig ['⁀ziçtiç] indulgent (gegen envers); '⁀silbe f suffixe m; '⁀sinnen réfléchir (über acc. à od. sur); méditer (sur); '⁀sitzen être en retenue; ⁀ lassen mettre en retenue; '⁀sommer m été m de la Saint--Martin; '⁀spähen: j-m ⁀ épier q.; '⁀spiel n thé. épilogue m; fig. conséquences f/pl.; die Sache wird ein gerichtliches ⁀ haben l'affaire se terminera devant les tribunaux; '⁀sprechen répéter; '⁀spüren: j-m ⁀ suivre q. à la trace, ch. quêter q. **nächst** [nɛːçst] **1.** adj. (sup. v. nahe) le plus proche; prochain; der ⁀e Weg le chemin le plus court; ⁀en Sonntag dimanche m prochain; die ⁀e Straße links la première rue à gauche; bei ⁀er Gelegenheit à la première occasion; am ⁀en Tage

le lendemain; im ⁀en Augenblick l'instant d'après; **2.** adv. am ⁀en le plus près; le plus proche; **3.** prp. (dat.) tout près de; (unmittelbar nach) après; '⁀best: der, die, das ⁀e le premier venu, la première venue; ⁀'dem après cela; '⁀e **1.** n le plus proche; das ⁀ (zu tun) wäre ... la première chose à faire serait ...; **2.** m (Mitmensch) prochain m; **3.** m, f in der Reihenfolge: suivant m, -e f; prochain m, -e f.

nach|stehen être placé après; j-m ⁀ fig. être inférieur à q.; '⁀stehend suivant; im ⁀en ci-dessous; '⁀stellen placer après; Uhr: retarder; ⊕ régler; j-m ⁀ poursuivre q., Mädchen: courir après; '⁀stellung f ⊕ réglage m; (Verfolgung) poursuite f.

'**Nächstenliebe** f amour m du prochain; altruisme m.

'**nächst|ens** prochainement; sous peu; '⁀folgend suivant; prochain; '⁀liegend qui est situé le plus près; das ⁀e le plus proche.

'**nach|stoßen** esc. riposter; '⁀streben e-m Ziel: tendre à; s'efforcer d'atteindre; j-m ⁀ prendre q. pour modèle; '⁀stürzen s'écrouler après; j-m ⁀ se précipiter sur les pas de q.; '⁀suchen rechercher; um etw. ⁀ solliciter qch.

Nacht [naxt] f (14¹) nuit f; des ⁀s; ⁀s; bei ⁀; in der ⁀ (pendant) la nuit; de nuit; tief in die ⁀ hinein avant dans la nuit; bei ⁀ und Nebel à la faveur de la nuit; über ⁀ pendant la nuit, (sehr bald und plötzlich) du jour au lendemain; gute ⁀! bonne nuit!; es ist ⁀ il fait nuit; es wird ⁀ il commence à faire nuit; la nuit vient (od. tombe); über ⁀ bleiben passer la nuit; '⁀angriff m attaque f nocturne; '⁀arbeit f travail m de nuit; '⁀asyl n asile m de nuit; '⁀blind héméralope; '⁀dienst m service m de nuit.

'**Nachteil** m désavantage m; (Schaden) préjudice m; détriment m; zum ⁀ von au préjudice de; ⁀ bringen porter préjudice; j-m zum ⁀ gereichen porter préjudice à q.; sich im ⁀ befinden être désavantagé; '⁀ig désavantageux; préjudiciable.

nächtelang ['nɛçtəlaŋ] des nuits entières.

'**Nacht**|-**essen** n souper m; '⁀eule orn. f chouette f; '⁀falter m pha-

Nachtflug — 929 — **Nagetier**

lène f; '~flug m vol m de nuit; '~frost m gelée f nocturne; '~geschirr n vase m de nuit; pot m de chambre; '~gleiche f (15) équinoxe m; '~hemd n chemise f de nuit.
Nachtigall ['naxtigal] f (16) rossignol m. [la nuit.\
nächtigen ['nɛçtigən] (25) passer\
'**Nachtisch** m dessert m.
'**Nacht|lager** n campement m nocturne; (Quartier) gîte m; '~lampe f veilleuse f. [de nuit.\
'**nächtlich** nocturne; adv. la nuit;\
'**Nacht|licht** n veilleuse f; '~lokal n établissement m de nuit; F boîte f de nuit; '~mahl n souper m; '~musik f sérénade f; '~mütze f bonnet m de nuit; '~quartier n gîte m.
'**Nach|trag** m supplément m; ₤ᵗ codicille m; avenant m; ²**tragen** (hinzufügen) ajouter (à); j-m etw. ~ porter qch. derrière q., fig. garder rancune de qch. à q., '²**tragend** rancunier; ²**träglich** ['~trɛːkliç] (ergänzend) supplémentaire; (später nachfolgend) ultérieur; adv. après coup; plus tard.
'**Nacht|ruhe** f repos m nocturne; ²s (pendant) la nuit; de nuit; '~schatten ♀ m morelle f; '~schicht f équipe f de nuit; '~schwärmer F m noctambule m; '~tisch m table f de nuit; '~tischlampe f lampe f de chevet; '~topf m = ~geschirr f; '~vorstellung f Kino: séance f nocturne; '~wache f veille f de nuit; bsd. bei Kranken: veillée f; (Person) garde f; '~wächter m garde (od. veilleur) m de nuit; '²**wandeln** être somnambule; '~wandler(in f) m somnambule m, f; '~zeit f: zur ~ de nuit; '~zug m train m de nuit.
'**Nach-urlaub** m prolongation f de congé.
'**nach|verlangen** demander en sus; ²**versicherung** f assurance f supplémentaire; '²**wachsen** repousser; ²**wahl** f seconde élection f; élection f complémentaire; ²**wehen** f/pl. ♂ douleurs f/pl. après l'accouchement; fig. suites f/pl.; '~weinen: j-m ~ déplorer la disparition de q.; ²**weis** m (4) preuve f (erbringen fournir); '~weisbar démontrable; '~weisen prouver; démontrer; Arbeit: procurer; '~weislich comme on peut en apporter la preuve; ²**welt** f posté-

rité f; '~werfen jeter après; '~wiegen repeser; vérifier le poids; ²**winter** m hiver m tardif; '~wirken se faire sentir; produire (encore) son effet; (rückwirken) avoir des répercussions; '²**wirkung** f effet m ultérieur; (Rückwirkung) répercussion f; '²**wort** n épilogue m; postface f; ²**wuchs** m ['~vuːks] m nouvelle pousse f; fig. génération f nouvelle; jeunesse f; '~**zahlen** payer (thé. prendre) un supplément; '~**zählen** recompter; '²**zahlung** f paiement m supplémentaire; '~**zeichnen** copier; '~**ziehen** (Schraube) resserrer; Striche: imiter; fig. entraîner; '²**zügler** m (7) retardataire m; ⚔ traînard m.
Nacken ['nakən] m (6) nuque f; j-m den ~ steifen affermir q. dans sa résolution.
'**nack|end, ~t** [nakt] nu; mit ~ten Füßen (les) pieds nus; nu-pieds; ²**enschläge** m/pl.: ~ bekommen fig. éprouver des revers; '²**theit** f nudité f; '²**tkultur** f nudisme m; Anhänger der ~ nudiste m.
Nadel ['naːdəl] f (15) aiguille f (Steck²) épingle f; zum Heften: broche f; '~**arbeit** f ouvrage m à l'aiguille; '~**baum** ♣ conifère m; '~**geräusch** n Schallplatte: bruit m de fond; '~**holz** n conifères m/pl.; '~**kissen** n pelote f à épingles; '~**öhr** n trou m d'aiguille; chas m; '~**stich** m piqûre f d'épingle; (Nähstich) point m (de couture); fig. coup m d'épingle; '~**wald** m forêt f de conifères.
Nagel ['naːgəl] m (7¹) clou m; hölzerner: cheville f; (Finger²) ongle m; den ~ auf den Kopf treffen fig. toucher juste; etw. an den ~ hängen fig. mettre qch. au clou; auf den Nägeln brennen fig. presser; être urgent; '~**bohrer** m vrille f; '~**bürste** f brosse f à ongles; '~**feile** f lime f à ongles; '~**geschwür** n panaris m; '~**kasten** m cloutière f; '~**lack** m vernis m à ongles; '²**n** (29) clouer; (benageln) clouter; '²**neu** battant neuf; '~**pflege** f manucure f; '~**schere** f ciseaux m/pl. à ongles; '~**schmied** m cloutier m; '~**zieher** m tire-clou m.
nage|n ['naːgən] ronger (an etw. dat. qch.); ²**tier** n rongeur m.

nah(e) ['nɑ:(ə)] (18²) **1.** *adj.* proche; *(anstoßend)* attenant; *Freund:* intime; *Gefahr:* imminent; **2.** *adv.* près; ~ *bei (an)* près de; *er ist* ~ *an fünfzig* il approche la cinquantaine; *ich war* ~ *daran, zu* ... *(inf.)* j'ai manqué de *(od.* failli) ... *(inf.); es war* ~ *daran* peu s'en est fallu; *er ist dem Tode* ~ il touche à sa mort; *j-m zu* ~ *treten fig.* froisser q.; *von* ~ *und fern* de près et de loin.

'Näh-arbeit *f* ouvrage *m* de couture.

'Nah-aufnahme *f* gros plan *m*.

Nähe ['nɛ:ə] *f* (15) proximité *f*; voisinage *m*; *in der* ~ tout près; *aus der* ~ de tout près; *aus nächster* ~ *schießen:* à bout portant.

nahe|'bei tout près; **'~bringen:** *j-m etw.* ~ montrer bien à q. à q.; faire comprendre qch. à q.; **'~gehen:** *das geht ihm nahe* cela le touche de près; **'~kommen** approcher de; **'~legen:** *j-m etw.* ~ recommander instamment qch. à q.; **'~liegend** tout près; *fig.* facile à concevoir.

nahen ['nɑ:ən] (25) approcher.

'nähen (25) coudre; *Hemden usw.:* faire; ✂ suturer.

'näher (18, *comp. v.* nah[e]) plus proche; *adv.* plus près; ~*e Umstände* plus amples détails *m/pl.*; ~*es Objekt* régime *m* direct; *bei* ~*er Betrachtung* à y regarder de plus près; *er gewinnt bei* ~*er Bekanntschaft* il gagne à être connu; ~ *rücken (v/i.* ~ *kommen* s'approcher); *e-r Frage* ~ *treten* serrer une question de plus près; *kommen (treten) Sie* ~! approchez!; *j-n* ~ *kennenlernen* faire plus ample connaissance avec q.; *sich mit etw.* ~ *bekannt machen* se familiariser avec qch.; **'~bringen:** *j-m etw.* ~ faire mieux comprendre qch. à q.; **'Qe(s)** *n* plus, amples détails *m/pl.*; ~ *bei* ... pour plus de renseignements, s'adresser à ...

Näher|ei [~'raɪ] *f* (15) couture *f*; **'~in** *f* couturière *f*; *an der Maschine:* mécanicienne *f*.

'näher|kommen: *sich* ~ *(sich verstehen lernen)* commencer à s'entendre; **'~n:** *sich* ~ (s')approcher (de); **'~treten** *(vertrauter werden)* se familiariser (avec).

'nahe|stehen: *j-m* ~ être lié avec q.; être l'intime de q.; **'~stehend** proche; **'~zu** à peu près; presque.

'Nähgarn *n* fil *m* à coudre.

'Nahkampf *m* combat *m* rapproché; ⚔ *(Mann gegen Mann)* corps à corps *m*.

'Näh|kissen *n* pelote *f* à épingles; **'~korb** *m* corbeille *f* à ouvrage; **'~mädchen** *n* couturière *f*; **'~maschine** *f* machine *f* à coudre; **'~nadel** *f* aiguille *f* (à coudre).

'Nähr|boden *m* terrain *m* favorable; *für Bakterien:* bouillon *m* de culture; **'Qen** nourrir; *Kind:* allaiter; *(beköstigen)* alimenter.

nahrhaft ['nɑ:rhaft] nutritif; nourrissant; *(kräftig)* substantiel; *(zur Ernährung dienend)* alimentaire; **'Qigkeit** *f* qualités *f/pl.* nutritives.

'Nähr|mittel *n/pl.* produits *m/pl.* alimentaires; **'~salz** *n* sel *m* nutritif; **'~stoff** *m* substance *f* alimentaire.

'Nahrung *f* nourriture *f*; *(alles zur Ernährung Dienende)* aliment *m*; *(Unterhalt)* subsistance *f*; ~ *und Kleidung* le vivre et le vêtement; **'~smangel** *m* disette *f*; **'~smittel** *n* aliment *m*; *pl. a.* vivres *m/pl.*; **'~s-sorgen** *f/pl.* soucis *m/pl.* du pain quotidien; **'~sstoff** *m* substance *f* alimentaire.

'Nährwert *m* valeur *f* nutritive.

'Näh|schule *f* école *f* de couture; **'~seide** *f* soie *f* à coudre.

Naht *f* (14¹) couture *f*; ✂ suture *f*.

'Nähtisch *m* table *f* à ouvrage.

'Nahverkehr *m* service *m* de banlieue.

'Nähzeug *n* nécessaire *m* à ouvrage.

naiv [na'i:f] naïf; ingénu; **Qi'tät** [~ivi-] *f* naïveté *f*; ingénuité *f*.

Nam|e ['nɑ:mə] (13), **'~en** *m* (6) nom *m*; *(Benennung)* dénomination *f*; *(Ruf)* réputation *f*; *die* ~*n aufrufen* faire l'appel nominal; *dem* ~*n nach kennen* connaître de nom; *in seinem* ~*n* en son nom; *in j-s* ~*n* au nom de q.; **'~engebung** *f* appellation *f*; dénomination *f*; **'~engedächtnis** *n* mémoire *f* des noms; **'~enkunde** *f* onomatologie *f*; **'~enliste** *f* liste *f* nominale *(od.* des noms); nomenclature *f*; **'Qenlos** sans nom; anonyme; *fig.* indicible; **'~enregister** *n* nomenclature *f*.

'namens du nom de; nommé; *prp. (gén.)* au nom de; **'Q-aufruf** *m* appel *m* nominal; **'Qtag** *m* fête *f*; **'Q-unterschrift** *f* signature *f*; **'Qverwechslung** *f* confusion *f* de noms; **'Qvetter** *m* homonyme *m*; **'Qzug** *m* signature *f*; *abgekürzter:* parafe *m*.

namentlich ['nɑːməntliç] nominal; *adv.* notamment; spécialement.

'**namhaft** renommé; connu; *etw.* ~ *machen* dénommer qch.; *j-n* ~ *machen* nommer q.; **2machung** *f* dénomination *f*.

nämlich ['nɛːmliç] **1.** *adj.* même; *das* ~e la même chose; **2.** *adv. bestimmend*: à savoir; c'est-à-dire; *begründend*: c'est que.

Napf [napf] *m* (3¹) écuelle *f*; jatte *f*; bol *m*; *größerer*: terrine *f*; (*Eßɓ*) gamelle *f*; '~**kuchen** *m* savarin *m*.

Naphtha ['nafta] *n u. f* naphte *m*; ~'**lin** *n* naphtaline *f*.

Narb|e ['narbə] *f* (15) cicatrice *f*; (*Schmarre*) balafre *f*; ♂ couche *f* végétale; ♀ stigmate *m*; *Leder*: grain *m*; **2ig** cicatrisé; (*schmarrig*) balafré; *Leder*: grenu.

Nar|kose [nar'koːzə] *f* (15) narcose *f*; anesthésie *f*; **2kotisch** [~'koːtiʃ] narcotique; **2kotisieren** [~koti-'ziːrən] anesthésier.

Narr [nar] *m* (12) fou *m*; bouffon *m*; *e-n* ~*en gefressen haben* F raffoler (*an dat.* de); *j-n zum* ~*en haben* (*od. halten*) = *j-n* ⁿ*²en se jouer (od.* se moquer) de q.

'**Narren|haus** *n* asile *m* d'aliénés; '~**kappe** *f* bonnet *m* de bouffon; '~(**s**)**possen** *f/pl.* bouffonneries *f/pl.*; '~**streich** *m* sottise *f*; facétie *f*.

Narr|etei [~'tai] *f*, '~**heit** *f* folie *f*.

närrisch ['nɛriʃ] fou; (*überspannt*) extravagant; (*possierlich*) comique; bouffon; drôle.

Narzisse [nar'tsisə] *f* narcisse *m*.

nasal [na'zɑːl] nasal; **2ieren** [~za'liːrən] nasaliser; **2ierung** *f* nasalisation *f*; **2laut** *m* nasale *f*.

nasch|en ['naʃən] manger des friandises; *gern* ~ être friand (etw. de qch.); '**2er** (-*in f*) *m* = **Näscher** (-**in** *f*) ['nɛʃər(in)] *m* friand *m*, *-e f*; gourmand *m*, *-e f*; **2erei** [~ʃə'rai] *f*, **Näscherei** *f* friandise *f*; '~**haft** friand; gourmand; '**2haftigkeit** *f* gourmandise *f*; '2**werk** *n* friandises *f/pl.*

Nase ['nɑːzə] *f* (15) nez *m*; (*Witterung*) flair *m*; *die* ~ *rümpfen* faire la moue; *die* ~ *hoch tragen* prendre des airs 'hautains; *die* ~ *voll haben* fig. en avoir assez; *sich die* ~ *putzen* se moucher; *die* ~ *in etw. (acc.) stecken* mettre le nez dans qch.; *s-e* ~ *in alles stecken* fourrer son nez partout; *j-n an der* ~ *herumführen* mener q. par le bout du nez; *ich sehe es dir an der* ~ *an* je le vois à ton nez; *j-m etw. auf die* ~ *binden* en faire accroire à q.; *j-m auf der* ~ *herumtanzen* se jouer de q.; *durch die* ~ *sprechen* parler du nez; nasiller; *in die* ~ *steigen* prendre au nez; *j-m etw. unter die* ~ *reiben* jeter qch. à la figure de q.; *j-m etw. vor der* ~ *wegnehmen* enlever qch. au nez de q.; **2lang**: *alle* ~ F à tout bout de champ.

näseln ['nɛːzəln] (29) nasiller.

'**Nasen|bein** *n* os *m* nasal; '~**bluten** *n* saignement *m* de nez; '~**flügel** *m* aile *f* du nez; '~**länge** *f bei Rennen*: (longueur *f* de) tête *f*; '~**laut** *gr. m* nasale *f*; '~**loch** *n* narine *f*; *Pferd*: naseau *m*; '~**spitze** *f* bout *m* du nez; '~**stüber** *m* (7) chiquenaude *f*.

'**nasewels** (18¹) impertinent; curieux.

nas|führen ['~nɑːs-] mener par le bout du nez; '**2horn** *n* rhinocéros *m*.

naß [nas] (18¹ [*u.* ²]) mouillé; (*feucht*) humide; (*durchnäßt*) trempé; ~ *machen* mouiller; ~ *werden*; *sich* ~ *machen* se mouiller; *durch und durch* ~ trempé jusqu'aux os.

Nassauer ['nasauər] *m fig.* écornifleur *m*; pique-assiette *m*; (*Regenschauer*) averse *f*; '**2n** écornifler.

Nässe ['nɛsə] *f* (15) humidité *f*; '**2n** mouiller; humecter. [humide.]

'**naßkalt**: *es ist* ~ il fait un froid]

Nation [natsi'oːn] *f* nation *f*.

natio'nal national; **2feiertag** *m* fête *f* nationale; **2gefühl** *n* sentiment *m* national; **2hymne** *f* hymne *m* national; **2ismus** [~'lismus] *m* nationalisme *m*; **2ist** *m* nationaliste *m*; **~istisch** nationaliste; **2ität** [~li'tɛːt] *f* nationalité *f*; **2mannschaft** *f Sport*: équipe *f* nationale; **2ökonom** *m* économiste *m*; **2-ökonomie** *f* économie *f* politique; **2tracht** *f* costume *m* national; **2versammlung** *f* assemblée *f* nationale.

Natrium ['naːtrium] *n* (11) sodium *m*.

Natron ['nɑːtrɔn] *n* (11) soude *f*; '~**lauge** *f* soude *f* caustique.

Natter ['natər] *f* (15) couleuvre *f*; vipère *f*.

Natur [na'tuːr] *f* (16) nature *f*; (*natürliche Beschaffenheit*) *a.* naturel *m*; (*Gemütsart*) tempérament *m*; complexion *f*; (*Charakter*) caractère *m*; *nach der* ~ d'après nature.

Natural|ien [͵tuˈrɑːliən] *pl.* produits *m/pl.* du sol; *naturgeschichtl. Sammlung:* objets *m/pl.* d'histoire naturelle; **˷isieren** [͵raliˈziːrən] naturaliser; **˷ismus** [͵ˈlismus] *m* naturalisme *m*; **˷ist** *m* naturaliste *m*; **˷istisch** naturaliste; **˷leistung** *f* prestation *f* en nature.

Na'tur|-anlage *f* disposition *f* naturelle; naturel *m*; **˷arzt** *m* médecin *m* naturiste; **˷beschreibung** *f* physiographie *f*; **˷ell** [͵ˈrɛl] *n* naturel *m*; **˷erscheinung** *f* phénomène *m* de la nature; **˷forscher** *m* naturaliste *m*; **˷forschung** *f* étude *f* (*od.* science) *f* de la nature; sciences *f/pl.* naturelles; **˷freund** *m* ami *m* de la nature; **˷gabe** *f* don *m* naturel; **2gemäß** naturel; normal; **˷geschichte** *f* histoire *f* naturelle; **˷gesetz** *n* loi *f* naturelle; loi *f* de la nature; **2getreu** d'après nature; **˷heilkunde** *f* thérapeutique *f* naturelle; **˷heilkundige(r)** *m* médecin *m* naturiste; **˷heilverfahren** *n* médication *f* naturiste; **˷kunde** *f* science *f* de la nature; sciences *f/pl.* naturelles.

na'türlich naturel *m*; (*unbefangen*) ingénu; (*einfach*) naïf; simple; *adv.* sans doute; naturellement; bien sûr; **2keit** *f* naturel *m*; ingénuité *f*; (*Einfachheit*) naïveté *f*; simplicité *f*.

Na'tur|recht *n* droit *m* naturel; **˷reich** *n* règne *m* de la nature; **˷religion** *f* religion *f* naturelle; **˷schutz** *m* protection *f* des sites (*resp.* du paysage); **˷schutzpark** *m* parc *m* national; **˷trieb** *m* instinct *m*; **˷volk** *n* peuple *m* primitif; **2widrig** contre nature; **˷wissenschaften** *f/pl.* sciences *f/pl.* naturelles; **˷zustand** *m* état *m* naturel.

Neapel [neˈɑːpəl] *n* Naples *f*.

Nebel [ˈneːbəl] *m* (7) brouillard *m*; (*Dunst*) brume *f*; *fig.* nuage *m*; voile *m*; **˷fleck** *m* ast. nébuleuse *f*; ⚕ *Auge:* tache *f* nébuleuse; **˷haft** nébuleux; *fig.* vague; **˷horn** *n* trompe *f* de brume; **2ig** brumeux, nébuleux (*a. fig.*); es ist ˷ il fait du brouillard; **˷krähe** *f* corneille *f* emmantelée; **2n:** es nebelt il fait du brouillard; il y a de la brume; **'˷rakete** *f* fusée *f* fumigène *f*; **˷schleier** *m* voile *m* de brume; **˷streif** *m* traînée *f* de brume.

neben [ˈneːbən] *prp.* (*wo? dat.; wohin? acc.*) à côté de; (au)près de; (*außer*) avec; outre; (*verglichen mit*) en comparaison de; **'2˷absicht** *f* objet *m* secondaire; (*Hintergedanke*) arrière-pensée *f*; **'2˷amt** *n* emploi *m* accessoire; ˷ à côté; ici près; **'2˷anschluß** *m* téléph. branchement *m*; **'2˷arbeit** *f* travail *m* accessoire; **'2˷ausgabe** *f* dépense *f* accessoire; *zusätzliche:* frais *m/pl.* supplémentaires; **'2˷ausgang** *m* sortie *f* latérale; **'˷bei** ˷an-; (*noch dazu*) en outre; (*beiseite*) à part; ˷ bemerkt soit dit en passant; **'2beruf** *m*, **'2beschäftigung** *f* occupation *f* accessoire; **'2buhler(-in** *f*) *m* rival *m*, -e *f*; concurrent *m*, -e *f*; **˷ei'nander** l'un à côté de l'autre; **˷ei'nanderstellen** juxtaposer; (*vergleichen*) comparer; **2˷ei'nanderstellung** *f* juxtaposition *f*; (*Vergleich*) comparaison *f*; **'2˷eingang** *m* entrée *f* latérale; **'2˷einkommen** *n*, **'2˷einkünfte** *pl.*, **'2˷einnahme(n** *pl.*) *f* revenus *m/pl.* accessoires (*zusätzlich:* supplémentaires); **'2figur** *f* personnage *m* secondaire; **'2fluß** *m* affluent *m*, rivière *f* tributaire; **'2gebäude** *n* dépendance *f*, annexe *f*; **'2gedanke** *m* arrière-pensée *f*; **'2geräusch** *n* Radio: bruit *m* parasite; *téléph.* friture *f*; **'2gleis** *n* contre-voie *f*; **'2handlung** *f* épisode *m*; **'2haus** *n* maison *f* voisine; **'˷her**, **'˷hin** à côté; (*außerdem*) en outre; **'2kosten** *pl.* frais *m/pl.* accessoires (*zusätzliche:* supplémentaires); **'2linie** *f* *Herkunft:* ligne *f* collatérale; 🚆 ligne (*od.* voie) *f* latérale; **'2mann** *m* voisin *m*; **'2mensch** *m* prochain *m*; **'2person** *f* = 2figur; **'2produkt** *n* sous-produit *m*; **'2raum** *m* pièce *f* voisine (*od.* contiguë); **'2rolle** *f* rôle *m* secondaire; *thé.* rôle *m* de figurant; **'2sache** *f* accessoire *m*; à-côté *m*; *das ist* ˷ c'est accessoire; cela ne compte pas; **˷sächlich** [ˈ˷zɛçliç] accessoire; secondaire; **'2satz** *m* (proposition *f*) subordonnée *f*; **'˷stehend** ci-contre; **'2straße** *f* rue *f* voisine (*resp.* latérale); (*Fahr2*) route *f* secondaire; **'2treppe** *f* petit escalier *m*; *versteckte:* escalier *m* dérobé; **'2tür** *f* porte *f* voisine; *versteckte:* porte *f* dérobée; **'2umstand** *m* circonstance *f* accessoire; détail *m*; **'2ursache** *f* cause *f* secondaire;

'2verdienste m/pl. = 2einkommen; '2weg m chemin m voisin (resp. latéral); '2winkel ⚭ m angle m adjacent; '2zimmer n pièce f voisine (od. contiguë).
nebst [ne:pst] prp. (dat.) avec; (noch hinzu) outre.
neck|en ['nɛkən] (25) taquiner; 2erei [~'raɪ] f (16) taquinerie f; '~isch taquin.
Neffe ['nɛfə] m (13) neveu m.
negativ ['ne:gati:f] (2 n) négatif (m).
Neger(in f) ['ne:gər] m nègre m, négresse f; noir m, -e f.
nehmen ['ne:mən] (30) prendre (auf sich acc. sur soi; (an~) accepter; (mit~) emmener, Sache: emporter; (weg~) ôter; enlever; j-n zu ~ verstehen savoir prendre q.; an sich (acc.) ~ ramasser, (einstecken) empocher; etw. zu sich ~ prendre qch.; j-n zu sich ~ recueillir q. chez soi; wie man's nimmt c'est selon.
Nehrung géogr. ['ne:ruŋ] f cordon m littoral; langue f de terre.
Neid [naɪt] m (3) envie f; jalousie f; aus ~ par envie; vor ~ vergehen sécher (pfort crever) d'envie; bei j-m ~ erregen exciter l'envie de q.; '2en ['~dən]: j-m etw. ~ envier qch. à q.; '~er(in f) m envieux m, -euse f; jaloux m, -ouse f; '~hammel m envieux m; '2isch: auf etw. (acc.) ~ sein être envieux de qch.; auf j-n ~ sein être jaloux de q.
Neig|e ['naɪɡə] f (15) (Abnahme) déclin m; (Ende) fin f; (Rest) reste m; zur ~ gehen tirer à sa fin; '2en (25) (sich se) pencher (zu vers, für à); (s') incliner (à); sich ~ (abschüssig sein) aller en pente; sich zum Ende ~ décliner; être sur son déclin, Tag: baisser; '~ung f (geneigte Lage) déclivité f; pente f; inclinaison f; Körper: inclination f; fig. inclination f (zu; für pour); penchant m; tendance f; goût m; aus ~ par goût; Heirat aus ~ mariage m d'inclination (d'amour); e-e ~ zu j-m fassen s'éprendre de q.
nein [naɪn] non; mit (e-m) 2 antworten répondre que non; répondre négativement; ~ so was! par exemple!
Nelke ⚭ ['nɛlkə] f (15) œillet m; (Gewürz2) clou m de girofle.
nennen ['nɛnən] (30) nommer; appeler; (betiteln) qualifier de; (an-

führen) citer; '~swert notable; considérable.
Nenn|er arith. ['nɛnər] m (7) dénominateur m; auf e-n ~ bringen réduire au même dénominateur; '~wert ✠ m valeur f nominale.
Neon ['ne:ɔn] n néon m; '~lampe f lampe f au néon.
neppen P ['nɛpən] estamper.
Nerv [nɛrf] m (8 u. 12) nerf m; auf die ~en fallen (gehen) donner sur les nerfs; ⚭ nervure f.
'Nerven|-arzt m neurologue m; '~-entzündung f névrite f; '~fieber n fièvre f nerveuse; '~heil-anstalt f maison f de santé (pour névropathes); '2krank névropathe; névrosé; '~krankheit f, '~leiden n affection f nerveuse; névropathie f; névrose f; '~schmerz m névralgie f; '~schock m choc m nerveux; '2schwach nerveux; neurasthénique; '~schwäche f nervosité f; neurasthénie f; '2stärkend tonique; '~system n système m nerveux; '~-überreizung f, névrose f; surexcitation f nerveuse; '~zucken n tic m nerveux; '~zusammenbruch m effondrement m nerveux; prostration f.
nerv|ig ['nɛrviç] nerveux; fig. vigoureux; ~ös [~'vø:s] nerveux; 2osität [~vozi'tɛːt] f (16) nervosité f; neurasthénie f.
Nerz [nɛrts] m (3²), '~fell n vison m.
Nessel ⚭ ['nɛsəl] f (15) ortie f; '~-ausschlag m, '~fieber ⚕ n urticaire f; '~tuch n mousseline f.
Nest [nɛst] n (1¹) nid m; Raubvogel: aire f; ein ~ ausnehmen dénicher des oiseaux; F (kleiner Ort) trou m; (schlechte Wohnung) bicoque f; '~häkchen n (6), '~küken F n benjamin m; culot m; '~voll m nichée f.
nett [nɛt] (sauber) propre; (hübsch) joli; (niedlich) mignon; (lieb) gentil.
netto ['nɛto] net; '2gewicht n poids m net; '2preis m prix m net.
Netz [nɛts] n (3²) filet m; (Fang2) a. rets m; Eisenbahn, Straßen: réseau m; '~-anschluß m: mit ~ Radio: sur secteur; '~empfänger m Radio: poste m sur secteur; '2en (22) humecter; mit Tränen ~ baigner de larmes; '~flügler m névroptère m; '2förmig ['~fœrmiç] réticulé; '~haut f rétine f; '~hemd

Netzwerk — 934 — **nicht**

n chemise *f* en cellular; '~werk ⚠ *n* entrelacs *m*.

neu [nɔY] **1.** *adj.* nouveau; *(ungebraucht, noch nicht dagewesen)* neuf; *(~zeitlich)* moderne; *(kürzlich)* récent; frais; *das ist mir ~* c'est nouveau pour moi; *in etw. (dat.) ~ sein* être novice *(od.* nouveau) en qch.; *~er Ausdruck* néologisme *m; die ~ere Geschichte* l'histoire *f* moderne; *~ere Sprachen* langues *f/pl.* modernes *(od.* vivantes); *~este Mode* dernière mode *f;* **2.** *adv. a.* à neuf; de neuf; *~ tapeziert* fraîchement tapissé; *~ kleiden* habiller de neuf; *~ machen* remettre à neuf; *~ gestalten* réorganiser; '~-**angekommen** nouvellement arrivé; nouveau venu; '~-**aufgelegt** réédité; *(~ gedruckt)* réimprimé; '2-**auflage** *f* nouvelle édition *f;* *(Neudruck)* réimpression *f;* 2**bau** *m* nouvelle construction *f;* reconstruction *f;* bâtiment *m* en construction; '2**bearbeitung** *f e-s Buches:* nouvelle édition *f* remaniée; '2**bekehrte(r** *a. m) m, f* néophyte *m, f;* '2**bildung** *f* formation *f* récente; *gr.* néologisme *m;* 💊 néoplasme *m;* '2**druck** *m* réimpression *f;* '2**e** *n* nouveau *m;* neuf *m;* moderne *m; was gibt's ~s?* qu'y a-t-il *(od.* quoi) de neuf *(od.* de nouveau); *aufs 2; von 2m* de *(od.* à) nouveau; '2-**einteilung** *f* reclassement *m.*

neuer|**dings** [nɔYərdɪŋs] *(kürzlich)* récemment; *(seit kurzem)* depuis peu; *(von neuem)* de *(od.* à) nouveau; '2**er** *m* (7) novateur *m;* '~**lich** *(neulich)* l'autre jour; *(von neuem)* de *(od.* à) nouveau.

'**Neu**|-**erscheinung** *f* nouveauté *f;* '~**erung** *f* innovation *f; gr.* néologisme *m;* 2**französisch** français moderne; ~**fundländer** [~funtlɛndər] *m (Hund)* terre-neuve *m;* '2**gebacken** *Brot:* frais; *fig.* tout neuf; nouvellement créé; '2**geboren** nouveau-né; *sich wie ~ fühlen* se sentir tout ragaillardi; '~**geborene(r** *a. m) m, f* nouveau-né *m, -e f;* '~**gestaltung** *f* réorganisation *f;* '2**gier(de)** *f* curiosité *f;* 2**gierig** curieux *(auf acc. de);* ~**gui'nea** [~gi-] *n* la Nouvelle-Guinée; '~**heit** *f* nouveauté *f;* '2**hochdeutsch** 'haut allemand moderne; '~**igkeit** *f* nouvelle *f;* '~**jahr**

n jour *m* de l'an; nouvel an *m;* '~**jahrsgeschenk** *n* étrenne *f;* '~**jahrstag** *m* jour *m* de l'an; '~**jahrswunsch** *m* vœux *m/pl.* de bonne année; '~**land** *n* terre *f* vierge *(a. fig.);* '2**lich** dernier; récent; *adv. a.* l'autre jour; '~**ling** *m* (3¹) novice *m, f;* débutant *m, -e f;* '2**modisch** à la dernière mode; '~**mond** *m* nouvelle lune *f.*

neun [nɔYn] neuf; '2-**auge** *n* lamproie *f* de rivière; ~**erlei** [nɔYnər'laɪ] de neuf espèces; '~**fach,** ~**fältig** [~fɛltɪç] neuf fois autant; '~**hundert** neuf cents; '~**jährig** de neuf ans; '~**mal** neuf fois; '~**tägig** ['~tɛːgɪç] de neuf jours; '~**tausend** neuf mille; '~**te** neuvième; *der (den, am) ~(n) März* le neuf mars; '2**tel** *n* neuvième *m;* '~**tens** neuvièmement; '~**zehn** dix-neuf; '~**zehnte** dix-neuvième; '~**zig** quatre-vingt-dix; '~**zigjährig** nonagénaire; '~**zigste** quatre-vingt-dixième.

'**Neuphilologe** *m* professeur *m* de langues modernes *(od.* vivantes).

Neural|**gie** [~ral'giː] *f* (15) névralgie *f;* 2**gisch** [~'ralgiʃ] névralgique.

Neurasthen|**ie** [~rastɛ'niː] *f* neurasthénie *f;* 2**isch** [~'tɛː-] neurasthénique. [riches *m/pl.*]

'**neureich:** *die* 2**en** les nouveaux**Neu**|**rose** *f* névrose *f.*

'**Neu**|**schnee** *m* neige *f* fraîche; ~'**seeland** *n* la Nouvelle-Zélande; ~'**seeländer(in** *f) m* Néo-Zélandais *m, -e f;* 2'**seeländisch** néo-zélandais; '~**silber** *n* maillechort *m;* ruolz *m;* '~**sprachler** ['~ʃpraːxlər] *m =* 2**Philologe.**

neutral [~'traːl] neutre; ~**isieren** [~ali'ziːrən] neutraliser; 2**ität** [~li'tɛːt] *f* neutralité *f.*

'**neu**|**vermählt** nouveau marié; '2**vermählte(r** *a. m) m, f* nouveau marié *m,* nouvelle mariée *f; die* ~**en** les nouveaux mariés *m/pl.;* '~**wertig** à l'état de neuf; 2**zeit** *f* temps *m/pl.* modernes; '~**zeitlich** moderne.

nicht [nɪçt] ne … pas, *pfort* ne … point; *zur Verneinung e-s einzelnen Wortes od. e-s ganzen,* nicht *wiederholten Satzes:* non; *~ viel (bei vb.* ne …) pas beaucoup; *warum ~?* pourquoi pas?; *~ nur (sondern auch)* non seulement (mais aussi); *~ daß …* ce n'est pas que … *(subj.);* non (pas) que … *(subj.); ~, daß ich*

Nichtachtung — 935 — **Niedersetzen**

wüßte pas que je sache; ~ mehr ne ... plus; ~ mehr und ~ weniger ni plus, ni moins; wo nicht sinon; ~ wahr?; ~? n'est-ce pas?; ~ doch mais non.

'Nicht|‑achtung f irrévérence f; dédain m; '⸗angriffspakt m pacte m de non-agression; '⸗annahme f non-acceptation f; '⸗befolgung f inobservance f; inobservation f; '⸗bezahlung f non-paiement m.

Nichte ['nɪçtə] f (15) nièce f.

'Nicht|‑einhaltung f = ⸗befolgung; '⸗einmischung f non-intervention f; '⸗erfüllung f non-exécution f; ⚖ défaillance f; '⸗erscheinen ⚖ n contumace f.

'nichtig (eitel) vain; (nichtssagend) futile; (ungültig) nul; für ~ erklären annuler; ⸗keit f (Eitelkeit) vanité f; (Wertlosigkeit) futilité f; (Ungültigkeit) nullité f; ⸗keits-erklärung f annulation f.

'Nichtraucher m non-fumeur m; '⸗abteil n compartiment m pour non-fumeurs.

nichts [nɪçts] 1. (bei vb. mit ne): rien, ~ mehr (bei vb. ne ...) plus rien; ~ anderes (bei vb. ne ...) rien d'autre; ~ Neues rien de neuf (od. de nouveau); für ~ und wieder ~ absolument pour rien; es ist ~ damit il n'en est rien; zu ~ werden se réduire à rien; 2. ⚥ n (das Nichtsein) néant m; (Geringes) rien m; '⸗desto'weniger néanmoins; toutefois; ⸗nutz m (3²) vaurien m; ~nutzig ['⸗nʊtsɪç] qui ne vaut rien; ⸗sagend ['⸗za:gənt] insignifiant; (wertlos) futile; ⸗tuer(in f) m (7) fainéant m; -e f; ⸗tun n (6) inaction f; oisiveté f; '⸗würdig indigne; '⸗würdigkeit f indignité f.

'Nicht|'wissen n ignorance f; '⸗zulassung f inadmission f; '⸗zutreffende n: ~s ist durchzustreichen biffer ce qui ne convient pas; rayer les mentions inutiles.

Nickel [nɪkəl] ⚥ n u. m (7) nickel m.

nick|en ['nɪkən] (25) absichtlich: incliner la tête; als Wink: faire signe de la tête; als Gruß: saluer d'un mouvement de tête; ⸗erchen F n (petit) somme m.

nie [ni:] (bei vb. mit ne) jamais; ~ und nimmer au grand jamais.

nieder ['ni:dər] 1. adj. bas; Rang, Wert: inférieur; fig. a. vil; ignoble; 2. adv. à bas; ~ mit ...! à bas ... (acc.)!; mort ... (dat.)!; '⸗beugen courber vers la terre; fig. abattre; sich ~ s'incliner; '⸗brennen v/i. brûler de fond en comble; v/t. réduire en cendres; '⸗bücken: sich ~ se baisser; '⸗deutsch bas allemand; '⸗drücken déprimer; fig. a. accabler; '⸗fallen tomber par terre; vor j-m ~ se prosterner devant q.; '⸗gang m fig. déclin m; décadence f; '⸗gehen prendre terre; ✈ atterrir, aufs Wasser: amérir; Gewitter: s'abattre; '⸗geschlagen abattu; '⸗geschlagenheit f abattement m; '⸗halten réprimer; '⸗hauen abattre; Menschen: massacrer; '⸗hocken s'accroupir; '⸗kämpfen abattre; vaincre; '⸗kauern se blottir; '⸗knallen descendre; '⸗knien s'agenouiller; '⸗kommen Frau: accoucher; Tiere: mettre bas; ⸗kunft f (16 u. 14¹) accouchement m; couches f/pl.; ⸗lage f dépôt m; (größeres Lagerhaus) entrepôt m; (Filiale) succursale f; filiale f; ⚔ défaite f; '⸗lande: die ~ pl. (3) les Pays-Bas m/pl.; '⸗länder(in f) m Néerlandais m, -e f; '⸗ländisch néerlandais; '⸗lassen (a)baisser; sich ~ s'asseoir; (s-n Wohnsitz nehmen) s'établir; prendre domicile; '⸗lassung f établissement m; (Filiale) succursale f; filiale f; '⸗legen mettre par terre; poser; (hinterlegen) déposer, gerichtlich: consigner; Gebäude: démolir; Waffen: mettre bas; die Krone ~ abdiquer; Amt: se démettre de; schriftlich ~ = ⸗schreiben; sich ~ se coucher; '⸗machen, '⸗metzeln massacrer; ⸗metzeln n massacre m; '⸗reißen renverser; Gebäude: démolir; '⸗rhein m Rhin m inférieur; '⸗säbeln sabrer; '⸗schießen abattre d'un coup de feu; fusiller; '⸗schlag m ⚗ dépôt m; sédiment m; Boxsport: knock-down m; s-n ~ finden fig. se manifester; '⸗schläge m/pl. (Regen usw.) précipitations f/pl.; '⸗schlagen v/t. abattre; Augen: baisser; Untersuchung: arrêter; v/i. ⚗ se déposer; '⸗schlagend accablant; '⸗schmettern écraser; fig. foudroyer; bouleverser; '⸗schreiben mettre par écrit; noter; '⸗schrift f manuscrit m; Schule: rédaction f; ⚖ procès-verbal m; '⸗setzen déposer; sich ~ s'as-

niedersinken seoir; *Vögel:* se poser; '⁓**sinken** descendre lentement; *im Wasser:* aller au fond; couler (bas); *vor Schwäche:* s'affaisser; '⁓**stechen** abattre d'un coup d'épée; *mit Dolch:* poignarder; '⁓**steigen** descendre; '⁓**stimmen** *parl.* mettre en minorité; '⁓**stoßen** renverser; '⁓**strecken** (*töten*) descendre; (*sich* ⁓ s')étendre par terre; '⁓**stürzen** *v/i.* tomber; s'écrouler; *v/t.* renverser; ⁂**tracht** *f* infamie *f*; '⁓**trächtig** a. *⁂*trec̨tic̨] infâme; bas; '⁂**trächtigkeit** *f* infamie *f*; bassesse *f*; '⁓**treten** fouler aux pieds; ⁂**ung** *f* terrain *m* bas; bas-fond *m*; '⁓**werfen** renverser; *Gegner:* vaincre; abattre; *Aufstand:* réprimer; *sich vor j-m* ⁓ se prosterner devant q.; ⁂**werfung** *f* répression *f*.

niedlich ['ni:tlic̨] gentil; joli; mignon.
Nieднagel ⚔ ['ni:t-] *m* envie *f*.
niedrig ['ni:dric̨] bas; (*gemein*) *a.* vil; *von* ⁓*er Geburt* de basse extraction; ⁓*er schrauben* baisser; ⁂**keit** *f* bassesse *f*.
niemals ['⁓ma:ls] (*bei vb. ne*...) jamais.
niemand ['ni:mant] *als Objekt:* ne ... personne; *als Subjekt:* personne (*od.* aucun *od.* nul) ... ne; *ohne vb.:* personne; ⁓ *anders* personne d' (*od.* nul) autre (*bei vb. mit ne*); ⁂**sland** *n* no man's land *m*.
Nier|e ['ni:rə] *f* (15) rein *m*; *cuis. u. min.* rognon *m*; *das geht mir an die* ⁓*n fig.* cela me touche au vif; '⁓**enbraten** *m* longe *f* de veau; '⁓**en-entzündung** *f*, '⁓**enleiden** *n* néphrite *f*; '⁓**enstein** ⚕ *m* calcul *m*.
niesel|n ['ni:zəln] bruiner; ⁂**regen** *m* bruine *f*.
niesen ['ni:zən] (27) 1. éternuer; 2. ⁂ *n* éternuement *m*.
Nießbrauch ['ni:s-] *m* (3) usufruit *m*.
Niet ⊕ ['ni:t] *m* rivet *m*; '⁓**e** *f* = *Niet*; *Lotterie:* mauvais numéro *m*; '⁂**en** (26) river; '⁂**- und 'nagelfest** rivé solidement; *fig.* bien établi; '⁓**ung** *f* rivure *f*.
Nihilis|mus [nihi'lismus] *m* nihilisme *m*; (⁓*t m*), ⁂**tisch** nihiliste (*m*).
Nikotin [niko'ti:n] *n* (3¹) nicotine *f*; ⁂**frei** sans nicotine; dénicotinisé; ⁓**vergiftung** *f* intoxication *f* par la nicotine.
Nil [ni:l] *m*: *der* ⁓ le Nil; '⁓**pferd** *n* hippopotame *m*.

Nonnenkloster

Nimbus ['nimbus] *m* (14²) nimbe *m*; auréole *f*; *nur fig.* prestige *m*.
nimmer ['nimər] = *niemals*; '⁓**mehr** (*bei vb.* ne ...) jamais plus; '⁓**satt** insatiable; '⁂**wiedersehen** *n*: *auf* ⁓ adieu à jamais; *auf* ⁓ *verlassen* quitter sans espoir de retour.
Nippel ⊕ ['nipəl] *m* raccord *m*.
nippen ['nipən] (25) boire à petits coups; buvoter; *an etw.* (*dat.*) ⁓ goûter à qch. [*m/pl.*]
Nippsachen ['nip-] *f/pl.* bibelots]
nirgend(s) ['nirgənts], '⁓**wo** (*bei vb.* ne...) nulle part.
Nische ['ni:ʃə] *f* (15) niche *f*.
nist|en ['nistən] (26) nicher; faire son nid; '⁂**en** *n* nidification *f*; '⁂**kasten** *m* nichoir *m*.
nivellier|en [nive'li:rən] niveler; ⁂**waage** *f* niveau *m* à bulle d'air.
Nixe ['niksə] *f* (15) ondine *f*.
Nobelpreis [no'bɛl-] *m* prix *m* Nobel; ⁓**träger** *m* titulaire *m* du prix Nobel.
noch [nɔx] encore; ⁓ *nicht* (*bei vb.* ne...) pas encore; ⁓ *nie* (*bei vb.* ne...) jamais encore; ⁓ *einmal* encore une fois; ⁓ *dazu* en outre; ⁓ *immer* toujours; encore; ⁓ *heute* aujourd'hui même (*od.* encore); *einmal so breit* deux fois plus large; ⁓ *einmal soviel* le double; ⁓ *bevor* avant même que (*subj.*); ⁓ *lange nicht* (*bei vb.* ne...) pas avant longtemps; *er ist* ⁓ *lange nicht so reich wie Sie* il s'en faut de beaucoup qu'il soit aussi riche que vous; *jede* ⁓ *so kleine Gefälligkeit* toute complaisance, si petite soit-elle; *er sei* ⁓ *so reich* si (*od.* quelque) riche qu'il soit; *wenn er auch* ⁓ *so bittet* il aura beau prier; ⁓**malig** ['⁓ma:lic̨] réitéré; répété; ⁓**mals** ['⁓ma:ls] encore une fois.
Nocken ⊕ ['nɔkən] *m* came *f*; '⁓**welle** *f* arbre *m* à cames.
Nomad|e [no'ma:də] *m* (13) nomade *m*; ⁂**enhaft** nomade; ⁓**enleben** *n* vie *f* de nomade.
Nomen ['no:mən] *n* nom *m*.
nomin|al [nomi'na:l], ⁓**ell** [⁓'nɛl] nominal; ⁂**albetrag** *m*, ⁂**alwert** *m* valeur *f* nominale; ⁂**ativ** ['nomina'ti:f] *m* nominatif *m*; cas *m* sujet.
Nonn|e ['nɔnə] *f* (15) religieuse *f*; *ent.* nonne *f*; ⁓ *werden* prendre le voile; '⁓**enkloster** *n* couvent *m* de femmes.

Nord|(en) ['nɔrd(ən)] m (3) nord m; **~amerika** ['nɔrt'?-] n l'Amérique f du Nord; **~atlantikpakt** m pacte m de l'Atlantique Nord; **'~-atlantik-Pakt-Organisation** f (abr. NATO) organisation f du traité de l'Atlantique Nord (abr. O.T.A.N.); **'~-atlantikrat** m conseil m de l'Atlantique Nord; **~deutschland** n l'Allemagne f du Nord; **²isch** du Nord; nordique; **~kap** n cap m du Nord.
nördlich ['nœrtliç] septentrional; boréal; ~ von au nord de.
'Nord|licht n aurore f boréale; **'~-ost(en)** m nord-est m; **'²-östlich** au nord-est (von de); **'~pol** m pôle m nord; **'~see** f mer f du Nord; **'~stern** m étoile f polaire; **'~west(en)** m nord-ouest m; **'²westlich** au nord-ouest (von de); **'~wind** m vent m du nord; bise f.
Nörg|elei ['~laɪ] f (16) grognerie f; P rouspétance f; **²eln** ['nœrgəln] trouver à redire; P ronchonner, rouspéter; **~ler** m P ronchonneur m; rouspéteur m.
Norm [nɔrm] f (16) norme f; règle f; (regelmäßig) régulier, (figur) [~furiç] à voie normale; **²uhr** f horloge f régulatrice; **²zeit** f heure f légale; heure f exacte.
Normann|e [nɔr'manə] m, **~in** f Normand m, -e f; **²isch** normand.
norm|en ['nɔrmən] (25) normaliser; standardiser; **'²ung** f normalisation f; standardisation f.
Norweg|en ['nɔrve:gən] n (17) la Norvège; **~er(in** f) m (7) Norvégien m, -ne f; **²isch** norvégien.
Not [no:t] f (14¹) nécessité f; besoin m; (Mangel) a. disette f; (Elend) misère f; (Gefahr) péril m; détresse f; (Dringlichkeit) urgence f; (Sorge) souci m; (Mühe) peine f; (Kummer) chagrin m; zur ~ à la rigueur; aus pur aller; es hat keine ~ il n'y a rien à craindre, (es eilt nicht) rien ne presse; es tut ², daß ... il faut que ... (subj.); das tut ihm ² c'est ce qu'il lui faut; wenn ~ am Mann ist s'il y a péril (od. urgence); jeder hat s-e (liebe) ~ chacun a ses soucis; in ~ geraten (~ leiden) tomber (être) dans le besoin; j-m aus der ~ helfen tirer q. d'affaire; (être) **'~anker** ⚓ m ~ ancre f de miséricorde.
Notar [no'ta:r] m (3¹) notaire m; **~iat** [~ri'a:t] n notariat m; **²i'ell** notarial; Schriftstück: notarié.
Not|-ausgang ['no:t-] m sortie f de secours; **'~bau** m construction f provisoire; **'~behelf** m expédient m; pis-aller m; **'~bremse** f frein m de secours; **'~durft** ['~durft] f besoin m; s-e ~ verrichten faire ses besoins; **²dürftig** ['~dʏrftiç] à peine suffisant; (arm) indigent.
Note ['no:tə] f (15) note f (a. ♪); Schule: a. point m; † billet m.
'Noten|-austausch dipl. m échange m de notes; **'~bank** f banque f d'émission; **'~blatt** ♪ n feuille f de musique; **'~heft** ♪ n cahier m de musique; **'~linie** ♪ f ligne f de la portée; die fünf ~n la portée; **'~mappe** f porte-musique m; **'~papier** n papier m à musique; **'~pult** n pupitre m d'orchestre; **'~schlüssel** ♪ m clef f; **'~ständer** m casier m à musique; (Pult) pupitre m à musique; **'~umlauf** m circulation f des billets; **'~wechsel** m = ~austausch.
'Not|fall m cas m de besoin; im ~ au besoin; **²gedrungen** adv. forcément; **'~groschen** m F poire f pour la soif; **'~hafen** m escale f; **'~helfer** m sauveur m; **'~hilfe** f premiers secours m/pl.
notieren [no'ti:rən] noter; prendre note de; Börse: coter.
nötig ['nø:tiç] nécessaire; ~ sein falloir; etw. ~ haben avoir besoin de qch.; **~en** ['~gən] (25): j-n ~ contraindre (od. forcer od. obliger) q. (zu à); sich ~ lassen se faire prier; **~enfalls** ['~fals] au besoin; **'²ung** f contrainte f.
Notiz [no'ti:ts] f (16) note f; (Hinweis) notice f; Börse: notation f; von etw. ~ nehmen prendre note de qch.; sich ~n machen prendre des notes; **~block** m bloc-notes m; **~buch** n carnet m; calepin m; agenda m.
'Not|lage f disette f de disette; **'~lage** f détresse f; **'²landen** faire un atterrissage forcé; **'~landung** f atterrissage m forcé; **'²leidend** nécessiteux; indigent; **'~lüge** f pieux mensonge m; **'~nagel** m bouche-trou m.
notorisch [no'to:riʃ] notoire.
'Not|pfennig m = ~groschen; **'~schrei** m cri m de détresse; **'~signal** n signal m d'alarme (auf See: de détresse); **'~sitz** m stra-

Notstand — 938 — **Nymphe**

pontin m; Auto: spider m; '~stand m état m de crise; ⚕ état m d'urgence; '~stands-arbeiten f/pl. travaux m/pl. de secours aux chômeurs; travaux m/pl. d'urgence; '~taufe f baptême m d'urgence; cath. ondoiement m; '~verband m pansement m provisoire; '~ver-ordnung f décret-loi m; '~wehr ['~ve:r] f légitime défense f; ⚔wendig ['~vendiç] nécessaire; '~wendigkeit f nécessité f; '~zucht f viol m; '⚔züchtigen violer.

Novelle [no'vɛlə] f (15) nouvelle f.

November [no'vɛmbər] m (7) novembre m.

Novize [no'vi:tsə] m (13), f (15) novice m, f.

Nu [nu:] m: im ~ en un clin d'œil.

nüchtern ['nyçtərn] à jeun; (nicht betrunken) qui n'a pas bu, qui n'est pas ivre; (mäßig) sobre; (besonnen) réfléchi; (vernünftig) raisonnable; (fade) fade, insipide; (trocken) prosaïque; ~ machen dégriser; ~ werden se dégriser; ⚔heit f (Mäßigkeit) sobriété f; (Fadheit) fadeur f; (Trockenheit) prosaïsme m.

Nudel ['nu:dəl] f (15): ~n nouilles f/pl.; italienische ~n macaroni m; (Faden⚔) vermicelle m; ⚔n (29) empâter; gaver (a. fig.); '~suppe f potage m au vermicelle.

null [nul] **1.** adj. ~ und nichtig nul et non avenu; ~ und nichtig machen annuler; **2.** ⚕ f (16) zéro m; fig. a. nullité f; ~ zu ~ Sport: match nul; ⚔(l)eiter ⚡ m fil m neutre; '⚔punkt m zéro m; Achsenkreuz: origine f.

numerier|en [numə'ri:rən] numéroter; ⚔ung f numération f; (Numerieren) numérotage m.

nu'merisch [nu'me:-] numérique.

Nummer ['numər] f (15) numéro m; Schuh, Handschuh, Kopfbedeckung: pointure f; Bibliothek: cote f; '~nscheibe téléph. f cadran m d'appel; '~nschild n Auto: plaque f minéralogique (od. d'immatriculation).

nun [nu:n] maintenant; à présent; (da) alors; von ~ an désormais; dorénavant; (seitdem) dès lors; ~ aber or, Ausruf: eh bien!; ~ gut! soit!; und was ~? et après?; '~mehr à présent; (von jetzt an) désormais; ~mehrig ['~me:riç] d'à présent; actuel.

Nun|tius ['nuntsius] m nonce m.

nur [nu:r] ne ... que; seulement; er arbeitet ~ il ne fait que travailler; er hat ~ noch 100 Mark il n'a plus que cent marks; er hat ~ etwa 100 Mark il n'a guère que cent marks; ~ er lui seul; ~ er nicht sauf (od. excepté) lui; ~ zu sehr (bei vb. ne ...) que trop; ~ nicht zu sehr mais (bei vb. ne ...) pas trop; ~ zu! allez-y!; sieh ~! vois donc!; warte ~! attends un peu!; geh' ~! pars donc!; pars si tu veux; er mag ~ gehen il n'a qu'à partir; qu'il parte s'il veut. [berg m.\

Nürnberg ['nyrnbɛrk] n Nuremberg m.\

Nuß [nus] f (14¹) noix f; (Hasel⚔) noisette f; '~baum m noyer m; '~kern m amande f de noix (resp. de noisette); '~knacker m (7) casse-noix (resp. noisettes) m; alter ~ fig. barbon m; '~schale f coquille f de noix. [naseau m.\

Nüster ['ny:stər] f (15) narine f;\

Nut|e ⊕ ['nu:tə] f (15) rainure f; ⚔en rainurer.

nutz [nuts] utile (zu à); zu nichts ~ bon à rien; zu ⚔ und Frommen pour le bien (de); '⚔-anwendung f utilisation f; Fabel: morale f; '~bar utile; utilisable; ~ machen utiliser; '⚔barkeit f utilité f; '⚔barmachung f utilisation f; '~bringend profitable; productif, fructueux; '~e, nütze ['nytsə] = nutz; '⚔-effekt ⊕ m rendement m; '⚔en, 'nützen ['nytsən] v/t. utiliser; v/i. être utile (zu à); servir (à); '⚔en m utilité f; (Vorteil) avantage m; (Gewinn) profit m; bénéfice m; j-m ~ bringen profiter à q.; aus etw. ~ ziehen profiter de qch.; '⚔fahrzeug n véhicule m utilitaire; '⚔garten m jardin m de rapport; '⚔holz n bois m de construction; '⚔kraft f force f utile; '⚔last f charge f utile.

nützlich utile; (einträglich) profitable; '⚔keit f utilité f.

'**nutz|los** inutile; '⚔losigkeit f inutilité f; ⚔nießer(in f) ['~ni:sər] m (7) usufruitier m, -ière f; '⚔nießung f usufruit m; '⚔pflanze f plante f utile; '⚔ung f utilisation f; Gut: jouissance f; (Ertrag) rapport m; '⚔ungsrecht n droit m d'usufruit; Gut: droit m à la jouissance.

Nylon ['nailɔn] n nylon m; '~strumpf m bas m nylon.

Nymphe ['nymfə] f nymphe f.

O

O, o [o:] n O, o m.
o! ô!; oh!; ah!; ~ ja! ah oui!; ~ doch! mais si!; ~ weh! aïe!
Oase [o'ˀɑ:zə] f (15) oasis f.
ob [ɔp] **1.** cj. si; ~ ... oder ~ ... que ... (subj.) ou que ... (subj.); **2.** prp. (dat.) au delà de; au-dessus de; (gén.) à cause de.
Obacht ['o:baxt] f (16) attention f; ~ geben auf (acc.) faire attention à.
Obdach ['ɔpdax] n (1) abri m; asile m; ⁀los sans abri; ⁀lose(r) m sans abri m; ⁀losigkeit f manque m d'abri.
Obdu|ktion [~duk'tsio:n] f autopsie f; ⁀zieren [~'tsi:rən] faire l'autopsie (de).
'O-Beine n/pl. jambes f/pl. arquées.
Obelisk [obe'lisk] m obélisque m.
oben ['o:bən] en 'haut; da (dort) ~ là-'haut; nach ~ vers le haut; von ~ herab d'en 'haut; von ~ bis unten du haut en bas; ~ auf dem Berge sur le haut de la montagne; ⁀'-an tout en haut; ~ auf der Liste en tête de la liste; ~ sitzen être placé au haut bout de la table; ⁀'-auf: ~ sein être en pleine forme, (die Oberhand haben) avoir le dessus; ⁀'(dr)ein en outre; par-dessus le marché; ⁀-erwähnt, ⁀genannt [',ɡənant] susmentionné ; ⁀'hin superficiellement; à la légère.
ober ['o:bər] (18) **1.** supérieur; 'haut; plus élevé; die ~en Stockwerke les étages m/pl. supérieurs; die ~en Klassen les classes f/pl. supérieures; les 'hautes classes f/pl.; die ~en Zehntausend les gens m/pl. de la haute; **2.** ♀ m garçon m.
'Ober|-arm m bras m; ⁀-arzt m médecin m en chef; ⁀-aufseher (-in f) m surintendant m, -e f; ⁀-aufsicht f surintendance f; ⁀bau m superstructure f; Auto: carrosserie f; ⁀bayern n la Haute-Bavière; ⁀befehl m commandement m en chef; den ~ haben commander en chef; ⁀befehlshaber m commandant m en chef; ⁀bett n couvre-lit m; ⁀deck ♃ n pont m (supérieur); ⁀e(r a.m) m,f supérieur m, -e f; ⁀e(s) n 'haut m; dessus m; partie f supérieure; ⁀feldwebel m adjudant-chef m; ⁀fläche f surface f; (Außenseite) superficie f; auf der ~ des Wassers à fleur d'eau; ⁀-flächlich ['⁀flɛçliç] superficiel; ⁀-flächlichkeit f caractère m superficiel; ⁀förster m garde m général; ⁀förste'rei f résidence f de garde générale; ⁀forstmeister m inspecteur m général des eaux et forêts; ⁀gefreite(r) m caporal-chef m; ⁀geschoß n étage m supérieur; ⁀halb (gén.) au-dessus de; (stromaufwärts) en amont de; ⁀hand f fig. suprématie f; die ~ gewinnen avoir le dessus; ⁀haupt n chef m; ⁀haus n England: Chambre f des lords; ⁀haut f épiderme m; ⁀hemd n chemise f; ⁀herrschaft f souveraineté f; (Führerschaft) hégémonie f; ⁀hoheit f pouvoir m suprême; autorité f suprême; ⁀in rl. f supérieure; ⁀-irdisch aérien; ⁀kellner m maître m d'hôtel; premier garçon m; ⁀kiefer m mâchoire f supérieure; ⁀kleid n vêtement m de dessus; ⁀kommando n 'haut commandement m; commandement m suprême; ⁀kommissariat n 'haut commissariat m; ⁀körper m buste m; 'haut m du corps; ⁀landesgericht n cour f d'appel; ⁀lauf m cours m supérieur; ⁀leder n empeigne f; ⁀leitung f surveillance f générale; ≁ ligne f aérienne; ⁀leutnant m lieutenant m; ⁀licht n jour m (od. lumière f) d'en 'haut; ⁀lippe f lèvre f supérieure; ⁀matrose m quartier-maître m; ⁀postdirektion f direction f générale des postes; ⁀präsident m premier président m; ⁀priester m grand prêtre m; ⁀prima f première f supérieure; ⁀primaner(in f) m élève m, f de première supérieure; ⁀rhein m Rhin m supérieur; ⁀schenkel m ('haut m de la) cuisse f; ⁀schlesien n la Haute-Silésie; ⁀schulrat m inspec-

Obersekunda — 940 — **Offenbarung**

teur m général; '~**sekunda** f seconde f supérieure; '~**sekundaner(in** f) m élève m, f de seconde supérieure.
oberst ['o:bərst] **1.** (sup. v. ober) le plus 'haut; le plus élevé; suprême; premier; **2.** ♀ ⚔ m colonel m.
'**Ober**|'**staats-anwalt** m procureur m général; '~**stabs-arzt** m médecin m commandant; '~**ste(r** a. m) m, f supérieur m, -e f; '~**ste(s)** n le plus 'haut; dessus m; *das* ~ *zuunterst kehren* mettre tout sens dessus dessous; '~**steiger** ⚒ m maître m porion; '~**st**'**leutnant** m lieutenant-colonel m; '~**tasse** f tasse f; '~**teil** m u. n partie f supérieure; dessus m; '~**tertia** f troisième f supérieure; '~**tertianer(in** f) m élève m, f de troisième supérieure; '~**verwaltungs-gericht** n tribunal m administratif supérieur; '~**wachtmeister** m adjudant-chef m; '~**wasser** n: ~ *haben fig.* tenir le haut du pavé; '~**welt** f terre f.
obgleich [ɔp'glaɪç] quoique, bien que; encore que (*alle mit subj.*).
'**Obhut** f garde f; protection f.
obig ['o:bɪç] susdit; susmentionné.
Objekt [~'jɛkt] n (3) objet m; gr. complément m; ♀iv [~'ti:f] (~**iv** n) objectif (m); ~**ivität** f objectivité f.
Oblate rl. [o'bla:tə] f (15) hostie f.
'**obliegen** rl. e-r *Sache* (dat.) ~ s'appliquer à qch.; *j-m* ~ être du devoir de q.; incomber à q.; '♀**heit** f obligation f; (*Pflicht*) devoir m.
obligat [obli'ga:t] de rigueur; ~**orisch** [~ga'to:rɪʃ] obligatoire.
'**Obmann** m chef m; (*Schiedsrichter*) arbitre m.
Oboe [o'bo:ə] f 'hautbois m.
Obrigkeit ['o:brɪçkaɪt] f autorité(s pl.) f; ♀**lich** de l'autorité.
ob'**schon** = *obgleich*.
Observatorium [ɔpzɛrva'to:riʊm] n observatoire m.
obsiegen ['ɔpzi:-] triompher de.
Obst [o:pst] n (3²) fruit(s pl.) m; '~**bau** m arboriculture f; '~**baum** m arbre m fruitier; '~**ernte** f récolte f (*od.* cueillette) f des fruits; '~**garten** m verger m; '~**händler(in** f) m fruitier m, -ière f; '~**handlung** f fruiterie f; '~**kern** m pépin m; '~**laden** m fruiterie f; '~**lese** f = ~*ernte*; '~**markt** m marché m aux fruits; '~**messer** n couteau m à fruits; '~**pflücker** m cueille-fruits

m; '~**presse** f pressoir m à fruits; '~**schale** f pelure f; peau f; (*Schüssel*) coupe f à fruits; '~**wein** m cidre m; '~**zucht** f arboriculture f.
obszön [ɔps'tsø:n] obscène; ♀**ität** [~tsɛni'tɛ:t] f obscénité f.
'**obwalten** régner; exister; *unter den* ~*den Umständen* dans les circonstances présentes.
ob'**wohl** = *obgleich*.
Ochs [ɔks] (12¹), '**Ochse** m (13) bœuf; '♀**en** F (27) bûcher.
'**Ochsen**|-**auge** △ n œil-de-bœuf m; '~**fleisch** n (viande f de) bœuf m; '~**gespann** n attelage m de bœufs; '~**hirt** m bouvier m; '~**maulsalat** m salade f de museau de bœuf; '~**schwanzsuppe** f potage m de queue de bœuf; '~**stall** m bouverie f; '~**treiber** m bouvier m; '~**ziemer** m nerf m de bœuf; '~**zunge** f langue f de bœuf.
Ocker ['ɔkər] m (7) ocre f.
Ode ['o:də] f ode f.
öde ['ø:də] **1.** désert; (*unbebaut*) inculte; *fig.* ennuyeux; **2.** ♀ f (15) désert m; (*Einöde*) solitude f; (*Leere*) vide m.
Odem *poet.* ['o:dəm] m (6) haleine f.
oder ['o:dər] ou; ou bien; (*sonst*) sinon; autrement.
'**Ofen** ['o:fən] m (6¹) poêle m; (*Back*♀) four m; (*Koch*♀, *Schmelz*♀) fourneau m; '~**ecke** f coin m du feu; '~**klappe** f clef f; '~**loch** n bouche f de four (*resp.* de fourneau); '~**rohr** n, '~**röhre** f tuyau m de poêle; '~**schaufel** f pelle f à feu; '~**schirm** m écran m; (de poêle); '~**setzer** m poêlier m; fumiste m.
'**offen** ['ɔfən] ouvert; (*freimütig*) franc; (*aufrichtig*) sincère; *Stelle*: vacant; *Frage*: pendant; *Rechnung*: courant; *Kredit*: illimité; *Stadt*: ouvert; non fortifié; *Wagen*: découvert; *auf* ~*er Wein* vin m en carafe; *auf* ~*er See* (*Straße*) en pleine mer (rue); *mit* ~*em Mund* bouche bée; ~ *gesagt*; ~ *gestanden* à vrai dire; ~*es Spiel treiben* jouer cartes sur table; '~**bar** manifeste; (*in die Augen springend*) évident; ~ *werden* se manifester; se révéler; ~**baren** [~'ba:rən] (25) manifester; révéler; *Geheimnis*: découvrir; dévoiler; ♀**barung** f manifestation f; révélation f (*a. rl.*); *die* ~ *Johannis* l'Apocalypse f; ♀**ba-**

Offenbarungseid — **Ölflasche**

rungs-eid m serment m d'insolvabilité; '∼halten laisser ouvert; fig. réserver; '2heit f franchise f; sincérité f; '∼herzig ['∼hɛrtsɪç] franc, ouvert, sincère; '2herzigkeit f franchise f; sincérité f; ∼kundig ['∼kundɪç] public; notoire; patent; '∼sichtlich ['∼zɪçtlɪç] évident; manifeste; 2sive [∼'ziːvə] f offensive f (ergreifen prendre); '∼stehen être ouvert (Stelle: vacant).

öffentlich ['œfəntlɪç] public; die ∼ Hand le fisc; ∼ bekanntmachen publier; '2keit f publicité f; (Publikum) public m; an die ∼ bringen publier, an die ∼ treten paraître en public.

offerieren [ɔfeˈriːrən] offrir; 2erte [ɔˈfɛrtə] f offre f.

Offizialverteidiger [ɔfiˈtsiaːl-] m avocat m d'office; 2ell [∼'tsɪɛl] officiel.

Offizier [ɔfiˈtsiːr] m (3¹) officier m; ∼s-anwärter m aspirant m; ∼s-bursche m ordonnance f; ∼skasino n mess m.

offiziös [ɔfiˈtsiøːs] (18¹) officieux.

öffnen ['œfnən] (26) ouvrir; Flasche: déboucher; '2en n, '2ung f ouverture f; (Mündung) a. orifice m; Flasche: débouchement m; (Loch) trou m; '2ungszeit f heure f d'ouverture.

oft [ɔft] souvent.

öfter ['œftər] (comp. v. oft) plus souvent; '∼s souvent; à plusieurs reprises.

oftmalig fréquent; réitéré; '∼s souvent; à maintes reprises.

oh! [oː] oh! [oncle m.]

Oheim ['oːhaɪm], a. **Ohm** m (3)}

Ohm ⚡ [oːm] n (3) ohm m.

ohne ['oːnə] **1.** prp. (acc.) sans; ∼ weiteres sans plus; **2.** cj. ∼ daß ... sans que ... (subj.); ∼ zu ... (inf.) sans ... (inf.); '∼dies, '∼hin sans cela; (übrigens) d'ailleurs; '∼gleichen sans pareil.

'**Ohnmacht** f impuissance f; ⚕ évanouissement m; défaillance f; syncope f; in ∼ fallen s'évanouir.

'**ohnmächtig** impuissant; ⚕ évanoui; ∼ werden s'évanouir.

oho! [oˈhoː] oh! ho!; ho là!

Ohr [oːr] n (5) oreille f; die ∼en spitzen dresser l'oreille; steifhalten fig. prendre son courage à deux mains; j-n am ∼ ziehen tirer l'oreille

à q.; ich höre nicht gut auf diesem ∼ je n'entends pas bien de cette oreille; sich aufs ∼ legen aller dormir; schreibe es dir hinter die ∼en! tiens-le-toi pour dit; j-m in den ∼ liegen fig. rebattre les oreilles à q.; j-m etw. ins ∼ sagen dire qch. à l'oreille de q.; bis über die ∼en par-dessus les oreilles; j-n übers ∼ hauen fig. duper q.; j-m etw. zu ∼en bringen rapporter qch. à q.; es ist mir zu ∼en gekommen, daß ... j'ai entendu dire que ...

Öhr ⊕ [øːr] n (3) œil m; oreille f; (Nadel2) trou m; chas m.

'**Ohrenarzt** m auriste m; '∼beichte f confession f auriculaire; '2betäubend assourdissant; '∼brausen n bourdonnements m/pl. d'oreilles; '∼-entzündung f otite f; '∼klappe f oreillette f; '∼sausen n ∼ brausen; '∼schmalz n cérumen m; '∼schmerz m douleur f d'oreille; '∼schützer m protège-oreilles m; '∼spiegel m otoscope m; '∼zeuge m témoin m auriculaire.

'**Ohrfeige** f soufflet m; F gifle f; 2feigen ['∼faɪgən] (25) souffleter; f gifler; '∼gehänge n pendants m/pl. d'oreilles; '∼läppchen n bout (anat. lobe) m de l'oreille; '∼muschel f pavillon m de l'oreille; '∼ring m boucle f d'oreille; [cultisme m.]

Okkultismus [ɔkulˈtɪsmus] m oc-}

Ökonom [økoˈnoːm] m (12) économe m; (Landwirt) agronome m; ∼ie [∼noˈmiː] f économie f; (Landwirtschaft) agronomie f; 2isch économique.

Oktaeder [ɔktaˈʔeːdər] n octaèdre m.

Oktavband [ɔkˈtaːf-] m volume f in-octavo; ∼e [∼və] ♪ f (15) octave f.

Oktober [ɔkˈtoːbər] m(7) octobre m; ∼fest n foire f d'octobre.

Okular [okuˈlaːr] n (3¹) oculaire m; 2ieren greffer; écussonner.

Öl [øːl] n (3) huile f; in ∼ à l'huile; '∼baum m olivier m; '∼berg bibl. m mont m des Oliviers; '∼bild n peinture f à l'huile; '∼blatt n feuille f d'olivier; '∼druck m chromolithographie f; chromo m od. f.

Oleander [oleˈʔandər] m (7) laurier-rose m.

'**ölen 1.** (25) huiler; graisser; lubrifier; **2.** 2n huilage m; graissage m.

'**Ölfarbe** f couleur f à l'huile; '∼feuerung f chauffage m au mazout; '∼flasche f burette f d'huile (resp.

Ölfrucht — 942 — **Ordensgesellschaft**

à huile); **~frucht** f fruit m oléagineux; **~gemälde** n peinture f à l'huile; **2ig** huileux; oléagineux.
Olive [o'li:və] f (15) olive f.
O'liven|baum m olivier m; **~ernte** f olivaison f; **2grün** vert olive; olivâtre; **~öl** n huile f d'olives; **~pflanzung** f oliveraie f.
'Öl|kanne f = **~flasche**; **~kuchen** m tourteau m; **~male'rei** f peinture à l'huile; **~motor** m moteur m à huile; **~mühle** f huilerie f; **~palme** f palmier m oléifère; **~papier** m papier m huilé; **~pflanze** f plante f oléagineuse; **~quelle** f puits m de pétrole; **~same** m graine f oléagineuse; **~sardine** f sardine f à l'huile; **~tank** m réservoir m d'huile; **~tanker** m pétrolier m; **~ung** f huilage m; lubrification f; rl. onction f; die Letzte ~ l'extrême-onction f.
Olymp [o'lymp] m (3¹) Olympe m; F thé. paradis m; poulailler m; **~iade** [~pi'a:də] f (15) olympiade f; **~iasieger** m champion m olympique; **~iastadion** n stade m olympique; **2isch** olympien; 2e Spiele jeux m/pl. Olympiques.
'Öl|zeug ♃ n ciré m; **~zweig** m branche f (od. rameau m) d'olivier.
Omelett [omə'lɛt] n omelette f.
Om|en ['o:mən] n (6) présage m; augure m; 2inös [omi'nø:s] de mauvais augure. [bus m.]
Omnibus ['ɔmnibus] m (4¹) auto-)
Onan|ie [ona'ni:] f masturbation f; 2ieren [~'ni:rən] se masturber.
Ondu|lation [ɔndula'tsio:n] f ondulation f; 2ieren [~'li:rən] onduler.
Onkel ['ɔŋkəl] m (7) oncle m.
Onyx ['o:nyks] m onyx m.
Opal [o'pa:l] m (3¹) opale f.
Oper ['o:pər] f (15) opéra m.
Operat|eur [opəra'tø:r] m (3¹) ✶ u. Film: opérateur m; **~ion** [~'tsio:n] f opération f; **~ionssaal** m salle f d'opération; **~ionsschwester** f infirmière f de salle d'opération; **~ions-tisch** m table f d'opération; 2iv [~'ti:f] opératoire.
Operette [opə'rɛta] f (15) opérette f.
operieren [~'ri:rən] opérer.
'Opern|buch n livret m d'opéra; **~dichter** m librettiste m; **~glas** n, **~gucker** m (7) jumelles f/pl. de théâtre; **~haus** n Opéra m; **~sänger(in** f) m chanteur m, cantatrice f d'opéra; **~text** m livret m d'opéra.

Opfer ['ɔpfər] n (7) sacrifice m (bringen faire); rl. offrande f; fig. victime f; das ~ werden; zum ~ fallen être victime de; **~altar** m autel m des sacrifices; **~bereitschaft** f, **~freudigkeit** f esprit m de sacrifice; **~gabe** f offrande f; **~gefäß** n vase m sacré; **~lamm** n agneau m du sacrifice; fig. innocente victime f; 2n (29) sacrifier; immoler; **~n** n sacrifice m; immolation f; **~priester** m sacrificateur m; **~stock** m tronc m (des pauvres): **~tier** n victime f; **~ung** f = **~n**; 2willig prêt au sacrifice; **~willigkeit** f esprit m de sacrifice.
Opium ['o:pium] n (11) opium m; **~arznei** f, **~tinktur** f laudanum m; 2haltig opiacé; **~raucher** m fumeur m d'opium. [sarigue m.)
Opossum [o'pɔsum] n opossum m;)
Oppo|nent [ɔpo'nɛnt] m opposant m; 2'nieren faire de l'opposition; **~si'tion** f opposition f; **~si'tionspartei** f (parti m de l') opposition f.
optier|en [ɔp'ti:rən] opter; 2en n, 2ung f option f.
Optik ['ɔptik] f (16) optique f; **~er** m (7) opticien m.
Optim|ismus [ɔpti'mismus] m optimisme m; **~ist** [~'mist] m optimiste m; 2istisch optimiste.
'optisch optique.
Opus ['o:pus] n opus m; œuvre f.
Orakel [o'ra:kəl] n, **~spruch** m oracle m.
Orang|e [o'rãʒə] 1. f orange f; 2. 2 orange; **~eade** f orangeade f; **~enbaum** m oranger m; 2enfarben orangé; **~erie** [~ʒe'ri:] f orangerie f.
Orang-Utan ['o:raŋ'?u:tan] m orang-outan m.
Oratorium [o:ra'to:rium] n (Betsaal) oratoire m; ♪ oratorio m.
Orchest|er [ɔr'kɛstər] n (7) orchestre m; **~erbegleitung** f accompagnement m d'orchestre; **~erloge** f (loge f d') avant-scène f; 2rieren [~'tri:-] orchestrer.
Orchidee [ɔrçi'de:] f orchidée f.
Orden ['ɔrdən] m (6) ordre m; (Auszeichnung) a. décoration f; j-m e-n ~ verleihen décorer q.
'Ordens|band n ruban m (pour décorations); **~bruder** rl. m frère m religieux m; **~geistlichkeit** f clergé m régulier; **~gelübde** n vœu m monastique; **~gesellschaft** f congré-

Ordenskleid — 943 — **Ortsveränderung**

gation f; ~**kleid** rl. n habit m (religieux); ~**regel** rl. f règle f; ~**schwester** f sœur f; religieuse f; ~**verleihung** f (remise f de) décoration f; ~**zeichen** n décoration f.
ordentlich ['ɔrdntliç] en (bon) ordre; ordonné; (gewöhnlich) ordinaire; (reichlich) copieux; abondant; (gehörig) comme il faut; *Person*: rangé; *Richter*: compétent; *Professor*: titulaire; *nichts* 2es rien qui vaille; *adv.* (wirklich) pour de bon; vraiment.
Order ['ɔrdər] f (15) ordre m.
Ordin|alzahl [ɔrdi'naː-l-] f nombre m ordinal; 2**är** [~'nɛːr] ordinaire; vulgaire; ~**ariat** [~nari'aːt] n charge f de professeur titulaire; *Schule*: charge f de professeur principal; ~**arius** [~'naːrius] m professeur m titulaire; *Schule*: professeur m principal; ~**ate** f ordonnée f.
'**ordn|en** (26) mettre en ordre; ranger; (regeln, einrichten) régler; ordonner; organiser; disposer; arranger; *nach Klassen*: classer; (entwirren) démêler; débrouiller; *Anzug*: rajuster; 2**er** m ordonnateur m; organisateur m; *für Akten*: classeur m; ¹2**ung** f ordre m; (*An*2) arrangement m; (Aufeinanderfolge) suite f; (Rang) rang m; *in* ~ *Maschine usw.*: en bon état, *Papiere usw.* en règle; *in* ~ *bringen* = *ordnen*; *j-n zur* ~ *rufen* rappeler q. à l'ordre.
'**Ordnungs|dienst** m service m d'ordre; ~**liebe** f amour m de l'ordre; 2**liebend** ordonné; 2**mäßig** conforme à l'ordre; réglementaire; régulier; ~**ruf** m rappel m à l'ordre; ~**sinn** m esprit m d'ordre; ~**strafe** f peine f disciplinaire; 2**widrig** [~viːdriç] contraire à l'ordre; irrégulier; ~**widrigkeit** f irrégularité f; ~**zahl** f nombre m ordinal.
Ordonnanz ⚔ [ɔrdɔ'nants] f (16) ordonnance f; (Melder) planton m.
Organ [ɔr'gaːn] n (3¹) organe m; ~**isation** [~zatsi'oːn] f organisation f; ~**isator** [~'zaːtɔr] m organisateur m; 2**isatorisch** organisateur, -trice; organique; 2**isieren** [~'ziːrən] organiser; ~**ismus** [~'nismus] m organisme m; ~**ist** [~'nist] m organiste m.
Orgel ['ɔrɡəl] f (15) orgue m (*pl.* f, *wenn damit ein einziges Instrument bezeichnet wird*; treten souffler); '~**balg** m soufflet m d'orgue; '~**bauer** m facteur m d'orgues; '~**konzert** n récital m d'orgue; ¹2**n** (29) jouer de l'orgue; '~**pfeife** f tuyau m d'orgue; '~**register** n registre m d'orgues; '~**spieler** m organiste m; '~**stimme** f, '~**zug** m jeu m d'orgues.
Orgie [²'ɔrgiə] f orgie f.
Orient ['oːrient] m (3) Orient m; ~**ale** [~'taːlə] m, ~**alin** [~'taːlin] f Oriental m, -e f; 2**alisch** oriental; 2**ieren** [~'tiːrən] orienter; ~**ierung** f orientation f; ~**ierungssinn** m sens m de l'orientation.
Origin|al [ɔrigi'naːl] n (3¹) original m; 2**al** original; (*anerschaffen*) originel; ~**alfassung** f version f originale; 2**ell** [~'nɛl] original; (*eigentümlich*) singulier.
Orkan [ɔr'kaːn] m (3¹) ouragan m.
Ornament [ɔrna'mɛnt] n (3) ornement m; 2**al** [~'taːl] ornemental.
Ornat [ɔr'naːt] m robe f; (*Priester*2) habit m sacerdotal.
Ort [ɔrt] m (3 u. 1²) lieu m (geometrischer géométrique); endroit m; place f; (Ortschaft) endroit m; localité f; *an* ~ *und Stelle* sur les lieux; *sich an* ~ *und Stelle einfinden* se trouver à l'endroit convenu; 2**en** ⚓ relever; *Radar*: repérer.
orthodox [ɔrto'dɔks] orthodoxe.
Orthograph|ie [~ɡra'fiː] f orthographe f; 2**isch** orthographique; ~**er Fehler** faute f d'orthographe.
Orthopäd|e [~'pɛːdə] m orthopédiste m; 2**isch** orthopédique.
örtlich ['œrtliç] local; 🜨 topique; 2**keit** f localité f.
Orts|-adverb ['ɔrts-] n adverbe m de lieu; '~**angabe** f indication f du lieu; '~**behörde** f autorité f locale; '~**beschreibung** f topographie f; '~**bestimmung** f gr. complément m de lieu; ⚓ relèvement m. [m; localité f.
Ortschaft ['ɔrtʃaft] f (16) endroit)
'**Orts|-empfang** m *Radio*: réception f locale; 2**fremd** étranger; '~**gespräch** m *téléph.* m communication f urbaine (od. locale); '~**kenntnis** f connaissance f des lieux; '~**kommandant** m commandant m de la place; '~**krankenkasse** f caisse f locale de maladie; '~**name** m nom m de lieu; '~**polizei** f police f locale; '~**sender** m *Radio*: émetteur m local; ¹2**-üblich** conforme à l'usage local; '~**ver-änderung** f changement m de

Ortsverkehr — 944 — **ozonhaltig**

lieu; déplacement *m*; '~verkehr *m* trafic *m* local; '~vorsteher *m* administrateur *m* d'une localité; maire *m*; '~zeit *f* heure *f* locale.

Ortung *f* ⚓ relèvement *m*; *Radar*: (radio)repérage *m*.

Öse ['ø:zə] *f* (15) anneau *m*; *Schuh*: œillet *m*; *Spange*: porte *f*; (*Seilschlinge*) élingue *f*.

osmanisch [ɔs'maːniʃ] ottoman.

Ost (3²), ~**en** ['ɔst(ən)] *m* (6) orient *m*; *ast.*, *géogr.* u. ⚓ est *m*.

'**Ost**|-**afrika** *n* l'Afrique *f* orientale; '~-**asien** *n* Extrême-Orient *m*.

'**Oster**|**blume** *f* pâquerette *f*; ~**ei** ['oːstərʔaɪ] *n* œuf *m* de Pâques; '~**fest** *n* = *Ostern*; '~**lamm** *n* agneau *m* pascal.

'**österlich** pascal.

'**Ostern** (6) *od. pl.* Pâques *m/sg.*; *Juden*: pâque *f*; *zu* ~ à Pâques; *nächste* ~ à Pâques prochain; ~ *fällt spät* Pâques tombe tard; *fröhliche* ~ joyeuses Pâques.

Österreich ['øːstəraɪç] *n* (17) l'Autriche *f*; '~**er**(**in** *f*) *m* (7) Autrichien *m*, -ne *f*; 2**isch** autrichien.

'**Oster**|**sonntag** *m* dimanche *m* de Pâques; '~**woche** *f* semaine *f* sainte.

'**Ost**|-**europa** *n* l'Europe *f* orientale; '~**gote** *m* Ostrogoth *m*; '~-**indien** *n* les Indes *f/pl.* orientales.

östlich ['œstlɪç] oriental; d'est; ~ *von* à l'est de.

'**Ost**|**preußen** *n* la Prusse orientale; '~**see** *f* mer *f* Baltique; '~**seeprovinzen** *f/pl.* provinces *f/pl.* baltiques; 2**wärts** vers l'est; ~-'**West-Handel** *m* commerce *m* est-ouest; '~**wind** *m* vent *m* d'est.

Otter ['ɔtər] **1.** *m* (7) (*Fisch*♀) loutre *f*; **2.** *f* vipère *f*; ~**ngezücht** *n* nid *m* de vipères.

Ouvertüre [uver'tyːrə] *f* ouverture *f*.

oval [o'vaːl] **1.** (*adv.* en) ovale; **2.** ♀ *n* ovale *m*.

Oxyd [ɔ'ksyːt] *n* (3) oxyde *m*; 2**ieren** [~y'diːrən] oxyder; ~**ieren** *n*, ~**ierung** *f* oxydation *f*.

Ozean [oːtseaːn] *m* (3¹) océan *m*; '~**dampfer** *m* paquebot *m*; trans-atlantique *m*; '~**flug** *m* raid *m* transocéanique *m*; ~**ien** [otse'aːniən] *n* l'Océanie *f*.

Ozon [oːtsoːn] *n* (3¹) ozone *m*; 2-**haltig** [~haltɪç] ozoné.

P

P, p [pe:] n P, p m.

Paar [pɑ:r] **1.** n (3) paire f; ein ~ Schuhe une paire de souliers; (Ehe~, Tanz~ usw.) couple m; **2.** ~ adj. pair; ~ oder un~? pair ou impair? ein ~ (einige) quelques; peu de; ˈ~en (25) (sich s')accoupler; (s')apparier; fig. (se) joindre; (s')associer; ˈ~laufen n Sport: patinage m en couple; ˈ~mal: ein ~ quelques fois; ˈ~ung f accouplement m; ˈ~weise par paires; par couples; deux à deux.

Pacht [paxt] f (16) ferme f; (~vertrag) bail m; in ~ geben (nehmen) donner (prendre) à ferme (od. à bail); ˈ~brief m bail m; ˈ~en (25) prendre à ferme (od. à bail); affermer; louer.

Pächter(in f) [ˈpɛçtər] m (7) fermier m, -ière f.

ˈPacht|geld n fermage m; ˈ~gut n ferme f; métairie f; ˈ~herr m propriétaire m, ˈ~kontrakt m, ˈ~ung f, ˈ~vertrag m bail m; ˈ~weise à ferme; à bail; ˈ~zins m fermage m.

Pack [pak] **1.** m u. n (3¹) paquet m; Briefe, Papier: liasse f; Waren: ballot m; **2.** fig. n (3) canaille f; ˈ~eis n banquise f; ˈ~en (25) (ein~) empaqueter; emballer; Koffer: faire; (fassen) saisir; empoigner (a. fig.); sich ~ F décamper; filer; ˈ~end fig. empoignant; prenant; ˈ~er(in f) m (7) emballeur m, -euse f; ˈ~esel m âne m de bât; fig. souffre-douleur m; ˈ~hof m entrepôt m; ˈ~papier n papier m d'emballage; ˈ~pferd n cheval m de bât; ˈ~raum m salle f d'emballage; ˈ~sattel m bât m; ˈ~tasche f sacoche f; ˈ~tier n bête f de somme; ˈ~ung f empaquetage m; emballage m; (Paket) paquet m; ˈ~wagen m fourgon m.

Pädagog(e) [pɛdaˈgo:k, -gə] m (13 u. 12) pédagogue m; ˈ~ik [~gik] f (16) pédagogie f; ˀisch pédagogique.

Paddel [ˈpadəl] n pagaie f; ˈ~boot n kayak m; ˀn (29) pagayer.

ˈPaddler(in f) m pagayeur m, -euse f.

Päderast [pɛdaˈrast] m pédéraste m; ˈ~ie [~ˈti:] f pédérastie f.

paff! [paf] paf!; ˈ~en fumer à grosses bouffées.

Page [ˈpa:ʒə] m (13) page m; Hotel: chasseur m. [pairie f.)

Pair [pɛ:r] m pair m; ˈ~swürde f

Pak f canon m antichar.

Paket [paˈke:t] n (3) paquet m; ~ & colis m postal; ~adresse f bulletin m d'expédition; ~annahme f (~ausgabe f) réception (distribution) f des colis; ~beförderung f transport m des colis; ~begleitadresse f, ~karte f bulletin m d'expédition; ~post f service m des colis postaux.

ˈPakistan n le Pakistan; ˀisch pakistanais.

Pakt [pakt] m (3 u. 5) pacte m; accord m; convention f; ˀieren [~ˈti:rən] pactiser.

Palast [paˈlast] m (3² u. 3) palais m.

Palästina [palɛsˈti:na] n la Palestine.

Paletot [ˈpaləto] m (11) pardessus m.

Palette [paˈlɛtə] f palette f.

Palisade [paliˈza:də] f (1) palissade f. [n palissandre m.)

Palisander [paliˈzandər] m, ~holz

Palm|baum [ˈpalm-] m palmier m; ˈ~e f palme f (a. als Preis); ˈ~enhain n palmeraie f; ˈ~öl n huile f de palme; ˈ~sonntag m dimanche m des Rameaux; Pâques f/pl. fleuries; ˈ~zweig m rameau m.

Pampelmuse [pampəlˈmu:zə] f pamplemousse m (a. f).

Pamphlet [pamˈfle:t] n pamphlet m; ˈ~ist [~ˈe'tist] m pamphlétaire m.

ˈPanama n le Panama (Hut) panama m; ˈ~kanal m isthme (m de Panama.

Paneel [paˈne:l] n (3¹) lambris m; panneau m. [ˀen (25) paner.)

Panier [paˈni:r] n (3¹) bannière f; ˀisch panique.

Pan|ik [ˈpa:nik] f (16) panique f; ˀisch panique.

Panne [ˈpanə] f (15) panne f; e-e ~ beseitigen dépanner. [rama m.)

Panorama [panoˈra:ma] n pano-

panschen [ˈpanʃən] (27) patauger; Wein: tripoter; frelater.

Pansen ['panzən] *m* panse *f*.
Panthe'is|mus *m* panthéisme *m*; ~**t** *m* panthéiste *m*; ⩽**tisch** panthéiste.
Panther ['pantər] *m* (7) panthère *f*.
Pantine [pan'ti:nə] *f* (15) sabot *m*.
Pantoffel [pan'tɔfəl] *m* (7 u. 10) pantoufle *f*; *mit Absatz*: mule *f*; *unter j-s* ~ *stehen* être sous la férule de q.; ~**held** *m* homme *m* dont la femme porte la culotte.
Pantomime [panto'mi:mə] *f* pantomime *f*.
Panzer ['pantsər] *m* (7) cuirasse *f*; ⚔ engin *m* blindé; char *m* d'assaut; '~**abwehrkanone** *f* canon *m* antichar; '~**auto** *n* auto *f* blindée; '~**division** *f* division *f* blindée; '~**geschoß** *n* projectile *m* perforant; '~**hemd** *n* cotte *f* de mailles; '~**kraftwagen** *m* = ~*auto*; '~**kreuzer** *m* croiseur *m* cuirassé; '⩽**n** (29) cuirasser (*a. fig.*); blinder; '~**platte** *f* plaque *f* de blindage; '~**schiff** *n* (vaisseau *m*) cuirassé *m*; '~**truppen** *f/pl.* unités *f/pl.* blindées; '~**turm** *m* tourelle *f* cuirassée; '~**ung** *f* blindage *m*; '~**wagen** *m* char *m* blindé; '~**zug** *m* train *m* blindé.
Päonie ⚘ [pɛ'ʔo:niə] *f* pivoine *f*.
Papa [pa'pɑ:] *m* papa *m*.
Papagei [papa'gaɪ] *m* (3 u. 12) perroquet *m*; ~**enkrankheit** *f* psittacose *f*.
Papier [pa'pi:r] *n* (3¹) papier *m*; (*Wert*⩽) *n*. valeur *f*; *zu* ~ *bringen* mettre par écrit; ~**drachen** *m* cerf-volant *m*; ~**fabrik(ation)** *f* papeterie *f*; ~**geld** *n* papier-monnaie *f*; billets *m/pl.* de banque; ~**geschäft** *n* papeterie *f*; ~**händler(in** *f*) *m* papetier *m*, -ière *f*; ~**hülle** *f* sachet *m* de papier; ~**korb** *m* corbeille *f* à papier; ~**kram** *m* paperasses *f/pl.*; ~**krieg** *m* paperasserie *f*; ~**manschette** *f* cache-pot *m*; ~**messer** *n* coupe-papier *m*; ~**mühle** *f* papeterie *f*; ~**schlange** *f* serpentin *m*; ~**schnitzel** *n u. m* rognure *f* de papier; ~**serviette** *f* serviette *f* en papier; ~**streifen** *m* bande *f* de papier; ~**währung** *f* cours *m* du papier-monnaie; ~**wisch** *m* chiffon *m*.
Papp|arbeit ['pap⁹-] *f* cartonnage *m*; '~**band** *m* cartonnage *m*; *in* ~ *cartonné*; '~**dach** *n* toit *m* en carton bitumé; '~**deckel** *m*, '~**e** *f* (15) carton *m*.
Pappel ⚘ ['papəl] *f* (15) peuplier *m*.

päppeln ['pɛpəln] (29) donner de la bouillie.
'**pappen** *v/t.* coller; *v/i.* faire du cartonnage; F (*essen*) manger.
'**Pappen|fabrik** *f* cartonnerie *f*; '~**stiel** F *m* bagatelle *f*.
papperlapapp! [papərla'pap] et patati, et patata!
pappig ['papiç] pâteux.
'**Papp|schachtel** *f* carton *m*; '~**schnee** *m* neige *f* collante.
Paprika ['paprika] *m* paprika *m*.
Papst [pɑ:pst] *m* (3² u. ³) pape *m*; '~**krone** *f* tiare *f*.
päpstlich ['pɛ:pstliç] du pape; papal; *Nuntius*: apostolique; ⩽*er Stuhl* Saint-Siège *m*.
'**Papst|tum** *n* (1) papauté *f*; '~**würde** *f* pontificat *m*; papauté *f*.
Parabel [pa'rɑ:bəl] *f* (15) parabole *f*.
Parade [pa'rɑ:də] *f* (15) ⚔ revue *f*; (*Prunk*) parade *f*; *die* ~ *abnehmen* ⚔ passer les troupes en revue; ~**anzug** *m* grande tenue *f*; ~**aufstellung** ⚔ *f* alignement *m* des troupes pour la revue; ~**bett** *n* lit *m* de parade; ~**marsch** *m* défilé *m*; ~**platz** *m* place *f* d'armes; ~**schritt** *m* pas *m* de parade.
paradieren [~ra'di:rən] parader; *mit etw.* ~ faire parade de qch.
Paradies [para'di:s] *n* (4) paradis *m*; ⩽**isch** [~'zi:ʃ] paradisiaque; du paradis; ~**vogel** *m* oiseau *m* de paradis.
paradox [para'dɔks] paradoxal.
Paraffin [~'fi:n] *n* paraffine *f*.
Paragraph [~'grɑ:f] *m* (12) paragraphe *m*; (*Gesetzes*⩽) article *m*.
Parallaxe [~'laksə] *f* parallaxe *f*.
parallel [~'le:l] parallèle (*mit* à); ⩽**e** *f* ⩔ parallèle *f* (*ziehen* tirer); *fig.* (*Vergleichung*) parallèle *m* (*ziehen* faire); ⩽**ogramm** [~lelo'gram] *n* (3¹) parallélogramme *m*; ⩽**schaltung** ⚡ *f* montage *m* en parallèle.
Paraly|se [~'ly:zə] *f* paralysie *f*; ⩽**tisch** paralytique.
paraphieren [~'fi:rən] parafer.
Parasit [~'zi:t] *m* (12) parasite *m*; ⩽**isch** parasite.
Pärchen ['pɛ:rçən] *n* couple *m*.
pardauz! [par'dauts] patatras!
Pardon [par'dɔn] *m* (11) (*Verzeihung*) pardon *m*; (*Begnadigung*) grâce *f*; quartier *m*; *um* ~ *bitten* (~ *geben*) ⚔ demander (faire) quartier.
Parenthese [parɛn'te:zə] *f* (15) parenthèse *f*; *in* ~ entre parenthèses.

Parforcejagd [par'fɔrs-] *f* chasse *f* à courre.

Parfüm [‿'fy:m] *n* (3¹) parfum *m*; **‿erie** [‿ymæ'ri:] *f* parfumerie *f*; **‿fläschchen** *n* flacon *m* de (*resp.* à) parfum; **♀ieren** [‿fy'mi:rən] parfumer; **‿zerstäuber** *m* vaporisateur *m*.

Pari † ['pɑ:ri] *n* pair *m*; *al* (*über*) ‿ au (-dessus du) pair.

parieren [‿'ri:rən] parer; (*gehorchen*) obéir.

Pariser|(in *f*) [‿'ri:zər] *m* (7) Parisien *m*, -ne *f*; **♀isch** parisien.

Parität [pari'tɛ:t] *f* (16) parité *f*.

Park [park] *m* (3), **‿-anlagen** *f*/*pl*. parc *m*; **²en** (25) *Auto*: stationner; **‿en** *n* stationnement *m*; parcage *m*.

Parkett [‿'kɛt] *n* (3) parquet *m*; *thé*. orchestre *m*; **‿(fuß)boden** *m* plancher *m* parqueté; **♀ieren** [‿'ti:rən] parqueter; **‿loge** *f* baignoire *f*; **‿platz** *m* fauteuil *m* d'orchestre; **‿wachs** *n* encaustique *f*.

'Park|platz *m* parc *m* (pour autos, *etc.*); parking *m*; *Straße*: stationnement *m* autorisé; **'‿verbot** *n* défense *f* de stationner.

Parlament [parla'mɛnt] *n* (3) parlement *m*; **‿är** [‿'tɛ:r] *m*, **‿arier** [‿'tɑ:riər] *m* parlementaire *m*; **♀arisch** parlementaire; **‿arismus** [‿ta'rismus] *m* parlementarisme *m*.

Parme'sankäse *m* parmesan *m*.

Parod|ie [paro'di:] *f* (15) parodie *f*; **♀ieren** [‿'di:rən] parodier; **♀istisch** parodique.

Parole [‿'ro:lə] *f* (15) mot *m* d'ordre; consigne *f*.

Partei [par'taɪ] *f* (16) parti *m*; *bsd. mv. p.* faction *f*; e-r ‿ *angehören* être d'un parti; in e-e ‿ *eintreten* entrer dans un parti; ‿ *ergreifen* (*od. nehmen*) prendre parti (*für* pour; *gegen* contre); **♀führer** *m* chef *m* de parti; **‿gänger** [‿gɛŋər] *m* (7) partisan *m*; **‿geist** *m* esprit *m* de parti; **‿genosse** *m*, **‿genossin** *f* partisan *m*, -e *f*; ami *m*, -e *f* politique; **♀isch**, **♀lich** partial; **‿lichkeit** *f* partialité *f*; **♀los** neutre; **‿lose(r)** *m* sans-parti *m*; **‿mitglied** *n* membre *m* du parti; **‿nahme** *f* (15) prise *f* de parti; **‿tag** *m* congrès *m* d'un parti; **‿wesen** *n* partis *m*/*pl*.

Parterre [‿'tɛrə] *n* (11) rez-de-chaussée *m*; *thé*. parterre *m*.

Partie [‿'ti:] *f* (15) (*Spiel*, *Ausflug*, ♪) partie *f*; (*Heirats*♀) parti *m*.

partiell [‿tsi'ɛl] partiel. [cule *f*.]

Partikel *gr*. [‿'tikəl] *f* (15) particule *f*.

Partikular|ismus [‿tikula'rismus] *m* particularisme *m*; **♀istisch** particulariste. [*m*, -e *f*.]

Partisan(in *f*) [‿'zɑ:n] *m* partisan

Partitur [‿ti'tu:r] *f* (16) partition *f*.

Partizip ['‿tsi:p] (3¹ *u*. 8²) *n* participe *m* (*Präsens* présent; *Perfekt* passé).

Partner(in *f*) ['partnər] *m* (7) *Spiel*: partenaire *m*, *f*; † associé *m*, -e *f*.

Parze ['partsə] *f* Parque *f*.

Parzell|e [‿'tsɛlə] *f* (15) parcelle *f*; lot *m*; **♀ieren** [‿'li:-] parceller; lotir.

Paspel [paspəl] *f* (15) passepoil *m*.

Paß [pas] *m* (14¹ *u*. ²) (*Durchgang*) passage *m*; (*enger Übergang*) défilé *m*; col *m*; pas *m*; (*Reise*♀) passeport *m* (*sich ausstellen, verlängern, erneuern lassen* se faire délivrer, prolonger, renouveler).

Passage [pa'sɑ:ʒə] *f* (15) passage *m*; galerie *f*; ♪ roulade *f*.

Passagier [pasa'ʒi:r] *m* (3¹) voyageur *m*; ✈ *u*. ♣ passager *m*; **‿gut** *n* bagages *m*/*pl*.; effets *m*/*pl*.; **‿schiff** *n* paquebot *m*.

Passah(fest) ['pasa-] *n* pâque *f*.

Paßamt ['‿⁹amt] *n* bureau *m* des passeports. [*m*] alizé *m*.]

Passat(wind) [pa'sɑ:t-] *m* (3) (vent)

'passen (28) *Kleidung*: passer; *Ort*: passer par; traverser; (*genehm sein*) convenir (*a. sich* ‿); *Spiel*: passer; *auf j-n* (*etw. acc.*) ‿ s'appliquer à q. (à qch.); *zu etw.* ‿ être assorti à qch.; répondre à qch; (*zusammen*‿) s'accorder; **'‿d** (*zusammen*‿) assorti; (*genehm*) convenable; *Kleidung*: juste; *Wort*: propre.

'Paßgang *m* amble *m*.

'Paßgesetz *n* loi *f* sur les passeports.

passier|en [pa'si:rən] passer; *Ort*: passer par; traverser; (*geschehen*) se passer; arriver (*j-m* à q.); **♀schein** *m* laissez-passer *m*; permis *m*; (*Straßen*-♀) coupe-file *m*; *Zoll*: acquit-à-caution *m*.

Passion [pasi'o:n] *f* passion *f*; *rl*. Passion *f*; **♀iert** [‿'o:ni:rt] passionné; **‿sblume** *f* passiflore *f*; **‿szeit** *f* carême *m*.

passiv ['pasi:f] **1.** passif; **2.** '♀ *gr*. *n* passif *m*; voix *f* passive; **♀a** ['‿siva] *n*/*pl*., **♀en** *pl*. † passif *m*; **♀ität** [‿'tɛ:t] *f* passivité *f*.

Paßkarte — 948 — **peilen**

'**Paß|karte** f carte f d'identité; '~stelle f bureau (od. office) m des passeports; '~zwang m obligation f de se munir d'un passeport.

Past|a f, ~e f ['pasta] (15) pâte f; (Abdruck) plâtre m; ~ell [~'stɛl] m, (Bild) n pastel m; in ~ malen peindre au pastel; ~ellmaler m pastelliste m; ~ellmale'rei f peinture f au pastel; ~ete [~'ste:tə] f pâté m; ~etenbäcker m pâtissier m; ~ille [~'stilə] f pastille f. [curé m.\]

Pastor ['pastɔr] m pasteur f; cath.\]
Pat|e ['pa:tə] m (13), '~in f (16¹) parrain m, marraine f.

'**Paten|geschenk** n cadeau m de baptême; '~kind n filleul m, -e f; '~schaft f parrainage m; '~stelle f: bei e-m Kinde ~ vertreten servir de parrain (resp. de marraine) à un enfant.

Patent [pa'tɛnt] **1.** n (3¹) patente f, (Urkunde) brevet m (d'invention); **2.** ⚥ F chic; ein ~er Kerl un type épatant; ~amt n bureau (od. office) m des brevets d'invention; ℒieren [~'ti:rən] breveter; ~inhaber m détenteur m d'un brevet; ~schutz m protection f des inventions.

Pater ['pa:tər] m (7) (révérend) père m; ~noster [~'nɔstər] n Pater m; patenôtre f; ~'nosterwerk ⊕ n patenôtre f; chapelet m.

pathetisch [pa'te:tiʃ] (ergreifend) pathétique f; (übersteigert) déclamatoire.

Patholog(e) [~to'lo:g(ə)] m pathologiste m; ~ie [~lo'gi:] f pathologie f; ℒisch pathologique.

Pathos ['pa:tɔs] n pathos m; rhét. emphase f; enflure f.

Patient(in f) [patsi'ɛnt] m malade m, f; Arzt: client m, -e f; operierte(r): patient m, -e f.

Patina ['pa:tina] f patine f.

Patriarch [~tri'arç] m (12) patriarche m; ℒalisch [~'ça:liʃ] patriarcal; ~at [~'ça:t] n patriarcat m.

Patriot(in f) [~i'o:t] m (12) patriote m, f; ℒisch patriotique; ~ismus [~'tismus] m patriotisme m.

Patriz|ier(in f) [pa'tri:tsiər] m (7) patricien m, -ne f; ℒisch patricien.

Patron [pa'tro:n] m patron m, -ne f; ein übler ~ un filou; ~at [~o'na:t] n patronat m; rl. patronage m.

Patrone [~'tro:nə] f (15) cartouche f; artill. gargousse f; (Muster) patron

m; ~ngurt m bande f de mitrailleuse; ~nhülse f douille f; ~ntasche f cartouchière f.

Patrouill|e [~'trujə] f (15) patrouille f; ~enschiff n navire m patrouilleur; ℒieren [~'ji:rən] patrouiller.

Patsch|e F ['patʃə] f (15) (Hand) main f; menotte f; (Pfütze) flaque f (d'eau); in der ~ sein fig. être dans le pétrin; ℒ'naß trempé jusqu'aux os.

patzig F ['patsiç] arrogant.

Pauk|ant [pau'kant] m duelliste m; '~boden m salle f d'escrime; Duell: terrain m; ~e [~'ə] f timbale f; türkische ~ grosse caisse f; 'ℒen F battre de la timbale; F (lernen) bûcher; '~enschläger m timbalier m; '~er m professeur m; écol. prof. m.

Paus|back ['pausbak] m joufflu m; '~backe f joue f rebondie; ℒbäckig ['~bɛkiç] joufflu.

Pauschal|e [pau'ʃa:lə] f somme f globale (od. forfaitaire); forfait m; ~preis m prix m global (od. forfaitaire); ~reise f voyage m à forfait; ~summe f = ~e; ~ver'einbarung f arrangement m forfaitaire.

'**Paus|e** f (15) pause f; Schule: récréation f; thé. entracte m; ✕ halte f; (Transparentzeichnung) calque m; 'ℒen Zeichnung: calquer; '~enzeichen n Radio: indicatif m; ℒieren [~'zi:rən] faire une pause; '~papier n papier m à calquer.

'**Pavian** m (3¹) babouin m.

Pazi|fismus [patsi'fismus] m pacifisme m; ~fist [~'fist] m pacifiste m; ℒfistisch pacifiste.

Pech [pɛç] n (3) poix f; F fig. malchance f; déveine f; '~blende f pechblende f; '~draht m ligneul m; '~fackel f torche f (de résine); '~kohle F jais m; 'ℒ'schwarz noir comme jais; '~strähne f période f de déveine; '~vogel F m déveinard m. [ten appuyer sur).\]

Pedal [pe'da:l] n (3¹) pédale f (tre-\]
Pedant [~'dant] m (12) pédant m; ~erie [~ə'ri:] f pédanterie f; ℒisch pédant; pédantesque. [riteur m.\]

Pedell [~'dɛl] m (3¹ u. 12) appa-\]
Pediküre [pedi'ky:rə] f pédicure f; (Pflege) soins m/pl. de la pédicure.

Pegel ['pe:gəl] m (6) échelle f des eaux; fluviomètre m; '~stand m niveau m des eaux.

peil|en ['pailən] sonder; (orten)

Peilkompaß — 949 — **Personalausweis**

relever; '2**kompaß** m compas m de relèvement; '2**station** f poste m radiogoniométrique; '2**ung** f sondage m; (Ortung) relèvement m.

Pein [paɪn] f (16) (grande) peine f; tourment m; supplice m; 2**igen** ['˷igən] (25) tourmenter; pfort torturer; **˷iger** m (7) bourreau m; tortionnaire m; 2**lich** douloureux; fig. pénible; ˷ genau scrupuleux, minutieux.

Peitsch|**e** ['paɪtʃə] f (15) fouet m; (Reit2) cravache f; 2**en** (27) fouetter; bsd. als Strafe: fustiger; '˷**enhieb** m coup m de fouet; '˷**enschnur** f mèche f de fouet.

pekuniär [pekuni'ɛ:r] pécuniaire.

Pelerine [pelə'ri:nə] f (15) pèlerine f.

Pelikan ['pe:lika:n] m pélican m.

Pell|**e** ['pɛlə] f pelure f; 2**en** peler; '˷**kartoffeln** f/pl. pommes f/pl. de terre en robe de chambre.

Pelz [pɛlts] m (3²) peau f; (Kleidungsstück) fourrure f; pelisse f; mit ˷ besetzen (füttern) garnir (doubler) de fourrure; fourrer; '˷**händler** m pelletier m; '˷**handlung** f pelleterie f; '˷**handschuh** m gant m fourré; '˷**kragen** m col m de fourrure; '˷**mantel** m manteau m de fourrure; pelisse f; '˷**mütze** f bonnet m fourré; '˷**stiefel** m botte f fourrée; '˷**tiere** n/pl. animaux m/pl. à fourrure; '˷**werk** n pelleterie f; fourrures f/pl.

Pendel ['pɛndəl] n (7) pendule m; Uhr: balancier m; 2**n** (29) osciller; (hin- und herlaufen) faire la navette; '˷**schlag** m, '˷**schwingung** f oscillation f du pendule; '˷**tür** f porte f battante; '˷**uhr** f pendule f; '˷**verkehr** m trafic m de va-et-vient; navette f.

penibel [pe'ni:bəl] scrupuleux, minutieux; (schwierig) difficile; (mühevoll) pénible. [f.\

Penicillin [penitsi'li:n] n pénicilline\

Penn|**al** écol. [pɛ'na:l] n bahut m; **˷äler** écol. [˷'nɛ:lər] m potache m; '˷**bruder** F m clochard m; '˷**e** écol. f bahut m; 2**en** F roupiller.

Pension [pɑ̃sɪ'o:n] f (16) pension f; (Ruhestand) retraite f; (Ruhegehalt) pension f (de retraite); retraite f; **˷är**(**in** f) [˷o'nɛ:r] m (3) pensionnaire m, f; (Schüler) interne m, f; **˷at** [˷'na:t] n (3) pensionnat m; 2**ieren** [˷'ni:rən] mettre à la retraite; (e-n Ehrensold gewähren) pensionner; sich ˷ lassen prendre sa retraite; 2**iert** en retraite; retraité; ˷ werden être mis à la retraite; **˷ierung** f mise f à la retraite; 2**sberechtigt** qui a droit à une pension (od. à la retraite); **˷skasse** f caisse f des retraites.

Pensum ['pɛnzʊm] n (9²) tâche f; devoir m; (Strafarbeit) pensum m.

per [pɛr]: ˷ Adresse chez.

perfekt [˷'fɛkt] **1.** parfait; (vollendet) accompli; achevé; **2.** 2 ['˷fɛkt] n passé m composé.

Pergament [˷ga'mɛnt] n (3) parchemin m; **˷papier** n (3) papier m parchemin; f; 2**isch** périodique.\

Period|**e** [peri'o:də] f (15) période\

Peri|**pherie** [˷fe'ri:] f périphérie f; Å circonférence f; ˷**nwinkel** m angle m inscrit; 2**pherisch** [˷'fe:-] périphérique.

Periskop [pɛris'ko:p] n périscope m.

Perl|**e** ['pɛrlə] f (15) perle f; 2**en** (25) **1.** v/i. perler; Getränke: a. pétiller; mousser; **2.** adj. perlé; de perles; **˷enfischerei** f pêche f des perles; **˷enmuschel** f huître f perlière; **˷enschmuck** m parure f de perles; **˷enschnur** f collier m de perles; **˷enstickerei** f broderie f en perles; '2**farben**, '2**grau** gris perle; **˷graupen** f/pl. orge m perlé; **˷huhn** n pintade f; '˷**mutter** f nacre f; '˷**mutterglanz** m ton m nacré; '˷**schrift** typ. f perle f.

perma'nen|**t** permanent; 2**z** f permanence f.

Perpendikel [˷pɛn'di:kəl] m od. n Uhr: balancier m.

perplex [˷'plɛks] (verwirrt) confus; perplexe; (bestürzt, verdutzt) consterné; interdit.

Pers|**er**(**in** f) [ˈpɛrzər] m (7) (Alt2) Perse m, f; (Neu2) Persan m, -e f; **˷ianer** [˷i'a:nər] m astrakan m; **˷ien** n (17) la Perse; 2**isch** (alt˷) perse; (neu˷) persan; der 2**e** Golf le golfe Persique.

Person [˷'zo:n] f (16) personne f; thé. u. bedeutende: personnage m; (Persönlichkeit) personnalité f; F u. mv. p. individu m; ich für m-e ˷ personnellement; quant à moi.

Personal [˷zo'na:l] n (3¹) personnel m; **˷abteilung** f service m du personnel; **˷akten** f/pl.: j-s ˷ dossier m de q.; **˷ausweis** m carte f d'iden-

Personalbeschreibung — 950 — **Pfeffer**

tité; ~**beschreibung** f signalement m; ~**ien** [~'na:liən] pl. détails m/pl. personnels; ~**pronomen** n pronom m personnel; ~**vertretung** f représentation f du personnel; ~**vertretungsgesetz** n loi f sur (od. relative à) la représentation du personnel.

Per'sonen|-aufzug m ascenseur m; ~**beförderung** f transport m des voyageurs; ~**beschreibung** f signalement m; ~**dampfer** m (bateau m à) vapeur m pour voyageurs; ~**kult** m culte m de la personnalité; ~**name** m nom m de personne; nom m propre; ~**stand** m état m civil; ~**tarif** m tarif m des voyageurs; ~**wagen** m wagon m de voyageurs; (Auto) voiture f particulière; ~**zug** m train m en omnibus.

Personifi|kation [~sonifikatsi'o:n] f personnification f; 2**zieren** [~'tsi:rən] personnifier.

persönlich [~'zø:nliç] personnel; (leibhaft) en personne; ~e Freiheit liberté f individuelle; ~ werden faire des personnalités; ~ abgeben remettre en main propre; ~ erscheinen être présent; faire acte de présence; ~ haften répondre sur sa propre personne; 2**keit** f personnalité f; (bedeutender Mensch) personnage m; nach Eigentümlichkeit: individualité f.

Perspektiv|e [~spɛk'ti:və] f perspective f; 2**isch** [~vɪʃ] perspectif.

Peru [pe'ru:] n le Pérou; 2**-artig** [~ru'a:nər] m Péruvien m, -ne f; 2**anisch** du Pérou; péruvien.

Perücke [pe'rykə] f (15) perruque f; ~**nmacher** m perruquier m.

pervers [~'vɛrs] pervers; 2**ität** [~zi-'tɛ:t] f perversité f.

Pessim|ismus [pɛsi'mɪsmus] m (16) pessimisme m; 2**ist** [~'mɪst] pessimiste m; 2**istisch** pessimiste.

Pest [pɛst] f (16) peste f (a. fig.); 2**artig** pestilentiel(le); ~**beule** f bubon m de la peste; 2**krank** pestiféré. [m.]

Petersilie [petər'zi:liə] f (15) persil

Petroleum [pe'tro:leum] n (11) pétrole m; ~**gesellschaft** f compagnie f pétrolière; 2**haltig** pétrolifère; ~**kanne** f bidon m à pétrole; ~**kocher** m réchaud m à pétrole; ~**lampe** f lampe f à pétrole; ~**quelle** f puits m de pétrole; ~**(tank)schiff** n (navire m) pétrolier m.

Petschaft ['pɛtʃaft] n (3) cachet m.
petzen F ['pɛtsən] cafarder.
Pfad [pfa:t] m (3) sentier m; '~**finder(in** f) m boy-scout m, girl-scout f; scout m; éclaireur m; '~**finderbewegung** f scoutisme m.
Pfaffe ['pfafə] m (13) prêtre m; pl. mv.p. prêtraille f; '~**nherrschaft** f domination f des prêtres (od. des curés); cléricalisme m; '~**ntum** n prêtres m/pl.; mv.p. prêtraille f.
pfäffisch ['pfɛfiʃ] clérical.
Pfahl [pfa:l] m (3³) pieu m; poteau m; (Wein2) échalas m; (Baum2) tuteur m; (Zaun2) palis m; (Absteck2) jalon m; △ (Grund2) pilotis m; '~**bau** m construction f sur pilotis; '~**bauten** pl. habitations f/pl. lacustres; '~**brücke** f pont m sur pilotis.
pfählen ['pfɛ:lən] (25) (einzäunen) palissader; Bäume: palisser; Reben: échalasser; j-n ~ empaler q.
'**Pfahl|werk** ⚔ n palissade f; '~**wurzel** ♀ f racine f pivotante.
Pfalz [pfalts] f (16): die~ le Palatinat.
Pfand [pfant] n (1²) gage m; in ~ geben (nehmen) donner (prendre) en gage; auf ~ leihen prêter à gage (od. sur gages); ein ~ einlösen retirer un gage; Pfänder spielen jouer aux gages.
pfandbar ['pfɛnt-] saisissable.
'**Pfandbrief** m cédule f; obligation f hypothécaire.
pfänd|en ['pfɛndən] (26) saisir; abs. faire une saisie; 2**erspiel** n jeu m des gages.
'**Pfand|haus** n mont-de-piété m; '~**leiher(in** f) m (7) prêteur m, -euse f sur gages; '~**lösung** f retrait m d'un gage; '~**recht** n droit m d'hypothèque; '~**schein** m reconnaissance f (du mont-de-piété).
'**Pfändung** f saisie f.
Pfann|e ['pfanə] f (15) poêle f; '~**kuchen** m crêpe f; gefüllter: beignet m.
Pfarr|amt ['pfar'amt] n cure f; '~**bezirk** m, '~**e** f paroisse f; '~**er** m (7) curé m; prot. pasteur m; '~**gemeinde** f paroisse f; '~**haus** n presbytère m; cure f; '~**kind** n paroissien m, -ne f; '~**kirche** f église f paroissiale; '~**stelle** f cure f.
Pfau [pfau] m (5 u. 12) paon m; sich brüsten wie ein ~ se pavaner; '~**enauge** ent. n paon m de nuit (od. de jour); '~**henne** f paonne f.
Pfeffer ['pfɛfər] m (7) poivre m;

Pfefferbaum — 951 — **Pflege**

spanischer ~ piment m; F fig. ... wo der ~ wächst ... à tous les diables; '~**baum** m, '~**büchse** f poivrier m; '~**gurke** f cornichon m; '~**kraut** ♀ n sarriette f; '~**kuchen** m pain m d'épice; '~**minze** ♀ f menthe f; ~'**minzpastille** f, ~**minzplätzchen** n pastille f de menthe; '₂**n** (29) poivrer; gepfeffert poivré (a. fig.); '~**nuß** f = ~kuchen; '~**strauch** m poivrier m.

Pfeife ['pfaɪfə] f (15) (Tabaks~) pipe f; ♪ sifflet m; (Quer~2) fifre m; (Orgel~2) tuyau m; nach j-s ~ tanzen fig. aller aux flûtes de q.; '₂**n** (30) siffler (j-m q.); (Querpfeife spielen) jouer du fifre; ich pfeife darauf je m'en moque, P je m'en fiche; '~**n** n sifflement m.

'**Pfeifen|kopf** m tête f (od. fourneau m) de pipe; '~**reiniger** m cure-pipe m; '~**rohr** n tuyau m de pipe; '~**spitze** f bout m de pipe; '~**stopfer** m bourre-pipe m. [fifre m.\]

'**Pfeifer** m (7) siffleur m; (Quer~2)\]

Pfeil [pfaɪl] m (3) flèche f (abschießen décocher); geworfener u. fig.: trait m; '~**er** m (7) pilier m (a. fig.); (viereckiger Wand~2) pilastre m; (Fenster~2, Tür~2) montant m; jambage m; (Wand zwischen Fenstern) trumeau m; '~**erspiegel** m trumeau m; '~**gift** n curare m; '₂**schnell** rapide comme un trait; '~**schuß** m coup m de flèche.

Pfennig ['pfɛnɪç] m (3) pfennig m; fig. liard m; sou m; '~**fuchser** F ['~fʊksər] m (7) grippe-sou m.

Pferch [pfɛrç] m parc m; '₂**en** parquer.

Pferd [pfeːrt] n (3) cheval m; zu ~e à cheval; ein ~ reiten monter un cheval; zu ~e steigen (sich aufs ~ werfen) monter (sauter) à cheval; vom ~e steigen descendre de cheval; sich aufs hohe ~ setzen fig. monter sur ses grands chevaux.

Pferde|-apfel ['~də-] m crottin m de cheval; '~**decke** f housse f; '~**futter** n fourrage m; '~**haar** n crin m de cheval; '~**hals** m encolure f; '~**handel** m commerce m de chevaux, bsd. mv. p. maquignonnage m; '~**händler** m marchand m de chevaux, bsd. mv. p. maquignon m; '~**huf** m sabot m; '~**knecht** m valet m d'écurie; palefrenier m; '~**länge** f Sport: longueur f; um 2 ~n gewinnen gagner de deux longueurs; '~**markt** m marché m aux chevaux; '~**metzgerei** f boucherie f chevaline; '~**rennbahn** f hippodrome m; '~**rennen** n course f de chevaux; concours m hippique; '~**schwemme** f abreuvoir m; '~**sport** m hippisme m; '~**stall** m écurie f; '~**stärke** f (abr. PS) cheval-vapeur m (abr. C.V.); Maschine von 50 ~n machine f de cinquante chevaux (-vapeur); '~**zucht** f élevage m des chevaux; '~**züchter** m éleveur m de chevaux.

Pfiff [pfɪf] m (3) (das Pfeifen) sifflement m; auf e-r Pfeife: coup m de sifflet; fig. truc m; ~**erling** F ['~ərlɪŋ] m chanterelle f; das ist keinen ~ wert fig. F cela ne vaut pas tripette; '₂**ig** rusé; finaud; '~**igkeit** f ruse f; finesse f; ~**ikus** F ['~kʊs] m finaud m.

Pfingst|en ['pfɪŋstən] n (6) od. f, ('~**fest** n) (la fête de) la Pentecôte; '~**rose** ♀ f pivoine f.

Pfirsich ['pfɪrzɪç] m (3) pêche f; '~**baum** m pêcher m.

Pflanze ['pflantsə] f (15) plante f; (Setzling) plant m; '₂**en** (27) planter.

'**Pflanzen|beet** n planche f; (Mistbeet) couche f; '~**butter** f beurre m végétal; '~**erde** f terre f végétale; terreau m; '~**faser** f fibre f végétale; '~**fett** n graisse f végétale; '₂**fressend** herbivore; '~**kost** f régime m végétarien; '~**kunde** f botanique f; '~**reich** n règne m végétal; '~**sammler** m herborisateur m; '~**sammlung** f herbier m; '~**wachstum** n végétation f; '~**welt** f = ~reich.

'**Pflanz|er** m planteur m; '~**schule** f pépinière f; '~**stätte** f plantation f, fig. pépinière f; '~**stock** m plantoir m; '~**ung** f plantation f.

Pflaster ['pflastər] n (7) phm. emplâtre m; englisches ~ taffetas m gommé; (Straßen~2) pavé m (treten battre); '~**arbeit** f pavage m; '~**er** m paveur m; '₂**n** (29) mettre un emplâtre sur; Straße: paver; mit Fliesen ~ carreler; '~**stein** m pavé m; '~**ung** f pavage m; ~ mit Fliesen carrelage m.

Pflaum|e ['pflaʊmə] f (15) prune f; (Back~2) pruneau m; '~**enbaum** m prunier m; '~**enmus** n marmelade f de prunes; '~**enstein** m noyau m de prune.

Pflege ['pfleːɡə] f (15) soins m/pl.; (Unterhalt) entretien m; Kunst,

pflegebedürftig — 952 — **philosophisch**

Garten: culture *f*; *in ~ nehmen* se charger de, *Kind*: prendre en nourrice; ²**bedürftig** qui réclame des soins; **~eltern** *pl.* parents *m/pl.* adoptifs; **~kind** *n* enfant *m, f* adoptif, -ive; pupille *m, f*; **~mutter** *f* mère *f* nourricière.

'pfleg|en (25) *v/t.* soigner; donner des soins à; (*e-r Sache obliegen*) s'adonner à; se livrer à; (*betreiben*) exercer; *Künste usw.*: cultiver; *~ zu ... (inf.)* avoir coutume de ... (*inf.*); *v/i.* avoir coutume de; *zu geschehen~* arriver ordinairement; ²**epersonal** *n* gardes-malades *m/pl.*; ²**er(in** *f*) *m* garde-malade *m, f*; ⚖ tuteur *m*, -trice *f*; curateur *m*, -trice *f*.

'**Pflege|sohn** *m* fils *m* adoptif; pupille *m*; **~tochter** *f* fille *f* adoptive; pupille *f*; **~vater** *m* père *m* nourricier.

'**Pfleg|ling** *m* (3¹) = **~ekind**; **~schaft** ⚖ *f* tutelle *f*; curatelle *f*.

Pflicht [pfliçt] *f* (16) devoir *m*; ²**bewußt** conscient de son devoir; **~bewußtsein** *n* conscience *f* du devoir; **~eifer** *m* zèle *m*; ²**eifrig** zélé; **~erfüllung** *f* accomplissement *m* du devoir; **~fach** *n* matière *f* obligatoire; **~gefühl** *n* sentiment *m* du devoir; ²**getreu** ['~gətrɔy] fidèle à son devoir; ²**mäßig** conforme au devoir; loyal; ²**schuldig** dû; **~teil** *m u. n* ⚖ légitime *f*; **~vergessen** oublieux de ses devoirs; **~vergessenheit** *f* oubli *m* de ses devoirs; ²**widrig** ['~vi:driç] contraire au devoir; déloyal; **~widrigkeit** *f* déloyauté *f*.

Pflock [pflɔk] *m* cheville *f*; (*Zelt²*) piquet *m*.

pflücken ['pflykən] (25) cueillir; *Salat, Wolle*: éplucher.

Pflug [pflu:k] *m* (3³) charrue *f*.

pflüg|bar ['pfly:g-] labourable; **~en** (25) labourer; ²**en** *n* labourage *m*; ²**er** *m* laboureur *m*.

'**Pflug|messer** *n* coutre *m*; **~schar** soc *m* (de charrue); **~sterz** *m* manche *m* de charrue.

Pforte ['pfɔrtə] *f* porte *f*.

Pförtner|(in *f*) ['pfœrtnər] *m* concierge *m, f*; **~loge** *f* loge *f* de concierge.

Pfosten ['pfɔstən] *m* (6) poteau *m*; (*Fenster²*, *Tür²* *usw.*) jambage *m*.

Pfote ['pfo:tə] *f* (15) patte *f*.

Pfriem [pfri:m] *m* (3), **~en** *m* ⊕ poinçon *m*; (*Ahle*) alêne *f*.

Pfropfen ['pfrɔpfən] **1.** *m* (6) bouchon *m*; (*Spund*) tampon *m*; **2.** ⚙ (25) boucher; (*zustopfen*) tamponner; (*vollstopfen*) bourrer; (*hineinstopfen*) fourrer (in acc. dans); ⚘ greffer; **~zieher** *m* (7) tire-bouchon *m*.

'**Pfropf|messer** *n* greffoir *m*; **~reis** *n* greffe *f*.

Pfründ|e ['pfryndə] *f* prébende *f*; bénéfice *m*; **~fette** sinécure *f*; **~ner** *m* prébendé *m*; bénéficier *m*.

Pfuhl [pfu:l] *m* (3) mare *f*; bourbier *m* (*a. fig.*).

Pfühl [pfy:l] *m u. n* coussin *m*; traversin *m*.

pfui! [pfui] fi (donc) (*über acc.* de).

Pfund [pfunt] *n* (3) livre *f* (*a. Münze*); *~ Sterling* livre *f* sterling; ²**ig** ['~diç] F épatant; ²**weise** par livres.

pfusch|en ['pfuʃən] (27) bousiller; gâcher; bâcler; ²**er** *m* bousilleur *m*; ²**erei** [~'rai] *f* bousillage *m*.

Pfütze ['pfytsə] *f* (15) flaque *f* (d'eau).

Phänomen [fɛno'me:n] *n* phénomène *m*.

Phantasie [fanta'zi:] *f* (15) imagination *f*; ♪ fantaisie *f*; (*Traumbild*) vision *f* (fantastique); ²**ren** [~'zi:rən] se livrer à son imagination; rêver; (*faseln*) radoter; (*irrereden*) délirer; ♪ improviser.

Phantast [~'tast] *m* (12) fantasque *m*; esprit *m* romanesque (*od.* chimérique); ²**isch** fantastique; romanesque (*grillenhaft*) fantasque.

Phantom [fan'to:m] *n* fantôme *m*.

Pharisä|er(in *f*) [fari'zɛ:ər] *m* pharisien *m*, -ne *f*; **~ertum** *n* pharisaïsme *m*; ²**isch** pharisaïque.

Pharmazeut|(in *f*) [farma'tsɔyt] *m* pharmacien *m*, -ne *f*; **~ik** [~tik] *f* pharmaceutique *f*; **~isch** pharmaceutique.

Phase ['fɑ:zə] *f* phase *f*.

philhar|monisch [filhar-]: ²**es Orchester** orchestre *m* philharmonique.

Philippinen [fili'pi:-] *pl.*: *die ~ les îles f/pl.* Philippines.

Philist|er [fi'listər] *m* philistin *m*; bourgeois *m*; ²**erhaft**, ²**rös** [~s'trø:s] bourgeois.

Philolog [filo'lo:k] *m* (12), **~e** [~gə] *m* (13) philologue *m*; **~ie** [~lo'gi:] *f* philologie *f*; ²**isch** philologique.

Philosoph [~'zo:f] *m* (12) philosophe *m*; **~ie** [~o'fi:] *f* philosophie *f*; ²**ieren** [~o'fi:rən] philosopher (*über acc.* sur); ²**isch** philosophique.

Phiole [fi'o:lə] *f* fiole *f*; flacon *m*.
Phleg|ma ['flɛgma] *n* (11) flegme *m*; ~**matiker** [~'ma:tikər] *m* flegmatique *m*; ²**matisch** flegmatique.
Phonet|ik [fo'ne:tik] *f* phonétique *f*; ~**iker** [~kər] *m* phonéticien *m*; ²**isch** phonétique.
Phosphat [fɔs'fa:t] *n* phosphate *m*; ²**haltig** phosphaté.
Phosphor ['fɔsfɔr] *m* (3¹) phosphore *m*; ²**eszieren** [~fɔres'tsi:rən] être phosphorescent; ²**sauer** sauerphosphaté; ~**es** *Salz* phosphate *m*; ~**säure** *f* acide *m* phosphorique.
Photo F ['fo:to] *n* photo *f*; ~-**apparat** *m* appareil *m* photographique.
Photograph [foto'gra:f] *m* (12) photographe *m*; ~**ie** [~gra'fi:] *f* photographie *f*; F photo *f*; ²**ieren** [~'fi:rən] photographier; ²**isch** photographique.
Photo|ko'pie *f* photocopie *f*; ~**mon'tage** *f* photomontage *m*.
Phras|e ['fra:zə] *f* phrase *f*; ~**endrescher** *m*, ~**enheld** *m* phraseur *m*; ²**enhaft** verbeux.
Physik [fy'zi:k] *f* (16) physique *f*; ²**alisch** [~zi'ka:liʃ] (de) physique.
Physiker ['fy:zikər] *m* (7) physicien *m*.
Physio|gnomie [fyziɔgno'mi:] *f* physionomie *f*; ~**log(e)** [~o'lo:g(ə)] *m* physiologue *m*; ~**lo'gie** *f* physiologie *f*; ²**logisch** physiologique.
'physisch physique.
Pian|ist(in *f*) [pia'nist] *m* (12) pianiste *m*, *f*; ~**o** [pi'a:no] *n* (11) piano *m*; ~**oforte** [~'fɔrtə] *n* piano-forte *m*.
pichelⁿ F ['piçəln] chopiner.
pichen ['piçən] (26) *Faß*: poisser.
Picke ['pikə] *f* (15) pic *m*.
Pickel ['pikəl] *m* (7) petit bouton *m*; (*Picke*) pic *m*; ~**flöte** *f* petite flûte *f*; piccolo *m*; ~**haube** *f* casque *m* à pointe; ²**ig** couvert de boutons.
'picken (25) becqueter; (*an*~) picoter.
Picknick ['piknik] *n* pique-nique *m*.
piep(s)en piauler; *Vögel*: pépier.
'piepsig *Stimme*: grêle.
Pier [pi:r] *m* (3¹) môle *m*; jetée *f*; (*Landungsbrücke*) débarcadère *m*.
'piesacken F tarabuster; tracasser.
Piet|ät [pie'tɛ:t] *f* (16) piété *f*; ~**ismus** [~'tismus] *m* piétisme *f*; ~**ist(in** *f*) [~'tist] *m* piétiste *m*, *f*.
Pigment *n* pigment *m*.
Pik [pi:k] 1. *m* (*spitzer Berg*) pic *m*; (*Groll*) pique *f*; er hat e-n ~ auf mich il a une dent contre moi; 2. *n* (11) *Kartenspiel*: pique *m*; ²**ant** [pi'kant] piquant; ~**ante'rie** *f* piquant *m*; ~**e** ['~kə] *f* pique *f*; von der ~ auf dienen sortir du rang; ~**ee** [pi'ke:] *m* piqué *m*; ²**fein** F chic; tiré à quatre épingles; ²**iert** [~'ki:rt] piqué.
Pikkolo ['pikolo] *m* (11) piccolo *m*; chasseur *m*; ~**flöte** *f* piccolo *m*.
'Pilger|(in *f*) *m* (7) pèlerin, -e *f*; ~**fahrt** *f* pèlerinage *m*; ²**n** (29) aller en (*od.* faire un) pèlerinage; ~ *nach* faire le pèlerinage de; '~**schaft** *f* pèlerinage *m*; '~**stab** *m* bourdon *m*.
Pille ['pilə] *f* (15) pilule *f*.
Pilot [pi'lo:t] *m* (12) pilote *m*.
Pilz [pilts] *m* (3²) champignon *m*.
pimp(e)lig F ['pimp(ə)liç] chétif.
Pinasse [pi'nasə] *f* pinasse *f*.
Pingpong ['piŋpɔŋ] *n* *Sport*: ping-pong *m*.
Pinguin *orn.* ['piŋgui:n] *m* (3) pingouin *m*; F manchot *m*.
Pinie ['pi:niə] *f* (15) pin *m*.
pinkeln P ['piŋkəln] pisser.
Pinne ['pinə] *f* (*Zwecke*) broquette *f*; cheville *f*; (*Beschlagstift*) ferret *m*; ⚓ barre *f*.
Pinscher *zo.* ['pinʃər] *m* (7) griffon *m*.
Pinsel ['pinzəl] *m* (7) pinceau *m*; (*Tüncher*²) brosse *f*; F *fig.* niais *m*; nigaud *m*; benêt *m*; ~**ei** [~'lai] *f* barbouillage *m*; ²**ig** F tatillon; ²**n** (29) manier le pinceau (*resp.* la brosse); *Maler*: peindre; *mv. p.* barbouiller; peinturlurer; *Hals*: badigeonner; '~**strich** *m* coup *m* de pinceau.
Pinzette [pin'tsetə] *f* (15) pincettes *f*/*pl.*
Pionier [pio'ni:r] *m* (3¹) soldat *m* du génie; sapeur *m*; *fig.* pionnier *m*.
Pirat [pi'ra:t] *m* (12) pirate *m*.
Pirol *orn.* [pi'ro:l] *m* (3¹) loriot *m*.
Pirsch [pirʃ] *f* (16) chasse *f*; ²**en** (27) chasser; giboyer.
Piss|e V ['pisə] *f* urine *f*; pissat *m*; ²**en** V uriner; pisser; faire pipi; ~**oir** [~o'a:r] *n* pissoir *m*; urinoir *m*.
Pistazie [~'ta:tsiə] *f* pistache *f*.
Pistole [pis'to:lə] *f* (15) pistolet *m*; (*Münze*) pistole *f*; j-m die ~ auf die Brust setzen *fig.* mettre à q. le poignard sur la gorge; ~**nschuß** *m* coup *m* de pistolet.
pittoresk [pito'rɛsk] pittoresque.
plack|en ['plakən] (*sich* se) tracasser; ²**erei** [~'rai] *f* tracasserie *f*.
pläd|ieren [plɛ'di:rən] plaider; ²**oyer** [~doa'je:] *n* plaidoyer *m*.

Plage ['plɑ:ɡə] f (15) tourment m; peine f; (Land2) fléau m; calamité f; **~geist** m tracassier m, ière f; **2n** (25) (sich se) tourmenter; (se) tracasser; (belästigen) importuner.

Plagiat [plagi'a:t] n (3) plagiat m; **~or** [~'a:tɔr] m plagiaire m.

Plakat [~'ka:t] n (3) placard m; affiche f; **~ieren** [~ka'ti:-] afficher; **~säule** f colonne f d'affiches; **~werbung** f affichage m.

Plakette [~'kɛtə] f plaquette f.

Plan [pla:n] **1.** m (3³) plan m (entwerfen dresser; tracer); (Zeichnung) dessin m; (Absicht) dessein m; (Vorhaben) projet m (fassen faire); (Ebene) plaine f; (Kampfplatz) arène f; lice f; auf dem ~ erscheinen entrer en lice; **2.** 2 plan; uni; fig. simple; '**~e** f bâche f; '**2en** projeter; abs. faire des projets; arrêter un plan; (organisieren) planifier.

Planet [pla'ne:t] m (12) planète f; **2arisch** [~e'tɑ:riʃ] planétaire; **~arium** [~e'tɑ:rium] n planétarium m; **~enbahn** f orbite f.

planieren [~'ni:rən] aplanir; égaliser; métall. planer. [métrie f.)

Planimetrie [~nime'tri:] f plani-)

Planke ['planke] f (15) planche f.

Plänk|elei ⚔ [plɛŋkə'lai] f escarmouche f; **2eln** ⚔ (29) tirailler.

Plankton ['plaŋkton] n plancton m.

'**plan|los** sans plan; (aufs Geratewohl) au hasard; en l'air; '**2losigkeit** f manque m de plan; '**~mäßig** méthodique; '**2mäßigkeit** f ordre m; méthode f.

planschen F ['planʃən] barboter.

Plantage [plan'tɑ:ʒə] f (15) plantation f.

'**Plan|ungskommission** f commission f de planification; '**~wagen** m voiture f à bâche; '**~wirtschaft** f économie f dirigée (od. planifiée); dirigisme m.

Plapp|erei [plapə'rai] f bavardage m; '**~ermaul** n bavard m, -e f; '**2ern** (29) bavarder.

plärren F ['plɛrən] (25) criailler; (weinen) pleurnicher.

'**Plas|tik** f (16) (art m) plastique f; sculpture f (a. Werk); '**~tiker** m sculpteur m; '**2tisch** plastique.

Platane [~'tɑ:nə] f platane m.

Platin ['plɑ:ti:n] n (11) platine m.

platonisch [~'to:niʃ] platonique.

plätschern ['plɛtʃərn] **1.** (11) cla-poter; im Wasser: barboter; **2.** 2 n (6) clapotis m.

platt [plat] **1.** plat; (abgeplattet) aplati; **~es Land** plat terrain m; rase campagne f; Nase: plat; épaté; camus; fig. plat; trivial; (erstaunt) ébahi; ~ machen (drücken) aplatir; sich ~ hinwerfen se mettre à plat ventre; **2.** 2 n patois m.

'**Plättbrett** n planche f à repasser.

'**Plattdeutsch** n bas allemand m.

Platte ['platə] f (15) (Metall2) plaque f (a. phot.); (Schall2) disque m; dünne: lame f; (Fliese) dalle f; carreau m; (Teller) plat m; (Tisch2, Servier2) plateau m.

Plätt|eisen ['plɛt?-] n fer m à repasser; **2en** [~ən] repasser; '**~en** n repassage m.

'**Platten|druck** typ. m stéréotypage m; '**~leger** m carreleur m; '**~spieler** m tourne-disque(s) m; '**~tasche** f pochette f; '**~wechsler** m changeur m automatique de disques.

Plätt|erei [~'rai] f repassage m; '**~erin** f repasseuse f.

'**Platt|form** f plate-forme f; '**~fuß** m pied m plat; F Auto: roue f à plat; **2füßig** ['~fy:siç] qui a les pieds plats; '**~heit** f aplatissement m; fig. platitude f; trivialité f; **2ieren** [~'ti:rən] plaquer; '**~nase** f nez m plat (od. épaté od. camus); '**2nasig** qui a le nez plat (od. épaté od. camus).

'**Plättwäsche** f linge m à repasser.

Platz [plats] m (3² u. ³) place f (a. ✝); (Stelle, Ort) endroit m; lieu m; (Raum) espace m; ~ da! place!; ~ nehmen prendre place; ~ einnehmen occuper sa place; ~ greifen s'implanter; ~ machen faire place; ~ greifen s'implanter; an s-m ~e sein être à sa place; nicht an s-m ~e sein être déplacé; '**~angst** ⚕ f agoraphobie f; '**~anweiserin** f ouvreuse f.

Plätzchen ['plɛtsçən] n petite place f; (Gebäck) petits fours m/pl.; petits gâteaux m/pl.; phm. pastille f.

'**Platz|e** P f: die ~ kriegen crever de rage; **2en** (27) (bersten) crever (a. Auto); éclater; (krachen) craquer; '**~karte** 🚂 f ticket m garde-place; '**~kommandant** m commandant m de place; '**~patrone** f cartouche f à blanc; '**~regen** m averse f.

Plauder|ei [plaudə'rai] f causerie f; '**~er** m (7), '**~in** f causeur m, -euse f;

plaudern — 955 — **Polizei**

'2n (29) causer; *ein wenig* ~ faire un brin de causette; *gemütlich* ~ tailler une bavette; '~**stündchen** *n* causette *f*; '~**tasche** *f* fig. bavard *m*, -e *f*.
plauschen ['plauʃən] tailler une bavette.
plausibel [~'ziːbəl] plausible; *j-m etw.* ~ *machen* faire comprendre qch. à q.
Plebej|er(in *f*) [ple'beːjər] *m* plébéien *m*, -ne *f*; **2isch** plébéien.
Plebs [pleps] *m* plèbe *f*; populace *f*.
Pleite F ['plaɪtə] **1.** *f* faillite *f*; ~ *machen* faire faillite; **2.** 2 failli; en faillite; ~ *gehen* faire faillite; ~ *sein* être en faillite, *(kein Geld haben)* P être dans la dèche. [*f* plénière.)
Plenarsitzung [ple'naːr-] *f* séance)
Plenum ['pleːnum] *n* toute l'assemblée *f*.
Pleonas|mus [pleo'nasmus] *m* pléonasme *m*; **2tisch** pléonastique.
Pleuelstange ['plɔyəl-] *f* bielle *f*.
plissiert [pli'siːrt] plissé.
Plomb|e ['plɔmbə] *f* (15) *(Zahn*2*)* plombage *m*; obturation *f*; *(Bleisiegel)* plomb *m*; **2ieren** [~'biːrən] plomber; *Zahn: a.* obturer; ~**ieren** *n* plombage *m*; *Zahn: a.* obturation *f*.
Plötze *icht.* ['plœtsə] *f* (15) gardon *m*.
plötzlich ['plœtslɪç] subit; soudain; *adv. a.* tout à coup; **2keit** *f* soudaineté *f*.
Plumeau [ply'moː] *n* édredon *m*.
plump [plump] grossier; *(schwerfällig)* lourd; **2heit** *f* grossièreté *f*; *(Schwerfälligkeit)* lourdeur *f*; ~**s!** pouf!; patatras!; ~**sen** [~sən] tomber lourdement.
Plunder ['plundər] *m* (7) fatras *m*.
'**Plünder|er** *m* (7) pillard; *bes.* ⚔ maraudeur *m*; **2n** ['plyndərn] (29) piller; *bes.* ⚔ marauder; *Menschen:* détrousser; dévaliser; *Bäume:* dépouiller; '~**ung** *f* pillage *m*; *bes.* ⚔ maraudage *m*; maraude *f*.
Plural [pluːraːl] *m* (3¹) pluriel *m*; **plus** [plus] **1.** & plus; **2.** 2 *n* plus *m*; ✝ excédent *m*.
Plüsch [plyːʃ] *m* (3¹) peluche *f*.
Plusquamperfekt ['pluskvampɛrfɛkt] (3) *n* plus-que-parfait *m*.
Plu'tonium *n* plutonium *m*.
Pneumat|ik [pnɔy'maːtɪk] **1.** *f* pneumatique *f*; **2.** *m Auto:* pneu (-matique) *m*; **2isch** pneumatique.
Pöbel ['pøːbəl] *m* (7) plèbe *f*; populace *f*; '2**haft** populacier.

poch|en ['pɔxən] (25) frapper; *Herz:* battre; *auf etw. (acc.)* ~ *fig.* se targuer de qch., *(fordern)* réclamer qch.; **2hammer** *m*, **2mühle** *f* bocard *m*.
Pocke 𝒦 ['pɔkə] *f* (15) bouton *m* de petite vérole; '~**n** *f/pl.* petite vérole *f*; variole *f*; '~**n-artig** varioleux; '~**n-impfung** *f* vaccination *f*; '~**n-narbe** *f* marque *f* de petite vérole; '2**nnarbig** marqué par la petite vérole.
Podagra 𝒦 ['poːdagra] *n* (11) podagre *f*.
Podex P ['poːdɛks] *m* derrière *m*.
Podium ['poːdium] *n* (9) estrade *f*.
Poesie [poe'ziː] *f* poésie *f*.
Poet|(in *f*) [~'eːt] *m* poète *m*, poétesse *f*; ~**ik** [~'eːtɪk] *f* (art *m*) poétique *f*; **2isch** poétique.
Pogrom [po'grɔm] *m* pogrom(e) *m*.
Pokal [po'kaːl] *m* (3¹) coupe *f*; 'hanap *m*.
Pökel ['pøːkəl] *m* (7) saumure *f*; '~**faß** *n* saloir *m*; '~**fleisch** *n* viande *f* salée; salé *m*; '~**hering** *m* 'hareng *m* salé; '2**n** (29) saler.
Poker ['poːkər] *n* poker *m*; '2**n** jouer au poker.
Pol [poːl] *m* (3¹) pôle *m*.
polar [po'laːr] polaire; **2-expedition** *f* expédition *f* polaire; **2fuchs** *m* renard *m* bleu; **2isation** *f* [~lariza'tsi'oːn] *f* polarisation *f*; ~**isieren** [~ri'ziːrən] polariser; **2ität** [~'tɛːt] *f* polarité *f*; **2kreis** *m* cercle *m* polaire; **2licht** *n* aurore *f* boréale; **2stern** *m* étoile *f* polaire.
'**Pol|e** *m* (13), '~**in** *f* Polonais *m*, -e *f*.
Polem|ik [po'leːmɪk] *f* polémique *f*; ~**iker** *m* polémiste *m*; **2isch** polémique; ~**isieren** [~lemi'ziː-] polémiquer *(über acc.* sur); polémiser (sur).
Polen ['poːlən] *n* la Pologne.
Police [po'liːsə] *f* police *f* (d'assurance).
Polier [po'liːr] *m* (3¹) contremaître *m*; **2en** (25) polir; *(blank putzen)* fourbir; [pensaire *m*.)
Poliklinik ['poːlikliːnɪk] *f* (16) dis-)
Po'lit|büro *n* Politbureau *m*; ~**ik** [~'tiːk] *f* (16) politique *f*; ~**iker(in** *f*) *m* homme *m* (femme *f*) politique; politique *m*; *mv.p.* politicien, -ne *f*; **2isch** politique; ~**isieren** [~ti'ziːrən] parler *(od.* discuter) politique.
Politur [~'tuːr] *f* (16) poli *m*; vernis *m*.
Polizei [~'tsaɪ] *f* (16) police *f*;

Polizeiamt — 956 — **Positionslicht**

~-**amt** n commissariat m de police; ~-**aufsicht** f surveillance f de la police; ~**beamte(r)** m agent m de police; ~**behörde** f police f; ~**büro** n bureau m du commissariat de police; ~**gericht** n tribunal m de simple police; ~**gewahrsam** n dépôt m; ~**hund** m chien m policier; ~**kommissar** m commissaire m de police; ²**lich** de la police; adv. par mesure de police; ~**präfekt** m, ~**präsident** m préfet m de police; ~**präsidium** n préfecture f de police; ~**revier** n commissariat m de police; ~**spitzel** m indicateur m, mouchard m; ~**streife** f patrouille f de police; ~**streitmacht** f force f de police; ~**stunde** f heure f de clôture; ~**verordnung** f ordonnance f de police; ~**wache** f poste m de police; (*Arrestlokal*) F violon m; ~**wachtmeister** m brigadier m de police; ~**wagen** m *für Häftlinge*: voiture f cellulaire; F panier m à salade; ²**widrig** contraire aux règlements de police.

Polizist [~'tsist] m (12) agent m de police; sergent m de ville; gardien m de la paix; F flic m.

Polka ['pɔlka] f polka f.
'**Pollen** m pollen m.
polnisch ['pɔlniʃ] polonais.
Polospiel ['po:lo-] n polo m.
Polster ['pɔlstər] n (7) rembourrage m; capitonnage m; (*Kissen*) coussin m; (*Matratze*) matelas m; '~**er** m, '~**macher** m tapissier m; (*Matratzen*²) matelassier m; ²**n** (29) rembourrer; capitonner; matelasser; '~**stuhl** m siège m rembourré (*od*. capitonné); '~**ung** f rembourrage m; capitonnage m.

Polter|abend ['pɔltər⁹-] m veille f des noces; [~'rai] f tapage m; '~**er** m tapageur m; (*Zänker*) grondeur m; '~**geist** m esprit m frappeur; ²**n** faire du tapage; (*wettern*) tempêter.

Poly|eder n polyèdre m.
Polyp [po'ly:p] m polype m.
Polytechni|ker [poly'-] m polytechnicien m; ~**kum** [~kum] n (9²) école f polytechnique.

Pomade [~'ma:də] f pommade f; ²**ig** qui ne se foule pas la rate; ²**sieren** [~di'zi:rən] pommader.
Pomeranze & [pomə'rantsə] f (15) orange f; (*Baum*) oranger m.

Pommer|(in f) ['pɔmər] m Poméranien m, -ne f; ²**isch** poméranien; '~**n** n la Poméranie.
Pomp [pɔmp] m pompe f; '²**haft**, ²**ös** [~'pø:s] pompeux.
Pontifi'kalamt n office m pontifical.
Ponton [pɔn'tɔ̃] m (11) ponton m; ~**brücke** f pont m de bateaux.
Pony ['pɔni] m (11) u. n poney m.
Popanz ['po:pants] m (3²) croquemitaine m; (*Scheuche*) épouvantail m.
Pope ['po:pə] m pope m.
Popelin [popə'li:n] m popeline f.
Popo P [po'po:] m derrière m; fesses f/pl.
popu|lär [popu'lɛ:r] populaire; ~ **machen** = ~**larisieren** [~lari'zi:rən] populariser; ²**lari'sierung** f popularisation f; ²**larität** [~lari'tɛ:t] f popularité f. [²'ös poreux.)
Por|e ['po:rə] f (15) pore m; ²**ig,**
Porphyr ['pɔrfy:r] m porphyre m.
Porree ['pɔre] m (11) poireau m.
Portal [pɔr'ta:l] n (3¹) portail m.
Portier [pɔr'tie:] (*pro.fr.*) m (11) concierge m; *Hotel*: portier m; ~**e** f portière f; ~**(s)frau** f concierge f; ~**(s)loge** f loge f de concierge.
Portion [pɔrtsi'o:n] f portion f; ⚔ ration f.
Porto ['pɔrto] n (11) port m; ²**frei** franc de port; adv. franco de port; '~**freiheit** f franchise f de port; '~**gebühr** f port m; '~**kosten** pl. frais m/pl. de port; ²**pflichtig** soumis à la taxe; ~**e Dienstsache** lettre f officielle en port dû; '~**tarif** m tarif m postal.
Porträt [pɔr'trɛ:] n (3, a. 11) portrait m; ²**ieren** [~ɛ'ti:rən] faire le portrait de; ~**maler** m portraitiste m.
Portu|gal ['pɔrtugal] n (17) le Portugal; ~**giese** [~'gi:zə] m (13), ~**'giesin** f Portugais m, -e f; ²**-** '**giesisch** portugais. [porto.)
Portwein ['pɔrt-] m vin m de Porto;)
Porzellan [pɔrtsə'la:n] n (3¹) porcelaine f; ~**erde** f kaolin m.
Posamentier [pozamɛn'ti:r] m (3²) passementier m; ~**arbeit** f, ~**waren** f/pl. passementerie f.
Posaun|e [po'zaunə] f (15) trombone m; ²**en** ♪ jouer du trombone; ~**enbläser** m trombone m; ~**enschall** m son m des trompettes.
Pose ['po:zə] f (15) pose f.
Positions|lampe [pozitsi'o:ns-] f, ~**licht** n *Auto*: feu m de position.

positiv ['poziti:f] **1.** positif; (*bejahend*) affirmatif; **2.** ♀ *n* (3¹), ♀**bild** *phot. n* positif *m*; ♀**ismus** [⁓i'vismus] *m* positivisme *m*; ♀**ist** [⁓'vist] *m* positiviste *m*; ⁓**istisch** positiviste.

Positur [pozi'tu:r] *f* posture *f*; *sich in* ⁓ *setzen* se mettre en garde.

Poss|e ['posə] *f* (15) farce *f*; bouffonnerie *f*; ⁓**en** *m* (6) mauvais tour *m*; *j-m e-n* ⁓ *spielen* jouer un tour à q.; ♀**enhaft** burlesque; bouffon; ⁓**enreißer** *m* farceur *m*; bouffon *m*.

possessiv ['pɔsesi:f] possessif; ♀**pronomen** *n* pronom *m* possessif.

possierlich [pɔ'si:rliç] comique; drôle.

Post [pɔst] *f* (16) poste *f*; (*Brief* ♀) courrier *m*; ⁓**abschnitt** *m* talon *m* de mandat-poste; ♀**alisch** postal.

Postament [⁓a'ment] *n* (3) piédestal *m*.

Post|amt ['⁓ʔamt] *n* bureau *m* de poste; ⁓**anweisung** *f* mandat-poste *m*; ⁓**ausgabestempel** *m* timbre *m* du bureau de distribution; ⁓**auto** *n* auto *f* postale; (*Überlandauto*) autocar *m*; ⁓**beamte(r)** *m*, ⁓**beamtin** *f* employé *m*, -e *f* des postes; F postier *m*, -ière *f*; ⁓**beförderung** *f* transport *m* postal; ⁓**behörde** *f* administration *f* postale (*od.* des postes); ⁓**beutel** *m* sac *m* postal; ⁓**bezirk** *m* circonscription *f* postale; ⁓**bote** *m* facteur *m*; ⁓**dampfer** *m* paquebot *m*; ⁓**direktion** *f* direction *f* des postes; ⁓**direktor** *m* directeur *m* des postes; ⁓**einlieferungsschein** *m* récépissé *m*; ⁓**einzahlung** *f* mandat-poste *m*.

Posten ['pɔstən] *m* (6) poste *m*; (*Schildwache*) sentinelle *f*; (*auf*) ⁓ *stehen* être en sentinelle (*od.* de faction); *auf* ⁓ *gehen* prendre la garde; ✝ (*Waren* ♀) lot *m*; (*in der Berechnung zs.-gefaßte Summe*) article *m* de compte; *nicht auf dem* ⁓ *sein* ne pas être d'attaque; *wieder auf dem* ⁓ *sein* être rétabli; ⁓**kette** *f* ligne *f* de sentinelles (*od.* d'avant-postes).

'**Post|fach** *n* boîte *f* postale; ⁓**flugzeug** *n* avion *m* postal; ⁓**gebühr** *f* taxe *f* postale; ⁓**halter** *m* maître *m* de poste; ⁓**halterei** [⁓haltə'raɪ] *f* charge *f* de maître de poste; poste *f*; ⁓**horn** *n* cor *m* de postillon; ♀**ieren** poster *m*, ⁓**illion** ['pɔstiljo:n] *m* (3¹), ⁓**karte** *f* carte

f postale; ⁓**kutsche** *f* diligence *f*; ⁓**kutscher** *m* postillon *m*; ⁓**lagernd** poste restante; ⁓**meister** *m* directeur *m* des postes; receveur *m* des postes; ⁓**nachnahme** *f* remboursement *m* postal; ♀**nume'rando** après; ⁓**paket** *n* colis *m* postal; ⁓**paket-adresse** *f* bulletin *m* d'expédition; ⁓**sachen** *f*/*pl*. courrier *m*; ⁓**sack** *m* = ⁓*beutel*; ⁓**schaffner** (-**in** *f*) *m* = ⁓*beamter* (-*tin*); ⁓**schalter** *m* guichet *m* (de la poste); ⁓**scheck** *m* chèque *m* postal; ⁓**scheck-amt** *n* bureau *m* de chèques postaux; ⁓**scheckkonto** *n* compte *m* de chèques postaux; ⁓**schiff** *n* paquebot *m*; ⁓**schließfach** *n* = ⁓*fach*; ⁓**sekretär(in** *f*) *m* employé *m*, -e *f* des postes; ⁓**sendung** *f* envoi *m* postal; ⁓**skript(um)** [⁓'skriptum] *n* post-scriptum *m*; ⁓**sparkasse** *f* caisse *f* d'épargne postale; ⁓**sparkassenbuch** *n* livret *m* de caisse d'épargne postale; ⁓**stempel** *m* timbre *m* de la poste; *Datum des* ⁓*s* date *f* de la poste; ⁓**tarif** *m* tarif *m* postal; ⁓**überweisung** *f* virement *m* postal; ⁓**verkehr** *m* trafic *m* postal; ⁓**vermerk** *m* indication *f* de service; ⁓**verwaltung** *f* administration *f* des postes; ⁓**wagen** *m* diligence *f*; 🚃 wagon-poste *m*; ♀**wendend** par retour du courrier; ⁓**wertzeichen** *n* timbre-poste *m*; ⁓**wesen** *n* postes *f*/*pl*.; ⁓**zug** *m* train-poste *m*.

Potenz [po'tɛnts] *f* (16) puissance *f*; ♀**ieren** élever à une puissance.

Potpourri ['pɔtpuri] *n* pot-pourri *m*.

Pott|asche ['pɔtʔaʃə] *f* potasse *f*; ⁓**fisch** *m*, ⁓**wal** *m* cachalot *m*.

potztausend! [pɔts-] parbleu!.

poussieren [pu'si:rən] courtiser; flirter avec; faire la cour à.

Prä|ambel [prɛ-] *f* préambule *m*.

Pracht [praxt] *f* (16) magnificence *f*; *feierliche*: pompe *f*; (*Prunk*) faste *m*; *fig.* splendeur *f*; ⁓**aufwand** *m* luxe *m*; somptuosité *f*; ⁓**ausgabe** *f* édition *f* de luxe; ⁓**bau** *m* palais *m*; ⁓**einband** *m* reliure *f* de luxe; ⁓**exemplar** *n* exemplaire *m* de luxe.

prächtig ['prɛçtiç] magnifique; (*Aufwand liebend*) somptueux; (*prachtvoll*) superbe; splendide; (*köstlich*) délicieux.

'**Pracht|kerl** F *m* gaillard *m* superbe; ⁓**liebe** *f* goût *m* du luxe; ♀**liebend**

Prachtmensch — 958 — **Preisgabe**

qui aime le luxe; '~mensch m beau type m d'homme; '~stück n exemplaire m superbe; '2voll = **prächtig**; '~werk n ouvrage m de luxe.
Prädikat [predi'ka:t] n (3) gr. verbe m; (Zensur) note f.
Präfekt [prɛ'fɛkt] m préfet m; ~**ur** [~'tu:r] f préfecture f.
Präfix gr. ['prɛːfiks] n préfixe m.
Prag n Prague f.
präg|en ['prɛːgən] (25) empreindre; Münzen ~ frapper de la monnaie; monnayer ~, fig. créer; 2estempel m coin m; ~nant [prɛg'nant] expressif; (kurz) concis; 2nanz [~'nants] f caractère m expressif; (Kürze) concision f; '2ung f frappe f; monnayage m; fig. création f.
prahl|en ['praːlən] (25) fanfaronner; se vanter (mit de); 2er m (7) fanfaron m; vantard m; 2erei [~'raɪ] f vanterie f; (prahlende Äußerung) fanfaronnade f; vantardise f; '~erisch fanfaron; vantard; '2hans m = 2er.
Prahm ⚓ [praːm] m prame f.
Praktikant [~'kant] m stagiaire m.
Prak|tiker ['praktikər] m (7) praticien m; '2tisch pratique; ~er Arzt praticien m; 2tizieren [~'tsi:rən] pratiquer; exercer.
Prälat [prɛ'laːt] m (12) prélat m.
prall [pral] 1. bien tendu; (voll u. rund) rebondi; 2. 2 m bond m; choc m; '~en (25): gegen etw. ~ se heurter contre qch.
Präludium [~'lu:diʊm] n prélude m.
Prämi|e ['prɛːmiə] f (15) prime f; (Belohnung) prix m; récompense f; '~en-anleihe f emprunt m à lots; '~engeschäft n marché m à prime; '~enschein m lot m; 2ieren [~ɛ'miːrən] accorder une prime (resp. un prix) à.
prang|en ['praŋən] (25) resplendir; briller d'un vif éclat; Person: parader; ~ mit etwas étalage od. parade) de; '2er m (7) pilori m; carcan m; an den ~ stellen clouer au pilori.
Pranke ['praŋkə] f (15) griffe f.
pränumerando [~nume'rando] d'avance.
Präpar|at [~pa'raːt] n (3) préparation f; 2ieren [~'riːrən] préparer.
Präposition gr. [~pozitsi'oːn] f préposition f.
Präsens gr. ['prɛːzɛns] n présent m.
Präsent [~'zɛnt] n présent m; cadeau m; 2ieren [~'tiːrən] présenter.

Präsenz [~'zɛnts] f présence f; ~liste f feuille f de présence. [m.\
Präserva'tiv(mittel) n préservatif\
Präsident|(in f) [~zi'dɛnt] m président m, -e f; ~enwahl f élection f présidentielle; ~schaft f ~ présidence f.
präsid|ieren [~'diːrən] présider; 2ium [~'ziːdiʊm] n (9) présidence f.
prass|eln ['prasəln] (29) pétiller; crépiter; (herunter~) tomber avec fracas; ~en (28) mener joyeuse vie; F faire bombance; '2er m (7) débauché m; F bambocheur m; 2erei [~'raɪ] f débauche f; F bombance f.
präventiv [~vɛn'tiːf] préventif.
Praxis ['praksis] f pratique f; (Kundschaft) clientèle f; ~ précédent m.\
Präzedenzfall [prɛtsɛ'dɛnts-] m\
präzis [prɛ'tsiːs] précis; exact.
präzis|ieren [~i'ziːrən] préciser; 2ionswaage [~'zioːns-] f balance f de précision.
predig|en ['prɛːdigən] (25) prêcher; 2en n prédication f; '2er m (7) prédicateur m; mv. p. prêcheur m; 2t ['~dɪçt] f (16) sermon m, prot. prêche m (halten faire).
Preis [praɪs] m (4) prix m (ausmachen convenir de; aussetzen instituer; stiften fonder; zuerkennen décerner; gewinnen remporter); (Lob) louange f; gloire f; zum ~ von au prix de; um jeden ~ à tout prix; um keinen ~ à aucun prix (bei vb. mit ne); mit festem ~ à prix fixe; äußerster ~ dernier prix m; zu billigem ~ à bas prix; hoch im ~ stehen être d'un prix élevé; im ~ fallen (steigen) baisser ('hausser) de prix; die ~e treiben (verderben) faire monter (gâter) les prix; sich um e-n ~ bewerben être candidat à un prix; e-n ~ auf j-s Kopf setzen mettre la tête de q. à prix; '~abbau m réduction f de(s) prix; '~angabe f indication f du prix; '~aufgabe f sujet m de concours; '~aufschlag m renchérissement m; augmentation f de(s) prix; '~ausschreiben n concours m. [rouge.\
Preiselbeere ['praɪzəl-] f airelle f\
preisen (30) vanter; louer; glücklich ~ estimer heureux.
Preis|erhöhung ['~ʔ-] f = ~aufschlag; '~ermäßigung f réduction f de(s) prix; remise f; '~frage f = ~aufgabe; '~gabe f abandon m;

preisgeben — 959 — **Privatmann**

'2geben abandonner; *preisgegeben sein* être en proie à; '2gekrönt couronné; '~gericht n jury m; '~gestaltung f formation f des prix; '~herabsetzung f = ~ermäßigung; '~index m indice m des prix; '~kontrollamt n office m du contrôle des prix; '~lage f: *in dieser* ~ dans ces prix; '~liste f liste f des prix; prix m courant; '~nachlaß m = ~ermäßigung; '~richter m juge m; membre m du jury; '~schießen n concours m de tir; '~schrift f mémoire m couronné; '~schwankung f fluctuation f des prix; '~senkung f = ~ermäßigung, '~steigerung f = ~aufschlag; '~sturz m baisse f soudaine; '~träger(in f) m lauréat m, -e f; '~treiberei [~traibəˈrai] f 'hausse f illicite; '~überwachung f surveillance f des prix; '~verteilung f distribution f des prix; '~verzeichnis n = ~liste; '2wert ✝ qui vaut son prix; (à) bon marché; '2würdig digne de louanges; louable.

'Prell|bock ⚒ m (3³) butoir m; 'heurtoir m; '2en (25) berner; *fig. a.* duper; *j-n um etw.* ~ frustrer q. de qch.; (*wund stoßen*) contusionner; ~e'rei f duperie f; filouterie f; ricochet m; '~stein m chasse-roue m; '~ung ⚕ f contusion f.

Presse ['prɛsə] f (15) presse f; (*Frucht*2) pressoir m; F *für das Examen:* boîte f à bachot; '~amt n, '~büro n office m (*od.* bureau) m de la presse; '~chef m chef m de presse; '~freiheit f liberté f de la presse; '~gesetz n loi f sur la presse; '~konferenz f conférence f de presse; '2n (25) presser; (*aus*~) pressurer; (*zusammen*~) comprimer; *Stoff:* catir; '~n n pression f; (*Aus*2) pressurage m; (*Zusammen*2) compression f; *Stoff:* catissage m; '~schau f revue f de la presse; '~verband m association f de presse; '~zensur f censure f de presse.

'**Preß**|**hefe** f levure f sèche; '~**kohle** f briquette f; '~**luft** f air m comprimé.

Preuß|**e** ['prɔysə] m (13), '~**in** f Prussien m, -ne f; '~**en** n (17) la Prusse; '2**isch** prussien; de Prusse.

prickeln ['prikəln] (29) 1. piquer; picoter; *Wein:* pétiller; *in der Nase* ~ piquer (*od.* prendre) au nez; 2. 2 *n* picotement m; '~**d** piquant.

Priem [priːm] m (3) chique f; '2**en** (25) chiquer; '~**tabak** m tabac m à chiquer.

Priester|(**in** f) ['priːstər] m (7) prêtre m, -esse f; '~**amt** n sacerdoce m; '~**gewand** n soutane f; '~**herrschaft** f théocratie f; *mv.p.* cléricalisme m; '~**käppchen** n calotte f; '2**lich** sacerdotal; '~**rock** m soutane f; '~**schaft** f clergé m; '~**tum** n (1) sacerdoce m; '~**weihe** f ordination f; *die* ~ *erhalten* être ordonné prêtre; '~**würde** f dignité f sacerdotale.

Prima ['priːma] 1. f (15) (classe f de) première f; 2. 2 de première qualité; ~! F chouette!; 2**donna** f prima donna f; ~**ner**(**in** f) [priˈmɑːnər] m (7) élève m, f de première.

Primel ['priːməl] f (15) primevère f.

primitiv [primiˈtiːf] primitif.

'**Primzahl** f nombre m premier.

Prinz [prints] m (12), ~**essin** [~ˈtsɛsin] f prince m, -esse f; '~**gemahl** m prince m consort.

Prinzip [prinˈtsiːp] n (3¹ *u.* 8²) principe m; ~**al** [printsiˈpɑːl] m (3¹) patron m; chef m; 2**iell** [~iˈpiɛl] de (*adv.* par) principe; ~**ienreiter** m doctrinaire m.

'**prinz**|**lich** princier; de prince; '2**regent** m prince m régent.

'**Prior** m, **Pri'orin** f prieur m, -e f; ~**ität** [prioriˈtɛːt] f priorité f.

Prise ['priːzə] f (15) prise f.

Prism|**a** ['prisma] n (9¹) prisme m; 2**atisch** [~maˈtiːʃ] prismatique.

Pritsche ['pritʃə] f (15) (*Narren*2) batte f; (*Feldbett*) lit m de camp.

privat [priˈvɑːt] privé; particulier; ~ *wohnen* être logé chez des particuliers; 2**angelegenheit** f affaire f privée; 2**audienz** f audience f particulière; 2**auto** n auto f particulière; 2**besitz** m propriété f privée; 2**dozent** m privat-dozent m; 2**fahrzeug** n véhicule m particulier; 2**gelehrte**(**r**) m homme m de lettres; qui s'adonne à des recherches personnelles; 2**haus** n maison f particulière; ~**im** [~ˈvɑːtim] dans le privé; 2**interesse** n intérêt m privé; 2**issimum** [~aˈtisimum] n cours m fermé; 2**kundschaft** f clientèle f privée; 2**leben** n vie f privée; 2**lehrer**(**in** f) m précepteur m, -trice f; 2**lektüre** f lecture f individuelle; 2**mann**

Privatrecht — 960 — **Propeller**

m particulier *m*; homme *m* privé; ²recht *n* droit *m* privé; ²sache *f* affaire *f* privée; ²schule *f* école *f* libre; ²sekretär(in *f*) *m* secrétaire *m,f* (personnelle); ²stunde *f* leçon *f* particulière; ~n geben müssen courir le cachet; ²unterricht *m* leçons *f/pl.* particulières; ²vermögen *f* fortune *f* personnelle; ²versicherung *f* assurance *f* privée; ²wagen *m* voiture *f* particulière; ²weg *m* chemin *m* particulier; ²wirtschaft *f* économie *f* privée; ²wohnung *f* domicile *m* (privé); ²zweck *m* but *m* personnel.

Privile|g [privi'le:k] *n* privilège *m*; ²ieren [~le'gi:rən] privilégier.

Pro [pro:] 1. *n*: das ~ und Kontra le pour et le contre; 2. ²: ~ Kopf par tête.

probat [pro'ba:t] éprouvé.

Probe ['pro:bə] *f* (15) épreuve *f* (bestehen soutenir); essai *m*; thé. répétition *f*; † échantillon *m*; spécimen *m*; (Beweis) preuve *f*; auf (od. zur) ~ à titre d'essai; auf die ~ stellen mettre à l'épreuve (od. à l'essai); éprouver; '~abzug *m* épreuve *f*; '~fahrt *f* course *f* (od. voyage *m*) d'essai; '~flug *m* vol *m* d'essai; ²n (25) mettre à l'épreuve; thé. répéter; '~nummer *f* spécimen *m*; '~stück *n* échantillon *m*; spécimen *m*; ²weise à titre d'essai; '~zeit *f* période *f* d'essai; rl. noviciat *m*.

probier|en [pro'bi:rən] essayer; (erproben) éprouver; Speisen: goûter; Wein usw.: déguster; thé. répéter; ²glas *n* éprouvette *f*; ²stein *m* pierre *f* de touche; ²stube *f* bar *m* de dégustation.

Problem [~'ble:m] *n* (3¹) problème *m*.

Problemat|ik [~ble'ma:tik] *f* caractère *m* problématique; '²isch problématique.

Produkt [~'dukt] *n* (3) produit *m* (a. Å·); (Geistes²) production *f*.

Produktion [~tsi'o:n] *f* production *f*; ~s-ausfall *m* perte *f* de production; ~sgenossenschaft *f*: bäuerliche ~ coopérative *f* agricole de production; ~srückgang *m* baisse *f* de production; ~ssteigerung *f* accroissement *m* de la production.

produktiv [~'ti:f] productif; ²ität [~tivi'tɛ:t] *f* productivité *f*.

Produz|ent [~'tsɛnt] *m* (12) producteur *m*; ²ieren [~'tsi:rən] produire.

profan [~'fa:n] profane; ~ieren [~fa'ni:rən] profaner.

Professor [~'fɛsɔr] *m* (8¹) professeur *m* (der Geschichte d'histoire).

Professur [~'su:r] *f* (16) professorat *m*.

Profil [~'fi:l] *n* (3¹) profil *m*.

Profit [~'fi:t] *m* (3); ²ieren [~fi'ti:rən] profiter (bei à; von de); ²lich qui cherche partout son intérêt.

Prognose [~'gno:zə] *f* (15) pronostic *m* (a. ·).

Programm [~'gram] *n* (3¹) programme *m*; ~gestalter *m* programmateur *m*; ²(m)äßig suivant le programme.

Projekt [~'jɛkt] *n* (3) projet *m*; ²ieren [~'ti:rən] projeter.

Projektion [~jɛktsi'o:n] *f* projection *f*; ~s-apparat *m* appareil *m* à projections.

projizieren [~ji'tsi:rən] projeter.

Proklam|ation [~klamatsi'o:n] *f* proclamation *f*; ²ieren [~'mi:rən] proclamer.

Prokur|a [~'ku:ra] *f* procuration *f*; per ~ par procuration; ~ist [~'rist] *m* (12) fondé *m* de pouvoir.

Prolet [~'le:t] *m* prolétaire *m*; fig. mufle *m*; ~ariat [~letari'a:t] *n* (3) prolétariat *m*; ~arier [~'ta:riər] *m* prolétaire *m*; P prolo *m*; ²arisch prolétarien; Klasse: prolétaire; ²enhaft [~'le:tən-] mufle.

Prolog [~'lo:k] *m* (3¹) prologue *m*.

prolongieren [~lɔŋ'gi:rən] prolonger; proroger.

Promen|ade [~mə'na:də] *f* promenade *f*; ~adendeck ⚓ *n* pont *m* des passagers; ²ieren [~'ni:rən] se promener. [marquant.]

prominent [~mi'nɛnt] éminent;⌋

Promo|tion [~motsi'o:n] *f* promotion *f*; ²vieren [~'vi:rən] *v/t.* recevoir q. docteur; *v/i.* passer son doctorat.

prompt [prɔmpt] prompt.

Pronomen gr. [~'no:mən] *n* (3¹) pronom *m*.

Propa|ganda [~pa'ganda] *f* propagande *f*; † réclame *f*; publicité *f*; ~gan'dist *m* propagandiste *m*; ²gieren [~'gi:rən] faire de la propagande pour; mettre en vogue; préconiser.

Propeller [~'pɛlər] *m* (7) hélice *f*.

Prophet|(in f) [~'fe:t] m (12) prophète m, prophétesse f; ⚲isch prophétique.

prophezei|en [~fe'tsaɪən] (25) prédire; (voraussagen) prédire; ⚲ung f prophétie f; (Voraussage) prédiction f.

Proportion [~pɔr'tsio:n] f proportion f; ⚲al[~tsio'na:l] proportionnel; direkt (umgekehrt) ~ directement (inversement) proportionnel.

Propst [pro:pst] m (3² u. ³) prieur m; prot. premier pasteur m. [m.\

Prorektor ['~rɛktɔr] m vice-recteur/

Prosa ['pro:za] f prose f.

Prosa|iker [~'za:ikər] m (7) prosateur m; ⚲isch prosaïque.

Proselyt|(in f) [~ze'ly:t] m prosélyte m, f; ~enmacherei f prosélytisme m.

prosit! ['pro:zit] à votre santé!; ~ Neujahr! bonne année!

Prospekt [~'spɛkt] m (3) (Anzeige) prospectus m.

prostitu|ieren [prɔstitu'i:rən] prostituer; ⚲ierte [~'i:rtə] f prostituée f; ⚲tion [~'tsio:n] f prostitution f.

Proszenium [~'stse:nium] n, ~sloge f avant-scène f.

Protek|tion [~'tsio:n] f protection f; ~tor [~'tɛktɔr] m protecteur m; ~torat [~o'ra:t] n protectorat m.

Protest [~'tɛst] m (3³) protestation f; † protêt m; ~ einlegen gegen protester contre.

Protestant|(in f) [~'tant] m (12) protestant m, -e f; ⚲isch protestant; ~ismus [~'tismus] m protestantisme m.

protest|ieren [~'ti:rən] protester; ⚲note [~'tɛst~] f note f de protestation.

Prothese [~'te:zə] f (15) prothèse f.

Protokoll [~to'kɔl] n (3¹) procès--verbal m (führen rédiger); dipl. protocole m; (Berichterstattung) compte rendu m; zu ~ geben faire inscrire au procès-verbal; ⚖ ein ~ aufnehmen dresser procès-verbal; verbaliser; etw. zu ~ nehmen prendre acte de qch.; ~führer m qui rédige le procès-verbal; ⚖ greffier m; ⚲ieren [~o'li:rən] rédiger le procès-verbal (dipl. le protocole); ⚖ dresser procès-verbal; verbaliser.

Protz [prɔts] m (12) homme m qui se vante d'être riche (resp. qui est bouffi d'orgueil resp. qui se donne de grands airs); ~e ⚥ f (15) avant--train m; ⚲en (27) se vanter d'être riche; être bouffi d'orgueil; se donner de grands airs; mit etw. ~ faire étalage (od. montre) de qch.; ⚲ig plein d'ostentation; bouffi d'orgueil.

Provenzal|e [~ven'sa:~] m, ~in f Provençal m, -e f; ⚲isch provençal.

Proviant [provi'ant] m (3) provisions f/pl.; vivres m/pl.; mit ~ versehen approvisionner; ~amt ⚥ n intendance f (des vivres).

Provinz [~'vɪnts] f province f; ⚲iell [~tsi'ɛl] provincial; ~ler(in f) m provincial m, -e f.

Provi|sion [~vizi'o:n] f remise f; commission f; ~sor [~'vi:zɔr] m (8¹) employé m de pharmacie; ⚲sorisch [~vi'zo:rɪʃ] (~sorium [~'zo:rium] n) provisoire (m).

provozieren [~vo'tsi:rən] provoquer.

Prozedur [~'du:r] f procédure f.

Prozent [~'tsɛnt] n (3) pour-cent m; zu vier ~ à quatre pour cent; zu wieviel ~? à quel taux?; zu hohen ~en à gros intérêts; ~rechnung f calcul m des intérêts; ~satz m pourcentage m; † taux m.

Prozeß [~'tsɛs] m (3) procès m; ⚕ processus m; j-m den ~ machen intenter un procès contre q., fig. faire le procès à q.; e-n ~ gegen j-n führen être en procès avec q.; ~akten f/pl. dossier m d'un procès; ~führung f procédure f.

prozessieren [~'tsi:rən] plaider (mit contre), être en procès (avec).

Prozession [~si'o:n] f procession f.

Pro'zeß|kosten pl. frais m/pl. de procès; ~ordnung f code m de procédure; ⚲süchtig chicanier; plaideur.

prüde ['pry:də] prude; F bégueule.

prüf|en ['pry:fən] (25) examiner; (erproben) mettre à l'épreuve; éprouver; (probieren) goûter, Wein usw.: déguster; (nach~) vérifier; ⊕ essayer; ⚲er m examinateur m; ⚲ling m (3) candidat m, -e f; ⚲stein m pierre f de touche; ⚲ung f examen m (machen passer); subir; abhalten faire passer); schriftliche ~ épreuves f/pl. écrites; mündliche ~ (examen m) oral m; die ~ bestehen réussir (od. être reçu) à l'examen; in der ~ durchfallen échouer (od. être refusé) à l'examen; (Heimsuchung)

Prüfungsarbeit — 962 — **Punsch**

épreuve f; (Nach♀) vérification f; ⊕ essai m.

'**Prüfungs|-arbeit** f épreuve f écrite; '~-**aufgabe** f sujet m proposé à l'examen; '~-**ausschuß** m, '~**kommission**/commission f (od. jury m) d'examen; ~**gebühren** f/pl. taxes f/pl. d'examen; '~**zeugnis** n diplôme m.

Prügel ['pry:gəl] m (7) (Stock) gourdin m; bâton m; pl. (Tracht ~) correction f, volée f (de coups de bâton), F rossée f; '~**ei** [~'laɪ] f rixe f; es entstand eine ~ on en vint aux mains; '~**knabe** F m souffre-douleur m; '♀**n** (29) battre; F rosser; '~**strafe** f correction f (à coups de bâton); engS. bastonnade f.

Prunk [pruŋk] m (3) pompe f; faste m; parade f; '~**bett** n lit m de parade; '♀**en** (25) étaler un grand faste; mit etw. ~ faire parade de qch.; '~**gemach** n chambre(s pl.) f d'apparat; '♀**haft** pompeux; fastueux; '~**liebe** f amour m du faste; '♀**liebend** qui aime le faste; '♀**los** simple; '~**saal** m salle f de parade; '~**sucht** f, '♀**süchtig** = ~liebe, ♀liebend; '♀**voll** = ♀haft.

prusten ['pru:stən] Pferd: s'ébrouer; (laut niesen) éternuer très haut.

Psal|m [psalm] m (5²) psaume m; ~**mist** m psalmiste m; ~**ter** m psautier m.

Pseudonym [psɔydo'ny:m] 1. ~ pseudonyme; nom m d'emprunt; 2. ♀ pseudonyme.

pst! [pst] chut!

Psych|e ['psy:çə] f âme f; myth. Psyché f; ~**iater** [psyçi'a:tər] m psychiatre m; '♀**isch** psychique.

Psycho|analyse ['psy:ço?-] f psychanalyse f; ~**analytiker** m psychanalyste m; ~**log(e)** [~'lo:g(ə)] m psychologue m; ~**logie** [psyçolo'gi:] f psychologie f; ♀**logisch** psychologique; ~**path** [~'pa:t] m psychopathe m; ♀**pathisch** psychopathique; ~**se** [psy'ço:zə] f psychose f; '~**therapie** f psychothérapie f.

Pubertät [puber'tɛ:t] f (16) puberté f.

Publi|kum ['pu:blikum] n public m; ♀**zieren** [~'tsi:rən] publier; ~**zist** [~'tsist] m publiciste m; ~**zistik** ['~tsistik] f journalisme m.

puddeln métall. ['pudəln] puddler.

Pudding ['pudiŋ] m (3¹) pouding m.

Pudel ['pu:dəl] m (7) caniche m; barbet m; ~**mütze** f bonnet m fourré; '♀**naß** trempé comme un canard.

Puder ['pu:dər] m (7) poudre f; '~**dose** f boîte f à (resp. de) poudre; '♀**n** (29) poudrer; '~**quaste** f'houppette f; '~**zucker** m sucre m en poudre.

puff [puf] **1.** ~! pouf!; pan!; crac!; **2.** ♀ m bruit m sourd; (Stoß) bourrade f; P (Bordell) bordel m; **b)** n (Spiel) trictrac m; '♀**ärmel** m manche f bouffante; '~**en** (25) faire pouf;(bauschig machen) faire bouffer; j-n ~ cogner q.; '♀**er** m 🛞 tampon m; ⊕ amortisseur m; '♀**erstaat** m État m tampon; '~**ig** bouffant.

puh! [pu:] peuh!; pouah!

Pulle ['pulə] f bouteille f. [-over m.\]

Pullover [pu'lo:vər] m (7) pull-|

Puls [puls] m (4) pouls m (j-m fühlen tâter à q.); '~**ader** f artère f; ♀**ieren** [~'zi:rən] (schlagen) battre; ~**des Lebens** vie f intense; '~**schlag** m pulsation f; '~**wärmer** m (7) miton m.

Pult [pult] n (3) pupitre m; (Chor♀ in der Kirche) lutrin m.

Pulver ['pulfər] n (7) poudre f; '♀**artig** pulvérulent; '~**dampf** m fumée f de (la) poudre; '~**fabrik** f poudrerie f; '♀**ig** pulvérulent; ♀**isieren** [~vəri'zi:rən] pulvériser; '~**kammer** f poudrière f; ⚓ soute f aux poudres; '~**magazin** n poudrière f; '~**schnee** m neige f pulvérulente; '~**turm** m poudrière f.

Puma zo. ['pu:ma] m puma m.

'**Pumpe** f (15) pompe f; '♀**n** (25) pomper; fig. F j-m etw. ~ prêter qch. à q.; von j-m etw. ~ emprunter qch. à q., F taper q. de qch.; '~**nschwengel** m bras m (de pompe).

Pumpernickel ['pumpərnikəl] m (7) pain m noir de Westphalie.

'**Pump|hose** f pantalon m bouffant; '~**werk** n pompes (pl.) f.

Punkt [puŋkt] m (3) point m; für ~ point à par point; in e-m ~ einig d'accord sur un point; ~ ein Uhr à une heure précise; nach ~ en aux points; ♀**ieren** [~'ti:rən] pointiller; typ. pointer; ✠ faire une ponction à.

pünktlich ['pyŋktliç] ponctuel; exact; '♀**keit** f ponctualité f; exactitude f.

'**Punkt|sieg** m victoire f aux points; '~**zahl** f Sport: score m.

Punsch [punʃ] m (3 u. [³]) punch m.

Pupille [pu'pilə] f (15) pupille f.

Pupp|e ['pupə] f (15) poupée f; *(Marionette)* marionnette f *(a. fig.)*; *(Schneider♀)* mannequin m; *ent.* chrysalide f; '~enspiel n (jeu m de) marionnettes f/pl.; guignol m; '~enspieler m joueur m de marionnettes; '~entheater n théâtre m de marionnettes; '~enwagen m voiture f de poupée.

Pups [pu:ps] P m pet m; ♀en P péter.

Puri|'taner(*in* f) m puritain m, -e f; ♀'tanisch puritain; ~ta'nismus m puritanisme m.

Purpur ['purpur] m (11) pourpre f *(als Farbe:* m); ♀**farben** pourpre; pourpré.

'**Purzel|baum** m (3³) culbute f; e-n ~ *schlagen* = ♀n ['purtsəln] (29) culbuter; faire la culbute.

'**pusseln** bricoler.

Pust|e F ['pu:stə] f souffle m; *aus der ~ kommen;* keine ~ *mehr haben* être à bout de souffle; ~**el** ['pustəl] f ⚹ pustule f; ♀**en** souffler.

Put|e ['pu:tə] f (15) dinde f; '~**er** m, '~**hahn** m dindon m; ♀**er'rot** [-tər,-'ro:t] cramoisi; *vor Ärger* ~ *werden* se fâcher tout rouge.

Putsch [putʃ] m (3²) *(Staatsstreich)* coup m d'État; putsch m; émeute f; ~**ist** [pu'tʃist] m émeutier m.

Putz m (3²) parure f; toilette f; *(Modeartikel)* articles m/pl. de modes; △ enduit m; crépi m; ♀en ['putsən] (27) *(säubern)* nettoyer; △ crépir;

Gemüse: éplucher; *Licht:* moucher; *Schuhe:* décrotter; *(wichsen)* cirer; *(glänzend machen)* polir; fourbir; astiquer; *(schmücken)* parer; orner; *Pferde:* panser; *Brille:* essuyer; *sich* ~ faire sa toilette; se parer; '~**er** ⚔ m brosseur m; '~**frau** f femme f de ménage; '~**geschäft** n *(Hutgeschäft)* chapellerie f; *(Kurzwarengeschäft)* mercerie f; *(Geschäft für Modeartikel)* magasin m de modes; '♀**ig** mignon; *(drollig)* drôle; '~**lappen** m chiffon m à nettoyer; torchon m; '~**leder** n peau f (de chamois); '~**macherin** f modiste f; '~**mittel** n détersif m; '~**pulver** n tripoli m; '~**sucht** f coquetterie f; ♀**süchtig** coquet; '~**tisch** f coiffeuse f; '~**tuch** n = ~*lappen;* '~**waren** f/pl. *(Modeartikel)* articles m/pl. de modes; '~**wolle** f chiffon m de laine; '~**zeug** n = ~*lappen; Pferd:* effets m/pl. de pansage.

Puzzle ['pazl] n puzzle m.

Pyjama [py'ja:ma] m (11) pyjama m.

Pyramide [pyra'mi:də] f (15) pyramide f; *(Gewehr♀)* faisceau m.

Pyrenä|en [pyre'nɛ:ən]: *die* ~ les Pyrénées f/pl.; ♀**isch** pyrénéen; ~**e Halbinsel** péninsule f Ibérique.

Pyro'tech|nik [pyro-] f pyrotechnie f; ~**niker** m pyrotechnicien m; ♀**nisch** pyrotechnique.

pythagoreisch [pytago're:iʃ]: ~**er Lehrsatz** théorème m de Pythagore.

Q

Q, q [ku:] n Q, q m.
quabb(e)lig ['kvab(ə)liç] mollasse; gélatineux.
Quacksalber F ['kvakzalbər] m (7) charlatan m; ~ei [~'raɪ] f charlatanerie f; (Mittel) remède m de charlatan; ²n (29) faire le charlatan.
Quaderstein ['kvɑːdər-] m pierre f de taille. [m de cercle.\
Quadrant [kva'drant] m (12) quart\
Quadrat [kva'drɑːt] n (3) carré m; ins ~ erheben élever au carré; ²isch carré; & u. min. quadratique; ~e Gleichung équation f du second degré; ~(**Kilo**)**meter** n (a. m) (kilo-)mètre m carré; ~**ur** [~a'tuːr] f quadrature f; ~**wurzel** f racine f carrée (ziehen extraire); ~**zahl** f nombre m carré.
qua'drieren élever au carré.
Qua'driga f quadrige m.
Quadrille [ka'drɪljə] f quadrille m.
quaken ['kvɑːkən] (25) **1.** coasser; **2.** ²n coassement m.
quäken ['kvɛːkən] glapir; vagir.
Quäker|(in f) ['kvɛːkər] m (7) quaker m, -eresse f; '~**tum** n quakerisme m.
Qual [kvɑːl] f (16) tourment m; supplice m; peine f; souffrance f.
quäl|en ['kvɛːlən] (25) tourmenter; torturer; (belästigen) importuner; sich sehr ~ (abarbeiten) se donner bien du mal; ²**erei** [~'raɪ] f tourments m/pl.; torture f; (Belästigung) importunité f; ²**geist** m importun m.
Quali|fikation [kvalifikatsi'oːn] f qualification f; ²**fizierbar** [~'tsiːr-baːr] qualifiable; ²**fizieren** [~fi'tsiːrən] qualifier; ~**tät** [~'tɛːt] f (16) qualité f; ²**tativ** [ta'tiːf] qualitatif; '~**tätszeichen** n signe m de qualité.
Qualle zo. ['kvalə] f (15) méduse f.
Qualm [kvalm] m (3) épaisse fumée f; ²**en** (25) répandre une épaisse fumée; Fackel usw.: fumer; Lampe: filer; Raucher: fumer comme une cheminée; ²**ig** rempli de fumée.
qualvoll ['kvɑːl-] plein de tourments; cruel. [quanta.\
'**Quantentheorie** f théorie f des\

Quengler

Quanti|tät ['kvanti'tɛːt] f (16) quantité f; ²**tativ** ['~ta'tiːf] quantitatif.
Quantum ['kvantum] n (9¹ u. ²) quantité f; (Anteil) part f; portion f.
Quappe ['kvapə] f (15) icht. lotte f; (Kaul²) têtard m.
Quarantäne [karan'tɛːnə] f (15) quarantaine f.
Quark [kvark] m (3[³]) fromage m blanc; caillebotte f.
quarr|en ['kvarən] criailler; brailler; '~**ig** braillard.
Quart [kvart] f (16) **1.** n (3) (Flüssigkeitsmaß) pinte f; typ. (format m) in-quarto m; **2.** f (16) quarte f.
Quart|a ['~ta] f (16²) (classe f de) quatrième f; ~**al** [~'tɑːl] n (3¹) trimestre m; ~**aner(in** f) [~'tɑː-] m élève m, f de quatrième; '~**band** m volume m in-quarto; ~**ett** [~'tɛt] n (3) quatuor m.
Quartier [~'tiːr] n (3¹) quartier m; (Wohnung) logement m; bei j-m ~ nehmen loger chez q.; ~**geber(in** f) m logeur m, -euse f; ~**macher** m (7) fourrier m; ~**schein** m billet m de logement.
Quarz [kvɑːrts] m quartz m.
quasi ['kvɑːzi] quasi; pour ainsi dire.
Quast peint. [kvast] m (3²) brosse f; '~**e** f houppe f; Vorhang, Kopfputz: gland m; pompon m.
Quatsch F [kvatʃ] m radotage m; '²**en** F radoter.
Quecke ♀ ['kvɛkə] f chiendent m.
Quecksilber ['kvɛk-] n mercure m; vif-argent m; '~**kur** f traitement m au mercure; '²**n** fig. comme du vif-argent; frétillant.
Quell [kvɛl] m (3), '~**e** f (15) source f; (Brunnen) fontaine f; aus der ~e schöpfen puiser à la source; fig. aus sicherer ~ de bonne source; '²**en** (30) v/i. sourdre; jaillir; (fließen) s'écouler; Holz, Erbsen: se gonfler; (r)enfler; v/t. faire gonfler; '~**en-angabe** f indication f des sources; '~**wasser** n eau f de source.
Queng|elei F ['kvɛŋə'laɪ] f geignements m/pl.; ²**eln** (29) geindre; ~**ler** m geignard m.

quer [kve:r] transversal; *adv.* de (*od.* en) travers; ~ **durch**; ~ **über** à travers; au travers de.

'**Quer|balken** *m* traverse *f*; ☉ barre *f*; '~**baum** *m* barre *f*; (*Turngerät*) barre *f* fixe; '~**e** *f* (15) travers *m*; *fig.* j-m in die ~ **kommen** contrarier les desseins de q.; contrecarrer q.; mir ist etw. in die ~ **gekommen** il m'est survenu un contretemps; 2**feld-ein** [ˌ~fɛltˈaɪn] à travers champs; '~**feld'-einlauf** *m Sport*: cross-country *m*; '~**flöte** *f* flûte *f* traversière; '~**format** *typ.* n format m oblong; '~**gebäude** *n* bâtiment *m* transversal; '~**holz** *n* = ~**balken**; '~**kissen** *n* traversin *m*; '~**kopf** *m* esprit *m* de travers; 2**köpfig** ['~kœpfiç] qui a l'esprit de travers; '~**leiste** *f* traverse *f*; '~**pfeife** *f*, '~**pfeifer** *m* fifre *m*; '~**ruder** ✈ *n* aileron *m*; '~**schiff** 🏛 *n* nef *f* transversale; transept *m*; '~**schläger** ⚔ *m* ricochet *m*; '~**schnitt** *m* coupe (*od.* section) *f* transversale; (*Ansicht*) vue *f* en coupe; '~**stange** *f* traverse *f*; barre *f*; '~**straße** *f* rue *f* transversale; '~**streifen** *m* bande *f* transversale; '~**strich** *m* trait *m* transversal; *typ.* barre *f* transversale; *fig.* contretemps *m*; '~**summe** *f* somme *f* des chiffres d'un nombre; '~**treiber(in** *f*) *m* intrigant *m*, -e *f*; ~**treiberei** [ˌ~traɪbəˈraɪ] *f* intrigues *f/pl*; menées *f/pl*; ~**ulant(in** *f*) [kveruˈlant] *m* geignard *m*, -e *f*; '~**verbindung** *f* liaison *f* transversale; '~**wand** *f* cloison *f* transversale.

Quetsch|e ['kvɛtʃə] *f* (15) presse *f*; '2**en** (27) presser (fort); écraser; (*ausdrücken*) exprimer; 🗡 contusionner; '~**falte** *f* ruche *f*; '~**kartoffeln** *f/pl.* purée *f* de pommes de terre; '~**ung** 🗡 *f* contusion *f*; '~**wunde** *f* plaie *f* contuse.

quie|ken ['kviːkən] pousser des cris perçants; *Tür*: grincer.

Quietis|mus [kvieˈtismus] *m* quiétisme *m*; ~**t** *m* quiétiste *m*.

'**quietsch|en** = *quieken*; ~**vergnügt** ['~fɛrˈgnyːkt] gai comme un pinson.

Quint [kvɪnt] *f*, '~**e** *f* quinte *f*; ~**a** ['~ta] *f* (classe *f* de) cinquième *f*; ~**aner(in** *f*) [ˌ~taːnər] *m* élève *m*, *f* de cinquième; ~**essenz** *f* (16) quintessence *f*; ~**ett** ♪ [kvɪnˈtɛt] *n* (3) quintette *m*.

Quirl [kvɪrl] *m* moulinet *m*; (*Schaum*2) moussoir *m*; ♀ verticille *m*; *fig.* tourbillon *m*; '2**en** (25) *v/t.* battre (avec un moulinet); faire mousser; *v/i. fig.* tourbillonner.

quitt [kvɪt] quitte; wir sind ~ nous voilà quittes; 2**e** *f* (*Frucht*) coing *m*; (*Baum*) cognassier *m*; ~**ieren** [ˌ~ˈtiːrən] acquitter; *abs.* donner quittance (*über acc.* de); *Dienst*: quitter; 2**ung** *f* quittance *f*; acquit *m*; reçu *m*; gegen ~ contre quittance; 2**ungsblock** *m* carnet *m* de quittances; 2**ungsmarke** *f* timbre--quittance *m*.

Quote ['kvoːtə] *f* (15) quote-part *f*; cote *f*; (*Anteil*) contingent *m*.

Quotient [kvotsiˈɛnt] *m* (12) quotient *m*.

quo'tieren coter.

R

R, r [ɛr] *n* R, r *m od. f.*
Rabatt [ra'bat] *m* (3) rabais *m*; remise *f*; ~e ⚑ *f* (15) plate-bande *f*; ~**marke** *f* timbre *m* de rabais.
Rabbiner [ra'bi:nər] *m* (7) rabbin *m*.
Rab|e ['ra:bə] *m* (13) corbeau *m*; weißer ~ *fig.* merle *m* blanc; '~**eltern** *pl.* parents *m/pl.* dénaturés; '~**enmutter** *f* mère *f* dénaturée; marâtre *f*; 2**en'schwarz** noir comme jais; ~**enstein** *m* lieu *m* du supplice; ~**envater** *m* père *m* dénaturé.
rabiat [rabi'ɑ:t] furieux.
Rache ['raxə] *f* (15) vengeance *f*; *aus* ~ *par vengeance (für de)*; *nach* ~ *schreien* crier vengeance; ~ *nehmen s. sich rächen*; '~**durst** *m* = Rachgier; '~**gefühl** *n* sentiment *m* de vengeance; rancune *f*; '~**göttin** *f* déesse *f* vengeresse.
'**Rachen** *m* (6) arrière-bouche *f*; pharynx *m*; *(Maul)* gueule *f*.
rächen ['rɛçən] (25) venger; *sich an j-m (für etw.)* ~ se venger de q. (de qch.); *sich an j-m für etw.* ~ se venger de qch. sur q.; *sich* ~ *(gestraft werden)* s'expier.
'**Rachenkatarrh** *m* pharyngite *f*.
'**Rächer(in** *f*) *m* (7) vengeur *m*, vengeresse *f*.
'**Rach|gier** *f*, '~**sucht** *f* soif *f* de vengeance; 2**gierig**, 2**süchtig** vindicatif.
Rachitis [ra'xi:tis] *f* rachitisme *m*.
Racker F ['rakər] *m* (7) pendard *m*; *kleiner* ~ petit(e) coquin(e) *m* (*f*); 2**n** F: *sich* ~ s'éreinter.
Rad [ra:t] *n* (1²) roue *f*; *ein* ~ *schlagen* faire la roue (*od.* le moulinet); *(Fahr?)* bicyclette *f*, vélo(cipède) *m*; '~**achse** *f* essieu *m*.
'**Radar|gerät** *n* radar *m*; '~**schirm** *m* écran *m* du radar.
Radau F [ra'dau] *m* (3¹) tapage *m*; ~**bruder** *m* tapageur *m*.
'**Radbremse** *f* frein *m* sur roue.
Rädchen ['rɛ:tçən] *n* roulette *f*; *Sporn, Feuerzeug:* molette *f*.
'**Raddampfer** *m* bateau *m* à aubes.

radebrechen ['ra:də-] (25) *Sprache:* écorcher.
radeln ['ra:dəln] (29) aller à bicyclette; F pédaler.
'**Rädelsführer** *m* meneur *m*.
'**räder|n** (29) *Verbrecher:* rouer; *fig. wie gerädert* tout moulu; '2**werk** *n* rouage *m (a. fig.)*.
'**Rad|fahrbahn** *f* vélodrome *m*; 2**fahren** = *radeln;* '~**fahrer(in** *f*) *m* cycliste *m, f*; '~**fahrsport** *m* cyclisme *m*; '~**fahrweg** *m* piste *f* cyclable; '~**felge** *f* jante *f* (de roue); 2**förmig** ✧ ['~fœrmiç] rotacé.
Radiator [~i'a:tɔr] *m* radiateur *m*.
radier|en [ra'di:rən] (aus~) effacer; gratter; ⊕ graver à l'eau-forte; 2**er** *m* graveur *m* à l'eau-forte; 2**gummi** *m* gomme *f* (à effacer); 2**kunst** *f* gravure *f* à l'eau-forte; 2**messer** *n* grattoir *m*; 2**nadel** *f* échoppe *f*; 2**ung** *f* gravure *f* à l'eau-forte.
Radies|chen [~'di:sçən] *n* (6) radis *m*.
radikal [radi'ka:l] radical.
Radio ['ra:dio] *n* radio *f*; T.S.F. (= télégraphie sans fil) *f*; '2**-ak'tiv** radio-actif; '~**-aktivi'tät** *f* radio-activité *f*; '~**-apparat** *m*, '~**gerät** *n* poste (*od.* appareil) *m* de radio (*od.* de T.S.F.); '~**bastler** *m* sans-filiste *m*; '~**empfang** *m* audition *f*; réception *f*; '~**empfänger** *m* récepteur *m*; '~**funkstation** *f* (poste *m*) émetteur *m*; station *f* d'émission; '~**hörer(in** *f*) *m* auditeur *m*, -trice *f* de la T.S.F.; '~**industrie** *f* industrie *f* radiophonique; '~**koffer-apparat** *m* mallette-radio *f*; récepteur *m* portatif; '~**reporter** *m* radioreporter *m*; '~**sender** *m* (poste *m*) émetteur *m*; '~**sendung** *f* émission *f* (radiophonique); '~**telegramm** *n* radio(télé)gramme *m*; '~**telegraphie** *f* radiotélégraphie *f*; '~**übertragung** *f* radiodiffusion *f*; '~**wesen** *n* radio *f*.
Radium ['ra:dium] *n* radium *m*.
Radius ['ra:dius] *m* rayon *m*.
'**Rad|ler(in** *f*) *m* cycliste *m, f*; '~**nabe** *f* moyeu *m* (de roue); '~

Radreifen — 967 — **Rarität**

reifen *m* pneu *m*; ⁓**rennbahn** *f* vélodrome *m*; ⁓**rennen** *n* course *f* cycliste; ⁓**rennfahrer** *m* coureur *m* cycliste; ⁓²**schlagen** faire la roue (*od.* le moulinet); ⁓**speiche** *f* rayon *m* (de roue); ⁓**sport** *m* cyclisme *m*; ⁓**spur** *f* ornière *f*.

raffen ['rafən] (25) enlever; emporter; *Kleid*: relever; retrousser.

Raffi|nade [rafi'nɑːdə] *f* (15) sucre *m* raffiné; ⁓**ne'rie** *f* raffinerie *f*; ²**nieren** raffiner; ²**niert** raffiné.

ragen ['rɑːgən] se dresser; s'élever.

Ragout [ra'guː] *n* (11) ragoût *m*.

Rahe ['rɑːə] ⊕ *f* vergue.

Rahm [rɑːm] *m* (3) crème *f*.

Rahmen 1. *m* (6) cadre *m* (*a. Fahrrad*²); (*Fenster*², *Auto*²) châssis *m*; (*Stick*²) métier *m*; **2.** ² (25) encadrer; *Milch*: écrémer; ⁓**gesetz** *n* loi-cadre *f*; ⁓**gestell** *n Maschine*: bâti *m*.

Rain [rain] *m* (*Waldrand*) lisière *f*.

Raket|e [ra'keːtə] *f* (15) fusée *f*; ⁓**en-abschußrampe** *f* rampe *f* de lancement de fusées; ⁓**en-antrieb** *m* propulsion *f* par fusée; ⁓**enbasis** *f* base *f* de fusées; ⁓**enflugzeug** *n* avion-fusée *m*; ⁓**enwaffe** *f* arme-fusée *f*.

'**Ramm|e** *f* 'hie; demoiselle *f*; (*Dampf*²) mouton *m*; ²**eln** (29) *Hasen usw.*: s'accoupler; ²**en** (25) enfoncer (avec une 'hie); *Pflaster*: damer; ⊕ éperonner; *Fahrzeug* entrer en collision avec; tamponner; ⁓**ler** *m* (7) bouquin *m*.

Ramp|e ['rampə] *f* (15) rampe *f*; ⁓**enlicht** *n* feux *m/pl.* de la rampe.

ramponieren [ˌrampo'niːrən] abîmer.

Ramsch [ramʃ] *m* camelote *f*; (*Kartenspiel*) rams (*od.* rems) *m*; im ⁓ kaufen (*od.* ²**en** acheter en vrac (*od.* en bloc); ⁓**ware** *f* camelote *f*.

Rand [rant] *m* (1²) bord *m*; (*Saum, Borte*) bordure *f*; (*Wald*²) lisière *f*; *Buch usw.*: marge *f*; *Wunde, Trichter*: lèvre *f*; *erhöhter*: rebord *m*; *scharfer* ⁓ *arête f*; *mit schwarzem* ⁓ bordé de noir; *am* ⁓ *e* au bord, *Buch, Heft*: en marge; *außer* ⁓ *und Band déchaîné*; 'hors des bords; *bis an den* ⁓ à ras bord; *mit etw. zu* ⁓*e kommen* voir le bout de qch.; ²**alieren** [⁓da'liːrən] chahuter; ⁓**bemerkung** *f* note *f* marginale.

rändern ['rɛndərn] (29) faire un bord à; *Münze*: créneler.

'**Rand|gebiet** *n Stadt*: banlieue *f*; périphérie *f*; ⁓**leiste** *f* rebord *m*; *an der Wand: obere*: cimaise *f*, *untere*: plinthe *f*; ⁓**note** *f* = ⁓*bemerkung*; ⁓**staat** *m* État *m* limitrophe; ⁓**streifen** *m* ganse *f*; ⁓**verzierung** *f* vignette *f*.

Rang [raŋ] *m* (3³) rang *m*; *classe f*; (*Stand*) condition *f*; ⚔ grade *m*; *thé.* balcon *m*; *j-m den* ⁓ *ablaufen* l'emporter sur q.; *j-m den* ⁓ *streitig machen* disputer la préséance à q.; ⁓**abzeichen** *n* insignes *m/pl.*; ⁓**älteste(r)** *m* le plus élevé en grade.

'**Range** *m* (13) *f* (15) polisson *m*, -ne *f*.

Rangier|bahnhof [rɑ̃'ʒiːr-] *m* gare *f* de manœuvre (*od.* de triage); ²**en** ranger; ⊕ manœuvrer (*a. abs.*); trier; *an erster Stelle* ⁓ avoir le premier rang; *en* ⚔ *n* manœuvre *f*; triage *m*; ⁓**gleis** *n* voie *f* de garage; ⁓**lokomotive** *f* locomotive *f* de manœuvre.

'**Rang|liste** ✕ *f* tableau *m* d'avancement; *Sport*: classement *f*; ⁓**ordnung** *f* ordre *m* de préséance; *nach der* ⁓ d'après le rang; ⁓**streit** (*-igkeit*) *f* dispute *f* de préséance; ⁓**stufe** *f* degré *m*; ⚔ grade *m*.

rank élancé; grêle. [²) sarment *m*.\]

Ranke ['raŋkə] *f* (15) vrille *f*; (*Wein-*\]

Ränke ['rɛŋkə] *m/pl.* (3³) intrigues *f/pl.*; cabale *f*; ⁓ *schmieden* intriguer; cabaler.

ranken (25) donner des vrilles (*Wein*: des sarments); *sich* ⁓ grimper; ²**gewächs** *n* plante *f* grimpante; ²**werk** △ *n* ornements *m/pl.*

'**Ränke|schmied** *m* intrigant *m*; ⁓**spiel** *n* = *Ränke*; ²**voll** intrigant.

Ranunkel [ra'nuŋkəl] *f* renoncule *f*.

Ranzen ['rantsən] *m* (6) sac *m*; (*Schul*²) cartable *m*.

'**ranzig** rance; ⁓ *werden* rancir; ⁓ *riechen*; ⁓ *schmecken* sentir le rance.

Rapier [ra'piːr] *n* (3¹) rapière *f*; (*Stoß*²) fleuret *m*.

Rappe ['rapə] *m* (13) cheval *m* noir (cheval *m* moreau *m*.

Rappel F ['rapəl] *m* toquade *f*; lubie *f*; ²(**köpf**)**ig** toqué; timbré; ²**n** faire du potin; *es rappelt bei ihm* il est toqué (*od.* timbré.)

Raps ♀ [raps] *m* (4) colza *m*.

Rapunze ♀ [ra'puntsə] *f* (15), ⁓**l** *f* (7) mâche *f*; raiponce *f*.

rar [rɑːr] rare; ²**ität** [rari'tɛːt] *f* (16) rareté *f*; objet *m* de curiosité.

rasch [raʃ] prompt; rapide; *adv. a.* vite; ⁓**eln** (29) se glisser rapidement avec un léger bruit; *Wind:* bruire; *Seide:* froufrouter; '⁓**heit** *f* promptitude *f*; rapidité *f*; vitesse *f*.

rasen ['ra:zən] **1.** (27) tempêter; (*tobsüchtig sein*) être furieux; (*jagen*) aller à toute vitesse (*od.* à fond de train); *Autofahrer:* rouler à tombeau ouvert; **2.** ♀ *m* (6) gazon *m*; (⁓*fläche*) pelouse *f*; ⁓**d** furieux; enragé; ⁓ *werden* enrager; j-n *machen* faire enrager q.; *mit* ⁓*er Geschwindigkeit* à une vitesse folle (*od.* vertigineuse); '⁓**fläche** *f*, '⁓**platz** *m* pelouse *f*; '⁓**mähmaschine** *f* tondeuse *f* de gazon.

Raserei [~'ra:] *f* (16) rage *f*; fureur *f*; (*schnelles Fahren*) vitesse *f* folle.

Ra'sier|**-apparat** *m* rasoir *m* de sûreté; *elektrischer* ⁓ rasoir *m* électrique; ⁓**becken** *n* plat *m* à barbe; ⁓**en** [ra'zi:rən] (25) raser; faire la barbe à q.; ⁓**klinge** *f* lame *f* de rasoir; ⁓**krem** *f* (*u. m.* 6) crème *f* à raser; ⁓**messer** *n* rasoir *m*; ⁓**pinsel** *m* blaireau *m*; ⁓**seife** *f* savon *m* à barbe; ⁓**zeug** *n* nécessaire *m* à raser; trousse *f* à barbe.

Raspel ⊕ ['raspəl] *f* (15) râpe *f*; '⁓**n** (29) râper.

Rasse ['rasə] *f* (15) race *f*.

'**Rassel** *f* (15) crécelle *f*; '⁓**n** faire un bruit de ferraille; cliqueter; 🚗 *Fahrzeuge:* rouler avec bruit; *durchs Examen* ⌃ F échouer.

'**Rass**|**enfrage** *f* question *f* raciale; '⁓**enlehre** *f* racisme *m*; ⁓**enmischung** *f* métissage *m*; '⁓**ig** racé *m*; '⁓**isch** racial.

Rast [rast] *f* (16) repos *m*; pause *f*; *'halte f*; '⁓**en** (26) se reposer; faire une pause; faire 'halte; '⁓**er** *typ. m* (7) trame *f*; '⁓**los** sans repos; incessant; '⁓**losigkeit** *f* activité *f* infatigable; '⁓**ort** *m* halte *f*; '⁓**tag** *m* jour *m* de repos.

Rat [ra:t] *m* (3³) conseil *m*; (*Beratung*) délibération *f*; (*Person*) conseiller *m*; (*Kollegium*) conseil *m*; (*Mittel*) moyen *m*; remède *m*; ⁓ *halten* tenir conseil; délibérer; *j-n um* ⁓ *fragen*, *j-n zu* ⁓*e ziehen*; *sich bei j-m* ⁓ *holen* demander conseil à q.; consulter q.; *j-m e-n* ⁓ *geben a.* conseiller q.; *mit sich selbst zu* ⁓*e gehen* s'interroger; *auf j-s* ⁓ *sur le conseil de q.; er weiß sich keinen* ⁓ *mehr* il ne sait plus que faire.

Rate ['ra:tə] *f* (15) quote-part *f*; *monatliche* ⁓ mensualité *f*; *in* ⁓*n* par mensualités; à tempérament.

'**raten** (30): *j-m etw.* (*od. zu etw.*) ⁓ conseiller qch. à q.; (*tätig beistehen*) porter remède à; (*mutmaßen*) conjecturer; (*er*⁓) deviner; '⁓**weise** à tempérament; '⁓**zahlung** *f* paiement *m* à tempérament.

Räte|**regierung** ['rɛ:tə-] *f* gouvernement *m* des soviets; ⁓**republik** *f* république *f* soviétique; ⁓**system** *n* régime *m* soviétique.

'**Rat**|**geber** *m* conseiller *m*; ⁓**haus** *n* hôtel *m* de ville; mairie *f*.

ratifizieren [ratifi'tsi:rən] ratifier.

Ration [ratsi'o:n] *f* ration *f*; 2**al** [~o'na:l] rationnel; 2**alisieren** [~ali'zi:rən] rationaliser; 2**alisierung** *f* rationalisation *f*; ⁓**alismus** [~'lismus] *m* rationalisme *m*; ⁓**alist** [~a'list] *m* rationaliste *m*; 2**alistisch** rationaliste; 2**ell** [~o'nɛl] rationnel; 2**ieren** [~o'ni:rən] rationner; ⁓**ierung** *f* rationnement *m*.

'**rat**|**los** perplexe; '2**losigkeit** *f* perplexité *f*; '2**sam** à propos, opportun; convenable; '2**schlag** *m* conseil *m*; '⁓**schlagen** (25) tenir conseil; *mit j-m* ⁓ délibérer avec q. (*über etw.* sur); *m* arrêt *m*; '2**schluß** *m* décret *m*; 2**sdiener** *m* huissier *m*.

Rätsel ['rɛ:tsəl] *n* (7) énigme *f*; problème *m*; *kleines* ⁓ devinette *f*; '2**haft** énigmatique; problématique; mystérieux.

'**Rats**|**herr** *m* conseiller *m* municipal; '⁓**keller** *m* restaurant *m* de l'hôtel de ville; '⁓**schreiber** *m* secrétaire *m* de mairie; '⁓**sitzung** *f*, '⁓**versammlung** *f* conseil *m*.

Ratte ['ratə] *f* (15) rat *m*.

'**Ratten**|**falle** *f* ratière *f*; '⁓**fänger** *m* preneur *m* de rats; (*Hund*) chien *m* ratier; '⁓**gift** *n* mort-aux-rats *f*.

rattern ['ratərn] **1.** faire du bruit; pétarader; **2.** 2 *n* bruit *m*; pétarade *f*.

Raub [raup] *m* (3) (*Entführung*) rapt *m*; enlèvement *m*; (*Straßen*2) brigandage *m*; (*Plündern*) pillage *m*; (*Beute*) proie *f*; butin *m*; *auf* ⁓ *ausgehen* aller piller, *Tiere:* chercher sa proie; *ein* ⁓ *der Flammen werden* être la proie des flammes; '⁓**bau** *m* mauvaise exploitation *f*; *fig.* abus *m*; *mit s-n Kräften* ⁓ *treiben* fig. se surmener; 2**en** ['~bən] (25) *v/t.* ravir; enlever; dérober; *v/i.* piller.

Räuber — 969 — **Rauschgifthändler**

Räuber ['rɔybər] m (7) voleur m; (*Entführer*) ravisseur m; (*Straßen*♀) brigand m, bandit m; **~bande** f bande f de brigands; **~ei** [~'raı] f brigandage m; rapine f; **~geschichte** f histoire f de brigands; **~hauptmann** m chef m de brigands; **~höhle** f repaire m de brigands; **;²isch** de brigand; ♀n = rauben.

'**Raub**|**fisch** m poisson m carnassier; **~gier** f rapacité f; ♀**gierig** rapace; **~mord** m assassinat m avec vol; **~mörder** m voleur et assassin m; **~ritter** m chevalier m pillard; **~tier** n bête f féroce (*od.* de proie); **~tierfütterung** f repas m des fauves; **~überfall** m attaque f à main armée; **~vogel** m oiseau m de proie; **~zug** m razzia f.

Rauch [raux] m (3) fumée f; in ~ *aufgehen* être la proie des flammes; ♀n (25) fumer; ♀ *verboten!* défense de fumer!; **~er(in** f) m (7) fumeur m, -euse f; **~er-abteil** n compartiment m de fumeurs.

'**Räucher**|**kammer** f fumoir m; **~kerze** f pastille f à brûler; ♀n (29) *Schinken usw.*: fumer; *Heringe*: saurer; *Bienen*: enfumer; **~waren** f/pl. produits m/pl. fumés.

'**Rauch**|**fahne** f panache m de fumée; **~fang** m cheminée f; **~fleisch** n viande f fumée; ♀**ig** fumeux; (*voll Rauch*) enfumé; ♀**los** sans fumée; **~pilz** m champignon m de fumée; **~säule** f colonne f de fumée; **~schwalbe** f martinet m; **~tabak** m tabac m à fumer; **~tisch** m guéridon m pour fumeurs; **~verbot** n défense f de fumer; **~vergiftung** f intoxication f par la fumée (*resp.* par le tabac); **~verzehrer** m fumivore m; **~waren** f/pl.: **~werk** n (*Pelz*) fourrures f/pl.; pelleterie f; **~wolke** f nuage m de fumée; **~zimmer** n fumoir m.

Räud|**e** ['rɔydə] f ♣ eschare (*od.* escarre) f; *vét.* gale f; ✶ lèpre f; ♀**ig** *vét.* galeux; ✶ lépreux.

Rauf|**bold** ['~bɔlt] m (3) querelleur m; batailleur m; **~degen** m rapière f; **~e** f (15) râtelier m; mangeoire f; ♀en [~'raufən] (25) v/t. arracher; v/i. u. sich ~ se battre; se chamailler; **~erei** [~'raı] f rixe f; **~lust** f humeur f querelleuse; ♀**lustig** querelleur.

rauh [rau] (*behaart*) velu; *Klima*, *Gegenstand*, *Gemütsart*: rude; âpre; *Stimme*: enroué; rauque; *Ton*: dur; *Gegend*: sauvage; *Sitte*: grossier; '♀**bein** n rustre m; **~beinig** ['~barnıç] rébarbatif; *Geschwindigkeit*: grossièreté f; âpreté f; (*Grobheit*) grossièreté f; **~en** ['rauən] ♀**it** *Tuch*: lainer; **~haarig** ♀ ['~ha:rıç] hirsute; '♀**reif** m givre m.

Raum [raum] m (3²) espace m; (*Ausdehnung*) étendue f; (*Platz*) place f; (*Aufenthalts*♀) local m; pièce f; (*Schiffslade*♀) cale f; ~ *geben* fig. e-r *Bitte*: céder à, e-m *Gedanken*: se livrer à.

räumen ['rɔymən] (25) enlever; ôter; *Schutt*: déblayer; *Ort*: évacuer; e-e *Wohnung* ~ déménager; vider les lieux; ✝ *Lager*: vider.

'**Raum**|**ersparnis** f: der ~ *wegen* pour gagner de la place; **~inhalt** m volume m; **~kunst** f décoration f intérieure; **~lehre** f géométrie f.

räumlich dans l'espace; spatial; ♀**keit** f espace m; (*Örtlichkeit*) local m.

Raum|'**meter** n mètre m cube; als *Holzmaß*: stère m; **~planung** f aménagement m du territoire; **~schiffahrt** f astronautique f.

'**Räumung** f (16) vidage m; ⚔ expulsion f; ✕ évacuation f; **~s-ausverkauf** m liquidation f totale; **~sklage** f action f en expulsion.

'**Raumverteilung** f disposition f des lieux; *typ.* espacement m.

raunen ['raunən] (25) 1. murmurer; chuchoter; 2. ♀ n murmure m, chuchotement m.

Raupe ['raupə] f (15) chenille f; '♀n **Raupen**|**antrieb** ⊕ m traction f à chenilles; **~fraß** m dégât m causé par les chenilles; **~kette** f ⊕ chenille f; **~schlepper** m tracteur m à chenilles; (*Auto*) autochenille f.

Rausch [rauʃ] m (3² u. ³) ivresse f; F pointe f de vin; *sich e-n* ~ *antrinken* se griser; *im* ~ en être ivre (*od.* éméché); ♀**en** (27) bruire; *Bach*: murmurer; *Sturzbach*: mugir; *Blätter*: frémir; *Stoff*: froufrouter; **~en** n (6) bruissement m; *Bach*: murmure m; *Sturzbach*: mugissement m; *Blätter*: frémissement m; *Stoff*: frou(-)frou m; **~gift** n stupéfiant m; **~gifthandel** m trafic m de stupéfiants; **~gifthändler** m trafiquant m de stupéfiants; **~giftsucht** f toxicomanie f.

räuspern ['rɔyspərn] (29): sich ~ toussoter, *um die Stimme klar zu machen*: (tousser pour) s'éclaircir la voix.

Raute ['rautə] f (15) *géom.* losange m; rhombe m; ♀ rue f; '~nfläche f facette f.

Razzia ['ratsia] f (11¹ u. 16²) rafle f; (*Raubzug*) razzia f

Reagenzglas [rea'gɛnts-] n éprouvette f. (*acc.* à).

reagieren [rea'giːrən] réagir (*auf*)

Reaktion [~ktsi'oːn] f réaction f, réflexe m; ♀**är** [~tsio'nɛːr] (2 m) réactionnaire (m).

real [re'aːl] réel; effectif; ♀**ien** [~'aːliən] *pl.* choses f/pl. réelles; (*Sachkenntnisse*) connaissances f/pl. positives; ~**isieren** [~ali'ziːrən] réaliser; ♀**ismus** [~'lismus] m réalisme m; ♀**ist** [~'aːlist] m réaliste m. ~**istisch** réaliste: ♀**ität** [~te:t] f (16) réalité f; ♀**lexikon** f n encyclopédie f pratique; ♀**lohn** m salaire m réel (*od.* effectif); ♀**wert** m valeur f réelle.

Rebe ['reːbə] f (15) vigne f; (*Ranke*) sarment m; *poét.* pampre m.

Rebell [re'bɛl] m (12) rebelle m; ♀**ieren** [~'liːrən] se rebeller; ~**ion** [~'liːoːn] f rébellion f; ♀**isch** rebelle (*gegen* à).

Reb|huhn ['rɛp-] n perdrix f; *junges* ~ perdreau m; ~**laus** ['reːp-] f phylloxéra m; ~**stock** m cep m.

rechen ['rɛçən] **1.** (25) râteler; ratisser; **2.** 2 m (6) râteau m; '♀**-aufgabe** f devoir m de calcul; problème m d'arithmétique; '♀**buch** n livre m de calcul (*resp.* d'arithmétique); '♀**-exempel** n opération f de calcul (*resp.* arithmétique); '♀**fehler** m erreur f de calcul; '♀**kunst** f arithmétique f; '♀**künstler** m calculateur m prodige; '♀**maschine** f machine à calculer; calculatrice f; '♀**schaft** f compte rendu m; *von etw.* ~ *ablegen* rendre compte de qch.; *j-n zur* ~ *ziehen* demander compte (*od.* raison) à q. (*über acc.* de); '♀**schaftsbericht** m compte rendu m; '♀**schieber** m règle f à calcul; '♀**stunde** f leçon f de calcul (*resp.* d'arithmétique); '♀**unterricht** m enseignement m du calcul (*resp.* de l'arithmétique).

rechn|en ['rɛçnən] (26) calculer (*im Kopf* de tête); ~ *lernen* apprendre le calcul; (*zählen*) compter (*auf acc.* sur; *zu* parmi); '♀**en** n calcul m; '♀**er(in** f) m calculateur m, -trice f; arithméticien m, -ne f.

'**Rechnung** f compte m (*laufende courant*); (*das Rechnen*) calcul m; *schriftliche*: note f; *im Restaurant*: addition f; (*Waren*♀) facture f; *e-r Sache* (*dat.*) ~ *tragen* tenir compte de qch.; ~ *ablegen* rendre ses comptes; *in* ~ *stellen* passer en compte; *auf j-s* ~ *stellen* porter au compte de q.; '~**s-abschluß** f règlement m de compte; '~**s-art** f méthode f de calcul; *die vier* ~**en** les quatre règles f/pl.; '~**s-auszug** m relevé m de compte; '~**s-führer** m comptable m; '~**sführung** f comptabilité f; '~**sjahr** n exercice m; '~**shof** m, '~**skammer** f cour f des comptes; '~**slegung** f reddition f des comptes; '~**swesen** n comptabilité f.

recht [rɛçt] **1.** *Hand, Winkel*: droit; (*richtig*) juste; (*schicklich*) convenable; (*geeignet*) propre; (*echt*) vrai; véritable; légitime; (*angenehm*) agréable; *Weg*: bon; *adv.* (*sehr*) bien; fort; très; ~ *e Seite Stoff*: endroit m, *Münze*: face f, avers m; *etw. ins* ~*e Licht rücken* (*setzen*) mettre qch. sous son vrai jour; *zur* ~*en Zeit* à temps; à propos; *mehr als* ~ plus que de raison; *das ist nicht mehr als* ~ *und billig* ce n'est que justice; *nicht* ~ *wissen* ne savoir au juste; *j-m* ~ *geben* donner raison à q.; ~ *haben* avoir raison; ~ *behalten* avoir raison, *fig.* gagner sa cause; *es j-m* ~ *machen* contenter q.; *das ist* ~ c'est bien; *ganz* ~ c'est cela même; *parfaitement*; *mir ist es* ~ je veux bien; cela me convient; *das ist der* ~*e Mann für uns* voilà notre homme; *das geschieht ihm* ~ il l'a mérité; **2.** 2 ♀ n (3) droit m; *Student der* ~*e* étudiant m en droit; *die* ~*e studieren* faire son droit; (*Richtigkeit*) *e-r Forderung od. Behauptung*) raison f; (*Gerechtigkeit*) justice f; *mit welchem* ~? de quel droit?; *mit* (*vollem*) ~ à bon droit; à juste titre; *avec raison*; *von* ~*s wegen* de par la loi, *fig.* de droit; *alle* ~*e vorbehalten* tous droits réservés; ~ *sprechen* rendre la justice; *j-m* ~ *widerfahren lassen* rendre justice à q.; *j-m zu s-m* ~ *verhelfen* faire rendre justice à q.; *j-m das* ~ *verweigern* refuser justice à q.; '♀**e**

1. *f* (15) (main *f*) droite *f*; *pol.* droite *f*; zur ~n à droite; **2.** *n* bien *m*; etw. (nichts) ~s quelque chose ([bei vb. ne ...] rien) de propre; *das ~ treffen* trouver juste; *nach dem ~n sehen* voir ce que l'on fait.

Recht|eck ['rɛçt⁹ɛk] *n* (3) rectangle *m*; **²-eckig** rectangulaire; **²en** (26) plaider; *fig.* disputer; **²fertigen** ['~fɛrtigən] (25) (*sich se*) justifier (*wegen de*); **~fertigung** *f* justification *f*; **²gläubig** orthodoxe; **~gläubigkeit** *f* orthodoxie; **~haber** ['~haːbər] *m* ergoteur; **~haberei** [~habə'raɪ] *f* manie *f* d'avoir toujours raison; **²haberisch** ['~haːbərɪʃ] ergoteur; **²lich** (*gesetzlich*) légal, t/t juridique; **~lichkeit** *f* (*Gesetzlichkeit*) légalité *f*; **²los** privé de ses droits; mis 'hors la loi; (*rechtswidrig*) illégal; **~losigkeit** *f* absence *f* de droits; (*Rechtswidrigkeit*) illégalité *f*; **²mäßig** légal; légitime; **~mäßigkeit** *f* légalité *f*; légitimité *f*.

rechts [rɛçts] à droite; *~ gehen* (*sich ~ halten*) prendre (tenir) la droite; *sich ~ wenden* tourner à droite.

'Rechts|-anspruch *m* prétention *f* fondée en droit; droit *m* (*auf acc.* à); **~anwalt** *m*, **~anwältin** *f* avocat *m*, -e *f*, femme *f* avocat, (*Vertreter*) avoué *m*; *Anrede*: Maître *m* (*abr.* Mᵉ); **'~außen(stürmer)** *m* Sport: ailier *m* droit; **~beistand** *m* (*Verteidiger*) avocat *m*; **~berater** *m* conseiller *m* juridique; **~bruch** *m* violation *f* du droit.

'recht|schaffen honnête; probe, loyal; **²schaffenheit** *f* honnêteté *f*; probité *f*; loyauté *f*; **²schreibung** *f* orthographe *f*.

'Rechts|fall *m* cas *m*; fait *m* juridique; **~form** *f* forme *f* légale; **~frage** *f* question *f* de droit; **~gang** *m* procédure *f*; **~gefühl** *n* sentiment *m* du droit (*od.* de la justice); **~gelehrsamkeit** *f* jurisprudence *f*; **~gelehrte(r)** *m* jurisconsulte *m*; juriste *m*; **~grundlage** *f* base *f* juridique (*od.* légale); **²gültig** valide; *Schriftstück*: authentique; **~gültigkeit** *f* validité *f*; *Schriftstück*: authenticité *f*; **~handel** *m* procès *m*; **²händig** ['~hɛndiç] droitier; **'~innen(stürmer)** *m* Sport: inter *m* droit; **~kraft** *f* force *f* de loi; **²kräftig** valide; *~ machen* valider; *~ werden* prendre force de loi; **~kunde** *f* jurisprudence *f*; **²kundig** versé dans la jurisprudence; qui connaît le droit; **'~lage** *f* situation *f* juridique; **'~lehrer** *m* professeur *m* de droit; **~mittel** *n* moyen *m* légal; recours *m* en justice; *ein ~ einlegen* interjeter appel; **~nachfolger** *m* ayant cause *m*; **~person** *f* personne *f* morale; **'~pflege** *f* justice *f*.

'Rechtsprechung *f* juridiction *f*; jurisprudence *f*.

'Rechts|sache *f* procès *m*; **~schutz** *m* protection *f* des lois; **~sprache** *f* langage *m* du palais; **'~spruch** *m* sentence *f*; arrêt *m* de justice; **~staat** *m* État *m* constitutionnel; **'~streit** *m* controverse *f* juridique; = *~handel*; **'²-um!** à droite!; *~ kehrt!* demi-tour à droite!; **²-ungültig** invalide; *Schriftstück*: inauthentique; **'~ungültigkeit** *f* invalidité *f*; *Schriftstück*: inauthenticité *f*; **~verdreher** *m* chicaneur *m*; **~verdrehung** *f* chicane *f*; **~verfahren** *n* procédure *f*; **~verletzung** *f* violation *f* du droit; **~vertreter** *m* mandataire *m*; **~weg**: *m*: *den ~ beschreiten* prendre la voie judiciaire; **²widrig** ['~viːdriç] illégal; **~widrigkeit** *f* illégalité *f*; **~wissenschaft** *f* jurisprudence *f*.

'recht|wink(e)lig rectangulaire; **~zeitig** ['~tsaɪtiç] opportun; *adv.* à temps.

Reck [rɛk] *n* (3) barre *f* fixe; **'~e** *m* (13) 'héros *m*; **²en** (25) étendre; *Eisen*: étirer; *sich ~* s'étirer; **²enhaft** héroïque.

Redakt|eur [redak'tøːr] *m* (3¹) rédacteur *m*; **~ion** [~tsi'oːn] *f* rédaction *f*.

Rede ['reːdə] *f* (15) (*~fähigkeit*) parole *f*; (*~weise*) langage *m*; (*Vortrag*) discours *m*; *vor Gericht*: plaidoyer *m*; (*Unterhaltung*) conversation *f*; (*Gerücht*) bruit *m*; (*Ansprache*) allocution *f*; 'harangue *f*; *e-e ~ halten* prononcer (*od.* faire) un discours; 'haranguer (*an j-n q.*); *in ~ stehende* en question; *wovon ist die ~?* de quoi parle-t-on?; de quoi est-il question?; *davon kann keine ~ sein* il ne peut en être question; *das ist nicht der ~ wert* cela ne vaut pas la peine d'en parler; *Ihren ~n nach* à vous entendre; *j-m in die ~ fallen* couper la parole à q.; *j-m ~ (und Antwort) stehen* rendre raison à q.;

Redefluß j-n über etw. (acc.) zur ~ stellen demander raison à q. de qch.; seltsame ~n führen tenir des propos étranges; '~**fluß** m flux m verbal (od. de paroles); '~**freiheit** f liberté f de parole; ⚑**gewandt** ['~gəvant] disert; éloquent; '~**kunst** f rhétorique f; '⚑**n** (26) parler (über acc.; von de; mit à; avec); (sagen) dire; über Politik (Kunst usw.) ~ parler politique (art, etc.); ausführlich ~ discourir (über acc. sur); mit sich ~ lassen entendre raison.

'**Redens**|**art** f façon (od. manière) f de parler; locution f; tournure f. **Rede**|**rei** ['~rai] f bavardage m; (Gerücht) bruit m; '~**schwall** m flot m de paroles; '~**teil** gr. m partie f du discours; '~**übung** f exercice m oratoire; '~**weise** f manière f de parler; diction f; élocution f; gr. mode m; '~**wendung** f tournure f.

redigieren [redi'gi:rən] rédiger.

redlich ['re:tliç] honnête; probe; ⚑**keit** f honnêteté f; probité f.

Redner ['re:dnər] m (7) orateur m; (Vortragender) conférencier m; '~**bühne** f tribune f; '~**gabe** f don (od. talent) m oratoire; '⚑**isch** f oratoire.

redselig ['re:tze:liç] loquace; pfort bavard; ⚑**keit** f loquacité f.

reduzieren [redu'tsi:rən] réduire.

Reede ⚓ ['re:də] f (15) rade f; '~**r** m (7) armateur m; ~**rei** [~'rai] f société f d'armateurs.

reell [re'ɛl] réel; positif; † honnête.

Reep ⚓ [re:p] n (3) cordage m.

Refer|**at** [refe'ra:t] m (3) rapport m; compte rendu m; exposé m; ~**endar** (-in f) [~ren'da:r] m licencié m, -e f; (Studien⚑) stagiaire m, f; ~**ent** [~'rent] m (12) rapporteur m; ~**enz** [~'rents] f (16) (Empfehlung) recommandation f; (Auskunft) référence f; ⚑**ieren** [~'ri:rən] faire un rapport (resp. un exposé) (über acc. de).

reflektieren [~'ti:rən] v/t. phys. réfléchir; refléter; v/i. auf etw. (acc.) ~ avoir qch. en vue; ~ über (acc.) réfléchir à (od. sur).

Reflex [re'flɛks] m (3²) reflet m; physiol. = ~**bewegung** f réflexe m; ⚑**iv** gr. [~'ksi:f] réfléchi.

Reform [re'fɔrm] f (16) réforme f; ~**ation** [~matsi'o:n] f réforme f; hist. Réforme f; Réformation f; ~**ator** [~'ma:tɔr] m (8¹) réformateur m; ⚑**atorisch** [~a'to:riʃ] réformateur;

Regie

~**bestrebung** f tendance f réformatrice; ⚑**ieren** [~'mi:rən] réformer; ~**ierte(r)** [~'mi:rtə] m réformé m.

Refrain [rə'frɛŋ] m (11) refrain m.

Regal [re'ga:l] n (3¹) rayon m; étagère f.

Regatta [re'gata] f (16²) régates f/pl.

rege ['re:gə] actif; (lebhaft) vif, animé; (wach) éveillé; Verkehr: intense.

Regel ['re:gəl] f (15) règle f; norme f; in der ~ normalement; nach den ~n dans les règles; es ist ~, daß ... il est de règle que ... (subj.); ♂ règles f/pl.; ~**detri** [~de'tri:] f règle f de trois; '⚑**los** irrégulier; (unordentlich) déréglé; '~**losigkeit** f irrégularité f; dérèglement m; '⚑**mäßig** régulier; (geregelt) réglé; '⚑**mäßigkeit** f régularité f; ⚘ symétrie f; '⚑**n** (29) régler; durch Verordnungen: réglementer; (regulieren) régulariser; '⚑**recht** conforme aux règles; correct; '~**ung** f règlement m; gesetzliche ~ réglementation f; '⚑**widrig** contraire à la règle.

regen ['re:gən] 1. (25) remuer; sich ~ (se) remuer, bouger, Gefühle: s'éveiller, (tätig sein) être actif, fig. se faire sentir; 2. ⚑ m (6) pluie f; starker ~ forte pluie f; feiner ~, pluie f fine; im ~ dans la pluie; bei ~ par temps de pluie; es sieht nach ~ aus le temps est à la pluie; '⚑**bogen** m arc-en-ciel m; '⚑**bogenfarben** f/pl. irisations f/pl.; '⚑**bogenhaut** f iris m; '⚑**dach** n auvent m; '~**dicht** imperméable; '⚑**fall** m chute f de pluie; '⚑**guß** m ondée f; averse f; '⚑**jahr** n année f pluvieuse; '⚑**kappe** f capuchon m; '⚑**mantel** m imperméable m; '⚑**menge** f quantité f de) pluie f tombée; '⚑**messer** m pluviomètre m; '⚑**pfeifer** orn. m pluvier m; '~**rinne** f gouttière f; '⚑**schauer** m averse f; mit Schnee u. Hagel: giboulée f; '⚑**schirm** m parapluie m; '⚑**schirmständer** m porte-parapluies m; '⚑**tag** m jour m de pluie.

Regent|(**in** f) [re'gent] m (12) souverain m, -e f; (Stellvertreter) régent m, -e f; ~**schaft** f régence f; ~**schaftsrat** m conseil m de régence.

'**Regen**|**wasser** n eau f de pluie; '~**wetter** n temps m pluvieux; '~**wurm** m ver m de terre; '~**zeit** f saison f des pluies.

Regie [re'ʒi:] f (15) régie f; (Inszenierung) mise f en scène.

regier|en [re'gi:rən] v/t. gouverner; (lenken) diriger; gr. régir; v/i. (herrschen) régner (über acc. sur); ⚥ung f gouvernement m; Herrscher: règne m; zur ~ gelangen parvenir au pouvoir (Herrscher: au trône).

Re'gierungs|-antritt m avènement m au pouvoir (Herrscher: au trône); **~bezirk** m circonscription f; ⚥**feindlich** antigouvernemental; **~form** f régime m; ⚥**freundlich** gouvernemental; **~geschäfte** n/pl. affaires f/pl. gouvernementales; **~koalition** f coalition f gouvernementale; **~krise** f crise f ministérielle (od. gouvernementale); **~mehrheit** f majorité f gouvernementale; **~partei** f parti m gouvernemental; **~sitz** m siège m du gouvernement; **~wechsel** m changement m de gouvernement; **~zeit** f règne m.

Regiment [regi'mɛnt] n (3) gouvernement m; das ~ haben (führen) être le maître; ✂ régiment m; **~skommandeur** m chef m de régiment.

Region [regi'o:n] f région f.

Regisseur thé. [reʒi'sø:r] m régisseur m; metteur m en scène.

Register [~'gistər] n (7) registre m (a. ♪); ins ~ eintragen enregistrer; Buch: index m; (Inhaltsverzeichnis) table f des matières; (Liste) liste f; (Steuer⚥) rôle m.

Regist|rator [~'tra:tor] m (8¹) greffier m, enregistreur m; **~ratur** [~tra'tu:r] f (16) greffe m; archives f/pl.; ⚥**rieren** [~'tri:rən] enregistrer; **~rierkasse** f caisse f enregistreuse.

regne|n ['re:gnən] (26) pleuvoir (in Strömen à verse); **'~risch** pluvieux.

Regreß [re'grɛs] m (4) recours m; **~pflicht** f responsabilité f; ⚥**pflichtig** [~pfliçtiç] civilement responsable.

regsam ['re:gza:m] mobile; actif, vif; '⚥**keit** f activité f; vivacité f.

regul|är [regu'lɛ:r] régulier; ⚥**ator** [~'la:tor] m régulateur m (a. Uhr); **~ierbar** réglable; ⚥**ieren** [~'li:rən] régulariser; (regeln) régler; durch Verordnungen: réglementer; ⚥**ierklappe** f clapet m de réglage; ⚥**ierwiderstand** ⚡ m rhéostat m.

Regung f mouvement m; (Anwandlung) élan m; (Gemüts⚥) émotion f; '⚥**slos** immobile; inerte; '**~slosigkeit** f immobilité f; inertie f.

Reh [re:] n (3) chevreuil m.

'Reh|braten m rôti m de chevreuil; '**~kalb** n faon m; '**~keule** cuis. f cuissot m de chevreuil; '**~rücken** cuis. m selle f de chevreuil.

Reib|e ['raɪbə] f (15), '**~eisen** n râpe f; '**~elaut** gr. ~ spirante f; fricative f; '⚥**en** (30) frotter; bsd. ✇ frictionner; Farben: broyer; Kartoffeln: râper; sich an j-m ~ fig. chercher querelle à q.; **~erei** fig. [~'raɪ] f froissement m, friction f; **~fläche** f frottoir m; '**~ung** f frottement m; bsd. ✇ friction f (a. fig.); **~ungselektrizität** f électricité f par frottement; ⚥**ungslos** sans difficultés.

reich [raɪç] 1. riche (an dat. en); (reichlich) abondant; ~ und arm riches et pauvres m/pl.; ~ machen enrichir; ~ werden s'enrichir; 2. ⚥ n (3) empire m; règne m; das Deutsche ~ le Reich; '⚥**e**(r a. m) f, f homme m riche, femme f riche.

'**reich|en** (25) v/t. tendre; passer; v/i. ~ bis aller (od. s'étendre) jusqu'à, Stimme, Blick, Geschoß: porter jusqu'à, Höhe: monter jusqu'à, Tiefe: descendre jusqu'à; an etw. (acc.) atteindre qch.; (genügen) suffire; mit etw. ~ avoir assez de qch.; '**~haltig** abondant; riche (an dat. en); '⚥**haltigkeit** f abondance f; richesse f; '**~lich** copieux, abondant; (stattlich) ample; ~ vorhanden sein abonder.

Reichs|adler ['raɪçsʔ-] m aigle m impériale; '**~apfel** m globe m (impérial); '**~stadt** f: Freie ~ ville f libre; **~stände** ['~ʃtɛndə] m/pl. états m/pl. de l'Empire; '**~tag** m Reichstag m; '⚥**unmittelbar** immédiat; '**~verweser** m vicaire m de l'Empire.

'**Reich|tum** m (1²) richesse f; '**~weite** f portée f.

reif [raɪf] 1. mûr (für; zu pour); ~ werden mûrir; 2. ⚥ m (~en) cercle m; (Spielzeug) cerceau m; (Ring) anneau m; (gefrorener Tau) frimas m; gelée f blanche; (Rauh⚥) givre m. **Reife** f (15) maturité f; zur ~ bringen amener à maturité; faire mûrir.

'**reifen** 1. (reif werden) mûrir; zum Manne ~ atteindre l'âge mûr; es hat gereift il y a du givre; 2. ⚥ n maturation f; 3. ⚥ m (6) cercle m; (Spielzeug) cerceau m; Auto usw.: pneu(matique) m; '⚥**panne** f, ⚥**schaden** m pneu m crevé; crevaison f.

Reife|prüfung f examen m de fin d'études; *in Frankreich:* baccalauréat m, *écol.* bachot m; '~zeugnis n diplôme m de fin d'études (*in Frankreich:* de baccalauréat).

'**reif|lich** mûr; *nach ~er Überlegung* après mûre réflexion; '²**rock** m crinoline f.

Reigen ['raɪgən] m (6) ronde f; *den ~ eröffnen* mener la danse (*a. fig.*).

Reihe ['raɪə] f (15) rang m; *Häuser, Bäume usw.:* rangée f; *Zimmer:* enfilade f; (*Aufeinanderfolge*) suite f; série f (*a.* ♣); *hinter-ea. hergehend:* file f; (*Zeile*) ligne f; *~ nach* à tour de rôle, *beim Erzählen:* point par point; *jeder nach der ~* chacun (à) son tour; *ich bin an der ~* c'est mon tour; *wer ist an der ~?* à qui le tour?; *Sie werden auch an die ~ kommen* votre tour viendra aussi; *in Reih und Glied* en rangs; *in e-r ~ marschieren* marcher à la file indienne; *in e-e ~ stellen* mettre sur un rang; '²**n** mettre en rangs; ranger; aligner; *Perlen:* enfiler; *Nähere.:* faufiler; '~**n** suite f = **Reigen**.

'**Reihen|folge** f série f; ordre m; '~**schaltung** ⚡ f couplage m en série; '~**untersuchung** f examen m en série; '²**weise** par séries.

Reiher *orn.* ['raɪɐ] m (7) héron m.

Reim [raɪm] m (3) rime f; '²**en** (25) *v/i. u. sich ~* rimer (*a. v/t.*); (*übereinstimmen*) s'accorder; '~**los** non rimé; '~**schmied** m rimailleur m.

rein [raɪn] pur; (*sauber*) propre; net; (*keusch*) chaste; (*jungfräulich*) vierge; (*klar*) clair; net; *Papier:* blanc; *Wein:* naturel; *vom ~sten Wasser fig.* de la plus belle eau; *~ machen* nettoyer; *~ halten* tenir propre; *~en Mund halten* garder le secret; *sich ~ waschen fig.* se disculper; *~en Tisch machen* faire table rase; *j-m ~en Wein einschenken* dire à q. la vérité toute nue; *etw. ins ~e schreiben* mettre qch. au net; *etw. ins ~e bringen* mettre qch. en ordre; *damit will ich ins ~e kommen* je veux en avoir le cœur net; *mit j-m ins ~e kommen* s'arranger avec q.; *mit j-m im ~en sein* être d'accord avec q.; *adv.* (*ganz und gar*) absolument; tout à fait.

Rein|-ertrag m produit m net; '~**fall** F m échec m; fiasco m; *thé.* four m; '²**fallen** F donner dedans; '~**gewinn** m bénéfice m net; '~**heit** f pureté f; (*Sauberkeit*) propreté f; (*Klarheit*) clarté f; netteté f; (*Keuschheit*) chasteté f.

'**reinig|en** (25) nettoyer (*a. fig.*); purger (*a. fig.*); purifier (*a. fig.*); 🜊 purger; déterger; ♠ rectifier; épurer (*a. fig.*); affiner (*a. Gold*); *Brunnen, Kanal:* curer; vider; *Gemüse:* éplucher; *Schuhe:* décrotter; *von Flecken ~* détacher; *von Schmutz ~* décrasser; '~**end** 🜊 purgatif; détergent; '~**ung** f nettoyage m; purification f (*a. fig.*); 🜊 purgation f (*a. fig.*); ♠ rectification f; affinage m; *Brunnen, Kanal:* vidange f.

'**reinlegen** F mettre dedans (*a. fig.*).

'**reinlich** propre; '²**keit** f propreté f.

Rein|machefrau ['~maxə-] f femme f de ménage; '~**machen** n nettoyage m; '~**schrift** f copie f au net.

Reis [raɪs] 1. ♣ m (4, *o. pl.*) riz m; 2. n (2) rameau m (*Schößling*) rejet m; rejeton m; '~**brei** m riz m au lait; '~**bündel** n fagot m; cotret m.

Reise ['raɪzə] f (15) voyage m; (*Rundr*) tournée f; *kleine ~* (petit) tour m; *auf ~ sein* être en voyage; *e-e ~ antreten* partir en voyage; *sich auf die ~ machen* se mettre en route; *glückliche ~!* bon voyage!; '~**abkommen** n accord m touristique; '~**anzug** m costume m de voyage; '~**bericht** m, '~**beschreibung** f récit m de voyage; '~**büro** n agence f de voyage (*od.* de tourisme); '~**bus** m autocar m; '~**eindrücke** m/pl. impressions f/pl. de voyage; '~**er-innerung** f souvenir m de voyage; '²**fertig** prêt à partir; '~**fieber** n fièvre f du départ; '~**führer** m guide m; '~**gefährte** m, '~**gefährtin** f compagnon m, compagne f de voyage; '~**geld** n argent m (pour un voyage); '~**genehmigung** f autorisation f de voyage; '~**gepäck** n bagages m/pl.; '~**gesellschaft** f société f touristique; m-e ~s mes compagnons m/pl. de voyage; '~**koffer** m malle f; '~**korb** m malle f d'osier; '~**kosten** pl. frais m/pl. de voyage; '~**kreditbrief** m lettre f de crédit (pour voyageurs); '²**lustig:** ~ *sein* avoir le goût des voyages.

'**reisen** (27) voyager; *nach Paris ~* partir pour (*od.* se rendre à *od.* aller à) Paris; *über Paris ~* passer par Paris; *~ durch* traverser (*acc.*); '²-

Reisender — 975 — **Religion**

de(r) m voyageur m; (Geschäfts⁐) voyageur m de commerce.

'**Reise|paß** m passeport m; '⁐plan m itinéraire m; '⁐scheck m chèque m de voyage; '⁐schreibmaschine f machine f à écrire portable, ⁐'spesen f/pl. frais m/pl. de voyage; ⁐'stipendium n bourse f de voyage; '⁐tasche f sac m de voyage; '⁐verkehr m trafic m des voyageurs; '⁐weg m itinéraire m; '⁐zeit f saison f du tourisme; '⁐ziel n destination f; but m du voyage.

'**Reis|feld** n rizière f; '⁐holz n menu bois m; brindilles f/pl.

Reisig ['raɪzɪç] n (3) = Reisholz; '⁐bündel n fagot m; cotret m; '⁐geflecht n fascine f.

Reiß|aus F [raɪsˈʔaʊs] ⁐ nehmen prendre la fuite; '⁐brett n planche f à dessin; 2**en** ['raɪsən] (30) v/t. tirer; (ab⁐, weg⁐) arracher; (fort⁐) entraîner; (zer⁐) déchirer; Witze ⁐ se livrer à des plaisanteries; an sich (acc.) ⁐ tirer à soi, fig. usurper; sich um etw. (j-n) ⁐ s'arracher qch. (q.); sich an etw. (dat.) ⁐ se blesser à qch.; v/i. Kleider usw.: se déchirer; (sich spalten) se fendre; Fäden: (se) casser; an etw. (dat.) ⁐ tirer (violemment) sur qch.; '⁐en ⚕ n élancements m/pl.; tiraillements m/pl.; 2**end** Strom: impétueux; Tier: féroce; Schmerz: lancinant; ✝ das geht ⁐ weg on se l'arrache; '⁐er m thé. pièce f à succès; ✝ marchandise f qu'on s'arrache; '⁐feder f tire-ligne m; '⁐nagel m punaise f; '⁐schiene f atté m; '⁐verschluß m fermeture f éclair; '⁐zeug n boîte f de compas; '⁐zwecke f punaise f.

'**Reit|anzug** m costume m de cheval; für Damen: amazone f; '⁐bahn f manège m; '2**en** ['raɪtən] (30) v/i. monter à cheval; als Sport: faire du cheval; irgendwohin: aller à cheval; gut (schlecht) ⁐ können être bon (mauvais) cavalier; auf e-m Pferd ⁐ être monté sur un cheval; auf dem Rücken j-s ⁐ être à califourchon sur le dos de q.; fig. ⁐ auf (dat.) être à cheval sur; v/t. Pferd: monter; '⁐en n équitation f; 2**end** monté; à cheval.

'**Reiter**|(**in** f) m (7) cavalier m (a. ⚔); amazone f; (Kunst⁐) écuyer m, -ère f; spanischer ⁐ cheval m de frise; '⁐aufzug m cavalcade f; ⁐**ei** [⁐'raɪ] f cavalerie f; '⁐standbild n statue f équestre.

'**Reit|gerte** f badine f; '⁐hose f culotte f de cheval; '⁐knecht m palefrenier m; '⁐kunst f équitation f; '⁐lehrer m maître m d'équitation; '⁐peitsche f cravache f; '⁐pferd n monture f; '⁐schule f école f d'équitation; manège m; '⁐sport m sport équestre; '⁐stiefel m botte f à l'écuyère; '⁐**und Fahrturnier** n concours m hippique; '⁐**unterricht** m leçons f/pl. d'équitation; '⁐weg m piste f cavalière.

Reiz [raɪts] m (3²) excitation f; pfort irritation f; (Anregung) stimulation f; (Kitzel) chatouillement m; (Lockung) appât m; (Lieb⁐) attrait m; charme(s pl.) m appas m/pl.; 2**bar** excitable; irritable; '⁐**barkeit** f excitabilité f; irritabilité f; 2**en** exciter (zu à); pfort irriter; (ärgern) agacer; (anregen) stimuler; (anstiften) provoquer; (kitzeln) chatouiller; (bezaubern) charmer; enchanter; ravir; (locken) attirer; Neugierde: piquer; '2**end** excitant; irritant; (anregend) stimulant; (bezaubernd) charmant; ravissant; '2**los** fade; sans attrait; sans charme; '⁐**mittel** n excitant m; stimulant m; '⁐**ung** f excitation f; irritation f; (Anregung) stimulation f; (Anstiftung) provocation f; '2**voll** plein d'attrait (od. de charme).

rekeln ['re:kəln]: sich ⁐ s'étirer.

Reklame [re'klaːmə] f (15) réclame f; publicité f; ⁐**fachmann** m agent m de publicité; publicitaire m; ⁐**fläche** f panneau m à affiches; ⁐**wesen** n publicité f; réclame f.

reklamieren [⁐kla'miːrən] réclamer.

Rekonvaleszen|t(**in** f) [rekɔnvales'tsɛnt] m convalescent m, -e f; 2**z** f convalescence f.

Rekord [⁐'kɔrt] m (11 u. 3¹) record m (aufstellen établir; halten détenir; schlagen battre).

Rekrut [⁐'kruːt] m (12) conscrit m; recrue f; 2**ieren** [⁐u'tiː-] recruter; faire des recrues; ⁐**ierung** f recrutement m. [⁐oˈraːt] n rectorat m.]

Rektor ['rɛktɔr] m (8¹) recteur m; ⁐**at** **relativ** [rela'tiːf] relatif; 2**pronomen** n pronom m relatif; 2**satz** (proposition f) relative f.

Relief [reli'ɛf] n (11) relief m.

Religion [religi'oːn] f (16) religion f.

Religions|freiheit f liberté f de religion; **~geschichte** f histoire f des religions; **~krieg** m guerre f de religion; **~unterricht** m instruction f religieuse; catéchisme m.
relig|iös [~gi'ø:s] religieux; (fromm) pieux; **2iosität** [~giozi'tɛ:t] f religiosité f; piété f. **~** [bastingage m.
Reling ⚓ ['re:liŋ] f (16) od. n (11)**∫**
Reliquie [re'li:kviə] f (15) relique f; **~nschrein** m reliquaire m; châsse f.
Remise [re'mi:zə] f remise f.
Remonte [re'mõtə] f remonte f; **~npferd** n cheval m de remonte.
Rempel|ei [rɛmpə'laɪ] f bousculade f; **'2n** bousculer.
Rendant [rɛn'dant] m (12) trésorier m; caissier m.
renitent [reni'tɛnt] récalcitrant.
'**Renn|bahn** f champ m de course; Sport: piste f; Pferde: turf m; hippodrome m; Auto: autodrome m; Fahrrad: vélodrome m; **'~boot** n bateau m de course; **2en** ['rɛnən] (30) courir; **'~en** m (6) course f; **'~fahrer** m coureur m; **'~pferd** n cheval m de course; coureur m; **'~platz** m turf m; hippodrome m; **'~reiter** m jockey m; **'~sport** m turf m; **'~stall** m écurie f; **'~strecke** f parcours m; **'~tier** n renne m; **'~wagen** m (Auto) voiture f de course.
renommieren [~nɔ'mi:-] 1. faire l'important; **~ mit** se vanter de; 2. **2** n vantardise f.
renovier|en [reno'vi:rən] remettre à neuf; **2ung** f remise f à neuf.
rentabel [rɛn'taːbəl] rentable; **2ilität** [~tabili'tɛ:t] f (16) rentabilité f.
Rent|e ['rɛntə] f (15) rente f; **'~enanspruch** m droit m à une rente; **'~en-empfänger(in** f) m, **'~ner(in** f) m rentier m, -ière f; **'~enreform** f réforme f des rentes sociales; **2ieren** [~'ti:rən]: sich ~ valoir la peine, ✝ rapporter, être rentable.
Repar|atur [repara'tu:r] f (16) réparation f; **~aturwerkstatt** f atelier m de réparation; Auto: service m de dépannage; **2ieren** [~'ri:rən] réparer.
repatriier|en [~patri'ʔi:rən] rapatrier; **2ung** f rapatriement m.
Report|age [~'ta:ʒə] f (15) reportage m; **~er** [~'pɔrtər] m (7) reporter m.
Repräsen|tant [~prɛzɛn'tant] m représentant m; **2'tieren** représenter.

Repressalien [~prɛ'sɑ:liən] f/pl. (15) représailles f/pl.   [produire.
reproduzieren [~produ'tsi:rən] re-**∫**
Reptil [rɛp'ti:l] n (3¹ u. 8²) reptile m.
Republik [~pu'bli:k] f (16) république f; **~aner(in** f) [~bli'kɑːnər] m (7) républicain m, -e f; **2anisch** républicain.
Requiem ['re:kviɛm] n requiem m.
requirier|en [~kvi'ri:rən] réquisitionner; **2ung** f réquisition f.
Requisiten thé. [~kvi'zi:tən] n/pl. accessoires m/pl.
Reseda ♀ [~'ze:da] f (11¹) réséda m.
Reserv|e [~'zɛrvə] f réserve f; **~erad** n roue f de rechange; **2ieren** [~'vi:-] réserver; Platz: a. retenir; **~ist** m réserviste m; **~oir** [~vo'ɑ:r] n réservoir m.
Resid|enz(stadt) [~zi'dɛnts-] f (16) résidence f; **2ieren** [~'di:rən] résider.
resignieren [~zi'gni:rən] résigner.
resolut [~zo'lu:t] résolu.
Resonanz [~zo'nants] f résonance f; **~boden** m résonance f.
Respekt [~'spɛkt] m (3) respect m (vor dat. pour); sich ~ verschaffen se faire respecter; **~ zollen** témoigner du respect; **2abel** [~'tɑ:bəl] respectable; **2ieren** [~'ti:rən] respecter; **2ive** [~'ti:və] adv. respectivement; **2los** irrespectueux; **~losigkeit** f manque m de respect; **2voll** respectueux; **2widrig** irrespectueux; irrévérencieux.
Ressort [rɛ'sɔ:r] n (11) ressort m.
Rest [rɛst] m (3¹ u. 1²) reste m; restant m; 🔬 résidu m; ✝ (Zahlungs2) reliquat m; solde m; (Tuch2) coupon m; j-m den ~ geben fig. donner le coup de grâce à q.; **~ant** [~'tant] ✝ m reliquataire m.
Restaura|nt [rɛsto'rɑŋ] n restaurant m; **~teur** [~taura'tø:r] m restaurateur m; **~tion** [~tsi'o:n] f restauration f; (Speisehaus) restaurant m; (Bahnhofs2) buffet m.
'**Rest|bestand** ✝ m solde m; **'~etag** m jour m de soldes; **'2lich** restant; **'~zahlung** f paiement m d'un solde.
Resultat [rezul'tɑ:t] n résultat m.
Retorte [re'tɔrtə] f (15) cornue f; alambic m.
rett|en ['rɛtən] (26) sauver; (befreien) délivrer; **'2er** m (7) sauveteur m; (Befreier) libérateur m; rl. sauveur m.
Rettich ['rɛtiç] m (3¹) raifort m.

Rettung f sauvetage m; (Heil) salut m; (Befreiung) délivrance f.
Rettungs|anker ['rɛtuŋs⁹-] m ancre (fig. planche) f de salut; **~boot** n canot m de sauvetage; **~gürtel** m bouée (od. ceinture) f de sauvetage; **~leiter** f échelle f de sauvetage; **~los** sans remède; ~ *verloren* perdu sans retour; **~mannschaft** f équipe f de sauvetage; **~medaille** f médaille f de sauvetage; **~mittel** n moyen m de salut; (~*ring* m =) **~gürtel**; **~station** f poste m de secours; ⚕ ambulance f.
retuschieren [retu'ʃiːrən] retoucher.
Reu|e ['rɔyə] f (15) repentir m; repentance f; (Buße) pénitence f; (Zerknirschung) contrition f; (Bedauern) regret(s pl.) m; **2en** donner du repentir (od. du regret) à; *etw. reut mich je me repens de qch.*; *je regrette qch.*; **2evoll** repentant; **~geld** n arrhes f/pl.; dédit m; **2ig** repentant (*über acc.* de); **~kauf** m dédit m; **2mütig** ['~myːtiç] repentant; contrit.
Reuse ['rɔyzə] f (15) nasse f.
revanchieren [vaŋ'ʃiːrən]: *sich* ~ prendre sa revanche (*für* de).
Revers [re'vɛrs] m (4) revers m; ✝ contre-lettre f.
revidieren [~vi'diːrən] reviser.
Revier [~'viːr] n (3¹) district m; quartier m; (Polizei2) commissariat m; (Jagd2) terrain m de chasse; **~stube** ⚔ f infirmerie f.
Revis|ion [~vizi'oːn] f revision f; ⚖ a. pourvoi m; ~ *einlegen* se pourvoir; **~or** [~'viːzɔr] m reviseur f; vérificateur m; (Bücher2) expert m comptable.
Revolt|e [~'vɔltə] f révolte f; **2ieren** [~'tiːrən] v/i. se révolter.
Revolution [~voluts'oːn] f révolution f; **~är** [~io'nɛːr] m révolutionnaire; **2är** révolutionnaire.
Revolver [~'vɔlvər] m (7) revolver m; **~blatt** n feuille f à scandale.
Revue [re'vyː] f revue f; ~ *passieren lassen* passer en revue.
Rezen|sent [~tsɛn'zɛnt] m (12) critique m; **2sieren**: *etw.* ~ faire le compte rendu de qch.; **~sion** [~zi'oːn] f compte rendu m; critique f.
Rezept [~'tsɛpt] n (3) *cuis.* recette f; ⚕, *phm.* ordonnance f.
reziprok [~tsi'proːk] réciproque.

Rezit|ativ [~tsita'tiːf] n récitatif m; **2ieren** [~'tiːrən] réciter. [barbe f.]
Rhabarber [ra'barbər] m (7) rhu-**)
Rhapso'die [rapzo-] f r(h)apsodie f.
Rhein [raɪn] m (3) Rhin m; **~fahrt** f voyage m sur le Rhin; **~fall** m chute f du Rhin; **2isch** rhénan; du Rhin; **~land** n Rhénanie f; **~länder**(*in* f) [~'lɛndər] m Rhénan m, -e f; **2ländisch** = 2*isch*; **~pfalz** f: *die* ~ *le Palatinat*; **~wein** m vin m du Rhin.
Rhetor|ik [~'toːrik] f rhétorique f; **2isch** de rhétorique.
Rheu|ma ['rɔyma] n (11), **~ma'tismus** m rhumatisme m; **2matisch** [~'maːtiʃ] rhumatismal.
Rhinozeros [ri'noːtserɔs] n rhinocéros m. [rhododendron m.)
Rhododendron [rodo'dɛndrɔn] n)
Rhombus ['rɔmbus] m (16²) losange m; rhombe m.
Rhythm|ik ['rytmik] f rythmique f; **2isch** rythmique, **~us** [~'mus] m (16²) rythme m.
'Richt|beil n hache f du bourreau; **~block** m billot m.
richten ['riçtən] (zurechtsetzen) disposer; (ar)ranger; (*richtig machen*) ajuster; (*gerade*~) (re)dresser; (*schnurgerade stellen*) aligner (*a.* ✕); *richt' euch!* alignement!; (*lenken*) diriger (*gegen*; *auf acc.* vers; sur); ✕ *j-n* ~ juger q.; condamner q.; (*hin*~) exécuter; *Brief, Bitte, Frage*: adresser (*an acc.* à); *Geschütz*: pointer; *Blick*: porter (*od.* tourner *od.* braquer) (*auf acc.* sur); *Aufmerksamkeit*: porter (*auf acc.* sur); fixer (sur); *Wut*: tourner (*gegen*; *auf acc.* contre); *sich nach etw.* ~ se régler sur qch., *gr.* s'accorder avec qch.; *ich werde mich danach* ~ j'agirai en conséquence; *sich nach j-m* ~ prendre exemple sur q.
'Richter m (7) juge m; (*Schieds*2) arbitre m; ⊕ dresseur m; *j-n zum* ~ *in e-r Angelegenheit machen* prendre q. pour juge (*resp.* pour arbitre) dans une affaire; *sich zum* ~ *aufwerfen* s'ériger en juge; **~amt** n fonctions f/pl. de juge; **2lich** de juge; (*gerichtlich*) judiciaire; **~spruch** m jugement m; arrêt m; **~stuhl** m tribunal m.
'richtig juste; correct; (*genau*) exact; (*wirklich*) vrai; véritable; (*geregelt*) réglé, arrangé; *Wort*:

Richtigkeit — 978 — **ringen**

propre; *Übersetzung*: fidèle; ~ *gehen Uhr*: aller bien; ~ *rechnen (singen)* calculer (chanter) juste; *das 2e treffen (erraten)* deviner juste; ~! c'est cela (F ça)!; *ganz* ~! c'est cela même!; **'2keit** f justesse f; *(Genauigkeit)* exactitude f; *Wort*: propriété f; *Übersetzung*: fidélité f; *(Triftigkeit)* bien-fondé m; *es hat s-e* ~ *damit* ce n'est pas sans fondement; il y a du vrai là-dedans; *für die* ~ *der Abschrift (der Übersetzung)* pour copie (traduction) conforme; *für die* ~ *der Unterschrift* pour la certification matérielle de la signature; **'~stellen** rectifier; mettre au point; **'2stellung** f rectification f; mise f au point.

'Richt|kanonier m pointeur m; **'~linie** f directive f; **'~maß** n étalon m; **'~platz** n lieu m du supplice; **'~scheit** n équerre f; **'~schnur** f cordeau m; *fig.* règle f de conduite; norme f; *das diene Ihnen zur* ~! pour votre gouverne!; **'~schwert** n glaive m de la justice; **'~stätte** f = ~*platz*; **'~strahler** m poste m à ondes dirigées.

'Richtung f direction f; sens m; $\times$ alignement m; *fig.* tendance f; courant m; *in der* ~ *nach* dans la direction de; *in* ~ *nach* 💩, 🚂 destination de; *nach allen* ~*en* en tous sens; **'~s-anzeiger** m *Auto*: indicateur m de direction; flèche f.

Ricke ['rikə] f (15) chevrette f.

riech|en ['riːçən] (30) v/i. sentir *(gut bon; schlecht* mauvais); *nach etw.* ~ sentir qch.; *hier riecht es* cela sent ici; *der Ofen riecht* le poêle dégage de l'odeur; v/t. sentir; *(wittern)* flairer; *an e-r Blume*: respirer le parfum de; **'2er F** m nez m; **'2fläschchen** n flacon m de senteur; **'2organ** n (organe m de l'odorat m; **'2salz** n sels m/pl.

Ried [riːt] n roseau m; jonc m; *(sumpfige Gegend)* marécage m couvert de roseaux; **'~gras** n laiche f.

Rief|e ['riːfə] f cannelure f; rainure f; **'2e(l)n** canneler.

Riege ['riːgə] f (15) section f.

Riegel ['riːgəl] m (7) verrou m; *(Fenster2)* targette f; *Schneiderei*: bride f; *Seife*: pain m; barre f; *den* ~ *vorschieben* pousser le verrou; *j-m e-n* ~ *vorschieben fig.* arrêter q. dans ses projets; **'~stellung** $\times$ f barrage m; position f d'arrêt.

Riemen ['riːmən] m (6) courroie f; *langer, schmaler*: lanière f; *(Schnür2)* cordon m; lacet m; 🛶 rame f; *sich den* ~ *enger schnallen* se serrer (*od.* se mettre) la ceinture; **'~antrieb** m commande f par courroie; **'~scheibe** f poulie f; **'~werk** $\times$ n cuirs m/pl.; bufflèterie f.

Ries [riːs] n rame f. [m, -e f.]

Ries|e ['riːzə] m (13), **'~in** f géant)

Riesel|feld ['riːzəl-] n champ m d'épandage; **'2n** *Gewässer*: ruisseler; *Bach*: gazouiller; *(fein regnen)* bruiner; *(graupeln)* grésiller; *Sand*: couler; *Steine*: rouler.

'Riesen|gebirge n Riesengebirge m; **'~gestalt** f colosse m; **'2groß**, **'2haft** gigantesque; colossal; **'~kraft** f force f herculéenne; **'~schlange** f boa m; **'~schritt** m: *mit* ~*en* à pas de géant; **'~welle** *gym.* f soleil m.

'riesig gigantesque; énorme; colossal; *es hat mich* ~ *gefreut* cela m'a fait énormément plaisir.

Riff [rif] n (3) récif m; **'~el** f *Flachs*: drège f; **2eln** ['~əln] *Flachs*: dréger.

Rille ['rilə] f (15) rainure f; cannelure f; *Schallplatte*: sillon m.

Rind [rint] n (1) bœuf m; *junges* ~ bouvillon m, génisse f.

Rinde ['rində] f (15) *(Baum2)* écorce f; *(Brot2, Käse2)* croûte f.

'Rinder|braten m rôti m de bœuf; **'~hirt** m bouvier m; **'~pest** f peste f bovine.

'Rind|fleisch n bœuf m; **2ig** couvert d'une écorce; *zo. u.* 🦀 crustacé; **'~sleder** n cuir m de bœuf; **'~vieh** n espèce f bovine; *fig.* F pécore f.

Ring [riŋ] m (3) *(Finger2)* anneau m (*a. Saturn2*); bague f; *(Kreis2)* cercle m; *(Servietten2)* rond m; *Augen*: cerne m; ~*e um die Augen haben* avoir les yeux cernés; *ast.* 'halo m; ✝ trust m; *Boxkampf*: ring m; *(Metallöse)* boucle f; *(Kettenglied)* chaînon m; ~*e blasen beim Rauchen*: faire des ronds de fumée; **'~bahn** 🚂 f ligne f de ceinture.

'ringel|n (29) *(sich)* boucler; *sich* ~ *(schlingen)* s'enrouler, *Schlange usw.*: se tortiller; **'2natter** f couleuvre f à collier; **'2reihen** m ronde f; **'2taube** f pigeon m à collier; palombe f.

ring|en ['riŋən] (30) *(winden)* tordre; *(kämpfen)* lutter *(mit* contre); *mit*

Ringen — 979 — **Rohr**

j-m um etw. ~ disputer qch. à q.; nach etw. ~ (*streben*) aspirer à qch.; '2en *n* lutte *f*; '2er *m* lutteur *m*.

'**Ring**|**finger** *m* annulaire *m*; '2-**förmig** annulaire; '~**kampf** *m* lutte *f*; '~**kämpfer** *m* lutteur *m*; '~**mauer** *f* enceinte *f*; '~**richter** *m* *Sport*: arbitre *m*.

rings, ~**um** [rɪŋs'ʔum], ~**um**|**her** tout autour (de); à la ronde; de tous côtés; alentour.

Rinn|**e** ['rɪnə] *f* (15) rigole *f*; caniveau *m*; (*Leitungs*2) conduit *m*; *Säule*: cannelure *f*; (*Dach*2) gouttière *f*; *Schallplatte*: sillon *m*; '2**en** (30) couler; (*rieseln*) ruisseler; *Topf*: fuir; *Zeit, Geld*: filer; '~**sal** ['~zaːl] *n* (3) rigole *f*; petit ruisseau *m*; '~**stein** *m* rigole *f* d'écoulement; caniveau *m*.

Rippe ['rɪpə] *f* (15) côte *f*; ⚕ *u.* ♀ nervure *f*; '2**n** canneler.

'**Rippen**|**fell** *n* plèvre *f*; '~**fell-entzündung** *f* pleurésie *f*; '~**stoß** *m* bourrade *f*; '~**stück** *n* entrecôte *f*.

Rips [rips] *m* (4) reps *m*.

Risiko [ri'ziːko] *n* (11) risque *m*; *auf mein* ~ à mes risques et périls.

risk|**ant** [~'kant] risqué; ~**ieren** [~'kiːrən] risquer.

Rispe ['rɪspə] *f* (15) panicule *f*.

Riß [ris] *m* (4) (*Reißen*) déchirement *m*; (*Loch*) déchirure *f*, durch Hängenbleiben: accroc *m*; *Haut*: gerçure *f*; (*Sprung*) crevasse *f* (*a. Haut*), fêlure *f*, *Mauer*: lézarde *f*, *Holz*: fente *f*; (*Zeichnung*) tracé *m*; plan *m*; *fig.* (*Spaltung*) scission *f*.

'**rissig** ['~ɪç] crevassé (*a. Haut*), fêlé; *Mauer*: lézardé; *Haut*: gercé.

Rist [rist] *m* (*Fuß*2) cou-de-pied *m*; (*Hand*2) poignet *m*.

Ritt [rit] *m* (3) chevauchée *f*; cavalcade *f*; promenade *f* à cheval.

Ritter ['rɪtər] *m* (7) chevalier *m*; zum ~ *schlagen* armer chevalier; *cuis.* arme ~ *pl.* pain *m* perdu; '~**burg** *f* château *m*; '~**gut** *n* terre *f* seigneuriale; '~**gutsbesitzer** *m* propriétaire *m* d'une terre seigneuriale; '~**kreuz** *n* croix *f* de chevalier; '2**lich** chevaleresque; '~**lichkeit** *f* caractère *m* chevaleresque; '~**orden** *m* ordre *m* de chevalerie; '~**schaft** *f* chevalerie *f*; '~**schlag** *m* accolade *f*; *den* ~ *erteilen* (*erhalten*) armer (être armé) chevalier; '~**sporn** ♀ *m* pied-d'alouette *m*; '~**tum** *n* (1²) chevalerie *f*.

ritt|**lings** ['~lɪŋs] à califourchon; à cheval; '2**meister** *m* capitaine *m* de cavalerie.

Ritu|**al** [ritu'ɑːl] *n* (3¹) rituel *m*; (*Ritus*) rite *m*; '2**ell** [~'el] rituel.

Ritus ['riːtus] *m* (16² *u. inv.*) rite *m*.

Ritz|**e** ['rɪtsə] *f* (15) *m* fente *f*; fissure *f*, (*Schramme*) égratignure *f*; 2**en** fendiller; *Haut*: égratigner.

Rival|(**in** *f*) [ri'vɑːl] *m* rival *m*, -e *f*; 2**isieren** [~vali'ziːrən] rivaliser; ~**ität** [~'tɛːt] *f* rivalité *f*.

Rizinusöl ['riːtsinusˀøːl] *n* huile *f* de ricin.

Robbe ['rɔbə] *f* (15) phoque *m*.

Roboter [ro'bɔtər] *m* robot *m*.

robust [ro'bust] robuste.

röcheln ['rœçəln] (29) **1.** râler; **2.** 2 *n* (6) râle *m*.

Rochen *icht.* ['rɔxən] *m* (6) raie *f*.

Rock [rɔk] *m* (3³) habit *m*; (*Jacke*) veston *m*; (*Über*2) redingote *f*; ✕ vareuse *f*; tunique *f*; *Damen*: jupe *f*; (*Amts*2)robe *f*; '~**en** *m* (6) quenouille *f*; '~**schoß** *m* pan *m* d'habit (*resp.* de robe); '~**tasche** *f* poche *f* d'habit.

Rodel|**bahn** [roː'dəl-] *f* piste *f* de luge; '2**n** (29) luger; '~**schlitten** *m* luge *f*; toboggan *m*.

rod|**en** ['roːdən] (26) essarter; (*urbar machen*) défricher; '2**land** *n* essarts *m*/*pl.*; '2**er**(**in** *f*) *m* lugeur *m*, -euse *f*; '2**ung** *f* essartement *m*; (*Urbarmachung*) défrichement; = ~**land**.

Rogen ['roːgən] *m* (6) œufs *m*/*pl.* de [poisson].

Roggen ['rɔgən] *m* (6) seigle *m*.

roh [roː] cru; (*ungekocht*) pas cuit; (*noch nicht verarbeitet*) brut; *fig.* (*ungesittet*) inculte; (*ungeschliffen*) grossier, *pfort* brutal; '2**bau** *m* gros œuvre *m*; '2**bilanz** *f* bilan *m* estimatif; '2**einnahme** *f* recette *f* brute; '2**eisen** *n* fer *m* brut; **2eit** ['roːhait] *f* (16) crudité *f*; état *m* brut; *fig.* grossièreté *f*; brutalité *f*; '2**ertrag** *m* produit *m* brut; '2**fabrikat** *n* produit *m* brut; produit *m* non manufacturé; '2**kost** *f* régime *m* végétarien; 2**köstler**(**in** *f*) ['~kœstlər] *m* végétarien *m*, -ne *f*; '2**ling** *m* brute *f*; '2**material** *n* matières *f*/*pl.* premières; '2**öl** *n* huile *f* lourde; '2**produkte** *n*/*pl.* produits *m*/*pl.* non manufacturés.

Rohr [roːr] *n* (3) ♀ roseau *m*; canne *f*; jonc *m* (*spanisches des Indes*);

⊕ tuyau *m*; tube *m*; (*Leitungs*2) conduit *m*; ⚔ canon *m*; '~**dommel** *f* butor *m*.

Röhr|e ['rø:rə] *f* (15) tuyau *m*; tube *m*; (*Leitungs*2) conduit *m*; *chir.* canule *f*; *Radio*: lampe *f*; '2**en** *Hirsch*: bramer; '~**en-empfänger** *m* poste *m* à lampes; '2**enförmig** tubulaire; tubulé; '~**system** *n* canalisation *f*.

'**Rohr|flöte** *f* chalumeau *m*; '~**geflecht** *n* natte *f* de jonc.

Röhricht ['rø:riçt] *n* roseaux *m/pl.*

'**Rohr|leger** *m* plombier *m*; '~**leitung** *f* conduite *f*; '~**möbel** *n/pl.* meubles *m/pl.* en rotin; '~**post** *f* poste *f* pneumatique; '~**postbrief** *m* pneu(matique) *m*; '~**spatz** *m* bruant *m*; '~**stock** *m* canne *f* de jonc; '~**stuhl** *m* chaise *f* cannée; siège *m* en rotin; '~**zange** *f* pince *f* à tuyaux; '~**zucker** *m* sucre *m* de canne.

'**Roh|seide** *f* soie *f* grège; '~**stahl** *m* acier *m* brut; '~**stoffe** *m/pl.* matières *f/pl.* premières.

Rokoko ['rɔkoko] *n* rococo *m*.

Rolladen ['rɔla:dən] *m* volet *m* roulant.

'**Roll|bahn** ✈ *f* piste *f* de départ (*od.* d'envol); '~**e** *f* (15) rouleau *m*; (*Röllchen*) roulette *f*; (*Wäsche*2) calandre *f*; *Flaschenzug*: poulie *f*; (*Spule*) bobine *f*; *fig.* liste *f*; rôle *m* (*a. thé.*); *aus der* ~ *fallen* sortir de son rôle; '2**en** *v/i.* rouler; *Donner*: gronder; *v/t.* *Augen*: rouler; *Wäsche*: calandrer; (*wickeln*) enrouler; '~**en** *n* roulement *m*; *Donner*: grondement *m*; (*Wäsche*2) calandrage *m*; '~**enbesetzung** *thé.* *f* distribution *f* des rôles; '~**enfach** *thé.* *n* emploi *m*; '~**er** *m* (*Kinder*2) trottinette *f*; (*Motor*2) scooter *m*; '~**feld** *n* terrain *m* d'atterrissage; '~**film** *m* bobine *f* de pellicules; '~**fuhrwerk** *n* camion *m*; '~**geld** ✝ *n* camionnage *m*; '~**kutscher** *m* roulier *m*; camionneur *m*; '~**mops** *m* 'hareng *m* roulé; '~**schinken** *m* jambon *m* roulé; '~**schrank** *m* armoire *f* à glissière; '~**schuh** *m* patin *m* à roulettes; ~ *laufen* faire du skating; '~**schuhbahn** *f*, '~**schuhlaufen** *n* skating *m*; '~**schuhläufer(in** *f*) *m* celui (celle) qui fait du skating; '~**sitz** *m* siège *m* à glissière; '~**stuhl** *m* fauteuil *m* à roulettes; *für Kranke*: chaise *f* roulante; '~**treppe** *f* escalier *m* roulant (*od.* mécanique); '~**vorhang** *m* store *m*; '~**wagen** *m* [camion *m*.]

Rom [ro:m] Rome *f*.

Roman [ro'mɑ:n] *m* (3[1]) roman *m*; ~**e** *m*, ~**in** *f* Latin *m*, -e *f*; 2**haft** romanesque; ~**ik** [~'mɑ:nik] *f* style *m* roman; 2**isch** roman; *Schweiz*: romand; ~**ist** [~a'nist] *m* romaniste *m*; ~**istik** [~'nistik] *f* étude *f* des langues romanes; ~**literatur** *f* littérature *f* romanesque; ~**schreiber(in** *f*) *m*, ~**schriftsteller(in** *f*) *m* romancier *m*, -ière *f*; ~**tik** [~'mantik] *f* romantisme *m*; ~**tiker** [~tikər] *m* romantique *m*; 2**tisch** romantique; *Stimmung*: romanesque; *Landschaft*: pittoresque.

Romanze [~'mantsə] *f* romance *f*.

Röm|er ['rø:mər] *m* **1.** (*Glas*) verre *m* à vin du Rhin; **2.** '~**er(in** *f*) *m* Romain *m*, -e *f*; '2**isch** romain.

Rondell [rɔn'dɛl] *n* rond-point *m*.

röntgen ['rœntgən] radiographier; '~**-apparat** *m* appareil *m* radiographique; '2**-aufnahme** *f* radiographie *f*; '2**behandlung** *f* radiothérapie *f*; '2**bild** *n* radiographie *f*; '2**strahlen** *m/pl.* rayons *m/pl.* X; '~**-untersuchung** *f* radioscopie *f*.

'**rören** bramer.

Rosa ['ro:za] **1.** *n* rose *m*; **2.** 2 rose.

Rose ['ro:zə] *f* (15) rose *f*; *wilde* ~ églantine *f*; △ rosace *f*; ⚕ érysipèle *m*.

'**Rosen|busch** *m* buisson *m* de rosiers; '~**garten** *m* roseraie *f*; '~**hecke** *f* 'haie *f* de rosiers; '~**kohl** *m* chou *m* de Bruxelles; '~**kranz** *rl.* *m* chapelet *m*; *großer*: rosaire *m*; *den* ~ *beten* dire son chapelet; '~**montag** *m* lundi *m* gras; '~**-öl** *n* huile *f* rosat; '2**rot** rose; (*hochrot*) vermeil; '~**stock**, '~**strauch** *m* rosier *m*; *wilder* ~ églantier *m*; '~**wasser** *n* eau *f* de roses; '~**zucht** *f* culture *f* des rosiers; '~**züchter** *m* rosiériste *m*.

Ros|ette [ro'zɛtə] *f* rosette *f*; △ rosace *f*; 2**ig** ['ro:ziç] rose; rosé; *alles* ~ *sehen* voir tout en rose; ~**ine** [ro'zi:-] *f* raisin *m* sec; *große* ~*n im Kopf haben fig.* vouloir se moucher plus 'haut que son nez; ~**marin** [rɔsma'ri:n] *m* romarin *m*.

Roß [rɔs] *n* (4) cheval *m*; *poét.* coursier *m*; '~**haar** *n* crin *m* (de cheval); '~**haarmatratze** *f* matelas *m* de crin(s de cheval); '~**kamm** *m*

(*Striegel*) étrille *f*; = ~**täuscher**; '~**kastanie** ♀ *f* marron *m* d'Inde; (*Baum*) marronnier *m* d'Inde; '~**schlächterei** *f* boucherie *f* chevaline; '~**täuscher** ['~tɔʏʃər] *m* maquignon *m*.

Rost [rɔst] *m* 1. (3) rouille *f* (*a. fig.*); 2. (*Brat*♀) gril *m*; (*Feuer*♀) grille *f*; '~**braten** *m* grillade *f*.

'**rosten** (26) se rouiller; s'oxyder.

rösten ['rø:stən] (26) 1. griller, rôtir; *Kaffee*: torréfier; *Mehl*: roussir; *Flachs*: rouir; geröstete Brotschnitte rôtie *f*; pain *m* grillé; 2. ♀ *n* grillage *m*; rôtissage *m*; *Kaffee*: torréfaction *f*; *Flachs*: rouissage *m*.

'**rost|farbig** rouilleux; ♀**fleck** *m* tache *f* de rouille; '♀**fleckig** rouillé; couvert de taches de rouille; '~**frei** inoxydable; '~**ig** rouillé.

'**Röst|maschine** *f* torréfacteur *m*; '~**ofen** *m* grilloir *m*; '~**pfanne** *f* poêle *f* à frire.

rot [ro:t] 1. rouge; *Haar*: roux; (*hoch*~) vermeil; (*kupfer*~) rubicond; *das* ♀ *Kreuz* ♀ *n* la Croix-Rouge; ~ *werden a.* rougir; 2. ♀ *n* rouge *m*; ~ *auflegen* mettre du rouge.

Rotation [rotatsi'o:n] *f* rotation *f*; ~**smaschine** *f* rotative *f*.

'**Rot|-auge** *icht. n* gardon *m*; ♀**bäckig** ['~bɛkɪç] aux joues rouges; '♀**blond** (blond) roux; '♀**braun** rouge brun; '~**buche** ♀ *f* hêtre *m* rouge; '~**dorn** ♀ *m* épine *f* rouge; '~**drossel** *f* mauvis *m*.

Röt|e ['rø:tə] *f* (15 *o. pl.*) rougeur *f*; rouge *m*; *leuchtende*: vermillon *m*; *Haar*: rousseur *f*; '~**el** *m* sanguine *f*; '~**eln** *§ pl.* rougeole *f*; '~**elstift** *m* = ~el; '~**elzeichnung** *f* sanguine *f*; '♀**en** rougir.

'**Rot|fuchs** *m* alezan *m*; '♀**gelb** jaune rouge; '♀**glühend** incandescent; '♀**haarig** ['~hɑːrɪç] aux cheveux roux; '~**haut** *f* Peau-Rouge *m*, *f*; ♀**ieren** [ro'tiːrən] tourner sur son axe; '~**käppchen** *n* Petit Chaperon *m* rouge; '~**kehlchen** ['~keːlçən] *orn.* *n* (6) rouge-gorge *m*; '~**kohl** *m* chou *m* rouge; '~**kopf** *m* F rouquin *m*; '~**lauf** *§ m* dysenterie *f*; (*Rose*) érysipèle *m*. [sâtre.\

rötlich ['røːtlɪç] rougeâtre; rous-\
'**Rot|schimmel** *m* cheval *m* rouan; '~**schwänzchen** *n* rouge-queue *m*; '~**stift** *m* crayon *m* rouge; *peint.* sanguine *f*; '~**tanne** *f* épicéa *m*.

Rott|e ['rɔtə] *f* (15) troupe *f*; équipe *f*; *mv. p.* bande *f*; ⚔ file *f*; (*Häuflein*) peloton *m*; '~**enführer** *m* chef *m* d'équipe (*mv. p.* de bande, ⚔ de file).

Rotunde [ro'tʊndə] *f* rotonde *f*.

'**rot|wangig** ['~vaŋɪç]; ♀**wein** *m* vin *m* rouge; ♀**welsch** ['~vɛlʃ] *n* (5 *u. uv.*) argot *m*; '♀**wild** *n* bêtes *f/pl.* fauves.

Rotz *vét.* [rɔts] *m* (3²) morve *f* (*a.* P *Nasenschleim*); '♀**ig**, ♀**krank** morveux; '~**junge** P *m*, '~**nase** P *f* petit morveux *m*.

Roul|ade [ruˈlaːdə] *f* roulade *f*; ~**eau** [~ˈloː] *n* store *m*; ~**ett** [~ˈlɛt] *n* roulette *f*.

Rout|ine [~ˈtiːnə] *f* routine *f*; ♀**iniert** [~tiˈniːrt] qui a de la routine.

Royalist [roaja'lɪst] *m* royaliste *m*; ♀**isch** royaliste.

Rübe ♀ ['ryːbə] *f* (15) rave *f*; weiße ~ navet *m*; gelbe ~ carotte *f*; rote ~ betterave *f*.

Rubel ['ruːbəl] *m* (7) rouble *m*.

'**Rüben|feld** *n* ravière *f*; '~**zucker** *m* sucre *m* de betteraves.

Rubin [ruˈbiːn] *m* (3) rubis *m*.

Rüb|öl ['ryːpˀøːl] *n* huile *f* de navette (*od.* de colza); '~**samen**, ~**sen** ['ryːpsən] *m* navette *f*; colza *m*.

'**ruch|bar** public; notoire; ~ *machen* ébruiter; ~ *werden* s'ébruiter; '~**los** scélérat; ♀**losigkeit** *f* scélératesse *f*.

Ruck [rʊk] *m* (3) saccade *f*; (*Stoß*) secousse *f*; *mit e-m* ~ d'un seul coup.

'**Rück|ansicht** *f* vue *f* arrière; ~**antwort** *f* réponse *f*; ~ *bezahlt* réponse payée.

'**ruck-artig** saccadé.

rück|bezüglich *gr.* ['rʏkbətsyːglɪç] réfléchi; ♀**blick** *m* regard *m* en arrière; *fig.* coup *m* d'œil rétrospectif; ♀**blickspiegel** *m* *Auto:* rétroviseur *m*. [muer.\

rücken ['rʏkən] (25) déplacer; re-\
'**Rücken** *m* dos *m*; *Berg:* crête *f*; *typ.* verso *m*; *fig.* derrières *m/pl.*; ~ *an* ~ dos à dos; *den Wind im* ~ *haben* avoir le vent arrière; *die Hände auf dem* ~ les mains derrière le dos; *hinter j-s* ~ derrière le dos de q.; *auf den* ~ *fallen* tomber à la renverse, *fig.* être épaté; *auf dem* ~ *schwimmen* faire la planche; *j-m den* ~ *zukehren* tourner le dos à q.; *j-m in den* ~ *fallen* attaquer q. par derrière; *j-m den* ~ *stärken* épauler q.; *j-m den* ~ *decken* protéger les derrières de q.; *sich den* ~ *decken*

Rückenflosse — 982 — **Rudel**

assurer ses derrières; *sich den ~ frei halten* se ménager une retraite; '**~flosse** f nageoire f dorsale; '**~flug** ⚔ m vol m sur le dos; '**~lage** f Schwimmen: planche f; '**~lehne** f dos m; dossier m; '**~mark** n moelle f épinière; '**~schmerz** m douleur f dorsale; '**~stück** n pièce f dorsale; *cuis.* filet m, aloyau m, *Hase:* râble m; '**~wind** m vent m arrière; '**~wirbel** m vertèbre f dorsale.

'**Rück|er·innerung** f réminiscence f; '**~erstattung** f restitution f; '**~fahrkarte** f billet m de retour (*resp.* d'aller et retour); '**~fahrt** f retour m; '**~fall** m récidive f (*a.* ⚕); rechute f; ²**fällig** récidiviste; *~ werden* récidiver; '**~fluß** m reflux m; '**~fracht** ⚓ f fret m de retour; '**~frage** f demande f de précisions; '**~gabe** f restitution f; *mit der Bitte um ~* avec prière de retour; '**~gang** m retour m; (*Niedergang*) déclin m; ⚹ baisse f, recul m; '**~gängig** ['~gɛniç] rétrograde; *~ machen* rompre; annuler; '**~gewinnung** ⚕ f récupération f; '**~gliederung** f rattachement m; '**~grat** n épine f dorsale; *~ haben fig.* ne pas plier l'échine; '**~halt** m *fig.* appui m; soutien m; ²**haltlos** sans réserve; '**~kauf** m rachat m; **~kehr** ['~ke:r] f retour m; '**~kopp(e)lung** f réaction f; '**~lage** f réserve f; '**~lauf** m retour m; reflux m; *Geschütz:* recul m; '**~laufbremse** f frein m de recul; ²**läufig** ['~lɔʏfiç] rétrograde; '**~lehne** f dos m; dossier m; '**~licht** n feu m arrière; '**~lieferung** f retour m; '**~lings** ['~lɪŋs] par derrière; en arrière; *~ gehen* marcher à reculons; *~ fallen* tomber à la renverse; *~ liegen* être couché sur le dos; *~ sitzen* être assis en tournant le dos; '**~marsch** m retour m; ⚔ *a.* retraite f; '**~porto** n port m pour le retour; '**~prall** m rebondissement m; '**~reise** f (voyage m de) retour m.

Rucksack ['rykzak] m sac m de touriste; ⚔ sac m; 'havresac m.

'**Rück|schau** f = '**~blick**; '**~schlag** m (*Rückwirkung*) contrecoup m; répercussion f; ⚽ choc m en retour; *fig.* revers m; '**~schluß** m conclusion f; '**~schritt** m pas m en arrière; marche f rétrograde; *pol.* réaction f; ²**schrittlich** *pol.* réactionnaire; '**~seite** f revers m (*a. num. u. fig.*); (*das Hintenliegende*) derrière m; *Wechsel:* dos m; *typ. Blatt:* verso m; '**~sendung** f renvoi m; retour m; '**~sicht** f égard m; considération f; *mit ~ auf* (*acc.*) par égard pour, (*in Anbetracht*) en considération de, (*wegen*) en raison de; *mit ~ darauf, daß ... vu que ...* (*ind.*); *ohne ~ auf* (*acc.*) sans égard pour; *~ nehmen auf* (*acc.*) avoir égard à; ²**sichtslos** sans égards; qui ne tient compte de rien; *~ sein* manquer d'égards; '**~sichtslosigkeit** f manque m d'égards; ²**sichtsvoll** plein d'égards; '**~sitz** m siège m arrière; '**~spiegel** m *Auto:* rétroviseur m; '**~spiel** n *Sport:* match m revanche; '**~sprache** f pourparlers m/pl.; *~ nehmen mit j-m* conférer avec q.; '**~stand** m arriéré m; reste m; reliquat m; ⚕ résidu m; *im ~ sein* être en arrière (*mit pour*); ²**ständig** arriéré (*a. fig.*); restant; ⚕ résiduel; (*säumig*) retardataire; '**~ständigkeit** f esprit m arriéré; '**~stoß** m coup m en arrière; *Gewehr:* recul m; '**~strahler** m (7) cataphote m; '**~taste** f *Schreibmaschine:* touche f de rappel; '**~tritt** m démission f (*a. pol.*); retraite f; *Fahrrad:* rétropédalage m; '**~trittbremse** f frein m à rétropédalage; ²**vergüten** rembourser; '**~vergütung** f remboursement m; ²**versichern** réassurer; '**~versicherung** f réassurance f; '**~wand** f paroi f du fond; '**~wanderer** m rapatrié m; ²**wärtig** rétrograde; *Verbindung usw.:* à l'arrière; ²**wärts** en arrière; *~ gehen* (*rücken*) reculer; *~ fahren* faire marche arrière; '**~wärtsgang** m *Auto:* marche f arrière; '**~weg** m (chemin m du) retour m; *auf dem ~* en retournant. [cousses.)

'**ruckweise** par saccades; par se-)

'**rück|wirken** réagir; '**~wirkend** rétroactif; *mit ~er Kraft* avec effet rétroactif; ²**wirkung** f réaction f; rétroaction f; effet m rétroactif f; '**~zahlbar** remboursable; '**~zahlung** f remboursement m; ²**zug** m retraite f; *den ~ antreten* battre en retraite.

Rüde ['ry:də] **1.** *m* (13) mâtin m; *ch.* mâle m; **2.** ⚹ rude; brutal.

Rudel ['ru:dəl] *n* (7) troupe f; *Hirsche:* 'harde f; *Sauen:* compagnie f; *Wölfe:* bande f.

Ruder ['ru:dər] *n* (7) rame *f*; aviron *m*; (*Steuer*⚲) gouvernail *m* (*a. fig.*); *ans ~ kommen fig.* prendre le gouvernail; '**~boot** *n* bateau *m* à rames; '**~er** *m*, '**~in** *f* rameur *m*, -euse *f*; '**~klub** *m* club *m* nautique; ⚲**n** (29) ramer; aller à la rame; '**~n** *n*, '**~sport** *m* canotage *m*; aviron *m*; '**~regatta** *f* régates *f/pl.*

Ruf [ru:f] *m* (3) cri *m*; (*An*⚲) appel *m*; (*Berufung*) vocation *f*; (*Nachrede*) réputation *f*; renom *m*; renommée *f*; (*Berühmtheit*) célébrité *f*; *ein Gelehrter von ~* un savant en renom; *ein Mensch von schlechtem ~* une personne de mauvaise réputation; *in gutem* (*üblem*) *~e stehen* être bien (mal) famé; *j-n in üblen ~ bringen* décrier q.; *e-n ~* (*als Professor*) *erhalten nach ...* être appelé à; ⚲**en** crier (*nach j-m* pour q.); appeler (*j-n*; *nach j-m* q.); '**~en** *n* ~ *lassen* faire venir q.; *wie gerufen kommen fig.* tomber bien; arriver à point.

Rüffel F ['ryfəl] *m* (7) savon *m*; ⚲**n** *j-n* ~ attraper q.; passer un savon à q.

'**Ruf|name** *m* prénom *m*; '**~weite** *f* portée *f* de la voix; '**~zeichen** *n* Radio: indicatif *m*; téléph. indicatif *m* d'appel.

Rugby ['ragbi] *n* rugby *m*.

Rüge ['ry:ɡə] *f* (15) réprimande *f*; blâme *m*; *e-e ~ bekommen* être réprimandé; *j-m e-e ~ erteilen* = *j-m* ⚲**n** (25) réprimander q.; *an j-m etw. ~* blâmer qch. en q.

Ruhe ['ru:ə] *f* (15) (*Ausruhen*) repos *m*; délassement *m*; *innere*: tranquillité *f*; calme *m*; (*Kaltblütigkeit*) sang-froid *m*; (*Stille*) silence *m*; calme *m*; paix *f*; *die öffentliche ~* la paix publique; l'ordre public; *~! silence!*; *du calme!*; *zur ~ bringen* calmer; *~ gebieten* ordonner le silence; *~ halten* se tenir tranquille; *lassen Sie mich in ~!* laissez-moi tranquille!; *sein Leiden läßt ihm keinen Augenblick ~* son mal ne lui laisse pas un moment de répit; *j-n aus s-r ~ bringen* faire perdre son sang-froid à q.; *j-m ~ gönnen* accorder un délassement à q.; *j-m keine ~ gönnen* ne pas laisser de repos à q.; *sich zur ~ setzen* se retirer des affaires, *Beamter*: prendre sa retraite; *sich zur ~ begeben* aller se coucher; *e-e angenehme ~ wünschen* souhaiter une bonne

nuit; *angenehme ~!* bonne nuit!; reposez-vous bien!; '**~bank** *f* banc *m* de repos; ⚲**bedürftig** ['~bədyrftiç] qui a besoin de repos; '**~bett** *n* lit *m* de repos; '**~gehalt** *n* pension *f* de retraite; pension *f*; retraite *f*; '**~gehalts-empfänger**(**in** *f*) *m* pensionnaire *m*, *f*; '**~kissen** *n* oreiller *m*; ⚲**los** sans repos; agité; '**~losigkeit** *f* agitation *f* continuelle; ⚲**n** (25) reposer; (*aus~*) prendre du repos; (*stillstehen*) être au repos; *Arbeit*: être arrêté; *hier ruht* ici repose; *ci-gît*; *~ auf* (*dat.*) *Blick*: être fixé sur, *Verdacht*: peser sur; *~ lassen* laisser en paix, *Blick*: arrêter (*auf dat.* sur), *Arbeit*: suspendre; *er wird nicht eher ~, als bis ...* il n'aura pas de repos (*od.* de trêve) que ... ne ... (*subj.*); '**~pause** *f* pause *f*; '**~stand** *m* retraite *f*; *in den ~ versetzen* mettre à la retraite; *in den ~ treten* prendre sa retraite; *im ~* en retraite; '**~stätte** *f* asile *m*; *letzte ~* dernière demeure *f*; '**~stellung** *f* repos *m*; ⚔ cantonnement *m* de repos; '**~stifter** *m* pacificateur *m*; '**~störer** ['~ʃtø:rər] *m* (7) perturbateur *m*; tapageur *m*; '**~störung** *f* perturbation *f*; *nächtliche ~* tapage *m* nocturne; '**~tag** *m* jour *m* de repos; ⚲**voll** calme; (*friedlich*) paisible; '**~zustand** *m*; *im ~* au repos.

ruhig ['ru:iç] tranquille; calme (*a. Geschäft*); (*still*) silencieux; (*friedlich*) paisible; *~!* silence!; *bei ~er Überlegung* à tête reposée; *sich ~ verhalten* se tenir tranquille.

Ruhm [ru:m] *m* (3) gloire *f*; *j-m zum ~e gereichen* contribuer à la gloire de q.; ⚲**bedeckt** ['~bədɛkt] couvert de gloire; '**~begier**(**de**) *f* passion *f* de la gloire; ⚲**begierig** avide de gloire.

rühmen ['ry:mən] (25) vanter; (*loben*) louer (*wegen de*); *sich ~* (*gén.*) se vanter de; *~d erwähnen* mentionner avec éloge; '**~swert** digne d'éloges.

'**Ruhmeshalle** *f* panthéon *m*.

'**rühmlich** glorieux; honorable.

'**ruhm|los** glorieux (*unbekannt*) obscur; '**~redig** ['~re:diç] vantard; ⚲**redigkeit** *f* vantardise *f*; jactance *f*; '**~reich** glorieux; ⚲**sucht** *f*, '**~süchtig** = ⚲**begier**, **~begierig**; '**~voll** glorieux.

Ruhr ⚕ [ru:r] *f* (16) dysenterie *f*.

Rühr|ei ['ry:r⁹aɪ] *n* (1) œufs *m/pl.* brouillés; ⁀**en** ['ry:rən] (25) *v/t.* toucher (*an dat.* à); (*her*⁀) provenir (*von de*); *v/t.* (*bewegen*) mouvoir; remuer; *Eier*: brouiller; *Schlag* ♣: frapper; *fig.* toucher; attendrir; émouvoir; *sich* ⁀ (se) remuer; bouger; ⚔ **rührt euch!** repos!; ⁀**end** touchant; émouvant.

'**Ruhrgebiet** *n* territoire *m* de la Ruhr. '**rühr|ig** actif; ⁀**igkeit** *f* activité *f*; '⁀**kelle** *f*, '⁀**löffel** *m* cuiller *f* à pot; '⁀**selig** sentimental; larmoyant; '⁀**seligkeit** *f* sentimentalité *f*; ⁀**stück** *n* pièce *f* larmoyante; ⁀**ung** *f* émotion *f*; attendrissement *m*.

Ruin [ru'i:n] *m* (3¹ *u.* 11) ruine *f*; perte *f*; ⁀**e** *f* (15) ruine *f*; ⁀**ieren** [⁀i'ni:rən] ruiner.

Rülps|(er) P ['rʏlps(ər)] *m* rot *m*; '⁀**en** P (27) roter.

Rum [rum] *m* (3¹ *u.* 11) rhum *m*. **Rumän|e** [ru'mɛ:nə] *m* (13), ⁀**in** *f* Roumain *m*, -e *f*; ⁀**ien** [⁀'mɛ:niən] *n* (17) la Roumanie; ⁀**isch** roumain.

Rummel F ['ruməl] *m* (7) (*Betrieb*) animation *f*; (*Lärm*) vacarme *m*; tapage *m*; *den* ⁀ *kennen* connaître le coup (*od.* le truc); '⁀**platz** *m* champ *m* de foire [tapage.] **rumoren** [ru'mo:rən] (25) faire du] '**Rumpel|kammer** *f* débarras *m*; '⁀**kasten** *m* fourre-tout *m*.

Rumpf [rumpf] *m* (3³) tronc *m*; *zo.* carcasse *f*; (*Schiffs*⁀) coque *f*; carcasse *f*; ✈ fuselage *m*; *Kunst*: torse *m*.

rümpfen ['rympfən] (25): *die Nase* ⁀ rechigner; faire la moue.

rund [runt] rond (*a. Summe*): arrondi; (*kreisförmig*) circulaire; *Gesicht*: plein; ⁀ *er Platz* rond-point *m*; ⁀ *machen* arrondir; ⁀ *werden* s'arrondir; '⁀**bau** *m* rotonde *f*; '⁀**blick** *m* panorama *m*; '⁀**bogen** *m* plein cintre *m*.

Rund|e ['⁀də] *f* (15) ronde *f*; *Bier*: tournée *f*; *Sport*: round *m*; reprise *f*; *in der* ⁀ *sitzen* être assis en rond; ⁀**en** (sich s')arrondir.

'**Rund|-erlaß** *m* circulaire *f*; '⁀**fahrt** *f* circuit *m*; '⁀**flug** *m* circuit *m* aérien; '⁀**frage** *f* enquête *f*.

'**Rundfunk** *m* radio *f*; T.S.F. (= télégraphie sans fil) *f*; *durch* ⁀ *verbreiten* radiodiffuser; '⁀**bastler** *m* sans-filiste *m*; '⁀**darbietung** *f* radio-émission *f*; '⁀**empfang** *m* audition *f*; '⁀**empfangsgerät** *n* (poste *m*) récepteur *m*; '⁀**gebühr** *f* taxe *f* de T.S.F.; '⁀**gerät** *n* (*od.* appareil) *m* de radio (*od.* de T.S.F.); '⁀**hörer(in** *f*) *m* auditeur *m*, -trice *f* de la T.S.F.; '⁀**meldung** *f* message *m* radiodiffusé; '⁀**sender** *m* (poste *m*) émetteur *m*; '⁀**sendung** *f* radio-émission *f*; '⁀**sprecher(-in** *f*) *m* speaker *m*, ⁀**ine** *f*; '⁀**station** *f* station *f* de T.S.F. (poste *m*) émetteur *m*; '⁀**übertragung** *f* radiodiffusion *f*.

'**Rund|gang** *m* tour *m*; ⚔ ronde *f*; '⁀**gesang** *m* ronde *f*; '⁀**heit** *f* rondeur *f*; rotondité *f*; ⁀**he'raus** franchement; tout net; ⁀**he'rum** à la ronde; *um etw.* ⁀ tout autour de qch.; '⁀**lich** arrondi; *Person*: rondelet; potelé; '⁀**reise** *f* voyage *m* circulaire; ⁀ circuit *m*; (*Gastspiel*⁀) tournée *f*; '⁀**reisefahrkarte** *f* billet *m* circulaire; '⁀**schau** *f* panorama *m*; (*Zeitschrift*) revue *f*; '⁀**schreiben** *n* circulaire *f*; ⁀'**um** tout autour de; ⁀**um'her** à la ronde; '⁀**ung** *f* arrondissement *m*; (*Rundheit*) rondeur *f*; ♎ voussure *f* (15); ⁀'**weg** *adv*. rondement; tout net.

Rune ['ru:nə] *f* (15) rune *f*; '⁀**nschrift** *f* caractères *m/pl.* runiques. **Runkelrübe** ['ruŋkəl-] *f* betterave *f*. **Runzel** ['runtsəl] *f* (15) ride *f*; *in den Augenwinkeln*: patte *f* d'oie; ⁀**n** bekommen se rider; '**⁀ig** ridé; ⁀ werden se rider; ⁀**n** (*sich* ⁀) se rider; *die Stirn* ⁀ froncer le sourcil.

Rüpel ['ry:pəl] *m* (7) mufle *m*; ⁀**ei** [⁀'laɪ] *f* muflerie *f*; ⁀**haft** mufle.

rupfen ['rupfən] (25) tirer; (*ausreißen*) arracher; *Geflügel*: plumer (*a. fig.*).

ruppig ['rupɪç] de (*adv.* en) voyou; '⁀**keit** *f* manières *f/pl.* de voyou.

Rüsche ['ry:ʃə] *f* (15) ruche *f*.

Ruß [ru:s] *m* (15) suie *f*; '⁀**artig** fuligineux.

Russ|e ['rusə] *m* (13), '⁀**in** *f* Russe *m*, *f*.

Rüssel ['rysəl] *m* (7) trompe *f*; *Schwein*: groin *m*; *Wildschwein*: boutoir *m*.

ruß|en ['⁀sən] (27) faire beaucoup de suie; fumer; '⁀**ig** couvert de suie.

'**russisch** russe.

'**Rußland** *n* (17) la Russie.

'**Rüst|bock** ♎ *m* chevalet *m*; tréteau *m*; ⁀**en** ['rystən] (26) pré-

Rüster — 985 — **rütteln**

parer (auf acc.; zu à); ⚔ armer; mobiliser; **~er** ♂ ['ry:stər] f orme m; **²ig** vigoureux; robuste; noch ~ für sein Alter encore vert pour son âge; **~igkeit** f vigueur f; verdeur f; **~kammer** f arsenal m; **~ung** f armement m; (Harnisch) armure f; **~ungs-industrie** f industrie f d'armement; **~zeug** ⊕ n outillage m; matériel m.

Rute ['ru:tə] f (15) verge f; (Maß) perche f; (Schwanz) Fuchs: queue, Hund: fouet m.

Rutsch [rutʃ] m (3²) glissement m; éboulement m; **~bahn** f glissoire f; **²en** (27) glisser; Erdreich: s'ébouler; Auto: déraper; **~en** n = Rutsch; Auto: dérapage m; **~partie** F f petite excursion f.

rütteln ['rytəln] (29) secouer (an der Tür la porte); (erschüttern) ébranler; Wagen: cahoter.

S

S, s [ɛs] n S, s m od. f.
Saal [zɑ:l] m (3³) salle f.
Saar [zɑ:r] f Sarre f; **˷becken** n bassin m de la Sarre; **˷länder(in** f) ['˷lɛndər] m Sarrois m, -e f; **2ländisch** sarrois.
Saat [zɑ:t] f (16) (das Ausgesäte) semence(s pl.) f; (das Säen) semailles f/pl. (bestellen faire); die˷ steht gut les blés m/pl. sont beaux; **˷bestellung** f semailles f/pl.; **˷feld** n champ m ensemencé; **˷korn** n graine f; **˷kartoffeln** f/pl. plants m/pl. de pomme de terre; **˷krähe** f freux m; **˷zeit** f saison f des semailles.
Sabbat ['zabat] m (3) sabbat m.
Sabber|latz F ['zabər-] m bavette f; **2n** F baver.
Säbel ['zɛ:bəl] m (7) sabre m; mit dem ˷ rasseln traîner le sabre; **˷beine** f/pl. jambes f/pl. tortues; **˷duell** n duel m au sabre; **˷hieb** m coup m de sabre; **2n** (29) sabrer.
Sabot|age [zabo'tɑ:ʒə] f sabotage m; **˷eur(in** f) [˷'tø:r] m saboteur m, -euse f; **2ieren** [˷'ti:rən] saboter.
Sacharin [zaxa'ri:n] n saccharine f.
Sach|bearbeiter(in f) m personne f compétente; **˷beschädigung** ['zax-] f dégâts m/pl. matériels; **2dienlich** utile; **˷e** f chose f; (Gegenstand) objet m; (geistiger Stoff) matière f; (Tat2) fait m; (Angelegenheit) affaire f; (Fall) cas m, pol., ✠ cause f; ˷n pl. (Habe) effets m/pl.; e-e ˷ für sich une chose à part; das ist e-e andere ˷ c'est autre chose; das ist nicht deine ˷ ce n'est pas ton affaire; das tut nichts zur ˷ cela ne fait rien à l'affaire; zur ˷ kommen (en) venir au fait; zur ˷! au fait!; à la question!; das gehört nicht zur ˷ c'est 'hors du sujet; bei der ˷ bleiben s'en tenir au fait; ganz bei der ˷ sein être tout à son affaire; nicht bei der ˷ sein être distrait; j-n für s-e ˷ gewinnen gagner q. pour sa cause; in s-r ˷ gegen ... affaire ... contre ...; **˷erklärung** f explication f des faits;

2gemäß conforme aux faits; objectif; **˷kenner** m connaisseur m; expert m; **˷kenntnis** f connaissance f des faits; mit ˷ en connaissance de cause; **2kundig** expert; compétent; **˷lage** f faits m/pl.; état m de l'affaire; situation f; circonstances f/pl.; bei dieser ˷ dans cet état de choses; en cette occurence; **˷leistung** f prestation f en nature; **2lich** objectif.
sächlich gr. ['zɛçliç] neutre.
Sach|lichkeit f objectivité f; **˷register** n table f des matières; **˷schaden** m dégât m matériel.
Sachse ['zaksə] m (13), **Sächsin** ['zɛksin] f Saxon m, -e f; **˷n** n (17) la Saxe; **sächsisch** saxon. [doux!]
sacht(e) ['zaxtə] doucement; ˷! tout
Sach|verhalt ['˷vɛrhalt] m (3) = ˷lage; **˷verständige(r)** ['˷vɛrʃtɛndigər] m expert m; **˷verzeichnis** n table f des matières; ✠ inventaire m; **˷walter** ['˷valtər] m avocat m; avoué m; **˷wert** m valeur f réelle.
Sack [zak] m (3³) sac m.
Säckel ['zɛkəl] m (6) (Geldbeutel) bourse f.
sacken ['zakən] v/t. mettre en sac(s); ensacher; v/i. u. sich ˷ Gebäude: s'affaisser; frisch geschüttete Erde: se tasser; Kleidungsstücke: faire des poches.
'Sack|gasse f impasse f (a. fig.); cul-de-sac m; **˷laufen** n course f en sac; **˷leinwand** f grosse toile f; **˷pfeife** f cornemuse f; **˷träger** m portefaix m; débardeur m; **˷tuch** n (Taschentuch) mouchoir m.
Sadis|mus [za'dismus] m sadisme m; **˷t** [˷'dist] m sadiste m; **2tisch** sadique.
säen ['zɛ:ən] (25) 1. semer; ensemencer; 2. 2 n semailles f/pl.; ensemencement m.
Saffian ['zafiɑ:n] m (3¹) maroquin m.
Safran ['zafrɑ:n] m (3¹) safran m.
Saft [zaft] m (3) suc m; ♀ sève f; (Frucht2) jus m, eingedickter: sirop m; physiol. Säfte pl. humeurs f/pl.; fig. saveur f; (Kraft) énergie f; sève

saftig f; '2**ig** succulent; juteux; *fig.* vert; salé.
Sage ['zɑːgə] f (15) légende f; fable f; mythe m; (*Gerede*) bruit m.
Säge ['zɛːgə] f (15) scie f; ‿**blatt** n lame f de scie; ‿**bock** m chevalet m (de scieur); ‿**fisch** m scie f; ‿**maschine** f scie f mécanique; ‿**mehl** n sciure f de bois; ‿**mühle** f scierie f.
sagen (25) dire (*über acc.*; *von de*; *zu* à); (*bedeuten*) signifier; *sich nichts* ‿ *lassen* ne vouloir écouter personne; *das hat nichts zu* ‿ ce n'est rien, *Höflichkeit:* il n'y a pas de mal; *unter uns gesagt* soit dit entre nous; *lassen Sie sich das gesagt sein* tenez-vous cela pour dit; *damit ist nicht gesagt, daß* ... ce n'est pas à dire que ... (*subj.*).
sägen (25) scier.
sagen|haft légendaire; fabuleux; mythique; '2**kreis** m cycle m de légendes. ['**werk** ⊕ n scierie f.\
Säge|späne *m/pl.* sciure f de bois;\
Sago ['zɑːgo] m (11) sagou m; (*Tapioka*) tapioca m.
Sahara [zaˈhɑːra] f: *die* ‿ *le* Sahara.
Sahn|e ['zɑːnə] f (15) crème f; '2**ig** crémeux.
Saison [zɛˈzɔŋ] f (11¹) saison f; ‿**arbeit** f main-d'œuvre f saisonnière; ‿**arbeiter(in** f) m travailleur m (-euse f) saisonnier (-ière f); ‿**ausverkauf** m soldes m/pl. fin de saison; 2**mäßig** saisonnier.
Sait|e ♩ ['zaɪtə] f (15) corde f; *andere* ‿*n aufziehen fig.* changer de ton; '‿**en-instrument** n instrument m à cordes; '‿**enspiel** n accords m/pl. de la lyre.
Sakko [zako] m veston m; ‿**anzug** m complet m veston. [crement m.\
Sakrament [zakraˈmɛnt] n (3) sa-\
Sakrist|an [zakrisˈtɑːn] m sacristain m; ‿**ei** [‿ˈstaɪ] f sacristie f.
Salamander [zalaˈmandər] m salamandre f.
Salamiwurst [zaˈlɑːmi-] f salami m.
Salat [zaˈlɑːt] m (3) salade f; (*Pflanze*) laitue f; *da haben wir den* ‿! *fig.* F nous voilà dans de jolis draps!; ‿**kopf** m tête f de laitue; ‿**schüssel** f saladier m.
Salbader [zalˈbɑːdər] m rabâcheur m; ‿**ei** [‿badəˈraɪ] f rabâchage m; 2**n** rabâcher.
Salb|e ['zalbə] f (15) onguent m; ‿**ei** ♀ ['‿ˈbaɪ] m (3¹) u. f (16) sauge f;

'2**en** (25) oindre; (*weihen*) sacrer; '‿**ung** f onction f (*a. fig.*); (*Weihe*) sacre m; '2**ungsvoll** onctueux.
Saldo ['zaldo] m (11) solde m.
Saline [zaˈliːnə] f (15) saline f.
Salm *icht.* [zalm] m (3) saumon m; *fig.* F (*Gerede*) racontars *m/pl.*; potins *m/pl.*
Salmiak ['zalmiak] m (11) sel m ammoniac; ‿**geist** m ammoniaque f.
Salon [zaˈlɔŋ] m salon m; 2**fähig** présentable; F sortable; ‿**wagen** ⚙ m wagon-salon m.
salopp [zaˈlɔp] négligé; malpropre.
Salpeter [zalˈpeːtər] m (7) salpêtre m; nitre m; ‿**bildung** f nitrification f; ‿**erde** f terre f nitreuse; ‿**fabrik** f salpêtrerie f; 2**haltig** [‿haltiç], 2**ig** nitreux; ‿**säure** f acide m nitrique (*od.* azotique).
Salto mortale ['zalto mɔrˈtɑːlə] m saut m périlleux.
Salut [zaˈluːt] m salut m; ‿ *schießen* tirer une salve; 2**ieren** [‿luˈtiːrən] saluer. [charge f.\
Salve ['zalvə] f (15) salve f; dé-\
Salz [zalts] n (3²) sel m; ‿**bergwerk** n mine f de sel; saline f; ‿**brezel** f craquelin m salé; 2**en** (27) saler; ‿**faß** n saloir m; ‿**fäßchen** ['‿fɛsçən] n salière f; ‿**fleisch** n viande f salée; salaisons *f/pl.*; ‿**gehalt** m teneur f en sel; ‿**grube** f saline f; ‿**gurke** f cornichon m au sel; 2**haltig** ['‿haltiç], '2**ig** salé; salin; '‿**hering** m hareng m salé; '‿**lake** f saumure f; '‿**napf** m salière f; '‿**säure** f acide m chlorhydrique; '‿**sieder** m saunier m; '‿**siederei** f saunerie f; '‿**stange** f gâteau m salé; '‿**wasser** n eau f salée; '‿**werk** n saline f.
Sä|mann ['zɛː-] m semeur m; '‿**maschine** f semoir m.
Same ['zɑːmə] (13¹) m, '‿**n** m (6) semence f; graine f; *männlicher* ‿ sperme m; *fig.* (*Keim*) germe m.
'**Samen|erguß** ♈ m éjaculation f; ‿**gehäuse** n, ‿**kapsel** f ♀ capsule f; péricarpe m; ‿**handel** m, ‿**handlung** f graineterie f; ‿**händler** m grainetier m; ‿**korn** ♀ n grain m; graine f; '‿**staub** ♀ m pollen m.
Sämerei [zɛməˈraɪ] f semences *f/pl.*; graines *f/pl.*
sämig [zɛːmiç] épais; lié.
'**Sammel|band** m recueil m en un volume; '‿**becken** n réservoir m; ‿-

Sammelbüchse — 988 — **satt**

büchse f boîte f à collectes; *Kirche*: tronc m; '~**linse** f lentille f convergente.
samm|eln ['zaməln] (29) v/t. (r)assembler; (*vereinigen*) réunir (*anhäufen*) accumuler; amasser; (*einernten*) recueillir; *aus Werken*: compiler; *Briefmarken usw.*: collectionner; ⚔ rallier; *Pflanzen* ~ herboriser; *sich* ~ se rassembler, *fig.* se recueillir, se concentrer; v/i. faire une collecte.
'**Sammel|name** m nom m collectif; '~**paß** m passeport m collectif; '~**platz** m lieu m de rassemblement; ⚔ point m de ralliement; '~**stelle** f dépôt m central; ~**surium** [~'zu:rium] n salmigondis m; '~**transport** m transport m commun; '~**visum** n visa m collectif; '~**werk** n recueil m; compilation f; encyclopédie f; '~**wort** n = ~name.
Sammet ['zamət] m (3) = Samt.
'**Sammler(in** f) m (7) *Briefmarken usw.*: collectionneur m, -euse f; *Almosen*: quêteur m, -euse f; *aus Werken*: compilateur m, -trice f; (*Einnehmer*) collecteur m; '~**ung** f collection f; (*Kollekte*) collecte f; (*Auswahl*) recueil m; *fig.* recueillement m. [⚓s le samedi.]
Samstag ['zams-] m (3) samedi m;
samt [zamt] **1.** *adv.* ~ und sonders tous sans exception; **2.** *prp.* (*dat.*) avec; accompagné de; y compris; **3.** 2 m (3) velours m; '~**artig**, '~**weich** velouté; '~**en** de velours.
sämtlich ['zɛmtliç] tout; tout entier; (*vollständig*) tous; tous ensemble; au complet. [torium m.]
Sanatorium [zana'to:rium] n sana-
Sand [zant] m (3) sable m; *mit* ~ *bestreuen* sabler; j-m ~ *in die Augen streuen* fig. jeter de la poudre aux yeux de q.; *auf dem* ~ *sitzen* fig. être à sec; *sich im* ~e *verlaufen* se perdre dans le sable, *fig.* finir en queue de poisson; *auf* ~ *geraten* ⚓ s'ensabler.
Sandale [zan'dɑ:lə] f (15) sandale f.
'**Sand|bank** ⚓ f banc m de sable; *in e-m Flusse*: ensablement m; '~**boden** m terrain m sablonneux; '~**büchse** f sablier m; '~**grube** f sablière f; 2**ig** (*sandhaltig*) sablonneux; (*sandhaltig*) sableux; '~**korn** n grain m de sable; '~**kuchen** m biscuit m sec; sablé m; '~**mann** F m *der* ~ *kommt* le marchand de sable passe (*resp.* a passé); '~**papier** n papier m verré; '~**stein** m grès m; '~**torte** f biscuit m de Savoie; '~**uhr** f sablier m; '~**wüste** f désert m de sable. [en paix.]
sanft [zanft] doux; ~ *ruhen* reposer
Sänfte ['zɛnftə] f litière f; *für Kranke*: brancard m; civière f.
'**Sanft|heit** f, '~**mut** f douceur f; 2**mütig** ['~my:tiç] doux.
Sang [zaŋ] m (3¹) chant m; *mit* ~ *und Klang* tambour battant; 2- *und klanglos* déconfit; la tête basse.
Sänger(in f) ['zɛŋər] m (7) chanteur m (a. *thé.*), -euse f; (*Opern*2in) cantatrice f; (*Kirchen*2) chantre m, chanteuse f; '~**fest** n fête f chorale.
Sanguin|iker [zaŋɡu'i:nikər] m tempérament m sanguin; 2**isch** sanguin.
sanier|en [za'ni:rən] assainir; *Geschäft*: redresser; remettre sur pied; ~**ung** f assainissement m; ⊤ redressement m. [mier m.]
Sanitäter [zani'tɛ:tər] m (7) infir-
Sani'täts|flugzeug n avion m sanitaire; ~**kolonne** f colonne f sanitaire; ~**polizei** f police f sanitaire; ~**wache** f poste m de secours; ~**wagen** m voiture f d'ambulance; ~**wesen** n service m de santé.
Sanktion [zaŋktsi'o:n] f sanction f; 2**ieren** [~tsio'ni:rən] sanctionner.
Saphir ['za:fir] m saphir m.
sapper|lot! [zapər'lo:t], ~**ment!** [~'mɛnt] sapristi! sacrebleu!
Sar|delle [zar'dɛlə] f (15) sardine f; (*Anchovis*) anchois m; ~**dine** f (15) sardine f (*in Öl* à l'huile); ~**dinien** [~'di:niən] n la Sardaigne; ~**dinier** (-in f) m Sarde m, f.
Sarg [zark] m (3³) cercueil m; (*Bahre*) bière f; '~**träger** m porteur m; F croque-mort m.
Sarkas|mus [~'kasmus] m sarcasme m; 2**tisch** sarcastique.
Sarkophag [~ko'fɑ:k] m sarcophage m.
Satan ['zɑ:tan] m Satan m; 2**isch** [za'tɑ:niʃ] satanique.
Satellit [zatɛ'li:t] m (12) satellite m (*künstlicher* artificiel).
Satin [za'tɛ̃] m satin m; 2**ieren** [~ti'ni:rən] satiner.
Satir|e [za'ti:rə] f satire f; ~**iker** ['~rikər] m satirique m; 2**isch** satirique.
satt [zat] rassasié; (*völlig* ~) repu; (*überdrüssig*) las; dégoûté; ~ *sein*

Satte — **989** — **Saugrüssel**

avoir assez mangé; ~ machen rassasier; sich ~ essen manger à sa faim; se rassasier; sich ~ trinken boire à sa soif; etw. ~ bekommen se lasser de qch.; etw. ~ haben avoir assez de qch.; '2e f jatte f.

Sattel ['zatəl] m (7¹) selle f; (Berg2) croupe f; crête f; (Einsattelung) col m; in den ~ setzen (sich in den ~ schwingen) mettre (sauter) en selle; fest im ~ sitzen être ferme sur ses étriers (a. fig.); ohne ~ reiten monter à cru; j-n aus dem ~ heben désarçonner q.; fig. a. supplanter q.; in allen Sätteln gerecht débrouillard; '~bogen m arçon m; '~dach n toit à deux pentes; '~decke f housse f; '2fest sur ses étriers (a. fig.); in etw. (dat.) ~ sein fig. être ferré sur qch.; '~gurt m sangle f; '~knopf m pommeau m de selle; '2n (29) seller; Packtier: bâter; '~pferd n cheval m de selle; '~tasche f sacoche f; '~zeug n sellerie f; ⚔ harnais m.

sättig|en ['zɛtigən] (25) rassasier (mit de); fig. assouvir; 🝆 saturer; '2ung f assouvissement m; (Sattheit) satiété f; 🝆 saturation f.

'Sattler m (7) sellier m; '~ei [~'raɪ] f sellerie f. [assez.]

sattsam ['zatzɑːm] suffisamment;]

Satz [zats] m (3² u. ³) gr. proposition f (a. Logik u. ♣), als Sinnganzes: phrase f; ♣ théorème m; (Sprung) saut m; bond m; (Anlauf) élan m; Tennis: set m; (Boden2) dépôt m; (Kaffee2) marc m; (Reihe) série f; Werkzeuge: jeu m; Geschirr: service m; Knöpfe: garniture f; Töpfe: batterie f; (Ein2) enjeu m; mise f; phys. pile f; typ., ♪ composition f; † assortiment m; '~aussage gr. f verbe m; '~bau gr. m construction f (de la phrase); '~gefüge gr. n phrase f complexe; '~gegenstand gr. m sujet m; '~lehre gr. f syntaxe f; '~teil gr. m partie f du discours; '~ung f statut m; règlement m; (Glaubens2) dogme m; '2ungsgemäß statuaire; '~zeichen n (signe m de) ponctuation f; mit ~ versehen ponctuer.

Sau [zaʊ] f (14¹, bsd. Zucht2) truie f; cochon m (a. fig. P); (Wild2) laie f.

sauber ['zaʊbər] propre; net; Wäsche: blanc; (hübsch) joli; ~ abschreiben mettre au net; '2keit f propreté f; netteté f.

säuber|lich ['zɔʏbərliç] propre; '~n nettoyer; fig. épurer; '2ung f nettoyage m; fig. épuration f.

'Sau|bohne ♀ f fève f de marais. **'Saudi-A'rabien** n l'Arabie f séoudite.

'sau'dumm P bête à manger du foin.

sauer ['zaʊər] (18) aigre; bsd. Früchte: sur; 🝆 acide; Milch: caillé; saure Gurken cornichons m/pl. au vinaigre; fig. pénible; dur; ~ machen aigrir; ~ werden s'aigrir, Milch: cailler; j-m ~ werden fig. en coûter à q.; es sich ~ werden lassen se donner bien du mal; j-m das Leben ~ machen rendre la vie dure à q.; ein saures Gesicht machen être renfrogné; rechigner (zu à); '2ampfer m oseille f; '2braten m viande f marinée; '2brunnen m eaux f/pl. acidules; '2ei P [~'raɪ] f cochonnerie f; '2kirsche f griotte f; '2klee m oxalide f; '2kohl m, '2kraut n choucroute f.

säuerlich ['zɔʏərliç] aigrelet; 🝆 acidule; Wein: vert.

'Sauermilch f lait m caillé.

'säuern (29) aigrir; Teig: mettre du levain dans; 🝆 acidifier.

'Sauer|stoff m oxygène m; '~stoffflasche f bouteille f d' (resp. à) oxygène; '2süß aigre-doux; '~teig m levain m; '2töpfisch [~'tœpfiʃ] renfrogné. [comme un trou.]

saufen ['zaʊfən] (30) boire; F boire]

Säufer(in f) ['zɔʏfər] m (7) ivrogne m, -esse f; buveur m, -euse f pochard m, -e f. [beuverie f.]

Sauf|erei [~'raɪ] f, '~gelage n]

saugen ['zaʊgən] (30) sucer; (an~) aspirer; Kind, Säugerier: téter.

säugen ['zɔʏgən] (25) 1. allaiter; Kind: a. donner le sein à; 2. 2 n (6) allaitement m.

'Sauger m (7) des Säuglings: tétine f; (Maschine) aspirateur m.

'Säugetier n mammifère m.

'Saug|flasche f ['zaʊk-] f biberon m; '~heber m siphon m.

'Säugling m (3¹) nourrisson m; '~sfürsorge f assistance f aux nourrissons; '~sheim n crèche f; pouponnière f; '~spflege f puériculture f; '~spflegerin f puéricultrice f; '~ssterblichkeit f mortalité f infantile.

'Saug|pumpe f pompe f aspirante; '~rohr n tuyau m d'aspiration; '~rüssel zo. m suçoir m.

'**Sau**|**hirt**(**in** f) m porcher m, -ère f; '~**jagd** f chasse f au sanglier.

Säul|**e** ['zɔylə] f (15) colonne f; (Pfeiler) pilier m; ~**engang** m colonnade f; ~**enhalle** f portique m.

Saum [zaum] m (3³) (Naht) ourlet m; (Rand) bord m; Wald: lisière f;

säum|**en** ['zɔymən] (25) v/t. (einfassen) border; ourler; v/i. (zögern) tarder (etw. zu tun à faire qch.); hésiter (à); ~**ig** qui traîne les choses en longueur; ein ~er Zahler un mauvais payeur.

'**Saum**|**pfad** m sentier m muletier; ~**pferd** n cheval m de somme; ~**sattel** m bât m; **2selig** lent; (nachlässig) négligent; ~**seligkeit** f lenteur f; (Nachlässigkeit) négligence f; ~**tier** n bête f de somme.

Säure ['zɔyrə] f (15) aigreur f; acidité f; 🜲 acide m; ~**bildung** f acidification f.

Saure'gurkenzeit f morte-saison f.

Saurier zo. ['zauriər] m saurien m.

Saus [zaus] m: in ~ und Braus leben mener la vie à grandes guides.

säuseln ['zɔyzəln] (29) 1. murmurer, chuchoter; 2. 2 n murmure m, chuchotement m.

sause|**n** ['zauzən] (27) bruire; zischend: siffler; Wind: mugir; Auto: passer en trombe; Pferd: courir à fond de train; **2wind** m vent m qui mugit; fig. écervelé m.

'**Sauwetter** n temps m de chien.

Savanne [za'vanə] f savane f.

Savoyen [za'vɔyən] n la Savoie.

Saxo'phon n saxophone m.

Schab|**e** ent. ['ʃa:bə] f blatte f; cafard m; ~**efleisch** n viande f grattée; ~**eisen** n racloir m; grattoir m; (Reibe) râpe f; **2en** racler; gratter; (kleinreiben) râper; ~**ernack** m niche f; j-m e-n ~ spielen faire une niche à qn.

schäbig ['ʃɛ:biç] râpé; élimé (schmutzig) sordide; (geizig) ladre.

Schablone [ʃa'blo:nə] f (15) patron m; peint. pochoir m; fig. routine f; **2nhaft** routinier.

Schabsel ['ʃa:psəl] n raclure f.

Schach [ʃax] n(3) échecs m/pl.; ~ dem König! échec au roi!; ~ spielen jouer aux échecs; in ~ halten tenir en échec (a. fig.); ~**brett** n échiquier m; **2brettförmig** ['~fœrmiç] en échiquier; ~**er** ['ʃaxər] m brocantage m.

Schächer ['ʃɛçər] m (7) larron m.

Schach|**erer** m brocanteur m; trafiquant m; **2ern** brocanter; trafiquer; ~**feld** n case f d'échiquier; ~**figur** f pièce f (d'échecs); **2'matt** échec et mat; fig. rompu; ~**partie** f partie f d'échecs; ~**spiel** n (jeu m d') échecs m/pl.; ~**spieler** m joueur m d'échecs.   [puits m.]

Schacht [ʃaxt] m (3³) fosse f; 🙼)

Schachtel ['ʃaxtəl] f (15) boîte f; alte ~ fig. F vieille fille f; ~**halm** m prêle f; ~**satz** gr. m phrase f compliquée.

'**Schach**|**turnier** n tournoi m d'échecs; ~**zug** m coup m; ein guter ~ fig. une bonne tactique.

schade ['ʃa:də]: es ist ~ c'est dommage (um pour; daß ... que ... [subj.]); wie ~! quel dommage!; zu ~ für ... trop bon pour ...

Schädel ['ʃɛ:dəl] m (7) crâne m; ~**bruch** m fracture f du crâne; ~**lehre** f phrénologie f; ~**stätte** bibl. f Calvaire m.

Schaden ['ʃa:dən] 1. m (6¹) dommage m; (Verwüstung) dégât m; (Nachteil) détriment m; préjudice m; (Verlust) perte f; Gesundheit: mal m; (Gebrechen) infirmité f; zu ~ kommen être endommagé; ~ leiden s'endommager; durch ~ klug werden apprendre à ses dépens; 2. 2 (26) nuire (à); porter préjudice (à); das schadet nichts il n'y a pas de mal; cela (P ça) ne fait rien; was schadet es? qu'est-ce que cela fait?; was schadet es, wenn ...? qu'importe que ... (subj.)?; ~**ersatz** m dédommagement m (für de); ⚖ indemnité f; dommages-intérêts m/pl.; ~ leisten dédommager (für de); ~**freude** f joie f maligne; **2froh** malicieux; ~**versicherung** f allgemeine ~ assurance f (contre) tous risques.

'**schadhaft** endommagé; abîmé; (mangelhaft) défectueux; ~ lésé; Zahn: carié; ~ werden se détériorer; s'abîmer; Zahn: se carier.

schädig|**en** ['ʃɛ:digən] (25) nuire (à); j-n ~ faire tort à q.; **2ung** f tort m; préjudice m; dommage m.

'**schädlich** nuisible; nocif; bsd. ⚖ préjudiciable; (gesundheits~) malsain; das Bier ist ihm ~ la bière lui est contraire; **2keit** f nocivité f.

'**Schädling** m (3¹) plante f (resp. insecte m) nuisible; parasite m.

'**schadlos** sans dommage; j-n ~

Schadloshaltung — 991 — **schalten**

halten dédommager (*od.* indemniser) q. (für de); *sich ~ halten* veiller à n'y rien perdre; *sich ~ halten an* (*dat.*) se dédommager sur; **'2-haltung** *f* dédommagement *m*; indemnisation *f*.

Schaf [ʃɑːf] *n* (3) mouton *m*; (*Mutter2*) brebis *f*; *fig.* bourrique *f*; **'~bock** *m* bélier *m*.

Schäfchen ['ʃɛːfçən] *n* (6) agneau *m*; *pl.* (*Wolken*) cirrus *m/pl.*; *sein ~ ins trockne bringen* faire sa pelote.

'Schäfer|(in *f*) *m* (7) berger *m*, -ère *f*; **~ei** *f* bergerie *f*; **'~gedicht** *n* pastorale *f*; bergerie *f*; **'~hund** *m* chien *m* de berger; **'~roman** *m* roman *m* pastoral; **'~spiel** *n* pastorale *f*; **'~stab** *m* 'houlette *f*; **'~stunde** *fig. f* heure *f* du berger.

schaffen ['ʃafən] **1.** (30) (er.~) créer; faire; (*hervorbringen*) produire; **2.** (25) (*arbeiten*) travailler; *es ~ parvenir à; mit Ihnen habe ich nichts zu ~* je n'ai rien à faire avec vous; *ich will damit nichts zu ~ haben* je ne veux pas m'en mêler; *damit habe ich nichts zu ~* cela ne me regarde pas; *j-m viel zu ~ machen* donner beaucoup de mal à q.; *sich zu ~ machen* s'affairer.

'Schaffner(in *f*) *m* (7) 🚆 contrôleur *m*, -euse *f*; *Omnibus, Straßenbahn*: receveur *m*, -euse *f*.

'Schaf|garbe ♀ *f* achillée *f*; **'~hirt** (*-in f*) *m* = *Schäfer(in)*; **'~hürde** *f* parc *m* à moutons; **'~käse** *m* fromage *m* de brebis; **'~leder** *n* basane *f*.

Schafott [ʃa'fɔt] *n* (3) échafaud *m*.

'Schaf|pelz *m* peau *f* de mouton; **~scherer** ['~ʃɛːrər] *m* tondeur *m* de moutons; **'~schur** *f* tonte *f* (des moutons); **'~skopf** *fig. m* imbécile *m*; **'~stall** *m* bergerie *f*.

Schaft [ʃaft] *m* (3³) *Lanze*: bois *m*; *Fahne*: 'hampe *f*; *Stiefel, Baum*: tige *f*; *Säule, Gewehr*: fût *m*.

'Schaf|weide *f* pacage *m* pour les moutons; **'~wolle** *f* laine *f* de brebis; **'~zucht** *f* ('~züchter *m*) élevage *m* (éleveur *m*) de moutons.

Schah [ʃɑː] *m* schah *m*.

Schakal [ʃaˈkɑːl] *m* chacal *m*.

Schäker|(in *f*) *m* ['ʃɛːkər] (7) badin *m*, -e *f*; flirteur *m*, -euse *f*; **~ei** ['~raɪ] *f* badinage *m*; flirt *m*; **2en** (29) badiner; flirter.

schal [ʃɑːl] **1.** fade (*a. fig.*); (*abgestanden*) éventé; *fig.* insipide; (*würzlos*) sans sel; *~ werden* s'éventer; **2.** ℒ *m* (3¹ *u.* 11) *Damen*: fichu *m*; *Herren*: cache-nez *m*; *großer*: châle *m*; (*Seiden2*) foulard *m*.

Schale ['ʃɑːlə] *f* (15) (*Hülle*) enveloppe *f*; *Früchte*: peau *f*, pelure *f*; *Hülsenfrüchte*: écale *f* (*a. Nuß2*); (*Rinde*) écorce *f*; (*Schote*) gousse *f*; (*harte Nuß2*) coquille *f*; (*Ei2*) coque *f*; (*Auster2*) écaille *f*; *Schildkröte, Krebs*: carapace *f*; (*Muschel2*) valve *f*; (*Gefäß*) coupe *f*; bol *m*; (*Napf*) écuelle *f*; *Waage*: plateau *m*; (*Messer2*) plaque *f*; *fig.* superficie *f*; (*das Äußere*) dehors *m/pl.*

schälen ['ʃɛːlən] (25) *Obst, Kartoffeln*: peler; *Eier, Nüsse*: écaler; *Bäume*: (*sich s'*)écorcer; (*se*) décortiquer; *Gerste*: monder; *die Haut schält sich* la peau tombe.

Schalk [ʃalk] *m* (3[³]) espiègle *m*, *f*; **'2haft** espiègle; **'~haftigkeit** *f* espièglerie *f*.

Schall [ʃal] *m* (3[³]) son *m*; (*Widerhall*) retentissement *m*; **'~brechung** *f* réfraction *f* du son; **'~dämpfer** *m* ♪ sourdine *f*; *Auto*: silencieux *m*; pot *m* d'échappement; *Klavier*: étouffoir *m*; **'~deckel** *m* abat-voix *m*; **'2dicht** insonore; **'~dose** *f* pick-up *m*; **2en** ['~ən] sonner; résonner; retentir; **'~en** *n* retentissement *m*; **2end** sonore; retentissant; *~es Gelächter* éclat *m* de rire; **'~geschwindigkeit** *f* vitesse *f* du son; **'~(l)ehre** *f* (15) acoustique *f*; **'~(l)eiter** *m* tuyau *m* acoustique; **'~(l)och** *n* *Geige*: ouïe *f*; *Glockenturm*: abat-son *m*; **'~mauer** *f* mur *m* du son; **'~messer** *m* phonomètre *m*; **'~messung** *f* phonométrie *f*; **'~platte** *f* disque *m*; *auf ~n aufnehmen* enregistrer sur disques; **'~platten-aufnahme** *f* enregistrement *m* sur disques; **'~plattenhändler** *m* disquaire *m*; **'~plattenmusik** *f* musique *f* enregistrée; **'~plattensammlung** *f* discothèque *f*; **'~trichter** *m* pavillon *m*; **'~welle** *f* onde *f* sonore. [meau *m*.]

Schalmei [ʃalˈmaɪ] *f* (16) chalu-)

'Schalt|bild *n* schéma *m* de montage; **'~brett** ⚡ *n* tableau *m* de distribution (*od.* de commande); **'2en** (26) *v/i.* mener à son gré; *~ und walten* en faire n'faire qu'à sa guise; *j-n ~ lassen* laisser q. faire à sa guise; *frei mit etw. ~* disposer librement de qch.; *v/t.* ⚡ mettre en circuit; cou-

Schalten — 992 — **Schärfe**

pler; *Auto:* (ein~) embrayer, (aus~) débrayer, (e-n anderen Gang nehmen) changer de vitesse; '~en n (libre) disposition f; ⚡ couplage m; *Auto:* (Ein⁀) embrayage m, (Aus⁀) débrayage m; (Gang⁀) changement de vitesse; '~er m (7) guichet m; '~er m commutateur m; bouton m; (Aus⁀) interrupteur m; '~erbeamte(r) m employé m du guichet; '~erdienst m service m du guichet; '~hebel m *Auto:* levier m de changement de vitesse.

Schaltier [ˈʃɑː-] n crustacé m.
Schalt|jahr [ˈʃalt-] n année f bissextile; '~tafel f ~brett; '~tag m jour m intercalaire; '~ung f ~en ⚡.

Schaluppe [ʃaˈlupə] f chaloupe f.
Scham [ʃɑːm] f (15) 'honte f; (~haftigkeit) pudeur f; (Geschlechtsteile) = ~teile; '~bein n pubis m.
schämen [ˈʃɛːmən] (25): sich ~ avoir 'honte (gén.; über acc.; vor dat. de); être 'honteux (de); schäme dich! fi! tu n'as pas 'honte?; sich zu Tode ~ mourir de honte.

'**Scham|gefühl** n 'honte f; pudeur f (verletzen offenser); '~gegend f région f pubienne; ⚀**haft** pudique, (keusch) chaste, *péj.* pudibond; '~haftigkeit f pudeur f; pudicité f; (Keuschheit) chasteté f; ⚀**los** sans pudeur; éhonté; impudique; '~losigkeit f impudence f, impudicité f.
Schamotte [ʃaˈmɔtə] f (15) argile f réfractaire.
schampunieren [ʃampuˈniːrən] donner un shampooing.
scham|rot [ˈʃɑːm-] rouge de honte; ~ werden rougir de honte; ~ machen faire rougir de honte; ⚀**röte** [ˈ~røːtə] f rougeur f; ⚀**teile** m/pl. organes m/pl. génitaux.

'**schand|bar** 'honteux; ⚀**e** f (15) 'honte f; (Schimpf) opprobre m; ignominie f; j-m ~ machen faire 'honte à q.; j-n in ~ bringen couvrir q. de honte; j-m zur ~ gereichen faire la honte de q.
'**schänden** (26) déshonorer; *Heiliges:* profaner; (verunstalten) défigurer; *Frau:* violer; (besudeln) souiller.
Schand|fleck [ˈ~t-] m tare f; souillure f; flétrissure f.
schändlich [ˈʃɛntlɪç] 'honteux; (Schande bringend) ignominieux, (verachtenswert) infâme; ⚀**keit** f ignominie f; infamie f.

'**Schand|mal** n flétrissure f; '~pfahl m pilori m; '~tat f forfait m; infamie f. [viol m.]
'**Schändung** f profanation f; *Frau:*
Schank [ʃaŋk] m débit m de boissons; '~er ⚕ [ˈ~ər] m chancre m; '~erlaubnis f licence f de débitant; '~tisch m comptoir m; buffet m; F zinc m; '~wirt m débitant m (de boissons); cabaretier m; P bistrot m; '~wirtschaft f débit m de boissons; P bistrot m.

'**Schanz|arbeit** f (travaux m/pl. de) terrassement m; '~e f (15) retranchement m; geschlossene ~ redoute f; kleine ~ fortin m; etw. in die ~ schlagen *fig.* risquer qch.; ⚀**en** [ˈʃantsən] (27) élever des fortifications; *fig.* piocher; '~pfahl m palissade f; '~zeug n pelle-bêche f.
Schar [ʃɑːr] f (16) troupe f; bande f; (Pflug⁀) soc m (de charrue); in ~en par bandes.
Scharade [ʃaˈrɑːdə] f charade f.
Schäre [ˈʃɛːrə] f récif m.
'**scharen** (25) (sich ~ s')assembler en troupe; (se) grouper (um autour de).

scharf [ʃarf] **1.** *adj.* tranchant; affilé; (spitz) aigu; (ätzend) caustique; (genau) précis; net; (streng) sévère; rigoureux; *Spitze, Gehör:* fin; *Geschmack:* âcre; *Blick, Verstand:* pénétrant; perçant; *Zunge:* bien affilée; *fig.* bien affilé; *Gedächtnis:* très bon; fidèle; *Speise:* très assaisonné (od. épicé); *Bemerkung:* salé; épicé; *Laut:* strident; tranchant; *Wind:* cinglant; fort; *Hund:* méchant; *Kurve:* brusque; *Aufsicht:* étroit; *Unterschied:* bien tranché; *Verhör:* serré; *Zug:* marqué; accusé; *Umriß:* arrêté; net; *Brille, Essig:* fort; *Licht, Luft, Kälte, Kante, Schritt:* vif; *Feder:* acéré (*a. fig.*); *Bleistift:* taillé très fin; **2.** *adv.* ~ *machen* affiler, ✗ *Geschoß:* amorcer; ~ *laden (schießen)* charger (tirer) à balle; *j-n* ~ *ansehen* regarder q. fixement; ~ *einstellen* *phot.* mettre au point; *j-m* ~ *zusetzen* serrer q. de près; ~ *bewachen* surveiller de près; ~ *denken* penser avec rigueur; ~ *gehen* aller un bon pas; ~ *fahren* aller à vive allure; '~**blick** m perspicacité f; '~**blickend** perspicace.

Schärf|e [ˈʃɛrfə] f (15) acuité f; finesse f; (Schneide) tranchant m; (Deutlichkeit) précision f; netteté f;

schärfen — 993 — **schaukeln**

(*Strenge*) sévérité f; rigueur f; ätzende: causticité f; mordant m; ~ acidité f; (*Bitterkeit*) acrimonie f; (*Scharfsinn*) perspicacité f; ˈ²**en** aiguiser; affiler; rendre tranchant (*resp.* plus fin *resp.* plus fort).

scharf|**kantig** [ˈ~kantiç] à arête vive; ˈ~**machen** exciter; ²**macher** m excitateur m; ²**richter** m bourreau m; ♂ exécuteur m (des 'hautes œuvres'); ˈ²**schießen** n tir m à balles; ˈ²**schütze** m tireur m d'élite; ˈ~**sichtig** qui a la vue perçante; *fig.* perspicace; pénétrant; ²**sichtigkeit** f vue f perçante; *fig.* perspicacité f; ²**sinn** m finesse f; sagacité f; ˈ~**sinnig** *fin.* sagace.

Scharlach [ˈʃarlax] m (3¹) (*Farbe*) écarlate f; ♂ scarlatine f; ˈ~**fieber** n (fièvre f) scarlatine f; ˈ²**rot** rouge écarlate.

Scharlatan [ˈʃarlata:n] m charlatan m.

Scharmützel [~ˈmytsəl] n (7) escarmouche f; échauffourée f; ²**n** se livrer à des escarmouches.

Scharnier [ʃarˈniːr] n (3¹) charnière f.

Schärpe [ˈʃɛrpə] f (15) écharpe f.

scharren [ˈʃarən] (25) gratter; (*in etw. dat.* qch.); *in die Erde* ~ enfouir en terre.

Schart|**e** [ˈʃartə] f (15) brèche f; *Klinge*: dent f; ~**en bekommen** s'ébrécher e-e ~ **auswetzen** *fig.* réparer un échec; ~**eke** [~ˈteːkə] f (*Buch*) vieux bouquin m; ˈ²**ig** ébréché; ~ **machen** ébrécher; ~ **werden** s'ébrécher.

Schatten [ˈʃatən] m (6) ombre f; (*schattige Stelle*) ombrage m; *im* ~ à l'ombre; ~ **werfen auf** l'ombre de; *j-n in den* ~ **stellen** *fig.* éclipser q.; ˈ~**bild** n silhouette f; ˈ²**haft** vague; ˈ~**riß** m silhouette f; ˈ~**seite** f côté m de l'ombre; *fig.* revers m de la médaille; ˈ~**spiel** n ombres f/pl. chinoises.

schatt|**ieren** [~ˈtiːrən] ombrer; nuancer; ²**ierung** f nuance f; ˈ~**ig** ombragé.

Schatulle [ʃaˈtulə] f (15) cassette f.

Schatz [ʃats] m (3² u. ³) trésor m; *fig.* chéri m, -e f; ˈ~**amt** n trésorerie f; Trésor m, ˈ~**anweisung** f bon m du Trésor.

schätz|**bar** [ˈʃɛtsbaːr] estimable; appréciable; ˈ~**en** (27) estimer; apprécier; *Preis:* évaluer; taxer; ˈ~**enswert** estimable; ˈ²**er** m taxateur m.

Schatz|**gräber** m chercheur m de trésors; ˈ~**insel** f île f au trésor; ˈ~**kammer** f trésor m (public); ˈ~**meister** m trésorier m; (*Kassenwart*) caissier m.

Schätzung f estimation f, évaluation f; taxation f; (*Hoch*²) estime f; ˈ²**sweise** approximativement.

Schau [ʃau] f (16) vue f; (*Ausstellung*) exposition f; montre f; étalage m; (*Revue*) revue f; *prunkende:* parade f; *zur* ~ **stellen** étaler; *zur* ~ **tragen** faire étalage (*od.* parade) de, (*heucheln*) affecter; ˈ~**bude** f baraque f (de foire); ˈ~**bühne** f théâtre m; scène f.

Schauder [ˈʃaudər] m (7) frisson m; (*Zittern*) frémissement m; (*Entsetzen*) horreur f; ~ **einflößen** donner un frisson; faire frémir; faire horreur; ˈ²**haft** horrible; affreux; ˈ²**n** (29) frissonner (*vor dat.* de); (*beben*) frémir (de); tressaillir (de); avoir horreur (de); *vor Kälte* ~ grelotter de froid.

schauen [ˈʃauən] (25) voir; (*das Auge auf etw. richten*) regarder; (*aufmerksam betrachten*) considérer; contempler; *auf j-n* (*nachahmend*) imiter q.; prendre q. pour modèle.

ˈ**Schauer** 1. n od. m 'hangar m; abri m; 2. m frisson m; (*Regen*²) ondée f; (*Hagel*²) giboulée f; ˈ²**lich** horrible; affreux; ˈ~**mann** ♣ m débardeur m; ˈ²**n** = schaudern; *es schauert il tombe une ondée (Hagel:* une giboulée).

Schaufel [ˈʃaufəl] f (15) pelle f; (*Rad*²) palette f; aube f; ˈ~**bagger** m drague f à godets; ˈ²**n** (29) travailler à la pelle; *Getreide:* (*um*~) pelleter; *Grab:* creuser; ˈ~**rad** n roue f à aubes; ˈ²**voll** f pelletée f.

ˈ**Schaufenster** n devanture f; (*Kasten*) vitrine f; (*Auslage*) étalage m; ˈ~**dekorateur** m étalagiste m; ˈ~**wettbewerb** m concours m d'étalages.

ˈ**Schau**|**flieger** m aviateur m acrobatique; ˈ~**flug** m vol m d'exhibition; ˈ~**gerüst** n tribune f; tréteaux m/pl.; ˈ~**haus** n morgue f; ˈ~**kasten** m vitrine f.

Schaukel [ˈʃaukəl] f (15) (*Strick*²) balançoire f; escarpolette f; (*Wippe*) bascule f; ˈ²**n** (29) v/t. balancer; (*wiegen*) bercer; v/i. se balancer;

62 Dtsch.-Franz.

Schaukelpferd (wippen) basculer; (wanken) vaciller; ⚓ rouler; ˷**pferd** n cheval m à bascule; ˷**politik** f politique f de bascule; ˷**stuhl** m chaise f à bascule; berceuse f. [rieux.]

'**Schaulust** f curiosité; ⚓**ig** f cu-⏎

Schaum [ʃaum] m (3³) écume f; Getränke, Seife: mousse f; zu ˷ werden fig. s'évanouir; zu ˷ schlagen Eiweiß: battre en neige; ⚓**bedeckt** écumeux.

schäumen ['ʃɔymən] (25) écumer; Getränke, Seife: mousser; ˷**d** écumant; Getränke, Seife: mousseux.

'**Schaum**|**gebäck** n meringue f; ˷**gold** n oripeau m; ˷**gummi** n caoutchouc m mousse; ⚓**ig** écumeux; Getränke, Seife: mousseux; ˷**kelle** f, ˷**löffel** m écumoire f; ˷**schläger** m moussoir m; fig. charlatan m; ˷**schläge'rei** f fig. charlatanerie f; ˷**wein** m (vin m) mousseux m.

'**Schau**|**packung** f article m factice d'étalage; ˷**platz** m scène f; théâtre m; ˷**rig** horrible; affreux; ˷**spiel** n spectacle m; théâ. pièce f de théâtre; drame m; ˷**spieldichter** m auteur m dramatique; dramaturge m; ˷**spieler**(**in** f) m acteur m, actrice f; comédien m, -ne f; péj. cabotin m, -e f; ˷**spiele'rei** f cabotinage m; ⚓**spielern** jouer la comédie (a. fig.); cabotiner; ˷**spielhaus** n salle f de spectacle; théâtre m; comédie f; ˷**spielkunst** f art m dramatique; ˷**steller** ['ʃtɛlər] m exposant m; auf Märkten: forain m; ˷**stellung** f exposition f; exhibition f; ˷**turnen** n fête f de gymnastique.

Scheck [ʃɛk] m (3¹ u. 11) chèque m; ˷**buch** n carnet m de chèques; ˷**e** m (Pferd) cheval m pie; ⚓**ig** tacheté; Pferd: pie; '˷**inhaber** m porteur m d'un chèque; '˷**konto** n compte m de chèques; '˷**verkehr** m transactions f/pl. par chèques.

scheel [ʃeːl] louche; fig. envieux; jaloux; j-n mit ˷en Augen ansehen regarder q. de travers (od. d'un œil jaloux); ⚓**sucht** f envie f; jalousie f; ˷**süchtig** ['˷zʏçtɪç] envieux; jaloux.

Scheffel ['ʃɛfəl] m (7) boisseau m; ⚓**n** (29): gut ˷ gagner beaucoup; ⚓**weise** par boisseaux.

Scheibe ['ʃaɪbə] f (15) disque m; Brot, Fleisch: tranche f; Wurst, Apfel, Zitrone: rondelle f; (Fenster⚓) carreau m; vitre f; (Schieß⚓) cible f; Honig: rayon m; (Dreh⚓) tour m.

'**Scheiben**|**honig** m miel m en rayons; ˷**rad** n roue f pleine; ˷**schießen** n tir m à la cible; '˷**stand** m stand m; tir m; '˷**wischer** m essuie-glace m.

Scheide ['ʃaɪdə] f (15) ligne f de séparation; (Grenze) frontière f; limite f; (Futteral) étui m; gaine f; (Degen⚓) fourreau m; anat. vagin m; aus der ˷ ziehen dégainer; wieder in die ˷ stecken rengainer; ˷**gruß** m (dernier) adieu m; ˷**linie** f ligne f de démarcation; ˷**mauer** f mur m de refend; (Brandmauer) mur m mitoyen; '˷**münze** f billon m; ⚓**n** (30) v/t. séparer; ⚓ décomposer; ⚓ die Ehe ⚓ prononcer le divorce; sich ˷ lassen divorcer (von d'avec); v/i. s'en aller; partir; voneinander ˷ se quitter; ˷**n** n séparation f; (Abreise) départ m; ˷**wand** f cloison f; ⚓, zo., ⚓ diaphragme m; ˷**wasser** ⚓ n eau-forte f; ˷**weg** m bifurcation f; (Kreuzweg) carrefour m; am ˷ stehen fig. être forcé de choisir.

'**Scheidung** f séparation f; (Ehe⚓) divorce m; ⚓ décomposition f; ˷**sgrund** m cause f de divorce; '˷**sklage** f action f en divorce; die ˷ einreichen demander le divorce.

Schein [ʃaɪn] m (3) (Bescheinigung) attestation f; certificat m; (Quittung) reçu m; acquit m; récépissé m; (Fahr⚓) billet m; (Geld⚓) billet m (de banque); (Gepäck⚓) bulletin m de bagages; (Gut⚓) bon m; (Licht⚓) clarté f; lumière f; (Glanz) éclat m; fig. (An⚓) apparence f; semblant m; trompe-l'œil m; illusion f; (Aussehen) air m; (Außenseite) dehors m/pl.; dem ˷ nach en apparence; zum ˷ pour la forme, F pour la frime; das ist nur ˷ ce n'est qu'un trompe-l'œil; e-n ˷ erwecken donner une illusion; sich den ˷ geben, zu ... (inf.) faire semblant (od. se donner l'air) de ... (inf.); den ˷ retten sauver les apparences; der ˷ trügt les apparences sont trompeuses; ˷**angriff** m attaque f simulée; ⚓**bar** apparent; adv. a. en apparence; ˷**bild** n simulacre m; fantôme m; ˷**ehe** f mariage m fictif; ⚓**en** (30) luire; (glänzen) briller; die Sonne (der Mond) scheint il fait du soleil (clair de lune); ins Zimmer

~ donner dans la chambre; *fig.* paraître; (*den Anschein haben*) sembler; avoir l'air de; *j-m gut* ~ sembler bon à q.; *wie es scheint* à ce qu'il paraît; *es scheint nur so* ce n'est qu'un trompe-l'œil; '~**friede** *m* paix *f* fourrée; '~**gefecht** *n* combat *m* simulé; '~**grund** *m* raison *f* spécieuse; '₂**heilig** hypocrite; '~**heilige(r** *a. m*) *m, f* hypocrite *m, f*; faux dévot *m*, fausse dévote *f*; '~**heiligkeit** *f* hypocrisie *f*; fausse dévotion *f*; '~**kauf** *m* achat *m* fictif; '~**tod** *m* mort *f* apparente; léthargie *f*; '₂**tot** mort en apparence; en léthargie; '~**vertrag** *m* contrat *m* fictif; '~**werfer** *m* projecteur *m*; *Auto*: phare *m*.

Scheiß|e V ['ʃaɪsə] *f* merde *f*; '₂**en** V chier; '~**kerl** V *m* salaud *m*.

Scheit *n* (1 *u*. 3) bûche *f*.

Scheitel ['ʃaɪtəl] *m* (7) sommet *m*; (*Haar*₂) raie *f*; *vom* ~ *bis zur Sohle* de la tête aux pieds; '~**linie** *f* ligne *f* verticale; '₂**n** (29): *die Haare* ~ faire la raie; '~**punkt** *m* point *m* culminant; *Winkel*: sommet *m*; *ast.* zénith *m*; '₂**recht** vertical; '~**winkel** *m/pl.* angles *m/pl.* opposés par le sommet.

Scheiterhaufen *m* (6) bûcher *m*.

'**scheitern 1.** (29) échouer; faire naufrage; **2. 2** *n* naufrage *m*; *fig. a:* échec *m*.

Schelde ['ʃɛldə] *f* Escaut *m*.

Schelle ['ʃɛlə] *f* (15) grelot *m*; (*Glöckchen*) clochette *f*; (*Klingel*) sonnette *f*; (*Maul*₂) taloche *f*; '₂**n** (25) sonner.

'**Schellen|baum** *m* chapeau *m* chinois; '~**geläut(e)** *n* bruit *m* de grelots; *Schlitten:* 'harnais *m* à grelots; '~**kappe** *f* bonnet *m* de bouffon.

Schellfisch ['ʃɛl-] *m* aiglefin *m*.

Schelm [ʃɛlm] *m* (3) coquin *m*, drôle *m*; fripon *m*; espiègle *m*; '~**enroman** *m* roman *m* picaresque; '~**(en)streich** *m*, ~**erei** [~məˈraɪ] *f* (16) friponnerie *f*; espièglerie *f*; '₂**isch** coquin; fripon; espiègle.

Schelt|e ['ʃɛltə] *f* (15) réprimande *f*; ~ *bekommen* être réprimandé; '₂**en** (30) gronder (*od.* réprimander) (*wegen* de); *auf j-n* ~ pester contre q.; *j-n e-n Esel* ~ (*nennen*) qualifier q. d'âne; '~**wort** *n* invective *f*; insulte *f*.

Schem|a ['ʃeːma] *n* (11[²]) schéma *m*; (*Muster*) modèle *m*; ₂**atisch** [ʃeˈmaːtɪʃ] schématique; ₂**atisieren** [~matiˈziːrən] schématiser.

Schem|el ['ʃeːməl] *m* (7) tabouret *m*; escabeau *m*.

Schemen ['ʃeːmən] *m* ombre *f*; fantôme *m*; '₂**haft** fantomatique.

Schenk *m* cabaretier *m*; débitant *m*; P bistrot *m*; ~**e** [~ə] *f* cabaret *m*; taverne *f*; P bistrot *m*.

Schenkel ['ʃɛŋkəl] *m* (7) (*Ober*₂) cuisse *f*; (*Unter*₂) jambe *f*; Å côté *m*; '~**bein** *n* fémur *m*; '~**bruch** *m* fracture *f* du fémur.

schenk|en ['ʃɛŋkən] (25): *j-m etw.* ~ offrir qc. à q.; donner qc. (od. faire cadeau [od. présent] de qc.) à q.; † *das ist wie geschenkt* c'est donné; *j-m etw.* ~ (*erlassen*) tenir q. pour quitte de qc.; faire grâce de qc. à q.; (*aus*)~ débiter; verser (à boire); ₂**er(in** *f*) *m* donateur *m*, -trice *f*; '₂**mädchen** *n* serveuse *f* de brasserie (*od.* de cabaret); '₂**stube** *f* = ~**e**; '₂**tisch** *m* comptoir *m*; buffet *m*; F zinc *m*; '₂**ung** *f* donation *f*; *gemeinnützige:* dotation *f*; '₂**ungs-urkunde** *f* acte *m* de donation; '₂**wirt** *m* = Schankwirt; '₂**wirtschaft** *f* = Schankwirtschaft.

Scherbe ['ʃɛrbə] *f* (15) tesson *m*; '~**ngericht** *hist. n* ostracisme *m*.

Schere ['ʃeːrə] *f* (15) ciseaux *m/pl.*; e-e ~ une paire de ciseaux; (*Geflügel*₂) cisailles *f/pl.* à volaille; ⊕ cisailles *f/pl.*; *zo.* pince *f*; '₂**n** (30, 25) tondre; *Haare, Bart:* couper; *fig.* (*angehen*) regarder; *sich* ~ *um* se mêler de; *was schert das dich?* de quoi se mêles-tu?; *sich* ~ (*davonmachen*) s'en aller; filer; '~**n** *n* *Schafe:* tonte *f*; *Haare:* coupe *f*.

'**Scheren|fernrohr** *n* périscope *m* binoculaire; '~**schleifer** *m* rémouleur *m*. [*m/pl.* tracasseries *f/pl.*]

Scherrei [~rəˈraɪ] *f* (16) ennuis]
Scherflein ['ʃɛrflaɪn] *n* (6) obole *f*.

Scherge ['ʃɛrgə] *m* sbire *m*.

'**Schermaschine** *f* tondeuse *f*.

Scherz [ʃɛrts] *m* (3²) plaisanterie *f*; *spöttischer:* raillerie *f*; (*Schäkerei*) badinage *m*; *aus* ~; *im* ~; *zum* ~ pour rire; par plaisanterie; ~ *beiseite!* plaisanterie à part!; ~ *verstehen* entendre raillerie (resp. la plaisanterie; *mit j-m* ~ *treiben* se jouer de q.; *der* ~ *geht zu weit* cela passe la plaisanterie; '~**artikel** *m*

scherzen attrape f; ⚥en ['~ən] (27) plaisanter (*über j-n* q.); *über etw.* (*acc.*) ~ tourner qch. en plaisanterie; (*schäkern*) badiner; (*spotten*) railler; se moquer; *nicht mit sich ~ lassen* ne pas entendre raillerie (*resp. la plaisanterie*); '~**frage** f devinette f; '⚥**haft** plaisant; badin; '~**haftigkeit** f humeur f badine; '~**name** m sobriquet m; ⚥**weise** pour rire; par plaisanterie; '~**wort** n (3) mot m pour rire.

scheu [ʃɔʏ] **1.** timide; (*menschen~*) farouche; *Pferd*: ombrageux; ~ *machen* effaroucher; ~ *werden* s'effaroucher, *Pferd*: s'emballer; **2.** ⚥ f crainte f; timidité f; *ohne* ~ sans crainte, (*schonungslos*) sans ménagement.

Scheuche ['ʃɔʏçə] f (15) épouvantail m; ⚥n (25) effaroucher; (*ver~*) chasser.

scheuen ['ʃɔʏən] (25) *Pferd*: s'emballer; *sich vor etw.* (*dat.*) ~ avoir peur de qch.; *keine Mühe ~* ne pas plaindre sa peine.

Scheuer ['ʃɔʏər] f (15) grange f; '~**bürste** f brosse f à frotter (*od.* à écurer); (*Schrubber*) balai-brosse m; '~**frau** f femme f de service (pour les grosses besognes); '~**lappen** m torchon m; serpillière f; '~**leiste** f antébois m; ⚥n (29) frotter (*a.Boden*); *Geschirr*: (r)écurer; *Haut*: gratter; (*sich*) *wund ~* (s')écorcher; '~**sand** m sablon m; '~**tuch** n = ~lappen.

'**Scheu|klappe** f [ʃɔʏnə] ~**leder** n œillère f.

Scheune ['ʃɔʏnə] f (15) grange f.

Scheusal ['ʃɔʏzaːl] n (3) monstre m.

scheußlich ['ʃɔʏslɪç] hideux; horrible; '⚥**keit** f hideur f; (*Tat*) atrocité f.

Schi [ʃiː] m (11) ski m; *auf ~ern à* (*od. en*) skis; ~ *laufen*; ~ *fahren* faire du ski; ~**anzug** m costume m de ski.

Schicht [ʃɪçt] f (16) couche f (*a. fig.*); *géol.* strate f; *Holz*: pile f; *Steine*: assise f; *Luft*: région f; (*Arbeits*⚥) journée f; (*Belegschaft*) équipe f; ⚥en [~ən] (26) disposer par couches; *Holz*: empiler; *géol.* stratifier; '~**ung** f disposition f par couches; *Holz*: empilement m; *géol.* stratification f; '~**wechsel** m relève f (des équipes); '~**wolke** f stratus m.

Schick [ʃɪk] **1.** m (3, *o. pl.*) chic m; ~ *haben* avoir du chic; **2.** ⚥ chic.

schick|en [~ən] (25) envoyer; (*versenden*) expédier; *nach j-m ~* envoyer chercher q.; *sich* ~ (*vorbereiten*) se préparer (*zu* à); *sich in etw.* (*acc.*) ~ se résigner à qch.; *sich in die Umstände ~* s'accommoder aux circonstances; *sich ~ für* convenir à; être convenable à; '~**lich** convenable; décent; (*bien*)séant; '⚥**lichkeit** f convenance f; décence f; bienséance f.

Schicksal ['ʃɪkzaːl] n (3) (*Los*) sort m; *waltendes*: destin m; (*Fatum*) fatalité f; (*das vom ~ Bestimmte*) destinée f; *launenhaftes*: fortune f; '⚥**haft** fatal; '~**haftigkeit** f fatalité f; '~**sfrage** f question f fatale; '~**sfügung** f arrêt m du destin; '~**sglaube** m fatalisme m; '~**sschlag** m coup m du sort; revers m de fortune; '~**sstunde** f heure f fatale.

'**Schickung** f arrêt m du destin; *göttliche ~* Providence f.

'**Schiebe|dach** n toit m coulissant; '~**fenster** n fenêtre f à coulisse; ⚥n (30) pousser; (*gleiten lassen*) faire glisser; *sich* ~, *Wagen, Fußgänger*: avancer; *fig. mit Waren*: trafiquer; '~**r** m (7) (*Schiebering*) coulant m; *Regenschirm*: anneau m; *Sicherheitsschloß*: targette f; *Reißverschluß*: tirette f; *Schornstein*: registre m; ⊕ tiroir m; (*Person*) mercanti m; trafiquant m; profiteur m; '~**rgeschäft** n affaire f de mercanti; '~**tür** f porte f à coulisse; '~**wand** f thé. f coulisse f.

Schieb|karre ['~p~] f, '~**karren** m brouette f; '~**ung** f commerce m illicite; manœuvre f frauduleuse.

Schieds|gericht ['ʃiːts~] n tribunal m arbitral (*od.* d'arbitrage); *gewerbliches*: conseil m de prud'hommes; '~**mann** m, '~**richter** m arbitre m; '~**spruch** m sentence f arbitrale; arbitrage m; '~**verfahren** n procédure f arbitrale (*od.* d'arbitrage).

schief [ʃiːf] oblique (*a. ⚥*); (*geneigt*) incliné; penché; (*krumm*) contourné; *adv. a.* de travers; de (*od.* en) biais; *fig.* faux; erroné; (*zweideutig*) louche; ~ *gewachsen* mal venu; difforme; *ein ~es Gesicht machen* faire la grimace; *j-n ~ ansehen* regarder q. de travers; '⚥**e** f biais m; obliquité f; pente f; *fig.* fausseté f.

Schiefer ['ʃiːfər] m (7) ardoise f; *min.* schiste m; '~**bruch** m ardoisière f; '~**dach** n toit m d'ardoise; ~

Schieferdecker — 997 — **Schilderung**

decker ['⸗dɛkər] m couvreur m en ardoise; '⸗gebirge n montagnes f/pl. schisteuses; '⸗tafel f ardoise f (à écrire).

'schief|gehen F fig. tourner mal; '⸗gewickelt F fig. mal embarqué; '⸗treten Schuhe: éculer; '⸗wink(e)lig ['⸗viŋklɪç] à angle(s) oblique(s).

schielen ['ʃiːlən] (25) **1.** loucher; nach etw. ⸗ lorgner (F guigner) qch.; **2.** ⚔ nstrabisme m; '⸗d louche.

Schien|bein ['ʃiːn-] n tibia m; ⸗e ['⸗ə] f bande f; ⚔ éclisse f; 🚂 rail m; ²en 🚂 (25) éclisser.

'Schienen|-eisen n fer m méplat; ⸗räumer ['⸗rɔymər] m chasse-pierres m; chasse-corps m; '⸗strang m voie f ferrée; '⸗weg m rails m/pl.; auf dem ⸗ par voie ferrée.

schier [ʃiːr] pur; ⸗es Fleisch viande f sans os; ⸗ unmöglich absolument impossible; (beinahe) presque; ²ling m, ²lingsbecher m ciguë f.

'Schieß|bahn f champ m de tir; '⸗baumwolle f coton-poudre f; '⸗bedarf m besoin m en munitions; '⸗bude f baraque f de tir; ²en ['ʃiːsən] (30) tirer (nach j-m sur q.); nach der Scheibe à la cible); faire feu; Fußball: tirer; shooter; sich mit j-m ⸗ se battre (au pistolet, etc.) avec q.; fig. (stürzen) se précipiter; ⸗ lassen lâcher; '⸗en n (6) tir m; '⸗erei [⸗'raɪ] f (16) (échange m de) coups m/pl. de feu; fusillade f; '⸗gewehr n fusil m; '⸗platz m (champ m de) tir m; artill. polygone m; '⸗pulver n poudre f (à canon); '⸗scharte f créneau m; artill. embrasure f; '⸗scheibe f cible f; '⸗sport m tir m sportif; '⸗stand m stand m; tir m; '⸗übung f exercice m de tir; ✗ école f à feu; '⸗vorschrift f instruction f sur le tir.

Schiff [ʃɪf] n (3) bateau m; (bsd. Handels²) navire m; (Kriegs²) vaisseau m (a. fig.); sehr großes: bâtiment m; kleines: embarcation f; (Kirchen²) nef f; (Weber²) navette f; typ. galée f; auf dem ⸗ ⚓ à bord; '(f)ahrt f navigation f; '(f)ahrtsgesellschaft f compagnie f maritime; ²bar navigable; '⸗barmachung f durch Baggern: régularisation f; '⸗bau m construction f navale; '⸗bauer m constructeur m (de bateaux, etc.); '⸗bruch m naufrage m; ⸗ erleiden faire naufrage; '²brüchig naufragé; '⸗brüchige(r a. m) ['⸗bryçigər] m, f naufragé m, -e f; '⸗brücke f pont m de bateaux; '⸗chen n (6) Nähmaschine u. Weberei: navette f; ²en ['⸗ən] ⚓ (25) v/i. naviguer; faire le trajet par eau; ✠ pisser; v/t. transporter par eau; '⸗er m (7) navigateur m; (Schiffsführer) batelier m; (Binnen²) marinier m; (Seemann) marin m; matelot m; '⸗erklavier n accordéon m.

Schiffs|-arzt m médecin m de bord; '⸗bauch m cale f; '⸗besatzung f équipage m; '⸗eigentümer m, '⸗eigner ['⸗aɪknər] m armateur m; '⸗flagge f pavillon m; '⸗fracht f fret m; '⸗hebewerk n élévateur m de bateaux; '⸗junge m mousse m; '⸗kapitän m capitaine m; '⸗kellner m steward m; '⸗koch m cuisinier m du bord; coq m; '⸗körper m coque f; '⸗kran m crône m; '⸗kunde f navigation f; '⸗ladung f cargaison f; '⸗laterne f fanal m; '⸗makler m courtier maritime; '⸗mannschaft f équipage m; '⸗papiere n/pl. papiers m/pl. de bord; '⸗raum m cale f; (Tonnengehalt) tonnage m; '⸗reeder m armateur m; '⸗rumpf m coque f; '⸗schraube f hélice f; '⸗tagebuch n journal m de bord; '⸗verkehr m trafic m maritime; '⸗wache f vigie f; quart m; '⸗werft f chantier m de construction navale; '⸗zwieback m biscuit m de mer.

'Schi|hölzer n/pl. paire f de skis; '⸗hütte f refuge m.

Schikan|e [ʃi'kɑːnə] f (15) chicane f; ²ieren [⸗ka'niːrən] chicaner.

'Schi|laufen n ski m; '⸗läufer(in f) m skieur m, -euse f.

Schild [ʃɪlt] **1.** m (3) bouclier m; (Turnier², Wappen²) écu m; etw. im ⸗ führen fig. avoir un dessein caché; auf den ⸗ (er)heben fig. élever sur le pavois; **2.** n (1) (Geschäfts²) enseigne f; (Tür²) plaque f; für Bekanntmachungen: écriteau m; panneau m; '⸗bürger m bourgeois m de Schilda; fig. nigaud m; '⸗bürgerstreich m nigauderie f; '⸗drüse anat. f glande f thyroïde.

Schilder|haus ['ʃɪldər⸗] n guérite f; '⸗maler m peintre m d'enseignes; ²n (29) (dé)peindre; (beschreiben) décrire; (darstellen) représenter; retracer; '⸗n n, '⸗ung f peinture f; (Beschreibung) description f.

Schild|knappe m écuyer m; **˵ーkröte** f tortue f; **'ーkrötensuppe** f potage m à la tortue; **'ーlaus** f cochenille f; **ーpatt** ['ーpat] n (3) écaille f; **'ーwache** f sentinelle f; factionnaire m; ～ stehen être en faction.

'Schi-lehrer m professeur m de ski.

Schilf [ʃilf] n (3), **'ーrohr** n roseau m; (Binse) jonc m; **²ig** couvert de roseaux; **ーmatte** f natte f de jonc.

'Schilift m téléski m; monte-pente m.

'Schillerkragen m col m Danton.

schillern ['ʃilərn] (29) chatoyer.

Schimäre [-'mɛːrə] f chimère f.

Schimmel ['ʃiməl] m (7) cheval m blanc; ♀ moisi m; moisissure f; **²ig** moisi; ～ werden = **²n** (29) (se) moisir; **'ーpilz** m penicillium m.

Schimmer ['ʃimər] m (7) lueur f; (Licht) lumière f; heller: éclat m; keinen ～ von etw. haben fig. n'avoir pas la moindre idée de qch.; **²n** (29) (re)luire; (glänzen) briller; scintiller.

Schim'panse m (13) chimpanzé m.

Schimpf [ʃimpf] m (3) injure f; (Beschimpfung) insulte f; outrage m; affront m; (Schande) 'honte f, opprobre m; mit ～ und Schande 'honteusement; **²en** ['ーən] (25) v/i.: auf (acc.) invectiver contre; se répandre en injures (od. pester) contre; v/t.: j-n e-n Dummkopf ～ qualifier q. d'imbécile; **ーen** = **ーerei** [ー'raɪ] f invectives f/pl.; injures f/pl.; insultes f/pl.; **²lich** 'honteux, injurieux; **ーname** m nom m injurieux; **'ーreden** f/pl. = **ーen; 'ーwort** n mot m injurieux; injure f. [m voirie f.]

'Schind-aas n charogne f; **'ーanger**⌐

Schindel ['ʃindəl] f (15) bardeau m; **'ーdach** n toit m de bardeaux.

schind|en ['ʃindən] (30) écorcher; équarrir; fig. vexer; tracasser; exploiter; sich ～ s'éreinter; **²er** m (7) équarrisseur m; fig. exploiteur m; **²erei** [ー'raɪ] f équarrissage m; fig. vexations f/pl.; tracasseries f/pl.; exploitation f; **²er** m = **²-ei**; fig. mit j-m ～ treiben bafouer q.; **²mähre** f rosse f; 'haridelle f.

Schinken ['ʃiŋkən] m (6) jambon m; F (schlechtes Bild) croûte f; **'ーbrötchen** n sandwich m. [cules f/pl.]

Schinn [ʃin] m, **'ーe** f: **ーen** pl. pelli-⌐

Schippe ['ʃipə] f (15) pelle f; **'²n** (25) v/t. ramasser (v/i. travailler) à la pelle; **'ーr** m terrassier m.

Schirm [ʃirm] m (3) m; (Lampen²)

abat-jour m; (Regen²) parapluie m; (Sonnen²) ombrelle f, großer: parasol m; (Wand²) paravent m; (Schutz-, Bild²) écran m; (Mützen²) visière f de casquette; fig. protection f; abri m; **'ーbild-aufnahme** f radiophotographie f; **²en** ['ーən] (25) abriter; protéger; **'ーfutteral** n fourreau m (de parapluie); **'ーherr(in)** f m protecteur m, -trice f; **'ーherrschaft** f protection f; **'ーmacher** m fabricant m de parapluies; **'ーmütze** f casquette f à visière; **'ーständer** m porte-parapluies m.

schirren ['ʃirən] atteler; 'harnacher.

'Schi|schuhe m/pl. chaussures f/pl. de ski; **'ーschule** f école f de ski.

Schisma ['ʃisma] n schisme m; **ーtiker** [ー'maːtikər] m schismatique m; **²tisch** [ー'maːtiʃ] schismatique.

'Schi|sport m (sport m du) ski m; **'ーschanze** f tremplin m (de ski); **'ーwachs** n fart m.

Schlacht [ʃlaxt] f (16) bataille f (bei de); e-e ～ liefern livrer bataille (bei près de); **'ーbank** f étal m (de boucher); fig. boucherie f; **'ーbeil** n 'hache f de boucher; **'²en** (26) tuer; abattre; Huhn, Schwein: saigner; (opfern) immoler; (hinmorden) égorger; **'ーen** n abattage m; (Opfern) immolation f.

Schlächter ['ʃlɛçtər] m (7) boucher m; fig. bourreau m; **'ーei** [ー'raɪ] f boucherie f (a. fig.).

'Schlacht|feld n champ m de bataille; **'ーflotte** f flotte f de combat; **'ーflugzeug** n avion m de combat; **'ーgetümmel** n mêlée f; **'ーgewicht** n poids m abattu; **'ーhaus** n abattoir m; **'ーopfer** n victime f; **'ーordnung** f ordre m de bataille; in ～ aufstellen ranger en bataille; **'ーplan** m plan m de bataille; **'ーroß** n cheval m de bataille; **'ーruf** m cri m de guerre; **'ーschiff** n bâtiment m de ligne; cuirassé m d'escadre; **'ーvieh** n bétail m de boucherie.

Schlack|e ['ʃlakə] f (15) scorie f; crasse f; fig. impureté f; **'ーwetter** n pluie f mêlée de neige; **'ーwurst** f cervelas m.

Schlaf [ʃlaːf] m (1³) sommeil m; (Schlummer) somme m; im ～ en dormant; in gesunden ～ schlafen dormir d'un bon sommeil; in tiefem ～ liegen être plongé en un profond sommeil; der ～ befällt mich le

Schlafabteil

sommeil me prend; *sich des ~s nicht erwehren können* tomber de sommeil; '**~abteil** *n* compartiment *m* de wagon-lit; '**~anzug** *m* pyjama *m*.
Schläfchen ['ʃlɛːfçən] *n* (6) (petit) somme *m*; (*Mittags*2) sieste *f*.
Schläfe ['ʃlɛːfə] *f* (15) tempe *f*.
'**schlafen** (30) dormir; *leise ~* sommeiller; *sich ~ legen* (aller) se coucher; *mit* (*od. bei*) *j-m ~* se coucher avec q.; *auswärts ~* découcher; *in s-n Kleidern ~* coucher tout habillé; '2**zeit** *f* heure *f* de se coucher.
'**Schläfer(in** *f*) *m* (7) dormeur *m*, -euse *f*.
schlaff [ʃlaf] lâche; (*weich*) mou; (*welk*) flasque; (*matt*) veule; *~ machen* relâcher; *~ werden* se relâcher; '2**heit** *f* relâchement *m*; mollesse *f*; veulerie *f*.
Schlaf|gast ['ʃlaː-f-] *m* hôte *m* pour la nuit; '**~ittchen** [ʃlaˈfɪtçən] *n*: *j-n beim ~ nehmen* F prendre q. au collet; '**~krankheit** *f* maladie *f* du sommeil; '**~lied** *n* berceuse *f*; 2**los**: *~e Nacht* nuit *f* blanche; '**~losigkeit** *f* insomnie *f*; '**~mittel** *n* soporifique *m*; somnifère *m*; dormitif *m*; '**~mütze** *f* bonnet *m* de nuit; F *fig.* endormi *m*.
schläfrig ['ʃlɛːfrɪç] somnolent; *~ sein* avoir sommeil; *~ machen* donner envie de dormir; endormir; '2**keit** *f* somnolence *f*; envie *f* de dormir.
'**Schlaf|rock** *m* robe *f* de chambre; '**~saal** *m* dortoir *m*; '**~sack** *m* sac *m* de couchage; '**~sofa** *n* divan-lit *m*; '**~stelle** *f* couche *f*; (*Quartier*) gîte *m*; '**~stube** *f* chambre *f* à coucher; '**~sucht** *f* somnolence *f*; '**~trunk** *m* potion *f* soporative; '2**trunken** accablé de sommeil; somnolent; '**~trunkenheit** *f* somnolence *f*; '**~wagen** 🚃 *m* wagon-lit *m*; '2**wandeln** être somnambule; '**~wandler(in** *f*) *m* somnambule *m*, *f*; '**~zimmer** *n* chambre *f* à coucher.
Schlag [ʃlaːk] *m* (3) coup *m*; *mit e-m ~e* d'un seul coup; *~ auf ~* coup sur coup; *~ 4 Uhr* à quatre heures sonnantes; *ein ~ ins Wasser* un coup d'épée dans l'eau; *2* coup *m* de sang; (*attaque f d*)*apoplexie f*; *vom ~ gerührt* frappé d'apoplexie; *Herz:* battement *m*; (*Puls*2) pulsation *f*; *Vogel:* chant *m*; (*Art*) es-

— 999 —

Schlagwerk

pèce *f*; sorte *f*; race *f*; *sie sind beide e-s ~es* ils sont de même trempe (*od.* acabit); *Wagen:* portière *f*; (*Wegschranke*) barrière *f*; ⚡ commotion *f* électrique; (*Hitz*2) insolation *f*; (*Erschütterung*) choc *m*; (*Klaps*) tape *f*; (*Tauben*2) volière *f*; *Forst:* coupe *f*; ⚓ sole *f*; '**~ader** *f* artère *f*; '**~anfall** ['~ʔanfal] *m* (attaque *f* d')apoplexie *f*; '2**artig** subit; '**~baum** *m* barrière *f*; '**~bolzen** ⚔ *m* percuteur *m*.
schlagen ['ʃlaːɡən] (30) 1. *v/t.* battre (*mit der Faust ins Gesicht* de la poing); frapper; (*klapsen*) taper; (*besiegen*) vaincre; défaire; *Brücke:* jeter; *Eier, Sahne:* fouetter; *Holz:* couper, abattre; *Takt:* battre; *Kreis:* décrire; *Falten:* faire; *Stunden:* sonner; *die Zinsen zum Kapital ~* joindre les intérêts au capital; *v/i. Herz:* battre; palpiter; *Pferd:* ruer; *Glocke, Uhr:* sonner; *es schlägt 4 Uhr* quatre heures sonnent; *e-e geschlagene Stunde* une heure d'horloge; *Vogel:* chanter; *Motor:* cogner; *Rad:* flotter; *nach j-m ~* porter un coup à q., (*arten*) tenir de q., ressembler à q.; *gegen* (*an acc.*) *etw. ~* donner contre qch., *Regen:* fouetter qch.; *sich mit j-m ~* se battre contre (*od.* avec) q.; 2. 2 *n Herz:* battement *m*; (*Puls*2) pulsation *f*; *Uhr:* coup *m*; *Vogel:* chant *m*; *Brücke:* lancement *m*; *Wald:* coupe *f*; *Pferd:* ruade *f*; '**~d** frappant; (*überzeugend*) convaincant; 🔫 *~es Wetter n/pl.* grisou *m*.
Schlager ['ʃlaːɡər] *m* (7) (*Degen*) rapière *f*; (*Tennis*2) raquette *f*; (*Hockey*2) crosse *f*; (*Raufbold*) bretteur *m*; '**~ei** [~'raɪ] *f* bagarre *f*; rixe *f*.
'**schlag|fertig** prêt à se battre; *fig. ~ sein* être prompt à la riposte; *~ antworten* répondre du tac au tac; '2**fertigkeit** *f fig.* promptitude *f* de riposte; '2**fluß** *m* apoplexie *f*; '2**holz** *n Sport:* batte *f*; '2**instrument** *n* instrument *m* de percussion; '2**kraft** *f* force *f*; '2**kräftig** fort; *Grund:* concluant; '2**licht** *n* échappée *f* (*fig.* trait *m*) de lumière; '**~loch** *n* nid-de-poule *m*; 2**ring** *m* coup-de-poing *m*; '2**sahne** *f* crème *f* fouettée; '2**schatten** *m* ombre *f* portée; '2**seite** ⚓ *f* bande *f*; '2**uhr** *f* pendule *f* à sonnerie; '2**werk** *n*

Uhr: sonnerie *f*; '2**wetter** ⚒ *n* grisou *m*; '2**wort** *n* (3) slogan *m*; '2**zeile** *f* manchette *f*; '2**zeug** ♪ *n* batterie *f* de jazz-band.

Schlamm [ʃlam] *m* (3) limon *m*; (*Schlick*) vase *f*; (*Morast*) bourbe *f*; (*Schmutz*) fange *f* (*a. fig.*); boue *f*; '~**bad** *n* bain *m* de boue; '~**boden** *m* terrain *m* bourbeux; '2**en** déposer du limon.

schlämmen ['ʃlɛmən] *Kreide usw.*: laver.

'**schlammig** limoneux; (*morastig*) bourbeux.

'**Schlämmkreide** *f* blanc *m* de Meudon.

'**Schlamp**|**e** *f* salope *f*; souillon *f*; '~**er** *m* souillon *m*; ~**erei** [~'raɪ] *f* laisser-aller *m*; désordre *m*; négligence *f*; '2**ig** malpropre; négligé; *Arbeit*: salopé; bâclé.

Schlange ['ʃlaŋə] *f* (15) serpent *m*; ⊕ serpentin *m*; *fig.* F vipère *f*; ~ *stehen* faire (la) queue.

schlängeln ['ʃlɛŋəln] (29): *sich* ~ serpenter; *Weg*: faire des lacets; *sich* ~ *um* s'entortiller autour de.

'**Schlangen**|**beschwörer** *m* charmeur *m* de serpents; '~**biß** *m* morsure (*od.* piqûre) *f* de serpent; '~**brut** *f* nid *m* de vipères; '2**förmig** en forme de serpent; serpentin; sinueux; '~**gift** *n* venin *m* de serpent; '~**kraut** *n* serpentaire *f*; '~**linie** *f* ligne *f* serpentine; '~**mensch** *m* contorsionniste *m*; '~**rohr** ⚗ *n* serpentin *m*; '~**tanz** *m* danse *f* serpentine; '~**windung** *f* sinuosité *f*.

schlank [ʃlaŋk] svelte; élancé; (*fein, zart*) délié; grêle; gracile; '2**heit** *f* sveltesse *f*; (*Zartheit*) gracilité *f*; '~'**weg** sans façons; F tout de go.

schlapp [ʃlap] aveuli; F avachi; 2**e** ['~ə] *f* (15) échec *m* (*erleiden* essuyer); '2**hut** *m* chapeau *m* mou; '2**schwanz** *fig.* F *m* chiffe *f*.

Schlaraffen|**land** [ʃla'rafən-] *n* (~**leben** *n*) pays m (vie *f*) de cocagne.

schlau [ʃlaʊ] fin; finaud; rusé; malin; adroit; 2**berger** ['~bɛrgər] F *m* (7) malin *m*; finaud *m*.

Schlauch [ʃlaʊx] *m* (3^3) tuyau *m*; *Wein usw.*: outre *f*; (*Luft*2) chambre *f* à air; '~**boot** *n* canot *m* pneumatique; '~**reifen** *m* pneu(-matique) *m*.

'**schlauer**'**weise** adroitement.

Schlaufe ['ʃlaʊfə] *f* (15) *Gürtel*: passant *m*; *Stiefel*: tirant *m*; *Kleidung*: porte *f*; (*Knoten*) nœud *m* coulant.

'**Schlau**|**heit** *f* ruse *f*; finesse *f*; '~**kopf** *m* = ~*berger*.

schlecht [ʃlɛçt] mauvais, *adv.* mal; (*erbärmlich*) méchant; ~ *und recht* tant bien que mal; *Trost*: triste; piètre; *Zeit*: dur; difficile; ~ *werden* se gâter, *moralisch*: se pervertir; *mir ist* ~ je me sens mal; j'ai mal au cœur; *das ist* ~ *von Ihnen* c'est mal de votre part; *an j-m* ~ *handeln* se conduire mal avec q.; *auf j-n* ~ *zu sprechen sein* ne pas porter q. dans son cœur; '2**e** *n* mal *m*; '~**er** (*comp. v. schlecht*) plus mauvais, *adv.* plus mal; (*schlimmer*) pire, *adv.* pis; ~ *werden* empirer; *immer* ~ de mal en pis; ~**erdings** ['~ər'diŋs] tout simplement; absolument; ~**est** (*sup. v. schlecht*) le plus mauvais, *adv.* le plus mal; (*schlimmst*) le pire, *adv.* le pis; ~**gelaunt** ['~gə'laʊnt] de mauvaise humeur; '~'**hin**, ~**weg** ['~'vɛk] tout simplement; tout bonnement; ~**hinnig** [~'hiniç] absolu; '2**igkeit** *f* mauvais état *m*; *sittliche*: perversité *f*; (*Bosheit*) méchanceté *f*; '~**machen**: *j-n* ~ dire du mal de q.; médire de q.

schlecken ['ʃlɛkən] lécher; (*naschen*) manger des friandises.

Schlecker|**ei** [~'raɪ] *f* friandise *f*; '~**maul** *n* friand *m*, -e *f*; '2**n** être friand.

Schlegel ['ʃle:gəl] *m* (7) battoir *m*; (*Trommel*2) baguette *f*; *cuis.* cuisse *f*; gigot *m*; ⊕ maillet *m*.

Schleh|**dorn** ['ʃle:-] *m* prunellier *m*; ~**e** ['~ə] *f* prunelle *f*.

schleich|**en** ['ʃlaɪçən] (30) se glisser; *sich heimlich in etw.* (*acc.*) ~ s'introduire furtivement dans qch.; *sich heimlich aus etw.* ~ sortir furtivement de qch.; '~**end** rampant; *heimlich*: furtif; *Übel*: lent; '2**er** *m fig.* sournois *m*; '2**handel** *m* trafic *m* clandestin; marché *m* noir; '2**händler** *m* trafiquant *m*; '2**weg** *m* chemin *m* détourné.

Schleie *icht.* ['ʃlaɪə] *f* (15) tanche *f*.

Schleier ['ʃlaɪər] *m* (7) voile *m*; (*Gesichts*2) voilette *f*; ~**eule** *f* effraie *f*; '2**haft** *fig.* mystérieux.

Schleif|**e** ['ʃlaɪfə] *f* (15) nœud *m*; (*Laufschlinge*) nœud *m* coulant; *runde*: rosette *f*; cocarde *f*; *ch.* lacs *m*; ✈ boucle *f*; volte *f*; *Weg*: lacet *m*; '2**en** (30) (*schleppen*) traîner; (*schärfen*) aiguiser; affiler; (*abziehen*) re-

Schleifer — 1001 — **schlimmstenfalls**

passer; *Stein*: tailler; *Glas*: biseauter; *Mauer*: démolir; *Festung*: raser; démanteler; ♪ *u. gr.* lier; *j-n* ~ *fig.* dresser q.; '~**er** *m* rémouleur *m*; repasseur *m*; '~**erei** [~'raɪ] *f* aiguiserie *f*; '~**maschine** *f* machine *f* à aiguiser; '~**stein** *m* pierre *f* à aiguiser; *drehbarer*: meule *f*; '~**ung** *f* aiguisage *m*; *Stein*: taille *f*; *Glas*: biseautage *m*; *Mauer*: démolition *f*; *Festung*: démantèlement *m*.

Schleim [ʃlaɪm] *m* (3) viscosité *f*; *physiol.* mucosité *f*; *zäher, dicker*: glaire *f*; *Schnecke*: bave *f*; *cuis.* crème *f*; '~**absonderung** *f* sécrétion *f* muqueuse; '2-**artig** muqueux; glaireux; visqueux; ~**auswurf** *m* expectoration *f*; 2**en** ['~ən] *v/i. phm.* former un mucilage; *v/t. Zucker*: écumer; '~**fluß** *m* catarrhe *m*; '~**haut** *f* muqueuse *f*; *Nase*: pituitaire *f*; '2**ig** muqueux; glaireux; visqueux; *fig.* doucereux.

schleißen ['ʃlaɪsən] (30) (*abnutzen*) (sich s')user; *Federn*: ébarber.

schlemm|en ['ʃlɛmən] (25) faire bombance (P ripaille); '2**er** *m* viveur *m*; P ripailleur *m*; 2**erei** [~'raɪ] *f* bombance *f*; P ripaille *f*.

schlend|ern ['ʃlɛndərn] (29) aller son petit train; (*umher*~) flâner; '2-**rian** *m* (3) routine *f*; train-train *m*.

schlenkern ['ʃlɛŋkərn] (29): *mit den Beinen* ~ brandiller les jambes; *mit den Armen* ~ aller les bras ballants.

'**Schlepp**|**dampfer** *m* remorqueur *m*; '~**e** *f* (15) traîne *f*; queue *f*; 2**en** ['ʃlɛpən] (25) traîner; remorquer; 'haler; '2**end** traînant; *Börse*: languissant; '~**er** *m* (7) ⚓ = ~*dampfer*; (*Auto*) tracteur *m*; '~**kahn** *m* péniche *f*; '~**kleid** *n* robe *f* à traîne; '~**netz** *n* seine *f*, chalut *m*; '~**schiffahrt** *f* remorquage *m*; '~**seil** *n*, '~**tau** *n* remorque *f* (*a. fig.*); ⚙ guiderope *m*; *ins* ~ *nehmen* prendre à la remorque; *sich von j-m ins* ~ *nehmen lassen* se mettre à la remorque de q.

Schles|ien ['ʃleːziən] *n* la Silésie *f*; '~**ier**(**in** *f*) *m* Silésien *m*, -ne *f*; '2**isch** silésien.

Schleuder ['ʃlɔʏdər] *f* (15) fronde *f*; ⚔ catapulte *f*; *durch* ~ *starten* être catapulté; '~**er** *m* frondeur *m*; '~**honig** *m* miel *m* d'extracteur; '~**maschine** *f* machine *f* centrifuge; ⚔ catapulte *f*; '2**n** (29) *v/t.* lancer;

✝ vendre à vil prix; *v/i. Auto*: déraper; '~**n** *n* lancement *m*; *Auto*: dérapage *m*; '~**preis** *m* vil prix *m*.

schleunig ['ʃlɔʏnɪç] prompt; rapide; ~**st** ['~çst] au plus vite.

Schleus|e ['ʃlɔʏzə] *f* écluse *f*; '~**engeld** *n* droit *m* d'écluse; '~**enkanal** *m* canal *m* à écluses; '~**enmeister** *m* éclusier *m*; '~**entor** *n* porte *f* d'écluse.

Schliche ['ʃlɪçə] *m/pl.* intrigues *f/pl.*; ruses *f/pl.*; *hinter j-s* ~ *kommen* découvrir les intrigues de q.

schlicht simple; (*glatt*) plat; ~**en** ['ʃlɪçtən] (26) (*ordnen*) arranger; *Streit*: vider; (*ebnen*) aplanir; '2**er** *m* (7) médiateur *m*; arbitre *m*; '2-**feile** *f* lime *f* douce; '2**heit** *f* simplicité *f*; '2**hobel** *m* varlope *f*; '2**ung** *f* arrangement *m*; accommodement *m*; conciliation *f*; '2**ungsausschuß** *m* commission *f* de conciliation.

Schlick [ʃlɪk] *m* vase *f*; limon *m*.

schließ|en ['ʃliːsən] (30) fermer; (*ein*~) enfermer; *in sich* ~ renfermer, impliquer; comprendre; (*beenden*) terminer; finir; *Versammlung*: clore; *Sitzung*: lever; *Bündnis*: contracter; *Freundschaft*: nouer; *Vertrag, Geschäft, Ehe*: conclure; *Kreis*: former; *Reihen*: serrer; (*folgern*) conclure (*aus de*); *von sich auf andere* ~ juger d'autrui par soi-même; '2**er**(**in** *f*) *m* (7) concierge *m*, *f*; (*Gefängnis*2) geôlier *m*, -ière *f*; '2**fach** *n* boîte *f* postale; '~**lich** final; (*abschließend*) définitif, *adv. a.* en fin de compte; ~ *etw. tun* finir par faire qch.; '2**muskel** *m* sphincter *m*; '2**ung** *f* fermeture *f*; *Ehe, Vertrag*: conclusion *f* (*a. Schlußfolgerung*); *Versammlung*: clôture *f*.

Schliff [ʃlɪf] *m* (3) poli *m*; (*Schleifen*) polissage *m*; *Steine*: taille *f*; *fig.* politesse *f*; savoir-vivre *m*; ⚔ dressage *m*.

schlimm [ʃlɪm] mauvais, *adv.* mal; (*ernst*) grave; (*ärgerlich*) fâcheux; (*böswillig*) méchant; (*boshaft*) malicieux; (*krank*) malade; *Zeit*: difficile; ~ *stehen aller mal*; *e-n* ~**en Fuß haben** avoir mal au pied; ~**er** ['~ər] (*comp. v. schlimm*) pire, *adv.* pis; ~ *werden* empirer; '~**st** (*sup. v. schlimm*) le pire, *adv.* le pis; *auf das* 2**e gefaßt sein** s'attendre à tout; '~**stenfalls** ['~stən'fals]

Schlinge — 1002 — **Schlüsselwort**

au pis aller; en mettant les choses au pis.

Schling|e ['ʃliŋə] f (15) lacet m (a. ch.); (Lauf2) nœud m coulant; (Masche) maille f; (Binde) écharpe f; ch. collet m; e-e ~ legen tendre un collet; in der ~ fangen prendre au collet; fig. piège m; in die ~ geraten fig. donner dans le panneau; sich aus der ~ ziehen se tirer d'affaire; **~el** ['~əl] m (7) polisson m; garnement m; '2en (30) (schlucken) avaler; engloutir; (ineinander~) entrelacer; sich ~ um s'entortiller autour de, Pflanze: grimper à; den Arm um j-n ~ passer le bras autour de q.; **~ern** ⚓ (29) rouler; ['~ərn] n (6) roulis m; **'~pflanzen** f/pl. plantes f/pl. grimpantes.

Schlips [ʃlips] m (4) cravate f; (Querbinder) nœud m papillon.

Schlitt|en ['ʃlitən] m (6) traîneau m; (Rodel2) luge f; ~ fahren aller en traîneau, (rodeln) luger; **~bahn** f piste f de traîneau; **~enfahrt** f course f en traîneau; **~erbahn** f glissoire f; 2ern ['~ərn] (29) glisser; **'~schuh** m patin m; ~ laufen patiner; **'~schuhbahn** f patinoire f; **'~schuhlaufen** n patinage m; **'~schuhläufer(in** f) m patineur m, -euse f.

Schlitz [ʃlits] m fissure f; (Spalte) fente f; Kleid: taille f; Ärmel: crevé m; (Hosen2) braguette f; **'~ärmel** m manche f à crevés; **'~augen** n/pl. yeux m/pl. (fendus) en amande; 2-äugig ['~ɔygiç] qui a les yeux (fendus) en amande; '2en (27) fendre; taillader; (auf~) éventrer; **'~verschluß** phot. m obturateur m à rideau. [neige.\

schlohweiß ['ʃlo:-] blanc comme\

Schloß [ʃlɔs] n (2¹) (Bau) château m; (Tür2) serrure f; (Vorhänge2) cadenas m; (Gewehr2) platine f; hinter ~ und Riegel sous les verrous.

Schloße ['ʃlo:sə] f (15) grêlon m.

Schlosser ['ʃlɔsər] m (7) serrurier m; **~arbeit** f serrurerie f; **~ei** [~'rai] f serrurerie f.

'Schloß|herr m châtelain m; **~herrin** f châtelaine f; **'~turm** m donjon m; **'~vogt** m intendant m.

Schlot [ʃlo:t] m (3[³]) cheminée f.

schlott|(e)rig ['ʃlɔt(ə)riç] vacillant, branlant; Gang: mal assuré; **~ern** vaciller; branler; Beine: flageoler; die Kleider ~ ihm um die Glieder il flotte dans ses vêtements.

Schlucht [ʃluxt] f (16) gorge f; (Hohlweg) ravin m.

schluchzen ['ʃluxtsən] **1.** (27) sangloter; **2.** 2 n (6) sanglots m/pl.

Schluck [ʃluk] m (3[³]) coup m; trait m; Wasser usw.: gorgée f; in e-m ~ d'un trait; **'~auf** m, **~en** ['~ən] m 'hoquet m; '2en (27) avaler; physiol. déglutir; **~en** (6) avalement m; physiol. déglutition f; **'~er** m (7): armer ~ pauvre diable m.

Schlummer ['ʃlumər] m (7) sommeil m (léger); (petit) somme m; **'~lied** n berceuse f; '2n (29) sommeiller; **'~rolle** f traversin m.

Schlund [ʃlunt] m (3³) gosier m; gorge f; (Abgrund) gouffre m.

schlüpf|en ['ʃlypfən] (25) (se) glisser; se couler; in das Kleid ~ passer sa robe; in die Hosen ~ enfiler ses pantalons; aus dem Ei ~ sortir de l'œuf, éclore; '2er m (7) slip m.

'Schlupf|jacke f pull-over m; **'~loch** n refuge m; fig. échappatoire f.

'schlüpfrig glissant; fig. délicat; scabreux; (zweideutig) équivoque; (unzüchtig) lascif; obscène; '2keit f fig. lasciveté f; obscénité f.

'Schlupf|wespe f ichneumon m; **'~winkel** m cachette f; wilde Tiere: repaire m.

schlürfen ['ʃlyrfən] (25) v/t. 'humer; F siroter; v/i. boire (resp. manger) bruyamment.

Schluß [ʃlus] m (4²) fermeture f; Theater, Versammlung, Jagd: clôture f; (Ende) fin f; terminaison f; zum ~ pour finir; rhét. conclusion f; péroraison f; ♩ finale m; (Folgerung) conséquence f; logischer ~ syllogisme m; **~abstimmung** f vote m final; **~ansprache** f allocution f de clôture; **~antrag** m demande f de clôture; **'~bemerkung** f remarque f finale.

Schlüssel ['ʃlysəl] m (7) clef f (a. fig. u. ♩); **'~bart** m panneton m (de clef); **'~bein** 🕮 n clavicule f; **'~blume** f primevère f; **'~bund** n trousseau m de clefs; **'~industrie** f industrie f clef; **'~loch** n trou m de la serrure; '2n chiffrer; **'~ring** m porte-clefs m; **'~roman** m roman m à clef; **'~stellung** f position f clef; **'~wort** n mot m clef.

Schluß|ergebnis n résultat m final; **_folge(rung)** f conclusion f.
schlüssig ['ʃlysɪç] concluant; ~ sein être résolu; (sich) ~ werden se résoudre (etw. zu tun à faire qch.).
'Schluß|kommuniqué n communiqué m final; **'_licht** n feu m arrière; **'_pfiff** m coup m de sifflet final; **'_prüfung** f examen m de fin d'études; **'_rede** f discours m de clôture; (Nachrede) épilogue m; **'_runde** f Sport: tour m final; **'_satz** m Rede: conclusion f; ♪ finale m; **'_sitzung** f séance f de clôture; **'_stein** m clef f de voûte; **'_wort** n (3) dernière parole f; (Nachwort) épilogue m.
Schmach [ʃmaːx] f (16) ignominie f; 'honte f; (Schimpf) affront m.
schmachten ['ʃmaxtən] (26) languir (nach après); soupirer (après); vor Durst ~ mourir de soif; '♀**d** languissant; soupirant; ~e Blicke regards m/pl. langoureux. [le; chétif.]
schmächtig ['ʃmɛçtɪç] maigre; grê-
schmachvoll ['ʃmaːx-] ignominieux; 'honteux.
schmackhaft ['ʃmakhaft] savoureux; '♀**igkeit** f bon goût m: saveur f.
schmäh|en ['ʃmɛːən] (25) outrager; injurier; (herabsetzen) diffamer; '**_lich** 'honteux; ignominieux; '♀**_lied** n chanson f diffamatoire; '♀**rede** f invectives f/pl.; '♀**schrift** f libelle m; pamphlet m; '♀**sucht** f médisance f; '_**süchtig** médisant; '♀**ung** f injure f; diffamation f.
schmal [ʃmaːl] (18[2]) étroit; (lang u. dünn) effilé; (schmächtig) grêle; (mager) maigre; Gesicht: fin; Taille: mince (a. fig.); fig. chiche; ~er machen rétrécir; ~er werden se rétrécir; ~ bewirten recevoir chichement; ~e Kost maigre pitance f.
schmäl|ern ['_ərn] rétrécir; (verringern) amoindrir; diminuer; Ruf: rabaisser; dénigrer; ₸₸ déroger à; '♀**erung** f rétrécissement m; (Verringerung) amoindrissement m; diminution f; ₸₸ dérogation f.
'Schmal|film m film m de huit (resp. de seize) millimètres; '**_hans** m: bei j-m ist ~ Küchenmeister il sert maigre pitance; '**_spurbahn** f chemin m de fer m à voie étroite; '♀**spurig** à voie étroite.
Schmalz [ʃmalts] n (3[2]) graisse f (fondue); (Schweine♀) saindoux m; '♀**ig** graisseux; fig. sentimental.

schmarotz|en [ʃmaˈrɔtsən] (27) écornifler; faire le parasite; ♀**er** m (7) écornifleur m; parasite m; ♀**erleben** n vie f de parasite; ♀**erpflanze** f plante f parasite; ♀**ertum** n parasitisme m.
Schmarr|e ['ʃmarə] f balafre f; (Narbe) cicatrice f; '**_en** m cuis. galette f; fig. bagatelle f; peint. croûte f.
Schmatz [ʃmats] m bécot m; gros baiser m; ♀**en** ['_ən] (27) bécoter; (laut essen) manger bruyamment.
schmauchen ['ʃmauxən] fumer.
Schmaus [ʃmaus] m (4[2]) festin m; régal m; ♀**en** ['_zən] (27) faire bonne chère; se régaler.
schmecken ['ʃmɛkən] **1.** (25) (kosten) goûter, Getränke: déguster; nach etw.~ sentir qch.; avoir un goût de qch.; nach nichts ~ n'avoir aucun goût; sich etw. ~ lassen se régaler de qch.; manger qch. de bon appétit; fein (od. gut) ~ être bon; j-m ~ plaire à q.; être au goût de q.; wie schmeckt's? est-ce bon?; das schmeckt mir gut je trouve cela bon; das schmeckt nach mehr cela a un goût de revenez-y; **2.** ♀ n gustation f; Getränke: dégustation f.
Schmeichel|ei [_ˈlaɪ] f (16) flatterie f; (Liebkosung) cajolerie f; câlinerie f; niedrige: adulation f; '♀**haft** flatteur; ♀**n** ['ʃmaɪçəln] (29): j-m ~ flatter q. (mit de), liebkosend: caresser q., cajoler q., câliner q., niedrig: aduler q.; '♀**nd** flatteur; '**_rede** f discours m flatteur.
'Schmeichler|(in f**)** m (7) flatteur m, -euse f; liebkosender: cajoleur m, -euse f; niedriger: adulateur m, -trice f; ♀**isch** flatteur; câlin.
'schmeißen (30) jeter; '♀**fliege** f mouche f bleue (od. à viande).
Schmelz [ʃmɛlts] m (3[2]) émail m; Stimme: charme m mélodieux; '♀**bar** fusible; '**_barkeit** f fusibilité f; ♀**en** ['_ən] (30) v/i. fondre; Metall: a. entrer en fusion; Herz: se fondre; (flüssig werden) se liquéfier; v/t. (27) fondre; **_en** n fonte f; fusion f; (Verflüssigung) liquéfaction f; '♀**nd** fondant; fig. languissant; ♪ mélodieux; '**_hütte** f fonderie f; '**_ofen** m four m de fusion; '**_punkt** m point m de fusion; '**_tiegel** m creuset m.
Schmer [ʃmeːr] m u. n panne f; (Fett) graisse f; '**_bauch** m panse f.

Schmerz — 1004 — **schmunzeln**

Schmerz [ʃmɛrts] m (5¹) douleur f; (*Leiden*) souffrance f; (*Weh*) mal m; (*Kummer*) peine f; chagrin m; ꝛen ['ˌən] (27) causer de la douleur (à); (*weh tun*) faire mal (à).

'**Schmerzens|geld** n dédommagement m; 'ꝛ**kind** fig. n souci m constant; 'ꝛ**lager** n lit m de douleur.

'**schmerz|haft** douloureux; Glied: endolori; 'ꝛ**lich** douloureux; fig. pénible; affligeant; 'ꝛ**lindernd** calmant; ♂ sédatif; 'ꝛ**los** sans douleur; ♂ indolore; 'ꝛ**stillend** calmant; ♂ sédatif; 'ꝛ**voll** douloureux.

'**Schmetter|ball** m Tennis: smash m; 'ꝛ**ling** ['ˌlɪŋ] m (3¹) papillon m; 'ꝛ**lingspuppe** f chrysalide f.

schmettern ['ʃmɛtərn] (29) v/t. lancer avec violence; Lied: lancer; v/i. éclater; Trompete: retentir; Nachtigall: faire des roulades; 'ꝛ**d** retentissant; éclatant.

Schmied [ʃmiːt] m (3) forgeron m; (Huf ♀) maréchal m ferrant; fig. forgeur m; artisan m; ♀**bar** malléable.

Schmiede ['ʃmiːdə] f (15) forge f; ꝛ**eisen** n fer m forgé; ♀**-eisern** de (od. en) fer forgé; 'ꝛ**hammer** m marteau m de forge; ♀**n** (26) forger (a. fig.); sich ꝛ lassen être malléable; Ränke: ourdir; tramer; Verse ꝛ rimailler.

schmieg|en ['ʃmiːɡən] (25): sich ꝛ se plier; sich ꝛ an (acc.) se serrer (od. se blottir) con're; 'ꝛ**sam** flexible; fig. souple; ♀**samkeit** f flexibilité f; fig. souplesse f.

'**Schmier|büchse** f boîte f à graisse; ꝛ**e** f (15) ♀ graisse f; lubrifiant m; (*Wagen*♀) cambouis m; (*Schmutz*) crasse f; thé. théâtre m forain; P ꝛ stehen faire le guet; ♀**en** ['ʃmiːrən] (25) (*aufstreichen*) étendre (auf acc. sur); (*bestreichen*) enduire (mit de); ⊕ lubrifier; mit Fett ꝛ graisser; mit Öl ꝛ huiler; mit Butter ꝛ beurrer; (*sudeln*) barbouiller; fig. j-n ꝛ (*bestechen*) F graisser la patte à q.; wie geschmiert gehen aller comme sur des roulettes; ⊕ lubrification f; ꝛ**en** n (6) lubrification f; ꝛ **mit Fett** graissage m; ꝛ **mit Öl** huilage m; (*Sudeln*) barbouillage m; ꝛ**erei** [ˌˈraɪ] f (16) (*Sudelei*) barbouillage m; 'ꝛ**fink** m souillon m, f; P salaud m, -e f; 'ꝛ**geld** fig. n pot-de-vin m, -e f; 'ꝛ**ig** graisseux; (*schmutzig*) crasseux; sale; sich ꝛ machen s'embarbouiller; 'ꝛ**käse** m fromage m mou; 'ꝛ**mittel** n lubrifiant m; 'ꝛ**öl** n huile f de graissage; 'ꝛ**salbe** f onguent m; 'ꝛ**seife** f savon m mou; 'ꝛ**ung** f = ꝛen; 'ꝛ**vorrichtung** f graisseur m.

Schmink|e ['ʃmɪŋkə] f (15) fard m; rote ꝛ rouge m; weiße ꝛ blanc m; auflegen = ♀**en** farder; maquiller; sich ꝛ a. mettre du rouge (resp. du blanc); 'ꝛ**en** n maquillage m; 'ꝛ**stift** m bâton m de rouge.

Schmirgel ['ʃmɪrɡəl] m (7) émeri m; ♀**n** (29) polir à l'émeri; 'ꝛ**papier** n toile f (od. papier m) d'émeri.

Schmiß [ʃmɪs] m (Narbe) balafre f; (Schneid) chic m; F (Schick) chic m.

schmissig F ['ʃmɪsɪç] chic, (mitreißend) entraînant.

Schmöker F ['ʃmøːkər] m (7) bouquin m; ♀**n** F (29) bouquiner.

schmoll|en ['ʃmɔlən] (25) bouder (mit j-m q.); '♀**en** n bouderie f; 'ꝛ**is** n: mit j-m ꝛ trinken fraterniser avec q. le verre en main; ♀**winkel** m boudoir m.

'**Schmor|braten** m daube f; bœuf m mode; ♀**en** ['ʃmoːrən] (25) v/t. dauber; étuver; braiser; v/i. rôtir à petit feu; in der Sonne ꝛ cuire au soleil; 'ꝛ**fleisch** n = ꝛbraten; 'ꝛ**pfanne** f, 'ꝛ**tiegel** m, 'ꝛ**topf** m casserole f; braisière f; daubière f.

Schmu F [ʃmuː] m: ꝛ **machen** faire de la gratte.

schmuck [ʃmʊk] 1. élégant; 2. ♀ m (3) ornement m; (Putz) parure f; (Juwelen) bijoux m/pl.; joyaux m/pl.

schmücken ['ʃmʏkən] (25) orner (mit de); (putzen) parer (de); (verzieren) décorer (de).

Schmuck|kästchen ['ˌkɛstçən] n (6) écrin m; 'ꝛ**los** sans ornements; (einfach) simple; (nüchtern) sobre; 'ꝛ**losigkeit** f (Einfachheit) simplicité f; (Nüchternheit) sobriété f; 'ꝛ**nadel** f épingle f; broche f; 'ꝛ**sachen** f/pl. bijoux m/pl.; joyaux m/pl.

schmud|d(e)lig ['ʃmʊd(ə)lɪç] sale.

Schmuggel ['ʃmʊɡəl] m (7) contrebande f; ♀**n** (29) v/i. faire la contrebande; v/t. introduire en contrebande; 'ꝛ**ware** f contrebande f.

'**Schmuggler**(**in** f) m contrebandier m, -ière f; 'ꝛ**schiff** n navire m (de) contrebandier.

schmunzeln ['ʃmʊntsəln] (29) 1.

Schmunzeln — 1005 — **Schneewetter**

sourire d'un air entendu; **2.** ⚥ *n* sourire *m* entendu (*od.* complaisant).

Schmus F [ʃmuːs] *m* câlinerie *f*; (*Geschwätz*) papotage *m*; ⚥**en** [‿ən] F câliner (mit j-m q.); (*schwatzen*) papoter.

Schmutz [ʃmuts] *m* (3²) saleté *f*; (*Kot, Kehricht*) ordure(s *pl.*) *f* (a. *fig.*); (‿*fleck*) souillure *f*; (*Haut*⚥, *Wäsche*⚥) crasse *f*; (*Dreck*) crotte *f*; (*Straßen*⚥) boue *f*; vom ~ reinigen décrotter, *Haut, Wäsche*: décrasser; *etw. durch* (*in*) *den* ~ *ziehen* traîner qch. dans la boue; **‿ärmel** *m* garde-manche *m*; **‿blech** *n* garde-boue *m*; **‿bürste** *f* brosse *f* à décrotter; ⚥**en** [‿ən] (27) *v/i.* se salir; être salissant; **‿erei** [‿raɪ] *f* (16) saleté *f*; (*Unflätigkeit*) obscénité *f*; **‿fink** *m* souillon *m*, *f*; P saligaud *m*, -e *f*; ⚥**ig** sale; sordide (a. *fig.*); (*unreinlich*) malpropre; (*schmierig*) crasseux; ~ *machen* salir; ~ *werden* se salir; **‿igkeit** *f* saleté *f*; *fig.* sordidité *f*; **‿lappen** *m* torchon *m*; **‿liese** *f* souillon *f*; **‿literatur** *f* pornographie *f*.

Schnabel ['ʃnaːbəl] *m* (7¹) bec *m* (*halten fig.* F fermer); ⚓ proue *f*.

schnäbeln ['ʃnɛːbəln] (29) (*sich* ~ *se*) becqueter; F(se) bécoter.

Schnack [ʃnak] *m* babillage *m*; ⚥**en** [‿ən] babiller. [moustique *m*.|

Schnake ['ʃnaːkə] *f* (15) cousin *m*;]

Schnalle ['ʃnalə] *f* (15) boucle *f*; ⚥**n** (25) boucler; **‿nschuh** *m* soulier *m* à boucles.

schnalzen ['ʃnaltsən] (27) **1.** claquer (*mit der Zunge* de la langue; *mit dem Finger* du doigt); **2.** ⚥ *n* claquement *m*.

schnappen ['ʃnapən] (25) *v/t.* (*erwischen*) attraper; *v/i.* Feder: se détendre; (*federn*) faire ressort; *nach etw.* ~ (chercher à) 'happer qch., *fig.* courir après qch.

Schnäpper ['ʃnɛpər] *m* serr. loqueteau *m*; *chir.* flamme *f*.

'Schnapp|feder *f* ressort *m* (d'arrêt); **‿hahn** *m* chenapan *m*; **‿schloß** *n* serrure *f* à ressort; **‿schuß** *phot.* *m* instantané *m*.

Schnaps [ʃnaps] *m* (4²) eau-de-vie *f*; **‿brennerei** *f* distillerie *f*; **‿flasche** *f* bouteille *f* d' (*resp.* à) eau-de-vie; **‿glas** *n* petit verre *m*; **‿idee** *f* idée *f* saugrenue; **‿nase** *f* nez *m* rouge (*od.* de buveur).

schnarch|en ['ʃnarçən] **1.** (25) ronfler; **2.** ⚥ *n* (6) ronflement *m*; ⚥**er(in)** *f* ronfleur *m*, -euse *f*.

Schnarr|e ['ʃnarə] *f* (*Spielzeug*) crécelle *f*; ⚥**en** ronfler; bourdonner; gronder; *Instrument*: grincer; *das R* ~ *rouler* le r; grasseyer, **‿de** *Stimme* voix *f* ronflante.

schnattern ['ʃnatərn] (29) **1.** *Ente*: caqueter; *Gans*: criailler; *fig.* F bavarder; **2.** ⚥ *n* (6) *Ente*: caquetage *m*; *Gans*: criaillerie *f*; *fig.* F bavardage *m*.

schnauben ['ʃnaʊbən] (30) respirer bruyamment; souffler; (*keuchen*) 'haleter; *Pferd*: s'ébrouer; *sich* (*die Nase*) ~ se moucher.

schnaufen ['ʃnaʊfən] (25) 'haleter; panteler.

Schnauz|bart F ['ʃnaʊts-] *m* moustache(*s pl.*) *f*; ⚥**bärtig** [‿bɛrtɪç] moustachu; **‿e** *f* (15) museau *m*; *Schwein*: groin *m*; *Rindvieh*: mufle *m*; P gueule *f*; ⚥**en** P gueuler.

Schnecke ['ʃnɛkə] *f* (15) (co)limaçon *m*; *eßbare*: escargot *m*; *ohne Haus*: limace *f*; ⚛ volute *f*; ⊕ *f* vis sans fin; *anat.* limaçon *m*.

schnecken|förmig [‿ənfœrmɪç] en spirale; ⚥**gang** *m fig.* pas *m* de tortue; ⚥**getriebe** *n* engrenage *m* à vis sans fin; ⚥**haus** *n* coquille *f* de limaçon (*resp.* d'escargot); ⚥**linie** *f* spirale *f*; hélice *f*.

Schnee [ʃneː] *m* (3¹) neige *f*; (*Eier*⚥) œufs *m/pl.* à la neige; *zu* ~ *schlagen* battre en neige; **‿ball** *m* boule *f* de neige; ⚥ *boule-de-neige f*; ⚥**ballen**: *sich* ~ se battre à coups de boules de neige; **‿decke** *f* couche *f* de neige; **‿fall** *m* chute *f* de neige; **‿feld** *n* champ *m* de neige; **‿flocke** *f* flocon *m* de neige; **‿gestöber** *n* tourbillon *m* de neige; **‿glöckchen** *n* perce-neige *m* (*f*); **‿grenze** *f* limite *f* des neiges éternelles; **‿höhe** *f* enneigement *m*; **‿huhn** *n* perdrix *f* blanche; ⚥**ig** neigeux; couvert de neige; **‿kette** *f Auto*: chaîne *f* antidérapante; **‿mann** *m* bonhomme *m* de neige; **‿mensch** *m Himalaja*: homme *m* des neiges; **‿pflug** *m* chasse-neige *m*; **‿schläger** *m* fouet *m* (à battre); **‿schmelze** *f* fonte *f* des neiges; **‿sturm** *m* tourmente *f* de neige; **‿treiben** *n* tempête *f* de neige; **‿verwehung** *f* amas *m* de neige; **‿weiß** blanc comme neige; **‿wetter** *n* temps *m* de neige.

Schneid [ʃnaɪt] m (3) énergie f; entrain m; cran m; **'⁓brenner** m chalumeau m à découper.

Schneide ['ʃnaɪdə] f (15) tranchant m; taillant m; **⁓eisen** ⊕ n filière f; **'⁓mühle** f scierie f; **²n** (39) couper; (ab⁓) trancher; (zurecht⁓) tailler; in Holz ⁓ graver sur bois; j-n⁓fig. ignorer q.; das schneidet mir ins Herz cela me fend le cœur; sich ⁓ in (acc.) se couper (od. se faire une coupure) à; sich gewaltig ⁓ fig. se mettre le doigt dans l'œil; **'⁓n** n coupe f; taille f; im Leib: tranchée f; **'²nd** tranchant; Kälte: pénétrant; Wind: cinglant.

Schneider ['ʃnaɪdər] m tailleur m; **⁓ei** [⁓'raɪ] f (16) métier (resp. atelier) m de tailleur (resp. de couturière); **'⁓geselle** m ouvrier m tailleur; **'⁓in** f couturière f; **'⁓kostüm** n (costume m) tailleur m; **'⁓lohn** m façon f; **'⁓meister** m maître m tailleur; **'²n** (29) faire de la couture.

'Schneidezahn m (dent f) incisive f.
'schneidig tranchant; fig. qui a du cran.

schneien ['ʃnaɪən] (25) neiger.
Schneise ['ʃnaɪzə] f (15) laie f.
schnell [ʃnɛl] rapide; prompt; adv. a. vite; so ⁓ wie möglich le plus vite possible; au plus vite; ⁓er gehen allonger le pas.

'Schnell|boot n vedette f rapide; **'⁓dampfer** m paquebot m; **⁓e** ['⁓ə] f vitesse f; Fluss: rapide m; **²en** (25) v/t. lancer; v/i. bondir; Feder: se débander; ⁓ lassen lâcher; **'⁓feuer** ⚔ n tir m accéléré (od. rapide); **²füßig** ['⁓fy:sɪç] au pied léger; leger à la course; agile; **'⁓hefter** m classeur-relieur m; **'⁓igkeit** f vitesse f; rapidité f; fig. promptitude f; **'⁓kraft** f élasticité f; ressort m; **'⁓(l)auf** m course f de vitesse; im ⁓ au pas de course; **'⁓(l)äufer(in** f) m coureur m, -euse f; **'⁓schrift** f sténographie f; **'⁓segler** m fin voilier m; racer m; **'⁓stahl** m acier m rapide; **'⁓zug** m (train m) rapide m.

Schnepfe ['ʃnɛpfə] f (15) bécasse f.
schneuzen ['ʃnɔʏtsən] (27) (sich ⁓ se) moucher.
schniegeln F ['ʃni:gəln] (29) (sich s')attifer; geschniegelt und gebügelt tiré à quatre épingles.

Schnipp|chen ['ʃnɪpçən] n (6): j-m ein ⁓ schlagen faire la nique à q.; **²eln** ['⁓əln] déchiqueter; **'²isch** fripon; (höhnisch stolz) dédaigneux.

'Schnipsel m (a. n) petit morceau m.

Schnitt [ʃnɪt] m (3) coupe f; (Aus-, Be-, Zuschneiden) taille f; (Wunde) coupure f, tiefer: entaille f; ⚕ chir. incision f; ⚔ intersection f; Kleider: façon f; coupe f; (⁓muster) patron m; Kunst: gravure f; Bier: chope f; Buch: tranche f; **'⁓blumen** f/pl. fleurs f/pl. (coupées); **'⁓bohnen** f/pl. 'haricots m/pl. verts; **⁓e** ['⁓ə] f (15) tranche f; (bestrichene Brot⁓) tartine f; **'⁓er(in** f) m (7) moissonneur m, -euse f; **'⁓fläche** f coupe f; **'⁓holz** n bois m de sciage; **'⁓lauch** m civette f; **'⁓linie** f ligne f d'intersection; **'⁓muster** n patron m; modèle m; **'⁓punkt** m point m d'intersection; **'⁓waren** f/pl., **'⁓warenhandlung** f mercerie f; **'⁓warenhändler(in** f) m mercier m, -ière f; **'⁓wunde** f coupure f; tiefe: entaille f.

Schnitz|-arbeit f sculpture f sur bois; **⁓el** ['ʃnɪtsəl] n (7) Fleisch, Fisch: escalope f (Wiener à la viennoise); pl. (Abfälle) rognures f/pl.; **'⁓eljagd** f Sport: rallye-paper m; **²eln** (29) découper; **²en** (27) sculpter; tailler; in Holz ⁓ sculpter sur bois; **'⁓er** m (7) sculpteur m (sur bois); (Fehler) faute f, bévue f; F gaffe f; **'⁓erei** [⁓'raɪ] f, **'⁓kunst** f sculpture f sur bois; **'⁓messer** n couteau m à sculpter; **'⁓werk** n ouvrage m sculpté; sculpture f sur bois.

schnoddrig P ['ʃnɔdrɪç] impertinent; **²keit** P f impertinence f.
schnöde ['ʃnø:də] vil; bas; indigne; ⁓ behandeln traiter de façon indigne.
Schnörkel ['ʃnœrkəl] m (7) ornement m baroque; beim Schreiben: crochet m; beim Namenszug: parafe m; △ volute f.

schnorr|en F ['ʃnɔrən] resquiller; **²er** F m resquilleur m.
schnüff|eln ['ʃnʏfəln] (7) renifler; Hund: flairer (a. fig.); fig. espionner; **'²ler** m (7) renifleur m; fig. espion m.

Schnuller ['ʃnʊlər] m sucette f.
Schnupfen ['ʃnʊpfən] m (6) rhume m (de cerveau); den ⁓ bekommen; sich e-n ⁓ holen attraper un rhume; s'enrhumer; den ⁓ haben être enrhumé; **²en** (25) prendre une prise

Schnupfer de ...; *Tabak* ~ priser; '~**er** *m* priseur *m*; '~**fieber** *n* fièvre *f* catarrhale; grippe *f*; '~**tabak** *m* tabac *m* à priser; '~**tabaksdose** *f* tabatière *f*; '~**tuch** *n* mouchoir *m* (de poche).

schnuppe F ['∫nupə]: *das ist mir* ~ je m'en moque; P je m'en fiche; '~**rn** (29) = *schnüffeln*.

Schnur [∫nu:r] *f* (14¹) cordon *m*; corde *f*; (*Litze*) liséré *m*; (*Bindfaden*) ficelle *f*; (*Meß&*) cordeau *m*; *Perlen*: collier *m*; *über die* ~ *hauen* fig passer la mesure.

Schnür|band ['∫ny:r-] *n* lacet *m*; '~**boden** *thé. m* cintre *m*; '~**brust** *f* corset *m*; '~**chen** *n* (6) cordonnet *m*; *wie am* ~ *gehen* aller comme sur des roulettes; 2**en** (25) serrer; lacer (*a. Schuh*); ficeler.

'**schnurge'rade** tout droit.

'**Schnur|leib(chen** *n*) *m* corset *m*; '~**loch** *n* œillet *m*; '~**nadel** *f* passe-lacet *m*.

Schnurr|bart ['∫nur-] *m* moustache(s *pl.*) *f*; '~**bartbinde** *f* fixe-moustache *m*; 2**e** *f* facétie *f*; drôlerie *f*; (*Spielzeug*) crécelle *f*; 2**en** bourdonner; *Katze*: ronronner.

'**Schnurriemen** *n* lacet *m*.

'**schnurrig** drôle; burlesque.

'**Schnür|schuh** *m* soulier *m* à lacets; '~**senkel** *m* lacet *m*; '~**stiefel** *m* brodequin *m*. [droit.]

schnurstracks ['∫nu:r∫traks] tout]

Schober ['∫o:bər] *m* (7) tas *m*; *Heu*: meule *f*.

Schock [∫ɔk] **1.** *n* (3) soixantaine *f*; **2.** *m* (*Erschütterung*) choc *m*.

schofel F ['∫o:fəl] (*unfein*) pas poli; (*geizig*) ladre; chiche.

Schöff|e ['∫œfə] *m* échevin *m*; juré *m*; '~**engericht** *n* jury *m*.

Schokolad|e [∫oko'la:də] *f* (15) chocolat *m*; ~**enfabrik** *f* chocolaterie *f*; ~**enfabrikant** *m* chocolatier *m*; ~**enplätzchen** *n* pastille *f* de chocolat; ~**entafel** *f* tablette *f* de chocolat.

Scholastik [∫o'lastik] *f* scolastique *f*; ~**iker** *m* scolastique *m*; 2**isch** scolastique.

Scholle ['∫ɔlə] *f* glèbe *f*; (*Erd&*) motte *f*; (*Eis&*) glaçon *m*; ~**icht** pl. plie *f*.

schon [∫o:n] déjà; ~ *jetzt* dès maintenant; (*ohnehin*) sans cela; ~ *der Gedanke* la seule pensée; ~ *dadurch allein* par cela seul; *was gibt's* ~ *wieder?* qu'y a-t-il encore?; *er wird* ~ *kommen* il viendra bien; ~ *gut!* c'est bon!; *mir* ~ *recht* d'accord.

schön [∫ø:n] beau (*vor vo. od. stummem h*: bel); ag.bien; (*hübsch*) joli; (*angenehm*) agréable; ~*e Literatur* belles-lettres *f|pl.*; *es ist* ~*es Wetter* il fait beau temps; *wieder* ~ *werden Wetter*: se remettre au beau; ~ *machen Hund*: faire le beau; *das ist* ~ *von dir* c'est bien à toi (*od.* de ta part); *alles* ~ *und gut, aber* ... tout cela est bel et bon, mais ...; *das wäre noch* ~! *iron.* ah, par exemple!; *da sind wir* ~ *dran!* nous voilà dans de beaux draps!; ~! *bien!*; *parfait!*; 2**e** *f* belle *f*; beauté *f*; ~**e** *n* beau *m*; *das* ~ *an etw.* (*dat.*) ce qu'il y a de beau dans qch.; *was* ~**s** *von j-m denken* avoir une belle opinion de q.; *da hast du was* ~**s** *angerichtet* tu as fait du propre.

schon|en ['~ən] (25) ménager; (*versparnen*); (*pflegen*) soigner; ~**end** plein d'égards; *adv.* avec ménagement; 2**er** *m für Möbel*: 'housse *f*; ✠ (7) schooner *m*, goélette *f*.

schön|färben ['~fɛrbən] représenter tout en beau; 2**färberei** ['~rai] *f* (fausse) idéalisation *f*; 2**geist** *m* bel esprit *m*; ~**geistig** de bel esprit; ~**e Literatur** belles-lettres *f|pl.*; 2**heit** *f* beauté *f*.

'**Schönheits|fehler** *m* défaut *m*; *fig.* inélégance *f*; '~**königin** *f* reine *f* de beauté; '~**mittel** *n* cosmétique *m*; '~**pflaster** *n* mouche *f*; '~**pflege** *f* cosmétique *f*.

'**Schön|redner** *m* beau parleur *m*; rhéteur *m*; '~**redne'rei** *f* rhétorique *f*; '~**schreiben** *n*, '~**schrift** *f* calligraphie *f*; *in* ~ *schreiben* calligraphier; '~**schreiber** *m* calligraphe *m*; ~**tuerei** ['~tuə'rai] *f* préciosité *f*; minauderies *f|pl.*; 2**tun** faire le précieux; minauder; *mit j-m* ~ faire l'empressé auprès de q.

Schon|ung ['∫o:nuŋ] *f* ménagement(s *pl.*) *m*; (*Nachsicht*) indulgence *f*; (*Forst*) réserve *f*; bois *m* en défens; pépinière *f*; 2**ungslos** sans ménagements; impitoyable; '~**zeit** *ch. f* temps *m* prohibé; *es ist* ~ la chasse est fermée.

Schopf [∫ɔpf] *m* (3³) toupet *m*; touffe *f* de cheveux; *Vögel*: 'h(o)uppe *f*; *die Gelegenheit beim* ~ *ergreifen* saisir la balle au bond.

'**Schöpf|brunnen** m puits m (à seau); '~**eimer** m seau m à puiser; *Schöpfrad*: godet m; ℚ**en** ['ʃœpfən] (25) puiser (*aus* dans *od.* à); '~**er(in** f) m créateur m, -trice f; auteur m; ℚ**erisch** créateur; '~**erkraft** f force f créatrice; '~**kelle** f, '~**löffel** m cuiller f à pot; louche f; '~**rad** ⊕ n roue f à godets; noria f; '~**ung** f création f; '~**ungsgeschichte** f Genèse f.

'**Schoppen** m (6) chope f; *Wein*: chopine f.

Schöps [ʃœps] m mouton m.

Schorf [ʃɔrf] m (3) eschare (*od.* escarre) f; croûte f; '~**bildung** f escarrification f; ℚ**ig** couvert de croûtes; croûteux.

Schornstein ['ʃɔrn-] m cheminée f; '~**feger** m ramoneur m.

Schoß [ʃo:s] m **1.** (3² u. ³) giron m; (*Mutter*ℚ) sein m (a. *fig.*); (*Rock*ℚ) pan m; basque f; *auf den* ~ *nehmen* prendre sur ses genoux; *die Hände in den* ~ *legen* se tenir les bras croisés; *in den* ~ *fallen* *fig.* tomber du ciel; **2.** (4²) (*junger Trieb*) pousse f; rejeton m; '~**hund** m, '~**hündchen** n bichon m, -ne f; '~**kind** n enfant m (f) gâté(e).

Schößling ['ʃœsliŋ] m (3¹) jet m; rejet m; rejeton m; pousse f.

Schote ['ʃo:tə] f (15) ↊ cosse f; *cuis.* ~n pl. petits pois m/pl.

Schott [ʃɔt] n, ~**e** ['~ə] ↊ f cloison f; '~**e** m, '~**in** f Écossais m, -e f; ~**er** ['~ər] m empierrement m; ➘ ballast m; '~**ern** empierrer; '~**erstraße** f route f empierrée; '~**erung** f = ~**er**; ℚ**isch** écossais; '~**land** n l'Écosse f.

schraffier|en [ʃra'fi:rən] 'hachurer; ℚ**ung** f hachure f.

schräg [ʃrɛ:k] oblique (*schief*) de (*od.* en) biais; (*geneigt*) incliné; (*querlaufend*) diagonal; ~ *abschneiden* tailler en biseau; ~ *gegenüber* en diagonale; ~**e** *Linie* biais m; ℚ**e** ['~ɡə] f (15) biais m; (*Abdachung*) talus m; ⚕ obliquité f; '~**en** donner du biais (*od.* de la pente) à; '~**kantig** biseauté.

Schramme ['ʃramə] f (15) éraflure f; *durch Kratzen*: égratignure f; *Möbel, Glas*: raie f; ℚ**n** érafler; (*kratzen*) égratigner; *Möbel, Glas*: rayer.

Schrank [ʃraŋk] m (3³) armoire f; (*Geschirr*ℚ) buffet m; *Säge*: voie f; '~**e** f barrière f; (*Einfriedung*) clôture f; *Gericht*: barre f; *vor die* ~**n** *fordern* mander à la barre; (*Kampfplatz*) champ m clos; lice f; *in die* ~**n** *fordern* provoquer en champ clos; *in die* ~**n** *treten* entrer en lice; *fig.* limite f; borne f; (*Zügel*) frein m; *in* ~**n** *setzen* mettre des bornes à; *in* ~**n** *halten* tenir dans les bornes; contenir; 'ℚ**enlos** sans bornes; effréné; déréglé; '~**enlosigkeit** f dérèglement m; (*Zügellosigkeit*) licence f; '~**enwärter** m garde-barrière m; '~**koffer** m malle-armoire f.

Schraube ['ʃraubə] f (15) vis f; ↊ u. ⚙ hélice f; *bei ihm ist e-e* ~ *los* *fig.* F il est toqué (*od.* cinglé); ℚ**n** (30) visser (*fest à fond*).

'**Schraubendampfer** m vapeur m à hélice; '~**flügel** m pale f d'hélice; ℚ**förmig** hélicoïde; '~**gang** m pas m de vis; '~**gewinde** n filet m de vis; '~**linie** f hélice f; '~**mutter** f écrou m; '~**schlüssel** m clef f à écrous; '~**windung** f filet m de vis; '~**zieher** m tournevis m.

Schraubstock ['ʃraup-] m étau m; *in den* ~ *spannen* serrer dans l'étau.

Schrebergarten ['ʃre:bər-] m jardin m ouvrier.

Schreck [ʃrɛk] m (3) = ~**en**; '~**bild** n épouvantail m; ℚ**en** m effroi m; (*Angst*) peur f; *plötzlicher*: frayeur f, *pfort* terreur f; (*Entsetzen*) épouvante f; *j-m* ~ *einflößen* (*od.* *einjagen*) causer de l'effroi à q.; *in* ~ *versetzen* effrayer, *pfort* épouvanter; *e-n* ~ *bekommen* s'effrayer; *mit dem* ~ *davonkommen* en être quitte pour la peur; *ein Ende mit* ~ une fin épouvantable; *die* ~ *pl. des Todes* les affres f/pl. de la mort; 'ℚ**en** effrayer, *pfort* épouvanter, terrifier; *Wasser*: dégourdir; (*abkühlen*) rafraîchir; '~**ensbotschaft** f nouvelle f terrible; '~**ensherrschaft** f régime m de terreur; *hist.* *die* ~ *La Terreur*; '~**ensjahr** n année f terrible; '~**gespenst** n spectre m; ℚ**haft** peureux; timide; *pfort* poltron; '~**haftigkeit** f timidité f; *pfort* poltronnerie f; ℚ**lich** effrayant; terrible; épouvantable; horrible; '~**nis** n horreur f; '~**schuß** m coup m tiré (*fig.* menace f) en l'air.

Schrei [ʃrai] m (3) cri m (*ausstoßen* pousser; *jeter*).

'**Schreib|art** ['ʃraip°-] f style m; = ~**ung**; '~**bedarf** m fournitures

Schreibblock — 1009 — **schroff**

f/pl. de bureau; '~block m bloc-notes m.

schreiben ['ʃraɪbən] **1.** (30) écrire (an acc. à); gut ~ écrire bien, Handschrift: a. avoir une belle écriture (od. main); Rechnung: dresser; **2.** 2 n (6) (Brief) lettre f, écrit m.

'**Schreiber** m (7) celui qui écrit; auteur m; ~ secrétaire m; greffier m; (Notar2) clerc m; mv.p. scribe m; (Ab2) copiste m; Graphologie: scripteur m; ~ei [~'raɪ] f paperasse f.

schreib|faul ['ʃraɪp-] (trop) paresseux pour écrire; 2**faulheit** f paresse f d'écrire; 2**feder** f plume f; 2**fehler** m faute f d'orthographe; 2**gebühr** f frais m/pl. de copie; frais m/pl. d'enregistrement; 2**heft** n cahier m; 2**krampf** m crampe f des écrivains; 2**kunst** f calligraphie f; 2**mappe** f sous-main m; 2**maschine** f machine f à écrire; (mit der) ~ schreiben écrire à la machine, dactylographier, F taper; 2**maschinenfräulein** n dactylo(graphe) f; 2**maschinenpapier** n papier m machine; 2**materialien** n/pl. = 2**bedarf**; 2**papier** n papier m à écrire; 2**pult** n bureau m, Schule: pupitre m; 2**schrift** f caractères m/pl. d'écriture; 2**stube** f bureau m, Notar: étude f; 2**tisch** m bureau m, secrétaire m; 2**ung** f manière f d'écrire; orthographe f; 2**unterlage** f sous-main m, zur Vorsicht: garde-main m; 2**waren** f/pl. articles m/pl. de papeterie; 2**warenhändler(in** f) m papetier m, -ière f; 2**warenhandlung** f papeterie f; 2**weise** f = ~ung; 2**zeug** n écritoire f; 2**zimmer** n = 2**stube**.

schrei|en ['ʃraɪən] (30) crier; (ausrufen) s'écrier; heftig ~ vociférer; Eule: ululer; Esel: braire; Hirsch bramer; nach etw. ~ réclamer qch. à grands cris; 2**en** n criailleries f/pl.; '~**end** criant; criard (a. Farbe); '~**er** m, 2**hals** m criard m, -e f; braillard m, -e f.

Schrein [ʃraɪn] m (3) armoire f; (Kasten) coffre m, kleiner: coffret m; Schmuck: écrin m; (Reliquien2) châsse f; ~**er** m (7) menuisier m; (Kunst2) ébéniste m; ~**erei** [~'raɪ] f menuiserie f; (Kunst2) ébénisterie f.

schreiten ['ʃraɪtən] (30) marcher (gemessenen Schrittes à pas comptés); zu etw. ~ passer à qch.

Schrift [ʃrɪft] f (16) écriture f; (Hand2) a. main f; typ. caractères m/pl.; (~stück) écrit m; document m; (Werk) œuvre f, ouvrage m, kleine: opuscule m, brochure f; (Abhandlung) traité f; '~**art** typ. f caractère m; '~**bild** typ. n œil m; '~**führer** m secrétaire m; '~**gießer** ['~giːsər] m fondeur m de caractères; '~**gießerei** ['~raɪ] f fonderie f de caractères; '~**kasten** typ. m casse f; '~**leiter** m rédacteur m; '~**leitung** f rédaction f; '~**lich** écrit; adv. par écrit; ~**e Prüfung** épreuves f/pl. écrites; ~ abfassen mettre par écrit; '~**probe** f spécimen m d'écriture; '~**sachverständige(r)** m graphologue m; '~**satz** m ⁂ pièce f; typ. composition f; '~**setzer** typ. ['~zɛtsər] m compositeur m; '~**sprache** f langue f littéraire (a. Unité d'écrite); '~**steller** (-in f) ['~ʃtɛlər] m auteur m, femme f auteur; homme m, femme f de lettres; écrivain m; '~**stellerei** ['~raɪ] f profession f d'écrivain; littérature f; '~**stellerisch** littéraire; '~**stellern** écrire; faire de la littérature; '~**stück** n écrit m; (Urkunde) pièce f; document m; '~**tum** n lettres f/pl.; littérature f; '~**wechsel** m correspondance f; '~**zeichen** n caractère m; '~**zug** m trait m (de plume); (Schnörkel) parafe m.

schrill [ʃrɪl] aigu; strident; '~**en** rendre un son aigu. [blanc.]

Schrippe ['ʃrɪpə] f (15) petit pain m

Schritt [ʃrɪt] m (3) pas m (lenken auf acc. diriger vers); weiter: enjambée f; (Gangart) u. fig. démarche f, ~ für ~ pas à pas; mit schnellen ~en à pas rapides; große ~e machen faire de grandes enjambées; im ~ gehen aller au pas; mit j-m ~ halten aller au pas avec (od. du même pas que) q.; aus dem ~ kommen perdre le pas; in gleichem ~ und Tritt au pas; du même pas; j-m auf ~ und Tritt folgen suivre q. pas à pas; ~e unternehmen faire (od. entreprendre) des démarches; (im) ~! au pas!; ~**macher** ['~maxər] m Sport: entraîneur m; (Wegbereiter) pionnier m; '~**messer** m podomètre m; '~**wechsel** m changement m de pas; 2**weise** pas à pas; '~**zähler** m = ~messer.

schroff [ʃrɔf] (jäh) escarpé; raide (a. fig.); fig. (barsch) brusque;

schröpf|en [ˈʃrœpfən] (25) ⚕ scarifier; appliquer des ventouses (à); *fig.* F saigner; **⚯kopf** *m* ventouse *f*.

Schrot [ʃroːt] *m u. n* (3) *ch.* plombs *m/pl.*; dragée *f*; *mit ~ schießen* tirer à dragée; (*grobgemahlenes Getreide*) blé *m* égrugé; *von altem ~ und Korn* de bon aloi; '**~brot** *n* pain *m* de blé égrugé; **⚯en** [ˈ~ən] (26) (*zermalmen*) broyer; *Korn:* égruger; *Malz:* moudre; '**~flinte** *f* fusil *m* de chasse; '**~korn** *n* blé *m* égrugé; grain *m* de plomb; '**~mühle** *f* concasseur *m*; '**~säge** *f* scie *f* passe-partout.

Schrott [ʃrɔt] *m* (3) ferraille *f*.

schrubb|en [ˈʃrʊbən] (26) frotter; ⚓ fauberter; '**⚯er** *m* (7) balai-brosse *m*; ⚓ faubert *m*; '**⚯tuch** [ˈ~p-] *n* torchon *m*.

Schrull|e [ˈʃrʊlə] *f* (15) lubie *f*; **⚯enhaft**, **⚯ig** bizarre; lunatique.

schrumpel|ig F [ˈʃrʊmpəlɪç] ratatiné; **~n** F = schrumpfen.

schrumpfen [ˈʃrʊmpfən] (25) se rétrécir; se ratatiner.

Schub [ʃuːp] *m* (3) poussée *f*; *Brote:* fournée *f*; (*Sendung*) transport *m*; '**~fach** *n* tiroir *m*; '**~karre**(n *m*) *f* brouette *f*; '**~lade** *f* tiroir *m*; '**~lehre** ⊕ *f* pied *m* à coulisse.

schüchtern [ˈʃʏçtərn] timide; '**⚯heit** *f* timidité *f*.

Schuft [ʃʊft] *m* (3) coquin *m*; gredin *m*; **⚯en** F turbiner; **~eˈrei** F *f* turbin *m*; '**⚯ig** de coquin; '**⚯igkeit** *f* coquinerie *f*; canaillerie *f*.

Schuh [ʃuː] *m* (3) soulier *m*; chaussure *f*; *hoher:* bottine *f*; (*Holz⚯*) sabot *m*; *j-m die ~e (aus)ziehen* (dé)chausser q.; *er weiß, wo ihn der ~ drückt fig.* il sait où le bât le blesse; *j-m etw. in die ~e schieben fig.* mettre qch. sur le dos de q.; '**~anzieher** *m* (3) chausse-pied *m*; '**~band** *n* lacet *m* (de soulier); '**~bürste** *f* brosse *f* à chaussures; '**~fabrik** *f* fabrique *f* de chaussures; '**~flicker** [ˈ~flɪkər] *m* savetier *m*; '**~geschäft** *n*, '**~laden** *m* magasin *m* de chaussures; '**~knöpfer** [ˈ~knœpfər] *m* (7) tire-bouton *m*; '**~krem** *f* cirage *m*; pâte *f* à cirage; '**~leisten** *m* embauchoir *m*; '**~macher** [ˈ~maxər] *m* cordonnier *m*; (*Stiefelmacher*) bottier *m*; '**~macheˈrei** [ˈ~raɪ] *f* cordonnerie *f*; '**~nagel** *m* caboche *f*; *hölzerner:* = '**~pflock** *m* cheville *f* (à chaussures); '**~putzer** *m* cireur *m*; '**~reiniger** [ˈ~raɪnɪgər] *m* décrottoir *m*; '**~riemen** *m* lacet *m* (de soulier); '**~schnalle** *f* boucle *f* de soulier; '**~sohle** *f* semelle *f*; '**~waren** *f/pl.*, '**~werk** *n*, '**~zeug** *n* chaussures *f/pl.*; '**~wichse** *f* cirage *m*.

Schul|amt [ˈʃuːl-] *n* ~**behörde**; '**~anfang** *m* rentrée *f* des classes; '**~arbeit** *f* devoir *m*; '**~arzt** *m* médecin *m* scolaire; '**~aufsicht** *f* inspection *f* des écoles; '**~ausgabe** *f* édition *f* scolaire; '**~behörde** *f* administration *f* scolaire; '**~beispiel** *n* exemple *m* classique (*od.* typique) (für de); '**~besuch** *m* fréquentation *f* scolaire; '**~bildung** *f* éducation *f* scolaire; '**~buch** *n* livre *m* de classe (*od.* classique); '**~buchhandlung** *f* librairie *f* classique.

Schuld [ʃʊlt] *f* (16) faute *f*; (*Unrecht*) tort *m*; (*Sünde*) péché *m*; (*Vergehen*) délit *m*; crime *m*; † dette *f*; *durch m-e ~* par ma faute; *ohne m-e ~* sans qu'il y ait de ma faute; *wer hat ⚯ daran* à qui la faute?; *j-m ⚯ geben* donner tort à q.; *j-m die ~ geben* attribuer la faute à q.; *die ~ auf j-n schieben* rejeter la faute sur q.; *an etw.* (*dat.*) ⚯ *haben* être cause de qch.; *e-e ~ auf sich* (*acc.*) *laden* se rendre coupable; *⚯en stecken* être endetté; *in j-s ⚯en stehen* avoir une dette envers q.; *⚯en geraten* s'endetter; *⚯en machen* faire des dettes; *sich in ⚯en stürzen* se mettre dans des dettes; '**⚯beladen** chargé de crimes (*resp.* de fautes *resp.* de péchés); '**~betrag** *m* montant *m* de la dette; '**~beweis** *m* corps *m* du délit; '**⚯bewußt** qui se sent coupable; '**~buch** *n* livre *m* de comptes.

'schulden [ˈ~dən] (26) devoir; '**~frei** exempt de dettes; '**⚯last** *f* poids *m* des dettes; '**⚯masse** ⚯ *f* passif *m*; '**⚯tilgung** *f* amortissement *m* de la dette.

'Schuld|forderung *f* créance *f*; '**~frage** *f* question *f* de responsabilités; '**~haft** *f* contrainte *f* par corps; '**⚯haft** coupable; '**~haftigkeit** *f* culpabilité *f*.

'Schuldiener *m* concierge *m*.

'schuldig coupable; (*gebührend*) dû; † qui doit; *e-s Verbrechens ~ wer-*

Schuldiger — 1011 — **Schundware**

den se rendre coupable d'un crime; ~sprechen déclarer coupable; sich~ bekennen s'avouer (od. se reconnaître) coupable; j-m etw. ~ sein devoir qch. à q.; was bin ich Ihnen ~? combien vous dois-je?; j-m etw. ~ bleiben être (od. demeurer) en reste avec q.; j-m nichts mehr ~ sein être quitte envers q.; '²e(**r** a. m) m, f coupable m, f; '²**keit** f devoir m; (Verpflichtung) obligation f.

'**Schuldisziplin** f discipline f scolaire.

'**Schuld|klage** f action f pour dettes; '²**los** innocent; '~**losigkeit** f innocence f; '~**ner(in** f) m (7) débiteur m, -trice f; '~**schein** m, '~**verschreibung** f reconnaissance f de dette; obligation f.

'**Schule** f (15) école f; (Unterricht) classe f; (Lehrgang) méthode f; in die ~gehen anfangs: aller à l'école, später: aller en classe; die ~ besuchen fréquenter l'école; die ~ versäumen manquer la classe; die ~ schwänzen faire l'école buissonnière; (keine) ~ haben (ne pas) avoir classe; ~ machen fig. faire école; aus der ~ plaudern fig. commettre une indiscrétion; '²**n** (25) former; dresser.

'**Schüler|(in** f) ['ʃyːlər] m (7) élève m, f; (Grund- u. Volks²) écolier m, -ière f; der höheren Schule: lycéen m, -ne f, bei städtischer Anstalt: collégien m, -ne f; (Jünger) disciple m; '~**austausch** m échange m scolaire (od. d'élèves); '~**bogen** m dossier m scolaire individuel; '~**briefwechsel** m correspondance f scolaire; '²**haft** d' (adv. en) écolier; '~**schaft** f élèves m/pl.

'**Schul|feier** f, '~**fest** n fête f scolaire; '~**ferien** f/pl. vacances f/pl. scolaires; '~**flugzeug** n avion-école m; '²**frei**: heute ist ~ il n'y a pas classe aujourd'hui; ~er Tag jour m de congé; '²**freund(in** f) m camarade m, f d'école; '~**fuchs** m pédant m; '~**funk** m radio f scolaire; '~**garten** m jardin m scolaire; '~**gebäude** n bâtiment m scolaire; école f; '~**gebrauch** m: für den ~ à l'usage des écoles; '~**geld** n frais m/pl. de scolarité; '~**gemeinde** f communauté f scolaire; '~**gesetz** n loi f scolaire; '~**haus** n (maison f d'-)école f; '~**helfer(in** f) m aide-instituteur m, -trice f; '~**hof** m cour f de l'école; préau m; '²**isch** scolaire; '~**jahr** n année f scolaire; '~**jugend** f jeunesse f des écoles; '~**kamerad** m condisciple m; '~**kenntnisse** f/pl. connaissances f/pl. scolaires; '~**kind** n écolier m, -ière f; '~**klasse** f classe f; salle f de classe; '~**mann** m pédagogue m; '~**mappe** f serviette f, cartable m; '~**meister(in** f) m instituteur m, -trice f; maître m, -esse f d'école; mv.p. pédant m, -e f; '²**meisterlich** mv.p. pédant; '²**meistern** faire le pédant; régenter; '~**ordnung** f règlement m scolaire; '~**pferd** n cheval m de manège; '~**pflicht** f obligation f scolaire; enseignement m obligatoire; '²**pflichtig** soumis à l'enseignement obligatoire; '~**rat** m, '~**rätin** ['~rɛːtin] f inspecteur m, -trice f (in Frankreich: d'académie); '~**reform** f réforme f scolaire; '~**reiten** n manège m; '~**reiter(in** f) m écuyer m, -ère f; '~**schiff** n bateau-école m; '~**sendung** f émission f scolaire; '~**speisung** f cuisines f/pl. scolaires; '~**stube** f salle f de classe; '~**stunde** f leçon f; heure f de classe; '~**system** n système m scolaire; '~**tafel** f tableau m noir.

Schulter ['ʃʊltər] f (15) épaule f; ~ an ~ côte à côte; die ~n zucken 'hausser les épaules; '~**blatt** n omoplate f; '~**breite** f carrure f; '²**n** (29) mettre sur l'épaule; '~**riemen** m bandoulière f; '~**stück** n patte f d'épaule; '~**wehr** ⚔ f épaulement m.

'**Schul|ung** f formation f; (Abrichtung) dressage m; '~**unterricht** m enseignement m scolaire; '~**versäumnis** f absence f en classe; '~**wanderung** f excursion f scolaire; '~**weisheit** f sagesse f des classes; '~**wesen** n instruction f publique; '~**zeit** f temps m des classes; weitS. années f/pl. scolaires; '~**zeugnis** n certificat m d'études; '~**zimmer** n salle f de classe; '~**zucht** f discipline f scolaire; '~**zwang** m enseignement m obligatoire.

Schumm|e'lei F f tricherie f; '²**eln** F tricher; '²**(e)rig** crépusculaire.

Schund [ʃʊnt] m (3) pacotille f; camelote f; '~**literatur** f littérature f de bas étage; littérature f pornographique; '~**ware** f = Schund.

Schupo ['ʃu:po] **1.** m (abr. für Schutzpolizist) agent m de police; F flic m; **2.** f (abr. für Schutzpolizei) police f d'État.

Schupp|e ['ʃupə] f (15) écaille f; Kopf: pellicule f; ℒen (25) Fisch: écailler; ℒen n ʼhangar m.

Schups F m bousculade f; ℒen ['ʃupsən] F m bousculer.

Schur [ʃu:r] f (16) tonte f.

Schür|eisen ['ʃy:r⁹-] n tisonnier m; ℒen (25) attiser (a. fig.).

schürfen ['ʃyrfən] érafler; écorcher; ⚒ fouiller.

schurigeln F ['ʃu:rigəln] chicaner.

Schurk|e ['ʃurkə] m (3) coquin m; fourbe m; ℒenstreich m tour m de coquin; ℒerei [ℒ'rai] f coquinerie f; fourberie f; ℒisch de (adv. en) coquin.   [(Lenden℧) pagne m.|

Schurz [ʃurts] m (3² u. ³) tablier m;|

Schürze ['ʃyrtsə] f (15) tablier m (vorbinden mettre); ℒn (27) (re-)trousser; (schlingen) nouer; Knoten: faire; ℒnjäger m coureur m; homme m à femmes.

'Schurzfell n tablier m de cuir.

Schuß [ʃus] m (4²) coup m (abgeben tirer); (Schwung) élan m; train m; (Wachsen) croissance f rapide; (Trieb) pousse f; jet m; Weberei: trame f; Fußball: tir m; shot m; weit vom ~ loin du but; ein ~ Pulver (Cognac) un coup de fusil (de cognac); im ~ sein avoir de l'élan; être en train; in ~ kommen prendre un élan; se mettre en train; 'ℒbereich m portée f du tir; ℒbereit prêt à tirer.

Schüssel ['ʃysəl] f (15) plat m; tiefe ~ terrine f; ℒwärmer ['ℒvermər] m chauffe-plats m.

'schuß|fertig = ℒbereit; 'ℒfest à l'épreuve des projectiles; (unverwundbar) invulnérable; 'ℒlinie f ligne f de tir; 'ℒwaffe f arme f à feu; 'ℒweite f = ℒbereich; 'ℒwunde f blessure f (d'arme à feu).

Schuster ['ʃu:stər] m (7) cordonnier m; ℒei [ℒ'rai] f cordonnerie f; ℒmesser n tranchet m; ℒn faire (resp. raccommoder) des souliers; (schlecht arbeiten) bâcler; ℒpech m poix f noire.

Schutt [ʃut] m (3) décombres m/pl.; (Geröll) éboulis m; (Abraum) déblai m; ℒabladeplatz m décharge f (à ordures).

Schütt|beton m béton m coulé; 'ℒboden m grenier m à céréales; 'ℒdamm m remblai m.

Schüttel|frost ['ʃytəl-] m frissons m/pl.; 'ℒn secouer; Hand: serrer; Kopf: ʼhocher; Gefäß: agiter; 'ℒreim m contrepèterie f.

schütt|en ['ʃytən] (26) verser; (hinwerfen) jeter (in Haufen en tas); es schüttet il pleut à verse; 'ℒer clairsemé.   [décombres.|

'Schutt|haufen m monceau m de|

Schutz [ʃuts] m (3²) protection f; (Verteidigung) défense f; (Obhut) garde f; (Zuflucht) refuge m; abri m; sich in j-s ~ begeben se placer sous la protection de q.; in s-n ~ nehmen prendre sous sa protection; protéger; in ~ nehmen défendre; ~ suchen chercher abri; se réfugier; im ~e der Nacht à la faveur de la nuit; 'ℒanstrich m couche f de camouflage; 'ℒärmel n garde-manche m; ℒbefohlene(r a. m) m, f protégé m, -e f; pupille m, f; 'ℒblech n garde-boue m; Auto: aile f; 'ℒbrief n sauf-conduit m; 'ℒbrille f lunettes f/pl. protectrices; mit farbigen Gläsern: conserves f/pl.; 'ℒbundnis n alliance f défensive; 'ℒdach n auvent m.

Schütz [ʃyts] n, ℒe f (Schleusen℧) vanne f; Weberei: navette f; 'ℒe m (13) tireur m; ⚔ fusilier m; ast. Sagittaire m.

'schützen (27) ~ vor (dat.); ~ gegen protéger contre (od. de); défendre contre (od. de); garantir de; (schirmen) abriter de; 'ℒfest n fête f de tir.

'Schutz-engel m ange m gardien.

'Schützen|gesellschaft f société f de tir; 'ℒgilde f corps m de tireurs; 'ℒgraben m tranchée f; 'ℒkönig m roi m des tireurs; 'ℒlinie f ligne f de tirailleurs; 'ℒstand m stand m; tir m.

'Schutz|färbung zo. f mimétisme m; 'ℒfrist f délai m de protection; 'ℒgebiet n pays m de protectorat; 'ℒgeist m génie m tutélaire; 'ℒgitter n gegen Feuer: garde-feu m; 'ℒhaft f détention f préventive; 'ℒhaube f capot m protecteur; 'ℒheilige(r a. m) m, f patron m, -ne f; 'ℒherr m protecteur m; fig. patron m; 'ℒherrschaft f protectorat m; 'ℒhülle f gaine f protectrice; 'ℒhütte f refuge m; 'ℒimpfung f

Schutzinsel vaccination f préventive; **~insel** f Straße: refuge m.
'**Schützling** m (3¹) protégé m.
'**schutz|los** sans appui; **'2macht** f puissance f protectrice; **'2mann** m sergent m de ville; gardien m de la paix; agent m de police; F flic m; **'2marke** f marque f de fabrique; eingetragene ~ marque f déposée; **'2maßnahme** f mesure f de protection; **'2mauer** f mur m de défense; rempart m (a. fig.); **'2mittel** m préservatif m; **'2patron(in** f) m patron m, -ne f; **'2polizei** police f d'État; **'2polizist** m agent m de police; **'2-raum** m abri m; **'2scheibe** f vitre f protectrice; 🚗, ✈, Auto: parebrise m; **'2schild** m bouclier m; **'2-truppe** f troupe f coloniale; **'2-überzug** m Auto, Möbel usw.: 'housse f; **2- und Trutzbündnis** [~'truts-] n alliance f offensive et défensive; **'2verband** m association f protectrice; **'2vorrichtung** f dispositif m de protection; **'2wache** f escorte f; **'2waffe** f arme f défensive; fig. moyen m de défense; **2wehr** ['~ve:r] f défense f; (Wall) rempart m (a. fig.); (Damm) digue f (a. fig.); **'2zoll** m droit m protecteur; **'2zollsystem** n protectionnisme m.

Schwabe ['ʃva:bə] **1.** ent. f (15) blatte f; cafard m; **2.** m (13), **Schwäbin** ['ʃvɛ:bin] f Souabe m, f; **~n** n (17) la Souabe; **~nstreich** m étourderie f.
'**schwäbisch** souabe.
schwach [ʃvax] (18²) faible; (kraftlos) débile; (ohnmächtig) défaillant; (machtlos) impuissant; Gedächtnis: infidèle; ~e Stunde moment m de faiblesse; ~e Seite (côté m) faible m; ~ werden s'affaiblir; défaillir; ~ machen affaiblir.
Schwäch|e ['ʃvɛçə] f (15) faiblesse f; (Kraftlosigkeit) débilité f; fig. (côté m) faible m (für pour); **'2en** (25) affaiblir; (entkräften) débiliter.
'**Schwach|heit** f faiblesse f; (Neigung) faible m; **'~kopf** m esprit m faible; imbécile m; **2köpfig** ['~kœpfiç] faible d'esprit; imbécile.
'**schwäch|lich** faible; Gesundheit: a. délicat; fragile; (kränklich) souffreteux; **'2ling** m (3¹) homme m débile (od. sans énergie); F nouille f.
schwach|sichtig ~ziçtiç] qui a la vue faible; **'2sinn** m imbécillité f;

~sinnig imbécile; **'2strom** m courant m faible (od. à basse tension).
'**Schwächung** f affaiblissement m.
Schwaden ['ʃva:dən] m (6) ✗ javelle f; (Brodem) vapeur f épaisse; buée f; ⚒ mo(u)fette f.
Schwadron [ʃva'dro:n] f (16) escadron m; **2ieren** [~dro'ni:rən] 'hâbler; gasconner.
Schwafel|ei [ʃvafə'lai] f radotage m; **2n** ['ʃva:fəln] radoter.
Schwager ['ʃva:gər] m (7) beau-frère m. [-sœur f.\
Schwägerin ['ʃvɛ:gərin] f belle-\
Schwalbe ['ʃvalbə] f (15) hirondelle f; **~nschwanz** m ent. porte-queue m; charp. queue f d'aronde.
Schwall [ʃval] m (3³) flots m/pl.; (Masse) masse f; fig. flux m.
Schwamm [ʃvam] m (3³) éponge f; (Pilz) champignon m; (Feuer2) amadou m; ❀ aphtes m/pl.; mit dem ~ abwischen éponger; ~ d(a)rüber! passons l'éponge!; **2ig** spongieux.
Schwan [ʃva:n] m (3³) cygne m; **2en** ['~ən]: mir schwant etw. j'ai un vague pressentiment de qch.; mir schwant nichts Gutes je n'augure rien de bon; **'~engesang** m chant m du cygne.
Schwang [ʃvaŋ] m (3): im ~(e) sein fig. être en vogue; **'2er** enceinte; grosse.
schwängern ['ʃvɛŋərn] (29) rendre enceinte; fig. féconder. [sesse f.\
'**Schwangerschaft** f (16) gros-\
Schwank [ʃvaŋk] m (3³) farce f; **2en** ['~ən] (25) chanceler; vaciller; (hin- und her~) balancer; (zögern) hésiter; Preise: fluctuer; phys. osciller; ⚓ rouler; tanguer; **'~en** n, **'~ung** f chancellement m; (Zögern) hésitation f (a. pl.) f; ✝ fluctuation (a. pl.) f; phys. oscillation (a. pl.) f; ⚓ roulis m; tangage m; **'2end** chancelant; fig. a. indécis.
Schwanz [ʃvants] m (3² u. ³) queue f.
schwänz|eln ['ʃvɛntsəln] (29) remuer la queue; fig. flagorner; **'~en** (27): die Schule ~ manquer la classe; faire l'école buissonnière.
'**Schwanz|feder** f penne f; **'~flosse** f nageoire f caudale; ✈ dérive f.
schwapp! [ʃvap] vlan!
Schwär|e ['ʃvɛ:rə] f abcès m; ulcère m; **'2en** suppurer.
Schwarm [ʃvarm] m (3³) Bienen: essaim m; Vögel: volée f; Insekten:

schwärmen — 1014 — **Schwein**

nuée f; (Schar) troupe f; Personen: foule f; ~ Kinder marmaille f; fig. passion f, F béguin m.
schwärm|en ['ʃvɛrmən] (25) Bienen: essaimer; Vögel: voltiger; ⚔ se déployer en tirailleurs; fig. ~ für s'enthousiasmer (od. se passionner) pour, raffoler de, F avoir le béguin pour; ~er m (7) enthousiaste m; exalté m; rl. fanatique m; ent. sphinx m; Feuerwerk: serpenteau m; 2erei [~'raɪ] f enthousiasme m; exaltation f; rl. fanatisme m; ~erisch enthousiaste; exalté; romanesque; rl. fanatique.
Schwarte ['ʃvaːrtə] f (15) couenne f; (altes Buch) vieux bouquin m; **~nmagen** m fromage m de porc.
schwarz [ʃvarts] (18²) noir; fig. a. clandestin; Brot: bis; noir; ~es Brett tableau m noir (od. d'annonces); ~e Kunst magie f noire; der ~e Mann le croque-mitaine; ~ auf weiß noir sur blanc; ~ machen noircir; ~ werden se noircir; ins 2e treffen faire mouche; sich ~ ärgern crever de dépit; es wurde mir ~ vor den Augen tout s'est brouillé devant mes yeux; 2arbeit f travail m noir; 2arbeiter m fraudeur m du chômage; **~äugig** ['~ɔʏgɪç] aux yeux noirs; **~braun** brun foncé; Gesicht: bronzé; Pferd: bai foncé; ~es Mädchen brune f; 2brot n pain m bis (od. noir); 2drossel f merle m commun.
Schwärze ['ʃvɛrtsə] f (15) noirceur f; noir m; typ. encre f; 2n (27) noircir; typ. encrer.
'**schwarz|fahren** voyager sans billet; 2**fahrer** m voyager m sans billet; Auto: celui qui conduit sans permis; **~äugig** aux yeux noirs; 2**handel** m commerce m illicite; marché m noir; 2**händler** m trafiquant m du marché noir; 2**hörer** m auditeur m clandestin; 2**künstler** m nécromancien m; magicien m.
'**schwärzlich** noirâtre.
'**Schwarz|sauer** cuis. n abattis m d'oie; 2**schlachten** abattre clandestinement; 2**sehen** voir en noir; **~seher** m pessimiste m; **~seherei** [~'raɪ] f pessimisme m; 2**seherisch** pessimiste; **~sender** m Radio: émetteur m clandestin; **~wald** m Forêt-Noire f; 2**weißkunst** f art m graphique; **~wild** n sangliers m/pl.; **~wurz(el)** ⚜ f salsifis m noir.

Schwatz [ʃvats] m causette f; bavette f; 2**en, schwätzen** ['ʃvɛtsən] bavarder; jaser; tailler une bavette; (indiskret sein) être indiscret; ne pas tenir sa langue.
'**Schwätzer** m (7) bavard m.
'**schwatzhaft** bavard; loquace; (indiskret) indiscret; 2**igkeit** f loquacité f; (Indiskretion) indiscrétion f.
Schwebe ['ʃveːbə] f (15): in der ~ suspendu; fig. en suspens; **~bahn** f téléphérique m; **~baum** m gym. ne poutre f horizontale; 2**n** (25) planer; flotter (en l'air); frei ~ être suspendu; vor Augen ~ avoir devant les yeux; 2**nd** flottant; Brücke: suspendu; ⚖, Frage: pendant.
Schwed|e ['ʃveːdə] m (13), '~**in** f Suédois m, -e f; **~en** n (17) la Suède; 2**isch** suédois.
Schwefel ['ʃveːfəl] m (7) soufre m; **~bad** n bain m sulfureux; (Ort) eaux f/pl. sulfureuses; **~grube** f soufrière f; 2**haltig** ['~haltɪç] sulfureux; **~hölzchen** n allumette f; 2**ig** sulfureux; **~kies** m pyrite f; 2**n** (29) soufrer; Weinfässer: mécher; **~quelle** f source f sulfureuse; **~säure** f acide m sulfurique; **~wasserstoff** m hydrogène m sulfuré.
Schweif [ʃvaɪf] m (3) queue f; Komet: a. chevelure f; 2**en** ['~ən] (25) v/i. errer; (umher~) vaguer; vagabonder; divaguer; in die Ferne ~ courir le monde, fig. divaguer; ~de Phantasie imagination f vagabonde; v/t. chantourner; (wölben) bomber; **~säge** f scie f à chantourner.
'**Schweige|geld** n prix m du silence; pot-de-vin m; 2**n** ['ʃvaɪɡən] (30) se taire (von; über acc. de od. sur); weitS. garder le silence; ~ zu etw. laisser dire (resp. faire) qch.; j-n ~ heißen faire taire q.; imposer silence à q.; ~ wir darüber! n'en parlons pas!; '~**n** n (6) silence m (brechen rompre); zum ~ bringen faire taire; ~ gebieten imposer silence; ~ bewahren (beobachten) garder (observer) le silence; sich in ~ hüllen se renfermer dans le silence; 2**nd** silencieux; en silence; **~pflicht** f consigne f de silence.
schweigsam ['ʃvaɪkzaːm] taciturne; (wortkarg) silencieux; 2**keit** f taciturnité f; mutisme m.
Schwein [ʃvaɪn] n (3) cochon m;

Schweinebraten — 1015 — **Schwerenöter**

porc m (a. *Fleisch*); pourceau m; wildes ~ sanglier m; F (*Glück*) veine f; ~ haben F avoir de la veine. 'Schweine|braten m rôti m de porc; '~fett n graisse f de porc; *ausgelassenes*: saindoux m; '~fleisch n (viande f de) porc m; '~hirt m porcher m; '~hund P m cochon m; salaud m; '~koben m toit m à porcs; '~metzger m charcutier m; '~metzge'rei f charcuterie f; '~pökelfleisch n porc m salé; ~rei [~'raɪ] f (16) cochonnerie f; '~rippchen ['~rɪpçən] n côtelette f de porc; '~schlächter m charcutier m; '~schlächte'rei f charcuterie f; '~schmalz n saindoux m; '~schnauze f groin m; '~stall m porcherie f; '~zucht f élevage m de porcs.

Schweinigel ['ʃvaɪnɪɡəl] m fig. cochon m; ~'ei [~'laɪ] f cochonnerie f; ℒn dire des cochonneries.

'**schweinisch** comme un cochon.

'**Schweins|blase** f vessie f de porc; '~borste f soie f de porc; '~kopf m tête f de porc; (*Wild*ℒ) 'hure f de sanglier; '~leder n peau f de porc.

Schweiß [ʃvaɪs] m (3²) sueur f (a. *fig.*); transpiration f; *ch.* sang m; in ~ geraten avoir des transpirations; in ~ gebadet trempé de sueur; in ~ nage; *von* ~ triefen ruisseler de sueur; '~absonderung f transpiration f; '~blatt n dessous m de bras; '~brenner ⊕ m chalumeau m à souder; ℒen ['~ən] v/t. ⊕ souder; v/i. *ch.* saigner; '~fieber n fièvre f sudatoire; '~fuß m pied m qui sue; *Schweißfüße haben* suer (od. transpirer) des pieds; '~hund m braque m; ℒig suant; *ch.* saignant; '~mittel n sudorifique m; '~naht ⊕ f soudure f; ℒtreibend sudorifique; ℒtriefend ruisselant de sueur; '~tropfen m goutte f de sueur; '~tuch *rl.* n suaire m.

Schweiz [ʃvaɪts] f (17): die ~ la Suisse; *die französische* ~ la Suisse romande.

Schweizer|(in f) ['~ər(ɪn)] m (7) Suisse m, -esse f; (*Türhüter*) suisse m; (*Stall*ℒ) vacher m; '~haus n chalet m suisse; ℒisch suisse; helvétique; '~Käse m gruyère m.

schwelen ['ʃveːlən] (25) v/i. brûler sans flamme; couver; v/t. (faire) brûler lentement.

schwelg|en ['ʃvɛlɡən] (25) mener joyeuse vie; faire bombance; ~ *in* (*dat.*) s'enivrer de; ℒer m viveur m; ℒe'rei [~'raɪ] f (16) bombance f; '~erisch: ein ~es Leben führen = schwelgen.

Schwell|e ['ʃvɛlə] f (15) seuil m; 🚇 traverse f; ℒen (30) v/t. enfler; gonfler; v/i. (s')enfler; (se) gonfler; '~ung f enflure f; gonflement m.

Schwemm|e ['ʃvɛmə] f (15) gué m; abreuvoir m; (*Bierkneipe*) buvette f; ℒen (25) charrier; entraîner; (*fort.*) emporter; *Holz*: flotter; *Pferd*: conduire à l'abreuvoir; '~land n alluvions f/pl.

Schwengel ['ʃvɛŋəl] m (7) *Pumpe*: bras m; *Glocke*: battant m; (*Handkurbel*) manivelle f.

schwenk|bar ['ʃvɛŋk-] pivotant; '~en (25) v/t. agiter; brandir; (*drehen*) tourner; (*ausspülen*) *Glas*: rincer; v/i. ⚔ converser; faire un changement de direction; *links schwenkt, marsch!* changement de direction à gauche, marche!; ℒkartoffeln f/pl pommes f/pl. (de terre) sautées; 'ℒung ⚔ f conversion f; changement m de direction.

schwer [ʃveːr] lourd; pesant; (*schwierig*) difficile; (*wiegend*) grave; (*mühevoll*) pénible; dur; (*ernst*) sérieux; *Zigarre*: fort; *Wein*: fort; capiteux; *Stoff*: solide; *Essen*: lourd; *Strafe*: sévère; *Sünde*: gros; capital; *Verbrechen*: grand; *Pflicht*: onéreux; *Krankheit*: grave; *Gepäck*: gros; *~e Geburt* accouchement m laborieux; ~es *Geld kosten* coûter beaucoup d'argent (*od.* un argent fou); *~e See* grosse mer f; *~es Geschütz* grosse artillerie f; *~er Junge* criminel m; ~ *von Begriff sein* avoir la tête dure; ~ *hören* avoir l'oreille dure; *e-n ~en Stand haben* être dans une situation difficile; avoir bien du mal (*mit* avec); *ein Pfund* ~ *sein* peser une livre; ~ *machen* alourdir; ~ *werden* s'alourdir; 'ℒarbeiter m travailleur m de force; 'ℒathletik f athlétisme m lourd; '~be'laden pesamment chargé; *fig.* accablé; 'ℒbeschädigte(r) m grand mutilé m; 'ℒe f (15) pesanteur f; (*Gewicht*) poids m; *phys.* gravité f (a. *fig.*); *Strafe*: rigueur f; (*Schwierigkeit*) difficulté f; ℒenöter ['~ønøːtər] m

schwerfallen — 1016 — **schwingen**

galant *m*; ⁓**fallen**: *das fällt ihm schwer* cela lui donne beaucoup de peine; ⁓**fällig** ['⁓fɛliç] lourd; ⁰**fälligkeit** *f* lourdeur *f*; ⁓**flüssig** ['⁓flysiç] réfractaire (*a. fig.*); ⁰**gewicht** *n*, ⁰**gewichtler** *m* *Sport*: poids lourd; ⁓**hörig** ['⁓høːriç] dur d'oreille; ⁰**hörigkeit** *f* dureté *f* d'oreille; ⁰**industrie** *f* industrie *f* lourde; grande industrie *f*; ⁰**industrielle(r)** *m* gros industriel *m*; ⁰**kraft** *f* gravitation *f*; ⁰**kriegsbeschädigte(r)** *m* (18) grand mutilé *m* de guerre; ⁓**lich** ne ... guère; difficilement; ⁰**mut** *f* mélancolie *f*; ✠ hypocondrie *f*; ⁓**mütig** ['⁓myːtiç] mélancolique; ✠ hypocondriaque; ⁰**-öl** *n* huile *f* lourde; ⁰**punkt** *m* centre *m* de gravité; *fig.* point *m* capital.

Schwert [ʃveːrt] *n* (1) épée *f*; glaive *m* (*a. fig.*); ⁓**fisch** *m* espadon *m*; ⁰**förmig** ['⁓fœrmiç] ensiforme; ⁓**lilie** *f* iris *m*; ⁓**streich** *m* coup *m* d'épée; *ohne* ⁓ sans coup férir.

'schwer|ver'daulich difficile à digérer; indigeste; ⁓**ver'ständlich** difficile à comprendre; '⁓**verwundet** grièvement blessé; ⁰**verwundete(r)** *m* grand blessé *m*; '⁓**wiegend** *fig.* fort grave.

Schwester ['ʃvɛstər] *f* (15) sœur *f*; *rl. a.* religieuse *f*, (*Pflegerin*) infirmière *f*; ⁰**lich** de (*adv.* en) sœur; '⁓**mord** *m* fratricide *m*; '⁓**sprache** *f* langue *f* sœur. [-boutant *m*.]

Schwibbogen ['ʃvipboːgən] *m* arc-]

Schwieger|eltern ['ʃviːgər⁹-] *pl.* beaux-parents *m/pl.*; ⁓**mutter** *f* belle-mère *f*; '⁓**sohn** *m* gendre *m*; beau-fils *m*; '⁓**tochter** *f* belle-fille *f*; bru *f*; '⁓**vater** *m* beau-père *m*.

Schwiel|e ['ʃviːlə] *f* (15) durillon *m*; (*harte Haut*) callosité *f*; ⁰**ig** calleux.

schwierig ['ʃviːriç] difficile; (*heikel*) délicat; (*mißlich*) scabreux; ⁰**keit** *f* difficulté *f*.

Schwimm|anstalt ['ʃvim⁹-] *f* établissement *m* de natation; '⁓**bad** *n* bain *m*; '⁰**bassin** (*pro fr.*) *n* piscine *f*; '⁓**blase** *icht*. *f* vessie *f* natatoire; '⁓**dock** *n* dock *m* flottant; ⁰**en** (30) nager (*a. fig.*); *Dinge*: flotter; ⛵ voguer; *ans Land* ⁓ gagner la rive à la nage; *über e-n Fluß* ⁓ traverser une rivière à la nage; *mit dem Strom* ⁓ se laisser porter par le courant; *gegen den Strom* ⁓ remonter le courant; *obenauf* ⁓ surnager; *unter Wasser* ⁓ nager entre deux eaux; *auf dem Rücken* ⁓ nager sur le dos; *faire la planche*; *mir schwimmt es vor den Augen* tout se brouille devant mes yeux; '⁓**er(in** *f*) *m* (7) nageur *m*, -euse *f*; ⊕ flotteur *m*; '⁓**fähigkeit** ⚓ *f* flottabilité *f*; '⁓**flosse** *f* nageoire *f*; '⁓**fuß** *m* pied *m* palmé; '⁓**gürtel** *m* ceinture *f* de natation (*resp.* de sauvetage); '⁓**haut** *f* palmure *f*; '⁓**hose** *f* caleçon *m* de bain; ⁰**kundig** qui sait nager; '⁓**lehrer(in** *f*) *m* professeur *m* de natation; '⁓**meister** *m* maître *m* nageur *f*; '⁓**(m)eisterschaft** *f* championnat *m* de natation; '⁓**sport** *m* natation *f*; '⁓**vogel** *m* palmipède *m*; '⁓**weste** *f* = ⁓*gürtel*.

Schwindel ['ʃvindəl] *m* (7) vertige *m*; étourdissement *m*; (*Lüge*) mensonge *m*; (*Betrügerei*) tromperie *f*; duperie *f*; supercherie *f*; ⁓**anfall** *m* étourdissement; ⁓**ei** [⁓'laɪ] *f* (16) (*Lüge*) mensonge *m*; (*Betrug*) tromperie *f*; duperie *f*; supercherie *f*; ⁰**erregend** vertigineux; ⁰**frei** qui n'est pas sujet au vertige; '⁓**gefühl** *n* vertige *m*; étourdissement *m*; ⁰**haft** vertigineux; (*betrügerisch*) trompeur; ⁰**ig** (*schwindelerregend*) vertigineux; (*vom Schwindel befallen*) pris de vertige; *mir ist* ⁓ j'ai le vertige; il me prend un vertige; *leicht* ⁓ *werden* être sujet au vertige; ⁓ *machen* donner le vertige (à); ⁰**n** avoir le vertige; *fig.* (*lügen*) mentir; (*betrügen*) tromper; duper.

schwinden ['ʃvindən] (30) diminuer; décroître; (*ver*⁓) disparaître; (*hin*⁓) s'en aller; s'envoler; *s-e Kräfte* ⁓ ses forces l'abandonnent; *ihm* ⁓ *die Sinne* il perd connaissance; ⁓ *lassen* abandonner.

Schwindler(in *f*) ['ʃvintlər] *m* (7) (*Lügner*) menteur *m*, -euse *f*; (*Betrüger*) trompeur *m*, -euse *f*; (*Gauner*) escroc *m*.

'**schwindlig** = schwindelig.

Schwind|sucht ['ʃvintzuxt] *f* phtisie *f*; ⁰**süchtig(e(r)** *m*) phtisique (*m*).

Schwing|e ['ʃviŋə] *f* (15) aile *f*; (*Getreide*⁰) van *m*; ⁰**en** (30) *v/t.* agiter; (*schaukeln*) balancer; *Schwert*: bran-

Schwinger — 1017 — **Seekarte**

dir; *Getreide*: vanner; *Flachs*: échanvrer; *sich* ~ s'élancer; s'élever (*a. fig.*); *v/i. Saite*: vibrer; *Pendel*: osciller; '~**er** *m Sport*: swing *m*; '~**ung** *f* vibration *f*; *Pendel*: oscillation *f*; *in* ~ *setzen* ébranler; '~**ungskreis** *m* circuit *m* oscillant; '~**ungsweite** *f* amplitude *f* de l'oscillation; '~**ungszahl** *f* fréquence *f*.

Schwips F [ʃvips] *m* (4) pointe *f* de vin; *e-n* ~ *haben* être éméché.

schwirren [ˈʃvirən] (25) *Pfeil*: siffler; *Insekt*: bourdonner; *fig. Gerüchte*: circuler; courir.

Schwitz|**bad** *n* bain *m* de vapeur; **2en** [ˈʃvitsən] (27) suer; transpirer; '~**kasten** *m* étuve *f* (*a. fig.*); '~**kur** *f* traitement *m* sudorifique; '~**mittel** *n* sudorifique *m*.

schwören (30) jurer (*auf acc.* sur; *bei* par); *abs.* prêter serment.

schwül [ʃvyːl] lourd; *Hitze*: accablant; (*erstickend*) étouffant; **2e** [ˈ~ə] *f* (15) chaleur *f* accablante (*od.* étouffante); temps *m* lourd.

Schwulst [ʃvulst] *m* (3² *u.* ³) enflure *f* [poulé.\]

schwülstig [ˈʃvylstiç] enflé; am-/

Schwund [ʃvunt] *m* (3) dépérissement *m*; (*Verminderung*) diminution *f*; ⚕ atrophie *f*; *Radio*: fading *m*; ✝ déchets *m/pl.*

Schwung [ʃvuŋ] *m* (3³) branle *m*; (*Aufflug*) essor *m*; *fig.* élan *m*, verve *f*; entrain *m*; (*Anstoß*) impulsion *f*; *Geist*: élévation *f*; *Stil*: mouvement *m*; *in* ~ *setzen* mettre en branle, *fig.* donner l'impulsion à; *in* ~ *kommen* prendre un essor; '~**brett** *n* tremplin *m*; '~**feder** *f* penne *f*; '**2haft** plein de verve; (*blühend*) florissant; '~**kraft** *f phys.* force *f* centrifuge; *fig.* ressort *m*; '**2los** sans verve; '~**rad** *n* volant *m*; '**2voll** ~haft.

Schwur [ʃvuːr] *m* (3³) serment *m*; '~**gericht** *n* cour *f* d'assises.

sechs [zɛks] 1. six; 2. ♀ *f* (chiffre *m*) six *m*; '**2eck** [ˈ~ʔɛk] *n* hexagone *m*; '~**eckig** hexagonal; '~**erlei** [~ərˈlai] de six espèces; '**2fach** [ˈ~fax] sextuple; '**2flächner** [ˈ~flɛçnər] *m* hexaèdre *m*; '~**füßig** [ˈ~fyːsiç] *Vers*: à (*resp.* de) six pieds; '~**hundert** six cent(s); '~**jährig** [ˈ~jɛːriç] de six ans; '~**mal** six fois; '~**malig** répété six fois; '~**monatlich** semestriel six fois; '~**seitig** *Figur*: hexagonal; *Körper*: hexaédrique; '~**silbig** (**2silbner** *m*) hexasyllabe (*m*); '~**stimmig** à six voix; '~**stündig** de six heures; **2tagerennen** *n* course *f* (cycliste) de six jours; '~**tägig** de six jours; '~**tausend** six mille; '~**te(r)** sixième; **2tel** [ˈzɛkstəl] *n* (7) sixième *m*; '~**tens** [ˈzɛkstəns] sixièmement; '~**und'zwanzig** vingt-six.

sechzehn [ˈzɛçtseːn] seize; '~**te** seizième; *Ludwig der* ♀ (*XVI.*) Louis seize (XVI); '**2tel** *n* seizième *m*; **2telnote** *f* double croche *f*; '**2telpause** ♪ *f* quart *m* de soupir; '~**tens** seizièmement.

sechzig [ˈzɛçtsiç] soixante; *etwa* ~ une soixantaine; *die* ~*er Jahre* les années *f/pl.* soixante à soixante-dix; '**2er(in)** *f* [ˈ~igər] *m* sexagénaire *m*, *f*; '~**jährig** sexagénaire; '~**ste** soixantième; **2stel** *n* soixantième *m*.

See [zeː]: 1. *m* (10) lac *m*; 2. *f* (15) mer *f*; (*Woge*) vague *f*; *in* ~ *gehen* (*od. stechen*) appareiller; prendre la mer; *zur* ~ *gehen* se faire marin; *zur* ~ *fahren* être marin; '~**aal** *m* anguille *f* de mer; '~**adler** *orn. m* grand aigle de mer; pygargue *m*; '~**alpen** *pl.* Alpes *f/pl.* maritimes; '~**bad** *n* bain *m* de mer; (*Ort*) station *f* balnéaire; '~**bär** *fig. m* loup de mer; '~**beben** [ˈ~ˌbeːbən] *n* séisme *m* océanique; '~**elefant** *m* éléphant *m* de mer; '~**fahrer** *m* marin *m*; (*Entdeckungsreisender*) navigateur *m*; '~**fahrt** *f* voyage *m* par mer; (*das Fahren zur See*) navigation *f* maritime; **2fest** *Schiff*: qui tient bien la mer; *Person*: qui n'est p*a*s sujet au mal de mer; '~**fisch** *m* poisson *m* de mer; *frische* ~*e f*, marée *f*; '~**fischerei** *f* pêche *f* maritime; '~**frachtbrief** *m* connaissement *m*; '~**gang** *m* 'houle *f*; *hoher* ~ grosse (*od.* forte) mer *f*; '~**gefecht** *n* combat *m* naval; '~**gemälde** *n* marine *f*; '~**gericht** *n* tribunal *m* maritime; '~**geruch** *m* odeur *f* marine; '~**gras** *m* zostère *f*; ✝ crin *m* végétal; '~**hafen** *m* port de mer; '~**handel** *m* commerce *m* maritime; '~**herrschaft** *f* maîtrise *f* de la (*resp.* des) mer(s); '~**hund** *m* phoque *m*; '~**igel** *m* 'hérisson *m* de mer; oursin *m*; '~**jungfer** *f* néréide *f*; *ent.* libellule *f*; '~**kabel** *n* câble *m* sous-marin; '~**kadett** *m* élève *m* de l'École navale; '~**karte** *f* carte *f*

Seeklima nautique; '~**klima** n climat m maritime; '2**krank** qui a le mal de mer; '~**krankheit** f mal m de mer; '~**krieg** m guerre f navale; '~**kriegsrecht** n droit m maritime; '~**kuh** zo. f vache f marine; lamantin m; '~**küste** f côte f; '~**land** n (niederländ. Provinz) la Zélande; (dänische Insel) Seeland f.

Seele ['ze:lə] f (15) âme f (a. e-r Schußwaffe); fig. cœur m; bei m-r ~ sur mon âme; e-e ~ von Mensch une bonne pâte (d'homme); das liegt ihm schwer auf der ~ cela lui pèse sur le cœur; das tut mir in der ~ weh j'en ai le cœur navré; das ist ihm in der ~ zuwider cela lui répugne profondément; er spricht mir aus der ~ il pense tout comme moi; j-m etw. auf die ~ binden mettre qch. sur la conscience de q.

'**Seelen|-amt** n office m des morts; '~**angst** f angoisse f; '~**größe** f grandeur f d'âme; magnanimité f; '~**heil** n salut m (de l'âme); '~**heilkunde** f psychiatrie f; '~**hirt** m pasteur m des âmes; '~**kunde** f psychologie f; '~**messe** f messe f des morts; '~**qual** f angoisse f; '~**ruhe** f tranquillité f d'âme; '2**vergnügt** ravi de joie; '2**verkäufer** ⚓ m périssoire f; '2**verwandt** qui a des affinités spirituelles avec; '~**verwandtschaft** f affinités f/pl. spirituelles; '~**wanderung** f métempsycose f.

'**seelisch** psychique.

'**Seelöwe** m lion m marin; otarie f.

'**Seel|sorge** f charge f d'âmes; pastorat m; '~**sorger** m (7) pasteur m; père m spirituel; directeur m de conscience.

'**See|luft** f air m marin (od. de la mer); '~**macht** f puissance f maritime; (Flotte) flotte f; forces f/pl. navales; '~**mann** m marin m; '2**männisch** (de) marin; nautique; '~**meile** f mille m marin; '~**möwe** f mouette f de mer; größere: goéland m; '~**muschel** f coquille f (eßbare: moule) de mer; '~**not** f: in ~ en détresse; '~**offizier** m officier m de marine; '~**pferdchen** n hippocampe m; '~**raub** m piraterie f; '~**räuber** m pirate m; corsaire m; '~**räuberschiff** n corsaire m; '~**recht** n droit m maritime; '~**reise** f voyage m par mer; '~**rose** ♀ f nénuphar m; zo. actinie f; '~**schaden** m avarie f; '~**schlacht** f bataille f navale; '~**schlange** f serpent m de mer; '~**sieg** m victoire f navale; '~**stadt** f ville f maritime; '~**stern** zo. m étoile f de mer; astérie f; '~**streitkräfte** f/pl. forces f/pl. navales; '~**stück** peint. n marine f; '~**sturm** m tempête f sur mer; '~**tang** ♀ m varech m; '2**tüchtig** Schiff: en état de tenir la mer; '~**ungetüm** n monstre m marin; '~**volk** n peuple m maritime; '~**warte** f observatoire m maritime; '2**wärts** (f/.~verts) du côté de la mer; bsd. ⚓ au large; '~**wasser** n eau f de mer; '~**weg** m route f maritime; ~ nach Ostindien route f des Indes; auf dem ~e par voie maritime; '~**wesen** n marine f; '~**wind** m vent m de mer; '~**zunge** icht. f sole f.

Segel ['ze:gəl] n (7) voile f; unter ~ gehen mettre à la voile (nach pour); die ~ streichen amener les voiles, fig. baisser pavillon; die ~ umlegen changer les voiles; alle ~ aufspannen mettre toutes voiles dehors; mit vollen ~n à pleines voiles; '~**boot** n barque f à voiles; '2**fertig** prêt à faire voile; sich ~ machen appareiller; '2**fliegen** faire du vol à voile; '~**fliegen** n, '~**flug** m vol m à voile; '~**flieger** m, '~**flugzeug** n planeur m; '~**jacht** f yacht m à voile; '~**klub** m association f nautique; yacht-club m; '~**macher** m voilier m; '2**n** (29) naviguer; faire voile (nach pour); Sport: faire du yachting; '~**n** n navigation f à voile; Sport: yachting f; '~**regatta** f régates f/pl. de voiliers; '~**schiff** n bateau m à voiles; voilier m; '~**schlitten** m traîneau m à voiles; '~**sport** m yachting m; '~**tuch** n toile f à voiles; canevas m; '~**ver-ein** m = ~**klub**; '~**werk** n voiles f/pl.; voilure f.

Segen ['ze:gən] m (7) bénédiction f; (Gedeihen) prospérité f; ~ bringen porter bonheur; er ist ein ~ für s-e Familie il est la providence des siens; '2**sreich** béni; prospère; '~**swunsch** m bénédiction f.

'**Segler** m (7), '~**in** f celui, celle qui fait voile; Sport: yachtman m, yachtwoman f; (Schiff) voilier m; orn. martinet m.

Seg'ment n segment m.

'seg|nen (26) bénir; donner la bénédiction à; '2nung f bénédiction f.
sehen ['ze:ən] (30) 1. voir; ([an]blikken) regarder; ~ auf (acc.); ~ nach regarder (acc., fig. à), sorgend: veiller à (od. sur), avoir soin de; gut~ avoir de bons yeux; gern (ungern) ~ voir d'un bon (d'un mauvais) œil; sich ~ lassen können pouvoir se montrer; Sie haben sich lange nicht ~ lassen on ne vous a pas vu depuis longtemps; sieh da! tiens!; 2. 2 n vue f; vision f; vom ~ kennen connaître de vue; '~swert, '~swürdig qui vaut la peine d'être vu; '2swürdigkeit f ce qui vaut la peine d'être vu; ~en pl. curiosités f/pl.

Seher|(in f) m (7) prophète m, prophétesse f; visionnaire m, f; (Hell2) voyant m, -e f; '~blick m regard m prophétique; '~gabe f seconde vue f.

'Seh|feld n champ m visuel; '~kraft f faculté f visuelle; (Sinn) vue f.

Sehne ['ze:nə] f (15) tendon m; ♀ u. (Bogen2) corde f.

sehnen (25) 1.: sich nach etw. ~ aspirer à qch.; désirer ardemment qch.; soupirer après qch.; 2. 2 n désirs m/pl. ardents.   [visuel.)

'Sehnerv m nerf m optique (od.)

'sehnig tendineux; Glied: nerveux.
'sehnlich ardent; impatient.
'Sehn|sucht f désir m ardent (nach de); ~ nach der Heimat nostalgie f; mit ~ erwarten attendre avec impatience; 2süchtig plein de désir; impatient.

sehr [ze:r] très; bien; fort; vor vb.: beaucoup; bien; ~ viel bien; ~ viel Geld bien de l'argent; ~ viele Leute bien des gens; ~ viele andere bien d'autres.

'Seh|rohr n périscope m; '~schärfe f acuité f visuelle; '~schlitz m fente f de visée; '~störung f trouble m oculaire; '~vermögen n = ~kraft; '~weite f portée f de la vue; Brille usw.: champ m; '~winkel m angle m visuel.

seicht [zaiçt] plat; Wasser: peu profond; bas; fig. plat; '2heit f peu m de profondeur; fig. platitude f.

Seide ['zaidə] f (15) soie f.
Seidel ['zaidəl] n (17) chope f.
'seiden de soie; '~artig soyeux; '2bau m sériciculture f; '~fabrik f soierie f; '2flor m coton m

mercerisé; '2garn n soie f filée; '2glanz m éclat m soyeux; '2papier n papier m de soie; '2raupe f ver m à soie; '2schwanz orn. m jaseur m; '~spinnerei f filature f de soie; '~stoff m, '2ware f soierie f; '2-)
'seidig soyeux.   [zucht f =2bau.)
Seife ['zaifə] f (15) savon m; grüne ~ savon m mou (od. vert); '2n (25) savonner.

'Seifen|behälter m porte-savon m; '~blase f bulle f de savon (a. fig.); '~fabrik f savonnerie f; '~flocken f/pl. savon m en paillettes; '~lappen m gant m de toilette; '~lauge f lessive f caustique; '~napf m écuelle f à savon; '~pulver n poudre f de savon; '~schaum m mousse f de savon; '~sieder m savonnier m; '~siederei f savonnerie f; '~stein min. m saponite f; '~wasser n eau f de savon.

'seifig savonneux.
Seihe ['zaiə] f (15) passoire f; filtre m; '2n passer; filtrer.

Seil [zail] n (3) corde f; starkes ~ câble m; '~springen sauter à la corde; '~bahn f funiculaire m; téléférique m; '~brücke f pont m suspendu; '~er ['~ər] m cordier m; '~erei [~rai] f corderie f; '~erwaren f/pl. cordages m/pl.; '~schaft f cordée f; '~schwebebahn f = ~bahn; '~tänzer(in f) m danseur m, -euse f de corde; saltimbanque f; '~werk n cordages m/pl.

Seim [zaim] m (3) aus Pflanzen: mucilage m; cuis. crème f; '2ig mucilagineux; ~ machen Sauce: lier.

sein [zain] 1. (30) être; exister; 2. 2 n (6) être m; (Dasein) existence f; (Wesenheit) essence f; 3. (20) pr/poss. ('~e f) m u. n son m (vor vo. od. stummem h a. f), sa f (vor cons.), pl. ses; '~er, '~e, '~es: der (die, das) ~ od. ~ige le sien, le sienne.

seiner ['~ər] (gén. v. er) de lui; de soi; ich gedenke ~ je me souviens de lui; je pense à lui; ~seits ['~zaits] de son côté; de sa part; '~zeit jadis; en son temps.

seinesgleichen [~əsglaiçən] son égal, ses égaux; son (ses) pareil(s); wie ~ behandeln traiter d'égal à égal (od. sur le pied d'égalité).

seinet|halben ['~əthalbən], ~wegen ['~ve:gən], (um) ~willen ['~vilən] pour lui; à cause de lui.

'seinige: s. sein.
Seismograph [zaɪsmoˈgrɑːf] m (12) sismographe m.
seit [zaɪt] **1.** prp. (dat.) depuis; à partir de; (schon ~, gleich mit) dès; **2.** cj. depuis que; ~'**dem 1.** adv. depuis; (schon damals) dès lors; **2.** cj. depuis que.
Seite [ˈ~ə] f (15) côté m; (Richtung) a. sens m; (Partei) parti m; (Flanke) flanc m; (Schrift2) page f; Gleichung: membre m; (Gesichtspunkt) aspect m; auf diese(r) ~; nach dieser ~ de ce côté; auf (von) beiden ~n des deux côtés; de part et d'autre; nach allen ~n en tous sens; von allen ~n de tous côtés; s-e guten ~n haben avoir son bon côté (od. du bon); auf die (od. zur) ~ gehen s'écarter; laisser passer; auf der ~ liegen ⚓ être à la (od. donner de la) bande; auf j-s ~ stehen (treten) être (se ranger) du côté de q.; j-n auf die ~ nehmen prendre q. à part; auf die ~ schaffen (beiseite legen) mettre de côté, (wegschaffen) se débarrasser de, (faire disparaître); j-n auf s-e ~ bringen mettre q. de son côté; gagner q.; von der ~ ansehen regarder de côté (fig. de travers); j-n von der guten ~ nehmen prendre q. du bon côté; j-m nicht von der ~ gehen ne pas quitter q. d'un pas; j-m zur ~ stehen seconder (od. assister) q.

'**Seiten**|-**ansicht** f vue f de côté; (Profil) profil m; '~**blick** m regard m de côté (od. oblique); '~**eingang** m entrée f latérale (od. sur le côté); '~**fläche** f face f latérale; '~**flügel** m Gebäude: aile f; '~**front** △ f façade f latérale; '~**gang** 🚂 m couloir m latéral; '~**gasse** f ruelle f latérale; '~**gebäude** n aile f; '~**gewehr** n baïonnette f; mit aufgepflanztem ~ baïonnette au canon; '~**hieb** fig. m coup m de bec; '~**lehne** f bras m; accoudoir m; '~**linie** f ligne f latérale; 🚂 voie f secondaire; Stammbaum: ligne f collatérale; Sport: ligne f de touche; '~**loge** f loge f de côté; '~**rand** m marge f; '~**riß** m projection f latérale; (Profil) profil m; '~**ruder** ✈ n gouvernail m de direction; 🚢s prp. (gén.) de la part de; '~**schiff** △ n bas côté m; nef f latérale; '~**sprung** m écart m; '~**steuer** n = ~ruder; '~**stiche** m/pl. points m/pl.

de côté; '~**straße** f rue f latérale; '~**stück** n pendant m (zu de); zu etw. als ~ dienen faire pendant à qch.; '~**tal** n vallée f transversale; '~**tür** f porte f latérale; fig. porte f de sortie; '~**weg** m chemin m latéral; '~**zahl** f nombre m de(s) pages; einzelne: numéro m de (la) page; mit ~en versehen paginer.

seit|'**her** depuis (ce temps-là); '~**lich** latéral; sur le côté; ~ von etw. gelegen situé à côté de qch.; ~**wärts** [ˈ~vɛrts] de côté; à côté; vers le côté; sur le côté.
Sekante [zeˈkantə] f sécante f.
Sekret|**är(in** f) [zekreˈtɛːr] m (3¹) secrétaire m, f; ~**ariat** [~tariˈɑːt] n (3) secrétariat m.
Sekt [zɛkt] m (3) (vin m) mousseux m; champagne m; ~**e** [ˈ~ə] f secte f; ~'**ierer(in** f) m sectaire m, f; ~**ion** [~tsiˈoːn] f section f; ⚕ dissection f; autopsie f; ~**or** [ˈ~tɔr] m secteur m.
Sekun|**da** [zeˈkunda] f (16²) (classe f de) seconde f; ~**daner(in** f) [~ˈdaːnər] m (7) élève m, f de seconde; ~**dant** [~ˈdant] m (12) second m; 2**där** [~ˈdɛːr] secondaire; ~**de** [~ˈkundə] f seconde f; ~**denzeiger** m aiguille f des secondes; trotteuse f; 2**dieren** [~ˈdiːrən]: j-m ~ esc. servir de second à q., ♪ accompagner q.

selbst [zɛlpst] même; (persönlich) en personne; s-e Freunde ~; ses amis même(s); von ~ tout seul; etw. von ~ tun faire qch. tout seul (od. de son chef); das versteht sich von ~ cela va de soi (od. sans dire); ~ wenn quand même; wie si; 2**-achtung** f estime f de soi-même.
selbständig [ˈzɛlpʃtɛndiç] indépendant; 2**keit** f indépendance f.
'**Selbst**|-**anklage** f auto-accusation f; '~**anschluß-apparat** téléph. m téléphone m automatique; '~**aufopferung** f sacrifice m de soi-même; '~**auslöser** phot. m déclencheur m automatique; '~**bedienung** f service m libre; '~**beherrschung** f maîtrise f de soi; '~**beköstigung** f alimentation f à ses propres frais; '~**bestimmung** f libre disposition f de soi-même; '~**bestimmungsrecht** n droit m de disposer librement de soi-même; ~ der Nation souveraineté f nationale; '~**betrug** m illusion f que l'on se

selbstbewußt — 1021 — **senden**

fait à soi-même; ⚑**bewußt** qui a conscience de lui-même (od. le sentiment de sa propre valeur); mv.p. prétentieux; suffisant; '~**bewußtsein** n conscience f de soi; sentiment m de sa propre valeur; mv.p. prétention f; suffisance f; '~**bildnis** n portrait m de soi-même; ⚑**binder** ['~bɪndər] m (7) cravate f à nouer; '~**biographie** f autobiographie f; '~**-entzündung** f inflammation f spontanée; auto-inflammation f; '~**-erhaltungstrieb** m instinct m de conservation; '~**-erkenntnis** f connaissance f de soi-même; '~**-erniedrigung** f humiliation f volontaire; '~**-erziehung** f auto-éducation f; '~**gebacken** fait à la maison; de ménage; ⚑**gefällig** ['~gəfɛlɪç] satisfait de soi-même; pfort suffisant; '~**gefälligkeit** f contentement m de soi-même; pfort suffisance f; '~**gefühl** n sentiment m de sa valeur; amour-propre m; ⚑**gerecht** pharisien; '~**gespräch** n monologue m; ⚑**herrlich** souverain; (willkürlich) arbitraire; '~**herrschaft** f autocratie f; '~**herrscher** m autocrate m; '~**hilfe** f effort m personnel; (Verteidigung) légitime défense f; ⚑**isch** égoïste; '~**kostenpreis** m prix m coûtant (od. de revient); '~**kritik** f autocritique f; '~**ladepistole** f pistolet m automatique; '~**laut** m voyelle f; '~**liebe** f amour m de soi; '~**lob** n éloge m que l'on fait de soi; ⚑**los** désintéressé; '~**losigkeit** f désintéressement m; '~**mord** m suicide m; '~**mörder(in)** m suicidé m, -e f; ⚑**mörderisch** de suicide; '~**mordversuch** m tentative f de suicide; ⚑**redend** naturellement; bien entendu; '~**regierung** f autonomie f; '~**schutz** m autoprotection f; ⚑**sicher** sûr de soi; assuré; '~**sucht** f égoïsme m; ⚑**süchtig** égoïste; ⚑**tätig** auto-actif; spontané; (automatisch) automatique; '~**tätigkeit** f auto-activité f; spontanéité f; automatische: automaticité f; '~**täuschung** f ~betrug; '~**überwindung** f abnégation f de soi-même; '~**unterricht** m études f/pl. sans professeur; '~**verlag** m: im ~ chez l'auteur; '~**verleugnung** f abnégation f de soi-même; '~**verschuldet** par sa faute; ⚑**verständlich** naturel; évident; das ist ~ cela va de soi (od. sans dire); adv. a. bien entendu; '~**verstümm(e)lung** f mutilation f volontaire; '~**vertrauen** n confiance f en soi-même; aplomb m; '~**verwaltung** f autonomie f administrative; '~**zucht** f discipline f de soi-même; '~**zufrieden** content de soi-même; mv. p. suffisant; '~**zufriedenheit** f contentement m de soi-même; mv.p. suffisance f; '~**zweck** m but m absolu; fin f en soi.

Selen ♑ [zeˈleːn] n sélénium m; ~**zelle** f cellule f au sélénium.

selig [ˈzeːlɪç] (bien)heureux; (verstorben) feu; défunt; (entzückt) ravi; ~**gen Andenken** de bienheureuse mémoire; ~ **entschlafen** s'endormir dans la paix du Seigneur; Gott habe ihn ~! Dieu ait son âme; ⚑**keit** f félicité f; béatitude f; die ewige ~ erlangen faire son salut; '~**preisen** proclamer heureux; ⚑**preisung** f glorification f; ~**en** pl. bibl. béatitudes f/pl.; '~**sprechen** béatifier; ⚑**sprechung** f béatification f.

Sellerie ♀ [ˈzɛləri] m (11) od. f (15) céleri m.

selten [ˈzɛltən] rare; (außerordentlich) extraordinaire; nicht ~ assez souvent; ⚑**heit** f rareté f.

'Selter(s)wasser n eau f de Seltz; eau f gazeuse.

'seltsam étrange; (wunderlich) bizarre; (sonderbar) singulier; ⚑**keit** f étrangeté f; (Wunderlichkeit) bizarrerie f; (Sonderbarkeit) singularité f.

Semester [zeˈmɛstər] n (7) semestre m.

Semi|kolon [zemiˈkoːlɔn] n (11) point-virgule m; ~**nar** [zemiˈnaːr] n (3¹ u. 8²) (bsd. Priester⚑) séminaire m; (Lehrer⚑) école f normale; wissenschaftliches: institut m; ~**naˈrist(in** f) [~na-] m séminariste m; (Lehrer⚑) élève m, f d'une école normale; normalien m, -ne f.

Semit|(in f) [zeˈmiːt] m (12) Sémite m, f; ⚑**isch** sémite; sémitique.

Semmel [ˈzɛməl] f (15) petit pain m.

Senat [zeˈnaːt] m (3) sénat m; ~**or** [~toːr] m (8¹) sénateur m.

Send|bote [ˈzɛnt-] m envoyé m; émissaire m; '~**e-anlage** [~də-] f Radio: poste m d'émission; '~**eleiter** m Radio: directeur m des émissions; ⚑**en** [ˈzɛndən] (30) envoyer; expédier; Radio: émet-

Sender — 1022 — **setzen**

tre; '**∼er** *m* expéditeur *m*; *Radio*: émetteur *m*; poste *m* d'émission; '**∼eraum** *n Radio*: studio *m*; '**∼espiel** *n* pièce *f* radiophonique; '**∼estation** *f* station *f* d'émission; '**∼schreiben** *n* = **∼brief**; '**∼ung** *f* envoi *m*; (*Auftrag*) mission *f*; *Radio*: émission *f*.

Senf [zɛnf] *m* (3) moutarde *f*; '**∼büchse** *f*, *cuis.* flambert; **∼fabrikant** *m* moutardier *m*; '**∼gurke** *f* cornichon *m* à la moutarde; '**∼pflaster** *n* sinapisme *m*; '**∼topf** *m* = **∼büchse**.

senge|n ['zɛŋən] (25) roussir; brûler; *cuis.* flamber; *∼ und brennen* mettre tout à feu et à sang; '**∼rig**: *∼ riechen* sentir le roussi (*od.* le brûlé).

senil [ze'ni:l] sénile.

senior ['ze:niɔr] 1. aîné; *Herr ... ∼ M. ...* père; 2. ♀ *m Sport*: senior *m*.

'**Senk|blei** *n* ⚓ sonde *f*; ⊕ fil *m* à plomb; **∼e** *f* dépression *f* de terrain, **∼el** ['∼əl] *m* (7) lacet *m*; **∼en** ['zɛŋkən] (25) abaisser; *Augen, Stimme, Preis*: baisser; (*neigen*) incliner; ✗ marcotter, *Wein*: provigner; *sich ∼* s'abaisser, *Gebäude*: s'affaisser, (*abfallen*) descendre; **∼er** ✗ ['∼ər] *m* (7) marcotte *f*, *Wein*: provin *m*; '**∼fuß** *m* pied *m* plat; '**∼grube** *f* ⚁ puisard *m*; (*Abort*) fosse *f* (d'aisances); '**∼rebe** *f* provin *m*; '**∼recht** vertical; *bsd.* △ perpendiculaire; '**∼rechte** ⚂ *f* perpendiculaire *f* (errichten élever; fällen abaisser); '**∼reis** *n* marcotte *f*; '**∼schnur** *f* ligne *f* de sonde; '**∼ung** *f* descente *f*; *Gelände*: dépression *f*; *Gebäude*: affaissement *m*; *Preise*: baisse *f*; *mét.* thésis *f*; '**∼waage** *f* aréomètre *m*.

Senn [zɛn] *m* (3), '**∼er(in** *f*) *m* vacher *m*, -ère *f*; '**∼esblätter** *n/pl.* feuilles *f/pl.* de séné; '**∼hütte** *f* chalet *m*.

Sensation [zɛnzatsi'o:n] *f* sensation *f*; *∼ machen* faire sensation; ♀**ell** [∼o'ɛl] sensationnel; à sensation; **∼sprozeß** *m* cause *f* célèbre.

Sense ['zɛnzə] *f* (15) faux *f*; '**∼nmann** *fig. m* Mort *f*.

sensibel [∼'zi:bəl] sensible.

Sentenz ['tɛnts] *f* sentence *f*; ♀**enhaft** sentencieux.

sentimental [ˌtɪmɛnˈtɑːl] sentimental; ♀**ität** [ˌtaliˈtɛːt] *f* sentimentalité *f*.

separat [zepaˈrɑːt] séparé; à part; particulier; ♀**-abdruck** *m* tirage *m* à part; ♀**-eingang** *m* entrée *f* particulière; '♀**friede** *m* paix *f* séparée; ♀**ismus** [ˌraˈtɪsmus] *m* séparatisme *m*; ♀**ist** [∼'tɪst] *m* séparatiste *m*; ♀**istisch** séparatiste.

'**Séparée** *n* cabinet *m* particulier.

Sepia ['ze:pia] *f zo.* seiche *f*; *peint.* sépia *f*.

September [zɛp'tɛmbər] *m* (7) septembre *m*.

Septett [zɛp'tɛt] *n* septuor *m*.

Serail [ze'raɪl] *n* sérail *m*.

Seraph ['ze:raf] *m* séraphin *m*; ♀**isch** [ze'rɑːfɪʃ] séraphique.

Serb|e ['zɛrbə] *m* (13), '**∼in** *f* Serbe *m, f*; **∼ien** ['∼biən] *n* (17) la Serbie; ♀**isch** serbe.

Serenade [zereˈnɑːdə] *f* sérénade *f*.

Sergeant [zɛr'ʒant] *m* (12) sergent *m*.

Seri|e ['ze:riə] *f* (15) série *f*; '**∼enherstellung** *f* fabrication *f* en série; '**∼enschalter** ⚡ *m* commutateur *m* à plusieurs directions; '**∼enschaltung** ⚡ *f* couplage *m* en série.

Serpentinenweg [zɛrpɛn'tiːnən-] *m* chemin *m* en lacets.

Serum ['ze:rum] *n* (9²) sérum *m*; '**∼behandlung** *f* sérothérapie *f*.

Serv|ice [zɛr'viːs] *n* (7) (*Tafelgerät*) vaisselle *f* de table; service *m*; ♀**ieren** [∼'viːrən] servir; faire le service; ♀**iette** [∼viˈɛtə] *f* serviette *f*; **∼iettenring** *m* rond *m* de serviette.

Sessel ['zɛsəl] *m* (7) fauteuil *m*; (*niedriger ∼ ohne Lehne*) tabouret *m*; '**∼bahn** *f* télésiège *m*.

seßhaft ['zɛshaft] sédentaire; (*wohnhaft*) domicilié.

Session [zɛsi'oːn] *f* (*einzelne Sitzung*) séance *f*; (*Tagung*) session *f*.

Setzei ['zɛtsˀaɪ] *n* œuf *m* sur le plat.

setzen ['zɛtsən] (27) *v/t.* mettre; (*stellen*) poser; placer; (*hinsetzen*) asseoir; ♪ *u. typ.* composer; (*pflanzen*) planter; (*wetten*) miser (*auf acc.* sur); parier (*pour*); *Punkt*: mettre; *Frist*: fixer; *Denkmal*: ériger; *Ofen*: poser; installer; *Fall*: poser; *j-n über e-n Fluß ∼* faire passer une rivière à q.; *v/i.* über e-n Fluß ∼ passer une rivière; über e-n Graben ∼ sauter un fossé; *sich ∼* s'asseoir; (*sich niederlassen*) se fixer; s'établir; *Teig*: retomber; *Flüssigkeiten*: *sich ∼* reposer; *sich auf e-e Stange ∼* se percher; se jucher.

'Setzer *typ. m* compositeur *m*; ~'ei *typ. f* (16) salle *f* des compositeurs.
'Setz|kasten *typ. m* casse *f*; '~ling *m* (3¹) ⚔ plant *m*; *Fischerei:* alevin *m*; '~maschine *typ. f* machine *f* à composer; '~reis ⚔ *n* bouture *f*; '~waage *f* niveau *m* de maçon.

Seuche ['zɔyçə] *f* (15) épidémie *f*; ♀n-artig épidémique; '~nherd *m* foyer *m* de la contagion.

seufz|en ['zɔyftsən] (27) soupirer (*nach* après); ♀er *m* (7) soupir *m*.

Sex|ta ['zεksta] *f* (16²) (classe *f* de) sixième *f*; ~taner(in *f*) [~'ta:nər] *m* (7) élève *m*, *f* de sixième; ~'tant *m* sextant *m*; ~tett *n* ['tet] *n* sextuor *m*; ♀uell [~'u̯εl] sexuel.

sezier|en [ze'tsi:rən] disséquer; ♀en *n* dissection *f*; ♀messer *n* scalpel *m*.

Sia|me|se [zi̯a~] *m*, ~sin *f* Siamois *m*, -e *f*; ♀sisch siamois.

Sibir|ien [zi'bi:ri̯ən] *n* la Sibérie; ♀isch sibérien.

sich [ziç] se (*vor vo. od. stummem h:* s'); *als pr. abs. abs.* soi, lui, elle, *pl.* eux, elles; *die Sache* ~ la chose en elle-même; *ein. bei* ~ *haben (tragen)* avoir qch. sur soi. [croissant *m*.)

Sichel ['~əl] *f* (15) faucille *f*; (*Mond*♀))

sicher ['~ər] *nur* (*gewiß*) certain; (*fest*) assuré (*a. Hand*); ferme; *Wertpapiere:* de tout repos; *Gedächtnis:* fidèle; ~ *vor* (*dat.*) à l'abri de; *e-r Sache* (*gén.*) ~ *sein* être sûr de qch.; ~ *leben* vivre en sécurité; '~ *gehen (sich vergewissern)* s'assurer; '♀heit *f* sûreté *f* (*Gewißheit*) certitude *f*; (*Unbesorgtheit*) sécurité *f*; ✝ garantie *f*; (*Bürgschaft*) caution *f*; *im Auftreten:* assurance *f*; aplomb *m*; *in* ~ *bringen* mettre à l'abri (*od.* en sûreté).

'Sicherheits|beamte(r) *m* agent *m* de la sûreté; '~glas *n* verre *m* de sécurité; '~gürtel 🜚 *m* ceinture *f* de sécurité; ♀halber ['~halbər] pour plus de sûreté; '~kette *f* chaîne *f* de sécurité; '~maßnahme *f* mesure *f* de sécurité; '~nadel *f* épingle *f* de sûreté; '~polizei *f* (police *f* de) sûreté *f*; '~rat *pol. m* conseil *m* de sécurité; '~schloß *n* serrure *f* de sûreté; '~ventil *n* soupape *f* de sûreté; '~vorrichtung *f* dispositif *m* de sécurité.

'sicher|lich assurément; sûrement; certainement; à coup sûr; '~n assurer (*gegen* contre); (*in Sicherheit bringen*) mettre en sûreté; (*befesti-*

gen) consolider; *Schußwaffe:* mettre au cran d'arrêt; *sich* ~ *a.* prendre des garanties; *sich gegen etw.* ~ se garantir de qch.; '~stellen mettre en sûreté; ✝ garantir; '♀ung *f* garantie *f*; (*Befestigung*) consolidation *f*; ∮ coupe-circuit *m*; fusible *m*; *Schußwaffe:* cran *m* d'arrêt.

Sicht [ziçt] *f* (15) vue *f*; (*~barkeit*) visibilité *f* (*a.* ❀); *in* ~ en vue; ✝ *zehn Tage nach* ~ à dix jours de vue; *auf kurze* ~ à court (*long*) terme; '♀bar visible; (*in die Augen fallend*) évident; '~barkeit *f* visibilité *f*; ♀en ['~ən] (26) *fig.* examiner; trier; ♏ découvrir; apercevoir; '♀lich visible; manifeste; '~ung *f* examen *m*; *tri(age) m*; '~vermerk *m* visa *m*; '~weite *f* champ *m* visuel.

sickern ['zikərn] (29) *Feuchtigkeit:* suinter; *Gefäß:* avoir une fuite.

sie [zi:] 1. *f/sg. alle*, (*als pr.* (*vor vo. od. stummem h:* 1'), *als pr. abs.* elle; *pl. m:* ils, *f:* elles, *acc.* les, *als pr. abs. m:* eux, *f:* elles; 2. ♀ *a)* *Anrede:* vous; *j-n mit* ~ *anreden* dire vous à q.; vous(*s*)oyer q.; vouvoyer q.; **b)** F *f (Weibchen)* femelle *f*.

Sieb [zi:p] *n* (3) crible *m*; *feines:* sas *m*; tamis *m*; (*Küchen*♀) passoire *f*.

sieben ['zi:bən] 1. *v/t.* (25) cribler; sasser; tamiser; 2. (*Zahl*) sept; 3. ♀ *f* (chiffre *m*) sept *m*; *böse* ~ mégère *f*.

Sieben|bürgen [~'byrgən] *n* (17) la Transylvanie; ♀bürgisch transylvanien; ~eck ['~ʔεk] *n* heptagone *m*; ♀eckig ['~ʔεkiç] heptagonal; ♀erlei [~ər'lai] de sept espèces; '♀fach septuple; ~flächner ['~flεçnər] *n* heptaèdre *m*; '♀füßig *Vers:* à (*resp.* de) sept pieds; '~gestirn *n* Pléiade *f*; '♀hundert sept cent(*s*); '♀hundertste sept centième; '♀jährige de sept ans; ♀mal ['~ma:l] sept fois; '♀malig répété sept fois; ~meilenstiefel *m/pl.* bottes *f/pl.* de sept lieues; '~sachen *f/pl.* nippes *f/pl. (packen faire)*; frusques *f/pl.*; '~schläfer *m zo.* loir *m*; *fig.* grand dormeur *m*; '♀seitig *Figur:* heptagonal; *Körper:* heptaédrique; '~silbig ('silbnər *m*) heptasyllabe (*m*); '♀stündig de sept heures; '♀tägig de sept (*od.* 'huit) jours; '♀tausend sept mille; '♀te septième; '~tel *n* (7) septième *m*; '♀tens septièmement; '♀-undzwanzig vingt-sept.

siebzehn — 1024 — **Singstunde**

sieb|zehn ['ziːp-] dix-sept; '⁀**zehnte** dix-septième; '⁀**zehntel** *n* dix-septième *m*; '⁀**zig** soixante-dix; '⁀**ziger(in** *f*) *m* (7) septuagénaire *m*, *f*; '⁀**zigjährig** septuagénaire; '⁀**zigste** soixante-dixième; '⁀**zigstel** *n* soixante-dixième *m*.

siech [ziːç] maladif; (*entkräftet*) infirme; ⁀**en** ['⁀ən] (25) languir; (*verkümmern*, ᗐ.) s'étioler; ⁀**enhaus** *n* hospice d'incurables; ⁀**tum** *n* (1²) état *m* maladif; infirmité *f*.

'Siede|grad *m* degré *m* d'ébullition; '⁀**hitze** *f* température *f* d'ébullition; *fig.* chaleur *f* tropicale.

sieden ['ziːdən] (30) **1.** *v/i.* bouillir; *v/t.* faire bouillir; *Zucker*: raffiner; *Seife*: fabriquer; *Salz* ⁀ saunier; **2.** ⁀ *n* bouillonnement *m*; ébullition *f*.

'Siede|punkt *m* point *m* d'ébullition; ⁀**rei** ['⁀raɪ] *f Zucker*: raffinerie *f*; *Salz*: saunerie *f*; *Seife*: savonnerie *f*.

'Siedl|er *m* (7) colon *m*; '⁀**ung** *f* colonie *f*; (*Bau*) cité *f* ouvrière.

Sieg [ziːk] *m* (3) victoire *f* (*davontragen über j-n* remporter sur q.).

Siegel ['⁀ɡəl] *n* (7) cachet *m*; *amtliches*: sceau *m*; *gerichtliches*: scellés *m/pl.*; *unter dem* ⁀ *der Verschwiegenheit* sous le sceau du secret; *das ist für mich ein Buch mit sieben* ⁀*n* cela est lettre close pour moi; ⁀**bewahrer** ['⁀bəvaːrər] *m* garde *m* des sceaux; '⁀**lack** *m* cire *f* à cacheter; '²**n** (29) cacheter; *amtlich*: sceller; '⁀**ring** *m* chevalière *f*.

'sieg|en (25) vaincre; *über j-n* ⁀ triompher de q.; '²**er** *m* vainqueur *m*.

'Sieges|feier *f* célébration *f* d'une victoire; ²**gewiß** sûr de vaincre; '⁀**göttin** *f* Victoire *f*; '⁀**hymne** *f* hymne *m* triomphal; '⁀**preis** *m* prix *m* de la victoire; trophée *m*; '⁀**säule** *f* colonne *f* triomphale; ²**trunken** ['⁀trʊŋkən] enivré de sa victoire, ivre du succès; '⁀**zeichen** *n* trophée *m*; '⁀**zug** *m* triomphe *m*; marche *f* triomphale.

'sieg|gewohnt ['ziːkɡəvoːnt] accoutumé à vaincre; '⁀**reich** victorieux.

Siel|e ['ziːlə] *f* harnais *m*; *in den* ⁀*n ergrauen* blanchir sous le harnais; ⁀**engeschirr** *n* harnais *m*.

'siezen 1. dire vous à; vous(s)oyer; vouvoyer; **2.** ² *n* vous(s)oiement *m*.

Signal [ziɡ'naːl] *n* (3¹) signal *m*; (*Glocken*²) sonnerie *f*; ⁀**anlage** *f* avertisseur *m*; ⁀**flagge** *f* pavillon *m* à signaux; ²**isieren** [⁀nali'ziːrən] signaler; ⁀**lampe** *f* lampe *f* témoin; ⁀**scheibe** 🚂 *f* disque *m* à signaux.

Sign|atarmacht *pol.* [ziɡna'taːr-] *f* puissance *f* signataire; ⁀**a'tur** *f* (16) signe *m*; ✤ marque *f*; ✝ étiquette *f*; *phm.* écriteau *m*; *typ.* signature *f*; ²**ieren** [⁀'niːrən] signer.

Silbe ['zɪlbə] *f* (15) syllabe *f*; '⁀**maß** *n* quantité *f*; mètre *m*; mesure *f*; '⁀**nmessung** *f* prosodie *f*; '⁀**nrätsel** *n* charade *f*; ⁀**nstecher** *m* éplucheur *m* de mots; ⁀**nsteche'rei** *f* chicane *f* sur les mots; '⁀**ntrennung** *f* division *f* en syllabes.

Silber ['zɪlbər] *n* (7, o. *pl.*) argent *m*; ⁀**arbeit** *f* ouvrage *m* en argent; argenterie *f*; ²**-artig** ['⁀artɪç] argentin; ⁀**barren** *m* lingot *m* d'argent; ²**farben** ['⁀farbən], '²**farbig** argenté; couleur d'argent; '⁀**fisch** *m* poisson *m* argenté; '⁀**fuchs** *m* renard *m* argenté; '⁀**gehalt** *m* titre *m* d'argent; '⁀**geld** *n* monnaie *f* d'argent; '⁀**geschirr** *n* argenterie *f* de l'argent; '⁀**glanz** *m* éclat *m* de l'argent; ²**haltig** ['⁀haltɪç] argentifère; '²**hell** *Ton*: argentin; '⁀**hochzeit** *f* noces *f/pl.* d'argent; '⁀**ling** *m* pièce *f* d'argent; '⁀**löwe** *m* puma *m*; ⁀**münze** *f* monnaie *f* d'argent; '²**n** d'argent; '⁀**papier** *n* papier *m* d'argent; '⁀**pappel** *f* peuplier *m* blanc; ²**reich** argentifère; '⁀**sachen** *f/pl.* argenterie *f*; '⁀**tanne** *f* sapin *m* argenté; '⁀**währung** *f* étalon-argent *m*; '⁀**waren** *f/pl.* argenterie *f*; '⁀**weide** *f* saule *m* argenté; ²**weiß** argenté; '⁀**zeug** *n* = ⁀**geschirr**.

Silhouette [zilu'ɛtə] *f* silhouette *f*.

Silo ['ziːlo] *m* silo *m*.

Silvester [zɪl'vɛstər] *m* (4), ⁀**abend** *m*: *der* ⁀ la Saint-Sylvestre.

Sims [zɪms] *m* (4) corniche *f*.

Simul|ant(in *f*) [zimu'lant] *m* (12) simulateur *m*, -trice *f*; ²**ieren** [⁀'liːrən] simuler; feindre.

Simultanschule [⁀'taːn-] *f* école *f* interconfessionnelle.

Sing|akademie ['zɪŋʔ-] *f* école *f* de chant; conservatoire *m*; ²**en** ['⁀ən] (30) chanter; '⁀**en** *n* chant *m*; '⁀**sang** ['⁀zaŋ] *m* chant *m* monotone; '⁀**spiel** *n* opérette *f*; vaudeville *m*; '⁀**stimme** *f* voix *f*; (*Gesangspartie*) partie *f* de chant; '⁀**stunde** *f* leçon *f* de chant.

Singular *gr* ['ziŋgulɑːr] *m* (3¹) singulier *m*.

'**Sing|vogel** *m* oiseau *m* chanteur; '**~weise** *f* manière *f* de chanter; (*Melodie*) mélodie *f*; air *m*.

sinken ['ziŋkən] **1.** (30) s'abaisser, descendre; (*zu Boden ~*; *sich senken*) s'affaisser; (*abnehmen*) diminuer; (*fallen*) tomber; (*ein~*) s'enfoncer; *Nacht, Nebel:* tomber; *Sonne, Preise:* baisser; *Schiff:* sombrer; couler (bas); *Hoffnung* s'évanouir; **2.** *n* descente *f*; (*Ein*) affaissement *m*; (*Abnahme*) diminution *f*; *Preise:* baisse *f*.

Sinn [zin] *m* (3) sens *m*; (*Bedeutung*) *a.* signification *f*; (*Gedanke*) pensée *f*; (*Geist*) esprit *m*; (*Neigung*) goût *m*; penchant *m*; *ohne ~ und Verstand* sans rime ni raison; *s-r ~e mächtig sein* avoir tout son bon sens; *der ~e beraubt sein* ne plus se connaître; *e-s ~es mit j-m sein* penser comme q.; *andern ~es werden* changer d'avis; *nicht aus dem ~ gehen* ne pas sortir de l'esprit (*od.* de la tête); *sich etw. aus dem ~ schlagen* s'ôter qch. de l'esprit; *für etw ~ haben* avoir le sens (*od* le goût) de qch.; *im ~ haben* avoir en tête; projeter; *in den ~ kommen* venir à l'idée (*od.* à l'esprit); *in j-s ~e handeln* agir dans l'esprit de q.; *das liegt mir im ~* je ne cesse d'y penser; *das will mir nicht in den ~* cela ne veut pas m'entrer dans la tête; *was kommt dir denn in den ~?* quelle idée te prend?; quelle mouche te pique?; *nach s-m ~* à son gré; à sa guise; *von ~en* (*nicht recht bei ~en*) *sein* n'être pas dans son bon sens; avoir perdu la tête; '**~bild** *n* emblème *m*; symbole *m*; '**bildlich** symbolique.

sinnen ['~ən] **1.** (30) méditer (*auf etw. acc.* qch.); songer (à); **2.** *n* méditations *f/pl.*; *all sein ~ und Trachten* tout ce qui occupe son esprit; '**~d** méditatif; rêveur; '**lust** *f* volupté *f*; plaisirs *m/pl* des sens; '**rausch** *m* ivresse *f* des sens; '**reiz** *m* sensualité *f*; '**welt** *f* monde *m* physique (*od.* sensible).

'**Sinnes-|änderung** *f* changement *m* d'avis; '**~art** *f* mentalité *f*; '**~organ** *n* organe *m* des sens; '**~täuschung** *f* hallucination *f*.

'**Sinn|gedicht** *n* épigramme *f*; '**gemäß**, '**~getreu** conforme au sens; '**ig** pensif; (*gescheit*) judicieux; '**lich** (*~ wahrnehmbar*) sensible; (*körperlich*) matériel; physique; (*Sinnengenuß betreffend*) sensuel; voluptueux; '**~lichkeit** *f* nature *f* physique; matérialité *f*; (*sinnliche Begierde*) sensualité *f*; volupté *f*; '**los** (*von Sinnen*) insensé; (*bedeutungslos*) absurde; sans signification; '**~losigkeit** *f* absurdité *f*; '**~pflanze** *f* sensitive *f*; '**reich** ingénieux; '**~verwandt** (*~es Wort*) synonyme (*m*); '**~verwandtschaft** *f* synonymie *f*; '**widrig** absurde. [*f* sinologie *f*.]

Sino|'loge *m* sinologue *m*; '**~lo'gie**

Sinter ['zintər] *m* stalactite *f*; '**n** former des stalactites.

Sintflut ['zintfluːt] *f* déluge *m*.

Sinus ⚘ ['ziːnus] *m* sinus *m*.

Sipp|e ['zipə] *f* (15), '**~schaft** *f* (16) famille *f*, parenté *f*; *mv.p.* clique *f*.

Sirene [ziˈreːnə] *f* sirène *f*. [lasse *f.*]

Sirup ['ziːrup] *m* (3¹) sirop *m*; mé-

Sitte ['zitə] *f* (15) coutume *f*; (*Brauch*) usage *m*; *~n pl.* mœurs *f/pl.*; *die ~n und Gebräuche* les us et coutumes *m/pl.*

'**Sitten|bild** *n*, '**~gemälde** *n* tableau *m* de mœurs; '**~gesetz** *n* loi *f* morale; '**~lehre** *f* morale *f*; éthique *f*; (*Abhandlung*) traité *m* de morale; '**los** immoral; '**~losigkeit** *f* immoralité *f*; '**~polizei** *f* police *f* des mœurs; '**~richter** *m* censeur *m*; '**streng** de mœurs austères; '**~strenge** *f* austérité *f* de(s) mœurs; '**~verderbnis** *f* corruption *f*; dépravation *f* des mœurs; '**~verfall** *m* décadence *f* des mœurs; '**~verfeinerung** *f* affinement *m* des mœurs; '**~zeugnis** *n* certificat *m* de bonne vie et mœurs.

Sittich ['zitiç] *m* (3) perroquet *m*, perruche *f*.

sittig ['zitiç] honnête; décent.

'**sittlich** moral; '**keit** *f* moralité *f*; '**keitsgefühl** *n* sens *m* moral; '**keitsvergehen** *n* attentat *m* à la pudeur. [honnêteté *f*; décence *f*.]

'**sittsam** honnête; décent; '**keit** *f*

Situ|ation [zituatsiˈoːn] *f* situation *f*; **iert** [~'iːrt] situé; *gut ~ dans une bonne situation*; dans l'aisance.

Sitz [zits] *m* (3²) siège *m*; (*Platz*) place *f*; (*Klapp~*) strapontin *m*; *Regierung:* siège *m*; *zu Pferde:* position *f*; (*Wohnort*) domicile *m*; rési-

Sitzbad — 1026 — **so**

dence *f*; ~s-n ~ *aufschlagen* s'établir; ~ *und Stimme im Rat haben* avoir voix au chapitre; '~**bad.** *n* bain *m* de siège.

sitzen ['~ən] (30) être assis; être placé; *Vogel*: être perché; *e-m Maler*: poser; *(gefangen* ~) être en prison; *Kleidung*: aller bien; seoir; *Hieb*: porter juste; ~ *bleiben* rester assis; *e-e Beleidigung auf sich* ~ *lassen* avaler un affront; '~**bleiben** *Mädchen*: rester fille, *beim Tanz*: faire tapisserie, *Schule*: redoubler une classe; *auf s-r Ware* ~ ne pas trouver preneur sa marchandise; '~**d** assis; *(gut* ~) seyant; ~*e Lebensweise* vie *f* sédentaire; '~**lassen** abandonner.

'**Sitz|fleisch** *n*: ~ *haben* être sédentaire; *kein* ~ *haben* ne pas tenir en place; '~**gelegenheit** *f* siège *m*; '~**platz** *m* place *f* assise; ~**raum** *m* carlingue *f*; cabine *f*; '~**reihe** *f* rang *m*; '~**stange** *f* *Vögel*: perchoir *m*; '~**streik** *m* grève *f* sur le tas.

'**Sitzung** *f* séance *f*; *(Tagung)* session *f*; *Gerichtshof*: audience *f*; '~**bericht** *m*, '~**sprotokoll** *n* procès-verbal *m* de séance *(abfassen* rédiger); '~**speriode** *f* session *f*; '~**saal** *m* salle *f* des séances.

Sizilien [zi'tsi:liən] *n* (17) la Sicile.
Skala ['ska:la] *f* (16² *u.* 11³) échelle *f*; ♪ gamme *f*.
Skalp [skalp] *m* (3¹) scalp(e) *m*; ~**ell** *n* scalpel *m*; 2**ieren** scalper.
Skandal [skan'da:l] *m* (3¹) scandale *m*; *(Lärm)* tapage *m*; 2**ieren** [~da-'li:rən] faire du tapage; 2**i'sieren** scandaliser; choquer; 2**ös** [~'lø:s] scandaleux.

skandieren [~'di:rən] scander.
Skandinav|ien [skandi'na:viən] *n* (17) la Scandinavie; ~**ier(in** *f*) *m* (7) Scandinave *m, f*; 2**isch** scandinave.
Skat [ska:t] *m* (3) skat *m*. [nave.]
Skelett [ske'lɛt] *n* (3) squelette *m*.
Skep|sis ['skɛpsis] *f* scepticisme *m*; ~**tiker** [~tikər] *m* (7) sceptique *m*; 2**tisch** sceptique.
Ski [ʃiː] *m* = Schi.
Skizz|e ['skitsə] *f* (15) esquisse *f*; ébauche *f*; croquis *m*; '~**enbuch** *n* album *m* de *(resp.* à) croquis; '2**enhaft** (seulement) esquissé *(od.* ébauché); 2**ieren** [~'tsi:rən] esquisser; ébaucher. [esclave *m, f*.]
Sklav|e ['skla:və] *m* (13), '~**in** *f*

Sklaven|handel *m* trafic *m* d'esclaves; traite *f* des nègres; '~**händler** *m* marchand *m* d'esclaves; négrier *m*.

Sklav|erei [~'rai] *f* (16) esclavage *m*; servitude *f*; 2**isch** servile.
Sklerose [skle'ro:zə] *f* sclérose *f*.
Skonto ✝ ['skɔnto] *m u. n* (11) escompte *m*.
Skorbut [skɔr'bu:t] *m* (3) scorbut *m*.
Skorpion [skɔrpi'o:n] *m* scorpion *m*; *ast.* Scorpion *m*.
Skrof|el ['skro:fəl] *f* scrofule *f*; 2**ulös** [skrofu'lø:s] scrofuleux; ~**ulose** [~'lo:zə] *f* scrofule *f*.
Skrupel ['skru:pəl] *m* scrupule *m*; '2**haft** scrupuleux; '2**los** sans scrupules. [ture *f.*]
Skulptur [skulp'tu:r] *f* (16) sculp-
Skunk [skunk] *m* orcine *m*.
Slaw|e ['sla:və] *m* (13), '~**in** *f* Slave *m, f*; '2**isch** slave; ~**ist** *m* slavisant *m*.
Smaragd [sma'rakt] *m* (13) émeraude *f*; 2**en** d'émeraude. [king *m.*]
Smoking ['smo:kiŋ] *m* (11) smo-
Snob [snɔp] *m* snob *m*; ~**ismus** [sno'bismus] *m* snobisme *m*.

so [zo:] ainsi; comme cela (F ça); de cette manière; ~ *ist es* il en est ainsi; *und* ~ *weiter* et ainsi de suite; *soso, lala* comme ci, comme ça; couci-couça; ~ *oder* ~ de manière ou d'autre; *(derartig)* tel; pareil; ~ *ein Mann* un tel homme; un homme pareil; ~ *wie er ist* tel qu'il est; ~ *ist die Angelegenheit* telle est l'affaire; *hat man je* ~ *etwas gesehen?* a-t-on jamais vu pareille chose?; *nachdrücklich*: si; tellement; tant; *es ist so schön!* c'est si *(od.* tellement*)* beau! *er hat sie* ~ *lieb* il l'aime tant; ~ *schwer ist es tant* il est difficile; *im Vergleich*: aussi; si; *er ist (nicht)* ~ *reich* wie du il est aussi *(*n'est pas si *[od.* aussi*])* riche que toi; *folgernd*: ainsi (donc); alors (donc); ~ *ist alles vergebens* ainsi (donc), tout est inutile; — ~? vraiment?; *so so!* tiens, tiens!; ~ *seid ihr!* voilà comme vous êtes!; *seien Sie* ~ *gut* ayez la bonté (de); *ich bin nicht* ~ *dumm, es zu glauben* je ne suis pas assez sot pour le croire; *die Sache ist* ~ *gut wie abgemacht* la chose est autant dire *(od.* pour ainsi dire*)* faite; ~ *gut er kann* de son mieux; ~ *gut wie nichts* si peu que rien; *ich habe* ~ *e-e Ah-*

sobald — 1027 — **Sommeraufenthalt**

nung j'ai comme un pressentiment; ~ *höre doch!* mais écoute donc!; ~ *reich er auch sei* si (*od.* quelque) riche qu'il soit; tout riche qu'il est (*od.* soit); ~ *daß ...* de sorte que ... (*final: subj.*); ~ *das Geld reicht gerade* ~ l'argent suffit tout juste; ~ *sehr ... sehr ...* autant ..., autant ...; ~ *viel ist gewiß, daß ...* ce qu'il y a de certain, c'est que ...; ~ *viel Freunde* tant d'amis; ~ *wahr ich lebe* aussi vrai que me voilà; ~ *weit sind wir noch nicht* nous n'en sommes pas encore là; *es nicht* ~ *weit kommen lassen* ne pas laisser les choses en venir là; *bist du* ~ *weit?* y es-tu?; tu y es?; *man ging* ~ *weit ,zu ...* (*inf.*) on alla jusqu'à ... (*inf.*); *wie ...,* ~ *...* ainsi que ... de même...; ~ *ziemlich* à peu près. [que.|

so'**bald**: ~ (*als*) dès que; aussitôt/

'**Söckchen** *n* socquette *f.*

Sock|e ['zɔkə] *f* (15) chaussette *f;* ~**el** *m* (7) socle *m;* piédestal *m; Lampe:* culot *m;* ~**enhalter** *m* fixe-chaussettes *m.*

Soda ['zo:da] *f* soude *f.*

so'**dann** ensuite; puis.

'**Sodawasser** *n* eau *f* de Seltz; eau *f* gazeuse. [*f/pl.*]

Sodbrennen ['zo:t-] *n* (6) aigreurs/

so**eben** [zo'e:bən] tout à l'heure; ~ *etw. getan haben* venir de faire qch.

Sofa ['zo:fa] *n* (11) sofa *m;* divan *m.*

so'**fern** pourvu que (*subj.*).

Soffitte [zɔ'fitə] *f* soffite *m.*

so'**fort** aussitôt; sur-le-champ; tout de suite; ~**ig** prompt; immédiat.

Sog [zo:k] *m* remous *m.*

so|**gar** [~'ga:r] même; ~'**genannt** dit; (*angeblich*) soi-disant; prétendu; ~'**gleich** ~ *fort.*

Sohle ['zo:lə] *f* (15) *Fuß?* plante *f* (du pied); (*Schuh?*) semelle *f;* (*Boden*) plancher *m;* ⚒ sole *f;* ~**nleder** *n* cuir *m* à semelles.

Sohn [zo:n] *m* (3) fils *m.*

Söhnchen ['zø:nçən] *n* jeune fils *m;* F fiston *m.*

'**Sohnesliebe** *f* amour *m* filial.

Soja ♀ ['zo:ja] *f* soja (*od.* soya) *m.*

so'**lange** tant que.

Solbad ['zɔ:l-] *n* bain *m* d'eau saline; (*Ort*) eaux *f/pl.* salines.

solch [zɔlç] (21) tel; pareil; '~**er'lei** de tels; de pareils; '~**er'weise** de telle façon (*od.* manière).

Sold [zɔlt] *m* (3) solde *f;* paie *f.*

Soldat [zɔl'da:t] *m* (12) soldat *m;* ~ *werden* entrer au service, *aus einem Antrieb*: se faire soldat; ~**en-sprache** *f* argot *m* militaire; ~**eska** [~da'tɛska] *f* soldatesque *f;* ♀ ~**isch** de (*adv.* en) soldat.

'**Soldbuch** *n* livret *m* individuel.

Söld|ling ['zœltliŋ] *m,* ~**ner** [zœltnər] *m* mercenaire *m.*

Sol|e ['zo:lə] *f* (15) eau *f* saline (*od.* salée); (*Salzlake*) saumure *f;* ~**ei** ['~ʔai] *n* œuf *m* cuit dans l'eau salée.

solid|(e) [zo'li:t, ~də] solide; *Person:* rangé; sérieux; ♀ sûr; solvable; ~**arisch** [~li'da:riʃ] solidaire; ♀**arität** [~darie'tɛ:t] *f* solidarité *f;* ♀**i'tät** *f* solidité *f; Person:* caractère *m* rangé; sérieux *m;* ✝ solvabilité *f.*

Solist(in *f)* [zo'list] *m* soliste *m, f.*

Soll ✝ [zɔl] *n* (11 *u. uv.*) doit *m; das* ~ *und Haben* le doit et avoir; '~**bestand** *m* effectif *m* théorique; '~**einnahme** *f* recette *f* prévue

sollen ['~ən] (30) *Pflicht:* devoir; *Notwendigkeit:* falloir; *Befehl: durch subj.*; *er soll kommen* qu'il vienne; *Gebot: durch fut.*; *du sollst nicht töten* tu ne tueras pas; *wenn es sein soll* s'il le faut; *was soll ich tun?* que faire?; *que veux-tu* (*resp.* voulez-vous) *que je fasse?; was soll ich sagen?* que dirai-je?; *was soll das?* que signifie cela?; à quoi bon?; *das sollst du haben* ce sera pour toi; *wie soll man da nicht lachen?* comment ne pas rire?; *nun soll mir einer sagen, daß ...* maintenant qu'on vienne me dire que ... (*ind.*); *sollte er krank sein?* serait-il malade?; *er soll krank sein* on dit qu'il est malade; *sollte er das getan haben?* est-ce possible qu'il ait fait cela?; *wenn es* (*zufällig*) *regnen sollte* s'il venait à pleuvoir; *sollte er kommen* s'il venait; *man sollte meinen, daß ...* on dirait que ... (*ind.*).

Söller ['zœlər] *m* (*Speicher*) grenier *m;* ⚠ balcon *m.*

Solo ['zo:lo] *m u. n* (11) solo *m;* ~**sänger(in** *f) m* soliste *m, f;* '~**stimme** *f* voix *f* seule.

Solquelle ['zɔ:l-] *f* source *f* saline.

solvent ✝ [zɔl'vɛnt] solvable.

so'**mit** donc; par conséquent; ainsi.

Sommer ['zɔmər] *m* (7) été *m;* '~**anzug** *m* complet *m* d'été; '~**aufenthalt** *m* séjour *m* d'été;

Sommerfäden — 1028 — **sophistisch**

villégiature f; '~**fäden** m/pl. filandres f/pl.; '~**frische** f villégiature f; in die ~ gehen aller à la campagne (od. en villégiature); '~**frischler** m (7), '~**gast** m estivant m, -e f; '~**getreide** n (blé m de) mars m/pl.; '~**haus** n maison f de campagne; '~**kleid** n robe f d'été; '~**lich** d'été; comme en été; bsd. ♀ u. zo. estival; ~**monat** m mois m d'été; '~**reise** f voyage m d'été; '~**semester** n semestre m d'été; '~**sitz** m résidence f d'été; '~**sonnenwende** f solstice m d'été; '~**sprossen** f/pl. taches f de rousseur; '~(**s)zeit** f été m; '~**zeit** f Uhr: heure f d'été.

Sonate [zo'na:tə] f sonate f.

Sonde ['zɔndə] f (15) sonde f.

Sonder|abdruck ['zɔndər?-] m tirage m à part; '~**angebot** n offre f spéciale; '~**ausgabe** f édition f spéciale; '~**bar** singulier; (befremdend) étrange; (seltsam) bizarre; '♀**barer'weise** chose étrange; '~**beilage** f supplément m spécial; '~**berichterstatter** m envoyé m spécial; '~**ermäßigung** f réduction f de faveur; '~**frieden** m paix f séparée; '~**gericht** n tribunal m spécial; ♀**gleichen** [~'glaɪçən] sans pareil; '♀**lich** particulier; extra-ordinaire; nicht ~ (bei vb. ne ...) pas trop; ich habe keine ~ e Lust dazu je n'en ai pas grande envie; '~**ling** m (3¹) original m; homme m bizarre; '♀**n 1.** cj. mais; **2.** v/t. (29) séparer (von de); (unterscheiden) distinguer (de); '~**nummer** f numéro m spécial; '~**recht** n privilège m; '~**stellung** f position f à part (od. privilégiée); '~**ung** f séparation f; '~**vollmachten** f/pl. pouvoirs m/pl. spéciaux; '~**zug** 🚂 m train m spécial; '~**zuteilung** f répartition f spéciale.

sondier|en [~'di:rən] sonder; ♀**ung** f sondage m.

Sonett [zo'nɛt] n (3) sonnet m.

Sonnabend ['zɔn?a:bənt] m samedi m; '♀**s** le samedi.

Sonne ['zɔnə] f (15) soleil m; die ~ scheint il fait du soleil (od. il y a du soleil), in der ~ au soleil; '♀**n** (25) exposer au soleil; sich ~ prendre un bain de soleil; sich in j-s Gunst ~ s'épanouir sous les faveurs de q.

'**Sonnen|aufgang** m lever m du soleil; '~**bad** n bain m de soleil; '~**bahn** f écliptique f; '~**blende** opt. f parasoleil m; F soleil m; '~**blume** f hélianthe m; F soleil m; '~**brand** m = ~**stich**; '♀**braun** = ~**verbrannt**; '~**brille** f lunettes f/pl. de soleil; '~**dach** n marquise f; '~**deck** n tendelet m; '~**finsternis** f éclipse f de soleil; '~**fleck** m tache f solaire; '♀**klar** clair comme le jour; évident; '~**licht** n lumière f solaire (od. du soleil); '~**schein** m (es ist ~ il fait du soleil) soleil m; '~**schirm** m ombrelle f; großer: parasol m; '~**segel** n vélum m; '~**seite** f côté m exposé au soleil; '~**spektrum** n spectre m solaire; '~**stand** m hauteur f du soleil; '~**stich** m coup m de soleil; insolation f; '~**strahl** m rayon m de (od. du) soleil; '~**uhr** f cadran m solaire; '~**untergang** m coucher m du soleil; '♀**verbrannt** hâlé; basané; bronzé; bruni par le soleil; '~**wende** f solstice m.

'**sonnig** ensoleillé; fig. radieux.

'**Sonn|tag** m dimanche m; an Sonn- und Feiertagen les dimanches et jours de fête; '♀**täglich** tous les dimanches; sich ~ anziehen s'endimancher; '♀**tags** le dimanche.

'**Sonntags|arbeit** f travail m du dimanche; '~**fahrkarte** f billet m du dimanche; '~**jäger** m chasseur m du dimanche; '~**kind** n enfant m né le dimanche; er ist ein ~ fig. il est né coiffé; '~**kleid** n toilette f du dimanche; das ~ anziehen s'endimancher; '~**ruhe** f repos m dominical.

sonst [zɔnst] (einst) autrefois; jadis; (gewöhnlich) d'ordinaire; à l'ordinaire; d'habitude; (andernfalls) autrement; sinon; sans quoi; (übrigens) d'ailleurs; du reste; ~ überall partout ailleurs; ~ nirgends (bei vb. ne ...) nulle part ailleurs; ~ etwas quelque autre chose; quelque chose d'autre; ~ noch etwas? ✝ et avec cela?; ~ nichts? (bei vb. ne ...) rien d'autre?; (bei vb. ne ...) rien de plus?; wenn es ~ nichts ist si ce n'est que cela; ~ jemand quelqu'un d'autre; ~ niemand (bei vb. ne ...) personne (d')autre; '~**ig** autre; (gewöhnlich) habituel; (ehemalig) de jadis; d'autrefois; '~**wo** (quelque part) ailleurs.   [tant que.)

sooft [zo'?ɔft] toutes les fois que;}

Sophist [zo'fɪst] m (12) sophiste m; ~**erei** [~ə'raɪ] f sophisme m; ♀**isch** sophistique.

Sopran [zo'prɑ:n] *m* (3¹), ~**ist(in** *f*) [~a'nɪst] *m* soprano *m*.

Sorge ['zɔrgə] *f* (15) souci *m*; (*Unruhe*) inquiétude *f*; (*Sorgfalt*) soin *m*; (*Für*~) sollicitude *f*; *j-m* ~**n machen** causer des soucis à q.; mettre q. en souci; *in* ~ *sein*; *sich* ~**n machen** se faire des soucis (*um, wegen* au sujet de); s'inquiéter (au sujet de); *j-m e-e* ~ *abnehmen* délivrer q. d'un souci; ~ *tragen für* veiller à; prendre soin de; *lassen Sie das m-e* ~ *sein*! laissez-moi faire!; remettez-vous-en à moi!

'**sorgen** (25) être inquiet; *sich* ~ *um* être en peine de; ~ *für* prendre soin de; veiller à; ~**'frei** sans souci; 2~**kind** *n* enfant *m* qui cause beaucoup de soucis; '~**voll** soucieux.

Sorg|**falt** ['zɔrkfalt] *f* (16) soin *m* (*verwenden auf acc.* apporter à); *liebevolle*: sollicitude *f*; (*Sauberkeit*) propreté *f*; (*Aufmerksamkeit*) attention *f*; 2**fältig** ['~fɛltɪç] soigneux; (*sauber*) propre; (*aufmerksam*) attentif; *Sachen*: soigné; 2**lich** soigneux; '2**los** sans souci; insouciant; (*nachlässig*) négligent; '~**losigkeit** *f* insouciance *f*; (*Nachlässigkeit*) négligence *f*; '2**sam** soigneux; '~**samkeit** soins *m/pl.*

Sort|**e** ['zɔrtə] *f* (15) sorte *f*; espèce *f*; 2**ieren** [~'ti:rən] assortir; (*auslesen*) trier; (*ordnen*) ranger; ~**ierung** *f* triage *m*.

Sortiment [zɔrti'mɛnt] *n* (3) assortiment *m*; ~**sbuchhändler** *m* commissionnaire *m* en librairie; ~**buchhandlung** *f* librairie *f* en commission.

so'sehr tant; tellement; ~ *ich das auch billige* quelle que soit mon approbation.

so'so tant bien que mal; ~ *lala* comme ci, comme ça; couci-couça.

Soße ['zo:sə] *f* (15) sauce *f*; '~**nnapf** *m*, '~**nschüssel** *f* saucière *f*.

SOS-Signal *n* signal *m* de détresse.

Souffl|**eur** [zu'flø:r] *m*, ~**euse** [~'flø:zə] *f* souffleur *m*, -euse *f*; ~**eurkasten** *m* trou *m* du souffleur; 2**ieren** [~'li:rən] souffler.

'**so-undso:** *Herr* (*Frau*) 2 Monsieur Un Tel (Madame Une Telle); ~**'viel** ~ *Mark* tant de marks; ~**vielte** [~'fi:ltə]: *der* ~ *Teil* la tantième partie.

Souterrain [zutɛ'rɛ̃:] *n* sous-sol *m*.

souverän [zuvə'rɛ:n] (2 *m*) souverain (*m*); 2**ität** [~ɛni'tɛ:t] *f* souveraineté *f*.

so|'**viel** autant; ~ *wie* autant que; ~ *ich weiß* autant que je sache; à ce que je sais; ~ *wie möglich* autant que possible; *er mag sich noch* ~ *Mühe geben* quelque peine qu'il prenne; ~'**weit** en tant que; autant que; ~ *ich es beurteilen kann* autant que j'en puisse juger; *du hast* ~ *recht* jusqu'à un certain point, tu as raison; ~'**wenig** tout aussi peu; *ich kann es* ~ *wie du* je n'en suis pas plus capable que toi; ~'**wie** aussi bien que; ainsi que; (*sobald*) dès que; ~**wie'so** en tout cas; de toute façon.

Sowjet [zɔv'jɛt] *m*: *Oberster* ~ Soviet *m* suprême; ~**regierung** *f* gouvernement *m* des Soviets; ~**rußland** *n* la Russie des Soviets; l'U.R.S.S. *f*.

so'**wohl**: ~ ... *als auch* ... non seulement ... mais encore ... mais aussi ...; (*eben*) ~ *wie* aussi bien que.

sozial [zotsi'ɑ:l] social; 2**beamte(r)** *m* fonctionnaire *m* de l'assistance publique; 2**demokrat(in** *f*) *m* social-démocrate *m*, *f*; 2**demokratie** *f* social-démocratie *f*; ~**demokratisch** social-démocrate; 2~**ethik** *f* éthique *f* sociale; ~**isieren** [~li'zi:rən] socialiser; 2'**sierung** *f* socialisation *f*; 2**ismus** [~'lɪsmʊs] *m* socialisme *m*; 2**ist(in** *f*) *m* socialiste *m*, *f*; ~**istisch** socialiste; 2**politik** *f* politique *f* sociale; 2**reform** *f* réforme *f* sociale; 2**rente** *f* rente *f* sociale; 2**rentner(in** *f*) *m* celui, celle qui reçoit une rente sociale; 2**versicherte(r)** *m* assuré *m* social; 2**versicherung** *f* assurance *f* sociale; 2**wissenschaft** *f* sociologie *f*.

Sozio|**loge** [zotsio'lo:gə] *m* sociologue *m*; ~**lo'gie** *f* sociologie *f*; 2~**logisch** sociologique.

Sozius ['zo:tsius] *m* (14²) associé *m*; '~**sitz** *m Motorrad:* siège *m* arrière.

sozusagen [zotsu'zɑ:gən] pour ainsi dire.

Spachtel ['ʃpaxtəl] *m* (7) spatule *f*.

späh|**en** ['ʃpɛ:ən] (25): ~ *auf* (*etw. acc.*) guetter (*od.* épier) q. (qch.); ~ *nach* chercher à découvrir; 2**er** *m* (7) guetteur *m*; 2**trupp** *m* patrouille *f*.

Spalier [ʃpa'li:r] *n* (3¹) haie *f*; ~

Spalierobst

bilden faire la haie; ∕ espalier *m*; (*Wein*♎) treille *f*; ∼**obst** *n* fruits *m/pl.* d'espalier.

Spalt [ʃpalt] *m* (3), '∼**e** *f* fente *f*; (*Schlitz*) fissure *f*; *durch Bersten entstanden:* crevasse *f*; (*Mauer*♎) lézarde *f*; '∼ *typ. f* (15) colonne *f*; '♎**bar:** ∼**es Material** matériaux *m/pl.* fissiles; ♎**en** ['∼ən] (26) fendre; *phys.* décomposer; séparer; ∕̂ dédoubler; *fig.* diviser; *die Partei hat sich gespalten* il s'est opéré une scission dans le parti; '∼**füßler** ['∼fy:slər] *m* fissipède *m*; '∼**pilz** *m* schizomycète *m*; '∼**ung** *f* fissure *f*; *phys.* décomposition *f*; (*Atom*♎) fission *f* atomiq ∼e; ∕̂ dédoublement; *fig.* division *f*; scission *f* (*Kirchen*♎) schisme *m*; '∼**ungsprodukt** *n* produit *m* de fission.

Span [ʃpa:n] *m* (3³) copeau *m*; (*Metallspäne*) limaille *f*; '∼**ferkel** *n* cochon *m* de lait.

Spange ['ʃpaŋə] *f* (15) agrafe *f*; (*Arm*♎) bracelet *m*.

Span|ien ['ʃpa:niən] *n* (17) l'Espagne *f*; '∼**ier(in** *f*) *m* (7) Espagnol *m*, -e *f*; '♎**isch** espagnol *m*; *das kommt mir* ∼ *vor* c'est de l'hébreu pour moi; *s. Fliege; Reiter; Rohr; Wand.*

Spann [ʃpan] *m* (3) cou-de-pied *m*; ∼**e** ['∼ə] *f* (15) (*Hand*♎) empan *m*; *e-e kurze* ∼ *Zeit* un court espace de temps; ♎**en** (25) *v/t.* tendre; (*steif machen*) bander; *Muskeln:* contracter; *v/i.* gêner; être trop juste; '♎**end** *fig.* captivant; intéressant; '∼**er** *m* (7) tendeur *m*; (*Zeitungs*♎) porte-journaux *m*; (*Schuh*♎) embauchoir *m*; '∼**feder** *f* ressort *m*; '∼**kraft** *f* élasticité *f*; (*Federkraft*) ressort *m*; '∼**muskel** *m* (muscle *m*) extenseur *m*; '∼**rahmen** *m* rame *f*; '∼**riemen** *m* tire-pied *m*; '∼**schraube** *f* écrou *m* tendeur *m*; '∼**seil** *n* câble *m* tendeur; '∼**ung** *f* tension *f* (*a. fig.*); ∕ *a.* potentiel *m*; voltage *m*; *Dampf:* pression *f*; *fig.* vif intérêt *m*; attente *f* impatiente; (*gespanntes Verhältnis*) rapports *m/pl.* tendus; '∼**ungsmesser** *m* voltmètre *m*; '∼**weite** *f* ouverture *f* d'un arc; ✈ envergure *f*.

'**Spar|büchse** *f* tirelire *f*; '∼**einlage** *f* dépôt *m* à la caisse d'épargne; '♎**en** (25) *v/t.* épargner; économiser; (*schonen*) ménager; *v/i. a.* faire des économies; '∼**er** *m* épargnant *m*.

Spargel ['ʃpargəl] *m* (7) asperge *f*; '∼**beet** *n* aspergerie *f*.

'**Spargelder** *n/pl.* épargnes *f/pl.*; économies *f/pl.*

'**Spargel|kopf** *m* pointe *f* d'asperge; '∼**suppe** *f* potage *m* aux asperges.

'**Spar|guthaben** *n* avoir *m* de compte d'épargne; '∼**kasse** *f* caisse *f* d'épargne; '∼**kassenbuch** *n* livret *m* de caisse d'épargne.

spärlich ['ʃpɛ:rliç] peu abondant; (*gering*) mesquin; pauvre; (*selten*) rare; *Mahl:* frugal; maigre; (*dünn gesät*) clairsemé; '♎**keit** *f* pauvreté *f*; (*Seltenheit*) rareté *f*; *Mahl:* frugalité *f*.

'**Spar|marke** ✝ *f* timbre-prime *f*; '∼**maßnahme** *f* mesure *f* d'économie; '∼**pfennig** *m* (petites) économies *f/pl.*

Sparren ['ʃparən] *m* (6) chevron *m*; *fig.* F e-n ∼ (*zuviel*) *haben* avoir le timbre fêlé; '∼**werk** *n* chevronnage *m*.

'**sparsam** *Person:* économe; ménager; (*der Sparsamkeit gemäß*) économique; *mit etw.* ∼ *umgehen* être économe de qch.; ∼ *leben* restreindre ses besoins; *von etw.* ∼**en Gebrauch machen** user discrètement de q.; '♎**keit** *f* économie *f*; *kleinliche:* parcimonie *f*.

'**Sparta**[ʃparta] *n* Sparte *f*; '∼**ner(in** *f*) *m* ['∼ta:nər] *m* Spartiate *m*, *f*; ♎**nisch** ['∼ta:niʃ] spartiate.

Sparte ['ʃpartə] *f* section *f*.

Spaß [ʃpa:s] *m* (3² *u.* ³) badinage *m*; (*Vergnügen*) plaisir *m*; (*Scherz*) plaisanterie *f*; ∼ *machen* plaisanter; *aus* ∼; *zum* ∼ par plaisanterie; pour plaisanter; ∼ *beiseite!* plaisanterie à part!; *s-n* ∼ *mit j-m treiben* se moquer de q; *s-n* ∼ *an etw.* (*dat.*) *haben* s'amuser de qch.; ∼ *verstehen* entendre raillerie; ♎**en** ['∼ən] (27) plaisanter; badiner; '♎**haft**, '♎**ig** plaisant; drôle; '∼**macher** *m*, '∼**vogel** *m* farceur *m*; bouffon *m*.

Spat [ʃpa:t] *m* spath *m*; *vét.* éparvin *m*.

spät [ʃpɛ:t] *adv.* tard; *wie* ∼ *ist es?* quelle heure est-il? *es wird* ∼ il se fait tard; *erst* ∼ *sur le tard;* ∼ *am Abend, am* ∼**en Abend** tard le soir; *bis* ∼ *in die Nacht* tard (*od.* avant) dans la nuit; *adj.* tardif; *Stunde:* avancé.

Spat|el ['ʃpa:təl] *m* (7) spatule *f*; ∼**en** ['∼ən] *m* bêche *f*; *mit dem* ∼ *umgraben* bêcher; '∼**enstich** *m* coup *m* de bêche.

später — 1031 — **sperren**

spät|er ['⁓ər] postérieur; *(weiter)* ultérieur; *adv.* plus tard; **⁓erhin** plus tard; **⁓estens** au plus tard; **²Herbst** m fin f de l'automne, arrière-saison f; **⁓ling** m fruit m tardif *(a. fig.)*; **²-obst** n fruits m/pl. tardifs; **²sommer** m fin f de l'été.

Spatz [ʃpats] m (12) moineau m; passereau m; F pierrot m *(a. fig.)*.

'Spätzündung f retard m à l'allumage; allumage m retardé.

spazieren [⁓'tsi:rən] se promener; **⁓fahren** se promener en voiture *(resp. en bateau resp. à bicyclette)*; **⁓führen**: j-n ⁓ promener q.; **⁓gehen** (aller) se promener; *sportlich*: faire du footing; **²gehen** n promenade f; *sportliches*: footing m. **⁓reiten** se promener à cheval.

Spa'zier|fahrt f promenade f en voiture *(resp. en bateau resp. à bicyclette)*; **⁓gang** m promenade f; **⁓gänger(in** f) m (7) promeneur m, -euse f; **⁓ritt** m promenade f à cheval; **⁓stock** m canne f.

Specht [ʃpɛçt] m (3) pic m; pivert m.

Speck [ʃpɛk] m (3) lard m; Stückchen ⁓ *(zum Spicken)* lardon m; ⁓ ansetzen faire du lard; **⁓'grieben** f/pl. cretons m/pl. (de lard); **²ig** tardeux; *(fett)* gras; **⁓schwarte** f couenne f de lard; **⁓seite** f flèche f de lard; *mit der Wurst nach der* ⁓ *werfen* F *fig.* donner un œuf pour avoir un bœuf; **⁓stein** *min.* m stéatite f.

Spedi|teur [ʃpedi'tø:r] m (3¹) expéditeur m; **⁓tion** f expédition f; **⁓tionsgeschäft** [⁓tsi'o:ns-] n maison f de commission et d'expédition.

Speer m (3) lance f; *(Jagd²)* épieu m; *(Wurf²)* javelot m; **⁓werfen** n *Sport*: lancement m du javelot.

Speiche ['ʃpaiçə] f (15) *anat.* radius m; *Rad*: rayon m; rais m.

Speichel ['⁓əl] m (7) salive f; *(Auswurf)* crachat m; **⁓drüse** f glande f salivaire; **⁓fluß** m salivation f; flux m de salive; **⁓lecker** ['⁓lɛkər] m lèche-bottes m; flagorneur m; **⁓leckerei** ['⁓'rai] f flagornerie f.

Speichenrad n roue f à rais

Speicher ['ʃpaiçər] m (7) magasin m; entrepôt m; *(Korn²)* grenier m; **²n** emmagasiner; mettre au grenier.

speien ['ʃpaiən] (30) cracher.

Speise ['ʃpaizə] f (15) aliments m/pl.; nourriture f; *(Gericht)* mets m;

plat m; ⁓ *und Trank* le boire et le manger; **⁓eis** n glace f; **⁓eisverkäufer** m glacier m; **'⁓haus** n restaurant m; **'⁓kammer** f garde-manger m; **'⁓karte** f carte f; menu m; **²n** (27) v/i. manger; prendre son repas; v/t. manger; *(ernähren)* nourrir; donner à manger à; alimenter (*a.* ⊕); **'⁓n-aufzug** m monte-plats m; **⁓nfolge** f menu m; **⁓nkarte** f carte f; menu m; **'⁓-öl** n huile f de table; **⁓röhre** f œsophage m; **'⁓saal** m salle f à manger; **'⁓schrank** m garde-manger m; **'⁓wagen** 🚂 m wagon-restaurant m; **'⁓wärmer** m chauffe-plat m; **⁓wirtschaft** f restaurant m; **'⁓zettel** m = ⁓karte; **'⁓zimmer** n = ⁓saal.

'Speisung f alimentation f.

Spektakel [ʃpɛk'tɑ:kəl] m tapage m; **²n** faire du tapage.

Spektralanalyse [ʃpɛk'trɑ:l⁹-] f (15) analyse f spectrale.

Spektrum ['ʃpɛktrum] n (19²) spectre m.

Speku|lant [ʃpeku'lant] m (12) spéculateur m, -trice f; **⁓lation** [⁓tsi'o:n] f spéculation f; **²la'tiv** spéculatif; **²lieren** [⁓'li:rən] spéculer *(auf acc. sur)*.

Spelunke [ʃpe'luŋkə] f (15) tripot m.

Spelz [ʃpɛlts] m épeautre m; **⁓e** ['⁓ə] f barbe f; *Gräser*: glume f.

Spend|e ['ʃpɛndə] f (15) don m; *(Almosen)* charité f; **²en** (26) donner; faire don de; *Sakrament*: administrer; **⁓er(in** f) m donateur m, -trice f; bienfaiteur m, -trice f; **²ieren** [⁓'di:rən] *(bezahlen)* payer; j-m etw. ⁓ régaler q. de qch.; *sich etw.* ⁓ se payer qch. [plombier m.]

Spengler ['ʃpɛŋlər] ferblantier m;]

Sperber ['ʃpɛrbər] m (7) épervier m.

Sperling ['ʃpɛrliŋ] m (3¹) moineau m; passereau m; F pierrot m.

sperrangelweit ['ʃpɛr⁹aŋəl'vait]: ⁓ *offen* grand ouvert.

'Sperr|baum m barrière f; **'⁓druck** *typ.* m caractères m/pl espacés; **⁓e f** (15) *(das Sperren)* fermeture f; *(Gatter)* barrière f; *Tal u. Straße*: barrage m; *(Versperrung auf den Straßen)* encombrement m; ⊕ contrôle m; *(Verbot)* interdiction f; *(Blockade)* blocus m; **²en** ['ʃpɛrən] (25) barrer; *(aus-ea.-tun)* écarter; *typ.* espacer; *(verschließen)* fermer l'entrée de; *(untersagen)* interdire; *(ver⁓)* obstruer; *Hafen, Konto*: blo-

Sperrfeder — 1032 — **Spielwerk**

quer; *Rad*: enrayer; *Urlaub*: supprimer; *Gehalt*: suspendre; *sich* ⟋ se redresser (*gegen* contre); *sich gegen j-n* ⟋ résister à q.; '⟋**feder** f ressort m d'arrêt; '⟋**feuer** ⚔ n tir m de barrage; '⟋**gut** n marchandise f encombrante; '⟋**haken** m mentonnet m; '⟋**holz** n contre-plaqué m; '⟋**ig** (*aus-ea.-gesperrt*) écarté; *Güter*: encombrant; '⟋**kette** f chaîne f de barrage; '⟋**klinke** f cliquet m; '⟋**konto** n compte m bloqué; '⟋**kreis** ⚡ m circuit m bouchon; '⟋**(r)ad** n roue f à rochet; '⟋**sitz** *thé.* m stalle f; ⟋ *im Parkett* fauteuil m d'orchestre; '⟋**stunde** f couvre-feu m; '⟋**ung** f barrage m; fermeture f; *Konto, Hafen*: blocus m; *typ.* espacement m; (*Verbot*) interdiction f; '⟋**vorrichtung** f (dispositif m) arrêt m; '⟋**zoll** m droit m prohibitif; '⟋**zone** f zone f interdite.

Spesen ['ʃpeːzǝn] *pl.* frais m/pl.

Spezerei [ʃpetsǝ'rai] f épice f; ⟋**händler(in** f) m épicier m, -ière f.

Spezial|arzt [ʃpetsi'aːlɁaːrtst] m spécialiste m; ⟋**fach** n spécialité f; ⟋**isieren** [ˌtsiali'ziːrǝn] spécialiser; '⟋**ist** m spécialiste m.

speziell [ˌtsi'ɛl] spécial; particulier.

Spezies ['ʃpeːtsiǝs] f espèce f.

spezif|isch [ˌtsi'fiːʃ] spécifique; ⟋**izieren** [ˌtsifi'tsiːrǝn] spécifier.

Sphär|e ['sfɛːrǝ] f sphère f; ⟋**isch** sphérique.

Sphinx [sfiŋks] f (14) sphinx m.

Spick|aal ['ʃpikɁ-] m anguille f fumée; ⟋**en** ['ʃpikǝn] (25) *cuis.* larder; *Rede*: a. farcir (*mit* de); *j-n* ⟋ f graisser la patte à q.; '⟋**gans** f oie f fumée; '⟋**nadel** f lardoire f.

Spiegel ['ʃpiːɡǝl] m (7) glace f; miroir m; *Uniform*: écusson m; ⚔ *Scheibe*: rond m; '⟋**belag** m tain m; '⟋**bild** n image f reflétée par une glace; reflet m; (*Täuschung*) mirage m; '⟋**blank** brillant comme une glace; '⟋**ei** n œuf m sur le plat; ⟋**fechte'rei** f (16) feinte f; '⟋**fernrohr** n télescope m catoptrique; '⟋**glas** n verre m à glaces; '⟋**glatt** uni (*od.* lisse) comme une glace; '⟋**n** (29) *v/i.* briller; (*schillern*) miroiter; *v/t.* refléter; *sich* ⟋ *betrachtend*: se regarder dans une glace; se mirer; *sich im Wasser* ⟋ se refléter dans l'eau; '⟋**schrank** m armoire f à glace; '⟋**ung** f réflexion f; *Licht*: réfléchissement m; *im Wasser usw.*: miroitement m.

Spiel [ʃpiːl] n (3) jeu m (a. ⊕, ♪); *thé.* exécution f; *Sport*: match m; (*Partie*) partie f; *fig.* (⟋*ball*) jouet m; ⟋**karten** jeu m de cartes; *aufs* ⟋ *setzen* mettre en jeu; risquer; *auf dem* ⟋ *stehen* être en jeu; *sein* ⟋ *treiben* se jouer (*mit* de); *das* ⟋ *verloren geben* regarder la partie comme perdue; '⟋**art** f manière f de jouer; jeu m; *zo. u.* ♀ variété f; *fig.* nuance f; '⟋**ball** m balle f; *fig.* jouet m; '⟋**bank** f banque f; '⟋**bein** *sculp.* n jambe f libre; '⟋**dose** f boîte f à musique; ⟋**en** ['ˌǝn] (25) jouer (*ein Spiel* à un jeu; *ein Instrument* d'un instrument; *eine Rolle* un rôle); *Handlung*: se passer; se dérouler; *um etw.* ⟋ jouer qch.; *den großen Herrn* ⟋ jouer au (*od.* faire le) grand seigneur; *mit j-m* ⟋ jouer avec q.; *fig.* se jouer de q.; *nicht mit sich* ⟋ *lassen* ne pas se laisser jouer; *mit den Worten* ⟋ jouer sur les mots; '⟋**er(in** f) m joueur m, -euse f; *thé.* acteur m, actrice f; ⟋**e'rei** f jeu m; (*Scherzen*) badinage m; (*Kinderei*) enfantillage m; '⟋**erisch** qui aime jouer; (*leicht*) léger.

'**Spiel|feld** n *Sport*: terrain m de jeu; *Tennis*: court m; '⟋**folge** f programme m; '⟋**führer** m capitaine m; '⟋**gefährte** m, '⟋**gefährtin** f camarade m, f de jeu; '⟋**geld** n (*Einsatz*) enjeu m; '⟋**hölle** f tripot m; '⟋**karte** f carte f à jouer; '⟋**leiter** *thé.* m régisseur m; metteur m en scène; '⟋**leitung** *thé.* f régie f; mise f en scène; '⟋**mann** m (1) musicien m; ⚔ tambour m; clairon m; *Mittelalter*: ménestrel m; '⟋**marke** f jeton m; '⟋**plan** *thé.* m répertoire m; (*programme m des*) spectacles m/pl.; '⟋**platz** m = ⟋*feld*; '⟋**raum** m ⊕ jeu m; *freien* ⟋ *haben fig.* avoir le champ libre; '⟋**regel** f règle f du jeu; '⟋**sachen** f/pl. jouets m/pl.; joujoux m/pl.; '⟋**schuld** f dette f de jeu; '⟋**schule** f classe f enfantine; '⟋**stunde** f heure f de récréation; '⟋**sucht** f passion f du jeu; '⟋**tisch** m table f de jeu; *Spielhaus*: tapis m vert; '⟋**uhr** f pendule f à carillon; '⟋**verderber(in** f) m trouble-fête m, f; '⟋**waren** f/pl. jouets m/pl.; bimbeloterie f; ⟋**wart** ['ˌvart] m *Sport*: capitaine m; '⟋**werk** n *Spieluhr*: ca-

Spielwut — **rillon** m; **~wut** f = **~sucht**; **~zeit** f heure f du jeu; *thé.* saison f; **~zeug** ['~tsɔʏk] n jouet m; joujou m; bimbelot m; **~zeugfabrik** f, **~zeughandel** m bimbeloterie f.

Spieß [ʃpi:s] m (3²) pique f; (Wurf♀) javelot m; (Jagd♀) épieu m; (Brat♀) broche f; den ~ umdrehen *fig.* rétorquer un raisonnement contre q.; **~bürger** *fig.* m bourgeois m; **~bürgerlich** bourgeois f, **~en** ['~ən] (27) (trans)percer; embrocher; **~er** m (7) *ch.* daguet m; F = ~bürger; **~gesell** m complice m; **~glanz** m antimoine m; **~ig** bourgeois f, borné; **~rute** f verge f; ~n laufen (lassen faire) passer par les verges (*fig.* entre deux ˋhaies de curieux).

Spill ⊕ [ʃpil] n (3) cabestan m.

Spinat [ʃpiˈnaːt] m (3) ♀ épinard m; *cuis.* épinards m/pl.

Spind [ʃpint] n u. m (3) armoire f.

Spindel ['ʃpindəl] f (15) fuseau m; (Wellbaum) arbre m; (Achse) axe m; (Zapfen) pivot m; **~dürr** mince comme un échalas.

Spinett ♪ [ʃpiˈnɛt] n (3) épinette f.

Spinn|e ['ʃpinə] f (15) araignée f; **~efeind**: j-m ~ sein avoir q. en horreur; **~en** (30) filer; *Katze:* ronronner; *fig.* Intrigen: ourdir, tramer; *du spinnst wohl?* P tu as une araignée dans le plafond?; **~er**(in f) m (7) fileur m, -euse f; **~erei** (~ˈraɪ) f (16) filature f; **~gewebe** n toile f d'araignée; **~maschine** f machine f à filer; jenny f; **~rad** n rouet m; **~rocken** m quenouille f; **~stube** f chambre f des fileuses.

spintisier|en [ʃpintiˈziːrən] se livrer à des subtilités; ratiociner; **~er** m songe-creux m.

Spion|(**in** f) [ʃpiˈoːn] m espion m, -ne f; **~age** [~oˈaːʒə] f espionnage m; **~age-abwehr** f contre-espionnage m; **~ieren** espionner.

spiral [ʃpiˈraːl] *adv.* en spirale; **~bohrer** m foret m hélicoïˋdal; **~e** f spirale f; **~feder** f ressort m en spirale; *Uhr:* spiral m; **~förmig** en spirale; **~linie** f spirale f.

Spirit|ismus (~ˈtismus) m spiritisme m; **~ist** m spirite m; **~istisch** spirite; **~uosen** [~tuˈoːzən] pl. spiritueux m/pl.

Spiritus ['ʃpiːritus] m esprit-de-vin m; alcool m; **~kocher** m réchaud m à alcool; **~lampe** f lampe m à alcool.

Spital [ʃpiˈtaːl] n (1²) hôpital m; **~schiff** n vaisseau-hôpital m.

spitz [ʃpits] **1.** pointu; aigu (*a. Winkel*); piquant (*a. fig.*); ♀, *zo.* acéré, **~e** Zunge *fig.* langue f bien affilée; **~e** Worte propos m/pl. aigres; ~ auslaufen se terminer en pointe; **2.** ♀ m (3²) loulou m; **²bart** m barbe f en pointe; **²bogen** f (arc m en) ogive f; **²bogig** ogival; **²bube** m, **²bübin** ['~byːbin] f voleur m, -euse f; (Betrüger) coquin m, -e f; **~bübisch** de (*adv.* en) coquin; **²e** [~ə] f (15) pointe f; *fig. a.* trait m; (spitzes Ende) bout m pointu; Turm: flèche f; Feder: bec m; Berg: cime f (*a. Baum*); pic m; sommet m (*a. Lunge*); Lanze: fer m; Nadel: bout m; (Zigarren♀) porte-cigare m; (Gewebe) dentelle f; point m; Unternehmen: tête f (*a. Sport*); die ~n (hervorragende Persönlichkeiten) sommités f/pl.; an der ~ stehen (an die ~ treten) être (se mettre) à la tête; j-m die ~ bieten tenir tête à q.; die Dinge auf die ~ treiben pousser les choses à l'extrême; das ist ~e ge`gen Sie c'est une pierre dans votre jardin; **²el** m agent m provocateur; mouchard m; **~en** (27) rendre pointu; schleifend: aiguiser la pointe de; Bleistift: tailler; sich auf etw. (*acc.*) ~ compter bien sur qch.

'Spitzen|-einsatz m entre-deux m (de dentelle); **~fabrikant** m dentellier m; **~fabrikation** f dentellerie f; **~gruppe** f Sport: peloton m de tête; **~klöppel** m fuseau m; **~klöpplerin** f dentellière f; **~kragen** m col m de dentelle; **~leistung** f puissance f maxima; Sport: record m.

spitz|findig ['~fɪndɪç] subtil, sophistique; **²findigkeit** f subtilité f; sophisme m; **²hacke** f pic m; pioche f; **~kriegen** et v. ~ avoir le fin mot de qch.; **²maus** f musaraigne f; **²name** m sobriquet m; **²nase** f nez m pointu; **~wink(e)lig** à angle aigu.

Splint ⊕ [ʃplint] m (3) goupille f; **~holz** n aubier m.

Splitter ['ʃplitər] m (7) éclat m; in der Haut: écharde f; (Knochen♀) esquille f; (Stein♀) écaille f; '**²frei**: ~es Glas verre m de sécurité; **~n** (29) v/t. (spalten) fendre; v/i. voler en éclats; (sich spalten) se fendre;

splitternackt — 1034 — **Sprechchor**

'**⸰nackt** nu comme un ver; **⸰partei** f sous-groupe m; **⸰sicher** ⚔ à l'abri des éclats.

spontan [ʃpɔn'taːn] spontané.

sporadisch [ʃpoˈraːdiʃ] sporadique.

Spore ♀ ['ʃpoːrə] f (15) spore f.

Sporn [ʃpɔrn] m(3³) éperon m (a.fig.); Hahn: a. ergot, m; fig. aiguillon m; sich die Sporen verdienen gagner ses éperons; die Sporen geben = **⸰en** ['⸰ən] (25) donner de l'éperon à; éperonner; **⸰streichs** ['⸰ʃtraiçs] à toute bride; en toute 'hâte.

Sport m (3) sport m; ~ treiben faire du sport; '**⸰abzeichen** n insigne m sportif; '**⸰anzug** m costume m de sport; '**⸰artikel** m article m de sport; '**⸰beilage** f chronique f sportive; **⸰eln** ['⸰əln] f/pl. émoluments m/pl.; casuel m; '**⸰flugzeug** n avion m de sport; '**⸰geschäft** n magasin m de sport; '**⸰hose** f culotte f de sport; '**⸰journalist** m journaliste m sportif; '**⸰kleidung** f = ~anzug; '**⸰lehrer(in** f) m professeur m d'éducation physique; '**⸰ler** (**-in** f) m sportif m, -ive f; **⸰lich** sportif; '**⸰lichkeit** f sportivité f; '**⸰mütze** f casquette f de sport; '**⸰nachrichten** f/pl. nouvelles f/pl. du sport; '**⸰palast** m palais m des sports; '**⸰platz** m terrain m de sport; (Stadion) stade m; '**⸰reportage** f reportage m sportif; '**⸰smann** m sportsman m; sportif m; '**⸰trikot** m maillot m; '**⸰ver-ein** m société f sportive; '**⸰zeitung** f journal m du sport.

Spott [ʃpɔt] m (3) raillerie f; (Hohn) moquerie f; dérision f; beißender ~ sarcasme m; s-n ~ mit etw. treiben tourner qch. en ridicule; der ~ der Leute sein être la risée de tout le monde; '**⸰bild** n caricature f; **⸰'billig** à un prix dérisoire.

Spöttel|ei [ʃpœtəˈlaɪ] f (16) persiflage m; **⸰n** ['ʃpœtəln] (29) persifler (über etw. acc. qch.).

spotten ['⸰ən] (26): über etw. acc. (j-n) ~ se moquer de qch. (de q.); railler (qn.); jeder Beschreibung ~ défier toute description.

Spötter|(in f) ['ʃpœtər] m (7) moqueur m, -euse f; railleur m, -euse f; '**⸰ei** [⸰'raɪ] f = Spott.

'**Spott|gedicht** n poème m satirique; satire f; '**⸰geld** n: um ein ~ à un prix dérisoire.

spöttisch railleur; moqueur.

'**Spott|lied** n chanson f satirique; '**⸰lust** f humeur f moqueuse (od. railleuse); **⸰'lustig** moqueur; railleur; '**⸰name** m sobriquet m; '**⸰preis** m = ~geld; '**⸰schrift** f satire f; '**⸰sucht** f manie f de railler; causticité f; '**⸰süchtig** moqueur; railleur.

'**Sprach|-atlas** atlas m linguistique; '**⸰e** f (15) langue f; (Sprechvermögen) parole f; (Ausdrucksweise) langage m; (Sprechweise) parler m; (Idiom) idiome m; zur ~ bringen (kommen) mettre (être mis) en discussion; '**⸰eigentümlichkeit** f idiotisme m; '**⸰fehler** m den man hat: défaut m de prononciation; den man macht: faute f de langage; '**⸰forscher** m linguiste m; philologue m; '**⸰forschung** f linguistique f; philologie f; '**⸰führer** m manuel m de conversation; '**⸰gebiet** n: französisches ~ territoire m de langue française; '**⸰gebrauch** m usage m; '**⸰gefühl** n sentiment (od. sens) m d'une langue; '**⸰gelehrte(r)** m = ~forscher; '**⸰grenze** f frontière f linguistique; '**⸰kunde** f philologie f; **⸰'kundig** qui connaît une (od. plusieurs) langue(s); (vielsprachig) polyglotte; '**⸰lähmung** f aphasie f; '**⸰lehre** f grammaire f; '**⸰lehrer(in** f) m professeur m de langue(s); (Grammatiker) grammairien m, -ne f; **⸰'lich** qui concerne la langue; **⸰'los** muet; ~ sein; dastehen fig. rester (od. demeurer) interdit; '**⸰neuerung** f néologisme m; '**⸰regel** f règle f de grammaire; '**⸰reiniger** m puriste m; **⸰'richtig** correct; '**⸰rohr** n porte-voix m; (Sprecher) porte-parole m; '**⸰schatz** m vocabulaire m; '**⸰unterricht** m enseignement m d'une (resp. des) langue(s); '**⸰vergleichung** f philologie f comparée; **⸰'widrig** incorrect; '**⸰widrigkeit** f incorrection f; barbarisme m; '**⸰wissenschaft** f = ~forschung; '**⸰wissenschaftler** m = ~forscher; **⸰'wissenschaftlich** philologique; linguistique.

'**Sprech|-art** f (manière f de) parler m; '**⸰chor** m chœur m parlé; **⸰en** ['ʃpreçən] (30) parler (j-n, mit j-m à [sich unterhalten: avec] q.); über acc., von de; über Geschäfte, Kunst, Politik usw. affaires, art, poli-

sprechend — 1035 — **Sprung**

tique, etc.; *laut* 'haut; *leise* bas); *Gebet, Gedicht, Wahrheit:* dire; *Urteil:* rendre; prononcer; *zu ~ sein* recevoir; être visible; *für niemand zu ~ sein* ne recevoir personne; *nicht gut zu ~ sein* être de mauvaise humeur; *nicht gut auf j-n zu ~ sein* être mal disposé pour q.; *für j-n ~ (zu dessen Gunsten)* parler en faveur de q.; '♀**end** parlant; *~ ähnlich* d'une ressemblance frappante; '**~er(in** *f)* *m* (7) sujet *m* parlant; (*Wortführer*) porte-parole *m*; *Radio:* speaker *m*, -ine *f*; '**~erziehung** *f* éducation *f* des organes de la phonation; '**~funk** *m* radiophonie *f*; '**~gebühr** téléph. *f* taxe *f* téléphonique; '**~stelle** téléph. *f* poste *m* téléphonique; '**~stunde** *f Arzt, Anwalt:* heure *f* de consultation; '**~übungen** *f/pl.* exercices *m/pl.* de conversation; '**~weise** *f* *~art*; '**~zelle** téléph. *f* cabine *f* téléphonique; '**~zimmer** *n* parloir *m*; *Arzt, Anwalt:* cabinet *m*.

spreizen ['ʃpraɪtsən] (27) écarter; △ étayer; *fig. sich ~* se rengorger.

'**Spreng|bombe** *f* bombe *f* explosive; **~el** ['-əl] *rl. m* diocèse *m*; (*Kirchspiel*) paroisse *f*; ♀**en** ['ʃprɛŋən] (25) *v/t.* faire sauter; *Tür:* enfoncer; *Schloß:* forcer; *Widerstand:* rompre; briser; *Versammlung:* dissoudre; *mit Wasser ~* arroser d'eau; *mit Weihwasser ~* asperger d'eau bénite; *v/i.* aller à fond de train; '**~geschoß** *n* projectile *m* explosif; '**~kapsel** *f* détonateur *m*; '**~körper** *m* explosif *m*; '**~ladung** *f* charge *f* explosive; '**~loch** ⚔ *n* trou *m* de mine; '**~stoff** *m* matière *f* explosive; explosif *m*; '**~stück** *n* éclat *m* d'obus; '**~ung** *f* destruction *f*; *mit Wasser:* arrosage *m*; '**~wagen** *m* arroseuse *f*; '**~wedel** *m* aspersoir *m*; (*Weihwedel*) goupillon *m*; '**~wirkung** *f* effet *m* de l'explosion

Sprenkel ['ʃprɛŋkəl] *m* moucheture *f*; ♀**ig** moucheté. ♀**n** moucheter.

Spreu [ʃprɔʏ] *f* (16) balle *f*.

Sprich|wort ['ʃprɪç-] *n* (1²) proverbe *m*; *zum ~ werden* passer en proverbe; ♀**wörtlich** proverbial.

sprießen ['ʃpriːsən] (30) germer, pousser; (*hervor~*) sortir de terre; (*aufblühen*) éclore; (*ausschlagen*) bourgeonner.

'**Spring|brunnen** *m* jet *m* d'eau; fontaine *f* jaillissante; ♀**en** ['ʃprɪŋən] (30) sauter (*über etw. acc.* qch.); (*bersten*) éclater; *Glas:* se fêler; *Haut:* se gercer; *Brunnen:* jouer; *Hengst, Stier.* saillir; *der ~de Punkt* le point délicat; '**~er(in** *f)* *m* (7) sauteur *m*, -euse *f*; (*Kunst♀*) voltigeur *m*, -euse *f*; *Schach:* cavalier *m*; '**~flut** *f* raz *m* de marée; '**~insfeld** *fig. m* étourneau *m*; '**~maus** *f* gerboise *f*; '**~quelle** *f* source *f* jaillissante; '**~seil** *n* corde *f* à sauter; '**~stunde** *f* heure *f* libre.

Sprinte|r ['ʃprɪntər] *m* (7) *Sport:* sprinter; ♀**n** *Sport:* sprinter.

Sprit [ʃprɪt] *m* (3) alcool *m*; F (*Benzin*) essence *f*.

'**Spritz|bad** *n* douche *f*; '**~brett** *n* pare-boue *m*; **~e** *f* (*Hand♀, Klistier♀*) seringue *f*; (*Feuer♀*) pompe *f* à incendie; (*Einspritzung*) piqûre *f* (*geben* faire); injection *f* (*geben* donner); ♀**en** ['ʃprɪtsən] (27) *v/t.* (*besprengen*) arroser; asperger; (*ein~*) injecter; *v/i.* jaillir; *Feder:* cracher; '**~enhaus** *n* dépôt *m* des pompes à incendie; '**~er** *m* (*Kot♀*) éclaboussure *f*; '**~fahrt** *f* petit tour *m*; '**~fleck** *m* éclaboussure *f*; '**~kuchen** *m* échaudé *m*; '**~lackieren** *n* peinture *f* au pistolet; '**~leder** *n* pare-boue *m*; '**~tour** *f* *~fahrt*.

spröd|e ['ʃprøːdə] cassant (*a. fig.*); *Metalle:* a. sec; (*brüchig*) pailleux; *Haut:* sec et dur, (*aufgesprungen*) gercé; *fig.* peu avenant; *Frauen:* prude, *pfort* bégueule; ♀**igkeit** *f* cassant *m*; *Frauen:* pruderie *f*.

Sproß [ʃprɔs] *m* (4) jet *m*, pousse *f*; rejeton (*a Person*).

Sprosse ['-ə] *f* (15) (*Leiter♀*) échelon *m*; ♀**n** (28) germer; pousser. [*m*.]

Sprößling ['ʃprœslɪŋ] *m* (3¹) rejeton)

Sprotte ['ʃprɔtə] *f* (15) esprot *m*; *Kieler ~n* sprats *m/pl.* fumés.

Spruch [ʃprʊx] *m* (3³) sentence *f* (*a. ₤₤*); '**~dichtung** *f* poésie *f* gnomique; ♀**reif** ₤₤ en état.

Sprudel ['ʃpruːdəl] *m* (7) eau *f* gazeuse; (*Quelle*) source *f* jaillissante; ♀**n** (29) bouillonner; *Wasser:* jaillir; (*perlen*) pétiller (*a. fig.*).

sprüh|en ['ʃpryːən] (25) jaillir (*v/i. Funken:* lancer); *Regen:* es sprüht il bruine; *fig.* (*glänzen*) étinceler; '♀**regen** *m* bruine *f*; ⊕ embrun *m* *f*.

Sprung [ʃprʊŋ] *m* (3³) saut *m*; (*Satz*) bond *m*; (*Spalt*) fente *f*; *Glas:* fêlure *f*; *Haut:* gerçure *f*; crevasse *f*;

Sprungbrett — 1036 — **Staatshoheit**

Sprünge machen faire des bonds; bondir; mit e-m ~ d'un bond; auf dem ~ sein, zu ... (inf.) être sur le point de ... (inf.); auf e-n ~ zu j-m kommen faire un saut chez q.; j-m auf die Sprünge helfen mettre q. sur la voie; er wird dcmit keine großen Sprünge machen il n'ira pas loin avec cela; Sprünge bekommen se fendre, Glas: se fêler; Haut: se gercer; '~brett n tremplin m; '~deckel-uhr f savonnette f; '~feder f ressort m; '~federmatratze f sommier m élastique; '~gelenk n articulation f du pied; '~haft inconstant; versatile; '~haftigkeit f inconstance f; versatilité f; '~schanze f tremplin m de saut (od. de ski); '~stab m perche f à sauter; '~tuch n toile f de sauvetage; '2weise par bonds.

Spuck|e ['ʃpukə] f (15) salive f; crachat m; da bleibt mir die ~ weg P j'en reste baba; **2en** (25) cracher; '~napf m crachoir m.

Spuk [ʃpuːk] m (3) apparition f de fantômes; (Gespenst) fantôme m; revenant m; **2en** (25): es spukt il y a des revenants; es spukt in s-m Kopf fig. F il a le cerveau fêlé; '~geist m lutin m; '~geschichte f conte m de revenants; **2haft** fantomatique; '~haus n maison f 'hantée.'

Spülbecken n cuvette f.

Spule ['ʃpuːlə] f (15) bobine f (a. Radio); (Feder~) tuyau m de plume; **2n** (25) bobiner; (ab~) dévider.

spül|en ['ʃpyːlən] (25) v/i. Wellen: (netzen) arroser (an etw. acc. qch); v/t. Geschirr: laver; Gläser, Mund, Wäsche: rincer; '2faß n baquet m à rincer; '2icht n eau f de vaisselle; rinçure f; '2klosett n W.C. m à chasse d'eau; '2napf m jatte f à rincer; '2ung f lavage m; rinçage m; ♂ lavement m; Kloselt: = '2vorrichtung f chasse f d'eau; '2wasser n = ~icht.

Spulwurm m ascaride m.

Spund [ʃpunt] m (3³) (~zapfen) bondon m; **2en** ['~dən] (26) bondonner; '~loch n bonde f.

Spur [ʃpuːr] f (16) trace f (a. fig.); st. ~ vestige m; ch. piste f; voie f (a. ⛽); j-m auf die ~ kommen être sur la piste de q.; von der ~ abbringen dépister; j-n auf e-e falsche ~ leiten donner le change à q.; j-s ~ nachgehen suivre q. à la trace; keine ~ von etw. (bei vb. ne ...) pas l'ombre de qch.

spür|bar['ʃpyːr-]sensible; **~en**['~ən] ch. chercher la trace de; flairer; Hund: a. quêter; (empfinden) sentir, éprouver; (wahrnehmen) s'apercevoir de; ~ nach fig. se mettre à la recherche de; '2hund m limier m.

'**spurlos** sans trace.

'**Spür|nase** f bon nez m; '~sinn m flair m. ['2en sprinter.)

Spurt [ʃpurt] m Sport: sprint m;)

'**Spurweite** f ⛽ écartement m des rails; Auto: voie f. [pêcher.)

sputen ['ʃpuːtən] (26): sich ~ se dé-)

st! chut!

Staat [ʃtaːt] m (5) État m; (Aufwand) luxe m; in vollem ~ en grande toilette (od. tenue); großen ~ machen mener grand train; mit etw. ~ machen faire parade de qch.

Staaten|bund ['~ən-] m confédération f d'États; '2los apatride.

'**staatlich** public; ~ geprüft diplômé.

'**Staats|amt** n charge f publique; '~angehörige(r a. m) m, f citoyen m, -ne f (od. ressortissant m, -e f) d'un État; pl. a. nationaux m/pl.; '~angehörigkeit f nationalité f; citoyenneté f; '~angelegenheit f affaire f d'État; '~anleihe f emprunt m d'État; '~anwalt m procureur m de la République; '~anwaltschaft f parquet m; '~anzeiger m journal m officiel; '~archiv n archives f/pl. de l'État; '~bank f banque f d'État; '~beamte(r) m fonctionnaire m public; '~begräbnis n obsèques f/pl. nationales; '~bürger(in f) m citoyen m, -ne f; '~bürgerkunde f instruction f civique; **2bürgerlich** de citoyen; civique; '~bürgerrecht n droit m civique; '~dienst m service m public; '~druckerei f imprimerie f de l'État; '~eigentum n propriété f nationale; '~einkünfte pl. revenus m/pl. de l'État; '2examen n examen m d'État; '2feindlich hostile à l'État; '~form f forme f de gouvernement; '~gebäude n édifice m public; '2gefährlich dangereux pour l'État; '~geheimnis n secret m d'État; '~gelder n/pl. fonds m/pl. publics; '~gewalt f autorité f publique; '~grundgesetz n constitution f; '~haushalt m budget m public; '~hoheit f sou-

Staatskirche — 1037 — **Stadtverwaltung**

veraineté f; '~kirche f Église f nationale; '~klugheit f politique f; '~kosten pl.: auf ~ aux frais de l'État; '~kunst f politique f; '~lehre f (science) f politique f; '~mann m (12) homme m d'État; '~männisch d'homme d'État; politique; ~minister m ministre m d'État; '~oberhaupt n chef m de l'État; '~papiere ┼ n/pl. effets (od. fonds) m/pl. publics; '~prüfung f = ~-examen; '~rat m (Behörde) conseil m d'État, (Person) conseiller m d'État; '~recht n droit m public; '~rechtler m professeur m de droit public; '~rechtlich fondé sur le droit public; '~religion f religion f d'État; '~schatz m Trésor m; fisc m; '~schuld f dette f publique; '~schuldschein m bon m du Trésor; '~sekretär m secrétaire m d'État; '~sicherheitsdienst m service m de sécurité d'État; '~siegel n sceau m de l'État; '~streich m coup m d'État; '~umwälzung f révolution f (politique); '~verbrechen n crime m politique; '~verbrecher m criminel m politique; '~verfassung f constitution f; '~vertrag m traité m politique; '~wirtschaft f économie f politique; '~wissenschaften f/pl. sciences f/pl. politiques; '~wohl n bien m public; '~zimmer n chambre f de parade.

Stab [ʃtaːp] m (3³) bâton m; dünner ~ baguette f; Sport: perche f; Eisen: barre f; Gitter: barreau m; ✕ état--major m; den ~ über j-n brechen fig. condamner q. sans recours; '~eisen n fer m en barres; '~-hochsprung m saut m à la perche.

stabil [ʃtaˈbiːl] stable; ~isieren [~biliˈziːrən] stabiliser; ♀**isierung** f stabilisation f; ♀**ität** [~ˈtɛːt] f stabilité f.

'**Stab|reim** m allitération f; '~-arzt ['ʃtaːpsʔ-] m médecin m capitaine; '~s-offizier m officier m d'état-major; '~springen n saut m à la perche; '~squartier n quartier m général.

Stachel ['ʃtaxəl] m (10) pointe f; piquant m (a. Stachelschwein); zo. aiguillon m (a. fig. u. zum Treiben der Ochsen); dard m; ♀ épine f; '~-beere f groseille f à maquereau; '~beerstrauch m groseillier m à maquereau; '~draht m fil m

de fer barbelé; '~drahtverhau m barbelés m/pl.; '~halsband n collier m garni de pointes; '♀ig 'hérissé de piquants; ♀ u. zo. '♀n piquer; aiguillonner (a. fig.); fig. stimuler; '~schwein n porc-épic m.

Stadi|on [ˈʃtaːdiɔn] n (9¹) stade m; '~um [~iʊm] n phase f; ✱° degré m.

Stadt [ʃtat] f (14¹) ville f; '~bahn f métro(politain) m; '~baumeister m architecte m municipal; '♀bekannt connu de toute la ville; '~bezirk m arrondissement m; '~bibliothek f bibliothèque f municipale.

Städte|bau ['ʃtɛːtə-] m urbanisme m; '~bauer m urbaniste m; '~ordnung f régime m municipal; '~r(in f) m (7) habitant m, -e f d'une ville; citadin m, -e f; '~tag m assemblée f des délégués des villes; Deutscher ~ association f allemande des autorités communales.

'**Stadt|garten** m; jardin m municipal '~gebiet n territoire m de la ville; '~gemeinde f municipalité f; '~gespräch n téléph. communication f téléphonique urbaine; fig. ~ sein être l'objet de toutes les conversations; '~haus n hôtel m de ville.

'**städtisch** de (la) ville; des villes; (adv. en) citadin; Rechts- u. Polizeiverhältnisse betreffend: urbain; municipal; Stadtgemeinde betreffend: communal.

'**Stadt|kämmerer** m trésorier m municipal; '~kasse f recette f municipale; '~klatsch m cancans m/pl. de la ville; '~kommandant m commandant m de place; '♀kundig qui connaît la ville; '~mauer f murs pl/m. de la ville; '~obrigkeit f municipalité f; '~park m parc m municipal; '~plan m plan m d'une ville; '~polizei f police f municipale; '~rat m (Behörde) conseil m municipal, (Person) conseiller m municipal; '~recht n droit m municipal; '~schreiber m greffier m municipal; '~schule f école f communale; '~teil m quartier m; '~theater n théâtre m municipal; '~tor n porte f de la ville; '~väter m/pl. édiles m/pl.; '~ver-ordnete(r a. m) m, f conseiller m, -ère f municipal, -e; '~ver-ordnetenversammlung f conseil m municipal; '~verwaltung f administration f

Stadtviertel municipale; '~viertel n quartier m; '~waage f bascule f publique; '~wappen n armes f/pl. d'une ville.

Stafette [ʃtaˈfɛtə] f (15) estafette f; ~**nlauf** m course f de relais.

Staffage [ʃtaˈfaːʒə] f accessoires m/pl.; décor m.

Staffel [ˈʃtafəl] f (15) (*Stufe*) marche f; degré m; échelon m (a. ✕); *Sport*: relais m; 2**nieren** être escadrille f; ~**ei** [~ˈlai] f chevalet m; 2**förmig** ✕ par échelons; '~**lauf** m course f de relais; 2**n** (29) échelonner; ~**tarif** m tarif m mobile; '~**ung** f échelonnement m.

Stag|nation [stagnatsiˈoːn] f stagnation f; 2**nieren** être stagnant.

Stahl [ʃtaːl] m (3³) acier m; *fig.* fer m; (*Wetz*2) fusil m; '~**bad** m bain m ferrugineux; (*Ort*) eaux f/pl. ferrugineuses; '2**blau** bleu d'acier; '~**brunnen** m source f ferrugineuse.

stähl|en [ˈʃtɛːlən] (25) aciérer; (*härten*) tremper; *fig.* endurcir; fortifier; ~**ern** [~ˈərn] d'acier; *fig.* de fer.

'**Stahl|feder** f ressort m d'acier; (*Schreibfeder*) plume f métallique; '2**hart** dur comme l'acier; '~**helm** m (7) casque m d'acier; '~**industrie** f industrie f de l'acier; '~**kammer** f coffre-fort m; '~**quelle** f source f ferrugineuse; '~**stich** m gravure f sur acier; '~**waren** f/pl. aciers m/pl.; '~**werk** n aciérie f. [gaffe f.]

staken ⚓ [ˈʃtaːkən] **1.** gaffer; **2.** 2 m

Staket [ʃtaˈkeːt] n (3) palissade f; lattis m; estacade f; ~**enzaun** m clôture f en lattis (*od.* à claire-voie).

Stali'nist m stalinien m.

Stall [ʃtal] m (3³) étable f; (*bsd. Pferde*2) écurie f; (*Schuppen*) remise f; (*Holz*2) bûcher m; (*Kaninchen*2) clapier m; in den ~ sperren enfermer à l'étable (*resp.* à l'écurie, *etc.*); '~**dienst** m service m des écuries; '~**fütterung** f stabulation f; '~**knecht** m palefrenier m; '~**meister** m écuyer m; '~**ung** f étables f/pl.; écuries f/pl.; '~**wache** ✕ f garde f d'écurie.

Stamm [ʃtam] m (3³) tronc m; tige f; (*Geschlecht*) souche f; ligne f; race f; famille f; (*Volks*2) tribu f; *gr.* radical m; racine f; ✝ cadre m; dépôt m; ~**aktie** [~ˈʔaktsjə] f action f ordinaire; '~**baum** m arbre m généalogique; 2**eln** [ˈʃtaməln] (29) balbutier; (*stot-* *tern*) bégayer; '2**en** descendre (*von de*); être originaire (*de*); provenir (*de*); *gr.* dériver (*de*); '~**gast** m habitué m; '~**gut** n bien m de famille; patrimoine m; '~**halter** [ˈ~haltər] m rejeton (*od.* descendant) m mâle; '~**haus** n ligne f principale; ✝ maison f mère; '~**holz** n arbres m/pl. de haute futaie.

stämmig [ˈʃtɛmiç] robuste; solide.

'**Stamm|kapital** n fonds m social; '~**kneipe** f cabaret m qu'on fréquente en habitué; '~**land** n pays m d'origine; '~**linie** f ligne f principale; '~**liste** ✕ f matricule f; '~**lokal** n restaurant m qu'on fréquente en habitué; '~**personal** n cadres m/pl.; '~**rolle** ✕ f matricule f; '~**silbe** gr. f syllabe f radicale; '~**sitz** m résidence f de famille; *Volk*: patrie f primitive; *thé.* place f d'abonnement; '~**tafel** f tableau m généalogique; '~**tisch** m table f des habitués; '~**vater** m ancêtre m; aïeul m; '2**verwandt** de la même race; *gr.* du même radical; '~**volk** n peuple m primitif; '~**wort** gr. n (1²) radical m.

Stampf|bau ⚒ [ˈʃtampf-] m construction f en pisé; ~**e** [~ə] f (15) (*Schlegel*) batte f; (*Stößel*) pilon m; (*Ramme*) 'hie f; 2**en** (25) v/i. (*mit den Füßen* ~) piétiner; trépigner; *Pferd*: piaffer; ⚓ tanguer; v/t. (*klein*~) broyer; concasser; piler; (*fest*~) fouler; *Erze*: bocarder; '~**en** n trépignement m; *Pferd*: piaffement m; ⊕ pilonnage m; *Erze*: bocardage m; ⚓ tangage m; '~**hammer** m marteau-pilon m; '~**werk** n bocard m.

Stand [ʃtant] m (3³) (*Zu*2) état m; situation f; (*Lage*) position f; (*Beruf*) profession f; (*Rang*) rang m; (*Klasse*) classe f; *pol.* état m; *gesellschaftlicher*: condition f; *Barometer*: 'hauteur f; *Wasser*: niveau m; ~ *der Preise Börse*: cote f; cours m/pl.; *ast.* configuration f; (~**ort**) station f; *Krämer*: échoppe f; *bei e-r Ausstellung*: stand m (*a. Schieß*2); gut im ~ e sein être en bon état (*gesundheitlich*: en bonne santé); j-n in den ~ setzen, zu ... (*inf.*) mettre q. en état de ... (*inf.*).

Standard [ˈʃtandart] m (*Währung*) étalon m; *fig.* standard m; 2**isieren** [~diˈziːrən] standardiser; '~**i'sierung** f standardisation f.

Standarte [ʃtanˈdartə] f (15) étendard m. [tuette f.]
'**Standbild** n statue f; kleines: sta-
Ständchen [ˈʃtɛntçən] n (6) (Abend2) sérénade f (bringen donner); (Morgen2) aubade f.
'**Ständer** m (7) poteau m; support m.
Standes|amt [ˈʃtandəsˀ-] n mairie f; bureau m de l'état civil; '2**amtlich** par (l'officier de) l'état civil; adv. a. civilement; '2**beamte(r)** m officier m de l'état civil; '2**dünkel** m orgueil m de la caste; '2**ehe** f mariage m de convenance; '2**ehre** f point m d'honneur professionnel; '2**gemäß** selon son rang; ~ leben tenir son rang; '2**genosse** m égal m; '2**interessen** n/pl. intérêts m/pl. de classe; '2**person** f personne f de qualité; notable m; '2**register** n registre m de l'état civil; '2**vor-urteil** n préjugé m de caste; '2**widrig** qui déroge; ~ handeln déroger.
'**Stand|geld** n droits m/pl. d'étalage; Auto: taxe f de stationnement; '2**gericht** n cour f martiale; '2**haft** constant, ferme; (beharrlich) persévérant; '2**haftigkeit** f constance f; fermeté f; (Beharrlichkeit) persévérance f; '2**halten** tenir bon (od. ferme); résister (e-r Sache dat. à qch.).
ständig [ˈʃtɛndɪç] permanent.
'**Stand|licht** n Auto: feu m de position; '2**-ort** m (3) station f; ✕ garnison f; '2**pauke** F f sermon m; semonce f; j-m e-e ~ halten sermonner q.; '2**platz** m = ~ort; '2**punkt** m point m de vue; '2**quartier** n garnison f; '2**recht** n loi f martiale; '2**rechtlich** d'après la loi martiale; ~ erschossen werden être passé par les armes; '2**-uhr** f pendule f.
Stange [ˈʃtaŋə] f (15) (Holz2) perche f (a. Gerüst2); kleine: bâton m; (Metall2) barre f; (Fahnen2) hampe f; (Hühner2) perchoir m; juchoir m; (Gardinen2) tringle f; Weinreben: échalas m; Bohnen usw.: rame f; Korsett: busc m; bei der ~ bleiben fig. ne pas s'écarter de son sujet, (standhalten) tenir bon; bei der ~ halten fig. prendre le parti de q.; '2**nbohne** f 'haricot m grimpant; '2**nspargel** m/pl. asperges f/pl. entières.
Stank [ʃtaŋk] f; fig. f; querelle f.

Stänker [ˈʃtɛŋkər] m puant m; fig. P querelleur m; ~**ei** [~ˈraɪ] f puanteur f; fig. P querelle f; '2**n** puer; fig. P chercher querelle.
Stanniol [ʃtaniˈoːl] n (3¹) feuille f d'étain.
Stanz|e [ˈʃtantsə] f (15) mét. stance f; (Prägestempel) estampe f; '2**en** (27) estamper; poinçonner; '~**maschine** f poinçonneuse f.
Stapel [ˈʃtaːpəl] m (7) ✝ entrepôt m; (Haufen) pile f; tas m; ⚓ auf ~ legen mettre en chantier; vom ~ (laufen) lassen lancer; '~**lauf** m mise f à l'eau; lancement m; '2**n** (29) empiler; '~**platz** m entrepôt m.
'**stapfen** marcher lourdement.
Star [ʃtaːr] orn. étourneau m; sansonnet m; ✱ grauer ~ cataracte f; grüner ~ glaucome m; schwarzer ~ amaurose f; j-m den ~ stechen opérer q. de la cataracte; thé. étoile f; star f; vedette f.
stark [ʃtark] (18¹) fort; (kräftig) robuste, vigoureux; énergique; (fest) solide; (groß) grand; (dick) épais; (beleibt) gros; corpulent; (mächtig) puissant; (heftig) violent; (zahlreich) nombreux; ~e Seite fort m; das ist ein ~es Stück c'est trop fort; in etw. (dat.) ~ sein être fort en (od. ferré sur od. calé en) qch.; 100 Mann ~ (sein) au nombre de (compter) cent hommes; adv. a. beaucoup, bei adj. très. [neau.]
'**Starkasten** m nichoir m d'étour-
Stärke [ˈʃtɛrkə] f force f; (Kraft) vigueur f; robustesse f; (Festigkeit) solidité f; (Dicke) épaisseur f; (Beleibtheit) corpulence f; embonpoint m; (Macht) puissance f; (Anzahl) nombre m (a. ✕); ✕ force f; effectif m; ⚡ Licht: intensité f; (starke Seite) fort m; (Kraftmehl) amidon m; fécule f; für Wäsche: empois m; '~**fabrik** f amidonnerie f; féculerie f; '2**haltig** féculent; '~**kleister** m colle f d'amidon m; '~**mehl** n amidon m; fécule f; '2**n** (25) fortifier; raffermir; ⚡ a. tonifier; (be.~) corroborer; (ver.~) renforcer; (trösten) réconforter; Wäsche: empeser; sich ~ durch Essen: se restaurer; '~**n** n Wäsche: empesage m; '~**zucker** m glucose f.
'**stark|knochig** osseux; '2**strom** ⚡ m courant m fort (od. à 'haute tension); '2**stromleitung** f ligne f à courant fort.

Stärkung — 1040 — **Stechapfel**

'Stärkung f affermissement m; (Trost) réconfort m; (Imbiß) collation f; '⊾smittel n fortifiant m; tonique m; cordial m.

starr [ʃtar] raide; rigide; (erstarrt) engourdi; (unbeweglich) immobile; (unbeugsam) inflexible; (⊾sinnig) obstiné; opiniâtre; Blick: fixe; ⊾ vor Kälte transi de froid;⊾ vor Erstaunen stupéfait; ⊾ vor Entsetzen pétrifié d'effroi; ⊾ ansehen regarder fixement; ⊾ werden s'engourdir; ⊾en ['⊾ən] (25): auf j-n (etw. acc.) ⊾ regarder q. (qch.) fixement; von etw. ⊾ sein être 'hérissé de qch.; von Schmutz ⊾ sein être couvert de boue; '2heit f raideur f; rigidité f; Glied: engourdissement m; Blick: fixité f; (Starrsinnigkeit) obstination f; opiniâtreté f; '2kopf m entêté m; têtu m; '⊾köpfig entêté; têtu; '2köpfigkeit f entêtement m; obstination f; opiniâtreté f; '2krampf m tétanos m; '2sinn m, '⊾sinnig = 2köpfigkeit, ⊾köpfig; '2sucht ⚕ f catalepsie f.

Start [ʃtart] m (3) départ m; ✈ envol m; décollage m; Fahrzeug: démarrage m; '⊾bahn ✈ f piste f d'envol; 2en ['⊾ən] (26) v/i. partir; Sport: prendre le départ; ✈ décoller; s'envoler; Fahrzeuge: démarrer; v/t. donner le départ à; ✈ catapulter; '⊾er m (7) starter m; Auto: a. démarreur m; '⊾platz m terrain m de départ; '⊾schuß m Sport: signal m de départ.

Statik ['ʃtatik] f (16) statique f.

Station [ʃtatsi'oːn] f station f; 🚂 a. gare f; (Halt) 'halte f; freie ⊾ avoir le vivre et le couvert; 2ieren stationner; '⊾ierung f stationnement m; ⊾vorsteher m chef m de gare.

statisch ['ʃtatiʃ] statique.

Statist [ʃta'tist] m (12) figurant m; comparse m; ⊾ik f (16) statistique f; ⊾iker m (7) statisticien m; 2isch statistique. [phot. pied m.)

Stativ [ʃta'tiːf] n (3¹) support m;)

Statt [ʃtat] **1.** f (16, o. pl.) lieu m; place f; an Kindes ⊾ annehmen adopter; an Zahlungs ⊾ en paiement; Erklärung an Eides ⊾ déclaration f formelle sans prestation de serment; **2.** 2 prp. (gén.; zu inf.) à la place de; au lieu de; ⊾ meiner à ma place.

Stätte ['ʃtɛtə] f (15) lieu m; endroit m.

'statt|finden, '⊾haben avoir lieu; se passer; '⊾geben donner suite à; '⊾haft admissible; (erlaubt) permis; '2halter m (7) e-r Provinz: gouverneur m; '2halterschaft f e-r Provinz: gouvernement m; '⊾lich élégant; magnifique; (imponierend) imposant; ⊾es Aussehen prestance f.

Statue ['ʃtaːtuə] f (15) statue f.

statuieren [ʃtatu'iːrən] s. Exempel.

Statu|r [ʃta'tuːr] f stature f; taille f; ⊾t n statut m.

Staub [ʃtaup] m (3) poussière f; in ⊾ verwandeln pulvériser; fig. viel ⊾ aufwirbeln faire beaucoup de bruit; in den ⊾ treten fouler aux pieds; in den ⊾ zerren traîner dans la boue; sich aus dem ⊾e machen F décamper; s'éclipser; '2artig pulvérulent; '⊾beutel ♀ m anthère f.

'Staubecken ['ʃtau-] n réservoir m de barrage. [poussière.)

stauben ['⊾bən] (25) faire de la)

stäuben ['ʃtɔybən] (25) (streuen) saupoudrer; (ab⊾) épousseter.

'Staub|faden ♀ m étamine f; '⊾gefäß ♀ n étamine f; '⊾fänger m Auto: pare-poussière m; '2ig couvert de poussière; poussiéreux; '⊾kamm m peigne m fin; '⊾korn n grain m de poussière; '⊾lappen m chiffon m à épousseter; '⊾mantel m cache-poussière m; '⊾regen m bruine f; '⊾sand m sablon m; '⊾sauger m aspirateur m (de poussière); '⊾tuch n = ⊾lappen; '⊾wedel m plumeau m; '⊾wirbel m tourbillon m de poussière; '⊾wolke f nuage m de poussière.

stauchen ['⊾xən] cogner; Wasser: refouler; ✗ mettre en bottes; Niete:\
'Staudamm m barrage m. [aplatir.]

Staude ♀ [ˈʃtaʊdə] f (15) arbuste m; arbrisseau m.

stauen ['ʃtauən] (25) amasser (a. Wasser); entasser; ⚓ arrimer.

staunen ['⊾nən] (25) **1.** s'étonner (über acc. de); être étonné (de); **2.** n (6) étonnement m; '⊾swert étonnant.

Staupe vét. ['⊾pə] f (15) morve f.

'Stau|ung f amas m (a. Wasser); entassement m; Verkehr: encombrement m; embouteillage m; (Blut2) congestion f; ⚓ arrimage m; ⊾wasser n eaux f/pl. dormantes; '⊾werk n barrage m.

Stearin [ʃtea'riːn] n (3¹) stéarine f; ⊾kerze f bougie f (de stéarine).

Stech|apfel ['ʃtɛçʔ-] m (Pflanze) da-

Stechbecken — 1041 — **steif**

tura m; (Frucht) pomme f épineuse; ~becken n bassin m de lit; ⚥en ['⌐ən] (30) piquer; Schwein: saigner; Sonne: être brûlant, F taper; Karte, Spargel: couper; Wein: tirer; Rasen: lever; Torf: extraire; in die Grüne ~ faire tour le vert; j-m (od. j-n) ins Auge ~ fig. donner dans la vue à q.; nach j-m ~ porter un coup de couteau (etc.) à q.; ihn sticht der Hafer le succès lui monte à la tête; ~der Schmerz douleur f poignante; **~fliege** f mouche f piqueuse; **~ginster** m ajonc m; **~heber** m siphon m; pipette f; tâte-vin m; **~mücke** f moustique m; cousin m; **~palme** f vache m.
Steck|brief ['ʃtɛk-] m mandat m d'arrêt (erlassen décerner); **~dose** ⚡ f prise f de courant.
stecken ['ʃtɛkən] **1.** (30) v/t. mettre (in acc. dans); Schlüssel: introduire (dans); Pflanzen: planter; Pfähle: enfoncer; Ziel: fixer; v/i. sein ~ se trouver (befestigt sein) être fixé (an dat. à); (eingerammt sein) être enfoncé (in dat. dans); (verborgen sein) être fourré; sich hinter j-n ~ se retrancher derrière q.; es steckt etw. dahinter il y a anguille sous roche; **2.** ⚥ m (6) bâton m; ~bleiben rester enfoncé; s'arrêter dans; Redner: rester court; **~lassen** laisser; ⚥pferd m dada m; fig. a. marotte f; violon m d'Ingres.
'Steck|er ⚡ m (7) fiche f; **~erfassung** f douille-voleuse f; **~kissen** m coussinet m; **~kontakt** ⚡ m prise f de courant; **~ling** ♂ ['⌐liŋ] m (3¹) bouture f; **~nadel** f épingle f; **~nadelkissen** n pelote f à épingles; **~reis** n bouture f; **~rübe** f navet m; **~zirkel** m compas m à pointes.
Steg [ʃteːk] m (3) sentier m; (Brücke) passerelle f; Hosen: sous-pied m; ♪ chevalet m; typ. réglette f; **~reif** m: aus dem ~ impromptu; aus dem ~ sprechen improviser; **~reifdichter(in** f) m improvisateur m, -trice f; **~reifgedicht** n impromptu m.
Steh|auf(männchen n) ['ʃteː⁹aufmɛnçən] m (11) poussah m; **~bier-halle** f débit m de bière.
stehen ['ʃteːən] **1.** (30) être (od. se tenir) debout; gr. se placer; (sich befinden) être; se trouver; (bestehen) exister; Uhr: être arrêté; Kleidung: j-m gut ~ aller (od. seoir) bien à q.; es steht zu befürchten il est à craindre; es steht zu hoffen il faut espérer; ~ bleiben rester debout; auf der Liste ~ être (od. figurer) sur la liste; das Barometer steht auf Regen le baromètre est à la pluie; der Zeiger steht auf 2 Uhr l'aiguille marque deux heures; darauf steht der Tod c'est défendu sous peine de mort; Geld bei j-m ~ haben avoir de l'argent placé chez q.; es steht bei Ihnen, zu ... (inf.) vous êtes libre de ... (inf.); das steht nicht bei mir cela ne dépend pas de moi; für etw. (j-n) ~ répondre de qch. (de q.); wie steht's mit ihm? comment va-t-il?; wie steht's mit Ihrer Angelegenheit? où en est votre affaire?; du stehst allein mit d-r Meinung tu es seul de ton avis; der Konjunktiv steht nach folgenden Verben les verbes suivants régissent le subjonctif; über (unter) j-m ~ être supérieur (inférieur) à q.; etw. über (unter) q. ~ mettre q. au-dessus (au-dessous) de q.; **2.** ⚥ n station f debout; (Halten) stationnement m; zum ~ bringen arrêter; **~bleiben** (anhalten) s'arrêter; auf welcher Seite sind wir stehengeblieben? à quelle page en sommes-nous restés?; ⚥bleiben n arrêt m; stationnement m; ~ verboten! défense de stationner; **~d** debout; Wasser: stagnant; (unbeweglich) fixe; Heer: permanent; Ausdruck: tout fait; **~en Fußes** de ce pas; **~lassen** laisser (vergessen) oublier; (nicht anrühren) ne pas toucher à; sich den Bart ~ laisser pousser sa barbe; alles stehen- und liegenlassen quitter tout.
Steher ['ʃteːər] m Sport: stayer m.
'Steh|kragen m col m droit; Kleid: collet m monté; **~lampe** f lampe f à pied; große: lampadaire m; **~leiter** f échelle f double.
stehl|en ['ʃteːlən] (30) voler; (entwenden) dérober; j-m die Zeit ~ faire perdre son temps à q.; sich ~ aus sortir furtivement de; sich ~ in (acc.) se glisser furtivement dans; ⚥en n vol m; ⚥er m voleur m.
'Steh|platz m place f debout; **~pult** n pupitre m à écrire debout; **~umlegekragen** m col m rabattu.
steif [ʃtaɪf] raide; rigide; inflexible; (erstarrt) engourdi; Blick: fixe; Wäsche: empesé; Hut: dur; melon; Grog: fort; Brei: épais; fig.

65 Dtsch.-Franz.

steifen — 1042 — **Stelle**

(*linkisch*) gauche; (*geziert*) cérémonieux; (*gezwungen*) contraint; *Benehmen*: compassé; *Stil*: guindé, lourd; (*hartnäckig*) opiniâtre; inflexible; ~ machen raidir; ~ werden se raidir, (*erstarren*) s'engourdir; ~ vor Kälte engourdi par le froid; ~e Finger haben avoir les doigts gourds (*dauernd*: raides); ~ und fest behaupten déclarer catégoriquement; ~er Wind ⚓ grand frais m; **~en** ['~ən] (25) raidir; *Wäsche*: empeser; '²**heit** f raideur f; *fig.* gaucherie f; contrainte f; '²**leinen** n bougran m.

Steig [ʃtaɪk] m (3) chemin m étroit, sentier m; '~**bügel** m étrier m; '~**bugelriemen** m étrivière f; '~**eisen** n crampon m; **²en** ['ʃtaɪgən] (30) monter; *Wasser*: a. être en crue; *Preise*: être en hausse; *über etw.* (*acc.*) ~ franchir qch.; ~ lassen *Drachen usw.*: lancer; **~en** n (6) montée f; *Wasser*: crue f; *Preise*: hausse f; '~**er** ⚒ m (7) maître m mineur; *in Nordfrankreich*: porion m; '~**ern** ['~ərn] (29) élever (*a. Miete*); *Preis*: faire monter; (*intensivieren*) intensifier: (*verstärken*) renforcer; *Kraft usw.*: accroître; (*allmählich* ~) graduer; *gr.* mettre au comparatif (*resp. au superlatif*) sich ~ monter, augmenter, (*sich intensivieren*) s'intensifier; '~**erung** f augmentation f; ✝ 'hausse f; *Kraft usw.*: accroissement m; *allmähliche* ~ gradation f; *gr.* degrés m/pl. de comparaison f; (*Intensivierung*) intensification f; ~ des Lebensniveaus relèvement m du niveau de vie; '~**erungsstufe** *gr.* f degré m de comparaison; '~**fähigkeit** ⚙ f capacité f de montée; '~**leitung** ⚡ f colonne f montante; '~**ung** f montée f; côte f.

steil [ʃtaɪl] escarpé; raide; '²-**abfall** m, '²**hang** m escarpement m; '²**heit** f raideur f; '²**küste** f falaise f; '²-**schrift** f écriture f droite.

Stein [ʃtaɪn] m (3) pierre f; (*Kiesel*~) caillou m; (*Fels*) roc m; rocher m; (*Gedenk*²) monument m; *Obst*~: noyau m; *Spiel*: pion m; ♀ calcul m; ~ des Anstoßes pierre f d'achoppement; ~ der Weisen pierre f philosophale; *Uhr, die auf 15 ~en geht* montre f à quinze rubis; *bei j-m e-n ~ im Brett haben fig.* être dans les bonnes grâces de q.; *mir fällt ein ~ vom Herzen* cela m'ôte un poids; '~**adler** m grand aigle m; ²-'**alt** extrêmement vieux; '~**bock** m bouquetin m; *ast.* Capricorne m; '~**boden** m sol m pierreux; = *fußboden*; '~**bruch** m carrière f; '~**butt** *icht.* [¹**but**] m (3) turbot m; '~**druck** m lithographie f; '~**drucker** m lithographe m; '~**eiche** f (chêne m) rouvre m; ²**ern** de pierre; '~**fliese** f dalle f; '~**frucht** f fruit m à noyau; '~**fußboden** m dallage m; '~**gut** n faïence f; grès m; ²'**hart** dur comme la pierre; '~**hauer** ['~hauər] m tailleur m de pierres; '~**ig** pierreux; (*felsig*) rocheux; ²**igen** (25) lapider; '~**igung** f lapidation f; '~**klee** ♀ m mélilot m; '~**klopfer** m casseur m de pierres; '~**kohle** f houille f; '~**kohlenbergwerk** n houillère f; '~**kohlenrevier** n bassin m houiller; '~**krug** m cruche f de grès; '~**marder** m fouine f; '~**metz** m tailleur m de pierres; '~**obst** n fruits m/pl. à noyaux; '~**öl** n pétrole m; '~**pflaster** n pavé m; '~**pilz** m cèpe m; '~**platte** f dalle f; '~**reich** n règne m minéral; ²'**reich** *fig.* richissime; '~**salz** n sel m gemme; '~**schlag** m *Gebirge*: chute f de pierres; '~**schleuder** f fronde f; (*Spielzeug*) lance-pierres m; '~**schneider** m lapidaire m; '~**schotter** m ballast m; '~**setzer** m paveur m; *in Gebäuden*: carreleur m; '~**topf** m pot m de grès; '~**wurf** m au Maß: jet m de pierre; '~**zeichnung** f lithographie f; '~**zeit** f âge m de pierre; '~**zeug** n grès m.

Steiß [ʃtaɪs] m (3²) derrière m; *Vögel*: croupion m; '~**bein** n coccyx m.

stell|bar réglable; '²**bock** m chevalet m; '²**dich-ein** n rendez-vous m. **Stelle** ['ʃtɛlə] f (15) place f; (*Ort*) lieu m; *bestimmte*: endroit m; (*Arbeits*², *Amt*) place f; poste m; emploi m; charge f; *Buch*: passage m; *die Zahl hat 4 ~n* c'est un nombre de quatre chiffres; *an ~ von* à la place (*od.* au lieu) de; *an die ~ von j-m* (*etw.*) setzen substituer à q. (à qch.); *an j-s ~ treten* remplacer q.; *wenn ich an Ihrer ~ wäre* si j'étais à votre place; *auf der ~ fig.* sur-le-champ; *auf der ~ treten* marquer le pas; *nicht von der ~ kommen* ne pas avancer; *sich nicht von der ~ rühren*

stellen — 1043 — **Stereotypie**

ne pas bouger; zur ~ schaffen amener, *Sachen*: apporter; zur ~! présent!
'**stellen** (25) mettre; placer; *Frage, Problem, Bedingung*: poser; *Aufgabe*: donner; *Antrag*: faire; *Frist*: fixer; *Falle*; tendre; *Uhr usw.*: régler; *Bürgen, Zeugen, Ersatz, Bürgschaft*: fournir; *sich ~* se présenter (*dem Gericht en justice*); *sich krank ~* faire semblant d'être malade; *sich ~ auf (acc.)* ✝ s'élever à; *sich mit j-m gut ~* se mettre bien avec q.; '2-**angebot** *n* offre *f* d'emploi; '2**gesuch** *n* demande *f* d'emploi; '~**nachweis** *m*, '2**vermittlung(sbüro** *n*) *f* bureau *m* de placement; '2**vermittler**(**in** *f*) *m* placeur *m*, -euse *f*; '~**weise** par endroits; par-ci, par-là.
'**Stell|macher** *m* charron; '~**macherei** *f* (16) charronnage *m*; '~**schraube** *f* vis *f* de réglage.
'**Stellung** *f* position *f*; (*Haltung*) attitude *f*; (*Anordnung*) arrangement *f*; (*Stand*) état *m*; (*Amt*) place *f*; charge *f*; (*Lage*) situation *f*; ~ *nehmen* prendre position; *zu etw. ~ nehmen* se prononcer sur qch.; '~**nahme** *f* prise *f* de position; *mit der Bitte um ~* pour avis; '~**sbefehl** ⚔ *m* ordre *m* de se présenter; '~**skrieg** *m* guerre *f* de position; '2**slos** sans place (*od.* emploi).
'**stellvertret|end** remplaçant; suppléant; 2**er** *m* remplaçant *m*; suppléant *m*; (*Amts*2) substitut *m*; '2**ung** *f* remplacement *m*; suppléance *f*; *in ~* ✝ par procuration.
'**Stellwerk** 🚂 *n* poste *m* d'aiguillage.
'**Stelz|bein** *n* jambe *f* de bois; ~**e** ['ʃtɛltsə] *f* (15) échasse *f*; *auf ~n gehen =* 2**en** aller sur (*od.* marcher avec) des échasses; *fig.* être guindé; '~**vogel** *m* échassier *m*.
'**Stemm|eisen** ['ʃtɛm'-] *n* fermoir *m*; 2**en** ['~ən] (25) (*heben*) lever; *sich ~* s'appuyer (*auf acc.* sur; *gegen* contre), s'opposer (*gegen* à).
Stempel ['ʃtɛmpəl] *m* (7) timbre *m*; ✝ marque *f*; estampille *f*; (*Preß*2) piston *m*; (*Münz*2) poinçon *m*; coin *m*; ⚒ étançon *m*; ♀ pistil *m*; *Juwelierwaren*: contrôle *m*; *fig.* empreinte *f*; coin *m*; *den ~ der Wahrheit tragen* être marqué au coin de la vérité; '~**abgabe** *f* droit *m* de timbre; '~**bogen** *m* feuille *f* de papier timbré; '~**farbe** *f* encre *f* à tampon; '2**frei** exempt du droit de timbre; '~**gebühr** *f* droit *m* de timbre; '~**kissen** *n* tampon *m*; '~**marke** *f* marque *f*; timbre *m*; '~**maschine** *f* machine *f* à timbrer; '2**n** (29) *Urkunden*: timbrer; (*mit e-m Zeichen versehen*) marquer (*a. fig.*); *statt der Namensunterschrift*: estampiller; ☼ (*ab~*) oblitérer; ~ *gehen* (*arbeitslos sein*) chômer; *j-n ~ zu* qualifier q. de; '~**n** *n* timbrage *m*; ☼ (*Ab*2) oblitération *f*; '~**papier** *n* papier *m* timbré; '2**pflichtig** assujetti au timbre; '~**steuer** *f*, '~**taxe** *f* droit *m* de timbre.
Stengel ♀ ['ʃtɛŋəl] *m* (7) tige *f*; *Blüte*: pédoncule *f*.
Steno|gramm [ʃtenoˈgram] *n* (3) sténogramme *m*; ~**graph(in** *f*) [~ˈgraːf] *m* (12) sténographe *m*, *f*; ~**graphie** [~graˈfiː] *f* sténographie *f*; 2**graphieren** [~graˈfiːrən] sténographier; 2**graphisch** sténographique; ~**typist(in** *f*) [~tyˈpistɪn] *m* dactylo(graphe) *m*, *f*; sténodactylo(-graphe) *m*, *f*.
Stepp|decke ['ʃtɛp-] *f* (15) courtepointe *f*; couvre-pieds *m*; ~**e** *f* (15) steppe *f*; 2**en** ['~ən] (25) piquer; '~**en** *n* piqûre *f*.
'**Sterbe|bett** *n* lit *m* de mort; '~**fall** *m* cas *m* de décès (*od.* de mort); '~**geld** *n* indemnité *f* en cas de décès; '~**gesang** *m* chant *m* funèbre; '~**haus** *n* maison *f* mortuaire; '~**hemd** *n* linceul *m*; suaire *m*; '~**kasse** *f* caisse *f* d'assurance en cas de décès.
sterben ['ʃtɛrbən] **1.** (30) mourir (*an, vor dat.*; *aus de*); 2. 2 *n* (6) mort *f*; *im ~ liegen* être à l'agonie; se mourir; 2**de(r** *a. m*) *m*/*f* mourant *m*, -e *f*; '~**skrank** malade à mourir; moribond; '2**s'wörtchen** *n*: *kein ~ sagen* ne pas dire un traître mot.
'**Sterbe|sakramente** *n*/*pl.* derniers sacrements *m*/*pl.*; '~**stunde** *f* heure *f* de la mort; dernière heure *f*; '~**urkunde** *f* acte *m* de décès; '~**zimmer** *n* chambre *f* mortuaire.
sterblich ['ʃtɛrplɪç] mortel; 2**keit** *f* mortalité *f*.
Stereo|metrie [stereomeˈtriː] *f* stéréométrie *f*; 2**metrisch** stéréométrique; '~**skop** [~sko:p] *n* (3¹) stéréoscope *m*; 2**typ** [~'ty:p] stéréotype; ~**typie** [~tyˈpiː] *f* stéréotypie *f*.

steril [ʃte'ri:l] stérile; **~isieren** [~rili'zi:rən] stériliser; **2i'sierung** *f* stérilisation *f*; **2ität** [~'tɛ:t] *f* stérilité *f*.

Stern [ʃtɛrn] *m* (3) étoile *f*; *ast. a.* astre *m*; **~bild** *n* constellation *f*; **~chen** *typ. n* astérisque *m*; **~deuter** *m* (7) astrologue *m*; **~deutung** *f* astrologie *f*; **~enbanner** *n* pavillon *m* étoilé; **~(en)himmel** *m* voûte *f* étoilée; **2(en)klar** étoilé; es ist ~ on voit briller les étoiles; **~enzelt** *n* voûte *f* étoilée; **~fahrt** *f* rallye *m*; **2förmig** étoilé; en étoile; **~karte** *f* carte *f* du ciel; **~kunde** *f* astronomie *f*; **~kundige(r)** *m* astronome *m*; **~schnuppe** *f* (15) étoile *f* filante; **~warte** *f* observatoire *m*; **~zeit** *f* temps *m* sidéral.

Sterz [ʃtɛrts] *m* (3²) (Pflug2) mancheron *m*; *Vögel*: croupion *m*.

stet [ʃte:t], **~ig** continu (*a.* A); (fest) fixe; (dauernd) continuel; (beharrlich) constant; **2igkeit** *f* continuité *f*; (Beharrlichkeit) constance *f*; **~s** toujours; sans cesse.

Steuer ['ʃtɔyər] **1.** *n* (7) gouvernail *m* (*a. fig.*); (Ruderpinne) timon *m*; ⚓ *Auto*: volant *m*; **2.** *f* (15) impôt *m*; (Abgabe) droit *m*; taxe *f*; staatlich *od.* sonst auferlegte: contribution *f*; (in)direkte ~n contributions *f/pl.* (in)directes; **~amt** *n* bureau *m* des contributions; **~anschlag** *m* assiette *f* de l'impôt; **~aufkommen** *n* produit *m* total des impôts; **2bar** ⚓ gouvernable; ⚓ dirigeable; **~beamte(r)** *m* préposé *m* aux impôts; **~befreiung** *f* exonération *f* d'impôts; **~behörde** *f* fisc *m*; **~berater** *m* conseiller *m* fiscal; **~bescheid** *m* = ~zettel; **~bilanz** *f* bilan *m* fiscal; **~bord** ⚓ *n* tribord *m*; **~einnehmer** *m* percepteur *m*; **~einschätzung** *f* = ~anschlag; **~erhebung** *f* perception *f* (des impôts); **~erhöhung** *f* augmentation *f* des impôts; **~erklärung** *f* déclaration *f* fiscale; **~erlaß** *m* détaxe *f*; **~erleichterung** *f* allégement *m* fiscal; **~ermäßigung** *f* dégrèvement *m*; **~fahndungsdienst** *m* service *m* des enquêtes fiscales; **2frei** exempt d'impôts; **~freiheit** *f* exemption *f* d'impôts; **~gesetz** *n* loi *f* fiscale; **~gesetzgebung** *f* législation *f* fiscale; **~gruppe** *f* catégorie *f* d'impôt; **~hinterziehung** *f* fraude *f* fiscale; **~kasse** *f* recette *f*; **~knüppel** ⚓ *m* manche *m* à balai; **~kraft** *f* capacité *f* contributive; **~last** *f* charges *f/pl.* fiscales; **~mann** *m* pilote *m*; ⚓ *a.* timonier *m*; **2n** (29) *Schiff*: gouverner; *Auto*: conduire; ⚓ piloter; (fahren) faire route (nach vers); e-r Sache (dat.) ~ parer (od. remédier) à qch.; **~nachlaß** *m* dégrèvement *m*; **2pflichtig** imposable; **~pflichtige(r)** *m* contribuable *m*; **~rad** *n Auto*: volant *m*; ⚓ roue *f* de gouvernail *m*; **~reform** *f* réforme *f* fiscale; **~register** *n* registre *m* des contributions; **~rolle** *f* rôle *m* des contributions; **~ruder** *n* gouvernail *m*; **~sache** *f*: in ~en matière d'impôts; **~satz** *m* taux *m* de l'impôt; **~schraube** *f*: die ~ anziehen augmenter les impôts; **~schuld** *f* dette *f* fiscale; **~senkung** *f* diminution *f* des impôts; **~tabelle** *f* barème *m* de l'impôt; **~ung** *f* ⚓ pilotage *m*; *Auto*: direction *f* (*a. fig.*); *Fahrrad*: guidon *m*; *Maschinen*: commande *f*; = Steuer *1.*; **~veranlagung** *f* assiette *f* de l'impôt; **~vergehen** *n* contravention *f* en matière d'impôt; **~vergünstigung** *f* = ~erleichterung; **~wesen** *n* impôts *m/pl.*; **~zahler** *m* contribuable *m*; **~zettel** *m* feuille *f* de contributions (od. d'impôts); **~zuschlag** *m* centime *m* additionnel.

Steven ⚓ ['ʃte:vən] *m* étrave *f*.

Stewardess ['stjuːərdɛs] *f* hôtesse *f*.

stibitzen F [ʃti'bitsən] chiper.

Stich [ʃtiç] *m* (3) piqûre *f*; (Insekten2) *a.* morsure *f*; (Näherei): point *m*, weite (enge) ~e grands (petits) points *m/pl.*; *Kartenspiel*: levée *f*; (Kunstwerk) gravure *f* (au burin); ⚕ acescence *f*; (Schmerz) élancement *m*, point *m*, ~e in der Seite points *m/pl.* de côté; mit e-r Waffe: coup *m*; im ~ lassen abandonner, planter là, P plaquer; e-n ~ ins Grüne haben tirer sur le vert; e-n ~ haben *Fleisch*: avoir un goût, *Wein, Milch*: tourner à l'aigre, *Person*: avoir un grain; **~el** ['~əl] *m* burin *m*; **~elei** *fig.* [~'laɪ] *f* (16) raillerie *f*; **2eln** (29) piquer; coudre; *fig.* donner des coups d'épingle à; **~flamme** *f* jet *m* de flamme; (ganz kleine Flamme)

stichhaltig — 1045 — **still**

veilleuse *f* ; '⸚**haltig** plausible ; valable ; solide ; '⸚**haltigkeit** *f* validité *f* ; solidité *f* ; ⸚**ling** *icht. m* épinoche *f* ; '⸚**probe** *f* contrôle *m* (fait) au hasard ; '⸚**säge** *f* scie *f* à guichet ; '⸚**tag** *m* jour *m* d'échéance ; *(äußerster Termin)* date *f* limite ; '⸚**waffe** *f* arme *f* à pointe ; '⸚**wahl** *f* ballottage *m* ; '⸚**wort** *n* mot *m* vedette ; *thé.* réplique *f* ; *vereinbartes:* signal *m* conventionnel.

Stick|arbeit ['ʃtik⁹-] *f* broderie *f* ; ⸙**en** ['ʃtikən] (25) broder ; ⸚**er(in** *f*) *m* brodeur *m*, -euse *f* ; ⸚**erei** [⸚'raɪ] *f* broderie *f* ; ⸚**garn** *n* coton *m* à broder ; '⸚**gas** *n* azote *m* ; '⸚**husten** *m* coqueluche *f* ; '⸙**ig** étouffant ; suffocant ; '⸚**luft** *f* air *m* étouffant *(od.* suffocant) ; '⸚**muster** *n* patron *m* de broderie ; '⸚**nadel** *f* aiguille *f* à broder ; '⸚**rahmen** *m* tambour *m* ; '⸚**stoff** *m* azote *m* ; '⸚**stoffdünger** *m* engrais *m* azoté ; '⸚**stoffhaltig** azoté.

Stiefbruder ['ʃtiːf-] *m* demi-frère *m* ; Stiefbrüder *pl.* *(Söhne e-s Vaters)* frères *m/pl.* consanguins, *(Söhne e-r Mutter)* frères *m/pl.* utérins.

Stiefel ['ʃtiːfəl] *m* (7) *(Schaft⸙)* botte *f* ; *(Halb⸙, Schnür⸙, Knopf⸙)* bottine *f* ; brodequin *m* ; '⸚**absatz** *m* talon *m* de botte ; '⸚**anzieher** *m* chausse-pied *m* ; '⸚**bürste** *f* brosse *f* à chaussures ; '⸚**haken** *m* crochet *m* à bottines ; '⸚**knecht** *m* tire-botte *m* ; '⸚**leisten** *m* embauchoir *m* ; '⸚**macher** *m* bottier *m* ; '⸙**n** *v/t.* botter ; *v/i.* marcher à grandes enjambées ; '⸚**putzer** *m* cireur *m* ; décrotteur *m* ; '⸚**schaft** *m* tige *f* de botte.

'**Stief-eltern** *pl.* beaux-parents *m/pl.*

'**Stiefelwichse** *f* cirage *m.*

'**Stief|kind** *n* ⸚**sohn**, ⸚**tochter** ; '⸚**mutter** *f* belle-mère *f* ; böse ⸙ marâtre *f* ; ⸚**mütterchen** ❦ ['⸚myərçən] *n* pensée *f* ; '⸙**mütterlich** : ⸙ behandeln traiter en marâtre ; von der Natur ⸙ behandelt mal partagé par *(od.* disgracié de) la nature ; '⸚**schwester** *f* demi-sœur *f* ; '⸚**sohn** *m* beau-fils *m* ; '⸚**tochter** *f* belle-fille *f* ; '⸚**vater** *m* beau-père *m.*

Stiege ['ʃtiːgə] *f* (15) escalier *m* (étroit) ; *(20 Stück)* vingtaine *f.*

Stieglitz ['ʃtiːglɪts] *m* (3²) chardonneret *m.*

Stiel [ʃtiːl] *m* (3) manche *m* ; *Pfanne,* Frucht, Blatt, Blume: queue *f* ; *(Stengel)* tige *f* ; *(Blüten⸙)* pédoncule *f* ; '⸚**brille** *f* face-à-main *m.*

Stier [ʃtiːr] **1.** *m* (3) taureau *m* ; *ast.* Taureau *m* ; **2.** ♀ fixe ; *(verstört)* hagard ; ⸙**en** ['⸚ən] (25) regarder fixement *(od.* d'un œil 'hagard') ; '⸚**gefecht** *n,* ⸚**kampf** *m* course *f* de taureaux ; '⸚**kämpfer** *m* toréador *m.*

Stift [ʃtɪft] **1.** *m* (3) pointe *f* ; *(Lippen⸙)* bâton *m* de rouge ; *kleiner:* cheville *f* ; *(Beschlag⸙)* ferret *m* ; *(Grammophon⸙)* aiguille *f* ; *(Bolzen)* goupille *f* ; *(Blei⸙)* crayon *m* ; F *(Lehrling)* apprenti *m* ; **2.** *n* (1 u. 3) fondation *f* ; *(Kloster)* couvent *m* ; *(Bistum)* évêché *m* ; ⸙**en** ['⸚ən] (26) *(gründen)* fonder ; *(schaffen)* créer ; *(hervorbringen)* produire ; *(einsetzen)* instituer ; *(er-, einrichten)* établir ; Ehe, Frieden, Gutes: faire ; Streit: susciter ; Zwietracht: semer ; Unruhe: provoquer ; Unglück: être cause de ; j-m etw. ⸙ faire don de qch à q. ; '⸚**er(in** *f*) *m* fondateur *m,* -trice *f* ; *(Spender)* donateur *m,* -trice *f.*

'**Stifts|dame** *f,* '⸚**fräulein** *n* chanoinesse *f* ; '⸚**herr** *m* chanoine *m* ; '⸚**kirche** *f* cathédrale *f.*

'**Stiftung** *f* fondation *f* ; *(Anstalt)* établissement *m* de charité ; milde ⸙ œuvre *f* pie ; '⸚**sfest** *n* anniversaire *m* d'une fondation ; '⸚**s-urkunde** *f* acte *m* de fondation.

'**Stiftzahn** *m* dent *f* à pivot.

Stigma ['stɪgma] *n* stigmate *m* ; ⸙**tisieren** [⸚ti'ziːrən] stigmatiser.

Stil [ʃtiːl] *m,* '⸚**art** *f* style *m* ; ⸚**ett** [stiˈlɛt] *n* stylet *m* ; '⸚**gebung** *f* stylisation *f* ; '⸙**gerecht** qui a du style ; ⸙**isieren** [ʃtili'ziːrən] *(abfassen)* rédiger ; *Kunst:* styliser ; '⸙**ist** [⸚'lɪst] *m* styliste *m* ; ⸚**istik** [⸚'lɪstik] *f* stylistique *f* ; ⸙**istisch** qui concerne le style ; ⸚**e Feinheiten** finesses *f/pl.* de style.

still [ʃtɪl] tranquille ; calme ; *(unbeweglich)* immobile ; *(friedlich)* paisible ; *(schweigsam)* silencieux ; ⸙ ! ; sei ⸙ ! silence ! ; *davon!* silence là-dessus ! , F motus ! ; *im ⸙en* en secrètement ; *rl.* ⸙**er Freitag** Vendredi *m* saint ; ⸙**e Woche** semaine *f* sainte ; ⸙**es Gebet** oraison *f* mentale ; ⸙**e Jahreszeit** morte-saison *f* ; ⸙**es Wasser** eau *f* stagnante *(od.* dormante) ; ⸙**e Wut** colère *f* rentrée ; ⸙**er Teil-**

stillbleiben — 1046 — **Stirn**

haber commanditaire *m*; *der* 2e *Ozean* l'océan *m* Pacifique; '**bleiben** rester tranquille; se tenir coi; 2e *f* tranquillité *f*; calme *m*; (*Ruhe*) repos *m*; (*Friede*) paix *f*; (*Schweigen*) silence *m*; *in der* ~ en silence; *in aller* ~ dans le plus grand silence; '~e F = *still*; '2(**l**)**eben** *peint. n* (6) nature *f* morte; '~(**l**)**egen** arrêter; fermer; † paralyser; *Betrieb*: faire chômer; *Hochofen*: éteindre; '2(**l**)**egung** *f* arrêt *m*; *Fabrik*: chômage *m*.

Stillehre ['ʃtiːlleːrə] *f* stylistique *f*.

still|**en** ['ʃtilən] (25) (*anhalten*) arrêter; (*beruhigen*) apaiser; calmer; *Durst*: étancher; *Hunger*: assouvir; *Kind*: allaiter; '~**end** *§* calmant; sédatif; '2**geld** *n* prime *f* d'allaitement; '~**gestanden**! ⚔ garde à vous!; '2**halte-abkommen** *n* moratoire *m*; '~**halten** *v/t.* tenir tranquille; *v/i.* s'arrêter; '~(**l**)**iegen** se tenir tranquille; *Betrieb*: chômer; † être paralysé.

stillos ['ʃtiːlloːs] sans style.

still|**schweigen** ['ʃtil-] se taire; '2**schweigen** *n* silence *m*; ~ *bewahren* garder (*od.* observer) le silence; *mit* ~ *übergehen* passer sous silence; '~**schweigend** tacite; (*aus den Umständen erhellend*) implicite; *adv. a.* en silence; '~**sitzen** rester tranquille; '2**stand** *m* arrêt *m*; (*Untätigkeit*) inaction *f*; *Fabrik*: chômage *m*; † stagnation *f*; '~**stehen** s'arrêter, ne pas bouger; *Betrieb*: chômer; † être paralysé; *da steht mir der Verstand still* les bras m'en tombent; '~**stehend** stationnaire; stagnant (*a. Wasser*); '2**ung** *f* apaisement *m*; *Kind*: allaitement *m*; '~**ver**'**gnügt** qui s'amuse en silence.

Stil|**übung** ['ʃtiːlʔ-] *f* exercice *m* de style; 2**voll** qui a du style.

Stimm|-**abgabe** *f* vote *m*; '~**band** *n* corde *f* vocale; 2**berechtigt** qui a voix délibérative; '~**bruch** *m* mue *f* (de la voix).

Stimme ['ʃtimə] *f* (15) voix *f*; (*Wahl*2) *a.* suffrage *m*; vote *m*; *§* voix *f*, (*Part*) partie *f*; *bei* ~ *sein §* être en voix; *s-e* ~ *abgeben* voter (*für* pour); *die* ~*n zählen* dépouiller le scrutin.

'**stimmen** (25) *v/t. §* accorder; *höher* (*tiefer*) ~ 'hausser (baisser) le ton; *j-n wohl* (*übel*) ~ mettre q. de bonne (mauvaise) humeur; *j-n ernst* ~ rendre q. grave; *j-n traurig* ~ attrister q.; *j-n zu etw.* ~ disposer q. à qch.; *v/i.* être exact (*od.* juste); *§* s'accorder; être d'accord; *pol.* voter (**für** pour); '2**einheit** *f*: *mit* ~ à l'unanimité *f* (des voix); '2**gleichheit** *f* partage *m*; *es ist* ~ il y a partage; '2**mehrheit** *f* majorité *f* (des voix); '2**minderheit** *f* minorité *f* (des voix).

'**Stimm**|**enprüfung** *pol. f* vérification *f* du scrutin; '~**enthaltung** *f* abstention *f*; '~**enzähler** *m* scrutateur *m*; '~**enzählung** *f* dépouillement *m* du scrutin; '~**er** *§ m* (*Person*) accordeur *m*; (*Werkzeug*) accordoir *m*; '2**fähig** ~ *berechtigt*; '~**gabel** *§ f* diapason *m*; '2**haft** sonore; '~**lage** *§ f* registre *m*; '2**los** aphone; *phon.* sourd; '~**losigkeit** *f* aphonie *f*; *phon.* sourdité *f*; '~**organ** *n* organe *m* vocal; '~**recht** *n* droit *m* de vote (*od.* de suffrage); *allgemeines* ~ suffrage *m* universel; '~**ritze** glotte *f*; '~**ung** *f* accordage *m*; *fig.* état *m* d'âme (*od.* d'esprit); disposition *f*; humeur *f*; ⚔ moral *m*; *Börse*: tendance *f*; *allgemeine* ~ opinion *f* publique; *poét.* impression *f*, ~ *haben* avoir de la poésie; *peint.* effet *m*, ~ *haben* avoir de l'atmosphère; *in* (*gehobener*) ~ en train; *in* ~ *kommen* s'animer; *nicht in* ~ *sein* n'être pas disposé.

'**Stimmungs**|**bild** *n* impression *f*; '~**mache** F ['~maxə] *f* bourrage *m* de crâne; '~**macher** *m* boute-en-train *m*; '~**mensch** *m* homme *m*, femme *f* impressionnable; '2**voll** qui porte au recueillement; *Poesie*: qui a de la poésie; *peint.* qui a de l'atmosphère; (*ausdrucksvoll*) expressif.

'**Stimm**|**wechsel** *m* mue *f* (de la voix); '~**zettel** *m* bulletin *m* de vote.

Stink|**bombe** ['ʃtiŋk-] *f* boule *f* puante; 2**en** ['~ən] puer; sentir mauvais; '~ *nach* ~ sentir le ...; '~**end**, 2**ig** puant; infect; fétide; '~**tier** *n* mouffette *f*.

Stint *icht.* [ʃtint] *m* éperlan *m*.

Stipendi|**at**(**in**) *f* [ʃtipɛndi'ɑːt] *m* boursier *m*, -ière *f*; ~**um** [~'pɛndium] *n* bourse *f*.

stippen ['ʃtipən] tremper.

Stirn [ʃtirn] *f* (16) front *m* (*a. fig.*); *j-m die* ~ *bieten* faire front (*od.*

Stirnader — 1047 — **Störung**

tenir tête) à q.; '~**ader** f veine f frontale; '~**band** n bandeau m; chir. frontal m; '~**höhle** f sinus m frontal; '~**locke** f toupet m; '~**reif** m diadème m; '~**runzeln** n froncement m de sourcils; '~**seite** △ f façade f; front m.

stöbern ['ʃtøːbərn] (29) fouiller (in dat. dans); es stöbert il y a des tourbillons de neige.

stochern ['ʃtɔxərn] (29) piquer (in dat. dans); im Feuer ~ attiser le feu; tisonner; Zähne: curer.

Stock [ʃtɔk] m (3^3) bâton m; dünner: baguette f; gaule f; (Hockey2) crosse f; (Billard2) queue f; (Spazier2) canne f; (Bergs2) alpenstock m; (Gebirgs2) massif m; (Bienen2) ruche f; (Almosen2) tronc m; (Reb2) cep m; über ~ und Stein à travers champs; (Kapital) capital m; (~werk) étage m; im ersten ~ au premier (étage); 2**blind** complètement aveugle; '~**degen** m canne f à épée; 2**dumm** idiot; '**dunkel:** es ist ~ on n'y voit goutte.

stocken ['ʃtɔkən] (25) s'arrêter, s'interrompre; beim Sprechen: a. hésiter; Flüssigkeiten: cesser de couler; Blut: ne plus circuler; Verkehr: être interrompu; Gespräch: tarir; languir (a. ✝); Zahn: se carier; (schimmeln) (se) moisir, Bücher, se piquer.

'**Stock**|-**engländer** m Anglais m pur sang; 2**finster** extrêmement obscur; ~e Nacht nuit f noire; es ist ~ on n'y voit goutte; '~**fisch** m morue f séchée; stockfisch m; '~**fleck** m tache f de moisissure; im Buch: piqûre f; '~**hieb** m coup m de bâton; 2**ig** gâté par la moisissure Getreide: échauffé; Zahn: carié; '~**laterne** f falot m; '~**rose** ♀ f rose f trémière; '~**schnupfen** m enchifrènement m; '~**ständer** m porte-parapluies m; 2**taub** sourd comme un pot; '~**ung** f arrêt m; interruption f; beim Sprechen: a. hésitation f; Verkehr: encombrement m; embouteillage m; ✝ stagnation f; (Blut~) congestion f; '~**werk** n étage m.

Stoff [ʃtɔf] m (3) matière f; (Zeug) étoffe f; (Gewebe) tissu m; 🜹 substance f; (Grund2) élément m; (Thema) sujet m; '~ zu ... matière à; ~ zum Lachen (Weinen) de quoi rire (pleurer); ~ zum Lachen geben prêter à rire; ~**el** ['~əl] m lourdaud m; 2**lich** matériel; '~**wechsel** m métabolisme m. [acc. de); geindre.)

stöhnen ['ʃtøːnən] (25) gémir (über**Sto**|**iker** ['ʃtɔikər] stoïque m; phil. stoïcien m; 2**isch** stoïque; phil. stoïcien; ~**i'zismus** m stoïcisme m.

Stola ['ʃtoːla] f étole f.

Stollen ['ʃtɔlən] m (6) 🛠 galerie f; (Hufeisen2) crampon m; (Kuchen) brioche f; ⚔ abri m profond.

stolpern ['ʃtɔlpərn] (29) broncher (gegen contre; über acc. sur); trébucher; faire un faux pas.

stolz [ʃtɔlts] **1.** fier (auf acc. de); (hochmütig) orgueilleux; 'hautain; altier; (stattlich) majestueux; auf etw. (acc.) ~ sein (werden) s'enorgueillir de qch. **2.** 2 m fierté f; (Hochmut) orgueil m; s-n ~ in etw. (acc.) setzen mettre sa fierté à qch.; ~**ieren** [~'tsiːrən] se pavaner.

stopf|en ['ʃtɔpfən] (25) v/t. (hinein~) fourrer dans; (füllen) remplir; Pfeife: bourrer; Loch: boucher; Gans: farcir; (mästen) Geflügel: empâter; Strümpfe, Wäsche: raccommoder; ravauder; repriser; Stoff: stopper; Durchfall: arrêter; v/i. Speise: constiper; '2**garn** n fil m à repriser; '2**mittel** 🝛 n astringent m; '2**nadel** f aiguille f à repriser.

Stoppel ['ʃtɔpəl] f chaume m; éteule f; '~**bart** m barbe f de plusieurs jours; '~**feld** n chaume m; '2**n** glaner; fig. compiler.

stopp|en ['ʃtɔpən] (25) stopper; Uhrzeit: chronométrer; '2**licht** n Auto: feu m de stop; '2**signal** n signal m de stop; '2**uhr** f chronomètre m.

Stöpsel ['ʃtœpsəl] m (7) bouchon m; ⚡ fiche f; '2**n** (29) boucher.

Stör **icht.** [ʃtøːr] m (3) esturgeon m.

Storch [ʃtɔrç] m (3^3) cigogne f; '~**schnabel** m bec m de cigogne; ⊕ pantographe m; ♀ géranium m.

stören ['ʃtøːrən] (25); j-n ~ déranger q.; Frieden usw.: troubler; (unterbrechen) interrompre; (hindern) gêner; Radio: brouiller; ⚡ causer une perturbation; '~**d** fâcheux; (lästig) gênant; '2**fried** m (3) trouble-fête m; perturbateur m de la paix.

störr|**ig** ['ʃtœriç], '~**isch** entêté; rétif; opiniâtre; intraitable. [lage.)

'**Störsender** m poste m de brouil-)

'**Störung** f dérangement m (a.

Störungsfeuer — 1048 — **Strafrecht**

Maschine); trouble *m*; (*Unterbrechung*) interruption *f*; *Radio*: parasite *m*; *téléph.* friture *f*; ⚡ perturbation *f*; '~**sfeuer** *n* tir *m* de harcèlement; '~**strupp** ⚡ *m* équipe *f* de réparation.

Stoß [ʃtoːs] *m* (3² u. ³) (*Puff*) poussée *f*; *esc.* botte *f*; (*Schock*) choc *m*; (*Erschütterung*) secousse *f*; *Wagen*: cahot *m*; *beim Abfeuern*: recul *m*; (*Schwimm*⚡) brasse *f*; (*Haufen*) pile *f*; tas *m*; *Papiere, Briefe*: liasse *f*; *Schneiderei*: bord *m*; '~**dämpfer** *m* amortisseur *m*; '~**degen** *m* fleuret *m*.

Stößel ['ʃtøːsəl] *m* (7) pilon *m*.

stoßen ['~ən] (30) *v/t.* pousser; *heftig*: 'heurter (*a. fig.*); *fig.* choquer; (*klein*~) piler; broyer; concasser; *mit den Hörnern* ~ donner des coups de cornes à q.; *j-n von sich* ~ repousser q.; *v/i. Wagen*: cahoter; *Motor*: cogner; *esc.* pousser une botte; *Feuerwaffe*: reculer; *an etw.* (*acc.*) ~ se heurter contre qch., (*grenzen*) confiner (*od.* être attenant) à qch.; ~ *auf* (*acc.*) rencontrer (*acc.*), *Raubvögel*: fondre sur; *nach j-m* ~ donner (*od.* porter) un coup à q.; *zu j-m* ~ joindre q.; *sich an etw.* (*dat. u. acc.*) ~ se heurter (*od.* se cogner) contre qch., *fig.* être choqué (*od.* se formaliser) de qch.

'**Stoß**|**fänger** *m Auto*: pare-chocs *m*; '~**gebet** *n* oraison *f* jaculatoire; '~**kraft** *f* puissance *f* de choc '~**seufzer** *m* profond soupir *m*; '~**stange** *f Auto*: pare-chocs *m*; '~**trupp** *m* groupe *m* de choc; '~**waffe** *f* arme *f* à pointe; '~**zahn** *m* défense *f*.

Stotter|**er**(**in** *f*) ['ʃtɔtərər] *m* (7) bègue *m*, *f*; (*Stammler*) balbutieur *m*, -ieuse *f*; '⚡**n** (29) bégayer; (*stammeln*) balbutier; '~**n** *n* bégaiement *m*; (*Stammeln*) balbutiement *m*; *auf* ~ F ≈ à tempérament.

stracks [ʃtraks] directement; *zeitlich*: sur-le-champ.

Straf|**abteilung** ⚔ ['ʃtraːf⁹-] *f* compagnie *f* de discipline; '~**anstalt** *f* maison *f* de correction; '~**antrag** *m* réquisitoire *m*; '~**arbeit** *f Schüler*: pensum *m*; '~**aufschub** *m* sursis *m* de peine; '⚡**bar** punissable; coupable; '~**barkeit** *f* culpabilité *f*; *Handlung*: criminalité *f*; '⚡**befehl** *m* ordre *m* de payer une amende; '~**befugnis** *f* droit *m* de punir; '~**bestimmung** *f* pénalité *f*; prescription *f* pénale; '⚡**e** *f* (15) punition *f*; *bsd.* ⚖ peine *f*; (*Züchtigung*) châtiment *m*; (*Geld*⚡) amende *f*; *zur* ~ *en* (*od.* comme) punition; pour pénitence; ~ *bekommen* être puni; *j-m die* ~ *erlassen* lever la punition (*Geld*⚡: l'amende) de q., *bei Verbrechen*: gracier q.; *bei* ~ *verboten* défendu sous peine d'amende; ⚡**en** ['~ən] (25) punir; (*züchtigen*) châtier; '~**erlaß** *m* rémission *f* d'une peine; *allgemeiner*: amnistie *f*.

straff [ʃtraf] (fortement) tendu; raide; ~ *anliegend Kleidung*: collant; *fig.* rigide; rigoureux.

straffällig ['ʃtraːfɛlɪç] qui est en contravention; (*strafbar*) punissable.

straff|**en** ['ʃtrafən] tendre; raidir; '⚡**heit** *f* raideur *f*; *fig.* rigidité *f*; rigorisme *m*.

'**straf**|**frei** impuni; *adv.* impunément; '⚡**freiheit** *f* impunité *f*; '⚡**gefangene**(**r** *a. m*) *m*, *f* détenu *m*, -e *f*; '⚡**geld** *n* amende *f*; '⚡**gericht** *n* jugement *n*; *ein* ~ *ergehen lassen* faire justice (*über acc.* de); '⚡**gerichtsbarkeit** *f* juridiction *f* pénale; '⚡**gerichts**-**ordnung** *f* code *m* d'instruction pénale; '⚡**gesetz** *n* loi *f* pénale; '⚡**gesetzbuch** *n* code *m* pénal; '⚡**kammer** *f* police *f* correctionnelle; '⚡**kolonie** *f* pénitentiaire; '⚡**kompanie** *f* compagnie *f* de discipline.

sträf|**lich** ['ʃtrɛːflɪç] punissable; coupable; (*tadelnswert*) blâmable; '⚡**ling** *m* (3¹) détenu *m*; (*Zuchthäusler*) forçat *m*.

'**straf**|**los** impuni; *adv.* impunément; '⚡**losigkeit** *f* impunité *f*; '⚡**maß** *n* peine *f*; *das niedrigste* (*höchste*) ~ le minimum (le maximum) de la peine; '⚡**maßnahme** *f* mesure (*od.* sanction) *f* disciplinaire; '~**mildernd** atténuant; '⚡**milderung** *f* commutation *f* de peine; '~**mündig** qui a (l'âge de) la responsabilité pénale; '⚡**porto** *n* surtaxe *f*; '⚡**predigt** *f* réprimande *f*; semonce *f*; sermon *m*; *j-m e-e* ~ *halten* sermonner q.; '⚡**prozeß** *m* procès *m* pénal; '⚡**prozeß**-**ordnung** *f* code *m* d'instruction pénale; '⚡**punkt** *m Sport*: pénalisation *f*; '⚡**raum** *m Sport*: surface *f* de réparation; zone *f* de penalty; '⚡**recht** *n* droit *m*

strafrechtlich — 1049 — **sträuben**

pénal; '⁀**rechtlich** pénal; ⁀**rede** f = ⁀predigt; ⁀**register** n: Auszug aus dem ⁀ extrait m du casier judiciaire; ⁀**sache** f affaire f pénale; ⁀**stoß** m Sport: penalty m; ⁀**tat** f délit m; ⁀**verfahren** n procédure f pénale; ⁀**verschärfung** f aggravation f de peine; ⁀**versetzung** f mutation f par sanction disciplinaire; ⁀**vollstreckung** f exécution f d'une peine.

Strahl [ʃtraːl] m (5) rayon m; plötzlicher: éclair m; (Wasser⁀) jet m d'eau; ⚓ droite f; Pferdehuf: fourchette f; ⁀**en** (25) rayonner (a. fig.; vor dat. de); (glänzen) resplendir.

Strahlen|behandlung f radiothérapie f; ⁀**brechung** f réfraction f; ⁀**bündel** n faisceau m de rayons; ⁀**d** rayonnant, radieux; ⁀**förmig** en forme de rayons; zo. radiaire; ⁀**kranz** m, ⁀**krone** f auréole f.

'**Strahlung** f rayonnement m; radiation f.

Strähne [ˈʃtrɛːnə] f (15) Haar: mèche f; Garn: écheveau m.

stramm tendu; raide; fig. robuste; énergique; '⁀**stehen** ⚔ être au garde-à-vous. [les jambes; gigoter.|

'**strampeln** (29) remuer sans cesse\

Strand [ʃtrant] m (3) plage f; rivage m (de la mer); (sandiges Ufer) grève f; (Küste) côte f; auf ⁀ laufen échouer; ⁀**anzug** m costume m de plage; ⁀**batterie** f batterie f côtière; ⁀**en** [ˈʃtrɛndən] (26) échouer; ⁀**gut** n épaves f/pl.; ⁀**korb** m fauteuil-cabine m (en osier); ⁀**räuber** m naufrageur m; ⁀**recht** n droit m d'épave; ⁀**ung** ⚓ f échouement m; ⁀**wächter** m garde-côte m; ⁀**weg** [ˈ-veːk] m chemin m côtier.

Strang [ʃtraŋ] m (3³) corde f; ⛧ voie f; zum ⁀ verurteilen condamner à la potence; mit j-m am gleichen ⁀ ziehen fig. être attelé à la même carriole que q.; wenn alle Stränge reißen au pis-aller; über die Stränge schlagen s'emballer; ⁀**ulieren** [-ɡuˈliː-] étrangler.

Strapaz|e [ʃtraˈpaːtsə] f (15) fatigue f; ⁀**ieren** [-paˈtsiːrən] fatiguer; éreinter; Kleidung: abîmer.

Straß [ʃtras] m (Schmuck) strass m.

Straßburg [ˈʃtraːsburk] n Strasbourg f.

Straße [ˈʃtraːsə] f (15) rue f; (Weg) chemin m; voie f publique; (Fahr⁀, Land⁀) route f; (⁀ndamm) chaussée f; (Meerenge) détroit m; ⁀ von Calais Pas m de Calais; auf der (auf offener) ⁀ dans la (en pleine) rue; Bier über die ⁀ bière f à emporter; j-n auf die ⁀ setzen mettre q. sur le pavé.

'**Straßen|-anlage** f tracé m d'une route; ⁀**anzug** m costume m de ville; ⁀**arbeiter** m cantonnier m; ⁀**aufseher** m agent m voyer; ⁀**aufsicht** f voirie f; ⁀**bahn** f tram(way) m; ⁀**bahnangestellte(r)** m traminot m; ⁀**bau** m construction f des routes; ⁀**beleuchtung** f éclairage m des rues; ⁀**biegung** f tournant m, coude m; ⁀**damm** m chaussée f; pavé m; ⁀**ecke** f coin m de rue; ⁀**feger** m balayeur m; boueur m; ⁀**gabel** f bifurcation f; ⁀**graben** m fossé m; (Rheinstein) caniveau m; ⁀**händler(in** f) m marchand m, -e f ambulant(e); ⁀**junge** m gamin m; voyou m; ⁀**kampf** m combat m de rues; ⁀**karte** f carte routière; ⁀**kehrer** m =⁀feger; ⁀**kehrmaschine** f balayeuse f; ⁀**kleid** n robe f de ville; ⁀**kreuzung** f carrefour m; croisée f de rues, etc.; ⁀**laterne** f réverbère m; ⁀**mädchen** n fille f publique; F grue f; ⁀**netz** n réseau m routier; ⁀**pflaster** n pavé m; ⁀**rand** m accotement m; ⁀**raub** m brigandage m; ⁀**räuber** m brigand m; ⁀**reinigung** f nettoyage m des rues; (Amt) service m de la voirie; ⁀**rennen** n Sport: course f sur routes; ⁀**schild** n plaque f de rue; ⁀**tunnel** m tunnel m routier; ⁀**überführung** f, ⁀**übergang** m passage m supérieur; ⁀**unfallverhütung** f prévention f routière; ⁀**unterführung** f passage m inférieur; ⁀**verkehr** m circulation f routière; trafic m routier; ⁀**verkehrs-ordnung** f code m de la route; ⁀**verzeichnis** n nomenclature f des rues; ⁀**walze** f rouleau m compresseur; ⁀**wärter** m agent m voyer; ⁀**zoll** m péage m.

Strateg|e [ʃtraˈteːɡə] m stratège m; ⁀**ie** [-teˈɡiː] f stratégie f; ⁀**isch** [-ˈteːɡɪʃ] stratégique.

Stratosphäre [ʃtratɔˈsfɛːrə] f stratosphère f.

sträuben [ˈʃtrɔʏbən] (25) (sich ⁀ se) 'hérisser; Haar: (se) dresser; sich

Strauch — 1050 — **Streitfrage**

gegen etw. ~ répugner (od. résister) à qch.

Strauch [ʃtraux] m (1², a. 3³) arbrisseau m; *kleiner*: arbuste m; (*Busch*) buisson m; broussaille f; '~**dieb** m chenapan m; ℒ**eln** ['~əln] (29) broncher; trébucher; '~**werk** n broussailles f/pl.

Strauß [ʃtraus] m **1.** *orn*. (3²) autruche f; **2.** (3² u. ³) *Blumen*: bouquet m; gerbe f; **3.** (*Streit*) querelle f; lutte f; combat m; '~**enfeder** f plume f d'autruche.

Strebe ['ʃtre:bə] f (15) △ étrésillon m; ⚔ tirant m; '~**balken** m chevalet m; '~**bogen** m arc-boutant m; '~**mauer** f contrefort m; ℒ**n** (25): ~ *nach* tendre (od. aspirer) à; '~**n** n (6) tendance f (*nach* à); aspiration f (*vers*); '~**pfeiler** m contrefort m.

Streber ['ʃtre:bər] m ambitieux m; arriviste m; '**Ω**~**haft** ambitieux; '~**tum** n arrivisme m.

'**strebsam** zélé; (*fleißig*) assidu; (*ehrgeizig*) ambitieux; '**Ω**~**keit** f zèle m; (*Fleiß*) assiduité f; (*Ehrgeiz*) ambition f.

'**Streckbett** n lit m orthopédique.

'**Strecke** f (15) étendue f; *zurückzulegende*: trajet m; parcours m (a. *Sport*; *zurücklegen* faire); (*Entfernung*) distance f (*zurücklegen* parcourir); 🚂 voie f; ⚔ galerie f; & (*ligne* f) droite f; *e-e gute* ~ *Wegs* un bon bout de chemin; *zur* ~ *bringen* ch. abattre.

strecken ['ʃtrɛkən] (25) étendre; étirer (*a. métall.*); allonger (*a. Vorräte, Sauce*); *Arme, Beine*: tendre; *Waffen*: mettre bas.

'**Strecken**|-**arbeiter** m cantonnier m; '~**wärter** m garde-voie m; '**Ω**~**weise** par places.

'**Streck**|**muskel** m (muscle m) extenseur m; '~**werk** n laminoir m.

Streich [ʃtraiç] m (3) coup m; *mit der Hand*: a. F tape f; *schlechter*: vilain tour m; *dummer* ~ sottise f; *bêtise f; j-m ein-e-n* ~ *spielen* jouer un tour à q.; '**Ω**~**eln** caresser; **Ω**~**en** ['~ən] v/t. passer (*über acc. sur*); (*an.*) peindre; (*aus.*) rayer (*aus*; *von* de); biffer; barrer; *Butter*: étendre; *Messer*: repasser; *Zündholz*: frotter; *Bart*: caresser; *Wolle* carder; ~ *lassen* P *Wind*: lâcher; v/i.: *über etw.* (*acc.*) ~ effleurer (*od.* frôler *od.* raser) qch.; (*herum*~) rôder, vagabonder;

j-m über die Wange ~ caresser la joue à q.; '~**er** ♪ m/pl. instruments m/pl. à cordes; '~**holz** n allumette f; '~**holzschachtel** f boîte f d'allumettes; '~**instrument** n instrument m à cordes; '~**käse** m fromage m blanc; '~**konzert** n concert m d'instruments à cordes; '~**orchester** n orchestre m d'instruments à cordes; '~**quartett** n quatuor m à cordes; '~**riemen** m cuir m à rasoir.

Streif [ʃtraif] m = ~**en**; '~**band** n bande f; *unter* ~ sous bande; '~**e** ✕ f patrouille f; '~**en** m bande f; *Stoff*: raie f; *Säule*: cannelure f; '**Ω**~**en** (*mit Streifen versehen*) rayer; *Säule*: canneler; *vom Finger* ~ *Ring*: ôter; *in die Höhe* ~ *Ärmel*: retrousser; *etw.* ~ effleurer qch. (*a. Frage*); frôler qch.; *den Boden* ~ raser le sol; (*berühren*) vagabonder; rôder; *sich die Haut* ~ s'érafler la peau; '**Ω**~**ig** rayé; '~**jagd** ch. f battue f; '~**licht** n lumière f frisante; *ein* ~ *auf etw.* (*acc.*) *werfen* jeter un jour sur qch.; '~**schuß** m, '~**wunde** f éraflure f; '~**zug** m incursion f; ✕ raid m.

Streik [ʃtraik] m (3 u. 11) grève f; '~**brecher**(**in** f) m briseur m, -euse f de grève; **Ω**~**en** (25) se mettre en grève; faire grève; '~**ende**(**r** a.m) m, f grèviste m, f; '~**parole** f mot m d'ordre de grève; '~**posten** m piquet m de grève; '~**recht** n droit m de grève.

Streit [ʃtrait] m (3) querelle f; (*Kampf*) lutte f; combat m; (*Konflikt*) conflit m; (*Meinungs***Ω**) différend m; débat m; (*Wort***Ω**) dispute f; 🜨 litige m; procès m; *mit Tätlichkeiten*: rixe f; (*Zank*) démêlé m; altercation f; *gelehrter*: controverse f; *mit j-m* ~ *anfangen* chercher querelle à q.; *in* ~ *geraten* se prendre de querelle; '~ **axt** f 'hache f d'armes; '**Ω**~**bar** querelleur; (*kriegerisch*) belliqueux; (*tapfer*) vaillant; **Ω**~**en** ['~ən] (30) se quereller (*mit j-m avec* q.); se disputer (*mit j-m avec* q.); *über etw.* (*acc.*) ~ débattre qch.; *sich um etw.* ~ se disputer qch.; 🜨 plaider; (*kämpfen*) lutter; combattre; *darüber läßt sich* ~ c'est discutable; '**Ω**~**end** combattant, militant; *die* ~**en** *Parteien* les parties f/pl. adverses; '~**er** m querelleur m; disputeur m; (*Kämpfer*) combattant m; '~**fall** m litige m; '~**frage** f diffé-

Streithandel — 1051 — **stromabwärts**

rend m; point m litigieux; ~**handel** m querelle f; procès m; 2**ig** contesté; contestable, discutable; ~**ig** litigieux; j-m etw. ~ machen disputer (od. contester) qch. à q.; ~**igkeit** f différend m; ~**kräfte** f/pl., ~**macht** f forces f/pl. (armées); ~**lust** f esprit m querelleur; ~**objekt** n objet m du litige; ~**punkt** m point m litigieux; ~**roß** n destrier m; ~**sache** f objet m d'un différend; ~**schrift** f écrit m polémique; ~**sucht** f humeur f querelleuse; 2-**süchtig** querelleur.

streng [ʃtrɛŋ] sévère; rigoureux (a. Frost, Winter); (unbeugsam) rigide; (bestimmt, genau) strict; exact; Sitte: austère; Geschmack: (sauer) âpre, (brennend) âcre; j-n ~ halten mener q. sévèrement; gegen j-n ~ verfahren user de rigueur envers q.; im ~sten Sinne des Wortes au (od. au pied de la) lettre; dans toute la force du terme; 2**e** f (15) sévérité f; rigueur f; (Genauigkeit) exactitude f; (Sitten2) austérité f; ~**genommen** à proprement parler; ~**gläubig** orthodoxe.

Streu [ʃtrɔy] f (15) litière f; (Stroh) paille f; ~**büchse** f flacon m à saupoudrer; Zucker: sucrier m; Pfeffer: poivrier m; Salz: salière f; Sand: sablier m; 2**en** (25) répandre; (ausbreiten) éparpiller; disséminer; ~auf (acc.) Zucker usw.: saupoudrer de; Blumen auf den Weg ~ joncher le chemin de fleurs; den Kühen ~ faire la litière aux vaches; ~**sand** m sable m; ~**zucker** m sucre m en poudre.

Strich [ʃtriç] m (3) trait m (mit der Feder de plume); (Linie) ligne f; (Quer2) barre f; (Streifen) raie f; (Land2) étendue f de terre; région f; Vögel: passage m; volée f; Fische: (junge Brut) frai m; ~ mit der Bürste (mit dem Bogen ♪) coup m de brosse (d'archet); mit dem ~ dans le sens du poil; gegen den ~ à rebrousse-poil; à rebours; unter dem ~ Zeitung: en feuilleton; j-n auf den ~ haben fig. F avoir une dent contre q.; j-m e-n ~ durch die Rechnung machen fig. contrarier les projets de q.; e-n ~ unter etw. (acc.) machen fig. en finir avec qch.; auf den ~ gehen fig. P faire le trottoir; 2**eln** 'hachurer; ~**elung** f 'hachure f; ~**punkt**

gr. m point-virgule m; ~**regen** m pluies f/pl. locales; 2**weise** adv. par endroits.

Strick [ʃtrik] m (3) corde f; fig. garnement m; wenn alle ~e reißen au pis-aller; ~**arbeit** f tricot m; ~**beutel** m sac m à ouvrage; 2**en** tricoter; ~**en** n, ~**erei** [ˑɔˈraɪ] f tricotage m; ~**er(in** f) m (7) tricoteur m, -euse f; ~**garn** n fil m à tricoter; ~**jacke** f gilet m tricoté; ~**leiter** f échelle f de corde; ~**maschine** f tricoteuse f; ~**nadel** f aiguille f à tricoter; ~**waren** f/pl. tricotages m/pl.

Striegel ['ʃtriːɡəl] m (7) étrille f; 2**n** (29) étriller.

Strieme ['ʃtriːmə] f (15), ~**n** m (6) raie f; blutiger ~ strie f sanglante.

strikt ['ʃtrikt] strict.

Strippe ['ʃtripə] f (15) (Schnur) ficelle f; an Stiefeln: tirant m.

strittig ['ʃtritiç] contesté; contestable, discutable; controversé.

Stroh [ʃtroː] n (3) paille f; (Dach2) chaume m; mit ~ ausstopfen empailler; ~**blume** ♀ f immortelle f; ~**dach** n toit m de chaume; 2**ern** ['ˑərn] de paille; Dach: de chaume; 2**farben** (couleur) paille; ~**feuer** n feu m de paille (a. fig.); ~**flechter** (-in f) m rempailleur m, -euse f; ~**geflecht** n entrelacs m de paille; 2**gelb** jaune paille; ~**halm** m brin m de paille; fétu m; ~**hut** m chapeau m de paille; ~**hütte** f chaumière f; ~**kopf** fig. m tête f vide; ~**lager** n couche f de paille; ~**mann** m (Vogelscheuche) bonhomme m en paille; épouvantail m; fig. homme m de paille; prête-nom m; Kartenspiel: mort m; ~**matte** f paillasson m; ~**puppe** f = ~mann; ~**sack** m paillasse f; ~**schneider** m 'hache-paille m; ~**schober** m pailler m; ~**wisch** m bouchon m de paille; (Merkzeichen) brandon m; ~**witwe(r** m) f mari m dont la femme (femme f dont le mari) est en voyage.

Strolch [ʃtrɔlç] m (3) vagabond m; 2**en** [ˑən] (25) vagabonder.

Strom [ʃtroːm] m (3³) fleuve m; (Berg2 u. fig.) torrent m; (Strömung) courant (a. ⚡); (Menschen2) foule f; mit dem ~ fahren (schwimmen) suivre le courant; gegen den ~ schwimmen remonter le courant; es regnet in Strömen il pleut à verse (od. à torrents); 2-**ab**

stromaufwärts — 1052 — **Studierzimmer**

(-**wärts**) en aval; ⁑·**auf**(-**wärts**) en amont; ⁓**bett** n lit m d'un fleuve.
strömen ['ʃtrøːmən] couler; *Licht*: se répandre; *Blut*: se porter (*nach* à); *Menschen*: se porter en foule (*nach* vers); affluer (à); ⁓*der Regen* pluie f torrentielle. [d'un fleuve.|
'**Strom-enge** f passage m étroit)
'**Stromer** m (7) vagabond m.
'**Strom**|**·erzeuger** m générateur m; ⁓**gebiet** n bassin m d'un fleuve; ⁓**kreis** ≰ m circuit m; ⁓**leiter** ≰ m fil m conducteur; ⁓**linie** f *Auto*: forme f aérodynamique; ⁓**messer** ≰ m ampèremètre m; ⁓**rechnung** f note f d'électricité; ⁓**sammler** m accumulateur m; ⁓**schiffer** m batelier m; ⁓**schnelle** f rapide m; ⁓**stange** f *Straßenbahn*: perche f; ⁓**stärke** ≰ f intensité f; ampérage m.
'**Strömung** f courant m (a. *fig.*).
'**Strom**|**·unterbrecher** m interrupteur m; coupe-circuit m; ⁓**verbrauch** m consommation f de courant; ⁓**zähler** m compteur m de courant. [*Lied*: couplet m.|
Strophe ['ʃtroːfə] f (15) strophe f;)
strotzen ['ʃtrɔtsən] (27) regorger (*von* de); ⁓**d** débordant (*von* de).
Strudel ['ʃtruːdəl] m (7) tourbillon m (a. *fig.*); remous m; ⁑**n** (29) tourbillonner; bouillonner. [ture f.|
Struktur [ʃtrukˈtuːr] f (16) struc-)
Strumpf [ʃtrumpf] m (3³) bas m; kurzer ⁓ chaussette f; (*Glüh*⁑) manchon m; ⁓**band** m (1²) jarretière f; ⁓**fabrik** f bonneterie f; ⁓**halter** [ˈ...haltər] m jarretelle f; ⁓**waren** f/pl. bonneterie f; ⁓**warenhändler**(**in** f) m bonnetier m, -ière f.
Strunk [ʃtruŋk] m (3³) trognon m.
struppig ['ʃtrupiç] *Haar*: 'hérissé; *Bart*: hirsute; (*zerzaust*) ébouriffé.
Strychnin [ʃtryçˈniːn] n strychnine f.
Stübchen ['ʃtyːpçən] n chambrette f.
Stube ['ʃtuːbə] f (15) pièce f (*bsd. Schlaf*⁑) chambre f; *gute* ⁓ salon m.
'**Stuben**|**·ältester**(**r**) m chef m de chambrée; ⁓**arrest** m consigne f à la chambre; arrêts m/pl.; *j-m* ⁓ *geben* consigner q.; mettre q. aux arrêts; ⁓ *haben* être aux arrêts; ⁓**gelehrte**(**r**) m esprit m livresque; ⁓**hocker** m casanier m; ⁓**luft** f air m confiné; ⁓**mädchen** n femme f de chambre; ⁑**rein** propre.
Stuck [ʃtuk] m stuc m.

Stück [ʃtyk] n (3) *ganzes*: pièce f (a. *thé.*); *abgetrenntes*: morceau m (a. *Lese*⁑, *Musik*⁑); (*Teil*⁑) partie f; *Buch*: passage m; (*Bruch*⁑) fragment m; (*Exemplar*) exemplaire m; *Vieh*: tête f; *Land*, *Weg*: bout m; *Mauer*: pan m; *Seife*: morceau m; pain m; *für* ⁓ pièce à (od. par) pièce; *de point en point*; *in allen* ⁓*en* en tout point; *in vielen* ⁓*en* à beaucoup d'égards; *aus e-m* ⁓ d'une seule (od. tout d'une) pièce; *in* ⁓*e schlagen* casser; mettre en morceaux (a. *in* ⁓*e zerreißen*); *in* ⁓*e gehen* se casser; tomber en morceaux; *sich große* ⁓*e einbilden* s'en faire accroire (beaucoup); *große* ⁓*e halten auf* (*acc.*) faire grand cas de.
'**Stück**|**·arbeit** f ouvrage m en stuc; ⁓**arbeiter** m stucateur m.
'**Stück**|**·arbeit** f travail m à la pièce (od. aux pièces); ⁓**arbeiter**(**in** f) m ouvrier m, -ière f à la pièce (od. aux pièces); ⁓**chen** n petit morceau m; petit bout m; brin m; ⁑**eln** (29) morceler; (*flicken*) = ⁑**en** rapiécer; ⁓(**en**)**zucker** m sucre m en morceaux; ⁓**faß** n barrique f; ⁓**gut** n colis m/pl. détachés; ⁓**lohn** m salaire m à la pièce (od. aux pièces); ⁓**verkauf** m vente f au détail; ⁑**weise** pièce par (od. à) pièce; ⁜ au détail; ⁓**werk** n ouvrage m décousu; ⁓ *sein* être incomplet.
Student|(**in** f) [ʃtuˈdɛnt] m (12) étudiant m, -e f; ⁓**en-ausweis** m carte f d'étudiant; ⁓**enfutter** n mendiants m/pl.; ⁓**enhaus** n maison f d'étudiants; ⁓**enheim** n foyer m des étudiants; ⁓**enschaft** f étudiants m/pl. (*Körperschaft*) confédération f des étudiants; ⁓**enverbindung** f association f d'étudiants; ⁑**isch** d'étudiant(s).
Studie ['ʃtuːdiə] f (15) étude f.
'**Studien**|**·assessor**(**in** f) m professeur m adjoint; ⁓**direktor**(**-in** f) m directeur m, -trice f; *in Frankreich: am staatlichen Gymnasium*: proviseur m, *am städtischen*: principal m; ⁓**gang** m cours m des études; ⁓**rat** m, ⁓**rätin** f [ˈrɛːtin] f professeur m; ⁓**referendar**(**in** f) m professeur m stagiaire; ⁓**reise** f voyage m d'études; ⁓**zeit** f temps m des études.
studier|**en** [⁓ˈdiːrən] étudier; *abs.* faire ses études; ⁑**zimmer** n cabinet m d'étude.

Studio — 1053 — **stürzen**

Stud|io ['ʃtu:dio] n studio m; **~ium** ['~ium] n (9) étude(s pl.) f.

Stufe ['ʃtu:fə] f (15) marche f; degré m (a. fig.); (Aufsatz) gradin m; fig. échelon m; (Rang♀) rang m; die höchste ~ le faîte; le comble; von ~ zu ~ de degré en degré.

'**Stufen|folge** f fig. gradation f; (Fortschritt) progression f; **♀förmig** ['~fœrmiç] en escalier; par gradins; '**~leiter** fig. f échelle f graduée; **♀weise** graduellement.

Stuhl [ʃtu:l] m (15) chaise f; (Sitz) siège m; '**~bein** n pied m de chaise; '**~gang** m selle f; ~ haben avoir des selles; keinen ~ haben être constipé; '**~geld** n location f d'une chaise; '**~lehne** f dossier m de chaise; '**~vermieter(in** f) m chaisier m, -ière f; '**~zäpfchen** phm. n suppositoire m; '**~zwang** m épreinte f.

Stukkatur [ʃtuka'tu:r] f stuc m.

Stulle ['ʃtulə] f (15) tartine f.

Stulpe ['ʃtulpə] f (15) Stiefel: revers m; Hut: bord m relevé; (Manschette) manchette f.

stülpen ['ʃtylpən] (25) Ärmel: retrousser; (auf~) mettre.

'**Stulp|(en)stiefel** m/pl. bottes f/pl. à revers; '**~handschuh** m gant m à revers.

'**Stülpnase** f nez m retroussé.

stumm [ʃtum] muet.

Stummel ['~əl] m (7) tronçon m; Kerze: bout m; Zigarre, Zigarette: bout m, P mégot m; Zahn: chicot m; Gliedmaßen: moignon m; '**~sammler** m P mégotier m.

Stümper ['ʃtympər] m (7) gâcheur m; bousilleur m; **~ei** [~'rai] f (16) bousillage m; **♀haft** gâché; bousillé; **♀n** (29) gâcher; bousiller.

stumpf [ʃtumpf] **1.** émoussé (a. fig.); sans pointe; Kegel: tronqué; Winkel: obtus (a. fig.); Nase: camus; épaté; fig. abruti; stupide; apathique; ~ machen émousser; ~ werden s'émousser; **2.** ♀ m (3) tronçon m; (Baum♀) souche f; Kerze: bout m; Zahn: chicot m; Gliedmaßen: moignon m; mit ~ und Stiel ausrotten extirper radicalement; **♀heit** f geistig: abrutissement m; apathie f; **♀nase** f nez m camus; '**♀sinn** m stupidité f; abrutissement m; angeborener: crétinisme m; '**~sinnig** [~ziniç] stupide; abruti; v. Geburt: crétin; ~ werden s'abrutir; **wink(e)lig** ['~viŋk(ə)liç] obtusangle.

Stunde ['ʃtundə] f (15) heure f; (Weg♀) lieue f; (Unterrichts♀) leçon f; classe f; ~ halten faire classe; '**♀n** (26); j-m e-e Summe ~ accorder à q. un délai pour payer une somme.

'**Stunden|geschwindigkeit** f vitesse f horaire; '**~glas** ♣ n sablier m; '**~kilometer** n (a. m) kilomètre m par (od. à l') heure; '**~lang** des heures entières; '**~lohn** m salaire m horaire; '**~plan** m emploi m du temps; horaire m; **♀weise** par heure; '**~zeiger** m aiguille f des heures.

Stünd|lein ['ʃtyntlain] n (6): letztes ~ dernière heure f; '**♀lich** d'heure en heure; par heure.

'**Stundung** f délai m de paiement.

Sturm [ʃturm] m (3³) tempête f; (Wirbel♀) ouragan m; heftiger u. kurzer: tourmente f; (Gewitter♀) orage m (a. fig.); ⚔ assaut m; Sport: avants m/pl.; fig. tumulte m; fougue f; ~ der Entrüstung explosion f d'indignation; ~ läuten sonner le tocsin; ~ laufen donner l'assaut; im ~ nehmen prendre d'assaut; '**~angriff** m assaut m.

stürm|en ['ʃtyrmən] (25) v/t. donner l'assaut à; assaillir; (Sturm nehmen) prendre d'assaut; v/i. (sich stürzen) s'élancer (auf acc. sur); fondre (sur); es stürmt il fait de la tempête; '**♀er** m Sport: avant m; '**♀erreihe** f Sport: ligne f d'avants.

'**Sturm|flut** f raz m de marée; **♀frei**: ~e Bude F chambre f indépendante; '**~geschütz** n canon m d'assaut; '**~glocke** f tocsin m; '**~haube** f casque m.

'**stürmisch** orageux (a. fig.); Meer: démonté; fig. impétueux; tumultueux; ~er Beifall applaudissements m/pl. frénétiques.

'**Sturm|lauf(en** n) m assaut m; '**~leiter** f échelle f d'assaut; '**~riemen** m jugulaire f; '**~schritt** ⚔ m pas m de charge; '**~segel** n voile f de fortune; '**~signal** ⚔ n signal m de l'assaut; '**~vogel** m pétrel m; '**~warnung** ♣ f avertissement m aux navigateurs; '**~wind** m vent m violent; bourrasque f.

Sturz [ʃturts] m (3² u. ³) chute f (a. ⚔); (Zusammen♀) écroulement m; fig. disgrâce f; (Untergang) ruine f; '**~acker** m champ m labouré; '**~bach** m torrent m; ravine f.

stürzen ['ʃtyrtsən] v/i. tomber; faire

Sturzflug — 1054 — **Summe**

une chute; *zs.- od. ein*⌣ s'écrouler; *Pferd*: s'abattre; *(sich)* ⌣ se précipiter *(auf acc.* sur; *in acc.* dans; *von, aus de)*; fondre *(auf acc.* sur); *v/t.* renverser; *(hinab*⌣*)* précipiter.

'**Sturz**|**flug** *m* vol *m* en piqué; '⌣**helm** *m* casque *m* protecteur; '⌣**karren** *m* tombereau *m*; '⌣**see** *f*, '⌣**welle** *f* paquet *m* de mer.

Stuß F [ʃtus] *m* bêtises *f/pl*.

Stute ['ʃtuːtə] *f* (15) jument *f*.

'**Stütz**|**balken** *m* lambourde *f*; ⌣**e** ['ʃtʏtsə] *f* (15) appui *m*; support *m*; soutien *m (alle a. fig.); der Hausfrau*: aide *f*; △ étai *m*; étançon *m; (Baum*-⌣) tuteur *m*.

stutzen ['ʃtutsən] (27) **1.** *v/t.* raccourcir; écourter; *Schwanz, Ohren, Flügel*: rogner; *Schnurrbart*: retrousser; *Haare, Bart*: rafraîchir; *Hecke*: tondre; *Baum*: étêter; *v/i.* rester interdit; hésiter; *(hinab*⌣*)* manche surprendre; **2.** ⌣ *m* ⚔ carabine *f*; *(Muffe)* manchon *m (Wadenstrumpf)* jambière *f*.

'**stützen** (27) appuyer; soutenir; △ étayer; étançonner; arc-bouter; *Baum*: tuteurer; *sich* ⌣ *auf (acc.)* s'appuyer sur *(a. fig.)*.

'**Stutz**|**er** *m* (7) gandin *m*; dandy *m*; snob *m*; '⌣**flügel** *m* crapaud *m*; ⌣**ig** surpris; interdit; ⌣ *werden* rester interdit; ⌣ *machen* surprendre.

'**Stütz**|**mauer** *f* mur *m* de soutènement; '⌣**pfeiler** *m* soutien *m (a. fig.)*; pilier *m*; '⌣**punkt** *m* point *m* d'appui; ⚔ base *f*.

'**Stutz**-**uhr** *f* pendule *f* (de cheminée).

subaltern [zup'ʔaltɛrn] subalterne.

Subjekt [zup'jɛkt] *n* (3) sujet *m*; ⌣**iv** [⌣'tiːf] subjectif; ⌣**ivität** [⌣tiviˈtɛːt] *f* subjectivité *f*.

Subli|**mat** [zubli'maːt] *n* (3) sublimé *m*; ⌣**mieren** sublimer.

Subskri|**bent** [zupskri'bɛnt] *m* souscripteur *m*; ⌣**bieren** [⌣'biːrən] souscrire *(auf acc.* à); ⌣**ption** [⌣ptsi'oːn] *f* souscription *f*.

substantiell [⌣tsi'ɛl] substantiel.

Substantiv *gr.* [⌣'ʃtanti:f] *n* substantif *m*; nom *m*; ⌣**isch** ['⌣ʃtanti:viʃ] substantif. [stance *f*.)

Substanz [⌣'ʃtants] *f* (16) substance *f*.

subtra|**hieren** [⌣tra'hiːrən] soustraire; ⌣**ktion** [⌣ktsi'oːn] *f* soustraction *f*.

Subvention [⌣vɛntsi'oːn] *f* subvention *f*; ⌣**ieren** [⌣'niːrən] subventionner.

Such|**e** ['zuːxə] *f* (15) recherche *f*; quête *f*; *auf der* ⌣ *nach* à la recherche *(od.* en quête) de; ⌣**en** (25) chercher *(zu ... inf.* à ... *inf.); (eifrig* ⌣; *nachforschen)* rechercher; *(ver*⌣*)* essayer *(od.* tâcher) *(zu ... inf.* de ... *inf.); (nach j-m verlangen)* demander; '⌣**er** *m* phot. *m* (7) viseur *m*.

Sucht [zuxt] *f* (16) mal *m*; *(krankhafte Begier)* manie *f*; passion *f*.

'**süchtig** intoxiqué.

Süd *m* sud *m*; midi *m*; '⌣**afrika** *n* l'Afrique *f* du Sud; '⌣**a**'**merika** *n* l'Amérique *f* du Sud.

Su'**dan** *m*: *der* ⌣ le Soudan; ⌣**ese** [⌣daˈneːzə] *m*, ⌣**esin** *f* Soudanais *m*, -e *f*; ⌣**esisch** soudanais. [du Sud.)

'**Süddeutschland** *n* l'Allemagne *f*.

Sudel|**ei** [zuda'laɪ] *f* barbouillage *m*; *(Pfuscherei)* bousillage *m*; *(Kritzelei)* griffonnage *m*; **2**⌣**n** ['zuːdəln] (29) barbouiller; *(pfuschen)* bousiller; *(kritzeln)* griffonner.

Süden ['zyːdən] *m* (6) sud *m*; midi *m*.

Süd|'**frankreich** ['zy:t-] *n* le midi de la France; le Midi; la France méridionale; '⌣**früchte** *f/pl.* fruits *m/pl.* du Midi; '⌣**länder**(**in** *f*) *m* méridional *m*, -e *f*; **2**'**lich** méridional; du sud; '⌣**ost**(**en**) *m* sud-est *m*; **2**'-**östlich** (au) sud-est; '⌣**pol** *m* pôle *m* sud *(od.* antarctique); ⌣**see** *f* mers *f/pl.* australes; **2**⌣**wärts** ['⌣vɛrts] vers le sud; '⌣**west**(**en**) *m* sud-ouest *m*; '⌣**wester** ⚓ *m* suroît *m*; **2**-'**westlich** (au) sud-ouest; '⌣**wind** *m* vent *m* du sud *(od.* du midi).

Sueskanal ['zuːɛs-] *m* canal *m* de Suff P [zuf] *m* boisson *f*. [Suez.)

süffig P ['zyfiç] qui se laisse boire.

Suffix *gr.* ['zuˈfɪks] *n* suffixe *m*.

suggerieren [zugeˈriːrən] suggérer.

Suggestion [⌣tiˈoːn] *f* suggestion *f*.

Sühn|**e** ['zyːnə] *f* (15) *(Buße)* expiation *f*; ⚖ conciliation *f*; **2**⌣**en** (25) expier; '⌣**everfahren** *n* procédure *f* de conciliation; '⌣**opfer** *n* holocauste *m*; sacrifice *m* expiatoire.

Sulfat [zulˈfɑːt] *n* (3) sulfate *m*.

Sultan ['zultaːn] *m* sultan *m*; ⌣**at** [⌣taˈnaːt] *n* sultanat *m*; ⌣**ine** [⌣'niːnə] *f* raisin *m* sec sans pépins.

Sülze ['zyltsə] *f* (15) *(Sole)* eau *f* salée; *cuis. (gallertartige Masse)* gelée *f*; *(davon umschlossenes Fleisch)* viande *f* à la gelée.

summarisch [zuˈmaːrɪʃ] sommaire.

Summ|**e** ['zumə] *f* (15) somme *f*;

summen — 1055 — **szenisch**

(*Gesamt*⸗) total *m*; '⸗en (25) *v/i. Insekten*: bourdonner; *v/t. Lied*: fredonner; ⸗en ['⸗ən] *n Insekten*: bourdonnement *m*; *Lied*: fredonnement *m*; '⸗ieren [⸗'mi:rən] faire la somme; faire l'addition; additionner; *sich* ⸗ s'accumuler.

Sumpf [zumpf] *m* (3³) marais *m*; *großer*: marécage *m*; *fig.* fange *f*; '⸗boden *m* sol *m* marécageux; '⸗fieber *n* fièvre *f* paludéenne; paludisme *m*; '⸗ig marécageux; '⸗land *n* contrée *f* marécageuse; '⸗loch *n* bourbier *m*; '⸗pflanze *f* plante *f* des marais; '⸗schnepfe *f* bécassine *f*.

Sund [zunt] *m* détroit *m*.

Sünde ['zyndə] *f* (15) péché *m* (*begehen* commettre); *kleine*: peccadille *f*; *es ist e-e* ⸗ *und Schande* c'est une 'honte.

'**Sünden**|**bekenntnis** *n* confession *f* des péchés; '⸗bock *m* bouc *m* émissaire; '⸗erlaß *m* rémission *f* des péchés; absolution *f*; '⸗fall *m* péché *m*; chute *f*.

'**Sünd**|**er**(**in** *f*) *m* (7) pécheur *m*, pécheresse *f*; '⸗haft, '⸗ig pécheur; (*zur Sünde fähig*) enclin au péché; '⸗haftigkeit *f* penchant *m* au péché; '⸗igen (25) pécher; *an j-m* ⸗ manquer à q.

super|**fein** ['zu:pər-] superfin; '⸗intendent *m* surintendant *m*; '⸗klug trop malin; '⸗lativ ['⸗lati:f] *m* superlatif *m*. [soupe.\

Suppe ['zupə] *f* (15) potage *m*;\
'**Suppen**|**fleisch** *n* bœuf *m*; *gekocht*: bouilli *m*; '⸗grün *n* herbes *f/pl.* potagères; '⸗kelle *f* louche *f*; '⸗kraut *n* herbe *f* potagère; '⸗löffel *m* cuiller *f* à soupe; '⸗schüssel *f* soupière *f*; '⸗teller *m* assiette *f* creuse; '⸗topf *m* (*Gericht*) pot-au-feu *m*; '⸗würfel *m* cube *m* à potage.

surren ['zurən] (25) **1.** bourdonner; (*Motor*) vrombir; ronfler; **2.** ⸗ *n* bourdonnement *m*; *Motor*: vrombissement *m*. [dané *m*.\

Surrogat [zuro'gɑ:t] *n* (3) succé-\
suspendieren [zuspɛn'di:rən] suspendre (*vom Amt de ses fonctions*).

süß [zy:s] doux (*a. fig.*); (*zucker-*⸗) sucré; *fig.* suave; (*reizend*) charmant; ⸗*e Worte* paroles *f/pl.* doucereuses; ⸗ *schmecken* avoir un goût sucré; ⸗ *klingen* flatter l'oreille; ⸗ *träumen* faire de beaux rêves; ⸗ *machen* sucrer; *das ist* ⸗! *fig.* c'est

du nanan!; '⸗e *f* douceur *f*; '⸗en (25) sucrer; '⸗holz *n* réglisse *f*; *fig.* F ⸗ *raspeln* conter fleurette; '⸗igkeit *f* sucrerie *f*; friandise *f*; *fig.* douceur *f*; '⸗kirsche *f* guigne *f*; (*Baum*) guignier *m*; '⸗lich douceâtre; *fig.* doucereux; '⸗sauer aigre-doux; '⸗speise *f* entremets *m* sucré; (*Nachtisch*) dessert *m*; '⸗stoff *m* saccharine *f*; '⸗wasser *n* eau *f* douce.

Sweater ['svi:tər] *m* chandail *m*.

Symbol [zym'bo:l] *n* (3) symbole *m*; ⸗**ik** *f* symbolique *f*; ⸗**isch** symbolique; ⸗**isieren** symboliser.

Symmetr|**ie** [zyme'tri:] *f* (15) symétrie *f*; ⸗**isch** [⸗'me:triʃ] symétrique.

Sympath|**ie** [zympa'ti:] *f* sympathie *f*; ⸗**iestreik** *m* grève *f* de solidarité; ⸗**isch** [⸗'pa:tiʃ] sympathique; ⸗**isieren** [⸗ati'zi:rən] sympathiser (*mit avec*).

Symphon|**ie** [zymfo'ni:] *f* (15) symphonie *f*; ⸗**isch** [⸗'fo:niʃ] symphonique.

Symptom [zymp'to:m] *n* symptôme *m*; ⸗**atisch** symptomatique.

Synagoge [zyna'go:gə] *f* (15) synagogue *f*.

synchronisier|**en** [zynkroni'zi:rən] synchroniser; ⸗**ung** *f* synchronisation *f*.

Syndikat [zyndi'kɑ:t] *n* (3) syndicat *m*. [dic *m*.\

Syndikus ['zyndikus] *m* (14²) syn-\

Synkop|**e** [zyn'ko:pə] *f* syncope *f*; ⸗**ieren** [⸗ko'pi:rən] syncoper.

Synode [zy'no:də] *f* (15) synode *m*.

synonym [zyno'ny:m] (2 *n*) synonyme (*m*).

syntaktisch [⸗'taktiʃ] syntaxique.\

Syntax ['⸗taks] *f* (16) syntaxe *f*.

Synthe|**se** [⸗'te:zə] *f* (15) synthèse *f*; ⸗**tisch** synthétique.

Syphi|**lis** ['zy:filis] *f* syphilis *f*; ⸗**litiker** [zyfi-] *m* syphilitique *m*; ⸗**litisch** syphilitique.

Syr|**ien** ['zy:riən] *n* la Syrie *f*; '⸗**ier**(**in** *f*) *m* Syrien *m*, -ne *f*; '⸗**isch** syrien.

System [zys'te:m] *n* (3¹) système *m*; ⸗**atisch** [⸗ste'ma:tiʃ] systématique; ⸗**atisieren** [⸗mati-] systématiser.

Szen|**arium** [stse'nɑ:rium] *n* scénario *m*; ⸗**e** *the. u. fig.* ['stse:nə] scène *f*; *hinter der* ⸗ à la cantonade; *in* ⸗ *setzen* mettre en scène; *j-m e-e* ⸗ *machen* faire une scène à q.; ⸗**erie** [⸗ə'ri:] *f* décors *m/pl.*; ⸗**isch** scénique.

T

T [te:], **t** *n* T, t *m*.
Tabak ['tɑ:bak] *m* (3) tabac *m*; ~**kauen** chiquer; ~ **schnupfen** priser; '~**bau** *m* culture *f* du tabac; ~**kauer** ['~kauər] *m* chiqueur *m*; '~**laden** *m* bureau (*od.* débit) *m* de tabac; '~**monopol** *n* monopole *m* du tabac; '~**(s)beutel** *m* blague *f* à tabac; '~**schnupfer** *m* priseur *m*; '~**(s)dose** *f* tabatière *f*; '~**(s)pfeife** *f* pipe *f*; '~**steuer** *n* droit *m* sur les tabacs.
tabell|arisch [tabe'lɑ:riʃ] sous forme de tableau (synoptique); 2e [~'bɛlə] *f* table *f*; tableau *m*.
Tablett [ta'blɛt] *n* (3) plateau *m*; ~e [~ə] *f* (15) comprimé *m*.
Tachometer [taxo'me:tər] *m* tachymètre *m*; compte-tours *m*.
Tadel ['tɑ:dəl] *m* (7) blâme *m*; (*Rüge*) censure *f*; (*Mißbilligung*) réprobation *f*; (*Vorwurf*) reproche *m*; (*Verweis*) réprimande *f*; *Schule*: mauvais point *m*; '2**haft** blâmable; '2**los** sans défaut(s); irréprochable; '2**n** (29) blâmer; (*rügen*) censurer; *j-n wegen etw.* ~ reprocher qch. à q.; *an allem etw. zu* ~ *finden* trouver à redire à tout; 2**nswert** blâmable.
Tadler ['~tlər] *m* censeur *m*; critique *m*.
Tafel ['tɑ:fəl] *f* (15) table *f*; (*Wand*2) tableau *m* (noir); (*Anzeige*2) écriteau *m*; (*Metall*2) plaque *f*; *Schokolade*: tablette *f*; (*Schiefer*2) ardoise *f*; *zur Illustration in Büchern*: planche *f*; *die* ~ *decken* mettre le couvert; *die* ~ *abdecken* desservir; *von der* ~ *aufstehen* se lever de table; '~**apfel** *m* pomme *f* de dessert; '~**aufsatz** *m* surtout *m* (de table); '~**besteck** *n* couvert *m*; '~**butter** *f* beurre *m* de table; '~**decken** *n* arrangement *m* de la table; '~**geschirr** *n* service *m* de table; vaisselle *f*; '~**land** *n* plateau *m*; '2**n** (29) banqueter; être à table.
täfeln ['tɛ:fəln] (29) *Boden*: parqueter; *Wand*: lambrisser; boiser.
'**Tafel|-obst** *n* fruits *m/pl.* de dessert; '~**runde** *f* tablée *f*; *litt.* Table *f* ronde; '~**tuch** *n* nappe *f*.
'**Täfelung** *f Boden*: parquetage *m*; *Wand*: lambris *m*; boiserie *f*.
'**Tafelwein** *m* vin *m* de table.
Taft [taft] *m* (3) taffetas *m*.
Tag [tɑ:k] *m* (3) jour *m*; *als Dauer*: journée *f*; ~ *für* ~ jour par jour; *den* ~ *über* pendant la journée; *e-n* ~ *um den andern* tous les deux jours; *e-n Tag um den andern* un jour sur deux; *zwei* ~e *lang* deux jours (durant); *dieser* ~e ces jours-ci; *e-s (schönen)* ~es un beau jour; *an e-m schönen* ~ par une belle journée; *am* ~e; *bei* ~e au jour; de jour; *am* ~e *danach* le lendemain; *am* ~e *nach* ... le lendemain de ...; *am* ~e *davor* la veille; *am* ~e *vor* ... la veille de ...; *auf den* ~ (*mieten*) (louer) à la journée; *auf m-e alten* ~e sur mes vieux jours; *in unsern* ~en de nos jours; *über* ~e ⚒ à ciel ouvert (*a. adv.*); *unter* ~e ⚒ souterrain, *adv.* souterrainement; *von* ~ *zu* ~ de jour en jour; *von e-m* ~ *zum andern* d'un jour à l'autre; *es wird* ~ le jour point (*od.* se lève); *es ist* ~ il fait jour; *was ist heute für ein* ~? quel jour sommes-nous aujourd'hui?; *guten* ~ *sagen* dire bonjour; *s-n guten* ~ *haben* être dans ses bons jours; *sich e-n vergnügten* ~ *machen* se donner du bon temps; *an den* ~ *bringen* mettre au grand jour; révéler; *an den* ~ *kommen* paraître au grand jour, se faire jour, se révéler, *Geheimnis*: éclater; *an den* ~ *legen* manifester; *in den* ~ *hinein schlafen* faire la grasse matinée; *in den* ~ *hinein* (*von e-m* ~ *zum andern*) *leben* vivre au jour le jour; '~**arbeit** *f* travail *m* de jour; 2**-aus**: ~, *tagein* jour par jour.
Tage|bau ⚒ ['tɑ:gə~] *m* exploitation *f* à ciel ouvert; '~**buch** *n* journal *m*; '~**dieb(in** *f*) *m* fainéant *m*, -e *f*; '~**geld** *n* indemnité *f* journalière; '2**lang** des journées entières; '~**lohn** *m* salaire *m* journalier; journée *f*; '~**löhner(in** *f*) ['~lø:nər] *m* (7) journalier *m*, -ière *f*; '~**marsch** *m* journée *f* de marche.

'**tagen** (25): es *tagt* le jour point (*od.* se lève); *Versammlung*: siéger; (*beraten*) délibérer.

'**Tagereise** *f* journée *f* de voyage; voyage *m* d'une journée.

'**Tages|-anbruch** *m* pointe *f* du jour; aube *f*; *bei* ~ à la pointe du jour; *à l'aube*; '~**befehl** *m* ordre *m* du jour; '~**bericht** *m* bulletin *m* du jour; '~**einnahme** *f* recette *f* du jour; '~**fragen** *f/pl.* questions *f/pl.* (à l'ordre) du jour; '~**gespräch** *n* nouvelle *f* du jour; *es ist das* ~ tout le monde en parle; '~**kasse** *f thé. usw.* bureau *m* de location; = ~**einnahme**; '~**kurs** *m* cours *m* du jour; '~**licht** *n* (lumière *f* du) jour *m*; *ans* ~ *licht* bringen mettre au grand jour; révéler; *ans* ~ *kommen* paraître au grand jour; se révéler; '~**ordnung** *f* ordre *m* du jour (*a. fig.*); '~**presse** *f* presse *f* quotidienne; '~**schau** *f Fernseh.*: journal *m* télévisé; '~**zeit** *f* heure *f* du jour; *zu jeder* ~ à toute heure; '~**zeitung** *f* feuille *f* quotidienne; quotidien *m*.

'**tage|weise** à la journée; 2**werk** *n* tâche *f* journalière; journée *f*.

'**Tag|falter** *m* papillon *m* diurne; 2**s**'**hell** clair comme le jour; *es ist* ~ il fait jour.

täglich ['tɛːkliç] journalier; quotidien; de tous les jours; *ast., zo.*, ⚕ diurne; *adv.* tous les jours; chaque jour; par jour. [~ *zuvor* la veille.)

tags [taːks]: ~ *darauf* le lendemain;)

'**Tag|schicht** *f* équipe *f* de jour; 2**s-über** toute la journée; pendant la journée; 2'**täglich** journalier; quotidien; *adv.* tous les jours; chaque jour; ~**und'nachtgleiche** *f* (15) équinoxe *m*; '~**ung** *f* session *f*; congrès *m*; (*Sitzung*) séance *f*.

Taifun [tai'fuːn] *m* (3¹) typhon *m*.

Taille ['taljə] *f* (15) taille *f*; ~**n-umfang** *m*, '~**nweite** *f* tour *m* de taille.

takel|n ['taːkəln] (29) gréer; garnir; '2**werk** *n* gréement *m*; agrès *m/pl.*

Takt [takt] *m* (3) ♪ mesure *f* (*schlagen* battre; *halten* observer); (*Rhythmus*) cadence *f*; *im* ~ en mesure, en cadence; *aus dem* ~ *bringen fig.* déconcerter; *aus dem* ~ *kommen* perdre la mesure, *fig.* se déconcerter, s'embrouiller; *fig.* = ~**gefühl**; '2**fest** qui observe bien la mesure; *fig.* ferme; '~**gefühl** *n fig.* tact *m*; savoir-vivre *m*; '~**ik** *f* tactique *f*; ~**iker**

['~ikər] *m* tacticien *m*; '2**isch** tactique; '2**los** qui manque de tact; indiscret; '~**losigkeit** *f* manque *m* de tact; indiscrétion *f*; '2**mäßig** cadencé; *adv.* en cadence; '~**messer** *m* métronome *f*; '~**stock** *m* bâton *m* (de chef d'orchestre); baguette *f* (de chef de musique); '2**voll** plein de tact.

Tal [taːl] *n* (1²) vallée *f*; *in Namen u. poét.* val *m*; *kleines* ~ vallon *m*; '2**ab(wärts)** ['~ʔapvɛrts] en aval.

Talar [ta'laːr] *m* (3¹) robe *f*. [amont.]

talauf(wärts) [~ʔaufvɛrts] en)

Talent [ta'lɛnt] *n* (3) talent *m*; 2**iert** [~'tiːrt], 2**voll** qui a du talent; (plein) de talent.

Taler ['taːlər] *m* (7) thaler *m*.

'**Talfahrt** *f* descente *f*.

Talg [talk] *m* (3) suif *m*; '~**drüse** *f* glande *f* sébacée; '~**fett** *n* stéarine *f*; '~**licht** *n* chandelle *f*. [man *m*.)

Talisman ['taːlisman] *m* (3¹) talis-)

Talk *min.* [talk] *m* (3) talc *m*.

'**Talkessel** *m* cirque *m*; cuvette *f*.

Talkum ['talkum] *n* (poudre *f* de) talc *m*. [lor *m*; *fig.* simili *m*.)

Talmi(gold) ['talmi(-)] *n* (11) simi-)

Tal|mulde *f*, '~**sohle** *f* fond *m* de vallée; '~**sperre** *f* barrage *m* (d'une vallée); 2**wärts** ['~vɛrts] en aval; '~**weg** *m* chemin *m* qui suit la vallée; (*Strombahn*) thalweg *m*.

Tambour ['tambuːr] *m* tambour *m*.

Tamburin ['tamburiːn] *m* (3¹) tambourin *m*; (*Schellentrommel*) tambour *m* de basque; (*Stickrahmen*) tambour *m*.

Tand [tant] *m* (3) futilités *f/pl.*

Tänd|elei [tɛndə'lai] *f* (16) badinage *m*; flirt *m*; '2**eln** badiner; flirter.

Tang ♀ [taŋ] *m* (3) varech *m*. [*te f*.)

Tangente [taŋ'gɛntə] *f* (15) tangen-)

Tank [taŋk] *m* (3) (*Behälter*) bidon *m*; réservoir *m*; ✕ tank *m*; char *m* d'assaut; 2**en** ['~ən] (25) prendre de l'essence; faire le plein; ~**er** ['~ər] *m*, '~**schiff** *n* pétrolier *m*; bateau-citerne *m*; '~**stelle** *f* poste *m* d'essence; '~**wagen** *m* wagon-citerne *m*; '~**wart** *m* pompiste

Tanne ['tanə] *f* sapin *m*. [*m*.)

'**Tannen|baum** *m* sapin *m*; '~**nadel** *f* aiguille *f* de pin; '~**wald** *m* sapinière *f*; '~**zapfen** *m* pomme *f* de pin.

Tante ['tantə] *f* (15) tante *f*. [pin.)

Tantieme [tan'tieːmə] *f* (15) tantième *m*.

Tanz [tants] m (3² u. ³) danse f; (~*vergnügen*) bal m (im Freien champêtre); '~**bar** f dancing m; '~**bär** m ours m dressé; '~**boden** m salle f de danse; '~**diele** f dancing m.

tänzeln ['tɛntsəln] (29) sautiller; *Pferd:* caracoler.

tanzen ['~ən] (27) danser. [f.\]

'**Tänzer(in** f) m (7) danseur m, -euse\]

'**Tanz**|**fest** n bal m; '~**fläche** f piste f de danse; '~**gesellschaft** f soirée f dansante; '~**kränzchen** n sauterie f; '~**kunst** f art m de la danse; '~**lehrer(in** f) m professeur m de danse; '~**lied** n air m de danse; '~**lokal** n dancing m; '2**lustig** danseur; qui aime la danse; '~**matinée** f matinée f dansante; '~**meister** m maître m à danser; '~**musik** f musique f de danse; '~**saal** m salle f de bal; '~**schritt** m pas m de danse; '~**schuh** m soulier m de bal; escarpin m; '~**stunde** f leçon f de danse; '~**tee** m thé m dansant; '~**vergnügen** n bal m; soirée f dansante; *kleines:* sauterie f.

Tapet [ta'pe:t] n: etw. aufs ~ bringen mettre qch. sur le tapis; ~**e** f (15) papier m peint; (*Stoff*2) tapisserie f; ~**entür** f porte f dérobée.

Tape'**zier**, ~**er** [tape'tsi:rər] m (3¹ (7)] tapissier m décorateur; (*Tapetenkleber*) colleur m; 2**en** tapisser.

tapfer ['tapfər] brave; (*mannhaft*) vaillant; (*mutig*) courageux; sich ~ *halten* tenir bon; 2**keit** f bravoure f; (*Mannhaftigkeit*) vaillance f; (*Mut*) courage m.

tappen ['tapən] (25) marcher d'un pas lourd; (*tasten*) tâtonner; *im Dunkeln* ~ marcher à tâtons.

täppisch ['tɛpiʃ] lourd; gauche.

Tara † ['tɑːra] f tare f.

Tarantel [ta'rantəl] f (15) tarentule f; *von der* ~ *gestochen sein* fig. être piqué de la tarentule.

Tarif [ta'riːf] m (3¹) tarif m; ~**lohn** m salaire m tarifaire; 2**mäßig** au tarif (ordinaire); ~**verhandlung** f négociation f tarifaire; ~**vertrag** m accord m collectif.

tarn|**en** ['tarnən] (25) camoufler; '2**ung** f camouflage m.

Tasche ['taʃə] f (15) poche f; (*Westen*2) gousset m; (*Akten*2) serviette f; (*Geld*2) porte-monnaie m, bourse f, größere: sacoche f (a. Umhänge2, Sattel2); (*Jagd*2) gibecière f; (*Schul*2) cartable m; (*Hand*2) sac m à main; *in die* ~ *stecken* mettre dans sa poche (od. en poche a. fig.); empocher; *aus der* ~ *holen* tirer de sa poche; *etw. aus s-r* ~ *bezahlen* payer qch. de sa poche; *j-m auf der* ~ *liegen* fig. vivre aux crochets de q.

'**Taschen**|-**ausgabe** f édition f de poche; '~**buch** n carnet m; agenda m; '~**dieb(in** f) m voleur m, -euse f à la tire; pickpocket m; '~**diebstahl** m vol m à la tire; '~**feuerzeug** n briquet m de poche; '~**format** n format m de poche; '~**geld** n argent m de poche; '~**kalender** m agenda m de poche; '~**kamm** m peigne m de poche; '~**krebs** m poupart m; '~**lampe** f lampe f de poche; '~**messer** n couteau m de poche; '~**spieler** m prestidigitateur m; ~**spielerei** [~'raɪ] f prestidigitation f; '~**tuch** n mouchoir m; (*seidenes Ziertuch*) pochette f; '~**uhr** f montre f; '~**wörterbuch** n dictionnaire m de poche. [*Henkel:* bol m.\]

Tasse ['tasə] f (16) tasse f; (*ohne*\]

Tastatur [tasta'tuːr] f (15) clavier m.

Tast|**e** ['tastə] f (15) touche f; '2**en** (26) tâter; *unsicher:* tâtonner; (*berühren*) toucher; *nach etw.* ~ étendre la main pour saisir qch.; ~**er** (7) m ⊕ manipulateur m; ~**zirkel** m compas m d'épaisseur; *ent.palpe* f; '~**sinn** m (sens m du) toucher m.

Tat [tɑːt] f (16) action f; acte m; (*Helden*2) exploit m; 'haut fait m; *zur* ~ *schreiten* passer aux actes; passer (od. en venir) à l'exécution; *in die* ~ *umsetzen* réaliser; *in der* ~ en effet; de fait; '~**bestand** m faits m/pl.; état m de choses; *den* ~ *aufnehmen* dresser procès-verbal; '~**beweis** m preuve f matérielle.

Taten|**drang** ['~ən-], '~**durst** m soif f d'activité; '2**los** inactif.

Täter(in f) ['tɛːtər] m (7) auteur m; (*Schuldiger*) coupable m, f; '~**schaft** f (*Schuld*) culpabilité f.

'**tätig** ['~iç] actif; (*wirksam*) efficace; (*in aktivem Dienst*) en activité (a. *Vulkan*); ~ *sein* als travailler comme; ~**en** ['~gən] réaliser; effectuer; '2**keit** f activité f; (*Beschäftigung*) occupation f; (*Beruf*) profession f; *Maschine:* fonctionnement m; '2-

Tätigkeitsbereich — 1059 — **tausend**

keitsbereich m sphère f d'activité; **2keitsbericht** m rapport m d'activité; **2keitsform** gr. f actif m; voix f active; **2keitswort** n verbe m. [énergique.\
'Tat|kraft f énergie f; **2kräftig**\
tätlich ['tɛːtliç]: ~ werden se livrer à des voies de fait (gegen j-n sur q.); **'2keit** f voie f de fait.
'Tat-ort m lieu m; e-s Verbrechens: théâtre m.
tätowier|en [tɛtoˈviːrən] tatouer; **2ung** f tatouage m.
'Tat|sache f fait m; (es ist e-e) ~! c'est un fait!; ~ ist, daß ... il est de fait que ... (ind.); **2'sächlich** effectif; réel; adv. en effet; de fait.
Tatterich F ['tatəriç] m tremblote f.
Tatze ['tatsə] f (15) patte f.
Tau [tau] **1.** n (3) cordage m; câble m; **2.** m rosée f.
taub [taup] sourd (auf dat. de; gegen à); Gliedmaßen: engourdi; gourd; Nuß: creux; vide; Blüte, Gestein: stérile; sich ~ stellen faire le sourd.
Taube ['taubə] f (15) pigeon m; poét. colombe f; junge~ pigeonneau m; wilde ~ ramier m.
'Tauben|post f poste f par pigeons; **~schießen** n tir m aux pigeons artificiels; **~schlag** m pigeonnier m; colombier m.
'Tauber (7), **Täuberich** ['tɔybəriç] m (3) pigeon m mâle.
'Taub|heit f surdité f; Gliedmaßen: engourdissement m; Blüte, Gestein: stérilité f; **'~nessel** ♀ f lamier m; **'2stumm** sourd-muet; **'~stummen-anstalt** f institution f des sourds-muets; **'~stummenlehrer** (-in f) m instituteur m, -trice f des sourds-muets; **'~stummheit** f surdi-mutité f.
'Tauch|boot n submersible m; zur Erforschung der Meerestiefen: bathyscaphe m; **2en** ['~ən] plonger (a. v/i.); (ein~) tremper (in acc. dans); immerger (dans); **'~er(in** f) m plongeur m, -euse f; mit Ausrüstung: scaphandrier m; orn. plongeon m; **'~er-ausrüstung** f scaphandre m; **'~erglocke** f cloche f à plongeur; **~sieder** ['~ziːdər] m thermo-plongeur m.
tauen ['tauən] (25): es taut il dégèle, (fällt Tau) la rosée tombe; il tombe de la rosée; der Schnee ist getaut la neige a fondu.

Tauf|-akt ['tauf-] m (cérémonie f du) baptême m; **~becken** n fonts m/pl. baptismaux; **'~buch** n registre m des baptêmes; **'~e** f (15) baptême m; j-n aus der ~ heben (od. über die ~ halten) tenir q. sur les fonts baptismaux; **2en** ['taufən] (25) baptiser; er ist auf den Namen ... getauft on lui a donné au baptême le nom de ...; **'~handlung** f = ~akt; **'~kapelle** f baptistère m; **'~kissen** n coussin m baptismal.
Täufling ['tɔyflɪŋ] m (3¹) enfant (resp. prosélyte) m qui reçoit le baptême; der Paten: filleul m, -e f.
'Tauf|name m nom m de baptême; prénom m; **'~pate** m parrain m; **'~patin** f marraine f; **'~register** n registre m des baptêmes; **'~schein** m extrait m de baptême; **'~wasser** n eau f baptismale; **'~zeuge** m parrain m; **'~zeugin** f marraine f.
taug|en ['taugən] (25) valoir; être bon (od. propre od. apte (zu à); **'2enichts** m (4; sg. a. uv.) vaurien m; propre m à rien; **'~lich** bon (od. propre od. apte) (zu à); ⚔ bon pour le service; **'2lichkeit** f aptitude f.
Taumel ['taumǝl] m (7) (Schwindel) vertige m; fig. ivresse f; Sinne: tumulte m; **'2ig** chancelant; (schwindelig) pris de vertige; **'2n** chanceler; tituber.
Tausch [tauʃ] m (3²) échange m; ✟ a. troc m; Amt: permutation f (a. ♟); in ~ gegen en échange de; **'2en** (27) échanger; ✟ a. troquer; Amt: permuter (mit j-m avec q.) (a. ♟); ich möchte nicht mit ihm ~ je ne voudrais pas être à sa place.
täusch|en ['tɔyʃən] (27) tromper; (prellen) duper; (hintergehen) abuser; (foppen) mystifier; sich ~ se tromper (über acc. sur); (sich Illusionen machen) s'illusionner; sich durch etw. ~ lassen se laisser prendre à qch.; **'~end** trompeur; ~ ähnlich à s'y méprendre.
'Tausch|geschäft n, **'~handel** m échange m; troc m; ~ treiben échanger; troquer.
'Täuschung f tromperie f; (Prellerei) duperie f; (Einbildung) illusion f; optische ~ illusion f d'optique.
tausend ['tauzǝnt] **1.** mille; in Jahreszahlen: mil; **2.** ♫ n (3) mille m; millier m; ~e von Menschen des

66*

Tausender milliers d'hommes; zu ~en par milliers; ~e und aber ~e mille et mille; des milliers de; ²**er** arith. m mille m; '~**erlei** [~dər'laɪ] de mille espèces; ~ Dinge mille et mille choses f/pl.; '~**fach**, '~**fältig** mille fois autant; de mille manières; '²**fuß** m mille-pattes m; '~**jährig** millénaire; '²**künstler** m homme m habile à tout; '~**mal** mille fois; '~**malig** répété mille fois; ²**sasa** ['~zaza] m diable m d'hommes; '²**schön** ♀ n (3¹) pâquerette f; '~**ste** millième; ²**stel** ['~stəl] n (7) millième m.

'**Tau**|**tropfen** m goutte f de rosée; '~**werk** n cordages m/pl.; '~**wetter** n dégel m; wir haben ~ le temps est au dégel; '~**wind** m vent m du dégel; '~**ziehen** n Sport: lutte f à la corde.

Taxameter [taxa'-] m taximètre m.
Taxator [ta'ksɑːtɔr] m taxateur m; vereidigter ~ commissaire-priseur m.
Tax|**e** ['taksə] f (15) (Schätzung bei e-r Versteigerung) prisée f; (zu zahlender Betrag) taxe f; (Auto) = '~**i** n taxi m; '~**ichauffeur** m chauffeur m de taxi; '~**ieren** [~'ksiː~] taxer; évaluer; Möbel: priser; '~**ierung** f taxation f; évaluation f; ⚖ prisée f.

Taxus ♀ ['taksus] m (4¹ od. uv.) if m.
Technik ['tɛçnik] f (16) technique f; '~**er** m (7) technicien m; (Werkmeister) chef m d'atelier; (technischer Leiter) ingénieur m; '~**um** n (9) école f technique.

'**technisch** technique; ²**e** Universität université f technique.
Teckel ['tɛkəl] m (7) basset m.
'**Teddybär** m ours m en peluche.
Tee m (11) thé m; ♣ tisane f; infusion f; ~ trinken prendre du (od. le) thé; '~**brett** n plateau m; '~**gebäck** n gâteaux m/pl. secs; petits fours m/pl.; '~**geschirr** n service m à thé; '~**kanne** f théière f; '~**kessel** m bouilloire f; '~**löffel** m cuillère f à café; '~**maschine** f samovar m.
Teer [teːr] m (3) goudron m; '~**benne'rei** f goudronnerie f; '²**en** (25) goudronner; '~**farbe** f couleur f; '**Teerose** f rose f thé (d'aniline).
'**Teerpappe** f papier m goudronné; carton m bitumé.
'**Tee**|**service** n service m à thé; '~**sieb** n passe-thé m; '~**strauch** ♀ m thé m; '~**tasse** f tasse f à thé; '~**tisch** m table f à thé; '~**wagen** m table f à thé roulante; '~**wärmer** m (7) couvre-théière m; cosy m; '~**wasser** n eau f pour le thé.
Teich [taɪç] m (3) étang m.
Teig [taɪk] m (3) pâte f; '²**ig** pâteux; '~**mulde** f pétrin m; '~**waren** f/pl. pâtes alimentaires f/pl.
Teil [taɪl] m u. n (3) partie f (a. ⚖); (An²) part f; portion f; ein gut ~ von une bonne partie de, F pas mal de; ein gut ~ größer beaucoup plus grand; zum ~ en partie; zum größten ~ pour la plupart; der größte ~ der Menschen la plupart des hommes; ich für mein ~ pour ma part; quant à moi; er wird schon sein ~ bekommen fig. il aura son paquet; (nichts sagen, aber) sich ~ ~ denken (ne rien dire, mais) n'en penser pas moins; '²**bar** divisible; '~**barkeit** f divisibilité f; '~**betrag** m montant m partiel; '~**chen** n (6) parcelle f; particule f; '²**en** (25) diviser (in acc. en); (ver~) partager (a. Ansicht, Los; unter acc. entre); sich ~ Weg: bifurquer; sich in etw. (acc.) ~ se partager qch.; '~**er** arith. m (7) diviseur m.

'**teil**|**haben** avoir part (an dat. à); ²**haber(in** f) ['~haːbər] m associé m, -e f; stiller ~ commanditaire m, f; '~**haft(ig)**: e-r Sache (gen.) ~ qui participe à qch.; participant à qch.; '²**nahme** f (15) participation f (an dat. à); (Mitgefühl) sympathie f; (Interesse) intérêt m; '~**nahmslos** indifférent; froid; '²**nahmslosigkeit** f indifférence f; froideur f; '~**nehmen** prendre part (an dat. à); participer (à); an e-r Arbeit: coopérer (à); collaborer (à); fig. montrer de la sympathie (pour); (sich interessieren) s'intéresser (à); '~**nehmend** compatissant; fig. (mitleidig) compatissant; ²**nehmer(in** f) m participant m, -e f; (Anwesender) assistant m, -e f; ♀ associé m, -e f; '²**nehmerstaat** m État m participant; '~**s** (en) partie; '²**strecke** f section f; '~**streik** m grève f partielle; '²**ung** f division f; Erbe usw.: partage m; Gebiet: démembrement m; '²**ungs-artikel** gr. ~e article m partitif; '²**ungszahl** f dividende m; '~**weise** en partie; '²**zahlung** f paiement m par acomptes.

'**T-Eisen** n ɪer m en té.

Telefon ['tele'fo:n] n (3¹) téléphone m; ~anruf m appel m (téléphonique); ~anschluß m communication f téléphonique; ~buch n annuaire m des téléphones; ~fräulein n téléphoniste f; ~gespräch n conversation f téléphonique; communication f; 2ieren [..fo'ni:rən] téléphoner (mit j-m à q.); 2isch [..'fo:-] téléphonique; adv. a. par téléphone; ~ist(in f) [..'nɪst] m téléphoniste m, f; ~leitung f ligne f téléphonique; ~netz n réseau m téléphonique; ~nummer f numéro m de téléphone; ~zelle f cabine f téléphonique; ~zentrale f central m téléphonique.

Telegraf [..'grɑ:f] m (12) télégraphe m.

Telegrafen|-amt n bureau m du télégraphe; ~beamte(r) m, ~beamtin f télégraphiste m, f; ~draht m fil m télégraphique; ~stange f poteau m télégraphique.

Telegrafie [..gra'fi:] f télégraphie f; 2ren [..'fi:rən] télégraphier.

telegraf|isch [..'grɑ:fɪʃ] télégraphique; adv. a. par télégramme; 2ist (-in f) [..'fɪst] m télégraphiste m, f.

Telegramm [..'gram-] n (12) télégramme m; f; ~formular n formule f de télégramme.

Tele'graph m = Telegraf.

Telepa'thie f télépathie f.

'Tele'phon m = Telefon.

Teleskop [teles'ko:p] n télescope m.

Teller ['tɛlər] m (7) assiette f (flacher plate; tiefer creuse); (Hand2) paume f; ~brett n vaisselier m; '~voll m assiettée f; '~wärmer m (7) chauffe-assiette f.

Tempel ['tɛmpəl] m (7) temple m; '~orden m ordre m des Templiers; '~raub m, '~räuber m sacrilège m; '~ritter m templier m.

Tempera|farbe ['tɛmpəra-] f couleur f à détrempe; '~malerei f peinture f en détrempe.

Tempera'ment n (3) tempérament m; 2los (2voll) sans (plein de) tempérament.

Temperatur [..ra'tu:r] f température f.

Temperguß ⊕ ['..gus] m fonte f malléable.   [tempérer.)

temperieren [..'ri:rən] adoucir; f

Tempo ['..po] n (11) rythme m; (Gangart) allure f; ♩ temps m; Sport:

train m; 2ral [..'rɑ:l] de temps; anat. temporal; 2rär [..'rɛ:r] temporaire.

Tendenz [tɛn'dɛnts] f tendance f; 2iös [..'tsiø:s] tendancieux; ~stück n pièce f à thèse. (♠ aviso m.)

Tender ['..dər] m (7) 🚂 tender m;)

Tenne ['tɛnə] f (15) aire f.

Tennis ['tɛnis] n tennis m; '~lehrer m professeur m de tennis; '~platz m court m; '~schläger m raquette f; '~turnier n tournoi m de tennis; '~wettspiel n match m de tennis.

Tenor ['te:nɔr] m (3¹, o. pl.) teneur f.

Tenor [te'no:r] m (3¹ [u. ³]) ténor m.

Teppich ['tɛpɪç] m (3¹) tapis m; schmaler ~ carpette f; ~wirkerei ['..vɪrkəraɪ] f manufacture f de tapis.

Termin [tɛr'mi:n] m (3¹) terme m; ✝ échéance f; (Frist) délai m; ⚖ audience f; (Vorladung) assignation f; ~ haben être assigné; ~geschäft n affaire f à terme; ~kalender m agenda m; ✝ échéancier m; ~us ['tɛrmi-] m (Fachwort) terme m; ~zahlung f paiement m par acomptes; (Betrag) acompte m.

Termite [tɛr'mi:tə] f (15) termite m; ~nhügel m termitière f.

Terpentin [..pɛn'ti:n] n térébenthine f; ~öl n essence f de térébenthine.

Terrakotta [tera'kɔta] f terre f cuite.

Terrasse [tɛ'rasə] f terrasse f; 2nförmig en terrasse(s).

Terrine [..'ri:nə] f (15) soupière f.

territori|al [teritori'ɑ:l] territorial; 2um [..'to:rium] n territoire m.

Terror ['tɛrɔr] m (11) terreur f; 2i'sieren terroriser; ~ist [..'rɪst] m terroriste m; 2istisch terroriste.

Terti|a [..'tsia] f (16²) (classe f de) troisième f; ~aner(in f) [..tsi'ɑ:nər] m (7) élève m, f de troisième.

Terz [tɛrts] f (16) tierce f; ♩ große (kleine) ~ tierce f majeure (mineure); ~ett [..'tsɛt] n trio m; ~ine f tercet m.

Tesching ['tɛʃɪŋ] n carabine f (de)

Test m test m.   [petit calibre).)

Testament [tɛsta'mɛnt] n (3) testament m; 2arisch [..'tɑ:rɪʃ] testamentaire; adv. par testament; ~ser'öffnung f ouverture f de testament; ~svollstrecker m exécuteur m testamentaire; ~szusatz m codicille m.

Test|at [..'tɑ:t] n attestation f; 2en [..'tɛn] ⇵ [..'ti:rən] attester; (letztwillig verfügen) faire un testament; tester (über acc. de).

teuer ['tɔyər] cher; (*herzlich geliebt*) chéri; *es ist* ~ c'est cher; *cela coûte cher;* ~ *werden* renchérir; ~ *kaufen* (*bezahlen*) payer cher; *sein Leben* ~ *verkaufen* vendre chèrement sa vie; *das wird ihm* ~ *zu stehen kommen* il lui en coûtera cher.

'**Teu(e)rung** *f* cherté *f*; 'hausse *f* des prix; (*Not*) disette *f*; '~**swelle** *f* vague *f* de renchérissement; '~**szulage** *f* allocation (*od.* indemnité) *f* de vie chère.

Teufel ['tɔyfəl] *m* (7) diable *m*; (*Dämon*) démon *m*; *zum* ~! (au) diable!; *pfui* ~! fi donc!; *hol' dich der* ~! que le diable t'emporte!; *des* ~*s sein* avoir le diable au corps; ~**ei** [-'laɪ] *f* (16) diablerie *f*.

'**Teufels**|**beschwörer** *m* exorciste *m*; '~**beschwörung** *f* exorcisme *m*; '~**brut** *f* engeance *f* diabolique; '~**kerl** F *m* diable *m* d'homme.

'**teuflisch** diabolique; infernal.

Text [tɛkst] *m* (3²) texte *m*; (*Lied*) paroles *f/pl.*; '~**buch** *n* livret *m*; libretto *m*; '~**dichter** *m* librettiste *m*; '~**er** *m* parolier *m*; '~**interpretation** *f* explication *f* de texte.

Textil|**ien** [tɛks'tiːliən] *pl.* textiles *m/pl.*; ~**industrie** *f* industrie *f* textile.

Theater [te'ɑːtər] *n* (7) théâtre *m*; (*Vorstellung*) spectacle *m*; ~**abend** *m* soirée *f* théâtrale; ~**bericht** *m* chronique *f* théâtrale; ~**besucher** (-in *f*) *m* spectateur *m*, -trice *f*; ~**dichter** *m* auteur *m* dramatique; ~**karte** *f* billet *m* de théâtre; ~**kasse** *f* bureau *m* de location; ~**maler** *m* peintre *m* de décors; ~**probe** *f* répétition *f*; ~**saal** *m* salle *f* de spectacle; ~**schneider**(**in** *f*) *m* costumier *m*, -ière *f*; ~**stück** *n* pièce *f* de théâtre; ~**vorstellung** *f* représentation *f* théâtrale; ~**zettel** *m* affiche *f* de théâtre; programme *m*. [scénique.]

theatralisch [~ɑ'trɑːlɪʃ] théâtral.⟩

Theke ['teːkə] *f* comptoir *m*; F zinc *m*.

Thema ['teːma] *n* (9²) thème *m*; *f a.* motif *m*; (*Gesprächs*, *Aufsatz*) sujet *m*; **tisch** [te'mɑːtɪʃ] thématique.

Themse ['tɛmzə] *f* Tamise *f*.

Theokra'tie [teokra-] *f* théocratie *f*.

Theologe [teo'loːgə] *m* (12, 13), ~**in** *f* théologien *m*, -ne *f*; ~**ie** [~loˈgiː] *f* théologie *f*; **isch** théologique.

Theoret|**iker** [teo're:tikər] *m* (7) théoricien *m*; **isch** théorique.

Theorie [teo'riː] *f* théorie *f*.

Theo|**soph** [~'zoːf] *m* théosophe *m*; ~**sophie** [~zoˈfiː] *f* théosophie *f*; **sophisch** théosophique.

Therap|**eut** [tera'pɔyt] *m* thérapeute *m*; ~**eutik** *f*, ~**ie** [~'piː] *f* thérapeutique *f*; **eutisch** thérapeutique.

Therm|**alquelle** [tɛr'mɑː-] *f* source *f* thermale; ~**en** [~'mən] *f/pl.* thermes *m/pl.*; ~**ometer** [~'moː-] *n* thermomètre *m* (*steht auf est à*); ~**osflasche** ['~mɔs-] *f* thermos *f*.

These ['teːzə] *f* (15) thèse *f*.

Thron [troːn] *m* (3) trône *m*; *den* ~ *besteigen* monter sur le trône; *j-n vom* ~ *stoßen* détrôner q.; '~**besteigung** *f* avènement *m* au trône; '~**bewerber**(**in** *f*) *m* prétendant *m*, -e *f* au trône; '~**en** [~'ən] (25) être sur le trône; *fig.* trôner; '~**entsagung** *f* abdication *f*; '~**erbe** *m*, ~**erbin** *f* héritier *m*, -ière *f* du trône; '~**folge** *f* succession *f* au trône; '~**folger**(**in** *f*) *m* héritier *m*, -ière *f* du trône; '~**himmel** *m* dais *m*; baldaquin *m*; '~**räuber** *m* usurpateur *m*; '~**rede** *f* discours *m* du trône; '~**wechsel** *m* changement *m* de règne.

Thunfisch ['tuːn-] *m* thon *m*.

Thürin|**gen** ['tyːrɪŋən] *n* la Thuringe; '~**ger**(**in** *f*) *m* Thuringien *m*, -ne *f*; **gisch** thuringien. [thym *m*.⟩

Thymian ⚘ ['tyːmiɑːn] *m* (3¹)⟩

Tiara [ti'ɑːra] *f* tiare *f*.

Tick (tɪk) *m* ⚘ tic *m*; *e-n* ~ *haben* avoir un tic, *fig.* avoir un grain; **en** [~'ən] faire tic tac; ~**tack** ['~tak] *n* tic-tac *m*.

tief [tiːf] **1.** profond; (*niedrig*) bas; ♪ bas; grave (*a. gr.*); *Farbe:* foncé; *Teller:* creux; *Geheimnis*, *Trauer:* grand; *Schnee:* 'haut; épais; ~ *im Lande* avant dans le pays; ~ *in die Nacht* avant (*od.* tard) dans la nuit; ~ *im Schlamm* enfoncé dans la vase; ~ *im Walde* (*Wasser*) au fond du bois (de l'eau); *aus* ~**stem Herzen** du plus profond du cœur; *im* ~**sten Norden** à l'extrême Nord; *im* ~**sten Winter** au cœur de l'hiver; *wie* ~ *ist das?* quelle profondeur cela a-t-il?; *es ist 2 Meter* ~ cela a deux mètres de profondeur; *c'est profond de deux mètres*; ~ *eindringen* pénétrer très avant, *fig.* pénétrer, approfondir; ~ *seufzen* pousser de

Tief — 1063 — **Tischläufer**

profonds soupirs; ~ *in die Augen drücken Hut:* enfoncer sur ses yeux; ~ *in Schulden stecken* être dans les dettes jusqu'au cou; ~*er legen* mettre plus bas; baisser; *e-n Ton ~er singen* descendre d'un ton; ~*er stimmen* ♪ baisser; *das läßt ~ blicken fig.* cela donne à penser; **2.** ⚥ *n* eau *f* profonde; chenal *m*; ~**druckgebiet;** '⚥**bau** *m* construction(*s pl.*) *f* souterraine(s); '~**be'wegt** profondément ému; ~**blau** bleu foncé; '⚥**druck** *typ. m* impression *f* en creux; '⚥**druckgebiet** *n* zone *f* de basse pression; '⚥**e** *f* profondeur *f*; ♪ gravité *f*; (*Abgrund*) abîme *m*; (*Hintergrund*) fond *m*; '⚥-**ebene** *f* plaine *f* basse; '⚥**enpsychologie** *f* psychologie *f* des profondeurs; '⚥**flug** *m* rase--mottes *m*; *im ~ fliegen* faire du rase--mottes; '⚥**gang** ⚓ *m* tirant *m* d'eau; '~**gehend** ⚓ d'un fort tirant d'eau; *fig.* profond; qui va loin; ~**gründig** profond; '⚥**land** *n* plaine *f*; contrées *f/pl.* basses; '⚥**schlag** *m* Boxsport: coup *m* bas; '⚥**see** *f* océan *m*; '⚥**seeforschung** *f* recherches *f/pl.* océanographiques; '⚥**sinn** *m* profondeur *f* d'esprit; (*Schwermut*) mélancolie *f*; ~**sinnig** (d'esprit) profond; (*schwermütig*) mélancolique; '⚥**sprung** *m* saut *m* en profondeur; '⚥**stand** *m* bas niveau *m*; étiage *m*; *Barometer,* ✝: baisse *f*.

Tiegel ['ti:gəl] *m* (7) *cuis.* casserole *f*; ⊕, 🜂 creuset *m*.

Tier [ti:r] *n* (3) animal *m*; *im Gegensatz zum Menschen:* bête *f*; *mit Hervorhebung des Viehischen* brute *f* (*alle a. fig.*); *ein hohes ~ fig.* F un gros bonnet; '~**arzt** *m* vétérinaire *m*; '⚥**ärztlich** vétérinaire; ⚥*e Hochschule f* école *f* vétérinaire; ~**bändiger** ['~bɛndigər] *m* dompteur *m*; '~**garten** *m* jardin *m* zoologique (*od.* d'acclimatation); '~**heilkunde** *f* médecine *f* vétérinaire; '⚥**isch** ['~riʃ] animal; *fig.* bestial; brutal; *~e Natur* animalité *f*; *~es Wesen* bestialité *f*; '~**kreis** *m* zodiaque *m*; '~**kunde** *f* zoologie *f*; '~**leben** *n* vie *f* animale; '~**maler** *m* animalier *m*; '~**park** *m* jardin *m* zoologique; ~**quälerei** [~kvɛ:lə'raɪ] *f* (16) cruauté *f* envers les animaux; '~**reich** *n* règne *m* animal; '~**schau** *f* ménagerie *f*; '~**schutzver-ein** *m* société *f* protectrice des animaux; '~**wärter** *m* gardien *m* de ménagerie; '~**welt** *f* = ~*reich.*

Tiger|(in *f*) ['ti:gər] *m* (7) tigre *m*, -resse *f*; '~**katze** *f* ocelot *m*.

Tilde ['tɪldə] *f* tilde *m*.

tilg|bar ['tɪlk-] effaçable; ✝ amortissable; ~**en** ['~gən] (25) effacer; (*ausrotten*) exterminer; *Schuld:* amortir; annuler; *Schuld:* amortissement *m*; '⚥**ung** *f Schuld:* amortissement *m*; '⚥**ungskasse** *f* caisse *f* d'amortissement.

Tingeltangel F ['tɪŋəltaŋəl] *m u. n* café-concert *m*; P beuglant *m*.

Tinktur [tɪŋk'tu:r] *f* (16) teinture *f*.

Tinnef F *m* camelote *f*.

Tinte ['tɪntə] (15) encre *f*; *in der ~ sitzen fig.* F être dans le pétrin; '~**nfaß** *n* encrier *m*; '~**nfisch** *m* seiche (*od.* sèche) *f*; '~**nfleck** *m*, '~**nklecks** *m* tache *f* d'encre; pâté *m*; '~**nstift** *m* crayon *m* à encre; '~**nwischer** *m* essuie-plume(s) *m*.

Tip [tɪp] *m* (11) *Sport usw.:* tuyau *m*.

Tipp|elbruder ['tɪpəl-] *m* chemineau *m*; '⚥**eln** F marcher à pied; marcher à petits pas; '⚥**en** (25) toucher du bout du doigt; *Schreibmaschine:* taper; *bei Rennen:* miser; '~**fehler** *m* faute *f* de frappe; '~**fräulein** *n* dactylo (-graphe) *f*.

Tirol [ti'ro:l] *n* le Tyrol; ~**er(in** *f*) *m* Tyrolien *m*, -ne *f*.

Tisch [tɪʃ] *m* (3²) table *f*; *bei ~ à table*; *vor (nach) ~* avant (après) le repas; *den ~ decken (bereiten)* mettre le couvert; *den ~ abdecken (abnehmen)* desservir; *zu ~ laden (bleiben)* inviter (rester) à déjeuner (*resp.* à dîner); *zu ~ gehen* aller déjeuner (*resp.* dîner); *sich zu ~ setzen* se mettre à table; *vom ~ aufstehen* se lever de table; *etw. vom ~ nehmen* prendre qch. sur la table; '~**aufsatz** *m* surtout *m*; '~**bein** *n* pied *m* de table; '~**besen** *m* ramasse-miettes *m*; '~**besteck** *n* couvert *m*; '~**decke** *f* tapis *m* de table; '~**gast** *m* convive *m*; '~**gebet** *n* bénédicité *m*; *nach der Mahlzeit:* grâces *f/pl.*; '~**genosse** *m* commensal *m*; '~**geschirr** *n* vaisselle *f*; '~**gesellschaft** *f* convives *m/pl.*; '~**gespräch** *n* propos *m/pl.* de table; '~**glocke** *f* sonnette *f* de table; '~**karte** *f* carte *f* de table; '~**lampe** *f* lampe *f* de table; '~**läufer** *m* chemin *m* de table.

Tischler — 1064 — tollen

Tischler ['⁓lər] *m* (7) menuisier *m*; (*Kunst*⁓) ébéniste *m*; **⁓ei** [⁓'raɪ] *f* (16) menuiserie *f*; (*Kunst*⁓) ébénisterie *f*; '**⁓geselle** *m* ('**⁓lehrling** *m*) ouvrier *m* (apprenti *m*) menuisier (*Kunst*⁓: ébéniste); '**⁓leim** *m* colle *f* forte; '**⁓meister** *m* maître *m* menuisier (*Kunst*⁓: ébéniste); 2**n** (29) menuiser; travailler en ébénisterie.

'**Tisch|nachbar(in** *f*) *m* voisin, -e *f* de table; '**⁓platte** *f* plateau *m* de la table; *zum Verlängern*: rallonge *f*; '**⁓rede** *f* discours *m* de table; *engS*. toast *m*; '**⁓rücken** *n* tables *f/pl.* tournantes; '**⁓tennis** *n* tennis *m* de table; ping-pong *m*; '**⁓tuch** *n* nappe *f*; '**⁓wein** *m* vin *m* de table; '**⁓zeit** *f* heure *f* du repas; '**⁓zeug** *n* linge *m* de table.

Titan|(e) [ti'tɑːn] *m* titan *m*; 2**enhaft**, 2**isch** titanesque.

Titel ['tiːtəl] *m* (7) titre *m*; '**⁓bild** *n* frontispice *m*; '**⁓blatt** *n* frontispice *m*; page *f* de titre; '**⁓halter** *m* tenant (*od.* détenteur) *m* du titre; '**⁓kopf** *m* en-tête *m*; '**⁓sucht** *f* manie *f* des titres; '**⁓verteidiger** *m* = ⁓**halter**.

Titul|atur [titula'tuːr] *f* (16) titre(s *pl.*) *m*; qualification *f*; 2**ieren** [⁓'liː-] qualifier (*als* de); (*betiteln*) intituler.

Toast [toːst] *m* (3²) toast *m* (*a. fig.*); e-n ⁓ *auf j-n ausbringen* = *auf j-n* 2**en** porter un toast à q; '**⁓röster** *m* grille-pain *m*.

toben ['toːbən] (25) être en rage; tempêter; *Sturm usw.*: faire rage; '**⁓d** enragé; *Meer*: irrité.

Tob|sucht ['toːp-] *f* frénésie *f*; 2**süchtig** frénétique.

Tochter ['tɔxtər] *f* (14) fille *f*; '**⁓gesellschaft** † *f* société *f* affiliée.

Töchterschule ['tœçtər-] *f*: *Höhere* ⁓ collège (*staatliche*: lycée) *m* de jeunes filles.

'**Tochtersprache** *f* langue *f* dérivée.

Tod [toːt] *m* (3) mort *f* (*plötzlicher subite*; *früher* prématurée); ✝ décès *m*; *poét.* trépas *m*; *bis in den* ⁓ jusqu'à la mort; *e-s natürlichen* (*gewaltsamen*) ⁓**es sterben** mourir de mort naturelle (violente); *e-s schönen* ⁓**es sterben** mourir d'une belle mort; *mit dem* ⁓ *ringen* être à l'agonie; *zu* ⁓**e quälen** tourmenter à mort; *sich zu* ⁓**e arbeiten** se tuer à la besogne; *sich zu* ⁓**e ärgern** (*langweilen*) mourir de rage (d'ennui); *zu* ⁓**e betrübt** mortellement triste; '2**bringend** mortel, délétère.

'**Todes|-ahnung** *f* pressentiment *m* d'une mort prochaine; '**⁓angst** *f* affres *f/pl.* de la mort; ⁓ *ausstehen fig.* être dans les transes mortelles; '**⁓anzeige** *f* avis *m* mortuaire; faire-part *m* de décès; *bei der Behörde*: déclaration *f* de décès; '**⁓fall** *m* mort *f*; ✝ décès *m*; *im* ⁓**e** en cas de mort (*resp.* de décès); '**⁓furcht** *f* peur (*od.* crainte) *f* de la mort; '**⁓gefahr** *f* danger *m* de mort; *j-n aus* ⁓ *retten* sauver la vie à q.; '**⁓kampf** *m* agonie *f*; '2**mutig** méprisant la mort; '**⁓nachricht** *f* nouvelle *f* de la mort; '**⁓qual** *f* souffrances *f/pl.* de l'agonie; ⁓**en** *ausstehen* souffrir mille morts; '**⁓stoß** *m* coup *m* mortel; (*Gnadenstoß*) coup *m* de grâce; '**⁓strafe** *f* peine *f* capitale (*od.* de mort); *bei* ⁓ sous peine de mort; '**⁓strahlen** *m/pl.* rayons *m/pl.* meurtriers; '**⁓stunde** *f* heure *f* de la mort; dernière heure *f*; '**⁓tag** *m* jour *m* de la mort; anniversaire *m* de la mort; '**⁓urteil** *n* arrêt *m* de mort; sentence *f* capitale; '**⁓verachtung** *f* mépris *m* de la mort; *mit* ⁓ à corps perdu; '**⁓wunde** *f* blessure *f* mortelle.

'**Tod|feind** *m* ennemi *m* mortel; '**⁓feindschaft** *f* inimitié *f* mortelle; '2**krank** malade à la mort; **tödlich** ['tøːtliç] mortel; ⁓ *hassen* haïr à mort.

'**tod|'müde** fatigué à mort; '**⁓'sicher** absolument sûr; '2**sünde** *f* péché *m* mortel.

Toilett|e [toa'lɛta] *f* (15) toilette *f*; (*Abort*) cabinets *m/pl.* (d'aisances); W.C. *m*; **⁓enpapier** *n* papier *m* hygiénique; **⁓enseife** *f* savon *m* de toilette; **⁓enspiegel** *m* psyché *f*; **⁓entisch** *m* (table *f* de) toilette *f*.

toler|ant [tole'rant] tolérant; 2**anz** tolérance *f*; 2**ieren** [⁓'riː-] tolérer.

toll [tɔl] fou; (*rasend*) furieux; *Hund*: enragé; *fig.* extravagant; (*ungereimt*) absurde; *Lärm*: infernal; ⁓ *werden* enrager (*über acc.* de); *das ist zu* ⁓ c'est trop fort; '2**e** *f* (15) (*Haarschopf*) toupet *m*; **⁓en** ['⁓ən] (25) se démener comme un (*resp.*

Tollhaus — 1065 — **Torweg**

des) fou(s); faire un tapage infernal; ²**haus** n asile m d'aliénés; ²**häusler(in)** f m aliéné m, -e f; ²**heit** f folie f; démence f; rage f; (toller Streich) extravagance f; ²**kirsche** ♀ f belladone f; **˷kühn** téméraire; ²**kühnheit** f témérité f; ²**wut** f Tiere: rage f; Menschen: frénésie f; **˷wütig** Tiere: enragé; qui a la rage; Menschen: frénétique.

Tolpatsch ['˷patʃ], **Tölpel** ['tœlpəl] m (7) lourdaud m; butor m.
'**tölpelhaft** lourdaud; maladroit.
Tomate [to'mɑ:tə] f (15) tomate f.
Tombola ['tɔmbola] f tombola f.
Ton [to:n] m (Erdart) argile f; Töpferei: (terre f) glaise f; géol., sculp. terre f; ♩ ton m (a. fig.); Instrument: son m; (Klangfarbe) timbre m; (Betonung) accent m; den ˷ angeben donner le ton (a. fig.); **˷abnehmer** m pick-up m; ²**angebend** qui donne le ton (a. fig.); **˷arm** bras m de pick-up; **˷art** f ♩ mode m; tonalité f; in allen ˷en fig. sur tous les tons; **˷aufnahme** f prise f de son; **˷bad** phot. n virage m; **˷band** n bande f magnétique; **˷bandgerät** n magnétophone m; **˷dichter** m compositeur m; **˷dichtung** f composition f musicale.
tönen ['tø:nən] (25) sonner; farblich: colorer; phot. virer.
'Ton|erde f argile f; (terre f) glaise f; 🜨 alumine f.
tönern ['tø:nərn] d'argile; de terre.
'Ton|fall m accent m; **˷film** m film m sonore; **˷film-atelier** n studio m de prises de vue; **˷fixierbad** n bain m de fixage m; **˷geschirr** n vaiselle f en argile; **˷grube** f glaisière f; ²**haltig** argileux; **˷kunst** f (art m de la) musique f; **˷künstler** m musicien m; **˷lage** f (hauteur f du) ton m; **˷lager** n couche f argileuse; **˷leiter** f gamme f; échelle f; ²**los** atone.
Tonn|e ['tɔnə] f (15) tonneau m; große: tonne f; (Maß) tonneau m métrique; (Faß) baril m; **˷engehalt** m tonnage m; **˷engewölbe** n voûte f en berceau.
'**Ton|pfeife** f pipe f en terre; **˷röhre** f tuyau m de grès; **˷schiefer** m schiste m argileux; **˷silbe** f syllabe f accentuée; **˷stärke** f puissance f du son.
Tonsur [tɔn'zu:r] f (16) tonsure f.

'**Tönung** f coloration f; phot. virage m.
'**Ton|waren** f/pl. poterie f; **˷wiedergabe** f reproduction f du son; **˷zeichen** n ♩ note f; gr. accent m.
Topas [to'pɑ:s] m topaze f.
Topf [tɔpf] m (3³) pot m; (Koch²) a. casserole f; marmite f.
Töpfer ['tœpfər] m (7) potier m; **˷-arbeit** f, **˷ei** [˷'rai] f, **˷handwerk** n, **˷ware** f, **˷werkstatt** f poterie f; **˷scheibe** f tour m de potier.
'**Topf|gucker** m fouille-au-pot m; **˷manchette** f cache-pot m; **˷pflanze** f plante f en pot; **˷ständer** m jardinière f.
Topo|gra|phie f topographie f; ²**graphisch** topographique.
topp [tɔp] **1.** ˷! tope!; **2.** ⚓ ♀ m tête f; ♀ **hunier** m.
Tor [to:r] **1.** m (12) insensé m; fou m. **2.** n (3) porte f; Sport: but m; ein ˷ schießen marquer un but; **˷esschluß** m: kurz vor ˷ fig. au dernier moment.
Torf [tɔrf] m (3[³]) tourbe f; ˷ stechen extraire la tourbe; **˷boden** m terrain m tourbeux; **˷moor** n tourbière f; **˷mull** m fibre f de tourbe; **˷stich** m extraction f de la tourbe; = ˷moor.
'**Tor|halle** f porche m; **˷heit** f folie f; (Dummheit) sottise f; bêtise f.
töricht ['tø:riçt] insensé; sot; fou.
torkeln ['tɔrkəln] (29) tituber; chanceler.
Tor|latte f Sport: poteau m; **˷lauf** m Schi: slalom m; **˷linie** f Sport: ligne f de but.
Tornado [tɔr'nɑ:do] m tornade f.
Tornister [tɔr'nistər] m (7) sac m.
torpedieren [˷pe'di:rən] m torpiller.
Torpedo [˷'pe:do] m (11) torpille f; **˷boot** n torpilleur m; **˷jäger** m contre-torpilleur m; **˷kanone** f lance-torpille m.
'**Torschütze** m Sport: marqueur m.
Torso ['tɔrzo] m torse m.
Tort|e ['tɔrtə] f (15) tarte f; **˷enform** f tourtière; **˷enheber** m pelle f à tarte; **˷ur** [˷'tu:r] f torture f.
'**Tor|wächter**, **˷wart** ['˷vart] m portier m; Sport: gardien m de but; garde-but m; **˷weg** m porte f cochère.

tosen ['to:zən] (27) être déchaîné; *Wogen*: déferler; *Meer*: mugir.
tot [to:t] mort; (*verstorben*) a. décédé; défunt; (*leblos*) inanimé; (*öde*) désert; ~es *Kapital* capital m improductif; ~es *Rennen* course f nulle; *am* ~en *Punkt* au point mort; *das* 2e *Meer* la mer Morte.
total [to'ta:l] total; *der* ~e *Staat* l'État m totalitaire; 2-**ansicht** f vue f d'ensemble; panorama m; 2**betrag** m montant m total; 2**isator** [~tali'za:tɔr] m pari m mutuel; (*Rechenmaschine*) totalisateur m; ~**itär** [~'tɛ:r] totalitaire; 2**ität** [~'tɛ:t] f totalité f. [besogne.]
'**tot-arbeiten**: *sich* ~ se tuer à la]
töten ['tø:tən] (26) tuer; mettre à mort; *Nerv*: cautériser.
Toten|acker ['to:tən⁹-] m cimetière m; ~**amt** n office m (*od.* messe f) des morts; ~**bahre** f bière f; ~**bett** n lit m de mort; 2**blaß** f pâle comme un mort; ~**blässe** f pâleur f mortelle; ~**feier** f funérailles f/pl.; service m funèbre; ~**fest** n jour m (*od.* fête f) des morts; ~**geläut** n glas m (funèbre); ~**geleit** n cortège (*od.* convoi) m funèbre; *j-m das* ~ *geben* assister aux obsèques de q.; ~**gerippe** n squelette m; ~**gesang** m chant funèbre; ~**glocke** f glas m; ~**gräber** m fossoyeur m; *ent.* nécrophore m; ~**gruft** f caveau m (funéraire); *in Kirchen*: crypte f; ~**haus** n maison f mortuaire; ~**hemd** n linceul m; suaire m; ~**kopf** m tête f de mort (*a. ent.*); '~**maske** f masque m mortuaire; '~**messe** f = ~*amt*; ~**register** n registre m des décès; ~**reich** n empire m des morts; ~**schein** m acte (*od.* certificat) m de décès; '~**starre** f rigidité f cadavérique; '~**stille** f silence m de mort; '~**tanz** m danse f macabre; '~**uhr** *ent.* f pou m de mort; ~**vogel** m chevêche f; ~**wache** f veillée f funèbre; *die* ~ *bei j-m halten* veiller q.
'**tot|fahren** écraser; 2o ['to:to] m (*Totalisator*) pari m mutuel; ~**schießen** abattre d'un coup de feu; *sich* ~ se brûler la cervelle; 2**schlag** m homicide m, meurtre m; '~**schlagen** assommer; *Zeit*: tuer; 2**schläger** m meurtrier

m; (*Stock*) casse-tête m; '~**schweigen** faire le silence sur; *Angelegenheit*: étouffer; '~**stellen**: *sich* ~ faire le mort.
Tour [tu:r] f tour m (*a. Motor*); excursion f; ~**enwagen** m voiture f de tourisme; ~**enzahl** f nombre m de tours; ~**enzähler** m compteurs m; ~**ist(in** f) [tu'rist] m touriste m, f; ~**istenverkehr** m tourisme m.
Trab [tra:p] m (3) trot m; ~ *reiten* aller au trot; *j-n auf den* ~ *bringen* fig. mettre q. au pas.
Trab|ant [tra'bant] m (12) satellite m (*a. fig.*); 2**en** ['~bən] trotter; ~**er** ['~bər] m trotteur m; ~**rennbahn** f piste f pour trotteurs; ~**rennen** n course f au trot attelé.
Tracht [traxt] f (16) costume m; (*Last*) charge f; ~ *Schläge* volée f de coups de bâton; 2**en** ['~ən] (26) *nach etw.* ~ tendre (*od.* aspirer *od.* viser) à qch.; *j-m nach dem Leben* ~ attenter aux jours de q.; '~**en** n visées f/pl.; aspirations f/pl.
trächtig ['trɛçtiç] pleine; 2**keit** f gestation f.
Tradition [traditsi'o:n] f tradition f; 2**ell** [~tsio'nɛl] traditionnel.
Trag|bahre ['tra:k-] f brancard m; civière f; ~**balken** m sommier m; ~**band** n bretelle f; 2**bar** portatif; *Kleidung*: mettable; portable; (*erträgl'ch*) supportable; (*zulässig*) admissible.
träge ['trɛ:gə] (*faul*) paresseux; (*langsam*) lent; (*lässig*) indolent; ✵, *phys.* inerte.
tragen ['tra:gən] (30) **1.** *v/t.* porter; *Früchte, Zinsen*: a. rapporter; *Kosten*: payer; (*er*~, *stützen*) supporter; *v/i.* (*trächtig sein*) être pleine; *Eis*: porter; *sich gut* ~ *Stoff*: être d'un bon usage; *er hat schwer daran zu* ~ c'est une lourde croix pour lui; **2.** 2 n *Waffen*: port m.
'**Träger|(in** f) m (7) porteur m, -euse f; *charp.* support m; *Hosen usw.*: bretelle f; *fig.* représentant m, -e f; ~**lohn** m factage m; ~**rakete** f fusée f porteuse.
'**trag|fähig** qui peut porter (*resp.* produire); 2**fähigkeit** f limite f de charge; ~ fertilité f; productivité f; (*Nutzlast*) charge f utile; △ solidité f; résistance f; ⚓ tonnage m; 2**fläche** ⚠ f sustentateur m; aile f.

Trägheit f (Faulheit) paresse f; (Langsamkeit) lenteur f; (Lässigkeit) indolence f; ⚡, phys. inertie f; ⌐**sgesetz** n loi f d'inertie.

Tragik ['traːgik] f tragique m; ⌐**er** m tragique m.

tragi|komisch tragi-comique; ⌐**2komödie** f tragi-comédie f.

tragisch tragique; ~ auffassen prendre au tragique. [**fähigkeit**.]

Trag|korb m 'hotte f; ⌐**kraft** f =.

Tragöd|ie [traˈgøːdjə] m, ~**in** f tragédien m, -ne f; ⌐**ie** [⌐ˈgøːdiə] f tragédie f; ⌐**iendichter** m auteur m de tragédies; tragique m.

Trag|riemen m sangle f; courroie f; ⌐**sattel** m bât m; ⌐**schrauber** ✈ m autogire m; ⌐**sessel** m, ⌐**stuhl** m chaise f à porteurs; ⌐**weite** f portée f.

Train|er ['trɛːnər] m (7) entraîneur m; ⌐**ieren** [trɛˈniː-](sich s')entraîner; ⌐**ing** n (3¹) entraînement m; ⌐**ingsanzug** [⌐ˈniŋs?-] m tenue f d'entraînement; ⌐**ingsspiel** n match m d'entraînement. [ferry-boat m.\]

Trajekt [traˈjɛkt] n (a. m), ⌐**schiff** n)

Trakt|at [trakˈtɑːt] m traité m; tract m; ⌐**2ieren** [⌐ˈtiːrən] traiter; (bewirten) a. régaler (mit de); ⌐**or** [⌐tɔr] m tracteur m.

trällern ['trɛlərn] fredonner.

trampel|n ['trampəln] (29) trépigner; auf etw. (acc.) ~ piétiner (sur) qch.; (Fahrrad ~) F pédaler; **2n** n (6) trépignements m/pl.; **2tier** n zo. dromadaire m; fig. pataud m.

Tran [trɑːn] m (3) huile f de baleine (od. de poisson); im ~ sein F être mal éveillé (|betrunken) soûl.

Tranchier|besteck [tranˈʃiːr-] n service m à découper; **2en** [⌐ən] découper; ⌐**messer** n couteau m à découper.

'**Trän|e** f (15) larme f; in ~n ausbrechen (zerfließen) fondre en larmes; zu ~n gerührt touché jusqu'aux larmes; **2en** pleurer; larmoyer.

Tränen|drüse ['trɛːnən-] f glande f lacrymale; ⌐**fluß** m flot m de larmes; ⌐**2 épiphora m; ⌐gas** n gaz m lacrymogène; ⌐**sack** m sac m lacrymal; ⌐**strom** m torrent m de larmes.

tranig ['⌐iç] Geschmack: qui a un goût d'huile de poisson; rance.

Trank [traŋk] m (3³) boisson f; potion f; bsd. vét. breuvage m.

Tränke ['trɛŋkə] f (15) abreuvoir m; **2n** (25) donner à boire à; Vieh: abreuver; Schwamm: imbiber (mit de); Stoffe: imprégner (mit de).

trans|atlantisch [transˀatˈlantif] transatlantique; **2fer** [⌐ˈfeːr] m (11) transfert m; **2formator** [⌐fɔrˈmɑːtɔr] m transformateur m.

Transit [tranˈziːt] m transit m; ~**gut** n marchandise f en transit.

transitiv gr. ['tranziːtiːf] transitif.

trans|pa'rent transparent; ⌐**2parent** n transparent m; (Spruchband) pancarte f; ⌐**pi'rieren** transpirer; ⌐**ponieren** [⌐ˈpoˈniːrən] transposer.

Transport [⌐ˈpɔrt] m transport m; ⚔ convoi m; † (Übertrag) ⌐ report m; **2abel** [⌐ˈtɑːbəl] transportable, portatif; ⌐**arbeiter** m ouvrier m de transport; ⌐**er**m transportm; flacher chaland m; ⌐**eur** ⚙ [⌐ˈtøːr] m rapporteur m; **2fähig** transportable; ⌐**flugzeug** n avion m de transport; ⌐**führer** ⚔ m chef m de convoi; **2ieren** [⌐ˈtiː-] transporter; (übertragen) † reporter; ⌐**mittel** n moyen m de transport; ⌐**schiff** n = ⌐**er; 2unternehmen** n entreprise f de transport (od. de messageries); ⌐**wesen** n service m des transports.

Trapez [traˈpeːts] n (3²) trapèze m.

trapp|eln ['trapəln] trottiner; **2er** m trappeur m.

Tratte † ['tratə] f (15) traite f.

'**Trau-altar** m: zum ~ führen mener à l'autel.

Traub|e ['traubə] f (15) raisin m; grappe f (de raisin); ⌐**en-ernte** f vendange f; ⌐**enkur** f cure f de raisins; ⌐**enlese** f = ⌐**ernte; ⌐enmost** m moût m (de raisin); ⌐**ensaft** m jus m de raisin; ⌐**enzucker** m glucose f.

trauen ['trauən] (25) v/i.: j-m (e-r Sache dat.) avoir confiance en q. (en qch.); s-n Ohren nicht ~ n'en pas croire ses oreilles; sich ~ zu ... (inf.) oser ... (inf.); v/t. Ehepaar: unir; marier; rl. bénir; sich ~ lassen se marier.

Trauer ['⌐ər] f (15) tristesse f; affliction f; um Tote: deuil m; in ~ sein; ~ tragen être en (od. porter le) deuil (um de); ~ anlegen (ablegen) prendre (quitter) le deuil; ⌐**anzeige** f faire-part m de décès; ⌐**band** n, ⌐**binde** f (brassard m de) crêpe m; am Hut: ruban m de deuil;

'**birke** f bouleau m pleureur; '**botschaft** f nouvelle f du décès de q.; fig. funeste nouvelle f; '**fall** m deuil m; décès m; '**feier** f funérailles f/pl.; '**flor** m crêpe m (de deuil); '**gefolge** n cortège m funèbre; '**geläut(e)** n glas m; '**gerüst** n catafalque m; '**gesang** m chant m funèbre; '**gottesdienst** m service m funèbre; '**haus** n maison f mortuaire; '**jahr** n année f de deuil; '**kleidung** f deuil m; '**marsch** m marche f funèbre; '**musik** f musique f funèbre; '**n** (2 ʃ) être affligé (um de); um j-n pleurer (la mort de) q., äußerlich: être en (od. porter le) deuil de q.; **nachricht** f = **botschaft**; '**rand** m bordure f de deuil; mit ~ bordé de noir; '**rede** f oraison f funèbre; '**schleier** m voile m de deuil; '**spiel** n tragédie f; '**wagen** m char m funèbre; '**weide** f saule m pleureur; '**zug** m convoi m funèbre. [(Rinne) gouttière f.\
Traufe ['traufə] f (15) égout m;\
träufeln ['trɔyfəln] (29) v/i. dégoutter; couler goutte à goutte; (rieseln) ruisseler; v/t. verser goutte à goutte.
'**traulich** intime; familier; (herzlich) cordial; ~ beisammen sein être en tête à tête; 2**keit** f intimité f; (Herzlichkeit) cordialité f.
Traum [traum] m (3ª) rêve m (a. fig.; haben faire); nur im Schlaf: songe m; '~**a** n traumatisme m; '~**bild** n vision f; songe m; '~**buch** n clef f des songes; '**deuter(in** f) m (7) interprète m, f des songes.
träum|en ['trɔymən] (25) rêver (von de); songer; Traum: paraître; es träumte mir j'ai rêvé; das hätte ich mir nie ~ lassen j'étais loin de m'y attendre; 2**er(in** f) m rêveur m, -euse f; songeur m, -euse f; 2**erei** [~'rat] f rêverie f; (Hirngespinst) chimère f; '~**erisch** rêveur.
'**Traum|gesicht** n, '~**gestalt** f vision f; songe m; '2**haft** comme un (od. en) rêve; '~**welt** f monde m\
traun! [traun] certes! imaginaire!\
Trauregister ['trau-] n registre m des mariages.
'**traurig** triste; (betrübt) affligé; (unheilvoll) funeste; ~ machen attrister; ~ werden s'attrister; 2**keit** f tristesse f; affliction f.
'**Trau|ring** m anneau m nuptial; alliance f; '~**schein** m acte m de mariage.
traut [traut] cher; intime.
'**Trau|ung** f épousailles f/pl.; (célébration f du) mariage m; rl. bénédiction f nuptiale; '~**zeuge** m témoin m du (resp. de la) marié(e).
Treber ['tre:bər] pl. Wein: marc m (de raisin); Gerste: drêche f.
Trecker ['trekər] m (7) tracteur m.
Treff [tref] n (11) (Karte) trèfle m.
treffen ['~ən] 1. atteindre; (an~, begegnen) rencontrer; (be~) concerner; s'adresser à; (erraten) deviner; toucher juste; Ziel: toucher, nicht ~ manquer; Worte, Feuerwaffen: porter juste; Maßnahmen: prendre; Wahl, Vorbereitung: faire; Vereinbarung: conclure; peint. attraper la ressemblance; Sänger: chanter juste; auf etw. (acc.) ~ tomber sur qch.; sich ~ se rencontrer, se réunir, (geschehen) arriver; es (a. sich) gut (schlecht) ~ tomber bien (mal). 2. 2 n (Begegnung) rencontre f; ✕ a. combat m; (Zusammenkunft) réunion f; congrès m; verabredetes: entrevue f; '~**d** (genau) exact; (richtig) juste; (schlagend) frappant.
'**Treff|er** m (7) coup m portant; Lotterie: billet m gagnant; fig. coup m heureux; '2**lich** excellent; parfait; '~**lichkeit** f excellence f; (Treffliches) chose f excellente; '~**punkt** m rendez-vous m (verabreden fixer); ✕ point m de raillement; '~**sicherheit** f justesse f (od. précision) f du tir. [(flottantes.)
Treibeis ['traɪp-] n glaces f/pl.\
treiben ['traɪbən] (30) **1.** v/t. pousser; (an~) a. presser; (ver~) chasser (aus de); (be~) faire, exercer, pratiquer; se livrer à; s'occuper de; ch. traquer; rabattre; Maschinen: faire marcher; actionner; Knospen, Blüten: pousser; Metall: bosseler; emboutir; Herde: mener; conduire; es zu weit ~ aller trop loin; v/i. 🕆 aller à la dérive; die ~**de Kraft** la force motrice; **2.** 2 n (Bewegung) mouvement m; (Beschäftigung) occupation f; (Tun) activité f; ch. battue f; ♪ bourgeonnement m.
'**Treiber** m (7) meneur m; conducteur m; ch. rabatteur m; traqueur m.
'**Treib|gut** n épaves f/pl.; '~**haus** n serre f chaude; '~**holz** n bois m flot-

Treibjagd — 1069 — **triefen**

tant; '~jagd f battue f; '~mine f mine f dérivante; '~öl n mazout m; '~rad n roue f motrice; '~riemen m courroie f de transmission; '~sand m sable m mouvant; '~stoff m carburant m.

treidel|n ⚓ ['traidəln] (29) 'haler; '2n n 'halage m; '2pfad m chemin m de halage.

Trema ['treːma] n tréma m.

tremulieren [tremu'liːrən] trembl(ot)er; chevroter.

trenn|bar ['tren-] séparable; ~en ['~ən] (25) séparer; disjoindre; désunir; (loslösen) détacher; Ehe: rompre; Naht: défaire; téléph. couper; ⚡ déconnecter; sich ~ se séparer, mit Scheidung: divorcer, Wege: bifurquer; '~scharf Radio: sélectif; '2schärfe f sélectivité f; '2ung f séparation f; désunion f; (Scheidung) divorce m; '2ungsstrich m tiret m; zwischen Wortsilben: division f.

Trense ['trenzə] f (15) bridon m.

trepp|ab [trep'ʔap] en descendant l'escalier; ~auf [~'ʔauf] en montant l'escalier; ~ treppab gehen monter et descendre les escaliers.

Trepp|e ['trepə] f (15) escalier m; (Frei2) perron m; e-e ~ hoch au premier (étage); '~enabsatz m palier m; '~enbeleuchtung f éclairage m des escaliers; (Automat) minuterie f; '~engeländer n rampe f (d'escalier); balustrade f; '~enhaus n cage f d'escalier; '~enläufer m tapis m d'escalier; '~enstufe f marche f; '~enwitz m esprit m de l'escalier.

Tresor [tre'zoːr] m trésor m; (Stahlkammer) coffre-fort m.

Tresse ['tresə] f (15) galon m; passement m; mit ~n besetzen galonner.

Trester ['trestər] pl. (7) marc m (de raisin); '~wein m piquette f.

tret|en ['treːtən] (30) v/i. (gehen) marcher; (radeln) pédaler; Pferd: ruer; an etw. (acc.) ~ s'avancer vers (od. s'approcher de) qch., gr. Endung: s'ajouter à qch.; auf etw. (acc.) ~ marcher sur qch.; aus etw. ~Raum: sortir de qch., Partei, Amt: se retirer de qch., quitter qch.; ~ in etw. (acc.) entrer dans qch.; vor j-n ~ paraître (od se présenter) devant q.; vor etw. (acc.) ~ passer devant qch.; zu j-m ~ avancer vers q.; v/t. Henne: cocher; '2lager n pédalier m; '2mine f fougasse f; '2mühle f treuil m à tambour; fig. galère f; travail m abrutissant; '2rad n roue f à treuil.

treu [trɔy] fidèle; (ergeben) loyal; dévoué; zu ~en Händen übergeben remettre en mains sûres; m-r 2! (par od. sur) ma foi!; auf 2 und Glauben en confiance; '2bruch m violation f de la foi jurée; (Meineid) parjure m; (Verrat) trahison f; '~brüchig parjure; traître; 2e ['~ə] f (15) fidélité f; (Ergebenheit) loyauté f; dévouement m; bsd. im Halten e-r Zusage: foi f; die ~ brechen manquer à sa foi; '2eid m serment m de fidélité; ~er'geben sincèrement dévoué; '~ge'sinnt loyal; '2händer m (7) agent m fiduciaire; curateur m; '2handgesellschaft f société f fiduciaire; '~herzig ['~hertsiç] sincère; de bonne foi; ingénu; candide; '2herzigkeit f bonne foi f; ingénuité f; candeur f; '~lich fidèlement; loyalement; '~los infidèle; déloyal; perfide; '2losigkeit f infidélité f; déloyauté f; perfidie f.

Triangel ♪ u. ♪ ['triːaŋəl] m (7) triangle m.

Tribun [tri'buːn] m tribun m; ~al [~bu'naːl] n (3¹) tribunal m.

Tri'büne [tri'byːnə] f (15) tribune f; estrade f.

Tribut [tri'buːt] m (3) tribut m; 2pflichtig tributaire (j-m de q.).

Trichin|e [tri'çiːnə] f (15) trichine f; 2ös [çi'nøːs] trichiné; ~ose [çi-'noːzə] f trichinose f.

Trichter ['triçtər] m (7) entonnoir m; (Schall2) pavillon m.

Trick [trik] m (3² u. 11) truc m; '~film m dessin m animé.

Trieb [triːp] m (3) force f végétative; (Schößling) pousse f; jet m; (Antrieb) impulsion f; (Neigung) penchant m; inclination f; tendance f; (Regung) mouvement m; natürlicher ~ instinct m; '~feder f ressort m; figr. mobile m; '~kraft f force f motrice; '~rad n roue f motrice; '~wagen m autmotrice f; '~welle f arbre m de commande; '~werk n mécanisme m; (Getriebe) engrenage m.

Trief|auge ['triːfʔ-] n œil m chassieux; '2äugig ['~ʔɔygiç] dont l'œil est chassieux; 2en ['~ən] ruisseler; ihm ~ die Augen les yeux lui

triefend — 1070 — **Trommel**

pleurent; il a de la chassie aux yeux; *ihm trieft die Nase* le nez lui goutte; il a la roupie au nez; *von Weisheit* ~ être débordant de sagesse; '2**end** ruisselant; *Nase, Auge*: qui coule; *von Regen* ~ dégouttant de pluie; '~**nase** *f* nez *m* roupieux.

Trier [triːr] *n* Trèves *f*.

triezen F ['triːtsən]: *j-n* ~ brimer q.

Trift [trift] *f* (15) pâturage *m*; pacage *m*; (*Herde*) troupeau *m*; ⊕ courant *m* de surface; *Meer*: dérive *f*; 2**ig** (*bündig*) concluant; *Grund*: valable; *Argument*: solide; fondé; *Bemerkung*: plausible; qui porte; '~**igkeit** *f* bien-fondé *m*.

Trigonometr|ie [trigonometriː] *f* trigonométrie *f*; 2**isch** [~'meːtriʃ] trigonométrique.

Trikolore [trikoˈloːrə] *f* drapeau *m* tricolore. [maillot *m*.\

Trikot [triˈkoː] *m* (11) u. *n* tricot *m*;\

Triller ['trilər] *m* (7) trille *m*; (*Lauf*) roulade *f*; '2**n** (29) triller; faire des trilles (*resp.* des roulades); *Lerche*: grisoller; '~**n** *n* trilles *m/pl.*; *Lerche*: grisollement *m*; '~**pfeife** *f* sifflet *m* à roulette. [troisième puissance.\

Trillion [triliˈoːn] *f* million *m* à la\

Trilogie [triloˈgiː] *f* trilogie *f*.

Trimester [triˈmɛstər] *n* trimestre *m*.

trimm|en ⊕ ['trimən] (25) arrimer; '2**er** ⊕ *m* (7) arrimeur *m*.

trink|bar ['triŋkbaːr] buvable; *Wasser*: potable; '2**becher** *m* gobelet *m*; ~**en** ['~ən] (30) boire (*aus e-m Glas* dans un verre; *aus der Flasche* à la bouteille); *Kaffee, Tee usw.*: a. prendre; '2**en** *n* boire *m*; (*Trunksucht*) ivrognerie *f*; '2**er**(**in** *f*) *m* buveur *m*, -euse *f*; *pfort* ivrogne *m*, -esse *f*; '~**fest** qui boit sec; '2**gefäß** *n* récipient *m* pour boire; '2**gelage** *n* beuverie *f*; '2**geld** *n* pourboire *m*; service *m*; ~ *einbegriffen* service compris; '2**glas** *n* verre *m* à boire); '2**halle** *f* buvette *f*; '2**kur** *f* cure *f* d'eau (minérale); *e-e* ~ *machen* faire une saison aux eaux; '2**lied** *n* chanson *f* à boire; '2**schale** *f* coupe *f*; '2**spruch** *m* toast *m*; *auf j-n e-n* ~ *ausbringen* porter un toast à q.; '2**strohhalm** *m* paille *f*; '2**wasser** *n* eau *f* potable.

Trio ['triːo] *n* (11) trio *m*.

tripp|eln ['tripəln] (29) aller à petits pas; trottiner; '2**er** ⚕ *m* gonorrhée *f*; blennorragie *f*.

Triptyk ['triptyk] *n* triptyque *m*.

Tritt [trit] *m* (3) pas *m*; (~**art**) démarche *f*; (*Spur*) trace *f* de pas; (*Fuß*2) coup *m* de pied; ⊕ pédale *f*; (*Stufe*) marche *f*, *Tür*: pas *m* de la porte; ~ *fassen* se mettre au pas; ~ *halten* garder le pas; *den* ~ *wechseln* changer le pas; *im* ~! au pas!; *ohne* ~! pas de route!; *ohne* ~ *marschieren* rompre le pas; '~**brett** *n*, '~**leiter** *f* marchepied *m*.

Triumph [triˈumf] *m* (3) triomphe *m*; '~**bogen** *m* arc *m* de triomphe; 2**ieren** [~ˈfiːrən] triompher (*über acc.* de); ~**zug** *m* marche *f* triomphale. [2**us** *m* trochée *m*.\

trochä|isch [troˈxɛːiʃ] trochaïque;\

trocken ['trɔkən] sec; (*dürr*) aride; ~ *werden* sécher; *fig. auf dem* ~**en** *sitzen* être à sec; *im* ~**en** *sitzen* être à l'abri; *noch nicht* ~ *hinter den Ohren* pas encore sec derrière les oreilles.

'**Trocken|apparat** *m* séchoir *m*; '~**batterie** ⚡ *f* pile *f* sèche; '~**boden** *m* séchoir *m*; '~**dock** ⊕ *n* bassin *m* de radoub; cale *f* sèche; '~**element** ⚡ *n* pile *f* sèche; '~**futter** *n* fourrage *m* sec; '~**gemüse** *n* légumes *m/pl.* secs; '~**heit** *f* sécheresse *f*; (*Dürre*) aridité *f* (*beide a. fig.*); '~**kammer** *f* séchoir *m*; '~**legen** assécher; mettre à sec; *Kind*: changer; '~**legung** *f* assèchement *m*; '~**milch** *f* lait *m* en poudre; '~**ofen** *m* étuve *f*; '~**reinigung** *f* nettoyage *m* à sec; '~**ständer** *phot. m* séchoir *m*.

trocknen ['trɔknən] (26) sécher; (*ab*~) essuyer.

Troddel ['trɔdəl] *f* (15) 'houppe *f*; (*Degen*2) dragonne *f*.

Trödel ['trøːdəl] *m* (7) friperie *f*; bric-à-brac *m*; '~**ei** [~ˈlaɪ] *f* (16) friperie *f*; *fig.* F lanternerie *f*; '~**geschäft** *n* friperie *f*; '~**kram** *m* bric-à-brac *m*; '~**laden** *m* boutique *f* de fripier (*od.* de brocanteur); '~**markt** *m* marché *m* aux puces; 2**n** (29) brocanter; (*Zeit vertun*) traîner; F lanterner; lambiner; '~**ware** *f* bric-à-brac *m*.

'**Trödler**(**in** *f*) *m* (7) fripier *m*, -ière *f*; brocanteur *m*, -euse *f*; (*langsamer Arbeiter*) F lambin *m*, -e *f*.

Trog [troːk] *m* (3³) auge *f*; (*Tränke*) abreuvoir *m*; (*Krippe*) mangeoire *f*.

trollen ['trɔlən]: *sich* ~ s'en aller; F filer; décamper; P se trotter.

Trommel ['trɔməl] *f* (15) tambour *m* (*a.* ⊕); caisse *f*; *die* ~ *schlagen*

Trommelfell — 1071 — **trügerisch**

(rühren) battre du tambour; '~fell n peau f de tambour; anat. tympan m; '~feuer n pilonnage m; '♀n (29) battre du tambour; mit den Fingern ~ tambouriner avec les doigts; mit den Füßen ~ trépigner; '~schlag roulement m de tambour; '~stock m baguette f de tambour; '~wirbel m roulement m de tambour; unter ~ tambour battant.

'**Trommler** m (7) tambour m.

Trompete [trɔm'peːtə] f (15) trompette f; helle: clairon m; ♀n (26) sonner de la trompette; Elefant: barèter; barrir; ~nsignal n sonnerie f; ~nstück n air m de trompette; ~r m (7) trompette m; clairon m.

Tropen ['troːpən] tropiques m/pl.; in den ~ sous les tropiques; '~gegend f région f tropicale; '~helm m casque m colonial; '~klima n climat m tropical; '~koller m coup m de bambou; '~pflanze f plante f tropicale; '~welt f régions f/pl. tropicales.

Tropf [trɔpf] m (3³) sot m; benêt m; nigaud m; armer ~ pauvre diable m; pauvret m; '~brett n égouttoir m.

tröpfeln ['trœpfəln] (29) = tropfen.

tropfen ['~pfən] 1. v/i. (25) goutter; tomber goutte à goutte; (herab~) dégoutter; es tropft il tombe des gouttes (de pluie); der Schweiß tropft ihm von der Stirn rost il est ruisselant de sueur; v/t. verser goutte à goutte; 2. m (6) goutte f; '♀fänger m attrape-gouttes m; '♀flasche f compte-gouttes m; '~weise goutte à (od. par) goutte.

'**Tropfstein** m (3²) stalactite f; vom Boden aufsteigend: stalagmite f; '~höhle f grotte f de stalactites (resp. de stalagmites).

Trophäe [tro'fɛːə] f (15) trophée f.

'**tropisch** tropical.

Troß [trɔs] m train m; gros bagages m/pl.; (Gefolge) suite f.

'**Troßknecht** m soldat m du train; F tr(a)inglot m; '~pferd n cheval m du train; '~wagen m fourgon m.

Trost [troːst] m (3²) consolation f; réconfort m; j-m ~ spenden consoler q.; nicht recht bei ~ sein F être fou.

tröst|en ['trøːstən] (26) consoler (über acc. de); réconforter; sich mit dem Gedanken ~, daß... se consoler à la pensée que...; '♀er(in f) m (7) consolateur m, -trice f; '~lich consolant.

'**trost|los** désolé; (betrübend) désolant; '♀losigkeit f désolation f; '♀preis m prix m de consolation; '♀spruch m sentence f consolante.

'**Tröstung** f consolation f.

Trott [trɔt] m trot m; s-n alten ~ gehen aller son petit train; ~el ['~əl] F m ganache f; gaga m; ♀en ['~ən] trotter; aller son petit train; ~oir [~to'aːr] n trottoir m.

trotz [trɔts] 1. prp. (gén. u. dat.) malgré; en dépit de; 2. ♀ m (3²) défi m; (Halsstarrigkeit) opiniâtreté f; (Eigensinn) obstination f; entêtement m; (Widerspenstigkeit) mutinerie f; j-m (e-r Sache dat.) ~ bieten = ~en; zum ~ en dépit de; '~dem 1. adv. quand même; tout de même 2. cj. bien que (subj.); quoique (subj.); ~en ['~ən] (27): j-m (e-r Sache dat.) ~ braver (od. affronter) qch.; abs. faire la mauvaise tête; '~ig qui fait la mauvaise tête; (eigensinnig) entêté; obstiné; (widerspenstig) mutin; '♀kopf m esprit m obstiné; mauvaise tête f; '~köpfig entêté; obstiné.

trüb(e) ['tryːbə] Flüssigkeit: trouble; (glanzlos) terne; Wetter, Stimmung: sombre; es ist ~ il fait sombre; es sieht ~ aus fig. les perspectives ne sont pas brillantes; im ~en fischen fig. pêcher en eau trouble.

Trubel ['truːbəl] m (7) (Aufregung, Unruhe) agitation f; (lebhaftes Treiben) animation f; (Stimmengewirr) brouhaha m; fig. tourbillon m.

'**trüb|en** (25) troubler; (glanzlos machen) ternir; der Himmel trübt sich le ciel s'assombrit; ♀sal ['tryːp-] f (14) affliction f; (Not) misère f; (Drangsal) tribulation f; ~ blasen faire triste mine; broyer du noir; '~selig morose; triste; (jämmerlich) pitoyable; '♀seligkeit f tristesse f; '♀sinn m humeur f sombre; mélancolie f; '~sinnig sombre; mélancolique. [tranchant.]

Truchseß ['truxzɛs] m écuyer m)

trudeln ['truːdəln] faire la vrille.

Trüffel ♀ ['tryfəl] f (15) truffe f; ♀n garnir de truffes; truffer.

Trug [truːk] m (3, o. pl.) tromperie f; imposture f; '~bild n image f trompeuse; illusion f; fantôme m.

trüg|en ['tryːɡən] (30) tromper; (täuschen) décevoir; '~erisch trompeur; Argument: fallacieux; Hoffnung: il-

Trugschluß lusoire; *Schluß*: sophistique; *Wetter*: incertain; *Gedächtnis*: infidèle.

'**Trugschluß** *m* fausse conclusion *f*; *spitzfindiger*: sophisme *m*. [bahut *m*.|

Truhe ['tru:ə] *f* (15) coffre *m*;

Trümmer ['trymər] *pl.* (7) débris *m/pl.*; ruines *f/pl.*; (*Schutt*) décombres *m/pl.*; gravats *m/pl.*; *in ~ gehen* tomber en ruines; s'effondrer; *in ~ schlagen* mettre en morceaux; '**~haufen** *m* monceau *m* de ruines.

Trumpf [trumpf] *m* (3³) atout *m*; **2en** ['~ən] (25) jouer atout.

Trunk [truŋk] *m* (3³) (*Schluck*) gorgée *f*; coup *m* (à boire); (*Zug*) trait *m*; *= ~sucht*; *dem ~ ergeben* adonné à la boisson; **2en** in ivre; **~bold** ['~bɔlt] *m* (3) ivrogne *m*; P pochard *m*; '**~enheit** *f* ivresse *f* (*a. fig.*); *am Steuer* au volant); '**~sucht** *f* ivrognerie *f*; '**2süchtig** ivrogne.

Trupp [trup] *m* (11) troupe *f*; bande *f*; ⚔ peloton *m*; '**~e** *f* troupe *f*; '**~enaushebung** *f* recrutement *m*; '**~enbewegungen** *f/pl.* manœuvres *f/pl.*; mouvements *m/pl.* de troupes; '**~engattung** *f* arme *f*; '**~enschau** *f* revue *f*; '**~enteil** *m* corps *m* de troupes; '**~en-übungsplatz** *m* terrain *m* de manœuvres; camp *m* d'instruction; '**~enverschiebung** *f* déplacement *m* de troupes; '**2weise** en troupe; par troupes.

Trust [trust] *m* (3) trust *m*.

Trut|hahn ['tru:t-] *m* dindon *m*; '**~henne** *f* dinde *f*.

Tschako ['tʃako] *m* (11) s(c)hako *m*.

Tscheche ['tʃɛço] *m* (13), '**~in** *f* Tchèque *m*, *f*; '**2isch** tchèque; **~oslo'wake** *m*, **~oslo'wakin** *f* Tchécoslovaque *m*, *f*; **~oslowakei** [~va'kaɪ] *f*: *die ~ la* Tchécoslovaquie; **2oslo'wakisch** tchécoslovaque.

T-Träger *m* fer *m* en T.

Tube ['tu:bə] *f* (15) tube *m*.

Tuberk|el [tu'bɛrkəl] *f* (15) tubercule *m*; '**~elbazillus** *m* bacille *m* de la tuberculose; **2ulös** [~ku'lø:s] tuberculeux; '**~ulose** *f* tuberculose *f*.

Tuch [tu:x] *m* drap *m*; (*Stoff*) étoffe *f*; (*Stück ~*) pièce *f* de toile; (*Hand~*) essuie-main *m*; (*Taschen2*) mouchoir *m*; (*Kopf2*) mouchoir *m* de tête; (*Hals2*) *Herren-*: cache-nez *m*, *Damen-*: fichu *m*; (*großes Umschlage2*) châle *m*; (*Wisch~*) serviette *f*; (*Wischlappen*) torchon *m*; '**~fabrik** *f*, '**~fabrikant**

m, '**~händler** *m* drapier *m*; '**~fühlung** *f* ⚔ accoudement *m*, *fig.* contact *m* étroit; '**~handlung** *f*, '**~laden** magasin *m* de draps (*od.* de draperie); '**~rest** *m* coupon *m*; '**~schere** *f* forces *f/pl.*

tüchtig ['tyçtiç] qui a toutes les qualités requises; de valeur; (*gut*) bon; (*fähig*) capable; (*geschickt*) habile; (*kräftig*) solide; *in etw.* (*dat.*) *~* versé dans (F calé en) qch.; **2keit** *f* valeur *f*; (*Fähigkeit*) capacité *f*; (*Kräftigkeit*) solidité *f*.

'**Tuch|waren** *f/pl.* draps *m/pl.*; draperie *f*; '**~weber** *m* drapier *m*.

Tück|e ['tyko] *f* (15) malice *f*; malignité *f* (*des Schicksals du sort*); perfidie *f* (*des Menschen*); '**2isch** malicieux; perfide.

Tüft|elei [tyftə'laɪ] *f* subtilités *f/pl.*; **2eln** ['~əln] subtiliser.

Tugend ['tu:gənt] *f* (16) vertu *f*; '**2haft** vertueux; '**~haftigkeit** *f* façons *f/pl.* vertueuses; '**~held** *m* parangon *m* de vertu; '**~lehre** *f* morale *f*.

Tüll [tyl] *m* (3¹) tulle *m*; '**~e** *f* (15) douille *f*; *Leuchter*: bobèche *f*.

Tulpe ['tulpa] *f* (15) tulipe *f*; '**~baum** *m* tulipier *m*; '**~nzwiebel** *f* oignon *m* de tulipe.

'**tummel|n** (29): *sich ~* prendre ses ébats; s'ébattre; (*sich beeilen*) se dépêcher; '**2platz** *m* terrain *m* de jeu; '**2taube** *f* pigeon *m* culbutant.

'**Tümmler** *icht. m* dauphin *m*.

Tümpel ['tympəl] *m* (7) mare *f*; (*Pfütze*) flaque *f*.

Tumult [tu'mult] *m* (3) tumulte *m*; (*Aufruhr*) émeute *f*; **2u'arisch** tumultuaire; (*lärmend*) tumultueux.

tun [tu:n] (30) **1.** faire; (*handeln*) agir; *er tut* j*-m zu* *~* haben avoir affaire à q.; *mit Ihnen habe ich nichts zu* *~* je n'ai rien à faire avec vous; *damit habe ich nichts zu* *~* cela ne me regarde pas; *ich will nichts damit zu* *~* haben je ne veux pas m'en mêler; *es ist mir sehr darum zu* *~* j'y tiens beaucoup; *es ist ihm nur um das Geld zu* *~* il n'a en vue que l'argent; *es ist mir nur darum zu* *~, zu ...* (*inf.*) il s'agit seulement pour moi de ... (*inf.*); **2.** *~ n*: *sein ~ und Treiben* ses faits et gestes *m/pl.*; *sein ~ und Lassen* toute sa conduite.

Tünche ['tynçə] *f* (15) badigeon *m*; lait *m* de chaux; *fig.* vernis *m*; fard *m*; **2n** (25) blanchir à la chaux; badigeonner; *fig.* farder.

Tunes|er(in *f*) [tu'ne:sər] *m* Tunisien *m*, -ne *f*; **~ien** *n* la Tunisie; **~isch** tunisien. [*uv.*) vaurien *m*.]
Tunichtgut ['tu:nɪçtgu:t] *m* (3 *u.*
Tunke ['tuŋkə] *f* (15) sauce *f*; '**~n** (25) tremper; '**~nschale** *f* saucière *f*.
'**tunlich** (*ratsam*) opportun; '**~st** *adv.* si les circonstances le permettent; **~ bald** le plus tôt possible.
Tunnel ['tunəl] *m* (11) tunnel *m*.
Tüpfel ['typfəl] *m* (*a. n*) (7) point *m*; petite tache *f*; *Felle usw.*: moucheture *f*; '**~chen** *n* (6): *das ~ auf dem i* le point sur l'i; '**2n** (29) pointiller; (*sprenkeln*) moucheter.
tupfen ['tupfən] (25) **1.** toucher légèrement; (*sprenkeln*) moucheter; **2.** **2** *m* tache *f*; point *m*.
Tür [ty:r] *f* (16) porte *f*; (*Wagen*2) portière *f*; *kleine in e-r größeren*: guichet *m*; **~ und Tor öffnen** donner libre accès; *j-m die ~ weisen*; *j-n vor die ~ setzen* mettre q. à la porte; *j-m die ~ vor der Nase zuschlagen* fermer à q. la porte au nez; *offene ~en einrennen* enfoncer des portes ouvertes; *mit der ~ ins Haus fallen fig.* mettre les pieds dans le plat; *vor der ~ stehen* être à la porte, *fig.* être proche; *zwischen ~ und Angel* en sortant; au dernier moment; '**~angel** *f* gond *m*.
Turban ['turban] *m* (3¹) turban *m*.
Turbine [tur'bi:nə] *f* (15) turbine *f*.
Tür|drücker *m* poignée *f* (*resp.* bouton *m*) de porte; '**~flügel** *m* battant *m* (de porte); vantail *m*; '**~füllung** *f* panneau *m* de porte; '**~griff** *m* = **~drücker**; '**~hüter** *m* portier *m*; huissier *m*.
Türk|e ['tyrkə] *m* (13), '**~in** *f* Turc *m*, Turque *f*; **~ei** [~'kaɪ] *f* (17): *die ~* la Turquie; **~ensäbel** *m* cimeterre *m*; **~is** [~'ki:s] *m* (4) turquoise *f*; '**2isch** turc (*f*: turque). [*m* heurtoir *m*.]
'**Tür|klinke** *f* loquet *m*; '**~klopfer**
Turm [turm] *m* (3³) tour *f* (*a. fig. u. Schach.*); (*Kirch*2) clocher *m* *Kriegsschiff:* tourelle *f*; *Festung:* donjon *m*.
türm|en ['tyrmən] (25) *v/t.* (*sich's*) amonceler (*a. Wolken*); (*s*)'entasser; *v/i.* (*weglaufen*) F filer; décamper; '**2er** *m* gardien de la tour.
'**Turm|falke** *m* crécerelle *f*; '**2hoch** *fig.* très 'haut; '**~schwalbe** *f* martinet *m*; '**~spitze** *f* pointe *f* de tour; (*Kirch*2) flèche *f* de clocher; '**~uhr** *f* horloge *f*; '**~wächter** *m* = Türmer.

turn|en ['turnən] faire des exercices physiques (*od.* de la gymnastique); '**2en** *n* exercices *m/pl.* physiques; gymnastique *f*; '**2er(in** *f*) *m* (7) gymnaste *m*, *f*; '**~erisch** gymnastique; '**2fest** *n* fête *f* de gymnastique; '**2erschaft** *f* société *f* de gymnastique; '**2gerät** *n* appareils *m/pl* de gymnastique; agrès *m/pl.*; '**2halle** *f* salle *f* de gymnastique; '**2hose**(n *pl.*) *f* culotte *f* de gymnastique; **2ier** [~'ni:r] *n* (3¹) tournoi *m*; '**2lehrer(in** *f*) *m* maître *m*, -esse *f* (*resp.* professeur *m*) de gymnastique; '**2platz** *m* gymnase *m*; '**2schuh** *m* soulier *m* de gymnastique; '**2-übung** *f* exercice *m* gymnastique; '**2-unterricht** *m* gymnastique *f*; '**2ver-ein** *m* société *f* de gymnastique.
'**Tür|-öffnung** *f* baie *f*; '**~pfosten** *m* montant *m* de porte; '**~rahmen** *m* encadrement *m* (d'une porte); '**~schild** *n* plaque *f*; '**~schließer** *m* portier *m*; (*Apparat*) ferme-porte *m* automatique; '**~schwelle** *f* seuil *m*; '**~steher** *m* huissier *m*; portier *m*.
Turteltaube ['turtəl-] *f* tourterelle *f*.
'**Tür|verkleidung** *f* chambranle *m* de porte; '**~vorhang** *m* portière *f*.
Tusch [tuʃ] *m* (3³) fanfare *f*; **~blasen** sonner la fanfare; **~e** ['~ə] *f* (15) encre *f* de Chine; (*blasen*) '**2en** (29) chuchoter; '**2en** (27) faire un lavis; '**~farben** *f/pl.* couleurs *f/pl.* à l'eau (*od.* d'aquarelle); '**~kasten** *m* boîte *f* à couleurs; '**~napf** *m* godet *m*; '**~zeichnung** *f* lavis *m*. [(de papier).]
Tüte ['ty:tə] *f* (15) cornet *m*; sac *m*]
tuten ['tu:tən] *Schiff:* donner un coup de sirène; F (*blasen*) sonner du cor.
Tüttelchen ['tytəl-] *n* petit point *m*; *kein ~ (bei vb. ne ...)* pas un iota.
Twist [tvɪst] *m* (3) fil *m* de coton.
Typ [ty:p] *m* (3¹) type *m*; **~e** *typ.* ['~ə] *f* caractère *m*; type *m*; *e-e komische ~* *fig.* un drôle de type.
Typhus ['ty:fus] *m* typhus *m*; fièvre *f* typhoïde; '**~impfung** *f* vaccination *f* antityphique; '**~kranke** (*a. m*) *m*, *f* typhique *m*, *f*.
'**typ|isch** typique; '**2us** *m* type *m*.
Tyrann [ty'ran] *m* (12) tyran *m*; **~ei** [~'naɪ] *f* (16), **~enherrschaft** *f* tyrannie *f*; **~enmord** *m* tyrannicide *m*; **~enmörder(in** *f*) *m* tyrannicide *m*, *f*; **2isch** tyrannique; **2isieren** [~i'zi:rən] tyranniser.

U

U, u [u:] *n* U, u *m*.
U-Bahn *f* métro *m*.
übel ['y:bəl] **1.** mauvais; *adv.* mal; *mir ist (wird)* ~ j'ai mal au cœur; je me sens (*od.* me trouve) mal; *dabei kann e-m* ~ *werden* cela donne la nausée; cela fait lever le cœur; *in üblem Sinne* en mauvaise part; **2.** 2 *n* (6) mal *m*; *vom* ~ *sein* être désavantageux (*od.* préjudiciable *od.* nuisible); '2**befinden** *n* indisposition *f*; mal *m* au (*od.* de) cœur; nausée *f*; '**~gelaunt** ['~gəlaunt] *od.* **~gesinnt** ['~gəzint] mal intentionné; '2**keit** *f* envie *f* de vomir; mal *m* au (*od.* de) cœur; nausée(s *pl.*) *f*; '**~nehmen** prendre en mauvaise part; '**~nehmerisch** susceptible; '**~riechend** fétide; '**~ste(r)** le (*f*: la) pire; *adv.* le pis; '2**tat** *f* méfait *m*; *schwere*: forfait *m*; délit *m*; '2**täter(in** *f*) *m* malfaiteur *m*, -trice *f*; '**~tun** faire le mal; **~wollen** j-m ~ vouloir du mal à q.; '2**wollen** *n* (6) malveillance *f*.
üben ['~n] (25) exercer; (*aus*~) pratiquer; ♪ étudier; *Sport*: s'entraîner; *thé.* répéter (*a. Lied*).
über ['~r] **1.** *prp.* (*dat. resp. acc.*) **a)** *örtlich*: sur; au-dessus de; (*jenseits*) au delà de; de l'autre côté de; par delà; (*durch*) par; ~ *den Büchern sitzen* être sur ses livres; ~ *j-m stehen* être au-dessus de q.; ~ *die Straße gehen* aller de l'autre côté de (*od.* traverser) la rue; ~ *den Bergen* par delà les montagnes; ~ *Paris reisen* passer par (*od.* via) Paris; **b)** *zeitlich*: pendant; dans; *den Tag* ~ pendant la journée; ~*s Jahr* dans un an; **c)** *Maß u. Zahl*: au-dessus de; au delà de; plus de; plus que; *es geht* ~ *m-e Kräfte* c'est au-dessus de mes forces; ~ *alles Erwarten* au delà de toute espérance; ~ *100 Mark* plus de cent marks; ~ *Gebühr* plus que de raison; ~ *40 (Jahre alt) sein* avoir passé la quarantaine; *es geht mir nichts* ~ ... rien n'égale à mes yeux ...; **d)** *Anhäufung*: sur; *einmal* ~ *das andere* coup sur coup; *Fehler* ~ *Fehler* faute sur faute; **e)** *fig.* de; sur; au sujet de; *e-e Rechnung* ~ *un compte de*; *schreiben, sprechen, streiten, klagen, sich freuen usw.* ~ *s. die betr. vb.*; **f)** *bei Verwünschungen*: à; *Fluch* ~ *dich!* malheur à toi!; sois maudit!; **2.** *adv.* ~ *und* ~ entièrement; tout (à fait); ~ *kurz oder lang* tôt ou tard; *j-m* ~(*legen*) sein être supérieur à q.; *es ist mir* ~ (*zuviel*) j'en ai assez (*od.* par-dessus la tête); '**~-all** partout; '**~-anstrengen** surmener; 2'**anstrengung** *f* surmenage *m*; '**~-antworten** remettre; (*ausliefern*) livrer; '**~-arbeiten** remanier; retoucher; *sich* ~ (*überanstrengen*) se surmener; 2'**arbeitung** *f* remaniement *m*; retouche *f*; (*Überanstrengung*) excès *m* de travail; surmenage *m*; 2'**ärmel** *m* fausse manche *f*; (*Schutz*2) garde-manche *m*; '**~-aus** extrêmement; (*übermäßig*) excessivement; '2**bau** *m* encorbellement *m*; '2**bein** *n* exostose *f*; *vét.* suros *m*; '**~belichten** *phot.* surexposer; '2**bett** *n* dessus *m* de lit; '**~bewerten** surestimer; 2'**bewertung** *f* surestimation *f*; '**~bieten** *Auktion*: (r)enchérir sur; *Spiel*: renvier; *fig.* surpasser; '**bleibsel** ['~blaipsəl] *n* (7) reste *m*; *Mahlzeit*: reliefs *m/pl.*, (*Rückstand*) résidu *m*; '2**blick** *m* vue *f* d'ensemble; (*Abriß*) aperçu *m*; (*Zusammenfassung*) résumé *m*; '**~blicken** parcourir des yeux; embrasser d'un coup d'œil; '**~bringen** (ap)porter; (*zustellen*) remettre; 2'**bringer(in** *f*) *m* porteur *m*, -euse *f*; '**~brücken** *Fluß*: jeter un pont sur; *fig.* surmonter; 2'**brückung** *f* construction *f* d'un pont sur; (*Überführung*) viaduc *m*; 2'**brückungskredit** *m* crédit *m* de transition; '**~bürden** surmener; surcharger; 2'**bürdung** *f* surmenage *m*; '**~dachen** (25) couvrir d'un toit; '**~dauern**: *etw.* ~ survivre à qch.; '**~denken** réfléchir à (*od.* sur); '**~dies** en outre; de plus; '**~drehen** *Gewinde*: déformer; '2**druck** *m* suppression *f*; 2-

Überdruß — 1075 — **überhaupt**

druß ['⁓drus] m (4) dégoût m; (*Übersättigung*) satiété f; *bis zum* ⁓ à satiété; ⁓**drüssig** ['⁓drysiç] dégoûté; *e-r Sache* (gén.) ⁓ *werden* se dégoûter de qch.; ⁓**eck** [⁓'ɛk] en travers; '2**eifer** m excès m de zèle; '⁓**eifrig** trop zélé; ⁓'**eignen** transmettre; 2'**eignung** f transmission f; ⁓'**eilen**: *etw.* ⁓ précipiter qch.; *sich* ⁓ se presser trop; ⁓'**eilt** précipité; (*unbedacht*) inconsidéré; 2'**eilung** f précipitation f.

übereinander [⁓'⁓ʔar'nandər] l'un sur l'autre; ⁓**legen** superposer; *Beine*: croiser; ⁓**schlagen** *Beine, Arme*: croiser.

über¹-ein|kommen se mettre d'accord; ⁓ *über* (acc.) convenir de; 2**kommen** n (6), 2**kunft** f (14¹) convention f; accord m; arrangement m; ⁓**stimmen**: *mit j-m* ⁓ être d'accord avec q.; *mit etw.* ⁓ correspondre à qch., cadrer avec qch., *gr..* s'accorder avec qch.; ⁓**stimmend** concordant; conforme; 2**stimmung** f accord m (a. gr.); concordance f; *in* ⁓ *bringen mit* faire concorder (*od.* accorder [a. gr.]) avec.

über¹-ein|-essen: *sich* ⁓ manger trop; ⁓'**fahren**: *j-n* ⁓ écraser q.; *Fluß*: traverser; *Signal*: brûler; 2**fahrt** f traversée f; passage m; *zu Lande*: trajet m; '2**fall** m attaque f imprévue; (*Handstreich*) coup m de main; *auf ein Land*: incursion f, invasion f; ⁓'**fallen** assaillir; *Land*: envahir; (*überraschen*) surprendre; '⁓**fällig** ⚓ u. ✈ en retard; '2**fallkommando** n police-secours f; ⁓'**fliegen** franchir en volant; ✈ survoler; *fig.* parcourir; '2**flieger** ✈ n survol m; ⁓'**fließen** déborder; *von etw.* ⁓ *fig.* regorger de qch.; ⁓'**flügeln** (29) *fig.* surpasser; ⚔ déborder; '2**fluß** m abondance f, pfort surabondance f; (*Fülle*) profusion f; *über den Bedarf*: superflu m; *im* ⁓ en abondance; à profusion; *im* ⁓ *da sein* (sur)abonder; *im* ⁓ *schwelgen* (*schwimmen*) nager dans l'abondance; ⁓ *haben an etw.* (*dat.*) abonder en qch.; '⁓**flüssig** superflu; qui est de trop; (*überreichlich*) surabondant; '⁓**flüssiger weise** inutilement; '2**flüssigkeit** f superfluité f; ⁓'**fluten** inonder; 2'**flutung** f inondation f; ⁓'**fordern**: *j-n* ⁓ (*überteuern*) demander trop cher à q., F écorcher q.; (*überanstrengen*) surmener q.; '2**fracht** f excédent m de bagages; (*übermäßige Ladung*) surcharge f; 2⁓'**fremdung** f envahissement m par les étrangers; ⁓'**führen** transporter; transférer; ⁓'**führen** ⚔ convaincre (*e-r Sache gén.* de qch.); 2'**führung** f transport m; transfert m; ⚖ conviction f; *für Fußgänger*: passage m supérieur; 🚋 viaduc m; '2**fülle** f surabondance f; profusion f; ⁓'**füllen** surcharger; encombrer; *Saal*: combler; ⁓'**füllt** comble; *Beruf*: encombré; ⁓'**füllung** f surcharge f; encombrement m (*a. Beruf*); *mit Speisen*: réplétion f; ⁓'**füttern** gorger (*mit de*); '2**gabe** f remise f; délivrance f; ⁓ *zur* ⁓ *auffordern* sommer de se rendre; '2**gang** m passage m; *fig.* transition f; '2**gangsbestimmung** f disposition f transitoire; '⁓**gangskleid** n demi-saison m; '2**gangszeit** f période de transition; ⁓'**geben** remettre; (*aushändigen*) délivrer; *in die Gewalt e-s andern*: livrer; ⚔ rendre; *sich* ⁓ (*erbrechen*) vomir; '2**gebot** n surenchère f; ⁓'**gehen** passer (*zu à*); (*sich verwandeln*) se changer (*in acc.* en); (*auslassen*) omettre; laisser de côté; *j-n* ⁓ (*nicht befördern*) faire un passe-droit à q.; 2'**gehung** f omission f; *bei Beförderungen*: passe-droit m; ⁓'**genug** à l'excès; plus que suffisant; '2**gewicht** n surpoids m; excédent m de poids; *fig.* prépondérance f; *das* ⁓ *bekommen* perdre l'équilibre, *fig.* l'emporter; *das* ⁓ *haben fig.* avoir le dessus; ⁓'**gießen** répandre; verser; ⁓'**gießen** arroser (*mit de*); '⁓**glücklich** extrêmement heureux; ⁓'**greifen** empiéter (*in acc.* sur); ⁓ *auf* (*acc.*) (*sich ausdehnen*) se communiquer à; 2'**griff** m empiétement m; '⁓**groß** trop grand; énorme; '2**guß** m enduit m; couche f; '⁓**handnehmen** s'accroître outre mesure; ⁓**hangen** [⁓'haŋən] être suspendu au-dessus; △ surplomber; ⁓'**hängen** suspendre par-dessus; *Mantel usw.*: jeter sur l'épaule; ⁓'**häufen** combler (*mit de*); (*gleichsam erdrücken*) accabler (*de*); 2'**häufung** f excès m (*mit de*); ⁓**haupt** [⁓'haupt] d'une

67*

façon générale; (im ganzen) somme toute; (schließlich) après tout; ~ nicht (bei vb. ne ...) pas du tout; (bei vb. ne ...) nullement; ~'heben: j-n e-r Sache (gén.) ~ dispenser q. de qch.; sich ~ se faire du mal en soulevant qch., (stolz tun) s'enorgueillir (gén. de qch.); ~'heblich [~'he:plɪç] présomptueux, arrogant; ℒ'heblichkeit f, ℒ-'hebung f présomption f; arrogance f; ~'heizen, ~'hitzen surchauffer; '~holen: j-n auf die andere Seite ~ passer q. de l'autre côté; ~'holen dépasser; (vorbeifahren) doubler; ⊕ réviser; ℒ'holen n ⊕ révision f; Straßenverkehr: doublage m; ~'hören ne pas entendre; absichtlich: faire semblant de ne pas entendre; (abhören) j-n ~ faire réciter sa leçon à q.; '~-irdisch (himmlisch) céleste; (übernatürlich) surnaturel; '~kippen v/i. basculer; v/t. faire basculer; '~kleben coller dessus; ~'kleben couvrir d'une feuille collée; ℒkleid ['~klaɪt] n vêtement m de dessus; ~'kleiden [~'klaɪdən] revêtir (mit de); '~klug trop avisé; (dünkelhaft) suffisant; '~kochen déborder; Milch: a. se sauver; fig. sortir des gonds; ~'kommen v/i.: j-m ~ être remis (od. transmis) à q.; v/t. ein Fieber überkommt ihn une fièvre le prend; '~laden transborder; ~'laden surcharger; '~lagern superposer; ℒ-'landflug ≠ m vol m à travers un pays; '~lassen: auf die andere Seite ~ laisser passer de l'autre côté; ~'lassen laisser; (abtreten) céder; (preisgeben) abandonner; e-m ~ zu ... (inf.) s'en remettre à q. pour ... (inf.); sich ~ (dat.) se livrer (à); ℒ'lassung f cession f; abandon m; ℒ'last f, ~'lastung f surcharge f; ~'lasten surcharger; (an) Flüssigkeit: déborder; kochend: a. se sauver; zum Feinde ~ passer à l'ennemi, déserter; ~'laufen 1. v/t.: j-n importuner q.; es überläuft mich kalt cela me donne un frisson; 2. adj. Laufbahn: encombré; ℒ-'läufer m transfuge m; déserteur m; '~laut trop bruyant; '~leben: j-n (etw.) ~ survivre à q. (à qch.); ℒ'lebende(r a. m) m, f survivant m, -e f; '~legen mettre dessus; appli-

quer sur; Kind: châtier; ~'legen 1. v/t. réfléchir à (od. sur); considérer; mit j-m etw. ~ délibérer de qch. avec q.; 2. adj. supérieur (j-m à q.); mit ~er Ruhe avec un calme souverain; ℒ'legenheit f supériorité f; ℒ'legung f réflexion f; mit ~ handeln agir de propos délibéré; ohne ~ à l'étourdie; '~leiten v/t. faire passer; v/i. fig. former la transition; ℒ'leitung f passage m; fig. transition f; ~'lesen parcourir; (übersehen) sauter; passer; ~'liefern transmettre; (ausliefern) livrer; ℒ-'lieferung f tradition f; ℒ'liegen ♃ Schiff: donner de la bande; '~listen duper; ℒ'listung f duperie f; ~-'machen ✟ remettre; ℒ'macht f supériorité f numérique; der ~ weichen céder au nombre; '~mächtig qui dispose de forces supérieures; trop puissant; ~-'malen recouvrir d'une autre peinture; (nachbessern) retoucher; ~man·gan-sauer: ~es Kali permanganate m de potasse; ~'mannen vaincre; accabler par le nombre; der Schlaf übermannt mich le sommeil me prend; ℒ'maß n trop-plein m; fig. excès m (an dat. de); démesure f; ~'mäßig excessif; démesuré; immodéré; ℒ'mensch m surhomme m; ~'menschlich surhumain; ~'mitteln transmettre; ℒ'mitt(e)lung f transmission f; '~morgen après-demain; ~'müdet accablé de fatigue; ℒ'müdung f excès m de fatigue; ℒ'mut m (Mutwille) pétulance f; joie f folle; (Anmaßung) arrogance f; '~mütig pétulant; (anmaßend) arrogant; ~'nachten passer la nuit; ~'nächtig: ~ aussehen [~'neçtɪç]: avoir la mine défaite; ℒ'nahme f: ~ e-s Amtes entrée f en charge; Arbeit: entreprise f; Besitz: prise f; Erbschaft: acceptation f; ~'natürlich surnaturel; '~nehmen Mantel usw.: jeter sur ses épaules; ~'nehmen prendre (possession de); (in Empfang nehmen) recevoir; Erbschaft: accepter; (auf sich nehmen) se charger de; prendre sur soi; Arbeit usw.: entreprendre; Verantwortung: assumer; sich in etw. (dat.) ~ trop présumer de ses forces; '~-ordnen mettre au-dessus (de ...); ~-parteilich au-dessus des partis;

~**'pinseln** passer une couche (de peinture); ²**produktion** f surproduction f; ~**'prüfen** contrôler, reviser; ²**'prüfung** f contrôle m; re(od. ré)vision f; ~**'quellen** regorger (von de); ~**'queren** traverser; ²**'querung** f traversée f; ~**'ragen** dépasser; (beherrschen) dominer; fig. surpasser; ~**'raschen** surprendre; ²**'raschung** f surprise f; ²**'raschungs-angriff** m attaque f par surprise; ~**'rechnen** supputer, calculer; ~**'reden** j-n zu etw. ~; j-n ~, zu ... (inf.) persuader à q. de ... (inf.); ~**'redend** persuasif; ²**'redung** f persuasion f; ²**'redungskraft** f don m de persuasion; '~**reich** excessivement riche; ~**'reichen** présenter; remettre; '~**reichlich** surabondant; adv. a. à profusion; ²**'reichung** f présentation f; remise f; '~**reif** trop mûr; ~**'reizen** surexciter; ²**'reizung** f surexcitation f; ~**'rennen** renverser; Feind: bousculer; ²**'rest** m reste(s pl.) m; ~e pl. (Trümmer) débris m/pl.; sterbliche ~e dépouille f mortelle; ²**'rock** m redingote f; zum Überziehen: surtout m; Damen: jupe f (de dessus); ~**'rumpeln** surprendre; prendre à l'improviste; ²**'rumpelung** f surprise f; (Handstreich) coup m de main; ~**'runden** Sport: dédoubler; ~**sät** [~'zɛ:t] parsemé (mit de); ~**'sättigen** [~'zɛtigǝn] rassasier à l'excès; 🧪 sursaturer; ²**'sättigung** f satiété f (excessive); 🧪 sursaturation f; ²**'schallgeschwindigkeit** f: Flugzeug mit ~ avion m supersonique. ~**schatten** [~'ʃatǝn] ombrager; ~**'schätzen** surestimer; j-n ~ avoir trop bonne opinion de q.; s-e Kräfte ~ trop présumer de ses forces; ²**'schätzung** f surestimation f; ~ s-r selbst présomption f; ²**'schau** f vue f d'ensemble; ~**'schauen** jeter un coup d'œil d'ensemble sur; (beherrschen) dominer; '~**schäumen** déborder; ²**'schicht** f travail m supplémentaire; ²**'schlafen**: etw. ~ laisser passer la nuit sur qch.; ²**'schlag** m estimation f approximative; supputation f; bsd. (Bau²) devis m; Turnen: rétablissement m; '~**schlagen** v/i. (überkippen) tomber à la renverse; faire la culbute; Funken: jaillir; in etw. (acc.) ~ se

changer en qch.; v/t. Mantel usw.: jeter sur ses épaules; Ärmel: retrousser; Beine: croiser; ~**'schlagen** (bedecken) (re)couvrir (mit de); (auslassen) sauter; passer; (Überschlag machen) estimer approximativement; supputer; sich ~ Pferd: se renverser, 🐎 u. Auto: capoter, stimmlich: forcer sa voix; '~**schnappen** Feder: sauter; mit der Stimme ~ faire un couac; übergeschnappt sein F être toqué; ~**'schneiden**: sich ~ se croiser; zeitlich: coïncider; '~**schreiben** écrire au-dessus; † reporter; ~**'schreiben** (betiteln) intituler; † (bezeichnen) étiqueter; coter; ²**'schreibung** † f report m; ~**'schreien** crier plus fort que; sich ~ forcer sa voix; ~**'schreitbar** franchissable; ~**'schreiten** franchir; Straße: traverser; Rechte, Anzahl: excéder; Gesetz, Regel: enfreindre; transgresser; violer; Machtbefugnisse: outrepasser; Maß: passer; zulässige Geschwindigkeit: dépasser; ²**'schreitung** f Gesetz: transgression f; violation f; zulässige Geschwindigkeit: dépassement m; ~ der Amtsgewalt abus m de pouvoir; ²**'schrift** f titre m; ²**schuh** m galoche f; ~**'schuldet** criblé de dettes; ²**schuß** m excédent m; surplus m; † bénéfice m; '~**schüssig** qui est en excédent; '~**schütten** verser; ~**'schütten** couvrir (mit de); fig. combler (mit de), bei üblen Dingen: accabler (de); ²~**schwang** ['~ʃvaŋ] m surabondance f; débordement m; ~**'schwemmen** inonder; ²**'schwemmung** f inondation f; ~**'schwenglich** ['~ʃvɛŋliç] exagéré, débordant; Gefühl: excessif; (überspannt) exalté; ²**seedampfer** m transatlantique m; '~**see-isch** d'outre-mer; transatlantique; ~**'sehen** embrasser du regard; (nicht sehen) ne pas voir; omettre; er hat es ~ cela lui a échappé; j-s Fehler (absichtlich) ~ fermer l'œil sur les fautes de q.; '~**selig** comblé de joie; ~**'senden** envoyer; expédier; ²~**'sender(in** f) m expéditeur m, -trice f; ²**'sendung** f envoi m; expédition f; ~**'setzbar** traduisible; ~**'setzen** v/i. sauter par-dessus; über ein Wasser: passer (en bateau); v/t.: j-n auf das andere Ufer ~ conduire q. sur l'autre rive; ~**'setzen** tra-

Übersetzer(in) — 1078 — **überwinden**

duire (*ins* en); ²**setzer(in** *f*) *m* traducteur *m*, -trice *f*; ²**setzung** *f* traduction *f*; *aus der Muttersprache*: thème *m*; *in die Muttersprache*: version *f*; *Fahrrad*: multiplication *f*.
¹**Übersicht** *f* vue *f* d'ensemble; (*Abriß*) aperçu *m*; précis *m*; (*Auszug*) abrégé *m*; (⚥²) résumé *m*; (*Inhalts*²) sommaire *m*; ²**lich** clair; bien disposé; **∼lichkeit** *f* clarté *f*; bonne disposition *f* (d'ensemble); **∼splan** *m* plan *m* d'ensemble; **∼stabelle** *f* tableau *m* synoptique.
über|'siedeln (29) aller s'établir (*nach* en resp. à); (*umziehen*) déménager; (*auswandern*) émigrer; ²**'siedelung** *f* (*Umzug*) déménagement *m*; (*Auswanderung*) émigration *f*; **∼'sinnlich** transcendent; (*übernatürlich*) surnaturel; **∼'spannen** recouvrir (*mit* de); (*zu stark spannen*) tendre trop; (*übertreiben*) exagérer; *Nerven*: surexciter; **∼'spannt** *fig.* exalté; extravagant; ²**spanntheit** *f* exaltation *f*; extravagance *f*; **∼'spielen** Sport: passer la défense; **∼'spinnen** couvrir de fils; **∼'spitzen** exagérer; **'springen** sauter; 🗲 ∼ *auf* (*acc.*) se communiquer à; *Funke*: jaillir; **∼'springen** sauter; **∼'sprudeln** déborder; *von Witz* ∼*d* pétillant d'esprit; **∼'staatlich** supranational; **∼'stechen** *Kartenspiel*: surcouper; **'∼stehen** faire saillie; saillir; **∼'stehen** (*ertragen*) supporter; *Schwierigkeit*: surmonter; *Gefahr*: échapper à; *Krankheit*: réchapper de; **∼'steigen** franchir; passer; *Mauer*: escalader; *fig.* dépasser; surmonter; excéder; **∼'stimmen** mettre en minorité; **∼'strahlen** (*bestrahlen*) répandre ses rayons sur; (*übertreffen*) surpasser en éclat; **∼'streichen** enduire (*mit* de); **'∼streifen** passer sur; **∼'strömen** déborder; **∼'stülpen** mettre dessus; **'∼stunde** *f* heure *f* supplémentaire; **∼'stürzen** faire la culbute; 🚗, *Auto*: capoter; *nach hinten* ∼ tomber à la renverse; **∼'stürzen** précipiter; ²**'stürzung** *f* précipitation *f*; **∼'täuben** ['tɔybən] assourdir; **∼teuern** ['tɔyərn] (29) surfaire; (*j-n* ∼) demander trop cher à q., F écorcher q.; **∼'tölpeln** (29) duper; F rouler; **∼'tönen** *Geräusch*: couvrir; **'²trag** ⚥ *m* report *m*; **∼'tragbar** transmissible; **∼'tragen** transmettre (*auf acc.* à); ⚥, ⚓ transférer; *Summe*: reporter; *Scheck*: endosser; (*in ein anderes Buch schreiben*) transcrire; (*abtreten*) céder; (*übersetzen*) traduire (*ins* en); *Würde*: conférer; *etw. auf j-s Namen* ∼ passer qch. au nom de q.; *j-m die Besorgung von etw.* ∼ charger q. de qch.; *sich* ∼ se transmettre (*auf acc.* à); *in* ∼*er Bedeutung au* (*sens*) figuré; ²**'tragung** *f* ⚥, ⚓ transmission *f*; ⚥, ⚓ transfert *m*; (*Umschrift*) transcription *f*; (*Übersetzung*) traduction *f*; **∼'treffen** surpasser (*in dat.* en); être supérieur à; l'emporter sur; primer; **∼'treiben** exagérer; (*zu weit treiben*) outrer; *Bericht*: grossir; ²**treibung** *f* exagération *f*; outrance *f*; **'∼treten** passer de l'autre côté; *Wasser*: déborder; *zu j-m* ∼ se ranger du côté de q.; *zu e-r andern Religion* ∼ embrasser une autre religion; se convertir à ...; **∼'treten** *Gesetz*, *Regel*: enfreindre; transgresser; violer; ²**'tretung** *f* transgression *f*; violation *f*; infraction *f*; *sich e-r* ∼ *schuldig machen* être en contravention; ²**'tretungsfall** *m*: *im* ∼ en cas de contravention; **∼trieben** ['triːbən] exagéré; outré; *Preis*: exorbitant; ²**tritt** ['-trit] *m* passage *m* (*zu* à); *rl.* conversion *f*; **∼'trumpfen** surcouper; *fig.* surpasser; **∼'tünchen** badigeonner; **'∼völkern** (29) surpeupler; ²**'völkerung** *f* surpeuplement *m*; **'∼voll** comble; **∼vorteilen** ['fɔrtaɪlən] (25) exploiter; *bsd.* ⚖ *u.* ⚓ léser; **'∼wachen** surveiller; ²**'wachung** *f* surveillance *f*; contrôle *m*; ²**'wachungs-ausschuß** *m* commission *f* de contrôle; **∼'wältigen** ['vɛltiɡən] vaincre; (*bezwingen*) dompter; **∼'wältigend** grandiose; écrasant; **∼'weisen** envoyer; (*übertragen*) déléguer; ⚥ virer; **∼'weisung** *f* envoi *m*; ⚥ virement *m*; (*vornehmen faire*); **∼'werfen** *Mantel usw.*: jeter sur ses épaules; **∼'werfen**: *sich mit j-m* ∼ se brouiller avec q.; **∼'wiegen** être prépondérant; (*Vorrang haben*) prévaloir; (*vorherrschen*) prédominer; **∼'wiegend** prépondérant; **∼'winden** vaincre; *Schwierigkeit*: surmonter;

Überwinder — 1079 — **um**

sich ~ faire un effort sur soi; ²'**winder** *m* vainqueur *m*; ²'**windung** *f* triomphe *m* (remporté sur); es kostet mich ~ cela me coûte;, ~'**wintern** *v/i.* passer l'hiver; hiverner; ²-'**winterung** *f* hivernage *m*; ~'**wölben** [~'vœlbən] voûter; ~'**wuchern** envahir (*a. fig.*); ²**wurf** *m* (*Gewand*) manteau *m*; *zum Ballkleid*: sortie *f* de bal; ²'**zahl** *f* surnombre *m*; excédent *m*; supériorité *f* numérique; (*der* ~) *weichen* céder au nombre; ~'**zählen** recompter; '~**zählig** en excédent; en surnombre; *Beamter*: surnuméraire; ~'**zeichnen** *Summe*: dépasser; ~'**zeugen** [~'tsɔygən] convaincre (*von de*); (*überreden*) persuader (*von de*); ²'**zeugung** *f* conviction *f*; ²'**zeugungskraft** *f* force *f* convaincante; ~'**ziehen** *Mantel usw.*: mettre par-dessus; *Hiebe*: administrer; ~'**ziehen**: ~ *mit* couvrir de; garnir de; enduire de; *Konto*: laisser à découvert; *ein Bett* (*mit Wäsche*) ~ mettre des draps à un lit; *ein Land mit Krieg* ~ envahir (*od.* porter la guerre dans) un pays; ²'**zieher** *m* pardessus *m*; paletot *m*; ²'**zieschuh** *m* galoche *f*; ~'**zuckern** glacer; '²**zug** *m* couverture *f*; (*Kopfkissen*²) taie *f*; (*Möbel*²) 'housse *f*; (*Schicht*) couche *f*.

üb|ler (*comp. v. übel*) pire; *adv.* pis; '~**lich** usuel; usager; usité; *das ist so* ~ c'est l'usage; *es ist* ~, *daß ...* il est de règle que ... (*subj.*); *nicht mehr* ~ désuet; tombé en désuétude.

'**U-Boot** *n* sous-marin *m*.

übrig ['y:briç] de reste; restant; *das* ~*e* le reste; *die* ~*en* les autres; *im* ~*en* = ~*ens*; *ein* ~*es tun* faire plus qu'il ne faut; ~ *sein* = ~**bleiben**; ~ *haben* = ~*behalten*; *für j-n etw.* ~ *haben* avoir de l'inclination pour q.; '~**behalten** avoir de reste; garder; '~**bleiben** être de reste; rester; ~**ens** ['~gəns] au reste; du reste; d'ailleurs; '~**lassen** laisser (de reste); *zu wünschen* ~ laisser à désirer.

Übung ['y:buŋ] *f* exercice *m*; étude *f*; (*Aus*²) pratique *f*; *aus der* ~ *kommen* perdre l'habitude; '~**splatz** ⚔ *m* terrain *m* de manœuvres; camp *m* d'instruction.

Ufer ['u:fər] *n* (7) bord *m*; rivage *m*; *Fluß*, *See*: *a.* rive *f*; (*Meeresküste*) côte *f*; (*Steil*²) berge *f*; *ans* ~ *spülen* jeter sur le rivage;

vom ~ *stoßen* quitter le rivage; *über die* ~ *treten* sortir de son lit; déborder; '~**bewohner(in** *f*) *m* riverain *m*; -*e f*; '²**los** *fig.* illimité; sans limites; ~*e Pläne* projets *m/pl.* à perte de vue.

Uhr [u:r] *f* (16) (*Taschen*²) montre *f* (*goldene en or*); (*Wand*²) pendule *f*; (*Turm*²) horloge *f*; *j-n nach der* ~ *fragen* demander l'heure à q.; *um wieviel* ~? à quelle heure?; *was ist die* ~? quelle heure est-il?; *es ist ein* ~ il est une heure; *es ist halb zwei* ~ il est une heure et demie; *es ist Punkt zwei* ~ il est deux heures précises; *es ist 12* ~ (*mittags*) il est midi, (*nachts*) il est minuit; '~**armband** *n* bracelet-montre *m*; '~**enfabrik** *f* horlogerie *f*; '~**enfabrikant** *m* horloger *m*; '~**engeschäft** *n* magasin *m* d'horlogerie; '~**en-industrie** *f* industrie *f* horlogère; '~**feder** *f* ressort *m* de montre (*etc.*); '~**gehänge** *n* breloques *f/pl.*; '~**gehäuse** *n* boîte *f* d'horloge; boîtier *m* (de montre); '~**gewicht** *n* (contre)poids *m* d'horloge; '~**glas** *n* verre *m* de montre; '~**kapsel** *f* cuvette *f* (de montre); '~**kette** *f* chaîne *f* de montre; '~**macher** *m* horloger *m*; ~**macherei** [~'maxə'raɪ] *f* (16) horlogerie *f*; '~**tasche** *f* gousset *m*; '~**werk** *n* mouvement *m*; rouages *m/pl.* d'une montre; '~**zeiger** *m* aiguille *f* de montre (*etc.*); '~**zeit** *f* heure *f*.

Uhu ['u:hu] *m* grand-duc *m*.

'**Ukas** *m* ukase *m*.

Ulan [u'la:n] *m* uhlan *m*; lancier *m*.

Ulk [ulk] *m* (3) plaisanterie *f*; F rigolade *f*; ~ *treiben* = '²**en** plaisanter; F rigoler; '²**ig** drôle; F rigolo.

Ulme ['ulmə] *f* (15) orme *m*.

'**Ulster** *m* ulster *m*.

Ultimatum [ulti'ma:tum] *n* ultimatum *m*.

Ultimo ['ultimo] *m* (11) fin *f* du mois; ~ (*des laufenden Monats*) fin *f* courant; '~**abrechnung** *f* liquidation *f* de fin de mois.

Ultra|kurzwelle [ultrakurtsvɛlə] *f* onde *f* ultra-courte; '~**marin** [~ma'ri:n] *n* bleu *m* d'outremer; '~**schall** *m* ultra-son *m*; '²**vio'lett** ultraviolet.

um [um] **1.** *prp.* (*acc.*) **a)** *örtlich*: ~ (... *herum*) autour de; **b)** *zeitlich*: à; (*gegen*) vers; sur; *Aufeinander*-

umändern — **Umgänglichkeit**

folge: après; sur; ~ *ein Uhr* à une heure; ~ *die 6. Stunde* vers (*od.* sur) les six heures; e-r ~ *den andern* l'un après l'autre; *Tag* ~ *Tag* jour après jour; e-n *Tag* ~ *den andern* un jour sur deux; **c)** *Maß*: de; pour; ~ *ein Jahr älter* d'un an plus âgé; ~ *die Hälfte größer* plus grand de moitié; ~ *Geld spielen* jouer de l'argent; *Auge* ~ *Auge* œil pour œil; ~ *alles in der Welt nicht* pour rien au monde (*bei vb. mit* ne); ~ *so ärmer* d'autant plus pauvre; ~ *so besser* (*schlimmer*) tant mieux (pis); ~ *so mehr als* d'autant plus que; **d)** *Grund*: pour; à cause de; (*in betreff*) concernant; au sujet de; —~ *Gottes willen* pour l'amour de Dieu; ~ *des Himmels willen* au nom du ciel; ~ *etw. wissen* avoir connaissance de qch.; *wie steht's* ~ *ihn?* où en est-il?; *es ist* ~ *ihn geschehen* c'en est fait de lui; *es ist etwas Schönes* ~ *das Leben* c'est une belle chose que la vie; **2.** *cj.* ~ *zu* ... (*inf.*) pour (*od.* afin de) ... (*inf.*); **3.** *adv.* ~ *und* ~ tout autour; de tous côtés; (*ganz und gar*) absolument; *die Zeit ist* ~ le temps est révolu.

'um-änder|n changer; modifier; **²ung** f changement m; modification f.

'um-arbeit|en remanier; *gänzlich*: refondre; **²ung** f remaniement m; *gänzliche* ~ refonte f.

um'-arm|en (25) embrasser; étreindre; **²ung** f embrassement m; accolade f; étreinte f.

Umbau ['~bau] m transformation f d'un bâtiment; reconstruction f; *fig.* refonte f; réorganisation f; **²en** transformer la construction (de ...); *fig.* refondre; réorganiser; (*um'bauen*) entourer de bâtiments.

'um|bauen garder (sur soi); **'~betten** changer de lit; **'~biegen** replier (*krümmen*) recourber; **'~bilden** transformer; *fig. a.* réorganiser; **²bildung** f transformation f; *fig. a.* réorganisation f; **'~binden** lier (*od.* nouer) autour; *Schürze*: mettre; **'~blasen** renverser (en soufflant); **'~blättern** tourner une (*resp.* les) page(s); **'~blicken**: *sich* ~ regarder autour de soi, (*zurückblicken*) tourner la tête; *sich nach etw.* ~ chercher qch. des yeux; **'~brechen** *v/t.* casser; ✗

défoncer; défricher; *v/i.* se rompre sous le poids; (*um'brechen*) *typ.* mettre en pages; *Zeilen*: remanier; **'~bringen** faire mourir; tuer; **'²bruch** m ✗ terre f défrichée; *typ.* mise f en pages; **'~denken** orienter autrement sa pensée.

um'drängen assiéger.

umdrehen ['~dre:ən] tourner; *um die Angel*: faire pivoter; *sich* ~ se retourner (*nach* vers *od.* du côté de).

Um'drehung f *Motor*: tour m; *um e-e Achse*: rotation f; *um e-n Mittelpunkt*: révolution f.

'Umdruck *typ.* m réimpression f; **²en** réimprimer.

um-ei'nander l'un autour de l'autre.

um|fahren ['~fɑːrən] renverser; **~'fahren** faire le tour de; *Hindernis*: tourner; *Kap*: doubler; **'~fallen** tomber à la renverse; *Wagen*: verser; *pol.* lâcher son parti; **'²fang** m circonférence f; ⚬ périmètre m; *e-r Stadt*: (pour)tour m; (*Ausdehnung*) étendue f (*a.* ⚪); (*Volumen*) volume m; (*Dicke*) grosseur f; **'~fangen** entourer; embrasser; **'~fangreich** volumineux; **'~färben** reteindre.

umfass|en [~'fasən] embrasser; (*enthalten*) contenir; comprendre; ✗ encercler; **~end** étendu; vaste; **²ung** f clôture f; enceinte f; ✗ encerclement m; **²ungsmauer** f mur m d'enceinte.

um|'flattern voltiger autour de; **~'fliegen** voler autour de; **~'fließen** couler autour de; **~'fluten** baigner de ses flots; **'~formen** transformer; ⚡ convertir; **'²former** ⚡ m convertisseur m; **'²formung** f transformation f; **'²frage** f enquête f; *e-e* ~ *halten* = **'~fragen** faire une enquête; **~'fried(ig)en** [~'friːdigən] entourer d'une clôture; **²'fried(ig)ung** f clôture f; **'~füllen** transvaser; **'²füllung** f transvasement m; **'²gang** m ronde f; feierlicher: procession f; (*Verkehr*) commerce m (*mit Gebildeten* d'esprits cultivés); (*Verhältnis*) relations f/pl.; rapports m/pl.; △ galerie f; *mit j-m* ~ *pflegen* (*haben*) entretenir (avoir) des relations avec q.; **'~gänglich** sociable; **'²gänglichkeit** f sociabilité f.

'Umgangs|formen f/pl.: ~ haben avoir du savoir-vivre; **~'sprache** f langage m courant (od. familier).

um|'garnen (25) tendre des filets autour de; fig. enjôler; **~'gaukeln** voltiger autour de; **~'geben** entourer (mit de); environner (de); **♀'gebung** f entourage m; = **♀'gegend** f environs m/pl.; alentours m/pl.; **~'gehen** circuler; Geister: revenir; mit etw. ~ (gebrauchen) user de qch.; mit j-m ~ fréquenter q.; mit Kindern umzugehen wissen savoir s'y prendre avec les enfants; **~'gehen** faire le tour de; Hindernis, Feind: tourner; Frage, Gesetz: éluder; **~'gehend** adv. immédiatement; par retour du courrier; **♀'gehungsbewegung** ⚔ f mouvement m tournant; **♀'gehungsstraße** f rue (resp. route) f d'évitement; **~'gekehrt** renversé; in ~em Verhältnis en raison inverse; adv. inversement; à l'inverse; ~! au contraire; und ~ et vice versa; **~'gestalten** transformer; fig. a. réorganiser; **♀'gestaltung** f transformation f; fig. a. réorganisation f; **~'gießen** transvaser; ⊕ refondre; **~'graben** retourner (à la bêche); bêcher; **~'grenzen** (dé)limiter; circonscrire; Kader: refondre; **~'gruppieren** réorganiser; **~'gürten** [~'gyrtən] ceindre; **♀'guß** m refonte f; **~'haben** porter; **~'hacken** Boden: retourner à la pioche; piocher; Baum: abattre à la hache; **~'halsen** (27) embrasser; **♀'halsung** f embrassade f; accolade f; **♀'hang** ['~haŋ] m cape f; pèlerine f; **~'hängen** Mantel usw.: jeter sur ses épaules; quer über die Schulter ~ mettre en bandoulière; (anders hängen) suspendre autrement; **♀'hängetasche** f sacoche f; gibecière f; **~'hauen** abattre à coups de hache.

umher [~'he:r] (tout) autour de; (in e-m Kreise) à la ronde; (hier u. da) çà et là; **~blicken** regarder tout autour de (de soi); **~fahren** se promener (en voiture, etc.); **~flattern** voltiger çà et là; **~fliegen** voler çà et là; **~führen** conduire; promener; piloter; **~gehen** aller çà et là; déambuler; **~irren** errer; vagabonder; **~laufen** courir çà et là; **~schleichen** rôder; **~schlendern** flâner; **~schweifen** rôder; s-e Blicke ~ lassen laisser errer ses regards; **~springen** gambader; **~streifen** rôder; **~treiben**: sich ~ vagabonder; **~ziehend** ambulant; nomade.

um'hin: nicht ~ können, zu ... (inf.) ne pouvoir s'empêcher de ... (inf.).

'umhören: sich nach etw. ~ s'informer de qch.

um'hüll|en envelopper; recouvrir; verbergend: voiler; **♀ung** f enveloppement m; (Hülle) enveloppe f; Kabel: gaine f.

Um|kehr ['~ke:r] f (16) retour m (a. fig.); (Bekehrung) conversion f; **♀en** v/i. (s'en) retourner; (denselben Weg zurückgehen) revenir (sur ses pas); rebrousser chemin; v/t. retourner; ⚕ Bruch: renverser; ⚡ invertir; gr. Wortfolge: intervertir; sich ~ se (re)tourner; **~'kehrung** f inversion f (a. gr.); ⚡, ♩ renversement m; **♀'kippen** v/i. perdre l'équilibre; ⚓ chavirer; Wagen: verser; Auto: capoter; v/t. renverser; **♀'klammern** tenir embrassé; ⚔ encercler; sich ~ s'enlacer; **~'klammerung** f encerclement m; **♀'klappen** rabattre; **♀'kleiden** changer (les vêtements de); sich ~ se changer; **♀'kleiden** revêtir (mit de); **'~kleideraum** m vestiaire m; kleiner: cabine f; **~'kleidung** f revêtement m; **♀'knicken** v/t. casser; Papier: plier; v/i. se casser; unter der Last ~ ployer sous le faix; mit dem Fuß ~ se fouler le pied; **♀'kommen** périr; succomber; Sachen: se perdre; vor Hitze ~ mourir de chaleur; **♀'kränzen** couronner; **~kreis** m cercle m; périphérie f; ⚡ circonférence f; in e-m ~ von dans un rayon de; **♀'kreisen** [~zən] tourner autour de; **♀'krempeln** retrousser; alles ~ mettre tout sens dessus dessous; **♀'laden** charger sur une autre voiture; ⚓ transborder; **~'ladung** ⚓ f transbordement m; **~'lage** f (Sonderbeitrag) cotisation f; (Steuer♀) répartition f des impôts; **♀'lagern** assiéger; **♀'lagern** changer d'entrepôt; stocker ailleurs.

Umlauf ['~lauf] m Blut, Geld: circulation f; ast. révolution f; tour m (a. Motor); = **~schreiben**; in ~ sein circuler; in ~ bringen mettre en

umlaufen — 1082 — **Umschrift**

circulation, *Geld*: a. émettre, *Gerücht*: répandre; '♎en *v/i.* circuler; *v/t.* renverser; (*um'laufen*) faire le tour de; '♎schreiben *n* circulaire *f*.
'**Umlaut** *gr. m* métaphonie *f*; (*Laut*) voyelle *f* infléchie.
'**Umlege|kalender** *m* calendrier *m* mémorandum; '♎**kragen** *m* col *m* rabattu; '♎n mettre autour; (*falten*) replier; (*hinlegen*) coucher; (*umwerfen*) renverser; *Fußball*: faucher; (*töten*) F descendre; (*verteilen*) répartir; (*auf acc.* entre); (*anders legen*) poser autrement; *Mantel*: mettre; *Verband*: appliquer.
'**um|leiten** détourner; *Straße*: dévier; '♎**leitung** *f* détournement *m*; *Straße*: déviation *f*; '♎**lernen** *Beruf*: changer de métier; *Kenntnisse*: re(*od.* ré)viser ses connaissances; (*umdenken*) orienter autrement sa pensée; '♎**liegend** environnant; *die* ♎**e** *Gegend* les environs *m/pl.*; les alentours *m/pl.*; '♎**mauern** entourer de murs; '♎**nachtet** [♎'naxtət] *Geist*: troublé; ♎'**nachtung** *f*: geistige ♎ aliénation *f* mentale; '♎**nebeln** envelopper d'un brouillard; *Geist*: troubler; '♎**nehmen** s'envelopper de; '♎**packen** *Koffer*: refaire; ✝ changer l'emballage de; '♎**pflanzen** transplanter; replanter; '**pflanzen** entourer (*mit* de); '♎**pflügen** labourer; '♎**polen** ⚡ inverser les pôles; '♎**prägen** *Geld*: refondre; '♎**quartieren** (25) loger autrement; '♎**rahmung** *f* encadrement *m*; ♎**randen** [♎'randən] border (*mit* de); '♎**räumen** disposer autrement.
'**umrechn|en** (*umwechseln*) changer; convertir; '♎**ung** *f* change *m*; conversion *f*; '♎**ungskurs** *m* cours *m* du change.
'**um|reißen** renverser; *Bäume*: abattre; *Haus*: démolir; '♎**reißen** ébaucher; esquisser; '♎**reiten** renverser sous les pieds de son cheval; '♎**reiten** faire (à cheval) le tour de; '♎**rennen** renverser (en courant); '♎**ringen** entourer (*umzingeln*) cerner; '♎**riß** *m* contour *m*; silhouette *f*; *in großen Umrissen* à grands traits; '♎**rißzeichnung** *f* croquis *m*; ébauche *f*; '♎**rühren** remuer; '♎**satteln** *v/t.* mettre une autre selle à; *v/i.* changer de cheval;

fig. changer de profession; '♎**satz** *m* (3² *u.* ³) chiffre *m* d'affaires; transaction(s *pl.*) *f*; (*Verkauf*) débit *m*; '♎**satzsteuer** *f* impôt *m* sur le chiffre d'affaires; '♎**säumen** ourler tout autour.
'**umschalt|en** ⚡ commuter; *Auto*: changer de vitesse; '♎**er** ⚡ *m* commutateur *m*; '♎**taste** *f* *Schreibmaschine*: touche *f* des majuscules; '♎**ung** ⚡ *f* commutation *f*; *Auto*: passage *m* de vitesse.
'**Umschau** *f* panorama *m*; tour *m* d'horizon; revue *f*; ∼ *halten* passer en revue; '♎**en**: *sich* ∼ regarder autour de soi, (*zurückschauen*) tourner la tête; *sich in der Welt* ∼ voir le monde.
umschicht|ig à tour de rôle; '♎**ung** *f*: *soziale* ∼ bouleversement *m* social.
um'schiff|en naviguer autour de; *Kap*: doubler; ('**umschiffen**) transborder; '♎**ung** *f* circumnavigation *f*; *Kap*: doublement *m*.
'**Umschlag** *m* (3³) changement *m* brusque; *Glück*: péripétie *f*; (*umgeschlagene Falte*) pli *m*; (*umgekappter Rand*) rebord *m*; (*Umhüllung*) enveloppe *f*; (*Akten♎*) chemise *f*; (*Buch♎*) couverture *f*; ✚ compresse *f*, ∼ *von Brei usw.* cataplasme *m*; '♎**en** *v/i.* tomber à la renverse; *Wagen*: verser; ✈, *Auto*: capoter; *Schiff*: chavirer; *Wetter*, *Krankheit*: changer subitement; *Wind*, *Glück*: tourner; *ins Gegenteil* ∼ passer à l'opposé; *v/t.* *Ärmel*: retrousser; *Seite*: tourner; *Kragen*: rabattre; ✝ (*umladen*) transborder; '♎**.(e)tuch** *n* châle *m*; '♎**hafen** *m* port *m* de transbordement; '♎**papier** *n* papier *m* d'emballage; '♎**stelle** *f* centre *m* de transbordement.
um|'schleichen rôder autour de; '♎**schließen** entourer; (*einschließen*) enfermer; ⚔ cerner; '♎**schlingen** enlacer; étreindre; '♎**schmeißen** F renverser; '♎**schmelzen** refondre; '♎**schnallen** ceindre; '♎**schnüren** ficeler; '♎**schreiben** user de circonlocutions; exprimer par une périphrase; ♊ circonscrire; '♎**schreiben** récrire; *Schuld*: transférer; '♎**schreibung** *f* périphrase *f*; circonlocution *f*; '♎**schreibung** *f* rédaction *f* modifiée; *Schuld*: transférement *m*; '♎**schrift** *f* transcription *f*; *Münze*:

umschulen — 1083 — **Umwälzung**

légende f; ~**schulen** envoyer à une autre école; *pol.* rééduquer; '₂**schulung** f changement m d'école; *pol.* rééducation f; *berufliche* ~ rééducation f professionnelle; '~**schütteln** secouer; '~**schütten** renverser; *in ein anderes Gefäß*: transvaser; ~**'schwärmen** voltiger autour de; entourer; ~**'schweben** planer autour de; '~**schweif** m (*Ausrede*) détour m; (*Abschweifung*) digression f; ~*e machen* prendre des détours; *ohne* ~ sans détours; '~**schwenken** virer; *fig.* changer d'opinion; '~**schwung** m péripétie f; changement m brusque; coup m de théâtre; (*Umwälzung*) révolution f; *Meinungen*: revirement m; ~**'segeln** faire le tour de; *Kap*: doubler; '₂**segelung** f circumnavigation f; *Kap*: doublement m; '~**sehen**: *sich* ~ regarder autour de soi, (*zurücksehen*) tourner la tête; *sich. nach j-m* ~ chercher q. (*des yeux*); *sich nach etw.* ~ chercher qch.; *sich in e-r Stadt* ~ visiter (*od.* faire un tour dans) une ville; *sich in der Welt* ~ voir le monde; ~**'seitig** au verso; ~**'setzbar** † convertible; '~**setzen** (*anders setzen*) changer de place; (*anders stellen*) disposer autrement; ✐ transplanter; ♩ transposer; *typ.* recomposer; ↑ placer; vendre; ~ *in* (*acc.*) convertir en; '₂**sichgreifen** n extension f; propagation f; '₂**sicht** f vue f panoramique; *fig.* circonspection f; (*Vorsicht*) prudence f; '~**sichtig** circonspect; prudent; '~**sinken** (se laisser) tomber; s'affaisser; ~**sonst** [~'zɔnst] pour rien; gratuitement; gratis; (*vergeblich*) en vain; inutilement; *sich* ~ *bemühen* perdre sa peine; '~**spannen**: *Pferde* ~ changer de chevaux; ~**'spannen**: *mit den Armen* ~ entourer des bras; *fig.* embrasser; *geistig*: dominer; ~**'spinnen** entourer de fils; *fig.* entortiller; '~**springen** *Wind*: sauter; *mit j-m* (*etw.*) ~ traiter q. (qch.) cavalièrement; '~**spülen** baigner; battre de ses flots; '₂**stand** m circonstance f; (*Lage*) situation f; position f; ₂**stände** ['~ʃtɛndə] m/pl. circonstances f/pl.; (*Förmlichkeiten*) façons f/pl.; cérémonies f/pl.; *unter* ~ *n* le cas échéant; *unter allen* ~*n* en tout cas; *unter keinen* ~*n* sous aucun prétexte (*bei vb. mit* ne); en aucun cas (*bei vb. mit* ne); *unter solchen* ~*n* dans ces conditions; *machen Sie keine* ~ ne faites pas de façons; *j-m* ~ *machen* incommoder q.; *in andern* ~*n* (*schwanger*) enceinte; '~**ständlich** circonstancié, detaillé (*adv.* en détail, tout au long); (*verwickelt*) compliqué; *Personen*: cérémonieux; '₂**standskleidung** f vêtement m de grossesse; '₂**standskrämer** m formaliste m; pédant m; '₂**standswort** gr. n adverbe m; '~**stecken** *Frisur*: refaire; ~**'stehen** entourer; ~**'stehend** au verso; *die* ₂*en les personnes* f/pl. présentes; '₂**steigefahrschein** m, '₂**steigekarte** f (billet m od. ticket m de) correspondance f; '~**steigen** changer de voiture (*resp.* de train *od.* de ligne); '~**stellen** disposer autrement; ⚔ renverser; gr., *typ.* transposer; (*umbilden*) réorganiser; *sich* ~ *fig.* changer d'opinion; ~**'stellen** entourer; cerner; *ch.* traquer; '₂**stellung** f changement m de place; ⚔ renversement m; gr., *typ.* transposition f; *geistige*: changement m d'opinion; (*Umbildung*) réorganisation f; '~**stimmen** faire changer d'avis; ♩ accorder autrement; ~**'stoßen** renverser; *fig. a.* annuler; *Testament*: invalider; 👁 casser; ~**'strahlen** entourer de rayons; '~**stricken** *fig.* enjôler; entortiller; ~**'stritten** [~'ʃtritən] discuté; contesté; controversé; '~**stülpen** (25) retourner; *Hut, Ärmel*: retrousser; '₂**sturz** m chute f; renversement m; bouleversement m; subversion f; (*Umwälzung*) révolution f; '~**stürzen** v/t. renverser; *pfort* bouleverser; v/i. tomber à la renverse; *Wagen*: verser; *Auto*: capoter; (*zusammenstürzen*) s'écrouler; '₂**stürzler** m révolutionnaire m; '~**stürzlerisch** révolutionnaire; subversif; '~**taufen** débaptiser; '₂**tausch** m échange m; '~**tauschen** échanger (*für* pour; *gegen* contre); '~**topfen** rempoter; ~**'tosen** déferler autour de; '₂**triebe** m/pl. menées f/pl.; machinations f/pl.; '~**tun** mettre; (*gürten*) ceindre; *sich nach etw.* ~ chercher qch.; '~**wälzen** rouler; (*umstürzen*) renverser; *pfort* bouleverser; '₂**wälzung** f révolution f; bouleversement m;

umwandeln — 1084 — **unausweichlich**

'**~wandeln** transformer (*a.* ⚗); changer (*in acc.* en); ✞ convertir (*in acc.* en); ✞ commuer (*in acc.* en); *rl.* transsubstantier; '⚗**wandlung** *f* transformation *f*; changement *m*; ✞ conversion *f*; ⚗ commutation *f*; *rl.* transsubstantiation *f*; '**~wechseln** changer; '⚗**weg** *m* détour *m* (*a. fig.*); *auf* **~en** indirectement; '**~wehen** renverser; **~'wehen** caresser de son souffle; '⚗**welt** *f* milieu *m*; ambiance *f*; '⚗**weltschutz** *m* défense *f* de l'environnement; '**~wenden** retourner; *Hand, Seite, Wagen:* tourner; **~'werben** courtiser; '**~werfen** renverser; *Mantel usw.:* jeter sur ses épaules; '**~wickeln** envelopper (*mit* de); **~'winden** enlacer (*mit* de); (*umkränzen*) couronner (*mit* de); '**~wogen** battre de ses flots; ⚗**wohner** [`~'vo:nər] *m/pl.* voisins *m/pl.*; **~'wölken** [`~'vœlkən] (25) (*sich ~ se*) couvrir (de nuages); (s')assombrir (*a. fig.*); '**~wühlen** fouiller; **~'zäunen** entourer d'une clôture; ⚗'**zäunung** *f* clôture *f*; '**~ziehen** *v/t.* déménager; changer de logement; *v/t. j-n ~* changer les vêtements de q.; *sich ~ se* changer; **~'ziehen** entourer (*mit* de); *sich ~ Himmel:* se couvrir (*mit* de); **~'zingeln** [`~'tsiŋəln] cerner; encercler; ⚗'**zinglung** *f* encerclement *m*; '⚗**zug** déménagement *m*; (*Festzug*) cortège *m*; *rl.* procession *f*.

unab|**änderlich** [`~`ʔap`ʔɛndɐrlɪç] invariable, (*unwiderruflich*) irrévocable; '**~gefertigt** non expédié; '**~hängig** indépendant; ⚗'**hängigkeit** *f* indépendance *f*; **~kömmlich** [`~'kœmlɪç] indispensable; ✕ en sursis d'appel; '**~lässig** [`~'lɛsɪç] continuel; incessant; *adv. a.* sans cesse; '**~sehbar** à perte de vue; *fig.* incalculable; imprévisible; '**~setzbar** inamovible; '**~sichtlich** non prémédité; *adv.* sans intention; '**~weislich** qu'on ne saurait refuser; (*gebieterisch*) impérieux; **~'wendbar** inévitable.

'**un-achtsam** inattentif; ⚗**keit** *f* inattention *f*; inadvertance *f*; *aus ~* par inadvertance. [dissemblance *f*.] '**un-ähnlich** dissemblable; ⚗**keit** *f* '**un-an**|**fechtbar** incontestable; '**~gebracht** déplacé; **~gefochten**

[`~gəfɔxtən] incontesté; *~ lassen* laisser tranquille; '**~gemeldet** sans se faire annoncer; sans s'annoncer; '**~gemessen** impropre; (*unschicklich*) peu convenable; **~genehm** [`~gəne:m] désagréable; **~getastet** intact; **~'greifbar** inattaquable; '**~nehmbar** inacceptable; '⚗**nehmlichkeit** *f* désagrément *m*; inconvénient *m*; ennui *m*; (*Ärger*) contrariété *f*; '**~sehnlich** de peu d'apparence; '⚗**sehnlichkeit** *f* peu *m* d'apparence; '**~ständig** inconvenant; indécent; (*ungezogen*) polisson; '⚗**ständigkeit** *f* inconvenance *f*; indécence *f*; (*Ungezogenheit*) polissonnerie *f*; '**~tastbar** inviolable; ⚗ insaisissable; '⚗**tastbarkeit** *f* inviolabilité *f*; ⚗ insaisissabilité *f*; '**~wendbar** inapplicable. [*pfort* dégoûtant.]

'**un-appetitlich** peu appétissant; '**Un-art** *f* mauvaises manières *f/pl.*; vilaine habitude *f*; *bsd. Kind:* méchanceté *f*; (*Unhöflichkeit*) impolitesse *f*; ⚗**ig** *Kind:* méchant; mal élevé; (*unhöflich*) impoli.

'**un-ästhetisch** peu esthétique.

'**un-auf**|**dringlich** discret; '**~fällig** peu frappant; *adv.* sans se faire remarquer; '**~findbar** introuvable; '**~gefordert** sans y avoir été invité; spontanément; '**~haltsam** irrésistible; '**~hörlich** incessant, perpétuel; *adv. a.* sans cesse; '**~lösbar**, '**~löslich** indissoluble (*a.* ⚗); ⚗ *u.* ⚗ insoluble; '**~merksam** inattentif; '⚗**merksamkeit** *f* inattention *f*; '**~richtig** insincère; '⚗**richtigkeit** *f* insincérité *f*; '**~schiebbar** qu'on ne peut remettre.

'**un-aus**|**bleiblich** infaillible; (*unvermeidlich*) inévitable; '**~führbar** inexécutable; irréalisable; '**~gebildet** qui n'est pas développé; ⚘, *zo.* rudimentaire; ✕ non instruit; '**~geführt** inexécuté; '**~gefüllt** qui n'a pas été rempli; *Quittung:* en blanc; '**~geglichen** déséquilibré; '**~gesetzt** ininterrompu; continu; *adv.* sans relâche; '**~'löschbar**, '**~'löschlich** ineffaçable; *Feuer:* inextinguible; *Tinte:* indélébile (*a. fig.*); '**~'rottbar** inextirpable; '**~sprechbar** inexprimable; indicible; ineffable; '**~stehlich** insupportable; F assommant; '**~'weichlich** inévitable; inéluctable.

unbändig ['˷bendiç] indomptable; (*zügellos*) effréné; *Lachen*, *Zorn*: fou. **'unbarmherzig** impitoyable; (*hart*) dur; **'˷keit** *f* dureté *f*. **unbe|absichtigt** ['˷bə?apziçtiçt] non voulu; *adv*. sans intention; **'˷achtet** inaperçu; *˷ lassen* ne pas faire attention à; **'˷anstandet** inconteste; *adv*. sans opposition; **'˷antwortet** *˷ bleiben* rester sans réponse; **'˷arbeitet** ⊕ brut; cru; non usiné; **'˷baut** inculte; *Gelände*: vague; *Straßen*: sans bâtiments; **'˷dacht(sam)** irréfléchi; inconsidéré; (*leichtsinnig*) étourdi; **²dachtsamkeit** *f* irréflexion *f*; (*Leichtsinn*) étourderie *f*; **'˷deckt** découvert; **'˷denklich** qui n'offre aucune difficulté (*od*. aucun inconvénient); *adv*. sans hésiter; **'˷deutend** insignifiant; futile;**˷dingt** ['˷diŋt] absolu; sans réserve; **'˷fähigt** incapable; **'˷fahrbar** impraticable; ⚓ innavigable; **'˷fangen** non prévenu; (*unparteiisch*) impartial; (*harmlos*) ingénu; naïf; **²˷fangenheit** *f* esprit *m* non prévenu; (*Unparteilichkeit*) impartialité *f*; (*Harmlosigkeit*) ingénuité *f*; naïveté *f*; **'˷fleckt** sans tache; *fig*. pur; *rl*. immaculé; **'˷friedigend** peu satisfaisant; insuffisant; **'˷friedigt** insatisfait; mécontent; (*ungesättigt*) inassouvi; **'˷fristet** à durée non limitée; **˷fugt** ['˷fu:kt] non autorisé; ⚖ incompétent; *⟨en ist der Eintritt verboten* entrée interdite aux personnes étrangères; **˷gabt** ['˷gɑ:pt] peu doué; **'˷glichen** *Rechnung*: impayé; **'˷greiflich** inconcevable; incompréhensible; **'˷grenzt** illimité; **'˷gründet** non (*od*. mal) fondé; injustifié; **'˷gütert** sans fortune (*od*. biens); **'˷haart** glabre; *Kopf*: chauve; **²hagen** ['˷hɑ:gən] *n* malaise *m*; **'˷haglich** incommode; *ein ˷es Gefühl* un sentiment de malaise; *sich ˷ fühlen* se sentir mal à l'aise; **'˷hauen** brut; **'˷helligt** sans être molesté; **'˷hindert** sans être empêché; **˷holfen** ['˷hɔlfən] maladroit; gauche; (*plump*) lourd; **²˷holfenheit** *f* maladresse *f*; gaucherie *f*; **'˷irrt** ['˷?irt] sans se laisser déconcerter; **'˷kannt** inconnu; (*fremd*) étranger; *er ist mir ˷* je ne le connais pas; *das ist mir ˷* je n'en sais rien; **²kannte(r** *a*. *m*) *m*, *f* inconnu *m*, -e *f* (*a*. A̐˷); **'˷kleidet** nu; **˷kömmlich** indigeste; **'˷kümmert** insouciant; sans souci; *seien Sie deswegen ˷* ne vous en mettez pas en peine; **²kümmertheit** *f* insouciance *f*; **'˷lästigt** sans être molesté; **'˷lebt** inanimé; sans vie; *Straße*: peu fréquenté; **'˷lehrbar** incorrigible; **'˷lesen** qui n'a pas de lecture; **'˷lichtet** *phot*. vierge; **'˷liebt** peu aimé; *beim Volke ˷* impopulaire; **²˷liebtheit** *f* impopularité *f*; **'˷lohnt** sans récompense; **'˷mannt** ⚓ non équipé; **'˷merkbar** imperceptible; **'˷merkt** inaperçu; **'˷mittelt** sans fortune (*od*. biens); **'˷nannt** sans nom; anonyme; *˷e Zahl* nombre *m* abstrait; **'˷nommen:** *es bleibt Ihnen ˷ zu ...* (*inf*.) vous êtes libre de ... (*inf*.); **'˷nutzt** inutilisé; (*neu*) neuf; **'˷obachtet** inobservé; **'˷quem** incommode; (*lästig*) gênant; *Sie sitzen ˷* vous êtes mal assis; **²quemlichkeit** *f* incommodité *f*; **'˷rechenbar** incalculable; *Person*: déconcertant; **'˷rechtigt** non autorisé; *Forderung*: injustifié; **'˷rechtigterweise** sans droit; sans justification; **'˷rücksichtigt:** *etw*. *˷ lassen* ne pas tenir compte de qch.; **'˷rufen** non autorisé; non qualifié; **˷rufen!** touchons du bois; **'˷rührt** intact; *etw*. *˷ lassen* ne pas toucher à qch., *fig*. passer qch. sous silence; **'˷schadet** (*gén*.) sans préjudice de; **'˷schädigt** intact; ✝ sain et sauf; **'˷schäftigt** inoccupé; désœuvré; **'˷scheiden** immodeste; **²scheidenheit** *f* immodestie *f*; **˷scholten** ['˷ʃɔltən] intègre; ⚖ sans antécédents judiciaires; **²scholtenheit** *f* réputation *f* intacte; intégrité *f*; **'˷schränkt** illimité; **'˷schreiblich** indescriptible; **'˷schrieben** (en) blanc; **'˷schützt** sans défense; **'˷schwert** non chargé; *Gewissen*: net (*unbesorgt*) sans souci; **'˷seelt** inanimé; sans âme; **'˷sehen** sans l'avoir vu; sans examen; **'˷setzt** inoccupé; *Stelle*: vacant; **'˷siegbar** invincible; **'˷soldet** non rétribué; **'˷sonnen** irréfléchi; (*leichtsinnig*) étourdi; **²sonnenheit** *f* irréflexion *f*; (*Leichtsinn*) étourderie *f*; **'˷sorgt** sans souci; *seien Sie ˷* ne vous mettez pas en souci (*od*. en peine); **'˷ständig** instable; inconstant; (*ver-*

änderlich) changeant; variable; '◊**ständigkeit** *f* instabilité *f*; inconstance *f*; (*Veränderlichkeit*) variabilité *f*; '⚹**stätigt** non confirmé; '⚹**stechlich** incorruptible; '⚹**steigbar** inaccessible; '⚹**stellbar** ⚹ au rebut; en souffrance; ⚹ qui ne peut être labouré; '⚹**stellt** ⚹ non labouré; inculte; en friche; '⚹**stimmbar** indéterminable; indéfinissable; '⚹**stimmt** indéterminé (*a.* ♃); indéfini (*a. gr.*); (*unklar*) vague; (*unsicher*) incertain; (*unentschieden*) indécis; '◊**stimmtheit** *f* indétermination *f*; '⚹**straft** impuni; ⚹ sans antécédents judiciaires; '⚹**streitbar** incontestable; '⚹**stritten** incontesté; '⚹**teiligt** qui n'y est pour rien; '⚹**tont** non accentué; atone; '⚹**trächtlich** peu considérable. [flexibilité *f*.\]

unbeugsam inflexible; '◊**keit** *f* in-\]
'**unbe|wacht** non surveillé; '⚹**waffnet** sans armes; *mit* ⚹ *em Auge* à l'œil nu; '⚹**wandert** peu versé (*in dat.* dans); '⚹**weglich** immobile; ⚹*es Gut* immeuble *m*; *fig.* impassible; '◊**weglichkeit** *f* immobilité *f*; *fig.* impassibilité *f*; '⚹**wegt** immobile; *fig.*impassible; '⚹**weisbar** indémontrable; improuvable; '⚹**wiesen** non démontré; non prouvé; '⚹**wohnbar** inhabitable; '⚹**wohnt** inhabité; '⚹**wußt** inconscient; (*unwillkürlich*) involontaire; *mir* ⚹ à mon insu; '⚹**zahlbar** impayable; '⚹**zahlt** impayé; '⚹**zähmbar** indomptable; '⚹**zeugt** non attesté; '⚹**zwingbar** invincible; *Festung*: imprenable.

Unbild|en ['⚹bildən] *f/pl.*: ⚹ *der Witterung* intempéries *f/pl.*; inclémence *f* du temps; '⚹**ung** *f* manque *m* d'instruction; absence *f* de culture. ['◊**ig** inique; injuste.\]

Unbill ['⚹bil] *f* iniquité *f*; injustice *f*;\]
'**unblutig** sans répandre de sang.

unbotmäßig ['⚹bo:tmɛːsiç] insubordonné; '◊**keit** *f* insubordination *f*.

'**unbrauchbar** inutilisable; (*unnütz*) inutile; (*untauglich*) inapte; '◊**keit** *f* inutilité *f*; (*Untauglichkeit*) inaptitude *f*.

'**unchristlich** peu chrétien. [tude *f.*\]
und [unt] et; *bei negativer Verbindung*: ne ... ni ... ni ...; *kein Brot* ⚹ *kein Geld haben* n'avoir ni pain ni argent.

'**Undank** *m*, '⚹**barkeit** *f* ingratitude *f*; '◊**bar** ingrat (*gegen* envers).

un|datiert ['⚹daːtiːrt] non daté; '⚹**definierbar** indéfinissable; '⚹**denkbar** impensable; (*unbegreiflich*) inconcevable; '⚹**denklich**: *seit* ⚹*er Zeit* de temps immémorial; '⚹**deutlich** indistinct; (*unklar*) vague; (*verworren*) confus; (*dunkel*) obscur; *Schrift*: illisible; ⚹ *und schnell sprechen* bredouiller; '⚹**dicht** qui n'est pas étanche; (*durchlässig*) perméable; ⚹ *sein Gefäß*: fuir; '⚹**dienlich** inopportun; '⚹**ding** *n* absurdité *f*; '⚹**diszipliniert** indiscipliné; '⚹**duldsam** intolérant; '◊**duldsamkeit** *f* intolérance *f*.

'**undurch|dringlich** impénétrable; '⚹**führbar** inexécutable; '⚹**lässig** imperméable; '⚹**sichtig** opaque; '◊**sichtigkeit** *f* opacité *f*.

'**un-eben** inégal; *Gelände*: accidenté; *Weg*: raboteux; '◊**heit** *f* inégalité *f*; ⚹ *des Geländes* accident *m* de terrain.

'**un|-echt** faux; (*nachgemacht*) contrefait; imité; *Schmuck*: en simili; *Urkunde*: non authentique; *Haar*: postiche; ♃ ⚹*er Bruch* nombre *m* fractionnaire; '⚹**edel** ignoble; (*gemein*) vulgaire; *Metall*: commun; '⚹**ehelich** *Kind*: illégitime; naturel.

'**Un-ehr|e** *f* déshonneur *m*; '◊**erbietig** ['⚹ʔɛrbiːtiç] irrespectueux; irrévérencieux; '⚹**erbietigkeit** *f* irrévérence *f*; '◊**lich** malhonnête; de mauvaise foi; '⚹**lichkeit** *f* malhonnêteté *f*; mauvaise foi *f*.

'**un|-eigennützig** désintéressé; '◊**eigennützigkeit** *f* désintéressement *m*; '⚹**eigentlich** impropre; *im* ⚹*en Sinn* au (sens) figuré.

'**un-ein|gebunden** non relié; '⚹**gedenk** (*gén.*) sans songer à; '⚹**geschränkt** illimité; '⚹**gestanden** inavoué; '⚹**geweiht** non initié; profane; '⚹**ig** désuni; en désaccord; *mit sich* ⚹ irrésolu; '◊**igkeit** *f* désunion *f*; désaccord *m*; ⚹'**nehmbar** ⚔ imprenable; '⚹**s** = ⚹**ig**.

'**un-emp|fänglich** ⚹ *für* insensible à; inaccessible à; ✱ non prédisposé à; '◊**fänglichkeit** *f* insensibilité *f* (*für* à); '⚹**findlich** insensible (*gegen* à); (*gefühllos*) impassible; (*gleichgültig*) indifférent (*gegen* à); *Glied*: engourdi; ⚹ *machen* ✱ anesthésier; '◊**findlichkeit** *f* insensibilité *f*; (*Gefühllosigkeit*) impassibilité *f*; ✱ anesthésie *f*.

'un-endlich infini; (unermeßlich) immense; ~ klein infinitésimal; '2e n infini m; 2keit f infinité f.
'un-ent|behrlich indispensable; ~geltlich ['~entgeltliç] gratuit; adv. a. gratis; '~rinnbar inévitable; '~schieden indécis; (noch schwebend) en suspens; (noch schwebend) pendant; ~ spielen Sport: faire match nul; '~schlossen irrésolu; '2schlossenheit f irrésolution f; '~schuldbar inexcusable; ~wegt [~'ve:kt] inébranlable; (unaufhörlich) sans cesse; '~wickelt qui n'est pas encore (sufisamment) développé; '~wirrbar inextricable; '~zifferbar indéchiffrable; '~zündbar non inflammable; ignifuge.
'un-er|bittlich inexorable; '2bittlichkeit f inexorabilité f; '~fahren inexpérimenté; '2fahrenheit f inexpérience f; '~forschlich impénétrable; '2forschlichkeit f impénétrabilité f; '~forscht inexploré; '~freulich peu réjouissant; désagréable; (verdrießlich) fâcheux; Szene: pénible; '~füllbar irréalisable; ~giebig ['~gi:biç] improductif; Boden: stérile; maigre; '~gründlich insondable; impénétrable; '2gründlichkeit f insondabilité f; '~heblich insignifiant; '~hört inouï; (fabelhaft) fabuleux; Preis: exorbitant; ~ bleiben n'être pas écouté; nicht ~ lassen exaucer; '~kannt sans être reconnu; incognito; '~kennbar méconnaissable; '~klärbar, '~klärlich inexplicable; '~läßlich ['~lesliç] indispensable; '~laubt ['~laupt] illicite; défendu; '~ledigt non réglé; Frage: en suspens; '~meßlich immense; '2meßlichkeit f immensité f; ~müdlich ['~my:tliç] infatigable; ~örtert ['~᷄ørtərt] qui n'a pas été discuté; '~quicklich pénible; fâcheux; '~reichbar inaccessible; '~reicht sans égal; '~sättlich insatiable (a. fig.); '2sättlichkeit f insatiabilité f; '~schöpflich inépuisable; '~schrocken intrépide; '2schrockenheit f intrépidité f; '~schütterlich inébranlable; imperturbable; '2schütterlichkeit f fermeté f inébranlable; imperturbabilité f; '~schüttert sans être ébranlé; '~schwinglich 'hors de prix; Preis: énorme; exorbitant;
'~setzbar, '~setzlich irremplaçable; Verlust: irréparable; '~sprießlich infructueux; (unangenehm) désagréable; '~träglich insupportable; '~wähnt omis; etw. ~ lassen passer qch. sous silence; '~wartet inattendu; (unverhofft) inespéré; adv. à l'improviste; das kommt mir ~ je ne m'y attendais pas; ~widert ['~vi:dərt] à qui (resp. à quoi) on n'a pas répondu; ~er Besuch visite f à qui on n'a pas rendue; '~wünscht indésirable; adv. mal à propos.
'unfähig: ~ zu incapable de; inhabile à (a. ⚖); '2keit f incapacité f; ⚖ inhabilité f.
'Unfall m accident m; (Unglücksfall) malheur m; '~station f poste m de secours; '~verhütung f prévention f des accidents; '~versicherung(sgesellschaft) f (compagnie f d')assurance-accident f.
'unfaßbar incompréhensible.
'unfehlbar infaillible; '2keit f infaillibilité f.
'un|fein peu délicat; sans tact; '~fertig inachevé; '2flat f [~'fla:t] m immondices f/pl.; ordure f; '~flätig ['~fle:tiç] sale; ordurier; obscène; '2flätigkeit f saleté f; obscénité f; '~folgsam indocile; désobéissant; '~förmig difforme; '2förmigkeit f difformité f; '~förmlich informe; (ohne Förmlichkeit) sans façons; '2förmlichkeit f informité f; '~frankiert non affranchi; adv. sans affranchir; '~frei qui n'est pas libre; (leibeigen) serf; '~freiwillig involontaire; adv. a. malgré soi.
'unfreundlich peu bienveillant; peu aimable; Wetter: inclément; '2keit f caractère m peu bienveillant; manières f/pl. peu aimables; Wetter: inclémence f.
'Unfriede(n) m discorde f.
'unfruchtbar stérile; infertile; infécond; ~ machen stériliser; '2keit f stérilité f; infertilité f; infécondité f.
'Unfug ['~fu:k] m (3) (Streich) frasque f; (Mutwille) excès m; ⚖ délit m; grober ~ délit m grave.
'un|fügsam indocile; indiscipliné; '~galant peu galant; '~gangbar impraticable; Ware: qui n'a point cours; '~gar qui n'est pas assez cuit; Braten: (encore) saignant.

Ungar|(in f) ['uŋgar-] m 'Hongrois m, -e f; '2isch 'hongrois; '~n n (17) la Hongrie.
'ungastlich inhospitalier.
unge|achtet ['~gə°axtət] **1.** adj. peu estimé; **2.** prp. (gén.) malgré; en dépit de; (züg̃ellos) licencieux; ~e Rede prose f; '2heit f liberté f; (Zwang-losigkeit) laisser-aller m; (Zügel-losigkeit) licence f.
'unge|deckt sans abri; † à découvert; '~dient ✗ non instruit; '~druckt litt. inédit; '2duld f impatience f; '~duldig impatient; ~ machen impatienter; ~ werden s'impatienter; '~eignet impropre (zu à); ~fähr ['~fɛːr] approximatif; adv. a. à peu près; environ; von ~ par hasard; '2fahr n 'hasard m; '~fährdet sans danger; '~fährlich sans danger; Wesen: inoffensif; '~fällig peu complaisant; désobligeant; '2fälligkeit f manque m de complaisance; '~fälscht pur; naturel; authentique; '~färbt non teint; naturel; '~füge, '~fügig peu souple; Personen: peu accommodant; '~goren non fermenté; '~halten fâché (über acc. de); ~ werden se fâcher; '~heißen de son propre chef; '~heizt non chauffé; '~hemmt libre; adv. a. sans entraves; '~heuchelt sans feinte; ~heuer ['~hɔyər] monstrueux; prodigieux; (riesig, groß) colossal; énorme; '2heuer m (7) monstre m; '~heuerlich monstrueux; révoltant; '2heuerlichkeit f monstruosité f; '~hindert sans être empêché; ~ ~hemmt; '~hobelt non raboté; brut; fig. grossier; impoli; ~er Mensch rustre m; '~hörig in-convenant; Zeit: indu; adv. mal à propos; indûment; '2hörigkeit f inconvenance f; '~horsam désobéissant; '2horsam m (3) désobéissance f; '~kämmt non peigné; Wolle: non cardé; '~kocht non cuit; cru; '~künstelt naturel; sans affectation; '~laden sans être invité; Waffe: non chargé; '~läufig inusité; '~legen inopportun; adv. mal à propos; zu ~er Stunde à une heure indue; j-m ~ kommen déranger q.; '2legenheit f inopportunité f; j-m ~en machen causer de l'embarras à q.; déranger q.; '~lehrig peu intelligent; (schwer zu unterrichten) indocile; '~lehrt sans instruction; illettré; '~lenk(ig) maladroit; gauche; '~lernt Arbeiter: non qualifié; '~löscht non éteint; ~er Kalk chaux f vive; 2mach ['~maːx] n ennuis m/pl., inconvénients m/pl.; (Übel) maux m/pl.; (Mühseligkeiten) fatigues f/pl.; (Unglücksfälle) revers m/pl.; '~mein extraordinaire; adv. a. extrêmement; '~mischt pur; '~münzt non monnayé; en barres; '~mütlich peu confortable; Person: peu sympathique; Wetter: vilain; '~nannt anonyme; '~nau inexact; '2nauigkeit f inexactitude f; ~niert ['~ʒeniːrt] sans gêne; sans façon; '2niertheit f sans-gêne m; '~nießbar immangeable; imbuvable; fig. insipide; fastidieux; '~nügend insuffisant; '~nügsam difficile à contenter; '~nützt inutilisé; sans en profiter; '~ordnet sans ordre; en désordre; '~pflegt négligé; '~rächt impuni; adv. impunément; ~rade Zahl: impair; '~raten manqué; Person: qui a mal tourné; '~rechnet non compté; (nicht einbegriffen) non compris.
'ungerecht injuste; pfort inique; '~fertigt non justifié; injustifié; '2ig̃keit f injustice f; pfort iniquité f.
'ungeregelt non réglé.
'ungereimt non rime; Verse: blanc; fig. absurde; '2heit f absurdité f.
'ungern à regret; à contre-cœur.
'unge|rügt: das kann man nicht ~ lassen on ne peut laisser passer cela; '~rührt impassible; '~sagt: etw. ~ lassen s'abstenir de dire qch.; '~salzen non salé; '~sattelt sans selle; auf ~em Pferde reiten monter à poil; '~säuert sans levain; azyme;

'**säumt** sans ourlet; (*sofort*) adv. sans délai; '**schehen** non avenu; *das läßt sich nicht ~ machen* ce qui est fait est fait.

'**Ungeschick** n, '**lichkeit** f maladresse f; inhabileté f; gaucherie f; ℒt maladroit; inhabile; gauche.

unge|**schlacht** ['~ʃlaxt] lourdaud; grossier; **~schliffen** *Messer*: non affilé; *Stein*: non taillé; brut; *fig.* impoli; grossier; ℒ**schliffenheit** f *fig.* impolitesse f; grossièreté f; '**~schmälert** intégral; entier; '**~schminkt** sans fard (*a. fig.*); '**~schoren**: *fig.* ~ *lassen* laisser tranquille; '**~sehen** inaperçu; sans avoir (*resp. être*) vu; '**~sellig** insociable; ℒ**selligkeit** f insociabilité f; '**~setzlich** illégal; (*unrechtmäßig*) illégitime; ℒ**setzlichkeit** f illégalité f; (*Unrechtmäßigkeit*) illégitimité f; '**~sittet** incivil; grossier; '**~stalt(et)** informe; difforme; '**~stärkt** *Wäsche*: non empesé; '**~stillt** inapaisé; inassouvi; '**~stört** sans être dérangé; en paix; '**~straft** impuni; *adv.* impunément; **~stüm** ['~ʃty:m] impétueux; fougueux; (*heftig*) violent; ℒ**stüm** n (3) impétuosité f; fougue f; (*Heftigkeit*) violence f; '**~sucht** *fig.* naturel; '**~sund** malsain; *Luft, Ort, Wohnung*: insalubre; (*kränklich*) maladif; '**~tan**: *etw. ~ lassen* s'abstenir de faire qch.; '**~teilt** non divisé; (*ganz*) (tout) entier; (*einstimmig*) unanime; '**~treu** infidèle; '**~trübt** serein; *Glück*: sans nuage; ℒ**tüm** ['~ty:m] n monstre m; '**~übt** inexercé; inexpérimenté; sans expérience; '**~waschen** non lavé; (*schmutzig*) sale; *~e Wolle* laine f en suint; *~es Zeug fig.* absurdités f/*pl.*; '**~wiß** incertain; *im ~en lassen* laisser dans l'incertitude f; ℒ**wißheit** f incertitude f; '**ℒwitter** n tempête f; violent orage m; '**~wöhnlich** extraordinaire; insolite; (*seltsam*) étrange; '**~wohnt** inaccoutumé; '**~zählt** non compté; *adv.* sans nombre; '**~zähmt** non apprivoisé; indompté; *fig.* effréné; ℒ**ziefer** ['~tsi:fər] n (7) vermine f; ℒ**zieferbekämpfung** f lutte f contre la vermine; '**~ziemend** inconvenant; '**~zogen** mal élevé; (*unartig*) méchant; (*gassenjungenhaft*) polisson; (*frech*) impertinent; ℒ**zogenheit** f (*Unartigkeit*) méchanceté f; (*Frechheit*) impertinence f; '**~zügelt** sans frein; *fig.* effréné; '**~zwungen** sans contrainte; libre; *Lachen usw.*: franc; *fig.* naturel; dégagé; aisé; ℒ**zwungenheit** f aisance f (des manières).

'**Un|glaube** *rl.* m incrédulité f; manque m de foi; '**ℒglaubhaft** incroyable; 'ℒ**gläubig** (*mit Zweifeln*) incrédule; (*ohne jeden Glauben*) incroyant; (*nichtchristlich*) mécréant; (*heidnisch*) infidèle; '**ℒglaublich** incroyable; 'ℒ**glaubwürdig** qui n'est pas digne de foi.

'**ungleich** inégal; (*unvereinbar*) disparate; (*verschieden*) différent; (*unähnlich*) dissemblable; (*nicht zusammenpassend*) dépareillé; *Handschuh*: déparié; *~ schöner* infiniment plus beau; '**~artig** hétérogène; '**~förmig** dissemblable; (*ohne Symmetrie*) asymétrique; 'ℒ**heit** f inégalité f; (*Verschiedenheit*) disparité f; (*Verschiedenheit*) différence f; (*Unähnlichkeit*) dissemblance f; '**~mäßig** inégal; '**~namig** de noms contraires.

Unglimpf ['~glimpf] traitement m injurieux; 'ℒ**lich** injurieux.

'**Unglück** n (3) malheur m; *zufälliges*: accident m; *dauerndes*: infortune f; (*widriges Geschick*) adversité f; (*Pech*) malchance f, F déveine f; (*Schicksalsschlag*) revers m; (*schweres Mißgeschick*) désastre m; calamité f; *viel ~ erfahren* essuyer bien des revers; *~ bringen* porter malheur; *j-n ins ~ bringen* faire le malheur de q.; *j-n ins ~ stürzen* causer la ruine de q.; *zum ~* par malheur; 'ℒ**lich** *Stimmung*: malheureux; *Personen*: infortuné; malchanceux; *Dinge*: malencontreux; funeste; désastreux; *~ enden* finir mal; 'ℒ**licherweise** malheureusement; '**~sbote** m messager m de malheur; 'ℒ**selig** malheureux; *Dinge*: funeste; désastreux; '**~sfall** m malheur m; accident m (fâcheux); '**~srabe** m (*Pechvogel*) malchanceux m, F déveinard m; '**~stag** m jour m funeste.

'**Un|gnade** f disgrâce f; (*Ungunst*) défaveur f; *in ~ fallen* tomber en disgrâce; *sich j-s ~ zuziehen* encourir la disgrâce de q.; 'ℒ**gnädig** peu gracieux; peu bienveillant; *adv.* de (*od.* avec) mauvaise grâce.

'ungültig non valable; *Geld:* qui n'a pas cours; ⚖️ invalide; *für ~ erklären;* ~ *machen* annuler; invalider; **'2keit** *f* invalidité *f;* nullité *f;* **'2keits-erklärung** *f* déclaration *f* d'invalidité, ⚖️ invalidation *f;* **'2machung** *f* invalidation *f;* annulation *f.*

'Un|gunst *f* défaveur *f; Schicksal:* malignité *f; Witterung:* intempérie *f; zu m-n ~en* à mon désavantage; **'2günstig** défavorable; **'2gut** *nichts für ~!* (soit dit) sans vous offenser; **'2haltbar** ⚔ intenable; *Behauptung:* insoutenable; *Ball:* imparable; **'2handlich** peu maniable; **'2harmonisch** discordant.

'Unheil *n* mal *m;* malheur *m;* ⚡ *fort désastre m; ~ anrichten* causer des malheurs; **'2bar** incurable; *fig.* irrémédiable; irréparable; **'~barkeit** *f* incurabilité *f;* **'2bringend** funeste (*für* à); fatal (à); **'2ig** profane; (*gottlos*) impie; **'2schwanger** gros de malheur; **'~stifter(in** *f*) *m* artisan *m,* -e *f* de malheur; **'2verkündend** de mauvais augure; **'2voll** funeste.

'un|heimlich inquiétant; ⚡ *fort sinistre;* lugubre; **'~höflich** impoli; **'2höflichkeit** *f* impolitesse *f;* **'~hold** ['~hɔlt] peu gracieux; malveillant; **'2hold** *m* esprit *m* malin; monstre *m;* **'~hörbar** inaudible, imperceptible (à l'oreille).

Uniform [uni'fɔrm] *f* (16) uniforme *m; in großer ~* en grande tenue; **2ieren** [~'mi:rən] faire revêtir l'uniforme; *fig.* uniformiser; **~ierung** *f fig.* uniformisation *f.*

'Unikum *n fig.* chose *f* unique; (*Person*) drôle *m* d'homme.

'un-interess|ant qui n'intéresse pas; sans intérêt; **'~iert:** *ich bin daran ~* cela ne m'intéresse pas.

Union [uni'o:n] *f* (16) union *f.*

universal [univer'za:l] universel; **2-erbe** *m* (**2-erbin** *f*) légataire *m* (*f*) universel(le); **2lexikon** *n* encyclopédie *f;* **2mittel** *n* panacée *f;* **2schlüssel** *m* clef *f* universelle.

Universität [~zi'tɛ:t] *f* (16) université *f;* (*nach Fakultäten getrennt*) faculté *f; auf der ~* à l'université; *auf der ~ sein* suivre les cours d'une faculté; **~sprofessor(in** *f*) *m* professeur *m* à l'Université; professeur *m* de faculté; **~sstudien** *n/pl.* études *f/pl.* universitaires. [vers *m.*)

Universum [~'vɛrzum] *n* (9) uni-)

Unk|e ['uŋkə] *f* (15) crapaud *m* (sonnant); **'2en** prédire des malheurs. [nis *f* ignorance *f.*)

'unkennt|lich méconnaissable; **'2-)**

'un|keusch impudique; **'2keuschheit** *f* impudicité *f;* **'~kindlich** qui n'est pas d'un enfant; *gegen die Eltern:* peu filial; **'~klar** peu clair; (*dunkel*) obscur; (*undeutlich*) indistinct; *Wasser usw.:* trouble; *Kopf:* confus; **'2klarheit** *f* manque *m* de clarté; obscurité *f;* **'~klug** inintelligent; (*unvorsichtig*) imprudent; **'2klugheit** *f* inintelligence *f;* (*Unvorsichtigkeit*) imprudence *f;* **'~kontrollierbar** incontrôlable; **'~körperlich** incorporel; immatériel; **'2kosten** *pl.* frais *m/pl.;* dépenses *f/pl.;* ⚖️ dépens *m/pl.; sich in ~ stürzen* se mettre en frais; *nach Abzug aller ~* † tous frais déduits; **'2kraut** *n* mauvaise herbe *f; fig.* ivraie *f;* **'~kriegerisch** peu guerrier; **'~kultiviert** inculte; **'2kultur** *f* barbarie *f;* **'~kündbar** † consolidé; *Rente:* perpétuel; *Stellung:* permanent; inamovible; **'~kundig** ignorant; **'~längst** ['~lɛŋst] naguère; récemment; **'~lauter** impur; *Angelegenheit:* véreux; illicite; *Wettbewerb:* déloyal; **'~leidlich** insupportable; **'~lenksam** indocile; **'~leserlich** illisible; **'~leugbar** indéniable; (*unbestreitbar*) incontestable; **'~liebenswürdig** peu aimable; désobligeant; **'~liebsam** désagréable; **'~logisch** illogique.

'unlös|bar, '~lich insoluble; *Ehe:* indissoluble; **'2barkeit** *f* insolubilité *f; Ehe:* indissolubilité *f.*

'Unlust *f* déplaisir *m;* (*Abneigung*) répugnance *f; mit ~* à contrecœur; **'2ig** maussade; (*grämlich*) morose; *adv. a.* à contrecœur.

'un|manierlich qui n'a pas de bonnes manières; **'~männlich** peu viril; efféminé; **'2maß** *n* démesure *f;* **'2masse** *f* quantité *f* énorme; **'~maßgeblich** incompétent; *nach m-r ~en Meinung* à mon humble avis.

'unmäßig immodéré; *im Genuß:* intempérant; (*übermäßig*) démesuré; excessif; **'2keit** *f* intempérance *f;* démesure *f;* excès *m.*

Unmenge *f* nombre *m* énorme.
Unmensch *m* monstre *m*; barbare *m*; **˳lich** inhumain; barbare; **˳lichkeit** *f* inhumanité *f*; barbarie *f*.
un|merklich imperceptible; **˳methodisch** sans méthode; **˳mißverständlich** catégorique; **˳mittelbar** immédiat; ~ bevorstehend imminent; **˳möbliert** non meublé; **˳modern** passé de mode; démodé. [impossibilité *f*.]
unmöglich impossible; **2keit** *f*)
un|moralisch immoral; **˳motiviert** sans motif; gratuit. [rité *f*.]
unmündig mineur; **2keit** *f* mino-)
unmusikalisch qui n'est pas musicien; qui n'entend rien à la musique.
Unmut *m* mauvaise humeur *f*; **˳ig** maussade; mal disposé.
un|nachahmlich [una:x'⁹a:mlɪç] inimitable; **˳nachgiebig** inflexible; **˳nachsichtig** sans indulgence; **˳nahbar** inaccessible; inabordable; **2natur** *f* monstruosité *f*.
unnatürlich non naturel; (*entartet*) dénaturé; (*gekünstelt*) affecté; **2keit** *f* manque *m* de naturel; affectation *f*.
unnennbar indicible, inexprimable.
unnötig inutile; (*überflüssig*) superflu; **˳erweise** inutilement.
unnütz inutile; (*unartig*) méchant; ~es *Zeug* fatras *m*; **˳erweise** = unnötigerweise.
un-ord|entlich *Person*: désordonné; *Dinge*: en désordre; *Leben*: déréglé; **2nung** *f* désordre *m*; (*Verwirrung*) confusion *f*; in ~ (*geraten*) *bringen* (se) déranger; (se) désorganiser.
un|-organisch inorganique; **˳paar** impair; **˳paarig** impair; *Handschuh usw*.: dépareillé; **˳parlamentarisch** contraire aux usages parlementaires.
unpartei|isch impartial; *adv. a.* sans parti pris; **2ische(r)** *m* arbitre *m* désintéressé; **2lichkeit** *f* impartialité *f*.
unpassend mal choisi; (*falsch angewandt*) impropre; (*ungelegen*) inopportun; (*unschicklich*) inconvenant; (*unangebracht*) déplacé.
unpassierbar impraticable.
unpäßlich indisposé; **2keit** *f* indisposition *f*.

un|persönlich impersonnel; **˳pfändbar** insaisissable; **˳politisch** non politique; (*unklug*) impolitique; **˳populär** impopulaire; **˳praktisch** qui n'est pas pratique; *Person*: maladroit; **˳produktiv** improductif; **˳pünktlich** inexact; **2pünktlichkeit** *f* inexactitude *f*; **˳qualifizierbar** inqualifiable; **˳rasiert** non rasé; **2rast** *f* agitation *f*; *innere*: inquiétude *f*; *fig*. fièvre *f*; **2rat** *m* ordures *f/pl*.; immondices *f/pl*.; (*Menschenkot*) excréments *m/pl*.; **˳ratsam** inopportun.
unrecht 1. (*unrichtig*) faux; (*ungeeignet*) impropre; (*übel*) mauvais, *adv*. mal; (*ungelegen*) inopportun, *adv*. mal à propos; (*ungerecht*) injuste, *adv*. mal; *zur* ~en *Zeit* à un mauvais moment; *an den* 2en *kommen s'adresser mal*; ~ *haben* avoir tort; *j-m* ~ *geben* (*tun*) donner (faire) tort à q.; **2.** 2 *n* (3, *o. pl.*) tort *m*; injustice *f*; mit ~; zu ~ à tort; *nicht mit* ~ non sans raison; *im* ~ *sein* avoir tort; ~ *leiden* être victime d'une injustice; *es geschieht ihm* ~ on lui fait tort; **˳mäßig** illégitime; illégal; *sich etw.* ~ *aneignen* usurper qch.; **2mäßigkeit** *f* illégimité *f*; illégalité *f*.
unredlich malhonnête; improbe; **2keit** *f* malhonnêteté *f*; improbité *f*.
unre-ell ['~reɛl] faux; trompeur.
unregelmäßig irrégulier; **2keit** *f* irrégularité *f*.
unreif non mûr; *Obst*: vert; *fig*. trop jeune; **2e** *f* absence *f* de maturité (*a. fig*.).
unrein impur; (*schmutzig*) sale; malpropre; *das* 2e le brouillon.
unreinlich malpropre; **2keit** *f* malpropreté *f*.
un|rentabel non rentable; **˳rettbar** qu'on ne peut sauver; ~ *verloren* perdu sans remède; **˳richtig** inexact; (*fehlerhaft*) incorrect; **2richtigkeit** *f* inexactitude *f*; (*Fehlerhaftigkeit*) incorrection *f*.
Unruh *horl. f* balancier *m*; **˳e** ['~ru:ə] *f* (15) inquiétude *f*; (*Aufregung*) agitation *f*; (*Aufruhr*) trouble *m*; émeute *f*; (*Lärm*) bruit *m*; *j-n in* ~ *versetzen* inquiéter q.; **2ig** inquiet; (*aufgeregt*) agité (*a. See*); (*geräuschvoll*) bruyant; *Kind*: remuant.
unrühmlich peu glorieux.

'**Unruhstifter** *m* fauteur *m* de troubles; (*Ruhestörer*) perturbateur *m* de l'ordre public.

uns *pr./p.* nous; *als dat. des pr. abs.*: à nous; *ein Freund von* ~ un ami à nous; un de nos amis.

'**un|sachlich** peu conforme aux faits; subjectif; '~**sagbar**, ~**säglich** ['~zɛːklɪç] indicible; '~**sanft** peu doux; ⸝**pfort** rude; '~**sauber** malpropre; '⚪**sauberkeit** *f* malpropreté *f*; '~**schädlich** innocent; (*harmlos*) inoffensif; ~ *machen* mettre 'hors d'état de nuire, *Gift*: neutraliser; '⚪**schädlichkeit** *f* innocuité *f*; '⚪**schädlichmachung** *f Gift*: neutralisation *f*; '~**scharf** *phot.* flou; '~**schätzbar** inestimable; '~**scheinbar** peu apparent, sans éclat; (*unbedeutend*) insignifiant; (*zurückhaltend*) discret.

'**unschicklich** inconvenant; '⚪**keit** *f* inconvenance *f*.

'**unschlüssig** irrésolu; indécis; '~**keit** *f* irrésolution *f*.

'**unschön** laid; déplaisant.

'**Unschuld** *f* innocence *f*; (*Arglosigkeit*) candeur *f*; *s-e Hände in* ~ *waschen* s'en laver les mains; '⚪**ig** innocent; (*arglos*) candide.

'**un|schwer** facile; '~**segen** *m* malédiction *f*; '~**selbständig** dépendant; ~*e Arbeit* travail *m* pour lequel on a dû se faire aider; '⚪**selbständigkeit** *f* manque *m* d'indépendance; '~**selig** funeste.

unser ['ʊnzər] 1. *pr/p.* (*gén.*) de nous; *es waren* ~ *drei* nous étions (au nombre de trois); *er gedenkt* ~ il se souvient de nous; il pense à nous; 2. *adj. u. pr/poss.* '~(*e*)*r* ['~(*e*)] *m u. n* notre, *pl.* nos; *dies ist* ~ cela est à nous; 3. *pr/poss.* '~**er**, '~**e**, '~**es**: *der* (*die, das*) '~**e** *od,* '~**ige** *le* (la) nôtre); '~**einer**, '~**eins** nous autres; '~(**e**)**seits** de notre part (*od.* côté); '~(**e**)**sgleichen** des gens comme nous; '~**thalben**, '~**twegen**, (*um*) '~**twillen** pour nous; à cause de nous.

'**unsicher** peu sûr; incertain; *Hand*: mal assuré; *Existenz*: précaire; *Gedächtnis*: infidèle; (*gefahrvoll*) peu rassurant; '⚪**heit** *f* incertitude *f*; *gefahrvolle*: insécurité *f*.

'**unsichtbar** invisible; '⚪**keit** *f* invisibilité *f*.

'**Unsinn** *m* (3, *o. pl.*) non-sens *m*; absurdité *f*; (*Geschwätz*) radotage *m*; ~ *reden* radoter; '⚪**ig** insensé; absurde; '~**igkeit** *f* absurdité *f*.

'**Unsitt|e** *f* mauvaise habitude *f*; '⚪**lich** immoral; '~**lichkeit** *f* immoralité *f*.

'**un|solid(e)** qui manque de solidité; peu sûr; léger; '~**sozial** peu social; '~**sportlich** peu sportif.

'**unsrige** *s.* unser.

unstatthaft ['~ʃtathaft] inadmissible; (*unerlaubt*) illicite; défendu.

'**unsterblich** immortel; '⚪**keit** *f* immortalité *f*.

'**Un|stern** *m* mauvaise étoile *f*; (*Unglück*) malheur *m*; (*Mißgeschick*) fatalité *f*; '⚪**stet**(**ig**) inconstant; (*wandelbar*) changeant; (*umherziehend*) errant; vagabond; *Blick*: fuyant; '~**stetigkeit** *f* inconstance *f*; humeur *f* vagabonde; '⚪**stillbar** ne peut être apaisé; (*unersättlich*) insatiable; '⚪**stimmig** en désaccord; '~**stimmigkeit** *f* désaccord *m*; '⚪**streitig** incontestable; *adv. a.* sans contredit; '⚪**sühnbar** inexpiable; '~**summe** *f* somme *f* énorme; '⚪**symmetrisch** asymétrique; '⚪**sympathisch** antipathique; '⚪**tadelhaft**, '⚪**tadelig** impeccable, irréprochable; '~**tat** *f* méfait *m*; *pfort* forfait *m*; '⚪**tätig** inactif; (*müßig*) oisif; (*arbeitslos*) désœuvré; ⚡ inerte; '~**tätigkeit** *f augenblickliche*: inaction *f*; *dauernde*: inactivité *f*; (*Müßiggang*) oisiveté *f*; ⚡ inertie *f*; '⚪**tauglich** inapte (*zu* à); incapable (de); ✗ *zum Dienst* impropre au service; *zeitlich* ~ ajourné; *dauernd* ~ réformé définitivement; '~**tauglichkeit** *f* inaptitude *f* (*zu* à); ✗ *zum Dienst* invalidité *f*; '⚪**teilbar** indivisible; '~**teilbarkeit** *f* indivisibilité *f*.

unten ['ʊntən] en bas; au-dessous; *dort* ~ là-bas; *hier* ~ ici en bas, (*untenstehend*) ci-dessous; *weiter* ~ plus bas; *nach* ~ vers le bas; *von* ~ d'en bas; *von* ~ *nach oben* de bas en 'haut; *von oben bis* ~ du haut en bas; ~ *in* (*dat.*) au fond de; ~ *an etw.* (*dat.*) (*od.* au pied) de qch.; '~**an** au bas bout; ~ *sitzen* avoir la dernière place; '~**benannt** ci-dessous nommé; '~**her**: (*von*) ~ d'en bas; '~**hin**: (*nach*) ~ vers le bas; '~**stehend** mentionné ci-dessous.

unter ['ʊntər] **1.** *prp. (dat., resp. acc.)* **a)** *örtlich:* sous; *(unterhalb)* au-dessous de; *(zwischen, inmitten)* entre; parmi; au nombre de; au milieu de; ~ *Wasser* sous l'eau; entre deux eaux; ~ *Freunden* entre amis; ~ *der Menge* parmi la foule; *mitten* ~ *uns* au milieu de nous; ~ *die Feinde geraten* tomber entre les *(od.* aux*)* mains de l'ennemi; ~ *uns gesagt* entre nous soit dit; ~ *4 Augen* seul à seul; entre quatre yeux; ~ *anderm* entre autres (choses); **b)** *zeitlich:* à; sous; pendant; ~ *dem heutigen Datum* à la date d'aujourd'hui; ~ *der Regierung Ludwigs XIV.* sous le règne de Louis XIV; **c)** *ein geringeres Maß an Wert od. Zeit:* au-dessous de; à moins de; ~ *dem Preis* au-dessous du prix; *nicht* ~ *100 Mark (bei vb.* ne ...) pas (à) moins de cent marks; ~ *aller Kritik* au-dessous de tout; **d)** *Abhängigkeit:* sous; ~ *s-r Leitung* sous sa direction; **e)** *Art u. Weise:* à; sous; dans; ~ *dieser Bedingung* à cette condition; ~ *Glockengeläut* au son des cloches; ~ *e-m Vorwand* sous un prétexte; ~ *diesen Umständen* dans ces circonstances; **2.** *adj.* inférieur; *(unter etw. anderem gelegen)* d'en bas; de dessous; *der* ~*e Teil* la partie inférieure; le bas; *die* ~*e Stadt* la ville basse; *die* ~*en Klassen (Schule:* les petites) classes *f/pl.;* *die* ~*en Zimmer* les chambres *f/pl.* d'en bas; **3.** ⚔ *m* Kartenspiel: valet *m;* '⚔**abteilung** *f* subdivision *f;* '⚔**arm** *m* avant-bras *m;* '⚔**arzt** *m* médecin *m* adjoint; ⚔ aide-major *m;* '⚔**ausschuß** *m* sous-commission *f;* '⚔**bau** *m* (3) △ substruction *f;* soubassement *m;* 🚂, *Straße:* infrastructure *f.*

unter|'**bauen** △ reprendre en sous-œuvre; '~**bauen** △ construire dessous; '⚔**beamte(r)** *m,* '⚔**beamtin** *f* employé *m,* -e subalterne; '⚔**beinkleid** *n* caleçon *m;* '~**belichten** *phot.* sous-exposer; '⚔**bett** *n* lit *m* de dessous; '~**bewerten** sous-estimer; déprécier; '~**bewußt** subconscient; '⚔**bewußtsein** *n* subconscient *m;* '~**bieten** vendre au-dessous des prix; *Sport:* battre un record (de temps); '⚔**bilanz** *f* déficit *m;* ~'**binden** lier; *chir.* ligaturer; *fig.* arrêter; empêcher; '~'**binden** attacher (par-)dessous; ~'**bleiben** ne pas avoir lieu; *(auf-hören)* cesser; *das hätte* ~ *können* on aurait pu s'en dispenser; ~'**brechen** interrompre; *(aussetzen)* suspendre; ⚡ couper; ⚔'**brecher** ⚡ *m* interrupteur *m;* coupe-circuit *m;* ⚔'**brechung** *f* interruption *f; zeitweilige:* suspension *f;* ~'**breiten** soumettre; *Gesuch:* présenter; '~'**breiten** étendre (par-)dessous; ~'**bringen** mettre à l'abri; *Gast:* loger; *s-e Kinder:* établir; *(Stelle verschaffen)* placer *(a. Geld, Waren);* ⚔ cantonner; *Wagen:* remiser; ⚔ cantonner; ⚔'**bringung** *f* Personen, Geld: placement *m; in Wohnung:* logement *m;* ⚔ cantonnement *m;* '⚔**deck** ⚓ *n* premier pont *m;* ~**derhand** [ˌdeːɐ'hant] sous main; '~**des(sen)** sur ces entrefaites; en attendant; entre-temps; '⚔**druck** *m* dépression *f;* ~ *des Blutes* hypotension *f;* ~'**drücken** réprimer; *(ersticken)* étouffer; *Tränen:* contenir; *Volk:* opprimer; ⚔'**drücker** *m* oppresseur *m;* ⚔'**drückung** *f* répression *f;* suppression *f; Volk:* oppression *f.*

untereinander [~ʔai'nandər] entre eux (nous, *etc.*); mutuellement; *(gegenseitig)* réciproquement; ~**legen** mettre l'un au-dessous de l'autre; ~**mengen,** ~**mischen** entremêler.

'**Unter-einteilung** *f* subdivision *f.* '**unter-entwick**|**elt** sous-développé; '⚔**lung** *f* sous-développement *m.*

'**unter-ernähr**|**en** nourrir insuffisamment; sous-alimenter; '⚔**ung** *f* alimentation *f* insuffisante; sous-alimentation *f.*

unter|'**fangen:** *sich* ~, *etw. zu tun* oser faire qch.; avoir l'audace de faire qch.; ⚔'**fangen** *n* entreprise *f* 'hardie; ~'**fassen:** *j-n* ~ prendre le bras de q.; *sich* ~ se donner le bras; ⚔'**führung** *f* passage *m* inférieur *(od.* en dessous); tunnel *m;* ⚔'**futter** *n* doublure *f;* ~'**füttern** doubler; '⚔**gang** *m ast.* coucher *m; (Zugrundegehen)* ruine *f;* perte *f (a.* ⚓); *(Verfall)* chute *f;* décadence *f;* '⚔**gattung** *f* sous-genre *m;* ~'**geben** inférieur; *j-m* ~ subordonné q.; sous les ordres de q.;

Untergebene(r) — **Unterricht**

₂'**gebene(r** a. m) m, f subordonné m, -e f; subalterne m, f; ~**gehen** ast. se coucher; im Wasser: être submergé; ⚓ couler bas; sombrer; (zugrunde gehen) périr; être détruit; ~**ge-ordnet** subordonné; subalterne; an Bedeutung: secondaire; inférieur; in ~er Stellung en sous-ordre; ₂**geschoß** n rez-de-chaussée m; ₂**gestell** n train m; Auto: châssis m; ~**graben** miner; saper; ~**graben** enfouir; '₂**grund** m sous-sol m; ~**grundbahn** f métro m; '~**haken** = ~**fassen** (gén.) au dessous de; bei Flüssen: en aval de; '₂**halt** m (3, o. pl.) entretien m; subsistance f; s-n ~ haben avoir de quoi vivre; s-n ~ bestreiten subvenir à ses besoins; ~'**halten** entretenir; (ernähren) a. subvenir aux besoins de, g̃ alimenter; (instand halten) entretenir; tenir en bon état; im Gespräch: (sich s')entretenir (mit j-m über etw. acc. de qch. avec q.); (vergnügen) (sich se) divertir; (s')amuser; (se) distraire; ~**halten** tenir dessous; ~'**haltend**, ~'**haltsam** amusant; divertissant.

Unterhaltung [~'haltuŋ] f conversation f; (Unterredung; Instandhaltung) entretien m; (Vergnügung) amusement m; distraction f; ~**sbeilage** f feuilleton m; supplément m littéraire; ~**skosten** pl. frais m/pl. d'entretien; ~**sroman** m roman m divertissant; ~**sstück** n divertissement m; ~**steil** = ~**sbeilage**.

unter'**handeln** négocier (über etw. acc. qch.); ⚔ parlementer; ₂**händler** m négociateur m; ⚔ parlementaire m; ₂'**handlung** f négociation f; pourparlers m/pl.; ₂'**haus** n England: Chambre f des Communes; ₂'**hemd** n gilet m de flanelle; ~'**höhlen** miner; saper; ₂**holz** n taillis m; ₂'**hose** f caleçon m; kurze: slip m; ~'**irdisch** souterrain; ₂**jacke** f gilet m de flanelle.

unter'**joch|en** (25) subjuguer; asservir; ₂**ung** f subjugation f; asservissement m.

'**Unter**|**kiefer** m mâchoire f inférieure; ~**kleid** n fond m de robe; ~**kleider** n/pl. dessous m/pl.; ₂**kommen** trouver un abri; (Aufnahme finden) trouver un logis; (e-e Stelle finden) trouver une place;

~**kommen** n (6), ~**kunft** ['~kunft] f (15) abri m; Gebirge: refuge m; (Logis) logis m; (Anstellung) place f; ~**lage** f base f; fondement m (beide a. fig.); Kinderbett: alèse f; (unterste Schicht) couche f inférieure; (Schreib₂) sous-main m, zur Vorsicht: garde-main m; (Beleg) document m à l'appui; ⚡ fondation f; mach. support m; ~**land** n pays m bas; ~**laß** ['~las] m: ohne ~ sans relâche.

unter'**lassen** omettre; négliger; s'abstenir de; ₂'**lassung** f omission f; abstention f; ₂'**lassungssünde** f péché m d'omission; ₂'**lauf** m cours m inférieur; ~'**laufen 1.** adj.: mit Blut ~ Augen: injecté de sang, Haut: ecchymosé; **2.** v/i.: (mit) ~ se glisser (dans le nombre de); es ist ein Fehler ~ il s'est glissé une faute; mir ist ein Fehler ~ une faute m'est échappée; '~**legen** mettre dessous; fig. attribuer; prêter; e-r Melodie e-n Text ~ mettre des paroles sur un air; ~'**legen 1.** v/t.: ~ mit garnir de; **2.** adj. inférieur (j-m à q.); ₂'**legenheit** f infériorité f; ₂'**leib** m bas-ventre m; abdomen m; ~'**liegen** succomber; avoir le dessous; es unterliegt keinem Zweifel cela ne souffre aucun doute; '₂**lippe** f lèvre f inférieure; ~'**mauern** ⚡ reprendre en sous-œuvre; ~**mengen**, ~'**mengen** entremêler (mit de); ₂'**mieter(in** f) m sous-locataire m, f; ~**mi**'**nieren** miner; saper; ~'**mischen** = ~**mengen**.

unter'**nehm|en** entreprendre; ₂**en** n entreprise f; opération f; ₂**er** (-**in** f) m entrepreneur m, -euse f; ₂**ungsgeist** m esprit m d'entreprise; ~**ungslustig** entreprenant.

'**Unter**|-**offizier** m sous-officier m; Infanterie: sergent m; '₂-**ordnen** subordonner; ~'**ordnung** f subordination f; ~'**pfand** n gage m; ~**prima** ['~pri:ma] f première f inférieure; ~**primaner(in** f) ['~pri'ma:nər] m élève m, f de première inférieure.

unterred|en [~'re:dən] sich ~ s'entretenir; ₂**ung** f entretien m; (Besprechung) pourparlers m/pl.

'**Unterrhein** m Rhin m inférieur.

Unterricht ['~riçt] m (3) (Lehrtätigkeit, Einrichtung) enseigne-

unterrichten — 1095 — **Untersuchung**

ment m; (Belehrung) instruction f; leçons f/pl.; (Schul♀) classe f; morgen ist kein ~ il n'y a pas classe demain; bei j-m ~ nehmen prendre des leçons auprès de q.; ♀**en** [‿'riçtən]: j-n in etw. (dat.) ~ enseigner (od. apprendre) q. à q.; j-n über etw. (acc.) ~; j-n von etw. ~ instruire (od. informer) q. de qch.; renseigner q. sur qch.

'**Unterrichts|-anstalt** f établissement m d'instruction; '**~fach** n discipline f; '**~ministerium** (n) m ministre (ministère) m de l'éducation nationale; '**~stoff** m matière f d'enseignement; '**~stunde** f leçon f; '**~wesen** n instruction f publique. **Unterrichtung** [‿'riçtuŋ] f information f; (Belehrung) instruction f.

'**Unterrock** m jupon m.

unter|'**sagen** interdire; '♀**satz** m base f; (Stütze) appui m; (Platte) plateau m; Töpfe: dessous m; Gläser: soucoupe f; ⚠ socle m; Logik: mineure f; **~schätzen** sous-estimer; ♀**schätzung** f insuffisante appréciation f.

unter|'**scheid|bar** qu'on peut distinguer; discernable; **~en** distinguer (von de); (auseinanderhalten) discerner (von de); (den Unterschied hervorheben) différencier; **~end** distinctif; ♀**ung** f distinction f; **~ungsmerkmal** n caractéristique f; marque f distinctive; ♀**ungsvermögen** n discernement m.

'**Unter**|'**schenkel** m jambe f; '♀**schieben** glisser dessous; fig. substituer; j-m etw. ~ attribuer faussement qch. à q.; den Worten e-n falschen Sinn ~ prêter un faux sens aux paroles; **~schied** [′‿ʃiːt] m (3) différence f; (Unterscheidung) distinction f; feiner ~ nuance f; zum ~ von à la différence de; ♀**schieden** [‿'ʃiːdən], **~schiedlich** [′‿tliç] différent; distinct; '♀**schiedslos** indistinctement; sans exception.

unter|'**schlagen** Geld: soustraire; détourner; Akten: faire disparaître; Brief: intercepter; ♃♃ receler; Testament: capter; '**~schlagen** Arme, Beine: croiser; ♀**schlagung** f soustraction f; détournement m; ♃♃ recel m; Testament: captation f; '♀**schlupf** m abri m; '**~schreiben** signer; Vertrag usw.: souscrire; fig.

(billigen) souscrire à; '♀**schrift** f signature f; Bild: légende f; '♀**schriftenmappe** f dossier m de pièces à signer; état-navette m.

'**Untersee**|**boot** n sous-marin m; submersible m; '**~kabel** n câble m sous-marin.

'**Untersekun|da** f seconde f inférieure; '**~'daner(in** f) m élève m, f de seconde inférieure.

unter|'**setzt** trapu; '**~sinken** couler bas; couler (à pic); '**~spülen** miner; ronger.

unterst [′‿st] le plus bas; zu ~ tout au bas; tout au fond; der ♀e der dernier; das ♀e zuoberst kehren mettre tout sens dessus dessous.

'**Unter**|'**staatssekretär** m sous-secrétaire m d'État; '**~stadt** f ville f basse; '**~stand** m abri m (betonierter bétonné; bombensicherer blindé).

unter|'**stehen** être subordonne (à); relever (de) (a. ♃♃); sich ~, etw. zu tun oser faire qch.; avoir l'audace de faire qch.; '**~stehen** (geschützt) être à l'abri; **~'stellen** (unterordnen) subordonner (j-m à q.); fig. imputer (j-m etw. qch. à q.); j-m etw. fälschlich ~ attribuer faussement qch. à q.; unterstellt sein être subordonné (à); relever (de) (a. ♃♃); '**~stellen** mettre dessous; zum Schutz: mettre à l'abri; Wagen: remiser; garer; ♀**stellung** f imputation f; '**~streichen** souligner; fig. a. mettre en relief; faire ressortir; '♀**stufe** f degré m inférieur.

unter'**stütz|en** appuyer (a. Meinungen); soutenir; (Hilfe leisten) secourir; aider; assister; mit e-r Geldhilfe ~ subventionner; ♀**ung** f soutien m; appui m; (Hilfe) secours m; aide f; assistance f; geldliche: subvention f; soziale: allocation f (beziehen toucher); **~ungsbedürftig** qui a besoin de secours; ♀**ungsempfänger(in** f) m allocataire m, f; ♀**ungskasse** f caisse f de secours; ♀**ungsver-ein** m société f de secours mutuel.

unter'**such|en** examiner (a. ✱); faire des recherches; chir. sonder; ♋ analyser; am Zoll: visiter; ♃♃ rechercher; etw. ~ ♃♃ instruire qch.; ♀**ung** f examen m (a. ✱); gelehrte: recherche f (a. ♃♃); ♃♃ enquête f; instruction f; fachkundige: expertise f; ♋ analyse f; am Zoll: visite f.

Unter'suchungs|-ausschuß m commission f d'enquête; **~gefangene(r** (a. m) m, f prévenu m, -e f; **~gefängnis** n maison f d'arrêt; **~haft** f prévention f; *in ~* en prévention; **~kommission** f = *~ausschuß*; **~richter** m juge m d'instruction.

Untertan ['ˌta:n] **1.** m (8 u. 12) sujet m; **2.** ♀ soumis (j-m à q.); sujet (j-m de q.); *sich ein Volk ~ machen* assujettir un peuple.

untertänig ['ˌtɛːniç] soumis; (*demütig*) humble; **~keit** f sujétion f; soumission f; (*Demut*) humilité f; **~st** très humble.

'**Unter|tasse** f soucoupe f; **♀tauchen** v/i. plonger; v/t. a. immerger; '**~tauchen** n plongée f; immersion f; '**~teil** m partie f inférieure; bas m.

unter'teilen subdiviser; '**♀tertia** f troisième f inférieure; **♀terti'aner(-in** f) m élève m, f de troisième inférieure; '**♀titel** m sous-titre m; '**~treten** se mettre à l'abri; '**~tunneln** percer un tunnel sous; '**~vermieten** sous-louer; '**♀vermieter(in** f) m sous-loueur m, -euse f; '**♀wäsche** f linge m de corps; *Damen: dessous* m/pl.; **~wegs** [ˌ've:ks] en chemin; chemin faisant; '**~weisen** instruire; enseigner; **♀'weisung** f instruction f; enseignement m; '**♀welt** f enfers m/pl.; (*soziale Schicht*) bas-fonds m/pl. (de la société); **~'werfen** soumettre; (*untertan machen*) assujettir, (*unterjochen*) subjuguer; asservir; **♀'werfung** f soumission f; assujettissement m; sujétion f; (*Unterjochung*) subjugation f; asservissement m; **~'worfen** soumis (à); *Krankheiten ~* sujet à des maladies; **~'wühlen** miner; **~'würfig** soumis; (*knechtisch*) servile; (*kriecherisch*) obséquieux; **♀'würfigkeit** f soumission f; *knechtische:* servilité f; (*Kriecherei*) obséquiosité f.

unter'zeich|nen signer; **♀ner** m signataire m; **♀nete(r)** m: *ich ~* je soussigné m; **♀nung** f signature f.

'**Unter|zeug** n sous-vêtements m/pl.; **~'ziehen** mettre dessous.

unter'ziehen: *sich e-r Sache (dat.) ~* se soumettre à, (*auf sich nehmen*) prendre qch. sur soi; *sich e-r Operation ~* subir une opération.

Untiefe ['un-] f ♎ bas-fond m; (*Abgrund*) abîme m; (*Sandbank*) banc m de sable, *im Fluß:* ensablement m.

'**Untier** n monstre m (*a. fig.*).

'**un|tilgbar** *Schuld:* non amortissable; '**~tragbar** *fig.* insoutenable; '**~trennbar** inséparable; *Band:* indissoluble.

'**untreu** infidèle; *s-m Versprechen ~ werden* manquer à sa promesse; *s-n Gewohnheiten ~ werden* déroger à ses habitudes; *sich selbst ~ werden* se renier; **♀e** f infidélité f.

'**un|tröstlich** inconsolable; désolé; **~trüglich** ['ˌtry:kliç] qui ne trompe pas; (*unfehlbar*) infaillible; (*sicher*) sûr; '**~tüchtig** incapable (*zu* de); **♀tugend** f défaut m; vice m; mauvaise habitude f.

'**un-über|brückbar** *fig.* insurmontable; inconciliable; '**~legt** irréfléchi; inconsidéré; (*leichtsinnig*) étourdi; **♀legtheit** f irréflexion f; (*Leichtsinn*) étourderie f; '**~schreitbar** infranchissable; '**~sehbar** immense; à perte de vue; (*noch nicht übersehbar*) incalculable; '**♀sehbarkeit** f immensité f; '**~setzbar** intraduisible; '**~sichtlich** peu clair; *es Gelände* ✕ terrain m sans vues; '**~steigbar** insurmontable; '**~tragbar** incessible; '**~trefflich** insurpassable; incomparable; '**~troffen** qui n'a pas été surpassé; '**~windlich** insurmontable; *Person:* invincible; *Festung:* imprenable.

'**un-um|gänglich** inévitable; indispensable; *Person:* intraitable; insociable; '**~schränkt** ['ˌumʃrɛnkt] absolu; '**~stößlich** incontestable; irréfutable; *Argument:* péremptoire; *Beschluß:* irrévocable; '**~stritten** incontesté; '**~wunden** franc; *adv. a.* sans détour.

'**un-unter|brochen** ininterrompu; *adv. a.* sans interruption; '**~scheidbar** indiscernable.

'**unver|änderlich** invariable (*a. gr.*); (*unwandelbar*) immuable; *Wetter:* fixe; '**~ändert** inchangé; '**~antwortlich** irresponsable; (*unverzeihlich*) impardonnable; inexcusable; '**♀antwortlichkeit** f irresponsabilité f; (*Unverzeihlichkeit*) caractère m impardonnable; '**~arbeitet** non ouvré; brut; *fig.* mal digéré; '**~äußerlich** inaliénable; '**~besserlich** incorrigible; '**~bindlich** qui n'engage à rien; *sans engagement;* (*wahlfrei*) facultatif; (*ungefällig*) désobligeant; '**~blümt** sec; *adv. a.* crûment; sans

unverbrennbar — 1097 — **Unvorsichtigkeit**

fard; '~brennbar incombustible; '~brüchlich inviolable; (heilig) sacré; '~bürgt qui n'est pas garanti; Nachricht: non confirmé; '~dächtig non suspect; '~daulich indigeste; '~daut non digéré (a. fig.); '~derblich inaltérable; incorruptible; '~dient immérité; (ungerecht) injuste; adv. a. à tort; '~dorben qui n'est pas corrompu (od. gâté); (gesund) sain; geistig: qui n'est pas dépravé; (rein) pur; innocent; '~drossen infatigable; adv. sans se lasser; '~eidigt inassermenté; '~einbar incompatible; '~fälscht non falsifié; authentique; Wein: non frelaté; (lauter) pur; naturel; '~fänglich qui n'est pas captieux; (harmlos) anodin; adv. sans arrière-pensée; '~froren effronté; '2frorenheit f effronterie f; '~gänglich impérissable; immortel; '2gänglichkeit f immortalité f; '~gessen inoublié; '~geßlich inoubliable; '~gleichlich incomparable; sans pareil; '~hältnismäßig disproportionné; 'hors de proportion; '~heiratet non marié; célibataire; '~hofft inespéré; (unvorhergesehen) imprévu; adv. a. à l'improviste; '~hohlen non déguisé; franc; ouvert; adv. a. crûment; '~jährbar r'z imprescriptible; '~käuflich invendable; kennbar évident; adv. a. à ne pas s'y tromper; '~kürzt entier; complet; Text: intégral; '~letzbar, '~letzlich invulnérable; (unantastbar) inviolable; '2-letzbarkeit f invulnérabilité f; (Unantastbarkeit) inviolabilité f; parlamentarische: immunité f; '~letzt sans blessure; intact; indemne; (wohlbehalten) sain et sauf; '~mählt = ~heiratet; '~meidlich inévitable; '~merkt inaperçu; '~mindert non diminué; '~mischt pur; '~mittelt direct; immédiat; brusque; '2mögen n incapacité f; impuissance f; '~mögend incapable (zu de); impuissant (zu à); (mittellos) sans fortune; '~mutet inopiné; inattendu; adv. a. à l'improviste; '2nunft f déraison f; '~nünftig déraisonnable; ~ reden déraisonner; '~öffentlich inédit; '~packt non emballé; en vrac; '~richtet: ~erdinge zurückkommen revenir bredouille; '~schämt impudent; effronté; insolent; Preis: exorbitant; '2schämtheit f impudence f; effronterie f; insolence f; '~schuldet immérité; (ohne Schulden) qui n'a pas de dettes; '~sehens adv. à l'improviste; (unvorbereitet) au dépourvu; (aus Versehen) par mégarde; '~sehrt intact; Person: indemne; (wohlbehalten) sain et sauf; '~sichert non assuré; '~siegbar intarissable; '~siegelt non cacheté; '~söhnlich irréconciliable; pfort implacable; '~sorgt sans moyens d'existence; Kind: non établi; '2-stand m déraison f; '~standen incompris; méconnu; '~ständig peu raisonnable; '~ständlich incompréhensible; inintelligible; '2ständlichkeit f incompréhensibilité f; '2ständnis n inintelligence f; manque m de compréhension; '~steuert sans payer les droits; (zollfrei) en franchise; '~sucht: nichts ~ lassen, um zu ... (inf.) ne rien négliger pour ... (inf.); '~träglich insociable; intraitable; querelleur; (unvereinbar) incompatible; '2träglichkeit f insociabilité f; esprit m querelleur; (Unvereinbarkeit) incompatibilité f; '~wandt fixe; '~wehrt: es ist Ihnen ~, zu ... (inf.) vous êtes libre (od. libre à vous) de ... (inf.); '~wendbar inutilisable; '~weslich imputrescible; '~wischbar ineffaçable; '~wundbar invulnérable; '~wüstlich indestructible; Stoff: inusable; ~e Gesundheit santé f de fer; '~zagt intrépide; adv. sans crainte; '2zagtheit f intrépidité f; '~zeihlich impardonnable; '~zinslich qui ne rapporte pas d'intérêt; ~es Darlehen prêt m sans intérêts; '~zollt en franchise; (noch im Zollverschluß) en entrepôt; non dédouané; '~züglich immédiat; adv. sans délai; toute affaire cessante.

unvoll | **-endet** inachevé; '~kommen imparfait; '2kommenheit f imperfection f; '~ständig incomplet; (mangelhaft) défectueux; gr. Verb: défectif; '2ständigkeit f état m incomplet; (Mangelhaftigkeit) défectuosité f.

unvor | **bereitet** non préparé; improvisé; adv. au dépourvu; '~hergesehen imprévu; adv. à l'improviste; '~sichtig imprévoyant; (unklug) imprudent; '2sichtigkeit f imprévoyance f; (Unklugheit) im-

unvorteilhaft — 1098 — **urbar**

prudence f; *aus* ~ par mégarde; '**~teilhaft** désavantageux.
'**unwägbar** impondérable; '**2keit** f imponderabilité f.
'**unwahr** faux; (*lügenhaft*) mensonger; '**2haftigkeit** f fausseté f; '**2heit** f fausseté f; (*Lüge*) mensonge m; '**~scheinlich** invraisemblable; '**2scheinlichkeit** f invraisemblance f.
'**unwandelbar** immuable; constant; '**2keit** f immu(t)abilité f; constance f.
'**unwegsam** impraticable.
'**un|weigerlich** nécessaire; (*unbedingt*) absolu; (*zwangsläufig*) fatal; '**~weit** non loin (*von od. gén.* de); '**~wert** indigne; '**2wert** m peu m de valeur; futilité f; '**2wesen** n désordre m; *an e-m Ort sein* ~ *treiben Räuber, Ratten*: infester (*Geister*: 'hanter) un lieu; '**~wesentlich** accessoire, secondaire; peu important; '**2wetter** n gros temps m; '**~wichtig** peu important, insignifiant; '**2wichtigkeit** f peu m d'importance; insignifiance f.
'**unwider|legbar**, '**~leglich** irréfutable; '**~ruflich** irrévocable; '**~stehlich** irrésistible.
'**unwiederbringlich** irréparable; ~ *verloren* perdu sans retour.
'**Unwill|e** m indignation f; (*Ärger*) dépit m; '**2ig** indigné (*über acc.* de); peu disposé (*zu* à); *adv.* (*widerstrebend*) à contrecœur; ~ *werden* s'indigner (*über acc.* de); '**2kürlich** involontaire.
'**unwirk|lich** irréel; '**~sam** inefficace; '**2samkeit** f inefficacité f.
unwirsch ['ʊnvirʃ] de mauvaise humeur; (*barsch*) brusque.
'**unwirt|lich** inhospitalier; '**~schaftlich** *Dinge*: peu économique.
'**unwissen|d** ignorant; '**2heit** f ignorance f; '**~tlich** sans le savoir; à mon (ton *etc.*) insu; '**~schaftlich** peu scientifique.
'**unwohl**: *mir ist* ~ je suis indisposé; *je ne me sens pas bien*; '**2sein** n (6, *o. pl.*) indisposition f. [fortable.\
'**unwohnlich** inhabitable; peu con-\
'**unwürdig** indigne (*gén.* de); '**2keit** f indignité f. [finité f.\
'**Unzahl** f nombre m énorme; in-\
'**un|zählbar**, '**~ig** innombrable; '**~ige'mal** mille et mille fois.
'**unzähmbar** indomptable.

Unze ['ʊntsə] f (15) once f (*a. zo.*).
'**Unzeit** f: *zur* ~ à contretemps; mal à propos; '**2gemäß** inactuel; *adv.* à contretemps; mal à propos; '**2ig** (*unpassend*) inopportun; (*zu früh*) prématuré; *geboren*: avant terme.
'**unzer|brechlich** incassable; '**~legbar** indécomposable; '**~reißbar** indéchirable; '**~störbar** indestructible; '**~trennlich** inséparable.
'**un|ziemlich** peu convenable; *pfort* inconvenant; '**~zivilisiert** non civilisé; barbare; '**~zucht** f impudicité f; lascivité f; luxure f; (*Hurerei*) prostitution f; '**2züchtig** impudique; lascif; obscène.
'**unzu|frieden** mécontent; '**2friedenheit** f mécontentement m; (*Mißvergnügen*) déplaisir m; '**~gänglich** inaccessible; inabordable; '**~länglich** insuffisant; '**2länglichkeit** f insuffisance f; '**~lässig** inadmissible; '**2lässigkeit** f inadmissibilité f; '**~rechnungsfähig** irresponsable; '**2rechnungsfähigkeit** f irresponsabilité f; '**~reichend** insuffisant; '**~sammenhängend** incohérent; sans suite (dans les idées); *Rede, Stil*: décousu; '**~träglich** peu avantageux; (*ungesund*) malsain; '**~treffend** inexact; '**~verlässig** sur qui (*resp.* sur quoi) on ne peut compter; peu exact; peu sûr; '**2verlässigkeit** f manque m d'exactitude (*resp.* de solidité).
'**un|zweckmäßig** impropre; *Mittel*: mal approprié; (*ungelegen*) inopportun; '**2zweckmäßigkeit** f impropriété f; (*Ungelegenheit*) inopportunité f; '**~zweideutig** sans équivoque; '**~zweifelhaft** indubitable.
üppig ['ypiç] *Pflanzen*: luxuriant; (*in Fülle gedeihend*) exubérant; (*luxuriös*) luxueux; (*wollüstig*) voluptueux; (*übermütig*) pétulant; *Mahlzeit*; planureux; '**2keit** f luxuriance f; exubérance f; (*Luxus*) luxe m; (*Wollust*) volupté f.
Ur [u:r] *zo.* aurochs m; urus m; '**~ahn(e** f) m bisaïeul m, -e f; *die* ~ *en les ancêtres*; *m/pl.*; *les aïeux m/pl.*; '**2'-alt** extrêmement vieux; *Zeit*: immémorial.
Uran [u'ra:n] n (3¹) uranium m.
'**Ur|-anfang** m origine f; '**2-anfänglich** primitif; primordial; originel; '**~aufführung** f première f; '**2bar**: ~ *machen* défricher;

'⁀barmachung f défrichement m; '⁀bedeutung f sens m primitif; '⁀beginn m origine f; '⁀bestandteil m élément m; '⁀bewohner m/pl. aborigènes m/pl.; autochtones m/pl.; '⁀bild n original m; (proto)type m; idéal m; '²⁀deutsch foncièrement (od. bien) allemand; '⁀einwohner m/pl. = ⁀bewohner; '⁀enkel(in f) m arrière-petit-fils m, arrière-petite-fille f; '⁀fehde f trêve f; '²fi'del bien gai; '⁀form f type m original; forme f originelle; archétype m; '²gemütlich Ort: très confortable; Person: très agréable; '⁀geschichte f histoire f primitive; '⁀groß-eltern pl. arrière-grands-parents m/pl.; '⁀großmutter f arrière-grand-mère f; bisaïeule f; '⁀großvater m arrière-grand-père m; bisaïeul m; '⁀grund m cause f première; '⁀heber(in f) m auteur m; '⁀heberrecht n droit m d'auteur; '⁀heberschaft f qualité f d'auteur.

Urin [u'ri:n] m (3¹) urine f; ⁀ lassen = ²ieren [⁀ri'ni:-] uriner.

'ur|komisch extrêmement comique; '²kraft f force f élémentaire; '²kunde f document m; als Beleg: pièce f (justificative); (Akte) acte m; (Diplom) diplôme m; '²kundenfälschung f faux m en écriture; '²kundensammlung f archives f/pl.; '⁀kundlich qui sert de document; (auf Urkunden beruhend) authentique; '²laub m (3) congé m; ⁀ beantragen (geben; nehmen) demander (donner; prendre) un congé (⚔ une permission); auf ⁀ sein; ⁀ haben être en congé (⚔ en permission); in ⁀ fahren partir en congé (⚔ en permission); ⁀ auf 2 Tage congé m (⚔ permission f) de deux jours; '²lauber ⚔ m permissionnaire m; '²laubsgesuch n demande f de congé (⚔ permission); '²laubszeit f congé m; ⚔ permission f.

'Urmensch m premier homme m (homme m) primitif m.

Urne ['urnə] f (15) urne f.

'ur|plötzlich soudain (a. adv.); '²quell m, '²quelle f source f; origine f; '²sache f cause f; (Grund) raison f; (Beweggrund) motif m; keine ⁀! zum Danken: (il n'y a) pas de quoi; de rien; ⁀ haben zu ... avoir (tout) lieu de; '⁀sächlich causal; gr. a. causatif; ⁀er Zusammenhang = '²⁀sächlichkeit f causalité f; '²schrift f autographe m; 🖋 original m; '⁀schriftlich autographe; 🖋 en original; '²sprache f langue f primitive; '²sprung m origine f (haben, nehmen von tirer de); (Quelle) source f; (Entstehung) naissance f; (Herkunft) provenance f; '⁀sprünglich original; (uranfänglich) originel; primitif; adv. (anfangs) d'abord; à l'origine; '²sprünglichkeit f originalité f; '²sprungsland n pays m d'origine. [élément m.\

'Urstoff m matière f première; 🔬\

Urteil ['urtaɪl] n (3) jugement m; (Meinung) opinion f; avis m; e-s höheren Gerichtshofes: arrêt m; sentence f; ein ⁀ fällen rendre un jugement; ein ⁀ fällen über (acc.) porter un jugement sur; kein ⁀ haben manquer de jugement; '²en (25) juger (über acc. de); nach s-n Worten zu ⁀ à l'en croire; à en juger par ses paroles; ⁀ Sie selbst à vous de juger.

'Urteils|⁀er-öffnung f publication f de l'arrêt; '²fähig capable de juger; '⁀kraft f jugement m; (Unterscheidungsgabe) discernement m; '⁀spruch m jugement m; arrêt m; sentence f; '⁀vermögen m = ⁀kraft; '⁀vollstreckung f exécution f du jugement.

'Ur|text m (texte m) original m; '⁀tierchen n/pl. protozoaires m/pl.; ²tümlich ['⁀ty:mlɪç] primitif; ⁀uguay [⁀u'guaɪ] n l'Uruguay m; '⁀urgroßmutter f trisaïeule f; '⁀urgroßvater m trisaïeul m; '²⁀verwandt Sprachen: d'origine commune; ⁀e volk n peuple m primitif; '⁀wahl f élection f au premier degré; '⁀wald m forêt f vierge; '⁀welt f monde m primitif; '²weltlich (du monde) primitif; ²⁀wüchsig ['⁀vy:ksɪç] primitif; (kräftig) robuste; fig. naturel; '⁀zeit f temps m/pl. primitifs; '⁀zelle f cellule f primitive; '⁀zeugung f génération f spontanée; '⁀zustand m état m primitif; '⁀zweck m but m premier. [siles m/pl.\

Utensilien [uten'zi:liən] pl. usten-\
Utop|ie [uto'pi:] f utopie f; ²isch [⁀'to:pɪʃ] utopique; ⁀ist [⁀'pɪst] m utopiste m. [brimer.\

Uz F [u:ts] m brimade f; ²en F ['⁀ən]\

V

V[faʊ], v n V, v m.
Vagabund [vaga'bʊnt] m (12) vagabond m; ℒieren [ˌ-'diːrən] vagabonder. [vacance f.\]
vakan|t [va'kant] vacant; ℒz [ˌ-ts] f)
Vakuum ['vaːkuum] n (9) vide m.
Valuta [va'luːta] f (16²) valeur f; (cours m du) change m.
Vandal|e [van'daːlə] m Vandale m; ℒisch de (adv. en) vandale(s); ℒismus [ˌ-da'lɪsmʊs] m vandalisme m.
Vanille [va'nɪl(j)ə] f (15) vanille f; ⁓eis n glace f à la vanille; ⁓schokolade f chocolat m vanillé.
Variante [vari'antə] f variante f.
Variété [varie'teː] n (11) music-hall m; théâtre m de variétés.
variieren [vari⁹'iːrən] varier.
Vasall|(in f) [va'zal] m (12) vassal m, -e f; ⁓entum n vasselage m; ⁓enstaat m État m satellite.
Vase ['vaːzə] f vase m.
Vaseline [vazə'liːnə] f vaseline f.
Vater ['faːtər] m (7¹) père m; '⁓haus n maison f paternelle; '⁓land n patrie f; pays m (natal); 'ℒländisch de la patrie; patriotique; national; '⁓landsliebe f amour m de la patrie; patriotisme m; 'ℒlandsliebend patriote; 'ℒlandslos sans patrie; '⁓landsverräter m traître m à son pays.
väterlich ['fɛːtərlɪç] paternel; '⁓erseits du côté paternel; paternel.
'vater|los sans père; orphelin de père; ⁓(e f) m (7¹) parricide m, f; 'ℒmörder(in f) m parricide m, f; 'ℒschaft f paternité f; 'ℒstadt f ville f natale; 'ℒstelle f: bei j-m ⁓ vertreten tenir lieu de père à q.; 'ℒtag m fête f des pères; ℒ'-unser n (7) oraison f dominicale; ein ⁓ beten dire un pater.
Vatikan [vati'kaːn] m Vatican m.
vegeta'bilisch végétal.
Vege|tarier(in f) [vege'taːriər] m (7) végétarien m, -ne f; ℒtarisch [ˌ-'taːrɪʃ] végétarien; ⁓tation [ˌ-atsi'oːn] f végétation f; ℒtieren [ˌ-'tiːrən] fig. végéter; vivoter.
Vehikel [ve'hiːkəl] n véhicule m.

Veilchen ['faɪlçən] n (6) violette f; 'ℒblau violet.
Veitstanz ['faɪts-] m (3² u. ³) danse f de Saint-Guy; chorée f.
Vene ['veːnə] f (15) veine f.
Venedig [ve'neːdɪç] n Venise f.
'Venen|blut n sang m veineux; '⁓entzündung f phlébite f.
venerisch [ve'neːrɪʃ] vénérien.
Venezuel|a [venesu'eːla] n le Venezuela; ⁓er(in f) m Vénézuélien m, -ne f; ℒisch vénézuélien.
Ventil [vɛn'tiːl] n (3¹) soupape f; Fahrrad: valve f; ⁓ation [ˌ-tilatsi'oːn] f ventilation f; aérage m; ⁓ator [ˌ-'laːtɔr] m (8¹) ventilateur m; ℒieren [ˌ-'liːrən] ventiler; aérer fig. examiner avec soin.
verabfolg|en [fɛr⁹'-] donner; remettre; Medizin, Prügel: administrer; ℒung f remise f; Medizin, Prügel: administration f.
ver'-abred|en: etw. ⁓ convenir de qch.; sich ⁓ se concerter, zum Treffen: prendre rendez-vous; ⁓eter'maßen comme convenu; ℒung f convention f; zum Treffen: rendez-vous m.
ver'-ab|reichen = ⁓folgen; ⁓säumen négliger; (vergessen) oublier; ⁓scheuen détester; abhorrer; exécrer; ⁓scheuenswert détestable; exécrable; ⁓schieden mettre à la retraite; congédier; mv.p. renvoyer; ⚔ mettre à la réforme; réformer; Truppen: licencier; Budget: expédier; ein Gesetz ⁓ prendre un décret; sich ⁓ prendre congé (von: de); ℒschiedung f mise f à la retraite; mv.p. renvoi m; ⚔ réforme f; Truppen: licenciement m.
ver'-achten mépriser; (geringschätzen) dédaigner; Tod: braver.
Veräcgt|er [ˌ-⁹'ɛçtər] m contempteur m; ℒlich méprisable; (verachtend) méprisant; dédaigneux; ⁓ machen avilir; ⁓ behandeln traiter avec dédain.
Ver'-achtung f mépris m; dédain m.
ver-allge'meiner|n (29) généraliser; ℒung f généralisation f.

ver'-alte|n (26) vieillir; *Mode*: passer; ~t vieilli; suranné; démodé; désuet; ~er *Ausdruck* archaïsme *m*.
Veranda [~ve'randa] *f* (11¹ *u.* 16²) véranda *f*.
ver-änder|lich variable; changeant; (*unbeständig*) inconstant; *Charakter*: inégal; **2lichkeit** *f* variabilité *f*; (*Unbeständigkeit*) inconstance *f*; *Charakter*: inégalité *f*; ~**n** changer; (*verwandeln*) transformer; modifier; (*abwechseln*) varier; *nachteilig*: altérer; *sich* ~ changer; (*die Arbeitsstelle wechseln*) changer de patron; **2ung** *f* changement *m*; (*Verwandlung*) transformation *f*; modification *f*; (*Abwechslung*) variation *f*; *nachteilige*: altération *f*.
ver'-ankern ancrer; ⚓ amarrer.
ver'-anlag|en (25) *Steuern*: répartir; *gut veranlagt* bien doué; **2ung** *f Steuern*: répartition *f*; assiette *f*; *geistige*: don *m* (naturel); prédisposition *f* (*a.* ⚕).
ver'-anlass|en (28) causer; provoquer; donner lieu à; *j-n* ~ *zu* engager (*od.* amener) q. à; **2ung** *f* cause *f*; (*Stoff zu etw.*) sujet *m*; (*Beweggrund*) motif *m*; *ohne* ~ sans raison; *auf s-e* ~ à son instigation; ~ *haben zu* avoir (tout) lieu de; ~ *geben zu* donner lieu à; ~ *nehmen zu* prendre prétexte de.
ver'-anschaulich|en (25) illustrer; **2ung** *f* illustration *f*.
ver'-anschlagen (25) évaluer; taxer; △ faire le devis de.
ver'-anstalt|en (26) organiser; (*anordnen*) ordonner; **2er** *m* (7) organisateur *m*; **2ung** *f* organisation *f*; (*Versammlung*) réunion *f*; (*Feier*) fête *f*; cérémonie *f*.
ver'-antwort|en: *etw.* ~ répondre de qch.; *sich bei j-m wegen etw.* ~ se justifier à q. de qch.; ~**lich** responsable (*für* de); *j-m für etw.* ~ *sein* (devoir) répondre à q. de qch.; **2ung** *f* responsabilité *f* (*für* de); (*Rechtfertigung*) justification *f*; *auf m-e* ~ sous ma responsabilité; *j-n für etw. zur* ~ *ziehen* demander compte à q. de qch.; ~**ungsbewußt** (**2ungsbewußtsein** *n*) conscient (*conscience f*) de sa responsabilité; ~**ungsfreudig** qui a le goût des responsabilités; ~**ungslos** sans responsabilité; ~**ungsvoll** plein de responsabilités.

ver'-arbeit|en employer; (*bearbeiten*) travailler; fabriquer; façonner; (*verbrauchen*) consommer; *Speisen*: élaborer; *fig.* digérer; assimiler; ~**ende** *Industrie* industrie *f* de transformation; **2ung** *f* emploi *m*; (*Verarbeitung*) fabrication *f*; façonnement *m*; *Speisen*: élaboration *f*; *fig.* assimilation *f*.
ver'-argen (25) prendre en mauvaise part; *j-m etw.* ~ en vouloir à q. de qch.
ver'-ärgern fâcher; irriter.
ver'-arm|en (25) s'appauvrir; **2ung** *f* appauvrissement *m*.
ver'-ästel|n (29): *sich* ~ se ramifier; **2ung** *f* ramification *f*.
ver-auktio'nier|en mettre aux enchères; **2ung** *f* vente *f* aux enchères.
ver'-aus|gaben (25) dépenser; **2-gabung** *f* dépense *f*; ~**lagen** débourser.
ver'-äußer|lich aliénable; ~**n** (29) aliéner; vendre; **2ung** *f* aliénation *f*; vente *f*.
Verb [vɛrp] *n* (5²) verbe *m*.
ver'backen *Mehl*: employer; (*verderben*) faire brûler; perdre.
verballhornen [~'balhɔrnən] défigurer; estropier; *Text*: maltraiter.
Verband [~'bant] *m* (3³) association *f*; société *f*; union *f*; † cartel *m*; syndicat *m*; *Wunde*: pansement *m*; (*Binde*) bandage *m*; ⚔ unité *f*; formation *f*; ~**kasten** *m* boîtier *m*; ~**päckchen** *n* paquet *m* de pansement; ~**platz** ⚔ *m* poste *m* de secours; ~**zeug** *n* trousse *f* de pansement.
ver'bann|en bannir; exiler; proscrire; **2te(r)** *m* banni *m*; exilé *m*; proscrit *m*; **2ung** *f* bannissement *m*; exil *m*; proscription *f*; *in der* ~ *sein* (*in die* ~ *schicken*) être (envoyer) en exil.
ver'barrika'dieren (*sich* ~ se) barricader; ~**'bauen** (*bauend versperren*) obstruer le passage par des constructions; *Geld*: dépenser à bâtir; (*falsch bauen*) mal bâtir; ~**'bauern** devenir paysan; perdre l'habitude du monde; ~**'beißen** cacher; réprimer; *Kummer*: dévorer; *Zorn*: contenir; dissimuler; *s-n Schmerz* ~ serrer les dents pour cacher sa souffrance; *sich das Lachen* ~ se mordre les lèvres pour s'empêcher de rire; *sich in etw.* (*acc.*) ~ s'acharner à qch.; ~**'bergen** cacher (*vor dat.* à); (*verheimlichen*) celer;

Verbesserer — 1102 — **Verbrauchssteuer**

dissimuler; taire; *sich ~* se cacher (*hinter acc.* derrière; *vor j-m* de q.).
Ver|'besser|er *m* correcteur *m*; (*Umgestalter*) réformateur *m*; 2n améliorer; amender; *Fehler:* corriger; *Boden:* bonifier; (*bessernd umgestalten*) réformer; (*vervollkommnen*) perfectionner; **~ung** *f* amélioration *f*; amendement *m*; *Fehler:* correction *f*; *Schule:* corrigé *m*; *Boden:* bonification *f*; (*verbessernde Umgestaltung*) réforme *f*; (*Vervollkommnung*) perfectionnement *m*; **~ungs-antrag** *pol. m* amendement *m*; **2ungsfähig** susceptible d'amélioration; corrigible.
ver|'beug|en: *sich ~* s'incliner (*vor j-m* devant q.); faire la révérence; **2ung** *f* révérence *f*.
ver|'beulen bosseler; **~'biegen** fausser; (*aus der Form bringen*) déformer; **~'bieten** défendre; (*untersagen*) interdire; **~'bilden** mal former; (*entstellen*) déformer; *fig.* fausser l'esprit; **~'bildet** mal fait; **~'billigen** (25) réduire le prix (de); **2'billigung** *f* réduction *f* du prix; **~'binden** lier; associer; joindre; unir; ⚯ combiner; ⊕ assembler; raccorder; *Wunde:* panser; *Augen:* bander; *téléph.* mettre en communication (*mit avec*); *ehelich* ~ marier; *sich geschäftlich mit j-m* s'associer avec q.; *damit verbindet sich die Vorstellung ...* à cela s'attache l'idée ...; **~'bindlich** (*verpflichtend*) obligatoire; (*verpflichtet*) obligé; (*gefällig*) obligeant; **~sten Dank!** je vous suis très obligé; **~'bindlichkeit** *f* caractère *m* obligatoire; (*Verpflichtung*) obligation *f*; engagement *m*; (*Gefälligkeit*) obligeance *f*; **2'bindung** *f* liaison *f* (*a.* ⚭); union *f*; jonction *f*; (*Beziehung*) rapport *m*; relation *f*; contact *m*; *mit j-m in ~ stehen* être en relations avec q.; *~ aufnehmen mit j-m* entrer en (*od.* prendre) contact avec q.; contacter q.; (*Gesellschaft*) association *f*; société *f*; *studentische:* corporation *f*; *eheliche* ~ mariage *m*; *téléph.*, *Verkehr:* communication *f*, composé *m*; combinaison *f* (*a.* 🜛); ⊕ assemblage *m*; raccord *m*.
Ver'bindungs|gang *m* couloir *m*; **~linie** *f* ligne *f* de communication; **~offizier** *m* officier *m* de liaison; **~rohr** *n* tuyau *m* de jointure; **~schnur** ⚡ *f* câble *m* de raccordement; **~stecker** ⚡ *m* fiche *f* de raccordement; **~stück** △ *m* lien *m*; **~weg** *m* voie *f* de communication.
verbissen [~'bisən] (sourdement) irrité; (*erbittert*) acharné; *auf etw.* (*acc.*) ~ *sein* être acharné à qch.; **2heit** *f* sourde irritation *f*; (*Erbitterung*) acharnement *m*.
ver|'bitten: *sich etw. ~* défendre à q. de faire qch.; *das verbitte ich mir (für die Zukunft)!* que cela ne vous arrive plus!
ver|'bitter|n (29) rendre amer; aigrir; **~t** aigri; **2ung** *f* amertume *f*; aigreur *f*.
ver|'blassen (28) pâlir; *Farbe:* passer; *Stoffe:* se faner; **2bleib** [~'blaip] *m* séjour *m*; **~'bleiben** rester; demeurer; (*verharren*) persévérer (*bei dans*); *Briefschluß:* avoir l'honneur d'être; **~'bleichen** (30) = *~blassen*; **~'blenden** aveugler; *durch Glanz:* éblouir; △ revêtir; **2'blendung** *f* aveuglement *m*; △ revêtement *m*; **2'blichene**(r *a. m*) *m*, *f* défunt *m*, *-e f*; **~'blöden** (26) abêtir; abrutir; **~'blüffen** [~'blyfən] (25) déconcerter; ébahir; épater; **~'blüffend** déconcertant; épatant; **~'blüfft** ébahi; épaté; **2'blüfftheit** *f*, **2'blüffung** *f* ébahissement *m*; épatement *m*; **~'blühen** (25) défleurir; (*welken*) se faner (*a. fig.*); **~'blümt** [~'bly:mt] figuré; *adv.* à mots couverts; **~'bluten** (*sich*) perdre tout son sang; ⚔ mourir d'une hémorragie; **2'blutung** *f* hémorragie *f*; **~'bohren:** *sich in etw.* (*acc.*) ~ s'obstiner dans (*od.* à faire) qch.; **~'bohrt** obstiné; **2'bohrtheit** *f* obstination *f*; **~'borgen 1.** *v/t.* prêter; **2.** *adj.* caché; dérobé; (*geheim*) secret; (*zurückgezogen*) retiré; *Krankheit:* latent; *im 2en en* cachette; **2'borgenheit** *f* obscurité *f*. (*interdiction f.*\
Verbot [~'bo:t] *n* (3) défense *f*;\
ver|'bräm|en (25) chamarrer (*a. fig.*); **2ung** *f* chamarrure *f* (*a. fig.*).
Ver'brauch *m* (3, *o. pl.*) consommation *f*; **2en** consommer; employer; (*ganz ~*) épuiser; (*abnutzen*) user; **~er(in** *f*) *m* consommateur *m*, -trice *f*; **~erpreis** *m* prix *m* au consommateur; **2sgüter** biens *m/pl.* de consommation; **~ssteuer** *f* impôt *m* sur la consommation.

ver'brechen 1. etw. ~ commettre un crime; faire un mal; **2.** ⚥ n (6) crime m.
Ver'brecher|(in f) m (7) criminel m, -le f; ⚥**isch** criminel; ~**tum** n criminels m/pl.
ver'breit|en répandre; Lehre: propager; Gerücht: faire courir; Nachricht: colporter; Radio: diffuser; Geheimnis: divulguer; sich ~ über (acc.) s'étendre sur; ⚥**er** m propagateur m; ~**ern** (29) élargir; ⚥**erung** f élargissement m; ⚥**ung** f propagation f; diffusion f; Geheimnis: divulgation f.
ver'brenn|bar combustible; ~**en** brûler; Tote: incinérer; ⚥**ung** f combustion f; Tote: crémation f; incinération f; ⚥**ungsmotor** m moteur m à explosion; ⚥**ungs-ofen** m four m crématoire.
ver|'briefen garantir par écrit; ~**'bringen** Zeit: passer.
ver'brüder|n (29): sich mit j-m ~ fraterniser avec q.; ⚥**ung** f fraternisation f.
ver|'brühen échauder; ~**'buchen** enregistrer; ~**'bummeln** v/t. gaspiller; (vergessen) oublier; v/i. gâcher sa vie; ~**'bunden 1.** s. verbinden; **2.** adj. j-m sehr ~ sein être très obligé à q.; ~**bünden** [~'byndən] (26) (sich s')allier (mit à); bundesstaatlich: (se) confédérer; **2'bundenheit** f solidarité f; **2'bündete(r)** m allié m; coalisé m; confédéré m; ~**'bürgen** (sich für) etw. ~ garantir qch.; répondre de qch.; se porter garant de qch.; sich für j-n ~ cautionner q.; ~**'bürgerlichen** embourgeoiser; ⚥**'bürgerlichung** f embourgeoisement m; ~**'bürgt** authentique; de source sûre; ~**'büßen** expier; Strafe: subir; ~**chromen** [~'kro:mən] (25) chromer; ⚥**dacht** [~'daxt] m (3) soupçon m; in ~ (kommen) bringen (se) rendre suspect; j-n wegen e-r Sache in ~ haben soupçonner q. de qch.; wegen e-r Sache in ~ stehen être soupçonné de qch.; ~ schöpfen prendre ombrage.
verdächtig [~'deçtiç] suspect; douteux; louche; ~**en** [~gən] (25) soupçonner; suspecter; ⚥**ung** f mise f en suspicion. [pect.\
Ver'dachtsmoment n point m sus-\
verdamm|en [~'damən] (25) réprouver; damner; (verurteilen) condamner; ⚥**nis** f, ⚥**ung** f réprobation f; ewige ~ damnation f éternelle; (Verurteilung) condamnation f; ~**t** damné; réprouvé; maudit; ~**!** peste!; au diable!
ver'dampf|en v/i. s'évaporer; se vaporiser; v/t. faire évaporer; ⚥**ung** f évaporation f; vaporisation f.
ver'danken: j-m etw. ~ devoir qch. à q.
verdau|en [~'dauən] (25) digérer (a. fig.); ~**lich** digestible; schwer ~ indigeste; ⚥**ung** f digestion f; ⚥**ungsbeschwerden** f/pl. troubles m/pl. de digestion; indigestion f; ⚥**ungsmittel** n digestif m; ⚥**ungsstörung** f indigestion f.
Ver'deck n (3) ⚓ pont m; Auto: capote f; Omnibus: impériale f; ⚥**en** couvrir; (verbergen) cacher.
ver'denken: j-m etw. ~ en vouloir à q. de qch.
Verderb [~'dɛrp] m (3) perte f; ruine f; ⚥**en** v/t. gâter; abîmer; détériorer; Luft: vicier; sittlich: corrompre; pervertir; j-m die Freude ~ gâter la joie de q.; es mit j-m ~ perdre les bonnes grâces de q.; es mit niemand ~ wollen vouloir rester bien avec tout le monde; sich die Augen ~ s'abîmer la vue; v/i. se gâter; s'abîmer; sittlich: se corrompre (a. faulen); ~**en** n corruption f; (Untergang) perte f; ruine f; rl. perdition f; j-n ins ~ stürzen perdre q.; ⚥**en-bringend** fatal; funeste; ~**er** m corrupteur m; ⚥**lich** (leicht verderbend) périssable; corruptible; (schädlich) pernicieux; nuisible; (unheilvoll) funeste; fatal; ~**nis** f (14²) corruption f; perversion f; ⚥**t** corrompu; pervers; dépravé; ~**theit** f corruption f; perversité f; dépravation f. [élucider.\
ver'deutlichen (25) rendre clair;\
ver'deutschen (25) traduire en allemand.
ver'dicht|en condenser; comprimer; ⚥**n** concentrer; ⚥**ung** f condensation f; compression f; ⚥**n** concentration f.
ver'dicken épaissir; conglutiner.
ver'dienen gagner; (würdig sein) mériter.
Ver'dienst (3²) **1.** m gain m; profit m; bénéfice m; **2.** n mérite m; ~ um den Staat services m/pl. rendus à l'État; ~**kreuz** n: großes ~ grand-

verdienstlich — 1104 — **Verein**

-croix f du mérite; ℒlich, ℒvoll méritoire; ~spanne f marge f bénéficiaire.

ver'dient (plein) de mérite; méritant; méritoire; sich ~ machen um bien mériter de; ~er'maßen selon mes (tes, etc.) mérites.

ver'ding|en (25, 30) donner à la tâche; (vermieten) louer; sich bei j-m ~ s'engager au service de q.; entrer en condition chez q.; ℒung f engagement m; soumission f.

ver'dolmetschen (27) traduire.

ver'doppel|n (27) (re)doubler; fig. redoubler de; ℒung f redoublement m; gr. a. réduplication f; A duplication f.

verdorben [~'dɔrbən] Luft: vicié; Lebensmittel: pourri, = verderbt; e-n ~en Magen haben avoir une indigestion; du hast es mit ihm ~ tu n'es plus dans ses bonnes grâces; ℒheit f corruption f; perversion f; dépravation f.

verdorren [~'dɔrən] (25) se dessécher; in der Sonne ~ brûler au soleil.

ver'dräng|en chasser; déplacer; déloger; (unterdrücken) supprimer; psych. refouler; (ausstechen) supplanter; aus e-m Besitz ~ déposséder; ℒung f délogement m; (Unterdrückung) suppression f; psych. refoulement m; (Ausstechen) supplantation f; aus e-m Besitz: dépossession f.

ver'dreh|en tordre; tourner de travers, contourner; (verstellen) dérégler; Augen: rouler; Schlüssel: fausser; Sinn, Wahrheit: altérer; dénaturer; défigurer; Recht: donner une entorse à; sich den Arm ~ se fouler le bras; ~t Ansicht: absurde; biscornu; Person: toqué; ℒtheit f esprit m biscornu; absurdité f; ℒung f contorsion f; Augen: roulement; fig. fausse interprétation; altération f; entorse f.

ver'dreifachen (25) tripler.

verdrieß|en [~'driːsən] (30) contrarier; ennuyer; chagriner; fâcher; sich etw. nicht ~ lassen ne pas se rebuter de qch.; ~lich chagrin; (schlecht gelaunt) de mauvaise humeur; renfrogné; (Verdruß erregend) contrariant; ennuyeux; fâcheux; ~ machen chagriner; ~ werden se chagriner; ~ aussehen faire grise mine; ℒlich-

keit f (mauvaise) humeur f; (Widerwärtigkeit) contrariété f; ennui m.

verdrossen [~'drɔsən] chagrin; (unlustig) indolent; adv. à contrecœur; ℒheit f (mauvaise) humeur f; (Unlust) indolence f.

verdrücken: sich ~ s'éclipser.

ver'druckt: das ist ~ c'est une faute d'impression.

Verdruß [~'drus] m (2) dépit m; (Kummer) chagrin m; ennui(s pl.) m; j-m ~ bereiten chagriner q.

ver'duften s'évaporer; se vaporiser; se volatiliser; fig. F s'éclipser.

ver'dumm|en (25) v/i. s'abêtir; s'abrutir; v/t. abêtir; abrutir; ℒung f abêtissement m; abrutissement m.

ver'dunkel|n obscurcir; assombrir; ⚔ éteindre les lumières; ast. u. fig. éclipser; ℒung f obscurcissement m; ast. u. fig. éclipse f; ⚔ black-out m.

ver'dünn|en (25) amincir; Flüssigkeit: délayer; Tunke: allonger; Luft: raréfier; ⚗ atténuer; ℒung f amincissement m; Flüssigkeit: délayage m; Wein: coupage m; Tunke: allongement m; (Verbesserung) amélioration f; -trice f; ℒung f vénération f; (Anbetung) adoration f; ~ungswürdig vénérable.

ver'dunst|en (26) s'évaporer; se vaporiser; se volatiliser; ~ lassen évaporer; se vaporiser; volatiliser; ℒung f évaporation f; vaporisation f; volatilisation f.

ver'dursten (26) mourir de soif.

ver'düster|n (29) assombrir; ℒung f assombrissement m.

verdutzt [~'dutst] (27) stupéfait; interdit; ~ machen déconcerter.

ver-edel|n (29) ennoblir; (heben) relever; (verbessern) améliorer; ✿ greffer; ⊕ affiner; ℒung f ennoblissement m; (Verbesserung) amélioration f; ✿ greffage m; ⊕ affinage m.

ver'ehelichen (25) marier.

ver'ehr|en révérer; vénérer; (anbeten) adorer; j-m etw. ~ faire hommage (od. présent) de qch. à q.; ℒer(in f) m adorateur m, -trice f; admirateur m, -trice f; ℒung f vénération f; (Anbetung) adoration f; ~ungswürdig vénérable.

ver'-eid(ig)|en (26 [25]) assermenter; faire prêter serment à; ℒung f prestation f de serment.

Verein [~'ʔaɪn] m (3) association f; société f; cercle m; club m; union f;

im ~ mit avec le concours de; en collaboration avec.
ver'einbar compatible (mit avec); ~en (25): etw. ~ tomber (od. se mettre) d'accord sur qch.; convenir de qch.; sich nicht ~ lassen ne pas être compatible (mit avec); 2ung f accord m; convention f.
ver'einen (25) = vereinigen.
ver'einfach|en (25) simplifier; 2ung f simplification f.
ver'einheitlich|en (25) uniformiser; standardiser; 2ung f uniformisation f; standardisation f.
ver'einig|en (25) (ré-)unir; joindre; associer; (verbünden) allier; (zusammenbringen) (r)assembler; rapprocher; Flüsse: sich ~ confluer; ~t: die 2en Staaten les États-Unis m/pl.; 2ung f (ré)union f; jonction f; association f; (Bündnis) alliance f; Flüsse: confluent m.
ver'-ein|nahmen (25) encaisser; ~samen isoler; 2samung f isolement m; 2sgesetz n loi f sur les associations; 2swesen n associations f/pl.
ver'-einzel|n isoler; séparer; ~t: ~ auftretend sporadique.
ver'-eis|en (29) (v/i. a. se) geler; Straße: (v/i. se) couvrir de verglas; ☀ givrer; 2ung f givrage m.
ver|'-eiteln (25) déjouer; faire échouer; Hoffnung: frustrer, trahir; anéantir; ~'-eitern suppurer; 2'-eiterung f suppuration f; ~'-ekeln (29): j-m etw. ~ dégoûter q. de qch.; ~'-elenden s'appauvrir; ~'-enden mourir (misérablement); Tiere: crever.
ver'-enge(r)|n (29 [29]) rétrécir; resserrer; 2ung f rétrécissement m; resserrement m.
ver'-erb|en: j-m (od. auf j-n) etw. ~ laisser (od. léguer; Krankheit: transmettre) qch. à q.; sich auf j-n ~ passer à q. par voie de succession, Krankheit: se transmettre héréditairement à q.; 2ung f hérédité f; 2ungsgesetz n loi f de l'hérédité.
ver'-ewigen (25) éterniser; perpétuer; sich (seinen Namen, sein Andenken) ~ s'immortaliser.
ver'fahren 1. procéder; agir (mit j-m schlecht mal envers q.); mit etw. schlecht ~ user mal de qch.; die Sache ist ~ l'affaire est mal engagée; sich ~ se tromper de chemin;

2. 2 n (6) manière f d'agir; méthode f; procédé m; ☀☀ procédure f.
Ver'fall m (3, o. pl.) décadence f; bsd. Gebäude: ruine f; (Abnahme) déclin m; (Dahinsiechen) dépérissement m; (Ausartung) dégénération f; (Verderbnis) corruption f; ✝ échéance f; Recht, Pfand: déchéance f; in ~ geraten = 2en 1. v/i. tomber en décadence; tomber en ruines; se délabrer; Kräfte: dépérir; ✝, ☀☀ (fällig werden) échoir, (ablaufen) déchoir; j-m ~ (anheimfallen) échoir à q.; ~ auf (acc.) avoir l'idée (od. s'aviser) de; ~ in (acc.) tomber dans; 2. adj. en ruines; caduc (a. ☀☀); ~ sein e-m Laster être en proie à; j-m gänzlich ~ sein avoir q. dans la peau; ~termin m échéance f; terme m.
ver'fälsch|en falsifier; fausser; altérer; Wein: frelater; 2ung f falsification f; altération f; Wein: frelatage m.
ver|'fangen faire effet; sich ~ s'embrouiller, Wind: s'engouffrer; ~'fänglich captieux; (arglistig) insidieux; ~'färben: sich ~ changer de couleur; ~'fassen composer; Buch: écrire; Aufsatz: rédiger.
Ver'fasser|(in f) m (7) auteur m; ~schaft f paternité f.
Ver'fassung f (Zustand) état m; disposition f; moralische: moral m; (Staats2) constitution f.
Ver'fassungs|bruch m violation f de la constitution; ~gericht n tribunal m constitutionnel; 2mäßig constitutionnel; ~mäßigkeit f constitutionnalité f; ~recht n droit m constitutionnel; ~reform f réforme f constitutionnelle; ~schutz m: Amt f ~ office m de protection de la constitution; 2widrig [~vi:driç] inconstitutionnel.
ver'faulen pourrir; se putréfier.
ver'fecht|en combattre pour; Recht: défendre; Meinung: soutenir; j-s Sache ~ plaider la cause de q.; 2er m défenseur m.
ver'fehl|en manquer; rater (s-e Wirkung son effet); nicht ~, zu ... (inf.) ne pas laisser de ... (inf.).
ver'feinden (26) brouiller.
ver'feiner|n (25) raffiner; Metalle: affiner; (läutern) épurer; Menschen: civiliser; 2ung f raffinement m; Zucker, Benzin: raffinage m; Metalle:

verfemen — 1106 — **vergehen**

affinage m; (*Läuterung*) épurement m; *Menschen*: civilisation f.
ver'femen (25) mettre au ban (*od.* 'hors la loi).
ver'fertig|en faire; fabriquer; manufacturer; *Kleider*: confectionner; ⟂**er** m fabricant m, faiseur m; ⟂**ung** f fabrication f; *Kleider*: confection f.
Ver'fettung f adipose f.
ver'feuern *Holz usw.*: consommer.
ver'film|en filmer; *Buch*: tirer un film de; ⟂**ung** f adaptation f cinématographique.
ver'filz|en feutrer; (*verwirren*) enchevêtrer; ⟂**ung** f feutrage m; (*Verwirrung*) enchevêtrement m.
ver'finster|n (29) obscurcir; assombrir (*a. fig.*); *ast. sich* ⟂ s'éclipser; ⟂**ung** f obscurcissement m; *ast.* éclipse f.
ver'flachen (25) aplatir; *fig.* perdre tout caractère; ⟂**'flachung** f aplatissement m; ⟂**'flechten** entrelacer; *fig.* impliquer (*in acc.* dans); ⟂**'flechtung** f entrelacement m; *fig.* interdépendance f; ⟂**'fliegen** ⚤ s'égarer; ⚤ se volatiliser; *Zeit*: fuir; passer vite; *fig.* se dissiper; ⟂**'fließen** s'écouler; *Leben*: s'enfuir; *Frist*: expirer; ⟂**'flixt**: ⟂! sapristi!; ⟂**er Kerl!** sacré coquin!; ⟂**flossen** [⟂'flɔsən] passé; ⟂**'fluchen** maudire; *rl.* anathématiser; **verflucht!** peste!; au diable!; **verfluchter Kerl!** fichu coquin!; ⟂**'flüchtigen** ⚤ (25) (*sich* ⟂ se) volatiliser; (s')évaporer.
ver'flüssig|en (25) liquéfier; ⟂**ung** f liquéfaction f.
Verfolg [⟂'fɔlk] m (3, *o. pl.*) cours m; *weiterer*: suite f; ⟂**en** [⟂gən] poursuivre (*a. ⚤*); *ungerecht, grausam*: persécuter; *hartnäckig*: pourchasser; *Laufbahn, Spur usw.*: suivre; *ch.* forcer; (*weiter* ⟂) continuer; ⟂**er** m (7) persécuteur m; ⟂**te(r)** m persécuté m; ⟂**ung** f poursuite f; *ungerechte, grausame*: persécution f; (*Fortsetzung*) continuation f; ⟂**ungswahnsinn** m manie f de la persécution.
ver'fracht|en ⚓ fréter; ⟂**ung** f frêtement m; ⟂**er** m fréteur m.
ver'froren frileux.
ver'früht prématuré.
ver'füg|bar disponible; ⟂**barkeit** f disponibilité f; ⟂**en** disposer (*über acc.* de); (*bestimmen*) ordonner; (*anordnen*) décréter; ⚤ décerner; *sich* ⟂ se rendre (*nach* à); ⟂**ung** f disposition f (*treffen* prendre); (*Anordnung*) ordonnance f; ordre m; décret m; *j-m zur* ⟂ **stehen** (*stellen*) être (mettre) à la disposition de q.; ⟂**ungsrecht** n droit m de disposition (*über acc.* de).
ver'führ|en séduire; ⟂ **zu** entraîner (*od.* induire) à; ⟂**er(in** f) m corrupteur m, -trice f; séducteur m, -trice f; ⟂**erisch** séducteur (*verlockend*) séduisant; ⟂**ung** f séduction f.
ver'fünffachen quintupler; ⟂**gällen** [⟂'gɛlən] (25) *fig.* gâter; *Alkohol*: dénaturer; *j-m das Leben* ⟂ rendre la vie amère à q.; ⟂**galoppieren** [⟂'pi-]: *sich* ⟂ se fourvoyer (*a. fig.*).
vergangen [⟂'gaŋən] passé; écoulé; *⟂es Jahr* l'année passée (*od.* dernière); ⟂**heit** f passé m; temps m passé.
vergänglich [⟂'gɛŋliç] passager; éphémère; (*schnell zugrunde gehend*) périssable; ⟂**keit** f caractère m éphémère; caractère m périssable.
ver'gären fermenter.
ver'gas|en (25) gazéifier; *Auto*: carburer; *Gelände, Menschen*: gazer; ⟂**er** m *Auto*: carburateur m; ⟂**ung** f gazéification f; *Auto*: carburation f; (*Vergiftung*) asphyxie f par les gaz.
ver'geb|en donner; *Recht*: céder; *Güter*: dispenser; *Amt*: conférer; (*verteilen*) répartir; *zu* ⟂ **haben** disposer de; *zu* ⟂ **sein** être libre (*od.* vacant); (*verzeihen*) pardonner; *Sünde*: remettre; *sich etw.* ⟂ compromettre son honneur; *sich nichts* ⟂ être jaloux de son honneur; ⟂**ens** en vain; vainement; ⟂ *etw. tun* avoir beau faire qch.; ⟂**lich** vain; inutile; (*erfolglos*) infructueux; ⟂**e Mühe** peine f perdue; *adv. a.* en vain; ⟂**lichkeit** f inutilité f; ⟂**ung** f (*Verteilung*) répartition f; *Recht*: cession f; *Amt*: nomination f (à); (*Verzeihung*) pardon m; *Sünden*: rémission f.
vergegenwärtigen [⟂'vɛrtigən] (25) rendre présent à l'esprit; rappeler (à la mémoire); *Ereignisse*: retracer; *sich etw.* ⟂ se représenter qch.
ver'gehen 1. passer; (*nachlassen*) diminuer; (*verschwinden*) disparaître; (*hinschmelzen*) fondre; (*sich*

Vergehen — 1107 — **Vergütung**

verwischen) s'effacer; (*sich verlieren*) se perdre; (*Nebel*) se dissiper; (*umkommen*) périr; *Frist*: expirer; ～ *vor* mourir de; *sich* ～ commettre une faute; pécher (*gegen* contre) ～ *gegen j-n* ～ manquer à q.; *sich an j-m* ～ violer q.; *sich tätlich an j-m* ～ *porter* la main sur q.; *sich gegen das Gesetz* ～ transgresser (*od.* violer) la loi; **2.** ⁀ *n* (6) faute *f*; *leichtes* ～ peccadille *f*; ⚖ délit *m*; (*Übertretung*) contravention *f*.

ver'geistig|en (25) spiritualiser; sublimer; ⁀**ung** *f* spiritualisation *f*; sublimation *f*.

ver'gelt|en *Dienst*: reconnaître; *Untat*: se revancher de; *j-m etw.* ～ rendre qch. à q.; récompenser q. de qch.; ⁀**ung** *f* revanche *f*; *zur* ～ en revanche; ～ *üben* user de représailles; ⁀**ungsmaßnahme** *f* représaille *f*; ⁀**ungsrecht** *n* droit *m* de représailles. [⁀**ung** *f* socialisation *f*.]

verge'sellschaft|en (26) socialiser;]

vergessen [～'ɡɛsən] (30) **1.** oublier; **2.** ⁀ *n* oubli *m*; ⁀**heit** *f* oubli *m*: *in* ～ *geraten* tomber dans l'oubli.

ver'geßlich oublieux; distrait; ⁀**keit** *f* manque *m* de mémoire; oubli *m*; distraction *f*; *aus* ～ par oubli (*od.* distraction).

vergeud|en [～'ɡɔʏdən] (26) dissiper; gaspiller; ⁀**ung** *f* dissipation *f*; gaspillage *m*.

verge'waltig|en (25) violer; faire violence à; *fig.* violenter; ⁀**ung** *f* violence *f* (faite à); viol *m*.

verge'wissern (29): *sich* ～ s'assurer (*e-r Sache gén.*) de qch.

ver'gießen verser; répandre.

ver'gift|en (26) empoisonner; (*giftig machen*) envenimer; 🗡 intoxiquer; ⁀**ung** *f* empoisonnement *m*; 🗡 infection *f*; intoxication *f*.

ver'gilben jaunir.

ver'gipsen sceller au plâtre.

Ver'|gißmeinnicht ♧ *m* (3) myosotis *m*; ne m'oubliez pas *m*; ⁀'**gittern** (27) grillager; *mit Drahtgitter*: treillisser; ⁀**glasen** (27) *v/t.* vitrer; *v/i.* se vitrifier.

Ver'gleich *m* (3) comparaison *f* (*an-stellen* établir); (*Parallele*) parallèle *m*; (*Einigung*) arrangement *m* (*schließen* conclure); accommodement *m*; accord *m*; compromis *m*; *im* ～ *mit* (*zu*) en comparaison de; *zum* ～ *kommen* s'arranger; ⁀**bar** comparable; ⁀**e:** ～ *Seite* ... conférer page ...; ⁀**en** comparer (*mit* à, *bei genauem Vergleich*: avec); *Streit*: aplanir; *sich* ～ s'arranger; ⁀**end** comparé; comparatif; ～ *e Literatur* littérature *f* comparée; ⁀**lich** comparable; ⁀**sverfahren** † *n* concordat *m*; ⁀**sweise** par comparaison; comparativement. [*glacier.*\]

ver'gletschern (29) se changer en**\]**

ver'glimmen s'éteindre peu à peu.

vergnüg|en [～'ɡnyːɡən] (25): *sich mit* (*an*) *etw.* (*dat.*) ～ s'amuser (*od.* se divertir) à qch.; ⁀**en** *n* (6) plaisir *m*; amusement *m*; divertissement *m*; (*Annehmlichkeit*) agrément *m*; (*Zerstreuung*) distraction *f*; *mit* ～ avec plaisir; *an etw.* (*dat.*) ～ *finden* prendre plaisir à qch.; ～**t** [～kt] joyeux; satisfait; ⁀**ung** *f* amusement *m*; divertissement *m*.

Ver'gnügungs|-ausschuß *m* comité *m* de plaisir; ～**lokal** *n* cabaret *m*; lieu *m* de plaisir; boîte *f* de nuit; ～**reise** *f* voyage *m* d'agrément; ～**reisende(r** *a. m*) *m, f* touriste *m, f*; ～**sucht** *f* goût *m* des plaisirs; ⁀**süch-tig** adonné aux plaisirs; ～**er Mensch** viveur *m*.

ver'gold|en (26) dorer (*a. fig.*); ⁀**er** *m* (6) doreur *m*; ⁀**ung** *f* dorure *f*.

ver'gönnen permettre.

ver'götter|n (29) déifier; (*abgöttisch verehren*) idolâtrer; ⁀**ung** *f* déification *f*; (*Abgötterei*) idolâtrie *f*.

ver'|graben enterrer; enfouir; *sich* ～ *Tiere*: se terrer; ～'**grämt** rongé par le chagrin; ～'**greifen**: *sich* ～ se méprendre; *sich an j-m* ～ porter la main sur q.; *sich an etw.* (*dat.*) ～ porter atteinte à qch.; *sich an der Kasse* ～ toucher à la caisse; ～**griffen** [～ˈɡrɪfən] *Ware, Buch*: épuisé; ～**gröbern** [～'ɡrøːbərn] (29) rendre (plus) grossier; ～**größern** [～ˈɡrøːsərn] (29) agrandir; *opt. a.* grossir; (*vermehren*) augmenter; accroître; ⁀**'größerung** *f* agrandissement *m*; *opt. a.* grossissement *m*; (*Vermehrung*) augmentation *f*.

Ver'größerungs|-apparat *m* *phot. m* agrandisseur *m*; ～**glas** *n* verre *m* grossissant; loupe *f*; microscope *m*.

Ver'günstigung *f* faveur *f*; (*Vorteil*) avantage *m*.

vergüt|en [～'ɡyːtən] (26) rémunérer; *j-m etw.* ～ indemniser (*od.* dédommager) q. de qch.; ⁀**ung** *f* ré-

ver'haft|en arrêter; ⚖ appréhender; ⚑**ete**(**r** a. m) m, f détenu m, -e f; prisonnier m, -ière f; ⚑**ung** f arrestation f; arrêt m; ⚑**(ung)sbefehl** m mandat m d'arrêt (*ergehen lassen gegen* lancer contre).
ver'hageln être dévasté par la grêle.
ver'hallen expirer; se perdre.
ver'halten 1. *Atem, Urin:* retenir; (*unterdrücken*) réprimer; *sich ~* (*sich benehmen*) se comporter (*gegen j-n* envers *od.* à l'égard de q.); *se conduire; sich ruhig ~* se tenir tranquille; *sich zu etw. ~* être dans tel rapport avec qch.; *sich zu etw. ~ wie ... ⌊ ~* être à ... comme ...; *wie verhält sich die Sache?* qu'en est-il de (*od.* où en est) l'affaire?; *es verhält sich so il en est ainsi; es verhält sich mit ... ebenso wie mit ...* il en est de ... comme de ...; **2.** ⚑ *n ⚑* rétention f; (*Benehmen*) comportement m; conduite f; attitude f.
Verhältnis [~'hɛltnɪs] n (4¹) proportion f; (*Beziehung*) rapport m; relation f; (*Liebes*⚑) liaison f; *im ~ zu* en raison de; en proportion de; *in richtigem ~ zu* en (juste) proportion avec; *in ~ setzen zu* proportionner à; *~se n/pl.* situation f; conditions f/pl.; (*Umstände*) circonstances f/pl.; *unter solchen ~sen* dans ces conditions; *über s-e ~se leben* vivre au-dessus de ses moyens; ⚑**mäßig** relatif; (*proportional*) proportionnel; **~wahl** f représentation f proportionnelle; **~wort** gr. n préposition f; **~zahl** f nombre m proportionnel.
Ver'haltung ⚑ f rétention f; **~smaßregel** f instruction f; directive f.
ver'hand|eln: *~* (*über acc.*) négocier (*acc.*); traiter (de); discuter (*acc.*); (*lebhaft erörtern*) débattre (*acc.*); *gerichtlich ~* procéder par-devant un tribunal; ⚑**ung** f négociation f; discussion f; débats m/pl. (*a.* ⚖); pourparlers m/pl.; ⚑**ungsbericht** m compte m rendu (des débats).
ver'hängen (25) couvrir (*mit de*); *über j-n etw. ~* ordonner (*od.* décréter) qch. contre q.; *e-e Strafe über j-n ~* infliger une peine à q.; *mit verhängtem Zügel* à bride abattue.
Ver'hängnis n (4¹) sort m; destinée f; (*die verhängende Macht*) fatalité f; ⚑**voll** fatal.

ver|'härmt ravagé par le chagrin; *~*'**harren** demeurer; rester; *bei, auf, in etw.* (*dat.*) *~* persister dans qch.; *~*'**harschen** se cicatriser; *Schnee:* (se) durcir.
ver'härt|en v/i. (se) durcir; v/t. durcir; *fig.* endurcir; *den Leib ~* constiper; ⚑**ung** f durcissement m; *fig.* endurcissement m; ⚑⚑ induration f; (*Verstopfung*) constipation f.
ver'haspeln [~'haspəln] (29): *sich ~* s'embrouiller; *~*'**haßt** odieux; détesté; *sich bei j-m ~ machen* se rendre odieux à q.; *er ist mir ~* je le déteste; *das ist mir ~* j'ai cela en horreur; *~*'**hätscheln** gâter; dorloter.
Verhau ⚔ [~'hau] m (3) abattis m d'arbres; réseau m de barbelés; ⚑**en** F rosser; *sich ~* manquer son coup, *im Reden:* s'embrouiller.
ver'heben: *sich ~* se donner un tour de reins; *Arm:* se luxer.
verheer|en [~'he:rən] (25) ravager; dévaster; ⚑**end** dévastateur; (*schrecklich*) affreux; ⚑**ung** f ravage m; dévastation f.
ver|'hehlen (25) dissimuler; cacher; celer; *~*'**heilen** se cicatriser; se fermer; *~*'**heimlichen** (25) tenir secret; cacher ([*vor*] *j-m etw.* qch. à q.); (*nicht merken lassen*) dissimuler; ⚖ recéler.
ver'heirat|en (*sich* se) marier (*mit* à *od.* avec); ⚑**ung** f mariage m.
ver'heiß|en promettre; ⚑**ung** f promesse f; ⚑**ungsvoll** prometteur.
ver'helfen: *j-m zu etw. ~* aider q. à obtenir qch. [f glorification f.]
ver'herrlich|en (25) glorifier; ⚑**ung**)
ver|'hetzen exciter (*gegen* contre); ⚑'**hetzung** f excitation f; *~*'**hexen** ensorceler; jeter un sort sur; *wie verhext* comme si le diable y était mêlé; *~*'**himmeln** porter aux nues.
ver'hinder|n empêcher; *Unglück:* prévenir; ⚑**ung** f empêchement m.
ver'höhn|en railler; persifler; *Vernunft:* insulter à; ⚑**ung** f raillerie f; persiflage m.
Ver'hör n (3) interrogatoire m; *Zeugen:* audition f; *ins ~ nehmen =* ⚑**en** interroger; *Zeugen:* procéder à l'audition de; *sich ~ mal entendre,* (*mißverstehen*) ne pas saisir.

ver|'hüllen envelopper; *(verdecken)* couvrir; *Anstößiges:* voiler; **~'hundertfachen** centupler; **~'hungern** mourir de faim; *verhungert aussehen* avoir l'air affamé; *j-n ~ lassen* affamer q.; **~'hunzen** F massacrer; défigurer; ♀**'hunzung** F f massacre m; **~'hüten** empêcher; *Unglück:* prévenir; *(bewahren vor)* préserver de; *das verhüte Gott!* à Dieu ne plaise!; **~'hütten** fondre; ♀**'hüttung** f fonte f.
Ver|'hütungs|'maßnahme f mesure f préventive; **~mittel** n préservatif m.
verhutzelt [~'hutsəlt] ratatiné.
ver-irr|en: *sich ~* s'égarer; se fourvoyer; ♀**ung** f égarement m.
ver'jagen chasser; expulser.
verjähr|en [~'jɛːrən] (25) se prescrire; **~t** suranné; ♃ prescrit; ♀**ung** f prescription f.
ver'jubeln dissiper; gaspiller.
verjüng|en [~'jyŋən] (25) rajeunir; *Maß:* réduire; ♀**ung** f rajeunissement m; *Maß:* réduction f; ♀**ungskur** f cure f de rajeunissement.
ver'juxen *Geld:* galvauder.
ver'kalk|en (26) *(v/i.* se) calciner; **~t** sclérosé; ♀**ung** f calcination f; ♃ sclérose f.
ver|'kannt [~'kant] méconnu; **~'kappt** déguisé; masqué; **~'kappseln:** *sich ~* ♃ s'enkyster.
Ver'kauf m (3³) vente f; *(Absatz)* débit m; ♀**en** vendre.
Ver'käuf|er(in f) m vendeur m, -euse f; ♀**lich** à vendre; *(verkaufbar)* vendable; *fig.* vénal; *leicht ~* de bonne vente; *d'un débit* facile.
Ver'kaufs|chef m chef m de vente; **~preis** m prix m de vente.
Verkehr [~'keːr] m (3, *o. pl.*) circulation f; trafic m *(a. Handels♀);* ⚜ *u.* ☏ service m; *(Umgang)* commerce m; *(Beziehung)* relation f; *mit j-m in ~ stehen* être en *(od.* avoir des) relations avec q.; *dem ~ übergeben* ouvrir à la circulation; ♀**en** *v/i.* ⚜ *u.* ☏ circuler; *regelmäßig:* faire le service; *in e-m Hause ~* fréquenter une maison; *mit j-m ~* fréquenter *(häufig:* chez) q.; *v/t.* retourner; intervertir; mettre à l'envers; *(sich) ~ in (acc.)* (se) changer en.
Verkehrs|-ader f artère f; **~bedingung** f condition f de circulation; **~büro** n office m de tourisme; **~flugzeug** n avion m de transport; **~hindernis** n obstacle m à la circulation; **~knotenpunkt** m carrefour m; nœud m de communications; **~insel** f refuge m; **~minister(ium** n) m ministre *(ministère)* m des transports; **~mittel** n moyen m de communication *(od.* de transport); **~netz** n réseau m de communications; **~ordnung** f code m de la route; **~polizei** f police f routière; **~polizist** m agent m (préposé à la circulation); **~regeln** f/pl. code m de la route; **~regelung** f réglementation f de la circulation; ♀**reich** *Straße:* fréquente; animé; **~schild** n panneau m de signalisation routière); **~sicherheit** f sécurité f de la route; **~stockung** f encombrement m; embouteillage m; **~störung** f arrêt m (accidentel) de la circulation; **~straße** f voie f de (grande) communication; **~turm** m tour(elle) f (de signalisation routière); **~unfall** m accident m de (la) circulation; **~ver-ein** m syndicat m d'initiative; **~weg** m voie f de communication; **~wesen** n service m des communications; **~zeichen** n signal m; *= ~schild.*
verkehrt [~'keːrt] à l'envers; retourné; *Welt:* renversé; *die ~e Seite* l'envers m; *(falsch)* faux; *(ungereimt)* absurde; *etw. ~ machen* faire qch. de travers; *~ anziehen* mettre à l'envers; *etw. ~ anfangen* s'y prendre de travers; ♀**heit** f travers m (d'esprit); absurdité f.
ver'keilen ⊕ caler; F *(verprügeln)* rosser.
ver'kennen méconnaître.
ver'kett|en (26) enchaîner; ♀**ung** f enchaînement m.
ver'ketzer|n *fig.* diffamer; ♀**ung** f *fig.* diffamation f.
ver|'kitten mastiquer; **~'klagen** accuser; *j-n ~* intenter une action contre q.; *j-n wegen e-r Schuld ~* poursuivre q. pour dettes; **~'klammern** cramponner.
ver'klär|en transfigurer; ♀**ung** f transfiguration f.
ver|'klatschen diffamer; décrier; **~klausulieren** [~klauzu'liːrən] restreindre par des clauses; **~'kleben** coller; *chir.* agglutiner.
ver'kleid|en déguiser *(als en); (kostümieren)* travestir *(als Frau en fem-*

Verkleidung — 1110 — **verlassen**

me); costumer; ⊕ *(verdecken)* revêtir *(mit* de); *(täfeln)* lambrisser; ℒung f déguisement m; *(Kostümierung)* travestissement m; *(Kostüm)* travesti m; costume m; ⊕ revêtement m; *(Täfelung)* lambrissage f; *Tür, Fenster:* chambranle m.

ver'kleiner|n (29) rapetisser; *(verringern)* diminuer; *arith.* réduire; *Ruf:* dénigrer; *Wert:* déprécier; ℒung f rapetissement m; *(Verringerung)* diminution f; *arith.* réduction f; *fig.* dénigrement m; dépréciation f; ℒungsmaßstab m échelle f de réduction; ℒungswort *gr. n* (1²) diminutif m.

ver|'klingen se perdre; expirer; ~'kneifen réprimer; retenir; *sich etw.* ~ müssen P se mettre la ceinture; ~'knöchern [~'knœçərn] *fig.* se dessécher; s'encroûter; ~'knöchert *fig.* encroûté; ~'knüpfen rattacher; nouer; lier; joindre; ℒ'knüpfung f liaison f; jonction f; ~'kohlen (v/i. se) carboniser; *fig.* F se payer la tête de; ~'koken cokéfier.

ver'kommen 1. *v/i.* tomber en décadence; *Person:* déchoir; *pfort* se démoraliser; **2.** *adj.* déchu; dépravé; ℒheit f dépravation f.

ver|'koppeln *(verbinden)* accoupler; ~'korken boucher; ~korkst F [~'kɔrkst] mal engagé; qui tourne mal.

ver'körper|n (29) personnifier *(in dat.* en); incarner (en); ℒung f personnification f; incarnation f.

ver|'krachen: *sich mit j-m* ~ F se brouiller avec q.; *verkrachte Existenz* raté m; ~'kramen égarer; ~'kriechen: *sich* ~ se cacher *(vor j-m* de q.); se fourrer *(in acc.* dans; *unter acc.* sous); ~'krümeln émietter; *sich* ~ *fig.* F filer en douce.

ver'krümm|en déformer; *Wirbelsäule: sich* ~ dévier; ℒung f déformation f; *Wirbelsäule:* déviation f.

ver'krüppel|n (29) *v/i.* s'atrophier; *v/t.* estropier; ℒung f atrophie f; ℒte(r *a. m*) f estropié m, -e f.

ver|'krusten incruster; ℒ'krustung f incrustation f; ~'kümmern *v/i.* se rabougrir; s'étioler; *(siechen)* languir; dépérir; ℒ'kümmerung f rabougrissement m; étiolement m; *(Dahinsiechen)* dépérissement m.

ver'künd(ig)|en (26 [25]) annoncer; publier; *(ausrufen)* proclamer; *(weissagen)* prédire; *(predigen)* prêcher; *Gesetze:* promulguer; *Urteil:* prononcer; ℒung f annonce f; publication f; *(Ausrufung)* proclamation f; *(Weissagung)* prédiction f; *Gesetz:* promulgation f; *Urteil:* prononciation f; *Mariä* ~ Annonciation f.

ver|'kupfern cuivrer; ~'kuppeln accoupler; *j-n* ~ s'entremettre pour marier q.

ver'kürz|en raccourcir; *(abkürzen)* abréger; *(vermindern)* diminuer; *j-m die Zeit* ~ faire passer le temps à q.; ℒung f raccourcissement m; *(Abkürzung)* abréviation f.

ver'lachen (se) rire de; se moquer de.

ver'lad|en charger; ⚓ embarquer; 🚂 expédier; ℒeplatz m quai *(od.* chantier) m d'embarquement; ℒung f chargement m; ⚓ embarquement m; 🚂 expédition f.

Verlag [~'la:k] *m* (3) maison f d'édition; *in* ~ *nehmen* éditer; *im* ~ ... *erscheinen* paraître chez ...

ver'lagern transporter; transférer.

Ver'lags|-anstalt f maison f d'édition; **~buchhändler** m libraire-éditeur m; **~buchhandlung** f librairie f d'édition; **~haus** n = *~anstalt*; **~katalog** m catalogue m de livres de fonds; **~kosten** *pl.* frais *m/pl.* de publication; **~recht** n droit m de publication.

ver'langen 1. (25) demander; *(fordern)* exiger; *Recht:* réclamer; revendiquer; *was* ~ *Sie für das Buch?*: combien voulez-vous de ce livre?; *nach etw.* ~ désirer vivement qch.; avoir grande envie de qch.; *es verlangt ihn, sie zu sehen* il lui tarde de la voir; **2.** ℒ *n* (6) désir m; demande f; *(Forderung)* exigence f; *Recht:* réclamation f; *auf allgemeines* ~ à la demande générale.

verlänger|n [~'lɛŋərn] (29) (r)allonger; prolonger *(a. zeitlich); nur zeitlich:* proroger; ℒung f (r)allongement m; prolongement m; *zeitliche:* prolongation f; prorogation f; ℒungsstück n rallonge f.

ver'langsam|en (25) ralentir; ℒung f ralentissement m.

ver'läppern F gaspiller; galvauder.

Verlaß [~'las] *m* (4): *es ist kein* ~ *auf ihn* on ne peut compter sur lui.

ver'lassen 1. *v/t.* quitter; *(im Stich lassen)* abandonner; *(in Not lassen)* délaisser; *sich auf j-n* ~ compter

Verlassenheit — 1111 — **verlohnen**

sur q.; s'en rapporter à q.; ~ *Sie sich darauf!* comptez-y!; **2.** *adj.* abandonné; délaissé; *(nicht mehr bewohnt)* inhabité; *(verödet)* désert; 2**heit** *f* abandon *m*; délaissement *m*.
verläßlich [~'lɛslɪç] sûr.
ver'läster|n diffamer; 2**ung** *f* diffamation *f*.
Verlaub [~'laup] *m* (3): *mit* ~ avec votre permission; sauf votre respect.
Ver'lauf *m* (3, *o. pl.*) zeitlicher: écoulement *m*; cours *m* (*a. Angelegenheit, Krankheit*) nehmen suivre); *weiterer* ~ suite *f*; *nach* ~ *von* au bout de; *Straße, Grenze*: tracé *m*; 2**en** *Wasser*: s'écouler; *Zeit*: *a.* se passer (*a. Angelegenheit*) *Farben*: se fondre; *sich* ~ *Menge*: se disperser, *(sich verirren)* s'égarer, se perdre.
ver'laust pouilleux.
ver'lautbar|en communiquer; *es verlautbart, daß* ... le bruit court que ...; 2**ung** *f* communication *f*.
ver'lauten (26) *(bekannt werden)* s'ébruiter; *es verlautet, daß* ... le bruit court que ...; *wie verlautet* à ce qu'on dit; *es verlautet aus sicherer Quelle, daß* ... on apprend de source sûre que ...; *nichts davon* ~ *lassen* n'en souffler mot.
ver'leb|en passer; ~**t** [~pt] *(abgelebt)* usé; décrépit.
ver'leg|en 1. *v/t.* transporter (*a. Wohnsitz*); *Geschäft*: transférer; *(an e-e falsche Stelle legen)* égarer; *(verschieben)* remettre *(auf acc.* à); ajourner (à); *Weg*: barrer; *Bücher*: publier; éditer; *Handlung*: situer *(in acc., nach* à *resp.* en); *Truppen*: faire changer de garnison; *sich* ~ *auf (acc.)* s'adonner à; **2.** *adj. (befangen)* embarrassé; gêné; *(gezwungen)* contraint; ~ *machen* embarrasser; *um etw.* ~ *sein* être en peine de qch.; *um Geld (Antwort)* ~ à court d'argent (de riposte); 2**enheit** *f* embarras *m*; gêne *f*; *(Geld*2) embarras *m/pl.* d'argent; *in* ~ *bringen* mettre dans l'embarras; *in* ~ *geraten* se trouver embarrassé; 2**er** *m* éditeur *m*; 2**ung** *f* transport *m*; transfert *m* (*a. Truppen*); *zeitliche*: remise *f*; ajournement *m*.
ver'leiden (26): *j-m etw.* ~ dégoûter q. de qch.
ver'leih|en (26) prêter; *(vermieten)* louer; *(freiwillig geben)* accorder; *Titel, Amt*: conférer; *Rechte*: concéder; *Preis, Orden*: décerner; 2**er** *m* prê-teur *m*; *(Vermieter)* loueur *m*; 2**ung** *f* prêt *m*; *(Vermietung)* location *f*; louage *m*; *Würde*: investiture *f*; *Recht*: concession *f*; *(Ordens*2) (remise *f* de) décoration *f*.
ver'leit|en: ~*zu* entraîner à; induire à; provoquer à; 2**ung** *f* entraînement *m*; provocation *f*.
ver'lernen désapprendre; oublier.
ver'lesen: *etw.* ~ faire la lecture de (*od.* lire) qch.; *sich* ~ se tromper en lisant; *Gemüse*: éplucher; *Erbsen*: trier; *die Namen* ~ faire l'appel nominal.
ver'letz|bar vulnérable; *(empfindlich)* susceptible; ~**en** (27) blesser; *(beschädigen)* endommager; léser; *(kränken)* froisser; offenser; *Vertrag, Gesetz*: violer; 2**ung** *f* blessure *f*; ♂ *u.* ⚕ lésion *f*; *(Kränkung)* froissement *m*; offense *f*; *Vertrag, Gesetz*: violation *f*.
ver'leugn|en renier; *Glauben: a.* abjurer; *(nicht anerkennen)* désavouer; *sich* ~ se démentir; *sich* ~ *lassen* faire dire qu'on est absent; 2**ung** *f* reniement *m*; *f* *(Nichtanerkennung)* désaveu *m*.
verleumd|en [~'lɔymdən] calomnier; diffamer; 2**er(in** *f*) *m* (7) calomniateur *m*, -trice *f*; diffamateur *m*, -trice *f*; ~**erisch** calomnieux; diffamatoire; 2**ung** *f* calomnie *f*; diffamation *f*; 2**ungsklage** *f* plainte *f* en diffamation.
ver'lieb|en: *sich* ~ *in (acc.)* s'éprendre (*od.* devenir amoureux) de; ~**t** amoureux *(in acc.* de); épris (de); 2**te(r** *a. m*) *m*, *f* amoureux *m*, -euse *f*; 2**theit** *f* amour *m*; passion *f*.
ver'lier|en (30) perdre; 2**er** *m* perdant *m*.
Verlies [~'li:s] *n* (4) oubliettes *f/pl.*
ver'lob|en *(sich se)* fiancer *(mit* à *od.* avec); 2**löbnis** [~'lø:pnɪs] *n* = 2**lobung**; 2**lobte(r** *a. m*) *m*, *f* fiancé *m*, -e *f*.
Ver'lobung *f* fiançailles *f/pl. (aufheben* rompre); ~**s-anzeige** *f* faire-part *m* de fiançailles; ~**sring** *m* bague *f* de fiançailles.
ver'lock|en séduire; tenter; ~**end** séduisant; tentant; 2**ung** *f* séduction *f*; tentation *f*.
verlogen [~'lo:gən] menteur; 2**heit** *f* caractère *m* mensonger.
ver'lohnen: *sich der Mühe* ~ en valoir la peine.

ver'loren perdu; ~es Ei œuf m poché; der ~e Sohn bibl. l'enfant m prodigue; ~ geben regarder comme perdu; ~**gehen** se perdre; s'égarer.
ver'löschen s'éteindre (a. fig.).
ver'los|en tirer au sort; mettre en loterie; ₂ung f tombola f; loterie f; tirage m au sort.
ver'löt|en souder; ₂ung f soudure f.
ver'lotter|n [~'lɔtərn], ~'**lump**en tourner mal; se démoraliser; ~'**lumpen** (25) tomber en guenilles.
Verlust [~'lust] m (3²) perte f (zufügen infliger; erleiden subir); (Schaden) dommage m; (Abgang) déchet m (an dat. sur); mit ~ à perte; ~ der bürgerlichen Ehrenrechte dégradation f civique; ₂ig: e-r Sache (gén.) ~ gehen perdre qch.; être privé de qch.; s-r Rechte ~ déchu de ses droits; ~**liste** ✠ f état m des pertes; ₂reich Kampf: sanglant.
ver'|machen léguer; laisser par testament; ₂'**mächtnis** n (4¹) testament m; (das Vermachte) legs m.
vermähl|en [~'mɛ:lən] (25) marier (mit à od. avec); sich mit j-m ~ se marier à (od. avec) q.; épouser q.; ₂ung f mariage m. [hortation f.)
ver'mahn|en exhorter; ₂ung f ex-)
ver'maledeien [~malə'daɪən] maudire; ~'**mauern** murer.
vermehr|en [~'me:rən] augmenter; accroître; an Zahl: multiplier; (fortpflanzen) propager; sich rasch ~ pulluler; ₂ung f augmentation f; accroissement m; an Zahl: multiplication f; (Fortpflanzung) propagation f; rasche ~ pullulement m.
ver'meid|bar évitable; ~**en** éviter; fuir; ₂ung f fuite f.
ver'mein|en présumer; croire; ~**tlich** présumé; prétendu.
ver'|melden mander; ~'**mengen** mêler; mélanger; (verwechseln) confondre; ~'**menschlichen** représenter sous une forme humaine; moralisch: humaniser; ₂'**menschlichung** f anthropomorphisme m; moralische: humanisation f.
Ver'merk m (3) remarque f; note f; ₂en remarquer; übel ~ prendre en mauvaise part.
ver'mess|en 1. v/t. mesurer; arp. arpenter; sich ~ se tromper en mesurant; sich ~, etw. zu tun se faire fort de faire qch.; **2.** adj.

téméraire; (anmaßend) présomptueux; ₂**enheit** f témérité f; (Anmaßung) présomption f; ₂**er** m arpenteur m; ₂**ung** f mesurage m; arp. arpentage m; ~**ungsschiff** n bâtiment m hydrographique.
ver'miet|en louer; ⚓ fréter; sich ~ s'engager; ₂**er(in** f) m loueur m, -euse f; ⚓ fréteur m; ₂**ung** f louage m; location f; frètement m.
ver'minder|n diminuer; amoindrir; réduire; ₂**ung** f diminution f; amoindrissement m; réduction f.
ver'min|en miner; ₂**ung** f minage m.
ver'misch|en mêler; mélanger; Metalle: allier; Rassen: croiser; Wein mit Wasser ~ couper le vin; ~**t**: ~**e Nachrichten** faits m/pl. divers; ~**e Schriften** mélanges m/pl. littéraires; ₂**ung** f mélange m; Metalle: alliage m; Rassen: croisement m; phm. mixtion f.
ver'|missen ne pas retrouver; ich vermisse ihn il me manque; ~ werden avoir disparu; ₂'**mißt(r)** m disparu m.
ver'mitt|eln (29) Anleihe: négocier; Zusammenkunft: ménager; zwischen Meinungen usw.: concilier; in e-r Sache ~ s'entremettre (od. servir de médiateur) dans une affaire; ~**els, ~elst** (gén.) au moyen de; moyennant; ₂**ler(in** f) m (7) médiateur m, -trice f; intermédiaire m, f; ₂**lerlohn** ✠ m commission f.
Ver'mitt|lung f médiation f; Anleihe: négociation f; zwischen Meinungen usw.: conciliation f; durch j-s ~ par l'entremise de q.; ~**lungsstelle** téléph. f central m téléphonique; poste m de liaison.
ver'|möbeln F (verkaufen) se défaire de; bazarder; (verprügeln) rosser; ~'**modern** pourrir; tomber en putréfaction. [folge) suivant.
ver'möge (gén.) en vertu de; (zu-))
ver'mögen 1. pouvoir; être capable de; alles über j-n ~ pouvoir tout auprès de q.; **2.** ₂ n (6) pouvoir m; geistiges: faculté f; (Besitz) fortune f; bien m; ~**d** (wohlhabend) riche; aisé.
Ver'mögens|nachweis m déclaration f de fortune; ~**steuer** f impôt m sur la fortune; ~**verhältnisse** n/pl. situation f (de fortune); ~**verwaltung** f administration f des biens.

vermummen — 1113 — **verplaudern**

vermumm|en [..'mumən] (25) affubler; déguiser; masquer; ♎ung f mascarade f; déguisement m.

vermut|en [..'mu:tən] (26) supposer; présumer; (*ahnen*) se douter de; (*erwarten*) s'attendre à; **~lich** présumable; (*wahrscheinlich*) vraisemblable; probable; *~er Erbe* héritier m présomptif; *adv. a.* sans doute; ♎ung f supposition f; présomption f; attente f.

ver'nachlässig|en (25) négliger; ♎ung f négligence f.

ver|'nageln clouer; *Tür:* condamner; **~'nagelt** *fig.* bouché; **~'nähen** *Garn:* employer; **~'narben** (25) se cicatriser; **~'narren:** *sich in j-n ~* s'enticher de; **~'narrt:** *~ sein in* (*acc.*) raffoler de; **~'naschen** dépenser en friandises; **~'nebeln** ⚔ (29) aveugler par des fumées (*od.* des brouillards); **~'nebelung** ⚔ f emploi m des fumées.

ver'nehm|bar perceptible (à l'oreille); **~en** entendre; (*erfahren*) apprendre; ⚖ interroger; *dem ♎ nach* à ce qu'on dit; **~'lich** distinct; clair; (*verständlich*) intelligible; ♎ung ⚖ f interrogatoire m; *Zeugen:* audition f; **~ungsfähig** en état de déposer.

ver'neig|en: *sich ~* s'incliner (*vor dat.* devant); ♎ung f révérence f.

ver'nein|en (25) dire que non; répondre négativement; (*leugnen*) nier; (*nicht anerkennen*) désavouer; *gr.* mettre à la forme négative; **~end** négatif; ♎ung f négation f; ♎ung**sfall** m: *im ~* en cas de réponse négative.

vernicht|en [..'niçtən] (26) anéantir; (*zerstören*) détruire; démolir; (*ausrotten*) exterminer; ♎ung f anéantissement m; (*Zerstörung*) destruction f; (*Ausrottung*) extermination f; ♎ung**skrieg** m guerre f d'extermination. [nickelage m.]

ver'nickel|n (29) nickeler; ♎ung f]
ver'niet|en river; ♎ung f rivure f.

Vernunft [..'nunft] f (16) raison f; (*gesunder Menschenverstand*) bon sens m; *zur ~ bringen* mettre à la raison; *~ annehmen* entendre raison; ♎**begabt** raisonnable; ♎**-ehe** f mariage m de raison; ♎**gemäß** conforme à la raison; raisonnable; rationnel; **~glaube** m rationalisme m.

vernünftig [..'nynftiç] raisonnable; (*gescheit*) judicieux; (*auf Vernunft gegründet*) rationnel; (*folgerichtig*) logique; (*artig*) sage.

Ver'nunft|lehre f logique f; ♎**los** déraisonnable; ♎**losigkeit** f manque m de raison; déraison f; **~wesen** n être m raisonnable; ♎**widrig** [..'vi:driç] contraire à la raison; déraisonnable; absurde.

ver-öd|en (26) *v/t.* rendre désert; (*verheeren*) désoler; (*entvölkern*) dépeupler; *v/i.* devenir désert; (*sich entvölkern*) se dépeupler; ♎ung f désolation f; (*Entvölkerung*) dépeuplement m.

ver'-öffentlich|en (25) publier; *Gesetz:* promulguer; ♎ung f publication f; *Gesetz:* promulgation f.

ver|'-ordnen ordonner (*a.* ✱); décréter; ✱ prescrire; ♎ung f ordonnance f (*a.* ✱); décret m.

ver'pacht|en affermer; donner à bail; ♎ung f affermage m; location f à bail. [-eresse f.]

Ver'pächter(in f) m bailleur m,]
ver'pack|en emballer; empaqueter; ♎ung f emballage m.

ver|'päppeln gaver; **~'passen** manquer; *Kleidung:* essayer; **~'patzen** F bousiller.

ver'pest|en (26) empester; infecter; ♎ung f infection f.

ver'petzen F dénoncer.

ver'pfänd|en mettre en gage; engager (*a. Wort*); ⚖ hypothéquer; ♎ung f engagement m; ⚖ hypothèque f. [transplantation f.]

ver'pflanz|en transplanter; ♎ung f]
ver'pfleg|en (25) nourrir; (*unterhalten*) entretenir; (*hüten*) soigner; *Heer:* ravitailler; ♎ung f nourriture f; (*Unterhalt*) entretien m; ⚔ ravitaillement m.

ver'pflicht|en (26): *j-n ~ zu* obliger (*od.* engager) q. à; *~ zu Dank* ~ obliger q.; *eidlich ~* assermenter; *sich ~ zu* s'engager à; *~et zu etw. ~ sein* être tenu de faire qch.; ♎ung f obligation f; engagement m (*eingehen* prendre; *nachkommen* [*dat.*] s'acquitter de); (*Obliegenheit*) charge f; (*Pflicht*) devoir m.

ver|'pfuschen F bousiller; gâcher; **~'pichen** [..'piçən] poisser; *verpicht auf* (*acc.*) acharné à; **~'pimpeln** [..'pimpəln] dorloter; **~'plappern:** *sich ~* se trahir en bavardant; **~'plaudern:** *die Zeit ~* passer son

verplempern — 1114 — **Versäumnisliste**

temps à bavarder; ~**plempern** F [~'plempərn] gaspiller; galvauder; sich ~ s'amouracher sottement; ~**pönen** [~'pø:nən]: *das ist verpönt* c'est mal vu; ~'**prassen** dissiper en débauches; gaspiller; ~**proviantieren** approvisionner; ravitailler; ~'**prügeln** rouer de coups; rosser; ~'**puffen** *fig.* se perdre (en fumée); ~'**pulvern** *Geld*: gaspiller; ~'**puppen**: *sich* ~ se changer en chrysalide; ~'**pusten** F: *sich* ~ reprendre haleine; ♀**putz** *m* crépi *m*; ~'**putzen** *Haus*: crépir; ~'**qualmen** F *Tabak*: fumer; ~'**qualmt** envahi par la fumée; ~'**quellen** gonfler; ~'**quer** de travers; ~'**quicken** ⚗ amalgamer (*mit* avec); *fig.* compliquer (*mit* de); ~'**rammeln** barricader; ~'**ramschen** F bazarder; ~'**rannt**: ~ *in* (*acc.*) fou de.

Verrat [vɛ'raːt] *m* (3) trahison *f*; ~**en** trahir; (*offenbaren*) révéler.

Ver'räter|(in *f*) *m* (7) traître *m*, -esse *f*; ~'**ei** [~'raɪ] *f* trahison *f*; ♀**isch** traître; *adv.* traîtreusement; **ver|'rauchen** *v/i.* s'en aller en fumée; (*verdampfen*) s'évaporer; *fig.* se dissiper; *v/t.* dépenser en tabac; ~'**räuchern** enfumer; ~'**rauschen** *fig.* s'écouler; s'enfuir; ~'**rechnen** mettre en ligne de compte; porter au compte; *sich* ~ se tromper dans son calcul (*a. fig.*); *sich* ~ *um* se tromper de.

Ver'rechnung *f* mise *f* en ligne de compte; *Bank*: compensation *f*; ~**scheck** *m* chèque *m* barré.

ver|'recken P crever; ~'**regnen** gâter (*Fest*: troubler) par la pluie; ~'**reiben** (bien) frotter; ~'**reisen** *v/i.* partir (en voyage) (*nach* pour); *v/t. Geld*: dépenser en voyages.

ver'renk|en (25) disloquer; déboîter; luxer; ♀**ung** *f* dislocation *f*; déboîtement *m*; luxation *f*.

ver'rennen: *sich* ~ se fourvoyer.

ver:'richt|en faire; (*ausführen*) exécuter; accomplir; ♀**ung** *f* exécution *f*; accomplissement *m*; *bsd. Organe*: fonction *f*.

ver|'riegeln (29) verrouiller; ~**ringern** [~'rɪŋərn] diminuer; amoindrir; réduire; ~'**ringerung** *f* diminution *f*; réduction *f*; ~'**rinnen** s'écouler; [abrutissement *m*.)

ver'roh|en (25) s'abrutir; ♀**ung** *f*/

ver'rosten se rouiller.

ver'rotte|n pourrir.

verrucht [~'ruːxt] infâme; (*gottlos*) impie; ♀**heit** *f* infamie *f*; (*Gottlosigkeit*) impiété *f*.

ver'rück|en déplacer; ~**t** *fig.* fou (*nach* de); *es ist zum* ♀**werden** c'est à devenir fou; ♀**theit** *f* folie *f*; (*Wahnsinn*) démence *f*.

Ver'ruf *m* (3) discrédit *m*; mauvaise réputation *f*; *in* ~ *kommen* tomber en discrédit; *in* ~ *stehen* être mal famé; *in* ~ *bringen* discréditer; décrier; ~**en** *adj.* décrié; mal famé.

ver'rußen encrasser de suie.

Vers [fɛrs] *m* (4) vers *m*; (*Strophe*) couplet *m*; strophe *f*; (*Bibel*♀) verset *m*; *in* ~**e** *bringen* mettre en vers; versifier.

ver'sag|en *v/t.* refuser; *sich nichts* ~ *ne rien se refuser*; *ich kann mir nicht* ~, *zu* ... (*inf.*) je ne puis me défendre de ... (*inf.*); *schon versagt sein* être déjà promis, (*eingeladen*) être déjà invité ailleurs; *v/i. Stimme, Kräfte*: manquer; *Schußwaffe, Motor*: rater; *méc.* ne pas fonctionner; *die Knie versagten mir* mes genoux se dérobaient sous moi; ♀**er** *m* raté *m*.

ver'salzen saler trop; *fig.* gâter.

ver'samm|eln assembler; rassembler; réunir; *Menge*: *a.* ramasser; ♀**lung** *f* assemblée *f*; (*Veranstaltung*) réunion *f*; meeting *m*; ♀**lungsrecht** *n* droit *m* de réunion.

Versand [~'zant] *m* (3) envoi *m*; expédition *f*; ~**anzeige** ✝ *m* avis *m* d'expédition; ~**artikel** *m* article *m* d'exportation; ♀**en** [~'zandən] (26) (*v/i.* s')ensabler; ~**haus** *n* maison *f* d'expédition.

Ver'satz *m*: *in* ~ *geben* engager; donner en gage; ~**amt** *n* mont-de--piété *m*; ~**stück** *n* gage *m*; *thé.* décors *m/pl.* mobiles.

ver|'sauern (29) s'aigrir; *fig.* s'encroûter; ~'**saufen** *v/t.* P *Geld*: dépenser à boire; *v/i. Vieh*: se noyer.

ver'säum|en *Gelegenheit, Zug, Schule*: manquer; *Pflicht, Appell*: manquer à; *Zeit*: perdre; (*verabsäumen*) négliger; omettre; oublier; *ich habe nichts zu* ~ je n'ai rien de pressant à faire; ♀**nis** *f Gelegenheit*: perte *f*; (*versäumte Zeit*) perte *f* de temps; (*Unterlassung*) négligence *f*; omission *f*; oubli *m*; *Schule*: absence *f*; ♀**nisliste** *f* liste *f*

Versäumnisurteil — 1115 — **verschließen**

des absents (od. d'absence); Snisurteil n jugement m par contumace.
Versbau ['fɛrsbau] m (3) versification f; métrique f.
ver|'schachern F bazarder; ⁓'schaffen procurer; (liefern) fournir; Unterredung: ménager.
ver'schal|en (25) revêtir de planches; Decke: plafonner; ⚒ coffrer; Sung f revêtement m; Decke: plafonnage m; ⚒ coffrage m.
ver'schämt 'honteux; (verlegen) confus; Sheit f 'honte f; (Verlegenheit) confusion f.
ver'schandeln gâcher.
ver'schanz|en retrancher; Sung f retranchement m.
ver'schärf|en aggraver; Tempo: accélérer; Sung f aggravation f; Tempo: accélération f.
ver|'scharren enfouir; enterrer; ⁓'schatten décéder; S'scheiden n décès m; ⁓'schenken donner; faire présent (od. cadeau) de; offrir; ⁓'scherzen perdre par sa faute; Glück, Jugend: gaspiller; gâcher; ⁓'scheuchen effaroucher; Sorgen: chasser; écarter; Kummer: dissiper; ⁓'schicken envoyer; expédier; ⚔ déporter; S'schickung f envoi m; expédition f; ⚔ déportation f.
Ver'schiebebahnhof m gare f de manœuvre (od. de triage).
ver'schieb|en déplacer; zeitlich: ajourner; remettre; Frist: reculer; Waren: trafiquer; Sung f déplacement m; zeitliche: ajournement m; remise f; (Aufschub) délai m; Waren: trafic m.
verschieden [⁓'ʃiːdən] 1. p.p.v. verscheiden; 2. adj. différent; divers; (abweichend) divergent; (sich deutlich unterscheidend) distinct; (unähnlich) ⁓ sein différer; ⁓ dissemblable; ⁓artig divers; hétérogène; S-artigkeit f diversité f; hétérogénéité f; Ses n variétés f/pl.; Zeitung: faits m/pl. divers; Sheit f différence f; (Verschiedenartigkeit) diversité f; divergence f; ⁓tlich à plusieurs reprises.
ver'schießen v/t. Pulver: tirer; Pfeile: décocher; typ. transposer; sich ⁓ épuiser ses munitions, (fehlschießen) manquer son coup, F (sich verlieben) s'amouracher (in j-n de q.); v/i. Farben: passer; se faner; Stoffe: se décolorer.

ver'schiff|en transporter (außer Landes: exporter) par eau; Sung f transport m par eau.
ver'schimmeln (se) moisir.
ver'schlacken scorifier.
ver'schlafen 1. (schlafend verbringen) passer à dormir; (zu lange schlafen) se lever trop tard; etw. ⁓ manquer qch. en dormant; 2. adj. mal éveillé; (encore tout) endormi.
Ver'schlag m cloison f; (Kiste) caisse f à claire-voie; (Raum) débarras m; Pferde: stalle f; box m; Sen[⁓gən]v/t. (abtrennen) cloisonner; mit Brettern ⁓ revêtir de planches; Buchseite, Ball: perdre; Schiff: détourner de sa route; ⁓ werden ⚓ dériver; an die Küste ⁓ werden être jeté à la côte; j-m die Sprache ⁓ interloquer q.; v/i. (wirken) faire peu d'effet: nichts ⁓ être sans effet; das verschlägt mir nichts ne me fait aucun effet, F cela me fait une belle jambe!; ⁓ lassen faire tiédir, Wasser: dégourdir; Sen adj. astucieux; sournois; malin; ⁓enheit f astuce f; sournoiserie f; malice f.
ver|'schlammen (25) s'envaser; ⁓'schlampen gâcher; laisser s'abîmer.
ver'schlechter|n (29) (sich se) détériorer; (s')altérer; ⁓'schlimmern) empirer; Sung f détérioration f; altération f.
ver'schleier|n (29) voiler, Wahrheit: cacher; ⚔ camoufler; Sung ⚔ f camouflage m.
ver'schleim|en remplir de mucosités; engorger; Sung f mucosités f/pl.; engorgement m.
Verschleiß [⁓'ʃlaɪs] m (3²) usure f; ✝ débit m; ⁓en user; ✝ débiter.
ver'schlemmen dissiper en débauches.
ver'schlepp|en: j-n ⁓ emmener de force; déporter; (beiseite schaffen) détourner; (an e-n falschen Platz schaffen) égarer; Krankheit: importer; zeitlich: retarder, F lanterner; Sung f déportation f; zeitliche: retardement m; pol. obstruction f; Sungspolitik f obstructionnisme m.
ver'schleudern dissiper; gaspiller; ✝ vendre à vil prix.
ver'schließ|bar qui ferme à clef; ⁓en fermer à clef; (verkorken) boucher; sich e-r Feststellung ⁓ se fermer à une constatation.

ver'schlimmer|n (sich) empirer; (s')aggraver; ℒung f aggravation f.
ver'schlingen avaler; engloutir; (fressen) dévorer; (in-ea.-schlingen) (sich s')entrelacer.
verschlossen [ˌ.'ʃlɔsən] 1. p.p. v. verschließen; 2. adj. bei ~en Türen à huis clos (a. 🕮); Person: renfermé; peu communicatif; (schweigsam) taciturne; ℒheit f caractère m renfermé; (extrême) réserve f.
ver'schlucken avaler; Wörter: manger; sich ~ avaler de travers.
Ver'schluß m fermeture f; (Schloß) serrure f; phot. obturateur m; Schmuck: fermoir m; unter ~ sous clef.
ver'schlüssel|n chiffrer; ℒung f chiffrement m.
Ver'schluß|kappe f Füllfederhalter: capuchon m; ~kapsel f capsule-verrou f; ~laut m occlusive f.
ver'schmachten languir; ~ vor (dat.) mourir de. [dédain m.]
ver'schmäh|en dédaigner; ℒung f|
ver'schmelz|en v/t. fondre (mit dans); unir (à); ⚭ fusionner (avec); v/i. se fondre (mit dans); s'unir (à); ⚭ fusionner (avec); ℒung f fonte f; union f; ⚭ fusion f.
ver|'schmerzen: etw. ~ se consoler de qch.; ~'schmieren Fett: employer; Loch: boucher (mit Lehm avec de la glaise); Papier: barbouiller; ~schmitzt [ˌ.'ʃmɪtst] futé; madré; ℒ'schmitztheit f esprit m futé (od. madré); ~'schmutzen salir; encrasser; ℒ'schmutzungsbekämpfung f antipollution f; ~'schnaufen (sich) reprendre haleine; ~ lassen laisser souffler; ~'schneiden découper; (verderben) mal couper; (kastrieren) châtrer; Wein: couper (mit de); ~'schneit enneigé; (durch Schnee versperrt) obstrué par la neige.
Ver'schnitt m coupage m.
ver|'schnupfen: verschnupft sein être enrhumé du cerveau, fig. être vexé; j-n ~ vexer q.; ~'schnüren ficeler; ~schollen [ˌ.'ʃɔlən] disparu; ~'schonen épargner; ménager; j-n mit etw. ~ épargner qch. à q.; faire grâce de qch. à q.
ver'schöner|n (29) (sich) embellir; ℒung f embellissement m; ℒungsmittel n cosmétique m; ℒungsverein m syndicat m d'initiative.

ver|'schossen [ˌ.'ʃɔsən] p.p. v. verschießen; ~'schränken Arme, Beine, Hände: croiser; Finger usw.: entrelacer; ~'schrauben visser; ℒ-'schraubung f bouchon m (resp. fermeture f) à vis.
ver'schreib|en ✍ ordonner; prescrire; (urkundlich zusichern) promettre par écrit; Wort: mal écrire; écrire de travers; Papier: employer; viel Tinte: user beaucoup d'encre; sich ~ se tromper en écrivant; sich dem Teufel ~ vendre son âme au diable; ℒung f ✍ ordonnance f; prescription f; (Zusicherung) promesse f par écrit.
ver|'schrieen décrié; mal famé; ~schroben [ˌ.'ʃro:bən] Mensch: bizarre; Idee: a. biscornu; Stil: ampoulé; contourné; obscur; ℒ-'schrobenheit f Mensch, Idee: bizarrerie f; Stil: obscurité f; ~-'schrotten démolir; mettre à la ferraille; ~schrumpeln [ˌ.'ʃrʊmpəln] se ratatiner; ~'schüchtern intimider.
ver'schuld|en: etw. ~ être cause de qch.; ℒen n faute f; ohne mein ~ sans qu'il y ait de ma faute; ~et endetté; ℒung f Haus: endettement m.
ver|'schütten Flüssigkeit: répandre; verser; (zuschütten) combler; (begraben) ensevelir; (versperren) obstruer; ~'schwägern [ˌ.'ʃvɛ:gərn]: sich ~ s'allier par mariage; ~-'schwägert parents par alliance; ~'schweigen taire; se taire sur (od. de); j-m etw. ~ cacher qch. à q.; (~d übergehen) passer sous silence.
verschwend|en [ˌ.'ʃvɛndən] (26) dissiper; gaspiller; prodiguer; ℒer m (7) dissipateur m; gaspilleur m; prodigue m; ~erisch prodigue (mit de); dissipateur; gaspilleur m; adv. à profusion; ℒung f dissipation f; gaspillage m; prodigalité f; ℒungssucht f prodigalité f.
verschwiegen [ˌ.'ʃvi:gən] discret; réservé; (schweigsam) taciturne; ℒheit f discrétion f; taciturnité f.
ver'schwimmen Umrisse: se perdre; se noyer; (undeutlich werden) s'estomper.
ver'schwinden 1. disparaître; s'évanouir; s'éclipser; ~ lassen escamoter; 2. ℒ n (6) disparition f; ~d: ~ klein infiniment petit.

verschwitzen — 1117 — **Versorgung**

ver'schwitzen F *fig. Gelerntes:* oublier.
verschwommen [..'ʃvɔmən] vague; diffus; ⱔheit *f* vague *m*.
ver'schwör|en sich ~ se conjurer (*mit j-m gegen j-n* avec q. contre q.); conspirer, comploter; ⱔer *m* conjuré *m*; conspirateur *m*; ⱔung *f* conjuration *f*; conspiration *f*; complot *m* (*anzetteln* tramer).
ver'schwunden *p.p. v.* verschwinden.
ver'sehen 1. *Amt:* exercer; *Funktion:* remplir; (sich) ~ *mit* (se) pourvoir de; (se) munir de; (sich) *mit Vorräten* ~ (s')approvisionner; *mit Möbeln* ~ meubler; *sich* ~ (*sich irren*) se tromper; se méprendre; **2.** ⱔ *n* (6) méprise *f*; erreur *f*; (*Schnitzer*) bévue *f*, F gaffe; *aus* ~ = ~tlich par mégarde; par inadvertance.
versehren [..'zeːrən] blesser.
ver'seif|en (*v/i.* se) saponifier; ⱔung *f* saponification *f*.
ver'send|en envoyer; expédier; ⱔung *f* envoi *m*; expédition *f*.
ver'sengen brûler; *durch Bügeln:* roussir.
ver'senk|bar *Möbel-, Maschinenteil:* escamotable; ~en enfoncer; *ins Wasser:* plonger; (*untertauchen*) immerger; *Schiff:* couler (bas); *Sarg:* descendre; *sich in etw.* (*acc.*) ~ *fig.* se plonger dans qch.; ⱔung *f* enfoncement *m*; (*Falltür*) trappe *f*; *thé.* dessous *m*.
versessen [..'zɛsən]: ~ *auf acc.* acharné à; engoué de.
ver'setz|en déplacer (*a. Beamte*); *auf e-n andern Posten:* nommer à un autre poste, ⚔, *Verwaltung:* muter; ✱ transplanter; ♪, *typ.* transposer; ♄ permuter; (*antworten*) répliquer; repartir; (*verpfänden*) engager; mettre au mont-de-piété; *Schüler:* faire passer (à la classe supérieure); *nicht versetzt werden* redoubler une classe; *Schlag:* porter; assener; *in den Ruhestand* ~ mettre à la retraite; *Ohrfeige:* administrer; *j-n* ~ (*nicht kommen*) planter q. là, F plaquer q.; *j-m eins* ~ donner (*od.* porter) un coup à q.; *sich in j-s Lage* ~ se mettre à la place de q.; ⱔung *f* déplacement *m* (*a. Beamte*); changement *m* de place (*resp. de poste*); ⚔, *Verwaltung:* mutation *f*; ✱ transplantation *f*; ♪, *typ.* transposition *f*; ♄ permu-

tation *f*; (*Verpfändung*) mise *f* en gage (*od.* au mont-de-piété); *Schule:* passage *m* (dans une autre classe); ~ *in den Ruhestand* mise *f* à la retraite.
ver'seuch|en (25) infecter; ⱔung *f* infection *f*; pollution *f*.
'Versfuß *m* pied *m*.
ver'sicher|n assurer (*a. Haus usw.*); *gegen* contre); (*beteuern*) protester de; (*behaupten*) affirmer (*eidlich* ~ sous la foi du serment); *sein Leben* ~; *sich* ~ s'assurer sur la vie (*mit* pour); *sich e-r Sache* (*Person*) ~ s'assurer d'une chose (d'une personne); ~te(r) *m:* freiwillige(r) ~ assuré *m* facultatif; ⱔung *f* assurance *f*; (*Behauptung*) affirmation *f*.
Ver'sicherungs|-agent *m* agent *m* d'assurances; ~gebühr *f* prime *f* d'assurance; ~gesellschaft *f* compagnie *f* d'assurances; ~nehmer *m* assuré *m*; ~pflichtig(r) *m* assujetti *m*; ~prämie *f* = ~gebühr; ~schein *m* police *f* d'assurance; ~wert *m* valeur *f* assurée; ~wesen *n* assurances *f/pl.*
ver'sickern s'écouler goutte à goutte.
ver'siegel|n cacheter; *gerichtlich:* sceller; ⱔung *f:* gerichtliche ~ apposition *f* des scellés.
ver|'siegen tarir; ~'siert [ver-] versé (*in dat.* dans); ~'silbern (29) argenter; (*veräußern*) faire argent de; réaliser; ⱔ'silberung *f* argenture *f*; (*Veräußerung*) réalisation *f*; ~'sinken s'enfoncer; (*auf Grund sinken*) couler bas; ~ *in* (*acc.*) *fig.* se plonger (*od.* se perdre) dans; *in den Boden* ~ *fig.* rentrer sous terre; ~'sinnbild(lich)en (25) symboliser.
'Vers|kunst *f* versification *f*; '~lehre *f* métrique *f*; '~maß *n* mesure *f*; mètre *m* (du vers).
ver'soffen P [..'zɔfən] **1.** *p.p. v.* versaufen; **2.** *adj.* soûlard; ~'sohlen *fig.* F rosser.
versöhn|en [..'zøːnən] (25) réconcilier (*mit* avec); ~lich conciliant; ⱔung *f* réconciliation *f*. [rêve.]
ver'sonnen rêveur; perdu dans son
ver'sorg|en (*unterbringen*) établir, caser; (*unterhalten*) veiller à l'entretien de; ~ *mit* pourvoir de; munir de; *mit Vorräten* ~ approvisionner; ravitailler; ⱔer *m* celui qui veille à l'entretien de; (*Lieferant*) pourvoyeur *m*; ⱔung *f*

versorgungsberechtigt — 1118 — **verstehen**

(*Unterbringung*) établissement *m*; (*Unterhalt*) entretien *m*; (*Belieferung*) fourniture *f*; ~ **mit Vorräten** approvisionnement *m*; ravitaillement *m*; ~**ungsberechtigt** ayant droit à une place (dans l'administration).

ver|'späten (26) retarder; **sich ~ s'attarder** (*um* de); **sich verspätet haben** être en retard (*um* de); ℒ**'spätung** *f* retard *m*; ~**'speisen** manger; consommer; ~**'spekulieren** perdre en spéculation; **sich ~ manquer sa spéculation;** ~**'sperren** barrer (*j-m den Weg* le chemin à q.); obstruer; *Aussicht*: masquer; ℒ**'sperrung** *f* barrage *m*; ~**'spielen** perdre au jeu; perdre la partie; (*spielend verbringen*) passer à jouer; ~**'splintern** goupiller; ~**'spotten** railler; se moquer de; (*verhöhnen*) persifler; ℒ**'spottung** *f* raillerie *f*; moquerie *f*; (*Verhöhnung*) persiflage *m*; ~**'sprechen** promettre; se tromper en parlant; *er hat sich versprochen* a. la langue lui a fourché; **sich viel von etw. ~ attendre** (*od.* se promettre) beaucoup de qch.; ℒ**'sprechen** *n* promesse *f* (*einlösen; halten* tenir); *j-m ein ~ abnehmen* faire promettre qch. à q.; ~**'sprengen** disperser; ℒ**'sprengte(r)** *m* isolé *m*; ~**'spritzen** faire jaillir; ~**'spüren** sentir; ressentir; *Hunger ~* se sentir faim.

ver|'staatlich|en (25) socialiser; nationaliser; étatiser; *kirchliche Güter*: séculariser; *Schulen*: laïciser; ℒ**ung** *f* socialisation *f*; nationalisation *f*; étatisation *f*; *kirchlicher Güter*: sécularisation *f*; *Schulen*: laïcisation *f*. [urbanisation *f*.]
ver|'städter|n urbaniser; ℒ**ung** *f*)
Verstand [~'ʃtant] *m* (3) intelligence *f*; intellect *m*; (*Geist*) esprit *m*; (*Vernunft*) raison *f*; (*Begriffsvermögen*) entendement *m*; (*Urteilsfähigkeit*) jugement *m*; (*Sinn*) sens *m*; *bei ~ sein* avoir toute sa raison; *zu ~ kommen* atteindre l'âge de raison, (*vernünftig werden*) devenir raisonnable; *wieder zu ~ kommen* revenir à la raison; *e-n klaren ~ haben* avoir l'esprit clair; *ohne ~ reden* déraisonner; *über j-s ~ gehen* dépasser q.; *der ~ steht mir still* les bras m'en tombent.

Verstandes|kraft *f* faculté *f* intellectuelle; ℒ**mäßig** intellectuel; ~**mensch** *m* intellectuel *m*; ~**schärfe** *f* perspicacité *f*; pénétration *f*; lucidité *f*; sagacité *f*.

verständ|ig [~'ʃtɛndɪç] intelligent; compréhensif; (*urteilsfähig*) judicieux; (*gescheit*) raisonnable; sensé; ~**igen** (25): *j-n von etw. ~* savoir qch. à q.; *sich mit j-m ~* s'entendre avec q. (*über* sur); *sich ~* (*sich verabreden*) se concerter; ℒ**igung** *f* entente *f*; accord *m*; *téléph.* audition *f*; ~**lich** intelligible; (*begreiflich*) compréhensible; (*deutlich*) distinct; net; *allgemein ~* à la portée de tout le monde; *j-m etw. ~ machen* faire comprendre qch. à q.; ℒ**lichkeit** *f* intelligibilité *f*.

Verständnis [~'ʃtɛntnɪs] *n* (4¹) intelligence *f*; compréhension *f*; entente *f*; *für j-n* (*etw.*) *~ haben* comprendre q. (qch.); *er hat kein ~ dafür* il ne comprend pas (*od.* il n'a pas le sens de) ces choses-là; il n'y entend rien; ~**los** qui n'a pas le sens de; ~**losigkeit** *f* manque *m* d'intelligence (*od.* de compréhension); ℒ**voll** plein de compréhension.

verstärk|en [~'ʃtɛrkən] fortifier; *an Zahl*: renforcer (*a. phot.*); (*vermehren*) (*sich*) augmenter; *Radio*: amplifier; *Stimme*: élever; ℒ**er** *m* (7) *phot.* renforçateur *m*; *Radio*: amplificateur *m*; ℒ**ung** *f* renforcement *m* (*a. phot.*); (*Vermehrung*) augmentation *f*; *Radio*: amplification *f*; *Stimme*: élévation *f*; ✕ renfort *m*.

ver|'stauben se couvrir de poussière.
ver|'stauch|en (25): *sich den Fuß ~* se fouler le pied; ℒ**ung** *f* foulure *f*; entorse *f*; luxation *f*.
ver|'stauen caser; ⚓ arrimer.
Versteck [~'ʃtɛk] *n* (3) cachette *f*; (*Hinterhalt*) embuscade *f*; ~ **spielen** jouer à cache-cache; ℒ**en** cacher (*vor dat.* à); *sich ~* se cacher (*hinter acc.* derrière; *vor j-m* de q.); ~**spiel** *n* jeu *m* de cache-cache; ℒ**t**: ~**e** *Anspielungen* mots *m/pl.* couverts; ~**er** *Vorwurf* reproche *m* indirect.

ver|'stehen 1. entendre (*unter* par; *darunter* par là); (*begreifen*) comprendre (*Französisch* le français); *zu ~ geben* donner à entendre; *nichts ~ von* ne rien entendre à; *sich ~ auf* (*acc.*) se connaître à; *s'entendre à; sich ~ zu* consentir à; se prêter à; *sich mit j-m ~* s'en-

Verstehen — 1119 — **Versündigung**

tendre avec q.; ~ *wir uns recht! entendons-nous!*; *das versteht sich von selbst* cela va de soi (*od.* sans dire); **2.** ⁂ *n* intelligence *f*; compréhension *f*; entente *f*.

ver'steif|en raidir; (*verstärken*) renforcer; *fig. sich auf etw.* (*acc.*) ~ s'obstiner à qch.; ⁂**ung** *f* raidissement *m*; (*Verstärkung*) renforcement *m*; *fig.* obstination *f*.

ver'steigen: *sich* ~ s'égarer en montant; *fig. er verstieg sich zu der Behauptung* ... il alla jusqu'à prétendre que ...

Ver'steiger|er *m* commissaire-priseur *m*; ⁂**n** vendre aux enchères; ⁂ liciter; ⁂**ung** *f* vente *f* aux enchères; ⁂ licitation *f*.

ver'steiner|n (29) (*v/i.* se) pétrifier; ⁂**ung** *f* pétrification *f*; (*das zu Stein Gewordene*) fossile *m*.

ver'stell|bar réglable; *Sitz*: à crémaillère; *Lampe*: orientable; ~**en** déplacer; (*falsch einstellen*) dérégler; (*versperren*) barrer; *unordentlich*: mettre en désordre; *Schrift, Stimme usw.*: contrefaire; *sich* ~ *fig.* user de dissimulation; *sich zu* ~ *wissen* savoir feindre; ⁂**ung** *f* déplacement *m*; *fig.* dissimulation *f*; feinte *f*; ⁂**ungskunst** *f* art *m* de feindre.

ver'steuern payer les droits sur.

verstiegen [~'ʃtiːɡən] **1.** *p.p. v.* versteigen; **2.** *adj.* prétentieux; ⁂**heit** *f* prétention *f*.

ver'stimm|en contrarier; fâcher; ♪ désaccorder; *~t* de mauvaise humeur; fâché; ♪ désaccordé; ⁂**ung** *f* mauvaise humeur *f*; ♪ désaccord *m*.

ver'stock|en moisir; *fig.* s'endurcir; ~**t** endurci; ⁂**theit** *f* endurcissement *m*.

verstohlen [~'ʃtoːlən] furtif; *adv. a.* à la dérobée; ~ *nach etw. hinsehen* F guigner qch.

ver'stopf|en boucher; *Ritzen*: calfeutrer; *Röhre*: engorger; obstruer; *mit e-m Stöpsel*: tamponner; ✽ constiper; *Straßen*: embouteiller; ⁂**ung** *f* bouchage *m*; *Ritzen*: calfeutrage *m*; *Röhre*: engorgement *m*; obstruction *f*; ✽ constipation *f*; *an* ~ *leiden* être constipé; *Straßen*: embouteillage *m*.

verstorben [~'ʃtɔrbən] mort; trépassé; *bsd.* ⁂ décédé; défunt; *meine* ~**e** *Mutter* feu ma mère; ma feue mère; ⁂**e** *m, f* défunt *m, -e f*.

verstört [~'ʃtøːrt] effaré; troublé; ~**aussehen** avoir l'air 'hagard'; ⁂**heit** *f* trouble *m*.

Ver'stoß *m* (3² *u.* ³) faute *f*; ⁂ infraction *f* (gegen à); ⁂**en** *v/t.* repousser; *Frau*: répudier; *Kind*: déshériter; ~ *aus* ~ *chasser de*; *v/i.* ~ *gegen etw.* ~ pécher contre qch.; ~ *gegen das Gesetz* ~ enfreindre (*od.* violer) la loi; ⁂**ung** *f* expulsion *f*; *Frau*: répudiation *f*; *Kind*: déshéritement *m*.

ver'streb|en étrésillonner; ⁂**ung** *f* étrésillon *m*.

ver'streichen *v/i. Zeit*: passer; s'écouler; *Termin*: expirer; *v/t. Butter usw.*: étendre; *die Fugen* ~ boucher les joints; jointoyer; ~**'streuen** éparpiller; disperser; (*zur Spreu verbrauchen*) employer en litières; ~**'stricken** *Wolle*: employer; *fig.* empêtrer (*in acc.* dans); ~**'strömen** couler.

verstümmel|n [~'ʃtymɛln] (29) mutiler; estropier; ⁂**ung** *f* mutilation *f*.

ver'stumm|en (25) devenir muet; *Lärm*: cesser; s'arrêter; *gr.* amuïr; ⁂**ung** *gr.* amuïssement *m*.

Versuch [~'zuːx] *m* (3) essai *m*; (*Unternehmen*) tentative *f*; (*Probe*) épreuve *f*; (*Experiment*) expérience *f*; *erster* ~ coup *m* d'essai; *mit j-m (etw.) e-n* ~ *machen* prendre q. (qch.) à l'essai; ⁂**en** essayer; (*sich bemühen*) tâcher; *Schwieriges*: tenter (*sein Glück* sa chance); (*kosten*) goûter; déguster; (*auf die Probe stellen*) mettre à l'épreuve; (*in Versuchung führen*) tenter; *sich an etw.* (*dat.*) ~ s'essayer à qch.; *sich in etw.* (*dat.*) ~ essayer de qch.; *sich auf allen Gebieten* ~ essayer de tout; *es mit j-m (etw.)* ~ essayer de q. (de qch.); ~**er**(**in** *f*) *m* tentateur *m*, -trice *f*; ~**sballon** *m* ballon *m* d'essai; ~**sfeld** *n* terrain *m* d'expérimentation; ~**kaninchen** *n* cobaye *m*; ~**reaktor** *m* réacteur *m* d'essai; ~**sreihe** *f* série *f* d'expériences; ⁂**sweise** à titre d'essai; ⁂**ung** *f* tentation *f*; *in* ~ *führen* tenter; *in* ~ *geraten* être tenté.

ver'sumpf|en (25) se changer en marais; *fig.* se corrompre; tomber bien bas.

ver'sündig|en: *sich* ~ *an* (*dat.*) pécher contre; *sich an Gott* ~ offenser Dieu; ⁂**ung** *f* péché *m* (*an dat.* contre); ~ *an Gott* offense *f* à Dieu.

ver|sunken [‿'zuŋkən]: *in etw. (acc.) ~ fig. sein* être absorbé par qch.; **2heit** *f fig.* absorbement *m.*

ver'süßen adoucir; *(zu süß machen)* sucrer trop; *phm.* dulcifier; édulcorer; *fig. die Pille ~* dorer la pilule; *sich das Leben ~* F se la couler douce.

ver'tag|en ajourner *(auf* à); remettre; *pol.* proroger; **2ung** *f* ajournement *m; pol.* prorogation *f.*

ver|'tändeln galvauder; *die Zeit ~* baguenauder; **~täuen** [‿'tɔʏən] amarrer.

ver'tausch|en échanger *(gegen; für; um* contre; pour); troquer; *(verwechseln)* prendre l'un pour l'autre, confondre *(mit* avec); *Amt:* permuter; **2ung** *f* échange *m*; troc *m*; *(Verwechslung)* confusion *f*; *Amt:* permutation *f.*

verteidig|en [‿'taɪdɪɡən] (25) défendre; *These:* soutenir; *e-e Sache ~* 🜲 plaider une cause; **2er** *m* (7) défenseur *m*; 🜲 avocat *m*; *Sport:* arrière *m*; **2ung** *f* défense *f*; *These:* soutenance *f*; 🜲 plaidoirie *f.*

Ver'teidigungs|bündnis *n* alliance *f* défensive; **~gemeinschaft** *f*: *Europäische ~* (*abr.* EVG) communauté *f* européenne de défense (*abr.* C. E. D. *f*); **~krieg** *m* guerre *f* défensive; **~minister(ium** *n) m* ministre (ministère) *m* de la défense nationale; **~rede** *f* défense *f*; plaidoyer *m*; **~schrift** *f* apologie *f*; **~zustand** *m* état *m* de défense.

ver'teil|en distribuer; *(aufteilen)* partager *(unter acc.* entre); *in zukommenden Teilen:* répartir; **2er** *m* distributeur *m*; **2ung** *f* distribution *f*; *(Aufteilung)* partage *m*; *in zukommenden Teilen:* répartition *f*; **2ungsmodus** *m* mode *m* de répartition.   [renchérissement *m*.\]

ver'teuer|n (29) renchérir; **2ung** *f* /

ver'teufelt satané; diabolique.

ver'tief|en (25) approfondir; *(austiefen)* creuser; *fig. sich ~ in (acc.)* se plonger dans; **2ung** *f* approfondissement *m*; *(Höhlung)* cavité *f*; *(Vertieftes)* creux *m*; *im Gelände:* dépression *f.*

ver'tier|en (25) *(v/i.* s')abrutir; **2ung** *f* abrutissement *m.*

vertikal [vɛrti'kɑːl] vertical.

ver'tilg|en exterminer; *(ausrotten)* extirper; *(verspeisen)* consommer; **2ung** *f* extermination *f*; *(Ausrot-*

tung) extirpation *f*; *(Verspeisung)* consommation *f.*

ver'ton|en mettre en musique; **2ung** *f* mise *f* en musique.

vertrackt [‿'trakt] *(verwickelt)* embrouillé; compliqué.

Vertrag [‿'traːk] *m* (3³) contrat *m* (a. *Urkunde*) *(schließen* passer; *kündigen* dénoncer; résilier; *einhalten* observer; *brechen* violer); *(Abkommen)* accord *m*; *(Übereinkunft)* convention *f*; *pol.* traité *m* *(schließen* conclure); *(Bündnis)* pacte *m.*

ver'trag|en *(aushalten)* supporter; *Schmerzliches:* souffrir; *Kleidung:* user jusqu'au bout; *viel ~ können Wein usw.:* porter bien; *sich ~ s'accorder (mit* avec); *sich mit etw. ~* être compatible avec q.; *sich mit j-m wieder ~* se réconcilier avec q.; *sich gut ~* s'entendre bien; *sich nicht ~ Personen:* ne pouvoir se supporter (*od.* se souffrir), *Sachen:* jurer ensemble; **~lich** [‿'traːklɪç] contractuel; *adv. a.* par contrat.

verträglich [‿'trɛːklɪç] conciliant; *(umgänglich)* traitable; *(friedfertig)* pacifique; *Sachen:* compatible *(mit* avec); **2keit** *f* esprit *m* conciliant; *Sachen:* compatibilité *f.*

Ver'trags|-abschluß *m* passation *f* d'un contrat; conclusion *f* d'un traité; **~bestimmung** *f* clause *f*; **~bruch** *m* violation *f* de contrat (*resp.* de traité, *etc.*).

Ver'tragschließende(r) *m* contractant *m*; **2smäßig** conforme au contrat (*resp.* au traité, *etc.*); **2swidrig** contraire au contrat (*resp.* au traité, *etc.*).

ver'trauen **1.**: *j-m ~* avoir confiance en q.; *auf j-n (etw. acc.) ~* mettre sa confiance en q. (en qch.); **2.** **2** *n* confiance *f* (*j-m schenken* accorder à q.); *bei Mitteilungen:* confidence *f*; *zu j-m ~ haben =* j-m 2; *im ~ auf sein Recht* confiant dans son (bon) droit; *im ~* en confidence; *im ~ gesagt* soit dit entre nous; *j-n ins ~ ziehen* mettre q. dans la confidence.

Ver'trauens|-amt *n* poste *f* de confiance; **~bruch** *m* abus *m* de confiance; **~frage** *f* question (*od.* motion) *f* de confiance *(stellen* poser); **~mann** *m* homme *m* de confiance; **~sache** *f* affaire *f* de confiance; **2selig** trop confiant; d'une con-

fianceaveugle; ~seligkeit f confiance f aveugle; ~stellung f poste m de confiance; ⚶voll confiant; plein de confiance; ⚶votum n vote m de confiance; ⚶würdig digne de confiance.
ver'trauern: s-e Tage ~ passer ses jours dans le deuil.
ver'traulich familier; intime; Mitteilung: confidentiel; ~e Mitteilung confidence f; ⚶keit f familiarité f; intimité f; e-r Mitteilung: caractère m confidentiel; sich ~en herausnehmen se permettre des familiarités (od. des privautés).
ver'träumen: die Zeit ~ passer le temps à rêver.
vertraut [~'traut] intime; familier; mit j-m ~ sein être intime avec q.; mit j-m auf ~em Fuße stehen vivre sur le pied d'intimité avec q.; mit etw. ~ sein connaître qch. à fond; être au fait de qch.; sich mit etw. ~ machen se familiariser avec qch.; ⚶e(r a. m) m, f, confident m, -e f; ⚶heit f intimité f; familiarité f; bonne connaissance f (mit de).
ver'treib|en chasser; expulser; aus s-m Besitz: déposséder; ✕ déloger; ✝ débiter; (vergehen machen) faire passer; sich die Zeit mit etw. ~ s'amuser à faire qch.; ⚶ung f expulsion f; aus s-m Besitz: dépossession f; ✕ délogement m; ✝ débit m.
ver'tret|en représenter; (ersetzen) remplacer; suppléer; Meinung: défendre; soutenir; j-s Sache ~ plaider la cause de q.; j-m den Weg ~ barrer le chemin à q.; sich den Fuß ~ se fouler le pied; sich die Beine ~ se dégourdir les jambes; ⚶er m (7) pol. représentant m; ✝ a. agent m; (Stell⚶) remplaçant m; suppléant m; (Verteidiger) défenseur m; f (Stell⚶) remplacement m; suppléance f; ✝ agence f; in ~ par intérim; par délégation (von de).
Vertrieb [~'tri:p] m (3) débit m; placement m; vente f; ~ene(r) [~'tri:bə~] m expulsé m; réfugié m.
ver|'trinken Geld: dépenser à boire; Gram usw.: noyer dans le vin; ~'trocknen (se des)sécher; ~'trödeln F bazarder; Zeit: gâcher; ~'trösten: j-n ~ faire prendre patience à q.; j-n ~ auf etw. (acc.) faire espérer qch. à q.; ~'trusten truster; ~'tun gaspiller; ~'tuschen Fehler: cacher; Angelegenheit: étouffer; ~übeln [~'ʔ~]: j-m etw. ~ en vouloir à q. de qch.; ~üben commettre; Grausamkeiten: exercer; ✝⚶ perpétrer; ~ulken: j-n ~ blaguer q. (wegen sur).
ver-un|-einigen désunir; ⚶-einigung f désunion f; ~glimpfen (25) diffamer; ⚶glimpfung f diffamation f; ~glücken avoir un accident; être victime d'un accident; ⚓ faire naufrage; (mißglücken) échouer; ⚶glückte(r) m victime f (d'un accident); ~reinigen souiller; salir; Wasser: corrompre; Luft: infecter; geweihte Stätte: profaner; ⚶reinigung f souillure f; Wasser: corruption f; Luft: infection f; geweihte Stätte: profanation f; ~stalten(26) défigurer; déformer; ~staltet contrefait; ⚶staltung f déformation f; ~treuen (25) détourner; ⚶treuung f détournement m; déprédation f; malversation f; ~zieren déparer.
verur|sachen [~'ʔu:rzaxən] (25) causer; occasionner; (hervorbringen) produire; (hervorrufen) provoquer; ~teilen [~'ʔ~urtaɪl~] condamner (zu à); ⚶teilte(r) m condamné m; ⚶teilung f condamnation f.
vervielfältig|en [~'fi:lfɛltiɡən] (25) multiplier; phot. reproduire; Text: polycopier; ronéotyper (abziehen) tirer; ⚶ung f multiplication f; phot. reproduction f; Texte: polycopie f; (Abziehen) tirage m; ⚶ungs-apparat m duplicateur m; hectographe m.
ver|vierfachen quadrupler.
ver'vollkomm|nen (26) perfectionner; ⚶ung f perfectionnement m; ~ungsfähig perfectible.
ver'vollständig|en (25) compléter; ⚶ung f complètement m.
ver'wachsen 1. v/i.(sich verschlingen) s'entrelacer; Wunde: se fermer; se cicatriser; 2. adj. difforme; contrefait; (bucklig) bossu; Baum, Nase: tortu; ~ mit ⚘ adhérent à; mit j-m ~ sein être intimement lié avec q.
ver'wahr|en garder; (wegschließen) serrer; sich gegen etw. ~ protester contre qch.; ~losen v/t. négliger; laisser à l'abandon; v/i. être négligé (od. sale); Mensch: tourner mal; se démoraliser; ~lost négligé; laissé à l'abandon; Mensch: mal

Verwahrlosung — 1122 — **Verwertung**

tourné; démoralisé; losung f négligence f; Mensch: démoralisation f; ung f garde f; (Einspruch) protestation f; in ~ geben (nehmen) donner (prendre) en garde (od. en dépôt); ~ einlegen protester (gegen contre); ungs-ort m dépôt m.

ver'waist orphelin; fig. délaissé.

ver'walt|en administrer; Geschäft: gérer; régir; Amt: exercer; er m administrateur m; (Geschäfts) gérant m; (bsd. Guts) régisseur m; intendant m; ung f administration f; Geschäft: gestion f; régie f; Amt: exercice m.

Ver'waltungs-|apparat m appareil m administratif; ~bezirk m district m; ~gebäude n bâtiment m administratif; ~gericht n tribunal m administratif; ~rat m conseil m d'administration; ~recht n droit m administratif; ~reform f réforme f administrative; ~sprache f langage m administratif; ~wesen n administration f.

ver'wand|eln changer (in acc. en); (umgestalten) transformer; Element: transmuer; Strafe: commuer; myth. métamorphoser; lung f changement m; (Umgestaltung) transformation f; Element: transmutation f; Strafe: commutation f; myth. métamorphose f.

verwandt [~'vant] parent (mit de); (an~) apparenté; er ist mit mir ~ il est mon parent; nous sommes parents; wir sind nahe (weitläufig) ~ nous sommes proches parents (parents éloignés); fig. (ähnlich) semblable; (entsprechend) analogue; e(r) m parent m; schaft f parenté f; fig. analogie f; affinité f (a. ⁿ⁄ₘ); ~schaftlich de (adv. en) parent.

ver'warn|en avertir; ung f avertissement m.

ver|'waschen 1. v/t. Seife: employer; Flecken: faire partir en lavant; Farben: délaver; peint. noyer; 2. adj. Farben: délavé; décoloré; fig. indécis; vague; ~'wässern mettre trop d'eau dans; délayer (a. fig.); noyer (a. fig.); fig. rendre fade; ~'weben entrelacer (in acc. dans); (eng verknüpfen) unir étroitement.

ver'wechsel|n confondre (mit avec); prendre l'un pour l'autre; sie sehen sich zum ähnlich ils se ressemblent à s'y méprendre; ung f confusion f; (Irrtum) erreur f; (Fehlgriff) méprise f.

verwegen [~'ve:gən] téméraire; (kühn) audacieux; heit f témérité f; (Kühnheit) audace f.

ver'wehen v/t. emporter (d'un souffle); dissiper; Spuren: effacer; v/i. se dissiper; être dispersé.

ver'wehren: j-m etw. ~ empêcher; q. de faire qch.; défendre qch. à q.

ver'weichlich|en (25) amollir; efféminer; ung f amollissement m; efféminisation f.

ver'weiger|n refuser; ung f refus m.

ver'weilen (bleiben) demeurer; längere Zeit: séjourner; bei etw. ~ s'arrêter sur qch.

ver'weint: ~ aussehen avoir les yeux gonflés de larmes.

Verweis [~'vais] m (4) réprimande f; rappel m à l'ordre; (Hinweis) renvoi m; j-m wegen etw. e-n ~ erteilen réprimander q. à cause de qch.; en [~zən] renvoyer (an acc.; auf acc.; von der Schule de l'école); des Landes ~ expulser (du pays); ung f renvoi m (an acc.; auf acc. à); (Ausweisung) expulsation f.

ver'welken se faner; se flétrir.

ver'weltlich|en (25) séculariser; Schulen: laïciser; ung f sécularisation f; Schulen: laïcisation f.

ver'wendbar utilisable; applicable (zu à); keit f utilité f pratique; applicabilité f.

ver'wend|en employer (auf acc.; zu à); utiliser; (anwenden) appliquer; Zeit, Mühe: consacrer (auf acc. à); sich für j-n ~ s'employer (od. s'entremettre) pour q. (bei j-m auprès de); ung f emploi m; application f; Summe: affectation f; fig. entremise f (zugunsten j-s en faveur de q.).

ver'werf|en rejeter; repousser; (mißbilligen) désavouer; rl., Lehre: réprouver; ₜₜ récuser; sich ~ Holz (se) gauchir; se déjeter; ~lich (schlecht) mauvais; (tadelnswert) répréhensible; condamnable; (abscheulich) abominable; (ruchlos) scélérat; ₜₜ récusable; ung f rejet m; rl., Lehre: réprobation f; ₜₜ récusation f.

ver'wert|bar utilisable; ~en utiliser; mettre à profit; ung f utilisation f.

verwes|en [...'ve:zən] v/i. se décomposer; se putréfier; v/t. (verwalten) administrer; ℒ**er** m (7) administrateur m; stellvertretend: vicaire m; ℒ**ung** f putréfaction f; in ~ übergehen entrer en putréfaction; (Verwaltung) administration f.
ver'wetten (einsetzen) gager; parier; (verlieren) perdre dans un pari.
verwichsen [...'viksən] F (verprügeln) rosser; (vergeuden) gaspiller.
ver'wickel|n enchevêtrer; entortiller; (verwirren) embrouiller (a. fig.); fig. compliquer; in e-e Angelegenheit ~ engager dans une affaire; j-n in e-e Anklage ~ impliquer q. dans une accusation; sich in Widersprüche ~ tomber dans des contradictions; ~**t** compliqué; complexe; Fall, Handel: embrouillé; ℒ**ung** f enchevêtrement m; (Verwirrung) embrouillement m; (Verwickeltsein) complication f; 🕮 implication f; thé. intrigue f; nœud m.
ver'wilder|n (29) devenir sauvage; (vertieren) s'abrutir; Felder, Gärten: dépérir faute de culture; ~**t** sauvage; inculte; abandonné; ℒ**ung** f retour m à l'état sauvage; abandon m; (Vertierung) abrutissement m.
ver|'winden: etw. ~ surmonter qch.; se consoler de qch.; **~'wirken** Strafe: encourir; mériter; sein Leben ~ encourir la peine de mort; s-e Ehre ~ forfaire à l'honneur.
ver'wirklich|en (25) réaliser; ℒ**ung** f réalisation f.
ver'wirr|en (25) embrouiller; j-n ~ a. déconcerter q.; dérouter q.; embarrasser q.; (in Unordnung bringen) déranger; mettre le désordre dans; ~**t** confus; déconcerté; ℒ**ung** f embrouillement m; confusion f; (Verlegenheit) embarras m; trouble m; (Unordnung) désordre m; in ~ bringen déconcerter; in ~ geraten se déconcerter.
ver|'wirtschaften dissiper; **~'wischen** effacer; oblitérer; mit dem Wischer: estomper; (in Unordnung bringen) brouiller; **~'wittern** se décomposer; s'effriter; **~'wittert** rongé par le temps; ravagé par les intempéries; ℒ**witterung** f décomposition f; effritement m; **~'witwet** veuf (veuve); **~'wohnen** Zimmer: user; détériorer; **~wöhnen** [...'vø:nən] (25) gâter; choyer; dorloter; **~worfen** [...'vərfən] (niederträchtig) vil; abject; infâme; (lasterhaft) dépravé; rl. réprouvé; ℒ**worfenheit** f infamie f; (Verderbtheit) dépravation f; **~worren** [...'vərən] 1. p.p. v. verwirren; 2. adj. confus; ℒ**worrenheit** f confusion f.
ver'wund|bar vulnérable; **~en** (26) blesser.
ver'wunder|lich étonnant; surprenant; étrange; **~n**: (sich) ~ (s')étonner (über acc. de); (s')émerveiller; **~t** étonné; ℒ**ung** f étonnement m; in ~ setzen émerveiller; in ~ geraten s'étonner (über acc. de); s'émerveiller. [f blessure f.]
Ver'wund|ete(r) m blessé m; **~ung**)
ver'wünsch|en maudire; exécrer; (verzaubern) enchanter; **~t**: ~! au diable; ℒ**ung** f malédiction f; exécration f; (Verzauberung) enchantement m.
ver'wurzel|n prendre racine; s'enraciner (a. fig.); **~t** enraciné.
ver'wüst|en (26) ravager; dévaster; ℒ**ung** f ravage m; dévastation f.
ver'zag|en perdre courage; se décourager; **~t** découragé; ℒ**theit** f découragement m. [comptant.]
ver'zählen: sich ~ se tromper en
ver'zahn|en Rad: denter; Balken: adenter; sich (ineinander) ~ s'engrener; ℒ**ung** f engrenage m; Rad: denture f; 🔺 adent m.
verzapfen [...'tsapfən] Getränke: débiter; ⊕ emmortaiser; Unsinn ~ F débiter des bêtises.
verzärtel|n [...'tsɛ:rtəln] (29) amollir; Kind: gâter; dorloter; ℒ**ung** f amollissement m; gâteries f/pl.
ver'zauber|n ensorceler; enchanter; ~ in (acc.) changer en; ℒ**ung** f ensorcellement m; enchantement m.
verzäun|en [...'tsɔynən] entourer d'une clôture; ℒ**ung** f clôture f.
ver'zehnfachen décupler.
Verzehr [...'tse:r] m consommation f; ℒ**en** consommer; Vermögen: manger; dépenser; sich vor Gram ~ se consumer de chagrin; **~er(in** f) m consommateur m, -trice f; ℒ**ung** f consommation f; ℒ **consumption** f.
ver'zeich|nen noter; (registrieren) enregistrer; Nachlaß: inventorier; auf e-r Liste: inscrire sur; Kurse: coter; Bild: dessiner mal; ℒ**nis** n (4¹) relevé m; état m; genaueres: spécification f; (Liste) liste f; (Re-

verzeihen — 1124 — **viel**

gister) registre *m*; *Bücher*: catalogue *m*.
verzeih|en [~'tsaɪən] pardonner; ~ *Sie!* pardon!; pardonnez!; **~lich** pardonnable; **⸰ung** *f* pardon *m*; *j-n um ~ bitten* demander pardon à q.; *~! pardon!*
ver'zerr|en défigurer; *Ton, Bild*: déformer; *das Gesicht ~* grimacer; *sich krampfhaft ~* se convulser; **⸰ung** *f* contorsion *f*; *Ton, Bild*: déformation *f*; (*Gesichts⸰*) grimace *f*; ⚔ distorsion *f* (*a. Ton, Bild*).
ver'zetteln (29) éparpiller; (*vergeuden*) gaspiller; (*auf Zettel schreiben*) mettre sur fiches.
Verzicht [~'tsɪçt] *m* (3) renonciation *f* (*auf acc.* à); (*Abtretung*) résignation *f*; ⚖ désistement *m* (*auf acc.* de); *~ leisten = ⸰en* (26) renoncer (*auf acc.* à); *bsd.* ⚖ se désister (de); (*abtreten*) se dessaisir (de); **~leistung** *f* = *Verzicht*.
ver'ziehen *v/t.* (*entstellen*) tirer de travers; *das Gesicht ~* faire la grimace; *den Mund ~* pincer les lèvres; *keine Miene ~* ne pas sourciller; *Kind*: gâter; *v/i.* (*umziehen*) déménager; *sich ~* aller de travers, *Holz*: se déjeter, *Gesicht*: se crisper, *Kleidung*: faire de faux plis, *Wolken, Gewitter*: se dissiper, *Geschwulst*: tomber, *Geschwür*: se résoudre, (*verschwinden*) disparaître.
ver'zier|en orner; parer; *Größeres*: décorer; (*mit Zieraten versehen*) enjoliver; ornementer; *Buch*: illustrer; **⸰ung** *f* décoration *f*; *mit Zieraten*: ornementation *f*; enjolivement *m*; *Buch*: illustration *f*; (*das Verzierende*) ornement *m*.
verzinken [~'tsɪŋk-] (25) zinguer.
ver'zinnen (25) étamer.
ver'zins|bar qui (rap)porte des intérêts; **~en** payer les intérêts (de); *sich ~* (rap)porter des intérêts; *sich mit 3%* ~ rapporter trois pour cent; **~lich** = **~bar**; **⸰ung** *f* paiement *m* des intérêts; (*Ertrag*) rapport *m*.
ver'zöger|n retarder; (*aufschieben*) différer; *sich ~* traîner en longueur, (*auf sich warten lassen*) se faire attendre; **⸰ung** *f* retard(ement) *m*.
ver'zoll|bar soumis aux droits; **~en** payer la douane (*od.* les droits de douane) (de); *haben Sie etw. zu ~?* avez-vous qch. à déclarer?; **⸰ung** *f* paiement *m* des droits de douane.

verzück|en [~'tsykən] ravir; extasier; **⸰ung** *f* ravissement *m*; extase *f*; *über etw.* (*acc.*) *in ~ geraten* s'extasier sur qch.
Ver'zug *m* (3) retard *m*; (*Aufschub*) délai *m*; *es ist Gefahr im ~* il y a péril en la demeure; **~szinsen** *pl.* intérêts *m/pl.* moratoires.
ver'zweif|eln désespérer (*an dat.* de); *abs.* se désespérer; **⸰ung** *f* désespoir *m*; *in ~ geraten* se désespérer; *zur ~ bringen* désespérer.
ver'zweig|en (25): *sich ~* se ramifier; bifurquer; **⸰ung** *f* ramification *f*; bifurcation *f*.
ver'zwickt embrouillé; compliqué.
Vespa *f* vespa *f*.
Vesper ['fɛspər] *f* (15) vêpres *f/pl.*; **'~brot** *n* goûter *m*; **'⸰n** (29) goûter.
Vestibül [vɛsti'byːl] *n* (3) vestibule *m*.
Veter|an [vete'raːn] *m* (12) vétéran *m*; **~i'när** *m* vétérinaire *m*.
Veto ['veːto] *n* (11) veto *m*; **'~recht** *n* droit de veto.
Vetter ['fɛtər] *m* (7) cousin *m*; **'~nwirtschaft** *f* népotisme *m*.
Vexier|bild [vɛ'ksiːr-] *n* dessin-devinette *m*.
Viadukt [via'dukt] *m* viaduc *m*.
vibrieren [vi'briːrən] vibrer.
Vieh [fiː] *n* (3, *o. pl.*) coll. bétail *m*; bestiaux *m/pl.*; (*Tier, a. fig.*) brute *f*; bête *f*; *das große* (*kleine*) *~* le gros (petit) bétail; *~ halten* élever du bétail; *zum ~ machen* s'abrutir; *zum ~ werden* s'abrutir; **'~bestand** *m* cheptel *m*; **'~futter** *n* fourrage *m*; **'~handel** *m* commerce *m* de bestiaux; **'~händler** *m* marchand *m* de bestiaux; **'⸰isch** brutal; bestial; **'~knecht** *m* vacher *m*; **'~magd** *f* vachère *f*; **'~markt** *m* marché *m* aux bestiaux; **'~mast** *f* engraissement *m* des bestiaux; **'~schwemme** *f* abreuvoir *m*; **'~seuche** *f* épizootie *f*; **'~stall** *m* étable *f*; **'~tränke** *f* abreuvoir *m*; **'~treiber** *m* vacher *m*; bouvier *m*; **'~wagen** *m* wagon *m* à bestiaux; **'~weide** *f* pâturage *m*; **'~zählung** *f* recensement *m* du bétail; **'~zucht** *f* élevage *m* (des bestiaux); *~ treiben* faire de l'élevage; **'~züchter** *m* éleveur *m* (de bestiaux).
viel [fiːl] beaucoup; *~ Geld* beaucoup d'argent; *die ~e Arbeit* tout ce travail; *die ~en Menschen, die ... le*

vielbeschäftigt grand nombre de personnes qui ...; ~ Wesens von etw. machen faire grand bruit de qch.; ~en Dank! grand merci!; merci beaucoup!; ~ Glück! bonne chance!; durch ~ Arbeit à force de travail; ~e Hundert des centaines (de); ~es bien des choses; (bei vb.) nicht ~ (bei vb. ne ...) pas beaucoup; (bei vb. ne ...) pas grand-chose; **~beschäftigt** très affairé; fort occupé; **~deutig** ambigu; **²deutigkeit** f ambiguïté (de); **~eck** n polygone m; **²eckig** polygonal; **~ehe** f polygamie f.

vielerlei [~'laɪ] toutes sortes de.
viel|fach, **~fältig** ['~fɛltɪç] multiple; (wiederholt) réitéré; adv. souvent; **²fachschalter** m commutateur m multiple; **²fältigkeit** f diversité f; multiplicité f; **~farbig** multicolore; **²fraß** m glouton m; goinfre m; **~geliebt** bien-aimé; **~genannt** souvent nommé; **~geprüft** fort éprouvé; **~gereist** qui a beaucoup voyagé; **~gestaltig** multiforme; varié; **²götterei** f polythéisme m; **²heit** f pluralité f; **~jährig** (qui date) de longues années; **~köpfig** à plusieurs têtes; fig. nombreux.

vielleicht [fi'laɪçt] peut-être.
Viel|liebchen [fiːl'iːpçən] n bien-aimé(e f) m; Wette: philippine f; **²malig** répété; (häufig) fréquent; **²mals** bien des fois; ~! merci beaucoup!; **²mehr** plutôt; **²sagend** expressif; (bedeutungsvoll) significatif; **~schreiber** m polyraphe m; **²seitig** multilatéral; polygonal; fig. varié; Geist: universel; (ausgedehnt) vaste; étendu; **~seitigkeit** fig. f variété f; **²silbig** polysyllabe; polysyllabique; **~sprachig** polyglotte; **²stimmig** à plusieurs voix; **²verheißend**, **~versprechend** qui promet (beaucoup); **~weiberei** f polygamie f; **²wissend** qui a des connaissances encyclopédiques; **~wisserei** f savoir m encyclopédique (mais superficiel).

vier [fiːr] 1. quatre; zu ~en à quatre; unter ~ Augen entre quatre yeux; en tête à tête; auf allen ~en kriechen marcher à quatre pattes; 2. ♀ f (chiffre m) quatre m; zo. vierpède; **~beinig** à quatre pieds; **~blätt(e)rig** à quatre feuilles; quadrifolié; **²eck** n carré m; quadrilatère m; **~eckig** (adv. en) carré; quadrangulaire.
Vierer|bob m bobsleigh m à quatre; **~konferenz** f conférence f à quatre; **²lei** de quatre espèces.
vier|fach ('²fache n) quadruple (m); **²füß(l)er** m (7) quadrupède m; **²gespann** n équipage m de quatre chevaux; (Quadriga) quadrige m; **~händig** à quatre mains; **~hundert** quatre cent(s); **~jährig** de quatre ans; **~kantig** quadrangulaire; **~mächtekonferenz** f conférence f quadripartite; **~mal** quatre fois; **~malig** quatre fois répété; **~motorig** quadrimoteur; **²radbremse** f Auto: frein m sur les quatre roues; **²röhren-apparat** m poste m à quatre lampes; **~schrötig** ['~ʃrøːtɪç] carré, trapu; fig. grossier; **~seitig** à quatre côtés; quadrilatère; **~silbig** quadrisyllabique ('²silbler m quadrisyllabe m; **~sitzig** à quatre places; **~spännig** ['~ʃpɛnɪç] attelé de quatre chevaux; **~stimmig** à quatre voix; **~stöckig** de (od. à) quatre étages; **~stündig** de quatre heures; **~tägig** de quatre jours; **²taktmotor** m moteur m à quatre temps; **~tausend** quatre mille; **~t:** zu ~ à quatre; **~te** quatrième; der (den, am) ~(n) (4.) Juli le quatre (4) juillet; Heinrich IV. (der Vierte) Henri IV (quatre); **~teilen** écarteler; fig. se mettre en quatre.

Viertel ['fɪrtəl] n (7) quart m; ein ~ Meter un quart de mètre; (ein) ~ nach eins une heure et quart; drei ~ vier quatre heures moins un quart; ~ e-s Apfels, e-r Stadt, des Mondes: quartier m; **²jahr** n trois mois m/pl.; trimestre m; **²jährig** de trois mois; **²jährlich** qui se fait tous les trois mois; trimestriel; adv. par trimestre; **~note** ♪ f noire f; **~pause** ♪ f soupir m; **~pfund** n quart m de livre; **~stunde** f quart m d'heure; **²stündig** d'un quart d'heure; **²stündlich** tous les quarts d'heure.
viertens ['fiːrtəns] quatrièmement; en quatrième lieu.
vierzehn ['fɪrtseːn] quatorze; ~ Tage quinze jours m/pl.; etwa ~ Tage une quinzaine; **²tägig** de quinze jours; **~te** quatorzième; der (den, am) ~(n) (14.) Juli le quatorze (14)

Vierzeiler — 1126 — **Volkserziehung**

juillet; *Ludwig XIV. (der Vierzehnte)* Louis XIV (quatorze).
'**Vierzeiler** *m* quatrain *m*.
vierzig ['firtsiç] quarante; *etwa*~ une quarantaine; '**2er(in** *f*) *m* (7) quadragénaire *m*, *f*; '**~jährig** de quarante ans; quadragénaire; '**~ste** quarantième; '**2stel** *n* quarantième *m*.
Vignette [vin'jɛtə] *f* vignette *f*.
Vikar [vi'ka:r] *m* vicaire *m*.
Villa ['vila] *f* (9¹) villa *f*.
Villenkolonie *f* quartier *m* de villas.
Viola [vi'o:la] *J f* viole *f*.
violett [vio'lɛt] violet; violacé.
Violin|bogen [vio'li:n-] *m* archet *m*; **~e** *f* violon *m*; **~ist(in** *f*) [Ji'n-] *m* violoniste *m,f*; **~konzert** *n* concerto *m* pour violon; *e-s Solisten*: récital *m* de violon; **~schlüssel** *m* clef *f* de sol; **~spieler** *m* = ~ist. [celle.\
Violoncello [.lɔn-] *n* (11) violon-\
Viper ['vi:pər] *f* (15) vipère *f*.
Virtuo|s [virtu'o:s] (12), **~se** *m* (13) virtuose *m*; **~si'tät** *f* virtuosité *f*.
Visier [vi'zi:r] *n* (3¹) *Helm*: visière *f*; *Gewehr*: 'hausse *f*; 2en *v/t. Paß*: viser; *messend*: ajuster; *Hohlmaße*: jauger; *v/i. (zielen)* viser *(nach à)*; **~kimme** *f* cran *m* de mire; **~korn** *n* guidon *m*; **~linie** *f* ligne *f* de mire.
Vision [vizi'o:n] *f* vision *f*; 2är [.o'nɛ:r] visionnaire *m*.
Visite [vi'zi:tə] *f* visite *f*; **~nkarte** *f* carte *f* (de visite).
Visum ['vi:zum] *n* (9² *u.* 11) visa *m*.
Vitamin [vita'mi:n] *n* (3¹) vitamine *f*.
Vitriol [vitri'o:l] *m u.* (3¹) vitriol *m*.
vivat ['vi:vat] **1.** ~ ...! vive ...!;
2. 2 *n* vivat *m*.
Vize|admiral ['fi:tsə-] *m* vice-amiral *m*; **~kanzler** *m* vice-chancelier *m*; **~präsident** *m* vice-président *m*.
Vlies [fli:s] *n* (4) toison *f*; *das Goldene* ~ la Toison d'or.
Vogel ['fo:gəl] *m* (7¹) oiseau *m*; *den* ~ *abschießen fig.* décrocher le timbale; *e-n* ~ *haben fig.* F être piqué; '**~bauer** *n u. m* cage *f*; '**~beerbaum** *m* sorbier *m*; '**~beere** *f* sorbe *f*; '**~fang** *m* oisellerie *f*; '**~fänger** *m* oiseleur *m*; '2**frei** 'hors la loi *(erklären für* mettre); '**~futter** *n* mangeaille *f* pour les oiseaux; '**~gesang** *m* chant *m* des oiseaux; ramage *m*; '**~händler** *m* oiselier *m*; '**~haus** *n* volière *f*; '**~hecke** *f* nichoir *m*; '**~kirsche** ♀ *f* merise *f*;

(Baum) merisier *m*; '**~kunde** *f* ornithologie *f*; '**~leim** *m* glu *f*; '**~napf** *m* auget *m*; '**~nest** *n* nid *m* d'oiseau; '**~perspektive** *f*, '**~schau** *f*: *aus der* ~ à vol d'oiseau; '**~scheuche** *f* épouvantail *m*; '**~schießen** *n* tir *m* aux oiseaux; '**~schmutz** *m* fiente *f*; '**~steller** *m* (7) oiseleur *m*; ~'-Strauß-**Politik** *f* politique *f* d'autruche; '**~zucht** *f* oisellerie *f*; aviculture *f*; '**~züchter** *m* oiselier *m*; aviculteur *m*; '**~zug** *m* migration *f* des oiseaux.
Vogesen [vo'ge:zən] *pl.* Vosges *f/pl.*
Vogt [fo:kt] *m* (3³) bailli *m*; prévôt *m*; **~ei** [.'tai] *f* bailliage *m*; prévôté *f*.
Vokabel [vo'ka:bəl] *f* (15) mot *m*; vocable *m*; **~schatz** *m*, **Vokabu'lar** *n* vocabulaire *m*; [2**isch** vocal.\
Vokal [vo'ka:l] *m* (3¹) voyelle *f*;\
Volk [fɔlk] *n* (1²) peuple *m*; *(die Bewohner e-s Landes)* nation *f*; *das gemeine* ~ la populace; la plèbe; *(Leute)* gens *m/pl.*; *Vögel*: volée *f*; bande *f*; *Rebhühner*: compagnie *f*; *Bienen*: colonie *f*.
Völker|bund ['fœlkər-] *m* Société *f* des Nations *(abr.* S. D. N. *f*); '**~kunde** *f*, '**~lehre** *f* ethnologie *f*; '**~kundler** *m* ethnologue *m*; '2**kundlich** ethnologue; '**~recht** *n* droit *m* international *(od. des gens)*; '2**rechtlich** de droit international; '**~schaft** *f* peuplade *f*; '**~wanderung** *f* migration *f* des peuples.
'**völkisch** raciste.
'**volk|leer** désert; '**~reich** populeux.
'**Volks-|abstimmung** *f* référendum *m*; plébiscite *m*; '**~-aufstand** *m* soulèvement *m* populaire; insurrection *f*; '**~-aufwiegler** *m* démagogue *m*; agitateur *m*; '**~-ausgabe** *f* édition *f* populaire; '**~befragung** *f*, '**~begehren** *n*, '**~beschluß** *pol. m* plébiscite *m*; '**~bewegung** *f* mouvement *m* populaire; '**~bibliothek** *f* bibliothèque *f* populaire; '**~bildung** *f* éducation *f* populaire; '**~bildungswerk** *n* œuvre *f* d'éducation populaire; '**~buch** *n* livre *m* populaire; *(Sagenbuch)* recueil *m* de légendes populaires; '**~charakter** *m* caractère *m* national; '**~dichtung** *f* poésie *f* populaire; '2**-eigen** national; '**~-empfänger** *m* *Radio*: récepteur *m* populaire; '**~-entscheid** *m* = ~abstimmung; '**~-erhebung** *f* = ~aufstand; '**~-erziehung** *f* éducation *f*

Volksfeind — 1127 — **vollmachen**

nationale; '~feind m ennemi m du peuple; '~fest n fête f populaire (od. nationale); '~freund m ami m du peuple; '~gemeinschaft f nation f; '~genosse m, '~genossin f concitoyen m, -ne f; compatriote m, f; '~gunst f popularité f; '~haufe(n) m foule f; multitude f; '~herrschaft f démocratie f; '~hochschule f université f populaire; '~konzert n concert m populaire; '~küche f soupes f/pl. populaires; '~kunde f folklore m; '~kundler m folkloriste m; 2kundlich folklorique; '~lied n chanson f populaire; '~meinung f opinion f publique; '~menge f = ~haufen; '~poesie f poésie f populaire; '~polizei f police f populaire; '~redner m orateur m populaire; '~republik f république f populaire; '~schicht f couche f sociale; classe f; '~schule f école f primaire; '~schullehrer (-in f) m instituteur m, -trice f; '~schulwesen n enseignement m primaire; '~sitte f coutume f nationale; '~sprache f langue f vulgaire; langage m populaire; '~stamm m tribu f; race f; '~stimme f voix f publique (od. du peuple); '~tanz m danse f folklorique; '~tracht f costume m national; '~tum n nationalité f; 2tümlich [..ty:mliç] populaire; (dem Volkstum gemäß) national; '~tümlichkeit f popularité f; (Volkseigenart) caractère m national; '~versammlung f réunion f populaire; assemblée f nationale; '~vertreter m représentant m du peuple; député m; '~vertretung f représentation f nationale; les députés m/pl.; '~wagen m (Marke) Volkswagen f; '~wirt(schaftler) m économiste m; '~wirtschaft f économie f politique; 2wirtschaftlich politicoéconomique; '~zählung f recensement m de la population.

voll [fɔl] plein; (gefüllt) rempli; (ganz) comble; (~ständig) entier; complet; Körperformen: arrondi, potelé; (satt) P gorgé; (betrunken) P soûl; ~ Wasser plein d'eau; ~e 8 Tage 'huit jours bien comptés; in ~es Jahr lang toute une année; die ~e Summe la somme entière; die ~e Wahrheit toute la vérité; aus ~em Herzen du fond du cœur; aus ~er Brust à gorge déployée; in ~en Zügen à longs traits; in ~em Sinne des Wortes dans toute la force du terme; mit ~en Händen à pleines mains; mit ~em Recht à juste titre; mit ~er Stimme à pleine voix; ~ und ganz entièrement; pleinement; ~ schlagen Uhr: sonner l'heure; 10 Minuten nach ~ dix minutes après l'heure (juste); j-m den Buckel ~ hauen rouer q. de coups; nicht für ~ nehmen ne pas prendre au sérieux; aus dem ~en wirtschaften (schöpfen) dépenser (puiser) largement; ins ~e greifen ne pas ménager.

voll|'~auf largement; en abondance; 2bad n grand bain m; 2bart m grande barbe f; e-n ~ tragen porter toute sa barbe; '~berechtigt qui a pleinement droit (à); 2beschäftigung f plein emploi m; 2besitz m: im ~ en pleine possession; 2blutman. n pur sang m; '~blütig ⚇ pléthorique; '~blütigkeit f ⚇ pléthore f; ~'bringen accomplir (beenden) achever; 2dampf m: mit ~ à toute vapeur.

vollend|en [fɔl'ɛndən] achever; accomplir; terminer; ~et achevé; accompli; (vollkommen) parfait; zeitlich: révolu; ~e Tatsache fait m accompli; ~s ['fɔlɛnts] tout à fait; entièrement; das hat ihn ~ zugrunde gerichtet cela a achevé de le ruiner; 2ung f achèvement m; accomplissement m; (Vollkommenheit) perfection f.

Völlerei [fœlə'raɪ] f (16) intempérance f; bombance f; im Trinken: ivrognerie f. [-ball m.\
Volleyball ['vɔlı-] m Sport: volley-\
voll'führen exécuter.

voll|füllen remplir; 2gas n: ~ geben rouler à pleins gaz; 2genuß m pleine jouissance f; '~gepfropft bondé; comble; bourré; '~gießen remplir (mit de); '~gültig qui a la valeur requise; Beweis: irrécusable; 2gummireifen m bandage m plein.

völlig ['fœlɪç] plein; (vollständig) complet; (ganz und gar) tout à fait.

voll|'~inhaltlich intégral; '~jährig majeur; 2jährigkeit f majorité f; ~'kommen parfait; (weit) ample; 2'kommenheit f perfection f; 2kornbrot n pain m complet; '~machen remplir (mit de); Maß: combler; Summe:

Vollmacht — 1128 — **voranlaufen**

compléter; *um das Unglück vollzumachen* pour comble de malheur; '♀**macht** f plein pouvoir m; *gerichtliche* ~ procuration f; *unbeschränkte* ~ *fig.* carte f blanche; '~**messen** faire bonne mesure; '♀**milch** f lait m non écrémé; '♀**mond** m pleine lune f; *wir haben* ~; *es ist* ~ la lune est dans son plein; nous sommes à pleine lune; '~**packen** remplir (*mit de*); '♀**pension** f pension f complète; '~**pfropfen** bourrer (*mit de*); '~**schenken** remplir (jusqu'au bord) (*mit de*); '~**schreiben** *Seite:* remplir; '♀**sitzung** f séance f plénière; '♀**spur** f voie f normale; '~**spurig** à voie normale; '~**ständig** complet; entier; (*unversehrt*) intégral; ~ *machen* compléter; '♀**ständigkeit** f complet m; (*Unversehrtheit*) intégrité f; '~**stopfen** bourrer (*mit de*);

voll'streck|bar exécutoire; ~**en** exécuter; ♀**er** m exécuteur m; ♀**ung** f exécution f; ♀**ungsbeamte(r)** m huissier m; ♀**ungsbefehl** m exécutoire m.

'**voll|tönend** sonore; '♀**treffer** m coup m au but; '~**trinken:** *sich* ~ se soûler; '♀**versammlung** f assemblée f plénière; '♀**waise** f orphelin m, -e f de père et de mère; '~**wertig** qui a toute sa valeur; '~**zählig** complet; ~ *sein* être au complet; ~ *machen* compléter; ~**ziehen** exécuter; effectuer; *Vertrag:* ratifier; *~de Gewalt* pourvoir m exécutif; ♀**ziehung** f, ~**zug** m exécution f; *Vertrag:* ratification f; ♀**ziehungsbeamte(r)** m huissier m; ♀**zugsmeldung** f compte rendu d'exécution; ♀**zugsrat** m conseil m exécutif.

Volt [vɔlt] n (3 *u. uv.*) volt m; ♀**a-isch** [.'taː-]: ~*e Säule* pile f voltaïque; ~**meter** n voltmètre m. [m.]
Volumen [voˈluːmən] n (6) volume)
von [fɔn] *prp.* (*dat.*) **a)** *örtlich:* de; ~ *Paris kommen* venir de Paris; *ich komme* m-m *Vater* je viens de chez mon père; ~ *Berlin bis Paris* de Berlin à Paris; ~ *oben* (*unten*) d'en 'haut (bas); ~ *unten nach oben* de bas en 'haut; ~ *Stadt zu Stadt* de ville en ville; ~ *der Seite* de côté; ~ *hinten* (*vorne*) par derrière (devant); **b)** *zeitlich:* de; à partir de; depuis; dès; ~ *Montag bis Freitag* de lundi à vendredi; ~ *früh bis spät* du matin au soir; depuis le matin jusqu'au soir; ~ *Zeit zu Zeit* de temps en temps; de temps à autre; ~ *neuem* de (*od.* à) nouveau; ~ *heute an* à partir d'aujourd'hui; ~ *nun an* désormais; dorénavant; ~ *da an* depuis (*od.* dès) lors; ~ *Jugend auf* dès l'enfance; **c)** *Ursprung:* de; par; *ein Gedicht* ... un poème de (*od.* par) ...; **d)** *Ursache:* de; par; ~ *Gottes Gnaden* par la grâce de Dieu, *Königtum:* de droit divin; **e)** *Stoff, aus dem etw. gemacht ist:* de; en; e-e *Uhr* ~ *Gold* une montre d' (*od.* en) or; **f)** *Eigenschaft, Maß:* de; *klein* ~ *Gestalt* de petite taille; *ein Kind* ~ *5 Jahren* un enfant de cinq ans; **g)** *Teil:* de; *ein Stück* ~ *diesem Brot* un morceau de ce pain; *e-r* ~ *uns* l'un de (*od.* d'entre) nous; **h)** *statt gén.:* de; *König* ~ *Schweden* roi m de Suède; *ein Freund* ~ *mir* un de mes amis; un ami à moi; un mien; **i)** (*von seiten*) de la part de; *das ist schön* ~ *dir* c'est bien de ta part; **j)** *Adelsbezeichnung:* de; *Frau* ~ *Staël* Madame de Staël; ~**ei'nander** l'un de l'autre; ~**'nöten:** *etw.* ~ *haben* avoir besoin de qch.; ~**statten** [fɔn'ʃtatən]: ~ *gehen* avancer; marcher.

vor [foːr] **1.** *prp.* (*dat. resp. acc.*) **a)** *örtlich:* devant; ~ *der Tür* devant la porte; **b)** *zeitlich:* avant; ~ *der Abreise* avant le départ; ~ *8* (*schon vergangenen*) *Tagen* il y a 'huit jours, (*♀ Ablauf von*) *8 Tagen* avant 'huit jours; ~ *Zeiten* au temps jadis; **c)** *Rang:* avant; ~ *allem* avant tout (*od.* toute chose); **d)** *Ursache:* de; ~ *Freude* de joie; **e)** (*für*) pour; *aus Achtung* ~ par respect pour; **2.** *adv.* ~ *!* avancez!; *da sei Gott* ~ *!* Dieu nous en préserve!; ~**ab** [.'ʔap] avant tout; ~ '♀**abend** m veille f.

'**vor-ahn|en** pressentir; ♀**ung** f pressentiment m.

'**Vor-alpen** f/pl. Préalpes f/pl.

voran [foˈran] à la tête; en tête; en avant; ~**gehen** passer devant; marcher à la tête (de); prendre les devants; *j-m* ~ précéder q.; devancer q.; *gehen Sie voran!* passez (devant); après vous; (*übertreffen*) primer; ~**kommen** avancer; ~**laufen** courir en tête; prendre les

devants; j-m ~ courir devant q.; précéder q.
'Vor|anmeldung f préavis m; 2anschicken [fo'ran-]: j-n ~ faire prendre les devants à q.; '~anschlag m évaluation f; bsd. ⚠ devis m.
vo'ran|schreiten marcher à la tête (de); ~stellen mettre devant (od. en tête).
'Vor-anzeige f avis m préalable.
'Vor-arbeit f travail m préparatoire; (Entwurf) ébauche f; 2en faire les travaux préparatoires; j-m ~ préparer les voies à q.; '~er m contremaître m.
vorauf [fo'rauf] = voran; voraus.
voraus [fo'raus] en avant; im ~ ['foraus] d'avance; par avance; à l'avance; ~ sein être en avance (sur); devancer; 2-abteilung f détachement m avancé; ~ahnen pressentir; ~bestellen commander d'avance; 2bestellung f commande f préalable; ~bestimmen destiner à l'avance; ~bezahlen payer d'avance; 2bezahlung f paiement m d'avance; ~datieren antidater; ~eilen, ~fahren, ~gehen passer devant; prendre les devants; j-m ~ précéder q.; ~haben: vor j-m etw. ~ avoir un avantage sur q.; l'emporter sur q. par qch.; ~laufen = ~eilen; 2nahme f anticipation f; ~nehmen anticiper; ~reisen partir avant les autres; 2sage f. prédiction f; (Prognose) pronostic m; ~sagen prédire; ~schauen prévoir; ~schauend prévoyant; ~schicken envoyer d'avance; j-n ~ faire prendre les devants à q.; e-e Bemerkung ~ faire une remarque préalable; ~sehen prévoir; ~setzen supposer; (vermuten) présumer; 2setzung f supposition f; 2sicht f prévision f; prévoyance f; ~sichtlich probable; ~zahlen payer d'avance; 2zahlung f paiement m d'avance.
'Vorbau m partie f saillante; avant-corps m; 2en bâtir en saillie; fig. e-r Sache (dat.) ~ obvier à qch.; prévenir qch.
'Vorbe|dacht m (3) préméditation f; mit ~ a. de propos délibéré; 2denken préméditer; '2deuten présager; '~deutung f présage m; gute ~ bon augure m; '~dingung f condition f préalable; '~halt m (3) réserve f; restriction f; mit ~ sous réserve; ohne ~ sans réserve; purement et simplement; '2halten: sich ~, zu ... (inf.) se réserver de ... (inf.); '2haltlich (gén.) sauf; à la réserve de; '2haltlos sans réserve.
vorbei [~'baɪ] örtlich: devant; zeitlich: passé; fini; (gefehlt) manqué; (daneben) à côté; ~fahren, ~gehen passer (an dat. devant); im 2 en passant; ~kommen passer (an dat. devant; bei j-m chez q.); ~lassen laisser passer; 2marsch ⚔ m défilé m; ~marschieren ⚔ défiler (an dat. devant); ~reden: an-ea. ~ parler sans s'entendre; (das Ziel) ~ manquer le but; (eilen) passer comme un trait (an dat. devant); ~schlagen manquer le coup; (danebenschlagen) frapper à côté; ~ziehen passer (an dat. devant).
'Vorbemerkung f remarque f préalable; observation f préliminaire; Buch: avertissement m; avant-propos m.
'vorbenannt susdit; précité; mentionné ci-dessus.
vorbereit|en préparer (auf acc. à); Überraschung: ménager; '~end préparatoire (auf acc. à); ~en treffen faire des préparatifs (zu de); 2ungs-anstalt f établissement m préparatoire.
'Vor|bescheid m décision f préliminaire; '~besichtigung e-r Gemäldeausstellung: vernissage m; '~besprechung f conférence f préparatoire; '2bestellen commander d'avance; retenir; '2bestraft: ~ sein avoir un casier judiciaire.
'vorbeug|en v/t. pencher en avant; v/i. e-r Sache (dat.) ~ obvier à qch.; prévenir qch.; '~end préventif; prophylactique; '2ung f (Verhinderung) empêchement m; précautions f/pl.; 𝒮 prophylaxie f; '2ungsmaßnahme f mesure f préventive (𝒮 prophylactique); '2ungsmittel n préservatif m; 𝒮 remède m prophylactique.
'Vorbild n modèle m; (Urbild) (proto)type m; idéal m; zum ~ nehmen prendre pour modèle; nach dem ~ von à l'exemple de; '2en préfigurer; (vorbereiten) préparer; '2lich modèle; exemplaire; '~ung f éducation f préparatoire; (Vorbereitung) préparation f.

ˈ**vor|binden** *Schürze usw.*: mettre; ˈ**~bohren** amorcer; ˈ**♀bote** *m* avant-coureur *m*; (*Vorzeichen*) présage *m*; signe *m* précurseur; ⚕ prodrome *m*; ˈ**~bringen** mettre en avant; (*aussprechen*) dire; (*behaupten*) avancer; (*anführen*) alléguer; (*zur Sprache bringen*) mettre sur le tapis; *Beweise*: produire; ˈ**~christlich** avant Jésus-Christ; ˈ**♀dach** *n* avant-toit *m*; ˈ**~datieren** antidater; ˈ**~dem** autrefois.

ˈ**Vorder|-achse** *f* essieu *m* avant; ˈ**~-ansicht** *f* vue *f* de face; ˈ**~bein** *n* jambe (*resp.* patte) *f* de devant; ˈ**~deck** *n* gaillard *m* (d')avant.

vorder(e) [ˈfɔrdər(ə)] de devant; (*vorherig*) antérieur; *die ~en Reihen* les premiers rangs *m/pl.*; *der ♀ Orient* le proche Orient.

ˈ**Vorder|front** △ *f* façade *f*; ˈ**~fuß** *m* pied *m* (*resp.* patte *f*) de devant; ˈ**~gebäude** *n* devant *m* (d'une maison); ˈ**~grund** *m* devant *m*; *thé.* premier plan *m*; *im ~* au premier plan; ˈ**~hand** *anat. u. man. f* avant-main *m*.

vorderˈhand pour le moment.

ˈ**Vorder|haus** *n* devant *m* (d'une maison), ˈ**~mann** *m* qui précède; ⚔ chef *m* de file; *~ halten* se maintenir en file; ˈ**~pfote** *f* patte *f* de devant; ˈ**~rad** *n* roue *f* avant; ˈ**~radantrieb** *m* traction *f* avant; ˈ**~reihe** *f* premier rang *m*; ˈ**~satz** *m gr.* premier membre *m* de la proposition; *phil.* majeure *f*; ˈ**~seite** *f* △ façade *f*; front *m*; devant *m*; *typ.* recto *m*, *auf der ~* au recto; ˈ**~sitz** *m* siège *m* avant; ˈ**♀st:** *der ~e* le premier; celui qui est en tête; ˈ**~steven** ⚓ *m* étrave *f*; ˈ**~teil** *m u. n* devant *m*; ⚓ avant *m*; proue *f*; ˈ**~tür** *f* porte *f* de devant; ˈ**~zähne** *m/pl.* dents *f/pl.* de devant; ˈ**~zimmer** *n* chambre *f* de devant.

ˈ**vordrängen** pousser en avant; *sich ~* jouer des coudes; *fig.* se mettre en avant.

ˈ**vordring|en** (s')avancer; ⚔ gagner du terrain; ˈ**~lich** qui a la priorité.

ˈ**Vor|druck** *m* formulaire *m*; *typ.* impression *f* avant la lettre; ˈ**♀-ehelich** prénuptial.

ˈ**vor-eil|en** prendre les devants; ˈ**~ig** trop prompt; précipité; (*unbedacht*) inconsidéré; étourdi; ˈ**♀igkeit** *f* précipitation *f*; (*Unbedachtsamkeit*) étourderie *f*.

ˈ**vor-eingenommen** prévenu (*für* pour; *gegen* contre); ˈ**♀heit** *f* prévention *f*; parti *m* pris.

ˈ**Vor|-eltern** *pl.* ancêtres *m/pl.*; *nähere*: aïeux *m/pl.*; ˈ**♀-enthalten** retenir; ⚖ détenir; *j-m etw. ~* priver q. de qch.; *j-m die Wahrheit ~* cacher la vérité à q.; ˈ**~-enthaltung** *f* retenue *f*; ⚖ détention *f*; ˈ**~-entscheidung** *f* décision *f* préalable; *Sport*: demi-finale *f*; ˈ**♀ˈ-erst** (*zunächst*) d'abord; (*vor allem*) avant tout; (*einstweilen*) en attendant; jusqu'à nouvel ordre; ˈ**♀-erwähnt** susdit; précité; mentionné ci-dessus; ˈ**~fahr** *m* (12) prédécesseur *m*; *~en pl.* = *~eltern.*

ˈ**vorfahr|en** avancer; bei *j-m ~* faire arrêter sa voiture à la porte de q.; ˈ**♀tsrecht** *n* priorité *f*.

ˈ**Vorfall** *m* occurrence *f*; (*Begebenheit*) événement *m*; (*Fall*) cas *m*; (*Zwischenfall*) incident *m*; (*Unfall*) accident *m*; ⚕ descente *f*; ˈ**♀en** arriver; se passer; *plötzlich*: survenir; ⚕ se déplacer.

ˈ**Vor|feier** *f* veille *f* d'une fête; prélude *m* d'une fête; ˈ**~feld** ⚔ *n* glacis *m*; avancées *f/pl.* (d'une position); ˈ**♀finden** trouver (à l'arrivée); ˈ**♀flunkern:** *j-m etw. ~* F en conter à q.; ˈ**~frage** *f* question *f* préalable; ˈ**~freude** *f* joie *f* anticipée; ˈ**~frühling** *m* commencement *m* du printemps; ˈ**~führdame** *f* mannequin *m*; ˈ**♀führen** mener en avant; faire avancer; (*zeigen*) présenter; *thé.* représenter; *Film*: projeter; *Platten*: faire entendre; *Zeugen*: produire; *j-n dem Richter ~* amener q. devant le juge; ˈ**~führung** *f* présentation *f*; *thé.* représentation *f*; *Film*: projection *f*; *Platten*: audition *f*; *Zeugen*: production *f*; ˈ**~gabe** *f* (*Behauptung*) assertion *f*; *Sport*: 'handicap *m*; ˈ**~gang** *m* (cours *m* d'un) événement *m*; ⊕, ⚗, ⚕ processus *m*; (*Natur♀*) phénomène *m*; ˈ**~gänger** *m* devancier *m*; *Amt usw.*: prédecesseur *m*; ˈ**~garten** *m* jardin *m* devant la maison; *Café*: terrasse *f*; ˈ**♀gaukeln:** *j-m etw. ~* duper q.; ˈ**♀geben** (*behaupten*) prétendre; (*erheucheln*) feindre; *Sport*: 'handicaper; *Punkte im Spiel*;

Vorgebirge

rendre des points; '~gebirge *n* cap *m*; promontoire *m*; ℒgeblich ['~ge:pliç] prétendu; (*untergeschoben*) supposé; 'ℒgefaßt préconçu; ~e Meinung *a.* préjugé *m*; '~gefühl *n* pressentiment *m*; 'ℒgehen (*vorausgehen*) prendre les devants; (*den Vorrang haben*) passer le premier, avoir le pas (sur); (*vorwärts gehen*) avancer (*a.* Uhr); *auf ein Ziel*: marcher (sur); (*geschehen*) se passer; gegen j-n ~ 🏛 intenter une action contre q.; *die Arbeit geht vor!* le travail d'abord!; 'ℒgelände *n* glacis *m*; avancées *f/pl.* (d'une position); 'ℒgenannt = ℒerwähnt; '~gericht *n* entrée *f*; *hors-d'œuvre m*; 'ℒgerückt avancé; '~geschichte *f* préhistoire *f*; *Angelegenheit*: antécédents *m/pl.*; 'ℒgeschichtlich préhistorique; '~geschmack *m* avant-goût *m*; 'ℒgeschoben avancé; 'ℒgeschritten avancé; 'ℒgesehen ~! attention!; '~gesetzte(r) *m* supérieur *m*; chef *m*. [vant-hier.|
'vorgest|ern avant-hier; '~rig d'avant-'vor|greifen (*vor etw. halten*) tenir mit etw. ~ anticiper sur qch.; j-m ~ (*zuvorkommen*) prévenir les intentions de q., (*tun, was e-m andern gebührt*) empiéter sur les droits de q.; '~haben *Schürze usw.*: porter; *fig.* avoir en vue; projeter; *etw.* ~ *für den Abend usw.*: être pris (*od.* retenu); '~haben *n* projet *m*; dessein *m*; 'ℒhafen *m* avant-port *m*; 'ℒhalle *f thé.* foyer *m*; vestibule *m*; *Kirche*: porche *m*; 'vorhalt|en (*vor etw. halten*) tenir devant; j-m etw. ~ remontrer (*od.* reprocher) qch. à q.; (*ausreichen*) suffire; 'ℒung *f* remontrance *f*; reproche *m*.
'Vorhand *f man.* avant-main *m*; *Kartenspiel*: main *f.*
vor'handen existant; (*gegenwärtig*) présent; (*verfügbar*) disponible; ~ sein *a.* exister; ℒsein *n* existence *f*; présence *f.*
'Vorhang *m* rideau *m* (*a. thé.*); store *m*; (*Tür*ℒ) portière *f.*
'vorhänge|n (*vor etw. hängen*) (suspendre devant; *Schloß*: mettre; 'ℒschloß *n* cadenas *m*.
'Vor|'haut *f* prépuce *m*; '~hemd *n* plastron *m*.
'vor'her auparavant; (*im voraus*) d'avance; (*vorgängig*) au préalable; préalablement; *Tag* ~ veille *f*; am

— 1131 —

vorlaut

Abend ~ la veille au soir; '~bestimmen déterminer d'avance; *rl.* prédestiner; 'ℒbestimmung *rl. f* prédestination *f*; '~gehen: e-r Sache (*dat.*) ~ précéder qch.; '~gehend précédent; antécédent; antérieur.
'vor'herig précédent; (*ehemalig*) ancien.
'Vorherr|schaft *f* prédominance *f*; *pol.* hégémonie *f*; 'ℒschen prédominer; 'ℒschend prédominant.
Vor'her|sage *f* prédiction *f*; *Wetter*: prévision *f*; pronostics *m/pl.*; ℒsagen prédire; ℒsehen prévoir.
'vor'hin tantôt; (*eben erst*) tout à l'heure; 'ℒhof *m* cour *f* d'entrée; avant-cour *f*; *Kirche*: parvis *m*; 'ℒhut *f* avant-garde *f*; '~ig antérieur; précédent; (*wie früher*) premier; (*vergangen*) passé; dernier; 'ℒjahr *n* année *f* précédente; 'ℒjährig de l'année passée (*od.* précédente); '~jammern: j-m etw. ~ importuner q. de ses lamentations; 'ℒkammer *f* Herz: oreillette *f*; 'ℒkämpfer *fig. m* champion *m*; pionnier *m*; 'ℒkauen: j-m etw. ~ mâcher qch. à q. (*a. fig.* F); 'ℒkauf 🏛 *m* préemption *f*; 'ℒkaufsrecht *n* droit *m* de préemption; 'ℒkehrung *f* mesure *f* (*treffen* prendre); disposition *f*; préparatifs *m/pl.* (*treffen* faire).
'vorkommen **1.** (*sich ereignen*) arriver; se passer; (*erscheinen*) sembler; paraître; (*sich finden*) se trouver, *Pflanzen*: *a.* habiter; (*heraustreten*) sortir (de); *sich* ~ *wie* se croire (*acc.*); **2.** ℒ *n Stoffe*: présence *f*; *Pflanzen*: habitat *m*; ⚒ gisement *m*; '~den'falls le cas échéant.
Vor|'kommnis ['~kɔmnis] *n* (4¹) événement *m*; (*Fall*) cas *m*; '~kriegszeit *f* (époque *f* d')avant-guerre *m* (*od. f*); 'ℒladen 🏛 citer; assigner; 'ℒladung 🏛 *f* citation *f*; assignation *f*; '~lage *f* (*Muster*) modèle *m*; (*Gesetzes*ℒ) projet *m* de loi; *Urkunde*: présentation *f*; *Fußball*: service *m*; *bei* (*gegen*) ~ sur (contre) présentation; 'ℒlagern étendre devant; 'ℒlassen laisser avancer; j-n ~ (*empfangen*) laisser entrer q.; recevoir q.; 'ℒlaufen (*vorauseilen*) prendre les devants; *Uhr*: avancer; '~läufer *m* précurseur *m*; 'ℒläufig provisoire; (*fürs erste*) pour le moment; en attendant; 'ℒlaut qui parle avant

son tour; qui a la langue trop longue; peu discret; '⁓leben *n* vie *f* antérieure; ⁓ Antecédents *m/pl*.

'Vorlege|gabel *f* grande fourchette *f*; '⁓löffel *m* louche *f*; '⁓messer *n* couteau *m* à découper; '⁓n mettre (*od.* placer) devant; (*darreichen*) présenter; (*zeigen*) montrer; (*unterbreiten*) soumettre; *Urkunde usw.*: produire; exhiber; *Schloß*: mettre; *Speisen*: servir; *ein tolles Tempo* ⁓ mener un train d'enfer; '⁓r *m* (7) (*Bett ⁓*) descente *f* de lit; '⁓schloß *n* cadenas *m*.

'vorles|en: *j-m etw.* ⁓ lire qch. à q.; '⁓er *m* lecteur *m*; '⁓ung *f* lecture *f*; (*Vortrag*) conférence *f*; *Universität*: cours *m* (*halten* faire; *hören* suivre).

'vor|letzt avant-dernier; '⁓liebe *f* préférence *f* (*für* pour); prédilection *f*; *mit* ⁓ de préférence; '⁓liebnehmen se contenter (*mit* de); '⁓liegen être sous les yeux (de); être à l'examen (de); *es liegt nichts vor* il n'y a rien; *es liegt nichts gegen ihn vor* on n'a rien à lui reprocher; '⁓liegend présent; *im* ⁓*en Fall* en l'occurence; en l'espèce; '⁓lügen: *j-m etw.* ⁓ dire des mensonges à q.; '⁓machen: *j-m etw.* ⁓ montrer à q. comment on s'y prend, (*um ihn zu täuschen*) en conter à q.; '⁓macht *f* puissance *f* dirigeante; '⁓machtstellung *f* hégémonie *f*; '⁓malig ancien; d'autrefois; '⁓mals autrefois; jadis; '⁓marsch *m* marche *f* en avant; '⁓merken prendre note (de); *Datum, Platz*: retenir; '⁓mittag *m* matin *m*; (*⁓zeit*) matinée *f*; *am* ⁓ = '⁓mittags dans la matinée; '⁓mund *m*, '⁓münderin *f* tuteur *m*, -trice *f*; *v. Erwachsenen*: curateur *m*, -trice *f*; '⁓mundschaft *f* tutelle *f*; *v. Erwachsenen*: curatelle *f*; *unter* ⁓ *stehen* (*stellen*) être (mettre) en tutelle (*Erwachsene*: en curatelle); '⁓mundschaftlich pupillaire; '⁓mundschaftsgericht *n* chambre *f* des tutelles.

vorn(e) ['fɔrn(ə)] devant; *von* ⁓ par devant; de front; de (*od.* en) face; *von* ⁓ *bis hinten* d'un bout à l'autre; ⁓ *sitzen* être au premier rang; *im Buch* en tête du livre; *nach* ⁓ *wohnen* loger sur le devant; *nach* ⁓ *liegen Räume*: donner sur la rue; *nach* ⁓ *geneigt* penché en avant; *von* ⁓ (*von neuem*) *anfangen* commencer de nouveau; recommencer dès le début; ⁓ *und hinten sein* être partout.

Vorname ['⁓nɑːmə] *m* prénom *m*; (*Taufname*) nom *m* de baptême.

vornan ['⁓'ʔan] en tête.

vornehm ['foːrneːm] distingué; de qualité; (*elegant*) élégant; (*edel*) noble; ⁓ *tun* jouer au grand seigneur (à la grande dame); '⁓en *Schürze usw.*: mettre; *Bücher usw.*: sortir; *etw.* ⁓ entreprendre qch.; *Veränderung*: faire; *Nachprüfung*: procéder à; *sich etw.* ⁓ se proposer de faire qch.; projeter qch.; *j-n* ⁓ (*tadeln*) reprendre q., (*prüfen*) examiner q.; '⁓heit *f* distinction *f*; élégance *f*; *Gesinnung*: noblesse *f*; '⁓lich [⁓'neːm-] surtout; particulièrement.

'vorneigen pencher en avant.

'vorn|herein: *von* ⁓ de prime abord; tout d'abord; '⁓über à la tête en avant.

'Vor-ort *m* banlieue *f*; '⁓bahn *f* de banlieue; '⁓zug *m* train *m* de banlieue.

'Vor|platz *m* esplanade *f*; *Kirche*: parvis *m*; (*Hausflur*) vestibule *m*; '⁓pommern *n* la Poméranie antérieure; '⁓posten *m* avant-poste *m*; '⁓prüfung *f* examen *m* préalable; '⁓rang *m* prééminence *f*; préséance *f*; *bsd. zeitlich*: priorité *f*; *den* ⁓ *vor j-m haben* avoir le pas sur q.; *j-m den* ⁓ *lassen* céder le pas à q.; *j-m mit* ⁓ *abfertigen* accorder à q. le tour de faveur; '⁓rat *m* (3³) provision *f*; ✝ stock *m*; *sich e-n* ⁓ *von etw. anlegen* faire provision de qch., ✝ stocker qch.

vorrätig ['⁓rɛːtɪç] disponible; ✝ en magasin; en stock; *Buch*: en vente (bei chez).

'Vorrats|haus *n* entrepôt *m*; '⁓kammer *f* office *f*; '⁓schrank *m* garde-manger *m*.

'Vor|raum *m* antichambre *f*; '⁓rechnen: *j-m etw.* ⁓ faire le compte de qch. à q., (*aufzählen*) énumérer qch. à q.; '⁓recht *n* privilège *m*; *ausschließliches*: prérogative *f*.

'Vorred|e *f* préface *f*; *kürzere*: avant-propos *m*; *e-e* ⁓ *zu e-m Buch schreiben* préfacer un livre; '⁓en: *j-m etw.* ⁓ en conter à q.; '⁓ner *m* préopinant *m*; *parl.* mein ⁓ l'orateur que vous venez d'entendre.

'vorreit|en *v/i.* chevaucher en tête; *v/t. Pferd*: présenter; '⁓er *m* piqueur *m*.

'vorricht|en apprêter; préparer; **'2ung** f dispositif m; appareil m; mécanisme m; **~en** pl. préparatifs m/pl. (treffen faire; zu de).
'vor|rücken v/t. Stuhl, Uhr: avancer; v/i. (s')avancer; **'2rücken** n (6) avance f; avancement m; **'2runde** f Sport: (épreuve f) éliminatoire f; **'~sagen** dire pour faire répéter; Schule: souffler (j-m q.); **'2saison** f avant-saison f; **'2sänger** m premier chantre m.
'Vor|satz m projet m; dessein m; (Absicht) intention f, (Entschluß) résolution f; mit ~ = **2sätzlich** ['~zɛtsliç] prémédité; adv. à dessein; de propos délibéré; exprès; **'~schein** m: zum ~ kommen paraître; se montrer; zum ~ bringen mettre au jour; **'2schicken** j-n ~ faire prendre les devants à q.; ⚔ faire avancer; **'2schieben** pousser en avant; Riegel: pousser; (weiter ~) avancer; sich ~ se retrancher derrière; als Vorwand: prétexter; Gründe: invoquer; **'2schießen** Geld: avancer; **'~schiff** n proue f.
'Vorschlag m proposition f; für ein Amt: présentation f (für à); s point d'agrément; ein ~ zur Güte une tentative de conciliation; in ~ bringen = **'2en** proposer (für pour); für ein Amt: présenter (für à); **'~sliste** f Beförderungen: tableau m d'avancement; Wahlen: liste f des candidats; **'~srecht** n droit m de présentation. [dominant.]
'vorschmecken avoir un goût pré-
'Vorschneide|messer n couteau m à découper; **'2n** découper.
'vorschnell trop prompt; précipité; (unüberlegt) inconsidéré; adv. à la légère; à l'étourdie.
'vor|schreiben tracer un modèle (d'écriture); fig. prescrire; ich lasse mir nichts ~ je n'ai d'ordres à recevoir de personne; **'~schreiten** avancer; progresser.
'Vorschrift f modèle m (d'écriture); fig. prescription f; (Verhaltungsbefehle) instructions f/pl.; règlement m; ärztliche ~ ordonnance f; ~ ist ~ être de rigueur; **'2smäßig** conforme aux instructions; réglementaire; **'2swidrig** contraire aux instructions (od. au règlement).
'Vor|schub m aide f; j-m ~ leisten aider q.; e-r Sache (dat.) ~ leisten favoriser qch.; **'~schule** f école f préparatoire; **'~schuß** m avance f; **'~schußver|ein** m société f de prêts; **'2schußweise** à titre d'avance; **'~schußzahlung** f paiement m anticipé; **'2schützen** prétexter; sein Alter ~ s'excuser sur son âge; **'2schwatzen:** j-m etw. ~ en conter à q.; **'2schweben:** mir schwebt etw. vor j'ai une vague idée de qch.; es schwebt mir vor, zu ... (inf.) j'ai vaguement l'intention de ... (inf.).
'2schwindeln: j-m etw. ~ en faire accroire à q.; **'2sehen** v/t. prévoir; sich ~ prendre garde (vor dat. à); v/i. avancer la tête; **'~sehung** f providence f; göttliche ~ Providence f; **'2setzen** (vor etw. setzen) placer devant; (weiter ~) avancer; (anbieten) offrir; Speisen: servir; j-n e-r Sache (dat.) ~ mettre q. à la tête de qch.
'Vorsicht f prévoyance f; (Bedachtsamkeit) précaution f; (Umsicht) prudence f; circonspection f; ~! attention! prenez garde!; **'2ig** prudent; circonspect; adv. a. avec précaution; **'2shalber** par mesure de précaution; **'~smaßnahme** f (mesure f) précaution f.
'Vor|silbe gr. f préfixe m; **'2singen:** j-m etw. ~ chanter qch. à q.; **'2sintflutlich** antédiluvien (a. fig.).
'Vorsitz m présidence f; den ~ führen = **'2en:** e-r Versammlung ~ présider une réunion; **'~ende(r)** m dominant.
'Vorsorg|e f prévoyance f; soin m; ~ treffen, daß ... prendre les précautions nécessaires pour que ... (subj.); **'2en** prendre les précautions nécessaires; für etw. ~ pourvoir à qch.; **'2lich** prévoyant; adv. par précaution.
'Vorspann ['~ʃpan] m relais m; Film: générique m; **'2en** (vor etw. spannen) tendre devant; Pferde: atteler.
'Vor|speise f entrée f; 'hors-d'œuvre m; **'2spiegeln:** j-m etw. ~ faire miroiter qch. aux yeux de q.; donner de fausses espérances à q.; **'~spiegelung** f: ~ falscher Tatsachen inventions f/pl. (mensongères); **'~spiel** n prélude m; ouverture f; thé. prologue m; lever m de rideau; **'2spielen:** j-m etw. ~ jouer qch. à q.; **'2sprechen** v/t. dire (resp. prononcer) pour faire répéter; v/i. bei j-m ~ se présenter chez q.; **'2-**

vorspringen — 1134 — **Vorverkaufskasse**

springen sauter en avant; △ avancer; saillir; ²**springend** saillant; '**~sprung** m △ saillie f; avance f (a. fig. u. Sport; vor dat. sur); '**~stadt** f faubourg m; '**~städter** m faubourien m; ²**städtisch** faubourien.

'**Vorstand** m comité m de direction; Unternehmen: direction f; (Vorsteher) directeur m; président m; '**~sdame** f dame f patronnesse.

'**vorsteck|en** Blume, Brosche usw.: mettre; Kopf: avancer; ²**nadel** f épingle f; broche f.

'**vorsteh|en** △ avancer; saillir; e-r Sache (dat.) ~ (leiten) diriger qch.; être à la tête de qch.; e-m Hause ~ conduire une maison; '**~end** △ saillant; (vorig) précédent; das ²**e** ce qui précède; im ~**en** dans ce qui précède; (weiter oben) ci-devant; ²**er(in** f) m (7) directeur m, -trice f; chef m; (Gemeinde²) maire m; ²**erdrüse** f prostate f; ²**hund** m chien m d'arrêt.

'**vorstell|en** (vor etw. stellen) placer devant; (weiter ~) avancer (a. Uhr); (bedeuten) signifier; etw. ~ représenter qch. (a. thé.): sich j-m ~ se présenter à q.; sich etw. ~ se représenter qch.; se figurer qch.; s'imaginer qch.; '**~ig**: bei j-m ~ werden adresser une requête (od. une réclamation) à q.; ²**ung** f (Begriff) idée f; notion f; conception f; Person: présentation f; thé. représentation f; spectacle m; (Kino²) séance f cinématographique; keine ~! relâche!; (Ermahnung) remontrance f; ²**ungskraft** f, ²**ungsvermögen** n imagination f.

'**Vorstoß** m ⚔ attaque f brusquée; Schneiderei: passepoil m; (Randschnur) liséré m; ²**en** ⚔ lancer une attaque.

'**Vor|strafe** f condamnation f antérieure; j-s ~**n** antécédents m/pl. judiciaires de q.; ²**strecken** étendre; avancer (a. Geld); ²**stufe** f premier degré m; cours m élémentaire; ²**stürmen** avancer avec impétuosité; ²**tanzen**: j-m e-n Tango ~ danser un tango devant q.; '**~tänzer** m premier danseur m; ²**täuschen** feindre; simuler; j-m etw. ~ donner des illusions à q.

Vorteil ['fɔrtaɪl] m (3) avantage m (über j-n gewinnen remporter sur q.); (Gewinn) profit m; bénéfice q.; im ~ sein avoir l'avantage; j-m zum ~ gereichen être avantageux pour q.; aus etw. ~ ziehen tirer (bon) parti de qch.; auf s-n ~ bedacht sein entendre bien ses intérêts; ²**haft** avantageux; (nutzbringend) profitable; adv. avec profit.

'**Vortrab** ⚔ m tête f d'avant-garde.

Vortrag ['~traːk] m (3³) conférence f (halten faire); (Bericht) rapport m; récit m; exposé m; (Abhandlung) discours m; Dichtung: récitation f; déclamation f; ♪ exécution f; (~sweise) élocution f; débit m; diction f (a. ♪); ~ auf neue Rechnung ♱ solde m à nouveau; ²**en** ['~gən] (darlegen) exposer; (berichten) rapporter; Dichtung: réciter; déclamer; ♪ exécuter; Lied: chanter; '**~ende(r)** m conférencier m; (Darlegender) rapporteur m.

'**Vortrags|-art** f diction f (a. ♪); '**~folge** f programme m; '**~kunst** f art m de la déclamation; '**~künstler(in** f) m déclamateur m; diseur m, -euse f.

'**vor|trefflich** excellent; (vollkommen) parfait; (auserlesen) exquis; ²**keit** f excellence f.

'**vor|treiben** pousser en avant; Sappe: pratiquer; ²**treppe** f perron m; '**~treten** (vor etw. hintreten) se mettre devant; (nach vorne treten) avancer; ⚔ sortir des rangs; ²**tritt** fig. m pas m; préséance f; den ~ vor j-m haben avoir le pas (od. la préséance) sur q.; j-m den ~ lassen céder le pas à q.; ²**trupp** m tête f d'avant-garde; ²**turner** m moniteur m de gymnastique.

vo'rüber passé; der Regen ist ~ la pluie a cessé; **~gehen** passer (an dat. devant); **~gehend** passager; (nur für e-e Übergangszeit geltend) transitoire; (zeitweilig) temporaire; die ²**en** les passants m/pl.; **~ziehen** passer (an dat. devant).

'**Vor|-übung** f exercice m préalable (od. préparatoire); '**~untersuchung** f ⚖ instruction f préalable.

'**Vor|-urteil** n préjugé m; ²**sfrei**, ²**slos** sans (od. exempt de) préjugés; ²**svoll** plein de préjugés.

'**Vor|väter** m/pl. ancêtres m/pl. '**~verfahren** n, '**~verhandlung** f procédure f préliminaire.

'**Vorverkauf** m location f; '**~skasse** f bureau m de location.

vorverlegen avancer; *das Feuer* ~ ⚔ allonger le tir; **'~vorgestern** il y a trois jours; **'~vorig** avant-dernier; **'~wagen:** *sich* ~ oser avancer; **'²wahl** *f* scrutin *m* éliminatoire; **'~walten** prévaloir; (pré)dominer; **'²wand** *m* prétexte *m*; (*Ausflucht*) subterfuge *m*.

vorwärts ['~verts] en avant; ~! *a*. allons!; ~ *gehen* marcher (*od.* aller) en avant; *sich* ~ *bewegen*; ~ *rücken* avancer; **'~bewegung** *f* mouvement *m* (*od.* marche *f*) en avant; **'~bringen** faire avancer; **'~gehen** avancer; **'~kommen** avancer; faire des progrès; *im Leben:* faire son chemin.

vorweg [~'vek] (*im voraus*) d'avance; à l'avance; **²nahme** *f* anticipation *f*; prélèvement *m*; **~nehmen** anticiper; prélever.

'vorweisen montrer; *Urkunde usw.*: exhiber; produire.

'Vorwelt *f* temps *m* passé; nos ancêtres *m/pl.*; (*Urwelt*) monde *m* primitif; **'²lich** du monde primitif.

'vor|werfen (*vor etw. hinwerfen*) jeter devant; *j-m etw.* ~ jeter qch. à q., *fig.* reprocher qch. à q.; **'²werk** *n* métairie *f*; ⚔ ouvrage *m* avancé; **'~wiegen** prévaloir; (*vorherrschen*) prédominer; **'~wiegend** prépondérant; prédominant; *adv.* surtout.

'Vorwitz *m* curiosité *f* indiscrète; indiscrétion *f*; **'²ig** curieux; indiscret.

'Vorwort *n* (3) avant-propos *m*; préface *f*; *ein* ~ *zu e-m Buch schreiben* préfacer un livre.

'Vorwurf *m* reproche *m*; (*Tadel*) blâme *m*; (*Thema*) sujet *m*; *j-m etw. zum* ~ *machen* reprocher qch. à q.; **'²sfrei** irréprochable; **'²svoll** plein de reproches.

'vorzählen compter (*j-m etw.* qch. à q.); (*aufzählen*) énumérer.

'Vorzeich|en *n* présage *m*; (*Anzeichen*) indice *m*; signe *m* précurseur; ♉ prodrome *m*; ♪ *u.* ♫ signe *m*; **²nen:** *j-m etw.* (*Nachzuzeichnendes*) ~ dessiner (*od.* tracer) un modèle à q.; (*angeben*) indiquer; marquer; *j-m den Weg* ~ tracer la voie à q.; **'~nung** *f* (*Vorzeichnen*) tracement *m*; (*Modell*) modèle *m*; *Stickerei*: tracé *m*; (*Angabe*) indication *f*.

'vorzeig|en montrer; présenter; *Urkunde usw.*: produire; exhiber; **²er** *m* porteur *m*.

'Vorzeit *f* passé *m*; temps *m/pl.* les plus reculés; (*Altertum*) antiquité *f*; **²en** [~'tsaitən] autrefois; jadis; **'²ig** prématuré; anticipé; (*frühreif*) précoce.

'vorziehen (*vor etw. ziehen*) tirer devant; *fig.* préférer.

'Vorzimmer *n* antichambre *f*.

'Vorzug *m* 🚂 train *m* pilote; *fig.* préférence *f*; (*Vorteil*) avantage *m*; (*gute Eigenschaft*) qualité *f* éminente; *den* ~ *vor j-m haben* l'emporter sur q.

vorzüglich [~'tsy:kliç] excellent; supérieur; *ganz* ~ exquis; **²keit** *f* excellence *f*; qualité *f* supérieure.

'Vorzugs|-aktie *f* action *f* privilégiée; **'~preis** *m* prix *m* de faveur; **'~recht** *n* privilège *m*; **'²weise** de préférence.

Votiv|bild [vo'ti:f-] *n*, **~tafel** *f* tableau *m* votif; ex-voto *m*.

Votum ['vo:tum] *n* vote *m*.

vulgär [vul'gɛːr] vulgaire.

Vulkan [vul'kaːn] *m* (3¹) volcan *m*; **²isch** volcanique; **²i'sieren** [~kani-] ⊕ vulcaniser.

W

W [ve:], **w** n W, w m.
Waage ['vɑ:gə] f (15) balance f; (Dezimal2) bascule f; (Brief2) pèse-lettres m; ast. Balance f; fig. die ~ halten faire contrepoids à; sich die ~ halten se contrebalancer; '~balken m fléau m de la balance; '2-recht horizontal; de niveau.
Waagschale ['vɑ:k-] f plateau m de balance; schwer in die ~ fallen fig. peser dans la balance.
Wabe ['vɑ:bə] f (15) rayon m de miel; '~nhonig m miel m en rayons.
wach [vax] éveillé; ~ sein veiller; ~ werden s'éveiller; se réveiller; ~ machen (r)éveiller; '2dienst m service m de garde; ~ haben être de garde.
Wach|e ['~ə] f (15) garde f; (Schild2) sentinelle f; ⚓ quart m; (Wach2) vigie f; bei Kranken usw.: veille f; veillée f.; (Wachlokal) corps m de garde; poste m (a. Polizei); ~ haben être de garde, ⚓ être de quart (od. en vigie); auf ~ ziehen (stehen) prendre (monter) la garde; j-n auf die ~ bringen conduire q. au poste; ~ halten = 2en veiller (über acc. sur; bei e-m Kranken [auprès d'] un malade); '~feuer n feu m de bivouac; '2-habend veillant; ⚓ de quart; '2-halten tenir éveillé; '~hund m chien m de garde; '~lokal n corps m de garde; poste m (a. Polizei); '~mannschaft f (hommes m/pl. de) garde f; poste m; ⚓ quart m.
Wacholder [va'xɔldər] m genièvre m; '~beere f baie f de genièvre; '~branntwein m (eau-de-vie f de) genièvre m; ~strauch m genévrier m.
'wach|rufen réveiller; fig. évoquer; '~rütteln (secouer pour) réveiller.
Wachs [vaks] n (4) cire f; Schi: fart m; mit ~ einreiben cirer, Schi: farter; '~abdruck m empreinte f sur cire.
'wachsam vigilant; attentif; ⚔ u. fig. sur le qui-vive; ~ sein auf (acc.) veiller à; '2keit f vigilance f.
'Wachsbild n figur(in)e f de cire.
wachsen ['~ən] **1. a)** v/i. (30) croître; Personen: grandir; Pflanzen, Bart usw.: pousser; (zunehmen) s'accroître; augmenter; (steigen) monter; Werk: avancer; se développer; **b)** 2 n croissance f; Wasser: crue f; (Zunehmen) augmentation f; **2. a)** v/t. (27) (mit Wachs einreiben) cirer; Schi: farter; **b)** 2 n cirage m; Schi: fartage m.
wächsern ['vɛksərn] de (od. en) cire.
'Wachs|figur f figur(in)e f de cire; '~kerze f bougie f; in Kirchen: cierge m; '~leinwand f toile f cirée; '~licht n bougie f; '~perle f perle f fausse; '~puppe f poupée f de cire; '~salbe f cérat m; '~stock m rat m de cave; '~streichholz n allumette-bougie f; '~tuch n toile f cirée.
'Wachstum n (1, o. pl.) croissance f; ~ der Pflanzen: végétation f; mein eigenes ~ Wein: de mon cru.
'Wachs|zieher m cirier m; '~zündhölzchen n allumette-bougie f.
Wacht [vaxt] f (16) garde f.
'Wächte f corniche f de neige.
Wachtel ['~əl] orn. f (15) caille f; '~hund m épagneul m; '~könig orn. m râle m des genêts.
'Wächter m (7) garde m; (Hüter) gardien m; '~häus-chen n guérite f.
'Wacht|meister m maréchal m des logis chef; Polizei: brigadier m; '~parade f parade f de la garde montante; '~posten m poste m; '~schiff n garde-côte m; '~turm m beffroi m; donjon m; (zur Ausschau) échauguette f.
wack(e)lig ['vak(ə)liç] branlant; vacillant; Tisch usw.: boiteux; Gang: incertain; '~eln branler (mit dem Kopfe la tête); vaciller; Tisch usw.: être boiteux; mit dem Stuhl ~ se balancer sur sa chaise; '~er brave; (rechtschaffen) honnête; (mutig) courageux.
Wade ['vɑ:də] f (15) mollet m; '~nbein n péroné m; '~nkrampf m crampe f (de la jambe); '~nstrumpf m bas m de sport.
Waffe ['vafə] f (15) arme f; in ~n; unter ~n sous les armes; mit der ~ in der Hand l'arme à la main; zu den ~n greifen prendre les armes;

Waffel — 1137 — **Wahlordnung**

die ~n strecken rendre les armes; capituler. [gaufrier m.]
'Waffel f (15) gaufre f; '~-eisen n)
'Waffen|bruder m compagnon m d'armes; **~brüderschaft** f confraternité f d'armes; **~dienst** m service m militaire; **⁰fähig** en état de porter les armes; **~gang** m passe f d'armes; **~gattung** f arme f; **~gewalt** f force f des armes; **⁰los** désarmé; **~meister** m chef-armurier m; **~rock** m tunique f; **~ruhe** f suspension f des hostilités; **~schein** m (permis m de port d'armes); **~schmied** m armurier m; **~schmuggel** m contrebande f d'armes; **~stillstand** m armistice m; längerer: trêve f; **~stillstandskommission** f commission f d'armistice; **~tat** f fait m d'armes; exploit m (guerrier); **~tragen** n port m d'armes; **~träger** m homme m d'armes; **~übung** f exercice m militaire.
'waffnen armer (mit de).
wägbar ['vɛ:kba:r] pondérable.
'Wage|hals m (4²) risque-tout m; casse-cou m; téméraire m; **~mut** m audace f; témérité f; **⁰mutig** audacieux; téméraire.
wagen ['va:gən] (25) oser (etw. zu tun faire qch.); (aufs Spiel setzen) risquer (sein Leben sa vie); 'hasarder; sich an ein Geschäft ~ se risquer dans une affaire; sich an j-n ~ oser se mesurer avec q.
Wagen ['va:gən] m (6) voiture f; (Last⁰) chariot m (a. an Schreibmaschine); camion m; (Karren) charrette f; 🚃 wagon m; ast. der Große (Kleine) ~ la grande (petite)
wägen ['vɛ:gən] (30) peser. [Ourse.]
'Wagen|abteil n compartiment m; **~achse** f essieu m; **~aufbau** m carrosserie f; **~bauer** m carrossier m; **~bâche** f bâche f; **~fenster** n glace f; **~führer** m conducteur m (Kutscher) cocher m; Auto: chauffeur m; Straßenbahn: wattman m; **~gestell** n châssis m; **~halle** f garage m; **~heber** m cric m; **~ladung** f voiture f; voiturée f; **~leiter** f ridelle f; **~park** 🚂 m matériel m roulant; **~pferd** n cheval m de trait; **~schlag** m portière f; **~schmiere** f cambouis m; **~schuppen** m remise f; garage m; **~spur** f

ornière f; **~tür** f portière f; **~verdeck** n capote f; mit Sitzplätzen: impériale f; **~verkehr** m circulation f des voitures; **~winde** f cric m.
Waggon [va'gɔŋ] m (11) wagon m.
waghalsig ['va:k-] téméraire; 'hasardeux (a. Unternehmen); **⁰keit** f témérité f.
Wag|nis ['va:k-] n risque m; (Gewagtes) entreprise f 'hasardeuse.
Wahl [va:l] f (16) (Auswahl) choix m (treffen faire); zwischen zwei: alternative f; notgedrungene: option f (Abstimmung) élection f; vote m; (Zettel⁰) scrutin m (geheime secret); engere ~ (scrutin m de) ballottage m; in die engere ~ kommen être en ballottage; **~amt** n charge f élective; **~aufruf** m manifeste m électoral;
'wählbar éligible; nicht ~ inéligible; **⁰keit** f éligibilité f.
Wahl|be-einflussung f pression f électorale; **⁰berechtigt:** ~ sein avoir le droit de vote; **~berechtigung** f droit m de vote; **~beteiligung** f participation f au scrutin; **~bezirk** m circonscription f électorale; **⁰büro** n bureau m de vote.
wählen ['vɛ:lən] (25) (aus⁰) choisir; ~ Sie! à votre choix!; notgedrungen: opter (für pour); durch Abstimmung: élire; j-n zum König ~ élire q. roi; Telefonnummer: composer.
'Wähler(in f) m (7) électeur m -trice f. [scrutin.]
'Wahl-ergebnis n résultat m du)
'wähler|isch difficile (in dat. sur); **⁰liste** f liste f électorale; **⁰schaft** f électeurs m/pl.; **⁰scheibe** téléph. f disque m d'appel; **⁰versammlung** f réunion f électorale.
Wahl|fach n matière f facultative; (Spezialfach) spécialité f; **⁰fähig** qui a le droit de vote; (wählbar) éligible; **⁰fähigkeit** f droit m de vote; (Wählbarkeit) éligibilité f; **~feldzug** m campagne f électorale; **⁰frei** facultatif; **~gang** m tour m de scrutin; **~gesetz** n loi f électorale; **~heimat** f patrie f élective; **~kampf** m lutte f électorale; **~kreis** m circonscription f électorale; **~leiter** m celui qui préside à une élection; **⁰liste** f liste f électorale; **~lokal** n = ~büro; **⁰los** sans choisir; au hasard; **~mann** m (1²) délégué m; **~ordnung** f modalités f/pl.

71 Dtsch.-Franz.

Wahlrecht — 1138 — **Waldfrevel**

d'élection; ~**recht** n droit m de vote (od. de suffrage); allgemeines ~ suffrage m universel; passives ~ éligibilité f; ~**reform** f réforme f électorale; ~**spruch** m devise f; ~**stimme** f voix f; suffrage m; ~**urne** f urne f (du scrutin); ~**versammlung** f réunion f électorale; ~**verwandtschaft** f/pl. électives; ~**vorstand** m comité m électoral; ~**vorsteher** m = ~leiter; ~**zelle** f isoloir m; ~**zettel** m bulletin m de vote.

Wahn [va:n] m (3) folie f; opinion f fausse; (Irrtum) illusion f; ~**bild** n chimère f.

wähnen ['vɛ:nən] (25) croire (faussement od. à tort); (sich einbilden) s'imaginer.

Wahn|gebilde n chimère f; fantôme m; ~**glaube** m croyance f chimérique; superstition f; ~**sinn** m folie f; démence f; ♂ aliénation f mentale; in ~ verfallen être pris (od. frappé) de démence; '2**sinnig** fou; aliéné; ~**sinnige(r** a. m) m, f fou m, folle f, aliéné m, -e f; ~**vorstellung** f hallucination f; ~**witz** m folie f; déraison f; absurdité f; '2**witzig** fou; absurde.

wahr [va:r] vrai; (wirklich) véritable; (echt) authentique; (aufrichtig) sincère; im ~sten Sinne des Wortes dans toute l'acceptation du terme kein ~es Wort(bei vb. ne...) pas un mot de vrai; nicht ~? n'est-ce pas ?, F pas vrai ?; ~ machen réaliser; ~ werden se réaliser; ~ sprechen dire vrai; etw. für ~ halten tenir qch. pour vrai; so ~ ich lebe! aussi vrai que j'existe!; so ~ mir Gott helfe! ainsi Dieu me soit en aide!; ~**en** garder; maintenir; Rechte: défendre; den Schein ~ sauver les apparences.

während ['vɛ:rən] (25) durer; (fortfahren zu sein) continuer; '~**d 1.** prp. (gén., selten dat.) pendant; durant; **2.** cj. pendant que (ind.) (wohingegen) tandis que (ind.).

'**wahrhaben**: etw. nicht ~ wollen ne pas vouloir convenir de qch.

'**wahrhaft, ~ig** ['~haftiç] vrai; véritable; sincère; wahrhaftig! vraiment!; '2**igkeit** f véracité f; sincérité f.

'**Wahrheit** f vérité f; (um) die ~ zu sagen à dire vrai; à vrai dire; j-m (gehörig) die ~ sagen dire son fait à q.; '2**sgemäß** conforme à la vérité; ~**sliebe** f véracité f; '2**sliebend** véridique; [foi!] **wahrlich!** ['va:rliç] vraiment!; ma| '**wahrnehm|bar** perceptible; apercevable, (sichtbar) visible; '2**barkeit** f perceptibilité f; (Sichtbarkeit) visibilité f; ~**en** percevoir; (bemerken) s'apercevoir de; apercevoir; (sehen) voir; (betrachten) observer; Gelegenheit: saisir; Interessen: prendre en mains; défendre; Geschäfte: prendre la direction de; '2**ung** f perception f; (Betrachtung) observation f; mit der ~ m-r Interessen betraut chargé de mes intérêts; mit der ~ der Geschäfte beauftragt chargé de l'expédition des affaires courantes.

'**wahrsag|en** dire la bonne aventure; aus den Karten ~ tirer les cartes; aus der Hand ~ lire dans la main; (voraussagen) prédire; '2**er** (-in f) m devin m, -eresse f; diseur m, -euse f de bonne aventure; aus den Karten: tireur m, -euse f de cartes; aus der Hand: chiromancien m, -ne f; '2**e'rei** f divination f; aus der Hand: chiromancie f.

'**wahr'scheinlich** vraisemblable; probable; adv. a. sans doute; '2**keit** f vraisemblance f; probabilité f; 2**keitsrechnung** f calcul m des probabilités.

'**Wahr|spruch** m verdict m; '~**ung** f maintien m; Rechte: défense f.

'**Währung** f monnaie f; ~**spolitik** f politique f monétaire; système m monétaire; '~**sreform** f réforme f monétaire; ~**sverfall** m dépréciation f monétaire.

'**Wahrzeichen** n marque f distinctive; (aufgestelltes Zeichen) signal m; fig. symbole m; emblème m.

Waise ['vaɪzə] f (15) orphelin m, -e f.

'**Waisen|haus** n orphelinat m; ~**kind** n = Waise; ~**knabe** m orphelin m; ~**mädchen** n orpheline f.

Wal [va:l] m (3) baleine f.

Wald [valt] m (1²) forêt f; kleiner: bois m; ~**ameise** f fourmi f rouge; ~**beere** f myrtille f; ~**brand** m incendie m de forêt.

Wäldchen ['vɛltçən] n bocage m; bosquet m.

'**Wald|-erdbeere** f fraise f (Pflanze: fraisier m) des bois; '~**frevel**

Waldhorn — 1139 — **Wanderpreis**

m délit *m* forestier; '~**horn** *n* cor *m* (de chasse); '~**hüter** *m* garde *m* forestier; '**₂ig** boisé; '~**kultur** *f* sylviculture *f*; '~**land** *n* terrain *m* boisé; '~**meister** ⚥ *m* aspérule *f* (odorante); '~**nymphe** *f* dryade *f*; '~**rand** *m* lisière (*od.* orée) *f* du bois; '**₂reich** très boisé; '~**schule** *f* école *f* de plein air; '~**ung** *f* forêt *f*; *kleine*: bois *m*; '~**weg** *m* chemin *m* forestier; '~**wirtschaft** *f* exploitation *f* forestière.

Walfisch ['va:l-] *m* baleine *f*; '~**boot** *n*, '~**fahrer** *m* baleinier *m*; '~**fang** *m* pêche *f* à la baleine; '~**fänger** *m* balainier *m*.

'**Walk**|**e** *f* foulerie *f*; **₂en** ['~kən] fouler; '~**er** *m* fouleur *m*; '~**mühle** *f* moulin *m* à foulon.

Walküre ['valkyːrə] *f* (15) Valkyrie *f*.

Wall [val] *m* (3³) rempart *m*; (*Aufschüttung*) remblai *m*.

Wallach ['valax] *m* (3 *u.* 12) (cheval *m*) 'hongre *m*.

'**Wall**|**arbeit** *f* terrassement *m*; '~**arbeiter** *m* terrassier *m*; **₂en** (*sich wellenförmig bewegen*) onduler; ondoyer; (*flattern*) flotter; (*sieden*) bouillonner; *Blut*: bouillir; = ~**fahr**(**t**)**en**; '~**fahrer**(**in** *f*) *m* pèlerin *m*, -e *f*; '~**fahrt** *f* pèlerinage *m*; **₂fahr**(**t**)**en** (25 [26]) aller en pèlerinage; '~**fahrts-ort** *m* (lieu *m* de) pèlerinage *m*; '~**ung** *f* ondulation *f*; (*Sieden*) bouillonnement *m*; ébullition *f*; (*Aufregung*) agitation *f*; *in* ~ *bringen* émouvoir, *Blut*: faire bouillir; *in* ~ *geraten* s'émouvoir.

Wallon|**e** [vaˈloːnə] *m*, ~**in** *f* Wallon *m*, -ne *f*; **₂isch** wallon.

'**Wal**|**nuß** *f* noix *f*; '~**nußbaum** *m* noyer *m*; '~**roß** *n* morse *m*; ~**statt** ['vaːlʃtat] *f* champ *m* de bataille.

walten ['valtən] (26) régner (*über acc.* sur); gouverner; (*wirken*) agir; *im Hause* ~ avoir le gouvernement de la maison; *das walte Gott!* ainsi soit-il!; *unter den ~den Umständen* dans les circonstances présentes.

'**Walz**|**blech** *n* tôle *f* laminée; '~**e** *f* (15) cylindre *m*; rouleau *m*; *auf der* ~ *fig.* P sur le trimard; '~**eisen** *n* fer *m* laminé; **₂en** ['valtsən] (27) *Straße*: cylindrer; *Metall*: laminer; *Teig*: étendre au rouleau; (*tanzen*) valser; danser une valse.

wälzen ['vɛltsən] (27) rouler; *sich im Kote* ~ se vautrer; *etw. von sich* ~ se décharger de qch.; *sich* ~ *vor Lachen* se tordre de rire.

'**walzenförmig** cylindrique.

Walzer ['valtsər] *m* (7) valse *f*.

Wälzer ['vɛltsər] *m* gros bouquin *m*.

'**Walz**|**ertänzer** *m* valseur *m*; '~**maschine** *f*, '~**werk** *n* laminoir *m*.

Wamme ['vamə] *f* (15) *Rind*: fanon *m*; *Hirsch*: 'hampe *f*.

Wams [vams] *n* (21) pourpoint *m*.

Wand [vant] *f* (14¹) mur *m*; (*Mauerwerk*) muraille *f*; (*Verschlag*, *Scheide₂*) cloison *f*; (*Gefäß₂*, *Zelt₂ usw.*) paroi *f*; *spanische* ~ paravent *m*; (*Fels₂*) paroi *f* de rocher *m*; *j-n an die* ~ *stoßen* pousser q. contre le mur; *j-n an die* ~ *drücken* mettre q. au pied du mur, (*ausschalten*) éliminer q.; *j-n an die* ~ *stellen* coller q. au mur; '~**beleuchtung** *f* applique *f*; '~**brettchen** *n* étagère *f*.

Wandel ['~dəl] *m* (7) (*Änderung*) changement *m*; (*Lebens₂*) conduite *f*; vie *f*; *in etw.* (*dat.*) ~ *schaffen* apporter des modifications à qch.; '**₂bar** instable; inconstant; changeant; variable; ~**barkeit** *f* instabilité *f*; inconstance *f*; humeur *f* changeante; *des Geschicks*: vicissitude *f*; '~**gang** *m*, '~**halle** *f* couloir *m*; *in öffentlichen Gebäuden*: salle *f* des pas perdus; *thé.* *m* Saalinnern: promenoir *m*, *außerhalb*: foyer *m*; '**₂n** (29) marcher; cheminer; (*spazieren*) se promener; (*ver~*) changer (*in acc.* en); transformer; *sich* ~ (se) changer (*in acc.* en).

'**Wander**|**-ausstellung** *f* exposition *f* ambulante; '~**bibliothek** *f* bibliothèque *f* circulante; '~**bühne** *f* théâtre *m* ambulant; (*Schauspielertruppe*) troupe *f* en tournée; '~**düne** *f* dune *f* mouvante; '~**er** *m* (7) voyageur *m* (à pied); touriste *m*, *f*; '~**fahrt** *f* excursion *f*; '~**heuschrecke** *f* criquet *m* voyageur (*od.* migrateur); '~**jahre** *n*/*pl.* années *f*/*pl.* de voyage; '~**karte** *f* carte *f* routière; '~**leben** *n* vie *f* nomade (*od.* vagabonde); '~**lust** *f* humeur *f* voyageuse (*od.* vagabonde); **₂n** ['vandərn] (29) voyager (à pied); marcher; cheminer; *Blicke*: errer; *in die Ferne* ~ émigrer (*a. Vögel*); '~**n** *n* = ~**ung**; '~**niere** *f* rein *m* flottant; '~**prediger** *m* prédicateur *m* itinérant; '~**preis** *m* Sport:

Wanderratte — 1140 — **Warner**

challenge *m*; '~**ratte** *zo. f* surmulot *m*; ~**schaft** ['~ʃaft] *f* voyage *m* (à pied); *auf* ~ *sein Handwerker*: faire son tour (de France, etc.); '~**smann** *m* voyageur *m* (à pied); '~**sport** *m* tourisme *m* pédestre; '~**stab** *m* bâton *m* du voyageur (à pied); '~**trieb** *m* instinct *m* de migration); ~**ung** *f* voyage *m* (à pied); marche *f*; grande promenade *f* (à pied); (*Ausflug*) excursion *f*; *Völker, Vögel*: migration *f*; '~**vogel** *m* oiseau *m* voyageur (*od.* migrateur *od.* de passage); (*Pfadfinder*) éclaireur *m*; (boy-)scout *m*; ~**volk** *n* peuple *m* nomade.

Wand|gemälde *n* peinture *f* murale; fresque *f*; '~**kalender** *m* calendrier *m* mural; '~**karte** *f* carte *f* murale; '~**leuchter** *m* applique *f*; '~**lung** *f* changement *m*; transformation *f*; '~**male'rei** *f* = ~**gemälde**; '~**schirm** *m* paravent *m*; '~**schrank** *m* placard *m*; '~**spiegel** *m* trumeau *m*; '~**tafel** *f* tableau *m* noir; '~**teller** *m* assiette *f* murale; '~**teppich** *m* tapisserie *f*; '~**uhr** *f* pendule *f*; cartel *m*; '~**verkleidung** *f* boiserie *f*; lambris *m*.

Wange ['vaŋə] *f* (15) joue *f*.

Wankel|mut ['vaŋkəl-] *m* irrésolution *f*; versatilité *f*; **2mütig** irrésolu; versatile.

wanken ['vaŋkən] (25) chanceler, vaciller; *Knie, Boden*: se dérober; ~ *machen*; *ins* 2 *bringen* ébranler; *ins* 2 *geraten* être ébranlé.

wann [van] quand; *es sei*, ~ *es wolle* en quelque temps que ce soit; n'importe quand.

Wanne ['~ə] *f* (15) baquet *m*; cuve *f*; (*Bade*2) baignoire *f*; (*Getreideschwinge*) van *m*; '~**nbad** *n* bain *m* dans une baignoire.

Wanst [vanst] *m* (3² *u.* 3³) panse *f*.

Wanze ['~tsə] *f* (15) punaise *f*; '~**nstich** *m* morsure *f* de punaise.

Wappen ['vapən] *n* (6) armoiries *f/pl.*; armes *f/pl.*; '~**bild** *n* symbole *m*; '~**buch** *n* armorial *m*; '~**kunde** *f* blason *m*; '~**schild** *m* écu *m*; blason *m*; '~**spruch** *m* devise *f*.

wappnen (26) armer (*mit de*).

Ware ['vaːrə] *f* (15) marchandise *f*; (*Eß*2, *Kolonial*2) denrée *f*; *irdene* ~ poterie *f*; *verbotene* ~ contrebande *f*; *schlechte* ~ camelote *f*; pacotille *f*.

Waren|-absatz *m* débit *m*; '~**aufzug** *m* monte-charge *m*; '~**ausfuhr** *f* exportation *f*; '~**automat** *m* distributeur *m* automatique de marchandises; '~**bestand** *m* fonds *m*; stock *m*; '~**börse** *f* bourse *f* des marchandises; '~**einfuhr** *f* importation *f*; '~**haus** *n* (grand) magasin *m*; bazar *m*; '~**lager** *n* dépôt *m* de marchandises; entrepôt *m*; (*bestand*) fonds *m*; stock *m*; '~**probe** *f* échantillon *m*; '~**rechnung** *f* facture *f*; '~**schein** *m* warrant *m*; '~**stempel** *m* marque *f* de fabrique; '~**umsatz** *m* chiffre *m* de ventes; '~**verkehr** *m* trafic *m* de marchandises; '~**vorrat** *m* stock *m*; fonds *m*; '~**zeichen** *n* marque *f* de fabrique.

warm chaud; *fig.* chaleureux; *es ist* ~ il fait chaud; *mir ist* ~ j'ai chaud; ~ *machen* chauffer; échauffer (*a. fig.*); ~ *werden* s'échauffer (*a. fig.*); ~ *werden für fig.* (commencer à) s'intéresser à; ~ *servieren* (*essen*) servir (manger) chaud; ~ *sitzen* être bien au chaud; ~ *stellen* (*halten*) tenir chaud; *sich j-n* ~ *halten* faire tous ses efforts pour conserver les faveurs de q.; '~**blütig** à sang chaud.

Wärme ['vɛrmə] *f* (15, *o. pl.*) chaleur *f*; (*Zustand*) chaud *m*; *phys.* calorique *m*; *zwei Grad* ~ deux degrés au-dessus de zéro; '~**einheit** *f* calorie *f*; '~**erzeugung** *f* dégagement *m* de chaleur; '~**grad** *m* température *f*; degré *m* de chaleur; '~**halle** *f* chauffoir *m*; '~**lehre** *f* thermologie *f*; '~**leiter** *m* phys. conducteur *m* de la chaleur.

wärm|en (25) (ré)chauffer; *Bett*: bassiner; (*innerlich warm machen*) échauffer; '2**flasche** *f* bouillotte *f*.

Warm|halter *m* réchaud *m*; chauffe-plat *m*; '2**herzig** chaleureux; '~**laufen** *n Achse*: échauffement *m*; '~**luftheizung** *f* chauffage *m* à air chaud.

Warmwasser|bereiter *m* chauffe-eau *m*; '~**heizung** *f* chauffage *m* à eau chaude; '~**leitung** *f* conduite *f* d'eau chaude; '~**speicher** *m* réservoir *m* d'eau chaude; '~**versorgung** *f* ravitaillement *m* en eau chaude.

warn|en ['varnən] (25) avertir (*vor e-r Gefahr* d'un danger); prévenir; *vor j-m* ~ mettre en garde contre q.; '2**er** *m* avertisseur *m*; '2**melde-**

Warnmeldedienst — 1141 — **Wasser**

dienst *m* service *m* d'alerte; '**ung** *f* avertissement *m*; (*Wink*) avis *m*; zur ~ dienen servir de leçon.
'**Warnungs|schuß** ⚔ *m* coup *m* de semonce; '**~signal** *n* signal *m* d'avertissement; '**~tafel** *f* écriteau *m*.
Warschau ['varʃau] *n* (17) Varsovie *f*.
Warte ['vartə] *f* (15) observatoire *m*; '**~frau** *f* garde(-malade) *f*; **~geld** *n* traitement *m* de disponibilité; ⚔ demi-solde *f*; '**~halle** *f* salle *f* d'attente; '**2n** (26) attendre (*bis* ... *od. subj.*); *auf j-n* ~ attendre q.; *j-n* ~ soigner (*od.* garder) q.
Wärter|(in *f***)** ['vɛrtər] *m* (7) gardien *m*, -ne *f*; *bei Kranken*: garde--malade *m*, *f*. [d'attente.]
'**Warte|raum** *m*, '**~saal** *m* salle *f*)
'**Wärterhäus∙chen** *n* guérite *f* de garde-barrière.
Wartezimmer *n* salon *m* d'attente.
'**Wartung** *f* soins *m/pl.*; entretien *m*.
warum [va'rum] pourquoi; *pour quelle raison;* ~ *nicht?* pourquoi pas?
Warze ['vartsə] *f* (15) verrue *f*; (*Brust*2) mamelon *m*; bout *m* du sein.
was [vas] *pr/i. allein u. betont*: quoi; *unbetont*: que, qu'est-ce que, ~? que, qu'est-ce que = *pr/r.* ce qui, *acc.*: ce que, ~? quoi?, *höflich*: plaît-il? (*od.* vous disiez?); ~ *gibt es Schöneres als* ...? quoi de plus beau que (*mit folgendem inf.*: que de?); ~ *kostet das?* combien (cela coûte-t-il)?; ~ *ist die Uhr?* quelle heure est-il?; ~ *er schön singt!* qu'il chante bien!; ~ *lachst du?* pourquoi ris-tu?; qu'as-tu à rire?; ~ *für ein(*e) quel(le); ~ *für ein Mann ist es?* quel homme (*od.* quelle espèce d'homme) est-ce?; ~ *auch immer* quoi que (*subj.*); ~ *für Mittel er auch haben mag* quelles que soient ses ressources; *ich weiß,* ~ *dich betrübt* (~ *du willst*) je sais ce qui t'afflige (ce que tu veux); ~ *mich betrifft* quant à moi; ~ *noch schlimmer ist* qui pis est; *er läuft,* ~ *er kann* il court tant qu'il peut; *das ist* ~ (*etwas*) *anderes* c'est autre chose.
'**Wasch|∙anstalt** *f* blanchisserie *f*; lavoir *m*; '**~bank** *f* planche *f* à laver; '**2bar** lavable; '**~bär** *zo. m* raton *m* laveur; '**~becken** *n* cuvette *f*; lavabo *m*; '**~blau** *n* bleu *m*.
Wäsche ['vɛʃə] *f* (15) blanchissage *m*; *große* ~ lessive *f*; (*Zeug*) linge *m* (*reine* propre; *blanc*; *schmutzige* sale); (*große*)~ *haben* faire la lessive; *in die* ~ *geben* (*in der* ~ *sein*) donner (être) au blanchissage; *freie* ~ *haben* être blanchi; *reine* ~ *anziehen* mettre du linge propre; '**~beutel** *m* sac à linge (sale).
'**wasch∙echt** bon teint; qui résiste au lavage.
'**Wäsche|fabrik** *f* fabrique *f* de linge; '**~geschäft** *n* magasin *m* de blanc; '**~kammer** *f* lingerie *f*; '**~klammer** *f* pince *f* à linge; fichoir *m*; '**~leine** *f* corde *f* à linge; '**~mangel** *f* calandre *f*.
waschen ['vaʃən] (30) laver; *Wäsche*: blanchir; *in der Lauge*: lessiver; *abs.* faire la lessive.
'**Wäscher|(in** *f***)** *m* (7) laveur *m*, -euse *f*; blanchisseur *m*, -euse *f*; '**~ei** [~'rai] *f* (16) blanchisserie *f*; lavoir *m*.
'**Wäsche|rolle** *f* calandre *f*; '**~schrank** *m* armoire *f* à linge.
'**Wasch|faß** *n* cuvier *m*; cuveau *m* (à lessive); baquet *m* (à lessive); '**~frau** *f* laveuse *f*; '**~haus** *n* lavoir *m*; buanderie *f*; '**~kessel** *m* lessiveuse *f*; '**~kleid** *n* robe *f* lavable; '**~korb** *m* corbeille *f* à linge; '**~küche** *f* buanderie *f*; '**~lappen** *m* lavette *f*; *für Körperwäsche*: gant *m* de toilette; *fig.* chiffe *f*; '**~lauge** *f* lessive *f*; '**~leder** *n* peau *f* de chamois; '**~maschine** *f* machine *f* à laver; '**~mittel** *n* lessive *f*; '**~platz** *m* lavoir *m*; '**~pulver** *n* lessive *f* en poudre; '**~raum** *m* lavabo *m*; '**~schüssel** *f* cuvette *f*; '**~seide** *f* soie *f* lavable; '**~seife** *f* savon *m* de toilette (*für Wäsche*: à lessive); '**~tag** *m* jour *m* de lessive; '**~tisch** *m*, '**~toilette** *f* lavabo *m*; '**~trog** *m* = ~*faß*; '**~ung** *f* blanchissage *m*; *f* ⊕ lavage *m* (*a*. ⚙); lotion *f*; *rl.* ablution *f*; '**~wanne** *f* cuve *f* à lessive; '**~wasser** *n* eau *f* pour laver; '**~weib** *n* laveuse *f*; *fig.* F commère *f*; '**~zettel** *m* liste *f* du linge donné au blanchissage; *Buchhandel*: prière *f* d'insérer; '**~zuber** *m* = ~*faß*.
Wasser ['vasər] *n* (7) eau *f*; *zu* ~ *und zu Lande* par terre et par mer; *su*: terre et sur mer; *auf dem* ~ *su* l'eau; *über* ~ à la (*od.* en) surface *sich über* ~ *halten fig.* se tenir à flot *unter* ~ sous l'eau; entre deux eaux *unter* ~ *setzen* inonder; submerger

Wasserabfluß — 1142 — **Wasserstein**

unter ~ stehen être inondé (od. submergé); ins ~ fallen; zu ~ werden fig. tomber dans (od. à) l'eau; ins ~ gehen (springen) se jeter à (od. dans) l'eau; ~ ziehen (leck sein) prendre l'eau; j-m nicht das ~ reichen können fig. ne pas arriver à la cheville de q.; das ~ läuft ihm im Munde zusammen l'eau lui vient à la bouche; bei ~ und Brot sitzen être au pain et à l'eau; mit allen ~n gewaschen sein la connaître; '~**abfluß** m écoulement m des eaux; '~**arm** pauvre en eau; aride; '~**armut** f manque m d'eau; '~**bad** n bain-marie m; '~**ball** m Sport: water-polo m; '~**bau** m construction f hydraulique; '~**baukunst** f architecture f hydraulique; '~**becken** n bassin m; '~**behälter** m réservoir m d'eau; '~**blase** f bulle f d'eau; '~**bombe** f ⚓ ampoule f; '~**bombe** f ⚓ grenade f sous-marine; '~**dampf** m vapeur f d'eau; '~**dicht** imperméable; ⚓ étanche; ~ machen imperméabiliser, ⚓ rendre étanche; '~**druck** m pression f hydraulique; '~**eimer** m seau m; '~**fahrt** f promenade f sur l'eau; '~**fall** m chute f d'eau; cascade f; großer: cataracte f; '~**farbe** f couleur à l'eau; peint. gouache f; détrempe f; '~**farbengemälde** n aquarelle f; gouache f; '~**fläche** f breite, ruhige: nappe f d'eau; '~**flasche** f carafe f (à eau); '~**floh** m puce f d'eau; daphnie f; '~**flughafen** m base f d'hydravions; '~**flugzeug** n hydravion m; '~**flut** f inondation f; '~**fracht** f fret m; '~**gehalt** m teneur f en eau; '~**glas** n verre m à eau; ⚓ silicate m de potasse; '~**graben** m fossé m (rempli d'eau); ✈ rigole f; '~**grube** f citerne f; '~**hahn** m robinet m d'eau; '~**haltig** aqueux; aquifère; '~**heil-anstalt** f établissement m hydrothérapique; '~**heilkunde** f hydrothérapie f; '~**hose** f trombe f; '~**huhn** n poule f d'eau.

wässerig ['vɛsəriç] plein d'eau; aqueux; ⚓ séreux; fig. fade; insipide; den Mund ~ machen faire venir l'eau à la bouche (j-m à q.).

'**Wasser|jungfer** ent. f. libellule f; demoiselle f; '~**kanne** f broc m; '~**kante** f côte f; '~**karte** f carte f hydrographique; '~**kessel** m chaudière f; Küche: bouilloire f; '~**klosett** n cabinets m/pl. avec chasse d'eau; water-closet m; W.C. m; '~**kopf** ⚓ m hydrocéphalie f; (Person) hydrocéphale m, f; '~**kraft** f force f hydraulique; '~**kraftwerk** n usine f hydraulique; '~**krug** m cruche f; großer: jarre f; '~**kühlung** f refroidissement m par eau; '~**kunst** f jets m/pl. d'eau; grandes eaux f/pl.; '~**kur** f traitement m hydrothérapique; '~**landung** f amérissage m; '~**lauf** m cours m d'eau; '~**leitung** f im Hause: conduite f d'eau; in der Küche: robinet m (d'eau); (Aquädukt) aqueduc m; '~**lilie** f nénufar m; '~**linie** f ligne f de flottaison; '~**linse** f lentille f d'eau; '~**loch** n trou m d'eau; puisard m; '~**mangel** m manque m d'eau; '~**mann** ast. m Verseau m; '~**melone** f melon m d'eau; pastèque f; '~**messer** m hydromètre m; '~**mühle** f moulin m à eau; '⚓n ≈ amérir; '~n n amérissage m.

'**wässer|n** (29) (be~) arroser; (verdünnen) tremper; Wäsche: mouiller; Heringe: dessaler; phot. laver; Stoffe: moirer.

'**Wasser|nixe** f ondine f; naïade f; '~**not** f disette f d'eau; '~**pflanze** f plante f aquatique; '~**pocken** f/pl. varicelle f; '~**polizei** f police f des voies fluviales; '~**rad** n roue f hydraulique; Sport: pédalo m; '~**ratte** f rat m d'cau; alte ~ ⚓ fig. vieux loup m de mer; ~**recht** n code m des eaux; '~**reich** abondant en eau; '~**rohr** n tuyau m (od. conduite f) d'eau; '~**rose** ♀ f nénufar m; '~**schaden** m dégât(s pl.) m causé(s) par l'eau; '~**scheide** f ligne f de partage des eaux; '~**scheu** f horreur f de l'eau; '~**scheu** qui a l'eau en horreur; '~**schilaufen** n ski m nautique; '~**schlange** f serpent m aquatique; '~**schlauch** m outre f à eau; zum Sprengen: tuyau m d'arrosage; '~**snot** f inondations f/pl.; '~**speier** △ ['ʃpaɪr] m gargouille f; '~**spiegel** m niveau m de l'eau; surface f de l'eau; '~**sport** m sport m nautique; canotage m; '~**spülung** f chasse f d'eau; '~**stand** m niveau m (od. hauteur f) de l'eau; '~**standsmesser** m échelle f des eaux; fluviomètre m; '~**stein** évier m; '~stelle f point m d'eau; '~stiefel m botte f imperméable; '~stoff ♂ m hydrogène m; '~stoffbombe f bombe f H (od. à hydrogène); '~stoffsuper-oxyd n eau m oxygénée; '~strahl m jet d'eau; kalter ~ fig. douche f; '~straße f voie f navigable; route f fluviale; '~strudel m tourbillon m; '~sucht f hydropisie f; '⚥süchtig hydropique; '~tiere n/pl. animaux m/pl. aquatiques; '~transport m transport m par eau; '~trog m auge f; abreuvoir m; '~tropfen m goutte f d'eau; '~turbine f turbine f hydraulique; '~turm m château m d'eau; réservoir m d'eau; '~uhr f compteur m d'eau; '~verdrängung ♁ f déplacement m d'eau; '~versorgung f ravitaillement m en eau; '~vögel ['~fø:gəl] m/pl. oiseaux m/pl. aquatiques; '~vorrat m provision f d'eau; '~waage f niveau m d'eau; balance f hydrostatique; '~weg route f fluviale; auf dem ~ par eau; '~welle f onde f; vague f; (Frisur) mise f en plis; '~werk n (Versorgungsanlage) usine f de distribution d'eau; städtische ~e service m des eaux; '~zeichen m filigrane m.

'wäßrig = wässerig.

waten ['vɑːtən] (26) patauger; durch e-n Bach ~ passer un ruisseau à gué.

watschel|ig ['vatʃəliç] dégingandé; '~n se dandiner (en marchant).

Watt [vat] m n bas-fond m; estuaire m; ≠ watt m; ~e ['~ə] f (15) ouate f; ❀ coton m hydrophile; mit ~ füttern = ℒieren; '~e-bausch m tampon m de (od. d')ouate; '~enmeer n estuaire m; ℒieren [~'tiːrən] ouater; ouatiner.

Wauwau ['vauvau] m toutou m.

weben ['veːbən] (30) v/t. tisser; Spinne: filer la toile.

Weber|(in f) m (7) tisserand m, -e f; Fabrik: tisseur m, -euse f; '~baum m ensouple f; '~ei [~'raɪ] f(16) tisseranderie f; (das Weben) tissage m; (Webart) tissue f; (Gewebe) tissu m; '~einschlag m trame f; '~schiffchen m navette f (de tisserand); '~spule f bobine f.

Web|stuhl ['veːp-] m métier m (à tisser); '~waren f/pl. tissus m/pl.; textiles m/pl.

Wechsel ['vɛksəl] m (7) changement m; (Veränderung) variation f; (Um-schwung) revirement m; vicissitude f; Jahreszeiten: retour m; ast. révolution f; Sport: relais m; ch. passée f; (Austausch) échange m; (Umsatz v. Geldsorten) change m; (Geldanweisung) lettre f de change; effet m; gezogener ~ traite f; eigener ~ billet m à ordre; (Besitz⚥) ✝ effet m à recevoir; (Schuld⚥) effet m à payer; e-n ~ auf j-n ziehen (ausstellen) tirer une traite sur q.; '~akzept n acceptation f d'une lettre de change; '~balg m enfant m d'incube; petit monstre; '~bank f banque f de change; '~beziehung f rapport m réciproque; corrélation f; '~brief m lettre f de change; '~buch n livre m d'effets; '~bürgschaft f aval m; '~einlösung f paiement m d'un effet; ~fälle ['~fɛlə] m/pl. vicissitudes f/pl.; '~fieber n fièvre f intermittente; '~frist f usance f; '~geld n effets m/pl. en banque; (Kleingeld) (petite) monnaie f; '~gesang m chant m alterné; '~geschäft n affaire f de change; (Bank) bureau m de change; '~gespräch n dialogue m; '~getriebe n Auto: boîte f de changement de vitesse; '~inhaber (-in f) m porteur m, -euse f d'une lettre de change; '~jahre n/pl. Frau: retour m d'âge; âge m critique; ♀ ménopause f; '~kurs m (cours m du) change m; '~makler m agent (od. courtier) m de change.

'wechseln (29) changer; etw. ~ ausländisches Geld, Tritt: changer qch.; Wohnung, Kleider, Wäsche, Besitzer, Gang beim Auto: changer de qch.; ein Geldstück ~ changer une pièce; donner la monnaie d'une pièce; (austauschen) échanger; (ab~) alterner; Stimme: muer; ch. passer dans d'autres lieux; '~d changeant; alternatif; mit ~em Glück avec des fortunes diverses.

'Wechsel|nehmer m (7) porteur m; '~ordnung f règlement m concernant les lettres de change; '~protest m protêt m; '~recht n droit m cambial; '~rede f dialogue m; '~reime m/pl. rimes f/pl. croisées; '~schalter m commutateur m à plusieurs directions; '~schuld f obligation f de change; '⚥seitig réciproque; mutuel; '~seitigkeit f réciprocité f; mutualité f; '~strom ≠ m courant m alternatif; '~stube f bu-

Wechselverkehr — 1144 — **wegkapern**

reau *m* de change; '~**verkehr** *m* transactions *f/pl.* par traites; '2**voll** sujet à des vicissitudes; *Leben:* mouvementé; '2**weise** réciproquement; *(abwechselnd)* tour à tour; '~**winkel** *m* angle *m* alterne; '~**wirkung** *f* action *f* réciproque.

'**Wechsler** *m* (7) changeur *m*; cambiste *m*; *(Bankier)* banquier *m*.

Weck [vɛk] *m* ['~ə] *f*, ~**en** ['~ən] *m* petit pain *m*; '~**en** *n* réveil *m*; '2**en** (r)éveiller; '~**er** *m* (7) *(Weckvorrichtung)* sonnerie *f*; *(Weckuhr)* réveil *m*; réveille-matin *m*; *(Person)* éveilleur *m*; '~**glas** *n* bocal *m* à conserves; '~**ruf** ⚔ *m* réveil *m*; '~**uhr** *f s.* ~**er.**

Wedel ['veːdəl] *m* (7) *(Fliegen*⚯*)* chasse-mouches *m*; émouchoir *m*; *(Staub*⚯*)* époussetoir *m*; plumeau *m*; *(Weih*⚯*)* goupillon *m*; *(Schwanz)* queue *f*; '2**n** éventer; *mit dem Fächer* ~ s'éventer; *mit dem Schwanz* ~ remuer la queue.

weder ['veːdər] *cj.* ~ ... *noch* ... *(bei vb.* ne ...) ni ... ni ...

Weg [veːk] *m* (3) chemin *m (einschlagen* prendre), *(Landstraße)* route *f*; (~ *zu Lande usw.)* voie *f* (*a. fig.*); *(zurückzulegende Strecke)* parcours *m*; trajet *m*; *(Besorgung)* course *f*; *der* ~ *nach* ... le chemin de ...; *alle* ~*e und Stege kennen fig.* connaître les tenants et aboutissants; *am* ~ sur le (*od.* au bord du) chemin; *auf dem* ~ en route; en chemin; chemin faisant; *auf dem* ~ *nach (von)* sur le parcours à (de); *auf halbem* ~*e* à mi-chemin; *auf dem* ~*e der Besserung* en voie de guérison; *auf dem falschen* ~ *geraten; vom* ~ *abkommen* faire fausse route; s'égarer; *auf dem* ~*e (dabei) sein, zu* ... *(inf.)* être en train de ... *(inf.)*; *sich auf den* ~ *machen* se mettre en route; *aus dem* ~*e!* au large!; *j-m aus dem* ~*e gehen* faire place à q., laisser passer q., *fig.* éviter q.; *e-r Frage aus dem* ~*e gehen* éluder (*od.* esquiver) une question; *aus dem* ~*e schaffen* écarter; *j-m im* ~*e stehen;* j-m Hindernisse in den ~ legen faire obstacle à q.; contrarier q.; *j-m in den* ~ *treten* barrer le chemin à q.; *etw. in die* ~*e leiten* préparer qch.; *j-m nicht über den* ~ *trauen* n'avoir aucune confiance en q.

weg [vɛk] *(fort)* parti; *(verloren)* perdu; égaré; ~ *da!* ôtez-vous de là!; *arrière!;* au large!; *(seht euch vor)* gare!; *Kopf* ~! gare la tête!; *Hände* ~! gare les mains!, *(nicht berühren)* bas les mains; ⚔ *frei* ~! en avant!; marche!; ~ *damit!* enlevez-moi ça!; *ganz* ~ *sein fig.* ne plus se posséder; être 'hors de soi.

weg|ätzen ['vɛkˀɛ-] enlever à l'eau-forte; ⚕ cautériser; '~**beizen** enlever à l'eau-forte; *métall.* décaper; '~**begeben:** *sich* ~ s'en aller; partir; '~**bekommen:** *etw.* ~ parvenir à enlever qch.; '2**bereiter** ['veːk-] *fig. m* pionnier *m*; '~**blasen** souffler; '~**bleiben** ne pas venir; *lange* ~ tarder à revenir; '~**blicken** détourner les yeux; '~**bringen** emporter; *Personen:* emmener; *(befördern)* transporter; *Flecken:* enlever; ôter; '~**denken** faire abstraction de qch.; '~**drängen** repousser; écarter.

Wege|arbeiter ['veːgə-] *m* cantonnier *m*; '~**aufseher** *m* agent *m* voyer; '~**bau** *m* construction *f* des routes; '~**baumeister** *m* ingénieur *m* des ponts et chaussées; '~**gabelung** *f* bifurcation *f*; '~**geld** *n* péage *m*. [partir] à la hâte.]

weg-eilen ['vɛk-] se hâter de partir;]
'**Wege|lagerer** *m* (7) brigand *m*.

wegen ['veːgən] *prp.* (*gén.*) à cause de; pour; *(in betreff)* au sujet de; *(in Anbetracht)* en considération de; *(mit Rücksicht auf)* en raison de; *von Polizei* ~ par ordre de la police; *von Rechts* ~ de par la loi, *fig.* de plein droit; *von Amts* ~ d'office.

Weg|enetz ['veːgə-] *n* réseau *m* routier; ~**erich** ♃ ['~əriç] plantain *m*.

weg|fahren ['vɛk-] *v/i.* partir (en voiture, *etc.*); *v/t.* emporter *(Personen:* emmener) (en voiture, *etc.*); '2**fall** *m* suppression *f*; '~**fallen** tomber; etre supprimé; '~**fangen** attraper; *j-m:* ~ souffler qch. à q.; '~**fegen** balayer; '~**fliegen** s'envoler; '~**fließen** s'écouler; '~**führen** emmener; '2**gang** *m* départ *m*; '~**geben** donner; se défaire de; '~**gehen** s'en aller; partir; *beim* ⚯ au départ; en partant; '~**gießen** jeter; '~**haben:** *etw.* ~ F être intelligent; ~ *avoir* compris; *e-n* ~ F avoir bu un coup de trop; '~**hängen** pendre ailleurs; *(verwahren)* serrer; '~**helfen:** *j-m* ~ aider q. à partir; '~**holen** aller chercher; '~**jagen** chasser; '~**kapern**

wegkehren — 1145 — **wehrfähig**

capturer; '~kehren balayer; *Augen*: détourner; '~kommen partir; *(abhanden kommen)* s'égarer; *bei etw. gut* ~ s'en tirer bien; *schlecht* ~ être mal partagé; '~kratzen gratter; '~lassen laisser partir; *(auslassen)* omettre; *(streichen)* supprimer; A̅ négliger; '~laufen s'éloigner en courant; *(davonlaufen)* se sauver; '~legen mettre de côté; *(verwahren)* serrer; *Akten*: classer; '~machen ôter; enlever; *faire* partir; *ich* ~ s'en aller; ♀**nahme** *f* (15) enlèvement *m*; *(Beschlag)* saisie *f*; confiscation *f*; '~nehmen ôter; enlever prendre;*(mit Beschlag belegen)* saisir; confisquer; '~packen ranger; sich ~ F filer; '~radieren raturer; gratter; gommer; '~raffen rafler; enlever; *durch Krankheit*: emporter; '~räumen ranger; *(verwahren)* serrer; *Hindernis*: écarter; '~reisen partir en voyage; '~reißen arracher; *Häuser usw.*: démolir; '~rennen s'éloigner en courant; *(davonlaufen)* s'enfuir; '~rücken écarter; éloigner; '~rufen rappeler; '~schaffen enlever; A̅ éliminer; '~scheren enlever avec des ciseaux; *sich* ~ F décamper; filer; '~scheuchen effaroucher; '~schicken faire partir; envoyer; expédier;*(entlassen)* renvoyer; '~schieben écarter (en poussant); repousser; '~schleichen: *sich* ~ s'esquiver; '~schleppen emporter; traîner après soi; '~schließen mettre sous clef; '~schmeißen jeter; '~schnappen 'happer; *fig.* attraper; '~schneiden couper; *Glied* ~amputer; '~schütten jeter; '~schwemmen emporter; '~schwimmen être emporté par le courant; *(sich schwimmend entfernen)* s'éloigner à la nage; '~sehen détourner les yeux; ~ *über (acc.)* fermer les yeux sur; '~sehnen: *sich* ~ désirer ardemment de partir; '~setzen *v/t.* mettre de côté; *v/i.*: ~ *über etw. (acc.)* ~ sauter par-dessus qch.; *sich über etw. (acc.)* ~ *fig.* se mettre au-dessus de qch.; se moquer de qch.; '~spülen laver; *Fluten*: emporter; '~stecken *(verbergen)* cacher; '~stehlen: *sich* ~ s'éclipser; '~stellen mettre ailleurs; éloigner; '~sterben être emporté (par la mort); '~stoßen repousser; ♀**strecke** ['ve:k-] *f* parcours *m*;

trajet m; '~streichen biffer; raturer; effacer; *Haare*: écarter; ♀**stunde** ['ve:k-] *f* lieue *f*; '~stürzen sortir précipitamment; '~tragen emporter; '~treten se retirer; ⚔ rompre les rangs; ~! rompez!; '~tun ôter; mettre de côté; *(zurückschieben)* écarter;*(verwahren)* serrer; '~wehen souffler;♀**weiser** ['ve:k-]*m*(7) guide *m* (*a. fig.*); *(Pfahl)* poteau *m* indicateur; '~wenden détourner; '~werfen jeter; *als unbrauchbar*: rejeter; *(verschwenden)* prodiguer; *sich* ~ s'avilir; '~werfend dédaigneux; méprisant; '~wischen effacer en essuyant; essuyer; ♀**zehrung** ['ve:k-] *f* viatique *m*; '~zerren enlever en tiraillant; '~ziehen *v/t.* enlever; *v/i.* déménager; *aus dem Lande*: émigrer.

weh [ve:] ~(e) dir! malheur à toi!; *j-m* ~ tun faire mal à q.; *wo tut es dir* ~? où as-tu mal?; *der Kopf tut mir* ~ j'ai mal à la tête; *e-n* ~*en Finger haben* avoir mal au doigt.

Weh [ve:] *n* (3, *o. pl.*) mal *m*; *(Schmerz)* douleur *f*; *(Unglück)* malheur *m*; '~e *f* (15) *(Schnee*♀) amas *m* de neige; '~en 🌟 *f/pl.* douleurs *f/pl.* de l'enfantement; ♀**en** ['~ən] *Wind*: souffler; *Fahne*: flotter; '~en *n* (6) souffle *m*; '~gefühl *n* sentiment *m* douloureux; '~geschrei *n* lamentations *f/pl.*; '~klage *f* lamentation *f*; '♀**klagen** se lamenter; gémir; '♀**leidig** douillet; piteux; '~mut *f* mélancolie *f*; '♀**mütig** mélancolique.

Wehr [ve:r] **1.** ~ défense *f*; arme *f* (défensive); *(Bollwerk)* rempart *m*; *sich zur* ~ *setzen* se défendre; **2.** *n* digue *f*; *in Flüssen*: barrage *m*; '~beitrag *m* contribution *f* à la défense commune; '~bezirk *m* subdivision *f* militaire; ♀**dienst** *m* service *m* militaire; ♀**en** ['~ən] (25): *sich* ~ se défendre *(mit aller Macht* de toutes ses forces); résister; *sich s-r Haut (s-s Lebens)* ~ défendre sa peau (sa vie); *j-m etw.* ~ empêcher q. de faire qch., *(es ihm verbieten)* défendre qch. à q.; *e-r Sache (dat.)* ~ s'opposer à qch., *Leidenschaft*: réprimer qch.; '~etat *m* budget *m* de la défense nationale; '♀**fähig** en âge de porter les armes; apte au service

Wehrgehänge — 1146 — **Weihnachtsfest**

militaire; '**˷gehänge** n ceinturon m; baudrier m; !²**haft** valide; (mannhaft) vaillant; ˷ machen armer; '**˷kraft** f force f militaire; '**˷kreis** m région f militaire; !²**los** sans armes; sans défense (a. Tiere); ˷ machen désarmer; '**˷macht** f force f armée; armée f; '**˷pflicht** f service m militaire obligatoire; ²**pflichtig** astreint au service militaire; '**˷sport** m préparation f militaire; '**˷stand** m état m militaire.

Weib [vaɪp] n (1) femme f; '**˷chen** [zo. n (6) femelle f.

Weiber|feind ['˷ər-] m misogyne m; '**˷feindschaft** f mysogynie f; '**˷held** m homme m à femmes; coureur m de femmes; '**˷klatsch** m commérages m/pl.; '**˷knecht** m godelureau m; '**˷regiment** n domination f des femmes; '**˷volk** n femmes f/pl.

'**weib|isch** efféminé; '**˷lich** féminin; & u. zo. femelle; !²**lichkeit** f féminité f; nature f féminine.

'**Weibs|bild** n, '**˷person** f créature f; femme f; fille f.

weich [vaɪç] mou; (zart) tendre; délicat; (geschmeidig) souple (a. Kragen); (˷herzig) sensible; peint. flou; Haar: soyeux; Frucht: fondant; Hand, Bett: douillet; Brot, Stoff: mollet (a. Bett); Sitz: moelleux (a. Bett); Töne, Eisen, Wasser: doux; ˷es Ei œuf m mollet (od. à la coque); ˷ machen amollir, (rühren) attendrir; ˷ werden s'amollir, (sich rühren lassen) s'attendrir; ˷ kneten malaxer; !²**bild** n banlieue f; enceinte f (de la ville); ²**e** f anat. aine f; flanc m; ⛏ changement m de voie; (Schiene) aiguille f; '**˷en** céder (vor dat. devant); reculer; fléchir; nicht von der Stelle ˷ ne pas bouger; (ein˷) tremper; ²**ensignal** n signal m de branchement; ²**ensteller** m aiguilleur m; ²**enstellung** f aiguillage m; ²**enstellwerk** n poste m d'aiguillage; '**˷gekocht** Ei: à la coque; !²**heit** f Sprache, Stil: mollesse f; ˷ des Gemütes douceur f; '**˷herzig** (au cœur) tendre; sensible; mou; ²**herzigkeit** f tendresse f de cœur; sensibilité f; mollesse f; !²**käse** m fromage m mou; '**˷lich** mou; efféminé; douillet; !²**lichkeit** f mollesse f.

Weichsel ['vaɪksəl] Vistule f; '**˷kirsche** f griotte f; '**˷kirschbaum** m griottier m.

'**Weich|teile** m/pl. parties f/pl. molles; '**˷tiere** n/pl. mollusques m/pl.

Weide ['vaɪdə] ♀ f saule m; (Korb²) osier m; (Vieh²) pâturage m; pacage m; (Nahrung) pâture f; fig. délectation f; '**˷land** n pâturage m; !²**n** (26) v/i. paître; brouter (l'herbe); v/t. mener (od. faire) paître; sich an etw. (dat.) ˷ fig. se repaître (od. se délecter de qch.

'**Weiden|baum** m saule m; '**˷gebüsch** n saulaie f; (Korb²) oseraie f; '**˷kätzchen** n chaton m de saule; '**˷korb** m panier m d'osier; '**˷rute** f verge f de saule.

'**Weide|platz** m pacage m; pâturage m; '**˷recht** n droit m de pacage (od. de pâturage).

'**weidlich** (tüchtig) bravement, (reichlich) copieusement; (gehörig) comme il faut; (nach Herzenslust) à cœur joie.

Weid|mann ['vaɪtman] m (1) chasseur m; '**˷manns'heil** m: ˷! bonne chasse!; '**˷mannssprache** f termes m/pl. de vénerie; '**˷werk** n vénerie f; chasse f.

weiger|n ['vaɪgərn] (29): sich ˷, etw. zu tun refuser de faire qch.; ²**fort** se refuser à faire qch.; !²**ung** f refus m; !²**ungsfall** m: im ˷e en cas de refus.

Weih|becken ['vaɪ-] n bénitier m; '**˷bischof** m suffragant m; ²**e** ['˷ə] f consécration f; e-r Kirche: a. dédicace f; (Segnung) bénédiction f; e-s Priesters: ordination f; e-s Bischofs, Königs: sacre m; fig. solennité f; orn. milan m; !²**en** (25) consacrer (a. Hostie); vouer; (heiligen) sanctifier; Kirche: dédier; (segnen) bénir; j-n zum Priester ordonner q. prêtre; j-n zum Bischof ˷ sacrer q. évêque; '**˷er** m vivier m; étang m; '**˷estunde** f heure f de recueillement (od. d'édification); !²**evoll** solennel; '**˷geschenk** n offrande f; '**˷nacht(en)** f Noël m; !²**nachtlich** de Noël.

Weihnachts|abend ['vaɪnaxts˚-] m veille f de Noël; '**˷baum** m arbre m de Noël; '**˷bescherung** f distribution f des cadeaux de Noël; '**˷feier** f célébration f de la fête de Noël; '**˷fest** n fête f de Noël; '**˷-**

geschenk n cadeau m de Noël; *zu Neujahr*: étrenne f; '~**gratifikation** f gratification f de Noël; '~**lied** n (cantique m de) Noël m; '~**mann** m père m Noël; '~**mette** f messe f de minuit; '~**zeit** f temps m de Noël.

Weih|rauch ['vaɪraʊx] m encens m; *j-m ~ streuen fig.* encenser q.; '~**rauchfaß** n encensoir m; '~**wasser** n eau f bénite; '~**wasserbecken** n bénitier m; '~**wedel** m goupillon m, aspersoir m.

weil [vaɪl] parce que (*ind.*); (*da ja*) puisque (*ind.*); *bei gleichem Subjekt*: pour (*inf. passé*); (*in Anbetracht, daß*) vu que (*ind.*); ~**and** ['~ant] (*vorher*) ci-devant (*verstorben*) feu; défunt; **²chen** n petit moment m; (*Muße*) loisir m; *e-e ganze ~ un assez long temps; un bon (od. grand) moment; damit hat es gute ~ rien ne presse;* '~**en** demeurer, séjourner; **²er** m 'hameau m.

Wein [vaɪn] m (3) vin m; ♀ (~*rebe*) vigne f (*wilder vierge*); '~**bau** m culture f de la vigne; viticulture f; '~**bauer** m vigneron m; *im großen*: viticulteur m; '~**beere** f grain m de raisin; '~**bereitung** f vinification f; '~**berg** m vigne f; *ausgedehnter*: vignoble m; '~**berg(s)schnecke** f escargot m; '~**blatt** n feuille f de vigne; '~**brand** m eau-de-vie f de vin; cognac m.

wein|en ['~ən] (25) pleurer (*um j-n* q.); *heftig a chaudes larmes; vor Freude de joie*) **²en** m pleurs m/pl.; *j-n zum ~ bringen* faire pleurer q.; '~**erlich** pleurnicheur; *Stück*: thé. larmoyant.

'**Wein|ernte** f vendange f; '~**essig** m vinaigre m (de vin); '~**faß** n tonneau m à vin; '~**flasche** f bouteille f à vin; '~**garten** m vigne f; '~**gärtner** m vigneron m; '~**gegend** f pays m vignoble; '~**geist** m esprit-de-vin m; '~**glas** n verre m à vin; '~**handel** m commerce m de vins; '~**händler** m marchand m de vin(s); '~**handlung** f, '~**haus** n débit m de vin; cabaret m; (~*handel*) commerce m de vins; '~**hefe** f lie f de vin; '~**jahr** n année f vineuse; '~**karte** f carte f des vins; '~**keller** m cellier m; cave f (à vin); '~**kellner** m sommelier m; '~**kelter** f pressoir m; '~**kenner** m connaisseur m en vins; '~**kneipe** f cabaret m; '~**krampf** m crise f de larmes; '~**lager** n entrepôt m de vins; '~**land** n pays m vignoble; '~**laub** n feuillage m de la vigne; pampres m/pl.; '~**laube** f treille f, pampres m/pl.; '~**laube** f treille f, '~**lese** f vendange f; '~**leser(in** f) m vendangeur m, -euse f; '~**lokal** n cabaret m; taverne f; '~**most** m moût m; '~**presse** f pressoir m; '~**probe** f échantillon m de (*das Probieren*: dégustation f du) vin; '~**ranke** f sarment m; pampre m; '~**rebe** f vigne f; (*Rebstock*) cep m de vigne; *poét.* sarment m; '~**rot** rouge vineux; '~**säure** ⚗, f acide m tartrique; '~**schenke** f = ~*lokal*; '~**schlauch** m outre f à vin; '~**stein** m tartre m; '~**steinsäure** f = ~*säure*; '~**stock** m (cep m de) vigne f, '~**stube** f = ~*lokal*; '~**traube** f (grappe f de) raisin m; '~**treber** pl., '~**trester** ['~trɛstər] pl. marc m de raisin; '~**trinker** m buveur m de vin.

weise ['vaɪzə] sage; (*vorsichtig*) prudent; ~ *Frau* sage-femme f.

Weise ['vaɪzə] f (15) manière f; façon f; sorte f; guise f; méthode f; (*Sitte*) coutume f; ♪ air m; mélodie f; *auf diese ~ de cette manière (od. façon); auf die e-e oder andere ~ de façon ou d'autre; jeder nach s-r ~ chacun à sa façon (od. guise).*

weis|en ['~ən] (30) montrer (*nach Norden* le nord); indiquer; faire voir; *auf 12 Uhr ~* marquer midi; *an j-n ~* adresser qn à q.; *j-n aus e-m Ort ~* expulser q. d'un endroit; *von sich ~* repousser, (*ablehnen*) décliner; '**²e(r)** m (18) sage m; *die ~ aus dem Morgenlande bibl.* les trois mages m/pl.

Weis|heit ['vaɪshaɪt] f sagesse f; (*Wissen*) savoir m; science f; *mit s-r ~ zu Ende sein* être au bout de son latin; '~**heitszahn** m dent f de sagesse; '**²lich** sagement; prudemment; '**²machen**: *j-m etw. ~* en faire accroire à q.; *das machen Sie andern weis!* à d'autres!

weiß [vaɪs] **1.** blanc; ~ *machen* (*werden*) blanchir; ~ *anstreichen* blanchir, ⚠ *a.* badigeonner; ~ *gerben* mégisser; *kleiden* habiller de blanc; *²e Woche* f semaine f de blanc; **2.** n (3² *od. uv.*) blanc m.

weissag|en prédire; présager; prophétiser; **²er(in** f) ['~ɡər] m pro-

Weissagung — 1148 — **Weiterreise**

phète m, prophétesse f; devin m, -eresse f; ℒung ['vaɪszaːgʊŋ] f prédiction f; prophétie f.

'**Weiß|bier** n bière f blanche; ␣**blech** n fer-blanc m; ␣**blechwaren** f/pl. ferblanterie f; ␣**brot** n pain m blanc; ␣**buche** f charme m; ␣**dorn** m aubépine f; ␣**e 1.** f blancheur f; **2.** n blanc m (im Auge de l'œil; im Ei de l'œuf); ␣**e**(r a. m) m, f blanc m, blanche f; ℒ**en** ['␣sən] (27) blanchir; △ a. badigeonner; '␣**fisch** m ablette f; '␣**fuchs** m renard m blanc; ℒ**gekleidet** ['␣gəklaɪdət] vêtu de blanc; '␣**gelb** jaune pâle; '␣**gerber** m mégissier m; '␣**gerberei** f mégisserie f; ℒ**glühend** chauffé à blanc; incandescent; '␣**glut** f incandescence f; ℒ**grau** gris pâle; '␣**haarig** aux cheveux blancs; '␣**kohl** m chou m blanc; ℒ**lich** blanchâtre; '␣**ling** icht. m ablette f; ent. papillon m blanc; '␣**mehl** n fleur f de farine; '␣**näherin** f lingère f; '␣**tanne** f sapin m commun; '␣**ware** f lingerie f; blanc m; '␣**warengeschäft** n maison f de blanc; '␣**wein** m vin m blanc; '␣**zeug** n linge m. blanc m.

Weisung ['␣zʊŋ] f instruction f; directive f; (Befehl) ordre m; ⚔ consigne f; ✝ mandat m; assignation f.

weit [vaɪt] (ausgedehnt) large; étendu; grand; (geräumig) spacieux; ample; (unermeßlich) vaste; (entfernt) éloigné, lointain, adv. loin; Kleid: ample; Weg: grand; long; im ␣esten Sinne des Wortes dans toute l'acception du mot; ␣ entfernt bien loin; ␣ offen grand ouvert; ␣ gefehlt bien loin de là; ␣ und breit à la ronde; partout; die Augen ␣ aufmachen ouvrir les yeux tout grands; 6 km ␣ von hier à six kilomètres d'ici; haben wir es noch ␣? y a-t-il encore loin?; ␣ kommen aller loin; es ist ␣ mit ihm gekommen il est tombé bien bas; es ␣ bringen aller loin); réussir bien; ␣ (vorgerückt) sein être avancé; es zu ␣ treiben passer les bornes; das geht zu ␣ c'en est trop; c'est trop fort; es ist nicht ␣ her mit ihm il ne vaut pas grand-chose; ␣ mehr beaucoup plus; bei ␣em de beaucoup; bei ␣em nicht tant s'en faut; bei ␣em nicht vollständig sein être loin d'être complet; von ␣em de loin; à distance; ␣'-**ab** loin (d'ici); '␣'-**aus**: ␣ der größte de loin (od. de beaucoup) le plus grand; ℒ**blick** m prévoyance f; '␣**blickend** qui voit loin.

Weite ['␣tə] **1.** f largeur f; ampleur f; Weg: longueur f; Begriff: étendue f; portée f; (weiter Raum) vaste espace m; (Durchmesser) diamètre m; (Ferne) lointain m; in die ␣ ziehen partir au loin; **2.** n: das ␣ suchen gagner le large; prendre la clef des champs; ℒ**n** (26) élargir.

'**weiter** comp. v. weit; (sonstig) autre; ultérieur; ␣e Fragen d'autres questions; die ␣en Ansprüche les prétentions f/pl. ultérieures; im ␣en Sinne au sens large; ohne ␣en Aufschub sans plus de délai; wegen ␣er Auskunft pour plus de renseignements; zur ␣en Veranlassung pour suite à donner; ␣ oben ci-dessus; ci-devant; ␣ unten ci-dessous; ci-après; wer ␣? et qui encore?; ␣ niemand personne d'autre (bei vb. mit ne); ␣ nichts? c'est tout?; nichts ␣! voilà tout!; was ␣?; und ␣? et puis?; et après?; wenn's ␣ nichts ist? si ce n'est que cela?; ␣ machen élargir; ␣ etw. tun continuer à (od. de) faire qch.; nur ␣! continuez!; nicht ␣! arrêtez!; hören Sie ␣! écoutez la suite!; ␣ nichts zu sagen haben n'avoir rien à ajouter; er hat ␣ nichts zu tun als ... (inf.) il ne lui reste plus qu'à ... (inf.); was willst du noch ␣? que veux-tu encore?; ich kann nicht ␣ je n'en peux plus; '␣**befördern** réexpédier; ℒ**beförderung** f réexpédition f; '␣**bestehen** persister; subsister; '␣**bilden** perfectionner; '␣**bringen** (faire) avancer; '␣**denken** réfléchir aux suites.

Weitere(s) ['␣rə(s)] n: das ␣ ce qui suit; la suite; le reste; bis auf ␣s jusqu'à nouvel ordre; ohne ℒs sans façon; das ␣ übernehmen se charger du reste; das ␣ siehe ... pour plus de détails, voir ...

'**weiter|fahren** continuer son chemin; '␣**fliegen** continuer son vol; '␣**führen** continuer; '␣**geben** transmettre; faire passer; '␣**gehen** continuer; passer outre; ␣! circulez!; so kann es nicht ␣ ça ne peut pas durer comme ça; '␣**helfen**: j-m ␣ aider q. à faire qch.; '␣**hin** in outre; encore; '␣**kommen** avancer; '␣**leiten** transmettre; ℒ**reise** f con-

weiterreisen — 1149 — **Weltanschauung**

tinuation f du voyage; '~reisen continuer (od. poursuivre) son voyage; '~sagen redire; '~verbreiten redire; répandre; '~vermieten sous-louer; '~ziehen continuer son chemin; passer outre.

'weit|gehend qui va loin; ample; vaste; considérable; '~gereist qui a beaucoup voyagé; '~her de loin; '~herzig large; généreux; '2herzigkeit f largesse f; générosité f; '~hin au loin; ~läufig ['lɔʏfiç] espacé; (von großem Umfang) étendu; vaste; (ausführlich) détaillé; (zu ausgedehnt) diffus; (weitschweifig) prolixe; (schwierig) qui entraîne beaucoup de difficultés; ~ verwandt parent éloigné; '2läufigkeit f espacement m; (großer Umfang) vaste étendue f; Bericht: longueur f; prolixité f; e-r Angelegenheit: formalités f/pl. (interminables!); '~maschig à mailles larges; lâche; '~reichend étendu; vaste; ⚔ à longue portée; '~schauend qui voit loin; '2schuß m Fußball: tir m lointain; '~schweifig prolixe; verbeux; '2schweifigkeit f prolixité f; verbosité f; '~sichtig presbyte; fig. prévoyant; '~sichtigkeit f presbytie f; fig. prévoyance f; '2sprung m saut m en longueur; '~tragend d'une grande portée; ⚔ à longue portée; '~verbreitet très répandu; '~verzweigt qui a beaucoup de ramifications.

Weizen ['vaɪtsən] m (6) froment m; türkischer ~ maïs m; '~brot n pain m de froment; '~mehl n farine f de froment; feinstes ~ fleur f de farine.

welch [vɛlç] (21¹): ~ ein(e) ...! quel (-le) ...!; '~e, '~er, '~es 1. pr/i. verbunden: quel (quelle); unverbunden: lequel (laquelle); 2. pr/r. qui; lequel (laquelle); 3. pr/ind. ~ auch immer quel (quelle) que ... (subj.), mit su.: quelque que ... (subj.); welches auch immer s-e Gründe sein mögen quelles que soient ses raisons; welche Fehler du auch haben magst quelques fautes que tu aies.

welcher|'lei [~ər-] de quelle manière (od. espèce); ~ sie auch seien quels qu'ils soient; ~ auch s-e Gründe sein mögen quelles que soient ses raisons.

welk [vɛlk] fané; (ganz verblüht) flétri; ~ machen faner; flétrir; ~ werden = ~en ['~ən] se faner; se flétrir.

Well|**baum** ['vɛl-] m arbre m du treuil; '~blech n tôle f ondulée.

Welle ['vɛlə] f (15) vague f; sanfte: onde f (a. phys.); wild bewegte: flot m; alles mit sich fortreißende: ⚔ lame f; ~n schlagen Meer: rouler des vaques (resp. des flots); Haar: ondulation f; mach. arbre m; cylindre m; gym. moulinet m; '2n (sich) onduler.

'Wellen|**bad** n bain m de lame; '~bereich m gamme f d'ondes; '~berg ⚔ m crête f de la lame; phys. ventre m positif; '~bewegung f mouvement m ondulatoire; ondulation f; '~brecher m brise-lames m; '2förmig ['~fœrmiç] ondulé; ondulatoire; '~gang m ondulation f; '~lager ⊕ coussinet m; palier m; '~länge f Radio: longueur f d'onde; '~linie f ligne f ondulée (od. ondoyante); typ. filet m tremblé; '~schlag m choc m des vagues; ⚔ ressac m; '~schwingung f ondulation f; '~tal n creux m de la lame; phys. ventre m négatif; '~sittich m perruche f ondulée.

'**Well**|**fleisch** n porc m bouilli; '2ig onduleux; ondulé; Gelände: accidenté; mamelonné; '~pappe f carton m ondulé.

Wels icht. [vɛls] m (4) silure m.

welsch [vɛlʃ] étranger; die 2en les peuples m/pl. romans; ~e Schweiz Suisse f romande.

Welt [vɛlt] f (16) monde m (a. fig.); (Weltall) univers m; (Erde) terre f; (~kugel) globe m (terrestre); die Alte (Neue) ~ l'ancien (le nouveau) monde; die ganze ~ le monde entier; alle ~ tout le monde; was in aller ~ que diable; um alles in der ~ nicht (bei vb. ne ...) pour rien au monde; zur ~ bringen mettre au monde; auf die ~ kommen venir au monde; voir le jour; naître; aus der ~ schaffen se défaire de; die vornehme ~ le grand monde; Mann von ~ homme m du monde; e-e Reise um die ~ machen faire le tour du monde; das ist der ~ Lauf ainsi va le monde; '~all n univers m; '2-anschaulich idéologique; '~anschauung f conception f

Weltausstellung — 1150 — **Wendung**

du monde; idéologie *f*; philosophie *f*; '~-ausstellung *f* exposition *f* universelle; '2bekannt connu dans le monde entier; '2berühmt célèbre dans le monde entier; '~-brand *m* conflagration *f* universelle; '~bürger *m* cosmopolite *m*; '2bürgerlich cosmopolite; '~-bürgertum *n* (1²) cosmopolitisme *m*; '~dame *f* femme *f* du monde; grande dame *f*; '~enbummler *m* globe-trotter *m*; '~er-eignis *n* événement *m* mondial; '2-erfahren qui connaît le monde; qui a une large expérience (du monde); '~-erfahrung *f* expérience *f* du monde; '~ergewicht *n* Sport: poids *m* mi-moyen; '2-erschütternd qui ébranle le monde entier; '~firma *f* maison *f* de réputation mondiale; '2fremd étranger au monde; '~-friede(n) *m* paix *f* mondiale (*od.* universelle); '~frontkämpferbund *m* fédération *f* mondiale des anciens combattants; '~gebäude *n* univers *m*; '~geistliche(r) *m* prêtre *m* séculier; '~gericht *n* jugement *m* dernier; '~geschichte *f* histoire *f* universelle; '2gewandt qui a l'habitude du monde; mondain; '~handel *m* commerce *m* mondial; '~herrschaft *f* hégémonie *f* mondiale; domination *f* du monde; '~jugendfest *n* festival *m* mondial de la jeunesse; '~karte *f* mappemonde *f*; '~- kenntnis *f* connaissance (*od.* expérience) *f* du monde; (*Lebensart*) savoir-vivre *m*; '~kind *n* enfant *m* du siècle; '~kirchenrat *m* conseil *m* œcuménique des Églises; '2klug qui a une large expérience (du monde); prudent; '~klugheit *f* expérience *f* du monde; prudence *f*; '~körper *m* corps *m* céleste; '~krieg *m* guerre *f* mondiale; '~kugel *f* globe *m* (terrestre); '~lage *f* situation *f* mondiale; '~lauf *m* train *m* (*od.* vie *f*) du monde; '2lich (*od.* de ce) monde; mondain; (*irdisch*) (terrestre); temporel; (*nicht kirchlich*) profane; (*nicht priesterlich*) laïque; (*nicht klösterlich*) séculier; '~literatur *f* littérature *f* universelle; '~-macht *f* puissance *f* mondiale; '~-mann *m* homme *m* du monde; '2-männisch d'homme du monde; '~markt *m* marché *m* mondial; '~-

meer *n* océan *m*; '~meister(in *f*) *m* champion *m*, -ne *f* du monde; '~meisterschaft *f* championnat *m* du monde; '2müde las du monde; '~politik *f* politique *f* mondiale; '~postver-ein *m* union *f* postale universelle; '~raum *m* univers *m*; espaces *m/pl.* interstellaires; '~raumfahrt *f* voyage *m* interplanétaire (*od.* astronautique); '~raumrakete *f* fusée *f* interplanétaire; '~reich *n* empire *m*; '~reise *f* tour *m* du monde; '~rekord *m* record *m* mondial; '~ruf *m* réputation (*od.* renommée) *f* mondiale; '~schmerz *m* mal *m* du siècle; '~sprache *f* langue *f* universelle; '~stadt *f* grande capitale *f*; '2städtisch de grande capitale; '~teil *m* partie *f* (*Erdteil*) continent *m*; '~umsegelung *f* circumnavigation *f*; '~umsegler *m* circumnavigateur *m*; '2-umspannend universel; '~untergang *m* fin *f* du monde; '~verbesserer *m* réformateur *m* du monde; '~verkehr *m* relations *f/pl.* internationales; '~weisheit *f* philosophie *f*; '~wende *f* tournant *m* de l'histoire; ère *f* nouvelle; '~wirtschaft *f* économie *f* mondiale; '~wunder *n* merveille *f* du monde.

wem [ve:m] à qui? ; *mit* ~? avec qui?
wen [ve:n] qui (est-ce que)?; *für* ~? pour qui?

Wende ['vɛndə] *f* (15) tour *m*; (*Biegung*) tournant *m* (*a. zeitlich*); (*Änderung*) changement *m*; '~hals *orn.* *m* torcol *m*; '~kreis *m* tropique *m*.
Wendeltreppe ['~əl-] *f* escalier *m* tournant (*od.* en colimaçon).
'**wenden** (30) tourner; retourner; (*richten*) diriger; *das Schiff* ~ virer de bord; *sich* ~ *an* (*acc.*) s'adresser à; *sich* ~ *gegen* diriger ses attaques contre; *sich* (*ab*)~ *von* se détourner de; *sich* ~ *zu* se tourner vers.
'**Wend|epunkt** *m* *fig.* moment *m* critique; tournant *m*; *ast.* point *m* solsticial; '2ig maniable; (*gewandt*) souple; '~igkeit *f* maniabilité *f*; (*Gewandtheit*) souplesse *f*; '~ung *f* tour *m*; *esc.* volte *f*; ⚔ conversion *f*; *Auto usw.*: virage *m*; ⚓ virement *m* de bord; (*Windung*) détour *m*; (*Biegung*) tournant *m*; ⚕ crise *f*; (*Rede*²) tournure *f* (*a. fig.*); *fig.* changement *m*; revirement *m*.

wenig ['ve:niç] peu (Geld d'argent); ne ... guère; ein ~ un peu (Geld d'argent); quelque (peu); ein klein ~ un tout petit peu; sei es auch noch so ~ si peu que ce soit; tant soit peu; das ~e le peu (Geld d'argent); einige ~e un petit nombre de; die ~en Augenblicke les quelques (od. le peu de) moments; es fehlt ~ daran, daß ... peu s'en faut (od. il s'en faut [de] peu) que ... (subj.); ~**er** ['~gər] moins; viel ~ bien moins; nicht ~ als (bei vb. ne ...) pas moins que (vor Zahlen: de); eins ~ un de moins; ~ werden diminuer; **'2keit** f peu m; petit nombre m; (Kleinigkeit) rien m; bagatelle f; m-e ~ ma modeste personne; **'~st**: das ~e; am ~en le moins; die ~en un très petit nombre; zum ~en = ~**stens** ['~stəns] au moins; pour le moins; du moins.

wenn [ven] zeitlich: quand; (dann wenn) lorsque; ~ man ihn hört à l'entendre; (falls) si; ~ nicht, denn nicht si cela ne doit pas être, tant pis; ~ nur si seulement; pourvu que (subj.); als (wie) ~ comme si; ~ auch; = ~gleich; ~ er auch noch so reich ist si riche qu'il soit; tout riche qu'il est (od. soit); ~**'gleich**, ~**'schon** bien que (subj.) quoique (subj.).

wer [ve:r] (24) **1.** pr/i. qui (est-ce qui)?; ~ von beiden? lequel des deux?; ~ anders als er? qui d'autre, sinon lui?; ~ da? qui vive?; qui va là?; **2.** pr/r. celui (celle) qui; qui; ~ auch immer quiconque; ~ er auch sei qui que ce soit; quel qu'il soit.

Werbe|-abteilung ['verbə-] f section f de publicité; **'~büro** n bureau m d'embauchage (✠ d'enrôlement); ✝ office m de publicité; **'~fachmann** m agent m de publicité; publicitaire m; **'~feldzug** m campagne f de publicité; **'~film** m film m de publicité; **'~kosten** pl. frais m/pl. de publicité; **'~leiter** m chef m de publicité.

werb|en ['~ən] (30) ✠ enrôler; recruter; mit List: racoler; Arbeiter: embaucher; engager; ~ um rechercher, Gunst: briguer, Mädchen: demander en mariage, prétendre à la main de; ✝ faire de la publicité (od. de la réclame); **'2er** m (7) ✠ enrôleur m; recruteur m; mv.p. racoleur m; Arbeiter: embaucheur m; Mädchen: prétendant m; soupirant m; ✝ agent m de publicité; propagandiste m (a. pol.); **'2espruch** m formule f publicitaire; **'2etrommel** f: die ~ rühren battre la grosse caisse; faire de la réclame tapageuse; **'2ung** f ✠ enrôlement m; recrutement m; mv.p. racolage m; Arbeiter: embauchage m; Mädchen: demande f en mariage; ✝ publicité f; réclame f; propagande f (a. pol.).

'Werdegang m (3) développement m; évolution f; äußerer: carrière f.

werden ['ve:rdən] **1.** (30) v/aux. **a)** fut.: wir ~ ausgehen nous sortirons; nous allons sortir; **b)** pass.: être; geschlagen ~ être battu; er ist geschlagen worden il a été battu; on l'a battu; das wird kalt getrunken cela se boit froid; **c)** mit su. od. adj. Arzt ~ devenir médecin; Kaufmann ~ entrer dans le commerce; Leutnant ~ (befördert ~) passer lieutenant; was wird aus ihm? que deviendra-t-il?; aus ihm wird etw. il arrivera à qch.; il fera son chemin; was soll daraus ~? qu'en adviendra-t-il?; daraus wird nichts il n'en sera rien; zu etw. ~ se changer en qch.; wird's? ça y est?; nun, wird's bald? est-ce pour bientôt fait?; est-ce pour bientôt?; es wird schon ~ patience, cela arrivera (od. viendra); **2.** 2 n devenir m; croissance f; développement m; évolution f.

werfen ['verfən] (30) jeter (etw. nach j-m qch. à q.); über die Schulter sur les épaules); (schleudern) lancer; Falten: faire; Licht, Schatten: donner; projeter; Junge ~ mettre bas; mit Geld um sich ~ répandre l'argent à pleines mains; sich ~ Holz: se déjeter; (se) gauchir. (ritme).)

Werft [verft] m (16) chantier m (ma-)

Werg [verk] n (3) étoupe f.

Werk [verk] n (3) hinsichtlich des Hervorgebrachten: ouvrage m (a. ✗); hinsichtlich des Hervorbringers: œuvre f; (Arbeit) travail m; (etw. kunstvoll Zus.-gesetztes) mécanisme m; (Unternehmung) entreprise f; Uhr: mouvement m; (Fabrik) usine f; ins ~ setzen mettre en œuvre; zu ~e gehen procéder; sich ans ~ machen se mettre à l'ouvrage (od. à l'œuvre); **'~bank** f établi m; **'~leute** pl. ouvriers m/pl.; **'~meister** m

Werkstatt — 1152 — **Wettbüro**

contremaître m; piqueur m; '⁓statt f, '⁓stätte f atelier m; '⁓stoff m matière f première; '⁓student m étudiant m qui gagne sa vie en travaillant; '⁓tag m jour m ouvrable (od. de semaine); an ⁓en = '⁓tags en semaine; '⁓tätig ouvrier; '⁓tisch m établi m; '⁓unterricht m travail m manuel; '⁓zeug n outil m; instrument m (a. fig.); physiol. organe m; '⁓zeug-ausrüstung f outillage m; '⁓zeugkasten m coffre m d'outils; '⁓zeugmaschine f machine outil f; '⁓zeugtasche f Fahrrad: sacoche f.

Wermut ♃ ['veːrmuːt] m (3) absinthe f; (Wein) vermouth m, fig. amertume f.

wert [veːrt] 1. (teuer, lieb) cher; (würdig) digne; (achtbar) respectable; (geehrt) honoré; ⁓er Herr cher monsieur; wie ist Ihr ⁓er Name? à qui ai-je l'honneur de parler?; Ihr ⁓es Schreiben votre lettre f; ⁓ sein valoir; das ist mir viel ⁓ j'y attache du prix; das ist schon viel ⁓ c'est déjà un (grand) point (d')acquis; **2.** ⁹ m (3²) valeur f; (Verdienst) mérite m; (Preis) prix m; großen ⁓ legen auf (acc.) tenir beaucoup à qch.; '⁹⁓angabe f déclaration f de valeur; '⁓beständig Währung: stabilisé; Ware: à valeur fixe; Börse: consolidé; '⁹beständigkeit f stabilité f; '⁹brief m lettre f chargée, ⁓en ['⁓ən] estimer; évaluer; Sport: pointer; '⁹gegenstand m objet m de valeur; '⁹herabsetzung f dépréciation f; '⁓ig ⁂ valent; '⁹igkeit ⁂ f valence f; '⁓los sans valeur; fig. a. futile; '⁹losigkeit f non-valeur f; fig. a. futilité f; '⁹messer m: das ist der ⁓ für ... cela donne la mesure de ...; '⁹paket n colis m chargé; '⁹papier n valeur f; effet m; titre m; '⁹sachen f/pl. objets m/pl. de valeur; '⁓schätzen faire grand cas de; estimer; '⁹schätzung f estime f qu'on a pour; prix m qu'on attache à; '⁹ung f estimation f; évaluation f; Sport: pointage m; '⁹urteil n jugement m de valeur; '⁹verminderung f dépréciation f; '⁹voll précieux; '⁹zuwachs m plus-value f.

'Werwolf m loup-garou m.

wes [vɛs] = **wessen.**

Wesen ['veːzən] n (6) (Sein) être m; (Dasein) existence f; (Bestand) état m; (Geschöpf) créature f; inneres: essence f; (Art u. Weise) manière f d'être; (Eigentümlichkeit) caractère m; nature f; (Benehmen) façons f/pl.; manières f/pl.; sein ⁓ treiben faire des siennes, Geister: 'hanter (un endroit); viel ⁓(s) von etw. machen faire grand bruit de qch.; ohne viel ⁓(s) zu machen sans y aller par quatre chemins; nicht viel ⁓(s) mit j-m machen traiter q. sans façons; '⁓heit f essence f; '⁹los sans réalité; irréel; vain; chimérique; '⁓s-art f manière f d'être; '⁹gleich identique; ⁹tlich ['⁓tliç] essentiel; substantiel; constitutif; fondamental; das ⁹e l'essentiel m; le principal; im ⁓en en substance.

weshalb [⁓'halp] pourquoi?; (und deshalb) c'est (od. voilà) pourquoi.

Wespe ['vɛspə] f (15) guêpe f; '⁓nnest n guêpier m; in ein⁓ stechen donner dans un guêpier; '⁓nstich m piqûre f de guêpe.

wessen ['vɛsən]: ⁓ Sohn ist er? de qui est-il le fils?; ⁓ Mantel ist das? à qui est ce manteau?; ⁓ Schuld ist es? à qui la faute?; ⁓ klagt man dich an? de quoi t'accuse-t-on?; relativ: ⁓ er mich anklagt ce dont il m'accuse.

West [vɛst] m (3²) ouest m; '⁓afrika n l'Afrique f occidentale; '⁓deutschland n l'Allemagne f occidentale; '⁓e f (15) gilet m; ⁓en ['⁓ən] m (6) ouest m; occident m; im ⁓ von à l'ouest de; '⁓entasche f poche f de gilet; (Uhrtasche) gousset m; '⁓fale m, '⁓fälin f Westphalien m, -ne f; '⁓falen n la Westphalie; '⁹fälisch [⁓'feːliʃ] westphalien; '⁹gote m, '⁹gotin f Wisigoth m, -e f; '⁹gotisch wisigoth; '⁓indien n les Indes f/pl. occidentales; '⁓küste f côte f occidentale; '⁹lich occidental; ⁓ von à l'ouest de; '⁓mächte f/pl. puissances f/pl. occidentales; '⁓preußen n la Prusse occidentale; '⁓seite f côté m ouest; ⁹wärts ['⁓vɛrts] vers l'occident; '⁓wind m vent m d'ouest.

weswegen [vɛs'veːɡən] = **weshalb.**

Wett|bewerb ['vɛtbəvɛrp] m concours m; ✝ concurrence f (unlauterer déloyale); Sport: compétition f; '⁓bewerber m concurrent m; '⁓büro n bureau m du

Wette — pari mutuel; ~e ['~ə] f (15) pari m (*eingehen* accepter); gageure f; *was gilt die* ~? que pariez-vous?; *um die* ~ à l'envi; *à qui mieux mieux; die* ~ *soll gelten* je tiens le pari; '~**eifer** m émulation f; rivalité f; '2**eifern**: *mit j-m um etw.* ~ rivaliser de qch. avec q.; '2**en** (26) parier ([*um*] e-e Mark un mark); *ich wette darauf* j'en fais le pari; ~? parions?

Wetter ['~ər] **1.** n (7) temps m; *wie ist das* ~? quel temps fait-il?; comment est le temps?; *es ist schönes* ~ il fait beau (temps); le temps est beau; *das* ~ *wird wieder schön* le temps se remet au beau; *wir bekommen anderes* ~ le temps va changer; (*Un*2) orage m; *alle* ~! sacrebleu!; **2.** *m*, '~**in** f parieur m, -euse f; '~**amt** n office m météorologique; '~**ansage** f bulletin m météorologique; '~**bericht** m bulletin m météorologique; '~**aussichten** f/pl. temps m probable; prévisions f/pl. météorologiques; '~**dach** n abri m; *am Hause*: auvent m; appentis m; '~**dienst** m = ~*amt*; '~**fahne** f girouette f (*a. fig.*); '2**fest** stable, imperméable; *qui résiste aux intempéries*; '~**hahn** m coq m (du clocher); '~**karte** f carte f météorologique; '~**kunde** f météorologie f; '~**kundige(r)** m météorologue m; '~**lage** f situation f météorologique; '2**leuchten**: *es wetterleuchtet* il fait des éclairs de chaleur; '~**leuchten** n (6) éclairs m/pl. de chaleur; '~**meldung** f = ~*ansage*; '2**n** (29): *es wettert* il fait de l'orage; *fig.* pester; tempêter; '~**prognose** f =~*vorhersage*; '~**prophet** m personne f qui prédit le temps; '~**schacht** ⚒ m puits m d'aérage; '~**scheide** f limite f météorologique; '~**seite** f côté m exposé aux pluies; '~**sturz** m chute f du baromètre; dépression f barométrique; '~**vorhersage** f prévision f du temps; '~**warte** f observatoire m (*od.* station f) météorologique; 2**wendisch** ['~vɛndiʃ] inconstant; versatile; '~**wolke** f nuée f d'orage.

'**Wett**|**fahrt** f course f; ⚓ régates f/pl.; '~**fliegen** n, '~**flug** m course f d'avions; meeting m d'aviation; '~**gesang** m concours m de chant; '~**kampf** m concours m; combat m; lutte f; match m; championnat m; '~**kämpfer** m concurrent m; rival m; lutteur m; champion m; '~**lauf** m course f; '~**läufer** m coureur m; '2**machen** (*wieder gutmachen*) réparer; (*ausgleichen*) compenser; (*vergelten*) rendre la pareille; '~**rennen** n course f; '~**rudern** n régates f/pl.; '~**rüsten** n course f aux armements; '~**schwimmen** n épreuve f de natation; '~**spiel** n match m (*austragen* disputer); '~**streit** m concours m; lutte f; *fig.* rivalité f; émulation f.

wetz|**en** ['vɛtsən] (27) aiguiser; '2**stahl** m fusil m (à aiguiser); '2**stein** m pierre f à aiguiser.

Wichs [viks] m: *in vollem* ~ en grande tenue; '~**bürste** f brosse f à chaussures; ~**e** f (15) cirage m; F (*Prügel*) frottée f; 2**en** ['~ən] (27) cirer; *Fußboden*: frotter; '~**en** n cirage m; *Fußboden*: frottage m.

Wicht [viçt] m (3) créature f; armer ~ pauvre diable m; *kleiner* ~ bout m d'homme, (*Kind*) mioche m; erbärmlicher ~ misérable m; '~**elmännchen** ['~əl-] n (6) lutin m; gnome m.

wichtig ['~iç] important; considérable; ~ *sein a.* importer; ~ *nehmen* prendre au sérieux; ~ *tun* faire l'important; 2**keit** f importance f; 2**tuer** ['~tu:ər] m (7) poseur m; suffisant m; 2**tuerei** [~raɪ] f grands airs m/pl. qu'on se donne; suffisance f.

Wicke ♀ ['vikə] f (15) vesce f; *wohlriechende* ~ pois m de senteur.

Wickel ['~l] m (7) (*Knäuel*) peloton m; (*Haar*2) papillote f; (*Windel*) lange m; maillot m; ⚕ enveloppement m; *j-n beim* ~ *nehmen* F saisir q. au collet; '~**band** n lange m; '~**gamasche** f bande f molletière; '~**kind** n enfant m au maillot; poupon m; 2**n** (29) rouler; *Locken*: papilloter; *Kind*: emmailloter; ⚕ bobiner; (*ein*~) envelopper (*in acc.* dans); *um etw.* ~ enrouler autour de qch.; '~**ung** ⚡ f bobinage m; enroulement m.

Widder ['vidər] m (7) bélier m; *ast.* Bélier m.

wider ['vi:dər] *prp.* (*ac.*) contre; ~**fahren** arriver; ~**haken** m crochet m; 2**hall** ['~hal] m écho m; retentissement m; résonance f; '~-

hallen résonner; retentir (*a. fig.*); **'Qhalt** *m* appui *m*; **'Qlager** *n* contrefort *m*; ⊕ butée *f*; **legbar** réfutable; **'legen** réfuter; *Gesagtes*: démentir; **Qlegung** *f* réfutation *f*, *v. Gesagtem*: démenti *m*; **lich** rebutant; dégoûtant; **natürlich** contre nature; **raten**: j-m etw. dissuader q. de qch.; déconseiller qch. à q.; **rechtlich** contraire au droit; (*ungerecht*) injuste; (*ungesetzlich*) illégal; **'Qrede** *f* contradiction *f*; *ohne* sans contredit; **'Qruf** *m* révocation *f*; désaveu *m*; *Versprechen*: dédit *m*; *Nachricht*: démenti *m*; *bis auf* jusqu'à nouvel ordre; **rufen** révoquer; se dédire (de); *Nachricht*: démentir; **ruflich** révocable; **'Qsacher** *m* (7) adversaire *m*; ennemi *m*; **'Qschein** *m* reflet *m*; réflexion *f*; **'setzen**: sich s'opposer (à); résister (à); **'setzlich** insubordonné; rebelle; récalcitrant; **Q'setzlichkeit** *f* insubordination *f*; rébellion *f*; **'Qsinn** *m* contresens *m*; absurdité *f*; **'sinnig** absurde; **'spenstig** récalcitrant; rebelle (*a. Haar*); réfractaire (*gegen* à); mutin; **'Qspenstigkeit** *f* humeur *f* récalcitrante; mutinerie *f*; **'spiegeln** refléter; réfléchir; **'Qspiel** *n* contraire *m*; **'sprechen** contredire (*acc.*); protester contre; **'sprechend** contradictoire; **Q'spruch** *m* contradiction *f*; protestation *f*; * erheben* protester; *im stehen mit* être en contradiction avec; *ohne * sans contredit; **'Qspruchsgeist** *m* esprit *m* de contradiction; **'spruchsvoll** plein de contradictions; **'Qstand** *m* résistance *f* (*a. phys., méc., ⚡ u. ⚔; gegen* à); opposition *f* (à); (*Regulier*) ⚡ rhéostat *m*; *leisten* résister (à); **'Qstandsbewegung** *f* Frankreich: résistance *f*; **'standsfähig** résistant; **'Qstandskämpfer** *m* Frankreich: résistant *m*; **'standslos** sans résistance; **'stehen**, **'streben** résister (à); s'opposer (à); (*zuwider sein*) répugner (à); **Q'streben** *n* résistance *f*; opposition *f*; (*Widerwille*) répugnance *f*; *mit * à contrecœur; **'Qstreit** *m* conflit *m*; antagonisme *m*; contradiction *f*; *im stehen mit* = **'streiten** être contraire (à); être en conflit (*od.* en contradiction) (avec); **'streitend** opposé; contradictoire; divergent; **wärtig** ['vertiç] désagréable; (*ärgerlich*) fâcheux, contrariant; (*abstoßend*) rebutant; **'Qwärtigkeit** *f* caractère *m* désagréable; (*Unannehmlichkeit*) contrariété *f*; désagrément *m*; **'Qwille** *m* répugnance *f* (*gegen* pour); aversion *f* (pour); *mit * = **'willig** à contrecœur; de mauvaise grâce.

widm|en ['vitmən] (26) consacrer; vouer; *Buch usw.*: dédier; **Qung** *f* dédicace *f*; *mit e-r versehen* dédicacer.

widrig ['vi:driç] contraire; (*entgegenstehend*) adverse; (*abstoßend*) rebutant; **enfalls** ['drigən'fals] dans le cas contraire; sinon; faute de quoi.

wie [vi:] **a)** *fragend:* *geht es Ihnen?* comment allez-vous?; *oft?* combien de fois; *lange?* combien de temps?; *alt sind Sie?* quel âge avez-vous?; *spät ist es?* quelle heure est-il?; *weit ist es nach ...?* quelle distance (ya-t-il) d'ici à ...?; *weit gehen wir?* jusqu'où allons-nous?; *weit bist du?* où en es-tu?; *weit bist du mit d-r Arbeit?* où en es-tu de ton travail?; *bitte?* comment?; plaît-il?; vous disiez?; **b)** *im Ausruf:* *glücklich ich bin!* que (*od.* comme *od.* combien) je suis heureux!; *erstaunte ich!* quelle fut ma surprise!; *mancher ...!* que de gens ...!; combien (de gens) ...!; *oft!* que de fois!; **c)** *im Vergleich*: er denkt du il pense comme toi; *ein Mann er* un homme comme (*od.* tel que) lui; (*als ob*) comme si; *schlau er ist* rusé qu'il est; *ich weiß*, *das ist* je sais ce qu'il en est; *ich glaube* à ce que je crois; *man mir gesagt hat* à ce qu'on m'a dit; **d)** *erklärend*: wenn er zurückkommt, *ich glaube* s'il revient, comme je crois; *gesagt* comme je viens de le dire; **e)** *zeitlich*: *ich hinausging* comme je sortais; *ich sah*, *er aufstand* je le vis se lever; **f)** *einräumend*: *dem auch sei* quoi qu'il en soit; *reich er auch sein mag* tout riche qu'il est (*od.* soit); si (*od.* quelque) riche qu'il soit.

Wiedehopf ['vi:dəhɔpf] *m* (3) ['huppe *f.*\]

wieder ['vi:dər] de (*od.* à) nouveau; ≈**abdruck** *m* réimpression *f*; ~**abdrucken** réimprimer; ~'**abreisen** repartir; ~'**abtreten** rétrocéder; ≈**anfang** *m* recommencement *m*; ~*der Schule* rentrée *f* des classes; ~'**anfangen** recommencer; ~**anknüpfen** rattacher; *bsd. fig.* renouer; ~'**anstellen** reprendre (dans un service); *Beamte* réintégrer; ≈**anstellung** *f Beamte*: réintégration *f*; ~'**anzünden** rallumer; ≈**aufbau** *m* reconstruction *f*; ~'**aufbauen** reconstruire; ~'**aufblühen** refleurir; renaître; ≈**aufblühen** *n* renaissance *f*; ~'**auferstehen** ressusciter; ≈**auferstehung** *f* résurrection *f*; ~'**aufführen** reprendre; ≈**aufführung** *f* reprise *f*; ~'**aufkommen**, ~'**aufleben** se rétablir; revivre; renaître; ≈**aufnahme** *f* reprise *f*; *Prozeß*: revision *f*; *in ein Amt*: réintégration *f*; ≈**aufnahmeverfahren** ⚖ *n* (procédure *f* de) revision *f*; ~'**aufnehmen** reprendre; *in ein Amt*: réintégrer; ~'**aufrichten** redresser; relever; ≈**aufrichtung** *f* redressement *m*; relèvement *m*; ~'**aufrüsten** réarmer; ≈**aufrüstung** *f* réarmement *m*; ~'**aufstehen** se relever; *Kranke*: relever de maladie; ≈**aufstieg** *m* relèvement *m*; ~'**auftreten** *thé.* rentrer en scène; ~'**aufwerten** revaloriser; ≈**aufwertung** *f* revalorisation *f*; ~'**ausführen** réexporter; ~'**ausgraben** exhumer; ~'**aussöhnen** réconcilier; ≈**aussöhnung** *f* réconciliation *f*; ≈**beginn** *m* = ≈**anfang**; ~**bekommen** recouvrer; ~'**beleben** ranimer; *Körperteil*: revivifier; *Scheintote*: rappeler à la vie; ≈**belebung** *f Wirtschaft*: reprise *f*; redressement *m*; ≈**belebungsversuch** *m* tentative *f* pour rappeler à la vie; ~'**bewaffnen** réarmer; ≈**bewaffnung** *f* réarmement *m*; ~'**bezahlen** rembourser; ~'**bringen** rapporter; rendre; *j-n* ~ ramener q.; ~'**einbringen** récupérer; *Verlust*: réparer; ~'**einführen** rétablir; réintroduire; ✝ réimporter; ≈**einführung** *f* rétablissement *m*; réintroduction *f*; ✝ réimportation *f*; ~'**einrenken** remboîter; ~'**einnehmen** reprendre; ~'**einschiffen** rembarquer; ~'**einschlafen** se rendormir; ~'**einsetzen** *in ein Amt*: réin-

tégrer; *in den Besitz* ~ remettre en possession; ≈**einsetzung** *f*: ~ *in den Besitz* remise *f* en possession; ~ *in ein Amt* réintégration *f*; *König usw.*: restauration *f*; ~'**eintreten** rentrer; ~'**erhalten** recouvrer; ~'**er**-**innern**: *sich* ~ se ressouvenir (*an acc.* de); ~'**erkennen** reconnaître; ≈**erkennung** *f* reconnaissance *f*; ~'**erlangen** recouvrer; récupérer; ≈**erlangung** *f* recouvrement *m*; récupération *f*; ~'**erobern** reconquérir; reprendre; ≈**er**-**oberung** *f* reprise *f*; ~'**er**-**öffnen** rouvrir; ~'**eröffnung** *f* réouverture *f*; ~'**erscheinen** reparaître; *Gespenster usw.*: réapparaître; ~'**erstatten** restituer; *Geld*: rembourser; ≈**erstattung** *f* restitution *f*; *Geld*: remboursement *m*; ~'**erzählen** redire; répéter; ~'**finden** retrouver; ~'**fordern** réclamer; ≈**gabe** *f* reddition *f*; restitution *f*; (*Nachbildung*) reproduction *f*; (*Übersetzung*) traduction *f*; ~'**geben** rendre; restituer; (*ein zweites Mal geben*) redonner; (*nachbilden*) reproduire; (*übersetzen*) traduire; ≈**geburt** *f* renaissance *f*; *rl.* régénération *f*; ~'**gewinnen** regagner; rattraper; ~'**grüßen**: *j-n* ~ rendre le (*od.* son) salut à q.; ~'**gutmachen** réparer; ≈'**gutmachung** *f* réparation *f*; ~'**haben** recouvrer; ~'**herstellen** restaurer; réparer; rétablir (*a.* ⚕); reconstituer; ≈'**herstellung** *f* restauration *f*; réparation *f*; rétablissement *m* (*a.* ⚕); reconstitution *f*; ~'**holen** (*zurückholen*) aller reprendre; ~'**holen** répéter; (*noch einmal tun*) réitérer; *Gelerntes*: reviser; *kurz* ~ résumer; récapituler; *zum Verdruß* ~ ressasser; rabâcher; ~**holt** [~'ho:lt] répété; réitéré; *adv.* à plusieurs reprises; maintes fois; ≈'**holung** *f* répétition *f*; *Schule: a.* revision *f*; *thé.*, ♪ reprise *f*; *kurze* ~ résumé *m*; récapitulation *f*; ≈'**holungsfall** *m*: *im* ~ en cas de récidive; ≈**in**'**standsetzen** remettre en état; ≈**in**-'**standsetzung** *f* réfection *f*; remise *f* en état; ~'**käuen** (25) ruminer; *fig.* remâcher; ≈'**käuer** *m* (7) ruminant *m*; ≈**kauf** *m* rachat *m*; ~'**kaufen** racheter; ≈**kehr** *f* retour *m*; ~'**kehren** revenir; (*sich wiederholen*) se répéter; ~'**kehrend**: *regelmäßig* ~ périodique; ~'**kommen** revenir; ≈**kunft** *f* (14¹) retour *m*;

wiedernehmen — 1156 — **Willenskraft**

'∼nehmen reprendre; '∼sagen répéter; redire; '∼sehen revoir; *auf* ℒ! au revoir!; *auf baldiges* ℒ! à bientôt!; 'ℒtäufer *m* anabaptiste *m*; '∼tun refaire; répéter; '∼um ['∼um] de (*od.* à) nouveau; *cj.* (*anderseits*) d'autre part; (*dagegen*) par contre; en retour; '∼ver-einigen réunir; *pol.* réunifier; 'ℒver-einigung *f* réunion *f*; *pol.* réunification *f*; '∼vergelten rendre la pareille; 'ℒvergeltung *f* revanche *f*; (*Vergeltungsmaßnahme*) représaille *f*; '∼verheiraten: *sich* ∼ se remarier; 'ℒverheiratung *f* second mariage *m*; '∼verkauf *m* revente *f*; '∼verkaufen revendre; vendre au détail; '∼verkäufer *m* revendeur *m*; détaillant *m*; '∼vermieten relouer; (*aftervermieten*) sous-louer; 'ℒwahl *f* réélection *f*; '∼wählbar rééligible; '∼wählen réélire; ∼zulassen réadmettre; 'ℒzulassung *f* réadmission *f*; 'ℒzusammentritt *parl.* *m* rentrée *f*.

Wieg|e ['vi:gə] *f* (15) berceau *m*; '∼emesser *n* hachoir *m*; 'ℒen 1. (30) *v/t. u. v/i.* peser; 2. (25) *v/t.* Kind: bercer; (*schaukeln*) balancer; *in den Schlaf* ∼ bercer; endormir en berçant; *sich in Hoffnungen* ∼ se bercer d'espérances; *Fleisch:* 'hacher; '∼endruck *m* incunable *m*; '∼enfest *n* anniversaire *m*; '∼enlied *n* berceuse *f*.

wiehern ['vi:ərn] 1. (29) 'hennir; 2. ℒ *n* (6) 'hennissement *m*.

Wien [vi:n] *n* (17) Vienne *f*; '∼er(in *f*) *m* Viennois *m*, -e *f*; 'ℒerisch viennois; de Vienne.

Wies|e ['vi:zə] *f* (15) pré *m*; (∼*nland*) prairie *f*; '∼el *n* belette *f*.

'**Wiesen|grund**, *∼land n* prairie *f*; '∼schaumkraut *n* cardamine *f*.

wie|so? [vi:'zo:] comment cela?; ∼ *denn?* comment donc?; ∼'**viel(e)** combien (*Geld* d'argent); ∼ *unnütze Mühe!* que de peine perdue!; ∼ *Uhr ist es?* quelle heure est-il?; ∼'**viel(s)te**: *der* ∼ *ist er?* quelle place a-t-il?; *den* ∼*n haben wir?* quel jour sommes-nous?; ∼'**weit**: (*bis*) ∼? jusqu'où?; ∼'**wohl** bien que (*subj.*); quoique (*subj.*).

wild [vilt] 1. sauvage (*a. ♀ u. zo.*); (*barbarisch*) barbare; (*unbändig*) farouche; (*blutgierig*) féroce; (*ungestüm*) fougueux; (*lärmend*) turbulent; (*auffahrend*) emporté; (*wütend*) irri-

té; furieux; (*irregulär*) irrégulier; ♂ inculte; *Pferd:* emballé; emporté; *Flucht:* précipité; ∼e *Ehe* union *f* libre; ∼er *Wein* vigne *f* vierge; ∼es *Fleisch* chair *f* morte; ∼ *wachsen* croître sans soins; ∼ *machen* effaroucher, (*wütend machen*) mettre en colère; ∼ *werden* s'emporter; s'emballer; 2. *n* (1, *o. pl.*) *ch.* gibier *m, ein Tier:* bête *f*; *cuis.* gibier *m*; venaison *f*; 'ℒbach *m* torrent *m*; 'ℒbraten *m* rôti *m* de gibier (*od.* de venaison); ℒbret ['∼bret] *n* (11) *cuis.* gibier *m*; venaison *f*; 'ℒdieb *m* braconnier *m*; 'ℒdieberei *f* braconnage *m*; 'ℒ-ente *f* canard *m* sauvage; 'ℒe(r *a. m*) *n, f* sauvage *m, f*.

'**Wilder|er** *m* (7) braconnier *m*; 'ℒn (29) braconner.

'**Wild|fang** *fig. m* petit diable *m*; petit turbulent *m*; 'ℒfremd entièrement étranger; '∼gehege *n* parc *m* à gibier; '∼geschmack *m* goût *m* de faisandé; '∼heit *f* sauvagerie *f*; barbarie *f*; férocité *f*; (*Ungestüm*) turbulence *f*; '∼leder *n* peau *f* de daim; '∼ling ♂ ['∼liŋ] *m* (3¹) sauvageon *m*; '∼nis ♂ (14²) désert *m*; *fig.* chaos *m*; '∼park *m* = ∼*gehege*; 'ℒreich gibier-eux; '∼sau *f* laie *f*; '∼schaden *m* dégât(s *pl.*) *m* commis par le gibier; '∼schütz(e) *m* braconnier *m*; '∼schwein *n* sanglier *m*; 'ℒwachsend sauvage; agreste.

Wille ['vilə] *m* (13¹) ('∼n *m* [6]) volonté *f* (*durchsetzen* faire); (*Wollen*) vouloir; (*Absicht*) intention *f*; (*Zustimmung*) consentement *m*; *freier* ∼ libre arbitre *m*; *der* ∼ *zur Macht* la volonté de puissance; *gegen* (*wider*) *m-n* ∼ malgré moi; *mit* ∼ à dessein; exprès; *mit m-m* (*ohne m-n*) ∼*n* de (sans) mon consentement; *j-m s-n* ∼*n tun*; *j-m zu* ∼*n sein* faire les volontés de q.; *j-m s-n* ∼*n lassen* laisser faire q. à sa guise.

'**willen|los** sans volonté; (*unentschlossen*) indécis; ∼*es Werkzeug* instrument *m* docile; 'ℒlosigkeit *f* manque *m* de volonté; ∼**s** ['∼s]: ∼ *sein, zu* ... (*inf.*) avoir l'intention de ... (*inf.*), (*wollen*) vouloir ... (*inf.*).

'**Willens|-äußerung** *f* acte *m* de volonté; '∼bestimmung *f* disposition *f* testamentaire; '∼freiheit *f* libre arbitre *m*; '∼kraft *f* (force *f*

de) volonté f; énergie f; '~schwä-che f faiblesse f (de volonté).
will|fahren [~'fa:rən] (25): j-m in etw. (dat.) ~ concéder qch. à q.; der Bitte (dat.) j-s ~ acquiescer à la demande de q.; '~fährig ['~fɛːriç] déférant; complaisant; '2~fährigkeit f déférence f; complaisance f; '~ig docile; de bonne volonté; '~igen: ~ in (acc.) acquiescer (od. consentir) à; '~komm m, 2'kommen n bienvenue f; '~kommen bienvenu; j-n ~ heißen souhaiter la bienvenue à q.; seien Sie ~! soyez le (la) bienvenu(e)!; (gern gesehen) bien vu; (gelegen) qui vient à propos; 2kür ['~ky:r] f arbitraire f; nach ~ handeln agir à sa fantaisie; '2kürherrschaft f despotisme m; tyrannie f; '~kürlich arbitraire; (despotisch) despotique; '2kürlichkeit f caractère (resp. acte) m arbitraire.
wimmeln ['vɪməln] (29) fourmiller (von de); grouiller (de).
'wimmern ['vɪmərn] gémir; se lamenter.
Wimp|el ['vɪmpəl] m (7) banderole f; ⚓ pavillon m; '~er f (15) cil m; ohne mit der ~ zu zucken sans sourciller.
Wind [vɪnt] m (3) vent m; sanfter ~ brise f; zéphyr m; schneidender ~ bise f; ⚓ mit dem (gegen den) ~ segeln aller selon (contre) le vent; am ~e vent de travers; unter dem ~e au vent; vor dem ~e, vent arrière; den ~ gegen sich haben avoir vent debout; bei ~ und Wetter par tous les temps; dem ~ preisgegeben sein ⚓ flotter au gré du vent; ~ machen (aufschneiden) 'hâbler; in den ~ reden fig. parler en l'air; etw. in den ~ schlagen fig. se moquer de qch.; von etw. ~ bekommen avoir vent de qch.; '~beutel m (Gebäck) échaudé m; chou m; (Person) évaporé m; fanfaron m; charlatan m; 'hâbleur m; ~beutelei [~'laɪ] f fanfaronnade f; '2beuteln 'hâbler; ~e ['~də] f (15) (Garn2) dévidoir m; zum Heben v. Lasten: cric m; (Seil2) treuil m; ♃ cabestan m; ♃ liseron m; '~ei n (1) œuf m sans germe; ohne Kalkschale: œuf m 'hardé; '~el ['~əl] f (15) lange m; maillot m; '2el'weich: ~ en (30) v/t. battre comme plâtre; ⊕ tordre; (mehrmals herumdrehen) tor-
tiller; (Garn ab~) dévider; Kränze: tresser; in die Höhe ~ guinder; 'hisser; j-m etw. aus der Hand ~ arracher qch. des mains à q.; etw. um die Stirn ~ ceindre le front de qch.; sich ~ Bach, Weg: serpenter; sich ~ durch se faufiler par; sich ~ um s'enrouler (od. s'enlacer) autour de, fig. éluder; sich vor Schmerz ~ se tordre de douleur; v/i.: es windet il fait du vent; il vente; '~es-eile f: mit ~ comme le vent; '~fahne f girouette f; '~fang m Orgel: porte-vent m; bei Türen: tambour m (de porte); '2geschützt à l'abri du vent; '~harfe f 'harpe f éolienne f; '~hauch m souffle m d'air; '~hose f trombe f; '~hund m lévrier m; F fig. écervelé m; '~hündin f levrette f; '2ig venteux; Ort: éventé; es ist ~ il fait du vent; fig. évaporé; fanfaron; '~jacke f veste f imperméable; anorak m; '~klappe f soupape f; '~laden m contrevent m; '~messer m anémomètre m; '~motor m aéromoteur m; éolienne f; '~mühle f moulin m à vent; '~mühlenflugzeug n autogire m; '~pocken f/pl. varicelle f; '~richtung f direction f du vent; '~rose f rose f des vents; '~sbraut f ouragan m; rafale f; '2schief déjeté; (völlig schief) tout de travers; ~ werden se déjeter; '~schirm m paravent m; '~schutzscheibe f pare-brise m; '~seite f côté m du vent; ⚓ lof m; '~spiel n lévrier m; levrette f; '~stärke f force f du vent; '2still calme; '~stille f calme m (plat); accalmie f; '~stoß m coup m de vent; rafale f; bourrasque f; '~strich m ⚓ r(h)umb m; '~strömung f courant m aérien; '~sturm m bourrasque f.
Windung ['vɪndʊŋ] f tour m; détour m; (das Winden) entortillement m; (Krümmung) sinuosité f; Schraube: pas m; Schlange: repli m; anat. circonvolution f; ⊕ spire f.
wind|wärts ⚓ ['~vɛrts] au lof; '2zug m courant m d'air.
Wink [vɪŋk] m (3) signe m; fig. a. avis m, avertissement m, F tuyau m; auf e-n ~ à un signe; e-m ~ geben faire signe (mit de), fig. aviser, avertir.
Winkel ['~əl] m (7) angle m; (Ecke) coin m; '~ verborgener: recoin m; Herz: repli m; = ~maß; '~advokat

Winkeleisen — 1158 — **Wirt(in)**

m avocat *m* marron; '~**eisen** *n* cornière *f*; équerre *f* en fer; '2**förmig** en (forme d') angle; '~**halbierende** *f* bissectrice *f*; '~**haken** *m* équerre *f*; *typ.* composteur *m*; '2**ig à angles**; (*e-n Winkel bildend*) angulaire; (*mit vielen Winkeln*) anguleux; (*gewunden*) tortueux; '~**kneipe** *f* bistrot *m*; caboulot *m*; '~**maß** *m* équerre *f*; triangle *m*; '~**messer** *m* ⚔ rapporteur *m*; *arp.* graphomètre *m*; '~**züge** *m/pl.* détours *m/pl.*; biais *m/pl.*; tergiversations *f/pl.*; ~ *machen* biaiser; tergiverser.

wink|en ['~ən] (25) faire signe (*mit de*); *Taschentuch*: agiter; (*sich bieten*) s'offrir; *j-n zu sich* ~ faire signe à q. d'approcher; 2**er** ['~ər] *m* (7) ⚔ signaleur *m*; *Auto*: indicateur *m* de direction; flèche *f*.

winseln ['vinzəln] (29) gémir; geindre.

Winter ['vintər] *m* (7) hiver *m*; '~**frische** *f* = ~**kurort**; '~**garten** *m* jardin *m* d'hiver; '~**getreide** *n* semis *m* d'automne; semences *f/pl.* d'hiver; '~**halbjahr** *n* semestre *m* d'hiver; '~**kleid** *n* robe *f* d'hiver; '~**korn** *n* = ~ *getreide*; '~**kurgast** *m* hivernant *m*; '~**kur-ort** *m* station *f* d'hiver; '~**landschaft** *f* paysage *m* d'hiver; '2**lich** d'hiver; hivernal; hibernal; '~**monat** *m* mois *m* d'hiver; '2**n**: *es wintert* c'est l'hiver; '2**pflanze** *f* plante *f* d'hiver; '~**quartier** *n* quartier *m* d'hiver; '~**reise** *f* voyage *m* d'hiver; '~**saat** *f* semailles *f/pl.* d'automne; '~**sachen** *f/pl.* vêtements *m/pl.* d'hiver; '~**schlaf** *m* repos *m* hivernal (*od. hibernal*); hibernation *f*; *den* ~ *halten* hiberner; '~**semester** *n* semestre *m* d'hiver; '~**sonnenwende** *f* solstice *m* d'hiver; '~**sport** *m* sports *m/pl.* d'hiver; '~**szeit** *f* hiver *m*; '~**überzieher** *m* pardessus *m* d'hiver; '~**zeit** *Uhr*: heure *f* d'hiver.

Winzer (in *f*) ['vintsər] *m* (7) vigneron *m*, -ne *f*; '~**fest** *n* fête *f* des vendanges; '~**messer** *n* serpette *f*.

winzig minuscule; minime; (*sehr dürftig*) chétif; *adv.* fort peu.

Wipfel ['vipfəl] *m* (7) cime *f*; sommet *m*.

Wippe ['vipə] *f* (15) bascule *f*; balançoire *f*; '2**n** (25) (*v/i.* se) balancer.

wir [vi:r] nous; ~ *sind es* c'est nous; ~ *Deutsche(n)* nous autres Allemands.

Wirbel ['virbəl] *m* (7) tourbillon *m*; (*kreisende Drehung*) tourbillonnement *m*; *anat.* vertèbre *f*; (*Schwindel*) vertige *m*; *Haare*: épi *m*; (*Strudel*) tournant *m*; remous *m*; *auf der Trommel*: roulement *m*; *zum Spannen v. Saiten*: cheville *f*; '2**ig** tournoyant; '2**n** (29) (*v/t.* faire) tournoyer; tourbillonner; *auf der Trommel*: exécuter un roulement; '~**säule** *f* colonne *f* vertébrale; '~**sturm** *m* tourbillon *m*; cyclone *m*; '~**tier** *n* vertébré *m*; '~**wind** *m* tourbillon *m*.

wirk|en ['~virkən] (25) agir (*auf acc.* sur); opérer; (*wirksam sein*) être efficace; avoir de l'effet; (*Eindruck machen*) faire impression (*auf j-n* sur q.); prendre (sur); (*den Zweck erreichen*) porter; (*arbeiten*) exercer (*als Arzt* la médecine); (*weben*) tisser; *Gutes* ~ faire du bien; '2**en** *n* action *f*; opération *f*; (*Weben*) tissage *m*; '~**end** agissant; opérant; efficace (*a. Gnade*); *phil.* efficient; '~**lich** réel; véritable; positif; effectif; *adv.* ~ vraiment; en effet; '~**lichkeit** *f* réalité *f*; *in* ~ en réalité; en effet; de fait; '~**sam** efficace; (*wirkend*) actif; (*kräftig*) énergique; puissant; ~ *gegen* bon pour; '2**samkeit** *f* efficacité *f*; activité *f*; '~**ung** *f* effet *m*; (*Tätigkeit*) action *f*; (*Eindruck*) impression *f*; *mit* ~ *vom 15. Januar* avec effet du 15 janvier; *mit sofortiger* ~ avec effet immédiat.

'**Wirkungs|bereich** *m* sphère *f* d'action; '~**feld** *n* champ *m* d'action; '~**grad** *m* rendement *m*; '~**kraft** *f* efficacité *f*; '~**kreis** *m* = ~**bereich**; '2**los** sans effet; inefficace; '~**losigkeit** *f* inefficacité *f*; '~**voll** efficace; (*eindrucksvoll*) impressionnant.

wirr [vir] confus; (*unklar*) embrouillé; *Haare*: en désordre; ~*es Durcheinander* pêle-mêle *m*; 2**es** ['~ən] *f/pl.* troubles *m/pl.*; (*Verwickelungen*) complications *f/pl.*; 2**kopf** *m* brouillon *m*; 2**nis** *f*, 2**sal** *n*, 2**warr** ['~var] *m* confusion *f*; tohu-bohu *m*; pêle-mêle *m*; chaos *m*. [*m* frisé (*od.* de Milan).)

Wirsing ['virziŋ] *m*, '~**kohl** *m* chou)

Wirt|(in *f*) [virt] *m* (*Gastgeber*) hôte *m*, -esse *f*; (*Gast*2) *a.* patron *m*,

wirtlich -ne *f*; aubergiste *m*, *f*; *Hotel*: hôtelier *m*, -ière *f*; (*Schenk*⚬) cabaretier *m*, -ière *f*; *Speisehaus*: restaurateur *m*, -trice *f*; *Café*: cafetier *m*; (*Haus*⚬) propriétaire *m*, *f*; (*Hausherr*) maître *m*, -esse *f* de maison; (*Zimmervermieter*) logeur *m*, -euse *f*; '⚬**lich** hospitalier.

Wirtschaft ['-ʃaft] *f* économie *f* (*freie liberale*; *gelenkte dirigée*); (*Bauern*⚬) ferme *f*; (*Gast*⚬) auberge *f*; cabaret *m*; (*Bahnhofs*⚬) buffet *m*; buvette *f*; (*Haus*⚬) ménage *m* (*besorgen faire*); die ~ (*Haus*⚬) führen gouverner la maison; (*Lärm*) remue-ménage *m*; (*Unordnung*) désordre *m*; '⚬**en** (*verwalten*) administrer; gérer; (*Haushalt führen*) gouverner la maison; (*Haushalt besorgen*) faire le ménage; '⚬**er** *m* régisseur *m*; gérant *m*; économe *m*; '⚬**erin** *f* ménagère *f*; '⚬**ler** *m* économiste *m*; '⚬**lich** économique; (*haushälterisch*) économe; ménager; '⚬**lichkeit** *f* (*Eintraglichkeit*) rentabilité *f*.

'**Wirtschafts**|**berater** *m* conseiller *m* économique; '⚬**buch** *n* livre *m* de ménage; '⚬**führer** *m* chef *m* d'entreprise; '⚬**gebäude** *n* bâtiment *m* d'exploitation; communs *m*/*pl*.; '⚬**geld** *n* argent *m* de ménage; '⚬**gemeinschaft** *f*: *Europäische* ~ organisation *f* européenne de coopération économique (*abr*. O.E.C.E. *f*); '⚬**geographie** *f* géographie *f* économique; '⚬**hilfe** *f* assistance *f* économique; '⚬**jahr** *n* exercice *m*; '⚬**kommission** *f* commission *f* économique; '⚬**krieg** *m* guerre *f* économique; '⚬**krise** *f* crise *f* économique; '⚬**leben** *n* vie *f* économique; '⚬**lenkung** *f* dirigisme *m* économique; '⚬**minister**(**ium** *n*) *m* ministre (ministère) *m* de l'économie; '⚬**politik** *f* politique *f* économique; '⚬**politiker** *m* économiste *m*; ⚬**politisch** politicoéconomique; '⚬**prüfer** *m* vérificateur *m* économique; '⚬**- und Sozi-alrat** *m* conseil *m* économique et social; '⚬**union** *f* union *f* économique; '⚬**wissenschaft** *f* science *f* de l'économie; économique *f*; '⚬**wissenschaftler** *m* économiste *m*; '⚬**wunder** *n* miracle *m* économique.

Wirtshaus ['virts-] *n* auberge *f*; (*Schenke*) cabaret *m*; '⚬**stube** *f* salle *f* d'auberge; '⚬**tafel** *f* table *f* d'hôte.

Wisch [viʃ] *m* (3²) torchon *m*; chiffon **Witzelei** *m* (*Papier de papier*); ⚬**en** ['-ən] (27) essuyer; *peint*. estomper; *Staub* ~ épousseter; '⚬**er** *m* (7) *peint*. estompe *f*; '⚬**tuch** *n* torchon *m*.

Wisent ['vi:zɛnt] *m* (3) bison *m*.

Wismut ['vismu:t] *n* (3) (*a. m*) bismuth *m*. [murmurer.]

wispern ['vispərn] (29) chuchoter;

Wiß|**begier**(**de**) ['vis-] *f* désir *m* de s'instruire; curiosité *f*; '⚬**begierig** avide de s'instruire; curieux.

wissen ['-ən] **1.** (30) savoir (*über acc*., *von de*; *etw. von j-m* [*durch j-n*] qch. par q.); (*kennen*) connaître; *nicht* ~ ignorer; *sehr wohl* ~ ne pas ignorer; *j-n etw.* ~ *lassen* faire savoir qch. à q.; *weißt du noch*, *als ...* te rappelles-tu le temps où ...; **2.** ⚬ *n* savoir *m*; (*Kenntnis*) connaissance *f*; science *f*; *m-s* ~*s* que je sache; *à ma connaissance*; *ohne mein* ~ à mon insu; *wider besseres* ~ tout en sachant le contraire; *nach bestem* ~ *und Gewissen* en toute conscience.

'**Wissenschaft** *f* science *f*; (*das Wissen*) savoir *m*; (*Kenntnis*) connaissance *f*; '⚬**ler** *m* (7) savant *m*; ⚬**lich** scientifique; (*planmäßig*) méthodique; '⚬**lichkeit** *f* caractère *m* scientifique.

'**Wissens**|**drang** *m*, '⚬**durst** *m* désir *m* (*od*. soif *f*) de savoir; ⚬**wert** qui vaut la peine d'être connu; (*merkwürdig*) intéressant.

'**wissentlich** intentionnel; *adv*. en connaissance de cause; sciemment.

witter|**n** ['vitərn] (29) *ch. u. fig.* flairer; éventer; '⚬**ung** *f* temps *m*; température *f*; *ch.* (*Geruchssinn*) flair *m*; (*Geruch des Wildes*) vent *m*. '**Witterungs**|**einflüsse** *m*/*pl*. influences *f*/*pl*. atmosphériques; '⚬**umschwung** *m* changement *m* de temps; '⚬**verhältnisse** *n*/*pl*. conditions *f*/*pl*. atmosphériques.

Witw|**e** ['vitvə] *f* (15) veuve *f*; '⚬**engehalt** *n* pension *f* de veuve; '⚬**enstand** *m* veuvage *m*; '⚬**er** *m* (7) veuf *m*.

Witz [vits] *m* (3²) (*witziger Geist*) esprit *m*; (*witziger Einfall*) saillie *f*; pointe *f*; (~*wort*) bon mot *m* (*reißen faire*); blague *f*; mot *m* d'esprit; (*Wortspiel*) jeu *m* de mots; calembour *m*; '⚬**blatt** *n* journal *m* amusant (*od*. humoristique); ⚬**bold** ['-bɔlt] *m* (3) farceur *m*; blagueur *m*; ~**e'lei**

witzig — **Wohlgeschmack**

f manie f de faire de l'esprit; raillerie f; '~eln faire de l'esprit; ~ über (acc.) se railler de; '○ig spirituel; Dinge: a. piquant; '~wort n bon mot m; mot m d'esprit.

wo [vo:] zu e-r Zeit, ~ ... en un temps où ...; zur Zeit, ~ ... du temps que ... (ind.); (wenn) si; ~ nicht sinon; ~ möglich si possible; ~ auch immer où que (subj.); ~'**anders** ailleurs; ~'**bei** oft durch gér. übers.; à l'occasion de quoi; à (resp. en resp. par resp. près de) quoi; où.

Woche ['vɔxə] f (15) semaine f; ~n pl. 🕭 = ~nbett; in die ~n kommen accoucher (mit de); in den ~n sein être en (od. faire ses) couches; aus den ~n kommen relever de couches.

'**Wochen**|**arbeit** f travail m hebdomadaire; semaine f; '~**bericht** m bulletin m hebdomadaire; '~**bett** n couches f/pl.; '~**blatt** n feuille f hebdomadaire; '~**end(e)** n fin f de semaine; week-end m; ~ machen faire la semaine anglaise; '~**lohn** m salaire m hebdomadaire; semaine f; '○**lang** des semaines entières; '~**markt** m marché m hebdomadaire; '~**schau** f (Film) actualités f/pl.; '~**tag** m jour m de (la) semaine; jour m ouvrable; '~**täglich** les jours de semaine; '○**tags** en semaine.

wöchentlich ['vœçəntliç] hebdomadaire; adv. chaque semaine; dreimal ~ trois fois par semaine.

'**wochenweise** par semaine.

Wöchnerin ['vœçnərin] f accouchée f; '~**nenheim** n maternité f.

wo|'**durch** par quoi; par où; par lequel; ~'**fern** si toutefois; pourvu que (subj.); ~ nicht à moins que ... ne (subj.); ~'**für** pour quoi; pour lequel; ~ halten Sie mich? pour qui me prenez-vous?

Woge ['vo:gə] f (15) vague f; sanfte: onde f; 🕭 lame f.

wo'**gegen** ~? contre quoi?; contre lequel; tauschend: en échange (od. en retour) de quoi.

'**wogen** (25) Ähren: ondoyer; onduler; Busen: palpiter; das Meer wogt la mer est agitée (od. 'houleuse).

wo|'**her** d'où?; ~ kommt es, daß ... d'où vient que ... (ind.)? ~'**hin**? où?; ~'**hin**|**gegen** tandis que (ind.).

wohl [vo:l] **1.** bien (comp. ~er mieux; sup. am ~sten le mieux); (bei guter Gesundheit) a. bien portant; ~ aussehen avoir bonne mine; sich ~ befinden aller bien; se porter bien; mir ist nicht ~ je me sens mal à l'aise; das tut ~ cela fait du bien; es sich ~ sein lassen se donner du bon temps; nun ~! eh bien!; das ist ~ nicht möglich cela n'est guère possible; ~ dem, der ... heureux celui qui ...; leben Sie ~! adieu!; ~ bekomm's! grand bien vous fasse!; ~ oder übel bon gré, mal gré; es ist ~ so il faut croire qu'il en est ainsi; es sind ~ 3 Tage her, daß ... il y a trois jours que ... (ind.); ob er ~ kommen wird? je me demande s'il va venir; er kommt ~ morgen il viendra probablement demain. **2.** ○ n (3) bien m; (Wohlergehen) bien-être m; (Glück) bonheur m; (Heil) salut m; auf ihr ~! à votre santé!

wohl|'**an**! eh bien!; allons!; '~**anständig** bienséant; ~'**auf** bien portant; ~! ~**an**!; '~**bedacht** réfléchi; '○**befinden** n, '○**behagen** n bien-être m; aise f; '~**behalten** sain et sauf; Sachen: bien conservé, en bon état; '~**bekannt** bien connu; '~**bekömmlich** salutaire; '~**beleibt** corpulent; replet; ~**bestallt** [~bəʃtalt] dûment installé; ○**ergehen** n (6) prospérité f; '~**erworben** bien acquis; légitime; '○**fahrt** f (16, o. pl.) prospérité f; salut m; die öffentliche ~ le bien public.

'**Wohlfahrts**|**amt** n assistance f publique; ~**ausschuß** hist. m comité m de salut public; '~**einrichtung** f institution f de bienfaisance.

'**wohl**|**feil** (à) bon marché; ~**er** (à) meilleur marché; am ~**sten** au plus bas prix; '~**gebaut**, ~**gebildet** bien fait; '○**gefallen** n plaisir m; satisfaction f; sein ~ an etw. (dat.) haben trouver du plaisir à qch.; sich in ~ auflösen finir à la satisfaction générale, (verschwinden) finir par disparaître; '~**gefällig** agréable; '~**gelitten** (partout) bien vu; '~**gemeint** bien intentionné; Rat: amical; '~**gemerkt**! bien entendu!; '~**gemut** gai; de bonne humeur; '~**genährt** bien nourri; '~**geraten** bien élevé; Person: bien élevé; ○**geruch** m parfum m; arôme m; '○**geschmack** m

wohlgesinnt — **1161** — **wollüstig**

bon goût m; goût m agréable; ~gesinnt bien intentionné; bien pensant; ~gesittet qui a de bonnes mœurs (od. manières); ~gestalt(et) bien fait; ~habend aisé; à l'aise; 2habenheit f aisance f; ~ig à son aise; agréable; 2klang m harmonie f; gr. euphonie f; ~klingend harmonieux; mélodieux; gr. euphonique; 2leben n vie f de délices; bonne chère f; ~meinend bien intentionné; ~riechend qui sent bon; parfumé; odorant; ~schmeckend savoureux; 2sein n bien-être m; 2stand m aisance f; prospérité f; 2tat f bienfait m; (Annehmlichkeit) agrément m; 2täter(in) f m bienfaiteur m, -trice f; ~tätig bienfaisant; (mildtätig) charitable; ~tätigkeit f bienfaisance f; (Mildtätigkeit) charité f; ~tuend qui fait du bien; bienfaisant; (angenehm) agréable; ~tun faire du bien; (gut handeln) bien faire; ~überlegt bien réfléchi; ~unterrichtet bien informé; ~verdient bien mérité; 2verhalten n bonne conduite f; ~verstanden bien entendu; ~weislich très sagement; er hat es ~ nicht getan il s'est bien gardé de le faire; ~wollen: j-m ~ vouloir du bien à q.; 2wollen n (6) bienveillance f; ~wollend bienveillant.

wohn|en ['vo:nən] (25) habiter (in der Stadt la ville; auf dem Lande la campagne); demeurer; (Unterkunft haben) loger; être logé; ständig: être domicilié; offiziell: résider (a. fig.); 2gebäude n bâtiment m d'habitation; ~haft demeurant; ständig: domicilié; 2haus n maison f d'habitation; 2küche f chambre-cuisine f; 2laube f cabanon m; ~lich commode; confortable; 2ort m lieu m de séjour; domicile m; résidence f; 2raum m pièce f; weitS. logement m; 2sitz m domicile m fixe; résidence f; 2stube f living-room m; salon m; 2ung f logement m; größere: appartement m.

'Wohnungs|-amt n office m du logement; ~bau m construction f de logements; ~frage f problème m du logement; ~geldzuschuß m indemnité f de logement (od. de résidence); sozialer: allocation-logement f; 2los sans domicile; ~nachweis m = ~amt; ~not f crise f du logement; ~wechsel m changement m de domicile.

'Wohn|viertel n quartier m d'habitation; ~wagen m roulotte f; Camping: caravane f; ~zimmer n living-room m; salon m.

wölb|en ['vœlbən] (25) voûter (a. fig.); (rund hervortreten lassen) bomber; cintrer; 2ung f voussure f; bombement m; convexité f; (Gewölbe) voûte f; cintre m.

Wolf [vɔlf] m (3²) — **Wölfin** ['vœlfin] f) loup m (Kohle f); junger ~ louveteau m; ℱ écorchure f; (Fleischhackmaschine) 'hache-viande m; ~ram n tungstène m; wolfram m.

'Wolfs|hund m chien-loup m; ~hunger m faim f de loup; ~milch ♀ f euphorbe f.

Wolke ['vɔlkə] f (15) nuage m; (Gewölk) nue f; (Regen2) nuée f.

'Wolken|bruch m pluie f torrentielle; ~kratzer m gratte-ciel m; 2los sans nuage; serein; ~wand f mur m de nuages.

wolkig nuageux.

'woll|-artig laineux; 2decke f couverture f de laine; 2e f (15) laine f; Schaf: toison f; (Baum²) coton m; in der ~ sitzen fig. avoir les pieds chauds; ~en adj. de (od. en) laine.

wollen ['vɔlən] 1. (30) vouloir; (beabsichtigen) avoir l'intention (de); se proposer (de); (verlangen) demander; exiger; (behaupten) prétendre; was ~ Sie von mir? que me voulez-vous?; ich will nichts gesagt haben mettons que je n'aie rien dit; ich will es nicht gehört haben faites comme si je n'avais rien entendu; das will vorsichtig gemacht werden cela demande à être fait avec prudence. 2. 2 n vouloir m; volonté f; (Willensäußerung) volition f.

'Woll|fabrik f fabrique f de lainages; ~haar n brin m de laine; Mensch: cheveux m/pl. crépus; ~handel m commerce m des laines; ~händler m lainier m; 2ig laineux; Haar: crépu; ~industrie f industrie f lainière; ~kamm m carde f; ~schur f tonte f; ~spinnerei f filature f de laine; ~stoff m lainage m; grober ~ bure f; 2tragend lanigère.

Woll|ust ['vɔlʊst] f (14¹) volupté f; mv.p. luxure f; 2üstig voluptueux;

Wollüstling *mv.p.* luxurieux; **'⁃üstling** *m* (3¹) voluptueux *m*; débauché *m*.
'Woll|waren *f/pl.* articles *m/pl.* en laine; lainages *m/pl.*; **⁃weste** *f* gilet *m* de laine; **⁃zeug** *n* lainage *m*.
wo|'mit avec (*resp.* à; *resp.* de) quoi; avec lequel; auquel; ~ *kann ich dienen?* qu'y a-t-il pour votre service?; en quoi puis-je vous servir?; **⁃'möglich** peut-être; **⁃'nach** après quoi; après lequel; (*gemäß*) d'après quoi; d'après lequel; ~ *fragt er?* qu'est-ce qu'il demande?; ~ *schmeckt das?* quel goût cela a-t-il?
Wonne ['vɔnə] *f* (15) délice *m*; (*Entzücken*) ravissement *m*; **⁃gefühl** *n* sentiment *m* de délices; **⁃monat** *m*, **⁃mond** *m* mois *m* de mai; **⁃²trunken** ivre de joie; *pfort* en extase; **²voll** = *wonnig*.
wonnig(lich) délicieux; ravissant.
wor|an [vo'ran] à quoi; auquel; ~ *denkst du?* à quoi penses-tu?; ~ *bin ich?* où en suis-je?; *ich weiß nicht*, ~ *ich mit ihm bin* je ne sais à quoi m'en tenir avec lui; **⁃auf** sur (*resp.* à) quoi; sur lequel; *zeitlich:* après quoi; **⁃aus** de quoi; d'où; (*ce*) dont; duquel; **⁃ein** dans quoi; dans lequel; où; **⁃in** en (*resp.* dans) quoi; dans lequel; où.
Wort [vɔrt] *n* (3, *einzeln* 1²) *ohne Bezug auf den Zs.-hang:* mot *m*; (*Ausdruck*) terme *m*; expression *f*; (*Ausspruch*) *kürzerer:* mot *m*, *bedeutsamer:* parole *f*; (*Sprichwort*) proverbe *m*; dicton *m*; *rl.* Verbe *m*. ~ *Gottes* parole *f* de Dieu; *e* e-s *Liedes* paroles *f/pl.* d'une chanson; *das* ~ *führen* porter la parole; *das große* ~ *führen* avoir le verbe 'haut; ~ *halten (brechen)* tenir (manquer à) sa parole; *j-m* (*e-r Sache dat.*) *das* ~ *reden* parler en faveur de q. (de qch.); *e machen* faire des phrases; *j-m das* ~ *entziehen* retirer la parole à q.; *kein* ~ *mehr davon!* n'en parlons plus!; *ein* ~ *gibt das andere* un mot amène l'autre; *aufs* ~ *gehorchen* obéir au premier mot; *auf ein* ~! un mot, s'il vous plaît!; *j-m aufs* ~ *glauben* croire q. sur parole; *auf mein* ~! parole d'honneur!; *bei diesen* ~*en a* ~*n beim* ~ *nehmen* prendre q. au mot; ~ *für* ~ mot à (*od.* pour) mot; *in* ~*en* (*ganz ausgeschrieben*) en toutes lettres; *j-m ins* ~ *fallen* couper la parole à q.; *mit e-m* ~ en un mot; bref; *j-m mit s-n eigenen* ~*en schlagen* retourner contre q. ses propres arguments; *ohne ein* ~ *zu sagen* sans mot dire; *kein* ~ *sagen (sprechen)* ne dire mot; *ums* ~ *bitten* demander la parole; *nicht zu* ~ *kommen* ne pas parvenir à placer un mot; **⁃'akzent** *m* accent *m* tonique; **⁃'aufwand** *m:* mit großem ~ à grand renfort de mots; **⁃bedeutungslehre** *f* sémantique *f*; **⁃'bildung** *f* formation *f* des mots; **⁃bruch** *m* manque *m* de parole; **²brüchig** qui manque à sa parole; ~ *werden* manquer à sa parole.
Wört|chen *n* petit mot *m*; *gr.* particule *f*; *ein* ~ *mitzureden haben* avoir voix au chapitre; **⁃erbuch** *n* dictionnaire *m*; **⁃erbuchverfasser** *m* lexicographe *m*; **⁃erverzeichnis** *n* vocabulaire *m*; *für bestimmte Autoren:* lexique *m*; *mit Erklärungen:* glossaire *m*.
Wort|folge *f* ordre *m* des mots; **⁃führer** *m* porte-parole *m*; *Gruppe:* orateur *m*; *Partei:* organe *m*; **⁃gebühr** *f* tarif *m* (*od.* taxe *f*) par mot; **⁃gefecht** *m* dispute *f*; débat *m*; **⁃geklingel** *n* phrases *f/pl.* creuses; **²getreu** = *wörtlich*; **²karg** avare de paroles; taciturne; **⁃klauber** ['⁃klaubər] *m* (7) éplucheur *m* de mots; **⁃klauberei** [⁃'rai] *f* (16) chicane *f* sur les mots; **'⁃laut** *m* teneur *f*; texte *m* même; *nach dem* ~ (*gén.*) aux termes de.
wörtlich ['vœrtliç] littéral; textuel; *adv. a.* à la lettre; au pied de la lettre; mot à mot.
'wort|reich riche en mots; *Stil:* abondant; (*phrasenhaft*) verbeux; redondant; **⁃²reichtum** *m* abondance *f* de mots; *tadelnd:* verbosité *f*; redondance *f*; **'⁃²schatz** *m* vocabulaire *m*; **⁃²schwall** *m* flot *m* de paroles; verbiage *m*; **'⁃²sinn** *m* sens *m* littéral; **⁃²spiel** *n* jeu *m* de mots; calembour *m*; **⁃²stellung** *f* ordre *m* des mots; **⁃²streit** *m* querelle *f* de mots; dispute *f*; **⁃²wechsel** *m* vive discussion *f*; dispute *f*; altercation *f*; **⁃'wörtlich** mot à (*od.* pour) mot.
wor|über [vo'ry:bər] sur (*resp.* de) quoi; sur lequel; duquel; (*ce*) dont; **⁃um** de quoi; **⁃unter** sous quoi; sous lequel; parmi (*resp.* entre) lesquels.

wo|'selbst où; ~'**von** de quoi; duquel; dont; d'où; ~'**vor** devant (*resp.* de) quoi; devant lequel; duquel; (ce) dont; ~'**zu** à quoi; auquel; ~? pourquoi?; à quoi bon?; dans quel but?

Wrack [vrak] *n* (3) épave *f*; débris *m/pl.* d'un bateau; (*Schiff*) bateau *m* naufragé; '~**gut** *n* épaves *f/pl.*

wring|en ['vriŋən] (30) tordre; essorer; '2**maschine** *f* essoreuse *f*.

Wucher ['vu:xər] *m* (7) usure *f*; ~ **treiben** faire l'usure; '~**er** (7) usurier *m*; '2**isch** usuraire; ~**aufkaufen** accaparer; '2**n** (29) pulluler; foisonner; ✝ faire l'usure; '~**preis** *m* prix *m* usuaire; '~**ung** ⚜ *f* végétations *f/pl.*; '~**zins** *m* intérêt *m* usuraire.

Wuchs [vu:ks] *m* (4²) croissance *f*; crue *f*; (*Gestalt*) taille *f*; stature *f*.

Wucht [vuxt] *f* (16) pesanteur *f*; poids *m*; *mit voller* ~ de tout son poids; 2**en** (27) *v/i.* peser lourdement (*a. fig.*); *v/t.* soulever péniblement; '~**ig** pesant; lourd; *Schlag*: violent.

Wühl|arbeit *fig.* ['vy:l-] *f* menées *f/pl.* souterraines; '2**en** fouiller; *Maulwurf usw.*: fouir; *Wildschwein*: fouger; *Wasser*: creuser; *pol.* agiter les esprits; '~**er** (7) fouilleur *m*, *zo.* fouisseur *m*; *pol.* agitateur *m*; meneur *m*; '~**e'rei** *pol. f* menées *f/pl.* révolutionnaires; '2**erisch** *pol.* révolutionnaire; '~**maus** *f* campagnol *m*.

Wulst [vulst] *m* (3² u. ³) *u. f* renflement *m*; (*Bausch*) bourrelet *m*; (*Haar*2) *im Nacken*: chignon *m*; △ ove *m*; ⚘ protubérance *f*; '2**ig** renflé; *Lippe*: retroussé.

wund [vunt] blessé; meurtri; écorché; excorié; ~ **schlagen** meurtrir; ~ **reiben** écorcher; *sich die Füße* ~ *laufen* s'écorcher les pieds par la marche; *sich* ~ *liegen* s'excorier; ~**e Stelle** plaie *f*, blessure *f*, meurtrissure *f*, écorchure *f*, *fig.* côté *m* faible; ~**er Punkt** *fig.* point *m* faible; '2**-arzt** *m* chirurgien *m*; '~**balsam** *m* (baume *m*) vulnéraire *m*; '2**e** *f* (15) blessure *f*; (*Wundfläche*) plaie *f* (*beide a. fig.*).

Wunder ['~dər] *n* (7) miracle *m* (*bsd. rl.*); (~*ding*) prodige *m*; (~*werk*) merveille *f*; (*seltsame Naturerscheinung*) phénomène *m*; es nimmt mich 2, daß ... je suis étonné que ... (*subj.*) (*od.* de ce que ... [*ind.*]); es ist ein ~ c'est merveille (daß ... que ... [*subj.*]); wenn ... si; zu ... [*inf.*] en ... [*inf.*]; das ist kein ~ quoi d'étonnant (à cela); was ~ daß ...? faut-il s'étonner que ... (*subj.*) (*od.* de ce que ... [*ind.*])?; quoi d'étonnant que ... (*subj.*)?; ich dachte 2 was je m'attendais à qch. de merveilleux; *sich* 2 was *einbilden* s'imaginer Dieu sait quoi; *er bildet sich* 2 was *darauf ein* il en est tout fier; '2**bar** merveilleux, prodigieux, miraculeux, F épatant; (*übernatürlich*) surnaturel; (*eigentlich*) singulier; '~**ding** *n* prodige *m*; '~**glaube** *m* croyance *f* aux miracles; '2**hübsch** ravissant; charmant; '~**kerze** *f* cierge *m* merveilleux; '~**kind** *n* enfant *m* prodige; '~**land** *n* pays *m* des merveilles; '2**lich** bizarre; (*seltsam*) étrange; (*sonderbar*) original; ~**er Kauz** drôle *m* d'homme; '~**lichkeit** *f* bizarrerie *f*; étrangeté *f*; '~**märchen** *n* conte *m* fantastique; '~**mittel** *n* panacée *f*; '2**n**: *sich* ~ *über* (*acc.*) s'étonner de; '2**nehmen** = 2**n**; '2**schön** merveilleux; ravissant; (*herrlich*) magnifique; '~**spiegel** *m* miroir *m* magique; '~**tat** *f* miracle *m*; '~**täter** *m* thaumaturge *m*; '2**tätig** miraculeux; '2**voll** merveilleux; '~**welt** *f* monde *m* enchanté; '~**werk** *n* merveille *f*; '2**wirkend** miraculeux; '~**zeichen** *n* signe *m* miraculeux.

Wund|fieber *n* fièvre *f* traumatique; '~**fläche** *f* plaie *f*; '~**mal** *n* cicatrice *f*; *rl.* stigmate *m*; '~**mittel** *n* vulnéraire *m*; '~**pflaster** *n* emplâtre *m*; vulnéraire *m*; '~**salbe** *f* onguent *m* vulnéraire.

Wunsch [vunʃ] *m* (3² u. ³) souhait *m*; (*Verlangen, Begehren*) désir *m* (*nach* de); (*heißes Verlangen*) vœu *m*; *nach* ~ à souhait; *auf* ~ sur demande; *auf j-s* ~ à la demande de q.; '~**bild** *n* idéal *m*.

Wünschelrut|e ['vynʃəl-] *f* baguette *f* magique (*od.* divinatoire); '~**engänger** *m* sourcier *m*.

wünschen [~] (27) souhaiter; (*sehnlich verlangen, begehren*) désirer; *sich etw.* ~ désirer avoir qch.; '~**swert** souhaitable; désirable.

'**Wunschmusik** *f* musique *f* demandée.

wupp! [vup] vlan!

Würde ['vyrdə] f (15) dignité f (behaupten soutenir); (Hoheit u. Adel) noblesse f; (Ernst) gravité f; akademische ~ grade m universitaire; ich halte es (für) unter m-r ~, zu ... (inf.) je trouve au-dessous de moi de ... (inf.); unter aller ~ au-dessous de tout; '2los indigne; '~nträger m dignitaire m; '2voll digne; noble; grave.

'**würdig** digne (e-r Sache gén. de qch.); (ehrwürdig) respectable; vénérable; **~en** ['~gən] (25) estimer (od. juger) digne (e-r Sache gén. de qch.); (schätzen) apprécier; j-n keiner Antwort ~ ne pas daigner répondre à q.; '2**ung** f appréciation f.

Wurf [vurf] m (3³) jet m; méc. projection f; Spiel: coup m; Tiere: mise f bas; (die Jungen) portée f; '~**bahn** f trajectoire f.

Würfel ['vyrfəl] m (7) dé m; ⚹ cube m; Stoff: carreau m; der ~ ist gefallen le sort en est jeté; '~**becher** m cornet m; '~**form** f forme f cubique; '2**förmig** cubique; '2**n** (29) v/i. jouer aux dés; v/t. couper en petits carrés; '~**spiel** n jeu m de dés; '~**zucker** m sucre m en morceaux.

'**Wurf**|**geschoß** n projectile m; '~**maschine** f catapulte f; '~**scheibe** f disque m; '~**speer** m, '~**spieß** m javelot m.

würg|**en** ['vyrgən] (25) v/t. étrangler; égorger; v/i. u. sich ~ étouffer; (s')étrangler; an etw. (dat.) ~ ne pouvoir avaler qch.; '2**e-engel** m ange m exterminateur; '2**er** orn. m (7) pie-grièche f.

Wurm [vurm] (1²) 1. m ver m; 2. n pauvret m; '2**-abtreibend** (~es Mittel) vermifuge (m); '2**artig** vermiculaire; '2**en** ['~ən] ronger le cœur; chagriner; '2**förmig** vermiforme; '~**fortsatz** m appendice m; '~**fraß** m, '~**mehl** n vermoulure f; '~**mittel** n vermifuge m; '~**stich** m vermoulure f; '2**stichig** vermoulu; Früchte: véreux (a. fig.).

Wurst [vurst] f (14¹) saucisse f; dickere: saucisson m; (Blut2) boudin m; (Fleisch2) andouille f; (Schlack2) cervelas m; das ist mir ~ fig. F je m'en fiche; jetzt geht es um die ~ fig. F c'est maintenant que ça se décide; ~ wider ~ F donnant donnant.

Würstchen ['vyrstçən] n (6) saucisse f (Frankfurter de Francfort).

'**Wurst**|**elei** [~ə'laɪ] f bousillage m; '2**eln** bousiller; '2**en** faire des saucisses, etc.; '~**igkeit** F je-m'en-fichisme m; '~**waren** f/pl. charcuterie f.

Württemberg ['vyrtəmbɛrk] n le Wurtemberg m; '~**er** (in f) m Wurtembergeois m, -e f; '2**isch** wurtembergeois.

Würze ['vyrtsə] f (15) assaisonnement m (a. fig.); condiment m; aromate m; Brauerei: moût m; (Gewürz) épice f; fig. pointe f.

Wurzel ['vurtsəl] f (16) racine f (a. ⚹; ⚹ ziehen extraire; zweite carrée; dritte cubique); gr. a. radical m; gelbe ~ carotte f; schwarze ~ scorsonère f; (Fuß2) tarse m; (Hand2) poignet m; ~ schlagen prendre racine (a. fig.), faire des racines, fig. s'enraciner; '~**behandlung** ⚹ f traitement m de la racine; '~**faser** f radicule f; '~**knollen** m Kartoffel: tubercule m; Zwiebel: bulbe m; '2**los** sans racines; fig. déraciné; '2**n** (29) faire des racines; fig. in etw. (dat.) ~ avoir sa racine dans qch.; '~**reis** n, '~**schößling** m drageon m; surgeon m; '~**stock** m rhizome m; '~**werk** n racines f/pl.; '~**wort** gr. n racine f; radical m; '~**zahl** f racine f; '~**zeichen** n radical m.

'**würz**|**en** (27) assaisonner (a. fig.); dem Geruch nach: aromatiser; '~**ig** savoureux; dem Geruch nach: aromatique. [chaos m; fatras m.)

Wust [vu:st] m (3) amas m confus;)

wüst [vy:st] désert; (unbebaut) inculte; (unordentlich) en désordre; Ton, Benehmen: sauvage; (sittenlos) dissolu; débauché; ein ~es Leben führen vivre dans la débauche; 2**e** ['~ə] f désert m; zur ~ machen dévaster; '~**en** (hausen) faire des ravages; 2**enei** [~'naɪ] f désert m; '2**ling** m débauché m; libertin m.

Wut [vu:t] f (16, o. pl.) rage f; fureur f (in j-m auslassen passer sur q.); in ~ geraten entrer (od. se mettre) en fureur; enrager; j-n in ~ bringen mettre q. en fureur; faire enrager q.; vor ~ schäumen écumer de rage; '~**anfall** m accès m de rage (od. de fureur).

wüten ['vy:tən] (26) être en fureur

wütend (od. en rage); (toben) faire rage; Krankheit: sévir; '∼d furieux (auf j-n contre q.); enragé; furibond; ∼ werden entrer en fureur; enrager; ∼ machen mettre en fureur; faire enrager.

wutentbrannt [¹∼ˀɛnt'brant] enflammé de rage.
Wüterich ['vyːtəriç] m (3) homme m furieux; forcené m; (blutdürstiger Tyrann) tyran m sanguinaire.
'wut'schnaubend écumant de rage.

X

X [iks], **x** n X, x m; i-m ein X für ein U machen faire prendre des vessies pour des lanternes à q.
'X|-Beine n/pl. jambes f/pl. cagneuses (od. en X); '∼-beinig cagneux; '∼-haben être cagneux; '♀-beliebig: ein ∼es Buch n'importe quel livre; un livre quelconque; '∼-beliebige(r a.

m) m, f n'importe qui; '∼-beliebige(s) n n'importe quoi; '♀-mal je ne sais combien de fois; '∼-Strahlen m/pl. rayons m/pl. X; ♀-te [¹∼tə] Xième. [graphe m.\
Xylograph [ksylo'graːf] m xylo-]
Xylophon ♪ [ksylo'foːn] n (3¹) xylophone m.

Y

Y ['ypsilɔn], **y** n Y, y m.

Yacht [jaxt] f yacht m.

Z [tsɛt], **z** *n* Z, z *m*.
Zäckchen ['tsɛkçən] *n Schneiderei*: languette *f; Sp.tzen*: picot *m*.
Zack|e ['tsakə] *f* (15), **⁓en** *m* (6) *Schneiderei*: dentelure *f;* languette *f; Gabel, Forke*: fourchon *m; (Spitze)* pointe *f; géogr. u.* ⊕ *(Zinke)* dent *f;* △ créneau *m;* **⁓en** denteler; déchiqueter; **'⁓ig** garni de pointes; *(gezahnt)* denté; *(ästig)* rameux; △ crénelé; ⚘, *zo.* dentelé; *fig.* F pète-sec.
zag|en ['tsɑːgən] manquer de cœur; *(zaudern)* hésiter; **'⁓en** *n* manque *m* de cœur; hésitation *f;* **'⁓haft** hésitant; timide; irrésolu; **'⁓haftigkeit** *f* timidité *f;* irrésolution *f*.
zäh|(e) ['tsɛːə] tenace; *Fleisch usw.*: coriace; *(klebrig)* visqueux; *(hartnäckig)* opiniâtre; *ein ⁓es Leben haben* avoir la vie dure; **'⁓flüssig** visqueux; **'⁓flüssigkeit** *f* viscosité *f*.
'Zähigkeit *f* ténacité *f; Fleisch usw.*: caractère *m* coriace; *(Klebrigkeit)* viscosité *f;* *(Hartnäckigkeit)* opiniâtreté *f*.
Zahl [tsɑːl] *f* (16) nombre *m;* *(Ziffer)* chiffre *m; 10 an der ⁓ au* nombre de dix; *die ⁓ vollmachen* faire nombre; **'⁓adverb** *n* adverbe *m* numéral; **'⁓bar** payable *(in 3 Monaten* à trois mois).
'zählbar qu'on peut compter; dénombrable.
zahlen ['⁓ən] **1.** (25) payer; *Kellner*, ⁓! garçon, l'addition (s'il vous plaît)!; **2.** ⚘ *n* paiement *m;* versement *m*.
zählen ['tsɛːlən] (25) compter *(auf acc.* sur); *Bevölkerung*: recenser; *Stimmzettel*: dépouiller; *ich zähle mich zu s-n Freunden* je me mets au nombre de ses amis.
'Zahlen|-angabe *f* indication *f* numérique; **'⁓lehre** *f* arithmétique *f;* **'⁓mäßig** numérique; **'⁓reihe** *f* série *f* de nombres; **'⁓verhältnis** *n* proportion *f* numérique.
'Zahler(in *f) m* (7) payeur *m*, -euse *f*.
'Zähler(in *f) m* (7) compteur *m*, -euse *f;* *(Zählerapparat)* compteur *m; arith.* numérateur *m*.
'Zahl|karte ⚘ *f* mandat-carte *m;* **'⁓kasse** *f* caisse *f;* **'⁓los** innombrable; **'⁓meister** *m* payeur *m* (⚔ *a.* officier *m* payeur); trésorier *m;* ⚓ commissaire *m;* **'⁓reich** nombreux; **'⁓stelle** *f* caisse *f;* guichet *m;* **'⁓tag** *m* jour *m* de paie(ment); **'⁓tisch** *m* comptoir *m;* **'⁓ung** *f* paiement *m;* versement *m*.
'Zählung *f* dénombrement *m; Bevölkerung*: recensement *m; Stimmzettel*: dépouillement *m*.
'Zahlungs|-anweisung *f* mandat *m* de paiement; chèque *m;* **'⁓aufforderung** *f* sommation *f* de payer; **'⁓aufschub** *m* moratoire *m;* **'⁓befehl** *m* mise *f* en demeure (de payer); **'⁓einstellung** *f* suspension *f* de paiements; **'⁓erleichterung** *f* facilité *f* de paiement; **'⁓fähig** solvable; **'⁓fähigkeit** *f* solvabilité *f;* **'⁓frist** *f* délai *m* de paiement; **'⁓mittel** *n* moyen *m* de paiement; *gesetzliches ⁓ monnaie f* légale; **'⁓ort** *m* lieu *m* de paiement; **'⁓schwierigkeit** *f* difficulté *f* de paiement; **'⁓termin** *m* terme *m;* échéance *f;* **'⁓unfähig** insolvable; **'⁓unfähigkeit** *f* insolvabilité *f;* **'⁓union** *f: Europäische ⁓* union *f* européenne des paiements; **'⁓verkehr** *m* (service *m* des) paiements *m/pl.;* **'⁓weise** *f* mode *m* de paiement; [adjectif *m* numéral.]
'Zahlwort *gr. ⁓ n* nom *m* de nombre;
zahm [tsɑːm] *(gezähmt)* apprivoisé; *Haustier*: domestique; *Personen*: traitable; docile; *(friedlich)* paisible; *⁓ machen* apprivoiser; *⁓ werden* s'apprivoiser.
'zähm|bar domptable; **⁓en** ['tsɛːmən] (25) apprivoiser; *(bändigen)* dompter *(a. fig.); zu e-m Haustier*: domestiquer; *Leidenschaft*: refréner; **'⁓ung** *f* apprivoisement *m;* *(Bändigung)* domptage *m; zu e-m Haustier*: domestication *f*.
Zahn [tsɑːn] *m* (3³) dent *f (ziehen* arracher; extraire); *der ⁓ der Zeit*

Zahnarzt — 1167 — **Zauberkunst**

les ravages m/pl. du temps; *Zähne bekommen* faire ses dents; *sich die Zähne an etw. (dat.) ausbeißen* fig. se casser les dents à qch.; *j-m auf den ~ fühlen* fig. sonder q.; tâter (le pouls à) q.; '**~arzt** m (médecin m) dentiste m; '**~bein** n dentine f; '**~bürste** f brosse f à dents.

Zähne|fletschen ['tsɛːnə-] n grincement m de dents; '**~klappern** n (6) claquement m de dents; '**~knirschen** n (6) = **~fletschen**.

zahnen ['tsɑːn] **1.** (25) *Kinder:* faire ses dents; **2.** ⚥ n (6) dentition f.

'**zähnen** denter; denteler.

'**Zahn|~ersatz** m fausses dents f/pl.; '**~fäule** f carie f des dents; '**~fistel** f fistule f dentaire; '**~fleisch** n gencive(s pl.) f; '**~füllung** f plombage m; obturation f; '**~geschwür** n abcès m dentaire; '**~heilkunde** f chirurgie f dentaire; '**~höhle** f alvéole f dentaire; '**~kranz** m couronne f dentée; '**²los** sans dents; édenté; '**~lücke** f brèche f; '**~nerv** m nerf m dentaire; '**~paste** f pâte f dentifrice; '**~plombe** f plombage m; obturation f; '**~pulver** n poudre f dentifrice; '**~rad** n roue f dentée; pignon m; '**~radbahn** f chemin de fer à crémaillère; '**~radgetriebe** n engrenage m; '**~reißen** n rage f de dents; '**~schmelz** m émail m des dents; '**~schmerz** m mal m de dents; *~en haben* avoir mal aux dents; '**~stange** f crémaillère f; '**~stein** m tartre m; '**~stocher** m (7) cure-dent m; '**~stumpf** m chicot m; '**~techniker** m dentiste m; '**~wasser** n eau f dentifrice; '**~wechsel** m seconde dentition f; '**~weh** n = **~schmerz**; '**~werk** n denture f; '**~wurzel** f racine f de dent; '**~zange** f pince f de dentiste; pélican m; davier m; '**~ziehen** n extraction f des dents.

Zähre poét. ['tsɛːrə] f pleur m.

Zander ['tsandər] m (7) sandre f.

Zang|e ['tsaŋə] f (15) pince(s pl.) f; *große ~* tenailles f/pl.; *kleine ~* pincette f; *chir.* forceps m; *Insekten:* mâchoire f; '**~engeburt** f accouchement m aux fers.

Zank [tsaŋk] m (3) querelle f; (*Wortwechsel*) dispute f; (*Auseinandersetzung*) altercation f; (*Prügelei*) rixe f; *mit j-m ~ suchen* chercher querelle à q.; '**~apfel** m pomme f de discorde; **²en** ['~ən] (25): *sich ~* se quereller (*mit* avec); se disputer (avec); *j-n (aus)~* gronder q.; *sich ~ um*; *sich ~ über (acc.)* se disputer au sujet de qch.

Zänk|er ['tsɛŋkər] m (7) querelleur m; disputeur m; '**~erei** [~'raɪ] f querelle f; dispute f; '**²isch** querelleur; chicanier; acariâtre.

'**Zanksucht** f esprit m querelleur; '**²süchtig** querelleur.

Zäpfchen ['tsɛpfçən] n (6) anat. luette f (du palais); ⚕ suppositoire m.

zapfen ['tsapfən] **1.** (25) *Wein usw.:* tirer; **2.** ⚥ m (6) (*hölzerner Propfen*) tampon m; (*Faß²*) bonde f; (*zylindrischer Körper*) cône m; ♃ strobile m; *Nadelbäume:* pomme f; (*Stift*) tenon m; cheville f; (*Dreh²*) tourillon m; *Türangel:* pivot m; '**²lager** n coussinet m; *Fahrrad:* palier m; '**²loch** n *Tischlerei:* mortaise f; '**²streich** m retraite f.

'**Zapfstelle** f prise f d'eau; *Auto:* distributeur m d'essence.

zapp|(e)lig ['tsap(ə)lɪç] frétillant; '**~eln** (29) frétiller; (*sich sträuben*) se débattre; *j-n ~ lassen* F tenir la dragée 'haute à q.

'**Zar|(in** f) [tsɑːr] m tsar m, tsarine f; '**~entum** n tsarisme m.

zart [tsɑːrt] tendre (*a. Fleisch*; *Haut, Geschmack, Gefühl:* délicat; *fin*; (*dünn*) délié; ténu; (*zerbrechlich*) fragile; '**~besaitet** (*reizbar*) susceptible; '**²fühlend** délicat; (*taktvoll*) qui a du tact; '**²gefühl** n délicatesse f (de sentiment); (*Takt*) tact m; '**²heit** f délicatesse f; finesse f; (*Zerbrechlichkeit*) fragilité f; *Fleisch:* tendreté f.

zärtlich ['tsɛːrtlɪç] tendre; (*liebevoll*) affectueux; '**²keit** f tendresse f.

Zäsur [tsɛˈzuːr] f césure f.

Zauber ['tsaubər] m (7) charme m; (*das Zaubern*) enchantement m; (*~kunst*) magie f; '**~buch** n livre m de magie; '**~ei** [~ˈraɪ] f enchantement m; ensorcellement m; (*Kunst*) magie f; sorcellerie f; '**~er** m (7), '**~in** f enchanteur m, -teresse f; (*Künstler*) magicien m, -ne f; (*Hexenmeister*) sorcier m, -ière f; '**~formel** f formule f magique; '**²haft**, '**²isch** magique; enchanté; féerique; *fig.* enchanteur; (*wunderbar*) merveilleux; '**~kraft** f pouvoir m (*od.* vertu f) magique; '**~kunst** f magie f;

Zauberkünstler — 1168 — **Zeichenlehrer**

(*Taschenspielerkunst*) prestidigitation f; '~**künstler** m magicien m; (*Taschenspieler*) prestidigitateur m; '~**land** n pays m enchanté; '~**laterne** f lanterne f magique; '~**lehrling** m apprenti m sorcier; '~**mittel** n charme m; '2n (29) (*als Kunst*) v/i. user de charmes; pratiquer la magie; ~ können être sorcier (*als Kunst*: magicien); v/t. transporter (*od.* faire passer) par enchantement; '~**posse** *thé.* f féerie f; '~**reich** n = ~*land*; '~**schloß** n château m enchanté; '~**spiegel** m miroir m magique; '~**spruch** m formule f magique; '~**stab** m baguette f magique; '~**stück** n tour m de passe-passe; *thé.* féerie f; '~**trank** m philtre m; '~**werk** n = ~*ei*; '~**wort** n mot m magique.

'**Zauder|er** m (7) esprit m irrésolu; (*bessere Zeiten abwartend*) temporisateur m; '2n ['tsaudərn] (29) hésiter (*etw. zu tun* à faire qch.); tarder (à); (*abwarten*) temporiser; ~**n** n hésitation f; temporisation f.

Zaum [tsaum] m (3³) bride f; *fig. a.* frein m; *im* ~*e halten* tenir en bride.

zäumen ['tsɔʏmən] (25) brider.

'**Zaumzeug** n bride f.

Zaun [tsaun] m (3³) clôture f (*Holz*2 de bois); (*Pfahl*2) palissade f; (*Hecke*) haie f; *etw. vom* ~ *brechen fig.* saisir le premier prétexte venu pour faire qch.; '~**könig** *orn.* m roitelet m; '~**pfahl** m palis m.

zausen ['tsauzən] (27) tirailler; 'houspiller; *Haare*: ébouriffer.

Zebra ['tse:bra] n (11) zèbre m; '2**artig**: ~ *streifen* zébrer; '~**streifen** m/pl. passage m zébré.

'**Zech|bruder** m buveur m; P pochard m; riboteur m; ~**e** ['tseçə] f (*Rechnung*) addition f; (*zu zahlender Anteil*) écot m; (*Verzehr*) consommation f; ⚒ mine f, (*Steinkohlen*2) 'houillère f; *die* ~ *bezahlen* payer l'écot, *fig.* payer les pots cassés; '2en (29) boire (copieusement); F chopiner; P faire ribote; '~**er** m (7) buveur m; '~**erei** [~'rai] f; '~**gelage** n beuverie f; '~**kumpan** m copain m; '~**preller** m griveleur m; ~**prelle'rei** f grivèlerie f; '~**schuld** f dette f de cabaret.

Zecke *ent.* ['tsɛkə] f (15) tique f.

Zeder ♀ ['tse:dər] f (15) cèdre m.

Zeh [tse:] m, ~**e** ['~ə] f doigt m de pied; orteil m; *große* ~ (*gros*) orteil m; *Knoblauch usw.*: gousse f; '~**en(spitzen)** f/pl.: *auf den* ~ *gehen* marcher sur la pointe des pieds.

zehn [tse:n] 1. dix; *etwa* ~ une dizaine; *Zeitraum m von* ~ *Tagen* décade f; 2. ♀ f (*chiffre m*) dix m; '2**eck** n décagone m; '~**eckig** décagonal; '2**ender** m (7) cerf m dix cors m; '2**er** m (7) dizaine f; ~**erlei** ['~ərlai] de dix espèces; '~**fach**, '~**fältig** décuple; '~**jährig** de dix ans; décennal; '~**mal** dix fois; '~**malig** répété dix fois; '2**pfennigstück** n pièce f de dix pfennigs; '~**silbig** ('2**silber** m) décasyllabe (m); '~**stündig** de dix heures; '~**tägig** de dix jours; '~**tausend** dix mille; '~**te** (8) dixième; *der* (*den, am*) ~(*n*) (*10.*) *Oktober* le dix (10) octobre; '2**te** m (13) dîme f; 2**tel** ['~təl] n (7) dixième m; '~**tens** ['~təns] dixièmement; en dixième lieu.

zehr|en ['tse:rən] (7) se nourrir (*von*; *an dat.* de); *von s-m Ruhm* ~ se reposer sur ses lauriers; (*mager machen, vermindern*) faire maigrir; consumer; ronger; miner; *Seeluft, Sport*: creuser l'estomac; '~**end** ⚕ hectique; '2**pfennig** m viatique m; '2**ung** f ₰ consomption f; (*Weg*2) viatique m.

Zeichen ['tsaiçən] n (6) signe m; *ein* ~ *geben* faire signe (*mit dem Kopf* de la tête); *als* ~; *zum* ~ (*gén.*) en signe de; en marque de; en témoignage de; *verabredetes*: signal m; (*Kenn*2, *Waren*2 *usw.*) marque f; (*An*2) indice m; ⚕ symptôme m; (*Vor*2) présage m; augure m; *das ist ein böses* ~ c'est mauvais signe; (*Merkmal*) caractère m (*distinctif*); (*Ab*2) insigne m; (*Mal*) stigmate m; (*Buch*2) signet m; (*Satz*2) signe m de ponctuation; *die* ~ *pl. setzen* mettre la ponctuation; (*Bezeugung*) témoignage m; (*Beweis*) preuve f; *zum* ~, *daß* ... pour preuve que ...; *er ist s-s* ~*s Schmied* il est forgeron de son métier; '~**block** m bloc m de papier à dessin(er); '~**brett** n planche f à dessin(er); '~**buch** n album m à dessin; '~**deuter** m devin m; '~**erklärung** f *Karte usw.*: légende f '~**gebung** f signalisation f; '~**heft** n cahier m à dessin; '~**kohle** f fusain m; '~**kunst** f (art m du) dessin m; '~**lehrer**(**in** f) m professeur m de

Zeichenmaterial — 1169 — **Zeitpunkt**

dessin; '~**material** n ustensiles m/pl. à dessiner; '~**papier** n papier m à dessin(er); '~**saal** m salle f de dessin; '~**setzung** gr. f ponctuation f; '~**sprache** f langage m par signes; '~**stift** m crayon m à dessin; '~**stunde** f leçon f de dessin; ~**utensilien** pl. = ~material.

zeichn|en ['ˈtsaɪçnən] (26) dessiner (*mit Kreide* à la craie); (*kenn*~) marquer (*unter*~) signer; *Linie:* tracer; ✝ souscrire (e-e *Anleihe* à un emprunt); ²**en** n dessin m; ✝ souscription f; ²**er** m (7) dessinateur m; ✝ souscripteur m; ²**ung** f dessin m; ✝ souscription f.

'**Zeig|efinger** m index m; ²**en** ['tsaɪɡən] (25) montrer (*nach Norden* le nord; *auf j-n q.*); faire voir; (*zur Schau stellen*) étaler; (*beweisen*) démontrer; (*angeben*) indiquer; (*bezeugen*) témoigner; *Thermometer, Uhr:* marquer (*10 Grad* dix degrés; *auf 10 Uhr* dix heures); ~, *was man kann* donner sa mesure; *sich* ~ se montrer, (*erscheinen*) paraître, (*zum Vorschein kommen*) apparaître, (*sich offenbaren*) se manifester; *das wird sich bald* ~ cela se verra sous peu; '~**er** m (7) indicateur m; *Uhr:* aiguille f; '~**estock** m baguette f.

zeihen ['ˈtsaɪən] (*gén.*) accuser de.

Zeil|e ['tsaɪlə] f (15) ligne f; (*Reihe*) rangée f; *neue* ~ alinéa m, *als Hinweis:* à la ligne; '~**en-abstand** m interligne m; ²**enweise** par ligne(s).

Zeisig ['tsaɪzɪç] m (3) tarin m; serin m.

Zeit [tsaɪt] f (16) temps m (*a. gr., Sport*); (~*abschnitt*) époque f; période f; (~*alter*) âge m; siècle m; (~*punkt*) date f; terme m; moment m; (*Uhr*²) heure f; ² mesure f; ² *s-s Lebens* durant sa vie; *die* ~ *nehmen* chronométrer; *sich* ~ *nehmen* prendre son temps; ~ *gewinnen* gagner du temps; *es ist* ~, *daß*... (zu... [inf.]) il est temps que... (subj.) (de... [inf.]); *ich habe* ~ j'ai le temps; *das hat* ~ cela ne presse pas; *es ist an den* ~, *zu* ... (inf.) le moment est venu (*od.* il est temps) de ... (inf.); *auf einige* ~ pour quelque temps; *auf* ~ ✝ à crédit; à terme; *außer der* ~ mal à propos; *für alle* ~**en** pour toujours; *mit der* ~ avec le temps; à la longue; *mit der* ~ *gehen* être de son temps; *nach einiger* ~ quelque temps après; *es sind schon 2 Tage über die* ~ le terme est déjà dépassé de deux jours; *um welche* ~? à quelle heure?; *à quel moment?; à quelle époque?; um die* ~ *der Ernte* vers le (*od.* au) temps de la moisson; *von dieser* ~ *an* dès lors; à partir de ce moment; *von* ~ *zu* ~ de temps en temps; de temps à autre; *vor der* (*gehörigen*) ~ avant terme; prématurément; *zur* (*rechtzeitig*) à temps, (*gegenwärtig*) actuellement; *zur* ~, *wo* ... au temps où ...; *zur* ~ *Napoleons* au (*od.* du) temps (*od.* à l'époque) de Napoléon; *zu jeder* (*allen*) *Zeit* (en) en tout (tous) temps; *alles zu s-r* ~ chaque chose en son temps; '~**abschnitt** m période f; époque f; '~**alter** n âge m; siècle m; '~**angabe** f date f; *Radio:* l'heure f exacte; '~**aufnahme** *phot.* f pose f; '~**bestimmung** f chronologie f; complément m de temps; '~**dauer** f durée f; '~**enfolge** gr. f concordance f des temps; '~**ersparnis** f économie f de temps; '~**folge** f chronologie f; ordre m chronologique; '~**funk** m *Radio:* actualités f/pl.; chronique f du jour (*resp.* de la semaine, etc.); '~**geist** m esprit m du temps (*od.* du siècle); ²**gemäß** qui est du temps; moderne; (*angebracht*) opportun; *nicht mehr* ~ 'hors de saison; inopportun; '~**genosse** m contemporain m; ²**genössisch** ['ˈɡənœsɪʃ] contemporain; '~**geschäft** ✝ n opération f à terme; '~**geschehen** n; *aus dem* ~ *Radio:* actualités f/pl.; '~**geschichte** f histoire f contemporaine; ²**ig** de bonne heure; tôt; (*rechtzeitig*) à temps; (*frühreif*) précoce; ²**igen** (25) (faire) mûrir; (*hervorbringen*) produire; '~**karte** f carte f d'abonnement; '~**lang** f: *eine* ~ pendant quelque temps; ²**lebens** durant ma (sa, *etc.*) vie; durant toute la vie; ²**lich** temporel; *das* ²**e** *segnen* rendre son âme à Dieu; '~**lichkeit** f vie f temporelle; ²**los** intemporel; '~**lupe** f: *mit der* ~ au ralenti; '~**mangel** m: *aus* ~ faute de temps; '~**maß** ♪ n mesure f; '~**messer** m chronomètre m; '~**nehmer** m (7) chronométreur m; '~**ordnung** f ordre m chronologique; '~**punkt** m

73 Dtsch.-Franz.

Zeitraffer — 1170 — **zerfließen**

moment m; '~raffer m (7) accélérateur m; '2raubend qui exige beaucoup de temps; '~raum m période f; laps (od. espace) m de temps; '~rechnung f chronologie f; christliche ~ ère f chrétienne; '~schrift f revue f, périodique m; '~spanne f =~raum; '~spiegel m miroir m de notre temps; '~tafel f table f chronologique; '~umstände m/pl. circonstances f/pl.

Zeitung ['tsaitʊŋ] f journal m. '**Zeitungs|anzeige** f annonce f; '~artikel m article m de journal; '~ausschnitt m coupure f de journal; '~bude f =~stand; '~ente f canard m; '~halter m porte-journaux m; '~händler(in f) m =~verkäufer(in); '~papier n papier m à journaux; '~roman m roman-feuilleton m; '~schreiber m journaliste m; '~stand m kiosque m à journaux; '~verkäufer(in f) m vendeur m, -euse f de journaux; '~wesen n journalisme m; presse f; '~wissenschaft f science f du journalisme.

'**Zeit|verhältnisse** n/pl. circonstances f/pl.; '~verlust m perte f de temps; '~verschwendung f gaspillage m de temps; '~vertreib ['~vɛrtraip] m passe-temps m; zum ~ pour passer le temps; pour se distraire; '2weilig temporaire; (einstweilig) provisoire; '2weise par moments; temporairement; '~wort n verbe m; '~zeichen n Radio: signal m horaire; '~zünder m fusée f à retardement; Bombe mit ~ bombe f à retardement.

Zell|e ['tsɛlə] f (15) cellule f; (Honig2) alvéole m; (Bade2) cabine f (a. téléph.); '~engefängnis n prison f cellulaire; '~(en)gewebe n tissu m cellulaire; '~ophan [~oˈfaːn] n cellophane f; '~stoff m cellulose f; '~uloid [~luˈlɔyt] n celluloïd m; '~ulose [~loːzə] f cellulose f; '~wolle f fibranne f.

Zelot [~loːt] m zélateur m.

Zelt [tsɛlt] n (3) tente f (aufschlagen dresser; abbrechen plier); '~bahn f toile f de tente; '~bett n lit m de camp; '~dach △ n toit m en pavillon; '2en faire du camping; '~en n camping m; '~er m palefroi m; '~lager n camp m de tentes; '~pfahl m, '~pflock m piquet m de tente; '~stange f, '~stock m mât m de tente.

Zement [tseˈmɛnt] m (3) ciment m; ~arbeiter m cimentier m; 2ieren [~ˈtiːrən] cimenter.

Zenit [tseˈniːt] m (3) zénith m.

zens|ieren [tsɛnˈziːrən] censurer; soumettre à la censure; Schule: donner une note (à); 2or ['~zɔr] m censeur m; 2ur [~ˈzuːr] f (16) censure f; Schule: note f; ~urenliste [~ˈzuː-] f Schule: liste f des notes.

Zentaur [~ˈtaur] m centaure m.

Zenti|meter [tsɛnti'-] n u. m centimètre m.

Zentner ['tsɛntnər] m (7) quintal m; '~last fig. f fardeau m accablant; '2schwer fig. accablant.

zentral [~ˈtraːl] central; 2e f & centrale f; téléph. central m; 2heizung f chauffage m central; ~isieren [~traliˈziːrən] centraliser; 2i'sierung f centralisation f; 2komitee n comité m central.

Zentri|fugalkraft [~trifuˈgaːl-] f force f centrifuge; ~fuge [~ˈfuːgə] f (15) machine f centrifuge; ~petalkraft [~peˈtaːl-] f force f centripète.

Zentrum [~trum] n (9) centre m.

Zephir ['tseːfir] m zéphyr m.

Zeppe'lin m zeppelin m; dirigeable m.

Zepter ['tsɛptər] m (7) sceptre m.

zer|beißen [tsɛr'-] casser avec les dents; ~'bersten crever; ~'brechen v/t. briser; casser; rompre; v/i. se briser; se casser; ~'brechlich fragile; cassant; 2'brechlichkeit f fragilité f; ~'bröckeln (v/i. s')émietter; ~'drücken écraser; (zerknittern) chiffonner, froisser.

Zeremon|ie [tseremo'niː] f (15) cérémonie f; ~iell [~iˈɛl] n (3¹) cérémonial m; 2iell, 2iös [~iˈøːs] cérémonieux.

zer|'fahren (29) adj. décousu; Person: dissipé; étourdi; 2'fahrenheit f décousu f; Person: dissipation f; étourderie f; 2'fall m décadence f; ruine f; 🜪 décomposition f; ~'fallen tomber en ruine; se délabrer; Stoffe: se décomposer; se désagréger; (geteilt werden) se diviser (in acc. en); fig. être en (pleine) décadence; mit j-m ~ se brouiller avec q.; ~'fasern effilocher; ~'fetzen [~ˈfɛtsən] mettre en lambeaux, déchiqueter; déchirer; ~'fleischen (27) déchirer; lacérer; ~'fließen

zerfressen — 1171 — **zerteilen**

(se) fondre; ~**fressen** ronger; manger; *ätzend*: corroder; ~**gehen** (se) fondre; se liquéfier; 2**gliederung** f décomposition f; analyse f; *anat.* dissection f; anatomie f; ~**hacken** 'hacher; ~**hauen** trancher; couper en morceaux; *Schlächterei*: dépecer; ~**kauen** mâcher; ~**kleinern** (29) mettre en menus morceaux; *Pfeffer, Erze usw.*: concasser; 2**kleinerung** f concassage m; ~**klopfen** casser (en frappant); ~**klüftet** [~'klyftət] crevassé; *Küste*: déchiqueté; ~**knirscht** contrit; 2**knirschung** f contrition f; ~**knittern**, ~**knüllen** froisser, chiffonner; ~**kochen** v/t. réduire en bouillie; v/i. être réduit en bouillie; ~**kratzen** égratigner; ~**krümeln** émietter; ~**lassen** (faire) fondre; ~**legbar** démontable; ⊕ décomposable; ~**legen** décomposer; analyser; *anat.* disséquer; *cuis.* découper; dépecer; ⊕ démonter; 2**legung** f décomposition f; analyse f; *anat.* dissection f; *cuis.* découpage m; ⊕ démontage m; ~**lesen** adj. *Buch*: usé; ~**lumpt** [~'lυmpt] (réduit) en lambeaux; déguenillé; ~**mahlen** moudre; ~**malmen** [~'malmən] broyer; écraser (*a. fig.*); ~**martern** martyriser; mettre à la torture; ~**mürben** [~'myrbən] user; démoraliser; ~**nagen** ronger; *beizend*: corroder; ~**pflücken** effeuiller; *fig.* éplucher; ~**platzen** crever; éclater; ~**quetschen** écraser; broyer.

Zerrbild ['tsɛr-] n caricature f.

zer|'**reiben** zu *Pulver*: triturer; broyer; ~'**reißbar** qu'on peut déchirer; ~'**reißen** déchirer; *Faden usw.*: rompre.

'**zerren** (25) tirailler; tirer (violemment); *sich mit-ea.* ~ se houspiller.

zer|'**rinnen** s'écouler; (se) fondre; *fig.* s'enfuir; s'évanouir; 2'**rissenheit** f division f; discorde f.

'**Zerrung** f tiraillements m/pl.; contorsion f; distorsion f.

zer|'**rütt**|**en** (26) désorganiser; *fig.* déranger; *Gesundheit*: ruiner; *Ehe*: bouleverser; 2**ung** f désordre m; désorganisation f; *fig.* dérangement m; ruine f; *Ehe*: bouleversement m. **zer**|'**sägen** scier; ~**schellen** [~'ʃɛlən] (25) (v/i. se) briser; (*an dat.*

contre); ~'**schlagen** casser; briser; mettre en morceaux; *wie* ~ *sein fig.* être (tout) brisé (*od.* rompu); *sich* ~ *Geschäft*: manquer; rater; *Hoffnung*: être déçu; ~'**schmettern** fracasser; anéantir; ~'**schneiden** couper en morceaux; (*durchschneiden*) trancher; (*zerlegen*) découper; dépecer; ~**schossen** [~'ʃɔsən] troué (*od.* percé) de balles; ~'**setzen** décomposer; désagréger; 2'**setzung** f décomposition f; désagrégation f; ~'**spalten** fendre; ~'**splittern** v/t. faire voler en éclats; *fig.* éparpiller; (*vergeuden*) gaspiller; *Kräfte*: disperser; v/i. u. sich ~ voler en éclats; *fig.* s'éparpiller; se disperser; 2'**splitterung** f *fig.* éparpillement m; gaspillage m; ~'**sprengen** faire éclater (*od.* sauter); *Menge*: disperser; ✕ mettre en déroute; ~'**springen** (se) fendre; se briser; *Glas*: se fêler; (*zerplatzen*) éclater; ~'**stampfen** concasser; *in Mörsern*: piler; *zu Pulver* ~ broyer; pulvériser; *Feld*: fouler; ~'**stäuben** pulvériser; vaporiser, *fig.* disperser; 2'**stäuber** m (7) pulvérisateur m; vaporisateur m; ⊕ pulvérisoir m; ~'**stieben** se pulvériser; *Menge*: se disperser.

zer'**stör**|**bar** destructible; ~**en** détruire; *Gebautes*: démolir; *Hoffnung*: ruiner; (*verwüsten*) ravager; ~**end** destructif; destructeur; 2**er** m (7) destructeur m; ⚓ destroyer m; contre-torpilleur m; 2**ung** f destruction f; (*Abbruch*) démolition f; *Hoffnung*: ruine f; (*Verwüstung*) ravages m/pl.; 2**ungswut** f rage f de destruction; vandalisme m.

zer'**stoßen** piler; concasser.

zer'**streu**|**en** disperser; disséminer; éparpiller; *Licht*: diffuser; (*vertreiben*) dissiper; *j-n* ~ *fig.* distraire q.; divertir q.; ~**t** dispersé, disséminé, (*vereinzelt*) épars; *fig.* distrait, préoccupé; 2**theit** f distraction f; inattention f; inadvertance f; 2**ung** f dispersion f; *Licht*: diffusion f; (*Vertreibung*) dissipation f; *fig.* distraction f; divertissement m.

zer'**stückel**|**n** (29) morceler; dépecer; (*zerfetzen*) déchiqueter; *Land*: démembrer; 2**ung** f morcellement m; dépècement m; *Land*: démembrement m.

zer'**teil**|**bar** divisible; ~**en** diviser; (*trennen*) séparer; disjoindre; (*tei*-

zertrampeln — **ziehen**

lend zerlegen) décomposer; (zergehen machen) fondre; résoudre; Land démembrer; Fluten: fendre; Nebel: dissiper.

zer|'trampeln piétiner; fouler aux pieds (a. fig.); **~'trennen** séparer; disjoindre; Naht: défaire; défaudre; **~'treten** piétiner; écraser du pied; fouler aux pieds (a. fig.); **~'trümmern** [~'trymərn] démolir; détruire; briser; fracasser; Atom: désintégrer; ♀'**trümmerung** f démolition f; destruction f; Atom: désintégration f.

Zervelatwurst [tsɛrvə'lɑːt] f cervelas m.

zer|'wühlen fouiller (a. fig.); ♀**würfnis** [~'vyrfnis] n (4¹) différend m; désaccord m; F brouille f; **~'zausen** houspiller; Haare: ébouriffer; défriser; écheveler.

Zeter ['tseːtər] n: ~ und Mordio schreien jeter les 'hauts cris; **~geschrei** n 'hauts cris m/pl.; ♀n jeter les 'hauts cris.

Zettel ['tsɛtəl] m (7) (morceau [od. bout] m de) papier m; beschriebener: billet m; (Notiz♀) fiche f; (Wahl♀) bulletin m; (Anschlag) affiche f (ankleben coller; anschlagen poser); placard m; ♱ étiquette f; Weberei: chaîne f; **~anklaben** n affichage m; **~anklaber** m afficheur m; **~kasten** m, **~kartei** f fichier m.

Zeug [tsɔʏk] n (3) (Rohstoff) matière f (première); (Gerät) ustensiles m/pl.; (Handwerks♀) outils m/pl.; gewebtes: étoffe f; tissu m; (Kleidung) vêtements m/pl.; er hat das ~ zu ... il y a en lui l'étoffe de ...; was das ~ hält tant qu'on peut; j-m etw. am ~ flicken fig. critiquer q.; blâmer q.; dummes ~ bêtises f/pl.; sich ins ~ legen fig. s'y mettre énergiquement.

Zeug|e ['tsɔʏgə] m (13), **~in** f témoin m; zum ~n nehmen prendre à témoin (od. pour témoin); ♀en v/t. procréer; engendrer; v/i. servir de témoin; porter témoignage; témoigner (von de); ᵗᵗ déposer.

Zeugen|aussage f déposition f du (resp. des) témoin(s); **~beweis** m preuve f testimoniale; **~verhör** n, **~vernehmung** f audition f des témoins.

Zeughaus ⚔ n arsenal m.

Zeugnis n (4¹) (Bezeugung) témoignage m; ~ ablegen rendre témoignage (von de); témoigner (de); ᵗᵗ déposition f; sein ~ ablegen faire sa déposition; (Bescheinigung) attestation f; certificat m; Schule: bulletin m; notes f/pl.; Prüfung: diplôme m; **~heft** n livret m scolaire.

'Zeugung f engendrement m; génération f; procréation f.

Zeugungs|akt ['~gʊŋs-] m acte m sexuel; coït m; **~fähig** apte à procréer; prolifique; **~fähigkeit** f aptitude f à procréer; **~kraft** f puissance f génératrice; ♀**-unfähig** impuissant; **~unfähigkeit** f impuissance f.

Zibet ['tsiːbɛt] m (3¹), **~katze** f civette f.

Zichorie [tsi'çoːriə] f (15) chicorée f.

Zick|e F ['tsɪkə] f chèvre f; bique f; machen Sie keine ~en! fig. F pas d'histoires!; **~lein** n chevreau m.

Zickzack ['tsɪktsak] m (3) zigzag m; im ~ gehen aller en zigzag; ♀**-förmig** zigzagué; en zigzag; **~linie** f (ligne f en) zigzag m. [bique f.\

Ziege ['tsiːgə] f (15) chèvre f; F\

Ziegel ['~l] m (7) brique f (brennen cuire); (Dach♀) tuile f; **~bau** m construction f en briques; **~brenner** m briquetier m; (Dach~) tuilier m; **~brennerei** f briqueterie f; **~dach** n toit m en tuiles; **~ei** [~'laɪ] f (16) briqueterie f; für Dachziegel: tuilerie f; **~erde** f terre f à briques; **~ofen** m four m à briques (resp. à tuiles); ♀**rot** rouge brique; **~stein** m = Ziegel.

'Ziegen|bart m barbe f de bouc; **~bock** m bouc m; **~fell** n peau f de chèvre; gegerbtes ~ chevrotin m; **~hirt(in)** m chevrier m, -ière f; **~käse** m fromage m de chèvre; **~leder** n chevreau m; **~peter** ⚕ m oreillons m/pl.; parotidite f.

'Ziehbrunnen m puits m à chaîne.

ziehen ['tsiːən] (30) **1.** v/t. tirer; Wagen: a. traîner; (schleppen) remorquer; Linie, Furche: tracer; Kreis: décrire; Graben: creuser; Zahn: arracher; extraire (a. Wurzel 𝔸); Pflanzen: cultiver; Kinder, Vieh, Mauer: élever; Spielfigur: jouer; Bilanz, Vergleich: tirer; dresser; Wechsel: tirer (auf j-n sur q.); an sich (acc.) ~ tirer à soi; etw. durch ... ~ faire passer qch. par ...; etw. nach sich ~ entraîner

Ziehen — 1173 — **Zimmer**

qch.; *ein Kleid über das andere* ~ mettre un vêtement par-dessus l'autre; *sich* ~ *Holz:* se déjeter, (se) gauchir, *Stoff:* s'étirer; *(sich erstrecken)* s'étendre; *sich in etw. (acc.)* ~ s'infiltrer dans qch.; *v/i. Ofen, Zigarre:* tirer; ⚔ marcher; *Volksstämme, Zugvögel:* émigrer, passer dans d'autres pays; *es zieht* il y a un courant d'air; *das Stück zieht* la pièce prend sur le public *(od.* passe la rampe); *das zieht bei mir nicht* cela ne prend pas avec moi; *an etw. (dat.)* ~ tirer sur qch.; *auf ein anderes Zimmer* ~ changer de chambre; *aufs Land (in die Stadt)* ~ aller s'installer à la campagne (en ville); *aus e-r Wohnung* ~ déménager; *in e-e Wohnung* ~ emménager; *durchs Land* ~ passer par *(od.* traverser) le pays; *übers Meer* ~ traverser la mer; *zu j-m* ~ aller demeurer chez q.; *den Tee lassen* faire infuser le thé; **2.** ⚘ *n* traction *f;* **Ofen:** tirage *m.*

'**Zieh**|**feder** *f* tire-ligne *m;* '~**harmonika** *f* accordéon *m;* '~**hund** *m* chien *m* de trait; '~**kind** *n* nourrisson *m;* '~**mutter** *f* nourrice *f;* '~**ung** *f Lotterie:* tirage *m.*

Ziel [tsi:l] *n* (3) but *m (sich stecken* se proposer; *sich fixer; treffen* toucher; *verfehlen* manquer); objectif *m;* *(Zweck)* fin(s *pl.*) *f;* visées *f/pl.;* *(Schranke)* borne *f;* *(Endpunkt)* terme *m; zu s-m* ~ *gelangen fig.* parvenir à ses fins; *übers* ~ *hinausschießen fig.* passer les bornes; *durchs* ~ *gehen Sport:* franchir la ligne d'arrivée; *als dritter durchs* ~ *gehen Sport:* être placé troisième; *auf drei Monate* ~ ✝ à trois mois; '~**band** *n Sport:* ligne *f* d'arrivée; ²**bewußt** qui sait ce qu'il veut; qui va droit au but qu'il s'est fixé; ²**en** ['~ən] (25): *auf etw. (acc.)* ~ viser (*streben nach:* à) qch.; *auf j-n* ~ viser q.; coucher *(od.* mettre) q. en joue; *(richten)* ⚔ pointer; '~**en** *n* visée *f; (Richten)* pointage *m;* '~**fernrohr** *n* lunette *f* de visée; '~**linie** ⚔ *f* ligne *f* de mire; '²**los** sans but; au hasard; '~**punkt** *m* point *m* de mire; *Scheibe:* noir *m;* '~**richter** *m Sport:* juge *m* à l'arrivée; '~**scheibe** *f* cible *f; fig. a.* plastron *m.*

ziem|**en** ['tsi:mən]: *sich* ~ convenir;

être convenable; ²**er** ['~ər] *m* (7) *(Hirsch*²*)* cimier *m; (Reh*²*)* selle *f; (Ochsen*²*)* nerf *m* de bœuf; '~**lich** passable; *adv. a.* assez; ~ *viel* pas mal de.

Zier [tsi:r] *f* (16) = *Zierde;* '~**affe** *fig. m* gandin *m;* fat *m;* = ~**puppe;** ~**at** ['tsi:ra:t] *m* (3) ornement *m;* enjolivure *f;* ~**de** ['~də] *f* (15) ornement *m; (Putz)* parure *f; (Verzierung)* décoration *f;* ²**en** ['~ən] (25) orner *(mit de)*; décorer (de); *sich* ~ minauder; être affecté; faire des façons; faire des simagrées; ~**erei** [~'raɪ] *f* affectation *f;* minauderie(s *pl.*) *f;* simagrées *f/pl.;* préciosité *f;* mignardises *f/pl.;* '~**garten** *m* jardin *m* d'agrément; '~**leiste** *f* tringle *f;* typ. fleuron *m;* '²**lich** gracieux; *(schlank)* gracile; '~**lichkeit** *f* grâce *f; (Schlankheit)* gracilité *f;* '~**pflanze** *f* plante *f* d'ornement; '~**puppe** *f* mijaurée *f.*

Ziffer ['tsɪfər] *f* (15) chiffre *m; (Zahl)* nombre *m; (Aktenzeichen)* cote *f;* ~**n** *pl. auf der Uhr* heures *f/pl.;* *in* ~**n** en chiffres; '~**blatt** *n* cadran *m;* '~**schrift** *f* écriture *f* chiffrée.

Zigarett|**e** [tsɪga'rɛtə] *f* (15) cigarette *f;* ~**en-etui** *n* étui *m* à cigarettes; porte-cigarettes *m;* ~**en-papier** *n* papier *m* à cigarettes; ~**enspitze** *f* fume-(*od.* porte-)cigarette *m;* ~**enstummel** *m* bout *m* de cigarette; F mégot *m;* ~**tabak** *m* tabac *m* à cigarettes.

Ziga'rillo *n* petit cigare *m.*

Zigarr|**e** [tsɪ'garə] *f* (15) cigare *m;* ~**en-abschneider** *m* coupe-cigares *m;* ~**en-anzünder** *m* allume-cigare *m;* ~**en-etui** *n* étui *m* à cigares; porte-cigares *m;* ~**enkiste** *f* boîte *f* de (*resp.* à) cigares; ~**enladen** *m* bureau *m* de tabac; ~**enmacher** *(od.* porte-)cigare *m;* ~**enspitze** *f* fume-(*od.* porte-)cigare *m;* ~**enstummel** *m* bout *m* de cigare; F mégot *m;* ~**entasche** *f* = ~**en-etui.**

Zigeuner|(**in** *f*) ['tsɪgɔʏnər] *m* (7) bohémien *m,* -ne *f;* tzigane *m, f;* ²**haft,** ²**isch** tzigane; ~**kapelle** *f* orchestre *m* tzigane; ~**leben** *n* vie *f* nomade; ~**wagen** *m* roulotte *f.*

Zikade [~'ka:də] *f* (15) cigale *f.*

Zille ⚓ ['tsɪlə] *f* (15) chaland *m;* péniche *f.*

Zimbel ['tsɪmbəl] *f* cymbale *f.*

Zimmer ['tsɪmər] *n* (7) pièce *f;* *(bsd. Schlaf*²*)* chambre *f;* größeres:

Zimmerantenne salle f; '~-**antenne** f antenne f intérieure; '~**decke** f plafond m; '~**dieb** m cambrioleur m; '~**diebstahl** m cambriolage m; '~**einrichtung** f ameublement m; '~**flucht** f enfilade f de pièces; '~**mädchen** f bonne f, femme f de chambre; '~**mann** m charpentier; '2n charpenter; ~**pflanze** f plante f d'appartement; '~**vermieter(in** f) m logeur m, -euse f.

Zim(me)t ['tsim(ə)t] m (3¹) cannelle f; '~**baum** m cannelier m; '~**stange** f bâton m de canelle.

zimperlich ['tsimpərliç] (*weichlich*) douillet; (*geziert*) précieux; mignard; (*prüde*) prude; '2**keit** f (*Gziertheit*) préciosité f; mignardise f; (*Prüderie*) pruderie f.

Zimt [tsimt] = *Zimmet*.

Zink [tsiŋk] n (3) zinc m; '~**arbeiter** m zingueur m; '~**blech** n tôle f de zinc; ~**e** ['~ə] f (15) dent f; (*Gabel2*) fourchon m; f cornet m à bouquin; ~**en** m = ~**e**; F (*Nase*) pif m; '~**salbe** f pommade f à l'oxyde de zinc.

Zinn [tsin] n (3) étain m; '~**e** f (*Söller*) plate-forme f; (*Mauerzahn*) créneau m; '2**e(r)n** en (*od.* d'étain); '~**geschirr** n vaisselle f d'étain; '2**haltig** stannifère; ~**ober** [~'no:bər] m (7) cinabre m; *peint.* vermillon m; '~**soldat** m soldat m de plomb.

Zins [tsins] m (*sg.* 4; *pl.* 12¹) (*Grund-2*) redevance f; *féod.* cens m; (*Miet2*) loyer m; *Kapital*: intérêt m; auf ~en à intérêt; zu hohen ~en à gros intérêts; von s-n ~en leben vivre de ses rentes; mit ~en heimzahlen *fig.* rendre avec usure; '2**bar**: ~ anlegen placer à intérêt; = ~*pflichtig*; '~**berechnung** f calcul m des intérêts.

Zinseszins ['tsinzəs-] m *intérêts m/pl.* composés.

'**zins|frei** sans intérêts; '2**fuß** m taux m (d'intérêts); '2**haus** n maison f de rapport; '2**los** = ~*frei*; '~**pflichtig** tributaire; '2**rechnung** f calcul m des intérêts; '2**schein** m coupon m (d'intérêts); '~**tragend** qui porte intérêt.

Zipfel ['tsipfəl] m (7) bout m; *Taschentuch*: coin m; *Rock*: pan m; *Sack*: oreille f; '~**mütze** f bonnet m de nuit.

Zipperlein ['tsipərlain] n goutte f.

Zirbeldrüse ['tsirbəl-] f glande f pinéale.

zirka ['tsirka] environ.

Zirkel ['~kəl] m (7) cercle m; (*Instrument*) compas m; '2**n** (29) mesurer au compas; (*ab-*) compasser.

Zirkul|ar [~ku'la:r] n (3¹) circulaire f; 2**ieren** [~'li:rən] circuler.

Zirkus ['~kus] m (*uv., pl. a.* 4¹) cirque m; '~**reiter(in** f) m écuyer m, -ère f de cirque.

zirpen ['~pən] *Zikade*: chanter; *Grille*: grésiller; *Vögel*: pépier.

zisch|eln ['tsiʃəln] (29) chuchoter; ~**en** (27) siffler; *Wasser*: chanter; *Braten*: grésiller; '2**en** n sifflement m; *Wasser*: chantonnement m; *Braten*: grésillement m; '~**laut** *gr.* m sifflante f.

ziselieren [~zə'li:rən] ciseler.

Zisterne [~'tɛrnə] f (15) citerne f.

Zitadelle [~ta'dɛlə] f (15) citadelle f.

Zitat [~'ta:t] n (3) citation f.

Zither ['tsitər] f (15) cithare f; '~**spieler(in** f) m a. cithariste m, f.

zitieren [~'ti:rən] citer; *ztz a.* assigner; mander.

Zitron|at [~tro'na:t] n (3) citronnat m; ~**e** [~'tro:nə] f (15) citron m; *bsd. saftige*: limon m.

Zi'tronen|baum m citronnier m; ~**limonade** f citronnade f; 2**gelb** jaune citron; ~**presse** f presse-(*od.* vide-)citron m; ~**saft** m jus m de citron; ~**säure** f acide m citrique; ~**wasser** n citronnade f.

Zitter|aal m gymnote m; '~**gras** n brize f; amourette f; '2**ig** tremblotant; '2**n** ['tsitərn] (29) trembler; (*etwas* ~) trembloter (*schaudern*) frémir; tressaillir; (*frösteln*) frissonner; *vor Kälte* ~ trembler de froid; grelotter; '~**n** n tremblement m; (*Schaudern*) tressaillement m; (*Frösteln*) frissonnement m; '~**pappel** f tremble m; '~**rochen** *icht.* m (13¹[6]) torpille f.

Zitze ['tsitsə] f (15) *Kuh, Ziege*: trayon m; *tette* f; *andere Säugetiere*: *a.* tétine f.

zivil [~'vi:l] 1. civil; *Preis*: modéré; 2. 2 n (3¹, *o. pl.*) civil m; (*Anzug*) tenue f civile; *in* ~ en civil; ~ *anziehen* se mettre en civil; ~**bevölkerung** f population f civile; 2**courage** f courage m civique; 2**ehe** f mariage m civil; 2**isation** [~zatsi'o:n] f civilisation f; ~**isieren**

Zivilist — 1175 — **Zuber**

[ˌtsiːrən] civiliser; ≈**ist** [ˌviˈlist] m (12), ≈**person** f civil m; bourgeois m; F pékin m; ≈**kleidung** f: in ≈ en civil; ≈**prozeß** m procédure f civile; ≈**prozeß-ordnung** f code m de procédure civile; ≈**recht** n droit m civil; ≈**sache** f affaire f de droit civil.

Zobel ['tsoːbəl] m (7) zibeline f; '≈**pelz** m (fourrure f) de zibeline f.

Zober ['tsoːbər] m cuveau m.

Zofe ['tsoːfə] f (15) femme f de chambre; *thé.* soubrette f.

zögern ['tsøːɡərn] (29) **1.** hésiter (zu à); **2.** ≈ n hésitation f.

Zögling ['tsøːklɪŋ] m (3¹) pupille m, f; *(Schüler)* élève m, f.

Zölibat [tsøliˈbaːt] n u. m (3) célibat m.

Zoll [tsɔl] m *(Maß)* pouce m; *(Abgabe)* droit m; douane f; *(Brücken-* usw.*)* péage m; *fig.* tribut m; '≈**abfertigung** f formalités f/pl. en douane; dédouanement m; '≈**abkommen** n accord m douanier; '≈**amt** n (bureau m de) douane f; '≈**beamte(r)** m douanier m; '≈**begleitschein** m acquit-à-caution m; **er** [ˈən] *fig.* payer son tribut; '≈**erklärung** f déclaration f en douane; '≈**frei** exempt de douane; '≈**freiheit** f franchise f douanière; '≈**gebiet** n territoire m douanier; '≈**gebühren** f/pl. droits m/pl. de douane; '≈**grenze** f frontière f douanière; '≈**haus** n douane f; '≈**inhalts-erklärung** f = ≈**erklärung**; '≈**kontrolle** f contrôle m douanier.

Zöllner ['tsœlnər] m (7) douanier m; *bibl.* publicain m.

'**zoll**|**pflichtig** soumis à la douane; ≈**revision** f visite f en douane; '≈**schranke** f barrière f douanière; '≈**stempel** m timbre m du bureau de douane; '≈**stock** m mètre m de pliant; '≈**tarif** m tarif m douanier; '≈**verband,** ≈**verein** m union f douanière; '≈**verschluß** m: unter ≈ en entrepôt; '≈**wächter** m douanier m; '≈**wesen** n douane f, douanes f/pl.

Zone ['tsoːnə] f (15) zone f.

Zoo [tsoː] m *s.* zoologisch.

Zoolog|**e** (tsooˈloːk, ≈gə] m (12[13]) zoologue m; ≈**ie** [ˌoˈɡiː] f zoologie f; ≈**isch** zoologique; ≈**er Garten** (Zoo) Jardin m zoologique; *in Paris:* Jardin m des plantes (a. d'acclimatation).

Zopf [tsɔpf] m (3³) tresse f; natte f; '≈**stil** m style m rococo.

Zorn ['tsɔrn] m (3) colère f; *poét.* courroux m; in ≈ bringen mettre en colère; in ≈ geraten se mettre en colère; '≈**ausbruch** m accès m de colère; '≈**ig** en colère; courroucé; ≈ werden se mettre en colère.

Zot|**e** ['tsoːtə] f (15) obscénité f *(reißen* dire); polissonnerie f; grivoiserie f; ordure f; '≈**enhaft,** '≈**ig** obscène; polisson; grivois; ordurier.

Zott|**e(l)** ['tsɔtəl] f touffe f de cheveux; '≈**ig** en touffes; *(rauh behaart)* velu.

zu [tsuː] **1.** *prp.* *(dat.)* **a)** *örtlich:* à; *(in j-s Wohnung)* chez; *(in j-s Nähe)* (au)près de; *(in der Richtung nach j-m od. nach etw. hin)* vers; der Weg ≈m Bahnhof le chemin de la gare; **b)** *zeitlich:* à; en; de; ≈ Ostern à Pâques; ≈ gleicher Zeit en même temps; von Tag ≈ Tag de jour en jour; **c)** *Art u. Weise:* à; en; par; pour; zur Hälfte à moitié; zum Teil en partie; ≈ Hunderten par centaines; ≈ zweien à deux; ≈ je zweien deux par deux; ≈m erstenmal pour la première fois; **d)** *Mittel:* à; en; par; ≈ Fuß à pied; ≈ Wagen en voiture; ≈ Schiff par eau; **e)** *Ziel, Zweck:* à; pour; ≈ Hilfe! au secours!; ≈ d-m Besten pour ton bien; **f)** *Verbindung:* avec; Brot ≈m Fleisch essen manger du pain avec la viande; **g)** *mit inf.:* à; de; ohne *prp.*; **2.** *adv.* nach Süden ≈ vers le sud; nur ≈! allez-y!; ≈ groß trop grand; *(geschlossen)* fermé; Tür ≈! fermez la porte!

zu-aller|**erst** [ˌ≈ˈʔeːrst] avant tout; en tout premier lieu; ≈**letzt** en tout dernier lieu.

Zuave [tsuˈɑːvə] m zouave m.

'**zubauen** fermer par une *(od.* des*)* construction(s); boucher (la vue).

Zubehör [ˈ≈bəhøːr] n (3) accessoires m/pl.; *Schneiderei:* fournitures f/pl.; zum *Ausputz:* garniture f; Arbeit und ≈ façon et fournitures f/pl.; *(Nebengebäude)* appartenances f/pl.; dépendances f/pl.

'**zubeißen** 'happer.

'**zubekommen** parvenir à fermer; † recevoir en plus *(od.* en sus*)*.

Zuber ['tsuːbər] m (7) baquet m; cuve f; *kleiner:* cuveau m;

zubereiten — 1176 — **zufallen**

'**zubereit|en** préparer; apprêter; '**♀ung** f préparation f; apprêts m/pl.
'**zu|billigen** accorder; **♀binden** fermer; lier; *Augen:* bander; '**♀bleiben** rester fermé; '**♀blinzeln** faire signe du coin de l'œil.
'**zubring|en** apporter; *die Zeit mit etw.* ♀ passer le temps à qch.; '**♀erdienst** m service m de factage; ☒ service m autocar.
Zucht [tsuxt] f (16) *Tiere:* élevage m; ♀ culture f; (*Rasse*) race f; (*Erziehen*) éducation f; (*Schul-*, *Mannes♀*) discipline f; (*Anständigkeit*) honnêteté f; (*Ehrbarkeit*) chasteté f; '**♀bulle** m taureau m reproducteur; '**♀eber** m verrat m.
zücht|en ['tsyçtən] (26) *Tiere:* élever; ♀ cultiver; '**♀er** m (7) éleveur m; ♀ cultivateur m.
'**Zucht|haus** n pénitencier m; = **♀hausstrafe;** '**♀häusler(in** f) m (7) réclusionnaire m, m; forçat m; '**♀hausstrafe** f travaux m/pl. forcés; réclusion f; '**♀hengst** m étalon m.
züchtig ['tsyçtiç] honnête (*keusch*) chaste; (*sittsam*) sage; '**♀en** châtier; corriger; '**♀ung** f châtiment m (*körperlich corporel*); correction f.
'**zucht|los** indiscipliné; '**♀losigkeit** f indiscipline f; '**♀mittel** n moyen m de correction; '**♀perle** f perle f de culture; '**♀pferd** n cheval m de haras; '**♀rute** f verge f; férule f; *fig.* fléau m; '**♀stier** m = **♀bulle;** '**♀stute** f poulinière f; '**♀tier** n animal m reproducteur; '**♀wahl** f: *natürliche ♀* sélection f naturelle.
'**Züchtung** f élevage m; ♀ culture f.
zucken ['tsukən] (25) faire un mouvement brusque; tressaillir; *krampfhaft:* avoir des mouvements convulsifs; palpiter; *Blitz:* jaillir; *mit den Augenlidern* ♀ clignoter des yeux; *die Achseln* ♀ 'hausser les épaules; '**♀d** palpitant; nerveux, convulsif.
zücken ['tsykən] (25) *Waffe:* tirer.
Zucker ['tsukər] m (7) sucre m; '**♀bäcker** m confiseur m; '**♀bäckerei** f confiserie f; '**♀backwerk** n sucreries f/pl.; confiserie pl.) f; petits fours m/pl.; '**♀dose** f sucrier m; '**♀fabrik** f raffinerie f de sucre; sucrerie f; '**♀guß** m glace f; '**♀haltig** saccharifère; '**♀hut** m pain m de sucre; '**♀ig** sucré; '**♀kand** ['♀kant] m (3¹) sucre m candi; *brauner ♀* caramel m; '**♀krank** ('♀kranke[r] m) diabétique (m); '**♀krankheit** f diabète m; '**♀löffel** m cuiller f à sucre; '**♀melone** f melon m sucré; '**♀n** (29) sucrer; '**♀pflanzung** f plantation f de cannes à sucre; '**♀rohr** n canne f à sucre; '**♀rübe** f betterave f à sucre; '**♀schale** f sucrier m; '**♀siederei** f raffinerie f de sucre; '**♀sirup** m mélasse f; '**♀süß** *fig.* sucré; mielleux; '**♀wasser** n eau f sucrée; '**♀werk** n sucreries f/pl.; '**♀zange** f pince f à sucre.
Zuckung ['tsukuŋ] f convulsion f; palpitation f.
'**zudecken** couvrir (*mit de*).
zu'dem en outre; de plus; (*übrigens*) d'ailleurs.
'**zu|diktieren** *Strafe:* infliger; '**♀drang** m affluence f; presse f; '**♀drehen** *Hahn:* fermer; *Schraube:* serrer; *Rücken:* tourner (*j-m à qn.*).
zudringlich importun; indiscret; '**♀keit** f importunité f; indiscrétion f.
'**zudrücken** fermer.
'**zu-eign|en** adjuger; (*zuschreiben*) attribuer; (*widmen*) dédier; *sich etw. ♀* s'approprier qch.; '**♀ung** f adjudication f; appropriation f; (*Widmung*) dédicace f.
'**zu-eilen:** *auf j-n ♀* courir vers q.
zu-ei'nander: *♀ kommen* (aller) se voir; *♀ passen* aller bien ensemble; *zwei Dinge, die ein Paar bilden:* faire la paire; **♀gesellen:** *sich ♀* se joindre.
'**zu-erkenn|en** adjuger; *Preis:* décerner; *Ehre, Würde:* conférer; *Strafe:* infliger; '**♀ung** f adjudication f; *Preis:* décernement m; *Strafe:* infliction f.
zu|'-erst (*als erster*) le premier, la première; (*an erster Stelle*) premièrement; d'abord; en premier lieu; *♀ lesen, dann ... commencer par lire, ensuite ...*; '**♀fächeln:** *Kühlung (od. Luft) ♀* (*sich* s')éventer (*j-m q.*); '**♀fahren** aller vers; *auf j-n ♀* (*losspringen*) se précipiter sur q.; *gut ♀* aller bon train; '**♀fahrt** f accès m; *zu e-m Gebäude:* avenue f; '**♀fahrtsstraße** f voie f d'accès.
'**Zufall** m 'hasard m; (*etw., was j-m zustößt*) cas m imprévu; *glücklicher ♀* chance f; *widriger ♀* contretemps m; '**♀en** se fermer (*en tombant*); (*obliegen*) incomber; *j-m ♀ (als Anteil)* échoir à q.

zufällig — 1177 — **Zugmaschine**

'**zufällig** fortuit; accidentel; ~ etw. tun venir à faire qch.; adv. = ~**erweise** par 'hasard; '2**keit** f 'hasard m; contingence f.
'**zu|fassen** mettre la main dessus; ~**fliegen** Tür: se fermer brusquement; e-m Orte: voler vers; '~**fließen** couler vers; fig. affluer; j-m etw. ~ lassen accorder qch. à q.; '2**flucht** f refuge m; (Mittel) recours m; s-e ~ zu j-m nehmen se réfugier auprès de q.; s-e ~ zu etw. nehmen recourir (od. avoir recours) à qch.; '2**fluchts-ort** m refuge m; asile m; '2**fluß** m affluence f; ⚓ afflux m; (Nebenfluß) affluent m; ~**flüstern** souffler; ~'**folge** (vorangehend mit gén.; nachstehend mit dat.) par suite de; suivant; d'après; e-m Befehl ~ conformément à un ordre.
zu'**frieden** content; (zufriedengestellt) satisfait, (ruhig) tranquille; (ungestört) en paix; ~ lassen laisser tranquille (od. en paix); ~**geben**: sich mit etw. ~ se contenter de qch.; 2**heit** f contentement m; satisfaction f; ~**stellen** satisfaire; contenter.
'**zu|frieren** (se) geler complètement; Teich usw.: prendre; '~**fugen** ajouter; (verursachen) causer; Leid: faire; Niederlage: infliger; 2**fuhr** ['~fu:r] f (16) Waren: arrivage m; (Versorgung) ravitaillement m; e-r Stadt die ~ abschneiden couper les vivres à une ville; '~**führen** conduire (od. amener) à (resp. chez resp. vers).
Zug [tsu:k] m (3³) (Marsch) marche f; (Ziehen) traction f; (Durch2) passage m; (~luft) courant m d'air; vent m coulis; Personen: file f; colonne f; ✠ section f; feierlicher: cortège m; rl. procession f; Tiere: troupe f; bande f; (Gespann) attelage m; Vögel: volée f; Schiffe: convoi m; 🚂 train m; (Reihe) suite f; Gesicht, Charakter: trait m (a. der Feder); Ofen: tirage m; Schuh: élastique m; (~schnur) cordon m; (Neigung) penchant m; ~ des Herzens voix f du cœur; Gewehr- u. Kanonenrohre: rayure f; Rauchen: bouffée f; aus dem Glase: coup m (a. beim Spiel); trait m; gorgée f; (Schublade) tiroir m; in e-m ~ (tout) d'un trait; d'un seul trait;

~ um ~ du tac au tac; gut im ~e sein être bien en train.
'**Zu|gabe** f supplément m; F extra m; Konzert: morceau m 'hors programme; ✝ prime f; '~**gang** m (Zutritt) accès m; (Eintritt) entrée f; örtlich: abord m; (Weg zu e-m Gebäude) avenue f; '2**gänglich** accessible (für j-n à q.), abordable; schwer ~ sein être d'un abord difficile.
'**Zugbrücke** f pont-levis m.
'**zu|geben** ajouter; bei e-m Handel: donner en plus; donner par-dessus le marché; fig. admettre.
zu'**gegen**: ~ sein être présent; assister (bei à).
'**zugehen** Tür usw.: (se) fermer; (geschehen) se passer; Sendung: j-m ~ parvenir à q.; ~ auf (acc.) aller à, s'avancer vers; gut ~ aller bon train (od. bon pas).
'**Zugehör|en** appartenir à; als Teil: faire partie de; '~**ig** qui appartient à; '2**igkeit** f dépendance f; (Mitgliedschaft) qualité f de membre; (Beziehung) relation f (avec).
Zügel ['tsy:gəl] m (7) rênes f/pl. (a. fig.); (Zaum) bride f (a.fig.); die ~ anziehen serrer la bride; j-m die ~ schießen lassen lâcher la bride à q.; '2**los** fig. effréné; '~**losigkeit** f licence f; '2**n** (29) brider; fig. a. mettre un frein à; refréner.
zu|**gesellen** ['tsu:ɡəzɛlən] associer; sich j-m ~ se joindre à q.; '2**geständnis** n concession f; '~**gestehen** avouer; (einräumen) concéder; (bewilligen) accorder; ~**getan** attaché (j-m à q.); (ergeben) dévoué.
'**Zugführer** m chef m de train; ✠ chef m de section.
'**zugießen** (hinzufügen) ajouter (en versant); verser encore; Loch: boucher.
zugig ['tsu:ɡiç] exposé aux courants d'air.
'**Zug|kraft** f force f de traction; fig. force f d'attraction; '2**kräftig**: ~ sein attirer le public; prendre sur la foule; ~**es Stück** pièce f à succès.
zu'**gleich** en même temps (mit mir que moi); alle ~ tous à la fois.
'**Zug|leine** ⚓ f câble m; remorque f; '~**loch** n Herd: évent m; ventouse f; '~**luft** f courant m d'air; vent m coulis; '~**maschine** f tracteur m;

Zugmittel — 1178 — **zumachen**

'~mittel n attraction f; F clou m; '~netz ch. n tirasse f; filet m; '~ochse m bœuf m de trait; '~pferd n cheval m de trait; '~pflaster phm. n vésicatoire m.

'zugreifen mettre la main dessus; bei Tisch: se servir; fig. saisir l'occasion.

zu|'grunde: ~ gehen périr; se ruiner; ⚓ couler bas; ~ legen prendre pour base; ~ liegen être le fondement (od. à la base) de; ~ richten ruiner.

'Zug|stange f tirant m; '~stiefel m bottine f à élastique; '~stück thé. n pièce f à succès; '~tier m; bête f de trait (od. de labour). |(à).

'zugucken regarder (faire); assister

zu|'gunsten en faveur de; '~gute: j-m etw. ~ halten tenir compte de qch. à q.; j-m ~ kommen profiter à q.; sich etw. ~ tun s'offrir une douceur (od. un extra); sich etw. ~ tun auf (acc.) tirer vanité de.

'Zug|verbindung f communication f de trains; '~verkehr m service m (resp. circulation f) des trains; '~vogel m oiseau m migrateur (od. de passage); '~wind m = ~luft.

'zu|haken (25) agrafer; '~halten v/t. tenir fermé; Ohren: boucher; v/i., ⚓, ✈ auf (acc.) mettre le cap sur; ♂hälter ['~hɛltər] m (7) souteneur m; P maquereau m.

zu|handen ['~handən] en main propre; '~hängen couvrir d'un rideau; '~hauen tailler (à coups de hache); Fleisch: dépecer; ~ auf (acc.) taper sur; '~hauf en tas; en foule; ♂hause ['~hauzə] n chez-soi m; '~heilen se fermer; (vernarben) se cicatriser; ♂hilfenahme f: mit (ohne) ~ von avec (sans) le secours de; '~hinterst tout au bout.

zu'hör|en (dat.) écouter (acc.); '~er (-in f) m auditeur m, -trice f; ♂erraum m salle f (de conférence); ♂erschaft f auditoire m.

zu'-innerst tout au fond.

'zu|jauchzen, '~jubeln: j-m ~ acclamer q.; faire une ovation à q.; '~kehren tourner (j-m den Rücken le dos à q.; j-m das Gesicht son visage vers q.); '~kitten boucher avec du mastic; '~klappen v/t. fermer; '~kleben coller; Umschlag: cacheter; '~klinken fermer au loquet; '~knallen v/t. faire claquer; '~knöpfen boutonner; '~kommen:

~ auf (acc.) s'avancer vers; j-m ~ revenir (de droit) à q.; être dû à q.; es kommt mir nicht zu, zu ... (inf.) ce n'est pas à moi (od. il ne m'appartient pas) de ... (inf.); j-m etw. ~ lassen faire parvenir qch. à q., (überlassen) donner (od. céder) qch. à q.; ♂kost f cuis. complément m; ♂kunft ['~kunft] f (16, o. pl.) avenir m; gr. futur m; in ~ à l'avenir, (v. jetzt an) désormais; '~künftig futur; à venir; adv. à l'avenir; ~künftige(r a. m) m, f futur m, -e f; ♂kunftspläne m/pl. projets m/pl. d'avenir; ♂kunftsroman m roman m d'anticipation; '~lächeln: j-m ~ sourire à q.; '♂lage f supplément m; (Gehalts♂) augmentation f de traitement; '~lande: bei uns ~ chez nous; '~langen v/i. prendre; bei Tisch: se servir; (genügen) suffire; v/t. tendre; bei Tisch: passer; '~länglich suffisant; '~lassen admettre (erlauben) permettre; (dulden) tolérer; die Tür ~ laisser la porte fermée.

'zulässig admissible; permis ₤; recevable; '♂keit f admissibilité f; ₤ recevabilité f.

'Zulassung f admission f; '~s-antrag m demande f d'admission; '~sprüfung f examen m d'admission.

'Zulauf m affluence f; (Zs.-laufen) concours m; großen ~ haben avoir beaucoup de clientèle, Veranstaltung: être très fréquentée (od. couru), Geschäft: être bien achalandé; ♂en (enden) se terminer (spitz en pointe); ~ auf (acc.) courir à (od. vers).

'zulegen v/t. (bedecken) couvrir (mit de); (hinzufügen) ajouter; (draufgeben) donner en plus; j-m etw. ~ augmenter le salaire de q.; sich etw. ~ acheter qch.; se procurer qch.; v/i. se dépêcher. [faire du mal à q.]

zuleide ['~laɪdə]: j-m etw. ~ tun)

'zuleit|en diriger vers; amener; '♂ung f amenée f; canalisation f; '♂ungsrohr n conduite f d'amenée.

zu|'letzt à la fin; en dernier lieu; ~ kommen arriver le dernier; '~liebe: j-m ~ pour l'amour de q.; '~löten souder; fermer par une soudure; ♂lu m Zoulou m; '~machen v/t. fermer; Flaschen: boucher; Jacke: boutonner; Brief: cacheter; v/i. se

zumal — 1179 — **zurechtweisen**

dépêcher; ~'**mal** surtout; particulièrement; ~ *da* d'autant plus que; ~'**mauern** murer; *Tür usw.*: condamner; ~'**meist** pour la plupart; le plus souvent; ~'**messen**: *j-m etw.* ~ mesurer qch. à q.; *Verdienst*: attribuer; ~**mute** [~'mu:tə]: *mir ist wohl (übel)* ~ je me sens bien (mal) à l'aise; ~'**muten**: *j-m etw.* ~ exiger qch. de q.; *sich zuviel* ~ présumer trop de ses forces; ~'2**mutung** f exigence f (impudente); ~'**nächst** *örtlich*: tout près de; *zeitlich*: en premier lieu; tout d'abord; ~'**nageln** clouer; ~'**nähen** coudre; fermer par une couture; ~'2**nahme** f (15) agrandissement m; accroissement m; (*Vermehrung*) augmentation f; *Übel*: aggravation f; (*Fettwerden*) engraissement m; ~'2**name** m nom m de famille; (*Beiname*) surnom m.

'**Zünd|blättchen** n amorce f; ~'2**en** prendre feu; s'allumer; s'enflammer; *fig.* prendre sur le public; ~*de Rede* discours m enflammé.

Zunder ['tsundər] m (7) amadou m; (*Lunte*) mèche f.

Zünd|er ['tsyndər] m (7) allumeur m; ⚔, ✕ fusée f; ~**holz** ['~t-] n, ~**hölzchen** n (6) allumette f; ~**holzschachtel** f boîte f d'allumettes; ~'**hütchen** n capsule f; amorce f; ~'**kerze** f *Auto*: bougie f (d'allumage); ~'**schnur** f mèche f; ~**schwamm** m amadou m; ~'**stoff** m matière f inflammable; ~'**ung** f *Auto*: allumage m.

'**zunehmen** augmenter (*an dat.* de) (*a. Tage*); (*anwachsen*) s'accroître; *Übel*: s'aggraver; *Mond*: croître; être à son croissant; *der Mond croissant m* (de la lune); (*fett werden*) engraisser; (*dicker werden*) grossir; *an Gewicht* ~ augmenter de (*od.* prendre du) poids.

'**zuneig|en** incliner vers (*a. fig.*); ~**2ung** f inclination f; affection f; sympathie f.

Zunft [tsunft] f (14¹) corps m de métier; corporation f.

zünftig ['tsynftiç] conforme aux statuts d'une corporation; qui fait partie d'une corporation.

'**Zunftwesen** n corporations f/pl.

Zunge ['tsuŋə] f (15) langue f; (*Sprache*) a. parole f; ⊕ languette f; ♪ anche f; *Schnalle*: ardillon m; *Waage*: aiguille f; *das Wort* schwebt mir auf der ~ j'ai le mot sur le bout de la langue; *j-m die* ~ *lösen* délier la langue à q.

'**züngeln** (29) darder la langue; *Flammen*: s'élever en languettes.

'**Zungen|band** n filet m de la langue; ~2**fertig** qui parle avec volubilité; qui a la parole facile; ~'**fertigkeit** f volubilité f; ~'**schlag** m coup m de langue; ~'**spitze** f bout m de la langue.

'**Zünglein** n languette f; *Waage*: aiguille f; *das* ~ *an der Waage sein fig.* faire pencher la balance.

zu'nichte [~'niçtə]: ~ *machen* anéantir, *Pläne*: déjouer; ~ *werden* se réduire (*od.* être réduit) à néant; ~'**nicken**: *j-m* ~ faire un signe de tête à q.; ~'**nutze**: *sich etw.* ~ *machen* tirer profit de qch.; ~'**oberst** tout en 'haut; ~'**ordnen** adjoindre; coordonner; ~'**packen** mettre la main dessus; ~**paß** [~'pas]: ~ *kommen* venir à propos.

zupf|en ['tsupfən] (25) tirer (*j-n am Ärmel* q. par la manche; *j-n an den Ohren* les oreilles à q.); tirailler; *Leinen*: effiler; mettre en charpie; (*Gitarre*) pincer; ~2**geige** f guitare f.

'**zupfropfen** (25) boucher.

'**zuraten** 1. *j-m etw.* ~ conseiller qch. à q.; 2. 2 n: *auf mein* ~ sur mon conseil.

Zu'ratziehung f consultation f.

'**zuraunen**: *j-m etw.* ~ chuchoter qch. à l'oreille de q.

'**zurechn|en** ajouter; (*zuschreiben*) attribuer, *Schlechtes*: imputer; ~'**ungsfähig** responsable de ses actes; ~'**ungsfähigkeit** f responsabilité f de ses actes.

zu'recht| mettre en ordre; en règle; ~**bringen** mettre en ordre; arranger; ~**finden**: *sich* ~ se reconnaître; s'orienter; trouver son chemin; ~**helfen**: *j-m* ~ aider q. à se tirer d'affaire; ~**kommen**: *mit etw.* ~ venir à bout de qch.; *mit j-m* ~ s'arranger avec q.; (*vorbereiten*) préparer; ~**legen** mettre en ordre; préparer; ~**machen** préparer; apprêter; arranger; *sich* ~ *Damen*: faire un brin de toilette; ~**rücken**, ~**setzen**: *j-m den Kopf* ~ *fig.* mettre q. à la raison; = ~**stellen** (ar)ranger; mettre en ordre; ~**stutzen** façonner; *Baum*: tailler; *Stück für die Bühne*: arranger; ~**weisen**: *j-n* ~ indiquer son chemin à q.; *fig.* remettre q. à sa place; faire une remontrance à q.; 2weisung *f* remontrance *f*.

'zu|reden: j-m ~ exhorter q. (etw. zu tun à faire qch.); chercher à persuader q. (de faire qch.); 2reden *n* exhortations *f/pl.*; instances *f/pl.*; *auf vieles* ~ sur les instances; '~reichen *v/i.* suffire; *v/t.* tendre; présenter.

'zureit|en *v/t. Pferd:* dresser; *v/i.* ~*auf (acc.)* s'avancer (à cheval) vers; *tüchtig* ~ mener son cheval bon train; 2er *m* dresseur *m* de chevaux; *man.* écuyer *m*.

Zürich ['tsy:riç] *n* Zurich *f*.

'zurichten appréter; préparer; *übel* ~ arranger de belle manière; 2ung *f* apprêt *m*; préparation *f*.

zuriegeln (29) verrouiller.

zürnen ['tsyrnən] (25) être fâché (*wegen etw. de qch.*; *j-m contre q.*); *j-m wegen etw.* ~ en vouloir à q. de qch. [étalage *m*.]

Zur'schaustellung *f* exhibition *f*;)
zurück [~'ryk] en arrière (*a.* ~!); (~*geblieben*) arriéré; (~*gekehrt*) de retour; ~begeben: *sich* ~ retourner; ~begleiten reconduire; ~behalten retenir; (*reservieren*) réserver; *unrechtmäßig*: détenir; ~bekommen recouvrer; rentrer en possession de; *ich habe das Buch* ~ on m'a rendu le livre; ~beugen courber en arrière; *sich* ~ se pencher en arrière; ~berufen rappeler; (*absetzen*) révoquer; 2berufung *f* rappel *m*; (*Absetzung*) révocation *f*; ~bezahlen rembourser; ~biegen = ~*beugen*; ~bleiben rester en arrière; *Schüler:* être en retard; *Uhr:* retarder; *hinter den Erwartungen* ~ ne pas répondre aux espérances; *zurückgeblieben fig.* arriéré; ~blicken regarder en arrière soi; *fig.* faire un examen rétrospectif; ~bringen rapporter; *j-n* ~ ramener q.; *fig.* faire reculer; ~datieren antidater; ~denken: *an etw. (acc.)* ~ se rappeler qch.; ~drängen repousser; refouler (*a. fig.*); *fig.* réprimer; ~drehen retourner; ~eilen revenir en hâte; se hâter de revenir; ~erbitten redemander; ~erhalten = ~*bekommen*; ~erinnern: *sich* = ~*denken*; ~erobern reconquérir; ~erstatten rendre; restituer; ~fahren *v/i.* retourner (en voiture, *etc.*); *fig.* reculer brusquement; *v/t.* ramener (en voiture, *etc.*); ~fallen retomber (*a. fig.*); (*rückwärts fallen*) tomber à la renverse; *Licht:* être réfléchi (*od.* reflété); *an j-n* ~ revenir à q.; *auf j-n* ~ *fig.* rejaillir sur q.; *in denselben Fehler* ~ retomber dans la même faute; avoir une rechute; ~finden retrouver son chemin; ~fliegen retourner en volant (*im Flugzeug:* en avion); ~fließen, ~fluten refluer; ~fordern redemander; réclamer; *Recht:* revendiquer; ~führen ramener; reconduire; *fig.* ~ *auf (acc.)* ramener à, *Grund:* attribuer à; 2gabe *f* reddition *f*; (*Herausgabe*) restitution *f*; ~geben rendre; redonner; (*wieder herausgeben*) restituer; ~gehen retourner; rebrousser chemin; (*rückwärtsgehen*) aller en arrière; reculer; *Geschäfte, Preise:* baisser; *Fieber:* décliner; tomber; ~ *auf (acc.) fig.* remonter à; ~ *lassen Waren:* renvoyer; retourner; ~geleiten reconduire; ~gezogen retiré; 2gezogenheit *f* retraite *f*; solitude *f*; ~greifen: ~ *auf (acc.)* remonter à; *weiter* ~ reprendre de plus haut (*od.* de plus loin); ~haben ravoir; ~halten retenir; *Gefühle:* réprimer; cacher; *Gefangene:* détenir; *sich* ~ se retenir; montrer de la réserve; *mit etw.* ~ cacher qch.; *mit seinem Urteil* ~ suspendre son jugement; ~haltend réservé; (*zugeknöpft*) boutonné; 2haltung *f* réserve *f*; (*Mäßigung*) retenue *f*; ~holen aller reprendre (*od.* rechercher); ~jagen chasser; ~kaufen racheter; ~kehren retourner; revenir; *nach Hause* ~ rentrer chez soi; revenir à la maison; ~kommen revenir; être de retour; *auf etw. (acc.)* ~ (*fig.*) (en) revenir à qch.; ~lassen laisser (derrière soi); ~laufen retourner (en courant); (*zurückfließen*) refluer; ~legen mettre de côté; *Weg:* faire; parcourir; *auf s-n Platz* ~ remettre à sa place; ~lehnen: *sich* ~ se pencher en arrière; ~melden: *sich* ~ annoncer son retour; ✗ ~ se faire porter rentrant; 2nahme *f* (15) reprise *f*; *Truppen:* retrait *m*; *fig.* révocation *f*; ~nehmen reprendre; *Versprechen, Befehl:* revenir sur; *sein Wort* ~ retirer sa parole; se rétracter; ~prallen rebondir; *vor Schreck* ~ reculer d'effroi; ~reisen

zurückrufen — 1181 — **zusammendrückbar**

retourner; ~**rufen** rappeler (*ins Leben* à la vie); faire revenir; *sich etw. ins Gedächtnis* ~ se rappeler qch.; ~**schallen** faire écho; ~**schaudern** reculer d'effroi; ~**schauen** regarder derrière soi; jeter un regard en arrière; ~**schikken** renvoyer; *etw.* ~ *a.* retourner qch.; ~**schieben** repousser, reculer; ~**schlagen** repousser, *Decke*: rejeter; *Kapuze, Verdeck*: rabattre; *Ball*: renvoyer; ~**schnellen** rebondir; ~**schrauben** *fig.* réduire; ~**schrecken** (25) *v/t.* effrayer; (*abschrecken*) rebuter; *v/i.* (30) reculer (*vor dat.* devant); ~**schreiben** répondre (par écrit); ~**sehen** se garder derrière soi; ~**sehnen**: *sich nach etw* ~ regretter qch.; ~**senden** = ~**schicken**; ~**setzen** mettre en arrière; reculer; *Waren*: mettre au rebut; *j-n* ~ traiter *q.* avec moins d'égards que d'autres, *durch Bevorzugung e-s Minderberechtigten*: faire un passe-droit à q.; ⚳**setzung** *f* (*Demütigung*) humiliation *f*; (*Ungerechtigkeit*) injustice *f*; *durch Bevorzugung e-s Minderberechtigten*: passe-droit *m*; ~**sinken** (se laisser) tomber en arrière; ~ *in* (*acc.*) retomber dans; ~**spiegeln** refléter; ~**spielen** *Ball*: renvoyer; faire faire un bond en arrière, (*zurückprallen*) rebondir; *Feder*: se débander; △ rentrer; ~**stehen** se tenir en arrière; ~ *hinter* (*dat.*) *fig.* le céder à; ~**stellen** remettre en arrière; reculer; *zeitlich*: remettre (*auf acc.* à); *Uhr*: retarder; (*um de*); ⚳ ajourner; mettre en sursis; ~**stoßen** repousser (*a. fig.*); ~**strahlen** (*v/i.* se) réfléchir; *fig.* rejaillir; ⚳**strahlung** *f* réflexion *f*; *fig.* rejaillissement *m*; ~**streichen** ramener en arrière avec la main; ~**streifen** *Ärmel*: retrousser; ~**strömen** refluer; ~**taumeln** reculer en chancelant; ~**telegrafieren** répondre par télégramme; ~**tragen** reporter; (*wieder hintragen*) rapporter; (*wieder mit fortnehmen*) remporter; ~**treiben** repousser; *Vieh*: ramener; ⚔ faire rentrer; ~**treten** reculer; △ rentrer; ~ *von* se retirer de; *vor j-m* ~ se retirer (*coll.* s'effacer) devant q.; céder le pas à q.; *von s-m Amt* ~ se démettre de sa charge; démissionner; *von s-r Bewerbung* ~ retirer sa candidature; ~!

en arrière!; ~**verlangen** redemander; réclamer; ~**versetzen** faire redescendre; *sich* ~ *in* (*acc.*) *fig.* se reporter à; ~**verweisen** renvoyer (*auf acc.* à); ~**weichen** reculer; se retirer; *fig.* céder; ~**weisen** renvoyer (*auf acc.* à); *Vorschlag, Bitte*: repousser; rejeter; *Geschenk*: refuser; ⚖ récuser; ⚳**weisung** *f* renvoi *m*; *Vorschlag, Bitte*: rejet *m*; *Geschenk*: refus *m*; ⚖ récusation *f*; ~**werfen** rejeter; ⚔ *a.* repousser; *phys.* réfléchir; *Ball*: renvoyer; ~**wirken** (ré)agir (*auf acc.* sur); ~**wünschen** souhaiter le retour de; ~**zahlen** rembourser; *fig.* payer de retour; ⚳**zahlung** *f* remboursement *m*; ~**ziehen** retirer; ⚳**ziehung** *f* retrait *m*.

'Zuruf *m* appel *m*; *durch* ~ par acclamation; ⚳**en**: *j-m etw.* ~ crier qch. à q.

zu'rüst|en préparer; apprêter; ⚔ faire des armements; '⚳**ung** *f* préparatifs *m/pl.*; ⚔ armements *m/pl.*

'Zusage *f* (15) adhésion *f*; assentiment *m*; *auf e-e Einladung*: acceptation *f*; (*Versprechen*) promesse *f*; (*Verpflichtung*) engagement *m*; '⚳**n** donner son adhésion (*od.* son assentiment); (*die Einladung annehmen*) accepter l'invitation; (*sich verpflichten*) s'engager; (*behagen*) plaire, être au goût de; *j-m etw.* ~ promettre qch. à q.

zusammen [~'zamən] ensemble; (*gemeinsam*) de compagnie; de concert; (*im ganzen*) en tout; ⚳-**arbeit** *f* collaboration *f*; coopération *f*; ~-**arbeiten** collaborer; coopérer; ~**ballen** pelotonner (*häufen*) amonceler; entasser; *Faust*: serrer; *phys.* s'agglomérer; ~**beißen** *Zähne*: serrer; ~**bekommen** parvenir à réunir; *Geld*: genug ~ trouver assez (de); ~**berufen** convoquer; ⚳**berufung** *f* convocation *f*; ~**binden** lier (ensemble); faire un paquet (de); ~**bleiben** rester ensemble; ~**brauen** brasser; ~**brechen** s'effondrer, s'écrouler; (*hinsinken*) s'affaisser; ✝ faire faillite; ~**bringen** (r)amasser; réunir; *Personen*: rapprocher; ⚳**bruch** *m* effondrement *m*; ✝ faillite *f*; banqueroute *f*; ⚔ *u. fig.* débâcle *f*; ~**drängen** serrer, presser; comprimer; *Personen*: entasser; (*enger begrenzen*) resserrer; (*kürzen*) raccourcir; ~**drückbar** compressible; **~drücken** serrer; comprimer; **2drückung** *f* compression *f*; **~fahren** voyager (*od.* faire route) ensemble; (*zusammenstoßen*) entrer en collision; se tamponner; *körperlich*: tressaillir; **~fallen** tomber en ruine; s'écrouler; *Personen*: dépérir; (*die Aufblähung verlieren*) se dégonfler; retomber; *zeitlich*: coïncider; **~falten** plier; **~fassen** (*vereinigen*) réunir; concentrer; *Gedanken*: rassembler; *kurz ~* résumer; récapituler; **2fassung** *f* réunion *f*; concentration *f*; *kurze ~* résumé *m*; **~finden:** *sich ~* se rencontrer; se réunir; **~flechten** tresser; entrelacer; **~fließen** se réunir; confluer; **2fluß** *m* confluent *m*; jonction *f*; **~fügen** joindre; réunir; *Bretter*: assembler; **2fügung** *f* jonction *f*; réunion *f*; *Bretter*: assemblage *m*; **~führen** réunir; **~geben** unir; marier; **~gehen** aller ensemble; (*gemeinsame Sache machen*) faire cause commune; **~gehören** aller bien ensemble; (*für ea. geschaffen sein*) être faits l'un pour l'autre; *Sachen*: être de la même espèce; *zwei Dinge, die ein Paar bilden*: faire la paire; *Gemälde usw.*: faire pendant; **~gehörig** allant ensemble; de la même espèce; (*gleichartig*) homogène; **2gehörigkeit** *f* affinité *f* de nature; (*Gleichartigkeit*) homogénéité *f*; **2gehörigkeitsgefühl** *n* solidarité *f*; **~geraten** (*in Streit geraten*) en venir aux mains; **~gesellen** mettre ensemble; joindre; **~gießen** mêler; ¦**~grenzen** être contigus; confiner; **2halt** *m* consistance *f*; cohésion *f*; cohérence *f*; *fig.* accord *m*; solidarité *f*; **~halten** *v/t.* tenir ensemble; *Geld*: ménager; *vergleichend*: comparer; *v/i.* tenir ensemble; être cohérent; *Personen*: être solidaires; s'entraider; **2hang** *m* liaison *f* (*mit* avec); connexion *f*; lien *m*; (*Beziehung*) rapport *m*; relation *f*; *Text*: contexte *m*; (*Verkettung*) suite *f*; (*fortlaufender Faden*) continuité *f*; *phys.* cohésion *f*; *ohne ~* décousu; incohérent; sans suite; *in welchem ~?* à quel propos?; *in diesem ~* dans cet ordre d'idées; *in ~ bringen* établir un (*od.* des) rapport(s) (entre); lier; *im ~ stehen* = **~hängen** *v/i.*: *~ mit* avoir des rapports (*od.* être en rapport) avec; *Räume*: communiquer; *v/t.* suspendre l'un (au)près de l'autre; **~hängend** cohérent; suivi; *Räume*: qui communiquent; **~hanglos** sans suite; incohérent; **~hauen:** *j-n ~* rosser q.; *Arbeit*: bâcler; **~heften** coudre (ensemble); (*verbinden*) réunir; *Buch*: brocher; **~holen** aller rassembler; **~kauern:** *sich ~* se blottir; s'accroupir; **~kaufen** acheter en bloc; *wucherisch*: accaparer; **~ketten** enchaîner ensemble; **2klang** *m* accord *m*; (*Gleichklang*) consonance *f*; (*Einklang*) harmonie *f*; **~klappbar** pliant; **~klappen** *v/t.* replier; *Buch, Messer*: refermer; *v/i.* s'affaisser; tomber de fatigue; **~kleben** *v/t.* coller (ensemble); agglutiner (*a.* ⚕); *v/i.* être collé (*od.* agglutiné); **~klingen** conson(n)er; **~kneifen** serrer; **~knüpfen** lier ensemble; nouer; **~kommen** venir ensemble; (*sich versammeln*) s'assembler; se réunir; se rencontrer; *mit j-m ~* rencontrer q.; **~koppeln** coupler; ⚡ accoupler; **~krampfen:** *sich ~* se contracter; se crisper; **~krümmen:** *sich ~* se recroqueviller; **2kunft** [~kunft] *f* (14[1]) réunion *f*; *bsd. v. zwei Personen*: entrevue *f*; *verabredete*: rendez-vous *m*; **~laufen** courir ensemble; *Personen*: accourir en foule; (*e-n Auflauf bilden*) s'attrouper; *Flüsse*: confluer; *Farben*: se fondre; *Linien*: concourir; converger; *Stoff*: (se) rétrécir; *physiol.* se coaguler; **~leben** vivre ensemble; vivre (*mit* avec); cohabiter; **2leben** *n* (6) vie *f* commune; cohabitation *f*; **~legbar** pliant; **~legen** mettre ensemble; (*falten*) plier; *Geld ~* faire bourse commune; **~leimen** coller (ensemble); **~lesen** recueillir; glaner; **~löten** souder; **~nähen** coudre (ensemble); **~nehmen** *Kräfte, Gedanken*: rassembler; *sich ~* rassembler ses forces, (*sich fassen*) se ressaisir, (*sich mäßigen*) se contenir; *alles zusammengenommen* à tout prendre; **~packen** mettre en un paquet; empaqueter; **~passen** *v/i.* s'adapter l'un à l'autre; (*gut übereinstimmen*) s'accorder; *Personen*: se convenir; *Farben usw.*: aller bien ensemble; *v/t.* ajuster; adapter; **~pferchen** entasser; **~pressen** presser (l'un contre l'autre); ~raffen rafler; ramasser à la hâte; sich ~ rassembler ses forces; se ressaisir; ~rechnen additionner; faire le total; *alles zusammengerechnet* au bout du compte; ~reimen: *sich* ~ rimer ensemble; s'accorder; *wie reimt sich das zusammen?* à quoi cela rime-t-il?; ~reißen = ~raffen; ~ringeln replier; ~rollen enrouler; ~rotten: *sich* ~ s'attrouper; s'ameuter; 2rottung *f* attroupement *m*; ~rücken (*v/i.* se) rapprocher; *v/i.* se serrer; ~rufen convoquer; ~scharen: *sich* ~ se rassembler; ~scharren amasser; ~schaudern frissonner; ~schichten empiler; ~schieben rapprocher; ~schießen abattre à coups de fusil; *Geld* ~ faire bourse commune; ~schlagen *v/t.* (*falten*) plier; *charp.* assembler; (*zerschlagen*) briser; démolir; *die Hände* ~ battre des mains; *die Hände über dem Kopf* ~ *fig.* lever les bras au ciel; *v/i.* *über j-m* ~ *Wellen*: se refermer sur q.; ~schließen enchaîner ensemble; *sich* ~ se réunir; † fusionner; 2schluß *m* réunion *f*; † fusion *f*; ~schmelzen *v/t.* fondre ensemble; *v/i.* (se) fondre; ~schmieden forger ensemble; ~schnüren ficeler; *das schnürt mir das Herz* ~ cela me serre le cœur; ~schrauben visser; *mit Bolzen*: boulonner; ~schreiben compiler; (*in e-m Wort schreiben*) écrire en un mot; ~schrumpfen se ratatiner; se rétrécir; *fig.* diminuer; ~schütten mêler; ~schweißen souder; corroyer; ~setzen composer; (*an-ea.-fügen*) assembler; ⊕ monter; *sich* ~ s'asseoir l'un auprès de l'autre (*od.* côte à côte), (*zusammenkommen*) se réunir, se rencontrer; *sich* ~ *aus* se composer de; 2setzung *f* composition *f*; ⊕ montage *m*; ~sinken s'affaisser; ~sparen amasser en économisant; ~sperren enfermer ensemble; 2spiel *n* thé. ensemble *m*; *Sport*: combinaison *f*; ~stecken fourrer ensemble; *die Köpfe* ~ se chuchoter; se parler à l'oreille; *sie stecken immer zusammen* ils sont toujours fourrés ensemble; ~stehen être ensemble; *fig.* être du même parti; faire cause commune; ~stellen mettre ensemble; réunir; assembler; ⊕ monter; (*zusammenfassend vereinigen*) combiner; *Farben usw.*: assortir; *nach Klassen*: classer; grouper; *Liste*: faire; 2stellung *f* réunion *f*; assemblage *m*; ⊕ montage *m*; (*Vereinigung*) combinaison *f*; *Farben usw.*: assortissement *m*; *nach Klassen*: classification *f*; (*Liste*) liste *f*; ~stimmen s'accorder; ~stoppeln glaner, compiler; 2stoß *m* collision *f* (*a. fig.*); ⚓ *a.* abordage *m*; *fig.* conflit *m*; rencontre *f*; ~stoßen *v/t. Gläser*: choquer; *v/i.* se heurter; s'entrechoquer; 🚗, *Auto*: entrer en collision; se tamponner; (*zusammengrenzen*) être contigus, confiner; (*sich berühren*) se toucher; ~streichen faire des coupures; ~strömen affluer; 2sturz *m* écroulement *m*; ruine *f*; ~stürzen s'écrouler; s'effondrer; ~suchen ramasser; recueillir; ~tragen amasser en un lieu; ramasser; *aus Büchern*: compiler; ~treffen se rencontrer; *mit j-m* ~ rencontrer q.; *zeitlich*: coïncider; 2treffen *n* (6) rencontre *f*; *zeitliches*: coïncidence *f*; ~ *von Umständen* concours *m* de circonstances; ~treiben rassembler; *ch.* rabattre; ~treten se réunir; s'assembler; 2tritt *m* réunion *f*; ~trommeln rassembler; *alles* ~ battre le rappel; ~tun mettre ensemble; réunir; associer; ~wachsen ♀, ♂ se souder; ~wehen amonceler; ~werfen jeter pêle-mêle; (*vermengen*; *verwechseln*) confondre; (*stürzen machen*) abattre; ~wickeln enrouler; ~wirken agir ensemble; coopérer; *zu e-m Ergebnis* ~ concourir à un effet; 2wirken *n* coopération *f*; concours *m*; ~wohnen cohabiter; ~würfeln réunir au hasard; *bunt zusammengewürfelte Gesellschaft* société *f* fort mêlée; ~zählen faire le total; additionner; ~ziehbar contractile; ~ziehen *v/t.* contracter (*a. gr.*); (*sammeln*) rassembler; réunir; ✗ concentrer; (*verengen*) resserrer; rétrécir; (*kürzen*) abréger; raccourcir; 𝔄 additionner; *Augenbrauen*: froncer; *Segel*: ferler; *sich* ~ se contracter, *Wolken*: s'assembler, *Gewitter*: se former, *Stoff*: (se) rétrécir; *gr. zusammengezogen werden* se contracter; *v/i.* aller demeurer ensemble; ~ziehend ✿ astringent;

Zusammenziehung — 1184 — **zustecken**

⁀ziehung f contraction f (a. gr.); Sammlung) concentration f.
'**Zu|satz** m (3² u. ³) addition f; (Erweiterung) amplification f; (Nachtrag) supplément m; annexe f; Schreiben: post-scriptum m; ⚕ codicille m; (hinzugefügte Anmerkung) note f (additionnelle); observation f; '⁀**satz-antrag** m proposition f additionnelle; '⁀**satzklausel** f clause f additionnelle; '⁀**sätzlich** ['⁀zetsliç] additionnel, supplémentaire; '⁀**satzprotokoll** n protocole m additionnel; ⁀**schanden:** ~ gehen; ~ werden s'abîmer; ~ machen ruiner; ~ schlagen estropier.
'**zuschau|en** = regarder; e-r Sache (dat.): ~ être spectateur de qch.; '⁀m ~ regarder faire q.; '⁀**er(in** f) m spectateur m, -trice f; '⁀**erraum** thé. m salle f.
'**zu|schaufeln** combler; '⁀**schicken** envoyer; '⁀**schieben** fermer; Riegel: pousser; Eid: déférer; Schuld: rejeter sur; j-m etw. ~ faire passer qch. à q.; '⁀**schießen:** Geld ~ parfaire une somme.
'**Zuschlag** m supplément m; surtaxe f; Versteigerung: adjudication f; den ~ erteilen adjuger; '⁀**en** v/t. fermer violemment; faire claquer; Ball: lancer; bei Versteigerung: adjuger; ✝ augmenter; majorer; v/i. porter des coups (auf acc. à); frapper; gleich ~ avoir la main leste; Tür usw.: se fermer violemment; '⁀**(s)gebühr** f, '⁀**(s)porto** n surtaxe f; '⁀**(s)karte** f supplément m; '⁀**(s)prämie** f surprime f.
'**zu|schließen** fermer à clef; '⁀**schmeißen** Tür: fermer violemment; faire claquer; '⁀**schnallen** boucler; '⁀**schnappen** Tür: se fermer à ressort; nach etw. ~ chercher à 'happer qch.
'**zuschneid|en** tailler; Fleisch: découper; Kleider: couper; Holz: débiter; ⁀**en** n Kleider: coupe f; Holz: débitage m; '⁀**er** m coupeur m; '⁀**erei** f atelier m de coupe.
'**zu|schneien** couvrir de neige; '⁀**schnitt** m coupe f; façon f (a. fig.); '⁀**schnüren** serrer avec un cordon; ficeler; Schuhe: lacer; j-m die Kehle ~ étrangler q.; '⁀**schrauben** visser; '⁀**schreiben:** j-m etw. ~ attribuer (Tadelnswertes: imputer) qch. à q.; er hat es sich selbst zu⁀ il ne peut s'en prendre qu'à lui-même; j-m e-e Summe ~ porter une somme au compte de q.; '⁀**schreien** = ~rufen; '⁀**schreiten:** tüchtig ~ aller un bon pas; ~ auf (acc.) s'avancer vers; '⁀**schrift** f lettre f; missive f.
zu|schulden: sich etw. ~ kommen lassen se rendre coupable de qch.
'**Zu|schuß** m (4²) supplément m (d'argent); ✝ versement m supplémentaire; staatlicher ~ subvention f; '⁀**schütten** ajouter (en versant); Loch: combler; ⁀**sehen** regarder; être spectateur m; (dulden) tolérer; (sorgen) avoir soin; (sich in acht nehmen) prendre garde; j-m ~ regarder faire q.; da mag er ~ c'est son affaire; '⁀**sehends** à vue d'œil; ⁀**senden** envoyer; '⁀**setzen** ajouter; Geld: sacrifier; dabei ~ y perdre; Metall: ajouter (zu à); j-m hart ~ serrer q. de près; obséder q. (mit de); '⁀**sichern:** j-m etw. ~ assurer qch. à q.; '⁀**sicherung** f assurance f; '⁀**siegeln** cacheter; '⁀**sperren** fermer; '⁀**spiel** n Sport: passe f; '⁀**spielen** Ball: passer; servir; '⁀**spitzen** tailler en pointe; sich ~ se terminer en pointe, fig. arriver à son point (od. devenir) critique; '⁀**sprechen** adjuger; Preis: décerner; e-m Gericht fleißig ~ faire honneur à un plat; der Flasche ~ caresser la bouteille; j-m Mut ~ encourager q.; j-m Trost ~ consoler q.; '⁀**springen** Tür: se fermer à ressort; auf j-n ~ s'élancer sur (od. vers) q.; '⁀**spruch** m (Ermunterung) exhortation(s pl.) f; (Trost) consolation(s pl.) f; rl. assistance f; (Zulauf) affluence f; guten ~ haben avoir beaucoup de clientèle, Veranstaltung: être très fréquenté (od. couru), Geschäft: être bien achalandé; '⁀**stand** m état m; (Beschaffenheit) condition f; (Lage) situation f; position f; in gutem ~ en bon état; s-e Zustände haben ⸗ avoir ses attaques.
zustande [⁀'∫tandə]: etw. ~ bringen venir à bout de qch.; réussir à qch.; ~ kommen se faire; avoir lieu; se réaliser; ⁀**bringen** n, ⁀**kommen** n réalisation f.
'**zuständig** Richter: compétent; sich an die ~e Stelle wenden s'adresser à l'autorité compétente (od. à qui de droit); '⁀**keit** f compétence f.
zu|statten [⁀'∫tatən]: j-m ~ kommen profiter à q.; '⁀**stecken** fermer avec

zustehen — **1185** — **zuweisen**

une (*resp.* des) épingle(s); *j-m etw.* ~ passer qch. à q.; '**~stehen** *Tür usw.*: être fermé; *j-m* ~ appartenir à q.; ²**stellbezirk** *m* rayon *m* de distribution; '**~stellen** *Tür usw.*: barricader; obstruer; *j-m etw.* ~ délivrer (*od.* remettre) qch. à q.; ⚥ distribuer; ⚥ notifier; ²**stellung** *f* remise *f*; ⚥ distribution *f*; ⚥ notification *f*; ²**stellungsgebühr** *f* taxe *f* de livraison; '**~steuern** contribuer; ~ *auf* (*acc.*) se diriger vers.

'**zustimm|en** consentir; être (*od.* se déclarer) d'accord; ²**ung** *f* consentement *m*; assentiment *m*.

'**zu|stopfen** boucher; *Kleidung*: raccommoder; repriser; ravauder; '**~stöpseln** boucher; '**~stoßen** *Tür*: pousser pour fermer; *beim Fechten*: pousser une botte; (*widerfahren*) arriver; '**~streben** tendre à; ²**strom** *m* afflux *m*; affluence *f*; '**~strömen** affluer; '**~stürzen**: *auf j-n* ~ se précipiter sur (*od.* vers) q.; '**~stutzen** façonner; *Baum*: tailler; *Stück für die Bühne*: arranger.

'**zu|tage**: ~ fördern ⚒ extraire; *fig.* mettre au jour; révéler; rendre évident (*od.* manifeste); ~ *kommen*; ~ *treten fig.* paraître au grand jour; se révéler; se manifester; ~ *liegen fig.* être évident (*od.* manifeste).

'**Zutat** *f*: **~en** *pl.* accessoires *m*/*pl.*; *Schneiderei*: fournitures *f*/*pl.*; *zum Aufputz*: garnitures *f*/*pl.*; *cuis.* ingrédients *m*/*pl.*

zu|'teil: *j-m* ~ *werden* tomber en partage à q.; ~ *werden lassen* (*dat.*) donner; '**~teilen** attribuer; (*austeilen*) distribuer; répartir; (*anweisen*) assigner; (*gewähren*) accorder; (*rationieren*) rationner; *e-m Posten*: affecter à; détacher à; ²**teilung** *f* attribution *f*; (*Austeilung*) distribution *f*; (*Anweisung*) assignation *f*; (*Bewirtschaftung*) rationnement *m*; (*Ration*) ration *f*; '**~tiefst** très profondément; '**~tragen** apporter; (*berichten*) rapporter; *sich* ~ arriver; se passer.

'**Zuträg|er|in** *f*) *m* rapporteur *m*, -euse *f*; ²**lich** (*vorteilhaft*) avantageux; (*nützlich*) profitable; utile; (*passend*) convenable; (*heilsam*) salutaire; *Luft*: salubre; '**~lichkeit** *f* utilité *f*; (*Angemessenheit*) convenance *f*; *Luft*: salubrité *f*.

'**zutrau|en**: *j-m etw.* ~ croire q. capable de qch.: *j-m viel* ~ avoir bonne opinion de q.; *sich zuviel* ~ présumer trop de ses forces; *sich nicht viel* ~ se défier de ses forces; ²**en** *n* (6) confiance *f* (*zu* en); '**~lich** plein de confiance; confiant; familier; ²**lichkeit** *f* confiance *f*; familiarité *f*.

'**zutreffen** se trouver juste; être exact; F tomber pile; ~ *auf* (*acc.*) valoir pour; '**~d** juste; exact; '**~denfalls** le cas échéant.

'**zu|treiben** *v*/*t*. *Herde*: conduire; *Pferd*: pousser; *v*/*i*. être poussé vers; '**~trinken**: *j-m* ~ boire à (la santé de) q.; ²**tritt** *m* entrée *f*; accès *m*; *freien* ~ *haben* avoir ses entrées; '**~tun** ajouter; *kein Auge* ~ ne pas fermer l'œil; ²**tun** *n* participation *f*; *ohne mein* ~ sans que j'y sois pour rien; '**~tu(n)lich** insinuant; câlin.

zu|'ungunsten au préjudice de q.; **~'unterst** tout en bas.

zuverlässig ['~lɛsɪç] sûr; sur qui (*resp.* quoi) on peut compter; *Sachen*: solide; *Nachricht*: sûr; certain; (*verbürgt*) authentique; (*wahrheitsgetreu*) véridique; (*erprobt*) éprouvé; *Arbeit*: consciencieux; ²**keit** *f* sûreté *f*; *Nachricht*: certitude *f*; authenticité *f*; ²**keitsfahrt** *f* *Sport*: épreuve *f* d'endurance.

Zuversicht ['~zɪçt] *f* (16) confiance *f*; assurance *f*; ²**lich** plein d'assurance; '**~lichkeit** *f* assurance *f*.

zu|'viel trop; ~ *Arbeit* trop de travail; *e-r* ~ *in de trop*; *das ist* ~ c'en est trop; *mehr als* ~ tant et plus; **~'vor** auparavant; préalablement; '**~vörderst** [~'fœrdərst] premièrement; avant tout.

zu'vor|kommen: *j-m* ~ prévenir q.; **~kommend** prévenant; ²**kommenheit** *f* prévenance *f*; **~tun**: *es j-m* ~ surpasser q. (*in dat.* en).

Zuwachs ['~vaks] *m* (4) accroissement *m*; (*Vermehrung*) surcroît *m* (*an* de); *auf* ~ en prévision de croissance; ²**en** *Wunde*: se fermer; '**~steuer** *f* impôt *m* d'accroissement.

'**zuwander|n** s'acheminer (*auf acc.* vers); (*einwandern*) immigrer; ²**ung** *f* afflux *m* de population; (*Einwanderung*) immigration *f*.

zu|'wege: *etw.* ~ *bringen* venir à bout de qch.; '**~wehen**: *mit Schnee* ~ combler de neige; '**~weilen** parfois; quelquefois; '**~weisen**: *j-m etw.* ~

74 Dtsch.-Franz.

zuwenden — 1186 — **Zweibund**

assigner qch. à q.; *j-m Kunden* ~ adresser des clients à q.; '~**wenden** tourner *tj-m den Rücken* le dos à q.; *j-m s-e Liebe* son amour vers q.); *j-m etw.* ~ procurer qch. à q.; *sich j-m* ~ se tourner vers q.; '2**wendung** *f* don *m*; présent *m*; ᵗᵗ donation *f*; ~**wenig** trop peu; '~**werfen**: *j-m etw.* ~ jeter qch. à q.; *Blicke*: lancer; *Tür*: faire claquer; *Graben*: combler.

zu'wider contraire(ment); *das ist ihm* ~ cela lui répugne; ~**handeln** contrevenir à; 2**handlung** *f* contravention *f*; ~**laufen** être contraire à.

'**zuwinken**: *j-m* ~ faire signe à q.

'**zuzahl**|**en** payer en sus (*od.* un supplément); '2**ung** *f* paiement *m* supplémentaire (*od.* en sus).

'**zuzählen** ajouter au compte; *j-m etw.* ~ compter qch. à q.

zu'zeiten parfois.

'**zuzieh**|**en** *v/t. Knoten*: serrer; *Vorhang*: tirer; fermer; *Arzt*: consulter; *j-n zu etw.* ~ inviter q. à prendre part à qch.; *sich* ~ s'attirer, *Tadel*: a. encourir, *Krankheit*: contracter, attraper; *dadurch zog er sich den Tod zu* ce fut la cause de sa mort; *v/i.* venir s'établir; '2**ung** *f*: *unter* ~ (*gén.*) compte tenu de; *Person*: assisté de.

'**Zu**|**zug** *m* arrivée *f*; (*Einwanderung*) immigration *f*; (*Zustrom*) afflux *m*; affluence *f*; '2**züglich** (*gén.*) plus (*acc.*); '~**zugsgenehmigung** *f* autorisation *f* de séjour; '2**zwinkern**: *j-m* ~ lancer un clin d'œil à q.

zwacken ['tsvakən] pincer (*ins Bein* à la jambe); *j-n* ~ tourmenter q.

Zwang [tsvaŋ] *m* (3, *o. pl.*) contrainte *f*; (*bewußte Zurückhaltung*) gêne *f*; (*Gewalt*) violence *f*; force *f*; (*Druck*) pression *f* (*ausüben auf acc.* exercer sur); *j-m* ~ *antun* contraindre q.; faire violence à q.; *sich* ~ *antun* se contraindre; ne faire violence; *sich keinen* ~ *antun* ne pas se gêner.

zwängen ['tsvɛŋən] (25) comprimer; serrer; *durch etw.* ~ faire passer de force par qch.

'**zwang**|**los** sans contrainte; sans façons; naturel; '2**losigkeit** *f* absence *f* de contrainte; (*Sichgehenlassen*) laisser-aller *m*.

'**Zwangs**|**anleihe** *f* emprunt *m* forcé; '~**arbeit** *f* travaux *m/pl.* forcés; ~**aufenthalt** *m* résidence *f* forcée; '~**enteignung** *f* expropriation *f* forcée; '~**erziehung** *f* détention *f* dans une maison de correction; éducation *f* surveillée; '2**gestellt** arrêté; '~**herrschaft** *f* tyrannie *f*; despotisme *m*; '~**jacke** *f* camisole *f* de force; '~**lage** *f* (état *m* de) contrainte *f*; '2**läufig** forcé; nécessaire; '~**läufigkeit** *f* nécessité *f*; '~**maßnahme** *f* mesure *f* coercitive; '~**mittel** *m* moyen *m* coercitif; contrainte *f*; '~**verfahren** *n* procédure *f* coercitive; '~**verkauf** *m* vente *f* forcée; '~**versicherte**(**r** *a. m*), *f* assuré *m*, -e *f* obligatoire; '~**versteigerung** *f* vente *f* par licitation; '~**verwalter** *m* séquestre *m*; '~**vollstreckung** *f* exécution *f* forcée; '~**vorstellung** *f* idée *f* fixe; obsession *f*; '~**weise** par contrainte; de force; '~**wirtschaft** *f* économie *f* contrôlée par l'État.

zwanzig ['tsvantsiç] **1.** vingt; *etwa* ~ une vingtaine; **2.** 2 *f* (chiffre *m*) vingt *m*; ~**erlei** ['⌣ɐɐʳlaɪ] de vingt espèces; '~**fach** vingt fois autant; '~**jährig** de vingt ans; '~**ste** (18) vingtième; *der* (*den*, *am*) ~(*n*) 20. *März* le vingt (20) mars; '2**stel** *n* (7) vingtième *m*; '~**stens** vingtièmement.

zwar [tsvaːr] il est vrai; à vrai dire, à la vérité; en effet; *und* ~ et cela, *in Aufzählungen*: (à) savoir; *und* ~ *so* et voici comment.

Zweck [tsvɛk] *m* (3) but *m* (*erreichen* atteindre; *verfehlen* manquer); (*Absicht*) fin *f*; dessein *m*; intention *f*; objet *m*; *zu welchem* ~? à quelle fin?; dans quel but?; *zu diesem* ~ à cet effet; à cette fin; dans ce but; *zum* ~ (*gén.*) en vue de; *es hat keinen* ~ cela ne mène à rien; à quoi bon?; '2**dienlich** convenable; utile; (*wirksam*) efficace; '~**e** *f* (15) *cord.* pointe *f*; (*Heft*2) punaise *f*; '2**entsprechend** convenable; utile; conforme au but; '~**los** inutile; '~**losigkeit** *f* inutilité *f*; '2**mäßig** convenable; opportun; utile; '~**mäßigkeit** *f* convenance *f*; opportunité *f*; utilité *f*; 2**s** (*gén.*) en vue de; '2**widrig** impropre; inopportun; mal à propos.

zwei [tsvaɪ] **1.** deux; **2.** 2 *f* (16) (chiffre *m*) deux *m*.

'**zwei**|**armig** à deux bras (*resp.* branches); '~**beinig** à deux jambes (*resp.* pattes); bipède; '2**bund** *m*

zweideutig — 1187 — **Zwickzange**

alliance f bipartite; '~deutig ambigu; mst mv. p. équivoque; (verdächtig) louche; '2deutigkeit f ambiguïté f; mst mv. p. équivoque f; ~erlei ['~ɔr'laɪ] de deux espèces; das ist ~ ce sont deux choses différentes, F ça fait deux; '~fach deux fois autant; double; '~farbig en deux couleurs; bicolore.

Zweifel ['~əl] m (7) doute m; (Bedenken) scrupule m; (Ungewißheit) incertitude f; ~ haben avoir des doutes; in ~ ziehen mettre en doute; im ~ sein über (acc.) douter de; es unterliegt keinem ~, daß ... il est incontestable que ... (ind.); außer allem ~ 'hors de doute; ohne ~ (sicherlich) sans aucun doute; 2haft (ungewiß) douteux; incertain; (fraglich) problématique; (unentschlossen) indécis; irrésolu; (verdächtig) suspect; ~ lassen laisser en doute; '2los indubitable; adv. a. sans aucun doute; '2n (29) douter (an dat. de); '~sfall m: im ~ en cas de doute; 2s'ohne sans aucun doute; indubitablement; '~sucht f scepticisme m; 2süchtig sceptique.

'**Zweifler** m (7) sceptique m,f; '2isch sceptique. [deux fronts.]

'**Zweifrontenkrieg** m guerre f sur]

Zweig [tsvaɪk] m (3) branche f (a. fig.); kleiner: rameau m; (Abzweigung) embranchement m, f branchement m; '~bahn f embranchement m; ligne f secondaire.

'**zwei|geschlechtig** bissexuel; '~**2gespann** n attelage m à deux chevaux. [filiale f.)

'**Zweiggeschäft** n succursale f;)

'**zweigleisig** à deux voies.

'**Zweig|leitung** ⚡ dérivation f; '~linie f = ~bahn; '~niederlassung f ~geschäft; '~station f bifurcation f; '~stelle f succursale f.

'**zwei|händig** à deux mains (a. f); bimane; '2heit f dualité f; '~hörnig bicorne; 2hufer ['~huːfər] m (7) bisulque m; '~hufig bisulque; '~hundert deux cent(s); '~jährig de deux ans; Ämter usw.: biennal; '~jährlich bisannuel; '2kampf m duel m; '~köpfig bicéphale; '~mal deux fois; ~ im Jahre (im Monat; am Tage) erscheinend semestriel (bimensuel; biquotidien); '~malig qui se fait deux fois; '~markstück n pièce f de deux marks; '2master ⚓

deux-mâts m; '~monatlich bimestriel; '~motorig bimoteur; '~polig bipolaire; '~räd(e)rig à deux roues; '~reihig à deux rangs; (Anzug) croisé; '~schläfrig Bett: à deux personnes; '~schneidig à deux tranchants (a. fig.); '~seitig bilatéral; '~silbig de deux syllabes; dissyllabique; '2sitzer m (7) voiture f à deux places; (Fahrrad) tandem m; 2 biplace m; 2-spänner ['~ʃpɛnər] m (7) voiture f à deux chevaux; '~spännig ['~ʃpɛniç] à deux chevaux; '2spitz m bicorne m; '~sprachig bilingue; '~spurig à deux voies; '~stimmig à deux voix; '~stöckig à deux étages; '~stündig de deux heures; '~stündlich toutes les deux heures.

zweit [tsvaɪt]: zu ~ à deux.

'**zwei|tägig** de deux jours; '2taktmotor m moteur m à deux temps.

zweitältest ['~ɛltəst] second en âge.

zweitausend deux mille.

zweitbest second.

zwei|te ['~ə] (18) deuxième; second; ein ~r Racine un autre (od. second) Racine; der (den, am) 2(n) (2.) September le deux (2) septembre; '~teilig en deux parties; partagé en deux; '~tens deuxièmement; secondement.

'**zweit|jüngst** avant-dernier; '~klassig de peu de valeur; inférieur; '~letzt avant-dernier; 2schrift f duplicata m; double m; copie f.

'**Zwei|viertel|note** f blanche f; ~pause f demi-pause f; ~takt m mesure f à deux temps.

'**Zwei|zack** m fourche f à deux dents; 2zackig à deux fourchons; Fuß: fourchu; ⚔ bifurqué; '~zeiler m distique m; '2zeilig de deux lignes, de deux vers.

Zwerchfell ['tsvɛrç-] n diaphragme m; das ~ erschüttern fig. désopiler; '2erschütternd fig. désopilant.

Zwerg(**in** f) [tsvɛrk(gin)] m (3) nain m, -e f; 2enhaft nain; '~kiefer f pin m alpestre.

Zwetsch(**g**)**e** ['tsvɛtʃ(g)ə] f (15) quetsche f; prune f; '~nbaum m prunier m.

Zwick|el ['tsvikəl] m (7) (Keil) coin m; Schneiderei: chanteau m; △ clef f de voûte; 2en (25) pincer; '~er m (7) pince-nez m; lorgnon m; '~mühle fig. f grand embarras m; '~zange f pince f coupante.

Zwieback ['tsvi:bak] *m* (3³) biscotte *f; kleiner:* biscotin *m; (Schiffs2)* biscuit *m.*

Zwiebel ['tsvi:bəl] *f* (15) oignon *m; (Knolle)* bulbe *m;* '2**-artig** bulbeux; '**~beet** *n* oignonière *f;* '**~gewächs** *n* plante *f* bulbeuse; '**~knollen** *m* bulbe *m;* '2**n** F *fig.* (29) embêter; asticoter; '**~schale** *f* pelure *f* d'oignon; '**~suppe** *f* soupe *f* à l'oignon.

zwie|fach ['tsvi:-] *f;* '2**fältig** double; '2**gespräch** *n* dialogue *m; vertrauliches:* tête-à-tête *m;* '2**licht** *n* demi--jour *m; im ~ entre* chien et loup; '2**spalt** *m* désunion *f;* désaccord *m;* '**~spältig** divisé en désaccord; '2**sprache** *f* = 2*gespräch;* '2**tracht** *f* (16, *o. pl.*) discorde *f.*

Zwil(li)ch ['tsviliç] *m* (3) coutil *m.*

Zwilling ['tsviliŋ] *m* (3¹) jumeau *m,* jumelle *f; astr. die ~e* les Gémeaux *m/pl.*

'**Zwillings|bruder** *m* frère *m* jumeau; '**~geschwister** *pl.,* '**~paar** *n* jumeaux *m/pl.,* jumelles *f/pl.;* '**~klemme** & *f* borne *f* double; '**~reifen** *m/pl. Auto:* pneus *m/pl.* jumelés; '**~schwester** *f* sœur *f* jumelle.

'**Zwing|burg** *m* château *m* fort; bastille *f;* **~e** ['tsviŋə] *f* (15) frette *f; Messer, Stock:* virole *f; (Schraubstock)* étau *m; Tischlerei:* serre--joint *m;* '2**en** (30) forcer (zu à); contraindre (à); *(nötigen)* obliger (à); *sich ~ a.* faire un effort (zu ... *inf.* pour ... *inf.*); '2**end** *Beweis:* concluant; *~e Umstände* force *f* majeure; **~er** ['**~**ər] *m* (7) *(Hunde2)* chenil *m; (Kampfplatz für wilde Tiere)* arène *f; (fester Turm)* donjon *m; (Schloßburg)* bastille *f; (Gefängnis)* geôle *f;* '**~herr** *m* despote *m;* tyran *m;* '**~herrschaft** *f* despotisme *m;* tyrannie *f.*

zwinkern ['tsviŋkərn] (29): *mit den Augen ~* cligner des yeux.

zwirbeln ['tsvirbəln] tortiller.

Zwirn ['tsvirn] *m* (3) fil *m* (retors); 2**en** ['**~**ən] (25) 1. *v/i.* retordre; *Seide:* mouliner; 2. *adj.* de fil; '**~(s)faden** *m* aiguillée *f* de fil.

zwischen ['tsvifən] *prp. (wo? dat.; wohin? acc.)* entre; *~ heute und morgen* d'ici à demain.

'**Zwischen|-akt** *m* entracte *m;* '**~bemerkung** *f* remarque *f* intercalée; '**~bescheid** ⅓ *m* arrêt *m* interlocutoire; '**~bilanz** *f* bilan *m* intérmaire; '**~deck** *n* entrepont *m;* '**~ding** *n* intermédiaire *m (zwischen dat.* entre); chose *f* qui tient le milieu entre ... et ...; 2'**durch** au travers; *zeitlich:* par-ci par-là; *(gleichzeitig)* en même temps; '**~ergebnis** *n* résultat *m* provisoire; '**~fall** *m* incident *m;* '**~gericht** *n* entremets *m;* '**~geschoß** *n* entresol *m;* '**~glied** *n* membre *m* intermédiaire; '**~hafen** *m* entrepôt *m* maritime; '**~handel** *m* demi--gros *m;* '**~händler** *m* intermédiaire *m;* '**~handlung** *f* épisode *m;* '**~landung** ⋇ *f* escale *f;* '2**liegend** intermédiaire; '**~lösung** *f* solution *f* provisoire; '**~mauer** *f* mur *m* mitoyen; '**~raum** *m* espace *m* intermédiaire; intervalle *m; (Entfernung)* distance *f;* zwischen etw. *~ lassen* espacer qch.; '**~rede** *f* interruption *f; (Abschweifung)* digression *f;* '**~redner** *m* interlocuteur *m:* '**~regierung** *f* interrègne *m;* '**~ruf** *m* interruption *f;* exclamation *f;* '**~satz** *gr. m* proposition *f* incidente *(od.* incise); '**~spiel** *n* intermède *m;* '2**staatlich** international; '**~station** *f* station *f* intermédiaire; '**~stecker** & *m* fiche *f* intermédiaire; '2**stellen** interposer; '**~stock** *m* entresol *m;* '**~stück** *n* thé. intermède *m; Stickerei:* entre-deux *m;* '**~verkauf** *m* vente *f* par intermédiaire; '**~wand** *f* cloison *f;* '**~zeit** *f* intervalle *m; in der ~* sur ces entrefaites; entre temps, en attendant.

Zwist [tsvist] *m* (3²), '**~igkeit** *f* dissension *f;* discorde *f;* brouille *f;* querelle *f.*

zwitschern ['tsvitʃərn] (29) 1. gazouiller; 2. 2 *n* gazouillement *m.*

Zwitter ['tsvitər] *m* (7) hybride *m;* hermaphrodite *f;* '2**haft** hybride.

zwölf [tsvœlf] 1. douze; *etwa ~* une douzaine; *um ~ Uhr* à midi, *nachts:* à minuit; 2. 2 *f* (16) (chiffre *m*) douze *m;* '2**-eck** *n* dodécagone *m;* '**~eckig** dodécagonal; '2**-ender** *m* cerf *m* douze cors; '**~erlei** ['**~**ərˌlai] de douze espèces; '**~fach** douze fois autant; 2'**fingerdarm** *m* duodénum *m;* 2'**flächner** *m* dodécaèdre *m;* '**~jährig** de douze ans; '**~mal** douze fois; '**~malig** répété douze fois; '**~seitig** & dodécagonal; '**~-**

silbig de douze syllabes; **⁀silbner** m alexandrin; **⁀stündig** de douze heures; **⁀tägig** de douze jours; **⁀te** douzième; *der (den, am)* ⁀(n) *(12.) Februar* le douze (12) février; **⁀tel** n (7) douzième m; **⁀tens** douzièmement.
Zyankali [tsyan'kɑːli] n cyanure m de potassium.
zyklisch ['tsyklɪʃ] cyclique.
Zyklon [tsy'kloːn] m (3¹) cyclone m.
zy'klopisch cyclopéen.
Zyklus ['tsyːklus] m (16²) cycle m; *Vorträge usw.*: série f.
Zylinder [tsy'lɪndər] m (7) cylindre m; (*Lampen*⁀) verre m de lampe; (*Hut*) 'haut-de-forme m; **⁀förmig, ⁀isch** cylindrique.
Zyn|iker ['tsyːni-] m cynique m; **⁀isch** cynique; **⁀ismus** [⁀y'nɪsmus] m cynisme m.
'Zypern n Chypre f.
Zypresse [tsy'prɛsə] f (15) cyprès m; **⁀nwald** m cyprière f.

Gebräuchliche Abkürzungen der deutschen Sprache

Abréviations usuelles de la langue allemande

A

a. a. O. *am angeführten Ort* à l'endroit cité.
Abb. *Abbildung* image.
Abk. *Abkürzung* abréviation.
Abs. *Absender* expéditeur
Abs. *Absatz* alinéa
Abt. *Abteilung* subdivision
a. D. *außer Dienst* en retraite
a. d. *an der* sur le (la)
Adr. *Adresse* adresse
AEG *Allgemeine Elektrizitätsgesellschaft* Compagnie générale d'électricité [actions]
AG. *Aktiengesellschaft* société par
Anm. *Anmerkung* remarque; note
ao. Prof. *außerordentlicher Professor* professeur sans chaire
a. Rh. *am Rhein* sur le Rhin
Art. *Artikel* article
Aufl. *Auflage* tirage; édition
Ausg. *Ausgabe* édition
ausschl. *ausschließlich* exclusif; exclusivement

B

Bd., Bde. *Band, Bände* volume(s); tome(s)
bes. *besonders* particulièrement
betr. *betreffs, betreffend* concernant
Bez. *Bezirk* district
bez. *bezüglich* relatif à; concernant
bez. *bezahlt* payé [civil]
BGB *Bürgerliches Gesetzbuch* Code
BHE *Bund der Heimatvertriebenen und Entrechteten* Union des personnes réfugiées et privées de leurs droits
BRD *Bundesrepublik Deutschland* République fédérale allemande
BRT *Brutto-Register-Tonnen* tonnage brut
b. w. *bitte wenden!* tournez, s'il vous plaît!
bzw. *beziehungsweise* ou bien; éventuellement; respectivement

C

ca. *zirka, etwa* environ
cand. [kant] *Kandidat* candidat
ccm *Kubikzentimeter* centimètre cube
cdm *Kubikdezimeter* décimètre cube
CDU *Christlich-Demokratische Union* Union démocratique-chrétienne
Cie. *Kompanie* compagnie
cl *Zentiliter* centilitre
cm *Zentimeter* centimètre
Co. *Kompagnon* associé
CSU *Christlich-Soziale Union* Union sociale-chrétienne

D

d. Ä. *der Ältere* l'Ancien
DAG *Deutsche Angestellten-Gewerkschaft* Syndicat des employés allemands
DBB *Deutscher Beamtenbund* Union des fonctionnaires allemands
d. B. *durch Boten* par messager
DDR *Deutsche Demokratische Republik* République démocratique allemande

desgl. *desgleichen* de même
DGB *Deutscher Gewerkschafts-Bund* Confédération des syndicats allemands
dgl. *dergleichen* tel; pareil
d. Gr. *der Große* le Grand
d. h. *das heißt* c'est-à-dire
d. i. *das ist* c'est-à-dire
DIN [di:n] *Deutsche Industrie-Normen* normes de l'industrie allemande
Dipl.-Ing. *Diplom-Ingenieur* ingénieur diplômé
d. J. *dieses Jahres* de l'année
d. J. *der Jüngere* le Jeune
dl *Deziliter* décilitre
dm *Dezimeter* décimètre
DM *Deutsche Mark* mark allemand
d. M. *dieses Monats* (du mois) courant
do. *dito; dasselbe* dito; la même [chose]
d. O. *der Obige* le susdit
DP *Deutsche Partei* Parti allemand
Dr. *Doktor* docteur
Dr. jur. *Doktor der Rechtswissenschaften* docteur en droit
Dr. med. *Doktor der Medizin* docteur en médecine
Dr. phil. *Doktor der Philosophie* docteur ès lettres (*resp.* ès sciences)
Dr. rer. oec. *Doktor der Wirtschaftswissenschaften* docteur ès sciences économiques
Dr. rer. pol. *Doktor der Staatswissenschaften* docteur ès sciences politiques
Dr. theol. *Doktor der Theologie* docteur en théologie
d. R. *der Reserve* de réserve
DRK *Deutsches Rotes Kreuz* la Croix-Rouge allemande [allemand]
DRP *Deutsches Reichspatent* brevet
Dtzd. *Dutzend* douzaine
d. U. *der Unterzeichnete* le soussigné
d. Vf. *der Verfasser* l'auteur
dz *Doppelzentner* quintal métrique
D-Zug *Durchgangszug, Schnellzug* rapide

E

ebd. *ebenda* au même endroit; à cet endroit [causa]
E. h. *u.* **eh.** *ehrenhalber* honoris
einschl. *einschließlich* y compris; inclusivement
erg. *ergänzen* compléter
erl. *erledigt* fait; expédié
ev. *evangelisch* évangélique; *mst* protestant

E. V. *Eingetragener Verein* société enregistrée
evtl. *eventuell, unter Umständen* éventuellement
Ew. *Euer* Votre
exkl. *exklusive* exclusivement
Exz. *Exzellenz* Excellence

F

f. *folgende Seite* page suivante
f. *für* pour
Fa. *Firma* Maison
FDP *Freie Demokratische Partei* Parti démocrate libre [conforme]
f. d. R. *für die Richtigkeit* certifié
ff. *sehr fein* excellent
ff. *folgende Seiten* pages suivantes
fr. *frei* franco
Frl. *Fräulein* Mademoiselle

G

g *Gramm* gramme
geb. *geboren* né
geb. *gebunden* relié
Gebr. *Gebrüder* frères
gefl. *gefälligst* s'il vous plaît
geh. *geheftet* broché
Ges. *Gesellschaft* société
ges. gesch. *gesetzlich geschützt* protégé par la loi
Gew. *Gewicht* poids
gez. *gezeichnet* signé
GmbH *Gesellschaft mit beschränkter Haftung* société à responsabilité limitée

H

ha *Hektar* hectare
Hbf. *Hauptbahnhof* gare centrale
h. c. *honoris causa, ehrenhalber* honoris causa
hg. *herausgegeben* édité
HGB *Handelsgesetzbuch* Code de commerce
hl. *heilig* saint(e)
hl *Hektoliter* hectolitre
hrsg. = **hg.**
Hs. *Handschrift* manuscrit

I

i. A. *im Auftrage* par ordre; par autorisation
i. allg. *im allgemeinen* en général
i. J. *im Jahre* dans l'année; en l'an
inkl. *inklusive, einschließlich* inclus; inclusivement

i. R. *im Ruhestand* en retraite
i. V. *in Vertretung* par intérim; par délégation

J

Jb. *Jahrbuch* annuaire
Jh. *Jahrhundert* siècle
jr., jun. *junior* junior; jeune

K

Kap. *Kapitel* chapitre
kath. *katholisch* catholique
kg *Kilogramm* kilogramme
KG *Kommanditgesellschaft* société en commandite
Kl. *Klasse* classe
km *Kilometer* kilomètre
KPD *Kommunistische Partei Deutschlands* Parti communiste allemand
Kto. *Konto* compte
kW *Kilowatt* kilowatt
kWh *Kilowattstunde* kilowatt-heure

L

l *Liter* litre
LDP *Liberal-Demokratische Partei* Parti libéral démocrate
lfd. *laufend(e)* courant
lfd. J. *laufenden Jahres* de l'année courante
lfd. M. *laufenden Monats* de ce mois
LKW *Lastkraftwagen* camion
lt. *laut* conformément à
Ltn. *Leutnant* sous-lieutenant

M

m *Meter* mètre
m. E. *meines Erachtens* à mon avis
MEZ *Mitteleuropäische Zeit* heure de l'Europe centrale
mg *Milligramm* milligramme
Min. *Minute* minute
mm *Millimeter* millimètre
m. W. *meines Wissens* à ma connaissance; que je sache
Mz. *Mehrzahl* pluriel

N

N *Norden* nord
Nachf. *Nachfolger* successeur
nachm. *nachmittags* l'après-midi
NB *nota bene* nota bene
n. Chr. *nach Christus* après Jésus-Christ
NDR *Norddeutscher Rundfunk* Radio de l'Allemagne du Nord
n. J. *nächsten Jahres* (de) l'année prochaine
n. M. *nächsten Monats* le (*resp.* du) mois prochain
NO *Nordosten* nord-est
Nr. *Nummer* numéro
NS *Nachschrift* post-scriptum
NW *Nordwesten* nord-ouest

O

O *Osten* est
o. *ohne* sans
od. *oder* ou
o. J. *ohne Jahr* sans date
o. O. *ohne Ort* sans lieu
o. Prof. *ordentlicher Professor* professeur titulaire

P

p. Adr. *per Adresse* chez; aux bons soins de
Pf *Pfennig* pfennig
p.p., ppa. *per Prokura* par procuration
Prof. *Professor* professeur
PS *Pferdestärke* cheval-vapeur; *Postskriptum* post-scriptum

Q

q *Quadrat* carré
qm *Quadratmeter* mètre carré

R

Rel. *Religion* religion
resp. *respektive* respectivement

S

S *Süden* sud; *Seite* page
s. *siehe* voir; voyez
Sa. *Summa* somme; total
SED *Sozialistische Einheitspartei Deutschlands* Parti socialiste unitaire allemand
sen. *senior* aîné
SO *Südosten* sud-est
s. o. *siehe oben* voir plus haut
sog. *sogenannt* dit
SPD *Sozialdemokratische Partei Deutschlands* Parti social-démocrate allemand
spr. *sprich* prononcez
St. *Stück* pièce
Std. *Stunde* heure
StGB *Strafgesetzbuch* Code pénal
Str. *Straße* rue
stud. *Studiosus, Student* étudiant
s. u. *siehe unten* voir plus bas
s. Z. *seiner Zeit* en son temps; jadis

T

t *Tonne* tonne
Tgb.-Nr. *Tagebuch-Nummer* numéro du journal

U

u. *und* et
u. a. *und andere(s)* et d'autres encore; etc.; *unter anderem, unter anderen* entre autres [blables]
u. ä. *und ähnliches* et d'autres semblables
u. a. m. *und anderes mehr* et d'autres encore; etc. [réponse, s.v.p.]
U. A. w. g. *Um Antwort wird gebeten*)
u. dgl. (m.) *und dergleichen (mehr)* et autres choses semblables
u. d. M. *unter dem Meeresspiegel* au-dessous de la mer
ü. d. M. *über dem Meeresspiegel* au--dessus de la mer
UdSSR *Union der Sozialistischen Sowjetrepubliken* Union des républiques socialistes soviétiques (U.R.S.S.)
u. E. *unseres Erachtens* à notre avis
u. R. *unter Rückbittung* avec prière de retourner
usf. *und so fort* et ainsi de suite;
usw. *und so weiter* et ainsi de suite; etc. [circonstances]
u. U. *unter Umständen* selon les)
UNO [u:no] *United Nations Organization Verein(ig)te Nationen* Organisation des nations unies (O.N.U.)
u. W. *unseres Wissens* à notre connaissance

V

v. *von* de
V. *Volt* volt
v. Chr. *vor Christus* avant Jésus--Christ
Verf., Vf. *Verfasser* l'auteur
vgl. *vergleiche* conférer
v. H. *vom Hundert* pour cent
v. J. *vorigen Jahres* de l'année dernière
v. M. *vorigen Monats* du mois dernier
vorm. *vormals* autrefois
vorm. *vormittags* le matin

W

W *Westen* ouest
Wwe. *Witwe* veuve

Z

z. B. *zum Beispiel* par exemple
z. D. *zur Disposition* en disponibilité
z. d. A. *zu den Akten* classer; joindre au dossier
z. H. *zu Händen* en main propre
z. S. *zur See* de marine; de vaisseau
z. T. *zum Teil* en partie
Ztr. *Zentner* quintal
zus. *zusammen* ensemble
z. Z. *zur Zeit* en ce moment; actuellement

Modèles de la déclinaison et de la conjugaison de la langue allemande

A. Déclinaison

Ordre des cas: *nom., gén., dat.* et *acc., sg.* et *pl.* — Substantifs et adjectifs composés (p. ex. *Eisbär, Ausgang, abfällig* etc.) se déclinent d'après le dernier mot (*Bär, Gang, fällig*). Les lettres entre parenthèses peuvent être omises.

I. Les substantifs (Noms communs et noms propres)

1
Bild ~(e)s[1] ~(e) ~
Bilder[2] ~ ~n ~
[1] *seul* es: Geist, Geistes.
[2] a, o, u > ä, ö, ü: Rand, Ränder.

2
Reis* ~ses ~se (~) ~
Reiser[1] ~ ~n ~
[1] a, o > ä, ö: Glas, Gläser.
* ß > ss: Faß, Fasse(s).

3
Arm ~(e)s[1,2] ~(e)[1] ~
Arme[2] ~ ~n ~
[1] *sans* e: Billard, Billard(s).
[2] *seul* es: Maß, Maßes.
[3] a, o, u > ä, ö, ü: Gang, Gänge.

4
Greis*[1] ~ses ~se (~) ~
Greise[2] ~ ~n ~
[1] s > ss: Kürbis, Kürbisse(s).
[2] a, o, u > ä, ö, ü: Hals, Hälse.
* ß > ss: Roß, Rosse(s).

5
Strahl ~(e)s[1,2] ~(e)[2] ~
Strahlen[3] ~ ~ ~
[1] *sans* e: Juwel, Juwel(s).
[2] *seul* es: Schmerz, Schmerzes.
[3] Sporn, Sporen.

6
Lappen ~s ~ ~*
Lappen[1] ~ ~ ~
[1] a, o > ä, ö: Graben, Gräben.
* *Les verbes employés comme substantifs n'ont pas de pluriel*: Atmen, Befinden, *etc.*

7
Maler ~s ~ ~
Maler[1] ~ ~ ~
[1] a, o, u > ä, ö, ü: Vater, Väter.

8
Untertan ~s ~ ~

Untertanen[1,2] ~ ~ ~
[1] *Accentuation différente*: Pro'fessor, Profes'soren.
[2] *pl.* ien: Kolleg, Kollegien.

9
Studium ~s ~ ~
Studien[1,2] ~ ~ ~
[1] a et o(n) > en: Drama, Dramen; Folio, Folien; Stadion, Stadien.
[2] on et um > a: Lexikon, Lexika.

10
Auge ~s ~ ~
Augen ~ ~ ~

11
Genie ~s[1]* ~ ~
Genies[2] ~ ~ ~
[1] *Sans désinence*: Bouillon, Diva.
[2] *pl.* s ou ta: Komma, Kommas ou Kommata; *mais*: Klima, Klimate [3].
* *La lettre* s *se prononce*: ʒeni:s.

12
Bär ~en ~en ~en[2]
Bären ~ ~ ~
[1] s > s: Fels, Felsen.
[2] Herr, *sg.* Herrn; Herz, *gén.* Herzens, *acc.* Herz.

13
Knabe ~n[1] ~n ~n
Knaben ~ ~ ~
[1] ns: Name, Namens.

14
Trübsal ~ ~[1,2] ~ ~
Trübsale[1,2] ~ ~n ~
[1] a, o, u > ä, ö, ü: Hand, Hände; *sans* e: Tochter, Töchter; s > s: Gans, Gänse; ß > ss: Nuß, Nüsse.
[2] s > ss: Kenntnis, Kenntnisse.

15
Blume ~ ~ ~
Blumen ~ ~ ~
...'ee: 'ē, *pl.* 'ē/eⁿn, *p. gr.* I'dee, I'deen.

— 1194 —

|...ie | *dans la syllabe tonique:* 'i, pl. 'iën, p. gr. Batte'rie(n). *dans la syllabe atone:* iyᵉ, pl. iyᵉn, p. gr. Ar'terie(n). | ² **a, is, os** et **us** > **en**: Firma, Firmen; Krisis, Krisen; Epos, Epen. |

16 Frau
Frauen¹,²   ~   ~   ~
¹ **in** > **innen**: Freundin, Freundinnen.

17 Les noms propres prennent l'article défini [22]:
Friedrich   ~   ~   ~
Elisabeth   ~   ~   ~
Marie [15]   ~   ~   ~

II. Les adjectifs et les participes (aussi employés comme substantifs), les pronoms etc.

18

		m	f	n	pl.	
a) gut		er	~e	~es	~e†	*sans article après les prépositions, pronoms personnels et avec accent invariable*
		en	~er	~er	~en	
		em	~er	~em	~en	
		en	~e	~es	~e	
b) gut		e	~e	~e	~en	*avec l'article défini (22) ou avec pronom (21)*
		en	~en	~en	~en	
		en	~en	~en	~en	
		en	~e	~e	~en	
c) gut		er	~e	~es	~en	*avec l'article indéfini ou avec pronom (20)*
		en	~en	~en	~en	
		en	~en	~en	~en	
		en	~e	~es	~en	

Les degrés de comparaison

Les désinences des degrés du comparatif et du superlatif sont:

compr. **er**: reich, reicher
sup. **st**: schön, schönst } *selon le cas*

Remarque. — Les adjectifs se terminant par **el, en** et **er** suppriment généralement **e**.

19

	1ᵉ pers.	2ᵉ pers.	3ᵉ pers.		
	m,f,n	m,f,n	m	f	n
sg.	ich	du	er	sie	es
	meiner	deiner	seiner	ihrer	seiner
	mir	dir	ihm	ihr	ihm
	mich	dich	ihn	sie	es
pl.	wir	ihr	sie	(Sie)	
	unser	euer	ihrer	(Ihrer)	
	uns	euch	ihnen	(Ihnen)	
	uns	euch	sie	(Sie)	

20

m		f	n	pl.
mein		~e	~	~e
dein	es	~er	~es	~er
sein	em	~er	~em	~en
(k)ein	en	~e	~	~e

21

m		f	n	pl.
dies	er	~e	~es	~e*
jen	es	~er	~es	~er¹
manch	em	~er	~em	~en¹
welch	en	~e	~es	~e

¹welche(r, s) comme pronom relatif: gén. sg. et pl. dessen, deren, dat. pl. denen [23].	**23** Pronoms relatifs

* manch, solch, welch souvent sans terminaison:
manch ⎫ guter (ein guter) Mann
solch ⎬ ~en (~es ~en) ~es
welch ⎭ ~em (~em ~en) ~e
Aussi all:
all der (dieser, mein) Schmerz

	m	f	n	pl.
	der	die	das	die
	dessen	deren	dessen	deren
	dem	der	dem	denen
	den	die	das	die

22	m	f	n	pl.	
	der	die	das	die	
	des	der	des	der	l'article
	dem	der	dem	den	défini
	den	die	das	die	

24	wer	was	jemand, niemand
	wessen	wessen	~(e)s
	wem	—	~
	wen	was	~

B. La Conjugaison

Observations générales. — Dans le tableau des conjugaisons (25—30) ne figurent que les verbes simples, tandis que dans la liste alphabétique, on trouvera aussi les verbes composés dont le verbe simple n'existe pas (p. ex. **beginnen**; *ginnen* n'existe pas). Pour connaître la conjugaison de quelques verbes composés (avec préfixe séparable ou inséparable, régulier ou irrégulier) il faut chercher le verbe simple.

Pour les verbes avec préfixe séparable et accentué comme ˈab-, ˈan-, ˈauf-, ˈaus-, ˈbei-, beˈvor-, ˈdar-, ˈein-, emˈpor-, entˈgegen-, ˈfort-, ˈher-, herˈab- etc. de même que ˈklar[legen], ˈlos[schießen], ˈsitzen[bleiben], überˈhand-[nehmen], ˈrad-[fahren], ˈwunder-[nehmen] etc. (mais non les verbes dérivés de substantifs composés comme ˈbeantragen de ˈAntrag ou beˈratschlagen de ˈRatschlag etc.), la préposition **zu** doit être intercalée entre le préfixe tonique et le radical (à l'infinitif et au *p.p.*) et la syllabe **ge** au *p.p.*

Les verbes avec préfixe inséparable et atone comme **be-, emp-, ent-, er-, ge-, ver-, zer-** et en général **miß** (bien que accentué) ou la préposition **zu** avant le préfixe perdent la syllabe **ge** au *p.p.* Les préfixes **durch-, hinter-, über-, um-, unter-, voll-, wi(e)der-** sont séparables, s'ils sont accentués et sont inséparables, s'ils sont atones, p. ex.

geben: *zu geben, zu gebend; gegeben; ich gebe, du gibst* etc.;
ˈabgeben: ˈ*abzugeben,* ˈ*abzugebend;* ˈ*abgegeben; ich gebe (du gibst* etc.) *ab;*
verˈgeben: *zu* verˈ*geben, zu* verˈ*gebend;* verˈ*geben; ich* verˈ*gebe, du* verˈ*gibst* etc.;
ˈübersetzen: ˈ*überzusetzen,* ˈ*überzusetzend;* ˈ*übergesetzt; ich setze (du setzt* etc.) *über;*
überˈsetzen *zu* überˈ*setzen, zu* überˈ*setzend;* überˈ*setzen; ich* überˈ*setze, du* überˈ*setzt* etc.

La même règle est en vigueur si le verbe peut avoir deux préfixes, p. ex.

zuˈrückbehalten [voir halten]: zuˈ*rückzubehalten, zu*ˈ*rückzubehaltend; zu*ˈ*rückbehalten; ich behalte (du behältst* etc.) *zurück;*
wiederˈaufheben [voir *heben*]: *wieder*ˈ*aufzuheben, wieder*ˈ*aufzuhebend; wieder*ˈ*aufgehoben; ich hebe (du hebst* etc.) *wieder auf.*

Les formes entre parenthèses ( ) sont employées de la même façon.

a) Conjugaison faible

25 loben

prés. ind. { lobe lobst lobt
{ loben lobt loben
prés. subj. { lobe lobest lobe
{ loben lobet loben
impf. ind. { lobte lobtest lobte
et subj. { lobten lobtet lobten
impér. sg. lob(e), *pl.* lob(e)t, loben Sie;
inf. prés. loben; *inf. passé* gelobt
haben; *part. prés.* lobend; *p.p.* gelobt (18; 29**).

26 reden

prés. ind. { rede redest redet
{ reden redet reden
prés. subj. { rede redest rede
{ reden redet reden
impf. ind. { redete redetest redete
et subj. { redeten redetest redeten
impér. sg. rede, *pl.*˙redet, reden Sie;
inf. prés. reden; *inf. passé* geredet
haben; *part. prés.* redend; *p.p.* geredet
(18; 29**).

27 reisen

prés. ind. { reise rei(se)st reist
{ reisen reist reisen
prés. subj. { reise reisest reise
{ reisen reiset reisen
impf. ind. { reiste reistest reiste
et subj. { reisten reistet reisten
impér. sg. reise, *pl.* reist, reisen Sie;
inf. prés. reisen; *inf. passé* gereist
sein *od.* haben; *part. prés.* reisend;
p.p. gereist (18; 29**).

28 fassen

prés. ind. { fasse fassest (faßt) faßt
{ fassen faßt fassen
prés. subj. { fasse fassest fasse
{ fassen fasset fassen

impf. ind. { faßte faßtest faßte
et subj. { faßten faßtest faßten
impér. sg. fasse (faß), *pl.* faßt, assen
Sie; *inf. prés.* fassen; *inf. passé* gefaßt haben; *part. prés.* fassend; *p.p.*
gefaßt (18; 29*).

29 handeln

prés. ind.
handle* handelst handelt
handeln handelt handeln

prés. subj.
handle* handelst handle*
handeln handelt handeln

impf. ind. et *subj.*
handelte handeltest handelte
handelten handeltet handelten
imp. sg. handle, *pl.* handelt, handeln
Sie; *inf. prés.* handeln; *inf. passé*
gehandelt haben; *part. prés.* handelnd; *p.p.* gehandelt.

* *De même que* handele; wandern,
wand(e)re; *mais* bessern, bessere.

** *Sans* ge, *si la première syllabe
est atone p. ex.* be'grüßen, begrüßt;
ent'stehen, ent'standen; stu'dieren,
stu'diert (*pas* gestudiert); trom'peten, trom'petet (*également si un préfixe accentué se trouve au commencement*) 'austrompeten, 'austrompetet,
pas 'ausgetrompet. *Quelques verbes* «faibles» *ont leur p.p. en* en *au
lieu de* t *p. ex.*, mahlen — gemahlen.
Dans les verbes brauchen, dürfen,
heißen, helfen, hören, können, lassen, lehren, lernen, machen, mögen,
müssen, sehen, sollen, wollen *le p.p.
prend la forme de l'inf.* (sans ge), *si un
autre infinitif le suit, p. ex. inf.*, ich
habe ihn singen hören, du hättest
es tun können, er hat gehen
müssen, ich hätte ihn laufen lassen sollen.

b) Conjugaison forte

30 fahren

prés. ind. { fahre fährst fährt
{ fahren fahrt fahren
prés. subj. { fahre fahrest fahre
{ fahren fahret fahren

impf. ind. { fuhr fuhr(e)st* fuhr
{ fuhren fuhrt fuhren
impf. subj. { führe führest führe*
{ führen führt führen

impér. sg. fahr(e), *pl.* fahr(e)t, fahren Sie; *inf. prés.* fahren; *inf. passé* gefahren haben *ou* sein; *part. prés.* fahrend, *p.p.* gefahren (18; 29**).

Liste alphabétique des verbes allemands irréguliers

Infinitif — Prétérit — Participe passé

backen - backte (buk) - gebacken
bedingen - bedang (bedingte) - bedungen (*conditionnel*: bedingt)
befehlen - befahl - befohlen
beginnen - begann - begonnen
beißen - biß - gebissen
bergen - barg - geborgen
bersten - barst - geborsten
bewegen - bewog - bewogen
biegen - bog - gebogen
bieten - bot - geboten
binden - band - gebunden
bitten - bat - gebeten
blasen - blies - geblasen
bleiben - blieb - geblieben
bleichen - blich - geblichen
braten - briet - gebraten
brauchen - brauchte - gebraucht (*v/aux.*)
brechen - brach - gebrochen
brennen - brannte - gebrannt
bringen - brachte - gebracht
denken - dachte - gedacht
dreschen - drosch - gedroschen
dringen - drang - gedrungen
dürfen - durfte - gedurft (*v/aux.* dürfen)
empfehlen - empfahl - empfohlen
erlöschen - erlosch - erloschen
erschrecken - erschrak - erschrocken
essen - aß - gegessen
fahren - fuhr - gefahren
fallen - fiel - gefallen
fangen - fing - gefangen
fechten - focht - gefochten
finden - fand - gefunden
flechten - flocht - geflochten
fliegen - flog - geflogen
fliehen - floh - geflohen
fließen - floß - geflossen
fressen - fraß - gefressen
frieren - fror - gefroren
gären - gor (*fig.* gärte) - gegoren (*fig.* gegärt)
gebären - gebar - geboren

geben - gab - gegeben
gedeihen - gedieh - gediehen
gehen - ging - gegangen
gelingen - gelang - gelungen
gelten - galt - gegolten
genesen - genas - genesen
genießen - genoß - genossen
geschehen - geschah - geschehen
gewinnen - gewann - gewonnen
gießen - goß - gegossen
gleichen - glich - geglichen
gleiten - glitt - geglitten
glimmen - glomm - geglommen
graben - grub - gegraben
greifen - griff - gegriffen
haben - hatte - gehabt
halten - hielt - gehalten
hängen - hing - gehangen
hauen - haute (hieb) - gehauen
heben - hob - gehoben
heißen - hieß - geheißen
helfen - half - geholfen
kennen - kannte - gekannt
klingen - klang - geklungen
kneifen - kniff - gekniffen
kommen - kam - gekommen
können - konnte - gekonnt (*v/aux.* können)
kriechen - kroch - gekrochen
laden - lud - geladen
lassen - ließ - gelassen (*v/aux.* lassen)
laufen - lief - gelaufen
leiden - litt - gelitten
leihen - lieh - geliehen
lesen - las - gelesen
liegen - lag - gelegen
lügen - log - gelogen
mahlen - mahlte - gemahlen
meiden - mied - gemieden
melken - melkte (molk) - gemolken (gemelkt)
messen - maß - gemessen
mißlingen - mißlang - mißlungen
mögen - mochte - gemocht (*v/aux.* mögen)

müssen - mußte - gemußt (v/aux. müssen)
nehmen - nahm - genommen
nennen - nannte - genannt
pfeifen - pfiff - gepfiffen
preisen - pries - gepriesen
quellen - quoll - gequollen
raten - riet - geraten
reiben - rieb - gerieben
reißen - riß - gerissen
reiten - ritt - geritten
rennen - rannte - gerannt
riechen - roch - gerochen
ringen - rang - gerungen
rinnen - rann - geronnen
rufen - rief - gerufen
salzen - salzte - gesalzen (gesalzt)
saufen - soff - gesoffen
saugen - sog - gesogen
schaffen - schuf - geschaffen
schallen - schallte (scholl) - geschallt
scheiden - schied - geschieden
scheinen - schien - geschienen
schelten - schalt - gescholten
scheren - schor - geschoren
schieben - schob - geschoben
schießen - schoß - geschossen
schinden - schund - geschunden
schlafen - schlief - geschlafen
schlagen - schlug - geschlagen
schleichen - schlich - geschlichen
schleifen - schliff - geschliffen
schließen - schloß - geschlossen
schlingen - schlang - geschlungen
schmeißen - schmiß - geschmissen
schmelzen - schmolz - geschmolzen
schneiden - schnitt - geschnitten
schreiben - schrieb - geschrieben
schreien - schrie - geschrie(e)n
schreiten - schritt - geschritten
schweigen - schwieg - geschwiegen
schwellen - schwoll - geschwollen
schwimmen - schwamm - geschwommen
schwinden - schwand - geschwunden
schwingen - schwang - geschwungen
schwören - schwor - geschworen
sehen - sah - gesehen
sein - war - gewesen
senden - sandte - gesandt
sieden - sott - gesotten
singen - sang - gesungen
sinken - sank - gesunken
sinnen - sann - gesonnen
sitzen - saß - gesessen
sollen - sollte - gesollt (v/aux. sollen)
spalten - spaltete - gespalten (gespaltet)
speien - spie - gespie(e)n
spinnen - spann - gesponnen
sprechen - sprach - gesprochen
sprießen - sproß - gesprossen
springen - sprang - gesprungen
stechen - stach - gestochen
stecken - steckte (stak) - gesteckt
stehen - stand - gestanden
stehlen - stahl - gestohlen
steigen - stieg - gestiegen
sterben - starb - gestorben
stieben - stob - gestoben
stinken - stank - gestunken
stoßen - stieß - gestoßen
streichen - strich - gestrichen
streiten - stritt - gestritten
tragen - trug - getragen
treffen - traf - getroffen
treiben - trieb - getrieben
treten - trat - getreten
triefen - triefte (troff) - getrieft
trinken - trank - getrunken
trügen - trog - getrogen
tun - tat - getan
verderben - verdarb - verdorben
verdrießen - verdroß - verdrossen
vergessen - vergaß - vergessen
verlieren - verlor - verloren
verschleißen - verschliß - verschlissen
verzeihen - verzieh - verziehen
wachsen - wuchs - gewachsen
wägen - wog - gewogen
waschen - wusch - gewaschen
weben - wob - gewoben
weichen - wich - gewichen
weisen - wies - gewiesen
wenden - wandte - gewandt
werben - warb - geworben
werden - wurde - geworden
werfen - warf - geworfen
wiegen - wog - gewogen
winden - wand - gewunden
wissen - wußte - gewußt
wollen - wollte - gewollt (v/aux. wollen)
wringen - wrang - gewrungen
ziehen - zog - gezogen
zwingen - zwang - gezwungen

Zahlwörter — Adjectifs numéraux

Grundzahlen — Nombres cardinaux

- 0 *null* zéro
- 1 *eins* un, une
- 2 *zwei* deux
- 3 *drei* trois
- 4 *vier* quatre
- 5 *fünf* cinq
- 6 *sechs* six
- 7 *sieben* sept
- 8 *acht* huit
- 9 *neun* neuf
- 10 *zehn* dix
- 11 *elf* onze
- 12 *zwölf* douze
- 13 *dreizehn* treize
- 14 *vierzehn* quatorze
- 15 *fünfzehn* quinze
- 16 *sechzehn* seize
- 17 *siebzehn* dix-sept
- 18 *achtzehn* dix-huit
- 19 *neunzehn* dix-neuf
- 20 *zwanzig* vingt
- 21 *einundzwanzig* vingt et un
- 22 *zweiundzwanzig* vingt-deux
- 23 *dreiundzwanzig* vingt-trois
- 24 *vierundzwanzig* vingt-quatre
- 25 *fünfundzwanzig* vingt-cinq
- 26 *sechsundzwanzig* vingt-six
- 27 *siebenundzwanzig* vingt-sept
- 28 *achtundzwanzig* vingt-huit
- 29 *neunundzwanzig* vingt-neuf
- 30 *dreißig* trente
- 31 *einunddreißig* trente et un
- 32 *zweiunddreißig* trente-deux
- 33 *dreiunddreißig* trente-trois
- 40 *vierzig* quarante
- 50 *fünfzig* cinquante
- 60 *sechzig* soixante
- 65 *fünfundsechzig* soixante-cinq
- 70 *siebzig* soixante-dix
- 71 *einundsiebzig* soixante et onze
- 72 *zweiundsiebzig* soixante-douze
- 73 *dreiundsiebzig* soixante-treize
- 79 *neunundsiebzig* soixante-dix--neuf
- 80 *achtzig* quatre-vingts (*bei nachfolgender Zahl*: quatre--vingt)
- 81 *einundachtzig* quatre-vingt-un
- 82 *zweiundachtzig* quatre-vingt--deux
- 90 *neunzig* quatre-vingt-dix
- 91 *einundneunzig* quatre-vingt--onze
- 92 *zweiundneunzig* quatre-vingt--douze
- 93 *dreiundneunzig* quatre-vingt--treize
- 99 *neunundneunzig* quatre-vingt--dix-neuf
- 100 *(ein)hundert* cent
- 101 *(ein)hunderteins* cent un
- 102 *(ein)hundertzwei* cent deux
- 200 *zweihundert* deux cents (*bei nachfolgender Zahl*: deux cent)
- 211 *zweihundertelf* deux cent onze
- 300 *dreihundert* trois cents
- 350 *dreihundertfünfzig* trois cent cinquante
- 400 *vierhundert* quatre cents
- 500 *fünfhundert* cinq cents
- 600 *sechshundert* six cents
- 700 *siebenhundert* sept cents
- 800 *achthundert* huit cents
- 900 *neunhundert* neuf cents
- 1000 *(ein)tausend* mille
- 1001 *(ein)tausendeins* mille un
- 1002 *(ein)tausendzwei* mille deux
- 1100 *(ein)tausendeinhundert* onze cents
- 1200 *(ein)tausendzweihundert* douze cents
- 1308 *(ein)tausenddreihundertacht* treize cent huit
- 2000 *zweitausend* deux mille
- 10000 *zehntausend* dix mille
- 100000 *hunderttausend* cent mil
- *eine Million* un million (de)
- *zwei Millionen* deux millions (d

Ordnungszahlen — Nombres ordinaux

1. *der erste* le premier
   die erste la première
2. *der zweite* le deuxième; le second
   die zweite la deuxième; la seconde
3. *dritte* troisième
4. *vierte* quatrième
5. *fünfte* cinquième
6. *sechste* sixième
7. *siebente* septième
8. *achte* huitième
9. *neunte* neuvième
10. *zehnte* dixième
11. *elfte* onzième
12. *zwölfte* douzième
13. *dreizehnte* treizième
14. *vierzehnte* quatorzième
15. *fünfzehnte* quinzième
16. *sechzehnte* seizième
17. *siebzehnte* dix-septième
18. *achtzehnte* dix-huitième
19. *neunzehnte* dix-neuvième
20. *zwanzigste* vingtième
21. *einundzwanzigste* vingt et unième
22. *zweiundzwanzigste* vingt-deuxième
23. *dreiundzwanzigste* vingt-troisième
30. *dreißigste* trentième
31. *einunddreißigste* trente et unième
32. *zweiunddreißigste* trente-deuxième
40. *vierzigste* quarantième
50. *fünfzigste* cinquantième
60. *sechzigste* soixantième
70. *siebzigste* soixante-dixième
71. *einundsiebzigste* soixante et onzième
72. *zweiundsiebzigste* soixante-douzième
79. *neunundsiebzigste* soixante-dix-neuvième
80. *achtzigste* quatre-vingtième
81. *einundachtzigste* quatre-vingt-unième
82. *zweiundachtzigste* quatre-vingt-deuxième
90. *neunzigste* quatre-vingt-dixième
91. *einundneunzigste* quatre-vingt-onzième
92. *zweiundneunzigste* quatre-vingt-douzième
99. *neunundneunzigste* quatre-vingt-dix-neuvième
100. *hundertste* centième
101. *hunderterste* cent unième
102. *hundertzweite* cent deuxième
200. *zweihundertste* deux centième
300. *dreihundertste* trois centième
400. *vierhundertste* quatre centième
500. *fünfhundertste* cinq centième
600. *sechshundertste* six centième
700. *siebenhundertste* sept centième
800. *achthundertste* huit centième
900. *neunhundertste* neuf centième
1000. *tausendste* millième
2000. *zweitausendste* deux millième
1000000. *millionste* millionième

Bruchzahlen — Nombres fractionnaires

$1/2$ *ein halb* (un) demi
$1/3$ *ein Drittel* un tiers
$2/3$ *zwei Drittel* deux tiers
$1/4$ *ein Viertel* un quart
$3/4$ *drei Viertel* trois quarts

$1/5$ *ein Fünftel* un cinquième
$4/5$ *vier Fünftel* quatre cinquièmes
$7/8$ *sieben Achtel* sept huitièmes
$1^1/_2$ *eineinhalb* od. *anderthalb* un et demi
$2^1/_4$ *zweieinviertel* deux un quart

Vervielfältigungszahlen — Multiplicateurs

einfach simple
zweifach doublé; deux fois autant
doppelt double
dreifach triple
vierfach quadruple

fünffach quintuple
sechsfach sextuple
siebenfach septuple; sept fois autant
achtfach huit fois autant; octuple
hundertfach centuple

Langenscheidt Wörterbücher

Langenscheidts Großwörterbücher
Für besondere Ansprüche wurden die Großwörterbücher geschaffen. Sie werden besonders von Lehrern, Übersetzern und Studenten zur wissenschaftlichen Arbeit herangezogen. Aufgrund ihres modernen Wortschatzes — bis etwa 120 000 Stichwörter in jedem Band — sind sie auch in Chefbüros großer Unternehmen und in den Fremdsprachen-Korrespondenzabteilungen zu finden.

Langenscheidts Handwörterbücher
Die Handwörterbücher bieten ihren Benutzern in beiden Teilen zwischen 140 000 und 160 000 Stichwörter. Über den Wortschatz der heutigen Umgangssprache hinausgehend, berücksichtigen sie weitgehend auch den wichtigen, aktuellen Fachwortschatz sowie eine Fülle von Neuwörtern.

Langenscheidts Handwörterbücher ungekürzte Schulausgaben
Für den Schüler wurden diese Ausgaben geschaffen. Sie sind inhaltsgleich mit den großen Handwörterbüchern, sind im Format jedoch kleiner und in einen strapazierfähigen Plastikeinband gebunden.

Langenscheidts Taschenwörterbücher
Diese Wörterbücher sind überall in der Welt bekannt und wegen ihrer besonderen Eigenschaften geschätzt: durchschnittlich 70 000 Stichwörter in beiden Teilen, zuverlässig und erstaunlich umfassend. Neben den Angaben der Aussprache, für die „Schulsprachen" grundsätzlich mit Internationaler Lautschrift, sind wichtige grammatische Hinweise enthalten.

Langenscheidts Schulwörterbücher
In diesen 35 000-Stichwörter-Nachschlagewerken sind beide Teile (Fremdsprache-Deutsch, Deutsch-Fremdsprache) in einem Band vereinigt. Die Aussprache ist mit der Internationalen Lautschrift angegeben.

Langenscheidts Reisewörterbücher
Sie bieten in erster Linie den Wortschatz, den der Tourist im Ausland braucht.
Reisewörterbücher gibt es für Italienisch und Spanisch (beide Teile in einem Band).

Langenscheidts Volkswörterbücher
Besonders preiswerte Wörterbücher im Taschenbuchformat. Jeder Band enthält die Teile Fremdsprache-Deutsch / Deutsch-Fremdsprache.

Langenscheidts Universal-Wörterbücher
Nicht weniger als durchschnittlich 30 000 Stichwörter enthält jedes dieser erstaunlichen Wörterbücher! (Fremdsprache-Deutsch / Deutsch-Fremdsprache in einem Band). Übrigens gibt es zu diesen Wörterbüchern passend auch Sprachführer!

Einzelheiten fragen Sie am besten Ihren Buchhändler. Er wird Sie auch noch auf weitere wichtige Wörterbücher aufmerksam machen — z. B. auf das „Dictionary of New English", das neue Wörter der englischen Sprache von 1963 bis 1972 bringt. Der Buchhändler weiß aber auch, daß das Langenscheidt-Fremdsprachenprogramm als Lehrwerke enthält, Grammatiken und viele andere Bücher, die das Fremdsprachenstudium in Schule und Selbstunterricht wesentlich erleichtern.

Langenscheidt
Berlin · München · Wien · Zürich